PERSONEN LEXIKON ÖSTERREICH

Herausgegeben von Ernst Bruckmüller

VERLAGSGEMEINSCHAFT ÖSTERREICH-LEXIKON

Redaktion
Leitung: Mag. Johann Lehner
Assistenz: Andreas Deppe
Thomas Geldmacher

ISBN 3-95004-387-X

Christian Brandstätter Verlagsgesellschaft, Wien
Ed. Hölzel, Wien
Österreichischer Bundesverlag, Wien
Herstellung: Franz Hanns
Umschlaggestaltung: José Kral und Franz Hanns
Elektronische Text- und Bildverarbeitung: Verlagsbüro Mag. Johann Lehner Ges. m. b. H.

Mit Unterstützung des Jubiläumsfonds der Oesterreichischen Nationalbank

Wissenschaftliche Mitarbeiter

Dr. Franz Andrae, Biologie – Dr. Claudia Annacker, Jurisprudenz – Dr. Heinz Arnberger, Geschichte – Dr. Ferdinand Baumgartner, Bibliothekswesen – Christoph Benda, Theaterwissenschaft – Mag. Andreas Besold, Kunstgeschichte – Dr. Elisabeth Bockhorn, Volkskunde – Univ.-Doz. Dr. Olaf Bockhorn, Volkskunde – Dr. Matthias Boeckl, Architektur – Mag. Wilhelm Brandstätter, Jurisprudenz – Univ.-Prof. Dr. Ernst Bruckmüller, Geschichte – Univ.-Prof. Dr. Alois Brusatti, Wirtschaft – Dipl.-Ing. Dr. Alfons Burtscher, Physik – Dr. Tillfried Cernajsek, Geowissenschaften – Mag. Andreas Demel, Jurisprudenz – Mag. Robert Dorneger, Kirchengeschichte – Mag. Jürgen Ehrmann, Geschichte und Germanistik – Hon.-Prof. Dr. Helmut Engelbrecht, Unterricht und Erziehung – Oskar Ermann, Wirtschaft – Dr. Wolfgang Etschmann, Militärwesen – Dr. Reinhard Exel, Mineralogie – Mag. Franz Fallend, Politikwissenschaft – Univ.-Doz. Dr. Heinz Fassmann, Geographie – Mag. Friedrich Faulhammer, Jurisprudenz – Klaus Ferentschik, Wissenschaftsgeschichte, Medizin – Dr. Werner Filek-Wittinghausen, Wirtschaft – Univ.-Prof. Dr. Maria Gertrude Firneis, Astronomie – Dr. Andreas Frauenberger, Jurisprudenz – Mag. Michael Fruhmann, Jurisprudenz – Ulrich Frysak, Jurisprudenz – Mag. Petra Göllner, Germanistik (neuere Abt.) – DDr. Christoph Grabenwarter, Jurisprudenz – Univ.-Doz. Dipl.-Ing. Dr. Ralph Gretzmacher, Biologie – Dr. Franz Grieshofer, Volkskunde – Mag. Sandra Grillitsch, Politikwissenschaft – Dr. Elisabeth Grossegger, Theaterwissenschaft – Clemens M. Gruber, Operngeschichte – Dr. Helene Grünn, Volkskunde – Mag. Christoph Gutjahr, Archäologie – Univ.-Prof. Dr. Karl Gutkas, Geschichte – Dr. Monika Habersohn, Volkskunde – Dr. Reinhard Harreither, Archäologie, Geschichte – Univ.-Prof. Dr. Friedrich Hartl, Jurisprudenz – Univ.-Prof. Dr. Michael P. Higatsberger, Kernphysik – Mag. Dr. Elisabeth Hilscher, Musik – Mag. Dr. Rudolf Karl Höfer, Kirchengeschichte – Mag. Dr. Ralf A. Höfer, Kirchengeschichte – Martin Hoffmann, Wirtschaft – Mag. Thomas Hofmann, Geowissenschaften – Univ.-Prof. Dr. Herbert Hofmeister, Jurisprudenz – Univ.-Prof. Dr. Wolfram Hörandner, Byzantinistik und Neogräzistik – Dipl.-Ing. Caroline Jäger, Architektur – Univ.-Prof. Dr. Gerhard Jagschitz, Zeitgeschichte – Dr. Reinhard Johler, Volkskunde – Dr. Helmut Jungwirth, Numismatik – Birgit Kacerovsky, Architektur – Prof. Franz Kaindl, Kunstgeschichte – Dr. Gertrud Kainz, Germanistik (neuere Abt.) – Univ.-Prof. Dr. Hans K. Kaiser, Mathematik – Mag. Martha Keil, Geschichte des Judentums – Mag. Manfred Kern, Germanistik (ältere Abt.) – Univ.-Doz. Dr. Alois Kernbauer, Chemie – Mag. Franz Kirchweger, Kunstgeschichte – Mag. Ursula Klingenböck, Germanistik (ältere Abt.) – Univ.-Prof. Dr. Alfred Klose, Wirtschaft, Politik, Sozialwesen – MMag. DDr. Josef Kohlbacher, Geographie – Mag. Inge Korneck, Wissenschaftsgeschichte – Univ.-Prof. Dr. Walter Krause, Kunstgeschichte – Dr. Günter Krenn, Film – Mag. Dr. Michaela Kronthaler, Kirchengeschichte – Mag. Wolfgang Krug, Kunstgeschichte – Dr. Georg Kugler, Kunstgeschichte – Dr. Helmut Lackner, Technikgeschichte – Dipl.-Ing. Dr. Erich Lehner, Kunstgeschichte – Univ.-Prof. Dr. Norbert Leser, Politikwissenschaft – Martin Liebscher, Theaterwissenschaft – Dr. Gertraud Liesenfeld, Volkskunde – Dr. Klaus Lohrmann, Geschichte des Judentums – Mag. Dr. Oskar Maleczky, Jurisprudenz – P. Ulrich Thomas Mauterer, Geschichte – Dr. Vera Mayer, Geographie – Dr. Martin Mayr, Wirtschaft – Univ.-Prof. Dr. Wolfgang Mazal, Jurisprudenz und Sozialwesen – Mag. Dr. Josef Mentschl, Wirtschaft – Mag. Stephan Messner, Jurisprudenz – Dr. Lydia Miklautsch, Germanistik (ältere Abt.) – Prof. Mag. Hermann Möcker, Eisenbahnwesen – Dr. Tobias Natter, Kunstgeschichte – Mag. Herbert Nikitsch, Volkskunde – Univ.-Prof. DDr. Werner Ogris, Jurisprudenz – Werner Osvald, Wirtschaft – Dr. Bettina Perthold, Jurisprudenz – Dr. Matthias Pfaffenbichler, Kunstgeschichte – Mag. Ulrike Pfeiler, Jurisprudenz – Univ.-Ass. Dr. Burkhard Pöttler, Volkskunde – Dr. Karl Prenner, Kirchengeschichte – Mag. Constanze Proksch, Jurisprudenz – Mag. Bernhard Purin, Geschichte des Judentums – Univ.-Prof. Dr. Bernhard Raschauer, Jurisprudenz – Univ.-Doz. Dr. Manfried Rauchensteiner, Militärgeschichte – Univ.-Prof. Dr. Hans Christian Reichel, Mathematik – Dr. Herbert Reiger, Wirtschaft – Univ.-Prof. Dr. Gustav Reingrabner, Kirchengeschichte – Dr. Mara Reissberger, Architektur – Mag. Kurt Retter, Jurisprudenz – Mag. Thomas Ries, Germanistik (neuere Abt.) – Dr. Walter Rohn, Geographie – Dr. Ernst Rudel, Meteorologie – Dr. Johannes Sachslehner, Germanistik (neuere Abt.) – Dr. Wolfgang Schaller, Wissenschaftsgeschichte, Medizin, Sport – Dr. Christian Schicklgruber, Völkerkunde – Mag. Dr. Bettina Schiefer, Kunstgeschichte – Mag. Girid Schlögl, Theaterwissenschaft – Dr. Manfred Schmid, Geowissenschaften – Dr. Erwin A. Schmidl, Militärwesen – Univ.-Prof. Dr. Michael Schmolke, Publizistik – Dr. Elisabeth Schmuttermeier, Kunstgeschichte – Dr. Wolfgang Schnabel, Geowissenschaften – Dr. Gabriele Schneider-Reichl, Jurisprudenz – Mag. Dr. Eva Schulev-Steindl, Jurisprudenz – Dr. Hannelore Sexl, Physik – Univ.-Doz. Dr. Manfred Skopec, Geschichte der Medizin – Univ.-Ass. Mag. Claudia Soher, Jurisprudenz – Dr. Andrea Sommer-Mathis, Theaterwissenschaft – Univ.-Doz. Dr. Friedrich Stadler, Philosophie – Univ.-Prof. Dr. Justin Stagl, Soziologie – Dr. Michael Stampfer, Jurisprudenz – Mag. Thomas Steinmaurer, Publizistik – Dr. Franz Stojaspal, Geowissenschaften – Mag. Edith Stranig, Geographie – Mag. Dagmar Stranzinger, Politikwissenschaft – Dr. Gerhard Strejcek, Jurisprudenz – Univ.-Prof. Mag. Dr. Johannes Strohmeyer, Sport – Dr. Wolfgang Tiefenbrunner, Biologie – Mag. Astrid Tiefenbrunner, Biologie – Mag. Bernhard Tschofen, Volkskunde – Dipl.-Ing. Margit Ulama, Architektur – Dr. Peter Urbanitsch, Geschichte – Dipl.-Ing. Christian Vogl, Biologie – Mag. Karin Walzel, Wissenschaftsgeschichte – DDr. Arthur Weilinger, Jurisprudenz – Univ.-Prof. Dr. Erika Weinzierl, Zeitgeschichte – Dipl.-Ing. Mag. Alfred Weiss, Geowissenschaften – Mag. Dr. Michael Wenusch, Wissenschaftsgeschichte – Dr. Michaela Windisch-Graetz, Jurisprudenz – Mag. Elisabeth Wolfgruber, Politikwissenschaft – Mag. Klaudia Würdinger, Wirtschaft – Dr. Alexander Zartl, Physik – Mag. Petra Zudrell, Geschichte des Judentums

Hinweise für den Benützer

Das Personenlexikon Österreich bietet mit rd. 7000 Kurzbiographien ein umfassendes Nachschlagewerk zu Österreich in Geschichte und Gegenwart. Mehr als 6000 Biographien wurden aus dem 2-bändigen Österreich-Lexikon (hg. von Richard und Maria Bamberger, Ernst Bruckmüller und Karl Gutkas, Wien 1995) übernommen, viele davon wurden (mehr oder weniger stark) überarbeitet, erweitert und aktualisiert. Fast 1000 zusätzliche Biographien wurden von der Redaktion für diese Ausgabe erstellt.

Bei Namen mit verschiedenen Schreibweisen ist zu beachten, dass Wörter mit c eventuell auch unter k, tsch oder z zu finden sind und umgekehrt. Aufgenommen wurden die Namen in der gebräuchlichsten Form.

Bei allen Biographien wurde folgende Reihenfolge eingehalten: Familienname, Vorname(n), Geburtsdatum (* = geboren), Geburtsort, Sterbedatum († = gestorben), Sterbeort, Beruf, Tätigkeit, Laufbahn usw. Bei den Geburts- oder Sterbeorten in Österreich ist das Bundesland in Klammer angegeben, im Ausland das Land (Abkürzung nach der Liste der Nationalitätenkennzeichen im internationalen Kraftfahrzeugverkehr). Bei Orten der ehemaligen österreichisch-ungarischen Monarchie wurde nach Möglichkeit der alten deutschen Ortsbezeichnung die heute offiziell gültige in Klammer hinzugefügt.

In kleinerer Schrift folgen am Ende der Kurzbiographien die wichtigsten Werke (in Auswahl) und eventuelle Literaturangaben, wobei auf Kriterien wie Aktualität, umfassende Darstellung und weiterführender Charakter geachtet wurde; die Zitierweise beschränkt sich auf die Nennung von Autor (Vorname abgekürzt), Haupttitel und Erscheinungsjahr; eine eventuelle Auflage wird durch hochgestellte Ziffer beim Erscheinungsjahr angegeben. Personen, zu denen sich ausführliche Darstellungen im Österreichischen Biographischen Lexikon 1815–1950, 1957ff., in der Neuen Österreichischen Biographie 1815–1918, 1923ff., in der Allgemeinen Deutschen Biographie, 1875–1912, oder in der Neuen Deutschen Biographie, 1953ff., finden, wurden oft mit den entsprechenden Abkürzungen (ÖBL, NÖB, ADB, NDB) gekennzeichnet. Die Abkürzung „Verf.-Lex." verweist auf das Werk von Wolfgang Stammler und Karl Langosch, Die deutsche Literatur des Mittelalters. Verfasserlexikon, 10 Bde., ^{2}1978–1999, Kirchenlexikon auf das Biographisch-Bibliographische Kirchenlexikon, hg. v. Friedrich Wilhelm u. Traugott Bautz, 8 Bde., 1975–1994.

Personen, die meist unter ihrem Vornamen genannt werden, vor allem Angehörige von Herrschergeschlechtern, wurden unter diesem eingereiht (z. B. Rudolf von Habsburg, Ulrich von Liechtenstein). Persönlichkeiten, die in erster Linie unter einem Pseudonym bekannt sind, erscheinen unter diesem; bei ihrem richtigen Namen steht ein Hinweis. Sonst wurde das Pseudonym in Klammer gesetzt oder im Text angegeben. Akademische Titel und Ehrentitel (Dr., Hofrat, Prof. usw.) werden nicht angeführt, Adelstitel (hinter dem Namen) nur für die Zeit vor 1919, in der sie rechtlich gültig waren. In manchen Fällen geht den Einzelbiographien eine Beschreibung der Familie voraus (insbesondere bei Adelsgeschlechtern und Künstlerfamilien).

Für die Auswahl der Personen war in erster Linie der Österreichbezug entscheidend. Dabei wurde im Allgemeinen von den heutigen Staatsgrenzen ausgegangen, für die Zeit der Habsburgermonarchie wurden insbesondere deutschsprachige Persönlichkeiten auch aus anderen Teilen der Monarchie berücksichtigt. Auch Österreicher, die erst im Ausland bekannt wurden oder eine andere Staatsbürgerschaft angenommen haben, finden sich im Personenlexikon. Weiters scheinen Persönlichkeiten aus dem Ausland auf, die in Österreich eine bedeutende Wirkung entfaltet haben.

Bei der Erstellung dieses Lexikons wurde durch mehrfache Kontrolle darauf geachtet, Fehler möglichst zu vermeiden. Sollten Sie dennoch unrichtige Angaben finden, ersuchen wir Sie um Mitteilung an:

Redaktion Österreich-Lexikon
A-1010 Wien, Schwarzenbergstraße 5

Abkürzungen

Allgemein übliche Abkürzungen sowie Abkürzungen von Endungen, wie -lich, -ig und -isch, wurden in die Abkürzungsliste nicht aufgenommen. Bei Wiederholung des Namens im gleichen Artikel wird nur der Anfangsbuchstabe des Nachnamens geschrieben, dies gilt auch für Wörter, die mit Sch oder Ch beginnen (also C. für Charlemont und S. für Schnitzler). Bei abgekürzten Wörtern bleiben eventuelle Endungen (v. a. Genitivendungen) unberücksichtigt; es steht also ö. für österreichisch, österreichische, -er, -es, -em, -en, Ö. für Österreich und Österreichs.

A. B.	Augsburgisches Bekenntnis
Abg.	Abgeordneter
ABGB	Allgemeines Bürgerliches Gesetzbuch
Abg. z. BR	Abgeordneter zum Bundesrat
Abg. z. NR	Abgeordneter zum Nationalrat
Abt.	Abteilung
ADB	Allgemeine Deutsche Biographie
AG	Aktiengesellschaft
ahd.	althochdeutsch
AK	Arbeiterkammer
Akad.	Akademie
akad.	akademisch
allg.	allgemein
angew.	angewandte
Art.	Artikel
Ausst.-Kat.	Ausstellungskatalog
b.	bei
BA	Bundesanstalt
Bd., Bde.	Band, Bände
bed.	bedeutend
begr.	begründet
bes.	besonders, besondere
Bgld.	Burgenland
bgld.	burgenländisch
Bibl.	Bibliothek
BM	Bundesministerium
BMin.	Bundesminister(in)
BR	Bundesrat
BVerf.	Bundesverfassung
Christl.-Soz.	Christlichsoziale
christl.-soz.	christlichsozial
CS	Christlichsoziale Partei
d.	der, die, das
d. Ä.	der Ältere
ders.	derselbe
dies.	dieselbe
Dipl.-Arb.	Diplomarbeit
Dir.	Direktor
Diss.	Dissertation
d. J.	der Jüngere
dt.	deutsch
dzt.	derzeit
ebd.	ebenda
ehem.	ehemalig, ehemals
eig.	eigen
engl.	englisch
evang.	evangelisch
erw.	erwähnt
evtl.	eventuell
f.	folgende, für
ff.	folgende (Mehrzahl)
Forstw.	Forstwirtschaft
franz.	französisch
Frh.	Freiherr
gegr.	gegründet
Gem.	Gemeinde
gem.	gemeinsam
Gen.	General
Gen.-Sekr.	Generalsekretär
Gf.	Graf
Ges.	Gesellschaft
ges.	gesamt, gesellschaftlich
got.	gotisch
habsb.	habsburgisch
H. B.	Helvetisches Bekenntnis
Hb.	Handbuch
Hg.	Herausgeber
hg.	herausgegeben
hist.	historisch
hl.	heilig
HLA	höhere Lehranstalt
HTL	höhere technische Lehranstalt
HW	Heimwehr
Hzg.	Herzog
Ind.	Industrie
insges.	insgesamt
Inst.	Institut
internat.	international
ital.	italienisch
Jb.	Jahrbuch
Jg.	Jahrgang
Jh.	Jahrhundert
jun.	junior
Kä.	Kärnten, Kärntner
kä.	kärntnerisch
Kat.	Katalog
kath.	katholisch
kfm.	kaufmännisch
Kg.	König
Ks.	Kaiser
LB	Landbund
Landw.	Landwirtschaft
landw.	landwirtschaftlich
lat.	lateinisch
li.	linke
Lit.	Literatur
m.	mit
MA	Mittelalter
ma.	mittelalterlich
mhd.	mittelhochdeutsch
Mrd.	Milliarde(n)
Min.	Minister, Ministerium
Min.-Präs.	Ministerpräsident
mind.	mindestens
Mio.	Million(en)
MIÖG	Mitteilungen des Instituts für österreichische Geschichtsforschung
Mitgl.	Mitglied
Mttlg.	Mitteilung(en)
Mus.	Museum
N	Nord(en)
Nat.-Bibl.	Nationalbibliothek
Nat.-Soz.	Nationalsozialismus, Nationalsozialisten
nat.-soz.	nationalsozialistisch
n. Chr.	nach Christi Geburt
NDB	Neue Deutsche Biographie
NÖ.	Niederösterreich
nö.	niederösterreichisch
NÖB	Neue Österreichische Biographie
NR	Nationalrat

O	Ost(en)
Ö.	Österreich
ö.	österreichisch
ÖBL	Österreichisches Biographisches Lexikon
o. J.	ohne Jahresangabe
OÖ.	Oberösterreich
oö.	oberösterreichisch
Präs.	Präsident
Prof.	Professor(in)
Pseud.	Pseudonym
Publ.	Publikation
rd.	rund
re.	rechte
Red.	Redakteur
Renaiss.	Renaissance
röm.	römisch
roman.	romanisch
russ.	russisch
S	Schilling
S	Süd(en)
S.	Seite
Sbg.	Salzburg
sbg.	salzburgisch
SDAP	Sozialdemokratische Arbeiterpartei
sen.	senior
Smlg.	Sammlung
sog.	sogenannte
soz.	sozial
Soz.-Dem.	Sozialdemokraten
soz.-dem.	sozialdemokratisch
steir.	steirisch
Stellv.	Stellvertreter(in)
stellv.	stellvertretende(r)
StGB	Strafgesetzbuch
S-Ti.	Südtirol
Stmk.	Steiermark
stmk.	steiermärkisch
teilw.	teilweise
Ti.	Tirol, Tiroler
ti.	tirolerisch
Tl., Tle.	Teil, Teile
u.	und
ungar.	ungarisch
Univ.	Universität
Univ.-Prof.	Universitätsprofessor(in)
urk.	urkundlich
urspr.	ursprünglich
Vbg.	Vorarlberg, Vorarlberger
vbg.	vorarlbergisch
v. Chr.	vor Christi Geburt
Verf.-Lex.	Verfasserlexikon (siehe Bibliographie)
Verz.	Verzeichnis
VF	Vaterländische Front
VHS	Volkshochschule
W	West(en)
W.	Werke (Auswahl)
Wirt.	Wirtschaft
wirt.	wirtschaftlich
Wiss.	Wissenschaft
wiss.	wissenschaftlich
WK	Wirtschaftskammer
Wr.	Wiener
z.	zu, zum, zur
zahlr.	zahlreich
Ztg.	Zeitung
Ztschr.	Zeitschrift
zw.	zwischen

Nationalitätenkennzeichen

im internationalen Kraftfahrzeugverkehr

B	Belgien
BG	Bulgarien
BIH	Bosnien und Herzegowina
BR	Brasilien
BY	Weißrussland
CDN	Kanada
CH	Schweiz
CZ	Tschechische Republik
D	Deutschland
DK	Dänemark
E	Spanien
F	Frankreich
FL	Liechtenstein
GB	Großbritannien
GE	Georgien
GR	Griechenland
H	Ungarn
HR	Kroatien
I	Italien
IRL	Irland
IS	Island
J	Japan
L	Luxemburg
MC	Monaco
N	Norwegen
NL	Niederlande
P	Portugal
PL	Polen
RO	Rumänien
RUS	Russische Föderation
S	Schweden
SF	Finnland
SK	Slowakische Republik
SLO	Slowenien
TR	Türkei
UA	Ukraine
USA	Vereinigte Staaten von Amerika
YU	Jugoslawien (Serbien und Montenegro)

Bibliographie (biographische Nachschlagewerke)

Isabella Ackerl u. Friedrich Weissensteiner, Österreichisches Personenlexikon der 1. und 2. Republik, Wien 1992.

Allgemeine Deutsche Biographie, hg. v. d. Bayerischen Akademie der Wissenschaften, 56 Bde., Leipzig 1875–1912 (ADB).

Biographisch-Bibliographisches Kirchenlexikon, hg. v. Friedrich Wilhelm u. Traugott Bautz, 8 Bde., Herzberg 1975–1994 (Kirchenlexikon).

Biographisches Handbuch der deutschsprachigen Emigration nach 1933, hg. v. Institut für Zeitgeschichte München, 3 Bde., München 1980ff.

Biographisches Handbuch des Nationalrates und des Bundesrates der Republik Österreich, Wien 1992 (für die XIX. Gesetzgebungsperiode Nachtrag 1995).

Siglinde Bolbecher u. Konstantin Kaiser, Lexikon der österreichischen Exilliteratur, Wien 2000.

Wilhelm Brauneder, Juristen in Österreich, Wien 1987.

Isidor Fischer, Biographisches Lexikon der hervorragenden Ärzte der letzten 50 Jahre, 2 Bde., München, Berlin [3]1962.

Heinrich Fuchs, Die österreichischen Maler der Geburtsjahrgänge 1881–1900, 2 Bde., Wien 1976/77.

Heinrich Fuchs, Die österreichischen Maler des 19. Jh., 4 Bde., Wien, 1972–1974 (2 Ergänzungsbände, 1978/79).

Heinrich Fuchs, Die österreichischen Maler des 20. Jahrhunderts, 4 Bde., Wien 1985–1987 (2 Ergänzungsbände, 1991/92).

Heinrich Fuchs, Register (zu den oben genannten Werken), Wien 1988.

Hans Giebisch u. Gustav Gugitz, Bio-bibliographisches Literaturlexikon Österreichs von den Anfängen bis zur Gegenwart, Wien [2]1985.

Erwin Gratz (Hg.), Die Bischöfe des Heiligen Römischen Reiches 1785/1803–1945. Ein biographisches Lexikon, Berlin 1983.

Erwin Gratz u. Stephan M. Janker (Hg.), Die Bischöfe des Heiligen Römischen Reiches 1648–1803. Ein biographisches Lexikon, Berlin 1990.

Bernhard Günther (Hg.), Lexikon zeitgenössischer Musik aus Österreich, Wien 1997.

Willibald Gurlitt u. Hans Heinrich Eggebrecht (Hg.), Riemanns Musiklexikon, 3 Bde., Mainz [12]1959–1967 (2 Ergänzungsbände, 1972/75).

Wolfgang Jacobeit, Hannjost Lixfeld u. Olaf Bockhorn (Hg.), Völkische Wissenschaft. Gestalten und Tendenzen der deutschen und österreichischen Volkskunde in der 1. Hälfte des 20. Jahrhunderts, Wien, Köln, Weimar 1994.

Walther Killy (Hg.), Deutsche biographische Enzyklopädie, 12 Bde., 1995–2000.

Walther Killy (Hg.), Literatur Lexikon, Autoren und Werke deutscher Sprache, 15 Bde., München 1988–1993.

Oswald Knauer, Österreichs Männer des öffentlichen Lebens von 1848 bis heute, Wien 1960.

Wilhelm Kosch, Biographisches Staatshandbuch, Lexikon der Politik, Presse und Publizistik, 2 Bde., Bern, München 1959/63.

Wilhelm Kosch, Deutsches Theater-Lexikon. Biographisches und bibliographisches Handbuch, Bern, München 1953ff.

Kürschners biographisches Theaterhandbuch. Schauspiel, Oper, Film, Rundfunk, hg. v. Herbert A. Frenzel u. Hans J. Moser, Berlin, New York, München, Wien 1956.

Kürschners Deutscher Gelehrten-Kalender, hg. v. Werner Schuder, 18. Ausg., 3 Bde., München 2001.

Kürschners Deutscher Literatur-Kalender, hg. v. Werner Schuder, 62. Jg., München 2000.

Langen Müller's Schauspieler-Lexikon der Gegenwart, München, Wien 1986.

Erna Lesky, Meilensteine der Wiener Medizin. Große Ärzte Österreichs in drei Jahrzehnten, Wien, München, Bern 1981.

Neue Deutsche Biographie, hg. v. d. Historischen Kommission bei der Bayerischen Akademie der Wissenschaften, Berlin 1953ff. (NDB).

Neue Österreichische Biographie (ab 1815), Wien 1923ff. (ab Bd. 15 unter dem Titel „Große Österreicher") (NÖB).

Österreichisches Biographisches Lexikon, hg. v. d. Österreichischen Akademie der Wissenschaften, Wien 1957ff. (ÖBL).

Adalbert Schmidt, Dichtung und Dichter Österreichs im 19. und 20. Jahrhundert, 2 Bde., Salzburg, Stuttgart 1964.

Michael Schmolke u. a., Wegbereiter der Publizistik in Österreich, Wien 1992.

Wolfgang Stammler u. Karl Langosch, Die deutsche Literatur des Mittelalters. Verfasserlexikon. 5 Bde., 1933–1955; 2. Auflage, 10 Bde., hg. v. Burghart Wachinger, Berlin, New York 1978–1999 (Verf.-Lex.).

Karl F. Stock, Rudolf Heilinger u. Marylène Stock, Personalbibliographien österreichischer Persönlichkeiten, Pullach 1987ff.

Ulrich Thieme u. Felix Becker, Allgemeines Lexikon der bildenden Künstler von der Antike bis zur Gegenwart, 37 Bde., 1907–1950, Neudruck München 1992.

Hans Vollmer, Allgemeines Lexikon der bildenden Kunst des 20. Jahrhunderts, 6 Bde., München 1992.

Constant von Wurzbach, Biographisches Lexikon des Kaisertums Österreich 1750–1850, 60 Bde., Wien 1856–1891.

A

Abbado, Claudio, * 26. 6. 1933 Mailand (I), Dirigent. 1968–86 Musikdirektor der Mailänder Scala; 1984 erstmals an der Wr. Staatsoper mit Verdis „Simone Boccanegra", 1986–91 deren künstlerischer Direktor, seit 1987 Generalmusikdirektor der Stadt Wien; 1989 zum ständigen Dirigenten und künstler. Leiter des Berliner Philharmon. Orchesters gewählt; seit 1994 künstler. Leitung der Salzburger Osterfestspiele. Engagiert sich bes. für moderne Musik (begründete 1988 das Festival „Wien modern") und Nachwuchsmusiker (Gründer des Jugendorchesters der Europ. Gemeinschaft 1978, Gründer und Musikdirektor des Gustav-Mahler-Jugendorchesters, künstler. Berater des Chamber Orchestra of Europe).

Abel, Heinrich, * 15. 12. 1843 Passau (D), † 23. 11. 1926 Wien, Jesuit, ab 1891 volkstümlicher Prediger und „Männerapostel von Wien". Arbeitete mit der christlichsozialen Bewegung gegen den Liberalismus. Gründer von Kongregationen, Mitbegründer der kath. Studentenverbindung Austria. Regte die Männerwallfahrten nach Klosterneuburg und Mariazell (Denkmal 1932) an.

Literatur: M. Richer, P. H. A., Diss., Wien 1947.

Abel, Othenio, * 20. 6. 1875 Wien, † 4. 7. 1946 Mondsee (OÖ.), gilt gemeinsam mit Louis Dollo als Begründer der Paläobiologie, indem sie Lebensweise und Umwelt der fossilen Organismen rekonstruierten. 1917–34 Univ.-Prof. in Wien, danach Dir. des Paläontolog. Inst. der Univ. Göttingen; erforschte die Drachenhöhle bei Mixnitz.

Werke: Grundzüge der Paläobiologie der Wirbeltiere, 1912; Lehrbuch der Paläozoologie, 1920; Die Drachenhöhle bei Mixnitz, 1931; Vorzeitliche Lebensspuren, 1935; Das Reich der Tiere, 1939. – Literatur: K. Ehrenberg, O. A. Lebensweg, 1975.

Abensberg-Traun, bis heute existierende Adelsfamilie aus OÖ., heutiger Sitz in Petronell bzw. Maissau (NÖ.). Die Traun waren im 13. Jh. Ministerialen und ab 1653 Grafen von Abensberg und Traun. Neben Otto Ferdinand Gf. v. → Abensberg-Traun verdient Ernst Gf. v. A.-T. (* 26. 3. 1608, † 18. 11. 1668 Wien) bes. Hervorhebung; er war im 30-jähr. Krieg kaiserl. General und später Vizehofkriegspräs. und Stadtkommandant von Wien. Otto Ehrenreich Gf. v. A.-T. (* 13. 3. 1644, † 8. 9. 1715) war während des Türkenjahrs 1683 Landmarschall in NÖ.

Abensberg-Traun, Otto Ferdinand Graf von, * 27. 8. 1677 Ödenburg (Sopron, H), † 10. 2. 1748 Hermannstadt (Sibiu, RO), General. Befehligte im Span. Erbfolgekrieg als Generaladjutant von Feldmarschall Guido Gf. Starhemberg ö. Truppen in Italien; nach 1725 Interimsstatthalter des Herzogtums Mailand, 1737 Gouverneur von Mantua, Parma und Vicenza. Im Österr. Erbfolgekrieg erhielt er 1742 das Kommando über die österr. und sardin. Truppen, zwang die preuß. Truppen zum Rückzug aus Böhmen und die franz. Truppen über den Rhein. 1747 Generalkommandant von Siebenbürgen.

Ablinger, Peter, * 15. 3. 1959 Schwanenstadt (OÖ.), Komponist. Studierte Klavier und Tonsatz in Graz und Wien. 1982 Übersiedlung nach Berlin, bis 1990 Lehrtätigkeit an der Musikschule Berlin-Kreuzberg, seither freischaffender Komponist. 1988 Gründung des Ensembles Zwischentöne, 1990–92 Leiter des Festivals Klangwerkstatt in Berlin, ab 1993 Gastprofessuren u. a. in Graz, Hamburg, Darmstadt und Prag. Konzentrierte sich bis 1994 auf kammermusikal. Besetzungen, seither auch Beschäftigung mit Elektroakustik; seit 1980 Arbeit am Werkkomplex „Weiss/Weisslich".

Weitere Werke: Traktat, 1985 (Flöte); Drei Minuten für Berenice I, 1988 (Sopran, Tänzer); Verkündigung, 1991 (Flöte, Saxophon, Klavier); Der Regen, das Glas, das Lachen, 1994 (Bläser, Keyboard, Percussion); Instrumente und ElektroAkustisch Ortsbezogene Verdichtung, 1995 ff. (variable Besetzungen); Stühle, Bambus, Sonnenaufgang, Sonnenuntergang, 1997 (Stühle, Bambuspflanzen).

Abraham, Paul, * 2. 11. 1892 Apatin (H), † 6. 5. 1960 Hamburg (D), Komponist. Feierte ab 1928 und in den 30er Jahren mit Operetten, Film- und Schauspielmusik große Erfolge. Zusammenarbeit mit F. → Lehár („Friederike", „Land des Lächelns") und den Librettisten F. → Beda-Löhner und A. → Grünwald. 1933–58 in Emigration in den USA.

Werke: Viktoria und ihr Husar, 1930; Die Blume von Hawaii, 1932; Ball im Savoy, 1934; Märchen im Grand-Hotel, 1934; Dschainah, 1935; Roxy und ihr Wunderteam, 1937.

Abraham, Raimund, * 23. 7. 1933 Lienz (Ti.), Architekt und Prof. für Architektur. Stud. an der Techn. Univ. Graz. Seit 1964 in den USA, seit 1971 Prof. an der Cooper Union und am Pratt Institute in New York. Zahlreiche internationale Preise und Auszeichnungen.

Werke: IBA-Wohn- und Geschäftsgebäude, Berlin, 1980–85; Siedlung Traviatagasse, Wien, 1987–91; Wohn- und Geschäftshaus, Graz, 1990–93; Bankgebäude (Ti. Landeshypothekenbank), Lienz, 1993–96; österr. Kulturinstitut, New York, 1998–2001. – Ausstellungen u. a.: Museum of Modern Art, New York; Centre Georges Pompidou, Paris; Dt. Architekturmuseum, Frankfurt a. M. – Publikationen: Elementare Architektur, 1963; Ungebaut/Unbuilt, Ausst.-Kat., Innsbruck 1986; Grenzlinien, Graz 1989. – Literatur: B. Groihofer (Hg.), R. A., [Un]built, 1996.

Abraham a Sancta Clara (eigentl. Johann Ulrich Megerle, Pseud.: Gautentius Hilarion, Hilarius von Freudberg, Theophilus Mariophilus), * 2. 7. 1644 Kreenheinstetten bei Meßkirch (D), † 1. 12. 1709 Wien, Volksschriftsteller und berühmter Prediger zur Zeit der Türkenkriege. 1662 wurde er Augustiner-Barfüßer, 1677 Hofprediger in Wien und 1690 Ordensprovinzial. Seine Kanzelreden kursierten als Flugschriften, berühmt wurden „Mercks, Wienn!" (1680) und „Auff, auff, Ihr Christen" (1683). Die anthologische Gesamtausgabe „Reimb Dich, Oder, Ich Liß dich" diente F. Schiller als Vorlage für die Kapuzinerpredigt in „Wallensteins Lager". Thema ist immer das Anprangern der Laster und die Hervorhebung der Tugend mit derb-wuchtiger Sprachgewalt und satirischen Wortspielen (Metaphern, Verseinlagen, Kalauern) nach Vorbild von jesuit. Traktatliteratur, Chroniken und Schwänken.

Abraham a Sancta Clara. Anonym. Gemälde, Ende 17. Jh. (Historisches Museum der Stadt Wien).

Weitere Werke: Lösch Wienn, 1680; Judas Der Ertz-Schelm, 4 Bde., 1686–95; Etwas fuer Alle, 3 Bde., 1699; Huy! und Pfuy! der Welt, 1707. – Ausgabe: Werke, hg. v. K. Bertsche, 3 Bde., 1943–45. – Literatur: F. M. Eybl, A. a. S. C., 1992; J.-M. Schillinger, A. a. S. C., 1993.

Absolon, Kurt, * 28. 2. 1925 Wien, † 26. 4. 1958 Wulkaprodersdorf (Bgld.; Autounfall), Maler und Graphiker. Mitgl. des Wr. Art-Clubs. Seine hochsensitiven Zeichnungen erscheinen vielfach wie Traumvisionen; A. hatte die wohl bedeutendste graph. Begabung der Zeit nach dem 2. Weltkrieg.

Werke: Graphikzyklen: Sodom, Angst, 1950; Don Quichote, 1951; Passionszyklus, 1957. – Literatur: O. Breicha (Hg.), K. A. 1925–58, 1989.

Antonie Adamberger als Rosine in „Der Jurist und der Bauer" von J. Rautenstrauch. Gemälde von J. Hickel, um 1805.

Acham, Karl, * 15. 11. 1939 Leoben (Stmk.), Sozialwissenschaftler, Historiker. Seit 1974 Univ.-Prof. am Inst. f. Soziologie der Univ. Graz. Zahlr. Gastprofessuren (Deutschland, Kanada, China, Brasilien u. a.). Seit 1982 Hg. der „Klassischen Studien zur soz.-wiss. Theorie, Weltanschauungslehre und Wissenschaftsforschung". Ehrenzeichen f. Wiss. u. Kunst 2000.

Werke: Analyt. Geschichtsphilosophie, 1974; Philosophie der Sozialwissenschaften, 1983; Geschichte und Sozialtheorie, 1995.

Achamer (Aichhammer), Johann, * 27. 12. 1650 Innsbruck (Ti.), † 9. 12. 1712 Wien, Glockengießer. Errichtete 1678 in Wien eine Stuck-(= Kanonen-) und Glockengießerei, in der er 1711 die Pummerin für den Stephansdom schuf.

Friedrich Achleitner im „zweiten literarischen cabaret" der Wiener Gruppe. Foto, 1959.

Achleitner, Friedrich, * 23. 5. 1930 Schalchen (OÖ.), Schriftsteller, Architekturhistoriker. 1955–64 Mitgl. der Wiener Gruppe, Gemeinschaftsarbeiten mit H. C. → Artmann, K. → Bayer, G. → Rühm und O. → Wiener, 1983–98 Inhaber des Lehrstuhls für Architekturgeschichte an der Hochschule f. angewandte Kunst in Wien. Vertreter der Konkreten Poesie und modernen Dialektdichtung. Ö. Staatspreis für Kulturpublizistik 1984.

Werke: prosa, konstellationen, montagen, dialektgedichte, studien, 1970; quadratroman, 1973; Ö. Architektur im 20. Jh., 4 Bde., 1980–95; Nieder mit Fischer von Erlach, 1986; Aufforderung zum Vertrauen, 1987; kaaas, Dialektgedichte, 1991; Wr. Architektur, 1996.

Achleitner, Hubert, → Hubert von Goisern.

Adalbero, Hl., Fest 6. Okt., * um 1010, † 9. 10. 1090 Lambach (OÖ.), ab 1045 Bischof von Würzburg. Letzter aus dem Geschlecht der Grafen von Lambach. 1056 wandelte A. das Kanonikerstift Lambach in ein Benediktinerkloster um (Grab in der Stiftskirche). Im Investiturstreit war er ab 1076 ein Anhänger des Papstes und wurde deshalb 1085 aus Würzburg vertrieben. Seine Vita entstand um 1200.

Literatur: A. Wendehorst, in: 900 Jahre Klosterkirche Lambach, Ausst.-Kat., Lambach 1989.

Adalbero I. von Eppenstein, † 1039, regierte um ca. 995–1035, Sohn → Markwarts von Eppenstein; Markgraf der „Kärntner Mark" (Stmk.), 1012–35 Hzg. von Kä.

Adalbert (der Siegreiche), † 26. 5. 1055 Melk (NÖ.), Babenberger-Markgraf. Sohn → Leopolds I., Graf im Schweinach- und Künzinggau (westl. und südwestl. von Passau); nach dem Tod seines Bruders → Heinrich I. 1018–55 Markgraf von Ö. Erschloss das Weinviertel für die Mark Ö. Zu seiner Zeit wurde im Osten eine Ungarnmark und im Pulkautal eine Böhmische Mark errichtet. Er litt im Alter an Arthrose (Skelett in Melk erhalten). Seine erste Gemahlin Glismod war die Schwester des Bischofs Meinwerk von Paderborn, die zweite, Froiza, war Tochter des Dogen Otto Orseolo von Venedig und Schwester Kg. Peters von Ungarn.

Literatur: 1000 Jahre Babenberger, Ausst.-Kat., 1976; K. Lechner, Die Babenberger, [6]1996.

Friedrich Adler. Foto, um 1930.

Adam, Theo, * 1. 8. 1926 Dresden (D), dt. Bassbariton. Zahlreiche Konzerte und Opernauftritte in Wien und Salzburg, u. a. Zusammenarbeit mit K. → Böhm.

Adam, Walter, * 6. 1. 1886 Klagenfurt (Kä.), † 26. 2. 1947 Innsbruck (Ti.), Politiker und Journalist, Generalstabsoberst. 1934 Bundeskommissär für Heimatdienst, 1934–36 Gen.-Sekr. der Vaterländischen Front, 1936 Leiter des Bundespressedienstes im Bundeskanzleramt; 1938–43 im KZ.

Werk: Nacht über Deutschland, 1947. – Literatur: ÖBL.

Adamberger, Antonie („Toni"), * 31. 12. 1790 Wien, † 25. 12. 1867 ebd., Schauspielerin. 1807–17 am Hofburgtheater, 1812 mit dem Dichter T. Körner (1813 gefallen) verlobt, 1817 Ehefrau von J. v. Arneth, Mutter von A. v. → Arneth, gehörte zum Freundeskreis von K. → Pichler.

Literatur: H. Zimmer, T. Körners Braut, 1918; G. Hartl, Arabesken des Lebens, 1963.

Adametz, Leopold, * 11. 11. 1861 Feldsberg (Valtice, CZ), † 27. 1. 1941 Wien, Tierzucht- und Vererbungsforscher. Begründete (neben C. Kronacher) die moderne Tierzuchtlehre; 1898–1932 Prof. an der Hochschule für Bodenkultur in Wien.

Werk: Lehrbuch der allg. Tierzucht, 1926. – Literatur: ÖBL.

Adamovich, Ludwig sen., * 30. 4. 1890 Esseg (Osijek, HR), † 23. 9. 1955 Wien, Jurist; Vater von L. → Adamovich jun. Univ.-Prof. in Prag, Graz und Wien; 1938 Justizmin., 1945–47 Rektor der Univ. Wien, 1946–55 Präs. des Verfassungsgerichtshofes.

Werke: Die ö. Verfassungsgesetze des Bundes und der Länder, 1925; Grundriß des ö. Verfassungsrechtes, 1947.

Adamovich, Ludwig jun., * 24. 8. 1932 Innsbruck (Ti.), Jurist; Sohn von L. → Adamovich sen.; Univ.-Doz. für ö. Verfassungsrecht und Verfassungspolitik in Wien, Hon.-Prof. der Univ. Graz, seit 1984 Präs. des Verfassungsgerichtshofes.

Werke: Handbuch des ö. Verfassungsrechts, [6]1971; Ö. Verfassungsrecht, [3]1985. – Literatur: Festschrift zum 60. Geburtstag, 1992.

Adler, Alfred, * 7. 2. 1870 Wien, † 28. 5. 1937 Aberdeen (Schottland), Psychologe, Begründer der Individualpsychologie, Nervenarzt. Bis 1912 Anhänger von S. → Freud; 1929 am Wr. Pädagog. Inst., von 1932 an halbjährl. auch in New York tätig. A. erklärte im Gegensatz zu Freud die seelischen Störungen (Psychoneurosen) nicht aus den Reaktionen auf verdrängte sexuelle Komplexe, sondern aus Minderwertigkeitskomplexen (Begriff von A.) bzw. übersteigertem Geltungstrieb infolge missglückter Anpassung an die Gemeinschaft.

Werke: Studie über Minderwertigkeit von Organen, 1907; Praxis und Theorie der Individualpsychologie, 1920; Liebeserziehung und deren Störungen, 1926; Menschenkenntnis, 1927; Schwer erziehbare Kinder, 1927; Heilen und Bilden, [3]1928; Problem of Neurosis, 1929; Die Technik der Individualpsychologie, 1930; Der Sinn des Lebens, 1932; Religion und Individualpsychologie, 1933. – Internat. Ztschr. f. Individualpsychologie, 1914ff. (ab 1935 International Journal of Individual Psychology). – Literatur: E. Ringel u. G. Brandl, Ein Österreicher namens A. A., 1977; D. Horster, A. A. zur Einführung, 1984; E. Hoffman, A. A., ein Leben für die Individualpsychologie, 1997.

Adler, Friedrich, * 9. 7. 1879 Wien, † 2. 1. 1960 Zürich (CH), soz.-dem. Politiker; Sohn von Victor → Adler. Zunächst Redakteur und Hochschullehrer in Zürich, 1911–14 Parteisekretär der ö. Soz.-Dem. Als Führer der „Linken" bekämpfte er im theoretischen Organ der Sozialdemokratie „Der Kampf" die Kriegspolitik seiner Partei. Er erschoss aus Protest gegen den Ausnahmezustand und zur Aufrüttelung der Arbeiterschaft am 21. 10. 1916 den Min.-Präs. Karl Gf. → Stürgkh, wurde zum Tod verurteilt, aber zu Kerkerstrafe begnadigt und 1918 amnestiert. 1918–23 war er Vorsitzender der Wr. Arbeiterräte, in denen er dem kommunist. Einfluss entgegentrat. 1923–40 Sekretär der Internationale der Sozialist. Arbeiterparteien (II. Internationale) in Zürich, ab 1935 in Brüssel; löste 1939 das Auslandsbüro der ö. Sozialdemokraten auf. 1940 emigrierte er nach Amerika, kehrte 1946 nach Europa zurück und lebte in Zürich. Im Gegensatz zur SPÖ blieb er bis zu seinem Tod der großdeutschen Idee im Rahmen der Sozialdemokratie verbunden.

Werke: Die Erneuerung der Internationale, 1918; Vor dem Ausnahmegericht, 1923; Das Stalin'sche Experiment und der Sozialismus, 1932. – Literatur: R. Ardelt, F. A., 1984; J. Zimmermann, „Von der Bluttat eines Unseligen“. Das Attentat F. A. und seine Rezeption in der soz.-dem. Presse, 2000.

Adler, Guido, * 1. 11. 1855 Eibenschitz (Ivančice, CZ), † 15. 2. 1941 Wien, Musikwissenschaftler. 1898–1927 Prof. in Wien (Nachfolger E. → Hanslicks), begründete die „Wiener Schule“ der Musikwissenschaft, gab 1894–1938 die „Denkmäler der Tonkunst in Ö.“ heraus. Lehrer von E. → Wellesz und A. → Webern.

Werke: Der Stil in der Musik, 1912; Handbuch der Musikgeschichte, 1924 (Hg.); Wollen und Wirken, 1935 (Autobiographie). – Literatur: V. Kalisch, Entwurf einer Wiss. von der Musik: G. A., 1988; G. J. Eder (Hg.), A. Meinong und G. A. Eine Freundschaft in Briefen, 1995.

Adler, Hans, * 13. 4. 1880 Wien, † 11. 11. 1957 ebd., Beamter und Dichter.

Werke: Lyrik: Affentheater, 1920. – Roman: Das Städtchen, 1926. – Lustspiele: Die Nacht vor dem Ultimo, 1933 (gem. mit R. Lothar); Reise nach Preßburg, 1934 (gem. mit L. Perutz); Morgen ist Feiertag, 1935. – Literatur: H. H. Hahnl, Vergessene Literatur, 1984.

Adler, Max, * 5. 1. 1873 Wien, † 28. 6. 1937 ebd., Soziologe und sozialist. Theoretiker. Univ.-Prof. in Wien. Wie O. → Bauer einer der Theoretiker des Austromarxismus. Er suchte in seiner Schule des Neukantianismus die Lehren von K. Marx mit den Ideen I. Kants zu verbinden und stellte eine sozialist. Lebens- und Kulturlehre auf, in der er den Begriff des „Neuen Menschen“ prägte.

Werke: Die Staatsauffassung des Marxismus, 1922; Kant und der Marxismus, 1925; Lehrbuch der materialistischen Geschichtsauffassung, 1930. – Literatur: ÖBL.

Adler, Victor, * 24. 6. 1852 Prag (CZ), † 11. 11. 1918 Wien, Arzt und soz.-dem. Politiker. A. war Einiger und Führer der ö. Sozialdemokratie, Haupt der Arbeiterbewegung und Mitbegründer der 1. Republik; gehörte zunächst der dt.-nat. Bewegung an. Er gründete 1886 die sozialist. Wochenschrift „Gleichheit“, 1889 die „Arbeiterzeitung“, vereinigte auf dem Hainfelder Parteitag 1888/89 die soz.-dem. Gruppen und war maßgeblich an der Abfassung des Brünner Programms 1899 beteiligt. Als Abgeordneter (ab 1905) setzte er sich entschieden für das allg. Wahlrecht ein, als Staatssekretär des Äußern in der Provisorischen Regierung Renner 1918 für den Anschluss von „Deutsch-Ö.“ an das Dt. Reich. Büste von A. → Hanak am Republik-Denkmal in Wien.

Werke: Aufsätze, Reden und Briefe, 5 Bde., 1922–29. – Literatur: M. Ermers, V. A., 1932; R. Charmatz, Lebensbilder aus der Geschichte Ö., 1947; F. Kreuzer, Was wir ersehnen von der Zukunft Fernen, 1988; L. O. Meysels, V. A. – Die Biographie, 1997; ÖBL; NÖB; NDB.

Adlhart, Jakob, * 1. 4. 1898 München (D), † 12. 8. 1985 Hallein (Sbg.), Bildhauer. Ausbildung in der Werkstatt seines Vaters im Grödner Tal (S-Ti.) bzw. ab 1918 in Hallein, 1921–23 Studium bei A. → Hanak an der Wr. Kunstgewerbeschule. Schuf v. a. Holzplastiken für Kirchenausstattungen in Sbg., OÖ. und S-Deutschland; nach anfängl. historist. Tendenzen überwiegen expressionist. Stilmerkmale, die A. mit der alpenländ. Schnitztradition verbindet. Am Höhepunkt seines Schaffens in den 20er und 30er Jahren schuf A. seine monumentalen Arbeiten für St. Peter in Salzburg (Kruzifix, 1925) und für das Sbg. Festspielhaus (marmorne Mimenmaske über dem Haupteingang, 1926, Steinreliefs mit Masken tragenden Genien und figuraler Schmuck der Mönchsbergstiege, 1936/37).

Literatur: A. Hahnl, Der Bildhauer J. A., 1980 (mit Werkverzeichnis); F. Achleitner, Ö. Architekten im 20. Jh., Bd. 1, 1980.

Adlmüller, Fred, * 16. 3. 1909 Nürnberg (D), † 26. 9. 1989 Wien, international bekannter Modeschöpfer. 1973–80 Lehrtätigkeit an der Hochschule f. angewandte Kunst in Wien.

Literatur: H. Schill, F. A., 1990.

Adolph, Johann Baptist, * 25. 3. 1657 Liegnitz (Legnica, PL), † 14. 9. 1708 Wien, Jesuit, Bühnendichter des Wr. Jesuitentheaters.

Werke: religiöse Schau- und Lustspiele (5 Bde., handschriftl.). – Literatur: F. G. Sieveke, J. B. A., Diss., Köln 1966.

Adolph, Karl, * 19. 5. 1869 Wien, † 22. 11. 1931 ebd., Kanzleigehilfe, Handwerker, Redakteur und Schriftsteller. Schilderte das Wr. Vorstadtleben und stellte dem industriellen Zeitalter das Biedermeier als Idylle gegenüber. Bauernfeld-Preis 1914.

Werke: Haus Nummer 37, 1908; Schackerl, 1912; Töchter, 1914; Am 1. Mai, 1919; Von früher und heute, 1924. – Literatur: E. Harrer, K. A., Diss., Wien 1949.

Adrian, Karl, * 17. 2. 1861 Salzburg, † 14. 10. 1949 ebd., Lehrer und Volkskundler. Wirkte im Rahmen der Brauchtums- und Trachtenerneuerung sowie im Bereich des volkskulturellen Lebens in Sbg.

Werke: Kleine Heimatkunde von Sbg., 1907; Unser Sbg., 1916; Sbg. Sagen, 1924; Geistl. Volks-Schauspiel im Lande Sbg., 1936. – Literatur: F. Prodinger, K. A., 1950.

Adrian, Marc, * 4. 12. 1930 Wien, Avantgardekünstler in den Bereichen Film, bildende Kunst und Literatur. Studierte Bildhauerei an der Akad. d. bild. Künste in Wien und beschäftigt sich seither v. a. mit Fragen der Bewegung in den verschiedensten Kunstmedien; Pionier des Avantgardefilms in Ö. (vorwiegend Kurzfilme); 1970–73 Prof. an der Hochschule f. bild. Künste in Hamburg, danach Lehraufträge in Deutschland, Großbritannien und den USA.

Aduatz, Friedrich, * 1. 7. 1907 Pola (Pula, HR), † 22. 12. 1994 Voitsberg (Stmk.), Maler und Graphiker, Mitgl. des Hagenbunds, der Grazer und der Wr. Secession. Seine Malerei umfasste ein breites Spektrum von realist. bis informeller Malerei und war ab 1930 von der Tendenz zur Abstraktion bestimmt.

Literatur: F. A., Ausst.-Kat., Graz 1987; M. Boeckl, F. A. (1907–1994), 1997.

Aduatz, Wilhelm, * 14. 6. 1916 Straß (Stmk.), † 24. 1. 1978 Wien, Architekt. Wirkte vorwiegend in der Stmk.

Werke: Hauptbahnhof und Bürohäuser in Graz; Amts-, Wohn- und Schulhausbauten; Unfallstation Tobelbad.

Victor Adler. Foto, um 1910.

Aehrenthal, Aloys Graf Lexa von, * 27. 9. 1854 Groß-Skal (Hrubá Skála, CZ), † 17. 2. 1912 Wien, Diplomat. 1906–12 Außenmin., setzte 1908 die Annexion von Bosnien-Herzegowina durch und löste damit eine schwere internationale Krise aus. Später vertrat A. eine friedenssichernde Politik.

Literatur: ÖBL.

Aloys Graf Lexa von Aehrenthal. Foto, 1906.

Afritsch, Anton, * 8. 12. 1873 Klagenfurt (Kä.), † 7. 7. 1924 Graz (Stmk.), zunächst Tischlergehilfe, dann Redakteur des „Arbeiterwillen“; Vater von Josef → Afritsch. Gründete 1908 in Graz die Österreichischen Kinderfreunde.

Afritsch, Josef, * 13. 3. 1901 Graz (Stmk.), † 25. 8. 1964 Wien, Gartentechniker und Politiker (SPÖ); Sohn von Anton → Afritsch. Organisierte bis zu seiner Verhaftung 1942 den amtl. Pflanzenschutzdienst in Wien. Ab 1945 Gemeinderat und amtsführender Stadtrat (für allg. Verwaltung) von Wien, 1951 Stadtgarten-Dir. (gleichzeitig beurlaubt), 1959–63 Innenmin., dann Regierungskommissär für die Wr. Internationale Gartenschau 1964.

Ilse Aichinger. Foto.

Agatha, Hl., Fest 5. Feb., † um 251 in Sizilien. Patronin der Malteserritter, Glockengießer, Weber und Hirten. Das „Agathenbrot" deutet auf die Umstände ihres Martyriums. Brauchtum: Striezelwerfen in Stein im Jauntal (Kä.).

Ager, Klaus, * 10. 5. 1946 Salzburg, Komponist. Seit 1979 Prof. für Musikanalyse am Mozarteum Salzburg, seit 1995 dessen Rektor; beschäftigt sich v. a. mit elektron. und Computermusik (zahlreiche Schallplattenaufnahmen), daneben auch Orchester- und Vokalwerke.

Markgräfin Agnes. Glasmalerei, Ende 13. Jh., im Brunnenhaus des Stiftes Heiligenkreuz, NÖ.

Agnes, Markgräfin von Ö., * 1075, † 1143, Tochter von Ks. Heinrich IV., 1106 in zweiter Ehe mit Markgraf → Leopold III. von Ö. verheiratet, dem sie angebl. 18 Kinder gebar, von denen 6 Söhne (u. a. → Leopold IV., → Heinrich II. Jasomirgott, Bischof → Otto von Freising) und 5 Töchter überlebten. Nach anderen Forschungen stammen wahrscheinlich einige dieser Kinder aus der 1. Ehe mit Friedrich v. Staufen, Hzg. v. Schwaben. Bei einer Öffnung der Klosterneuburger Babenbergergräber konnten allerdings die Gebeine von 6 bis 7 Kindern bis zu 3 Jahren festgestellt werden. Der Legende nach hat Leopold III. das Stift Klosterneuburg an jener Stelle erbauen lassen, an der der verlorene Schleier seiner Gattin A. auf der Jagd gefunden wurde.

Literatur: H. Dienst, Agnes, 1985.

Agnes von Andechs-Meranien, † 1263, Tochter und Erbin Hzg. Ottos I. (VI.) von Meranien (→ Andechs-Meranien). In erster Ehe 1229 mit Hzg. → Friedrich II. von Ö. vermählt (davon leitete sich dessen Titel „Dominus Carniolae" ab), 1243 durch die Synode in Friesach kinderlos geschieden. Ihr zweiter Gatte (1248), der spätere Hzg. → Ulrich III. von Kä., wurde durch diese Ehe Herr von Krain; der Sohn aus dieser Ehe starb jung. A. ist in Sittich (Slowenien) begraben.

Agnes von Ö., * 1280, † 11. 6. 1364 Königsfelden (CH), Tochter Kg. → Albrechts I., 1296 Gattin von Kg. Andreas III. von Ungarn. Nach dessen Tod 1301 verließ sie Ungarn und vertrat die habsb. Politik in den Vorlanden. In ihrem Gebetbuch wurde die älteste Mariensequenz in dt. Sprache gefunden.

Literatur: B. Hamann (Hg.), Die Habsburger, [4]1993.

Carl Agricola, Selbstporträt, um 1810 (Österreichische Galerie Belvedere, Wien).

Agricola, Carl, * 18. 10. 1779 Säckingen (D), † 15. 5. 1852 Wien, Maler allegor. und mytholog. Themen, Miniaturporträtist und Kupferstecher. Ausgebildet in Karlsruhe und bei F. H. → Füger an der Wr. Akademie, arbeitete für die Wr. Porzellanmanufaktur.

Literatur: G. Frodl, Wr. Malerei der Biedermeierzeit, 1987.

Rosa Albach-Retty als Rachel in „Die Jüdin von Toledo" von F. Grillparzer. Burgtheater, Wien, 1908.

Ahlgrimm, Isolde, * 31. 7. 1914 Wien, † 11. 10. 1995 ebd., Pianistin, Cembalistin und Lehrerin (Sbg., Wien). Zählte zu den frühesten Vertretern hist. Aufführungspraxis; beispielhaft war v. a. ihre Einspielung des gesamten Klavierwerks von J. S. Bach auf dem Cembalo.

Ahrer, Jakob, * 28. 11. 1888 St. Stefan ob Leoben (Stmk.), † 31. 3. 1962 Wien, Rechtsanwalt und Politiker (CS). 1919–24 stellv. Landeshauptmann der Stmk., 1924–26 Finanzmin.

Werk: Erlebte Zeitgeschichte, 1930.

Aicher, Anton, * 16. 8. 1859 Oedt (Stmk.), † 5. 2. 1930 Salzburg, Bildhauer. Gründete 1913 das Salzburger Marionetten-Theater.

Aichern, Maximilian, * 26. 12. 1932 Wien, gelernter Fleischhauer, Benediktiner, Geistlicher. 1959 Priesterweihe, 1977–82 Abt von St. Lambrecht, 1978–81 Abtpräses der ö. Benediktinerkongregation, seit 1982 Bischof von Linz.

Aichholzer, Gerhard, * 19. 6. 1921 Judenburg (Stmk.), Elektrotechniker. Nach Elektrotechnikstudium in Graz 1950–60 bei der Siemens AG in Wien und Berlin tätig, 1960–63 in der Maschinenfabrik Oerlikon in Zürich. 1963–86 Prof. und Vorstand des Inst. f. Elektromagnet. Energieumwandlung an der Techn. Univ. Graz; 1977–87 auch Leiter der Anstalt f. Tieftemperaturforschung Joanneum in Graz. Inhaber zahlreicher Patente.

Werk: Elektromagnet. Energieumwandlung, 1975.

Aichinger, Ilse, * 1. 11. 1921 Wien, Schriftstellerin. Bekam als Tochter einer jüd. Ärztin bis 1945 keinen Studienplatz und begann erst nach Kriegsende ein Medizinstudium, das sie jedoch bald abbrach, um den autobiograph. Roman „Die größere Hoffnung" (1948) abzuschließen, nachdem sie mit ihrem Essay „Aufruf zum Mißtrauen" (in „Plan" 1946) erstmals Aufsehen erregt hatte. 1949/50 arbeitete sie als Verlagslektorin, ab 1951 stand sie in Verbindung mit der „Gruppe 47" und lernte dort ihren späteren Ehemann, den Schriftsteller G. Eich (1907–1972), kennen. Auch als Hörspielautorin machte sich A. einen Namen. Ihr Werk ist von Sprachskepsis und Vorbehalten gegenüber normativer Realitäts- und individueller Wirklichkeitserfahrung geprägt. Mehrere internationale Literaturpreise, Großer Ö. Staatspreis 1995.

Weitere Werke: Rede unter dem Galgen, 1952 (Erzählungen); Knöpfe, 1953 (Hörspiel); Zu keiner Stunde, 1957 (Szenen und Dialoge); Wo ich wohne, 1963 (Erzählungen); Eliza, Eliza, 1965 (Erzählungen); Auckland, 1969 (4 Hörspiele); Verschenkter Rat, 1978 (Gedichte); Kleist, Moos, Fasane, 1987 (Kurzprosa, Erzählungen, Erinnerungen). – Ausgabe: Werke in 8 Bden., hg. von R. Reichensperger, 1991. – Literatur: K. Bartsch (Hg.), I. A., 1993; S. Moser, I. A., Leben und Werk, [2]1995.

Aigner, Carl, * 12. 9. 1954 Ried i. Innkreis (OÖ.), Kunsthistoriker mit Schwerpunkt Fotografie. Seit 1989 Univ.-Lektor, Gründer (1991) und Hg. der Foto-, Medien- und Kunstzeitschrift „Eikon". Ab 1995 Kurator für Fotografie und neue Medien an der Kunsthalle Krems, seit 1997 deren künstlerischer Leiter; seit 2000 Projektleiter der Abt. f. Kulturwissenschaften an der Donau-Univ. Krems.

Werke: Aktuelle Photographie aus NÖ., Ausst.-Kat., Baden 1990; Fisch & Fleisch, Ausst.-Kat., Kunsthalle Krems, 1995. – Hg.: Kunst und ihre Diskurse, 1999; Harry Weber, 2001.

Aigner, Franz, * 13. 5. 1882 St. Pölten (NÖ.), † 19. 7. 1945 Wien, Physiker. Ab 1925 Prof. an der Techn. Hochschule Wien, wirkte an der Entwicklung des Radiowesens mit.

Literatur: ÖBL; NDB.

Albach-Retty, Rosa, * 26. 12. 1874 Hanau (D), † 26. 8. 1980 Baden (NÖ.), Schauspielerin; Mutter von Wolf → Albach-Retty. 1895–1903 am Dt. Volkstheater in Wien, 1903–58 am Wr. Burgtheater, bes. im charakterkom. Fach; Filmtätigkeit; 1. Trägerin der J.-Kainz-Medaille 1958.

Literatur: So kurz sind 100 Jahre. Erinnerungen, aufgezeichnet von G. Svoboda-Srncik, 1978; R. Kittler, R. A.-R., Diss., Wien 1958.

Albach-Retty, Wolf (Wolfgang Albach), * 28. 5. 1906 Wien, † 21. 2. 1967 ebd., Schauspieler; Sohn von Rosa → Albach-Retty und Vater von Romy → Schneider. 1926–32 und 1959–67 am Wr. Burgtheater (Schnitzler- und Molnár-Rollen), daneben hauptsächl. beim Film tätig.

Literatur: H. Trunk, W. A.-R., Diss., Wien 1974.

Albani (Albanus), Matthias, * 28. 3. 1621 St. Nikolaus b. Kaltern (S-Ti.), † 7. 2. 1712 Bozen (S-Ti.), Geigenbauer. Seine Geigen wurden bes. geschätzt, 1640–90 gab es zahlreiche Fälschungen. Seine Instrumente haben bautechn. kaum etwas mit jenen → Stainers gemein, weisen eher nach Italien. A. beeinflusste die dt. und Ti. Instrumentenbauer des 18. Jh. Das Gewerbe wurde durch seine Söhne Michael (1677–1730) und Joseph (1680–1722) fortgesetzt.

Albert III., Graf von Tirol, * um 1180, † 22. 7. 1253, der letzte aus dem Geschlecht der → Tiroler Grafen, Vogt von Trient und ab 1210 auch von Brixen. Er erwarb 1248 den Ti. Besitz der Grafen von → Andechs-Meranien und der Grafen von → Eppan und setzte die Vereinigung der Grafschaften im Gebirge zum Land Ti. fort. 1254 wurde dieses als „dominium" oder „comecia Tyrolis" bezeichnet. Durch die Ehe seiner Tochter Adelheid mit Meinhard III. von Görz (→ Meinhard I. von Tirol) ging das Erbe der Tiroler Grafen letztlich an die → Görzer Grafen über.

Literatur: J. Riedmann, in: Geschichte Ti., Bd. 1, 1985.

Albert Kasimir, Hzg. von Sachsen-Teschen, * 11. 7. 1738 Moritzburg bei Dresden (D), † 10. 2. 1822 Wien, Sohn Kurfürst Friedrich Augusts II. von Sachsen (als August III. Kg. v. Polen), heiratete → Marie Christine, Tochter Maria Theresias. 1765–80 Statthalter in Ungarn, dann bis 1792 Gen.-Gouverneur der Niederlande. In Wien bewohnte er ab 1795 das Palais, in dem sich die durch seine Sammeltätigkeit entstandene Albertina befindet. A. stiftete 1805 eine Wasserleitung in Wien. Für seine Gattin ließ er von A. → Canova ein Grabmal in der Augustinerkirche bauen.

Literatur: W. Koschatzky, Hzg. A. v. Sachsen-Teschen, in: Veröffentlichung der Albertina 18, 1982.

Albert, Barbara, * 22. 9. 1970 Wien, Regisseurin, Produzentin. Studierte 1989–91 Theaterwiss., Publizistik und Germanistik in Wien und danach an der Wr. Filmakad. Gründete 1999 die Firma Coop 99, seither selbstständige Filmproduzentin. Ihr Film „Nordrand" (1999) wurde mehrfach ausgezeichnet (u. a. Best First Feature Award); weitere Auszeichnungen beim Kraków International Short Film Festival 1997 (für „Die Frucht deines Leibes") und beim Film Festival Los Angeles 1999 (für „Sonnenflecken").

Weitere Werke: Nachtschwalben, 1993; Somewhere else, 1997; Sliding – Alles bunt und wunderbar, 1998.

Albert, Eduard, * 20. 1. 1841 Senftenberg (Zamberk, CZ), † 25. 9. 1900 ebd., Chirurg. Schüler von J. → Hyrtl, Prof. in Innsbruck und Wien; schuf die Heilstätten San Pelagio bei Rovinj (Kroatien) und in Lauffen (OÖ.), führte in Ö. als erster die Antiseptik ein. Sein „Lehrbuch der Chirurgie" (4 Bde., 1877–80) fußt bereits auf der antiseptischen Wundbehandlung.

Alboin, König der Langobarden 560/561–568/572. Unter seiner Herrschaft kam es 568 zum Abzug der Langobarden aus ihrem im pannon.-ostnorischen Raum gelegenen Einflussbereich nach Oberitalien.

Albrecht I., * 1255, † 1. 5. 1308 bei Brugg an der Aare (CH; ermordet nach dem Übergang über die Reuss von seinem Neffen → Johann Parricida), ältester Sohn → Rudolfs I. v. Habsburg; ab 1281 Reichsverweser, 1282 Hzg. von Ö. und Stmk. (bis 1283 gem. mit seinem Bruder → Rudolf II.). Musste Aufstände in Ö. und der Stmk. bekämpfen, führte Krieg gegen Sbg. Er gab Wien ein neues Stadtrecht; seinen Sohn → Rudolf III. machte er zum Kg. von Böhmen. 1298 dt. Kg. und Sieg über Adolf von Nassau bei Göllheim in Hessen.

Literatur: B. Hamann (Hg.), Die Habsburger, [4]1993.

Albrecht II., * 1298 auf der Habsburg (CH), † 20. 7. 1358 Wien, Sohn von → Albrecht I.; Vater von → Rudolf IV., → Albrecht III. und → Leopold III.; Hzg. von Ö. und Stmk. Regierte ab 1326 die Vorlande, nach dem Tod seines Bruders → Friedrich I. 1330–39 gem. mit seinem Bruder → Otto dem Fröhlichen, dann allein Ö. Erwerbung von Kä. und Krain 1335. A. gab Wien 1340 ein neues Stadtrecht und machte es zur eigentl. Residenz. Er erließ 1355 die Albertinische Hausordnung. Aufgrund seiner Erkrankung an Polyarthritis trug er den Beinamen „der Lahme" (auch „der Weise"). Begraben in seiner Gründung Kartause Gaming.

Literatur: B. Hamann (Hg.), Die Habsburger, [4]1993.

Albrecht III., * 1349/50 Wien, † 29. 8. 1395 Laxenburg (NÖ.), Sohn von → Albrecht II.; Hzg. von Ö. (bis 1379 gem. mit seinem Bruder → Leopold III.). Im Neuberger Teilungsvertrag behielt er Ö. (mit dem Salzkammergut) und begründete die albertinische Linie. 1386 übernahm er auch die Verwaltung der leopoldinischen Länder; er unterlag 1388 bei Näfels den Schweizern. A. stärkte die Stellung des Landesfürsten im Innern (Schaunberger Fehde), förderte den Weiterbau des Stephansdoms und den Ausbau der Univ. (Theol. Fakultät), war gebildet und veranlasste die Landeschronik des Leopold → Stainreuter. 1394 wollte er dt. König werden. Den Beinamen „mit dem Zopf" trug er wegen der Zugehörigkeit zu einer ritterl. Ges.

Literatur: B. Hamann (Hg.), Die Habsburger, [4]1993.

Albrecht IV., * 19. 9. 1377 Wien, † 14. 9. 1404 Klosterneuburg (NÖ.), Sohn von → Albrecht III.; Hzg. von Ö. (1395–1404). In Auseinandersetzungen mit seinen Verwandten der leopoldinischen Linie und den Luxemburgern Wenzel und Siegmund verwickelt, beeinträchtigt durch das Fehdewesen im Land.

Literatur: B. Hamann (Hg.), Die Habsburger, [4]1993.

Albrecht V. (als dt. Kg. A. II.), * 10. 8. 1397 Wien, † 27. 10. 1439 Neszmély bei Esztergom (H), Sohn von → Albrecht IV.; Hzg. von Ö., Kg. von Ungarn und Böhmen sowie dt. Kg. 1411 von den Ständen für großjährig erklärt, vermählte sich 1422 mit Elisabeth, Tochter von Ks. Siegmund (auch Kg. von Böhmen und Ungarn), wurde 1437 Kg. von Ungarn, 1438 von Böhmen und 1438 dt. Kg. Mit ihm begann die Reihe der habsb. Könige und Kaiser (bis 1740) im Reich. Er förderte die Melker Reform, vertrieb 1421 die Juden aus Wien, kämpfte gegen die Hussiten und Türken. Sein Sohn → Ladislaus Postumus wurde erst nach seinem Tod geboren.

Literatur: G. Hödl, A. II., Königtum, Reichsregierung und Reichsreform 1438–39, 1978.

Albrecht VI., * 18. 12. 1418 Wien, † 2. 12. 1463 ebd., Sohn von Hzg. → Ernst (dem Eisernen) von Innerö., Erzhzg. von Ö. 1446 Regent der Vorlande, stellte sich gegen seinen Bruder → Friedrich III., regierte 1458–63 das Land ob der Enns, erhielt nach der Belagerung Friedrichs in der Wr. Burg 1462 auch die Regentschaft von Ö. unter der Enns zugesprochen.

Literatur: B. Hamann (Hg.), Die Habsburger, [4]1993.

Albrecht VII., * 13. 11. 1559 Wr. Neustadt (NÖ.), † 15. 11. 1621 Brüssel (B), zweitjüngster Sohn Ks. → Maximilians II. Wurde 1577 Kardinal-Erzbischof von Toledo, 1583 Vizekönig von Portugal und 1595 Gen.-Gouverneur der südl. Niederlande. Nach seiner Heirat mit Isabella Klara Eugenia, der Tochter Philipps II. von Spanien, wurde er 1599 Landesfürst der Niederlande. Das Herrscherpaar war sehr kunstsinnig. Da das Paar kinderlos blieb, fiel das Land nach A. Tod wieder an Spanien zurück; Isabella Klara Eugenia blieb Statthalterin.

Literatur: B. Hamann (Hg.), Die Habsburger, [4]1993.

Albrecht, Erzhzg. von Ö., * 3. 8. 1817 Wien, † 18. 2. 1895 Arco (I), Feldherr; ältester Sohn von Erzhzg. → Karl. Ab 1845 Kommandierender General in NÖ., OÖ. und Sbg., trat 1848 gegen die Revolution auf, war 1851–60 Gen.-Gouverneur in Ungarn, siegte 1866 über die Italiener bei Custozza, war dann Gen.-Inspektor des Heeres und „graue Eminenz". Reiterdenkmal auf der Albrechtsrampe in Wien von C. v. Zumbusch 1899.

Literatur: B. Hamann, Erzhzg. A., in: Politik und Ges. im alten Ö., Bd. 1, 1981; J. C. Allmayer-Beck, Der stumme Reiter. Erzhzg. A., der Feldherr „Gesamt-Ö.", 1997; ÖBL.

Herzog Albrecht III. mit den Insignien des Zopfordens. Anonym. Gemälde, 16. Jh. (Kunsthistorisches Museum, Wien).

Herzog Albert Kasimir von Sachsen-Teschen mit Erzherzogin Marie Christine. Ausschnitt aus „Kaiserin Maria Theresia im Kreise ihrer Kinder". Gemälde von F. H. Füger, 1776 (Österreichische Galerie Belvedere, Wien).

Herzog Albrecht V. (König Albrecht II.). Anonym. Gemälde, 16. Jh. (Kunsthistorisches Museum, Wien).

Herzog Albrecht I. Nachzeichnung eines Münzporträts.

Johann Georg Albrechtsberger. Anonym. Gemälde, 1809 (Gesellschaft der Musikfreunde in Wien).

Albrechtsberger, Johann Georg, * 3. 2. 1736 Klosterneuburg (NÖ.), † 7. 3. 1809 Wien, Musiktheoretiker und Komponist. Hoforganist (ab 1772) und Kapellmeister am Wr. Stephansdom, Freund von J. → Haydn, Lehrer von L. van → Beethoven; als Kirchenkomponist Vertreter der polyphonen Tradition.

Werke: Messen, Symphonien, Kammermusik, Auswahl in: Denkmäler der Tonkunst in Ö., Bd. 16, 2; Schriften zur Kompositionslehre. – Literatur: E. Paul, J. G. A., 1976; A. Weinmann, J. G. A., Themat. Kat., 1987.

Albrechtsmeister, → Meister des Albrechtsaltars.

Albuin, Hl., Fest 5. Feb., um 975–1006 Bischof von Säben. Verlegte den Bischofssitz nach Brixen, im dortigen Dom begraben. Stammte aus dem Geschlecht des → Aribo.

Alcalay, Luna, * 21. 10. 1928 Zagreb (HR), Komponistin. Lebt seit 1950 in Wien, 1951–57 Studium an der Wr. Musikhochschule. Ab 1959 pädagogische Tätigkeit mit den Wr. Sängerknaben, bis 1994 Lehrtätigkeit für Klavier an der Wr. Musikhochschule. Bereits früh Kontakte zur internat. Avantgarde, Entwicklung einer eig. kompositorischen Systematik, die von der Skepsis gegenüber Musik und Tradition gekennzeichnet ist.

Werke: antigonenmodell, 1958 (Studienoper); aspekte (2 Klaviere, Schlagzeug), 1962; night-club pieces, 1966 (Jazzquintett); Allg. Erklärung der Menschenrechte, 1968 (Kantate); platitudes en occasion, 1973 (Vokalisten, Streichquintett, Schlagzeug); homo sapiens, 1977 (radiophones Stück); ich bin in sehnsucht eingehüllt, 1984 (szenische Reflexionen); der übergangene mensch, 1996 (szenisches Werk); touches for piano and orchestra, 1996.

Aldringen, → Clary-Aldringen.

Peter Alexander. Foto, um 1960.

Alexander, Peter (eigentl. P. A. Neumayer), * 30. 6. 1926 Wien, Schauspieler, Sänger und Entertainer. Studierte am Reinhardt-Seminar, spielte dann am Wr. Bürgertheater, am Theater in der Josefstadt (Wien) sowie am Kabarett Simplicissimus (Wien); 1952–72 44 Kinofilme (u. a. „Im Weißen Rößl", 1960; „Die Abenteuer des Grafen Bobby", 1961; „Saison in Salzburg", 1961; „Die Fledermaus", 1962; „Charleys Tante", 1963); Schallplatten (über 120 LPs), ab 1952 regelmäßige Fernsehauftritte, ab 1969 eig. Fernsehshow.

Alker, Adolf, * 18. 10. 1921 Graz (Stmk.), † 3. 9. 1984 Innsbruck (Ti.), Mineraloge. 1952–84 am Stmk. Landesmuseum Joanneum tätig, machte sich um die Dokumentation von steir. Mineralfunden verdient.

Werke: zahlreiche mineralog. Aufsätze über die Stmk.

Allio, Donato Felice d', * um 1677, † 6. 5. 1761 Wien, Architekt der Barockzeit; Schüler von J. B. → Fischer von Erlach. Hauptwerke sind die Salesianerkirche in Wien (1717–30) und der Neubau des Stifts Klosterneuburg (1730 begonnen, bis 1755 fortgeführt, aber nicht vollendet).

Literatur: G. Brucher, Barockarchitektur in Ö., 1983; F. Röhrig, Stift Klosterneuburg, 1984; H. Lorenz (Hg.), Barock, Geschichte der bildenden Kunst in Ö., hg. von H. Fillitz, Bd. 4, 1999.

Allmayer-Beck, Johann Christoph, * 19. 8. 1918 Baden (NÖ.), Historiker. 1964–83 Dir. des Heeresgeschichtlichen Museums.

Werke: Min.-Präs. Baron Beck, 1956; Spectrum Austriae (Hg.), 1957; Imago Austriae (Hg.), 1963; Das Heer unter dem Doppeladler, 1982; Der stumme Reiter. Erzhzg. Albrecht, der Feldherr „Gesamt-Ö.", 1997.

Allram, Josef, * 22. 11. 1860 Schrems (NÖ.), † 29. 12. 1941 Mödling (NÖ.), Lehrer und Heimatdichter („Waldviertler Sepp"). Regte die Errichtung mehrerer R.-Hamerling-Denkmäler an.

Weitere Werke: Waldviertler Geschichten, 1900; Der 1000. Patient, 1903; Hamerling und seine Heimat, 1905; Der letzte Trieb, 1911.

Almássy, Susanne, * 15. 6. 1916 Wien, Kammerschauspielerin; Ehefrau von Rolf → Kutschera. Zunächst Engagements an dt. Bühnen und Filmtätigkeit, dann an verschiedenen Wr. Theatern tätig, seit 1949 Mitgl. des Theaters in der Josefstadt. Rollen in Boulevardstücken, Klassikern und Musicals; Film- und Fernsehtätigkeit. 1970 J.-Kainz-Medaille.

Literatur: G. H. Steier, Kammerschauspielerin S. v. A., Dipl.-Arb., Wien 1994.

Alt, Franz, * 16. 8. 1821 Wien, † 13. 2. 1914 ebd., Maler und Aquarellist; Sohn von Jakob → Alt und Bruder von Rudolf v. → Alt. Studium an der Wr. Akademie bei L. → Kupelwieser und J. → Danhauser; Reisen nach Italien, Holland und Russland; malte Landschaftsserien und Stadtansichten als Vorlagen für Lithographien.

Literatur: M.-L. Schuppanz, F. A., Diss., Wien 1980.

Alt, Jakob, * 27. 9. 1789 Frankfurt a. M. (D), † 30. 9. 1872 Wien, Maler und Lithograph; Vater von Franz → Alt und Rudolf v. → Alt. Studierte an der Wr. Akademie bei F. A. → Brand und M. v. → Molitor; schuf lithograph. Serienwerke über die ö. Alpen und die Donau. Umfangreiches Herbarium (heute im Nö. Landesmus.).

Literatur: W. Koschatzky, R. v. A., 1975; G. Gmeiner-Hübel, J. A., Diss., Graz 1990.

Alt, Rudolf von, * 28. 8. 1812 Wien, † 12. 3. 1905 ebd., Maler und bedeutendster ö. Aquarellist; Sohn von Jakob → Alt, Bruder von Franz → Alt. Kolorierte schon früh Lithographien seines Vaters. Studierte an der Wr. Akad. bei J. → Mössmer, oft Begleiter und Mitarbeiter seines Vaters. Nach 1830 Reisen durch die ö. Monarchie, Bayern, die Schweiz, Italien sowie die Halbinsel Krim; schuf dabei Landschaftsserien und Stadtansichten, widmete sich auch dem Interieur. 1867 lehnte er eine Professur an der Wr. Akad. ab; in seinen späten Jahren wieder vorwiegend Darstellung des Wr. Stadtbildes; zahlreiche Ehrungen und Preise, Gründungsmitgl. des Wr. Künstlerhauses, 1897 Ehrenpräs. der Wr. Secession. In den ersten Jahren detailgetreue Wiedergabe der Natur, später freier und malerischer, versuchte z. T. durch lasierende Malweise Licht, Farbe und Stimmung einzufangen, näherte sich dadurch dem Impressionismus.

Literatur: W. Koschatzky, R. v. A., 1975.

Alt (ab 1600 von Altenau), Salome, * 21. 9. 1568 Salzburg, † 27. 6. 1633 Wels (OÖ.), Kaufmannstochter, die als Lebensgefährtin des Sbg. Erzbischofs → Wolf Dietrich von Raitenau 15 Kinder gebar. Er ließ für sie das Schloss Altenau erbauen, jetzt Mirabell genannt.

Literatur: E. Stahl, Wolf Dietrich v. Sbg., 1980.

Altdorfer, Albrecht, * um 1480 Regensburg (D), † 12. 2. 1538 ebd., Maler, Baumeister, Zeichner, Kupferstecher. Einer der bedeutendsten Künstler seiner Zeit, Hauptmeister der Donauschule. Von seinen 55 Tafelbildern sind mehrere im Kunsthist. Mus. in Wien. Umfangreichstes und bedeutendstes Werk ist der 1509–18 entstandene Sebastiansaltar von St. Florian mit seinen dramat.-manierist. Szenenbildern. Unter den 124 Zeichnungen Entwürfe zum Triumphzug Maximilians I., 24 Randzeichnungen für das Gebetbuch Maximilians I. 1535 Gesandter von Regensburg bei König Ferdinand I.

C. S. Wood, A. A. and the origin of landscape, 1993.

Peter Altenberg. Foto.

Altenberg, Peter (eigentl. Richard Engländer), * 9. 3. 1859 Wien, † 8. 1. 1919 ebd., Schriftsteller und Lebenskünstler. Als Sohn eines Wr. Kaufmanns erhielt A. eine gehobene Erziehung. Nach 2 abgebrochenen Studien (Jus und Medizin) sowie einer begonnenen Buchhändlerlehre attestierte ihm ein Arzt „Überempfindlichkeit des Nervensystems" und daher die Unfähigkeit, einen

Beruf auszuüben. Das Pseudonym A. lieh er vom gleichnamigen Ort an der Donau. Andauernde Depressionen und Nervenkrisen belasteten A., einen der wichtigsten Autoren der Gruppe Jung-Wien, bis zum Tod. Einer gesunden vegetar. Lebensweise stand ein exzessiver Alkohol- und Tablettenkonsum gegenüber. A. Texte entsprechen inhaltlich wie formal den Empfindungen des „nervösen Bohemiens" der Jahrhundertwende. K. → Kraus trat entschieden für Werk und Person A. ein.

Werke: Wie ich es sehe, 1896; Ashantee, 1897; Was der Tag mir zuträgt, 1900; Prodromos, 1905; Märchen des Lebens, 1908; Neues Altes, 1911; Vita ipsa, 1918. – Ausgabe: Gesammelte Werke, 5 Bde. (nur 2 erschienen), hg. v. W. Schweiger, 1987. – Literatur: H. C. Kosler (Hg.), P. A., Leben und Werk in Texten und Bildern, 1981; A. Barker, Telegrammstil der Seele. P. A. – eine Biographie, 1998.

Altenburger, Erwin, * 3. 11. 1903 Mautern (Stmk.), † 7. 2. 1984 Wien, Schuhmacher und Politiker (ÖVP). Ab 1927 Gewerkschaftsbediensteter, 1948–75 Vizepräs. des ÖGB, 1952–75 Vorsitzender der Fraktion Christl. Gewerkschafter. 1945–70 Abg. z. NR, 1947–49 BMin. ohne Portefeuille.

Althan(n), aus Bayern bzw. OÖ. stammendes Adelsgeschlecht (Altheim), seit 1531 in Ö. sesshaft. Die A. zerfielen in mehrere Linien (Frain, Murstetten), erhielten 1509 den böhm. und 1610 den erblichen Reichsgrafentitel, sie stellten im 17./18. Jh. bedeutende Mitgl. des Hofadels. Persönlichkeiten aus der bis heute bestehenden Familie: Michael Adolf Gf. → Althan(n), Michael Johann Gf. → Althan(n) und Gundacker Ludwig Gf. → Althan(n).

Literatur: W. Hauser, Das Geschlecht derer von A., Diss., Wien 1949.

Althan(n), Gundacker Ludwig Graf, * 15. 5. 1665 Zwentendorf (NÖ.), † 28. 12. 1747 Wien, General, Diplomat, Hofbaudirektor. A. wurde im Span. Erbfolgekrieg und im Türkenkrieg 1716/17 als Offizier eingesetzt, 1716 wurde er zum Hofbaudir. ernannt, dem alle Bauämter der Erblande unterstellt waren. Er organisierte den Wiederaufbau der Festung Raab (Győr), den Bau des Invalidenhauses in Budapest sowie der Hofbibl. und der Karlskirche in Wien, weiters den Ausbau von Stift Klosterneuburg und die Renovierung von Schloss Laxenburg. Er brachte die kaiserl. Gemäldegalerie in der Stallburg unter und richtete die von J. van Schuppen geleitete Malerakademie in seinem Haus ein.

Literatur: Prinz Eugen, Ausst.-Kat., Schloßhof 1986.

Althan(n), Michael Adolf Graf (1609), * 1574 Murstetten (Gem. Weißenkirchen an der Perschling, NÖ.), † 7. 5. 1636 Wien, General, Diplomat, Vertrauter von Erzhzg. → Matthias. Bes. Kenner der Verhältnisse in der Türkei; gründete 1625 den kurzlebigen Ritterorden „Christianae Militiae" und das Jesuitenkolleg Krems.

Althan(n), Michael Johann Graf, * 8. 10. 1679 Joslowitz (Jaroslavice, CZ), † 26. 3. 1722 Wien, Diplomat. Begleiter Karls VI. in Spanien, dann Hauptvertreter der „span. Partei" am Hof. Ließ das Schloss Frain (Vranov, CZ) durch J. B. Fischer von Erlach ausbauen. Seine Gattin Maria Anna, geb. Marchesa Pignatelli (* 26. 7. 1689 Alcudia, † 1. 3. 1755 Wien) war mit Karl VI. befreundet, verwendete ihren großen Einfluss zur Förderung italien. Künstler (A. → Zeno, P. A. → Metastasio) und der Barockhistoriker B. → Pez und J. G. → Bessel.

Altmann, Hl., Fest 8. Aug., * um 1015 Westfalen (D), † 8. 8. 1091 Zeiselmauer (NÖ.), ab 1065 Bischof von Passau. War im Investiturstreit Anhänger von Papst Gregor VII., gründete vor 1083 Göttweig als Augustiner-Chorherrenstift, reformierte St. Florian und St. Pölten, unterstützte Lambach und andere Benediktinerklöster. Ließ viele „steinerne" Kirchen bauen.

Literatur: C. Tropper, in: 900 Jahre Göttweig, Ausst.-Kat., Göttweig 1983.

Altmann, Karl, * 8. 1. 1904 Wien, † 29. 12. 1960 ebd., Beamter und Politiker (KPÖ); Ehemann von Helene → Postranecky. Obersenatsrat der Gem. Wien; 1945 Unterstaatssekr. für Justiz, 1945–47 BMin. für Elektrifizierung und Energiewirt.

Altmann, René, * 9. 7. 1929 Luzern (CH), † 3. 4. 1978 Wien, Schriftsteller, Autor von Kurzprosa und Lyrik. Studierte Staatswiss., ab 1949 Kontakt zu H. C. → Artmann und zur Gruppe um die Ztschr. „Neue Wege". In der Nachkriegszeit Vertreter der „Trümmerlyrik"; die späteren Werke werden von absurd-grotesken Elementen beherrscht.

Werke: Unsinnige Welt. Literar. Texte 1949–75, in: Protokolle 1979, Heft 4, hg. v. O. Breicha; Wir werden uns kaum mehr kennen, 1993.

Altmutter, Franz, * 1746 Wien, † 21. 1. 1817 Innsbruck (Ti.), Maler; Vater von Jakob Placidus → Altmutter. Lebte ab 1771 in Innsbruck, schloss sich stilist. an die spätbarocke Troger-Nachfolge an.

Werke: Fresken in vielen Ti. Kirchen; Wandgemälde in der Innsbrucker Hofburg (gem. mit J. P. Altmutter), 1815. – Literatur: E. Egg, Kunst in Ti., Bd. II, 1972.

Altmütter, Georg, * 6. 10. 1787 Wien, † 2. 1. 1858 ebd., Technologe. Ab 1816 Prof. für mechan. Technologie am Polytechn. Inst. in Wien; Begründer der systemat. Werkzeuglehre. Seine umfangreiche Werkzeugsammlung befindet sich im Techn. Mus. Wien.

Werk: Beschreibung der Werkzeug-Smlg. des k. k. polytechn. Inst., 1825. – Literatur: ÖBL.

Altmutter, Jakob Placidus, * 25. 7. 1780 Innsbruck (Ti.), † 22. 11. 1820 Schwaz (Ti.), Maler; Sohn von Franz → Altmutter; begründete das alpine Sittenbild in Ti.

Werke: Bilder des Ti. Volkslebens und Freiheitskampfes von 1809; Trachten; bäuerl. Genrebilder. – Literatur: E. Egg, Kunst in Ti., Bd. II, 1972.

Altomonte (auch Hohenberg), Bartolomeo, * 24. 2. 1701 Warschau (PL), † 11. 11. 1783 St. Florian (OÖ.), Sohn von Martino → Altomonte, Schüler seines Vaters und D. → Grans, namhafter Vertreter der barocken Freskenmalerei; lebte vorwiegend in Linz.

Bartolomeo Altomonte, Selbstbildnis. 2. Hälfte 18. Jh. (Stift St. Florian, OÖ.).

Werke: Fresken und Altarbilder in: OÖ.: Engelszell, Hellmonsödt, Kremsmünster (Kalvarienbergkirche), Linz (Elisabethinenkirche, Landhauskirche, Ursulinenkirche), Neunkirchen am Walde, Offenhausen, St. Florian, St. Georgen im Attergau, Spital am Pyhrn, Vöcklabruck (Schloss Neuwartenburg), Wilhering (mit seinem Bruder Andrea A.), Wolfsegg am Hausruck (Schlosskapelle); NÖ.: Grein, Herzogenburg, Kollerschlag, St. Pölten (Inst. der Engl. Fräulein), Seitenstetten, Zistersdorf; Stmk.: Admont. – Literatur: B. Heinzl, B. A., 1964; H. Lorenz (Hg.), Barock, Geschichte der bildenden Kunst in Ö., hg. von H. Fillitz, Bd. 4, 1999.

Altomonte, Martino, * 8. 5. 1657 Neapel (I), † 14. 9. 1745 Heiligenkreuz (NÖ.), Maler; Vater von Bartolomeo → Altomonte. Wichtiger Vermittler zw. der ital. und der ö. Kunst. Ab 1684 Hofmaler bei Kg. Johann Sobieski in Warschau, ab 1707 Mitgl. der Akad. der bild. Künste in Wien, ab Anfang des 18. Jh. in Sbg., Wien, OÖ. und NÖ. sowie in der Stmk. und im Bgld. tätig; ab 1738 Familiaris und Stiftsmaler in Heiligenkreuz.

Werke: Deckengemälde und Altarbilder: Wien (Stephansdom, Peterskirche, Karlskirche, Unteres Belvedere); NÖ.: Krems a. d. Donau, Retz, Wr. Neustadt, Zwettl; OÖ.: Linz (Karmeliterkirche, Ursulinenkirche, Seminarkirche), St. Florian (Hauskapelle und Marmorsaal), Stadl-Paura, Timelkam, Wilhering; Salzburg (Residenz); Stmk.: Pöllau; Bgld.: Mönchhof; Hauptwerke auch in der Ö. Galerie Belvedere (Barockmuseum), Wien. – Literatur: H. Aurenhammer, M. A., 1965; H. Lorenz (Hg.), Barock, Geschichte der bildenden Kunst in Ö., hg. von H. Fillitz, Bd. 4, 1999.

Friedrich von Amerling. Foto.

Jean Améry. Foto.

Wolfgang Ambros. Foto, um 1990.

Gustinus Ambrosi in seinem Atelier. Foto.

Alxinger, Johann Baptist Edler von (Pseud.: Johannes Xilanger), * 24. 1. 1755 Wien, † 1. 5. 1797 ebd., Schriftsteller und Jurist. 1796 Sekr. des Hofburgtheaters. Verbreitete in seinen Schriften, u. a. der „Ö. Monathsschrift" (gem. mit J. → Schreyvogel), die Ideen der Aufklärung und schrieb, von C. M. Wieland beeinflusst, die Ritterepen „Doolin von Maynz" (1787) und „Bliomberis" (1791).

Weitere Werke: Oden, Lieder, Gedichte. – Literatur: H. Zeman (Hg.), Die ö. Literatur. Ihr Profil an der Wende vom 18. zum 19. Jh., Bd. 2, 1979.

Alzinger, Wilhelm, * 11. 8. 1928 Wien, † 2. 1. 1998 ebd., Archäologe. 1978–93 Univ.-Prof. in Wien, leitete Ausgrabungen in Aguntum, Agrigento (Sizilien), Ephesos (Türkei) und Aigeira (Griechenland).

Werke: Die Ruinen von Ephesos, 1974; Aguntum und Lavant, [4]1985; Grundzüge der Röm. Architektur, 1985.

Amadeus-Dier, Erhard (eigentl. E. A. Dier), * 8. 2. 1893 Wien, † 25. 9. 1969 Klosterneuburg (NÖ.), Maler und Graphiker. Mehrfach preisgekrönt; war während des Nat.-Soz. in der ö. Widerstandsbewegung tätig.

Werke: Turm von Babel, 1929–32; Entwürfe für ö. Banknoten, Gobelins, Tapeten, Kirchenfenster; Zeichenfilme; Porzellanmalereien; Illustrationen; Radierungen; Porträts; Tierbilder.

Amanshauser, Gerhard, * 2. 1. 1928 Salzburg, Essayist, Erzähler und Lyriker. Studierte an der Techn. Univ. Graz, dann Germanistik und Anglistik, arbeitete kurze Zeit als Englischlehrer. Kultur- und gesellschaftskrit. essayist. Stil, ironisch-satir. Erzähltexte mit vielschichtiger Struktur.

Werke: Aus dem Leben der Quaden, 1968; Grenzen, 1977; Der Ohne-Namen-See, 1988; Moloch Horridus, 1989; Lektüre, 1991; Das Erschlagen von Stechmücken, 1993; Tische, Stühle & Bierseidel, 1997; Schloß mit späten Gästen, 1997; Aufzeichnungen einer Sonde, 1998; Terrassenbuch, 1999; Mansardenbuch, 1999. – Literatur: C. Reichholf, G. A., Ironie und Satire, 1985; J. Donnenberg (Hg.), Gegen-Sätze, 1993.

Ambros, August Wilhelm, * 17. 11. 1816 Mauth b. Prag (CZ), † 28. 6. 1876 Wien, Jurist, Musikhistoriker, Kritiker, romant. Komponist. Vertrat als einer der ersten den Cäcilianismus in Ö. Lehrer für Kunstgeschichte des Kronprinzen Rudolf.

Werke: 1 Oper, Lieder; Geschichte der Musik, 3 Bde., 1862ff.

Ambros, Otto, * 15. 5. 1910 Klosterneuburg (NÖ.), † 21. 2. 1979 Wien, Schauspieler und Regisseur, Verfasser von Hörspielen und Libretti („Deutschmeistermarsch", 1951).

Ambros, Wolfgang, * 19. 3. 1952 Wolfsgraben (NÖ.), Liedermacher. Durchbruch 1971 mit „Da Hofa", 1972 erste LP; Freundschaft und Zusammenarbeit mit J. → Prokopetz, R. → Fendrich und C. → Kolonovits. Größte Erfolge mit „Der Watzmann ruft", „Es lebe der Zentralfriedhof", „Schifoan", „Für immer jung".

Literatur: W. Ambros, Worte, Bilder, Dokumente, 1984.

Ambrosi, Gustinus, * 24. 2. 1893 Eisenstadt (Bgld.), † 1. 7. 1975 Wien (Selbstmord), Bildhauer und Dichter, seit seinem 7. Lebensjahr taub. Erfolgreicher Porträtist, stilist. der Rodin-Nachfolge verpflichtet und monumental-klass. Ideale verfolgend, die teilweise pathet. überzogen wirken.

Werke: rd. 2500 Skulpturen: Kolossalplastiken und Gruppen, mehr als 600 Porträtbüsten (S. Zweig, R. M. Rilke, A. Wildgans, F. Nietzsche, A. Strindberg, G. Hauptmann, K. Renner, T. Körner, A. Schärf, J. Raab, L. Figl, O. Helmer, Pius XII.). – Lyrik: Die Sonette an Gott, 1923; Einer Toten, 1937; Das Buch der Einschau, 1960. – Literatur: F. Renisch, G. A., 2 Bde., 1990.

Ambrozy, Peter, * 20. 8. 1946 Villach (Kä.), Jurist und Politiker (SPÖ). 1973–80 Sekr. des Kä. Landeshauptmanns L. Wagner, 1980–83 Dir. des Kä. Landtagsamtes, 1983–88 Landesparteisekr. der SPÖ Kä., 1983–84 Mitgl. d. BR, 1984–88 und seit 1994 Abg. z. Kä. Landtag, 1988–89 Landeshauptmann von Kä., 1989–94 Landeshauptmann-Stellv. von Kä., seit 2000 Landesparteivorsitzender der SPÖ Kä.

Amerling, Friedrich von, * 14. 4. 1803 Wien, † 14. 1. 1887 ebd., Porträt-, Genre- und Historienmaler. Studium an der Wr. Akad. und in Prag, widmete sich nach Aufenthalten in London und Paris v. a. der Porträtmalerei, stark beeinflusst durch T. Lawrence und J. Reynolds, zw. 1830 und 1850 fruchtbarste Schaffenszeit, gefeierter Porträtist der Aristokratie und des Bürgertums.

Literatur: G. Probszt, F. v. A., 1927.

Améry, Jean (eigentl. Hans Mayer), * 31. 10. 1912 Wien, † 17. 10. 1978 Salzburg (Selbstmord), Schriftsteller. Emigrierte 1938 nach Belgien, 1941–43 Mitgl. der belg. Widerstandsbewegung; Verhaftung durch die Gestapo und bis 1945 in verschiedenen KZ inhaftiert, dann als Schriftsteller in Brüssel. Mehrere internat. Literaturpreise für sein gesellschaftskritisches Werk, in dem er sich mit der Stellung des Intellektuellen nach dem Holocaust beschäftigte. Seit 2000 wird der J.-A.-Preis für Essayistik verliehen.

Werke: Karrieren und Köpfe, 1954; Jenseits von Schuld und Sühne, 1966; Über das Altern, 1968; Unmeisterliche Wanderjahre, 1971; Widersprüche, 1971; Hand an sich legen, 1976; Charles Bovary, Landarzt, 1978. – Literatur: I. Heidelberger-Leonhard (Hg.), Über J. A., 1990; I. Hermann, J. A., der Grenzgänger, 1992; S. Steiner (Hg.), J. A., 1996; P. S. Fiero, Schreiben gegen Schweigen. Grenzerfahrungen in J. A. autobiographischem Werk, 1997.

Amon (Ammon), Blasius, * um 1560 Imst (Ti.), † 1590 Wien, Sänger der Hofkapelle von Erzhzg. Ferdinand II. in Innsbruck, später in Heiligenkreuz; ab 1587 Franziskanermönch in Wien. Schrieb vorwiegend Kirchenmusik und übernahm als einer der ersten nördl. der Alpen Elemente des venezianischen Musikstils.

Amon, Franz (Klostername: Placidus), * 10. 12. 1700 Waldhausen (OÖ.), † 16. 1. 1759 Traiskirchen (NÖ.), Lexikograph, Benediktiner in Melk. Beschäftigte sich mit der dt. Sprachgeschichte und der mhd. Literatur; stand mit Gottsched in Verbindung.

Ampferer, Otto, * 1. 12. 1875 Hötting b. Innsbruck (Ti.), † 9. 7. 1947 Innsbruck (Ti.), Geologe und Alpinist. Bekannter Bergsteiger seiner Zeit (Erstbesteigung der Guglia di Brenta). 1935–37 Dir. der Geolog. Bundesanstalt. Widmete sich u. a. der geolog. Erforschung und Kartierung der kalkalpinen Anteile von Ti. und Vbg. Als Schöpfer der Gebirgsbildungstheorie durch Unterströmung gilt A. als Wegbereiter der neuen globalen Gebirgsbildungstheorie, der Plattentektonik.

Literatur: E. Thenius, O. A., Begründer der Theorie der Ozeanbodenspreizung, in: Geowiss. 6, 1988; M. Leutner, Wissenschaftstheoret. Fallstudien zur Entwicklung der erdwiss. Forschung in Österreich. W. Haidinger – F. v. Hauer – O. A., 1999.

Amplatz, Luis, * 28. 8. 1926 Bozen (S-Ti.), † 7. 9. 1964 bei Saltaus im Passeier (S-Ti.; ermordet). Ab 1957 aktiver Kämpfer für die Autonomie von S-Ti. An mehreren Sprengstoffanschlägen beteiligt. Mitgl. des Befreiungsausschusses für S-Ti.

Anday, Rosette (verehel. Bünsdorf), * 22. 12. 1903 Budapest (H), † 18. 9. 1977 Wien, Kammersängerin (Alt, Mezzosopran). 1921–61 an der Wr. Staatsoper (Ehrenmitgl.); zahlreiche Auftritte bei den Sbg. Festspielen und an ausländ. Opernhäusern.

Andechs-Meranien: Die Grafen von Andechs aus Bayern bauten im 11. Jh. im mittleren Inntal mit der Burg Ambras als Sitz einen Herrschaftsbereich auf. Ihre Grafenrechte waren Lehen von Brixen. Sie gründeten Innsbruck (Marktrecht 1180, Stadt um 1200). Um 1170 wurden sie Vögte von Brixen, Grafen im Eisack- und Pustertal und 1173 mit Krain und Istrien belehnt. 1180 erhielten sie wegen ihrer Positionen bei Rijeka den

Titel Herzoge von Meranien, doch wurde Hzg. Heinrich 1209 wegen angebl. Mitwirkung an der Ermordung des dt. Kg. Philipp von Schwaben geächtet, die Vogtei Brixen, die Grafenrechte im Inn-, Eisack- und Pustertal und die Reichslehen wurden ihm entzogen. Um 1230 erhielt sein Bruder Otto I. die Lehen in Ti. zurück, dessen Sohn Otto II. starb als Letzter des Geschlechts 1248. Sein Ti. Besitz fiel an die → Tiroler Grafen. → Agnes von Andechs-Meranien.

Literatur: J. Riedmann, in: J. Fontana, Geschichte Ti., Bd. 1, 1985; T. Kirmeier u. E. Brockhoff, Herzöge und Heilige, 1993.

Andergassen, Günther, * 17. 4. 1930 Margreid (S-Ti.), Komponist und Musikwissenschaftler. 1964–70 in den S-Ti.-Konflikt verwickelt, 1990–95 Direktor des Konservatoriums Feldkirch (Vbg.); komponiert vorwiegend Vokalmusik, wobei er sich vom Stil seines Lehrers C. → Bresgen emanzipierte.

Werke: Orchester- und Vokalwerke; Kammermusik.

Andergast, Maria, * 4. 6. 1912 Brunnthal (Bayern), † 14. 2. 1995 Wien, Schauspielerin, Tänzerin. Ab 1914 in Wien; 1945 am Theater in der Josefstadt; ab 1934 Filmrollen in rd. 50 Filmen.

Anderluh, Anton, * 11. 3. 1896 Klagenfurt (Kä.), † 5. 1. 1977 ebd., Musiklehrer in Klagenfurt und Volksmusiksammler. Veranstaltete ab 1952 die Turnersee-Singwochen, die zu einer wichtigen Keimzelle der Volksmusikpflege in Ö. wurden. Sein Lebenswerk, die Edition „Kä. Volksliedschatz" (12 Bde., 1960–75), wurde von Walter → Deutsch abgeschlossen.

Anders, Günther (eigentl. G. Stern), * 12. 7. 1902 Breslau (Wroclav, PL), † 17. 12. 1992 Wien, Philosoph, Schriftsteller; Ehemann von Elisabeth → Freundlich. Studierte bei M. Heidegger und E. Husserl und promovierte 1923 in Freiburg. 1933 Emigration nach Paris, 1936 USA; ab 1950 wieder in Wien. Bekannt wurde A. mit der literar.-philosoph. Essaysammlung „Die Antiquiertheit des Menschen" (2 Bde., 1956/80), er vertrat darin die These, dass der Mensch den von ihm selbst geschaffenen Techniken nicht gewachsen sei. Mitbegründer und führende Persönlichkeit der internationalen Antiatombewegung.

Werke: Die molusskische Katakombe, 1935 (Roman); Visit beautiful Vietnam, ABC der Aggression heute, 1968; Hiroshima ist überall, 1982; Ketzereien, 1991. – Literatur: J. Langenbach, G. A., 1988.

Andersen, Robin Christian, * 17. 7. 1890 Wien, † 23. 1. 1969 ebd., Maler. Stellte als Mitgl. der „Neukunstgruppe" in Wien 1911 mit E. → Schiele und O. → Kokoschka aus. 1921 Mitbegründer der Wr. Gobelin-Manufaktur; Prof. an der Wr. Akad. d. bild. Künste. In seinen Arbeiten entwickelte er ein konstruktives Darstellungsprinzip, das kühle Farbigkeit mit linearer Struktur verbindet.

Werke: Bildnisse, Landschaften, Stillleben, Gobelins (Sbg. Festspielhaus), Glasfenster und Fresken. – Literatur: J. Muschik, R. C. A., Ausst.-Kat. Wr. Secession, 1967.

Andics, Hellmut, * 25. 8. 1922 Wien, † 19. 8. 1998 ebd., Journalist, Publizist, Drehbuchautor. Redakteur u. a. beim „Neuen Ö." und der „Presse", 1982–86 Intendant des ORF-Landesstudios Bgld.; Spezialist für zeitgeschichtl. Reportagen und Fernsehdokumentationen; schuf das Drehbuch zur TV-Serie „Ringstraßenpalais" (1980–83).

Werke: Der Staat, den keiner wollte, 1962; 50 Jahre unseres Lebens, 1968; Die Frauen der Habsburger, 1969; Das ö. Jh., 1974; Ende und Anfang, 1975 (mit E. Haas); Luegerzeit, 1984; Die Juden in Wien, 1988. – Literatur: I. Dunkl, Ein pannonischer Mensch, Dipl.-Arb., Wien 1995.

Andorfer, Josef, * 16. 9. 1956 Öpping (Gem. Sieghartskirchen, OÖ.), Redakteur und Manager. 1980–90 Redakteur für Synchronisationen und Lizenzserien beim ORF, ab 1991 Leiter der Programmplanung beim dt. Sender SAT 1 und Geschäftsführer der SAT-1-Tochter GBV; 1994–97 Programmmanager des ORF, seit 1997 Geschäftsführer des dt. Fernsehsenders RTL 2.

Andrássy, Julius (Gyula) d. Ä. Graf, * 3. 3. 1823 Kaschau (Košice, SK), † 18. 2. 1890 Volosca (Volosko, HR), Politiker; Vater von J. Gf. → Andrássy d. J. 1848/49 führend in der ungar. Revolution, 1851 in Abwesenheit zum Tod verurteilt, 1857 amnestiert; setzte sich neben F. Deák bes. für den Ausgleich ein und wurde 1867 1. ungar. Min.-Präs.; 1871–79 k. u. k. Außenmin.; vereinbarte 1872 das Dreikaiserbündnis; erreichte 1878 die Besetzung Bosniens und der Herzegowina für Ö. und 1879 den Abschluss des Zweibunds mit Bismarck.

Literatur: T. Simany, J. Gf. A., 1990; R. F. Schmidt, Gf. J. A. Vom Revolutionär zum Außenminister, 1995; I. Diószegi u. H. Haselsteiner, Bismarck und A., 1999.

Julius Graf Andrássy d. Ä. Stich.

Andrássy, Julius (Gyula) d. J. Graf, * 30. 6. 1860 Töketerebes (H), † 11. 6. 1929 Budapest (H), Politiker; Sohn von J. Gf. → Andrássy d. Ä. 24. 10.–1. 11. 1918 letzter ö.-ungar. Außenmin.; 1921 am Restaurationsversuch von Kg. (Ks.) Karl beteiligt.

Literatur: E. Hochenbichler, Republik im Schatten der Monarchie, 1971.

Andre, Hans, * 21. 1. 1902 Innsbruck (Ti.), † 15. 5. 1991 ebd., Bildhauer und Maler. Mitarbeiter von C. → Holzmeister, 1954–67 Prof. an der Akad. der bild. Künste in Wien. Arbeitete in einer vereinfachten Gegenständlichkeit.

Werke: Plastiken und Fresken: Bronze-Brunnen „Goldenes Dachl" in Innsbruck, Kriegerdenkmal im Wr. Zentralfriedhof, Statuen von Erzbischöfen im Wr. Stephansdom (1957), Erzhzg.-Eugen-Denkmal in Innsbruck (1957), Hannes-Schneider-Denkmal in St. Anton am Arlberg (1957). – Literatur: J. Ringler, in: Schlern 1973.

Günther Anders. Foto.

Andreae, Clemens August, * 5. 3. 1929 Graz (Stmk.), † 26. 5. 1991 Thailand (Flugzeugabsturz). Nationalökonom. Univ.-Prof. in Innsbruck, Experte auf dem Gebiet der Geld- und Finanzpolitik, als Finanzwissenschaftler Berater ö. und dt. Minister.

Werke: Finanztheorie, 1969; Ökonomik der Freizeit, 1970; Finanzpolitik, 1975.

Andres, Leopold, * 14. 11. 1866 Linz (OÖ.), † 20. 5. 1950 Kainbach (Stmk.), General, Kartograph, führender Geodät. Organisierte 1914–18 die Kriegsvermessungen, erneuerte die Balkan-Kartographie, schuf grundlegende geodät. Methoden, betrieb Schweremessungen in den Tauern; 1937–46 Präs. der Ö. Kommission für internationale Erdmessung.

Literatur: ÖBL.

Andri, Ferdinand, * 1. 3. 1871 Waidhofen a. d. Ybbs (NÖ.), † 19. 5. 1956 Wien, Maler, Graphiker und Bildhauer. Studierte an der Wr. Akad., 1899–1909 Mitgl. (1905/06 Präs.) der Wr. Secession, Gründungsmitgl. des Ö. Werkbunds, 1920–38 Prof. an der Wr. Akad., Vorliebe für Landschaft und bäuerl. Genre. Wiedererwecker des Freskos.

Literatur: F. A. 1871–1956, Ausst.-Kat., Nö. Landesmus. NF 126, Wien 1982; C. Jesina, F. A., Dipl.-Arb., Wien 1993.

Andrian-Werburg, Ferdinand Frh. von, * 20. 9. 1835 Vornbach am Inn (D), † 10. 4. 1914 Nizza (F), Geologe und Anthropologe; Vater von Leopold → Andrian-Werburg. Gründer der Anthropolog. Ges. in Wien (1870), die er 1882–1902 leitete; naturwiss. und ethnolog. Forschungen u. a. in Bosnien, Herzegowina, Ausseer Land („Die Altausseer", 1905).

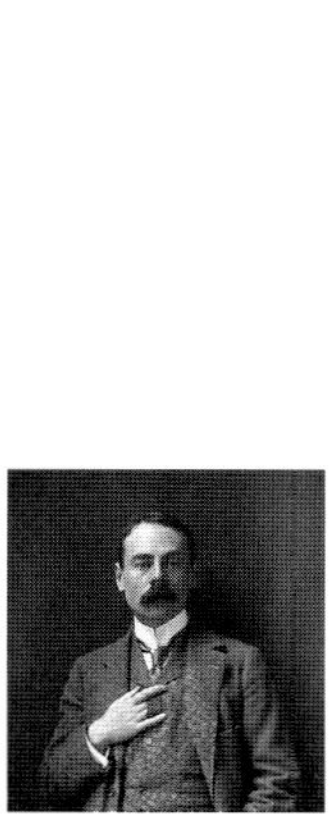

Ferdinand Freiherr von Andrian-Werburg. Foto, 1911.

Andrian-Werburg, Leopold, * 9. 5. 1875 Berlin (*sic!*, D), † 19. 11. 1951 Fribourg (CH), Erzähler, impressionist. Lyriker, Literaturhistoriker, Diplomat; Sohn von Ferdinand → Andrian-Werburg. 1918 Generalintendant der Wr. Hoftheater, Freund von H. → Bahr, H. v. → Hofmannsthal und A. → Schnitzler. Emigrierte 1938.

Werke: Der Garten der Erkenntnis, 1895 (Erzählung); Ö. im Prisma der Idee, 1937; Gedichte, Novellen. – Literatur: H. Schumacher, Das Weltbild L. A.-W., Diss., Innsbruck 1958.

Andrian-Werburg, Viktor Franz Frh. von, * 17. 9. 1813 Görz (Gorizia, I), † 25. 11. 1858 Wien, liberaler Politiker. 1848/49 Abg. z. Frankfurter Nationalversammlung; übte in seinem anonym erschienenen Werk „Ö. und dessen Zukunft" scharfe Kritik am polit. System Ö.

Literatur: F. Glanner, V. F. v. A.-W., Diss., Wien 1961.

Androsch, Hannes, * 18. 4. 1938 Wien, Politiker (SPÖ), Steuerberater und Unternehmer. 1967–81 Abg. z. NR, 1970–81 BMin. f. Finanzen, 1976–81 Vizekanzler; in seiner Zeit als Finanzmin. wurde die Umsatzsteuer auf das Mehrwertsteuersystem umgestellt. Verfechter der Hartwährungspolitik, auch über Parteigrenzen hinweg als Wirtschaftsexperte anerkannt. Galt lange als mögl. Nachfolger von Bundeskanzler B. → Kreisky. Wegen Unvereinbarkeit von polit. Amt und berufl. Tätigkeit im Rahmen seiner Steuerberatungskanzlei auf Druck Kreiskys aus der Regierung ausgeschieden. 1981–88 Gen.-Dir. der CA; verließ wegen gerichtl. Verfahren diese Position; danach Unternehmensberater vorwiegend in O-Europa, seit 1994 Unternehmer (Austria Technologie & Systemtechnik AG, Ö. Salinen AG).

Werke: Die polit. Ökonomie der ö. Währung, 1985; Investitionsleitfaden O-Europa, 1996; Der Stand der Dinge, 2000. – Literatur: L. Palme, A., 1999.

Androsch, Peter, * 12. 1. 1963 Wels (OÖ.), Komponist. Ausbildung u. a. am Bruckner-Konservatorium in Linz und ab 1984 an der Wr. Musikhochschule bei M. → Rüegg. 1982–91 Leiter des Ensembles Camorra, ab 1986 Mitarbeit bei Monochrome Bleu, 1987 Mitbegründer des Ensembles Soundso, 1987–90 Zusammenarbeit mit Joseph K. Noyce.

Werke: Kopfstich, 1987 (Lautsprecherensemble, Rockband); Stahl, 1990 (Liederzyklus); komplizierte tiere, 1993 (Kammeroper); Hasenjagd, 1994 (Filmmusik); Die Achse des Ofens. Das Projekt Sankt Peter, 1995 (theatralisches Projekt); Putzlieder, 1996 (Blechbläserensemble); Geschnitzte Heiligkeit, 1996 (Oper).

Peter Anich. Punktierstich.

Angeli, Heinrich von, * 8. 7. 1840 Ödenburg (Sopron, H), † 21. 10. 1925 Wien, Porträtmaler und Graphiker. Studien an den Akad. in Wien, Düsseldorf und München, 1862 Rückkehr nach Wien, ab 1876 Prof. an der Wr. Akad. Zahlreiche Auslandsaufträge, beliebter Porträtist der europ. Königshäuser.

Literatur: R. Schoch, Das Herrscherbild in der Malerei des 19. Jh., 1975; E. Newzella, Nicht so ernst, Majestät!, 1990.

Angeli, Theodor, * 5. 4. 1847 Ewolzheim (D), † 28. 7. 1926 Linz (OÖ.), naturwiss. Pionier in OÖ. Trug 1895–1925 die Sammlung der Greifvögel und Eulen für das Oö. Landesmuseum zusammen (die einheitlichste und drittgrößte dieser Art: 432 Spezies oder 85 % der Greifvogelarten der Welt, 91 % der Taggreifvögel; insges. 2846 Bestandsnummern).

Angerer, Carl, * 13. 6. 1838 Wien, † 24. 2. 1916 ebd., Photochemigraph und Reproduktionstechniker. Erfand eine neue Zinkätzmethode; erneuerte die Buchillustration und die Autotypie, führte mit seinem Schwager die Klischeeanstalt „C. A. & Göschl".

Literatur: O. Hochreiter u. T. Starl (Red.), Geschichte der Fotografie in Ö., 2 Bde., 1983.

Angerer, Hans, * 9. 11. 1871 Teichl (Kä.), † 20. 4. 1944 Klagenfurt (Kä.), Geograph, Politiker (großdt.), Mittelschullehrer, bed. Gletscherforscher (Hohe Tauern). 1907–33 Abg. z. Kä. Landtag, 1918–19 Mitgl. d. Prov. Kä. Landesausschusses; 1927–1931 Landesrat von Kä.; 1919–20 Mitgl. der Konstituierenden Nationalversammlung, 1920–27 Abg. z. NR.

Literatur: ÖBL.

Angerer, Paul, * 16. 5. 1927 Wien, Dirigent und Komponist. 1952–56 Solobratschist der Wr. Symphoniker, anschließend Kapellmeister in Bonn, Ulm und Salzburg (1968–72 Opernchef des Sbg. Landestheaters), 1971–81 Leiter des Südwestdeutschen Kammerorchesters, ab 1982 Leiter des „Concilium Musicum" in Wien. Lehrte 1982–92 an der Musikhochschule in Wien und ist für den ORF tätig. Vom Kompositionsstil P. Hindemiths beeinflusst. Ö. Staatspreis für Musik 1953.

Werke: Agamemnon muß sterben (dramat. Kantate, 1954); Die Paßkontrolle (Fernsehoper, 1958); Missa Seitenstettensis (1987); Konzerte, Kammermusikwerke.

Angerer, Rudolf, * 24. 11. 1923 Großraming (OÖ.), † 18. 5. 1996 Wien, Graphiker. Illustrator und polit. Karikaturist bei der Tageszeitung „Kurier"; Illustrationen für Bücher („Kishons buntes Bilderbuch", „Angerers Nibelungenlied").

Angerer, Victor, * 1839 Malacka (Malacky, SK), † 10. 4. 1894 Wien, Fotograf, Fotohändler und -verleger. Ateliers in Wien, Budapest und Bad Ischl, arbeitete mit seinem Bruder Ludwig A., gründete um 1880 eine lithograph. Anstalt und einen Fotoverlag; bekannter Porträtfotograf des ö. Kaiserhauses.

Literatur: O. Hochreiter u. T. Starl (Red.), Geschichte der Fotografie in Ö., 2 Bde., 1983.

Anguissola, Leander, * 10. 5. 1653 Piacenza (I), † 30. 8. 1720 Wien, Kartograph, Ingenieur-Offizier. Schuf Pläne von Wien (1683, 1704–06) und den 1. Plan zur Donauregulierung (1688); Mitbegründer und Dir. der Militär-Ingenieur-Akad. (1717).

Literatur: I. Pick, Die Türkengefahr als Motiv für die Entstehung kartograph. Werke über Wien, Diss., Wien 1980.

Anich, Peter, * 22. 2. 1723 Oberperfuß (Ti.), † 1. 9. 1766 ebd., Kartograph und Bauer. Fertigte einen Himmels- und einen Erdglobus (heute im Ti. Landesmus.) sowie eine Karte der Umgebung von Innsbruck an und schuf gem. mit B. → Hueber das 20-blättrige Kartenwerk von Ti.; Pionier der Hochgebirgskartographie.

Literatur: M. Edlinger (Hg.), P. A.: Atlas Tyrolensis, 1986.

Anker, Mathias Josef, * 6. 5. 1771 Graz (Stmk.), † 3. 4. 1843 ebd., Mineraloge und Wundarzt. Ab 1817 Kustos und Prof. am Joanneum in Graz. Führte die 1. geolog. Landesaufnahme der Stmk. durch und veröffentlichte die 1. geolog. Karte der Stmk. Nach ihm ist das Mineral Ankerit (ein Eisenkarbonat) benannt.

Werke: Kurze Darstellung der mineralog.-geognost. Gebirgsverhältnisse der Stmk., 1835 (mit geolog. Karte der Stmk.). – Literatur: ÖBL.

Ankershofen, Gottlieb Frh. von, * 22. 8. 1795 Klagenfurt (Kä.), † 6. 3. 1860 ebd., Historiker, Landeskonservator. 1844–60 Dir. des Geschichtsvereins für Kä., leitete 1849–60 das auf seine Anregung hin geschaffene „Archiv für vaterländ. Geschichte und Topographie"; begann das Handbuch der Geschichte Kä. (2 Bde., 1841/59).

Ankwicz-Kleehoven, Hans, * 29. 9. 1883 Böheimkirchen (NÖ.), † 1. 10. 1962 Wien, Kunsthistoriker, Generalstaatsbibliothekar.

Werke: Hist. und kunsthist. Arbeiten, u. a. Cuspinians Briefwechsel, 1933; Hodler und Wien, 1950; Documenta Cuspiniana, 1957; J. Hoffmann, 1957.

Anna, Hl., Fest 26. Juli. Die Gestalt der Mutter Mariens erfreut sich in Ö. großer Beliebtheit. Der Annentag war bis in die maria-theresianische Zeit ein offizieller Feiertag, der Name A. noch um 1900 der häufigste von allen Frauennamen. In Ö. sind der hl. A. 63 Wallfahrtskirchen geweiht, die bedeutendste ist Annaberg in NÖ., in der eine Reliquie der Heiligen aufbewahrt wird. – Im 18. und 19. Jh. wurde das Annenfest, v. a. in Wien, mit Theateraufführungen, Serenaden, Feuerwerken, galanten Geschenken (Strumpfbändern, Fächern u. a.) gefeiert. Musiker wie J. Strauß Vater, J. Strauß Sohn und J. Lanner schrieben Annen-Polkas und -Quadrillen.

Anschütz, Auguste, * 7. 7. 1819 Breslau (Wroclaw, PL), † 31. 3. 1895 Wien, Schauspielerin; Tochter von Heinrich → Anschütz. 1831–36 Kinderrollen am Wr. Burgtheater, 1841–71 Mitgl. des Wr. Burgtheaters, tragische und sentimentale Rollen.

Anschütz, Heinrich, * 8. 2. 1785 Luckau (D), † 29. 12. 1865 Wien, Schauspieler, Regisseur, Bühnenschriftsteller, Übersetzer; Vater von Auguste → Anschütz. 1821–64 Mitgl. des Wr. Burgtheaters, Helden- und Väterrollen; in enger Verbindung mit den „Schubertianern", Freund L. van Beethovens.

Literatur: G. Reitter, Der Burgschauspieler H. A., Diss., Wien 1969.

Antel, Franz (Josef), * 28. 6. 1913 Wien, Filmregisseur, Produzent, Drehbuchautor. Begann als Regieassistent, Regie erstmals beim Kurztonfilm „Vagabunden" (1933). Regisseur von über 70 ö. und dt. Unterhaltungsfilmen (v. a. Heimatfilme und K. u. k.-Filme), u. a. „Der alte Sünder" (1951), „Hallo Dienstmann" (1952), „Kaiserwalzer" (1953), „Spionage" (1955), „Lumpazivagabundus" (1957), „Ruf der Wälder" (1965), „Susanne, die Wirtin an der Lahn" (1967), „Casanova & Co." (1977), „Der Bockerer I" (1981), „Der Bockerer II" (1996) , „Der Bockerer III" (2000).

Literatur: F. A. u. C. F. Winkler, Hollywood an der Donau, 1991.

Antesperg, Johann Balthasar von, * 1682 Wiesing (D), † 31. 8. 1765 Wien, einer der ersten ö. Grammatiker. Verfasste zur Unterweisung des späteren Ks. Joseph II. „Das Josephinische Erzherzogliche A. B. C. Oder Namenbüchlein" (1741, Nachdruck hg. v. G. Mraz 1980), ferner die „Kayserliche Deutsche Grammatik" (1747, vor J. C. Gottscheds „Sprachkunst"), berücksichtigte bereits Besonderheiten der ö. Volkssprache.

Antoine, Tassilo, * 25. 10. 1895 Wien, † 23. 4. 1980 ebd., Gynäkologe. Univ.-Prof. in Innsbruck und Wien (ab 1943); 1959/60 Rektor.

Werke: Neubearbeitung von Weibels Lehrbuch der Frauenheilkunde, 1949; Atlas der Kolpomikroskopie, 1956 (gem. mit V. Grünberger).

Antonicek, Theophil, * 22. 11. 1937 Wien, Musikwissenschaftler. Univ.-Prof. in Wien, Mitbegründer der „Ö. Ges. für Musikwissenschaft", seit 1991 deren Präs.; Arbeiten zur ö. Musikgeschichte (v. a. Wr. Kaiserhof, Barock und Biedermeier).

Antoniolli, Walter, * 30. 12. 1907 Mistelbach (NÖ.), Jurist. Univ.-Prof. für Staatslehre und Verfassungsrecht in Innsbruck, dann in Wien. 1958–77 Präs. des Verfassungsgerichtshofs. Mitgl. der Ö. Akad. der Wiss.

Werk: Allg. Verwaltungsrecht, 1954.

Antonius, Helmut Otto, * 21. 5. 1885 Wien, † 9. 4. 1945 ebd., Zoologe. Leitete 1924–45 den Schönbrunner Tiergarten, den er zu einem Forschungsinst. und Zentrum für Pferdezucht und Pferdekunde machte.

Antonius der Große, Hl., Fest 17. Jan., * 251/252 Kome (Ägypten), † 356, Einsiedler, „Vater der Mönche". Die A.-Verehrung kam über Konstantinopel nach Europa. In Ö. wurde A. als Viehheiliger und Patron gegen Seuchen verehrt. Kennzeichen: T-förmiges A.-Kreuz, Buch, Schwein, Glocke.

Literatur: O. Wimmer u. H. Melzer, Lexikon der Namen und Heiligen, [6]1988.

Antonius von Padua, Hl., Fest 13. Juni, * 1195 Lissabon (P), † 13. 6. 1231 bei Padua (I), Franziskaner, Theologe und Prediger. 1946 zum Kirchenlehrer ernannt („Doctor evangelicus"). Wird mit Jesuskind, Buch und Lilie dargestellt. Als Patron der Reisenden, Liebenden und Eheleute beliebt; gilt als Wiederbringer verlorener Gegenstände. Verehrung in Ö. seit dem 17. Jh., viele Kultstätten (bes. in Ti.), deren bedeutendste die Wr. Minoritenkirche mit über 100 marmornen Votivtafeln ist.

Literatur: O. Wimmer u. H. Melzer, Lexikon der Namen und Heiligen, [6]1988.

Heinrich Anschütz als Wallenstein. Gemälde von F. Eybl, 1861 (Ehrengalerie des Burgtheaters, Wien).

Anzengruber, Ludwig (auch L. Gruber), * 29. 11. 1839 Wien, † 10. 12. 1889 ebd., Schriftsteller. Begann 1853 zunächst eine Lehre als Buchhändler und wurde 1860 Schauspieler einer Wandertruppe. 1869/70 arbeitete er in einer Wr. Polizeikanzlei. Ab 1871 war er freier Schriftsteller. In seinen 19 Volksstücken sowie seinen Romanen und Erzählungen aus dem Leben der Alpenbauern und der städtischen Kleinbürger übt er scharfe Ges.-Kritik und bekämpft sittl. Engherzigkeit und relig. Intoleranz. Seine realist. Kunst ist der Tradition des Wr. Lokalstücks und des Volkstheaters eines F. → Raimund, J. → Nestroy und F. → Kaiser verpflichtet, nimmt aber ebenso naturalist. Stilelemente vorweg („Das 4. Gebot", 1877). Die Sprache in seinen Dramen ist eine stilisierte Mundart. 1882–84/85 leitete er die Ztschr. „Die Heimat" und 1884–89 das Witzblatt „Figaro".

Ludwig Anzengruber. Foto, 1878.

Werke: Volksstücke: Der Pfarrer von Kirchfeld, 1870; Der Meineidbauer, 1871; Die Kreuzelschreiber, 1872; Der G'wissenswurm, 1874; Doppelselbstmord, 1876. – Erzählungen: Die Märchen des Steinklopferhannes, 1874/75; Kalendergeschichten, ab 1876. – Romane: Der Schandfleck, 1876; Der Sternsteinhof, 1885 (Erstdruck 1883/84 in „Die Heimat"). – Krit. Gesamtausgabe in 17 Bden., hg. v. R. Latzke u. O. Rommel, 1920–22 (Neudruck 1976). – Literatur: K. Rossbacher, Literatur und Liberalismus, 1992.

Anzinger, Siegfried, * 25. 2. 1953 Weyer (OÖ.), Maler, Graphiker und Plastiker. Lebt seit 1982 in Köln. Setzt die impulsive Malweise seines Akad.-Prof. M. → Melcher konsequent fort und näherte sich dem abstrakten Expressionismus und den Tendenzen der informellen Malerei der 50er Jahre. 1988 Vertreter Ö. bei der Biennale von Venedig; seit 1997 Prof. für Malerei an der Kunstakad. in Düsseldorf.

Literatur: D. Koepplin, Kat. Biennale Venedig, Klagenfurt 1988; W. Drechsler (Hg.), S. A., Ausst.-Kat., Mus. moderner Kunst Stiftung Ludwig Wien, 1998.

Apfalter, Heribert, * 22. 9. 1925 Pregarten (OÖ.), † 26. 8. 1987 Weistrach (NÖ.), Manager. Ab 1950 bei der VÖEST, ab 1976 Leiter des Finanzwesens, 1977–85 Gen.-Dir. des VOEST-Alpine-Konzerns. Konnte trotz bed. Innovationen die krisenhafte Entwicklung des Unternehmens nicht aufhalten.

Apold, Anton, * 23. 6. 1877 Groß-Jedlersdorf (NÖ.), † 25. 9. 1950 Velden (Kä.), Hüttentechniker. Mit H. → Fleissner an der Entwicklung der Kohletrocknung beteiligt. 1922–34 Gen.-Dir. der Oesterreichisch-Alpine Montangesellschaft; wegen Beteiligung am Juli-Putsch 1934 verhaftet.

Apostel, Hans Erich, * 22. 1. 1901 Karlsruhe (D), † 30. 11. 1972 Wien, Komponist. Ab 1921 in Ö., Schüler von A. → Schönberg und A. → Berg, gehört stilistisch zur 2. Generation der „Wr. Schule", blieb sein Leben lang der Zwölftonmusik verbunden. Großer Ö. Staatspreis 1956.

Werke: Orchester- und Kammermusik, Klavier- und Vokalwerke. – Literatur: H. Kaufmann, H. E. A., 1965.

Appel, Carl, * 18. 4. 1911 Wien, † 13. 2. 1997 ebd., Architekt. Studium an der Hochschule für angew. Kunst und der Akad. der bild. Künste in Wien bei C. → Holzmeister; 1936 Meisterschulpreis. Zunächst vor-

Hans Erich Apostel. Foto, um 1970.

wiegend Wohnhausbau, dann Ind.-, Verwaltungs-, Hotel- und Wohnhausanlagen. Leitete den Wiederaufbau des Opernringhofs (ehem. Heinrichhof) und der Nationalbank.

Appel, Josef Franz, * 18. 5. 1767 Wien, † 5. 12. 1834 ebd., Numismatiker, besaß eine große Münzensammlung.

Werke: Münz- und Medaillen-Smlg., 2 Bde., 1805–08; Repertorium der Münzkunde des MA und der neueren Zeit, 4 Bde., 1819–28.

Appelt, Heinrich, * 25. 6. 1910 Wien, † 16. 9. 1998 ebd., Historiker. Ab 1959 Univ.-Prof. in Graz, 1963–80 an der Univ. Wien.

Werke: Die Urkunden der Brixner Hochstiftsarchive, 1940; Privilegium minus. Das staufische Kaisertum und die Babenberger in Ö., 1973; Die Urkunden Friedrichs I., 5 Bde., 1975–90.

Alfred von Arneth. Foto, um 1880.

Appelt, Ingo, * 11. 12. 1961 Innsbruck (Ti.), Bobfahrer, Schmuckdesigner und Politiker (FPÖ). 9-facher ö. Meister, 3-facher Europameister und Weltcupsieger, Goldmedaille bei den Olymp. Spielen 1992 in Albertville im Viererbob (mit Harald Winkler, Gerhard Haidacher und Thomas Schroll), danach Rücktritt vom aktiven Sport. Seit 1999 Abg. z. Ti. Landtag.

Aratym, Hubert (eigentl. H. Pelikan), * 22. 1. 1926 Gutenstein (NÖ.), † 22. 2. 2000 Wien, Maler, Bildhauer, Bühnenbildner. Beschäftigte sich v. a. mit der räuml. Dimension der Kunst in Formen wie Wandmalerei, Relief und Tapisserie in ausdrucksvoller Farbigkeit. Der Mensch und sein schicksalhaftes Verhängnis waren A. Hauptthemen.

Werke: Bühnenbilder zu: J. Genet, Der Balkon (Volkstheater Wien, 1961); K. Kraus, Die letzten Tage der Menschheit (Theater an der Wien, 1964); J. Giraudoux, Sodom und Gomorrha (Schlossparktheater Berlin, 1964); W. Shakespeare, Ein Sommernachtstraum (Volkstheater Wien, 1965); I. Strawinsky, Die Geschichte vom Soldaten (Dt. Oper Berlin, 1971); M. Maeterlinck, Der blaue Vogel (Volkstheater Wien, 1995). – Bücher: Von der Erkenntnis des Leides, 1988; Prozession der Mitvergangenheit, 1992. – Literatur: H. A. u. F. Mayröcker, Configurationen, 1985.

Ernst Arnold. Foto, um 1950.

Arbeo, † 4. 5. 783 (784?), Geistlicher, stammte aus der Gegend um Meran (S-Ti.), ab 765 Bischof in Freising (Bayern), ebd. begraben. Der Verfasser von Lebensbeschreibungen der bayer. Gründerheiligen Corbinian und Emmeram gilt als erster Schriftsteller dt. Herkunft. Die ältere Forschung schrieb ihm deshalb die Veranlassung des ersten dt. Buchs, des in mehreren Fassungen verbreiteten „Abrogans“ (nach dem 1. Stichwort „abrogans“ = bescheiden), eines lat.-ahd. Glossars (Wörterbuch), zu.

Literatur: Verf.-Lex. – Ausgabe: B. Bischoff u. a. (Hg.), 1977; L. Vogel, Vom Werden eines Heiligen. Eine Untersuchung der Vita Corbiniani des Bischofs A. von Freising, 2000.

Arbogast, Hl., Fest 27. Juli, † um 550 Straßburg (Strasbourg, F), christl. Glaubensbote aus dem kelt. Westen. Soll zuerst als Einsiedler bei Götzis (Vbg.) gelebt haben, seinem heute einzigen Kultort in Ö. (Wallfahrtskirche St. A. bei Götzis).

Franziska Freifrau von Arnstein. Schabblatt von V. G. Kininger.

Arche, Alto, * 2. 5. 1854 Wien, † 22. 3. 1940 ebd. Lehrer und Filmpionier. Drehte 1907 die ersten ö. Filme für Unterrichtszwecke und gründete 1912 den „Wr. Kinematographischen Klub“, der später vom Verein „Wr. Kosmos“ abgelöst wurde, dessen Leiter A. viele Jahre war.

Aribo, 876–909 genannter letzter Markgraf der karoling. Mark im Donaugebiet, zuletzt des Traungaus. Unter ihm wurde zw. 903 und 905 die Raffelstettener Zollordnung erlassen. Seine Nachkommen, die Aribonen, bestanden als weitverzweigte Sippe bis in das 12. Jh. in Kä. und Bayern (Gründer von Göß, Millstatt; → Albuin).

Literatur: H. Dopsch, Die Aribonen, Prüf.-Arb. am Inst. f. Ö. Geschichtsforschung, Wien 1968.

Arlt, Ferdinand von, * 18. 4. 1812 Ober-Graupen (Krupka, CZ), † 7. 3. 1887 Wien, Augenarzt. Lehrte in Prag, 1858–83 Prof. in Wien, bedeutender Reformer der Augenheilkunde, erkannte als erster die Ursache der Kurzsichtigkeit.

Werke: Die Krankheiten des Auges, 3 Bde., 1851; Die Kurzsichtigkeit, Entstehung und Ursachen, 1878. – Literatur: ÖBL.

Arnberger, Erik, * 22. 4. 1917 Wien, † 25. 8. 1987 ebd., Geograph. 1968–83 Univ.-Prof. am Geograph. Inst. der Univ. Wien, 1969–85 Dir. des Inst. für Kartographie der Ö. Akad. d. Wiss. Publikationen u. a. zu Agrargeographie, Geomorphologie, Kartographie und Länderkunde.

Werke: Atlas von NÖ. und Wien, 1951–58; Handbuch der Thematischen Kartographie, 1966; Die trop. Inseln des Indischen und Pazifischen Ozeans, 1988 (mit Hertha A.).

Arneth, Alfred von, * 10. 7. 1819 Wien, † 30. 7. 1897 ebd., Historiker; Sohn von A. → Adamberger. 1848 Abg. z. Frankfurter Nationalversammlung; als Dir. des Staatsarchivs veranlasste er 1868 die Freigabe des Archivs für die Forschung; ab 1861 im Nö. Landtag; ab 1869 im Herrenhaus; 1879–97 Präs. der Akad. d. Wiss.

Werke: Prinz Eugen, 3 Bde., 1858/59; Geschichte Maria Theresias, 10 Bde., 1863–79; Biographien. – Literatur: ÖBL.

Arno (Arn), * 740/41, † 24. 1. 821, ab 785 Bischof, ab 798 (erster) Erzbischof von Sbg. und Metropolit von Bayern. Als Vertrauensmann Karls des Großen wirkte er bei diplomat. Missionen mit, er betrieb die Bekehrung der Karantanen und Awaren. A. ließ die Sbg. Besitzungen aufzeichnen („Notitia Arnonis“ und „Breves Notitiae“) und veranlasste die „Sbg. Annalen“; er legte eine Bibl. von 150 Handschriften an, baute die Schule von St. Peter aus und ließ den Dom ausgestalten.

Literatur: H. Dopsch, in: Geschichte Salzburgs, Bd. 1, ^{2}1983.

Arnold, Ernst (Pseud. für E. Jeschke), * 12. 2. 1890 Wien, † 5. 1. 1962 ebd., Komponist, Textdichter und Interpret von Wienerliedern; Bruder von Fritz → Imhoff. Schrieb ca. 800 Lieder.

Werke: Wann der Herrgott net will; Du, nur du; Da draußen in der Wachau.

Arnold, Martin, * 4. 7. 1959 Wien, Regisseur. Studierte Psychologie und Kunstgeschichte in Wien, seit 1987 freischaffender Filmemacher, Gründungsmitgl. von Sixpack Film, Organisator zahlr. Avantgardefilm-Festivals in Ö. und den USA. Lehrbeauftragter für Filmproduktion in den USA, Deutschland und Ö. (Univ. für Gestaltung in Linz). Internat. Auszeichnungen für seine eig. Werke (experimentelle, collagenhafte Kurzfilme).

Werke: Filme: Pièce touchée, 1989; Remise, 1993; Passage à l'acte, 1993; Don't – The Austrian Film, 1996; Alone. Life Wastes Andy Hardy, 1998.

Arnold, Robert, * 27. 11. 1872 Wien, † 24. 1. 1938 ebd., Literaturhistoriker. Univ.-Prof. für dt. Literaturgeschichte in Wien.

Werke: Das moderne Drama, ^{2}1908; Bibliographie der dt. Bühnen seit 1830, 1900; Allg. Bücherkunde, ^{3}1931.

Arnstein, Benedikt, * 15. 10. 1761 (?) Wien, † 6. 1. 1841 ebd., Kaufmann und Dramatiker. Erster dt.-sprach. Schriftsteller jüd. Herkunft in Ö.

Arnstein, Franziska (Fanny) Freifrau von, * 29. 11. 1758 Berlin (D), † 8. 6. 1818 Wien, Philanthropin. Ihr Salon bildete einen geistigen und ges. Mittelpunkt, bes. zur Zeit des Wr. Kongresses. Mitbegründerin der Gesellschaft der Musikfreunde in Wien.

Literatur: H. Spiel, Fanny v. A. oder Die Emanzipation, 1962.

Arnulf von Kärnten, * um 850, † 8. 12. 899 Regensburg (D), ostfränk. Kg. und dt. Ks.; unehel. Sohn des ostfränk. Kg. Karlmann. 876 Präfekt Pannoniens und Karantaniens, hatte dort die Pfalz Karnburg („Curtis

Carantana"). A. wurde 887 ostfränk. Kg., 896 letzter Ks. aus karoling. Hause. Er konnte den Zerfall des ostfränk. Reichs in Teilgebiete nicht verhindern, kämpfte erfolglos gegen den Mährerfürsten → Swatopluk I. im Donauraum. Schwerpunkt seiner Herrschaft war Regensburg.

Literatur: H. Appelt, A. v. Kä. und das Karolingerreich, in: Kä. in europ. Schau, 1961.

Arpaden, ungar. Königshaus, begründet von Fürst Arpad (ca. 886–907), der die 7 magyar. Stämme führte. Seine Nachkommen regierten das Königreich Ungarn bis 1301. Mit Ö., bes. zur Zeit der Babenberger und des Habsburgers Albrecht I. (Güssinger Fehde), führten die A. viele Kriege, der letzte Arpade Andreas III. war mit → Agnes von Ö., einer Tochter Albrechts I., verheiratet.

G. Kristó u. F. Makk, Die ersten Könige Ungarns. Die Herrscher der A.-Dynastie, 1999.

Arthaber, Rudolf von, * 4. 9. 1795 Wien, † 9. 12. 1867 ebd., Fabrikant, Großhändler und Kunstsammler. 1819 Übernahme der väterl. Handlung in Wien, gründete Zweigniederlassungen in Pest, Mailand und Rom, 1826 ein Handelshaus in Leipzig. 1837 Mitbegründer des Nö. Gewerbevereins. Förderte die Entwicklung einer eigenständigen Wr. Dessin-Kunst. Als Kunstsammler regte er 1850 die Gründung des Ö. Kunstvereins an. Seine Gemäldesmlg. wurde nach seinem Tod versteigert.

Literatur: ÖBL.

Artmann, Ferdinand, * 27. 11. 1830 Prag (CZ), † 15. 4. 1883 Wien, Techniker, Offizier. Errichtete die erste Konservenfabrik in Wien; Plan der Wr. Stadtbahn als Gürtellinie; Vizepräs. der von ihm projektierten Aspangbahn.

Artmann, H(ans) C(arl), * 12. 6. 1921 Wien-Breitensee, † 4. 12. 2000 Wien, Schriftsteller und Übersetzer. 1952 kam es unter seinem Einfluss zur Bildung der Wiener Gruppe, aus der er 1958 ausschied; ab 1954 rege Reisetätigkeit. Er verband in seinen Werken Trivialmythen, Schwank und Posse mit Erzählformen (Montage, Reisebericht, Aufzählung). Ab dem Gedichtband „med ana schwoazzn dintn" (1958) galt er als innovativer Dialektdichter. 1973–78 erster Präs. der Grazer Autorenversammlung. 1974 Großer Ö. Staatspreis, 1991 Dr h. c. der Univ. Salzburg und Ö. Ehrenzeichen f. Wiss. u. Kunst, 1997 Ehrenpreis des ö. Buchhandels und G.-Büchner-Preis.

Weitere Werke: hosn rosn baa, 1959; Dracula, Dracula, 1966; The Best of H. C. A., hg. v. K. Reichert, 1970; How much schatzi?, 1971; Gedichte über die Liebe und die Lasterhaftigkeit, 1975; Grammatik der Rosen. Gesammelte Prosa, 3 Bde., hg. v. K. Reichert, 1979; Gedichte von der Wollust des Dichtens in Worte gefaßt, 1989; Wr. Vorstadtballade, 1991; Das poetische Werk, 10 Bde., hg. v. K. Reichert, 1994; Gesammelte Prosa, 4 Bde., hg. v. K. Reichert, 1997. – Literatur: G. Bisinger (Hg.), Über H. C. A., 1972; H. Schneider, Aufgelesen, Diss., Wien 1986; M. Bauer, Verzeichnis der Schriften H. C. A. von 1950 bis 1996, 1997.

Arzberger, Johann, * 10. 4. 1778 Arzberg (D), † 28. 12. 1835 Wien, Techniker. Prof. für Maschinenlehre oder Mechanik am Polytechn. Inst. in Wien; richtete gem. mit J. J. v. → Prechtl eine Gaserzeugungsanlage am Inst. ein; konstruierte 1820 einen Dampfstraßenwagen; Begründer der Wr. Schule des Maschinenbaus; unterrichtete kostenlos an Sonn- und Feiertagen (Vorläufer der Fortbildungsschulen).

Arzt, Leopold, * 16. 3. 1883 Wien, † 20. 5. 1955 ebd., Mediziner. Vorstand der Univ.-Klinik für Haut- und Geschlechtskrankheiten in Wien.

Werke: Die Haut- und Geschlechtskrankheiten, 1934; Allg. Dermatologie, 1934.

Arz von Straußenburg, Arthur Frh. von, * 16. 6. 1857 Hermannstadt (Sibiu, RO), † 1. 7. 1935 Budapest (H), General. 1878 Eintritt in die ö.-ungar. Armee; 1914 Sektionschef im Kriegsministerium; 1916 Kommandant der 1. Armee im Rumänien-Feldzug; löste 1917 F. → Conrad von Hötzendorf als Generalstabschef ab.

Werke: Zur Geschichte des großen Krieges 1914–18, 1924; Kampf und Sturz der Kaiserreiche, 1935. – Literatur: ÖBL.

Aschbach, Joseph Ritter von, * 29. 4. 1801 Höchst a. Main (D), † 25. 4. 1882 Wien, Historiker. 1853–72 Univ.-Prof. in Wien.

Werke: Geschichte Ks. Sigismunds, 4 Bde., 1838–45; Geschichte der Wr. Univ. im 1. Jh. ihres Bestehens, 3 Bde., 1865–88. – Literatur: ÖBL.

Aschbrenner, Thomas, * 24. 7. 1712 Wolkersdorf (NÖ.), † 9. 12. 1789 Tulln (NÖ.), Spitalsschreiber in Wien, Gelegenheitsdichter. Seine Smlg. „Wienerische Beleuchtungen" (1761) ist kulturhist. von Interesse.

Ascher, Leo, * 17. 8. 1880 Wien, † 25. 2. 1942 New York (USA), Jurist und Operettenkomponist. Von seinen 32 Operetten wurde „Hoheit tanzt Walzer" (1912) am bekanntesten.

Askin, Leon (eigentl. L. Aschkenasy), * 18. 9. 1907 Wien, Schauspieler und Regisseur. Studierte an der Wr. Akad. f. Musik und darstellende Kunst und trat bereits in den 30er Jahren international (Wien, Düsseldorf, Paris) als polit. Kabarettist hervor. Lebte ab 1938 in Paris und ab 1940 in den USA, wo er zunächst am Theater beachtliche Erfolge erzielte (Inszenierung von Goethes „Faust" am Broadway 1949) und ab 1952 als Filmschauspieler in Hollywood Karriere machte; er spielte u. a. 1960 unter der Regie von Billy Wilder in dem Film „One, Two, Three" und 1972 unter Peter Ustinov in „Hammersmith Is Out". 1994 kehrte A. nach Wien zurück.

Literatur: L. A., Der Mann mit den 99 Gesichtern, 1997.

Rudof von Arthaber mit seinen Kindern. Gemälde von F. Amerling, 1837 (Österreichische Galerie Belvedere, Wien).

Aslan, Raoul, * 16. 10. 1886 Saloniki (GR), † 17. 6. 1958 Litzlberg (Gem. Seewalchen a. Attersee, OÖ.), Kammerschauspieler armenisch-ital. Herkunft. Ab 1897 in Wien; ab 1917 am Dt. Volkstheater in Wien; 1920–58 am Wr. Burgtheater, an dem er als Darsteller klass. Helden- und Charakterrollen (Hamlet, Mephisto, Marquis Posa, Nathan), Regisseur und 1945–48 auch als Dir. tätig war; zahlreiche Gastspiele im Ausland, Rundfunk- und Filmtätigkeit; 1929 als erster zum Kammerschauspieler ernannt.

Literatur: E. Buschbeck, R. A. und das Burgtheater, 1946; H. David, A. Direktionszeit am Burgtheater, Diss., Wien 1966.

Raoul Aslan als König Philipp II. in „Don Karlos" von F. Schiller. Burgtheater, Wien. Foto, 1938.

Asperger, Hans, * 18. 2. 1906 Wien, † 21. 10. 1980 ebd., Kinderarzt. Ab 1934 an der Psychiatr. Klinik Leipzig, 1944 Habilitation, ab 1957 Univ.-Prof. (Kinderklinik Innsbruck), ab 1962 in Wien; ab 1964 Leiter der heilpädagog. Station der SOS-Kinderdörfer in Hinterbrühl.

Werk: Heilpädagogik. Einführung in die Psychopathologie des Kindes, 1952.

Aßmayer, Ignaz, * 11. 2. 1790 Salzburg, † 31. 8. 1862 Wien, Kirchenkomponist. Organist zu St. Peter in Salzburg, ab 1815 in Wien, 1846 Hofkapellmeister; Freund von F. → Schubert.

Werke: Messen, Oratorien (Saul und David, Sauls Tod).

Astl (Astel), Lienhard(t), spätgot. Bildschnitzer und Fassmaler. Leitete vermutlich zw. 1505 und 1523 eine Werkstatt in Gmunden, urk. nicht nachweisbar, sein Name findet sich am Flügelaltar von Hallstatt (um 1515) und wurde zum Synonym für eine Gruppe stilistisch zusammengehöriger Werke in OÖ. und der Stmk., zu der auch die Flügelaltäre von Gampern und Gröbming sowie mehrere Einzelfiguren zählen.

Literatur: E. M. Tironiek, Studien zu L. A., Diss., Wien 1976.

Attems, Adelsgeschlecht aus Görz, eine Linie seit dem 17. Jh. in der Stmk. ansässig. Das Palais A. in Graz wurde 1702–16 erbaut; am Ende des 2. Weltkriegs ging ein Großteil der reichen Ausstattung (u. a. größte private Gemäldegalerie der Stmk.) verloren; 1962 wurde das Palais vom Land Stmk. erworben und instand gesetzt. Bed. Persönlichkeiten aus der Familie: Edmund Gf. → Attems, Ferdinand Gf. → Attems, Heinrich Gf. → Attems, Ignaz Maria Gf. → Attems.

Attems, Edmund Graf, * 17. 8. 1847 Linz (OÖ.), † 26. 5. 1929 Bad Hofgastein (Sbg.). 1893–96 und 1897–1918 Landeshauptmann der Stmk.

Attems, Ferdinand Graf, * 22. 1. 1746 Graz (Stmk.), † 23. 5. 1820 ebd., Verwaltungsjurist; Vater von Ignaz Maria → Attems. 1801–20 Landeshauptmann der Stmk.; Mitbegründer und 1. Kurator des Joanneums.

Literatur: NDB.

Leopold von Auenbrugger. Gemälde von P. Künl, 1867 (Gesellschaft der Ärzte, Wien).

Attems, Heinrich Graf, * 28. 11. 1834 Görz (Gorizia, I), † 11. 8. 1909 Graz (Stmk.), Offizier und Pomologe. Förderte die steir. Obstzucht und das Mus. Joanneum.

Werk: Österreichs Obstbau, 1899.

Attems, Ignaz Maria Graf, * 24. 2. 1774 Graz (Stmk.), † 17. 12. 1861 ebd., Verwaltungsjurist; Sohn von Ferdinand → Attems. 1820–52 Landeshauptmann der Stmk.; setzte sich für eine konstitutionelle Monarchie ein; förderte den Neubau des Theaters in Graz und die Umwandlung des Grazer Lyzeums in die Univ.

Literatur: NDB.

Attems-Petzenstein, Carl August, * 13. 10. 1868 Graz (Stmk.), † 19. 4. 1952 Wien, Zoologe. 1905–38 am Naturhist. Mus. in Wien; hatte Weltruf auf dem Gebiet der Myriopodenkunde.

Werke: über 110 Publikationen; Myriopoden, in: Handbuch der Zoologie, hg. v. W. Kitzenthal u. T. Krumbach, IV/1, 1926–30. – Literatur: Jb. d. Wr. Ges., 1929; NDB.

Christian Ludwig Attersee. Foto.

Attersee, Christian Ludwig (eigentl. C. Ludwig), * 28. 8. 1940 Pressburg (Bratislava, SK), Maler, daneben Musiker und Schriftsteller sowie erfolgreicher Segelsportler (3-mal ö. Staatsmeister). Studierte an der Hochschule f. angewandte Kunst in Wien bei E. Bäumer, ab 1966 enge Kontakte zum Wr. Aktionismus. Stand anfangs der Objekt- und Aktionskunst („Objekterfindungen") nahe, wobei A. durch die Einbindung von Musik, Sprache, Fotografie, Film usw. eine neue Form des Gesamtkunstwerks schuf. In der Folge traten Zeichnung und Tafelbild immer stärker in das Zentrum; bes. Bedeutung kam dabei den Themen Sexualität und Naturerfahrung zu. Für die meist in Acrylmalerei ausgeführten Werke sind der figural-symbolische Stil, die Verwendung leuchtender Farben und der dynamische Pinselstrich, durch den über die Bildfläche hinaus der Rahmen in das Werk einbezogen wird, kennzeichnend. Als Sprachkünstler verwendet A. in seinen Bildern häufig Textelemente. Im Rahmen von Ausstellungen gestaltet er Inszenierungen mit Musik und Literatur teilweise gem. mit Künstlerfreunden. A. vertrat Ö. 1984 bei der Biennale in Venedig, ist seit 1992 Prof. an der Univ. f. angewandte Kunst in Wien und gehört zu den international meistbeachteten ö. Künstlern. Großer Ö. Staatspreis 1998.

Literatur: A. – Die gemalte Reise, Ausst.-Kat., Künstlerhaus Wien, 1990; C. L. A., Werkkatalog, 1994; C. L. A. u. P. Baum, A. Das druckgraph. Werk 1966–1997, 1997 (mit Werkverz.).

Raoul Auernheimer. Foto.

Attila, † 453, ab 445 alleiniger Herrscher der Hunnen. Das Zentrum seines Reichs lag zw. Donau und Theiß im heutigen Ungarn. Er erpresste vom Oström. Reich hohe Tributzahlungen. Mit einem aus unterworfenen und verbündeten german. Stämmen bestehenden hunn. Heer zog A. im Frühjahr 451 auf der Donaustraße nach Gallien, unterlag aber den Westgoten unter Aetius in der Schlacht auf den Katalaunischen Feldern. Nach seinem Tod 453 zerfiel sein riesiges Reich. Er erscheint im Nibelungenlied als Hunnenkönig → Etzel.

Literatur: G. Wirth, A. Das Hunnenreich und Europa, 1999.

Auböck, Carl, * 6. 1. 1924 Wien, † 3. 2. 1993 ebd., Architekt und Designer. 1977–93 Prof. an der Hochschule f. angewandte Kunst in Wien.

Werke: Musterhaussiedlung Wien 13, Veitingergasse (mit R. Rainer); Siedlung Wien 23, Lindauergasse; Wohnhausanlage Per-Albin-Hansson-Siedlung-Ost (mit W. Kleyhons u. a.); Design von Bestecken, Geschirr, Möbel u. a.

Aubry, Blanche, * 24. 2. 1921 Basel (CH), † 9. 3. 1986 Wien, Kammerschauspielerin. Ab 1959 Mitgl. des Wr. Burgtheaters, erfolgreiches Debüt in F. → Hochwälders „Donnerstag"; J.-Kainz-Medaille 1968.

Auenbrugger, Leopold von, * 19. 11. 1722 Graz (Stmk.), † 18. 5. 1809 Wien, Arzt. Erfinder der Perkussion (Feststellen innerer Erkrankungen aus dem Schallunterschied beim Beklopfen des Brustkorbs), in seiner Schrift „Inventum novum" (1761) dargelegt. Erst durch den franz. Kliniker J. N. Corvisart (Leibarzt Napoleons) wurde seine Methode gewürdigt und verbreitet.

Literatur: J. Dueret, A. als Psychiater, Diss., Zürich 1956.

Auer, Erich, * 14. 4. 1923 Innsbruck (Ti.), Kammerschauspieler. 1947 am Landestheater Linz, 1948 am Wr. Volkstheater tätig, seit 1951 Mitgl. des Wr. Burgtheaters (seit 1986 Ehrenmitgl.); Rundfunk- und Filmtätigkeit.

Auer, Leopold, * 7. 6. 1845 Veszprém (H), † 15. 7. 1930 Loschwitz bei Dresden (D), berühmter Geigenvirtuose und Lehrer. Verbrachte lange Zeit in Russland und den USA. Als Vertreter der klassischen Geigenschule lehrte er eine Mischung zw. Wr. und russ. Geigenschule.

Werk: My long life in Music, 1923 (Autobiographie).

Auer, Martin, * 14. 1. 1951 Wien, Schriftsteller, Musiker, Schauspieler, Journalist. Trat v. a. als Autor von phantasievollen Kinderbüchern hervor.

Werke: Was niemand wissen kann, 1986; Der Sommer des Zauberers, 1988; Zum Mars und zurück, 1988; Bimbo und sein Vogel, 1988; Von Pechvögeln und Unglücksraben, 1989; Und wir flogen 1000 Jahre, 1990; Die Jagd nach dem Zauberstab, 1991; Der wunderbare Zauberer von Oz, 1992; Als Viktoria allein zu Hause war, 1993; Joscha unterm Baum, 1994; Der bunte Himmel, 1995; Ich aber erforsche das Leben, 1995; Küß' die Hand, gute Nacht, die Mutter soll gut schlafen!, 1996; Der dreckige Prinz, 1997; Deutsch für Außerirdische, 1997; Die Erbsenprinzessin, 1998; Warum der Hase lange Ohren hat, 1999; Lieblich klingt der Gartenschlauch, 1999; Frau Maikäfer flieg, 2001.

Auer, Maximilian, * 6. 5. 1880 Vöcklabruck (OÖ.), † 24. 9. 1962 ebd., Musikschriftsteller, Lehrer, Bruckner-Forscher. Ab 1915 pensioniert, beschäftigte sich A. fast ausschließlich mit A. → Bruckner: 1924 Ausgabe der Briefe Bruckners, 1927 Gründung der Internationalen Bruckner-Ges., Initiierung der Gesamtausgabe, Überarbeitung der Bruckner-Monographie von A. Göllerich (1937, zahlreiche Neuaufl.).

Auerbach, Johann Gottfried, * 28. 10. 1679 Mühlhausen (D), † 5. 8. 1743 Wien, erfolgreicher Porträtist des Wr. Hofs (Porträts Ks. Karls VI., des Prinzen Eugen, Maria Theresias). 1735 kaiserl. Hofmaler, 1741 „Kammermaler".

Werke: u. a. im Kunsthist. Mus. und in der Ö. Galerie Belvedere in Wien.

Auernheimer, Raoul (Pseud.: R. Heimern, R. Othmar), * 15. 4. 1876 Wien, † 7. 1. 1948 Oakland (USA), Erzähler und Bühnenschriftsteller. Studium der Rechte in Wien; Journalist, Feuilletonist und Redakteur, 1923–27 1. Präs. des Ö. P. E. N.-Clubs; 1939 Emigration in die USA. Seine Ges.-Komödien spielen im bürgerl.

Milieu und weisen Einflüsse von A. → Schnitzler und G. de Maupassant auf.

Werke: Casanova in Wien, 1924 (Lustspiel); Wien. Bild und Schicksal, 1938. – Romane: Das Kapital, 1923; Die linke und die rechte Hand, 1927; Metternich, 1947; Grillparzer, 1948. – Autobiographie: Das Wirtshaus zur verlorenen Zeit, 1948.

Auersperg, Krainer Adelsgeschlecht; 1220 erstmals erwähnt; im 15. Jh. Teilung in zwei Linien: ältere 1530 in Freiherren-, 1630 in Grafenstand, jüngere 1653 in Reichsfürstenstand erhoben. Palais A. (ehem. Rofrano) in Wien, ab 1781 im Besitz der Familie; 1945 Sitz der ö. Widerstandsbewegung; nach grundlegenden Restaurationsarbeiten seit 1954 Veranstaltungs- und Ausstellungsgebäude.

Bed. Persönlichkeiten aus der Familie: Adolf Carl Daniel Fürst von → Auersperg, Herbard VIII. Frh. von → Auersperg, Johann Weikhard Fürst → Auersperg, Joseph Franz Gf. → Auersperg, Karl (Carlos) Wilhelm Philipp Fürst → Auersperg, Anastasius → Grün.

Auersperg, Adolf Carl Daniel Fürst von, * 21. 7. 1821 Prag (CZ), † 5. 1. 1885 Schloss Goldegg (Gem. Neidling, NÖ.), Politiker; Bruder von K. W. P. Fürst → Auersperg. 1871–79 letzter altliberaler Min.-Präs.; führte 1873 eine Wahlreform durch, die die direkte Wahl des Reichsrats vorsah; 1879–85 Präs. des Obersten Rechnungshofs.

Literatur: ÖBL.

Auersperg, Anton Alexander Graf, der Dichter Anastasius → Grün.

Auersperg, Herbard VIII. Frh. von, * 15. 6. 1528 Wien, † 22. 9. 1575 bei Budatsky (SLO, gefallen), General. 1566–75 Landeshauptmann von Krain; Anhänger des Protestantismus und Förderer der Reformation.

Auersperg, Johann Weikhard Fürst (ab 1653), * 11. 3. 1615 Schloss Seisenberg (Žužemberk, SLO), † 13. 11. 1677 Laibach (Ljubljana, SLO), Staatsmann. Erster Min. und Geheimer Rat der Ks. Ferdinand III. und Leopold I.; 1669 wegen Hochverrats zum Tod verurteilt, später begnadigt.

Literatur: G. Mecenseffy, Im Dienste dreier Habsburger, 1938.

Auersperg, Joseph Franz Graf, * 31. 1. 1734 Wien, † 21. 8. 1795 Passau (D), geistl. Würdenträger. 1760–72 Bischof von Lavant, 1772–83 Bischof von Gurk, 1783 Bischof von Passau, 1789 Kardinal; Anhänger des Bildungsideals der kath. Aufklärung und Philanthrop. Musste der Abtrennung des ö. Anteils der Diözese Passau (Neugründung der Diözesen Linz und St. Pölten sowie Vergrößerung des Erzbistums Wien) zustimmen.

Literatur: E. Gatz (Hg.), Die Bischöfe des Hl. Röm. Reiches 1648–1803, 1990.

Auersperg, Karl (Carlos) Wilhelm Philipp Fürst, * 1. 5. 1814 Prag (CZ), † 4. 1. 1890 ebd., Politiker; Bruder von A. C. D. Fürst → Auersperg. Im Vormärz als Mitgl. des böhm. Landtags in Opposition zu Metternich; 1861–67 Präs. des Herrenhauses; 1867/68 Min.-Präs. des sog. Bürgerministeriums; Mitwirkung am Februarpatent.

Literatur: ÖBL.

Auer von Welsbach, Alois Ritter, * 11. 5. 1813 Wels (OÖ.), † 10. 7. 1869 Wien, Buchdrucker; Vater von Carl → Auer von Welsbach. Ab 1841 Dir. der Hof- und Staatsdruckerei; zahlreiche typograph. Erfindungen (selbsttätige Schnellpresse, Kupferdruckpresse).

Werk: Geschichte und Beschreibung der k. k. Hof- und Staatsdruckerei, 1851.

Auer von Welsbach, Carl Frh., * 1. 9. 1858 Wien, † 4. 8. 1929 Schloss Welsbach (Gem. Mölbling, Kä.), Chemiker; Sohn von Alois → Auer von Welsbach. Entdeckte 1885 durch die Zerlegung des Didyms 2 neue Elemente: Praseodym und Neodym. Durch die Tränkung eines Baumwollstrumpfs mit den Salzen dieser „seltenen Erden" gelang ihm die Entwicklung des „Gasglühlichts", das durch die Verwendung von Thorium und Cer verbessert und als „Auer-Glühstrumpf" 1891 patentiert wurde. Diese erfolgreichen Gasglühlichter wurden in Atzgersdorf (NÖ., heute Wien 23) hergestellt. A. v. W. befasste sich auch mit der Verbesserung der elektr. Glühlampe und entwickelte durch den Einsatz von Osmium und Wolfram die (Osram-) Metallfaden-Glühlampe. Seine dritte wichtige Erfindung war die Verwendung des Cer-Eisens für die Herstellung künstl. Feuersteine in Feuerzeugen. 1898 gründete er für die Verarbeitung von Thorium und Cer die Treibacher Chem. Werke.

Carl Freiherr Auer von Welsbach. Foto.

Literatur: F. Sedlacek, A. v. W., 1934; Treibacher Chem. Werke, 1980; H. Auer-Welsbach, Die Erfindungen des Dr. C. A. v. W., Dipl.-Arb., Graz 1992; NDB; NÖB; ÖBL.

Auer-Welsbach, Alois → Auer von Welsbach, Carl → Auer von Welsbach.

Auffenberg, Moritz, * 22. 5. 1852 Troppau (Opava, CZ), † 18. 5. 1928 Wien, General. Schuf als Kriegsmin. 1911/12 ein neues Wehrgesetz; 1914 befehligte er die 4. Armee und errang den Sieg von Komarów über die russ. Truppen; wurde 1915 abgesetzt.

Moritz Auffenberg. Foto, um 1912.

Werke: Aus Ö.-Ungarns Teilnahme am Weltkrieg, 1920; Aus Ö.-Ungarns Höhe und Niedergang, 1921. – Literatur: ÖBL.

Augustin, Ferdinand Frh. von (Pseud. Friedrich Aarau), * 31. 1. 1807 Wr. Neustadt (NÖ.), † 22. 6. 1861 Baden (NÖ.), Berufsoffizier; Sohn von Vinzenz Frh. v. → Augustin. Bereiste und beschrieb Marokko, Spanien, Malta.

Werke: Emmerberg, 3 Bde., 1848 (Roman); Reisebeschreibungen.

Augustin, Vinzenz Frh. von, * 27. 3. 1780 Pest (H), † 6. 3. 1859 Wien, Kartograph und General; Vater von Ferdinand Frh. v. → Augustin. Entwarf die Triangulierungs- und Mappierungs-Instruktionen für die Franzisceische Landesaufnahme, verfasste das Lehrbuch „Elementare Geometrie" und konstruierte mehrere geodät. Apparate. Bis 1838 Kommandant des von ihm gegr. Raketenkorps; leitete den Bau des Wr. Arsenals.

Literatur: H. Neuhold, Der Raketenmacher. V. Frh. v. A. und der techn. Fortschritt in der k. k. Armee, Dipl.-Arb., Wien 1998.

Augustin, Lieber, * 1645, † 11. 3. 1685 Wien, legendärer Wr. Straßensänger, Sackpfeifer und Stegreifdichter. Soll im Pestjahr 1679 betrunken in eine Pesttotengrube gefallen sein, ohne zu erkranken. Das bekannte Lied „Oh du lieber A." ist erst später entstanden.

Karl (Carlos) Wilhelm Philipp Fürst Auersperg. Foto.

Augustus, * 23. 9. 63 v. Chr. Rom (?, I), † 19. 8. 14 n. Chr. Nola bei Neapel (I), röm. Kaiser. Hieß urspr. Gaius Octavianus, vom Senat wurde ihm der Ehrenname A. verliehen. Durch seine Stiefsöhne Drusus und Tiberius ließ er 15 v. Chr. das ö. Gebiet (Regnum Noricum) in das röm. Imperium einbeziehen. Der Titel A. wurde in der Folge von allen Kaisern, auch des MA und der Neuzeit, geführt.

Aumaier, Reinhold, * 12. 5. 1953 Linz (OÖ.), Schriftsteller. Studierte Germanistik und Musik in Wien. Das musikal. Element spielt in seinem Werk eine wichtige Rolle.

Werke: Briefe an Adalbert Stifter, 1982; ZwischenLÖSUNG, 1984 (Kurzprosa); ein bedROHlicheES, 1988 (Gedichte); Frau Zacherl, Witwe, 1988 (Hörspiel); All blues, alles Walzer, 1995; Fahren Sie fort! 49 Romananfänge, 1995; Liebesgedichte, 1996; Rapid, Rapid. Mein grün-weißes Matchtagebuch, 1999; So gengan de Gang. Gedichte in Mühlviertler Mundart, 1999.

Aumann (Aumon), Franz Joseph, * 24. 2. 1728, Traismauer (NÖ.), † 30. 3. 1797 St. Florian (OÖ.), Augustiner-Chorherr, Komponist. Als Hofsängerknabe mit M. → Haydn und J. G. → Albrechtsberger befreundet; trat 1753 in das Kloster St. Florian ein. Seine Kirchenmusik

Alois Ritter Auer von Welsbach. Lithographie.

weist Elemente der venezian. und neapolitan. Schule sowie der Wr. Klassik auf. Starker Einfluss auf den jungen A. → Bruckner.

Aurenhammer, Hans, * 29. 5. 1920 Wien, † 4. 7. 1995 ebd., Kunsthistoriker. 1969–82 Dir. der Ö. Galerie. Befasste sich insbes. mit der Kunst des Barock (Anlage des Belvedere, J. B. Fischer von Erlach, M. Altomonte) und mit der Kunst des 19. Jh. (A. D. Fernkorn); zahlreiche Publikationen.

Ausch, Karl, * 8. 12. 1893 Wien, † 20. 6. 1976 ebd., Nationalökonom, Journalist. 1927–34 beim „Kleinen Blatt", 1937–46 als Emigrant in England, 1946–59 Wirt.-Redakteur der „Arbeiterzeitung". 1960–63 im Vorstand der Girozentrale der ö. Sparkassen, ab 1952 Mitgl. des Generalrats der Oesterr. Nationalbank.

Werke: Erlebte Wirtschaftsgeschichte, 1963; Als die Banken fielen, 1968.

Joannis Avramidis. Foto, 1989.

Auspitz, Heinrich, * 2. (oder 3.) 9. 1835 Nikolsburg (Mikulov, CZ), † 23. 5. 1886 Wien, Dermatologe. Ab 1872 Dir. der Poliklinik in Wien; Hg. des Archivs für Dermatologie.

Werk: System der Hautkrankheiten, 1881.

Auspitz, Rudolf, * 7. 7. 1837 Wien, † 10. 3. 1906 ebd., Nationalökonom, Politiker. 1873 liberaler Abg. z. Reichsrat; schrieb gem. mit R. Lieben „Über die Theorie des Preises" (1889), ein Hauptwerk der mathemat. Schule der Nationalökonomie in Ö.

Ausserwinkler, Michael, * 15. 1. 1957 Klagenfurt (Kä.), Facharzt für Innere Medizin und Politiker (SPÖ). 1990 Klubobmann der SPÖ-Fraktion der Stadt Klagenfurt, 1992–94 BMin. f. Gesundheit, Sport und Konsumentenschutz, 1994–99 Landesparteiobmann der Kä. SPÖ. Zog sich 1999 aus der Politik zurück und ist wieder als Mediziner tätig.

Austerlitz, Friedrich, * 26. 4. 1862 Hoch-Lieben (Vysoká Libeň, CZ), † 5. 7. 1931 Wien, Journalist und soz.-dem. Politiker. 1895–1931 Chefredakteur der „Arbeiterzeitung"; 1920–31 Abg. z. NR.

Werke: Preßfreiheit und Preßrecht, 1902; Das neue Wahlrecht, 1907; A. spricht, 1931. – Literatur: M. Schmolke (Hg.), Wegbereiter der Publizistik in Ö., 1992.

Ava, Frau, † 7. 2. 1127 (Eintrag in den Nekrologien von Melk, Göttweig, St. Lambrecht u. a.), Klausnerin („inclusa") im Umkreis des Klosters Melk; die erste mit Namen bekannte Dichterin in dt. Sprache; verfasste 4 schlichte Gedichte biblischen (v. a. neutestamentlichen) Inhalts: „Johannes", „Leben Jesu" mit einem abschließenden Teil über „Die 7 Gaben des Hl. Geistes", „Antichrist" und „Das Jüngste Gericht"; mit Ausnahme des „Johannes" überliefert in der Vorauer Handschrift. Der Überlieferung nach soll sie in Kleinwien bei Göttweig (NÖ.) verstorben sein („A.-Turm", Rest eines ma. Frauenklosters).

Ausgabe: F. Maurer (Hg.), Die Dichtungen der F. A., 1966. – Literatur: Verf.-Lex.; F. Maurer, Die relig. Dichtungen des 11. und 12. Jh., 1964–70.

Avancini, Nikolaus (auch Avancinus), * 1. 12. 1611 Brez bei Trient (I), † 6. 12. 1686 Rom (I), Jesuit, Dramatiker, Lyriker, Theologe. Ordensgeistlicher, 1664 Rektor in Passau, dann in Wien und Graz; 1676–80 Ordensprovinzial für Ö., 1682 „Assistens Germaniae". Berühmt wurde A. durch prunkvolle Bühnenstücke (sog. „Ludi Caesarei"), die er für Ks. Leopold I. verfasste. Anhand biblisch-hist. Stoffe (Pietas Victrix, 1659) werden Herrscherhaus und kath. Kirche verherrlicht. Große Verbreitung erlangten seine theolog. Werke (Vita et doctrina Jesu Christi, 1665).

Werke: Lyrik: Poesis Lyrica ..., 1659; Psalterium lyricum ..., 1696. – Dramen: Poesis Dramatica N. Avancini E Societate Jesu. Pars I und II 1675, Pars III 1680, Pars IV 1679, Pars V 1686. – Rhetorik: Nucleus rhetoricus ..., 1666. – Literatur: A. Kabiersch, N. A. SJ und das Wr. Jesuitentheater, Diss., Wien 1972; F. G. Sieveke, Actio scaenica und persuasorischer Perfektionismus, in: H. Zeman (Hg.), Die ö. Literatur. Ihr Profil an der Wende vom 18. zum 19. Jh. (1705–1830), 1986.

Aviano, Marco d', → Marco d'Aviano.

Avramidis, Joannis, * 26. 9. 1922 Batum (Georgien), Bildhauer griech. Abstammung. Seit 1943 in Wien, Schüler von R. C. → Andersen und F. → Wotruba, 1968–1992 Prof. an der Akad. d. bild. Künste in Wien. Abstrakte Figuren, ausgehend vom menschl. Körper. Vertrat Ö. u. a. bei der Biennale von Venedig 1962. Großer Ö. Staatspreis 1973; Ö. Ehrenzeichen f. Wiss. u. Kunst 1985.

Literatur: A. Brusberg, Agora, Skulpturen und Zeichnungen 1953–88, 1989.

Axmann, Ferdinand, * 3. 11. 1838 Wien, † 15. 3. 1910 ebd., Maler und Porträtist.

Werke: Altarbilder, Porträts (A. Stifter, F. Grillparzer, F. Stelzhamer).

Axmann, Julius, * 12. 4. 1858 Wien, † 12. 12. 1929 ebd., Politiker (CS). Anhänger K. → Luegers; 1897–1907 Abg. z. Reichsrat, 1898 im Nö. Landtag, 1900–12 im Wr. Gemeinderat. Gründete die Produktionsgemeinschaft der Waldviertler Weber und 1899 (gem. mit Fraß) die Angestelltenkrankenkasse „Collegialität".

Literatur: ÖBL.

Ayrenhoff, Cornelius von, * 28. 5. 1733 Wien, † 15. 8. 1819 ebd., Offizier und Dramatiker. Begründete eine ö. klassizist. Dramatik nach dem Vorbild der Franzosen und J. C. Gottscheds und bekämpfte den Wr. Hanswurst; Vorläufer der patriotisch-ö. Dichtung von H. v. → Collin und F. → Grillparzer.

Werke: Tragödien: Aurelius, 1766; Hermanns Tod, 1768; Alceste, 1782. – Lustspiele: Der Postzug, 1769; Die große Batterie, 1770; Die gelehrte Frau, 1775. – Ausgabe: Sämtl. Werke, 6 Bde., 1789, ^{3}1814. – Literatur: E. Horner, C. v. A., Diss., Wien 1984.

Azesberger, Kurt, * 8. 4. 1960 Arnreit (OÖ.), Sänger (Tenor). Studierte Musikpädagogik an der Wr. Musikhochschule und Gesang bei H. → Rössel-Majdan und K. → Equiluz. International erfolgreich als Interpret geistl. Musik (Bach-Passionen, Messen) sowie als Opern- (W. A. Mozart, R. Strauss) und Liedsänger (F. Schubert, A. Schönberg).

B

Baar-Baarenfels, Eduard, * 3. 11. 1885 Laibach (Ljubljana, SLO), † 14. 3. 1967 Saalfelden (Sbg.), Heimwehrpolitiker und Offizier. 1929 Landesführer des nö. Heimatschutzes, 1934/35 geschäftsführender Landeshauptmann von NÖ., 1935/36 BMin. f. Sicherheitswesen und Inneres, 1936 Vizekanzler, dann Gesandter in Budapest.

Literatur: W. Wiltschegg, Die Heimwehr, 1985; A. Korp, Der Aufstieg vom Soldaten zum Vizekanzler im Dienste der Heimwehr E. B. v. B., Dipl.-Arb., Wien 1998.

Babenberger, ö. Herrscherfamilie 976–1246. → Otto von Freising, der selbst aus der Familie der B. stammte, leitete das Geschlecht von dem 906 hingerichteten Adalbert von Bamberg ab; danach fand die Bezeichnung „B." Ende des 15. Jh. Eingang in die Literatur. Der Zusammenhang mit den „älteren" B. ist unklar; wahrscheinlich stammen sie eher von der Familie des 907 gefallenen Markgrafen Liutpold ab. Sicher ist die Herkunft aus dem bair. Hochadel, bis zur Mitte des 11. Jh. hatten die B. als Grafen mehrerer Gaue auch in Bayern Herrschaftsfunktionen inne. Später waren sie nur noch in Ö. verankert. Alle B. tragen Beinamen, die von Ladislaus → Sunthaym Ende des 15. Jh. erfunden oder zugeordnet wurden.

In den 270 Jahren ihrer Herrschaft wurde aus der Mark ein Herzogtum und Land im rechtl. Sinn. Mit der Entwicklung des Landes stieg auch das Ansehen der B., wozu familiäre Verbindungen mit beitrugen. Während die ersten Generationen in gleich gestellten Familien ihre Partner suchten, brachte die Heirat → Leopolds III. mit der salischen Königstochter → Agnes einen Aufstieg, der durch die Verwandtschaft mit den Staufern (Halbbrüder in der folgenden Generation) noch verstärkt wurde. In den nächsten Generationen gab es nicht nur Verbindungen mit benachbarten Herrschergeschlechtern, sondern auch zu Byzanz (→ Heinrich II., → Leopold VI.) und zu Ungarn (→ Leopold V.). Durch die Familienbeziehungen von Vater und Großvater weist die Ahnentafel Hzg. Leopolds VI. eine starke Orientierung nach O- und SO-Europa auf. Wegen der nicht bekannten Familie seiner byzantin. Mutter ist für Hzg. → Friedrich II. die Erstellung der Ahnentafel nur teilweise möglich.

Die Untersuchung der Skelette ergab, dass die B. bis Leopold VI. für ihre Zeit relativ große Menschen (1,80 m) waren. In den letzten Generationen der B. fällt die Häufung von Problemen auf: Friedrich II. war zweimal verheiratet, doch wurden beide Ehen kinderlos geschieden, sein Bruder Heinrich von Mödling hatte den Beinamen der Grausame.

Mit dem Tod Friedrichs II. starb die Familie nicht aus. Friedrichs Schwester → Margarete hatte 2 Söhne (Heinrich und Friedrich) vom Staufer-Kg. Heinrich (VII.), die aber 1250/51 starben; seine Nichte → Gertrud (Tochter seines Bruders Heinrich) hatte aus der Ehe mit Markgraf Hermann von Baden einen Sohn Friedrich, der 1268 in Neapel gem. mit dem Staufer Konradin hingerichtet wurde, und eine Tochter Agnes († 1295), die in 1. Ehe mit Hzg. → Ulrich III. von Kä., in 2. Ehe mit Graf Ulrich (III.) von Heunburg verheiratet war.

Literatur: J. Jungwirth, Die B.-Skelette in Stift Melk, Annalen d. Naturhist. Museums Wien 75, 1971; 1000 Jahre B. in Ö., Ausst.-Kat., Lilienfeld 1976; K. Brunner, Herzogtümer und Marken, 1994 (= Bd. 2 der Ö. Geschichte in 10 Bden., hg. v. H. Wolfram); B. Vacha und W. Pohl, Die Welt der B., 1995; K. Lechner, Die B., Markgrafen und Herzoge von Ö. 976–1246, [6]1996.

Eduard Baar-Baarenfels. Foto.

Bach, Alexander Frh. von, * 4. 1. 1813 Loosdorf (Gem. Fallbach, NÖ.), † 12. 11. 1893 Unterwaltersdorf (Gem. Ebreichsdorf, NÖ.), Politiker; Bruder von Otto → Bach. 1848 Justiz-, 1849–59 Innenmin. Zuerst liberal, vertrat er später die klerikal-absolutist. Richtung, die im Konkordat von 1855 gipfelte, und war der eigentl. Träger des Neoabsolutismus. Er war für eine Neugestaltung Ö. in konservativem Sinn verantwortlich; ab 1852 eigentlicher Leiter der Regierung („Ministerium B."). Nach der Niederlage von 1859 musste B. zurücktreten; 1849–59 Kurator der Akad. der Wiss.; 1859–67 Botschafter beim Vatikan. 1852 gründete B. die „Ö. Bibliographie".

Literatur: H. Hantsch, Gestalter der Geschicke Ö., 1962; ÖBL.

Bach, David Josef, * 13. 8. 1874 Lemberg (Lwíw, UA), † 30. 1. 1947 London (GB), Musikschriftsteller, Kritiker. Gründete 1906 in Wien die Arbeiter-Symphoniekonzerte und gab 1918–22 mit J. → Bittner den „Merker" heraus. 1919–33 Gründer und Leiter der soz.-dem. Kunststelle. Er lebte ab 1940 in London.

Werk: Der Kugelmensch, 1938. – Literatur: H. Kotlan-Werner, Kunst und Volk, D. J. B., 1977.

Bach, Otto, * 9. 2. 1833 Wien, † 3. 7. 1893 Unterwaltersdorf (Gem. Ebreichsdorf, NÖ.), Kirchenmusiker, Opernkapellmeister; Bruder von Alexander v. → Bach. 1868 Dir. des Mozarteums und Domkapellmeister in Salzburg, 1880 Kirchenkapellmeister in Wien.

Werke: geistl. Musik, Opern, Symphonien, Bühnenmusik (zu Hebbels „Nibelungen").

Bacher, Ernst, * 14. 11. 1935 St. Veit a. d. Glan (Kä.), Kunsthistoriker, ab 1962 im Bundesdenkmalamt, 1982–2000 dort Generalkonservator (wiss. Leiter der Denkmalpflege). Seit 1978 Lehrtätigkeit an der Univ. Wien.

Werke: Aufsätze zu ma. und ö. Kunstgeschichte, Denkmalschutz und Denkmalpflege.

Gerd Bacher. Foto, um 1975.

Bacher, Gerd (Gerhardt), * 18. 11. 1925 Salzburg, Journalist („Sbg. Volkszeitung", „Sbg. Nachrichten", „Bild-Telegraf", „Express"), Verlagsleiter (F. Molden, Wien; R. Kiesel, Sbg.), 1974–78 Medienberater des dt. Bundeskanzlers H. Kohl, Generalintendant des ORF 1967–74, 1978–86 und 1990–94. B. trug wesentlich zur Reform und Modernisierung des Ö. Rundfunks auf der Basis des Rundfunkgesetzes von 1966 sowie im Rahmen der Rundfunkgesetze von 1974 bei. Er machte den ORF zu einer international angesehenen Rundfunk- und Fernsehanstalt.

Literatur: G. B. zu Ehren, hg. v. ORF, 1985; M. Schmolke (Hg.), Der Generalintendant. G. B. Reden, Vorträge, Stellungnahmen aus den Jahren 1967 bis 1994, 2000.

Bacher, Rudolf, * 20. 1. 1862 Wien, † 16. 4. 1945 ebd., Maler und Bildhauer, Mitbegründer der Wr. Secession (1897). 1903–39 Prof. an der Wr. Akad. der bild. Künste, Lehrer von J. → Dobrowsky und R. H. → Eisenmenger.

Werke: v. a. Porträt- und Landschaftsmalerei, relig. Themen.

Bachinger, Franz, * 31. 10. 1892 Gaspoltshofen (OÖ.), † 7. 7. 1938 ebd., Landwirt und Politiker (LB).

1932 BMin. f. öffentl. Sicherheit, 1932–33 BMin. f. innere Verwaltung, 1933 Staatssekr. f. Forstwesen und Holzbewirtschaftung.

Literatur: H. Wagner, F. B. und seine Zeit, Diss., Innsbruck 1990.

Bachler, Klaus, * 29. 3. 1951 Fohnsdorf (Stmk.), Schauspieler, Kulturmanager und Theaterdirektor. Studium am Reinhardt-Seminar, dann Schauspieler am Sbg. Landestheater und an verschiedenen Bühnen in Deutschland, ab 1987 künstler. Dir. an der Staatl. Bühnen Berlin, ab 1990 in Paris, 1992–96 Intendant der Wr. Festwochen, 1996–99 Dir. der Wr. Volksoper; seit 1999 Dir. des Wr. Burgtheaters.

Bachler, Reinhold, * 26. 12. 1944 Eisenerz (Stmk.), Bergmann, Skispringer, Sprungtrainer. 1967 Weltrekord im Skifliegen (Vikersund, 154 m), 1968 Silbermedaille auf der Normalschanze bei den Olymp. Spielen in Grenoble; danach Trainer im Nordischen Ausbildungszentrum Eisenerz.

Bachmann, Adolf, * 27. 1. 1849 Kulsam (Cdrava, CZ), † 31. 10. 1914 Prag (CZ), Historiker und Politiker. Univ.-Prof. für ö. Geschichte, 1901 Abg. z. böhm. Landtag, 1907 Abg. z. Reichsrat, 1911 Obmann der dt. Fortschrittspartei in Böhmen; verhandelte über den dt.-tschech. Ausgleich.

Werke: Geschichte Böhmens bis 1526, 2 Bde., 1899/1905; Lehrbuch der ö. Reichsgeschichte, ^{2}1904. – Literatur: H. Bachmann, A. B., ein ö. Historiker und Politiker, 1962.

Ingeborg Bachmann. Foto.

Bachmann, Ingeborg (Pseud.: Ruth Keller), * 25. 6. 1926 Klagenfurt (Kä.), † 17. 10. 1973 Rom (I; an den Folgen eines Brandunfalls), Lyrikerin, Erzählerin, Hörspielautorin. Studierte Philosophie, Psychologie und Germanistik in Wien; Promotion 1950 mit der Diss. über „Die kritische Aufnahme der Existentialphilosophie M. Heideggers". Bekannt wurde sie 1952 durch eine Lesung bei einer Tagung der „Gruppe 47"; ab 1953 lebte sie in Zürich und Rom, wo sie sich 1965 endgültig niederließ. B. gilt v. a. als große Lyrikerin; in ihrem Gedichtband „Die gestundete Zeit" (1953) verurteilte sie die restaurativen gesellschaftl. Kräfte der Nachkriegszeit, die Thematik von „Anrufung des großen Bären" (1956) kreist in Rückgriff auf Mythologisches um die Zerstörung und die Utopie des menschl. Lebens. In den „Frankfurter Vorlesungen", gehalten 1959/60 im Rahmen einer Gastdozentur für Poetik, erörtert B. Fragen des schreibenden Ich und der Literatur als Medium der Weltveränderung. 1961 veröffentlichte sie den Erzählband „Das dreißigste Jahr", in dem sie sich mit Formen des Zusammenlebens und der Aufarbeitung des Faschismus befasste. 1965 entwarf sie den Plan zum sog. „Todesarten-Zyklus", der aufzeigt, wie Frauen durch ihre Partner in die Isolation getrieben und zum Verstummen gebracht werden. Vollendet wurde nur der Roman „Malina" (1971), „Der Fall Franza" und „Requiem für Fanny Goldmann" blieben Fragmente (1979 publiziert). Das Spätwerk B. wird in der Frauenforschung als „Paradigma weibl. Schreibens" angesehen. 1964 wurde B. mit dem G.-Büchner-Preis, 1968 mit dem Großen Ö. Staatspreis und 1972 mit dem A.-Wildgans-Preis ausgezeichnet.

Weitere Werke: Ein Ort für Zufälle, 1965; Simultan, 1972 (Erzählungen); Gier, 1982 (Erzählung, postum in: Der dunkle Schatten, dem ich schon seit Anfang folge. I. B. – Vorschläge zu einer neuen Lektüre des Werks, hg. v. H. Höller); Letzte, unveröffentl. Gedichte, Entwürfe und Fassungen, hg. von H. Höller, 1998. – Hörspiele: Ein Geschäft mit Träumen, 1952; Die Zikaden, 1955; Der gute Gott von Manhattan, 1958. – Ausgaben: Werke, hg. v. C. Koschel u. a., 4 Bde., 1978; Sämtl. Erzählungen, 1980; „Todesarten"-Projekt, hg. v. M. Albrecht, 4 Bde. 1995; Röm. Reportagen, hg. v. J.-D. Kogel, 1998. – Literatur: H. Höller, I. B. – Das Werk, 1987; A. Stoll, I. B. „Malina", 1992; E. Demski, I. B., ^{5}1995; K. Bartsch, I. B., ^{2}1997; S. Weigel, I. B., 1999.

Bachmayer, Friedrich, * 10. 9. 1913 Kamegg (Gem. Gars am Kamp, NÖ.), † 25. 7. 1989 Wien, Paläontologe. 1949–79 am Naturhist. Museum, ab 1966 Dir. der Geologisch-Paläontolog. Abteilung, ab 1972 Erster Dir.; Leiter zahlreicher Fossiliengrabungen im In- (bes. NÖ.) und Ausland.

Werke: Das Naturhist. Museum in Wien, 1979 (gem. mit O. Schulze); Erdöl und Erdgas in Ö., 1980; Fossile Schildkröten aus dem Pliozän von Megalo Emvolo bei Saloniki, 1980 (gem. mit M. Meynarski u. N. Symeonidis); Die Ausgrabungen in Pikermi-Chomateri bei Athen, 1982 (gem. mit N. Symeonidis u. H. Zapfe).

Bäcker, Heimrad, * 9. 5. 1925 Wien, Schriftsteller. Autor von Lyrik, Hörspielen und dokumentarischer Dichtung. Gab 1968–91 die Ztschr. „neue texte" und 1976–91 die „edition neue texte" heraus; 1987–89 Präs. der Grazer Autorenversammlung.

Werke: seestück, 1985; nachschrift, 1986; referendum, 1988; epitaph, 1988; Gehen wir wirklich in den Tod? 1989 (Hörspiel); SGRA, 1990; Gedichte und Texte. Eine Auswahl aus dem Werk, 1993; Beschrifteter Raum (Installation), 1993; epitaph (Bühnenfassung), 1993; nachschrift 2, 1997.

Bacquehem, Olivier Marquis de, * 25. 8. 1847 Troppau (Opava, CZ), † 22. 4. 1917 Wien, Verwaltungsjurist. 1886 Handels-, 1893 Innenmin., 1895–98 Statthalter der Stmk., 1908–17 Präs. des Verwaltungsgerichtshofs; förderte die Verstaatlichung und den Ausbau der Eisenbahnen, den Schiffsverkehr und die Wr. Verkehrsanlagen (Stadtbahn, Donaukanal- und Wienfluss-Regulierung).

Literatur: E. Kielmannsegg, Kaiserhaus, Staatsmänner und Politiker, hg. von W. Goldinger, 1966.

Badelt, Christoph, * 26. 2. 1951 Wien, Sozialwissenschaftler. Studierte Volkswirt. an der Univ. Wien, 1984 Habilitation für Wirt.- und Sozialpolitik. Seit 1989 Univ.-Prof. und Leiter der Abt. f. Sozialpolitik an der Wirt.-Univ. Wien, seit 1998 Vizerektor, designierter Rektor ab 2002. Wissenschaftler des Jahres 1999. Forschungsschwerpunkte: Familienpolitik, Non-Profit-Organisationen, Sozialmanagement, Sozialpolitik und Wohlfahrtsstaat.

Werke: Sozioökonomie der Selbstorganisation, 1980; Familienpolitik auf dem Prüfstand, 1989; Kosten der Pflegesicherung, 1995; Zur Lebenssituation behinderter Menschen in Ö., 1997; Grundzüge der Sozialpolitik, 1998.

Badeni, Kasimir Felix Graf, * 14. 10. 1846 Surochów (PL), † 9. 7. 1909 Krasne (PL), Politiker. 1888 Statthalter von Galizien; führte als Min.-Präs. und Innenmin. (1895–97) 1896 eine Wahlrechtsreform durch (Schaffung der allg. Wählerkurie für alle über 24 Jahre alten Staatsbürger mit 72 von 425 Mandaten) und erließ 1897 die Badenischen Sprachenverordnungen, welche die doppelsprachige Amtsführung in Böhmen und Mähren (auch in den dt.-sprach. Gebieten) bestimmten. Amtl. Eingaben sollten demnach in der von der Partei verwendeten Sprache eingebracht und behandelt werden. Aufgrund der verschärften Verordnungen kam es zu Parlaments- und Straßenkrawallen in Wien, Graz und Böhmen, die zu seinem Sturz führten.

Literatur: F. Kornauth, B. als Min.-Präs., Diss., Wien 1949; B. Sutter, Die Badenischen Sprachenverordnungen von 1897, 1. Bd., 1960.

Badia, Carlo Agostino, * 1672 Venedig (?, I) † 23. 9. 1738 Wien, Komponist. Ab 1692 in habsb. Diensten (ab 1694 als Hof-Kompositor), zählt zu den Hauptkomponisten des ö. Hochbarock (neben J. J. → Fux, A. → Caldara u. a.). Komponierte v. a. Oratorien und Opern, größte Produktivität in der Regierungszeit der Ks. Leopold I. und Joseph I. Heiratete nach 1700 die Sopranistin A. M. E. (Lisi) Nonetti, die bis zu ihrem Tod 1726 die Primadonna am Wr. Hof war.

Literatur: T. Steinecker, Die Opern und Serenate von C. A. B., Diss., Wien 1993.

Badura-Skoda, Paul, * 6. 10. 1927 Wien, Konzertpianist. Begann 1947 seine Karriere, internat. Durchbruch 1950 bei den Sbg. Festspielen; Konzerttourneen nach Amerika, Japan und Russland; zahlr. Platteneinspielungen, sammelt hist. Klaviere, publiziert auch Bücher über Interpretation und hist. Aufführungspraxis; internationale Preise; verheiratet mit der Musikwissenschaftlerin Eva B.-S. (Opern- und Haydn-Forscherin).

Bahr, Hermann, * 19. 7. 1863 Linz (OÖ.), † 15. 1. 1934 München (D), Dichter, glänzender Essayist und Kritiker, anregender Interpret literar. Strömungen vom Naturalismus bis zum Expressionismus, einer der bedeutendsten Lustspieldichter seiner Zeit, führender Theoretiker des Impressionismus und Wortführer von Jung-Wien; ab 1909 verheiratet mit Anna → Bahr-Mildenburg. Er studierte in Wien, Czernowitz und Berlin (Freundschaft mit A. Holz). 1890 Mitarbeiter der „Freien Bühne" in Berlin, ab 1894 freier Schriftsteller und Hg. der liberalen Wochenschrift „Die Zeit". 1906/07 Regisseur bei M. → Reinhardt in Berlin, lebte 1912–18 in Salzburg, 1918 1. Dramaturg am Wr. Burgthater, 1922 ging er nach München. Seine programmat. Essays leiteten z. T. neue Stilrichtungen ein. Als Schriftsteller befasste er sich mit vielen literar. Strömungen um 1900 und wirkte als ihr Anreger und Förderer; seine Werke sind bedeutende Dokumente ö. Geistesgeschichte.

Werke: Prosa: Die gute Schule. Seelenstände, 1890; Fin de siècle, 1891; Theater, 1897; Die Rahl, 1908; Drut, 1909; O Mensch, 1910; Himmelfahrt, 1916; Die Rotte Korahs, 1919; Ö. in Ewigkeit, 1929. – Dramen: Die neuen Menschen, 1887; Die Mutter, 1891; Das Tschaperl, 1897; Der Querulant, 1914. – Lustspiele: Wienerinnen, 1900; Der Krampus, 1902; Der Meister, 1904; Ringelspiel, 1907; Das Konzert, 1909; Die Kinder, 1911; Das Prinzip, 1912. – Essays: Zur Kritik der Moderne, 1890; Die Überwindung des Naturalismus, 1891; Expressionismus, 1916; Tagebücher, Skizzenbücher und Notizhefte (5 Bde., hg. von M. Csáky, 1994ff.). – Literatur: D. G. Daviau, Der Mann von Übermorgen, 1984; R. Farkas, H. B., 1989; M. Meier, Prometheus und Pandora. „Persönlicher Mythos" als Schlüssel zum Werk von H. B. (1863–1934), 1997.

Bahr-Mildenburg, Anna, * 29. 11. 1872 Wien, † 28. 1. 1947 ebd., Kammersängerin (Sopran), bedeutende Wagner-Interpretin; Ehefrau von H. → Bahr (1909). Schülerin von R. → Papier-Paumgartner, Debüt 1895 in Hamburg als Brünnhilde, durch G. → Mahler 1898 an die Wr. Hofoper geholt, wo sie in zahlreiche dramat. Rollen brillierte (1928 Ehrenmitgl.); zuletzt Lehrtätigkeit.

Werk: Erinnerungen, 1921. – Literatur: P. Stefan, A. B., 1922; H. Steinmüller, Ein Sommermorgentraum. A. v. Mildenburg und G. Mahler – eine Künstlerliebe, 1998.

Bailer-Galanda, Brigitte, * 5. 3. 1952 Wien, Historikerin. Studierte Soz.- und Wirt.-Wiss. sowie Geschichte in Wien; seit 1979 am Dokumentationsarchiv des ö. Widerstandes; seit 1998 stellv. Vorsitzende der ö. Historikerkommission, die den Fragenkomplex Vermögensentzug auf dem Gebiet der Republik Ö. während der NS-Zeit sowie Rückstellungen und Entschädigungen ab 1945 erforscht; Expertin für Rechtsextremismus und Restitutionen. Käthe-Leichter-Staatspreis 1992.

Werke: Wiedergutmachung – kein Thema, 1993; Wahrheit und „Auschwitzlüge", 1995 (Mit-Hg.); „... ihrer Überzeugung treu geblieben", 1996 (mit W. Neugebauer).

Baillet-Latour, Theodor Graf, → Latour.

Balatsch, Norbert, * 10. 3. 1928 Wien, Chorleiter und -sänger. 1938–44 Mitgl. der Wr. Sängerknaben, ab 1952 Chorsänger an der Wr. Staatsoper, 1953–83 Leiter des Wr. Männergesang-Vereins, 1968–83 Chordirektor der Wr. Staatsoper, ab 1983 Leiter des Chores Santa Cecilia di Roma und Dirigent zahlreicher internat. Orchester, 1999–2001 Künstler. Leiter der Wr. Sängerknaben.

Baldacci, Anton Frh. von, * 14. 10. 1762 Wien, † 9. 7. 1841 ebd., Politiker. 1813 Armee-Min., begründete die offizielle Statistik in Ö.; war einer der geistigen Urheber des kaiserl. Manifests von 1806.

Literatur: H. Sturmberger, A. v. B. 1809, Diss., Wien 1937.

Baldass, Ludwig, * 8. 2. 1887 Wien, † 20. 11. 1963 ebd., Kunsthistoriker. Univ.-Prof., Dir. der Gemäldegalerie des Kunsthist. Mus. in Wien; Chevalier der Ehrenlegion (1927).

Werke: Die Wr. Gobelinsammlung, 1920; Ö. Tafelmalerei der Spätgotik, 1934; A. Altdorfer, 1941; H. Bosch, 1946; Conrad Laib und die beiden Rueland Frueauf, 1946; J. van Eyck, 1952; Giorgione, 1964 (mit G. Heinz).

Baldauf (Paltauff, Baldtauf), Adam, * um 1570 Meran (S-Ti.), † 1631 Wien; bedeutendster Ti. Bildhauer des Frühbarock. 1615–28 in Brixen tätig, 1628 nach Wien berufen.

Werke: Altäre für den Dom zu Brixen, die Pfarrkirche von Rodeneck (fragmentarisch erhalten) und die Jesuitenkirche in Wien (nicht mehr erhalten).

Baldessarini, Werner, * 23. 1. 1945 Kufstein (Ti.), Designer, Manager. Begann seine Karriere beim Münchener Herrenausstatter Wagenheimer, zuletzt Chefeinkäufer. 1975 Wechsel zur Hugo Boss AG nach Metzingen, dort Chefdesigner und für die Kollektionserstellung verantwortlich; seit 1988 Vorstandsmitgl., seit 1998 Vorstandsvorsitzender.

Balser, Ewald, * 5. 10. 1898 Elberfeld (Wuppertal, D), † 17. 4. 1978 Wien, Kammerschauspieler; Ehemann von Vera → Balser-Eberle. Nach Engagements in Basel und Düsseldorf ab 1928 Mitgl. des Wr. Burgtheaters, wo er als „Faust" debütierte und zahlreiche Heldengestalten verkörperte; Gastspiele in München, Berlin und bei den Sbg. Festspielen; daneben auch in Filmen und als Regisseur tätig; zahlreiche Ehrungen, u. a. 1963 Ehrenmitgl. des Burgtheaters, 1967 Grillparzer-Ring, 1968 Kainz-Medaille.

Literatur: E. B. und das Burgtheater, o. J.

Ewald Balser als Jedermann bei den Salzburger Festspielen. Foto, 1946.

Balser-Eberle, Vera, * 21. 10. 1897 Augsburg (D), † 23. 3. 1982 Wien, Schauspielerin; Ehefrau von Ewald → Balser. 1931–64 am Wr. Burgtheater, unterrichtete ab 1940 Sprechtechnik am Reinhardt-Seminar, ab 1973 Konsulentin für Sprechtechnik am Burgtheater.

Werke: Hast du dir schon überlegt?, 1983; Sprechtechn. Übungsbuch, [26]1998.

Baltl, Hermann, * 2. 2. 1918 Graz (Stmk.), Jurist. Ab 1961 Univ.-Prof. für ö. und dt. Rechtsgeschichte in Graz (Dekan 1961/62); seit 1974 Mitgl. der Ö. Akad. der Wiss.

Werke: Rechtsarchäologie des Landes Stmk., 1957; Ö. Rechtsgeschichte, [6]1986 (fortgeführt als Baltl/Kocher, [9]1997).

Balzarek, Mauriz, * 21. 10. 1872 Thürnau (Trnava, CZ), † 17. 2. 1945 Linz (OÖ.), Architekt. 1899–1902 Schüler von O. → Wagner, 1902–33 an der Staatsgewerbeschule Linz, trug wesentl. zur Verbreitung der Moderne in OÖ. bei; entwarf zahlreiche Villen in einer romantisierenden Variante des Jugendstils, aber auch techn. Bauwerke und Siedlungen.

Werke: Kraftwerk Steyrdurchbruch, 1908; Mädchenvolksschule Wels, 1912; Landesvilla Bad Hall, 1912–14; Kraftwerk Partenstein, 1919–24; Bauten im Kurpark Bad Schallerbach, 1925–37. – Literatur: Der Architekt M. B. 1872–1945, Ausst.-Kat., Stadtmus. Linz 1972; M. Pozzetto, Die Schule O. Wagners, 1980.

Bamberger, Heinrich von, * 27. 12. 1822 Zwornarka b. Prag (CZ), † 9. 11. 1888 Wien, Arzt, bedeutender Diagnostiker. 1872 Univ.-Prof. in Wien; setzte die Schule Rokitansky-Skoda-Oppolzer fort und gründete 1887 mit E. → Fuchs die „Wr. klinische Wochenschrift".

Bamberger, Max, * 7. 10. 1861 Kirchbichl (Ti.), † 28. 10. 1927 Wien, Chemiker. Prof. an der Techn. Hochschule in Wien, deren chem. Fakultät er vergrößerte; erforschte u. a. Harze, Explosionsstoffe sowie die Radioaktivität ö. Flüsse und Gesteine; 26 Patente von Gastauchgeräten (mit F. Böcke).

Bamberger, Richard, * 22. 2. 1911 Paudorf (NÖ.), Fachmann für Jugendliteratur, Schriftsteller. 1948–81 Gen.-Sekr. des Ö. Buchklubs der Jugend; Präs. des Internationalen Kuratoriums für das Jugendbuch; leitete das Internationale Inst. f. Jugendliteratur und Leseforschung, gründete 1988 das Inst. f. Schulbuchforschung (seit 1991 Inst. f. Schulbuchforschung und Lernförderung).

Werke: Lehrbuch der russ. Sprache, 1946; Jugendlektüre, 1955; Mein erstes großes Märchenbuch, 1960. – Hg. von Jugend-Lexika: Die Welt von A bis Z, 1952; Die Kinderwelt von A bis Z, 1954.

Bammer, Herbert, * 16. 7. 1940 Laakirchen (OÖ.), Jurist und Manager. 1963–65 im Bundeskanzleramt, seit 1965 bei der AUA; ab 1970 Gen.-Sekr., ab 1975 stellvertr. Vorstandsdirektor für verschiedene Abt. 1993–2001 gem. mit Mario → Rehulka Vorstandsdirektor der AUA.

Bandion, Josef, * 2. 11. 1930 St. Pölten (NÖ.), Beamter. Ab 1961 in der Präsidentschaftskanzlei, 1963 Geschäftsleitung der L.-Boltzmann-Ges., seit 1975 geschäftsführendes Vorstandsmitglied; 1975–95 Magistratsdirektor der Stadt Wien.

Banfield, Gottfried Frh. von, * 6. 2. 1890 Castelnuovo (I), † 23. 9. 1986 Triest (I), Offizier. 1916 Kommandant der Seeflugstation Triest; 1917 Ernennung zum Maria-Theresien-Ritter und Erhebung in den Freiherrenstand; ab 1920 Unternehmer und Berge-Reeder; B. räumte 1957 nach der Suezkrise den Suezkanal

Banhans, Anton Frh. von, * 8. 11. 1825 Michelob (Miecholoup, CZ), † 26. 5. 1902 Wien, Politiker. Vater von Karl → Banhans. 1870 Ackerbau-, 1871–75 Handelsmin.; führte in Ö. das metrische System und ein einheitl. Betriebsreglement für die Eisenbahnen ein und sorgte für deren Schienennetzerweiterung. Ab 1890 Präs. der DDSG.

Banhans, Karl, * 12. 6. 1861 Kloster (Klášter, CZ), † 15. 7. 1942 Wien, Eisenbahnfachmann; Sohn von Anton v. → Banhans. 1917/18 Eisenbahnmin., reorganisierte 1922 den Rechnungshof; 1930 Präs. der Verwaltungskammer der Ö. Bundesbahnen.

Literatur: ÖBL.

Bankl, Hans, * 9. 4. 1940 St. Pölten (NÖ.), Prosektor. Univ.-Prof. für Patholog. Anatomie.

Werke: Viele Wege führen in die Ewigkeit, 1990; Der Rest ist nicht Schweigen, 1992; Im Zeichen des Äskulap, 1993 (gem. mit F. Stöckl); Die kranken Habsburger, [4]1998; Woran sie wirklich starben, [4]1999. – Lehrbücher.

Bär, Ernst, * 6. 3. 1919 Meran (S-Ti.), † 7. 6. 1985 Hannover-Herrenhausen (D), Kulturjournalist, Festspieldirektor. 1937–45 Dir. einer Schule für Dolmetscher, dann Leiter der Presseabteilung der Bregenzer Festspiele, 1952–82 deren Intendant (1980 Eröffnung des neuen Festspielhauses samt integrierter neuer Seebühne); ab 1982 Leiter der Schlossfestspiele in Herrenhausen.

Werk: Spiel auf dem See. Die Bregenzer Festspiele von der Gründung bis zur Gegenwart, 1982.

Robert Bárány. Foto.

Bárány, Robert, * 22. 4. 1876 Wien, † 8. 4. 1936 Uppsala (S), Physiologe, Ohrenarzt, Nobelpreisträger. 1909 Privatdozent f. Ohrenheilkunde in Wien. Erhielt 1914 den Nobelpreis für seine Arbeit über die Physiologie des menschl. Vestibular-(Bogengang-)Apparats, mit der er die Grundlage für die Labyrinth-Chirurgie schuf; durch diese sank die Sterblichkeit an Gehirnhautentzündung als Folge von Innenohreiterung (otitische Meningitis) praktisch auf Null. 1917 Univ.-Prof. in Uppsala; 1936 stiftete die Univ. Uppsala einen „B.-Preis".

Werke: Physiologie und Pathologie des Bogengangapparates beim Menschen, 1907; Die Seekrankheit, 1911; Die Radikaloperation des Ohres ohne Gehörgangplastik bei chron. Mittelohreiterung, 1923.

Barazon, Ronald, * 21. 2. 1944 Tel Aviv (Israel), Journalist. 1961–77 Pressereferent der Wr. Symphoniker, 1965–95 Redakteur der „Salzburger Nachrichten", seit 1995 deren Chefredakteur; seit 1972 auch Chefredakteur der Fach-Ztschr. „Der ö. Volkswirt". 1997–2000 Moderator der Fernsehserie „Zur Sache".

Barbara, Hl., Fest 4. Dez., † um 306, Märtyrerin, Attribute: Hostienkelch, Turm; eine der 14 Nothelfer. Schutzfrau der Berg- und Hüttenarbeiter, Architekten, Bauarbeiter, Artilleristen. Zahlreiche volkstüml. Bräuche, u. a. der „B.-Zweig", die „B.-Feiern", das „B.-Brot" und das „B.-Licht".

Bardolff, Carl Frh. von, * 3. 9. 1865 Graz (Stmk.), † 17. 5. 1953 ebd., Berufsoffizier. Feldmarschallleutnant und Generalstabschef der 2. Armee im 1. Weltkrieg; 1932–37 Vorsitzender des Dt. Klubs in Wien; ab 1938 Mitgl. des dt. Reichstags und SA-Oberführer; wurde 1945 verhaftet und bekam Schreibverbot.

Werk: Soldat im alten Ö., 1938.

Barényi, Béla, * 1. 3. 1907 Hirtenberg (NÖ.), † 30. 5. 1997 Böblingen (D), Techniker. 1939–73 Leiter der Vorentwicklung bei Daimler-Benz, entwickelte die „passive Sicherheit" im Automobilbau mit Sicherheitslenkrad und Passagiersicherheitszelle, erwarb über 2500 Patente.

Literatur: H. Niemann, B. B. Nestor der passiven Sicherheit, 1994.

Bareuther, Ernst, * 19. 1. 1838 Asch (Aš, CZ), † 17. 8. 1905 Freiburg i. B. (D), Jurist, Politiker. Ab 1871 Abg. z. böhm. Landtag; 1873–1905 Abg. z. Reichsrat; Mitbegründer des „Dt. Vereins für Böhmen"; 1882–85 Mitgl. d. Wr. Gemeinderats; zunächst Anhänger der Liberalen, dann Führer der Los-von-Rom-Bewegung; trat 1898 dem „Alldt. Verband" unter G. v. → Schönerer bei.

Literatur: ÖBL.

Baric, Otto, * 19. 6. 1933 Eisenkappel (Kä.), Fußballspieler und neben E. → Happel einer der erfolgreichsten ö. Fußballtrainer. Bis 1969 in Zagreb (HR), dann v. a. in Ö. als Trainer tätig. Mit Rapid Wien wurde B. mehrmals ö. Meister und Cupsieger, 1985 erreichte er mit Rapid Wien und 1993 mit Austria Salzburg das Europacupfinale. Nach 2 ö. Meistertiteln mit Austria Salzburg zog er sich 1995 vorübergehend von der Trainertätigkeit zurück. 1999 wurde er als Nachfolger von H. → Prohaska Trainer der ö. Fußballnationalmannschaft.

Bartenstein, Johann Christoph Frh. von, * 23. 10. 1689 Straßburg (Strasbourg, F), † 6. 8. 1767 Wien, Staatsmann. Trat die Nachfolge von K. Buol-Schauenstein als Geheimer Staatssekr. an; als Mitgl. der sog. Geheimen Konferenz war er einer der wichtigsten Ratgeber von Ks. Karl VI. und Leiter der ö. Außenpolitik. B. war sowohl maßgebl. am Ausbruch des 2. Türkenkriegs wie auch des Ö. Erbfolgekriegs beteiligt. 1753 wurde er durch Maria Theresia von W. A. → Kaunitz als Leiter der Außenpolitik abgelöst; B. war auch Geheimer Rat und Vizekanzler des Directoriums in publicis et cameralibus, 1. Direktor des Staatsarchivs, dessen Gründung er angeregt hatte, und Erzieher des späteren Ks. Joseph II.

Literatur: J. Hrazky, J. C. B., der Staatsmann und Erzieher, in: Mttlg. d. Ö. Staatsarchivs 11, 1958.

Bartenstein, Martin, * 3. 6. 1953 Graz (Stmk.), Chemiker und Politiker (ÖVP). 1980–95 Geschäftsführer der Lannacher Heilmittel GmbH. 1991–94, 1996 und 1999–2000 Abg. z. NR; 1994–95 Staatssekr. im BM f. öffentl. Wirt. und Verkehr, 1995–96 BMin. f. Umwelt, 1996–2000 BMin. f. Umwelt, Jugend und Familie, seit 2000 BMin. f. Wirt. und Arbeit. Seit 1993 Präs. der Ö. Kinderkrebshilfe.

Barth, Josef, * 18. 10. 1745 La Valetta (Malta), † 7. 4. 1818 Wien, Anatom, Augenarzt. Univ.-Prof. in Wien, wo er eine private Augenheilanstalt und eine anatom. Bibl. errichtete.

Barth, Walter, * 16. 3. 1921 Graz (Stmk.), † 7. 4. 1945 Wien (erschossen), bis 1944 Soldat, Widerstandskämpfer. Stellte Verbindungen zw. militär. und zivilen Widerstandsgruppen her; aufgrund eines Irrtums von einem anderen Widerstandskämpfer erschossen.

Barth-Barthenheim, Johann Baptist Graf, * 5. 3. 1784 Hagenau (Haguenau, F), † 22. 6. 1846 Wien, Wirtschaftsbeamter. 1817 Gewerbereferent bei der Stadthauptmannschaft von Wien.

Werke: Das polit. Verhältniß der verschiedenen Gattungen von Obrigkeiten zum Bauernstande im Erzherzogthum Oesterr. unter der Enns, 5 Bde., 1818–20; System der ö. administrativen Polizei ..., 4 Bde., 1829–30; Die polit. Rechtsverhältnisse der ö. Staatsbewohner, 1838; Das Ganze der oesterr. polit. Administration ..., 4 Bde., 1838–43.

Bartholomäus, Hl., Fest 24. Aug., Attribute: Haut, Messer; Apostel, Bauernheiliger, Vieh- und Weinpatron. B.-Tag war Markttag und Beginn der Schweinemast („Saubartl"). In Wien und NÖ. wurde zu B. die Güte des Weins geprüft.

Barth zu Barthenau, Ludwig, * 17. 1. 1839 Rovereto (I), † 3. 8. 1890 Wien, Chemiker. Univ.-Prof. in Innsbruck und Wien. Förderte das ö. amtliche Arzneibuch, entdeckte das Resorzin und gründete 1885 mit A. → Lieben die „Monatshefte für Chemie".

Bartsch, Adam Johann von, * 17. 8. 1757 Wien, † 20. 8. 1821 ebd., Kunstschriftsteller und Kupferstecher. Ordnete als Kustos die Kupferstich-Smlg. der k. k. Hofbibl., begründete die neuere kritische Kupferstichwiss.; zu seinen wichtigsten Veröffentlichungen zählen „Le peintre graveur" (21 Bde., 1803–21) und „Anleitung zur Kupferstichkunde" (2 Bde., 1821).

Literatur: R. Rieger, A. v. B., Dipl.-Arb., Bonn 1992.

Bartsch, Rudolf Hans, * 11. 2. 1873 Graz (Stmk.), † 7. 2. 1952 St. Peter bei Graz (Stmk.), Offizier und Schriftsteller. Schrieb ab 1908 Romane und Novellen, die das alte Ö. oft sentimental verklären. Sein Schubert-Roman „Schwammerl", eines der erfolgreichsten Bücher vor dem 2. Weltkrieg, wurde 1916 von H. Berté zur Operette „Dreimäderlhaus" verarbeitet und verfilmt. T. Lessing veröffentlichte 1927 das Buch „R. H. B. Ein letztes dt. Naturdenkmal".

Werke: Zwölf aus der Stmk., 1908; Vom sterbenden Rokoko, 1909; Schwammerl, 1912; Meisternovellen, 1923; Lumpazivagabundus, 1936; Wenn Majestäten lieben, 1949. – Literatur: H. Dolf, Bruder des großen Pan, 1964.

Barwig, Franz d. Ä., * 19. 4. 1868 Schönau bei Neutitschein (Šenov, CZ), † 15. 5. 1931 Wien (Selbstmord), Bildhauer; Vater des Bildhauers Franz B. d. J. Lehrer in Villach und 1908–24 an der Wr. Kunstgewerbeschule. Spezialist für Holzskulpturen, bes. Tierdarstellungen, in denen er lebensvolle Erscheinung mit stereometr. Disziplin vereinte und moderne Tendenzen mit der Tradition verschmolz.

Literatur: G. Kala, Die Tierplastiken F. B. d. Ä. 1868–1931, Diss., Wien 1978.

Barylli, Gabriel, * 31. 5. 1957 Wien, Schauspieler, Bühnenautor; Sohn von W. → Barylli. Noch während seines Studiums am Reinhardt-Seminar an das Wr. Burgtheater geholt, wo er in Stücken von F. Wedekind, A. Schnitzler und W. Shakespeare spielte; ging dann zu B. Gobert nach Hamburg; von W. → Glück für den Film entdeckt (Hauptrolle in der Torberg-Verfilmung „Der Schüler Gerber", 1981); erfolgreicher Bühnen- und Romanautor.

Werke: Abendrot, 1985; Butterbrot, 1986; What a wonderful world, 1991; Honigmond, 1992; Abendwind, 1993; Nachmittag am Meer, 1997; Denn sie wissen, was sie tun, 1998; Wer liebt, dem wachsen Flügel, 1999. – Literatur: S. Kiesling, Das Theater des G. B., Dipl.-Arb., Wien 1995.

Barylli, Walter, * 16. 6. 1921 Wien, Geiger; Vater von G. → Barylli. Ausbildung bei F. Mairecker in Wien und F. v. Reuter in München, 1. Konzert 1936, ab 1938 Mitgl. des Wr. Staatsopernorchesters und der Wr. Philharmoniker, ab 1939 1. Konzertmeister, gründete 1945 das B.-Quartett; mit diesem Konzertreisen in Europa und Übersee, zahlreiche Schallplattenaufnahmen (u. a. mit J. → Demus).

Basil, Otto (Pseud.: Markus Hörmann, Camill Schmall), * 24. 12. 1901 Wien, † 19. 2. 1983 ebd., Lyriker, Erzähler, Feuilletonist und Redakteur, Journalist. Tätigkeit für die Ztschr. „Das Wort" und das „Prager Abendblatt" (1923–25), erhielt 1938 Schreibverbot. 1945–48 Hg. der avantgardist. Literatur- und Kunst-Ztschr. „Plan" (gegr. 1937). Ö. Staatspreis für Kulturpublizistik 1981.

Werke: Sternbild der Waage, 1945; Apokalypt. Vers, 1947; Monographien über G. Trakl (1965) und J. Nestroy (1967); Künstler- und Dichterporträts über E. A. Poe, K. Kraus, P. Altenberg, A. Loos, F. Werfel, 1968–71; Wenn das der Führer wüßte, 1966 (Roman); Lob und Tadel, 1981 (Smlg. von Theaterkritiken). – Literatur: V. Kaukoreit u. W. Schmidt-Dengler (Hg.), O. B. und die Literatur um 1945, 1998.

Batka, Richard, * 14. 12. 1868 Prag (CZ), † 24. 4. 1922 Wien, Musikkritiker, Librettist (u. a. für L. → Blech) und Übersetzer zahlreicher fremdsprachiger Opernlibretti. 1909–14 Lehrer an der Wr. Musikakad.; mit R. → Specht Hg. des „Merker".

Werke: Libretti: Das war ich, 1902; Alpenkönig und Menschenfeind, 1903; Der Kuhreigen, 1911. – Aus der Opernwelt: Prager Kritiken und Skizzen, 1907; Allg. Geschichte der Musik, 3 Bde., 1909–15.

Batsányi, Gabriele (auch G. Bacsányi, geb. von Baumberg), * 24. 3. 1766 Wien, † 24. 7. 1839 Linz (OÖ.), Lyrikerin. Bekannt als „Sappho Wiens", verheiratet mit dem ungar. Autor János B., galt als die bedeutendste ö. Lyrikerin ihrer Zeit. 1785–96 publizierte sie im „Wr. Musen-Almanach". Themen ihrer Lyrik sind Liebe, Freundschaft, Natur und hist. Ereignisse. Befreundet mit T. v. Artner und K. → Pichler.

Werke: Sämmtliche Gedichte, 1800; Gedichte, 1805; Amor und Hymen, 1807. – Literatur: M. Farkas, G. B., geb. Baumberg, Diss., Wien 1949.

Batthyány, ungar. Magnatengeschlecht, 1398 erstmals urk. erwähnt; seit 1522 Stammsitz in Güssing; 1628 ungar. Barone; 1630 ungar. Grafen; 1645 nö. Herrenstand; jüngere Linie B.-Strattmann seit 1764 im Reichsfürstenstand. Das Palais B.(-Schönborn) in Wien, früher Palais Orsini-Rosenberg, wurde 1699 von J. B. Fischer v. Erlach erbaut. Bed. Familienmitglieder: Carl Joseph Gf. → Batthyány, Franziska Gräfin → Batthyány.

Batthyány, Carl Joseph Graf, * 28. 4. 1698 Rechnitz (Bgld.), † 15. 4. 1772 Wien, Feldmarschall. 1763 in den Fürstenstand erhoben; ab 1748 Erzieher des späteren Ks. Joseph II., dann (bis 1763) dessen Obersthofmeister.

Literatur: S. Binder, C. J. B., 1968.

Batthyány, Franziska Gräfin, geb. Széchényi, * 1802 Wien, † 10. 10. 1861 Pinkafeld (Bgld.). Geistiger Mittelpunkt des Romantiker-Kreises um C. M. → Hofbauer in Pinkafeld, zu dem Z. Werner, J. E. → Veith und E. J. v. → Steinle gehörten; gründete 1851 in Pinkafeld ein Nonnenkloster mit Schule, Waisenhaus und Spital.

Battista, Ludwig, * 12. 7. 1880 Wien, † 25. 5. 1951 ebd., Pädagoge und Schulreformer. Als Leiter der Abteilung für pädagog. Angelegenheiten des Volksschulwesens im Unterrichtsmin. (ab 1923) wesentlich an Gründung und Ausbau der Hauptschule (1927) und an der Reform der Lehrerbildung beteiligt.

Werke: Großstadtheimat, 1918, [3]1951; Der Sachunterricht in der Volksschule, 1928; Die ö. Volksschule, 1937, [3]1948. – Literatur: R. Hufnagl, L. B., Diss., Salzburg 1978.

Cesare Battisti nach der Hinrichtung (in der Mitte oben der Henker). Foto.

Battisti, Cesare, * 4. 2. 1875 Trient (I), † 13. 7. 1916 ebd., Politiker. 1911–14 Abg. z. Reichsrat; floh bei Ausbruch des 1. Weltkriegs nach Italien; als ital. Offizier gefangen und von Ö. wegen Hochverrats hingerichtet.

Literatur: G. Galvano, C. B. in F. Tumlers „Aufschreibung aus Trient", 1989; C. Gatterer, Unter seinem Galgen stand Ö., 1997.

Bauchinger, Matthäus, * 3. 9. 1851 Frankenburg (OÖ.), † 9. 4. 1934 Pöchlarn (NÖ.), Geistlicher und Politiker (CS). Pfarrer in Pöchlarn, Prälat; 1907–18 Abg. z. Reichsrat, machte sich um die Organisierung der nö. Landw. verdient; gründete 1898 die Landw. Genossenschafts-Zentralkasse (heute Raiffeisen Landesbank NÖ.-Wien), 1927 die Girozentrale der ö. Genossenschaften (heute Raiffeisen Zentralbank Österreich AG). 1920–31 Generalanwalt des Ö. Raiffeisenverbands.

Literatur: E. Rabl, M. B., Diss., Wien 1974; ÖBL.

Otto Bauer. Foto, um 1930.

Baudisch, Gudrun (verehel. B.-Teltscher bzw. B.-Wittke), * 17. 3. 1907 Pöls (Stmk.), † 16. 10. 1982 Salzburg, Bildhauerin, Keramikerin. Studierte u. a. bei J. → Hoffmann an der Wr. Kunstgewerbeschule, 1926–30 als Designerin der Wr. Werkstätte tätig; 1936–42 in Berlin, ab 1946 eig. Keramikwerkstätte in Hallstatt (OÖ.) und ab 1968 Zusammenarbeit mit Gmundner Keramik. Schuf Bauplastiken und Dekorationen für viele öffentl. und private Gebäude (u. a. Stadttheater Gmunden, 1949; Festspielhaus Salzburg 1959/60; Bruckner-Konservatorium Linz, 1970; Ursulinenhof Linz, 1975/76; Krematorium Wien-Simmering, 1967–77).

Literatur: O. Wutzel, G. B., Keramik, 1980 (mit Werkverzeichnis).

Baudiß, Leo, * 21. 11. 1861 Prag (CZ), † 13. 9. 1914 Wien, Maschinenbauer. Prof. an der Techn. Hochschule Wien; erfand eine nach ihm benannte Lenksteuerung für Dampfmaschinen.

Bauer, Alexander, * 16. 2. 1836 Altenburg (Magyaróvár, H), † 12. 4. 1921 Wien, Chemiker. Prof. am Wr. Polytechn. Inst., das dank seiner Bemühungen 1872 zur Techn. Hochschule ausgebaut wurde. Entwickelte mit J. Schuler 1877 die Synthese der Primelinsäure.

Werke: Chemie und Alchemie in Ö., 1885; Die ersten Versuche zur Einführung der Gasbeleuchtung in Ö., 1891.

Bauer, Ferdinand Frh. von, * 7. 3. 1825 Lemberg (Lwíw, UA), † 26. 7. 1893 Wien, Feldzeugmeister. Setzte zahlreiche Neuerungen in der k. u. k. Armee durch; 1888–93 Reichskriegsmin. Er führte das 8-mm-Repetiergewehr und das rauchlose Pulver ein, schuf die Einheits-Pioniertruppe und reorganisierte die Artillerie.

Bauer, Ferdinand Lucas, * 20. 1. 1760 Feldsberg (Valtice, CZ), † 17. 3. 1826 Hietzing b. Wien, Botaniker, Forschungsreisender, Pflanzenmaler. Nahm an einer Weltumsegelung (1800) und an M. Flinders Erforschung der austral. Küste (Botany Bay) teil; nach ihm ist das Kap B. im W der Eyre-Halbinsel benannt. Seine reichhaltige Smlg. befindet sich im Naturhist. Museum in Wien. Tier- und Landschaftsbilder.

Literatur: D. J. Mabberley, F. B., the nature of discovery, 1999.

Bauer, Günther Ernst, * 29. 9. 1942 Znaim (Znojmo, CZ), Physiker. Studierte Physik, Mathematik und Chemie an der Univ. Wien, ab 1977 Dozent an der Univ. Ulm, 1979–90 Prof. an der Montanuniv. Leoben, seit 1990 Prof. und Leiter des Inst. f. Halbleiterphysik an der Univ. Linz.

Bauer, Josef, * 1. 12. 1934 Wels (OÖ.), Bildhauer. 1956–64 Studium der Malerei an der Kunstschule der Stadt Linz, seit 1965 plastische Arbeiten. 2001 Teilnahme an der Ausstellung „Objekte. Skulptur in Ö. nach 45". Oö. Landeskulturpreis 1995.

Bauer, Julius, * 15. 10. 1853 Raab (Györ, H), † 11. 6. 1941 Wien, Schriftsteller, Redakteur des „Wr. Extrablattes".

Werke: Operetten-Libretti: Der arme Jonathan; Das Sonntagskind (für K. Millöcker); Fürstin Ninette (für J. Strauß). – Zeitgedichte.

Bauer, Leopold, * 1. 9. 1872 Jägerndorf (Krnov, CZ), † 7. 10. 1938 Wien, Architekt. Schüler und später Antipode von O. → Wagner, dessen Nachfolger er an der Wr. Akad. d. bild. Künste (1913–19) wurde. Tätigkeitsschwerpunkte: Wien, Schlesien und Mähren.

Werke: Villa Dr. R. in Brünn, 1901; in Wien: Villa des Architekten, 1907; Ö.-ungar. Bank (heute Oesterreichische Nationalbank), 1911–19; Vogelweid-Hof, 1926; Villa V. von Joly, 1928/29. – L. B., Seine Anschauung in Wort und Werk, 1931. – Literatur: U. Hieke, Studien zu L. B., Diss., Wien 1976.

Bauer, Otto, * 5. 9. 1881 Wien, † 4. 7. 1938 Paris (F), soz.-dem. Politiker. Theoretiker und Wortführer des Austromarxismus, 1918–19 Unter-, nach dem Tod V. → Adlers Staatssekr. des Äußern; er war an der Schaffung der ö. Verfassung von 1920 wesentlich beteiligt. B. führte den linken, radikalen Flügel der Soz.-dem. Partei und war einer der Vorkämpfer der Anschlussbewegung an Deutschland. Er war ab 1907 Redakteur der „Arbeiterzeitung" und verfasste 1926 das Linzer Programm. 1934 war er maßgeblich an den Februarkämpfen beteiligt und floh dann nach Brünn, wo er das Auslandsbüro der ö. Sozialisten gründete und leitete. Beim dt. Einmarsch in die ČSR emigrierte er nach Paris.

Werke: Die Nationalitätenfrage und die Soz.-Dem., 1907; Der Weg zum Sozialismus, 1919; Bolschewismus oder Soz.-Dem., 1920; Die ö. Revolution, 1923; Soz.-dem. Agrarpolitik, 1926; Soz.-Dem., Religion und Kirche, 1927; Kapitalismus und Sozialismus nach dem Weltkrieg, 1931; Zw. zwei Weltkriegen, 1937. – Hg.: Der Kampf, 1907ff. – Literatur: J. Braunthal, O. B., 1961; G. Kaltenbrunner, Die polit. Theorie O. B. und ihre Umsetzung in die Praxis anhand von Beispielen, 1992; ÖBL; NDB.

Bauer, Ramon, * 5. 7. 1969 Wien, Musiker, Verleger. Mitgl. der Band Slim Jim. 1988 Gründung des Labels mainframe mit Peter Meininger (eines der ersten ö. Techno-Labels); 1994 mit Meininger und Andreas Pieper Gründung des internat. angesehenen Labels für elektron. Musik mego (u. a. Arbeiten von C. → Fennesz, Fuckhead, Potuznik, Noriko Tujiko und Tina Frank); seit 1999 zusätzlich Internet-only-Label fals.ch.

Bauer, Siegfried Josef, * 13. 9. 1930 Klagenfurt (Kä.), Geophysiker. 1953–60 wiss. Mitarbeiter in den U. S. Army Signal Research and Development Laboratories, 1961–81 Mitarbeiter im Goddard Space Flight Center der NASA, ab 1975 Associate Director of Sciences. Ab 1981 Vorstand des Inst. f. Geophysik und Meteorologie an der Univ. Graz, 1998 emeritiert. Ö. Ehrenzeichen f. Wiss. u. Kunst 1996.

Werke: Physics of Planetary Ionospheres, 1973; Theoretical Problems in Space and Fusion Plasmas, 1991 (Mit-Hg.).

Bauer, Wilhelm, * 31. 5. 1877 Wien, † 23. 11. 1953 Linz (OÖ.), Historiker. Univ.-Prof. in Wien, 1920–45 Redakteur der „Mttlg. des Inst. f. Ö. Geschichtsforschung".

Werke: Die Anfänge Ferdinands I., 1907; Die öffentl. Meinung und ihre hist. Grundlagen, 1914; Einführung in das Studium der Geschichte, ²1928.

Bauer, Wolfgang, * 18. 3. 1941 Graz (Stmk.), Dramatiker, Verfasser von Hör- und Fernsehspielen sowie Gedichten und Erzählungen, Mitgl. der Grazer Autorenversammlung und des Forums Stadtpark; Zusammenarbeit mit G. → Falk. In seiner Frühzeit stark von der Kultur der Pop- und Rockmusik geprägt, erzielte B. mit „Magic Afternoon" (1968) als Provokateur der bürgerl. Ges. seinen Durchbruch. Mit teils ironischem Einsatz dramaturg. Mittel und Sprachgebung werden ges.-krit. Inhalte vermittelt, teilweise auch mit Elementen des absurden Theaters. Großer Ö. Staatspreis 1994.

Weitere Werke: Dramen: Mikrodramen, 1964; Change, Party for Six, 1969; Katharina Doppelkopf und andere Eisenbahnstücke, 1973; Gespenster, Silvester oder Das Massaker im Hotel Sacher, Film und Frau, 1974; Pfnacht, 1980; Das kurze Leben der Schneewolken, 1983; Ach armer Orpheus, 1991; Kantine, 1993. – Roman: Der Fieberkopf, 1967. – Lyrik: Das Herz, 1981; Das stille Schilf, 1985. – Ausgabe: Werke, hg. v. G. Melzer, 8 Bde., 1989–96. – Literatur: G. Melzer, W. B. Eine Einführung in das Gesamtwerk, 1981.

Bäuerle, Adolf (eigentl. Johann Andreas, Pseud.: Friedrich zur Linde, Otto Horn, J. H. Fels), * 9. 4. 1786 Wien, † 20. 9. 1859 Basel (CH), Schriftsteller. Meister des Wr. Volksstücks und der Lokalposse (gehörte mit J. A. → Gleich und K. → Meisl zu den „großen Drei" des Altwiener Volkstheaters vor F. → Raimund), Begründer des Wr. Lokalromans. Er schuf 1813 in „Die Bürger in Wien" die beliebte Figur des Parapluiemachers Staberl, der die bis dahin aktuellen Figuren Hanswurst und Kasperl ablöste. Hg. der Wr. „Theaterzeitung" (1806–59).

Werke: Komisches Theater, 6 Bde., 1820–26; F. Raimund, 3 Bde., 1853; T. Krones, 1854; Aus den Geheimnissen eines Wr. Advocaten, 1854; Memoiren, 1858. – Ausgabe: Werke, 2 Bde., 1909/11. – Literatur: O. Rommel, Die Alt-Wr. Volkskomödie, 1952; R. Reutner, Lexikal. Studien zum Dialekt im Wr. Volksstück vor Nestroy, 1998; ÖBL.

Bauernfeind, Hans, * 1. 9. 1908 Klein-Stetteldorf (NÖ.), † 19. 3. 1985 Wien, Komponist, Organist und Musikerzieher. Als Schüler von J. → Marx der spätromant. Richtung verbunden; komponierte zahlreiche Vokalwerke (v. a. Kirchenmusik).

Bauernfeld, Eduard von (Pseud.: Rusticocampus, Feld), * 13. 1. 1802 Wien, † 9. 8. 1890 ebd., Lustspieldichter. Gilt als Meister des Konversationsstücks mit Wr. Lokalkolorit, Hausdichter des Burgtheaters in Wien (rd. 1100 Aufführungen bis 1902), hatte engen Kontakt zu F. → Grillparzer, N. → Lenau, F. → Schubert und M. v. → Schwind. Als Vertreter des großdeutsch-liberalen Bürgertums kritisierte B. 1846 mit dem Lustspiel „Großjährig" die Zustände des Vormärz. 1872 Ehrenbürger der Stadt Wien, 1883 Ehrendoktorat der Univ. Wien.

Werke: Leichtsinn aus Liebe, 1831; Das Liebesprotokoll, 1831; Bürgerlich und romantisch, 1835; Aus der Gesellschaft, 1867; Aus Alt- und Neu-Wien, 1872. – Ausgaben: Gesammelte Schriften, 12 Bde., 1871–73; Dramat. Nachlaß, hg. v. F. v. Saar, 1893; Aus B. Tagebüchern 1819–79, hg. v. K. Glossy, 1895; Werke, hg. v. E. Horner, 1905. – Literatur: E. Horner, E. B., 1900; C. Jaschek, E. v. B. als Literaturrezipient, Diss., Wien 1979.

Baum, Vicki, * 24. 1. 1888 Wien, † 29. 8. 1960 Hollywood (USA), Schriftstellerin. Zunächst Musikerin (Harfenistin), ab 1926 Redakteurin in Berlin; ab 1931 in den USA; verheiratet mit dem Dirigenten R. Lert. Populäre Unterhaltungsromane mit dokumentarisch-genauen und spannenden Milieuschilderungen; in zahlreiche Sprachen übersetzt und teilweise verfilmt. 1933–45 waren ihre Bücher in Deutschland verboten.

Werke: Ulle der Zwerg, 1924; Menschen im Hotel, 1929 (1932 und 1959 verfilmt); Hotel Shanghai, 1937; Vor Rehen wird gewarnt, 1953; Leben ohne Geheimnisse, 1953; Es war alles ganz anders (Memoiren), 1962. – Literatur: K. v. Ankum, Apropos V. B., 1998.

Bauma, Herma, * 23. 1. 1915 Wien, Sportlerin (Speerwurf). 1934 Silbermedaille bei den Frauenweltspielen in London, 1948 Goldmedaille bei den Olymp. Spielen in London; stellte 2 Welt- und 3 Europarekorde auf und war 17-mal ö. Landesmeisterin. 1967–77 Leiterin des Sportzentrums Südstadt.

Baumann, Franz, * 19. 3. 1892 Innsbruck (Ti.), † 28. 8. 1974 ebd., Architekt, Vertreter regionalen modernen Bauens in den Alpen ohne folklorist. Nachahmung bäuerl. Typen. B. war in Ti. richtungsweisend für den Bau von modernen Hotels, Gaststätten, Stadthäusern, kleineren Sakralbauten und v. a. für techn. Bauten in extremer alpiner Lage.

Werke: Stationsgebäude der Nordkettenbahn, 1927/28; Haus Ortner, Haydnplatz, Innsbruck, 1930–32; Landhaus Zach, Reith, 1932; Haus Mittermayr, Kössen, 1933/34 (alle Ti.). – Literatur: H. Mackowitz, F. B., in: Beiträge zur Technikgeschichte Ti. 3, 1971; J. Marte, F. B., Diss., Innsbruck 1978.

Baumann, Friedrich, * 1763 Wien, † 12. 4. 1841 ebd., Schauspieler. Beliebter Komiker, 1787 am Leopoldstädter Theater, 1795–1821 am Burgtheater in Wien.

Baumann, Ludwig, * 11. 5. 1853 Seibersdorf b. Troppau (Krapovec, CZ), † 6. 2. 1936 Wien, Architekt. Mitbegründer der Zentralvereinigung der Architekten. Vertreter des Neobarock mit teilweise spätsecessionist. Anklängen.

Werke: städtebaulich-architekton. Prägung von Berndorf (NÖ.), ab 1888; in Wien: Nö. Handels- und Gewerbekammer (heute Wirtschaftskammer Wien), 1905–07; Ausbau der Neuen Hofburg, 1907–14; Kriegsministerium (heute Regierungsgebäude), 1909–13; Wohn- und Geschäftshäuser. – Literatur: R. Kolowrath, L. B., 1985.

Baumann, Oskar, * 25. 6. 1864 Wien, † 12. 10. 1899 ebd., Geograph und Afrikaforscher. 1885 Kongoexpedition; 1886 Fernando Poo; 1888 Usambara (mit H. Mayer, Kartierung bis 1890); 1892–93 im Gebiet südl. des Victoriasees, entdeckte die Quelle des Kagera und damit die lang gesuchte eigentl. Nilquelle; 1896 ö. Konsul in Sansibar. Seine umfangreichen Sammlungen befinden sich im Mus. für Völkerkunde und im Naturhist. Museum in Wien.

Werke: Afrikan. Skizzen, 1890; Usambara und seine Nachbargebiete, 1891; Durch Massailand zur Nilquelle, 1894; Der Sansibar-Archipel, 1896–99.

Baumberg, Gabriele, → Batsányi, Gabriele.

Baumeister, Bernhard (eigentl. B. Baumüller), * 28. 9. 1827 Posen (Poznań, PL), † 26. 10. 1917 Baden (NÖ.), Schauspieler. Nach Engagements an dt. Bühnen 1852 ans Wr. Burgtheater verpflichtet, wo er bis 1915 Naturburschen und Bonvivants, später ältere humorist. und trag. Rollen spielte; 1857 zum Hofschauspieler ernannt, 1892 auf Lebenszeit engagiert; auch als Regisseur und ab 1874 als Lehrer am Wr. Konservatorium tätig.

Literatur: M. Köck, B. B., 65 Jahre Burgtheater, Diss., Wien 1960.

Bäumer, Eduard, * 13. 5. 1892 Kastellaun i. Hunsrück (D), † 21. 1. 1977 München (D), Maler und Graphiker. Studierte am Städelschen Kunstinst. in Frankfurt a. M. und knüpfte dann Kontakte zu Expressionisten (M. Beckmann u. a.), zu W. Kandinsky, M. → Buber und P. Hindemith. Sein frühes Werk ist beeinflusst von der franz. Moderne und von der Farbenlehre J. Ittens und weist kubist. und neusachl. Elemente auf. Die Bekanntschaft mit P. Picasso, G. Braque und H. Matisse in Paris 1930/31 beeindruckte ihn zutiefst, führte aber bei ihm zu einer stärker konservativ ausgerichteten Malweise. Ab 1933 lebte B. in Salzburg, ab 1948 in Wien, wo er Prof. an der Akad. f. angewandte Kunst

Wolfgang Bauer. Foto, 1994.

Adolf Bäuerle. Lithographie von J. Kriehuber, 1845.

Oskar Baumann. Foto, um 1896.

Bernhard Baumeister als Richter von Zalamea im gleichnamigen Stück von Calderón. Gemälde von J. Fust, 1883 (Ehrengalerie des Burgtheaters, Wien).

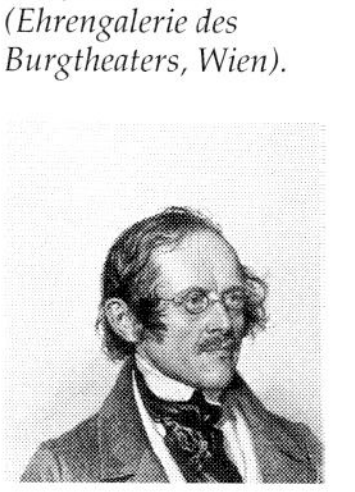

Eduard von Bauernfeld. Lithographie von J. Kriehuber, 1845.

wurde, 1964 übersiedelte er nach Tropea in den Abruzzen.

Werke: im Besitz der Sbg. Landesgalerie, des Mus. f. angewandte Kunst in Wien und der Albertina in Wien. – Literatur: W. Mrazek, E. B., 1977; H. Strnath, in: Weltkunst 52 (1982).

Baumgartner, Andreas Frh. von, * 23. 11.1793 Friedberg (Frymburk, CZ), † 30. 7. 1865 Wien, Physiker, Politiker. 1823 Prof. für Physik und angewandte Mathematik an der Univ. Wien, 1833 Dir. der staatl. Porzellanfabriken, 1842–48 der Tabakfabriken, Leiter des neu entstandenen Telegraphenwesens; 1848 Arbeitsmin., 1851–55 Handels- und Finanzmin., zuständig für den Bau der Semmeringbahn; 1851–65 Präs. der Akad. der Wiss., Stifter des „B.-Preises".

Literatur: G. Bauer, A. v. B. (1793–1865), Dipl.-Arb., Wien 1991.

Baumgartner, Franz, * 27. 6. 1876 Wien, † 14. 10. 1946 Velden (Kä.), Architekt. Führender Repräsentant des regionalen „Wörther-See-Stils", zahlreiche Villen und Hotels.

Werke: Hotel Kointsch in Velden, 1909; in Pörtschach: Villa Edelweiß, 1910; Villa Almrausch, 1913; Villa W. Turkovic, 1913; in Klagenfurt: Künstlerhaus, 1911, 1913/14. – Literatur: U. Harb, F. B., 1986.

Josef Bayer (1852–1913). Foto.

Baumgartner, Johann Baptist, * 1710 Wien, † 29. 9. 1773 ebd., Kapuziner, Maler. Ab 1739 Schüler an der Wr. Akad., ab 1772 Mitgl. der Akad. Malte verschiedene Altarblätter für ö. und ungar. Kirchen. Mehrere Werke aus seiner Hand im Wr. Kapuzinerkloster, dem er als Pater Norbert angehörte.

Baumgartner, Roland, * 18. 2. 1959 St. Pölten (NÖ.), Komponist. Nach Studium am Konservatorium Wien (Trompete, Klavier und Komposition) und an amerikan. Musikhochschulen (Cleveland und Boston) seit 1979 freischaffender Komponist.

Werke: Musik zu Fernsehserien: The Secret of the Black Dragon; Tatort; Eurocops; Peter Strohm; Mit Leib und Seele. – Musik zu Kinofilmen: Deadly Game; Bomarzo; Die Nacht der vier Monde; Zirkus der gefallenen Engel; Herzklopfen. – Ballettmusik, Kantaten, Symphonie „Die Brücke".

Konrad Bayer im Café Hawelka. Foto, 1962.

Baumgartner, Ulrich, * 20. 3. 1918 Berlin (D), † 18. 8. 1984 Graz (Stmk.), Kulturmanager, Regisseur. Mit 17 Jahren Werbefilmassistent bei der UFA, nach 1945 Kulturredakteur und Theaterregisseur in Graz, Organisator der Kapfenberger Kulturtage. 1964–77 Intendant der Wr. Festwochen, integrierte das Ballett als Bestandteil der Festwochen. Begründete die „Arena" als Gegenfestival zur Hochkultur und arbeitete beim Grazer Avantgardefestival steirischer herbst.

Baumkircher, Andreas, Frh. von Schlaining, * um 1420 vermutl. Wippach (Vipava, SLO), † 23. 4. 1471 Graz (Stmk.; enthauptet), Söldnerführer. Verteidigte 1452 Wr. Neustadt gegen das ständische Heer, organisierte aber 1468 mit Unterstützung des Ungarnkönigs → Matthias Corvinus einen Aufstand des steir. Adels gegen Ks. → Friedrich III.

Literatur: E. Simon, Grundlagen, Möglichkeiten, Grenzen soz. Aufstiegs im Spät-MA am Beispiel A. B., Dipl.-Arb., Wien 2000.

Baxa, Jakob, * 15. 2. 1895 Wien, † 10. 11. 1979 Mödling (NÖ.), Soziologe, Kultur- und Wirtschaftshistoriker. War in der Zuckerindustrie tätig und lehrte 1923–28 an der Univ. Wien.

Werke: Ges. und Staat im Spiegel dt. Romantik, 1924; Ges.-Lehre von Platon bis Nietzsche, 1927; Studien zur Geschichte der Zuckerind. in den Ländern des ehem. Ö., 1950.

Rudolf Bayr. Foto.

Bayer, Hans, * 3. 2. 1903 Wien, † 5. 5. 1965 Rom (I), Volkswirtschaftler. 1937/38 und 1945–56 Univ.-Prof. in Innsbruck, danach in Deutschland.

Werke: Strukturwandlungen der ö. Volkswirt., 1929; Ö. Arbeitsrecht, 1937; Sozialisierung und Planwirt., 1947; Technik und Gemeinwirt., 1956; Wirt.-Gestaltung, 1958; Das mittlere personengeprägte Unternehmen als Wirt.-Stabilisator, 1963.

Bayer, Herbert, * 5. 4. 1900 Haag a. Hausruck (OÖ.), † 30. 9. 1985 Montecito (USA), Graphik-Designer, Maler und Fotograf. Studierte am Bauhaus in Weimar, verwendete frühzeitig die Fotografie in seiner Arbeit, 1925–28 Leiter der Werkstatt für Reklame und Typographie am Bauhaus in Dessau, danach in Berlin für Werbeagenturen und im Ausstellungswesen tätig; emigrierte in die USA, dort vielseitige Beschäftigung mit Graphik-Design, Malerei, Architektur und Landschaftsgestaltung.

Literatur: A. A. Cohen, H. B. – The Complete Work, 1984; B. Widder, H. B. Architektur, Skulptur, Landschaftsgestaltung, 2000.

Bayer, Josef, * 6. 3. 1852 Wien, † 12. 3. 1913 ebd., Komponist. 1883–1913 Hofopernkapellmeister, ab 1885 auch Ballettkapellmeister an der Wr. Hofoper; sein erfolgreichstes Werk ist das Ballett „Die Puppenfee" (1888).

Bayer, Josef, * 10. 7. 1882 Hollabrunn (NÖ.), † 23. 7. 1931 Wien, Prähistoriker. Dir. der Urgeschichtl. Sammlungen des Naturhist. Museums in Wien; gründete das Inst. für Eiszeitforschung. War an der Auffindung der Venus von Willendorf beteiligt.

Werk: Der Mensch im Eiszeitalter, 1927.

Bayer, Karl-Josef, * 4. 3. 1847 Bielitz (Bielsko, PL), † 4. 10. 1904 Rietzdorf b. Cilli (Celje, SLO), Chemiker. Entdeckte den Aufschluss von Bauxit mit Natronlauge und erfand die Methode des Ausrührens von Tonerdehydrat. Errichtete Fabriken in Rietzdorf (heute SLO), Russland und Amerika.

Literatur: ÖBL.

Bayer, Konrad, * 17. 12. 1932 Wien, † 10. 10. 1964 ebd. (Selbstmord), avantgardistischer Schriftsteller. Von Beruf Bankangestellter (bis 1957), wurde B. 1951 Mitgl. im „Art-Club", aus dem später die Wiener Gruppe hervorging. Zu gem. Auftritten kam es in Simultanlesungen, „literarischen cabarets" (1958/59) und Theateraufführungen. B. versuchte in Experimenten mit serieller Texthervorbringung, mit Montagetechniken und mit Wortspielen das der Sprache innewohnende Täuschungsmoment („es gibt nichts gemeinsames. nur die sprache schafft gemeinsamkeiten") zu zertrümmern. Sein provokatives Werk stieß zu Lebzeiten meist auf Unverständnis und Ablehnung, heute gilt er als einer der Wegbereiter der Avantgarde nach 1945.

Werke: Prosa: starker toback, 1962 (mit O. Wiener); der stein der weisen, 1963; montagen 1956, 1964 (mit H. C. Artmann u. G. Rühm); Der Kopf des Vitus Bering, 1965; der sechste sinn, 1966 (hg. v. G. Rühm). – Dramen: bräutigall & anonymphe, 1963; kinderoper, 1964; kasperl am elektrischen stuhl, 1968; der analfabet, 1969; die boxer, 1971; idiot, 1972. – Hörspiele: der kopf des vitus bering, 1964; der berg, 1966; der schweißfuß, 1971. – Ausgaben: Das Gesamtwerk, hg. v. G. Rühm, 1977; Sämtliche Werke, hg. v. G. Rühm, 2 Bde., 1985; K. B., Theatertexte, hg. v. G. Rühm, 1992. – Literatur: U. Janetzki, Alphabet und Welt. Über K. B., 1982; ders. u. W. Ihrig (Hg.), „Die Welt bin ich". Materialien zu K. B., in: protokolle 1983, Bd. 1; F. Achleitner u. P. Weibel (Hg.), Wr. Gruppe, 1997; F. Achleitner u. W. Fetz (Hg.), Wr. Gruppe, Ausst.-Kat., Kunsthalle Wien, 1998.

Bayr, Rudolf, * 22. 5. 1919 Linz (OÖ.), † 17. 10. 1990 Salzburg, Dramatiker, Lyriker, Essayist, Kritiker und Übersetzer. 1948–51 Hg. der Ztschr. „Wr. literarisches Echo", Leiter der Abteilung Kultur und Wiss. beim ORF, 1975–84 Intendant des Landesstudios Sbg., Grillparzer-Preis 1953, Ö. Staatspreis 1960.

Werke: Lyrik: Der Wolkenfisch, 1965; Flugsand und Schlaf, 1988. – Dramen: Sappho und Alkaios, 1952; Die Liebe der Andrea, 1954; Agamemnon muß sterben, 1965. – Prosa: Die Schattenuhr, 1976; Ein Loch im Lehm, 1981; Die Eiben von Sammezzano, 1984. – Nachdichtungen aus dem Altgriechischen (Sophokles): Antigone, 1961; Elektra, 1963. – Literatur: R. B., Ich habe nichts als mich, hg. von B. Steinwendtner, 1999.

Becher, Alfred Julius, * 27. 4. 1803 Manchester (GB), † 23. 11. 1848 Wien (standrechtl. erschossen), Politiker und Musikkritiker. Kam 1845 nach Wien und wurde hier einer der Führer der Revolution 1848. Redakteur des Blattes „Der Radikale".

Literatur: H. Ullrich, A. J. B. und sein Wr. Kreis, in: Jb. des Vereins für Geschichte der Stadt Wien (1967/69); ders., A. J. B., 1974.

Becher, Johann Joachim, * 6. 5. 1635 Speyer (D), † Okt. 1682 London (GB), Kameralist, Arzt und Chemiker. Nach Studien- und Wanderjahren in Deutschland, Schweden, Italien und Holland wurde er Leibarzt in Mainz und in München, kam 1666 an den Wr. Kaiserhof, wo er die Schaffung eines Kommerzkollegs als Wirtschaftsbehörde anregte, verließ Ö. wieder, kehrte aber 1670 als alchimist. und wirt. Berater Ks. Leopolds I. zurück. Sein Projekt einer Seidenmanufaktur war unterdessen in Walpersdorf (NÖ., 1666–78) verwirklicht, die 1. Oriental. Handelskompagnie war 1667 gegr. worden; nun schuf er in Wien ein Kunst- und Werkhaus als Musterwerkstätte (1676–83). Ab 1679 nahm er sein Wanderleben wieder auf, bereiste Holland und England. B. war ein seiner Zeit vorauseilender Theoretiker des Merkantilismus, der viele Anregungen gab, deren Verwirklichung er aber selten durchstand. Er gewann erstmals Leuchtgas aus Steinkohle; in seinen Schriften befasste er sich mit Theologie, Philosophie, Chemie und Wirtschaft.

Werke: Physica subterranea, 1667–69, dt. 1680 und 1703 (Naturlehre); Moral Discurs, 1669; Methodus didactica, ²1674 (philosoph.-pädagog. Schrift); Polit. Discurs von den eigentl. Ursachen des Auf- und Abnehmens der Städte, Länder und Republiken, ²1673; Psychosophia, 1674 (Summe seiner Welterfahrung); Närrische Weisheit, 1682 (Erfindungen); Chym. Glückshafen, 1682. – Literatur: H. Hassinger, J. J. B. Ein Beitrag zur Geschichte des Merkantilismus, 1951 (mit Werkverzeichnis); G. Frühsorge u. G. F. Strasser, J. J. B. (1635–1682), 1993; NDB.

Becher, Ulrich, * 2. 1. 1910 Berlin (D), † 15. 4. 1990 Basel (CH), Dramatiker und Romancier. Kam kurz vor dem Machtantritt Hitlers in Deutschland nach Wien, heiratete die Tochter des Satirikers A. → Roda Roda. Nach 1938 emigrierte er in die Schweiz, 1941 nach Brasilien, 1944 nach New York; 1948 kehrte er nach Wien zurück. Bekannt wurde B. durch die Posse „Der Bockerer" (1946, gem. mit P. Preses; 1981 verfilmt von F. → Antel), in der er seine Erfahrungen mit dem Nat.-Soz. thematisiert.

Werke: Männer machen Fehler, 1932; Das Märchen vom Räuber, der Schutzmann wurde, 1943; Nachtigall will zum Vater fliegen, 1950; Feuerwasser, 1951; Murmeljagd, 1977. – U. B. – G. Grosz, Flaschenpost, hg. v. U. Naumann u. M. Töteberg, 1989 (Briefwechsel).

Bechtold, Gottfried, * 1. 8. 1947 Bregenz (Vbg.), Multimediakünstler. Arbeitet konzeptionell mit Film, Video, Fotografie und elektron. Medien und setzt sich mit Fragen von Authentizität und Fiktion auseinander.

Literatur: O. Sandner, G. B., 1978.

Beck, Karl, * 1814 Wien, † 4. 3. 1879 ebd., Sänger (Tenor). Urspr. Zuckerbäcker, debütierte er 1838 in Prag, weitere Sängerlaufbahn außerhalb Ö., setzte sich sehr für das Werk R. Wagners ein (1850 erster „Lohengrin").

Beck, Karl Isidor, * 1. 5. 1817 Baja (H), † 9. 4. 1879 Währing bei Wien, Lyriker und Epiker des Vormärz. Von N. → Lenau und L. Börne beeinflusst; kritisierte die soz. Not des Proletariats („Lieder vom armen Manne", 1846). Von ihm stammt der heutige Titel zum Donauwalzer von J. Strauß (in: Gesammelte Gedichte, 1844, ²1846).

Weitere Werke: Jankó, der ungar. Roßhirt, 1841; Nächte. Gepanzerte Lieder, 1848. – Literatur: E. Thiel, K. B. literar. Entwicklung, Diss., Wien 1938.

Beck, Max Wladimir Frh. von, * 6. 9. 1854 Wien, † 20. 1. 1943 ebd., Beamter, Staatsmann. Lehrer für Rechts- und Staatswiss., dann Vertrauter von Erzhzg. → Franz Ferdinand, 1880–1906 Beamter im Ackerbaumin., 1906–08 Min.-Präs. Setzte die Wahlrechtsreform 1907 (allg. Wahlrecht der Männer) durch. 1907 Mitgl. d. Herrenhauses, 1915–34 Präs. des Obersten Rechnungshofs, 1919–38 Präs. der Ö. Ges. vom Roten Kreuz.

Literatur: J. C. Allmayer-Beck, Min.-Präs. Baron B., 1956.

Becke, Friedrich Johann Karl, * 31. 12. 1855 Prag (CZ), † 18. 6. 1931 Wien, Mineraloge und Petrograph. 1882–90 Univ.-Prof. in Czernowitz, dann in Prag, ab 1898 in Wien; 1911–29 Gen.-Sekr. der Ö. Akad. d. Wiss.; Erfinder einer Bestimmungsmethode für Mineralien aufgrund ihrer optischen Eigenschaften, Namengeber für die „B.sche Linie".

Literatur: ÖBL.

Becker, Anton, * 8. 11. 1868 Budkau (Budkov, CZ), † 7. 1. 1955 Wien, Geograph, Lehrerbildner. 1913–22 Landesschulinspektor (Wien, NÖ.), 1930–55 Präs. des Vereins f. Landeskunde von NÖ.; verdient um die Methodik des Geographieunterrichts, landeskundl. Arbeiten v. a. über NÖ.

Anton Becker. Foto.

Werke: Studien zur Heimatkunde von NÖ., 1910; Heimatkunde von NÖ., 1921ff.; Ausgewählte Schriften, 1948.

Becker, Erich, * 5. 10. 1941 Wien, Manager. Studierte an der Hochschule f. Welthandel in Wien. Bis 1989 für die Simmering-Graz-Pauker-AG tätig, 1989–91 Vorstandsmitgl. der M + A Holding AG, 1991–92 der Austrian Industries Technologies AG, 1993 der Austrian Industries AG und 1994–99 der ÖIAG. Seit 1999 Gen.-Dir. und Vorstandssprecher der VA Technologie AG.

Becker-Donner, Etta (Violetta), * 5. 12. 1911 Wien, † 24. 9. 1975 ebd., Ethnologin. Direktorin des Museums für Völkerkunde in Wien; Forschungsreisen nach Liberia (1934/35 und 1954) und mehrmals nach Süd- und Zentralamerika; Mitbegründerin und 1965–75 Präsidentin des Lateinamerika-Inst. in Wien.

Werke: Hinterland Liberia, 1939; Zentralamerikanische Studien, 1963; Brasiliens Indianer (mit C. F. Feest und P. Kann), 1971; Notizen über die Huanyam, 1974.

Beckermann, Ruth, * 27. 11. 1952 Wien, Regisseurin, Autorin. Studierte Publizistik, Kunstgeschichte und Politikwiss. in Wien. Seit 1977 als Journalistin und Filmemacherin tätig. Für „Jenseits des Krieges" (1996; Dokumentarfilm zur sog. Wehrmachtsausstellung) erhielt sie 1997 den Spezialpreis der Jury und den Prix des Bibliothèques am Festival Cinema du Réel in Paris; M.-Sperber-Preis 2000.

Weitere Werke: Filme: Wien retour, 1980–83; Die papierene Brücke, 1987; Nach Jerusalem, 1990; Ein flüchtiger Zug nach dem Orient, 1999; Homemad(e), 2000. – Schriften: Die Mazzesinsel, 1984; Unzugehörig, 1989.

Beckmann, Friedrich, * 13. 1. 1803 Breslau (Wroclaw, PL), † 7. 9. 1866 Wien, Schauspieler. 1841 Gastspiel, 1845 Engagement am Theater an der Wien, 1846 am Wr. Burgtheater, Charakterkomiker und Regisseur. „F.-B.-Stiftung" zur Unterstützung hilfsbedürftiger dt. Schauspieler.

Friedrich Beckmann. Stich, um 1810.

Beck-Mannagetta-Lerchenau, Günther, * 25. 8. 1856 Pressburg (Bratislava, SK), † 23. 6. 1931 Prag (CZ), Botaniker. 1885–99 Leiter der Botan. Abteilung des Naturhist. Museums in Wien, Univ.-Prof. in Wien, 1899–1921 in Prag; Redakteur der „Wr. Illustrierten Gartenzeitung".

Werke: Flora von NÖ., 1890–93; Hilfsbuch für Pflanzensammler, 1902; Flora Bosne, Hercegovine i Novipazarskog Sandzaka, Bd. 1–3, 1903–27; Grundriß der Naturgeschichte des Pflanzenreiches, 1908.

Beck-Rzikowsky, Friedrich, * 21. 3. 1830 Freiburg i. B. (D), † 9. 2. 1920 Wien, Kartograph, General. 1881–1906 Chef des Generalstabs. Er veranlasste die Einführung der Fotogrammetrie als Aufnahmeverfahren und regte 1885 die neue Generalkarte von Mitteleuropa (1 : 200.000) an. B.-R. wurde im Volksmund „Vizekaiser" genannt.

Literatur: E. Glaise-Horstenau, Franz Josephs Weggefährte, 1930.

Georg Josef Beer. Stich, um 1810.

Beda-Löhner, Fritz (auch Löhner-Beda, eigentl. Löhner), * 24. 6. 1883 Wildenschwert (Ustí nad Orlicí, CZ), † 4. 12. 1942 KZ Auschwitz (PL), Schriftsteller und Mitarbeiter von Ztschr. und Zeitungen. Während seine dramat. Werke eher unbedeutend blieben, war er als Verfasser von Libretti zu den Operetten F. → Lehárs und P. → Abrahams sowie als Schlagertexter in den 20er Jahren in Ö. äußerst erfolgreich.

Werke: Gedichte, Chansons. – Libretti: Friederike, 1928; Das Land des Lächelns, 1929; Schön ist die Welt, 1930; Viktoria und ihr Husar, 1930; Blume von Hawaii, 1931; Ball im Savoy, 1933; Giuditta, 1933; Ich hab mein Herz in Heidelberg verloren, 1934. – Literatur: G. Schwarberg, Dein ist mein ganzes Herz. Die Geschichte von F. L.-B., 2000.

Bednarik, Karl, * 18. 7. 1915 Wien, † 14. 1. 2001 ebd., Schriftsteller und Maler. Nach einer Ausbildung als Buchdrucker in unterschiedl. Berufen tätig. Setzte sich in Romanen und Essays soz.-krit. mit den Veränderungen in der Arbeitswelt auseinander.

Werke: Zwischenfall in Wien, 1951; Der Tugendfall, 1953; Der junge Arbeiter von heute, 1953; Omega Fleischwolf, 1954; Die Programmierer – ein neuer Typ, 1965; Die unheimliche Jugend, 1969.

Beduzzi, Antonio Maria Niccolò, * 1675 Bologna (I), † 4. 3. 1735 Wien, Theateringenieur, Dekorationsmaler, Architekt. Nach Tätigkeit in Melk (1703) ‚Castra doloris" für die Ks. Leopold I. (1705) und Joseph I. (1711); 1708 Nachfolger von L. O. → Burnacini als Theateringenieur am Wr. Hof, baute das Kärntnertortheater und stattete bis 1710 vier Hofopern mit Dekorationen aus; Hauptwerk: Fresken im Großen Saal des Nö. Landhauses in Wien (1710). Nach 1711 als Maler in NÖ. (Melk, Maria Taferl), OÖ. (Stift Lambach, Linz) und Sbg. (Maria Bühel b. Salzburg) tätig.

Beer, Adolf, * 27. 2. 1831 Proßnitz (Prostějov, CZ), † 7. 5. 1902 Wien, Historiker, liberaler Politiker. 1868 Prof. an der Techn. Hochschule in Wien. 1868 leitete B. im Unterrichtsrat die Ausrichtung der Realschule zu einer allg.-bild. Schule ein und war als Ministerialbeamter an der Ausarbeitung des Entwurfs zum Reichsvolksschulgesetz wesentl. beteiligt. 1873–97 Abg. z. Reichsrat. Als Historiker widmete er sich bes. der Zeit Maria Theresias und Josephs II.

Werke: Allg. Geschichte des Welthandels, Bd. I–III/2, 1860–84; Die Fortschritte des Unterrichtswesens in den Culturstaaten Europas, 1867/68 (gem. mit F. Hochegger). – Literatur: F. Stransky, A. B. als Politiker und Historiker, Diss., Wien 1948; ÖBL.

Beer, Baumeisterfamilie des 17. und 18. Jh., aus Au im Bregenzerwald stammend, bedeutende Vertreter der Vbg. Bauschule: Franz (II.) → Beer von Blaichten, Franz Anton → Beer, Johann Ferdinand → Beer, Michael → Beer.

Literatur: H. Swozilek (Hg.): Vbg. Barockbaumeister. Ausst.-Kat., Au 1990.

Beer, Franz (II.), von Blaichten, * 1. 4. 1660 Au (Vbg.), † 21. 1. 1726 Bezau (Vbg.), Baumeister; Sohn von Michael → Beer, 1722 geadelt.

Werke: zahlreiche Stiftsbauten in SW-Deutschland (Weingarten, St. Katharinental, Oberschönefeld u. a.) und in der Schweiz (Solothurn, Rheingau u. a.).

Beer, Franz Anton, * 3. 11. 1688 Bregenz (Vbg.), † 1749 ebd., Baumeister. Schuf Sakral- und Profanbauten in Bregenz.

Werke: Stadtpfarrkirche St. Gallus (Umbau 1737), Klosterkirche Bregenz-Mehrerau (1740–43 abgeändert, ausgeführt durch Johann Michael B., 1808 abgebrochen).

Beer, Georg Josef, * 23. 12. 1763 Wien, † 21. 4. 1821 ebd., Augenarzt. Für ihn wurde 1812 an der Univ. Wien ein Lehrstuhl für Ophthalmologie (mit Klinik) gegr.

Werk: Lehre von den Augenkrankheiten, 2 Bde., 1792.

Beer, Hermann, * 6. 9. 1905 Graz (Stmk.), † 20. 7. 1972, ebd., Techniker. 1932 Leiter der Abteilung für Stahlbrückenbau der Fa. Humboldt-Deutz Motorenwerke in Köln, Chefingenieur des Stahlbauwerks J. Gollnow & Sohn Stettin (D), 1940 Univ.-Prof. in Graz für Statik und Stahlkonstruktion, 1949–52 Prof. an der Univ. Tucuman, Argentinien, 1953 für Baustatik und Stahlbau an der Techn. Univ. Graz.

Werke: Stahlkonstruktionen in Ö. und im Ausland (2 Brücken über die Weichsel und die Elbe, Autobahnbrücke mit 540 m Länge, Theater für 20.000 Besucher auf Rügen). – Publikationen: 55 wiss. Abhandlungen, u. a. über Konstruktion und Montage von Hängebrücken.

Beer, Johann, * 28. 2. 1655 St. Georgen (OÖ.), † 6. 8. 1700 Weißenfels (D), Dichter und Musiker am Übergang vom Barock zur Aufklärung. Ging 1677 zum Theologiestudium nach Leipzig; wurde 1680 Hofmusikus und Bibliothekar in Weißenfels (Sachsen); verfasste neben Kompositionen und musiktheoret. Schriften Ritter- und Schelmenromane in der Art von Grimmelshausen. Sein umfangreiches literar. Werk erschien unter verschiedenen Pseudonymen und wurde erst 1931/32 zusammengestellt und als seine Arbeit erkannt.

Werke: Der Simplicianische Welt-Kucker, 4 Bde., 1677–79; Die vollkommene Comische Geschicht Des Corylo, 2 Bde., 1679/80; Jucundus Jucundissimus, 1680; Zendorii à Zendoriis Teutsche Winternächte, 1682; Musikal. Discurse, 1719. – Literatur: J. Hardin (Hg.), J. B. Eine beschreibende Bibliographie, 1983.

Beer, Johann Ferdinand, * 19. 10. 1731 Au (Vbg.), † 16. 1. 1789 ebd., Baumeister des Stifts St. Gallen in der Schweiz („Neue Pfalz", 1767–71) und mehrerer Pfarrkirchen des Stifts. Neubau der Konventsgebäude des Stifts Bregenz-Mehrerau (1779–81).

Beer, Michael, * um 1605 Au (Vbg.), † 30. 5. 1666 (ertrunken in der Bregenzerach), Baumeister; Vater von Franz (II.) → Beer v. Blaichten. Lehrzeit in NÖ., Begründer der Auer Zunft (1657).

Werke: Pfarrkirche Bludesch (1651/52), Stiftskirche Kempten (1651–53), Loretokapelle in Rankweil (1657/58), Sakralbauten in SW-Deutschland.

Beer, Natalie (Pseud.: Ursula Berngath), * 17. 6. 1903 Au (Vbg.), † 31.10. 1987 Rankweil (Vbg.), Schriftstellerin. Verfasserin meist heimatgebundener Romane, Erzählungen und Lyrik; umstritten wegen ihrer Einstellung zum Nat.-Soz. (Lebenserinnerungen „Der brennende Rosenbusch", 1983).

Werke: Romane: Schicksal auf Vögin, 1942; Wanderer durch das eigene Herz, 1951; Jubel der Steine, 1964. – Lyrik: Frühlicht, 1933; Traum des Weibes, 1948; An die Großen der Welt, 1955. – Halb Kinderspiele. Erinnerungen, 1986. – Literatur: H. Nägele, N. B., in: Montfort, 22–35, 1973.

Beer, Otto F(ritz) (Pseud.: Erik Ronnert), * 8. 9. 1910 Wien, Erzähler, Dramatiker, Musikkritiker, Journalist, Übersetzer. Ö. Staatspreis für Kulturpublizistik 1989.

Werke: Romane: Kulissen der Welt, 1938; Hotel Zugvogel, 1948; Wiedersehen in Meran, 1952; Zehnte Symphonie, 1952; Ich – Rodolfo – Magier, 1965. – Drama: Don Juan ist nicht gestorben, 1954. (Einige Komödien dienten als Vorlagen für Operetten.)

Beer, Rudolf, * 22. 8. 1885 Graz (Stmk.), † 9. 5. 1938 Wien (Selbstmord), Schauspieler, Regisseur, Theaterdirektor. 1912–18 Dir.-Stellvertreter der Jarno-Bühnen, 1918–21 Leiter des Stadttheaters in Brünn, 1921–24 des Raimundtheaters, 1924–32 des Dt. Volkstheaters in Wien (Aufführungen zeitgenöss. Werke von F. → Bruckner, F. T. → Csokor, F. Wedekind u. a.); 1932/33 als Nachfolger M. Reinhardts Dir. des Dt. Theaters in Berlin; 1933–38 Dir. der Scala in Wien; neben M. → Reinhardt bedeutendster Theatermann seiner Zeit in Wien; Lehrer von P. → Wessely, H. → Jaray, L. → Ullrich, H. → Holt u. a.

Beer-Hofmann, Richard, * 11. 7. 1866 Wien, † 26. 9. 1945 New York (USA), Erzähler, Dramatiker, Lyriker. Aufgewachsen in Brünn, Jusstudium in Wien, für M. → Reinhardt 1924–32 als Regisseur tätig, emigrierte 1938 in die Schweiz und von dort in die USA. War mit A. → Schnitzler, H. v. → Hofmannsthal und H. → Bahr befreundet. Er verwendete eine stark ornamentale, rhythmisierte Sprache (Jugendstil). Seine Erzählung „Der Tod Georgs" (1900) gilt als frühes Beispiel des Inneren Monologs. 1946 Gründung der B.-H.-Ges. in New York.

Werke: Novellen, 1923. – Dramen: Der Graf von Charolais, 1905; unvollendete Trilogie „Die Historie von König David" (Jaákobs Traum, 1918; Der junge David, 1933; Das Vorspiel auf dem Theater zu König David, 1936, Schlussteile nicht vollendet). – Lyrik: Schlaflied für Mirjam, 1919; Verse, 1941. – Ausgaben: Gesammelte Werke, 1963; Große R.-B.-H.-Ausgabe, hg. von M. M. Schardt, 1993ff. – Literatur: E. N. Elstun, R. B.-H. – His Life and Work, 1983; R. Hank, Mortifikation und Beschwörung, 1984; R. B.-H. – A. Schnitzler. Briefwechsel 1891–1931, hg. v. K. Fliedl, 1992; S. Scherer, R. B.-H. und die Wr. Moderne, 1993; D. Borchmeyer, R. B.-H. – „Zw. Ästhetizismus und Judentum", 1996; S. Eberhardt (Hg.), Über R. B.-H., 1996.

Richard Beer-Hofmann. Foto, 1909.

Beethoven, Ludwig van, getauft 17. 12. 1770 Bonn (D), † 26. 3. 1827 Wien, Komponist, Vollender der Wiener Klassik und Wegbereiter der Romantik. Stammte aus einer Musikerfamilie, wurde durch seinen Vater (Tenorist der Bonner Hofkapelle), einige Bekannte der Familie B. und ab ca. 1780 durch den Hoforganisten C. G. Neefe unterrichtet. Ab 1784 wurde L. v. B. in den Besoldungslisten der Bonner Hofkapelle geführt (hatte aber schon ab 1783 zeitweise seinen Lehrer vertreten); erste Veröffentlichungen erschienen bereits in Bonn; enge Kontakte pflegte B. mit der Familie Breuning, die auch für seine Wr. Jahre von Wichtigkeit war. 1787 besuchte B. erstmals Wien, um bei W. A. → Mozart zu studieren, mußte jedoch nach 14 Tagen wegen einer schweren Erkrankung der Mutter zurückreisen. Im Dez. 1790 traf J. Haydn in Bonn mit B. zusammen; erst im Nov. 1792 konnte B. seinen 2. Wienaufenthalt beginnen, um bei J. → Haydn seine Studien abzuschließen. (B. Gönner F. Gf. Waldstein schrieb dazu: „Durch ununterbrochenen Fleiß erhalten Sie: Mozarts Geist aus Haydns Händen.") B. lernte bei Haydn bis zu dessen 2. Englandreise 1794, dann bei J. G. → Albrechtsberger und A. → Salieri. Die Empfehlungsschreiben seiner Bonner Gönner und Freunde, allen voran Gf. Waldstein, öffneten B. die Türen der Wr. Gesellschaft, wo er trotz seines bisweilen als exzentrisch empfundenen Auftretens bald als Pianist und Improvisator sehr geschätzt war; 1795 gab er im Burgtheater sein erstes öffentl. Konzert in Wien. Die enge Verbindung mit dem Adel und der Wr. Ges. drückte sich auch in den zahlreichen Widmungen aus (z. B. an Breuning, Brunsvik, Kinsky, Lichnowsky, Lobkowitz, Rasumowsky, Erzhzg. Rudolf), die B. seinen Werken voransetzte. Viele dieser Widmungsträger sind Gönner, die B. durch Unterstützung bzw. eine liberal gehandhabte Anstellung ein Leben als freier Künstler ermöglichten (z. B. Lobkowitz und Lichnowsky); bes. hervorzuheben ist auch Erzhzg. → Rudolf, der ab 1803 nicht nur B. Schüler, sondern auch einer seiner großzügigsten Gönner wurde (die „Missa solemnis" wurde zu seiner Weihe zum Bischof von Olmütz geschrieben).

Ein Gehörleiden, dessen erste Anzeichen 1794 zu bemerken waren, verschlimmerte sich ab 1801 zusehends (das Heiligenstädter Testament von 1802 ist in diesem Zusammenhang zu sehen) und führte schließlich zur völligen Ertaubung B. um ca. 1818 (bereits 1815 hatte B. sein letztes öffentl. Konzert gegeben); die ab dieser Zeit geführten „Konversationshefte" sind heute eine bedeutende Quelle der B.-Forschung. 1815 übernahm B. die Vormundschaft über seinen Neffen Karl, welche ihn, da übertrieben gewissenhaft ausgeführt, sehr belastete. Als B. nach längerer schwerer Krankheit starb, wurden für sein Begräbnis alle künstler. Kräfte Wiens mobilisiert: Zahlreiche Berühmtheiten (u. a. auch F. → Schubert) begleiteten den Trauerzug, und der Schauspieler H. → Anschütz verlas die von F. → Grillparzer verfasste Grabrede. 1888 wurde B. Leichnam vom Währinger Ortsfriedhof in ein Ehrengrab auf dem Zentralfriedhof überführt.

B. ging mit seinen Symphonien, aber auch mit den letzten Streichquartetten neue Wege, die deutlich in die Romantik weisen: Gerade auf dem Gebiet der Symphonie wurde er zum bewunderten wie auch belastenden Vorbild der Musikergenerationen nach ihm (z. B. für J. → Brahms); B. Symphonien spannen den Bogen von der klassischen Form zur großen Symphonie der Romantik (mit Ersetzung des Menuetts durch das Scherzo) bis hin zur Sprengung der bisher rein instrumentalen Gattung durch Einsatz des Chors in der 9. Symphonie. In der thematischen Arbeit ging B. über die bis dahin gehandhabten Konventionen hinaus – oft werden die Themen mottoartig verkürzt (z. B. zu Beginn der 3. und der 5. Symphonie); die Vorliebe zu einem großen Klangapparat übernahm B. von den franz. Revolutionskomponisten, verfeinerte aber deren plakative Technik, wobei ihm „mehr Ausdruck der Empfindung als Malerei" vorschwebte.

Ludwig van Beethoven. Porträtskizze von F. G. Waldmüller, 1823.

Denkmäler: Wien 1: B.-Platz (von C. v. Zumbusch); Wien 19: B.-Gang (von A. D. v. Fernkorn) und Heiligenstädter Park; Grabstein: Wien 18, Schubertpark; Ehrengrab: Zentralfriedhof. B.-Gedenkstätten: Wien 1: Mölkerbastei; Wien 19: Heiligenstadt.

Werke: 9 Symphonien, Oper „Fidelio" (1804/05, 1806 und 1814), 2 Messen; Ouvertüren und Bühnenmusik (Leonoren, Coriolan, Die Weihe des Hauses, Die Ruinen von Athen, Egmont); Konzerte: 1 Violinkonzert, 5 Klavierkonzerte; 32 Klaviersonaten, 91 Klavierlieder, 10 Violinsonaten, 16 Streichquartette; Konzertarien, Lieder, Tänze, Rondos, Menuette, Ländler („Mödlinger Tänze") und andere Instrumentalkompositionen (G. Kinsky u. H. Halm, Das Werk B., Werkverzeichnis, 1958). – Gesamtausgabe, 38 Bde., 1862–65; Neue Gesamtausgabe, 1961ff.; Briefwechsel, Gesamtausgabe, hg. v. S. Brandenburg u. a., 1996ff. – Literatur: B.-Jahrbuch, 1953/54ff.; J. Schmid-Görg u. H. Schmid, L. v. B., 1969; S. Kunze, L. v. B., 1987; E. Bauer, Wie B. auf den Sockel kam, 1992; B. Cooper (Hg.), The B. Compendium, 1991.

Behaim (auch Behem, Pehen, Böhm), Jörg, der erste namentlich bekannte Orgelbauer des ö. Raums (O. Eberstaller); baute zw. 1391 und 1412 in St. Stephan in Wien eine 2. Orgel zu der bereits 1334 erwähnten hinzu; 1430 verbesserte er die größere dieser beiden Orgeln (wahrscheinlich seine).

Beheim, Michel, * 27. 9. 1416 Sülzbach (D), † ca. 1474 ebd. (ermordet), Wanderdichter und -sänger. Verfasser zahlreicher Lieder, v. a. aber Berichterstatter über die polit. Ereignisse seiner Zeit; in seinem „Buch von den Wienern" berichtet er über die Ereignisse von der

Belagerung Wiens durch Hzg. → Albrecht VI. bis zur Aussöhnung zw. Ks. → Friedrich III. und der Stadt Wien.

Ausgaben: T. v. Karajan, M. B. „Buch von den Wienern", 1843; H. Gille u. I. Spriewald, Die Gedichte des M. B. (Dt. Texte des MA 60, 64, 65).

Behrens, Peter, * 14. 4. 1868 Hamburg, † 27. 2. 1940 Berlin, dt. Architekt. Gilt als Pionier des modernen Ind.-Baus, wirkte in Ö. v. a. als Prof. an der Wr. Akad. d. bild. Künste 1922–37. Unter seinen Schülern befanden sich wichtige Repräsentanten der 2. Wr. Moderne (u. a. O. → Niedermoser und E. A. → Plischke).

Werke: AEG-Fabrik, Berlin 1910; Verwaltungsgebäude der Hoechst AG, Frankfurt, 1920–25; Winarsky-Hof (mit J. Frank, J. Hoffmann, O. Strnad, O. Wlach), Wien, 1924; Franz-Domes-Hof, Wien, 1928; Tabakfabrik Linz, 1929–35 (mit A. Popp). – Literatur: K. M. Grimme, P. B. und seine Wr. akad. Meisterschule, 1930; T. Buddensieg u. a., P. B. und die AEG 1907–14, 1979.

Beichl, Karl, * 14. 9. 1874 Wien, † 18. 8. 1937 ebd., Geologe und Erdstrahlenforscher, Stabsoffizier. Einer der bekanntesten Wünschelrutengänger seiner Zeit; schuf eine Thermenkarte von Wien.

Beiser-Jochum, Trude, → Jochum-Beiser, Trude.

Békessy, Imre (Emmerich), * 13. 11. 1887 Budapest (H), † vor dem 17. 3. 1951 ebd., Verleger und Journalist; Vater von H. → Habe. Arbeitete in Budapest und Wien; Hg. der Tageszeitung „Die Stunde" (ab 1923) sowie mehrerer Ztschr. Nach Angriffen von K. → Kraus sowie der Ztschr. „Der ö. Volkswirt" und der „Arbeiter-zeitung" verließ er, wegen Erpressung angeklagt, 1926 Wien.

Békessy, János, → Habe, Hans.

Béla IV., * Nov. 1206, † 3. 5. 1270 bei Buda (Budapest, H), Kg. von Ungarn 1235–70. Als Ungarn 1241 vom Mongolenfürsten Batu Khan erobert wurde, flüchtete B. nach Ö. und trat gegen Hilfeversprechen 3 westl. Grenzkomitate (Ödenburg, Wieselburg, Raab) an Hzg. Friedrich II. ab. Nach dem Abzug der Mongolen forderte er diese zurück, im Krieg gegen ihn fiel Hzg. → Friedrich II. am 15. 6. 1246. Nach dessen Tod beanspruchte B. Ö. und die Stmk., unternahm 1253 auch einen Angriff auf Ö. und Mähren. Im Frieden von Buda vom 3. 4. 1254 wurde ihm die Stmk. (ohne das Gebiet von Wr. Neustadt und den Traungau) mit der jetzigen nördl. Landesgrenze überlassen. Diese musste er aber nach der Niederlage von Groissenbrunn im Frieden von Wien am 31. 3. 1261 an → Ottokar II. von Böhmen abtreten.

Literatur: K. Lechner, Die Babenberger, [4]1992.

Ludwig von Benedek. Lithographie von E. Kaiser, 1860.

Belcredi, Richard Graf, * 12. 2. 1823 Ingrowitz b. Zwittau (Jimramov, CZ), † 2. 12. 1902 Gmunden (OÖ.), Beamter, Politiker. Als Staatsmin. und Vorsitzender der Regierung (1865–67) hob er 1865 das Februarpatent von 1861 auf; trat 1867 zurück; 1881–95 Präs. des Verwaltungsgerichtshofs.

Literatur: ÖBL.

Bellegarde, Heinrich Graf, * 29. 8. 1756, † 22. 6. 1845 Wien, General und Staatsmann. 1799–1800 Generalstabschef in Italien; 1809–13 und 1820 Präs. des Hofkriegsrats; Generalgouverneur der Lombardei und Venetiens; ab 1820 Staats- und Konferenzmin.

Literatur: ÖBL.

Bellotto, Bernardo, → Canaletto.

Belrupt-Tissac, Karl Graf, * 14. 12. 1826 Pleternica (HR), † 31. 5. 1903 Bregenz (Vbg.), Gendarmerieoffizier, Gutsbesitzer, Politiker. Gründete 1861 die Landw.-Ges. von Vbg.; 1878–90 Landeshauptmann von Vbg., ab 1871 Mitgl. d. Herrenhauses.

Literatur: ÖBL.

Bem, Josef, * 1795 Tarnow (PL), † 10. 12. 1850 Aleppo (Halab, Syrien), poln. General. War führend an der Revolution 1848 beteiligt, bes. an der Verteidigung Wiens im Oktober, in Ungarn 1849, war dann in türkischem Dienst (Amurat Pascha).

Literatur: ÖBL.

Benatzky, Ralph, * 5. 6. 1884 Mährisch-Budwitz (Moravské Budějovice, CZ), † 16. 10. 1957 Zürich (CH), erfolgreicher Komponist der „silbernen Operettenära". Begann als Lieder- und Schlagerkomponist und wechselte Ende der 20er Jahre nach der Übersiedlung nach Berlin zur Operette; größter Erfolg: „Im weißen Rößl" (Berlin 1930). B. musste 1933 Berlin verlassen und über Paris und Wien nach Amerika emigrieren, ab 1948 in Zürich.

Weitere Werke: Operetten: Casanova, 1928; Die drei Musketiere, 1929; Meine Schwester und ich, 1930; Bezauberndes Fräulein, 1933; Axel an der Himmelstür 1936. – Zahlreiche Chansons und Schlager, Filmmusik. – Literatur: F. Hennenberg, Es muß was Wunderbares sein ... R. B., 1998.

Benda, Arthur, * 23. 3. 1885 Berlin (D), † 7. 9. 1969 Wien, Fotograf. Ausbildung in Berlin, Schüler von N. Perscheid, ging 1907 nach Wien, Atelierleiter und Fototechniker in dem von D. → Kallmus gegr. Atelier „d'Ora", ab 1921/22 Teilhaber, ab 1927 dessen Inhaber, das er unter Atelier „d'Ora– Benda" weiterführte. Arbeitete 1945–65 unter eig. Namen; gefragter Porträtfotograf, Beschäftigung mit verschiedenen Farbdrucktechniken.

Literatur: F. Kempe u. N. Perscheid, A. B. – Madame d'Ora, 1980.

Benedek (Benedec), Ludwig von, * 14. 7. 1804 Ödenburg (Sopron, H), † 27. 4. 1881 Graz (Stmk.), General. Kämpfte 1848/49 in Oberitalien und Ungarn, zeichnete sich 1859 in der Schlacht von Solferino aus (Kommandeur des Maria-Theresien-Ordens), Feldzeugmeister; 1860 Chef des Generalstabs und Oberkommandant in Venetien. Verlor im preußisch-ö. Krieg 1866 als Kommandant der Nordarmee gegen H. v. Moltke die entscheidende Schlacht bei Königgrätz (3. 7. 1866) und wurde daraufhin seines Amts enthoben; die kriegsgerichtl. Untersuchung schlug Ks. → Franz Joseph I. nieder.

Literatur: O. Regele, Feldzeugmeister B., 1960; ÖBL.

Benedikt, Edmund, * 10. 6. 1851 Wien, † 1. 2. 1929 ebd., bedeutender Jurist. Schriftsteller und Advokat. Mitarbeiter an der Reform des Strafrechts und des Strafprozessrechts; Bahnbrecher der Rechtsvergleichung; Hg. der „Juristischen Blätter" (1890–1904); Liberaler, Mitgl. des Wr. Gemeinderats und des Nö. Landtags.

Benedikt, Heinrich, * 30. 12. 1886 Wien, † 26. 12. 1981 ebd., Historiker; Sohn von Rudolf → Benedikt. 1946–59 Univ.-Prof. in Wien, 1958–62 Vorstand des Inst. für Zeitungswiss. d. Univ. Wien.

Werke: Geschichte der 1. Republik 1954 (Hg.); Kaiseradler über dem Apennin, 1964; Als Belgien ö. war, 1965; Damals im alten Ö., 1979. – Literatur: Festschrift für H. B., 1957.

Benedikt, Michael, * 17. 11. 1928 Wien, Philosoph. Nach Studium an der Univ. Wien zunächst als Lehrer und in der Erwachsenenbildung tätig sowie Leiter eines Kulturzentrums. 1972 Habilitation und 1976–98 Prof. an der Univ. Wien. Beschäftigte sich v. a. mit Fragen der Gesellschaftsethik, der Ontologie und einer transzendentalen Anthropologie.

Werke: Der philosoph. Empirismus, 1977; Bewußtsein, Sprache und die Kunst, 1988; Heideggers Halbwelt, 1991; Verdrängter Humanismus – verzögerte Aufklärung, 1992 (Hg.); Philosoph. Politik, 1992; Kunst und Würde, 1994; Anthropodizee, 1995; Kein Ende der Zukunft, 1997; Freie Erkenntnis und Philosophie der Befreiung, 1997; Brennpunkte – Splitter und Balken, 1998; Über Gesellschaft hinaus, 2000 (Hg.).

Benedikt, Moriz, * 27. 5. 1849 Kwassitz (Krasice, CZ), † 18. 3. 1920 Wien, Publizist. War ab 1872 Redak-

teur, ab 1880 Mit-Hg., ab 1908 bis zu seinem Tod Chefredakteur der „Neuen Freien Presse".
Literatur: W. R. Langenbucher (Hg.), Sensationen des Alltags, 1992.

Benedikt, Rudolf, * 12. 7. 1852 Wien, † 7. 2. 1896 ebd., Chemiker; Vater von Heinrich → Benedikt. Prof. an der Techn. Hochschule in Wien; als Fachmann für Chemie der Fette nach Schweden und England berufen.

Benesch, Fritz (eigentl. Friedrich), * 12. 4. 1868 Misslitz (Miroslav, CZ), † 29. 6. 1949 Wien, Jurist, Alpinist, Schriftsteller und Fotograf. Veröffentlichte zahlreiche Text- und Bildbeiträge über die ö. Hochgebirgslandschaft, führte als erster die Landschaftsfotografie in die Fremdenverkehrswerbung ein.
Werke: Bergfahrten in den Grödner Dolomiten, 1899; Verkehrsbuch ö. Eisenbahnen, 1910 (8 Bde.); Wie man Bergsteiger wird, 1924; Zauber der Bergheimat, 1935; Gewalten der Berge, 1943. – Literatur: O. Hochreiter u. T. Starl (Red.), Geschichte der Fotografie in Ö., 2 Bde., 1983.

Benesch, Kurt, * 17. 5. 1926 Wien, Dramatiker und Erzähler, Verfasser von Reiseberichten und Sachbüchern über Archäologie.
Werke: Romane: Die Flucht vor dem Engel, 1955; Der Maßlose, 1956; Die Spur in der Wüste (biograph. Roman über Charles de Foucauld), 1985; Fabrizio Alberti, 1987; Zw. damals und Jericho, 1990; Die Suche nach Jägerstätter, 1993. – Dramen: Im Namen der Menschheit, 1949; Ein Boot will nach Abaluna, 1953; Akt mit Pause, 1961. – Jugendbücher: Der Tribun des Herrschers, 1956; Die einsamen Wölfe, 1964. – Sachbücher: Archäologie, 1990; Der Jakobsweg nach Santiago de Compostela, 1991 (mit R. Tießler).

Benesch, Otto, * 29. 6. 1896 Ebenfurth (NÖ.), † 16. 11. 1964 Wien, Kunsthistoriker. 1923–38 Beamter der Albertina, 1938 Emigration, 1938–47 Lehrtätigkeit an brit. und US-Univ., 1947–61 Dir. der Albertina und Univ.-Prof. in Wien; spezialisiert auf Rembrandt sowie Geschichte der Malerei und Graphik von 1400 bis zur Gegenwart.
Werke: Ö. Handzeichnungen des 15. und 16. Jh., 1936; Rembrandt. Werk und Forschung, 1935; The Art of the Renaissance in Northern Europe, 1945; Rembrandt, Selected Drawings, 1948; Kleine Geschichte der Kunst in Ö., 1950; E. Schiele als Zeichner, 1951; Meisterzeichnungen der Albertina, 1963; Krit. Gesamtverzeichnis der Zeichnungen Rembrandts, 6 Bde., 1964. – Literatur: Biograph. Handbuch der dt.-sprach. Emigration nach 1933, Bd. 2, 1983.

Benk, Johannes, * 27. 7. 1844 Wien, † 12. 3. 1914 ebd., Bildhauer. Wichtiger Vertreter der Ringstraßenkunst mit teilweise neobarockem Einschlag; tätig v. a. als Bauplastiker und Schöpfer von Denkmälern und Grabmonumenten.
Werke: Mitarbeit in Wien an Arsenal, Votivkirche, Hofmuseen, Parlament, Rathaus, Burgtheater usw.; Grabmal J. Strauß Sohn und E. Strauß (Zentralfriedhof Wien), beide um 1900; Deutschmeister-Denkmal (Wien), 1906. – Literatur: G. Kapner u. a., Ringstraßendenkmäler, 1973; M. Pötzl-Malikova, Die Plastik der Ringstraße 1890–1918, 1976; W. Krause, Die Plastik der Wr. Ringstraße. Von der Spätromantik bis zur Wende um 1900, 1980.

Benndorf, Friedrich August Otto, * 13. 9. 1838 Greiz (D), † 2. 1. 1907 Wien, Archäologe; Vater von Hans → Benndorf. 1877–98 Univ.-Prof. in Wien, gründete 1898 das Ö. Archäologische Institut und war bis 1907 dessen Dir. Begann die Ausgrabungen in Ephesos, brachte die Skulpturen des Fürstengrabs von Gölbaschi nach Wien, regte die Erforschung von Carnuntum und Split an; einer der angesehensten Archäologen seiner Zeit.
Literatur: ÖBL, NDB.

Benndorf, Hans, * 13. 12. 1870 Zürich (CH), † 11. 2. 1953 Graz (Stmk.), Physiker; Sohn von Friedrich August Otto → Benndorf. 1904–36 Univ.-Prof. in Graz. Forschungsgebiete Luftelektrizität u. Erdbebenkunde („B.scher Satz").

Benning, Achim, * 20. 1. 1935 Magdeburg (D), Kammerschauspieler, Regisseur, Theaterdirektor. Seit 1959 Schauspieler, seit 1971 Regisseur, 1976–86 Dir. des Wr. Burgtheaters; zahlreiche Auslandsgastspiele mit dem Burgtheater-Ensemble (u. a. erstmals im Kabuki-Theater in Tokio); maßgeblich an der Gründung der Ensemblevertretung des Burgtheaters beteiligt. 1986–92 Leiter des Züricher Schauspielhauses; J.-Kainz-Medaille 1981.

Benno von Mönichkirchen (Matthias Koglbaur), * 29. 6. 1862, † 13. 12. 1925 Bregenz (Vbg.), Kapuziner-Laienbruder in Innsbruck, Brixen und Bregenz. Seligsprechungsprozess 1955 begonnen.
Literatur: Fr. S. v. Kufstein, Der Pförtner am Bodensee, 1934.

Bensa, Alexander Ritter von, d. J., * 15. 7. 1820 Wien, † 1. 1. 1902 ebd., Maler; Sohn und Schüler von Alexander (Franz) v. → Bensa d. Ä. Studierte an der Wr. Akad., beeinflusst von A. v. → Pettenkofen; stellte insbes. das ungar. Volksleben sowie Leben und Milieu der vornehmen Ges. dar; bekannter Schlachtenmaler.

Bensa, Alexander (Franz) Ritter von, d. Ä., * 5. 6. 1794 Lemberg (Lwíw, UA), † nach 1861 Wien, Pferde- und Kutschenmaler, Zeichner und Lithograph; Vater von Alexander v. → Bensa d. J. Autodidakt, schuf mehrere lithograph. Szenen zu Wr. Themen, darunter „Wr. Ansichten" und „Wr. Fahrzeuge und Fuhrwerke".

Benya, Anton, * 8. 10. 1912 Wien, Elektromechaniker, Gewerkschafter und Politiker (SPÖ). Wegen verbotener Tätigkeit für die freien Gewerkschaften 1934 und 1937 in polit. Haft. 1963–87 Präs. des Ö. Gewerkschaftsbunds; 1956–86 Abg. z. NR, 1971–86 1. Präs. d. NR. Während der SPÖ-Alleinregierung unter B. → Kreisky (1970–83) einer der einflussreichsten Politiker; gem. mit dem Präs. der Bundeswirtschaftskammer R. → Sallinger wesentl. Garant der ö. Sozialpartnerschaft.
Werk: Mein Weg – Lebenserinnerungen, 1992. – Literatur: J. Kunz (Hg.), A. B., Ansichten eines NR- und Gewerkschaftspräs., 1992.

Berchtold, Hubert, * 2. 4. 1922 Andelsbuch (Vbg.), † 1. 12. 1983 Bregenz (Vbg.), Maler und Graphiker. Studierte in Antwerpen bei I. Opsomer und C. Permeke, anschließend an der Akad. d. bild. Künste bei J. → Dobrowsky. Starke Farbigkeit und Auseinandersetzung mit abstrakter Komposition kennzeichnen sein Werk.
Werke: Glasmalereien in St. Gebhard (Bregenz), 1955; Gläser und Äpfel, Zeichnungen, 1968; Höhlenbilder, 1973. – Literatur: H. B. 1922–1983, 1988.

Johannes Benk. Lithographie von A. Schubert, 1882.

Berchtold, Leopold Graf, * 18. 4. 1863 Wien, † 21. 11. 1942 Peresznye b. Ödenburg (Sopron, H), Politiker. 1906–11 Botschafter in St. Petersburg, 1912–15 Außenmin. Unterstützte nach den Balkankriegen von 1912 und 1913 die Schaffung des neuen Staates Albanien, um Serbien von der Adria fern zu halten, und formulierte nach der Ermordung des ö. Thronfolgers Franz Ferdinand 1914 das Ultimatum an Serbien. Als Italien und Rumänien zu Beginn des 1. Weltkriegs vorerst neutral blieben, trat B. als Außenmin. zurück. Danach Obersthofmeister und polit. Berater des Thronfolgers Erzhzg. Karl.
Literatur: H. Hantsch, L. Gf. B., 2 Bde., 1963.

Leopold Graf Berchtold. Foto, um 1918.

Berczeller, Richard, * 4. 2. 1902 Ödenburg (Sopron, H), † 3. 1. 1994 New York (USA), Arzt und Schriftsteller. 1920–26 Medizinstudium in Wien; nach 1934 wegen Zugehörigkeit zum illegalen Republikan. Schutzbund mehrmals verhaftet; 1938–41 auf der Flucht vor NS-Verfolgung; 1941 Ausreise in die USA; seine literar.

Arbeiten wurden hauptsächl. im „New Yorker" veröffentlicht.

Werke: Die sieben Leben des Doktor B. (dt. 1965); Mit Ö. verbunden. Burgenlandschicksale 1918–45, 1975 (gem. mit N. Leser); Verweht (dt. 1983). – Literatur: A. Wimmer, Die Heimat wurde ihnen fremd, die Fremde nicht zur Heimat, 1993; T. Horvath (Hg.), R. B., 1902–1994, 1996.

Alban Berg. Foto, 1924.

Berg, Alban, * 9. 2. 1885 Wien, † 24. 12. 1935 ebd., Komponist, mit A. → Schönberg und A. → Webern Hauptvertreter der sog. Wr. Schule (Zwölftontechnik). Wuchs in der kunstfreundl. Atmosphäre des gehobenen Wr. Bürgertums der Jahrhundertwende auf, beschäftigte sich zuerst mit Literatur und Dichtung. 1904–10 Unterricht bei Schönberg, mit dem ihn eine lebenslange Freundschaft verband (ebenso mit Webern). B. führte die Zwölftontechnik wieder der Kontrolle durch den Klang zu („letzter Romantiker"). Er setzte sich auch mit der übrigen zeitgenöss. Produktion auseinander (z. B. A. → Zemlinsky, E. → Wellesz). Als gründlicher Arbeiter zwang er jedes seiner wenigen Werke zu einem ausgeprägten Formtypus. Bekannt wurde v. a. seine Oper „Wozzeck" (nach G. Büchner), in die er auch seine Erlebnisse aus dem 1. Weltkrieg einflocht (Uraufführung 1925 in Berlin). Seine 2. Oper „Lulu" (nach 2 Stücken von F. Wedekind) konnte B. nicht mehr vollenden (das Particell wurde noch fertiggestellt, Orchestrierung des 3. Akts 1962–78 durch F. → Cerha). Sein Violinkonzert, komponiert in Erinnerung an die Tochter Alma Mahlers, Manon Gropius, gilt als vollendete Synthese von Tradition und Zwölftonmusik. B. betätigte sich auch als Musikschriftsteller und gründete mit Willi → Reich die Ztschr. „23". In der NS-Zeit galten die Werke B. als „entartete Kunst". Die 1955 gegr. A.-B.-Stiftung dient v. a. der Förderung junger Komponisten.

Alfred Freiherr von Berger. Foto, um 1912.

Weitere Werke: Lieder; Orchesterstücke; Kammerkonzert, 1923–25; Lyrische Suite für Streichquartett, 1925/26, daraus 3 Sätze, 1928; Violinkonzert, 1935. – Musikwiss. Arbeiten: Smlg. von 18 Schriften in der Biographie von W. Reich, 1937. – Ausgabe: Sämtl. Werke, hg. von der A.-B.-Stiftung, 1994ff. – Literatur: H. F. Redlich, A. B., 1957; T. W. Adorno, A. B. Der Meister des kleinen Übergangs, 1968; V. Scherliess, A. B., 1975.

Berg, Karl, * 27. 12. 1908 Radstadt (Sbg.), † 1. 9. 1997 Mattsee (Sbg.), 1933 Priester. Generalvikar; 1973–92 Erzbischof von Sbg.; trat für eine Liturgiereform im Sinne des 2. Vatikan. Konzils ein.

Berg, O. F. (eigentl. Ottokar Franz Ebersberg), * 10. 10. 1833 Wien, † 16. 1. 1886 ebd., Dramatiker und Journalist. Bis 1860 im Staatsdienst, ab 1861 Dramatiker am Theater an der Wien und am Carltheater; gründete und redigierte 1861–67 das humorist. Blatt „Kikeriki". Verfasste über 120 Dramen für den laufenden Bedarf der Vorstadttheater.

Johann Nepomuk Berger. Stich, um 1850.

Werke: Dramen: Ein Rekrut von 1859; Die alte Schachtel, 1865; Ein Wr. Dienstbote, 1868; Einer von unsere Leut, 1869; Isaak Stern, 1872; Dr. Haslinger, 1876; Ein Stündchen auf dem Comptoir, 1877. – Literatur: E. Gampe, O. F. Ebersberg und seine Stellung im Wr. Volksstück, Diss., Wien 1951.

Berg, Werner, * 11. 4. 1904 Elberfeld (D), † 7. 9. 1981 bei Gallizien (Kä.), Maler und Graphiker. Sein Werk ist von E. Nolde und E. Munch beeinflusst und kreist thematisch um Landschaft und Bevölkerung Unter-Kä.; klare Konturen bestimmen seine flächige Formensprache.

Werke: Ölbilder, rd. 400 Holzschnitte. – Literatur: K. Sotriffer, W. B. Die Holzschnitte, Wien 1973; H. Kuchling, W. B. Die späten Holzschnitte, 1982; H. Scheicher (Hg.), W. B., 1984; W. B., Gemälde, 1994.

Bergammer, Friedrich (eigentl. F. Glueckselig), * 18. 12. 1909 Wien, † 9. 10. 1981 New York (USA), Lyriker. In Wien als Kunsthändler tätig, flüchtete 1938 nach kurzer Inhaftierung durch die Nat.-Soz. in die USA und etablierte sich dort als Museumsexperte. 1935 Mitbegründer der Literatur-Ztschr. „das silberboot"; verfasste formal konventionelle Gedankenlyrik. Themen des Alterswerks sind Exil und jüdische Identität.

Werke: Aus meiner Einsamkeit, 1926; Von Mensch zu Mensch, 1955; Die Fahrt der Blätter, 1959; Flügelschläge, 1971; Momentaufnahme, 1981; Die vorletzte Stummheit, 1984.

Bergauer, Josef, * 26. 1. 1880 Laa a. d. Thaya (NÖ.), † 20. 7. 1947 Wien, Schauspieler, Vortragskünstler, Schriftsteller. Spielte an fast allen Wr. Bühnen (außer dem Burgtheater); Nestroy-, Raimund- und Anzengruber-Interpret; verfasste auch Wienerlieder.

Werke: Wienerlieder; Das klingende Wien, 1941; Auf den Spuren berühmter Menschen in Wien, 1948.

Bergenstamm, Alois von, → Groppenberger von Bergenstamm, Alois.

Berger, Alfred Frh. von, * 30. 4. 1853 Wien, † 24. 8. 1912 ebd., Theaterdirektor und Schriftsteller; Ehemann von Stella v. → Hohenfels-Berger. 1887 Privatdozent für Philosophie und Ästhetik in Wien (1896 Prof.), 1899–1909 Dir. des neugegr. Dt. Schauspielhauses in Hamburg, 1910–12 Dir. des Wr. Burgtheaters. Während sein eigenes Schaffenswerk eher unbedeutend blieb, ist seine Wirksamkeit als Theaterdir. unumstritten. Neben der als Vorbild empfundenen Weimarer Klassik setzte er auch H. Ibsen, G. Hauptmann, F. → Hebbel, O. Wilde, H. v. Kleist, A. → Schnitzler und G. B. Shaw auf den Spielplan des Burgtheaters.

Werke: Novellen, Gedichte; Ges. Schriften, hg. v. A. Bettelheim u. K. Glossy, 3 Bde., 1913; Theater und Literatur. Ausgewählte dramaturg. und literaturkrit. Schriften, 1992. – Literatur: P. Schmidsberger, A. Frh. v. B., Diss., Wien 1960; R. Mühlher, Ö. Dichter seit Grillparzer, 1973; R. Blahout, Baron B. und die Krise des Burgtheaters, Diss., Wien 1975.

Berger, Franz, * 30. 10. 1841 Wien, † 24. 4. 1919 ebd., Leiter des Wr. Stadtbauamts. Veranlasste die Wienflussregulierung, den Bau der 2. Wr. Hochquellenleitung, den Ausbau des Wr. Straßennetzes (Auflassung der Linienwälle), die Einwölbung der Bäche und die Neukanalisierung.

Werke: Wilhelminenspital, Wien, 1900–02; Univ.-Frauenklinik, Wien, 1904–08.

Berger, Gerhard, * 27. 8. 1959 Wörgl (Ti.), ab seinem 18. Lebensjahr Autorennfahrer, 1984–97 in der Formel 1 (1984 ATS BMW, 1985 Arrows BMW, 1986 Benetton BMW, 1987–89 und 1993–95 Ferrari, 1990–92 McLaren Honda, 1996–97 Benetton Renault); startete insges. in 209 Formel-1-Rennen, von denen er 10 gewann. 1988 und 1994 war B. Dritter in der Formel-1-Weltmeisterschaft. Seit 1998 Motorsportdir. von BMW in München.

Publikation: Grenzbereich, 1989. – Literatur: C. P. Andorka, Die großen Formel-1-Stars, 1992; C. Hilton, G. B., 1993.

Berger, Johann Nepomuk (Pseud.: Sternau), * 16. 9. 1816 Proßnitz (Prostějov, CZ), † 9. 12. 1870 Wien, Politiker, Schriftsteller, Rechtsanwalt. 1848 Abg. der demokrat. Linken in Frankfurt a. M.; 1861 Min. ohne Portefeuille im „Bürgermin."; trat 1870 zurück, als sein „Minoritäts-Memorandum" abgelehnt wurde.

Berger, Peter Ludwig, * 17. 3. 1929 Wien, Sozialwissenschaftler. Emigrierte kurz nach Ende des 2. Weltkriegs in die USA, wo er seine soz.-wiss. Studien absolvierte. 1956–58 Assistenzprof. an der University of North Carolina und 1958–63 am Hartford Theological Seminary. Danach Prof. an der New School for Social Research, an der Rutgers University, New Jersey, und am Boston College. Seit 1981 Prof. f. Soziologie u. Theologie an der Boston University, seit 1985 Dir. des Institute for the Study of Economic Culture. Beschäftigt sich u. a. mit der Sinn stiftenden Rolle des Protestantismus in modernen, ökonomisch orientierten Gesellschaften. Träger vieler internat. wiss. Auszeichnungen; Wittgenstein-Preis 2000.

Werke: Invitation to Sociology, 1963 (Einladung zur Soziologie, 1966); The Social Construction of Reality, 1966 (Die soz. Konstruktion der Realität, 1969); The Sacred Canopy, 1967 (Zur Dialektik von Religion und Ges., 1973); A Rumor of Angels, 1969 (Auf den Spuren der Engel, 1970); Sociology – A Biographical Approach, 1972 (Wir und die Ges., 1976); The Capitalist Revolution, 1986 (Die kapitalistische Revolution, 1991); A Far Glory, 1993 (Sehnsucht nach Sinn, 1994); Redeeming Laughter, 1997 (Erlösendes Lachen, 1998).

Berger, Raimund, * 31. 3. 1917 Hall i. Ti., † 21. 1. 1954 Innsbruck (Ti.), Dramatiker. Seit seinem 17. Lebensjahr durch einen Skiunfall gelähmt, ab 1952 Hörspiellektor für den Sender Ti. In seinen Dramen propagierte er ein „Theater der Menschlichkeit".

Werke: Papierblumenfrühling, 1949; Der verwundete Engel, 1951; Zeitgenossen, 1951; Die Helden von Albeville, 1951; Ballade vom nackten Mann, 1953; Haben Sie Herrn Ellert gesehen?, 1953; Das Reich der Melonen, 1955. – Märchen, Erzählungen. – Literatur: Ti. Drama und Dramatiker des 20. Jh., hg. von H. Kuprian, 1983.

Berger, Rudolf (Pseud.: Maurus Atzenbrugg), * 1. 9. 1914 Wien, † 19. 2. 1959 Bad Ischl (OÖ.), Schriftsteller und Journalist. War bei der RAVAG tätig; lebte in Fuschl am See.

Werke: Dramen: Der weiße Vogel, 1939; Der volle Mond nimmt ab, 1947. – Hörspiele: Die Wunderschule; Die Narren und der Tor. – Novellen, Übersetzungen (aus dem Persischen).

Berger, Senta, * 13. 5. 1941 Wien, Schauspielerin, Produzentin. Ballettunterricht an der Akad. f. darst. Kunst in Wien, Reinhardt-Seminar, Theaterarbeit in Wien (später Sbg. Festspiele und Deutschland), Filmarbeit (erstmals 1957 in W. Forsts „Die unentschuldigte Stunde") in Ö. und Deutschland, danach internat. Karriere für Film und Fernsehen. Verheiratet mit dem dt. Regisseur M. Verhoeven (gem. Filmproduktionen: „Die weiße Rose", 1982; „Das schreckliche Mädchen", 1989; „Schlaraffenland", 1990).

Filme: The Journey, 1958; Ich heirate Herrn Direktor, 1960; Es muß nicht immer Kaviar sein, 1961; Schüsse im Dreivierteltakt, 1965; Sierra Charriba, 1965; Das Quiller-Memorandum, 1966; Der scharlachrote Buchstabe, 1972.

Berger, Thaddäus von, * 18. 8. 1774 Wien, † 27. 6. 1842 ebd., Industrieller. Errichtete gem. mit Baron G. S. → Sina in Pottendorf 1838 die erste bedeutende heimische maschinelle Hanf- und Flachsspinnerei und machte sich um die Errichtung der Nationalbank verdient, deren Dir. er 23 Jahre lang war.

Literatur: ÖBL.

Berger, Theodor, * 18. 5. 1905 Traismauer (NÖ.), † 21. 8. 1992 Wien, Komponist. Musikpreis der Stadt Wien 1949, Großer Ö. Staatspreis 1959.

Werke: vorwiegend für großes Orchester; Legende vom Prinzen Eugen, 1941; Homerische Symphonie, 1948; Fonofolium, 1986. – Literatur: G. Brosche (Red.), Musikal. Dokumentation T. B., Ausst.-Kat., Ö. Nat.-Bibl., Wien 1998 (mit Werkverz.).

Berger-Waldenegg, Egon, * 14. 2. 1880 Wien, † 12. 9. 1960 Graz (Stmk.), Jurist, Politiker (Heimwehr), Gutsbesitzer. Ab 1902 bei der Nö. Statthalterei, 1907–18 (mit Kriegsunterbrechung 1914–16) im Außenmin. beschäftigt, trat 1929 dem Steir. Heimatschutz bei, wurde 1931 in den Pfrimer-Putsch hineingezogen, schloss sich dann E. R. → Starhemberg an. 1934 Landeshauptmann-Stellv. d. Stmk., am 10. 7. 1934 von E. Dollfuß zum Justizmin. ernannt (bis Okt. 1935), setzte am 25. 7. 1934 den Heimatschutz in ganz Ö. gegen die Nat.-Soz. in Bereitschaft; von 3. 8. 1934 bis 14. 5. 1936 Außenminister. 1936–38 ö. Gesandter in Rom, blieb nach dem Anschluss in Italien, wurde ital. Staatsbürger, gründete 1944 in Rom ein „Ö.-Büro". Kehrte 1948 als Privatmann nach Ö. zurück.

Literatur: W. Wiltschek, Die Heimwehr, 1985; E. u. H. Berger von Waldenegg, Biographie im Spiegel – Die Memoiren zweier Generationen, 1998.

Bergl, Johann Baptist Wenzel, * 23. 9. 1718 Königinhof (Dvur Králové, CZ), † 15. 1. 1789 Wien, Maler. Schüler von P. → Troger, eng befreundet mit F. A. → Maulbertsch. Berühmt geworden durch die originelle Ausmalung ebenerdiger Gartenappartements, wo sich Garten und Raum malerisch durchdringen. In seinen Fresken stellte B. idyllische Landschaften voller exotischer Pflanzen und romant. Versatzstücke dar und schuf damit eine neuartige Variation der barocken Illusionsmalerei. Neben dem kaiserl. Hof, für den er um 1770 die sog. B.-Zimmer in Schloss Schönbrunn schuf, arbeitete B. auch im kirchl. Auftrag. Als Hauptwerk gilt die malerische Ausstattung der ehem. Stiftskirche Klein-Mariazell (1764/65).

Weitere Werke: Baden (Dreieichen); Melk (Gartenpavillon, 1763); Schönbühel (Peregrinikapelle); Seitenstetten; Wr. Neustadt (Neukloster). – Literatur: P. Otto, J. B., Diss., Wien 1964.

Bergler, Hans (Pseud.: Ottokar Tann-Bergler), * 15. 6. 1859 Wien, † 29. 7. 1912 ebd., Volks- und Bühnenschriftsteller. Wr. Sittenschilderer, schuf die Figur des „Herrn von Pomeisl".

Werke: Skizzen und Humoresken: Wr. Guckkastenbilder, 1888; Altwiener Ränke und Schwänke, 1894; Pomeisl und Ko, 1900; Im Dreivierteltakt, 1902; O du lieber Augustin, 1903; Wr. Spassettln, 1909.

Bergmann, Josef von, * 13. 11. 1796 Hittisau (Vbg.), † 29. 7. 1872 Graz (Stmk.), Historiker und Philologe. 1863 Dir. des Münz- und Antikenkabinetts der Ambraser Smlg.

Werke: Übersicht der k. k. Ambraser Smlg., 1846; Medaillen auf berühmte und ausgezeichnete Männer des ö. Kaiserstaates vom 16.–19. Jh., 2 Bde., 1858.

Bergmann, Kurt, * 11. 5. 1935 Ebersberg b. Neulengbach (NÖ.), Journalist und Politiker (ÖVP). 1973–75 Intendant des ORF-Landesstudios NÖ., 1976–80 Bundesgeschäftsführer der ÖVP, 1979–90 Abg. z. NR, 1980–87 polit. Dir. des ÖVP-Parlamentsclubs, 1990–94 Gen.-Sekr. des ORF, 1994–98 Intendant des ORF-Landesstudios Stmk.

Bergner, Elisabeth (eigentl. E. Ettel), * 22. 8. 1897 Drohobycz, Galizien (Drogobyc, UA), † 12. 5. 1986 London (GB), (Film-)Schauspielerin. Nach Debüt in Innsbruck Engagements in Zürich, Berlin, Wien und München; v. a. in den 20er Jahren sehr erfolgreich; 1933 Heirat mit dem Filmregisseur P. Czinner († 1972) und Emigration nach England, 1940 in die USA, 1950 Rückkehr nach London; Gastspiele in Deutschland, Ö. und der Schweiz; 1970 Regiedebüt; 1973 letzte Bühnenrolle, danach in Film und Fernsehen tätig.

Werk: Bewundert viel und viel gescholten, 1978. – Literatur: K. Völker, E. B. Das Leben einer Schauspielerin, 1990; Unsere schwarze Rose: E. B., Ausst.-Kat., Hist. Mus. d. Stadt Wien, 1993; B. B. Reiterer, Die Urenkelinnen des Proteus, Diss., Wien 1996; B. Hochholdinger-Reiterer, Vom Erschaffen der Kindfrau. E. B. – ein Image, 1999.

Bermann, Moritz (Pseud.: Berthold Mormann, Moritz B. Zimmermann, Louis Mühlfeld, Julius Marlott), * 16. 3. 1823 Wien, † 11. 6. 1895 ebd., Schriftsteller, Kunst- und Autographenhändler. Gab 1853 das „Ö. Biograph. Lexikon" (nur 1 Bd. erschienen) und 1863 die erste populäre Geschichte Wiens heraus.

Werke: Alt-Wien in Geschichten und Sagen für die reifere Jugend, 1865 u. 1882; Die Geheimnisse des Praters, 1874; Alt- und Neu-Wien, 1880. – Zeitromane, Novellen und Sittenbilder.

Bermann, Richard Arnold (Pseud.: Arnold Höllriegel), * 27. 4. 1883 Wien, † 31. 8. 1939 Saratoga Springs (USA), Erzähler und Journalist. 1914–18 Kriegsberichterstatter, danach Korrespondent des „Berliner Tagblatts" und Mitarbeiter bei Wr. Zeitungen. Emigrierte

1938 in die USA (Künstlerkolonie Yaddo). Wurde mit Büchern über die Filmwelt Hollywoods und mit hist. Romanen bekannt; am erfolgreichsten wurde „Das Urwaldschiff" (1927), eine Verbindung von Reisebericht und Fiktion.

Werke: Romane: Der Hofmeister, 1911; Die Erben Timurs, 1928; Du sollst Dir kein Bildnis machen, 1929; Die Derwischtrommel, 1931. – Filmbuch: Lichter der Großstadt, 1931. – Essay: Hollywood-Bilderbuch, 1927. – Literatur: E. Koch (Hg.), Exil, Forschung, Erkenntnisse, Ergebnisse 2, 1984; H.-H. Müller u. B. Eckert, R. A. B. alias A. Höllriegel, 1995.

Bernardis, Robert, * 7. 8. 1908 Innsbruck (Ti.), † 8. 8. 1944 Berlin-Plötzensee (D; hingerichtet), Offizier. Ab 1932 im ö. Bundesheer, war ab Frühjahr 1944 in die Widerstandspläne des Kreises um C. Schenk v. Stauffenberg eingeweiht und gab am 20. 7. 1944 die Weisung „Walküre", die den Aufstand des Ersatzheeres einleiten sollte.

Literatur: F. Vogl, Widerstand im Waffenrock, 1977; K. Glaubauf, R. B., 1994.

Bernardon, → Kurz, Josef Felix von.

Richard Bernaschek. Foto, um 1930.

Bernaschek, Richard, * 12. 6. 1888 Budweis (České Budějovice, CZ), † 18. 4. 1945 KZ Mauthausen (OÖ.), soz.-dem. Landespolitiker und Schutzbundführer in OÖ. Löste am 12. 2. 1934 die Februarkämpfe in Linz aus.

Literatur: K. R. Stadler, R. B., Odyssee eines Rebellen, 1976; H. Halbrainer u. T. Karny, Gegen Bewegung. Skizzen aus dem oö. Widerstand gegen den Nat.-Soz., 1995.

Bernatzik, Edmund, * 28. 9. 1854 Mistelbach (NÖ.), † 30. 3. 1919 Wien, Staatsrechtler; Vater von Hugo → Bernatzik. Prof. in Basel, Graz, Wien (ab 1894), (Mit-) Begründer der jurist. Methode in der ö. Verwaltungswiss., führend am Ausbau des Rechtsstaates beteiligt. Mitgl. des k. k. Reichsgerichts.

Bernatzik, Emmy, * 3. 4. 1904 Wien, † 27. 7. 1977 Einsiedeln (CH), Ethnologin. Mitarbeiterin ihres Mannes Hugo → Bernatzik; gem. Forschungsreisen.

Werk: Afrikafahrt, 1936.

Bernatzik, Hugo, * 26. 3. 1897 Wien, † 9. 3. 1953 ebd., Ethnologe; Sohn von Edmund → Bernatzik, Ehemann von Emmy → Bernatzik. Ab 1939 Univ.-Prof. in Graz, Begründer der angewandten Völkerkunde. Untersuchte auf zahlreichen Forschungsreisen die Ursachen des rapiden Bevölkerungsrückgangs der kolonisierten Naturvölker und riet zu einer Verwaltungspolitik, die die Eigenart der Eingeborenen stärker berücksichtigt.

Werke: Albanien, 1930; Die Geister der gelben Blätter, 1938; Die große Völkerkunde 1939 (Hg.); Zw. Weißem Nil und Kongo, 1943; Afrika, Hb. der angewandten Völkerkunde, 2 Bde., 1947. – Literatur: D. Byer, Der Fall H. A. B. Ein Leben zw. Ethnologie und Öffentlichkeit, 1999.

Thomas Bernhard. Foto, um 1975.

Bernatzik, Wilhelm, * 18. 5. 1853 Mistelbach (NÖ.), † 26. 11. 1906 Hinterbrühl b. Mödling (NÖ.), Landschafts- und Genremaler. Studierte an der Wr. Akad. und in Düsseldorf, längerer Aufenthalt in Paris; Anhänger des Pleinairismus und Symbolismus, Gründungsmitgl. der Wr. Secession, schuf zahlreiche Landschaftsbilder von Wien und NÖ., Gemälde im Naturhist. Museum.

Literatur: W. B., Ausst. der Hauptwerke und des künstlerischen Nachlasses, Galerie Miethke, Wien 1907.

Bernau, Alfred (eigentl. A. Breidbach), * 6. 3. 1879 Engers b. Neuwied (D), † 20. 8. 1950 St. Wolfgang i. Salzkammergut (OÖ.), Schauspieler, Regisseur, Theaterleiter. Ab 1916 Dir. der Wr. Kammerspiele, 1918–24 des Dt. Volkstheaters in Wien. Setzte sich für Naturalismus, Neuromantik und Expressionismus ein; engagierte u. a. A. → Moissi.

Florian Berndl. Foto, um 1930.

Berndl, Florian, * 10. 5. 1858 Großhaselbach (NÖ.), † 30. 11. 1934 Wien, Naturheilkundler. Trat für eine natürl. Lebensweise ein und lebte in einer Hütte am Bisamberg; gründete das Bad am Gänsehäufel (damals scherzhaft „B.-Kolonie" genannt).

Literatur: R. Freund, Land der Träumer, 1996.

Bernecker, Bildhauerfamilie, → Pernegger.

Berner, Dieter, * 31. 8. 1944 Wien, Regisseur, Autor. Studien an der Akad. f. Musik und darst. Kunst und am Reinhardt-Seminar in Wien; ab 1968 kollektive Theaterarbeit, Zusammenarbeit u. a. mit Peter Stein an der Schaubühne Berlin und am Theater am Neumarkt, Zürich. Seit Mitte der 70er Jahre als Film- und Fernsehregisseur tätig. Zahlr. Auszeichnungen für seine Fernsehserie „Alpensaga" (1976–80, Buch von W. → Pevny und P. → Turrini).

Weitere Werke: Filme: Arbeitersaga, 1988–91; Joint Venture, 1995; Die Verhaftung des Johann Nepomuk Nestroy, 1999.

Berner, Felix, * 9. 9. 1738 Wien, † 26. 4. 1787 ebd., Schauspieldirektor. Gründete 1758 in Vorderösterreich eine Kindertruppe, mit der er in Ö. (1770 erstmals in Wien), Deutschland und der Schweiz auftrat; die Truppe zerfiel nach seinem Tod.

Berner, Peter, * 15. 11. 1924 Karlsbad (Karlovy Vary, CZ), Facharzt für Psychiatrie und Neurologie. 1971–91 Univ.-Prof. und Vorstand der Univ.-Klinik f. Psychiatrie in Wien.

Werke: Das paranoische Syndrom, 1965; Psychiatr. Systematik, [3]1982; viele Beiträge in Fachztschr. und Sammelwerken.

Bernfeld, Siegfried, * 7. 5. 1892 Lemberg (Lwíw, UA), † 2. 4. 1953 San Francisco (USA), Pädagoge, Psychoanalytiker. Versuchte die Lehren S. → Freuds natur- und sozialwiss. zu untermauern, um eine marxistisch-psychoanalyt. Erziehungswiss. zu entwickeln; er organisierte den Zentralverband jüd. Jugendgruppen in Ö. und das Jüd. Pädagogikum in Wien; Begründer des Kinderheims Baumgarten in Wien; 1937 Emigration nach San Francisco.

Ausgabe: Sämtl. Werke, 1992ff. – Literatur: K. Fallend (Hg.), S. B. oder Die Grenzen der Psychoanalyse, 1992.

Bernhard, Thomas, * 9. 2. 1931 Kloster Heerlen (NL), † 12. 2. 1989 Gmunden (OÖ.), Dramatiker, Erzähler und Lyriker. Seine Kindheit verlebte B. hauptsächlich bei den Großeltern mütterlicherseits (sein Großvater war der Schriftsteller J. → Freumbichler) in Wien und Seekirchen am Wallersee (Sbg.). Nach der Heirat seiner Mutter wohnte B. zuerst in Traunstein (Bayern), dann in Salzburg. 1949 erkrankte B. an einer unheilbaren Lungenkrankheit, 1949–51 Aufenthalt in der Lungenheilstätte Grafenhof (autobiograph. Werke: „Ein Kind", 1982; „Die Ursache", 1975; „Der Keller", 1976; „Der Atem", 1978; „Die Kälte", 1981). Während seines Musikstudiums in Wien und Salzburg (Abschluss 1957 am Mozarteum) arbeitete B. als Gerichtsreporter beim „Demokrat. Volksblatt". 1957 veröffentlichte er den Gedichtband „Auf der Erde und in der Hölle"; weitere Gedichtbände folgten. 1963 erschien sein erster Roman „Frost", in dem er ein düsteres Bild der Lebensverhältnisse in der ö. Provinz entwarf. Ab 1965 lebte B. hauptsächlich auf einem Bauernhof in Ohlsdorf (OÖ.). Neben seiner tragikom. Perspektive auf Krankheit und Schmerz, Leben und Tod steht die Kritik an Ö. auch in seinen nachfolgenden Arbeiten, wie etwa den autobiograph. Schriften sowie in Romanen, Erzählungen und Bühnenarbeiten, im Mittelpunkt. V. a. mit seinem Drama „Heldenplatz" (1988), in dem er den Antisemitismus in Ö. thematisiert, bestätigte B. seinen Ruf als „negativer Staatsdichter". Ö. Staatspreis 1967, G.-Büchner-Preis 1970.

Eine testamentar. Verfügung des Autors verbietet zwar sämtl. Aufführungen (außer laufende Inszenierungen, v. a. von C. → Peymann am Burgtheater), Drucklegungen und Rezitationen seiner Werke in Ö., seit Gründung der T.-B.-Stiftung 1998 wird diese Bestimmung von den Erben B. aber nicht mehr aufrecht erhalten.

Weitere Werke: Lyrik: Unter dem Eisen des Mondes, 1958; In hora mortis, 1958. – Prosa: Amras, 1964; Verstörung, 1967; Das Kalkwerk, 1970; Beton, 1982; Alte Meister, 1985; Auslöschung, 1986. – Dramen: Ein Fest für Boris, 1970; Der Präsident, 1975; Minetti 1976; Über allen Gipfeln ist Ruh, 1981; Ritter, Dene, Voss, 1984; Der Theatermacher, 1985. – Ausgabe: Gesammelte Gedichte, hg. v. V. Bohn, 1991. – Literatur: W. Schmidt-Dengler, Der Übertreibungskünstler, ²1989; B. Sorg, T. B., ²1992; H. Höller, T. B. in Selbstzeugnissen und Bilddokumenten, 1993; W. Schmidt-Dengler (Hg.), T. B., 1997; A. Pfabigan, T. B., 1999; J. Hoell, T. B., 2000.

Bernhard von Sponheim, * zw. 1176 und 1181, † 4. 1. 1256 Völkermarkt (Kä.; ?), Hzg. von Kä., aus der Familie der → Sponheimer. Nannte sich als Hzg. (ab 1202) Landesherr, war anfangs Anhänger des Staufers Philipp, dann Ottos IV., ab 1213 Friedrichs II. Konnte das herzogl. Städtedreieck St. Veit–Klagenfurt–Völkermarkt bilden, baute eine starke Dienstmannschaft auf und förderte Handel und Verkehr; erfolglos im Konflikt mit dem Bistum Bamberg; strebte den Erwerb Krains an (Gründung von Mariabrunn bei Landstraße).

Berry, Walter, * 8. 4. 1929 Wien, † 27. 10. 2000 ebd., Kammersänger (Bass-Bariton). Ab 1950 Mitgl. der Wr. Staatsoper, ab 1952 bei den Sbg. Festspielen, internationale Engagements und Gastspiele; ab 1989 Prof. für Lied und Oratorium an der Wr. Musikhochschule. Trat in den letzten Jahren gem. mit H. → Zednik auch als Wienerlied-Interpret auf; zahlreiche Aufnahmen (Oper, Lied, Oratorium, Wienerlied). 1957–71 verheiratet mit C. → Ludwig.

Bertalanffy, Ludwig von, * 19. 9. 1901 Atzgersdorf b. Wien, † 12. 6. 1972 Buffalo (USA), Biologe. Habilitierte sich 1934 in Wien für theoret. Biologie, wurde nach 1945 Vorstand des Zoolog. Inst. in Wien und war ab 1949 an verschiedenen Univ. in den USA und Kanada tätig, wo er sich auch bes. mit Fragen der Psychosomatik befasste. Begründer der Systemanalyse.

Literatur: K. Edlinger (Hg.), Systemtheoret. Perspektiven, 2000.

Bertali, Antonio, * März 1605 Verona (I), † 17. 4. 1669 Wien, Komponist und Musiker. Ab 1622 in habsb. Diensten, ab 1624 am Wr. Hof unter Ferdinand II. als Komponist und Violinist tätig. Ab 1649 Hofkapellmeister Ferdinands III. Brachte die italien. Oper nach Wien und komponierte mehr als 10 Opern für den Kaiserhof; auch die Musik zu „La contesa dell'aria e dell'acqua" (anlässlich der 1. Hochzeit Ks. Leopolds I.) zählt zu seinen Werken.

Literatur: H. Seifert, Die Oper am Wr. Kaiserhof im 17. Jh., 1985.

Berté, Heinrich, * 8. 5. 1858 Galgócz (H), † 23. 8. 1924 Wien, Komponist von Operetten und Balletten. Wurde durch das Singspiel „Das Dreimäderlhaus" (1916) bekannt.

Berthold, Hl., Fest 27. Juli, † 27. 7. 1142 Garsten (OÖ.), Benediktiner; stammte aus dem Geschlecht der Domvögte von Regensburg. Prior in St. Blasien (Schwarzwald) und Göttweig (1107), um 1111 erster Abt von Garsten, das er zu einem Reformzentrum machte. B. brachte die Hirsauer Reformidee nach Ö.

Literatur: J. Lenzenweger, B. v. Garsten, 1958 (mit Vita Bertholdi).

Berthold von Zähringen, * um 1022, † 6. 11. 1078 Limburg b. Weilheim (D), schwäb. Adeliger (Name nach Burg bei Freiburg i. Breisgau). 1061 zum Hzg. von Kä. ernannt, stellte er sich im Investiturstreit gegen Heinrich IV. und trat für Rudolf von Rheinfelden ein; er konnte Kä., das von den → Eppensteinern beherrscht wurde, nicht betreten und wurde 1077 abgesetzt.

Bertoli, Antonio Daniele, Conte, * 12. 6. 1677 S. Daniele di Friuli (I), † 27. 12. 1743 Wien, Maler, Kostümbildner. 1707–43 am Wr. Hof tätig, ab 1731 auch Galerie- und Kunstkammerinspektor; Zeichenlehrer Maria Theresias; etwa 300 kolorierte Kostümzeichnungen im Besitz des Ö. Theatermuseums in Wien.

Literatur: A. M. Ebersberger, Das Kostümwerk D. A. B., Diss., Wien 1961.

Bertoni, Wander, * 11. 10. 1925 Codisotto (I), Bildhauer. 1943 als Fremdarbeiter nach Wien deportiert; 1947 Gründungsmitgl. des Art-Clubs. Studierte an der Akad. d. bild. Künste in Wien bei F. → Wotruba. Ab 1965 Prof. an der Hochschule f. angewandte Kunst in Wien. Ausgehend von der archaischen Figur entwickelte B. abstrakte, später symbolisch-figurale Werke mit betont organischen Formen.

Werke: Bewegung, vor der Wr. Stadthalle; Ikarus, Flughafen Schwechat; Reliefs in der Wr. Staatsoper; 2 Figuren für das Festspielhaus Salzburg; Werke in Deutschland, Italien, Holland, USA. – Literatur: K. Sotriffer, Das plastische Werk W. B., 1981.

Berwerth, Friedrich Martin, * 16. 11. 1850 Schäßburg (Sighisoara, RO), † 22. 9. 1918 Wien, Mineraloge und Petrograph. 1874–1907 am Naturhist. Museum in Wien, ab 1907 Univ.-Prof. in Wien; Forschungsschwerpunkt Meteoriten.

Literatur: ÖBL.

Berzeviczy-Pallavicini, Federico, * 12. 4. 1909 Lausanne (CH), † 11. 11. 1989 New York (USA), Maler und Graphiker, Innenarchitekt und Bühnenbildner. Studierte ab 1926 an der Wr. Kunstgewerbeschule. Schuf 1933–38 Auslagengestaltungen für die Konditorei Demel, Bühnenbilder und Entwürfe für die Porzellanmanufaktur Augarten. Heiratete 1936 die Nichte Anna Demels, emigrierte 1938 nach Italien und arbeitete für verschiedene Zeitschriften u. a. mit L. Visconti, G. de Chirico und V. de Sica. Lebte ab 1945 als Art Director und Innenarchitekt in den USA; gestaltete 1956 den Demel neu, dessen Besitzer er 1965 wurde und den er bis 1972 leitete. Auch die bekannten Schaufenster wurden wieder von ihm gestaltet.

Werk: Die k. k. Hofzuckerbäckerei Demel, 1976.

Beschorner, Alexander Markus, * Juni 1823 Léva (Levice, SK), † 31. 10. 1896 Wien, Fabrikant. Ließ sich als Spenglermeister in Brünn nieder und gründete 1860 in Wien eine Metallwarenfabrik, später auch in Berlin und Budapest; stellte erstmals Metallsärge aus Zinkblech her.

Bessel, Gottfried (Johann), * 5. 9. 1672 Buchen (D), † 22. 1. 1749 Göttweig (NÖ.), Benediktiner, Geistlicher, Historiker. Ab 1714 Abt von Göttweig, begann nach Brand 1718 dessen Neubau; zweimal Rektor der Wr. Univ., betrieb Geschichtsforschung auf der Basis von Urkundenkritik. Sein Werk „Chronicon Gottwicense" gilt als Beginn der Urkundenforschung in Ö.

Literatur: E. Ritter, Gedächtnisausst. zur Wiederkehr des 300. Geburtstages von Abt G. B., 1972; 800 Jahre Stift Göttweig, Ausst.-Kat., 1983; G. M. Lechner u. M. Grünwald, G. B. (1672–1749) und das barocke Göttweig, 1999.

Béthouart, Marie Emile, * 17. 12. 1889 Dole (F), † 17. 10. 1982 Fréjus (F), französ. General. Erhielt 1945 den Oberbefehl über die franz. Besatzungstruppen in Ö. mit Sitz in Innsbruck. Später wurde er Hoher Kommissar für Ö. in Wien. Im Juni 1950 durch Jean Payart abgelöst. B. setzte sich für eine europ. Einigung ein.

Bettac, Ulrich, * 2. 5. 1897 Stettin (Szczecin, PL), † 20. 4. 1959 Wien, Kammerschauspieler, Regisseur, Schriftsteller. 1927–59 Ensemblemitgl. des Wr. Burgtheaters, zahlr. Rollen in modernen Konversationsstücken, ab 1936 auch Regisseur; Filmtätigkeit; Präs. der Aktion „Künstler helfen Künstlern" und Vorsitzender der Bühnengewerkschaft; 1934 Ehrenring des Burgtheaters.

Hugo Bettauer. Foto.

Bettauer, Hugo Maximilian, * 18. 8. 1872 Baden (NÖ.), † 26. 3. 1925 Wien (ermordet), Schriftsteller und Journalist. Übersiedelte 1899 nach New York und wurde amerikan. Staatsbürger; Korrespondent und Redakteur bei verschiedenen Tageszeitungen (Fortsetzungsromane); kehrte 1910 nach Ö. zurück; 1914–18 Redakteur bei der „Neuen Freien Presse"; 1924 gem. mit R. Olden Hg. der Ztschr. „Er und Sie. Wochenschrift für Lebenskultur und Erotik", die nach 5 Nummern eingestellt wurde; sein Roman „Die freudlose Gasse" (1924) wurde 1925 von G. W. Pabst mit G. Garbo verfilmt. B. wurde von einem nat.-soz. Fanatiker ermordet.

Werke: Die Stadt ohne Juden, 1922; Der Kampf um Wien, 1923; Die freudlose Gasse, 1924; Das entfesselte Wien, 1924. – Ausgabe: Gesammelte Werke in 6 Bden., 1980. – Literatur: M. G. Hall, Der Fall B., 1978.

Bettelheim, Bruno, * 25. 8. 1903 Wien, † 13. 3. 1990 Silver Spring (USA; Selbstmord), Kinderpsychologe, Schüler S. → Freuds. Wurde 1938 in die KZ Dachau und Buchenwald deportiert, 1939 gelang ihm die Flucht in die USA, 1944–73 Prof. für Kinder- und Jugendpsychologie an der Univ. Chicago. Forderte Erziehung ohne Strafe und Gewalt, entwickelte Methoden zur Therapie autistisch gestörter Kinder.

Werke: Liebe allein genügt nicht, 1950; Kinder brauchen Märchen, 1976 (dt. 1977); Kinder brauchen Bücher, 1982; Leben für Kinder, 1987. – Literatur: J. Mehlhausen, Leben lernen. Gedenken an B. B., 1991; O. Bernd, B. B. Milieutherapie, 1993; N. Sutton, B. B., 1996; F.-J. Krumenacker, B. B., 1998.

Betz, Artur, * 14. 3. 1905 Sächs. Regen (Reghin, RO), † 27. 12. 1985 Wien, Archäologe, Fachmann für römerzeitl. Inschriften. 1948–75 Prof. für röm. Geschichte an der Univ. Wien.

Werk: Aus Ö. röm. Vergangenheit, ²1990.

Beurle, Christian, * 12. 4. 1928 Wien, Rechtsanwalt und Unternehmer. Ab 1961 im Vorstand der Ö. Brau-AG, ab 1971 Gen.-Dir., 1988–93 Gen.-Dir. der Ö. Brau-Beteiligungs-Aktiengesellschaft. Er baute den Konzern durch Einbeziehung der Schwechater Brauerei und der Steirerbrau aus. 1980–88 Präs. der Ö. Industriellenvereinigung.

Friedrich Ferdinand Graf Beust. Foto, um 1860.

Beust, Friedrich Ferdinand Graf (ab 1868), * 13. 1. 1809 Dresden (D), † 23. 10. 1886 Schloss Altenberg (NÖ.), sächsischer bzw. ö. Staatsmann. Gegner O. v. Bismarcks, 1866–71 ö. Außenmin.; ab 1867 auch Min.-Präs. (ab 1868 mit dem Titel Reichskanzler). Führte 1867 den Ausgleich mit Ungarn durch und leitete die konstitutionelle Verfassung ein. 1871 seines Amts enthoben, wurde er Botschafter in London und 1878–82 in Paris.

Literatur: H. Rumpler, Die dt. Politik des Frh. v. B. 1848–50, 1973; ÖBL.

Beyschlag, Otto, * 24. 1. 1869 Nördlingen (D), † 24. 4. 1945 Kaumberg (NÖ.), Pionier des Radsports und des Automobilismus in Ö. Gründete 1893 mit H. Opel in Wien eine erste Radfahrschule und die Fa. Opel & B.; gewann zahlreiche Rennen auf dem Hochrad und stellte mehrere Rekorde auf.

Bianca Maria Sforza, * 5. 4. 1472 Mailand (I), † 31. 12. 1510 Innsbruck (Ti.), Tochter des Galeazzo Maria Sforza von Mailand, ab 1493 2. Gemahlin von Ks. → Maximilian I. Von diesem wurde sie wegen angebl. Verschwendungssucht äußerst rücksichtslos behandelt. Sie erhielt eine reiche Mitgift, die Maximilian für Feldzüge verwendete. B. erließ 1499 während des Schweizer Kriegs im Namen ihres Gemahls ein Landesaufgebot in Ti., intervenierte zugunsten ihres Oheims Ludovico, wurde deshalb von Maximilian 1500 mit ihrem Gefolge aus Augsburg verwiesen und lebte fortan in Innsbruck.

Literatur: T. Leitner, Habsburgs goldene Bräute, 2000.

Biba, Otto, * 9. 8. 1946 Wien, Musikhistoriker. Seit 1973 in Bibl., Smlg. und Archiv der Ges. der Musikfreunde in Wien, seit 1979 Archivdir.; Lehrbeauftragter an der Hochschule f. Musik u. darstellende Kunst in Wien.

Werke: Der Piaristenorden in Ö., 1975; Die Wr. Philharmoniker 1976; F. Schubert und seine Zeit, 1978; J. Brahms in Wien, 1983; „Eben komme ich von Haydn ...", 1987; A. Zemlinsky, 1992. – Über 120 Editionen von Kompositionen v. a. des 18. und 19. Jh.

Heinrich Ignaz Franz Biber. Stich von P. Seel, um 1680.

Biber, Heinrich Ignaz Franz (von Bibern), getauft 12. 8. 1644 Wartenberg (Sedmihorki, CZ), † 3. 5. 1704 Salzburg, Komponist und einer der berühmtesten Geigenvirtuosen seiner Zeit. 1668–70 in der fürsterzbischöfl. Kapelle in Kremsier (Mähren), ab 1670/71 am Sbg. Hof, wo er 1679 Vizekapellmeister und 1684 Kapellmeister der fürsterzbischöfl. Kapelle wurde. B. wurde v. a. durch seine Violinsonaten bekannt, von denen zahlreiche im Druck erschienen. Unter seinen Kirchenwerken sind bes. die groß besetzten, kontrapunktischen Messen („Heinrichsmesse", 53-stimmige „Missa Salisburgensis") hervorzuheben.

Literatur: R. Aschmann, Das dt. polyphone Violinspiel im 17. Jh., 1962; E. T. Chafe, The Church Music of H. B., 1987; G. Walterskirchen (Hg.), H. F. Biber, 1997.

Bibiena, → Galli-Bibiena.

Bibl, Andreas, * 8. 4. 1797 Wien, † 30. 9. 1878 ebd., Organist; Vater von Rudolf → Bibl. Erste musikal. Ausbildung als Hofsängerknabe bei J. G. → Albrechtsberger, ab 1816 Organist in der Leopoldstädter Pfarrkirche, ab 1818 in St. Stephan und St. Peter; Freund F. → Schuberts.

Bibl, Rudolf, * 6. 1. 1832 Wien, † 2. 8. 1902 ebd., Organist; Sohn von Andreas → Bibl, Vater von Viktor → Bibl, Großvater des Dirigenten Rudolf → Bibl; Ausbildung durch seinen Vater und S. → Sechter; ab 1850 Organist in St. Peter, ab 1859 in St. Stephan; ab 1863 Organist und Kapellmeister an der Hofburgkapelle.

Bibl, Rudolf, * 4. 5. 1929 Wien, Dirigent; Enkel des Organisten Rudolf → Bibl, Neffe von Viktor → Bibl. Ab 1973 Dirigent an der Wr. Volksoper.

Bibl, Viktor, * 20. 10. 1870 Wien, † 15. 7. 1947 Attersee (OÖ.), Historiker; Sohn des Organisten Rudolf → Bibl, Onkel des Dirigenten Rudolf → Bibl. Seine Werke zeigen dt.-nat., nach 1938 nat.-soz. Tendenz.

Werke: Der Zerfall Ö., 2 Bde., 1924; Metternich in neuer Beleuchtung, 1928; Ks. Franz II., 1938; Erzhzg. Carl, 1941; Prinz Eugen, 1942; Ks. Josef II., 1943. – Literatur: S. Nasko, V. B., Diss., Wien 1970.

Bick, Josef, * 22. 5. 1880 Wildeck am Neckar (D), † 5. 4. 1952 Wien, Bibliothekar. Ab 1926 Gen.-Dir. der Ö. Nationalbibliothek, Univ.-Prof. in Wien, 1934 Dir. der Albertina. Wandelte die ehem. Hofbibl. in eine wiss. Gebrauchsbibl. um und schloss sie dem internationalen Leihverkehr an, ließ moderne Kataloge anlegen und richtete den Ztschr.-Lesesaal ein; reorganisierte als Generalinspektor das ö. Bibl.-Wesen.

Bieber, Friedrich Julius, * 24. 2. 1873 Wien, † 3. 3. 1924 ebd., Afrikaforscher, zunächst Schuster und Buchhändlerlehrling. Autodidakt; erforschte als erster das Kaffa-Reich (1905 und 1909). Seine reichhaltige Smlg. befindet sich im Völkerkundemuseum in Wien.

Werk: Kaffa, 2 Bde., 1920–23. – Literatur: O. Stradal, Der Weg zum letzten Pharao, 1954; A. Herrmann, Afrikaforscher F. J. B., 1976.

Bidermann, Hermann Ignaz, * 3. 8. 1831 Wien, † 15. 4. 1892 Graz (Stmk.), Rechtshistoriker. 1861 Univ.-Prof. in Innsbruck, 1871 in Graz.
Werke: Geschichte der ö. Gesamtstaatsidee, 1867; Geschichte des ö. Staatsrates, 1869.

Biechteler von Greiffenthal, Matthias Sigmund, * um 1668 Leibnitz (Stmk.), † 27. 8. 1743 Salzburg, Komponist. Studierte ab 1684 in Graz; begann 1687 als Hofmusiker von Fürsterzbischof Johann Ernst von Thun in Salzburg, wurde 1703 Vizekapellmeister und 1706 Kapellmeister; 1723 in den Adelsstand erhoben.
Werke: 19 Messen, 4 Requien und verschiedene Vokalmusikwerke sowie Kirchensonaten und Musik zu Schuldramen.

Biedermann, Karl, * 11. 8. 1890 Miskolc (H), † 8. 4. 1945 Wien (hingerichtet), Widerstandskämpfer. In den Februarkämpfen 1934 Heimwehrkommandant, im 2. Weltkrieg Kommandeur der Wehrmachtsordnungstruppe Wien. Gem. mit Oberleutnant R. → Raschke und Hauptmann A. → Huth als Mitgl. einer weit verzweigten ö. Widerstandsgruppe, die eine kampflose Übergabe Wiens an die Rote Armee vorbereitete, in Floridsdorf Am Spitz (Wien 21) öffentlich gehängt. Nach Verrat wurden die 3 Widerstandskämpfer am 6. bzw. 8. April von Standgerichten zum Tod verurteilt. Biedermann-Huth-Raschke-Kaserne in Wien 14.

Biedermann, Michael Lazar, * 13. 8. 1769 Pressburg (Bratislava, SK), † 31. 8. 1843 Baden (NÖ.), Großhändler und Fabrikant. Kam als Graveur und Juwelier 1784 nach Wien, gründete die erste Wollsortierungsfabrik, die 3000 Personen beschäftigte. Er hinterließ ein Vermögen von 16 Mio. Gulden.

Biegeleben, Ludwig Frh. von, * 14. 1. 1812 Darmstadt (D), † 6. 8. 1892 Rohitsch-Sauerbrunn (Rogaška, SLO), hessischer und ö. Diplomat und Staatsmann. Ab 1850 Leiter des Departements für dt. Angelegenheiten im ö. Min. d. Äußern; vertrat als Gegner Bismarcks die ö. Führungsposition im Dt. Bund.
Literatur: ÖBL.

Bielka, Erich, * 15. 5. 1908 Wien, † 1. 9. 1992 Bad Aussee (Stmk.), Diplomat. Ab 1946 Botschafter in Bern, Kairo, Ankara und Paris. 1974–76 BMin. f. Auswärtige Angelegenheiten.

Bielohlawek, Hermann, * 2. 8. 1861 Wien, † 30. 6. 1918 ebd., Politiker (CS). Ab 1889 Vizepräs. des Vereins der ö. Handelsangestellten; 1890 Vorstand der Gremialkasse; 1900–18 Gem.- und 1901–05 Stadtrat in Wien. 1905–18 Leiter der Landeshumanitätsanstalten im nö. Landesausschuss; 1908–11 Abg. z. Reichsrat.
Literatur: ÖBL.

Biener (Bienner), Wilhelm, * vor 1590 Laupheim (Oberpfalz, D), † 17. 7. 1651 Rattenberg (Ti.; enthauptet), Jurist. Stand ab 1620 im Dienst des Markgrafen Karl v. Burgau, 1625–30 des bayer. Kurfürsten, wurde dann von Ks. Ferdinand II. in den Reichshofrat berufen und Erzhzg. Leopold V. v. Ti. als Berater zugeteilt. 1638–50 vorder-ö. Hofkanzler bei Erzherzogin → Claudia († 1648) und Erzhzg. → Ferdinand Karl; B. stärkte gegen den Widerstand der Stände die landesfürstl. Stellung, wurde 1650 gestürzt und wegen Hochverrats und Unterschlagung zum Tod verurteilt. Seine Begnadigung traf zu spät ein.
Literatur: NDB.

Bienerth-Schmerling, Richard Graf, * 2. 3. 1863 Verona (I), † 3. 6. 1918 Wien, Staatsmann. 1905 Unterrichts-, 1906 Innenmin., 1908–11 Min.-Präs.; scheiterte an seiner dt.-betonten Sprach- und Schulpolitik, 1911–15 Statthalter von NÖ.
Literatur: ÖBL.

Bietak, Manfred, * 6. 10. 1940 Wien, Archäologe. Studierte in Wien, 1961–65 Teilnahme an der UNESCO-Aktion zur Rettung der nubischen Altertümer in Sayala, ab 1965 Aktionsleiter; 1966–69 und seit 1975 Leiter der Ausgrabungen der Univ. Wien in Tell el-Dab'a, 1969–78 Grabungsleiter in Theben-West. 1966–81 Sekr. und wiss. Rat an der ö. Botschaft in Kairo, ab 1973 Leiter des Ö. Archäolog. Inst. in Kairo. Seit 1986 Vorstand des Inst. f. Ägyptologie an der Univ. Wien. Identifizierte u. a. die Hyksos-Hauptstadt Avaris und die Ramses-Stadt und entdeckte dort einen Palast mit minoischen Wandmalereien.
Werke: Studien zur Chronologie der nubischen C-Gruppe, 1968; Tell el-Dab'a, 1991; Zw. den beiden Ewigkeiten. Festschrift für G. Thausing, 1994 (Hg.); Archaische griech. Tempel und Altägypten, 2001 (Hg.).

Biffl, Werner, * 30. 10. 1939 Wien, Kulturtechniker. 1974–2000 Univ.-Prof. für Siedlungswasserbau, Industriewasserwirt. und Gewässerschutz an der Univ. f. Bodenkultur in Wien. 1981–85 und 1989–91 Rektor der Univ. f. Bodenkultur, 1989–91 zusätzlich Vorsitzender der Ö. Rektorenkonferenz. Setzte sich in seiner Tätigkeit und in Publikationen mit vielen grundlegenden Fragen der Wasserwirt. und -vorkommen in Ö. auseinander.

Bilger-Biljan, Maria, * 21. 1. 1912 Radstadt (Sbg.), † 1. 5. 1997 München (D), Keramikerin, Bildhauerin und Textilkünstlerin. Mitbegründerin des Wr. Art-Clubs; 1978–82 Prof. für Keramik an der Hochschule f. angewandte Kunst in Wien. Elemente der Volkskulturen S- und O-Europas spielen in ihrem Werk eine bes. Rolle.
Werke: Brunnen und Reliefs für städt. Bauten, Mosaike für die Wr. Stadthalle. – Literatur: M. B.-B., Bildwerke aus gebranntem Ton, Terrakotta und Wandteppiche aus 40 Jahren, 1987.

Bilger-Breustedt, Margret, * 12. 8. 1904 Graz (Stmk.), † 24. 7. 1971 Schärding (OÖ.), Graphikerin, Kunstgewerblerin. Entwickelte die Technik des Holzrisses.
Werke: Holzschnitte; Holzrisse; Bibel-, Legenden- und Volksliedillustrationen; Entwürfe für Glasfenster. – Literatur: M. B.-B., Die Holzrisse im Besitz der Albertina, 1984.

Bilgeri, Benedikt, * 28. 6. 1906 Hard (Vbg.), † 14. 1. 1993 ebd., Historiker. Gymn.-Prof., 1964 Oberarchivrat am Vbg. Landesarchiv.
Werk: Geschichte Vbg., 5 Bde., 1971–87.

Bilgeri, Georg, * 11. 10. 1873 Bregenz (Vbg.), † 4. 12. 1934 Patscherkofel (bei Innsbruck, Ti.), Offizier, Bergsteiger, Skipionier. Bis 1918 maßgeblich an der Ski- und Alpinausbildung der Armee beteiligt; danach als Skipädagoge im In- und Ausland (Schweden, Schweiz, Türkei) tätig; B. überwand den um 1900 bestehenden Gegensatz zw. Lilienfelder und „Norweger“ Skifahrtechnik (Christiania, Telemark) und verhalf Zweistocktechnik und Stemmfahrweise zum Durchbruch; entwickelte und verbesserte auch Ski- und Alpinausrüstung.
Werk: Der alpine Skilauf, 1910. – Literatur: 100 Jahre Skilauf Vbg., 1986; G. Kirnbauer, G. B. (1873–1934). Persönlichkeit – Berufsoffizier – Skipionier, Diss., Wien 1997.

Bilgeri, Reinhold Maria, * 26. 3. 1950 Hohenems (Vbg.), Popsänger, urspr. Lehrer. Begann seine Karriere gem. mit dem Schriftsteller M. → Köhlmeier; wurde mit Schlagern wie „Video-Life“ (1981), „In the Night“, „Nothing but a Heartache“ international bekannt. Schreibt auch Hörspiele, Drehbücher und Kabarettprogramme.

Billinger, Richard, * 20. 7. 1890 St. Marienkirchen (OÖ.), † 7. 6. 1965 Linz (OÖ.), Dichter. Lebte in München und Berlin. Die Darstellung der im Wandel befindl. bäuerl. Welt seiner Heimat kennzeichnet seine Werke, in denen er eine mystisch-dämon. Weltsicht mit christl. Gedankengut konfrontiert.
Werke: Lyrik: Über die Äcker, 1923; Sichel am Himmel, 1931; Die Nachtwache, 1935; Holder Morgen, 1942. – Dramen: Knecht, 1924; Das Perchtenspiel, 1928; Rauhnacht, 1931; Rosse,

1931; Die Hexe von Passau, 1935; Melusine, 1941; Das Augsburger Jahrtausendspiel, 1955; Die Bauernpassion, 1960. – Romane, Prosa: Das Schutzengelhaus, 1934; Das verschenkte Leben, 1937; Palast der Jugend, 1951 (Autobiographie). – Ausgaben: Gesammelte Werke, 12 Bde., 1955–60; Gesammelte Werke, 7 Bde., 1972–83. – Literatur: E. Rabenstein, Dichtung zw. Tradition und Moderne, 1988.

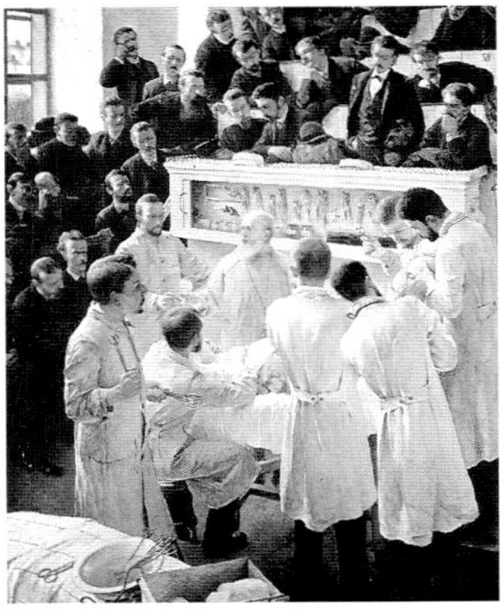

Theodor Billroth im Hörsaal. Gemälde von A. F. Seligmann, um 1880.

Billroth, Theodor, * 26. 4. 1829 Bergen (Rügen, D), † 6. 2. 1894 Abbazia (Opatija, HR), bedeutender Chirurg der Wr. Medizin. Schule. Ab 1867 Univ.-Prof. in Wien; leitete wichtige Entwicklungen auf dem Gebiet der Eingeweidechirurgie ein, 1874 erste vollständige Kehlkopfexstirpation, 1881 erste Magenresektion. B. führte die Mischnarkose (Äther und Chloroform) und den wasserdichten Verbandstoff „B.-Batist" ein, veranlasste den Bau des Hauses der Ges. der Ärzte (1893) und des Rudolfinerhauses zur Heranbildung von Krankenpflegerinnen und förderte die Einrichtung der Freiwilligen Rettungsges. in Wien. War auch Musiker und mit J. → Brahms eng befreundet.

Werke: Allg. chirurg. Pathologie und Therapie, 1863; Hb. d. allg. und speciellen Chirurgie, 4 Bde., 1880. – Literatur: I. Fischer, T. B. und seine Zeitgenossen, 1929; H. Wyklicky, Unbekanntes von T. B., 1993; E. Kern, T. B., 1994; M. Nagel u. a., T. B. Chirurg und Musiker, 1994.

Binder, Franz („Bimbo"), * 1. 12. 1911 St. Pölten (NÖ.), † 24. 4. 1989 Wien, Fußballspieler. 1930–49 bei Rapid Wien; bekannt für seine Schusskraft, oftmals in der Nationalmannschaft. Trainer in Holland und Deutschland.

Binder, Heinrich Wilhelm Karl Maria, * 3. 12. 1947 Wien, Neurologe. Seit 1988 Univ.-Prof. in Wien. Am Aufbau der neurolog. Abteilung an der Univ.-Klinik Wien beteiligt, seit 1989 Primarius und ärztl. Dir. des Neurolog. Krankenhauses der Gem. Wien Maria-Theresien-Schlössl. Pionier auf dem Gebiet der restaurativen Neurologie; 2000 erfolgreiche Implantation einer direkt das Gehzentrum stimulierenden Elektrode ins Rückenmark eines querschnittgelähmten Patienten.

Binder, Herbert, * 30. 5. 1937 St. Pölten (NÖ.), Verleger. Ab 1964 Geschäftsführer der Nö. Zeitungs GmbH, seit 1970 Geschäftsführer des Nö. Pressehauses.

Binder, Joseph, * 3. 3. 1898 Wien, † 26. 6. 1972 ebd., Graphiker und Maler. Studierte bei B. → Löffler an der Wr. Kunstgewerbeschule und führte ab 1924 ein eig. Graphikatelier. Gestaltete als Gebrauchsgraphiker Konzepte und Plakate für Firmen (u. a. „Meinl-Mohr"), Verpackungen und Geschäftseinrichtungen. Setzte 1935 seine Tätigkeit erfolgreich in New York fort und beschäftigte sich ab 1965 mit abstrakter Malerei.

Binder, Karl, * 29. 11. 1816 Wien, † 5. 11. 1860 ebd., Komponist. Arbeitete v. a. als Kapellmeister von Wr. Vorstadtbühnen, bes. für das Josefstädter Theater; 1851–59 schrieb er die Musikparts für Stücke von J. → Nestroy (z. B. „Kampl") und dessen Wagner-Parodie „Tannhäuser".

Binder, Markus, * 9. 4. 1963 Enns (OÖ.), Musiker, Produzent. Ab 1983 in Linz als Programmgestalter der Stadtwerkstatt und Performancekünstler tätig, 1987 Kontrabassist beim Volksmusik-Duo Fritz & Fritz, 1989 Gründer der Gruppe „Urfahraner Durchbruch", 1991 Gründung der Gruppen „Attwenger" und „die goas" mit H. P. → Falkner. Attwenger gelten als eine der innovativsten Bands Ö. und verschmelzen Volksmusik mit Punkrock, Hip-Hop und Drum & Bass; Zusammenarbeit u. a. mit E. → Jandl.

Werke (Schallplatten und CDs): most, 1991; pflug, 1992; luft, 1993, song, 1997; ring, 2001. – Film: attwengerfilm, 1995.

Bing, Rudolf, Sir, * 9. 1. 1902 Wien, † 2. 9. 1997 New York (USA), Operndirektor; Sohn eines ö. Stahlmagnaten. Begann seine Karriere als Opernmanager in den 20er Jahren in Deutschland und wirkte ab 1933 in England (Glyndebourne Opera); ab 1946 brit. Staatsbürger, 1950–72 Direktor der Metropolitan Opera in New York, 1971 in den Adelsstand erhoben.

Werk: 5000 Abende in der Oper, 1973.

Birkenstock, Johann Melchior von, * 11. 5. 1738 Heiligenstadt im Eichsfelde (D), † 30. 10. 1809 Wien, Schulmann, Mitgl. der Studien- und Zensur-Hofkommission. In der Staatskanzlei für Maria Theresia und Joseph II. tätig, Verdienste um die Neuordnung des Schulwesens unter Einbeziehung der Leibeserziehung. Mittelpunkt eines kulturellen Kreises (L. van → Beethoven, B. Brentano u. a.).

Literatur: H. Weitensfelder, Studium und Staat, 1996.

Birkle, Albert, * 21. 4. 1900 Berlin-Charlottenburg (D), † 5. 2. 1986 Salzburg, Maler. Studierte an der Berliner Akad., Mitgl. der Berliner Secession, malte in den 20er Jahren expressionist. Straßenbilder, die Großstadt und ihre Menschen; Reisen durch Europa, übersiedelte 1933 nach Salzburg und wurde dort zu einem der bedeutendsten Glasmaler Ö.

Literatur: S. Kraker, A. B. – 1900–1986, Diss., Innsbruck 1992.

Birkmayer, Walther, * 15. 5. 1910 Wien, † 10. 12. 1996 ebd., Neurologe. Univ.-Prof., Leiter des L.-Boltzmann-Inst. f. Neurochemie, Vorstand der Neurol. Abteilung des Krankenhauses Wien-Lainz; erzielte Fortschritte in der Behandlung des Morbus Parkinson durch Entdeckung der L-Dope-Therapie (1961).

Werke: Klinik und Therapie der vegetativen Funktionsstörungen, 1952 (mit W. Winkler); Anstaltsneurologie, 1965; Der Mensch zw. Harmonie und Chaos, 1975; Die Parkinson-Krankheit, [7]1996 (mit W. Danielczyk).

Birkmeyer, Michael, * 20. 10. 1943 Wien, Tänzer. Ausbildung an der Wr. Staatsoper und in Paris bei Victor Gsovsky. 1964–87 Solotänzer der Wr. Staatsoper (ab 1972 Erster Solotänzer), Auftritte mit R. → Nurejew und M. Fonteyn. Seit 1985 Direktor der Ballettschule der ö. Bundestheater bzw. der Ballettschule der Wr. Staatsoper.

Birnbaum, Ferdinand, * 16. 5. 1892 Wien, † 16. 12. 1947 ebd., Schulmann und Psychologe aus dem Kreis um A. → Adler. War einer der ersten, der dessen Lehren in Didaktik und prakt. Erziehung einführte; arbeitete mit O. → Spiel zusammen.

Werke: Versuch einer Systematisierung der Erziehungsmittel, 1950; Reise ins Leben. Eine Anleitung zu seel. Hygiene für junge Menschen, 1954 (gem. mit O. Spiel). – Literatur: K. J. Parisot, Erziehung als Weg von Nachahmung zur Selbsteinschätzung, Diss., Wien 1966 (1973); L. Wittenberg, Geschichte der individualpsycholog. Versuchsschule in Wien, Diss., Wien 2000.

Birnbaum, Nathan, * 16. 5. 1864 Wien, † 2. 4. 1937 Amsterdam (NL), jüd. Philosoph. Kulturzionist, Führer der Weltorganisation der relig. Judenschaft; später Atheist.

Werke: Ausgewählte Schriften zur jüd. Frage, 2 Bde., 1910. – Literatur: M. Kühntopf-Gentz, N. B., Diss., Tübingen 1990.

Biro, Josef, * 1858 Wien, † 26. 12. 1925 ebd., Industrieller. Übernahm mit seinem Bruder Ludwig B. 1882 die vom Vater Anton B. aus der 1854 gegr. Bauschlosserei aufgebaute Eisenkonstruktions- und Brückenbauanstalt. 1904 Fusion mit R. P. Waagner, ab 1924 Waagner-B. AG, seit 1999 Waagner-Biro Binder AG.

Bischko, Johannes, * 5. 8. 1922 Wien, Chirurg, Pionier der Akupunktur in Europa. Leiter des L.-Boltzmann-Inst. f. Akupunktur in Wien (gegr. 1972), Univ.-Lektor f. Akupunktur an der Univ. Wien. Setzt sich für die Integration der aus China überlieferten Methode ein.

Werke: Einführung in die Akupunktur, 1970; Akupunktur für Fortgeschrittene, 1985; Praxis der Akupunktur, [16]1994ff.

Bischof, Peter, * 20. 12. 1934 Wien, Maler und Graphiker. Studierte an der Akad. d. bild. Künste in Wien bei H. → Boeckl und A. P. → Gütersloh; beschäftigt sich v. a. mit der menschl. Figur als Träger geistiger und relig. Inhalte.

Werke: Graphikserien (Läuferin von einem Körper in den anderen Körper, 1968; Pietà, 1976). – Glasfenster: Dom von Wr. Neustadt, Stiftskirche Klosterneuburg, Stift Heiligenkreuz, Stift Göttweig, Karner von Margarethen am Moos, Pfarrkirche Mautern (alle NÖ.). – Literatur: P. B., Ölbilder, Aquarelle, Zeichnungen und Druckgraphik 1957–77, 1977; P. B., „in Bewegung" – Malerei und Grafik von 1955 bis 1995, Ausst.-Kat., NÖ. Landesmus., Wien 1996.

Bischof, Rainer, * 20. 6. 1947 Wien, Komponist. Steht als Schüler von H. E. → Apostel in der Tradition der Wr. Schule (Zwölftontechnik), wobei sowohl formale Strenge als auch expressive Ausdruckskraft eine wichtige Rolle in seinen Kompositionen spielen. 1984–86 Präs. des Ö. Komponistenbundes, seit 1988 Gen.-Sekr. der Wiener Symphoniker.

Werke: Orchesterwerke: Orchesterstücke op. 10 (1978); Flötenkonzert, 1979; Doppelkonzert für Violine, Violoncello und Orchester, 1980; Orgelkonzert, 1985; Largo desolato für Streichorchester, 1985; „Stracci II", 1992 (Kammersymphonie). – Kammeroper: Das Donauergeschenk, 1990. – Vokalwerke, Kammermusik.

Bischoff, Norbert, * 26. 11. 1894 Wien, † 30. 6. 1960 ebd., Diplomat. 1919–38 und 1945–60 im Auswärtigen Dienst, u. a. in den Gesandtschaften in der Türkei (1930–33) und in Paris (1933–38); ab 1953 ö. Botschafter in Moskau zur Zeit der Staatsvertragsverhandlungen.

Bischoff-Altenstern, Ignaz Edler von, * 14. 8. 1784 Kremsmünster (OÖ.), † 15. 7. 1850 Wien. Arzt. Univ.-Prof. in Prag und Wien, Generalstabsarzt der ö. Armee; verbreitete die Kuhpockenimpfung in Ö.

Bisinger, Gerald, * 8. 6. 1936 Wien, † 20. 2. 1999 ebd., Schriftsteller, daneben Hörfunkredakteur und Übersetzer (Übertragung der Werke H. C. → Artmanns ins Italienische). Lebte lange Zeit in Berlin, 1986 Rückkehr nach Ö. Galt aufgrund der Lakonie seiner Gedichte und seiner strikten Ablehnung der Prosa als „der letzte Poet Ö.".

Werke: Gedichte auf Leben und Tod, 1982; Mein Ort bleibt nur das Gedicht, 1989; Ein alter Dichter, 1998; Dieser Tratsch, 1999.

Bitterlich, Eduard, * 17. 8. 1833 Dubljani (UA), † 20. 5. 1872 Pfalzau (Gem. Pressbaum, NÖ.), Maler und Bildhauer; Vater von Hans → Bitterlich. Schüler von F. G. → Waldmüller an der Wr. Akad., war als Gehilfe von C. → Rahl mit der Ausschmückung der Wr. Oper und der Bauten von T. Hansen sowie mehrerer Wr. Privatpalais beschäftigt.

Literatur: ÖBL.

Bitterlich, Hans, * 28. 4. 1860 Wien, † 5. 8. 1949 ebd., Bildhauer; Sohn von Eduard → Bitterlich. Studierte an der Wr. Akad. und war Schüler von C. v. → Zumbusch, Studienaufenthalt in Italien, ab 1901 Prof. an der Wr. Akad.; schuf u. a. das Gutenberg-Denkmal (1900) und gem. mit dem Architekten F. → Ohmann das Kaiserin-Elisabeth-Denkmal (1904–07) in Wien.

Bittner, Alexander, * 16. 3. 1850 Friedland (Frydlant, CZ), † 31. 3. 1902 Wien, Paläontologe und Geologe. 1877–1902 an der Geolog. Reichsanstalt. Vielseitige stratigraph. und paläontolog. Arbeiten, u. a. über Krebse, Seeigel und v. a. weltweit grundlegende Studien über Brachiopoden der alpinen Trias.

Werke: Brachiopoden der alpinen Trias, Abhandlungen der Geolog. Reichsanstalt 14, 1890; Nachtrag ebd. 17, 1892.

Bittner, Franz, * 7. 9. 1867 Wien, † 14. 1. 1926 ebd., Priester und Politiker, Pionier der christl.-soz. Bewegung. 1900–18 Redakteur der „Freiheit", regte die „sozialen Kleruskonferenzen" an, Begründer der Ö. Arbeiter-Kreditkasse.

Bittner, Julius, * 9. 4. 1874 Wien, † 9. 1. 1939 ebd., Opernkomponist, hauptberuflich Jurist (Richter und 1920–22 Beamter im Justizmin.). Vertreter der spätromant. Oper nach R. Wagner, verarbeitete ö.-alpenländ. Themen für seine Werke, vielfach auch selbst Textautor. Zahlreiche Preise und Ehrungen, u. a. 1918 Raimund-Preis und 1925 Preis der Stadt Wien; gehörte zu den erfolgreichsten ö. Opernkomponisten der 1. Hälfte des 20. Jh., geriet aber nach 1945 in Vergessenheit.

Werke: Die rote Gred, 1907; Der Musikant, 1909; Der Bergsee, 1911; Der liebe Augustin, 1917; Die Kolhaymerin, 1921; Das Rosengärtlein, 1923; Das Veilchen, 1934. – Literatur: ÖBL; NDB.

Bittner, Ludwig, * 19. 2. 1877 Wien, † 2./3. 4. 1945 Wien (Selbstmord), Archivar. Ab 1926 Dir. des Haus-, Hof- und Staatsarchivs, ab 1941 des Reichsarchivs Wien. Leitete nach 1918 die Verhandlungen über Archivalien mit den Nachfolgestaaten der ö.-ungar. Monarchie.

Werke: Chronolog. Verzeichnis der ö. Staatsverträge 1526–1914, 4 Bde., 1903–17; Ö.-Ungarns Außenpolitik 1908–14, 9 Bde., 1930 (Mit-Hg.); Gesamtinventare des Haus-, Hof- und Staatsarchivs, 5 Bde., 1936–40. – Literatur: ÖBL; NDB.

Blaas, Carl von, * 28. 4. 1815 Nauders (Ti.), † 19. 3. 1894 Wien, Historienmaler, Nazarener; Vater von Eugen B. (1843–1931) und Julius v. B. (1845–1922), die ebenfalls bekannte Maler waren. Studierte in Venedig und bei F. Overbeck in Rom; Vorliebe für relig. Themen, 1851 Rückkehr nach Wien, Akad.-Prof. in Wien und Venedig; zahlreiche öffentl. Aufträge.

Werke: 45 Bilder mit Szenen aus der Geschichte Ö. für die Ruhmeshalle im k. k. Waffenmuseum (Heeresgeschichtl. Museum), Fresken in der Altlerchenfelder Kirche in Wien 7 und der Kirche in Fót (H). – Literatur: A. Wolf (Hg.), Selbstbiographie, 1876; Aus Ö. Vergangenheit. Entwürfe von C. v. B., Ausst.-Kat., Halbturn 1991; C. Ham (Red.), „Welch' elendes Zeug ...". C. v. B. – Skizzen zu einem Meisterwerk, Ausst.-Kat., Heeresgeschichtl. Mus., Wien 1998.

Blaha, Paul, * 17. 4. 1925 Maribor (SLO), Journalist, Theaterdir. Ab 1946 Journalist in Linz, Mitbegründer eines Linzer Kellertheaters; 1961–79 Theaterkritiker beim „Kurier"; 1979–87 Dir. des Wr. Volkstheaters (Generalsanierung des Haupthauses, Einrichtung einer eig. Schauspielschule, Gründung des VT-Studios als Experimentalbühne 1981–86). Stieß mit seinem progressiven, polit. Gesinnungstheater bei Kritik und Publikum z. T. auf Unverständnis.

Werke: Romane: Schöne freie Welt, 1991; Die Hinterbliebenen, 1994; Recherche, 1996. – Literatur: G. Schlögl, Der Theaterkri-

Hans Bitterlich in seinem Atelier. Foto, 1937.

tiker P. B. als Dir. des Wr. Volkstheaters 1979/80–1987, 4 Bde., 1994–95.

Blaschke, Hanns, * 1. 4. 1896 Wien, † 25. 10. 1971 Salzburg, Patentanwalt und Politiker (NS). Illegaler nat.-soz. Funktionär, nach 1938 Beigeordneter und Ratsherr in Wien (3., dann 1. Vizebürgermeister, verantwortlich für das Kulturamt), 30. 12. 1943–6. 4. 1945 Bürgermeister von Wien. 1948 zu 6 Jahren Haft verurteilt.

Karl Blasel als Prinz Paul in „Die Großherzogin von Gerolstein" von J. Offenbach. Foto, um 1880.

Blasel, Karl, * 16. 10. 1831 Wien, † 16. 6. 1922 ebd., Schauspieler, Theaterleiter. Sängerknabe an der Wr. Hofoper; ab 1863 am Theater an der Wien, ab 1869 am Carltheater, wo er mit W. → Knaack und J. → Matras ein in Operetten und Lokalpossen sehr erfolgreiches Komikertrio bildete; 1885–1900 nacheinander Dir. des Theaters in der Josefstadt, des Carltheaters, des Wiedner Theaters und des Kolosseums in Wien; noch im hohen Alter als Schauspieler tätig.
Literatur: P. Müller, K. B., der letzte Wr. Komiker Prehauserschen Geistes, Diss., Wien 1948.

Blasius, Hl., Fest 3. Feb. (bis zum 11. Jh. 15. Feb.), † um 316, Bischof von Sebaste (Armenien), Märtyrer, einer der 14 Nothelfer. Seit dem Spät-MA ist der B.-Segen (gegen Halsleiden) mit 2 Kerzen in Form des Andreaskreuzes bekannt.

Blau, Luigi, * 3. 1. 1945 Mistelbach a. d. Zaya (NÖ.), Architekt. Schüler von E. A. → Plischke an der Akad. d. bild. Künste in Wien. Bauten in der Wr. Tradition der Moderne (A. → Loos, J. → Frank, E. A. → Plischke). Differenzierte Umsetzungen des „Raumplans".
Werke: Möbelentwürfe und Geschäftsumbauten; Wohnturm in 4 Ebenen, Wien 1974; Zweifamilienhaus in Zell am See, 1977–80; Demmers Teehaus, Wien 1981; Straßenbahnwartehäuschen für Wien, 1992; Renovierung des Theaters „Ronacher", Wien 1992–93; Telefonzellen und Mistkübel für Wien, 1995. – Ausstellungsgestaltungen: 1945 – davor/danach, Wien 1984; Zauber der Medusa, Wien 1985; Die Eroberung der Landschaft, Gloggnitz 1991; Der Traum vom Glück, Wien 1996.

Blau, Marietta, * 29. 4. 1894 Wien, † 27. 1. 1970 ebd., Kernphysikerin. Entwickelte fotograf. Platten zum Nachweis von Korpuskularstrahlen, entdeckte „Zertrümmerungssterne" (Explosionen von Atomkernen durch Höhenstrahlung). 1933 Gastsemester bei M. Curie in Paris, 1938 Emigration, 1939 Professur an der Techn. Hochschule in Mexico City (durch Vermittlung von A. Einstein). 1950 Arbeiten am Beschleuniger des National Laboratory Brookhaven, ab 1955 Prof. in Miami, 1960 Rückkehr an das Radiuminst. in Wien.
Literatur: W. Reiter, M. B., in: F. Stadler (Hg.), Vertriebene Vernunft 2, 1988.

Blau, Paul, * 28. 4. 1915 Wien, Journalist; Ehemann von Freda → Meissner-Blau. 1956–67 im ÖGB, 1962–67 Chefredakteur der Monatszeitschrift „Arbeit und Wirtschaft", 1967–70 Chefredakteur der „Arbeiterzeitung", danach bis 1972 Presse- und Kulturattaché in Paris. 1972–79 wiss. Leiter des Inst. für Gesellschaftspolitik und Leiter des Referats für Umweltpolitik in der Arbeiterkammer.
Werke: Strahlengefahr und Strahlenschutz, 1961; Die zerstörte Arbeitsfreude, 1962; Das Erbe verschleudert, die Zukunft verspielt. Ein Jh. Arbeiterbewegung, 1999.

Tina Blau. Foto von d'Ora, 1914.

Blau(-Lang), Tina, * 15. 11. 1845 Wien, † 31. 10. 1916 ebd., Landschaftsmalerin. Studierte an der Wr. Akad. bei A. Schaeffer v. Wienwald und in München, unternahm unter Einfluss von A. Pettenkofen zahlreiche Studienreisen nach Ungarn, Italien und Holland. Zeitweise enger Kontakt zu E. J. → Schindler. Bed. Vertreterin des ö. „Stimmungsimpressionismus".
Literatur: A. Roser-De Palma, Die Landschaftsmalerin T. B., Diss., Wien 1971; G. T. Natter (Hg.), Pleinair. Die Landschaftsmalerin T. B., 1845–1916, Ausst.-Kat., Jüd. Mus. der Stadt Wien, 1996.

Blauensteiner, Leopold, * 16. 1. 1880 Wien, † 19. 2. 1947 ebd., Maler. Studierte an der Wr. Akad. bei C. → Griepenkerl; zahlreiche Studienreisen, Mitgl. der Wr. Secession, 1911–20 Mitgl. des Hagenbunds, 1938/39 Präs. des Wr. Künstlerhauses, beschäftigte sich v. a. mit Landschafts-, Architektur- und Porträtmalerei.
Literatur: Die verlorene Moderne – Der Künstlerbund Hagen 1900–38, Ausst.-Kat., Halbturn 1993.

Blaukopf, Kurt, * 15. 2. 1914 Czernowitz (Chernovtsy, UA), † 14. 6. 1999 Wien, Musiksoziologe. Führte das Fach Musiksoziologie 1962 an der Wr. Musikhochschule ein (ab 1963 Professor; 1965 Gründung des Inst. f. Musiksoziologie und des Inst. „Mediacult"), Mitgl. der UNESCO. Verheiratet mit der Mahler-Forscherin H. Singer, zahlreiche gem. Veröffentlichungen.

Blech, Leo, * 21. 4. 1871 Aachen (D), † 24. 8. 1958 Berlin (D), Dirigent und Komponist. Wirkte 1899–1906 in Prag, 1925 an der Wr. Volksoper; wichtig war seine Zusammenarbeit mit R. → Batka, der zahlr. Opern- und Operettenlibretti zu verdanken sind.
Werke (mit Batka): Das war ich, 1902; Alpenkönig und Menschenfeind, 1903; Aschenbrödel, 1905; Versiegelt, 1908.

Blecha, Karl, * 16. 4. 1933 Wien, Soziologe und Politiker (SPÖ). Obmann von SPÖ-Jugend- und -Studentenorganisationen (JG, VSStÖ), 1963–75 Dir. des Inst. f. empir. Sozialforschung (IFES), 1976–81 Zentralsekr. der SPÖ. 1970–83 und 1989 Abg. z. NR, 1983–89 BMin. f. Inneres. 1989 Zurücklegung aller Ämter wegen des Verdachts der Verwicklung in illegale Waffengeschäfte („Noricum-Skandal"), 1993 freigesprochen. Seit 1999 Präs. des Pensionistenverbands der SPÖ.

Bleckmann, Johann Heinrich August, * 16. 2. 1826 Solingen (D), † 27. 1. 1910 Mürzzuschlag (Stmk.), Industrieller. Gründete 1862 in Mürzzuschlag die Phönix-Stahlwerke für Klingen- und Werkzeugstahl mit den ersten Tiegelgussstahlöfen (1864) und den ersten Siemens-Martin-Öfen (1874) in Ö. mit saurer Auskleidung. 1920 wurde das Unternehmen in B.-Stahlwerke AG umbenannt, 1924 mit der Schoeller-Stahlwerke AG in Ternitz fusioniert (Schoeller-Bleckmann) und 1975 in die neu gegr. Vereinigten Edelstahlwerke (VEW) eingebracht.
Literatur: H. Brenner u. a., Im Schatten des Phönix, 1993.

Blei, Franz (Pseud.: Medardus, Dr. Peregrinus Steinhövel), * 18. 1. 1871 Wien, † 10. 7. 1942 Westbury (USA), Erzähler, Dramatiker, Essayist. Hg. literar. Ztschr., zahlreiche Übersetzungen aus dem Franz. (Stendhal, C. Baudelaire, P. Claudel, A. Gide), lebte in München, Wien und Berlin, ging 1931 nach Mallorca, dann in die USA. B., der sich als Entdecker und Förderer großer Autoren (F. → Kafka, R. → Musil, H. → Broch) Verdienste erwarb, trat durch Essayistik hervor, am bekanntesten sind die satir. Schriftstellerporträts.
Werke: Essays: Bestiarium literaricum, 1920 (erweiterte Aufl. unter dem Titel „Das große Bestiarium der modernen Literatur", 1922); Geist des Rokoko, 1923; Glanz und Elend berühmter Frauen, 1927; Männer und Masken, 1930; Zeitgenössische Bildnisse, 1940. – Ausgaben: Vermischte Schriften, 6 Bde., 1911–12; Schriften in Auswahl, Nachwort von A. P. Gütersloh, 1962; Porträts, hg. von A. Gabrisch, 1986; F. B.–A. Gide, Briefwechsel (1904–1933), hg. von R. Theis, 1997. – Literatur: D. Harth (Hg.), F. B., Mittler der Literaturen, 1997.

Bleibtreu, Amalie (geb. Hybl), * 2. 1. 1835 Troppau (Opava, CZ), † 26. 8. 1917 Wien, Schauspielerin; Ehefrau von Sigmund → Bleibtreu, Mutter von Hedwig → Bleibtreu und Maximiliane → Bleibtreu. Zunächst an größeren Provinzbühnen Ö.-Ungarns, dann bis 1890 an Theater a. d. Wien und Theater in der Josefstadt.

Hedwig Bleibtreu (hinter ihr: M. Hainisch, T. F. Schneiderhan und A. Wildgans). Foto, 1923.

Bleibtreu, Hedwig, * 23. 12. 1868 Linz (OÖ.), † 24. 1. 1958 Wien, Kammerschauspielerin; Tochter von Sigmund → Bleibtreu und Amalie → Bleibtreu, Schwester von Maximiliane → Bleibtreu; Ehefrau von Max → Paulsen. Große Tragödin; nach Engagements in Deutschland 1892 am Carltheater in Wien, ab 1893 Mitgl. des Burgtheaters, 1898 Hofschauspielerin, 1906 lebenslängl. Vertrag; zunächst Rollen der Sentimentalen, später der Heroinen, Mütter und Greisinnen; ab 1923 auch Filmtätigkeit; zahlreiche Ehrungen: 1924 Ehrenmitgl. des Burgtheaters, 1930 Burgtheater-Ring.
Literatur: G. Doublier u. W. Zeleny, H. B. Wesen und Welt einer großen Burgschauspielerin, 1948.

Bleibtreu, Maximiliane, * 1. 8. 1870 Pressburg (Bratislava, SK), † 18. 4. 1923 Dresden (D), Schauspielerin; Tochter von Sigmund → Bleibtreu und Amalie → Bleibtreu, Schwester von Hedwig → Bleibtreu. Wirkte in Graz und Wien, Meisterin der Masken.

Bleibtreu, Sigmund, * 12. 2. 1819 Friesach (Kä.), † 18. 2. 1894 Wien, Schauspieler, Aquarellmaler, Offizier; Ehemann von Amalie → Bleibtreu, Vater von Hedwig → Bleibtreu und Maximiliane → Bleibtreu. Nach Offizierskarriere und Engagements an Provinztheatern 1871 Regisseur am Theater in der Josefstadt, später Mitgl. des Carl- und des Ringtheaters in Wien, ab 1882 Hofburgschauspieler.

Bletschacher, Richard, * 23. 10. 1936 Füssen (D), Dramaturg, Autor, Übersetzer. Studierte Jus, Philosophie sowie Theater- und Musikwiss. in München, Heidelberg, Paris und Wien. Danach Regie-Assistent und Regisseur, 1982–96 Chefdramaturg an der Wr. Staatsoper. Übersetzer von Opernlibretti und Lyrik (u. a. Shakespeares Sonette), Autor von Romanen, Dramen und Gedichten, auch für Kinder- und Jugendliche.
Werke: Apollons Vermächtnis, 1994; Der Grasel, 1995; Die Verbannung oder Die Reise nach Brindisi, 1998; Das Schloß an der Thaya, 2000.

Bleyleben-Koren, Elisabeth, * 9. 10. 1948 Mödling (NÖ.), Bankdirektorin; Tochter von Stephan → Koren. Studierte Jus in Wien. 1973–77 in der Creditanstalt, seit 1977 bei der Erste Bank. 1989 Direktorin mit Generalvollmacht, seit 1997 Vorstandsmitgl. der Erste Bank der Oesterr. Sparkassen AG, seit 1999 stellv. Vorstandsvorsitzende. 1997 Veuve Cliquot Business Woman of the Year.

Blöchl, Johann, * 12. 7. 1895 Siegelsdorf (Gem. Lasberg, OÖ.), † 4. 4. 1987 ebd., Landwirt und Politiker (CS, VF, ÖVP). 1931–34 Abg. z. NR. Nach Kontakten mit Widerstandsgruppen 1941–43 wegen Hochverrats in Haft. 1945 Staatsbeauftragter für das Mühlviertel, 1945–66 Abg. z. Oö. Landtag, 1945–55 Landesrat, 1955–66 Landeshauptmann-Stellv. von OÖ.
Werk: Meine Lebenserinnerungen, ²1980.

Blum, Robert, * 10. 11. 1804 Köln (D), † 9. 11. 1848 Wien (hingerichtet), dt. Politiker. Kam im Auftrag der liberalen Partei 1848 nach Wien; wurde nach der Einnahme Wiens im Zuge der Oktoberrevolution durch A. (I.) Fürst zu → Windisch-Graetz zum Tod verurteilt und erschossen.
Literatur: H. Hirsch (Hg.), Dokumente, Referate, Diskussionen – R. B.-Symposion Berlin 1982, 1987.

Blumauer, Aloys (auch: A. Obermayer), * 22. 12. 1755 Steyr (OÖ.), † 16. 3. 1798 Wien, Schriftsteller. Ab 1780 Mitarbeiter der Hofbibl.; gab ab 1781 gem. mit J. F. v. → Ratschky (1793/94 allein) den „Wiener Musen-Almanach" heraus; redigierte 1782–84 die „Realzeitung", bedeutendster Autor der josephin. Aufklärung; 1784–86 Redakteur des „Journals für Freymaurer"; 1787 in Berlin und Weimar, 1794 als Jakobiner verfolgt; schrieb v. a. satir. Gedichte auf Zeitereignisse, antiklerikale Gedichte, Travestien und Freimaurerlyrik.
Werke: Beobachtungen über Ö. Aufklärung und Litteratur, 1782; Die Abentheuer des frommen Helden Aeneas, 1786. – Ausgabe: Sämmtliche Werke, 9 Bde., 1809. – Literatur: E. Rosenstrauch-Königsberg, Freimaurerei im josephin. Wien, 1974; L. Bodi, Tauwetter in Wien, ²1995.

Aloys Blumauer. Stich von J. K. Weinrauch.

Blümelhuber, Michael, * 23. 9. 1865 Unterhimmel-Christkindl (OÖ.), † 20. 1. 1936 Steyr (OÖ.), Stahlschneider. Gründete 1910 in Steyr ein Meisteratelier für Stahlschnitt (aufgelöst 1942), brachte den Stahlschnitt durch den „Ajourschnitt" auf künstlerische Höhe, wurde durch die Weltausstellungen 1900 in Paris und 1902 in London international bekannt.
Werke: Kalksburger Kreuz, 1911; Schlüssel für den neuen Linzer Dom, 1924; Reliquienkreuz für St. Stephan, 1927; liturg. Geräte. – Literatur: ÖBL; NDB.

Blumentritt, Ferdinand, * 10. 9. 1853 Prag (CZ), † 20. 9. 1913 Leitmeritz (Litoměřice, CZ), Lehrer und Gymnasialdir. in Leitmeritz. Gehörte zu seinen Lebzeiten zu den besten Kennern der Philippinen, obwohl er diese nie betrat. Befreundet mit dem philippin. Nationalhelden José Rizal (Briefwechsel).
Werk: Versuch einer Ethnographie der Philippinen, 1882. – Literatur: H. Sichrovsky, Der Revolutionär von Leitmeritz, 1983; ders., F. B.: an Austrian Life for the Philippines, 1987.

Blüml, Emil, * 25. 10. 1881 Wien, † 26. 4. 1925 ebd., Musikschriftsteller. Arbeiten über das Volkslied und zur lokalen Wr. Musikforschung.
Werke: Die Volksliedbewegung in Dt.-Ö., 1910; Aus Mozarts Freundes- und Familienkreis, 1923.

Bobek, Hans, * 17. 5. 1903 Klagenfurt (Kä.), † 15. 2. 1990 Wien, Geograph. 1954–83 Obmann der Kommission für Raumforschung der Akad. d. Wiss. Unternahm zahlreiche Forschungsreisen (bes. in den Iran) für sozialgeogr. und morpholog. Studien. Er schuf die Konzeption eines „logischen Systems der Geographie" und die Zentrale-Orte-Theorie.
Werke: Gedanken über das logische System der Geographie, 1957; Atlas der Republik Ö. (Hg.), 1960–80; Das System der Zentralen Orte Ö., 1978; Zentrale Orte Ö. II, 1983.

Bobleter, Carl H., * 5. 7. 1912 Feldkirch (Vbg.), † 24. 10. 1984 ebd., Diplomat und Politiker. 1938 Diplomatenprüfung; im 2. Weltkrieg in der Widerstandsbewegung, 1948–50 ö. Konsul in Hamburg und Düsseldorf; ab 1960 bei der OECD in Paris; 1964–68 Staatssekr. im Außenministerium.

Bock, Fritz, * 26. 2. 1911 Wien, † 12. 12. 1993 ebd., Wirtschaftstreuhänder und Politiker (ÖVP). 1935–38 stellvertr. Bundeswerbeleiter der Vaterländ. Front. 1938/39 im KZ Dachau, setzte sich nach 1945 für polit. Verfolgte ein. 1945 Mitbegründer der ÖVP, 1947–53

Gen.-Sekr. des ÖAAB, 1949–53 und 1956–62 Abg. z. NR, 1952–55 Staatssekr. im BM f. Handel und Wiederaufbau, 1956 im BM f. Finanzen, 1956–68 Handelsmin., 1966–68 Vizekanzler. 1969–89 CA-Aufsichtsratspräs. Trat für die große Koalition, die Sozialpartnerschaft und die wirt. Integration Ö. in Europa ein.
Literatur: M. Sporrer u. H. Steiner (Hg.), F. B. – Zeitzeuge, 1984.

Böck, Josef, * 13. 10. 1901 St. Pölten (NÖ.), † 5. 6. 1985 Wien, Augenarzt. Ab 1947 Univ.-Prof. in Graz, 1955–71 in Wien.
Werke: Augenärztl. Eingriffe, [6]1950 (mit J. Meller); Glaukom bei thyreogenem Exophthalmus, 1961 (mit J. Stepanik); rd. 145 Fachartikel.

Böck, Wolfgang, * 14. 1. 1953 Linz (OÖ.), Schauspieler. Studierte an der Hochschule f. Musik und darst. Kunst in Graz, seither als Film- und Theaterschauspieler tätig. Engagements u. a. am Landestheater in Linz, am Wr. Volkstheater, am Renaissancetheater Berlin und am Schauspielhaus Zürich; zahlr. Film- und TV-Auftritte. Seit 1995 große Popularität durch die TV-Serie „Kaisermühlen-Blues" (Rolle des Trautmann).
Weitere Filme: Indien, 1994; Hinterholz 8, 1997; Geboren in Absurdistan, 1998; Wanted, 1999; Trautmann, 2000 (Pilotfilm zur TV-Serie).

Böck-Greissau, Josef, * 5. 4. 1893 St. Michael (Stmk.), † 21. 4. 1953 Wien, Industrieller und Politiker (ÖVP). 1947 Vizepräs. der Vereinigung Ö. Industrieller und der Handelskammer NÖ., 1949–53 Abg. z. NR, 1952–53 BMin. f. Handel u. Wiederaufbau.

Bocksberger, Johann d. Ä., * zw. 1500 und 1515, † zw. 1562 und 1569, Maler; Vater von Johann Melchior → Bocksberger. In den 40er und 50er Jahren des 16. Jh. nachweislich in Salzburg, Landshut (Residenz), München und Prag tätig. Schuf auch Fresken und Zeichnungen. Sein Stil weist sowohl dt. (A. Dürer) als auch ital. Elemente (Renaissance und Manierismus) auf.
Literatur: NDB.

Bocksberger, Johann Melchior, * zw. 1525 und 1535 Salzburg, † 1587 Regensburg, Maler; Sohn von Johann → Bocksberger d. Ä. Ab 1560 in Salzburg und S-Deutschland tätig (Augsburg, München, Ingolstadt, Passau, Landshut, Regensburg). In Burg Trausnitz (Landshut) schuf er Wand- und Deckenmalereien (1579). Sein Fresko „David und Goliath" am Goliath-Haus in Regensburg wurde später teilweise verändert.
Weitere Werke: Jagd- und Schlachtengemälde, Bibel- und Livius-Illustrationen als Vorlagen für Holzschnitte von J. Ammann, 1564–70.

Bodmershof, Imma von, * 10. 8. 1895 Graz (Stmk.), † 26. 8. 1982 Gut Rastbach (Gem. Gföhl, NÖ.), Schriftstellerin; Tochter von Christian Frh. v. → Ehrenfels. Gehörte zeitweise zum Kreis von N. v. Hellingrath und S. George; schrieb v. a. Romane und Erzählungen mit starker Traditions- und Heimatverbundenheit. Großer Ö. Staatspreis 1958.
Werke: Romane: Die Rosse des Urban Roithner, 1950; 7 Handvoll Salz, 1958; Die Bartabnahme, 1982. – Erzählungen: Die Stadt in Flandern, 1939; Solange es Tag ist, 1953. – Lyrik: Haiku, 1962; Sonnenuhr, 1973.

Bodner, Ernst, * 31. 10. 1933 Innsbruck (Ti.), Chirurg. Studierte in Innsbruck und Würzburg. Seit 1979 Univ.-Prof. in Innsbruck; 1979–96 Vorstand der II. Univ.-Klinik f. Chirurgie, seit 1997 Vorstand der Univ.-Klinik f. Chirurgie der Univ. Innsbruck und Leiter der klinischen Abt. f. allg. Chirurgie.

Boeck, Rudolf J., * 10. 1. 1907 Wien, † 16. 9. 1964 ebd., Architekt, Stadtplaner. Leitete 1946–64 die Abteilung f. Sonderaufgaben des Wr. Stadtbauamts, war am Aufbau des Inst. f. Raumplanung beteiligt und Konsulent des Ö. Städtebunds für Planungs- und Baufragen. B. förderte die Siedlungsbewegung, setzte sich für Altstadtsanierung ein und entwickelte zukunftsweisende Konzepte für die städtebaul. Entwicklung Wiens.

Herbert Boeckl bei der Arbeit in Seckau, Stmk. Foto, um 1956.

Boeckl, Herbert, * 3. 6. 1894 Klagenfurt (Kä.), † 20. 1. 1966 Wien, Maler. Als Maler Autodidakt, ab 1935 Prof. an der Akad. d. bild. Künste in Wien und Lehrer bedeutender ö. Maler. Er erarbeitete in seinem Frühwerk einen eigenständigen, stark expressiven Stil mit pastosem Farbauftrag; für die mittlere Werkperiode ist die Auseinandersetzung mit dem Realismusbegriff auf der Basis einer spezif. Auffassung von der Funktion der Farbe und anhand von figuralen und landschaftl. Themen charakteristisch. B. Malerei nach 1945 bildete eine eigenständige Antwort auf die internationale abstrakte Malerei; auch die bereits längerfristige Auseinandersetzung mit den Werken P. Cézannes wurde in dieser Phase deutlich. Ö. Staatspreis 1934, Ö. Ehrenzeichen f. Wiss. u. Kunst 1964.
Werke: Ölbilder: Liegender Akt, 1919; Gruppe am Waldrand, 1920; Große sizilian. Landschaft, 1924; Die Anatomie, 1931; Erzberg I, 1942; Das Leben des hl. Joseph von Copertino, 1950–58. – Nach 1945 abstrakte Aquarelle (Metamorphose, 1945). – Relig. Fresken in Maria Saal, 1925; Mogersdorfer Altar, Triptychon, 1934–45; Fresken in der Seckauer Engelkapelle, 1952–60. – Gobelins in der Wr. Stadthalle, 1957, und im Sbg. Festspielhaus, 1959. – Literatur: G. Frodl, H. B., 1976; I. Brugger u. K. A. Schröder (Hg.), H. B., Ausst.-Kat., Wien 1994.

Boehm, Adolf, * 25. 2. 1861 Wien, † 20. 2. 1927 Klosterneuburg (NÖ.), Graphiker und Maler. Studierte an der Akad. d. bild. Künste in Wien, war Gründungsmitglied der Wr. Secession. Entwickelte einen stark ausgeprägten floral-ornamentalen Stil; neben der Malerei versuchte er sich im Kunstgewerbe. 1910–25 Prof. an der Wr. Kunstgewerbeschule.
Werke: dekorativ-abstrakte Graphiken; Glasfenster für die Villa O. Wagners in Wien-Hütteldorf (1899); Keramik; Möbel.

Boer, Johann Lukas (urspr. J. L. Boogers), * 12. 4. 1751 Uffenheim b. Ansbach (D), † 19. 1. 1835 Wien, Geburtshelfer. Begründete die Geburtshilfe in Ö. als selbstständiges Fach, lehnte die übertriebene Anwendung der Kunsthilfe bei der Geburt ab und verwies auf die Naturkräfte des Körpers.
Werke: 7 Bücher über natürl. Geburtshilfe, 1834.

Boesch, Christian, * 27. 7. 1941 Wien, Sänger (Bariton), Sohn der Sopranistin und Gesangspädagogin Ruthilde B. (* 9. 1. 1918), Bruder von Wolfgang → Boesch. 1966–68 am Stadttheater Bern, ab 1977 in Wien (Volksoper und Staatsoper), Mitwirkung an den Sbg. Festspielen; v. a. als Papageno in Mozarts „Zauberflöte" bekannt.

Boesch, Wolfgang, * 26. 9. 1939 Wien, Jurist und Schriftsteller; Bruder von Christian → Boesch. Verfasser satirischer Zeitromane und humorist. Jugendbücher. Die Familie und ihre komplizierten Beziehungsgeflechte sind Themen seiner Werke mit z. T. autobiograph. Elementen.

Werke: Fernsehspiele: Rücksichtslos dankbar, 1978; Die Explosion, 1979. – Romane: Nicht einmal Klavier, 1981; Umsteigen in Liliput, 1982; Flegeljahre der Muse, 1985; Das Riesenspiel, 1995. – Jugendbücher: Hilfe, wir gründen eine Familie, 1985; Hilfe, ein Vater zuviel, 1986; Hilfe, meine Schwester dreht durch, 1987; 10 Käfige für Omas Vogel, 1991.

Bogdandy, Ludwig von, * 10. 2. 1930 Berlin (D), † 5. 5. 1996 Linz (OÖ.), Ind.-Manager. 1986–88 Vorstandsmitgl. der VOEST-Alpine AG, 1988–92 Vorsitzender des Vorstands der VOEST-Alpine Stahl AG, maßgeblich an der Entwicklung des Corex®-Verfahrens beteiligt. 1990–92 Vorstandsmitgl. der Austrian Industries AG, ab 12. 11. 1993 ungar. Honorarkonsul in Linz.

Bogner, Dieter, * 4. 9. 1942 Wien, Kunsthistoriker, Ausstellungskurator und Konsulent. Inhaber von Bogner + LORD, Cultural Consulting (Wien, Toronto, London). Leiter des Inst. f. Kulturwiss. in Wien und des Kunstraums Buchberg (Schloss Buchberg, Gars am Kamp, NÖ.) sowie Vorsitzender der Ö. F. u. L. Kiesler Privatstiftung und der Architekturstiftung Ö. K.-Lorenz-Staatspreis f. Umweltschutz 1985.

Werke: F. Kiesler, 1988; J. Itten, Ausst.-Kat., 1988; Haus-Rucker-Co, Ausst.-Kat., 1992; F. Kiesler – Inside the Endless House, Ausst.-Kat., 1997; Raumkunst.Kunstraum, 2000 (Hg.).

Bohatta, Hans, * 2. 12. 1864 Wien, † 30. 10. 1947 ebd., Bibliothekar. Dir. der liechtensteinischen Bibl.; schuf den ersten Schlagwortkatalog im dt. Sprachgebiet (1905–13); gab mit M. Holzmann das „Dt. Anonymen-Lexikon" (7 Bde., 1902–28) und das „Dt. Pseudonymen-Lexikon" (1906) heraus.

Literatur: G. Winter, H. B., 1988.

Böheim, Franz (eigentl. F. Böhm), * 24. 6. 1909 Wien, † 24. 3. 1963 ebd., Schauspieler, Bruder von Alfred → Böhm und Carlo → Böhm. 1928–34 am Volkstheater, 1938–53 am Theater in der Josefstadt, 1953 an der Volksoper, ab 1955 am Burgtheater, ab 1959 neuerlich an der Volksoper in Wien; Komiker und Darsteller skurriler Charaktere; Film- und Rundfunkschauspieler und -sprecher.

Böheim, Wendelin, * 17. 9. 1832 Wr. Neustadt (NÖ.), † 1. 11. 1900 Wien, Waffentechniker, Offizier, Journalist, Museumsbeamter. 1859–65 Prof. an der Theresian. Militärakademie, 1878 Kustos der kaiserl. Waffen-Smlg.; übertrug 1880 die Ambraser Smlg. nach Wien, wirkte bei der Einrichtung des Kunsthist. Museums und des Heeresgeschichtl. Museums mit; begründete in Ö. die hist. Waffenkunde und method. Waffenforschung.

Werk: Hb. der Waffenkunde, 1890. – Literatur: G. Buttlar, Wr. Neustadt, ²1993.

Böhler, Albert, * 28. 8. 1845 Frankfurt a. M. (D), † 10. 10. 1899 Wien, Industrieller. Kam 1870 nach Wien und übernahm 1894 mit seinen 3 Brüdern die Böhler-Werke in Kapfenberg. Die Händlermarke „B.-Stahl" stand für höchste Qualität.

Literatur: O. Böhler, Wolfram- und Rapidstahl, 1904.

Böhler, Hans, * 11. 9. 1884 Wien, † 17. 9. 1961 ebd., Maler. Hielt sich nach mehreren Weltreisen 1936–50 in den USA auf; wurde durch farbintensive figurative Ölbilder und präzis konturierte Aktzeichnungen bekannt.

Werke: Kreolin, 1913; In der Loge, 1927. – Literatur: M. Suppan, H. B., 1990.

Böhler, Jörg, * 15. 12. 1917 Gries bei Bozen (S-Ti.), Unfallchirurg, Sohn von Lorenz → Böhler; ab 1964 a.o. Prof., 1971–83 Primar des L.-Böhler-Unfallkrankenhauses in Wien 20.

Böhler, Lorenz, * 15. 1. 1885 Wolfurt (Vbg.), † 20. 1. 1973 Wien, Chirurg; Vater von Jörg → Böhler. Univ.-Prof., Schöpfer der modernen Unfallchirurgie; Leiter des Unfallkrankenhauses in Wien 20, das er zu einem Muster für ähnl. Anstalten in der ganzen Welt machte. B. entwickelte die Technik der Knochenbruchbehandlung durch fachgemäße Ruhigstellung. Er gründete und leitete das Rehabilitationszentrum Stollhof in Klosterneuburg.

Lorenz Böhler. Foto.

Werk: Die Technik der Knochenbruchbehandlung, 3 Bde., 1951–63 (in viele Sprachen übersetzt). – Literatur: I. Lehner, L. B. Die Geschichte eines Erfolges, 1991.

Böhm, Alfred, * 23. 3. 1920 Wien, † 22. 9. 1995 Wieselburg (NÖ.), Schauspieler; Bruder von F. → Böheim und Carlo → Böhm. Charakterkomiker in Innsbruck, Linz und am Wr. Theater in der Josefstadt; Gastspiele bei K. → Farkas im Wr. Kabarett „Simpl"; Schwerpunkt seiner Tätigkeit in Film und Fernsehen (u. a. in F. Antels Film „Der Bockerer", 1. Tl., 1981; in den Fernsehserien „Familie Leitner" und „Der Leihopa", Ober Alfred im „Seniorenclub").

Werk: Mit besten Empfehlungen Ihr A. B. Erinnerungen & Anekdoten, aufgezeichnet von D. Lindner, 1988.

Böhm, Anton, * 6. 3. 1904 Wien, † 8. 1. 1998 Salzburg, kath.-großdt. orientierter Publizist. 1928–41 Mitarbeiter und Redakteur der „Schöneren Zukunft", 1938 von den Nat.-Soz. beauftragter kommissarischer Leiter der „Reichspost". 1947 Mit-Hg. der Ztschr. „Wort und Wahrheit", 1963–73 Chefredakteur der kath.-konservativen Wochenzeitung „Rheinischer Merkur" (Köln, Bonn).

Böhm, Carlo, * 18. 4. 1917 Wien, † 2. 4. 1997 ebd., Schauspieler; Bruder von Alfred → Böhm und Franz → Böheim. Spielte 1945–50 am Theater in der Josefstadt, 1950–79 am Volkstheater, an der Volksoper und weiterhin am Theater in der Josefstadt in Wien. Daneben Gastspiele und Arbeiten für Rundfunk und Fernsehen.

Böhm, Johann, * 26. 1. 1886 Stögersbach (NÖ.), † 13. 5. 1959 Wien, Bauarbeiter, Gewerkschafter und Politiker (SPÖ). 1930–34 und 1945–59 Abg. z. NR, 1945–59 2. Präs. d. NR. B. war 1945 einer der Gründer des überparteil. Ö. Gewerkschaftsbunds (ÖGB) und bis 1959 dessen Präs. Er war neben J. → Raab einer der Hauptinitiatoren der Sozialpartnerschaft.

Werk: Erinnerungen aus meinem Leben, 1954. – Literatur: K. Holzer, J. B., eine Biographie, ²1998.

Böhm, Joseph, * 4. 4. 1795 Pest (Budapest, H), † 28. 3. 1876 Wien, Geiger. 1819–48 Lehrer am Wr. Konservatorium, begründete den Ruf der „Wr. Geigenschule" (Lehrer von J. → Joachim und G. → Hellmesberger sen.); gelangte auch als Solist und Quartettspieler zu großer Berühmtheit (Uraufführung von Beethoven- und Schubertwerken); Mitgl. der Hofmusikkapelle 1821–68.

Böhm, Joseph, * 17. 5. 1833 Groß-Gerungs (NÖ.), † 2. 12. 1893 Wien, Pflanzenphysiologe. Univ.-Prof. in Wien, Pionier der Erforschung des Saftsteigens und der Wasserversorgung in den Pflanzen.

Werke: mehr als 50 grundlegende Arbeiten.

Böhm, Joseph Daniel, * 15. 3. 1794 Wallendorf, Zips (Spišske Vlachy, Spiš, SK), † 15. 8. 1865 Wien, Medailleur, Bildhauer, Kunstsammler und -gelehrter. Ab 1836 Dir. der Graveurakad. am Hauptmünzamt; als Haupt eines privaten Diskussionskreises aus Künstlern, Kennern und Fachleuten (Vorläufer der Wr. Kunsthist.

Schule) maßgebl. Schlüsselfigur des Wr. Kunstwesens der Jh.-Mitte und Mentor der Ringstraßengeneration. Sein Sohn Joseph Edgar B. (1834–1890) wurde in London einer der bedeutendsten Bildhauer der viktorian. Ära.

Werke: Porträtmedaillen und Münzstempel; Plastiken im Brandhof Erzhzg. Johanns, 1822/25.

Karl Böhm. Foto, 1955.

Böhm, Karl, * 28. 8. 1894 Graz (Stmk.), † 14. 8. 1981 Salzburg, Dirigent, Jurist; Vater von Karlheinz → Böhm. Nach einem ersten Engagement in Graz (während seines Jusstudiums) kam er 1921 an die Wr. Staatsoper. In den 20er und 30er Jahren schnelle internat. Karriere (dirigierte u. a. 1935 die Uraufführung von R. Strauss' „Die schweigsame Frau" in London). 1943–45 und 1954–56 Direktor der Wr. Staatsoper (dirigierte 1955 Beethovens „Fidelio" zur Wiedereröffnung der Staatsoper); erwarb sich in den 50er und 60er Jahren zusammen mit dem „Wr. Mozartensemble" einen bes. Ruf als Mozartinterpret. Sein Stil war durch eine sehr gleichmäßige, ruhige und sehr genau den Anweisungen des Komponisten folgende Art des Dirigierens geprägt. Zahlr. Ehrungen, 1964 erster Ö. Generalmusikdirektor, Ö. Ehrenzeichen f. Wiss. u. Kunst 1970.

Literatur: K. B., Ich erinnere mich ganz genau, 1968 (Autobiographie); F. Endler, K. B. Ein Dirigentenleben, 1981.

Karlheinz Böhm in „Sissi". 1955.

Böhm, Karlheinz, * 16. 3. 1928 Darmstadt (D), (Film-) Schauspieler; Sohn des Dirigenten Karl → Böhm. 1949–53 Schauspieler am Theater in der Josefstadt; 1948 Filmdebüt, ab 1954 Darsteller des jungen Ks. Franz Joseph in den Sissy-Filmen von E. → Marischka; in über 80 Film- und Fernsehproduktionen tätig (u. a. in „Peeping Tom", 1959, und in einigen Filmen von R. W. Fassbinder); 1964 erste Opernregie; 1975–79 Ensemblemitgl. des Düsseldorfer Schauspielhauses; 1981 gründete er die Hilfsorganisation „Menschen für Menschen" für die Hungernden in Äthiopien und gab dafür seine Tätigkeit als Schauspieler fast gänzlich auf.

Ludwig Boltzmann. Lithographie von R. Fenzl, 1898.

Böhm, Max („Maxi"), * 23. 8. 1916 Wien, † 26. 12. 1982 ebd., Kabarettist, Conférencier, Schauspieler. Nach schauspielerischer Tätigkeit an Provinzbühnen 1945 Kabarettist, Autor und Regisseur an der Kleinkunstbühne „Eulenspiegel" in Linz und Conférencier beim Sender „Rot-Weiß-Rot"; 1954–74 einer der Hauptdarsteller und engster Mitarbeiter von K. → Farkas im Kabarett „Simpl" in Wien; ab 1974 Schauspieler an Volks- und Raimundtheater sowie am Theater an der Wien; ab 1976 Mitgl. des Theaters in der Josefstadt in Wien; Radio- und Fernsehtätigkeit („Die Bilanz der Saison", „Hallo Hotel Sacher Portier").

Werk: Bei uns in Reichenberg, [2]1983.

Eugen von Böhm-Bawerk. Ausschnitt aus der 100-Schilling-Note von 1984.

Böhm-Bawerk, Eugen von, * 12. 2. 1851 Brünn (Brno, CZ), † 27. 8. 1914 Kramsach (Ti.), bedeutender Nationalökonom. Univ.-Prof. in Innsbruck und Wien, 1911–14 Präs. der Ö. Akad. d. Wiss. Begründete mit K. → Menger v. Wolfensgrün und F. Wieser die Ö. Schule der Nationalökonomie (Grenznutzentheorie), stellte die Agiotheorie des Zinses auf. Als Finanzmin. führte er die progressive Einkommensteuer ein.

Werke: Kapital und Kapitalzins, 2 Bde., 1889; Ges. Schriften, hg. von F. X. Weiß, 2 Bde., 1926. – Literatur: ÖBL.

Böhm-Böhmersheim, Karl von, * 26. 10. 1827 Horowic (CZ), † 27. 5. 1902 Wien, Arzt und Univ.-Prof. in Wien. 1870 Dir. des Allg. Krankenhauses; entwarf die hygien. Anlagen der damaligen Großbauten.

Werk: Therapie der Knochenbrüche, 1868.

Böhmdorfer, Dieter, * 11. 5. 1943 Trautenau (Trutnov, CZ), Jurist und Politiker (parteilos). 1973–2000 als Rechtsanwalt in Wien tätig (in vielen Causen Vertreter der FPÖ und von Jörg → Haider); 1987–89 Aufsichtsratsmitgl. der AUA und 1991–98 der Flughafen Wien AG; seit 2000 BMin. f. Justiz.

Böhm-Ermolli, Eduard, * 12. 2. 1856 Ancona (I), † 9. 12. 1941 Troppau (Opava, CZ), Feldmarschall (1918). Im 1. Weltkrieg Armee- und Heeresgruppenkommandant an der russ. Front, entsetzte 1915 Lemberg und leitete 1917 die Sommeroffensive gegen Russland.

Literatur: ÖBL; NDB.

Bolla-Kotek, Sibylle, * 8. 6. 1913 Pressburg (Bratislava, SK), † 23. 2. 1969 Wien, Juristin. 1. weibl. ordentl. Professorin der Jurid. Fakultät in Wien (1952); 1944 außerplanmäßige Prof. in Prag, 1945 Emigration nach Wien, Lehrtätigkeit an der Univ. Wien, 1952 Univ.-Prof. für Röm. Recht, Papyrologie und vorderasiat. Rechte, Bürgerl. Recht und internat. Privatrecht.

Boltenstern, Erich, * 21. 6. 1896 Wien, † 9. 6. 1991 ebd., Architekt. Ab 1934 Assistent von C. → Holzmeister an der Akad. d. bild. Künste in Wien, 1952–67 Akad.-Prof. Schuf v. a. Wohn- und Ind.-Bauten sowie Innengestaltungen. Großer Ö. Staatspreis 1958.

Werke: Krematorium in Graz, 1931–32, 1961–67; Krematorium in Villach, 1952–53; in Wien: Kahlenberg-Restaurant, 1934–35; Ringturm, 1953–55; Wiederaufbau der Staatsoper 1947–55 und der Börse 1956–59; Innengestaltung der Aufbahrungshallen auf dem Wr. Zentralfriedhof, 1966–83; Wohnbauten (mit E. Wachberger).

Boltzmann, Ludwig, * 20. 2. 1844 Wien, † 5. 9. 1906 Duino b. Triest (I; Selbstmord), einer der bedeutendsten ö. Physiker. Univ.-Prof. in Graz, Leipzig und Wien; bestätigte erstmals experimentell die maxwellsche elektromagnet. Lichttheorie (15 Jahre vor H. Hertz) und begründete das von J. → Stefan gefundene Strahlungsgesetz. Er klärte mit Hilfe der Wahrscheinlichkeitsrechnung den Zusammenhang zw. Thermodynamik und Mechanik und wendete als erster die Gesetze der Statistik auf Gasmoleküle an.

Werke: Vorlesungen über Maxwells Theorie der Elektrizität und des Lichts, 2 Bde., 1891/93; Vorlesungen über Gastheorie, 2 Bde., 1896/98; Vorlesungen über Prinzipien der Mechanik, 2 Bde., 1897/1904; Wiss. Abhandlungen, 3 Bde., 1909. – Literatur: E. Broda, L. B. Mensch, Physiker, Philosoph, 1955; W. Höflechner, L. B., sein akad. Werdegang in Ö., 1982; J. Blackmore (Hg.), L. B., 2 Bde., 1995; T. Leiber, Vom mechanist. Weltbild zur Selbstorganisation des Lebens, 2000.

Bombastus von Hohenheim, Theophrastus, → Paracelsus.

Bonani, Josef, * 1685 Nonsberg (S-Ti.), † unbekannt, Jesuit, Indienmissionar. Ab 1718 auf den Marianen, später Rektor des Seminars in Manila; beschrieb Kalifornien, Mexiko, die Marianen und die Insel Rota.

Bondy, Ottilie (geb. Jeitteles), * 26. 7. 1832 Brünn (Brno, CZ), † 5. 12. 1921 München (D), Bahnbrecherin der ö. Frauenbewegung. Gründete und leitete 1879–1909 den Wr. Hausfrauenverein, der eine Stellenvermittlung für Hausbedienstete sowie eine Koch- und Haushaltungsschule mit Gaststätte betrieb. Vertreterin des Wr. Vereins für Kindergartenwesen auf der Weltausstellung in Chikago 1893, übersiedelte 1909 nach München.

Literatur: ÖBL.

Bonifatius, Hl., Fest 5. Juni, * 672/675 Königreich Wessex (GB), † 5. 6. 754 bei Dokkum (NL, Märtyrertod), beigesetzt in Fulda, „Apostel Deutschlands", angelsächs. Benediktiner. Schuf im Zuge seiner Neuorganisierung der bayer. Kirche 739 die Bistümer Salzburg und Passau, die wichtigsten Ausgangspunkte für die Missionierung Ö.

Literatur: K. U. Jäschke, B., in: Theolog. Real-Enzyklopädie, Bd. 7, 1981.

Bonitz, Hermann, * 29. 7. 1814 Langensalza (D), † 25. 7. 1888 Berlin (D), klass. Philologe. 1849–67 Univ.-

Prof. in Wien, errichtete hier das Philolog. Seminar, arbeitete mit F. S. → Exner, dem das Grundkonzept zu danken ist, den „Entwurf der Organisation der Gymn. und Realschulen in Ö." (Organisationsentwurf 1849) aus und ließ sich von diesem – nach seiner Rückkehr nach Berlin – bei der Reform des preuß. höheren Schulwesens (1882) leiten.

Literatur: G. Mecenseffy, Evang. Lehrer an der Univ. Wien, 1967.

Bonno, Joseph, * 29. 1. 1711 Wien, † 15. 4. 1788 ebd., Komponist. Ausgebildet in Neapel, ab 1737 am Wr. Kaiserhof, ab 1774 Hofkapellmeister. Schrieb vorwiegend Opern und Oratorien und wandte sich erst 1763 der Kirchenmusik zu. Er verband in seinen Werken den neapolitan. Stil mit dem venezian. seiner frühen Wr. Tage und folgte auch in den späteren Opern nicht der Gluckschen Reform.

Werke: 23 Opern, 4 Oratorien, 30 Messen. – Literatur: K. Breitner, G. B. und sein Oratorienwerk, 1961.

Born, Ignaz Edler von (Pseud.: Johannes Physiophilus), * 26. 12. 1742 Karlsburg (Alba Iulia, RO), † 24. 7. 1791 Wien, Mineraloge und Paläontologe. Ab 1776 Kustos am kaiserl. Naturalienkabinett; trat aus dem Jesuitenorden aus und leitete ab 1782 als Meister vom Stuhl die Freimaurerloge „Zur wahren Eintracht"; Hg. des „Journals für Freymaurer"; war wohl Vorbild für den Sarastro in Mozarts „Zauberflöte"; zum Kreis um B. gehörten u. a. J. B. → Alxinger, A. → Blumauer, G. v. → Leon, J. → Pezzl, J. F. v. → Ratschky und J. → Richter.

Literatur: H. Reinalter (Hg.), Die Aufklärung in Ö. I. B. und seine Zeit, 1991.

Börner, Wilhelm, * 26. 6. 1882 Laa a. d. Thaya (NÖ.), † 17. 12. 1951 Wien, Schriftsteller, Arzt, Pädagoge. Übernahm 1919 die Leitung der von F. → Jodl gegr. „Ethischen Gem." in Wien. 1938–48 in den USA; Hauptvertreter der freirelig. Moralpädagogik und Vorkämpfer der Friedensbewegung in Ö.

Werke: Die ethische Bewegung, 1912; Charakterbildung der Kinder, 1914; Antisemitismus – Rassenfrage – Menschlichkeit, 1936.

Borodajkewycz, Taras von, * 1. 10. 1902 Baden (NÖ.), † 10. 1. 1984 Wien, Historiker. 1943–45 Univ.-Prof. in Prag, 1955–65 an der Hochschule für Welthandel in Wien. Löste 1965 wegen antisemit. und neonazist. Äußerungen Demonstrationen und polit. Unruhen aus, die ein Todesopfer (E. Kirchweger) forderten.

Literatur: H. Fischer (Hg.), Einer im Vordergrund. T. B. Eine Dokumentation, 1966; G. E. Kasemir, Die B.-Affäre 1965: spätes Ende für „wiss." vorgetragenen Rassismus, Dipl.-Arb., Wien 1994.

Boroëvić von Bojna, Svetozar, * 13. 12. 1856 Umetić (HR), † 23. 5. 1920 Klagenfurt (Kä.), Feldmarschall im 1. Weltkrieg. Nach der Befreiung von Przemyśl Armee- und Heeresgruppenkommandant der Italienfront; leitete erfolgreich 12 Isonzoschlachten; wollte im November 1918 Wien besetzen, um die monarchische Staatsform zu erhalten.

Literatur: E. Hoffmann, Feldmarschall B. v. B. Ö.-Ungarns Kriegsfront an den Flüssen Isonzo und Piave, Diss., Wien 1985; E. Bauer, Der Löwe vom Isonzo, B. v. B., 1985.

Borsody, Julius von, * 8. 4. 1892 Wien, † 14. 1. 1960 ebd., Filmarchitekt; Bruder des Kameramanns und Regisseurs Eduard v. B. Ausstatter von ca. 150 Filmen ab der frühen Stummfilmzeit; fertigte für die Sascha-Film A. → Kolowrat-Krakowskys legendäre Monumentalbauten auf dem Wr. Laaerberg an. Arbeiten auch als Bühnenbildner und Innenarchitekt in Berlin, München und Wien.

Filme: Sodom und Gomorrha, 1922; Der junge Medardus, 1923; Die Stadt ohne Juden, 1924; Leise flehen meine Lieder, 1933; Nur ein Komödiant, 1935; Der Mann, von dem man spricht, 1937; Arlberg-Expreß, 1948.

Bösendorfer, Ignaz, * 28. 7. 1796 Wien, † 14. 4. 1859 ebd., Klavierbauer; Vater von Ludwig → Bösendorfer. Gründete 1828 die Wr. Klavierfabrik in der Josefstadt, die er seinem Sohn vererbte.

Bösendorfer, Ludwig, * 10. 4. 1835 Wien, † 8. 5. 1919 ebd., Klavierbauer; Sohn von Ignaz → Bösendorfer. Begründete den Weltruf der Bösendorfer-Klaviere. Wichtige Persönlichkeit und Mäzen des Wr. Musiklebens; Erbauer des Bösendorfer-Saals; ab 1878 Mitglied des Direktoriums der Gesellschaft der Musikfreunde in Wien. Verkaufte die Klavierfabrik 1909 an C. → Hutterstrasser.

Literatur: ÖBL.

Boskovsky, Wilhelm („Willi"), * 16. 6. 1909 Wien, † 21. 4. 1991 Visp (CH), Geiger, Kapellmeister und Dirigent. Ab 1933 Mitgl. der Wr. Philharmoniker, 1939–69 deren Konzertmeister; leitete viele Jahre das Orchester der Wr. Staatsoper und die Geigenklasse an der Hochschule für Musik; weltberühmt wurde er als Dirigent des Neujahrskonzerts der Wr. Philharmoniker, das er 1955–79 in alter Wr. Tradition mit der Geige in der Hand dirigierte.

Bosse, Carl, * 30. 6. 1907 Wien, † 8. 9. 1981 ebd., Schauspieler. Debüt als Partner von H. → Niese am Renaissancetheater in Wien, Engagements in Graz und Brünn, nach dem 2. Weltkrieg am Bürger-, dann am Volkstheater und schließl. am Theater in der Josefstadt sowie an den Kammerspielen in Wien; Filmtätigkeit.

Bosse, Lothar, * 10. 6. 1914 Küstrin (Kostrzyn, PL), † 29. 8. 1996 Böheimkirchen (NÖ.), Wirtschafts- und Sozialstatistiker. Ab 1945 an der Univ. Wien, ab 1949 am Ö. Inst. f. Wirtschaftsforschung, 1971–81 Präs. des Ö. Statist. Zentralamts. Unter ihm wurde am Statist. Zentralamt das Integrierte Statist. Informationssystem (ISIS) geschaffen.

Werke: Der Index der Lebenshaltungskosten, 1956; Schlüsselzahlen der ö. Wirt., 1961–68; Verfahren stochast. Wissenschaften, 1981.

Botstiber, Hugo, * 21. 4. 1875 Wien, † 15. 1. 1941 Shrewsbury (GB), Musikwissenschaftler. Studierte bei R. → Fuchs und G. → Adler, 1905 Sekr. und Kanzleidir. der Ges. der Musikfreunde, von der Saison 1912/13 bis 1938 Gen.-Sekr. des Wr. Konzerthauses, 1938 emigriert.

Werke: Beethoven im Alltag, 1927; J. Haydn, 3 Bde., 1927; 1904–11 Redaktion des „Musikbuchs aus Ö.". – Literatur: ÖBL.

Bottoli, Oskar, * 16. 11. 1921 Wien, † 19. 9. 1995 ebd., Bildhauer. 1945–53 erster Schüler von F. → Wotruba an der Akad. d. bild. Künste in Wien. Schloss an roman. Grotesken an und erfüllte seine Werke mit intensiver Sinnlichkeit.

Werke: Weiblicher Torso, 1964; Dicke Margot (nach F. Villon), 1965; Relieffolge zu Don Quichote und Sancho Pansa. – Literatur: O. Breicha, O. B., Don Quijote, 1993.

Botz, Gerhard, * 14. 3. 1941 Schärding (OÖ.), Historiker. 1980–97 Univ.-Prof. in Salzburg, seit 1997 am Inst. f. Zeitgeschichte der Univ. Wien. Gastprofessuren im Ausland (Berlin, San Francisco, Paris u. a.). Renommierter Experte für die Geschichte des Nat.-Soz. in Ö.

Werke: Die Eingliederung Ö. in das Dt. Reich, 1972; Wohnungspolitik und Judendeportation in Wien 1938 bis 1945, 1975; Wien vom „Anschluß" zum Krieg, 1978; Kontroversen um Ö. Zeitgeschichte, 1994 (Mit-Hg.).

Bourgoing, Jean (de), * 30. 12. 1877 Budapest (H), † 24. 12. 1968 Wien, Schriftsteller und populärwiss. Historiker. Publizierte ab 1928 zu Themen der Geschichte Ö. des 19. Jh.

Werke: Vom Wr. Kongreß, 1943, [8]1964; Maria Louise von Ö., 1949; Briefe Ks. Franz Josephs an K. Schratt, 1949.

Bourguignon, Anton, Frh. von Baumberg, * 8. 6. 1808 Hermanmestec (CZ), † 28. 5. 1879 Pola (Pula, HR), Admiral (1875, als 1. Offizier der ö.-ungar. Kriegs-

Ignaz Edler von Born. Gemälde von J. B. Lampi d. Ä., um 1790 (Historisches Museum der Stadt Wien).

Svetozar Boroëvić von Bojna. Foto, um 1910.

marine). 1864–79 Hafen- und Festungskommandant von Pola. Er schuf die Grundlage der neuen Seetaktik für Schraubenschiffe und hatte indirekt Anteil am Seesieg bei Lissa (Vis, HR, 20. 7. 1866).

Boykow, Johann Maria, * 1. 2. 1878 St. Wolfgang (OÖ.), † 22. 7. 1935 Berlin (D), Ingenieur und Erfinder. Erfand 1914 ein selbsttätiges Bombenabwurfgerät mit Zielvorrichtung für Flugzeuge, entwickelte 1919 die B.sche Messbildapparatur, 1923 den Sonnenkompass (für R. Amundsen), konstruierte den „Autopilot" (zur automat. Steuerung von Flugzeugen).

Brabeck-Letmathe, Peter, * 13. 11. 1944 Villach (Kä.), Manager. Studierte an der Hochschule f. Welthandel in Wien, danach Managementkurs an der Business School Imede in Lausanne. Seit 1968 für die Schweizer Nestlé AG tätig, 1981 Gen.-Dir. von Nestlé Ecuador, seit 1992 Gen.-Dir. und Vizepräs. der Nestlé AG.

Bradl, Josef („Sepp"), * 8. 1. 1918 Wasserburg a. Inn (D), † 3. 3. 1982 Mühlbach am Hochkönig (Sbg.), Skispringer, Sprungtrainer. Übersprang als erster die 100-m-Marke (Planica 1936) und wurde 1939 Weltmeister (Zakopane); bis in die 50er Jahre aktiv (u. a. 1953 Sieger der dt.-ö. Springertournee), ab 1958 Trainer.

Werk: Mein Weg zum Weltmeister, 1948.

Grab von Johannes Brahms auf dem Wiener Zentralfriedhof. Plastik von I. Conrat, 1903.

Brahms, Johannes, * 7. 5. 1833 Hamburg (D), † 3. 4. 1897 Wien, Komponist. Stammte aus kleinbürgerl. Verhältnissen (der Vater war Musiker), galt als pianist. Wunderkind. 1853 Zusammentreffen mit C. und R. Schumann (mit C. Schumann verband B. zeitlebens eine innige Freundschaft). Nach einigen Wanderjahren zog B. 1862 erstmals (vorübergehend), 1878 endgültig nach Wien, das mit anderen ö. Orten (Bad Ischl, Pörtschach und Mürzzuschlag) zu seiner 2. Heimat wurde. B. übernahm 1862 die Leitung der Wr. Singakad. und dirigierte 1872–75 die Konzerte der Ges. der Musikfreunde in Wien. Obwohl er mehrmals eine gesicherte Stellung anstrebte, war ihm letztlich seine Unabhängigkeit so wertvoll, dass er Letztere vorzog. B. bezog sich stark auf die Wr. Klassik; nach Jahrzehnten des Suchens gelang es ihm, wieder bei L. v. → Beethoven, dem Vorbild vieler Komponisten des 19. Jh., anzuknüpfen; bes. Bedeutung kommt auch seinen Kammermusik- und Liedkompositionen zu. Freundschaft verband ihn mit T. → Billroth, E. → Hanslick und M. → Kalbeck.

Klaus Maria Brandauer in „Mephisto". 1981.

Werke: 4 Symphonien, 2 Serenaden, 4 Konzerte, Gesangswerke mit Orchester, Orgelmusik, Chorwerke, Lieder, Kammermusik. – Literatur: M. Kalbeck, J. B., 4 Bde., 1915; B. Briefwechsel, 16 Bde., 1906ff., hg. von der B.-Ges.; W. Rehberg, J. B., 1948; F. Grasberger, J. B., 1952; H. Becker, B., 1993; C. M. Schmidt, Reclams Musikführer J. B., 1994.

Brand, Christian Hilfgott, * 16. 3. 1693 Frankfurt a. d. Oder (D), † 22. 7. 1756 Wien, bedeutender Landschaftsmaler; Vater von Johann Christian → Brand und Friedrich August → Brand, die seine Kunst weiterentwickelten. Kam um 1720 nach Wien, wo sich seine Bildauffassung, allmählich vom Vorbild der Niederländer abgehend, zu einer fein abgestuften Buntheit entwickelte.

Brand, Friedrich August, * 20. 12. 1735 Wien, † 9. 10. 1806 ebd., Landschafts- und Historienmaler, Kupferstecher; Sohn von Christian Hilfgott → Brand, Bruder von Johann Christian → Brand. Ab 1783 Prof. an der Wr. Akad.

Werke: viele Kupferstiche nach eig. und fremden Entwürfen; Altarbilder in Weitersfeld, NÖ.

Brand, Johann Christian, * 6. 3. 1722 Wien, † 12. 6. 1795 ebd., Maler; Sohn von Christian Hilfgott → Brand, Bruder von Friedrich August → Brand. Studierte ab 1736 an der Wr. Akad., wo er 1766 zum Kammermaler, 1772 zum Prof. für Landschaftszeichnen ernannt wurde. Als Landschaftsmaler führte seine Kunst vom Barock zur Landschaftsauffassung des 19. Jh.

Werke in Schloss Laxenburg, Ö. Galerie Belvedere, Hist. Mus. d. Stadt Wien, Heeresgeschichtl. Mus., Nationalgalerie Prag, Göttweig, Klosterneuburg, Mus. im Schottenstift, Galerien Liechtenstein und Harrach. – Literatur: S. Hofstätter, J. C. B. 1722–95, Diss., Wien 1973; P. Pötschner, Wien und die Wr. Landschaft, 1978; NDB.

Brand, Max, * 26. 4. 1896 Lemberg (Lwíw, UA), † 5. 4. 1980 Langenzersdorf (NÖ.), Komponist. Kompositionsstudium bei F. → Schreker in Wien; Beschäftigung mit moderner Oper („Der Maschinist Hopkins", 1929). 1937 Emigration über Prag in die Schweiz, 1939 über Brasilien nach New York ausgewandert, ab 1946 amerik. Staatsbürger. Ab 1959 zunehmend Beschäftigung mit elektron. Musik; Robert Moog baute für B. einen Prototyp seiner später berühmten Synthesizer. 1975 Rückkehr nach Ö.; zerstörte kurz vor seinem Tod den Großteil seiner Aufzeichnungen und Tonbänder.

Weitere Werke: Notturno brasileiro, 1959; Die Astronauten, 1962; Ilian 4, 1974.

Brandauer, Karin Katharina (geb. Müller), * 14. 10. 1945 Altaussee (Stmk.), † 13. 11. 1992 Wien, Drehbuchautorin, Regisseurin; Ehefrau von Klaus Maria → Brandauer. Regiearbeit (und oft auch Drehbuch) bei mehr als 40 TV-Produktionen im In- und Ausland.

Regie: Der Weg ins Freie, 1982; Erdsegen, 1986; Einstweilen wird es Mittag, 1988; Verkaufte Heimat, 1989; Abschied von Sidonie, 1991, u. a.

Brandauer, Klaus Maria (eigentl. K. Steng), * 22. 6. 1944 Altaussee (Stmk.), Schauspieler, Regisseur; Ehemann von Karin K. → Brandauer. Engagements in Tübingen, Salzburg, Düsseldorf, Wien (Theater in der Josefstadt) und München. Seit 1971 mit Unterbrechungen Ensemblemitgl. des Wr. Burgtheaters. Höhepunkte seiner Bühnenkarriere waren „Jedermann" bei den Sbg. Festspielen (1983–89) und „Hamlet". Als Filmschauspieler internat. Durchbruch mit der Verfilmung des Romans „Mephisto" von K. Mann (1981, Regie: I. Szabó, mit dem Oscar für den besten ausländ. Film ausgezeichnet). Regietätigkeit für Bühne und Film („Georg Elser, einer aus Deutschland", 1989).

Weitere Filmrollen in: Never Say Never Again, 1983; Oberst Redl, 1984; Jenseits von Afrika, 1985; Hanussen, 1987; Das Spinnennetz, 1988; White Fang, 1991; Becoming Colette, 1992; Mario und der Zauberer, 1992; u. a. – Literatur: P. Lanz, K. M. B., 1986; H. R. Blum, K. M. B., 1996.

Brandis, Clemens Franz Graf, * 4. 2. 1798 Graz (Stmk.), † 27. 5. 1863 Schleinitz (Stmk.), Historiker. 1841–48 Gouverneur und Landeshauptmann von Ti.

Werke: Ti. und Friedrich IV. von Ö., 1823; Der Staat auf christl. Grundlage, 1860.

Brandis, Franz Adam Graf, * 18. 7. 1639 Fahlburg b. Lana (S-Ti.), † 7. 9. 1695, Ti. Historiker und Dichter. Verfasste die Verschronik „Des tirolischen Adlers immergrünendes Ehren-Kränzl" (1678) und die erste Landesgeschichte Ti.

Brandl, Herbert, * 17. 1. 1959 Graz (Stmk.), Maler. Ab 1978 Studium an der Hochschule für angew. Kunst bei P. → Weibel und H. Tasquil. Zählt mit S. → Anzinger und E. Bohatsch zu den Vertretern der „Neuen Malerei", bewegte sich aber immer im abstrakten Bereich. Aufsehen erregte er erstmals 1986 mit der Ausstellung „Hacken im Eis" (Wien und Bern).

Literatur: P. Pakesch, H. B., Ausst.-Kat., Secession, Wien 1998.

Brandl, Rudolf, * 1. 7. 1943 Stockerau (NÖ.), Komponist, Musikwissenschaftler. Studierte Afrikanistik, Ethnologie, Philosophie und Musikwiss. in Wien, ab 1962 auch Zwölftonspiel am Konservatorium sowie elektron. Musik und Komposition an der Wr. Musikhochschule. 1967–75 Leiter des Ensembles „Die Kontraste", 1968–75 wiss. Angestellter am Phonogramm-Archiv der Ö. Akad. d. Wiss., seit 1981 Univ.-Prof. f. systematische Musikwiss. und Musikethnologie in Göttingen.

Werke: Stalagtiten, 1969 (Tonband); Portrait eines Patriarchen, 1974 (Bläser, Streicher, Keyboard); Portrait eines unwirklichen Hofrats, 1986 (Klavier, Orchester); Elegerl für einen verlorenen Flötisten, 1993 (Flöte, Tonband). – Schriften: Märchenlieder im Ituri-Wald, Diss., Wien 1970; Die Volksmusik der Insel Karpathos, 1981 (mit D. Reinsch); Griechische Musik und Europa, 1988 (Hg.); Huang Mei Xi, 1989.

Brandstetter, Alois, * 5. 12. 1938 Aichmühl (Gem. Pichl bei Wels, OÖ.), Germanist und Schriftsteller. Seit 1974 Prof. für Dt. Philologie an der Univ. Klagenfurt. Seine pointierte Kurzprosa und Romane sind ironisch-kritische Bestandsaufnahmen provinzieller Lebenskultur.

Werke: Prosaauflösung. Studien zur Rezeption der höfischen Epik im frühneuhochdt. Prosaroman, 1971 (Habil.-Schrift); Die Überwindung der Blitzangst, 1971; Zu Lasten der Briefträger, 1974; Die Abtei, 1977; Von den Halbschuhen der Flachländer und der Majestät der Alpen, 1980; Landessäure, 1986; Vom Manne aus Eicha, 1991; Vom HörenSagen, 1992; Almträume, 1993; Hier kocht der Wirt, 1995; Schönschreiben, 1997; Groß in Fahrt, 1998; Die Zärtlichkeit des Eisenkeils, 2000. – Literatur: S. Gessler, Der Erzähler A. B., 1992; E. Gstättner (Hg.), Vom Manne aus Pichl, 1998.

Brandstetter, Hans, * 23. 1. 1854 Michlbach (Gem. Hitzendorf, Stmk.), † 4. 1. 1925 Graz (Stmk.), Bildhauer und Holzschnitzer. Schüler von E. v. → Hellmer und C. → Kundmann an der Wr. Akad., Studien in Rom und Paris, Prof. an der Staatsgewerbeschule in Graz.

Werke: Skulpturengruppen und Denkmäler in Graz („Waldlilie" im Stadtpark, Hamerling- und Morré-Denkmal), Rosegger-Brunnen in Kapfenberg (Stmk.). – Literatur: I. Wilding, Der Bildhauer H. B. (1854–1925), Diss., Graz 1988.

Brandweiner, Heinrich, * 20. 3. 1910 Wien, † 22. 4. 1997 Waidhofen a. d. Thaya (NÖ.), Kirchen- und Völkerrechtler. Ab 1948 Univ.-Prof. in Graz, zeitweise vom Dienst suspendiert, 1967 vorzeitig pensioniert. Wegen Engagement für den KPÖ-nahen ö. Friedensrat (Vorsitzender 1953–60) während des Kalten Kriegs in Disziplinar- und Strafverfahren involviert.

Werke: Die christl. Kirchen als souveräne Rechtsgemeinschaft, 1948; The Internat. Status of Austria, 1951; Der ö. Staatsvertrag, 1955; Die Pariser Verträge, 1956. – Literatur: C. Fleck, Der Fall B., 1987.

Brantl, Heinz, * 27. 3. 1924 Graz (Stmk.), † 13. 6. 1977 Wien (Selbstmord), Journalist. 1946–54 „Neue Zeit" Graz, 1954–58 Klagenfurt; 1958–61 Chefredakteur von „Heute", ab 1963 von „Wien aktuell".

Werk: Moderne Ges. – moderner Sozialismus, 1958.

Brassart, Johannes, * um 1420 Lüttich (B; ?), † um 1445, Komponist, Vertreter der Vokalpolyphonie der Niederländer. Ab 1434 „rector capellae" unter Ks. Sigismund und nach dessen Tod unter Albrecht II. und Friedrich III. B. gilt als der erste namentlich bekannte Hofkapellmeister der Habsburger.

Brassicanus, Johannes Alexander, * 1500 Tübingen (D), † 25. 11. 1539 Wien, Humanist, neulatein. Dichter; Sohn des Grammatikers Johannes B. und Bruder von Johannes Ludwig → Brassicanus. Ab 1518 Univ.-Prof. für Rhetorik in Wien, Hg. von Schriften der Kirchenväter. Seine Dichtung umfasst sowohl Preisgedichte auf das habsb. Herrscherhaus als auch ironisch-satir. Lyrik (Pan-Omnis, 1519).

Weitere Werke: Idillion, 1519 (Preisgedicht auf Karl V.); Epinikion, um 1525; Proverbiorum Symmicta, quibus addicta sunt Pythagorae Symbola, 1529 (Sprichwortsammlung); Geoponica, 1539.

Brassicanus, Johannes Ludwig, * 1509 Tübingen (D), † 3. 6. 1549 Wien, Humanist, neulatein. Dichter; Bruder von Johannes Alexander → Brassicanus, mit dem er 1524 nach Wien kam. 1537 Prof. der Pandekten, 1538 des kanon. Rechts an der Univ. Wien, 1548 Rat der Königin Maria von Ungarn. Verfasste wie sein Bruder Gelegenheitsgedichte für die Habsburger, z. B. ein Triumphlied auf den Sieg Karls V. über den Schmalkaldischen Bund (Paean lyricus de victoria Caroli Augusti, in: Delitiae Poetarum Germanorum, Bd. 1, 1612).

Weitere Werke: Phoenix sive luctus Austriae ob mortem incomparabilis heroinae d. Anna (...) reginae, 1547 (Trauergedicht). – Literatur: H. Wiegand, Hodoeporica, 1984.

Brauer, Arik (Erich), * 4. 1. 1929 Wien, Maler, Graphiker, Bühnenbildner, Sänger und Dichter. Studierte 1945–51 an der Akad. d. bild. Künste in Wien bei R. C. → Andersen und A. P. → Gütersloh. Auf jahrelangen Reisen (bes. im Orient) und Auslandsaufenthalten (Paris, Israel) lebte B. zunächst vorwiegend von Auftritten als Sänger, erst um 1960 wurde die Malerei zur Haupttätigkeit. Mit den Künstlern der Wr. Schule des Phantast. Realismus war B. schon in den Akademiejahren befreundet, im Art-Club und in der „Hundsgruppe" festigten sich die künstlerischen Gemeinsamkeiten. Durch seine Lieder im Wr. Dialekt (1. Schallplatte 1967) wurde B. zu einem der Väter des Austropop. Kennzeichnend für das künstlerische Werk B. ist die detaillierte Kleinarbeit („Schichtenmalerei") und die Einbindung aktueller polit. Ereignisse in Bilder mit traum- und märchenhafter Atmosphäre, wobei Einflüsse von P. Bruegel d. Ä. (Kunsthist. Museum) sowie oriental. Miniaturmalerei ausgingen. 1985–97 Prof. an der Akad. der bild. Künste in Wien.

Werke: Die Verfolgung des jüdischen Volks, Zyklus, ab 1973; Menschenrechte, 1975 (Zyklus von Farbradierungen); Bühnenbilder u. Kostüme zur „Zauberflöte" von W. A. Mozart an der Pariser Oper, 1975; Die Ritter von der Reuthenstopf, 1986 (Kinderbuch); Sesam öffne dich, 1989 (Fernsehspiel mit Tochter Timna B.); A.-B.-Haus in Wien 6, Gumpendorfer Straße, fertiggestellt 1993. – Literatur: T. Flemming (Hg.), A. B., Werkverzeichnis, 1984.

Brauer, Friedrich Moritz, * 12. 5. 1832 Wien, † 29. 12. 1904 ebd., Zoologe. Bedeutender Vertreter der ö. Entomologie, ab 1884 Univ.-Prof. in Wien.

Werke: Beschreibung und Beobachtung der ö. Arten der Gattung Chrysopa, 1850; Monographie der Oestriden, 1863; Die Neuropteren Europas, 1876.

Braumüller, Hermann, * 25. 6. 1886 Klagenfurt (Kä.), † 17. 7. 1977 ebd., Lehrer, Beamter, Landeshistoriker von Kä., Dir. des Kä. Geschichtsvereins.

Werke: Geschichte Kä., 1949; Artikel in Carinthia I. – Literatur: Carinthia I/168, 1978 (Nachruf).

Braumüller, Wilhelm von, * 19. 3. 1807 Zillbach (D), † 25. 7. 1884 Wien, Buchhändler. Ab 1831 in Wien, ab 1848 selbstständiger Buchhändler, der sich v. a. dem Verkauf wiss. Bücher widmete (Medizin, Rechtswiss., Landw.). Hofbuchhändler mit weltweitem Ansehen.

Literatur: ÖBL.

Braun, Anton d. J., * 1708 Möhringen (D), † 23. 10. 1776 Wien, Optiker und Uhrmacher. Vollendete die von seinem Vater begonnene und 1766 dem Hof übergebene erste funktionsfähige Sprossenrad-Rechenmaschine für die 4 Grundrechenarten (im Techn. Museum Wien).

Braun, Felix, * 4. 11. 1885 Wien, † 29. 11. 1973 Klosterneuburg (NÖ.), Lyriker, Dramatiker, Erzähler und Essayist; Bruder von Käthe → Braun-Prager. In der Tradition der ö. Literatur der Jh.-Wende, Werke stark von relig. und symbol. Elementen geprägt. Freund von H. v. → Hofmannsthal; 1928–38 Prof. f. dt. Literatur in Italien; 1939–51 Emigrant in England, ab 1951 Dozent am Reinhardt-Seminar in Wien; Großer Ö. Staatspreis

Alois Brandstetter. Foto.

Arik Brauer. Foto, 1959.

Hans Brandstetter. Foto, 1902.

1951, Grillparzer-Preis 1965, Ö. Ehrenzeichen f. Wiss. u. Kunst 1966.

Werke: Dramen: Tantalos, 1917; Esther, 1926. – Romane: Agnes Altkirchner, 1927 (Neuauflage unter dem Titel „Herbst des Reiches", 1957); Der Stachel in der Seele, 1948; Rudolf der Stifter, 1955. – Lyrik: Der tausendjährige Rosenstrauch (Hg.), 1949; Die Lyra des Orpheus, 1952. – Das weltliche Kloster, 1967 (Kurzgeschichte). – Ausgabe: Ausgewählte Dramen, 2 Bde., 1963. – Literatur: K. P. Dencker, Jugendstil im Drama. Studien zu F. B., 1971.

Braun, Gustav, * 28. 6. 1829 Zistersdorf (NÖ.), † 2. 2. 1911 Wien, Gynäkologe. Univ.-Prof. der Josefsakad., 1873 Vorstand der Hebammenklinik, förderte die Hebammenausbildung.

Werke: Compendium der Frauenkrankheiten, 1863; Compendium der Geburtshilfe, 1864; Compendium der Kinderkrankheiten, 1870.

Braun, Karl Johann, Ritter von Braunthal (Pseud.: Jean Charles), * 6. 6. 1802 Eger (Cheb, CZ), † 26. 11. 1866 Wien, Schriftsteller. Zunächst Erzieher, Archivar, Bibliothekar, ab 1855 freier Schriftsteller. Als Dramatiker wenig erfolgreich (Faust, 1835), lyrisches Werk in der Tradition der romantischen Dichtung, Autor von ges.-krit. Zeitromanen und hist. Romanen.

Weitere Werke: Lyrik: Die Himmelsharfe, 1826; Gedichte, 1836; Morgen, Tag und Nacht aus dem Leben eines Dichters, 1843. – Dramen: Loda, 1826; Graf Julian, 1831; Ritter Shakespeare, 1836. – Prosa: Antithesen oder Herrn Humors Wanderungen durch Wien und Berlin, 1834; Donna Quixote oder Leben und Meinungen eines scharfsinnigen Edlen aus Jungdeutschland, 2 Bde., 1844; Die Ritter vom Gelde, 1860. – Literatur: A. Gauby, K. J. B. v. B., Diss., Wien 1950.

Braun-Fernwald, Karl von, * 22. 3. 1822 Zistersdorf (NÖ.), † 28. 3. 1891 Wien, Gynäkologe. Ab 1856 Univ.-Prof. in Wien; führte neue Operationsinstrumente und -methoden ein, löste die Gynäkologie von der Chirurgie und machte sie zu einem selbstständigen Studienfach.

Werke: Klinik der Geburtshilfe und Gynäkologie, 1855 (mit J. Chiari); Lehrbuch der Geburtshilfe, 1857.

Braun-Prager, Käthe (auch: Anna Maria Brandt), * 12. 2. 1888 Wien, † 18. 6. 1967 ebd., Lyrikerin, Erzählerin und Essayistin, Malerin; Schwester von Felix → Braun und Frau des Philosophen Hans Prager. Begründete 1928 die „Literar. Frauenstunde" von Radio Wien, 1939–51 im Exil in England.

Werke: Lyrik: Stern im Schnee, 1949; Verwandelte Welt, 1956. – Aphorismen: Ahnung und Einblick, 1937; Reise in die Nähe, 1954. – Erzählungen: Heimkehr, 1958; Visionen aus dem Alltag, 1958; Heimat in der Fremde, 1968. – Literatur: S. Bolbecher u. K. Kaiser (Hg.), Lexikon der ö. Exilliteratur, 2000.

Braunsteiner, Herbert, * 10. 3. 1923 Wien, Internist. Untersuchte als erster Blutzellen unter dem Elektronenmikroskop, errichtete ein hämatolog. Forschungszentrum an der Innsbrucker Klinik (Vorstand seit 1964); Ordinarius für Innere Medizin, 1979–81 Rektor der Univ. Innsbruck, Präs. der Ö. Ges. für Innere Medizin.

Werke: über 400 Fachpublikationen.

Bregenzer Grafen, schwäb. Adelsfamilie, die ca. 920–1150 von Bregenz aus Teile von Vbg. beherrschte und deren Vertreter meist den Namen Ulrich (→ Udalrichinger) trugen. Ulrich X. gründete um 1090 das Kloster Andelsbuch-Mehrerau. Nachfolger wurde Pfalzgraf Hugo von Tübingen († 1182), dessen Sohn Hugo sich nach → Montfort nannte.

Literatur: B. Bilgeri, Geschichte Vbg., Bd. 1, 1971.

Brehm, Bruno (Pseud.: Bruno Clemens), * 23. 7. 1892 Laibach (Ljubljana, SLO), † 5. 6. 1974 Altaussee (Stmk.), Schriftsteller. 1938–42 Hg. der Ztschr. „Der getreue Eckart"; schrieb v. a. hist. Romane, z. T. aktuell-politisch aus nat.-soz. Perspektive. Rosegger-Preis 1962.

Werke: Hist. Romane: Trilogie vom Untergang der Donaumonarchie: Apis und Este, 1931; Das war das Ende, 1932; Weder Kaiser noch König, 1933 (1951 als 1 Band: Die Throne stürzen); Zu früh und zu spät, 1936; Auf Wiedersehen, Susanne, 1939 (Erstfassung 1929 unter dem Titel „Susanne und Marie"); Die sanfte Gewalt, 1941; Der fremde Gott, 1948; Der Lügner, 1949; Aus der Reitschuln, 1951; Das zwölfjährige Reich (Trilogie: Der Trommler, Der böhm. Gefreite, Wehe den Besiegten allen) 1960/61; Warum wir sie lieben, 1963; Am Ende stand Königgrätz, 1965; Der Weg zum roten Oktober, 1968. – Literatur: G. Schattner, Der Traum vom Reich in der Mitte: B. B., 1996.

Walter Breisky. Foto, 1931.

Bruno Brehm. Plastik von Wilhelm Frass, um 1943.

Burghard Breitner. Foto.

Breicha, Otto, * 26. 7. 1932 Wien, Kunsthistoriker, Publizist, Kulturmanager. 1969–74 Direktionsmitgl. des Avantgardefestivals „steirischer herbst"; gründete 1966 mit Gerhard Fritsch die Ztschr. für Lit. und Kunst „protokolle", die er bis zu ihrer Einstellung 1997 herausgab; 1980–97 Dir. der Sbg. Landessammlungen Rupertinum. Autor u. Hg. zahlr. Publikationen zur ö. Kunst und Literatur des 20. Jh.

Werke: Finale und Auftakt, 1964 (Hg. mit G. Fritsch); Aufforderung zum Mißtrauen, 1967 (Hg. mit G. Fritsch); Um Wotruba, 1967 (Hg.); W. Hutter. Essay und Werkkatalog, 1969; G. Eisler. Monographie und Werkkatalog, 1970; A. Urteil, 1970; A. Rainer. Überdeckungen, 1972; P. Pongratz, 1975 (Hg.); O. Kokoschka: vom Erlebnis im Leben, 1976 (Hg.); A. Kubin, 1977 (Hg.); Wotruba, 1977 (Hg.); G. Klimt, 1978 (Hg.); Der Art Club in Ö. 1981 (Hg.); Ö. zum Beispiel, 1982 (Hg. mit R. Urbach); Wirklichkeiten, 1988 (Hg.); H. Boeckl. Das Spätwerk, 1988 (Hg.); Weiler: die innere Figur, 1989 (Hg.); G. Klimt. Die Bilder und Zeichnungen der Smlg. Leopold, 1990 (Hg.); Miteinander, zueinander, gegeneinander, 1992 (Hg.); Ö. Plastik seit 1945, 1994; Wotruba und die Folgen, 1994; Gut zum Druck, 1997 (Hg. mit D. Grimmer); Anfänge des Informel in Ö., 1997 (Hg.).

Breisach, Emil, * 21. 3. 1923 Stockerau (NÖ.), Schriftsteller, Publizist und Kulturmanager. Ab 1945 im Rundfunk tätig, 1967–88 Intendant des ORF-Landesstudios Stmk.; 1958–67 Präs. des Forum Stadtpark, Mitbegr. des steirischen herbsts.

Werke: Die Angst vor den Medien, 1978; Am seidenen Faden der Freiheit, 1983; Wider den Strich, 1993.

Breisky, Walter, * 8. 7. 1871 Bern (CH), † 25. 9. 1944 Klosterneuburg (NÖ.), Beamter und Politiker (CS). 1920 Staatssekr. für Inneres und Unterricht, 1920–22 Vizekanzler und mit der Leitung von Innen- und Unterrichtsmin. betraut, einen Tag lang (26./27. 1. 1922) auch mit der Leitung des Bundeskanzleramts; 1923–31 Präs. des Bundesamts für Statistik.

Literatur: ÖBL.

Breit, Bert, * 25. 7. 1927 Innsbruck (Ti.), Komponist. Studien in Innsbruck und am Mozarteum Salzburg, Privatunterricht bei C. Orff; 1951–52 Studien bei Pierre Schaeffer in Paris, Begegnung mit Musique concrète; 1961–67 Abteilungsleiter bei Radio Ti., seither freischaffender Komponist. Schuf u. a. die Signation für die Hörfunksendung „Der Schalldämpfer" und Filmmusiken („Franza", „Der stille Ozean", „Heidenlöcher", „Dorf ohne Männer" und „Zug um Zug").

Weitere Werke: Des Lebens Vergänglichkeit, 1960 (Kantate); Hirtenmusik zur Weihnacht, 1964 (Kammermusik); Memento viva et mors, 1987 (Radiophonie); Als ich an einem Sonntagmorgen Frau Müller traf, 1990 (Blechbläserquintett); Spuren, 1995 (Klarinette, Streichquartett); Konzert für Bratsche und Streichorchester, 1996.

Breitenecker, Leopold, * 14. 4. 1902 Wien, † 22. 11. 1981 ebd., Gerichtsmediziner. 1959 Ordinarius und Vorstand des Inst. für gerichtl. Medizin Wien. Zentrales Forschungsthema von B. waren Gerichts- und Versicherungsmedizin sowie ärztl. Rechtskunde.

Breitner, Burghard, * 10. 6. 1884 Mattsee (Sbg.), † 28. 3. 1956 Innsbruck (Ti.), Chirurg. Univ.-Prof. in Innsbruck, betreute bis 1920 ö. Kriegsgefangene in Russland, 1950–56 Präs. des Ö. Roten Kreuzes, 1951 VdU-Kandidat bei der Bundespräsidentenwahl.

Literatur: L. Höbelt (Hg.), Festschrift für B. B., 1994; M. Handler, Der Teilnachlaß von Univ.-Prof. Dr. med. B. B. (1884–1956), Hausarbeit, Wien 1999.

Breitner, Hugo, * 9. 11. 1873 Wien, † 5. 3. 1946 Clairemont (USA), soz.-dem. Finanzpolitiker. 1918–33 Mitgl. d. Wr. Gem.-Rats; führte als Stadtrat f. Finanzwesen (1919–32) der Gem. Wien 1923 die „Wohnbausteuer" ein und schuf damit die Grundlage für den soz. Wohnbau in Wien. In den Februarkämpfen 1934 verhaftet, emigrierte B. 1938 nach Italien und Paris, von dort in die USA.

Literatur: H. Kaudelka, H. B., in: Wr. Schriften 4, 1956.

Alfred Brendel. Foto.

Brendel, Alfred, * 5. 1. 1931 Wiesenberg (Loučna, CZ), Pianist. Begann seine Karriere in den 50er Jahren mit der Interpretation von Werken von F. Liszt, A. Schönberg, W. A. Mozart und v. a. L. v. Beethoven (erste Gesamteinspielung); spätestens seit seiner Amerikatournee 1963 wird er zu den weltbesten Pianisten gezählt.

Werke: Musik beim Wort genommen, 1992; Fingerzeig, 1996; Störendes Lachen während des Jaworts, 1997; Kleine Teufel, 1999 (Gedichte).

Brenner, Martin, * 11. 11. 1548 Dietenheim (D), † 14. 10. 1616 Retzhof (Stmk.), Reformbischof in Seckau nach dem Trienter Konzil. Leitete die meisten Reformationskommissionen Ferdinands II. 1599–1600/04 in der Stmk. und in Kä. Sein Wirken (Predigt, Klerusreform) brachte ihm den Titel „Apostel der Stmk." ein.

Literatur: K. Amon, M. B., in: Die Bischöfe von Graz-Seckau 1218–1968, 1969.

Brentano, Franz, * 16. 1. 1838 Marienberg (D), † 17. 3. 1917 Zürich (CH), Philosoph, Priester; Neffe des dt. Romantikers Clemens B.; 1873–80 Prof., bis 1894 Privatdozent in Wien; zog 1895 nach Florenz, 1915 nach Zürich. Von Aristoteles ausgehend, verband B. die Philosophie eng mit der Psychologie, die für ihn die Grundwiss. schlechthin war. Seine Lehre beeinflusste die Grazer Schule und die Phänomenologie.

Werke: Psychologie vom empir. Standpunkte, 3 Bde., 1874 u. 1924–28; Vom Ursprung sittl. Erkenntnis, 1889; Untersuchungen zur Sinnespsychologie, 1907; Von der Klassifikation der psychischen Phänomene, 1911. – Gesamtausgabe hg. v. F. Mayer-Hillebrand, 1952ff. – Literatur: J. M. Werle, F. B. und die Zukunft der Philosophie, 1989; E. Tiefensee, Philosophie und Religion bei F. B. (1838–1917), 1998.

Bresgen, Cesar, * 16. 10. 1913 Florenz (I), † 7. 4. 1988 Salzburg, Komponist. Ab 1939 in Salzburg, Prof. am Mozarteum; arbeitete ähnlich wie C. Orff mit starkem pädagog. Engagement. In seinen vorwiegend musikdramat. Werken gestaltete er häufig hist. Themen (Der Engel von Prag, 1978 bzw. 1985) und Märchen (Der Igel als Bräutigam, 1948; Der Mann im Mond, 1960). 1976 Großer Ö. Staatspreis.

Weitere Werke: zahlr. musikdramat. Werke, daneben Vokalwerke, Kammermusik, konzertante Werke und theoret. Schriften. – Literatur: R. Lück, C. B., 1974; I. Schmid-Reiter, Das musikdramat. Werk C. B., Diss., Wien 1989.

Brestel, Rudolf, * 16. 5. 1816 Wien, † 3. 3. 1881 ebd., Politiker. 1844 Univ.-Prof. für Mathematik, 1848 liberaler Abgeordneter, 1868–70 Finanzmin., 1869–81 Mitgl. d. Reichsrats.

Literatur: S. Gold, R. B. als Finanzmin., Diss., Wien 1936; ÖBL.

Brettauer, Josef, * 8. 12. 1835 Ancona (I), † 11. 7. 1905 Triest (I), Numismatiker, Augenarzt. Seine Smlg. von medizin. Münzen und Medaillen („Medicina in nummis") war eine der größten Privatsammlungen dieser Art; bis 1988 im Kunsthist. Museum, heute im Inst. für Numismatik der Univ. Wien.

Literatur: E. Holzmair, Medicina in nummis. Smlg. Dr. J. B., ²1989.

Breu (Preu), Jörg d. Ä., * um 1475 Augsburg (D), † 1536 ebd., Maler, Zeichner und Illuminator. Meister der Donauschule; hielt sich auf seiner Wanderschaft längere Zeit im Donauraum auf, wurde hier durch R. → Frueauf d. Ä. beeinflusst, arbeitete um 1500 in einer Malerwerkstatt in Krems; aus dieser Zeit stammen der Bernhardi-Altar in Zwettl (1500), der ehem. Hochaltar der Kartäuserkirche in Aggsbach (1501, jetzt Teile im Stift Herzogenburg und im German. Nat.-Museum in Nürnberg) sowie der ehem. Hochaltar in Melk (1502, jetzt in der Melker Stifts-Smlg.). Ab 1502 als Maler in Augsburg ansässig, um 1515 Italienreise, 1522 kurzer Aufenthalt in Straßburg.

Literatur: 1000 Jahre Kunst in Krems, Ausst.-Kat., Krems 1971; P. F. Cuneo, Art and Politics in Early Modern Germany, 1998.

Breu, Josef, * 5. 1. 1914 Triest (I), † 26. 4. 1998 Wien, Geograph. Ab 1979 Univ.-Prof., 1981–84 Präs. der Geograph. Ges. Spezialgebiete: SO-Europa, geograph. Namenforschung.

Werke: Atlas der Donauländer, 1970; Geograph. Namenbuch Ö., 1975.

Breu, Niclas, → Meister der Historia Friderici et Maximiliani.

Breuer, Josef, * 15. 1. 1842 Wien, † 20. 6. 1925 ebd., Internist, Physiologe. Entdeckte die Selbststeuerung der Atmung durch den Nervus vagus. Seine „kathartische (reinigende) Methode" zur Behandlung neurotischer und hysterischer Störungen stellte den Ausgangspunkt der psychoanalyt. Lehre von S. → Freud dar.

Werk: Studien über Hysterie, 1895 (mit S. Freud). – Literatur: A. Hirschmüller, Physiologie und Psychoanalyse in Leben und Werk J. B., 1978.

Breuer, Robert, * 3. 10. 1909 Wien, † 24. 6. 1996 Forest Hills (USA), Schriftsteller. Bis 1938 Journalist in Wien (u. a. für das „Neue Wr. Tagblatt", die „Neue Freie Presse" und das „Neue Wr. Journal"); 1938 Emigration über Großbritannien nach New York, wo er ab 1940 als Theaterkritiker für europ. Tageszeitungen und den Berliner Sender RIAS arbeitete. 1962–91 Musikreferent für den „Aufbau" in New York, Musikkritiker u. a. für die „New York Times".

Werke: Gedichte vom Leben, Lieben und Lachen, 1935; Nacht über Wien. Ein Erlebnisbericht aus den Tagen des Anschlusses im März 1938, 1988 (engl. 1938); New Yorker Musik-Kaleidoskop 1962–90, 1994.

Breuner, ö.-steir. Hochadelsgeschlecht des 15.–19. Jh. Die Gründer Conrad und Andreas B. kamen 1385 aus Utrecht oder Köln in die Stmk., sie und ihre Nachfahren waren landesfürstl. Beamte (Ritter). Die steir. Linie wurde 1666 in den Grafenstand erhoben und starb 1827 aus. Philipp B. († 23. 4. 1556), Präs. der Hofkammer und seit 1550 im Freiherrenstand, gründete die ö. Linien. Sein Sohn Seyfried war 1587–91 Statthalter von NÖ., dessen Frau erbte die Güter der → Eyczing. Eine ältere Linie zu Asparn (1624 Grafen)

Hugo Breitner. Foto.

Josef Breuer. Foto, um 1910.

Franz Brentano. Foto.

starb 1716 aus, die jüngere Linie von Asparn erlosch 1894, die von Nußdorf 1862. Bischof Philipp Friedrich → Breuner stammt aus der jüngeren Asparner Linie.

Literatur: U. Walter, Die B., Genealogie und Besitzgeschichte einer steir. Adelsfamilie, Diss., Graz 1985.

Breuner, Philipp Friedrich Graf, * 6. 9. 1597 St. Margareten am Moos (NÖ.), † 22. 5. 1669 Wien, Geistlicher. 1630–39 Weihbischof in Olmütz; 1639–69 Fürstbischof von Wien.

Literatur: E. Gatz (Hg.), Die Bischöfe des Hl. Röm. Reiches 1648–1803, 1990.

Brevillier, Ludwig, * 15. 11. 1800 Wien, † 12. 2. 1855 ebd., Fabrikant. 1819–30 in Manchester, wurde dann Gesellschafter der 1823 von seinem Bruder Karl Wilhelm B. gegr. Holz- und Metallschraubenfabrik in Neunkirchen (NÖ.) und baute diese zu einem Musterbetrieb mit internat. Ruf aus.

Literatur: ÖBL.

Brezina, Thomas, * 30. 1. 1963 Wien, Kinder- und Jugendbuchautor. V. a. durch seine Buchreihen „Die Knickerbockerbande", „Tom Turbo" und „Bronti Super-Saurier" international bekannt geworden. Bes. die erstgenannte Krimiserie (verfilmt) bescherte B. den Ruf des dzt. erfolgreichsten ö. Kinder- und Jugendschriftstellers. B. moderiert auch Kinder- und Jugendsendungen im ORF, schreibt Lieder und Drehbücher. Großer Ö. Jugendpreis für seine Drehbücher zur Puppenfernsehserie „Tim, Tom und Dominik".

Hermann Broch. Foto, 1937.

Brezinka, Wolfgang, * 9. 6. 1928 Berlin (D), Erziehungswissenschaftler. Habilitierte sich 1954 an der Univ. Innsbruck und lebt seither in Ti.; lehrte an den Univ. Würzburg, Innsbruck (1960–67) und Konstanz (1967–96); vertritt ein empirisch-analyt. Wiss.-Konzept. Seine Schriften, v. a. zur Pädagogik der Neuen Linken sowie zur Orientierungs-, Wertungs- und Erziehungskrise unserer Zeit, sind weltweit verbreitet (Übersetzungen in 15 Sprachen). Zählt zu den bedeutendsten Erziehungstheoretikern der Gegenwart.

Werke: Erziehung als Lebenshilfe, 1957; Erziehung – Kunst des Möglichen, 1960; Von der Pädagogik zur Erziehungswiss., 1971; Die Pädagogik der Neuen Linken, 1972; Grundbegriffe der Erziehungswiss., 1974; Erziehung in einer wertunsicheren Gesellschaft, 1986; Pädagogik in Ö., Bd. 1, 2000. – Ausgabe: Gesammelte Schriften, 1988ff. – Literatur: S. Uhl, W. B. – 50 Jahre erlebte Pädagogik, 1997.

Briegniel (Brigniel), Josef, * 24. 3. 1699 Klagenfurt (Kä.), † um 1770 Wr. Neustadt (NÖ.), Jesuit. Ab 1740 Missionar in Paraguay; verfasste Wörterbuch und Grammatik der Abipon-Indianer und zeichnete eine Karte ihres Landes.

Brik, Johann Emanuel, * 7. 5. 1842 Hermanúv Mestec (CZ), † 7. 1. 1925 Eferding (OÖ.), Techniker. 1893–1913 Prof. f. Brückenbau an der Techn. Hochschule Wien, einer der hervorragendsten Vertreter des Eisenbahnbaus seiner Zeit.

Literatur: ÖBL.

Max Brod. Foto.

Brinkmann, Ruth, * 22. 7. 1934 Berlin (D), † 19. 12. 1996 Wien, Schauspielerin. Studierte Schauspiel an der Yale University; nach ersten Auftritten in den USA lernte sie 1958 den ö. Regisseur F. → Schafranek kennen, heiratete diesen und übersiedelte nach Wien. 1963 gründete sie mit Schafranek Vienna's English Theatre und spielte dort viele Hauptrollen; nach dem Tod ihres Mannes übernahm sie auch die Leitung des Theaters. Zahlr. Auszeichnungen.

Brioschi, Theatermalerdynastie; Entwürfe im Besitz des Ö. Theatermuseums in Wien. Mitglieder der Familie: Giuseppe → Brioschi, Carlo Giovanni Aristide → Brioschi, Othmar → Brioschi, Antonio → Brioschi.

Literatur: E. Greisenegger-Georgila, Naturmotive im Angebot eines Theaterdekorationsateliers des 19. Jh. Das Atelier B. und seine Tradition in der k. u. k. Hofoper in Wien, Diss., Wien 1987.

Brioschi, Antonio, * 30. 11. 1855 Wien, † 31. 8. 1920 ebd., Hoftheater- und Dekorationsmaler; Sohn von Carlo Giovanni Aristide → Brioschi, Bruder von Othmar → Brioschi. Übernahm 1886 als Ausstatter der Wr. Hofoper das Atelier seines Vaters und schuf auch Entwürfe für das Wr. Burgtheater.

Brioschi, Carlo Giovanni Aristide, * 24. 6. 1826 Mailand (I), , † 12. 11. 1895 Wien, Hoftheatermaler; Sohn von Giuseppe → Brioschi, Vater von Othmar → Brioschi und Antonio → Brioschi. Leitete 1854–86 das Atelier seines Vaters, übernahm 1869 die Leitung bei der Einrichtung der Bühnenmaschinerie der neuen Wr. Oper. Begründete den Ruf der neueren Wr. Dekorationsmalerei.

Brioschi, Giuseppe, * 1801 Mailand (I), † 24. 11. 1858 Wien, Dekorationsmaler; Vater von Carlo Giovanni Aristide → Brioschi. Richtete sich in Wien ein Atelier für die Hofoper im Kärntnertortheater ein.

Brioschi, Othmar, * 17. 9. 1854 Wien, † 7. 7. 1912 Rom (I), Maler; Sohn von Carlo Giovanni Aristide → Brioschi, Bruder von Antonio → Brioschi. War Gehilfe in dessen Atelier, ging ab 1885 für ständig nach Rom, wo er 1905 Prof. an der Accademia di S. Luca wurde.

Broch, Hermann, * 1. 11. 1886 Wien, † 30. 5. 1951 New Haven (USA), Dichter und Kulturphilosoph. 1907 Textilingenieur; 1916–27 Dir. eines Textilunternehmens in Wien, studierte Philosophie und Mathematik, emigrierte 1938 nach kurzer Inhaftierung in die USA, 1950 Honorary Lecturer an der Yale University. B. entwickelte durch seine philosoph. Überlegungen in der Romantrilogie „Die Schlafwandler" (1932) eine neue Erzählform, in der er seine Theorie vom Wertezerfall entwickelte. Er setzte sich mit Massenpsychologie („Massenwahntheorie", postum 1979) und der Verantwortung des Dichters in Krisenzeiten („Der Tod des Vergil", 1945) auseinander und engagierte sich kurzzeitig im Rahmen des Völkerbunds. In seinen kulturphilosoph. Essays verband B. soz. und polit. Phänomene mit ethischen Fragen („Das Böse im Wertsystem der Kunst", 1933).

Weitere Werke: Romane: Die Schuldlosen, 1950; Der Versucher, 1954 (neu unter dem Titel „Die Verzauberung"). – Drama: Die Entsühnung (Denn sie wissen nicht, was sie tun), 1933. – Essays: Das Weltbild des Romans, 1930; Geist und Zeitgeist, 1943; J. Joyce und die Gegenwart, 1936; Hofmannsthal und seine Zeit, 1955 (postum). – Gedichte, Novellen. – Ausgabe: Gesammelte Werke, 10 Bde., 1951–61.; Kommentierte Werkausgabe, hg. v. P. M. Lützeler, 13 Bde., 1974–81. – Literatur: P. M. Lützeler, H. B. Eine Biographie, 31987; M. Kessler u. P. M. Lützeler (Hg.), H. B. Das dichterische Werk, 1987; dies. (Hg.), B. theoretisches Werk, 1988; P. M. Lützeler, Die Entropie des Menschen. Studien zum Werk H. B., 2000.

Brockmann, Jochen, * 14. 9. 1919 Schwerin (D), † 27. 6. 1990 Horn (NÖ.), Schauspieler. 1940–49 am Wr. Burgtheater, 1957–86 Mitgl. des Theaters in der Josefstadt; Gastspiele u. a. in Berlin, bei den Sbg. Festspielen und in Hamburg; Film- und Fernsehtätigkeit.

Brockmann, Johann Franz Hieronymus (auch Franz Carl Johann Hieronymus), * 30. 9. 1745 Graz (Stmk.), † 12. 4. 1812 Wien, Schauspieler. Durch seine Natürlichkeit im Ausdruck berühmt; erster dt.-sprachiger Hamlet; kam 1778 an das Hofburgtheater in Wien, das er 1789–91 auch leitete.

Literatur: W. M. Kienreich, J. F. H. B., Diss., Wien 1978.

Brod, Max, * 27. 5. 1884 Prag (CZ), † 20. 12. 1968 Tel Aviv (Israel), Erzähler, Dramatiker, Philosoph, auch Musik- und Theaterkritiker und Komponist. Emigrierte 1939 nach Israel, Dramaturg der „Habimah" in Tel Aviv. Entdecker und Freund F. → Kafkas, dessen Interpret und Nachlass-Hg. er wurde. In seinem umfangreichen erzählerischen Werk thematisiert B. das Ringen um jüdische Identität.

Werke: Romane: Schloß Nornepygge, 1908; Trilogie „Kampf um Wahrheit" (Tycho Brahes Weg zu Gott, 1915; Reubeni, Fürst der Juden, 1925; Galilei in Gefangenschaft, 1948); Die Frau, nach der man sich sehnt, 1927; Stefan Rott oder Das Jahr der Entscheidung, 1931; Annerl, 1936; Der Meister, 1951; Armer Cicero, 1955; Mira, 1958. – Streitbares Leben, 1960 (Autobiographie). – Abhandlungen: Heidentum, Christentum, Judentum, 2 Bde., 1921; F. Kafka, 1937; Diesseits und Jenseits, 3 Bde., 1947/48; F. K. Glauben und Lehre, 1948; Der Prager Kreis, 1966. – M. B. – F. Kafka – eine Freundschaft, Briefwechsel, 1989. – Literatur: M. B. 1884–1984, hg. v. M. Pazi, 1987; C. E. Börsch, M. B. im Kampf um das Judentum, 1992.

Broda, Christian, * 12. 3. 1916 Wien, † 1. 2. 1987 ebd., Rechtsanwalt und Politiker (SPÖ); Bruder von Engelbert → Broda. 1957–59 Mitgl. d. BR; 1962–83 Abg. z. NR, führte als Justizminister 1960–66 und 1970–83 bed. Reformen im Familien- und Sozialrecht durch; 1987 erhielt B. den Menschenrechtspreis des Europarats.

Werke: Die ö. Strafrechtsreform, 1965; Rechtspolitik, Rechtsreform, 1986. – Literatur: M. Neider (Hg.), C. B., Festschrift zum 70. Geburtstag, 1986.

Broda, Engelbert, * 29. 8. 1910 Wien, † 26. 10. 1983 Hainburg (NÖ.), Physiker, Chemiker; Bruder von Christian → Broda. Assistent bei H. Mack, Patentanwalt; emigrierte 1938 nach Großbritannien und kehrte 1947 nach Wien zurück. 1955–80 Prof. für physikal. Chemie an der Univ. Wien.

Werke: Kräfte des Weltalls, 1954; L. Boltzmann, 1955; Atomkraft – Furcht und Hoffnung, 1956; Radioaktive Isotope in der Biochemie, 1958; The Evolution of the Bioenergetic Processes, 1975; Wiss., Verantwortung, Frieden, 1985. – Literatur: E. B. (1910–1983), Wiss. und Ges., 1993.

Broesigke, Tassilo, * 8. 6. 1919 Meierhöfen bei Karlsbad (Karlovy Vary, CZ), Rechtsanwalt und Politiker (FPÖ). 1956–77 Landesparteiobmann der Wr. FPÖ, 1959–63 Abg. z. Wr. Landtag und Mitgl. des Wr. Gemeinderats, 1963–66 und 1970–80 Abg. z. NR; 1980–92 Präs. des Rechnungshofs.

Bronnen, Arnolt (eigentl. Arnold Bronner; Pseud.: A. H. Schelle-Noetzel), * 19. 8. 1895 Wien, † 12. 10. 1959 O-Berlin (D), Dramatiker, Erzähler und Essayist; Sohn von Ferdinand → Bronner. Verfasste spätexpressionist. Stücke, geprägt von einem dynamisch-anarchist. Lebensgefühl; arbeitete 1922–26 mit B. Brecht zusammen. Ab 1943 in der ö. Widerstandsbewegung aktiv, 1945 Dramaturg der Reichsfunkges., für kurze Zeit Dramaturg der Wr. Scala; ging 1955 nach O-Berlin. Übernahm als einer der ersten Gestaltungsmittel von Film und Hörfunk in seine Stücke.

Werke: Dramen: Exzesse, 1921 (Urauff. 1973); Vatermord, 1922 (Urauff. 1920); Geburt der Jugend, 1924; Michael Kohlhaas, 1929; Kette Kolin, 1950. – Roman: Film und Leben. Barbara La Marr, 1928. – A. B. gibt zu Protokoll (Autobiogr., 1954). – Essay: Deutschland. Kein Wintermärchen, 1956. – Ausgabe: Werke in 5 Bden., hg. v. F. Aspetsberger, 1989. – Literatur: E. Klingner, A. B. Werk und Wirkung, 1974; M. Krüger, Vom ordnenden Subjekt zur subjektgemäßen Ordnung, 1989; F. Aspetsberger, A. B., 1995; G. Schneider-Nehls, Grenzgänger in Deutschland, 1997.

Bronner, Ferdinand (Pseud.: Franz Adamus), * 15. 10. 1867 Auschwitz (Oświecim, PL), † 8. 6. 1948 Bad Ischl (OÖ.), Schriftsteller, Dramatiker; Vater von Arnolt → Bronnen. Brachte als einer der ersten Arbeiterdramen auf die Bühne.

Werke: Dramen: Jahrhundertwende (Trilogie), 1899, 1902, 1905; Vaterland, 1910. – Roman: Kinder des Volkes, 1929.

Bronner, Gerhard, * 23. 10. 1922 Wien, Komponist und Kabarettist; Vater von Oscar → Bronner. Emigrierte 1938 nach Palästina und kehrte nach dem 2. Weltkrieg nach Wien zurück. 1950–61 Kabarettprogramme („Blattl vorm Mund", „Glasl vorm Aug", „Dachl überm Kopf", „Hackl im Kreuz") mit M. → Kehlmann, H. → Qualtinger, C. → Merz, G. → Kreisler, L. → Martini und P. → Wehle. In den 50er Jahren Theaterleiter (u. a. „Theater am Kärntnertor"). 1979–88 Leiter des Kabaretts „Fledermaus" und des Hörfunkkabaretts „Der Guglhupf".

Werke: Lieder: Der Wilde mit seiner Maschin'; Der g'schupfte Ferdl; Der Papa wird's schon richten u. v. a. – Wr. Fassung der Musicals „My Fair Lady" (1969) und „Anatevka". – Übersetzung von E. Kishons „Abraham kann nichts dafür", 1984. – Kein Blattl vor'm Mund, 1992; Die goldene Zeit des Wr. Cabaretts. Anekdoten, Texte, Erinnerungen, 1995; Tränen gelacht. Der jüdische Humor, 1999. – Literatur: G. Promitzer, Das Kabarett im Spiegel einer Dekade 1951–61, 1991.

Bronner, Oscar, * 14. 1. 1943 Haifa (Israel), Publizist und Verleger; Sohn von Gerhard → Bronner. Gründete 1970 das Wirtschaftsmagazin „trend" und das Nachrichtenmagazin „profil" sowie 1988 die Wr. Tageszeitung „Der Standard", deren Verleger, Hg. und Chefredakteur er ist.

Brook-Shepherd, Gordon, * 24. 3. 1918 Nottingham (GB), engl. Journalist und Historiker. Südost-Experte von „Daily Telegraph" und „Sunday Telegraph"; Autor von Werken zur Geschichte Ö.

Werke: Die ö. Odyssee, 1958; E. Dollfuß, 1961; Der Anschluß, 1963; Um Krone und Reich, 1968; Monarchien im Abendrot, 1988; Die Opfer von Sarajewo, 1988; Zita, 1993; Ö. Eine tausendjährige Geschichte, 1998.

Brosch, Klemens, * 21. 10. 1894 Linz (OÖ.), † 17. 12. 1926 ebd. (Selbstmord), Graphiker. Studierte 1913–14 an der Akad. d. bild. Künste in Wien. Basierend auf präzisem Naturstudium, verbinden sich in seinem Stil Symbolismus und Elemente japanischer Holzschnitte. Die Erfahrung des 1. Weltkriegs, die B. in die Drogenabhängigkeit trieb, kommt in seinem Werk deutlich zum Ausdruck. Seine 1919 geschaffenen Notgeldentwürfe sind künstlerisch interessante Beispiele dieses kleingraphischen Genres.

Werke: Zeichnungen: Fahrt am Morgen, 1912; Der Invaliden Dank, 1915. – Aquarelle: Spazierweg am Eisenbahndamm, 1926. – Exlibris. – E. Nowak-Thaller, K. B. 1894–1926, 1991; H.-G. Sehrt (Hg.), K. B. 1894–1926, Ausst.-Kat., Halle a. d. Saale 1994.

Brown (Browne), Maximilian Ulysses Graf, * 23. 10. 1705 Basel (CH), † 26. 6. 1757 Prag (CZ), Feldherr. Sein aus Irland stammender Vater stand ab 1690 in kaiserl. Diensten. B. wurde als Offizier im poln. Thronfolgekrieg 1733–36, im Türkenkrieg 1737–39, im 1. Schles. Krieg 1741/42 und im Ö. Erbfolgekrieg 1743 in Bayern eingesetzt, 1746–48 war er Kommandierender General in Italien. 1753 Feldmarschall, wurde er in der Schlacht bei Prag am 6. 5. 1757 schwer verwundet und starb in der belagerten Stadt.

Literatur: NDB.

Bruck, Arnold von, * um 1490 Brügge (B), † 6. 2. 1554 Linz (OÖ.), Komponist. Vertreter der Vokalpolyphonie, 1527–45 Kapellmeister von Ferdinand I. in Wien, einer der bedeutendsten Komponisten des dt. Gesellschaftsliedes im 16. Jh.

Werke: geistl. u. weltl. Lieder, Motetten und Hymnen. – Ausgabe: Denkmäler der Tonkunst 34, 1908; ebd. 37, 1930.

Bruck, Karl Ludwig Frh. von, * 8. 10. 1798 Elberfeld (D), † 23. 4. 1860 Wien (Selbstmord), Staatsmann. Gründer der Triester Börse und des Ö. Lloyd; 1848–51 Handels-, 1855–60 Finanzmin.; schuf Handelsgerichte und -kammern.

Literatur: R. Charmatz, Min. Frh. v. B., 1916.

Brücke, Ernst Theodor von, * 8. 10. 1880 Wien, † 12. 6. 1941 Boston (USA), Physiologe; Enkel von

Gerhard Bronner. Foto, um 1965.

Ernst Wilhelm v. → Brücke, Vater von Franz Theodor v. → Brücke. 1916–38 Univ.-Prof. in Innsbruck; Emigration, Prof. in Cambridge (USA); erfand das Untersuchungsverfahren der „schwebenden Reizung"; bedeutende Arbeiten auf dem Gebiet der Nerven- und Muskelphysiologie, der zentralen Nervenorgane und der physiolog. Optik.

Brücke, Ernst Wilhelm von, * 6. 6. 1819 Berlin (D), † 7. 1. 1892 Wien, Physiologe; Großvater von Ernst Theodor v. → Brücke. Ab 1849 Univ.-Prof. in Wien und Leiter des Physiolog. Inst.; einer der Schöpfer der neuzeitl. Phonetik, erfand eine Lautschrift; beschäftigte sich mit Optik und Farbenlehre.

Werke: Neue Methode der phonet. Transkription, 1863; Über Ergänzungsfarben und Kontrastfarben, 1865. – Literatur: G. Schmid, E. W. v. B. (1819–1892) als Wegbereiter der experimentellen Physiologie in Wien (Wr. klin. Wochenschriften 104), 1992.

Brücke, Franz Theodor von, * 15. 1. 1908 Leipzig (D), † 24. 3. 1970 Wien, Pharmakologe; Sohn von Ernst Theodor v. → Brücke. Leitete ab 1946 das Pharmakolog. Inst. der Univ. Wien (Ordinarius 1948). Publizierte über 100 Arbeiten, bes. über die Pharmakologie der Überträgersubstanzen des vegetativen Nervensystems und über die Untersuchung der Wirkung von Muskelrelaxantien.

Bruckmann, Gerhart, * 9. 1. 1932 Wien, Statistiker und Politiker (ÖVP). 1968–92 Univ.-Prof. f. Statistik an der Univ. Wien; 1968–73 Dir. des Inst. für Höhere Studien, 1986–94 Abg. z. NR und Umweltsprecher der ÖVP, seit 1999 wieder Abg. z. NR. Entwickelte eine Methode zur Hochrechnung von Wahlergebnissen.

Werke: Contributions to the Von Neumann Growth Model, 1971 (Hg.); Langfristige Prognosen, 1977 (Hg.); Sonnenkraft statt Atomenergie, 1978; Am Steuerrad der Wirt., 1989 (mit P. Fleissner); Österreicher – Wer bist du?, 1989.

Bruckmayer, Friedrich, * 17. 5. 1909 Wien, † 17. 3. 1990 ebd., Bauphysiker. Prof. am Techn. Gewerbemuseum in Wien; Patente u. a. für Leichtskelettbau; bauphysikal. Beratung (gem. mit Judith Lang) für die Akustik des Burgtheaters, des Großen Festsaals der Univ. Wien und des Brucknerhauses in Linz.

Werk: Handbuch der Schalltechnik im Hochbau, 1962.

Bruckmüller, Ernst,* 23. 4. 1945 St. Leonhard a. Forst (NÖ.), Historiker. Prof. für Wirt.- und Sozialgeschichte an der Univ. Wien.

Werke: Landw. Organisationen und ges. Modernisierung, 1977; 900 Jahre Benediktiner in Melk, Ausst.-Kat., Melk 1989 (Gesamtredaktion); Ö.-Bewußtsein im Wandel, 1994; Industrielle und andere Revolutionen, ²1994; Nation Ö., ²1996; Sozialgeschichte Ö., ²2001.

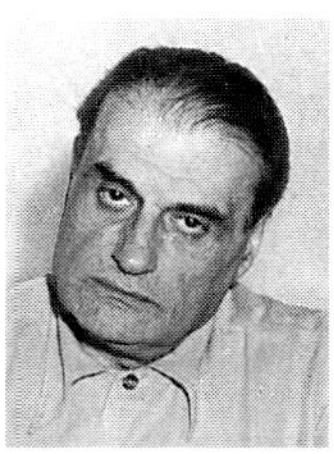

Ferdinand Bruckner. Foto, 1958.

Anton Bruckner. Gemälde von A. Miksch, 1893 (Gemäldegalerie Stift St. Florian, OÖ.).

Bruckner, Anton, * 4. 9. 1824 Ansfelden (OÖ.), † 11. 10. 1896 Wien, Komponist, Organist, einer der größten Symphoniker Ö. im 19. Jh. Aus einer oö. Lehrerfamilie stammend, wirkte er zunächst als Schulgehilfe in Windhaag b. Freistadt und Kronstorf a. d. Enns, 1845–55 als Lehrer und ab 1848 als Stiftsorganist in St. Florian, 1855–68 als Domorganist in Linz (in dieser Zeit wurde er auch Mitgl. des Linzer Sängerbundes „Frohsinn", dessen Chorleiter er ab 1860 war). Daneben studierte er bei S. → Sechter in Wien Theorie und wurde 1868 als dessen Nachfolger Prof. am Wr. Konservatorium und Hofkapellorganist, 1875–92 Lektor für Harmonielehre und Kontrapunkt an der Univ. Wien. Konzertreisen führten ihn nach Paris und London (1871), wo er als Organist und v. a. als Improvisator gefeiert wurde.

Obwohl B. auch auf ein großes kirchenmusikal. Werk verweisen kann, gilt er insbes. als Symphoniker; anders als J. → Brahms, der auf musikal. Feinarbeit setzte, arbeitete B. flächig, in einem Stil, der oft als „orgelhaft" bezeichnet wird, und gab seinen Symphonien epische Länge (E. → Hanslick: „Symphon. Riesenschlangen"); ein krankhafter Perfektionismus trieb B. dazu, von den meisten seiner Symphonien mehrere Fassungen zu erstellen. Wie kaum ein anderer Komponist ist B. schon zeitlebens durch seinen Apologetenkreis zu einem Mythos stilisiert worden, wodurch das bis heute verfälschende Bild zw. „Provinz-Parsifal", „Dt. Michel" und „Musikanten Gottes" geprägt wurde, zu dem auch zahlr. Anekdoten beigetragen haben. B. liegt auf eig. Wunsch unter der Orgel des Stifts St. Florian („B.-Orgel") begraben. Die Originalpartituren seiner wichtigsten Werke hat er der Ö. Nat.-Bibl. vermacht.

Werke: 9 bzw. 11 Symphonien, 3 große Messen, Tedeum, 150. Psalm, Requiem, geistl. und weltl. Chöre, Motetten, Psalmen, Hymnen, Klavier-, Kammer- u. Orgelmusik. – Gesamtausgabe, hg. von R. Haas u. A. Orel, 1930ff.; Krit. Gesamtausgabe, hg. von der Gen.-Direktion der Ö. Nationalbibl. und der Internationalen Bruckner-Ges., 1951ff. – Literatur: A. Göllerich u. M. Auer, A. B., 4 Bde., 1922–36; L. Nowak, A. B., 1964; M. Wagner, B., 1983; R. Grasberger, B. skizziert (B.-Anekdoten) 1991; dies. (Red.), A. B. – Persönlichkeit und Werk, 1995; M. Wagner, A. B. Sein Werk – sein Leben, 1995; U. Harten (Hg.), A. B., 1996; H. Litschel (Red.), Vom Ruf zum Nachruf, Ausst.-Kat., St. Florian/Mondsee 1996; E. Maier, A. B. Stationen eines Lebens, 1996; F. Scheder, A. B. Chronologie, 2 Bde., 1996; R. Ulm (Hg.), Die Symphonien B., 1998.

Brückner, Eduard, * 29. 7. 1862 Jena (D), † 20. 5. 1927 Wien, Geograph und Glaziologe. 1906–27 Univ.-Prof. in Wien, betrieb Gletscher-, Eiszeit- und Klimaforschung und wies eine 35-jährige Klimaperiode, die b.sche Periode, nach.

Werk: Die Alpen im Eiszeitalter, 3 Bde., 1909 (mit A. Penck).

Bruckner, Ferdinand (eigentl. Theodor Tagger), * 26. 8. 1891 Wien, † 5. 12. 1958 Berlin (D), Dramatiker und Lyriker. Gründete 1923 das Renaiss.-Theater in Berlin, das er bis 1927 leitete; kehrte 1933 nach Ö. zurück und emigrierte 1936 in die USA; ab 1951 in Berlin. B. begann als radikaler Expressionist, wandte sich aber später unter dem Pseudonym „F. B." dem betont realist. psycholog. Drama zu und wurde zu einem Vertreter der Neuen Sachlichkeit. In der letzten Schaffensphase Dramen in Versform.

Werke: Dramen: Krankheit der Jugend, 1926; Die Verbrecher, 1928; Elisabeth von England, 1930; Timon, 1932; Die Rassen, 1933; Napoleon I., 1937; Simon Bolivar, 1945; Die Befreiten, 1945; Denn seine Zeit ist kurz, 1945; Fährten, 1948; Pyrrhus und Andromache, 1952; Der Tod einer Puppe, 1956; Der Kampf mit dem Engel, 1956; Das irdene Wägelchen, 1957. – Lyrik, Übersetzungen. – Literatur: C. Lehfeldt, Der Dramatiker F. B., 1975; D. Engelhardt, F. B. als Kritiker seiner Zeit, Diss., Aachen 1984.

Bruckner, Karl, * 9. 1. 1906 Wien, † 25. 10. 1982 ebd., Jugendbuchautor, ab 1949 freischaffend. Seine für Frieden und soz. Gerechtigkeit eintretenden Jugendbücher wurden in viele Sprachen übersetzt. Ö. Staatspreis 1956 und 1961.

Werke: Der Diamant des Tobias Amberger, 1949; Die Spatzenelf, 1949; Pablo, der Indio, 1949; Die große Elf, 1951; Mein Bruder Ahual, 1952; Olympiade der Lausbuben, 1953; Die Strolche von Neapel, 1955; Lale, die Türkin, 1958; Viva Mexiko, 1959; Sadako will leben, 1961; Nur zwei Roboter, 1963; Mann ohne Waffe, 1968; Der Sieger, 1973; Yossi und Assad, 1985. – Literatur: R. Bamberger (Hg.), K. B. Leben und Werk, 1966; ders. (Hg.), Jugendschriftsteller dt. Sprache, 1980.

Bruckner, Winfried, * 15. 7. 1937 Krems, Journalist und Schriftsteller. 1953 Redaktionsmitgl. der dt. Ztschr. „Simplicissimus"; 1955–66 Chefredakteur der gewerkschaftl. Jugend-Ztschr. „Hallo"; 1965–1997 Chefredakteur der Gewerkschafts-Ztschr. „Solidarität" und Leiter des Pressereferats des ÖGB. Ö. Staatspreis f. Jugendliteratur 1966.

Werke: Die toten Engel, 1963 (¹⁴1993); Die Pfoten des Feuers, 1965; Tötet ihn, 1967; Räubergold, 1979; Nach der Arbeit, 1987.

Brügel, Fritz (auch: Wenzel Sladek; Dr. Dubski), * 13. 2. 1897 Wien, † 4. 7. 1955 London (GB), Lyriker und Essayist; Sohn von Ludwig → Brügel. Leiter der soz.-wiss. Studienbibl. der Wr. Arbeiterkammer; verfasste Gedichte, Songs und polit. Schriften; Autor des Liedes „Die Arbeiter von Wien"; nach den Februarkämpfen 1934 auf der Flucht, 1941 Emigration nach England, ab 1945 in der ČSSR, ab 1948 wieder in England.

Werke: Klage um Adonis, 1931 (Lyrik); Der dt. Sozialismus von L. Gall bis K. Marx, 1931; Die Hauptsache ist ..., 1932 (Songs); Februar-Ballade, 1935; Gedichte aus Europa, 1937; Verschwörer, 1948 (Roman). – Literatur: J. Stieber, F. B. im Exil 1934–1955, Diss., Wien 1998.

Brügel, Ludwig, * 6. 2. 1866 Großmeseritsch (Velke Meziříčí, CZ), † 30. 8. 1942 KZ Theresienstadt (Terezín, CZ), sozialist. Geschichtsschreiber der ö. Arbeiterbewegung; Vater von Fritz → Brügel. Am 13. 8. 1942 nach Theresienstadt deportiert.

Werke: Soz. Gesetzgebung in Ö. von 1848 bis 1918, 1919; Geschichte der ö. Soz.-Dem., 5 Bde., 1922–25.

Brüll, Ignaz, * 7. 11. 1846 Proßnitz (Prostejov, CZ), † 17. 9. 1907 Wien, Pianist und Komponist. Seine Werke erfreuten sich zu seinen Lebzeiten großer Beliebtheit, gerieten nach seinem Tod jedoch rasch in Vergessenheit. Mitgl. des Kreises um J. → Brahms.

Werke: Opern: Der Bettler von Samarkand, 1864; Das goldene Kreuz, 1875. – Orchesterwerke (3 Orchesterserenaden), Kammer- und Klaviermusik. – H. Wecker, Der Epigone. I. B., ein jüd. Komponist im Wr. Brahms-Kreis, 1994.

Brünner, Christian, * 12. 2. 1942 Mürzzuschlag (Stmk.), Jurist. Seit 1968 an der Univ. Graz, seit 1978 Univ.-Prof. und mehrmals Rektor, 1986–87 Vorsitzender der Ö. Rektorenkonferenz. 1990–94 Abg. z. NR und Wiss.-Sprecher der ÖVP; 1995–2000 Abg. z. Stmk. Landtag und Klubobmann des Liberalen Forums.

Werke: Polit. Planung im parlamentar. Regierungssystem, 1978; Korruption und Kontrolle, 1981 (Hg.); Die Rechtsstellung des Rektors, 1988; Bildung ohne Schule?, 1992 (Hg.); Untersuchungen zum UOG 1993, 1995. – Mithg.: Grundriß der Verwaltungslehre, 1983.

Brunner, Ferdinand, * 1. 5. 1870 Wien, † 30. 11. 1945 ebd., Landschaftsmaler. Studierte an der Wr. Akad. bei E. Peithner v. Lichtenfels; zahlr. Stipendien und Preise; malte mit Vorliebe nö. Motive, insbes. Gegenden aus dem Waldviertel.

Literatur: H. Fuchs, F. B., 1979.

Brunner, Gerhard, * 23. 3. 1939 Villach (Kä.), Jurist. Studierte 1956–61 Rechtswiss., Staatswiss. und Theaterwiss. in Wien und war dann als Journalist und Publizist tätig. 1968–70 Lehrbeauftragter an der Akad. für Musik und darstellende Kunst in Wien (Tanz- und Kulturgeschichte) und 1981–87 an der Univ. Wien (Theorie und Praxis des Tanztheaters), 1976–90 Ballettdirektor der Wr. Staatsoper, seit 1990 Intendant der Vereinigten Bühnen Graz. Begründer und Leiter mehrerer Tanzfestivals; designierter Leiter der Opernballette der 3 großen Berliner Opernhäuser ab 2001.

Brunner, Otto, * 21. 4. 1898 Mödling (NÖ.), † 12. 6. 1982 Hamburg (D), Historiker von internat. Rang. Mitgl. mehrerer Akad. der Wiss., Univ.-Prof. in Wien, 1940–45 Vorstand des Inst. für Ö. Geschichtsforschung, dann Univ.-Prof. in Hamburg.

Werke: Land und Herrschaft, 1938, ^{5}1965; Adeliges Landleben und europ. Geist, 1949. – Literatur: E. Zöllner, Nachruf in: MIÖG 90, 1982; Mttlg. des Ö. Staatsarchivs 36, 1983.

Brunner, Richard, * 5. 1. 1900 Wien, † 15. 7. 1990 ebd., Chemiker. Ab 1929 in der Brauind. tätig, 1962–72 Prof. an der Techn. Hochschule Wien. 1952 wiss. Leiter der Biochemie GmbH. (Kundl); Entwicklung des ersten oral zu verabreichenden Penicillins (gem. mit E. Brandl, H. Margreiter, K. Schröder). 15 Patente auf dem Gebiet der Brauwiss. und der Antibiotika, insbes. des Penicillins.

Werk: Die Antibiotica, 1962 (Hg. mit G. Machek).

Brunner, Sebastian, * 10. 12. 1814 Wien, † 26. 11. 1893 ebd., Geistlicher, Schriftsteller, Historiker, Publizist. Gründer und 1848–65 Leiter der „Wr. Kirchenzeitung"; schloss sich der konservativen Bewegung der Erneuerung des kath. Lebens an; Gegner des Josephinismus.

Werkausgabe: Smlg. der Erzählungen und poet. Schriften, 18 Bde., 1864–77. – Literatur: I. Treimer, S. B. als Historiker, Diss., Wien 1948; H. Novogoratz, S. B. und der frühe Antisemitismus, Diss., Wien 1979.

Brunner-Lehenstein, Karl Heinrich, * 31. 10. 1887 Perchtoldsdorf b. Wien, † 15. 6. 1960 Wien, Architekt und Stadtplaner. Ab 1929 als Univ.-Prof. und Stadtplaner in Südamerika tätig, entwarf mehr als 30 Stadtregulierungspläne (Santiago de Chile, Bogotá u. a.). 1948–52 Stadtplaner von Wien und Prof. an der Techn. Hochschule.

Werk: Städtebau und Schnellverkehr, 1955. – Literatur: A. Hofer, Städtebaul. Planungen von K. H. B. in Kolumbien 1933–1948, Dipl.-Arb., Wien 1993.

Brunner von Wattenwyl, Karl, Ritter, * 13. 6. 1823 Bern (CH), † 24. 8. 1914 Wien, Physiker und Entomologe. Führte 1851 die Telegraphie in der Schweiz ein, wurde 1857 Dir. des Telegraphenwesens in Ö., später richtete er auch den Telegraphendienst in Griechenland und der Türkei ein. Seine Orthopteren-Smlg. war eine der bedeutendsten der Welt (heute im Naturhist. Museum in Wien).

Literatur: NDB.

Brunngraber, Rudolf, * 20. 9. 1901 Wien, † 5. 4. 1960 ebd., Schriftsteller, zuvor Lehrer und Gebrauchsgraphiker, nach 1945 auch Filmautor. 1933 Mitbegründer der „Vereinigung sozialist. Schriftsteller"; schrieb vorwiegend Sachromane, die in viele Sprachen übersetzt wurden. In seinem Roman „Karl und das 20. Jh." (1933) verarbeitete B. die Erkenntnisse des Philosophen Otto → Neurath. 1932 J.-Reich-Preis der Univ. Wien und 1950 Preis der Stadt Wien.

Weitere Werke: Radium, 1936; Opiumkrieg, 1939; Der Weg durch das Labyrinth, 1949; Der tönende Erdkreis, 1951; Heroin, 1951; Der liebe Augustin, 1958. – Film-Drehbücher: Der Prozeß, 1948; April 2000 (mit Marboe). – Literatur: U. Schneider, R. B., Diss., Wien 1990.

Bruno von Kärnten, → Gregor V.

Brunsvick, Therese Gräfin, * 27. 7. 1775 Pressburg (Bratislava, SK), † 23. 9. 1861 Pest (Budapest, H), Schwester des Grafen B., Widmungsträgerin von L. v. Beethovens Klaviersonate op. 57 (Appassionata). Wird von manchen Forschern für die „unsterbliche Geliebte" L. van → Beethovens gehalten.

Brus, Günter, * 27. 9. 1938 Ardning (Stmk.), Maler, Graphiker und Schriftsteller. Mit O. → Muehl, H. → Nitsch und R. → Schwarzkogler Mitbegründer des Wr. Aktionismus, wurde 1968 nach der Aktion „Kunst und Revolution" an der Wr. Univ. zu 6 Monaten Arrest verurteilt, floh mit seiner Familie nach Berlin und kehrte 1976 nach Ö. zurück. Seine aggressiv vorgetragene Aktionskunst verstieß bewusst gegen Konventionen und Tabus. Hg. der „Schastrommel" im Selbstverlag ab 1969. In seinen „Bild-Dichtungen" schafft er eine Synthese von Dichtung und Malerei. Großer Ö. Staatspreis 1997.

Werke: Zerreißprobe, 1970 (Aktion); Irrwisch, 1971 (Roman); Die Geheimnisträger, 1984 (Roman); Bühnenbild und Kostüme zu „Erinnerungen an die Menschheit" von G. Roth, Schauspielhaus Graz 1985; Nachtquartett, Radierungsmappe, 1982; Weisser Wind, 80er Jahre (72 Teile, literarisches bzw. bimediales Hauptwerk). – Literatur: H. Amanshauser u. D. Ronte, G. B., 1986; Der zertrümmerte Spiegel, Wr. Aktionismus, 1989; G. B.

– Werke aus der Smlg. Essl, Ausst.-Kat. Smlg. Essl Privatstiftung, Klosterneuburg 1998.

Brusatti, Alois, * 4. 3. 1919 Wien, Wirtschaftshistoriker. 1965–89 Prof. f. Wirt.- u. Sozialgeschichte an der Wirt.-Univ. Wien, 1975–81 Rektor. Maßgebend an der Studienreform und am Neubau der Wirt.-Univ. beteiligt.

Werke: Ö. Wirtschaftspolitik vom Josephinismus bis zum Ständestaat, 1965; Wirtschafts- und Sozialgeschichte des industriellen Zeitalters, 1967; 100 Jahre ö. Fremdenverkehr, 1984; J. Raab, eine Biographie 1986 (Hg.). – Firmengeschichten.

Bubendorfer, Thomas, * 14. 5. 1962 Salzburg, Bergsteiger, Alpinschriftsteller, Managementtrainer. Aufgewachsen in St. Johann i. P., bewältigt seit 1977 extrem schwierige Kletterrouten, Spezialist für Freiklettern und Alleinbegehungen, teilw. in extrem kurzer Zeit: Civetta-NW-Wand, Eiger-N-Wand, Mount Fitz Roy u. a. Setzte seinen Sport trotz eines lebensgefährl. Absturzes 1988 fort.

Publikationen: Der Alleingänger, 1984; Mount Fitz Roy, 1986; Solo, 1987; Senkrecht gegen die Zeit, 1995. – Literatur: ÖAV-Mttlg. 38/108, Heft 1, 1983.

Martin Buber. Foto, 1928.

Buber, Martin, * 8. 2. 1878 Wien, † 13. 6. 1965 Jerusalem (Israel), Schriftsteller und Philosoph. Lehrte an den Univ. Frankfurt a. M. und Jerusalem, erschloss das chassidische Gedankengut und übersetzte (bis 1929 gem. mit F. Rosenzweig) die Bibel (15 Bde., 1925–61). Vertrat eine Philosophie der Begegnung und ein „neues dialog. Denken"; Zionist und Pazifist. Tätigkeit als Erwachsenenbildner in Deutschland und Israel. Friedenspreis des dt. Buchhandels 1953, Großer Ö. Staatspreis 1960, niederländ. Erasmus-Preis 1963.

Werke: Die jüd. Mystik, 1909; Ich und Du, 1923; Königtum Gottes, 1932; Die Erwählung Israels, 1938; Die Erzählungen der Chassidim, 1939; Gottesfinsternis, 1952; Schriften zur Philosophie, 1962; Schriften zur Bibel, 1964. – Literatur: G. Wehr, M. B., 1991; J. Israel, M. B. Dialogphilosophie in Theorie und Praxis, 1995; P. Stöger, M. B., der Pädagoge des Dialogs, 1996; E. Brinkschmidt, M. B. und K. Barth, 2000.

Bubl, Josef, * 18. 6. 1899 Wien, † 27. 6. 1967 Klosterneuburg (NÖ.), Lyriker, Erzähler, ö. Widerstandskämpfer in der NS-Zeit.

Werke: Noch nicht General Gottes, 1948; Hofoper, 1957. – Lyrik: Zw. Gestern und Morgen, 1946; Passion des Geistes, 1947.

Buchberger, Bruno, * 22. 10. 1942 Innsbruck, Mathematiker und Informatiker. Seit 1974 Univ.-Prof. in Linz, seit 1987 Vorstand des Univ.-Forschungsinst. RISC auf Schloss Hagenberg (OÖ.), Gründer und Leiter des Software-Parks in Hagenberg im Mühlkreis.

Werke: Mathemat. Grundlagen der Informatik I, 1980. – Hg. zahlreicher Fachpublikationen.

Buchbinder, Rudolf, * 1. 12. 1946 Leitmeritz (Litoměřice, CZ), Konzertpianist. Als 5-Jähriger jüngster Student an der Hochschule für Musik in Wien, erster öffentl. Auftritt mit 9 Jahren; seither zahlr. internat. Konzertreisen und Schallplattenaufnahmen; gewann zahlr. Preise (u. a. 1967 den 1. Preis beim Beethoven-Klavierwettbewerb, 1976 Grand Prix du Disque für die Aufnahme sämtl. Klavierwerke von J. Haydn); weitere bed. Aufnahmen: sämtl. Klaviersonaten von L. van Beethoven, Klavierkonzerte von J. Brahms; Walzer von J. Strauß in Klavierbearbeitung.

Büche, Karl, * 1. 9. 1946 St. Veit a. d. Glan (Kä.), Jurist. Ab 1972 in der Ö. Brau AG tätig, 1993–97 deren Gen.-Dir. und Vorstandsvorsitzender; ab 1998 (Fusion von Ö. Brau AG und Steirerbrau AG) Gen.-Dir. und Vorstandsvorsitzender der Brau Union Ö. AG, seit 1999 Vorstandsvorsitzender der Ö. Brau-Beteiligungs-Aktiengesellschaft.

Buchenauer, Liselotte, * 20. 12. 1922 Graz, produktivste dt.-sprachige Bergschriftstellerin.

Werke: Hochschwab, 1960; Ankogel- und Goldberggruppe, 1975 (gem. mit P. Holl); Hohe Tauern, 2 Bde., 1980/81; Karnische Alpen, 1986; Höhenwege in den Niederen Tauern, 1987; Ein Leben mit den Bergen, 1992. – Beiträge in Büchern, Ztschr. und Ztg.

Buchinger, Rudolf, * 3. 3. 1879 Staasdorf (Gem. Tulln a. d. Donau, NÖ.), † 20. 2. 1950 Tulln a. d. Donau (NÖ.), Landwirt und Politiker (CS, ÖVP). Pionier des landw. Genossenschaftswesens, 1931–38 Generalanwalt des Ö. Raiffeisenverbands; 1922–26 BMin. und 1945 Staatssekr. f. Land- und Forstw., dann im Generalrat der Oesterr. Nationalbank.

Buchowiecki, Walther E., * 1. 6. 1908 Wien, † 31. 12. 1990 Brixen (S-Ti.), Bibliothekar. 1936–53 Rat der Städt. Sammlungen Wien; 1955–62 Oberstaatsbibliothekar an der Ö. Nat.-Bibl.; 1962–73 Bibl.-Dir. des Finanzministeriums.

Buchta, Richard, * 19. 1. 1845 Radlow (PL), † 29. 7. 1894 Wien, Forschungsreisender, Maler und Fotograf. Bereiste den ägypt. Sudan und die Libysche Wüste, machte die ersten Fotografien dieser Gebiete.

Werke: Die oberen Nilländer, 1881; Der Sudan unter ägypt. Herrschaft, 1888 (Hg.).

Bucquoi von Longueval, aus Belgien (Wallonien) stammendes Adelsgeschlecht, 1620–1945 in Böhmen begütert, noch in Deutschland bestehend. Bedeutende Mitgl. der Familie: Johann Nepomuk Graf → Bucquoi von Longueval, Karl (Charles) Bonaventura Graf v. → Bucquoi.

Bucquoi von Longueval, Johann Nepomuk Graf, * 28. 6. 1741 Prag (CZ), † 11. 4. 1803 Gratzen (Nove Hrady, CZ), 1672–70 im Staatsdienst, widmete sich in seinen südböhm. Gütern dem Schulwesen und der Armenpflege. Gründete als Majoratsherr 1771 in Kaplitz eine Versuchsschule vor der maria-theresian. Schulreform und in Gratzen ein Armeninst., das → Joseph II. als Vorbild für ähnl. Einrichtungen in allen Provinzen übernahm. 1782 Leiter der Stiftungskommission, 1784–87 Oberdir. aller Stiftungssachen.

Literatur: K. Gutkas, Ks. Joseph II., 1989.

Bucquoi von Longueval, Karl (Charles) Bonaventura, Freiherr von Vaux, Graf von B., * 9. 1. 1571 Arras (F), † 21. 7. 1621 Neuhäusel (Nove Zamky, SK), Feldmarschall. Zuerst in span. Diensten, 1618 kaiserl. Heerführer im Böhm. Krieg; siegte am 10. 6. 1619 über E. v. Mansfeld, verteidigte im Okt. 1619 Wien, arbeitete nur ungern mit dem Heer der Liga zusammen, nahm nach der Schlacht am Weißen Berg Mähren ein; eroberte im Mai 1621 im Feldzug gegen Bethlen Gábor Pressburg und die Bergstädte der Slowakei, fiel aber in einem Gefecht bei Neuhäusel.

Literatur: Um Glauben und Reich, Kurfürst Maximilian I., Ausst.-Kat., München 1980; NDB.

Buczolich, Rudolf, * 15. 5. 1934 Wien, Schauspieler und Regisseur. Erstes Engagement in Basel, ab 1968 am Grazer Schauspielhaus, Engagements in Hannover und Zürich, seit 1977 Ensemblemitgl. des Wr. Burgtheaters. Seit 1988 Intendant der Kobersdorfer Schlossspiele; 1989–92 Intendant der Seefestspiele Mörbisch; Fernsehtätigkeit.

Buhl, Hermann, * 21. 9. 1924 Innsbruck (Ti.), † 27. 6. 1957 Chogolisa (Pakistan), bedeutender Bergsteiger. Erstbesteiger (3. 7. 1953) des Nanga Parbat (8125 m, Himalaja) im Alleingang und des Broad Peak (8047 m, Karakorum) gem. mit K. → Diemberger u. a., tödlich verunglückt auf der Chogolisa (7654 m).

Werke: Achttausend drüber und drunter, 1954. – Literatur: R. Messner (Hg.), H. B. – kompromißlos nach oben, 1997.

Bühler, Charlotte, * 20. 12. 1893 Berlin (D), † 3. 2. 1974 Stuttgart (D), Psychologin. 1927–38 Univ.-Prof. in Wien; 1939 Emigration in die USA; 1945 Prof. für

Psychiatrie in Los Angeles. Leitete gem. mit ihrem Mann Karl → Bühler einen Forschungskreis zur Kinder- und Jugendpsychologie (Wr. Schule); in den USA entwickelte sie mit V. → Frankl und C. Rogers die humanistische Psychologie, die sich bes. mit der Biographie und den Zielvorstellungen des Individuums befasst.

Werke: Kindheit und Jugend, 1928; Der menschl. Lebenslauf als psycholog. Problem, 1933; Psycholog. Forschungen über den Lebenslauf, 1937 (Hg.); Psychologie im Leben unserer Zeit, 1962; Einführung in die Humanistische Psychologie, 1972 (mit W. Allen).

Bühler, Karl, * 27. 5. 1879 Meckesheim (D), † 24. 10. 1963 Los Angeles (USA), Psychologe. 1922–38 Univ.-Prof. in Wien, leitete mit seiner Frau Charlotte → Bühler einen Wr. psycholog. Forschungskreis, 1939 Emigration in die USA. B. forschte auf dem Gebiet der Denk-, Urteils- und Willensprozesse. In seiner Sprachtheorie gliederte er Sprache in die Funktionen Ausdruck, Appell und Darstellung.

Werke: Die geistige Entwicklung des Kindes, 1918; Ausdruckstheorie, 1933/34; Sprachtheorie, 1934.

Bujatti, Georg, * 30. 6. 1778 bei Görz (Gorizia, I), † 2. 3. 1842 Wien, Seidenfabrikant. Einer der Begründer der Wr. Seidenind., errichtete 1826 auf dem Schottenfeld seine erste Fabrik.

Bukovics, Karl, * 6. 9. 1835 Wien, † 3. 4. 1888 ebd., Komiker, Sänger. Debüt in Graz, ging 1859 an die Wr. Hofoper, danach Theaterdir. in Wr. Neustadt und Teplitz; 1865 am Theater in der Josefstadt in Wien, das er 1868–70 mit H. Börnstein leitete; 1875 Ensemblemitgl., ab 1883/84 auch Leiter des Wr. Stadttheaters; ab 1884 Ensemblemitgl. des Burgtheaters.

Literatur: ÖBL.

Bulla, Max, * 26. 9. 1905 Wien, † 1. 3. 1990 Pitten (NÖ.), Radrennfahrer, später Geschäftsmann. Erreichte 1929 den 7. Platz bei der Straßenweltmeisterschaft, gewann 1931 die Touristenfahrerwertung der Tour de France und wurde 4. bei der Weltmeisterschaft; einer der besten Profiradrennfahrer seiner Zeit.

Bumballa, Raoul, * 10. 9. 1895 Troppau (Opava, CZ), † 25. 7. 1947 Wien, Journalist und Politiker (ÖVP). Während der NS-Herrschaft in der Widerstandsbewegung O5; 1945 Unterstaatssekr. für Inneres in der Provisor. Regierung Renner.

Bünker, Johann Reinhold, * 25. 4. 1863 Seebach (Gem. Spittal a. d. Drau, Kä.), † 13. 11. 1914 Ödenburg (Sopron, H), Volkskundler. Kustos des Ödenburger Stadtmuseums; sammelte Volksdichtung des heutigen Bgld., insbes. der Heanzen; Forschungen zu Haus- und Flurformen.

Werke: Schwänke, Sagen u. Märchen in heanzischer Mundart, 1906; Was mir der alte Mann erzählte, 1929 (Märchen aus dem Bgld.). – Literatur: L. Schmidt, Die J. R. B.-Smlg. zur Sachvolkskunde des mittleren Bgld., 1955; ders., J. R. B. und die Erforschung des Volkserzählgutes im Bgld., 1979; O. Bünker, J. R. B. – Sein Leben für die Volkskunde, 1982.

Bunzl, Hugo, * 2. 10. 1883 Pressburg (Bratislava, SK), † 2. 1. 1961 London (GB), Industrieller. Studierte in Manchester, trat 1905 in das heute noch bestehende Familienunternehmen Bunzl & Biach, Textil-, Pappe- und Papierfabrik, Wien, ein; 1938 als Jude enteignet, emigrierte nach England, dort 1948 Gen.-Dir. der Bunzl Pulp & Paper Ltd.

Bunzl von Biach, Walter, * 16. 6. 1913 Wien, † 21. 7. 1988 Atlanta (USA), Industrieller. 1967–81 Honorarkonsul am Ö. Konsulat Atlanta, bis 1988 Honorarkonsul ad personam in Atlanta.

Buol-Schauenstein, Adelsfamilie mit Abstammung aus Graubünden. Bed. Mitgl. der Familie: Karl Ferdinand Gf. → Buol-Schauenstein, Rudolf Gf. → Buol-Schauenstein.

Buol-Schauenstein, Karl Ferdinand Graf, * 17. 5. 1797 Wien, † 28. 10. 1865 ebd., Politiker; Sohn von Rudolf Gf. → Buol-Schauenstein. Gesandter in St. Petersburg und London, 1852–59 Außenmin. Seine schwankende Haltung im Krimkrieg führte zur Feindschaft mit Russland und zur Isolierung Ö. in Europa, seine Fehler als Diplomat führten zum 2. Sardinischen Krieg (1859).

Literatur: W. Heindl, C. F. Gf. B.-S., 1968; dies. (Bearb.), Die Protokolle des Ö. Ministerrates 1848–1867, Bd. 3, 1984.

Buol-Schauenstein, Rudolf Graf, * 21. 11. 1763 Innsbruck (Ti.), † 12. 2. 1834 Wien, Diplomat; Vater von Karl Ferdinand Gf. → Buol-Schauenstein. Gesandter im Haag, in München, Florenz und Dresden sowie beim Bundestag in Frankfurt, 1823 Staatsminister und Präs. der Hofkammer.

Literatur: ÖBL.

Bürckel, Josef, * 30. 3. 1895 Lingenfeld (D), † 28. 9. 1944 Neustadt a. d. Hardt (D, Selbstmord), nat.-soz. Politiker, Gauleiter der NSDAP, Mitgl. des Reichstags. Am 13. 3. 1938 als kommissar. Leiter der NSDAP in Ö. zur Durchführung der Volksabstimmung über den Anschluss Ö. an das Dt. Reich eingesetzt, von 23. 4. 1938 bis 31. 3. 1940 „Reichskommissar für die Wiedervereinigung Ö. mit dem Dt. Reich“ mit der Aufgabe, die „Ostmark“ politisch, wirt. und kulturell völlig in das Dt. Reich einzugliedern; von 30. 1. 1939 bis 7. 8. 1940 Gauleiter von Wien. Danach Chef der Zivilverwaltung in Lothringen und ab 1941 Reichsstatthalter in der Westmark; ab 30. 1. 1942 auch SS-Oberführer im Stab des Reichsführers-SS.

Literatur: P. Hüttenberg, Die Gauleiter, 1968; G. Botz, B. und die Wr. Stadtverwaltung, Wr. Geschichtsblätter 30, 1975.

Burckhard, Max, * 14. 7. 1854 Korneuburg (NÖ.), † 16. 3. 1912 Wien, Schriftsteller, Jurist. 1890–98 künstlerischer Sekr. und anschließend Dir. des Wr. Burgtheaters; pflegte das zeitgenöss. Drama (H. Ibsen, G. Hauptmann, A. → Schnitzler, H. v. → Hofmannsthal), führte volkstüml. Klassiker (L. → Anzengruber, F. → Raimund) in das Repertoire des Burgtheaters ein und engagierte u. a. F. → Mitterwurzer, A. → Sandrock, L. → Medelsky, O. → Tressler, H. → Bleibtreu und J. → Kainz.

Werke: Romane: Gottfried Wunderlich, 1906; Die Insel der Seligen, 1908; Aus der Mappe eines Theaterdirektors (Skizzen); Quer durch das Leben, 1908. – Dramen: Die Bürgermeisterwahl, 1898; 's Katherl, 1898. – Theater, 2 Bde., 1905 (Kritiken, Vorträge und Aufsätze). – Jurist. Schriften. – Literatur: D. Dey, Die Wr. Moderne und M. B., Diss., Wien 1989.

Buresch, Karl, * 12. 10. 1878 Groß-Enzersdorf (NÖ.), † 16. 9. 1936 Wien (Selbstmord), Rechtsanwalt und Politiker (CS). 1922–31, 1932 Außenmin. und 1932/33 Landeshauptmann von NÖ., 1931/32 Bundeskanzler, 1933–35 Finanzmin., 1935/36 Min. ohne Portefeuille, 1936 Gouverneur der Postsparkasse.

Literatur: ÖBL; NDB.

Burg, Adam Frh. von, * 28. 1. 1797 Wien, † 1. 2. 1882 ebd., Mathematiker, Techniker. Prof. an der Techn. Hochschule in Wien. Verdienste um Wasserversorgung, Feuerlöschwesen und Gasbeleuchtung in Wien, um die Einführung des metrischen Maß- und Gewichtssystems und die Industrialisierung in Ö., 1879–82 Vizepräs. der Akad. d. Wiss. Sein Vater Anton B. begründete 1798 in Wien die erste Fabrik für landw. Maschinen.

Literatur: ÖBL.

Burg, Ferdinand (seit 1911 Name von Erzhzg. Ferdinand Karl), * 27. 12. 1868 Wien, † 12. 3. 1915 München (D), Bruder des Thronfolgers Erzhzg. → Franz Ferdinand und Neffe von Ks. → Franz Joseph I. Sein Interesse galt v. a. dem Theater, doch war er bis 1904 Offizier. Wegen eines Verhältnisses mit Berta Czuber (Tochter von Emanuel → Czuber), die er 1909 heimlich heiratete, veranlasste Ks. Franz Joseph 1904 sein Ausscheiden aus dem Heeresdienst und 1911 seinen Austritt aus dem Haus Habsburg. Nach dem Reisepseudonym seines Vaters nannte er sich seither Burg und lebte auf ererbten Gütern in S-Ti.

Literatur: B. Hamann, Die Habsburger, [4]1992.

Bürg, Johann Tobias, * 24. 12. 1766 Wien, † 15. 11. 1835 Wiesenau (Kä.), Astronom. 1792–1813 Univ.-Prof. in Wien; für seine Berechnungen von Mondtafeln durch die franz. Akad. d. Wiss. ausgezeichnet.

Burger, Johann, * 5. 8. 1773 Wolfsberg (Kä.), † 28. 1. 1842 Wien, Volkswirtschaftler, Arzt. Schlug 1815/16 als erster in Ö. eine wechselseitige Hagel- und Brandschadenversicherung vor, bemühte sich um Grundsteuerreform.

Werk: Lehrbuch der Landw., 2 Bde., 1819/20 (übersetzt in mehrere Sprachen).

Burger, Norbert, * 13. 4. 1929 Kirchberg a. Wechsel (NÖ.), † 27. 9. 1992 ebd., Diplomvolkswirt. Bundesvorsitzender des Rings Freiheitlicher Studenten, Gründungsmitgl. u. Bundesvorsitzender der 1988 verbotenen rechtsextremen Nationaldemokratischen Partei. Er kandidierte bei der Bundespräs.-Wahl 1980 und erhielt 140.741 Stimmen.

Literatur: Dokumentationsarchiv des ö. Widerstandes (Hg.), Hb. des ö. Rechtsextremismus, 1994.

Burger, Rudolf, * 8. 12. 1938 Wien, Philosoph. Seit 1991 Prof. für Philosophie an der Hochschule bzw. Univ. für angew. Kunst in Wien, 1995–99 deren Rektor. Zahlr. Publikationen zur Erkenntnistheorie und Geschichtsphilosophie. Ö. Staatspreis für Kulturpublizistik 2000.

Werke: Vermessungen, 1989; Abstriche, 1991; Überfälle, 1993; In der Zwischenzeit. Adnoten zu Politik und Philosophie, 1995.

Burger, Wilhelm J., * 15. 3. 1844 Wien, † 7. 3. 1920 ebd., Maler und Fotograf. Studierte 1855–60 an der Akad. d. bild. Künste in Wien, lernte die Fotografie bei seinem Onkel A. v. → Ettingshausen. Führender ö. Expeditionsfotograf des 19. Jh. (u. a. Arktis-Expedition 1872).

Literatur: G. Rosenberg, W. B., Ein Welt- und Forschungsreisender mit der Kamera, 1844–1920, 1984.

Burgerstein, Leo, * 13. 6. 1853 Wien, † 12. 5. 1928 ebd., Realschulprofessor. Begann die Faktoren der Ermüdung der Schüler bei geistigen Arbeiten (Beleuchtung, Lüftung und Beheizung der Schulzimmer, Form der Schulbänke usw.) kritisch zu untersuchen und bahnte der Schulhygiene den Weg in das öffentl. Bewusstsein.

Werke: Handbuch der Schulhygiene, 1895 (gem. mit A. Netolitzky); Zur häusl. Gesundheitspflege der Schuljugend, 1904; Gesundheitsregeln für Schüler und Schülerinnen, 1904; Schulhygiene, 1906. – Literatur: R. Meister, L. B., in: Die Feierliche Inauguration des Rektors der Wr. Univ. für das Studienjahr 1928/29, 1928.

Burgklechner, Matthias d. J., * 1573 Innsbruck (Ti.), † 1642 ebd., Regimentsrat, Vizekanzler und Kammerpräs. von Ti. Als Kartograph schuf er 1611 eine Karte der Grafschaft Ti. in Holzschnitt, 1629 weitere 12 Blätter in Kupferstich (1 : 160.000). Sein „Ti. Adler", eine 12-bändige, reich illustrierte Geschichte und Beschreibung von Ti., durfte nicht gedruckt werden und ist nur im Manuskript erhalten. Sie bildete die Grundlage für den 2. Teil des Werks von F. A. Gf. → Brandis „Des tirolischen Adlers Immergrünendes Ehrenkränzel" (1678). B. war Begründer der Historiographie Ti. sowie Kirchenbauer und Schulgründer.

Lodovico Ottavio Freiherr von Burnacini, Groteskfigur.

Literatur: A. Hochenegg, Die B. zu Thierburg und Vellandsegg, Festschrift N. Grass 2, 1975.

Burgstaller, Ernst, * 29. 5. 1906 Ried i. Innkreis (OÖ.), Volkskundler. Ab 1964 an der Univ. Graz, ab 1968 in Linz. Mitbegründer des Ö. Volkskundeatlas und Schriftleiter des „Atlas von OÖ."; 1966–71 Leiter des Inst. für Landeskunde von OÖ., gründete 1939 das Ö. Gebäckmuseum in Ried i. I. (seit 1984 im Burgmuseum Wels) und 1979 das Ö. Felsbildermuseum in Spital a. Pyhrn.

Werke: Lebendiges Jahresbrauchtum in OÖ., 1948; Brauchtumsgebäck und Weihnachtsspeisen, 1957; Das Allerseelenbrot, 1970; Felsbilder in Ö., 1972; Ö. Festtagsgebäck, 1983. – Literatur: Festgabe für E. B. (= Mannus 42. Jg.), 1976.

Burián-Rajecz, Stephan Graf, * 16. 1. 1852 Stampfen bei Pressburg (Bratislava, SK), † 20. 10. 1922 Wien, Politiker. 1893–1912 und 1916–18 Finanz-, 1915/16 und 1918 Außenminister.

Burjan, Hildegard (geb. Freund), * 30. 1. 1883 Görlitz (D), † 11. 6. 1933 Wien, christl. Sozialreformerin und -politikerin. 1919/20 erste christl.-soz. Abgeordnete in der Konstituierenden Nationalversammlung; Gründerin der Schwesternschaft Caritas Socialis, Organisatorin der christl. Heimarbeiterinnen; Wiederaufbau der Bahnhofsmission, Initiatorin der St.-Elisabeth-Tische und der Seipel-Dollfuß-Gedächtnis-Kirche in Wien 15.

Literatur: I. Schödl, Männerwelten – Frauenwerke, 1991; M. Kronthaler, Die Frauenfrage als treibende Kraft, 1994; I. Schödl (Hg.), Hoffnung hat einen Namen. H. B. und die Caritas Socialis, 1995; dies., Zw. Politik und Kirche – H. B., 2000.

Burkhard (Burchard), † um 980, erster Markgraf der bairischen Ostmark (960/62–976), um 953 Burggraf von Regensburg und Vogt von St. Emmeram, vermutl. 976 abgesetzt. Verwandt mit den Liutpoldingern.

Literatur: K. Lechner, Die Babenberger, [5]1994.

Bürkle, Hans, * 16. 8. 1919 Bürs (Vbg.), † 9. 8. 1993 Bad Aussee (Stmk.), Landesbeamter und Politiker (ÖVP). Obmann des ÖAAB Vbg., 1959–79 Mitgl. d. BR, viermal dessen Vorsitzender; 1968–70 Staatssekr. im BM f. soz. Verwaltung.

Burmeister, Karl Heinz, * 21. 11. 1936 Krefeld (D), Historiker. Dir. des Vbg. Landesarchivs, Univ.-Doz. für Rechts- und Wissenschaftsgeschichte in Zürich.

Werke: Sebastian Münster, eine Bibliographie, 1964; Sebastian Münster, [2]1969; Vbg. Weistümer, 1973; Die Grafen von Montfort, 1996; Geschichte Vbg., [4]1998; Olympe de Gouges. Die Rechte der Frau, 1999.

Burnacini, Giovanni, * 1610 Cesena (?; I), † 21. 7. 1655 Wien, Theaterarchitekt und Bühnenbildner; Vater von Lodovico Ottavio Frh. v. → Burnacini. Nach Tätigkeit in Italien 1651 an den Wr. Kaiserhof engagiert, wo er gem. mit seinem Sohn für alle Opern- und Festdekorationen verantwortlich war.

Literatur: F. Biach-Schiffmann, G. u. L. B., Theater u. Feste am Wr. Hofe, 1931.

Burnacini, Lodovico Ottavio Frh. von, * 1636 Mantua (?; I), † 12. 12. 1707 Wien, ital. Theaterarchitekt und Bühnenbildner; Nachfolger seines Vaters Giovanni → Burnacini als Bühnenbildner am Wr. Kaiserhof. Entwarf fast 50 Jahre lang nicht nur Dekorationen, Bühnenmaschinen und Kostüme für alle theatral. Aufführungen bei Hof, sondern war auch der führende Architekt Ks. Leopolds I.; er baute einen Flügel der Hofburg, restaurierte die Favorita, schuf 1666–68 an der Stelle der späteren Hofbibl. das Theater auf der Cortina, nahm 1676/77 Umbauten in Schloss Laxenburg vor, leitete 1683 die Wiederherstellung von Schloss Ebersdorf, plante 1687 die Pestsäule am Graben in Wien und entwarf zahlr. Monumente; Figurinen und Skizzen im Ö. Theatermuseum in Wien erhalten.

Literatur: F. Biach-Schiffmann, G. u. L. B., Theater u. Feste am Wr. Hofe, 1931; F. Hadamowsky, Das Hoftheater Leopolds I. und das Kostümwerk des L. O. B., 1948; S. Solf, Festdekoration und Groteske. Der Wr. Bühnenbildner L. O. B., 1975.

Burstyn, Gunther, * 6. 7. 1879 Bad Aussee (Stmk.), † 15. 4. 1945 Korneuburg (NÖ.), Techniker, Offizier. Erfand 1911 den ersten geländegängigen Panzerwagen („Tank") mit drehbarem Geschützturm.

Burt, Francis, * 28. 4. 1926 London (GB), Komponist. Ab 1948 Kompositionsstudium an der Royal Academy of Music in London und an der Musikhochschule Berlin. Lebt seit 1956 in Wien; 1973–92 Prof. f. Komposition an der Wr. Musikhochschule, 1989–91 Leiter des Inst. f. Elektroakustik, 1987 Organisator der 1. „Langen Nacht der neuen Klänge" im Wr. Konzerthaus. Zunächst eher an den gestisch-tänzerischen Elementen der Musik interessiert, später stärkere Zuwendung zu polyphon konzipierten Klangflächenelementen.

Werke: Streichquartett, 1953; The Skull, 1956 (Kantate); Volpone oder Der Fuchs, 1960 (Oper); Der Golem, 1965 (Ballett); Barrstable oder Jemand auf dem Dachboden, 1969 (Oper); Unter der blanken Hacke des Monds, 1976 (Bariton, Orchester); Und Gott der HErr sprach, 1984 (Stimmen, Orchester); Für AlFrED SCHIEE, 1991 (Streichquartett); Blind Visions, 1995 (Oboe, kleines Orchester).

Buschbeck, Erhard, * 6. 1. 1889 Salzburg, † 2. 9. 1960 Wien, Schriftsteller. Von H. → Bahr 1918 ans Wr. Burgtheater berufen und dort bis 1960 in verschiedensten Funktionen tätig: 1922 Dramaturg, 1926 literar.-artist. Sekr., dann erster Dramaturg, 1945 interimist., dann stellv. Dir., 1949 Ehrenmitgl.; 1929–31 Prof. am Wr. Reinhardt-Seminar.

Werke: G. Trakl, 1917; Die Sendung T. Däublers, 1918; Die Medelsky, 1922; Der Thespiskarren, 1943; R. Aslan und das Burgtheater, 1946; Die Dampftramway, 1946; Wr. Notizbuch, 1947; Mimus Austriacus, 1962. – Hg.: Blätter des Burgtheaters, 1918; Gedichte G. Trakls, 1939. – Literatur: E. B. Der heiml. Burgherr, 1979.

Buschbeck, Ernst, * 7. 1. 1889 Wien, † 13. 5. 1963 Lissabon (P; Unfall), Kunsthistoriker. 1921–24 mit der Neuorganisation der ö. Museen betraut; setzte gegenüber den anderen Nachfolgestaaten der ö.-ungar. Monarchie den Verbleib der Museumsbestände in Ö. durch. 1939–46 als Emigrant in England, 1949–55 Dir. der Gemäldegalerie des Kunsthist. Museums in Wien.

Werke: Früh-ma. Kunst in Spanien, 1923; G. Merkel, 1927; Primitifs autrichiens, 1937; Wiss. der letzten 150 Jahre in Ö., 1947; Meisterwerke aus Ö., 1949 (mit A. Stix).

Buschmann, Alfred, * 21. 7. 1846 Graz (Stmk.), † 18. 8. 1932 Wien, Eisenbahnfachmann. Gründete 1891 das Eisenbahnmuseum und 1897 das Eisenbahnarchiv (seit 1918 im Techn. Museum Wien und diesem 1980 rechtlich angegliedert).

Literatur: ÖBL.

Busek, Erhard, * 25. 3. 1941 Wien, Jurist und Politiker (ÖVP). 1964–68 2. ÖVP-Klubsekr. im Parlament, 1969–72 stellv. Gen.-Sekr. und 1972–76 Gen.-Sekr. des Ö. Wirtschaftsbundes, 1975/76 ÖVP-Gen.-Sekr.; 1976–89 Landesparteiobmann der Wr. ÖVP; 1991–95 Bundesparteiobmann der ÖVP; 1976–78 und 1987–89 Mitgl. der Wr. Landesregierung; 1978–83 Wr. Gemeinderatsmitgl. und Abg. z. Wr. Landtag, 1978–87 Vizebürgermeister und Landeshauptmann-Stellv. von Wien, 1975–78 Abg. z. NR; 1989–94 BMin. f. Wiss. u. Forschung, 1995 BMin. f. Unterricht u. kulturelle Angelegenheiten; 1991–95 Vizekanzler. Seit 1995 Vorsitzender des Inst. für den Donauraum und Mitteleuropa, seit 1996 Koordinator der Southeast European Cooperative Initiative, seit 2000 Regierungsbeauftragter für die EU-Osterweiterung. B. wird zum kath.-liberalen Flügel der ÖVP gezählt. In seinen Publikationen spielen Fragen der Internationalisierung Ö. sowie der Mitteleuropa-Gedanke eine große Rolle.

Werke: Auf dem Weg zur qualitativen Marktwirt., 1975 (gem. mit C. Festa u. J. Görner); Wien. Ein bürgerl. Credo, 1978; Mut zum aufrechten Gang, 1983 (Hg.); Projekt Mitteleuropa, 1986 (gem. mit E. Brix); Aufbruch nach Mitteleuropa, 1986 (Hg. mit G. Wilflinger); Wiss., Ethik, Politik, 1987 (Hg. mit M. Peterlik); Mensch in Wort. Reden und Aufsätze, hg. v. R. Bretschneider, 1994; Mitteleuropa. Eine Spurensicherung, 1997. – Literatur: E. Welzig (Hg.), E. B. – Ein Porträt, 1992.

Busson, Paul, * 9. 7. 1873 Innsbruck (Ti.), † 5. 7. 1924 Wien, Schriftsteller. Vertreter des ö. Geschichtsromans, in den er phantastisch-myst. Elemente einband.

Werke: Ruhmlose Helden (Einakter-Zyklus), 1904; Seltsame Geschichten, 3 Bde., 1919. – Romane: Die Wiedergeburt des Melchior Dronte, 1921; Die Feuerbutze, 1923; Vitus Venloo, 1930. – Gespenstergeschichten aus Ö., hg. v. F. Rottensteiner, 1979.

Busta, Christine (eigentl. C. Dimt), * 23. 4. 1914 Wien, † 3. 12. 1987 ebd., Lyrikerin, Kinderbuchautorin. 1950–75 Bibliothekarin in Wien. Ihre Gedichte zeichnen sich durch schlichte lyr. Formen aus. B. vertrat einen undogmat. Katholizismus und stellte die Bewältigung von Leid in das Zentrum ihres Werks. Großer Ö. Staatspreis 1969, Ö. Ehrenzeichen f. Wiss. u. Kunst 1981.

Christine Busta. Foto, 1957.

Werke: Lyrik: Jahr um Jahr, 1950; Der Regenbaum, 1951; Lampe und Delphin, 1955; Das andere Schaf, 1959; Unterwegs zu älteren Feuern, 1965; Salzgärten, 1975; Wenn du das Wappen der Liebe malst, 1981; Inmitten aller Vergänglichkeit, 1981; Der Atem des Wortes, 1985. – Kinderbücher: Die Sternenmühle, 1959; Die Zauberin Frau Zappelzeh, 1979; Der Himmel im Kastanienbaum, hg. v. F. P. Künzel, 1989. – Prosa: Bethlehemitische Legende, 1954; Der Regenengel, 1988 (Legenden). – Literatur: I. Hatzenbichler, Motive und Themen in der Lyrik C. B., 1979; C. Bader (Hg.), C. B. (1915–1987), Ausst.-Kat., Ö. Nat.-Bibl., Wien 1990.

Butler, Walter Graf, * um 1600 Irland, † 25. 12. 1635 Schorndorf (D), kaiserl. Offizier (ab 1631). Organisierte mit W. Graf Leslie und J. Gordon am 25. 2. 1634 die Ermordung A. v. → Wallensteins in Eger.

Literatur: H. v. Srbik, Wallensteins Ende, [2]1952; J. Janacek, Valdstejn a jeho doba, 1978.

Buttinger, Joseph, * 30. 4. 1906 Reichersbeuren (D), † 4. 3. 1992 New York (USA), Schriftsteller und Politiker. 1924–26 Tätigkeit für die Soz.-Dem., 1935–38 für die Revolutionären Sozialisten in Wien. 1938 Emigration nach Paris, 1939 in die USA. 1945–47 Europa-Dir. des International Rescue Committee in Paris und Genf. Baute eine ca. 50.000 Bände umfassende soz.-polit. Studienbibl. („B.-Library") auf, die 1971 größtenteils an die Univ. Klagenfurt kam. Nach Aufenthalt in Südvietnam 1954 Aufbau einer Vietnam-Studienbibl. an der Harvard University (USA).

Werke: Am Beispiel Ö., 1953 (Neuausgabe: Das Ende der Massenpartei, 1972); Rückblick auf Vietnam, 1976.

Buttlar-Moscon, Alfred Frh. von, * 8. 12. 1898 Schloss Zigguln (Klagenfurt, Kä.), † 24. 9. 1972 Wien, Schriftsteller, Lyriker und Übersetzer (südslaw. Sprachen). 1961 Lenau-Preis.

Werke: Gedichte: Im Kreis der Gestalten, 1936; Wanderer zwischen Tag und Traum, 1945; Mariä Glockenspiel, 1947; Es pocht an deiner Tür, 1957. – Roman: Kronprinz Rudolf, 1960.

Bylandt-Rheidt, Artur Graf, * 3. 2. 1854 Prag (CZ), † 6. 7. 1915 Baden (NÖ.), feudalkonservativer Politiker; Sohn von Artur M. Gf. → Bylandt-Rheidt. 1897/98 Ackerbau-, 1898/99 Unterrichtsmin., 1902–04 Statthalter von OÖ., 1905/06 Innenmin.; trat für die Einführung des allg. Wahlrechts ein.

Bylandt-Rheidt, Artur Maximilian Graf, * 3. 5. 1831 Wien, † 21. 2. 1891 ebd., konservativer Politiker, Feldzeugmeister; Vater von Artur Gf. → Bylandt-Rheidt. 1876–88 Reichskriegsmin., reorganisierte u. a. die Artillerie und führte das Mannlicher-Gewehr ein.

C

Cagnacci, Guido (eigentl. G. Canlassi), * 1601 Sant'Arcangelo bei Rimini (I), † 1681 Wien, Maler. Schüler von Guido Reni in Bologna. In Wien Hofmaler Ks. Leopolds I.; schuf hier größtenteils Werke biblischen und mytholog. Inhalts. Werke im Kunsthist. Mus. in Wien.

Literatur: P. C. Pasini, G. C., 1986.

Calafati, Basilio, * 1. 1. 1800 Triest (I), † 27. 5. 1878 Wien, Zauberkünstler, Karussell- und Gasthausbesitzer im Wr. Prater.

Calaminus (eigentl. Georg Roericht), * 23. 4. 1547 Silberberg (Srebrnik, PL), † 11. 12. 1595 Linz (OÖ.), Dramatiker, Schulmann. Errichtete 1578 in Linz an der landständ. Schule ein Theater. Am 8. 3. 1595 in Wien zum Dichter gekrönt. Formbegabter Lyriker und anregender Lehrer.

Werke: Lat. Weihnachtsspiel, 1578; Übersetzung der „Phönissen" des Euripides; Helis, 1591; Rudolphus und Ottokarus, 1594 (dramat. Dichtung); Lyrik. – Ausgabe: Sämtl. Werke, hg. von R. Hinterndorfer, 1995ff. – Literatur: NDB; H. Slaby, G. C., Diss., Wien 1955.

Elias Canetti. Foto, um 1965.

Caldara, Antonio, * um 1670 Venedig (I), † 28. 12. 1736 Wien, Musiker, ital. Komponist des Spätbarock. Ausbildung in Venedig, erste Dienste in Mantua und Rom; ab 1. 1. 1715 Vizehofkapellmeister (neben J. J. → Fux); wurde von Karl VI. wahrscheinlich mehr geschätzt als der Hofkapellmeister Fux. Komponierte v. a. Opern und Oratorien; sein großes Lebenswerk ist erst teilw. erforscht.

Werke: ca. 90 Opern (Daphne, La Clemenza di Tito u. a.), 43 Oratorien, zahlr. weltl. und kirchl. Kantaten, Triosonaten und Messen. – Literatur: B. Pritchard, A. C., 1987.

Calles, Sigismund, * 12. 3. 1695 Aggsbach (NÖ.), † 3. 1. 1767 Wien, Jesuit, Historiker. Seine „Annales Austriae" (2 Bde., 1750/51) sind die erste wiss. Darstellung der Geschichte Ö. (Babenbergerzeit und Beginn der Habsb.).

Weitere Werke: Annales ecclesiastici Germaniae, 6 Bde., 1756–69. – Literatur: W. F. Czerny, S. C., Diss., Wien 1948.

Camesina, Albert, * 15. 2. 1675 San Vittore (CH), † 19. 10. 1756 Wien (?), Stuckateur. Ab 1714 als Hofstuckateur in Wien tätig, wo sich seine Hauptwerke befinden: Belvedere, Altes Rathaus, Deutschordenshaus und -kirche, ebenso in der Peters- und Karlskirche. Am bekanntesten ist die prachtvolle Raumverzierung in C. Wohnhaus, Wien 1, Schulerstraße, dem sog. Figarohaus, wo auch W. A. Mozart wohnte.

Canaletto (eigentl. Bernardo Bellotto), * 30. 1. 1721 Venedig (I), † 17. 10. 1780 Warschau (PL), ital. Maler. Schüler seines berühmten Onkels Antonio Canal, dessen Namen er übernahm. Nach verschiedenen ital. Stationen übersiedelte C. 1745 nach München, 1746/47 nach Dresden und kam 1759/60 nach Wien. Hier malte er im Auftrag von Maria Theresia einen Zyklus von 13 großformatigen Veduten mit Ansichten prominenter Wr. Plätze und kaiserl. Sommerschlösser. Sie verbinden in typ. Weise malerische Atmosphäre mit genauer Detailschilderung von hohem dokumentarischem Wert. 1770 wurde C. Hofmaler Kg. Stanislaus' II. in Warschau. C. übertrug die hoch entwickelte Vedutenmalerei Venedigs in die Länder Mitteleuropas.

Literatur: S. Kozakiewicz, B. Bellotto, 2 Bde., 1972.

Canaval, Gustav Adolf, * 5. 8. 1898 Linz (OÖ.), † 26. 11. 1959 Salzburg, Publizist. 1934–36 Redakteur der Ztschr. „Sturm über Ö.", 1936–38 Chefredakteur des „Telegraf", 1938–45 KZ-Häftling in Flossenbürg und Dachau; Okt. 1945 mit M. → Dasch Lizenzträger und Chefredakteur (bis 1959) der „Salzburger Nachrichten".

Literatur: R. Prandtstetten, G. A. C., Diss., Wien 1971.

Canaval, Josef Leodegar, * 5. 10. 1820 Linz (OÖ.), † 21. 4. 1898 Klagenfurt (Kä.), Naturforscher; Vater von Richard → Canaval. Machte sich um die mineralog. Erforschung Kä. verdient, Kustos am Kä. Landesmus.

Literatur: F. Seeland, Nachruf in: Carinthia II, Bd. 88, 1898.

Canaval, Richard, * 25. 3. 1855 Klagenfurt (Kä.), † 31. 7. 1939 ebd., Montanist und Geologe; Sohn von Josef L. → Canaval. Hervorragender Fachmann des ö. und speziell des Kä. Bergbauwesens; ihm ist die Erhaltung der Archive der Berghauptmannschaft zu verdanken.

Canetti, Elias, * 25. 7. 1905 Rustschuk (Ruse, BG), † 14. 8. 1994 Zürich (CH), Erzähler, Dramatiker, Essayist, Aphoristiker, Nobelpreisträger für Literatur 1981; ab 1934 verheiratet mit Veza → Canetti. Der Sohn eines jüd. Kaufmanns sephardischer Herkunft kam 1913 nach Wien; weitere Stationen seiner Jugend waren Zürich und Frankfurt a. M.; 1929 Dr. phil. nat. (Chemie). Literar. Vorbild und sprachkrit. Autorität wird K. → Kraus. Im Herbst 1938 Emigration, ab 1939 lebte C. in London. 2. Hauptwohnsitz wurde Zürich.
C. Erstlingswerk, der Roman „Die Blendung" (1935), gestaltet in grotesker Überzeichnung den Zusammenprall von Geisteswelt und Instinkten der Masse. Die Dramen „Hochzeit" (1932), „Komödie der Eitelkeit" (1950) und „Die Befristeten" (1964) enthüllen anhand bizarrer Gedankenexperimente das Antlitz einer zutiefst korrumpierten Ges. Die theoret. Grundlage zu seinem Werk schuf C. mit dem Essay „Masse und Macht" (1960), der die fundamentale Bedeutung dieser Phänomene für die polit. Realität aufzeigt. Sein autobiograph. Spätwerk („Die gerettete Zunge", 1977; „Die Fackel im Ohr", 1980; „Das Augenspiel", 1985) kommentiert und interpretiert eine singuläre Lebens- und Werkgeschichte. Großer Ö. Staatspreis 1967, G.-Büchner-Preis und Ö. Ehrenzeichen f. Wiss. u. Kunst 1972.

Weitere Werke: Essays, Aufzeichnungen, Aphorismen: Die Stimmen von Marrakesch, 1968; Der andere Prozeß, 1969; Die Provinz des Menschen, 1973; Der Ohrenzeuge, 1974; Das Gewissen der Worte, 1975; Das Geheimherz der Uhr, 1987; Unruhe der Gezeiten, 1989; Die Fliegenpein, 1992. – Ausgabe: Werke, 14 Bde., 1995. – Literatur: F. Aspetsberger u. G. Stieg (Hg.), E. C. Blendung als Lebensform, 1985; dies., E. C., 1986; C. Geoffroy, E. C., 1995; M. Krüger (Hg.), Einladung zur Verwandlung, 1995; D. Barnouw, E. C. zur Einführung, 1996.

Canetti, Veza (geb. Taubner-Calderon), * 21. 11. 1897 Wien, † 1. 5. 1963 London (GB), Publizistin, Erzählerin; 1934 Heirat mit Elias → Canetti. Redakteurin der „Arbeiter-Zeitung", in der sie Geschichten aus dem Wr. Alltagsleben veröffentlichte.

Werke: Die Gelbe Straße, 1990 (Roman); Der Oger, 1991 (Drama); Die Schildkröten, 1999 (Roman). – Literatur: U. Gelbenegger, V. C. Die Gelbe Straße, Dipl.-Arb., Wien 1993; G. Laher,

V. C., Dipl.-Arb., Wien 1993; E. M. Meidl, V. C. Sozialkritik in der revolutionären Nachkriegszeit, 1998.

Canevale, Baumeisterfamilie aus Como, die im 17./18. Jh. in Ö. wirkte. Die bedeutendsten Mitgl. der Familie waren: Antonio → Canevale, Carlo → Canevale und Isidore → Canevale.

Canevale, Antonio, * Como (I), Baumeister. Um 1600 Baumeister in Linz, 1631–34 Bauführer beim Bau der Dominikanerkirche in Wien.

Canevale, Carlo, † um 1690, Baumeister. War 1650 Bauführer der ehem. Stiftskirche Waldhausen und baute anschließend in Wien Servitenkirche (1651), Deutschordenshaus und -kirche, Mariensäule am Hof und Stiftskaserne (1666–68).

Canevale, Isidore, * 1730 Vincennes (F), † 2. 11. 1786 Wien, Architekt. Wurde 1776 wirkl. Hofarchitekt und war im Auftrag Josephs II. tätig (Umbau des Allg. Krankenhauses, Narrenturm, Bau des Josephsstöckls im Augarten 1780–83, des Josephinums, des Lusthauses im Prater) sowie für Kardinal C. A. → Migazzi (Triumphbogen in Vák, H), für die Schönborn (Sommerpalais in der Laudongasse) und die Liechtenstein in Mähren und Schlesien. Hauptvermittler des Revolutionsklassizismus.

Literatur R. Wagner-Rieger, Vom Klassizismus bis zur Secession, in: Geschichte der Stadt Wien, Neue Reihe, Bd. VII/3, 1973.

Canisius, Petrus (eigentl. Kanijs oder Kanis), Hl., Fest 27. April, * 8. 5. 1521 Nijmwegen (NL), † 21. 12. 1597 Fribourg (Freiburg, CH), bedeutender Jesuit und Theologe. Drängte den Protestantismus auf dem Boden des heutigen Ö. zurück (Wirken als Univ.-Lehrer, Hofprediger in Wien und Innsbruck, Provinzial). Schuf einprägsame Leitfäden der kath. Glaubenslehre: Großer (Catechismus maior, 1555), Kleiner (Cat. minimus, 1556) und Mittlerer Katechismus (Cat. minor, 1558), die zu seinen Lebzeiten im dt. Sprachraum in mehr als 200 Auflagen verbreitet wurden. Heiligsprechung und Ernennung zum Kirchenlehrer 1925.
Das C.-Werk unterstützt die Heranbildung kath. Priester (Interdiözesanes Seminar in Horn).

Literatur J. Brodrick, P. C. 1521–97, 2 Bde., 1935 (dt. 1950); A. Rohrbasser, P. C., 1954; R. Berndt (Hg.), P. C. SJ, 2000.

Canlassi, Guido, → Cagnacci, Guido.

Canon, Hans (Pseud. für Johann von Straširipka), * 15. 3. 1829 Wien, † 12. 9. 1885 ebd., Porträt-, Historien- und Genremaler. Betrieb Studien nach P. P. Rubens und den Venezianern; dadurch beeinflusste charakteristische Farbgebung. Schuf u. a. Deckengemälde für das Naturhist. Mus. in Wien. Bedeutender Porträtist.

Literatur F. J. Drewes, H. C., 2 Bde., 1994.

Canova, Antonio, * 1. 11. 1757 Possagno (I), † 13. 10. 1822 Venedig (I), ital. romant. klassizist. Bildhauer und Vorbild des Wr. Klassizismus. Schöpfer des Grabdenkmals für Erzherzogin → Marie Christine in der Wr. Augustinerkirche (1805) und der von Napoleon in Auftrag gegebenen und später von Ks. Franz I. erworbenen Gruppe „Theseus im Kampf mit dem Kentauren" (Stiegenhaus des Kunsthist. Mus.).

Literatur A. C., Ausst.-Kat., Museo Correr, Venedig 1992.

Cap, Ferdinand, * 25. 6. 1924 Payerbach (NÖ.), Physiker. Studierte Mathematik, Physik und Chemie an der Univ. Wien. Lehrte ab 1949 an der Univ. Innsbruck, ab 1960 Prof.; USA-Aufenthalte als Gastprof. und für die NASA. Spezialisiert auf Weltraumwiss. und Atomphysik.

Werke: Physik und Technik der Atomreaktoren, 1957 (auch russ.); Einführung in die Plasmaphysik, Bd. 3, 1970; Handbook on Plasma Instabilities, 3 Bde., 1976–82; Energieversorgung – Problem und Ressourcen, 1981; Wie löst man Randwertprobleme in Physik und Technik?, 1993; Lehrbuch der Plasmaphysik und Magnetohydrodynamik, 1994.

Cap, Josef, * 4. 1. 1952 Wien, Politiker (SPÖ) und Politologe. 1978–84 Vorsitzender der Sozialist. Jugend, seit 1983 Abg. z. NR (seit 2001 Klubobmann der SPÖ), 1988–93 Zentralsekr. der SPÖ, 1993–95 SPÖ-Bundesgeschäftsführer. 1983 als 1. Abgeordneter mit Vorzugsstimmen (62.457) in den NR gewählt.

Capistran (Capestranus), Johannes von, Hl., Fest 28. März, * 24. 6. 1386 Capestrano (I), † 23. 10. 1456 Ujlak-Ilok b. Belgrad (YU), Franziskanermönch, Wanderprediger. Kam 1451 nach Wien, wo er bei St. Theobald auf der Laimgrube das erste Kloster der Franziskaner in Ö. gründete; wirkte in Mähren bei der Bekehrung der Hussiten mit und predigte 1454 in Wien für einen Kreuzzug gegen die Türken; 1690 Heiligsprechung. An C. erinnert die C.-Kanzel am Wr. Stephansdom; sie stand ab etwa 1430 im Stephansfreithof, war aus Holz und wurde, in Stein nachgebildet, 1752 an den Dom gerückt (Ecke des N-Chors).

Werke: J. v. C., Reden und Traktate, hg. von E. Jacob, 1905. – Literatur: J. Hofer, J. v. C., 1964; S. Andríc, The miracles of St. John Capistran, 2000.

Capra, Fritjof, * 1. 2. 1939 Wien, Physiker (Hochenergiephysik); Sohn von Ingeborg → Capra-Teuffenbach. 1971–74 in London, seither an der University of California in Berkeley (USA). Arbeiten über den Zusammenhang des naturwiss. Weltbilds mit Kultur und Ges., speziell auch mit fernöstl. Philosophie und Mystik.

Werke: Der kosmische Reigen, 1977; Wendezeit, 1982; Das neue Denken, 1987; Das systemisch evolutionäre Management, 1990; Das Tao der Physik, 1991; Wendezeit im Christentum, 1991; Die Capra-Synthese, 1998; Das neue Denken, 1998.

Caprara, Enea Silvio Graf, * 1631, † 3. 2. 1701 Bologna (I), kaiserl. Feldmarschall, Vizepräs. des Hofkriegsrats. Nahm an 44 Feldzügen teil und war auch Diplomat. Er ließ sich 1698 von Domenico E. Rossi in Wien (Wallnerstr. 8) ein Palais erbauen, das später an die Familie Geymüller überging und 1798 Schauplatz des Trikolore-Skandals mit dem franz. Gesandten Bernadotte war.

Capra-Teuffenbach, Ingeborg, * 1. 10. 1914 Wolfsberg (Kä.), † 16. 9. 1992 Innsbruck (Ti.), Lyrikerin, ab 1945 auch Hörspielautorin; Mutter von Fritjof → Capra.

Werke: Saat und Reife, 1938; Kä. Heimat, 1938; Verpflichtung. Gedichte zum Krieg, 1940; Du Kind, 1941; Verborgenes Bildnis, 1943; Der große Gesang, 1953; Maskali, 1990 (Hörspiel).

Carabelli-Lunkaszprie, Georg von, * 11. 12. 1787 Pest (Budapest, H), † 24. 10. 1842 Wien, erster bedeutender Wr. Zahnarzt. Verfasste das erste brauchbare Lehrbuch auf diesem Gebiet (Systemat. Handbuch der Zahnheilkunde, 1831–42).

Caramelle, Ernst, * 15. 3. 1952 Hall i. Ti., Maler und Grafiker. Studierte an der Hochschule f. angew. Kunst in Wien, 1986–91 Prof. an dieser, 1991–92 an der Tudor Jan van Eyck Academie in Maastricht, 1992–93 an der Gesamthochschule Kassel, seit 1994 an der Staatl. Akad. d. bild. Künste in Karlsruhe.

Literatur: E. C., Ausst.-Kat., Krefeld 1990; E. C., Ausst.-Kat., Nordhorn 1998.

Antonio Canova. Stich nach einem Gemälde von J. B. Lampi d. Ä.

Carl, Carl (eigentl. C. Bernbrunn), * 7. 11. 1787 Krakau (Krakow, PL), † 14. 8. 1854 Bad Ischl (OÖ.), Schauspieler, Regisseur, Theaterdir. Pachtete 1827 das Theater an der Wien, das er bis 1845 leitete, und schloss einen Gesellschaftsvertrag mit dem Josefstädter Theater. C. engagierte W. → Scholz und J. → Nestroy für sein Ensemble; 1838 erwarb er das Leopoldstädter Theater, das er 1847 als Carltheater eröffnete; als Schauspieler verkörperte er den zur Volksfigur gewordenen „Staberl".

Literatur: A. Bäuerle, Dir. C., 1836; F. Kaiser, Theaterdir. C., 1854; H. Schenker, Theaterdir. C. und die Staberl-Figur, 1986.

Carl, Rudolf, * 19. 6. 1899 Lundenburg (Břeclav, CZ), † 15. 1. 1987 Graz (Stmk.), Schauspieler. Nach seinem Engagement am Dt. Theater in Brünn (1918–34) kam C. durch Vermittlung von Dir. R. Beer nach Wien (u. a. Theater a. d. Wien, Volksoper). 1934 Beginn seiner Filmtätigkeit (über 200 Filme, oft gem. mit P. → Hörbiger, H. → Moser, L. → Slezak, L. → Englisch), einer der bekanntesten Komiker seiner Zeit.

Carlone, ital.-schweizer. Künstlerfamilie aus der Gegend von Como- und Lugano-See. Neben den beiden bedeutendsten Künstlern der Familie, Carlo → Carlone und Carlo Antonio → Carlone, wirkten noch folgende Familienmitglieder in Ö.:

Sebastian C. vollendete das Mausoleum von Erzhzg. Karl II. in Seckau (1589–1612) nach Entwurf von A. de Verda und ist bis 1614 in Graz nachweisbar. Carlo Martino C. leitete als Baumeister 1663–72 den Umbau des Schlosses Esterházy in Eisenstadt. Pietro Francesco C. († um 1681) war Baumeister in Kä. und der Stmk. Bartolomeo C. war als Stuckateur 1690–1707 in OÖ. tätig. Joachim C. wirkte als Baumeister in Graz. Giovanni Battista C. war ein Meister des prunkvollen, stark plastischen, weißen Stuckwerks, mit dem er die Bauten seines Bruders Carlo Antonio ausstattete (Stift Schlierbach, 1684/85).

Carlone, Carlo, * 1686 Scaria (CH), † 17. 5. 1775 Como (I), Maler. Schuf Fresken in der Pfarrkirche Stadl-Paura (OÖ., 1722/23), Altarbilder in der Karmeliterkirche in Linz (1712) und in der ehem. Waisenhauskirche in Wien (um 1727), Deckengemälde im Palais Daun-Kinsky, im Oberen Belvedere in Wien und in Schloßhof (NÖ., 1725).

Literatur: P. O. Krückmann, C. C., 1990.

Ignaz Franz Castelli. Lithographie von J. Kriehuber, 1827.

Carlone, Carlo Antonio, * um 1635 Scaria (CH), † 3. 5. 1708 Passau (D), Baumeister. War der bevorzugte Baumeister der oö. Stifte im 17. Jh. Er schuf die Stifte St. Florian (1668–1708) und Schlierbach (1680–83), die Wallfahrtskirchen Heiligenkreuz bei Kremsmünster (1687–90) und Christkindl (1706), die Ägidiuskirche in Vöcklabruck (1688), die Pfarrkirche Rohrbach (1696–1700), das Sommerrefektorium des Stifts Reichersberg (1691–95); Umbauten der Kirchen Baumgartenberg (um 1697), Freistadt (um 1690), des Stifts Kremsmünster (ab 1669) und des ehem. Stifts Garsten (1677–87).

Camillo Castiglioni. Foto, 1916.

Carnap, Rudolf, * 18. 5. 1891 Ronsdorf b. Wuppertal (D), † 14. 9. 1970 Santa Monica (USA), Philosoph. 1926–35 Univ.-Prof. in Wien und Prag, ab 1936 in den USA, war mit M. → Schlick führend im Wr. Kreis. Baute die Logik auf einer umfassenden Semantik auf (Lehre von den Beziehungen zw. den Zeichen), stellte 1928 als erster eine Konstitutionstheorie der Begriffe auf und setzte E. → Machs Empiriokritizismus fort.

Werke: Der log. Aufbau der Welt, 1928; Einführung in die symbol. Logik, 1954; Einführung in die Philosophie der Naturwiss., 1966 (dt. 1969). – Literatur: R. Cirera, C. and the Vienna Circle, 1994; L. Krauth, Die Philosophie C., 1997; T. Mormann, R. C., 2000.

Carrichter, Bartholomäus, * um 1510 Rekingen (CH), † 2. 11. 1567 Wien, Arzt, Verfasser medizin. Fachschriften. Ab 1556 Hofarzt von Ks. Ferdinand I. in Wien, 1564 von Ks. Maximilian II. zum „Hofgesindedoktor" ernannt. C. war als „Kräuteldoktor" bekannt, übernahm in seiner Lehre Elemente des → Paracelsus, verfasste eine medizin. „Practica" (postum 1575) und 2 weitverbreitete astromedizin. Werke: „Kräuterbuch" (1575) und „Von der Heilung zauberischer Schäden" (1608).

Weiteres Werk: Liber iudiciorum urinarum, 1563 (handschriftlich überliefert). – Literatur: S. Walther, Der medizin. Fachschriftsteller B. C., Magisterarbeit, Heidelberg 1987.

Carro, Carl von, * 21. 3. 1846 Wien, † 22. 3. 1896 ebd., Schauspieler am Wr. Burgtheater (1874) und Schriftsteller, einer der bekanntesten Rezitatoren seiner Zeit (Volksstücke L. Anzengrubers und L. A. Ganghofers), Verfasser von Dramen und Dialektdichtungen.

Carro, Johann von, * 8. 8. 1770 Genf (CH), † 12. 3. 1857 Karlsbad (Karlovy Vary, CZ), Arzt. Führte zusammen mit E. Jenner die Kuhpockenimpfung in Ö. ein.

Caruso, Igor Alexander, * 4. 2. 1914 Tiraspol (UA), † 28. 6. 1981 Salzburg, Psychoanalytiker. Gründete 1947 den Arbeitskreis für Tiefenpsychologie, 1972 Univ.-Prof. für Psychologie in Salzburg; Studienreisen und Gastprof. in Lateinamerika; betonte bes. die sozialpsycholog. Aspekte der Psychoanalyse.

Werke: Religion und Psychoanalyse, 1946; Soz. Aspekte der Psychoanalyse, 1962; Die Trennung der Liebenden, 1974.

Casa, Lisa della, → Della Casa, Lisa.

Cäsar, Aquilin Julius, * 1. 1. 1720 Graz (Stmk.), † 2. 6. 1792 Weizberg (Stmk.), Augustiner-Chorherr in Vorau, Landeshistoriker. Schrieb eine erste umfassende Geschichte der Stmk.

Werke: Beschreibung des Herzogtums Stmk. und der k. k. Hauptstadt Graetz, 2 Bde., 1773; Annales ducatus Styriae, 3 Bde., 1768–79 (4. Bd. als Manuskript in der Ö. Nat.-Bibl.); Staats- und Kirchengeschichte des Herzogtums Stmk., 7 Bde., 1785–88; Nationalkirchenrecht Ö., 6 Bde., 1788–90. – Literatur: F. Reithofer, Der Vorauer Chorherr A. J. C., Diss., Graz 1951; H. List, Kunst und Künstler der Stmk., Bd. 1, 1967.

Castelli, Ignaz Franz (Pseud.: Bruder Fatalis, Kosmas, Rosenfeld, C. A. Stille), * 6. 3. 1781 Wien, † 5. 2. 1862 ebd. Schriftsteller. Als populärer und vielseitiger Dichter des Wr. Biedermeier verfasste er ab 1811 für das Wr. Kärntnertortheater rd. 200 Stücke, die zum Großteil in dem von ihm hg. Almanach „Dramat. Sträußchen" (1809, 1817–35) erschienen. C. war Hg. der Ztschr. „Der Sammler" (ab 1808) und der „Wr. Modezeitung" (1815–48) sowie Begründer der „Ludlamshöhle" (1819) und des Wr. Tierschutzvereins (1847).

Werke: Poetische Kleinigkeiten, 5 Bde., 1816–26; Wr. Lebensbilder, 1828 (Skizzendichtung); Gedichte in nö. Mundart, 1828; Sämmtl. Werke, 15 Bde., 1844–46; Wörterbuch der Mundart in Ö. unter der Enns, 1847; Erzählungen von allen Farben, 6 Bde., 1839–40; Memoiren meines Lebens, 4 Bde., 1861. – Literatur: W. Martinez, I. F. C. als Dramatiker, Diss., Wien 1932.

Castiglioni, Camillo, * 22. 10. 1879 Triest (I), † 18. 12. 1957 Rom (I), Bankier. Vor dem 1. Weltkrieg Dir. des Gummiwerks Semperit, kaufte 1921 die Aktienmehrheit der Alpine Montan AG, die später an den dt. Stinnes-Konzern abgetreten wurde; gründete auch die Ö. Luftfahrtsges. Durch Spekulationen während der Inflationszeit reich geworden, legte er eine große Kunst-Smlg. an und stellte M. → Reinhardt 1923 in Wien ein Theater zur Verfügung.

Literatur: Smlg. C. C., 1923.

Castle, Eduard, * 7. 11. 1875 Wien, † 8. 6. 1959 ebd., Literaturhistoriker, Theaterwissenschaftler. Univ.-Prof. in Wien; führte die von J. W. → Nagl und J. → Zeidler begonnene „Dt.-Ö. Literaturgeschichte" zu Ende (2. Bd. 1914; 3. u 4. Bd. 1935 und 1937); Präs. des Wr. Goethe-Vereins und der A.-Stifter-Ges.

Werke: Die Isolierten, 1899; N. Lenau, 1902; F. Fürst Schwarzenberg, 1925; Der große Unbekannte. Das Leben von C. Sealsfield, 1943; Dichter und Dichtung aus Ö., 1952. – Hg der Werke von F. Raimund (6 Bde.), N. Lenau (6 Bde.), L. Anzengruber (20 Bde.), F. Grillparzer (6 Bde.) und A. Grün (6 Bde.); Chronik des Wr. Goethe-Vereins (ab 1933). – Literatur: M. Bauer, E. C. als akad. Lehrer, Diss., Wien 1982; H. Würtz (Hg.), E. C. Sein Beitrag zur Erforschung der ö. Literatur, 1995.

Caucig, Franz, * 4. 12. 1755 Görz (Gorizia, I), † 17. 11. 1828 Wien, Maler. Studierte in Wien und Bologna, längerer Aufenthalt in Rom, Mitgl. der Akad. von Venedig, 1797–1828 Akad.-Prof. in Wien. Ab 1808 Leiter der Wr. Porzellanmanufaktur; tätig in der Ankaufskommission für die kaiserl. Galerie. Bearbeitete mit Vorliebe Themen aus der antiken Mythologie.

Literatur: F. Kavcic, F. C., Ausst.-Kat., Laibach 1978; ÖBL; NDB.

Cavalieri, Katharina, * 19. 2. 1760 Wien, † 30. 6. 1801 ebd., Primadonna der Wr. Hoftheater zur Zeit Maria Theresias und Josephs II. Gerühmt wegen der Vielseitigkeit und Beweglichkeit ihrer Stimme; zahlr. Komponisten schrieben eig. (Einlage-)Arien speziell für ihre Stimme (z. B. W. A. Mozart für die Rolle der Constanze in „Die Entführung aus dem Serail").

Cebotari, Maria (eigentl. M. Cebotaru), * 10. 2. 1910 Kischinjow (RO), † 9. 6. 1949 Wien, Sängerin (Sopran). Ab 1931 im Ensemble der Sbg. Festspiele; 1934 Kammersängerin, 1935–45 in Berlin, 1947–49 an der Wr. Staatsoper. Gastspiele in aller Welt, auch Filmrollen. Ehefrau (1938) des Filmschauspielers G. Dießl. Ihre beiden Söhne wurden 1954 vom engl. Pianisten Curzon adoptiert.

Literatur: A. Mingotti, M. C. Das Leben einer Sängerin, 1950.

Cech Christoph, * 29. 6. 1960 Wien, Komponist. 1967–85 Ausbildung am Konservatorium der Stadt Wien; seit 1977 Mitbegründer, Pianist und Komponist in mehreren Jazz- und Kammermusikensembles (u. a. Nouvelle Cuisine, Jubilc Elf, Striped Roses, Camerata obscura, Janus Ensemble Wien). Seit 1990 vermehrt Kompositionstätigkeit im klassischen Bereich, seit 1999 Leiter der Abt. f. Jazz und Popularmusik am Brucknerkonservatorium Linz.

Werke: Die F. F. Company und Co. KG, 1987 (Jazzmärchen); Die Befreiung des Modulors, 1988 (Kammeroper); Barock it, 1992 (Zyklus) Leos, 1994 (Violine, Klarinette, Klavier, Keyboard, Percussion); Aus allen Blüten Bitternis, 1996 (Oper); Nachtklang – Nachklang, 2000 (Cellokonzert).

Cech, Franz, * 9. 6. 1898 Wien, † 30. 9. 1975 ebd., Pädagoge. Organisator wichtiger Veränderungen des techn., gewerbl., frauenberufl. und berufsbild. Schulwesens nach 1945 (Ischler Programm, Schulgesetzwerk 1962).

Celan, Paul (eigentl. P. Antschel), * 23. 11. 1920 Czernowitz (Chernovtsy, UA), † 20. 4. 1970 Paris (F; Selbstmord), dt.-sprachiger Lyriker und Übersetzer jüd. Abstammung. Während des Kriegs in einem rumän. Arbeitslager interniert, 1945–47 Übersetzer und Verlagslektor in Bukarest, wo er erstmals unter dem Namen C. Gedichte veröffentlichte. Von Dez. 1947 bis Juli 1948 in Wien; hier entstand sein erster Gedichtband „Sand aus den Urnen". Übersiedlung nach Paris, wo er als Lehrer und Übersetzer wirkte. Sein Werk ist von den traumat. Erfahrungen des Holocaust geprägt, dem 1942 auch seine Eltern zum Opfer fielen; dagegen schrieb er in einer neuen, verschlüsselten Sprache an. Lebenslange Themen blieben die Ablehnung des Nat.-Soz., die Erinnerung an zerstörte Länder und verletzte Menschen und die Ablehnung einer korrumpierten Sprache. G.-Büchner-Preis 1960.

Weitere Werke: Mohn und Gedächtnis, 1952; Von Schwelle zu Schwelle, 1955; Sprachgitter, 1959; Die Niemandsrose, 1963; Atemwende, 1967; Fadensonnen, 1968; Lichtzwang, 1970; Schneepart, 1971. – Ausgaben: Gesammelte Werke, 5 Bde., hg. v. B. Allemann u. S. Reichert, 1983; Werke, hist.-krit. Ausg., hg. v. B. Allemann, 1990ff. – Literatur: P. Szondi, C.-Studien, 1972; M. Blanchot, Der als letzter spricht. Über P. C., 1993; J. Felstiner, P. C., eine Biographie, 1997; W. Emmerich, P. C., 1999.

Celtis (Celtes), Konrad (eigentl. K. Pickel oder Bickel), * 1. 2. 1459 Wipfeld (D), † 4. 2. 1508 Wien, Gelehrter, lat. Dichter, Bahnbrecher des Humanismus in Deutschland und Ö. Er wurde 1487 von Ks. Friedrich III. zum Dichter („poeta laureatus") gekrönt und folgte 1497 dem Ruf → Maximilians I. nach Wien. Hier lehrte er an der Univ. nicht nur Metrik und Rhetorik, sondern behandelte u. a. erstmals die dt. Vorgeschichte anhand der „Germania" des Tacitus, erhob damit die Geschichtswiss. zu einer akad. Disziplin und interpretierte die 8 Bücher der Kosmographie des Klaudios Ptolemaios. Durch Heranziehung von Globen und Karten entwickelte er die Geographie zu einer Erfahrungswiss. Von großer Breitenwirkung waren die von ihm gegr. wiss. Ges., so in Heidelberg die „Sodalitas litteraria Rhenana", in Krakau die „Sodalitas Vistulana", in Pressburg die „Sodalitas litteraria Hungarorum", in Wien die „Sodalitas litteraria Danubiana" (1497). Die von C. veranlasste Errichtung des Collegium poetarum et mathematicorum (1501) durch Maximilian I. sicherte ihm weiteren Einfluss. Auch bereicherte er das Theater in Ö. durch Aufführung lat. Dramen und eig. Stücke (z. B. „Ludus Dianae", 1501) und zeigt in seinen Dichtungen (u. a. „Quatuor libri amorum", 1502; Oden, 1513) trotz lat. Sprache und Anlehnung an Horaz und Vergil unmittelbares Erleben und weltanschaul. Weite. Seine editor. Tätigkeit galt antiken wie ma. Autoren (u. a. Apuleius, Tacitus, Hrotsvith von Gandersheim).

Werke: Der Briefwechsel des K. C., hg. v. H. Rupprich, 1934; K. Adel, K. C. – Poeta laureatus, 1960 (Ausgewählte Werke, lat.-dt.). – Literatur: L. W. Spitz, C. C., The German Arch-Humanist, 1957; D. Wuttke, Humanismus als integrative Kraft, 1985.

Die Opernsängerin Maria Cebotari auf Sommerfrische am Wolfgangsee. Foto, um 1939.

Cerha, Friedrich, * 17. 2. 1926 Wien, Komponist und Dirigent; gründete 1958 gem. mit K. → Schwertsik das Ensemble „die reihe", das zu einem der wichtigsten Träger der Avantgardemusik in Ö. wurde; komponiert v. a. orchestrale Werke und Opern (zahlr. Auftragswerke); Großer Ö. Staatspreis 1986 sowie weitere Ehrungen und Auszeichnungen.

Werke: Spiegel I–VII, 1960–72. – Opern: Baal, 1974/81; Der Rattenfänger, 1987; Fertigstellung von A. Bergs „Lulu" 1962–78. – Requiem für Hollensteiner, 1982/83; Baal-Gesänge, 1983; „Keintaten", 1983ff. – Zahlr. Schriften.

Friedrich Cerha. Foto.

Ceska, Franz, * 31. 1. 1936 Wien, Diplomat; 1992–97 Gen.-Sekr. der Vereinigung Ö. Industrieller, dann ö. Botschafter in Paris.

Cesti, Antonio (früher fälschlich Marc'Antonio C.), * 5. 8. 1623 Arezzo (I), † 14. 10. 1669 Florenz (I), ital. Opernkomponist. 1652–57 Kapellmeister von Erzhzg. → Ferdinand Karl in Innsbruck, komponierte dort „Orontea" (1656) und „La Dori" (1657), zwei der berühmtesten Opern des 17. Jh.; 1666–69 Vize-Hofkapellmeister von → Leopold I. in Wien, zu dessen 1. Hochzeit er die Oper „Il pomo d'oro" („Der goldene Apfel") komponierte, die jedoch erst eineinhalb Jahre später aufgeführt wurde. C. prägte nachhaltig den Stil der barocken Repräsentationsoper in Ö.

Literatur: H. Seifert, A. C. in Innsbruck und Wien, 1999.

Paul Celan. Foto, 1966.

Chaimowicz, Georg, * 3. 6. 1929 Wien, Maler und Graphiker. 1939 Flucht mit seinen Eltern nach Kolumbien, 1948–56 Studium an der Akad. d. bild. Künste in Wien bei S. → Pauser. Neben satirisch-polit. Zeichnungen entwickelte er eine zeichenhafte, auf wenige Spuren reduzierte Formensprache.

Werke: Wandlungen zu einem Bildnis des R. Henz, 1984; Surface, 1974. – Literatur: G. C., Lieber Papa, Ausst.-Kat., Wien 1992/93; R. Geir (Hg.), G. C. Wege im Weg zum Bildlosen, Ausst.-Kat., Jüd. Mus. d. Stadt Wien, 1999.

Chaloupka, Eduard, * 11. 8. 1902 Wien, † 5. 9. 1967 ebd., Beamter und Jurist. 1927–35 im Dienst der Nö. Landesregierung, danach im Bundeskanzleramt; 1938 Entlassung, 1945 Wiedereintritt, ab 1947 Sektionschef

Konrad Celtis. Stich.

und Leiter der Präsidialsektion des Bundeskanzleramts.

Chargaff, Erwin, * 11. 8. 1905 Czernowitz (Chernovtsy, UA), Chemiker, Schriftsteller. Studierte in Wien, 1928–30 Stipendiat an der Yale University, ab 1930 Ass. f. Chemie an der Univ. Berlin. 1933 Emigration nach Paris, 1935 nach New York, wo er ab 1952 Prof. und 1970–74 Leiter des Department of Biochemistry an der Columbia University war; seit 1977 Publikation zahlr. Essaybände. Gilt neben J. D. Watson und F. Crick als einer der Pioniere auf dem Gebiet der Erforschung der Struktur der DNS; er zeigte, dass der genetische Code aus einer Folge komplementärer Nukleinsäuren besteht. Ö. Ehrenzeichen f. Wiss. u. Kunst 1994.

Werke: The Nucleic Acids, 3 Bde., 1955–60 (Hg.); Essays on Nucleic Acids, 1963; Heraclitean Fire, 1978 (Das Feuer des Heraklit, 1979; Autobiographie); Kritik der Zukunft, 1983; Abscheu vor der Weltgeschichte, 1984; Armes Amerika – arme Welt, 1994; Aussichten vom 13. Stock, 1998; Ernste Fragen, 2000. – Literatur: D. Weber, Wider den Genrausch, 1999.

Charlemont, Eduard, * 2. 8. 1842 Wien, † 7. 2. 1906 ebd., Porträt- und Genremaler; Sohn von Matthias A. → Charlemont. Ab 1870 Mitarbeiter im Atelier von H. → Makart, mehrjähriger Parisaufenthalt und Einfluss von E. Meissonier. Schuf u. a. für das Foyer des Wr. Burgtheaters 3 je 18 m lange Deckenbilder.

Literatur: W. Kitlitschka, Die Malerei der Wr. Ringstraße, 1981.

Charlemont, Hugo, * 18. 3. 1850 Jamnitz (Jemnice, CZ), † 18. 3. 1939 Wien, Maler und Radierer; Sohn von Matthias A. → Charlemont. Studierte bei E. Peithner v. Lichtenfels an der Wr. Akad., bei seinem Bruder Eduard und bei H. Makart; Reisen nach Holland und Venedig, Vorliebe für Genre, Stillleben, Interieur und Landschaft.

Werke: Illustrationen zum „Kronprinzenwerk" (Die Ö.-ungar. Monarchie in Wort und Bild, 1885–1902).

Charlemont, Matthias Adolf, * 23. 11. 1820 Brünn (Brno, CZ), † 20. 4. 1871 (?) Wien, Miniaturmaler; Vater von Eduard → Charlemont, Hugo → Charlemont und Theodor → Charlemont. Studierte an der Akad. d. bild. Künste in Wien und war ab 1865 in Wien tätig.

Vinzenz Chiavacci. Foto, um 1887.

Charlemont, Theodor, * 1. 1. 1859 Znaim (Znojmo, CZ), † 13. 10. 1938 Wien, Bildhauer; Sohn von Matthias A. → Charlemont, Schüler von C. v. → Zumbusch.

Werke: Skulpturen für die Dr.-K.-Lueger-Gedächtniskirche am Wr. Zentralfriedhof.

Charlotte, Kaiserin von Mexiko, * 7. 6. 1840 Schloss Laeken bei Brüssel (B), † 19. 1. 1927 Schloss Bouchoute bei Brüssel (B), Tochter Leopolds I., Kg. der Belgier. Heiratete 1857 Erzhzg. → Maximilian, den jüngeren Bruder von Ks. Franz Joseph und späteren Ks. von Mexiko. Fiel nach dessen Hinrichtung 1867 in geistige Umnachtung und lebte dann in Belgien.

Literatur: E. C. Corti, Maximilian und C. von Mexiko, 1924; M. L. Bibesco, Princesse Carlota, 1956.

Charmatz, Richard, * 1. 2. 1879 Schlaining (Bgld.), † 15. 2. 1965 Wien, Historiker, Journalist und wiss. Schriftsteller. Gehörte zum Kreis um H. → Friedjung; ab 1922 Redakteur der „Neuen Freien Presse".

Werke: Dt.-ö. Politik, 5 Bde., 1907; Ö. innere Geschichte von 1848 bis 1907, 2 Bde., 1909; Ö. als Völkerstaat, 1918; Vom Kaiserreich zur Republik, 1946; Lebensbilder aus der Geschichte Ö., 1947. – Literatur: P. Wildner, Der Historiograph und Journalist R. C., 1972.

Charoux, Siegfried, * 15. 11. 1896 Wien, † 26. 4. 1967 London (GB), Bildhauer, Zeichner und Karikaturist. Studierte bei A. → Hanak und H. → Bitterlich; in den 20er Jahren polit. Karikaturist, danach erste öffentl. Bildhauerarbeiten, wie das Lessing-Denkmal am Judenplatz in Wien; emigrierte 1935 nach London; betrieb Experimente mit neuen Techniken (u. a. mit Kunstharz). Seit 1982 befindet sich sein künstlerischer Nachlass im C.-Museum in Langenzersdorf.

Literatur: Kat. C.-Museum Langenzersdorf, 1982; H. K. Groß, Die Wr. Jahre des Karikaturisten und Bildhauers S. C., 1997.

Chelidonius, Benedictus (auch Hirundo, Beiname: Musophilus, eigentl. Benedikt Schwalbe), * um 1460 Nürnberg (D), † 8. 9. 1521 Wien, Dichter, Humanist. 1518–21 Abt des Wr. Schottenstifts; schrieb neulat. Schulkomödien, u. a. das Fest- und Huldigungsspiel „Streit der Wollust mit der Tugend" (Voluptatis cum virtute disceptatio), 1515 von dem Wiener Jacob Diamond vertont und aufgeführt.

Weiteres Werk: De Sanctosancta Trinitate, 1519. – Literatur: M. Dietrich, C. Spiel „Voluptatis cum virtute disceptatio", in: Maske und Kothurn 5, 1959; B. G. Winkler, Die Sonette des B. C. zu A. Dürers Marienleben und ihr Verhältnis zum Marienleben des Kartäusers Philipp, Diss., Wien 1960.

Chiari, Hermann, * 6. 12. 1897 Wien, † 24. 10. 1969 ebd., Pathologe. 1936 Dir. des Pathologisch-Anatom. Inst., Vizepräs. der Ö. Akad. der Wiss.

Werk: Patholog. Anatomie des akuten Gelenksrheumatismus, 1936.

Chiari, Johann Baptist, * 15. 6. 1817 Salzburg, † 11. 12. 1854 Wien, Geburtshelfer; Vater von Ottokar Frh. v. → Chiari. Prof. in Prag und Wien; unterstützte als Einziger seiner Zeit die Theorien von I. P. → Semmelweis.

Chiari, Karl, * 9. 6. 1912 Wien, † 18. 1. 1982 Wien, Orthopäde; Enkel von Ottokar Frh. v. → Chiari. Univ.-Prof. in Wien.

Chiari, Ottokar Frh. von, * 1. 2. 1853 Prag (CZ), † 12. 5. 1918 Puchberg a. Schneeberg (NÖ.), Laryngologe; Sohn von Johann B. → Chiari, Großvater von Karl → Chiari. Univ.-Prof. in Wien; entwickelte wichtige Operationsmethoden auf seinem Fachgebiet und setzte den Neubau der Laryngolog. Klinik in Wien durch.

Werke: Lehrbuch der Nasen-, Rachen- und Kehlkopfkrankheiten, 3 Bde., 1902–05; Chirurgie des Kehlkopfs und der Luftröhre, 1916. – Literatur: NDB.

Chiavacci, Vinzenz, * 15. 6. 1847 Wien, † 2. 2. 1916 ebd., Schriftsteller, Bühnendichter und Hg. von Almanachen und der Wochen-Ztschr. „Wr. Bilder" (1896–1911), Lokal- und Sittenschilderer Alt-Wiens. Er schuf die populären Figuren der „Frau Sopherl vom Naschmarkt" (mit der gleichnamigen Posse, 1890 und 1911) und des „Herrn Adabei" („Seltsame Reisen des Herrn Adabei", 1908); gab die Werke von J. → Nestroy und von L. → Anzengruber heraus, dessen Freund er war.

Werke: Aus dem Kleinleben der Großstadt, 1884; Wiener vom Grund, 1887; Kleinbürger von Groß-Wien, 1893; Wiener vom alten Schlag, 1895; Wr. Bilder, 1900; Aus der stillen Zeit, 1916. – Literatur: E. Pokorny, Die mundartl. Elemente in den Prosawerken V. C., Diss., Wien 1958.

Chimani, Leopold, * 20. 2. 1774 Langenzersdorf (NÖ.), † 21. 4. 1844 Wien, Pädagoge und Verfasser von mehr als 100 Kinder- und Jugendbüchern. Folgte F. → Gaheis in der Leitung der Haupt- und Industrieschule in Korneuburg (1798). Ab 1807 in der Administration des Normal-Schulbücher-Verschleisses tätig, ab 1817 auch als Bücherzensor.

Werke: Vaterländ. Unterhaltungen für die Jugend, 1815; Ferienreise von Wien nach Ischl, 1829; Biographien berühmter und verdienter Männer, 1832; Biographien berühmter Frauen, 1832; Der hist. Bildersaal, 1837; Das Kleine Belvedere, 1840. – Literatur: L. Holzer, L. C. (der Jüngere), in: Rund um den Bisamberg, [4]1974.

Chladek, Rosalia, * 21. 5. 1905 Brünn (Brno, CZ), † 3. 7. 1995 Wien, Solotänzerin, Tanzpädagogin und Choreographin. Ab 1952 Leiterin der Tanzklasse an der Akad. f. Musik u. darst. Kunst in Wien; entwickelte eine eig. Schule für Bewegung, Tanz und Tanzpädagogik.

Literatur: G. Alexander (Hg.), Tänzerin, Choreographin, Pädagogin R. C., ⁴1995.

Chlumetzky (Chlumecky), Johann Frh. von, * 23. 3. 1834 Zara (Zadar, HR), † 11. 12. 1924 Bad Aussee (Stmk.), Politiker der „Gemäßigten Linken". 1871 Ackerbaumin., 1875–79 Handelsmin., 1893–97 Präs. des Abgeordnetenhauses. Er gründete die Hochschule f. Bodenkultur in Wien, machte sich um den Ausbau der Staatsbahnen verdient, war Wegbereiter zur Verstaatlichung der Privatbahnen und wandelte die Südbahn-Ges. in ein rein inländ. Unternehmen um. 1905 trug er zum Mähr. Ausgleich und 1906 zum allg. gleichen Wahlrecht entscheidend bei.

Literatur: ÖBL; NDB.

Chmel, Joseph, * 18. 3. 1798 Olmütz (Olomouc, CZ), † 28. 11. 1858 Wien, Augustiner-Chorherr, Historiker. 1826 Stiftsbibliothekar von St. Florian, 1834 Archivar (1846 Vizedir.) des Haus-, Hof- und Staatsarchivs. Gehörte zu den ersten Mitgl. der Akad. d. Wiss. und leitete deren Hist. Kommission. Unermüdlicher Quellensammler, Darstellungstalent und kritischer Sinn fehlten ihm aber.

Werke: Beiträge zur Geschichte Kg. Friedrichs IV., 2 Bde., 1837–40; Regesta Friderici III. Imp., 1840; Geschichte Friedrichs IV. und seines Sohnes Maximilian, 2 Bde., 1840–42; mehrere Quelleneditionen. – Literatur: A. Lhotsky, J. C. zum 100. Geburtstag, 1959; NDB.

Chobot, Manfred, * 3. 5. 1947 Wien, Schriftsteller. 1971/72 Hg. der Ztschr. „Astma"; seit 1972 Mitgl. des Literaturkreises „podium"; seit 1975 Mitgl. der Grazer Autorenversammlung; schreibt satir. Prosa und Dialektgedichte mit soz.-krit. Inhalten.

Werke: Waunst in Wean, 1978; Die Briefe der Hausmeisterin Leopoldine Kolecek, 1978; Getrennte Eintragungen, 1980; Krokodile haben keine Tränen, 1985; Spreng-Sätze. Satiren und Gegen-Sätze, 1987; Dorfgeschichten, 1992; Die Nähe der Engel, 1994; Ziegelschupfen, 1994; Der Hof, 1995; Der ertrunkene Fisch, 1997; ansichtskarten, 1997; Stadtgeschichten, 1999; Römische Elegien, 2000.

Chorherr, Christoph, * 9. 12. 1960 Wien, Wirt.-Wissenschaftler und Politiker (Grüne); Sohn von Thomas → Chorherr. Lehrbeauftragter an der Wr. Wirt.-Univ. und der Techn. Univ. Wien. Geschäftsführer eines Unternehmens für ökolog. Bauprojekte; 1991–96 nichtamtsführender Stadtrat der Grünen in Wien, 1996–97 Bundessprecher der Grünen und seit 1997 deren Klubobmann in Wien.

Chorherr, Thomas, * 27. 11. 1932 Wien, Jurist und Publizist; Vater von Christoph → Chorherr. Ab 1955 bei der Wr. Tageszeitung „Die Presse", 1976–95 deren Chefredakteur, 1995–2000 Mit-Hg.; 1973–88 auch Univ.-Lektor in Wien. Vizepräs. des Presseclubs „Concordia", Mitgl. des ö. Presserats.

Werke: Große Österreicher, 1985 (Hg.); Wien – Eine Geschichte, 1987; 1938 – Anatomie eines Jahres, 1987 (Hg.); Heiliger Zorn, 1989 (Hg.); Was ich davon halte, ²1997; Die roten Bürger, 2000.

Chorinsky, aus Polen stammendes, im 15. Jh. in Mähren ansässiges Adelsgeschlecht, aus dem mehrere hohe Beamte hervorgingen, Freiherren von Ledske. Bed. Persönlichkeiten aus der Familie: Ignaz Karl Gf. → Chorinsky, Gustav Ignaz Gf. → Chorinsky; Karl Gf. → Chorinsky.

Chorinsky, Gustav Ignaz Graf, * 27. 1. 1806 Wien, † 15. 10. 1873 ebd., Beamter; Sohn von Ignaz Karl Gf. → Chorinsky, Vater von Karl Gf. → Chorinsky. 1850–60 Statthalter in Krain, 1860–62 in Mähren und Schlesien, 1849 und 1862–68 in NÖ. Hier führte er den Amtskalender (damals nur für NÖ.) ein. 1867 Mitgl. des Herrenhauses.

Chorinsky, Ignaz Karl Graf, * 24. 3. 1770 Brünn (Brno, CZ), † 14. 4. 1823 Wien, Beamter; Vater von Gustav Ignaz Gf. → Chorinsky. Leitete 1805 während der franz. Besatzung die Nö. Landesregierung, später Vizepräs. der allg. Hofkammer und Vizekanzler der Vereinigten Hofkanzlei.

Chorinsky, Karl Graf, * 18. 10. 1838 Linz (OÖ.), † 10. 7. 1897 Mödling (NÖ.), Jurist; Sohn von Ignaz Karl → Chorinsky. 1880–90 Landeshauptmann von Sbg., 1890 Präs. des Oberlandesgerichts Wien, Mitgl. des Herrenhauses.

Chotek, Sophie Reichsgräfin (ab 1909 Herzogin von Hohenberg), * 1. 3. 1868 Stuttgart (D), † 28. 6. 1914 Sarajewo (BIH; ermordet). Aus böhm. Adelsfamilie (seit 1745 Reichsgrafen) stammend, Hofdame der Erzherzogin Isabella, ab 1900 in nicht ebenbürtiger (morganatischer) Ehe mit Erzhzg. → Franz Ferdinand vermählt. Fiel mit ihrem Ehemann in Sarajewo einem Attentat zum Opfer, das den Ersten Weltkrieg auslöste.

Literatur: G. Brook-Shepherd, Die Opfer von Sarajevo, 1988 (engl. 1984).

Sophie Gräfin Chotek. Foto.

Chrismann (auch Krismann, Crismann u. a.), Franz Xaver, * 22. 10. 1726 Reifenberg (Rihenberg, SLO), † 20. 5. 1795 Rottenmann (Stmk.), der bedeutendste Orgelbauer des 18. Jh. in Ö., zunächst Priester. Baute u. a. die Orgeln in der Linzer Jesuitenkirche, St. Florian (1774), Rottenmann (1795), Admont (1782, 1865 verbrannt) und der Schottenfelder Kirche in Wien (1790).

Literatur: ADB.

Christalnick, Michael Gotthard, * 1530/40 Kä., † 1595 St. Veit a. d. Glan (Kä.), protest. Prediger auf mehreren Schlössern, Kä. Landeshistoriker. Verfasste 1588 im Auftrag der Stände von Kä. nach dem Vorbild von W. Lazius eine Chronik, die H. Megiser als „Annales Carinthiae ..." (2 Bde.) 1612 edierte.

Literatur: K. Großmann, C., Megiser und die Annales Carinthiae, MIÖG 57, 1949; W. Neumann, M. G. C., Kä. Beitrag zur Geschichtsschreibung des Humanismus, 1956.

Christen, Ada (geb. Christine Rosalia Frideriks, in 2. Ehe verheiratet mit Adelmar v. Breden), * 6. 3. 1839 Wien, † 23. 5. 1901 ebd., Dramatikerin, Erzählerin und Lyrikerin. Die aus ärmlichen Verhältnissen stammende Autorin gehörte zum Schriftstellerkreis um L. → Anzengruber, F. → Hebbel und F. v. → Saar. Beeinflusste mit ges.-krit. Werken die frühen Naturalisten.

Werke: Dramen: Die Häuslerin, 1867; Faustina, 1871. – Lyrik: Lieder einer Verlorenen, 1868; Aus der Asche, 1870; Aus der Tiefe, 1878. – Roman: Ella, 1869. – Novellen: Aus dem Leben, 1878; Jungfer Mutter, 1892. – Ausgabe: Ausgew. Werke, hg. v. W. A. Hammer, 1911. – Literatur: J. Pattiss, Die Prosa A. C., Dipl.-Arb., Innsbruck 1991; J. Rathner, Zw. Provokation und Resignation, Dipl.-Arb., Salzburg 1992; K. H. Rossbacher, Literatur und Liberalismus, 1992.

Ada Christen. Foto.

Christophorus, Hl., Fest 25. Juli; hist. Gestalt. Der Legende nach ein Heide von riesiger Gestalt, der Pilger über einen Fluss brachte, das Jesuskind trug und dabei getauft wurde. Oft an Haus- und Kirchenfassaden dargestellt, wo das Jesuskind von weitem sichtbar war. Patron der Schiffer, Fährleute, Autofahrer, gegen unvorhergesehenen Tod.

Literatur: G. Benker, C., 1975; Die 14 Nothelfer, so zu Anger und in den Alpenländern, Anger 1993.

Chrobak, Rudolf, * 8. 7. 1843 Troppau (Opava, CZ), † 1. 10. 1910 Wien, Gynäkologe. Prof. in Prag und Wien, Mitbegründer der modernen Gynäkologie, guter Operateur; entwarf und leitete mit F. → Schauta den Neubau der Wr. Frauenkliniken.

Werk: Allg. gynäkolog. Therapie und Untersuchungsmethode, in: Hb. der Frauenkrankheiten, 1879. – Literatur: ÖBL; NDB.

Chvostek, Franz sen., * 21. 5. 1835 Mistek (Místek, CZ), † 16. 11. 1884 Wien, Internist; Vater von Franz → Chvostek jun. Prof. am Josephinum (Militärärzte-

Akad.) in Wien. Nach ihm ist das c.sche Zeichen benannt: Übererregbarkeit motorischer Nerven, bes. im Gesicht, bei Spasmophilie und Tetanie, sodass Beklopfen des Gesichts Muskelzuckungen auslöst.
Literatur: ÖBL; NDB.

Chvostek, Franz jun., * 3. 10. 1864 Wien, † 17. 4. 1944 Burg Groppenstein (Kä.), Internist; Sohn von Franz → Chvostek sen. Prof. in Wien, begründete die moderne Erbbiologie und -pathologie. Nach ihm ist die c.sche Anämie benannt, eine mit Bauchspeicheldysfunktion verbundene Anämie.
Literatur: ÖBL; NDB.

Chyträus, David (eigentl. D. Kochhafe), * 26. 2. 1531 Ingelfingen (D), † 25. 6. 1600 Rostock (D), evangel. Theologe und Schulorganisator. Nahm durch seine Kirchenordnungen für NÖ., Stmk., Kä., Krain und Görz starken Einfluss auf die Entwicklung des Luthertums in diesen Ländern und schuf mit der Schulordnung für die protestant. Landschaftsschule in Graz einen Schultyp, der vom Elementarunterricht bis zu einer rhetorisch-jurist. Ausbildung führte.
Literatur: P. F. Barton, Um Luthers Erbe, in: Untersuchungen zur Kirchengeschichte 6, 1972.

Heinrich Graf Clam-Martinic. Foto, um 1920.

Cibulka, Heinz, * 16. 1. 1943 Wien, Künstler und Fotograf. Studierte 1957–61 an der Graph. Lehr- und Versuchsanstalt in Wien, Bekanntschaft mit R. → Schwarzkogler und H. → Nitsch. Ab 1972 Fotozyklen und Bildgedichte (v. a. Thema „Land") sowie Objekte und Objektbilder; später auch Stadtzyklen. Seit 1993 digitale Bildcollagen und -zyklen. Mitbegründer des Ö. Fotoarchivs und der nö. Fotoinitiative „FLUSS".

Cieslar, Adolf, * 25. 9. 1858 Blogotitz (Cieszyn, PL), † 14. 7. 1934 Wien, Forstwissenschaftler. Studium und wiss. Laufbahn in Wien, ab 1905 Prof. für forstl. Produktionsweise an der Hochschule f. Bodenkultur. Beschäftigte sich v. a. mit Fragen der Vererbung bei Waldbäumen.

Cimburgis-Statue am Maximiliansgrab in der Hofkirche in Innsbruck, Ti.

Cilli, Grafengeschlecht in der damaligen S-Stmk. (heute Slowenien). Die Freien von Soune (Souneck) beerbten die Grafen von Heunburg u. Ortenburg und wurden 1341 von Ks. Ludwig IV. als Grafen von Cilli anerkannt; durch Heiraten mit hochrangigen Familien (u. a. Luxemburger) stiegen sie weiter auf. Die Grafen wurden 1436 durch Ks. Sigismund endgültig zu Reichsgrafen erhoben und besaßen viele Herrschaften, Gülten und Rechte in den habsb. Erbländern (Stmk., Kä., Krain, Ö.) und in den Ländern der Stephanskrone (Kroatien, Slawonien). Während Friedrich III. die Entstehung eines eig. Territoriums der Grafen von C. verhindern wollte, genoss Graf Ulrich II. am ungar. Hof sehr hohen Einfluss, bes. während der Minderjährigkeit des → Ladislaus Postumus. Am 9. 11. 1456 wurde Graf Ulrich von C. in Belgrad durch Ladislaus Hunyádi, den Sohn des ungar. Reichsverwesers und Bruder von → Matthias Corvinus, ermordet. Seine ungar. Besitzungen fielen an die Stephanskrone, die in den habsb. Ländern bis 1460 (Friede von Pusarnitz) an Friedrich III.
Literatur: H. Pirchegger, Die Grafen v. C., 1955.

Franz Cizek. Foto, 1931.

Cimburgis (Cymbarka, Cymburga) von Masowien, * 1394/97 Warschau (PL), † 28. 9. 1429 Türnitz (NÖ.), ab 1412 verheiratet mit Hzg. → Ernst (dem Eisernen) von Inner-Ö. (Stmk.). Stammte aus einer Nebenlinie der Piasten, gebar 9 Kinder, darunter den späteren Ks. → Friedrich III., somit Stammmutter der späteren → Habsburger. Begraben in Lilienfeld (NÖ.).
Literatur: M. Schellmann, Zur Geschichte Hzg. Ernsts des Eisernen, Diss., Wien 1966.

Cizek, Franz, * 12. 6. 1865 Leitmeritz (Litoměřice, CZ), † 17. 12. 1946 Wien, Maler und Kunstpädagoge. Förderte in seiner Mal- und Zeichenschule als erster die freie Entfaltung der spontanen künstlerischen Aktivität der Kinder. Seine Schule wurde 1897 staatlich anerkannt, 1906 als Versuchsschule in die Kunstgewerbeschule eingegliedert (Ernennung zum Prof.), ab 1910 als Sonderkurs für Jugendkunst geführt. C. nahm starken Einfluss auf die Entwicklung der Kunsterziehung und gewann bes. in England und Amerika viele Anhänger. 1914 gründete er die Vereinigung „Kunst und Schule" sowie die gleichnamige Ztschr., die 1922 in der Ztschr. „Die Quelle" aufging.
Werke: Papier-, Schneide- und Klebearbeiten, 1914; Weihnacht, 1922; Triebhaft bildendes Schaffen der Jugend (Nachlass). – Literatur: L. W. Rochowanski, Die Wr. Jugendkunst, ²1946; F. C., Pionier der Kunsterziehung, hg. vom Hist. Mus. der Stadt Wien, Ausst.-Kat., 1985.

Clairmont (Klarberg), Paul, * 10. 1. 1875 Wien, † 1. 1. 1942 St. Prex (CH), Chirurg. Prof. in Wien und Zürich, namhafter Operateur der Magen-Darm-Chirurgie.
Literatur: NDB.

Clam-Gallas, Eduard Graf, * 11. 3. 1805 Prag (CZ), † 17. 3. 1891 Wien, General. Wurde 1846 Generalmajor, 1861 General der Kavallerie und Mitgl. des Herrenhauses; 1865 Obersthofmeister Ks. Franz Josephs; 1866 Kommandant des 1. Armeekorps im preuß.-ö. Krieg.
Literatur: ÖBL.

Clam-Martinic, Heinrich Graf, * 1. 1. 1863 Wien, † 7. 3. 1932 Burg Clam (Gem. Klam, OÖ.), Staatsmann und Offizier. Vertrauter des Thronfolgers → Franz Ferdinand, ab Okt. 1916 Ackerbaumin., Dez. 1916 bis Juni 1917 auch Min.-Präs.; bemühte sich um einen Ausgleich in der Nationalitätenfrage; 1917–18 Militärgouverneur in Montenegro.
Literatur: F. Höglinger, Min.-Präs. H. G. C.-M., 1964.

Clare, George (eigentl. Georg Klaar), * 20. 12. 1920 Wien, Schriftsteller, Verlagsleiter. Emigrierte 1938 über Irland nach Großbritannien; seine Eltern wurden in Auschwitz getötet. Ab 1941 als Freiwilliger in der brit. Armee, 1946–54 in der Control Commission for Germany tätig, seit 1947 brit. Staatsbürger. 1954–83 Verlagsdirektor im Axel-Springer-Verlag in London. W. H. Smith Literary Award für sein Buch „Last Waltz in Vienna" (1981; Letzter Walzer in Wien, 1984), das als Grundlage von Fernsehdokumentationen von ORF und BBC diente.
Weiteres Werk: Berlin Days 1946–47, 1989.

Clary-Aldringen, aus Florenz stammendes Adelsgeschlecht; Aufstieg im 17. Jh., 1659 Freiherren, 1666 Grafen, 1757 Fürsten. Güter in Teplitz (Böhmen) bis 1945. Wr. Palais in der Herrengasse 9 (1924–97 Nö. Landesmuseum).

Clary-Aldringen, Manfred Graf von, * 30. 5. 1862 Wien, † 12. 2. 1928 Schloss Hernau bei Salzburg, Staatsmann. 1898–1918 Statthalter der Stmk., 1899 für 10 Wochen Min.-Präs., hob die badenischen Sprachverordnungen auf.
Literatur: A. C.-A., Geschichten eines alten Österreichers, 1977.

Claudia von Medici, * 4. 6. 1604 Florenz (I), † 25. 12. 1648 Innsbruck (Ti.), Erzherzogin von Ö., 1632 Landesfürstin von Ti.; Tochter von Großhzg. Ferdinand I. von Toskana, 1626 Gemahlin von Erzhzg. → Leopold V. († 1632). 1632–46 regierte sie mit einem 5-köpf. Ratskollegium (darunter W. → Biener) anstelle ihres unmündigen Sohnes Ferdinand Karl (* 1628). Sie ließ im 30-jähr. Krieg in der Scharnitzer Klause an der bayrischen Grenze die Festung „Porta Claudia" errichten (1805 gesprengt) und förderte tatkräftig Kunst (Einführung des Barocktheaters), Handel (neue Verfassung der Bozener Messe, 1635) und Handwerk in Ti.
Literatur: F. H. Hye in: Die Habsburger, hg. von B. Hamann, ⁴1993; NDB.

Clemencic, René, * 27. 2. 1928 Wien, Komponist, Instrumentalist (Blockflöte), Ensembleleiter. Wurde mit seinen Ensembles „Musica Antiqua" (1958–68) u. „Clemencic Consort" (seit 1969) einer der wichtigsten Wegbereiter für die hist. Aufführungspraxis, wobei er sich bes. der Musik des MA und der Renaiss. widmete. Zahlr. Plattenaufnahmen und Publikationen.

Literatur: G. Brosche (Red.), Musikal. Dokumentation R. C., Ausst.-Kat., Musik-Smlg. der Ö. Nat.-Bibl., Wien 1999.

Clementschitsch, Arnold Jakob, * 18. 6. 1887 Villach (Kä.), † 11. 12. 1970 ebd., Maler, Graphiker und Schriftsteller. Ab 1908 Studium in Wien und München. Seiner ersten nachimpressionist. Phase folgte eine Phase mit reduzierender expressiver Ausdrucksweise. Großer Ö. Staatspreis 1963.

Werke: Wege und Irrwege eines Malers, 1947; Rhythmen und Reime, 1947. – Gemälde: Tanzpaare auf dem Eis, 1918; Porträt H. Boeckl, 1925; Am Lido, 1941; Früher Abend in der Kärntnerstraße, 1957. – Literatur: L. Springschitz, A. C., 1957.

Clerfayt, Charles de Croix Graf, * 14. 10. 1733 Schloss Bruille (B), † 21. 7. 1798 Wien, ö. Feldmarschall. Offizier im Siebenjähr. Krieg, Feldherr im Türkenkrieg 1789–91 und im 1. Koalitionskrieg bis 1795. Bei den Soldaten beliebter Heerführer.

Literatur: NDB.

Clusius, Carolus (Charles de l'Ecluse), * 18. 2. 1526 Arras (F), † 4. 4. 1609 Leiden (NL), Botaniker. 1573–88 Hofbotaniker Maximilians II. in Wien, wo er einen Medizinalkräutergarten und das erste Alpinum anlegte. 1593 Prof. in Leiden; Verfasser der ersten ö. Pflanzenkunde. Seine Arbeiten über die Flora von Ö. und Ungarn blieben durch mehr als 100 Jahre maßgebend. Wien verdankt ihm die Einführung der Rosskastanie (1576), der Tulpe und der Erdäpfel (1588) sowie den Rang als ein Zentrum der Blumenzucht. Durch botan. Exkursionen auf Ötscher und Schneeberg wurde C. der erste Erschließer der ö. Alpenflora.

Werk: Historia stirpium rariorum per Pannoniam, Austriam … observatorum, 1583. – Literatur: F. W. T. Hunger, C. de l'Ecluse, 2 Bde., 1927–43; Festschrift anläßlich der 400jähr. Wiederkehr der wiss. Tätigkeit von C. C. im pannon. Raum, 1973; J. Theunisz, C. C., 1993 (mit Bibliographie).

Cobenzl, aus Krain stammendes Adelsgeschlecht, 1564 Freiherren, 1675 Grafen. Bed. Mitgl. der Familie: Johann Ludwig Gf. → Cobenzl, Johann Philipp Gf. → Cobenzl.

Cobenzl, Johann Ludwig Graf, * 21. 11. 1753 Brüssel (B), † 22. 2. 1809 Wien, Staatsmann; Cousin von Johann Philipp Gf. → Cobenzl. 1779 Gesandter in St. Petersburg; schloss die Frieden von Campoformido 1797 und Lunéville 1801; 1800–05 Hof- und Staatsvizekanzler sowie Außenmin.

Literatur: H. Rössler, Ö. Kampf um Deutschlands Befreiung, [2]1945; NDB.

Cobenzl, Johann Philipp Graf, * 28. 5. 1741 Laibach (Ljubljana, SLO), † 30. 8. 1810 Wien, Staatsmann; Cousin von Johann Ludwig Gf. → Cobenzl. Begleiter Josephs II. in Frankreich; 1779 Staatsvizekanzler, als Nachfolger von W. Kaunitz 1792 Hof- und Vizekanzler sowie Außenmin., 1793 wegen Misserfolgen bei der 2. Teilung Polens abgesetzt, 1802–05 Gesandter in Frankreich.

Literatur: NDB.

Coburg-Saalfeld, Josias Friedrich Prinz, * 26. 12. 1737 Coburg (D), † 28. 2. 1815 ebd., General in ö. Diensten. Besiegte die Türken 1789 bei Focsani und gem. mit dem russ. Marschall A. W. Suwarow bei Martinesti; gewann 1793 gegen die Franzosen durch die Siege von Aldenhoven und Neerwinden die Ö. Niederlande zurück.

Coch, Georg, * 11. 2. 1842 Hesserode (D), † 8. 1. 1890 Istanbul (TR), Nationalökonom. Lebte 1869–88 in Ö., schuf das Postsparkassengesetz (1882), gründete das Postsparkassenamt (Dir. 1883–86) und entwickelte das Postscheckwesen.

Literatur: ÖBL; NDB.

Cohrssen, Hans, * 19. 9. 1905 Neustadt a. d. Weinstraße (D), † 10. 1. 1997 Frankfurt a. M. (D), Volkswirt. Emigrierte 1926 in die USA; 1945 als Radio Officer der amerikan. Besatzungsmacht Gründer und (bis März 1946) Leiter des US-Besatzungssenders Rot-Weiß-Rot in Salzburg, ab 1947 mit dem Aufbau des Hessischen Rundfunks in Frankfurt a. M. befasst.

Čokor (auch Csokor), Istvan, * 4. 4. 1849 Wien, † 7. 1. 1911 Mödling (NÖ.), Arzt, Tierarzt. Prof. an der Tierärztl. Hochschule in Wien; führte die bakteriolog. Diagnostik in der Tierheilkunde ein.

Colerus, Egmont, * 12. 5. 1888 Linz (OÖ.), † 8. 4. 1939 Wien, Schriftsteller und Beamter. Verfasste histor.-biograph. und zivilisationskrit. Romane, daneben auch gemeinverständl. Darstellungen mathemat. Probleme.

Werke: Antarktis, 1920; Sodom, 1920; Pythagoras, 1924; Zwei Welten. Ein Marco-Polo-Roman, 1926; Die neue Rasse, 1928; Leibniz, 1934; Vom Einmaleins zum Integral, 1934; Vom Punkt zur vierten Dimension, 1935; Von Pythagoras bis Hilbert, 1937. – Literatur: ÖBL.

Colin, Alexander, * 1527 oder 1529 Mecheln (B), † 17. 8. 1612 Innsbruck (Ti.), Bildhauer. Kam 1562 als Gehilfe der Kölner Bildhauer B. und A. Abel nach Innsbruck und schuf hier seine Hauptwerke für die Hofkirche: am Maximiliansgrab die Figur des knienden Kaisers (1582/83), die 4 Kardinalstugenden (1569) und die Mehrzahl der Alabasterreliefs; Marmorgrabmäler für Erzhzg. Ferdinand II. (1588–96) und dessen Gemahlin Philippine Welser (1581) in der Silbernen Kapelle; Grabmal der Katharina von Loxan (um 1580). Weitere Grabdenkmäler und Epitaphe werden ihm in Hall und Schwaz in Ti., Meran, Murstetten (NÖ.) und Maria Laach (NÖ.) zugeschrieben.

Literatur: H. Dressler, A. C., 1973.

Collalto, Reinholt Graf, * 1575 Mantua (I), † 18. 11. 1630 Chur (CH), General. Ab 1599 in kaiserl. Diensten; ab 1613 im diplomat. Dienst; 1624 Präs. des Hofkriegsrats, 1625 Feldmarschall; 1630 Generalleutnant und Kommandant des kaiserl. Heeres im mantuanischen Erbfolgekrieg.

Collimitius (Tannstetter), Georgius, * 1482 Rain am Lech (D), † 26. 3. 1535 Innsbruck (Ti.), humanist. Gelehrter. 1503–28 Lehrer an der Wr. Univ. (zuerst Mathematik, dann Medizin), gründete die „Sodalitas Collimitiana", betätigte sich auch als Kartograph (Karte Ungarns und mit Stabius Ö. für Lazius). C. war Leibarzt von Ks. Maximilian I. sowie von Kg. Ferdinand I. und dessen Kindern. Anlässlich der Pestepidemie 1521 verfasste er eine Schrift zu deren Bekämpfung. Mit seiner Darstellung der Mathematiker an der Wr. Universität vom Ende des 14. Jh. bis Anfang des 16. Jh. („Viri Mathematici") wurde er zu einem Pionier auf dem Gebiet der Wissenschaftsgeschichte.

Literatur: F. Graf-Stuhlhofer, Humanismus zw. Hof und Universität, 1996.

Collin, Heinrich Joseph von, * 26. 12. 1771 Wien, † 28. 7. 1811 ebd., Dramatiker, Lyriker, Publizist; Bruder von Matthäus v. → Collin. Entwickelte seine Tragödienkonzeption unter dem Einfluss von P. Metastasio, F. G. Klopstock und Goethes „Iphigenie"; verfasste vaterländ. Lyrik wie die „Lieder ö. Wehrmänner" (1809) sowie theoret. Aufsätze zur Ästhetik. Grabmal in der Wr. Karlskirche.

Heinrich Joseph von Collin. Stich, um 1805.

Matthäus von Collin. Stich nach einem Gemälde von L. Kupelwieser.

Heinz Conrads. Foto, um 1960.

Franz Freiherr Conrad von Hötzendorf. Foto, 1914.

Hieronymus Graf Colloredo. Gemälde, um 1775 (Propstei in Mattsee, Sbg.).

Weitere Werke: Dramen: Regulus, 1802; Coriolan, 1805; Bianca della Porta, 1808. – Ausgabe: Sämmtliche Werke, hg. v. M. v. Collin, 6 Bde., 1812–14. – Literatur: G. Jungmayer, H. C., Diss., Wien 1981.

Collin, Matthäus von, * 3. 3. 1779 Wien, † 23. 11. 1824 ebd., Dramatiker und Lyriker; Bruder von Heinrich Joseph v. → Collin. Prof. für Ästhetik und Philosophiegeschichte in Krakau und Wien, Erzieher des Herzogs von Reichstadt (1816), 1816–18 Hg. der „Wr. Allg. Literaturzeitung" und der „Jahrbücher der Litteratur" (1818–21). Seine Aufsätze zur Literatur („Über das hist. Schauspiel", 1812) werden als Beginn der ö. Germanistik angesehen.

Werke: Dramat. Dichtungen, 4 Bde., 1813–17 (meist Stoffe aus der ö. Geschichte, Babenbergerzyklus); Nachgelassene Gedichte, hg. v. J. v. Hammer, 2 Bde., 1827.

Collmann, Alfred, * 17. 4. 1851 Wien, † 7. 4. 1937 ebd., Maschinenbau-Ingenieur, Industrieller. Erfand 1878 die „alte" und 1891 die „neue" zwangsläufige Steuerung für Kolbendampfmaschinen („C.-Steuerung").

Literatur: ÖBL; NDB.

Colloredo, aus Friaul stammendes Adelsgeschlecht, in mehrere Linien gespalten (C.-Mels und Wallsee in Böhmen, fürstl. Familie C.-Mannsfeld in Ö. noch bestehend). 1588 Freiherren-, 1624 Reichsgrafen-, 1763 Reichsfürstenstand. 1780 beerbten die C. die ausgestorbene Familie → Mansfeld. Bedeutende Persönlichkeiten aus dem Geschlecht waren u. a.: Ferdinand Gf. → Colloredo-Mannsfeld, Hieronymus Gf. → Colloredo(-Mannsfeld) und Rudolf Joseph Gf. → Colloredo-Mels und Wallsee.

Colloredo-Mannsfeld, Ferdinand Graf, * 30. 7. 1777 Wien, † 10. 12. 1848 Gresten (NÖ.), Diplomat, später in Wirt. und Verwaltung tätig. 1838 Generalhofbaudir., 1840 Gründer des Nö. Gewerbevereins, 1848 kurze Zeit Kommandant der Akad. Legion.

Literatur: ÖBL; NDB.

Colloredo(-Mannsfeld), Hieronymus Graf, * 31. 5. 1732 Wien, † 20. 5. 1812 ebd., Fürsterzbischof von Salzburg. 1762 Bischof von Gurk, 1772–1803 letzter souveräner Erzbischof von Sbg. War sparsam, führte Reformen ähnlich denen Josephs II. durch, floh 1800 vor den Franzosen, legte 1803 die weltl. Herrschaft nieder, rettete aber 1807 den Bestand des Erzbistums. In die Musikgeschichte ging er durch die Entlassung W. A. → Mozarts aus seiner Musikkapelle ein.

Literatur: F. Martin, Sbg. Fürsten in der Barockzeit, 1949.

Colloredo-Mels und Wallsee, Rudolf Joseph Graf, * 6. 7. 1706 Prag (CZ), † 1. 1. 1788 Wien, Staatsmann. 1735 Geheimer Rat; 1743 ö. Konferenzmin.; 1745 Abschluss des Friedens von Füssen; verlor später gegenüber W. → Kaunitz zunehmend an Einfluss.

Literatur: NDB.

Commenda, Hans, * 5. 2. 1889 Linz (OÖ.), † 25. 1. 1971 ebd., Volkskundler, Lehrer. 1946–54 Volksbildungsreferent für OÖ., 1945–50 Obmann des Stelzhamer-Bundes.

Werke: Von der Eisenstraße, Volkslieder aus dem oö. Ennstale gesammelt, 1926; Geschichten um A. Bruckner, 1946; Geschichten aus Ö., 1947; F. Stelzhamer, 1953; Volkskunde der Stadt Linz, 2 Bde., 1958/59; Festtage und Feierstunden, 1959; Alois Greil, 1961; Erinnerungen eines Linzer Volksbildners, 1961. – Hörspiele. – Literatur: E. Burgstaller, H. C., 1959.

Conn, Leopold, * 28. 10. 1820 Eidlitz b. Komotau (Udlice, CZ), † 31. 8. 1876 Baden (NÖ.), Leiter des Stenographenbüros des Reichsrats. Gründete die „Stenographen-Korrespondenz", aus der die Parlamentskorrespondenz hervorging. Er vertrat die „Wr. Schule" der Gabelsberger-Kurzschrift.

Literatur: ÖBL; ADB.

Conrad, Siegmund, Frh. von Eybesfeld, * 11. 8. 1821 Kainberg (Stmk.), † 9. 7. 1898 Graz (Stmk.), Verwaltungsjurist. Chef der Landesverwaltung in Krain, OÖ., NÖ.; 1880–85 Min. f. Kultus u. Unterr., Mitgl. des Herrenhauses.

Literatur: ÖBL.

Conrads, Heinz, * 21. 12. 1913 Wien, † 9. 4. 1986 ebd., Schauspieler, Conférencier, Wienerlied-Interpret. 1945–48 und 1950–55 Auftritte im Wr. Kabarett „Simpl"; ab 1946 Tätigkeit für den Rundfunk („Was gibt es Neues?"); ab 1953 neben Filmtätigkeit Schauspieler am Wr. Theater in der Josefstadt; ab 1955 Fernsehtätigkeit („Guten Abend am Samstag"); ab 1973 spielte er in der Wr. Volksoper oft den „Frosch" in der „Fledermaus".

Werke: Vergessene Neuigkeiten, 1959 (Zusammenfassung von 10 Jahren Radio-Sonntagsmorgen-Sendung „Was gibt es Neues"); „Was gibt es Neues": Meine ersten 60 Jahre (Autobiographie), 1974. – Lieder und Feuilletons. – Literatur: M. Schenz, H. C. Erinnerungen an einen Volksliebling, 1987; W. Huber, Das Phänomen H. C., 1996.

Conrad von Hötzendorf, Franz (Frh., ab 1918 Graf), * 11. 11. 1852 Penzing b. Wien, † 25. 8. 1925 Bad Mergentheim (D), bedeutender ö.-ungar. General und Heerführer im Ersten Weltkrieg. 1906–11 und 1912–17 Chef des Generalstabs der k. u. k. Armee, 1917 Heeresgruppenkommandant und Feldmarschall. C. reformierte die takt. Ausbildung und v. a. die Offiziersausbildung der k. u. k. Armee und machte sie kriegsbereit. Nach den sehr verlustreichen Sommer- und Winterkämpfen in Galizien 1914 hatte C. maßgebl. Anteil an der Durchbruchsschlacht von Tarnów-Gorlice und der Stabilisierung der Front im Osten. Rückschläge, wie das Scheitern der Südtirol-Offensive 1916 und der russ. Durchbruch bei Luck, sind ihm zumindest teilw. anzulasten. Er wehrte sich gegen die immer stärker werdende dt. Dominanz auf allen Kriegsschauplätzen der Mittelmächte. C. wurde 1917 von Ks. Karl als Chef des Generalstabs enthoben und war bis Juli 1918 als Feldmarschall Kommandant einer nach ihm benannten Heeresgruppe in Italien, danach Oberst sämtl. Garden. C. verfasste mehrere Werke über Taktik, das Fragment einer Autobiographie „Mein Anfang" (1925) sowie v. a. das groß angelegte und zusammen mit Beamten des Kriegsarchivs gearbeitete teilw. autobiograph. Werk „Aus meiner Dienstzeit 1906–18" (5 Bde., 1921–25).

Literatur: A. Urbanski, C. v. H., ^{2}1938; O. Regele, Feldmarschall C., 1955; C. v. H., Private Aufzeichnungen, erste Veröffentlichung aus den Papieren des k. u. k. Generalstabs-Chefs, hg. v. K. Peball, 1977.

Conried, Heinrich (eigentl. H. Cohn), * 3. 9. 1855 Bielitz (Bielsko-Biala, PL), † 27. 4. 1909 Meran (S-Ti.), Schauspieler, Regisseur, Theaterdirektor. 1873/74 Schauspieler am Wr. Burgtheater, 1892–1903 Dir. des Irving-Place-Theaters in New York, wohin er F. → Mitterwurzer, P. Barnay, A. v. → Sonnenthal u. a. zu Gastspielen verpflichtete; 1903–07 Dir. der Metropolitan Opera in New York.

Literatur: NDB.

Conti, Francesco, * 20. 1. 1681 Florenz (I), † 20. 7. 1732 Wien, Musiker und Komponist. Ab ca. 1701 in Wien tätig (ab 1708 erster Theorbist in der Hofmusikkapelle), 1713 Hofkomponist. Verband den neuen neapolitan. Stil mit der Wr. Operntradition; komponierte v. a. Faschingsopern und Intermezzi.

Literatur: L. H. Williams, F. C., Diss., Univ. Columbia 1964.

Conze, Alexander, * 10. 12. 1831 Hannover (D), † 19. 7. 1914 Berlin (D), Archäologe. Leitete 1869–77 die neu geschaffene archäolog. Lehrkanzel der Univ. Wien,

errichtete 1876 gem. mit O. Hirschfeld das Archäolog.-epigraph. Seminar.
Werke: Die attischen Grabreliefs, 1893–1911; Röm. Bildwerke einheim. Fundorts in Ö., 1872–77 (Hg.).

Coop Himmelb(l)au, Architektengruppe, 1968 gegr. von Wolf D. Prix, * 13. 12. 1942 Wien, Prof. an der Wr. Univ. für angew. Kunst, und Helmut Swiczinsky, * 13. 1. 1944 Poznan (PL). Büros in Wien und Los Angeles; experimentelle Architektur (zunächst im aktionist. Kontext), spätere Bauten und Projekte in starker Annäherung an dekonstruktivistische Entwurfsmethoden. C. H. arbeiten mit zahlreichen einander überlagernden und durchdringenden Teilen („abgestürzte Dächer", „gefrorene Flügel"). Dt. Architekturpreis 1999; Großer Ö. Staatspreis 1999.
Werke in Wien: Reiß-Bar, 1977; Atelier Baumann, 1984/85; Wahliss-Passage, 1985/86; Dachaufbau Falkestr., 1987/88; Projekt zur Revitalisierung des Theaters Ronacher, 1987; SEG-Tower, 1998. – Melun-Sénart, Städteplanung, Frankreich 1987; Funderwerk 3, St. Veit a. d. Glan 1988; Construire le Ciel, Ausstellung Centre Pompidou, Paris 1992; Museum in Groningen, Niederlande, 1994; Bürogebäude Forschungszentrum Seibersdorf, 1995; Haus Rehak, Los Angeles, 1995; UFA-Kino-Center, Dresden, 1998.

Cori, Carl Ferdinand, * 5. 12. 1896 Prag (CZ), † 20. 10. 1984 Cambridge (USA), Arzt und Physiologe; Nobelpreisträger für Medizin 1947 (gem. mit seiner Frau Gerty Theresa → Cori). Assistent von O. → Loewi in den pharmakolog. Laboratorien der Univ. Wien und Graz. Ab 1922 in den USA, 1931 Prof. der Washington University in St. Louis, 1967 Prof. in Boston. Erhielt 1947 gem. mit seiner Frau den Nobelpreis für die Entdeckung des Verlaufs des katalyt. Glykogen-Stoffwechsels. 1936 entdeckten sie mit dem C.-Ester das erste Zwischenprodukt beim Aufbau des Glykogens.

Cori, Gerty Theresa (geb. Radnitz), * 15. 8. 1896 Prag (CZ), † 26. 10. 1957 St. Louis (USA), Ärztin und Physiologin; Nobelpreisträgerin für Medizin 1947 (gem. mit ihrem Mann Carl Ferdinand → Cori); ab 1922 in den USA, 1931 Prof. d. Washington Univ. in St. Louis.

Cornelius, Hans Peter, * 29. 9. 1888 München (D), † 2. 4. 1950 Naßwald (NÖ.), Geologe an der Geolog. Bundesanstalt mit bes. Schwerpunkt auf der Alpengeologie. Mitgl. d. Akad. d. Wiss.
Werke: zahlr. geolog. Karten. – Literatur: Mttlg. d. Geolog. Bundesanstalt 42/43, 1952.

Corner, David Gregor, * 1587 Hirschberg (Hyršperk, CZ), † 9. 1. 1648 Stift Göttweig (Gem. Furth b. Göttweig, NÖ.), Pfarrer in Retz (NÖ.), 1631 Abt von Göttweig, 1638 Rektor der Univ. Wien. Sein „Groß Catholisch Gesangbuch" (1625, ab der 3. Auflage: „Geistliche Nachtigal der Catholischen Teutschen") ist die wichtigste Kirchenlieder-Smlg. des frühen 17. Jh. C. versuchte den Kirchengesang auf der Grundlage des Volksgesangs zu erneuern.

Cornides, Karl, * 17. 2. 1911 München (D), † 16. 3. 1989 Rekawinkel (NÖ.), Verleger; Sohn von Wilhelm v. → Cornides. 1936–41 Leiter des Berliner Büros von R. Oldenbourg, München. 1945–47 Chefredakteur der „Ti. Nachrichten"; 1947 Mitbegründer des Verlags für Geschichte und Politik, 1957 gem. mit R. Oldenbourg Gründung des R. Oldenbourg Verlags, Wien; Verleger wichtiger Werke zur ö. und europ. Geschichte.

Cornides, Wilhelm von, * 10. 1. 1886 St. Veit a. d. Triesting (NÖ.), † 23. 11. 1964 Rieden (Gem. Ehenbichl, Ti.), Verleger; Vater von Karl → Cornides. Heiratete 1910 Cäcilie Oldenbourg, Tochter des Verlegers A. v. Oldenbourg. 1912–41 Gesellschafter des Druck- und Verlagsunternehmens R. Oldenbourg, München; 1949–56 Verwaltungsrat dieser Firma. Mitbegründer des Verlags für Geschichte und Politik, Wien (1947).

Corona, Hl., Fest 14. Mai u. a., Patronin der Fleischhauer, gilt in Ö. auch als „Erzschatzmeisterin" (C. = Geldzeichen für Krone). Ihr sind Kirchen und Altäre in NÖ. geweiht (St. C. am Wechsel, St. C. am Schöpfl).

Corti, Axel, * 7. 5. 1933 Paris (F), † 29. 12. 1993 Salzburg, Regisseur. Ab 1953 für den ORF (ab 1969 Radiosendung „Der Schalldämpfer") tätig; ab 1959 Inszenierungen für Theater und Oper, ab 1963 Regisseur bei Film und Fernsehen (u. a. „Filmgeschichte(n) aus Ö.", 1970–72); ab 1972 Lehrer an der Wr. Filmakad.; mehrere Auszeichnungen, darunter zweimal die „Goldene Kamera".
Regie: Ks. Joseph und die Bahnwärterstochter, 1963; Der Fall Jägerstätter, 1972; Totstellen, 1975; Eine blaßblaue Frauenschrift, 1984; Wohin und zurück, Teil 1–3, 1982–85; Radetzkymarsch, 1994 (postum fertiggestellt). – Buchausgabe: Der Schalldämpfer, 2 Bde., 1994/95.

Axel Corti. Foto.

Corti, Egon Caesar (Conte), * 2. 4. 1886 Agram (Zagreb, HR), † 17. 9. 1953 Klagenfurt (Kä.), Offizier und Historiker aus lombard. Adelsgeschlecht, Schriftsteller. Verfasste Biographien zur Geschichte des 19. Jh.
Werke: Maximilian und Charlotte von Mexiko, 1924; Elisabeth, die seltsame Frau, 1934; Trilogie über Ks. Franz Joseph 1950–53. – Literatur: NDB.

Corti, Pietro, * 9. 2. 1781 Bergamo (I), † 4. 8. 1833 Wien, Kaffeehausbesitzer. Neben verschiedenen anderen Kaffeehäusern besaß C. die berühmten Lokale im sog. Paradeisgartel (ab 1818) und im Volksgarten (ab 1823, bis heute erhalten). Die „c.schen Kaffeehäuser" entwickelten sich in der Biedermeierzeit zu den beliebtesten und elegantesten von Wien.

Cosmoverius von Lorentzberg, Buchdruckerfamilie in Wien. Die bedeutendsten Persönlichkeiten aus der Familie waren u. a. Matthäus → Cosmoverius von Lorentzberg und Johann Christoph → Cosmoverius von Lorentzberg.

Cosmoverius von Lorentzberg, Johann Christoph, † 21. 6. 1685, Buchdrucker; Sohn von Matthäus → Cosmoverius von Lorentzberg. Führte die von seinem Vater übernommene Druckerei in Wien weiter; von seinen Erben ging sie an J. T. v. → Trattner und 1805 an G. Ueberreuter über.

Cosmoverius von Lorentzberg, Matthäus, * 1606 Lorentzberg (PL), † 21. 5. 1664 Wien, Buchdrucker; Vater von Johann Christoph → Cosmoverius von Lorentzberg. Ab 1649 Hofbuchdrucker in Wien.

Cossmann, Alfred, * 2. 10. 1870 Graz (Stmk.), † 31. 3. 1951 Wien, Graphiker. Erneuerer des künstlerischen Kupferstichs und Verfasser der „Magie des Kupferstiches" (1947); 1920–30 Prof. an der Graph. Lehr- u. Versuchsanstalt in Wien.
Werke: 205 Blätter Exlibris und Gebrauchsgraphik, Briefmarken; Illustrationen zu G. Kellers Dichtungen. – Literatur: A. C., Ein Wr. Künstlerleben, 1945; J. Reisinger, Die Kupferstecher der C.-Schule, 1950; ders., Werkverzeichnis A. C., 1954; F. Kaindl (Hg.), A. C., Ausst.-Kat., Nö. Dokumentationszentrum für Moderne Kunst, St. Pölten, 1995.

Costa, Karl (eigentl. K. Kostia), * 2. 2. 1832 Wien, † 11. 10. 1907 ebd., Volksschriftsteller, Beamter. Redigierte das polit. Witzblatt „Hans Jörgel von Gumpoldskirchen", 1882–85 Dir. des Theaters in der Josefstadt.
Werke: erfolgreiche Volksstücke (Bruder Martin), Parodien, Lokalpossen und Libretti (u. a. für „Leichte Kavallerie" von F. v. Suppé). – Literatur: ÖBL.

Costa, Martin (eigentl. M. Kostia), * 12. 10. 1895 Wien, † 17. 1. 1974 ebd., Schauspieler, Regisseur, Schriftsteller. Verfasste zahlr. Volksstücke, wie etwa „Der Hofrat Geiger" (1943), „Die Fiakermilli" (1945) oder „Der alte Sünder" (1948), die z. T. auch verfilmt wurden.

Costenoble, Karl Ludwig, * 25. 12. 1769 Herford (D), † 28. 8. 1837 Prag (CZ), Schauspieler, Regisseur,

Karl Ludwig Costenoble als Klosterbruder in „Nathan der Weise" von G. E. Lessing.

Franz Theodor Csokor. Foto, 1964.

Richard Coudenhove-Kalergi. Foto.

Johannes Cuspinianus. Gemälde von L. Cranach d. Ä., 1502 (Kunsthistorisches Museum, Wien).

Ignaz Czapka. Stich, um 1845.

Schriftsteller. Zunächst an Wanderbühnen, dann in Deutschland und Sbg. tätig; ab 1818 Charakterdarsteller und Komiker am Wr. Burgtheater, später auch Regisseur. Berühmt als Shylock in Shakespeares „Kaufmann von Venedig" und als Klosterbruder in Lessings „Nathan der Weise".

Werke: Almanach dramat. Spiele, 1810–16; Lustspiele, 1830; Aus dem Burgtheater 1818–37, 2 Bde., 1889. – Literatur: E. Schneck, K. L. C., Diss., Wien 1935.

Coudenhove-Kalergi, Richard Nikolaus, * 16. 11. 1894 Tokio (Japan), † 27. 7. 1972 Schruns (Vbg.), Schriftsteller; Ehemann von Ida → Roland. Gründete 1923 in Wien die Paneuropa-Bewegung und gab ab 1924 eine gleichnamige Ztschr. heraus. C.-K. emigrierte 1938 in die Schweiz, dann in die USA. 1940 Prof. in New York; 1923–72 Präs. der Paneuropa-Union, ab 1947 Gen.-Sekr. der Europ. Parlamentarier-Union.

Werke: Paneuropa, 1923; Kampf um Paneuropa, 3 Bde., 1925–28; Eine Idee erobert Europa. Meine Lebenserinnerungen, 1958.

Craigher de Jachelutta, Josef Nicolaus, * 11. 12. 1797 Lipossullo (Friaul, I), † 17. 5. 1855 Cormons bei Görz (Gorizia, I), Lyriker und Übersetzer. Von Beruf Kaufmann, kam C. um 1820 nach Wien und veröffentlichte in Wr. Zeitschriften seine empfindsame Lyrik; er war Mitgl. des Kreises um C. M. → Hofbauer und verkehrte im Künstlerzirkel um F. → Schubert, der einige seiner Gedichte vertonte. Ab 1843 belg. Konsul in Triest.

Werke: Poetische Betrachtungen in freyen Stunden, 1828 (Lyrik); Erinnerungen an den Orient, 1847 (Reisebericht). – Literatur: H. Zeman, Die ö. Literatur. Ihr Profil im 19. Jh., 1982.

Cranz (Crantz), Johann Heinrich von, * 25. 11. 1722 Roodt (L), † 18. 1. 1797 Judenburg (Stmk.), Geburtshelfer. Führte 1754 in Wien den Unterricht in Geburtshilfe ein; schrieb 1777 „Die Gesundbrunnen der ö. Monarchie", das erste ö. Bäderbuch.

Croll, Gerhard, * 25. 5. 1927 Düsseldorf (D), Musikwissenschaftler. 1966–93 Ordinarius für Musikwiss. in Salzburg; Forschungsschwerpunkt: C. W. → Gluck, seit 1960 Hg. der Gluck-Gesamtausgabe (seit 1991 im Hg.-Gremium); seit 1987 Präs. der Internat. Gluck-Ges.

Cronbach, Else, * 1879 Berlin (D), † 13. 4. 1913 Wien, Juristin. Erwarb als erste Frau in Ö. den Titel einer Doktorin der Staatswissenschaft.

Crophius, Ludwig, Edler von Kaisersieg, * 14. 9. 1792 Graz (Stmk.), † 24. 4. 1861 ebd., Zisterzienser, Abt von Stift Rein (1823–61). Enger Freund und Mitarbeiter Erzhzg. → Johanns, bekleidete zahlr. theolog., akad. und öffentl. Funktionen, lehrte als Prof. in Salzburg und Graz, war Kurator des ständischen Joanneums, Studiendir. der techn. Lehranstalten und über 30 Jahre lang Verordneter des Prälatenstandes im Stmk. Landtag.

Crusius, Christian, * 14. 5. 1758 Wien, † 26. 5. 1831 ebd., Topograph. Gab 1789–1828 ein „Topographisches Postlexikon aller Ortschaften der k. k. Erbländer" (25 Bde.) heraus, in dem alle Orte mit den damals in den verschiedenen Sprachen üblichen Namen verzeichnet sind.

Csáky, Moritz, * 3. 4. 1936 Levoca (SK), Historiker. Seit 1945 in Ö., studierte auch Theologie und Kirchengeschichte. Seit 1984 Univ.-Prof. in Graz, 1997–2001 Institutsvorstand. Beschäftigt sich v. a. mit der Geschichte Ö. und Ungarns innerhalb des Diskurses der Moderne. Zahlr. Preise.

Werke: Der Kulturkampf in Ungarn, 1967; Europa im Zeitalter Mozarts, 1995 (Mit-Hg.); Ideologie der Operette und Wr. Moderne, 1996.

Csoklich, Fritz, * 5. 5. 1929 Wien, Publizist. 1953 Mitarbeiter, 1959–94 Chefredakteur der „Kleinen Zeitung" (Graz/Klagenfurt).

Csokor, Franz Theodor, * 6. 9. 1885 Wien, † 5. 1. 1969 ebd., Dramatiker, bedeutender Lyriker und Romancier, Vertreter des expressionist. Dramas („Die rote Straße", 1918). 1922–28 Dramaturg am Raimundtheater und am Dt. Volkstheater in Wien. 1938 Emigration, ab 1944 in Rom und Arbeit für die BBC, 1946 Rückkehr nach Wien. 1947–69 Präs. des Ö. P. E. N.-Clubs, ab 1967 Vizepräs. des Internat. P. E. N.-Clubs. C. trat als überzeugter Humanist in seinen Dramen für Frieden, Freiheit und Menschenrechte ein. 1937 Grillparzer-Preis und Burgtheater-Ring, 1955 Großer Ö. Staatspreis.

Werke: Dramen: Die Sünde wider den Geist, 1918; Gesellschaft der Menschenrechte, 1929; Besetztes Gebiet, 1930; 3. Nov. 1918, 1936; Der verlorene Sohn, 1947. – Prosa: Über die Schwelle, 1937 (Novellen); Auf fremden Straßen, 1939–45 (Autobiographie); Zeuge einer Zeit, 1964; Auch heute noch nicht an Land. Briefe und Gedichte aus dem Exil, 1993. – Lyrik: Der Dolch und die Wunde, 1918; Ewiger Aufbruch, 1926; Das schwarze Schiff, 1945. – Literatur: P. Wimmer, Der Dramatiker F. T. C., Diss., Wien 1981; B. Brandys, C. Identität von Leben und Werk, 1988; J. P. Strelka (Hg.), Immer ist Anfang. Der Dichter F. T. C., 1990; U. N. Schulenburg, Lebensbilder eines Humanisten. Ein F.-T.-C.-Buch, 1992.

Cusanus, → Nikolaus von Cues.

Cuspinianus, Johannes (eigentl. J. Spießheimer), * Ende Dez. 1473 Schweinfurth (D), † 19. 4. 1529 Wien, Humanist, Arzt, Diplomat, Historiker, Dichter. Kam nach Studien in Leipzig und Würzburg 1492 nach Wien, wo ihn Maximilian I. 1493 zum Dichter krönte. Als Studierender an der Univ. und Lehrer an der Bürgerschule zu St. Stephan kam er mit den Humanisten in Kontakt, wurde 1499 Dr. der Medizin und Prof. an der Univ. Nach dem Tod von K. → Celtis 1508 Prof. der Dichtkunst, galt als bedeutendster Humanist Wiens. Seit 1510 mehrmals Gesandter (Orator) des Hofes in Ungarn und Polen, brachte C. den Wr. Fürstentag von 1515 zustande; danach Stadtsyndikus von Wien. Große Verdienste erwarb sich C. als Entdecker und Editor klassischer und ma. Geschichtsquellen (Chronik Ottos v. Freising). Bes. wichtig ist seine 1527/28 begonnene „Austria", eine kritische hist.-geograph. Landeskunde von NÖ., die aber Fragment blieb. Sein Grab befindet sich im Wr. Stephansdom.

Werke: De Caesaribus atque imperatoribus romanis, 1540 (dt. 1541); Consules (Geschichte der röm. Konsuln bis Justinian); Austria, 1553. – Literatur: H. Ankwicz-Kleehoven, Der Wr. Humanist J. C., 1959.

Cymburga von Masowien, → Cimburgis von Masowien.

Cysarz, Herbert, * 29. 1. 1896 Oderberg (Bohumin, CZ), † 1. 1. 1985 München (D), Literaturhistoriker. 1922–28 Univ.-Prof. in Wien; beschäftigte sich bes. mit der Literatur des Barock; Vertreter einer national orientierten Literaturgeschichtsschreibung.

Werke: Erfahrung und Idee, 1921; Dt. Barockdichtung, 1924; Literaturgeschichte als Geisteswiss., 1926; Von Schiller bis Nietzsche, 1926.

Czant, Hermann, * 7. 4. 1876 Leschkirch (Nocrich, RO), † 15. 11. 1937 Budapest (H), Alpinist, Offizier. Konstruierte alpine Geräte, organisierte 1912 die 1. internat. Wintersportausstellung in Wien und verfasste die ersten militär. alpinen Bücher.

Literatur: ÖBL.

Czapka (von Winstetten), Ignaz, * 24. 2. 1792 Liebau (Libava, CZ), † 5. 6. 1881 Wien, Jurist. 1838–48 Bürgermeister von Wien, Verdienste um Versorgungswesen und Infrastruktur (Kanäle, Gasbeleuchtung, Wasserleitung). 1856 Polizeidir. von Wien.

Literatur: R. Till, I. C., 1958; ÖBL.

Czech, Hermann, * 10. 11. 1936 Wien, Architekt. Studierte bei K. Wachsmann und E. A. → Plischke. Theoret. Publikationen und Forschungen (O. Wagner, A.

Loos, J. Frank). In den 70er Jahren Protagonist einer neuen „stillen" Architektur, die „nur spricht, wenn sie gefragt wird"; Realisierung zunächst nur von kleinen Bauten. Die Auffassung von „Architektur als Hintergrund" kennzeichnet auch C. urbanist. Projekte.

Werke: in Wien: Lokale, Wohnhäuser und Ausstellungsgestaltungen; Mitwirkung an der U-Bahn-Planung. Kleines Café, 1970/74; Souterrainumbau im Palais Schwarzenberg, 1982–84; Stadtparksteg, 1985–87; Wohnbebauung in Perchtoldsdorf, 1989–92; Volksschule in Simmering, 1991–94; Hauptgebäude der Bank Austria in Wien, 1997 (Umbau). – Schriften: Das Looshaus, 1976 (mit W. Mistelbauer); Zur Abwechslung. Ausgew. Schriften zur Architektur, 1978; J. Frank 1885–1967, 1981 (mit J. Spalt); Zur Abwechslung, 1996.

Czeija, Karl August, * 20. 2. 1843 Wien, † 14. 2. 1909 ebd., Ingenieur, Pionier des Telegraphen- und Fernsprechwesens; Vater von Oskar → Czeija. Gründete 1880 in Wien eine Werkstätte für Mechanik und Telegraphenbau, aus der 1884 durch die Beteiligung von F. → Nissl die „Telephon- und Telegraphenfabrik Czeija, Nissl & Co." hervorging; das Unternehmen hatte wesentl. Anteil am Aufbau des Telefonnetzes der ö.-ungar. Monarchie.

Literatur: P. Kudlicza, ITT Austria 1884–1984, 1984.

Czeija, Oskar, * 5. 9. 1887 Wien, † 7. 3. 1958 ebd., Sohn von Karl August → Czeija. Mitbegründer und erster Gen.-Dir. (1924–38) der ö. Rundfunkges. RAVAG. Von 8. 8. bis 12. 11. 1945 öffentl. Verwalter des „ö. Rundspruchwesens" mit Sitz bei Radio Wien.

Literatur: P. Kudlicza, ITT Austria 1884–1984, 1984; M. Schmolke (Hg.), Wegbereiter der Publizistik in Ö., 1992.

Czeike, Felix, * 21. 8. 1926 Wien, Historiker. Ab 1954 im Wr. Stadt- und Landesarchiv, dessen Leitung er 1976–89 innehatte und das er wesentlich ausbaute. Seit 1977 Leiter des L.-Boltzmann-Inst. f. Stadtgeschichtsforschung. Herausgeber des 1992–97 in 5 Bden. erschienenen „Hist. Lexikons Wien".

Weitere Werke: Das große Groner-Wien-Lexikon, 1974; Wien und seine Bürgermeister, 1974; Geschichte der Stadt Wien, 1981; Wien, 1999. – Literatur: Festschrift für F. C., 1997.

Czermak, Emmerich, * 14. 3. 1885 Datschitz (Dačice, CZ), † 18. 4. 1965 Wien, Gymn.-Dir. und Politiker (CS). 1929–32 BMin. f. Unterr., dann bis 1938 Präs. des Landesschulrates für NÖ. Letzter Obmann der Christl.-soz. Partei (bis 27. 9. 1934).

Czermak, Hans, * 18. 7. 1913 Krems (NÖ.), † 12. 12. 1989 Wien, Kinderarzt, Sozialmediziner. Univ.-Prof. und Primar in Wien.

Werke: Gesundheitspolitik, 1969; Gesundheitsverhältnisse der Kinder in Ö., 1970. – Mitautor: Säuglings- und Kleinkinderfürsorge, 1953; Kinderheilkunde, 1958; Gesundheitsprobleme der Jugend, 1963; Psychohygiene und Mutterberatung, 1972. – Über 100 wiss. Publikationen in Ztschr.

Czermak, Johann Nepomuk, * 17. 6. 1828 Prag (CZ), † 17. 9. 1873 Leipzig (D), Physiologe. Prof. in Graz, Krakau, Prag und Leipzig; entwickelte den von L. Tuerk konstruierten Kehlkopfspiegel (Laryngoskop) weiter und führte Laryngoskopie und Rhinoskopie (Nasenspiegelung) in die Praxis ein.

Literatur: ÖBL.

Czermak, Wilhelm, * 10. 9. 1889 Prag (CZ), † 13. 3. 1953 Wien, Ägyptologe. Ab 1925 Univ.-Prof. für Ägyptologie und Afrikanistik in Wien.

Werk: Die Laute der ägypt. Sprache, 2 Bde., 1931–34.

Czernetz, Karl, * 12. 2. 1910 Wien, † 3. 8. 1978 ebd., Fotograf und Politiker (SPÖ). Seit 1924 polit. aktiv, während des Ständestaats illegaler Sozialist; 1938 Emigration. 1956–78 ö. Delegierter und 1975–78 Präs. der Parlamentar. Versammlung des Europarats; 1949–78 Abg. z. NR und 1963–78 Chefredakteur der „Zukunft". C. galt als „Parteiideologe" und trat für ein geeintes Europa ein.

Werke: Die sozialist. Internationale, 1972; Europäer und Sozialist. Reden und Aufsätze, hg. v. H. Waschek, 1980.

Czernin, Franz Josef, * 7. 1. 1952 Wien, Schriftsteller. Vertreter der ö. Avantgarde, experimentiert mit der Sprache unter Einbeziehung traditioneller Formen (z. B. Sonett) sowie mit Computeranwendungen in Zusammenhang mit Poesie. A.-Wildgans-Preis 1999.

Werke: ossa und pelion, 1979; anna und franz, 1982; glück? ein fragment der maschine, 1984; die kunst des sonetts, 1985 (2. teil, 3. teil, 1993); Die Reisen. In 80 Gedichten um die ganze Welt, 1987 (zus. mit F. Schmatz); das stück. ein theater, 1991; die aphorismen, 1992; Sechs tote Dichter, 1992; gedichte, 1992; M. Reich-Ranicki, 1995; natur-gedichte, 1996; Die Schreibhand, 1997; Anna und Franz, 1998; Kühlschrankpoesie, 1998; Dichtung als Erkenntnis, 1999; Apfelessen mit Swedenborg, 2000.

Franz Josef Czernin. Foto, um 1990.

Czernin, Johann Rudolf, Graf von und zu Chudenitz, * 9. 6. 1757 Wien, † 23. 4. 1845 ebd., Beamter. 1823–27 Präs. der Akad. d. bild. Künste in Wien. Als kaiserl. Oberstkämmerer (ab 1824) unterstanden ihm die Sammlungen des Hofes und das Burgtheater, das damals eine Blütezeit erlebte. Seine ab ca. 1800 zusammengetragene Gemälde-Smlg. wurde mit dem angeschlossenen Kupferstichkabinett zum Grundstock der c.schen Kunst-Smlg. Reste der bedeutenden Privat-Smlg. befinden sich heute als Leihgabe in der Residenz-Galerie in Salzburg.

Czernin, Ottokar Graf, * 26. 9. 1872 Dimokur (Dymokury, CZ), † 4. 4. 1932 Wien, Staatsmann. Berater von Erzhzg. → Franz Ferdinand; 1916–18 ö.-ungar. Außenmin., maßgebend an den Friedensverträgen von Bukarest und Brest-Litowsk beteiligt; löste die Sixtus-Affäre aus und musste zurücktreten. 1920–23 als einziger Abg. der „Bürgerl. Arbeiterpartei" Mitgl. d. NR.

Literatur: L. Singer, O. Gf. C., 1965; ÖBL; NDB.

Ottokar Graf Czernin. Foto, um 1925.

Czernin, Peter, * 17. 7. 1932 Graz (Stmk.), Architekt. 1965 Mitgl. der ö. UNESCO-Kommission für architekt. und bausoziolog. Fragen; seit 1970 eig. Atelier, führte zahlr. Nutz- und Verwaltungsbauten für die Republik Ö. sowie das Hotel Marriott an der Wr. Ringstraße aus. Univ.-Prof. an der Technischen und an der Wirt.-Univ. Wien, befasst sich mit bauhist. und bausoziolog. Fragen.

Czerny, Carl, * 21. 2. 1791 Wien, † 15. 7. 1857 ebd., Pianist und berühmter Klavierpädagoge. Schüler von L. van → Beethoven, Lehrer von F. → Liszt. Schrieb über 1000 Kompositionen, von denen die klavierpädagog. Werke „Schule der Geläufigkeit" und „Schule der linken Hand" sowie seine zahlr. Etüden auch heute noch im Unterricht verwendet werden; zählte zu den wichtigsten Mitgliedern des Wr. Musiklebens seiner Zeit.

Literatur: G. Schünemann, Geschichte der Klaviermusik, 1953; G. Wehmeyer, C. C. und die Einzelhaft am Klavier oder Die Kunst der Fingerfertigkeit und die industrielle Arbeitsideologie, 1983.

Carl Czerny. Gemälde, 1857 (Gesellschaft der Musikfreunde in Wien).

Czerny, Franz, * 4. 10. 1859 Möderitz (Modřice, CZ), † 22. 11. 1944 Kremsmünster (OÖ.), Benediktiner. Abt von Kremsmünster (1905), Fachmann auf dem Gebiet der Insektenkunde, stellte 15 neue Gattungen auf und beschrieb 25 neue Arten.

Czerny, Karl, * 5. 11. 1877 Wien, † 25. 10. 1940 ebd., Pionier der Stenographie in Ö. War an der Einführung der dt. Einheitskurzschrift in Ö. (1925) maßgeblich beteiligt und erreichte, dass Stenographie an den Mittelschulen unterrichtet wurde (1926); verfasste Lehrbücher für die Einheitskurzschrift.

Czerwenka, Oskar, * 5. 7. 1924 Vöcklabruck (OÖ.), † 1. 6. 2000 ebd., Sänger (Bass). Ab 1951 an der Wr. Staatsoper, 1961 Kammersänger; zahlr. Rollen bei den Sbg. und Bregenzer Festspielen sowie an anderen internat. Häusern (New York, Hamburg usw.); legendär

Johann Nepomuk Czermak. Foto.

wurde seine Gestaltung des Ochs von Lerchenau im „Rosenkavalier“ von R. → Strauss. C. war auch ein anerkannter Maler.
Werk: Jenseits vom Prater. Erlebtes – Erlittenes – Empfundenes, 1998.

Czerweny, Viktor, Edler von Arland, * 14. 3. 1877 Deutschlandsberg (Stmk.), † 27. 9. 1956 Graz (Stmk.), Fabrikant. Entwickelte zusammen mit seinem Bruder Robert C. 1898 den 1. Zündholzautomaten (Techn. Mus. Wien), der ab 1908 von der Maschinenfabrik Voith in St. Pölten in großer Stückzahl produziert wurde; 1912–38 Zentraldir. der Solo Zündwaren- und Wichsefabriken AG.

Czeschka, Carl Otto, * 22. 10. 1878 Wien, † 10. 7. 1960 Hamburg (D), Graphiker und Designer. Studierte 1894–99 an der Akad. d. bild. Künste in Wien und war danach Lehrer an der Wr. und an der Hamburger Kunstgewerbeschule; ab 1905 Mitarbeiter der Wr. Werkstätte. Zu seinem vielfältigen Schaffen gehören Graphiken, Zinkographien, Holzschnitte, Glasfenster (Gnadenkirche in München), Kalender, Theaterausstattungen (für M. Reinhardt), buchkünstlerische Arbeiten, Schmuck, Postkarten, Möbel usw.
Literatur: W. J. Schweiger, Wr. Werkstätte, 1982.

Czettel, Adolf, * 26. 10. 1924 Wien, † 27. 9. 1988 ebd., Maschinenschlosser und Politiker (SPÖ). 1969–76 Abg. z. Wr. Landtag und Mitgl. d. Wr. Gemeinderats, 1976–79 Mitgl. d. BR, 1979–84 und 1986–87 Abg. z. NR, 1976–88 Präs. der AK Wien und des Ö. Arbeiterkammertags.
Literatur: W. Göhring, A. C., 2000.

Czettel, Hans, * 20. 4. 1923 Wien, † 27. 9. 1980 Ternitz (NÖ.), Schlosser und Politiker (SPÖ). 1953–69 Abg. z. NR, 1964–66 BMin. f. Inneres, 1969–80 Landeshauptmann-Stellv. von NÖ.

Czibulka, Alfons, * 14. 5. 1842 Széges-Vérallja (H), † 27. 10. 1894 Wien, Militär- und Theaterkapellmeister, Komponist. Veranstaltete spektakulär groß besetzte Konzerte in der Wr. Rotunde; erhielt 1880 den 1. Preis der internat. Musikkapellenkonkurrenz in Brüssel.
Werke: mehr als 300 Orchesterwerke; 6 Operetten (Pfingsten in Florenz, 1884); Stephanie-Gavotte; Liebestraum nach dem Ball. – Literatur: F. Anzenberger, A. C., 2000; ÖBL.

Czibulka, Alfons Frh. von (Pseud.: A. v. Birnitz), * 28. 6. 1888 Schloss Radboř bei Korschenitz (Kořenice, CZ), † 22. 10. 1969 München (D), Offizier und Schriftsteller. Lebte ab 1918 in München; verfasste v. a. hist. Romane und Erzählungen aus dem alten Ö.
Werke: Die Handschuhe der Kaiserin, 1931; Der Henker von Bernau, 1937; Das Abschiedskonzert, 1944 (Roman um J. Haydn); Die Brautfahrt nach Ungarn, 1953; Reich mir die Hand, mein Leben, 1956 (Roman um W. A. Mozart); Der Tanz ums Leben, 1958; Prinz Eugen, Retter des Abendlandes, 1958.

Géza von Cziffra in einer Drehpause zum Film „Der weiße Traum“. Foto, 1943.

Cziffra, Géza von, * 19. 12. 1900 Arad (H, heute RO), † 28. 4. 1989 Dießen (D), Drehbuchautor und Filmregisseur. Gründete 1945 die C.-Film GmbH in Wien, verfasste über 130 Drehbücher, führte in zahlr. Filmen (bes. Lustspiele und Revuen) Regie.
Werk: Kauf dir einen bunten Luftballon, 1970 (Autobiographie).

Czigan, France, * 18. 9. 1908 Zizke (SLO), † 23. 2. 1971 Laibach (Ljubljana, SLO), slowen. Volksmusikforscher, Lehrer und Geistlicher. Ab 1957 Lehrer am slowen. Gymn. in Klagenfurt, Sammler und Hg. slowen. Volkslieder, Sagen und Gebräuche in Kä.; zahlr. Publikationen.

Czikann, Johann Jakob, * 10. 7. 1789 Brünn (Brno, CZ), † 10. 6. 1855 ebd., Redakteur, Jurist, Hofsekretär in Wien. Gab mit F. → Gräffer 1835–37 auf eig. Kosten das erste ö. Lexikon, die 6-bändige „Ö. National-Encyklopädie“, heraus.
Literatur: ÖBL.

Czjzek, Johann Baptist, * 25. 5. 1806 Groß-Jirna b. Brandeis (Veliké Jirny, CZ), † 17. 7. 1855 Atzgersdorf b. Wien, Geologe. Oberster Geologe an der k. k. Geolog. Reichsanstalt und Bergrat. Ab 1835 führend in der geolog. Landesaufnahme Ö. beteiligt.
Werke: Geognost. Karte der Umgebung Wiens mit Erläuterungen, 1847; Geolog. Karte der Umgebungen von Krems; zahlr. Veröffentlichungen in den Jahrbüchern der Geolog. Reichsanstalt sowie zahlr. Manuskriptkarten. – Literatur: ÖBL; ADB.

Czjzek, Johann Baptist, Edler von Smidaich, * 20. 3. 1841 Wien, † 6. 2. 1925 ebd., Industrieller, Porzellanfabrikant. Stellte viele Gebrauchsgüter aus Porzellan her, wurde einer der Wegbereiter der modernen Marktwirt. Später an der Waggonbauind. beteiligt und Mitbegründer des Wr. Bankvereins.
Literatur: ÖBL; ADB.

Czoernig, Karl, Freiherr von Czernhausen, * 5. 5. 1804 Tschernhausen (Černousy, CZ), † 5. 10. 1889 Görz (Gorizia, I), vielseitiger Beamter, Statistiker; Großvater von Walter → Czoernig. Machte sich bes. um den Ausbau der Donauschifffahrt und der Eisenbahnen verdient, war bis 1865 Präs. der Statist. Verwaltungskommission, 1852–63 auch der Zentralkommission zur Erhaltung der Kunst- und hist. Denkmäler.
Werke: Ethnographie der ö. Monarchie, 3 Bde., 1855–57; Ö. Neugestaltung 1848–58, 1858. – Tafeln zur Statistik der ö. Monarchie seit 1848. – Literatur: ÖBL.

Czoernig, Walter, Freiherr von Czernhausen, * 16. 2. 1883 Triest (I), † 28. 12. 1945 Großgmain (Sbg.), Höhlenforscher und Oberbaurat bei den Ö. Bundesbahnen; Enkel von Karl → Czoernig.
Werk: Die Eishöhlen des Landes Sbg. und seiner bayr. Grenzgebirge, 1924. – Literatur: ÖBL.

Czuber, Emanuel, * 19. 1. 1851 Prag (CZ), † 22. 8. 1925 Gnigl b. Salzburg, Mathematiker. 1891–1919 Prof. an der Techn. Hochschule in Wien; führte 1894 den versicherungstechn. Kurs ein und erforschte die Wahrscheinlichkeitsrechnung und ihre Anwendung im Versicherungswesen.
Werke: Geometr. Wahrscheinlichkeiten, 1884; Mathemat. Bevölkerungstheorie, 1923. – Literatur: ÖBL; NDB.

Czurda, Elfriede, * 25. 4. 1946 Wels (OÖ.), Schriftstellerin und Hörspielautorin, lebt seit 1980 in Berlin und Wien. C. übt in ihren Texten feminist. Sprach- und Sozialkritik und sucht nach Bildern einer positiven weibl. Utopie.
Werke: Ein Griff = eingriff inbegriffen, 1978; Diotima oder Die Differenz des Glücks, 1982 (Prosa); Signora Julia, 1985 (Prosa); Die Giftmörderinnen, 1991 (Roman); Voik. Gehirn, Stockung, Notat, Stürme, 1993 (Gedichte); Buchstäblich: Unmenschen, 1995 (Essays); Die Schläferin, 1997 (Roman).

Czyhlarz, Karl von, * 17. 8. 1833 Lobositz (Lovosice, CZ), † 21. 7. 1914 Wien, Jurist. Prof. für Röm. Recht an den Univ. Prag und Wien (1892–1905), Mitgl. des Herrenhauses.
Werk: Lehrbuch der Institutionen des röm. Rechts, 1889. – Literatur: ÖBL.

D

Dachauer, Wilhelm, * 5. 4. 1881 Ried i. Innkreis (OÖ.), † 26. 2. 1951 Wien, Maler. Studium 1899–1907 an der Akad. d. bild. Künste Wien, 1927–45 Prof. an dieser.

Werke: Briefmarkenserien (u. a. Nibelungen, Erfinder, Stille Nacht J. Strauß); Porträts (J. Wagner-Jauregg, V. Kaplan); 10 Glasfenster und Altarbild in der Krankenhauskapelle Ried, 1928. – Literatur: W. D., Gemälde u. Briefmarken, 1963.

Daffinger, Moritz Michael, * 24. 1. 1790 Wien, † 21. 8. 1849 ebd., Porträt- und Blumenmaler des Biedermeier; Sohn des Porzellanmalers Johann Leopold D.; Studium an der Wr. Akademie bei F. H. → Füger, bis 1812 als Maler für die Wr. Porzellanmanufaktur tätig, anschließend erlangte er als Porträtminiaturist der vornehmen Ges. Berühmtheit; beeinflusst durch den engl. Porträtmaler T. Lawrence, schuf er mehr als 1000 Miniaturporträts. Ab 1841 widmete er sich fast ausschließlich der Blumenmalerei, bis zu seinem Tod malte er über 500 Blumenaquarelle, die sich bes. durch naturgetreue und feine Wiedergabe auszeichnen.

Literatur: Die Blumenaquarelle des M. M. D., Ausst.-Kat., Akad. d. bild. Künste Wien, 1986; G. Kugler, Staatskanzler Metternich und seine Gäste – Die wiedergefundenen Miniaturen von M. M. D., 1991.

Daim, Falko, * 28. 2. 1953 Wien, Archäologe, Historiker. Studierte in Wien, seit 2000 Univ.-Prof. am Inst. f. Ur- und Frühgeschichte der Univ. Wien. Bed. Forschungen über Ö. im Früh-MA sowie Grabungen und Studien zur awarischen Besiedelung im O-Teil Ö.

Werke: Die Awaren in NÖ., 1977; Das awarische Gräberfeld von Leobersdorf, NÖ., 2 Bde., 1987; Die Awaren am Rand der byzantin. Welt, 2000 (Hg.); Sein & Sinn, Burg & Mensch, Ausst.-Kat., Gutenstein 2001 (Hg.).

Daim, Wilfried, * 21. 7. 1923 Wien, Psychologe, Psychotherapeut und Schriftsteller. 1940–45 in der kath. Widerstandsbewegung; gründete 1956 das private Inst. f. polit. Psychologie.

Werke: Umwertung der Psychoanalyse, 1951; Tiefenpsychologie und Erlösung, 1954; Der Mann, der Hitler die Ideen gab, [2]1994; Die kastenlose Ges., 1960; Kirche und Zukunft, 1963 (Hg. mit F. Heer u. A. M. Knoll); Progressiver Katholizismus I und II, 1967; Die Chinesen in Europa, 1973; Meine Kunstabenteuer, 1997.

Dalcroze, Emile, → Jaques-Dalcroze, Emile.

Dallago, Carl, * 14. 1. 1869 Borgo (S-Ti.), † 18. 1. 1949 Innsbruck (Ti.), Lyriker, Essayist, Dramatiker und zivilisationskrit. Kulturphilosoph. Gehörte bis in die 20er Jahre zum „Brenner-Kreis" und war von K. → Kraus beeinflusst.

Werke: Lyrik: Gedichte, 1900; Mensch und Dasein, 1930. – Künstlerdrama: Die Musik der Berge, 1906. – Essays: O. Weininger und sein Werk, 1912; K. Kraus der Mensch, 1913; Laotse, 1921; Nach 30 Jahren. Rückblick des Nicht-Schriftstellers, 1929 (Vers-Essay). – Literatur: ÖBL.

Dallansky, Bruno, * 19. 9. 1928 Wien, Schauspieler; Ehemann der Schauspielerin Judith → Holzmeister. 1955–61 Engagement am Wr. Theater in der Josefstadt, danach an dt. Bühnen und am Wr. Burgtheater; Film- und Fernsehtätigkeit.

Dallapozza, Adolf, * 14. 3. 1940 Bozen (S-Ti.), Kammersänger (Tenor). Seit 1962 an der Wr. Volksoper, 1968 Debut an der Staatsoper. Interpret lyrischer Opernpartien (Tamino, Werther, Wilhelm Meister) und im Operettenfach.

Dalla Rosa, Heinrich, * 16. 2. 1909 Lassa bei Meran (S-Ti.), † 24. 1. 1945 Wien, Priester. 1935 Priesterweihe in Graz, ab 1939 Pfarrer von St. Georgen bei Obdach, wegen „Wehrkraftzersetzung" hingerichtet.

Dalla Torre, Karl Wilhelm, * 14. 7. 1850 Kitzbühel (Ti.), † 6. 4. 1928 Innsbruck (Ti.), Naturwissenschaftler. Univ.-Prof. in Innsbruck.

Werke: Flora der gefürsteten Grafschaft Ti., des Landes Vbg. und des Fürstentums Liechtenstein, 9 Bde., 1900–13 (gem. mit L. v. Sarnthein); Die Alpenflora der ö. Alpenländer, Südbayerns und der Schweiz, 1899. – Literatur: ÖBL.

Dallinger, Alfred, * 7. 11. 1926 Wien, † 23. 2. 1989 Bodensee (Flugzeugabsturz), Drogist und Politiker (SPÖ). 1974–89 Vorsitzender und Geschäftsführer der Gewerkschaft der Privatangestellten, 1974–83 Abg. z. NR, 1980–89 Sozialmin. D. versuchte die Wirtschaftskrise der 80er Jahre durch eine aktive Arbeitsmarktpolitik zu bewältigen. Er war ein Verfechter der generellen Arbeitszeitverkürzung (35-Stunden-Woche) und galt als Vordenker der SPÖ in Sozialfragen.

Dallinger, Fridolin, * 16. 2. 1933 Eferding (OÖ.), Komponist. Ausbildung in Wien und Salzburg (H. → Eder); seine Werke sind von J. N. → David und R. → Schollum beeinflusst; Ö. Staatspreis für Musik 1965.

Werke: 2 Symphonien, 1 Konzert, zahlr. Kammermusik- und Vokalwerke. – Bühnenwerke: Die 7 Todsünden, 1968; The Roaring Twenties, 1988. – Literatur: G. Brosche (Red.), Musikal. Dokumentation F. D., Ausst.-Kat., Ö. Nat.-Bibl., Wien 1997.

Dalma, Alfons (eigentl. Stjepan Tomičić), * 26. 5. 1919 Otočac (HR), † 28. 7. 1999 Wien, Journalist. 1945–54 bei den „Salzburger Nachrichten", 1954–66 beim „Münchner Merkur" und bei der „Presse". 1967–74 ORF-Chefredakteur, dann bis 1986 ORF-Korrespondent in Rom.

Damisch, Gunter, * 20. 5. 1958 Steyr (OÖ.), Maler und Graphiker. Studierte an der Akad. d. bild. Künste in Wien, seit 1992 Lehrauftrag und seit 1998 Prof. an dieser. Beschäftigte sich zunächst auch mit graph. Techniken und Plastiken, später v. a. mit Malerei unter intensivem Einsatz starker Farben unter Bezugnahme auf Pointillismus und Jugendstil.

Damm, Helene von, * 4. 5. 1938 Linz (OÖ.), Diplomatin. Wuchs in Ulmerfeld-Hausmening auf, 1955 in die USA ausgewandert, arbeitete ab 1966 für den späteren US-Präsidenten R. Reagan; 1983–85 US-Botschafterin in Ö.

Werke: Wirf die Angst weg, Helene. Die Erinnerungen der H. v. D., 1987.

Dampierre, Henri Duval Graf von, * 1580 bei Metz (F), † 8. 10. 1620 bei Pressburg (Bratislava, SK; gefallen), General. Diente als kaiserl. Offizier 1604/05 in Ungarn und Siebenbürgen, kommandierte 1616/17 in einem Krieg gegen Venedig und 1619 gegen die „Böhmischen Rebellen"; fiel im Kampf gegen den ungar. Gegenkönig Bethlen Gábor. Am 5. 6. 1619 retteten die D.-Kürassiere → Ferdinand II. bei harten Verhandlungen mit den protestant. Ständen in der Hofburg. Deshalb hatte der jeweilige Regimentsinhaber jederzeit Zutritt beim Kaiser, sein Regiment durfte die Hofburg passieren.

Danegger, Josef, * 15. 11. 1866 Bodenbach (Podmokly, CZ), † 1. 1. 1933 Wien, Schauspieler und Regis-

Wilhelm Dachauer. Foto, um 1935.

Moritz Michael Daffinger, Selbstbildnis. Gemälde, 1840 (Historisches Museum der Stadt Wien).

seur; Vater von Theodor → Danegger. Charakterdarsteller an Burgtheater, Josefstädter und Volkstheater in Wien, in Berlin (bei M. Reinhardt und V. Barnowsky), in Köln und New York; Regisseur in Zürich und Wien, Leiter des Neuen Wr. Konservatoriums.

Danegger, Theodor, * 31. 8. 1891 Lienz (Ti.), † 11. 10. 1959 Wien, (Film-)Schauspieler; Sohn von Josef → Danegger. Engagements in Wien am Burgtheater (1905–13), Volkstheater, an der Neuen Wr. Bühne und am Frankfurter Schauspielhaus, 1934–39 an den Münchner Kammerspielen; ab 1939 Filmtätigkeit.

Danhauser, Josef, * 18. 8. 1805 Wien, † 4. 5. 1845 ebd., Genre-, Porträt- und Historienmaler; Sohn des Wr. Möbelfabrikanten Joseph Ulrich → Danhauser. Studium an der Wr. Akad. bei J. P. → Krafft. Übernahm 1829–31 die Leitung der väterl. Möbelfabrik, übergab diese 1831 seinen Brüdern, blieb als Möbelentwerfer tätig; trug mit seiner Arbeit wesentlich zum Wr. Möbelstil des Vormärz bei, beschäftigte sich ab den 30er Jahren mit der Darstellung naturalist. Genreszenen aus dem vornehm-bürgerl. Milieu. 1841/42 Prof. an der Wr. Akad., bekannt durch moralisierende und verschlüsselt soz.-krit. „Sittenbilder" sowie durch mehrere Künstlerporträts.

Literatur: J. D., Ausst.-Kat., Albertina, Wien 1983; ÖBL; NDB.

Lorenzo Da Ponte. Punktierstich von M. Pekino.

Danhauser, Joseph Ulrich, * 14. 3. 1780 Wien, † 9. 1. 1829 ebd., Möbelfabrikant; Vater von Josef → Danhauser. Gründete 1804 eine Möbelfabrik, die im Wien der Biedermeierzeit große Bedeutung besaß.

Danhelovsky, Konstantin, * 14. 2. 1857 Dolnji-Miholjac (HR), † 30. 9. 1939 Wien, Theaterforscher und Kunstsammler. Seine theater- und kulturhist. wertvolle Smlg. von über 50.000 Lichtbildern, Stichen und Zeichnungen aus den letzten Jahrzehnten des 19. Jh. befindet sich im Ö. Theatermuseum in Wien.

Dankl von Krasnik, Viktor (ab 1917 Frh., 1918 Graf), * 18. 9. 1854 Udine (I), † 8. 1. 1941 Innsbruck (Ti.), bed. ö.-ungar. General und Heerführer im Ersten Weltkrieg. Siegte 1914 mit der k. u. k. 1. Armee bei Krasnik (PL) über die russ. 4. Armee; 1915 Landesverteidigungskommandant von Ti. und 1916 während der Südtiroloffensive Kommandant der 11. Armee. Im Juni 1916 des Kommandos enthoben, 1918 zum Feldmarschall ernannt. Nach dem Krieg Protektor des Baues des Heldendenkmals im Äußeren Burgtor in Wien.

Literatur: L. Pastor, Gen.-Oberst v. D., 1916; Ö. Wehrzeitung Nr. 37, 1934; ÖBL; NDB.

Robert Danneberg. Foto, um 1930.

Danneberg, Robert, * 23. 7. 1885 Wien, † Dez. 1942 KZ Auschwitz (PL), Jurist und soz.-dem. Politiker. 1919–20 Mitgl. d. Konstituierenden Nationalversammlung, 1920–34 Abg. z. NR, 1918–27 Mitgl. d. Wr. Gemeinderats, 1932–34 Finanzreferent der Stadt Wien. Machte sich um das Arbeiterbildungswesen, die Jugendbewegung und das Wohnungswesen verdient. Hatte großen Anteil an der Verfassungsgesetznovelle 1931. 1938 verhaftet und bis zu seinem Tod in den KZ Dachau, Buchenwald und Auschwitz interniert.

Werke: Das soz.-dem. Programm, 1910, [30]1926; K. Marx, 1913; Die Rekrutenschulen der internat. Soz.-Dem., 1914; Die soz.-dem. Gem.-Verwaltung in Wien, 1925, [5]1930 (erschien 1929–31 unter dem Titel „10 Jahre neues Wien"). – Literatur: L. Kane, R. D. Ein pragmat. Idealist, 1980; J. Hindels, R. D. Gelebt für den Sozialismus, ermordet in Auschwitz, 1985.

Danreiter, Franz Anton, † 17. 2. 1760 Salzburg, Zeichner und Architekt. Beaufsichtigte ab 1728 alle Schlossgärten Salzburgs und veröffentlichte mehrere Stichserien von diesen. D. plante den Mirabellgarten und leitete ab 1749 den Bau der Sebastianskirche in Salzburg.

Dantine, Wilhelm, * 6. 11. 1911 Wien, † 21. 5. 1981 ebd., Theologe. Univ.-Prof. für evang. Systemat. Theologie in Wien, Befürworter der Ökumene.

Werke: Die Gerechtmachung des Gottlosen, 1959; Der heilige und der unheilige Geist, 1973.

Danzer, Emmerich, * 15. 3. 1944 Wien, Eiskunstläufer, 1965–68 Europameister, 1966–68 Weltmeister, dann Berufsläufer, Fernsehkommentator, Trainer und Sportreferent in einer Versicherung. Ab 1996 Präs. des Ö. Eiskunstlaufverbands.

Literatur: H. Prüller, Traumnote 6 für E. D., 1968.

Danzer, Georg, * 7. 10. 1946 Wien, Popsänger, Komponist, Texter. Studierte 1966–69 Psychologie und Philosophie in Wien; 1972 1. Schallplattenveröffentlichung („Der Tschik"). Durchbruch 1976 mit „Jö schau" (Goldene Schallplatte, „Star of the Year" der Fach-Ztschr. „Music Week"). Comeback seit 1998 mit dem Projekt Austria 3 (mit R. → Fendrich und W. → Ambros). Seit 2000 Obmann von SOS Mitmensch.

Weitere Werke (Schallplatten bzw. CDs): Du mi a, 1976; Unter die Haut, 1977; Danzer Live, 1980; Weiße Pferde, 1984; Keine Angst, 1991; Austria 3, Vol. 1–3, 1998–2000; 13 schmutzige Lieder, 2001.

Da Ponte, Lorenzo (eigentl. Emanuele Conegliano), * 10. 3. 1749 Ceneda (Vittorio Veneto, I), † 17. 8. 1838 New York (USA), Dichter und Librettist. Musste 1779 Venetien verlassen und kam über Dresden (Bekanntschaft mit C. Mazzolà) 1781 nach Wien, wo er, durch Joseph II. favorisiert, mit A. → Salieri, J. Martin y Soler und schließlich W. A. → Mozart zusammenarbeitete; 1791 wurde er durch Leopold II. entlassen und ging über Paris nach London, 1805 folgte er seiner Frau nach New York, wo er seine Memoiren verfasste.

Werke: 46 Libretti: u. a. Le nozze di Figaro, Così fan tutte, Don Giovanni (alle Mozart), Una cosa rara (Martin y Soler), Axur, La cifra, Il pastor fido (Salieri). – Literatur: S. Hodges, L. D. P., the Life and Times of Mozart's Librettist, 1985; A. Lanapoppi, L. D. P., 1997.

Dario, Giovanni Antonio, † 8. 3. 1702 St. Florian (OÖ.), Salzburger Hofbaumeister, auch Bildhauer. Erbaute die Stiftskirche in Seekirchen (1670) und die Wallfahrtskirche Maria-Plain (1671–74).

Weitere Werke: in Sbg.: Verbindung der Domfassade mit der Residenz (1660), Kapellenaltäre im Dom (um 1670), Umbau des Klosters von St. Peter (1680); Seitenaltäre in St. Florian (um 1700).

Darnaut, Hugo, * 28. 11. 1851 Dessau (D), † 9. 1. 1937 Wien, Landschaftsmaler. Studium an der Wr. Akad. sowie in Düsseldorf und Karlsruhe; ab 1876 in Wien tätig, Kontakte zum Künstlerkreis um E. J. → Schindler, bekannt durch Landschaftsbilder.

Literatur: H. Mlnarik, H. D., Dipl.-Arb., Wien 1994.

Dasch, Maximilian, * 13. 9. 1903 Mondsee (OÖ.), † 22. 9. 1977 Salzburg, 1937/38 Dir. der zaunrithschen Buchdruckerei (ab 1939 „Salzburger Druckerei und Verlag"). 1937 Dir. des Sbg. Pressvereins. Zusammen mit G. A. → Canaval Lizenzträger, Gründer und Geschäftsführer der „Salzburger Nachrichten" sowie deren Hg. von 23. 10. 1945 bis zu seinem Tod.

Dassanowsky, Elfriede („Elfi"), * 2. 2. 1924 Wien, Musikerin. Studierte Klavier und Gesang an der Wr. Musikhochschule, gründete 1946 das Theater „Das Podium" und mit E. Hanus die Belvedere-Filmproduktion und trat in zwei Filmen dieser Gesellschaft (Die Glücksmühle, 1947; Der Leberfleck, 1948) als Schauspielerin auf. In der Folge wirkte sie als Konzertpianistin, Sängerin, Kabarettistin und Musikprofessorin. Seit 1955 in den USA, wirkte sie als Stimmtrainerin, Filmproduzentin und Geschäftsfrau und machte sich um die Förderung ö. Kultur verdient.

Daublebsky von Sterneck, Maximilian Frh. von, * 14. 2. 1829 Klagenfurt (Kä.), † 5. 12. 1897 Wien, Admiral. 1866 in der Seeschlacht bei Lissa Kommandant der „Erzhzg. Ferdinand Max“, des Flaggschiffs von W. → Tegetthoff, das das ital. Flaggschiff „Re d'Italia“ versenkte; bereitete gem. mit Gf. H. → Wilczek durch eine Erkundungsfahrt ins Nördl. Eismeer (1872) die ö.-ungar. Nordpolexpedition vor.

Werk: Erinnerungen 1847–97, hg. v. J. Benko, 1900. – Literatur: ÖBL; NDB.

Daublebsky von Sterneck, Robert Frh. von, * 7. 2. 1839 Prag (CZ), † 2. 11. 1910 Wien, Generalmajor, Physiker, Astronom. Nach 2 Jahren Studium an der Techn. Hochschule in Prag Eintritt in die k. k. Armee und Teilnahme an den Kriegen 1859 und 1866; 1862–1902 am Militärgeograph. Inst. in Wien und schließlich Leiter der astronom.-geodät. Gruppe und der Sternwarte. Er führte kartograph. Arbeiten in der Türkei, in Bulgarien und Serbien durch, begann mit den relativen Schweremessungen und erfand einen Flutmesser.

Werke: Die Polhöhe und ihre Schwankungen, 1894; Die Ergebnisse der neuesten Schwerebestimmungen, 1895; Das Fortschreiten der Flutwelle im Adriat. Meer, 1908. – Literatur: Almanach der Akad. d. Wiss. Wien, 1911; ÖBL; NDB.

Daun, Leopold Josef Graf, Fürst von Thiano, * 24. 9. 1705 Wien, † 5. 2. 1766 ebd., Feldmarschall. Hofkriegsrats-Präs., hervorragender ö. Feldherr, erfolgreicher Gegner des Preußenkönigs Friedrich II. im Siebenjähr. Krieg. D. wurde von seinem Vater Wirich Philipp Gf. → Daun zunächst für den geistl. Beruf, dann aber für das Militär bestimmt. Im Ö. Erbfolgekrieg 1742 vertrieb er die Franzosen aus Böhmen, begann 1748 mit der Reorganisation des k. k. Heeres, gründete (1752) und leitete die Theresian. Militärakademie und wurde 1754 Feldmarschall. Im Siebenjähr. Krieg besiegte er Kg. Friedrich II. von Preußen in der Schlacht von Kolin 1757, wofür er den neu gestifteten Maria-Theresien-Orden erhielt; nochmals siegte er über Friedrich II. in der Schlacht bei Hochkirch 1758 sowie über ein preußisches Korps bei Maxen 1759. 1760 verlor er die Schlacht bei Torgau. D. wurde wegen seines systemat. Vorgehens und seiner der Manöverstrategie verpflichteten Kriegführung „Zauderer“ genannt, hatte aber vielleicht gerade deswegen Erfolg. Wandgrab in der Georgskapelle der Wr. Augustinerkirche.

Literatur: F. Walter, Männer um Maria Theresia, 1951; F. L. Thadden, Feldmarschall D., 1967; NDB.

Daun, Wirich Philipp Graf, Fürst von Thiano (ab 1710), * 19. 10. 1669 Wien, † 30. 7. 1741 ebd., Feldmarschall. Vater von Leopold Josef Gf. → Daun. Zeichnete sich v. a. im Span. Erbfolgekrieg aus, verteidigte 1706 Turin, 1713 Vizekönig von Neapel, ab 1725 Statthalter der Niederlande; 1728–33 Gouverneur von Mailand. Wandgrab in der Georgskapelle der Wr. Augustinerkirche.

Literatur: NDB.

Dauthage, Adolf, * 20. 2. 1825 Rustendorf b. Wien, † 3. 6. 1883 Wien, Lithograph und Maler. Betätigte sich vorwiegend als Porträtlithograph (4 Jahre im Atelier J. → Kriehubers), schuf Porträts der Mitglieder der Akad. d. Wiss., der Medizin. Fakultät der Univ. Wien, von Schauspielern u. a. sowie Lithographien von Gemälden anderer Maler (F. G. Waldmüller, J. M. Ranftl, F. Malitsch und A. Schönn).

Werke: umfangreiches Werk im Bildarchiv der Ö. Nat.-Bibl., Wien.

David, Jakob Julius, * 6. 2. 1859 Mährisch-Weißkirchen (Hranice, CZ), † 20. 11. 1906 Wien, Schriftsteller und Journalist („Neues Wr. Journal“, „Wr. Zeitung“). Zunächst von C. F. Meyer beeinflusst, dann zw. Naturalismus und Dekadenz; übte bittere Sozialkritik; viele seiner Dorfgeschichten und Gesellschaftsromane handeln in Mähren und Wien.

Werke: Das Blut, 1891; Hagars Sohn, 1891; Am Wege sterben, 1900; Der Übergang, 1902; Die Hanna. Erzählungen aus Mähren, 1904. – Ausgabe: Gesammelte Werke, 7 Bde., 1907–09; Verstörte Zeit, Erzählungen, hg. v. F. Krobb, 1990. – Literatur: P. Goldammer, J. J. D. – Ein vergessener Dichter, in: Weimarer Beiträge 5, 1959; G. Schruf, J. J. D. als Novellist, Diss., Wien 1952; L. Pouh, Wr. Literatur und Psychoanalyse, 1997; A. Tröbinger, J. J. D., Dipl.-Arb., Wien 1999.

David, Johann Nepomuk, * 30. 11. 1895 Eferding (OÖ.), † 22. 12. 1977 Stuttgart (D), Komponist; Vater von Thomas Christian → David. Studierte 1920–23 in Wien bei J. → Marx, 1924–34 Volksschullehrer und Organist in Wels, 1934 Prof. am Konservatorium in Leipzig, 1945 am Mozarteum in Salzburg, 1948–63 in Stuttgart. Gilt als Traditionalist und Polyphoniker (v. a. in der Kirchenmusik). Großer Ö. Staatspreis 1953, Ö. Ehrenzeichen f. Wiss. u. Kunst 1966.

Werke: zahlr. Konzerte und Symphonien, Orgelwerke, großes geistl. Vokalwerk (Choralvertonungen in der Nachfolge von J. S. Bach), Kammermusik. – Literatur: R. Klein, J. N. D., 1964; W. Dallmann, J. N. D. – Das Choralwerk für Orgel, 1993.

David, Thomas Christian, * 22. 12. 1925 Wels (OÖ.), Komponist und Interpret (Flöte, Cembalo); Sohn von Johann Nepomuk → David. Ausbildung in Leipzig, Salzburg und Tübingen, 1958–87 Lehrer an der Wr. Musikhochschule (1967–73 in Teheran), gründete das „Süddeutsche Kammerorchester“ und den „Süddeutschen Madrigal-Chor“. 1986–88 Präs. des Ö. Komponistenbunds.

Werke: mehrere Konzerte, 5 Streichquartette, Madrigale und Motetten, 1 Oratorium, 2 Opern. – Literatur: Musik. Dokumentation T. C. D., Ausst.-Kat., Musik-Smlg. der. Ö. Nat.-Bibl., Wien 1984.

Davis, Gustav (Pseud.: G. Tannhofer), * 3. 3. 1856 Pressburg (Bratislava, SK), † 21. 8. 1951 Waidhofen a. d. Ybbs (NÖ.), Theaterschriftsteller, Journalist, Verleger. Gründete 1900 die „Ö. Kronen-Zeitung“ (ab 1. 6. 1905 „Illustrierte Kronen-Zeitung“), Vorläuferin der „Neuen Kronen-Zeitung“.

Werke: Das Heiratsnest, 1893; Libretto zur Operette „Waldmeister“ von J. Strauß Sohn, 1896.

Davy, Walter, * 20. 12. 1924 Wien, Regisseur, Schauspieler, Autor. Studierte am Reinhardt-Seminar in Wien, danach Regieassistent und Regisseur am Burgtheater; 1950–55 Produzent beim Sender Rot-Weiß-Rot, 1955–68 Bühnenregie u. a. in Göttingen, Berlin, Düsseldorf und Wien. Seit 1968 Fernseh- und Hörspielregisseur beim ORF. Erlangte als Darsteller des einbeinigen Kriminalbeamten Schremser in der TV-Serie „Kottan ermittelt“ von P. → Patzak Popularität. Zahlr. Auszeichnungen.

Werke: Fernsehregie: Stationschef Fallmerayer, 1975; Familie Merian, ab 1978; Die Geschichte einer Vielgeliebten, 1983; Der Vorhang fällt, 1988. – Filmrollen: Jakob der Letzte, 1976; Kassbach, 1979; Glück auf Raten, 1995.

Dax, Paul, * um 1503 Sterzing (S-Ti.; ?), † 1561, Soldat, Kartograph und Glasmaler. Machte die erste Türkenbelagerung Wiens mit und beteiligte sich im Rahmen eines Bürgeraufgebots bei der Verteidigung der Ehrenberger Klause gegen protestant. Truppen. Als Künstler v. a. im Auftrag des Hofs von Innsbruck tätig, fertigte Fahnenbilder und Glasgemälde.

Decker, Karl, * 5. 9. 1921 Wien, Fußballspieler und -trainer. 1938–52 bei Vienna; 1942 mehrmals in der dt. Nationalmannschaft, insges. 25-mal im ö. Nationalteam; 1960–66 ö. Bundestrainer.

Werk: Mein Leben für den Fußball, 1998.

Deckert, Joseph, * 1843 Drösing (NÖ.), † 23. 3. 1901 Wien, kath. Geistlicher. 1874 Pfarrer in Weinhaus (Wien-Währing); einer der radikalsten Antisemiten in der christl.-soz. Bewegung sowie Anreger einer Arbeitergruppe dieser Partei.

Decleva, Mario, * 14. 2. 1930 Lussingrande (Veli Lošinj, HR), † 9. 8. 1979 Wien, Maler und Graphiker. Entwickelte eine stark farbige, zum Abstrakten tendierende Malweise. Ab 1960 Mitgl. des Forums Stadtpark in Graz.

Werke: Glasfenster in der Kirche am Schirmitzbühel in Kapfenberg (Stmk.), 1957; Holzintarsien im Redoutensaal im Schauspielhaus Graz, 1963; Glasfenster im Meditationsraum der UN-City Wien, 1979. – Literatur: K. Sotriffer, M. D., 1930–79, 1981.

Decsey, Ernst (Pseud.: Franz Heinrich), * 13. 4. 1870 Hamburg (D), † 12. 3. 1941 Wien, Jurist, Musikschriftsteller und -kritiker in Graz und Wien; Schüler von A. → Bruckner. Schrieb zahlr. Musikerbiographien (A. Bruckner, H. Wolf, J. Strauß usw.), Theaterstücke (Der Musikant Gottes, 1926) und 2 Opernlibretti; propagierte in seinen Schriften das „Musikland Ö.".

Defant, Albert, * 12. 7. 1884 Trient (I), † 24. 12. 1974 Innsbruck (Ti.), Meteorologe, Geophysiker und Ozeanograph. Ab 1919 Univ.-Prof. in Innsbruck, 1927–45 Dir. des Inst. und Museums für Meereskunde in Berlin, 1945–55 Univ.-Prof. in Innsbruck. Leitete zahlr. ozeanograph. Expeditionen (Meteorexpedition 1925–27) und entwickelte die Meereskunde zu einer exakten Wissenschaft.

Werke: Wetter und Wettervorhersage, 1914; Dynam. Ozeanographie, 1929; Die Gezeiten und inneren Gezeitenwellen des Atlant. Ozeans, 1932; Die Troposphäre des Atlant. Ozeans, 1936; Physical Oceanography, 1940; Physikal. Dynamik der Atmosphäre, 1958 (gem. mit Friedrich D.).

Defner, Adalbert, * 19. 1. 1884 Millstatt (Kä.), † 15. 12. 1969 Innsbruck-Igls (Ti.), Verleger. Gründete 1934 in Innsbruck eine Werkstätte für künstlerische Fotografie und einen bis heute bestehenden Verlag. Veröffentlichte hochwertige Ansichtskarten zahlr. Orte und Objekte, Bildbände (u. a. „Bäume", „Blumen", „Kinder", „Die Burgen Kä.") und Kalender.

R. Larl (Hg.), A. D. Lichte Landschaft. Photographien von 1919–1969, 1999.

Defregger, Franz, * 30. 4. 1835 Ederhof b. Stronach (O-Ti.), † 2. 1. 1921 München (D), Genre- und Historienmaler. Ti. Bauernsohn, Ausbildung in Innsbruck und an der Akad. in München, Parisaufenthalt, ab 1867 Mitarbeiter im Atelier des Historienmalers K. T. Piloty in München, 1878–1910 Prof. an der Münchener Akad. Malte mit Vorliebe sentimental-idealisierte Motive aus dem bäuerl. Alltagsleben sowie dramat. Szenen aus dem Ti. Freiheitskampf; wurde dadurch im Münchner Salon zum Publikumsliebling.

Literatur: H. P. Defregger, D. 1835–1921, 1983 (Ergänzungsband 1991).

De Gasperi, Alcide, * 3. 4. 1881 Pieve Tesino (I), † 19. 8. 1954 Sella di Valsugana (I), ital. Politiker. Studierte in Wien, trat als Chefredakteur von „Il Trentino" ab 1906 für die ital. Volksgruppe in der ö.-ungar. Monarchie ein, 1911–18 Abg. z. ö. Reichsrat. Nach dem 2. Weltkrieg ital. Min.-Präs. und Außenmin.; schloss am 5. 9. 1946 mit Außenmin. K. → Gruber in Paris das Gruber-De-Gasperi-Abkommen über die Autonomie S-Ti. ab.

Literatur: A. Canavero, A. D. G., 1997.

Degen, Jakob, * 27. 2. 1760 Liedertswil (CH), † 28. 8. 1848 Wien, Pionier der Luftfahrt, Erfinder. Flog 1810 mit seinem durch Muskelkraft angetriebenen Schwingenflieger, der an einem Luftballon hing, von Laxenburg nach Vösendorf; baute ein flugfähiges Hubschraubermodell mit Uhrwerkantrieb. Seine Erfindung des fälschungssicheren Banknotendoppeldrucks mit einer Guillochiermaschine (1821) wurde von vielen europ. Notenbanken übernommen.

Literatur: ÖBL; NDB.

Johann Ludwig Deinhard-Deinhardstein. Lithographie von J. Kriehuber, 1833.

Jakob Degen. Aquarell von A. Suchy, 1842.

Degen, Josef Vinzenz, * 23. 1. 1763 Graz (Stmk.), † 5. 6. 1827 Wien, Buchdrucker. Stellte ab 1803 in Wien Meisterwerke des Buchdrucks mit eig. Antiqua- und Kursivschriften her, wurde 1804 Dir. der neu gegr. k. k. Hof- und Staatsärarialdruckerei.

Literatur: ÖBL.

Degenfeld-Schonburg, Ferdinand, * 1. 3. 1882 Wien, † 11. 3. 1952 ebd., Jurist und Nationalökonom. 1927–38 und ab 1945 Univ.-Prof. in Wien.

Werke: Die Lohntheorien von A. Smith, D. Ricardo, J. S. Mill und Marx, 1914; Die Motive des volkswirt. Handelns und der dt. Marxismus, 1920; Geist und Wirt., 1927; Der Mensch und die wirt. Entwicklung, 1949.

Degischer, Vilma, * 17. 11. 1911 Wien, † 3. 5. 1992 Baden (NÖ.), Kammerschauspielerin; Ehefrau von Hermann → Thimig. Nach Engagements an den Reinhardt-Bühnen in Berlin und Wien sowie Tätigkeit bei den Sbg. Festspielen 1935–39 Engagement am Volkstheater in Wien, ab 1939 Ensemblemitgl. des Wr. Theaters in der Josefstadt (u. a. Ges.-Komödien, klass. und moderne Stücke; Inbegriff der „Salondame"). Trägerin zahlr. Auszeichnungen (Kainz-Medaille, erhielt als erste nicht am Burgtheater tätige Schauspielerin den Titel Kammerschauspielerin); Film- und Fernsehtätigkeit.

Literatur: H. Möckli, Das Theater in der Josefstadt 1945–1955 und das Lebenswerk V. D. 1911–1922, Dipl.-Arb., Wien 1996.

Degler, Marion, * 17. 9. 1929 Berlin (D), Schauspielerin; Ehefrau von Leopold → Rudolf. Erstes Engagement am Kurfürstendammtheater in Berlin; ging nach Erfolgen in Berlin nach Hamburg; Gastspiele in England und Holland; ab Beginn der 80er Jahre Ensemblemitgl. des Theaters in der Josefstadt in Wien.

Degn, Johann B., * 14. 11. 1848 St. Georgen i. A. (OÖ.), † 27. 6. 1929 Salzburg, Pädagoge. War maßgeblich an der Einführung des 6-klassigen „Mädchenlyceums" 1900 beteiligt und arbeitete dafür den Lehrplan aus. Als Leiter des Lyzeums des Wr. Frauen-Erwerb-Vereins (1900–15) war er um den weiteren Ausbau der Mädchenbildung bemüht.

Degner, Erich Wolfgang, * 8. 4. 1858 Hohenstein-Ernstthal (D), † 18. 11. 1908 Berka b. Weimar (D), Komponist. Lehrte an der Musikschule in Graz, 1891–1902 Dir. des Musikvereins für Stmk., Graz.

Dehio, Georg, * 22. 11. 1850 Reval (Tallin, Estland), † 19. 3. 1932 Tübingen (D), dt. Kunsthistoriker. Sein Handbuch der dt. Kunstdenkmäler (5 Bde., 1905–12) wurde Vorbild für die Beschreibung der ö. Kunstdenkmäler (nach Bundesländern). Diese werden laufend neu bearbeitet (Bgld. 1976, [2]1980; Kä. 1976, [2]1981; Graz 1979; Ti. 1980; Stmk. 1982; Vbg. 1983; Sbg. 1986; NÖ.-Nord 1990; Wien 2.–9. und 20. Bez., 1993; Wien 10.–19. u. 21.–23. Bez., 1996).

Literatur: G. D. (1850–1932). 100 Jahre Hb. der dt. Kunstdenkmäler, 2000.

Deinhard-Deinhardstein, Johann Ludwig (Pseud.: Dr. Römer), * 21. 6. 1794 (?) Wien, † 12. 7. 1859 ebd., Dramatiker, Lyriker, Erzähler, Kritiker, Hofbeamter. Ab 1827 Prof. für Ästhetik am Wr. Theresianum; 1829–49 verantwortl. Redakteur der Wr. „Jahrbücher der Litteratur"; 1832–41 Dramaturg bzw. Vizedir. (nach J. → Schreyvogel) des Hofburgtheaters (Engagement von C. Laroche, C. Enghaus); 1841–48 Zensor der Polizei- und Zensurhofstelle; Verfasser von Charakterlustspielen und Künstlerdramen.

Werke: Dramen (Charakterlustspiele, Künstlerdramen): Boccaccio, 1816; Hans Sachs, 1829; Garrick in Bristol, 1834. – Gedichte, 1844.– Ausgaben: Gesammelte dramat. Werke, 7 Bde., 1848–57; Ausgewählte Werke, 2 Bde., 1922. – Literatur: W. Treichlinger, J. L. D.-D., Diss., Wien 1926; J. Leithner, D.-D. als

Kritiker Diss., Wien 1929; S. Lechner, Eine Ästhetik der Zensur, in: A. Martino u. a. (Hg.), Lit. in der soz. Bewegung, 1977.

Deininger, Wunibald, * 5. 3. 1879 Wien, † 28. 8. 1963 Salzburg, Architekt; Sohn des Architekten Julius D.; wichtiger Vertreter der O.-Wagner-Schule (1899–1902 Ausbildung bei O. → Wagner an der Akad. d. bild. Künste in Wien). In der Zwischenkriegszeit einer der führenden Architekten Salzburgs.

Werke: In Zusammenarbeit mit seinem Vater: Neue Wr. Handelsakad., 1906–08; Staatsgewerbeschule chem.-techn. Richtung in Wien, 1906–16. – Wohn- und Geschäftshäuser in Sbg.: Wohnhausanlage Hirschenwiese, 1920–22; Verlagshaus R. Kiesel, 192?–27; Sanatorium Wehrle, 1926, 1931; Haus D., 1926/27. – Literatur: S. Greger, W. D., Diss., Salzburg 1989.

Deissinger, Hans, * 19. 7. 1890 Mies (Stříbro, CZ), † 28. 2. 1986 Salzburg, Schriftsteller und Lehrer. 1920–36 Prof. an der Staatsgewerbeschule Salzburg; Autor von Heimatromanen.

Werke: Lyrik: Erde, wir lassen dich nicht!, 1932; Zeichen im Abend, 1961. – Alpennovellen, 1939. – Romane: Das ewige Antlitz, 1937; Der Menschenhai, 1939; Das Zaubermal, 1952. – Dramen: Geschwister, 1938; Der 3. Weg, 1951.

Deix, Manfred, * 22. 2. 1949 Böheimkirchen (NÖ.), Karikaturist. Studierte 1965–68 an der Graph. Lehr- und Versuchsanstalt und 1968–75 an der Akad. d. bild. Künste in Wien. 1972 erste Veröffentlichungen in den Magazinen „profil", „trend" und „economy", seit 1977 Titelblätter und Zeichnungen für „Stern", „Spiegel", „Playboy" u. a.; seit 1990 große Ausstellungen u. a. in Paris, Tokio und New York.

Werke: Bühnenbild für B. Brechts „Arturo Ui" am Wr. Akademietheater, 1987. – Buchpublikationen: Cartoons von M. D., 1980; Cartoons de luxe, 1983; Satiren aus Wien, 1985; D. – Mein Tagebuch, 1986; Der Männer-Report, 1991; D. am Sonntag, 1995; Das neue D.-Buch, 1998; D. – good vibrations, 2000.

Delavilla, Franz Karl, * 6. 12. 1884 Wien, † 2. 8. 1967 Frankfurt a. M. (D), Graphiker, Illustrator und Designer. Studierte an der Wr., der Magdeburger und der Hamburger Kunstgewerbeschule, war 1913–50 Lehrer an verschiedenen graphischen Schulen in Frankfurt a. M. Schuf Holzschnitte und Illustrationen und gestaltete Plakate und Glückwunschkarten für die Wr. Werkstätte sowie Bühnenbilder.

Werk: Tierbilderbuch, 1906 (Holzschnitt). – Literatur: W. J. Schweiger, Wr. Werkstätte, 1982.

Della Casa, Lisa (eigentl. L. Debeljevic), * 2. 2. 1919 Burgdorf (CH), Kammersängerin (Sopran) mit internat. Karriere. Ab 1947 bei den Sbg. Festspielen, 1947–73 Mitgl. der Wr. Staatsoper. Namentlich Mozart- u. R.-Strauss-Interpretin.

Literatur: D. Debeljevic, Ein Leben mit L. D. C., 1975.

Demel, Anna, * 4. 3. 1872 Wien, † 8. 11. 1956 ebd., Besitzerin der gleichnamigen Hofkonditorei. 1917 übernahm sie die Geschäftsführung, 1952 erhielt sie als eine der ersten Frauen Ö. den Titel Kommerzialrat.

Demel, Emilie, → Fiakermilli.

Demel, Herbert, * 14. 10. 1953 Wien, Techniker. Studierte Maschinenbau an der Techn. Univ. Wien; ab 1985 bei Bosch in Stuttgart für ABS/ASR-Technik verantwortlich, 1989 auch Übernahme der Abteilung für Getriebesteuerung. Seit 1990 bei Audi in Ingolstadt, zunächst als Leiter der Motorenentwicklung, 1995–96 Vorstandsvorsitzender, seit 1997 Leiter von VW do Brasil.

Demelius, Ernst, * 10. 7. 1859 Krakau (Krakow, PL), † 28. 7. 1904 am Gabelhorn (CH, Bergunfall), Jurist; Sohn von Gustav → Demelius, Vater von Heinrich → Demelius. Ab 1895 Univ.-Doz. in Wien, ab 1897 Univ.-Prof. für Zivilrecht in Innsbruck (dort zuletzt auch Rektor).

Werk: Das Pfandrecht an bewegl. Sachen, 1897. – Literatur: ÖBL.

Demelius, Gustav, * 31. 1. 1831 Allstedt (D), † 7. 11. 1891 Wien, Jurist; Vater von Ernst → Demelius. Im Zuge der Studien- und Unterrichtsreform des Min. Leo Graf Thun-Hohenstein in Prag habilitiert, dann Prof. in Krakau, Graz und ab 1881 in Wien (röm. Recht).

Werk: Schiedeid und Beweiseid im röm. Zivilprozeß, 1887. – Literatur: ÖBL.

Demelius, Heinrich, * 2. 11. 1893 Mödling (NÖ.), † 6. 2. 1987 Wien, Jurist; Sohn von Ernst → Demelius. 1935 Prof. an der Hochschule für Welthandel, ab 1939 an der Univ. Wien (Handels- und Wechselrecht sowie Bürgerl. Recht).

Werke: Das kaufmänn. Nachlaßverfahren in Ö., 1931; Ö. Grundbuchsrecht, 1948; Handelsgesetzbuch, [6]1958; Wr. Ratsurteile des Spät-MA, 1980 (Hg.). – Literatur: Festschrift für H. D., 1980.

Demelmayer, Alfred, * 15. 9. 1898 Mödling (NÖ.), † 27. 1. 1961 Natters (Ti.), Manager. Gen.-Dir. der ö. Brown-Boveri, Präs. der Wr. Urania, Mitgl. des Statist. Zentralamts; leitete 1944/45 eine Widerstandsbewegung in Wien.

Demmer, Fritz, * 6. 4. 1884 Wien, † 17. 6. 1967 ebd., Chirurg. Ab 1932 Univ.-Prof. in Wien; schuf im 1. Weltkrieg die erste mobile Feldchirurgie, führte die vereinfachte Asepsis der Hände mit desinfizierten Gummihandschuhen ein.

Werke: zahlr. Publikationen in Fach-Ztschr.

Demner, Mariusz Jan, * 23. 9. 1945, Werbefachmann. Gründete 1969 die Werbeagentur Demner & Merlicek (heute Demner, Merlicek & Bergmann), eines der bedeutendsten ö. Werbeunternehmen. Arbeiten u. a. für die Bank Austria, „News", „profil" sowie Gestaltung der EU-Beitritts-Werbekampagne 1993/94.

Literatur: Schlagobers. 30 Jahre Werbung von D., Merlicek und Bergmann, hg. v. W. Lürzer, 2000.

Dempf, Alois, * 2. 1. 1891 Altmünster (OÖ.), † 15. 11. 1982 Eggstätt b. Rosenheim (D), Philosoph. Ab 1937 Univ.-Prof. in Wien, ab 1949 in München.

Werke: Sacrum Imperium. Geschichtsschreibung und Staatsphilosophie des MA und der polit. Renaiss., 1929; Die Einheit der Wiss., 1955; Religionssoziologie der Christenheit, 1972.

Demus, Jörg, * 2. 12. 1928 St. Pölten (NÖ.), Pianist; Sohn von Otto → Demus. Ausbildung bei W. Gieseking, Y. Nat, A. Benedetti-Michelangeli und W. Kempff; erster öffentl. Auftritt in Wien 1942; zählt zu den erfolgreichsten ö. Pianisten nach 1945; auch gefragter Kammermusikpartner; zahlr. internat. Tourneen.

Jörg Demus. Foto.

Werke: Abenteuer der Interpretation, 1967; Die Klaviersonaten von L. van Beethoven, 1970 (mit P. Badura-Skoda).

Demus, Otto, * 4. 11. 1902 Harland b. St. Pölten (NÖ.), † 17. 11. 1990 Wien, Kunsthistoriker; Vater von Jörg → Demus. 1929–39 Landeskonservator in Kä., emigrierte 1939, 1946–64 Präs. des Bundesdenkmalamts. Internat. angesehener Spezialist für ma. und byzantin. Monumentalkunst; 1963–73 Univ.-Prof. in Wien (ö. Kunst des MA, byzantin. Kunst).

Werke: Byzantine Mosaic Decoration, 1947; The Mosaics of Norman Sicily, 1949; The Church of San Marco in Venice, 1960; Roman. Wandmalerei, 1968; Byzantine Art and the West, 1970; The Mosaics of San Marco in Venice, 2 Bde., 1984. – Literatur: Festschrift für O. D., 1972.

Dene, Kirsten, * 16. 3. 1943 Hamburg (D), Schauspielerin. Nach Ausbildung in Hamburg 1961–86 Engagements in Essen, Frankfurt a. M., Berlin, Stuttgart und Bochum, wo sie mit C. → Peymann zusammenarbeitete, mit dem sie 1986 an das Wr. Burgtheater kam; Film- und Fernsehtätigkeit.

Dengel, Anna, * 16. 3. 1892 Steeg (Ti.), † 17. 4. 1980 Rom (I), Ärztin, Gründerin der Missionsärztlichen Schwestern (relig. Kongregation mit Schwestern aus allen Kontinenten außer Australien), mit denen sie 48 Spitäler aufbaute.

Denifle, Heinrich Suso, * 16. 1. 1844 Imst (Ti.), † 10. 6. 1905 München (D), Dominikaner, Historiker. Bedeutender Luther-Forscher; 1870 Lektor in Graz, 1883 Archivar am vatikanischen Archiv; erforschte die Mystik sowie die Kultur- und Kirchengeschichte des MA.

Werke: Das geistl. Leben, 1873; Die Universitäten im MA bis 1400, 1885; Luther und Luthertum in der ersten Entwicklung, 6 Bde., 1904–06; Archiv f. Literatur und Kirchengeschichte des MA, 7 Bde., 1885–1900 (Hg. mit F. Ehrle). – Literatur: A. Redigonda, H. S. D., 1953.

Michael Denis. Stich von J. Blaschke.

Denis, Michael (auch: Sined der Barde), * 27. 9. 1729 Schärding (OÖ.), † 29. 9. 1800 Wien, Jesuit, Schriftsteller, Übersetzer und Bibliothekar. 1759 Prof. am Wr. Theresianum; 1784 Kustos der Wr. Hofbibliothek; verfasste zunächst neulatein. Schuldramen, dann v. a. Lyrik, die in der Tradition der dt. Aufklärung (F. G. Klopstock, C. F. Gellert) stand; schrieb auch bibliothekswiss. und bibliograph. Werke sowie Kirchenlieder; Verfasser des ersten Lesebuchs in Ö. (1762). D. übertrug als erster den „Ossian" ins Deutsche (1768/69).

Werke: Die Lieder Sineds des Barden, 1772; Wiens Buchdruckergeschichte von Anbeginn bis 1560, 1782; Ossian und Sineds Lieder, 5 Bde., 1784; Carmina quaedam, 1794. – Literatur: E. Ehrmann, M. D., Diss., Innsbruck 1948; L. Bodi, Tauwetter in Wien, [2]1995; G. Herbeck, Studien zur ö. Empfindsamkeit des 18. Jh., Diss., Wien 1980.

Denk, Helmut, * 5. 3. 1940 Scheibbs (NÖ.), Mediziner. Studierte in Wien, 1969–71 Research Fellow an der Mount Sinai School of Medicine, New York, 1971–77 am Inst. f. patholog. Anatomie der Univ. Wien; seit 1983 Univ.-Prof. und Vorstand des Inst. f. patholog. Anatomie der Univ. Graz. Ehrenzeichen f. Wiss. und Kunst 1998.

Werke: über 300 Fachpublikationen.

Denk, Wolfgang, * 21. 3. 1882 Linz (OÖ.), † 4. 2. 1970 Wien, Chirurg. 1928–31 Univ.-Prof. in Graz, danach in Wien; namhafter Krebsforscher. 1957 unterlag er als gemeinsamer Kandidat von ÖVP und FPÖ in der Bundespräsidentenwahl gegen A. → Schärf.

Denzel, Wolfgang, * 11. 1. 1908 Graz (Stmk.), † 15. 4. 1990 Berg a. Starnberger See (D), Unternehmer und Amateurrennfahrer. Baute 1949–59 in Wien selbst konstruierte Rennwagen in 4 Typen; insges. wurden rd. 350 „WD-Wagen" hergestellt. 1945–78 BMW-Generalimporteur für Ö. Unter Mitarbeit D. wurde Ende der 50er Jahre der BMW 700 entwickelt, der BMW aus der Krise führte. D. war außerdem ein erfolgreicher Hochseesegler (Weltmeister 1978).

Ernst Deutsch in „Der Prozeß". 1948.

Derbolav, Josef, * 24. 3. 1912 Wien, † 14. 7. 1987 Bremen (D), Pädagoge, Philosoph. Univ.-Prof. in Bonn; nahm mit seiner Bildungstheorie und seinen Analysen des mittleren und höheren Schulwesens starken Einfluss auf die Pädagogik im dt.-sprach. Raum.

Werke: Erkenntnis und Entscheidung, 1954; Wesen und Formen der Gymnasialbildung, 1957; Das Exemplarische im Bildungsraum des Gymnasiums, 1957; Frage und Anspruch, 1970; Pädagogik und Politik, 1975; Grundriß europäischer Ethik, 1983. – Literatur: M. Müller, Pädagogik u. Erziehungswiss. – der praxeolog. Übergang bei D., 1995.

Anton Dermota als De Grieux in der Oper „Manon Lescaut" von J. Massenet.

Dermota, Anton, * 4. 6. 1910 Kropa (SLO), † 22. 6. 1989 Wien, Kammersänger (Tenor). Ab 1936 an der Wr. Staatsoper und ständiges Mitgl. der Sbg. Festspiele; wurde bes. als Mozart-Sänger bekannt, aber auch zahlr. Rollen im dt. und ital. Repertoire, berühmt auch wegen seines „Florestan" (Fidelio) zur Wiedereröffnung der Wr. Staatsoper 1955; zahlr. Gastspiele. Verheiratet mit der Pianistin Hilde Berger-Weyerwald.

Werk: Mein Sängerleben, 1978.

Desing, Anselm, * 15. 3. 1699 Amberg (D). † 17. 12. 1772 Ensdorf (D), Benediktiner. Prof. für Poesie und Mathematik an der Univ. Salzburg, 1741–45 in Kremsmünster, wo unter seiner Leitung 1744 die Ritterakademie errichtet und nach seinen Plänen ab 1749 die Sternwarte (Mathematischer Turm) erbaut wurde; ab 1761 Abt des Klosters Ensdorf.

Literatur: 1200 Jahre Benediktinerstift Kremsmünster, 1976; M. Knedlik (Hg.), A. D. (1699–1772), 1999.

Dessauer, Josef, * 28. 5. 1798 Prag (CZ), † 8. 7. 1876 Mödling (NÖ.), Komponist. Begann als Liederkomponist, wurde später ein erfolgreicher Opernkomponist.

Werke: Lieder, Opern (Lidwina, Dominga, Paquita). – Literatur: O. Sertl, J. D., Diss., Innsbruck 1951.

Dessoff, Felix Otto, * 14. 1. 1835 Leipzig (D), † 28. 10. 1892 Frankfurt a. M. (D), Dirigent der Wr. Hofoper (1860–75) und der Wr. Philharmoniker, deren Weltruf er mitbegründete; Lehrer am Konservatorium der Ges. der Musikfreunde in Wien.

Literatur: ÖBL.

Dessyllas, Pantelis, * 6. 3. 1936 Nikaia (GR), Bühnenbildner. Studium der Malerei in Athen, Bühnenbild und Filmarchitektur an der Akad. für angew. Kunst in Wien. Seit 1965 an der Wr. Staatsoper tätig; 1971–97 Leiter des Dekorationswesens der ö. Bundestheater; schuf Bühnenbilder für Staatsoper, Volksoper, Burgtheater („Jim Knopf und Lukas, der Lokomotivführer", Kainz-Medaille) sowie für Festivals im In- und Ausland.

Literatur: P. Jungmayer, Der Bühnenbildner P. D., Dipl.-Arb., Wien 1999.

Deubler, Konrad, * 26. 11. 1814 Bad Goisern (OÖ.), † 31. 3. 1884 ebd., freidenkerischer Müller, Bauer und Wirt. Der „Bauernphilosoph von Primesberg" wurde 1853 als Anhänger der Revolution zu 2 Jahren Gefängnis in Brünn verurteilt, dann bis 1857 in Olmütz interniert und 1862–64 nach Iglau verbannt. 1870/71 Bürgermeister von Bad Goisern. Sein Haus in Bad Goisern war Treffpunkt von Schriftstellern und Philosophen. K.-D.-Smlg. im Heimatmuseum und Denkmal in Bad Goisern.

Ausgabe: Tagebücher und Briefe, 2 Bde., hg. von A. Dodel, 1886. – Literatur: W. Mueller, K. D. Fackelträger in die Freiheit aus Metternichs Zeit, 1944; R. Rauscher, K. D. „Der Bauernphilosoph", 1990; A. Mensdorff-Pouilly, K. D., der „Bauernphilosoph", Dipl.-Arb., Wien 1996.

Deutelmoser, Ferdinand, * 6. 3. 1875 Pilsen (Plzen, CZ), † 14. 1. 1941 Wien, General, Luftfahrtexperte. War nach 1912 einer der besten Militärpiloten, führte 1914–18 Fliegertruppen, wurde nach 1918 Leiter des Luftverkehrsamtes, begründete die zivile Luftfahrt in Ö.; Gen.-Dir. der Ö. Luftverkehrsges.

Literatur: ÖBL.

Deutsch, Ernst, * 16. 9. 1890 Prag (CZ), † 22. 3. 1969 Berlin (D), Kammerschauspieler. Spielte expressionist. Rollen unter M. → Reinhardt in Berlin; ab 1924 Filmtätigkeit; 1931/32 in Wien an Burgtheater und Theater in der Josefstadt; 1933 Emigration in die USA, Filmtätigkeit in Hollywood; 1947 Rückkehr nach Europa, Charakterrollen (u. a. Nathan der Weise, Shylock, Prof. Bernhardi) zunächst am Renaissance-, dann am Burgtheater in Wien, ab 1951 Mitgl. des Schillertheaters in Berlin. 1948 Preis der Biennale Venedig für den Film „Der Prozeß" (von G. W. → Pabst).

Literatur: G. Zivier, E. D. und das dt. Theater, 1964.

Deutsch, Erwin, * 12. 4. 1917 Klagenfurt (Kä.), † 15. 7. 1992 Wien, Arzt. 1964 Univ.-Prof. und Vorstand der I. Medizin. Universitätsklinik in Wien; bekannt geworden durch seine Arbeiten über die Blutgerinnung, insbes. durch die Forschungen zur Erkennung der Hemmkörperhämophilie.

Werke: Die Hemmkörperhaemophilie, 1948; Blutgerinnungsfaktoren, 1955; Blutgerinnung und Operation, 1973; Laboratoriumsdiagnostik, 1990; weiters über 400 wiss. Artikel.

Deutsch, Gustav, * 19. 5. 1952 Wien, Filmregisseur und Performancekünstler. Studierte an der Techn. Univ. Wien, seit 1977 Video- und seit 1981 Kurzfilmregisseur, seit 1983 Performancekünstler mit Auftritten in ganz Europa. Sein Film „Film ist" (1998) erhielt mehrere hohe Auszeichnungen.

Weitere Filme: Non, je ne regrette rien, 1988; Kristallnacht-Maingas, 1989; Fenster nach Mekka, 1990/91; Augenzeugen der Fremde, 1993; Taschenkino, 1995ff.; Mariage blanc, 1996; Tradition ist die Weitergabe des Feuers und nicht die Anbetung der Asche, 1999.

Deutsch, Helene, * 9. 10. 1884 Przemysl (PL), † 29. 4. 1982 Cambridge (USA), Ärztin, Psychoanalytikerin. Unterzog sich einer Analyse bei S. → Freud und trat 1918 der Wr. Psychoanalyt. Vereinigung bei, deren neu gegr. Ausbildungsinstitut sie von 1924 bis zu ihrer Emigration in die USA 1935 leitete. Danach lebte und arbeitete sie in Boston. D. wurde durch ihre Arbeiten zur Psychologie der Frau bekannt.

Werke: Zur Psychologie der weibl. Sexualitätsfunktion, 1925; Psychoanalyse der Neurosen, 1930; The Psychology of Women, 1945 (Psychologie der Frau, [3]1995; Confrontation with Myself, 1973 (Selbstkonfrontation, 1975). – Literatur: P. Roazen, Freuds Liebling H. D., 1989.

Deutsch, Julius, * 2. 2. 1884 Lackenbach (Bgld.), † 17. 1. 1968 Wien, soz.-dem. Politiker. 1920–33 Abg. z. NR, 1920–32 Parlamentskommissär für das Heerwesen. D. organisierte 1918–19 als Unterstaatssekretär die Deutschösterr. Volkswehr, war 1919–20 Staatssekretär für Heereswesen und stellte 1923/24 großteils aus Volkswehrleuten den Republikan. Schutzbund auf, dessen Obmann er bis 1934 war. Während der Februarkämpfe 1934 floh er nach Brünn, war 1936–39 General der republikan. Truppen im span. Bürgerkrieg, ging dann nach Frankreich und 1940 in die USA. D. kehrte 1946 nach Ö. zurück, wo er bis 1951 Leiter der Sozialist. Verlagsanstalten war, konnte aber in der Politik nicht mehr Fuß fassen.

Werke: Geschichte der ö. Gewerkschaftsbewegung, 1908; Ein weiter Weg – Lebenserinnerungen, 1960. – Literatur: NÖB.

Deutsch, Leopold, * 11. 11. 1853 Wien, † 5. 2. 1930 ebd., Schauspieler. Engagements an ö. und dt. Bühnen, in St. Petersburg und am Wr. Stadttheater; Charakterkomiker der Wr. Operette; rief 1880 die Wr. „Schlaraffia" ins Leben; arbeitete auch als Feuilletonist.

Literatur: ÖBL.

Deutsch, Otto Erich, * 5. 9. 1883 Wien, † 23. 11. 1967 ebd., Musikwissenschaftler. 1928 Prof. (Emigration 1939–53 in England); seine Quellenforschungen zu Mozart und Schubert sind auch heute noch von großer Bedeutung für die Wiss.; schuf das Verzeichnis der Werke F. → Schuberts (D.-Verzeichnis).

Werke: Arbeiten über Mozart und Schubert (Brief- und Quellenedition), zu Beethoven, Brahms und Haydn.

Deutsch, Walter, * 29. 4. 1923 Bozen (S.-Ti.), Volksmusikforscher. Leiter des Ö. Volksliedwerks und 1965–93 des Inst. f. Volksmusikforschung der Hochschule für Musik in Wien, Hg. des „Corpus Musicae popularis Austriacae" (Denkmäler der Volksmusik, 1993ff.) sowie einer 4-bändigen Smlg. nö. Volkslieder (Lieder aus dem Waldviertel, 1986; Lieder aus dem Weinviertel, 1990; Lieder aus dem Mostviertel, 1993; Lieder aus dem Industrieviertel, 1998).

Literatur: Festschrift für W. D. Ein Musiker in Praxis und Forschung, 1983.

Deutsch, Werner A., * 31. 12. 1942 Wien, Psychoakustiker. Studium in Wien u. a. bei H. Rohracher und W. Graf, seit 1972 Mitarbeiter der Ö. Akad. der Wiss. (Phonogrammarchiv, seit 1978 Schallforschung, Leiter des akustisch-elektron. Labors); zahlr. Arbeiten zur psychoakust. Komponente des Musikerlebens, wie zur Spracherkennung, digitalen Signalverarbeitung, Lärmforschung usw.

Werk: Angewandte Aspekte der Psychoakustik, Habil.-Schrift, Wien 1999.

Devrient, Max, * 12. 12. 1857 Hannover (D), † 14. 6. 1929 Chur (CH), Schauspieler und Regisseur; Ehemann von Babette → Devrient-Reinhold. Ab 1882 am Wr. Burgtheater (1910 Mitglied auf Lebenszeit; 1922 Ehrenmitglied); Rollen u. a.: Wallenstein, Mephisto und Caesar; ab 1920 auch als Regisseur und Filmschauspieler tätig.

Literatur: A. Graf, M. D., Leben und Leistung, Diss., Wien 1950; F. Schmuck, Leben und Kunst eines Burgschauspielers, o. J.

Devrient-Reinhold, Babette, * 30. 10. 1863 Hannover (D), † 13. 6. 1940 Wien, Schauspielerin; Ehefrau von Max → Devrient. 1883 Debüt in Hamburg, 1889–1932 Mitglied des Wr. Burgtheaters (1926 Ehrenmitglied).

Literatur: ÖBL.

Antonio Diabelli. Lithographie von J. Kriehuber, 1841.

Diabelli, Antonio, * 6. 9. 1781 Mattsee (Sbg.), † 7. 4. 1858 Wien, Komponist und Musikverleger in Wien; Schüler von Michael → Haydn in Salzburg. Gründete 1818 mit P. Cappi einen Musikverlag, 1824 eine eigene Firma, die bald zu einem Zentrum des Wr. Musiklebens wurde (verlegte u. a. Werke von Beethoven, war Hauptverleger Schuberts). 1851 verkaufte D. den Verlag. Seine eigenen Kompositionen sind dem Zeitgeschmack verbunden – überlebt hat nur ein Walzer, über den Beethoven die 33 „D.-Variationen" schrieb (op. 120).

Werke: ca. 200 Kompositionen: Singspiele, Klaviersonaten und -sonatinen, Pastoralmesse. – Literatur: L. Kanter, Leben und Kirchenkompositionen von A. D., Diss., Wien 1957.

Julius Deutsch. Foto.

Dichand, Hans, * 29. 1. 1921 Graz (Stmk.), Zeitungsherausgeber und Journalist (brit. Nachrichtendienst, „Steirerblatt", „Wiener Tageszeitung"), Chefredakteur („Murtaler Zeitung", „Kleine Zeitung", „Kurier"); Gründer, Miteigentümer und Hg. der „Neuen Kronen-Zeitung" (gegr. 11. 4. 1959). Bedeutender Kunstsammler.

Dichter, Ernest, * 14. 8. 1907 Wien, † 22. 11. 1991 Peaksville (USA), Psychologe, Pionier der Marktpsychologie. Studierte in Wien und Paris, 1938 Emigration in die USA, 1946 Begründer des Institute of Motivational Research in New York mit Filialen in vielen Ländern. D. gilt als Vater der Motivforschung.

Werke: Strategie im Reich der Wünsche, 1960; Handbook of Consumer Motivations, 1964; Why Not, 1973; The Naked Manager, 1974; Motivforschung. Mein Leben, 1977; Neues Denken bringt neue Märkte, 1991. – Literatur: T. Cudlik, E. D., Depth Boy, Dipl.-Arb., Wien 1999.

Dick, Inge, * 15. 1. 1941 Wien, Fotografin und Malerin. Begann als Autodidaktin, ab 1962 Studium an der

Hochschule f. angew. Kunst in Wien. Schuf konzeptionelle Malerei in der Tradition der klassischen Moderne; in den 80er Jahren wurden Polaroidbilder zu zentralen Elementen ihrer Werke. Für ein Ausstellungsprojekt in Halle entwickelte sie 2000 die größte Polaroidkamera der Welt.

Literatur: C. Aigner (Hg.), I. D., 1998.

Dick, Rudolf, * 7. 4. 1860 Wien, † 9. 2. 1910 ebd., Architekt. Rothschild-Villen auf der Hohen Warte (Wien) und in Reichenau (NÖ.); erhielt zahlreiche Preise (u. a. für die Fertigstellung des Mailänder Doms).

Diemberger, Kurt, * 16. 3. 1932 Villach (Kä.), Bergsteiger, -filmer u. -schriftsteller. Neben schwierigsten Alpentouren Besteigung mehrerer Achttausender, darunter Teilnahme an 2 Erstbesteigungen (9. 6. 1957 Broad Peak im Karakorum, 8057 m, gem. mit H. → Buhl; 13. 5. 1960 Dhaulagiri im Himalaja, 8167 m).

Werke: Gipfel und Gefährten, 1974; K 2, Traum und Schicksal, 1989; Gipfel und Geheimnisse, 1991. – Literatur: Bergwelt Alpin 30 (1992), Heft 3.

Diener, Carl, * 11. 12. 1862 Wien, † 6. 1. 1928 ebd., Alpinist, Geograph, Geologe und Paläontologe. Ab 1897 Univ.-Prof. in Wien; verfasste grundlegende Arbeiten über Biostratigraphie, bes. der triadischen Ammoniten. Forschungsreisen u. a. in den Himalaja. Hg. des Fossilium Catalogus I, Animalia (1913 ff.).

Werke: Die triadischen Cephalopoden – Fauna der Schiechlinghöhe bei Hallstatt, 1900; Grundzüge der Biostratigraphie, 1925. – Literatur: ÖBL.

Dienstleder, Alois, * 17. 6. 1885 Graz (Stmk.), † 31. 1. 1946 Wien, Jurist und Politiker (CS, VF, ÖVP). Zuerst Sparkassenangestellter, ab 1920 steir. Landesbeamter. 1933–34 Landeshauptmann der Stmk., 1934–38 Mitgl. des Staatsrates. Ab 1934 auch Prof. für Kirchenrecht an der Jurid. Fakultät der Univ. Graz, 1939 zwangspensioniert. 1945 Landeshauptmann-Stellv. der Stmk. und Gründungsobmann der steir. ÖVP, 1945–46 Mitgl. d. BR.

Werke: Die Kultbaulast mit bes. Berücksichtigung des Partikularrechtes in Ö., 1934; Das neue großdt. Eherecht, 1938; Die Kirchenbeitragsordnung im Lande Ö., 1941. – Literatur: G. Enderle-Burcel, Mandatare im Ständestaat, 1991.

Dier, Erhard, → Amadeus-Dier.

Diesner, Gerhild, * 4. 8. 1915 Innsbruck (Ti.), † 5. 9. 1995 Hall i. Ti., Malerin. Studierte in London, Paris und München. Expressive, dekorative Malweise.

Werke: Wandteppiche in der Karmeliterkirche Innsbruck. – Literatur: W. Kirschl, G. D., 1979; G. Dankl (Hg.), G. D., Ausst.-Kat., Ti. Landesmus. Ferdinandeum, Innsbruck 1995.

Dietl, Gottlieb, * 19. 10. 1862 Kezmarok (SK), † 25. 5. 1946 Wien, Techniker. Leiter des techn. Versuchwesens. Erfand ein automat. System für Telefonzentralen mit dem nach ihm benannten Hebdrehwähler und dem Gesellschaftsapparat.

Dietmar der Anhanger. Brunnenfigur in Ried, OÖ.

Dietmar der Anhanger, nach einer im Volksbuch von Friedrich Barbarossa 1519 gedruckten Sage ein aus Ried im Innkreis stammender Müllerbursch, der sich während des 3. Kreuzzugs 1189/91 auszeichnete, zum Ritter geschlagen wurde und auf seinem Grund die Stadt Ried erbaute; er ist im Wappen der Stadt von 1435 verankert, Brunnenfigur vor dem Rathaus in Ried.

Literatur: F. Berger, Ried, 1948.

Dietmar von Aist. Miniatur aus der Manessischen Handschrift, 1300/1340 (Universitätsbibliothek Heidelberg).

Dietmar von Aist, Minnesänger im Umkreis der Herren von Aist (OÖ.); ein ab 1139 urk. bezeugter Ditmarus de Agasta († um 1171) ist nicht identisch mit dem Dichter; D. ist ein Vertreter des frühen donauländischen Minnesangs; er gilt als Verfasser des ersten dt. Tageliedes (Trennung der Liebenden am Morgen).

Ausgabe: H. Moser u. H. Tervooren (Hg.), Des Minnesangs Frühling, [38]1988. – Literatur: Verf.-Lex.; R. Grimminger, Poetik des frühen Minnesangs, 1969; H. Fromm, Der dt. Minnesang, [4]1972; A. Hensel, Vom frühen Minnesang zur Lyrik der Hohen Minne, 1997.

Dietmayr, Berthold (eigentl. Karl Josef D.), * 15. 3. 1670 Scheibbs (NÖ.), † 25. 1. 1739 Wien, Benediktiner. Ab 1700 Abt von Melk, 1706 Rektor der Wr. Univ., Verordneter des Prälatenstandes von NÖ., Ratgeber der Ks. Leopold I., Joseph I. und Karl VI. D. ließ ab 1702 das barocke Stift Melk durch J. → Prandtauer, später durch J. → Munggenast (teils gegen den Widerstand des Konvents) erbauen und wandelte 1707 das 4-klassige Gymnasium in ein 6-klassiges um.

Literatur: F. Holly, Abt B. D. von Melk, Diss., Wien 1949; J. Prandtauer und sein Kunstkreis, Ausst.-Kat., Stift Melk, 1960.

Dietrich, Josef, Frh. von Dietrichsberg, * 1780 Wien, † 21. 7. 1855 ebd., Fuhrwerksgroßunternehmer, Theaterliebhaber und Wohltäter. Für seine Verdienste als Armeelieferant in den Napoleon. Kriegen in den Adelsstand erhoben. Betrieb ab 1837 ein Haustheater in Wien-Wieden und förderte die Wr. Vorstadttheater.

Dietrich, Margret, * 19. 2. 1920 Lippstadt (D), Theaterwissenschaftlerin. Univ.-Prof., 1966–84 Vorstand des Inst. für Theaterwiss. an der Univ. Wien; 1973–85 Dir. des Inst. für Publikumsforschung an der Ö. Akad. der Wiss.; seit 1981 wirkl. Mitgl. der Ö. Akad. der Wiss.

Werke: Europ. Dramaturgie, 1951; Europ. Dramaturgie im 19. Jh., 1961; Das moderne Drama, 1961; Hanswurst lebt noch, 1965; Die Wr. Polizeiakten von 1854–1867, 1967; Jupiter in Wien, 1967; Goldene-Vlies-Opern der Barockzeit, 1974; Zur Humanisierung des Lebens, 2000 (ausgewählte Vorträge). – Hg.: Ztschr. „Maske und Kothurn", 1955ff.; Der Schauspielführer, 1964ff.; Regie in Dokumentation, Forschung und Lehre, 1974; Das Burgtheater und sein Publikum, 1976; Max Mell als Theaterkritiker, 1983; Der Herr aus Linz, 1987. – Literatur: Festschrift für M. D., 1995.

Dietrichstein, weit verzweigte aus Kä. stammende adelige Familie, 1506 Erbmundschenken in Kä., 1631 Reichsgrafen, 1684 Reichsfürstenstand. Die fürstl. Linie nahm 1769 Namen und Wappen der Grafen Proskau und 1802 die der Grafen Leslie an. Die D. sind im Mannesstamm 1864 ausgestorben, bestehen aber noch in der weibl. Linie Mensdorff-Pouilly-D. Eine im 30-jähr. Krieg nach Schweden ausgewanderte evang. Linie kam über Russland 1917 nach Frankreich und besteht ebenfalls noch. Bed. Mitgl. der Familie waren u. a.: Adam Graf → Dietrichstein, Franz Graf → Dietrichstein, Karl Johann Fürst → Dietrichstein, Moritz Joseph Johann Fürst → Dietrichstein, Siegmund von → Dietrichstein.

Dietrichstein, Adam Graf (seit 1587), * 17. 10. 1527 Graz (Stmk.), † 15. 1. 1590 Nikolsburg (Mikulov, CZ), kaiserl. Diplomat im Dienst Ferdinands I., Maximilians II. und Rudolfs II. Erhielt die Herrschaft Nikolsburg (bis 1945 im Besitz der Familie Mensdorff-Pouilly-D.).

Literatur: F. Edelmayer (Hg.), Der Briefwechsel zw. Ferdinand I., Maximilian II. und A. v. D., 1997.

Dietrichstein, Franz Graf (seit 1624 Fürst), * 22. 8. 1570 Madrid (E), † 19. 9. 1636 Brünn (CZ), Kardinal; Sohn von Adam Gf. → Dietrichstein. Ab 1599 Bischof von Olmütz und Kardinal, 1607 Präs. des Geheimen Rates Rudolfs II., Vermittler im Bruderzwist der Habsburger, 1620 Landeshauptmann von Mähren.

Dietrichstein, Karl Johann Fürst, * 27. 6. 1728, † 25. 5. 1808 Wien, 1756–63 Gesandter am dänischen Hof, 1764 Oberst-Stallmeister. Begleitete Ks. → Joseph II. auf mehreren Reisen und zählte zu dessen privatem Zirkel. Er erhielt Proskau, Leslie und Neu-Ravensburg in Oberschwaben.

Dietrichstein, Moritz Joseph Johann Fürst, * 19. 2. 1775 Wien, † 27. 8. 1864 ebd., Musiker und wichtige Persönlichkeit des Wr. Kulturlebens; Sohn von Karl

Johann Fürst → Dietrichstein. In jungen Jahren Offizier, beschäftigte sich nach franz. Gefangenschaft ab 1800 mit der Wissenschaft; 1815 Obersthofmeister und Erzieher des Hzg. von → Reichstadt, 1819–26 Hofmusikgraf und 1821–26 Hofburgtheater-Direktor, 1826–45 Präfekt der Hofbibliothek, 1845–48 Oberstkämmerer und Intendant des Hofburgtheaters, 1833–48 Dir. der Münz- und Antikensammlungen. D. komponierte Lieder, Tänze, Menuette.

Literatur: W. Nemecek, M. D., Diss., Wien 1953; ÖBL.

Dietrichstein, Siegmund von (ab 1514 Freiherr), * 1484 Burg Hartnidstein bei Wolfsberg (Kä.), † 19. 5. 1563 Finkenstein (Kä.), Gefolgsmann Ks. Maximilians I. und Ks. Ferdinands I. Kämpfte 1514 gegen Venedig und 1515 gegen aufständ. Bauern bei Rann; 1525 in der Stmk. (Schladming) von diesen gefangen, wurde wegen Bemühungen um Frieden wieder freigelassen.

Dietrichstein-Proskau-Leslie, Moritz Joseph Johann Fürst, → Dietrichstein, Moritz Joseph Johann Fürst.

Diez, Ernst, * 27. 7. 1878 Lölling (Kä.), † 8. 7. 1961 Istanbul (TR), Kunsthistoriker. Forschungsschwerpunkt: asiat. Kunst.

Werke: Die Kunst Indiens, 1914; Die Kunst der islam. Völker, 1915; Iranische Kunst, 1944; Türkische Kunst, 1946.

Dimitz, Ludwig (Pseud.: Waldeck), * 9. 9. 1842 Laibach (Ljubljana, SLO), † 22. 4. 1912 Wien, Jagdschriftsteller, Forstmann. Ab 1887 Leiter der forstl. Versuchsanstalt Mariabrunn; Vorkämpfer des Naturschutzgedankens.

Werke: Liedermappe eines Grünrocks, 1889; Feierabend im Forsthaus, 1891; Edelholz, 1904 (Epos).

Dimmer, Friedrich, * 7. 11. 1858 Prag (CZ), † 7. 3. 1926 Wien, Augenarzt. Führend auf dem Gebiet der Ophthalmoskopie und Fotografie des Augenhintergrunds; Univ.-Prof. in Innbruck, Graz und Wien, Vorstand der I. und II. Augenklinik, die er modernisierte. Er wies als erster die gelbe Farbe des Grundes der Fovea nach.

Werke: Der Augenspiegel und die ophthalmolog. Diagnose, [3]1921; Atlas photograph. Bilder des menschl. Augenhintergrundes, 1927 (mit A. Pillat). – Literatur: ÖBL.

Dingelstedt, Franz Frh. von, * 30. 6. 1814 Halsdorf b. Marburg (D), † 15. 5. 1881 Wien, Schriftsteller, Dramaturg und Theaterleiter. Nach Berufstätigkeit als Gymnasiallehrer, Journalist und Schriftsteller („Lieder eines kosmopolit. Nachtwächters“, 1842) 1851–56 Theaterintendant in München, 1857 in Weimar; 1867–70 Direktor der Hofoper in Wien; in seine Ära fällt die Eröffnung des neuen Opernhauses am Ring (Staatsoper) am 25. 5. 1869; 1870–81 Direktor des alten Burgtheaters am Michaelerplatz, das er einer neuen Glanzzeit entgegenführte. Sein reichhaltiger Spielplan umfasste moderne Dramen (F. Hebbel), Klassiker und einen Shakespeare-Zyklus (1875).

Werke: Dramen, Übersetzung der Shakespeare-Historien, Romane, Novellen, polit. und formgewandte Lyrik, dramaturgische Studien und autobiograph. Darstellungen. – Ausgabe: Sämtl. Werke, 12 Bde., 1877/78. – Literatur: A. Stiepka, F. D. als Dir. des Hofburgtheaters, Diss., Wien 1949; C. Chalaupka, F. D. als Regisseur, Diss., Wien 1957.

Dinghofer, Franz, * 6. 4. 1873 Ottensheim (OÖ.), † 12. 1. 1956 Wien, Jurist und dt.-nat. Politiker. 1907–18 Bürgermeister von Linz, 1911–18 Reichsratsabgeordneter, 1918 Präs. der Provis. Nationalversammlung. D. gründete 1919 die Großdeutsche Vereinigung im Parlament und wurde 1920 Obmann der Großdt. Volkspartei: 1920–28 Abg. z. NR, 1926/27 Vizekanzler, 1927/28 Justizmin., 1928–38 Präs. des Obersten Gerichtshofs.

Literatur: NÖB.

Dinklage, Karl, * 10. 10. 1907 Dresden (D), † 28. 8. 1987 Klagenfurt (Kä.), Historiker. Ab 1958 Kä. Landesarchivar, ab 1975 Univ.-Prof. an der Wirt.-Univ. Wien; Mitbegründer des R.-Musil-Archivs in Klagenfurt.

Werke: Kä. gewerbl. Wirt. von der Vorzeit bis zur Gegenwart, 1953; Geschichte der Kä. Landw., 1966 (Mitautor); Kä. um 1620, 1980; Geschichte der Kä. Arbeiterschaft, 2 Bde., 1976–82. – Firmengeschichten, Jubiläumsschriften von Gewerbe- und Ind.-Betrieben, zahlr. wiss. Aufsätze zur Wirt.- und Sozialgeschichte.

Dipauli, Andreas Frh. von, * 14. 11. 1761 Aldein bei Bozen (S-Ti.), † 25. 2. 1839 Innsbruck (Ti.), Jurist. Nach dem Rechtsstudium in Brixen, Innsbruck und Pavia Laufbahn als Jurist im Staatsdienst. Er beteiligte sich maßgebl. an der Errichtung des Ti. Landesmuseums Ferdinandeum, dem er seine für die Geschichte Ti. überaus wertvolle Handschriftensammlung als „Dipauliana“ vermachte.

Literatur: ÖBL.

Siegmund von Dietrichstein. Zeitgen. Medaille.

Dirkens, Annie, * 25. 9. 1869 Berlin (D), † 11. 11. 1942 Wien, Sängerin (Sopran), die bekannteste Operettendiva Wiens. Trat 1896 erstmals am Theater an der Wien auf, ab 1899 am Theater in der Josefstadt, dann am Carltheater und 1905 wieder am Josefstädter Theater.

Dirtl, Willy, * 4. 3. 1931 Hennersdorf (NÖ.), Balletttänzer. 1950–70 1. Solotänzer an der Wr. Staatsoper; daneben auch als Tänzer für Film- und Fernsehproduktionen sowie als Choreograph tätig.

Distler, Johann Georg, * 1765 in oder bei Wien, † 28. 7. 1799 Wien, Geiger und Komponist. Lieblingsschüler von J. → Haydn, 1781–96 in der Hofkapelle Stuttgart (zuletzt Kapelldirektor), lebte dann in Wien als bekannter Komponist für Kammermusik, widmete seine Werke Prinzessin Sophie und Prinz Carl von Württemberg sowie Großfürst Paul von Russland.

Werke: 6 Quartette, 1791; 6 Quartette für Violinen und Violoncelli, 1791; 6 Quintette, 1799 (verschollen). – Literatur: F. Blume (Hg.), Die Musik in Geschichte und Gegenwart, Bd. 3, 1984.

Dité, Louis, * 26. 3. 1891 Wien, † 18. 11. 1969 ebd., Organist, Komponist und Musikpädagoge. 1917 in der Hofmusikkapelle, 1933 Akad.-Prof.; Staatspreis für Komposition.

Werke: Orgel-, Klavier-, Chor- und Kammermusik; Messen, Symphonien, viele Lieder und Chöre. – Hg. der „Meisterwerke kirchl. Tonkunst“, 1946ff.

Ditmar, Karl Rudolf, * 3. 5. 1818 Prenzlau b. Stettin (PL), † 22. 3. 1895 Wien, Industrieller. Kam 1839 nach Wien, gründete hier 1841 die erste Lampenfabrik in Ö. (Gebrüder D., 1895 rd. 700 Beschäftigte), konstruierte um 1860 Petroleumlampen (D.-Lampen).

Literatur: ÖBL.

Franz Freiherr von Dingelstedt.

Ditscheiner, Leander, * 4. 1. 1839 Wien, † 1. 2. 1905 ebd., Physiker. Prof. an der Techn. Hochschule in Wien; Arbeiten auf dem Gebiet der Optik und der Elektrizität.

Literatur: ÖBL.

Dittel, Leopold von, * 29. 5. 1815 Fulnek (CZ), † 28. 7. 1898 Wien, Urologe. Bed. Vertreter der Wr. Medizin. Schule, begründete die Urologie als selbstständiges medizin. Fach und führte die Zystoskopie ein.

Literatur: ÖBL.

Ditters von Dittersdorf, Carl (bis 1773 C. Ditters), * 2. 11. 1739 Wien, † 24. 10. 1799 ebd., Violinvirtuose und Komponist. Als Mitglied der Kapelle des Prinzen von Sachsen-Hildburghausen in enger Verbindung zur Wr. Hofmusikkapelle (Freundschaft mit C. W. → Gluck und G. → Durazzo), ab 1765 Kapellmeister beim Fürstbischof von Großwardein. Wichtiger Vertreter der komischen Oper (in dt. und ital. Sprache) und des Wr. Singspiels.

Carl Ditters von Dittersdorf. Lithographie von H. E. v. Winter, 1816.

Werke: Komische Opern und Singspiele: Doctor und Apotheker, 1786; Die Liebe im Narrenhaus, 1786; Die Hochzeit des

Figaro, 1789. – Oratorien: Esther; Isaac; Hiob. – Symphonien, Messen, Streichquartette, Sonaten. – Lebensbeschreibung (Autobiographie), 1799 (verschiedene Neudrucke). – Literatur: H. Unverricht (Hg.), C. D. v. D. 1739–1799, Ausst.-Kat., Würzburg 1997; S.-C. Yeon, C. D. v. D.: die Kammermusik für Streichinstrumente, 1999; NDB.

Dittes, Friedrich, * 23. 9. 1829 Irfersgrün (D), † 15. 5. 1896 Wien, Pädagoge; Vater von Paul → Dittes. 1868–81 1. Dir. des „Pädagogiums", einer vom liberalen Gemeinderat Wiens geschaffenen Fortbildungseinrichtung für Lehrer. D. wünschte eine Schulorganisation, die von äußeren Bindungen (Kirchen, Bürokratie, polit. Parteien) weitgehend frei sein sollte. Mit seiner schroff antikonfessionellen Haltung nahm er starken Einfluss auf die Wr. Lehrerschaft.

Werke: Schule der Pädagogik, 1875, [3]1880; Hg. der Ztschr. „Paedagogium" (1879–96). – Literatur: T. Ballauff und K. Schaller, Pädagogik, Bd. III, 1973.

Dittes, Paul, * 16. 7. 1871 Wien, † 4. 3. 1940 ebd., Techniker; Sohn von Friedrich → Dittes. Initiator der Elektrifizierung der Eisenbahnen in West-Ö. nach 1918. 1931–33 Präs. des Ingenieur- und Architekten-Vereins.

Literatur: ÖBL; NDB.

Dittrich, Karl, * 18. 1. 1928 Kufstein (Ti.), † 30. 11. 1995 Tulbing (NÖ.), Unternehmer und Politiker (ÖVP). 1970–75 Vizepräs. und 1975 Präs. der WK f. Wien, 1975–78 Mitgl. d. BR und 1978–92 Abg. z. NR.

Dittrich, Rudolf, * 25. 4. 1861 Bielitz (Bielsko-Biala, PL), † 16. 2. 1919 Wien, Musiker. 1888–94 Dir. der japan. Musikakademie in Tokio, 1901 Hoforganist und ab 1906 Akad.-Prof. in Wien.

Literatur: I. Suchy, Dt.-sprach. Musiker in Japan vor 1945, Diss., Wien 1992; H. Hirasawa, R. D. Leben und Werk, Diss., Wien 1996.

Heimito von Doderer. Foto, um 1960.

Ditz, Johannes, * 22. 6. 1951 Kirchberg a. Wechsel (NÖ.), Volkswirt u. Politiker (ÖVP). 1983–87 Leiter der Abt. f. Wirtschaftspolitik in der ÖVP, 1989–93 Abg. z. NR, 1987–88 und 1991–1995 Staatssekr. im BM f. Finanzen, 1995–96 BMin. f. wirtschaftl. Angelegenheiten, 1996–99 Vorstandsmitglied der Post und Telekom Austria AG, seit 1999 Finanzvorstand der Ö. Industrieholding AG, seit 2001 Aufsichtsratsvorsitzender der Austrian Airlines.

Dobiaschofsky (Dobyaschofsky), Franz Josef, * 23. 11. 1818 Wien, † 7. 12. 1867 ebd., Maler religiöser Themen, Genre- und Historienmaler, Nazarener. 1850/51 Prof. an der Wr. Akad., 1854–56 Rom-Aufenthalt, Mitarbeiter J. v. → Führichs bei der Freskierung der Altlerchenfelder Kirche in Wien.

Werke: Altarbilder in Gföhl, Mühlbach a. Manhartsberg, Obergrafendorf, Purk (Bez. Zwettl). – Literatur: G. Frodl, Wr. Malerei der Biedermeierzeit, 1987.

Doblhoff-Dier, Anton Frh. von, * 10. 11. 1800 Görz (Gorizia, I), † 16. 4. 1872 Wien, Politiker; Onkel von Josef → Doblhoff-Dier. 1848 Handels-, Innen- und Kultusminister (Rücktritt 12. 10. 1848); 1849–58 Gesandter in Den Haag; ab 1867 Mitgl. d. Herrenhauses, dessen Vizepräs. er 1869 wurde.

Literatur: K. Fink, A. v. D.-D., Diss., Wien 1948; ÖBL; NDB.

Doblhoff-Dier, Josef, (Pseud.: Paul Deviloff; Chillonius), * 24. 10. 1844 Wien, † 9. 3. 1928 ebd., Pionier des Denkmalschutzes, Schriftsteller und Diplomat; Neffe von Anton Frh. v. → Doblhoff-Dier. Gründer des Vereins „Carnuntum" und des „Wiss. Klubs".

Werke: Kunstpflege und Vandalismus, 1894; Erzählungen aus Salzburg, 1894. – Lustspiele, Reiseschilderungen und Gedichte. – Literatur: M. Ortmayr, J. Frh. v. D.-D., Diss., Wien 1950.

Dobretsberger, Josef, * 28. 2. 1903 Linz (OÖ.), † 23. 5. 1970 Graz (Stmk.), Jurist, Nationalökonom und Politiker. Als Vertreter des „christl. Solidarismus" befürwortete D. während des Ständestaats eine Versöhnung mit den Sozialdemokraten und musste daher als Sozialmin. (1935–36) zurücktreten. 1938–46 Emigration (Prof. in Istanbul und Kairo). Mitbegründer und 1949 Bundesobmann der „Demokratischen Union", die sich 1953 mit der KPÖ und den Linkssozialisten zur „Volksopposition" vereinigte.

Werke: Vom Sinn und Werden des neuen Staates, 1934; Kath. Sozialpolitik am Scheideweg, 1947. – Literatur: D. A. Binder, J. D., 1903–1970, in: H. Ebner, H. Haselsteiner u. I. Wiesflecker, Geschichtsforschung in Graz, 1990.

Dobrizhoffer, Martin, * 7. 9. 1717 Friedberg (Frymburk, CZ), † 17. 7. 1791 Wien, Völkerkundler, Jesuit, Pionier der Ethnographie Südamerikas. 1748–67 in Paraguay, ab 1773 Hofprediger in Wien. Sein lat. Werk „Historia de Abiponibus equestris bellicosaque Paraguariae nationae" (3 Bde., 1784) wurde ins Dt. und Engl. übersetzt. Außerdem verfasste D. Wörterbücher und sprachwiss. Abhandlungen über Indianerdialekte.

Dobrovsky, Joseph, * 17. 8. 1753 Györmet (H), † 6. 1. 1829 Brünn (CZ), Jesuit, Historiker und Slawist. Gemeinsam mit B. → Kopitar Begründer der Slawistik an der Wr. Univ.

Literatur: ÖBL.

Dobrowsky, Josef, * 22. 9. 1889 Karlsbad (Karlovy Vary, CZ), † 9. 1. 1964 Tullnerbach (NÖ.), Maler. Studierte 1906–10 an der Akad. d. bild. Künste in Wien, 1946–63 Prof. an dieser und Lehrer von Künstlern wie G. → Hoke, A. → Hrdlička, J. → Mikl und A. → Rainer. Expressive Hell-dunkel-Malerei mit starker Farbigkeit, bedeutender Aquarellist. Großer Ö. Staatspreis 1962.

Literatur: Ausst.-Kat. Galerie Würthle, Wien 1979.

Doderer, Heimito von (Pseud.: René Stangeler), * 5. 9. 1896 Hadersdorf-Weidlingau b. Wien, † 23. 12. 1966 Wien, Schriftsteller. Ab 1915 Militärdienst, 1916–20 russ. Kriegsgefangenschaft in Sibirien; Studium der Geschichte und Philosophie in Wien (Dr. phil. 1925). 1933 Mitglied der NSDAP, von der er sich bald wieder abwandte (Konversion zum Katholizismus 1940); ab 1937 Verlagslektor in München, wo 1938 sein Roman „Ein Mord, den jeder begeht" erschien. 1940 abermals Militärdienst, bis 1946 in britischer Kriegsgefangenschaft. 1951 erschien der Roman „Die Strudlhofstiege", der seinen Erfolg als Schriftsteller begründete. Romane wie „Die Dämonen" (1956) oder „Die Wasserfälle von Slunj" (1963) sicherten ihm den Ruf eines der wichtigsten ö. Romanciers der Nachkriegszeit. D. starb während seiner Arbeit am Roman „Der Grenzwald" (postum 1967) an Krebs. 1957 Großer Ö. Staatspreis, 1964 Großer Preis der Bayer. Akademie der Schönen Künste.

Seine Romane und Erzählungen, die z. T. streng nach musikalischen Gesichtspunkten aufgebaut sind, zeigen eine kritische Sicht v. a. der Wr. Gesellschaft. Grundlage und Ausgangspunkt für seine Prosa bilden die in seinen Tagebüchern („Tangenten", 1964) geschilderten Eindrücke und Erlebnisse des Alltags. Aufgrund seiner souveränen Sprachbeherrschung und virtuosen Erzähltechnik gehört D. zu den herausragenden ö. Romanciers.

Weitere Werke: Romane: Das Geheimnis des Reichs, 1930; Die erleuchteten Fenster, 1951; Die Merowinger, 1962; Roman Nr. 7 (1. Teil: Die Wasserfälle von Slunj, 1963). – Erzählungen: Die Bresche, 1924; Das letzte Abenteuer, 1954; Die Posaunen von Jericho, 1958; Die Peinigung der Lederbeutelchen, 1959; Frühe Prosa, hg. v. H. Flesch-Brunningen, 1968. – Gedichte: Ein Weg im Dunklen, 1957. – Essays: Der Fall Gütersloh, 1930; Grundlagen und Funktion des Romans, 1959. – Ausgaben: W. Schmidt-Dengler (Hg.), Die Wiederkehr der Drachen. Aufsätze, Traktate, Reden, 1970; ders., Commentarii 1951–1966, 2 Bde., 1976/85; Tagebücher aus dem Nachlaß, 2 Bde., 1976/86;

Das erzählerische Werk, 9 Bde., 1995. – Literatur: H. v. D. 1896–1966, Symposion anläßlich des 80. Geburtstages in Wien 1976, 1978; Internat. Symposion H. v. D. am 4./5. 10. 1986, 1986. D. Weber, H. v. D., 1986; L.-W. Wolff, H. v. D., 1996; W. Fleischer, Das verleugnete Leben, 1996; K. Luehrs (Hg.), „Excentrische Einsätze". Studien und Essays zum Werk H. v. D., 1998; H. Löffler, Doderer-ABC. Ein Lexikon für Heimitisten, 2000.

Doelter y Cisterich, Cornelius, * 16. 9. 1850 Arroya (Puerto Rico), † 8. 8. 1930 Kolbnitz (Kä.), Mineraloge und Petrologe. Studium in Freiburg i. Br. und Heidelberg, ab 1875 Privatdozent in Wien, ab 1876 Univ.-Prof. in Graz und ab 1907 in Wien. Mineralog. Untersuchungen in der Stmk., auf Sardinien, den Kapverdischen Inseln und in ehem. Portug.-Guinea. Betrieb auch experimentelle Mineralogie.

Werke: Allgem. chem. Mineralogie, 1890; Edelsteinkunde, 1893; Physikalisch-chem. Mineralogie, 1905; Petrogenesis, 1906; Hg. des Hb. der Mineralchemie, 1900ff. – Literatur: ÖBL.

Dogudan, Attila, * 27. 8. 1959 Istanbul (TR), Gastronom. Übersiedelte mit 10 Jahren nach Wien, gründete 1981 den Gastronomiebetrieb Do & Co, Aufbau von 3 Feinschmeckerrestaurants und eines Partyservices. Seit 1987 Catering für die Lauda Air, seit 1992 im Event-Catering (u. a. Formel-1-Rennen) tätig. 1998 Börsengang, 1999 Eröffnung eines Logistikzentrums in New York, 2000 in Miami.

Dohnal, Johanna, * 14. 2. 1939 Wien, Politikerin (SPÖ). 1972–79 Frauensekr. der SPÖ Wien, 1973–79 Abg. z. Wr. Landtag und Mitgl. d. Wr. Gemeinderats, 1987–95 Bundesfrauenvorsitzende der SPÖ, 1979–90 Staatssekr. für allgem. Frauenfragen im Bundeskanzleramt, 1990–95 BMin. f. Frauenangelegenheiten. D. versuchte v. a. durch Gesetze und staatl. Förderungsmaßnahmen die Gleichbehandlung der Frau in der Praxis durchzusetzen.

Literatur: E. Kreisky u. a. (Hg.), J. D., 1998.

Dolch, Moritz, * 8. 6. 1887 Linz (OÖ.), † 6. 9. 1931 Engelhartszell (OÖ.), namhafter Brennstoffchemiker. Prof. an der Techn. Hochschule in Wien und an der Univ. Halle.

Werke: Der Drehrohrofen, 1926; Die Chemie der Braunkohle, [2]1927; Die Untersuchung der Brennstoffe und ihre rechnerische Auswertung, 1932.

Doležal, Eduard, * 2. 3. 1862 Mähr.-Budwitz (Moravské Budečovice, CZ), † 7. 7. 1955 Baden (NÖ.), Geodät. Begründete das moderne ö. Vermessungswesen, dessen Zentralisierung und Neuorganisierung er durchsetzte. 1899–1905 Prof. an der Bergakad. Leoben, 1905–30 an der Techn. Hochschule in Wien. Gründete 1907 die Ö., 1910 die Internat. Ges. f. Photogrammetrie und war Gründer und Hg. des „Archivs f. Photogrammetrie" (1908ff.).

Dolezal, Erich, * 22. 11. 1902 Villach (Kä.), † 17. 7. 1990 Wien, Schriftsteller, Astronom und Volksbildner. Hielt ab 1929 mehr als 1000 Vorträge über Raumfahrt und gründete 1945 die Volkssternwarte Wien-Ottakring. Er verfasste auch zahlreiche utopische Jugendromane und Novellen („Weltraum-Karl-May").

Werke: Ruf der Sterne, 1930; Mond in Flammen, 1954; Alarm aus Atomville, 1956; Neues Land im Weltall, 1958; Festung Sonnensystem, 1960; Raumfahrt – Traumfahrt, 1961; Flucht in die Weltraum-City, 1964.

Dollfuß, Engelbert, * 4. 10. 1892 Texing (Gem. Texingtal, NÖ.), † 25. 7. 1934 Wien (im Bundeskanzleramt ermordet), Politiker (CS). Nach Teilnahme am 1. Weltkrieg Sekr. des Nö. Bauernbundes, 1927 Dir. der Nö. Landwirtschaftskammer, 1931 Min. f. Land- und Forstw., 1932–34 Bundeskanzler und Außenminister. D. schaltete im März 1933 das Parlament aus, verbot 1933 die NSDAP, die Kommunist. Partei und den Republikan. Schutzbund, 1934 nach den Februarkämpfen auch die Soz.-dem. Partei und ließ als einzigen polit. Willensträger die Vaterländ. Front zu. Er regierte mit Notverordnungen und führte das Standrecht und die Todesstrafe wegen des nat.-soz. Terrors ein. Er schuf mit der Maiverfassung 1934 einen autoritären Ständestaat und stützte sich v. a. auf die kath. Kirche, die Heimwehr und die Bauern. 1934 schloss er mit dem Hl. Stuhl ein Konkordat und räumte durch die „Röm. Protokolle" mit Italien und Ungarn Mussolini bed. Einfluss auf die ö. Innen- und Außenpolitik ein. Er wurde beim nat.-soz. Juliputsch ermordet, nachdem schon im Okt. 1933 ein Attentat auf ihn verübt worden war.

Werk: Die Sozialversicherung in der Landw. Ö., 1931 (mit R. Mertha). – Literatur: G. Jagschitz, Der Putsch, 1976; Protokolle des Ministerrates der 1. Republik. Kabinett Dr. E. D., 1980–86; G. Jagschitz, E. D., in: Die ö. Bundeskanzler, 1983; J. W. Miller, E. D. als Agrarfachmann, 1989; F. Schausberger, Letzte Chance für die Demokratie, 1993; Eva Dollfuß, Mein Vater, Hitlers erstes Opfer, 1994.

Dollmayr, Viktor, * 26. 9. 1878 Wien, † 3. 12. 1964 ebd., Sprachforscher. Mitarbeiter am Dt. Wörterbuch von J. u. W. Grimm, 1912–39 Univ.-Prof. in Lemberg, danach Leiter der Mundart-Wörterbuchkanzlei der Ö. Akad. der Wiss.

Werke: Die Sprache der Wr. Genesis, 1903; Die Geschichte des Pfarrers vom Kahlenberg, 1906; Die altdt. Genesis, 1932.

Domanig, Karl, * 3. 4. 1851 Sterzing (S-Ti.), † 9. 12. 1913 St. Michael b. Bozen (S-Ti.), Numismatiker, Dir. des k. k. Münz- und Antikenkabinetts. Als Ti. Heimatdichter gehörte er dem „Gral"-Kreis um R. → Kralik an, schrieb Heimatromane und Ti. Volksstücke.

Ausgabe: Gesammelte Werke, 5 Bde., 1914. – Literatur: A. Dörrer, K. D., 1914; ÖBL.

Domanig-Roll, Roman Cornelius, * 9. 5. 1882 Wien, † 16. 3. 1938 ebd., Textdichter vieler Wienerlieder, u. a. für die Komponisten R. Kronegger, K. → Föderl und L. → Gruber. Mitarbeiter des Werkes „Wiener Lieder und Tänze".

Werke: Liedertexte: Am Bankerl beim Nußbaum; Secht's Leutln, so war's anno dreißig in Wien; Wann mi der Herrgott fragert. – Literatur: ÖBL.

Dombrowski, Ernst von, * 12. 9. 1896 Emmersdorf (NÖ.), † 14. 7. 1985 Siegsdorf (D), Xylograph und Illustrator. Studierte an der Landeskunstschule Graz bei A. v. Schrötter. 1938–45 Prof. an der Akad. f. angew. Kunst München.

Werke: Holzstichzyklen: Der Bauernkrieg, 1935; Troubadourgeschichten, 1940; Und es begab sich, 1953. – Literatur: H. Riehl, E. D., Holzschnitte, 1949; E.-u.-R.-v.-D.-Stiftung (Hg.), E. v. D. Werk und Wirkung, 1996.

Domenego, Hans (eigentl. Helmut Leiter), * 17. 6. 1926 Wien, † 6. 12. 1990 ebd., Kinderbuchautor, Verlagslektor und Produktionsleiter. Für seine Kinderbücher oftmals ausgezeichnet, gab mit seiner Frau Hilde Leiter das Kinderlexikon „Werwiewas" (1980) heraus und wirkte mit dieser auch als Hg. von Gemeinschaftswerken („Sprachbastelbuch", 1975 u. a.).

Weitere Werke: Martin gegen Martin, 1960; Das Buch vom Winter, 1984 (Hg. mit H. Leiter); Das Buch vom Sommer, 1985 (Hg. mit H. Leiter); H. C. Andersen und sein Dreivierteljahrhundert, 1985 (Hg.); Der Lachdrach vom Spranzenberg ..., 1986; Die Zeiger standen auf halb vier, 1987.

Domenig, Günther, * 6. 7. 1934 Klagenfurt (Kä.), Architekt. Seit 1980 Prof. an der Techn. Univ. Graz. D. ist einer der Begründer der „Grazer Schule". 1963–75 Partnerschaft mit E. → Huth. Seine Arbeiten umfassen ein breites ästhet. Spektrum, von plast. Sichtbetonarchitektur (PädAk Graz, 1963–69) bis zu organ. Expressivität (Z-Filiale Wien-Favoriten, 1975–79; „Steinhaus", Steindorf 1986).

Weitere Werke: Röm.-kath. Kirchenzentrum, Oberwart 1965–69; Forschungs- und Rechenzentrum, Leoben 1969–74;

Engelbert Dollfuß. Foto.

Pavillon Schwimmhalle, Olympiade München 1970–72; Schifffahrtsanlage Wörther See, Klagenfurt 1979–82 (mit V. Giencke); Humanic-Filialen, 1979–83; Erweiterung der Techn. Univ. Graz, 1983–93; Rechts-, Sozial- und Wirt.-wiss. Fakultät der Univ. Graz, 1986–96 (mit H. Eisenköck); Kraftwerk Unzmarkt 1988 (mit P. Hellweger); Hauptanstalt Z (Bank Austria), Wien 1990–92; Landeskrankenhaus Bruck a. d. M., 1991–94; Mursteg, Graz 1992; Hauptschule Wien-Essling, 1994–96; Grubenhunt und Ofensau, Kä. Landesausst. in Hüttenberg, 1995. – G. D., Werkbuch, 1991. – Literatur: Architektur-Investitionen – Grazer „Schule" – 13 Standpunkte, 1984.

Domes, Franz, * 25. 6. 1863 Wien, † 11. 7. 1930 ebd., soz.-dem. Politiker und Gewerkschafter, von Beruf Schlosser. 1906–20 Mitgl. d. Wr. Gemeinderats, ab 1911 Mitgl. des ö. Reichsrats. Mitbegr. des Metallarbeiter-Verbands und 1898 dessen Sekretär, 1918 Obmann; 1920 Präs. des Ö. Arbeiterkammertags. Ein 1928 errichteter Gemeindebau in Wien 5 und ein 1952 erbautes Lehrlingsheim in Wien 4 wurden nach ihm benannt.
Werk: Denkt an gestern, denkt an morgen, 1930. – Literatur: ÖBL.

Domitian, Hl., Fest 5. Feb., legendärer erster christl. Hzg. von Kä. Neue archäolog. und hist. Hinweise auf Kult als Kirchengründer um 800. Kapelle mit Reliquien in Millstatt.
Literatur: H.-D. Kahl, Der Millstätter D., 1999.

Dönch, Karl, * 8. 1. 1915 Hagen (D), † 16. 9. 1994 Wien, vielseitiger Schauspieler-Sänger (Bass-Bariton). Kammersänger, ab 1947 an der Wr. Staatsoper und bei den Sbg. Festspielen, Dir. der Wr. Volksoper 1973–87.

Donin, Richard Kurt, * 4. 6. 1881 Wien, † 1. 5. 1963 ebd., Jurist und Kunsthistoriker. Gründer des Nö. Landesjugendamtes (1915); bed. Verdienste um die kunstwiss. Forschung und Denkmalpflege.
Werke: Die Bettelordenskirchen in Ö., 1935; Der Wr. Stephansdom und seine Geschichte, 1946; Zur Kunstgeschichte Ö., 1951 (gesammelte Aufsätze).

Donner, Georg Raphael, * 24. 5. 1693 Eßling im Marchfeld (heute Wien), † 15. 2. 1741 Wien, Bildhauer. D. zählt neben B. Permoser in Dresden und A. Schlüter in Berlin zu den herausragendsten Meistern der Bildhauerkunst seines Jh. im dt.-sprach. Raum. Sohn eines Zimmermanns, begann zunächst eine Goldschmiedelehre, bis er um 1706 beim Bildhauer G. Giuliani als Lehrling eintrat. Nach 1713 absolvierte er gem. mit seinem Bruder M. → Donner eine Medailleurausbildung. 1715 Heirat mit Eva Elisabeth Prechtl aus Preisfeld. Seit einer Reise nach Dresden 1721, wo er sich eingehend mit dem Werk von B. Permoser beschäftigte, verwendete der auf den Namen Georg Getaufte konsequent den zusätzl. Vornamen Raphael. 1725 Übersiedlung nach Sbg., wo er für das Stiegenhaus von Schloss Mirabell mytholog. Figuren und die Balustrade meißelte. Ab 1729 in Pressburg ansässig, fand er in Emmerich Graf Esterházy, Erzbischof von Gran, seinen ersten wichtigen Auftraggeber, für den er insbes. die Elemosynariuskapelle des Pressburger Doms ausstattete. Für den Hochaltar der Kirche schuf er den nicht mehr vollständig erhaltenen Altar mit der monumentalen Reiterstatue des hl. Martin, geweiht 1735. Parallel dazu arbeitete D. von Pressburg aus an zahlr. Aufträgen für Wien. Zwischen 1737 und 1739 entstand im Auftrag der Stadt Wien als sein Hauptwerk der sog. Providentiabrunnen am Mehlmarkt (Neuer Markt). Mit dem aus Blei gegossenen Brunnen trat der Wr. Magistrat erstmals seit dem MA wieder als künstlerischer Auftraggeber hervor. Der Brunnen ist eine Allegorie auf die Fürsorge und Umsicht (lat. providentia) des Stadtregiments mit den vier Allegorien auf Ybbs, Enns, March und Traun als Nebenflüsse der Donau. Die Originale der Brunnenfiguren stehen seit 1921 im Barockmus. der Ö. Galerie Belvedere, am urspr. Standort verblieben witterungsbeständige Bronzekopien. Hingegen befinden sich der Kreuzaltar im Dom zu Gurk (1740/41) wie der Andromedabrunnen für das Alte Wr. Rathaus als seine beiden letzten Hauptwerke noch heute unverändert an Ort und Stelle. Durch seine Schüler Matthäus D. (sein Bruder), J. C. → Schletterer und indirekt durch B. F. → Moll und J. G. Mollinarolo hat D. die ö. Bildhauerkunst bis zum Klassizismus eines F. A. v. → Zauner nachhaltig beeinflusst.
Literatur: G. R. D., 1693–1741, Ausst.-Kat., Ö. Galerie Belvedere, Wien 1993.

Georg Raphael Donner. Stich von J. Schmutzer nach einem verschollenen Gemälde von P. Troger.

Franz Maria Doppelbauer. Stahlstich.

Christian Doppler. Lithographie.

Donner, Matthäus, * 29. 8. 1704 Eßling im Marchfeld (heute Wien), † 26. 8. 1756 Wien, Bildhauer und Medailleur; Schüler seines Bruders Georg Raphael → Donner. Besuchte 1726–32 die Akad. der bild. Künste, anschließend Ernennung zum kaiserl. Kammermedailleur. Wahrscheinlich von 1743 bis zu seinem Tod Akad.-Prof. für Bildhauerei, ab 1749 Obermünzeisenschneider am Wr. Münzamt, um das er sich bes. verdient machte. Gerade in seinen zahlreichen offiziellen Funktionen hat D. wesentlich zur Verbreitung des Formenkanons von G. R. D. beigetragen.

Doppelbauer, Franz Maria, * 21. 1. 1845 Waizenkirchen (OÖ.), † 2. 12. 1908 Linz (OÖ.), Bischof von Linz (1889). Gründete dort 1891 das Kath. Lehrerseminar und 1895 das Knabenseminar Petrinum; betrieb den Ausbau des Neuen Doms und des Pressevereinshauses in Linz. Förderte das kath. Vereinswesen.
Literatur: R. Zinnhobler, F. M. D., in: E. Gatz (Hg.), Die Bischöfe der dt.-sprach. Länder 1785/1803 bis 1945, 1983; ÖBL.

Doppelbauer, Josef Friedrich, * 5. 8. 1918 Wels (OÖ.), † 16. 1. 1989 Salzburg, Komponist, Organist und Chorleiter. Lehrer (später Prof.) am Mozarteum in Salzburg und am Linzer Brucknerkonservatorium. Ö. Staatspreis 1967 und Ehrendoktorat des Pontificio instituto di musica sacra Rom 1986.
Werke: Messen, Oratorium, Chorwerke, Orgelstücke, Klavier-, Kammermusik, Orchesterwerke, Schriften. – Literatur: M. Tunger, J. F. D. Leben und Werk, 1994.

Doppler, Adolf, * 6. 6. 1840 Prag (CZ), † 24. 7. 1916 Kitzbühel (Ti.), Eisenbahntechniker; Sohn von Christian → Doppler. In führenden Funktionen am Aufbau der Eisenbahnen in Ö. beteiligt, Bauleiter der Arlbergbahn mit dem Arlbergtunnel und der Trisannabrücke sowie die Brennerbahn.
Literatur: ÖBL.

Doppler, Christian, * 29. 11. 1803 Salzburg, † 17. 3. 1853 Venedig (I), bed. Mathematiker und Physiker; Vater von Adolf → Doppler. Nach Lehrtätigkeit in

Prag, Chemnitz und Wien 1850 Univ.-Prof. für Experimentalphysik in Wien sowie Begründer und Leiter des Physikal. Inst. der Univ. Wien. Er entdeckte den nach ihm benannten „D.-Effekt" in der Akustik und Optik (den Einfluss des Bewegungszustands einer Schall- oder Lichtquelle bzw. ihres Beobachters, z. B. das scheinbare Tieferwerden des Pfeiftons einer vorüberfahrenden Lokomotive), den er in seinem wichtigsten Werk „Über das farbige Licht der Doppelsterne und einiger anderer Gestirne des Himmels" (1842) beschrieb; damit zeigte er den Weg zur Bestimmung der Radialgeschwindigkeit der Sterne.

Literatur: H. Grössing u. K. Kadletz, C. D., 2 Bde., 1992; ÖBL; NDB.

Dopsch, Alfons, * 14. 6. 1868 Lobositz (Lovosice, CZ), † 1. 9. 1953 Wien, Historiker; Großvater von Heinz → Dopsch. 1900–36 Univ.-Prof. in Wien. Revidierte die Lehrmeinung vom Übergang der Antike zum MA (Evolutions- statt Katastrophentheorie).

Werke: Die Wirtschaftsentwicklung der Karolingerzeit vornehml. in Deutschland, 2 Bde., 1912/13; Wirtschaftl. und soz. Grundlagen der europ. Kulturentwicklung aus der Zeit von Cäsar bis auf Karl den Grossen, 2 Bde., 1918/20. – Literatur: NÖB.

Dopsch, Heinz, * 1. 11. 1942 Wien, Historiker; Enkel von Alfons → Dopsch. Prof. für Vergl. Landesgeschichte der Univ. Salzburg. Herausgeber der „Geschichte Salzburgs – Stadt und Land" (1981–91); Autor zahlr. Bücher zur Geschichte von Salzburg sowie des Bandes „Die Länder und das Reich. 1122–1278" (1999) aus der 12-bändigen Ö. Geschichte (hg. von H. Wolfram, 1994 ff.).

Dor, Milo (eigentl. Milutin Doroslovac, Pseud.: Alex Lutin, Alexander Dormann), * 7. 3. 1923 Budapest (H), Erzähler und Übersetzer serb. und kroat. Literatur. Ab 1933 in Belgrad aufgewachsen, wurde er 1942 als kommunist. Widerstandskämpfer verhaftet und zur Zwangsarbeit nach Wien deportiert. Seit 1945 schreibt D. in dt. Sprache v. a. Romane und Novellen, die zeitkritische und hist. Themen aufgreifen, sowie Drehbücher und Feuilletons. A.-Gryphius-Preis 1998.

Werke: Romane und Prosa: Tote auf Urlaub, 1952, Nichts als Erinnerung, 1959, Die weiße Stadt, 1969 (1979 als Trilogie „Die Raikow-Saga"); Meine Reisen nach Wien, 1974; Auf dem falschen Dampfer, 1988 (Autobiographie); Mit dem Kopf durch die Wand. Serbische Aphorismen, 1988; Wien, Juli 1999, 1997. – Essays: Schriftsteller und Potentaten, 1991; Mitteleuropa: Mythos oder Wirklichkeit, 1996. – Drama: Der vergessene Bahnhof, 1948. – Hör- und Fernsehspiele. – Hg. von Anthologien zur serb. Literatur. – Literatur: H. A. Niederle (Hg.), M. D. Beiträge und Materialien, 1988.

d'Ora, Atelier, Dora → Kallmus und Arthur → Benda.

Dorcsi, Mathias, * 19. 1. 1923 Wien, Arzt. Bed. Homöopath und Begründer der Homöopathischen Schule in Wien. 1978 Vorstand des Instituts für physikal. Medizin der Person am Krankenhaus Lainz, 1980 Lehrauftrag an der Med. Fakultät der Univ. Wien. Vorsitzender der Ö. Gesellschaft für Homöopath. Medizin.

Werke: Medizin der Person, 1973. – Lehrbücher der Homöopathie.

Dörfel, Franz, * 5. 7. 1879 Komotau (Chomutov, CZ), † 26. 4. 1959 Wien, Prof. für Betriebswirtschaftslehre (ab 1921 an der Hochschule für Welthandel) und Verkehrsfachmann. Hg. der „Ztschr. für Betriebswirt.", Gründer der Verkehrswiss. Ges.

Dorfer, Alfred, * 11. 10. 1961 Wien, Kabarettist. Nach Abschluss des Schauspielstudiums in Wien 1984 Gründung der Kabarettgruppe „Schlabarett". Produktionen mit J. → Hader, seit 1993 auch Soloprogramme. Film- und Fernsehrollen. 1992 Ö. Kleinkunstpreis für das Kabarettprogramm „Indien" (auch verfilmt).

Werke: Soloprogramme: Alles Gute, 1993; Ohne Netz, 1994; Badeschluß, 1996.

Dorfmeister, Johann Georg, * 22. 9. 1736 Wien, † 21. 9. 1786 Saska (RO), Bildhauer. 1757–60 Schüler von B. F. → Moll an der Wr. Akademie, ab 1765 Mitglied der Akademie. Einer der bedeutendsten Plastiker in der 2. Hälfte des 18. Jh.; anfänglich stark von G. R. → Donner beeinflusst, später unter dem Konkurrenzdruck von F. A. v. → Zauner und J. M. → Fischer immer mehr dem Klassizismus zugewandt, ohne das Spätbarock ganz zu verlassen. Arbeitete v. a. für Kirchen in Wien und NÖ.

Literatur: I. Goritschnig, J. G. D. (1736–1786), ein Beitrag zur Biographie, Dipl.-Arb., Wien 1995; ADB.

Dorfmeister, Michaela, * 25. 3. 1973 Wien, Skirennläuferin. Seit 1994 im ö. Weltcupteam, bei den Olymp. Spielen 1998 in Nagano (J) Silbermedaille im Super-G, bei den Weltmeisterschaften 1999 in Vail (USA) Silbermedaille im Abfahrtslauf und Bronzemedaille im Super-G; 1999/2000 Weltcupsiegerin im Riesentorlauf; 2001 Goldmedaille bei den Weltmeisterschaften in St. Anton (Ti.) im Abfahrtslauf.

Dorfwirth, Josef Raimund, * 6. 4. 1926 St. Georgen a. d. Gusen (OÖ.), † 9. 12. 1983 Wien, Fachmann für Verkehrstechnik, Verkehrsplanung und Straßenbau. 1964 Univ.-Prof. an der Techn. Univ. Graz, ab 1975 an der Techn. Univ. Wien.

Werke: mehr als 50 wiss. Veröffentlichungen, Verkehrsstudien und Prognosen.

Dörmann, Felix (eigentl. F. Biedermann), * 29. 5. 1870 Wien, † 26. 10. 1928 ebd., vielseitiger Schriftsteller, Lyriker und Filmproduzent. Mitglied der Tischges. von H. → Bahr. Sein umfangreiches Werk umfasst Romane, Novellen, Libretti, (erot.) Theaterstücke und Gedichtbände. 1912 gründete er die „Vindobona-Film" und war bis 1914 als Fimproduzent tätig.

Werke: Gedichtbände: Neurotica, 1891; Sensationen, 1892; Gelächter, 1896. – Dramen: Ledige Leute, 1897; Zimmerherren, 1900. – Libretto: Ein Walzertraum, 1907 (zur Operette von O. Straus, größter Erfolg). – Romane: Jazz, 1925; Herbst in Europa, 1937. – Literatur: H. Schneider, F. D., Diss., Wien 1991; L. Pouh, Wr. Literatur und Psychoanalyse. F. D., J. J. David und F. Salten, 1997.

Dorn, Eduard (Pseud.: E. Kaan), * 30. 8. 1826 Wien, † 14. 7. 1908 ebd., Schauspieler und Bühnenschriftsteller. Ab 1867 Dir. des Theaters in der Josefstadt.

Werke: Dramen: Anno damals, 1858; Das letzte Aufgebot, 1875; Vater Radetzky, 1874. – Literatur: ÖBL.

Dorner, Johann Konrad, * 15. 8.1809 Egg (Vbg.), † 30. 6. 1866 Rom (I), Maler. Ab 1828 Studium in München bei J. Schnorr von Carolsfeld und P. Cornelius. Lebte ab 1835 in Mitau, ab 1839 in Wilna, 1841–53 in St. Petersburg und danach in Rom. Schuf Historien- und Genrebilder, Altarbilder für Kirchen in Russland und Porträts der Zarenfamilie. Ab 1853 widmete er sich ausschließlich der relig. Kunst.

Literatur: Drei Künstlerleben aus dem Bregenzerwald, Ausst.-Kat., Vbg. Landesmus., Bregenz 1995.

Dornhelm, Robert, * 17. 12. 1947 Timisoara (RO), Regisseur. 1960 Immigration nach Ö., 1965–67 Studium an der Wr. Filmakademie. 1967–75 als Dokumentarfilmregisseur für den ORF tätig; 1977 Oscar-Nominierung für „Kinder der Theaterstraße" und Übersiedlung in die USA, wo er seither lebt. Sein Spielfilm „Requiem für Dominic" (1990) wurde für den Golden Globe nominiert und war offizieller Beitrag beim Filmfestival in Venedig. „The Venice Project" (1999) wurde in Venedig für den Goldenen Löwen nominiert. D. arbeitete u. a. mit Grace Kelly, James Coburn, Jeff Bridges und Helena Bonham-Carter.

Alfons Dopsch. Foto.

Felix Dörmann. Foto.

Alfred Dorfer. Foto, 1996.

Richard von Drasche-Wartinberg. Foto, um 1910.

Weitere Filme: Rearranged, 1980; Echo Park, 1984; Cold Feet, 1988; Marina's Story, 1991; A Further Gesture, 1995; Der Unfisch, 1996; Anne Frank – The Whole Story, 2001 (TV).

Dorsch, Käthe, * 29. 12. 1890 St. Peter b. Nürnberg (D), † 25. 12. 1957 Wien, Kammerschauspielerin; Ehefrau des Schauspielers Harry Liedtke (1882–1945). Zuerst Operettensoubrette, ab 1927 als Schauspielerin in Wien, 1936–39 am Volkstheater, danach am Burgtheater (Elisabeth in „Maria Stuart“, Marguerite Gautier in „Die Kameliendame“, Frau Alving in „Die Gespenster“); Filmtätigkeit. Großes Aufsehen erregte sie, als sie 1956 den Kritiker H. → Weigel öffentl. ohrfeigte.
Literatur: L. Berger, K. D., 1957.

Dostal, Nico, * 27. 11. 1895 Korneuburg (NÖ.), † 25. 10. 1981 Salzburg, erfolgreicher Operettenkomponist. Schrieb zunächst Kirchenmusik; Theaterkapellmeister in Innsbruck, Salzburg und Berlin, wo er 1933 mit „Clivia“ seinen ersten Operettenerfolg errang. Seit 1946 in Wien und Salzburg. – Neffe des Militärkapellmeisters Hermann D. (1874–1930), der vorwiegend Kurzoperetten komponiert hat.
Werke: Operetten: Clivia, 1933; Monika, 1937; Ungar. Hochzeit, 1939; Flucht ins Glück, 1941; Manina, 1942; Zirkusblut, 1951; Doktor Eisenbart, 1952; Der dritte Wunsch, 1954. – Filmmusik (Fiakerlied, 1936; Heimatland, 1939 u. a.). – Literatur: 100 Jahre N. D., 1995.

Drach, Albert, * 17. 12. 1902 Wien, † 27. 3. 1995 Mödling (NÖ.), Erzähler, Lyriker und Hörspielautor. Von Beruf Rechtsanwalt, wurde er erst im Alter als Schriftsteller bekannt, obwohl viele seiner Werke bereits vor 1938 entstanden waren. Verwendete die Kanzleisprache als humoristisch-verfremdendes Kunstmittel. G.-Büchner-Preis 1988, Ö. Ehrenzeichen f. Wiss. u. Kunst 1990, Grillparzer-Preis 1993.
Werke: Romane und Erzählungen: Das große Protokoll gegen Zwetschkenbaum, 1964; Die kleinen Protokolle und das Goggelbuch, 1965; Untersuchung an Mädeln, 1968; Ja und Nein, 1992. – Autobiographie: Unsentimentale Reise, 1966; „Z. Z.“ das ist die Zwischenzeit, 1968; Das Beileid, 1993. – Dramen: Marquis de Sade, 1929; Das Spiel vom Meister Siebentot, 1965; Das Aneinandervorbeispiel und die inneren Verkleidungen, 1966. – Ausgabe: Gesammelte Werke, 8 Bde., 1964–72. – Literatur: M. Settele, Der Protokollstil des A. D., 1992; B. Fetz (Hg.), In Sachen A. D., 1995; G. Fuchs (Hg.), A. D., 1995.

Anton Dreher d. Ä. Gemälde von F. v. Amerling (Ausschnitt), 1854.

Draghi, Antonio, * um 1634 Rimini (I), † 16. 1. 1700 Wien, Komponist. Ab 1657 oder 1658 Sänger in der Kapelle der Kaiserinwitwe Eleonora in Wien, 1666 erste Opernkompositionen, 1669 „maestro di capella“, 1673 von → Leopold I. zum „intendente delle musiche teatrali“ (ein Titel, den man für A. Cesti geschaffen hatte) ernannt, 1682 Hofkapellmeister. Einer der Hauptvertreter der Barockoper und des Oratoriums in Wien.
Werke: 118 Opern, 43 Oratorien (sepolcri). – Literatur: H. Seifert, Die Oper am Wr. Kaiserhof im 17. Jh., 1985.

Drapal, Julia, * 28. 2. 1917 Wien, † 19. 12. 1988 ebd., Tänzerin. Als 12-Jährige im Staatsopernballett, 1935 Solotänzerin, 1949 Primaballerina. Tanzte alle Rollen des klass. Repertoires. War auch beim Film und als Choreographin tätig.

Heinrich von Drasche-Wartinberg. Foto, um 1870.

Drasche-Wartinberg, aus Mähren stammende Industriellenfamilie. Zu den bedeutendsten Persönlichkeiten aus der Familie zählten Heinrich v. → Drasche-Wartinberg und Richard v. → Drasche-Wartinberg.

Drasche-Wartinberg, Heinrich von, * 19. 4. 1811 Brünn (CZ), † 24. 7. 1880 Inzersdorf b. Wien, Industrieller; Vater von Richard v. → Drasche-Wartinberg. Baute die von seinem Onkel Alois → Miesbach geerbte Ziegelfabrikation im S Wiens aus und ließ 1861/62 durch T. → Hansen den 1945 zerstörten Heinrichhof gegenüber der Wr. Staatsoper erbauen (Neubau: Opernringhof).
Literatur: J. Mentschl u. G. Otruba, Ö. Industrielle und Bankiers, 1965.

Drasche-Wartinberg, Richard von, * 18. 3. 1850 Wien, † 4. 7. 1923 ebd., Ziegelindustrieller und Maler; Sohn von Heinrich v. → Drasche-Wartinberg. Stiftete einen Park in Wien 4 (Drasche-Park).

Drawe, Hermann, * 26. 2. 1867 Wien, † 26. 7. 1925 ebd., Richter und Amateurfotograf. 1897–1913 Gerichtslaufbahn. Schuf gem. mit dem Journalisten E. Kläger Fotodokumentationen von Wr. Elends- und Massenquartieren. Bedeutender Vertreter engagierter Sozialdokumentation in der ö. Fotografie.
Werk: Durch die Wr. Quartiere des Elends und Verbrechens, 1908. – Literatur: M. Szeless, Armuts- und Elendsphotographien von H. D., Dipl.-Arb., Wien 1997.

Draxler, Helmut, * 25. 4. 1950 Linz (OÖ.), Techniker. Studierte techn. Chemie an der Techn. Univ. Wien, ab 1980 Mitarbeiter der Energieverwertungsagentur Wien, ab 1986 in der Geschäftsführung. 1984–89 Geschäftsführer der Krankenhausberatungsagentur, ab 1989 Gen.-Dir. der ESG Linz, 1993–2001 Gen.-Dir. der Ö. Bundesbahnen.

Draxler, Ludwig, * 18. 5. 1896 Wien, † 28. 11. 1972 ebd., Jurist und Politiker. Als Rechtsanwalt 1928 Konsulent der Bundesführung der Heimwehr, 1935/36 Finanzminister. Im März 1938 mit 1. Transport in das KZ Dachau deportiert; später Anwalt, zuletzt Rechtsvertreter der Fam. Habsburg-Lothringen.

Drechsler (Traxler), Josef, * 26. 5. 1782 Wällisch-Birken (Vlachovo Březí, CZ), † 27. 2. 1852 Wien, Komponist, Dirigent und Organist. Ab 1807 in Wien am Theater in der Josefstadt (1824–30 Hauskomponist dieses Theaters, Bühnenmusik zu Werken von F. → Raimund), ab 1810 an der Hofoper, ab 1815 vorwiegend Organist und Kirchenkapellmeister, ab 1844 Kapellmeister an St. Stephan; eröffnete um 1815 eine Musikschule (u. a. Lehrer von J. → Strauß Sohn); Kapellmeister am Leopoldstädter Theater.
Werke: kirchenmusikal. und theoret. Werke; Opern, Singspiele und Bühnenmusik (Der Diamant des Geisterkönigs, 1824; Das Mädchen aus der Feenwelt, 1826). – Literatur: K. Preiss, J. D., 1910; ÖBL.

Dreher, Anton d. Ä., * 7. 6. 1810 Klein-Schwechat (Gem. Schwechat, NÖ.), † 27. 12. 1863 ebd., Großindustrieller; Vater von Anton → Dreher d. J. Lernte bei Braumeister Meichl, übernahm 1836 die väterl. Brauerei in Klein-Schwechat, wo er untergäriges Bier braute und in Großkellern lagerte („Schwechater Lagerbier“). Ab 1861 Landtags- und Reichsratsabgeordneter.
Literatur: ÖBL; NDB.

Dreher, Anton d. J., * 21. 3. 1849 Wien, † 7. 8. 1921 Kettenhof b. Schwechat (NÖ.), Industrieller; Sohn von Anton → Dreher d. Ä. Übernahm 1870 das väterl. Unternehmen und baute es wesentlich aus; exportierte auch Bier nach Übersee; seine Brauereien wurden 1913 mit der Fa. Mautner Markhof sowie der seines Schwiegervaters vereinigt (Vereinigte Brauereien Schwechat, St. Marx, Simmering – Dreher, Mautner, Meichl AG); ab 1884 Landtagsabgeordneter; Mitgl. des Herrenhauses.
Literatur: ÖBL.

Dreikurs, Rudolf, * 8. 2. 1897 Wien, † 25. 5. 1972 Chikago (USA), Psychotherapeut, Dir. des Department of Psychiatry der Chicago Medical School.
Werke: Über psychische Hygiene, 1927; Über die Verschlimmerung von alten Neurosen bei Kriegsbeschädigten aus soz. Gründen, 1929; R. D. 1897–1972, 1973 (Selbstdarstellung). – Bibliographie in: Individual Psychology 53 (1997).

Dreissinger, Sepp, * 25. 6. 1946 Feldkirch (Vbg.), Fotograf. Studierte 1971–76 Schulmusik am Mozarteum Salzburg, danach Beginn der Beschäftigung mit Fotografie, Spezialisierung auf Schwarzweiß-Porträtfotografie. 1981 Mitbegründer der Galerie Fotohof in Salzburg, seit 1983 als Musikerzieher in Wien tätig. Fotoserien u. a. über H. C. → Artmann, F. → Gulda, E. → Jelinek und T. → Bernhard („Thomas Bernhard. Portraits. Bilder & Texte", 1992).

Weitere Werke: Die Schwierigen, 1986; Hausmeister-Portraits, 1989; Hauptdarsteller – Selbstdarsteller, 1990.

Drentwett, Jonas, * um 1650 Augsburg (D), † um 1720 Wien, Freskenmaler. Entstammte einer Augsburger Goldschmiedefamilie des 16.–18. Jh., arbeitete in Pressburg (Fresko im Rathaussaal, 1695) und Wien. Schuf Fresken im Winterpalais des Prinzen Eugen und im Unteren Belvedere (Groteskensaal).

Drescher, Karl Wilhelm, * 12. 12. 1850 Wien, † 8. 12. 1925 ebd., Musiker. Epigone der Strauß-Dynastie. Spielte 1868/69 bei J. → Strauß Sohn, gründete 1874 eine eigene Kapelle. Ehrengrab auf dem Zentralfriedhof in Wien.

Werke: Märsche, Polkas, Lieder („Linzerische Buam", „Vindobona, gute Mutter").

Drese, Claus Helmut, * 25. 12. 1922 Aachen (D), dt. Regisseur, Theater- und Operndirektor. Ab 1946 Dramaturg. Regisseur und Intendant an verschiedenen Theatern in Deutschland, 1975–86 Direktor des Opernhauses Zürich, 1986–91 Direktor der Wr. Staatsoper (gem. mit C. → Abbado als künstlerischem Leiter).

Werk: ... aus Vorsatz und durch Zufall ... Theater- und Operngeschichte(n) aus 50 Jahren, 1999.

Drexel, Gerhard, * 7. 8. 1955 Dornbirn (Vbg.), Manager. Studierte Betriebswirtschaftslehre an der Hochschule St. Gallen sowie Sozial- u. Wirtschaftswiss. an der Univ. Innsbruck. Zunächst Unternehmensplaner in der Schweiz (Coop) und Strategieberater am Managementinst. St. Gallen. Seit 1990 Vorstandsmitgl. der SPAR Ö. Warenhandels-AG, seit 2001 Vorstandsvorsitzender.

Drimmel, Heinrich, * 16. 1. 1912 Wien, † 2. 11. 1991 ebd., Jurist und Politiker (ÖVP). Trat 1936 in den Staatsdienst ein; ab 1941 in Kriegsdienst, dann in amerikan. Kriegsgefangenschaft. Nach 1946 im Unterrichtsressort tätig, Sekr. von BMin. F. → Hurdes, 1952 Leiter der Hochschulsektion. 1954–64 BMin. für Unterricht; führte die Schulreform 1962 durch, ermöglichte den Abschluss des Konkordats 1962, gründete mehrere Hochschulen. 1964–69 amtsführender Wr. Stadtrat, Landeshauptmannstellv. und Vizebürgermeister von Wien. 1971 zog er sich aus dem polit. Leben zurück, verfasste mehrere populärhist. Werke.

Werke: Die Häuser meines Lebens, 1975; Ks. Franz – ein Wiener übersteht Napoleon, 1981; Franz von Ö., 1982; Franz Joseph, 1983; Die Antipoden, 1984: Trilogie Österreich 1918–38 (Vom Umsturz zum Bürgerkrieg, 1985; Vom Justizpalastbrand zum Februaraufstand, 1986; Vom Kanzlermord zum Anschluß, 1987); Vom Anschluß zum Krieg, 1989.

Drucker, Peter F., * 19. 11. 1909 Wien, Unternehmensberater, „Vater des modernen Managements". Arbeitete ab Ende der 20er Jahre als Journalist und Völkerrechtler in Deutschland, emigrierte 1933 nach England, wo er die Seminare von J. M. Keynes besuchte, und 1939 in die USA, wo er als Berater von Großkonzernen (General Motors u. a.), Autor von mehr als 25 Büchern und Lehrer zu Weltruf gelangte. Er erkannte und prägte wichtige Entwicklungen der Unternehmensführung im 20. Jh. (u. a. Abkehr vom autoritären Führungsstil) und beschäftigte sich umfassend mit Fragen der gesellschaftl. Entwicklung. Ö. Ehrenzeichen f. Wiss. u. Kunst 1999.

Werke: The Practice of Management, 1954 (Die Praxis des Managements, 1970, 1998); The Landmarks of Tomorrow, o. J. (Das Fundament für morgen, 1958); The Effective Executive, 1967 (Die ideale Führungskraft, 1967); The Age of Discontinuity, 1969 (Die Zukunft bewältigen, 1969); Management: Tasks, Responsibilities, Practices, 1973 (Neue Management-Praxis, 2 Bde., 1974); Post-Capitalist Society, 1993 (Die postkapitalistische Gesellschaft, 1993); Management Challenges for the 21st Century, 1999 (Management im 21. Jh., 1999). – Literatur: J. Beatty, The World According to P. D., 1998 (Die Welt des P. D., 1998).

Dubrovic, Milan, * 26. 11. 1903 Wien, † 11. 9. 1994 ebd., Journalist und Publizist. U. a. für „Wr. Allg. Zeitung", „Neues Wr. Tagblatt" und „Mittag" tätig; leitete den Chronikteil der „Presse", 1953–61 deren Chefredakteur; 1961–70 ö. Presse- und Kulturattaché in Bonn; 1970–77 Hg. der „Wochenpresse".

Werk: Veruntreute Geschichte, 1985.

Duda, Herbert, * 18. 1. 1900 Linz (OÖ.), † 16. 2. 1975 Wien, Orientalist. Univ.-Prof. in Breslau, Sofia und ab 1943 Wien. Mitbegründer und Chefredakteur der „Ö. Hochschulzeitung", Hg. der „Wr. Ztschr. für die Kunde des Morgenlandes".

Duftschmid, Caspar, * 19. 11. 1767 Gmunden (OÖ.), † 17. 12. 1821 Linz (OÖ.), Arzt und Insektenforscher. Erwarb die Insektensammlung von Ignaz Schiffermüller für das Wr. Naturhist. Museum. Sein Herbarium befindet sich im Linzer Landesmuseum.

Werk: Fauna Austriae, 3 Bde., 1805–25.

Duhan, Hans, * 27. 1. 1890 Wien, † 6. 3. 1971 ebd., Kammersänger (Bariton). 1914–40 Mitgl. der Wr. Staatsoper; bes. als Mozart-Interpret bekannt (auch bei den Sbg. Festspielen); später vorwiegend Lied- und Oratoriensänger, daneben Regisseur und ab 1932 Lehrer an der Wr. Musikakad.

Duile, Josef, * 19. 3. 1776 Wien, † 3. 2. 1863 Innsbruck (Ti.), Techniker. Pionier der Wildbachverbauung, deren Theorie er begründete; am Ausbau von Brenner- und Arlbergstraße und an der Rheinregulierung beteiligt.

Dumba, Konstantin, * 17. 6. 1856 Wien, † 6. 1. 1947 Bodensdorf (Gem. Steindorf am Ossiacher See, Kä.), Diplomat, Pazifist; Sohn von Nikolaus → Dumba. Gesandter in Belgrad und in Washington; Präs. der Ö. Völkerbundliga.

Werke: Zehn Jahre Völkerbund, 1930; Dreibund und Ententepolitik, 1931.

Dumba, Nikolaus, * 24. 7. 1830 Wien, † 23. 3. 1900 Budapest (H), Industrieller, liberaler Politiker; Vater von Konstantin → Dumba. Eigentümer der k. k. priv. Baumwollgarn-Spinnerei in Tattendorf (NÖ.); erwarb sich Verdienste um die Organisation des gewerbl. Unterrichts. Bedeutender Kunstmäzen und -sammler sowie Förderer des Musiklebens in Wien (u. a. Vizepräs. der Ges. der Musikfreunde in Wien). Das D.-Palais befindet sich in Wien 1, Parkring 4.

Literatur: E. Konecny, Die Familie D. und ihre Bedeutung für Wien und Ö., 1986; H. Würtz (Hg.), N. D. Portrait eines Mäzens, Ausst.-Kat., Wien 1997.

Heinrich Drimmel. Foto.

Dumreicher, Armand Frh. von, * 12. 6. 1845 Wien, † 2. 11. 1908 Meran (S-Ti.), Politiker der liberalen Epoche, Schulreformer. Reichsratsmitgl., bis 1895 Parteivorstand der Vereinigten Dt. Linken. Als Ministerialbeamter setzte er die Vereinheitlichung des berufsbildenden Schulwesens durch (Höhere Gewerbe-, Werkmeister-, Fach-, gewerbl. Fortbildungsschule), veranlasste Neugründungen und erreichte die Eingliederung der techn.-gewerbl. Schulen in die staatl. Bildungsverwaltung (ab 1882).

Werke: Die Verwaltung der Universitäten, 1873; Exposé über die Organisation des gewerbl. Unterrichts in Ö., 1875; Über die Aufgaben der Unterrichtspolitik, 1881; Zur Lage des Deutschtums in Ö., 1888. – Literatur: ÖBL; NDB.

Armand Freiherr von Dumreicher. Foto, um 1890.

Dumreicher, Johann, * 13. 1. 1815 Triest (I), † 16. 1. 1880 Januševec b. Zagreb (HR), Chirurg. Univ.-Prof. in

Wien; reorganisierte das Militärsanitätswesen, beschäftigte sich als erster Kliniker in Wien mit orthopäd. Fragen. Begraben in Graz.

Dungl, Willi, * 17. 7. 1937 Wien, Masseur. Übernahm 1970 die Berufsausbildungskurse für Masseure am WIFI in Wien; gründete 1973 ein Gesundheitsinst. f. Spitzensportler in Bad Vöslau; 1986 Eröffnung des Bio-Trainingszentrums Gars am Kamp.

Werke: Schmerzfrei ohne Gift, 1981; Naturheilmittel Wasser, 1982; Willi Dungls Gewürz- und Kräuterküche, 1983; Zerrung, Prellung, Tennisarm, 1984; Dungls Vollwertbackbuch, 1984; Top in Form, 1995.

du Paquier, Claudius Innozenz, * um 1679, † 28. 12. 1751 Wien, Hofkriegsagent, Porzellanerzeuger. Erhielt 1718 ein kaiserl. Privilegium zur Herstellung von Porzellan und stellte in Wien-Roßau den ersten Brennofen auf. Damit begründete er die zweitälteste Porzellanmanufaktur Europas. 1744 verkaufte er den Betrieb an den Staat, behielt aber die Oberaufsicht. 1864 wurde der Betrieb aufgelassen und 1923 als Wr. Porzellanmanufaktur Augarten wiederbegründet.

Literatur: E. Sturm-Bednarczyk (Hg.), C. I. d. P., 1994.

Durazzo, Giacomo, * 27. 4. 1717 Genua (I), † 15. 10. 1794 Venedig (I), italien. Diplomat, Opernunternehmer und Dichter. 1754–64 Direktor der Wr. Hoftheater in enger Zusammenarbeit mit C. W. → Gluck und Ballettmeister G. Angiolini. Ab 1764 wieder in Italien, wo ihn W. A. Mozart 1771 besuchte.

Literatur: R. Haas, Gluck und D. im Burgtheater, 1925; B. A. Brown, Gluck and the French Theatre in Vienna, 1991.

Durig, Ernst, * 29. 6. 1870 Innsbruck (Ti.), † 4. 3. 1965 ebd., Jurist. 1930–34 und 1946 Präs. des Verfassungsgerichts-, 1934–38 des Bundesgerichtshofs. Große Verdienste beim (Wieder-)Aufbau des Ö. Alpenvereins und des Ti. Landesmuseums Ferdinandeum.

Werke: rechtswissenschaftl. Arbeiten, Gesetzesausgaben.

Düringer, Annemarie, * 26. 11. 1925 Basel (CH), Kammerschauspielerin. Seit 1949 Ensemblemitglied des Wr. Burgtheaters, Film- und Fernsehtätigkeit (u. a. in „Der Feldherrnhügel" und „Berlin Alexanderplatz"), 1991 erste Regiearbeit am Theater in der Josefstadt („Bessere Zeiten" v. J. Saunders). Lehrtätigkeit am Reinhardt-Seminar in Wien. Seit 2000 Trägerin des Alma-Seidler-Rings.

Düringer, Roland, * 31. 10. 1963 Wien, Schauspieler, Kabarettist. 1984 Mitbegründer der Kabarettgruppe „Schlabarett", bis 1988 5 Programme; 1993 Autor und Hauptdarsteller des Films „Muttertag". Einer der populärsten ö. Kabarettisten, mit A. → Dorfer und Regisseur H. → Sicheritz Schöpfer der TV-Serie „MA 2412" (1998). Ö. Kleinkunstpreis für sein erstes Soloprogramm „Hinterholzacht" (1994), 1999 Goldene Romy als bester ö. Schauspieler, 2000 bronzener Leopard beim Filmfestival in Locarno.

Weitere Werke: Filme: Freispiel, 1995; Hinterholz 8, 1998; Der Überfall, 2000; Ternitz Tennessee, 2000. – Kabarettprogramme: Superbolic, 1995; Benzinbrüder, 1997; 250 ccm – Die Viertelliterklasse, 2001.

Dürmayer, Heinrich, * 10. 4. 1905 Wien, † 22. 9. 2000 ebd., Rechtsanwalt und Politiker (KPÖ). Teilnehmer am Span. Bürgerkrieg; in den KZ Auschwitz und Mauthausen inhaftiert. 1945–47 Leiter der Staatspolizei.

Duschek, Adalbert, * 2. 10. 1895 Mödling (NÖ.), † 7. 6. 1957 Wien, Mathematiker. Studium und wiss. Laufbahn an der Univ. Wien und an der Techn. Hochschule in Wien, 1938 aus polit. Gründen aus dem wiss. Dienst entlassen. 1945–57 Vorstand des Inst. f. Mathematik an der Techn. Hochschule in Wien. Beschäftigte sich v. a. mit Fragen der Geometrie, der Tensorrechnung und der Algebra von Schaltungen. 1945–57 auch Mitgl. d. BR (SPÖ).

Werke: Grundzüge der Tensorrechnung in analyt. Darstellung, 1946 (mit A. Hochrainer); Vorlesungen über höhere Mathematik, 4 Bde., 1949–61.

Dušek (Duschek, geb. Hambacher), Josepha, getauft 6. 3. 1754 Prag (CZ), † 8. 1. 1824 ebd.; Sängerin (Sopran); Schülerin und Ehefrau des Pianisten und Komponisten Franz X. D. (1731–1799). Wegen ihrer Ausdruckskraft und Musikalität u. a. von F. Schiller und L. Mozart gerühmte Konzert- und Oratoriensängerin. Für sie schrieb W. A. → Mozart 1787 die Konzertarie „Bella mia fiamma, addio" (KV 528); sie sang erstmals → Beethovens „Ah perfido" (wahrscheinl. für sie geschrieben) und war auch die erste Donna Anna in Mozarts „Don Giovanni" (1787).

Dusika, Franz („Ferry"), * 31. 3. 1908 Wien, † 12. 2. 1984 ebd., Radrennfahrer. Sieger bei nationalen u. internationalen Rennen (u. a. Bronzemedaille der Bahn-WM 1932 in Paris); auch Organisator und Sponsor (u. a. Dusika-Jugendtour).

Werke: Der erfolgreiche Radrennfahrer, 1951 (mit M. Bulla); Radsporthandbuch, 1952.

Dvorak, Felix, * 4. 11. 1936 Wien, Schriftsteller, Schauspieler. Nach seiner Schauspielausbildung in Wien an fast allen Wr. Bühnen tätig; bekannt als Entertainer (Auftritte u. a. in Paris und Las Vegas) und Autor für Bühne und Fernsehen; zahlr. Plattenaufnahmen und Publikationen; seit 1989 Intendant des Stadttheaters Berndorf und seit 1993 der Komödienspiele Mödling.

Werke: Küß die Hand, Herr Hofrat, 1990; F. D. Witzekiste, 1992; Dworschak heißt man nicht, 1994; Stadttheater Berndorf, 1998.

Dvořák, Max, * 24. 6. 1874 Raudnitz (Roydnice nad Labem, CZ), † 8. 2. 1921 Grusbach b. Znaim (Znojmo, CZ), Kunsthistoriker. Ab 1909 Univ.-Prof. und Inst.-Vorstand in Wien. Hauptvertreter der „Wr. Schule der Kunstgeschichte". D. wirkte richtungsweisend, indem er die Rückbeziehung des Kunstwerks auf einen größeren geistesgeschichtl. Kontext zur Grundlage der Betrachtungsweise machte. Wesentlicher Anteil kommt ihm auch in der Organisation der Denkmalpflege in Ö. zu (Gen.-Konservator seit 1905).

Werke: Katechismus der Denkmalpflege, 1916; Idealismus und Realismus in der got. Skulptur und Malerei, 1918; Kunstgeschichte als Geistesgeschichte, 1924. – Literatur: ÖBL; NDB.

Dworak, Franz Gustav, * 4. 6. 1902 Brünn (Brno, CZ), † 30. 3. 1979 Wien, Schlossermeister und Politiker (ÖVP). Inhaber einer Wr. Metall- und Schlosserwarenfabrik, 1948–51 Innungsmeister der Wr. Schlosser, 1950–53 Obmann der Sektion Gewerbe der Wr. Handelskammer, 1950–62 Abg. z. NR, 1952–75 Zensor der Oesterr. Nationalbank, 1953–61 Präs. der Bundeskammer der gewerbl. Wirt.

Dworschak, Fritz, * 27. 2. 1890 Krems (NÖ.), † 10. 9. 1974 ebd., Numismatiker am Kunsthist. Museum, 1938–45 1. Dir. des Museums. Betreute den Orden vom Goldenen Vlies und Kunstschätze des Stiftes Klosterneuburg; leitete die Bergung des Kunsthist. Museums 1944. 1947–58 Leiter des Kulturamts Krems; begründete die kulturhist. Großausstellungen in NÖ.; leitete 1965 die Ausst. „Kunst der Donauschule" in St. Florian.

Werk: Die Gotik in NÖ., 1963 (Hg.). – Literatur: H. Kühnel, F. D., Mttlg. des Kremser Stadtarchivs 23–25, 1985.

E

Ebenbauer, Alfred, * 13. 10. 1945 St. Michael in Obersteiermark, Literaturwissenschaftler. Seit 1981 Univ.-Prof. für ältere dt. Sprache und Literatur in Wien, 1987–90 Dekan der Geisteswiss. Fakultät; 1991–98 Rektor der Univ. Wien.

Werke: Die ma. Literatur in der Stmk., 1988; Die Juden in ihrer ma. Umwelt, 1991 (Hg. mit K. Zatloukal); Universitätscampus Wien, 1998.

Ebendorfer, Thomas (auch Thomas de Haselbach), * 10. 8. 1388 Haselbach b. Stockerau (NÖ.), † 12. 1. 1464 Wien, Theologe und Geschichtsschreiber. Studium an der artist. und theolog. Fakultät der Univ. Wien; Prof., Dekan und Rektor; wohl 1421 zum Priester geweiht (Pfarren Krems, Falkenstein, Perchtoldsdorf); Gesandter beim Basler Konzil, den Reichstagen in Mainz, Frankfurt und Nürnberg; verfasste Predigtzyklen, theolog.-philosoph. und hist. Werke (z. B. Cronica Austriae bis 1463, Cronica regum Romanorum 1451). Begraben in der Pfarrkirche von Perchtoldsdorf.

Literatur: A. Lhotsky, Cronica Austriae, in: Monumenta Germaniae Historica, Scriptorum, rer. Germ. NS 13, 1967; ders., T. E., 1957; P. Uiblein, in: MIÖG 100, 1992.

Ebenhoch, Alfred, * 18. 5. 1855 Bregenz (Vbg.), † 30. 1. 1912 Wien, kath.-konservativer Politiker, Jurist und Dichter. 1888–1901 und 1903–12 Reichsratsabgeordneter; 1898 Landeshauptmann von OÖ., 1907/08 Ackerbauminister. Vereinigte die Kath. Volkspartei des Hohenwart-Klubs mit der Christl.-soz. Partei K. → Luegers.

Werke: sozialpolit. Schriften. – Dramen: Querétaro, 1904; J. P. Palm, 1906; Anno Neun, 1908. – Literatur: S. Gipp, Dr. A. E., Diss., Wien 1974.

Ebenhöh, Horst, * 16. 5. 1930 Wien, Komponist und Musikerzieher (1953–90). Von seinen zahlr. Werken wurde bes. „Die Pfaffenberger Nacht" (1970) bekannt. Bestimmt werden seine Kompositionen v. a. vom Rhythmus, Motivbildungen sowie Klang- und Geräuschfarben; Tonalität und rationale Überlegungen stehen eher im Hintergrund. Kulturpreis des Landes NÖ. 1980.

Weitere Werke: Konzerte, symphon. Werke, Kammermusik, Messen, Kantate „Wenn ich betrübt bin" (1975), musikdramat. Werke, Ballette.

Eberhard I. von Biburg und Hilpoltstein (D), * um 1085, † 21. 6. 1164 Rein (Gem. Eisbach, Stmk.), 1133 Benediktinerabt von Biburg, 1147 Erzbischof von Salzburg. Wirkte als Diplomat im Schisma, Hauptstütze von Papst Alexander III. gegen Friedrich Barbarossa. Begraben im Salzburger Dom; wurde als Heiliger verehrt, aber nicht kanonisiert.

Literatur: G. Hödl, Das Erzbistum Sbg. unter Friedrich Barbarossa, Mttlg. Sbg. Landeskunde 114, 1974.

Eberhard II. von Regensberg (CH), * um 1170, † 30. 11. 1246 Friesach (Kä.), 1196 Bischof von Brixen, 1200 Erzbischof von Salzburg. Gründete die Sbg. Eigenbistümer Chiemsee (Bayern) 1215, Seckau 1218, Lavant 1228 sowie die Kollegiatsstifte Völkermarkt und Friesach, dort 1217 auch ein Prämonstratenserkloster. Mit der Erwerbung der Grafschaften Pongau und Lungau schuf er ein geschlossenes Territorium und damit die Voraussetzung für die Landeshoheit des geistl. Fürstentums; er war einer der bedeutendsten Reichsfürsten seiner Zeit.

Literatur: C. Stöllinger, Erzbischof E. II. v. Salzburg, Diss., Wien 1972.

Eberhard III. von Neuhaus (Doberna, SLO), † 18. 1. 1427 Salzburg, ab 1403 Erzbischof von Salzburg. Verzichtete 1409 auf Berchtesgaden, konnte sich gegen Habsburger und Wittelsbacher und im Konflikt dreier Päpste behaupten, hatte aber Probleme mit den Ständen (Igelbund) und duldete 1404 eine Judenverfolgung.

Literatur: H. Klein, Salzburgs Domherren von 1300–1514, Mttlg. Sbg. Landeskunde 92, 1952.

Eberharter, Stephan, * 24. 3. 1969 Brixlegg (Ti.), Skirennläufer. Seit 1989 im Weltcup; 1991 in Saalbach Weltmeister im Super-G und in der Kombination, danach durch eine Serie von Verletzungen weit zurückgeworfen, 1997/98 erfolgreiches Comeback im Weltcup, Silbermedaillen bei den Olymp. Spielen in Nagano 1998 im Riesenslalom und bei der Weltmeisterschaft in St. Anton am Arlberg 2001 im Super-G.

Eberhartinger, Christoph, * 1. 6. 1925 Wien, Dermatologe. Zunächst Oberarzt an der II. Univ.-Hautklinik in Wien, danach Ass. an der Univ.-Hautklinik in Frankfurt a. M.; 1969–90 Vorstand der dermatolog. Abteilung des Allg. Krankenhauses Linz.

Eberl, Anton (Franz Josef), * 13. 6. 1765 Wien, † 11. 3. 1807 ebd., Pianist und Komponist; Bruder von Ferdinand → Eberl. War mit W. A. → Mozart befreundet (vielleicht sogar sein Schüler) und wurde von den Zeitgenossen v. a. nach der Aufführung seiner Instrumentalwerke als Genie (wie L. van Beethoven) betrachtet.

Werke: Singspiele (Die Marchande des Modes, 1783), Opern (Die Königin der schwarzen Inseln, 1801), Instrumental-, Chor- und Klavierwerke. – Literatur: A. D. White, The Piano Works of A. E. (1765–1807), 1971.

Eberl, Ferdinand, * 3. 5. 1762 Wien, † 27. 5. 1805 ebd., Schauspieler und Theaterdichter; Bruder von Anton F. J. → Eberl. Verfasste Stücke mit Motiven des bürgerl. Lebens mit der Figur des Kasperl und des Eipeldauer; 1795/96 pachtete er das Josefstädter Theater in Wien.

Literatur: ADB.

Eberle, Josef, * 24. 1. 1845 Falkenau a. d. Eger (Sokolov, CZ), † 15. 1. 1921 Wien, Industrieller. Gründete 1873 in Wien ein lithograph. Unternehmen, in dem er verschiedene neue Druckverfahren einführte.

Literatur: ÖBL.

Eberle, Joseph, * 2. 8. 1884 Ailingen (D), † 12. 9. 1947 Salzburg, kath. Publizist. Ab 1913 in Wien, 1913–16 Redakteur der Tageszeitung „Reichspost", 1918–25 der Wochenschrift „Das Neue Reich" (1918–32; gegr. als „Die Monarchie"). 1925–40 Eigentümer und Hg. der Wochenschrift „Schönere Zukunft". E. vertrat kath.-antijüd., antikapitalist. und ständ. Ideen. Zum Nat.-Soz. nahm er eine zwiespältige Haltung ein, bis er 1940 zur Aufgabe der „Schöneren Zukunft" gezwungen und in Schutzhaft genommen wurde.

Werke: Großmacht Presse, 1912, [3]1920; Die Überwindung der Plutokratie, 1918; Erlebnisse und Bekenntnisse, 1947. – Literatur: B. Hofer, Der Publizist J. E., Diss., Salzburg 1995.

Thomas Ebendorfer. Ausschnitt aus dem Epithaph in der Kirche (heute im Stadtturm) von Perchtoldsdorf, NÖ.

Eberlin, Johann Ernst, * 27. 3. 1702 Jettingen (D), † 19. 6. 1762 Salzburg, Dom- und Hoforganist, Kapellmeister, Komponist zw. Spätbarock und Frühklassik. Gehörte zum Freundeskreis der Familie Mozart (Einfluss auf den jungen W. A. → Mozart).

Werke: zahlr. kirchenmusikal. Werke (davon ca. 70 Messen), 21 Oratorien, 61 Schuldramen, 3 Opern (nicht überliefert), Instrumentalmusik, Orgelwerke. – Literatur: E. Neumayr, Die Propriumsvertonungen J. E. E. (1702–1762), 2 Bde., Diss., Salzburg 1997.

Ebersberg, Ottokar Franz, → Berg, O. F.

Ferdinand Ebner. Lithographie von H. Jone.

Ebner, Ferdinand, * 31. 1. 1882 Wr. Neustadt (NÖ.), † 17. 10. 1931 Gablitz (NÖ.), Philosoph und Pädagoge; Onkel von Jeannie → Ebner. 1902–23 Volksschullehrer in NÖ.; zählte zu den Wegbereitern des Existentialismus, Mitarbeiter im „Brenner"-Kreis; in seiner Lebensphilosophie, die unter dem Einfluss H. Bergsons und des Wieners H. Swoboda stand, stellte er die Erfülltheit und geniale Produktivität des Augenblicks als höchsten ethischen Wert des Lebens dar. Mit M. → Buber war E. Urheber der Philosophie des Ich-Du-Verhältnisses.

Werke: Das Wort und die geistigen Realitäten, 1921; Wort und Liebe, 1935; Das Wort ist der Weg, 1949; Schriften, 3 Bde., 1963–65. – Literatur: W. L. Hohmann, F. E., 1995; H. G. Hödl, Decodierungen der Metaphysik, 1998; ÖBL; NDB.

Ebner, Franz Anton, * um 1698 Salzburg, † 31. 8. 1756 ebd., Salzburger Hofmaler (ab 1727). Schüler von M. → Altomonte, F. → Solimena und S. Concha; schuf 1732 die dekorativen Pferdefresken der Hofmarstallschwemme in Salzburg (1916 vollständig erneuert).

Ebner, Herwig, * 4. 8. 1928 Niklasdorf (Stmk.), Historiker. 1969 Habilitation f. Allg. Geschichte des MA und hist. Hilfswissenschaften, 1972 Habilitation f. Wirt.- und Sozialgeschichte des MA und der Neuzeit, 1974–94 Univ.-Prof. in Graz. Experte für Burgen- und Residenzforschung in Ö.

Werke: Von den Edlingern in Inner-Ö., 1954; Stmk. Burgen und Schlösser, 3 Bde., 1963–67; Stadt und Burg in Europa, 1984 (Mitautor).

Jeannie Ebner. Foto.

Ebner, Jeannie (verh. Allinger), * 17. 11. 1918 Sydney (Australien), Lyrikerin und Erzählerin; Nichte von Ferdinand → Ebner. Aufgewachsen in Wr. Neustadt, lebt seit 1946 in Wien. 1968–79 Mit-Hg. der Ztschr. „Literatur und Kritik". Religiös-metaphys. Bezüge, das Mann-Frau-Verhältnis und autobiograph. Zusammenhänge besitzen für ihr Werk bes. Bedeutung.

Werke: Gedichte: Gesang an das Heute, 1952; Gedichte und Meditationen, 2 Bde., 1978/87; Sämtl. Gedichte 1940–93, 1993. – Romane und Erzählungen: Sie warten auf Antwort, 1954; Die Wildnis früher Sommer, 1958 (überarb. 1978); Der Königstiger, 1959; Die Götter reden nicht, 1961; Figuren in Schwarz und Weiß, 1964; Drei Flötentöne, 1981; Zauberer und Verzauberte, 1992; Der Genauigkeit zuliebe. Tagebücher 1942–80, 1993; Übersetzungen aus dem Englischen (D. Lessing). – Ausgabe: G. Trenkler (Hg.), Ein J.-E.-Lesebuch, 1998. – Literatur: C. Kleiber, J. E., 1985.

Ebner, Wolfgang, * 1612 Augsburg (D), † 11. 2. 1665 Wien, kaiserl. Kammerorganist und Hofkompositor. 1634 Organist zu St. Stephan, ab 1637 am Kaiserhof tätig; ein Hauptvertreter der Wr. Klavierschule des 17. Jh.; Musiklehrer von Leopold I. und Ballettkomponist der kaiserl. Oper. Seine Werke wurden großteils im 2. Weltkrieg vernichtet.

Literatur: NDB.

Marie Freifrau von Ebner-Eschenbach. Foto.

Ebner-Eschenbach, Marie Freifrau von (geb. Freiin von Dubsky, ab 1843 Gräfin von Dubsky), * 13. 9. 1830 Zdislawitz b. Kremsier (Zdislavice, CZ), † 12. 3. 1916 Wien, bedeutende ö. Erzählerin, Dramatikerin und Aphoristikerin des späten Realismus; ab 1848 Ehefrau ihres Cousins, des späteren Feldmarschallleutnants Moritz Frh. von → Ebner-Eschenbach; lebte abwechselnd auf ihrem Schloss und in Wien. Bekanntschaft mit F. → Grillparzer, F. → Halm, F. → Hebbel und H. → Laube; versuchte sich anfangs als Dramatikerin, doch „Das Waldfräulein" (Urauff. 1873) stieß aufgrund der darin geübten Adelskritik auf Ablehnung. In der Folge wandte sie sich der Prosa zu. Bekannt wurde sie mit der Künstlernovelle „Ein Spätgeborener" (1875); es folgten die erste große Erzählung „Božena" (1876) und „Dorf- und Schloßgeschichten" (1883), die ihre bekanntesten Erzählungen („Der Kreisphysikus", „Krambambuli") enthalten. In ihrer Geisteshaltung der ö. Spätaufklärung verpflichtet, schildert sie in ihren Erzählungen v. a. das Schicksal von Außenseitern und Angehörigen der soz. Unterschicht, gleichzeitig übt sie scharfe Kritik an der Adelsges. Bekannt wurde E.-E. auch durch ihre geistreichen Aphorismen (Weisheit des Herzens, 1948). 1898 erhielt sie das Ehrenkreuz für Kunst und Literatur und 1900 das Ehrendoktorat der Univ. Wien; ihr Denkmal steht als einziges einer Frau im Arkadenhof der Univ. Wien.

Weitere Werke: Zwei Komtessen, 1885; Das Gemeindekind, 2 Bde., 1887; Lotti, die Uhrmacherin, 1889 (Erstdruck in „Dt. Rundschau", 1880); Unsühnbar, 2 Bde., 1890; Margarethe, 1891; Glaubenslos, 1893; Alte Schule, 1897; Aus Spätherbsttagen, 1901; Meine Kinderjahre, 1906 (Autobiographie). – Ausgaben: Sämtl. Werke, 12 Bde., 1928; Gesammelte Werke, 9 Bde., 1961. – Literatur: K. Fliedl, Auch ein Beruf, in: G. Brinker-Gabler (Hg): Dt. Lit. von Frauen, Bd. 2, 1988; G. Gorla, M. v. E.-B., 1997; J. P. Strelka (Hg.), Des Mitleids tiefe Liebesfähigkeit, 1997; E. Toegel, M. v. E.-E. Leben und Werk, 1997.

Ebner-Eschenbach, Moritz Frh. von, * 27. 11. 1815 Wien, † 28. 1. 1898 ebd., Erfinder, General, Militärschriftsteller; ab 1848 Ehemann von Marie v. → Ebner-Eschenbach. Erfindungen auf dem Gebiet der elektr. Zündung, des Torpedowesens und der Scheinwerfer.

Literatur: E. Polheim (Hg.), M. v. E.-E. Erinnerungen des k. k. Feldmarschall-Lieutenants, 1994; ÖBL.

Ebner-Rofenstein, Viktor von, * 4. 2. 1842 Bregenz (Vbg.), † 20. 3. 1925 Wien, Histologe. Ab 1873 Prof. für Histologie und Entwicklungsgeschichte in Graz, 1888 Univ.-Prof. in Wien, 1907/08 Rektor; schuf den systemat. histolog. Unterricht in Ö. und machte sich um den Ausbau der modernen Histologie verdient.

Werke: Die acinösen Drüsen der Zunge, 1873; Über die Ursachen der Anisotropie organisierter Substanzen, 1882; Hb. der Gewebelehre, hg. v. A. v. Kölliker, Bd. 3, [6]1889–92. – Literatur: NDB.

Eckardt, Siegfried Gotthilf (genannt Koch), * 26. 10. 1754 Berlin (D), † 11. 6. 1831 Alland (NÖ.), Schauspieler und Regisseur. Ab 1798 Charakterdarsteller (Tragöde und Komiker) am Wr. Burgtheater; sein für die Theatergeschichte wertvolles Stammbuch (ab 1773) ist im Besitz des Ö. Theatermus. in Wien.

Literatur: M. Baldamus, S. G. E., gen. Koch, 1828; K. Mras, Das Stammbuch des Hofschauspielers S. G. E., gen. Koch (1754–1831), 1959; ADB.

Eckert, Walter, * 8. 9. 1913 Leobersdorf (NÖ.), † 7. 1. 2001 Wien, Maler und Graphiker. Studierte 1935–39 bei H. → Boeckl; 1967–83 Prof. an der Akad. d. bild. Künste in Wien, 1965–67 Präs. der Wr. Secession. Ausgehend von blockhafter Minimal art, Entwicklung über gestische Kunst zu Psychogrammen.

Werke: Sitzende, 1963; Großer Kopf IV, 1988. – Literatur: W. E., Ausst.-Kat., Wr. Secession 1989.

Eckhardt, Ferdinand, * 28. 4. 1902 Wien, † 25. 12. 1995 Winnipeg (CDN), Kunsthistoriker. Ab 1932 am Kunsthist. Museum tätig, wo er sich 1945 um die Rückführung der Bestände verdient machte. Baute ab 1953 in Kanada mit der Winnipeg Art Gallery ein bedeutendes Museum für moderne und Eskimokunst auf. Stiftete nach dem Tod seiner Frau, der Pianistin

Sophie-Carmen (Sonia) E.-Gramatté, 1974 den E.-Gramatté-Musikwettbewerb.

Eckhardt, Fritz, * 30. 11. 1907 Linz (OÖ.), † 31. 12. 1995 Klosterneuburg (NÖ.), Schauspieler, Regisseur, Autor. Absolvent der Akad. f. Musik u. darst. Kunst in Wien; Theaterengagements in Deutschland und Ö., Kabarett „Lieber Augustin", Wien; verfasste über 30 Theaterstücke, zahlr. Film- und über 200 Fernsehdrehbücher; Hauptdarsteller in Fernsehserien („Tatort" u. a.).

Werke: Drehbücher: Familie Leitner, ORF; Wenn der Vater mit dem Sohne, ARD; Hallo Hotel Sacher Portier, ZDF. – Filmrollen: Brucer Martin, 1954; Die letzte Brücke, 1954 u. a. – Autobiographie: Ich erinnere mich gern, 1989. – Literatur: F. E. Ein Schauspieler muß alles können, 1989.

Eckhel, Joseph Hilarius, * 13. 1. 1737 Enzesfeld (Gem. Enzesfeld-Lindabrunn, NÖ.), † 16. 5. 1798 Wien, Jesuit, Numismatiker. 1774 Dir. des antiken Münzkabinetts, 1775 auch Univ.-Prof., Begründer der wiss. Numismatik in Ö.

Werk: Doctrina nummorum veterum, 8 Bde., 1792–98. – Literatur: NDB.

Eckstein, Bertha (geb. Diener, Pseud.: Sir Galahad, Helen Diner), * 18. 3. 1874 Wien, † 20. 2. 1948 Genf (CH), Schriftstellerin und Übersetzerin; verheiratet mit dem Philosophen Friedrich E.; lebte ab 1920 in der Schweiz. neben Romanen und Erzählungen schrieb sie auch kultur- und literaturhist. Werke; als ihr Hauptwerk gilt „Mütter und Amazonen" (1932), in dem sie die Überlegenheit des Matriarchats propagiert.

Weitere Werke: Die Kegelschnitte Gottes, 1920; Idiotenführer durch die russ. Literatur, 1925; Byzanz, 1936; Bohemund. Ein Kreuzfahrerroman, 1938; Der glückliche Hügel, 1943 (R. Wagner-Roman). – Literatur: S. Mulot-Déri, Sir Galahad – Porträt einer Verschollenen, 1987; R. Freund, Land der Träumer, [2]2000.

Eckstein, Percy, * 21. 5. 1899 Baden (NÖ.), † 19. 3. 1962 Rom (I), Journalist, Schriftsteller und Übersetzer; Sohn von Bertha → Eckstein. Lebte ab 1940 in Italien.

Werke: F. Lesseps Triumph, 1947; Tragödie eines Optimisten, 1947; Brutus in Paris, 1952.

Economo von San Serff, Constantin Alexander Frh. von, * 21. 8. 1876 Braila (RO), † 21. 10. 1931 Wien, Neurologe und Hirnforscher. Lieblingsschüler J. → Wagner-Jaureggs; ab 1913 Privatdoz., ab 1921 Univ.-Prof. für Psychiatrie und Neurologie. E. beschrieb 1917 die epidemische Gehirnentzündung, entdeckte die Kau-, Schluck- und Schlafsteuerzentren („Über den Schlaf", 1925) und schuf den „Atlas der Cytoarchitektonik der Hirnrinde" (1925), regte Sammlung und Studien von Elitegehirnen an und gründete 1931 das Hirnforschungsinst. E. war auch ein hervorragender Luftschiffer und einer der ersten Sportflieger Ö., ab 1910 Präs. des Ö. Aeroclubs.

Weiteres Werk: Die Encephalitis lethargica, ihre Nachkrankheiten und ihre Behandlung, 1929. – Literatur: I. Fischer (Hg.), Biograph. Lexikon der hervorrag. Ärzte der letzten 50 Jahre, Bd. 1, 1932; ÖBL.

Edelmann, Otto, * 5. 2. 1917 Brunn a. G. (NÖ.), Kammersänger (Bass-Bariton). Ab 1947 Mitgl. der Wr. Staatsoper und Auftritte bei den Sbg. Festspielen, zahlr. Gastspiele (Europa und USA), großes Repertoire (von W. A. Mozart bis R. Wagner und R. Strauss).

Literatur: S.-M. Schlinke, O. E. Ein Meistersinger aus Wien, 1987.

Eder, Georg, * 2. 2. 1523 bei Freising (D), † 19. 5. 1587 Wien, Historiker und Humanist. E. kam 1551 an die Univ. Wien, deren Rektor er ab 1557 11-mal war, und wirkte auch als Ratgeber der Ks. Ferdinand I., Maximilian II. und Rudolf II.

Werke: Catalogus Rectorum, 1559 (Geschichte der Univ. Wien); Evang. Inquisition, 1573 (Streitschrift); Das gülden Flüß christl. Gemain, 1579. – Literatur: W. Kasper (Hg.), Lexikon f. Theologie und Kirche, Bd. 3, 1995.

Eder, Georg, * 6. 3. 1928 Mattsee (Sbg.), Erzbischof von Sbg. (seit 26. 2. 1989). 1956 Priesterweihe, Sekr. von Erzbischof A. → Rohracher, Pfarrer und Dechant von Altenmarkt, Nachfolger von Erzbischof K. → Berg.

Eder, Gernot, * 9. 5. 1929 Wien, † 9. 11. 2000 ebd., Kernphysiker. 1957–63 Doz. für theoret. Physik in Wien, 1963–71 Univ.-Prof. für theoret. Physik in Gießen, 1971–97 Prof. für Kernphysik an der Techn. Univ. Wien und Vorstand des Atominstituts der ö. Universitäten.

Werke: Elektrodynamik, 1967; Quantenmechanik, 1968; Atomphysik, 1978.

Eder, Helmut, * 26. 12. 1916 Linz (OÖ.), Komponist. Studium bei C. Orff und J. N. → David, Lehrer am Bruckner-Konservatorium in Linz, 1967–87 Prof. am Mozarteum Salzburg; Ö. Staatspreis 1962.

Werke: Kammermusik, Symphonie, Kantaten, Volksliedsätze. – Musikal. Dramen: Oedipus, 1958; Der Kardinal, 1965; Der Aufstand, 1976. – Literatur: G. Gruber u. G. Kraus, H. E., 1988.

Eder, Josef Maria, * 16. 3. 1855 Krems (NÖ.), † 18. 10. 1944 Kitzbühel (Ti.), Fotochemiker, Pionier der Fotografie. 1892–1924 Prof. an der Techn. Hochschule in Wien, Gründer und 1888–1923 Leiter der Lehranstalt für Fotografie und Reproduktionsverfahren (heute Höhere Graph. Bundes-Lehr- und Versuchsanstalt) in Wien. Führte Untersuchungen zur Fotometrie und Röntgenstrahlenfotografie durch.

Werk: Ausführl. Handbuch der Photographie, 4 Tle., 1891–96. – Literatur: R. Zahlbrecht, J. M. E., 1955; F. Dworschak u. O. Krumpel, J. M. E., 1955.

Eder, Karl, * 10. 9. 1889 Lindach (OÖ.), † 1. 5. 1961 Graz (Stmk.), Historiker und Theologe. Univ.-Prof. in Graz.

Werke: Dt. Geisteswende zw. MA und Neuzeit, 1937; Die Geschichte der Kirche im Zeitalter des konfessionellen Absolutismus 1555–1648, 1949; Der Liberalismus in Alt.-Ö., 1955. – Literatur: Festschrift zum 70. Geburtstag, 1959.

Ederer, Brigitte, * 27. 2. 1956 Wien, Volkswirtin und Politikerin (SPÖ). 1977–92 Mitarbeiterin der wirtschaftswiss. Abteilung der AK Wien, 1983–92 und 1995–97 Abg. z. NR, 1992–95 Staatssekretärin f. Integration und Entwicklungszusammenarbeit im Bundeskanzleramt, 1995–97 Bundesgeschäftsführerin der SPÖ, 1997–2001 Finanzstadträtin von Wien; seit 2001 Vorstandsmitgl. der Siemens AG Ö.

Edling, (Wolfgang) Anselm von, * 1741 Maria Saal (Kä.), † 23. 4. 1794 Göß (Gem. Leoben, Stmk.), Benediktiner, Schriftsteller, Historiker, Volksaufklärer. Abt von Stift St. Paul, Pfarrer und Dechant in Wolfsberg, Domkustos in Leoben, Hofprediger in Klagenfurt. Er wirkte für Volkserziehung im Sinne der josephin. Aufklärung mit populären ges.-krit. Werken („Der Kornet, oder: So arg macht's die Eifersucht", Drama, 1787; „Blumauer bey den Göttern im Olympus über die Travestierung der Aeneis angeklagt", parodist. Versdichtung, 1792).

Weitere Werke: Geschichte des Herzogtums Kä. zum Gebrauch der studierenden Jugend, 1781; Die Begebenheiten auf der Jagd, 1789 (komische Oper); Der Priester, wie man ihn wünschen mag, und – wie er nicht alle Tage zu haben ist, 4 Bde., 1793 (volksaufklärer. Erzählung). – Literatur: H. Menhardt, Zu A. E. Werken, in: Carinthia I, 1924; W. M. Bauer, Fiktion und Polemik. Studien zum ö. Roman der Aufklärung, 1977.

Edlinger, Rudolf, * 20. 2. 1940 Wien, Lithograph und Politiker (SPÖ). Begann seine polit. Laufbahn 1964 als Bezirkssekr. der SPÖ Wien-Währing; 1969–86 Abg. z. Wr. Landtag und Mitgl. d. Wr. Gemeinderats (1981–86 Klubobmann der SPÖ), 1986–94 amtsführender Stadtrat für Wohnbau und Stadterneuerung, 1994–97 für Finanzen und Wirtschaftspolitik; 1997–2000 BMin. f. Finanzen; seit 1999 Abg. z. NR.

Literatur: A. Höferl, R. E., Über sein Leben, 2000.

Edthofer, Anton, * 18. 9. 1883 Wien, † 25. 2. 1971 ebd., Kammerschauspieler; 2. Ehemann von Helene → Thimig. 1908–20 am Wr. Volkstheater, 1921 Beginn seiner Filmtätigkeit und der Zusammenarbeit mit M. → Reinhardt am Dt. Theater in Berlin; ab 1923 auch Zusammenarbeit mit R. → Beer in Wien; 1929–71 Engagement am Theater in der Josefstadt in Wien; 1949 erhielt E. als erster Schauspieler (mit P. Wessely) den von dieser Bühne gestifteten M.-Reinhardt-Ring.

Egedacher, Orgelbauerfamilie aus Salzburg. Christoph E., † 5. 4. 1706 Salzburg, baute 1668 die Orgel in Kitzbühel, wurde 1673 Hoforgelmacher in Salzburg, wo er den Bau der Domorgel begann, die sein Sohn Johann Christoph E. (1664–1747) vollendete bzw. weiter ausbaute. Johann Ignaz E. (1675–1744) übernahm mit seinem Bruder Johann Georg E. die Orgelbaufirma der Familie Freundt und hatte zahlr. Schüler (unter ihnen A. Silbermann).

Literatur: O. Eberstaller, Orgeln und Orgelbauer in Ö., 1955.

Egg, Erich, * 1. 5. 1920 Hall in Ti., Historiker und Volkskundler. 1956–85 Dir. des Ti. Landesmuseums Ferdinandeum und 1963–86 auch des Kaiserschützenmuseums.

Werke: Aus der Geschichte des Bauhandwerks in Ti., 1957; Kunst in Ti., 2 Bde., 1970/72; Die Münzen Ks. Maximilians I., 1971; Die Hofkirche in Innsbruck, 1974; Das große Ti. Schützenbuch, 1976 (mit W. Pfaundler); Das große Ti. Blasmusikbuch, 1979 (mit W. Pfaundler); Das Ti. Krippenbuch, 1985 (mit H. Menardi).

Egg, Lois, * 11. 10. 1913 Innsbruck (Ti.), † 29. 5. 1999 Wien, Bühnenbildner. Studium in Prag und Wien (bei C. → Holzmeister). Nach Innsbruck, Koblenz, Reichenberg, Prag (Dt. Theater, 1941–45), Bern (1947–59) 1959–78 für das Wr. Burgtheater tätig, daneben auch für andere Wr. Bühnen und die Sbg. Festspiele. 1966–84 Prof. an der Akad. d. bild. Künste in Wien.

Literatur: L. E., Burgtheater 1959–1976, Ausst.-Kat., Akad. d. bild. Künste in Wien, 1976; L. E., Bühnenentwürfe, Skizzen, Aquarelle 1930–1985, Ausst.-Kat., Akad. d. bild. Künste in Wien, 1985 (mit Werkverzeichnis); L. E., Ausst.-Kat., Ti. Landesmus. Ferdinandeum, Innsbruck 1988.

Eggenberg, steir. Hochadelsfamilie, im 15. Jh. Kaufleute in Radkersburg und Graz, erwarben durch Handel, Münzpacht und Wechselgeschäft ein großes Vermögen, 1598 Freiherren. Das Geschlecht starb 1717 aus, die böhm. Besitzungen erbten die → Schwarzenberg. Zu den bedeutendsten Mitgl. der Familie zählten Johann Ulrich Frh. von → Eggenberg und Ruprecht Frh. von → Eggenberg.

Literatur: W. E. Heydendorff, Die Fürsten und Freiherren von E. und ihre Vorfahren, 1965; NDB.

Eggenberg, Johann Ulrich Frh. von, Herzog von Krumau, * Juni 1568 vermutl. Graz (Stmk.), † 18. 10. 1634 Laibach (Ljubljana, SLO), 1598 Freiherr, 1623 Reichsfürst, 1628 Hzg. von Krumau (CZ). War Konvertit und Jugendfreund → Ferdinands II., wurde später dessen Berater und Kämmerer. Ab 1602 Landeshauptmann in Krain, Mitgl. des inner-ö. Geheimen Rates und Präs. der Hofkammer; 1615 Obersthofmeister Ferdinands II., Präs. des Geheimen Rates und Statthalter von Inner-Ö. Er sprach sich nach der Schlacht am Weißen Berg für Härte aus und erhielt 1622 Krumau und andere Herrschaften in Böhmen, wurde Reichsfürst und einer der reichsten Männer seiner Zeit (Herrschaften in Böhmen, NÖ., OÖ., Stmk., Krain). Da er mit A. → Wallenstein in Kontakt stand, zog er sich nach dessen Ermordung vom Hof zurück. Er baute bei Graz das Schloss Eggenberg.

Literatur: NDB.

Eggenberg, Ruprecht Frh. von, * 1545 Ehrenhausen (Stmk.), † 1611 Wien, kaiserl. General in den Türkenkriegen. Besaß das Renaiss.-Schloss Ehrenhausen und begann dort 1609 mit dem Bau eines Mausoleums.

Egger, Béla, * 18. 5. 1831 Ofen (Budapest, H), † 5. 7. 1910 Wien, Industrieller, Pionier der Elektrotechnik in Ö.; Vater von Ernst → Egger. Errichtete 1880 auf der Wr. Gewerbeausstellung im Prater eine elektr. Bahn, baute Beleuchtungsanlagen und gründete 1897 die Vereinigte Elektrizitäts-AG in Wien.

Egger, Berthold (Anton), * 15. 11. 1852 Frankenburg (OÖ.), † 13. 7. 1891 Wien, Augustiner-Chorherr, Publizist. Gründete 1882 das „Korrespondenzblatt für den kath. Klerus Ö." (von R. → Eichhorn weitergeführt), 1884 das Literaturblatt „Augustinus" und 1886/87 die christl.-sozialpolit. Ztschr. „Arbeiter".

Egger, Ernst, * 18. 11. 1866 Wien, † 1944 im KZ, führender Industrieller in energiewirt. Unternehmen; Sohn von Béla → Egger. Gen.-Dir. der Vereinigten Elektrizitäts-AG, 1902 Gründer der ö. Brown-Boveri-Werke-AG; Verwaltungs-, Aufsichts- bzw. Direktionsratsmitgl. von 26 Konzernen und Aktienges.; erbaute das Murkraftwerk Lebring mit Fernleitung, erstmals in Ö. für 22.000 V Oberspannung.

Literatur: ÖBL.

Egger, Ferdinand Graf von, * 5. 10. 1802 Klagenfurt (Kä.), † 23. 10. 1860 ebd., Gewerke; Enkel von Max Thaddäus Gf. v. → Egger. Errichtete 1840 in Feistritz im Rosental (Kä.) das erste Drahtwalzwerk Ö. und nahm 1854 das Eisenwerk Freudenberg (Kä.) mit Torffeuerung in Betrieb.

Literatur: ÖBL.

Egger, Franz, * 25. 9. 1810 Laibach (Ljubljana, SLO), † 6. 2. 1877 Wien, Jurist. 1843–77 Advokat in Wien, 1848 Abgeordneter der Frankfurter Nationalversammlung, Dir. der Ersten Ö. Sparkasse und der Nationalbank; daneben auch in musikal. Organisationen führend tätig (Ges. der Musikfreunde in Wien, Singakad.). Aus der Familie stammen mehrere Generationen Rechtsanwälte (Franz E. jun., † 1888; Gustav E., † 1926; Ernst E., † 1952).

Egger, Franz, * 26. 4. 1836 Rippach (Ti.), † 17. 5. 1918 Innsbruck (Ti.), 1912–18 Fürstbischof von Brixen. 1908–12 Weihbischof und Generalvikar in Feldkirch; brachte einen Kompromiss zw. den polit. Lagern der Katholiken Ti. (den Konservativen und den Christl.-Soz.) zustande und gründete 1899 das „Brixener Priesterkonferenzblatt".

Literatur: J. Gelmi, E. F., in: E. Gatz (Hg.), Die Bischöfe der dt.-sprach. Länder 1785/1803 bis 1945, 1983.

Egger, Franz Johann Nepomuk Graf von, * 16. 2. 1768 Klagenfurt (Kä.), † 24. 11. 1836 Schloss St. Georgen am Längsee (Kä:), Gewerke; Sohn von Max Thaddäus Gf. v. → Egger. Begründer der Treibacher Linie der Grafen E. Baute in den Treibacher Hochofen 1820 das erste gusseiserne Zylindergebläse Ö. ein. Förderer der bäuerl. Schulbildung.

Literatur: ÖBL.

Egger, Gerhart, * 21. 7. 1916 Wien, † 21. 6. 1990 Dürnstein (NÖ.), Kunsthistoriker. Ab 1973 Prof. an der Hochschule für angew. Kunst in Wien; 1968–80 Leiter der Bibl. und Kunstblätter-Smlg. und 1981–82 Dir. des Ö. Museums für angew. Kunst.

Werke: Geschichte der Architektur in Wien von der Renaiss. zum Klassizismus, 1973; Beschläge und Schlösser an alten Möbeln, 1973; Kunst der Ostkirche, 1977; Ornamentale Vorlageblätter des 15.–19. Jh., 1981 (mit R. Berliner).

Egger, Jean (Hans), * 14. 5. 1897 Hüttenberg (Kä.), † 16. 10. 1934 Klagenfurt (Kä.), Maler. 1918–22 Studium an der Akad. in München; lebte 1925–32 in Paris. Schöpfer von ausdrucksstarken Landschaftsbildern.

Literatur: L. Springschitz, H. J. E., Zeichnungen – Skizzen, Ausst.-Kat., Kä. Landesgalerie, Klagenfurt 1975; J. E.

1897–1934, Ausst.-Kat., Ö. Galerie Belvedere, Wien 1995; M. Boeckl, J. E. 1897–1934, 2000.

Egger, Josef, * 16. 8. 1839 St. Pankraz b. Mitterbad (S-Ti.), † 20. 6. 1903 Innsbruck (Ti.), Historiker. Gymn.-Prof., Bibliothekar am Ti. Landesmus. Ferdinandeum; erforschte die Geschichte von Ti.

Werke: Geschichte Ti., 3 Bde., 1872–80; Tirolische Weistümer, 4. Teil, Bd. 1/2 des Gesamtwerkes, 1888–91. – Literatur: ÖBL.

Egger, Max Thaddäus Graf von, * 10. 2. 1734 Leoben (Stmk.), † 15. 5. 1805 Wien, Montanindustrieller; Vater von Franz J. N. Gf. v. → Egger; Großvater von Ferdinand Gf. v. → Egger. Übernahm die von seinem Großonkel 1698 erworbene Hütte Treibach (Kä.), deren Hochofen er nach 1766 zu einem der größten und leistungsfähigsten Europas ausbaute. Er errichtete 1793–95 in Lippitzbach (Unter-Kä.) das erste Tiegelstahl- und Blechwalzwerk Ö.

Egger, Rudolf, * 1. 4. 1882 Bruck a. d. Mur (Stmk.), † 7. 5. 1969 Wien, Archäologe. 1912–29 Sekr. des Ö. Archäolog. Inst., 1929–45 Univ.-Prof. für röm. Geschichte und Epigraphik in Wien, leitete dann die Ausgrabungen auf dem Magdalensberg (Kä.).

Werke: Teurnia, 1924; Kä. im Altertum, 1941; Der hl. Hermagoras, 1948; Der Ulrichsberg, 1949; Der Herr des Magdalensberges und sein Zeichen, 1952; Führer durch die Ausgrabungen und das Museum auf dem Magdalensberg, [13]1969; Röm. Antike und frühes Christentum. Ausgew. Schriften, hg. v. A. Betz, 2 Bde., 1962/63. – Literatur: Würdigungen in Carinthia I 160, 1970 (mit Bibliographie).

Egger-Lienz, Albin, * 29. 1. 1868 Stribach (Gem. Dölsach) b. Lienz (Ti.), † 4. 11. 1926 St. Justina-Rentsch b. Bozen (S-Ti.), Maler. Erste Ausbildung bei seinem Vater, der Kirchenmaler war, Studium an der Münchner Akad., Einfluss von F. v. → Defregger und J.-F. Millet; 1899 Übersiedlung nach Wien; 1911/12 Prof. an der Weimarer Hochschule für bildende Kunst; im 1. Weltkrieg Kriegsmaler. Lehnte 1918 eine ihm angebotene Professur an der Wr. Akad. ab, danach ständiger Wohnsitz in S-Ti.; Vorliebe für bäuerl. Genre- und Historienbilder, unter dem Einfluss F. Hodlers Vereinfachung seiner Formensprache zu monumentaler Expressivität. Der themat. Schwerpunkt seines Werks liegt auf dem 1. Weltkrieg.

Literatur: K. Sotriffer, A. E.-L., 1983; W. Kirschl, A. E.-L., 2 Bde., 1996.

Egger-Möllwald, Alois von, * 5. 1. 1829 Flattach (Kä.), † 16. 3. 1904 Lovrana (HR), Schulmann und Germanist. Lehrer des Kronprinzen → Rudolf, 1878–93 Dir. des Theresianums in Wien; wissenschaftlich und standespolitisch (Obmann des Vereins „Die Mittelschule") tätig, begründete die Smlg. „Volksbildung und Schulwesen".

Werke: Vorschule der Ästhetik, 1873; Ind. und Schule in Ö., 1874; Ein ö. Schulmuseum, 1874; Ö. Volks- und Mittelschulwesen 1867–77, 1878.

Egner, Marie, * 25. 8. 1850 Radkersburg (Stmk.), † 31. 3. 1940 Wien, Landschaftsmalerin. Ausbildung zunächst in Graz und Düsseldorf, ab 1881 Schülerin von E. J. → Schindler, ab 1888 zahlr. Reisen, u. a. nach England, Italien, Griechenland, Frankreich und Holland. Malte v. a. Landschaften und Blumenbilder, bedeutende Vertreterin des ö. „Stimmungsimpressionismus".

Literatur: M. Suppan u. E. Tromayer, M. E. – eine ö. Stimmungsimpressionistin, 1981; A. Dahm-Rihs, Das Stilleben im Werk M. E., Dipl.-Arb., Wien 1995.

Ehm, Anna, * 25. 4. 1903 Aderklaa (NÖ.), † 26. 12. 1963 Wien, Pädagogin. Errichtete mit einigen Mitarbeiterinnen aus dem Geist erneuerten Christentums und der Jugendbewegung die Neuland-Schulsiedlung in Grinzing (1926 Kindergarten, 1927 Volksschule, 1931 Realgymn.), 1947 eine weitere auf dem Laaerberg in Wien. Das Kind wurde als eigenständiges und gleichberechtigtes Wesen angenommen (Du-Wort zw. Lehrern und Schülern), Ziel war die harmonische Verknüpfung der Wissensvermittlung mit sportl. und musischen Aktivitäten.

Ehn, Karl, * 1. 11. 1884 Wien, † 26. 7. 1959 ebd., Architekt. Schüler von O. → Wagner; 1908–50 durchgehend in der Wr. Stadtverwaltung tätig. Entwarf alle Arten kommunaler Bauten, v. a. städt. Wohnhäuser mit insges. 2716 Wohnungen. Typisch sind plast. durchgebildete Baukörper mit plakativen Details.

Werke: Siedlung Hermeswiese, Wien, 1923; Bebelhof, Wien, 1925–27; Karl-Marx-Hof, Wien, 1927–30.

Karl Ehn. Foto, um 1939.

Ehnn, Bertha, * 30. 11. 1847 Budapest (H), † 2. 3. 1932 Aschberg (Gem. Neustift-Innermanzing, NÖ.), Kammersängerin. 1868–85 an der Wr. Hofoper; verfügte über ungewöhnlich weiten Stimmumfang.

Ehrbar, Friedrich, * 26. 4. 1827 Hildesheim (D), † 23. 2. 1905 Hart b. Gloggnitz (NÖ.), Klavierfabrikant. Übernahm 1855 die Klavierfabrik Eduard Seuffert, die er bis 1898 unter seinem Namen leitete und die dann von Friedrich E. jun. weitergeführt wurde. Er verwendete als erster in Ö. den Gussrahmen im Klavierbau.

Ehrendorfer, Friedrich, * 26. 7. 1927 Wien, Biologe. 1970–95 Univ.-Prof. in Wien für Systematik und evolutionäre Botanik.

Werke: Liste der Gefäßpflanzen Mitteleuropas, 1967; Naturgeschichte Wiens, 4 Bde., 1970–74 (mit F. Starmühlner u. L. Aschenbrenner); N. Frh. v. Jacquin, 1981. – Literatur: M. A. Fischer, 65 Jahre F. E., 1992.

Albin Egger-Lienz. Foto, um 1920.

Ehrenfels, Christian Frh. von, * 20. 6. 1869 Rodaun b. Wien, † 8. 9. 1932 Lichtenau (NÖ.), Psychologe und Philosoph, Dramatiker; Vater von Imma v. → Bodmershof. Univ.-Prof. in Graz, Wien (1888–96) und Prag (1896–1929); entdeckte die nach ihm benannten Gestaltqualitäten und begründete die Gestaltpsychologie. Theoret. Untersuchungen und prakt. Vorschläge zu Sexualmoral und Sexualreform; vertrat die Auffassung, dass das Ziel des menschl. Handelns durch seine Beziehung zum Wohl der Gesamtheit („größtmögliche Förderung des biologisch Wertvollen") bestimmt sei.

Werke: Grundbegriffe der Ethik, 1907; Sexualethik, 1907; Die Religion der Zukunft, 1929. – Dramen: Melusine, 1887; Der Kampf des Prometheus, 1895 (Chordrama); Die Stürmer, 1913 (3 Chordramen). – Literatur: NDB.

Christian Freiherr von Ehrenfels. Foto.

Ehrenfest, Paul, * 18. 1. 1880 Wien, † 25. 9. 1933 Leiden (NL), Physiker. Ab 1912 Prof. für theoret. Physik in Leiden, gehörte zum Freundeskreis A. Einsteins. Arbeiten über die einsteinsche Gravitationstheorie, die plancksche Quantentheorie und die Kapillaritätstheorie; war durch seine Hypothese von den „adiabatischen Invarianten" ein Wegbereiter der Atomphysik.

Werke: Einsteins theorie van het stationaire gravitatieveld, 1913; Welke rol speelt de drietalligheid der afmetingen van de ruimte in de hoofdwetten der physica, 1917.

Ehrenhaft, Felix, * 24. 4. 1879 Wien, † 4. 3. 1952 ebd., Physiker. 1911–38 Univ.-Prof. in Wien; 1938–45 in Emigration; ab 1946 Ordinarius und Vorstand des I. Physikal. Inst. an der Univ. Wien. Wertvolle Beiträge zur Atomphysik und zu experimentellen Ladungsmessungen; bahnbrechende Forschungen über das optische Verhalten der Metallkolloide.

Werke: Das optische Verhalten der Metallkolloide und deren Teilchengröße, 1903; Das mikromagnet. Feld, 1926. – Literatur: Biograph. Handbuch der dt.-sprach. Emigration nach 1933, Bd. 2, 1983.

Ehrenstein, Albert, * 23. 12. 1886 Wien, † 8. 4. 1950 New York (USA), Lyriker und Erzähler. Bedeutender Vertreter des Expressionismus, gefördert von K. → Kraus, den E. später heftig angriff. Verfasste sprachexperimentell anmutende Gedichte und übte scharfe Gesellschaftskritik. 1932 Emigration in die Schweiz, 1941 in die USA.

Werke: Lyrik: Die weiße Zeit, 1914; Der Mensch schreit, 1916; Die rote Zeit, 1917. – Erzählungen: Tubutsch, 1911 (mit Illustrationen von O. Kokoschka); Der Selbstmord eines Katers, 1912 (Neufassung unter dem Titel „Bericht aus einem Tollhaus", 1919); Ritter des Todes, 1926. – Essays: K. Kraus, 1920; Menschen und Affen, 1926. – Ausgabe: Werke, hg. v. H. Mittelmann, 2 Bde., 1989/91. – Literatur: J. Drews, Die Lyrik A. E., Diss., München 1969; U. Laugwitz, A. E. Studien zu Leben, Werk und Wirkung eines dt.-jüd. Schriftstellers, 1987; A. A. Wallas, A. E. Mythenzerstörer und Mythenschöpfer, 1994.

Ehrentrudis (Erentrudis), Hl., Feste 30. Juni und 4. Sept., † 718 Salzburg, erste Äbtissin des Klosters auf dem Nonnberg in Salzburg (dort Reliquien); Nichte des hl. → Rupert. Die Landesmutter von Sbg. genannt.

Ehrenzweig, Armin, * 15. 12. 1864 Budapest (H), † 29. 9. 1935 Graz (Stmk.), Jurist. Univ.-Prof. in Wien und Graz. Beeinflusste die ö. Rechtsprechung durch sein Zivilrechtssystem; seine „Gutachten" hatten maßgebl. Einfluss auf die Teilnovellen des ABGB.

Werke: Gutachten über den Entwurf eines Nachtragsgesetzes zum ABGB, 1908; System des ö. allg. Privatrechts, 2 Bde., [5]1913–17, [6]1920–25. – Literatur: NDB.

Ehrlich, Eugen, * 14. 9. 1862 Czernowitz (Chernovtsy, UA), † 2. 5. 1922 Wien, Rechtssoziologe. Univ.-Prof. in Czernowitz. Sein rechtssoziolog. Standpunkt gab der modernen Rechtswiss. starke Anregungen.

Werke: Die Aufgaben der Sozialpolitik im ö. Osten, 1908; Grundlegung der Soziologie des Rechtes, 1913.

Ehrlich, Franz Karl, * 5. 11. 1808 Wels (OÖ.), † 23. 4. 1886 Linz (OÖ.), Geologe. Studierte Naturwiss. und Pharmazie, 1841–79 Kustos am Oö. Landesmuseum, Pionier der geolog. Landesaufnahme von OÖ. und Sbg. Veröffentlichte grundlegende Werke zur Geologie und Paläontologie OÖ. und Sbg., Mitarbeiter der Geolog. Reichsanstalt.

Werke: Über die nordöstl. Alpen, 1850; Geolog. Geschichten, 1851; Geognost. Wanderungen im Gebiete der nordöstl. Alpen, 1852. – Literatur: ÖBL.

Ehrlich, Georg, * 22. 2. 1897 Wien, † 1. 7. 1966 Luzern (CH), Bildhauer, Maler und Graphiker. Studierte 1912–15 an der Wr. Kunstgewerbeschule bei F. → Cizek und O. → Strnad, emigrierte 1937 nach London, schuf formal reduzierte Bronzeplastiken.

Werke: Air raid victim, 1946; Head of a horse, 1958; Little boy on a stool, 1962. – Literatur: G. E., 1897–1966, Ausst.-Kat., Bruton Gallery Somerset 1978; A. Hoerschelmann (Hg.), G. E. 1897–1966, Ausst.-Kat., Graph. Smlg. Albertina, Wien 1997.

Ehrmann, Camillo, * 3. 9. 1873 Pressburg (Bratislava, SK), † 9. 4. 1927 Wien, Apotheker und Chemiker. Baute als Beamter des Landwirtschaftsministeriums ab 1902 den Pflanzenschutzdienst und die landw.-chem. Versuchsstationen in Ö. aus.

Werke: Publikationen in Fachzeitschriften. – Literatur: ÖBL.

Ehrmann, Salomon, * 19. 12. 1854 Ostrowitz (Ostrovec, CZ), † 24. 10. 1926 Wien, Dermatologe. Ab 1908 Univ.-Prof. und Klinikvorstand in Wien. Arbeitete v. a. über dermatolog. Histologie und Therapie, Ausbreitungswege der Syphiliserreger im Körper und über die Farbstoffe der Haut; wies als erster die Spirochaetae pallidae in der Nervensubstanz nach. E. war auch ein begabter Maler und Vorsteher der Wr. Israelit. Kultusgem.

Werke: Hb. der Geschlechtskrankheiten, 1910; Vergleichend-diagnost. Atlas der Hautkrankheiten und Syphilide, 1912; Beziehungen der ekzematösen Erkrankungen zu inneren Leiden, 1924. – Literatur: ÖBL.

Eibenschütz, Siegmund, * 19. 11. 1856 Budapest (H), † 19. 2. 1922 Wien, Dirigent. Unternahm mit seiner Schwester, der Klaviervirtuosin Ilona E., Konzertreisen durch ganz Europa, war dann Korrepetitor in Wien, später Dirigent an allen großen Bühnen in Ö. (u. a. am Theater an der Wien) und Deutschland. 1908–22 Direktor des Carltheaters in Wien.

Literatur: ÖBL.

Eibl-Eibesfeldt, Irenäus, * 15. 6. 1928 Wien, Verhaltensforscher. Schüler von K. → Lorenz; ab 1951 Mitarbeiter von Lorenz am Inst. für vergl. Verhaltensphysiologie in Buldern (Westfalen) bzw. in Seewiesen (Bayern); 1970 Prof. für Zoologie in München, zahlr. Expeditionen in die Tropen; seit 1975 Vorstand der Forschungsstelle für Humanethologie der Max-Planck-Ges. in Seewiesen bzw. Andechs.

Werke: Grundriß der vergl. Verhaltensforschung, 1967; Liebe und Haß, 1970; Der vorprogrammierte Mensch, 1973; Das verbindende Erbe, 1991; Wider die Mißtrauensges., 1994; In der Falle des Kurzzeitdenkens, 1998.

Eichhorn, Rudolf (Franz), * 29. 11. 1853 Kleinpoppen (Gem. Echsenbach, NÖ.), † 7. 2. 1925 Wien, Geistlicher. Christl.-soz. Reformer aus dem Kreis um K. Frh. v. → Vogelsang; 1888–90 Reichsratsabgeordneter.

Literatur: E. Kuppe, Pfarrer E. zur Arbeiterfrage, 1925.

Eichmann, Karl Adolf, * 19. 3. 1906 Solingen (D), † 1. 6. 1962 Ramlah b. Tel Aviv (Israel; hingerichtet), Handelsvertreter, SS-Obersturmbannführer. In Linz aufgewachsen, Mitgl. der illegalen NSDAP und SS, Mitarbeiter von R. Heydrich, war ab 1941 für die Judentransporte in die Vernichtungslager verantwortlich. Nach Kriegsende konnte er nach Argentinien flüchten, wurde am 11. 5. 1960 in Buenos Aires vom israel. Geheimdienst verhaftet, 1961 in Jerusalem vor Gericht gestellt und zum Tod verurteilt.

Literatur: F. K. Kaul, Der Fall E., 1963; H. Arendt, E. in Jerusalem, 1964; H. Safrian, E. und seine Gehilfen, 1995.

Eidlitz, Walther, * 28. 8. 1892 Wien, † 28. 8. 1976 Vayholm (S), Lyriker, Erzähler und Dramatiker. Lebte 1938–46 und 1950/51 in Indien, wo er sich mit dem Hinduismus beschäftigte; ab 1952 in Schweden; im Zentrum seines Werks stehen ethisch-relig. Fragen; in seinem Spätwerk widmet er sich dem Studium der indischen Geistesgeschichte („Die indische Gottesliebe", 1955).

Werke: Lyrik: Der goldene Wind, 1918. – Romane: Zodiak, 1930; Das Licht der Welt, 1932. – Novellentrilogie: Die Gewaltigen, 1926. – Drama: Der Berg in der Wüste, 1923.

Eier, Richard, * 11. 6. 1935 Wien, Informatiker. Studierte Schwachstromtechnik an der Techn. Hochschule in Wien und wurde 1972 an dieser Prof. und Inst.-Vorstand des neu gegr. Inst. f. Datenverarbeitung (heute Inst. f. Computertechnik).

Eifler, Alexander, Edler von Lobenstedt, * 30. 5. 1890 Wien, † 2. 1. 1945 KZ Dachau (D), Offizier. Ab 1923 Stabschef des Republikan. Schutzbunds. Er rief in den ersten Märztagen 1938 zum Kampf für Ö. auf und versuchte als Vertreter der illegalen Sozialisten Verbindungen mit offiziellen Regierungsstellen herzustellen. Am 16. 3. 1938 verhaftet und in das KZ Dachau gebracht.

Literatur: J. Deutsch, A. E., 1947; A. Magaziner, Die Wegbereiter, 1975.

Eigruber, August, * 16. 4. 1907 Steyr (OÖ.), † 28. 5. 1946 Landsberg (D, hingerichtet), Dreher und NS-Politiker. Trat 1927 der NSDAP bei, wurde 1936 Gauleiter der verbot. NSDAP in OÖ., übernahm am 12. 3. 1938 das Amt des Landeshauptmanns von OÖ. Am 23. 5. 1938 zum Gauleiter für Oberdonau und am 15. 3. 1940 zum Reichsstatthalter bestellt, wurde er 1943 SA-Obergruppenführer (höchster Rang). E. verstand sich stets als Arbeiterführer. Seine Entscheidungen wurden gegen Kriegsende immer härter. Mitte April 1945 befahl er die Liquidierung aller in Mauthausen inhaftierten Oberösterreicher und wollte die im Salzbergwerk Altaussee gelagerten Kunstschätze vernichten. Am 10. 8.

1945 verhaftet, wurde er im Mauthausen-Prozess zum Tod verurteilt.

Literatur: H. Slapnicka, OÖ., als es Oberdonau hieß, 1978.

Einem, Caspar, * 6. 5. 1948 Salzburg, Jurist und Politiker (SPÖ); Sohn von Gottfried v. → Einem und Lianne von Bismarck. War 1972–77 in der Bewährungshilfe, 1980–91 in der Wr. Arbeiterkammer und 1991–94 in der ÖMV tätig. 1994–95 Beamtenstaatssekr. im Bundeskanzleramt, 1995–97 BMin. für Inneres, 1997–2000 BMin. für Wiss. u. Verkehr. 1996 und seit 1999 Abg. z. NR.

Werke: Gegenwind. Auf der Suche nach der soz.-dem. Identität, 1998; Ein neuer Staat befreiter Bürger, 1999; Weißbuch zur Förderung von Frauen in der Wiss., 1999.

Einem, Gottfried von, * 24. 1. 1918 Bern (CH), † 12. 7. 1996 Oberdürnbach (Gem. Maissau, NÖ.), Komponist; Vater von Caspar → Einem (aus erster Ehe mit Lianne

Gottfried von Einem. Foto.

von Bismarck). Wuchs in Deutschland und England auf, Assistent der Bayreuther Festspiele, 1944 Hauskomponist der Dresdner Staatsoper, lebte ab 1946 in Ö.; Schüler von B. Blacher. 1948–51 Direktionsmitgl. und nach 1955 Vorsitzender des Kunstrats der Sbg. Festspiele. 1963–73 Prof. an der Wr. Musikakad. 1965–70 Präs. der AKM. Zählte zu den bedeutendsten Komponisten Ö. im 20. Jh.; weltweites Ansehen fanden insbes. seine Opern, die durch klaren Aufbau sowie ausdrucksstarke Instrumentation und Rhythmik gekennzeichnet sind. Großer Ö. Staatspreis 1965. In zweiter Ehe verheiratet mit der Schriftstellerin L. → Ingrisch. Gedenkstätte im Sterbehaus in Oberdürnbach.

Werke: Orchester- und Chorwerke. – Opern: Dantons Tod, 1947; Der Prozeß, 1953; Der Zerrissene, 1964; Der Besuch der alten Dame, 1971; Kabale und Liebe, 1976; Jesu Hochzeit, 1980. – Ballette, Kammermusik, Lieder, Film- u. Bühnenmusik. – Autobiographie: Ich hab' unendlich viel erlebt, 1995. – Literatur: D. Hartmann, G. v. E., 1967; F. Saathen, E.-Chronik, 1982; V. Graßberger, G. v. E., 1997; T. Eickhoff, Polit. Dimensionen einer Komponisten-Biographie im 20. Jh., 1998; A. Bäumer (Hg.), G. v. E. und die Sbg. Festspiele, 1998.

Einsle, Anton, * 30. 1. 1801 Wien, † 10. 3. 1871 ebd., Porträtmaler. Studium an der Wr. Akad., beliebter Porträtist beim Wr. Hochadel und bei Persönlichkeiten des öffentl. Lebens. Langjähriger Aufenthalt in Prag und Budapest, 1838 Ernennung zum Hofmaler und Rückkehr nach Wien. Porträtierte den jungen Ks. Franz Joseph in seinen ersten beiden Regierungsjahren ungefähr 30-mal. Offizieller Porträtist des Kaiserhauses mit Atelier in der Hofburg.

Literatur: G. Trnka (Sadofsky), A. E. 1801–71, Diss., Wien 1980.

Eipeldauer, Anton, * 25. 2. 1893 Meires b. Zlabings (Slavonice, CZ), † 17. 10. 1977 Wien, Gärtner, Chefredakteur und Hg. mehrerer Fach-Ztschr., 1945–64 Gen.-Sekr. der ö. Gartenbauges., bekannt als „Blumendoktor" in Radio und Fernsehen.

Werke: Obstbaumschnitt in Wort und Bild, 2 Bde., 1952, [3]1995; Du und dein Garten, 1966; E. Gartenmagazin, 1948–88.

Eis, Maria, * 22. 2. 1896 Prag (CZ), † 18. 12. 1954 Wien, Kammerschauspielerin. 1918–23 an der Neuen Wr. Bühne, der Renaissancebühne und den Kammerspielen in Wien; 1925–32 am Thaliatheater und am Dt. Schauspielhaus in Hamburg, wo sie sich zur großen Charakterschauspielerin und Tragödin entwickelte; von 1932 bis zu ihrem Tod am Wr. Burgtheater (Rollen: Elisabeth, Medea, Sappho, Iphigenie, Lady Macbeth); zahlr. Filmrollen.

Literatur: H. Rohner, M. E., Diss., Wien 1948; L. Schinnerer-Kamler, M. E., 1961.

Eiselsberg, Anton Frh. von, * 31. 7. 1860 Schloss Steinhaus b. Wels (OÖ.), † 25. 10. 1939 bei St. Valentin (NÖ.; Eisenbahnunglück), Chirurg. Schüler von T. → Billroth, 1893 Univ.-Prof. in Utrecht, 1896 in Königsberg, 1901–31 Vorstand der I. Chirurg. Univ.-Klinik in Wien. E., einer der Begründer der Neurochirurgie, erhob sein Fach zur selbstständigen Wiss. Seine Forschung erstreckte sich vorwiegend auf die Chirurgie des zentralen Nervensystems, der Schilddrüse und des Magen-Darm-Kanals. Er schuf 1909 gem. mit J. → Hochenegg Unfallstationen, die für die ganze Welt vorbildlich wurden. E. bildete in Wien eine der größten medizin. Schulen heran und war Ehrenmitgl. der Akad. d. Wiss.

Anton Freiherr von Eiselsberg. Foto, 1895.

Werke: Die Hypophyse, 1930; Lebensweg eines Chirurgen, 1938. – Literatur: Almanach der Akad. d. Wiss. zu Wien, Jg. 90, 1940; Ö. Naturforscher, Ärzte und Techniker, 1957; ÖBL.

Eisenberg, Ludwig Julius, * 5. 3. 1858 Berlin (D), † 25. 1. 1910 Wien, Schriftsteller. Gab ab 1889 (bis 1891 gem. mit R. → Groner) das Künstler- und Schriftstellerlexikon „Das geistige Wien" (2 Bde.) sowie das „Große Biograph. Lexikon der dt. Bühne im 19. Jh." (1903) heraus.

Eisenberg, Paul Chaim, * 26. 6. 1950 Wien, Oberrabbiner der Israelit. Kultusgem. Wien (seit 1983). Stammt aus einer Rabbinerfamilie, studierte Mathematik und Statistik in Wien, dann Rabbinatsstudium in Jerusalem. Seit 1988 auch Oberrabbiner des Bundesverbandes der Kultusgemeinden Ö.

Eisendle, Helmut, * 12. 1. 1939 Graz (Stmk.), Schriftsteller und Psychologe, Mitgl. der Grazer Autorenversammlung und des Forum Stadtpark. In seinen teilw. essayhaften Prosatexten steht er sprachphilosophisch in der Tradition von L. → Wittgenstein und F. → Mauthner und bezieht v. a. gegenüber den Naturwiss. eine kritische Position.

Helmut Eisendle. Foto.

Werke: Romane: Walder oder Die stilisierte Entwicklung einer Neurose, 1972; Jenseits der Vernunft oder Gespräche über den menschl. Verstand, 1976; Anrufe. Der Doppelgänger. Die Verfolgung, 1985; Oh Hannah, 1988; Der Egoist, 1996. – Erzählungen und andere Prosawerke: Handbuch zum ordentlichen Leben, 1973; Der Narr auf dem Hügel, 1981; Block oder Die Melancholie, 1991; Lauf, Alter, die Welt ist hinter dir her, 2000. – Essays: Das Verbot ist der Motor der Lust, 1980; Beiläufige Gedanken über Etwas, 1989; Entzauberungen, 1994. – Hörspiel: Die Gaunersprache des Intellektuellen, 1986. – Literatur: P. Laemmle u. J. Drews, Wie die Grazer auszogen, die Literatur zu erobern, [2]1979.

Eisenmenger, August, * 11. 2. 1830 Wien, † 7. 12. 1907 ebd., Historien- und Porträtmaler. Studium an der Wr. Akad., Mitarbeiter von C. → Rahl; Fresken und Deckengemälde in vielen privaten und öffentl. Gebäuden der Ringstraßenzeit (u. a. Musikverein, Parlament, Burgtheater, Rathaus, Kunsthist. Museum); 1872–91 Akad.-Prof. in Wien.

Literatur: W. Kitlitschka, Die Malerei der Wr. Ringstraße, 1981; H. Tichy, A. E., 2 Bde., Dipl.-Arb., Wien 1998.

Eisenmenger, Rudolf Hermann, * 7. 8. 1902 Piskitelep (Simeria, RO), † 3. 11. 1994 Wien, Maler. Studierte 1921–28 an der Akad. d. bild. Künste in Wien bei H. Tichy und R. → Bacher. 1939–45 Präs. des Wr. Künstlerhauses. Schuf monumentale Allegorien und großformatige Bildnisse.

Herbert Eisenreich. Foto.

Werke: 13 Gobelins für den Mozartsaal der Wr. Staatsoper, 1949–55; Eiserner Vorhang der Wr. Staatsoper, 1955. – Literatur: M. Missbach, R. H. E., Diss., Wien 1986.

Eisenreich, Herbert, * 7. 2. 1925 Linz (OÖ.), † 6. 6. 1986 Wien, Schriftsteller. Vielseitiger Autor von Erzählungen, Kurzgeschichten, Gedichten, Essays, Sachbüchern und Hörspielen. 1952–56 Rundfunkmitarbeiter in Hamburg. In seinem Essay „Das schöpferische Mißtrauen oder Ist Österreichs Literatur eine ö. Literatur?" befasste er sich mit der Frage nach einer ö. Nationalliteratur. Kafka-Preis 1985.

Werke: Einladung, deutlich zu leben, 1952; Auch in ihrer Sünde, 1953; Böse schöne Welt, 1957; Sozusagen Liebesgeschichten, 1965; Sebastian. Die Ketzer. Zwei Dialoge, 1966; Die Freunde meiner Frau, 1966; Ein schöner Sieg und 21 andere Mißverständnisse, 1973; Die blaue Distel der Romantik, 1976; Groschenweisheiten, 1985; Memoiren des Kopfes, 1986. – Literatur: J. Köhler, Janusköpfige Welt, 1990; S. Piontek, Der Mythos von der ö. Identität, 1999.

Eisler, Georg, * 20. 4. 1928 Wien, † 15. 1. 1998 ebd., Maler; Sohn von Hanns → Eisler. Studierte als Emigrant bei O. → Kokoschka in England, 1946–48 an der Akad. d. bild. Künste in Wien. 1968–72 Präs. der Wr. Secession. Realistisch-expressive Malweise mit soz. und polit. Themen.

Werke: Die roten Strümpfe, 1966; Phoenix-Club I–IV, 1968/69; Straße mit Laufenden I–VIII, 1968/69; Porträt von G. Lukacs. – Literatur: O. Breicha, G. E., 1970; G. E., Ausst.-Kat., Hist. Museum d. Stadt Wien 1979; G. E. Bilder aus den Jahren 1943–1997, 1997.

Eisler, Hanns, * 6. 7. 1898 Leipzig (D), † 6. 9. 1962 Berlin (D), Komponist; Bruder von Ruth → Fischer, Vater von Georg → Eisler. Wuchs als Sohn des Wr. Philosophen Rudolf Eisler in Wien auf und studierte bei A. → Schönberg und A. v. → Webern. 1924 Musikpreis der Stadt Wien für die Klaviersonate op. 1, ab 1925 in Berlin. E. hatte sich schon in Wien der Arbeiterbewegung (Werke für Arbeitergesangvereine) zugewandt und wurde dann zum radikalen Marxisten. Befreundet mit B. Brecht, schuf er für diesen Bühnen- und Filmmusik, wobei er Elemente von ernster und Unterhaltungsmusik verwendete; 1933–48 in Emigration (Sowjetunion, Spanien, USA), wurde er in Hollywood zum anerkannten Filmkomponisten und Musiktheoretiker (Zusammenarbeit mit T. W. Adorno). Als Kommunist 1948 aus den USA ausgewiesen, lebte er bis 1950 in Wien, dann bis zu seinem Tod in der DDR, für die er auch die Hymne schuf.

Weitere Werke: Streichquartett, 1938; 14 Arten den Regen zu beschreiben, op. 70, 1941. – Bühnenmusik (u. a. zu Dramen von F. Schiller, W. Shakespeare, J. Nestroy, K. Kraus, J. R. Becher). – Schriften: Composing for the films, 1947 (mit T. W. Adorno; Komposition für den Film, 1949), Reden u. Aufsätze, 1959; Materialien zu einer Dialektik der Musik, 1973. – Ausgabe: H. E. Gesamtausgabe, hg. v. A. Dümling, 1998ff. – Literatur: J. Shintani (Hg.), H. E. 1898–1962, Werkverz., 1998; F. Hennenberg, H. E., 1998; J. Schebera, H. E., 1998.

Eitelberger, Rudolf, Edler von Edelberg, * 17. 4. 1817 Olmütz (Olomouc, CZ), † 18. 4. 1885 Wien, Kunsthistoriker. Erster Ordinarius für Kunstgeschichte in Wien (1852); Initiator und 1.Leiter des Ö. Museums f. Kunst und Ind. (gegr. 1864, heute Ö. Museum f. angew. Kunst) sowie der Kunstgewerbeschule (gegr. 1867, heute Univ. f. angew. Kunst).

Werke: Gesammelte kunsthist. Schriften, 4 Bde., 1879–84. – Literatur: E. Nebel, Die kunstpädagog. Ideen, Theorien und Leistungen R. v. E., Diss., Wien 1980.

Elisabeth Kaiserin von Österreich. Gemälde.

Eitner, Wilhelm, * 28. 1. 1843 Iglau (Jihlava, CZ), † 13. 10. 1921 St. Christophen (NÖ.), Gerbereichemiker, Pionier des ö. Gerbereiwesens. Chemiker an Wr. und Prager Lederfabriken, 1874 Gründer und Leiter der Chem.-techn. Versuchsanstalt für Lederind. in Wien. Er setzte in der Gerberei eine wiss. Betrachtungsweise durch und führte die Verwendung des Natriumsulfids ein.

Werk: Die Lederfabrikation in Nordamerika, 1876. – Literatur: ÖBL.

Eitzing, → Eyczing, Adelsgeschlecht.

Ekbert von Andechs-Meranien, * nach 1173, † 5. 6. 1237 Wien, Bischof von Bamberg (ab 1203). Wurde wegen des Verdachtes, Mitwisser der Ermordung von Kg. Philipp (1208) gewesen zu sein, geächtet, floh nach Ungarn und schloss sich 1214/15 dem Staufer Ks. Friedrich II. an. Von diesem wurde er im Februar 1237 zum Statthalter in Ö. und Stmk. bestellt.

Ekker, Ernst A., * 4. 3. 1937 Idar-Oberstein (D), † 8. 5. 1999 Ravensburg (D), Schriftsteller. Zunächst als Lektor für den ORF tätig, dann bei amerikan. Fernsehanstalten. Schrieb v. a. Kinder- und Jugendbücher, daneben Drehbücher, Hörspiele, Dramen und Prosawerke. Setzte sich mit aktuellen Fragen, wie Frieden, Toleranz und Ökologie, auseinander und beschäftigte sich bes. mit Kindertheater, -musical und -oper. Ö. Staatspreis 1988.

Werke: Kinderoper: Zauberbär und Wünschelstimme, 1983. – Kindermusicals. – Über 50 Kinderbücher: Quirl, 1989; Garten der Wünsche, 1992; Oh, Pinocchio, 1994; Gluck, der Sternenfischer, 1994; Wenn der Teufel tanzt, 1995. – Musikal. Kinderbücher (mit CD): F. Schubert, 1996; J. Strauß, 1998; W. A. Mozart, 1998 (alle mit D. Eisenburger).

Elbel, Herbert, * 22. 10. 1907 Villach (Kä.), † 9. 5. 1986 Bonn (D), Gerichtsmediziner. 1942 Leiter des Inst. f. Gerichtl. Medizin in Freiburg i. Breisgau, 1946–76 Univ.-Prof. für Gerichtl. Medizin in Bonn; Fachmann auf dem Gebiet der Blutalkoholforschung.

Literatur: R. Teichl, Österreicher der Gegenwart, 1951.

Eldersch, Matthias, * 24. 2. 1869 Brünn (Brno, CZ), † 20. 4. 1931 Wien, soz.-dem. Politiker. 1901–11 Reichsratsabg.; ab 1911 Reichskommissar der Krankenkassen, 1919/20 Staatssekr. für Inneres und Unterr., 1919–1931 Mitgl. d. Konstituierenden Nationalversammlung bzw. Abg. z. NR; 1930/31 Präs. d. NR. Maßgeblich an der Entwicklung von Krankenkassen und Sozialgesetzgebung in Ö. beteiligt.

Literatur: A. Magaziner, Die Wegbereiter, 1975.

Eleonore von Österreich, * um 1433 Dunfermline (GB), † 20. 11. 1480 Innsbruck (Ti.), Tochter Jakobs I. v. Schottland, ab 1449 Ehefrau von Hzg. → Sigmund von Tirol. Übertrug den franz. Abenteuerroman „Pontus et la belle Sidonie" ins Deutsche („Pontus und Sidonia"); die Übertragung erreichte bis Ende des 17. Jh. eine starke Verbreitung. Zentrale Motive sind die mehrmalige Trennung der Liebenden und die Rückeroberung des Reichs aus heidn. Gewalt.

Ausgabe: H. Kindermann (Hg.), Volksbücher vom sterbenden Rittertum, ²1942; R. Hahn (Hg.), E. v. Ö.: Pontus und Sidonia, 1997. – Literatur: Verf.-Lex.; M. Köfler, E. v. Schottland, 1982.

Eleonore von Portugal, * 8. 9. 1436 Torres Vedras (P), † 3. 9. 1467 Wr. Neustadt (NÖ.), Gemahlin von Ks. → Friedrich III., Mutter → Maximilians I. Ihr Epitaph in der Neuklosterkirche Wr. Neustadt wurde von N. → Gerhaert van Leyden geschaffen.

Literatur: A. Zierl, Kaiserin E. und ihr Kreis, Diss., Wien 1966.

Eleonore Magdalena, * 6. 1. 1655 Düsseldorf (D), † 19. 1. 1720 Wien, dritte Gemahlin Ks. → Leopolds I., Mutter von → Joseph I. und → Karl VI. Sie nahm starken Einfluss auf die Politik und führte nach dem Tod Josephs I. 1711 die Regentschaft bis zum Eintreffen Karls VI. aus Spanien. 1688 erneuerte sie den von ihrer gleichnamigen Schwiegermutter (Witwe Ferdinands III.) 1666 gestifteten Sternkreuzorden.

Elisabeth, * 24. 12. 1837 München (D), † 10. 9. 1898 Genf (CH; ermordet), Kaiserin von Ö. und Königin von Ungarn, Tochter von Hzg. Max in Bayern; ab 1854

Gattin von Ks. → Franz Joseph I. Am Wr. Hof nie ganz glücklich, hatte sie große Sympathien für das ungar. Volk und setzte sich 1866/67 verstärkt für den Ausgleich mit Ungarn ein. Nach dem Selbstmord ihres Sohnes Kronprinz → Rudolf 1889 dehnte sie ihre schon früher gepflegte Reisetätigkeit noch weiter aus.

Literatur: B. Hamann, E. Kaiserin wider Willen, [11]1992; dies. (Hg.), Kaiserin E. Das poetische Tagebuch, 1984; E. v. Ö., Ausst.-Kat., Wien 1986; J. Thiele, E. Das Buch ihres Lebens, 1996; ders., E. Bilder ihres Lebens, 1998.

Elizza, Elise (eigentl. Elisabeth Letztergroschen), * 6. 1. 1870 Wien, † 3. 6. 1926 ebd., Sängerin (Sopran). Ab 1892 berühmte Operettensoubrette am Wr. Carltheater, 1895–1919 Mitgl. der Wr. Hofoper, ab 1919 Gesangslehrerin in Wien.

Ellenberger, Hugo, * 5. 2. 1903 Wien, † 18. 3. 1977 ebd., Volksbildner, Schriftsteller. Prof. an der Hochschule f. angew. Kunst, Gestalter von Radiosendungen und zu seiner Zeit populärster Wr. Volksbildner (u. a. an der Wr. Urania).

Werke: Wien – Weltstadt an der Donau, 1956; Wr. Musikergedenkstätten, 1957.

Ellenbogen, Wilhelm, * 19. 7. 1863 Lundenburg (Břeclav, CZ), † 25. 2. 1951 New York (USA), Arzt und soz.-dem. Politiker. 1901–18 Reichsratsabg., 1918–19 Mitgl. der Provisor. Nationalversammlung und 1919–34 Mitgl. der Konstituierenden Nationalversammlung bzw. Abg. z. NR; ab 1919 Präs. der Staatskommission für Sozialisierung; 1919/20 Unterstaatssekr. f. Handel und Gewerbe, Ind. und Bauten; 1938 Emigration.

Werke: Sozialisierung in Ö., 1921; Faschismus, 1923. – Ausgabe: N. Leser u. G. Rundel (Hg.), Ausgewählte Schriften, 1983. – Literatur: H. Riesinger, Leben und Werk des ö. Politikers W. E., Diss., Wien 1969.

Ellert, Gerhart (Pseud. für Gertrud Schmirger), * 26. 1. 1900 Wolfsberg (Kä.), † 7. 5. 1975 ebd., Schriftstellerin. Schrieb erfolgreiche hist. Romane (z. T. für die Jugend bearbeitet) über bedeutende Gestalten der Weltgeschichte; 1959 Ö. Staatspreis für Kinder- und Jugendliteratur.

Werke: Romane: Attila, 1934; Karl V., 1935; Wallenstein, 1937; Richelieu, 1948; Propheten, Könige und Kalifen, 1960; Mahmud II., 1963; Gregor d. Große, 1963. – Erzählung: Die Katze der Herzogin, 1961. – Literatur: B. Urbas, Leben und Werk G. S. im Spiegel ihrer hist. Romane, Diss., Graz 1980.

Ellison von Nidlef, Otto, * 6. 4. 1868 St. Pölten (NÖ.), † 11. 11. 1947 St. Stefan ob Stainz (Stmk.), General. Spezialist für Befestigungen, 1917 Kommandant der Luftstreitkräfte, 1917 Maria-Theresien-Orden. Nach 1923 Kommandant der steir. Heimwehr.

Elmayer-Vestenbrugg, Willy, * 27. 5. 1885 Wien, † 7. 11. 1966 ebd., Anstandslehrer, urspr. Berufsoffizier und Reitlehrer. Gründete 1919 in Wien eine Tanzschule, kurz darauf ein Zweiginst. in Berlin; ab 1935 arrangierte er den „Ball der Stadt Wien" und andere Prominentenbälle, u. a. den Opernball; führender Ratgeber in Anstandsfragen.

Werk: Gutes Benehmen wieder gefragt, 1957.

Elschnig, Anton, * 22. 8. 1863 Leibnitz (Stmk.), † 17. 11. 1939 Wien, Ophthalmologe. Ab 1900 Univ.-Prof. in Wien, 1907–34 Ordinarius an der Dt. Univ. Prag; erfolgreicher Augenchirurg, gab neue Operationsmethoden an.

Werke: Stereoskopisch-photograph. Atlas der patholog. Anatomie des Auges, 1901f.; Augenärztl. Operationslehre (Hg.), in: Hb. d. ges. Augenheilkunde, hg. v. Graefe-Saemisch, [2]1918, [3]1922; Die intrakapsuläre Starextraktion, 1932. – Literatur: NDB.

Elshuber, August, * 1. 7. 1890 Heinrichsbrunn (Gem. Mauthausen, OÖ.), † 2. 11. 1956 Salzburg, Postbeamter und Heimwehrführer. 1920 Mitbegründer der Sbg. Heimwehr; 1932–34 Abg. z. NR (Heimatblock), 1936–38 u. a. Landesstabsleiter von Sbg.

Literatur: W. Wiltschegg, Die Heimwehr, 1985.

Fanny Elßler in der Cachucha im Ballett „Der hinkende Teufel" von C. Gide. Stich von A. Geiger.

Elßler, Fanny (Franziska), * 23. 6. 1810 Wien, † 27. 11. 1884 ebd., eine der berühmtesten Tänzerinnen der 1. Hälfte des 19. Jh.; Tochter von Johann → Elßler. Tanzte bereits als Kind mit ihrer Schwester Theresia → Elßler am Theater an der Wien, 1817–25 am Kärntnertortheater, zahlr. Auslandsgastspiele, trat 1851 von der Bühne ab; bekannt geworden v. a. durch ihre ausgesprochen realist. National- und Charaktertänze (Cachucha, Cracovienne, Smolenska, Russkaja), die sie in den entsprechenden Nationalkostümen ausführte.

Literatur: R. Raab, F. E. Eine Weltfaszination, 1962; I. Guest, F. E., 1970; L. Denk, F. E., 1984; J. Weißenböck, F. E., 1984.

Elßler, Johann (Florian), * 3. 5. 1769 Eisenstadt (Bgld.), † 12. 1. 1843 Wien, Sohn von Joseph → Elßler d. Ä., Bruder von Joseph → Elßler d. J., Vater von Johann Elßler (später Chordirektor an der Berliner Oper), Theresia → Elßler und Fanny → Elßler. Faktotum und persönl. Kopist von J. → Haydn 1787 bis zu dessen Tod 1809. Arbeitete danach als Kopist in Wien. Wegen seiner zahlr. Schriften über Haydn wichtige Quelle der Haydnforschung.

Literatur: ÖBL; NDB.

Elßler, Joseph d. Ä., * Kieslingswalde (Idzikow, PL), † 26. 10. 1782 Eisenstadt (Bgld.), Musiker und Kopist; Vater von Joseph → Elßler d. J. und Johann → Elßler. Schrieb ab ca. 1760 für J. → Haydn (wichtig für die Überlieferung der frühen Haydn-Werke).

Elßler, Joseph d. J., * 7. 8. 1767 Eisenstadt (Bgld.), † 6. 10. 1843 Wien, Oboist; Sohn von Joseph → Elßler d. Ä., Bruder von Johann → Elßler. Spielte in der Kapelle der Fürsten → Esterházy, arbeitete vermutlich auch als Kopist in Eisenstadt (für J. → Haydn jedoch noch nicht eindeutig identifiziert).

Elßler, Theresia, * 5. 4. 1808 Wien, † 19. 11. 1878 Meran (S-Ti.), Tänzerin; Tochter von Johann → Elßler, Schwester von Fanny → Elßler. Wie diese eine viel beachtete Tänzerin; heiratete 1850 Adalbert Heinrich Wilhelm von Preußen (durch Wilhelm IV. zur Freifrau von Barnim erhoben).

Literatur: ÖBL.

Elstner, Frank, * 19. 4. 1942 Linz (OÖ.), Fernsehmoderator, Produzent. Ab 1966 bei Radio Luxemburg, ab 1970 Programmdirektor, ab 1972 Dir. des dt.-sprach. RTL-Programms. Berühmt geworden als Erfinder und Moderator der Sendung „Wetten, dass …" (ab 1981), der erfolgreichsten Fernsehshow im dt. Sprachraum. Gründete 1982 eine eig. TV-Produktionsfirma. Zahlr. Auszeichnungen.

Eltz, Nikolaus, * 13. 11. 1900 Tulln (NÖ.), † 22. 2. 1984 Wien, Radiotechniker. Gründete 1924 gem. mit seinem Bruder Theodor E. (* 2. 1. 1899, † 8. 3. 1940) die Radiofabrik Radione in Wien, die bis 1977 Radio- und Fernsehgeräte herstellte. Das Radione-Kofferradio R 2 wurde 1938 erzeugt; 1957 brachte Radione das erste tragbare Fernsehgerät (Radionescop) heraus, 1960 wurden die ersten teilw. mit Transistoren arbeitenden Fernsehgeräte hergestellt.

Embel, Franz Xaver, * 10. 11. 1770 Florenz (I), † 31. 7. 1856 Mödling (NÖ.), Topograph. Begründete mit seinen volkskundl. gut beobachteten Reiseschilderungen die ö. Spezialtopographie.

Werke: Fußreise von Wien nach dem Schneeberge, 1801; Schilderung der Gebirgs-Gegenden um den Schneeberg in Ö., 1803.

Emo, Emerich Josef Wojtech (E. W.), * 11. 7. 1898 Seebarn (NÖ.), † 2. 12. 1975 Wien, Filmregisseur. Zunächst Filmstatist, arbeitete dann für den Stummfilm (Aufnahmeleiter, Schnittmeister und Regisseur) und danach für den Tonfilm. Drehte ab 1931 in Pariser Ateliers dt., span. u. portugies. Versionen der europ. Paramount-Produktionen; gründete 1937 eine eig. Produktionsfirma (Emo-Film); nach 1945 in Ö. und Deutschland tätig; inszenierte zahlr. Filme mit H. → Moser.

Regie (gem. mit H. Moser): Der Mann, von dem man spricht, 1937; Die 13 Stühle, 1938; Anton der Letzte, 1939; Meine Tochter lebt in Wien, 1940; Schwarz auf Weiß, 1943; Wien 1910, 1943; Ober, zahlen!, 1957.

Emperger, Friedrich Ignaz Edler von, * 11. 1. 1862 Prag (CZ), † 7. 2. 1942 Wien, Bauingenieur. Projektierte im In- und Ausland (v. a. in den USA 1890–96) zahlr. Stahlbetonbrücken, Hochhäuser und Schiffe; gründete 1901 die Ztschr. „Beton und Eisen". 1926–38 Präs. des Ingenieur- und Architekten-Vereins.

Werk: Hb. für Eisenbetonbau, 4 Bde., 1908–09 (Hg.).

Ender, Johann Nepomuk, * 3. 11. 1793 Wien, † 16. 3. 1854 ebd., Porträt- und Historienmaler; Zwillingsbruder von Thomas → Ender, Vater des Porträtmalers Eduard E. (1822–1883). 1820–26 als kaiserl. Pensionär in Rom. Beliebter Porträtist der vornehmen Ges., 1829–50 Prof. für Historienmalerei an der Wr. Akad.

Werke: Fresken der Liechtensteinkapelle im Wr. Stephansdom, 1853/54; Freskenzyklus in Mariazell (Vorarbeiten). – Literatur: G. Frodl, Wr. Malerei der Biedermeierzeit, 1987.

Otto Ender. Foto, 1930.

Ender, Otto, * 24. 12. 1875 Altach (Vbg.), † 25. 6. 1960 Bregenz (Vbg.), Rechtsanwalt und Politiker (CS). 1918–30 Landeshauptmann von Vbg.; 1920–34 Mitgl. d. BR, 1930/31 Bundeskanzler, 1934–38 Präs. des Rechnungshofs. Vertrat 1918–20 den Anschluss von Vbg. an die Schweiz; Schöpfer der ständestaatl. Bundesverfassung von 1934.

Werk: Die neue ö. Verfassung, 1934. – Literatur: H. Huebmer, Dr. O. E., 1957.

Ender, Thomas, * 3. 11. 1793 Wien, † 28. 9. 1875 ebd., Landschaftsmaler und hervorragender Aquarellist; Zwillingsbruder von Johann Nepomuk → Ender. Wurde von Fürst C. → Metternich gefördert, begleitete 1817/18 die ö. Expedition nach Brasilien. 1823 im Auftrag Metternichs im Salzkammergut tätig, ab 1828 Kammermaler von Erzhzg. → Johann (Orient- und Südrusslandreise 1837). 1837–51 Prof. an der Wr. Akad. Schöpfer mehrerer Landschaftsserien, die oft von engl. Künstlern in Stahl gestochen wurden. Seine Brillanz zeigte sich in naturgetreuen Veduten mit frischer Farb- und Lichtwirkung und v. a. in seinen flüchtigen Aquarellskizzen.

Literatur: W. Koschatzky, T. E., 1982; R. Wagner, T. E. in Brasilien, Ausst.-Kat., Akad. d. bild. Künste in Wien, 1994.

Enderlen, Eugen, * 21. 1. 1863 Salzburg, † 17. 6. 1940 Stuttgart (D), Chirurg. Ab 1904 Univ.-Prof. in Basel, ab 1907 in Würzburg und Heidelberg; erfand neue Operationsmethoden (u. a. die moderne Kopfoperationstechnik gem. mit G. Hotz) und schuf die Voraussetzungen zur Wiederaufnahme der Bluttransfusion. Ehrenmitgl. der Wr. medizin. Ges.

Werke: Blasenektopie, 1904; Stereoskopbilder zur Lehre von den Hernien, 1906. – Literatur: I. Fischer (Hg.), Biograph. Lexikon der hervorrag. Ärzte der letzten 50 Jahre, Bd. 1, 1932; ÖBL.

Endlicher, Stephan Ladislaus, * 24. 6. 1804 Pressburg (Bratislava, SK), † 28. 3. 1849 Wien, Botaniker, Bibliothekar. Ab 1840 Univ.-Prof. und Dir. des Botan. Gartens in Wien. Ließ dort 1844 das Museum (jetzt Botan. Inst.) bauen. Hg. ungar. Geschichtsquellen; beschäftigte sich mit ahd. und klassischer Philologie sowie chines. Kultur und war an der Gründung der Akad. d. Wiss. in Wien beteiligt. 1848 Mitgl. des Frankfurter Parlaments und des Kremsierer Reichstags.

Werke: Genera plantarum, 1836–50; Anfangsgründe der chines. Grammatik, 1845. – Literatur: ÖBL.

Endörfer, Jörg, * um 1450, † zw. 28. 2. und 16. 10. 1508 Innsbruck (Ti.), ab 1479 Büchsenmeister im Dienst von Erzhzg. Sigmund und Ks. Maximilian I. mit Gusshütte in Hötting. Einer der ersten Geschützgießer in Mitteleuropa, von dem eine Büchse erhalten ist (das 1494 entstandene Stück „Die alt Kattl" im Musée de l'Armée, Paris).

Literatur: NDB.

Endres, Robert, * 8. 10. 1892 Salzburg, † 7. 4. 1964 Wien, Historiker. 1919–57 Gymn.-Lehrer; schrieb Werke zur ö. und europ. Geschichte.

Werke: Hb. der ö. Staats- u. Wirt.-Geschichte, 1922; Geschichte Europas im Altertum und MA, 1923; Geschichte Europas im 19. Jh., 1928; Geschichte Europas und des Orients, 5 Bde., 1951–56; Die Revolution in Ö. 1848, 1947.

Enenkel, Job Hartmann, * 14. 9. 1575 Heinrichschlag (Gem. Grünbach, OÖ.), † 9. 2. 1627 Wien, Genealoge und Historiker. Stammte aus evang. Adel in NÖ., studierte in Jena und wurde Beamter der Stände in Linz und Wien. Als Gelehrter der Spätrenaiss. legte er genealog. Sammlungen an und sicherte Geschichtsquellen, die in den Landesarchiven von NÖ. und OÖ. erhalten sind.

Literatur: A. Coreth, J. H. E., MIÖG 55, 1944.

Engelbert von Admont, * um 1250 Volkersdorf (Gem. Purgstall b. Eggersdorf, Stmk.), † 10. (12.?) 5. 1331 Admont (Stmk.), Benediktiner und Gelehrter. Studierte in Prag und Padua, 1297–1327 Abt von Stift Admont, in das er 1267 eingetreten war. Verfasste 35 philosoph. und zeitgeschichtl. Werke (Krönung Rudolfs I. 1273, Lebensberichte um 1320). Bekannt wurde sein Lehr- und Methodikbuch „De musica".

Ausgabe: E. v. A., Vom Ursprung und Ende des Reiches und andere Schriften, hg. v. W. Baum, 1998. – Literatur: Musik in Geschichte und Gegenwart 3, 1954; Musik in der Stmk., Ausst.-Kat., Admont 1980; K. Ubl, E. v. A., 2000.

Engelbrecht, Helmut, * 13. 11. 1924 Ysper (NÖ.), Pädagoge, Historiker. Gymn.-Dir., Univ.-Prof. für Geschichte des ö. Bildungswesens in Wien, Mitgestalter der Lehrpläne an höheren Schulen (Geschichte und Sozialkunde, Psychologie und Philosophie), führender Vertreter der hist. Pädagogik in Ö.

Werke: Lehrervereine im Kampf um Status und Einfluß, 1978; J. I. Felbiger und die Vereinheitlichung des Primarschulwesens in Ö., 1979; Geschichte des ö. Bildungswesens, 6 Bde., 1982–95; Relikt oder Zukunftsmodell? Zur Geschichte der kath. Privatschulen in Ö., 2000. – Literatur: E. Lechner (Red.), Schriftenverzeichnis H. E. (Retrospektiven in Sachen Bildung R. 1, Nr. 2), 1992.

Engelhardt, Victor, * 26. 10. 1866 Wien, † 9. 3. 1944 Berlin (D), Elektrochemiker. Mitarbeiter von Siemens & Halske in Wien und Berlin; 1920 Prof. an der Techn. Univ. Berlin; entwickelte die techn. Anwendung elektrochem. Verfahren und der Elektrometallurgie.

Werke: Monographie über angewandte Elektrochemie, 52 Bde., 1902–22 (Hg.); Hb. der techn. Elektrochemie, 3 Bde., 1931–35.

Engelhart, Josef, * 19. 8. 1864 Wien, † 19. 12. 1941 ebd., Maler und Bildhauer. Studierte an den Akad. in Wien und München, längerer Aufenthalt in Paris, Reisen nach Spanien und Italien; Gründungsmitgl. der Wr. Secession; malte Szenen und Typen aus dem Wr. Volksleben; ab 1903 auch als Bildhauer tätig (Waldmüller-Denkmal im Wr. Rathauspark, Karl-Borromäus-Brunnen in Wien 3 u. a.).

Literatur: B. E. Werl, J. E., Diss., Innsbruck 1987; H. Benzer, Nimm diese Menschen und Bilder, wie sie kommen – J. E., Dipl.-Arb., Innsbruck 1992.

Engel-Jánosi, Friedrich, * 18. 2. 1893 Wien, † 7. 3. 1978 ebd., Historiker. 1935 und 1959–69 an der Univ. Wien, 1937 in Rom, 1939 in England und 1943 in Washington.

Werke: Ö. und der Vatikan, 2 Bde., 1958–60; Geschichte auf dem Ballhausplatz, 1963; Die polit. Korrespondenz der Päpste mit den ö. Kaisern, 1963; Vom Chaos zur Katastrophe, 1973; ... aber ein stolzer Bettler, 1974. – Literatur: Festschrift für F. E.-J., 1973.

Engelmann, Eduard sen., * 21. 1. 1833 Wien, † 6. 11. 1897 ebd., Wachstuchfabrikant; Vater von Eduard → Engelmann jun. Förderte den Eissport durch Schaffung des E.-Eislaufplatzes in Wien-Hernals (1871), begründete das Ansehen der Wr. Schule des Eiskunstlaufs.

Literatur: A. Meisel, 60 Jahre Sportplatz E., 1932.

Engelmann, Eduard jun., * 14. 7. 1864 Wien, † 31. 10. 1944 ebd., Techniker und Sportler; Sohn von Eduard → Engelmann sen., Vater von Helene → Engelmann. Erfolgreicher Radsportler und Eiskunstläufer; 1892 und 1894 Europameister im Eiskunstlauf, entwickelte und erbaute 1909 die erste Freiluftkunsteisbahn der Welt auf dem E.-Eislaufplatz in Wien-Hernals (heute auf dem Dachgeschoss eines Einkaufszentrums); schuf die Voraussetzung für die Elektrifizierung der Mariazeller Bahn (Kraftwerk Wienerbruck).

Literatur: A. Meisel, 60 Jahre Sportplatz E., 1932.

Engelmann, Helene (verh. Jaroschka), * 9. 2. 1898 Wien, † 1. 8. 1985 ebd., Eiskunstläuferin; Tochter von Eduard → Engelmann jun.; 3-fache Weltmeisterin im Paarlauf 1913 (mit K. Mejstrik), 1922 und 1924 (mit Alfred Berger), Olympiasiegerin im Paarlauf 1924 (mit A. Berger).

Literatur: A. Meisel, 60 Jahre Sportplatz E., 1932.

Engelsberg, E. S. (Pseud. für Eduard Schön), * 23. 1. 1825 Engelsberg (Andělská Hora, CZ), † 27. 5. 1879 Deutsch-Jasnick (Jeseník nad Odrou, CZ), Komponist und Regierungsbeamter in Wien. V. a. seine Kompositionen für Männerchöre wurden bekannt.

Weitere Werke: Orchester-, Klavier- und Kammermusikwerke.

Engert, Erasmus von, * 4. 2. 1796 Wien, † 14. 4. 1871 ebd., Landschafts-, Genre- und Porträtmaler. Studierte an der Wr. Akad. bei H. Maurer und A. Petter, Zeichenlehrer an der Ingenieur-Akad., 1833 Italienreise; tätig als Restaurator, Kopist und Museumskustos, ab 1857 Dir. der k. k. Gemäldegalerie im Belvedere. Relativ kleines Œuvre als Maler mit einfach komponierten, ruhigen Sujets ohne Theatralik und Pose.

Werk: Sammlungskat. der Gemäldegalerie im Belvedere, 1860. – Literatur: Wr. Biedermeier – Malerei zw. Wr. Kongreß und Revolution, Ausst.-Kat., Wien 1993.

Engerth, Eduard Ritter von, * 13. 5. 1818 Pleß (Pszczyna, PL), † 28. 7. 1897 Semmering (NÖ.), Porträt- und Historienmaler; Bruder des Maschinenbau-Ingenieurs Wilhelm Frh. v. → Engerth. Ab 1854 Dir. der Prager Akad.; Mitarbeit an den Fresken in der Altlerchenfelder Kirche, ab 1865 Prof. an der Wr. Akad., ab 1871 Dir. der k. k. Gemäldegalerie im Belvedere. Ausgehend von der Romantik und beeinflusst von den Nazarenern, tendierte E. in seinem Spätwerk zu einer realist. Malerei.

Literatur: R. Engerth, E. R. v. E., Diss., Wien 1986; ders., E. R. v. E. (1818–97), 1994; E. v. E. 1818–1897, Ausst.-Kat., Hist. Mus. d. Stadt Wien, 1997.

Engerth, Wilhelm Frh. von, * 26. 5. 1814 Pleß (Pszczyna, PL), † 4. 9. 1884 Leesdorf (Gem. Baden, NÖ.), Eisenbahn- und Maschinenbau-Ing.; Bruder von Eduard v. → Engerth. 1844 Prof. am Joanneum in Graz, 1855 Zentraldir. der ö.-ungar. Staatseisenbahnges.; konstruierte 1853 die erste Gebirgslokomotive (für die Semmeringbahn), förderte die Donauregulierung bei Wien und entwarf 1872 die Absperrvorrichtung (Schwimmtor) des Wr. Donaukanals, leitete 1873 als Chef-Ing. den Bau der Ausstellungshallen für die Wr. Weltausstellung und setzte sich für die Durchtunnelung des Arlbergs ein.

Enghaus, Christine (eigentl. Engehausen), * 9. 2. 1817 Braunschweig (D), † 29. 6. 1910 Wien, Schauspielerin; ab 1846 Ehefrau von F. → Hebbel. Als Schauspielerin am Wr. Burgtheater (1840–75) verkörperte sie bes. eindrucksvoll die dramat. Frauengestalten Hebbels.

Literatur: C. Seeger, C. Hebbel-E., Diss., Wien 1965.

Engländer, Richard, → Altenberg, Peter.

Englisch, Lucie (eigentl. Aloisia Paula), * 8. 2. 1906 Baden (NÖ.), † 12. 10. 1965 Erlangen (D), (Film-)Schauspielerin. 1923–25 von M. → Reinhardt an das Theater in der Josefstadt in Wien engagiert, ab 1925 in Frankfurt a. M. und Berlin; mit dem Aufkommen des Tonfilms volkstüml. Rollen in über 100 dt.-sprach. Filmen.

Enikel (Enichel, Enenkel), Jans, * 1230–40, † um 1290, Dichter und Chronist. Wr. Bürger; verfasste nach dem Vorbild ma. Chroniken um 1280 eine „Weltchronik" (30.000 Verse) und ein „Fürstenbuch" (Chronik der ö. Herrscher, v. a. der Babenbergerzeit, 4258 Verse). Beide Werke enthalten neben hist. Fakten zahlr. Geschichten und Anekdoten, in denen bereits vergangene ritterl.-höf. Werte und Normen verherrlicht werden.

Ausgabe: P. Strauch, Dt. Chroniken III (1891). – Literatur: U. Liebertz-Grün, Das andere MA, 1984; R. G. Dunphy, The Presentation of Old Testament Material in J. E. Weltchronik, 1998.

Enk von der Burg, Michael, * 29. 1. 1788 Wien, † 11. 6. 1843 Melk (NÖ.; Selbstmord), Benediktiner, Schriftsteller, Lit.-Theoretiker. Befreundet mit E. v. → Feuchtersleben, A. → Stifter, F. → Grillparzer, E. v. → Bauernfeld und N. → Lenau. Verfasste die ästhetische Studie „Melpomene oder: Über das tragische Interesse" (1827) sowie diätetische Schriften (u. a. „Über die Freundschaft", 1840).

Weitere Werke: Über den Umgang mit uns selbst, 1829; Briefe über Goethes Faust, 1834; Studien über Lope de Vega, 1839. – Romane: Don Tiburzio, 1831; Dorats Tod, 1833.

Ennemoser, Josef, * 15. 11. 1787 Schönau (S-Ti.), † 19. 9. 1854 Egern (D), Arzt, Schriftsteller. 1809 Schreiber A. → Hofers und Leutnant der Passeirer Schützen; 1827–36 Prof. f. Anthropologie und Psychologie in Bonn; 1837–41 Arzt in Innsbruck, dann in München.

Literatur: K. Boegner (Hg.), J. E., 1980.

Ennöckl, Katharina, * 10. 10. 1789 Wien, † 20. 7. 1869 ebd., Volksschauspielerin; Ehefrau von A. → Bäuerle. 1804 Schauspieldebüt, ab 1808 Vorleserin bei Fürst W. A. → Kaunitz, 1813 Fortsetzung ihrer Theaterkarriere, 1814–29 am Leopoldstädter Theater, erfolgreich in Stücken A. Bäuerles und als Partnerin F. → Raimunds, unterlag aber dem neuen weibl. Bühnenstar T. → Krones.

Literatur: E. Futter, Die bedeutendsten Schauspielerinnen des Leopoldstädter Theaters in der Zeit von 1800 bis 1830, Diss., Wien 1965.

Ens, Faustin, * Febr. 1772 Breisach (D), † 5. 3. 1858 Bregenz (Vbg.), Schriftsteller. Ab 1844 Gymn.-Lehrer in Bregenz, gründete 1857 den Vbg. Landesmuseumsverein.

Enzenberg, Adelsfamilie, seit dem 17. Jh. in Ö. (Ti.) ansässig. Seit 1847 besitzen die E. Schloss Tratzberg in Stans (Ti.) und ein Palais in Schwaz. Zu den bedeutendsten Mitgl. der Familie zählten u. a.: Arthur Gf. → Enzenberg, Franz Josef Gf. → Enzenberg, Sophie Amalie Gräfin → Enzenberg.

Enzenberg, Arthur Graf, * 27. 7. 1841 Innsbruck (Ti.), † 4. 1. 1925 ebd., Beamter. Zuletzt bis 1892 Sektionschef im Min. f. Cultus u. Unterr.; machte sich um den Denkmalschutz in Ti. verdient. Seine Münz-Smlg. befindet sich im Landesmuseum Ferdinandeum.

Enzenberg, Franz Josef Graf, * 8. 5. 1747 Bozen (S-Ti.), † 24. 7. 1821 Singen (D), Jurist. 1791–1821 Präs. des Appellationsgerichts Klagenfurt (zeitw. von Venedig); Obersthofmeister von Erzherzogin Maria Anna.

Enzenberg, Sophie Amalie Gräfin (geb. Baronin Schrack), * 1707, † 1788. Wurde 1745 Hofdame bei Maria Theresia, die ihre Vermählung mit Kassian I. Gf. E., dem späteren Präs. des Innsbrucker Guberniums, betrieb. Stand in regem Briefwechsel mit Maria Theresia.

Epp, Elisabeth (geb. Eschbaum), * 26. 1. 1910 Köln (D), † 29. 10. 2000 Wien, Schauspielerin; Ehefrau von Leon → Epp. 1929 von O. → Preminger nach Wien geholt, wo sie 1937/38 im Neuen Wr. Schauspielhaus (der heutigen Volksoper) und 1945–51 in dem von ihr und ihrem Mann gegr. Theater „Die Insel" spielte. 1953–89 war sie Ensemblemitgl. des Wr. Volkstheaters.

Werke: Leon Epp. Leben und Arbeit, 1974; Erinnerungen. Aufzeichnungen eines Theaterlebens, 2000.

Epp, Leon, * 29. 5. 1905 Wien, † 21. 12. 1968 Eisenstadt (Bgld.), Schauspieler, Regisseur und Theater-Dir.; Ehemann von Elisabeth → Epp. Nach Schauspieltätigkeit in Teplitz-Schönau und an dt. Bühnen gründete E. 1937 das Theater „Die Insel", das 1938 geschlossen werden musste. 1939–41 Leiter der „Komödie", dann bis 1944 Oberspielleiter in Bochum und Graz, 1945–51 neuerlich Leiter der „Insel". 1948/49 Dir. des Wr. Renaissancetheaters und 1952–68 Dir. des Wr. Volkstheaters. Mit seinem Leitspruch „Man muss es wagen" prägte E. den Theaterstil nach 1945, indem er insbes. moderne Dramen auf die Bühne brachte. 1954 initiierte er die Aktion „Volkstheater in den Außenbezirken". J.-Kainz-Medaille.

Literatur: K. Breitenecker, Es muß gewagt werden, Diss., Wien 1991; A. Eder, Theater Die Insel in der Komödie, Ausst.-Kat., Hist. Mus. der Stadt Wien, 1998; Es muß gewagt sein, L. E., 1905–1968, hg. v. Volkstheater, 1999.

Eppan, Grafen von, Hochadelsgeschlecht, mit den Welfen verwandt. Das im 12. Jh. mächtigste Geschlecht Südtirols nannte sich ab 1116 nach der bei Kaltern stehenden Burg. Machtzentrum war die gleichnamige Grafschaft um Bozen, am rechten Etschufer von Kaltern nordwärts bis gegen Meran mit Einschluss des Ultentals. Die Grafschaft um Bozen fiel nach dem Tod des Grafen Ulrich von E. und Ulten im Kampf gegen Gf. → Albert III. von Ti. 1248 an die Grafen von Ti.

Eppensteiner, Hochadelsgeschlecht des 11.–12. Jh. in Kä. und der Stmk. Nannte sich nach der Burg bei Judenburg (jetzt Ruine). Die E. wanderten aus Bayern ein und ließen sich in Judenburg nieder. Markwart (vor 970–ca. 995) war erster Markgraf der Mark an der Mur (Stmk.) mit der Hengistburg als Zentrum, mit dieser waren 4 obersteir. Grafschaften verbunden. Sein Sohn → Adalbero I., der sich im Rodungsgebiet einen großen Besitz erworben hatte – ca. 995 Markgraf, 1012 Hzg. von Kä. –, wurde 1035 abgesetzt und starb 1039. Liutpold († 1090) wurde 1077 von Heinrich IV. mit dem Herzogtum Kä. und der Mark Verona belehnt. Er und sein Bruder Heinrich wollten die Macht gegen Bamberg und Sbg. sowie nach Istrien, Aquileia und Krain erweitern. Sie gründeten zw. 1096 und 1103 das Kloster St. Lambrecht. Nach Heinrichs Tod erlosch das Geschlecht 1122, der Allodialbesitz in der Ober-Stmk. fiel an seinen Schwager, den Traungauer → Otakar II. († 1122) bzw. dessen Sohn Leopold I. den Starken. Kä. gelangte an die → Sponheimer Grafen, mit denen die E. ebenfalls durch Ehen verbunden waren. Erbe war des letzten E. Patenkind Heinrich; nach dessen Tod 1123 wurde der älteste Bruder Hzg. von Kä.

Literatur: G. Pferschy (Hg.), Das Werden der Stmk., 1980.

Eppinger, Hans sen., * 17. 12. 1846 Karolinenthal b. Prag (CZ), † 12. 8. 1916 Graz (Stmk.), Pathologe; Vater von Hans → Eppinger jun.; 1875 Univ.-Prof. in Prag, ab 1882 in Graz; arbeitete v. a. über Bakteriologie („Hadernkrankheit"), Schlagadergeschwülste und angeborene Krankheiten des Herzens.

Werke: Patholog. Anatomie des Larynx und der Trachea, 1880; Die Hadernkrankheit als typischer Inhalationsmilzbrand, 1894. – Literatur: NDB.

Eppinger, Hans jun., * 5. 1. 1879 Prag (CZ), † 26. 9. 1946 Wien, Internist; Sohn von Hans → Eppinger sen.; Univ.-Prof. in Freiburg i. Br., Köln und Wien. Sein Lebenswerk galt der Erforschung von Leberkrankheiten und Kreislaufstörungen, er organisierte die I. Medizin. Univ.-Klinik in Wien und schuf die Permeabilitätspathologie. 1936 wurde er anlässlich einer Erkrankung J. Stalins nach Moskau berufen und war nach 1945, obwohl seiner Stellung als Vorstand der Klinik enthoben, Vertrauensarzt des sowjet. Oberkommandos.

Werke: Versagen des Kreislaufs, 1927; Seröse Entzündung, 1936; Leberpathologie, 1937. – Literatur: I. Fischer (Hg.), Biograph. Lexikon der hervorrag. Ärzte der letzten 50 Jahre, Bd. 1, 1932; ÖBL.

Epstein, Gustav Ritter von, * 1827 Prag (CZ), † 23. 9. 1879 Wien, Bankier. Führte bis 1854 die väterl. Baumwollfabriken in Böhmen; gründete und leitete eine Privatbank in Wien; Dir. der „priviligierten Ö. Nationalbank" und Vize-Präs. der „k. k. privileg. Ö.-Oriental. Bank" in Triest; ließ 1868–71 von dem Architekten T. Frh. v. → Hansen das Palais E. als Bank- und Wohngebäude am Dr.-Karl-Renner-Ring erbauen (1922–38 und seit 1958 Sitz des Stadtschulrates für Wien, 1945–55 Sitz der sowjet. Stadtkommandantur).

Epstein, Julius, * 7. 8. 1832 Agram (Zagreb, HR), † 2. 3. 1926 Wien, Pianist. 1867–1901 Musiklehrer (u. a. von G. → Mahler) am Wr. Konservatorium; bemühte sich v. a. um den reinen Vortrag und gab dazu zahlr. klass. und vorklass. Werke neu heraus; Freund von J. → Brahms.

Equiluz, Kurt, * 13. 6. 1929 Wien, Kammersänger (Tenor). Altsolist der Wr. Sängerknaben, ab 1950 Mitgl. des Staatsopernchors, trat bald auch in Einzelrollen hervor; bekannt als Oratoriensänger, v. a. als Evangelist in Bachs „Matthäuspassion". 1981–98 Prof. an der Wr. Musikhochschule (Lied und Oratorium).

Erath, Georg (George Bernard E.), * 1. 1. 1813 Wien, † 13. 5. 1891 Waco (USA), Landvermesser, Offizier und Politiker. Wanderte 1832 nach Amerika aus und ließ sich 1837 als erster europ. Einwanderer in Waco in Texas nieder („Vater von Waco"); als Landvermesser trug er wesentl. zur Kolonisation von Texas bei; nach der Teilnahme am Unabhängigkeitskampf von Texas gegen Mexiko und dem Anschluss an die USA wurde E. insges. 4-mal in den Senat gewählt (ab 1857 für 3 Amtsperioden, ab 1874). 1858 schuf er die Texas Rangers als Grenzschutztruppe.

Erbse, Heimo, * 27. 2. 1924 Rudolstadt (D), Komponist. 1947–50 Opernregisseur an verschiedenen dt. Bühnen, seit 1950 freischaffender Komponist v. a. für Film- und Theaterproduktionen; lebt seit 1957 in Ö.

Werke: Opern: Fabel in C, 1952; Der Deserteur, 1983. – Orchesterwerke: Impressionen, 1955; Pavimento, 1960. – Sinfonien, Kammermusik.

Erdödy, ungar. Magnatengeschlecht, erwarb 1496 Eberau und Rotenturm im Bgld. Die E. waren stets Anhänger der Habsburger und blieben auch in der Reformationszeit kath. Ab 1728 spalteten sie sich in mehrere Linien, sie stellten mehrmals den Banus von Kroatien. Thomas Gf. E. war ein Freund Ks. → Karls I. und unterstützte 1921 dessen Versuch einer Restauration.

Erggelet, Johann Fidel (ab 1808 Frh. von), * 1751 Waldshut (D), † 19. 2. 1815 Wien, Beamter, Finanzexperte. Arbeitete beim Gubernium von Galizien und war ab 1789 Rat der 5 Moldau-Kreise; ab 1797 Hofrat des Direktoriums in Wien, danach in der Vereinigten Hofkanzlei. Er hinterließ seinem Sohn Rudolf ein Millionenvermögen.

Erhard, Johann Christoph, * 21. 2. 1795 Nürnberg (D), † 20. 1. 1822 Rom (I; Selbstmord), Maler und Radierer. Studien in Nürnberg, reiste 1816 mit J. A. → Klein nach Wien, betrieb hier Landschafts- und Pflanzenstudien, 1818 Wanderung mit Klein und anderen Künstlerfreunden ins Salzkammergut und nach Salzburg, 1819 Romreise, hielt in zahlr. Zeichnungen und Radierungen ö. Gegenden fest.

Werke: Landschaftsserien: Aus den Umgebungen des Schneebergs, 1817/18; Studien aus dem Salzburgischen, 1818. – Literatur: E. Schoch (Red.), J. C. E. (1795–1822), Ausst.-Kat., German. Nationalmus. Nürnberg, 1996.

Erhard, Ludwig, * 25. 8. 1863 Schloss Aicha vorm Walde (D), † 28. 10. 1940 Baden (NÖ.), Techniker, ab 1892 Pionier der Gewerbeförderung in Ö. Wurde 1910 mit dem Aufbau des Techn. Museums für Ind. und Gewerbe in Wien betraut, dessen Dir. er 1918–30 war. Er konzipierte die das Museum prägende entwicklungsgeschichtl. Ausstellung.

Literatur: K. Holey, L. E., in: Blätter für Technikgeschichte, 1963.

Erismann, Theodor, * 16. 9. 1883 Moskau (RUS), † 2. 12. 1969 Innsbruck (Ti.), Psychologe. Ab 1912 Privatdozent in Straßburg und Bonn, ab 1926 Univ.-Prof. in Innsbruck. Präs. der Akad. Ges. f. Psychotherapie und angew. Psychologie. Seine Spezialgebiete waren angew. Psychologie, Erkenntnistheorie, Ethik und Ontologie.

Werke: Angew. Psychologie, 1916; Psychologie, 2 Bde., 1920/21; Psychologie der Berufsarbeit und Berufsberatung, 1922; Die Eigenart des Geistigen, 2 Bde., 1924; Die Wahrscheinlichkeit im Sein und Denken, 1954. – Literatur: R. Teichl, Österreicher der Gegenwart, 1951.

Ermacora, Felix, * 13. 10. 1923 Klagenfurt (Kä.), † 24. 2. 1995 Wien, Jurist und Politiker (ÖVP). Ab 1957 Univ.-Prof. in Innsbruck, ab 1964 Univ.-Prof. für Staats- und Verwaltungsrecht der Univ. Wien; ab 1958 Mitgl. der Europ. Kommission für Menschenrechte und ab 1959 auch der UN-Menschenrechtskommission; ab 1984 Spezialberichterstatter der UNO für Afghanistan; 1971–90 Abg. z. NR; ab 1992 Dir. des L.-Boltzmann-Inst. für Menschenrechte. Das 1999 eröffnete F.-E.-Inst. in Wien widmet sich der Erforschung der Völker der Donaumonarchie.

Werke: Handbuch der Grundfreiheiten und der Menschenrechte, 1963; Allg. Staatslehre, 2 Bde., 1970; Ö. Verfassungslehre, 2 Bde., 1970/80; Grundriß der Menschenrechte in Ö., 1988; Die Entstehung der Bundesverfassung, 5 Bde., 1986–93; Menschenrechte in der sich wandelnden Welt, 3 Bde., 1974–94; Menschenrechte ohne Wenn und Aber. Erlebnisse und Begegnungen, 1993.

Ernst (der Eiserne), * 1377 Bruck a. d. Mur (Stmk.), † 10. 6. 1424 ebd., Hzg. von Inner-Ö.; 3. Sohn von Hzg. → Leopold III. (Leopoldin. Linie). E. stand bis 1406 unter dem Einfluss seines ältesten Bruders Wilhelm, dann in Konkurrenz zu seinem Bruder → Leopold IV., nach dessen Tod er Inner-Ö. (Stmk., Kä., Krain) allein beherrschte. Er entfaltete dort eine beträchtl. Bautätigkeit (Burgkapelle Wr. Neustadt). Am 18. 3. 1414 ließ er sich als (letzter) Hzg. von Kä. einsetzen und nannte sich fortan Erzherzog. Aus seiner Ehe mit → Cimburgis von Masowien gingen 9 Kinder hervor, darunter der spätere Ks. → Friedrich III. Sein Grab in der Kreuzkapelle des Stiftes Rein zeigt ihn in voller Rüstung mit dem (Erz-)Herzogshut. Der Beiname kam erst nach seinem Tod auf.

Ernst (der Tapfere), * 1027, † 10. 6. 1075 bei Homburg a. d. Unstrut (D), Babenberger, 1055–75 Markgraf von Ö.; folgte seinem Vater → Adalbert, konnte die Böhm. Mark und die Ungarnmark mit der Mark Ö. vereinigen. Zu seiner Zeit begann die Kolonisation von Teilen des Waldviertels durch Ministeriale (→ Kuenringer). Am Beginn des Investiturstreits stand E. auf der Seite Heinrichs IV. und fiel als dessen Gefolgsmann im Kampf gegen die Sachsen.

Ernst, Erzhzg. von Ö., * 15. 7. 1553 Wien, † 12. 2. 1595 Brüssel (B). Wurde mit seinem Bruder → Rudolf II. am span. Hof erzogen, war 1573 und 1587 Kandidat für den poln. Thron. Ab 1576 war E. Statthalter in Ö. unter und ob der Enns, wo er die Gegenreformation vorantrieb, ab 1590 Statthalter in Inner-Ö.; 1594 berief ihn Kg. Philipp II. von Spanien als Statthalter in die Niederlande. Er wurde stets an Brennpunkten des konfessionellen Kampfes eingesetzt.

Ernst, August, * 20. 2. 1924 Winden am See (Bgld.), Historiker. 1958–88 Dir. des Bgld. Landesarchivs; Initiator des Int. Kulturhist. Symposions Mogersdorf (seit 1969) und Förderer der wiss. und kult. Zusammenarbeit mit Ungarn, Slowenien und Kroatien.

Werke: Geschichte des Bgld., 1987; Am Hl. Berg. Eisenstadt-Oberberg, 1996.

Ernst, Gustav, * 23. 8. 1944 Wien, Erzähler, Dramatiker, Drehbuchautor und Lyriker, ab 1969 Mit-Hg. der Literatur-Ztschr. „Wespennest", von der er sich 1997 trennte und 1998 die Ztschr. „kolik" gründete. Soz. Konflikte und Probleme der Arbeitswelt stehen im Zentrum seiner ges.-polit. engagierten Werke. Hg. einer Buchreihe zum ö. Film.

Werke: Romane: Einsame Klasse, 1979; Frühling in der Via Condotti, 1987; Trennungen, 2000. – Dramen: Ein irrer Haß, 1981; Mallorca, 1986; Tausend Rosen, 1986; Herzgruft, 1988; Blutbad, 1990; Ein Volksfreund, 1994; Casino, 1998. – Hörspiele, Drehbücher, Gedichte.

Ernst, Leopold, * 14. 10. 1808 Wien, † 17. 10. 1862 ebd., Architekt. Schüler von P. v. → Nobile; ab 1853 Dombaumeister von St. Stephan in Wien.

Werke: ab 1840 Um- und Neubau von Schloss Grafenegg (NÖ.), Langhausgiebel von St. Stephan, Wien.

Eröd, Iván, * 2. 1. 1936 Budapest (H), Komponist. Ausbildung in Budapest und ab 1956 in Wien bei K. → Schiske und H. → Jelinek, Sommerkurse in Darmstadt. 1967–89 Lehrtätigkeit in Graz, seit 1989 Prof. für Komposition und Musiktheorie an der Wr. Musikhochschule; Pianistentätigkeit; Mitgl. des Ensembles „die reihe". Joseph-Marx-Musikpreis des Landes Stmk. 1981.

Werke: Orchesterwerke, Kammermusik, Vokalwerke (Milchzahnlieder, 1973; Krokodilslieder, 1979; Canti di Ungaretti, 1988; Über die Asche zu singen, 1994), musikdramat. Werke. – Literatur: C. Heindl, I. E. Leben – Werke – Analysen, Diss., Wien 1997.

Ertl, Dominik, * 12. 4. 1857 Wien, † 4. 2. 1911 ebd., Komponist, Kapellmeister des Hoch- und Deutschmeister-Regiments, dann Operettendirigent in Dresden, ab 1904 in Wien.

Werke: rund 200 Couplets, Wr. Lieder, Märsche (Hoch- und Deutschmeister-Marsch) und Tänze.

Ertl, Emil, * 11. 3. 1860 Wien, † 8. 5. 1935 ebd., Schriftsteller und Bibliothekar. 1886–1927 Bibl.-Beamter in Graz. Gilt neben P. → Rosegger, dessen Biographie („P. Rosegger. Wie ich ihn kannte und liebte", 1923) er veröffentlichte, als einer der bedeutendsten Vertreter des ö. Heimat- und Geschichtsromans. In seinem 4-bändigen Romanzyklus „Ein Volk an der Arbeit. 100 Jahre Deutsch-Ö. im Roman" (1906–26) beschreibt er

Herzog Ernst (der Eiserne) mit seinen Söhnen Friedrich, Albrecht und Ernst. Glasmalerei, zwischen 1418 und 1424 (Österreichisches Museum für angewandte Kunst, Wien).

anhand der Geschichte einer Wr. Seidenweberfamilie die soz. Entwicklung Ö. und des ö. Bürgertums zw. 1809 und 1918.
Weitere Werke: Liebesmärchen, 1886; Der Neuhäuselhof, 1913; Karthago, 1924; Meisternovellen, 1930; Menschenschicksale, 1948. – Gedichte, 1935. – Autobiographische Werke: Geschichten aus meiner Jugend, 1927; Lebensfrühling, 1932. – Literatur: E. Ladich, Die Auffassung der Geschichte Ö. in den Romanen E. E., Diss., Wien 1949.

Ertler, Bruno, * 29. 1. 1889 Pernitz (NÖ.), † 10. 12. 1927 Graz (Stmk.), Schriftsteller. Arbeitete als Journalist bei Grazer Zeitungen und wurde 1924 Lektor für Zeitungswesen an der Univ. Graz. Trotz eines schweren Leberleidens ist sein Werk von einer positiven Grundeinstellung zum Leben geprägt. Als Themen seiner Novellen, Dramen und Gedichte verarbeitete er vorwiegend eig. Kindheits- und Jugenderlebnisse.
Werke: Eva Lilith, 1919 (Gedichte); Wenn zwei das Gleiche tun, 1920 (3 Einakter); Das Spiel vom Doktor Faust, 1923 (Drama); Novellen, 2 Bde., 1946; Erlebnisse des Herzens, 1948 (Erzählungen). – Ausgaben: Dichters Dornenstraße. Novellen und Erzählungen, hg. v. E. Nack, 1954; Durch den großen Garten gehen. Gedichte, hg. v. E. Nack, 1953; Dramat. Werke, hg. v. E. Nack, 1957. – Literatur: K. Kaschnitz, Die geistige und künstler. Entwicklung im Werk B. E., Diss., Graz 1949.

Escherich, Gustav von, * 1. 6. 1849 Mantua (I), † 28. 1. 1935 Wien, Mathematiker. 1879 Ordinarius für Mathematik an der Univ. Czernowitz, dann an der Techn. Hochschule Graz, ab 1884 an der Univ. Wien (Rektor 1903–04). Gründete 1890 mit E. → Weyr die „Monatshefte für Mathematik und Physik", deren Redaktion er bis zu seiner Emeritierung 1920 leitete.
Werke: Beiträge zur Geometrie, Infinitesimalrechnung, Invariantentheorie, Variationsrechnung und Differentialgleichungen. – Literatur: ÖBL.

Escherich, Theodor von, * 29. 11. 1857 Ansbach (D), † 15. 2. 1911 Wien, Kinderarzt. Ab 1894 Univ.-Prof. in Graz und Vorstand der Grazer Kinderklinik, ab 1902 in Wien. schuf eine wiss. Ges. der Kinderärzte und war Mitbegründer der „Ö. Ges. für Kinderforschung" sowie Begründer der „Reichsanstalt f. Mutter- und Säuglingsfürsorge". Er schuf die Grundlage für eine rationelle Säuglingsernährung. Die Kolibakterien „Escherichia coli" sind nach ihm benannt.
Werke: Die Darmbakterien des Säuglings, 1886; Diphtherie, Croup, Serumtherapie, 1895. – Literatur: I. Fischer (Hg.), Biograph. Lexikon der hervorragenden Ärzte der letzten 50 Jahre, Bd. 1, 1932; ÖBL.

Bernhard Freiherr von Eskeles. Lithographie von J. Kriehuber.

Eskeles, Bernhard Frh. von, * 12. 2. 1753 Wien, † 7. 8. 1839 Hietzing b. Wien, Bankier; Sohn eines Rabbiners. In Amsterdam ausgebildet, wurde er Teilhaber und später Hauptinhaber eines Bankhauses in Wien, Finanzberater von Joseph II. und Franz II. sowie 1816 Mitbegründer der Oesterr. Nationalbank und 1819 der Ersten ö. Spar-Casse. Sein Wr. Palais ist jetzt Jüdisches Museum der Stadt Wien.
Literatur: ÖBL.

Essl, Karlheinz sen., * 16. 4. 1939 Hermagor (Kä.), Industrieller; Vater von Karlheinz → Essl jun. und Martin → Essl. Baute das Bauunternehmen Schömer in Klosterneuburg (NÖ.) aus und gründete die bauMax AG (Baumärkte) mit Niederlassungen in Ö. sowie in den Reformländern Mittel- und O-Europas. Ließ 1985 von H. → Tesar ein neues Verwaltungsgebäude in Klosterneuburg errichten, in dem bis 1999 auch die große Smlg. ö. Malerei seit 1945 (größte Privat-Smlg. der Gegenwartskunst mit über 4000 Werken, aufgebaut gem. mit seiner Ehefrau Agnes E., geb. Schömer) untergebracht war. 1999 wurde in Klosterneuburgdas neue Museumsgebäude für die Smlg. E. eröffnet (ebenfalls geplant von H. Tesar). E. übergab im selben Jahr den Vorstandsvorsitz der bauMax AG an seinen Sohn Martin E. und übernahm die Funktion des Aufsichtsratspräsidenten.
Literatur: Smlg. bauMax, Katalog 1990; W. Schmied (Hg.), Malerei in Ö. 1945–1995. Die Smlg. E., 1995; G. Bösch (Hg.), Smlg. E. – the First View, 1999.

Essl, Karlheinz jun., * 15. 8. 1960 Wien, Komponist; Sohn von Karlheinz → Essl sen., Bruder von Martin → Essl. Studierte an der Musikhochschule (bei A. → Uhl und F. → Cerha) und an der Univ. Wien (Dr. phil.), beschäftigt sich v. a. mit elektroakustischer Musik und den Möglichkeiten des Computereinsatzes in der Komposition; Musikintendant der Smlg. Essl; unterrichtet Computer-Aided Composition am Bruckner-Konservatorium Linz.

Essl, Martin, * 5. 3. 1962 Wien, Manager; Sohn von Karlheinz → Essl sen., Bruder von Karlheinz → Essl jun. Seit 1989 im Familienunternehmen bauMax AG tätig; seit 1999 Vorstandsvorsitzender.

Este, Adelsfamilie, deren Name von der Stadt E. in Venetien abgeleitet ist. 1771 heiratete Ferdinand Karl, Sohn Maria Theresias, die Erbtochter Maria Beatrix von Modena. Dessen Enkel Franz V. starb 1875 kinderlos. Sein Vermögen erbte Erzhzg. → Franz Ferdinand, der seinen Namen auf „Österreich-Este" erweiterte. Nach seiner Ermordung gingen Vermögen und Titel 1914 an den Thronfolger Karl über und 1917 nach dessen Thronbesteigung 1917 an dessen 2. Sohn Robert (* 8. 2. 1915), der den Namen „Ö.-Este" weiterhin führte.

Esterházy, ungar. Magnatenfamilie, die ab dem 13. Jh. auf der Insel Schütt nachweisbar ist; seit Anfang des 15. Jh. unter dem Namen E.; 1527 erwarb sie Galántha (SK) und nannte sich danach, um 1600 zerfiel sie in mehrere Linien; eine davon (Nikolaus Graf → Esterházy) ließ sich in W-Ungarn nieder, erwarb Lackenbach und nannte sich nach Fraknó (Forchtenstein). Nikolaus und seine Nachkommen standen stets loyal auf Seiten der Habsburger, sie wurden 1626 Erbgrafen von Forchtenstein; 1687 wurde Paul I. → Esterházy ad personam in den Reichsfürstenstand erhoben, 1712 der jeweils erstgeborene männl. Nachkomme, 1782 alle Nachkommen. Der letzte Fürst, Paul V. → Esterházy, starb 1989, die Familie besteht weiter.
Das Geschlecht hatte die Schwerpunkte in Forchtenstein und Eisenstadt im heutigen Bgld. sowie im benachbarten Eszterháza (Fertöd) in Ungarn. In Wien besaßen sie das 1695 erbaute Majoratshaus in der Wallnerstraße und ab 1814 ein Palais in Mariahilf. Der in Ungarn liegende Besitz (128.000 ha) wurde 1946–47 enteignet, der im Bgld. nach Verkäufen zur Grundaufstockung der Bauern verbliebene (50.000 ha) wurde 1995/96 in 3 Stiftungen mit den Schwerpunkten Forchtenstein (gemeinnützige Stiftung), Eisenstadt und Lockenhaus (Familienstiftungen) eingebracht.
Inhaber des Majorats: Paul I. Fürst → Esterházy (Begründer), Michael Fürst E. (1713–21), Joseph Fürst E. (1721), Paul II. Anton Fürst → Esterházy (1721–62), Nikolaus I. Joseph Fürst → Esterházy (1762–90), Anton Fürst E. (1790–94), Nikolaus II. Fürst → Esterházy (1794–1833), Paul III. Anton Fürst E. (1833–66), Nikolaus III. Fürst E. (1866–94), Paul IV. Fürst E. (1894–98), Nikolaus IV. Fürst E. (1898–1920), Paul V. Fürst → Esterházy (1920–89).
Literatur: Die Fürsten E., Ausst.-Kat., Eisenstadt 1995.

Esterházy, Nikolaus Graf, * 1583, † 1645 Großhöflein (Bgld.), Begründer der westungar. Linie des Magnatengeschlechtes → Esterházy; Vater von Paul I. → Esterházy. Trat 1600 vom Calvinismus zum Katholizismus über und erwarb dadurch die Gunst des Kaisers in Wien. Er wurde 1618 Obersthofmeister, 1625

Palatin von Ungarn und 1626 Erbgraf von Forchtenstein. In diplomat. Missionen eingesetzt, kam er durch Heirat in den Besitz von Landsee und weiterer Güter im heutigen Bgld.

Literatur: Die Fürsten E., Ausst.-Kat., Eisenstadt 1995.

Esterházy, Nikolaus II. Fürst, * 12. 12. 1765 Wien, † 25. 11. 1833 Como (I), Enkel von Nikolaus I. Joseph Fürst → Esterházy, ab 1794 Inhaber des fürstl. Majorats der Magnatenfamilie → Esterházy. 1792 Krönungsbotschafter für Ks. → Franz II. Kunstsinnig wie sein Großvater, beschäftigte er ab 1795 J. → Haydn wieder als Kapellmeister seiner Hofmusikkapelle (1790–94 aufgelöst), auf den 1804–11 J. N. → Hummel folgte; er begründete die wertvolle Gemälde-Smlg., die sein Enkel Nikolaus III. Fürst E. 1874 dem Königreich Ungarn stiftete; er ließ das Schloss in Eisenstadt umgestalten und einen Landschaftsgarten anlegen. Wie seine Vorfahren bewies er seine Loyalität gegenüber dem Haus Habsburg: Er verzichtete auf die Würde eines Königs von Ungarn, die ihm Napoleon 1809 anbot. Die Schulden aufgrund seiner großzügigen Lebensführung (auch die Wr. Theater wurden von ihm unterstützt, anlässlich des Wr. Kongresses 1814/15 war er ein splendider Gastgeber) führten zu einer jahrzehntelangen Zwangsverwaltung eines Teils der e.schen Güter.

Literatur: Die Fürsten E., Ausst.-Kat., Eisenstadt 1995.

Esterházy, Nikolaus I. Joseph Fürst, * 18. 12. 1714 Wien, † 28. 9. 1790 ebd., Feldmarschall; Enkel von Paul I. Fürst → Esterházy, Bruder von Paul II. Anton Fürst → Esterházy und Großvater von Nikolaus II. Fürst → Esterházy. Ab 1762 nach dem Tod seines Bruders Inhaber des fürstl. Majorats der Magnatenfamilie → Esterházy. Studierte in Wien und Leiden, bewährte sich wie sein Bruder Paul II. Anton im Ö. Erbfolgekrieg (1747 Generalmajor) und wurde im Siebenjährigen Krieg (ab 1753 Regimentsinhaber) zum gefeierten Helden durch seinen Einsatz in der Schlacht bei Kolin (dafür mit dem Maria-Theresien-Orden ausgezeichnet); 1759 Feldmarschall-Leutnant. 1763 begann er mit dem Ausbau von Schloss Eszterháza am S-Ufer des Neusiedler Sees zum „ungarischen Versailles", 1764 wurde er Hauptmann der ungar. Leibgarde und Krönungsbotschafter für Ks. → Joseph II. 1766 machte er J. → Haydn zum 1. Kapellmeister seines Orchesters; aufgrund seines großzügigen Mäzenatentums und seiner Liebe zur Kunst erhielt er 1768 (Fertigstellung von Schloss Eszterháza) den Beinamen „der Prachtliebende", sein Hofstaat wurde als „e.sches Feenreich" sprichwörtlich. 1782 wurde die Fürstenwürde auf alle seine Nachkommen ausgedehnt.

Literatur: M. Horanyi, Das Esterházysche Feenreich, 1959; J. Haydn in seiner Zeit, Ausst.-Kat., Eisenstadt 1982; Bollwerk Forchtenstein, Ausst.-Kat., Forchtenstein 1993; Die Fürsten E., Ausst.-Kat., Eisenstadt 1995.

Esterházy, Paul I. Fürst, * 8. 9. 1635 Eisenstadt (Bgld.), † 26. 3. 1713 ebd., Feldmarschall, Begründer des fürstl. Majorats der Magnatenfamilie → Esterházy; Sohn von Nikolaus Graf → Esterházy und Großvater von Paul II. Anton Fürst → Esterházy, in 2. Ehe verheiratet mit Eva Thököly, Schwester von Emmerich → Thököly von Késmark. Studierte bei den Jesuiten in Tyrnau und Graz und erbte 1652 das große Vermögen der E., nachdem sein älterer Bruder Ladislaus gegen die Türken gefallen war. Er selbst kämpfte ab der Schlacht bei Mogersdorf 1664 gegen die Türken, wurde 1667 Feldmarschall und Oberbefehlshaber der Militärgrenze S-Ungarns. Er schloss sich nicht der Magnatenverschwörung an, sondern blieb den Habsburgern treu und wurde 1681 Palatin von Ungarn. Durch den Vorstoß der Türken 1683 bis Wien waren seine Länder von schweren Verwüstungen und ihre Bevölkerung von hohen Verlusten betroffen; an der darauffolgenden habsburg. Gegenoffensive beteiligte sich E. aktiv und nahm 1686 an der Rückeroberung von Buda teil. 1687 erhielt er die Fürstenwürde zunächst ad personam, 1712 auch erblich jeweils für den ältesten Sohn. E. begann 1663 den Bau des Schlosses in Eisenstadt und stiftete den Bau und Wiederaufbau (1702) der Basilika von Frauenkirchen. Auch im Kampf gegen die Kuruzzen-Einfälle ab 1703 stand E. loyal auf Seiten der Habsburger. Als vielseitiger Barockmensch schrieb er Bücher und beschäftigte sich mit Naturwiss. In seinem Testament fasste er für seine beiden Söhne Michael und Joseph sein Erbe in zwei Majoraten zusammen, die fortan jeweils unteilbar bestehen sollten, aber bereits 1721 bei Joseph zusammenfielen.

Literatur: Die Fürsten E., Ausst.-Kat., Eisenstadt 1995.

Esterházy, Paul V. Fürst, * 23. 3. 1901 Eisenstadt (Bgld.), † 25. 5. 1989 Zürich (CH), Jurist, Staatswissenschaftler und Gutsbesitzer. Übernahm 1920 das Majorat der Magnatenfamilie → Esterházy mit 128.000 ha Land in Ungarn und 66.000 ha in Ö. (Bgld.) sowie den Verwaltungssitzen Sopron und Eisenstadt; entschied sich 1921 für die ungar. Staatsbürgerschaft; stellte nach 1925 für den Aufbau der neuen bgld. Landeshauptstadt Eisenstadt Gebäude und Grundstücke zur Verfügung. 1946–47 wurde der Besitz in Ungarn verstaatlicht, in Ö. 1946 unter die Verwaltung der USIA gestellt. E. wurde 1949 in Budapest im Mindszenty-Prozess zu 15 Jahren Haft verurteilt, wurde im Zuge des Volksaufstands im Herbst 1956 befreit, konnte nach Ö. flüchten und ließ sich dann in der Schweiz nieder. Er ermöglichte im Bgld. die Burgspiele Forchtenstein, das Internationale Bildhauersymposion St. Margarethen und den Nationalpark Neusiedler See und stellte 1959–61 für bäuerliche Besitzaufstockungen ca. 9000 ha Grund zur Verfügung.

Literatur: G. Schlag, Bgld., Geschichte, Kultur, Wirt. in Biographien, 1991; Die Fürsten Esterházy, Ausst.-Kat., Eisenstadt 1995.

Esterházy, Paul II. Anton Fürst, * 22. 4. 1711 Eisenstadt (Bgld.), † 18. 3. 1762 Wien, Feldmarschall; Enkel von Paul I. Fürst → Esterházy und Bruder von Nikolaus I. Joseph Fürst → Esterházy , ab 1721 Inhaber des fürstl. Majorats der Magnatenfamilie → Esterházy. Studierte in Wien und Leyden und war kulturell stark interessiert. Unterstützte ab 1741 Maria Theresia im Ö. Erbfolgekrieg (1747 Feldmarschall-Leutnant) und war 1750–53 kaiserl. Botschafter in Neapel. Im Siebenjährigen Krieg war er ab 1756 General der Kavallerie, 1758 zog er sich als Feldmarschall vom Militärdienst nach Eisenstadt zurück und widmete sich fortan v. a. humanitären (Aufbau des Spitals der Barmherzigen Brüder) und kulturellen Tätigkeiten (Reorganisation des Hoforchesters und Anstellung J. → Haydns als Vizekapellmeister, Aufbau einer Musikalien-Smlg.).

Literatur: J. Haydn in seiner Zeit, Ausst.-Kat., Eisenstadt 1982; Bollwerk Forchtenstein, Ausst.-Kat., Forchtenstein 1993; Die Fürsten E., Ausst.-Kat., Eisenstadt 1995.

Ethofer, Theodor Josef, * 29. 12. 1849 Wien, † 24. 10. 1915 ebd., Landschafts-, Genre- und Porträtmaler. Studierte an der Wr. Akad., 1872–87 Aufenthalt in Italien, beeinflusst durch A. v. → Pettenkofen, Rückkehr nach Wien, ab 1898 ständig in Salzburg tätig.

Literatur: M. Fitzthum, T. J. E., Diss., Salzburg 1988; N. Schaffer, T. E., Ausst.-Kat., Carolino Augusteum, Salzburg 1999.

Etienne, Michael, * 21. 9. 1827 Wien, † 29. 4. 1879 ebd., Journalist. 1856–64 Redakteur der Tageszeitung „Die Presse", 1864 Mitgründer und (bis 1879) Redakteur der „Neuen Freien Presse".

Etrich, Igo, * 25. 12. 1879 Oberaltstadt (Hořejší Staré Město, CZ), † 4. 2. 1967 Salzburg, Pionier des Flugzeugbaus. Meldete 1905 ein Patent für Flügelform und Luftschraube bei Flugzeugen an, konstruierte 1907 das erste ö. Motorflugzeug, 1909 die „E.-Taube" (Eindecker), 1911 das erste ö. Militärflugzeug. Seinem Mitarbeiter Franz → Wels gelang 1906 der erste Flug eines Menschen in Ö. (Gleitflug).

Literatur: I. E., Memoiren, 1962.

Etti, Karl, * 26. 10. 1912 Wien, † 15. 4. 1996 Mödling (NÖ.), Kapellmeister, Dirigent, Komponist, Chormeister des Wr. Männergesang-Vereins, Prof. an der Wr. Musikhochschule.

Werke: Oper „Dagmar", Singspiele, Bühnenmusik, Oratorium „Artaban", Kammermusik, Chor- und symphon. Werke.

Ettingshausen, Andreas Frh. von, * 25. 11. 1796 Heidelberg (D), † 25. 5. 1878 Wien, Physiker und Mathematiker. Ab 1819 Univ.-Prof. für Physik und Mathematik in Innsbruck und Wien. 1852 Prof. für Ingenieur-Wiss. am Polytechn. Inst. in Wien, 1853 Organisator des Physikal. Inst. der Univ. Wien. E. war Mitbegründer und erster Gen.-Sekr. (1847–50) der Akad. d. Wiss.

Werke: Die kombinator. Analysis als Vorbereitungslehre zum Studium der theoret. höheren Mathematik, 1826; Vorlesungen über höhere Mathematik, 2 Bde., 1827; Die Prinzipien der heutigen Physik, 1857. – Literatur: ÖBL.

Ettingshausen, Constantin Frh. von, * 16. 6. 1826 Wien, † 1. 2. 1897 Graz (Stmk.), Paläobotaniker. 1854–71 Prof. am Josephinum in Wien, ab 1871 in Graz; Mitbegründer der Paläobotanik in Ö. Sammelte und bearbeitete hauptsächl. Blattfloren des Tertiärs, verwendete bei der Darstellung den Naturselbstdruck.

Literatur: R. Niederl (Hg.), Faszination versunkener Pflanzenwelten. C. v. E. – ein Forscherportrait, 1997; ÖBL.

Ettl, Harald, * 7. 12. 1947 Gleisdorf (Stmk.), Gewerkschafter und Politiker (SPÖ). 1973–84 Zentralsekr. und ab 1984 Vorsitzender der Gewerkschaft für Textil, Leder und Bekleidung; 1989–90 BMin. f. Gesundheit und öffentl. Dienst, 1990–92 Bmin f. Gesundheit, Sport und Konsumentenschutz; seit 1996 Abg. z. Europ. Parlament.

Etzel: Der Hunnenkönig Attila († 453) ging als E. in die Heldensage ein und spielt im Nibelungenlied und in den Dietrich-Epen die im Gegensatz zur nordischen Tradition positive Rolle des milden Herrschers, der Dietrich von Bern Asyl gewährt, Siegfrieds Witwe Kriemhild in Wien heiratet und auf dessen Burg die Burgunden ihr tragisches Ende finden. Somit unterscheidet sich die Sagendichtung in höchstem Maße vom hist. → Attila.

Literatur: H. de Boor, Das Attilabild, 1963; J. Williams, Etzel der riche, 1981.

Etzel, Karl von, * 6. 1. 1812 Heilbronn (D), † 2. 5. 1865 Kemmelbach (NÖ.), Eisenbahn-Ing. und Architekt. Lebte 1839–43 in Wien, wo er den Schwimmsaal des Dianabads baute, entwarf zahlr. Eisenbahnstrecken in Württemberg, der Schweiz, in Ungarn und in Kroatien. 1859 wurde er Generalbaudir. der südl. Staatseisenbahnen. Die Fertigstellung der von ihm entworfenen Brennerbahn (1864–67) erlebte er nicht mehr.

Literatur: ÖBL; NDB.

Eugen, Erzhzg. von Ö., * 21. 5. 1863 Groß Seelowitz (Židlochovice, CZ), † 30. 12. 1954 Meran (S-Ti.), Feldmarschall (1916); Enkel von Erzhzg. → Karl. Als letzter (Ritter-)Hochmeister des Dt. Ordens (1894–1923) wandelte er diesen 1929 in einen rein geistl. Orden um. Er wurde 1914 Kommandant der 5. Armee (Balkan), 1915 und 1917/18 Kommandant der SW-Front, 1916/17 der Heeresgruppe Ti.; lebte 1919–34 in der Schweiz, dann in Gumpoldskirchen, Wien und Innsbruck.

Literatur: Z. Schildenfeld, Erzhzg. E., 1963.

Eugen, Prinz von Savoyen, * 18. 10. 1663 Paris (F), † 21. 4. 1736 Wien, Feldherr und Staatsmann; Großneffe von Kardinal Mazarin. Als ihm der franz. Kriegsdienst verweigert wurde, trat er 1683 in das kaiserl. Heer ein, kämpfte beim Entsatz von Wien, nahm bis 1689 an den Feldzügen in Ungarn teil, dann bis 1693 gegen die Franzosen in Italien, wurde 1697 Oberbefehlshaber des kaiserl. Heeres in den Türkenkriegen und errang den Sieg bei Zenta. Ab 1700 kämpfte E. im Span. Erbfolgekrieg in Italien, siegte gem. mit J. Churchill Hzg. v. Marlborough 1704 bei Höchstädt in Bayern, entsetzte 1706 Turin, besiegte 1708 mit Marlborough bei Oudenaarde und 1709 bei Malplaquet die Franzosen, blieb aber 1712 erfolglos.

Prinz Eugen als Sieger über die Türken. Gemälde von J. van Schuppen (Galleria Sabauda, Turin).

Ab 1703 Präs. des Hofkriegsrates, ließ er den Linienwall um Wien errichten und verhandelte 1714 den Frieden von Rastatt. 1707–16 war E. Gouverneur von Mailand, 1716–24 Generalstatthalter der Ö. Niederlande, dann Generalvikar der habsb. Besitzungen in Italien. In einem weiteren Türkenkrieg errang er 1716 einen Sieg bei Peterwardein und am 16. 8. 1717 bei Belgrad. Nach dieser ruhmreichen Laufbahn zog er später nur noch ungern in den Krieg. 1734/35 blieb er im poln. Thronfolgekrieg gegen Frankreich als kaiserl. Oberbefehlshaber erfolglos.

E. galt als wichtiger Ratgeber der Ks. → Leopold I., → Joseph I. und → Karl VI. und war einer der bedeutendsten Bauherren des Barock. Sein Winterpalais in der Himmelpfortgasse in Wien (heute Finanzministerium) schufen J. B. → Fischer von Erlach und J. L. von → Hildebrandt, das Belvedere und Schloßhof im Marchfeld J. L. von Hildebrandt. Prinz E. war ein großer Bücherfreund („Eugeniana" im Prunksaal der Ö. Nationalbibl.) und Sammler und hielt im Belvedere eine Menagerie. Er war nicht verheiratet. Sein Grabmal befindet sich im Stephansdom, das Denkmal auf dem Heldenplatz (A. D. v. Fernkorn, 1865). Weitere Denkmäler in Budapest und Turin, die Apotheose von B. Permoser im Unteren Belvedere und zahlr. Gemälde, Büsten usw. dokumentieren sein Wirken.

Literatur: M. Braubach, Prinz E. v. Savoyen, 5 Bde., 1963–65; Prinz E. und das barocke Ö., Ausst.-Kat., Schloßhof 1986; E. Trost, Prinz E., eine Biographie, 1986; F. Herre, Prinz E., Europas heiml. Herrscher, 1997.

Eugippius, † nach 533 Lucullanum b. Neapel (I), Kirchenschriftsteller. Mönch und Schüler des hl. → Severin, verfasste 511 dessen Lebensbeschreibung „Vita Sancti Severini", eine einzigartige Quelle über die Zustände im Donautal am Ende des Röm. Reichs.
Literatur: R. Noll, E. Das Leben des hl. Severin, ²1981; R. Zinnhobler u. E. Widder, Der hl. Severin, 1982.

Evliyâ Çelebi, türk. Reiseschriftsteller des 17. Jh. In seinem 10-bändigen „Fahrtenbuch" erwähnte er in phantast. Beschreibung auch Wien (v. a. den Stephansdom, in dessen Turm er 1000 Mönche wohnen ließ); er zählte in Wien 360 Kirchen und Klöster mit 470 Türmen.
Ausgabe: Im Reiche des goldenen Apfels, übersetzt von R. F. Kreutel, 1957.

Exl, Ferdinand, * 27. 8. 1875 Innsbruck (Ti.), † 28. 10. 1942 ebd., Schauspieler und Theaterdir. Nach Auftritten beim Pradler Bauerntheater gründete er 1902 die „Erste Tiroler Bauernspiel-Ges." mit Sitz in Wilten, später in Innsbruck (Exl-Bühne); setzte sich für das ö. Volks- und Bauernstück ein und gab mit seinem Familienensemble sehr erfolgreiche Gastspiele im In- und Ausland; 1919–22 leitete er die ebenfalls von ihm gegr. Innsbrucker Kammerspiele, 1915–20 das Innsbrucker Stadttheater, um 1930 das Wr. Raimundtheater. Nach seinem Tod leiteten seine Frau Anna und Tochter Ilse die E.-Bühne, bis diese 1955 aufgelöst wurde.
Literatur: E. Keppelmüller, Die künstlerische Tätigkeit der E.-Bühne in Innsbruck und Wien 1902–44, Diss., Wien 1947; E. Koch, Die Entwicklung der E.-Bühne, Diss., Innsbruck 1961.

Exner, Adolf, * 5. 2. 1841 Prag (CZ), † 10. 9. 1894 Kufstein (Ti.), Jurist; Sohn von Franz Serafin → Exner. Univ.-Prof. in Zürich, ab 1872 in Wien; Mitgl. des Herrenhauses und des Reichsgerichts.
Werke: Die Lehre vom Rechtserwerb durch Tradition nach ö. und gemeinem Recht, 1867; Das ö. Hypothekenrecht, 2 Bde., 1876/81; Über polit. Bildung (Rektoratsrede), 1891. – Literatur: ÖBL.

Exner, Emilie (geb. Winiwarter, Pseud.: Felicie Ewart), * 7. 3. 1850 Wien, † 7. 4. 1909 Lovran (HR), Schriftstellerin; Ehefrau von Siegmund von → Exner-Ewarten. Begann erst im Alter von 45 Jahren zu schreiben, v. a. über Frauenprobleme, stand aber weiter gehenden Forderungen der Frauenbewegung reserviert gegenüber; sie wirkte bahnbrechend für das weibl. Fortbildungswesen und war 1901–06 Präsidentin des Wr. Frauenerwerbs-Vereins.
Werke: Die Emancipation in der Ehe, 1895; Eine Mesalliance, 1896 (Novelle); Ein Flüchtling, 1898 (Novelle); Eine Abrechnung in der Frauenfrage, 1906; Zwei Frauenbildnisse, 1908 (über Josefine u. Franziska Wertheimstein). – Literatur: ÖBL.

Exner, Ernst, * 2. 9. 1934 Wien, Musikwissenschaftler; bis 1994 als Journalist beim ORF-Landesstudio NÖ. für Kultur- und Wiss.-Sendungen verantwortlich.

Exner, Franz, * 24. 3. 1849 Wien, † 15. 11. 1926 ebd., Physiker; Sohn von Franz Serafin → Exner. Univ.-Prof. in Wien, experimenteller Forscher auf dem Gebiet der Spektralanalyse und Elektrochemie. 1910 Vorstand des Inst. für Radiumforschung. E. gilt als der Begründer der modernen luftelektr. Forschung.
Werke: Härtemessungen an Kristallen, 1872; Vorlesungen über Elektrizität, 1888; Die Spektren der Elemente bei normalem Druck, 3 Bde., 1911–12 (mit E. Haschek). – Literatur: ÖBL.

Exner, Franz Serafin, * 28. 8. 1802 Wien, † 21. 6. 1853 Padua (I), Philosoph und Schulreformer; Vater von Adolf → Exner, Franz → Exner, Karl → Exner und Siegmund von → Exner-Ewarten. 1831–48 Prof. der Philosophie in Prag, 1845–47 Mitarbeit an den Reformbemühungen der Studienhofkommission, 1848 Ministerialrat im Unterrichtsministerium. Der von ihm weitgehend konzipierte „Entwurf der Grundzüge des öffentl. Unterrichtswesens in Ö." (1849) stellte die Weichen für die Entwicklung der ö. Bildungseinrichtungen bis weit in das 20. Jh.
Literatur: J. Wenski, F. S. E. Ö. Philosoph und Schulorganisator, Diss., Wien 1974; ÖBL.

Exner, Karl, * 26. 3. 1842 Prag (CZ), † 11. 12. 1914 Wien, Physiker; Sohn von Franz Serafin → Exner. 1871–74 Gymn.-Prof. in Troppau, 1874–94 in Wien; ab 1894 Univ.-Prof. für mathemat. Physik in Innsbruck; beschäftigte sich u. a. mit optischen und geometr. Problemen.
Werke: Über das Funkeln der Sterne, 1881; Über eine Maschine zur Auflösung höherer Gleichungen, 1881; Vorlesungen über die Wellentheorie des Lichtes, 2 Bde., 1881/87 (dt. Bearbeitung des Werkes v. E. Verdet). – Literatur: ÖBL.

Exner, Wilhelm Franz, * 9. 4. 1840 Gänserndorf (NÖ.), † 25. 5. 1931 Wien, Techniker. 1868 Prof. an der Forstakad. in Mariabrunn, die er ab 1875 leitete und in die Wr. Hochschule f. Bodenkultur überführte; Initiator und 1879–1904 erster Dir. des Technolog. Gewerbemuseums in Wien; maßgeblich beteiligt an der Gründung des Techn. Museums für Ind. und Gewerbe in Wien 1908, des Ö. Forschungsinst. für Geschichte der Technik 1931 und des Gewerbeförderungsamtes. 1910 Präs. des Techn. Versuchsamtes, 1925 Ehrenmitgl. der Akad. d. Wiss., 1882 Reichsratsabg., 1905 Herrenhausmitgl.
Werk: Erlebnisse, 1931 (Autobigraphie). – Literatur: F. Renisch, W. F. E. 1840–1931, 1999; ÖBL; NDB.

Exner-Ewarten, Alfred von, * 18. 5. 1875 Wien, † 8. 11. 1921 ebd., Chirurg; Sohn von Siegmund von → Exner-Ewarten. Univ.-Prof. in Wien; seine Spezialgebiete waren Gallensteinerkrankungen und die Radiumtherapie bei Karzinomen.
Literatur: ÖBL.

Exner-Ewarten, Felix Maria von, * 23. 8. 1876 Wien, † 7. 2. 1930 ebd., Meteorologe; Sohn von Siegmund von → Exner-Ewarten. 1904 Privatdoz. an der Univ. Wien, 1910 Univ.-Prof. für Kosmische Physik in Innsbruck, 1917 Univ.-Prof. für Physik der Erde in Wien und 1917–30 Dir. der Zentralanstalt für Meteorologie und Geodynamik in Wien; forschte v. a. über dynamische Meteorologie und Anwendung der Mechanik auf geograph. Erscheinungen.
Werke: Dynam. Meteorologie, ²1925; Gravitationswellen und Atmosphäre, 1926. – Literatur: ÖBL; NDB.

Franz Serafin Exner. Lithographie von J. Zum Sande, 1843.

Exner-Ewarten, Siegmund von, * 5. 4. 1846 Wien, † 5. 2. 1926 ebd., Physiologe; Sohn von Franz Serafin → Exner, Ehemann von Emilie → Exner, Vater von Alfred von → Exner-Ewarten und Felix-Maria von → Exner-Ewarten. Ab 1874 Univ.-Prof. für Physiologie in Wien; er lokalisierte die Gehirnzentren, spielte eine führende Rolle bei der Reform der medizin. Studienordnung, schuf das neue Physiolog. Inst. in Wien (1904), regte die Gründung des Phonogrammarchivs der Akad. d. Wiss. an und wurde durch seine Tierversuche (u. a. Flug und Schweben der Vögel) berühmt. Darüber hinaus beschäftigte er sich v. a. mit Fragen der Physiologie des zentralen und peripheren Nervensystems und der experimentellen Analyse des Ablaufs psych. Reaktionen; ab 1910 Präs. der Ges. der Ärzte in Wien.
Werke: Über den Sehpurpur, 1877; Die Localisation der Functionen in der Großhirnrinde des Menschen, 1881; Entwurf zu einer physiolog. Erklärung der psych. Erscheinungen, 1894. – Literatur: ÖBL.

Wilhelm Franz Exner. Foto, um 1930.

Export, Valie (eigentl. Waltraud Höllerer), * 17. 5. 1940 Linz (OÖ.), Video-, Film- und Fotokünstlerin. Machte 1956 mit einem fotograf. Selbstporträt auf sich aufmerksam, studierte 1960–64 an der Wr. Textilschule und beschäftigt sich seit 1968 mit konzeptueller Fotografie. 1975 organisierte sie die feministische Ausstellung „Magna". Zahlr. Aktionen und Filme. Prof. an der Hochschule der Künste in Berlin. O.-Kokoschka-Preis 2000.

Valie Export mit ihrem Projekt des „Tapp- und Tastkinos". Foto, 1968.

Werke: Extremitäten des Verhaltens – Zwangsvorstellungen, 1972 (Fotozyklus); Unsichtbare Gegner, 1976 (Film). – Literatur: A. Prammer, V. E. Eine multimediale Künstlerin, 1988; V. E., Ausst.-Kat., Oö. Landesgalerie, Linz 1992; R. Mueller, V. E., 1994; M. Faber (Hg.), Split: Reality, V. E., 1997.

Eybl, Franz, * 1. 4. 1806 Wien, † 29. 4. 1880 ebd., Genre-, Porträtmaler und Lithograph. Stark beeinflusst von J. P. → Krafft, 1853 Kustos an der k. k. Gemäldegalerie im Belvedere, ab 1867 Lehrer an der kaiserl. Restaurierungsanstalt. Einer der Hauptmeister der bürgerl. Genremalerei des Vormärz neben F. G. → Waldmüller.

Literatur: I. Kastel, F. E., Diss., Wien 1983.

Eybler, Joseph Leopold von, * 8. 2. 1765 Schwechat (NÖ.), † 24. 7. 1846 Wien, Komponist. Schüler von J. G. → Albrechtsberger, Freundschaft mit J. → Haydn und W. A. → Mozart (E. ist einer der Vollender des Requiems); 1801 Musiklehrer der kaiserl. Kinder, 1804 Vizehofkapellmeister, 1824–33 Hofkapellmeister (Nachfolger von A. → Salieri); 1835 in den Adelsstand erhoben.

Werke: Opern, Kirchenmusik, Instrumentalmusik (v. a. Kammermusik). – Literatur: H. Hermann, Thematisches Verzeichnis der Werke von J. E., 1976.

Richard Eybner als Geheimer Staatsminister in „Kaiser Joseph und die Bahnwärterstochter" von F. von Herzmanovsky-Orlando. Akademietheater, Wien. Foto, 1957.

Eybner, Richard, * 17. 3. 1896 St. Pölten (NÖ.), † 20. 6. 1986 Wien, Kammerschauspieler. Nach dem 1. Weltkrieg zunächst im Bankfach tätig, begann 1927 seine künstler. Karriere als Kabarettist und absolvierte 1929/30 das soeben gegr. Reinhardt-Seminar; 1931–72 Ensemblemitgl. des Burgtheaters, auch danach Gastauftritte; komische Charakterrollen in Nestroy-Stücken, in klass. Komödien der Weltliteratur, als Operettendarsteller (Frosch in der „Fledermaus") und in Filmen; Vortragskünstler (J. Weinhebers „Wien wörtlich") und Volksbildner.

Werk: Ich möchte so leben können, wie ich leb', 1986. – Literatur: J. Reitl, R. E. als Schauspieler und Künstler, Diss., Wien 1968.

Eyczing, Adelsgeschlecht aus OÖ., das im 15. Jh. in den Herrenstand aufstieg und bis 1620 Schrattenthal in NÖ. als Hauptsitz hatte. Die Familie spielten mehrmals eine wichtige Rolle im Rahmen der Stände. Michael von E. wurde 1522 hingerichtet, 1620 wurde Philipp Christoph von E. wegen der Mitwirkung am Böhm. Aufstand geächtet und die Herrschaft Schrattenthal konfisziert. Mit ihm starben die E. 1620 aus, ihr Besitz ging an die → Breuner über. Die bedeutendste Persönlichkeit aus der Familie war Ulrich → Eyczing.

Eyczing, Ulrich, * vor 1398, † 20. 11. 1460 Schrattenthal (NÖ.), Hubmeister Kg. Albrechts II., brachte 1451 als Anführer der Stände den Mailberger Bund zustande, regierte dann für Hzg. Ladislaus im Auftrag der Stände Ö.

Literatur: K. Gutkas, U. E. letzte Lebensjahre, Jb. f. Landeskunde v. NÖ. 37, 1967.

Eypeltauer, Beatrix, * 10. 7. 1929 Linz, Juristin und Politikerin (SPÖ); Tochter von Ernst → Koref. 1975–83 Abg. z. NR, 1979–87 Staatssekr. im BM f. Bauten u. Technik.

Eysler, Edmund (eigentl. E. Eisler), * 12. 3. 1874 Wien, † 4. 10. 1949 ebd., Operettenkomponist, der die Tradition der Wr. Operette weiterführte. Aus seinen

Edmund Eysler. Foto, 1934.

Stücken wurden viele Lieder sehr populär (z. B. „Küssen ist keine Sünd", 1903). 1949 Ehrenring der Stadt Wien.

Werke: 60 Operetten (u. a. Bruder Straubinger, 1903; Die Schützenliesl, 1905; Künstlerblut, 1906; Der unsterbliche Lump, 1910; Die goldne Meisterin, 1927; Donauweibchen, 1932; Wr. Musik, 1947), 3 Opern, 1 Ballett, Klavierstücke, Lieder und Tänze. – Literatur: R. M. Prosl, E. E., 1947.

F

Fabiani, Max, * 29. 4. 1865 Kobdil (HR), † 12. 8. 1962 Görz (SLO), Architekt. Schüler O. → Wagners; baute in Wien u. a. das Geschäftshaus Portois & Fix (1897–1900), das Artaria-Haus (1901/02) und die Urania (1909/10). Arbeitete bei der Errichtung der grazilen Stadtbahnstationen am Karlsplatz mit (jetzt Galerie und Café) und entwarf das Gutenberg-Denkmal am Lugeck (1900).

Fabri, Johannes (eigentl. Johann Heigerlein), * 1478 Leutkirch (D), † 21. 5. 1541 Baden (NÖ.), Humanist, Bischof von Wien (1530), Diplomat und Ratgeber von Ks. Ferdinand I.

Literatur: C. Radey, Dr. J. F., Bischof von Wien, Diss., Wien 1976.

Fabri, Ulrich, * Dornbirn (Vbg.), Humanist der Univ. Wien in der 1. Hälfte des 16. Jh. Gab nahezu 20 antike Klassiker heraus und schrieb lat. Hymnen.

Fabricius, Paul, * 1529 Lauban (Lubań, PL), † 20. 4. 1589 Wien, Humanist, Mathematiker, Astronom, Botaniker, Geograph, Lyriker (in latein. Sprache), Univ.-Prof. in Wien, kaiserl. Leibarzt. Bestieg am 22. 8. 1574 gem. mit J. Aichholz und C. → Clusius erstmals den Ötscher, um geograph. Ortsbestimmungen durchzuführen; entwarf Karten von Ö. (verschollen) und Mähren.

Fabry, Joseph Peter (eigentl. Joseph Epstein), * 6. 11. 1909 Wien, † 7. 5. 1999 El Cerrito (USA), Schriftsteller, Übersetzer. Studierte Jus; 1931–38 Veröffentlichung von über 200 Kurzgeschichten mit M. → Knight unter dem Pseudonym Peter Fabrizius. 1938 Emigration in die USA; Mitarbeiter des Office of War Information und des Senders „Voice of America". Seine Beschäftigung mit den Arbeiten V. → Frankls führte ihn zur Lehrtätigkeit als Psychologe und zur Gründung eines Institute for Logotherapy. In den USA neuerliche Zusammenarbeit mit M. Knight, Übersetzung zahlr. ö. Schriftsteller ins Amerikanische, Veröffentlichung einer gem. Autobiographie.

Werke: Der schwarze Teufel und andere Geschichten, 1942; Wer zuletzt lacht ..., 1952; ... lacht am besten, 1957; The Pursuit of Meaning, 1968 (Wege zur Selbstfindung, 1985); One and One Make Three, 1988 (Autobiographie).

Fadinger, Stephan, * um 1580 Praz (OÖ.), † 5. 7. 1626 Ebelsberg b. Linz (OÖ.; gefallen), Anführer („Oberhauptmann") des oö. Bauernkriegs 1626 gegen die bayer. Pfandherrschaft; Schwager von Christoph → Zeller. Schuf kurzzeitig eine schlagkräftige Organisation der Aufständischen und bekämpfte auch die Durchführung der Gegenreformation. Nach seinem Tod konnten die Bauern keine größeren Erfolge mehr erzielen und wurden bald besiegt.

Literatur: Der oö. Bauernkrieg 1626, Ausst.-Kat., Linz 1976.

Fadrus, Viktor, * 20. 7. 1884 Wien, † 23. 6. 1968 Villach (Kä.), Pädagoge und Schulreformer. Von O. → Glöckel 1919 mit der Leitung der Schulreformabteilung (für Volks-, Bürgerschulen und Lehrerbildungsanstalten) im Staatsamt (ab 1920 Min.) für Unterricht betraut, setzte sich intensiv für die Verwirklichung der von ihm stark beeinflussten soz.-dem. Schulreformpläne ein. 1933/34 Landesschulinspektor von Wien, 1934 zwangsweise in den Ruhestand versetzt, 1945–49 mit dem Wiederaufbau des ö. Schulwesens betraut. Er veranlasste die Herausgabe zahlr. Schulbücher und Buchreihen, wirkte als Schriftleiter (Schulreform, Volkserziehung) und veröffentlichte über 100 Beiträge zu Schul- und Bildungsfragen.

Werke: Die ö. Bundeserziehungsanstalten, 1924; Beiträge zur Neugestaltung des Bildungswesens, 1956. – Literatur: W. Weinhäupl, Pädagogik vom Kinde aus. V. F., 1981.

Fahrbach, Wr. Musiker- und Komponistenfamilie; Zeitgenossen der Familie Strauß, mit der sie auf dem Gebiet der Unterhaltungsmusik und Walzer- bzw. Marschkomposition in ernste Konkurrenz traten: Joseph → Fahrbach, Anton → Fahrbach, Friedrich → Fahrbach, Philipp → Fahrbach d. Ä., Philipp → Fahrbach d. J.

Fahrbach, Anton, * 10. 2. 1819 Wien, † 1. 12. 1887 ebd., Musiker, Bruder von Anton → Fahrbach, Friedrich → Fahrbach und Philipp → Fahrbach d. Ä.; Flötist bei J. → Strauß Vater und J. → Lanner; Walzerkomponist.

Fahrbach, Friedrich, * 1811 Wien, † 19. 3. 1867 Verona (I), Musiker; Bruder von Anton → Fahrbach, Joseph → Fahrbach und Philipp → Fahrbach d. Ä. Flötist bei J. → Strauß Vater; komponierte auch selbst Walzer und Märsche, hatte eine eig. Kapelle und war ab 1848 Militärkapellmeister.

Fahrbach, Joseph, * 25. 8. 1804 Wien, † 6. 6. 1883 ebd., Musiker. Bruder von Anton → Fahrbach, Friedrich → Fahrbach und Philipp → Fahrbach d. Ä.; Flöten- und Gitarrenvirtuose am Hofoperntheater, Inhaber einer Musikschule und Militärkapellmeister.

Werke: Flötenkonzerte, Opernphantasien. – Neueste Wr. Flöten-Schule, 1835; Neueste Wr. Fagott-Schule, 1841; Neueste Wr. Clarinetten-Schule, 1841.

Fahrbach, Philipp d. Ä., * 25. 8. 1815 Wien, † 31. 3. 1885 ebd., Violinist und Komponist; Bruder von Anton → Fahrbach, Friedrich → Fahrbach und Joseph → Fahrbach, Vater von Philipp → Fahrbach d. J. Trat ab 1835 mit seiner eig. Kapelle auf. 1838–56 Leiter der Hofballmusik, 1856–65 Militärkapellmeister.

Werke: ca. 400 Tänze und Märsche, 2 Opern, Operetten. – Alt-Wr. Erinnerungen, hg. v. M. Singer, 1935.

Fahrbach, Philipp d. J., * 16. 12. 1843 Wien, † 15. 2. 1894 ebd., Violinist und Kapellmeister; Sohn von Philipp → Fahrbach d. Ä. Übernahm 1855 die Kapelle seines Vaters, mit der er 1878 bei der Weltausstellung in Paris große Triumphe feierte (Konkurrenz zu J. → Strauß Sohn).

Werke: ca. 350 Tänze und Märsche.

Stephan Fadinger. Anonym. Gemälde (Schlossmuseum Linz, OÖ.).

Fahringer, Carl, * 25. 12. 1874 Wr. Neustadt (NÖ.), † 4. 2. 1952 Wien, Maler, Graphiker und Illustrator. Studierte in Wien und München; bedeutender ö. Tiermaler, der eine durch breiten Pinselstrich charakterisierte, nachimpressionist. Malweise entwickelte.

Werke: Holländisches Mädchen, 1920; Bali, 1929; Tiger, 1945. – Literatur: A. Graf-Bourquin, C. F. 1874–1952, 1970.

Fahringer, Josef, * 21. 12. 1876 Baden (NÖ.), † 18. 12. 1950 Wien, Parasitenforscher, Entomologe. Als bester Kenner der Braconiden (Weichwespen) verfasste er das Standardwerk „Opuscula braconologica" (4 Bde., 1925–37).

Literatur: ÖBL.

Fahrngruber, Johannes, * 27. 11. 1845 Weißenbach (Gem. Texingtal, NÖ.), † 13. 8. 1901 bei Dimaro-Campiglio (S-Ti.), Priester und Schriftsteller. 1875–79 Rektor des Pilgerhauses in Jerusalem, ab 1885 Prof. an der Theolog. Diözesanlehranstalt in St. Pölten; gründete 1888 das Diözesanmuseum St. Pölten. Wichtige Verdienste um die kirchl. Denkmalpflege.

Werke: Wanderungen durch Palästina, 1883; Aus St. Pölten, 1885; Nach Jerusalem, 2 Bde., ^{2}1890; Hosanna in excelsis, 1894 (Glockenkunde).

Faistauer, Anton, * 14. 2. 1887 St. Martin b. Lofer (Sbg.), † 13. 2. 1930 Wien, Maler. Studierte 1906–09 an der Akad. d. bild. Künste in Wien und gründete mit A. → Kolig und E. → Schiele 1909 die „Neukunstgruppe". Er war ab 1919 in Salzburg, ab 1926 in Wien tätig und schuf farbkräftige, ausdrucksstarke Stillleben und Bildnisse. F. versuchte, eine zeitgenöss. Freskomalerei zu entwickeln und moderne mit traditionellen Elementen zu verschmelzen.

Werke: Fresken: im Sbg. Festspielhaus, 1926 (1938 entfernt, heute auf Leinwand rückübertragen); in der Kirche Morzg in Salzburg, 1922; in Schloss Weidlingau, 1929. – Porträts (R. Mayr als Ochs v. Lerchenau, 1927 u. a.). – Schrift: Neue Malerei in Ö. Betrachtungen eines Malers, 1923. – Literatur: F. Fuhrmann, A. F., 1972 (mit Werkverz. der Gemälde).

Faistenberger, Ti. Künstlerfamilie der Barockzeit: Andreas → Faistenberger, Anton → Faistenberger, Benedikt → Faistenberger, Joseph → Faistenberger, Simon Benedikt → Faistenberger.

Faistenberger, Andreas, * 1647 Kitzbühel (Ti.), † 8. 12. 1736 München (D), Bildhauer; Sohn und Schüler von Benedikt → Faistenberger, Großvater von Simon Benedikt → Faistenberger. Ab 1676 als Hofbildhauer in München tätig, Lehrer von G. Giuliani und E. Q. Asam.

Werke: zahlr. Altäre und Kirchenausstattungen in München (u. a. Theatinerkirche, ab 1681) sowie Ausstattungsteile der Neuen Residenz ebd. – Literatur: NDB.

Faistenberger, Anton, * 8. 11. 1663 Salzburg, † 20. 9. 1708 Wien, Maler und Radierer; Bruder von Joseph → Faistenberger, Neffe von Benedikt → Faistenberger. Gilt als Begründer der barocken Landschaftsmalerei in Ö. Seine Landschaften wurden meist von anderen Künstlern mit Figuren ausstaffiert.

Werke: Landschaften, Jagdbilder, Stillleben, Radierungen. – Literatur: I. Strnadt, A. und Joseph F., Diss., Innsbruck 1965.

Faistenberger, Benedikt, * 1621 Kitzbühel (Ti.), † 1693 ebd., Bildhauer; Vater von Andreas → Faistenberger, Onkel von Anton → Faistenberger und Joseph → Faistenberger. Führte gem. mit seinem Bruder, dem Maler Wilhelm F., in Ti. (Kitzbühel, Oberndorf) und Sbg. (Dienten, Lenzing, Schwarzenbach u. a.) zahlr. Altäre aus.

Literatur: NDB.

Faistenberger, Joseph, * um 1675 Salzburg, † 30. 8. 1724 ebd., Maler; Schüler seines Bruders Anton → Faistenberger, Neffe von Benedikt → Faistenberger; 1712–14 im Stift St. Florian tätig.

Werke: Landschaftsbilder; F.-Zimmer im Stift St. Florian (1714). – Literatur: I. Strnadt, A. und Joseph F., Diss., Innsbruck 1965.

Leo Fall. Foto, 1924/25.

Faistenberger, Simon Benedikt, * 27. 10. 1695 Kitzbühel (Ti.), † 22. 4. 1759 ebd., Maler; Enkel von Andreas → Faistenberger. Neben diesem und Anton → Faistenberger das bedeutendste Mitgl. der Familie; Schüler des Münchner Hofmalers J. A. Gumpp, von C. D. Asam und J. M. → Rottmayr beeinflusst, woraus seine nicht von den süddt. Zeitströmungen der 1. Hälfte des 18. Jh. berührte hochbarocke Grundhaltung zu erklären ist; hauptsächlich Freskenmaler, aber auch Porträtist.

Werke: Fresken, Altar- u. Heiligenbilder in Kirchen N-Ti.: Jochberg, St. Johann, Kitzbühel, Rattenberg u. a.; Porträts (Selbstbildnis im Ferdinandeum, Innsbruck); Zeichnungen.

Fajkmajer, Karl, * 12. 8. 1884 Wien, † 16. 5. 1916 bei Monfalcone (I; gefallen), Historiker und Politiker (CS). Verfassungs- und Wirtschaftshistoriker, Gründer der christl.-dt. Jungmannschaft.

Literatur: ÖBL.

Falco (eigentl. Hans Hölzel), * 19. 2. 1957 Wien, † 6. 2. 1998 Puerto Plata (Dominikan. Republik), Popmusiker. Ausbildung am Wr. Jazz-Konservatorium, 1977 Bassist in W-Berlin, 1979 Gründung der „Hallucination Company". Mitgl. verschiedener Rockgruppen (u. a. „Drahdiwaberl"); 1982 erste Solo-LP mit „Der Kommissar", 1985 „Rock me Amadeus". 1986 Goldenes Verdienstzeichen des Landes Wien und Auszeichnung mit dem „Bambi". Begraben auf dem Wr. Zentralfriedhof.

Literatur: M. Hölzel (Hg.), F., 1998 (mit Diskographie).

Falk, Gunter, * 26. 10. 1942 Graz (Stmk.), † 25. 12. 1983 ebd., Schriftsteller. Studierte Soziologie, Philosophie, Zoologie und Mathematik; ab 1969 Univ.-Ass. für Soziologie in Graz; 1980 Habilitation. Seine Kurzprosa und Lyrik zeigen in der Problematisierung der Wiedergabe von soz. Realität durch Sprache Parallelen zur Wr. Gruppe.

Werke: Der Pfau ist ein stolzes Tier, 1965; Die Würfel in manchen Sätzen, 1977; Die dunkle Seite des Würfels, 1983. – Literatur: H. Steinert, Für G. F., zu spät, in: Ö. Ztschr. f. Soziologie IX, 1984, Heft 1/2; D. Bartens (Hg.), G. F., 2000.

Falk, Kurt, * 23. 11. 1933 Wien, Zeitungsverleger. 1959–87 neben H. → Dichand Miteigentümer der „Neuen Kronen Zeitung", Eigentümer und Hg. der Ztschr. „Die ganze Woche" und der Tageszeitung „täglich Alles" (letztere seit 2000 nur noch im Internet).

Falke, Jacob von, * 21. 6. 1825 Ratzeburg (D), † 8. 6. 1897 Lovran (HR), Kunsthistoriker. 1858 liechtensteinischer Galeriedir. in Wien, 1864 am Ö. Museum f. Kunst u. Industrie, dessen Dir. er ab 1885 war; einflussreicher Kunstschriftsteller.

Werke: Geschichte des fürstl. Hauses Liechtenstein, 3 Bde., 1868–83; Die Kunst im Hause, 1871; Kostümgeschichte der Kulturvölker, 1880; Die k. k. Porzellanfabrik, 1887.

Falkenhayn, Julius Graf von, * 20. 2. 1829 Wien, † 12. 1. 1899 ebd., konservativer, föderalist. Politiker. Mitgl. des Hohenwart-Klubs, 1871 Landeshauptmann von OÖ., 1879–95 Ackerbauminister. Setzte einige für die Landw. wichtige Gesetze durch. Als Abgeordneter brachte er 1897 eine straffe Geschäftsordnung („Lex F.") ein, die aber wieder aufgehoben wurde.

Literatur: ÖBL, NDB.

Falkner, Hans Peter, * 13. 3. 1967 Linz (OÖ.), Musiker, Produzent. Schon mit zehn Jahren als Akkordeonist regelmäßige Auftritte mit den Eltern (Trio Falkner), 1989–91 Mitgl. der Gruppe „Urfahraner Durchbruch", 1991 Gründung der Gruppen „Attwenger" und „die goas" mit M. → Binder. Attwenger gelten als eine der innovativsten Bands Ö. und verschmelzen Volksmusik mit Punkrock, Hip-Hop und Drum & Bass; Zusammenarbeit u. a. mit E. → Jandl. F. ist seit 1995 Betreiber des Labels Fischrecords für tradit. ö. Volksmusik.

Werke (Schallplatten und CDs): most, 1991; pflug, 1992; luft, 1993, song, 1997; ring, 2001. – Schriften: 1234 gstanzln, 1996; 567 gstanzln, 1999. – Film: attwengerfilm, 1995.

Fall, Leo, * 2. 2. 1873 Olmütz (Olomouc, CZ), † 16. 9. 1925 Wien, Komponist, Meister der jüngeren Wr. Operette; Sohn des Militärkapellmeisters Moritz F. (1848–1922), Bruder von Richard → Fall. Kurze Zeit Militärmusiker unter F. Lehár sen., dann Mitgl. des Orchesters seines Vaters in Berlin. Wandte sich 1895 der Operette zu (Hamburg); 1906 Übersiedlung nach Wien, wo er sich mit großem Erfolg der Operettenkomposition widmete. Die Kombination von schwingenden Melodien mit rhythm. Irregularitäten ließ viele seiner Melodien zum Allgemeingut werden.

Werke: Opern: Paroli, 1902; Irrlicht, 1904. – Rd. 25 Operetten, darunter: Der fidele Bauer, 1907; Die Dollarprinzessin, 1907; Die geschiedene Frau, 1908; Brüderlein fein, 1909 (Singspiel); Der liebe Augustin, 1912 (1905: Der Rebell); Die Rose von Stambul, 1916; Die span. Nachtigall, 1920; Madame Pompadour, 1922. – Literatur: W. Zimmerli, L. F., 1957.

Fall, Richard, * 3. 4. 1882 Gewitsch (Jevičko, CZ), † nach 20. 11. 1943 KZ Auschwitz (PL; ?), Komponist; Bruder von Leo → Fall. Schrieb Operetten, Schlager und Filmmusik.

Werke: Operetten: Wr. Fratz, 1912; Großstadtmärchen, 1920. – Schlager: Was machst du mit dem Knie, lieber Hans?, 1925.

Fallmerayer, Jakob Philipp, * 10. 12. 1790 Pairdorf b. Tschötsch (S-Ti.), † 26. 4. 1861 München (D), Historiker, Reiseschriftsteller, Publizist. 1826–34 Prof. für Universalgeschichte und Philologie in Landshut, ab 1835 Mitgl. der Bayr. Akad. d. Wiss., 1848 Abg. in der Frankfurter Nationalversammlung. Namhafter Orientkenner; seine „Fragmente aus dem Orient" (2 Bde., 1845) machten ihn weithin berühmt.

Ausgaben: Gesammelte Werke, hg. v. G. M. Thomas, 3 Bde., 1861; Schriften und Tagebücher, hg. v. H. Feigl u. E. Molden, 2 Bde., 1913. – Literatur: H. Seidler, J. P. F. geistige Entwicklung, 1947; K. Steinmair, J. P. F. hist. Kunst, Diss., Wien 1975; E. Thurnher (Hg.), J. P. F., 1993; T. Leeb, J. P. F., 1996; NDB.

Faltis, Johannes, * 4. 6. 1796 Wolfsdorf (Vlckovice, CZ), † 18. 2. 1876 Trautenau (Trutnov, CZ), Industrieller. Errichtete 1823 in Trautenau eine Leinenmanufaktur und Kottonweberei, 1835 in Pottendorf (NÖ.) und 1836 in Jungbuch b. Trautenau Flachsspinnereien; begründete damit die mechan. Flachsgarnspinnerei in Ö.

Literatur: R. Granichstaedten-Cerva, J. Mentschl u. G. Otruba, Altösterreichische Unternehmer, 1969.

Famler, Walter, * 30. 4. 1958 Bad Hall (OÖ.), Publizist. Seit Anfang der 90er Jahre als Redakteur bei der 1969 von P. → Henisch und H. → Zenker gegr. Literaturzeitschrift „Wespennest"; 1992 Gründer des Wespennest-Literaturverlags; seit 1996 Hg. der Ztschr.

Fanti, Gaetano, * 1687 Bologna (I), † 27. 9. 1759 Wien, Maler. 1715 von Prinz → Eugen nach Wien berufen; war als Maler von Scheinarchitekturen (Quadraturmalerei) zusammen mit Figurenmalern wie M. → Altomonte, J. M. → Rottmayr und P. → Troger an bedeutenden Freskenausstattungen beteiligt, womit ihm in der Entwicklung der Deckenmalerei des ö. Barock eine bedeutende Rolle zukommt.

Werke: Wien: Unteres und Oberes Belvedere, Karlskirche; NÖ.: Stift Melk, Klosterneuburg; Sbg.: Schloss Mirabell; u. a. – Literatur: U. Knall-Brskovsky, Ital. Quadraturisten in Ö., 1984.

Färber, Heinrich, * 22. 9. 1864 Neu-Sandec (Novy Šacz, PL), † 15. 12. 1941 Lodz (PL), Nationalökonom, zunächst Goldschmied. Gründer der ergokratischen Wirtschaftslehre, in der er eine Lösung von akuten wirt.-polit. Fragen seiner Zeit suchte („Brechung der Bankherrschaft", „Automatische Steuer", Verbot von Inflation, staatl. Hoheitsrecht an der Gelderzeugung). Durch Gründung von Vereinen sowie rege Vortrags- und publizist. Tätigkeit verbreitete er seine Ideen, die auch von prominenten Fachleuten anerkannt wurden. F. wurde am 19. 10. 1941 ins Ghetto von Lodz deportiert. Nach dem 2. Weltkrieg ging das Wissen um seine Lehre unter scheinbar veränderten Bedingungen weitgehend verloren.

Werke: Wr. Theorie der Buchhaltung oder Die Buchungseinheit, 1917; Das Geldproblem als Grundlage zur Sanierung der Weltwirt., 1922; Kritik der Volkswirtschaftslehre, 1923; Das ergokratische Manifest, 1930; Menetekel, 3 Bde., 1935–37; Das ergokratische Evangelium, ca. 1940. – Literatur: K. Mocnik, Leben und Werk des ö. Nationalökonomen H. F. (1864–1941), 1997.

Farga, Franz, * 10. 10. 1873 Budweis (Budějovice, CZ), † 11. 8. 1950 Wien, Musikschriftsteller und Journalist. Arbeitete ab 1904 zuerst in Paris für mehrere dt.-sprach. Blätter, ab 1914 in Genf (Berichterstatter für den Völkerbund), ab 1923 in Wien als Journalist, Musikschriftsteller und Übersetzer.

Werke: Die Wr. Oper, 1947. – Biographien von H. Berlioz, L. v. Beethoven, A. Bruckner, C. W. Gluck, J. Haydn, J. Lanner, J. Strauß, W. A. Mozart, F. Schubert, N. Paganini. – Romane: Das ewige Wunder, 1933; Salieri und Mozart, 1937.

Farkas, Karl, * 28. 10. 1893 Wien, † 16. 5. 1971 ebd., Kabarettist, Schauspieler, Regisseur, Schriftsteller. Ab 1920 an der „Neuen Wr. Bühne", dann am Wr. Kabarett „Simplicissimus", wo er mit F. → Grünbaum die Doppelconférence entwickelte; 1926 übernahm F. gem. mit Grünbaum die Leitung des Wr. Stadttheaters, 1927 die des „Moulin Rouge" und des „Simpl", das er mit einer Unterbrechung von 1938–46 (Emigration in die USA) bis zu seinem Tod leitete; F. prägte das „Simpl" als Unterhaltungskabarett (Doppelconférencen mit E. → Waldbrunn). Regelmäßige Rundfunk- und Fernsehtätigkeit (1957–62 „Bilanz des Monats", „Bilanz der Saison", „Bilanz des Jahres").

Karl Farkas (links) mit Ernst Waldbrunn. Foto, um 1960.

Werke: Lustspiele, Operettenbücher, Revuen, Kabarettszenen, Gedichte. – Literatur: H. Veigl (Hg.), Ins eigene Nest. Sketches, Bilanzen, Doppelconférencen, ^{2}1991; G. Markus, Das große Farkas-Buch, 1993.

Farnleitner, Johann, * 5. 4. 1939 Weikersdorf am Steinfeld (NÖ.), Jurist und Politiker (ÖVP). Ab 1964 für die Handels- bzw. Wirtschaftskammer tätig, ab 1978 Leiter der rechts- und gewerbepolit. Abt., ab 1982 Leiter der wirt.-polit. Abt., 1992–96 stellv. Gen.-Sekr. der Wirtschaftskammer Ö.; 1996–2000 BMin. f. wirt. Angelegenheiten.

Fassbaender, Brigitte, * 3. 7. 1939 Berlin (D), Sängerin (Mezzosopran). Wurde durch ihren Vater ausgebildet, sang ab 1973 bei den Sbg. Festspielen und häufig an der Wr. Staatsoper, auch bedeutende Liedsängerin; widmete sich zunehmend der Opernregie und wurde 1999 Intendantin des Ti. Landestheaters in Innsbruck.

Literatur: W.-E. v. Lewinski, B. F., Interviews, Tatsachen, Meinungen, 1999.

Fasslabend, Werner, * 5. 3. 1944 Marchegg (NÖ.), Jurist und Politiker (ÖVP). Ab 1971 bei Henkel-Persil. 1987–90, 1994, 1996 und seit 1999 Abg. z. NR, seit 2000 3. Präs. des NR. 1990–2000 BMin. für Landesverteidigung. Seit 1997 Bundesobmann des ÖAAB.

Fast, Franziska, * 18. 5. 1925 Wien, Emailliererin und Politikerin (SPÖ). 1979–83 Staatssekr. im BM f. soz. Verwaltung, 1983 Abg. z. NR, 1983–89 Volksanwältin.

Fatty George (eigentl. Franz Georg Pressler), * 24. 4. 1927 Wien, † 29. 3. 1982 ebd., Jazzmusiker. Wurde nach dem Krieg mit seiner Two-sound-Band über die Offiziersclubs der Besatzungsmächte bekannt, eröffnete 1952 das erste Jazz-Casino in Innsbruck; 1954 erste Schallplattenaufnahmen, ab 1958 eig. Lokal in Wien („Fatty's Saloon"), ab 1977 eig. TV-Sendung („Fatty live").

Fatty George. Foto.

Federhofer, Hellmut, * 6. 8. 1911 Graz (Stmk.), Musikwissenschaftler. Ab 1951 Univ.-Prof. in Graz, 1962–79 Vorstand des musikwiss. Inst. der Univ. Mainz; widmet sich bes. dem Werk H. → Schenkers und dessen Musiktheorie sowie J. J. → Fux (Hg. der Fux-Gesamtausgabe).

Federmann, Reinhard (Pseud.: Randolph Mills), * 12. 2. 1923 Wien, † 29. 1. 1976 ebd., Schriftsteller und Journalist, Übersetzer und Hg. von Anthologien. Autor von Abenteuer- und Kriminalgeschichten (oft mit

M. → Dor) sowie hist. Romanen. 1972–75 Hg. der Literatur-Ztschr. „Die Pestsäule".

Werke: Romane: Das Himmelreich der Lügner, 1959; Popen und Bojaren, 1963; Herr Felix Austria und seine Wohltäter, 1970; Barrikaden, 1973; Chronik einer Nacht, 1988. – Hörspiele, Features, Dramen. – Literatur: M. Dor (Hg.), Die Pestsäule. In memoriam R. F., 1977.

Federn, Joseph Salomon, * 20. 11. 1831 Prag (CZ), † 9. 11. 1920 Wien, Internist; Vater von Paul → Federn. Schüler von C. Frh. v. → Rokitansky; erkannte den Wert der Blutdruckmessung für die Innere Medizin.

Werk: Blutdruck und Darmatonie, 1894. – Literatur: E. Freund, J. S. F., Nekrolog, in: Wr. klin. Wochenschriften 33, 1920; NDB.

Federn, Paul, * 13. 10. 1871 Wien, † 4. 5. 1950 New York (USA; Selbstmord), Arzt, Psychoanalytiker; Sohn von Joseph Salomon → Federn. Freund und Schüler von S. → Freud; ab 1831 Mit-Hg. der Ztschr. für Psychoanalyt. Pädagogik; emigrierte 1938 nach New York, wo er großes wiss. Ansehen errang.

Werke: Zur Psychologie der Revolution, 1919; Ego Psychology and the Psychoses, 1952 (Ich-Psychologie und die Psychosen, 1956).

Fehrer, Ernst, * 24. 3. 1919 Linz (OÖ.), † 1. 12. 2000 ebd., Erfinder und Industrieller. Gründete 1953 die Textilmaschinenfabrik Dr. Ernst Fehrer AG in Leonding (OÖ.) zur Produktion von Hochleistungsnadelfilzmaschinen, Vliesmaschinen und Wirrvlieskarden sowie DREF-Friktionsspinnmaschinen. Über 1200 Patente.

Feichtlbauer, Hubert, * 7. 2. 1932 Obernberg a. Inn (OÖ.), Journalist. 1960–65 „Linzer Volksblatt", 1965–70 „Salzburger Nachrichten", 1970–72 „Wochenpresse", 1972–78 „Kurier", 1978–84 „Die Furche", 1984–92 Pressechef der Bundeswirtschaftskammer, 1993–95 Gen.-Sekr. der Ö. Liga für die Vereinten Nationen. 1979–91 Vorsitzender des Verbands der kath. Publizisten Ö.

Werke: Der Aufstand der Lämmer, 1995; Zerbricht die Kirche?, 1999; Der Fall Ö., 2000.

Feid, Joseph, * 21. 2. 1806 Wien, † 8. 4. 1870 Weidling b. Wien, Landschaftsmaler. Besuchte zunächst die Architekturschule P. Nobiles an der Wr. Akad., wandte sich bald der Landschaftsmalerei zu und war mit F. → Gauermann befreundet. Er malte mit Vorliebe Pratermotive sowie Landschaften aus der Umgebung Wiens, dem Salzkammergut und den ö. Alpen.

Literatur: G. Frodl, Wr. Malerei der Biedermeierzeit, 1987.

Feiersinger, Wolfgang, * 30. 1. 1965 Saalfelden (Sbg.), Fußballspieler. 1986–96 bei Austria Salzburg, 1996–2000 bei Borussia Dortmund; seit 2000 beim LASK. 1997 mit Borussia Dortmund Sieger in der UEFA Champions League und Weltpokalsieger. 46 Länderspiele für Ö. (bis 2001).

Feige (Feigius), Konstantin, * Löwenberg (Schlesien), † um 1699, barocker Chronist der Türkenkriege. Besang in dem Heldenepos „Adlerskraft oder Europäischer Heldenkern" (hg. 1685 in Wien) die Abwehr der Türken vor Wien 1683.

Weiteres Werk: Wunderbarer Adlerschwung, 2 Bde., 1694.

Feigl, Helmuth, * 5. 12. 1926 Wien, Historiker. Ab 1961 am Nö. Landesarchiv, 1978–92 Dir. des Nö. Landesarchivs und des Nö. Inst. für Landeskunde; ab 1983 Univ.-Prof.

Werke: Die nö. Grundherrschaft, 1964; Bibliographie in: Jb. f. Landeskunde von NÖ. 53, 1987.

Feistmantel, Rudolf von, * 22. 7. 1805 Ottakring b. Wien, † 7. 2. 1871 Wien, Forstwirt. 1851–69 Leiter des ö. Forstwesens, Prof. an der Bergakad. in Schemnitz; verfasste das ö. Forstgesetz von 1852 und die bis heute in Ö. teilw. gebrauchten Waldbestandstafeln (1854).

Werk: Die Forstwiss. nach ihrem ganzen Umfange u. mit bes. Rücksicht auf die ö. Staaten systematisch dargestellt, 4 Bde., 1835–37.

Feistmantl, Josef, * 23. 2. 1939 Hall i. Ti., Rodler. Mit Manfred Stengl Goldmedaille im Doppelsitzer bei den Olymp. Spielen 1964 in Innsbruck, 1967 Europameister im Doppelsitzer (mit Wilhelm Bichl), 1969 in Königssee Weltmeister im Einzel.

Fekter, Maria, * 1. 2. 1956 Attnang-Puchheim (OÖ.), Unternehmerin und Politikerin (ÖVP). 1990 und seit 1994 Abg. z. NR, 1990–94 Staatssekretärin im BM f. wirt. Angelegenheiten.

Felbiger, Johann Ignaz von, * 6. 1. 1724 Glogau (Glogow, PL), † 17. 5. 1788 Pressburg (Bratislava, SK), Schulreformer, Augustiner-Chorherr (ab 1758 Abt) in Sagan. Verschaffte sich durch die Reform der kath. Schulen in Schlesien und Glatz pädagog. Ansehen, wurde 1774 von Maria Theresia nach Wien berufen und ordnete mit der „Allg. Schulordnung" das ö. Elementarschulwesen vollständig neu. Von Joseph II. entlassen, verbrachte F. seine letzten Lebensjahre in der Propstei Pressburg.

Werke: Eigenschaften, Wiss. und Bezeigen rechtschaffener Schulleute, 1768; Methodenbuch für Lehrer der dt. Schulen, 1775; Kern des Methodenbuches, 1777. – Literatur: H. Engelbrecht, J. I. F. und die Vereinheitlichung des Primarschulwesens in Ö., [2]1981.

Felbinger, Franz, * 8. 7. 1844 Hainburg (NÖ.), † 15. 7. 1906 Trebič (CZ), Techniker, Industrieller. Errichtete 1874/75 die Rohrpostanlagen in Wien.

Literatur: ÖBL.

Feld, Friedrich (eigentl. F. Rosenfeld), * 5. 12. 1902 Wien, † 27. 12. 1987 Bexhill (GB), Kinderbuchautor. Emigrierte 1934 nach Prag, später nach England. Sein Engagement für soz. Gerechtigkeit kommt auch in seinen Kinderbüchern zum Ausdruck.

Werke: Tirilin reist um die Welt, 1931; 1414 geht auf Urlaub, 1948; Der fliegende Igel, 1953; Ein Land so klein wie ein Beistrich, 1952; Der Papagei von Isfahan, 1960; Der ungeduldige Ibrahim, 1962; Der Rabe Yuan, 1962; Der Flug ins Karfunkelland, 1963; Ein großer Tag für Annabell, 1979; Ein total verrücktes Haus, 1988.

Felder, Andreas, * 6. 3. 1962 Hall i. Ti., Skispringer und Trainer. 1986 Weltrekord im Skifliegen (191 m), Weltmeister 1987, Weltcupsieger 1990/91. Bei den Olymp. Spielen 1992 2. Platz im Mannschaftsspringen.

Felder, Cajetan Frh. von, * 19. 9. 1814 Wien, † 30. 11. 1894 ebd., liberaler Politiker, 1868–78 Bürgermeister von Wien. Veranlasste den Bau der ersten Wiener Hochquellenwasserleitung und der Rotunde (Weltausstellungsgebäude), die Grundsteinlegung zum Neuen Rathaus, die Donauregulierung sowie die Anlegung des Zentralfriedhofs. 1880–84 Landmarschall von NÖ. Daneben war F. Naturforscher und besaß eine weltbekannte Smlg. von Käfern und Schmetterlingen, die heute den Grundstock der Smlg. des engl. Tring-Museums darstellt.

Werk: Erinnerungen eines Wr. Bürgermeisters, hg. v. F. Czeike, 1964. – Literatur: F. Czeike, Wien und seine Bürgermeister, 1974.

Felder, Franz Michael, * 13. 5. 1839 Schoppernau (Vbg.), † 26. 4. 1869 ebd., Bauer, Dichter, Bildungs- und Sozialreformer; Großvater von Franz Michael → Willam. Vertreter des poetischen Realismus, der Dorfgeschichte und des soz.-krit. Romans in Ö.; vom ultramontanen Klerus heftig angegriffen.

Werke: Nümmamüllers und das Schwarzokaspale, 1863; Gespräche des Lehrers Magerhuber, 1866 (Hauptwerk); Sonderlinge, 2 Bde., 1867; Reich und arm, 1868; Aus meinem Leben, 1904; Liebeszeichen, 1911. – Ausgabe: Sämtl. Werke, hg. vom F.-Verein, 11 Bde., 1970–89; Ich will der Wahrheitsgeiger sein. Ein Leben in Briefen, hg. v. U. Längle, 1994. – Literatur: W. Methlagl, Der Traum des Bauern F. M. F., 1984; H. E. Pfanner, F. M. F., der Dichter der vorindustriellen Konsumges., in: Ö. in Geschichte und Literatur 35, 1991.

Felderer, Bernhard, * 21. 3. 1941 Klagenfurt (Kä.), Nationalökonom. 1974–91 Univ.-Prof. für Volkswirtschaftslehre in Köln, 1991–95 in Bochum, seit 1995 wieder in Köln. Seit 1991 Leiter des Inst. für Höhere Studien in Wien.

Werke: Makroökonomik und Neue Makroökonomik, 1984; Bevölkerung und Wirtschaftsentwicklung, 1988 (mit M. Sauga); Forschungsfinanzierung in Europa, 1994. – Hg.: Public Pension Economics, 1993.

Feldgrill-Zankel, Ruth, * 15. 9. 1942 Kapfenberg (Stmk.), Diplomkauffrau, Politikerin (ÖVP). 1987–91 Stadträtin in Graz, 1991–92 BMin. f. Umwelt, Jugend u. Familie, 1992–98 Bürgermeister-Stellv. in Graz.

Feldmann, Else, * 25. 2. 1884 Wien, † nach dem 14. 6. 1942 KZ Sobibor (PL), Schriftstellerin. Verfasste sozialkrit. Reportagen und Romane aus den Wr. Elendsbezirken. 1921 erschien ihr erstes Buch „Löwenzahn. Eine Kindheit". 1922 gründete sie mit O. → Neurath und A. → Adler die internat. pazifist. Vereinigung „Clarté", 1933 war sie Gründungsmitgl. der „Vereinigung Sozialist. Schriftsteller". Ab Februar 1934 waren ihre Werke verboten.

Weitere Werke: Der Leib der Mutter, 1924; Das Lied vom Leben, 1927; Martha und Anton, 1933. – Literatur: H. Exenberger, Auf den Spuren von E. F., in: Jb. des Dokumentationsarchivs des ö. Widerstands, 1990; R. Wagner, E. F., in: Frauenblatt 29. 5. 1993.

Fellerer, Max, * 15. 10. 1889 Linz (OÖ.), † 27. 3. 1957 Wien, Architekt. 1934–38 Dir. der Wr. Kunstgewerbeschule. 1946–54 Rektor der Akad. f. angew. Kunst in Wien. Zusammenarbeit mit J. → Hoffmann, C. → Holzmeister und E. → Wörle. Ö. Staatspreis 1954.

Werke (alle in Wien): Doppelhaus der Werkbundsiedlung, 1930–32; Strandbad Gänsehäufel, 1949–50 (mit E. Wörle); Concordia-Hof, 1952–58 (mit E. Wörle u. F. Hasenörl); Wiederaufbau des Parlaments, 1955–56 (mit E. Wörle). – Literatur: M. Pozzetto, Die Schule O. Wagners, 1980.

Fellinger, Johann Georg, * 3. 1. 1781 Peggau (Stmk.), † 27. 11. 1816 Adelsberg (Postojna, HR), Schriftsteller, Freiheitsdichter und -kämpfer, Offizier. Schrieb schon in seiner Jugend Gedichte und Balladen im Stil F. G. Klopstocks und F. Schillers; meldete sich 1808 zur Landwehr. Wegen seiner freiheitskämpferischen Dichtung wurde er „der steir. Theodor Körner" genannt.

Ausgabe: Poetische Schriften, hg. v. J. G. Kumpf, 2 Bde., 1819/21 (mit Biographie). – Literatur: ÖBL.

Fellinger, Karl, * 19. 6. 1904 Linz (OÖ.), † 8. 11. 2000 Wien, Mediziner, Internist. Ab 1945 Univ.-Prof. in Wien (1964/65 Rektor); Vorstand der Poliklinik, 1946–75 Vorstand der II. Med. Univ.-Klinik, Präs. des Wr. Rudolfinerhauses, Präs. des Obersten Sanitätsrats. Einer der internat. angesehensten ö. Ärzte im 20. Jh., zu dessen Patienten u. a. der Schah von Persien und der König von Saudiarabien zählten.

Werke: Die Fettleibigkeit, 1939; Klin. Fortschritte, 1950; Lehrbuch der Inneren Medizin, 2 Bde., 1952; Arzt zw. den Zeiten, 1984 (Autobiographie). – Literatur: J. Dészy (Hg.), Die II. Med. Univ.-Klinik in Wien. Klinik F., 1994.

Fellner, Ferdinand d. J., * 19. 4. 1847 Wien, † 22. 3. 1916 ebd., Architekt der Ringstraßenzeit. Begann als Mitarbeiter im Atelier seines Vaters Ferdinand F. d. Ä. (1815–1871) und gründete 1873 mit seinem Partner H. → Helmer das Atelier „F. & Helmer", das bis 1920 bestand und in dem neben F. Krauß und E. Gotthilf-Miskolczy u. a. auch noch F. Sohn Ferdinand (1872–1911) tätig war. Bekannt wurden F. & Helmer v. a. als Spezialisten des meist als Gesamtkunstwerk präsentierten Theaterbaus; in und außerhalb der k. u. k. Monarchie errichteten sie rd. 50 Bauten dieser Gattung (darunter die Grazer Oper, das Stadttheater Klagenfurt, das Volkstheater in Wien). Außerdem setzten sie bedeutende Leistungen in der Wohnarchitektur (Palais Sturany, Wien, ab 1874) sowie im Hotel- und Kaufhausbau (Warenhäuser Rothberger-Kranner, Wien, zerstört 1945). Als virtuose und modern orientierte Vertreter des Späthistorismus vereinigten sie dekorative Phantasie und funktionale Struktur in neobarocken Gestaltungen ebenso wie in secessionist. Stilvarianten.

Literatur: H.-C. Hoffmann, Die Theaterbauten von F. u. Helmer, 1966; G. M. Dienes (Hg.), F. & H. – die Architekten der Illusion, 1999 (mit Werkverz.).

Fellner, Fritz, * 25. 12. 1922 Wien, Historiker. 1964–93 Univ.-Prof. für Geschichte der Neuzeit in Salzburg.

Werke: Das polit. Tagebuch Joseph Redlichs, 1953; Der Dreibund, 1960; Vom Dreibund zum Völkerbund, 1994; Passierschein und Butterschmalz. Zeitzeugen erinnern sich an Kriegsende und Befreiung, 1995 (Hg.).

Fellner, Helmuth, → Fellner, Wolfgang.

Fellner, Koloman (Josef), * 19. 3. 1750 Pisdorf (OÖ.), † 18. 4. 1818 Lambach (OÖ.), Benediktiner, Zeichner und Kupferstecher. Schüler von M. J. → Schmidt, übernahm als erster in Ö. A. → Senefelders lithograph. Technik (1814), schuf Reproduktionen berühmter Vorlagen sowie Andachts- und Historienbilder, Porträts und topograph. Darstellungen. Gründer der Stiftssammlung von Lambach.

Literatur: Die Botschaft der Graphik, Ausst.-Kat., Lambach 1989.

Koloman Fellner. Gemälde (Stift Lambach, OÖ.).

Fellner, Wolfgang, * 13. 10. 1954 Wien, Journalist und Zeitschriftenherausgeber. Gründete zusammen mit seinem Bruder Helmuth F. (* 13. 8. 1956) 1968 die Jugendzeitschrift „Rennbahn-Express" und später die Monatsillustrierte „Basta" (1983–94) sowie die Nachrichtenillustrierte „News", die am 15. 10. 1992 erstmals erschien; auch die 1995 gegr. Fernsehillustrierte „tv-media", die seit 5. 10. 1998 erscheinende Zeitschrift „Format" und das 2000 gegründete Multimediamagazin „E-Media" gehören zur Fellner Media AG, an der seit 1998 das dt. Verlagshaus Gruner & Jahr einen Anteil von 75 % hält. 2001 erfolgte der Zusammenschluss von Fellner Media AG und Zeitschriften Verlags Beteiligungs AG (ZVB).

Felmayer, Rudolf, * 24. 12. 1897 Wien, † 27. 1. 1970 ebd., Schriftsteller, Lyriker, Bibliothekar. Ab 1945 Lyrikreferent im Rundfunkstudio Wien. Hg. der Lyrikanthologien „Tür an Tür" (3 Folgen, 1950, 1955, 1965) und „Neue Dichtung aus Ö." (165 Bde., 1953–70). Ö. Staatspreis für Lyrik 1956.

Werke: Lyrik: Die stillen Götter, 1936; Östliche Seele im Tode, 1945; Gesicht des Menschen, 1948; Der Spielzeughändler aus dem Osten, 1958; Eine wienerische Passion, 1963; Der Wiener und sein Tod, 1968.

Fels, Ludwig, * 27. 11. 1946 Treuchtlingen (D), Schriftsteller. Seit 1973 freier Schriftsteller, lebt seit 1983 in Wien. Verfasser von Romanen, Gedichten, Theaterstücken und Hörspielen, die sich häufig mit Außenseitern der Ges. beschäftigen.

Werke: Romane: Ein Unding der Liebe, 1981; Bleeding Heart, 1994; Mister Joe, 1997. – Dramen: Der Affenmörder, 1985; Soliman, 1991; Sturmwarnung, 1993.

Felsenstein, Walter, * 30. 5. 1901 Wien, † 8. 10. 1975 Berlin (D), Regisseur. Zunächst als Schauspieler in Deutschland tätig, dann als Regisseur in Zürich und Berlin; ab 1947 Intendant der Komischen Oper in Ost-Berlin („realistisches Musiktheater" in engem Zusammenhang mit der musikal. Partitur); zahlr. Gastregien; 1974 scheiterte ein bereits abgeschlossener Dreijahresvertrag mit dem Wr. Burgtheater.

Fendi, Peter, * 4. 9. 1796 Wien, † 28. 8. 1842 ebd., Porträt- und Genremaler, Aquarellist, Lithograph und Kupferstecher. F. war Schüler von J. M. Fischer, H. Maurer und J. B. Lampi und studierte die holländ.

Malerei des 17. Jh. Ab 1818 war er Zeichner und Kupferstecher im Münz- und Antikenkabinett, ab den späten 20er Jahren beschäftigte er sich intensiv mit dem Genrebild. F., einer der Hauptvertreter der Altwiener Schule, war bevorzugter Kinderporträtist und Zeichenlehrer des Hofes sowie der Wr. Aristokratie und führte die Aquarelltechnik im Wr. Biedermeier zu einem Höhepunkt. Lehrer C. → Schindlers.

Literatur: H. Adolph, P. F., Diss., Innsbruck 1951; G. Frodl, Wr. Malerei der Biedermeierzeit, 1987; W. Koschatzky, P. F., 1995.

Fendrich, Rainhard, * 27. 2. 1955 Wien, Schauspieler und Popsänger. Ab 1978 als Schauspieler tätig (Theater an der Wien, Schauspielhaus); begann daneben Lieder zu schreiben, mit denen er 1980 zum ersten Mal auftrat; Durchbruch im selben Jahr mit „Strada del sole", „Oben ohne" und „Es lebe der Sport". Ab 1981 Tourneen durch Ö., Deutschland und die Schweiz. Seit Beginn der 90er Jahre auch erfolgreiche Karriere als Schauspieler und Showmaster im Fernsehen („Herzblatt", 1993–97; „Geliebte Gegner", 1998). Seit 1997 Auftritte mit W. → Ambros und G. Danzer als „Austria 3".

Werke: R. F. Texte, Bilder, Geschichten, 1995.

Kaiser Ferdinand III. Stich.

Fennesz, Christian, * 25. 12. 1962 Wien, Komponist, Musiker. Studierte Ethnologie und Musikwiss. in Wien; gründete 1987 die Band Blank und 1988 Maische mit Harald Adrian und Siegfried Schmidt (bis 1992). 1994/95 Produzent der Popband Play The Tracks Of, 1995 Zusammenarbeit mit Colin Newman und Scanner, seit 1996 Leiter des Orchesters 33 1/3 mit Christof Kurzmann. Spielte viele Jahre als Gitarrist, beschäftigt sich seit 1991 v. a. mit elektron. Musik und Sampling.

Werke: Land der Menschen, 1991 (Filmmusik); Tanz im Spinnennetz, 1993 (inszeniertes Oratorium); Gastspiel, 1994 (Tanzperformance, mit M. Nagl); Ars Electronica Live, 1996 (Elektronik). – Schallplatten bzw. CDs: In Gold, 1990 (mit Maische); Instrument, 1995; Hotel Paral.lel, 1997; + 47 Degrees, 1999; Live in Melbourne, 2000; Endless Summer, 2001.

Fenz, Egon, * 19. 6. 1907 Scheibbs (NÖ.), † 6. 5. 1972 Wien, Arzt, Sprachpsychologe, Schriftsteller. Univ.-Doz. in Wien.

Werke: Laut, Wort, Sprache und ihre Deutung, 1940; Von den menschl. Beziehungen, 1948; Kulturstraßen im Wienerwald, 1962 (Hg.); Die Uhr am Schottentor, 1968.

Kaiser Ferdinand I. von Österreich im Ornat des Ordens vom Goldenen Vlies. Gemälde von A. Einsle, 1842 (Kunsthistorisches Museum, Wien).

Ferch, Johann (Pseud.: Johann Freiner, J. Ferron, J. Silvanus), * 3. 6. 1879 Wien, † 30. 1. 1954 ebd., Erzähler, Dramatiker, Korrektor, Staatsbeamter. Verfasste ges.-krit. Schriften mit z. T. freimaurerischen und antisemit. Tendenzen, 55 Romane, 10 Dramen, journalist. Arbeiten und Vorträge.

Werke: Romane: Die Kaserne, 1913; Mutter, 1913; Am Kreuzweg der Liebe, 1921; Mensch, nicht Jude!, 1924; Marsch auf Wien, 1932; Der Herrgott von Wien, 1933; Alle Tage Feiertag, 1946.

Der spätere Kaiser Ferdinand I. Gemälde von H. Maler, 1521 (Kunsthistorisches Museum, Wien).

Ferdinand I., * 10. 3. 1503 Alcalá de Henares b. Madrid (E), † 25. 7. 1564 Wien, Kaiser; jüngerer Bruder von → Karl V., Enkel von → Maximilian I. Erhielt durch die Verträge von Worms und Brüssel 1521/22 die dt. Erbländer zugesprochen und begründete die ö. Linie der Habsburger. 1526 Kg. von Böhmen und Ungarn, 1531 röm. König, 1558 Kaiser. Er ließ 1522 zur Ausschaltung der Opposition und Durchsetzung seiner Macht Mitglieder der nö. Stände, u. a. Martin Siebenbürger, in Wr. Neustadt hinrichten und wurde wegen Ungarn in Kriege gegen die Osmanen verwickelt (1529: 1. Türkenbelagerung Wiens, 1532, 1537–47). Die größten inneren Probleme des Landes waren die Bauernkriege in Ti. und der Stmk. 1525/26 und das Vordringen der Reformation. F. berief zur Festigung der kath. Kirche die Jesuiten nach Wien, Graz und Innsbruck. Er vermittelte 1552 den Passauer Vertrag, schloss 1555 den Augsburger Religionsfrieden, konnte diesen aber in seinen Ländern nicht durchsetzen und machte den Ständen mehrmals Zugeständnisse. F. begründete zentrale Verwaltungsbehörden (Geheimer Rat, Hofrat, Hofkammer, Hofkriegsrat, Hofkanzlei) und erließ 1554 die ferdinandeische Hausordnung. Er teilte die Länder unter seinen 3 Söhnen auf. Begraben in Prag (Veitsdom).

Literatur: W. Hilger, Ikonographie F. I., 1969; P. Sutter-Fichtner, F. I., 1986.

Ferdinand II., * 9. 7. 1578 Graz (Stmk.), † 15. 2. 1637 Wien, Kaiser; Sohn von Erzhzg. → Karl II. von Stmk., Enkel von Ks. → Ferdinand I. Ausbildung in Graz und Ingolstadt. 1590 beim Tod des Vaters minderjährig, ab 1595 Regent von Inner-Ö. (Stmk., Kä. und Krain), setzte dort mit Härte die Gegenreformation durch, 1617 König von Böhmen, 1618 von Ungarn, 1619 Kaiser nach dem Tod seines kinderlosen Cousins Ks. → Matthias. Auseinandersetzungen mit den Ständen von NÖ. und OÖ. (Sturmpetition am 5. 6. 1619). Nach dem Sieg am Weißen Berg 1620 setzte er den Absolutismus in Böhmen („Vernewerte Landesordnung", 1627) und Ö. durch, erließ am Höhepunkt seiner Macht 1629 das Restitutionsedikt, war aber dann im Dreißigjährigen Krieg bald Rückschlägen ausgesetzt. 1630 entließ er → Wallenstein und befahl 1634 dessen Ermordung. Er war äußerst fromm und führte ein vorbildl. Familienleben. Sein Mausoleum in Graz ist ein hervorragendes Kunstwerk.

Literatur: H. Sturmberger, F. und das Problem des Absolutismus, 1957; J. F. Franzl, F., Kaiser im Zwiespalt der Zeit, [2]1988; M. Frisch, Das Restitutionsedikt Ks. F. vom 6. 3. 1629, 1993.

Ferdinand III., * 13. 7. 1608 Graz (Stmk.), † 2. 4. 1657 Wien, Kaiser; Sohn von Ks. → Ferdinand II. Wurde von Jesuiten erzogen und lernte 7 Sprachen. 1625 König von Ungarn, 1627 von Böhmen, 1636 röm. König, 1637 Kaiser. Er übernahm nach der Ermordung → Wallensteins nominell den Oberbefehl über die kaiserl. Truppen (Sieg bei Nördlingen 1634) und leitete 1645 die Verhandlungen ein, die 1648 zum Westfälischen Frieden führten. Danach beendete er die Gegenreformation in Ö. Er galt als sehr pflichtbewusst, hatte wiss., künstlerische und literar. Interessen (1657 ital. literar. Akad. in Wien). Seine bes. Neigung galt der Musik (erster der „komponierenden Kaiser"); er schuf Messen, Hymnen und ein Musikdrama. Durch ihn wurde die Basis für die große Zeit der barocken Hofmusikkapelle geschaffen.

Literatur: B. Hamann, Die Habsburger, [4]1993.

Ferdinand IV., * 8. 9. 1633 Wien, † 9. 7. 1654 ebd., röm. König; Sohn von Ks. → Ferdinand III. Wurde bereits 1646 zum König von Böhmen und 1647 zum König von Ungarn gekrönt; bald nach Wahl und Krönung zum röm. König 1653 starb er an den Pocken.

Ferdinand I., * 19. 4. 1793 Wien, † 29. 6. 1875 Prag (CZ), Kaiser von Ö. (1835–48); ältester Sohn und Nachfolger von Ks. → Franz II. (I.). Da er Epileptiker und behindert war, regierte für ihn die „Geheime Staatskonferenz" (sein Onkel Erzhzg. → Ludwig, sein Bruder Erzhzg. → Franz Karl, Fürst → Metternich, F. A. Gf. → Kolowrat-Liebsteinsky). Trotzdem tragen wichtige Edikte seine Unterschrift (Eisenbahnen, Sparkassen). Bei Ausbruch der Revolution 1848 entließ er Metternich, floh im Mai nach Innsbruck und im Oktober nach Olmütz, wo er am 2. 12. 1848 zurücktrat. Lebte dann in Prag.

Literatur: G. Holler, Gerechtigkeit für F. – Ö. gütiger Kaiser, 1986.

Ferdinand II. von Tirol, * 14. 6. 1529 Linz (OÖ.), † 24. 1. 1595 Innsbruck (Ti.), Erzhzg. von Ö.; Sohn von

Ks. → Ferdinand I. 1547–66 Statthalter in Böhmen, erhielt bei der Erbteilung 1564 Ti. und die Vorlande, wo er ab 1567 regierte. Er führte dort die Gegenreformation durch, ging hart gegen die Wiedertäufer vor, verbesserte die Landesordnung und Behördenorganisation und baute Schloss Ambras aus, wo er eine „Kunst- und Wunderkammer" einrichtete. Er war nicht nur gebildet, sondern auch verschwenderisch und machte hohe Schulden. Da seine Kinder aus der Ehe mit Philippine → Welser (1557) nicht erbberechtigt waren, kam Ti. nach seinem Tod an die beiden anderen habsb. Linien.

Literatur: Hispania – Austria, Ausst.-Kat., Innsbruck 1992.

Ferdinand III. von Toskana, * 6. 5. 1769 Florenz (I), † 16. 6. 1824 ebd., 2. Sohn von Ks. → Leopold II., Bruder von Ks. Franz II. (I.). Wurde 1791 Großherzog von Toskana, nach der Vertreibung durch Napoleon 1799 war er 1803–05 Kurfürst von Salzburg, 1807–14 Großherzog von Würzburg, kehrte 1814 in die Toskana zurück.

Literatur: F. Pesendorfer, Ein Kampf um die Toskana, Erzhzg. F. III., 1984; D. Schäfer, F. v. Ö., Großherzog zu Würzburg, 1988.

Ferdinand Karl von Tirol, * 17. 5. 1628, † 30. 12. 1662 Kaltern (S-Ti.), Erzhzg.; Sohn von → Leopold V. und → Claudia von Medici. Nachdem für die Habsburger die linksrhein. Besitzungen (Sundgau, Elsass) sowie Breisach verloren gegangen waren, regierte er 1646–62 Ti. und die Vorlande. Zur Finanzierung seines aufwendigen Lebens verkaufte oder verpfändete er weitere Güter oder Rechte. Als Fürst huldigte er dem Absolutismus, berief nach 1648 keinen Landtag mehr ein, umgab sich mit Intriganten und ließ seinen Kanzler W. → Biener nach einem Geheimprozess 1651 hinrichten. Während seiner Regierungszeit trat 1655 die schwedische Königin Christine in der Innsbrucker Hofkirche zum kath. Glauben über. Seine Tochter Claudia Felicitas wurde 1673 die 2. Frau Ks. Leopolds I.

Literatur: B. Hamann (Hg.), Die Habsburger, [4]1993.

Ferdinand Karl, Erzhzg. von Ö., * 1. 6. 1754 Wien, † 24. 12. 1806 ebd., Sohn von → Maria Theresia; 1780 Statthalter der Lombardei. Begründete durch seine Heirat mit Maria Beatrix von Modena (1771) das Haus Ö.- → Este. Wurde 1796 von Napoleon aus diesem Land vertrieben.

Ferdinand Karl, Erzhzg. von Ö.-Este, * 25. 4. 1781 Mailand (I), † 5. 11. 1850 Schloss Ebenzweier bei Gmunden (OÖ.), Sohn von Erzhzg. → Ferdinand Karl; Feldmarschall. War ab 1799 Soldat, 1816–30 Generalkommandant in Ungarn, 1830–46 Zivil- und Militärgouverneur in Galizien.

Ferdinand Karl, → Burg, Ferdinand.

Ferdinand Maximilian, → Maximilian, Kaiser von Mexiko.

Ferg, Franz de Paula, * 2. 5. 1689 Wien, † 1740 London (GB), Maler. Bekannt für seine vorwiegend an niederländ. Werken vom Ende des 17. Jh. orientierten Landschaftsbilder mit reicher Figurenstaffage, die vielfach als Stichvorlagen Verwendung fanden.

Werke: Landschafts- und Genrebilder; Radierungen („Capricci fatti per F. F.", 1726).

Ferk, Janko, * 11. 12. 1958 Unterburg (Gem. St. Kanzian a. Klopeiner See, Kä.), Schriftsteller. Promovierter Jurist, schreibt Lyrik und Prosa auf Slowenisch und Deutsch; Hg. mehrerer Anthologien zur slowen. und dt.-sprach. Literatur Kä., Übersetzungen, juristische Veröffentlichungen.

Werke: Lyrik: das selbstverständliche des sinnlosen, 1979; Aufschriften auf die Wand der Welt 1975–84, 1986; Am Rand der Stille, 1991. – Prosa: Mittelbare Botschaften, 1995; Landnahme und Fluchtnahme, 1997.

Fernberger von Egenberg, Christoph Carl, * um 1596 Ybbs (NÖ.; ?), † 7. 12. 1653 Brunn am Gebirge (NÖ.), erster ö. Weltumsegler. Beteiligte sich am Freiheitskampf der Niederlande, erlitt bei der Rückreise nach Ö. Schiffbruch und gelangte nach seiner Rettung auf einem niederländ. Segler als erster Österreicher nach S-Amerika und in den Pazifik; 1624 als Handelsreisender in Hinterindien tätig; ein weiteres Mal schiffbrüchig, wurde er als Sklave an Araber verkauft, konnte sich loskaufen und über Amsterdam und Wien zurückkehren.

Literatur: K. R. Wernhart, C. C. F., 1972.

Fernkorn, Anton Dominik von, * 17. 3. 1813 Erfurt (D), † 16. 11. 1878 Wien, Bildhauer. Teilw. autodidakt. Ausbildung in München in der königl. Erzgießerei und bei L. v. Schwanthaler. Vom Gießer J. → Glanz nach Wien berufen. Seine bekanntesten Werke sind die Reiterdenkmäler von Erzhzg. Karl (1853–59) und Prinz Eugen (1860–65) auf dem Wr. Heldenplatz. 1855–58 schuf er in Aspern ein Denkmal für die 1809 in der Schlacht bei Aspern gefallenen ö. Soldaten (sog. „Löwe von Aspern"). Der auch als Porträtist tätige F. war der bedeutendste ö. Plastiker des Historismus im Monumentalformat.

Anton Dominik von Fernkorn mit einem Modell der Reiterstatue Erzherzog Karls. Foto.

Literatur: H. Aurenhammer, A. D. F., 1959; V. Malekovic, A. D. F. – Spomenik Banu Josipu Jelacicu, Ausst.-Kat., Zagreb 1990.

Ferra-Mikura, Vera (eigentl. Gertrud Mikura, geb. Ferra), * 14. 2. 1923 Wien, † 9. 3. 1997 ebd., Lyrikerin, Erzählerin, Kinder- und Jugendbuchautorin. Schrieb zunächst heitere, dann zunehmend kritisch-pessimistische Gedichte. Ihre Kinder- und Jugendbücher haben oft eine skurril-phantastische, abenteuerl. Handlung. Bekannt sind bes. ihre Geschichten „Unsere drei Stanisläuse" (3 Bde., 1963).

Werke: Lyrik: Melodie am Morgen, 1948; Die 10 kleinen Negerlein, 1961; Zeit ist mit Uhren nicht meßbar, 1962. – Romane, Kinder- u. Jugendbücher: Riki, 1951; Der Teppich der schönen Träume, 1955; Willi Einhorn auf fremden Straßen, 1958; 12 Leute sind kein Dutzend, 1962; Horoskop für den Löwen, 1982; Die Oma gibt dem Meer die Hand, 1983; Das Denken überlaß nicht den Pferden!, 1986; Mein grüngestreiftes Geisterbuch, 1989; Pusselkram wird Millionär, 1990; Der Spion auf dem fliegenden Teppich, 1991; „Veronika!" „Veronika!" „Veronika!" rufen die Stanisläuse, 1995.

Ferrari-Brunnenfeld, Mario, * 23. 10. 1932 Klagenfurt (Kä.), Arzt und Politiker (FPÖ). 1975–83 Landesparteiobmann in Kä., 1975–83 Kä. Landesrat, 1983–87 Staatssekr. für Gesundheit und Umweltschutz, 1988 Austritt aus der FPÖ.

Ferrari d'Occhieppo, Konradin, * 9. 12. 1907 Leibnitz (Stmk.), Astronom. 1949 Univ.-Doz., 1954–78 Univ.-Prof. für Theoret. Astronomie in Wien.

Werke: Astronomie, 1950; Kunde vom Weltall, 1952; Der Stern der Weisen, 1969; Der Stern von Bethlehem in astronom. Sicht, 1991.

Ferrero-Waldner, Benita Maria, * 5. 9. 1948 Salzburg, Juristin und Politikerin (ÖVP). 1971–83 in der Privatwirt. tätig, ab 1984 im diplomat. Dienst bzw. im Außenministerium tätig. 1994–95 Protokollchefin der Vereinten Nationen in New York, 1995–2000 Staatssekretärin im Außenministerium, seit 2000 BMin. f. auswärtige Angelegenheiten.

Ferro, Pasqual Joseph Ritter von, * 5. 6. 1753 Bonn (D), † 21. 8. 1809 Wien, Arzt. Ab 1775 in Wien, bes. bemüht um die Verbesserung der Gesundheitsbedingungen, förderte die Errichtung eines Rettungs- und geordneten Bestattungsdienstes, wandte 1780 erstmals die Kaltwasser-, später die Sauerstoffbehandlung an, führte 1799 die erste jennersche Kuhpockenimpfung in Wien durch. Auf ihn geht die Gründung

Ernst Freiherr von Feuchtersleben. Stich nach J. Danhauser von F. Stöber.

Heinrich Freiherr von Ferstel. Lithographie von A. Schubert.

des heutigen Pathologisch-anatomischen Bundesmuseums zurück.

Werk: Smlg. aller Sanitätsverordnungen für das Erzherzogtum unter der Enns, 2 Bde., 1798/1807. – Literatur: M. Skopec, P. J. Ritter v. F., in: Arzt, Presse, Medizin 1, 1978.

Ferstel, Heinrich Frh. von, * 7. 7. 1828 Wien, † 14. 7. 1883 ebd., Architekt. Nach Studien in Wien arbeitete F. 1851–53 im Architekturatelier seines Onkels F. Stache (1814–1895). 1855 gewann F. die Konkurrenz um die Votivkirche in Wien, die er bis 1879 ausführte. Damit war er schlagartig unter die bedeutendsten Architekten der Ringstraßenzeit aufgerückt. In der Folge entfaltete er eine ausgedehnte, ab 1856 durch seinen Schwager K. Koechlin (1828–1894) unterstützte Bautätigkeit, bei der nach spätromant. Anfängen (Bank- und Börsengebäude, Wien 1860) dann meist streng historist. Ideale und Neorenaiss.-Formen dominierten. Ab 1866 wirkte er als Prof. am Polytechnikum. Neben etlichen Monumentalbauten (in Wien: Ö. Museum f. Kunst u. Ind., 1871; Chem. Inst. d. Univ. Wien, 1872; Kunstgewerbeschule, 1877; Universität, 1884; Lloydgebäude in Triest, 1883) schuf er v. a. Villen (Villa Wartholz, Reichenau 1872), Wohnhäuser und Palais (Palais Wertheim, 1868; Palais Erzhzg. Ludwig Viktor, 1869; beide in Wien). Als Vertreter der Wr. Baukunst kam F. nahezu modellhafter Vorbildcharakter zu. Seine künstlerische Wirkung erstreckte sich über die ganze k. u. k. Monarchie.

Literatur: N. Wibiral, H. v. F. und der Historismus in der Baukunst des 19. Jh., Diss., Wien 1952; ders. u. R. Mikula, H. v. F., 1974.

Feßler, Ignaz Aurelius, * 18. 5. 1756 Zurndorf (Bgld.), † 15. 12. 1839 St. Petersburg (RUS), Kapuziner, Schriftsteller und Historiker. Anhänger Josephs II., Univ.-Prof in Lemberg; wurde als Freimaurer aus dem Kapuziner-Orden entlassen und trat zum Protestantismus über, 1809 Prof. in St. Petersburg, 1820 evang. Bischof der Wolgadeutschen in Saratow.

Werke: Marc Aurel, 2 Bde., 1790/92; Geschichte der Ungarn und ihrer Landsassen, 10 Bde., 1815–25. – Ausgabe: Gesammelte Werke, 22 Bde., 1809–16. – Literatur: P. F. Barton, I. A. F. Vom Barockkatholizismus zur Erweckungsbewegung, 1969; F. Maurice, Freimaurerei um 1800. I. A. F. und die Reform der Großloge Royal York in Berlin, 1997.

Feßler, Josef, * 2. 12. 1813 Lochau (Vbg.), † 25. 4. 1872 St. Pölten (NÖ.), Bischof und Kirchenrechtler. Ab 1852 Univ.-Prof. für Kirchengeschichte und -recht in Wien; ab 1864 Bischof von St. Pölten. Gen.-Sekr. des 1. Vatikan. Konzils.

Literatur: Kirchenlexikon.

Festetics, Antal, * 12. 6. 1937 Budapest (H), Biologe und Verhaltensforscher. Schüler von K. → Lorenz; ab 1973 Univ.-Prof. und Dir. des Inst. für Wildbiologie und Jagdkunde der Univ. Göttingen, ab 1981 Hon.-Prof. an der Univ. Wien, 1980 Präs. der K.-Lorenz-Ges. für Umwelt und Verhaltenskunde. Verdienste um die Errichtung von Nationalparks in Ö. und Ungarn. Ö. Staatspreis f. Umweltschutz 1988.

Werke: zahlr. Bücher und Veröffentlichungen in Fach-Ztschr.; naturwiss. Filme und Fernsehdokumentationen.

Fetz, Friedrich, * 2. 11. 1927 Schlins (Vbg.), Sportwissenschaftler; zunächst Lehrer an höheren Schulen, 1954 ö. Meister im Olymp. Zwölfkampf, 1965–68 Univ.-Prof. in Frankfurt a. M., ab 1968 Univ.-Prof. am Inst. f. Sportwiss. in Innsbruck.

Werke: Allg. Methodik der Leibesübungen, 1961; Leibesübungen für 6- bis 15jährige, 1971; Bewegungslehre der Leibesübungen, 1972; Sensomotorisches Gleichgewicht im Sport, 1987; Sportmotorische Diagnoseverfahren, 1989; Skipionier E. Janner, 1997. – Literatur: E. Kornexl (Hg.), Spektrum der Sportwissenschaften, 1987.

Feuchtersleben, Ernst (Maria Johann Karl) Frh. von, * 29. 4. 1806 Wien, † 3. 9. 1849 ebd., Arzt, Philosoph, Lyriker, Literaturkritiker. Ab 1847 Vizedir. der medizin.-chirurg. Studien an der Univ. Wien; 1848 reformierte er als Unterstaatssekr. das ö. Unterrichtswesen. Sein Gedicht „Es ist bestimmt in Gottes Rat" wurde von F. Mendelssohn-Bartholdy vertont und als Volkslied bekannt. Befreundet mit F. → Grillparzer und F. → Hebbel.

Werke: Gedichte, 1836; Zur Diätetik der Seele, 1838; Almanach der Radierungen, 1844; Lehrbuch der ärztl. Seelenheilkunde, 1845; Geist dt. Klassiker, 1850–52. – Ausgaben: Sämtl. Werke, hg. v. F. Hebbel, 7 Bde., 1851–53; Sämtl. Werke und Briefe, Krit. Ausgabe, hg. von H. Seidler u. H. Heger, 1987ff. – Literatur: L. Eltz-Hoffmann, F., 1956; H. Seidler, E. Frh. v. F., in: Anzeiger der ö. Akad. d. Wiss. 106, 1969; K. Pisa, E. Frh. v. F. Pionier der Psychosomatik, 1998; H. H. Egglmaier, E. Frh. v. F. als Bildungspolitiker, 2000.

Feuchtmüller, Rupert, * 5. 8. 1920 Moosbrunn (NÖ.), Kunsthistoriker. Beamter im Nö. Landesmuseum, ab 1973 Dir. des Wr. Dom- und Diözesanmuseums, 1965 Univ.-Prof. in Graz; Initiator der nö. Landesausstellungen.

Werke: Das Nö. Landhaus, 1949; Die spätgotische Architektur von A. Pilgram, 1951; F. Gauermann, 1962 und 1987; L. Kupelwieser, 1970; Kunst in Ö., 2 Bde., 1972/73; Das Neugebäude, 1976; Sergius Pauser, 1977; Schöngrabern. Steinerne Bibel, 1979; Die Herrengasse, 1982; Der Kremser Schmidt, 1989; F. G. Waldmüller, 1996.

Feuerstein, Günther, * 21. 10. 1925, Architekt und Architekturtheoretiker. Studierte an der Techn. Hochschule in Wien und war danach Assistent von K. Schwanzer an dieser. Zusammenarbeit mit Gruppen wie → Haus-Rucker-Co, → Coop Himmelblau und Zünd-up. Publikationstätigkeit für Zeitschriften („Bau", „Transparent", „Daidalos"), Architekturkritiker für Zeitungen. 1973–96 Univ.-Prof. für Umraumgestaltung an der Hochschule für Gestaltung in Linz; daneben Lehrtätigkeit an der Akad. d. bild. Künste in Wien und der Techn. Univ. Wien. Befasst sich bes. mit soz. Fragen der Architektur, Revitalisierung und Städtebau.

Werke: Wohnsiedlung Hörsching (OÖ.), 1967–79; Wohngruppe Wien-Hirschstetten, 1985–87 (mit R. Krier u. M. Stein); Revitalisierung Augarten, 1988–95 (Wien, mit E. Göth). – Publikationen: Visionäre Architektur 1958–88, 1988; Androgyne Architektur, 1999.

Fey, Emil, * 23. 3. 1886 Wien, † 16. 3. 1938 ebd. (Selbstmord), Politiker (CS), Offizier. 1931 Landesführer des „Wr. Heimatschutzes" (Rivale von E. R. → Starhemberg), 1932–33 Staatssekr. für das Sicherheitswesen; war 1933–35 abwechselnd Vizekanzler, Sicherheits- und Innenmin. der Regierungen Dollfuß und Schuschnigg; war an Auslösung und Niederwerfung der Februarkämpfe 1934 maßgeblich beteiligt. Ungeklärt ist seine Rolle beim Juliputsch 1934, bei dem er sich einige Stunden lang im Bundeskanzleramt in der Gewalt der Putschisten befand. 1935 Präs. der DDSG, im Oktober 1936 Ausschluss aus der Heimwehr.

Literatur: F. Oswald, Die Stellung von Major E. F. in der Politik der 1. Republik und des Ständestaates, 1964.

Feyerabend, Paul Karl, * 13. 1. 1924 Wien, † 11. 2. 1994 Zürich (CH), Philosoph. 1959–90 an der University of Berkeley (USA) und 1979–91 auch an der ETH Zürich. F. entwickelte eine Erkenntnistheorie, die im Gegensatz zum Rationalismus K. → Poppers alle bindenden Regelsysteme ablehnt und auf Spontaneität und Kreativität beruht.

Werke: Das Problem der Existenz theoret. Entitäten, 1960; Knowledge without Foundations, 1962; Problems of Empiricism, 1965; Against Method, 1975 (Wider den Methodenzwang, 1976); Science in a Free Society, 1978 (Erkenntnis für freie Menschen, 1979); Ausgewählte Schriften, 2 Bde., 1978/81;

Realism, Rationalism, and Scientific Method, 1981; Problems of Empiricism, 1981 (Probleme des Empirismus, 1981); Farewell to Reason, 1987 (Irrwege der Vernunft, 1989); Three Dialogues on Knowledge, 1991 (Über Erkenntnis, 1992); Killing Time, 1995 (Zeitverschwendung, 1995; Autobiographie); Knowledge, Science and Relativism, 1998. – Literatur: Beyond Reason: essays on the philosophy of P. F., hg. v. G. Munevar, 1991; E. Döring, P. K. F. zur Einführung, 1998.

Fheodoroff, Nikolaus, * 15. 9. 1931 Villach (Kä.), Musiker Komponistenausbildung an der Wr. Musikhochschule und Univ., 1964–91 Leiter der Musikabteilung des ORF-Landesstudios Kä.; 1967–91 Leiter des ORF-Kammerorchesters wichtige Verdienste um den Aufbau des Musiklebens in Kä. (Leiter des Kä. Madrigalchors, Obmann des Carinthischen Sommers) und um die Kirchenmusik. Sein kompositor. Schaffen wurde durch die Freundschaft mit J. M. → Hauer maßgeblich beeinflusst.

Werke: Orchesterwerke, Kammermusik: 3 Zwölftonspiele, 1968; Streichquartett, 1971; Rhapsodie, 1987; Konzert für Violine, Streichorchester und Pauken, 1994. – Vokalmusik: Dt. Messe, 1972; Maria Saaler Weihnachtsmesse, 1984. – Schriften. – Literatur: G. Brosche (Red.), Musikal. Dokumentation N. F., Ausst.-Kat., Ö. Nat.-Bibl., Wien 1997.

Fiakermilli (eigentl. Emilie Demel), * 30. 6. 1848 Chotěboř (CZ), † 13. 5. 1889 Wien, gefeierte Wr. Volkssängerin. Heiratete 1874 den Fiaker L. Demel; bei H. v. → Hofmannsthal als Bühnenfigur in „Arabella" (von R. → Strauss 1933 vertont).

Fiakermilli. Foto.

Fiala, Ernst, * 2. 9. 1928 Wien, Automobilkonstrukteur. 1954–63 Versuchsingenieur bei Daimler Benz, 1963–70 Prof. an der Techn. Hochschule Berlin, ab 1970 Leiter des Zentralbereichs Forschung der Volkswagen AG und 1973–88 Vorstandsmitgl. von VW.

Fiala, Hans, * 26. 12. 1875 Weinern (Gem. Groß-Siegharts, NÖ.), † 19. 10. 1928 Wien, Jurist. Bei der Schaffung des Wr. Jugendgerichts und des Jugendgerichtsgesetzes 1928 führend beteiligt; Mitbegründer der Jugendgerichtshilfe.

Literatur: ÖBL.

Fian, Antonio, * 28. 3. 1956 Klagenfurt (Kä.), Schriftsteller. Mitbegründer und 1976–83 Hg. der Literatur-Ztschr. „Fettfleck"; Hörspiele mit W. → Kofler; verfasst v. a. scharfe hintergründige Parodien und Satiren („Schratt", 1992) sowie Dramolette zu aktuellen Themen aus Politik und Kultur.

Weitere Werke: Erzählungen: Einöde. Außen, Tag, 1987; Schreibtische ö. Autoren, 1987 (mit Fotos von N. Korab). – Essays: Es gibt ein Sehen nach dem Blick, 1989; Hölle, verlorenes Paradies, 1996. – Dramolette: Was bisher geschah, 1994; Was seither geschah, 1998. – Lyrik: Üble Inhalte in niedrigen Formen, 2000.

Fichtel, Leopold von, * 1770 Hermannstadt (Sibiu, RO), † 18. 3. 1810 Wien, einer der Begründer der Mikropaläontologie in Ö. Sammelte auf mehreren Reisen (Europa, Ostindien) für das „Hofnaturalien-Cabinett" Muscheln, Schnecken und Insekten, erwarb im Auftrag des Kaisers 210 Gegenstände aus der Smlg. James Cook in London.

Werk: Testacea microscopica, 1798 (mit J. P. C. von Moll). – Literatur: F. Rögl, L. v. F. und J. P. C. von Moll und ihre wiss. Bedeutung, in: Annalen des Naturhist. Museums Wien, 1982.

Fichtenau, Heinrich, * 10. 12. 1912 Linz (OÖ.), † 15. 6. 2000 Wien, Historiker. Univ.-Prof. in Wien. 1962–83 Vorstand des Inst. f. Ö. Geschichtsforschung.

Werke: Grundzüge der Geschichte des MA, 1948; Urkundenbuch zur Geschichte der Babenberger, 1950 (Mithg.); Arenga, 1957; Von der Mark zum Herzogtum, 1958; Der junge Maximilian, 1958; Ketzer und Professoren, 1992.

Fichtner, Carl Albrecht, * 7. 6. 1805 Coburg (D), † 19. 8. 1873 Bad Gastein (Sbg.), Schauspieler. 1824 von J. → Schreyvogel ans Wr. Burgtheater geholt (Mitgl. 1824–65); bes. Erfolge im Konversationsstück und als Charakterschauspieler in klass. Rollen; ab 1841 auch Regisseur. F. und seine Frau Elisabeth F.-Koberwein (1809–1887) zählten unter H. → Laubes Direktion zu den Stützen des Burgtheater-Ensembles.

Literatur: E. Bauernfeld, Zum Abschied an C. F., 1865; G. v. Czartoryski, C. F. Eine Skizze seines Lebens und künstlerischen Wirkens, 1865.

Ficker, Heinrich von, * 22. 11. 1881 München (D), † 29. 4. 1957 Wien, Meteorologe, Geophysiker; Sohn von Julius v. → Ficker, Bruder von Ludwig v. → Ficker und Rudolf v. → Ficker. Univ.-Prof. in Graz, 1923 Prof. für Meteorologie an der Univ. Berlin, ab 1937 Univ.-Prof. in Wien und 1937–53 Dir. der Zentralanstalt für Meteorologie und Geodynamik. 1946–51 Präs. der Ö. Akad. d. Wiss., unternahm Ballonfahrten in den Alpen und Forschungsreisen in den Kaukasus und nach Zentralasien.

Werke: Wetter und Wetterentwicklung, 1932; Föhn und Föhnwirkungen, 1943. – Literatur: NDB.

Ficker, Julius von, * 30. 4. 1826 Paderborn (D), † 10. 7. 1902 Innsbruck (Ti.), Historiker; Vater von Heinrich v. → Ficker, Ludwig v. → Ficker und Rudolf v. → Ficker. 1852–79 Univ.-Prof. in Innsbruck, dann Privatgelehrter. Lehrer mehrerer bed. Historiker (E. → Ottenthal, E. → Mühlbacher, O. → Redlich), leitete die „Regesta Imperii", wurde durch seine Kontroverse mit H. v. Sybel über die Kaiserpolitik des MA bekannt. Mitgl. mehrerer Akad. d. Wiss.

Werke: Vom Reichsfürstenstand, 2 Bde., 1861–1923; Vom Heerschilde, 1862. – Literatur: ÖBL.

Ficker, Ludwig von, * 13. 4. 1880 München (D), † 20. 3. 1967 Innsbruck (Ti.), Schriftsteller, Verleger, Essayist; Sohn von Julius v. → Ficker, Bruder von Heinrich v. → Ficker und Rudolf v. → Ficker. Gründete 1910 die anfänglich expressionistisch orientierte Kultur-Ztschr. „Der Brenner", die K. Kraus als die „einzige ehrliche Revue Ö. und Deutschlands" bezeichnete. Förderte und publizierte das Werk seines Freundes G. → Trakl, stand auch L. → Wittgenstein und R. M. → Rilke nahe. Großer Ö. Staatspreis 1959, Ö. Ehrenzeichen f. Wiss. u. Kunst 1966.

Ludwig von Ficker. Foto.

Werke: Studien über K. Kraus, 1913; Denkzettel und Danksagungen. Reden und Aufsätze, hg. v. F. Seyr, 1967; Briefwechsel 1909–14, 4 Bde., 1986–96.

Ficker, Rudolf von, * 11. 6. 1886 München (D), † 2. 8. 1954 Igls (Ti.), Musikwissenschaftler; Sohn von Julius v. → Ficker, Bruder von Heinrich v. → Ficker und Ludwig v. → Ficker. Studierte bei G. → Adler in Wien, ab 1923 Univ.-Prof. in Innsbruck, ab 1927 in Wien, ab 1931 in München. Mitarbeiter der „Denkmäler der Tonkunst in Ö.", arbeitete v. a. an der Wiederbelebung ma. Musik (Aufführungen in der Burgkapelle in Wien); große Verdienste um die Erforschung und Edition der „Trienter Codices".

Literatur: NDB.

Fickert, Auguste, * 25. 5. 1855 Wien, † 9. 6. 1910 Maria Enzersdorf (NÖ.), Sozialreformerin und Frauenrechtlerin. Gründete 1893 den linksgerichteten „Allg. ö. Frauenverein", 1895 die 1. ö. Rechtsschutzstelle f. unbemittelte Frauen; initiierte die Bau- und Siedlungsgenossenschaft „Heimhof" zur Schaffung von Wohnmöglichkeiten für berufstätige Frauen und deren Familien. F. bemühte sich v. a. um das Wahlrecht für Frauen, setzte die Bildung weibl. Berufsvertretungen und die Zulassung von Frauen zum Hochschulstudium durch.

Auguste Fickert. Radierung von E. Hrncyrz.

Publikationen: „Dokumente der Frauen", Monatsschrift, hg. v. A. F., R. Mayreder u. M. Lang. – Literatur: R. Flich, Der Fall A. F. – Eine Lehrerin macht Schlagzeilen, in: Wr. Geschichtsblätter 45, 1990.

Ficquelmont, Karl Ludwig Graf, * 23. 3. 1777 Schloss Dieuze b. Nancy (F), † 7. 4. 1857 Venedig (I), Diplomat und Politiker. Ab 1793 ö. Offizier, 1815–39 Diplomat in Stockholm und St. Petersburg, ab 1840 Minister, ab 20. 3. 1848 Außenminister, 4. 4.–4. 5. 1848 Min.-Präs. Verfasste dann mehrere polit. Werke.
Werke: Deutschland, Ö. und Preußen, 1851; Lord Palmerston, England und der Kontinent, 2 Bde., 1852; Rußlands Politik und die Donaufürstentümer, 1854. – Literatur: ÖBL, NDB.

Fidelis, Hl. (eigentl. Markus Roy), Fest 24. Apr., * 1577 Sigmaringen (D), † 24. 4. 1622 Seewis i. Prättigau (Graubünden, CH), 2. Landespatron von Vbg., urspr. Jurist, Kapuzinerprediger der Gegenreformation in Feldkirch 1519–21, dabei in Seewis erschlagen, 1746 heilig gesprochen. Sein Haupt ruht in der Kapuzinerkirche Feldkirch.
Literatur: R. Schell, F. von Sigmaringen 1577–1977, 1977.

Fiebiger, Josef, * 7. 2. 1870 Odrau (Odry, CZ), † 9. 4. 1956 Wien, Tiermediziner. Univ.-Prof. an der Tierärztl. Hochschule in Wien, Spezialist auf dem Gebiet der Pathologie der Fische.
Werke: Die tierischen Parasiten der Haus- und Nutztiere sowie des Menschen, 1923; Histologie und vergleichende mikroskop. Anatomie der Haustiere, 1941 (mit A. Trautmann).

Fiedler, Franz, * 17. 3. 1944 Wien, Jurist. Nach Tätigkeit als Richter und Staatsanwalt 1980 Sekr. des ÖVP-Parlamentsklubs, 1986–92 Vizepräs. des ö. Rechnungshofs, seit 1992 dessen Präs.
Werk: Die staatspolit. Funktion des Rechnungshofes, 1994.

Fielhauer, Helmut Paul, * 8. 10. 1937 Wien, † 5. 2. 1987 ebd., Volkskundler, Kulturwissenschaftler und Museologe. 1977–87 Univ.-Prof. in Wien; vertrat eine krit., soz. engagierte Volkskunde. Seine Hauptarbeitsgebiete umfassten Arbeitervolkskunde, Brauch- und Großstadtforschung sowie kulturwiss. Ausstellungs- und Museumswesen.
Werke: Volkskunde als demokrat. Kulturgeschichtsschreibung, 1987; Von der Heimatkunde zur Alltagsforschung, 1988. – Literatur: D. Kramer, Lebensgeschichte und Wiss. Zum wiss. Erbe von H. P. F., in: Schweiz. Archiv f. Volkskunde 85, 1989.

Fierbich, Franz P., * 9. 5. 1879 Wien, † 24. 2. 1935 ebd., Wienerlied-Komponist. Bestimmte über 20 Jahre lang die Richtung des Wienerlieds. Verfasste zumeist selbst die Texte zu seinen Liedern.
Werke: O du lieber, alter Steffel; Draußt in Nußdorf; Das silberne Kanderl. – Das Weanalied, 1907.

Albert Figdor. Foto.

Figdor, Albert, * 16. 5. 1843 Baden (NÖ.), † 22. 2. 1927 Wien, Bankier und Kunstsammler. Trug er eine der bedeutendsten ö. Privatsammlungen vor dem 2. Weltkrieg zusammen (Schwerpunkt Kunstgewerbe); eine Schenkung an das neu eröffnete Kunsthist. Museum in Wien 1891 kam nicht zustande, später vererbte er die Bestände nach Heidelberg; nach Versteigerungen in Wien und Berlin 1930 gelangte nur ein kleiner Teil in Wr. Museen.
Literatur: Die Smlg. Dr. A. F., Auktionskatalog, 5 Bde., Wien/Berlin 1930; ÖBL; NDB.

Figdor, Wilhelm, * 11. 3. 1866 Wien, † 27. 1. 1938 ebd., Pflanzenphysiologe. Univ.-Prof. in Wien; gründete 1906 mit L. v. Portheim und H. → Przibram die biolog. Versuchsanstalt im Prater, das sog. Vivarium (1906–45).
Literatur: ÖBL.

Leopold Figl. Porträt von R. Fuchs, 1966 (Niederösterreichisches Landhaus, Wien).

Figl, Leopold, * 2. 10. 1902 Rust im Tullnerfeld (NÖ.), † 9. 5. 1965 Wien, Agraringenieur und Politiker (ÖVP). 1934–38 Dir. des Nö. Bauernbundes, 1938–43 im KZ Dachau, 1944/45 im KZ Mauthausen inhaftiert. 1945 Mitbegründer, 1945–52 Bundesparteiobmann der ÖVP, 1945 Landeshauptmann von NÖ. und Staatssekr. der Prov. Regierung Renner, 1945–53 Bundeskanzler, 1953–59 BMin. für Äußeres, 1959–62 1. Präs. des NR, 1962–65 Landeshauptmann von NÖ. Populärer, volkstüml. Politiker; machte sich nach 1945 um die staatl. Einheit, den wirt. Wiederaufbau und die Unabhängigkeit Ö. verdient. Ein Befürworter der polit. Zusammenarbeit aller Lager, musste er 1953 nach innerparteil. Kritik an zu großer Kompromissbereitschaft gegenüber dem Koalitionspartner SPÖ das Amt des Bundeskanzlers abgeben. Als BMin. für Äußeres unterzeichnete er 1955 den Staatsvertrag.
Literatur: E. Trost, Figl von Ö., [6]1992; S. Seltenreich, L. F., Dokumentation einer Erinnerung, 3 Bde., 1985–87; P. Pelinka, Ö. Kanzler. Von L. F. bis W. Schüssel, 2000.

Filek-Wittinghausen, Egid Edler von (auch E. Witting), * 18. 1. 1874 Wien, † 20. 4. 1949 ebd., Lehrer und Schriftsteller. Schrieb Romane zu aktuellen Zeitthemen sowie hist. Romane und Novellen; weite Verbreitung fanden seine Schul- und Wanderbücher; leitete 1898–1908 die Jugend-Ztschr. „Gaudeamus".
Werke: Mein Frühling, 1900; Ein Narr des Herzens, 1911; Mimis Versorgung, 1913; Wachtmeister Pummer, 1918; Stadt in Not, 1933; Novellen um Grillparzer, 1948. – Literatur: M. Reitter, E. F.-W., Diss., Wien 1949.

Fillitz, Hermann, * 20. 4. 1924 Wien, Kunsthistoriker. 1965–67 Leiter des Ö. Kulturinst. in Rom, 1967–74 Univ.-Prof. für Kunstgeschichte in Basel, 1974–94 in Wien; 1982–90 Erster Dir. des Kunsthist. Museums.
Werke: Die Insignien und Kleinodien des Hl. Röm. Reiches, 1954; Die Schatzkammer in Wien, 1964; Propyläen-Kunstgeschichte, Bd. V, MA I, 1969; Die Ö. Kaiserkrone und die Insignien des Kaisertums Ö., [2]1973; Der Traum vom Glück Die Kunst des Historismus in Europa, Ausst.-Kat., 2 Bde., 1996 (Hg.); Geschichte der bildenden Kunst in Ö., 1998ff. (Hg.). – Literatur: M. Pippal (Hg.), Festschrift für H. F. zum 70. Geburtstag, 1994.

Finck, Heinrich, * 1444 (oder 1445) Bamberg (D; ?), † 9. 6. 1527 Wien, Komponist. Ab ca. 1516 im Dienst von M. Lang, dem späteren Erzbischof von Salzburg; ab 1524 in Wien, übernahm die Kantorei des Schottenstifts. Ferdinand I. ernannte ihn trotz hohen Alters 1527 zum Hofkapellmeister. Sein Großneffe war der Musiktheoretiker Hermann F.
Werke: 4 Messen, 4 Motettenzyklen und 16 weitere Motetten, 35 mehrstimmige dt.-sprach. Lieder („Schöne ausserlesene Lieder", 1536).

Finger, Alfred, * 25. 2. 1855 Wien, † 9. 4. 1936 ebd., Geiger. Ab 1925 Violinpädagoge; führte als Vorstandsmitgl. des „Neuen Tonkünstlervereins" die Musik M. Regers in Wien ein.

Finger, Eduard („Edi") sen., * 29. 1. 1924 Klagenfurt (Kä.), † 12. 4. 1989 Maria Enzersdorf (NÖ.), ab 1946 Sportjournalist und 1957 erster TV-Sportreporter. F. war bis 1987 Sportchef beim Hörfunk und wurde mit seinem Ausruf „I wear narrisch!" anlässlich des Siegestores von H. → Krankl beim Spiel Ö. gegen Deutschland (3 : 2) 1978 bei der Fußballweltmeisterschaft in Argentinien berühmt.
Werk: I wear narrisch!, 1988. – Literatur: Die Presse, 30. 11. 1987; ebd. 13. 4. und 14. 4. 1989.

Finger, Ern(e)st, * 8. 7. 1856 Prag (CZ), † 17. 4. 1939 Wien, Dermatologe. Univ.-Prof. in Wien, 1904–27 Vorstand der II. Univ.-Klinik für Haut- und Geschlechtskrankheiten; 1906–19 Präs. der Wr. Ärztekammer, 1925–31 des Obersten Sanitätsrats; baute die Gonorrhoelehre aus und schuf eig. Behandlungsstätten für venerische Krankheiten.
Werke: Die Geschlechtskrankheiten als Staatsgefahr, 1924; Hb. d. Haut- u. Geschlechtskrankheiten, 19 Bde., 1928f. (Hg. mit M. Sänger).

Finger, Josef, * 1. 1. 1841 Pilsen (Plzeň, CZ), † 6. 5. 1925 St. Georgen (OÖ.), Physiker, Mathematiker. Prof. und Rektor der Techn. Hochschule in Wien, Erfinder des Kommunikationspendels.

Werke: Directe Deduction der algebraischen Operationen aus dem Größen- und Zahlenbegriffe, 1873; Elemente der reinen Mathematik, 1886.

Finger, Julius, * 30. 6. 1826 Wien, † 19. 12. 1894 Millstatt (Kä.), Ornithologe (Autodidakt) und Sparkassenangestellter. Seine Vogelsammlung gehört seit 1876 zum Bestand des Naturhist. Museums in Wien.

Literatur: ÖBL.

Fink, Humbert, * 13. 8. 1933 Salerno (I), † 16. 5. 1992 Maria Saal (Kä.), Schriftsteller, Journalist. Nach einem Gedichtband und 2 Romanen schrieb F. zahlr. Reise- und Sachbücher, v. a. Biographien von hist. Persönlichkeiten. Er gab 1957/58 „Die ö. Blätter" und ab 1959 mit P. Kruntorad die „Hefte für Literatur und Kritik" heraus; 1977 entwickelte er mit E. Willner die Idee des I.-Bachmann-Wettbewerbs. F. gestaltete auch Sendereihen im ORF und war ein bekannter Zeitungskommentator.

Werke: Verse aus Aquafredda, 1953 (Gedichte); Die engen Mauern, 1953 (Roman); Die Absage, 1960 (Roman); Anatolische Elegien, 1977; Das Hl. Land, 1981; Machiavelli, 1988; F. Grillparzer, 1990; Auf den Spuren des Doppeladlers, 1992.

Fink, Jodok, * 19. 2. 1853 Andelsbuch (Vbg.), † 1. 7. 1929 ebd., Bauer und Politiker (CS). Ab 1890 (für 30 Jahre) Vbg. Landtagsabgeordneter, ab 1897 im Abgeordnetenhaus, 1911 Landeshauptmann-Stellv. (Statthalter) von Vbg., Berater von K. → Lueger und A. → Gessmann, während des 1. Weltkriegs Dir. des Volksernährungsamtes, nach dem Zusammenbruch der Monarchie 1918 einer der 3 Präsidenten der Provisor. Nationalversammlung und später Staatsrat, 1919/20 Vizekanzler in der Regierung Renner, 1920–29 Abg. z. NR, ab 1922 Obmann des Christl.-soz. Klubs. F. nahm eine Vermittlerrolle ein und trat in der 1. Republik für die Zusammenarbeit der beiden großen Parteien von Bauern bzw. Bürgern und Arbeitern ein, machte sich um die Einführung und Verbreiterung des Wahlrechts verdient und war ein Gegner der vbg. Anschlussbewegung an die Schweiz. 1925 Ehrendoktor der Univ. Innsbruck.

Literatur: H. Deuring, J. F., 1932; L. Reichhold, J. F. und N. Hauser, 1989.

Fink, Julius, * 18. 4. 1918 Wien, † 2. 4. 1981 ebd., Geograph und Geologe. Ab 1951 Dozent, ab 1967 Prof. für Geologie an der Hochschule f. Bodenkultur, ab 1969 Prof. f. Physische Geographie an der Univ. Wien, 1970–72 Präs. der Ö. Geograph. Ges. Widmete sich bes. der Quartärgeologie, Geomorphologie und Lössforschung.

Werke: Nomenklatur und Systematik der Bodentypen Ö., 1969; Zur Morphogenese der Wr. Raumes, 1973.

Fink, Tone, * 1. 1. 1944 Schwarzenberg (Vbg.), bildender Künstler und Filmemacher. Studierte an der Akad. d. bild. Künste in Wien, 1980 erster Film „Johnny unser" für den ORF und die Viennale. Beschäftigt sich v. a. mit dem Material Papier (u. a. Sitzmöbel aus Draht und Papiermaché).

Literatur: W. Kotte, T. F. Weiss-Sagungen, 1992; T. F. Mach.Art, 1998.

Finsterer, Hans, * 24. 6. 1877 Weng (OÖ.), † 4. 11. 1955 Wien, Chirurg. Univ.-Prof. in Wien; Leiter der I. Chirurg. Klinik am Allg. Krankenhaus; schuf neue Operationsmethoden bes. in der Magen- und Darmchirurgie. Sein Forschungsschwerpunkt war die Magensekretion bei Magengeschwüren.

Werke: Die Methoden der Lokalanästhesie, 1923; Die Chirurgie des Dickdarmes, 1952. – Literatur: H. Steindl, Leben und Wirken Prof. Dr. H. F., 1956.

Finz, Alfred, * 7. 10. 1943 Wien, Jurist und Politiker (ÖVP). Ab 1966 für den Ö. Rechnungshof tätig (ab 1987 Leiter einer Prüfungsabt., ab 1995 Leiter der Präsidialsektion). 1995–2000 Mitarbeit im Generalsekretariat für die internat. Zusammenarbeit der Obersten Finanzkontrollbehörden; seit 2000 Staatssekretär im Finanzministerium.

Firmian, Adelsgeschlecht aus Ti., stellte Beamte und Kirchenfürsten. Wichtige Persönlichkeiten aus der Familie: Karl Joseph Gf. → Firmian, Leopold Anton Gf. → Firmian, Leopold Ernst Gf. → Firmian, Leopold Max Gf. → Firmian.

Literatur: ÖBL.

Firmian, Karl Joseph Graf, * 6. 8. 1712 Deutschmetz (S-Ti.), † 20. 7. 1782 Mailand (I), Diplomat und Staatsmann. Gesandter in Neapel, ab 1759 Gouverneur der Lombardei; förderte die Univ. Pavia.

Firmian, Leopold Anton Graf, * 27. 5. 1679 München (D), † 22. 10. 1744 Salzburg, Bischof. 1718 Bischof von Lavant, 1724 von Seckau, 1727 von Laibach und im selben Jahr Erzbischof von Salzburg; erließ 1731 das Emigrationspatent, durch das 23.000 Evangelische vertrieben wurden; auf dieses Ereignis nimmt J. W. v. Goethe in „Hermann und Dorothea" Bezug.

Firmian, Leopold Ernst Graf, * 22. 9. 1708 Trient (I), † 13. 3. 1783 Passau (D), Bischof. 1739 Bischof von Seckau, 1763 von Passau (verwaltete als letzter OÖ. und NÖ.), 1772 Kardinal. Gab 1769 den Anstoß zur Schulreform Maria Theresias.

Firmian, Leopold Max Graf, * 10. 10. 1766 Trient (I), † 12. 11. 1831 Wien, Erzbischof. 1800 Bischof von Lavant, 1818 Administrator von Salzburg, 1822 Erzbischof von Wien.

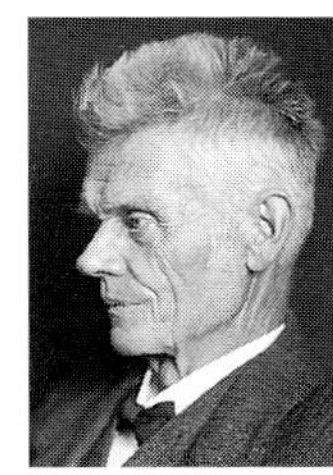

Jodok Fink. Foto.

Firnberg, Hertha, * 18. 9. 1909 Wien, † 14. 2. 1994 ebd., Wirtschafts- und Sozialwissenschaftlerin sowie Politikerin (SPÖ). 1959–63 Mitgl. d. BR; 1959–70 Mitgl. der ö. Delegation zur Parlamentar. Versammlung des Europarates, Vizepräs. der Kommission für Flüchtlings- und Bevölkerungsfragen, 1967–81 Vorsitzende des Bundesfrauenkomitees der SPÖ, stellv. SPÖ-Bundesparteivorsitzende und Mitgl. des Parteipräsidiums; 1963–24. 6. 1970 und 19. 10. 1970 bis 1983 Abg. z. NR; 1970–83 BMin. f. Wiss. u. Forschung; in ihre Amtszeit fiel insbes. die Hochschulreform 1975.

Literatur: W. Frühauf (Hg.), Wissenschaft und Weltbild, 1975.

Firtsch, Georg, * 28. 2. 1860 Wien, † 20. 11. 1914 ebd., Mineraloge und Geologe. Untersuchte steir. Magnesitstöcke und fand das Mineral Rumpfit. Ab 1895 Lehrer an Realschulen in Triest und ab 1902 in Wien; verfasste Naturgeschichte-Lehrbücher für Mittelschulen.

Fischbach, Johann, * 5. 4. 1797 Schloss Grafenegg (NÖ.), † 19. 6. 1871 München (I), Landschafts-, Tier- und Genremaler, Lithograph und Radierer. Befreundet mit F. → Gauermann, reiste nach Deutschland und in die Schweiz und 1837 nach Rom. Lebte 1840–60 in Salzburg und schuf mehrere graphische Zyklen, darunter die „Malerischen Ansichten aus Sbg. und OÖ." (1852). 1860 übersiedelte er nach München.

Literatur: N. Schaffer, J. F., 1989.

Fischel, Alfred, * 26. 9. 1868 Tschimelitz (Čimelice, CZ), † 12. 1. 1938 Wien, Experimenteller Embryologe. 1921–35 Prof. für Embryologie in Wien. Baute die Gonorrhoelehre durch richtungsweisende Forschungen und bed. Untersuchungen über die Entwicklungsmechanik der Organe und Organsysteme sowie die morpholog. und funktionellen Zusammenhänge aus.

Werke: Lehrbuch der Entwicklung des Menschen, 1929; Grundriß der Entwicklung des Menschen, 1931.

Betty Fischer in der Operette „Der Orloff" von B. Granichstaedten. Foto, 1925.

Fischer, Betty, * 9. 10. 1887 Wien, † 19. 1. 1969 ebd., Sängerin (Sopran). Trat zuerst in Varietés auf, dann Engagement am Raimundtheater, ab 1941 am Theater an der Wien (über 20 Jahre Zusammenarbeit mit H. → Marischka). Berühmt wurde sie u. a. mit Rollen in Operetten wie „Die lustige Witwe“, „Hoheit tanzt Walzer“, „Rose von Stambul“ und „Gräfin Mariza“.

Fischer, Christian, * 1. 7. 1879 Linz (OÖ.), † 16. 7. 1934 Graz (Stmk.), Publizist, zuerst Schlosser. Wortführer der kath. Arbeiterbewegung in der Ober-Stmk., 1919–20 Mitgl. der Konstituierenden Nationalversammlugn, 1920–23 Abg. z. NR, 1923–27 Mitgl. d. BR. War maßgeblich an der soz.-polit. Gesetzgebung der 1. Republik beteiligt.
Literatur: ÖBL.

Fischer, Cyrill (Johann), * 12. 7. 1892 Schwarzenberg (OÖ.), † 11. 5. 1945 Santa Barbara (USA), Soziologe, Franziskaner. Verfasste Schriften gegen Atheismus, Austromarxismus und Nat.-Soz., zur christl. Jugenderziehung und zur Kinderfreunde-Bewegung. 1938 Flucht nach Ungarn, dann USA; Freund und relig. Berater von F. → Werfel.
Literatur: F. Loidl, P. C. Fischer OFM, in: Beiträge zur Wr. Diözesangeschichte 14, 1973; F. Lugmayr, C. F., in: Christl. Demokratie 1987; ders., P. Z. F., in: Oberösterreicher, Bd. 8, 1994.

Fischer, Daniel, * 12. 7. 1773 Krems (NÖ.), † 30. 6. 1833 St. Aegyd am Neuwalde (NÖ.), Hammerherr; Vater von Anton v. → Fischer-Ankern. Begründete mit seinem Vater Jakob F. (1743–1809) die ö. Säbelfabrikation, erzeugte die berühmten Ankerfeilen, Draht, Eisenblech und Tiegelstahl. Sein Sohn Anton v. F.-Ankern brachte die Werke 1869 in eine Aktienges. ein.
Literatur: ÖBL.

Fischer, Ernst (Pseud.: Peter Wieden, Pierre Vidal), * 3. 7. 1899 Komotau (Chomutov, CZ), † 31. 7. 1972 Prenning b. Deutschfeistritz (Stmk.), Politiker (KPÖ), Schriftsteller und Journalist. 1927–34 Redakteur der soz.-dem. „Arbeiterzeitung“, wandte sich 1934 der KPÖ zu, emigrierte zuerst nach Prag und 1939 nach Moskau. 1945 Rückkehr nach Ö., Staatssekr. für Volksaufklärung, Unterricht, Erziehung und Kultur; 1945–59 Abg. z. NR, 1945–69 Mitgl. des Zentralkomitees der KPÖ. 1969 nach Kritik an der Niederschlagung des „Prager Frühlings“ Ausschluss aus der KPÖ; Karl-Renner-Preis für Publizistik. F. schuf ein bedeutendes schriftstellerisches Werk und galt als brillanter polit. Redner.
Werke: Krise der Jugend, 1931; Freiheit und Diktatur, 1934; Der ö. Volkscharakter, 1944; Ö. 1848, 1946; F. Grillparzer, 1948; Zeitgeist und Literatur, 1964; Kunst und Koexistenz, 1966; Erinnerungen und Reflexionen, 1969; Das Ende einer Illusion: Erinnerungen 1945–55, 1973. – Ausgabe: Werkausgabe in Einzelbänden, hg. v. K.-M. Gauß, 8 Bde., 1984–91. – Literatur: B. Fetz (Hg.), E. F. Texte und Materialien, 2000.

Fischer, Friedrich Frh. von, * 17. 6. 1826 Semlin (Zemun, YU), † 19. 4. 1907 Wien, Historiker, Feldmarschallleutnant. Gab als Vorstand des Büros f. Kriegsgeschichte in Wien „Der Krieg in Italien 1859“ (3 Bde., 1872) und „Ö. Kämpfe im Jahre 1866“ (5 Bde., 1867–69) heraus.
Literatur: ÖBL.

Fischer, Hans, * 2. 11. 1931 Hagenberg (OÖ.), Geograph, 1973–83 Univ.-Prof. in Köln, seit 1983 in Wien; 1984–88 Präs. der Ö. Geograph. Ges.; betreibt v. a. geomorpholog. Studien.
Werke: Natürl. Landschaften und Probleme der Landformung am O-Rand der Alpen erklärt am Stuhleck-Panorama, 1967; Luftbildatlas Ö., 1969; Reliefgenerationen im Kristallinmassiv, Donauraum, Alpenvorland und Alpenrand im westl. NÖ., 1979.

Fischer, Heinz, * 9. 10. 1938 Graz (Stmk.), Jurist und Politiker (SPÖ). 1959–60 Obmann des VSStÖ Wien, seit 1964 Mitgl. des SPÖ-Bundesparteivorstands, seit 1975 Mitgl. des Parteipräsidiums, seit 1979 stellv. Vorsitzender der SPÖ. 1963–75 SPÖ-Klubsekr. im Nationalrat, 1971–83 und seit 1987 Abg. z. NR, 1975–83 und 1987–90 Klubobmann, 1983–87 BMin. f. Wiss. u. Forschung, seit 1990 1. Präs. d. NR. Ab 1978 Univ.-Doz. für Politikwiss. (Innsbruck), seit 1993 Univ.-Prof.
Werke: Zum Wort gemeldet: O. Bauer, 1968 (Hg.); Das polit. System Ö., 1974 (Hg.); Rote Markierungen, 1980; Forschungspolitik für die 90er Jahre, 1985 (Hg.); Die Kreisky-Jahre 1967–83, 1993; Entscheidung für Europa, 1995; Reflexionen, 1998; Ö. und die Währungsunion, 1998 (Hg.).

Fischer, Isidor, * 20. 9. 1868 Wien, † 13. 1. 1943 Bristol (GB), Medizinhistoriker, Privatdozent.
Werke: Die Eigennamen in der Krankheitsterminologie, 1931; Biogr. Lexikon der hervorragenden Ärzte der letzten 50 Jahre, 2 Bde., 1932 (Hg.).

Fischer, Johann Martin, * 2. 11. 1740 Bebele (D), † 27. 4. 1820 Wien, Bildhauer und Anatom. Ab 1760 in Wien, 1806 Akad.-Prof. f. Bildhauerei, 1815 Dir. der Akad. der bild. Künste in Wien; bedeutender Vertreter der klassizist. Bildhauerei in Ö.; zu Lebzeiten berühmt für die aus den anatom. Studien resultierende „Anatomie-Figur“.
Werke: Parkfiguren (Neuwaldegg, Schönbrunn, Eisgrub); Porträtbüsten; Grabmäler (Prag, St. Pölten, Graz); Brunnen (Wien). – Schriften: Erklärung der anatom. Statue für Künstler, 1785; Darstellung des Knochenbaues von dem menschl. Körper mit Angabe der Verhältnisse desselben, 1806. – Literatur: M. Poch-Kalous, J. M. F., 1949.

Fischer, Manfred M., * 25. 2. 1947 Nürnberg (D), Wirtschaftsgeograph. Gastprofessuren in Breslau (1978/79) und Santa Barbara (1988), seit 1988 Univ.-Prof. am Inst. f. Wirtschafts- und Sozialgeographie an der Wirt.-Univ. Wien, Inst.-Vorstand; v. a. Arbeiten zur technologieorientierten Systemforschung, Regionalentwicklung und Taxonomie. Hg. der Ztschr. „Geographical Systems“ und der Buchreihen „Advances in Spatial Science“ und „Gesellschaft, Raum und Umwelt“.
Werke: Eine Methodologie der Regionaltaxonomie, 1982; Zur Entwicklung des grenzüberschreitenden Warenverkehrs im Einzugsbereich der RMD-Wasserstraße und der Mengenpotentiale der Binnenschiffahrt, 1993 (mit C. Rammer); Innovationsaktivitäten in der ö. Ind., 1994 (mit G. Menschik); Ind.-Standort NÖ., 1995 (mit A. Grundler).

Fischer, Otto Wilhelm (O. W.), * 1. 4. 1915 Klosterneuburg (NÖ.), (Film-)Schauspieler und Regisseur. Begann an Wr. (Theater in der Josefstadt, Volkstheater) und Münchner Bühnen, 1946–52 Mitgl. des Wr. Burgtheaters.
Filme: Burgtheater, 1936; Erzhzg. Johanns große Liebe, 1950; Ludwig II., 1954; Hanussen, 1955; El Hakim, 1957; Es muß nicht immer Kaviar sein, 1961; Axel Munthe, der Arzt von San Michele, 1962. – Memoiren: Meine Geheimnisse. Erinnerungen und Gedanken, 2000. – Literatur: D. Popa, O. W. F., 1989.

Fischer, Ruth (eigentl. Elfriede Eisler), * 11. 12. 1895 Leipzig (D), † 13. 3. 1961 Paris (F), Sozialarbeiterin und Politikerin (KPÖ); Schwester des Komponisten Hanns → Eisler. Gründete am 3. 11. 1918 in Wien die KPÖ, konnte sich aber nicht an der Spitze dieser Partei behaupten und ging nach Berlin, wo sie 1924–25 Vorsitzende der KPD wurde und als Mitgl. des dt. Reichsrats mit ihrer brillanten Redekunst hohes Ansehen erlangte. Nach ihrer Flucht aus Deutschland nach Paris 1933 und der Emigration in die USA 1941 entwickelte sie eine kritische Haltung gegenüber dem Stalinismus und unterstützte das „Komitee gegen unamerikanische Umtriebe“. Nach dem Tod Stalins 1953 hoffte sie auf eine neue positivere Entwicklung des Kommunismus, kehrte 1955 nach Europa zurück und lebte bis zu ihrem Tod in Paris.
Werke: Deutsche Kinderfibel, 1933 (Mit F. Heimann); Stalin and German Communism, 1948 (Stalin und der dt. Kommunismus, 2 Bde., 1949); Die Umformung der Sowjetgesellschaft, 1958. – Literatur: P. Lübbe (Hg.), R. F. und A. Maslow. Abtrünnig wider Willen, 1990; S. Hering u. K. Schilde, Kampfname R. F. Wandlungen einer dt. Kommunistin, 1995.

Fischer, Wilhelm (auch W. Fischer in Graz), * 18. 4. 1846 Csakathurn (Čakovec, HR), † 30. 5. 1932 Graz (Stmk.), Heimatschriftsteller. „Grazer Stadtpoet", 1901–19 Dir. der Stmk. Landesbibl., Obmann des Steir. Schriftstellerbunds. War mit Land und Leuten der Stmk. eng verbunden. Großer Beliebtheit erfreute sich der Entwicklungsroman „Die Freude am Licht" (1902, [24]1925).

Weitere Werke: Versepos: Atlantis, 1880. – Erzählungen: Grazer Novellen, 1898; Murwellen, 1910. – Essays: Poetenphilosophie, 1904. – Aphorismen: Sonne und Wolke, 1907. – Dramen, Gedichte. – Literatur: A. Seibel, W. F. in Graz, Diss., Wien 1938 (Werkverzeichnis); H. Schüler, Die Erzählungen von W. F., Diss., Wien 1938.

Fischer, Wilhelm, * 19. 4. 1886 Wien, † 26. 2. 1962 Innsbruck (Ti.), Musikwissenschaftler. Schüler und Assistent von G. → Adler. 1915 Habilitation, ab 1928 Lektor an der Univ. Innsbruck, 1938 vom Dienst suspendiert und erst 1948 als Univ.-Prof. in Innsbruck eingesetzt (bis 1961); Schwerpunkt seiner Arbeiten war die Musik der Wr. Klassik und die Entwicklung des klassischen Stils.

Fischer, Wolfgang Georg, * 24. 10. 1933 Wien, Schriftsteller und Kunsthistoriker. Studierte Kunstgeschichte in Wien; ging 1963 nach London, wo er 1972 eine eig. Galerie eröffnete; 1998–2001 Präs. des Ö. P. E. N.-Clubs.

Werke: Romane: Wohnungen, 1969; Möblierte Zimmer, 1972. G. Klimt und E. Flöge, 1987; Die Mauer. Monument eines Jahrhunderts, 1990.

Fischer-Ankern, Anton von, * 27. 6. 1812 St. Aegyd am Neuwalde (NÖ.), † 7. 4. 1902 Wien, Industrieller; Sohn von Daniel → Fischer. Baute die Werke seines Vaters in St. Aegyd am Neuwalde und Furthof aus, erwarb 1866 das Eisenwerk Aumühl bei Kindberg, brachte der Eisen- und Stahlind. Ö. einen gewaltigen Aufschwung. 1869 verkaufte er seine Betriebe an eine AG.

Literatur: ÖBL.

Fischer-Colbrie, Arthur, * 25. 7. 1895 Linz (OÖ.), † 30. 12. 1968 ebd., Schriftsteller und Beamter am Oö. Landesmuseum. Traditioneller und formstrenger Lyriker, gehörte dem Dichterkreis „Die Gruppe" um F. → Sacher an. 1961 Stifter-Preis.

Werke: Musik der Jahreszeiten, 1928; Der ewige Klang, 1945; Orgel der Seele, 1954; Gleichenberger Elegien, 1961; Farbenfuge, 1962.

Fischer-Dieskau, Dietrich, * 28. 5. 1925 Berlin, dt. Sänger (Bariton), ständiger Gast der Wr. Staatsoper, regelmäßige Auftritte bei den Sbg. Festspielen; bekannt auch als Liedersänger. Breites Repertoire von der Romantik (F. Schubert) bis in das 20. Jh. (u. a. G. v. Einem, H. W. Henze). Beendete 1992 seine Sängerkarriere; seither als Dirigent, Lehrer und Autor tätig.

Werke: Schubert und seine Lieder, 1996; Die Welt des Gesangs, 1999; Zeit eines Lebens, 2000 (Autobiographie).

Fischer-Karwin, Heinz, * 23. 4. 1915 Linz (OÖ.), † 27. 10. 1987 Wien, Journalist. Nach Tätigkeiten beim dt. Dienst der BBC und bei Radiodiffusion française ab 1955 Reporter beim ö. Rundfunk, wo er zuletzt (Juli 1982) als leitender Redakteur im Hörfunk und als Gestalter und Sprecher von TV-Sendungen tätig war.

Fischer-Röslerstamm, Josef Emanuel von, * 19. 2. 1787 Rumburg (Rumburk, CZ), † 17. 3. 1866 Wien, Entomologe, Industrieller. Lebte ab 1837 in Wien. Sein Tafelwerk (1834–42) stellte die Grundlage für die Systematik der Schmetterlingsforschung dar.

Literatur: ÖBL.

Fischer-Stockern, Hans (Pseud. f. Hans Fischer), * 21. 1. 1898 Wien, † 5. 3. 1947 Heckendorf (D), Schriftsteller. Verfasste Bücher über den Ski- und Bergsteigersport sowie humorist. Romane; Schriftleiter der „Dt. Alpenzeitung".

Werke: Hinze Haugh, der Schneeschuhfahrer, 1929; Keine Zeit zum Heiraten, 1938.

Fischer von Erlach, Johann Bernhard, * 20. 7. 1656 Graz (Stmk.), † 5. 4. 1723 Wien, der erste große Baumeister des ö. Barock; nannte sich nach dem ersten Ehemann seiner Mutter (Sebastian Erlacher) „von Erlach"; Vater von Joseph Emanuel → Fischer von Erlach. F. v. E. war zuerst als Bildhauer bei seinem Vater Johann Bapt. Fischer in Graz tätig, kam 1670 nach Rom, stand dort in Verbindung mit G. L. Bernini und dem Theoretiker P. Bellori und studierte die Baukunst F. Borrominis, wanderte 1684 nach Neapel und kehrte 1686 wieder in die Heimat zurück. In diese Zeit fallen die Arbeiten an der Wr. Pestsäule, an der Innenausstattung der Mausoleen in Ehrenhausen und Graz, Entwürfe zu Portalen, Vasen, Altären, Brunnen und Triumphbögen. Sein erstes Meisterwerk ist der Ahnensaal in Schloss Frain (Vranov b. Znaim, CZ) von 1688. Ab 1689 unterrichtete er den späteren Ks. Joseph I. in der Baukunst. Ab 1693 arbeitete er für den Erzbischof von Salzburg. 1694 wurde er kaiserl. Hofarchitekt und -ingenieur in Wien. Da er in Ö. keine Aufträge erhielt, reiste er 1704 an den preuß. Hof, von dort weiter nach Holland und England; dabei setzte er sich mit der klassizist. Bauweise W-Europas auseinander. Nach dem Regierungsantritt Josephs I. (1705) wurde er Inspektor der kaiserl. Gebäude und damit Leiter des kaiserl. Bauwesens; 1712 wurde er nach erneutem Thronwechsel von Karl VI. in seinen Ämtern bestätigt.

Johann Bernhard Fischer von Erlach. Gemälde von A. Manyoki, 1723 (Camera Praefecti der Österreichischen Nationalbibliothek, Wien).

F. v. E. war in erster Linie ein Meister der Raumkunst; im Gegensatz zum jüngeren J. L. v. → Hildebrandt stellte er den prunkvollen Dekor immer mehr in den Hintergrund und nahm frühklassizist. Stilelemente auf, so bes. in der kubischen Gestaltung der Baukörper und in den ruhigen, streng komponierten Fassaden. Er versuchte Lang- und Zentralbau harmonisch zu verschmelzen. Bildnerisch durchformte, körperhaft bewegl. Bauformen verband er mit einem klaren Grundriss und einer weiträumigen Aufgliederung. Diese seine echt ö. produktive Synthese führte zu einer eig. Kunstsprache, die alle klassischen Spielarten der europ. Baukunst beherrschte, dazu trat bei ihm noch ein wegweisendes hist. Interesse, wie sein Stichwerk „Entwurf einer Hist. Architektur" (1721), eine erste universal angelegte Architekturgeschichte, zeigt. Seine Baukunst wurde durch ihre polit. Funktion zum Vorbild emporgehoben und Ausdruck für das erstarkte Bewusstsein des Habsburgerreichs.

Zu seinen Hauptwerken zählen die Salzburger Kollegienkirche und in Wien die Karlskirche, das Winterpalais des Prinzen Eugen (heute Finanzministerium), die Böhm. Hofkanzlei und das Palais Trautson. Einige seiner Wr. Bauten wurden von seinem Sohn Joseph Emanuel fertig gestellt (Karlskirche, Hofbibl.). Sein erster Plan für das Schloss Schönbrunn (1690/91) wurde nicht ausgeführt, der zweite, ausgeführte Plan entstand um 1695. – Denkmal auf dem Wr. Rathausplatz.

Werke: Stmk.: Umbau der Mausoleen in Ehrenhausen (Veränderung des Innern, 1690) und Graz (Stuck, 1687–99), Mariazell (Hochaltar, 1692–1704), Straßengel (Hochaltar, Entwurf um 1687). – Sbg.: Dreifaltigkeitskirche (1694–1702), Johannesspitalskirche (1699–1703), Kollegienkirche (1696–1707), Ursulinenkirche (1699–1705), Hochaltar der Franziskanerkirche (1703), Portal des Hofmarstalls (1694), Schloss Kleßheim (ab 1700); Wallfahrtskirche Kirchental b. Lofer (1694–1701). – Wien: Lustgebäude für den Grafen Schlick (1692), Winterpalais des Prinzen Eugen (1695–97), Böhm. Hofkanzlei (1708–14, 1750–54 von M. Gerl vergrößert), Karlskirche (1716–23, von seinem Sohn 1723–39 vollendet), Hofstallungen (ab 1723, nach seinem

Entwurf 1719–21), Stadtpalais Liechtenstein (Seitenportal 1705, Attika), Palais Lobkowitz (1709–11 Veränderungen), Pläne für die Hofbibl. (Ausführung durch seinen Sohn 1723–26) und das Palais Schönborn-Batthyány (1692–93), Schloss Schönbrunn (2. Projekt um 1695, später Umgestaltung und Fertigstellung durch N. Pacassi), Palais Schwarzenberg (Fertigstellung 1720–22, Innenausgestaltung durch seinen Sohn), Palais Trautson (1710–12), Pestsäule am Graben (Sockelreliefs, 1687). – Im übrigen Ö.: Niederweiden (Jagdschloss in Engelhartsstetten, NÖ., ab 1693), Perchtoldsdorf (Sockelreliefs der Pestsäule, 1713). – Literatur: H. Sedlmayr, J. B. F. v. E., 1976 (Neuausgabe bearb. v. G. Curcio, 1997); A. Kreul, Die Barockbaumeister F. v. E., 1988; H. Lorenz, J. B. F. v. E., 1992; F. Polleroß, F. v. E. und die Wr. Barocktradition, 1995.

Joseph Emanuel Fischer von Erlach. Gemälde.

Fischer von Erlach, Joseph Emanuel, * 13. 9. 1693 Wien, † 29. 6. 1742 ebd., Architekt, Erfinder, Maschinenbauer und Bergwerksingenieur; Sohn von Johann Bernhard → Fischer von Erlach, von dem er einige begonnene Bauten – nicht ohne wesentl. Veränderungen – fertig stellte (Karlskirche, 1723–39; Hofbibl., 1723–26). Er ging 1713/14 auf Studienreisen nach Frankreich, England und Italien, wurde 1722 Hofarchitekt, erhielt gegen J. L. v. → Hildebrandts Widerstand 1725 das väterl. Amt des kaiserl. Oberbauinspektors und wurde 1729 Hofkammerrat. Stilistisch steht er in der Nachfolge seines Vaters, ist aber stark vom franz. Frühklassizismus beeinflusst. 1721/22 stellte er in Kassel das erste mit Dampf betriebene Pumpwerk auf, dem andere in Schemnitz (Banska Stiavnica, SK) und Wien folgten; erbaute die Winterreitschule (1729–35) in der Wr. Hofburg. Ab 1732 wandte er sich von der Baukunst ab und widmete sich mehr seiner techn. Begabung. Viele ihm früher zugeschriebene Bauten stammen von anderen Architekten.

Werke: Prospekte und Abrisse einiger Gebäude von Wien, 1713–19 (Sammelband). – Literatur: T. Zacharias, J. E. F. v. E., 1960; A. Kreul, Die Barockbaumeister F. v. E., 1988.

Placidus Fixlmüller. Gemälde (Astronomisches Kabinett der Sternwarte im Stift Kremsmünster, OÖ.).

Fischhof, Adolf, * 18. 12. 1816 Ofen (Budapest, H), † 23. 3. 1893 Emmersdorf (Kä.), Politiker, Arzt und Schriftsteller. Seine Rede über Pressefreiheit im Hof des Nö. Landhauses in Wien gilt als Anstoß der Wr. Märzrevolution 1848; er wurde Präs. des Wr. Sicherheitsausschusses und Abgeordneter des Reichstags. Nach dem Scheitern der Revolution vertrat er als Schriftsteller einen revolutionären Liberalismus und sah die Lösung des ö. Nationalitätenproblems in der Gleichberechtigung aller Völker.

Werke: Ö. und die Bürgschaften seines Bestandes, 1869; Der ö. Sprachzwist, 1888. – Literatur: S. Walz, Staat, Nationalität und jüd. Identität in Ö. vom 18. Jh. bis 1914, 1996; ÖBL.

Adolf Fischhof. Lithographie.

Fischl, Hans, * 16. 7. 1884 Wien, † 4. 7. 1965 ebd., Gymnasiallehrer, Schulreformer. 1919–32 Mitgl. der schulwiss. Abteilung im Unterrichtsmin., 1932–34 pädagog. Referent im Stadtschulrat für Wien. 1941 Emigration über Kuba in die USA, 1946–49 ökonom.-administrativer Referent im Stadtschulrat für Wien.

Werke: 7 Jahre Schulreform in Ö., 1926; Wesen und Werden der Schulreform in Ö., 1929; Schulreform, Demokratie und Ö. 1918–50, 1951.

Fischl, Johann, * 7. 3. 1900 Tobaj (Bgld.), † 24. 12. 1996 Graz (Stmk.), Philosoph und Theologe. 1935–40 und 1945–70 Univ.-Prof. in Graz, 1948/49 und 1958/59 Rektor. Hg. der Reihe „Christl. Philosophie in Einzeldarstellungen".

Fischler, Franz, * 23. 9. 1946 Absam (Ti.), Agraringenieur und Politiker (ÖVP). 1985–89 Kammeramtsdir. der Landwirtschaftskammer Ti., 1989–94 BMin. für Land- und Forstw., seit 1995 in der Europ. Kommission Kommissar für Agrarangelegenheiten, seit 1999 auch für Fischerei.

Werk: Ins Zentrum Europas, 2000. – Literatur: H. Rauscher, F. F. – Provokationen eines ö. Europäers, 1998.

Fischmeister, Viktor, * 12. 8. 1878, Wien, † 27. 10. 1945 ebd., Jurist. Studium in Wien, 1902 Eintritt in die Nö. Statthalterei, 1907 Berufung in die Handelskammer (Leiter der handelspolit. Abt.). Wesentl. Verdienste um das Zustandekommen der ersten Handelsverträge der Republik Ö. und um den Wiederaufbau des ö. Zolltarifs nach dem 1. Weltkrieg. F. wurde 1922 Regierungsrat, 1932 Hofrat. 1932–38 Kammeramtsdir., Zwangspensionierung durch die Nat.-Soz. Nach Kriegsende bis zu seinem Tod Rückkehr in die Handelskammer und Neuaufbau der handelspolit. Abteilung.

Fischnaler, Konrad, * 10. 12. 1855 Sterzing (S-Ti.), † 14. 2. 1941 Innsbruck (Ti.), Geschichts- und Heimatforscher. 1885–1912 Kustos am Ferdinandeum in Innsbruck, dessen Ruf als wiss. Anstalt er begründete.

Werke: Das Eisacktal in Lied und Sage, 1883; Wappenbuch der Städte und Märkte Ti., 1894; Arbeiten in: Ztschr. des Ferdinandeums und Der Schlern. – Literatur: Festschrift zu Ehren K. F., 1927 (Schlernschriften 2).

Fitzner, Rudolf, * 4. 5. 1868 Ernstbrunn (NÖ.), † 2. 2. 1934 Salzburg, Geiger. Gründete 1894 das F.-Streichquartett, mit dem er zahlr. Werke zur Uraufführung brachte; ab 1911 Violinvirtuose des Königs von Bulgarien.

Fixlmüller, Alexander (auch Fixlmillner), * 24. 9. 1686 Hehenberg (Gem. Bad Hall, OÖ.), † 21. 1. 1759 Kremsmünster (OÖ.), Benediktiner; Onkel von Placidus → Fixlmüller. Ab 1731 Abt von Kremsmünster; ließ dort den Mathemat. Turm, das physikal. Kabinett und die Stiftsbibl. errichten.

Fixlmüller, Placidus (auch Fixlmillner), * 28. 5. 1721 Schloss Achleiten (Gem. Kematen a. d. Krems, OÖ.), † 27. 8. 1791 Kremsmünster (OÖ.), Astronom; Neffe von Alexander → Fixlmüller. Ab 1759 Leiter der Sternwarte im Mathemat. Turm des Stiftes Kremsmünster. Begründer der neueren Astronomie in Ö. (mit M. → Hell), berechnete die Bahn des Uranus, verbesserte astronom. Instrumente, erfand einfachere Formeln für astronom. Berechnungen.

Literatur: NDB.

Flatter, Richard, * 14. 4. 1891 Wien, † 5. 11. 1960 ebd., Übersetzer, Schriftsteller, ausgebildeter Jurist. Widmete sich nach Regieunterricht bei M. Reinhardt und eig. lyrischen Versuchen der Übersetzung shakespearescher Sonette und Dramen. Emigrierte 1938 nach England, wurde nach Australien deportiert, lebte dann in den USA und kehrte 1953 nach Wien zurück.

Werke: K. Kraus als Nachdichter Shakespeares, 1933; Weg und Heimkehr, 1937; Shakespeares Dramen, 6 Bde., 1952–55; Shakespeares Sonette, 1957. – Literatur: S. M. Patsch, Ö. Schriftsteller im Exil in Großbritannien, 1985.

Flattich, Wilhelm von, * 2. 10. 1826 Stuttgart (D), † 24. 2. 1900 Wien, Architekt. Nach einschlägigen Tätigkeiten in Deutschland, Frankreich und der Schweiz kam F. 1855 nach Ö., wo er als Eisenbahnarchitekt eine führende Stellung errang (z. B. Bahnhöfe in Graz, Innsbruck, Triest, Südbahnhof in Wien). Teils in Verbindung damit schuf er Hotels, Wohnbauten (Beamtenwohnhäuser in Wien-Meidling, 1870) und Villen (Wien und Reichenau, NÖ.).

Literatur: G. Friedl, Der Architekt W. v. F., 1979.

Flatz, Gebhard, * 11. 6. 1800 Wolfurt (Vbg.), † 19. 5. 1881 Bregenz (Vbg.), Porträt- und Historienmaler. Ab 1829 als Porträtmaler in Innsbruck, 1833–38 in Rom tätig, wo er sich stilistisch den Nazarenern näherte. Kehrte 1840 nach kurzem Aufenthalt in Innsbruck nach Rom zurück und lebte ab 1871 in Bregenz. Malte vornehmlich relig. Werke.

Literatur: G. F., Ausst.-Kat., Wolfurt 1982.

Fleckh, Johann, * 16. 5. 1822 Grunberg b. Riegersburg (Stmk.), † 26. 2. 1876 Kirchbach in Stmk., Jurist, Politiker. Begründete die Bürgerschulen in der Stmk., förderte die Techn. Hochschule Graz. Hervorragender Kenner der steir. Mundart.
Werk: Idiotikon von O-Stmk. und Riegersburg, 1846. – Literatur: ÖBL, NDB.

Fleischer, Max (Maximilian), * 19. 7. 1883 Krakau (Krakow, PL), † 12. 9. 1972 Los Angeles (USA), Cartoonist, Animator. Kam als Kind in die USA. Schuf Zeichnungen für Zeitungen, ab 1915 Trickfilmstudien für Paramount. 1916 erste Filmarbeit mit „Out of the Inkwell", ab 1919 mit seinem Bruder Dave Mitarbeit an diversen Paramount-Zeichentrickserien, u. a. „Betty Boop" (ab 1934) und „Popeye the Sailor" (ab 1936), Vater des Filmregisseurs Richard F.
Literatur: L. Carbaga, The F. Story, 1976.

Fleischl-Marxow, Ernst von, * 5. 8. 1846 Wien, † 22. 10. 1891 ebd., Physiologe. Univ.-Prof. in Wien, Prosektor bei C. v. → Rokitansky, Abbruch der patholog. Laufbahn nach berufsbedingter Verletzung, 1874 Habilitation für Physiologie. Erforschte bes. Kreislaufprobleme, Nerven- und Muskelphysiologie; konstruierte Apparate zur Erforschung der Muskel- und Nerventätigkeit; erfand das Hämometer und adaptierte das Kapillarelektrometer für physiolog. Versuche.
Ausgabe: Gesammelte Abhandlungen, hg. v. O. F.-M., 1893. – Literatur: ÖBL.

Fleischmann, Trude, * 22. 12. 1895 Wien, † 21. 1. 1990 Brewster (USA), Fotografin. Ausbildung bei dem ö. Atelierfotografen H. Schieberth; eröffnete 1920 ein Atelier in Wien, musste als Jüdin 1939 emigrieren, lebte in New York und später in der Schweiz (Lugano). Als Porträt-, Gesellschafts- und Modefotografin erreichte sie internat. Bedeutung.
Literatur: H. Schreiber, T. F., Fotografin in Wien 1918–38, 1991; A. Auer u. C. Aigner, T. F. Fotografien 1918–38, Ausst.-Kat., Galerie Faber, Wien 1988.

Fleissner, Hans, * 25. 8. 1881 Zwodau (Zvodava, CZ), † 15. 6. 1928 Karlsbad (Karlovy Vary, CZ), Erfinder. 1922–28 Prof. für Angewandte Chemie an der Montanuniv. Leoben. Entwickelte einen Schlagwetteranzeiger für den Kohlebergbau und ein Kohletrocknungsverfahren (Köflach 1927).

Fleissner, Herbert, * 2. 6. 1928 Eger (Cheb, CZ), Verleger. Kam nach Jusstudium in Innsbruck 1952 nach München, wo er einen Buchversand und Verlag gründete. Durch Zuerwerb der Verlage Amalthea, Herbig und Langen Müller entstand eine Verlagsgruppe mit Firmensitzen in Deutschland und in Wien, die 1984 mit den Buchverlagen des Axel-Springer-Verlags in Berlin zusammengeschlossen wurde.
Literatur: H. Sarkowicz, Rechte Geschäfte. Der unaufhaltsame Aufstieg des dt. Verlegers H. F., 1994.

Flemming, Marilies, * 16. 12. 1933 Wr. Neustadt (NÖ.), Juristin und Politikerin (ÖVP). 1972–91 Geschäftsführerin und Gesellschafterin einer Filmproduktionsfirma; 1973–87 Abg. z. Wr. Landtag und Mitgl. d. Wr. Gemeinderats, 1977–87 Gen.-Sekr. und 1984–91 Bundesleiterin der Ö. Frauenbewegung, 1987–91 BMin. f. Umwelt, Jugend u. Familie, 1987–93 Präs. der Europ. Frauen-Union, seit 1996 Abg. z. Europ. Parlament. Während ihrer Amtszeit als BMin. wurden maßgebl. Umweltgesetze (u. a. Chemikalien-, Luftreinhalte- und Smogalarmgesetz) verabschiedet.

Flesch-Brunningen, Hans (eigentl. Johannes Flesch Edler von Brunningen, Pseud.: Johannes von Bruning, Vincent Brun), * 5. 2. 1895 Brünn (Brno, CZ), † 1. 8. 1981 Bad Ischl (OÖ.) Schriftsteller und Übersetzer. Emigrierte 1933 über die Niederlande nach London; 1940–58 Sprecher der ö. Abteilung der BBC; 1953–58 Präs. des P. E. N.-Zentrums dt. Autoren im Ausland; lebte ab 1963 wieder in Wien, ab 1972 verheiratet mit H. → Spiel. F.-B. wurde durch expressionist. Erzähltexte bekannt und wandte sich dann v. a. dem hist. Roman zu.
Werke: Das zerstörte Idyll, 1917 (Novellen). – Romane: Die Amazone, 1930; Alkibiades, 1936; Perlen und schwarze Tränen, 1948; Die Teile und das Ganze, 1969. – Die verführte Zeit, 1988 (Autobiographie). – Literatur: M. Lukasser, Die Exilerfahrung im Werk von H. F.-B., Dipl.-Arb., Wien 1989; S. Garger, H. F.-B. Eine Einführung zu Leben und Werk, Dipl.-Arb., Wien 1995.

Fließer, Josef Calasanz, * 28. 7. 1896 Perg (OÖ.), † 12. 6. 1960 Linz (OÖ.), Diözesanbischof von Linz (1946–55).

Fligely, August von, * 26. 9. 1810 Janow (PL), † 12. 4. 1879 Wien, Kartograph, Feldmarschallleutnant. 1853–72 Dir. des Militärgeograph. Inst. in Wien. Leitete einen neuen Abschnitt in der ö. Kartographie ein und begann 1869 die (3.) Landesaufnahme für eine zusammenhängende Spezialkarte der ö.-ungar. Monarchie. F. war Begründer der Gradvermessungslehre und modernisierte die Kartenherstellungstechnik. Nach F. wurden das Kap F. auf dem Franz-Joseph-Land und der F.-Fjord in Grönland benannt.
Literatur: ÖBL, NDB.

Flir, Alois, * 7. 10. 1805 Landeck (Ti.), † 7. 3. 1859 Rom (I), Schriftsteller, Ästhetiker, Priester. 1835 Univ.-Prof. in Innsbruck, 1848 Mitgl. des Frankfurter Parlaments. Reorganisierte die „Anima" in Rom, wo er den Mittelpunkt eines Gelehrten- und Künstlerkreises bildete.
Werke: Bilder aus den Kriegszeiten Ti., 1846; Die Manharter, 1852; Briefe aus Rom, [2]1864; Briefe aus Innsbruck, Frankfurt und Wien, 1865. – Literatur: F. Drlicek, A. F., Diss., Wien 1952.

Trude Fleischmann. Foto, 1986.

Fliri, Franz, * 9. 2. 1918 Baumkirchen (Ti.), Geograph und Klimatologe, ab 1967 Univ.-Prof. in Innsbruck. Sein wiss. Schwerpunkt liegt auf Quartärforschung und Klimakunde (bes. Ti.).
Werke: Wetterlagenkunde von Ti., 1962; Das Klima der Alpen im Raume von Ti., 1974; Synoptische Klimatographie der Alpen, 1984; Extreme Summen des Niederschlags in Ti., 1989; Der Schnee in N- und O-Ti., 2 Bde., 1992; Naturchronik von Ti., 1998.

Floch, Joseph, * 5. 11. 1895 Wien, † 26. 10. 1977 New York (USA), Maler, Lithograph. Studierte 1913–18 an der Akad. d. bild. Künste in Wien bei R. Bacher und F. Rumpler, ging 1926 nach Paris und 1941 in die USA.
Werke: Die Tafelrunde, 1929; Triborough Bridge, 1944; Hund auf der Terrasse, 1964. – Literatur: H. Adolph (Hg.), J. F. Gemälde u. Graphiken, Ausst.-Kat., Ö. Galerie, Wien 1972.

Emilie Louise Flöge. Foto, 1909.

Flöge, Emilie Louise, * 30. 8. 1874 Wien, † 26. 5. 1952 ebd., Modeschöpferin. Eng befreundet mit G. → Klimt; im Modesalon „Schwestern F." (eingerichtet von J. Hoffmann) präsentierte sie Entwürfe (auch von Klimt), die der durch die Wr. Werkstätte etablierten Geschmackskultur entsprachen.
Literatur: E. F. und G. Klimt, Ausst.-Kat., Wien 1988.

Flora, Paul, * 29. 6. 1922 Glurns (S-Ti.), Graphiker, Karikaturist, Illustrator. Lebt seit 1928 in Innsbruck; studierte 1942–44 an der Münchner Akad. bei O. Gulbransson. 1945 erste Ausstellung in Bern, 1953 erstes Buch „Floras Fauna", Mitarbeiter zahlr. Zeitungen und Ztschr., 1966 Teilnahme an der Biennale in Venedig. Seine ironisch-sarkastischen Zeichnungen in einem ausgeprägten individuellen Stil fanden internat. Anerkennung. Das „Werkverzeichnis der illustrierten Bücher" (1992) umfasst 125 Bücher und 10 Mappenwerke. F. schuf auch Bühnenbilder für „Amphytrion" von H. v. Kleist (Wien 1963) und „Der König stirbt" von E. Ionesco (Hamburg 1998).
Weitere Werke: Dies und das, 1997; Nebensachen, 2000.

Florian, Hl., Fest 4. Mai, † 4. 5. 304 Lorch (OÖ.), Märtyrer, Landespatron von OÖ., Patron gegen Feuer. Ehemals Amtsdir. des Statthalters von Ufernoricum, kam F. unter der diokletian. Verfolgung von Aelium Cetium (St. Pölten) nach Lauriacum (Lorch) und erlitt dort den Märtyrertod durch Ertränken in der Enns. Grablege im Augustiner-Chorherrenstift St. Florian, die Gebeine kamen nach Krakau. In vielen Kirchen, Kapellen und auf Gedenksäulen als Krieger in Rüstung, Helm, mit Wasserbottich und brennendem Haus dargestellt.

Literatur: A. Roitinger, Die Verehrung des hl. F. im heutigen Ö. während des MA, Diss., Wien 1950; K. Amon, Die Passio S. Floriani und die Translatio von Rom nach Krakau, in: OÖ. – Kulturzeitschrift 36, 1986; K. Rokoschoski, Der Schutzpatron Sankt F., [8]1996.

Oskar Maurus Fontana. Foto.

Florian, Maximilian, * 20. 12. 1901 Klagenfurt (Kä.), † 24. 1. 1982 Klosterneuburg (NÖ.), Maler. Aus einfachen Verhältnissen stammend, konnte er erst 1922–30 durch ein Stipendium an der Akad. d. bild. Künste in Wien ein Studium absolvieren. Vertrat in der Malerei eine expressiv-realist. Richtung unter dem Einfluss von H. → Boeckl. F. schuf auch Plastiken und Gobelins mit relig. Themen; sein Monumentalwerk „Die Auserwählten des Lebens" (Abendmahl) erhielt durch Papst Paul VI. eine Auszeichnung. Ö. Staatspreis für Graphik 1935.

Literatur: R. Schmidt (Hg.), M. F. 1901–1982, Ausst.-Kat., Ö. Galerie, Wien 1990.

Flöttl, Walter, * 13. 1. 1924 Wien, Bankmanager. 1950–95 bei der BAWAG, wurde 1959 Leiter der Kreditrevision, 1966 Dir., 1968 Mitgl. des Vorstands, 1972 Gen.-Dir. und 1981 Vorsitzender des Vorstands.

Flotzinger, Rudolf, * 22. 9. 1939 Vorchdorf (OÖ.), Musikwissenschaftler. Studierte in Wien bei E. → Schenk und W. → Graf, 1969 Habilitation, 1971–99 Univ.-Prof. an der Univ. Graz. Gab mit G. Gruber die „Musikgeschichte Ö." (2 Bde., 1977/79; 3 Bde., [2]1995) heraus.

Weitere Werke: Die Lautentabulaturen des Stiftes Kremsmünster, 1964; Der Discantussatz im Magnus liber und seiner Nachfolge, 1969; Fux-Studien, 1985; Geschichte der Musik in Ö. zum Lesen und Nachschlagen, 1988; Fremdheit in der Moderne, 1999 (Hg.), Perotinus musicus, 2000.

Willi Forst bei den Dreharbeiten zu dem Film „Die Sünderin", 1951.

Föderl, Karl, * 13. 3. 1885 Wien, † 10. 11. 1953 ebd., Komponist, zunächst Schauspieler und Cafetier. Komponierte hauptsächl. Wienerlieder („Die Reblaus"), Schlagermusik (mehr als 800 Nummern) und Filmmusik.

Födermayr, Franz, * 13. 9. 1933 Grieskirchen (OÖ.), Musikwissenschaftler. Schüler von W. → Graf, 1973–99 dessen Nachfolger als Univ.-Prof. für vergleichend-systemat. Musikwiss. in Wien (viele Jahre auch Inst.-Vorstand).

Foerster, Heinz von, * 13. 11. 1911 Wien, Physiker und Philosoph. Studierte ab 1930 an der Techn. Hochschule in Wien und beschäftigte sich daneben mit der Philosophie des Wr. Kreises. Ab 1939 in der Kurzwellen- und Plasmaforschung in Berlin tätig, nach 1945 wieder in Wien und am Aufbau des Senders Rot-Weiß-Rot beteiligt (Leiter der Wiss.-Redaktion) sowie in der Elektroind. tätig. 1949–76 an der University of Illinois (USA), ab 1951 Prof. für Electrical Engineering und intensive Beschäftigung mit Fragen der Kybernetik.

Werke: Observing Systems, 1982; Sicht und Einsicht, 1985; KybernEthik, 1993; Wissen und Gewissen, 1993; Konstruktivismus und Kognitionswissenschaft, 1997; Sicht und Einsicht, 1999.

Fohn, Emanuel, * 26. 3. 1881 Klagenfurt (Kä.), † 14. 12. 1966 Bozen (S-Ti.), Maler. Begann zunächst ein Jusstudium in Wien und erhielt anschließend seine Ausbildung als Maler an einer Wr. Privatschule sowie an den Akademien in München und Berlin (L. Corinth). Nach einem Lehrauftrag an der Hamburger Akad. und wechselnden Aufenthalten in Deutschland und Spanien lebte er ab 1932 in Venedig, 1933–43 in Rom und dann bis zu seinem Lebensende in S-Ti. Vor allem seine Landschaften und Veduten sind bemerkenswert.

Foll, Ferdinand, * 15. 1. 1867 Wien, † 10. 7. 1929 ebd., Pianist. Schüler A. → Bruckners, 1897–1929 Solokorrepetitor an der Wr. Oper, Begleiter der bekanntesten Sänger seiner Zeit, Freund von H. → Wolf.

Literatur: ÖBL.

Fontana, Oskar Maurus, * 13. 4. 1889 Wien, † 4. 5. 1969 ebd., Erzähler, Dramatiker, Lyriker, Theaterkritiker und Journalist. 1945–49 Chefredakteur des „Wiener Kurier", 1951–58 Theaterkritiker der „Presse". F. gab expressionist. Anthologien („Die Aussaat", 1915) heraus und verfasste expressionist. Stücke („Die Milchbrüder", 1913) und Zeitromane.

Weitere Werke: Romane: Die Erweckung, 1919 (Neuausgabe: Die Türme des Beg Begouja, 1946); Insel Elephantine, 1924 (Neufassung: Katastrophe am Nil, 1947); Der Weg durch den Berg, 1936; Der Sommer singt sein Lied, 1949; Der Atem des Feuers, 1955; Gefährlicher Sommer, 1962. – Das große Welttheater, Theaterkritiken 1909–67, 1976. – Literatur: A. Reininghaus, O. M. F. Das Profil eines ö. Journalisten, Diss., Salzburg 1983.

Forchheimer, Philipp, * 7. 8. 1852 Wien, † 2. 10. 1933 Dürnstein (NÖ.), Techniker. Pionier auf dem Gebiet des Tiefbaus und der prakt. Hydraulik, Prof. in Istanbul, Aachen und Graz.

Werk: Lehr- und Handbuch der Hydraulik, 5 Bde., 1914–16. – Literatur: ÖBL, NDB.

Foregger, Egmont, * 21. 9. 1922 Salzburg, Jurist, Beamter und Politiker (parteilos). Während seiner Amtszeit als BMin. f. Justiz (1987–90) erfolgte die Anklageerhebung in politisch brisanten Verfahren (u. a. „Fall Lucona").

Forst, Willi (eigentl. Wilhelm Anton Frohs), * 7. 4. 1903 Wien, † 11. 8. 1980 ebd., Filmautor, -produzent, -regisseur und -schauspieler. Kam durch A. → Kolowrat-Krakowsky zum Film, entdeckte u. a. P. → Wessely und H. → Krahl, begründete und prägte das Genre des Wr. Musikfilms.

Werke: Filme: Leise flehen meine Lieder, 1933; Maskerade, 1934; Burgtheater, 1936; Bel Ami, 1939; Operette, 1940; Wr. Blut, 1942; Wr. Mädeln, 1945; Die Sünderin, 1950; Im Weißen Rößl, 1952. – Film-Ztschrft. „Der Film", 1946–49 (Hg.). – Literatur: R. Dachs, W. F., 1986; K. Burghardt, Werk, Skandal, Exempel, 1996.

Forst-Battaglia, Otto, * 21. 9. 1889 Wien, † 3. 5. 1965 ebd., Historiker, Kulturkritiker, Schriftsteller.

Werke: Genealogie, 1913; J. Nestroy, 1932; Dt. Prosa der Gegenwart, 1933 (Hg.); J. Roth, 1952; F. T. Csokor, 1954; Ö. Köpfe, 1959.

Förster, August, * 3. 6. 1828 Lauchstädt (D), † 22. 12. 1889 Semmering (NÖ.), Schauspieler, Regisseur, Theaterleiter. Kam 1858 unter H. → Laube an das Wr. Burgtheater, wo er bis 1876 als Schauspieler und Regisseur wirkte. 1876–82 Dir. des Leipziger Stadttheaters, 1883 Mitbegründer des Dt. Theaters in Berlin. Am 1. 11. 1887 wurde er zum Burgtheaterdir. bestellt und erneuerte dessen Repertoire; hervorragender Schauspieler-Pädagoge; übersetzte zahlr. franz. Stücke ins Deutsche.

Literatur: H. A. Lier, A. F., 1904.

Förster, Emanuel Aloys, * 26. 1. 1748 Niedersteine (Ścinawka Dolna, PL), † 12. 11. 1823 Wien, Komponist und Lehrer. Autodidakt, ab 1779 in Wien; von L. van Beethoven geschätzt.

Werke: Kammermusik, Klavierwerke. – Anleitung zum Generalbaß, 1805. – Literatur: K. Weigl, E. A. F., Diss., Wien 1903.

Förster, Emil von, * 18. 10. 1838 Wien, † 14. 2. 1909 ebd., bedeutender Architekt des Späthistorismus; Sohn von Ludwig Christian Friedrich → Förster, dessen Atelier er weiterführte. Entfaltete eine umfangreiche Bautätigkeit auf dem privaten Sektor und wechselte erst spät in den Staatsdienst. Ab 1895 leitete er das Hochbaudepartement im Ministerium des Innern. Sein Bruder Heinrich v. F. (1832–1889) war ebenfalls als Architekt tätig.

Werke: Ringtheater, 1874 1881 abgebrannt); Bodencreditanstalt, 1885 (beide Wien); zahlr. Wohnhäuser, Amtsbauten und Hotels.

Forster, Hilde, * 3. 5. 1924 Wien, Kinder- und Jugendbuchautorin, auch Autorin von Kinderhörspielen für den ORF.

Werke: Serien „Puckerl und Muckerl" (1951ff.) und „Die Hochreiterkinder" (1953ff.); Mädchen- und Jungenbücher.

Forster, Josef, * 10. 8. 1845 Trofaiach (Stmk.), † 23. 3. 1917 Wien, Komponist. Einziger ö. Vertreter des Verismo.

Werke: Opern: Die Wallfahrt der Königin, 1878; Die Rose von Pontevedra, 1893; Maria Tudor, 1902. – Literatur: ÖBL.

Förster, Ludwig Christian Friedrich, * 8. 10. 1797 Ansbach (D), † 16. 6. 1863 Bad Gleichenberg (Stmk.), Architekt und Unternehmer; Vater der Architekten Heinrich und Emil v. → Förster. Zentrale Persönlichkeit des ö. Historismus, Studierte in München und Wien, wo er 1820–26 als Korrektor und 1842–45 als Prof. an der Akad. d. bild. Künste wirkte; 1861–63 Gem.-Rat. Ab 1828 leitete er eine lithograph. Anstalt, gründete später eine Zinkgießerei und 1836 die „Allg. Bauzeitung", das für Jahrzehnte wichtigste Publikationsorgan des Bauwesens in der Monarchie. Ab 1839/40 freischaffender Architekt, in seinem Atelier arbeitete u. a. O. → Wagner. 1846–52 war F. in Gemeinschaft mit seinem Schwiegersohn T. Frh. v. → Hansen tätig. F. bemühte sich um den künstlerischen Nachwuchs und um die Durchsetzung techn. Neuerungen in Wien. Ab 1836 beschäftigte er sich mit Stadterweiterungsprojekten und hatte gewichtigen Anteil bei der Planung der Wr. Ringstraße. Unter seinen Werken sind neben Wohn- und Geschäftsbauten v. a. die Synagogen in Wien-Leopoldstadt (1858, zerstört 1938), Budapest (1859) und Miskolc (1863) hervorzuheben.

Weitere Werke: Wien: Evang. Kirche Gumpendorf (1849), Mitarbeit am Arsenal, Elisabethbrücke (1854, abgebrochen 1897), Palais Todesco (1863). – Villa Pereira, Königstetten (1849); Augarten-Casino, Brünn (1855).

Forster, Rudolf, * 30. 10. 1884 Gröbming (Stmk.), † 25. 10. 1968 Bad Aussee (Stmk.), (Film-)Schauspieler. Ab 1907 Engagements an Wr. Bühnen (Jarno-Bühnen, Theater in der Josefstadt, Volksbühne Wien), am Staatstheater Berlin (1920–32), an den Reinhardt- und Barnowsky-Bühnen in Berlin und Wien. Ab 1920 auch Filmtätigkeit; 1937–40 in den USA (Dreharbeiten in Hollywood, Bühnentätigkeit am Broadway); 1947–50 Ensemblemitgl. des Wr. Burgtheaters (bes. Strindberg-Rollen).

Werk: Das Spiel, mein Leben, 1967 (Autobiographie).

Forster-Brandt, Ellen, * 11. 10. 1866 Wien, † 16. 7. 1921 Baden (NÖ.), Sängerin (Sopran). 1887–1906 an der Wr. Hofoper, 1897 Kammersängerin; bekannte Wagner-Interpretin und Liedersängerin.

Literatur: ÖBL.

Forstinger, Monika, * 15. 7. 1963 Schwanenstadt (OÖ.), Politikerin (FPÖ). Studierte an der Univ. f. Bodenkultur in Wien, 1988–90 Assistentin an dieser. Ab 1997 Abg. z. Öö. Landtag, seit 2000 BMin. f. Verkehr, Innovation und Technologie.

Forstner, August, * 29. 7. 1876 Wien, † 14. 2. 1941 Tulln (NÖ.), soz.-dem. Politiker. Arbeitete ab 1892 als Fuhrwerker; 1899 Begründer und Hg. der Ztschr. „Die Peitsche" (ab 1904 „Das Zeitrad"). 1907–18 Mitgl. des Reichsrats; 1918–20 Mitgl. d. Provisor. bzw. Konstituierenden Nationalversammlung, 1920–34 Abg. z. NR.

Literatur: A. Magaziner, Die Wegbereiter, 1975.

Forstner, Leopold, * 2. 11. 1878 Bad Leonfelden (OÖ.), † 5. 11. 1936 Stockerau (NÖ.), Maler und Kunstgewerbler. Schüler von K. → Moser; gründete 1908 die Wr. Mosaikwerkstätte. Nach 1918 Fortführung des Betriebs in Stockerau als Edelglas-, Mosaik- und Emailwerkstätte. Mitgl. der Wr. Werkstätte und des Ö. Werkbunds. Schuf u. a. Mosaiken für die Kirche am Steinhof von O. Wagner und für J. Hoffmann (Palais Stoclet in Brüssel und Villa Ast in Wien 19).

Literatur: E. Lässig, L. F. als christl. Künstler des Jugendstils, Diss., Wien 1989; L. F. 1878–1936. Mosaik, Graphik und Glas des Wr. Jugendstils, Ausst.-Kat., Stockerau 1989.

Fossel, Viktor von, * 13. 1. 1846 Ried i. I. (OÖ.), † 18. 8. 1913 München (D), Medizinhistoriker. 1892 Dir. des Grazer Allg. Krankenhauses.

Werke: Volksmedizin und medizin. Aberglaube in der Stmk., 1886; Geschichte der Medizin und ihr Studium, 1898; Studium zur Geschichte der Medizin, 1909. – Literatur: ÖBL.

Francé, Raoul Heinrich (eigentl. Rudolf Franzé), * 20. 5. 1874 Wien, † 3. 10. 1943 Budapest (H), Biologe, Philosoph. Begründer einer Lebenslehre; gründete 1909 die Dt. Naturwiss. Gesellschaft, vertrat als Philosoph den Panpsychismus.

Werke: Bde. 1–4 der Reihe „Das Leben der Pflanze", 8 Bde., 1905–13; Die Alpen, 1912; Die techn. Leistungen der Pflanzen, 1919; Die Pflanzen als Erfinder, 1920; Bios. Die Gesetze der Welt, 2 Bde., 1921; Der Weg zu mir, 1927 (Autobiographie). – Hg.: Telos u. Telosbücher, 1924–28, und andere Zeitschriften. – Literatur: ÖBL, NDB.

Francesconi, Hermenegild von, * 9. 10. 1795 Cordignano (I), † 8. 6. 1862 Sacile (I), Eisenbahningenieur. Leitete 1836 den Bau der Nordbahn; 1842 Gen.-Dir. der Staatseisenbahnen; entwarf das Programm zum ö. Eisenbahnnetz (u. a. der Semmeringbahn).

Literatur: ÖBL, NDB.

Franchy, Franz Karl, * 21. 9. 1896 Bistritz (Bistrita, SK), † 20. 2. 1972 Wien, Erzähler und Dramatiker. War ursprünglich Offizier und lebte seit dem Ende des 1. Weltkriegs in Wien. Bekannt wurden v. a. seine Dramen. Ö. Staatspreis für Dramatik 1955.

Werke: Romane: Maurus und sein Turm, 1941; Abel schlägt Kain, 1951; Ankläger Mitmann, 1952; Die vielen Tage der Ehe, 1955; Die Brandgasse, 1963. – Dramen: Nero, 1922; Summa cum laude, 1937; Vroni Mareiter, 1938; Zwischen den Geleisen, 1959.

Francia, Domenico, * 19. 10. 1702 Bologna (I), † 1758 ebd., Dekorations- und Architekturmaler. Ab 1723 in Wien für Hof und Adel tätig (v. a. Bühnendekorationen), nach 1748 an Freskenausstattungen in Klosterneuburg, Herzogenburg und in der alten Univ. in Wien beteiligt. 1756 Rückkehr nach Bologna.

Literatur: U. Knall-Brskovsky, Italien. Quadraturisten in Ö., 1984.

Franck, Jeremias, Kä. Bildhauer der Spätrenaiss. Vermutl. bis ca. 1600 in Graz ansässig; schuf das Grabmal für Georg Schafmann († 1572) in der Friesacher Stadtpfarrkirche sowie das Racknitz-Grab (1590) in Pernegg (Stmk.). Der Entwurf des Grazer Landhausbrunnens, 1589/90 von den Rotgießern Thoman Auer und Marx Wening gegossen, dürfte ebenfalls von ihm stammen.

Frank, Johann Peter, * 19. 3. 1745 Rodalpen (D), † 24. 4. 1821 Wien, Hygieniker. 1795–1805 Gen.-Dir. des Medizinalwesens in der Lombardei; ab 1809 in Wien; reorganisierte das Wr. Allg. Krankenhaus. Begründete mit seinem „System einer vollständigen medicinischen Polizey" (6 Bde., 1779–1819) die Hygiene als Wiss.; lehrte die Geisteskranken als Kranke aufzufassen und behandelte sie als Hausarzt; Gründer des Patholog.-anatom. Museums im Wr. Allg. Kranken-

Johann Peter Frank. Lithographie von A. Kunike.

haus (mit R. Vetter), betätigte sich als medizin. Schriftsteller.

Weiteres Werk: Kleine Schriften praktischen Inhaltes, 1797. – Literatur: H. Breyer, J. P. F., Fürst unter den Ärzten Europas, 1983; R. Zey (Hg.), Lexikon der Forscher und Erfinder, 1997.

Josef Frank. Foto.

Frank, Josef, * 15. 7. 1885 Baden (NÖ.), † 8. 1. 1967 Stockholm (S), Architekt. 1914 Gründungsmitgl. des Ö. Werkbunds. 1910–38 Zusammenarbeit mit O. → Wlach (1925 Gründung des Einrichtungsgeschäfts „Haus und Garten"); 1919–25 Prof. an der Wr. Kunstgewerbeschule. 1934 Emigration nach Schweden. Vertreter einer erweiterten und krit. modernen Architektur. Rezeption in Ö. durch H. → Czech und J. → Spalt. Ö. Staatspreis 1965.

Werke: Möbel- u. Stoffentwürfe, Villen, Gemeindebauten, städtebaul. Entwürfe. – Siedlungsanlage der Gem. Wien, Hoffingergasse, 1921 (mit E. Faber); Doppelwohnhaus auf der Int. Werkbundausstellung in Stuttgart, 1927; Haus Wenzgasse in Wien, 1929/30 (mit O. Wlach); Bebauungsplan und Leitung der Int. Werkbundsiedlung in Wien und Planung eines Hauses, 1930–32; mehrere Wohnbauten für die Gem. Wien (1924, 1928, 1931). – Schriften: Architektur als Symbol, 1931; zahlr. Aufsätze. – Literatur: J. Spalt u. H. Czech, J. F. 1885–1967, 1981; J. Spalt, J. F., Möbel & Geräte & Theoretisches, 1981; M. Welzig, Die Internationalität des J. F., Diss., Wien 1994; M. Bergquist u. O. Michélsen, J. F., Architektur, 1995; M. Welzig, J. F. (1885–1967). Das architekton. Werk, 1998.

Frank, Marco, * 24. 4. 1881 Wien, † 29. 4. 1961 ebd., Komponist. 1939–48 in Emigration.

Werke: Opern: Eroica, 1917; Das Bildnis der Madonna, 1923; Die fremde Frau, 1937. – Symphonien, Kammermusik. – Praktische Violinschule, 1952.

Frank, Philipp, * 20. 3. 1884 Wien, † 21. 7. 1966 Cambridge (USA), Physiker, Mathematiker und Philosoph. Nachfolger A. Einsteins als Univ.-Prof. in Prag, ab 1938 in den USA. Folgte der positivist. Philosophie des Wr. Kreises.

Werke: Das Kausalgesetz und seine Grenzen, 1932; Das Ende der mechan. Physik, 1935; Between Physics and Philosophy, 1941; Einstein, sein Leben und seine Zeit, 1949. – Literatur: Boston Studies in the Philosophy of Science, 1965 (Festschrift).

Rudolf Frank. Foto, um 1925.

Frank, Rudolf, * 23. 6. 1862 Linz (OÖ.), † 13. 2. 1913 Wien, Chirurg. Bekannt durch seine Methode der Gastrotomie; modernisierte die Chirurgie der Leistenbrüche; Primar am Ks.-Franz-Joseph-Spital.

Literatur: ÖBL, NDB.

Frankfurter, Bernhard, * 11. 1. 1946 Graz (Stmk.), † 2. 2. 1999 Wien, Regisseur, Schriftsteller. 1966 während des Studiums in Graz Gründung der Studentenbewegung „Aktion" mit G. → Sperl; ab 1970 Redakteur des neu gegr. Nachrichtenmagazins „profil", ab 1972 Tätigkeit für den ORF. 1974–85 zahlr. Low-Budget-Filmproduktionen, in denen er sich insbes. mit der Exilforschung und der Vertreibung von Österreichern zw. 1938 und 1945 beschäftigte; bis 1983 Vorsitzender des Verbands ö. Filmregisseure. In den 90er Jahren vorwiegend als Publizist und Dramatiker tätig. Sein „Gürtelbuch" blieb unvollendet.

Werke: Filme: On the Road to Hollywood, 1982; Liebe das Leben – lebe den Tod, 1989. – Publikationen: Am Beispiel 33/38, 1973; Die Begegnung, 1995 (Hg.); Im Spiegelkabinett des Dr. Caligari, 1997.

Frankfurter, Philipp, † 1511, aus Frankfurt oder Regensburg stammender Wr. Schwankdichter. Verarbeitete um 1470 die sich um einen histor. Pfarrer vom Kahlenbergerdorf (Gundacker von Thernberg, um 1330) rankenden, von Neidhart beeinflussten Anekdoten zu der drastisch satirischen und breit rezipierten Schwankerzählung „Des pfaffen geschicht und histori vom Kalenberg" (2180 Knittelverse), die 1473 in Augsburg gedruckt wurde.

Ausgabe: V. Dollmayr, P. F., 1906. – Literatur: Verf.-Lex.

Frankl, Gerhart, * 12. 5. 1901 Wien, † 24. 6. 1965 ebd., Maler und Graphiker. Geprägt durch den Nötscher Kreis, setzte sich mit P. Cézanne und den alten Meistern (v. a. den Niederländern) auseinander. Emigrierte 1938 nach England.

Werke: Stilleben mit Zitronen, 1925; Blick auf Wien vom Belvedere aus, 1947/48; „In memoriam", Zyklus von 18 Gemälden, 1960–64. – Literatur: F. Novotny, G. F., 1973; E. Lachit, Ringen mit dem Engel, 1998.

Viktor E. Frankl. Foto.

Frankl, Viktor E(mil), * 26. 3. 1905 Wien, † 2. 9. 1997 ebd., Psychiater, Neurologe. 1936–42 Facharzt für Psychiatrie in Wien, bis 1945 in verschiedenen Konzentrationslagern inhaftiert; 1946–70 Vorstand der Neurolog. Abteilung der Allg. Poliklinik in Wien, ab 1955 Prof. für Neurologie und Psychiatrie an der Univ. Wien; Gastprof. in den USA; ab 1970 Prof. f. Logotherapie an der International University San Diego. Begründer der Logotherapie und Existenzanalyse, die Patienten bei der Sinnsuche helfen sollen.

Werke: Ärztliche Seelsorge, 1946; Ein Psychologe erlebt das Konzentrationslager, 1946; Theorie und Therapie der Neurosen, 1956; Hb. für Neurosenlehre und Psychotherapie, 5 Bde., 1959–61 (Hg.); Der Mensch vor der Frage nach dem Sinn, 1979; Trotzdem ja zum Leben sagen, 1986; Der Wille zum Sein, 1991; Psychotherapie für den Alltag, 1992; Logotherapie und Existenzanalyse, 1994; Was nicht in meinen Büchern steht. Lebenserinnerungen, 1995. – Literatur: E. Lukas, Von der Tiefen- zur Höhenpsychologie, 1983; A. Längle, V. F. Ein Porträt, 1998; Journal des V.-F.-Inst. Wien, 1993ff.

Frankl-Hochwart, Lothar Ritter von, * 12. 7. 1862 Wien, † 19. 12. 1914 ebd., Neurologe; Sohn von Ludwig August Ritter v. → Frankl-Hochwart. Univ.-Prof. in Wien; erforschte die Tetanie, veranlasste die Einführung des Pituitrins in die Gynäkologie und baute die Diagnostik der Hirngeschwülste entscheidend aus.

Literatur: J. Wagner-Jauregg, L. v. F.-H., 1916; ÖBL; NDB.

Frankl-Hochwart, Ludwig August Ritter von, * 3. 2. 1810 Chrást (CZ), † 12. 3. 1894 Wien, liberal eingestellter Schriftsteller und Arzt; Vater von Lothar Ritter v. → Frankl-Hochwart. Direktor des Wr. Musikvereins und Prof. für Ästhetik, Vorstandsmitgl. der Wr. Israelit. Kultusgem. Gab 1842–48 die von ihm gegr. „Sonntagsblätter" heraus. Beteiligte sich im Rahmen der Akad. Legion an der Revolution 1848 und verfasste das erste zensurfreie Flugblattgedicht („Die Universität"). Befreundet mit N. → Lenau und A. → Grün.

Werke: Das Habsburglied, 1832 (Balladensammlung); Christophoro Colombo, 1836; Don Juan d'Austria, 1846 (hist. Epen). – Biograph. Notizen über A. Grün, F. Grillparzer, F. Raimund, N. Lenau, F. Hebbel und F. v. Amerling. – Ausgabe: Gesammelte poet. Werke, 3 Bde., 1880. – Literatur: S. Dollar, Die Sonntagsblätter von L. A. F., Diss., Wien 1932; ÖBL.

Franz I., * 8. 12. 1708 Nancy (F), † 18. 8. 1765 Innsbruck (Ti.), Kaiser (ab 1745). Als Franz III. Stephan 1729 Hzg. von Lothringen und Bar, musste er 1735 auf seine Länder verzichten, wurde dafür (nach dem Aussterben der Medici) 1737 Großherzog von Toskana. Ab 1736 Gemahl von → Maria Theresia, begründete das Haus Habsburg-Lothringen, ab 21. 11. 1740 Mitregent in den ö. Erbländern; seinem geringen polit. Einfluss stand eine starke wirt. Begabung gegenüber. Aus seinem großen Vermögen wurde 1765 der habsb. Familienfonds geschaffen. Begraben in der Kapuzinergruft. Denkmäler von B. F. Moll im Burggarten, im Park von Schönbrunn (beide Wien) und in Laxenburg (NÖ.).

Literatur: H. L. Mikoletzky, Ks. F. und der Ursprung des habsburg-lothring. Familienvermögens, 1961; G. Schreiber, F. Stephan. An der Seite einer großen Frau, 1986; B. Hamann, Die Habsburger, ⁴1993.

Kaiser Franz II. (I.) von Österreich im österreichischen Kaiserornat. Gemälde von F. von Amerling, 1832 (Kunsthistorisches Museum, Wien).

Franz II. (I.), * 12. 2. 1768 Florenz (I), † 2. 3. 1835 Wien, letzter Kaiser des Hl. Röm. Reichs (Franz II., 1792–1806), erster Kaiser von Ö. (Franz I., 1804–35); Sohn von Ks. → Leopold II. Er stand in den ersten beiden Jahrzehnten seiner Regierung ständig im Kampf gegen das revolutionäre Frankreich und gegen Napoleon. Am Ende der napoleonischen Kriege lehnte er die Wiedererrichtung des alten Reichs ab, vertrat nach dem Wr. Kongress 1814–15 im Sinne seiner legitimist. Herrschaftsauffassung ein sozialkonservatives und schließlich reaktionäres System, wie es von C. W. Fürst → Metternich entworfen und in der Hl. Allianz festgelegt worden war. Er hielt am Josephinismus fest, stützte sich auf Polizei und Zensur und war gegen jede demokrat. Gesinnung (Vormärz). Unter seiner Herrschaft wurde das Biedermeier zur Kultur der Zeit, in der sich auch das allg. Lebensgefühl widerspiegelte. Denkmäler in Wien (Hofburg) und Graz.

Literatur: C. Wolfsgruber, F., Ks. v. Ö., 2 Bde., 1899; V. Bibl, Ks. F., der letzte röm.-dt. Ks., 1918; M. Rauchensteiner, F. und Erzhzg. Carl, 1972; B. Hamann, Die Habsburger, 41993; ÖBL.

Franz, Joseph, * 23. 2. 1704 Linz (OÖ.), † 12. 4. 1776 Wien, Jesuit und Astronom. Univ.-Prof. für Experimentalphysik in Wien; errichtete 1734 die erste öffentl. Sternwarte in Wien.

Franz Ferdinand, Erzhzg. von Ö.-Este, * 18. 12. 1863 Graz (Stmk.), † 28. 6. 1914 Sarajewo (BIH), Sohn von Erzhzg. Karl Ludwig, Neffe von Ks. → Franz Joseph I. Nach dem Tod des Kronprinzen Rudolf 1889 und dem seines Vaters 1896 Thronfolger, musste aber auf die Thronfolge seiner Kinder (mit Sophie Gräfin → Chotek) verzichten. 1898 Stellv. des Kaisers im Obersten Armeekommando, 1913 Generalinspekteur der gesamten bewaffneten Macht; förderte bes. die Marine. Auf das polit. Geschehen hatte er wenig Einfluss. Er wollte die bevorzugte Stellung Ungarns unter den Ländern der Monarchie beseitigen und suchte den Ausgleich mit den Slawen. Seine polit. Haltung war streng konservativ und autoritär, seine Persönlichkeit war u. a. von einer krankhaften Jagdleidenschaft geprägt. Die Ermordung von F. F. und seiner Gattin wurde Anlass für den Ausbruch des Ersten Weltkriegs. F.-F.-Mus. in Schloss Artstetten (NÖ.).

Literatur: G. Holler, F. F. v. Ö.-Este, 1982; F. Weissensteiner, F. F. Der verhinderte Herrscher, 1983; M. Polatschek, F. F., Europas verlorene Hoffnung, 1989; B. Hamann, Die Habsburger, 41993; W. Aichelburg, Erzhzg. F. F. von Ö.-Este und Artstetten, 2000.

Franz Friedrich, Prinz von Hohenzollern-Hechingen, * 31. 5. 1757 Gheule b. Maastricht (NL), † 6. 4. 1844 Wien, 5. Feldmarschall. Zunächst in niederländ. Diensten; zeichnete sich 1788 vor Belgrad aus, kämpfte 1809 bei Wagram, dann Oberkommandant von Inner-Ö.; 1825 Präs. des Hofkriegsrats.

Franz Joseph I., * 18. 8. 1830 Wien-Schönbrunn, † 21. 11. 1916 ebd., ältester Sohn von Erzhzg. → Franz Karl und Prinzessin Sophie v. Bayern; ab 2. 12. 1848 Kaiser von Ö. Nahm bei der Thronbesteigung den Doppelnamen F. J. an (ursprüngl. Name Franz). In jungen Jahren stand er stark unter dem Einfluss seiner Mutter und anderer Ratgeber, hatte großes Pflicht-, aber auch Sendungsbewusstsein. Am 24. 4. 1854 heiratete er Prinzessin → Elisabeth in Bayern. Der äußerst schwierigen Ehe entstammten 4 Kinder. Unter dem Einfluss seiner Frau stimmte er 1867 dem ö.-ungar. Ausgleich mit Ungarn zu. Er begann als absoluter Monarch, respektierte später aber alle Verpflichtungen aus der Verfassung und regierte als konstitutioneller Herrscher. Durch viele polit. Fehlentscheidungen vorsichtig geworden und durch persönl. Schicksalsschläge (Erschießung seines Bruders → Maximilian in Mexiko 1867, Selbstmord seines Sohnes → Rudolf 1889, Ermordung seiner Gattin 1898) schwer geprüft, konzentrierte er sich auf seine Aufgaben und zog sich zurück. Er wurde zum Symbol der ö.-ungar. Monarchie schlechthin. Nach dem Scheitern seiner Ehe ging er eine enge Beziehung mit der Schauspielerin K. → Schratt ein.

Kaiser Franz Joseph I. Gemälde, um 1855 (Stadtmuseum Leoben, Stmk.).

In den letzten 20 Jahren seines Lebens war er die polit. Integrationsfigur des Vielvölkerstaates und wurde von vielen Zeitgenossen als einzige Stütze seines Zusammenhalts gesehen. Im Alter starrsinnig geworden, widersetzte er sich allen Reformen, unterschrieb aber 1914 doch das Ultimatum und die Kriegserklärung an Serbien. Er fühlte sich in erster Linie als Beamter und Soldat, war frommer Katholik, aber tolerant. Trotz der kulturellen Höhepunkte (Ringstraße), die in seine Epoche fallen, war er wenig kunstinteressiert.

Literatur: E. C. Conte Corti, Ks. F. J., 3 Bde., 1950–55; F. Herre, Ks. F. J. von Ö., 1978; Ks. F. J. und seine Zeit, Ausst.-Kat., Grafenegg 1984; Ks. F. J. in seiner Zeit, Ausst.-Kat., Grafenegg 1987; E. C. Conte Corti u. H. Sokoll, F. J., 61990; B. Hamann, Die Habsburger, 41993; A. Palmer, F. J., 1995.

Franz Karl, Erzhzg. von Ö., * 7. 12. 1802 Wien, † 8. 3. 1878 ebd., 2. Sohn von Ks. → Franz II. (I.), Bruder von Ks. → Ferdinand I., Vater von Ks. → Franz Joseph I. Mitgl. der Geheimen Staatskonferenz, die 1836–48 die Regierung für seinen Bruder Ks. Ferdinand führte. Unter dem Einfluss seiner Gattin Sophie v. Bayern verzichtete er nach der Abdankung Ks. Ferdinands 1848 zugunsten seines ältesten Sohns Franz Joseph auf die Thronfolge.

Literatur: B. Hamann, Die Habsburger, 41993.

Erzherzog Franz Karl. Lithographie von J. Kriehuber, 1850.

Fränzl, Friedrich, * 13. 7. 1863 Wien, † 26. 2. 1938 ebd., Solotänzer und Mimiker; Vater von Willy → Fränzl. 35 Jahre lang an der Wr. Staatsoper tätig; leitete auch eine eigene, bis 1999 weiterbestehende Ballett- und Tanzschule in Wien.

Fränzl, Willy, * 5. 6. 1898 Wien, † 24. 6. 1982 ebd., ab 1922 Solotänzer an der Wr. Staatsoper; Sohn von Friedrich → Fränzl. Ballettmeister und Lehrer an der Ballettschule der Wr. Staatsoper und an der eigenen Tanzschule. War viele Jahre für die Eröffnung des Opernballs verantwortlich.

Franzobel (eigentl. Stefan Griebl), * 1. 3. 1967 Vöcklabruck (OÖ.), Schriftsteller. Studierte 1986–94 Germanistik und Geschichte in Wien, seit 1989 schriftstellerisch tätig; beschäftigt sich auch mit Performances und Mailart. I.-Bachmann-Preis 1995.

Werke: Romane und Prosa: Der Wimmerldrucker, 1990; Das öffentliche Ärgernis, 1993; Die Musenpresse, 1994; Hundshirn, 1995; Böselkraut und Ferdinand, 1998; Scala Santa, 2000. – Dramen: Das Beuschelgeflecht, 1996; Kafka, 1997; Nathans Dackel, 1998; Phettberg, 1999; Volksoper, 1999, Olympia, 2000. – Gedichte.

Karl Emil Franzos. Gemälde von P. Levy, 1893.

Franzos, Karl Emil, * 25. 10. 1848 Czortków (UK), † 28. 1. 1904 Berlin (D), Schriftsteller und Publizist. Schlug nach Jusstudium in Wien und Graz die journalist. Laufbahn ein. Verfasste Reisebeschreibungen über die östl. Kronländer („Aus Halb-Asien. Kulturbilder aus Galizien, der Bukovina, Südrußland und Rumänien", 2 Bde., 1876) sowie Novellen und Romane über das Leben der ostgalizischen Juden und der ruthen. Bauern. 1879 veröffentlichte F. erstmals die Werke sowie den handschriftl. Nachlass G. Büchners. 1884–86 gab er das Wochenblatt „Wr. Illustr. Zeitung" heraus. 1886 übersiedelte er nach Berlin und redigierte bis 1904 die Ztschr. „Dt. Dichtung". Sein wichtigstes Werk, der Entwicklungsroman „Der Pojaz", erschien postum 1905.

Weitere Werke: Die Juden von Barnow, 1877; Moschko von Parma, 1880; Ein Kampf ums Recht, 2 Bde., 1882; Dt. Dichterbuch aus Ö., 1883 (Hg.); Judith Trachtenberg, 1891; Der Wahrheitssucher, 2 Bde., 1893; Die Geschichte des Erstlingswerks, 1894 (mit Autobiographie). – Literatur: J.-D. Lim, Das Leben und Werk des Schriftstellers K. E. F., Diss., Wien 1982; S. Hubach, Galizische Träume, 1986; H. Würtz (Hg.), K. E. F., Ausst.-Kat., Wr. Stadt- u. Landesbibl., 1998.

Franz von Retz, * um 1343 Retz (NÖ.), † 8. 9. 1427 Wien, Ordensreformer der Dominikaner, volkstüml. Prediger, Prof. und fünfmal Dekan der Wr. Univ., die er am Konzil von Pisa vertrat.

Werke: Comestorium vitiorum, 1470. – Handschriften in der Konventsbibl. des Wr. Dominikanerklosters. – Literatur: G. Häfele, F. v. R., 1918.

Frass, Wilhelm, * 29. 5. 1886 St. Pölten (NÖ.), † 1. 11. 1968 Wien, Bildhauer. Schüler von H. → Bitterlich und E. v. → Hellmer. 1938–45 Leiter der Hochschulklasse d. Kunst- u. Modeschule der Stadt Wien sowie Sachberater für Bildhauerkunst im Kulturamt.

Werke: Skulpturen am Heldendenkmal im Wr. Burgtor; Auer-Welsbach-Denkmal, Wien; Grabdenkmal Schwarz, St. Pölten. – Nachlass im Stadtmuseum St. Pölten. – Literatur: Ausst.-Kat., St. Pölten 1963.

Frauenfeld, Alfred Eduard, * 18. 5. 1898 Wien, † 10. 5. 1977 Hamburg (D), nat.-soz. Politiker. Ab 1930 Gauleiter der NSDAP in Wien, 1932–33 Mitgl. d. Wr. Gem.-Rats und Stadtrat, 1941–44 Generalkommissar der Krim.

Werk: Und trage keine Reu', 1978.

Frehsner, Karl, * 13. 6. 1939 Weyer (OÖ.), Trainer und Sportmanager. 17 Jahre Cheftrainer der Herrenmannschaft des Schweizer Skiverbands, dann beim Formel-1-Team Sauber. Seit 1997 beim Ö. Skiverband; 1997/98 Damen-Gruppentrainer (Abfahrt, Super-G), seit 1998 Rennsportleiter des ö. Damenteams.

Frei, Bruno (eigentl. Benedikt Freistadt, Pseud.: Karl Franz), * 11. 6. 1897 Pressburg (Bratislava, SK), † 21. 5. 1988 Klosterneuburg (NÖ.), Journalist und Schriftsteller. Zunächst beim Wr. „Abend", ab 1929 Hg. von „Berlin am Morgen"; in der Emigration Mitbegründer der Exilzeitschrift „Freies Deutschland". Kehrte 1947 nach Wien zurück und gab mit E. → Fischer das „Ö. Tagebuch" heraus. In seinem umfangreichen publizist. Werk trat er v. a. gegen den Faschismus und für Frieden und soz. Gerechtigkeit ein.

Werke: Reportagen: Das Elend Wiens, 1921; Die roten Matrosen von Cattaro, 1927; Im Lande der roten Macht, 1929; Hanussen, 1934; Die Männer von Vernet, 1950. – Essays: Israel zw. den Fronten, 1965; Die anarchist. Utopie, 1971; Zur Kritik der Sozialutopie, 1973. – Biographien: C. v. Ossietzky, 1966; J. Popper-Lynkeus, 1971. – Der Papiersäbel, 1972 (Autobiographie). – Literatur: E. Holpfer, Die Smlg. B. F. (1897–1988), Ausst.-Kat., Dokumentationsarchiv d. Ö. Widerstandes, Wien 1996.

Freiberg, Siegfried, * 18. 5. 1901 Wien, † 5. 6. 1985 Kerkakkers (NL), Bibliothekar und Schriftsteller. 1926–64 Bibliothekar in Wien. Seine frühen Gedichte sind beeinflusst vom Spätwerk Rilkes. Bekannt wurden v. a. seine hist. Romane „Salz und Brot" (1935) und „Die harte Freude" (1938) über das Ende der Donaumonarchie.

Weitere Werke: Gedichte: Die vierte Tafel, 1928; Oden und Elegien, 1935; Sage des Herzens, 1951. – Romane: Die Liebe, die nicht brennt, 1940; Geborgenheit, 1960; Ihr werdet sehen, 1967; Fisch im Netz, 1980. – Dramen: Das kleine Weltwirtshaus, 1948; Der Grasel, 1963. – Erzählungen: Nebuk, eine Storchengeschichte, 1942; Adieu, Nicolette, 1958. – Novellen, Reisebücher, Hörspiele. – Literatur: H. Wittmann, F. S., in: ders., Gespräche mit Dichtern, 1976.

Freinademetz, Joseph, Sel., (Gedächtnis 28. Jän.), * 15. 4. 1852 Abtei (Badia, S-Ti.), † 28. 1. 1908 Taikia (China), Steyler-Missionar in S-Schantung (ab 1879). Schuf mit J. B. Anzer die Basis für die nachfolgende China-Mission und die Heranbildung eines einheim. Klerus. 1975 selig gesprochen.

Literatur: J. Baur, Der Diener Gottes P. J. F., 1956; F. Bornemann (Hg.), Erinnerungen an P. J. F., 1974; K. Benesch, Tiroler mit Chinesenzopf, in: Alle Welt 30, 1975.

Freindaller, Franz Seraph Joseph, * 2. 2. 1753 Ybbs (NÖ.), † 29. 12. 1825 Vöcklabruck (OÖ), Augustiner-Chorherr, Schriftsteller. Gründer der „theolog.-prakt. Monatschrift" (34 Bde., 1802–21, ab 1812 „Quartalschrift für kath. Geistliche und Pfarrer").

Freissler, Anton, * 13. 3. 1838 Klantendorf (Kujavy, CZ), † 29. 2. 1916 Wien, Techniker, Industrieller. Gründete 1868 die erste Aufzugsfabrik in Ö., die 1870 in Wien 1 (Wipplingerstr. 2) den ersten hydraul. Personenaufzug installierte.

Freist, Greta, * 27. 7. 1904 Weikersdorf (NÖ.), † 19. 9. 1993 Paris (F), Malerin, Grafikerin. Studierte 1924–30 Studium an der Akad. d. bild. Künste in Wien bei R. → Jettmar und R. → Bacher, 1934–36 Ateliergemeinschaft mit Gottfried Goebel und H. v. → Doderer; 1936 Emigration nach Paris. Mitgl. der Künstlervereinigung „Der Kreis". In ihrer Frühzeit von einem magisch gefärbten Realismus geprägt; nach einer abstrakten Phase ab 1949 wieder gegenständl. Malerei v. a. mit zeitkrit. Themen.

Literatur: G. F., Ausst.-Kat., Nö. Landesmus., Wien 1991.

Fremuth, Walter, * 13. 4. 1932 Wien, Manager. Studierte Rechts- u. Staatswiss. in Wien, 1970 Vizegouverneur der Ö. Postsparkasse, 1975–79 Gen.-Dir.-Stellv. der Girozentrale, 1979–93 Gen.-Dir. der Ö. Elektrizitätswirtschafts AG (Verbundges.) und des Bundeslastverteilers; seit 1981 Hon.-Prof. an der Wirt.-Univ. Wien; zahlr. Publikationen zu Fragen der Wirt. und Politik.

Frenzel, Hans, * 7. 9. 1895 Herzogenburg (NÖ.), † 25. 8. 1966 Linz, Jurist und Politiker (SPÖ). 1938 vorübergehend inhaftiert, 1945–47 BMin. f. Volksernährung, 1947–53 Vizepräs. und 1953–64 Präs. des Rechnungshofs; gründete 1947 die Ö. Arbeitsgemeinschaft f. Volksgesundheit. Als Präs. der Lebensmittelcodex-Kommission im Sozialministerium große Verdienste um die Neufassung des Codex Alimentarius Austriacus. Ab 1948 Präs. der Ö. Esperantobewegung.

Freud, Anna, * 3. 12. 1895 Wien, † 9. 10. 1982 London (GB), Psychoanalytikerin; jüngste Tochter von Sigmund → Freud. Wurde 1922 Mitglied der Internat. psychoanalyt. Vereinigung, beschäftigte sich mit der kindl. Psyche und mit Fragen der Erziehung und Pädagogik; daraus entstand das „Kinderseminar". Ihr Buch „Das Ich und die Abwehrmechanismen" (1936) ist ein wichtiger Beitrag zur Ich-Psychologie. Zu ihrem Vater stand sie in einem sehr engen Verhältnis, vertrat diesen wiederholt bei öffentl. Anlässen, emigrierte mit ihm 1938 nach England und pflegte den Krebskranken bis zu seinem Tod. 1952 wurde sie Leiterin der Hampstead Child Therapy Clinic. Wien besuchte sie erst 1971 wieder.

Ausgabe: Die Schriften, 10 Bde., 1980. – Literatur: U. H. Peters, A. F. Ein Leben für das Kind, 1979; E. Young-Bruehl, A. F., 1995; R. Denker, A. F. zur Einführung, 1995; R. Edgcumbe, A. F., 2000.

Freud, Sigmund, * 6. 5. 1856 Freiberg (Příbor, CZ), † 23. 9. 1939 London (GB), Neurologe, Arzt, Begründer der Psychoanalyse, der Lehre vom Unbewussten; Vater von Anna → Freud. 1876–82 am Wr. Physiolog. Inst. E. W. v. → Brückes und bei T. → Meynert tätig; 1885 Privatdozent für Neuropathologie; seine Versuche mit Kokain führten zur Entwicklung der Lokalanästhesie; studierte 1885/86 bei J. M. Charcot in Paris, 1889 bei Liébault und Bernheim in Nancy die Hypnosetechnik und die Probleme der Hysterie; 1902 ao. Prof., erhielt 1930 den Goethe-Preis und emigrierte 1938 nach London.

In Wien ging F. zunächst vom „kathartisch-therapeutischen" Verfahren J. → Breuers aus, ersetzte aber bald dessen hypnot. Heilsystem durch seine eig. Behandlungstechnik der „freien Assoziation" (verdrängte unangenehme Erlebniserinnerungen werden ins Bewusstsein gebracht). Dabei ging er von seiner Grundidee aus, dass die Ursache vieler seel. Krankheiten in Kindheitserlebnissen zu suchen sei.

Seine Psychoanalyse stellt die Grundlage der modernen Tiefenpsychologie und Psychotherapie dar und war Ausgangspunkt weiterer Lehren, so der Individualpsychologie A. → Adlers, C. G. Jungs komplexer Psychologie und der Lehre W. Stekels. Hervorgegangen aus einer Lehre von den Trieben, wurde die Psychoanalyse durch F. zu einer umfassenden Lehre von der Gesamtpersönlichkeit des Menschen entwickelt. Seine Gedanken und Arbeiten beeinflussten nicht nur die moderne Psychologie, v. a. die der anglo-amerikan. Welt, sondern auch andere Gebiete des Kulturlebens, wie Ästhetik, Religionswiss., Literatur und Ethnologie. F. war auch ein bedeutender Schriftsteller.

1971 wurde in seiner Wohnung in Wien 9, Berggasse 19, ein Museum eingerichtet.

Werke: Studien zur Hysterie, 1895 (mit J. Breuer); Die Traumdeutung, 1900; Zur Psychopathologie des Alltagslebens, 1901; Der Witz und seine Beziehung zum Unbewußten, 1905; 3 Abhandlungen zur Sexualtheorie, 1905; Vorlesungen zur Einführung in die Psychoanalyse, 1917; Jenseits des Lustprinzips, 1920; Das Ich und das Es, 1923; Die Zukunft einer Illusion, 1927; Das Unbehagen in der Kultur, 1930. – Hg. der Ztschr. Imago, ab 1912; Jahrbuch der Psychoanalyse, ab 1913; Internat. Ztschr. f. Psychoanalyse, 1913; The International Journal of Psychoanalysis, 1919. – Ausgabe: Studienausgabe, hg. v. A. Mitscherlich u. a., 12 Bde., 1969. – Literatur: E. Ludwig, Der entzauberte F., 1946; E. Jones, Leben und Werk von S. F., 3 Bde., 1960–62; P. Gay, F., 1989; H. Kätzel, S. F., ein biograph. Essay, 1992; P. Roazen, S. F. und sein Kreis, 1997; H.-M. Lohmann, S. F., 1998; O. Hejlek, S. F. für Einsteiger, 1999; P. Schneider, S. F., 1999; R. Speziale-Bagliacca, S. F. Begründer der Psychoanalyse, 2000.

Freudenlechner, Paulus, † 1616, Meistersinger. Mitgl. der 1549–1601 bestehenden Singschule in Wels, Verfasser einer umfangreichen Meisterliederhandschrift; verließ 1601 im Zuge der Protestantenverfolgung Wels, ging nach Breslau und kehrte um 1603 nach Eferding zurück.

Literatur: B. Nagel, Meistersang, 1962.

Freudenleere, der, sprechender Name eines ostmitteldt. Dichters (vielleicht aufgrund des Todes seines Gönners); verfasste um 1280 den gegen die aufstrebenden Wr. Patrizier gerichteten Schwank „Der Wiener Meerfahrt", eine frühe Heurigengeschichte, in der die Zecher („die tumben Wiennære") ihre Trunkenheit als zunehmend stürmische Seereise (altes satirisches Motiv) erleben.

Ausgabe n: H. A. Neunzig, Pegasus pichelt, 1968. – Literatur: Verf.-Lex.

Freumbichler, Johannes, * 22. 10. 1881 Henndorf (Sbg.), † 11. 2. 1949 Salzburg, Schriftsteller; Großvater von Thomas → Bernhard. Erhielt 1937 für den hist. Bauernroman „Philomena Ellenhub", in dem er realistisch und frei von Klischees das Leben einer Magd um 1848 beschrieb, den Ö. Staatspreis.

Weitere Werke: Romane: Atahualpa oder Die Suche nach einem Verschollenen, 1938; Auszug und Heimkehr des Jodok Fink, 1942. – Erzählungen: Geschichten aus dem Salzburgischen, 1938. – Gedichte. – Literatur: C. Markolin, Die Großväter sind die Lehrer. J. F. und sein Enkel T. Bernhard, 1988; L. Huguet, Chronologie. J. F. – T. Bernhard, 1995; A. Ludewig, Grossvaterland. T. Bernhards Schriftstellergenese dargestellt anhand seiner (Auto-)Biographie, 1999.

Sigmund Freud. Foto, 1938.

Freund, Gerhard, * 5. 9. 1925 Wien, † 29. 5. 1979 ebd., Journalist, Schauspieler. 1957–67 erster Dir. des ö. Fernsehens, 1974 Dir. der Wr. Stadthalle, 1976 Intendant der Wr. Festwochen.

Freund, Leopold, * 4. 4. 1868 Miskowitz (Miskovice, CZ), † 7. 1. 1943 Brüssel (B), Arzt. Röntgenologe, Univ.-Prof. in Wien, emigrierte 1938 nach Belgien; begründete die Röntgentherapie; hinterließ ein umfangreiches wiss. Werk.

Werk: Grundriß der gesamten Radiotherapie für praktische Ärzte, 1903.

Freundlich, Elisabeth, * 21. 7. 1906 Wien, † 25. 1. 2001 ebd., Schriftstellerin; Ehefrau von G. → Anders. Studierte in Wien und Paris; emigrierte nach 1938 über Zürich nach Paris, wo sie u. a. Ö.-Sendungen des franz. Rundfunks verfasste. 1940 Flucht über Spanien nach New York, Arbeit als Bibliothekarin und Deutschdozentin. 1950 mit G. Anders Rückkehr nach Wien, wo sie als Schriftstellerin, Übersetzerin und Journalistin wirkte.

Werke: Romane: Der eherne Reiter, 1960; Der Seelenvogel, 1986. – Erzählungen: Invasion Day, 1948; Finstere Zeiten, 1986. – Sachbücher: Sie wußten was sie wollten, 1981; Die Ermordung einer Stadt namens Stanislau, 1986. – Die fahrenden Jahre, 1992 (Erinnerungen).

Freundlich, Emmy, * 25. 6. 1878 Aussig (Ústí nad Labem, CZ), † 17. 3. 1948 New York (USA), soz.-dem. Politikerin und Schriftstellerin. Kam 1911 nach Wien, ab 1919 führend in der ö. Arbeiterinnenbewegung, 1921 Präsidentin der internat. genossenschaftl. Frauengilde; 1928 als ö. Delegierte die einzige Frau im Völkerbund-Komitee; 1934 vorübergehend verhaftet, wanderte sie 1939 nach England aus und übersiedelte 1947 nach New York.

Literatur: A. Magaziner, Die Wegbereiter, 1975.

Frey, Dagobert, * 23. 4. 1883 Wien, † 13. 5. 1962 Stuttgart (D), Kunsthistoriker. Ab 1911 im Staatsdenkmalamt, 1918–31 Univ.-Prof. in Wien, 1931–45 in Breslau, dann in Stuttgart. Begründete „Die Kunstdenkmäler Ö." (G. → Dehio); Hg. des „Wr. Jb. für Kunstgeschichte".

Frey, Erik, * 1. 3. 1908 Wien, † 2. 9. 1988 ebd., Kammerschauspieler. 1927 am Dt. Volkstheater in Wien; Engagements in Bremen, Hamburg, Berlin und Prag; ab 1935 bis zu seinem Tod Ensemblemitgl. des Theaters in der Josefstadt in Wien; zahlr. Auftritte bei den Sbg. Festspielen; ab 1936 auch Filmtätigkeit (über 130 Produktionen, u. a. „Burgtheater", 1936).

Frey, Konrad, * 20. 6. 1934 Wien, Architekt. Mitarbeit bei ARUP Partners London, Vertreter der „Grazer Schule", beschäftigt sich mit technisch-ökolog. Lösungen in der Architektur.

Werke: Haus Fischer, Grundlsee, 1975–77 (mit F. Beigel); Beratungsbüro Technova, Graz, 1985; Kinderhaus Strosiz, 1980; Sonnenhaus Zankel, Genf, 1977–85; Haus Rosegger, Graz, 1987; Kunsthaus Mürzzuschlag (Um- und Zubau), 1988; Bildungshaus Schloss Seggau, 1993–94 (Erweiterung); Cogenerationsanlage der SFT, Graz, 1997.

Freytag, Gustav, * 23. 1. 1852 Neuhaldensleben b. Magdeburg (D), † 19. 12. 1938 Steeg (Gem. Bad Goisern, OÖ.), Kartograph. Kam 1866 nach Wien, machte sich 1879 selbstständig und begründete 1885 mit W. Berndt die Kartograph. Anstalt F. & Berndt, u. a. bekannt durch Touristenwanderkarten, z. T. von F. selbst nach Begehung der Gebiete erneuert. F. erschloss mit Heinrich Hess die Ennstaler Alpen. Er entwarf eine noch heute angewandte Farbenskala für physische Landkarten.

Frieberger, Kurt (auch Karl Gustav Ger), * 4. 4. 1883 Wien, † 19. 11. 1970 ebd., Jurist, Schriftsteller und Übersetzer. 1929–38 Presse- und Kulturattaché in Rom; in der NS-Zeit Schreibverbot. 1945 mit der Errichtung des BM f. Vermögenssicherung und Wirtschaftsplanung beauftragt und Präs. der Genossenschaft dramat. Schriftsteller und Komponisten; Vizepräs. des Ö. P. E. N.-Zentrums; 1946–53 Senatspräs. des Verwaltungsgerichtshofs, dann Univ.-Prof. für Rechtswiss. in Wien; F. übersetzte u. a. Komödien von C. Goldoni. Großer Ö. Staatspreis 1963.

Werke: Gedichte: Barocke Monologe, 1907; Sieveringer Sonette, 1919; Barocke Balladen, 1919; Spiegel eines Lebens, 1960. – Romane: Danae, 1921; Die Scherben des Glücks, 1928; Bahnbrecher, 1946; Kampf mit dem Jenseits, 1949; Montmartre triumphiert, 1950; Der Fischer Simon Petrus, 1953. – Dramen: Das Glück der Vernünftigen, 1907; Gloria, 1912; Die Braut und das scharlachrote Tier, 1924. – Dr. I. Seipel, 1923 (Biographie). – Literatur: H. Perner, K. F. zum 100. Geburtstag, in: Ö. Autorenzeitung, Heft 2, 1983.

Frieberth (Friberth), Karl, * 7. 6. 1736 Wullersdorf (NÖ.), † 6. 8. 1816 Wien, Sänger (Tenor) und Librettist. Bis 1776 in der Musikkapelle des Fürsten Esterházy. J. → Haydn schrieb zahlr. Rollen für ihn. F. verfasste das Libretto zur Oper „L'incontro improviso" (1775) von J. Haydn. Ab 1771 Mitgl. der Wr. Tonkünstlersozietät, 1776 Kapellmeister in Wien.

Literatur: L. Voruba, Carlo F., 1972.

Alfred Hermann Fried. Foto.

Fried, Alfred Hermann, * 11. 11. 1864 Wien, † 4. 5. 1921 ebd., Pazifist, Publizist; Friedensnobelpreisträger 1911. Zunächst Buchhandlungsgehilfe in Berlin; gab mit B. v. → Suttner 1892–99 die Ztschr. „Die Waffen nieder" (ab 1899 „Die Friedens-Warte") heraus. 1892 gründete er die „Dt. Friedensgesellschaft", bemühte sich um internat. Verständigungspolitik und war aktiv in der Esperantobewegung tätig; während des 1. Weltkriegs lebte und arbeitete er in der Schweiz.

Werke: Lehrbuch der internat. Hilfssprache Esperanto, 1903; Hb. der Friedensbewegung, 2 Bde., 1905; Die Grundlagen des revolutionären Pazifismus, 1908; Die Grundlagen des ursächl. Pazifismus, 1916; Vom Weltkrieg zum Weltfrieden, 1916; Mein Kriegstagebuch, 4 Bde., 1918–20; Jugenderinnerungen, 1925. – Literatur: J. Bauer, Die ö. Friedensbewegung, Diss., Wien 1949.

Erich Fried. Gemälde von G. Eisler, 1985 (Sammlungen der Stadt Wien).

Fried, Erich, * 6. 5. 1921 Wien, † 22. 11. 1988 Baden-Baden (D), Lyriker, Erzähler, Essayist, Übersetzer. Sohn eines jüd. Spediteurs, der von der Gestapo ermordet wurde. F. emigrierte 1938 nach London, wo er 1952–68 als polit. Kommentator der BBC angestellt war; bis 1944 aktive Betätigung in kommunist. Exilorganisationen, ab 1963 Mitgl. der „Gruppe 47". Grundthemen seiner Gedichte sind Heimatlosigkeit und Fremdheit („100 Gedichte ohne Vaterland", 1978). Während seine kompromisslose polit. Lyrik („und Vietnam und", 1966; „Höre, Israel!", 1974) sowie seine öffentl. Stellungnahmen („Spiegelaffäre", 1972, Kritik an der „Menschenjagd" auf die Mitglieder der Baader-Meinhof-Gruppe) heftige Kontroversen auslösten, fanden die „Liebesgedichte" (1979) breite Anerkennung. Ö. Staatspreis 1986, G.-Büchner-Preis 1987 u. a.

Weitere Werke: Lyrik: Warngedichte, 1964; Überlegungen, 1965; Anfechtungen, 1967; Unter Nebenfeinden, 1970; Die Freiheit den Mund aufzumachen, 1972; So kam ich unter die Deutschen, 1977; Es ist was es ist, 1983; Reich der Steine, 1984; Frühe Gedichte, 1986; Vorübungen für ein Wunder, 1987; Unverwunden, 1988. – Prosa: Ein Soldat und ein Mädchen, 1960 (Roman); Das Unmaß aller Dinge, 1982 (Erzählung); Mitunter sogar Lachen, 1986 (Autobiographie); Nicht verdrängen nicht gewöhnen. Texte zum Thema Ö., hg. v. M. Lewin, 1987; Gedanken in und an Deutschland, hg. v. M. Lewin, 1988. – Übersetzungen (Dramen W. Shakespeares). – Ausgabe: Gesammelte Werke, 1998, hg. v. V. Kaukoreit, 4 Bde., 1993. – Literatur: E. F., Text und Kritik, 1986; S. W. Lawrie, E. F. A Writer without a Country, 1995; C. Jessen, E. F., eine Chronik. Leben und Werk, 1998; G. Lampe, E. F. Biographie und Werk eines „dt. Dichters", [2]1998; C. Dressler, „Nach dem Landlos greift der Landlosen Hand", 1998.

Fried, Jakob, * 25. 7. 1885 Eibesthal (Gem. Mistelbach, NÖ.), † 18. 5. 1967 Wien, päpstl. Hausprälat. 1909 Priesterweihe, 1934 Domkapitular von St. Stephan in Wien, Gen.-Dir. des Kath. Volksbundes, Leiter des „Wr. Kirchenblatts".

Werke: Nat.-Soz. und kath. Kirche in Ö., 1948; Leben und Arbeit, 1950; Erinnerungen aus meinem Leben, 1977.

Friedel (Fridelli), Xaver Ernbert, * 11. 3. 1673 Linz (OÖ.), † 4. 6. 1743 Peking (China), Jesuit, Missionar. Reiste 1704 nach Tschenkiang. Vom chines. Kaiser mit der Vermessung des Chines. Reichs beauftragt, schuf er die ersten kartograph. Werke von China.

Literatur: A. Zerlik, X. E. F., Chinamissionar und Kartograph aus Linz, 1962.

Egon Friedell. Foto.

Friedell, Egon (eigentl. E. Friedmann), * 21. 1. 1878 Wien, † 16. 3. 1938 ebd. (Selbstmord aus Angst vor Festnahme durch die SA), Kulturhistoriker, Schriftsteller, Feuilletonist, Kritiker, Schauspieler. Befreundet mit P. → Altenberg und A. → Polgar. Leitete 1908–10 das Kabarett „Die Fledermaus"; ab 1913 spielte er unter der Regie M. → Reinhardts in Berlin und Wien. Er verfasste zahlr. Sketches, Szenen und Parodien, überwiegend mit Polgar. Seine essayist. Hauptwerke „Kulturgeschichte der Neuzeit" (3 Bde., 1927–31) und „Kulturgeschichte des Altertums" (2 Bde., 1936 bzw. 1949) übten starken Einfluss aus.

Weitere Werke: Goethe. Eine Szene, 1908; Ecce Poeta, 1912 (Essay); Die Reise mit der Zeitmaschine, 1946; Das Altertum war nicht antik, 1950; Kleine Porträtgalerie, 1953; Abschaffung des Genies, 1982 (hg. v. H. Illig); Selbstanzeige, 1983 (hg. v. H. Illig); Goethe und die Journalisten, 1987 (hg. v. H. Illig); Ist die Erde bewohnt?, 1991. – Literatur: H. Illig, Schriftspieler – Schausteller, 1987; R. Innerhofer, Kulturgeschichte zw. den beiden Weltkriegen. E. F., 1990; W. Lorenz, E. F., 1994.

Friedjung, Heinrich, * 18. 1. 1851 Roschtin (Roštin, CZ), † 14. 7. 1920 Wien, dt.-nat. Historiker und Publizist. Mitverfasser des Linzer Programms 1882, gab die „Dt. Wochenschrift" heraus (1883–86), war 1886/87 Chefredakteur der „Dt. Zeitung" (Parteiorgan der Dt.-Nat.) und 1891–95 Mitgl. d. Wr. Gemeinderats. Wurde aufgrund des wachsenden Antisemitismus aus der

Partei ausgeschlossen und 1904 wegen der gutgläubigen Verwendung gefälschter Quellen (F.-Prozess) bloßgestellt.

Werke: Der Ausgleich mit Ungarn, 1877; Der Kampf um die Vorherrschaft in Deutschland 1859–66, 2 Bde., 1897/98; Ö. von 1848–1860, 2 Bde., 1908/12; Das Zeitalter des Imperialismus, 1884–1914, 3 Bde., 1919–22 (beendet von A. Pribram); Geschichte in Gesprächen, 2 Bde., 1997. – Literatur: R. Eder, H. F., Dipl.-Arb., Wien, 1991.

Friedjung, Joseph, * 6. 5. 1871 Nedvedice (CZ), † 25. 3. 1946 Tel Aviv (Israel), Kinderarzt und soz.-dem. Politiker. 1920 Univ.-Doz., soz.-dem. Kommunalpolitiker in Wien, Gründer des Vereins soz.-dem. Ärzte. Wanderte 1938 nach Palästina aus.

Literatur: ÖBL.

Friedländer, Friedrich, Ritter von Malheim, * 14. 1. 1825 Kohljanowitz (Uhlířske Janovice, CZ), † 13. 6. 1901 Wien, Historien- und Genremaler. Studierte u. a. bei F. G. → Waldmüller. Reisen nach Italien, Düsseldorf und Paris; ab 1856 ständig in Wien tätig; einer der Hauptbegründer der Wr. Künstlergenossenschaft. Bevorzugte zunächst hist. Themen, später sozialkrit. und Genredarstellungen (nach 1866 bes. Invaliden).

Literatur: Ö. Malerei des 19. Jh. aus Privatbesitz, Ausst.-Kat., Innsbruck 1970.

Friedländer, Johann Georg Franz, * 5. 11. 1882 Bern (CH), † 20. 1. 1945 bei Auschwitz (Oświecim, PL), ab 1901 ö. Offizier, kämpfte im 1. Weltkrieg auf ö. Seite, 1920 ö. Staatsbürger. Oberst, Feldmarschallleutnant, bis 1932 Sektionschef. Im Okt. 1944 nach Auschwitz deportiert und dort im Zuge der Räumung des Lagers von den Nat.-Soz. erschossen.

Friedländer, Max, * 13. 6. 1829 Pleß (Pszczyna, PL), † 20. 4. 1872 Nizza (F), Journalist. Ab 1856 bei der „Presse", 1864 mit M. → Etienne Begründer der „Neuen Freien Presse", wo er u. a. den Wirtschaftsteil „Economist" betreute.

Friedländer, Otto, * 21. 3. 1889 Wien, † 20. 7. 1963 Waidhofen a. d. Thaya (NÖ.), Schriftsteller und Pazifist, Sekretär der Wr. Handelskammer. Experte für Transithandel, Mitbegründer der Ö. Völkerbundliga und einer der Wiederbegründer der Ö. Friedensges. und der Ö. Liga für die Vereinten Nationen. Im Alter schrieb er feuilletonistisch über das Wien der Vorkriegszeit.

Werke: Letzter Glanz der Märchenstadt, 1948; Wolken drohen über Wien, 1949; Maturajahrgang 1907, 1963.

Friedrich III., * 21. 9. 1415 Innsbruck (Ti.), † 19. 8. 1493 Linz (OÖ.), Kaiser (als König F. IV., als Hzg. F. V.); Sohn von Hzg. → Ernst dem Eisernen aus der steir. Linie der Habsb. Folgte diesem 1424 in der Stmk. und in Kä., wurde 1439 Vormund des minderjährigen → Sigmund von Tirol (bis 1446) und 1440 des → Ladislaus Postumus in Ö. 1452 zwangen ihn die Stände, Ladislaus aus der Vormundschaft zu entlassen. Nach dessen Tod 1457 stand er in Konflikt mit seinem Bruder → Albrecht VI. wegen der Erbschaft und wurde 1462 mit seiner Familie in der Wr. Burg belagert. Nach dessen Tod 1463 wurde er auch als Hzg. von Ö. anerkannt. Durch die Bestätigung des Privilegium maius 1453 wurde von ihm der Titel Erzhzg. legalisiert. 1440 dt. König, 1452 in Rom zum Kaiser gekrönt, 1459 auch König von Ungarn. Verheiratet ab 1452 mit → Eleonore von Portugal. Aus dieser Ehe entstammte → Maximilian I. Dessen Wahl zum röm. König 1486 begrüßte F., doch war das Verhältnis zum Sohn oft gespannt. Um 1470 begannen Auseinandersetzungen mit → Matthias Corvinus von Ungarn, der ab 1482 einen Teil von NÖ. besetzte. F. baute seine Residenzen Graz, Wr. Neustadt und Linz aus, manche Bauten sind mit seinem persönlichen Zeichen AEIOU versehen. Er erreichte die Schaffung der Bistümer Laibach (1462), Wien und Wr. Neustadt (beide 1469) und setzte die Heiligsprechung Markgraf → Leopolds III. 1485 durch. Persönlich fromm, liebte er weder Krieg noch Jagd, hingegen Botanik, Alchemie und Astrologie. Er war zielstrebig, zäh, sparsam und von würdevoller Ausstrahlung. Seinen Erfolg verdankte er auch der Tatsache, dass er seine Gegner überlebte. Grab im Wr. Stephansdom.

Literatur: F. III., Ausst.-Kat., Wr. Neustadt 1966; B. Rill, Ks. F. III., 1987.

Friedrich I. (der Schöne), * 1289 Wien (?), † 13. 1. 1330 Gutenstein (NÖ.), dt. König, Sohn von → Albrecht I.. 1308–30 als Friedrich III. Hzg. von Ö. und Stmk., 1314 von einer Minderheit der Kurfürsten zum dt. König gewählt, unterlag er bei Mühldorf am Inn 1322 seinem Rivalen Ludwig d. Bayern und war bis 1325 gefangen. Er wurde dann von Ludwig als Mitkönig anerkannt, erhielt aber weder im Reich noch in den Erblanden Einfluss. Begraben in seiner Gründung Mauerbach, seit 1789 im Stephansdom.

Literatur: A. Lhotsky, Geschichte Ö., 1281–1358, 1967.

Friedrich I., * um 1175, † 16. 4. 1198 (auf der Heimreise aus Palästina), Sohn Hzg. → Leopolds V., Hzg. von Ö. (ab 1194), aus der Familie der Babenberger. Beteiligte sich 1197 am Kreuzzug Ks. Heinrichs VI.

Friedrich II. (der Streitbare), * 1210, † 15. 6. 1246 an der Leitha. Sohn Hzg. → Leopolds VI. und Theodoras; letzter Babenberger-Hzg. von Ö. und Stmk. (ab 1230); nannte sich ab 1232 Herr von Krain, charakterlich unstet, stets in Affären und Kämpfe verwickelt. Er warf 1231 einen Aufstand der Ministerialen (→ Kuenringer) nieder, kämpfte gegen Bayern, Böhmen und Ungarn, wurde 1236 von Ks. Friedrich II. wegen Willkürherrschaft geächtet, konnte sich aber in Wr. Neustadt behaupten. 1241 bekämpfte er erfolgreich die in Ungarn eingefallenen Mongolen. Der Versuch, Ö. zum Königreich zu erheben, scheiterte 1245, weil sich seine Nichte → Gertrud weigerte, den Kaiser zu heiraten. Der Bau von Burgen und Stadtbefestigungen machte unter seiner Regierungszeit große Fortschritte. Er fiel an der Leitha im Krieg gegen die Ungarn.

Literatur: K. Lechner, Die Babenberger, [4]1994.

Friedrich IV., * 1382, † 24. 6. 1439 Innsbruck (Ti.), Sohn von Hzg. → Leopold III., Herzog von Ö. aus der leopoldinischen Linie der Habsburger. Erhielt 1402 (1406 allein) die Verwaltung von Ti. und den Vorlanden übertragen, wurde Begründer einer kurzlebigen Ti. Linie. Er hatte zunächst mit äußeren Gegnern (Kriege mit Appenzellern, Venedig, Wittelsbachern) und innerer Opposition des Adels (Elefantenbund 1406, Falkenbund 1407) zu kämpfen. Als der mit ihm verbündete Papst Johannes XXIII. 1415 aus Konstanz floh, wurde F. von Ks. Sigismund geächtet, worauf die habsb. Kerngebiete an die Schweizer verloren gingen. F. konnte sich aber mit Hilfe der Bauern gegen den Kaiser, die Nachbarn und den Adel behaupten. Als Gegenleistung für die Bauern hielt F. in der landständischen Verfassung Ti. die Funktion der „Gerichte" fest. Er verlegte den Herrschaftssitz von Meran nach Innsbruck und festigte ab 1425 seine Stellung. Aufgrund der Silberfunde in Gossensaß und Schwaz erlebte das Land unter ihm einen starken Aufschwung. Aus seiner 2. Ehe mit Anna von Braunschweig stammte sein Sohn → Sigmund. Sein von adeligen Gegnern geprägter Name „mit der leeren Tasche" machte ihn populär.

Literatur: J. Riedmann, in: J. Fontana, Geschichte des Landes Ti., Bd. 1, 1985.

Friedrich, Erzhzg. von Ö., * 14. 5. 1821 Wien, † 6. 10. 1847 Venedig (I), 3. Sohn von Erzhzg. → Karl; Marine-

Herzog Friedrich IV. von Tirol. Stich von W. Kilian.

Kaiser Friedrich III. Gemälde von H. Burgkmair d. Ä. nach einem verlorenen Original von 1468 (Kunsthistorisches Museum, Wien).

kommandant. Mit 14 Jahren Eintritt in die k. k. Kriegsmarine, zeichnete sich im syrischen Krieg 1840/41 durch persönl. Tapferkeit aus. 1844 zum Vizeadmiral und Marineoberkommandanten ernannt. Legte den Grundstein für zahlr. Reformen und zur Umgestaltung der damals noch vollständig venezianisch orientierten ö. Kriegsmarine.

Literatur: R. L. Dauber, Erzhzg. F. v. Ö., Admiral und Ordensritter, 1993; B. Hamann, Die Habsburger, [4]1993.

Friedrich, Erzhzg. von Ö., * 4. 6. 1856 Groß-Seelowitz (Židlochovice, CZ), † 30. 12. 1936 Mosonmagyaróvár (H), Hzg. von Teschen. Erbe seines Onkels Erzhzg. → Albrecht; verfügte als Großgrundbesitzer und Wirtschaftskapitän über enorme Reichtümer, baute die ihm gehörige Albertina aus. Als Offizier wurde er 1905 Generaltruppeninspektor, 1907 Oberkommandant der k. k. Landwehr, 1914 Feldmarschall und 1914–17 Oberbefehlshaber der k. u. k. Truppen. Nach dem 1. Weltkrieg verwaltete er die Reste seiner Güter.

Literatur: E. Glaise v. Horstenau, Feldmarschall Erzhzg. F., 1936.

Friedrich der Knecht, ma. Minnesänger in der 1. Hälfte des 13. Jh. aus dem bairisch-ö. Sprachraum. Stammte vielleicht aus Merkersdorf (NÖ.); seine Lyrik ist von → Neidhart von Reuental beeinflusst.

Ausgabe: C. v. Kraus, Liederdichter des 13. Jh., [2]1978. – Literatur: Verf.-Lex.

Friedrich von Sonnenburg, ma. Spruchdichter in der 2. Hälfte des 13. Jh. Schuf polit., didakt. und v. a. relig. Sprüche, dürfte um 1250–75 in Bayern, Böhmen und Ti. gewirkt haben und stammte vielleicht aus einer S-Ti. Ministerialenfamilie (Kloster Sonnenburg bei Brixen). F. v. S. galt den späteren Dichtern als einer der sog. Meister.

Ausgabe: A. Masser, F. v. S. Die Sprüche, 1979. – Literatur: Verf.-Lex.

Friedrich von Villach, zw. 1415 und 1452 in Villach urk. fassbar, Maler; Vater des Malers → Johannes von Villach. Vermutlich in Brixen ausgebildet; führender Freskenmaler des späten „Weichen Stils“ in Kä. Schuf liebenswürdig volkstümlich wirkende Fresken und malte einen Passionszyklus für die Stiftskirche von Millstatt (1428). Weitere Werke werden ihm u. a. in Mariapfarr im Lungau (um 1430) und St. Leonhard bei Tamsweg zugeschrieben.

Literatur: W. Frodl, Die gotische Wandmalerei in Kä., 1944.

Fries, Johann Graf, * 19. 5. 1719 Mühlhausen (Mulhouse, F), † 19. 6. 1785 Bad Vöslau (NÖ.; vermutlich Selbstmord), Bankier, Industrieller; Vater von Moritz Christian Reichsgraf → Fries. Brachte im Ö. Erbfolgekrieg die engl. Subsidien nach Wien, erhielt dafür 1751 ein Privileg zur Gründung einer Barchentfabrik in Fridau (NÖ.), gründete 1754 eine Seidenwarenfabrik in Oberdöbling (Wien) und eine Wollzeugfabrik in Böhmen. 1752–76 lieferte er Maria-Theresien-Taler in den Orient, 1759–83 leitete er den k. k. Bergwerks-Produktenverschleiß. Begründete ein Großhandels- und Bankhaus. Kaufte 1761 die Herrschaft Vöslau, ließ sich 1783/84 in Wien am Josefsplatz von P. Hetzendorf von Hohenberg ein Palais erbauen (Palais Pallavicini).

Literatur: NDB.

Karl Frisch. Foto, um 1946.

Fries, Moritz Christian Reichsgraf, * 6. 5. 1777 Wien, † 26. 12. 1826 Paris (F), Kunstmäzen und -sammler, Bankier; Sohn von Johann Gf. → Fries. Er vermehrte die von seinem Bruder Joseph F. (1765–1788) angelegte Kunst-Smlg. auf mehr als 300 Meisterwerke (u. a. Werke von Raffael, van Dyck, Rembrandt, Reni, Dürer); besaß eine umfangreiche Smlg. von Handzeichnungen, Kupferstichen, Skulpturen, Münzen und Mineralien sowie eine umfangreiche Bibliothek. Widmungsträger der 7. Symphonie L. van → Beethovens, mit

Die Familie des Moritz Christian Graf Fries. Gemälde von F. Gérard, 1804.

dem er befreundet war. Nach dem Bankrott seines Bankhauses übersiedelte er 1824 nach Paris. Vorbild für den „Verschwender“ von F. → Raimund.

Literatur: A. Peysing, Das Familienbildnis der Grafen F., in: Jb. des Vereins für Geschichte der Stadt Wien 9, 1951.

Friesinger, Herwig, * 5. 3. 1942 Klosterneuburg (NÖ.), Archäologe. Seit 1978 Prof. am Inst. f. Ur- und Frühgeschichte der Univ. Wien, 1978–92 Institutsvorstand, seit 1995 Sekr. der philosophisch-hist. Klasse der Ö. Akad. d. Wiss. Zahlr. Forschungsunternehmen im In- und Ausland, darunter archäolog. Untersuchungen eines befestigten Siedlungsplatzes im Weinviertel und der steinzeitl. Besiedlung auf karibischen Inseln. Maßgeblich am Aufbau einer systematischen luftbildgestützten Archäologie-Prospektion für Ö. beteiligt; seit 1979 Hg. der „Archaeologica Austriaca“.

Frimmel, Theodor von, * 15. 12. 1853 Amstetten (NÖ.), † 25. 12. 1928 Wien, Musik- und v. a. Beethoven-Forscher. Seine zahlr. Exzerpte und Aufzeichnungen befinden sich heute im Beethoven-Haus in Bonn.

Werke: L. v. B., 1901; Beethoven-Jb. (nur 1908/09); B.-Briefe, 5 Bde., 1910/11 (Hg.); Beethoven im zeitgen. Bildnis, 1923; Neuausgabe des B.-Werkverzeichnisses von G. Nottebohm, 1925; Beethoven-Hb., 2 Bde., 1926.

Frint, Jakob, * 4. 12. 1766 Kamnitz (Kamenice, CZ), † 11. 10. 1834 St. Pölten (NÖ.), Theologe. 1804 Univ.-Prof. in Wien, 1810 Hof- und Burgpfarrer. Theologe des Übergangs von Aufklärung und Josephinismus zur kirchl. Restauration. Gründete 1816 in Wien die Höhere Bildungsanstalt Augustin (nach ihm Frintaneum genannt) für Weltpriester; 1827 Bischof von St. Pölten.

Literatur: E. Hosp, Zw. Aufklärung und kath. Reform. J. F., 1962; ÖBL.

Frisch, Anton von, * 16. 2. 1849 Wien, † 24. 5. 1917 ebd., Urologe. Studierte am Pasteur-Inst. in Paris die Wutkrankheit, arbeitete als Demonstrator bei J. → Hyrtl; Ass. von T. → Billroth; Prof. für Anatomie an der Akad. d. bild. Künste; 1874 Univ.-Prof. in Wien; 1889 Primar der urolog. Abt. der Poliklinik; entdeckte 1882 den Rhinosklerom-Bazillus und die Identität der Hadernkrankheit mit dem Milzbrand. Durch ihn wurde die Urologie als selbstständiges Fach an der Medizin. Fakultät Wien anerkannt.

Werke: Hb. der Urologie, 3 Bde., 1904–06 (mit O. Zuckerkandl). – Literatur: ÖBL.

Frisch, Karl, * 20. 11. 1886 Wien, † 12. 6. 1982 München (D), Zoologe, Tierpsychologe, Bienenforscher, Nobelpreisträger für Physiologie 1973 (mit K. → Lorenz und N. Tinbergen) für die Entschlüsselung der Sprache der Bienen. Studierte in Wien, 1921 Univ.-Prof. in Rostock, dann in Bremen, 1946 in Graz, 1950 in München. Sein bevorzugtes Studienobjekt war die Honigbiene (Apis mellifera). An ihr wies F. u. a. den Farbensinn nach (die Biene sieht kein Rot, dafür aber

Ultraviolett, das der Mensch nicht wahrnehmen kann), die Orientierung an polarisiertem Licht (was den Bienen erlaubt, auch bei bedecktem Himmel den exakten Sonnenstand festzustellen) und die „Bienensprache", mit der eine Sammelbiene ihren Stockgenossinnen Lage und Entfernung einer lohnenden Nektarquelle mitteilt. Die Sammelbiene informiert mittels „Schwänzeltanz", der die Form einer gestauchten Acht hat. Die Richtung (relativ zum Lot), in der die Biene auf ihrer Schwänzelstrecke blickt, gibt die Lage der Nektarquelle relativ zur Sonne an, die Schnelligkeit des Tanzes die Entfernung.

Werke: Die Sprache der Bienen, 1923; Aus dem Leben der Bienen, 1927; Du und das Leben, 1936; Duftgelenkte Bienen, 1947; Biologie, 2 Bde., 1952/53; Erinnerungen eines Biologen, 1957 (Autobiographie); Tanzsprache und Orientierung der Bienen, 1965.

Frisch, Otto Robert, * 1. 10. 1904 Wien, † 22. 9. 1979 Cambridge (GB), Kernphysiker; Neffe von Lise → Meitner. Prägte mit dieser den Ausdruck „Kernspaltung". Mitarbeit an der Entwicklung der Atombombe in den USA, ab 1947 Prof. in Cambridge.

Werke: Meet the Atom, 1947; Atomic Physics Today, 1961; Working with Atoms, 1965; Profession in Nuclear Physics, 1950–65 (Hg.), What Little I Remember, 1979 (Woran ich mich erinnere, 1981; Autobiographie).

Frischauer, Paul, * 25. 5. 1898 Wien, † 7. 5. 1977 ebd., Erzähler, Kulturhistoriker, Journalist. Emigrierte 1934 nach England, später nach Brasilien und in die USA; 1955 Rückkehr nach Wien. Vertreter des biograph. Romans.

Werke: Dürer, 1925; Prinz Eugen, 1933; Garibaldi, 1934; Beaumarchais, 1935; Die Habsburger. Geschichte einer Familie, 1961; Es steht geschrieben. Die großen Dokumente, 1967; Knaurs Sittengeschichte der Welt, 3 Bde., 1968; Finale in Wien, 1978. – Literatur: U. Prutsch u. K. Zeyringer, Die Welten des P. F., 1997.

Frischenschlager, Friedhelm, * 6. 10. 1943 Salzburg, Jurist und Politiker (bis 1993 FPÖ, dann LIF). 1977–83 und 1986–96 Abg. z. NR, 1996–99 Mitgl. des Europ. Parlaments; 1983–86 BMin. für Landesverteidigung. 1985–87 Sbg. FPÖ-Landesparteiobmann, 1986–90 FPÖ-Klubobmann. Gründungsmitgl. und 1993–96 Klubobmann bzw. geschäftsführender Klubobmann des Liberalen Forums.

Frischenschlager, Michael, * 31. 10. 1935 Salzburg, Musiker. Studierte Violine, Dirigieren, Musikpädagogik und Musikwiss. in Salzburg, Innsbruck, Wien und Rom sowie bei Yehudi Menuhin. 1960–64 Geiger bei den Wr. Solisten und bei den Wr. Philharmonikern, 1964–71 Auftritte als Solist und Kammermusiker; seit 1971 Prof. für Violine an der Wr. Musikhochschule bzw. Musikuniv., 1992–96 deren Rektor.

Frischmuth, Barbara, * 5. 7. 1941 Altaussee (Stmk.), Schriftstellerin und Übersetzerin. Zunächst eher sprachkritisch ausgerichtet („Die Klosterschule", 1968; „Amoralische Kinderklapper", 1969), setzte sie sich seit den 70er Jahren vorwiegend mit der Situation der Frau in Familie und Arbeitswelt auseinander (Feentrilogie: „Die Mystifikationen der Sophie Silber", 1976; „Amy oder Die Metamorphose", 1978; „Kai und die Liebe zu den Modellen", 1979). Zahlr. Preise.

Weitere Werke: Prosa: Tage und Jahre, 1971; Das Verschwinden des Schattens in der Sonne, 1973; Haschen nach Wind, 1974; Bindungen, 1980; Die Frau im Mond, 1982; Traumgrenze, 1983; Über die Verhältnisse, 1987; Mörderische Märchen, 1989; Einander Kind, 1990; Hexenherz, 1994; Die Schrift des Freundes, 1998. – Dramen: Mister Rosa, 1989; Anstandslos, 1994. – Kinder- und Jugendbücher: Philomena Mückenschnabel, 1970; Ida, die Pferde und Ob, 1989; Biberzahn und der Khan der Winde, 1990; Sommersee, 1991; Machtnix, 1993; Gutenachtgeschichte für Maria Carolina, 1994; Donna und Dario, 1997. – Hörspiele und Filmdrehbücher. – Literatur: C. Gürtler, Schreiben Frauen anders?, 1983; B. F., hg. v. K. Bartsch, 1992; R. S. Posthofen (Hg.), B. F. in contemporary context, 1999.

Frisinghelli, Christine, * 7. 12. 1949 Graz (Stmk.), Kuratorin und Kunsttheoretikerin. 1987–95 stellv. Vorsitzende des Forum Stadtpark in Graz. Seit 1980 Redakteurin der Ztschr. „Camera Austria", Konzeption von zahlr. Symposien über Fotografie. Seit 1993 Lehrauftrag für Fototheorie an der Höheren Schule f. Gestaltung Zürich. 1995–96 Programmdirektorin, 1997–99 Intendantin des steirischen herbstes.

Fritigil, markomannische Königin. Stand mit Bischof Ambrosius von Mailand (* 4. 4. 397) in Briefwechsel, um die Bekehrung ihrer Volksgruppe zum Christentum zu erreichen. Als Gegenleistung überredete sie ihren Mann, sich und sein Volk den Römern zu unterwerfen. Die einem eig. Tribunus unterstellten Markomannen sind auch in der Notitia Dignitatum erwähnt; sie wurden wohl knapp vor 397 in Pannonia I (Viertel unter dem Wienerwald, Bgld. und W-Ungarn) angesiedelt.

Fritsch, Anton („Toni"), * 10. 7. 1945 Petronell-Carnuntum (NÖ.), Fußballspieler. 1964–71 mit Rapid Wien mehrfacher ö. Meister. Berühmt als „Wembley-Toni" (2 Tore beim 3 : 2-Sieg von Ö. gegen England 1965). Beendete als 26-Jähriger seine Fußballkarriere und wanderte in die USA aus, wo er als Freekicker mit den Dallas Cowboys 1972 und 1978 die Super Bowl, den höchsten Titel im American Football, gewann.

Fritsch, Gerhard, * 28. 3. 1924 Wien, † 22. 3. 1969 ebd. (Selbstmord), Erzähler, Lyriker, Bibliothekar. Hg. der Literaturzeitschriften „Literatur und Kritik" und „protokolle" sowie der Anthologien „Frage und Formel" (1963) und „Aufforderung zum Mißtrauen" (1967). F. fasste Gesellschaftskritik als Sprachkritik auf, seine Romaninhalte schwanken zw. Verzweiflung und Tröstlichkeit. In seinem Roman „Moos auf den Steinen" (1956) wendet er sich gegen die Restauration des habsb. Mythos.

Weitere Werke: Romane: Fasching, 1967; Katzenmusik, 1974. – Lyrik: Lehm und Gestalt, 1954; Der Geisterkrug, 1958; Gesammelte Gedichte, 1978. – Übersetzungen, Hörspiele. – Literatur: G. F. zum Gedenken, protokolle 89/2.

Fritsch, Karl, * 24. 2. 1864 Wien, † 17. 1. 1934 Graz (Stmk.), Botaniker. Univ.-Prof. in Wien und Graz. Seine „Exkursionsflora für Ö." (1897) ist ein noch heute verwendetes Werk.

Fritsch, Volker, * 15. 4. 1905 Brünn (Brno, CZ), † 15. 8. 1980 Wien, Elektrotechniker. Nach Ausbildung in Brünn und Prag selbstständig; nach 1945 Lehrtätigkeit an der Techn. Hochschule in Wien (u. a. über Blitzschutztechnik).

Fritz, Marianne (geb. Frieß), * 14. 12. 1948 Weiz (Stmk.), Schriftstellerin. Wurde durch ihren 3-bändigen Roman „Dessen Sprache du nicht verstehst" (1985) bekannt. Beeinflusst von R. → Musil, beschreibt sie darin in eigenwilliger Erzählsprache das Schicksal einer Arbeiterfamilie am Ende der Habsburgermonarchie. 1988 Literaturpreis des Landes Stmk.

Weitere Werke: Roman: Die Schwerkraft der Verhältnisse, 1978; Prosa-Großprojekt „Die Festung": Das Kind der Gewalt und die Sterne der Romani, 1980; Naturgemäß I, 5 Bde., 1996; Naturgemäß II, 5 Bde., 1998. – Literatur: H. F. Schafroth, Gelebte Lieder, in: M. F., Was soll man da machen, 1985; K. Kastberger (Hg.), Nullgeschichte, die trotzdem war. Neues Wr. Symposium über M. F., 1995.

Fritz, Samuel, * 9. 4. 1654 Trautenau (Trutnov, CZ), * 20. 3. 1725 Santiago de la Laguna (Peru), Jesuit, Indianermissionar am Amazonas, Forschungsreisender. Seine Karte über das Flussgebiet des Amazonas wurde 1893 in Paris neu veröffentlicht.

Literatur: L. Koch, Jesuitenlexikon, 1934; C. Gargia u. a., Die Entdeckung von Peru 1526–1712, 1996.

Fröbel, Julius, * 16. 7. 1805 Griesheim (D), † 6. 11. 1893 Zürich (CH), Politiker und Schriftsteller. Kam 1848 mit R. → Blum nach Wien, wurde wegen Beteiligung an der Revolution zum Tod verurteilt, aber wegen seiner ö.-freundlichen Schrift „Wien, Deutschland und Europa" (1848) begnadigt.

Weiteres Werk: Ein Lebenslauf, 2 Bde., 1890/91 (Autobiographie). – Literatur: D. Schuler, J. F., in: Innsbrucker hist. Studien 7/8, 1985.

Froberger, Johann Jakob, * 18. 5. 1616 Stuttgart (D), † 6. (oder 7.) 5. 1667 Schloss Héricourt (F), Komponist, Organist und Cembalist. Schüler von G. Frescobaldi und G. Carissimi, prägte als Hoforganist in Wien (1637, 1641–45 und 1653–58) nachhaltig die Wr. Klavier- und Orgeltradition bis zur Mitte des 18. Jh. (G. → Muffat); bedeutend als Übermittler ital. (Toccaten, Ricercare) und franz. Musik (Suiten).

Werke: v. a. Werke für Tasteninstrumente: 6 Drucke mit Toccaten, Ricercare und Suiten (1639–58); zahlr. Handschriften. – Ausgabe: in: Denkmäler der Tonkunst in Ö., 3 Bde. (IV/1, VI/2, X/2), 1897–1903. – Literatur: H. Siedentopf, J. J. F., 1977.

Adolf Frohner. Foto, um 1975.

Frodl, Walter, * 8. 12. 1916 Straßburg (Kä.), † 10. 4. 1994 Wien, Kunsthistoriker. 1948–59 an der Techn. Hochschule in Graz, 1960–79 an der Techn. Hochschule bzw. Univ. in Wien. 1965–70 Präs. des Bundesdenkmalamts, Vorstand des Inst. für ö. Kunstforschung.

Werke: Die roman. Wandmalereien in Kä., 1942; Die got. Wandmalereien in Kä., 1944; Glasmalerei in Kä., 1950; Kunst in S-Ti., 1960. – Literatur: Beiträge zur Kunstgeschichte und Denkmalpflege. Festschrift für W. F., 1974.

Fröhlich, Alfred, * 15. 8. 1871 Wien, † 22. 3. 1953 Cincinnati (Ohio, USA), Pharmakologe. Univ.-Prof. in Wien. Nach ihm ist eine bes. Form der hormonellen Fettsucht benannt. Emigrierte 1938.

Literatur: NDB.

Fröhlich, Anna (Netti), * 19. 9. 1793 Wien, † 11. 3. 1880 ebd., Sängerin und Musiklehrerin; die älteste der 4 F.-Schwestern (Barbara F. 1798–1878; Katharina → Fröhlich, Josephine → Fröhlich), die mit F. → Grillparzer und F. → Schubert befreundet waren.

Fröhlich, Fritz, * 13. 5. 1910 Linz (OÖ.), Maler. Studierte 1929–37 an der Akad. d. bild. Künste in Wien. Vom Surrealismus ausgehend, entwickelte er eine hintergründig-ironisierende, auf einfache Formen aufgebaute Bildsprache. F.-F.-Museum in Stift Wilhering (OÖ.).

Werke: Fresko in der Stiftskirche Engelszell (OÖ.), 1956; Das Präsent, 1976. – Literatur: F. F. Erinnerungen – Reflexionen, Monographie, 1971; R. Bentmann, F. F. Öl-Acryl, Aquarelle, Collagen, Pastelle 1968–1978, 1979.

Fröhlich, Georg, * 17. 7. 1872 Brünn (Brno, CZ), † 21. 9. 1939 Wien, Jurist. 1930–34 Vizepräs. des Verfassungsgerichtshofs; Mitschöpfer der ö. Bundesverfassung, Mitverfasser von wichtigen verfassungsrechtl. Gesetzesausgaben der 1. Republik.

Fröhlich, Gerda, * 16. 9. 1943 Wien, Theaterwissenschaftlerin. Studierte Theaterwiss. in Wien, ab 1969 Assistentin von H. → Wobisch für den Aufbau des Carinthischen Sommers, seit 1980 dessen Intendantin.

Katharina Fröhlich. Kreidebild.

Fröhlich, Josephine (Pepi), * 12. 12. 1803 Wien, † 7. 5. 1878 ebd., Sängerin (Alt); jüngste der 4 F.-Schwestern (Anna → Fröhlich, Barbara F., Katharina → Fröhlich). Bekannte Konzertsängerin, 1829 königlich-dän. Kammersängerin, zuletzt Gesangslehrerin in Wien.

Fröhlich, Katharina (Kathi), * 10. 6. 1800 Wien, † 3. 3. 1879 ebd., drittälteste der F.-Schwestern (Anna → Fröhlich, Barbara F., Josephine → Fröhlich); die „ewige Braut" F. → Grillparzers, der sich 1849 bei den F.-Schwestern (Wien 1, Spiegelgasse 21) einmietete, von diesen bis zu seinem Tod (1872) betreut wurde und ihnen seinen ganzen Besitz hinterließ. Sie stiftete den Grillparzer-Preis und 1879 die „Schwestern-F.-Stiftung" zur Förderung Not leidender Künstler und Wissenschaftler. Bereits 1872 übergab sie den Nachlass Grillparzers der Stadt Wien.

Literatur: J. A. Lux, Grillparzers Liebesroman, 1912; S. M. Prem, Grillparzers ewige Braut, 1922; ÖBL.

Fröhlich-Sandner, Gertrude, * 25. 4. 1926 Wien, Lehrerin und Politikerin (SPÖ), 1959–65 Abg. z. Wr. Landtag und Mitgl. d. Wr. Gemeinderats, 1965–84 Stadträtin und Wr. Vizebürgermeisterin, 1984–87 BMin. f. Familie, Jugend u. Konsumentenschutz.

Literatur: K. Stimmer, „Unsere Gerti", 1996.

Frohner, Adolf, * 12. 3. 1934 Groß-Inzersdorf (Gem. Zistersdorf, NÖ.), Maler und Graphiker. Ab 1955 als Werbegraphiker tätig, ab 1959 Kunstkritiker, als Maler Autodidakt. Zunächst Vertreter der Objekt- und Aktionskunst (3-tägige Einmauerung mit H. → Nitsch und O. → Muehl 1962, Herausgabe des Manifests „Blutorgel"). Wandte sich später dem Tafelbild zu und setzte sich bes. mit der weibl. Figur auseinander. Seit 1972 Prof. an der Hochschule f. angew. Kunst in Wien, ab 1985 Leiter einer Meisterklasse für Malerei, seit 1999 Vorstand des Inst. f. bild. Kunst. Ö. Staatspreis für Graphik 1972.

Werke: Der Großinquisitor, 1963/64; Das vulgäre Ballett, 1967/68; Künstler und Ges., Gewalt und Gleichgültigkeit, Wandbilder im Wohnpark Wien-Alt Erlaa, 1977; Relief „Europa" (U-Bahn-Station Westbahnhof, Wien) 1993. – Literatur: D. Ronte (Hg.), Werkbuch eines unruhigen Werkes, 1980; W. Drechsler (Red.), A. F. 1961–1981, Ausst.-Kat., Mus. Moderner Kunst, Wien 1981; A. F. Die Emanzipation des Fleisches, 1991; A. F., Malerei oder die gebrochene Leiter, 1993; A. F., Wieder Malerei, 1996; I. Brugger (Red.), A. F. Verteidigung der Mitte, Ausst.-Kat., Kunstforum, Wien 2001.

Fromiller, Josef Ferdinand, * 1693 Oberdrauburg (Kä.; ?), † 9. 12. 1760 Klagenfurt (Kä.), Maler. Ab 1733 „landschaftl. Maler Kä."; dominierte zu seiner Zeit die gesamte barocke Malerei des Landes.

Werke: Fresken (Schloss Trabuschgen, Wappensäle im Landhaus Klagenfurt, Schloss Ebenthal, Stift Ossiach u. a. m.); Altarbilder, Stillleben, Porträts, Historienbilder (Serie nach Stichen aus dem Medici-Zyklus von P. P. Rubens, Schloss Trabuschgen), Kupferstiche. – Literatur: H. Thaler, J. F. F., Diss., Wien 1978; NDB.

Fromm, Karl Josef, * 4. 6. 1873 Wien, † 9. 7. 1923 ebd., Journalist, Schriftsteller und Komponist.

Werke: Bunte Novellen, 1898; Berggeschichten, Gedichte. – Opernzyklus, mehrere Operetten (Im Reiche des Sports, Die Praterfee), Orchesterwerke.

Hans Fronius. Foto.

Fronius, Hans, * 12. 9. 1903 Sarajewo (BIH), † 21. 3. 1988 Mödling (NÖ.), Graphiker, Illustrator, Maler. Studierte 1922–30 an der Akad. d. bild. Künste in Wien bei A. Delug und K. → Sterrer. Wurde v. a. durch expressionist. Holzschnitte und Illustrationen bekannt. Großer Ö. Staatspreis 1966.

Werke: 90 Bücher und Mappenwerke, u. a. Kafka-Mappe, 1946; S. Zweig, Die Schachnovelle, 1949; Imaginäre Porträts, 1957; G.

Meyrink, Der Golem, 1970; J. Green, Die Nacht der Phantome, 1975. – Literatur: W. Koschatzky, H. F., Bilder und Gestalten, 1972; W. Hilger, H. F. Monographie, 1979.

Fronz, Emil, * 17. 9. 1860 Wien, † 30. 12. 1930 ebd., Kinderarzt; Bruder von Richard → Fronz. Erwarb sich um die Einführung der Serumbehandlung der Diphtherie in Ö. Verdienste.

Fronz, Richard, * 28. 4. 1867 Wien, † 11. 3. 1946 ebd., Komponist; Bruder von Emil → Fronz. Schüler von A. → Bruckner, Kapellmeister an Wr. Theatern; komponierte Opern, Operetten, Singspiele, Chöre und Orchesterstücke.

Fröschel, Emil, * 24. 3. 1884 Wien, † 19. 1. 1972 New York (USA), Arzt. Begründer der Wr. Schule der Logopädie und Phoniatrie; 1927–38 Univ.-Prof. in Wien, danach in den USA; rief in Wien (mit K. C. Rothe) Heilkurse und Sonderklassen für sprachgestörte Kinder ins Leben.

Literatur: NDB.

Frueauf, Rueland d. Ä., * um 1440/45 Salzburg oder Obernberg a. Inn (OÖ.), † 1507 Passau, Maler; Vater von Rueland → Frueauf d. J. Ausbildung in Salzburg, gute Kenntnis der niederländ. Kunst, geprägt durch das Werk C. → Laibs. Ab 1470 war F. in Salzburg und für das Stift St. Peter tätig. 1480 erwarb er das Passauer Bürgerrecht und war 1484 Konkurrent M. → Pachers um einen Altar für die heutige Franziskanerkirche (ausgeführt von Pacher). Die Tafeln eines großen, 1490/91 datierten Altars (aus dem Salzburger Dom?) befinden sich jetzt in der Ö. Galerie Belvedere in Wien. Seine Fresken für das Rathaus und den Scheiblingturm in Passau sind nicht erhalten. Im Vergleich zu M. Pacher ist sein Stil flächig und undynamisch, dafür monumental und mitunter von stimmungsgeladenem Ernst im Sinn der Hochrenaiss.

Literatur: L. v. Baldass, Conrad Laib und die beiden R. F., 1946; E. Baum, Kat. des Mus. Ma. Ö. Kunst – Unteres Belvedere Wien, 1971; E. M. Zimmermann, Studien zum F.-Problem – R. F. d. Ä. und der Meister von Großgmain, Diss., Wien 1975.

Frueauf, Rueland d. J., * um 1475 Salzburg oder Passau, † nach 1545 Passau (D), Maler der Donauschule; Sohn und Schüler von R. → Frueauf d. Ä. Ab 1497 Bürger in Passau, dürfte sich um 1500 längere Zeit in Ö. aufgehalten haben. Er schuf hier seine Hauptwerke für das Stift Klosterneuburg (Johannesaltar, 1498/99; Leopoldsaltar, 1505). F. zählt zu den Wegbereitern der Donauschule in Ö., er kombinierte oft Szenen aus der Heiligenlegende mit profanen Motiven (z. B. Sauhatz) und malte als Hintergrundlandschaften vielfach die Umgebung Klosterneuburgs.

Literatur: L. v. Baldass, Conrad Laib und die beiden R. F., 1946; A. Stange, R. F. d. J., 1971; Spätgotik in Salzburg – Die Malerei, Ausst.-Kat., Salzburg 1972.

Frühbauer, Erwin, * 11. 4. 1926 Knittelfeld (Stmk.), Bundesbahnbediensteter und Politiker (SPÖ). 1965–73 Abg. z. NR, 1970–73 BMin. f. Verkehr, 1973–74 Landesrat und 1974–86 Landeshauptmann-Stellv. von Kä.

Fruhmann, Johann, * 22. 4. 1928 Weißenstein a. d. Drau (Kä.), † 27. 1. 1985 Lengenfeld (NÖ.), Maler; ab 1957 Ehemann von Christa → Hauer-Fruhmann. Studierte bei A. → Wickenburg in Graz und an der Akad. d. bild. Künste in Wien bei R. C. → Andersen und A. P. → Gütersloh. Nach einer frühen geometrischen Periode wandte er sich der informellen und schließlich einer großflächigen, fein abgestimmten Malerei zu.

Werke: Mosaik, Stadthalle Wien, 1957; Malerei, 1963–66 (Zyklus); Lichtenvironment, 1967 (Weltausstellung Montreal); Bild 1976–84 (Zyklus). – Literatur: J. F. 1928–1985, 1989; Künstler (Sammler) Mäzene. Porträt der Familie Hauer, Ausst.-Kat., Kunsthalle Krems 1996.

Frühmann, Thomas, * 23. 1. 1953 Wien, Springreiter und Sportfunktionär. Neben H. → Simon erfolgreichster ö. Springreiter; 3-mal Sieger des Audi-GP in Wien und des Derbys in Hamburg, 1990 Sieger bei CHIO in Aachen; Silbermedaille im Mannschaftsbewerb bei den Olymp. Spielen 1992 in Barcelona.

Frühwirth, Andreas (Franz), * 21. 8. 1845 St. Anna a. Aigen (Stmk.), † 9. 2. 1933 Rom (I), Dominikaner-Ordensgeneral, Jurist und Verwaltungsfachmann. 1907–16 Nuntius in München, 1915 Kardinal, 1927–33 „Kanzler der Hl. Röm. Kirche"; Berater von K. Frh. v. → Vogelsang.

Literatur: A. Walz, A. Kardinal F., 1950.

Fruhwirth, Carl, * 31. 8. 1862 Wien, † 21. 7. 1930 Baden (NÖ.), Agrarwissenschaftler, eine der führenden Persönlichkeiten bei der Erforschung und Züchtung landw. Nutzpflanzen. 1893–97 an der Hochschule f. Bodenkultur in Wien, 1897–1907 an der landw. Akad. in Hohenheim (Württemberg) und der Tierärztl. Hochschule in Stuttgart, ab 1907 an der Techn. Hochschule in Wien (1911 Prof. f. Landw.).

Werk: Die Züchtung der landw. Kulturpflanzen, 5 Bde., 1901–12, [6]1922ff. – Literatur: ÖBL.

Fruwirt, Ferdinand d. Ä., * 5. 10. 1812 Wien, † 1. 3. 1867 ebd., Industrieller; Vater von Ferdinand → Fruwirt d. J. Übernahm 1836 das Unternehmen seiner Eltern mit mehreren Waffenfabriken in NÖ. (Wr. Neustadt, Neunkirchen, Freiland, St. Aegyd am Neuwalde). Seine Gewehre zeichneten sich durch hohe Präzision aus und wurden auch von der ö. Armee verwendet.

Literatur: ÖBL.

Fruwirt, Ferdinand d. J., * 16. 12. 1841 Wien, † 8. 6. 1892 ebd., Industrieller. Übernahm 1867 nach dem Tod seines Vaters Ferdinand → Fruwirt d. Ä. die Metall- und Waffenfabriken in NÖ., die er zunächst auf Hinterladergewehre, dann auf zivile Produkte umstellte.

Literatur: ÖBL.

Fuchs, Adalbert (Franz), * 12. 9. 1868 Landschau (Lanžov, CZ), † 15. 11. 1930 Göttweig (Gem. Furth b. Göttweig, NÖ.), Benediktiner, Historiker. Ab 1923 Abt von Stift Göttweig, dessen Urkunden er publizierte (Fontes rerum Austriacarum 51, 52, 55, 1901/02). Bearbeitete weiters den 5. Bd. der Necrologia der Monumenta Germaniae historica und die Briefe an R. Montecuccoli 1659/60.

Literatur: ÖBL.

Fuchs, Alfred, † 2. 8. 1870 Prag (CZ), † 5. 10. 1927 Wien, Neurologe. Assistent bei J. → Wagner-Jauregg; ab 1912 Univ.-Prof. in Wien, stellte Untersuchungen über die Zerebrosinalflüssigkeit, die fuchs-rosenthalsche Zählkammer und die Messung der Pupillengröße an.

Literatur: NDB.

Fuchs, Aloys, * 22. 6. 1799 Raase (Razova, CZ), † 20. 3. 1853 Wien, Musikforscher und -sammler, hauptberuflich im Staatsdienst (u. a. Assistent von R. v. → Kiesewetter). Ab 1829 im Vorstand der Ges. der Musikfreunde in Wien; seine große Musikbibl. und Autographen-Smlg. (J. S. Bach, F. Händel, C. W. Gluck, J. Haydn, W. A. Mozart, L. van Beethoven u. a.) ging nach seinem Tod großteils an die Dt. Staatsbibl. Berlin; zahlr. Schriften über Musik.

Fuchs, Charlotte Gräfin (eigentl. Maria Karoline, geb. Mollard), * 14. 1. 1681 Wien, † 27. 4. 1754 ebd., Erzieherin bei Kaiserin Elisabeth Christine (Gemahlin Ks. Karls VI.) und Obersthofmeisterin bei → Maria Theresia, deren Freundschaft und Vertrauen sie in hohem Maß genoss („meine Füchsin"); auf deren Wunsch als einzige Nicht-Habsburgerin in der Kapuzinergruft

Ernst Fuchs. Foto, um 1910.

beigesetzt. Ihr kleines Schloss in Rodaun bewohnte später H. v. → Hofmannsthal, dann M. → Grengg (heute Museum).

Fuchs, Ernst, * 14. 6. 1851 Kritzendorf (NÖ.), † 21. 11. 1930 Wien, bedeutender Augenarzt. Schuf die patholog. Anatomie des Auges, 1881–85 Univ.-Prof. in Lüttich, 1885–1915 Vorstand der II. Augenklinik in Wien. Begründete 1887 mit H. v. → Bamberger die „Wr. klinische Wochenschrift"; erforschte das patholog. veränderte Gewebe des Auges; legte eine Smlg. von Augenschnitten an, führte neue Operationsmethoden ein und begründete die histolog. Fundierung der Krankheitsbilder.

Werke: Lehrbuch der Augenheilkunde, 1889; Wie ein Augenarzt die Welt sah, hg. v. A. Fuchs, 1946 (Autobiographie). – Literatur: ÖBL, NDB.

Der Maler Ernst Fuchs. Foto.

Fuchs, Ernst, * 13. 2. 1930 Wien, Maler, Graphiker und Bildhauer. Studierte 1946–50 an der Akad. d. bild. Künste in Wien bei R. C. → Andersen und A. P. → Gütersloh, war ab 1948 Mitgl. des Art-Clubs und 1950 einer der Gründer der Künstlervereinigung „Hundsgruppe". 1959 mit F. → Hundertwasser und A. → Rainer Mitgl. des „Pintorariums". Einer der Hauptvertreter der Wr. Schule des Phantast. Realismus. Die Zeichen- und Malkunst von F. ist an Werken der Vergangenheit vom MA bis in das 19. Jh. geschult. Seine in meisterhafter Kleinarbeit ausgeführten Gemälde und Graphiken weisen eine starke relig. und mytholog. Symbolik auf. Um 1978 beginnt eine neue Phase seines Werks, gekennzeichnet durch die Verwendung leuchtender Farben, einfachere Bildkomposition und teilw. plakativ überzeichnete Gestalten der antiken und german. Mythologie (Lohengrin, Ikarus u. a.).

Werke: Kataklysmen, 1946 (12 Linolschnitte); Maibild, 1949 (Radierung); Einhorn-Zyklus, 1951/52 (Radierungen); Das Mysterium des Rosenkranzes, 1958–61 (Altarbilder, Wien-Hetzendorf); Samson, 1960–62 (Radierungen); Zyklus Esther, 1967 (Radierungen); Große Esther, 1972 (Skulptur); Illustrationen zur Kabbala, 1978; Ikarus auf Kothurnen, 1978; Leda und der Schwan, 1979, Der Pfau, 1986; Die Einkleidung der Esther, 1970–83. – Ausstattung von Bühnenwerken (Parsifal, Lohengrin, Zauberflöte, Hoffmanns Erzählungen); Gestaltung von Gebrauchsgegenständen (Möbel, Stoffe, Schmuck u. a.). – Literatur: F. über F., Bilder und Zeichnungen von 1945–1976, 1977.

Johann Nepomuk Fuchs. Foto.

Fuchs, Hans, * 7. 11. 1890 Karlsbad (Karlovy Vary, CZ), † 14. 2. 1986 Wien, Funktionär der christl. Turnbewegung. 1929–38 Verbandsdietwart (Kulturwart) der Christl.-dt. Turnerschaft Ö., 1945 Mitbegründer der Ö. Turn- und Sportunion; Bundeskulturwart 1945–67.

Literatur: J. Recla, Die Christl. Turnbewegung, 1982.

Fuchs, Johann, nachweisbar 1752–82, Baumeister. Tätig in Marburg und in der Stmk., neben J. → Hueber Hauptvertreter des steir. Barock im 3. Viertel des 18. Jh. Seine Kirchen sind vom Geist des hochbarocken Raumgefühls bestimmt, die späteren Werke weisen schon klassizistische Einflüsse auf.

Werke: Kirchen: Ehrenhausen, 1752–55; St. Johann im Seggautal, 1750–58; Wies, 1774–82; Jesuitenkirche in Marburg. – Literatur: R. List, Kunst und Künstler der Stmk., Bd. 1, 1967; NDB.

Friedrich Heinrich Füger, Selbstporträt (Österreichische Galerie Belvedere, Wien).

Fuchs, Johann Nepomuk, * 29. 6. 1766, † 29. 10. 1839 Eisenstadt (Bgld.), Komponist. Schüler J. → Haydns, zählte zu den bedeutendsten Kirchenkomponisten seiner Zeit; ab 1784 in der esterházyschen Kapelle, die er nach Haydns Tod 1822 übernahm.

Werke: 28 Messen, 51 Offertorien und Graduale, 31 Litaneien, 62 andere kirchl. Werke, 20 Opern, 2 Ouvertüren, 15 Männerquartette. – Literatur: ÖBL.

Fuchs, Johann Nepomuk, * 5. 5. 1842 Frauenthal (Stmk.), † 15. 10. 1899 Bad Vöslau (NÖ.), Komponist und Kapellmeister; Bruder von Robert → Fuchs (* 1847). Ab 1880 Kapellmeister der Wr. Hofoper, 1893 Dir. des Konservatoriums der Ges. der Musikfreunde in Wien, 1894 Vizehofkapellmeister. Bearbeitete Opern von C. W. → Gluck und F. → Schubert, förderte die Schubert-Gesamtausgabe.

Werke: Opern (Zingara, 1872), Lieder, Klavierstücke.

Fuchs, Konrad, * 26. 11. 1938 Salzburg, Bankmanager. 1989–97 Vorstandsvorsitzender der Ersten ö. Spar-Casse, bereits ab 1973 Vorstandsmitgl.; Univ.-Prof. an der Wr. Wirt.-Univ. (Schwerpunkte Bankautomation und -management), Vizepräs. der Wr. Wirtschaftskammer. Seit 1999 Vorsitzender der Übernahmekommission zur Überwachung von Übernahmen börsenotierter Unternehmen.

Fuchs, Robert, * 15. 2. 1847 Frauental a. d. Laßnitz (Stmk.), † 19. 2. 1927 Wien, Komponist; Bruder von Johann Nepomuk → Fuchs (* 1842). Mit seinen Orchesterwerken als Komponist sehr erfolgreich (gefördert von J. → Brahms), ab 1875 Dirigent der Konzerte der Ges. der Musikfreunde in Wien, 1894–1905 Hoforganist, 1875–1912 Prof. am Wr. Konservatorium (Lehrer von H. → Wolf, F. → Schreker, G. → Mahler, F. → Schmidt und J. Sibelius).

Werke: 2 Opern (Die Königsbraut, 1889; Die Teufelsglocke, 1893), 5 Symphonien, 5 Orchesterserenaden, Kammermusik, Kirchenmusik, Lieder. – Literatur: A. Mayr, Erinnerungen an R. F., 1934; A. Grote, R. F. Studien zu Person und Werk des Wr. Komponisten und Theorielehrers, 1994; M. Kreuz, R. F. (1847–1927). Der Mensch – der Lehrer – der Komponist, Diss., Wien 1994.

Fuchs, Robert, * 1. 4. 1896 Wien, † 10. 2. 1981 ebd., Maler. Studierte an der Akad. d. bild. Künste in Wien und wurde als hervorragender Porträtist bekannt. Sein bekanntestes Werk ist „Die Unterzeichnung des ö. Staatsvertrags im Oberen Belvedere 1955" (1955–57).

Fuchs, Theodor, * 15. 9. 1842 Eperjes (Prešov, SK), † 5. 10. 1925 Steinach a. Brenner (Ti.), Paläontologe, Geologe. Zunächst für das Hofmineralien-Cabinett tätig, nach dem Neubau des Naturhist. Museums maßgeblich an der Ausgestaltung und Einrichtung der geolog.-paläontolog. Abteilung und der Neuaufstellung der Sammlungen beteiligt. Erforschte die tertiären Ablagerungen des Mittelmeergebiets und des Wr. Beckens.

Literatur: ÖBL.

Fuchs, Werner, * 10. 12. 1937 Wien, † 24. 11. 1985 ebd., Geologe und Mikropaläontologe an der Geolog. Bundesanstalt. Neben der Erstellung zahlr. geolog. Karten erwarb er sich bes. Verdienste um die Erforschung der frühesten Planktonforaminiferen („Trias-Globigerinen").

Werk: Zur Stammesgeschichte der Planktonforaminiferen, in: Jb. der Geolog. Bundesanstalt, 1975. – Literatur: R. Oberhauser, Nachruf, in: Jb. der Geolog. Bundesanstalt, 1987.

Fuchsmagen (Fuxmagen), Johannes, * um 1450 Hall i. Ti., † 1510 Melk (NÖ.), Jurist, Humanist, Sammler. Diplomat im Dienst der Ks. Friedrich III. und Maximilian I., Präs. der Sodalitas litteraria Danubiana in Wien. Grab in der Wr. Kirche St. Dorothea, der er einen großen, in Brüssel hergestellten Bildteppich (seit 1786 im Stift Heiligenkreuz) gestiftet hatte.

Literatur: 1000 Jahre Babenberger, Ausst.-Kat., Lilienfeld 1976; NDB.

Füger, Friedrich Heinrich, * 8. 12. 1751 Heilbronn (D), † 5. 11. 1818 Wien, Maler. Ab 1744 in Wien, gefördert durch den kaiserl. Hof, Studienaufenthalte in Rom und Neapel. 1795 Dir. der Akademie, ab 1806 Dir. der Kaiserl. Gemäldegalerie in Wien. Bevorzugter Porträt- und Miniaturmaler der ö. Aristokratie sowie Historienmaler. Unter dem Einfluss A. R. Mengs Wegbereiter des Klassizismus in Ö. Im Kleinformat oft erstaunlich locker und farblich reizvoll, pflegte er sonst eine strenge Malerei mit deutlichem Hang zu Pathos und Dramatik.

Literatur: H. F. F., Ausst.-Kat., Heilbronn 1968; A. U. Schwarzenberg, Studien zu F. H. F., Diss., Wien 1974.

Fugger, süd-dt. Kaufmannsfamilie, ab 1514 Reichsgrafen. Die bedeutendsten Persönlichkeiten aus der Familie in Ö. waren: Jakob (II.) → Fugger und Anton → Fugger.

Literatur: G. v. Pölnitz, Die F., [6]1999.

Fugger, Anton, * 10. 6. 1493 Augsburg (D), † 14. 9. 1560 ebd., Kaufmann. Unterstützte Ferdinand I. bei der Erwerbung von Böhmen und Ungarn 1526/27 sowie bei der Königswahl 1531. Er zog sich ab 1547/48 von der polit. Finanzierung zurück.

Literatur: E. E. Unger, Die F. in Hall i. Ti., 1967.

Fugger, Eberhard Friedrich, * 3. 1. 1842 Salzburg, † 21. 8. 1919 ebd., Naturforscher. Unterrichtete an den Realschulen in Stockerau (1864–70) und Salzburg (1870–99). Ab 1902 Dir. des Sbg. Landesmuseums, Verfasser von Verzeichnissen der Pflanzen und Mineralien von Sbg. Erforschte bes. die sbg. Eishöhlen („Wintereistheorie").

Werke: Naturwiss. Studien und Beobachtungen aus Sbg., 1885 (mit C. Kastner); Analyt. Tabellen zur Bestimmung der Sbg. Mineralien, 1887 (mit dems.); Eishöhlen und Windröhren, 3 Tle., 1891–94.

Fugger, Jakob (II.), „der Reiche", * 6. 3. 1459 Augsburg (D), † 30. 12. 1525 ebd., Kaufmann. Nachfolger von Anton → Fugger, leitete ab 1485 eine Faktorei in Innsbruck, von wo aus er Produktion und Handel von Kupfer und Silber in Ti. beherrschte. Er war Geldgeber von Ks. → Maximilian I. und finanzierte 1519 die Wahl → Karls V. zum Kaiser.

Literatur: E. E. Unger, Die F. in Hall i. Ti., 1967.

Führer, Robert, * 2. 6. 1807 Prag (CZ), † 28. 11. 1861 Wien, klassizist. Komponist. Bis 1845 Organist in Prag, dann Wanderleben durch verschiedene süd-dt. und ö. Städte (Salzburg, München, Braunau, Gmunden, Ried und Wien).

Werke: über 400 meist geistl. Werke und theoret. Werke (u. a. „Praktische Anleitung zur Orgelkomposition", 1850).

Führich, Josef von, * 9. 2. 1800 Kratzau (Chrastava, CZ), † 13. 3. 1876 Wien, Maler relig. Themen und Historienmaler. Studierte an der Prager Kunstschule, ging 1827 auf Wunsch Metternichs nach Rom, wo er sich den Nazarenern anschloss. Mitarbeit an den Fresken im Casino Massimo in Rom mit F. Overbeck, J. A. → Koch und J. Schnorr v. Carolsfeld. 1829 kehrte er nach Prag zurück, war 1834 Kustos an der Wr. Akad.-Galerie und ab 1840 Prof. für Historienmalerei an der Akad. d. bild. Künste in Wien. 1851 erhielt er den Auftrag zur Ausgestaltung der Altlerchenfelder Kirche (Hauptwerk). F. war der bedeutendste Vertreter christl. Kunst des 19. Jh. in Ö. Er schuf zahlr. relig. Zyklen (Holzschnitte und Radierungen).

Literatur: B. Rittinger, Die Kreuzwegfresken J. F. in der Pfarrkirche St. Johann Nepomuk in Wien 2, Praterstraße, Diss., Wien 1976; G. Frodl, Wr. Malerei der Biedermeierzeit, 1987.

Fuhrmann, Ernst, * 21. 10. 1918 Wien, † 6. 2. 1995 Teufenbach (Stmk.), Automobilkonstrukteur. Ab 1947 Mitarbeiter von F. → Porsche in Gmünd (Kä.), dann in Stuttgart, 1956–71 techn. Leiter der Goetze AG, Burscheid (D), 1971–80 techn. Geschäftsführer (ab 1978 Vorstandsvorsitzender) von Porsche in Stuttgart. 1977 Hon.-Prof. der Techn. Univ. Wien; 1982–88 Aufsichtsratsvorsitzender der VOEST Alpine AG.

Fuhrmann, Matthias, * um 1690 Wien, † 20. 10. 1773 ebd., Theologe, Paulaner, Provinzial und General der ö. Provinz, Historiker. Schrieb bedeutende Werke zur Geschichte der Stadt Wien.

Werke: Alt- und Neues Wien, 2 Bde., 1738; Hist. Beschreibung Und kurz gefaste Nachricht Von der Residenz-Stadt Wien, Und Ihren Vorstädten, 4 Bde., 1766–70.

Funck, Alexius, † 3. 12. 1521 Memmingen (D), Handelsherr. Um 1497 aus Memmingen nach Wr. Neustadt zugewandert, gründete dort eine der bedeutendsten Großhandelsfirmen des ö. Raums mit Verbindungen in alle Nachbarländer. War dreimal Bürgermeister von Wr. Neustadt. Epitaph im Dom von Wr. Neustadt.

Literatur: Unsere Heimat 26, 1955; O. Pickl, Das älteste Geschäftsbuch Ö., Forschungen zur geschichtl. Landeskunde, Stmk. 23, 1966.

Friedrich Funder. Foto, um 1955.

Funder, Friedrich, * 1. 11. 1872 Graz (Stmk.), † 19. 5. 1959 Wien, kath. Publizist. 1896 Redakteur, 1902 Chefredakteur, 1905–38 Hg. der christl.-soz. Wr. Tageszeitung „Reichspost". Gehörte zum Kreis um Thronfolger → Franz Ferdinand, beriet Bundeskanzler I. → Seipel, 1935–38 Mitgl. des Staatsrats, Vorsitzender der Ö. Ges. für Zeitungskunde. Am 13. 3. 1938 festgenommen und bis 11. 11. 1939 im KZ Dachau, später in Flossenbürg inhaftiert; während des 2. Weltkriegs mehrfach festgenommen. 1945 Gründer (und bis 1959 Hg.) der kath. Wochenzeitung „Die Furche".

Werke: Vom Gestern ins Heute, 1952; Aufbruch zur christl. Sozialreform, 1953; Als Ö. den Sturm bestand, 1957. – Literatur: H. Pfarrhofer, F. F., ein Mann zw. Gestern und Morgen, 1978.

Fürer-Haimendorf, Christoph von, * 27. 7. 1909 Wien, Ethnologe, Indien- u. Himalajaforscher. 1945–50 Prof. in Haiderabad (Indien), 1950–76 Lehrstuhl an der School of Oriental and African Studies, London; unternahm, meist mit seiner Frau, ausgedehnte Feldforschungen in Assam, im Dekkan, im Himalaja und v. a. in Nepal.

Werke: The Sherpas of Nepal, 1964; Himalayan Traders, 1975; The Sherpas Transformed, 1984.

Fürnberg, Friedel, * 16. 5. 1902 Eggenburg (NÖ.), † 27. 4. 1978 Moskau (RUS), Politiker (KPÖ). Ab 1919 Mitgl. der Kommunist. Partei, 1922–26 Sekr. des Kommunist. Jugendverbands Ö., ab 1924 bis zu seinem Tod Mitgl. des Zentralkomitees der KPÖ, 1926–32 Sekr. in der Kommunist. Jugendinternationale in Moskau, 1932–71 Sekr. des Zentralkomitees der KPÖ. 1935/36 in Wöllersdorf inhaftiert, 1936 Flucht nach Moskau. Mitbegründer des 1. ö. Freiheitsbataillons 1944 in Slowenien; 1946–77 Mitgl. des Politbüros der KPÖ.

Furrer, Beat, * 6. 12. 1954 Schaffhausen (CH), Komponist, Dirigent. Ab 1975 Ausbildung in Komposition und Dirigieren an der Wr. Musikhochschule, lebt seither in Wien. 1985 Gründung der Société de l'Art Acoustique, des späteren Klangforums Wien; seit 1992 Prof. für Komposition in Graz. Internat. Bedeutung als Komponist und Dirigent zeitgenöss. Musik.

Werke: 1. Streichquartett, 1985; ... Y una canción desesperada, 1987 (3 Gitarren); Risonanze, 1988 (Orchester in 3 Gruppen); Ultimi Cori, 1989 (Chor, 3 Schlagzeuger); Die Blinden, 1989 (Musiktheater); Narcissus, 1994 (Oper); Quartett, 1995 (4 Schlagzeuger); Nuun, 1996 (2 Klaviere, Orchester); Stimmen, 1996 (Chor, Orchester).

Johann Fürst. Lithographie.

Fürst, Johann, * 17. 4. 1825 Wien, † 19. 10. 1882 ebd., Volkssänger, Theaterdirektor und -schriftsteller. Eröffnete 1862 ein Singspieltheater im Wr. Prater, das ab 1865 als F.-Theater durch ihn und J. → Matras zur Hauptstätte des klass. Wr. Volkssängertums wurde. 1865/66 und 1871–77 Dir. des Theaters in der Josefstadt in Wien; Autor von Wienerliedern, Couplets („Na, nur ka Wasser net, na, na, des mag i net"), Volksstücken und Possen.

Literatur: M. Blau, Das alte F.-Theater im Prater, 1930; O. Wladika, Von J. F. zu J. Jarno, Diss., Wien 1961.

Fürst, Paul Walter, * 25. 4. 1926 Wien, Bratschist und Komponist. Studierte an der Wr. Musikhochschule Violine bei W. → Boskovsky und Harmonielehre bei J.

→ Marx; ab 1951 Solobratschist beim Nö. Tonkünstlerorchester und ab 1954 bei den Münchner Philharmonikern; 1961–90 Mitgl. der Wr. Philharmoniker und 1986–90 deren Geschäftsführer. Im Rahmen von Interessenvertretungen und anderen Organisationen in zahlr. führenden Funktionen tätig, seit 1998 Präs. der AKM.

Werke: Dorian Gray, 1963 (Ballett); Orchesterwerke, Kammermusik, Chorwerke.

Fürth, Otto, * 18. 11. 1867 Strakonitz (Strakonice, CZ), † 7. 6. 1938 Wien, Chemiker, Arzt. Ab 1929 Univ.-Prof. für med. Chemie in Wien; beherrschte als einer der letzten Wissenschaftler das gesamte Gebiet der Biochemie und arbeitete quantitative Messmethoden zur Bestimmung biochem. Stoffe aus; war maßgeblich an der Adrenalinsynthese beteiligt und erforschte als einer der ersten die Hormone. Von ihm stammt eine Methode der Milchsäurebestimmung.

Wilhelm Furtwängler mit den Wiener Philharmonikern im Goldenen Saal des Wiener Musikvereins. Foto, um 1935.

Furtmüller, Karl, * 2. 8. 1880 Wien, † 1. 1. 1951 Mariapfarr (Sbg.), Gymnasiallehrer. 1919 in die Reformabteilung des Unterrichtsministeriums berufen, zählt neben V. → Fadrus und H. → Fischl zu den bedeutendsten Schulreformern der 1. Republik; 1938 Emigration, lebte 1941–47 in den USA; 1948–51 Dir. des Pädagog. Inst. der Stadt Wien.

Furtwängler, Philipp, * 21. 4. 1869 Elze (D), † 19. 5. 1940 Wien, Mathematiker. Ab 1912 Univ.-Prof. in Wien, bedeutender Zahlentheoretiker.

Werke: Allg. Theorie der algebraischen Zahlen, in: Enzyklopädie der Mathemat. Wiss. IV/7, 1904; Letzter Fermatscher Satz und Einsteinisches Reziprokitätsgesetz, 1912. – Literatur: ÖBL, NDB.

Furtwängler, Wilhelm, * 25. 1. 1886 Berlin (D), † 30. 11. 1954 Baden-Baden (D), Dirigent. 1919–24 Dirigent der Herbstkonzerte des Wr. Tonkünstlerorchesters, 1920–35 Zusammenarbeit mit H. → Schenker, 1921 Konzertdirektor der Ges. der Musikfreunde in Wien, 1922 erstes Konzert mit den Wr. Philharmonikern, ab 1927 deren Chefdirigent, ab 1928 auch Kapellmeister an der Wr. Staatsoper. Dirigierte ab 1937 viele Konzerte und Aufführungen bei den Salzburger Festspielen. F. wurde nach dem Anschluss 1938 zum Musikbevollmächtigten in Wien ernannt und übernahm 1939 auch die Leitung der Wr. Philharmoniker (bis 1945). Ab 1947 wieder Tätigkeit in Wien und Salzburg (ab 1952 künstler. Leiter der Festspiele).

Johann Joseph Fux. Gemälde von N. Buck, 1717 (Gesellschaft der Musikfreunde in Wien).

Werke: Ton und Wort. Aufsätze und Vorträge 1918–54, 1954; Vermächtnis. Nachgelassene Schriften, 1956; Briefe, hg. v. F. Thiess, 1964; Aufzeichnungen 1924–1954, hg. von E. Furtwängler, 1980. – Literatur: S. H. Shirakawa, The Devil's Music Master, 1992; B. Geißmar, Taktstock & Schaftstiefel. Erinnerungen an W. F., 1996; C. Walton, W. F. in Diskussion, 1996; NDB.

Fuss, Harry, * 1. 8. 1913 Wien, † 21. 4. 1996 ebd., Schauspieler. Ab 1942 an Wr. Bühnen tätig, 1952–84 Ensemblemitgl. des Wr. Volkstheaters (Alfred der Uraufführung von Ö. v. Horváths „Geschichten aus dem Wiener Wald"); Filmtätigkeit.

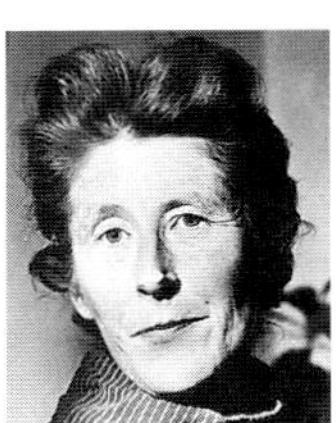

Gertrud Fussenegger. Foto.

Fussenegger, Ernst, * 16. 3. 1874 Dornbirn (Vbg.), † 3. 1. 1915 Nisch (Niš, YU), Chemiker. Ab 1901 für die Badische Anilin- und Sodafabrik (BASF) tätig, entwickelte er zahlr. bed. Farbstoffe für die Ind. (z. B. Lithorot 3 G, Chromechtblau B).

Literatur: ÖBL.

Fussenegger, Gertrud (eigentl. Gertrud Dietz), * 8. 5. 1912 Pilsen (Plžen, CZ), Schriftstellerin. Ihre breit angelegte realist. Erzählprosa trägt antimoderne, mythisierende Züge, die Themen kreisen um Heimat und Familie. Sie schrieb auch Gedichte und Dramen sowie Essays, Sachbücher und Literaturkritiken. Stifter-Preis 1963; Ehrenzeichen f. Wiss. u. Kunst 1981; Bayer. Literaturpreis 1993.

Werke: Romane: Trilogie der „böhm. Buddenbrooks" (Die Brüder von Lasawa, 1948; Das Haus der dunklen Krüge, 1951; Die Pulvermühle, 1968); Zeit des Raben, Zeit der Taube, 1960; Jirschi oder Die Flucht ins Pianino, 1995. – Erzählungen und Prosa: Mohrenlegende, 1937; Die Leute auf Falbeson, 1940; Der Goldschatz aus Böhmen. Erzählungen und Anekdoten, 1989; Frauen, die Geschichte machten, 1991; Ein Spiel ums andere; Shakespeares Töchter, 1999. – Autobiographie: Ein Spiegelbild mit Feuersäule, 1979. – Kinder- und Jugendbücher: Bibelgeschichten, 1991. – Literatur: C. Winkler, Die Erzählkunst G. F., 1972; F. Denk, Die Zensur der Nachgeborenen. Zur regimekrit. Literatur im 3. Reich, ³1996; F.-L. Kroll (Hg.), Grenzüberschreitungen. Festschrift für G. F., 1998.

Füssl, Karl Heinz, * 21. 3. 1924 Gablonz (Jablonec, CZ) † 4. 9. 1992 Wien, Komponist und Musikwissenschaftler. Ab 1958 bei der Universal-Edition Editionstätigkeit für die Wr. Urtextausgabe, die neue Mozart-Ausgabe und die G.-Mahler-Gesamtausgabe; ab 1974 Prof. an der Wr. Musikhochschule. Als Komponist der Dodekaphonie verbunden. 1970 Ö. Staatspreis.

Werke: 1 Ballett (Die Maske, 1966), Oper, zahlr. Lieder. – Literatur: L. Theiner (Red.), Musikal. Dokumentation K. H. F., Ausst.-Kat., Ö. Nat.-Bibl., Wien 1996.

Füster, Anton, * 5. 1. 1808 Radmannsdorf (Radovljica, SLO), † 12. 3. 1881 Wien, Theologe, Politiker. Ab 1847 Prof. für Religion und Pädagogik an der Univ. Wien, wo er auch Univ.-Prediger war; Feldkaplan der Akad. Legion; hielt an den Gräbern der in der Märzrevolution 1848 Gefallenen seine 1. polit. Rede; Reichsratsmitglied. F. floh nach Niederschlagung der Revolution nach England, wanderte später nach Nordamerika aus und kehrte 1876 nach Europa zurück.

Werk: Memoiren vom März 1848 bis Juli 1849, 2 Bde., 1850. – Literatur: R. Koch, Demokratie und Staat bei A. F., 1978.

Fux, Herbert, * 25. 3. 1927 Hallein (Sbg.), (Film-) Schauspieler und Politiker (Grüne). Spielte viele Jahre an Wr. Bühnen und wurde durch über 150 Kino- und Fernsehfilme im Rollenfach des Bösewichts bekannt (u. a. Produktionen von W. Herzog, F. Antel und E. Marischka); 1977 gelang ihm mit einer Bürgerliste der Einzug in den Salzburger Gemeinderat; 1986–88 und 1989–90 Abg. z. NR der Grünen Alternative.

Fux, Johann Joseph, * um 1660 Hirtenfeld (Stmk.), † 13. 2. 1741 Wien, Komponist und Musiktheoretiker (wegen seiner theoret. Schrift „Gradus ad Parnassum", 1725, auch „ö. Palestrina" genannt). 1696–1702 Organist im Wr. Schottenstift, 1705–13 Kapellmeister am Stephansdom, ab 1713 Kapellmeister der Kaiserinwitwe Amalie Wilhelmine, ab 1711 Vizekapellmeister, 1715 Hofkapellmeister in Wien. Zu Lebzeiten v. a. als Komponist der großen Festopern des Hofs bekannt, wurde er nach seinem Tod nur noch als Musiktheoretiker betrachtet. – Seit 1955 besteht in Graz eine F.-Ges., die auch die Gesamtausgabe ediert.

Werke: 20 Opern (u. a. „Costanza e Fortezza", 1723), 14 Oratorien, ca. 80 Messen und andere kirchenmusikal. Werke, zahlr. für Instrumentalmusikwerke. – Ausgabe: Sämtl. Werke, hg. v. d. J.-J.-F.-Ges., 1959ff.. – Literatur: L. v. Köchel, J. J. F., 1872 (Werkverzeichnis); R. Flotzinger, J. J. F., 1991; A. Edler (Hg.), J. J. F. und seine Zeit, 1996.

G

Gaal, Georg von, * 21. 4. 1783 Pressburg (Bratislava, SK), † 8. 11. 1855 Wien, Schriftsteller und Übersetzer. Ab 1811 Bibliothekar der esterházyschen Bibl. und Dir. der Esterházy-Galerie in Wien; übersetzte ungar. Literatur ins Deutsche.

Werke: Gedichte, 1812; Märchen der Magyaren, 1822; Sprichwörterbuch, 1830 (in 6 Sprachen); Mytholog. Taschenbuch, 1834. – Literatur: ÖBL.

Gabillon, Ludwig, * 16. 7. 1828 Güstrow (D), † 13. 2. 1896 Wien, Schauspieler, Regisseur; Ehemann von Zerline → Gabillon. Nach Engagements in Deutschland und London 1853 von H. → Laube an das Wr. Burgtheater verpflichtet, wo er 1875–95 auch als Regisseur tätig war; Charakterdarsteller mit einem rd. 300 Rollen umfassenden Repertoire.

Werke: L. G. Tagebuchblätter, Briefe, Erinnerungen, hg. v. H. Bettelheim-Gabillon, 1900. – Literatur: A. Bettelheim, Verzeichnis der Rollen, die L. G. als Mitgl. des Hofburgtheaters in den Jahren 1853–93 gespielt hat, 1893.

Gabillon, Zerline (geb. Würzburg), * 19. 8. 1835 Güstrow (D), † 30. 4. 1892 Wien, Schauspielerin; Ehefrau von Ludwig → Gabillon. Nach Bühnenstudium und erstem Engagement in Hamburg 1853 an das Wr. Burgtheater berufen, wo sie bis zu ihrem Tod spielte.

Gabl, Gertrud, * 26. 8. 1948 St. Anton a. Arlberg (Ti.), † 18. 1. 1976 ebd. (Lawinenunglück am Vorderen Rendl), Skirennläuferin. Gewann 1968/69 als erste Österreicherin den alpinen Skiweltcup; insgesamt 7 Einzelsiege. Trat 1972 vom Rennsport zurück.

Gablenz, Ludwig, Frh. von Eskeles, * 19. 7. 1814 Jena (D), † 28. 1. 1874 Zürich (CH; Selbstmord), General, Diplomat. Ab 1833 in ö. Diensten; 1864 Befehlshaber im dt.-dän. Krieg, 1865/66 Statthalter in Holstein, später von Kroatien und der Militärgrenze.

Literatur: R. Lorenz, L. Frh. v. G., 1936; ÖBL.

Gabor, Hans, * 5. 7. 1924 Budapest (H), † 4. 9. 1994 Biarritz (F), Intendant der Wr. Kammeroper. Kam 1946 nach Ö., gründete 1948 das „Wr. Opernstudio" und 1953 die Wr. Kammeroper, die er bis zu seinem Tod leitete.

Gabriel, Alfons, * 4. 2. 1894 Beraun (Beroun, CZ), † 28. 5. 1976 Wien, Geograph und Reiseschriftsteller, Arzt in Westindien (Insel Bonaire). Expeditionen in den Iran (1927/28, 1933, 1937) und nach Afghanistan, 1945–59 Hon.-Doz., dann Prof. an der Hochschule f. Welthandel in Wien, daneben Arzt in Leobendorf. Widmete sich bes. hist.-geogr. Arbeiten und war einer der letzten Forschungsreisenden alten Stils.

Werke: Durch Persiens Wüsten, 1935; Weites, wildes Iran, 1940; Die Wüsten der Erde und ihre Erforschung, 1961.

Gabriel, Leo, * 11. 9. 1902 Wien, † 19. 2. 1987 ebd., Philosoph. Ab 1950 Univ.-Prof in Wien.

Werke: Vom Brahma zur Existenz, 1949; Existenzphilosophie von Kierkegaard zu Sartre, 1950; Das neue Welt- und Menschenbild, 1952; Integrale Logik, 1953; Mensch und Welt in der Entscheidung, 1961. – Ca. 120 Aufsätze; Hg. der Ztschr. „Wiss. und Weltbild".

Gaertner, Friedrich, * 1. 5. 1882 Teschen (Cieszyn, PL), † 6. 2. 1931 Wien, Nationalökonom. Leitete im 1. Weltkrieg das Ernährungswesen der Monarchie; hatte dann als enger Mitarbeiter I. → Seipels Anteil an der Einführung der Schilling-Währung; widmete sich nach 1924 dem Ausbau der DDSG.

Werke: Der Ausbau der Sozialpolitik in Ö., 1909; Vom Gold und der Geldentwertung, 1922.

Gaertner, Nikolas, * 18. 3. 1848 Dillingen (D), † 26. 2. 1913 Rapallo (I), Metallurg, Industrieller. Entwickelte die g.sche Verzinnungsmethode mit 4 Walzen; errichtete 1884 mit dem Metallschmelz- und Raffinierwerk in Thalgau b. Salzburg das größte Werk seiner Art in Europa und erzeugte das „G.sche Zinnoxyd". Förderer der Heimatforschung und des Alpenvereins.

Gagern, Friedrich Frh. von, * 26. 6. 1882 Schloss Mokritz (Mokrice, SLO), † 15. 11. 1947 Geigenberg b. St. Leonhard am Forst (NÖ.), Schriftsteller; Enkel von Max Ludwig Frh. v. → Gagern. Studierte Philosophie, Geschichte und Literaturgeschichte in Wien, lebte dann als Zeitschriftenredakteur und ab 1914 als freier Schriftsteller. Bereiste Afrika und Amerika, brachte v. a. in Romanen und Erzählungen ein starkes Naturempfinden zum Ausdruck.

Werke: Romane: Der böse Geist, 1913; Das Geheimnis, 1919; Die Wundmale, 1919; Das nackte Leben, 1923; Ein Volk, 1924; Der tote Mann, 1927; Die Straße, 1929. – Erzählungen, Dramen. – Literatur: W. Gulda, Die Landschaft im Werk F. G., Diss., Wien 1964; U. Baur, Der Mythos von dt. und slaw. Menschen im Werk F. v. G., in: Ö. in Geschichte und Literatur 17, 1973.

Gagern, Max Ludwig Frh. von, * 26. 3. 1810 Weilburg (D), † 17. 10. 1889 Wien, Beamter; Großvater von Friedrich Frh. v. → Gagern. 1840 nassauischer, 1855 ö. Staatsbeamter, bis 1871 im Außenministerium; Verdienste um die Handelspolitik, die 1. Ostasienexpedition und die Weltausstellung in Wien 1873. Dann Mitgl. des Herrenhauses.

Literatur: L. v. Pastor, Das Leben des Frh. M. v. G., 1912; ÖBL.

Gaheis, Alexander, * 3. 2. 1869 Hainburg (NÖ.), † 17. 11. 1942 Wien, Archäologe. Gymnasialprof. in Triest und bis 1925 in Wien; leitete 1920–33 die Ausgrabungen in Lorch (Lauriacum).

Werke: Inschriften aus der röm. Kaiserzeit, 1925; Lauriacum, 1937; Corpus Inscriptionum Latinarum XI/2/2, 1926 (Mit-Hg.). – Literatur: ÖBL.

Gaheis, Franz de Paula, * 1. 4. 1763 Krems (NÖ.), † 25. 8. 1809 Wien, Pädagoge und Schriftsteller. 1780–88 Mitgl. des Piaristenordens, 1788–98 Dir. der Hauptschule in Korneuburg; richtete dort eine Arbeitsschule ein und beschritt neue Wege der Methodik. Gilt als Bahnbrecher der Heimaterziehung, verfasste lokalhist. Schriften und gab Impulse zur Erziehung blinder Kinder.

Franz de Paula Gaheis. Stich von K. R. Schindelmayer.

Werke: Hb. einer Methodik f. Schullehrer, Gehülfen und Schul-Candidaten, [2]1797; Wanderungen und Spazierfahrten in die Gegenden um Wien, 7 Bde., 1797–1808; Hb. der Lehrkunst für den ersten Unterricht in dt. Schulen, [4]1809. – Literatur: H. Güttenberger, F. G. (1763–1809), 1927.

Gail, Hermann, * 8. 9. 1939 Pöggstall (NÖ.), Roman- und Hörspielautor, Lyriker, Verleger. Der gelernte Schriftsetzer veröffentlichte 1971 den autobiograph. Roman „Gitter" und gründete 1975 den Verlag „David Presse". Hauptpersonen seiner Prosa sind häufig soz. Außenseiter; Umwelt, Ind. und Tourismus sind Themen seiner Lyrik.

Weitere Werke: Gedichte: Exil ohne Jahreszeiten, 1972; Styx, 1989. – Romane: Prater, 1976; Der Löwenruf, 1999. – Erzählungen und Prosa: Der Tod der Hure Corinna, 1979; Waldviertel, 1987; Vorbereitungen zum Selbstmord, 1998. – Hörspiele. – Literatur: K. Wagner, Nö. Gegenwartsliteratur, 1980.

Gaisberger, Josef, * 6. 1. 1792 Maria Brunnenthal (OÖ.), † 5. 9. 1871 St. Florian (OÖ.), Augustiner-Chorherr, Historiker, Archäologe. 1816–18 Seelsorger, 1818–56 Lehrer am Lyzeum (später Gymn.) in Linz, Kustos der Stiftssammlungen in St. Florian. Mitbegründer des Musealvereins, legte 1845 den ersten Bibl.-Katalog an. Leitete ab 1838 u. a. Grabungen in Schlögen, Oberranna, Lauriacum, Wels und Überackern.
Literatur: G. Winkler, J. G. – Zum 100. Todestag, in: Jb. des Oö. Musealvereins 117/2, 1972; ÖBL.

Gaismair, Michael, * 1490 Sterzing (S-Ti.), † 15. 4. 1532 Padua (I; ermordet), Führer des Ti. und Sbg. Bauernkriegs 1525/26, Sohn eines Bergbauunternehmers, Schreiber des Landeshauptmanns, Sekr. des Bischofs von Brixen. G. stellte sich im Mai 1525 an die Spitze des Aufstands in S-Ti., erzwang im Juni 1525 einen Landtag in Innsbruck, wurde im August eingekerkert, konnte im Oktober entfliehen, ging nach Graubünden, wo er eine Ti. Landesordnung ausarbeitete, in der eine vollkommene polit. Umgestaltung und die Republik gefordert wurden. Im Frühjahr 1526 zog er mit einer Truppe nach Sbg., wurde aber bei Radstadt besiegt, entkam mit einer größeren Schar über die Hohen Tauern nach Lienz, fiel ins Pustertal ein und trat dann auf das Gebiet von Venedig über. Am 15. 4. 1532 wurde er in Padua von früheren Freunden ermordet. Er war der einzige Bauernführer, der strateg. polit. Ziele verfolgte.
Literatur: J. Macek, Der Ti. Bauernkrieg und M. G., 1965; H. Benedikter, Rebell im Land Ti., 1970; A. Stella, Il Bauernführer M. G. e l'utopia di un repubblicanesimo popolare, 1999.

Gaiswinkler, Albrecht, * 29. 10. 1905 Bad Aussee (Stmk.), † 11. 5. 1979 ebd., Krankenkassenbeamter und Politiker (SPÖ), 1934 in polit. Haft, 1945 Organisator der Widerstandsbewegung im Salzkammergut; 1945–49 Abg. z. NR.

Gál, Hans, * 5. 8. 1890 Brunn a. Gebirge (NÖ.), † 3. 10. 1987 Edinburgh (GB), Komponist und Musikwissenschaftler. 1929–33 Dir. der Musikhochschule in Mainz, bis 1938 Dirigent in Wien; emigrierte nach England, unterrichtete ab 1945 an der Univ. in Edinburgh; setzte wichtige Impulse für das Musikleben dieser Stadt. Großer Ö. Staatspreis 1957, Ö. Ehrenzeichen f. Wiss. u. Kunst 1981.
Werke: Die heilige Ente, 1923 (Oper); Orchester- und Chorwerke, Kammermusik, Lieder. – Bücher: The Golden Age of Vienna, 1948; J. Brahms, 1961; R. Wagner, 1963; F. Schubert, 1970. – Literatur: W. Waldstein, H. G., 1965.

Galahad, Sir, → Eckstein, Bertha.

Galgótzy, Anton, * 1. 2. 1837 Sepsi-Szent-György (Sf. Gheorghe, RO), † 5. 11. 1929 Wien, General. 1887–91 Stellvertreter des Chefs des Generalstabs, dann Kommandant des 10. Korps in Przemyśl, 1905–08 Generaltruppeninspektor. Gegner des Bürokratismus, durch eigenwilliges Verhalten oftmals im Zentrum von Anekdoten.
Literatur: ÖBL.

Gall, Franz, * 17. 8. 1926 Korneuburg (NÖ.), † 22. 7. 1982 Trient (I), Historiker, Spezialist für Wappenkunde. Ab 1963 Archivar der Univ. Wien, ab 1974 Univ.-Prof.
Werke: Alma Mater Rudolphina: 1365–1965, 1965 (Hg.); Die alte Univ., 1970; Univ. Wien: Die Matrikel der Univ. Wien, 1971; Ö. Wappenkunde, 1977.

Gall, Franz Joseph, * 9. 3. 1758 Tiefenbrunn (D), † 22. 8. 1828 Montrouge (F), Anatom. Studierte in Straßburg, hielt in Wien Privatvorlesungen über die Anatomie des Gehirns und über Phrenologie; als diese verboten wurden, setzte er seine Tätigkeit mit großem Erfolg in Paris fort. Aufgrund seiner Lehre wurde nach dem Tod J. → Haydns dessen Kopf widerrechtlich vom Körper getrennt; erst 1954 wurden alle Gebeine Haydns zusammengeführt. Die Schädel-Smlg. von G. befindet sich im Städt. Rollett-Museum in Baden (NÖ.).
Literatur: E. Lesky, F. J. G. Naturforscher und Anthropologe, 1979; L. Kordelas, Geist und caput mortuum. Hegels Kritik der Lehre G. in der „Phänomenologie des Geistes", 1998.

Gall, Joseph Anton, * 27. 3. 1748 Weilderstadt (D), † 18. 6. 1807 Linz (OÖ.), Priester und Pädagoge. 1774–79 Katechet an der Wr. Normalschule; führte als Nachfolger J. I. v. → Felbigers als Oberdir. der dt. Schulen in den 80er Jahren des 18. Jh. die „sokratische Methode" (Fragemethode, die mehr den Verstand als das Gedächtnis fördert) ein, wurde 1788 Bischof von Linz und erwies sich als treuer Anhänger der Reformen Josephs II.
Werke: Sokrates unter den Christen in der Person eines Dorfpfarrers, 1783; Anleitung zur Kenntnis und Verehrung Gottes für Kinder auf dem Lande, 1793.

Gallas, Matthias, Graf von Campo, * 16. 9. 1584 Trient (I), † 25. 4. 1647 Wien, General. Erhielt nach → Wallensteins Ermordung (an der er nicht beteiligt war) dessen Herrschaft Friedland in Böhmen und führte das kaiserl. Heer (nominell Ferdinand III.). G. siegte 1634 bei Nördlingen über die Schweden, kämpfte 1634–45 erfolglos („Heerverderber") gegen Torstenson und legte 1645 das Kommando nieder.

Gallenberg, Wenzel Robert Graf, * 28. 12. 1783 Wien, † 13. 3. 1839 Rom (I), Komponist und Theaterdirektor. Schüler J. G. → Albrechtsbergers, mit Gräfin G. Guicciardi vermählt, der L. van Beethoven seine Klaviersonate cis-Moll („Mondschein-Sonate") widmete; organisierte 1805 die Feiern für Joseph Bonaparte in Neapel, verlor in Wien als Leiter des Kärntnertortheaters (1828–30) sein Vermögen. Als Komponist wurde er v. a. mit seinen Balletten bekannt.
Werke: ca. 50 Ballette, Orchester- und Klavierwerke. – Literatur: ÖBL.

Gallenstein, Meinrad (Franz Xaver) von, * 24. 3. 1811 Graz (Stmk.), † 3. 8. 1872 Klagenfurt (Kä.), Benediktiner, Naturwissenschaftler. Erforschte Muscheln und Schmetterlinge in Kä., trug zur Gründung des Naturhist. Landesmuseums in Klagenfurt bei.
Literatur: ÖBL.

Elisabeth Freifrau von Galler. Zeitgen. Gemälde (Riegersburg, Stmk.).

Galler, (Katharina) Elisabeth Freifrau von (geb. Wechsler aus Radkersburg), † 1672 Riegersburg (Stmk.), genannt „Gallerin" oder „schlimme Liesl". 1648–72 Herrin der Riegersburg, die sie ausbaute. Eine der tatkräftigsten Frauen der steir. Geschichte. J. Hammer-Purgstall schilderte 1845 ihr Leben in einem Roman.

Galli-Bibiena, ital. Familie von Baumeistern, Malern und Ausstattungskünstlern des 17. und 18. Jh. mit Hauptentfaltung in Wien; einige ihrer Mitglieder beeinflussten nachhaltig die barocke Theaterarchitektur und Inszenierungskunst in Süd- und Mitteleuropa: Antonio → Galli-Bibiena, Ferdinando → Galli-Bibiena, Francesco → Galli-Bibiena, Giuseppe → Galli-Bibiena.
Literatur: F. Hadamowsky, Die Familie G.-B. in Wien, 1962; A. Hyatt Mayor, The Bibiena Family, 1965; M. T. Muraro u. E. Povoledo, Disegni teatrali dei Bibiena, 1970.

Galli-Bibiena, Antonio, getauft 16. 1. 1697 Parma (I), † 28. 1. 1774 Mailand (I), Architekt, Maler; Sohn von Ferdinando → Galli-Bibiena und Bruder von Giuseppe → Galli-Bibiena. Ab 1721 regelmäßige Zusammenarbeit mit seinem Bruder Giuseppe als Bühnenbildner am Wr. Hof, 1723 zum „Zweiten Theatral-Ingenieur" ernannt; baute 1748 das Große Hoftheater seines Onkels Francesco in den Großen Redoutensaal um; 1735 Pläne für den Neubau des Hetztheaters, ab

1736 10-jähriges Privileg zur Abhaltung von Tierhetzen. 1751 Rückkehr nach Bologna.

Weitere Werke: Erweiterungsbau des Presbyteriums, Entwurf des Hochaltars und Deckenfresko unter der Orgelempore in der Wr. Peterskirche.

Galli-Bibiena, Ferdinando, * 18. 8. 1656 Bologna (I), † 3. 1. 1743 ebd., Baumeister, Maler; Bruder von Francesco → Galli-Bibiena, Vater von Antonio → Galli-Bibiena und Giuseppe → Galli-Bibiena. Nach 30-jähriger Tätigkeit als Hofkünstler der Farnese in Parma und Piacenza 1708 von Karl VI. als Architekt und Bühnenbildner zunächst nach Barcelona, dann nach Wien engagiert; führte in seinen Theater- und Festdekorationen statt der Zentral- die Diagonalachse und die Winkelperspektive ein; unterlag im Wettbewerb um den Bau der Wr. Karlskirche J. B. → Fischer von Erlach. 1716 Rückkehr nach Bologna.

Galli-Bibiena, Francesco, * 12. 12. 1659 Bologna (I), † 20. 1. 1737 ebd., Architekt; Bruder von Ferdinando → Galli-Bibiena; nach Tätigkeit in verschiedenen ital. Städten von Ks. Leopold I. nach Wien berufen, wo er 1700 den Großen Komödiensaal als Hoftheater einrichtete; nach kurzer Tätigkeit in Italien und Lothringen von Ks. Joseph I. ab 1709 neuerlich als „Erster Theatral-Ingenieur" und Dekorationsmaler an den Wr. Hof engagiert. 1712 endgültige Rückkehr nach Italien.

Galli-Bibiena, Giuseppe, * 5. 1. 1696 Parma (I), † 12. 3. 1757 Berlin (D), Baumeister, Maler; Sohn von Ferdinando → Galli-Bibiena und Bruder von Antonio → Galli-Bibiena. Begleitete seinen Vater nach Barcelona und Wien, wo er diesen ab 1717 in seinem Amt vertrat, aber erst 1723 offiziell zum „Ersten Theatral-Ingenieur" ernannt wurde; entwarf mit seinem Bruder Antonio Theater- und Festdekorationen für Wien, Linz (erstmaliger Einsatz transparenter Dekorationen), Graz und Prag (1723 „Costanza e Fortezza" auf dem Hradschin); 1747 in Dresden, ab 1751 gelegentlich, ab 1753 fest von Friedrich dem Großen in Berlin engagiert.

Literatur: NDB.

Gallmeyer, Josefine (geb. Tomaselli), * 27. 2. 1838 Leipzig (D), † 3. 2. 1884 Wien, Schauspielerin, Soubrette, Volkssängerin, Tänzerin, Schriftstellerin („weibl. Nestroy"). Nach Kinderrollen in Brünn und Auftritten mit Wandertruppen in Ungarn 1857 unter der Direktion von J. → Nestroy an das Wr. Carltheater engagiert; 1860–62 bei F. → Strampfer in Temesvár, mit dem sie 1862 an das Theater an der Wien kam; ab 1865 wieder am Carltheater, wo sie zur populärsten Sängerin und Schauspielerin der Wr. Volksbühne dieser Zeit wurde; 1872 Engagement an das von Strampfer gegr. Theater unter den Tuchlauben, dessen Leitung sie 1874 übernahm; 1882/83 Deutschland- und Amerikatournee. Obwohl zeitweise sehr vermögend, starb sie fast verarmt.

Werke: Novellen: Aus ist, Die Schwestern, 1882. –Dramen: Aus purem Haß, 1883; Sarah und Bernhard, 1884 (Parodie). – Literatur: B. Glossy u. G. Berger, J. G., 1947; E. P. Danszky, Die G., 1953.

Gallois, Moritz von, * 28. 8. 1859 Linz (OÖ.), † 2. 12. 1928 Frankfurt a. M. (D), Chemiker. 1888–1926 für die Farbwerke Hoechst in Frankfurt a. M. tätig, verbesserte die Technik des Zeugdrucks u. a. durch die Entwicklung der haltbaren Azofarbstoffe.

Literatur: ÖBL.

Gallus, Hl., Fest 16. Okt., * um 560 Irland, † 16. 10. 650 Arbon (CH), Mönch, Einsiedler, Missionar (nordöstl. Schweiz, Bodenseeraum). Lehrte und predigte mit dem hl. → Kolumban 610–612 in Bregenz (alte Aureliakirche). G.-Patrozinien in Bregenz und St. Gallenkirch (beide Vbg.), Weer (Ti.), St. Gallen (Stmk.), Neusiedl a. S. (Bgld.).

Literatur: O. Wimmer u. H. Melzer, Lexikon der Namen und Heiligen, [6]1988.

Gallus, Jacobus (auch Handl, Händl, Hähnel, eigentl. Petelin), * zw. 15. 4. und 31. 7. 1550 Reifnitz (Ribnica, SLO), † 18. 7. 1591 Prag (CZ), Komponist. Ab 1564 oder 1566 in Ö., zuerst in Stift Melk, dann ab ca. 1568 in Wien, 1574/75 Mitgl. der kaiserl. Hofkapelle, wirkte dann in Böhmen (u. a. im Dienst des Bischofs von Olmütz). Sein Werk, großteils Kirchenmusik, spiegelt niederländ. wie venezian. Traditionen wider und kann als Zusammenfassung der sog. „Epoche der Niederländer" gesehen werden.

Werke: Messen (4 Bücher); Motetten (Opus Musicum, 4 Bde.); Passionen. – Weltl. Musik: Moralia, Harmoniae morales (3 Bücher). – Ausgabe: Denkmäler der Tonkunst in Ö., Bde. 30, 40, 48, 51/52 u. 78, 1959/60. – Literatur: S. Pontz, Die Motetten von J. G., 1996.

Gallus-Mederitsch, Johann, → Mederitsch, Johann.

Gamerith, Walther, * 30. 8. 1903 Eggenburg (NÖ.), † 10. 8. 1949 Wien, Maler und Fotograf. Schuf ab 1930 auf Reisen nach Deutschland, Holland, Frankreich, Italien und Dalmatien sowie vom Gebiet des Attersees stimmungsvolle Landschaftsbilder. Nach dem 2. Weltkrieg anklagende Visionen sowie Porträts und Holzschnitte.

Werke: Gemälde: Ringelspiel, Paris, Notre-Dame, Buchberg im Winter, Buchberg im Herbst, Attersee vom Buchberg aus gesehen, Die Überlebenden. – Literatur: W. G., Ausst.-Kat., Künstlerhaus, Wien 1950.

Gamillscheg, Ernst, * 28. 10. 1887 Neuhaus (Jindřichuv Hradec, CZ), † 18. 3. 1971 Göttingen (D), Romanist der von T. → Gartner geprägten Innsbrucker Schule. Ab 1916 Univ.-Prof. in Innsbruck, ab 1925 in Berlin, ab 1946 in Tübingen. Erwarb sich bes. Verdienste um die Erforschung des Rumän. und der rätoroman. Dialekte.

Werke: Etymolog. Wörterbuch der franz. Sprache, 1928, [2]1969; Romania Germanica, 3 Bde., 1934–36. – Literatur: Verba vocabula. E. G. zum 80. Geburtstag, hg. v. H. Stimm u. J. Wilhelm, 1968.

Gamillscheg, Felix, * 26. 9. 1921 Hall in Ti., Journalist. Chefredakteur von „Kathpress" 1953–55, „Die Furche" 1976–78, Informationsdienst für Bildungspolitik und Forschung 1965–76; Begründer (1978) und Dir. der Kath. Medienakad.

Werke: Kaiseradler über Mexiko, 1964; Der informierte Staatsbürger, 1968.

Gams, Helmut, * 25. 9. 1893 Brünn (Brno, CZ), † 13. 12. 1976 Innsbruck (Ti.), Botaniker. Univ.-Prof. in Innsbruck; zahlr. Arbeiten zur Systematik und Geographie der Blütenpflanzen und Moose. 1920–23 Mitarbeit an der 12-bändigen „Illustrierten Flora von Mitteleuropa" von G. Hegi, Leiter der von ihm gegr. Biolog. Station Wasserburg am Bodensee.

Werke: Die Vegetation des Großglocknergebietes, 1936; Kleine Kryptogamenflora von Mitteleuropa, 1940; Flora von Osteuropa, 1950.

Josefine Gallmeyer als Regine in der Operette „Die Prinzessin von Trapezunt" von J. Offenbach. Carltheater Wien. Foto, 1871.

Gamsjäger, Heinz, * 30. 6. 1932 Donawitz (Stmk.), Chemiker. 1975–2000 Univ.-Prof. für anorgan. und physikal. Chemie in Leoben. E.-Schrödinger-Preis der Ö. Akad. d. Wiss. 1995.

Werke: Aufsätze v. a. über Thermodynamik von Jonenreaktionen und Kinetik von Sauerstoff-Austauschreaktoren.

Gamsjäger, Rudolf, * 23. 3. 1909 Wien, † 28. 1. 1985 ebd., Musikmanager, urspr. Chemiker, dann Sänger; Ehemann von Wilma → Lipp. Gen.-Sekr. der Ges. der Musikfreunde (Wien), Präs. der „Musikal. Jugend Ö." und der Internat. Föderation der „Jeunesses Musicales", 1972–76 Dir. der Wr. Staatsoper.

Ganahl, Textilunternehmerfamilie in Vbg. Die Familie stellte bis 1917 mit Ausnahme von 6 Jahren alle Präs. der Handelskammer. Heutiges Unternehmen Rondo Ganahl AG. Mitgl. der Familie: Carl → Ganahl, Johann Josef → Ganahl.

Literatur: G. Wanner, Vbg. Industriegeschichte, 1990.

Ganahl, Carl, * 5. 3. 1807 Feldkirch (Vbg.), † 17. 9. 1889 ebd., Textilunternehmer. Begründete 1835 eine Baumwollspinnerei in Frastanz (jetzt Ind.-Denkmal) und wurde zum führenden Wirtschaftsfachmann in Vbg. (1850 Präs. der Vbg. Handelskammer). Im Revolutionsjahr 1848 spielte er eine wesentl. Rolle.

Ganahl, Johann von, * 27. 11. 1817 Cremona (I), † 12. 8. 1879 Mödling (NÖ.), Kartograph, Geodät, Oberst. Führte 1857 die erste Basismessung bei Wr. Neustadt durch, 1876 Präs. der ö. Gradmessungskommission, 1879 Kommandant des Militärgeograph. Inst.; war auch Alpinist (Erstbesteigungen in den Ötztaler Alpen).

Ganahl, Johann Josef, * 12. 11. 1770 Tschagguns (Vbg.), † 26. 9. 1843 ebd., Textilunternehmer. Sohn eines Bauern, errichtete 1797 eine Handelsfirma mit Verlag von Baumwolle. 1820 vereinigte er sein Unternehmen mit den Bludenzer Firmen Getzner, Mutter & Cie und der St. Gallener Firma C. Daller & Fels.

Ganahl, Rainer, * 18. 10. 1961 Bludenz (Vbg.), Medienkünstler. Studierte in Innsbruck, Wien (bei P. → Weibel) und Düsseldorf; lebt seit Anfang der 90er Jahre in New York. Bewegt sich mit seinen Arbeiten spartenübergreifend zw. Politik, Kunst und Ges., wobei er Sprache und Text bes. Stellenwert beimisst und weltweit sog. „Leseseminare" hält.

Werk: Imported, 1998 (Hg.). – Literatur: S. Breitwieser (Hg.), Erziehungskomplex, Ausst.-Kat., Generali Foundation, Wien 1997.

Ganglbauer, Ludwig, * 1. 10. 1856 Wien, † 5. 6. 1912 Rekawinkel (NÖ.), Entomologe von internat. Bedeutung. 1906 Dir. der Zoolog. Abteilung des Naturhist. Museums in Wien.

Werk: Die Käfer von Mitteleuropa, 4 Bde., 1892–1904.

Johann Baptist Gänsbacher. Anonym. Gemälde, 1844 (Gesellschaft der Musikfreunde in Wien).

Gänsbacher, Johann Baptist, * 28. 5. 1778 Sterzing (S-Ti.), † 13. 7. 1844 Wien, Komponist; Vater von Josef → Gänsbacher. Schüler von J. G. → Albrechtsberger und Abbé Vogler, ab 1824 Domkapellmeister von St. Stephan in Wien; förderte das Innsbrucker Musikleben; kämpfte aktiv im Ti. Freiheitskampf gegen Napoleon.

Werke: 35 Messen, 7 Requien, 2 Singspiele, Kammermusik, Märsche, Lieder. – Literatur: C. Fischnaler, J. G., 1878.

Gänsbacher, Josef, * 6. 10. 1829 Wien, † 5. 6. 1911 ebd., Musikpädagoge; Sohn von Johann Baptist → Gänsbacher; 1875–1904 Gesangslehrer am Wr. Konservatorium; einer der angesehensten und berühmtesten Stimmbildner seiner Zeit.

Gansterer, Helmut, * 20. 7. 1946 Neunkirchen (NÖ.), Journalist, seit 1977 Hg. (seit 1997 mit C. Rainer) und Chefredakteur des Wirtschaftsmagazins „trend".

Gapp, Jakob, * 26. 7. 1897 Wattens (Ti.), † 13. 8. 1943 Berlin-Plötzensee (D), Marianist und Priester. Trat öffentlich, auch im Ausland, gegen den Nat.-Soz. auf und wurde wegen „fortgesetzter Feindbegünstigung" hingerichtet. 1996 selig gesprochen.

Literatur: H. Mader, G. J., in: K. v. Vogelsang-Inst. (Hg.), Gelitten für Ö., 1988; J. Levit (Hg.), P. J. G. SM, Dokumentation, 2 Bde., 1995.

Florian Gassmann. Anonym. Gemälde (Gesellschaft der Musikfreunde in Wien).

Garelli, Pius Nikolaus von, * 10. 9. 1675 Bologna (I), † 21. 7. 1739 Wien, Arzt und Bibliothekar. Ab ca. 1696 in Wien, Leibarzt von Ks. Karl VI., ab 1723 Präfekt der Hofbibl., die unter seiner Leitung am Josefsplatz neu aufgestellt wurde. Widmete sich auch der Smlg. antiker Funde und überließ der Hofbibl. seine eig. wertvolle Bücher-Smlg.

Garstenauer, Gerhard, * 22. 1. 1925 Fusch a. d. Großglocknerstraße (Sbg.), Architekt. Studierte an der Techn. Hochschule in Wien bei S. → Theiss; ab 1954 Büro in Salzburg; 1973–78 Lehrbeauftragter der Univ. Innsbruck. Auseinandersetzung mit dem Alpintourismus im Gasteiner Tal in der Tradition der Moderne, Gesamtanalyse einer Region. Bauten mit starkem topograph. Bezug (Felsenbad Bad Gastein 1967/68, Kongresszentrum Bad Gastein 1968–74, Skiliftstationen Sportgastein 1970–71, Solarbad Dorfgastein 1976–78).

Weitere Werke: ÖFAG-Gebäude Salzburg, 1958; Mercedes-Benz-Gebäude Salzburg, 1972–74.

Gartenaere, Wernher der, → Wernher der Gartenaere.

Gärtner, Gustav, * 28. 9. 1855 Pardubitz (Pardubice, CZ), † 4. 11. 1937 Wien, Pathologe. Univ.-Prof. in Wien; Untersuchungen über den Hautwiderstand; lieferte wichtige Beiträge zur Ernährungslehre (g.sche Fettmilch) und erfand zahlr. Instrumente und Apparate (Tonometer für Blutdruckmessung, Ergostat, Pneumatophor, Stethophonometer u. a.).

Werk: Diätetische Entfettungskuren, 1913.

Gartner, Theodor, * 4. 11. 1843 Wien, † 29. 4. 1925 Innsbruck (Ti.), Romanist. 1899–1913 Inhaber des neu geschaffenen Lehrstuhls für Roman. Philologie an der Univ. Innsbruck; bedeutender Kenner des Rätoromanischen (Ladinischen).

Werke: Die Gredner Mundart, 1879; Raetoroman. Grammatik, 1883; Hb. der rätoroman. Sprache und Literatur, 1910; Ladinische Wörter aus den Dolomitentälern, 1923. – Literatur: ÖBL.

Garzarolli-Thurnlackh, Karl, * 25. 9. 1894 Prag (CZ), † 11. 9. 1964 Wien, Kunsthistoriker. 1919–46 am Joanneum in Graz; 1946/47 Dir. der Albertina; 1947–59 Dir. der Ö. Galerie in Wien.

Werke: Ma. Plastik in Stmk., 1941; Ö. Barockmalerei, 1949.

Gaspari, Giovanni Battista de, * 2. 8. 1702 Levico (I), † 28. 10. 1768 Wien, Historiker, Schulreformer. 1758 Prof. für Geschichte an der Wr. Univ., 1759 von der Studienhofkommission mit der Oberaufsicht über die Gymnasien betraut. Die von ihm vorgenommenen Änderungen in Organisation, Lehrplan und Methode („Instructio", 1764) stellen die erste verbindl. staatl. Regelung der Gymnasialstudien dar.

Gasser, Hanns (Hans), * 2. 10. 1817 Eisentratten (Gem. Krems in Kä.), † 24. 4. 1868 Pest (Budapest, H), Bildhauer. Studierte an der Wr. Akad., 1842–47 in München tätig, kehrte nach Wien zurück, führte zahlr. bauplast. Arbeiten aus, u. a. an Carltheater (nach 1945 abgebrochen), Arsenal, Bank- und Börsengebäude von H. Ferstel (Wien 1, Herrengasse). 1850/51 Akad.-Prof. Neben A. D. v. → Fernkorn wichtigster Plastiker der ö. Spätromantik.

Weitere Werke: Denkmäler: C. M. Wieland (Weimar), 1857; L. Gf. v. Welden (Graz), 1859; Maria Theresia (Wr. Neustadt), 1860; Kaiserin-Elisabeth-Statue (Wien), 1860. – Grabmal für W. A. Mozart (Wien, Zentralfriedhof, später leicht verändert durch F. Pönninger), 1859; Opern-Brunnen (Wien), 1868. – Porträtbüsten, Statuetten. – Literatur: Der Bildhauer H. G., Ausst.-Kat., Klagenfurt 1985; M. Hinteregger, Das Denkmal und das Grabmal bei H. G., Dipl.-Arb., Wien 1993.

Gasser, Wolfgang, * 31. 5. 1927 Wolfsberg (Kä.), Kammerschauspieler. Zunächst Auftritte in Operetten und in Wr. Kellertheatern, 1959–87 Ensemblemitgl. des Wr. Burgtheaters, nach Pensionierung 1987 weiterhin Gastauftritte am Burgtheater; Tätigkeit für Fernsehen und Rundfunk. 1989 Kainz-Medaille.

Gassmann, Florian, * 3. 5. 1729 Brüx (Most, CZ), † 20. 1. 1774 Wien, Komponist an der Wende vom Barock zur Wr. Klassik. Wirkte lange in Italien, ab 1763

Ballettkomponist in Wien (Nachfolger von C. W. → Gluck), 1772 Hofkapellmeister; Lehrer von A. → Salieri, den er aus Venedig nach Wien gebracht hatte, Gründer der Tonkünstlersozietät 1772.
Werke: 22 Opern, Oratorium „La Betulia liberata" (1772 für die 1. Aufführung der Tonkünstlersozietät geschrieben), 33 Symphonien, Kantaten, Kammer- und Kirchenmusik. – Ausgabe: Denkmäler der Tonkunst in Ö., Bde. 42–44, 83, 1960.

Gasteiger, Hans von, * 1499 München (D), † 27. 12. 1577 Wien, Wasserbaumeister. Baute die großen Holzrechen in der Enns bei Hieflau, in der Salza bei Weichselboden und in der Ybbs bei Waidhofen; leitete die Ennsregulierung von Hieflau bis Steyr und die Donauregulierung von Krems bis Wien.

Gasteiger von Raabenstein und Kobach, Albert Josef Frh., * 28. 3. 1823 Innsbruck (Ti.), † 5. 7. 1890 Bozen (S-Ti.), Techniker. Erbaute das Doppelviadukt der Semmeringbahn, Aufsehen erregende Straßenbauten in Persien (1863–88); Emir und als erster Europäer Khan von Persien („Emir Pentsch").
Literatur: ÖBL.

Gastgeb, Hans, * 18. 4. 1897 Wien, † 4. 4. 1970 ebd., Schriftsetzer, Sportfunktionär. 1926–34 und 1945–62 Bundessekr. der ASKÖ; maßgebl. Organisator der 2. Arbeitersportolympiade 1931 in Wien und der großen Sportveranstaltungen der ASKÖ nach 1945; Funktionär in internat. Arbeitersportgremien. Im Ständestaat und in der NS-Zeit verfolgt.
Werke: Vom Wirtshaus zum Stadion, 1952 (Red.); 50 Jahre Int. Arbeitersport, 1963. – Literatur: sport-askö-revue, 1987.

Gatscha, Anton, * 2[illegible]. 3. 1883 Langendorf (Böhmen), † 6. 10. 1922 Wien, Komponist. Ab 1897 in Wien, hauptberuflich Lehrer, musikal. Ausbildung bei R. → Fuchs und G. → Adler; Kompositionen im spätromant. und frühexpressionist. Stil.
Werke: Lieder, Chorwerke („Bauernaufstand", „Prometheus", „Stimmen der Nacht"), Kammer- und Orchestermusik.

Gatterer, Claus, * 27. 3. 1924 Sexten (S-Ti.), † 28. 6. 1984 Wien, Publizist und Schriftsteller. U. a. bei den „Ti. Nachrichten" und „Sbg. Nachrichten" tätig, 1961–67 bei der „Presse"; Gründungsmitgl. des „profil", ab 1972 beim ORF („teleobjektiv").
Werke: Im Kampf gegen Rom, 1965; Unter seinem Galgen stand Ö. C. Battisti, 1967, [2]1997; Schöne Welt – böse Leut. Kindheit in S-Ti., 1969; Erbfeindschaft Italien – Ö., 1972; Aufsätze und Reden, 1991.

Gattermeyer, Heinrich, * 9. 7. 1923 Sierning (OÖ.), Komponist. 1964–91 Prof. an der Wr. Musikhochschule, 1963–73 Leiter des Wr. Schubertbunds, 1984–90 Präs. der AKM, seit 1992 Präs. des Ö. Komponistenbunds; zahlr. Preise und Ehrungen.
Werke: Vokalwerke: Der Turmbau zu Babel, 3. Fassung, 1967; De Profundis, 1975; Kirbisch, 1987. – Orchesterwerke, Kammermusik. – Literatur: C. Brosche (Red.), Musikal. Dokumentation H. G., Ausst.-Kat., Ö. Nat.-Bibl., Wien 1987.

Gaudriot, Charly, * 12. 3. 1895 Wien, † 16. 4. 1978 ebd., Kapellmeister. 10 Jahre lang Klarinettist der Wr. Philharmoniker, gründete ein Jazzorchester und war für 2 Jahrzehnte Kapellmeister des Kleinen Orchesters von Radio Wien. Schrieb Tanzmusik, Schlager und Wienerlieder.
Werke: Annabella; Flott und munter; Ich hab net viel, du hast net viel; Liebesgrüße; Es lebe die Musik.

Gauermann, Carl, * 21. 8. 1804 Miesenbach (NÖ.), † 23. 10. 1829 ebd., Landschaftsmaler; Sohn von Jakob → Gauermann, Bruder von Friedrich → Gauermann. Unternahm zahlr. Studienwanderungen mit seinem Bruder Friedrich und malte v. a. Aquarellstudien der Schneeberggegend sowie Ansichten aus dem Salzkammergut.

Gauermann, Friedrich, * 20. 9. 1807 Miesenbach (NÖ.), † 7. 7. 1862 Wien, Landschafts-, Tier-, Genre- und Porträtmaler; Sohn von Jakob → Gauermann, Bruder von Carl → Gauermann. Kurze Zeit an der Wr. Akad., autodidakt. Weiterbildung anhand der holländischen Landschafts- und Tiermalerei des 17. Jh., Studienwanderungen durch die ö. Alpen, Reisen nach München, Dresden und Venedig. Er versuchte persönl. Naturerlebnisse in wirkungsvollen Stimmungsbildern zu verarbeiten. G. gilt bes. wegen seiner koloristisch reizvollen Ölskizzen als führender Vertreter der Altwiener Schule und wurde durch Landschaftsdarstellungen mit bäuerl. Genreszenen sowie Tier- und Jagdszenen, die vielfach schon zu seinen Lebzeiten als Lithographien verbreitet waren, berühmt.
Literatur: R. Feuchtmüller, F. G., 1962; ders., F. G. 1807–1862, 1987.

Gauermann, Jakob, * 3. 9. 1773 Öffingen (D), † 27. 3. 1843 Wien, Landschafts- und Genremaler; Vater und Lehrer von Carl → Gauermann und Friedrich → Gauermann. Arbeitete ab 1798 in Wien und ab 1803 im Sommer in Miesenbach (NÖ.), bereiste 1802 mit M. v. → Molitor Ti. und illustrierte im Auftrag von A. L. Gf. Delaborde das 3-bändige Ansichtenwerk „Voyages pittoresques en Autriche" (1821/22). Ab 1811 erstellte er Arbeiten für Erzhzg. → Johann und wurde 1818 zum Kammermaler berufen.
Literatur: E. Marko, J. G. (1773–1843), Diss., Graz 1980; C. Steinle (Red.), J. G., Ausst.-Kat., Joanneum, Graz 1981.

Gaugl, Josef, * 15. 1. 1859 St. Pantaleon (OÖ.), † 22. 11. 1920 Meran (S-Ti.), General. Führte 1916 in Bulgarien die größte Strombezwingung (Donau) im 1. Weltkrieg durch, wobei er eine neuartige Brückenkonstruktion anwendete, die dann weltweite Verbreitung fand.

Gaul, Franz, * 27. 6. 1802 Wien, † 18. 11. 1874 ebd., Medailleur, Graveur am Hauptmünzamt; Vater der Maler Franz Xaver → Gaul und Gustav → Gaul. Schüler von J. → Klieber, 1866–74 Dir. der Graveur-Akad. in Wien. G. schnitt die Stempel zu vielen Münzen und vervollkommnete den Prägedruck durch seine Methode der Stempelvervielfältigung.
Literatur: ÖBL.

Gaul, Franz Xaver, * 27. 7. 1837 Wien, † 3. 7. 1906 ebd., Porträt-, Historien- und Genremaler; Sohn von Franz → Gaul, Bruder von Gustav → Gaul. Begann mit Schlachtenbildern, wandte sich dann dem Theaterwesen zu; 1868–79 Kostümmaler der beiden Hoftheater, 1879–1900 techn. Oberinspektor und Vorstand des Ausstattungswesens der Hofoper; schuf eine Reihe von szen. Bearbeitungen, selbstständigen Ausstattungsballetten und Festspielen; legte eine umfassende Smlg. von Kostümen, Kostümwerken und -blättern an; Karikaturist (v. a. Hofschauspieler).
Literatur: ÖBL.

Gaul, Gustav, * 6. 2. 1836 Wien, † 7. 9. 1888 Hinterbrühl (NÖ.), Maler; Sohn von Franz → Gaul, Bruder von Franz Xaver → Gaul. Schüler von C. → Rahl.
Werke: Porträts von H. Anschütz, J. Lewinsky, S. Schröder, A. Sonnenthal, C. Wolter und anderen Schauspielern (z. T. für die Burgtheatergalerie in Wien); hist. und romant. Bilder.

Gaulhofer, Karl, * 13. 11. 1885 Feldbach (Stmk.), † 28. 10. 1941 Amsterdam (NL), Turnpädagoge. 1919–32 Referent für körperl. Erziehung im BM f. Unterricht; vertrat eine ganzheitl. Auffassung der Leibeserziehung und fand mit dem von ihm mit M. → Streicher entwickelten „natürlichen Turnen" internat. Beachtung. G. erreichte die Reform der Turnlehrerausbildung an den Univ. sowie des Schul- und Vereinsturnens in Ö.; ab 1932 Rektor der Akad. für körperl. Erziehung in Amsterdam.
Werke: Natürliches Turnen, 3 Bde., 1930–42 (mit M. Streicher); System des Schulturnens, hg. v. H. Groll, 1966. – Literatur: H.

Friedrich Gauermann. Lithographie von J. Kriehuber.

Andrecs (Hg.), Erbe und Auftrag, 1985; W. Rechberger, K. G. Hist.-biograph. Untersuchungen zu Leben und Werk des ö. Schulturnreformers, 1999.

Gause, Wilhelm, * 27. 3. 1853 Krefeld (D), † 13. 6. 1916 Stein a. d. Donau (NÖ.), Maler und Illustrator. Studierte an der Düsseldorfer Akad., ab 1879 Illustrator in Wien, ab 1904 in Stein. G. wurde durch Ereignisdarstellungen, Genrebilder aus dem Volksleben und Wachau-Ansichten bekannt und schuf viele Vorlagen für den Holzschnitt.

Literatur: H. Kühnel (Red.), W. G., Ausst.-Kat., Krems 1979.

Gauß, Karl-Markus, * 14. 5. 1954 Salzburg, Schriftsteller und Literaturkritiker. Wurde durch essayist. Analysen v. a. zur Kunst und Literatur Mittel- und Osteuropas sowie als Hg. vergessener Schriftsteller bekannt. Seit 1991 Chefredakteur der Ztschr. „Literatur und Kritik". Ö. Staatspreis f. Kulturpublizistik 1994.

Werke: Anthologien: Das Buch der Ränder, 1992; Das reiche Land der armen Leute, 1992 (mit M. Pollack). – Essays: Tinte ist bitter, 1988; Der wohlwollende Despot, 1989; Die Vernichtung Mitteleuropas, 1991; Ritter, Tod und Teufel, 1994; Ins unentdeckte Ö.: Nachrufe und Attacken, 1998.

Gauster, Wilhelm F., * 6. 1. 1901 Wien, † 31. 5. 1993 ebd., Elektrotechniker. Studierte Maschinenbau und Elektrotechnik an der Techn. Hochschule in Wien. Ab 1924 bei der ELIN AG tätig, wo er entscheidend an mehreren bed. techn. Entwicklungen mitwirkte. Ab 1945 Prof. an der Techn. Hochschule in Wien, 1950–57 Leiter des von ihm aufgebauten Hochspannungslaboratoriums an der University of North Carolina, 1957–71 Vorstand der Abt. für Ingenieur-Probleme der Kernverschmelzung und Direktor des Magnetlaboratoriums am Oak Ridge National Laboratory in den USA. 1976 dauernde Rückkehr nach Ö. Verfügte über die Eigenschaft, prakt. Anwendungsmöglichkeiten theoret. Erkenntnisse klar zu erkennen.

Gautsch, Paul, Frh. von Frankenthurn, * 26. 2. 1851 Wien, † 20. 4. 1918 ebd., Politiker. 1879–81 Unterrichtsminister; 1881 Dir. der Theresian. Militärakad., 1895/96 neuerl. Unterrichtsmin.; 1897/98, 1905/06 und 1911 Min.-Präs. (dazw. 1899–1904 Präs. des Rechnungshofs); hob die badenischen Sprachverordnungen auf und brachte 1906 den Gesetzentwurf zum allg. Wahlrecht ein; Vertrauensmann von Ks. Franz Joseph.

Literatur: M. Weyrich, P. G. Frh. v. F., Diss., Wien 1956; ÖBL.

Gebauer, Franz Xaver, * 1784 Eckersdorf b. Glatz (Bożków/Klodzko, PL), † 13. 12. 1822 Wien, Komponist, Organist und Dirigent. Ab 1810 in Wien, ab 1816 Chorleiter an der Augustinerkirche; Gründungsmitglied der Ges. der Musikfreunde in Wien. Begründete und dirigierte ab 1819 die „Concerts Spirituels" (in der „Mehlgrube" am Neuen Markt), die bis zu deren Aufhebung 1848 ein wichtiger Bestandteil des Wr. Musiklebens waren (u. a. Uraufführung von Beethovens 5. und 8. Symphonie).

Literatur: M. Pfeiffer, F. X. G. Sein Leben und Wirken, unter bes. Berücksichtigung der von ihm gegr. Concerts Spirituels, Dipl.-Arb., Wien 1995.

Gebhard, Hl., Fest 27. Aug., * 949 Bregenz (Vbg.), † 27. 8. 995 Konstanz (D), Landespatron von Vbg., 979–995 als G. II. Bischof von Konstanz; jüngster Sohn des Grafen Ulrich VI. (Uzo, Udalrich) von Bregenz, bedeutende Persönlichkeit der frühabendländ. Klosterreformbewegung. Seine Gebeine wurden 1134 und 1259 erhoben. Im 18. Jh. entwickelte sich in der Region Bregenz eine starke G.-Verehrung. Der Ort der Wallfahrtskirche Gebhardsberg gilt als Geburtsstätte. Zum 1000-jähr. G.-Jubiläum 1949 feierte Vbg. einen Katholikentag.

Literatur: A. Benzer, Bewahrer und Bewährer, 1949; T. Humpert, Der hl. G., 1949; O. Wimmer u. H. Melzer, Lexikon der Heiligen, [6]1988.

Gebhard, Hl., Fest 15. Juni, † 15. 6. 1088 Werfen (Sbg.), Graf von Helfenstein, Erzbischof von Salzburg (1060–88). 1057–59 Reichskanzler; gründete 1072 das sbg. Eigenbistum Gurk, 1074 das Stift Admont, dort begraben. Er organisierte die Pfarreinteilung, förderte die Missionierung, befestigte Hohensalzburg, Werfen und Friesach. 1079–86 im Exil. Kult in Admont und Salzburg.

Literatur: K. Amon, Die hl. Bischöfe und Erzbischöfe der Kirche von Salzburg, in: Sursum Corda, Festschrift für P. Harnoncourt, 1991.

Gebler, Tobias Philipp Frh. von, * 2. 11. 1726 Zeulenroda (D), † 9. 10. 1786 Wien, Staatsbeamter, Dramatiker und Übersetzer. Trat 1752 aus holländ. Diensten in den ö. Staatsdienst über. Geheimer Rat und Vizekanzler der böhm.-ö. Hofkanzlei; als Aufklärer und Freimaurer Anhänger der josephin. Reform. Briefwechsel mit F. Nicolai (hg. von R. M. Werner, 1888).

Werke: Theatralische Werke, 3 Bde., 1772/73; Übersetzungen aus dem Französischen. – Literatur: H. Mascher, T. Frh. v. G., Diss., Heidelberg 1935.

Gegenbauer, Leopold, * 2. 2. 1849 Asperhofen (NÖ.), † 3. 6. 1903 Gießhübl (NÖ.), Mathematiker. Univ.-Prof. in Czernowitz, Innsbruck und Wien; bekannt durch die „g.schen Polynome"; wichtige Arbeiten auf dem Gebiet der Zahlentheorie, Algebra und Funktionentheorie.

Werke: Einige Sätze über Determinanten hohen Ranges, 1890; Über den größten gemeinsamen Theiler, 1892.

Gehmacher, Ernst, * 6. 8. 1926 Salzburg, Sozialwissenschaftler. Studierte Landw., Soziologie und Psychologie in Wien, 1957–62 Redakteur der „Arbeiterzeitung", seit 1967 einer der Geschäftsführer des Inst. f. empir. Sozialforschung (IFES). Beschäftigt sich bes. mit Fragen der Lebensqualität, Modellierung soz. Systeme, Policy Research und Methoden der Umfrageforschung. Seit den 80er Jahren soz.-wiss. Berater von Regierung, Sozialpartnern und Unternehmen.

Werke: Jugend in Ö., 1981; Die Stadt als Aufgabe der Politik, 1988; Mehr Glück mit Verstand, 1991; Erwarte das Schlimmste – und freue dich darauf: Vorbereitung auf das Zeitalter der Illusionslosigkeit, 1994; Reich und grün, 1998.

Gehmacher, Friedrich, * 16. 9. 1866 Frankenmarkt (OÖ.), † 24. 2. 1942 Salzburg, Jurist. Dir. der Unfallversicherung Sbg.; ermöglichte den Bau des Salzburger Mozarteums (1914) und war maßgeblich an der Schaffung der Bibliotheca Mozartiana, der Stiftung der Mozartmedaille, der Erwerbung von Mozarts Geburtshaus, der Errichtung des Zentralinst. für Mozartforschung und der Gründung der Salzburger Festspielhaus-Gemeinde (1917) beteiligt. Die Mozartpflege wurde in der Familie G. zur Tradition.

Literatur: ÖBL.

Gehrer, Elisabeth, * 11. 5. 1942 Wien, Lehrerin und Politikerin (ÖVP). 1984–90 Abg. z. Vbg. Landtag, ab 1989 dessen Vizepräsidentin. 1990–95 als Landesrätin u. a. für die Bereiche Bildung, Familie und Entwicklungshilfe zuständig. 1995–2000 BMin. f. Unterricht und kulturelle Angelegenheiten, seit 2000 BMin. f. Bildung, Wiss. und Kultur.

Geiger, Carl Joseph, * 14. 12. 1822 Wien, † 19. 10. 1905 ebd., Historien- und Emailmaler, Illustrator und Radierer. Schüler J. v. → Führichs an der Wr. Akad., 1853–65 Prof. an der Wr. Akad.

Werke: Buchillustrationen; Aquarelle zu Liedern von F. Schubert, zu Mozarts „Don Juan", Webers „Der Freischütz" und J. Haydns „Die Jahreszeiten"; Fresken und Grisaillen für die Wr. Oper, das Burgtheater und die Albertina.

Geiger, Marcus, * 8. 8. 1957 Muri (CH), Objektkünstler. Lebt seit 1978 in Wien, wo er Architektur und Bühnenbild studierte. Wurde in Ö. durch seine Arbeiten mit Frottee und anderen billigen Materialien bekannt; löste 1998 einen Skandal aus, als er für seine Einzelausstellung die Wr. Secession rot streichen ließ. Ironische Auseinandersetzung mit dem Kunstbetrieb.

Geiger, Peter Johann Nepomuk, * 11. 1. 1805 Wien, † 29. 10. 1880 ebd., Maler, Radierer, Lithograph und Meerschaumschnitzer. Studierte an der Wr. Akad., ab 1849 Prof. an dieser; Zeichenlehrer von Ks. Franz Joseph und Erzhzg. Ferdinand Maximilian.

Werke: Lithographien für mehrere Serien zur ö. Geschichte; Illustrationen zu Werken von F. Grillparzer und A. Stifter; Bilder von der Orientreise Erzhzg. Ferdinand Maximilians.

Geiringer, Karl, * 26. 4. 1899 Wien, † 10. 1. 1989 Santa Barbara (USA), Musikwissenschaftler. Schüler von G. → Adler und W. → Fischer, ab 1930 Bibliothekar der Ges. der Musikfreunde in Wien; emigrierte 1938 zunächst nach England, dann in die USA, wo er ab 1941 als Prof. an der Boston University tätig war.

Geist, Franz, * 7. 10. 1911 Prerau (Přerov, CZ), † 12. 6. 1994 Baden (NÖ.), Ind.-Manager. Studierte Montanistik in Leoben; 1971–78 Gen.-Dir. der ÖIAG; setzte in seiner Direktionszeit die branchenweise Zusammenführung der einzelnen Teilunternehmen der ÖIAG durch.

Geistinger, Marie, * 26. 7. 1833 Graz (Stmk.), † 29. 9. 1903 Klagenfurt (Kä.), Schauspielerin, Sängerin. Tochter russ. Hofschauspieler, 1844 Kinderrollen in Graz, 1850 Debüt in München, 1852 am Theater in der Josefstadt in Wien, danach in Berlin, Hamburg und Riga. 1865 von F. → Strampfer an das Theater an der Wien engagiert, das sie mit M. → Steiner 1869–75 leitete; für 3 Jahre in Leipzig; 1881–84 7 Amerikatourneen; 1888 letzter Auftritt in Ödenburg. Vielseitig künstlerisch begabt: Operettendiva (J. Offenbach, J. Strauß), Volksschauspielerin (L. Anzengruber) und Tragödin (Maria Stuart, Medea, Iphigenie, Elisabeth, Sappho).

Literatur: E. Pirchan, M. G. Die Königin der Operette, 1947.

Geitler, Lothar, * 18. 5. 1899 Wien, † 1. 5. 1990 ebd., Botaniker. Ab 1948 Univ.-Prof. und Dir. des Botan. Gartens in Wien. Ab 1946 Hg. der „Ö. Botan. Ztschr.".

Werke: Grundriß der Cytologie, 1934; Chromosomenbau, 1938; Schnellmethoden der Kern- und Chromosomenuntersuchung, [3]1949; Morphologie der Pflanzen, [3]1953.

Geller, Johann Nepomuk, * 21. 3. 1860 Wien, † 9. 11. 1954 Weißenkirchen i. d. Wachau (NÖ.), Maler. Studierte an der Wr. Akad. bei E. → Peithner von Lichtenfels und C. → Griepenkerl, Privatunterricht bei A. Schrödl, Gründungsmitgl. des Hagenbunds. Reiste u. a. nach Frankreich, Italien und Osteuropa, malte mit Vorliebe Marktszenen und Motive aus der Wachau. Zahlr. Preise.

Literatur: H. Kühnel (Red.), J. N. G., Ausst.-Kat., Krems 1980; M. Schppan u. P. Weninger, Wachaumaler – Wachaumotive, 1987.

Geller, Leo, * 27. 12. 1844 Kalusz (UA), † 21. 7. 1925 Wien, Jurist. Verfasste über 200 wiss. Arbeiten aus fast allen Rechtsgebieten. Hg. vorbildl. Gesetzesausgaben mit Erläuterungen.

Werke: Die Praxis des Obersten Gerichtshofes, 1892–1900; Theoret.-prakt. Kommentar zum ABGB, 1924.

Geltar, der, ma. fahrender Liederdichter (Mitte 13. Jh.). Wegen der Nennung von Merkersdorf vielleicht dem nö. Raum zuordenbar; seine Dichtung ist u. a. von → Neidhart von Reuental beeinflusst und wendet sich gegen die Realitätsferne des Minnesangs.

Ausgabe: C. v. Kraus, Liederdichter des 13. Jh., [2]1978. – Literatur: Verf.-Lex.

Genée, Richard, * 7. 2. 1823 Danzig (PL), † 15. 6. 1895 Baden (NÖ.), Librettist, Komponist, Dirigent. 1868–78 Kapellmeister am Theater a. d. Wien; schrieb teilw. mit C. → Walzel zahlr. Libretti für F. v. → Suppé („Boccaccio", 1879), J. → Strauß („Die Fledermaus", 1874; „Cagliostro in Wien", 1875; „Das Spitzentuch der Königin", 1880; „Eine Nacht in Venedig", 1883) und K. → Millöcker („Der Bettelstudent", 1882).

Weitere Werke: Opern: Der Geiger von Tirol, 1857; Rosita, 1864; Operetten, Lieder, Chöre. – Literatur: F. Schwarz, R. G., 1941; A. Bauer, 150 Jahre Theater a. d. Wien, 1952; B. Hiltner-Hennenberg, R. G. Eine Bibliographie, 1998.

Richard Genée. Zeitgen. Stich.

Gentz, Friedrich von, * 2. 5. 1764 Breslau (Wroclaw, PL), † 9. 6. 1832 Weinhaus b. Wien, bedeutender polit. Schriftsteller. 1785–1802 im preuß., ab 1802 im ö. Staatsdienst, „Auftragsschreiber" und publizist. Berater zunächst in der Außenpolitik gegen Napoleon, ab 1815 enger Mitarbeiter des Außenmin. und späteren Staatskanzlers → Metternich, mit diplomat. und publizist. Aufgaben betraut. Protokollführer auf dem Wr. Kongress („Sekretär Europas"). Gründer der „Wr. Jahrbücher der Literatur" (1818), polit. Inspirator und regelmäßiger Mitarbeiter der urspr. von F. Schlegel geleiteten offiziösen Zeitung „Ö. Beobachter" (1810–48). 1813 mit der Idee der Errichtung eines „Departements der öffentl. Meinung" gescheitert, war er wenig später Metternichs „Propagandaminister"; als solcher einer der Väter der Karlsbader Beschlüsse von 1819, die u. a. ein Bundespressegesetz mit strenger Vorzensur enthielten. G. Werke sind wichtige Quellen zur polit. Ideengeschichte.

Werk: Fragmente aus der neuesten Geschichte des politischen Gleichgewichtes in Europa, 1806. – Ausgaben: Schriften, 5 Bde., 1838–40; Tagebücher, 4 Bde., 1873/74 und 1920; Briefe, 4 Bde., 1909–13; Staatsschriften u. Briefe, hg. v. A. Eckart, 2 Bde., 1911; Gesammelte Schriften, hg. von G. Kronenbitter, 7 Bde., 1997–98. – Literatur: G. Mann, F. v. G., 1947; G. Kronenbitter, Wort und Macht. F. G. als polit. Schriftsteller, 1994.

Friedrich von Gentz. Stich von C. F. Merckel, 1824.

Marie Geistinger als die schöne Galathee in der gleichnamigen Oper von F. v. Suppé. Foto.

Georg, Hl., Fest 23. Apr., † um 305, Märtyrer, der Legende nach ein aus Kappadozien stammender Offizier. Einer der 14 Nothelfer, Patron der Bauern, Schmiede, Soldaten, Pfadfinder, des Viehs (Pferde) u. a. Zahlr. Ortsnamen bezeugen die weite Verbreitung seines Patroziniums in Ö.

Literatur: O. Wimmer u. H. Melzer, Lexikon der Namen und Heiligen, [6]1988.

Georg von Peuerbach, * 1423 Peuerbach (OÖ.), † 1461 Wien, Astronom. Humanist der Wr. Univ., Wegbereiter des kopernikan. Weltbilds; führte den Sinus in die Trigonometrie ein und schuf eine Planetentheorie, errechnete Tafeln der Finsternisse und erfand ein „quadratum geometricum" für Höhen- und Entfernungsmessung. Lehrer von → Regiomontanus. Dauerausstellung im Schloss Peuerbach.

Literatur: F. Samhaber, Der Ks. und sein Astronom, 1999; ders., Höhepunkte ma. Astronomie, 2000.

Georg von Podiebrad und Kunstat, * 6. 4. 1420 Poděbrady (CZ), † 22. 3. 1471 Prag (CZ), Führer der utraquistischen Hussiten. Wurde 1452 Reichsverweser Böhmens an der Seite von → Ladislaus Postumus; nach dessen Tod (23. 11. 1457) am 2. 3. 1458 zum König von Böhmen gewählt, wurde G. von Ks. Friedrich III. anerkannt und unterstützte diesen dafür 1462 während der Belagerung in der Wr. Burg.

Literatur: F. G. Heymann, George of Bohemia, King of Heretics, 1965.

Geppert, Walter, * 31. 5. 1939 Wien, Jurist. Absolvierte nach einer Lehre als Dreher und Werkzeugmacher die Sozialakad. und ein Jusstudium in Wien; ab 1962 in der Arbeiterkammer Wien tätig, ab 1985 Gen.-Dir.-Stellv. im Hauptverband der ö. Sozialversicherungsträger, 1989–90 Sozialminister, seit 1991 Gen.-Dir. des

Hauptverbandes der ö. Sozialversicherungsträger, seit 1992 Vorstandsmitgl. der Internationalen Vereinigung für Soziale Sicherheit (IVSS).

Geramb, Viktor, * 24. 3. 1884 Deutschlandsberg (Stmk.), † 8. 1. 1958 Graz (Stmk.), Volkskundler. Ab 1913 Aufbau und Leitung (bis 1949) der volkskundl. Abteilung des Joanneums; 1933/34 Gründung des Steir. Heimatwerks; 1931–39 und 1949–54 (1. Lehrstuhl f. Volkskunde in Ö. nach dem 2. Weltkrieg) Univ.-Prof. f. Volkskunde in Graz (1939 zwangspensioniert); Tätigkeit in der Volksbildung (Steir. Volksbildungwerk St. Martin b. Graz) und in der Heimatschutzbewegung („Dt. Schulverein Südmark“).

Werke: Von ländl. Volksbildungsarbeit, 1922; Dt. Brauchtum in Ö., 1924; Volkskunde der Stmk., 1926; Steir. Trachtenbuch, 2 Bde., 1932/39 (mit K. Mautner); Kinder- und Hausmärchen der Stmk., 1942; Um Ö. Volkskultur, 1946; W. H. Riehl, Leben und Wirken, 1954. – Literatur: H. Koren, V. G. Ein Lebensbild, 1974; W. Jacobeit u. a. (Hg.), Völkische Wiss., 1994.

Gerasch, August, * 1. 9. 1822 Wien, † 23. 3. 1908 ebd., Landschaftsmaler und Lithograph. Studierte an der Wr. Akad. bei L. → Kupelwieser und P. J. N. → Geiger. Widmete sich bes. der Darstellung der ö. Alpenlandschaft (Illustrationen zum Bildwerk „Ö. Gebirgswelt“, 1890).

Gerengel, Simon, zunächst kath. Pfarrer von Aspang (1531–34), später in Deutschland Anhänger der Reformation. Verfasste im Kerker (Passau, Salzburg) eine „Hystoria von der enthauptung des Heyligen Johannis des Tauffers“ (1553); ferner sind 23 Meisterlieder erhalten (gedruckt 1886).

Gerer, Reinhard, * 12. 4. 1955 Zeltweg (Stmk.), Koch, Kolumnist. Kochlehre in der „Wieselburger Bierinsel“, Aufenthalte in Tirol, der Schweiz und Bayern. Seit 1984 Küchenchef im Restaurant „Korso“ in Wien. Zählt zu den besten Köchen Ö.; Auszeichnungen: drei Hauben, 2000 die „Goldene Kugel“ u. a.

Werke: Große Küche aus Ö., 1989; Die kleinen Tricks der großen Küche, 1990; Der große Gerer, 2000.

Gerhaert van Leyden, Niclas, * um 1430 Leiden (NL), † 28. 6. 1473 Wr. Neustadt (NÖ.), bedeutender Bildhauer der Spätgotik. Hauptwerke in Straßburg und verschiedenen dt. Städten, danach in Passau und Wr. Neustadt tätig; er schuf das Grabmal für Friedrich III. im Wr. Stephansdom und die Grabplatte der Kaiserin Eleonore im Neukloster in Wr. Neustadt. G. starb vor der Vollendung des Friedrichgrabs und wurde in Wr. Neustadt beerdigt. Den psychologisch frappanten Realismus seiner Figuren entwickelte er in den späten Werken zu einer mehr formalen Verlebendigung durch betontes Licht-Schatten-Modellieren und die Verwendung des malerisch gefleckten Marmors, was in der Folge auf die ö. Kunst des späten 15. Jh. großen Einfluss ausübte.

Literatur: L. Fischel, N. G. und die Bildhauer der dt. Spätgotik, 1944; R. Recht, Nicolas de Leyde et la sculpture à Strasbourg, 1987.

Gerhoh von Reichersberg, * 1093 Polling (D), † 27. 6. 1169 Reichersberg (OÖ.), kirchl. Schriftsteller. 1132 Augustiner-Chorherren-Propst in Reichersberg, musste 1167 vorübergehend ins Exil. Er verfasste Psalmenkommentare und theolog. Schriften („De investigatione Antichristi“), in denen er eine christologische Sonderlehre vertrat, und behandelte kirchenpolit. und Reformfragen im Sinn der cluniazensischen Bewegung. Seine Stiftsannalen benützte → Magnus von Reichersberg neben anderen Quellen für eine Chronik von Reichersberg.

Literatur: E. Meuthen, Kirche und Heilsgeschichte bei G. v. R., 1959; P. Classen, G. v. R., 1960; Tusculum-Lexikon, [3]1982.

Gericke, Wilhelm, * 18. 4. 1845 Schwanberg (Stmk.), † 27. 10. 1925 Wien, Dirigent und Komponist. 1874 Kapellmeister der Wr. Hofoper (Dirigent der ersten Tannhäuser-Aufführung an diesem Haus); dirigierte ab 1880 (mit Unterbrechungen) die Wr. Gesellschaftskonzerte; 1884–89 und 1898–1906 Dirigent der Bostoner Symphoniekonzerte.

Werke: Operetten, Kammer-, Klavier- und Violinmusik; Requiem.

Gerl, Wr. Baumeisterfamilie des 18. und 19. Jh.; die bedeutendsten Mitgl. der Familie waren Josef → Gerl und Mathias → Gerl d. J.

Gerl, Franz Xaver, * 30. 11. 1764 Andorf (OÖ.), † 9. 3. 1827 Mannheim (D), Komponist und Sänger (Bass). Schüler von L. → Mozart in Salzburg, ab 1789 bei der Truppe E. → Schikaneders tätig, sang den Sarastro bei der Uraufführung der „Zauberflöte“, war ab 1794 v. a. in Brünn, Mainz und Mannheim tätig. W. A. Mozart schrieb für ihn die Arie „Per questa bella mano“ (KV 612).

Literatur: ÖBL.

Gerl, Josef, * 1734 Klosterneuburg (NÖ.), † 1. 2. 1798 Wien, Baumeister. Baute 1769–74 den Melker Hof, 1772–77 die Josefstädter Kavalleriekaserne, 1774 die Heumarktkaserne und 1783–87 das Invalidenhaus (alle in Wien) sowie mehrere Wohnhäuser; leitete 1782–84 den Umbau des Wr. Allg. Krankenhauses.

Gerl, Matthias d. J., * 1. 4. 1712 Klosterneuburg (NÖ.), † 13. 3. 1765 Wien, Hof- und Direktorialbaumeister. Ab 1743 Bauleiter des Piaristenklosters; baute 1744 die Pfarrkirche in Oberlaa, 1746 den Klosterneuburger Hof in Wien; 1746/47 leitete er den Umbau der Pfarrkirche in Simmering, 1752 der Wr. Neustädter Burg zur Militärakad.; 1751–54 erweiterte er die Böhm. Hofkanzlei in Wien, 1752 errichtete er den Pfarrhof in Melk. Auch die Theklakirche in Wien-Wieden (1754–56) gehört wahrscheinlich zu seinen Werken. Seine Bauweise war von J. L. v. → Hildebrandt beeinflusst.

Gerlach, Martin, * 13. 3. 1846 Hanau (D), † 9. 4. 1918 Wien, Verleger und Fotograf. Ursprünglich Juwelier in Berlin, kam 1874 nach Wien und war als Verleger und Illustrationsfotograf tätig (Schwerpunkte: Architektur, Ornamentik und Pflanzenstudien); auch sein Sohn Martin G. jun. (1879–1944) war ein bedeutender Fotograf.

Literatur: O. Hochreiter u. T. Starl (Red.), Geschichte der Fotografie in Ö., 2 Bde., 1983; W. Mayer, Wien im Spiegel des Fotoarchivs G., Ausst.-Kat., Wien 1990.

Germonik, Ludwig, * 29. 11. 1823 Fiume (Rijeka, HR), † 7. 12. 1909 Wien, Journalist und Schriftsteller. Bis 1848 Beamter, dann als Publizist tätig; leitete 1874–78 „Das Inland“, später den „Patrioten“, gründete 1874 den Grillparzerverein; gehörte der Iduna an.

Werke: Alpenglühen, 1877 (Gedichte); Die Weiber von Veldes, 1878 (Drama).

Gernerth, Emmerich von, * 14. 3. 1857 Ödenburg (Sopron, H), † 3. 4. 1929 Wien, Jurist. 1919–22 Oberlandesgerichtspräs. in Wien; Verdienste um die Einführung der Zivilprozessordnung; wirkte an der Organisation des Wr. Exekutionsgerichts mit.

Gerngroß, Alfred (Abraham), * 30. 1. 1844 Fürth (D), † 7. 1. 1908 Wien, Großhändler. Gründete 1881 mit seinem Bruder Hugo (* 11. 3. 1837, † 16. 6. 1929 Wien), ein Tuchgeschäft in der Mariahilfer Straße in Wien, das sich zu einem Warenhaus entwickelte und 1903 vergrößert wurde. Der 1905 fertig gestellte prunkvolle Bau in Jugendstilformen wurde 1964–66 und nach Brand 1979 erneuert.

Gerö, Heinz, * 7. 9. 1922 Baden (NÖ.), † 6. 7. 1989 Wien, Rechtsanwalt, Sportfunktionär; Sohn von Josef → Gerö. Urspr. Hockeyspieler, 1980–89 Präs. des Ö. Hockeyverbands, 1970–75 Präs. des Ö. Fußballbunds, zeitweise Vizepräs. der Vereinigung europ. Fußballverbände (UEFA), Mitarbeit im Ö. Olymp. Comité und in der Ö. Bundes-Sportorganisation.
Literatur: Hockey-Nachrichten 28, 1989.

Gerö, Josef, * 23. 9. 1896 Maria-Theresiopel (Subotica, YU), † 28. 12. 1954 Wien, Jurist und Sportfunktionär; Vater von Heinz → Gerö. 1934–38 Abteilungsleiter im Justizmin., nach 1938 mehrmals verhaftet; 1945–49 und 1952–54 als parteiloser, von der SPÖ nominierter Fachmann Staatssekr. und BMin. f. Justiz, dazw. Präs. des Oberlandesgerichts Wien; 1927–38 Präs. des Wr., 1945–54 des Ö. Fußballbunds, 1946–54 Präs. des Ö. Olymp. Comités.

Gerold, Graf, † 1. 9. 799 Pannonien, Schwager von Ks. Karl d. Großen. Gehörte einer Adelsfamilie an, die den Aufbau der fränkischen Herrschaft in Bayern unterstützte. Vor 791 Statthalter in Bayern, dann Präfekt der Ostlande, fiel im Kampf gegen die Awaren.
Literatur: M. Mitterauer, Karolingische Markgrafen im SO, Archiv f. ö. Geschichte 123, 1963; NDB.

Gerold, Carl, * 12. 6. 1783 Wien, † 23. 9. 1854 ebd., Buchdrucker. Führte 1816 die Lithographie in den ö. Buchdruck ein, bekämpfte den ungesetzl. Nachdruck dt. Werke in Ö. und die vormärzl. Zensur.
Literatur: K. Junker, Das Haus G. in Wien. 1775–1925, 1925.

Gerstenbrand, Alfred, * 18. 2. 1881 Wien, † 7. 1. 1977 Melk (NÖ.), Maler, Graphiker, Illustrator, Schriftsteller. Studierte an der Wr. Kunstgewerbeschule bei F. → Myrbach, K. → Moser und J. → Hoffmann; schilderte humorvoll Wr. Szenen und das Landleben.
Werke: Feuerwehrfest am Mondsee, 1923; Die Maler Roux und Hollitzer, 1939. – Eig. illustrierte Romane: Die Leut' vom 22er Haus, 1922; Verlobung in Wyoming, 1948.

Gerstenbrand, Franz, * 6. 9. 1924 Hof (Dvorce, CZ), Neurologe. 1976–94 Vorstand des Inst. f. Neurologie an der Univ.-Klinik Innsbruck, Leiter des Neurolog. Krankenhauses der Stadt Wien am Rosenhügel; arbeitete bes. über Gehirnverletzungen und pediatrische Neurologie.
Werke: Das traumat. apallische Syndrom, 1967; Tauchmedizin, 1980; Univ.-Klinik f. Neurologie, 1989; Rehabilitation bei Schlaganfall- und Schädel-Hirn-Verletzungen, 1991.

Gerstinger, Hans, * 23. 12. 1885 Großhaslau (NÖ.), † 2. 7. 1971 Graz (Stmk.), Altphilologe. Ab 1941 Univ.-Prof. in Graz, ab 1943 am Archäolog. Inst. in Wien; Fachmann für griech. und byzantin. Papyri.
Werke: Die griech. Buchmalerei, 2 Bde., 1926; Die Wr. Genesis, 1931; Das Statutenbuch des Ordens vom Goldenen Vlies, 2 Bde., 1934. – Literatur: Ö. Akad. d. Wiss., Almanach 121, 1971.

Gerstl, Elfriede, * 16. 6. 1932 Wien, Schriftstellerin, Verfasserin experimenteller Lyrik und Prosa, Hörspielautorin. Arbeitet mit Sprachspiel, Montagen und Zitaten und thematisiert häufig Fragen der weibl. Identität. 1964–66 Zusammenarbeit mit P. Bichsel, H. Fichte u. a. am Roman „Das Gästehaus". 1999 mit dem E.-Fried-Preis und dem G.-Trakl-Preis ausgezeichnet.
Weitere Werke: Spielräume, 1977 (Prosa); Wiener Mischung, 1982; Vor der Ankunft, Gedichte, 1988; Unter einem Hut, Essays und Gedichte, 1993 Kleiderflug, 1995; Die fliegende Frieda, 1998; Alle Tage Gedichte. Schaustücke und Hörstücke, 1999. – Literatur: C. Kleiber u. E. Tunner (Hg.), Frauenliteratur in Ö. von 1945 bis heute, 1986; H. J. Wimmer, In Schwebe halten, [2]1998; D. Winkler-Pegoraro, E. G.: „Sprache(n), Spiele, Spielräume", Diss., Wien 1999.

Gerstl, Richard, * 14. 9. 1883 Wien, † 4. 11. 1908 ebd. (Selbstmord), Porträt- und Landschaftsmaler. Studierte an der Wr. Akad. und knüpfte Beziehungen zur Künstlerkolonie von Nagybánya. Ab 1906 freundschaftl. Kontakte zur Familie von A. → Schönberg (mehrere Porträts von Mitgliedern des Schönberg-Kreises). Seine eigentl. Schaffensperiode umfasste nur 4 Jahre, in denen er bedeutende Werke (v. a. Selbstbildnisse) des ö. Expressionismus schuf.
Literatur: K. A. Schröder, R. G. 1883–1908, Ausst.-Kat., Wien 1993; ders., R. G. 1883–1908, Diss., Wien 1995.

Gerstmayr, Hans, * 14. 4. 1882 St. Valentin (NÖ.), † 28. 10. 1987 Mauthausen (OÖ.), Stahlschneider. Schüler von M. → Blümelhuber; leitete bis 1950 die Fachschule f. Stahl- u. Stanzenschnitt in Steyr (OÖ). Oftmals ausgezeichnet.
Werke: Jagdmesser, Armbänder, Stahlschmuckstücke, Siegelstöcke, Kremsmünsterer Pektorale. – Literatur: C. H. Watzinger, Ein Leben lang geliebte Kunst, 1982; F. Lugmayer, Kunst in Stahl geschnitten, 1991.

Elfriede Gerstl. Foto, um 1985.

Gerstmeyer (auch Gerstmajer), Joseph, * 6. 3. 1801 Wien, † 14. 9. 1870 ebd., Landschaftsmaler. Studierte an der Wr. Akad. und schuf Bilder von oberitalienischen und ö. Landschaften sowie zahlr. Ansichten von Wien und Umgebung, die vielfach als Vorlagen zur druckgraph. Vervielfältigung dienten.
Literatur: ÖBL.

Gerstner, Anton, * 15. 5. 1823 Fischamend (NÖ.), † 1. 2. 1898 Wien, Zuckerbäcker. Gemeinsame Lehre mit F. → Raimund, gründete 1847 eine Konditorei auf dem Stock-im-Eisen-Platz (später in die Kärntner Straße verlegt), 1873 Hofzuckerbäcker. Sein Betrieb wurde bis 1954 von 3 Generationen der Familie fortgeführt und besteht bis heute. Mitbegründer der Zuckerbäckerfachschule.

Robert Gersuny. Foto, um 1890.

Gerstner, Franz Anton von, * 19. 4. 1796 Prag (CZ), 12. 4. 1840 Philadelphia (USA), Eisenbahnfachmann; Sohn von Franz Joseph v. → Gerstner. Prof. am Wr. Polytechnikum, übernahm den von seinem Vater angeregten Bau der Pferdeeisenbahn Gmunden–Linz–Budweis (der ersten öffentl. Eisenbahn auf dem europ. Festland) und vollendete 1828 die Strecke Budweis–Kerschbaum (62,2 km); ging nach Meinungsverschiedenheiten mit den Aktionären 1829 nach England, 1834 nach Russland und 1838 in die USA.

Gerstner, Franz Joseph von, * 23. 2. 1756 Komotau (Chomutov, CZ), † 25. 6. 1832 Wien, Techniker; Vater von Franz Anton v. → Gerstner. Prof. für Mathematik und Mechanik in Prag, 1806 erster Dir. des Prager Polytechn. Inst., legte 1808 einen Vorschlag und 1822 ein erstes Projekt für einen Schienenweg zw. Moldau und Donau vor.
Werk: Hb. der Mechanik, 2 Bde., 1831.

Gersuny, Robert, * 15. 1. 1844 Teplitz (Teplice, CZ), † 31. 10. 1924 Wien, Chirurg. Privatassistent von T. → Billroth, entwickelte chirurg. und gynäkolog. Operationsmethoden (bes. auf dem Gebiet der plast. Chirurgie); leitete ab 1894 das Rudolfinerhaus in Wien.
Werke: Arzt und Patient, 1904; Bodensatz des Lebens, 1906 (Aphorismen); T. Billroth, 1922. – Literatur: NÖB; ÖBL.

Gertrud, Hl., Fest 17. März, * 626, † 17. 3. 653 oder 659, erste Äbtissin von Nivelles (Belgien); Tochter Pippins d. Ä.; Patronin der Früchte von Feld und Garten (oft mit Spindel und Mäusen dargestellt), wird bes. in Ti. verehrt (St. G. in Haslach); an ihrem Tag beginnt die Frühjahrsarbeit in Garten und Feld. Die St.-G.-Minne war ein ab dem 11. Jh. nachweisbarer Trinkbrauch sich versöhnender oder voneinander scheidender Menschen.

Richard Gerstl, Selbstbildnis mit Palette. Gemälde, 1907 (Historisches Museum der Stadt Wien).

Gertrud, * 1226, † 24. 4. (oder 9. 7.) 1288, Tochter Heinrichs von Mödling, Nichte des Babenberger-Hzg. → Friedrich II. (der Streitbare), heiratete 1246 Markgraf Wladislaw von Mähren († 3. 1. 1247), dann Markgraf Hermann von Baden († 4. 10. 1250) und in 3. Ehe über ungar. Vermittlung 1252 Roman Fürst von Halitsch. Dieser verließ G. und das Land 1253. Aus 2. Ehe stammten der 1268 hingerichtete Friedrich (von Ö.) und Agnes, verheiratet mit Hzg. Ulrich III. von Kä. und Ulrich von Heunburg. Aus der 3. Ehe G. stammt Maria, verheiratet mit Joachim Guthkeled. Die Weigerung der 19-jähr. G., den 55 Jahre alten Ks. Friedrich II. zu heiraten, verhinderte 1245 die Erhebung Ö. zum Königreich. Nach dem Tod ihres Onkels erhielt G. polit. Bedeutung, wurde anfangs vom Papst, später von Kg. Béla IV. von Ungarn favorisiert, hingegen von Přemysl → Ottokar II. von Böhmen bekämpft. Ihr Sitz war die Burg Kahlenbergerdorf, dann Voitsberg (Stmk.). 1269 wurde G. von Ottokar ausgewiesen und übersiedelte nach Meißen in das St. Clarenkloster Seußlitz, dessen 1. Äbtissin sie wurde.

Literatur: H. Meier, G., Herzogin von Ö. und Stmk., Ztschr. des Hist. Vereins der Stmk. 23, 1927.

Anton Ferdinand Reichsritter Geusau. Stich, um 1810.

Gesek, Ludwig, * 12. 11. 1904 Wien, † 25. 1. 1994 ebd., Volksbildner, Filmwissenschaftler, Schriftsteller. 1931–38 Redakteur der Ztschr. „Der gute Film", 1934–38 Dir. des Inst. für Filmkultur, 1949 Chefredakteur von „Filmkunst", 1952 Gen.-Sekr. der Ges. für Filmwiss., 1955–79 Geschäftsführer des Ö. Filmarchivs.

Werke: Filmzauber aus Wien, 1951; Kleines Lexikon des ö. Films, 1959. – Radiosendungen: Wir sprechen über Film, 1935–38.

Albert Gessmann. Lithographie von K. Prochaska, 1908.

Gessmann, Albert, * 18. 1. 1852 Wien, † 7. 7. 1920 Prein (Gem. Reichenau a. d. Rax, NÖ.), Bibliothekar und Politiker (CS). 1876–1903 Bibliothekar und Kustos an der Univ.-Bibl. Wien; 1891–1911 Reichsratsabg.; Mitbegründer und neben K. → Lueger namhafter Führer der Christl.-soz. Partei, die er 1907 mit der kath. Volkspartei vereinigte; 1908 Arbeitsmin., 1910 Obmann des christl.-soz. Verbands im Abgeordnetenhaus. G. vertrat die Idee eines Nationalitätenstaats mit weitgehender Autonomie.

Werk: Zur Mittelschulreform, 1908. – Literatur: E. Binder, Dr. A. G., Diss., Wien 1951.

Gessner, Adrienne (eigentl. A. Geiringer), * 23. 7. 1896 Maria Schutz (Gem. Schottwien, NÖ.), † 23. 6. 1987 Wien, Kammerschauspielerin; Ehefrau von E. → Lothar. 1919–21 am Stadttheater, 1921–23 am Raimundtheater, 1923 und 1936 am Dt. Volkstheater, 1924–37 und 1947–56 am Theater in der Josefstadt (alle Wien); 1938–46 in den USA (erfolgreich im Austrian Theater und am New Yorker Broadway tätig); 1950 bei den Sbg. Festspielen, Max-Reinhardt-Ring; 1955–81 am Wr. Burgtheater; Film- und Fernsehtätigkeit. 1966 Kainz-Medaille.

Gessner, Franz, * 15. 9. 1879 Wallachisch-Klobouk (Valašské Kloboúky, CZ), † 3. 5. 1975 Wien, Architekt; Bruder von Hubert → Gessner. Schüler O. → Wagners, arbeitete 1907–12 im Atelier seines Bruders Hubert G., plante dann selbstständig Wohnhäuser mit Anklängen an Wr. Gemeindebauten.

Werke: Eisenbetonhalle der Firma Warchalowski, Eissler & Co., Wien 16, 1918–20; Strandbad in Gmunden, 1927; Wohn- und Bürohaus, Wien 3, Petrusgasse 1, 1927/28; Wohnhaus, Wien 4, Operngasse 23–25, 1936. – Literatur: M. Pozzetto, Die Schüler Otto Wagners, 1980; F. Czeike, Hist. Lexikon Wien, 5 Bde., 1992–97.

Gessner, Hubert, * 20. 10. 1871 Wallachisch-Klobouk (Valašské Kloboúky, CZ), † 24. 4. 1943 Wien, Architekt; Bruder von Franz → Gessner. Arbeitete 1898/99 im Büro von O. → Wagner; 1907–12 Zusammenarbeit mit seinem Bruder Franz G., nach 1918 einer der führenden Architekten für Wohnbauten der Gem. Wien, die er teilw. mit anderen ausführte. 1938 Berufsverbot.

Werke: Wien: Arbeiterheim Favoriten, 1901/02 (seit 1992 Hotel); Villa G., Wien 18, 1907; Druckerei- und Verlagsgebäude „Vorwärts", Wien 5, 1909 (jetzt großteils Hotel); Hammerbrotwerke, Wien 21, 1909; „Eisenbahnerheim", Wien 5, 1912/13; Metzleinstalerhof, Wien 5, 1919; Reumannhof, Wien 5, 1924; Lassallehof, Wien 2, 1924/25; Heizmannhof, Wien 2, 1925; Karl-Seitz-Hof, Wien 21, 1926; Augartenbrücke, 1929–31. NÖ.: Haus Herrenplatz, St. Pölten, 1914; Landhaus Renner, Gloggnitz (jetzt Museum), 1930. – Literatur: F. Czeike, Hist. Lexikon Wien, 5 Bde., 1992–97; M. Kristan, H. G., Diss., Wien 1998; ÖBL.

Gesswein, Alfred, * 6. 1. 1911 Ungarisch-Altenburg (Mosonmagyaróvár, H), † 13. 5. 1983 Wien, Lyriker, Hörspielautor, Graphiker. Seine Landschafts- und Naturlyrik umfasst ein Spektrum von phantast. Motiven (60er Jahre) bis zu aktuellen Umweltproblemen. Hg. der literar. Jahrbücher „Konfigurationen" (1965–72) und Mit-Hg. der Literatur-Ztschr. „Podium" (1971ff.).

Werke: Lyrik: Leg in den Wind dein Herz, 1960; An den Schläfen der Hügel, 1965; Vermessenes Gebiet, 1967; Der gläserne November, 1968; Rama dama, Rama woima, Rama miasma, 1975; augfeude schtod, 1976 (Dialektgedichte); Zielpunkte, 1977; Kartenhäuser, 1981. – Hörspiel: Dreiunddreißig, 1971.

Getzner, Christian, * 17. 10. 1782 Satteins (Vbg.), † 8. 8. 1848 Feldkirch (Vbg.), Pionier der Vbg. Textilind. Vertrieb ab 1813 in Heimarbeit hergestellte Baumwollwaren und gründete 1818 in Feldkirch, 1822 in Frastanz, 1832 in Nenzing und 1836 in Bürs Fabriken.

Literatur: G., Mutters & Cie. Bludenz, Festschrift, 1990.

Geusau, Anton Ferdinand Reichsritter, * 19. 12. 1746 Höchstädt (D), † 4. 2. 1811 Wien, Geschichtsschreiber. Kam 1769 nach Wien, verfasste in der josephin. Zeit Broschüren und später hist. Bücher. Ab 1787 Beamter des Wr. Magistrats.

Werke: Geschichte der Haupt- und Residenzstadt Wien, 4 Bde., 1789–93 und 6 Bde., ^{2}1792–1810; Geschichte Ö. von den ältesten bis auf die gegenwärtigen Zeiten, 2 Bde., 1800/01; Geschichte der Stiftungen, Erziehungs- und Unterrichtsanstalten in Wien, 1803; Geschichte der Belagerung Wiens durch Kg. Matthias von Hungarn in den Jahren 1484 und 1485, 1805. – Literatur: G. Gugitz, A. F. G., Jb. des Hist. Vereins Wien 12, 1956.

Gewey, Franz Xaver Karl, * 14. 4. 1764 Wien, † 18. 10. 1819 ebd., Schriftsteller, volkstüml. Bühnendichter und Schauspieler. Ab 1789 im Staatsdienst; setzte 1813–19 die von J. Richter begonnenen Eipeldauer-Briefe fort (12 Hefte pro Jahr).

Werke: Parodien, Travestien, Lokalpossen; Komische Gedichte über die Vorstädte Wiens, 1812–25 (6 Hefte). – Literatur: J. Macho, Der Wr. Volksdichter F. X. K. G., Diss., Wien 1939.

Geyer, Georg, * 20. 2. 1857 Auhof (Gem. Blindenmarkt, NÖ.), † 25. 11. 1936 Wien, Alpinist, Geologe und Paläontologe. Ab 1882 an der Geolog. Reichsanstalt, 1920–23 deren Dir. Bedeutender Hochalpinist, der in den Kalkalpen hochalpine geolog. Aufnahmen von grundlegender Bedeutung erstellte.

Werke: Das Tote Gebirge, 1878; Über die liasischen Brachiopoden des Hierlatz bei Hallstatt, 1889.

Geyer, Rudolf, * 31. 1. 1891 Wien, † 19. 12. 1958 ebd., Wirtschaftshistoriker. Ab 1925 im Archiv der Stadt Wien tätig, 1945–56 dessen Dir., Univ.-Doz.

Werke: Hb. der Wr. Matriken, 1928; Münze und Geld, Maß und Gewicht in NÖ. und OÖ., in: A. F. Pribram, Geschichte der Preise und Löhne, Bd. 1, 1938; Die ma. Stadtrechte Wiens, MIÖG 58, 1950. – Literatur: M. Kratochwill, R. G., Nachruf, in: MIÖG 61, 1959.

Geyling, Carl, * 23. 2. 1814 Wien, † 2. 1. 1880 ebd., Landschafts- und Glasmaler; Bruder des Malers Josef G. (1799–1885), Großonkel von Remigius → Geyling. Studierte an der Wr. Akad. bei A. Petter und J. → Mössmer. Auftrag für die Glasbilder von Schloss Laxenburg (1840), beschäftigte sich ab diesem Zeitpunkt eingehend mit der Glasmalerei und begründete 1841 in Wien eine noch heute bestehende Werkstätte für Glasmalerei.

Weitere Werke: Glasbilder für Stephansdom, Landhauskapelle, Votivkirche, Stift Klosterneuburg, Dome in Kaschau und Pressburg.

Geyling, Remigius, * 29. 6. 1878 Wien, † 4. 3. 1974 ebd., Maler und Bühnenbildner; Sohn des Historienmalers Rudolf G. (1839–1904), Großneffe von Carl → Geyling. 1909–11 und 1922–45 Ausstattungschef des Wr. Burgtheaters und Erfinder der Bühnenprojektion (erstmals 1925 in „Peer Gynt" am Burgtheater angewendet). Er schuf um 1920 auch Entwürfe für die familieneig. Glasmalerwerkstätte, war Gründungsmitgl. des Ö. Werkbunds und 1926–46 Prof. an der Wr. Kunstgewerbeschule.
Literatur: G. Szyszkowitz, R. G., Diss., Wien 1960; J. Mayerhöfer, R. G – Bühnenbildner zw. Jugendstil und Expressionismus, 1971; C. Nebehay, R. G., 1974.

Geymüller, Johann Heinrich Frh. von, * 17. 5. 1754 Basel (CH), † 1. 4. 1824 Wien, Bankier. Hatte 1805 und 1809 wesentl. Anteil an der Aufbringung der von Napoleon geforderten Kriegskontributionen, Mitbegründer der Oesterr. Nationalbank. Das G.-Palais war gesellschaftl. Mittelpunkt; dort lernte F. → Grillparzer K. → Fröhlich kennen.

Gföllner, Hans, * 21. 10. 1877 Linz (OÖ.), † 21. 6. 1931 ebd., Entomologe. Wiss. Mitarbeiter des Oö. Landesmuseums, an dem sich heute seine Smlg. von mehr als 12.000 Hymenopteren befindet.

Gföllner, Johannes Maria, * 17. 12. 1867 Waizenkirchen (OÖ.), † 3. 6. 1941 Linz (OÖ.), Bischof von Linz (1915–41). 1893 Priesterweihe, deklarierte sich in seinem berühmten Hirtenbrief „Über wahren und falschen Nationalsozialismus" 1933 deutlich als Gegner des Nat.-Soz. (trotz antisemit. Tendenzen).
Literatur: R. Kutschera, J. M. G., Bischof dreier Zeitenwenden, 1972.

Ghega, Karl Ritter von, * 10. 1. 1802 Venedig (I), † 14. 3. 1860 Wien, Techniker, Erbauer der Semmeringbahn. Mit 18 Jahren Doktorat in Padua, leitete 1836–40 den Bau von Teilstrecken der Nordbahn; 1836/37 in England und 1842 in Amerika zum Studium des Eisenbahnwesens, nach seiner Rückkehr im Dienst der Staatseisenbahnen mit dem Ausbau der südl. und südöstl. Bahnlinien betraut. Für die Überwindung des Semmerings legte er 1848 einen Streckenplan unter Anwendung eines reinen Adhäsionsbetriebs vor, gleichzeitig förderte er die Konstruktion entsprechender Lokomotiven. Der schwierige Bau konnte trotz heftiger Gegnerschaft vorangetrieben und 1854 eröffnet werden. Ö. wurde damit zum Pionier beim Bau von Gebirgsbahnen mit durchgehenden, langen Steilrampen. 1850 wurde G. Vorstand der Generalbaudirektion für die Staatseisenbahnen und erhielt den Adelstitel. 1855–57 baute G. das letzte Teilstück der Südbahn Laibach–Triest.
Werk: Malerischer Atlas der Eisenbahn über den Semmering, 1854 (Nachdruck 1998). – Literatur: A. Niel, C. v. G., 1977; Die Eroberung der Landschaft, Ausst.-Kat., Gloggnitz 1992; NÖB; ÖBL.

Ghon, Anton, * 1. 1. 1866 Villach (Kä.), † 23. 4. 1936 Prag (CZ), Anatom, Pathologe. Univ.-Prof. für patholog. Anatomie in Wien und Prag, machte sich um die Tuberkulosebekämpfung verdient („g.-küßscher Tuberkuloseherd") und wies den Infektionsweg des Tuberkuloseerregers nach.
Werk: Der primäre Lungenherd bei der Tuberkulose der Kinder, 1912. – Literatur: W. B. Obers, G., but not forgotten, 1983.

Giebisch, Hans, * 23. 9. 1888 Brünn (Brno, CZ), † 24. 8. 1966 Wien, Schriftsteller und Mittelschullehrer, ab 1945 Verlagslektor.
Werke: Gedichte: Wenn sich der Tag will neigen, 1934; Waldviertler Sonette, 1938; Und es war schön, 1952; Kranewitt und Heidekraut, 1954; Wr. Sonette, 1964. – Geschichten und Legenden, 1956. – Mit-Hg.: Kleines ö. Literaturlexikon, 1948; Bio-bibliographisches Literaturlexikon Ö., 1964 (mit G. Gugitz).

Gielen, Josef, * 20. 12. 1890 Köln (D), † 19. 10. 1968 Wien, Schauspieler, Regisseur. 1913 Debüt als Schauspieler, ab 1921 Regiearbeiten, nach Tätigkeit in Dresden und Berlin 1937–39 am Wr. Burgtheater engagiert; nach seiner Rückkehr aus der Emigration 1948–54 Dir. des Burgtheaters, bereicherte den Spielplan mit modernen franz. und amerikan. Stücken; 1957–60 Oberspielleiter an der Wr. Staatsoper; Regietätigkeit auch bei den Sbg. Festspielen, an der Mailänder Scala und an der Grand Opéra Paris. 1961 Kainz-Medaille; 1963 Ehrenmitgl. des Burgtheaters.
Literatur: M. Kluth, Der Regisseur J. G., Diss., Wien 1966.

Gielen, Michael, * 20. 7. 1927 Dresden (D), Dirigent. Studierte in Buenos Aires und Wien, 1951–60 Dirigent an der Wr. Staatsoper, dann in Stockholm, London und an der Netherlands Opera tätig, 1977–87 Musikdirektor der Frankfurter Oper, 1987–95 Prof. am Mozarteum Salzburg. Setzt sich bes. für das zeitgenössische Opernschaffen ein.
Literatur: P. Fiebig (Hg.), M. G. Dirigent, Komponist, Zeitgenosse, 1997.

Johann Heinrich Freiherr von Geymüller. Lithographie von J. Kriehuber.

Giencke, Volker, * 27. 6. 1947 Wolfsberg (Kä.), Architekt. Univ.-Prof. für experimentelle Architektur in Innsbruck. Zählt zur sog. „Grazer Schule". Zusammenarbeit mit G. → Domenig 1974–78; wirkte als Gastprof. in mehreren Ländern N- und S-Amerikas sowie der EU.
Werke: Einfamilienhäuser; Glashäuser im Botanischen Garten der Univ. Graz, 1982ff.; Sporthalle BRG Kepler, Graz 1987–93; Ausstellungs-, Büro- und Lagergebäude für den Sanitärgroßhandel, Klagenfurt 1989/90; Kirche Aigen i. Ennstal, 1991/92; Ö.-Pavillon auf der EXPO 92, Sevilla; Wohnbau C.-Spitzweg-Gasse, Graz 1992/93; Hotel „Speicher", Barth (D) 1995–97. – Literatur: Architektur-Investitionen – „Grazer Schule" – 13 Standpunkte, 1984; V. G., Bauten und Projekte. Buildings and Projects, 2001.

Karl Ritter von Ghega. Lithographie von J. Kriehuber, 1851.

Giese, Alexander, * 21. 11. 1921 Wien, Lyriker, Erzähler, Film- und Hörspielautor. 1967–83 Hauptabteilungsleiter beim ORF, 1990–97 Präs. des Ö. P. E. N.-Clubs. Popularität erlangten seine kultur- und geistesgeschichtlich fundierten hist. Romane.
Werke: Romane: Wie ein Fremder im Vaterland (Mark Aurel), 1975; Wie Schnee in der Wüste (Omar Khajjam), 1976; Geduldet euch, Brüder, 1979; Lerida oder Der lange Schatten, 1983; Licht der Freiheit, 1993. – Zwischen Gräsern der Mond, 1963 (Gedichte).

Giesl-Gieslingen, Adolph, * 7. 9. 1903 Trient (I), † 11. 2. 1992 Wien, Techniker; Neffe von Wladimir → Giesl von Gieslingen. 1929–34 in den USA; Chefkonstrukteur der Floridsdorfer Lokomotivfabrik, 1946 Hon.-Prof. an der Techn. Hochschule in Wien; entwickelte den G.-Ejektor (Flachschornstein) für Dampflokomotiven.
Werke: Lokomotiv-Athleten. Geschichte, Leistung und Kurvenlauf der Sechs- und Siebenkuppler, 1976; Die Ära nach Gölsdorf. Die letzten 3 Jahrzehnte des ö. Dampflokomotivbaus, 1981; Anatomie der Dampflokomotive International, 1986.

Giesl von Gieslingen, Wladimir Frh., * 18. 2. 1860 Fünfkirchen (Pecs, H), † 20. 4. 1936 Salzburg, Diplomat, General der Kavallerie; Onkel von Adolph → Giesl-Gieslingen. Gesandter in der Türkei, 1909 in Montenegro, zuletzt in Belgrad. Er brach auf Instruktion von Außenmin. L. Gf. → Berchtold am 25. 7. 1914 nach Überreichung des ö. Ultimatums in Belgrad vorzeitig die diplomat. Beziehungen mit Serbien ab, worauf der Erste Weltkrieg ausbrach.

Giger, Anton, * 15. 3. 1963 Salzburg, Skitrainer. Seit 1989 als Trainer im Ö. Skiverband; seit 1999 Rennsportleiter Herren. Gilt gem. mit H. → Pum durch die Erfolge der von ihm gegr. Riesenslalom/Super-G-Gruppe mit H. → Maier, S. → Eberharter u. a. als maßgebl. Verantwortlicher des ö. „Skiwunders" seit 1996.

Gillesberger, Hans, * 29. 11. 1909 Ebensee (OÖ.), † 4. 3. 1986 Wien, Chorleiter. 1942–45 Kapellmeister der Wr. Sängerknaben, dann stellv. Chordirektor der Wr. Staatsoper; ab 1961 Prof. an der Wr. Musikhochschule, ab 1965 künstlerischer Leiter der Wr. Sängerknaben. Einer der bedeutendsten Chorleiter der Nachkriegszeit.

Gilm, Hermann von, Ritter zu Rosenegg, * 1. 11. 1812 Innsbruck (Ti.), † 31. 5. 1864 Linz (OÖ.), Beamter und Lyriker. Verfasser volksliedhafter Liebeslyrik („Märzveilchen"; „Sommerfrischlieder aus Natters") und polit. Dichtung („Jesuitenlieder"); bekannt v. a. durch Vertonungen von R. Strauss.

Werke: Ti. Schützenleben, 1863; Lieder eines Verschollenen; Sophienlieder; Rosaneum, in: Gedichte, 2 Bde., 1864/65 (postum). – Ausgabe: Gedichte, hg. v. R. Greinz, 1895. – Literatur: W. Neuwirth, H. v. G., Diss., Wien 1920; A. Dörrer, H. v. G. Weg und Weisen, 1924.

Ginhart, Karl, * 21. 11. 1888 St. Veit a. d. Glan (Kä.), † 10. 3. 1971 Wien, Kunsthistoriker. 1926–39 Staatskonservator des Bundesdenkmalamts, ab 1930 Vorstand des Kunsthist. Inst. in Wien; 1942–60 Prof. an der Techn. Hochschule in Wien.

Werke: zahlr. wiss. Publikationen sowie Hg.-Tätigkeit zu ö. Kunstdenkmälern (bes. Kä. und Wien).

Gintl, Wilhelm Julius, * 12. 11. 1804 Prag (CZ), † 22. 12. 1883 ebd., Techniker. Prof. in Graz und Wien, konstruierte den ersten transportablen Telegraphen. Verdienste um den Ausbau des ö. Telegraphennetzes.

Ginzel, Hubert, * 17. 9. 1874 Reichenberg (Liberec, CZ), † 24. 11. 1950 Wien, Kartograph, Offizier. Mitschöpfer der Ö.-Karte 1 : 50.000; Kommandant des Kriegsvermessungswesens (1915–18), 1918 des Militärgeograph. Inst., 1919 Leiter dieser Anstalt im neuen Bundesamt f. Eich- u. Vermessungswesen in Wien.

Werke: Terraindarstellungen, Alpenkarten.

Ginzkey, Franz Karl, * 8. 9. 1871 Pola (Pula, HR), † 11. 4. 1963 Wien, Schriftsteller, bis 1897 Berufsoffizier, 1897–1914 Beamter am Militärgeograph. Inst. in Wien. 1934–38 Mitgl. des Staatsrats; war an der Gründung der Sbg. Festspiele beteiligt, deren Kuratorium er jahrzehntelang angehörte. G. gehörte zum Kreis der neuromant. Lyriker und Novellisten. Berühmt wurde er bes. durch Kinderbücher wie „Hatschi Bratschis Luftballon" (1904) und „Florians wundersame Reise über die Tapete" (1931), die bis heute in Neuauflagen erscheinen. Großer Ö. Staatspreis 1957; Ö. Ehrenzeichen f. Wiss. u. Kunst 1957.

Ausgabe: Ausgewählte Werke, 4 Bde., 1960. – Literatur: K. Heydemann, Literatur und Markt. Werdegang und Durchsetzung eines kleinmeisterl. Autors in Ö. Der Fall G. (1891–1938), 1985; R. Hangler u. a., Der Fall F. K. G. und Seewalchen, 1989.

Girardelli, Marc, * 18. 7. 1963 Lustenau (Vbg.), Skirennläufer. Startet seit 1976 für Luxemburg (Staatsbürgerschaft 1987); Weltcupsiege in allen alpinen Disziplinen. Fünfmal Gesamtweltcupsieger (1985, 1986, 1989, 1991, 1993). Silbermedaillen bei den Olymp. Spielen in Albertville 1992 in Riesentorlauf und Super-G; insges. 11 Medaillen bei Weltmeisterschaften (4 Gold-, 4 Silber- und 3 Bronzemedaillen). Beendete 1997 seine Karriere.

Alexander Girardi. Foto von d'Ora, 1911.

Girardi, Alexander, * 5. 12. 1850 Graz (Stmk.), † 20. 4. 1918 Wien, Schauspieler. Ab 1871 am Wr. Strampfer-Theater (mit J. → Gallmeyer); 1874–96 am Theater an der Wien, wo er seine größten Erfolge als 1. Jugendlicher und Gesangskomiker feierte. 1896/97 am Carltheater, 1898–1900 Charakterdarsteller am Dt. Volkstheater; Gastspiele am Theater in der Josefstadt, am Raimund-, Johann-Strauß- und Stadttheater in Wien, aber auch in Berlin, Hamburg und Dresden; 2 Monate vor seinem Tod Debüt am Wr. Burgtheater als Fortunatus Wurzel in „Der Bauer als Millionär" von F. Raimund; Charakterdarsteller von Raimunds Gestalten (Valentin) und Komiker in Operetten von J. Strauß, K. Millöcker, E. Eysler und F. Lehár; Filmtätigkeit (u. a. „Der Millionenonkel", 1913).

Werk: Ach, da muß ich sehr bitten (in: Neues Wr. Tagblatt, 4. 12. 1910). – Literatur: K. F. Nowak, A. G., 1908; H. Klang, A. G. Leben und Bühnentätigkeit, Diss., Wien 1937; R. Holzer, A. G. und das Theater an der Wien. Die Wr. Vorstadtbühnen, 1951.

Gironcoli, Bruno, * 27. 9. 1936 Villach (Kä.), Bildhauer. Studierte nach einer Goldschmiedelehre an der Hochschule für angew. Kunst in Wien. Seit 1975 Prof. an der Akad. d. bild. Künste in Wien. Er begann als Objektkünstler mit Plastiken aus Altmaterialien und wandte sich später ausfigurierten Plastiken zu. Ö. Ehrenzeichen f. Wiss. u. Kunst 1997.

Werke: Oberkörperformen, 1964. – Literatur: B. G., Ausst.-Kat., Wien 1990; P. Noever (Hg.), B. G. – Die Ungeborenen, Ausst.-Kat., Ö. Mus. f. angew. Kunst, Wien 1997.

Giselbrecht, Ernst, * 7. 11. 1951 Dornbirn (Vbg.), Architekt. Studierte Architektur an der Techn. Univ. Graz; seit 1985 selbstständiger Architekt mit Büros in Graz und Bregenz. 1996/97 Intendant der Sommerakad. in Murau („Schwerpunkt Holz"), Einzelausstellungen u. a. in Berlin, Ljubljana, Prag und Edinburgh. Gilt als einer der bedeutendsten ö. Holzbauarchitekten. 1978 K.-Scheffel-Gedächtnispreis, 1989 Piranesi Award, 1995 Ö. Staatspreis f. Industriebau.

Werke: Abbundhalle, Murau, 1987–92; Haus der Kä. Ärzte, Klagenfurt, 1990–95; Wohnanlage ESG, Straßgang b. Graz, 1992–94; Vbg. Medienhaus, Schwarzach, 1993–96. – Schriften: Architektur aus Graz, 1981 (Red.); Architektur-Interventionen, 1984 (Mit-Hg.); Moderner Holzbau in der Stmk., 1989 (Hg.).

Giskra, Karl, * 29. 1. 1820 Mährisch-Trübau, (Moravská Třebová, CZ), † 1. 6. 1879 Baden (NÖ.), Politiker und Jurist. In der Revolution 1848 Wortführer der Wr. „Sturmpetition"; 1848/49 Mitgl. der Frankfurter Nationalversammlung; ab 1861 Führer der Deutschliberalen im ö. Parlament; 1867 Präs. des Abgeordnetenhauses; 1867–70 Innenmin.; erreichte die Trennung von Verwaltung und Justiz.

Literatur: C. Haintz, C. G., Diss., Wien 1963.

Gisser, Richard, * 11. 7. 1939 Wien, Demograph. Seit 1985 Leiter der Abteilung 1 (Bevölkerung) im Statist. Zentralamt, geschäftsführender Dir. des Inst. f. Demographie der Ö. Akad. d. Wiss., ö. Delegierter beim Europarat; Arbeiten zur Bevölkerungsstatistik.

Werke: Die rezente Zuwanderung nach Wien (1951–1971), 1973; Lebenswelt Familie, 1990 (Hg.); Familie und Familienpolitik in Ö., 1995.

Giuliani, Giovanni, * 1663 Venedig (I), † 5. 9. 1744 Heiligenkreuz (NÖ.), Stein- und Holzbildhauer. Etablierte oberitalienische Gestaltungsmittel in der barocken Skulptur Wiens, in NÖ. und im mährischen Raum; ab etwa 1690 in Wien ansässig, zunächst v. a. für die Familie Liechtenstein tätig; ab 1711 Laienbruder in Stift Heiligenkreuz, für das er seine bedeutendsten Arbeiten schuf. Lehrer von G. R. → Donner.

Werke: Skulpturen am Innen- und Außenbau von Stadt- und Gartenpalais Liechtenstein, Wien; Schloss Eisgrub (Lednice, CZ). – Stift Heiligenkreuz: Choraltarfiguren, Fußwaschungsgruppen, Chorgestühlskulpturen und -reliefs, Kreuzweg, Brunnen, Dreifaltigkeitssäule u. a.; Smlg. von vorbereitenden Tonmodellen ebd. – Literatur: E. Baum, G. G., 1964.

Glaessner, Martin Fritz, * 25. 12. 1906 Aussig (Ústi nad Labem, CZ), † 22. 11. 1989 Adelaide (Australien), Paläontologe, Mikropaläontologe und Geologe. 1932–37 Erdölgeologe in der UdSSR, 1938–50 in Neuguinea; 1950–71 Lehrtätigkeit an der Univ. Adelaide. Er beschrieb erstmals die ältesten bisher bekannten Körperfossilien aus dem Präkambrium Australiens.

Werke: The Principles of Micropaleontology, 1944; The Dawn of Animal Life, 1984. – Literatur: H. Küpper, In memoriam M. F. G., in: Annalen des Naturhist. Mus. Wien, 1991.

Glaise-Horstenau, Edmund, * 27. 2. 1882 Braunau (OÖ.), † 20. 7. 1946 Lager Langwasser b. Nürnberg (D), Offizier, großdt. Historiker und Politiker. 1910 im Generalstab, leitete 1915–18 das Pressereferat des Armee-Oberkommandos (Verfasser der Kriegsberichte), dann im Kriegsarchiv (1925–38 Dir.). 1934 Mitgl. des Staatsrats, 1936–38 Minister (ohne Geschäftsbereich bzw. für Inneres) im Kabinett Schuschnigg, 11.–13. 3. 1938 Vizekanzler im Kabinett Seyß-Inquart, 1941–44 bevollmächtigter dt. General in Kroatien, wandte sich gegen die Gräuel der Ustascha.

Werke: Die Katastrophe, 1928; Franz Josephs Weggefährte, 1930; Ö.-Ungarns letzter Krieg, 7 Bde., 1931–35 (Hg.). – Literatur: P. Broucek, Ein General im Zwielicht. Die Erinnerungen E. G.-H., 3 Bde., 1980–88.

Glanz, Joseph, * 3. 1. 1795 Lemberg, (Lviv, UA), † 22. 11. 1866 Wien, Medailleur, Ziseleur, einer der bedeutendsten Kunstgießer der Biedermeierzeit. Arbeitete 1819–31 in Berlin; wurde 1831 nach Wien berufen, wo er eine Werkstätte für Kleinkunstgüsse eröffnete (später Bronze- und Eisenwarengussfabrik).

Literatur: ÖBL.

Glaser, Eduard, * 15. 3. 1855 Deutsch-Rust (Podbořansky Rohozec, CZ), † 7. 5. 1908 München (D), Archäologe, Forschungsreisender (S-Arabien, Mittelmeergebiet), Pionier der Sabäistik. Seine Smlg. (Inschriftensteine u. a.) befindet sich im Kunsthist. Museum und in der Nat.-Bibl. in Wien.

Glaser, Erhard, * 8. 1. 1870 Lichtenstadt (Hroznetin, CZ), † 10. 7. 1947 Wien, Pharmakologe. Univ.-Prof. in Wien, Spezialist für Augen- und Ohrenkrankheiten. Armeehygieniker, 1915 Oberstabsarzt, 1926 Univ.-Prof. f. Pharmakognosie in Wien; machte sich um die Mineralwasserbeurteilung verdient; entwickelte mit O. → Haempel am Bitterling einen Test zur Feststellung der Schwangerschaft und zur Vorhersage des Geschlechts beim Menschen (g.-haempelscher Fischtest).

Glaser, Ernst, * 15. 4. 1912 Wien, Rundfunkintendant für Wien (1954–75). Begann seine Laufbahn als Lehrer für Deutsch und Geschichte, war Sekr. im Stadtschulrat für Wien und Mitbegründer des Inst. für Wiss. und Kunst sowie der Sozialakad.; 1949–54 Bildungssekr. der Arbeiterkammer.

Werke: Kann Wissenschaft verständlich sein?, 1965; Im Umfeld des Austromarxismus, 1981.

Glaser, Julius, * 19. 3. 1831 Postelberg (Postoloprty, CZ), † 26. 12. 1885 Wien, Jurist. Univ.-Prof. in Wien; 1871–79 Justizminister, Schöpfer der Strafprozessordnung und der modernen Strafprozesswiss.

Werke: Abhandlungen aus dem ö. Strafrecht, 1858; Schwurgerichtl. Erörterungen, 1875; Hb. des Strafprozesses, 2 Bde, 1883/85.

Glaser, Walter, * 31. 7. 1906 Oberbaumgarten (Horni Pěna, CZ), † 3. 2. 1960 Wien, Physiker. Spezialist für Elektronenoptik, 1949 Prof. an der Techn. Hochschule in Wien, 1954–56 in den USA; verbesserte Elektronenmikroskope.

Werk: Grundlagen der Elektronenoptik, 1952.

Glass, Fridolin, * 14. 12. 1910 Lemberg (Lwíw, UA), † 21. 2. 1943 Pavlochrod (RUS; gefallen), Hauptakteur des nat.-soz. Putschversuchs im Juli 1934 (Juliputsch 1934). 1932 Bundesleiter des Dt. Soldatenbunds; ab April 1934 Führer der illegalen SS-Standarte 89, die das Bundeskanzleramt in Wien besetzte. 1939 Angehöriger des Sicherheitsdiensts in Bulgarien, 1942 Kriegsberichterstatter der Waffen-SS an der O-Front.

Literatur: G. Jagschitz, Der Putsch, 1976.

Glave-Kolbielski, Karl, * 4. 8. 1752 Stettin (Szczecin, PL), † 14. 8. 1831 Budapest (H), Agent, Fabrikant und Finanzberater. Nach dubiosen Geschäften und Agententätigkeit brachte G.-K. Pläne und Teile von Spinnmaschinen aus England illegal nach Ö.; war u. a. als Finanzberater von Erzhzg. Karl und Gf. Stadion tätig. Während der franz. Besetzung Wiens 1809 mit Spionageaufträgen betraut, 1810–31 Staatsgefangener.

Literatur: A. Pribram, Ein polit. Abenteurer, 1937.

Glawatsch, Franz, * 16. 12. 1871 Graz (Stmk.), † 21. 6. 1928 Wien, Schauspieler, Sänger. Ab 1900 (gefördert von A. Girardi) am Wr. Carltheater und 1904 am Theater an der Wien; 1907 Oberregisseur der Karczag-Bühnen (Theater an der Wien und Raimundtheater); Gastspiele in St. Petersburg, Deutschland, Paris und Moskau; Typ des gemütl. „Urwieners".

Literatur: G. Haberhauer, F. G. 1871–1928, in: Penzinger Museumsblätter 40; O. Fritz, F. G. und seine Zeit, ebd.

Glax, Julius, * 11. 3. 1846 Wien, † 9. 8. 1922 Abbazia (Opatija, HR), Balneologe. Univ.-Prof. in Graz; machte Abbazia zum ö. Kurort von internat. Ruf und erweiterte die wiss. Grundlagen der Balneologie um die Meeresheilkunde.

Werke: Lehrbuch der Balneotherapie, 2 Bde., 1897/99; Übersicht über die Bäder u. Kurorte Ö., 1910.

Gleich, Joseph Alois (Pseud.: Adolph Blum, Ludwig Dellarosa, Alois Kramer, H. Walden), * 14. 9. 1772 Wien, † 10. 2. 1841 ebd., Staatsbeamter, Romanautor und Theaterdichter, v. a. für das Leopoldstädter Theater und das Theater in der Josefstadt, dessen Vizedir. er 1814–16 war. Bedeutender Vertreter der Wr. Lokalposse, gehörte mit A. → Bäuerle und K. → Meisl zu den „großen Drei" des Alt-Wr. Volkstheaters vor F. → Raimund, dessen Schwiegervater er war und dem er zum Durchbruch verhalf. Obwohl äußerst produktiv (über 100 Ritter-, Räuber- und Geisterromane; ca. 250 Stücke), wurde G. rasch vergessen und endete im Elend.

Werke: Romane: Fridolin von Eichenfels, 1796; Die Todtenfackel, 1798; Der Eheteufel auf Reisen, 1822; u. a. – Ausgabe: Ausgewählte Werke, hg. v. O. Rommel, 1910. – Literatur: O. Rommel, Die Alt-Wr. Volkskomödie, 1952; V. Klotz, Bürgerl. Lachtheater, 1980; ÖBL.

Gleispach, Johann Graf, * 29. 9. 1840 Görz (Gorizia, I), † 21. 2. 1906 Graz (Stmk.), Jurist, dt.-liberaler Politiker; Vater von Wenzeslaus → Gleispach. 1892 und 1898 Präs. des Oberlandesgerichts in Graz, 1895–97 Justizmin. Verdienste um die Anlage der stmk. Grundbücher und den Bau des Grazer Justizgebäudes.

Gleispach, Wenzeslaus, * 22. 8. 1876 Graz (Stmk.), † 12. 3. 1944 Wien, Jurist; Sohn v. Johann Gf. → Gleispach. Univ.-Prof. in Freiburg, Prag und Wien (1916–33); gründete das Univ.-Inst. für Strafrechtswiss. und Kriminalistik.

Werke: Der ö. Strafprozeß, 1913; Das dt. Strafverfahrensrecht, 1942.

Gleißner, Heinrich, * 26. 1. 1893 Linz (OÖ.), † 18. 1. 1984 ebd., Jurist und Politiker (ÖVP). 1930 Dir. der oö. Landw.-Kammer, 1933/34 Staatssekr. im BM f. Land- u. Forstw., 1934–38 und 1945–71 Landeshauptmann von OÖ.; 1939–40 in den KZ Dachau und Buchenwald, 1951 Kandidat der ÖVP bei der Bundespräsidentenwahl. Er führte OÖ. aus der schwierigen Nachkriegs- u. Besatzungszeit (Ausgleich zw. amerikan. und sowjet. Besatzungsmacht), trug erfolgreich zum polit., wirt. und kulturellen Wiederaufbau OÖ. bei und förderte den Strukturwandel OÖ. vom Agrar- zum Ind.-Land.

Literatur: H. Forstner u. a., Oberösterreicher. Landeshauptmann H. G. – Zeitgenossen berichten, 1985; H. Slapnicka, H. G., 1987.

Globocnik, Odilo, * 24. 4. 1904 Triest (I), † 31. 5. 1945 Paternion (Kä.; Selbstmord), nat.-soz. Politiker und SS-Führer. Gaupropagandaleiter, 1933 stellv. Gauleiter von Kä. Im März 1938 als Mitgl. der einflussreichen „Kä. Gruppe" maßgeblich am Anschluss Ö. an das Dt. Reich beteiligt. 1938–39 Gauleiter von Wien, 1939–42 SS- und Polizeiführer von Lublin; spielte eine führende Rolle bei der „Aktion Reinhard", der Vernichtung und Vermögensverwertung des poln. Judentums. 1943–45 Höherer SS- und Polizeiführer für das adriat. Küstenland.

Literatur: S. J. Pucher, „... in der Bewegung führend tätig". O. G. – Kämpfer für den „Anschluß", Vollstrecker des Holocaust, 1997.

Otto Glöckel. Foto, um 1925.

Glöckel, Otto, * 8. 2. 1874 Pottendorf (NÖ.), † 23. 7. 1935 Wien, Schulreformer, soz.-dem. Politiker. Ab 1907 Reichsratsabg., 1918–20 Mitgl. der Provisor. bzw. Konstituierenden Nationalversammlung, 1920–33 Abg. z. NR, 1919–20 Unterstaatssekr. f. Unterr., 1922–34 Geschäftsführender 2. Präs. des Wr. Stadtschulrats, 1934 vorübergehend in Haft. Führender Organisator der soz.-dem. ausgerichteten Schulreform in der 1. Republik (Einheitsschule). G. und seine Mitarbeiter (wie V. → Fadrus, H. → Fischl, K. → Furtmüller) wollten Chancengleichheit durch Abbau von Bildungsbarrieren, soz. Integration und Ausschaltung des kirchl. Einflusses erreichen. Leitstelle der Schulreformarbeit war zunächst die Reformabteilung (1919–23) im Unterrichtsamt, dann der Stadtschulrat für Wien. Mit seinen Maßnahmen zur „inneren" Reform, wie Neuformulierung der Lehrpläne, Herausgabe kindgemäßer Lehrbücher (mit Hilfe des von der Stadt Wien gegr. Verlags Jugend und Volk), Einübung demokrat. Verhaltensmuster in den „Schulgemeinden", Anhebung der Aus- und Fortbildung der Lehrer (1923 Errichtung des Pädagog. Inst. der Stadt Wien mit Pädagog. Zentralbibl.), setzte sich G. weitgehend durch, bei seinen organisatorischen Reformen war er bei der Umwandlung der Militärkadettenanstalten (1919) in Staats-(ab 1920 Bundes-)Erziehungsanstalten und beim Ausbau des Sonderschulwesens in Wien erfolgreich; seine Schulversuche zur Allg. Mittelschule führten nur zu einem Kompromiss bei der Schaffung der Hauptschule (1927).

Werke: Das Tor der Zukunft, 1917; Die ö. Schulreform, 1923; Drillschule - Lernschule - Arbeitsschule, 1928; O. G., Selbstbiographie, 1939. – Ausgabe: Ausgewählte Schriften und Reden, hg. v. O. Achs, 1985. – Literatur: O. Achs u. A. Krassnigg, Drillschule – Lernschule – Arbeitsschule. O. G. und die Schulreform der 1. Republik, 1974.

Christoph Willibald Gluck. Gemälde von J. S. Duplessis, 1775 (Kunsthistorisches Museum, Wien).

Glöckler, Gustav, * 7. 5. 1937 Wien, Verleger. Übernahm 1960 den elterl. Buchbindereibetrieb, seit 1975 geschäftsführender Gesellschafter des auf Schulbücher spezialisierten Verlags Hölder–Pichler–Tempsky bzw. seit 1998 der öbv & hpt Verlagsges. m. b. H.

Glöckner, Berta, * 26. 12. 1848 Komorn (Komarno, SK), † 10. 12. 1916 Wien, Schauspielerin. Zunächst in Linz, Brünn und Budapest tätig, 1870 Auftritt am Wr. Carltheater, 1877 am Theater an der Wien, 1878 in München, 1878–81 in St. Petersburg und 1882 in Moskau.

Glöggl, Franz sen., * 21. 2. 1764 Linz (OÖ.), † 16. 6. 1839 ebd., Musiker; Vater von Franz → Glöggl jun.; 1790 Stadt-Musikdirektor in Linz, 1790–97 Theaterdirektor in Linz und Salzburg, 1798 Domkapellmeister in Linz; gründete dort 1797 die erste Musikschule. Seine Musikalien- und Instrumenten-Smlg. wurde 1824 von der Wr. Ges. der Musikfreunde erworben.

Glöggl, Franz jun., * 2. 4. 1796 Linz (OÖ.), † 23. 1. 1872 Wien, Musikalienhändler; Sohn von Franz → Glöggl sen. Ab 1844 in Wien; gab 1852–62 die „Neue Wr. Musikzeitung" heraus, war mehrere Jahre Archivar der Ges. der Musikfreunde in Wien und gründete Musikschulen in Wien.

Glossy, Blanka (verehel. Schwarz), * 6. 11. 1893 Wien, † 24. 11. 1952 ebd., Schauspielerin, Graphikerin; Tochter von Karl → Glossy. 1912–52 Ensemblemitgl. des Wr. Burgtheaters, Volksschauspielerin und Interpretin des Altwiener Lieds; Film- und Rundfunktätigkeit.

Werk: Josefine Gallmeyer, 1947 (mit G. Berger).

Glossy, Karl, * 7. 3. 1848 Wien, † 9. 9. 1937 ebd., Theater- und Literaturhistoriker; Vater von Blanka → Glossy. Dir. der Bibl. und des Museums der Stadt Wien; Pionier der Theater- und Literaturforschung (erstmals Archivforschungen).

Werke: J. Schreyvogel, 1903; Zur Geschichte der Theater Wiens, 2 Bde., 1915/20; Das Burgtheater unter seinem Gründer Joseph II., 1926; 40 Jahre Dt. Volkstheater, 1929. – Hg.: F. Raimund, Sämtl. Werke, 3 Bde., 1881; Tagebücher K. L. Costenobles, 1888; Jb. der Grillparzer-Ges., 1890f.; Grillparzers Briefe und Tagebücher, 2 Bde., 1903; J. Schreyvogels Tagebücher, 1903; Briefe F. Dingelstedts, 1925; Ö. Rundschau (54 Bde., 1905ff., mit A. Frh. v. Berger).

Glück, Anselm, * 28. 1. 1950 Linz (OÖ.), Schriftsteller, Maler und Graphiker. Experimentelle Literaturauffassung (Montage, Collage, Verfremdung, Poetik-Performance); strebt unter Einbeziehung der bildenden Kunst ein Gesamtkunstwerk an, das die gewohnten Grenzen von Sprache und Wahrnehmung überschreitet.

Werke: ohne titel, 1984; ich muß immer daran denken. geschichte, 1988; die eingeborenen sind ausgestorben, 1987; melken bis blut kommt, 1993; mit der erde fliegen, 1994; die letzte jahreszeit, 1995; ich kann mich nur an jetzt erinnern, 1998. – Drama: wir sind ein lebendes beispiel, 1992. – Literatur: I. Jetschgo, in: Parnass, Heft 4, 1989.

Gluck, Christoph Willibald, * 2. 7. 1714 Erasbach i. d. Oberpfalz (D), † 15. 11. 1787 Wien (nannte sich ab 1756 nach Verleihung des päpstl. Ordens vom goldenen Sporn „Ritter Gluck"), Komponist und Opernreformer. Studienaufenthalte in Italien (u. a. bei G. Sammartini in Mailand), 1741 Debüt als Opernkomponist in Mailand, 1745/46 Aufenthalt in London. Erste Arbeit für den Wr. Kaiserhof 1748 („Semiramide riconosciuta" zum Geburtstag Maria Theresias und zur Eröffnung des umgebauten Burgtheaters). Beendete seine „Wanderjahre" mit der Niederlassung in Wien 1750; Anstellung als Kapellmeister beim Prinzen von Sachsen-Hildburghausen (bis 1761) und 1754–64 Kapellmeister der Hoftheater.

In seinen Reformwerken („Orfeo", den beiden „Iphigenie"-Opern und „Alceste") strebte G. eine Überwindung des starren Konzepts der metastasianischen Oper (Rezitativ = Handlung, Arie = Darstellung von Affekten) an und versuchte, die Musik in den Dienst des Textes zu stellen und der Oper einen mehr fließenden Verlauf zu geben. Der Großteil von Glucks 47 großen Opern ist jedoch dem Schema Metastasios verpflichtet. Aufgrund der frankophilen Theaterpolitik von Fürst Kaunitz und G. langem Paris-Aufenthalt (1773–75) sind zahlr. Werke in franz. Sprache geschrieben, v. a. die Reformopern „Iphigénie en Aulide", „Orphée et Eurydice" und „Alceste" sowie „Armide" und zahlr. Werke der Opéra comique. Der Kontrast zw. G. franz. Reformopern und der neuen ital. Richtung, vertreten durch N. Piccini, wurde durch die jeweiligen Anhänger zum sog. Buffonistenstreit ausgeweitet.

Werke: 47 dramatische Werke, Lieder (7 Klopstocksche Oden), Ballette (Don Juan, Alessandro, genaue Anzahl noch unsicher), 2 Triosonaten, Ouvertüren, De profundis. – Ausgabe: Sämtl. Werke, im Auftrag des Inst. für Musikforschung, 1951ff. – Literatur: K. Hortschansky, Parodie und Entlehnung im Schaffen C. W. G., 1973; A. Einstein, C. W. G., 1987; N. de Palézieux, C. W. G., 1988; G. Buschmeier, Die Entwicklung von Arie und Szene in der franz. Oper von G. bis Spontini, 1991; P. Howard, G., 1995.

Glück, Harry, * 20. 2. 1925 Wien, Architekt. 12 Jahre als Bühnenbildner tätig, danach mit Fragen des soz. Wohnbaus beschäftigt. Bautätigkeit vorwiegend in Wien.

Werke (teilw. mit Partnern): Wohnpark Alterlaa, Nittel-Hof, Vollwertwohnen Hartlgasse, Überbauung des Franz-Josefs-Bahnhofs, Hotel Marriott, Bürogebäude Wr. Allianz, Niedrigenergiehaus Handelskai (alle in Wien); weitere große Wohnbauten in Ö. und Deutschland. – Publikationen: Sozialer Wohnbau, 1979; Stadt und Lebensqualität, 1985 (Mitarbeit).

Glück, Wolfgang, * 25. 9. 1929 Wien, Theater- und Filmregisseur. Studierte Theaterwiss. und Germanistik in Wien und Zürich; 1949–54 Regieassistent bei B. → Viertel, F. → Kortner, J. → Gielen und O. F. → Schuh; Regiearbeiten u. a. am Wr. Burgtheater, am Schauspielhaus Zürich und in Frankfurt a. M. 1957 erster Spielfilm, 1981 Durchbruch mit der Torberg-Verfilmung „Der Schüler Gerber"; sein Film „38 – Heim ins Reich" (1985) wurde für den Oscar nominiert. Seit 1994 Prof. für Filmregie und seit 1997 Leiter der Filmakademie der Hochschule (bzw. Univ.) für Musik und darst. Kunst in Wien.

Weiteres Werk: Es war doch Liebe …, 1997.

Gmeiner, Hermann, * 23. 6. 1919 Alberschwende (Vbg.), † 26. 4. 1986 Innsbruck (Ti.), gründete 1949 das erste SOS-Kinderdorf; sein Lebenswerk war der internat. Aufbau des Kinderdorf-Werks.

Werk: Die SOS-Kinderdörfer, [33]1994. – Literatur: H. Reinprecht, H. G. Abenteuer Nächstenliebe, [3]1989; J. Lehmann, H. G., 1999.

Gobert, Boy, * 5. 6. 1925 Hamburg (D), † 30. 5. 1986 Wien, Kammerschauspieler, Regisseur, Theaterleiter. Zunächst Engagements in Deutschland und der Schweiz, 1960–69 Ensemblemitgl. des Wr. Burgtheaters; 1969–80 Dir. des Hamburger Thalia-Theaters, 1980–85 Generalintendant der Staatl. Schaubühnen Berlin; 1986 designierter Dir. des Theaters in der Josefstadt; Gastregisseur u. a. bei den Sbg. Festspielen. 14 Langspielplatten mit Lesungen und Gesang; verkörperte ab 1955 über 40 Rollen in Spielfilmen.

Godeffroy, Richard, * 26. 8. 1847 Wien, † 22. 10. 1895 ebd., Chemiker. Ab 1880 Prof. am Technolog. Gewerbemuseum in Wien; Fachmann für Holztechnologie und pharmazeut. Chemie (bes. Mineralwasser); Gründer und erster Vorstand des Laboratoriums des Allg. Ö. Apothekervereins. Pionier auf dem Gebiet der gewerbl. Fortbildung.

Werke: Studien über die mikroskopischen Reactionen der China-Alkaloide, 1878; Compendium der Pharmacie, 1880.

Gödel, Kurt, * 28. 4. 1906 Brünn (Brno, CZ), † 14. 1. 1978 Princetown (USA), Mathematiker. 1933–38 Univ.-Doz. in Wien, Mitgl. des Wr. Kreises, nach Emigration 1939–76 am Institute for Advanced Studies in Princeton. Einer der bedeutendsten math. Logiker dieses Jahrhunderts, dessen Ergebnisse von fast revolutionärer Bedeutung für die theoret. Mathematik waren und der wesentl. Beiträge zur Mengentheorie und zur Allg. Relativitätstheorie leistete. Der g.sche Unvollständigkeitssatz besagt, dass es keine axiomatisch formulierte Theorie (Kalkül) geben kann, die sämtl. Wahrheiten der Arithmetik beschreiben kann (d. h., dass „wahr" und „beweisbar" im allg. nicht das Gleiche sind). Weiters ist damit besagt, dass ein mathemat. Kalkül seine eig. Widerspruchsfreiheit prinzipiell nicht beweisen kann.

Werk: Über formal unentscheidbare Sätze der Principia Mathematica und verwandter Systeme, 1931. – Ausgabe: Collected Works, 3 Bde., 1990–95. – Literatur: Nachruf in Monatshefte Mathematik, 1980. D. R. Hofstaedter, G., Escher, Bach, 1985; J. W. Dawson, K. G., Leben und Werk, 1999.

Godl, Stephan, * um 1480, † März 1534 Mühlau b. Innsbruck (Ti.), Erzgießer. Vermutlich aus Innsbruck-Hötting stammend, 1508 als Gießer von Handbüchsen aus Nürnberg nach Innsbruck berufen; zw. 1514 und 1520 führte er nach Entwürfen von J. → Kölderer und Modellen von L. Magt den Guss der 23 kleinen Statuetten der Familienheiligen des Hauses Habsburg für das Maximiliansgrab in der Innsbrucker Hofkirche durch. Nach 1518 große Grabmalfiguren.

Literatur: V. Oberhammer, Die Bronzestandbilder des Maximiliangrabmales in der Hofkirche zu Innsbruck, 1935.

Goebel, Alexander, * 9. 10. 1953 Lünen (D), Schauspieler und Sänger. Studierte am Reinhardt-Seminar in Wien, begann als Rock-Sänger. Theaterrollen in Produktionen von D. Haspel und H. Gratzer. Seinen Durchbruch als Musicalsänger erzielte er in „Jesus Christ Superstar", „Evita" und „Phantom der Oper" am Theater an der Wien. Filmrollen u. a. in „Eine fast perfekte Scheidung" (1998) und „Eine fast perfekte Hochzeit" (1999). Auch als Sänger und Entertainer sowie im Rundfunk tätig.

Goebel, Carl, * 26. 2. 1824 Wien, † 10. 2. 1899 ebd., Maler und Lithograph. Beeinflusst von P. → Fendi, J. → Danhauser, J. M. → Ranftl und J. → Kriehuber. Studienreisen nach Russland, Ungarn, Spanien, Frankreich und Italien, 1864 Afrikareise. Bekannter Vedutenmaler und Gesellschaftsporträtist.

Goëss, aus den Span. Niederlanden (Belgien) stammendes Adelsgeschlecht, 1693 Reichsgrafen, verwandt mit den Familien Saurau und Mayr-Melnhof (Erbe des Besitzes 1957), v. a. in der Stmk. und Kä. tätig. Palais Saurau-G. in Graz 1564–66 3-geschossig um Arkadenhof erbaut, Wappenportal, unter dem Dach Halbfigur eines Türken mit Schwert. Seit 1704 Besitzer des Schlosses in Ebenthal in Kä.; Palais G. in Klagenfurt erbaut 1734–38. Bedeutende Mitgl. der Familie: Peter Gf. → Goëss, Anton Gf. → Goëss, Zeno Vinzenz Gf. → Goëss, Leopold Gf. → Goëss, Leopold → Goëss.

Goëss, Anton Graf, * 6. 8. 1816 Stra b. Venedig (I), † 20. 5. 1887 Wien, Offizier und Politiker; Sohn von Peter Gf. → Goëss, Cousin von Zeno Vinzenz Gf. → Goëss und Leopold Gf. → Goëss. 1861–76 Landeshauptmann von Kä.; ab 1861 Mitgl. des Herrenhauses; trat für ein konstitutionelles Ö. ein. 1878 Orden vom Goldenen Vlies.

Literatur: ÖBL.

Goëss, Leopold, * 2. 9. 1916 Graz (Stmk.), Guts- und Forstbesitzer, Politiker. Führte 1953–93 die väterl. Land- und Forstwirtschaftsgüter. 1962–74 Mitgl. d. BR, 1959–81 Präs. der Kä. Sparkasse, 1975–81 Präs. des Bundesholzwirtschaftsrates, 1975–86 Präs. des Kunstvereins für Kä.

Goëss, Leopold Graf, * 28. 10. 1848 Graz (Stmk.), † 22. 7. 1922 Ebenthal i. Kä., Verwaltungsjurist und Beamter; Bruder von Zeno Vinzenz Gf. → Goëss, Cousin von Anton Gf. → Goëss. 1893–97 Landespräs. der Bukowina, 1897–1904 Statthalter in Triest und Küstenland, wo er v. a. die industrielle Entwicklung förderte, aber gegen die nationalist. Entwicklungen wenig erfolgreich agierte. 1904 Mitgl. des Herrenhauses. Machte sich nach dem 1. Weltkrieg um die Kä. Volksabstimmung verdient.

Literatur: ÖBL.

Goëss, Peter Graf, * 8. 2. 1774 Florenz (I), † 11. 7. 1846 Wien, Jurist und Beamter; Vater von Anton Gf. → Goëss. Ab 1803 Präs. des dalmatin. Guberniums, ab 1804 ständischer Chef in Kä., ab 1806 Landrechtspräs. des stmk.-kä. Guberniums, ab 1809 Landesgouverneur in Galizien, ab 1815 der venetian. Provinzen; ab 1819 in verschied. hohen Funktionen in Wien tätig; 1825 nö. Landmarschall, 1834 Hofmarschall; 1830 Orden vom Goldenen Vlies. Zeichnete sich durch soz. (Kampf gegen Hunger und Armut in Dalmatien), kulturelle (Präs. der Ges. der Musikfreunde in Wien) und wirt. (Mitbegründer der Ersten ö. Spar-Casse) Initiativkraft aus.

Literatur: ÖBL.

Goëss, Zeno Vinzenz Graf, * 26. 10. 1846 Graz (Stmk.), † 14. 5. 1911 Klagenfurt (Kä.), Offizier und Politiker; Bruder von Leopold Gf. → Goëss, Cousin von Anton Gf. → Goëss. Bis 1897 Reichsratsabg.; 1897–1909 Landeshauptmann von Kä. Förderte den Bau des Landeskrankenhauses und des Künstlerhauses in Klagenfurt.

Literatur: ÖBL.

Karl Goldmark. Gemälde von H. Stalzer, 1910 (Gesellschaft der Musikfreunde in Wien).

Goethe, Hermann, * 16. 3. 1837 Naumburg a. d. Saale (D), † 12. 5. 1911 Baden (NÖ.), Agronom. Ab 1886 Dozent an der Univ. f. Bodenkultur in Wien; gründete und leitete eine biolog. Weinbau-Versuchsanstalt. Verdienste um Bekämpfung der Reblaus und Einführung der amerikan. Rebe in Ö.

Gold, Ernest (eigentl. Ernst Goldner), * 13. 7. 1921 Wien, † 17. 3. 1999 Los Angeles (USA), Komponist. Emigrierte 1938 in die USA, Kompositionsstudium in New York und Hollywood. Ab 1946 Arrangeur, ab 1948 Komponist von Filmmusik, u. a. langjährige Zusammenarbeit mit dem Regisseur Stanley Kramer. 1958–60 musikal. Direktor und Dirigent des Santa Barbara Symphony Orchestra, Gründer des Senior Citizens' Orchestra of Los Angeles. Schrieb auch Bühnenmusiken für Musicals und komponierte u. a. Sonaten, Konzerte und Symphonien. Oscar und 2 Grammys für Filmmusik zu „Exodus" von O. → Preminger (1960).

Weitere Werke: Filmmusik: Affair in Havanna, 1957; Witness for the Prosecution, 1957; Inherit the Wind, 1960; Judgment at Nuremberg, 1961; It's a Mad, Mad, Mad, Mad World, 1963; Cross of Iron, 1977.

Gold, Käthe, * 11. 2. 1907 Wien, † 11. 10. 1997 ebd., Kammerschauspielerin. Bereits mit 4 Jahren als Statistin an der Hofoper und am Burgtheater in Wien, 1926 Debüt am Stadttheater Bern, danach Engagements in Mönchengladbach, Breslau, München, am Akademietheater und am Theater in der Josefstadt in Wien (1932–35), am Preuß. Staatstheater in Berlin (unter G. Gründgens) und am Schauspielhaus Zürich; ab 1947 Ensemblemitgl. des Wr. Burgtheaters. Gastspiele u. a. bei den Sbg. und Bregenzer Festspielen; 1985 Abschied von der Bühne. Film-, Fernseh- und Rundfunktätigkeit. Kainz-Medaille 1965.

Literatur: E. Wurm, K. G., 1951.

Andreas Goldberger. Foto.

Goldberger, Andreas (Andi), * 29. 11. 1972 Waldzell (OÖ.), Skispringer. Gesamtsieger von Vierschanzentournee und Weltcup 1992/93; errang 2 Silber- und 2 Bronzemedaillen bei den Weltmeisterschaften 1992 und 1993 sowie 2 Bronzemedaillen bei den Olymp. Spielen 1994 (Großschanze, Mannschaftsspringen) und den Weltcupsieg 1995; Weltcupsieger und Weltmeister im Skifliegen 1996, Goldmedaille bei den Olymp. Spielen 2001 in Lahti (Normalschanze, Mannschaftsspringen).

Werk: Absprung. Mein Leben im Höhenflug, 1996.

Goldberger, Richard von, * 22. 6. 1875 Wien, † 24. 8. 1927 Berlin (D), erfolgreicher Operettenkomponist. Mitbesitzer des Johann-Strauß-Theaters in Wien, später auch in Berlin große Erfolge.

Werke: Operetten („Der Stern von Assuan"); Ballette („Mondweibchen"); Märsche.

Goldinger, Walter, * 15. 3. 1910 Wien, † 15. 2. 1990 ebd., Historiker. Univ.-Prof., ab 1935 im Ö. Staatsarchiv, 1957 Dir. des Allg. Verwaltungsarchivs, ab 1973 Gen.-Dir. des Ö. Staatsarchivs.

Werke: Geschichte des ö. Archivwesens, 1957; Geschichte der Republik Ö., in: H. Benedikt, Geschichte der Republik Ö. 1918–38, 1962 (als eig. Bd., neu bearb. von D. A. Binder, 1992). – Literatur: E. Zöllner, W. G. Nachruf in MIÖG 98, 1990.

Goldmark, Karl, * 18. 5. 1830 Keszthely (H), † 2. 1. 1915 Wien, Komponist, Geiger und Musiklehrer. Wirkte anfangs als Geiger am Wr. Carltheater; studierte als Autodidakt 1858–60 in Budapest Musiktheorie. Einen ersten Erfolg errang er 1865 mit seiner Sakuntala-Ouvertüre, einen Welterfolg 1875 mit der Oper „Die Königin von Saba". 1866 Ehrenmitgl. der Ges. der Musikfreunde in Wien, 1896 Ritterkreuz des Leopold-Ordens. Setzte sich sehr für R. Wagner ein (Gründungsmitgl. des Akad. Wagner-Vereins in Wien).

Weitere Werke: Opern („Merlin", 1886; „Heimchen am Herd", 1896; „Die Kriegsgefangenen", 1899; „Götz von Berlichingen", 1902; „Ein Wintermärchen", 1907); Symphonien, Kammermusik, Lieder, Chorwerke. – Erinnerungen aus meinem Leben, 1922. – Literatur: L. Koch, K. G., 1930; H. Graf., C. G. Studie zur Biographie und Rezeption, Dipl.-Arb., Wien 1994.

Goldscheider, Ludwig, * 3. 8. 1896 Wien, † 26. 6. 1973 London (GB), Verleger, Lyriker. Studierte in Wien und gab 1921 den Lyrikband „Die Wiese" heraus. Mitbegründer des Wr. Phaidon-Verlags, der sich 1923–38 durch preiswerte Kunstbücher einen Namen machte. Emigrierte 1938 nach England, verfasste dort zahlr. kunsthist. Werke und gründete die Phaidon Press.

Literatur: D. Waibel u. F. Stadler (Hg.), Die vertriebene Vernunft, 1993.

Goldschmidt, Adalbert von, * 5. 5. 1848 Wien, † 21. 12. 1906 ebd., Komponist. Epigone R. Wagners; verfasste teilw. selbst die Texte zu seinen Werken und führte einen bedeutenden musikal. Salon.

Werke: Die 7 Todsünden, 1876 (Oratorium); Opern, rd. 100 Lieder.

Goldschmiedt, Guido, * 29. 5. 1850 Triest (I), † 6. 8. 1915 Gainfarn (NÖ.), Chemiker, Alkaloid-Forscher. Univ.-Prof. in Prag und Wien; lieferte Beiträge zur Kenntnis des Stuppfetts und verschiedener organ. Verbindungen, führte erstmals die Fetthärtung durch. Lieben-Preis 1892.

Werke: Über das Stuppfett, in: Monatshefte f. Chemie 1880; Über Papaverin, ebd. 1885–91.

Gölis, Leopold Anton, * 19. 10. 1764 Weißenbach (Stmk.), † 20. 2. 1827 Wien, Kinderarzt. Ab 1794 medizin. Leiter des 1. öffentl. Kinderkranken-Inst. in Wien; übte seine Tätigkeit unentgeltlich aus und konzentrierte sich v. a. auf die prakt. Arbeit, weniger auf die Forschung.

Werk: Prakt. Abhandlungen über die vorzügl. Krankheiten des kindl. Alters, 2 Bde., 1818.

Goller, Vinzenz (Pseud.: Hans von Berchthal), * 9. 3. 1873 St. Andrä b. Brixen (S-Ti.), † 11. 9. 1953 St. Michael i. Lungau (Sbg.), Kirchenkomponist. Leiter der Abt. Kirchenmusik der Wr. Akad. f. Musik und darst. Kunst (in Klosterneuburg); wichtiger Vertreter des Cäcilianismus in Ö., schloss sich später der volksliturg. Bewegung an.

Werke: 40 Messen; Motetten, Hymnen, Lieder. – Die Orgel beim kath. Gottesdienst, 4 Bde., 1927–44; Hg. der Ztschr. „Musica Divina" und der Smlg. „Meisterwerke kirchl. Tonkunst in Ö.", 1913ff.

Göllerich, August, * 2. 7. 1859 Linz (OÖ.), † 16. 3. 1923 ebd., Dirigent und Musikschriftsteller. Schüler und Sekr. von F. → Liszt; in engem Kontakt mit A. → Bruckner, der ihn später zu seinem Biographen bestimmte; 1896 Dirigent des Musikvereins Linz, Leiter des Linzer Schubertbunds und des „Frohsinn"; verheiratet mit der Liszt-Schülerin G. Pasthory-Voigt.

Werke: Liszt-Biographie, 1887 (mit Werkverzeichnis); Beethoven, [2]1904; A. Bruckner, Bd. 1, 1922 (von M. Auer bis 1937 mit Bd. 2–4 vollendet). – Literatur: Anonym, A. G., 1927.

Gölsdorf, Karl, * 8. 6. 1861 Wien, † 18. 3. 1916 Wolfsbergkogel a. Semmering (NÖ.), Eisenbahntechniker. Konstruierte richtungsweisende 5- und 6-fach gekuppelte Gebirgs- und eine Schnellzuglokomotive mit hoch liegendem Kessel.

Literatur: ÖBL.

Goltz, Alexander Demetrius, * 25. 1. 1857 Püspökpladány (H), † 14. 5. 1944 Wien, Maler. Studien in München und Wien; unternahm danach viele Reisen (Frankreich, Großbritannien, USA, Orient, Balkan) und lebte ab 1892 in Wien. Schuf Porträts, Landschafts- und Historienbilder; 1904–07 Ausstattungschef des Burgtheaters und 1909/10 der Hofoper.

Literatur: ÖBL.

Goltz, Christl, * 8. 7. 1912 Dortmund (D), Kammersängerin (1952), Sopranistin. Ab 1951 Mitgl. der Wr. Staatsoper. Häufige Mitwirkung an den Sbg. Festspielen.

Goluchowski, Agenor d. Ä. Graf, * 8. 12. 1812 Lemberg (Lwiw, UA), † 3. 8. 1875 ebd., Staatsmann; Vater von Agenor Gf. → Goluchowski d. J.; 1849–59, 1866–68 und 1871–75 Statthalter von Galizien, 1859/60 Innen-, 1860 Staatsminister; schuf die Grundlage für das Oktoberdiplom 1860, nach dessen Widerrufung er zurücktrat.

Literatur: E. Wolf, Die Beziehungen Ö.-Ungarns zu Deutschland unter G., Diss., Wien 1970.

Goluchowski, Agenor d. J. Graf, * 25. 3. 1849 Lemberg (Lwiw, UA), † 28. 3. 1921 ebd., Staatsmann; Sohn von Agenor Gf. → Goluchowski d. Ä.; ö. Gesandter in Paris und Bukarest; 1895–1906 Min. des Äußeren; trat noch 1914–18 für die austropolnische Lösung ein.

Literatur: E. Hecht, Graf G. als Außenmin., Diss., Wien 1951.

Gombrich, Ernst Hans, Sir (1972), * 30. 3. 1909 Wien, Kunsthistoriker. 1936 Emigration nach London, dort am Warburg Institute tätig (1959–76 Dir.), Lehrtätigkeit an engl. Univ.; widmete sich schwerpunktmäßig der Ikonographie und Kunsttheorie der Renaiss. sowie der Einbeziehung psychoanalyt. Ansätze in die kunsthist. Forschung. Orden Pour le Mérite 1976; Ö. Ehrenzeichen f. Wiss. u. Kunst 1984; L.-Wittgenstein-Preis 1988; Ö. Staatspreis für Verdienste um die ö. Kultur im Ausland 1993.

Werke: The Story of Art, 1950 (Die Geschichte der Kunst, 1959); Art and Illusion, 1960 (Kunst u. Illusion, 1978); Studies in the Art of the Renaissance, 3 Bde., 1966–76 (Die Kunst der Renaiss., 1985); The Sense of Order, 1979 (Ornament u. Kunst, 1982); Shadows, 1995 (Schatten, 1996).

Gomperz, Heinrich, * 18. 1. 1873 Wien, † 27. 12. 1942 Los Angeles (USA), Philosoph; Sohn von Theodor → Gomperz. Univ.-Prof. in Wien; ab 1934 in den USA. Er nannte seine Weltanschauungslehre, wonach das menschl. Bewusstsein nur Vorstellungen und Gefühle enthält, „Pathempirismus".

Werke: Kritik des Hedonismus, 1898; Weltanschauungslehre, 2 Bde., 1905/08; Die indische Theosophie, 1925; Philosophical Studies, 1953. – Literatur: M. Seiler (Hg.), H. G., K. Popper und die ö. Philosophie, 1994; ÖBL.

Gomperz, Theodor, * 29. 3. 1832 Brünn (Brno, CZ), † 29. 8. 1912 Baden (NÖ.), klass. Philologe, Philosophiehistoriker; Vater von Heinrich → Gomperz. Univ.-Prof. in Wien; wollte v. a. das Weltbild und dessen Träger im Denken der Antike von den Anfängen der griech. Philosophie bis Aristoteles herausarbeiten.

Werke: Griechische Denker, 3 Bde., 1896–1902; Essays und Erinnerungen, 1905; Hellenika, 2 Bde., 1912. – Literatur: H. G., T. G., Briefe und Aufzeichnungen, 1936; ÖBL.

Gönner, Rudolf, * 17. 4. 1922 Wien, Gymnasiallehrer, 1950–57 Landesjugendreferent von NÖ., 1968–92 Univ.-Prof. für Pädagogik in Salzburg.

Werk: Die ö. Lehrerbildung von der Normalschule bis zur Pädagog. Akad., 1967.

Gorbach, Alfons, * 2. 9. 1898 Imst (Ti.), † 31. 7.1972 Graz (Stmk.), Jurist und Politiker (ÖVP). 1933–38 Landesführer der Vaterländ. Front in der Stmk., 1938–42 und 1944–45 in KZ-Haft. 1945–70 Abg. z. NR, 1960–63 Bundesparteiobmann der ÖVP, 1961–64 Bundeskanzler. Als Mann des Ausgleichs betrieb G. nach 1945 eine Versöhnungspolitik gegenüber den ehem. Nat.-Soz. und förderte die große Koalition ÖVP-SPÖ. Von J. → Klaus 1963 als Parteiobmann und 1964 als Bundeskanzler abgelöst.

Literatur: H. Bleier-Bissinger, Bundeskanzler Dr. A. G. und seine Zeit, 1988.

Görg, Bernhard, * 9. 2. 1942 Horn (NÖ.), Manager und Politiker (ÖVP). 1991 bei der Wahl des ÖVP-Bundesparteiobmanns gegen E. → Busek unterlegen, seit 1992 Obmann der ÖVP Wien und Stadtrat, 1996–2001 Vizebürgermeister und amtsführender Stadtrat für Planung und Zukunft.

Werke: Zukunft des Managers – Manager der Zukunft, 1989; Die neue Wirklichkeit, 1996; Innovation und Verantwortung, 2001 (Hg.).

Gornik, Erich, * 4. 8. 1944 Krumau (Česky Krumlov, CS), Physiker. Studierte 1968–72 Physik an der Techn. Hochschule in Wien, an der er anschließend Assistent wurde und sich habilitierte; 1979–88 Prof. für Experimentelle Physik an der Univ. Innsbruck, 1988–93 Prof. für Halbleiterphysik an der Techn. Univ. München und seit 1993 Prof. für Festkörperelektronik und Dir. des Mikrostrukturzentrums an der Techn. Univ. in Wien; zu seinen Forschungsschwerpunkten zählen Plasmonen und die Nanoelektronik. L.-Wittgenstein-Preis 1997.

Görtschacher, Urban, * um 1485 Villach (Kä.), nachweisbar bis gegen 1530, bedeutender Kä. Maler des Spät-MA. Schuf Fresken und Tafelbilder; zugeschrieben werden ihm u. a. Fresken in den Kirchen von Kaning, St. Radegund im Lesachtal, Möderndorf, Feistritz a. d. Drau, St. Sigmund im Pustertal, St. Stefan a. d. Gail und Tiffen sowie 4 Tafelbilder (Ö. Galerie Belvedere und Diözesanmuseum in Wien). Als sein Hauptwerk gilt das 1518 in Millstatt entstandene Weltgerichtsfresko. Seine Beziehungen zur paduan. und venezian. Malerei lassen mehrere Italienaufenthalte vermuten. Als Nachfolger von Meister → Thomas von Villach steht er zw. Spätgotik und Frührenaissance.

Literatur: M. Witternigg, U. G. und seine Stellung in Kä., Carinthia I, 1941/42.

Gorup, Eugen Franz, Frh. von Besánez, * 15. 1. 1817 Graz (Stmk.), † 24. 11. 1878 Erlangen (D), Chemiker. Nach Medizinstudium ab 1849 Univ.-Prof. in Erlangen; entdeckte die Proteasen in der keimenden Gerste; beschäftigte sich eingehend mit der Chemie der Galle, der Wirkung der Fermente im Pflanzenreich und der Wirkung des Ozons auf organ. Stoffe; Verfasser weit verbreiteter Lehrbücher der Chemie.

Werke: Physiolog. Chemie, [4]1878; Organ. Chemie, [6]1881; Anorgan. Chemie, [7]1885. – Literatur: ÖBL.

Görzer Grafen, aufgrund der Ehe Meinhards III. (→ Meinhard I., → Meinhardiner) mit Adelheid, der Tochter → Alberts III. von Ti., nach dessen Tod 1253 Grafen von Ti. Die G. G. spalteten sich 1271 in 2 Linien: Die Ti. Linie von Meinhard IV. (→ Meinhard II.) bestand bis → Margarete Maultasch (regierte bis 1363). Die jüngere Linie beherrschte Görz (Isonzotal) und O-Ti. Sitz war ab 1271 Schloss Bruck bei Lienz. Die G. G. verloren ab dem 14. Jh. an Einfluss, die Linie starb 1500 mit Leonhard aus, der Besitz (in O-Ti. die Gerichte Lienz, Virgen, Kals, Heunfels, im Pustertal Innichen usw., Görz, Gradiska) fiel laut Erbvertrag von 1394 an die → Habsburger.

Literatur: H. Wiesflecker, Die polit. Entwicklung der Grafschaft Görz und ihr Erbfall an das Haus Ö., MIÖG 56, 1954; Eines Fürsten Traum. Meinhard II. – Das Werden Ti., Ausst.-Kat., Schloss Tirol/Stams 1995.

Götschl, Renate, * 6. 8. 1975 Judenburg (Stmk.), Skirennläuferin. Galt bereits mit 16 Jahren als Spitzentalent, bis 1997 häufige Verletzungen und zahlr. Ausfälle; 1997 Weltmeisterin in der Kombination, 1997/98 und 1998/99 Weltcupsiegerin im Abfahrtslauf; 1999/2000 Gesamtweltcupsiegerin und Weltcupsiegerin im Super-G; 2000/01 Gesamtweltcupzweite und Silbermedaille im Abfahrtslauf bei den Weltmeisterschaften in St. Anton.

Gottfried von Admont, * um 1100 Schwaben, † 26. 6. 1165 Admont (Stmk.), Benediktiner. Ab 1137/38 Abt von Admont, führte die Hirsauer Reform ein, begann nach einem Brand 1152 den Wiederaufbau des Klosters. Er war als Schriftsteller tätig, vergrößerte die Bibl. und eröffnete eine eig. Mal- und Schreibschule.

Gotthard, Johann Peter, → Pázdirek, Johann Peter Gotthard.

Gottlieb, Anna, * 29. 4. 1774 Wien, † 1. 2. 1856 ebd., Opernsängerin (Sopran). Barbarina der Uraufführung von „Le Nozze di Figaro" (1. 5. 1786, Hofburgtheater in Wien) und Pamina bei der Uraufführung der „Zauberflöte" (30. 9. 1791, Freihaustheater in Wien). Ab 1792 am Leopoldstädter Theater, sang in zahlr. Stücken von W. → Müller.

Literatur: U. Mauthe, „Pamina" A. G., 1986.

Gottlieb, Johann, * 15. 2. 1815 Brünn (Brno, CZ), † 4. 3. 1875 Graz (Stmk.), Chemiker. Ab 1846 Prof. am Joanneum in Graz. Entdeckte die Propion- und Mesaconsäure, analysierte viele Mineralquellen der Stmk. und stellte erstmals die Ölsäure rein dar.

Werk: Lehrbuch der pharmazeut. Chemie, 1857. – Literatur: Almanach d. Ö. Akad. d. Wiss., 1875; ÖBL.

Gottschlich, Hugo, * 30. 10. 1905 Wien, † 22. 3. 1984 ebd., Kammerschauspieler. Ausbildung am Wr. Konservatorium, 1927 Debüt in Zürich; in Wien zunächst an verschiedenen Kabarettbühnen, danach am Theater in der Josefstadt und am Volkstheater, ab 1955 Ensemblemitgl. des Wr. Burgtheaters (insbes. komische Rollen); Filmtätigkeit (1940 Debüt neben A. Hörbiger in „Donauschiffer").

Gottsleben, Ludwig, * 24. 11. 1836 Wien, † 26. 2. 1911 ebd., Schriftsteller, Schauspieler. Verfasste ab 1856 Bühnenstücke, debütierte 1859 am Theater an der Wien, spielte als letzter namhafter Vertreter der Hanswurstkomik an verschiedenen Vorstadtbühnen.

Werke: volkstüml. Bühnenstücke, Couplets. – Autobiographie: 50 Jahre Komiker, 1910. – Literatur: E. Walz, L. G., Diss., Wien 1947.

Gottwald, Felix, * 13. 1. 1976 Zell a. See (Sbg.), Zeitsoldat und Skisportler (nordische Kombination). Weltcupgesamtsieger 2000/01; bei den Weltmeisterschaften 2001 in Lahti Silber- (Mannschaft) und Bronzemedaille (Einzelbewerb).

Götz, Alexander, * 27. 2. 1928 Graz, Jurist, Politiker (FPÖ). 1964–74 Abg. z. Stmk. Landtag, 1964–83 FPÖ-Landesparteiobmann, 1978/79 Bundesparteiobmann, 1979 Abg. z. NR und FPÖ-Klubobmann. 1964–73 Vizebürgermeister und 1973–83 Bürgermeister von Graz.

Götzinger, Gustav, * 2. 7. 1880 Neuserowitz (Nové Syrovice, CZ), † 8. 12. 1969 Wien, Geograph, Geologe. 1938–49 Dir. der Geolog. Bundesanstalt in Wien, 1951–55 Präs., ab 1956 Ehrenpräs. der Ö. Geograph. Ges.; widmete sich bes. meereskundl. und geomorpholog. Studien sowie angewandter Geologie.

Werke: Zur Morphologie der Sbg. Flysch-Berge, 1951; Karsterscheinungen in den Voralpen, 1952; Talformen und Talgestaltung in den nö. Voralpen, 1959.

Grabherr, Josef, * 17. 2. 1856 Lustenau (Vbg.), † 20. 2. 1921 Satteins (Vbg.), Pfarrer, Historiker. Zu seiner Zeit einer der bedeutendsten Erforscher der Kulturgeschichte des Landes (Heimatkunde, kirchl. Kunst); schrieb Abhandlungen zur Geschichte der Walser und bemühte sich 1887 um die Errichtung einer Diözese Feldkirch.

Literatur: ÖBL.

Grabmayr-Angerheim, Karl, * 11. 2. 1848 Bozen (S-Ti.), † 24. 6. 1923 Meran (S-Ti.), konservativer Politiker, Advokat. 1914 Präs. des Reichs-, 1919 des Verwaltungsgerichtshofs; schuf das Ti. Grundbuch und das Höferecht (Anerbenrecht).

Werke: Landwirtschaft und Realexekution, 1894; Von Badeni bis Stürgkh, 1912; Südtirol, 1919.

Grabner, Hermann, * 12. 5. 1886 Graz (Stmk.), † 3. 7. 1969 Bozen (S-Ti.), Komponist, Musiktheoretiker. Schüler von M. Reger, Hochschulprof. in Leipzig und Berlin; entwickelte H. Riemanns Funktionstheorie weiter.

Werke: Oper, Orchesterwerke, Chöre, Orgelwerke. – Allg. Musiklehre, 1924; Lehrbuch der musikal. Analyse, 1925; Hb. der funktionellen Harmonielehre, 1944; Musikal. Werkbetrachtung, 1950.

Grabner, Michael, * 23. 8. 1948 Wien, Verlagsmanager. Ab 1979 Marketingleiter und Prokurist der Kurier AG sowie Geschäftsführer mehrerer Tochterges., 1984/85 Geschäftsführer Buch und Schulbuch beim Verlag C. Ueberreuter in Wien, 1985–91 im Vorstand der Kurier AG und der Zeitschriften Verlagsbeteiligungs AG sowie Geschäftsführer der Mediaprint, seit 1991 Geschäftsführer der Verlagsgruppe G. v. Holtzbrinck in Stuttgart.

Graedener, Hermann, * 29. 4. 1878 Wien, † 24. 2. 1956 Altmünster (OÖ.), Erzähler, Dramatiker und Essayist; Sohn des Musikers Hermann T. → Graedener. Verfasste hist. Romane und Dramen, die sich in den 30er Jahren der Propagierung von NS-Gedankengut verschrieben.

Werke: Dramen: Anna Weber, 1900; Neues Reich. Sickingen, 1931; Carl, der Sieger von Aspern, 1941. – Utz Urbach, 1913 (Epos); Innentum der Deutschheit, 1932; Der Esel, 1935 (Novelle); Lenau, 1938; Wien 1809, 1955. – Literatur: Das H.-G.-Buch, hg. v. W. Pollak, 1938.

Graedener, Hermann T., * 8. 5. 1844 Kiel (D), † 18. 9. 1929 Wien, Komponist und Dirigent; Vater des Schriftstellers Hermann → Graedener. Ausbildung am Wr. Konservatorium, unterrichtete 1877–1913 Musiktheorie ebd. (Prof. 1882); 1892–96 Dirigent der Singakad. Stand als Komponist unter dem Einfluss von J. Brahms, komponierte v. a. Orchesterwerke.

Graf, Antonie (geb. Machold), * 20. 4. 1845 Wien, † 23. 2. 1929 ebd., Vorkämpferin für Frauensport und -wettkämpfe. 1895–1908 Präs. der Damensektion des ältesten ö. Schwimmvereins „Austria" in Wien, aus der sich 1908 der „Ö. Damen-Schwimmclub Wien" entwickelte.

Gräf, Carl, * 11. 6. 1871 Wien, † 11. 6. 1939 ebd., Techniker, Industrieller. Baute 1898 mit seinen Brüdern Franz und Heinrich das erste Benzinautomobil mit Vorderradantrieb über Kardangelenke (Patent 1900).

Graf, Ferdinand, * 15. 6. 1907 Klagenfurt (Kä.), † 8. 9. 1969 Wien, Elektrotechniker, Politiker (ÖVP). 1938–40 in KZ-Haft; 1945–49 Mitgl. d. BR, 1945–56 Staatssekr. im BM f. Inneres, 1949–62 Abg. z. NR, 1956–61 erster BMin. f. Landesverteidigung der 2. Republik.

Graf, Herbert, * 10. 4. 1903 Wien, † 5. 4. 1973 Genf (CH), Opernregisseur; Sohn von Max → Graf. Musste emigrieren und wirkte ab 1936 in den USA (Opera Company of Philadelphia, Metropolitan Opera in New York), 1960–62 in Zürich und 1965–73 in Genf; als Gastregisseur in Wien und bei den Sbg. Festspielen.

Graf, Ludwig Ferdinand, * 29. 12. 1868 Wien, † 17. 11. 1932 ebd., Maler. Studierte in Wien und Paris, wandte sich nach einer impressionist. Periode einer von P. Cézanne beeinflussten, farbig ausdrucksstarken Malweise zu. Ab 1901 Mitglied des Hagenbundes und ab 1909 dessen Präs. Erst in den 1990er Jahren von der Kunstgeschichte wiederentdeckt.

Werke: Wasserfall, 1903; Die Kärntnerstraße (Leuchtreklame), 1931. – Literatur: G. T. Natter (Red.), L. F. G., Ausst.-Kat., Ö. Galerie, Wien 1995.

Graf, Max, * 1. 10. 1873 Wien, † 24. 6. 1958 ebd., Musikhistoriker und -kritiker; Vater von Herbert → Graf. Schüler von E. → Hanslick, A. → Bruckner und G. → Adler; 1902 Akad.-Prof. in Wien; 1938–47 in New York; bekanntester Musikkritiker der Zwischenkriegszeit.

Werke: Moderne Musik, 1946; Legende einer Musikstadt, 1949; Geschichte und Geist der modernen Musik, 1953; Die Wr. Oper, 1955; Jede Stunde war erfüllt, 1957.

Graf, Robert, * 17. 7. 1929 New York (USA), † 24. 1. 1996 Wien, Kaufmann und Politiker (ÖVP). 1966–86 Abg. z. NR, 1987–89 BMin. f. wirt. Angelegenheiten.

Graf, Stephanie, * 26. 4. 1973 Klagenfurt (Kä.), Leichtathletin. Bronzemedaille über 800 m bei der Europameisterschaft 1998 in Budapest, Silbermedaille bei den Olymp. Spielen 2000 in Sydney sowie bei der Hallenweltmeisterschaft 2001 in Lissabon; 2000 Halleneuropameisterin über 800 m.

Graf, Walter, * 20. 6. 1903 St. Pölten (NÖ.), † 11. 4. 1982 Wien, Musikwissenschaftler. Schüler von G. → Adler und R. → Lach, Begründer der Wr. Schule der vergleichend-systematischen Musikwiss., 1957 Leiter des Phonogrammarchivs, 1963 Univ.-Prof., 1972–82 Obmann der Kommission f. Schallforschung der Ö. Akad. d. Wiss.

Grafe, Felix (urspr. Löwy), * 9. 7. 1888 Humpoletz (Humpolec, CZ), † 18. 12. 1942 Wien (hingerichtet), Lyriker und Übersetzer. Gehörte dem Kreis um F. Wedekind und H. Mann an; 1908 erste Gedichte in der „Fackel"; übersetzte u. a. W. Shakespeare, O. Wilde und C. Baudelaire; 1918–20 Redakteur der Ztschr. „Der Anbruch". 1941 wegen eines antifaschist. Gedichts verhaftet und 1942 hingerichtet.

Werke: Idris, 1910; Ruit Hora. Neue Gedichte, 1916. – Ausgabe: Dichtungen. Hist.-krit. Ausgabe, hg. u. eingeleitet v. J. Strelka, 1961. – Literatur: H. H. Hahnl, Vergessene Literaten. 50 ö. Lebensschicksale, 1984.

Graff, Kasimir, * 7. 2. 1878 Próchnowo (PL), † 15. 2. 1950 Breitenfurt (NÖ.), Astronom. Univ.-Prof. und Dir. der Univ.-Sternwarte in Wien (1945–48); konstruierte astronom. Instrumente (Graukeilphotometer, Blaugelbkeilkolorimeter).

Werke: Sternatlas, 1925 (mit M. Beyer); Grundriß der Astrophysik, 1928. – Literatur: Almanach d. Ö. Akad. d. Wiss., 1950.

Graff, Michael, * 2. 10. 1937 Wien, Rechtsanwalt und Politiker (ÖVP). 1982–87 Gen.-Sekr. und Justizsprecher der ÖVP. 1983–94 und 1995–96 Abg. z. NR, 1987–94 Obmann des Justizausschusses.

Gräffer, Franz (Pseud.: Böttiger, Contée u. a.), * 6. 1. 1785 Wien, † 8. 10. 1852 ebd., Schriftsteller, Bibliothekar, Verleger. Verfasser von Wr. Skizzen und kulturgeschichtl. Schriften; gab mehrere Taschenbücher und 1819–21 das „Conversationsblatt" heraus. Zusammen mit J. J. → Czikann begründete er das erste ö. Lexikon („Ö. National-Encyklopädie", 6 Bde., 1835–37).

Weitere Werke: Kleine Wr. Memoiren und Wr. Dosenstücke, 5 Bde., 1845/46 (Auswahl in 2 Bden., 1918/22); Vermischte Wr. Skizzen, 8 Bde., 1845–49; Wienerische Kurzweil, 1846. – Neue Wr. Tabletten, 1848.

Grän, Christine, * 18. 4. 1952 Graz (Stmk.), Journalistin und Schriftstellerin. Lebte 1978–82 in Botswana, wo sie nach journalist. Tätigkeit ihren ersten Roman verfasste; zählt seither zu den erfolgreichsten ö. Autorinnen von Kriminalromanen (1994 Marlowe-Preis für den besten dt.-sprach. Kriminalroman). Einige ihrer Krimis wurden für das Fernsehen verfilmt.

Werke: Weiße sterben selten in Samyana, 1986; Nur eine läßliche Sünde, 1988; Ein Brand ist schnell gelegt, 1990; Die kleine Schwester der Wahrheit, 1990; Dead is beautiful, 1990; Ein mörderischer Urlaub, 1990; Hongkong 1997, 1991; Grenzfälle, 1992; Marx ist tot, 1993; Mit Mord beginnt ein schöner Sommer, 1994; Dame sticht Bube, 1997; Die Hochstaplerin, 1999.

Daniel Gran, Selbstporträt (Original im Stift Herzogenburg, NÖ.).

Gran, Daniel, * 22. 5. 1694 Wien, † 16. 4. 1757 St. Pölten (NÖ.), Maler. Neben P. → Troger der bedeutendste Vertreter der ö. Barockmalerei in der 1. Hälfte des 18. Jh. In Italien (bei S. Ricci und F. → Solimena) geschult, für seinen Förderer, den Fürsten Schwarzenberg, und den kaiserl. Hof tätig; 1744/45 Übersiedlung nach St. Pölten. In seinen Werken bald mehr vom farbigen Reichtum des Venezianers Ricci, bald mehr vom dunkel modellierenden Neapolitaner Solimena und dessen gemessenem, schwerem Figurenstil beeinflusst, tritt die Neigung zu repräsentativer Strenge und diagonal-rautenförmigen Kompositionsformen hinzu. Straffung und Vereinfachung in Komposition und Farbgebung charakterisieren das Spätwerk, womit der Klassizismus in Ö. vorbereitet wird (v. a. durch B. → Altomonte aufgegriffen).

Werke: Fresken: Gartenpalais Schwarzenberg (1945 weitgehend zerstört), Prunksaal der Nat.-Bibl. (beide Wien); Schloss Eckartsau, Wallfahrtskirche Sonntagberg, Dom in St. Pölten, Kaisersaal im Stift Klosterneuburg (alle NÖ.); Neues Rathaus und Landhaussaal in Brünn. – Altarbilder: Stiftskirchen von Herzogenburg und Lilienfeld, Dom St. Pölten (NÖ.); Annakirche (Wien). – Selbstporträt im Stift Herzogenburg. – Literatur: E. Knab, D. G., 1977.

Grancy, Christine de, * 18. 5. 1942 Brünn (Brno, CZ), Fotografin. Seit 1965 als Fotografin tätig, Ab 1983 zahlr. Aufenthalte in der Westsahara, wo sie das Leben der Polisario-Freiheitskämpfer fotografisch festhielt (Sammelband „Saharouis – Söhne und Töchter der Winde", 1987). Fotodokumentation über die nordafrikanischen Tuareg 2000.

Weiteres Werk: Hallodris und Heilige – Engel und Lemuren, 1994.

Granichstaedten, Bruno (Bernhard), * 1. 9. 1879 Wien, † 30. 5. 1944 New York (USA), Sänger, später Operettenkomponist. Emigrierte 1938 in die USA, nahm amerikan. Tanzformen in sein Werk auf.

Werke: Operetten: Bub oder Mädel, 1908; Wein, Weib und Gesang, 1909; Walzerliebe, 1918; Glück bei den Frauen, 1923; Der Orlow, 1924; Reklame, 1930. – Filmmusik.

Granig, Anton, * 17. 9. 1901 Mitten (Gem. Großkirchheim, Kä.), † 15. 4. 1945 Stein a. d. Donau (NÖ.; hingerichtet), Priester. Dir. der St.-Josephs-Bruderschaft in Klagenfurt; am 11. 8. 1944 wegen angeblich führender Rolle in der „Antifaschistischen Freiheitsbewegung Oesterreichs" zum Tod verurteilt und im Hof der Strafanstalt Stein erschossen.

Literatur: K. v. Vogelsang-Inst. (Hg.), Gelitten für Ö., 1988.

Grasel (Grasl), Johann Georg, * 4. 4. 1790 Neuserowitz (Nové Syrovice, CZ), † 31. 1. 1818 Wien (hingerichtet), „Räuberhauptmann". Desertierter Soldat, machte jahrelang das nördl. NÖ. unsicher, wurde Ende 1815 in Mörtersdorf bei Horn gefangen. Die Legendenbildung machte aus ihm einen ebenso gefährlichen wie edlen Räuber.

Literatur: H. Hitz (Hg.), J. G. G. – Räuber ohne Grenzen, ²1994; R. Bletschacher, Der G., ²1995.

Grasmayr, Johann Georg, * 13. 4. 1691 Brixen (S-Ti.), † 27. 10. 1751 Wilten (Ti.), Barockmaler. In Italien geschult, 1721–23 Hofmaler der Fürstenberg in Donaueschingen, ab 1724 in Innsbruck tätig.

Werke: Altarbilder: Innsbruck, Wilten, Schwaz, Neustift (alle Ti.); Bruneck (S-Ti.); Ebensee, Obertraun (beide OÖ.); Maria Luggau (Kä.). – Porträts, Landschaften. – Literatur: F. Kollreider, J. G. D. G., in: Ti. Heimatblätter, 1977.

Grass, Franz, * 24. 11. 1914 Innsbruck (Ti.), † 13. 11. 1993 ebd., Mediziner, Rechtshistoriker, Kirchenrechtler; Bruder von Nikolaus → Grass. Ab 1947 Univ.-Doz. in Innsbruck; ab 1960 Univ.-Prof. für Kirchenrecht, Wirtschafts- und Sozialgeschichte.

Werke: Pfarrei und Gemeinde im Spiegel der Weistümer Ti., 1950; Landesbewußtsein und Kulturpolitik Ti. in den letzten Jahrzehnten, 1956.

Grass, Nikolaus, * 28. 7. 1913 Hall i. Ti., Rechts- und Staatswissenschaftler, Wirtschaftshistoriker, Volkskundler; Bruder von Franz → Grass. Ab 1959 Univ.-Prof. in Innsbruck.

Werke: Beiträge der Rechtsgeschichte zur Alpwirtschaft, 1948; Reichskleinodien. Studien aus rechtshist. Sicht, 1965; Ö. Kirchenrechtslehrer der Neuzeit, 1988.

Graßberger, Roland, * 12. 5. 1905 Wien, † 10. 8. 1991 ebd., Jurist und Kriminologe. Ab 1937 Univ.-Prof. in Wien, Präs. der Ges. für Strafrecht und Kriminologie, Ehrenmitgl. der Ö. Akad. d. Wiss.

Werke: Die Strafzumessung, 1932; Psychologie des Strafverfahrens, 1950; Vorbeugende Verbrechensbekämpfung, 1964.

Grasser, Karl-Heinz, * 2. 1. 1969 Klagenfurt (Kä.), Betriebswirt und Politiker (FPÖ). Ab 1992 Mitarbeiter des Parlamentsklubs der FPÖ, 1993–94 Gen.-Sekr. der FPÖ. 1994–98 2. Landeshauptmann-Stellv. von Kä. (Geschäftsbereiche: Tourismus, Gewerbe, Wirt.-Förderung, Bauwesen und Verkehr); 1998–2000 Pressesprecher der Magna Holding AG; seit 2000 BMin. f. Finanzen.

Anton Matthias Grassi. Büste von A. Canova, 1805 (Historisches Museum der Stadt Wien).

Grassi, Anton Matthias, * 26. 6. 1755 Wien, † 31. 12. 1807 ebd., Bildhauer. Wahrscheinlich Schüler von F. X. → Messerschmidt, unter W. Beyer Mitarbeit am Statuenschmuck des Schönbrunner Schlossparks, ab 1778 als Modelleur für die Wr. Porzellanmanufaktur tätig; wandte sich stilistisch einem eher strengen Klassizismus zu.

Gratz, Leopold, * 4. 11. 1929 Wien, Jurist, Politiker (SPÖ). 1963–66 Mitgl. d. BR, 1970–71 BMin. f. Unterr. u. Kunst, 1966–73 und 1986–89 Abg. z. NR, 1971–73 Klubobmann der SPÖ, 1973–84 Bürgermeister und Landeshauptmann von Wien, 1976 Landesparteivorsitzender der Wr. SPÖ, 1984–86 BMin. f. Auswärtige Angelegenheiten, 1986–89 1. Präs. des NR. Seine Amtszeit als Wr. Bürgermeister war von der Bauring-Affäre und dem AKH-Skandal überschattet. 1989 Rücktritt wegen Verstrickung in die Causa Proksch (Lucona-Skandal).

Gratzer, Hans, * 16. 10. 1941 Wr. Neustadt (NÖ.), Schauspieler, Regisseur, Theaterleiter. Gründete 1963 das „Kammertheater in der Piaristengasse"; danach als Schauspieler im Ausland, in Wien (u. a. Volkstheater, Burgtheater) und bei den Sbg. Festspielen; 1973 Gründung der Gruppe „Werkstatt" im Theater am Kärntnertor in Wien. 1978 eröffnete er das Schauspielhaus in Wien, das er bis 1987 und dann wieder 1991–2001 leitete. Schwerpunkte: Klassiker der Moderne und zeitgenöss. Autoren. 1974 Kainz-Medaille.

Grau, Herbert, * 22. 8. 1916 Linz (OÖ.), † 20. 9. 1973 ebd., Volksbildner. Univ.-Lektor für Erwachsenenbildung in Linz. War an der Entwicklung der ö. Volkshochschulen maßgeblich beteiligt, leitete ab 1958 die Internat. Salzburger Gespräche.

Ausgabe: Ein Leben für die Erwachsenenbildung. Aus den Schriften von H. G., hg. v. W. Speiser, 1973. – Literatur: G. Aumayr, Wirksamkeit und Andragogik des oö. Volksbildners H. G., Diss., Salzburg 1988.

Grauer, Rudolf, * 20. 8. 1870 Hellbrunn b. Salzburg, † 17. 12. 1927 Wien, Afrikaforscher. Einer der ersten europ. Forscher bei den Mambutti-Pygmäen (1910). Seine Smlg. befindet sich im Naturhist. Museum in Wien.

Grazie, Marie Eugenie delle, * 18. 8. 1864 Ungar. Weißkirchen (Bela Crkra, YU), † 18. 2. 1931 Wien, populäre, z. T. ges.-krit. Erzählerin und Dramatikerin des ö. Realismus. 1901 Bauernfeld-Preis, 1916 Ebner-Eschenbach-Preis.

Werke: Lyrik: Gedichte, 1882; Ital. Vignetten, 1892. – Epos: Robespierre, 1894. – Dramen: Schlagende Wetter, 1899; Der Schatten, 1901. – Romane: Heilige und Menschen, 1909; Vor dem Sturm, 1910; Das Buch der Liebe, 1916; O Jugend, 1917; Unsichtbare Straße, 1927; Die Empörung der Seele, 1930. – Autobiograpie: Homo. Der Roman einer Zeit, 1919. – Erzählungen, Novellen. – Ausgabe: Sämtl. Werke, 9 Bde., 1903/04. – Literatur: M. Flaschberger, M. E. d. G., eine ö. Dichterin der Jahrhundertwende, Diss., Graz 1978.

Gredler, Vinzenz Maria, * 30. 9. 1823 Telfs (Ti.), † 4. 5. 1912 Bozen (S-Ti.), Franziskaner, Naturforscher, Gedankenlyriker. Schrieb grundlegende Arbeiten über die Ti. Fauna, poet. Naturbilder und Epigramme.

Werke: Die Käfer von Ti., 2 Bde., 1863/66; 600 Spruchform-Späne, 1903. – Literatur: ÖBL.

Gredler, Willfried, * 12. 12. 1916 Wien, † 18. 11. 1994 ebd., Wirtschaftsjurist und Politiker (FPÖ). 1953–63 Abg. z. NR (VdU bzw. ab 1956 FPÖ), 1956–63 Klubobmann der FPÖ. 1963–70 Vertreter Ö. beim Europarat, 1970–80 Botschafter in Bonn und Peking. Kandidierte bei der Bundespräs.-Wahl 1980.

Grefinger, Wolfgang (Wolf Graefinger, Gräffinger, Greffinger), * zw. 1470 und 1480 Krems (NÖ.; ?), † nach 1515, Komponist. Schüler von P. → Hofhaimer um 1494; übersiedelte Anfang des 16. Jh. nach Wien und wurde Organist an St. Stephan. Seine Kompositionen waren sehr beliebt und wurden bis zur Mitte des 16. Jh. mehrmals gedruckt. Seine Tenorlieder stehen stilistisch zw. den Werken von E. Lapicida und Arnold v. → Bruck.

Werke: Hymnensammlung, 1512; geistl. und weltl. mehrstimmige Lieder.

Gregor V., * 972, † 18. 2. 999 Rom (I), erster dt.-sprach. Papst (996–999), vorher als Brun(o) von Kä. Kaplan in Maria Saal; Sohn Hzg. Ottos von Kä.; G. wurde von seinem kaiserl. Cousin Otto III. als Papst eingesetzt, mit dessen Hilfe er sich in Rom nur mühsam halten konnte.

Literatur: Biograph.-bibliograph. Kirchenlexikon.

Gregor, Joseph, * 26. 10. 1888 Czernowitz (Chernovtsy, UA), † 12. 10. 1960 Wien, Literatur- und Theaterwiss., Univ.-Prof., Bibliotheksdir.; Lyriker, Erzähler und Dramatiker, Verfasser von Opernlibretti (u. a. für R. → Strauss). Gründete 1923 die Theatersammlung der Ö. Nat.-Bibl., deren Leiter er bis 1954 war und aus der später das Ö. Theatermuseum hervorging; ab 1922/23 Übernahme von verschiedenen Theaterbibl., Aufbau einer Smlg. von Bühnenmodellen und Kostümen; 1929 Gründung des Archivs für Filmkunde.

Werke: Das Wr. Barocktheater, 1922; Wr. szenische Kunst, 2 Bde., 1924/25; Denkmäler des Theaters, 12 Mappen, 1926–30 (Hg.); Das Zeitalter des Films, 1932; Weltgeschichte des Theaters, 2 Bde., 1933; Kulturgeschichte der Oper, 1941; Shakespeare, 1942; Kulturgeschichte des Balletts, 1944; Geschichte des ö. Theaters 1948; C. Krauss, 1953; Der Schauspielführer, 6 Bde., 1953–57; Europa, 1957. – Opernlibretti für R. Strauss: Friedenstag, 1938; Daphne, 1938; Die Liebe der Danae, 1944. – R. Strauss und J. G.. Briefwechsel 1934–1949, 1955. – Literatur: A. Bleier-Brody, Versuch einer J. G.-Bibliographie, 1958.

Gregor, Nora, * 3. 2. 1901 Görz (Gorizia, I), † 20. 1. 1949 Viña del Mar (Santiago de Chile; Selbstmord), Kammerschauspielerin; in 2. Ehe mit Ernst Rüdiger → Starhemberg verheiratet. 1918 Debüt am Wr. Renaissancetheater, danach am Raimundtheater; ab 1922 auch Filmtätigkeit; 1929–30 unter M. → Reinhardt am Theater in der Josefstadt und am Dt. Theater Berlin, 1933–37 Engagement am Wr. Burgtheater; 1938 Emigration nach Argentinien und Chile.

Greiffenberg, Catharina Regina, Freiin von Seisenegg, * 7. 9. 1633 Seisenegg (Gem. Viehdorf, NÖ.), † 8. 4. 1694 Nürnberg (D), namhafte protestant. Mystikerin und Lyrikerin. Verfasste geistl. Sonette und Lieder mit myst. und humanist. Elementen, daneben auch relig. Erbauungsschriften. G. war die bedeutendste Autorin des Barock.

Werke: Geistl. Sonette, 1662 (Lieder und Gedichte); Sieges-Seule der Buße und des Glaubens, 1675 (gegen den Türkeneinfall); Andächtige Betrachtungen der Passion (1672), der Menschwerdung (1678) und Des Allerheiligsten Lebens Jesu (1693). – Literatur: P. Daly, Dichtung und Emblematik bei C. R. v. G., 1976; C. M. Pumplun, „Begriff des Unbegreiflichen", 1995; ÖBL.

Greil, Alfred, * 30. 11. 1876 Innsbruck (Ti.), † 3. 5. 1964 ebd., Anatom, Embryologe. 1909–23 Univ.-Prof. in Innsbruck.

Werke: Richtlinien der Entwicklungs- und Vererbungsprobleme, 2 Bde., 1912; Das Wesen der Menschwerdung, 1953; Biolog. Prinzipien ärztl. Denkens, 1956; Medizin. Grundlagenkrise, 1957; Medizin. Synthese, 1958. – Literatur: L. Halshofer, Dr. A. G., 1963.

Greil, Alois, * 27. 3. 1841 Linz (OÖ.), † 12. 10. 1902 Wien, Genremaler und Illustrator. Stammte aus einer Ti. Künstlerfamilie, studierte an der Wr. Akad. bei C. Ruben. 1868/69 als Illustrator in Stuttgart, ab 1873 in Wien tätig. Berühmt für seine Darstellungen volkstüml. Typen, malte mit Vorliebe humorist. Szenen aus dem Soldatenleben.

Literatur: H. Oberleitner, Der Linzer Aquarellmaler A. G., in: W. Jenny u. F. Pfeffer, Kunst in Ö. 1851–1951, Linz 1951; H. Commenda, A. G., ein Maler des Volkslebens, 1961.

Greinz, Hugo, * 3. 6. 1873 Innsbruck (Ti.), † 24. 1. 1946 Salzburg, Journalist und Schriftsteller; Bruder von Rudolf → Greinz. 1898 Mitbegründer der Ges. „Pan" in Linz; 1901 Redakteur verschiedener Zeitungen („Ti. Tagblatt", „Zeit", „Wr. Volkszeitung"); 1899–1902 Hg. der Ztschr. „Der Kyffhäuser".

Werke: D. v. Liliencron, 1896, H. v. Gilm, 1897; In einer kleinen Stadt, 1901; Die Unvermählten, 1914; Ti. Bauern Anno 1915, 1916; Ti. Anno 1925, 1940. – Literatur: ÖBL.

Greinz, Rudolf, * 16. 8. 1866 Pradl b. Innsbruck (Ti.), † 16. 8. 1942 ebd., Erzähler; Bruder von Hugo → Greinz. Schrieb populäre Unterhaltungsromane, Humoresken sowie Dorf- und Kleinstadtgeschichten aus dem Ti. Volksleben in der Tradition der Bauerndichtung. Sein erfolgreichster Roman „Allerseelen" (1910) wird bis heute immer wieder neu aufgelegt.

Weitere Werke: Erzählungen: Ti. Leut, 1892; Lustige Ti. Geschichten, 1906. – Romane: Das stille Nest, 1908; Das Haus Michael Senn, 1909; Die Stadt am Inn, 1917; Der Garten Gottes, 1919; Taschenbuch für Bücherfreunde, 1915 (Hg.). – Ausgabe: Werke, 3 Bde., 1946–47. – Literatur: P. Rossi, R. G., 1926; ÖBL.

Grengg, Maria, * 26. 2. 1889 Stein (NÖ.), † 8. 10. 1963 Wien-Rodaun, Erzählerin, Jugendbuchautorin und Malerin. Durchbruch mit dem Roman „Die Flucht zum grünen Herrgott" (1930), der Darstellung einer gegenwartsfernen Naturidylle. Ihre „Heimatromane" wurden zusehends zum Sprachrohr der NS-Ideologie („Das Feuermandl", 1935), für die sie nach 1938 auch offen eintrat. Nach 1945 nur noch als bildende Künstlerin und Jugendbuchautorin tätig. Ö. Staatspreis 1936.

Weitere Werke: Romane: Peterl, 1932; Starke Herzen, 5 Bde., 1937; Das Kathrinl, 1950; Das Hanswurstenhaus, 1951. – Literatur: E. Galvan, Mütter-Reich. Erzählprosa der 30er Jahre, Diss., Wien 1986.

Grenser, Alfred, * 15. 11. 1838 Leipzig (D), † 17. 4. 1891 Wien, Buchhändler und Genealoge. 1870 Mitbegründer der Herald.-Genealog. Ges. Adler, der er seine Wappen- und Inschriftensammlung übergab.

Literatur: ÖBL.

Greuter, Josef, * 1. 10. 1817 Tarrenz (Ti.), † 21. 6. 1888 Innsbruck (Ti.), Kapuziner, Priester, Gymnasiallehrer und Politiker. Vertrat als Abg. in Landtag und Reichsrat die Interessen der kath. Kirche, bekämpfte das Protestantengesetz von 1861 und die liberale Schulgesetzgebung (ab 1868). V. a. wegen seines Widerstands erhielt Ti. erst 1892 ein Schulaufsichtsgesetz.

Literatur: G. Kretschmar, Msgr. J. G. und die Ti. Konservativen, Diss., Wien 1949; ÖBL.

Catharina Regina Greiffenberg Freiin von Seisenegg. Stich, 17. Jh.

Grienauer, Edwin, * 7. 3. 1893 Wien, † 21. 8. 1964 ebd., Bildhauer, Medailleur. Mehrmals ausgezeichnet, Goldmedaille bei der Olympiade 1928 (Kunstwettbewerb), Bronzemedaille 1948.

Werke: Münzstempel der 1. und 2. Republik (Doppelschillinge, Mariazeller Muttergottes, 25- und 50-Schilling-Münzen), Medaillen, Großplastiken, Bildnisse.

Griepenkerl, Christian, * 17. 3. 1839 Oldenburg (D), † 21. 3. 1912 Wien, Maler. Ab 1855 in Wien, Schüler von C. → Rahl an der Wr. Akad., führte 1865–69 mit E. → Bitterlich den Vorhang und die Fresken im Zuschauerraum der Wr. Oper aus (1945 zerstört) und schuf 1882–85 den Fries im Sitzungssaal des Herrenhauses im Wr. Parlament (1945 zerstört). Als Freskenmaler war er auch für Wr. Privatpalais sowie in Venedig und Athen tätig. 1874–1910 Lehrer an der Wr. Akad., an der er ab 1877 eine Spezialschule für Historienmalerei leitete; bevorzugter Lehrer einer ganzen Generation ö. Maler.

Christian Griepenkerl. Lithographie von F. Würbel, 1882.

Weitere Werke: Deckenbild im Palais Todesco (Wien 1, Kärntnerstraße), 1865; Vollendung der Deckengemälde von A. v. Feuerbach in der Akad. d. bild. Künste in Wien, 1892; Wandgemälde in der Akad. d. Wiss. in Athen und in der Villa Toscana, Gmunden; Porträts von R. v. Alt, R. Eitelberger und J. v. Führich. – Literatur: ÖBL.

Griesbach, Karl Ludolf, * 11. 12. 1847 Wien, † 13. 4. 1907 Graz (Stmk.), Geologe. Nahm an zahlr. Expeditionen teil (Südafrika, Mosambik, Afghanistan, Himalaja), später in engl. Diensten; gilt als Pionier der geolog. Erforschung des Himalaja.

Literatur: ÖBL.

Grieser, Dietmar, * 9. 3. 1934 Hannover (D), Schriftsteller. Studierte Publizistik und Sozialwiss. in Münster, München und Wien; lebt seit 1957 in Wien und wurde 1977 ö. Staatsbürger. Beschäftigt sich in seinen Sachbüchern u. a. mit biograph. und topograph. Fragen der ö. und der Weltliteratur. Seine Arbeiten wurden auch durch Rundfunk- und Fernsehsendungen populär.

Werke: Schauplätze ö. Dichtung, 1974; Schauplätze der Weltliteratur, 1976; Irdische Götter, 1980; Musen leben länger, 1981; Glückliche Erben, 1983; In deinem Sinne, 1985; Die kleinen Helden, 1987; Eine Liebe in Wien, 1989; Wiener Adressen, 1990; Im Tiergarten der Weltliteratur, 1991; Gustl, Liliom und der Dritte Mann, 1992; Nachsommertraum, 1993; Wien – Wahlheimat der Genies, 1994; Stifters Rosenhaus und Kafkas Schloß, 1995; Im Rosengarten, 1996; Alle Wege führen nach Wien, 1997; Kein Bett wie jedes andere, 1998; Literarische Spaziergänge durch Goethes Heimat, 1999; Im Dämmerlicht, 1999; Heimat bist du großer Namen, 2000.

Grill, Rudolf, * 18. 8. 1910 Bad Dürrnberg (Gem. Hallein, Sbg.), † 20. 9. 1987 Wien, kartierender und Erdölgeologe; wichtige Verdienste um die mikropaläontolog. Gliederung des ö. Oligozäns und Miozäns sowie um den Aufbau des Erdölarchivs an der Geolog. Bundesanstalt.

Werke: Die Molassezone, in: Geologie von Ö., [2]1951; zahlr. geolog. Karten, 1952–89. – Literatur: H. Küpper, Chefgeologe Dr. phil. R. G., in: Jb. d. Geolog. Bundesanstalt, 1988.

Grillmayr, Johann, * 17. 11. 1809 Grünburg (OÖ.), † 5. 7. 1881 Wien, Industrieller. Begründete 1838 mit einer mechan. Baumwollspinnerei die Linzer Textilind., war der erste Großindustrielle auf dem Textilsektor in OÖ.

Franz Grillparzer. Aquarell von M. M. Daffinger, 1827 (Historisches Museum der Stadt Wien).

Grillparzer, Franz, * 15. 1. 1791 Wien, † 21. 1. 1872 ebd., Dramatiker, Erzähler und Lyriker. G. war wohl eine der künstlerisch vielseitigsten und menschlich widersprüchlichsten Dichterpersönlichkeiten Ö. Der Sohn des einflussreichen Wr. Rechtsanwalts Wenzel G. († 1809) und dessen Ehefrau Anna Franziska († 1819, Selbstmord), einer Schwester des Hoftheatersekretärs J. → Sonnleithner, schrieb in seiner „Selbstbiographie", dass in ihm „zwei völlig abgesonderte Wesen (leben). Ein Dichter von der übergreifendsten, ja sich überstürzenden Phantasie und ein Verstandesmensch der kältesten und zähesten Art."

G. besuchte 1796–99 die Normalschule St. Anna und als Privatist die der Piaristen, ab der 2. Klasse wechselte er als öffentl. Schüler in das Gymn. St. Anna. An der Wr. Univ. studierte er Philologie (1807–09) und Jus (1807–11). 1812 nahm G. eine Stelle als Hofmeister bei Gf. Seilern an. 1813 arbeitete er als unbezahlter Konzeptspraktikant in der Hofbibl. und wurde 1823 (nach verschiedenen anderen Ämtern) Hofkonzipist in der Allg. Hofkammer. 1832 bis zu seiner Pensionierung 1856 war er Dir. des Hofkammerarchivs. G. war 1847 Gründungsmitgl. der Ö. Akad. d. Wiss. und ab 1861 Mitgl. des Herrenhauses auf Lebenszeit.

Seine ersten Versuche als Dramatiker fallen bereits in seine Studienzeit. 1807 verfasste er das Trauerspiel „Blanka von Kastilien", das – von Sonnleithner abgelehnt – bis 1958 unaufgeführt blieb. Durch die Veröffentlichung eines Teils seiner Übersetzung des Dramas „Das Leben ein Traum" von Calderon in der „Wr. Moden-Zeitung" 1816 wurde J. → Schreyvogel, Dramaturg des Hofburgtheaters, auf ihn aufmerksam. Zunächst erbost über den vermeintlichen Angriff auf seine eig. Fassung, wurde Schreyvogel in der Folgezeit zum geistigen Mentor und bedeutendsten Förderer G. Auf seinen Rat hin überarbeitete G. das Trauerspiel „Die Ahnfrau", das bereits im Januar 1817 am Hofburgtheater uraufgeführt wurde. Anschließend verfasste G. die Künstlertragödie „Sappho" (1819), mit der er überaus erfolgreich war und einen 5-Jahres-Vertrag als k. k. Hoftheaterdichter erhielt, den er aber bereits 1821 wieder löste. Reisen führten ihn nach Italien, Griechenland, Deutschland (hier traf er 1826 mit Goethe zusammen), Frankreich und in die Türkei, wodurch G. mit verschiedenen polit. Systemen und Geistesströmungen in Berührung kam.

Seine produktivste und fruchtbarste Zeit war die zw. 1820 und 1831. Mit dem Gedicht „Die Ruinen des Campo Vaccino" (1820) löste er heftige Abwehrreaktionen von Seiten des Hofes aus; ab diesem Zeitpunkt verschärften sich G. Schwierigkeiten mit der Zensur. Für L. van Beethoven schrieb G. das Libretto zur Oper „Melusina" (1823), die Beethoven aber nicht ausführte. Werke wie die Trilogie „Das goldene Vlies" („Der Gastfreund", „Die Argonauten", „Medea", 1822), die Trauerspiele „König Ottokars Glück und Ende" (1825, darin die bekannte „Hymne auf Ö.") oder „Ein treuer Diener seines Herrn" (1830) wurden vollendet und vom Publikum zustimmend aufgenommen. In diese Zeit fallen auch seine Liebschaften mit C. v. Paumgarten, seiner „ewigen Braut" K. → Fröhlich sowie M. v. Smolk-Smolenitz, die G. Œuvre wohl am nachhaltigsten prägte. Ausdruck dessen ist etwa die zw. 1826 und 1828 verfasste Liebeslyrik, veröffentlicht 1835 unter dem Titel „Tristia ex Ponto". 1828 erschien die Erzählung „Das Kloster von Sendomir". Der 1831 am Hofburgtheater aufgeführten Liebestragödie „Des Meeres und der Liebe Wellen" blieb die Zustimmung des Publikums versagt. Seinen letzten großen Theatererfolg feierte G. 1834 mit dem dramat. Märchen „Der Traum ein Leben". Nach dem Misserfolg des 1838 uraufgeführten Lustspiels „Weh dem, der lügt!" zog sich G. vom Theater zurück.

Bis auf wenige Ausnahmen (z. B. „Esther"-Fragment, 1868) verwehrte sich G. fortan gegen weitere Aufführungen neuer Werke. In seinem Testament verfügte er sogar, die 3 Altersdramen „Ein Bruderzwist in Habsburg", „Die Jüdin von Toledo" und „Libussa", alle in den Jahren 1847–51 geschrieben, zu vernichten. Die Uraufführungen fanden erst nach seinem Tod statt.

1847 erschien im Almanach „Iris" die Erzählung „Der arme Spielmann", eine Allegorie des eig. inneren Zwiespalts. Ein wichtiges Alterswerk ist auch die (Fragment gebliebene) „Selbstbiographie" (1872), die auf Tagebüchern basiert und 1853 für die Ö. Akad. d. Wiss. geschrieben wurde.

G. Bühnenwerke gewinnen ihre dramat. Spannung aus der Ambivalenz zw. äußerer (staatl.) Pflicht und eig. Anspruch. Sie spiegeln somit auch die polit. Unentschlossenheit G., der zwar ein Gegner → Metternichs war, aber dem „Freiheitstaumel" der Revolution 1848 skeptisch gegenüberstand (Lobgedicht „Feldmarschall Radetzky", 1848).

Ausgaben: Sämtl. Werke, Hist.-krit. Gesamtausgabe, hg. von A. Sauer u. R. Backmann, 42 Bde., 1909–48; Ausgewählte Werke, hg. v. O. Rommel, 10 Bde., 1919; Werke, hg. v. H. Bachmaier, 6 Bde., 1986ff. – Literatur: J. Nadler, F. G., 1948; P. v. Matt, Der Grundriß von G. Bühnenkunst, 1965; H. Politzer, F. G. oder Das abgründige Biedermeier, 1972; W. E. Yates, „Die Jugendeindrücke wird man nicht los ...", 1973; F. Sengle, Biedermeierzeit, Bd. 3, 1975; D. C. G. Lorenz, G. Der Dichter des soz. Konflikts, 1986; H. Bachmaier, F. G., 1990; Zw. Weimar und Wien. G. – ein Innsbrucker Symposion, hg. v. S. Kettenhammer, 1992; H. Haider-Pregler (Hg.), Stichwort G., 1994; G. Neumann (Hg.), F. G., 1994; G. Scheit, F. G., [3]1999.

Grimm, Ferdinand, * 15. 2. 1869 Wien, † 8. 11. 1948 Bad Kreuzen (OÖ.), Finanzfachmann. 1918/19 Unterstaatssekr. für Finanzen, 1920/21 Finanzmin., ab 1921 Präs. des Kreditinstituts f. öffentl. Arbeiten u. Unternehmungen. Er hatte Anteil an I. → Seipels Sanierungswerk.

Grimm, Inge Maria, * 3. 9. 1921 Krems a. d. Donau (NÖ.), Kinderbuchautorin. Studierte Musik und darstellende Kunst, war dann jahrzehntelang Rundfunkredakteurin und -sprecherin. Verbindet in ihren Kinderbüchern märchenhafte Elemente mit Bezügen zur Gegenwart.

Werke: Serie Jörgl, Sepp und Poldl, ab 1951; Seid mucksmäuschenstill, 2 Bde., 1962/64; Kobaldsee-Serie (1976–80); Das abenteuerliche Leben des kleinen Grauen, 1981; Es war einmal, 1985; Katrins Schneemann, 1990; Geschichten aus dem Träumeland, 1991; Freue dich, Christkind kommt bald, 1992; Hexenbesen und Geisterspaß, 1994; Vier Kerzen im Advent, 1994; Schlaf, mein Kindchen, schlaf, 1994.

Grimschitz, Bruno, * 24. 4. 1892 Moosburg (Kä.), † 13. 6. 1964 Wien, Kunsthistoriker. Univ.-Prof., 1939–45 Dir. der Ö. Galerie in Wien. Erwarb sich große Verdienste um die Erforschung der ö. Kunst des Barock und des 19. Jh.

Werke: J. L. v. Hildebrandt, 1932; F. G. Waldmüller, 1943 und 1957; Wr. Barockpaläste, 1944; Barock in Ö., 1960.

Groër, Hans Hermann, * 13. 10. 1919 Wien, Erzbischof von Wien (1986–95), Kardinal 1988. Studierte Philosophie und Theologie, 1942 Priesterweihe, erneuerte die Wallfahrten nach Maria Roggendorf (NÖ.), Wallfahrtsdir., seit 1976 Mitgl. des Benediktinerordens (Stift Göttweig), bis 1995 Vorsitzender der Ö. Bischofskonferenz.

Literatur: A. Coreth u. I. Fux, Servitium pietatis. Festschrift für H. H. Kardinal G., 1989; H. Czernin, Das Buch G., 1998.

Grogger, Paula, * 12. 7. 1892 Öblarn (Stmk.), † 1. 1. 1984 ebd., Erzählerin. Der kath.-bäuerl. Lebenswelt ihrer Heimat verpflichtet, als „weibl. Rosegger" bezeichnet. Der Durchbruch gelang ihr 1926 mit dem Roman „Das Grimmingtor". Nach 1945 stand ihr Schaffen im Zeichen der autobiogr. Auseinandersetzung mit der Kindheit und dem Leben als Schriftstellerin.

Weitere Werke: Die Sternsinger. Eine Legende, 1927; Die Räuberlegende, 1929; Die Hochzeit, 1937; Das Bauernjahr, 1947. – Autobiographisches: Die Reise nach Salzburg, 1958; Späte Matura oder Pegasus im Joch, 1975; Der Paradeisgarten, 1980; Die Reise nach Brixen, 1987; Selige Jugendzeit, 1989. – Literatur: F. Mayröcker, Von den Stillen im Lande, 1968; P. Umfer, P. G. „Grimmingtor". Sprache und Stilmittel, Diss., Innsbruck 1979.

Paula Grogger. Foto, um 1950.

Grohmann, Paul, * 12. 6. 1838 Wien, † 29. 7. 1908 ebd., Alpenerschließer, Bergsteiger. Erstbesteigung zahlr. Gipfel in den Gailtaler, Karnischen und Zillertaler Alpen sowie in den Dolomiten, auch Erstbegehungen; nach ihm ist die G.-Spitze in der Langkofelgruppe benannt; 1862 Mitbegründer des Ö. Alpenvereins.

Werke: Karte der Dolomit-Alpen, 1875; Wanderungen in den Dolomiten, 1877. – Literatur: Ö. Alpen-Zeitung, 1909.

Grohs-Fligely, Anton von, * 10. 2. 1825 Mühlbach (Sebes, RO), † 18. 3. 1903 Wien, Apotheker. Erfinder der medizin. Gelatinepräparate.

Literatur: ÖBL.

Grois, Alois (Louis), * 1809 Szávár (H), † 8. 4. 1874 Wien, Schauspieler, Bassist, Regisseur. Zunächst als Komiker in Graz tätig, dann am Wr. Carltheater, wo er mit J. → Nestroy, K. → Treumann und W. → Scholz das berühmte Komikerquartett dieses Theaters bildete.

Groll, Hans, * 14. 1. 1909 Linz (OÖ.), † 29. 8. 1975 Wien, Sportpädagoge. Fachl. Leiter des Inst. f. Leibeserziehung und Dir. der Bundesanstalt für Leibeserziehung in Wien 1946–75; ab 1969 Univ.-Prof. für Leibeserziehung. Trug zur Weiterentwicklung des natürl. Turnens maßgeblich bei

Werke: Leibeserziehung, 1949 (mit E. W. Burger); Idee und Gestalt der Leibeserziehung von heute, 3 Bde., 1962–68; Die Systematiker der Leibesübungen, [5]1970. – Schriftleiter der Ztschr. „Leibesübungen – Leibeserziehung" 1946–75 und der Schriftenreihe „Theorie und Praxis der Leibesübungen". – Literatur: Leibesübungen – Leibeserziehung, 1975; H. Andrecs u. S. Redl (Hg.), Forschen, Lehren, Handeln, 1976.

Groller-Mildensee, Maximilian, * 5. 6. 1838 Prag (CZ), † 20. 5. 1920 Wien, Archäologe, Oberst, Mappierungsunterdirektor des Militärgeograph. Inst. in Wien. Techn. Leiter der Limes-Erforschung; leitete Ausgrabungen in Carnuntum und Lauriacum.

Literatur: Der Röm. Limes in Ö., Heft 15, 1925.

Grom-Rottmayer, Hermann, * 20. 12. 1877 Wien, † 24. 1. 1953 ebd., Maler, Bühnenlichttechniker. Studierte 1903–06 an der Akad. d. bild. Künste in Wien und 1906–08 an der Münchner Akad. bei L. Herterich. Lehrer an der Kunstschule für Frauen und Mädchen in Wien; 1926 Prof. an der Techn. Hochschule Wien, errichtete das erste Seminar für Theaterinszenierung, künstl. Beleuchtung und Werbung durch Licht in Wien.

Literatur: R. Waissenberger, Die Wr. Secession, 1971.

Grond, Walter, * 25. 5. 1957 Mautern (Stmk.), Schriftsteller, daneben auch als Herausgeber von Zeitschriften und Reihen sowie für andere Medien (Film, ORF) tätig. Übernahm 1994 die Leitung des Literaturreferats des Forum Stadtpark in Graz, 1995–97 dessen Vorsitzender.

Werke: Die Geschichte einer wahren Begegnung, 1983; Landnahme, 1984 (Roman); Labrys, 1989 (Roman); Ascona, 1991 (mit J. Schlick); Das Feld, 1991 (Roman); Stimmen, 1992; Absolut Grond, 1994 (Roman); Der Schopenhauer, 1994 (Schauspiel); Absolut Homer, 1995; Der Soldat und das Schöne, 1998 (Roman); Der Erzähler und der Cyberspace, 1999 (Essays); Old Danube House, 2000 (Roman). – Theaterstücke, Hörspiele.

Gronemann, Karoline, * 3. 7. 1869 Wien, † 20. 8. 1911 ebd., Beamtin (Südbahn) und Vorkämpferin für eine bessere Berufsausbildung der Frauen. Gründete 1901 die „Vereinigung der arbeitenden Frauen" (Privatangestellte), organisierte Abendkurse, richtete Beratungsstellen ein und gab die „Ö. Frauenrundschau" heraus. Berufl. Können und Selbstbewusstsein v. a. allein stehender berufstätiger Frauen sollten gefördert werden.

Literatur: Festschrift 25 Jahre Vereinigung der arbeitenden Frauen Wien 1901–26, 1927.

Groner, Auguste (Pseud.: Olaf Björnson, A. von der Paura, M. Regora, Metis), * 16. 4. 1850 Wien, † 7. 3. 1929 ebd., Lehrerin, Volks- und Jugendschriftstellerin.

Werke: Geschichten aus Alt-Wien, 1891; Erzählungen und Sagen aus Ö., 1893; Die alte Spieluhr, 1916; Der Brief aus dem Jenseits, 1885 (Kriminalnovellen). – Jugendgeschichten, Romane.

Groner, Richard, * 3. 10. 1853 Wien, † 15. 6. 1931 ebd., Lexikograph und Journalist. Begründete 1889 mit L. J. Eisenberg das biograph. Jb. „Das geistige Wien". Verfasste u. a. das Altwiener Lexikon „Wien, wie es war" (1919).

Groppenberger von Bergenstamm, Alois, * 1. 8. 1754 Wien, † 15. 2. 1821 ebd., Historiker und Sammler. Ab 1771 Beamter der nö. ständ. Registratur, ab 1800 Sekr. des nö. Ritterstands. Seine Sammlungen und Publikationen zeichnen sich durch hohen Quellenwert und bleibende wiss. Bedeutung aus.

Werk: Versuch einer Lebensgeschichte des ersten Herzogen in Ö., Heinrich des II. Jasomirgott, 1819. – Literatur: G. Fischer u. A. Bergenstamm (Hg.), Denn die Gestalt dieser Welt vergeht, 1996.

Gross, Gustav, * 12. 6. 1856 Reichenberg (Liberec, CZ), † 23. 2. 1935 Wien, Politiker, Nationalökonom. 1911–17 Führer des Dt. Nationalverbands; 1917/18 letzter Präs. des Reichsrats; langjähr. Leiter des Dt. Schulvereins; einer der Wortführer der dt.-nat. Bewegung in Ö.

Werke: Die Lehre vom Unternehmergewinn, 1884; Karl Marx, 1885.

Groß, Hans, * 26. 12. 1847 Graz (Stmk.), † 9. 12. 1915 ebd., Strafrichter, dann Univ.-Prof. in Prag und Graz, Begründer der modernen Kriminalistik. Haupt der Grazer Schule der Kriminologie; Gründer des Kriminalist. Inst. der Univ. Graz und des Kriminalmuseums in Graz. Verfasser bahnbrechender Werke für die Verbrechensbekämpfung, Gründer des „Archivs für Kriminologie".

Werke: Hb. für Untersuchungsrichter, 1893; Kriminalpsychologie, 1898; Encyklopädie für Kriminalistik, 1900. – Literatur: H. Groß u. F. Geerds, Hb. der Kriminalistik, 1978.

Hans Groß. Foto.

Gross, Wilhelm, * 24. 3. 1886 Molln (OÖ.), † 22. 10. 1918 Wien, Mathematiker. Univ.-Prof. in Wien; Arbeiten auf den Gebieten der Variationenrechnung, Mengenlehre, Geometrie und Invariantentheorie.

Werke: Zur invarianten Darstellung linearer Differentialgleichungen, in: Monatshefte f. Mathematik u. Physik, 1911; Raumkurven, deren Flächenzahl 0 ist, ebd., 1915; Minimaleigenschaft der Kugel, ebd., 1916. – Literatur: ÖBL.

Grossberg, Mimi, * 23. 4. 1905 Wien, † 2. 6. 1997 New York (USA), Schriftstellerin. Studierte Psychologie und engl. Literatur, bis 1938 selbstständige Modistin. 1938 Emigration in die USA. Neben eigenen literar. Werken gab sie u. a. eine Monografie zur literar. Emigration sowie mehrere Anthologien und 2 Ausst.-Kat. zu ö. Autoren in Amerika heraus. Zentrale Gestalt der Gruppe vertriebener ö. Autoren in den USA.

Werke: Metamorphosis, 1948; Versäume, verträume ..., 1957; Ö. Autoren in Amerika, 1970 (mit V. Suchy); The Road to America, 1986.

Grösser, Matthäus, * 21. 9. 1843 Bad St. Leonhard i. Lavanttal (Kä.), † 29. 12. 1921 Klagenfurt (Kä.), Kunstforscher, Priester, Initiator des Bischöfl. Diözesanmuseums in Klagenfurt.

Werke: St. Prinnis bei Klagenfurt, 1910; Wallfahrtsandenken an Maria Rain in Kä., 1916; Maria Saal in Kä., [4]1923. – Literatur: ÖBL.

Gross-Hoffinger, Anton Johann (Pseud.: Hans Normann, A. J. Groß), * 22. 5. 1808 Wien, † nach 1873 vermutlich Breslau (Wroclaw, PL), Schriftsteller. Studium der Rechte in Wien und München. Verfasste Sittengemälde über Wien und war im Vormärz auch als polit. Journalist tätig. Gründer der Welt- und Nationalchronik „Der Adler" (1841–44 „Vindobona").

Werke: Das Reich der Finsternis, 1836 (polit. Gedichte); Das galante Wien, 2 Bde., 1846; Wien, wie es ist, 1846; Der Roman Napoleons, 3 Bde., 1848. – Literatur: G. Metzker, A. J. G.-H., Diss., Wien 1965; ÖBL.

Größing, Stefan, * 27. 4. 1937 Leoben (Stmk.), Sportwissenschaftler. Zunächst Lehrer an höheren Schulen, 1973–81 Univ.-Prof. für Sportpädagogik an der Techn. Univ. München, seither an der Univ. Salzburg.

Werke: Sport der Jugend, 1970; Sportmotivation, 1973 (mit I. Speiser u. H. Altenberger); Bewegungskultur und Bewegungserziehung, 1993; Einführung in die Sportdidaktik, [7]1997; Streifzüge durch die Geschichte der Bewegungskultur, 1997.

Grossmann, Agnes, * 24. 4. 1944 Wien, Dirigentin; Tochter von Ferdinand → Großmann. Als Pianistin ausgebildet, musste aus Gesundheitsgründen ihre Karriere abbrechen, ab 1974 Dirigentenstudium in Wien; leitete 1983–86 die Wr. Singakad., ging 1986/87 nach Kanada und wurde dort zur erfolgreichen Orchesterleiterin; 1997–98 musikal. Leiterin der Wr. Sängerknaben.

Großmann, Ferdinand, * 4. 7. 1887 Tulln (NÖ.), † 5. 12. 1970 Wien, berühmter Stimmbildner und Chorleiter, Komponist; Vater von Agnes → Grossmann. Akad.-Prof. in Wien; gründete 1923 das Wr. Volkskonservatorium, dann Chorleiter der Singakad., 1930 Chordirektor der Wr. Staatsoper, leitete 1939–45 und ab 1956 die Wr. Sängerknaben; gründete 1946 den Akademiekammerchor.

Werke: Chöre, Lieder, Symphonie, Klavier-, Violinmusik.

Franz Xaver Gruber. Gemälde von S. Stief, 1846 (Stille-Nacht-Museum, Hallein).

Großmann, Rudolf (Pseud. Pierre Ramus), * 15. 4. 1882 Wien, † 20. 5. 1942 Atlantik (während der Flucht), anarchist. Schriftsteller. Emigrierte 1895 in die USA, beeinflusst von J. Most, später von L. Tolstoi; lebte ab 1907 wieder in Ö., strikter Verfechter des gewaltlosen Anarchismus.

Werke: Die Neuschöpfung der Gesellschaft durch den kommunist. Anarchismus, 1920; Militarismus, Kommunismus, Antimilitarismus, 1921; Anarchist. Manifest, [3]1923; Wohlstand für alle, 1907–14 (Hg.); Erkenntnis und Befreiung, 1918–33 (Hg.). – Literatur: G. Brandstetter, R. G., in: G. Botz u. a. (Hg.), Bewegung und Klasse, 1978; C. Neubauer, R. G. („Pierre Raumus") und der ö. Anarchismus von 1907 bis 1934, 3 Bde., 1999.

Grossmann, Stefan, * 18. 5. 1875 Wien, † 13. 1. 1935 ebd., Novellen- und Romanautor, Dramatiker, Publizist und Essayist. Lebte in Paris, Berlin und Brüssel; Redakteur bei der „Wiener Rundschau" (ab 1897) und der „Arbeiterzeitung" (ab 1904). 1906 begründete er die „Freie Wr. Volksbühne" und 1920 zusammen mit Rowohlt in Berlin die Wochenschrift „Das Tage-Buch", die er bis 1927 mitleitete. Seine Autobiographie „Ich war begeistert" (1930) schildert die Situation jüd. Intellektueller.

Weitere Werke: Novellensammlungen: Die Treue, 1901; Die Gasse, 1904; Herzliche Grüße, 1909. – Romane: Die Partei, 1919; Chefredakteur Roth führt Krieg, 1928. – Literatur: P. Sloterdijk, Literatur und Organisation der Lebenserfahrung, 1978.

Grosz, Paul, * 18. 7. 1925 Wien, Präs. der Israelit. Kultusgemeinde in Wien 1987–98. Ab 1948 Kürschnerlehre und Chemiestudium in Wien, seit 1957 Kürschnermeister; seit 1972 im Vorstand der Israelit. Kultusgemeinde.

Grosz, Wilhelm, * 11. 3. 1894 Wien, † 10. 12. 1939 New York (USA), Komponist, Pianist. Schüler von F. → Schreker und G. → Adler; ging 1928 nach Berlin und arbeitete im Rundfunk- und Schallplattenbereich, emigrierte 1934 in die USA; schrieb Opern, Ballette, Film- und Tanzmusik, wurde v. a. durch seine Foxtrott-Tango-Balladen bekannt.

Literatur: C. Ottner, „Was damals als unglaubliche Kühnheit erschien". F. Schrekers Wr. Kompositionsklasse, 2000.

Gruber, Augustin Josef, * 23. 6. 1763 Wien, † 28. 6. 1835 Salzburg, 1816 Bischof von Laibach, 1823 Erzbischof von Salzburg. Begründer der Wr. Katechetischen Methode.

Gruber, Franz von, * 20. 7. 1837 Wien, † 1. 11. 1918 ebd., Architekt und Offizier; Sohn von Ignaz G. (1803–1872), des ersten Ohrenheilkundespezialisten in Ö., und Bruder von Max v. → Gruber. Ab 1867 Lehrer an der Genie-Akad., führte v. a. Militärbauten aus. 1893–95 Vorstand des Ö. Ingenieur- und Architektenvereins. Verdienste um die Verbesserung des Sanitäts- und Gesundheitswesens.

Literatur: ÖBL.

Gruber, Franz Xaver, * 25. 11. 1787 Unterweitzberg (Gem. Hochburg-Ach, OÖ.), † 7. 6. 1863 Hallein (Sbg.), Volksschullehrer in Arnsdorf und Organist in Oberndorf, später in Hallein. Komponist des Liedes „Stille Nacht! Heilige Nacht!" (1818). Denkmal in Oberndorf.

Literatur: J. Mülmann, F. X. Gruber, 1966.

Gruber, Franz Xaver, * 29. 9. 1801 Wien, † 12. 4. 1862 ebd., Blumen- und Genremaler. Ab 1835 Prof. an der Manufakturschule der Wr. Akad., schuf zw. 1839 und 1859 für Fürst Metternich eine Aquarellsammlung sämtl. Kamelienarten und für Ks. Ferdinand I. eine Reihe von bemerkenswerten Orchideen- und Palmenaquarellen nach den Pflanzen in den Gewächshäusern von Schönbrunn.

Gruber, Gernot, * 17. 11. 1939 Bruck a. d. Mur, Musikwissenschaftler, Mozartforscher. 1976–95 Prof. an der Musikhochschule München, seit 1995 an der Univ. Wien.

Werke: Mozart und die Nachwelt, 1985; W. A. Mozart, 1989; Mozart verstehen, 1990; Mozart, Leben und Werk, 1992; W. A. Mozart, 1995. – Hg.: Musikal. Hermeneutik im Entwurf, 1994; Zur Geschichte der musikal. Analyse, 1996; Mozartanalyse im 19. und frühen 20. Jh., 1999.

Gruber, Gregor Maximilian, * 7. 8. 1739 Horn (NÖ.), † 20. 4. 1799 Wien, Piarist, Historiker und Urkundenforscher. Lehrte an der Savoyischen Ritterakad. in Wien und an der Wr. Univ.

Werke: Das durchlauchtigste Erzhaus Ö., 1773; Lehrsystem einer allg. Diplomatik, 3 Tle., 1783/84; Programma didacticum super optima methodo scribendi docendique artem diplomaticam, 1795. – Literatur: O. Lienhart, G. M. G., 1999.

Gruber, Heinz Karl, * 3. 1. 1943 Wien, Komponist, Kontrabassist. Wurde v. a. durch das Ensemble „MOB art & tone ART" (1968 mit K. → Schwertsik und O. M. → Zykan), mit dem er neue Wege im musikal.-szen. Bereich beschritt, und mit seinen Vokalwerken „Frankenstein!!" (1976/77) und „Gomorra" (1972, Neufassung 1990/91) berühmt.

Gruber, Josef, * 18. 4. 1855 Wösendorf (Gem. Weißenkirchen i. d. Wachau, NÖ.), † 2. 12. 1933 Linz (OÖ.), Komponist, Organist. Schüler von A. → Bruckner, Stiftsorganist in St. Florian (ab 1878), 1906 Musiklehrer in Linz, Cäcilianer.

Werk: Meine Erinnerungen an Dr. A. Bruckner, 1928.

Gruber, Karl, * 3. 5. 1909 Innsbruck (Ti.), † 1. 2. 1995 ebd., Diplomat und Politiker (ÖVP). Mitgl. der Ti. Widerstandsbewegung 1945 Landeshauptmann von Ti., 1945–54 Abg. z. NR, 1945–53 BMin. f. ausw. Angelegenheiten; unterzeichnete 1946 das sog. Gruber-De-Gasperi-Abkommen zur Regelung der S-Ti.-Frage, 1966–69 Staatssekr. im Bundeskanzleramt, 1954–57 und 1969–72 Botschafter in den USA, weiters in Madrid, Bonn und Bern, Sonderbeauftragter bei der IAEO. G. wirkte maßgebl. an den Verhandlungen über den ö. Staatsvertrag 1955 mit, trug zur Lösung der S-Ti.-Frage 1945/46 bei und unterstützte Ö. Teilnahme an der wirt. W-Integration.

Werke: Die Politik der Mitte, 1946; Zw. Befreiung und Freiheit, 1953; Reden und Dokumente 1945–53, 1994.

Gruber, Ludwig, * 13. 7. 1874 Wien, † 17. 7. 1964 ebd., Wienerliedkomponist, Dirigent, Schriftsteller; Sohn des Altwiener Volksdichters und Gesangskomponisten Anton G.

Werke: über 2000 Lieder (Mei Muatterl war a Weanerin; Es wird ein Wein sein). – Singspiele (Die Fiakermilli), Kirchenmusik, Tänze, Märsche, Symphonie, Filmmusik.

Gruber, Marianne, * 4. 6. 1944 Wien, Schriftstellerin und Jugendbuchautorin. Studierte Klavier und mehrere Semester Medizin und Psychologie bei V. E. → Frankl. Seit 1994 Präsidentin der Ö. Ges. für Literatur. Setzt sich in ihren Romanen mit der Situation des Menschen zw. Isolation und Hoffnung auseinander.

Werke: Romane: Die gläserne Kugel, 1981; Zwischenstation, 1986; Windstille, 1991. – Der Tod des Regenpfeifers, 1991 (Erzählungen); Esras abenteuerliche Reise auf dem blauen Planeten, 1992 (Kinderbuch); Die Spinne und andere dunkelschwarze Geschichten, 1995.

Gruber, Max von, * 6. 7. 1853 Wien, † 16. 9. 1927 Berchtesgaden (D), Hygieniker; Sohn von Ignaz G. (1803–1872), des ersten Ohrenheilkundespezialisten in Ö., und Bruder von Franz v. → Gruber. Univ.-Prof. in Graz, Wien und München. Beeinflusste die Sanitätsgesetzgebung Ö., war Mitgl. des Sanitätsrats, schuf eine weltweit ausgeübte Methode („g.sche Reaktion") zur Erkennung von Infektionskrankheiten (Typhus); entdeckte die „spezif. Agglutination" der Typhusbakterien.

Werke: Hygiene des Geschlechtslebens, 1902; Hb. der Hygiene, 1911ff. (mit M. Rubner und P. M. Ficker); Fortpflanzung, Vererbung und Rassenhygiene, 1911. – Literatur: A. W. Forst, M. v. G., 1959

Gruber, Reinhard Peter, * 20. 1. 1947 Fohnsdorf (Stmk.), Erzähler, Dramatiker und Journalist. Nach einem abgebrochenen Theologiestudium arbeitet G. seit 1974 als Journalist und freier Schriftsteller. In seinen „Heimatgeschichten" parodiert und entlarvt er verbreitete Klischees und Ideologien. Am erfolgreichsten wurde die Satire „Aus dem Leben Hödlmosers" (1973).

Weitere Werke: Romane: Im Namen des Vaters, 1979; Die grüne Madonna, 1982. – Prosa: Alles über Windmühlen, 1971; Vom Dach der Welt, 1987; Das Schilcher ABC, 1988; Einmal Amerika und zurück, 1993. – Dramen: Space Travel oder Nietzsche in Goa, 1984; Heimatlos, 1985; Die Geierwally, 1995.

Gruber, Rudolf, * 28. 12. 1933 Gablitz (NÖ.), Wirtschaftsjurist, Börsensensal. Seit 1968 Gen.-Dir. von NEWAG und NIOGAS, die 1987 zur EVN Energie-Versorgung Niederösterreich AG (seit 1998 EVN AG), der größten Landesges. der ö. Energiewirt., fusioniert wurden.

Grubhofer, Franz, * 6. 2. 1914 Dornbirn (Vbg.), † 11. 11. 1970 ebd., Angestellter und Politiker (ÖVP). 1945–62 Abg. z. NR, 1956–61 Staatssekr. im BM f. Inneres.

Gruberova, Edita, * 23. 12. 1946 Pressburg (Bratislava, SK), Kammersängerin (Koloratursopran). Debütierte 1970 an der Wr. Staatsoper als Königin der Nacht, seit 1972 Mitgl. dieses Hauses. Mitwirkung bei den Sbg. Festspielen sowie zahlr. internat. Gastspiele und Plattenaufnahmen. Zählt zu den weltbesten Sängerinnen ihres Fachs; Schwerpunkte: italien. Oper (Bellini, Donizetti, Rossini, Verdi), W. A. Mozart und R. Strauss.

Literatur: N. Rishoi, E. G., 1996.

Karl Gruber. Foto, um 1953.

Grueber, Johannes, * 28. 10. 1623 Linz (OÖ.), † 30. 9. 1680 Sárospatak (H), Jesuit, Missionar, Mathematiker. War 1659–61 am chines. Kaiserhof tätig, wo er Sternberechnungen und geograph. Ortsbestimmungen vornahm. Kehrte als erster Europäer auf dem Landweg von China nach Europa zurück, durchquerte Tibet, hielt sich in Lhasa und Katmandu auf und überschritt den Himalaja. Seine Reisebeschreibungen (die ersten über Tibet überhaupt) sind von bes. wiss. Wert. Er starb als Feldkurat der ö. Armee.

Literatur: F. Braumann, Ritt nach Barantola, [2]1960.

Gruen, Victor David (eigentl. V. David Gruenbaum), * 18. 7. 1903 Wien, † 14. 2. 1980 ebd., Architekt. Arbeitete bis 1938 in Wien, dann Emigration in die USA, wo er 1947 eines der führenden Architekturbüros der USA gründete (V. G. Associates). Berühmt wurde er 1955/56 mit dem Southdale Center bei Minneapolis, dem weltweit ersten in einem Gebäude integrierten Einkaufszentrum, das er mit einer revolutionären Heizanlage ausstattete. Mitte der 60er Jahre entwickelte er in den USA die ersten Konzepte für Fußgängerzonen in Fort Worth und Fresno. 1967 kehrte G. nach Wien zurück, wo er wieder ein Architekturbüro eröffnete.

Weitere Werke: Northland Shopping Center, Detroit, 1954. – Schriften: Shopping Towns USA, 1960; The Heart of Our Cities, 1964; Centers for the Urban Environment, 1973.

Grün, Adolf, * 22. 11. 1877 Wien, † 29. 3. 1947 Basel (CH), Chemiker. Fachmann auf dem Gebiet der Fettchemie; entwickelte neben analytischen Methoden die Sulfonierung, durch die ein neuer chem. Industriezweig ins Leben gerufen wurde.

Werk: Analyse der Fette, Wachse und Erzeugnisse der Fettindustrie, 2 Bde., 1925/29.

Grün, Anastasius (eigentl. Anton Alexander Graf von Auersperg), * 11. 4. 1806 Laibach (Ljubljana, SLO), † 12. 9. 1876 Graz (Stmk.), Lyriker, Epiker und Übersetzer. Dem jurist. Studium in Wien und Graz folgten Reisen nach Italien, Deutschland (wo er mit Autoren der „Schwäbischen Schule", insbes. mit L. Uhland bekannt wurde), Frankreich und England; 1848/49 Mitgl. des Frankfurter Parlaments; 1861–76 Mitgl. des Herrenhauses; Freund von N. → Lenau, dessen Nachlass (1851) und „Sämtliche Werke" (1855) er herausgab. G. kritisierte in seinen von liberalem Gedankengut erfüllten Werken, v. a. in den Gedichtbänden „Spaziergänge eines Wr. Poeten" (1831) und „Schutt" (1835), das System Metternich und den Klerikalismus.

Anastasius Grün. Lithographie von J. Kriehuber.

Weitere Werke: Romanzen: Balladen der Liebe, 1830; Der letzte Ritter, 1830; Gedichte, 1837. – Satirische Verserzählungen: Die Nibelungen im Frack, 1843; Der Pfaff vom Kahlenberg, 1850. – Übersetzungen slowen. und engl. Werke. – Ausgaben: Polit. Reden und Schriften, hg. v. S. Hock, 1906; Sämtliche Werke, hg. v. E. Castle, 6 Bde., 1909; Zeit ist eine stumme Harfe, eingel. und ausgew. v. U. Baumgarten, 1958. – Literatur: A. Schlossar, A. G. Sein Leben und Schaffen, 1907; F. Riedl, A. G., 1909; R. Wächter, A. G. polit. Dichtung, 1933; F. Sengle, Biedermeierzeit, Bd. 3, 1972; R. Wiedner, A. G. Gedicht-Smlg. „Schutt", Dipl.-Arb., Innsbruck 1988; D. Scharmitzer, A. G.: Versuch einer Monographie, Diss., Wien 1996.

Fritz Grünbaum. Foto, 1932.

Grünbaum, Fritz, * 7. 4. 1880 Brünn (Brno, CZ), † 14. 1. 1941 KZ Dachau (D), Kabarettist, Schauspieler, Tänzer, Regisseur, Schriftsteller. 1906 erster Auftritt im Wr. Kabarett „Die Hölle", ab 1907 in Berlin, ab 1914 wieder in Wien; künstlerischer Leiter des „Simpl", wo er mit K. → Farkas die Doppelconférence entwickelte, und Dir. mehrerer kleiner Wr. Bühnen; 1927 gründete er das „Boulevard-Theater"; 1938 von den Nat.-Soz. verhaftet.

Werke: Operetten-Libretti: Die Dollarprinzessin, 1907 (mit A. M. Willner); Der Liebeswalzer, 1908 (mit R. Bodanzky); Die Czikosbaronesse, 1920; Traumexpress, 1931 (mit K. Farkas). – Lustspiel: Sturmidyll, 1914. – Revuen, Feuilletons, Gedichte, Schlagertexte (Draußen in Schönbrunn, Ich hab das Fräuln Helen baden sehn). – Ausgaben: Die Schöpfung und andere Kabarettstücke, 1984; Die Hölle im Himmel und andere Kleinkunst, 1985; Der leise Weise, 1992 (alle hg. v. H. Veigl).

Grünberger, Alfred, * 15. 10. 1875 Karlsbad (Karlovy Vary, CZ), † 25. 4. 1935 Paris (F), Politiker (CS). 1920–22 Leiter des Staatsamts und des Ministeriums für Volksernährung, 1921/22 Handelsmin., 1922–24 Außenmin., 1925–32 Gesandter in Paris und Madrid.

Grünfeld, Alfred, * 4. 7. 1852 Prag (CZ), † 4. 1. 1924 Wien, Pianist und Komponist. Lebte zumeist in Wien, unternahm zahlr. Konzertreisen; bekannt durch den Vortrag seiner Konzertparaphrasen von Strauß-Walzern (Widmungsträger des „Frühlingsstimmenwalzers").

Karl Ludwig Graf Grünne. Foto, um 1870.

Grünmandl, Otto, * 4. 5. 1924 Hall i. Ti., † 3. 3. 2000 ebd., Kabarettist, Schriftsteller. Neben seiner Tätigkeit als Textilkaufmann (1948–65) schrieb er Gedichte, Erzählungen, neoexpressionist. Hörspiele (Ö. Staatspreis); bekannt durch seine „Alpenländ. Interviews" (ab 1973) im Hörfunk; ab 1976 als Kabarettist tätig. 1978 Dt. Kleinkunstpreis.

Kabarettprogramme: Ich heiße nicht Oblomow, 1979; Ich bin ein wilder Papagei, 1982; Politisch bin ich vielleicht ein Trottel, aber privat kenn' ich mich aus, 1987.

Grünne, Karl Ludwig Graf, * 25. 8. 1808 Wien, † 15. 6. 1884 Baden (NÖ.), Berufsoffizier. 1848 Obersthofmeister von Ks. Franz Joseph I., 1850–59 Vorstand der militär. Zentralkanzlei. Günstling der Erzherzogin Sophie mit starkem Einfluss auf den jungen Franz Joseph.

Literatur: ÖBL.

Norbert Gstrein (links) im Gespräch mit Eberhard Häfner. Foto, 1989.

Grünwald, Alfred, * 16. 1. 1884 Wien, † 24. 2. 1951 New York (USA), Operettenlibrettist. Zusammenarbeit mit F. → Lehár, E. → Kálmán, L. → Fall, L. → Ascher, E. → Eysler, O. → Straus, P. → Abraham und R. → Stolz; musste 1938 emigrieren (zuerst Paris, ab 1940 USA). Sein Sohn Henry Grunwald (* 3. 12. 1922) war 1988–89 US-Botschafter in Wien.

Werke: Rose von Stambul; Der letzte Walzer; Die Bajadere; Hoheit tanzt Walzer; Viktoria und ihr Husar; Blume von Hawaii; Gräfin Mariza; Die Zirkusprinzessin; Die Herzogin von Chikago; Die lustigen Weiber von Wien; Ball im Savoy; Venus in Seide. – Literatur: H. Grünwald, G. Markus u. a., Ein Walzer muß es sein. A. G. und die Wr. Operette, 1991.

Grünwald, Oskar, * 6. 7. 1937 Wien, Gen.-Dir. in der verstaatlichten Ind. Studierte an der Hochschule f. Welthandel in Wien, 1972–93 Vorstandsmitgl. der Ö. Industrieverwaltungs-AG.

Anton Josef Gruscha. Lithographie von R. Fenzel, 1901.

Grünzweig, Leopold, * 24. 12. 1923 Freundorf (NÖ.), Lehrer, Kulturpolitiker (SPÖ). 1980–86 Landeshauptmannstellv. von NÖ.

Gruscha, Anton Josef, * 3. 11. 1820 Wien, † 5. 8. 1911 Kranichberg (Gem. Kirchberg a. Wechsel, NÖ.), Fürsterzbischof von Wien (1890), Kardinal (1891), Apostolischer Feldvikar der k. u. k. Heere (1890–1911). Pionier der kath. Gesellenbetreuung in Ö. („Vater G."), des kath. Vereinslebens und des Wr. Kirchenbaus. Univ.-Prof. in Wien.

Literatur: O. Posch, A. G., 1947; F. Bischof, Kardinal G. und die soziale Frage, 1959; ÖBL; NÖB.

Grzywienski, Anton, * 3. 10. 1898 Tyrnau (Trnava, SK), † 9. 4. 1982 Wien, Techniker. International anerkannter Fachmann für Flussbau und Wasserbauanlagen, Prof. an der Techn. Hochschule Wien.

Gschließer, Oswald, * 14. 3. 1885 Innsbruck (Ti.), † 29. 9. 1973 ebd., Jurist und Historiker. An Wr. Gerichtshöfen und 1945–53 bei der Ti. Landesregierung tätig, ab 1955 Univ.-Prof. in Innsbruck.

Werke: Der Reichshofrat, 1942; Humanismus und Geschichtswiss., 1947; Tirol – Österreich. Gesammelte Aufsätze, 1965.

Gschnitzer, Franz, * 19. 5. 1899 Wien, † 19. 7. 1968 Innsbruck (Ti.), Jurist und Politiker (ÖVP). Ab 1928 Univ.-Prof. für Ö. Privat- und Arbeitsrecht in Innsbruck; Präs. des Obersten Gerichtshofs in Liechtenstein. 1945–62 Abg. z. NR, 1956–61 Staatssekr. f. auswärtige Angelegenheiten, 1962–65 Mitgl. d. BR.

Gsteu, Hermann, * 1. 7. 1899 Au (Vbg.), † 28. 10. 1977 Feldkirch (Vbg.), Geograph und Historiker. Lehrte an der Lehrerbildungsanstalt Innsbruck und war bis 1965 Lehrbeauftragter für Methodik der Geographie an der Univ. Innsbruck.

Werke: Geschichte des Ti. Landtages 1816–48, 1927; Länderkunde Ö., 1936 ([4]1971); Geschichte Ö., 1937 ([3]1956).

Gsteu, Johann Georg, * 26. 7. 1927 Hall i. Ti., Architekt. Studierte 1950–53 an der Wr. Akad. d. bild. Künste bei C. Holzmeister, 1980–92 Prof. an der Gesamthochschule Kassel. Entwarf v. a. Sakralbauten mit rationalen und technisch innovativen Entwurfskonzepten sowie Wohnbauten nach ähnl. Prinzipien.

Bauten: Umbau Rosenkranzkirche Wien-Hetzendorf, 1956–58 (mit F. Achleitner); Seelsorgezentrum Steyr-Ennsleiten, 1958–61 (mit Arbeitsgruppe 4); Seelsorgezentrum Wien-Baumgartner Spitz, 1960–65; Bildhauerunterkunft St. Margarethen, 1962–68; Z-Zweigstellen Wien-Rudolfsheim, Sparkassenplatz (1970–72), Wien-Strebersdorf (1971–72) und Wien-Stadlau (1979); Pfarrsaal und Kindergarten, Wien-Hetzendorf, 1968–71; Bauteil in der Wohnhausanlage Wien-Aderklaaerstraße, 1973–78; Wohnhaus Matthäusgasse 3, Wien-Landstraße, 1983–85; Wohnhaus Weiglgasse 4, Wien, 1983–87; Stationsgebäude der U6, Wien, 1990–95.

Gstrein, Norbert, * 3. 6. 1961 Mils (Ti.), Schriftsteller. Mathematikstudium, ab 1989 „Stadtschreiber von Graz". Befasste sich in seinem Erzählband „Einer" (1988) und seinem Roman „Register" (1992) mit den Themen Heimat und Fremde. 1989 Preis des Landes Kä. beim I.-Bachmann-Wettbewerb, 1999 A.-Döblin-Preis.

Weitere Werke: Anderntags, 1989; O_2, 1993; Der Kommerzialrat, 1995; Die englischen Jahre, 1999; Selbstportrait mit einer Toten, 2000.

Guarinoni(us), Hippolyt, * 18. 11. 1571 Trient (I), † 31. 5. 1654 Hall i. Ti., Polyhistor, Volksschriftsteller, Leibarzt von Ks. Ferdinand II. in Prag. Ab 1607 Stiftsarzt und Stadtphysikus in Hall, Vorkämpfer für Volksgesundheit und Pastoralmedizin, Bahnbrecher barocker Volksfrömmigkeit. Erbauer der St.-Karl-Kirche in Volders. Beschrieb die Heilquellen von Eggerdach und Volders.

Werke: Die Grewel der Verwüstung menschl. Geschlechts, 1610; Pestilentz-Guardien, 1612; Hydrooenogamia, 1640. – Literatur: G. W. Schreiber, H. G., ein Vorkämpfer moderner Hygiene und seine Beziehung zum Spitalswesen des 17. Jh., Diss., München 1946; A. Dörrer u. a. (Hg.), H. G., zur 300. Wiederkehr seines Todestages, 1954 (Schlern-Schriften 126); E. Locher (Hg.), H. G. im interkulturellen Kontext seiner Zeit, 1995.

Güdemann, Moritz, * 19. 2. 1835 Hildesheim (D), † 5. 8. 1918 Baden (NÖ.), Rabbiner. Ab 1866 an der Leopoldstädter Synagoge in Wien, ab 1892 Oberrabbiner von Wien. Verfasser von Werken zur jüdischen Kulturgeschichte und zur Religionsgeschichte.

Werke: Jüdisches im Christentum des Reformationszeitalters, 1870; Geschichte des Erziehungswesens und der Kultur der abendländischen Juden, 3 Bde., 1880–88.

Güden, Hilde, * 15. 9. 1917 Wien, † 17. 9. 1988 Klosterneuburg (NÖ.), Kammersängerin (1950), Koloratursopranistin. 1946–73 Mitgl. der Wr. Staatsoper; wirkte u. a. bei den Sbg. Festspielen, an der Metropolitan Opera New York, in München, Zürich und London.

Guggenberger, Leopold, * 8. 9. 1918 Tulbing (NÖ.), Landesbeamter und Politiker (ÖVP), 1966–70 Abg. z. NR, 1970–79 Abg. z. Kä Landtag, 1973–97 Bürgermeister von Klagenfurt.

Guggenberger, Siegmund, * 31. 12. 1891 Schindlau (Gem. Ulrichsberg, OÖ.), † 21. 5. 1969 Wien, Journalist und Schriftsteller. 1933–38 bei der RAVAG (Radio-Verkehrs-AG) tätig, 1945–54 öffentl. Verwalter für das ö. Rundspruchwesen, 1955–69 Dir. der Finanzkammer der Erzdiözese Wien.

Werke: Volksstücke, Romane, Erzählungen, Schau- und Hörspiele.

Guggenbichler, (Johann) Meinrad, * 17. 4. 1649 Einsiedeln (CH), † 10. 5. 1723 Mondsee (OÖ.), Bildhauer. Ab 1679 in Mondsee ansässig, Haupt einer bedeutenden Werkstätte. G. verband in Typus, Form und Farbe seiner lebhaften, reich bewegten Figuren die Tradition der got. Schnitzkunst mit Anregungen der hochbarocken Kunst Italiens (G. L. Bernini) und Flanderns (P. P. Rubens); er beeinflusste die barocke Holzplastik v. a. Inner-Ö. (J. T. → Stammel).

Werke: Altäre: Straßwalchen, Mondsee, Irrsdorf, Lochen, St. Wolfgang, Oberwang, Michaelbeuern, Oberhofen am Irrsee. – Literatur: H. Decker, M. G., 1949; Das Mondseeland, Ausst.-Kat., Mondsee 1982; B. Heinzl, J. M. G. 1649–1723, 1999.

Guggenmoos, Gotthard, * 5. 5. 1775 Stötten/Auerberg (D), † 29. 1. 1838 Hallein (Sbg.), Privatlehrer. Beschäftigte sich ab 1812 mit schwerhörigen und schwer sprechenden Kindern; eröffnete 1829 in Salzburg eine „Stummen- und Kretinenschule", die erste Schule für geistig Behinderte im dt.-sprach. Raum, die trotz erstaunlicher Unterrichtserfolge 1835 aus finanziellen Gründen geschlossen werden musste.

Literatur: K. Wagner, G. G. und seine Lehranstalt in Hallein und Salzburg, in: Mttlg. der Ges. f. Sbg. Landeskunde 58–59, 1918–19.

Gugitz, Gustav, * 10. 5. 1836 Klagenfurt (Kä.), † 17. 7. 1882 Wien, Architekt. Arbeitete im Büro von E. van der → Nüll und A. → Sicard von Sicardsburg, vollendete nach deren Tod die Wr. Staatsoper. 1875–82 Prof. und Dir. der Staatsgewerbeschule in Wien.

Werke: Bauten für die Wr. Weltausstellung, 1873; Ackerbauschule Klagenfurt, 1878; Landesmuseum für Kä. in Klagenfurt, 1879–83; Geschäftshäuser und Villen in Wien, Gmunden, Mailand. – Literatur: Carinthia I 74, 1884; ÖBL.

Gugitz, Gustav (Pseud.: G. Litschauer), * 9. 4. 1874 Wien, † 3. 3. 1964 Rekawinkel (NÖ.), Kulturhistoriker, Volkskundler, Schriftsteller. Privatgelehrter, 1938–45 Angestellter der Wr. Stadtbibl.; seine rd. 6000 Bde. umfassende Viennensia-Smlg. wurde gegen Lebensrente von der Stadt Wien übernommen.

Werke: Alt-Wienerisches, 1920 (mit E. K. Blümml); Alt-Wr. Thespiskarren, 1925 (mit E. K. Blümml); Das Wr. Kaffeehaus, 1940; Das Jahr und seine Feste im Volksbrauch Ö., 2 Bde., 1949/50; Ö. Gnadenstätten in Kult und Brauch, 5 Bde., 1955–58; Bibliographie zur Geschichte und Stadtkunde von Wien, 5 Bde., 1947–58; Denkwürdigkeiten aus Alt-Ö., 21 Bde, 1912–21 (Hg.). – Literatur: H. Dietrich, G. G. Bibliographie, 1954; W. Sturminger, G. G., in: Wr. Geschichtsblätter 9, 1954; L. Schmidt, G. G., in: Ö. Ztschr. f. Volkskunde 67/18, 1964.

Gulda, Friedrich, * 16. 5. 1930 Wien, † 27. 1. 2000 Weißenbach a. Attersee (Gem. Steinbach a. Attersee, OÖ.), Pianist und Komponist; Vater der Pianisten Paul → Gulda und Rico Gulda. Galt als „Wunderkind" und erlangte bereits früh Weltruhm (1946 Sieger des Internat. Musikwettbewerbs in Genf und anschließende internat. Konzerttätigkeit). Am intensivsten beschäftigte er sich mit L. van → Beethoven, dessen sämtl. Sonaten er ab 1953 einstudierte und aufnahm; auch hervorragender Interpret der Klavierwerke von W. A. → Mozart. Ab 1967 präsentierte sich G. als Exzentriker und Enfant terrible im Konzertbetrieb mit dem Ziel, das Publikum zu provozieren. Gleichzeitig begann er sich mit Jazz und anderen Formen der Unterhaltungsmusik zu beschäftigen, die er auch in seinen Kompositionen (Concerto for Ursula, Concerto for myself u. a.) mit der Ernsten Musik verband; zahlreiche Auslandstourneen und Plattenaufnahmen.

Friedrich Gulda. Foto.

Hilde Güden als Zerbinetta in „Ariadne auf Naxos" von R. Strauss. Foto.

Literatur: K. Geitel, Fragen an F. G., 1973; F. G., aus Gesprächen mit K. Hofmann, 1990.

Gulda, Paul, * 25. 10. 1961 Wien, Pianist; Sohn von Friedrich → Gulda. Wurde bereits als Kind von R. Batik am Klavier unterrichtet, danach von seinem Vater, L. Brumberg und R. Serkin. Erste Auftritte in Duos mit R. Batik.

Guldin, Paul (Habakuk), * 12. 6. 1577 St. Gallen (CH), † 3. 11. 1643 Graz (Stmk.), Mathematiker. Ursprünglich Protestant, trat zum Katholizismus über und wurde 1597 Jesuit. Studierte ab 1609 Naturwissenschaften bei Christoph Clavius in Rom, wurde 1616 Prof. für Mathematik an der Univ. Graz und wirkte für kurze Zeit auch in Wien. Streit mit Bonaventura Cavalieri über das cavalierische Prinzip, Beiträge zum Inhaltsproblem (g.sche Regel).

Werk: Centrobaryca, 4 Bde., 1635–41. – Literatur: W. Nöbauer, Geschichte der Mathematik in Ö., in: Wiss. Nachrichten 46, 1978; H. Kaiser u. W. Nöbauer, Geschichte der Mathematik, 1984; H. Kaiser, Die Rolle Ö. in der Geschichte der Mathematik, in: Didaktikhefte der Ö. Mathemat. Ges., 1990.

Gumpp, Ti. Künstlerfamilie des Barock, die wesentlich zum Stadtbild von Innsbruck beitrug: Christoph → Gumpp, Georg Anton → Gumpp, Johann Martin → Gumpp.

Literatur: M. Krapf, Die Baumeister G., 1979.

Gumpp, Christoph, * 28. 5. 1600 Innsbruck (Ti.), † 2. 3. 1672 ebd., Baumeister; Vater von Johann Martin → Gumpp. Ab 1633 Hofbaumeister in Innsbruck, studierte den italien. Theaterbau.

Werke: Innsbruck: ehem. Hoftheater „Dogana", 1629; Mariahilferkirche, 1647–49; Stiftskirche Wilten, 1651–65. – Literatur: M. Krapf, Die Baumeister G., 1979.

Gumpp, Georg Anton, * 12. 10. 1682 Innsbruck (Ti.), † 19. 12. 1754 ebd., Hofbaumeister und Ingenieur; Sohn von Johann Martin → Gumpp. War der bedeutendste Architekt der Familie und verarbeitete selbstständig die Baukunst des italien. Hochbarock.

Werke: Innsbruck: Fassade der Stiftskirche Wilten, 1716; Johanneskirche am Innrain, 1729–35; Palais Pfeiffersberg, 1712–23; Landhaus, 1724–28. – Umbau der Stamser Stiftskirche, 1719–32. – Literatur: M. Krapf, Die Baumeister G., 1979.

Gumpp, Johann Martin, * 7. 11. 1643 Innsbruck (Ti.), † 3. 7. 1729 ebd., Hofbaumeister, Ingenieur; Sohn von Christoph → Gumpp, Vater von Georg Anton → Gumpp.

Werke: Innsbruck: Spitalkirche, 1700/01; Ursulinenkirche, 1700–05; Palais Fugger, ab 1679; Palais Troyer-Spaur, 1681–83; Palais Sarnthein, 1681–85; Umbau des Alten Regierungsgebäudes, 1690–92. – Neuplanung von Stift Stams, 1690–92. – Literatur: M. Krapf, Die Baumeister G., 1979.

Gundacker von Judenburg, geistlicher Dichter Ende des 13. Jh. Als einziges Werk ist eine biblische Dichtung („Christi Hort") in höfischem Stil überliefert.
Ausgabe: J. Jaschke (Hg.), Christi Hort, 1910. – Literatur: W. Fechter, G. v. J. und „Mai und Beaflor", 1974; A. Masser, Bibel- und Legendenepik des dt. MA, 1976; Verf.-Lex.

Gunert, Johann, * 9. 6. 1903 Mödritz (Modřice, CZ), † 3. 10. 1982 Wien, Lyriker und Essayist. Nach dem 2. Weltkrieg Lektor des Amts für Kultur und Volksbildung in Wien und Mitarbeiter beim ORF. Staatspreis 1956, Trakl-Preis 1962, Grillparzer-Preis 1978.
Werke: Gedichte: Irdische Litanei, 1945; Das Leben des Malers Vincent van Gogh, 1949; Überall auf unsrer Erde, 1952; Aller Gesang dient dem Leben, 1956; Kassandra lacht, 1962. – Essay: Amerika im Spiegel ö. Literatur, 1953.

Joseph Gunkel. Stich, um 1850.

Gunkel, Joseph, * 28. 12. 1802 Wien, † 2. 6. 1878 Hütteldorf b. Wien, Schneidermeister. Erweiterte das von seinem Vater begründete Weißwarengeschäft zur tonangebenden Wr. Modeschneiderei (Erfindung der Doubleröcke, Einführung des engl. Fracks) für Adelige und wohlhabende Bürger.

Günther, Anton, * 17. 11. 1783 Lindenau (Lindava, CZ), † 24. 2. 1863 Wien, Religionsphilosoph, Theologe von internat. Bedeutung. Studierte bei B. Bolzano, kam 1810 zum Kreis um C. M. → Hofbauer, wurde Priester, begründete eine einflussreiche theolog. Schule des 19. Jh. (Güntherianismus). G. versuchte eine Neubegründung der Theologie mit anthropolog. Ansatz, eine Begründung der übernatürl. Wahrheiten aus der Vernunft, wandte sich gegen Scholastik und Pantheismus und setzte Vernunft über Glauben sowie Philosophie über Theologie. Seine Lehre wurde 1857 von der kath. Kirche auf Betreiben von Fürsterzbischof J. O. v. → Rauscher verurteilt, er unterwarf sich. Die Schule wirkte auf den Altkatholizismus.
Ausgabe: Gesammelte Schriften, 9 Bde., 1882. – Literatur: Kirchenlexikon.

Günther, Mizzi, * 21. 3. 1879 Warnsdorf (Varnsdorf, CZ), † 18. 3. 1961 Wien, Sopranistin. Gefeierte Operettendiva an Wr. Bühnen; größte Erfolge 1905 in „Die lustige Witwe" (Uraufführung) und 1907 in „Die Dollarprinzessin". Zuletzt Ehefrau von F. → Hennings.

Gurk, Eduard, * 17. 11. 1801 Wien, † 31. 3. 1841 Jerusalem (Israel), Landschaftsmaler, Lithograph und Kupferstecher. Erste Ausbildung bei seinem Vater; durch Fürst Metternich gefördert und zum Hofkammermaler ernannt.
Werke: Stichserien zu Wr. Themen mit J. B. und J. N. Hoechle; Guckkastenbilder mit Motiven aus der Monarchie für Erzhzg. Ferdinand, ab 1833; Darstellungen von Ereignissen aus dem offiziellen Leben Ferdinands. – Literatur: M. Loder, E. G., Ausst.-Kat., Albertina, Wien 1978.

Gurlitt, Ludwig, * 31. 5. 1855 Wien, † 12. 7. 1931 Freudenstadt (D), Pädagoge und Schriftsteller. Trat in zahlr. Schriften für eine „natürl. Erziehung" ein, die von den Bedürfnissen des Kinds ausgeht. An seiner Wirkungsstätte (Gymn. Berlin-Steglitz) und unter seinen Schülern entstand die „Wandervogel"-Bewegung.
Werke: Der Deutsche und sein Vaterland, 1902, [8]1909; Der Deutsche und seine Schule, 1905, [8]1912; Pflege und Entwicklung der Persönlichkeit, 1905; Erziehung zur Mannhaftigkeit, 1906, [7]1923; Schülerselbstmorde, 1908; Pflege des Heimatsinnes, 1909; Erziehungslehre, 1909. – Literatur: K. Kesseler, Pädagog. Charakterköpfe, [5]1929.

Gurlitt, Wolfgang, * 15. 2. 1888 Berlin (D), † 26. 3. 1965 München (D), Kunsthändler in Berlin, nach 1945 in München. 80 Gemälde seiner Smlg. wurden 1947 von der Stadt Linz zunächst als Leihgaben übernommen und 1953 angekauft; sie bildeten den Grundstock der „Neuen Galerie der Stadt Linz, W.-G.-Museum".

Gürtler, Alfred, * 30. 10. 1875 Deutsch Gabel (Jablonné, CZ), † 16. 3. 1933 Graz (Stmk.), Jurist und führender christl.-soz. Politiker. Univ.-Prof. in Graz; 1919 Vertreter der Christl.-Soz. in der ö. Delegation zu den Friedensverhandlungen von Saint-Germain; 1919–20 Mitgl. der Konstituierenden Nat.-Versammlung, 1920–30 Abg. z. NR, 1928–30 Präs. d. NR. 1921/22 Finanzminister, 1926/27 Landeshauptmann der Stmk.

Gürtler-Mauthner, Elisabeth, * 7. 5. 1950 Wien, Unternehmerin. Studierte Handelswissenschaften in Wien, ab 1988 Gesellschafterin im väterl. Unternehmen, seit dem Ableben ihres Mannes Peter Gürtler 1990 Übernahme des Managements der den gemeinsamen minderjährigen Kindern vererbten Hotels (Hotel Sacher in Wien, Hotel Ö. Hof in Salzburg) sowie der Sachertorten AG und mehrerer Beteiligungen.

Guschelbauer, Edmund, * 16. 10. 1839 Wien, † 6. 2. 1912 ebd., urspr. Vergolder, einer der bedeutendsten Wr. Volkssänger. Stellte mit der Volkssängerin L. → Montag, später mit dem Coupletsänger J. Müller den Urwiener Typ dar; wurde v. a. durch sein Lied vom „Alten Drahrer" bekannt.

Guschlbauer, Theodor, * 14. 4. 1939 Wien, Dirigent. Studierte Klavier und Violoncello, dann Dirigentenausbildung bei H. → Swarowsky. Erste Engagements an der Wr. Volksoper und am Sbg. Landestheater, ab 1969 musikal. Leiter der Oper in Lyon, 1975–83 Generalmusikdirektor in Linz, 1983–97 Chefdirigent des Orchestre Philharmonique de Strasbourg, seit 1997 Generalmusikdirektor der Staatsphilharmonie Rheinland-Pfalz in Ludwigshafen. Dirigiert an allen großen Opernhäusern Europas und bei internat. Festspielen (u. a. Salzburg, Linz, Verona, Montreux, Aix-en-Provence). Ständiger Gast an der Wr. und der Hamburg. Staatsoper.

Gusenbauer, Alfred, * 8. 2. 1960 St. Pölten (NÖ.), Politikwissenschaftler und Politiker (SPÖ). 1981–90 Angestellter der SPÖ, 1984–90 Bundesvorsitzender der Sozialist. Jugend (SJ), 1990–99 der AK für NÖ.; 1991–93 Mitgl. d. BR, seit 1993 Abg. z. NR, seit 2000 auch Klubobmann; 2000 kurz Bundesgeschäftsführer der SPÖ, seit 2000 Bundesparteiobmann der SPÖ.
Literatur: A. Pittler, A. G., ein Porträt, 2000.

Gusenbauer, Ilona (geb. Majdan), * 16. 9. 1947 Gummersbach (D), Leichtathletin. Stellte 1971 mit 1,92 m Hochsprungweltrekord auf und wurde mit 1,87 m Europameisterin; Bronzemedaille im Hochsprung bei den Olymp. Spielen in München 1972 (1,88 m) und ö. Rekord (1,93 m). Seit den 90er Jahren auch Malerin.

Gusinde, Martin, * 29. 10. 1886 Breslau (Wroclaw, PL), † 10. 10. 1969 Mödling (NÖ.), Ethnologe, Anthropologe, Missionar. Univ.-Prof. in Washington und Lehrer am Missionshaus St. Gabriel b. Mödling. Er forschte bei den Feuerland-Indianern, in deren Stamm er aufgenommen wurde, und in Zentralafrika. G. entdeckte 1956 die Ayom-Pygmäen auf Neuguinea.
Werke: Die Feuerland-Indianer, 3 Bde., 1931–39; Die Kongo-Pygmäen, 1942; Urmenschen im Feuerland, 1947; Urwaldmenschen am Ituri, 1948; Die Twa-Pygmäen in Ruanda, 1949; Die Twiden, 1956.

Gussenbauer, Carl, * 30. 10. 1842 Obervellach (Kä.), † 19. 6. 1903 Wien, Chirurg. Univ.-Prof. in Lüttich, Prag und Wien, leitete ab 1894 als Nachfolger T. Billroths die II. Chirurg. Univ.-Klinik, schuf neue Operationsmethoden (Chirurgie des Dickdarms) und -instrumente; konstruierte den ersten verwendbaren künstl. Kehlkopf. Als Bergsteiger erschloss G. u. a. Gebiete der Hohen Tauern, der Schober- und der Reichenspitzgruppe.
Literatur: K. Sablik, C. G., 1978.

Gütersloh, Albert Paris (eigentl. A. Conrad Kiehtreiber), * 5. 2. 1887 Wien, † 16. 5. 1973 Baden (NÖ.), Maler und Schriftsteller. 1912 Schüler von M. Denis und Korrespondent in Paris, 1917/18 im Kriegspressequartier. Bekanntschaft mit richtungsweisenden Persönlichkeiten der ö. Literatur, wie H. v. → Hofmannsthal, R. → Musil, H. → Bahr und H. v. → Doderer. 1918/19 mit F. → Blei Hg. der Ztschr. „Die Rettung". Zunächst Schauspieler und Regisseur, wurde er 1930–38 Prof. an der Wr. Kunstgewerbeschule. Berufsverbot durch die Nat.-Soz. bis 1945, 1945–62 Prof. an der Akad. der bild. Künste in Wien, 1953–55 Rektor, Präs. des Art-Clubs über die gesamte Zeit seines Bestehens; als Lehrer von A. → Brauer, E. → Fuchs, W. → Hutter und A. → Lehmden geistiger Vater der Wr. Schule des Phantast. Realismus. Sein literar. Werk ist durch die Entwicklung vom expressionist. Frühwerk zu einem sinnlich-barocken Stil gekennzeichnet. Großer Ö. Staatspreis 1951 und 1961, Ö. Ehrenzeichen f. Wiss. u. Kunst 1967.
Werke: Stillleben, Porträts, Landschaften, kleinformat. Aquarelle ironischen Inhalts, Entwürfe für Gobelins. – Essays: E. Schiele, 1911; Bekenntnisse eines modernen Malers, 1926. –Romane: Die tanzende Törin, 1911; Der Lügner unter Bürgern, 1922; Eine sagenhafte Figur, 1946; Sonne und Mond, 1962. – Erzählungen: Die Fabeln vom Eros, 1947. – Gedichte: Musik zu einem Lebenslauf, 1957. – Literatur: F. Thurner, A. P. G. Studien zu seinem Romanwerk, 1970; A. P. G. Beispiele, Werkkatalog, 1977; J. Adler, Allegorie und Eros, 1986; U. Storch, „Zw. den Worten liegen alle andern Künste", Diss., Wien 1989; K. Schröder, Neue Sachlichkeit, Ausst.-Kat., Kunstforum, Wien 1995.

Albert Paris Gütersloh, Selbstbildnis. Gemälde, 1913 (Historisches Museum der Stadt Wien).

Marie Gutheil-Schoder in „Salome" von R. Strauss. Foto, 1918.

Gutheil-Schoder, Marie, * 16. 2. 1874 Weimar (D), † 4. 10. 1935 Bad Ilmenau (D), Sängerin (Sopran). Von G. → Mahler entdeckt. 1900–26 gefeierte Sängerin an der Wr. Staatsoper, zahlr. Partien bei Uraufführungen von R. Strauss und A. Schönberg; wirkte nach 1926 als Lehrerin und Regisseurin (u. a. bei den Sbg. Festspiele).

Gutkas, Karl, * 16. 12. 1926, Sauggern (NÖ.), † 31. 7. 1997 Lutzmannsburg (Bgld.), Historiker. Univ.-Prof. in Wien, 1950–91 Kulturamtsdir. der Stadt St. Pölten; wiss. Leiter von hist. Großausstellungen.
Werke: Geschichte des Landes NÖ., [6]1983; Geschichte NÖ. in Bildern, 1984; Geschichte NÖ., 1984; St. Pölten, Werden und Wesen, [6]1986; Prinz Eugen und das barocke Ö., 1985 (Hg.); Ks. Joseph II., 1989; Kulturatlas – Ö. gestern und heute, [2]1996.

Gutmann, Viktor, * 10. 11. 1921 Wien, † 16. 7. 1998 Mödling (NÖ.), Chemiker. Nach Studium und Assistententätigkeit an der Techn. Hochschule Wien 1948–50 an der Univ. Cambridge und 1952–57 Univ.-Prof. in Bagdad; ab 1957 Univ.-Prof. f. Anorgan. Chemie an der Techn. Univ. Wien; beschäftigte sich v. a. auch mit homöopath. Arzneien. Zahlr. hohe wiss. Auszeichnungen.
Werke: Coordination Chemistry in Non Aqueous Solutions, 1968; Chem. Funktionslehre, 1971; Allg. und Anorgan. Chemie, 1971 (mit E. Hengge); Donor-Acceptor Approach to Molecular Interactions, 1978; Die wiss. Grundlagen der Homöopathie, 1985 (mit G. Resch); Scientific Foundations of Homeopathy, 1987 (mit G. Resch).

Gutolf von Heiligenkreuz, † um 1300, Zisterzienser, Chronist, Philosoph. 1265–84 in Wien tätig, Abt von Heiligenkreuz; musste 1289 als ehem. Anhänger Přemysl Ottokars II. Heiligenkreuz verlassen, ging nach Mähren, kehrte 1293 zurück.
Werke: Historia annorum 1264–79; Translatio Sanctae Delicianae (Beschreibung der Übertragung von Reliquien von Prag nach Wien); Vita S. Bernardi. – Literatur: A. E. Schönbach, G. v. H., in: Sitzungsberichte Wr. Akad., 150, 159, 1905/08; H. Watzl, Heiligenkreuz, 1987.

Gutsmann, Oswald, * 4. 8. 1727 Grafenstein (Kä.), † 1790 Klagenfurt (Kä.), Jesuit, slowen. Sprachforscher, relig. Schriftsteller. 1748–51 in Leoben tätig, 1751–54 Lehrer in Graz, 1759–60 Präfekt des Wr. Theresianums; wirkte dann in der Slowakei und zuletzt in Kä.; Repräsentant der sprachl. Interessen der Kä. Slowenen mit starkem Einfluss auf ihre nationalkulturellen Bestrebungen.
Werke: Windische Sprachlehre, 1777; Dt.-windisches Wörterbuch, 1789 (Neuauflage, bearb. v. L. Karnicar, 1999).

Guttenberg, Adolf von, * 18. 10. 1839 Tamsweg (Sbg.), † 23. 3. 1917 Wien, Forstwissenschaftler. Absolvierte die ungar. Forstakad. in Schemnitz (Banská Stiavnica, SK), 1867/68 Assistent an der Forstakad. Mariabrunn (heute Wien 14), 1877–1911 Prof. für Forstbetriebslehre an der Hochschule für Bodenkultur in Wien, mehrmals auch Rektor dieser Hochschule.

Guttenbrunner, Michael, * 7. 9. 1919 Althofen (Kä.), Lyriker. Hg. der Zeitschriften „Der Alleingang", 1960–64, und „Das Ziegeneuter", 1965–80. Ö. Staatspreis 1966, Ehrendoktorat der Univ. Klagenfurt 1994.
Werke: Lyrik: Schwarze Ruten, 1947; Opferholz, 1954; Ungereimte Gedichte, 1959; Die lange Zeit, 1965; Der Abstieg, 1975; Gesang der Schiffe, 1980; Die Lichtvergeudung, 1987; Gedichte 1980–90; 1992. – Prosa: Spuren und Überbleibsel, 1947; Im Machtgehege, 1976; Im Machtgehege II, 1994; Im Machtgehege III, 1997; Im Machtgehege IV, 1999; Vom Tal bis an die Gletscherwand! Reden und Aufsätze, 1999. – Anthologien: Schmerz und Empörung, 1947; T. Kramer, Vom schwarzen Wein, 1956. – Literatur: K. Amann (Hg.), M. G., 1995.

Gyrowetz, Adalbert, * 19. 2. 1763 Budweis (České Budějovice, CZ), † 18. 3. 1850 Wien, Komponist. Arbeitete zuerst als Sekretär einiger Adeliger (zahlr. Reisen), gleichzeitig höhere musikal. Ausbildung. Ab 1793 in Wien, Hoftheater-Kapellmeister und Dirigent (1804–31); wichtiger Vertreter des Wr. Singspiels zw. Klassik und Biedermeier.
Werke: 30 Opern und Singspiele („Agnes Sorel", 1806; „Der betrogene Betrüger", 1810; „Der Augenarzt", 1811; „Robert oder die Prüfung", 1813), Ballette, über 60 Symphonien, Streichquartette, Klaviersonaten, 11 Messen. – Autobiographie, 1847. – Literatur: ÖBL.

Adalbert Gyrowetz. Lithographie von J. Kriehuber, 1828.

Gyulai, Franz, Graf von Maros-Németh und Nádaska, * 3. 9. 1798 Pest (Budapest, H), † 21. 9. 1868 Wien, General. 1849/50 Kriegsminister; 1850 Befehlshaber in Mailand und Feldzeugmeister; ab 1857 Generalstatthalter des Lombardo-Venezianischen Königreichs; verlor 1859 die Schlacht von Magenta und wurde daraufhin in den Ruhestand versetzt.
Literatur: ÖBL.

H

Haan, Matthias Wilhelm von, * 17. 9. 1737 Wien, † 10. 12. 1816 ebd., Jurist. Präs. der „Hofkommission in polit. und Justizgesetzsachen". Sein „Strafgesetzbuch für Westgalizien" (1796) war die Grundlage für das ö. Strafgesetz von 1803 und trug wesentlich zur Vollendung des ABGB (1811) bei.

Literatur: ÖBL.

Haas, Arthur Erich, * 30. 4. 1884 Brünn (Brno, CZ), † 20. 2. 1941 Chikago (USA), Physiker. Atomforscher, Univ.-Prof. in Leipzig, Wien, London und ab 1935 in den USA; erkannte schon 1910 die Bedeutung des planckschen Wirkungsquantums und übertrug die Quantentheorie auf das atomare Geschehen.

Werke: Grundlagen der Mechanik, 1914; Einführung in die theoret. Physik, 2 Bde., 1919/21; Materiewellen und Quantenmechanik, [6]1934; Die Welt der Atome, [4]1937. – Literatur: A. Hermann, A. H., in: Dictionary of Scientific Biography 5, 1981.

Haas, Christine („Christl"), * 19. 9. 1943 Kitzbühel (Ti.), † 8. 7. 2001 Antalya (TK; ertrunken), Skirennläuferin, Geschäftsfrau. Weltmeisterin im Abfahrtslauf 1962 und 1964 (gleichzeitig Olympiasiegerin), 1968 Olympia- und Weltmeisterschaftsdritte.

Haas, Eduard, * 23. 10. 1923 Linz (OÖ.), † 3. 6. 1990 ebd., Unternehmer. Geschäftsführender Gesellschafter der seit Generationen im Familienbesitz befindl. Nahrungsmittelfabrik in Traun bei Linz.

Literatur: Oö. Landesarchiv (Hg.), Oberösterreicher, Bd. 3, 1984.

Haas, Ernst, * 2. 3. 1921 Wien, † 12. 9. 1986 New York (USA), Fotograf. Mitarbeiter von „Magnum", „Life", „Look" und „Holiday"; erlangte Weltberühmtheit durch Fotos von der Ankunft der ersten ö. Heimkehrer aus der sowjet. Kriegsgefangenschaft.

Werke: Die Schöpfung, 1971; In Amerika, 1975; Ende und Anfang, 1975 (mit H. Andics). – Literatur: F. Simak, Der Photograph E. H., Diss., Wien 1990; NDB.

Fritz Habeck. Foto.

Haas, Georg Friedrich, * 16. 8. 1953 Graz (Stmk.), Komponist. Studierte Komposition und Musikpädagogik an der Musikhochschule Graz und absolvierte ein postgraduales Studium bei F. → Cerha an der Wr. Musikhochschule. Neben seiner Kompositionstätigkeit Lehrauftrag an der Musikhochschule Graz. 1996 wurde seine Kammeroper „Nacht" nach Texten von F. Hölderlin bei den Bregenzer Festspielen uraufgeführt; E.-Krenek-Preis der Stadt Wien 1998.

Literatur: J. Shintani (Hg.), G. F. H. – Werkverz., 1998.

Philipp Haas. Heliogravüre, um 1860.

Haas, Philipp, * 7. 6. 1791 Wien, † 31. 5. 1870 Bad Vöslau (NÖ.), Industrieller. Begann 1825 nach Absolvierung der Manufakturzeichenschule in einer eig. Werkstätte mit der Erzeugung von Kleiderstoffen, 1831 von Möbelstoffen und 1845 von Teppichen; nach Eintritt seiner Söhne Eduard H. (1827–1880) und Robert H. (1825–1876) führte das Unternehmen, das bis 1982 bestand, ab 1851 den Namen „P. H. & Söhne".

Literatur: NDB.

Haas, Robert, * 15. 8. 1886 Prag (CZ), † 4. 10. 1960 Wien, Musikwissenschaftler. Univ.-Prof. in Wien, 1920–45 Dir. der Musik-Abt. der Ö. Nat.-Bibl., deren Phonogrammarchiv er mitbegründete; beschäftigte sich in seinen Schriften v. a. mit Barock und Wr. Klassik.

Werke: Die Musik des Barocks, 1929; Mozart, 1933; Bruckner, 1934; Bach und Mozart in Wien, 1951. – Hg. der Gesamtwerke A. Bruckners (mit A. Orel u. L. Nowak, 1930–45) und der nachgelassenen Werke von H. Wolf (mit H. Schultz, 1935ff.).

Haas, Waltraut, * 9. 6. 1927 Wien, (Film-)Schauspielerin; Ehefrau des Schauspielers Erwin Strahl. 1946 Debüt in Linz, danach Engagements an Theatern in Wien und Deutschland; 1948 erfolgreiches Filmdebüt als Mariandl in W. Forsts „Hofrat Geiger", dem rd. 60 Filmproduktionen folgten; Fernsehtätigkeit.

Haas, Wolf, * 14. 12. 1960 Maria Alm am Steinernen Meer (Sbg.), Schriftsteller. Studierte Sprachwiss., dann Univ.-Lektor in Swansea, Wales. Ab 1990 Werbetexter in Wien. Krimidebüt 1996 mit „Auferstehung der Toten"; sein Roman „Komm, süßer Tod" (1998; Dt. Krimipreis 1999) wurde 2000 mit J. → Hader in der Hauptrolle verfilmt.

Weitere Werke: Der Knochenmann, 1997; Ausgebremst, 1998; Silentium, 1999; Wie die Tiere, 2001.

Habe, Hans (eigentl. János Békessy), * 12. 2. 1911 Budapest (H), † 29. 9. 1977 Locarno (CH), Schriftsteller und Publizist. 1929–38 Redakteur und Korrespondent in Wien und Prag, emigrierte 1940 in die USA; nach 1945 Presseoffizier in Deutschland, gründete die amerik. „Neue Zeitung" in München, 1946–52 Chefredakteur verschiedener Ztschr.; Kolumnist, Autor zahlr. populärer Romane („Das Netz", 1968).

Weitere Werke: Zu spät?, 1939; Ob tausend fallen, 1943; Weg ins Dunkel, 1951; Ich stelle mich, 1954 (Autobiographie); Die Tarnowska, 1962; Die Mission, 1965; Palazzo, 1975.

Habeck, Fritz (Pseud.: Glenn Gordon), * 8. 9. 1916 Neulengbach (NÖ.), † 16. 2. 1997 Baden (NÖ.), Erzähler, Dramatiker, Jugendbuchautor, Übersetzer, Jurist. Wurde Ende der 50er Jahre v. a. durch seine Kriminalgeschichten bekannt, verfasste jedoch auch hist. und zeitkrit. Romane sowie Jugendbücher; durch die gelungene Verbindung von „Story" und Reflexion als „ö. Hemingway" bezeichnet. 1968–77 Leiter der Literaturabteilung des Senders Wien; 1978–80 Präs. des Ö. P. E. N.-Clubs. A.-Stifter-Preis 1973.

Werke: Romane: Das Boot kommt nach Mitternacht, 1951; Das zerbrochene Dreieck, 1953; Der Ritt auf dem Tiger, 1958; Der Piber, 1965; Der schwarze Mantel meines Vaters, 1976; Wind von Südost, 1979; Der Gobelin, 1982; Der General und die Distel, 1985; Was soll's, 's ist Fasching, 1991. – Jugendbücher: Der Kampf um die Barbacane, 1960; Der einäugige Reiter, 1963; Taten und Abenteuer des Dr. Faustus, 1970. – Dramen: Zwei und zwei ist vier, 1948; Baisers mit Schlag, 1950; Marschall Ney, 1952. – Literatur: A. Weber (Hg.), Dear Fritz. Aufsätze und Gespräche über F. H., 1998.

Habel, Ferdinand, * 29. 9. 1874 Mariaschein (Bohosudov, CZ), † 13. 3. 1953 Wien, Organist, Chorleiter und Komponist. 1921–46 Domkapellmeister in St. Stephan; Lehrtätigkeit an der Univ. Wien und der Wr. Musikakad.

Habeler, Peter, * 22. 7. 1942 Mayrhofen (Ti.), Alpinist. Begann 1969 mit Reinhold Messner eine neue Form des Alpinismus mit geringem techn. Aufwand und leichter Ausrüstung, bestieg so mit Messner 1978 erstmals den Mount Everest ohne Sauerstoffgerät und später 4 weitere Achttausender (Nanga Parbat, Cho Oyu, Kangchendzönga, Hidden Peak). Daneben ist H.

ein anerkannter Ski- und Alpinpädagoge (1973 Gründung der Alpinschule Zillertal).

Werke: Der einsame Sieg, 1978; Auf den Bergen der Welt zuhause, 1982; Unsere schönsten Skitouren in Ti., 1999 (mit W. Weingartner).

Haberda, Albin, * 29. 1. 1868 Bochnia (PL), † 6. 12. 1933 Wien, Gerichtsmediziner. Ab 1897 Univ.-Prof. in Wien, ab 1916 Vorstand des Inst. f. Gerichtl. Medizin, 1919–21 Dekan der Medizin. Fakultät der Univ. Wien; gab 1927 E. v. → Hofmanns „Lehrbuch der gerichtl. Medizin" neu heraus.

Literatur: L. Schönbauer, Das medizin. Wien, 1941.

Haberlandt, Arthur, * 9. 3. 1889 Wien, † 28. 5. 1964 ebd., Ethnograph und Volkskundler; Sohn von Michael → Haberlandt. Univ.-Prof.; 1924–45 Dir. des Ö. Museums für Volkskunde: einer der ersten Vertreter einer vergleichenden europ. Volkskunde.

Werke: Kulturwiss. Beiträge zur Volkskultur von Montenegro, Albanien und Serbien, 1917; Volkskunst der Balkanländer, 1919; Die volkstüml. Kultur Europas in ihrer geschichtl. Entwicklung, 1926; Volkskunde des Bgld., 1935; Die dt. Volkskunde, 1935; Taschenwörterbuch der Volkskunde Ö., 2 Bde., 1953/59. – Literatur: L. Schmidt, A. H. zum Gedächtnis, in: Ö. Ztschr. für Volkskunde, 1964.

Haberlandt, Friedrich, * 21. 2. 1826 Pressburg (Bratislava, SK), † 1. 5. 1878 Wien, Agrarwissenschaftler; Vater von Michael → Haberlandt und Gottlieb → Haberlandt. 1872–78 Prof. an der Hochschule f. Bodenkultur in Wien, wo er die Schule J. v. Liebigs fortsetzte und an der Schaffung der wiss. Grundlagen des landw. Pflanzenbaus wesentlich mitarbeitete; bemühte sich um die Einführung der Sojabohne (H.-Bohne).

Haberlandt, Gottlieb, * 28. 11. 1854 Ungar.-Altenburg (Magyaróvár, H), † 30. 1. 1945 Berlin (D), Botaniker; Sohn von Friedrich → Haberlandt, Bruder von Michael → Haberlandt. Univ.-Prof. in Graz und Berlin; begründete das Pflanzenphysiolog. Inst. in Berlin und die physiolog. Pflanzenanatomie; entdeckte das Reizleitungssystem der Pflanzen.

Werke: Physiolog. Pflanzenanatomie, 1884; Das reizleitende Gewebesystem der Sinnpflanze, 1890; Sinnesorgane im Pflanzenreich, 1901; Eine botan. Tropenreise, 1926.

Haberlandt, Michael, * 29. 9. 1860 Ungar.-Altenburg (Magyaróvár, H), † 14. 6. 1940 Wien, Ethnologe und Volkskundler, Indologe; Sohn von Friedrich → Haberlandt, Bruder von Gottlieb → Haberlandt, Vater von Arthur → Haberlandt. Mit W. → Hein Begründer des Vereins (1894), der Ztschr. und des Ö. Museums f. Volkskunde (1895); 1892 erster Dozent (später Prof.) des neu eingerichteten Fachs für Völkerkunde an der Univ. Wien; machte sich bes. um die vergleichende Volkskunde verdient. Als Musikliebhaber verhalf er der Kunst H. → Wolfs zum Durchbruch (Gründer des H.-Wolf-Vereins).

Werke: Kultur im Alltag, 1900; Ö. Volkskunst, 2 Bde., 1914; Werke der Volkskunst, 3 Bde., 1917; Einführung in die Volkskunde, 1924; Die Völker Europas, 1926; Ö., sein Land und Volk und seine Kultur, 1927.

Haberler, Gottfried, * 20. 7. 1900 Purkersdorf (NÖ.), † 6. 5. 1995 Washington (USA), Nationalökonom. Verfechter freier Wechselkurse. Ab 1936 in den USA an der Harvard University, maßgebl. bei der Erstellung des Programms des Internat. Währungsfonds beteiligt. Ehrendoktor der Wr. Wirtschaftsuniv.

Habert, Johann Evangelist, * 18. 10. 1833 Oberplan (Horní Planá, CZ), † 1. 9. 1896 Gmunden (OÖ.), Lehrer, Kirchenmusiker und Organist. Ab 1861 Organist in Gmunden; kämpfte mit seinem oö. Cäcilienverein scharf gegen F. Haberls Allg. Cäcilienverein und für die Beibehaltung der instrumentalen Kirchenmusik. Hg. d. Ztschr. f. kath. Kirchenmusik (1868–83).

Literatur: J. N. Moser, J. E. H., 1978.

Habsburger: Das ehem. Herrschergeschlecht Ö. ist nach der 1108 als Havisberch (Habichtsburg) erwähnten, um 1020 gegr. Stammburg über dem re. Aare-Ufer südwestl. von Brugg im Kanton Aargau (CH) benannt. Der Bergfried, zugleich Wohnturm, wurde im 12./13. Jh. zu einer Doppelburg erweitert, bald jedoch reduziert, sodass nur noch der westl., oftmals veränderte Teil bestehen blieb. 1415 fiel die Burg an die Berner.

Als Ahnherr wird in der Gründungsgeschichte des Hausklosters Muri Guntram der Reiche genannt, der in der 2. Hälfte des 10. Jh. lebte. Dessen Enkel Ratbot († vor 1045), Graf im Klettgau zw. Waldshut (D) und Schaffhausen (CH), stiftete das Kloster Muri, die erste Begräbnisstätte der Familie. Sein Schwager (oder Bruder) war Bischof Werner von Strassburg (1002–1028). Graf von H. nannte sich Otto II. († 8. 9. 1111). Dessen Sohn Werner II., 1135 Landgraf im Oberelsass, starb vermutlich 1167 vor Mailand. Mit ihm begann die Nähe zu den Staufern, die in den folgenden Generationen anhielt. 1240 kam es zu einer Teilung in 2 Linien, die jüngere Laufenburger Linie starb 1415 aus. Rudolf IV. aus der Hauptlinie wurde 1273 dt. König (Wahl 1. 10. 1273), obwohl die H. nicht zu den Reichsfürsten zählten, jedoch waren sie als Grafen mit öffentl. Funktionen ausgestattet. Sie beherrschten kein geschlossenes Territorium, hatten aber reiche Allodial- und Lehensgüter sowie Kirchenvogteien. Verwandtschaftliche Bindungen bestanden zu den führenden Adelsgeschlechtern Schwabens und des Elsass.

Als Sieger in der Schlacht bei Jedenspeigen (26. 8. 1278) über → Ottokar II. von Böhmen übernahm → Rudolf I. die ehemals babenbergischen und sponheimischen Länder (Ö., Stmk., Kä., Krain und die Windische Mark) für das Reich. Mit Ö. und Stmk. belehnte er 1282 seine beiden Söhne → Albrecht I. und → Rudolf II. (Die anderen Gebiete gingen 1286 an die → Meinhardiner.) Obwohl Rudolf II. verzichtete, erfolgte künftig die Belehnung aller männlichen Nachkommen einer Generation „zu gesamter Hand", was mehrmals zu Streitfällen führte. Im 14. Jh. verwaltete ein jüngeres Mitgl. der Familie die Besitzungen in der Schweiz, die aber im Lauf des 14. Jh. weitgehend verloren gingen.

1379 erfolgte eine Teilung der Besitzungen zw. → Albrecht III. und → Leopold III. Nun bestanden vorerst zwei, ab 1406 drei Linien, deren Güter nach dem Aussterben der albertinischen Linie (1457) und dem Verzicht der Ti. Linie (1490; Sigmund von Tirol adoptierte dabei Maximilian I.) durch → Maximilian I. wieder in einer Hand vereinigt wurden (1493).

Unter Maximilian I. erfolgte durch seine Heirat mit Maria von Burgund und die Ehe seines Sohnes Philipp mit Johanna von Kastilien der Aufstieg des Hauses zur Weltgeltung. In der Folge kam es zur neuerl. Teilung in 2 Linien, einer span. mit → Karl V. (als Kg. von Spanien Karl I., auf den Philipp II., Philipp III., Philipp IV. und Karl II. folgten) und einer ö. mit → Ferdinand I. und dessen Nachkommen. Zwischen beiden Linien bestanden enge Bindungen in Form von gegenseitigen Heiraten, was zu Ahnenverlust und Degeneration führte. Die span. Linie starb 1700 aus.

Die ö. Linie spaltete sich nach dem Tod Ferdinands I. 1564 neuerlich in 3 Zweige. Der ö. Zweig herrschte bis 1619, der Ti. regierte wegen der morganatischen Ehe → Ferdinands II. (die Kinder waren nicht erbberechtigt) nur bis 1595 und ein neuer, von → Leopold V. begründeter Zweig bis 1665, die steir. Linie setzte die Familie bis → Karl VI. († 1740) fort.

Die Heirat → Maria Theresias mit Franz Stephan von Lothringen (→ Franz I.) begründete das Geschlecht H.-Lothringen, das sich durch die große Kinderanzahl des Paares vergrößerte. Den Herrscherstamm führten Peter Leopold (Ks. → Leopold II.), dessen Sohn → Franz II. (I.) und wiederum dessen Sohn → Franz Karl (der auf die Thronfolge verzichtete) fort. Dessen Sohn → Franz Joseph I. regierte länger als alle anderen Mitgl. des Hauses. Von Leopolds zweitem Sohn, → Ferdinand III., stammte die Linie Habsburg-Toskana ab, von Maria Theresias Sohn → Ferdinand Karl die Linie Ö.-Este.

Karlheinz Hackl in „Liliom" von F. Molnár. Burgtheater, Wien, 1993. Foto.

1918 endete die Herrschaft des Hauses Habsburg-Lothringen in Ö. Das Verhältnis zw. der Republik Ö. und der Familie regelt das Habsburger-Gesetz von 1919. Otto → Habsburg-Lothringen, der Sohn des letzten Ks., → Karl I., verzichtete 1961 auf die Herrscherrechte und Vorrechte der Familie.

Literatur: A. Wandruszka, Das Haus H., [5]1984; B. Hamann, Die H. Ein biograph. Lexikon, [3]1993; R. Reifenscheid, Die H. in Lebensbildern, [3]1994; K. Vocelka u. L. Heller, Die Lebenswelt der H., 1997; K. Vocelka u. L. Heller, Die private Welt der H., 1998; M. Erbe, Die H. 1493–1918. Eine Dynastie im Reich und in Europa, 2000.

Habsburg-Lothringen, → Habsburger.

Otto Habsburg-Lothringen. Foto.

Habsburg-Lothringen, Otto, * 20. 11. 1912 Reichenau (NÖ.), ältester Sohn des letzten ö. Ks. → Karl I.; verzichtete 1961 auf Herrschaftsansprüche und sonstige Vorrechte der Familie. Seit 1973 Präs. der Internat. Paneuropa-Union, 1979–99 CSU-Abg. z. Europ. Parlament.

Literatur: E. Feigl, O. v. H., Profil eines Lebens, 1992.

Hacker, Aemilius, * 3. 3. 1870 Neulengbach (NÖ.), 25. 3. 1912 Schneeberg (NÖ., Lawinenunglück), Jurist, Bergsteiger und Skipionier. Unternahm 1895/96 eine Kaukasus- und Zentralasien-, 1905 eine Spitzbergenexpedition; im Skisport Anhänger M. → Zdarskys.

Literatur: Mttlg. d. Dt. und Ö. Alpenvereins, 1912; Ö. Alpenzeitung, 1912; ÖBL.

Hacker, Andreas, * 23. 5. 1956 Seekirchen (Sbg.), Manager. Seit 1977 bei McDonald's tätig, ab 1980 Filialleiter, ab 1986 Dir. von McDonald's Ö., danach Karriere bei McDonald's Deutschland. 1990 Managing Director für Zentraleuropa, seit 1997 Vizepräs. für Zentraleuropa und Zentralasien. Erster Nichtamerikaner im Directory Board von McDonald's in Chikago.

Friedrich Hacker. Foto, 1975.

Hacker, Friedrich, * 19. 1. 1914 Wien, † 23. 6. 1989 Mainz (D), Psychiater und Psychoanalytiker. Emigrierte 1938 in die Schweiz, 1940 in die USA; Prof. in Los Angeles; Gründer (1968) und Präs. der S.-Freud-Ges., wichtige Arbeiten zum Phänomen der Gewalt in der Massengesellschaft.

Werke: Versagt der Mensch oder die Gesellschaft?, 1964; Aggression, 1971; Terror, 1973; Freiheit, die sie meinen, 1978; Konflikttheorie und Fernsehen, 1980; Drogen. Verhüten statt behandeln, behandeln statt strafen, 1981; Das Faschismus-Syndrom, 1990.

Hacker, Viktor von, * 21. 10. 1852 Wien, † 20. 5. 1933 Graz (Stmk.), Chirurg. Schüler T. → Billroths, 1887–94 Univ.-Prof. in Wien, 1894–1903 in Innsbruck, 1904–24 Inst.-Vorstand der Chirurg. Univ.-Klinik in Graz. Bed. Leistungen auf dem Gebiet der Speiseröhren-, Magen- und Darmchirurgie.

Werk: Anleitung zur antisept. Wundbehandlung, 1883. – Literatur: NDB.

Josef Hader. Foto, 1997.

Hackhofer, Johann Cyriak, * 14. 2. 1675 Wilten (Ti.), † 9. 5. 1731 Vorau (Stmk.), Maler. Bedeutendster Vertreter der barocken Monumentalmalerei in der Stmk., ab 1708 für das Stift Vorau und seine Pfarreien tätig.

Werke: Fresken: Stift (Kapitelsaal, Sakristei), Markt- und Friedhofskirche in Vorau; Schloss Festenburg; Altarbilder in zahlr. steir. Kirchen. – Literatur: J. C. H., Ausst.-Kat., Stift Vorau 1981; C. Weeber, Der Vorauer Stiftsmaler J. C. H. 1675–1731, 2 Bde., Diss., Graz 1987; NDB.

Hackhofer, Josef, * 18. 3. 1863 Wolfsberg (Kä.), † 8. 9. 1917 Wien, Architekt. Vertreter des Jugendstils, häufig in Gemeinschaft mit anderen Architekten (u. a. O. → Wagner) tätig. Seine Hauptwerke sind die „Hohe Brücke" in Wien (1903) und die mit F. → Ohmann gestaltete Wienflussverbauung im Stadtpark (1903–06).

Literatur: ÖBL.

Hackl, Erich, * 26. 5. 1954 Steyr (OÖ.), Erzähler, Drehbuch- und Hörspielautor, Übersetzer. 1977/78 Univ.-Lektor in Madrid, dann Lehrer in Wien, seit 1983 freier Schriftsteller; zahlr. Aufenthalte in Spanien, Mittel- und Südamerika. Soz.-krit. Erzählungen („Auroras Anlaß", 1987; „Abschied von Sidonie", 1989); Übersetzungen v. a. aus dem Spanischen.

Weitere Werke: Hier ist niemand gestorben, 1985; Zugvögel seit jeher, 1987; König Wamba, 1991 (Kinderbuch); Sara und Simón, 1995; Entwurf einer Liebe auf den ersten Blick, 1999. – Hg.: Das Herz des Himmels, 1985; Wien, Wien allein, 1993; Aurora-Bücherei, 1994ff. (internat. Lyrikreihe). – Literatur: M.-J. Richter, E. H. Erzählung „Auroras Anlaß" in der Tradition Kleists, Mag.-Arb., Aachen 1991; U. Baumhauer (Hg.), Abschied von Sidonie von E. H. Materialien zu einem Buch und seiner Geschichte, 2000.

Hackl, Karlheinz, * 16. 5. 1949 Wien, Kammerschauspieler, Regisseur; 1972 Debüt am Wr. Theater der Courage, 1974–76 Engagement am Wr. Volkstheater; 1977 von B. → Gobert an das Thalia-Theater in Hamburg engagiert; seit 1978 Ensemblemitgl. des Wr. Burgtheaters; neben Rollen des Charakterfachs auch Auftritte in Musicals („Ein Käfig voller Narren"; „Der Mann von La Mancha"), Film- und Fernsehproduktionen (u. a. mit M. Streep, J. Mason, M. Schell); Regiearbeiten am Volkstheater (H. Ibsens „Nora") und am Theater in der Josefstadt (A. Schnitzlers „Liebelei", Ö. v. Horváths „Geschichten aus dem Wiener Wald"); seit 1996 Prof. für Rollengestaltung am Reinhardt-Seminar. 1986 Kainz-Medaille.

Hacquet de la Motte, Belsazar, * 1739 (1740?) Leconquet (F), † 10. 1. 1815 Wien, Volkskundler, Arzt, Naturwissenschaftler, Pionier der Alpengeologie. 1773 Prof. für Medizin in Laibach, 1785 in Lemberg, nach seiner Pensionierung (1810) in Wien. Sein Werk bedeutete den Anfang der Volks- und Völkerkunde der Ethnien der Habsburgermonarchie.

Werke: Physikal. Erdbeschreibung des Herzogtums Krain, Istrien ..., 4 Bde., 1778–89; Plantae Alpinae Carniolicae, 1782; Abbildung und Beschreibung der südwestl. u. östl. Wenden, Illyrer und Slawen, 5 Bde., 1802–05. – Literatur: ÖBL; NDB.

Hadamowsky, Franz, * 31. 1. 1900 Rappoltenkirchen (NÖ.), † 9. 1. 1995 Wien, Bibliothekar, Theaterhistoriker, Schriftsteller. 1922–33 Bibliothekar, 1934–38 Dir. des Wr. Volksbildungsvereins, ab 1948 an der Ö. Nat.-Bibl., 1954–66 Dir. der Theater-Smlg. an dieser; zahlr. Publikationen zur ö. Theatergeschichte.

Hader, Josef, * 14. 2. 1962 Waldhausen (OÖ.), Kabarettist. 1982 erstes Kabarettprogramm, 1985 Kabarettpreis „Sbg. Stier" für „Der Witzableiter und das Feuer", 1986 Ö. Kleinkunstförderungspreis, 1991 Dt. Kleinkunstpreis für „Bunter Abend", 1992 Ö. Kleinkunstpreis; 1994 Kabarettprogramm „Privat". Seit 1991 auch Zusammenarbeit mit A. → Dorfer, seit 1992 auch für Film und Theater tätig.

Hadik, Andreas, Reichsgraf von Futak, * 16. 10. 1710 Donauinsel Schütt (H), † 12. 3. 1790 Wien, Feldmarschall. Besetzte 1757 im 7-jährigen Krieg einen Tag lang Berlin, 1773 Gouverneur von Galizien, später Präs. des Hofkriegsrats. Befehligte 1789 das ö. Heer im Türkenfeldzug.

Literatur: T. Simany, Die Österreicher in Berlin, 1987; NDB.

Hadschieff, Michael Florian, * 5. 10. 1963 Innsbruck (Ti.), Eisschnellläufer und Unternehmer. Weltcupsieger 1986 und 1989 über 1500 m; errang bei den Olymp. Winterspielen 1988 Silber über 10.000 m und Bronze über 1500 m; Sportler des Jahres 1986.

Hadschi Loja, Anführer der bosnischen Moslems 1878–80, die sich gegen die Besetzung von Bosnien und Herzegowina durch ö.-ungar. Truppen wehrten.

Haebler, Ingrid, * 20. 6. 1926 Wien, Pianistin. Studierte am Mozarteum in Salzburg, an der Wr. Musikakademie und am Konservatorium in Genf. Erster öffentl. Auftritt bereits im Alter von 11 Jahren; zahl. internat. Tourneen und Konzerte auf allen Kontinenten mit führenden Orchestern. Ab 1969 Lehrtätigkeit am Mozarteum Salzburg. Aufnahmen v. a. von Werken der Klassik (u. a. sämtl. Klaviersonaten und -konzerte von W. A. Mozart), der Romantik und von J. S. Bach.

Haekel, Josef, * 17. 6. 1907 Wien, † 2. 11. 1973 ebd., Ethnologe. 1950 Univ.-Prof., 1957–73 Vorstand des Inst. f. Völkerkunde in Wien. 1949 Studien in den USA, 1954 in Brasilien, 1956 in Mexiko, 1960/61 in Indien. Spezialist für nordamerikan. Indianerstämme und für Religionsethnologie.

Werke: Hg.: Die Wr. Schule der Völkerkunde, 1956; Kairos. Religionswiss. Studien, 1964ff.

Haempel, Oskar, * 12. 5. 1882 Malec (PL), † 2. 1. 1953 Wien, Hydrobiologe. Ab 1908 an der Landwirt.-chem. Versuchsanstalt in Wien mit Fragen der Fischereibiologie beschäftigt, lehrte er 1910–34 an der Hochschule für Bodenkultur in Wien. Erforschte die Biologie der Alpenseen und wurde durch den von ihm mit E. → Glaser am Bitterling entwickelten Test zur Feststellung der Schwangerschaft und zur Vorhersage des Geschlechts beim Menschen (glaser-h.scher Fischtest) bekannt. Leitete ab 1928 die Fischereibiolog. Bundesanstalt in Weißenbach am Attersee.

Werke: Leitfaden der Biologie der Fische, 1912; Das Tier- und Pflanzenleben unserer Alpenseen, 1915; Handbuch der modernen Fischereiwirtschaftslehre, 1921 (mit E. Doljan); Fischereibiologie der Alpenseen, 1930. – Literatur: NDB.

Haen, Anton de, * 8. 12. 1704 Leiden (NL), † 5. 9. 1776 Wien, Arzt. Mitbegründer der Wr. Medizin. Schule, von G. Frh. van → Swieten 1754 nach Wien berufen; Leiter der neugegr. Medizin. Klinik. Unterwies erstmals die Studenten an den Betten der Kranken.

Literatur: E. Lesky, Ö. Gesundheitswesen im Zeitalter des aufgeklärten Absolutismus, Archiv für Ö. Geschichte 122/1, 1959.

Haenel, Günther, * 1. 5. 1898 Dresden (D), † 5. 3. 1996 Baden (NÖ.), Kammerschauspieler, Regisseur, Theaterdir.; 1939 am Theater in der Josefstadt und 1941 am Volkstheater in Wien; 1945–48 Dir. des Wr. Volkstheaters (russ. Dramatik, ö. Volksstück, Klassiker und franz. Moderne); gründete 1948 mit K. → Paryla u. a. das „Neue Theater in der Scala", dem er bis 1952 angehörte; danach Regisseur am Volkstheater und am Theater in der Josefstadt in Wien, 1958–74 Engagement am Wr. Burgtheater; Filmtätigkeit. 1958 Kainz-Medaille.

Haerdtl, August Frh. von, * 9. 5. 1822 Prag (CZ), † 5. 3. 1901 Wien, Balneologe, Arzt. 1863 Univ.-Dozent f. Neuropathologie in Wien, dann Kurarzt in Bad Gastein. Verfasste das erste offizielle Bäderbuch der Monarchie (1862) und gab 1876 eine Chronik von Bad Gastein heraus.

Haerdtl, Heinrich, * 6. 8. 1921 Wien, 1950–60 Leiter des Künstlersekretariats der Wr. Konzerthausges., 1960–66 Vorstand der Amadeo-Österr.; 1981–97 Präs. der Wr. Konzerthausges. und seit 1990 Präs. der „Denkmäler der Tonkunst" in Ö.

Haerdtl, Oswald, * 17. 5. 1899 Wien, † 9. 9. 1959 ebd., Architekt und Hochschulprof. Studierte 1919–21 an der Wr. Kunstgewerbeschule bei O. → Strnad, 1922–30 Assistent bei J. → Hoffmann, 1935–59 Leiter einer Fachklasse für Architektur. H. ermöglichte mit seiner Lehre und Bautätigkeit sowie durch internat. Verbindungen (bes. Italien und Frankreich) die Kontinuität der klass. Wr. Moderne im Wiederaufbau der Nachkriegszeit. Seine Ausstellungsgestaltungen (insbes. die Ö.-Pavillons auf den Weltausstellungen in Brüssel 1935 und Paris 1937) und Bauten zeigen eine leichte, spielerisch-elegante Formensprache.

Werke: Wien: Confiserie Altmann & Kühne, 1932 (mit J. Hoffmann); Bundeskanzleramt (Wiederherstellung nach Kriegsschäden), 1948; Bürohaus Mahlerstraße 6, 1949; Espresso Arabia, 1950; Bürohaus Singerstr./Kärntnerstr., 1953; Volksgarten-Tanzcafé, 1954–58; Hist. Museum der Stadt Wien, 1954–59; Café Prückel, 1955. – Haus Mierka, 1957 (Salzburg). – Literatur: Hochschule f. angew. Kunst (Hg.), O. H., 1978; A. Stiller, O. H. Architekt und Designer, 1899–1959, 2000.

Haeusserman, Ernst, * 3. 6. 1916 Leipzig (D), † 11. 6. 1984 Wien, Theaterdirektor, Regisseur, Filmproduzent; Sohn des Hofschauspielers Reinhold Häussermann (1884–1947), Ehemann von S. → Nicoletti. 1933–38 Mitgl. des Wr. Burgtheaters, 1939–43 Assistent von M. → Reinhardt in Hollywood, 1945–49 US-Programmdir. des Senders Rot-Weiß-Rot in Salzburg, 1948–53 Leiter der Film-, Theater- und Musikabteilung der US-Botschaft in Wien; 1954–58 gem. mit F. → Stoß, 1977–84 alleiniger Dir. des Theaters in der Josefstadt in Wien; 1959–68 Dir. des Wr. Burgtheaters (1968 Welttournee); 1961 Direktoriumsmitgl. der Sbg. Festspiele; ab 1965 Prof. an der Hochschule f. Musik u. darst. Kunst; ab 1975 (zus. mit M. → Prawy) Leiter des Inst. für kulturelles Management; zahlr. Auszeichnungen (1968 Ehrenmitgl. des Burgtheaters).

Werke: Die Burg. Rundhorizont eines Welttheaters, 1963; Im Banne des Burgtheaters, 1966; H. v. Karajan, 1968; Von Sophokles bis Grass, 1969; Das Wr. Burgtheater, 1975; Mein Freund Henry, 1983.

Hafferl, Franz Anton, * 30. 1. 1857 Wimsbach (Gem. Bad Wimsbach-Neydharting, OÖ.), † 2. 6. 1925 Bad Ischl (OÖ.), Techniker, Unternehmer. Gründete mit J. Stern 1882 die Bauunternehmung und 1906 die Elektrizitätswerke Stern & H., die weite Gebiete von OÖ. und Sbg. elektrifizierten sowie die Salzkammergut- und Schafbergbahn bauten.

Literatur: ÖBL.

Haffner, Karl (eigentl. K. Schlechter), * 8. 11. 1804 Königsberg (Kaliningrad, RUS), † 29. 2. 1876 Wien, Schauspieler, Hausdichter des Theaters an der Wien (1841), später am Theater in der Josefstadt.

Werke: Ö. Volkstheater, 3 Bde., 1845f.; Therese Krones, 1862 (Drama); Scholz und Nestroy, 3 Bde., 1864–66 (Roman); Libretto zur „Fledermaus" von J. Strauß (1874); Gesangspossen. – Literatur: ÖBL.

Hafner, Josef, * 22. 5. 1799 Enns (OÖ.), † 10. 4. 1891 Linz (OÖ.), Miniaturmaler, Stecher und Lithograph. Studierte an der Wr. Akad., gründete 1827 in Linz eine Druckerei und führte dort die Lithographie ein. Zu seinen Werken zählen rd. 180 Ortsansichten aus OÖ., Sbg. und der Stmk. sowie etwa 200 Bilder aus Linz, daneben schuf er Landkarten, Widmungsblätter und Porträts.

Literatur: E. Giordani, Die Linzer H.-Offizin, 1962.

Hafner, Philipp (Pseud.: K. Fiedelbogen, J. Wurstio, Phakipinpler), * 27. 9. 1735 Wien, † 30. 7. 1764 ebd., Lyriker, Dramatiker, Literaturkritiker. Seine Gedichte und Dramen stehen zw. Barock und Aufklärung. H. gilt als Vater des Wr. Volksstücks, er trat für ein volkstüml.-unterhaltsames Theater ein (Alt-Wr. Volkstheater).

Ausgabe: E. Baum (Hg.), Gesammelte Schriften, 2 Bde., 1914/15. – Literatur: I. Eyer, Das lyrische und dramatische Werk P. H., Diss., Wien 1986.

Hafner, Rudolf, * 5. 6. 1893 Wien, † 4. 3. 1951 ebd., Landschaftsmaler und Bühnenbildner. Nach Ausbildung in München und Studienreisen (Schweiz, Deutschland, Italien, Ungarn, Polen) Ausstatter u. a. an Burg- und Akademietheater, 1939 Mitgl. des Wr. Künstlerhauses.

Werke: Aufgetaute Eisbahn (Wr. Eislaufverein), 1925; Salzburger Wintermorgen, 1928; Seefeld (Ti.), 1928; Festspielstadt Salzburg, 1947; Salzburg bei Föhnwetter, 1947.

Hagara, Roman, * 30. 4. 1966 Wien, Segler. Seit 1980 im Wettkampfsport aktiv, seit 1985 in der Tornado-Klasse. Als Vorschoter seines Bruders Andreas H. Weltmeister 1987 in Kiel und Europameister 1990. Seit 1993 Steuermann, seit 1997 mit Vorschoter H.-P. Steinacher. 1997 Europameister, 1999 Weltmeister in Vallensbaek und Sieger der Kieler Woche, 2000 abermals Sieger der Kieler Woche und Goldmedaille bei den Olymp. Spielen in Sydney.

Hagen, Ernst, * 7. 2. 1906 Prag, † 1. 3. 1984 Wien, Schauspieler, Journalist, Schriftsteller. Als Schauspieler an ö. und dt. Bühnen; gründete 1931 in Wien das Kabarett „ABC" und gestaltete auch für andere Kleinkunstbühnen Programme (u. a. „Literatur am Naschmarkt"); hauptberufl. Kulturjournalist; Sendungen im Hörfunk („Das Leben beginnt mit 60") und Fernsehen („Seniorenclub", über 500 Folgen); schriftstellerische Tätigkeit (u. a. „Müssen Männer so sein?").

Hagen, Johann Georg, * 6. 3. 1847 Bregenz (Vbg.), † 5. 9. 1930 Rom (I), Jesuit, Astronom. 1888 Dir. der Sternwarte in Washington, ab 1906 der Vatikan. Sternwarte; entdeckte das nach ihm benannte „Dunkelwolkenphänomen" („h.sche Wolke", heute als optische Täuschung erkannt) und verbesserte die Sternfotografie. Fand einen mechan. Beweis für die Rotation der Erde und bemühte sich um die Erforschung der veränderl. Sterne.

Werke: Atlas stellarum variabilium, 8 Bde., 1899–1927; Synopsis der höheren Mathematik, 3 Bde., 1891–1905; Die veränderl. Sterne, 2 Bde., 1924. – Literatur: ÖBL; NDB.

Hagenauer, Carl, * 30. 7. 1871, † 19. 8. 1928, Designer. Wurde als Goldschmied ausgebildet und gründete 1898 die bis heute bestehende Werkstätte H. Verfertigte Nachgüsse von Kleinplastiken alter Meister, schloss sich der Wr. Moderne an, stellte Metallgegenstände in üppig floralen, geschwungenen Formen her und führte viele Entwürfe J. → Hoffmanns aus.

Literatur: Werkstätten Hagenauer, Ausst.-Kat., Ö. Mus. f. angew. Kunst, Wien 1971.

Hagenauer, Johann Baptist, * 22. 6. 1732 Straß (D), † 9. 9. 1810 Wien, Bildhauer; Bruder von Wolfgang → Hagenauer. Übergangsmeister vom Spätbarock zum frühen Klassizismus; Hofstatuar in Salzburg, ab 1774 Leiter der Bildhauerklasse der Wr. Akad.

Werke: Altäre: Schottenfelder Kirche (Wien), Böckstein und Köstendorf (Sbg.), Müllner-Kirche und Nonnberg (Stadt Salzburg); Bildwerke im Schloss Zwischenwässern (Kä.); Brunnen und Statuen in Schönbrunn. – Literatur: NDB.

Hagenauer, Wolfgang, * 16. 10. 1726 Salzburg, † 16. 12. 1801 ebd., Architekt; Bruder von Johann Baptist → Hagenauer. Ab 1760 Hofbauverwalter des Erzstifts Salzburg. Schuf zahlr. Kirchenbauten, Türme und Altäre in Sbg. (u. a. Hallein, Mattsee, Bergheim, Elsbethen) und Ti. (Matrei, Brixen i. T.); mit seinem Bruder Johann Baptist H. die Marienstatue am Domplatz und das Neutor in Salzburg.

Hager, Leopold, * 6. 10. 1935 Salzburg, Dirigent. Studierte 1955–57 am Mozarteum Salzburg, 1957–62 Korrepetitor und Chorleiter, später 1. Kapellmeister in Mainz, 1962–64 Kapellmeister in Linz, 1964–65 in Köln, 1965–69 Generalmusikdirektor in Freiburg i. Breisgau, 1969–81 Leiter des Mozarteum-Orchesters. Ab 1981 künstlerischer Direktor des RTL-Symphonieorchesters (Luxemburg), Gastdirigent u. a. der Berliner und der Wr. Philharmoniker. Verdienste um Uraufführungen zeitgenössischer Musik (H. → Eder, Jean Francaix, Giselher Klebe).

Hahn, Hans, * 27. 9. 1879 Wien, † 24. 7. 1934 ebd., Mathematiker. Lehrte ab 1905 in Wien und Innsbruck, 1909 in Czernowitz, 1916 in Bonn, 1921–34 in Wien. Beschäftigte sich mit Variationsrechnung, Mengenlehre, reellen Funktionen und mit erkenntnistheoret. Fragen.

Werke: Theorie der reellen Funktionen I, 1921; Reelle Funktionen I, 1932. – Ausgabe: Collected works – Gesammelte Abhandlungen, hg. v. L. Schmetterer, 3 Bde., 1995–97. – Literatur: ÖBL; NDB.

Hahnl, Hans Heinz, * 29. 3. 1923 Herzogenburg (NÖ.), Journalist und Schriftsteller. Kulturredakteur bei der „Arbeiterzeitung", Beiträge auch für andere Zeitungen; verfasste als Schriftsteller v. a. Gedichte und Romane. Ö. Staatspreis f. Kulturpublizistik 1986.

Werke: Romane: Die Einsiedler des Anninger, 1978; Die Riesen vom Bisamberg, 1979; Die verschollenen Dörfer, 1980; Das Geheimnis der Wilis, 1982; Verweile doch, 1983; Hexeneinmaleins, 1993; Der Tod des Grafen Ortiz, 1994. – Essays: Vergessene Literaten, 1984; Hofräte, Revoluzzer, Hungerleider, 1990.

Haibel, Jakob, * 20. 7. 1762 Graz (Stmk.), † 27. 3. 1826 Dakovo (HR), Komponist. 1789 Mitgl. der schikanederschen Theatertruppe, ab 1806 Domkapellmeister des Bischofs von Bosnien in Dakovo; heiratete 1807 Mozarts Schwägerin Sophie Weber (um 1767–1846).

Werke: Singspiele (Der Tyroler-Wastl, 1796; Das medizin. Konsilium, 1797), Ballette, Bühnenmusik (v. a. zu Stücken von E. Schikaneder und J. Perinet), Messen.

Haid, Liane, * 16. 8. 1895 Wien, † 28. 11. 2000 Bern (CH), Filmschauspielerin. Kindersolorollen im Wr. Hofopernballett, Tänzerin in Wien und Budapest, danach für die Wr. Kunstfilmges. entdeckt (innerhalb von 3 Jahren 18 Rollen). Ab 1921 einer der bekanntesten Stars v. a. des dt. Stummfilms; Tonfilme und Bühnengastspiele in Ö. und Deutschland.

Filme: Mit Herz und Hand fürs Vaterland, 1916; Die Ahnfrau, 1919; Eva, die Sünde, 1920; Der Roman eines Dienstmädchens, 1921; Der Prinz von Arkadien, 1932; Madame wünscht keine Kinder, 1933; Die Fahrt in die Jugend, 1935.

Haiden, Günter, * 21. 6. 1926 Wald a. Arlberg (Gem. Dalaas, Vbg.), Forstingenieur und Politiker (SPÖ). 1962–72 Zentralsekr. der Gewerkschaft der Land- und Forstarbeiter; 1975–83 Abg. z. NR, 1974–76 Staatssekr. im BM f. Land- u. Forstw., 1976–86 BMin. f. Land- und Forstw.

Haiden, René Alfons, * 21. 8. 1930 Wr. Neustadt (NÖ.), Bankmanager. Studierte Politikwiss. und trat 1953 in die Zentralsparkasse ein, deren Gen.-Dir. er 1990 wurde. Nach deren Fusionierung mit der Länderbank AG zur Bank Austria AG war er 1991–95 deren Gen.-Dir.; seit 1994 Präs. des Freien Wirtschaftsverbands Ö.

Haider, Hans, * 10. 3. 1946 Innsbruck (Ti.), Journalist. Studierte Theaterwiss. und Kunstgeschichte in Wien. Seit 1974 bei der „Presse", 1987–89 Ressortleiter der Beilage „Spectrum", seit 1992 Ressortleiter für Kultur. Mitgl. des Kunst- und Kulturbeirats der Erzdiözese Wien sowie des Kuratoriums des Dokumentationsarchivs des Ö. Widerstands. Hg. der Werke von N. C. → Kaser; Ö. Staatspreis für Literaturkritik 1991.

Werke: An mein Kind, 1984; Ich, Serge Sabarsky, 1997 (Hg.); Alles Stille, 1997 (Hg.).

Haider, Johann, * 10. 5. 1942 Oberneukirchen (OÖ.), Techniker und Manager. Studierte Nachrichtentechnik an der Techn. Univ. Wien. 1977 techn. Leiter und 1979 Prokurist der Wr. Kabel- und Metallwerke AG. 1988 Zentraldir. der Siemens AG Ö., 1989 Vorstandsmitgl. und Vorstandsvorsitzender des selbständigen Geschäftsbereichs Audio-Videotechnik. Seit 1994 Sprecher des Vorstands der Ö. Elektrizitätswirtschafts AG (Verbundges.).

Haider, Jörg, * 26. 1. 1950 Bad Goisern (OÖ.), Jurist und Politiker (FPÖ). 1970–74 Bundesobmann des Rings Freiheitl. Jugend; 1976–83 FPÖ-Landesparteisekr. in Kä., seit 1983 Landesparteiobmann, 1983–86 Landesrat in Kä., 1989–91 Landeshauptmann von Kä., aufgrund einer Äußerung über die „ordentl. Beschäftigungspolitik im Dritten Reich" abgewählt, daraufhin bis 1992 2. Landeshauptmann-Stellv., seit 1999 wieder Landeshauptmann von Kä.; 1979–83, 1986–89 und 1992–99 Abg. z. NR, 1986–89 und 1992–99 auch Klubobmann der FPÖ. 1986–2000 Bundesparteiobmann der FPÖ. Unter seiner Leitung verzeichnete die FPÖ bis zum Regierungseintritt 2000 einen kontinuierl. starken Stimmenzuwachs.

Werke: Die Freiheit, die ich meine, 1993; Befreite Zukunft jenseits von links und rechts, 1997. – Literatur: B. Bailer-Galanda u. W. Neugebauer, H. und die Freiheitlichen in Ö., 1997; C. Zöchling, H. Licht und Schatten einer Karriere, 1999; H.-H. Scharsach u. K. Kuch, H. – Schatten über Europa, 2000.

Haidinger, Wilhelm von, * 5. 2. 1795 Wien, † 19. 3. 1871 Dornbach b. Wien, Mineraloge und Geologe. 1840 Leiter der Mineralien-Smlg. der k. k. Hofkammer für das Münz- und Bergwesen, Anreger und 1847 Mitgl. der Akad. d. Wiss. in Wien, Initiator und 1849–66 erster Dir. der Geolog. Reichsanstalt und 1855 erster Präs. der von ihm gegr. Geograph. Ges. in Wien. Unter seiner Leitung entstand die 1. geognost. Übersichtskarte der Monarchie (gedruckt 1847); Erfinder der nach ihm benannten H.schen Lupe. Ihm zu Ehren erhielt ein australischer Gebirgszug den Namen „H.-Kette".

Literatur: M. Leutner, Wissenschaftstheoret. Fallstudien zur Entwicklung der erdwiss. Forschung in Ö. W. H. – F. v. Hauer – O. Ampferer, 1999.

Hainisch, Leopold, * 2. 11. 1891 Wien, † 21. 2. 1979 Hamburg (D), Schauspieler, Regisseur, Produzent, Autor. Schauspieler an Wr. und Berliner Bühnen, später beim Berliner Rundfunk und ab 1936 beim Fernsehsender P. Niepkow. Ab 1938 bei der Tobis-Film Berlin, ab 1943 bei der Wien-Film. Gründer und Leiter mehrerer Produktionsfirmen (u. a. Tirol-Film Innsbruck). Zahlr. Arbeiten für in- und ausländ. TV-Anstalten (u. a. 60 Kulturfilme für die USA, zahlr. Arbeiten für den ORF, darunter „Mozart, Geschichte eines Lebens" und „Der Fenstergucker").

Filme: Wiener Mädeln, 1949; Der letzte Akt, 1955. – Regie: Romantische Brautfahrt 1944; Ulli und Marei, 1945.

Hainisch, Marianne (geb. Perger), * 25. 3. 1839 Baden (NÖ.), † 5. 5. 1936 Wien, Begründerin und Führerin der ö. Frauenbewegung; Mutter von Michael → Hainisch. Forderte 1870 die Errichtung von Realgymn. f. Mädchen und die Zulassung der Frauen zum Hochschulstudium; gründete 1902 den Bund ö. Frauenvereine (1914: 90 Vereine), dessen Vorsitz sie bis 1918 führte. Nach dem 1. Weltkrieg widmete sie sich der Fürsorge und der Friedensbewegung und übernahm nach dem Tod von B. v. → Suttner 1914 die Leitung der Friedenskommission im Bund ö. Frauenvereine. Initiatorin des Muttertags in Ö. (seit 1924 in Ö. gefeiert).

Werke: Zur Frage des Frauenunterrichts, 1870; Die Mutter, 1913. – Literatur: H. Laessig, M. H. und die ö. Frauenbewegung, Diss., Wien 1949; L. Perger (Hg.), Begegnung mit M. H., 1986; NDB.

Hainisch, Michael, * 15. 8. 1858 Aue b. Schottwien (NÖ.), † 26. 2. 1940 Wien, Staatsmann, Sozial- und Wirt.-Politiker; Sohn von Marianne → Hainisch. Jurid. Ausbildung, wandte sich agrar- und soz.-polit. Problemen zu, führte sein Gut bei Spital am Semmering als Musterbetrieb (seine Zuchtkuh „Bella" erlangte mit Rekordmilchleistungen Berühmtheit), organisierte Volksbildungsvereine, wirkte an der Gründung der Wr. Zentralbibl. und der Dt. Turnerschaft in Wien (1890) mit. Weltanschaulich zählte er zu den ö. „Fabiern", näherte sich später der Großdt. Volkspartei, blieb aber parteilos. H. war vom 9. 12. 1920 bis 10. 12. 1928 erster Bundespräsident der Republik Ö. (2 Amtsperioden). Er förderte die Landw., die Elektrifizierung der Eisenbahnen, den Fremdenverkehr, den ö.-dt. Handel, das ländl. Brauchtum und die Schaffung des Denkmalschutzgesetzes. In der Regierung Schober 1929/30 Handelsmin.; Ehrenmitgl. der Akad. d. Wiss.

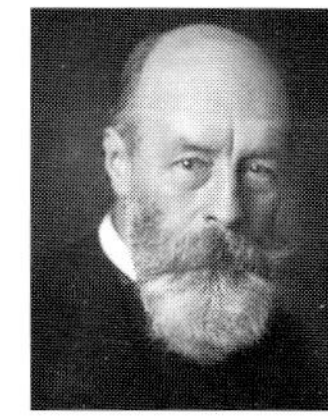

Michael Hainisch. Foto, 1929.

Werke: Die Zukunft der Deutschösterreicher, 1892; Heimarbeit in Ö., 1906; Statistik der Deutschösterreicher, 1909; Die Landflucht, 1924; Aus mein' Leb'n, 1930 (Gedichte); Was Z'samklabts, 1935; 75 Jahre aus bewegter Zeit, 1978. – Literatur: F. Weissensteiner, Die ö. Bundespräsidenten, 1982; NÖB.

Haitinger, Ludwig Camillo, * 23. 10. 1860 Wien, † 28. 12. 1945 ebd., Chemiker; Bruder von Max → Haitinger. Leitete als Mitarbeiter von C. → Auer von Welsbach die „Welsbach-Williams Ltd." in Wien-Atzgersdorf, später die „Ö. Gasglühlicht-AG"; förderte die Radiumforschung. Errichtete die H.-Preisstiftung der Akad. d. Wiss.

Werke: Untersuchungen über Chelidonsäure, 1885 (mit A. Lieben); zahlr. Fachartikel in: O. Dammer, Hb. der anorgan. Chemie, 1892–1907. – Literatur: NDB.

Haitinger, Max, * 20. 4. 1868 Wien, † 19. 2. 1946 Klosterneuburg (NÖ.), Chemiker; Bruder von Ludwig Camillo → Haitinger. Zuerst Kadettenschullehrer; Begründer der modernen Fluoreszenzmikroskopie und der Fluorchromierungstechnik.

Werke: Die Fluoreszenzanalyse in der Mikrochemie, 1937; Fluoreszenzmikroskopie, 1938. – Literatur: NDB.

Hakel, Hermann, * 12. 8. 1911 Wien, † 24. 12. 1987 ebd., Lyriker und Erzähler. 1940–44 in ital. Konzentrationslagern interniert, emigrierte 1945 nach Palästina, kehrte jedoch 1948 nach Wien zurück. H. gründete die Ztschr. für Dichtung, Kunst und Kritik „Lynkeus" (1948–51 und 1979–86), die von der seit 1988 bestehenden H.-H.-Ges. weitergeführt wird. Die Auseinandersetzung mit Krieg und Exil sowie mit seiner Position als jüd. Autor in Wien stehen im Zentrum seines Schaffens. H. übersetzte auch aus dem Jiddischen.

Hermann Hakel als Emigrant in Venedig Foto, 1939.

Werke: Lyrik: Und Bild wird Wort, 1947; Hier und dort, 1955. – Prosa: Zwischenstation. 50 Geschichten, 1949. – Anthologien: Wien von A bis Z, 1953; Wienärrische Welt, 1961; Wigl Wogl, 1963. – Essays: Der jüdische Witz, 1971; Streitschrift gegen alle, 1975. – Hörspiele, Erzählungen. – Literatur: H.-H.-Ges. (Hg.), Ein besonderer Mensch. Erinnerungen an H. H., 1988; H.-H.-Ges. (Hg.), Dürre Äste – welkes Gras, 1991.

Halauska, Ludwig, * 24. 9. 1827 Waidhofen a. d. Ybbs (NÖ.), † 29. 4. 1882 Wien, Landschaftsmaler. Studierte an der Wr. Akad. bei T. → Ender und F. → Steinfeld und schuf stimmungsvolle Landschaften aus NÖ., den ö. Alpenregionen und insbes. dem Salzkammergut. Er näherte sich in seinen Spätwerken der Malweise der ö. Stimmungsimpressionisten.

Marianne Hainisch mit Enkelin. Foto, um 1930.

Literatur: R. Feuchtmüller, L. H., Ausst.-Kat., Waidhofen a. d. Ybbs 1958.

Halban, Josef, * 10. 10. 1870 Wien, † 23. 4. 1937 ebd., Gynäkologe; Ehemann der Sängerin Selma → Kurz. Ab 1910 Vorstand der gynäkolog. Abteilung des Allg. Krankenhauses in Wien; 1917 in den Adelsstand erho-

Robert Hamerling. Stich von D. Raab.

ben. Nach ihm ist das H.sche Schwangerschaftszeichen benannt. Verdienste um die Lehre von der inneren Sekretion der Ovarien.

Werke: Topographie des weibl. Uterus, 1901 (mit J. Tandler); Biologie und Pathologie des Weibes, 8 Bde., 1924–29 (mit L. Seitz); Die gynäkolog. Operationslehre, 1932.

Halbax, Michael Wenzel, * um 1661 Ebenfurth (NÖ.), † 11. 8. 1711 St. Florian (OÖ.), Maler und Freskant. Ab 1685 in Prag tätig; schickte ab 1694 Bilder nach St. Florian, wohin er 1708 übersiedelte und wo er dann als Freskomaler wirkte.

Werke: Altarbilder in St. Florian und Rohrbach (OÖ.), Gemälde und Fresken in St. Florian. – Literatur: NDB.

Haller von Hallerstein, Augustin, * 18. 8. 1703 Laibach (Ljubljana, SLO), † 29. 10. 1774 Peking (China), Jesuitenmissionar in China, Astronom. Stammte aus einer alten, ursprünglich aus Ti. kommenden Adelsfamilie. Ab 1738 in China, 1749 Reise zu den Tataren. Setzte sich in China für die unterdrückten Christen ein. 1751–58 Visitator sowie 1757–62 und 1766–74 Provinzial der Jesuitenmission im Fernen Osten. Verfasser vieler Aufsätze über China.

Werk: Observationes astronomicae ab anno 1717 ad annum 1752 a PP. Societatis Jesu Pekini Sinarum factae ..., 2 Bde., 1768.

Friedrich Halm. Lithographie.

Halm, Friedrich (Pseud. für Eligius Franz Joseph Frh. von Münch-Bellinghausen), * 2. 4. 1806 Krakau (Krakow, PL), † 22. 5. 1871 Wien, Dramatiker, Erzähler, Lyriker. 1840 nö. Regierungsrat, 1845 Kustos und ab 1867 Präfekt der Hofbibl. Ab 1861 Mitgl. des Herrenhauses, 1867–70 Gen.-Intendant der beiden Wr. Hoftheater. Besonders als Dramatiker erfolgreich, wenngleich seine Dramen im Gegensatz zu seinen realist.-unterhaltsam erzählten Novellen häufig konstruiert und epigonal wirken.

Werke: Dramen: Griseldis, 1837; Der Sohn der Wildniß, 1843; Der Fechter von Ravenna, 1857; Wildfeuer, 1863; König Wamba, 1864. – Novellen: Die Marzipanliese, 1854; Das Haus an der Veronabrücke, 1862. – Ausgaben: Werke, 12 Bde., 1856–72; Ausgewählte Werke in 4 Bänden, hg. von A. Schlossar, 1904; Ausgewählte Werke in 3 Bänden, hg. von O. Rommel, 1908–11. – Literatur: K. Nahlik, F. H. und das Burgtheater, Diss., Wien 1949; D. Arendt, Das novellistische Werk F. H., Diss., Marburg 1953; NDB.

Hamann, Brigitte (geb. Deitert), * 26. 5. 1940 Essen (D), Historikerin; Ehefrau bzw. Witwe von Günther → Hamann. Schrieb vorwiegend Bücher zur Geschichte des ö. Herrscherhauses in der 2. Hälfte des 19. Jh., die teilw. große Verbreitung fanden und zu Standardwerken wurden.

Werke: Rudolf, Kronprinz und Rebell, 1978 (^{7}1999); Elisabeth, Kaiserin wider Willen, 1981 (^{10}1996); B. v. Suttner, ein Leben für den Frieden, 1986 (^{3}1999); Meine liebe, gute Freundin. Die Briefe Ks. Franz Josephs an K. Schratt, 1992 (Hg.); Die Habsburger, Biogr. Lexikon, 1988 (^{4}1993, Hg.); Hitlers Wien, 1996 (^{8}1998).

Joseph Freiherr von Hammer-Purgstall. Lithographie von J. Kriehuber.

Hamann, Günther, * 12. 10. 1924 Wien, † 13. 10. 1994 ebd., Historiker; Ehemann von Brigitte → Hamann. Beschäftigte sich bes. mit Geschichte der Naturwiss., Sammlungen und Entdeckungen sowie Kolonialgeschichte; 1961–93 Univ.-Prof. in Wien.

Werke: Der Eintritt der südl. Hemisphäre in die europ. Geschichte, 1968; 100 Jahre Franz-Josefs-Land, 1973; Die Geschichte der Wr. naturhist. Smlg., 1976; Die Welt begreifen und erfahren, 1993.

Hamburger, Franz, * 14. 8. 1874 Pitten (NÖ.), † 29. 8. 1954 Vöcklabruck (OÖ.), Kinderarzt. Univ.-Prof. in Graz (1917–30) und Wien (1930–44).

Werke: Arteigenheit und Assimilation, 1903; Allg. Pathologie und Diagnostik der Kindertuberkulose, 1910; Allg. Pathogenese und Pathologie des Kindesalters, 1910; Lehrbuch der Kinderheilkunde, 1926; Kinderpflegebuch, 1932; Umgang mit Kindern, 1951; Neurosen des Kindesalters, 1959.

Hamerling, Robert (eigentl. Rupert Hammerling), * 24. 3. 1830 Kirchberg a. Walde (NÖ.), † 13. 7. 1889 Stifting b. Graz (Stmk.), Epiker, Lyriker, Erzähler, Dramatiker, Gymnasiallehrer in Wien, Graz und Triest. Bekannt wurde H. v. a. mit seinen Versepen „Ahasverus in Rom" (1865) und „Der König von Sion" (1869). Großen Erfolg errang der kulturhist. Sittenroman „Aspasia" (1876). In seiner Lyrik forderte H., ein Anhänger Bismarcks, vehement die nationale Einigung aller Deutschen.

Weitere Werke: Gedichte: Ein Sangesgruß vom Strande der Adria, 1857; Venus im Exil, 1858; Blätter im Winde, 1887. – Versepen: Amor und Psyche, 1882; Homunculus, 1888. – Dramen: Danton und Robespierre, 1871; Teut, 1872; Lord Lucifer, 1880. – Stationen meiner Lebenspilgerschaft, 1889 (Autobiographie); Die Atomistik des Willens, 2 Bde., 1891 (philosoph. Essay). – Ausgabe: Sämtl. Werke, hg. v. M. Rabenlechner, 16 Bde., 1911. – Literatur: P. Klimm, Zw. Epigonentum und Realismus, Diss., Wien 1974; NDB.

Hammer, Wilhelm, * 13. 11. 1875 Feldkirch (Vbg.), † 26. 12. 1942 Innsbruck (Ti.), Geologe. 35 Jahre lang Mitgl. der Geol. Reichsanstalt, ab 1923 deren Dir.; führend in der geolog. Erforschung Ti., wozu er als Alpinist bes. befähigt war.

Werke: Kartenblätter: Bormio-Tonale, 1908; Glurns-Ortler, 1912; Landeck, 1924; Ötztal, 1929; Kitzbühel-Zell am See, 1935. – Literatur: R. v. Srbik, Geolog. Bibliographie der Ostalpen, 1935–37 (Werkverz.); ÖBL; NDB.

Hammerer, Hubert, * 10. 9. 1925 Egg (Vbg.), Tischler, Schießsportler. Oftmaliger Staatsmeister, 1958 Europameister (Armbrust), 1960 Goldmedaille bei den Olymp. Spielen in Rom (Freies Gewehr / Dreistellungskampf).

Hämmerle, Franz Martin, * 23. 1. 1815 Dornbirn (Vbg.), † 15. 2. 1878 ebd., Industrieller; Großvater von Theodor → Hämmerle. Begann 1836 als kleiner Textilverleger, schuf in Dornbirn mit zeitgemäßer Mechanisierung eine Baumwollweberei mit Färberei und eine Spinnerei. Das Unternehmen besteht noch heute als Handelsfirma F. M. Hämmerle Textilwerke AG.

Hämmerle, Theodor, * 16. 1. 1859 Dornbirn, † 15. 2. 1930 Wien, Textilfabrikant; Enkel von Franz Martin → Hämmerle. Leitete die Wr. Niederlassung der Firma F. M. Hämmerle. Großzügiger Musikmäzen, stiftete mehrere Stipendien, besaß eine umfangreiche Privat-Smlg. an Musikinstrumenten und veranstaltete mehr als 700 Kammermusikabende in seinem Haus. Vorstand des Wr. Konzertvereins und der Konzerthausges.; regte die Gründung einer Musikschule in Dornbirn an. Auch sein Bruder Martin H. (1874–1946), der die Vbg. Mutterfirma leitete, war musikalisch interessiert (1902 Gründungsmitgl. der Ges. der Musikfreunde in Dornbirn und 10 Jahre lang deren Vorstand).

Hammer-Purgstall, Joseph Frh. von, * 9. 6. 1774 Graz (Stmk.), † 23. 11. 1856 Wien, Orientalist. Hofdolmetsch, als Diplomat im Orient, v. a. in Konstantinopel, tätig; ab 1807 in der Staatskanzlei in Wien. H.-P. erwarb sich große Verdienste um die Kenntnis des islam. Orients. Mit seiner Ztschr. „Fundgruben des Orients" (6 Bde., 1809–18) und seinen nachgestalteten Dichtungen („Diwan des Hafis", 1812 u. a.) erschloss er die ma. morgenländ. Literatur für das Abendland und regte damit auch J. W. v. Goethes „Westöstl. Diwan" an. Berühmt wurde seine „Geschichte des Osman. Reiches" (10 Bde., 1827–33) und die preisgekrönte Schrift „Über die innere Länderverwaltung unter dem Chalifate" (1835). Er setzte sich für die Gründung der Akad. d. Wiss. in Wien ein und war 1847–49 deren erster Präs. Nach ihm ist die „Ö. Orient-Ges. H.-P." benannt, die 1959 von A. Weikert zur Pflege der kulturellen Beziehungen mit dem Vorderen Orient und zur Betreuung der in Ö. wohnenden Studenten aus diesem Raum gegr. wurde.

Weitere Werke: Encyklopädische Übersicht der Wissenschaften des Orients aus 7 arabischen, persischen und türkischen Werken übersetzt, 2 Bde., 1804. Geschichte der osman. Dichtkunst, 4 Bde., 1827–35; Literaturgeschichte der Araber, 7 Bde., 1850. – Literatur: W. Bietak, Gottes ist der Orient, 1945; C. Bucher, J. v. H.-P., Diss., Wien 1949; S. Reichl, H.-P. Auf den romantischen Pfaden eines ö. Orientforschers, 1973.

Hammerschlag, Peter, * 27. 6. 1902 Wien, † nach dem 17. 7. 1942 (vermutl. KZ Auschwitz, PL), Schriftsteller und Kabarettist. Ab 1931 Autor des Wr. Kabaretts „Der liebe Augustin". Berühmt als „Blitzdichter" auf Zurufe aus dem Publikum; auch seine groteske Lyrik ist von hohem Rang.

Werke: F. Torberg (Hg.), Der Mond schlug grad halb acht. Grotesk-Gedichte, 1972; G. Bronner (Hg.), Steif weht die Brise von der Postsparkassa. Groteske Gedichte und Gelegenheitsprosa, 1984; F. Achleitner (Hg.), Die Wüste ist aus gelbem Mehl, 1997. – Literatur: I. Reisner, Kabarett als Werkstatt des Theaters, Diss., Wien 1962; V. Kaukoreit u. M. Kiegler-Griensteidl, Kringel – Schlingel – Borgia. Materialien zu P. H., 1997.

Hammerstein-Equord, Hans, * 5. 10. 1881 Schloss Sitzenthal (Gem. Loosdorf, NÖ.), † 9. 8. 1947 Pernlehen b. Micheldorf in OÖ., Beamter, Dichter. Gründer und Präs. der Innviertler Künstlergilde; 1934 Sicherheitsdir. für OÖ., 1934–35 Staatssekr. f. das Sicherheitswesen, 1936 Justizmin.; 1935–38 Präs. des Ö. P. E. N.-Clubs. 1944/45 in Haft. Autor von romantisch-naturhafter Lyrik, hist. Romanen, Novellen und Sachbüchern.

Werke: Romane: Ritter, Tod und Teufel, 1921; Die gelbe Mauer, 1936. – Die Asen, 1928 (Epos); Ö. kulturelles Antlitz, 1935; Frauenschuh und andere Märchen, 1936; Im Anfang war der Mord, hg. v. H. Slapnicka 1981 (Autobiographie). – Literatur: E. Schiffkorn, H. v. H.-E., Diss., Innsbruck 1982; NDB.

Hampel, Erich, * 25. 2. 1951 Wien, Bankmanager. Studierte an der Hochschule für Welthandel in Wien, 1975–77 bei der Citibank, 1977–81 bei der Österr. Postsparkasse, 1981–85 Vorstandsmitgl. des Bankhauses Feichtner & Co., 1985–96 2. Vizegouverneur und 1996–97 Gouverneur der Österr. Postsparkasse; seit 1997 Vorstandsvorsitzender und Gen.-Dir. der Creditanstalt-Bankverein bzw. Creditanstalt AG.

Hampel, Sigmund Walter, * 17. 7. 1867 Wien, † 17. 1. 1949 Nußdorf a. Attersee (OÖ.), Genre-, Blumen- und Porträtmaler; Sohn des Glasmalers Wilhelm H. Nach mehrfacher Auflehnung gegen den Lehrbetrieb (Staatsgewerbeschule, Akad. in Wien) relegiert, bildete sich fortan autodidaktisch weiter. Seine Bilder zeichnen sich durch hohes techn. Können aus, was insbes. in seinen pointillistisch flimmernden „Goldbronzezeichnungen" zum Ausdruck kommt.

Hamza, Johann, * 21. 6. 1850 Teltsch (Telč, CZ), † 22. 12. 1927 Wien, Architektur-, Interieur- und Genremaler. Malte mit Vorliebe Szenen aus der Zeit des Rokoko und führte die Wr. Genremalerei in den 1880er Jahren zu einem weiteren Höhepunkt. Sein Sohn Hans H. (1879–1945) war ebenfalls Maler und schuf v. a. kleinformatige Marktszenen und detailreiche Architekturdarstellungen.

Hanak, Anton, * 22. 3. 1875 Brünn (Brno, CZ), † 7. 1. 1934 Wien, Bildhauer. Studierte bei E. v. → Hellmer an der Wr. Akad. und war Mitgl. der Wr. Secession und der Wr. Werkstätte sowie Gründungsmitgl. des Ö. Werkbunds. H. war Lehrer an der Wr. Kunstgewerbeschule und ab 1932 Prof. an der Wr. Akad. Seine Werke haben fast durchwegs visionär-symbolhaften Charakter (z. B. „Der letzte Mensch", 1917; „Der brennende Mensch", 1922). Er schuf den skulpturalen Schmuck für mehrere Bauten J. → Hoffmanns (u. a. Villa Skywa, Landhaus Primavesi, Landhaus Ast) sowie in den 20er Jahren für Wohnbauten der Gem. Wien. Von ihm stammen auch zahlr. Porträtbüsten und Denkmäler (Kriegerdenkmal auf dem Wr. Zentralfriedhof, 1925). H.-Museum in Langenzersdorf.

Literatur: G. Kapner, A. H. Kunst- und Künstlerkult, 1984; F. Grassegger (Hg.), A. H. (1875–1934), 1997.

Hanappi, Gerhard, * 16. 2. 1929 Wien, † 23. 8. 1980 ebd., Fußballspieler, Architekt. Spielte anfänglich bei Wacker, 1948–65 bei Rapid Wien. Kein ö. Fußballspieler außer A. → Polster wurde öfter als er in die Nationalmannschaft berufen (93-mal). 1953 im FIFA-Team, 1954 WM-Teilnehmer (Ö. 3. Platz); als Architekt Erbauer des W-Stadions in Wien (nach seinem Ableben: „H.-Stadion").

Handel-Mazzetti, Enrica Freiin von (auch: Marien Kind), * 10. 1. 1871 Wien, † 8. 4. 1955 Linz (OÖ), Schriftstellerin. Lebte seit 1911 in Linz, verfasste vorwiegend hist. Romane und Novellen, die oft in der Zeit der Glaubenskämpfe spielen und Gegensätze zw. Katholiken und Protestanten darstellen. Ihre erfolgreichen Bücher zeichnen sich durch eine ungewöhnliche, archaisierende Sprache aus. 1914 erhielt sie den Ebner-Eschenbach-Preis, 1951 wurde ein nach ihr benannter Literaturpreis eingerichtet.

Werke: Romane: Meinrad Helmpergers denkwürdiges Jahr, 1900; Jesse und Maria, 1906; Die arme Margaret, 1910; Stephana Schwertner, 3 Bde., 1912–14; Das Rosenwunder, 3 Bde., 1924–26; J. C. Günther, 1927; Frau Maria, 3 Bde., 1929–31; Die Waxenbergerin, 1934; Graf Reichard, 2 Bde., 1939/40; Karl von Aspern, 1948. – Literatur: B. Doppler, Kath. Literatur und Literaturpolitik. E. v. H.-M., 1980.

Handel-Mazzetti, Heinrich, * 19. 2. 1882 Wien, † 1. 2. 1940 ebd., Botaniker, Pflanzengeograph. Kustos am Naturhist. Museum in Wien; erforschte die Pflanzenwelt Asiens (1907, 1910), bes. SW-Chinas (1914–19), die der O-Alpen und der Adriaküsten.

Werke: Naturbilder aus SW-China, 1927; Vegetationsbilder.

Handke, Peter, * 6. 12. 1942 Griffen (Kä.), Schriftsteller und Übersetzer, auch Filmautor und -regisseur. Brach das Jusstudium in Graz (1961–65) ab, als er erste literar. Erfolge („Die Hornissen", 1966) erzielte. Nach wechselnden Wohnsitzen in Ö., Deutschland, Frankreich und den USA (1978/79) lebte H. 1979–88 in Salzburg, seither wieder in Frankreich und Salzburg.

H. wurde mit seinen frühen Werken zu einem wichtigen Vertreter sprachexperimenteller Literatur, der zeigte, „daß die Literatur mit der Sprache gemacht wird, und nicht mit den Dingen, die mit der Sprache beschrieben werden". In der Folge formulierten seine Werke die Kritik an den traditionellen literarischen Formen in Lyrik, Prosa und Drama sowie den damit verbundenen Erwartungshaltungen der Leser bzw. Zuseher („Publikumsbeschimpfung", 1966). H. wandte sich gegen eine direkte gesellschaftskrit. Ausrichtung der Literatur und stellte dem seinen sprachkrit. Ansatz gegenüber. In seiner weiteren Entwicklung vollzog H. eine Rückwendung zum traditionellen Erzählen („Wunschloses Unglück", 1972; „Der Chinese des Schmerzes", 1983; „Die Wiederholung", 1986), er setzte sich dabei bes. mit dem Werk A. → Stifters auseinander, mit dem er auch wiederholt verglichen wurde. In seinem Essay „Eine winterliche Reise zu den Flüssen Donau, Save, Morawa und Drina oder Gerechtigkeit für Serbien" (1996) und seinem Drama „Die Fahrt im Einbaum oder Das Stück zum Film vom Krieg" (1999) stellte sich H. auf die Seite Serbiens in den Kriegen auf dem Balkan. Preise: G.-Büchner-Preis 1973, Kafka-Preis 1979, Kulturpreis des Landes Kä. 1983, Grillparzer-Preis 1983, Großer Ö. Staatspreis 1987 u. a. Seit 1996 H.-Archiv in Griffen.

Weitere Werke: Romane u. Prosa: Der Hausierer, 1967; Die Innenwelt der Außenwelt der Innenwelt, 1969; Die Angst des Tormanns beim Elfmeter, 1970; Der kurze Brief zum langen

Peter Hammerschlag. Foto, um 1930.

Enrica Freiin von Handel-Mazzetti. Foto.

Peter Handke. Foto.

Anton Hanak in seinem Atelier. Foto, um 1925.

Abschied, 1972; Falsche Bewegung, 1975; Die Stunde der wahren Empfindung, 1975; Die linkshändige Frau, 1976; Das Gewicht der Welt, 1977; Die Geschichte des Bleistifts, 1982; Nachmittag eines Schriftstellers, 1987; Versuch über die Müdigkeit, 1989; Versuch über den geglückten Tag, 1991; Versuch über die Jukebox, 1991; Abschied des Träumers vom 9. Land, 1991; Langsam im Schatten. Gesammelte Verzettelungen 1980–92, 1992; Mein Jahr in der Niemandsbucht, 1994; In einer dunklen Nacht ging ich aus meinem stillen Haus, 1997; Unter Tränen fragend. Nachträgliche Aufzeichnungen von zwei Jugoslawien-Durchquerungen im Krieg, März und April 1999, 2000. – Dramen: Kaspar, 1968; Der Ritt über den Bodensee, 1970; Die Unvernünftigen sterben aus, 1973; Über die Dörfer, 1981; Das Spiel vom Fragen oder Die Reise zum sonoren Land, 1989; Die Stunde da wir nichts voneinander wußten, 1992; Zurüstung für die Unsterblichkeit, 1997. – Lyrik: Das Ende des Flanierens, 1980; Gedicht an die Dauer, 1986; Gedichte, 1987. – Übersetzungen, Hörspiele, Essays. – Literatur: R. Fellinger (Hg.), P. H., 1985; A. Haslinger, P. H. Jugend eines Schriftstellers, 1992; M. Maier (Hg.), Die Geographie des Menschen. Gespräche mit P. H. u. a., 1993; T. Deichmann, Noch einmal für Jugoslawien: P. H., 1998.

Handl, Jacobus, → Gallus, Jacobus.

Handlirsch, Anton, * 20. 1. 1865 Wien, † 28. 8. 1935 ebd., Entomologe, bes. Paläoentomologe. 1886–1922 am Naturhist. Museum in Wien tätig, zuletzt als Kustos. Grundlegende Arbeiten über fossile Insekten.

Werke: Die fossilen Insekten und die Phylogenie der rezenten Formen, 2 Bde., 1906/08. – Literatur: ÖBL; NDB.

Haneke, Michael, * 23. 3. 1942 München (D), Filmregisseur, Autor, Film- und Literaturkritiker. Theaterregie in Ö. und Deutschland, seit 1974 TV-Arbeiten (u. a. „Wer war Edgar Allan?", 1984), 1979 erster Kinofilm mit „Lemminge", Drehbücher für P. → Manker. Grand Prix der Jury bei den Internat. Filmfestspielen in Cannes 2001 für „Die Klavierspielerin" und zahlr. weitere internat. Preise.

Regie: Der 7. Kontinent, 1989; Bennys Video, 1992; 71 Fragmente einer Chronologie des Zufalls, 1994; Das Schloß, 1997; Funny Games, 1997; Code inconnu, 2000. – Literatur: A. Horwath (Hg.), Der 7. Kontinent. M. H. und seine Filme, 1991; ders. (Hg.), M. H., 1998.

Hanf, Blasius (Karl), * 30. 10. 1808 St. Lambrecht (Stmk.), † 2. 1. 1892 Mariahof (Stmk.), Ornithologe, Benediktiner. Erforschte den Vogelflug bes. in der Umgebung des Furtner-Teichs auf dem Neumarkter Sattel. Gründer der ornitholog. Abteilung des Stiftsmuseums St. Lambrecht, für die er mehr als 2000 Vögel sammelte und präparierte.

Literatur: A. Schaffer, Pfarrer B. H. als Ornithologe, 1904.

Hanisch, Ernst, * 16. 1. 1940 Thaya (NÖ.), Historiker, Prof. für Neuere Ö. Geschichte in Salzburg.

Werke: Konservatives und revolutionäres Denken, 1975; Die Ideologie des Polit. Katholizismus in Ö. 1918–38, 1977; Nationalsoz. Herrschaft in der Provinz, 1983; Vermittlungen, Texte und Kontexte ö. Literatur und Geschichte im 20. Jh., 1990 (mit W. Weiss); Der lange Schatten des Staates. Ö. Ges.-Geschichte im 20. Jh., 1994 (= Ö. Geschichte in 10 Bden., hg. v. H. Wolfram, 1994ff., Bd. 9); Gau der guten Nerven. Die nat.-soz. Herrschaft in Sbg. 1938–45, 1997; Geschichte der ö. Bundesländer seit 1945, Bd. 1: Sbg., 1997 (Hg. mit H. Dachs).

Theophil Freiherr von Hansen. Stich.

Hanka, Erika, * 18. 5. 1905 Vinkovci (HR), † 16. 5. 1958 Wien, Ballettmeisterin der Wr. Staatsoper (ab 1942). Verstand Choreographie als „universelle Synthese"; war u. a. bei den Sbg. und Bregenzer Festspielen und für Filme („1. April 2000", 1952) tätig. Bearbeitete das Ballett „Hotel Sacher" und schrieb das Libretto zu Mussorgskijs „Bilder einer Ausstellung".

Literatur: E. Fleissner-Moebius, E. H. und das Wr. Staatsopernballett, 1995.

Hann, Franz Gustav, * 27. 1. 1850 Steinpichl (Gem. Wartberg ob der Aist, OÖ.), † 19. 2. 1921 Klagenfurt (Kä.), Gymnasiallehrer (Deutsch, Geschichte, Kunstgeschichte, Philosophie) in Klagenfurt; Bruder von Julius v. → Hann. 1898–1912 Dir. des Geschichtsvereins für Kä. Erwarb sich bedeutende Verdienste um die Denkmalpflege in Kä.

Literatur: ÖBL.

Hann, Julius von, * 23. 3. 1839 Schloss Haus (Gem. Wartberg ob der Aist, OÖ.), † 1. 10. 1921 Wien, Meteorologe; Bruder von Franz Gustav → Hann. 1877–97 Dir. der Zentralanstalt für Meteorologie in Wien, 1897–1900 Univ.-Prof. in Graz, 1900–10 in Wien. Begründer der modernen Meteorologie, Initiator des Sonnblick-Observatoriums. 1866–1920 Redakteur der „Meteorolog. Ztschr.".

Werke: Die Erde als Ganzes, ihre Atmosphäre und Hydrosphäre, 1872; Hb. der Klimatologie, 1883; Atlas der Meteorologie, 1887; Lehrbuch der Meteorologie, 1901. – Literatur: ÖBL; NDB.

Hannak, Jacques, * 12. 3. 1892 Wien, † 14. 11. 1973 ebd., sozialist. Schriftsteller, Journalist („Arbeit und Wirtschaft", nach 1946 „Arbeiterzeitung"). 1938/39 in den KZ Dachau und Buchenwald, emigrierte 1939 nach Belgien und Frankreich, 1941 in die USA und wurde dort Mitarbeiter beim Office of War Information (Rundfunkabteilung). 1946 Rückkehr nach Wien.

Werke: 4 Jahre 2. Republik, 1949; Im Sturm eines Jahrhunderts, 1952; Vorposten der Freiheit, 1954; Männer und Taten, 1962; K. Renner und seine Zeit, 1964. – Hg.: Bestandsaufnahme Ö. 1945, 1963; O. Helmer, Ausgew. Reden und Schriften, 1963; K. Renner, Die Nation: Mythos und Wirklichkeit, 1964. – Literatur: U. Moriggl, J. H. – ein Sozialdemokrat, ein Journalist, Dipl.-Arb., Wien 1994.

Hanni, Lucius, * 31. 3. 1875 Götzis (Vbg.), † 16. 3. 1931 Waltendorf b. Graz (Stmk.), Mathematiker. Lehrte ab 1906 an der Univ. Wien, 1922–31 Univ.-Prof. in Graz. Behandelte Fragestellungen der reinen Mathematik, später der angewandten Mathematik (Einführung der maxwellschen Gleichungen in der Wellenlehre u. a.). Publikationen in Fachzeitschriften.

Literatur: ÖBL; NDB.

Hansch, Anton, * 24. 3. 1813 Wien, † 8. 12. 1876 Salzburg, Landschaftsmaler. Studierte an der Wr. Akad. bei J. → Mössmer, unternahm Studienfahrten durch die Alpenländer und Kunstwanderungen im Salzkammergut (oft mit seinem Freund F. → Gauermann), übersiedelte 1875 nach Salzburg. H. malte mit Vorliebe kleinformatige, idealisierend-heroische Hochalpenlandschaften, durch die er zum bedeutendsten ö. Alpenmaler der 2. Hälfte des 19. Jh. wurde.

Literatur: G. Frodl, Wr. Malerei der Biedermeierzeit, 1987.

Hansen, Hans Robert, * 22. 4. 1941 Heidenheim/Brenz (D), Wirtschaftsinformatiker. 1974–78 Univ.-Prof. in Duisburg, seit 1978 an der Wirtschaftsuniv. Wien, 1987–91 und seit 1998 Rektor dieser Univ. Beschäftigt sich v. a. mit Fragen des strateg. Managements, Telekommunikation und Informationssystemen in Handel und Marketing. Forschungsmonographien und zahlr. Beiträge in Fach-Ztschr.

Hansen, Theophil Frh. von, * 13. 7. 1813 Kopenhagen (DK), † 17. 2. 1891 Wien, Architekt. In seinen Lehrjahren stark von C. F. Schinkel beeinflusst. Nach mehrjähriger Bautätigkeit in Athen, die er auch nach seiner Übersiedlung nach Wien 1846 fortsetzte, entwickelte er sich zunächst als Mitarbeiter L. → Försters, dann selbstständig zu einem Hauptvertreter der Spätromantik, wobei er einen byzantinisierenden Mischstil bevorzugte (Waffenmuseum im Wr. Arsenal, 1856). Um 1859 kreierte H. den sog. „Wr. Stil", eine klassisch-strenge Neorenaiss.-Spielart, die er im Folgenden mit monumental-gesamtkunstwerkhaften Zügen ausstattete (Gebäude der Ges. der Musikfreunde in Wien, 1870). Seine Bauten in der Ringstraßenzone, v. a. das (eigentlich farbig geplante) Parlament (1874–83), aber auch die Palais verkörpern mit ihrer disziplinierten

Prunkentfaltung den Höhepunkt des strengen Historismus in der Wr. Architektur und prägten nachhaltig das Bewusstsein von der führenden Rolle Ö. in der Baukunst. H. arbeitete vorzugsweise mit Künstlern zusammen, die sich seinem Formdiktat anpassten (C. → Rahl, V. → Pilz) und scharte eine bedeutende Schülerzahl um sich (H. Auer, E. Ziller, G. Niemann; auch O. → Wagner zählte zu seinen Mitarbeitern). Ab 1868 Akad.-Prof. in Wien, betonte er die Einteilung nach Stilen.

Weitere Werke u. a.: Wien: Evang. Kirche am Matzleinsdorfer Friedhof, 1858; Evang. Schule, 1859–62; Heinrichhof, 1860–62 (1945 zerstört); Palais Erzhzg. Wilhelm (Hoch- und Deutschmeisterpalais, heute The OPEC Fund for International Development), 1864–68; Palais Epstein (Stadtschulratsgebäude), 1868–72 (mit O. Wagner); Börse, 1870–77 (mit C. Tietz); Akad. d. bild. Künste, 1871–76. – NÖ.: Schloss Hernstein, ab 1856. – Athen: Zappeion, 1845; Akad. d. Wiss., ab 1856. – Mitarbeit an Denkmälern (z. B. Schubert-Denkmal in Wien, 1872). – Literatur: G. Niemann u. F. v. Feldegg, T. H. und sein Werk, 1893; R. Wagner-Rieger u. M. Reissberger, T. v. H. (Die Wr. Ringstraße VIII, 4), 1980.

Hansen-Löve, Friedrich Aage, * 29. 12. 1919 Neumarkt a. d. Ybbs (NÖ.), † 7. 1. 1997 Wien, Redakteur und Journalist. Wirkte nach 1945 an der Gründung des Europ. Forums Alpbach mit, war mit F. → Torberg Gründer der Zeitschrift „Forum" und arbeitete auch an den Zeitschriften „Wort und Wahrheit" und „Wiener Journal" mit. 1956–67 Leiter der Hauptabt. Kultur, Wiss. und Bildung des ö. Fernsehens.

Hansitz (Hansiz), Markus, * 23. 4. 1683 Völkermarkt (Kä.), † 5. 9. 1766 Wien, Kirchenhistoriker, Jesuit. Verfasste „Germania sacra" (3 Bde., 1727–55), Geschichtswerke über Lorch, Passau (1727), Salzburg (1729), Regensburg (1755) und Wr. Neustadt (Handschrift in St. Paul, Kä.).

Literatur: A. Coreth, Ö. Geschichtsschreibung in der Barockzeit, 1950; NDB.

Hanslick, Eduard, * 11. 9. 1825 Prag (CZ), † 6. 8. 1904 Baden (NÖ.), einflussreicher Wr. Musikkritiker, Ästhetiker und Musikwissenschaftler. Ab 1856 Lektor, ab 1861 Univ.-Prof. für Ästhetik und Geschichte der Musik in Wien (1. Prof. für Musik an der Univ. seit der Univ.-Reform im 16. Jh.). Sah in der Musik der Klassik und der Neoklassik (W. A. → Mozart, L. van → Beethoven, R. Schumann, J. → Brahms) den Höhepunkt der musikal. Entwicklung und lehnte die Musik der Neudeutschen ab.

Werke: Vom Musikalisch-Schönen, 1854; Geschichte des Konzertwesens in Wien, 2 Bde., 1869/70; Aus meinem Leben, 1894. – Ausgabe: Sämtl. Schriften, hist.-krit. Ausgabe, hg. v. D. Strauß, 1993ff. – Literatur: D. Glatt, Zur geschichtl. Bedeutung der Musikästhetik E. H., 1972; W. Abegg, Musikästhetik und Musikkritik bei E. H., 1974; NDB.

Hans von Judenburg, als Maler und Bildschnitzer in Judenburg (Stmk.) 1411–24 nachweisbar, gehört der Spätphase des „Weichen Stils" an. Die Identifizierung des Künstlers mit Hans von Tübingen und dem Meister von Großlobming lässt sich nicht aufrechterhalten. Als sein Hauptwerk gilt der ehem. Hochaltar der Pfarrkirche in Bozen (1421–23), dessen skulpturaler Schmuck sich heute in verschiedenen Museen befindet (u. a. in München, Nürnberg, Köln, Agram). Weiters wird ihm eine „Madonna mit Kind" (um 1420) in der Pfarrkirche Judenburg zugeschrieben.

Literatur: E. M. Kreuzer, H. v. J. und die Plastik des „Weichen Stiles" in S-Ti., Diss., Innsbruck 1969; Gotik in der Stmk., Ausst.-Kat., St. Lambrecht 1978; Der Meister von Großlobming, Ausst.-Kat., Ö. Galerie Belvedere, Wien 1994.

Hans von Schwaz, Porträtmaler der Spätgotik. Stammte aus Ulm. Wie B. → Strigel, zu dem er eine stilist. Nähe aufweist, dürfte er aus der Werkstatt B. Zeitbloms hervorgegangen sein. 1510 ist er als Maler zweier Porträts von Maria von Burgund urk. erwähnt, ab 1515 war er in Schwaz (Ti.) ansässig und wirkte hier als Porträtmaler des Innsbrucker Hofs und der reichen Ti. Handelsherren und bes. der Fugger. Ihm werden etwa 26 Porträts zugeschrieben (u. a. Ks. Maximilian I., Ks. Ferdinand I. und seine Gemahlin Anna sowie Anton Fugger).

Literatur: H. v. Mackowitz, Der Maler H. v. S., Habil.-Schrift, Innsbruck 1958.

Hanthaler, Chrysostomus (eigentl. Johannes Adam), * 14. 1. 1690 Mehrnbach (OÖ.), † 2. 9. 1754 Lilienfeld (NÖ.), Numismatiker und Historiograph, ab 1716 im Stift Lilienfeld. Erfand Chronisten zur Geschichte der Babenbergerzeit (Aloldus von Pöchlarn mit Chronik, 1034–56; Ricardus von Klosterneuburg und Ortilo, Mönch von Lilienfeld, mit Exzerpten 1065–1198 und Chronik 1198–1230; Pernoldus 1230–67; Leopoldus von Klosterneuburg, Zisterzienser in Lilienfeld, um 1330), wodurch lange Zeit Verwirrung bestand. Gedruckt in Notulae Anecdotae (1742). H. erforschte auch viele Quellen von Stift Lilienfeld.

Werke: Fasti Campililienses, 2 Bde., 1747/54; Recensus Diplomatico-Genealogicus Archivii Campililiensis, 1820. – Literatur: M. M. Linzer, C. H. und seine Stellung in der ö. Barockhistoriographie, Diss., Wien 1976; NDB.

Hantsch, Hugo, * 15. 1. 1895 Teplitz-Schönau (Teplice, CZ), † 6. 8. 1972 Wien, Historiker und Benediktiner. 1935–38 und 1945/46 Univ.-Prof. in Graz, anschließend in Wien, 1938 von den Nat.-Soz. verhaftet und bis 1939 in verschiedenen KZ. Vorsitzender der Kommission für neuere Geschichte Ö., gab ab 1953 die „Wr. hist. Studien" und 1962 „Gestalter der Geschicke Ö." heraus.

Weitere Werke: Der dt. Bauernkrieg, 1925; J. Prandtauer, 1926; Die Entwicklung Ö.-Ungarns zur Großmacht, 1933; Die Geschichte Ö., 2 Bde., 1937/50 (Neuausgabe 1994); Die Nationalitätenfrage im alten Ö., 1953; Leopold Gf. Berchtold, 2 Bde., 1963. – Literatur: Ö. und Europa, Festgabe zum 70. Geburtstag, 1965.

Eduard Hanslick. Foto, um 1865.

Hanus, Heinz, * 24. 5. 1882 Wien, † 16. 3. 1972 Bad Aussee (Stmk.), Schauspieler, (Film-)Regisseur, Produzent, Filmpionier. Drehte 1908 den 1. ö. Spielfilm „Von Stufe zu Stufe" (nicht erhalten). 1922 gründete er den „Filmbund" (Gewerkschaft f. Filmschaffende). Unter seiner Aufsicht wurde 1922 der 1. Farbfilmversuch in Ö. („Fatmes Errettung") unternommen und 1930 der 1. rein ö. Kurztonfilm („In der Theateragentur") gedreht. Leitete 1919 die „Yugoslawia"- und 1920 die „Astoria"-Filmges., später als unabhängiger Produzent bzw. Regisseur tätig (u. a. „Gevatter Tod", 1921; „Schöne Wilde Welt"; „William Ratcliff", 1922).

Literatur: H. Edler, H. H. Filmschaffender und Begründer einer Berufsvereinigung f. Filmschaffende (Filmbund) in der 1. Republik, 1983; G. Krenn, „Von Stufe zu Stufe". H. H. und die Anfänge der Spielfilmproduktion in Ö., 1993 (hg. v. W. Fritz).

Hanusch, Alois, * 1. 2. 1824 Rietsch (Rúdeč, CZ), † 7. 2. 1899 Wien, Industrieller, Schöpfer der Wr. Bronze-Ind. Seine Firma produzierte monumentale Bronzen für Bauten von H. Ferstel, T. Hansen und C. Hasenauer. Mitbegründer des Wr. Kunstgewerbevereins.

Literatur: ÖBL.

Ferdinand Hanusch. Foto.

Hanusch, Ferdinand, * 9. 11. 1866 Oberdorf (Horni Vés, CZ), † 28. 9. 1923 Wien, soz.-dem. Politiker, Mitschöpfer der ö. Sozialpolitik, Arbeiterdichter, urspr. Seidenweber. Ab 1891 aktiv in der Arbeiterbewegung tätig, 1900 Sekr. der Union der Textilarbeiter, 1907–18 Reichsratsabg., 1918–19 Mitgl. d. Provisor. Nationalversammlung, 1919–20 Mitgl. d. Konstituierenden Nationalversammlung, 1920–23 Abg. z. NR, 1918–20 Staatssekr. für soz. Fürsorge bzw. soz. Verwaltung. Er baute das Sozialmin. und eine Sozialgesetzgebung auf, die Vorbild für andere Staaten wurde. Auf ihn gehen

Gesetze über Achtstundentag, Betriebsrat, Arbeiterurlaub, Kollektivvertrag und der Ausbau der Sozialversicherung zurück. 1921 Dir. der Wr. AK. – Seine literar. Arbeiten zeichnen sich durch starke menschl. und kämpferische Haltung aus. Nach ihm ist das „H.-Krankenhaus" (früher Rainer-Spital) in Wien 14 benannt.

Werke: Erzählungen und Skizzen (Auf der Walze, 1907); soz. Tendenzstücke (Die Enterbten, 1910; Der Bauernphilosoph, 1913). – Parlament und Arbeiterschutz, 1913; Sozialpolitik im neuen Ö., 1923. – Literatur: O. Staininger (Hg.), F. H., ein Leben für den soz. Aufstieg, 1973.

Happel, Ernst, * 29. 11. 1925 Wien, † 14. 11. 1992 Innsbruck (Ti.), Fußballspieler und -trainer. Spielte bei Rapid Wien (nur 1954/55 bei Racing Paris). Als hervorragender Abwehrspieler absolvierte er 51 Länderspiele für Ö. Als Trainer errang er ab 1958 18 Titel mit 6 Mannschaften in Belgien, Deutschland, den Niederlanden und Ö. („Weltmeister" der Trainer). Nach seinem Tod wurde das Wr. Prater-Stadion in E.-H.-Stadion umbenannt.

Literatur: H. Prüller, H. Danke Ernst!, 1992; H. Windisch (Hg.), H., 1992; H. Prüller, Das große H.-Fußballbuch, 1993.

Happisch, Leopold, * 1. 4. 1863 Wien, † 20. 11. 1951 Berndorf (NÖ.), Schriftsetzer, Arbeitersportfunktionär. Mitgründer des Touristenvereins Naturfreunde 1895, dessen hauptberufl. Sekr. er ab 1912 war; 1897–1934 Schriftleiter des „Naturfreunds", Vizepräs. des Zentralausschusses der Naturfreunde-Internationale sowie des „Arbeiterbunds für Sport und Körperkultur in Ö." (ASKÖ) bis 1934. „L.-H.-Siedlung" im 12. Wr. Bezirk.

Literatur: Der Naturfreund 45, Heft 1/2, 1952.

Harather, Paul, * 30. 3. 1965 Wien, Regisseur. 1985–91 Studium an der Wr. Filmakad. Für „Cappucino Melange" erhielt er 1992 den Max-Ophüls-Preis und 1993 den Prix de Public des internationalen TV-Festivals in Monte Carlo. Drehbuch-Mitverfasser und Regisseur des Films „Indien" (mit A. → Dorfer und J. → Hader), der 1993 zu einer der erfolgreichsten ö. Kinoproduktionen der letzten Jahrzehnte wurde.

Weitere Werke: Autsch!, 1995; The Ragu Incident, 1999; Die Gottesanbeterin, 2000.

Hardegg, Adelsfamilie, bis 1383 reichsunmittelbare Grafschaft im N von NÖ. Nach H. nannten sich bis 1260 die Grafen von Plain, 1278–1483 die Grafen von Maidburg, ab 1495 die Freiherren (Grafen) von Prueschenk (ab 1500 auch von Glatz und Machland). Diese Familie H. existiert noch in Seefeld und Stetteldorf. Zu den bedeutendsten Mitgl. der Familie zählten u. a. Ferdinand Gf. zu → Hardegg, Johann Anton Gf. zu → Hardegg, Johann Heinrich Gf. zu Hardegg und Julius Gf. zu → Hardegg.

Hardegg, Ferdinand Graf zu, * 1549, † 16. 6. 1595 Wien (hingerichtet), kaiserl. Feldoberst. Nach der kampflosen Übergabe der Festung Raab 1594 an die Türken zum Tod verurteilt.

Literatur: ADB.

Hardegg, Johann Anton Graf zu, * 8. 10. 1773 Wien, † 26. 12. 1825 ebd., General; Bruder von Johann Heinrich Gf. zu Hardegg. Zeichnete sich als Offizier in den napoleon. Kriegen 1805 (Militär-Maria-Theresien-Orden), 1809 und 1813 aus.

Literatur: ÖBL.

Hardegg, Julius Graf (Pseud. Jules Egghard), * 24. 4. 1834 Wien, † 22. 3. 1867 ebd., Pianist und Komponist. Bekannter Klaviervirtuose seiner Zeit; Komponist von Salonmusik. 1853–55 in Paris.

Hardtmuth, Joseph, * 13. 2. 1758 Asparn a. d. Zaya (NÖ.), † 23. 5. 1816 Wien, Architekt, Erfinder und Fabrikant. Führender Baukünstler der ö. Romantik, tätig als Fürstlich Liechtensteinscher Architekt bzw. Baudirektor. Erfand das Steingut und die keram. Mine, die er in seiner eig. Geschirr- und Bleistiftfabrik verwertete. Förderer W. A. Mozarts und F. Schuberts sowie namhafter Repräsentant der Wr. Hausmusik. Sein Enkel Franz v. H. (1832–1896) entwickelte 1889 den „Koh-i-noor"-Stift mit 17 Härtegraden.

Werke: Wien: Stadtpalais Liechtenstein, Herrengasse, 1789–91 (mit J. Meissl, abgebrochen 1913–17); Schwarzer Turm bei Mödling, 1810. Eisgrub (Lednice, CZ): Türkischer Turm, 1797–1804; Hansenburg, 1807–10. Feldsberg (Valtice, CZ): Reistenkolonnade, 1810–12. Lundenburg (Břeclav, CZ): Jagdschloss Pohanska, 1810–12. – Literatur: G. Wilhelm, J. H. (1758–1816), 1990.

Hareiter, Angela, * 21. 1. 1944 Wien, Designerin, Filmarchitektin. Studium der Architektur an der Techn. Hochschule in Wien. 1970 Gründung der Gruppe Missing Link mit O. → Kapfinger und A. → Krischanitz; ab 1975 Beschäftigung mit Filmarchitektur und in der Folge Artdirector bei zahlr. internat. Film- und Fernsehprojekten. 1980 Konzeption und Gestaltung der Ausstellung „Forum Design Linz" in Linz.

Weitere Werke: Les Miserables, 1978 (Artdirector). – Publikation: Design ist unsichtbar, 1980 (Mit-Hg.).

Harell, Marte (eigentl. Martha Schömig), * 4. 1. 1907 Wien, † 12. 3. 1996 ebd., (Film-)Schauspielerin; Ehefrau des Filmregisseurs K. A. → Hartl. Spielte an zahlr. ö. und dt. Bühnen (Theater in der Josefstadt in Wien, Landestheater Innsbruck, Kammerspiele München, Dt. Theater Berlin); Filmstar der 40er und 50er Jahre.

Literatur: E. Strzygowski, M. H. Ein Lebensbild, 1948.

Harnisch, Johann Baptist, * 22. 7. 1778 Wien, † 24. 4. 1826 ebd., Medailleur. Ab 1811 Dir. der Wr. Graveur-Akad.; schuf zahlr. Porträtmedaillen und Medaillen auf hist. Begebenheiten.

Literatur: ÖBL.

Harnoncourt, Nikolaus, * 6. 12. 1929 Berlin (D), Dirigent, Spezialist für Alte Musik und hist. Aufführungspraxis; Bruder von Philipp → Harnoncourt. 1952–69 Cellist bei den Wr. Symphonikern, gründete 1953 den Concentus musicus Wien, mit dem er neue Maßstäbe für die Aufführung Alter Musik mit Originalinstrumenten setzte; verfasste auch zahlr. theoret. Schriften. Seit den 80er Jahren beschäftigt sich H. auch mit der hist. Aufführungspraxis klassischer und romantischer Musik und gilt mit seinen außergewöhnl. Interpretationen als einer der interessantesten Dirigenten weltweit. Die Entwicklung der styriarte ist eng mit H. verbunden. Seine Frau, die Geigerin Alice H. (* 26. 9. 1930 Wien), ist Konzertmeisterin des Concentus musicus und hat einen bed. Anteil an den Leistungen ihres Mannes.

Werke: Musik als Klangrede, 1982; Der musikalische Dialog, 1984. – Literatur: M. Mertl, Vom Denken des Herzens. Alice und N. H., 1999.

Harnoncourt, Philipp, * 9. 2. 1931 Berlin (D), kath. Priester und Theologe, Bruder von Nikolaus → Harnoncourt. 1963–72 Prof. und Vorstand der Abt. für Kirchenmusik an der Musikhochschule Graz, 1972 Habilitation für Liturgiewiss., 1972–98 Vorstand des Inst. für Liturgiewiss., Christl. Kunst und Hymnologie an der Univ. Graz.

Werke: Gesamtkirchl. und teilkirchl. Liturgie, 1974; Die Partikularkalender des dt. Sprachgebietes, 1974; Die Neuordnung der Eigenkalender für das dt. Sprachgebiet, 1975; Gesang und Musik im Gottesdienst, 1986; Theologien im Dialog, 2 Bde., 1994 (Hg.); Feiern im Rhythmus der Zeit, 2 Bde., 1994.

Harrach, bis heute bestehendes böhm.-ö. Hochadelsgeschlecht (böhm. Linie 1732 erloschen), im 14. Jh. in Ö., Stmk., Kä., erwarb 1524 Rohrau; 1627 Reichsgrafen. Ferdinand Bonaventura I. Gf. → Harrach kaufte 1690 eine Ruine des schon 1600–58 im Besitz der Familie befindl. Hauses auf der Freyung in Wien und ließ von D. → Martinelli das jetzige Palais H. erbauen. Dort befand sich 1850–1970 die bedeutende Gemäldegalerie von Aloys Thomas Raimund Gf. → Harrach, seither im Schloss Rohrau (NÖ.). 1975 verkaufte die Familie das Wr. Palais. Weitere Mitgl. der Familie: Franz Anton Gf. → Harrach, Johann Joseph Philipp Gf. → Harrach, Karl Borromäus Gf. → Harrach.

Literatur: NDB.

Harrach, Aloys Thomas Raimund Graf, * 7. 3. 1669, † 7. 11. 1742 Wien, Staatsmann und Diplomat; Sohn von Ferdinand Bonaventura I. Gf. → Harrach, Bruder von Franz Anton Gf. → Harrach und Johann Joseph Philipp Gf. → Harrach. 1694 Gesandter in Dresden, 1697–1700 in Madrid, 1711 in Dresden, Berlin, Hannover, 1715–42 Landmarschall in NÖ., 1728–33 Vizekönig in Neapel, wo er viele Kunstwerke (Galerie in Rohrau) erwarb, 1734–42 Mitgl. der Geheimen Staatskonferenz.

Harrach, Ferdinand Bonaventura I. Graf, * 14. 7. 1637, † 15. 6. 1706 Karlsbad (Karlovy Vary, CZ), Diplomat; Vater von Franz Anton Gf. → Harrach, Aloys Thomas Raimund Gf. → Harrach und Johann Joseph Philipp Gf. → Harrach. 1661 Gesandter, 1669 Botschafter in Frankreich, 1673–75 und 1697/98 Botschafter in Spanien, 1677–99 Oberststallmeister; 1699–1705 Obersthofmeister und Präs. der Geheimen Staatskonferenz, Min. Erwarb 1689 Bruck a. d. Leitha.

Harrach, Franz Anton Graf, * 4. 10. 1665, † 18. 7. 1717 Salzburg, Domherr in Salzburg und Passau; Sohn von Ferdinand Bonaventura I. Gf. → Harrach, Bruder von Aloys Thomas Raimund Gf. → Harrach und Johann Joseph Philipp Gf. → Harrach. 1702 Bischof von Wien, 1709 Erzbischof von Salzburg, sehr prunkliebend.

Harrach, Johann Joseph Philipp Graf, * 22. 10. 1678 Wien, † 8. 8. 1764 ebd., Offizier; Sohn von Ferdinand Bonaventura I. Gf. → Harrach, Bruder von Franz Anton Gf. → Harrach und Aloys Thomas Raimund Gf. → Harrach. Kämpfte unter Prinz Eugen 1716/17 in Serbien; 1723 Feldmarschall, 1739–62 Hofkriegsratspräs., ab 1715 Komtur von Kommenden, 1733–64 Komtur der ö. Provinz des Dt. Ordens.

Literatur: P. Stenitzer, Die Deutschordensprovinz Ö. unter J. J. P. H., Diss., Wien 1992.

Harrach, Karl Borromäus Graf, * 11. 5. 1761 Wien, † 19. 10. 1829 ebd., Arzt (Johanniter, ab 1806 im Dt. Orden). 1814–29 unbezahlter Primararzt im Inst. der Elisabethinen in Wien. Widmete sich der Betreuung von Sträflingen und Armen, denen er auch Medikamente bezahlte; stand mit führenden Persönlichkeiten seiner Zeit in Kontakt (u. a. J. W. v. Goethe). Sein Vermögen vermachte er den Armenanstalten in Wien.

Literatur: ÖBL.

Harranth, Wolf, * 19. 8. 1941 Wien, Kinder- und Jugendbuchautor, Übersetzer, Literaturkritiker, Lektor. 1960–85 beim Verlag Jungbrunnen u. a. als Cheflektor und Geschäftsführer tätig; Mitarbeiter des ORF. Bekannt sind seine Übersetzungen von Klassikern der Weltliteratur (M. Twain, R. Kipling, O. Wilde u. a.).

Werke: Ein Elefant mit rosaroten Ohren, 1971; Der Vogel singt, der König springt, 1976; Mein Opa ist alt und ich hab' ihn sehr lieb, 1981; Mein Papa hat was verloren, 1991; Unsere Erde, 1992 (Gedichte); Der doppelte Oliver, 1992; Ein Baum für Jakob, 1993; Im Pfirsich wohnt der Pfirsichkern, 1994.

Harrer, Heinrich, * 6. 7. 1912 Hüttenberg (Kä.), Alpinist, Forschungsreisender. 1938 Erstdurchkletterung der Eiger-Nordwand, 1939 Erkundungsexpedition zum Nanga Parbat, im 2. Weltkrieg in Indien interniert und Flucht nach Tibet, bis 1951 in Lhasa; persönl. Freund des Dalai Lama. 1953 Anden-, 1954 Alaska-, 1957 Ruwenzori-, 1962/63 Neuguinea-Expedition. Ö. Ehrenzeichen f. Wiss. u. Kunst 1995; H.-H.-Museum in Hüttenberg seit 1982.

Werke: 7 Jahre in Tibet, 1952 (verfilmt 1997); Die weiße Spinne, 1958; Tibet, verlorene Heimat, 1960; Lost Lhasa, 1992.

Harruker (auch Harrukern), Johann Georg Frh. von, * 1662 Hellmonsödt (OÖ.), † 18. 4. 1742 Wien, Beamter. Ab 1689 im Dienst der nö. Hofbuchhaltung, ab 1692 beim Feldkriegskommissariat, später zum Proviantkommissär und Feldproviantdir. befördert. Aufgrund seiner bes. Verdienste bei der Alpenüberquerung des Prinzen Eugen und im Türkenkrieg 1714–18 wurde er zum Hofkammerrat ernannt und 1718 in den erbländischen Adel sowie 1729 in den ungar. Freiherrnstand erhoben.

Literatur: P. Broucek, E. Hillebrand u. F. Vesely, Prinz Eugen, Feldzüge und Heerwesen, 1986.

Harta, Felix Albrecht, * 2. 7. 1884 Budapest (H), † 27. 11. 1967 Salzburg, Maler. Studierte an der Münchner Akad. und an der Akad. Vitty in Paris. Stand in künstlerischem Nahverhältnis zu O. → Kokoschka, E. → Schiele und A. P. → Gütersloh. Gründete 1919 die Künstlervereinigung „Der Wassermann" in Salzburg; lebte 1939–50 im engl. Exil, dann wieder in Salzburg. Sein frühes Schaffen ist dem Expressionismus verpflichtet, das spätere Werk weist nachimpressionist. Tendenzen auf.

Literatur: Die uns verließen, Ausst.-Kat., Ö. Galerie Belvedere, Wien 1980; F. A. H., Ausst.-Kat., Galerie 16, Wien 1994.

Hartel, Wilhelm August von, * 28. 5. 1839 Hof (Dvorce, CZ), † 14. 1. 1907 Wien, klass. Philologe. Univ.-Prof., Dir. der Hofbibl.; führte als Unterrichtsmin. (1900–05) die organisator. Vereinheitlichung des Mädchenschulwesens durch Schaffung des 6-klass. Mädchenlyzeums herbei. Als Vizepräs. der Akad. d. Wiss. (1900–07) forcierte er die internat. Zusammenarbeit in der Forschung. Gründer des „Ö. Volkslied-Unternehmens" und der „Modernen Galerie".

Literatur: NDB.

Hartig, Franz de Paula Graf, * 5. 6. 1789 Dresden (D), † 11. 1. 1865 Wien, Politiker. 1825–30 Statthalter der Stmk., anschließend bis 1840 Gouverneur in der Lombardei, Ernennung zum Staats- und Konferenzmin. (bis 1848), Vertrauter → Metternichs. Ab 1860 Mitgl. des verstärkten Reichrats.

Literatur: W. Birnbacher, Die Pazifikationskommission des Grafen H. in Oberitalien, Diss., Wien 1970.

Hartig, Paul, * 23. 9. 1935 Wien, Jurist, Diplomat. Trat 1963 in den ö. auswärtigen Dienst ein und wirkte in den darauf folgenden Jahren als Mitarbeiter an den ö. Botschaften in Brasilien, Frankreich, Thailand und Japan sowie im Außenministerium; 1983–89 ö. Botschafter in Pakistan, 1991–95 ö. Botschafter in Kenia, seit 1996 Gen.-Dir. des Exekutivsekretariats der Central European Initiative (CEI) in Triest. Der CEI gehören 16 zentral-, ost- und südosteurop. Länder an; ihr Ziel ist es, die Zusammenarbeit zwischen den Mitgliedstaaten und deren Teilnahme am europ. Integrationsprozess zu fördern.

Hartl, Edwin, * 6. 7. 1906 Wien, † 22. 2. 1998 ebd., Essayist und Literaturkritiker, bes. als Autor literar. Essays und sprachanalyt. Glossen bekannt. 1946 Mitbegründer der Wr. K.-Kraus-Ges. Ö. Staatspreis für Kulturpublizistik 1980.

Werke: Wer will unter die Soldaten?, 1946 (Gedichte); Wenn ich so zurückdenke, 1991. – Literatur: F. Richter, E. H., in: PEN-Informationen 9, 1982.

Hartl, Karl Anton, * 10. 5. 1899 Wien, † 29. 8. 1978 ebd., Filmregisseur. 1917 Regieassistent bei A. Kolowrat und A. Korda, später Cutter und Dramaturg bei der Sascha-Film. Ab 1930 Regisseur in Ö. und Deutschland, 1938–48 Produktionschef der Wien-Film.

Regie: Der Prinz von Arkadien, 1932; Die Leuchter des Kaisers, 1936; Wen die Götter lieben, 1942; Der Engel mit der Posaune, 1948; Der Weg in die Vergangenheit, 1954; Mozart, 1955.

Hartl, Rudolf, * 28. 5. 1868 Donawitz b. Karlsbad (Stanovice, CZ), † 8. 5. 1943 Wien, Veterinärmediziner. Ab 1902 Doz. und Prof. an der Tierärztl. Hochschule in Wien; beschäftigte sich mit Infektionskrankheiten und Seuchen der Haustiere, betreute das patholog.-anatom. Museum der Hochschule.

Literatur: NDB.

Hartl, Rupert, * 21. 4. 1921 Reichenau i. Mühlkreis (OÖ.), Richter und Politiker (SPÖ). 1958–74 Vorsitzender der ÖGB-Sektion Richter und Staatsanwälte für OÖ., 1974 Landesparteiobmann der SPÖ OÖ., 1967 Abg. z. Oö. Landtag und 1. Präs des Landtags, 1969 Landesrat, 1974–82 Landeshauptmann-Stellv. von OÖ.

Hartlauer, Franz Josef, * 19. 12. 1944 Steyr (OÖ.), † 22. 5. 2000 ebd., Großhandelsunternehmer. Zunächst Konditor und Pressefotograf. 1971 Eröffnung des ersten Hartlauer-Geschäftes in Steyr mit optischen und Elektrogeräten, danach Aufbau einer Handelskette mit über 150 Filialen in ganz Ö. (weitergeführt von seinem Sohn Robert H.).

Hartleb, Karl, * 23. 10. 1886 St. Georgen b. Neumarkt (Stmk.), † 29. 8. 1965 Friesach (Kä.), Bauer und Politiker. Abg. z. NR (1927–30 Landbund, 1949–56 VdU, FPÖ), 1927–29 Vizekanzler, zuständig für das Innenressort und verantwortlich für den harten Einsatz der Exekutive bei der Julirevolte am 15. Juli 1927 (Justizpalastbrand).

Hartlieb, Wladimir Frh. von, * 19. 2. 1887 Görz (Gorizia, I), † 21. 9. 1951 Werfen (Sbg.), Schriftsteller. Trat als sog. „nationaler Autor" in der Zwischenkriegszeit für den Anschluss ein, wandte sich nach dem Zusammenbruch des Nat.-Soz. den Lehren T. Haeckers und dem relig. Essay zu. Verfasser von Gedichten, Romanen, Dramen und Kurzprosa. Bauernfeld-Preis 1917.

Hartmann, Sel., Fest 23. Dez., * um 1090 bei Passau (D), † 23. 12. 1164 Brixen (S-Ti.), Reformbischof und Ratgeber Ks. Friedrichs I.; 1133–40 Propst von Chiemsee und Klosterneuburg, 1140 Bischof von Brixen; errichtete 1142 das Augustiner-Chorherrenstift Neustift bei Brixen.

Literatur: A. Sparber, Leben und Wirken des sel. H., 1957; J. Gelmi, Die Brixener Bischöfe in der Geschichte Ti., 1984.

Hartmann, Eduard, * 3. 9. 1904 Laxenburg (NÖ.), † 14. 10. 1966 Wien, Agraringenieur, Politiker (ÖVP). 1946–62 Dir. des Nö. Bauernbunds, 1949–63 Abg. z. NR, 1959–64 BMin. f. Land- u. Forstw., 1962–66 Generalanwalt des Ö. Raiffeisenverbands, 1965–66 Landeshauptmann von NÖ.

Literatur: T. Kraus, E. H., Porträt eines großen Österreichers, 1977.

Hartmann, Harriet Katharina Elisabeth, * 19. 2. 1907 Leipzig (D), † 17. 7. 1998 Stainach (Stmk.), Großindustrielle. War bereits in den 20er Jahren mit ihrem Mann Fritz H. Eigentümerin eines großen dt. Papierkonzerns, zu dem auch die Frantschach AG gehörte. Durch die Nat.-Soz. zum Verkauf gezwungen, erhielten sie 1952 die Frantschach AG zurück. Nach dem Tod ihres Mannes 1967 war H. H. Alleineigentümerin und baute das Unternehmen weltweit aus. Ab 1992 verkaufte sie 50 % ihrer Aktien an den südafrikan. Mondi-Konzern.

Ludo Moritz Hartmann. Foto.

Hartmann, Ludo (Ludwig) Moritz, * 2. 3. 1865 Stuttgart (D), † 14. 11. 1924 Wien, Historiker, Erwachsenenbildner, soz.-dem. Politiker. Univ.-Prof., Initiator der „Volkstüml. Universitätsvorträge" (ab 1895), des „Volksheims" in Wien-Ottakring (1901), des „Athenäums" und des 1. „Volkshochschultags" (Wien 1904). Als ö. Gesandter in Berlin (1918–20) setzte er sich für den Anschluss an Deutschland ein.

Werk: Geschichte Italiens im MA, 4 Bde., 1897–1915. – Literatur: G. Fellner, L. M. H. und die ö. Geschichtswiss., 1985; W. Filla, Aufklärer und Organisator. Der Wissenschaftler, Volksbildner u. Politiker L. M. H., 1992; NDB.

Hartmann, Moritz, * 15. 10. 1821 Duschnik (Dušniky, CZ), † 13. 5. 1872 Wien, Schriftsteller. Studierte in Prag Medizin, ab 1844 freier Schriftsteller in Leipzig. Im Herbst 1848 an der Wr. Revolution beteiligt; nach deren Niederlage Flucht in die Schweiz, 1868 Rückkehr nach Wien; bis zu seinem Tod Redakteur der „Neuen Freien Presse". Als bedeutender polit. und soz.-krit. Dichter des Vormärz setzte er sich für Liberalismus und soz. Gerechtigkeit ein.

Werke: Reimchronik des Pfaffen Maurizius, 1849; Erzählungen eines Unsteten, 2 Bde., 1858; Bruchstücke revolutionärer Erinnerungen, 1861; Novellen, 3 Bde., 1863. – Ausgabe: Gesammelte Werke, hg. v. L. Bamberger u. W. Vollmer, 10 Bde., 1873/74. – Literatur: M. Pazi, M. H., in: Jb. des Inst. für dt. Geschichte 2, 1973; ÖBL; NDB.

Hartmann, Otto Julius, * 28. 2. 1895 Graz (Stmk.), † 28. 12. 1989 ebd., Philosoph. Univ.-Prof. in Graz, Vertreter der anthroposophischen Lebensphilosophie von R. Steiner.

Werke: Der Mensch im Abgrund seiner Freiheit, 1932; Menschenkunde, 1941; Wir und die Toten, 1946; Geheimnisse der Menschenbegegnungen, 1950.

Hartmann, Paul, * 8. 1. 1889 Fürth b. Nürnberg (D), † 30. 6. 1977 München (D), (Film-)Schauspieler. Nach verschiedenen Engagements in Deutschland (v. a. Berlin) 1924/25 auch am Theater in der Josefstadt in Wien, 1926–34 am Wr. Burgtheater und bei den Sbg. Festspielen tätig; urspr. Heldendarsteller, zahlr. Interpretationen von Goethes Faust bei und mit G. Gründgens, der ihn 1935 an das Staatstheater Berlin holte; nach dem Krieg differenzierter Charakterspieler (u. a. Figuren E. O'Neills); ab 1955 häufiger Gast am Wr. Burgtheater; Rezitator v. a. von Werken Goethes und Schillers; Film- und Fernsehtätigkeit.

Literatur: D. Mihelic, P. H., Diss., Wien 1959.

Hartmann von Franzenshuld, Ernst, * 4. 9. 1840 Wien, † 26. 5. 1884 ebd., Heraldiker und Numismatiker. Begründete 1870 die Heraldisch-genealogische Ges. Adler; Kustos am Wr. Münz- und Antiken-Cabinet.

Werke: Über Städte-Wappen, 1871; Siegel der Bürgermeister ... Wiens 1298–1530, 1873. – Literatur: ÖBL.

Hartwagner, Siegfried, * 12. 11. 1916 Engerwitzdorf (OÖ.), † 17. 5. 2000 Klagenfurt (Kä.), Kunsthistoriker. Leiter der Naturschutzabteilung und der Erwachsenenbildung in Klagenfurt, 1946–82 Landeskonservator von Kä.

Werke: Die ma. Kunst Kä., 1947; Kunst in Kä., 1953; Das Zollfeld, 1957.

Hartwig (Hartwich), Sel., Fest 14. Juni, * um 955, † 5. 12. 1023, Erzbischof von Salzburg (991–1023). Erhielt 996 von Ks. Otto III. das Markt- und Münzrecht, wirkte entschieden an der Klosterreform von St. Georgen a. Längsee (Kä.) und Göß (Stmk.) sowie an der Kirchenreform (Schaffung eines einheitl. Netzes von Pfarrsprengeln) mit, ließ in Salzburg die Nonnberger Stiftskirche und den Hartwigdom erbauen.

Literatur: H. Dopsch u. H. Spatzenegger, Geschichte Sbg. – Stadt und Land, Bd. 1, 1981.

Hartwig von Raute, mhd. Lyriker des 12. Jh. im bayer.-ö. Raum. Steht am Übergang vom frühen zum hohen Minnesang; Themen seiner Lieder sind der Widerstreit zw. Ritter- und Minnepflicht, der Minnegefangene und der Minnetor.

Ausgabe: H. Moser u. H. Tervooren (Hg.), Des Minnesangs Frühling, ^{38}1988. – Literatur: Verf.-Lex.

Hartzell, Eugene, * 21. 5. 1932 Cincinnati (USA), Komponist. Nach Studien in den USA 1956–58 Privatstudium bei H. E. → Apostel. 1960–74 Journalist für die „London Times“, Übersetzer, Korrespondent und Sprecher. 1974–91 Redakteur und Sprecher bei Radio Austria International, auch Programmbeiträge für den ORF; 1986 Gründung des Ensembles „Wr. Collage“. Ausgehend von der Zwölftontechnik Kammermusik mit Jazzelementen.

Werke: Seven Pieces for a Young Pianist, 1963; Nine Haikus, 1978 (Bariton, Klarinette); Episodes for Violin and Piano, 1982; Barbershopera, 1983 (Operncollage); Sonata for Cello and Piano, 1989; Short Takes, 1991 (variable Besetzung); Ein Mädchen, ein junger Mann, ein Autobusbahnhof, 1992 (Opernsketch); Concerto for Double Bass and Strings, 1995; Flute Quintet, 1997.

Haschek, Helmut H., * 3. 10. 1930 Wien, † 31. 3. 1993 ebd., Bankfachmann. Studierte Jus in Wien, ab 1972 Gen.-Dir. der Ö. Kontrollbank, Lehraufträge an der Diplomat. Akad. und der Wirt.-Univ. Gilt als Begründer des spezifisch ö. Exportfinanzierungssystems.

Haschka, Lorenz Leopold, * 1. 9. 1749 Wien, † 3. 8. 1827 ebd., Lyriker, bis zur Ordensaufhebung 1773 Jesuit, ab 1780 Freimaurer. 1797 Kustos an der Wr. Univ.-Bibl. und 1798–1822 Prof. am Wr. Theresianum. Verfasste unter Joseph II. Gedichte im Geist der Aufklärung und antiklerikale Oden („Das Mönchthum im Erntemond“, 1783), ab den 1790er Jahren nur noch patriotische und antirevolutionäre Oden. 1797 schrieb er den Text zu der von J. Haydn komponierten ö. Volkshymne „Gott erhalte Franz den Kaiser“.

Werke: Die Ehre der dt. Tonkunst, bey der Rückkunft des Ritters von Gluck aus Frankreich, 1775; Unsere Sprache, 1784; Die Könige, 1787; Auf Denis Tod, 1800. – Literatur: E. Topermann, L. L. H., Diss., Wien 1907; L. Bodi, Tauwetter in Wien, [2]1995; NDB.

Haselböck, Hans, * 26. 7. 1928 Nesselstauden (Gem. Bergern, NÖ.), Organist, Komponist; Vater von Martin → Haselböck. Gewann mehrmals den internat. Orgelwettbewerb in Haarlem, Organist an der Dominikanerkirche in Wien, lehrte 1963–96 an der Wr. Musikhochschule; wirkte als Konzertorganist und Gastprof. (v. a. für Improvisation) in vielen Ländern; befasste sich auch theoretisch mit Orgelbau und Spieltechnik.

Werke: Barocker Orgelschatz in NÖ., 1972; Vom Glanz und Elend der Orgel, 1999.

Haselböck, Martin, * 23. 11. 1954 Wien, Organist, Komponist und Dirigent; Sohn von Hans → Haselböck. Seit 1970 rege internat. Konzerttätigkeit, zahlr. Aufnahmen; Organist der Wr. Hofmusikkapelle und der Augustinerkirche; breites Spektrum von Barock bis Moderne; befasst sich mit hist. Aufführungspraxis. Gründer (1985) und Leiter der „Wr. Akad.“; seit 1986 Prof. an der Musikhochschule Lübeck.

Haselsteiner, Hans Peter, * 1. 2. 1944 Wörgl (Ti.), Industrieller und Politiker (LIF). Studierte Handelswissenschaften an der Hochschule für Welthandel in Wien; 1974–94 und seit 1998 Vorstandsvorsitzender der Bau Holding STRABAG AG, 1994–98 Abg. z. NR.

Hasenauer, Carl Frh. von, * 20. 7. 1833 Wien, † 4. 1. 1894 ebd., Architekt. Hauptvertreter des Späthistorismus im Wien der Ringstraßenzeit, genannt der „bauende Makart“. Bedeutendster Schüler von A. → Sicard von Sicardsburg und E. van der → Nüll, 1873 Chefarchitekt der Wr. Weltausstellung. Entwarf mit G. → Semper das Kunsthist. und das Naturhist. (Hof-)Museum, die Neue Hofburg und das Burgtheater. Nach dem Zerwürfnis mit seinem Partner leitete er die Errichtung der Hofbauten allein. H. zeichnete sich durch dekorativ-inszenatorische Begabung aus und strebte unter Verzicht auf den Vorrang der Architektur die Verschmelzung der Kunstgattungen im malerisch-farbenprächtigen Gesamtkunstwerk an.

Weitere Werke: Wien: Hermesvilla im Lainzer Tiergarten, 1882–85; Palais Lützow, ab 1870; Denkmalarchitekturen: Tegetthoff, 1886; Maria Theresia, 1888; Grillparzer, 1889. – Literatur: U. Planner-Steiner u. K. Eggert, F. Schmidt, G. Semper, C. v. H. (Die Wr. Ringstraße VIII, 2), 1978.

Hasenhut, Anton, * 1. 6. 1766 Peterwardein (Novi Sad, YU), † 6. 2. 1841 Wien, Schauspieler, Komiker. 1789 von K. v. → Marinelli an das Leopoldstädter Theater geholt, wo er die Rolle des „Thaddädl“ kreierte (durch komische Kleidung, Haartracht und übertriebene Fistelstimme charakterisierter Dümmling). 1803–19 Engagement am Theater an der Wien und Gastspiele in dt. Städten, später nur noch kleine Rollen; in den letzten Lebensjahren als Kopist tätig.

Literatur: F. J. Hadatsch, Launen des Schicksals, oder: Scenen aus dem Leben und der theatral. Laufbahn des Schauspielers A. H., 1834; G. Schwarz, A. H., Diss., Wien 1966.

Hasenöhrl, Friedrich, * 30. 11. 1874 Wien, † 7. 10. 1915 Vielgereuth (S-Ti., gefallen), Physiker. Schüler und Nachfolger von L. → Boltzmann, ab 1905 Univ.-Prof. in Wien. Zu seinen Schülern zählten E. → Schrödinger, L. Flamm, C. F. Herzfeld, F. Kottler, A. Rella und K. Wolf. Seine These „Zur Theorie der Strahlung bewegter Körper“ (1904) wurde ein Jahr später durch A. Einstein bestätigt.

Literatur: Physikal. Ztschr. 16, 1915 (Werkverz.); P. Lenard, Große Naturforscher, [4]1941; H. Rost, Within and Without, 1990.

Haslauer, Wilfried, * 29. 11. 1926 Salzburg, † 23. 10. 1992 ebd., Jurist und Politiker (ÖVP). 1967–69 Vizebürgermeister der Stadt Salzburg, 1961 Abg. z. Sbg. Landtag, 1973–77 Landeshauptmann-Stellv. und 1977–89 Landeshauptmann von Sbg., 1976–89 ÖVP-Landesparteiobmann. Wirkte als Föderalist über die Grenzen Salzburgs hinaus und setzte sich für ein modernes Landesbewusstsein ein.

Literatur: E. Holfeld-Weitlof (Hg.), W. H., Paßt auf mein Salzburg auf!, 1993.

Tobias Haslinger. Lithographie von J. Kriehuber.

Haslinger, Josef, * 5. 7. 1955 Zwettl (NÖ.), Erzähler und Essayist. 1976–92 Mit-Hg. der Literatur-Ztschr. „Wespennest“, 1986–89 Gen.-Sekr. der Grazer Autorenversammlung, 1986–94 Organisator der „Wr. Vorlesungen zur Literatur“ (mit K. Neumann); Lehraufträge an den Univ. von Kassel, Innsbruck, Wien und Leipzig. Vertreter einer polit., ges.-krit. Literatur („Politik der Gefühle“, 1987); 1992 Mitbegründer von SOS Mitmensch.

Weitere Werke: Der Konviktskaktus und andere Erzählungen, 1980; Der Tod des Kleinhäuslers Ignaz Hajek, 1985; Wozu brauchen wir Atlantis, 1990; Das Elend Amerikas, 1992; Leben in der Asche, 1993 (mit O. Croy u. G. Jagschitz); Opernball, 1995 (Roman); Das Vaterspiel, 2000 (Roman).

Carl Freiherr von Hasenauer. Lithographie von A. Schubert, 1880.

Haslinger, Tobias, * 1. 3. 1787 Zell b. Zellhof (Gem. Bad Zell, OÖ.), † 18. 6. 1842 Wien, Musikverleger. Begann in Linz im Verlag von F. Glöggl, übernahm 1826 den renommierten Wr. Verlag S. A. Steiner, 1832 den von T. Mollo und wurde damit einer der wichtigsten Musikverleger der Biedermeierzeit. H. gab u. a. Werke von L. van Beethoven, L. Spohr, J. N. Hummel, F. Schubert, J. Lanner und J. Strauß Vater heraus. Er ersetzte die Lithographie allmählich durch Stiche von Zinnplatten. Sein Sohn Carl H. (1816–1868) übernahm den Verlag.

Literatur: A. Weinmann, Wr. Musikverleger und Musikalienhändler von Mozarts Zeit bis gegen 1860, 1956; ÖBL; NDB.

Leopold Hasner von Artha. Foto.

Hasner von Artha, Leopold, * 15. 3. 1818 Prag (CZ), † 5. 6. 1891 Bad Ischl (OÖ.), liberaler Politiker, Univ.-Prof. für Rechtsphilosophie und Nationalökonomie. Nahm als Unterrichtsmin. (1867–70) entscheidende Weichenstellungen für die Bildungsentwicklung vor: Ausschaltung des Einflusses von Kirchen und Religionsgemeinschaften auf den Unterricht (1868), Schaffung einer interkonfessionellen Gemeinschaftsschule (Reichsvolksschulgesetz, 1869), Einrichtung einer vollwertigen Mittelschule ohne Latein (1868, Realschule), Eröffnung einer medizin. Fakultät an der Univ. Innsbruck (1869). Nach Scheitern als Min.-Präs. (1870) polit. Wirken im Herrenhaus.

Werk: Denkwürdigkeiten. Autobiographisches und Aphorismen, 1892. – Literatur: G. Bahr, L. v. H., Diss., Wien 1947.

Haspel, Dieter, * 19. 6. 1943 Gloggnitz (NÖ.), Regisseur, Theaterleiter. Mitbegründer der Theatergruppe „Café Theater" (1968), die er ab 1973 unter dem Namen „Ensembletheater" im Wr. Theater am Kärntnertor weiterführte; 1975/76 Hauptregisseur am Theater in Tübingen; übersiedelte mit dem Ensembletheater 1977 in das „Kleine Theater im Konzerthaus" in Wien und 1981/82 in das neu eröffnete Kellertheater am Petersplatz (Wien 1).

Joachim Haspinger. Lithographie.

Haspinger, Joachim (Johann Simon), * 28. 10. 1776 St. Martin i. Gsieser Tal (S.-Ti.), † 12. 1. 1858 Salzburg, 1802 Kapuziner, Ti. Freiheitskämpfer. Kämpfte 1796/97 und 1805 gegen die Franzosen, war 1809 einer der Führer des Ti. Freiheitskampfes (Bergisel-Schlachten, Sachsenklemme 4. 8.), drängte A. → Hofer zur Fortsetzung des Widerstands, flüchtete 1810 über die Schweiz und Italien nach Wien. 1811 Weltpriester und bis 1836 Seelsorger in mehreren Orten in NÖ., 1848 Feldkaplan der Ti. Studenten in Italien, lebte dann in Salzburg.

Literatur: H. Kramer, P. J. H. Schlernschriften 41, 1938; ÖBL; NDB.

Ludwig Hatschek. Foto.

Hass, Hans, * 23. 1. 1919 Wien, Zoologe, Schriftsteller und Schöpfer von Dokumentarfilmen. Gilt mit seinen zahlr. Unterwasserexpeditionen (Ägäis, Rotes Meer, Karibisches Meer u. a.) seit 1937 als einer der Pioniere der Meeresforschung; setzte sich v. a. mit dem Verhalten der Haie auseinander. Später führte er Untersuchungen über das angeborene Verhalten des Menschen durch („Energon"-Theorie). Preis der Biennale 1951, „Oscar" für Dokumentarfilme 1959, Ö. Ehrenzeichen f. Wiss. und Kunst 1997, Konrad-Lorenz-Preis 1999.

Werke: Jagd unter Wasser, 1939; Unter Korallen und Haien, 1941; 3 Jäger auf dem Meeresgrund, 1947; Manta, 1952; Wir kommen aus dem Meer, 1957; Expedition ins Unbekannte, 1961; Wir Menschen, 1968; Das verborgene Gemeinsame, 1970; In unberührten Tiefen, 1971; Der H. H. Tauchführer, 1976; Der Hai, 1977; Die Schöpfung geht weiter, 1978; Kulturkörper des Menschen, 1979; Wie der Fisch zum Menschen wurde, 1979; Im Roten Meer, 1980; Leben und Wirt. als energet. Phänomen, 1985; Abenteuer unter Wasser, 1986; Wie Haie wirklich sind, 1986 (mit I. Eibl-Eibesfeldt); Der Ball und die Rose, 1987; Naturphilosoph. Schriften, 1987, Der Hai im Management, 1988; Vorstoß in unbekannte Meere, 1991; Die Hyperzeller, 1994; Aus der Pionierzeit des Tauchens, 1996. – Filme: Pirsch unter Wasser; Menschen und Haie; Unternehmen Xarifa; Abenteuer im Roten Meer; Giganten des Meeres. – Literatur: M. Jung, H. H., ein Leben lang auf Expedition, 1994.

Hassinger, Hugo, * 8. 11. 1877 Wien, † 13. 3. 1952 ebd., Geograph. Ab 1918 bzw. 1927 Lehraufträge in Basel und Freiburg i. B., 1931–50 Univ.-Prof. in Wien, Mitbegründer und Obmann der Kommission für Raumforschung und Wiederaufbau der Akad. d. Wiss., Präs. (1937–51), dann Ehrenpräs. der Ö. Geograph. Ges. Mit-Hg. von Fach-Ztschr.; widmete sich der Geomorphologie, später der polit. und der Humangeographie; Pionier der Raumplanung; einer der bedeutendsten Humangeographen im dt. Sprachraum.

Werke: Geomorpholog. Studien aus dem inneralpinen Wr. Becken, 1905; Kunsthist. Atlas der Stadt Wien, 1916; Geograph. Grundlagen der Geschichte, 1931; Die Geographie des Menschen (Anthropogeographie), 1937; Burgenland-Atlas, 1941 (mit F. Bodo); Boden und Lage Wiens, 1946; Ö. Wesen und Schicksal, verwurzelt in seiner geograph. Lage, 1948; Ö. Anteil an der Erforschung der Erde, 1949; Atlas von NÖ., 1951ff. (mit E. Arnberger). – Literatur: NDB.

Hassreiter, Josef, * 30. 12. 1845 Wien, † 8. 12. 1940 ebd., Ballettmeister, Tänzer, Regisseur. 1870–90 erster Solotänzer der Hofoper, 1890–1919 Hofballettmeister in Wien; schuf zahlr. Ballette und brachte das Wr. Opernballett auf internat. Niveau; 1915 Ehrenmitgl. der Hofoper.

Literatur: ÖBL.

Haswell, John, * 20. 3. 1812 Lancefield (GB), † 8. 6. 1897 Wien, Maschineningenieur, Lokomotivbauer. 1838–82 Leiter der von der Wien-Raaber Bahn eingerichteten Maschinenfabrik, Begründer des ö. Lokomotivbaus. Konstruierte zahlr. Werkzeugmaschinen, darunter die hydraulische Schmiedepresse (1862), die erstmals das Pressen schwerer Maschinenteile in Gesenken ermöglichte (heute im Techn. Museum Wien).

Literatur: ÖBL; NDB.

Hatheyer, Heidemarie, * 8. 4. 1919 Villach (Kä.), † 11. 5. 1990 Zollikon bei Zürich (CH), (Film-)Schauspielerin. Begann ihre Karriere am Wr. Kabarett „Literatur am Naschmarkt", 1937 von L. → Trenker für den Film entdeckt (größter Erfolg: „Die Geierwally", 1940); 1937–83 Bühnenengagements in München, Berlin, Düsseldorf, Hamburg und Zürich; Gastspiele u. a. am Wr. Burgtheater, zahlr. Tourneen; nach fast zweieinhalb Jahrzehnten Pause 1988 Rückkehr zum Film („Martha Jellneck"), Fernsehtätigkeit (ZDF-Reihe „Diese Drombuschs"). Zahlr. Auszeichnungen: 1961 Kainz-Medaille, 1967 Grillparzer-Ring u. a.

Hatschek, Ludwig, * 9. 10. 1856 Tieschetitz (Těšetice, CZ), † 15. 7. 1914 Linz (OÖ.), Erfinder und Unternehmer. Nach dem Ausscheiden aus der Linzer Brauerei seiner Familie kaufte er 1893 eine Fabrik für Asbestwaren in Vöcklabruck; 1900 gelang ihm hier die Erfindung und fabriksmäßige Herstellung von Asbestzement (1901 „Eternit"). Von seinen Nachkommen wurde das Unternehmen ausgebaut und 1980 in eine AG umgewandelt.

Literatur: Oö. Landesarchiv (Hg.), Oberösterreicher, Bd. 2, 1982; NDB.

Hattler, Franz Seraph, * 11. 9. 1829 Anras (Ti.), † 13. 10. 1907 Innsbruck (Ti.), relig. Volksschriftsteller, Förderer der Herz-Jesu-Verehrung.

Literatur: J. Hättenschwiller, F. S. H., 1929; J. Gelmi, Kirchengeschichte Ti., 1986; ÖBL.

Hatzfeld, Grafengeschlecht aus Hessen, 1635 Reichsgrafen, ab 1639 in Schlesien begütert. Eine Linie erlangte später als Fürsten von Trachenberg in preuß. Diensten hist. Bedeutung. Carl Friedrich → Hatzfeld Graf zu Gleichen, Melchior → Hatzfeld Graf zu Gleichen und Hatzfeld.

Hatzfeld, Carl Friedrich, Graf zu Gleichen, * 14. 9. 1718 Wien, † 5. 9. 1793, Staatsmann. Zuerst Domherr in Mainz, trat 1737 in kaiserl. Dienste, wurde 1761 Präs. der Ministerial-Bancodeputation, 1765 Hofkammerpräs., 1771 Oberster Kanzler der Böhm.-ö. Hofkanzlei und dirigierender Staatsmin. Zur Zeit Josephs II. (1790) und Leopolds II. Min. für die inländ. Geschäfte im Staatsrat.

Literatur: NDB.

Hatzfeld, Melchior, Graf zu Gleichen und H., * 20. (?) 10. 1593 Krottorf (D), † 9. 1. 1658 Powitzko (Schlesien), Feldherr. Trat im 30-jähr. Krieg 1625 in das kaiserl. Heer ein, wurde unter Wallenstein Gen.-Wachtmeister; am 6. 3. 1645 bei Jankau geschlagen; als Gen.-Feldmarschall wurde er 1657 nochmals in Polen eingesetzt, aber durch R. Fürst → Montecuccoli abgelöst.

Literatur: NDB.

Haubenstock-Ramati, Roman, * 27. 2. 1919 Krakau (PL), † 3. 3. 1994 Wien, Komponist. Kam über Tel Aviv und Paris nach Wien, ab 1957 Lektor bei der Universal-Edition, 1973–89 Prof. für Komposition an der Wr. Musikhochschule, 1976–86 Leiter des Inst. f. Elektroakustik u. Experimentelle Musik in Wien. Bes. auf dem Gebiet der Entwicklung der graphischen Notation bahnbrechend. Großer und prominenter Schülerkreis. Großer Ö. Staatspreis 1981.

Werke: Bénédictions/Blessings, 1954 (für Sopran u. 9 Instrumente); Mobile for Shakespeare, 1960 (für Stimme u. 6 Spieler); Vermutungen über ein dunkles Haus, 1964 (für 3 Orchester); Catch I, 1968 (für Cembalo); Comédie, 1969 (Anti-Oper); Poetics for J. Joyce I u. II, 1972 (für Tonband u. Live-Elektronik); Zweites Streichquartett, 1978; Ulysses, 1979 (Ballett); Sonate für Klavier, 1984; Zweites Streichtrio, 1986; Amerika, 1992 (Oper). – Schrift: Musik – Grafik. Pre-Texte, 1980. – Literatur: R. H.-R. Festschrift zum 70. Geburtstag, 1989; R. H.-R. Musikmanuskripte, 1991 (Werkverz.); E.-H. Kim, Studien zu den Vokalkompositionen von R. H.-R. mit einem Beitrag zu seiner formalen Idee, Diss., Wien 1999.

Roman Haubenstock-Ramati. Foto.

Hauberrisser, Georg von, * 19. 3. 1841 Graz (Stmk.), † 17. 5. 1922 München (D), Architekt. Studierte u. a. bei F. v. Schmidt, ließ sich 1866 in München nieder, wo er eine bedeutende künstlerische Karriere durchlief. Spezialist v. a. für Rathausbauten (Münchner Rathaus, ab 1867). In Graz errichtete er 1881–91 die Herz-Jesu-Kirche. Sein Vater, Georg H. d. Ä. (1781–1875), war ein viel beschäftigter Baumeister v. a. für Wohnbauten in Graz.

Literatur: I. Bauer, G. v. H. d. Ä., Diss., Graz 1989.

Haudek, Martin, * 27. 11. 1880 Wien, † 9. 3. 1931 ebd., Röntgenologe. 1920 Leiter des Röntgeninst. im Wr. Wilhelminenspital, 1928 Univ.-Prof.; fand eine Methode zum Nachweis von Magengeschwüren. Arbeiten zur Herzgrößenbeurteilung, zu chron. Knochenmarkseiterungen und zur Röntgentherapie der Basedowkrankheit. Präs. des Hauptverbands für Körpersport und ö. Vertreter im Internat. Olymp. Comité 1923–28.

Werke: Die Bedeutung der Magenradiologie für die Chirurgie, 1911 (mit P. Chairmont); Interne Röntgendiagnostik in der Massenpraxis, 1918. – Literatur: ÖBL.

Hauer, Franz von, * 30. 1. 1822 Wien, † 20. 3. 1899 ebd., Geologe und Paläontologe; Bruder von Julius v. → Hauer. Mitbegründer der wiss. Geologie in Ö. Ab 1849 erster Geologe an der Geolog. Reichsanstalt, 1866–85 deren Dir., 1885–96 Intendant des Naturhist. Hofmuseums in Wien. Weitgestrecktes Arbeitsfeld, bes. alpines Mesozoikum und dessen Faunen. Mitbegründer der Geograph. Ges. in Wien (F.-v.-Hauer-Medaille).

Werke: Die Cephalopoden des Salzkammergutes, 1846; Geolog. Übersichtskarte Ö.-Ungarns 1 : 576.000 in 12 Blättern, 1872; Die Geologie und ihre Anwendung auf die Bodenbeschaffenheit der Ö.-ungar. Monarchie, 1875. – Literatur: M. Leutner, Wissenschaftstheoret. Fallstudien zur Entwicklung der erdwiss. Forschung in Ö. W. Haidninger – F. v. H. – O. Ampferer, 1999; ÖBL.

Hauer, Franz, * 19. 5. 1867 Weißenkirchen i. d. Wachau (NÖ.), † 5. 6. 1914 Wien, Gastwirt und Kunstsammler; Vater von Leopold → Hauer. Ab 1897 Wirt des Wiener Griechenbeisls, in dem 1960 sein Sohn Leopold die „Galerie im Griechenbeisl" eröffnete; wurde ab 1907 zu einem der wichtigsten Sammler moderner ö. Kunst (u. a. A. Egger-Lienz, E. Schiele, O. Kokoschka, K. Sterrer, A. Faistauer); die Sammlung wurde bald nach dem Tod von F. H. versteigert.

Literatur: Künstler (Sammler) Mäzene. Porträt der Familie Hauer, Ausst.-Kat., Kunsthalle Krems, 1996.

Hauer, Josef Matthias, * 19. 3. 1883 Wr. Neustadt (NÖ.), † 22. 9. 1959 Wien, Komponist und Lehrer (bereits 1919 pensioniert). Ab 1915 in Wien, Autodidakt; entwickelte um 1911 noch vor A. → Schönberg ein System zur Zwölftontechnik (beruhend auf Tropen statt auf Reihen), das er in ein universales System (Zuordnung der Töne zu Farben, Speisen usw.) einordnete; zahlr. theoret. Schriften. Preis der Stadt Wien 1927 und 1954, Großer Ö. Staatspreis 1955.

Werke: Schriften: Über die Klangfarbe, 1918; Vom Wesen des Musikalischen, 1920 (1. Werk über Zwölftonmusik); Deutung des Melos, 1923; Vom Melos zur Pauke, 1925; Zwölftontechnik, 1926. – Kompositionen: ca. 1000 „Zwölftonspiele"; Nomos, 1911/12 (1. Zwölftonmusik); 2 Oratorien; „Salambo", 1930 (Oper); „Die schwarze Spinne", 1932 (Singspiel); Messen, Chöre, Lieder, Kammer- und Orchestermusik. – Literatur: W. Szmolyan, J. M. H., 1965; NDB.

Hauer, Julius von, * 26. 1. 1831 Wien, † 18. 2. 1910 Leoben (Stmk.), Montaningenieur; Bruder von Franz v. → Hauer. 1866–97 Prof. an der Montanist. Hochschule Leoben und mehrmals deren Rektor. Sein Buch „Die Hüttenwesensmaschinen" (1867) galt im In- und Ausland jahrzehntelang als Standardwerk.

Literatur: ÖBL.

Hauer, Leopold, * 15. 7. 1896 Wien, † 2. 11. 1984 Lengenfeld (NÖ.), Maler; Sohn von Franz → Hauer. Studierte an der Wr. Akademie bei J. Jungwirth und K. → Sterrer, wurde v. a. mit Blumen- und Landschaftsbildern bekannt, die durch eine satte Farbgebung gekennzeichnet sind; ab 1934 auch als Berater, Regisseur und Kinoprogrammdir. für den Film tätig. 1960 gründete er mit seiner Tochter Christa → Hauer-Fruhmann und Johann → Fruhmann die „Galerie im Griechenbeisl", die bis 1971 eine führende Stellung im ö. Galeriewesen einnahm. Ö. Ehrenzeichen f. Wiss. u. Kunst 1961.

Literatur: Künstler (Sammler) Mäzene. Porträt der Familie Hauer, Ausst.-Kat., Kunsthalle Krems, 1996.

Hauer-Fruhmann, Christa, * 13. 3. 1925 Wien, Malerin; Tochter von Leopold → Hauer, heiratete 1957 den Maler Johann → Fruhmann. Anfänglich unter dem Einfluss ihres Vaters stehend, prägten ab 1960 die Techniken des Action painting ihre Malerei, dann kosmische Formen und zuletzt eine Hinwendung zur Natur. Engagierte sich in Interessenvertretungen bes. für die Anliegen der Künstlerinnen.

Literatur: Künstler (Sammler) Mäzene. Porträt der Familie Hauer, Ausst.-Kat., Kunsthalle Krems, 1996.

Hauff-Nagl, Angelika (eigentl. Alice Suchanek), * 15. 12. 1922 Wien, † 3. 12. 1983 ebd., Kammerschauspielerin (1983). Ausbildung als Tänzerin an der Wr. Staatsoper, danach Schauspielunterricht, 1942 Bühnendebüt am Sbg. Landestheater. Zahlr. Artistenfilme („Zirkus Renz" 1943, „Königin der Landstraße" 1948), ab 1956 Mitgl. des Burgtheaters, davor als Gast. In ihren letzten Lebensjahren Gründung des „Vereins zur Pflege christl. Theaterkultur", für dessen Aufführungen in Wr. Kirchen sie auch bedeutende Kollegen gewinnen konnte.

Friedrich Wilhelm Graf Haugwitz. Gemälde von J. M. Millitz, 1763.

Haugwitz, Friedrich Wilhelm Graf (ab 1733), * 11. 12. 1702 Sachsen (D), † 11. 9. 1765 Knöritz (Krappitz, CZ), Staatsmann und Verwaltungsbeamter. Ab 1725 ö. Beamter in Breslau, 1742 Landespräs. von Ö.-Schlesien. Von Maria Theresia 1747 zur Reform der Verwaltung von Kä. und Krain bestellt, 1749 Präs. des „Directorium in publicis et cameralibus" (Finanz- und polit. Verwaltung), 1753 oberster böhm. und erster ö. Kanzler. Unter ihm wurde die Justiz von der Verwaltung getrennt und eine oberste Justizstelle geschaffen; mit den Ständen wurden 10-jährige Rezesse vereinbart. H. wurde 1760 seines Postens als oberster Kanzler enthoben und zum Staatsmin. in inländ. Geschäften im neu errichteten Staatsrat ernannt.

Literatur: F. Walter, Männer um Maria Theresia, 1951; NDB.

Josef Matthias Hauer. Foto.

Carry Hauser mit dem Entwurf eines Freskos für ein Haus in der Simonygasse in Wien 18.

Johann Hauser. Foto, um 1980.

Johann Nepomuk Hauser. Foto.

Hauk, Karl, * 1. 5. 1898 Klosterneuburg (NÖ.), † 13. 8. 1974 Wien, Maler, Graphiker, Wandgestalter. Studierte 1918–25 an der Akad. d. bild. Künste in Wien bei K. → Sterrer, J. Jungwirth und A. Delug, ab 1946 Aufbau und Leitung der Kunstschule der Stadt Linz.

Werke: Wien: Fresken (Zentralfriedhof); Glasfenster in der Seipel-Gedächtniskirche; Krimkirche. – Linz: Mosaike in der Tabakfabrik; Plastiken an der Traunbrücke. – Literatur: Die verlorene Moderne. Der Künstlerbund Hagen 1900–38, Ausst.-Kat. der Ö. Galerie im Schloss Halbturn, 1993.

Haumer, Hans, * 29. 9. 1940 Wien, Bankdirektor. 1977–89 Bankfachmann und Gen.-Dir. bei der Ersten Österr. Spar-Casse, 1989–94 Gen.-Dir. und Vorstandsvorsitzender der Girozentrale, danach Mitgl. des Verwaltungsrats der BIL GT Gruppe AG, Vaduz, und Geschäftsführer der E. M. C. Beratungsges. m. b. H.

Werke: Die neuen Macher, 1990; Das Wildentenprinzip, 1994; Emotionales Kapital, 1998.

Haunold, Karl Franz Emanuel, * 29. 3. 1832 Wien, † 7. 7. 1911 ebd., Landschaftsmaler. Studierte an der Akad. d. bild. Künste in Wien, unternahm Studienreisen nach Ungarn, Italien und durch die Alpenländer; beschäftigte sich v. a. mit Gebirgslandschaften, daneben Illustrator und Zeichner humorist. Blätter. 1861 Mitbegründer des Albrecht-Dürer-Vereins in Wien.

Literatur: ÖBL.

Häupl, Michael, * 14. 9. 1949 Altlengbach (NÖ.), Biologe und Politiker (SPÖ), Bürgermeister der Stadt Wien (seit 7. 11. 1994). Studierte Biologie und Zoologie in Wien und arbeitete am Naturhist. Museum. 1975–77 Bundesvorsitzender des Verbands Sozialist. Studenten Ö., 1978–84 Funktionär in der Jungen Generation der SPÖ. 1983–88 Abg. z. Wr. Landtag und Mitgl. d. Wr. Gemeinderats, 1988–94 Stadtrat für Umwelt und Sport; seit 1993 Landesparteivorsitzender der Wr. SPÖ.

Haupt, Herbert, * 28. 9. 1947 Seeboden (Kä.), Tierarzt und Politiker (FPÖ). Seit 1975 Tierarzt in Spittal a. d. Drau, 1986–2000 Abg. z. NR, 1994–96 3. Präs. d. NR, seit 2000 BMin. für soziale Sicherheit und Generationen.

Haus, Anton Frh. von, * 13. 6. 1851 Tolmein (Tolmin, SLO), † 8. 2. 1917 bei Pola (Pula, HR), Admiral. 1900–01 Kommandant einer Korvette bei der Weltumsegelung, 1901–02 eines Kreuzers der internat. Eingreifflotte beim chines. Boxeraufstand; 1910 Vizeadmiral, 1912–13 Flotteninspektor, 1913 Marinekommandant. Leitete 1915 den Angriff der k. u. k. Flotte auf die ital. O-Küste, 1916 Großadmiral. Postum Maria-Theresien-Ritter und Nobilitierung.

Werk: Grundzüge der Ozeanographie und maritimen Meteorologie, 1891. – Literatur: P. G. Halpern, A. H. Österreich-Ungarns Großadmiral, 1998; ÖBL; NDB.

Hausegger, Friedrich von, * 26. 4. 1837 St. Andrä (Kä.), † 23. 2. 1899 Graz (Stmk.), Jurist, Musikwissenschaftler; Vater von Siegmund v. → Hausegger. Ab 1872 Privatdozent für Geschichte und Theorie der Musik an der Univ. Graz; zahlr. Schriften über Ästhetik und die neudt. Schule.

Werke: Die Musik als Ausdruck, 1885; Die künstlerische Persönlichkeit, 1897. – Literatur: ÖBL; NDB.

Hausegger, Siegmund von, * 16. 8. 1872 Graz (Stmk.), † 10. 10. 1948 München (D), Dirigent, Komponist; Sohn von Friedrich v. → Hausegger. 1895/96 Gastdirigent an der Grazer Oper, ab 1899 in Deutschland tätig, ab 1920 Direktor der Münchner Musikhochschule. Komponierte im neudt. Stil und war auch als Dirigent dem Pathos dieser Schule verpflichtet.

Literatur: NDB.

Häuselmayer, Otto, * 7. 10. 1943 Wien, Architekt. 1965–69 Architekturstudium an der Techn. Hochschule in Wien, 1969–77 Assistent von W. → Holzbauer; seit 1977 selbstständiger Architekt. 1978 Gewinner des Wettbewerbs zur Bebauung der Wienerberggründe im S Wiens, Verfasser des Leitprojekts und Bauplanung. Lehr- und Jurytätigkeiten in ganz Europa. Gilt als einer der erfahrensten Wohnbauarchitekten Ö.

Werke: Wien: Wohnhausanlage Wienerberggründe, ab 1978; Siedlung Biberhaufenweg, ab 1981; Kirche und Pfarrhof Brünner Straße, 1994; Wohnbau Jägerstraße, 1997. – Siegerprojekt für ein neues Opernhaus in Linz, 1998 (nicht ausgeführt).

Hauser, Carry (Carl Maria), * 16. 2. 1895 Wien, † 7. 11. 1985 Rekawinkel (NÖ.), Maler, Graphiker, Bühnenbildner, Schriftsteller. Studierte an der Wr. Graph. Lehr- und Versuchsanstalt und an der Wr. Kunstgewerbeschule. Ab 1928 Präs. des Hagenbundes. Als Emigrant 1939–47 in der Schweiz. Kam über eine expressionist. zu einer streng formbetonten Kunstauffassung.

Werke: Mappenwerke: Die Insel, 1919; Buch der Träume, 1922; Hafenbilder, 1923; Mappe Ceha, 1954. – Porträts: R. Kassner, F. T. Csokor u. a. – Illustrationen. – Literarische Werke: Von Kunst und Künstlern in Ö., 1937; Eine Geschichte vom verlorenen Sohn, 1945. – Literatur: L. Haiböck, Der Maler C. H., 1960; C. Cabuk, C. H., das malerische und graph. Werk bis zum Jahr 1927, Diss., Wien 1990; K. Schröder, Die Neue Sachlichkeit in Ö., Ausst.-Kat., Kunstforum, Wien 1995.

Hauser, Eduard, * 10. 11. 1840 Wien, † 27. 2. 1915 ebd., Steinmetz. Begründer der modernen Steinmetzind. in Ö. (Einführung der maschinellen Steinbearbeitung), baute ein weit verzweigtes Ind.-Unternehmen auf, leitete die Steinmetzarbeiten bei der Errichtung der Wr. Hofoper und zahlr. anderer Großbauten der Gründerzeit.

Literatur: ÖBL.

Hauser, Johann, * um 1440 St. Georgen im Attergau (OÖ.), † 1518 Mondsee (OÖ.), ab 1474 Benediktiner in Mondsee, Übersetzer (Bibelübersetzung, Episteln, Evangelien), Dichter (?) und Sammler geistl. und weltl. volkstüml. Literatur in dt. Sprache. 4 erhaltene Sammelbde. (1478–1518) mit Liedern, Gedichten, Gebeten, Sprüchen, Dialogen, Rezepten, Spottreden und kleinen Dramen in dt. und lat. Sprache.

Werke: Bibelübersetzung, 1482; Sachregister der Kirchenväter (Pharetra doctorum), 1485. – Literatur: I. Fiedler, Der Mondseer Benediktiner J. H., Diss., Wien 1955 (mit dt. Ausgabe der Sammelbände).

Hauser, Johann, * 30. 11. 1926 Pressburg (Bratislava, SK), † 7. 1. 1996 Klosterneuburg (NÖ.), Maler. 1946 als „hochgradig schwachsinnig" entmündigt, wichtigster Vertreter der „Künstler in Gugging" (Nö. Landeskrankenhaus für Psychiatrie und Neurologie Klosterneuburg). Zeichnete und malte unter ärztl. Anleitung als Therapie. V. a. durch seine Farbstiftzeichnungen wurde er internat. zu einem der wichtigsten Exponenten der Art brut.

Literatur: L. Navratil, J. H., Kunst aus Manie und Depression, 1978; C. Aigner (Hg.), J. H., Ausst.-Kat., Kunsthalle Krems, 2001.

Hauser, Johann Nepomuk, * 24. 3. 1866 Kopfing (OÖ.), † 8. 2. 1927 Linz (OÖ.), Politiker (CS), Prälat. 1899–1927 Abg. z. Oö. Landtag, 1908 Reichsratsabg.; 1918–19 Präs. der Provisor. Nationalversammlung, 1919–20 2. Präs. der Konstituierenden Nationalversammlung, 1920–27 Abg. z. NR; 1908–27 Landeshauptmann von OÖ. Trat für die Verständigung mit den Soz.-Dem. ein.

Literatur: J. Honeder, J. N. H., 1974; L. Reichhold, J. Fink und J. N. H., 1988; NDB.

Hauser, Karl Frh. von, * 14. 12. 1821 Wien, † 31. 3. 1905 ebd., Denkmalpfleger, Jurist. 1880–99 Sekr. des Kä. Geschichtsvereins; führte die Neuaufstellung des Kä. Landesmuseums durch. Verdienste um Bergung vieler frühgeschichtl. und röm. Funde.

Werke: Die alte Geschichte Kä. von der Urzeit bis Ks. Karl d. Großen, 1893; Kä. Karolingerzeit von Ks. Karl d. Großen bis Heinrich I. 788–918, 1894. – Literatur: ÖBL.

Häuser, Rudolf, * 19. 3. 1909 Wien, † 24. 3. 2000 Wien (Selbstmord), Angestellter und Politiker (SPÖ). Geschäftsführender Vorsitzender der Gewerkschaft d. Privatangestellten und Vizepräs. des ÖGB. 1962–70 und 1970–74 Abg. z. NR, 1970–76 Vizekanzler und BMin. f. Soziales; maßgebend in arbeits- und sozialrechtl. Fragen (Arbeitsverfassungsgesetz). Polit. Freiheitsstrafe 1941–45.

Werk: Dachau 1945. Letzte Tage im KZ – Evakuierung – Flucht, 1995.

Haushofer, Marlen (eigentl. Marie Helene H., geb. Frauendorfer), * 11. 4. 1920 Frauenstein b. Steyr (OÖ.), † 21. 3. 1970 Wien, Schriftstellerin und Kinderbuchautorin. Im Unterschied zu ihren auf Anhieb erfolgreichen Kinderbüchern wurde die Bedeutung ihrer Romane und Erzählungen, in denen sie sich mit der Rolle der Frau in der Männerges. auseinander setzt, erst spät im Zuge der Frauenliteraturforschung erkannt. In ihrem vieldeutigen Roman „Die Wand" (1962), ihrem bekanntesten Buch, sieht sich die Heldin gezwungen, ihr Leben in einer Extremsituation neu zu gestalten und den „Rivalen" Mann zu töten.

Weitere Werke: Romane, Erzählungen und Novellen: Eine Handvoll Leben, 1955; Die Tapetentür, 1957; Wir töten Stella, 1958; Himmel, der nirgendwo endet, 1966; Die Mansarde, 1969; Begegnung mit dem Fremden, 1985; Die Überlebenden, 1991 (unveröffentlichte Texte). – Kinderbücher: Brav sein ist schwer, 1965; Schlimm sein ist auch kein Vergnügen, 1970. – Hörspiele. – Literatur: C. Hoffmann, Die Verrücktheit einer Generation, Diss., Wien 1988; D. Strigl, M. H. Die Biographie, 2000; L. Studer, Die Frau hinter der Wand. Aus dem Nachlaß der M. H., 2000.

Hauslab, Franz von, * 1. 2. 1798 Wien, † 11. 2. 1883 ebd., Maler, Kartograph, General. Führte die Flächenfarbentechnik in die ö. Kartographie ein; geolog. Studien; Lehrer von Ks. Franz Joseph.

Literatur ÖBL; NDB.

Hauslabjoch, Mann vom, „→ Ötzi".

Hausleithner, Rudolf, * 10. 3. 1840 Mannswörth (NÖ.), † 10. 3. 1918 Wien, Maler. Studierte in Wien und München; beschäftigte sich v. a. mit großen Historienbildern, Genrebildern aus dem kleinbürgerl. Leben und Porträts.

Literatur ÖBL.

Hausmann, Franz Frh. von, * 16. 9. 1810 Bozen (S-Ti.), † 4. 8. 1878 ebd., Botaniker. Hinterließ eine reiche Smlg. von Insekten, Moosen und Flechten (heute in Ti. Landesmus. Ferdinandeum in Innsbruck, Bozner Gymn. und Privatsammlungen).

Werk: Flora von Ti., 1854. – Literatur: ÖBL.

Hausmann, Raoul, * 12. 7. 1886 Wien, † 1. 2. 1971 Limoges (F), bedeutender dadaistischer Künstler und Fotograf. Übersiedelte 1900 nach Berlin, studierte dort Malerei und Bildhauerei und hatte ab 1905 Kontakt zum späteren Dadaisten J. Bader. Beeinflusst durch die Malerei der Futuristen, arbeitete an expressionist. Ztschr. mit (u. a. „Der Sturm", „Die Aktion"). Kontakte zur Zürcher Dada-Gruppe, 1919/20 Hg. der Ztschr. „Der Dada" in Berlin. Beschäftigung mit Fotografie, Freundschaft mit K. Schwitters. Lebte nach 1933 in Frankreich und Spanien.

Literatur: A. Haus, R. H., Kamerafotografien 1927–1957, 1979; R. H., Texte bis 1933, hg. v. M. Erlhoff, 2 Bde., 1982; H. Amanshauser u. M. Faber, Gegen den kalten Blick der Welt – R. H. – Fotografien 1927–1933, 1986; A. Koch, Ich bin immerhin der größte Experimentator Ö. – R. H. und die ö. „Neodadaisten", Diss., Graz 1993; R. H., Ausst.-Kat., Berlin 1994; K. Bartsch (Hg.), R. H., 1996; C. Frenkel, R. H. Künstler, Forscher, Philosoph, 1996; E. Züchner (Hg.), Scharfrichter der bürgerl. Seele. R. H. in Berlin 1900–1933, 1998.

Hausner, Rudolf, * 4. 12. 1914 Wien, † 25. 2. 1995 Mödling (NÖ.), Maler und Graphiker. Studierte 1931–36 an der Akad. d. bild. Künste in Wien bei C. → Fahringer und K. → Sterrer. Erste künstlerische Phase beeinflusst von Impressionismus und Expressionismus. Ab 1938 Ausstellungsverbot, 1941–43 Kriegsdienst; 1943 erste Erfahrungen von unbewussten Projektionen („Tatrablick"), an die sein weiteres künstlerisches Werk durch die Umsetzung psycholog. Erfahrungen anschließt. 1946 mit E. Jené, E. → Fuchs, W. → Hutter und F. → Janschka Begründer einer surrealist. Gruppe im Ö. Art-Club, der sich später A. → Lehmden und A. → Brauer anschlossen und aus der 1959 die Wr. Schule des Phantast. Realismus hervorging. 1948–56 entwickelte H. die Motive „Adam", „Anima" und „Narrenhut" als ständig wiederkehrende Topoi seiner Malerei. Ab 1966 Hochschulprof. in Hamburg, ab 1968 Prof. an der Akad. d. bild. Künste in Wien. Ö. Staatspreis für Malerei 1970.

Rudolf Hausner. Foto, 1954.

Werke: Aporisches Ballett, 1946; Forum der einwärtsgewendeten Optik, 1948; Die Arche des Odysseus, 1948–56; „Adam"-Bilder, ab 1956; Adam, warum zitterst du?, 1964; Aufruf zur Verteidigung der persönlichen Freiheit, 1971; Erschrockener Europäer, 1980; „Leonardo"-Zyklus, ab 1979; Erinnerung, 1987. – Literatur: W. Schmied, R. H., 1970; H. T. Flemming, R. H., 1976; H. Holländer, R. H., 1985; R. H., Werkverzeichnis, 2 Bde., 1975/94; R. Kassal-Mikula (Red.), Adam und Anima, Ausst.-Kat., Hist. Mus. d. Stadt Wien, 1994.

Haus-Rucker-Co, 1967–92 existierende Architektengruppe mit den Mitgliedern Laurids → Ortner (* 1941), Manfred → Ortner (* 1943), Günter Zamp Kelp (* 1941) und Klaus Pinter (* 1940).

Hauthaler, Willibald (Kaspar), * 5. 1. 1843 Heimbach b. Nußdorf (Sbg.), † 10. 12. 1922 Salzburg, Benediktiner, Historiker. Ab 1862 Geistlicher im Stift St. Peter in Salzburg; studierte Theologie in Salzburg sowie Geographie und Geschichte in Innsbruck. Ab 1875 Lehrer am Salzburger Borromäum und ab 1901 Abt von Stift St. Peter. Beschäftigte sich in zahlr. Publikationen v. a. mit der Salzburger Landesgeschichte und begann die Herausgabe des Salzburger Urkundenbuches.

Literatur: ÖBL.

Hawel, Rudolf, * 19. 4. 1860 Wien, † 23. 11. 1923 ebd., Schriftsteller und Lehrer. Volkstümlich realist. Erzähler und namhafter Vertreter des Wr. Volksstücks, Mitarbeiter der „Zeit". Verband in seinen Werken Humor mit Sozialkritik.

Werke: Volksstücke: Mutter Sorge, 1902; Die Politiker, 1904; Fremde Leut, 1905. – Prosa: Kleine Leute, 2 Bde., 1904; Erzählungen aus Stadt und Land, 3 Bde., 1916–20. – Literatur: ÖBL; NDB.

Hawlicek, Hilde, * 14. 4. 1942 Wien, AHS-Lehrerin und Politikerin (SPÖ). 1971–76 Mitgl. d. BR, 1976–87 und 1990–95 Abg. z. NR, 1987–90 BMin. f. Unterricht, Kunst und Sport, 1995–99 Abg. zum Europ. Parlament.

Hayberger, Johann Gotthard, * 17. 10. 1699 Steyr (OÖ.), † 7. 3. 1764 ebd., Baumeister, 1759–64 Bürgermeister von Steyr. Bedeutender Vertreter des Übergangsstils vom Hoch- zum Spätbarock.

Werke: Stiftsbibliotheken in Admont (Stmk.) und St. Florian (OÖ.), Rathaus in Steyr (ab 1757), Vollendung von Stift Seitenstetten (NÖ.).

Haydinger, Franz, * 21. 9. 1797 Wien, † 15. 1. 1876 Wien, Bibliophile, Sammler, Wirt. Hinterließ die erste große Viennensia-Smlg. mit mehr als 12.000 Nummern. Ein Teil der Viennensia, Theatralia und Josephinica wurde nach seinem Tod von der Wr. Stadtbibl. erworben, der Rest versteigert.

Literatur: M. M. Rabenlechner, F. H. Der Wirt von Margarethen, 1927. – Literatur: ÖBL.

Joseph Haydn. Gemälde von J. Hoppner, 1791 (Sammlung der Königin von Großbritannien, Buckingham Palace, London).

Haydn, Joseph, * 31. 3. 1732 Rohrau (NÖ.), † 31. 5. 1809 Wien, Komponist; Sohn eines Wagnermeisters, Bruder von Michael → Haydn. Kam 1740 über Hainburg als Sängerknabe an St. Stephan nach Wien (erster umfassender Musikunterricht durch G. → Reutter d. J. und Kompositionsversuche), Kontakt mit der barocken Wr. Musiktradition (A. → Caldara, J. J. → Fux). 1749 nach dem Stimmbruch entlassen, verdiente er durch Gelegenheitsarbeiten (u. a. Komposition von Komödienarien) sein Geld, gleichzeitig vertiefende Kompositionsstudien (J. J. Fux, C. P. E. Bach). Über Vermittlung P. → Metastasios wurde er Assistent des berühmten Gesangslehrers N. Porpora, der 1752–1756/57 in Wien lebte. Über Metastasio und Porpora lernte H. auch die musikal. Berühmtheiten Wiens, wie G. C. → Wagenseil, C. W. → Gluck und C. → Ditters von Dittersdorf, kennen. In Zusammenhang mit einem Engagement bei K. J. v. Fürnberg auf Schloss Weinzierl bei Wieselburg (NÖ.) entstanden zw. 1750 und 1760 die ersten Streichquartette. Wahrscheinlich über Fürnbergs Vermittlung wurde H. 1759 Kapellmeister des Grafen Morzin auf Schloss Lukavec bei Pilsen (CZ); für diesen komponierte er v. a. Instrumentalmusik (Symphonien, Divertimenti u. a.). 1760 Heirat mit Maria A. Weber. 1761 wurde H. 2. Kapellmeister des Fürsten Paul II. Anton → Esterházy und seines Nachfolgers Fürst Nikolaus I. Joseph → Esterházy, des Prachtliebenden, in Eisenstadt. 1766 avancierte er zum 1. Kapellmeister in Eisenstadt bzw. ab 1769 auch auf Schloss Eszterháza (Fertöd, H). Die fürstl. Kapelle vergrößerte er von 10–15 auf 20–25 Musiker. In der relativ großen Isolation auf den Landsitzen entwickelte H. seinen persönl. Stil und experimentierte mit den neuen Gattungen der entstehenden Wr. Klassik.

Nach dem Tod des Fürsten Nikolaus I. Joseph wurde die Privatkapelle der Esterházy 1790 aufgelöst, und H. kehrte nach Wien zurück, wo er dank der bereits seit den späten 70er Jahren geknüpften Kontakte zu einer der führenden Persönlichkeiten des Musiklebens der Stadt wurde. Fürst Anton Esterházy sicherte H. volles Gehalt und Titel ohne jede Verpflichtungen zu, weshalb H. ein Angebot des Fürsten Grassalkovics ablehnen konnte. Vom Konzertunternehmer J. P. Salomon ließ er sich zu einer Englandreise (1791/92) überreden, die mit der Verleihung des Ehrendoktorats für Musik in Oxford ihren Höhepunkt fand. Aufgrund des großen künstlerischen wie auch kommerziellen Erfolgs stimmte H. einem weiteren Englandaufenthalt (1794/95) zu. Zw. den beiden Reisen war L. van → Beethoven sein Schüler. Nach dem Tod von Fürst Anton Esterházy 1794 wurde unter dessen Nachfolger Fürst Nikolaus II. → Esterházy die fürstl. Kapelle der Esterházy wiedererrichtet und H. ab 1795 wieder Kapellmeister, mit großen Freiheiten. Dienstpflicht war die Komposition einer Messe zum Namenstag der Fürstin, der die Entstehung der großen Messen zu verdanken ist. Als Nachwirkung der intensiven Beschäftigung mit den händelschen Oratorien (in England und im Kreis um Gottfried Frh. van → Swieten) entstanden „Die Schöpfung" (1796–98) und „Die Jahreszeiten" (1799–1801). Weiters komponierte H. in dieser Zeit die berühmtesten seiner Streichquartette (unter ihnen das „Reiter-" und das „Kaiserquartett"), das sog. „Volkslied" („Gott erhalte Franz den Kaiser", 1797; Vorläufer der ö. Bundeshymne) und 445 Bearbeitungen schottischer Lieder, bei denen H. wahrscheinlich durch seine Schüler unterstützt wurde.

H., dem auch Napoleon während der Besetzung Wiens 1805 großen Respekt erwies, wurde am Hundsturmer Friedhof begraben. 1820 erfolgte die Überführung in die Bergkirche Eisenstadt (der Schädel erst 1954); dort Mausoleum (1932) mit Marmorsarkopharg.

H. wird mit W. A. → Mozart und L. van Beethoven zur Trias der Wiener Klassik gezählt. Aufgrund seines langen Lebens und der Gesamtheit seines Werks spannt er einen Bogen von der Blüte- und Spätzeit des höfischen Barock in Wien bis zum Aufbruch in neue musikal. Dimensionen, wie sie sein Schüler Beethoven erarbeitete. H. Beitrag zur Wr. Klassik lag v. a. auf dem Gebiet der Instrumentalmusik, wo er bes. die Gattungen Symphonie und Streichquartett entscheidend prägte; sein Stil beruht weniger auf ital. Strömungen (wie bei Mozart), sondern mehr auf bodenständigen Musiktraditionen (fälschlicherweise als „Volksmusik" bezeichnet). Ausgehend von Divertimenti, Serenaden, Tafelmusik und der barocken Form der Sinfonia erarbeitete H. für diese Gattungen ein strenges Formkonzept, wobei er sich auf erste Vorarbeiten der „Mannheimer Schule" wie auch Wr. Traditionen stützen konnte. Kennzeichnend für die klass. Symphonie wurde neben der Viersätzigkeit (schnell – langsam – Menuett – schnell/Rondo) auch ein charakterist. thematisch-motivischer Aufbau der beiden Ecksätze, v. a. des 1. Satzes, und die Einführung der themat. Arbeit. Diese Sonatensatzform wie auch den 4-sätzigen Aufbau übertrug H. auf die neue Gattung des Streichquartetts (die frühen Streichquartette aus der Fürnberg-Zeit hatten noch Divertimento-Charakter). Auch die Entwicklung der Klaviersonate wurde von H. maßgeblich beeinflusst; alle diese Neuerungen wurden im Wesentlichen im Esterházyschen Dienst entwickelt und in den späten 80er und 90er Jahren ausgearbeitet. Nicht zu übersehen sind auch die zahlr. Opern, die H. für das Theater in Eszterháza schrieb.

Ab 1765 führte H. ein eig. Werkverzeichnis, den sog. „Entwurf-Katalog". Johann → Elßler, sein Kopist und treuer Helfer, verfasste 1805 das große H.-Verzeichnis. Jetzt wird nach dem Hoboken-Verzeichnis zitiert (A. van → Hoboken). – Grabstein an der urspr. Grabstätte, dem heutigen Haydn-Park in Wien 12; Gedenkstätte im Sterbehaus in Wien 6. H.-Museum im Wohnhaus in Eisenstadt.

Werke: 104 Symphonien, Konzerte für verschiedene Instrumente, 16 Ouvertüren, 30 Gruppen verschiedener Tänze, 14 Messen, 2 Te Deum, Kantaten, Chöre, 4 Oratorien, ca. 30 größtenteils ital. Opern, 59 Divertimenti, 83 Streichquartette, Klavier- und Streichtrios, Violinsonaten, mehr als 100 Werke für Baryton, 52 Klaviersonaten. – Ausgaben: Alte Gesamtausgabe, 11 Bde., 1908–32; Neue Gesamtausgabe, hg. v. Haydn-Inst. Köln, 1962ff. – Literatur: G. A. Griesinger, Biograph. Notizen über J. H., 1810; A. C. Dies, Biograph. Nachrichten von J. H., 1810; C. F. Pohl, J. H., 3 Bde., 1875–1927 (Bd. 3 v. H. Botstiber); Briefe und Lebensdokumente von H., hg. v. W. Reich, 1946; A. van Hoboken, J. H. Thematisch-bibliograph. Werkverzeichnis, 3 Bde., 1957–78; H. C. R. Landon (Hg.), The Collected Correspondence and London Notebooks of J. H., 1959; D. Bartha u. L. Somfai, H. als Opernkapellmeister, 1960; D. Bartha, J. H., Gesammelte Briefe und Aufzeichnungen, 1965; J. H. in seiner Zeit, Ausst.-Kat., Eisenstadt 1982; J. P. Larsen u. G. Feder, H., 1994; H. Haslmayr, J. H. Sein Werk – sein Leben, 1999; L. Finscher, J. H. und seine Zeit, 2000; H. Schaefer, J. H. Leben und Werk, 2000.

Haydn, (Johann) Michael, getauft 14. 9. 1737 Rohrau (NÖ.), † 10. 8. 1806 Salzburg, Komponist; Bruder von Joseph → Haydn. Vermutlich ab 1745 Sängerknabe bei St. Stephan in Wien (erste musikalische Ausbildung), 1757 Hofkapellmeister des Bischofs von Großwardein, ab 1763 „Hofmusicus und Concertmeister" des Fürsterzbischofs von Salzburg (Sigismund von Schrattenbach, später Hieronymus Colloredo). 1804 Mitgl. der Königl. Schwed. Akad. für Musik. H. gilt als Begründer des Männerchors. Als Kirchenkomponist von höchstem Rang verknüpfte er die strenge Richtung von J. J. → Fux mit Stilelementen der Wr. Klassik.

Werke: 32 latein., 5 dt.-sprachige Messen („Hier liegt vor Deiner Majestät"), 2 Requien, 6 Te Deum und andere Kirchenmusikwerke; 19 Opern, Oratorien und Singspiele; 43 Symphonien, zahlr. Divertimenti, 5 Konzerte, Männerquartette (bzw. -chöre). – Literatur: G. Otter, F. J. Schinn, Biograph. Skizze von M. H., 1808; H. Jancik, M. H., 1952; M. H. Schmid, Mozart und die Sbg. Tradition, 1976; C. H. Sherman u. T. D. Thomas, J. M. H. (1737–1806), 1993; NDB.

Hayek, August von, * 14. 12. 1871 Wien, † 11. 6. 1928 ebd., Arzt und Botaniker; Sohn von Gustav v. → Hayek. Ab 1926 Univ.-Prof. in Wien; erbrachte bed. Leistungen auf dem Gebiet der Pflanzengeographie der ö.-ungar. Monarchie (bes. Stmk.) und des Balkans.

Werke: Flora der Stmk., 1908ff. (Hg.); Die Pflanzendecke Ö.-Ungarns, 1914; Allg. Pflanzengeographie, 1926. – Literatur: ÖBL; NDB.

Hayek, Friedrich August (von), * 8. 5. 1899 Wien, † 23. 3. 1992 Freiburg i. Breisgau (D), Nationalökonom und Sozialphilosoph, Nobelpreisträger für Wirt.-Wiss. 1974 für seine bahnbrechenden Arbeiten zur Geld- und Konjunkturtheorie. Gründete 1927 das Ö. Inst. f. Konjunkturforschung (heute Ö. Inst. für Wirtschaftsforschung). 1931–50 Prof. an der London School of Economics, dann in Chicago, Freiburg und Salzburg (1970–74). Begründer und Hauptvertreter des modernen Liberalismus, schärfster Kritiker der zentralen Planwirtschaft.

Werke: Der Weg zur Knechtschaft, 1945; Individualismus und wirt. Ordnung, 1952; Die Verfassung der Freiheit, 1960; Die Entnationalisierung des Geldes, 1977. – Ausgabe: The collected works, 1988ff. – Literatur: F. Machlup, Essays on H., 1976; Festschrift F. A. H., 1978; E. Butler, H., his contribution to the political and economic thought of our time, 1983; E. u. M. Streissler F. A. v. H., 1993; H.-H. Francke (Hg.), Ökonom. Individualismus und freiheitl. Verfassung, 1995; S. F. Frowen (Hg.), H.: economist and social philosopher, 1997; V. Vanberg (Hg.), Freiheit, Wettbewerb und Wirt.-Ordnung, 1999; H. J. Hennecke, F. A. v. H. Die Tradition der Freiheit, 2000.

Hayek, Gustav von, * 21. 3. 1836 Brünn (Brno, CZ), † 11. 1. 1911 Wien, Naturwissenschaftler, Lehrer an höheren Schulen. Pionier der Ornithologie in Ö.; Vater von August v. → Hayek

Werke: Hb. der Zoologie, 4 Bde., 1877–93; Großer Handatlas der Naturgeschichte aller 3 Reiche, 1882. – Literatur: ÖBL.

Haymerle, Heinrich Frh. von, * 7. 12. 1828 Wien, † 10. 10. 1881 ebd., Diplomat und Politiker. Bedeutender Orientkenner; 1879 k. k. Außenmin.; brachte das Dreikaiserbündnis zustande und bereitete den Dreibund vor.

Literatur: M. L. Brown, H. v. H., 1973; NDB.

Haymerle, Heinrich, * 14. 9. 1910 Schloss Kletzau bei Prag (CZ), † 17. 9. 1990 Wien, Diplomat. 1948–51 Dir. für allg. Angelegenheiten der OEEC (Organization for European Economic Cooperation) in Paris, 1951–53 Protokollchef, 1956–60 und 1964/65 Leiter der polit. Abteilung im Außenmin., 1960–64 sowie 1970–74 Botschafter in Moskau, 1963–70 ständiger Delegierter bei der UNO in New York.

Haynau, Julius Frh. von, * 14. 10. 1786 Kassel (D), † 14. 3. 1853 Wien, General. Ab 1801 in ö. Militärdienst; schlug 1849 die ital. Revolution bei Brescia mit bes. Härte nieder, ebenso die ungar. Revolution 1849/50; wurde 1850 zum Abschied aus der Armee veranlasst.

Literatur: R. Forstner, J. Frh. v. H., 1980; NDB.

Hayne, Anton, * 17. 1. 1786 Krainburg (Kranj, SLO), † 24. 8. 1853 Wien, Veterinärmediziner. 1822–52 Prof. am Tierarznei-Inst. in Wien und Vorstand der Medizin. Klinik.

Werke: Die Seuchen der nutzbaren Haussäugetiere, 1836; Hb. der Krankheiten der Haustiere, 1844. – Literatur: NDB.

Friedrich Hebbel. Lithographie von J. Kriehuber.

Hebbel, Friedrich, * 18. 3. 1813 Wesselburen (D), † 13. 12. 1863 Wien, Dramatiker, Lyriker, Erzähler. Aus ärmlichen Verhältnissen stammend; nach dem Erfolg von „Judith" (1841) Stipendium des dän. Königs, das ihn nach Paris (Begegnung mit H. Heine), Rom und Neapel führte. Ab 1845 in Wien, heiratete 1846 die Burgschauspielerin Christine → Enghaus und wurde zu einer der bekanntesten Dichterpersönlichkeiten Wiens. Seine realist. Dramen stehen zw. Klassik und mod. psycholog. Drama; sie gestalten hist. Krisen am Beispiel individueller Tragik. In Vorwegnahme H. Ibsens und A. Strindbergs propagierte H. in seinen bekanntesten Dramen („Maria Magdalena", 1844; „Agnes Bernauer", 1855) das Selbstbehauptungsrecht der Frau.

Weitere Werke: Dramen: Herodes und Mariamne, 1850; Ein Trauerspiel in Sizilien, 1851; Gyges und sein Ring, 1856; Die Nibelungen (Trilogie), 1862; Demetrius, 1864 (Fragment). – Lyrik: Gedichte, 1842; Neue Gedichte, 1848. – Prosa: Mein Wort über das Drama, 1843 (Essay); Schnock, 1850; Erzählungen und Novellen, 1855; Notenbuch meines Herzens, 2 Bde., 1885/87 (Tagebuch). – Ausgaben: Sämtl. Werke, hg. v. E. Kuh, 12 Bde., 1865–67; Sämtl. Werke, hg. v. R. M. Werner, 24 Bde., 1901–07, [3]1911–13 (Säkularausgabe). – Literatur: A. Meetz. F. H., [3]1973; F. H., hg. v. H. Kreuzer, 1989; G. Häntzschel (Hg.), Gefühl und Reflexion. Studien zu F. H. Lyrik, 1998; C. Pilling, H. Dramen, 1998.

Friedrich August Hayek. Foto.

Hebenstreit, Franz, * 26. 11. 1747 Prag (CZ), † 8. 1. 1795 Wien (hingerichtet), Offizier. Trat nach Studien an der Univ. Prag 1768 in die Armee ein, wurde Offizier und kam 1791 nach Wien (Platzoberleutnant). Trat dem „Jakobinerkreis" bei, plante den Bau eines Streitwagens mit sichelförmiger Bestückung, wollte die Pläne den Franzosen und den poln. Aufständischen übersenden. Wurde am 24. 7. 1794 verhaftet, vom Kriegsgericht zum Tod verurteilt und vor dem Schottentor gehängt.

Werk: Homo hominibus, Lehrgedicht mit 542 Zeilen. – Literatur: A. Körner, F. H., in: Jb. des hist. Vereins Wien 30/31, 1974/75; H. Reinalter (Hg.), Jakobiner in Mitteleuropa, 1977.

Ferdinand Ritter von Hebra. Gemälde.

Hebra, Ferdinand Ritter von, * 7. 9. 1816 Brünn (Brno, CZ), † 5. 8. 1880 Wien, Dermatologe. 1849 Univ.-Prof. in Wien; stellte die Lehre von den Hautkrankungen auf eine wiss. Grundlage, schuf ihre Terminologie und errichtete im Wr. Allg. Krankenhaus eine eig. klinische Abteilung für Hautkranke (Leitung ab 1845). Er führte die Wasserbettbehandlung ein und fand den Erreger der Krätze. H. machte das medizin. Wien zum Mittelpunkt einer dermatolog. Schule. Präs. der Ges. der Ärzte.

Werke: Atlas der Hautkrankheiten, 10 Lieferungen, 1856–76; Almanach der Ö. Akad. d. Wiss., 1881 (Werkverzeichnis). – Literatur: ÖBL.

Hecht, Robert, * 9. 3. 1881 Wien, † 30. 5. 1938 KZ Dachau (D), Beamter, Jurist. 1925 Sektionschef im Heeresmin., als jurist. Berater von C. → Vaugoin und E. → Dollfuß maßgeblich an der Entwicklung des legist. Instrumentariums für den autoritären Ständestaat beteiligt (Anwendung des Kriegswirt. Ermächtigungsgesetzes von 1917 bei der Sanierung der Creditanstalt 1932, Verfassung 1934); 1938 verhaftet und mit dem ersten Transport in das KZ Dachau deportiert.

Literatur: P. Huemer, Sektionschef R. H. und die Zerstörung der Demokratie in Ö., 1975.

Hecht, Walter, * 20. 4. 1896 Leuven (B), † 8. 10. 1960 Graz (Stmk.), Botaniker. Fachmann für Arzneipflanzen; 1920–25 Leiter der Arzneipflanzenkultur Klagenfurt; Standardisierung ö. Drogen; Erfindungen (Grau-Keil-Photometer u. Sensitometer Eder-H.).

Werk: Anbau von Arznei- und Gewürzpflanzen, 1948.

Heckel, Johann Jakob, * 23. 1. 1790 Mannheim (D), † 1. 3. 1857 Wien, Zoologe. Führte in Ö. die Ichthyolo-

gie (Fischkunde) zu ihrem ersten Höhepunkt; ab 1820 am Hof-Naturalienkabinett in Wien, dessen Fisch-Smlg. durch ihn einen entscheidenden Aufschwung erlebte.
Werke: Die Süßwasserfische der ö. Monarchie, 1858 (mit R. Kner); zahlr. Publikationen zu den Fischen des Vorderen Orients. – Literatur: ÖBL.

Friedrich Heer. Foto.

Heer, Friedrich, * 10. 4. 1916 Wien, † 18. 9. 1983 ebd., Publizist, Historiker und Kulturkritiker. 1949–61 Chefredakteur der Wochenzeitung „Die Furche" und Mit-Hg. der Ztschr. „Neues Forum", 1961 Chefdramaturg des Burgtheaters, ao. Univ.-Prof. in Wien. 1949 Preis der Stadt Wien, Großer Ö. Staatspreis 1972.
Werke: Die Stunde des Christen, 1947; Gespräch der Feinde, 1949; Aufgang Europas, 2 Bde., 1949; Der 8. Tag, 1950 (Roman, unter Pseud. Hermann Gohde); Europ. Geistesgeschichte, 1953; Land im Strom der Zeit, 1958; Ö. – ein Leben lang, 1962; Europa – Mutter der Revolutionen, 1964. – Literatur: A. Gaisbauer, F. H., 1990; E. Adunka, F. H. (1916–1983). Eine intellektuelle Biographie, 1995.

Heesters, Johannes („Jopie"), * 5. 12. 1903 Amersfort (NL), Schauspieler und Sänger. Schauspiel- und Gesangsausbildung in Amsterdam; erste kleine Sprechrollen in den Niederlanden und Belgien, dann als Tenor Wechsel ins Operettenfach; 1934 Debüt an der Wr. Volksoper, ab 1935 in Berlin; 1935 Filmdebüt, zahlr. Rollen in UFA-Produktionen; auch als ö. Staatsbürger Film- und Bühnentätigkeit (Theater in der Josefstadt); v. a. Rollen des Musiktheaters (Honoré im Musical „Gigi", Graf Danilo in „Die lustige Witwe" von F. Lehár); zahlr. Auszeichnungen. 1982 stiftete das Theater an der Wien den „J.-H.-Ring" für hervorragende Vertreter der leichten Muse, dessen erster Träger er selbst wurde; 1984 Ehrenmitgl. der Wr. Volksoper.
Werk: Ich bin Gott sei Dank nicht mehr jung, 1993 (Autobiographie). – Literatur: I. Dombrowski u. R. Borchert, J. H., 1993.

Hefele, Melchior, * 11. 1. 1716 Kaltenbrunn (Ti.), † 2. 1. 1794 Steinamanger (Szombathely, H), Architekt, Erzgießer. Stattete u. a. die Wallfahrtskirche von Sonntagberg (NÖ.) aus und baute Wr. Kirchen um.
Werke: Erzbischöfl. Palais in Passau (1763–70); Umbau der Peregrini-Kapelle der Servitenkirche in Wien 9 (1765/66); Dom von Steinamanger (ab 1791). – Literatur: N. Salamon, M. H. (1716–1794), Ausst.-Kat., Szombathely 1994; NDB.

Hegele, Maximilian, * 25. 5. 1873 Wien, † 12. 3. 1945 Wien, Architekt. Gewann 1903 den Wettbewerb zur baulichen Gestaltung des Wr. Zentralfriedhofs, die in der 1908–10/11 errichteten Lueger-Kirche gipfelte. 1909 Mitarbeit an den kruppschen Schulgebäuden in Berndorf.
Publikation: Neue Wohn- und Landhäuser in einfacher moderner Ausführung, 1901.

Heger, Franz, * 4. 10. 1853 Brandeis (Brandys nad Orlicí, CZ), † 23. 7. 1931 Wien, Ethnograph, Museumsbeamter. Machte durch ausgedehnte Forschungsreisen (Europa, Transkaukasien, Indonesien, Hinterindien, S-Amerika) die ethnograph. Smlg. des Wr. Naturhist. Museums zu einem selbstständigen Ö. Museum für Völkerkunde.
Literatur: ÖBL.

Heger, Ignaz Jacob, * 5. 7. 1808 Polička (CZ), † 11. 5. 1854 Wien, Stenograph. Freund von F. X. Gabelsberger, eröffnete 1842 die erste Schule für Stenographie in Wien und leitete das erste Parlamentsstenographenbüro. Prof. am Polytechn. Inst.
Literatur: NDB.

Heicke, Joseph, * 12. 3. 1811 Wien, † 6. 11. 1861 ebd., Tier- und Landschaftsmaler, Lithograph. Studierte an der Wr. Akad. und unternahm Reisen nach Italien, Ungarn und in den Orient, beeinflusst durch F. → Gauermann. Bekannt für Pferde- und Jagdbilder, Landschaften und Szenen aus der Wr. Revolution 1848.

Heid, Nicolaus, * 15. 3. 1850 Manderscheid (D), † 7. 5. 1912 Pernitz (NÖ.), Industrieller. Begründete 1883 eine Werkstätte für landw. Maschinen in Stockerau, die bald zu einer Fabrik für Werkzeugmaschinen erweitert wurde und 1901 mit einer eig. Gießerei und einem Walzwerk ausgestattet wurde. 1901 wurde das Unternehmen in die Maschinenfabriks AG N. Heid umgewandelt, in der H. bis zu seinem Tod als Hauptaktionär und Gen.-Dir. wirkte.

Heideloff, Joseph II., * 1743 Mainz (D), † 10. 3. 1830 Wien, Maler und Radierer; Sohn des Mainzer Malers Joseph I. H. Kam mit diesem um 1750 nach Wien, wo er Schüler von J. C. → Brand an der Wr. Akad. wurde. Schuf zahlr. topographisch interessante Architekturansichten und Landschaftsveduten aus NÖ. Vorliebe für Gouache.
Literatur: ÖBL.

Heider, Karl, * 28. 4. 1856 Wien, † 2. 7. 1935 Deutschfeistritz (Stmk.), Zoologe. Studierte in Graz und Wien, ab 1894 Univ.-Prof. in Innsbruck, 1917–24 in Berlin. Bed. Leistungen auf den Gebieten der Morphologie, der Entwicklungsgeschichte und der Vererbung.
Werke: Lehrbuch der vergleichenden Entwicklungsgeschichte der wirbellosen Tiere, 2 Bde., 1890/1910 (mit E. Korschelt); Vererbung und Chromosomen, 1906. – Literatur: ÖBL; NDB.

Heiderich, Franz, * 25. 10. 1863 Wien, † 27. 7. 1926 Bad Gastein (Sbg.), Geograph. Erreichte die Umwandlung der Wr. Exportakad. in die Hochschule für Welthandel (1923/24 deren Rektor), machte sich um die Einrichtung ihres Geograph. Inst. und den Unterricht in Wirt.-Geographie verdient. Als wiss. Leiter der kartograph. Anstalt Ed. → Hölzel Bearbeiter zahlr. schulgeograph. Werke (Kozenn-Atlas, 1906–26); Mit-Hg. der „Geographie des Welthandels" (1910–20) von C. T. Andree.

Heidrich, Walter, * 16. 7. 1922 Wien, † 30. 1. 2000 ebd., Kapellmeister. Leitete ein populäres Tanzorchester und gründete 1948 das Inst. für Jazzmusik in Wien (bestand bis 1957); 1952–59 Kapellmeister der Wr. Eisrevue, 1959–66 Tonmeister der Wr. Stadthalle, 1966–83 Kapellmeister am Wr. Volkstheater.
Werke: Ballnacht in Wien, Cubanische Serenade, Walzer der Sehnsucht, Menue musicale, Der zündende Funke.

Heikertinger, Franz, * 14. 10. 1876 Wien, † 7. 7. 1953 ebd., Entomologe. Von Beruf Beamter der Postsparkasse, war H. ein bed. Sammler von Blumen, Schmetterlingen und Käfern. Hg. der „Koleopterolog. Rundschau" und der „Wr. Entomolog. Zeitung" (mit E. Reitter), Verfasser zahlr. wiss. Artikel.
Literatur: NDB.

Heilingsetzer, Eduard, * 12. 7. 1905 Wien, † 27. 8. 1997 ebd., Beamter und Politiker (ÖVP). 1960–61 BMin. f. Finanzen, anschließend Sektionschef im Finanzministerium.

Heiller, Anton, * 15. 9. 1923 Wien, † 25. 3. 1979 ebd., Komponist und Organist. Ab 1945 Akad.-Prof. in Wien. Komponierte fast ausschließlich Kirchen- und Orgelmusik, in die er die moderne Musik einbrachte (z. B. Dodekaphonie). Großer Ö. Staatspreis 1969, Preise bei in- und ausländ. Orgelwettbewerben.
Werke: Messen, Requiem, Psalmen, Choralbearbeitungen, Orgelmusik, Motetten, Kantaten. – Literatur: M. A. Joel Harison, A. H. Leben und Werk, Dipl.-Arb., Wien 1997; Z. Kokits (Red.), Musikal. Dokumentation A. H., Ausst.-Kat., Ö. Nat.-Bibl., Wien 1999.

Hein, Erwin, * 4. 4. 1905 Graz (Stmk.), † 8. 1. 1989 Linz (OÖ.), Geodät, Alpinist, Bergführerwart für OÖ. 1922–28 mehrere Erstdurchsteigungen in den ö. Alpen, 1929 Teilnahme an einer Andenexpedition, lebte danach 11 Jahre in Südamerika. Vermessungsarbeiten für die bisher beste Andenkarte.

Werke: Der Kampf um die Weltberge, 1934 (mit T. Herzog); Die Weiße Cordillere, 1935 (mit P. Borchers).

Hein, Wilhelm, * 7. 1. 1861 Wien, † 19. 11. 1903 ebd., Sprachforscher, Orientalist, Ethnograph. 1901/02 Forschungsreise nach Südarabien; gründete mit M. → Haberlandt das Museum und den Verein für ö. Volkskunde in Wien.
Literatur: NDB.

Heindl, Wolfgang, * 1693, † 28. 7. 1757 Wels (OÖ.), Barockmaler. Dekorierte viele Kirchen in OÖ. und Niederbayern mit Bildern und Fresken, war auch Bühnenmaler in Kremsmünster. Werke von H. befinden sich in den Klöstern Kremsmünster, Lambach und Wilhering sowie im Oö. Landesmuseum.
Werke: Fresken: St. Nikola (Passau), 1717/18; Niederaltaich, 1719; Metten, 1722/23; Kremsmünster, 1724; Refektorium Lambach, 1740; Wallfahrtskirche Pfarrkirchen bei Bad Hall, 1748; Pfarrkirche Hofkirchen a. d. Trattnach, 1754. – Ölgemälde in Grieskirchen, Elisabethinenkirche Linz, Pfarrkirchen, Wels. – Literatur: NDB.

Heine, Albert, * 16. 11. 1867 Braunschweig (D), † 13. 4. 1949 Westerland (Sylt, D), Schauspieler, Regisseur, Theaterdirektor. 1900–05 und ab 1910 ständig am Wr. Burgtheater als Schauspieler und ab 1910 auch als Regisseur; 1918–21 Dir. des Burgtheaters (Uraufführung von A. Wildgans' „Dies irae"; Debüt von R. → Aslan als Hamlet); 1936 Ehrenmitgl. des Burgtheaters, 1914–37 Prof. an der Akad. für Musik und darst. Kunst in Wien; Filmtätigkeit.
Literatur: W. Stuckenhoff, A. H., der Schauspieler und Regisseur, Diss., Wien 1966.

Heine-Geldern, Robert Frh. von, * 16. 7. 1885 Grub (NÖ.), † 25. 5. 1968 Wien, Ethnologe und Archäologe. Unternahm ethnolog. und archäolog. Forschungen in Ozeanien, Amerika und v. a. in SO-Asien. Lehrte in Wien, emigrierte in die USA; Vertreter einer Theorie weltweiter Kulturbeziehungen.
Werke: Die Megalithen SO-Asiens, 1928; Urheimat und früheste Wanderung der Austronesier, 1932. – Ausgabe: Gesammelte Schriften, 13 Bde., 1976–99. – Literatur: C. Pellech (Hg.), Tagungsberichte R. Frh. v. H.-G., 2000.

Heinke, Franz Josef Frh. von, * 19. 3. 1726 Maltsch (Malczow, PL), † 2. 3. 1803 Wien, Jurist. 1767–92 Hofrat an der Böhm.-ö. Hofkanzlei, bereitete die kirchenrechtl. Verordnungen Maria Theresias und Josephs II. vor.
Literatur: NDB.

Heinl, Eduard, * 9. 4. 1880 Wien, † 10. 4. 1957 ebd., Dir. des Gewerbeförderungsinstituts der Kammer f. Handel, Gewerbe u. Ind. in Wien und Politiker (CS, ÖVP). 1919–20 Mitgl. der Konstituierenden Nationalversammlung, 1920–34 Abg. z. NR, 1926–38 Präs. der RAVAG. 1920–21 BMin f. Handel u. Gewerbe, Ind. u. Bauten, 1930–32 BMin. f. Handel u. Verkehr, 1945 Staatssekr., 1946–48 BMin. f. Handel u. Wiederaufbau; Präs. der Liga der Vereinten Nationen.
Werke: Über ein halbes Jahrhundert Zeit und Wirt., 1948; Ein Leben für Ö., 1955. – Literatur: NDB.

Heinrich I., † 23. 6. 1018, Sohn von Markgraf → Leopold I.; Markgraf aus der Familie der Babenberger. Übernahm 994 die Herrschaft in der Mark, die zu seiner Zeit (996) in einer Urkunde erstmals „Ostarrîchi" genannt wurde. H. residierte in Melk, wo damals der hl. Koloman bestattet wurde. Durch Schenkungen Ks. Heinrichs II. erhielt er Besitztümer im östl. Teil des Wienerwalds und zw. Kamp und March (wohl im Raum Stockerau). In 5 Orten wurden dem Bischof von Passau Grundstücke zur Gründung von Pfarren vermacht.
Literatur: K. Lechner, Die Babenberger, [5]1994.

Heinrich II. (Jasomirgott), * 1107 (?), † 13. 1. 1177 Wien, Sohn von Markgraf → Leopold III.; Markgraf bzw. Hzg. von Ö., aus der Familie der Babenberger. 1140 Pfalzgraf bei Rhein, 1141 Markgraf von Ö., 1143–56 auch Hzg. von Bayern, ab 1156 Hzg. von Ö. Er unterlag 1146 gegen die Ungarn, nahm 1147/48 am 2. Kreuzzug teil, erreichte in hartnäckigen Verhandlungen das Privilegium minus vom 17. 9. 1156 (Erhebung Ö. zum Herzogtum), unterstützte dann die Politik Ks. Friedrichs I. gegen Papst Alexander III. und hatte zuletzt Kriege mit allen Nachbarn zu bestehen. H. verlegte seinen Herrschaftssitz nach Wien, wo 1147 die Stephanskirche vollendet wurde. 1155 stiftete er das Kloster der Schotten. Unter seiner Regentschaft entstanden in Ö. mehrere Klöster und Burgstädte. Seine erste Ehe schloss er 1142 mit Gertrud († 1143), der Tochter Ks. Lothars III. und Witwe Heinrichs des Stolzen von Bayern; in 2. Ehe (1148) war er mit Theodora Komnena, der Tochter des Sebastokrators Andronikos und Nichte Ks. Manuels I. von Byzanz vermählt. Ende des 13. Jh. entstand der Beiname „Jochsamergott" (Bedeutung ungeklärt), der später in „Jasomirgott" umgedeutet wurde.
Literatur: K. Lechner, Die Babenberger, [5]1994; NDB.

Herzog Heinrich II., Jasomirgott. Glasmalerei, um 1340, in der Leopoldskapelle des Stifts Klosterneuburg, NÖ.

Albert Heine. Foto.

Heinrich II. (der Zänker), * 951, † 28. 8. 995 Gandersheim (D), Hzg. von Bayern, als Hzg. von Kärnten (976–78 und 989–95) Heinrich I. Wegen seines Aufstands gegen Ks. Otto II. wurde der Babenberger → Leopold I. mit der Mark belehnt und Kä. wurde selbstständiges Herzogtum; H. eroberte 984/85 Bayern zurück und wurde 989 auch Hzg. von Kä. Er siegte 991 gegen die Ungarn.
Literatur: NDB.

Heinrich III., † 4. 12. 1122, ab 1090 Hzg. von Kä., letzter Hzg. aus der Familie der → Eppensteiner. War Vogt von Aquileia, stand im Investiturstreit bis 1105 auf der Seite Heinrichs IV. und ging dann zu Heinrich V. über. H. gründete zw. 1096 und 1103 das Kloster Sankt Lambrecht, das er reich ausstattete. Er vermachte seinen Allodialbesitz Heinrich v. Sponheim (als Herzog von Kärnten Heinrich IV.) und dem Markgrafen Leopold I. von der Stmk.
Literatur: NDB.

Heinrich V., † 12. 10. 1161 Tagliamentomündung (I), ab 1144 Hzg. von Kä., aus der Familie der → Sponheimer. Verlor durch den Aufstieg der steir. → Otakare und den Verlust der Mark Verona 1151 an Einfluss. 1158 wurde er Vogt des Bistums Gurk; H. war Anhänger der Staufer und nahm an Feldzügen Friedrichs I. in Italien teil.
Literatur: NDB.

Heinrich VI., * um 1270, † 2. 4. 1335 Schloss Ti. (S-Ti.), Hzg. von Kä., Sohn von → Meinhard II. von Ti. (aus der Familie der → Meinhardiner). Übernahm 1295 mit seinen älteren Brüdern Otto und Ludwig die Regierung von Ti., Kä. und Krain, wurde 1307 Kg. v. Böhmen (seine Gattin Anna war eine Schwester Kg. Wenzels III.), das er 1310 an Johann von Luxemburg verlor. Unter ihm verschlechterte sich die finanzielle Lage seiner Länder wesentlich. Nach seinem Tod fielen Kä. und Krain an die → Habsburger, Ti. an seine Tochter → Margarete Maultasch.
Literatur: NDB.

Heinrich, Walter, * 11. 7. 1902 Haida (Novy Bor, CZ), † 25. 1. 1984 Graz (Stmk.), Nationalökonom in der Tradition der Ganzheitslehre O. → Spanns. Begründer der Volkswirt. Ges. und des Inst. f. Gewerbeforschung. Prof. und Rektor der Wr. Hochschule für Welthandel. Sein Werk „Staat und Wirt." (1929) war theoret. Grundlage für den Ständestaat.

Heinrich der Teichner, * um 1310, † um 1375, spätma. Dichter. Stammte wahrscheinlich aus Kä. (oder der

Stmk.) und lebte in Wien; Verfasser zahlr. Sprüche, Gedichte, Reden (u. a. „Gespräch mit der Weisheit") und Sittenlehren sowie zweier Legenden (Dorothea, Creszentia) und der „Rosshaut". Als Moralist trat er für ein maßvolles, gottgefälliges Leben ein. Sein umfangreiches Werk hatte starken Einfluss auf die bürgerl. Spruchdichtung.

Ausgabe: H. Niewöhner, H. d. T., Gedichte, 3 Bde., 1953–56. – Literatur: NDB.

Heinrich der Vogler, ma. Dichter aus Ti. Bearbeitete um 1280 die Dietrich-Epen „Dietrichs Flucht" (darin Selbstnennung des Dichters) und „Rabenschlacht" in höfisierender, teilw. historisierender Reimpaarform.

Ausgabe: E. Martin, Dt. Heldenbuch II, 1866 (Nachdruck 1967). – Literatur: NDB.

Heinrich Heinbuche von Langenstein (Heinricus de Hassia), * 1325 Langenstein (D), † 11. 2. 1397 Wien, einer der produktivsten spät-ma. Gelehrten. Zunächst Prof. und Vizekanzler an der Univ. Paris, 1384 von Hzg. Albrecht III. nach Wien berufen, wo er entscheidend zur Neuordnung des Wr. Univ.-Studiums (1388/89 Dekan der theolog. Fakultät, 1393/94 Rektor) beitrug. Er verfasste etwa 100 naturwiss., sozial- und kirchenpolit. Schriften sowie Predigten, von denen nur ein Bruchteil gedruckt ist.

Literatur: A. Hämmerl, Die Welt – Symbol Gottes oder eigenständige Wirklichkeit? Verachtung und Hochschätzung der Welt bei H. v. L., 1994; NDB.

Heinrich von Bozen, Sel., Fest 10. Juni, * 1250, † 10. 6. 1315 Treviso (I). Lebte in großer Frömmigkeit und strenger Bescheidenheit. Nach der Beisetzung in Treviso und zahlr. Wundern wurde 1870 in Bozen eine Kirche erbaut.

Literatur: J. Torsy, Der große Namenstagskalender, 1976; J. Gelmi, Kirchengeschichte Ti., 1986.

Heinrich von dem Türlin, mhd. Dichter des 13. Jh. im bayer.-ö. Raum. Die Namensform ist u. a. belegt in Kä. (St. Veit a. d. Glan) und O-Ti. (Lienz). „Diu Crone", ein umfangreicher Gawan-Roman in rd. 30.000 Reimpaaren, ist nur im Heidelberger Codex 347 vollständig überliefert. Das als Fragment im Ambraser Heldenbuch erhaltene Werk „Der Mantel" dürfte nicht von H. verfasst sein.

Ausgaben: G. H. F. Scholl (Hg.), Diu Crone, 1852 (Nachdruck 1966); F. P. Knapp (Hg.), Die Krone (Verse 1–12.281), 2000. – Literatur: C. Cormeau, Wigalois und Diu Crone, 1977; H. Bleumer, Die „Crône" H. v. d. T., 1997; Verf.-Lex.

Heinrich von Melk, Verfassername für die nach 1160 im bayer.-ö. Raum entstandenen satirisch-aggressiven Reimpaar-Invektiven „Priesterleben" und „Erinnerung an den Tod" (letztere in eine Memento-mori-Dichtung mündend) gegen die Weltoriertiertheit des Klerus und der Laien (Vanitas-Vorwurf). Ein Melker Laienbruder als Verfasser ist unwahrscheinlich.

Ausgabe: R. Kienast (Hg.), Der sog. H. v. M, ²1960. – Literatur: P. E. Neuser, Zum sog. H. v. M., Kölner German. Studien 17, 1975; NDB.

Heinrich von Neustadt (= Wr. Neustadt), mhd. Epiker, 1312 als Arzt in Wien urk. genannt. Verfasste um 1312 nach lat. Quellen den Versroman „Apollonius von Tyrlant" und die geistl. Dichtung „Von Gottes Zukunft" (= Ankunft), eine gereimte Heilslehre, die die Menschwerdung des Erlösers zum Thema hat.

Ausgabe: S. Singer (Hg.), Dt. Texte des MA 7, 1906. – Literatur: NDB.

Heintel, Erich, * 29. 3. 1912 Wien, † 25. 11. 2000 Ottenschlag (NÖ.), Philosoph; Vater von Peter → Heintel. 1960–82 Univ.-Prof. in Wien, Vertreter Ö. im internat. Hegel-Bund. Hg. der wiss. Reihe „Erkenntnis und Besinnung" (ab 1948).

Werke: Nietzsches „System" in seinen Grundbegriffen, 1939; Der Wr. Kreis und die Dialektik der Erfahrung, 1949; Sprachphilosophie, 1951; Gegenstandskonstitution und sprachl. Weltbild, 1959; Die Stellung der Philosophie in der „Universitas Litterarum", 1990; Was kann ich wissen – was soll ich tun – was darf ich hoffen, 1990; Einführung in die Sprachphilosophie, ⁴1991. – Ausgabe: Gesammelte Abhandlungen, 9 Bde., 1988–2001. – Literatur: H.-D. Klein (Hg.), Philosophia perennis, 1992 (Festschrift).

Sigbert Graf Heister. Stich, 17. Jh.

Heintel, Kurt, * 24. 11. 1924 Wien, Kammerschauspieler. Urspr. als Zeichner und Illustrator für Zeitungen tätig; ausgebildet an der Schauspielschule von G. Gründgens in Berlin; erstes Engagement am Landestheater Sbg., dann in Deutschland und der Schweiz; seit 1948 Ensemblemitgl. (1993 Ehrenmitgl.) des Theaters in der Josefstadt in Wien. Auslandsgastspiele, Film- und Fernsehtätigkeit.

Heintel, Peter, * 13. 11. 1940 Wien, Philosoph; Sohn von Erich → Heintel. Seit 1971 Univ.-Prof. in Klagenfurt, 1974–77 Rektor.

Werke: Was ist Gruppendynamik, 1974; Zur Kantforschung der Gegenwart, 1981; Der Mensch im Unternehmen, 1988; Projektmanagement, ³1996; Die Organisation der Philosophen, 1998; Innehalten, 1999; Das Verhältnis von Institution und Organisation, 1999.

Heintschel-Heinegg, Hans Georg, * 5. 9. 1919 Knezitz (Knežičky, CZ), † 5. 12. 1944 Wien (hingerichtet), Lyriker, ö. Widerstandskämpfer. Mitarbeiter von R. K. → Scholz.

Werk: Das Vermächtnis, 1948 (Lyrik). – Literatur: ÖBL.

Heinzel, Richard, * 3. 11. 1838 Capodistria (HR), † 4. 4. 1905 Wien, Altgermanist. Lehrte anfangs an Gymnasien, ab 1873 an der Univ. Wien. Forschte nach naturwiss. Prinzipien, veröffentlichte zahlr. wiss. Aufsätze.

Literatur: NDB.

Heinzinger, Walter, * 18. 1. 1937 Graz (Stmk.), † 27. 1. 1993 Wien, Drogist und Politiker (ÖVP). 1975 Gen.-Sekr. des ÖAAB, 1972–79 Mitgl. d. BR, 1979–93 Abg. z. NR, 1980–85 Umweltsprecher der ÖVP.

Heinzl, Hans Peter, * 1. 2. 1942 Wien, † 2. 9. 1996 ebd., Kabarettist. Nach Musikstudium zunächst Ind.-Kaufmann, 1977 vom ORF-Landesstudio OÖ. als Unterhalter entdeckt, 1982 Durchbruch als Kabarettist mit P. → Orthofer, mit dem er dann zusammenarbeitete. Hohen Bekanntheitsgrad gewann H. durch seine Fernsehtätigkeit. 1984 eröffnete er in Wien das K & K-Theater am Naschmarkt als Spielstätte für seine Soloprogramme und für Gastspiele.

Literatur: P. Orthofer, H.-Highlights, 1997; S. Mayerhofer, Der Kabarettist H. P. H. und sein Theater „Kabarett und Komödie am Naschmarkt", Dipl.-Arb., Wien 1999.

Heiß, Berta, * 13. 1. 1875 Wien, † 27. 5. 1948 ebd., Ordensstifterin, zunächst Fürsorgerin. Gründete 1919 mit dem Wr. Seelsorger Karl Handloss die Agnesschwestern; gab als eig. Organ den „Liliengarten" heraus.

Literatur: F. Arnold, Eine verborgene Seele, 1949.

Heiss, Wolf-Dieter, * 31. 12. 1939 Zell a. See (Sbg.), Neurologe. Studierte in Wien, danach in den USA und Schweden wiss. tätig. Ab 1978 wiss. Bereichsleiter am Max-Planck-Inst. f. Hirnforschung in Köln und Leiter der neurolog. Klinik im städt. Krankenhaus Köln-Meierheim, seit 1982 Dir. des Inst., seit 1985 Dir. der neurolog. Klinik der Univ. Köln. Rd. 300 Publikationen v. a. im Berich der Gehirnforschung (Strategien bei Schlaganfällen, Hirntumoren, Demenzen und Epilepsien).

Heister, Sigbert Graf, * 1646 Kirchberg a. d. Raab (Stmk.), † 22. 2. 1718 ebd., Feldherr. Sein aus dem Jülischen Land stammender Vater Gottfried (1609–1679) war Vizepräs. des Hofkriegsrats. H. kämpfte 1683 bei Wien, 1690 in Siebenbürgen, 1697 in der Schlacht bei Zenta, 1703 in Bayern und Ti., 1704 war er Feldmarschall und führte den Oberbefehl in der Slowakei ge-

gen die Kuruzzen, die er am 26. 12. 1704 bei Tyrnau besiegte. 1705 abberufen, wurde er 1706 in Italien eingesetzt, kämpfte 1708 wieder in Ungarn (Sieg bei Trentschin 4. 8. 1708), 1716 gegen die Türken im Banat und 1717 vor Belgrad, wo sein Sohn fiel. H. ließ nach 1704 das Schloss Kirchberg zum schönsten Barockbau der O-Stmk. ausbauen.
Literatur: G. Hopfinger, Biographie des Feldmarschalls H., Diss., Wien 1939; M. Braubach, Prinz Eugen, 5 Bde., 1963–65.

Heitger, Marian, * 18. 8. 1927 Hamm (D), Erziehungswissenschaftler. 1966–95 Prof. (Theoret. und Systemat. Pädagogik, ab 1981 auch Sonder- und Heilpädagogik) an der Univ. Wien. Vertritt Standpunkte einer normativen Pädagogik und verschaffte diesen durch zahlr. Aktivitäten (u. a. Vorsitzender des wiss. Beirats der Univ. Klagenfurt, Vizepräs. der Wr. Kath. Akad., Mitgl. des Direktoriums der Salzburger Hochschulwochen) und Publikationen starke Resonanz.
Werke: Bildung und moderne Ges., 1963; ORF-Lehrgang: Erziehen, Lehren und Lernen, 1970/71; Verantwortung, Wiss., Forschung, 1981 (Hg.); Beiträge zu einer Pädagogik des Dialogs, 1983; Kanzel und Katheder. Zum Verhältnis von Religion und Pädagogik seit der Aufklärung, 1994 (Hg.). – Literatur: W. Böhm (Hg.), Erziehungswiss. oder Pädagogik? Festschrift f. M. H., 1998.

Helbok, Adolf, * 2. 2. 1883 Hittisau (Vbg.), † 29. 5. 1968 Neu-Götzens (Gem. Götzens, Ti.), Historiker und Volkskundler. Univ.-Prof. in Leipzig (1935) und Innsbruck (1941). Mitbegründer des Ö. Volkskundeatlas und Initiator der Heimatforschung in Vbg., zus. mit dem Historiker O. → Brunner Begründer der „Volksgeschichte". Entwickelte kartograph. Methoden im Rahmen der Volkskunde.
Werke: Geschichte Vbg., 1925; Volkskunde Vbg., 1927; Siedlungsgeschichte und Heimatkunde, 1928; Vbg. Heimatforschung, 1935. – Hg.: Heimat, Vbg. Monatshefte, 1920ff.; Vbg. Heimatkunde, 12 Bde., 1927ff. – Literatur: W. Meixner, „... eine wahrhaft nationale Wiss. der Deutschen." Der Historiker und Volkskundler A. H., in: Skolast 1990; W. Jacobeit u. a. (Hg.), Völkische Wiss., 1994.

Helfert, Joseph Alexander Frh. von, * 3. 11. 1820 Prag (CZ), † 15. 3. 1910 Wien, konservativer Politiker, Historiker. Unterstaatssekr. im Unterrichtsmin. (1848–60, dann dessen provisor. Leiter bis zur Liquidierung 1861). Trat für Gleichberechtigung der Nationalitäten bes. im schulischen Bereich ein, Gründer des Inst. f. Ö. Geschichtsforschung (1854) und mit F. M. → Schindler der Leo-Gesellschaft (1892).
Literatur: H. Koller, Die Haltung des Frh. J. A. v. H. zu den Hauptproblemen der Monarchie, Diss., Wien 1962; M. Schmolke (Hg.), Wegbereiter der Publizistik in Ö., 1992.

Helige, Barbara, * 27. 1. 1958 Wien, Juristin. Studierte in Wien, seit 1985 Richterin in Wien, ab 1992 Vizepräs. und seit 1998 Präs. der Vereinigung ö. Richter.

Hell, Bodo, * 15. 3. 1943 Salzburg, Schriftsteller. Verfasser experimenteller Prosa und Lyrik sowie von Hörspielen. H. stellt mit semantischen und optischen Mitteln die Ausdrucksmöglichkeiten der Sprache in Frage. Erich-Fried-Preis 1991, Literaturpreis der Stadt Wien 1999.
Werke: Dom Mischabel Hochjoch, 1979; Stadtschrift, 1983; Larven Schemen Phantome, 1986; 666. Erzählungen, 1987; Wie geht's?, 1989; Gang durchs Dorf, 1992; Gaußplatz 11, 1993 (mit L. Ingrisch u. L. Waber); In allen Strophen geläufig, 1993 (mit M. Lachmair); Mittendrin, 1994 (mit der Fotografin Hil de Gard); Herr im Schlaf, 1996; Die Devise lautet, 1999. – Hörspiele mit L. Ujvary. – Literatur: B. Steiner, B. H. – Der Erzähler und sein Verschwinden in Zeit und Raum, 1999.

Hell, Maximilian, * 15. 5. 1720 Schemnitz (Banská Štiavnicä, SK), † 14. 4. 1792 Wien, Jesuit, Astronom. 1755 von Maria Theresia nach Wien berufen, wo er die dortige Sternwarte europaweit bekannt machte; 1755 1. Prof. für Astronomie des neu gegr. Lehrstuhls für Astronomie, 1757 auch Vorlesungen über Mechanik; 1767–70 Reise zur Eismeerinsel Vardö. Arbeiten u. a. über Nordlicht, Eismeer, Strahlenbrechung, Ebbe und Flut; ab 1757 Herausgabe einer jährl. Ephemeriden-Smlg. (vorher nur in Paris produziert).
Werke: Ephemerides astronomicae, 37 Bde., 1757–93; De transitu Veneris ante discum Solis, 1770; De parallaxi Solis, 1773. – Literatur: F. Knoll (Hg.), Ö. Naturforscher, Ärzte und Techniker, 1957; F. d'Occhieppo, Dictionary of Scientific Biography, Bd. 6, 1965; NDB.

Helleiner, Karl, * 19. 4. 1902 Wien, † 28. 2. 1984 Toronto (CDN), Historiker; Schwiegersohn von J. → Deutsch. 1928–38 Stadtarchivar in St. Pölten, emigrierte 1939 über England nach Kanada, ab 1942 an der Univ. Toronto, 1959–70 Prof. für Wirt.-Geschichte.
Werke: Hg.: Readings in European Economic History, 1946; The Imperial Loans, 1965; Free Trade and Frustration, 1973. – Literatur: Nachruf in: MIÖG 92, 1984.

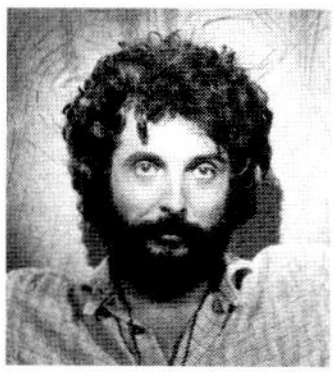
André Heller. Foto, 1981.

Heller, André (Franz), * 22. 3. 1947 Wien, Multimediakünstler, Entertainer, Liedermacher, Autor. Seit 1968 eig. Schallplatten mit poet.-satir. Liedern; seit 1976 spektakuläre Großprojekte mit völkerverbindendem Anspruch. 1976 gründete H. mit B. Paul den „Circus Roncalli". 1993 inszenierte er sein Stück „Sein und Schein" am Wr. Burgtheater. Erlebnisräume schuf er 1995 in Wattens („Kristallwelten") und 1998 in Essen („Meteorit"). Mitwirkung in Spielfilmen.
Weitere Werke: Showprojekte: Flic-Flac, 1981 (Varieté-Stück); Theater des Feuers, 1983; Begnadete Körper, 1985 (chines. Akrobaten); Luna Luna – Jahrmarkt der modernen Kunst, 1987 (mit Beiträgen von R. Lichtenstein, S. Dalí, K. Haring, F. Hundertwasser u. P. Glass); Body and Soul, 1988; Das exzentrische Privattheater des Maharana von Udaipur, Indien, 1991; Magneten, 1993; Yume, 1997. – Zahlr. Buchpublikationen. – Literatur: A. H. Bilderleben, 2000.

Heller, Gustav, * 14. 11. 1857 Sazau (Sázava, CZ), † 7. 9. 1937 Wien, Industrieller. Gründete 1890 mit seinem Bruder Wilhelm H. eine Schokolade- und Zuckerwarenfabrik in Wien, die bald große Bedeutung erlangte (1983 nach Gloggnitz verlegt).

Heller, Johann Florian, * 4. 5. 1813 Iglau (Jihlava, CZ), † 21. 11. 1871 Wien, Arzt, Chemiker. Univ.-Prof. in Wien; führte die Harnuntersuchung auf Zucker und Eiweiß ein (1844). Gründer des Archivs für physiolog. und patholog. Chemie und Mikroskopie (1844).
Werke: Über die Rhodizonsäure, 1840; Die Harnsecretionen, 1860.

Heller, Karl Bartholomäus, * 20. 11. 1824 Misliboritz (Myslibořice, CZ), † 14. 12. 1880 Wien, Gymnasiallehrer, Naturforscher. Bereiste 1845–48 Mexiko, von wo er umfangreiche Sammlungen mitbrachte; 1858–80 Prof. am Wr. Theresianum.
Werke: Reisen in Mexico in den Jahren 1845–48, 1853; Kleiner zootom. Atlas, 1858; Darwin und der Darwinismus, 1869. – Literatur: ÖBL.

Heller, Kurt, * 14. 1. 1919 Wien, † 20. 8. 1990 Hohenruppersdorf (Gem. Bad Pirawarth, NÖ.), Sportfunktionär und Politiker (SPÖ). 1959–78 Abg. z. Wr. Landtag und Mitgl. d. Wr. Gemeinderats, 1958–79 Amtsführender Stadtrat der Stadt Wien, ab 1973 Sportstadtrat; 1979–87 Mitgl. d. BR; 1966–89 Präs. der ASKÖ, 1973–90 Präs. des Ö. Olymp. Comités, 1987–89 Präs. der Vereinigung der europ. Nationalen Olymp. Comités und Vizepräs. der Weltorganisation; Gründungsmitgl. und zeitweise Vorsitzender der Ö. Bundes-Sportorganisation.
Literatur: ASKÖ-Revue 8/9, 1990.

Maximilian Hell. Stich von J. Blaschke.

Hellmayr, Carl Eduard, * 29. 1. 1878 Wien, † 24. 2. 1944 Orselina b. Locarno (CH), Ornithologe. Arbeitete ab 1896 in Museen von Wien, München, Berlin, Paris, Tring (GB), 1922–31 am Field Museum of Natural

History in Chikago, wo er den Catalogue of Birds (begonnen von C. B. Cory, 9 Bde.) fertig stellte. Ab 1931 wieder in Wien, emigrierte 1938 nach London und in die Schweiz.
Literatur: NDB.

Edmund von Hellmer in seinem Atelier. Foto, 1923.

Hellmer, Edmund von, * 12. 11. 1850 Wien, † 9. 3. 1935 ebd., Bildhauer des Historismus. Studierte zuerst Architektur, dann Bildhauerei an der Wr. Akad. Mitarbeiter im Atelier H. → Gassers, 1879–1922 Prof. an der Wr. Akad., Lehrer von A. → Hanak. Orientierte sich nur teilw. am Neobarock, beeinflusst durch A. v. Hildebrand. Gründungsmitgl. der Wr. Secession, bedeutender Denkmalschöpfer und Porträtist. Publizierte 1900 „Lehrjahre in der Plastik".
Werke: Denkmäler: Türkenbefreiungsdenkmal im Stephansdom, 1894 (1945 teilw. zerstört); E. J. Schindler, 1895; J. W. v. Goethe, 1900; J. Strauß, 1921 (alle Wien); M. v. Franck, 1899 (Graz); Kaiserin Elisabeth, 1901 (Hellbrunn). – Bauplastik für Parlament, Universität, Hofburg u. a. in Wien. – Grabmäler: N. Dumba, um 1903; H. Wolf, 1904 (beide Wien, Zentralfriedhof). – Literatur: B. Scheiblin, Die Sepulkralplastik E. H., Dipl.-Arb., Wien 1988; E. Hellmer, E. H., 1990; ÖBL.

Hellmesberger, Ferdinand, * 24. 1. 1863 Wien, † 15. 3. 1940 ebd., Cellist und Dirigent; Sohn von Josef → Hellmesberger sen., Bruder von Josef → Hellmesberger jun. Ab 1879 Mitgl. der Hofmusikkapelle und ab 1883 auch des H.-Quartetts; 1902–05 Kapellmeister an der Wr. Volksoper; leitete ab 1910 die Kurorchester in Baden, Marienbad, Karlsbad und Abbazia.
Literatur: ÖBL.

Georg Hellmesberger sen. Anonym. Gemälde (Gesellschaft der Musikfreunde in Wien).

Hellmesberger, Georg sen., * 24. 4. 1800 Wien, † 16. 8. 1873 ebd., Violinist und Dirigent; Vater von Josef → Hellmesberger sen. und Georg → Hellmesberger jun.; Schüler von J. → Böhm, 1833–67 Prof. am Wr. Konservatorium, ab 1830 Konzertmeister an der Wr. Hofoper und Mitgl. der Hofmusikkapelle; Kapellmeister der Wr. Philharmoniker.
Literatur: ÖBL; NDB.

Hellmesberger, Georg jun., * 27. 1. 1830 Wien, † 12. 11. 1852 Hannover, Violinist und Komponist; Sohn von Georg → Hellmesberger sen., Bruder von Josef → Hellmesberger sen. Ab 1850 Hofkonzertmeister in Hannover.
Werke: Opern (Die Bürgschaft, 1848; Die beiden Königinnen, 1851), Symphonien, Kammermusik, Solostücke für Violine. – Literatur: ÖBL.

Josef Hellmesberger sen. Foto.

Hellmesberger, Josef sen., * 3. 11. 1828 Wien, † 24. 10. 1893 ebd., Geiger, Hofkapellmeister; Sohn von Georg → Hellmesberger sen., Vater von Ferdinand → Hellmesberger und Josef → Hellmesberger jun.; 1851–59 Dirigent der Gesellschaftskonzerte und Direktor der Ges. der Musikfreunde; Prof. am Wr. Konservatorium; ab 1860 Konzertmeister der Wr. Hofoper. Gründete 1849 das H.-Quartett, das er bis 1891 leitete (zahlr. Uraufführungen).
Literatur: ÖBL; NDB.

Hellmesberger, Josef jun. („Pepi"), * 9. 4. 1855 Wien, † 26. 4. 1907 ebd., Dirigent, Komponist; Sohn von Josef → Hellmesberger sen.; Geiger im väterl. Streichquartett, ab 1878 Sologeiger in der Hofmusikkapelle und an der Hofoper, Prof. am Konservatorium, 1890 1. Hofkapellmeister. 1901–03 Nachfolger von G. → Mahler als Leiter der Philharmon. Konzerte.
Literatur: R. M. Prosl, Die H., 1947; ÖBL; NDB.

Hellweger, Franz, * 7. 9. 1812 St. Lorenzen i. Pustertal (S-Ti.), † 15. 2. 1880 Bruneck (S-Ti.), Maler. Führer der nazarenischen Kirchenkunst in Ti. Studierte in München und war 1838–40 Gehilfe von P. Cornelius bei der Erstellung der Fresken der Ludwigskirche in München, gestaltete 1843 mit E. J. v. → Steinle die Chorfresken im Kölner Dom. 1844 hielt sich H. in Rom auf. Er wandte sich später wegen Krankheit v. a. der Tafelmalerei zu und schuf viele Altarbilder (u. a. für Silz, Mils, Weißenbach, Innsbruck, Bruneck, Absam, Hall und Salzburg).
Literatur: B. Werkner-Delago, F. H. Leben und Werk eines Spätnazareners aus Ti., Diss., Innsbruck 1981.

Helly, Eduard, * 1. 6. 1884 Wien, † 28. 11. 1943 Chikago (USA), Mathematiker. Beamter der Bodencreditanstalt, lehrte ab 1921 an der Univ. Wien, ab 1938 am Illinois Institute of Technology in Chikago. Arbeiten auf den Gebieten der reellen Funktionen und der Mengenlehre. Ein Satz der Theorie der Überdeckungen mit konvexen Körpern trägt seinen Namen.
Literatur: NDB.

Helm, Theodor (Otto), * 9. 4. 1843 Wien, † 23. 12. 1920 ebd., Jurist und Musikkritiker. Ab 1865 im Staatsdienst tätig, ab 1874 Lehrtätigkeit am Horakschen Konservatorium; Musikreferent zahlr. Zeitungen; engagierte sich stark im Wr. Musikleben, war mit J. → Brahms und A. → Bruckner befreundet.
Werk: 50 Jahre Wr. Musikleben, 1916 (Autobiographie). – Literatur: M. Krebs, T. H. (1843–1920), Diss., Wien 1999; ÖBL.

Helmer, Hermann, * 13. 7. 1849 Harburg (D), † 2. 4. 1919 Wien, Architekt. Kompagnon von F. → Fellner d. J. und mit diesem Schöpfer zahlr. Theater in und außerhalb der k. u. k. Monarchie, die vielfach Hauptleistungen des europ. Späthistorismus darstellen (darunter die Grazer Oper, das Stadttheater Klagenfurt, das Volkstheater in Wien). Außerdem setzten sie bedeutende Leistungen in der Wohnarchitektur (Palais Sturany, Wien, ab 1874) sowie im Hotel- und Kaufhausbau (Warenhäuser Rothberger-Kranner, Wien, zerstört 1945).
Literatur: H.-C. Hoffmann, Die Theaterbauten von Fellner u. H., 1966; G. M. Dienes (Hg.), F. & H. – die Architekten der Illusion, 1999 (mit Werkverz.).

Helmer, Oskar, * 16. 11. 1887 Gattendorf (Bgld.), † 13. 2. 1963 Wien, Politiker (SPÖ), eine der führenden polit. Persönlichkeiten nach 1945. Urspr. Schriftsetzer, 1910 Redakteur der „Gleichheit" und der „Wr. Volkstribüne". 1920–21 um die Integration des Bgld. bemüht (Mitgl. der Verwaltungskommission), 1921–34 und 1945 Mitgl. der Nö. Landesregierung. Versuchte 1930–34 mit K. → Renner, H. → Schneidmadl u. a. einen Ausgleich der innenpolit. Gegensätze zu erreichen; 1934 in Haft, 1935–45 bei Versicherungen tätig. H. erneuerte 1945 mit L. → Figl die nö. Landesverwaltung und wurde Unterstaatssekr. der Regierung Renner. Als Innenminister 1945–59 baute er die Polizei auf und kämpfte gegen Übergriffe der Besatzung. Trat für eine große Koalition ein. 1945–59 Abg. z. NR und stellv. Vorsitzender der SPÖ, 1959 Präs. der Ö. Länderbank.
Werke: Ö. Kampf um die Freiheit, 1949; 50 Jahre erlebte Geschichte, 1957; Ausgew. Reden und Schriften, hg. v. J. Hannak, 1963; Aufbruch gegen das Unrecht, 1964. – Literatur: W. Svoboda, Die Partei, die Republik und der Mann mit den vielen Gesichtern, 1993; NDB.

Helnwein, Gottfried, * 8. 10. 1948 Wien, Maler und Graphiker. Studierte ab 1969 an der Akad. d. bild. Künste in Wien bei R. → Hausner, begann mit Bildern verletzter Kinder, entwickelte ab 1975/76 einen fotorealist. Malstil und konfrontiert in seinen Bildern die Betrachter mit schockierenden Gewaltszenen; ab 1981 Bilderserien von trivialen Heldenfiguren; ab 1985 mehrteilige Bilder, oft zu Themen wie Krieg und Nat.-Soz.; ab 1994 Beschäftigung mit elektron. Bildbearbeitung für seine Gemälde.
Weitere Werke: Illustrationen und Titelbilder für „profil", „Spiegel" und „Time"; Bühnenbilder und Kostüme für das Stadttheater in Heidelberg und das Staatstheater in Stuttgart. – Literatur: G. H., 1981; A. Mäckler, H., 1992; I. Kiblickij (Hg.), G. H., 1997.

Heltau, Michael, * 5. 7 1933 Ingolstadt (D), Kammerschauspieler, Entertainer, Chansonnier. 1954 am Münchner Residenztheater, 1957 am Theater in der Josefstadt in Wien; Gastauftritte in Berlin und Hamburg, Stückverträge mit dem Wr. Volkstheater und den Sbg. Festspielen, seit 1972 Ensemblemitgl., seit 1993 Doyen des Wr. Burgtheaters. 1986 spielte er unter der Regie G. Strehlers am Pariser Théâtre Musical; Film- und Fernsehtätigkeit („Auf d'Nacht, Herr Direktor"; ZDF-Fernsehreihe „Liederzirkus"); zahlr. Schallplatten mit Liedern und Chansons (u. a. „Heltau singt Brel"); 1971 Karl-Skraup-Preis, 1973 Kainz-Medaille u. a.

Hemala, Franz, * 17. 11. 1877 Brünn (Brno, CZ), † 17. 10. 1943 Wien, Sozialpolitiker, Vorkämpfer der christl. Arbeiterjugendbewegung und Gewerkschaft. Initiator des Reichsbunds der christl. Arbeiterjugend Ö.; 1920–34 Mitgl. d. BR. Seine Tochter Hilde H. war mit L. → Figl verheiratet.

Werke: Die Gewerkschaften 1921; Die Geschichte der Gewerkschaften, 1927; L. Kunschak, 1931; Die Gewerkschaften im Wandel der Zeit, 1937.

Hemma, Hl., Fest 27. Juni, * um 980, † 29. 6. 1045 Gurk (Kä.), Gräfin von Friesach-Zeltschach (Kä.); verheiratet mit Gf. Wilhelm von der Sann. Nach der Ermordung ihres Ehemannes und ihres Sohnes stiftete sie ihre Güter in der Stmk., in Kä. und Krain für das Benediktinerinnenstift Gurk (1043) und das von Gebhard von Sbg. gegründete Benediktinerstift Admont (seit 1074) sowie zur Armenfürsorge. Nach Errichtung des Bistums Gurk (1072) wurde sie als dessen Stifterin angesehen. Begraben in der Domkrypta von Gurk. Um ihre Person ranken sich zahlr. Legenden. Darstellung: Frau mit Kopftuch und Kirchenmodell bei der Verteilung von Gaben.

Literatur: A. Krause, H. v. Gurk, 1960; P. G. Tropper, H. v. Gurk, Ausst.-Kat., Schloss Straßburg 1988; A. Fritz, Das H.-Buch, 1992; S. Messner, H. v. Gurk, 1995; J. Till, Hemmas Welt, 1999.

Hempel, Josef Sebastian Ritter von, * 9. 2. 1800 Wien, † 2. 9. 1871 Tokod b. Győr (H), Maler relig. Themen und Schriftsteller, Nazarener. Studierte an der Wr. Akad., war ab 1821 in Florenz und Rom und schloss sich dort den Nazarenern an. Kehrte 1825 nach Wien zurück und gründete 1848 in Klagenfurt eine Zeichenschule und ein Taubstummeninstitut.

Werke: Hochaltar Kattau (NÖ.); Altarbilder der Paulaner-, Redemptoristen- und Minoritenkirche (alle Wien). – Literatur: W. M. Kozurik, Der Nazarener J. R. v. H., Diss., Graz 1924; ÖBL.

Henckel, Lazarus (ab 1607 H. von Donnersmarck), * 29. 10. 1551 Leutschau (Levoča, SK), † 13. 7. 1624 Wien, Großhändler, Montanindustrieller und Bankier; Ahnherr der Adelsfamilie → Henckel von Donnersmarck. Hatte bedeutenden Anteil am Wr. Wirtschaftsleben und war Staatsfinanzier in den Türkenkriegen. Obwohl er am luther. Glauben festhielt, bekleidete er hohe Ämter in Wien (Ratsmitgl., Stadtgerichtsbeisitzer). Die schlesischen Herrschaften Oderberg und Beuthen erhielt H. als Gegenleistung für gewährte Darlehen an den Staat.

Literatur: NDB.

Henckel von Donnersmarck, aus der Zips (Spis, SK) stammende Adelsfamilie, 1636 Freiherren, 1651/61 Grafen, von Ks. Ferdinand II. 1623 mit Beuthen und Oderberg belehnt. Für Ö. erwähnenswert sind v. a. Lazarus → Henckel, der 1607 die Bestätigung seines Adelsdiploms als H. v. D. erhielt, und Hugo Gf. → Henckel von Donnersmarck, dem bed. Leistungen für die Ind. sowie die Land- und Forstw. im 19. Jh. zu verdanken sind. Das Palais in Wien (Weihburggasse/Parkring, jetzt Hotel) wurde 1871/72 erbaut; Schloss Wolfsberg (Kä.), seit 1846 in ihrem Besitz, nach 1850 romantisch erneuert, im 20. Jh. restauriert.

Literatur: ÖBL; NDB.

Henckel von Donnersmarck, Hugo Graf, * 26. 4. 1811 Siemianowitz (Siemianowice, PL), † 4. 10. 1890 Wien, Grundbesitzer und Industrieller aus der Adelsfamilie → Henckel von Donnersmarck. Übernahm 1832 die väterl. Besitzungen der Herrschaft Beuthen (Oberschlesien), wo er sich bald große Verdienste um die Entwicklung von Landw. und Tierzucht sowie in der Ind. (1. Puddling- und Walzwerk auf dt. Gebiet in Laurahütte) erwarb. 1846 kam er in Kä. in den Besitz der Herrschaften Wolfsberg und St. Leonhard und förderte auch dort die Land- und Forstw. sowie die Ind. Die Eisenproduktion verlegte er kontinuierlich von Frantschach nach Zeltweg, wo er 1851/52 ein Puddling- und Walzwerk errichtet hatte, das die ersten Panzerplatten in Ö. herstellte und später in den Besitz der Oesterr.-Alpine Montanges. überging. Anstelle des Eisenwerks in Frantschach errichtete er 1881/82 eine Natronzellstofffabrik, aus der die heutige Frantschach AG hervorgegangen ist.

Literatur: ÖBL.

Hengge, Edwin Franz, * 21. 7. 1930 Wien, † 21. 2. 1997 Graz (Stmk.), Chemiker. Studierte 1948–54 in Graz, ab 1965 Prof. f. anorganische und analytische Chemie an der Rheinisch-Westfälischen Hochschule in Aachen. Ab 1966 Prof. am Inst. f. anorganische Chemie an der Techn. Hochschule Graz. Zahlr. Auszeichnungen.

Hengstschläger, Johannes, * 15. 7. 1940 Lichtenberg (OÖ.), Jurist. Studierte Rechtswiss. in Linz, seit 1978 Prof. und 1991–96 Rektor an der Univ. Linz, 1993–95 Vorsitzender der Ö. Rektorenkonferenz. Beschäftigt sich v. a. mit Fragen des Verfassungs- und Verwaltungsrechts.

Werke: Das Budgetrecht des Bundes, 1977; Rechtsfragen der Kontrolle kommunaler Unternehmungen, 1980; Der Rechnungshof, 1982; Haushalts- und kontrollrechtl. Probleme universitärer Drittmittelforschung, 1989; Die Geheimhaltungspflichten des Rechnungshofes, 1990; Rechnungshofkontrolle, 2000.

Henisch, Peter, * 27. 8. 1943 Wien, Schriftsteller, Journalist, Liedertexter und Sänger. Mitbegründer der Gruppe und Ztschr. „Wespennest", in der er sich um eine literarisch-theoret. Auseinandersetzung („realistisch-krit." Schreibweise) bemühte, und der Musikgruppe „Wr. Fleisch und Blut" (1975), die mit soz.-krit. Liedern auftrat. In seinem bekanntesten Roman „Die kleine Figur meines Vaters" (1975) dient das Aufspüren der väterlichen Persönlichkeit der eig. Identitätssuche.

Weitere Werke: Romane: Der Mai ist vorbei, 1978; Bali oder Swoboda steigt aus, 1981; Pepi Prohaska Prophet, 1986; Steins Paranoia, 1988; Morrisons Versteck, 1991; Schwarzer Peter, 2000. – Erzählungen, Gedichte, Hörspiele, Filme. – Literatur: E. Schobel, P. H., Diss., Wien 1988.

Henneberg, Hugo, * 27. 7. 1863 Wien, † 11. 7. 1918 ebd., Naturwissenschaftler, Druckgraphiker und Amateurfotograf. Studierte Physik, Chemie, Astronomie und Mathematik in Wien und Jena, beschäftigte sich ab 1887 mit Fotografie und dokumentierte zahlr. Reisen (USA, Ägypten, Griechenland, Italien, Holland). Seine Dreifarben-Gummidrucke wurden 1902 in der Wr. Secession ausgestellt. Nach 1910 konzentrierte er sich bes. auf Landschaftsfotografien. Zusammenarbeit mit H. → Kühn und H. → Watzek („Trifolium").

Literatur: H. Speer, Die Wr. Schule: H. H. – H. Kühn – H. Watzek, in: Kunstphotographie um 1900, 1964.

Hennet, Maria Leopold Albrecht Frh. von, * 10. 5. 1876 Gaaden (NÖ.), † 27. 3. 1950 Wien, Agrarier, Beamter, Minister. Ab 1907 im Ackerbaumin. (später Land-

Adam Graf Herberstorff. Tumbadeckel in der Allerheiligenkapelle der spätgotischen Hallenkirche in Altmünster, OÖ.

Eduard Herbst. Foto, um 1880.

Johann von Herbeck. Lithographie von A. Lanzedelli.

wirtschaftsmin.) tätig, 1921 BMin. f. Land- und Forstw.; 1922 Außenminister, 1932–36 Gesandter in Budapest.
Literatur: NDB.

Henning, Karl, * 14. 2. 1860 Broos (Orăştie, RO), † 3. 6. 1917 Wien, Mediziner. Beschäftigte sich mit dem Problem der plastischen medizin. Darstellung, erfand das Elastine und die elastische „H.-Prothese". Leiter des Wr. Inst. für Moulagen und Gesichtsprothesen.
Werke: Systematisch-topograph. Atlas der Anatomie des Menschen, 1886; Herzenstiefen, 1897.

Hennings, Fred (eigentl. Franz von Papen-Pawlowski), * 26. 1. 1895 Klagenfurt (Kä.), † 22. 11. 1981 Wien, Kammerschauspieler, Kunst- und Kulturhistoriker, Schriftsteller. 1923–71 Ensemblemitgl., ab 1963 Ehrenmitgl. des Wr. Burgtheaters (klass. und moderne Rollen); große topograph. Bilder-Smlg. von Wien (16.000 Fotos von Häusern der Wr. Innenstadt vor den ersten Bombenzerstörungen, heute im Besitz des Bildarchivs der Ö. Nat.-Bibl.); Vorträge zur Wr. Stadt- und Kulturgeschichte; zahlr. Auszeichnungen.
Werke: Zweimal Burgtheater, 1955; Und sitzet zur linken Hand, 1962; Ringstraßen-Symphonie, 3 Bde., 1963–64; Das barocke Wien, 2 Bde., 1965; Das josephin. Wien, 1966; Solange er lebt, 5 Bde., 1968–71; Heimat Burgtheater, 3 Bde., 1972–74. – Literatur: K. Siedl, F. H. und das Burgtheater, Diss., Wien 1966.

Hensler (Henseler), Karl Friedrich, * 1. 2. 1759 Vaihingen a. d. Enz (D), † 24. 11. 1825 Wien, Theaterdichter und -direktor. Ab 1813 Dir. des Theaters an der Wien, ab 1822 Dir. des Theaters in der Josefstadt. Verfasser zahlr. Bühnenstücke in der Tradition des Alt-Wr. Volkstheaters.
Werke: Kasperl, der Besenbinder, 1787; Sophie Romani, 1790; Kaspar, der Schornsteinfeger, 1791; Die Teufelsmühle am Wienerberg, 1801; Die Nymphe der Donau, 1803. – Hg. der „Marinellischen Schaubühne", 4 Bde., 1790–91. – Literatur: N. Wiltsch, K. F. H., Diss., Wien 1926; O. Rommel, Die Alt-Wr. Volkskomödie, 1952.

Henz, Rudolf (Pseud.: R. Miles), * 10. 5. 1897 Göpfritz a. d. Wild (NÖ.), † 12. 2. 1987 Wien, Schriftsteller und Wegbereiter des Rundfunks in Ö. Führte 1932 den Schulfunk ein. 1945–57 Programmdir. des ö. Rundfunks (RAVAG), ab 1955 Hg. der Literatur-Ztschr. „Wort in der Zeit". Seine literar. Werke sind geprägt von moral. Integrität und kath.-patriot. Grundhaltung. 1967–80 Präs. des Ö. Kunstsenats. Großer Ö. Staatspreis für Literatur 1953; Ö. Ehrenzeichen f. Wiss. u. Kunst 1971.
Literatur: V. Suchy (Hg.), Dichter zw. den Zeiten. Festschrift für R. H. zum 80. Geburtstag, 1977.

Hepperger zu Tirschtenberg und Hoffensthal, Josef von, * 11. 11. 1855 Bozen (S-Ti.), † 12. 9. 1928 ebd., Astronom. 1891 Univ.-Prof. in Graz, 1901 in Wien, 1909–28 Dir. der Wr. Univ.-Sternwarte. Untersuchungen zum Kometen Biela (Preis der Akad. d. Wiss.); Bearbeiter und Hg. des „Katalogs von 26.060 Sternen", 1927 (von W. Oeltzen).
Literatur: Almanach der Ö. Akad. d. Wiss., 1929.

Heppner, Fritz, * 24. 4. 1917 Innsbruck (Ti.), Neurochirurg. Studierte in Wien, wiss. Laufbahn in Graz, ab 1971 Univ.-Prof. und Vorstand der von ihm gegr. Univ.-Klinik f. Neurochirurgie, 1987 emeritiert. Ö. Ehrenzeichen f. Wiss. u. Kunst 1984.
Werke: Die Blutbank, 1951; Chirurgie des Zentralnervensystems, der Hirnnerven und des autonomen Nervensystems, 1958; Der Arzt und das Ganze, 1985; Vom Wagnis der Überzeugung, 1988.

Herbeck, Johann von, * 25. 12. 1831 Wien, † 28. 10. 1877 ebd., Dirigent und Komponist. Ab 1863 Mitgl. der Hofmusikkapelle, ab 1866 Hofkapellmeister, Direktor und Dirigent der Ges. der Musikfreunde in Wien, 1869–75 Kapellmeister der Wr. Hofoper, 1870–75 deren Direktor; unterrichtete ab 1858 am Wr. Konservatorium. Wichtige Persönlichkeit des Wr. Musiklebens, entdeckte F. → Schuberts „Unvollendete" und förderte A. → Bruckner. – Die 1899 vom Singverein der Ges. der Musikfreunde gestiftete H.-Medaille wird für 25-jähr. Mitgliedschaft verliehen.
Literatur: L. Herbeck, J. H. Ein Lebensbild, 1885; J. Braun, J. v. H., Diss., Wien 1949.

Herberstein, steir. Adelsfamilie, die sich seit 1320 (Otto von Hartberg) nach Burg H. nannte und diese bis heute besitzt. Nahezu 400 männl. Träger des Namens sind bekannt. Sie stellten 5 Landeshauptleute der Stmk., Offiziere aller Grade bis zum Feldmarschall, Diplomaten, Beamte, Hofleute und einen Staatsmin., aber auch Geistliche und 6 Bischöfe. 1644 wurden die H. Reichsgrafen. Bed. Mitgl. der Familie waren u. a. Siegmund Frh. v. → Herberstein und Johann Karl Gf. → Herberstein.
Literatur: H. Purkharthofer, Geschichte der Familie H., in: G. Pferschy u. P. Krenn (Hg.), Die Stmk., Brücke und Bollwerk, Ausst.-Kat., Schloss Herberstein 1986; NDB.

Herberstein, Johann Karl Graf, * 7. 7. 1719 Graz (Stmk.), † 7. 10. 1787 Laibach (Ljubljana, SLO), ab 1772 Bischof von Laibach. Entschiedener Anhänger der Reformen Josephs II., entwarf das Konzept für die josephin. Reform der Diözesaneinteilung.
Literatur: V. Einspieler, J. K. Gf. H., Bischof von Laibach, Diss., Wien 1951; NDB.

Herberstein, Siegmund (Sigismund) Frh. von, * 23. 8. 1486 Wippach (Vipava, SLO), † 28. 3. 1566 Wien, Diplomat unter den Kaisern Maximilian I. und Ferdinand I., viel gereister und gebildeter humanist. Schriftsteller. 1516/17 und 1526/27 in diplomat. Mission in Moskau. Sein Bericht „Rerum moscoviticarum commentarii ..." („Moscoviterische Reis", 1549) gilt mit seinen detailreichen Beschreibungen als wertvolle kulturgeschichtl. Quelle. Von hist. Wert sind auch die von ihm verfasste Familiengeschichte und seine Selbstbiographie (1553).
Literatur: A. Nehring, Frh. v. H., 1897; W. Leitsch, S. v. H., in: G. Pferschy u. P. Krenn (Hg.), Die Stmk., Brücke und Bollwerk, Ausst.-Kat., Schloss Herberstein 1986; G. Pferschy (Hg.), S. v. H., kaiserl. Gesandter, 1989.

Herberstorff, Adam Graf, * 15. 4. 1585 Kalsdorf (Gem. Ilz, Stmk.), † 11. 9. 1629 Schloss Ort (Gem. Gmunden, OÖ.), Heerführer und Politiker. Am 20. 8. 1620 von Hzg. Maximilian v. Bayern als Statthalter im Land ob der Enns bestellt, ab 5. 5. 1628 Landeshauptmann. Veranlasste am 15. 5. 1625 das „Blutgericht auf dem Haushamerfeld" („Frankenburger Würfelspiel").
Literatur: H. Sturmberger, A. Gf. H., 1976; NDB.

Herbert, Franz Paul Frh. von, * 18. 8. 1819 Klagenfurt (Kä.), † 3. 8. 1884 Feldbach (Stmk.), Industrieller. Studierte Chemie, Physik und Mathematik in Wien und Berlin, übernahm 1854 die von seinem Urgroßvater 1749 in Klagenfurt gegr. erste ö. Bleiweißfabrik, die er in den Folgejahren zu hoher Blüte brachte. 1880 übertrug er das Unternehmen seinem Adoptivsohn. Daneben war H. auch polit. tätig (Reichsratsabg. 1861–70).
Literatur: NDB.

Herbst, Eduard, * 9. 12. 1820 Wien, † 25. 6. 1892 ebd., Jurist und Politiker. 1847 Univ.-Prof. in Lemberg und ab 1858 in Prag, ab 1861 Reichsratsabg. und Führer der Dt.-Liberalen; als Justizmin. im sog. Bürgerministerium (1868–70) federführend an den „Maigesetzen 1868" beteiligt. H. war langjähriges Mitgl. des Reichsrats, sprach sich gegen die Gleichberechtigung der Slawen und die Okkupation von Bosnien und Herzegowina aus.
Werke: Hb. des allg. ö. Strafrechts, 2 Bde., 1855; Die grundsätzl. Entscheidungen des obersten Gerichtshofs, 3 Bde., 1853–60;

Einleitung in das ö. Strafprozeßrecht, 1860. – Literatur: ÖBL; NDB.

Herbst, Werner, * 20. 1. 1943 Wien, Lyriker, Erzähler, Essayist, Hörspielautor und Verleger. Zahlr. Arbeiten im Bereich visueller Poesie; Gründer der seit 1971 bestehenden „herbstpresse".

Werke: zur eisernen zeit, 1980; zwischendort, ein poem, 1983; feierabend, 1985 (Hörspiel); drucksachen, 1989; Erste Wahl, 1989; eine gute wiener familie, 1993; alfabet, 1995; Vom Häkchen zum Haken, 1999 (mit G. Jaschke).

Hering, Loy, * um 1484/85 Kaufbeuren (D), † 1. 6. 1564 Eichstätt (D), dt. Renaiss.-Bildhauer. Schuf einige bed. Arbeiten für Wien Epitaph für Bischof Georg v. → Slatkonia (vor 1519, Stephansdom) sowie für Jobst Truchseß von Wetzhausen (1524, Deutschordenskirche). Das Grabmal für Niklas Gf. → Salm (nach 1530, urspr. Dorotheerkirche, seit 1879 Votivkirche) kann ihm zugeschrieben werden.

Literatur NDB.

Heritsch, Franz, * 26. 12. 1882 Graz (Stmk.), † 17. 4. 1945 ebd., Geologe und Paläontologe. 1909–45 Univ.-Prof. in Graz, 1911/12 Erdbebenreferent der Akad. d. Wiss., arbeitete über das ostalpine Paläozoikum und seine fossile Fauna, bes. die Tetrakorallen. Forschungsschwerpunkte: Kristallingesteine der steir. Grauwackenzone und Stratigraphie der paläozoischen Formationen.

Literatur: ÖBL; NDB.

Hermagoras, Hl., Fest 12. Juli, Lektor der Kirche von Singidunum (Belgrad), zus. mit Fortunatus unter Ks. Diokletian (284–305) gemartert. Seine Reliquien kamen nach Aquileia. Die Legende machte ihn zum Apostelschüler, Gründerheiligen und 1. Bischof von Aquileia, der um 70 n. Chr. den Martertod erlitt. Nach ihm erhielt Hermagor (Kä.) seinen Namen.

Literatur: H. Schmidinger, Patriarch und Landesherr, 1954; E. Marcon. H., 1958.

Hermann von Sponheim, † 4. 10. 1181, Hzg. von Kä. (1161–81), aus der Familie der → Sponheimer. Parteigänger der Staufer, versuchte 1166 gegen Bamberg, 1177 gegen Aquileia und 1174/75 gegen Markgraf Otakar IV. v. Stmk. vergeblich Familienbesitz zurückzugewinnen; erhob St. Veit und Klagenfurt zu Märkten und erwarb wichtige Stützpunkte.

Literatur: NDB.

Hermann, Johann R. von, * 17. 11. 1800 Naketendörflas b. Plan (Nahy Ujezdec nad Plana, CZ), † 17. 7. 1890 Wien, Pädagoge. 1850–54 Volksschulinspektor für das Land Stmk., 1863–67 Mitgl. des Unterrichtsrats. Machte sich bes. um die Verbesserung der Unterrichtsmittel (Erfinder des Setzkastens, 1845; „Dt. Lesebuch", 1859) und der Didaktik im Elementarunterricht verdient.

Literatur: R. Lorenz, Vom Lebensweg eines alt-ö. Schulmannes: J. H., in: Erziehung und Unterricht, 1954.

Hermann, Mönch von Salzburg, mhd. Liederdichter aus der 2. Hälfte des 14. Jh. im Umkreis des Sbg. Erzbischofs Pilgrim II. Verfasste zahlr. geistl. und weltl. Lieder, deren Zuweisung im Einzelnen unsicher ist; wahrscheinlich auch Verfasser der sog. „Planetenkinderverse".

Ausgaben: ; F. V. Spechtler, Die geistl. Lieder des Mönches v. Sbg., 1972; J. Heimrath, M. Korth u. a., Der Mönch v. Sbg., 1980; C. März (Hg.), Die weltl. Lieder des Mönchs v. Sbg., 1999. – Literatur: F. V. Spechtler, Ma. Liedforschung, in: Jb. der Oswald v. Wolkenstein-Ges. 1, 1981; B. Wachinger, Der Mönch v. Sbg., 1989; M. Payer, Das relig. Weltbild des Mönchs v. Sbg. in den geistl. Liedern G 33, G 34, G 37 und G 46, 2000; Verf.-Lex.

Hermann von Baden, † 4. 10. 1250, Hzg. von Ö. und Stmk., Markgraf von Baden. Heiratete 1248 die Babenbergerin → Gertrud, die ihm das Herzogtum Ö. schenkte (am 14. 9. 1248 von Papst Innozenz IV. bestätigt), von einer Belehnung durch Wilhelm von Holland ist nichts bekannt. Er gewann wenig Sympathien im Land und wurde von den Ministerialen abgelehnt. Vater von Friedrich, der sich später „von Ö. und Stmk." nannte und 1268 hingerichtet wurde.

Hermann von Kärnten (auch Hermann der Slawe), lebte in der 1. Hälfte des 12. Jh., Übersetzer mathemat. und astronom. Texte aus dem Arabischen ins Lateinische. Studierte in Chartres und wirkte in S-Frankreich und N-Spanien.

Werke: Übersetzung der Elemente des Euklid und des Planisphaeriums von Ptolemaios (stereograph. Projektion); 1. Übersetzung des Korans ins Lateinische (mit Robert von Chester); astronom. und philosoph. Schriften. – Literatur: P. M. Alonso, Hermann of Carinthia, „De essentiis", 1946; H. L. L. Busard, The Translation of the Elements of Euclid from the Arabic into Latin by Hermann of Carinthia, 1968; H. Kaiser, Hermann of Carinthia and the Translators of the Twelfth Century, in: History Papers, Monash 1980.

Hermann von Reun, 2. Hälfte des 12. Jh., Mönch in Ö.; Verfasser von 108 an die Mönche von Rein gerichteten Predigten im Geist des hl. Bernhard v. Clairvaux, in denen er klar die damaligen Missstände aufzeigte.

Literatur: NDB.

Herold (Heroldt), Johannes, * um 1550 Jena (D), † 8. 9. 1603 Weimar (D), Komponist. Führender Vertreter der protestant. Musikpflege in Inner-Ö.; war ab 1593 in Klagenfurt Kantor der protestant. Stiftsschule und leitete die Musik in St. Egydi in Klagenfurt; 1601 musste er aufgrund der Gegenreformation das Land verlassen und siedelte sich in Weimar an.

Werke: 6-stimmige Matthäuspassion, 1594 in Graz gedruckt (Ausgabe 1955); Liederbuch, 1601.

Herr, Josef Philipp, * 18. 11. 1819 Wien, † 30. 9. 1884 Hinterbrühl (NÖ.), Geodät und Astronom. 1852 Prof. am Joanneum in Graz, 1856 am Polytechn. Inst. in Wien, erster Rektor der Techn. Hochschule ebd.; Initiator der ö. Gradmessungskommission, 1. Dir. der Normal-Eichungs-Kommission in Wien.

Werk: Lehrbuch der sphärischen Astronomie, 1887.

Herrand von Wildonie, * um 1230, † um 1278–82, politisch engagierter mhd. Epiker und Lyriker. Urk. erwähnt 1248–78; stammte aus dem einflussreichen steir. Ministerialengeschlecht → Wildon (bei Graz a. d. Mur); Schwiegersohn → Ulrichs von Liechtenstein; erster adeliger Märendichter.

Werke: 3 Lieder in der Heidelberger Liederhandschrift C; 4 Verserzählungen im Ambraser Heldenbuch überliefert: „Die treue Gattin", „Der betrogene Gatte", „Der nackte Kaiser", „Die Katze". – Ausgabe: H. Fischer (Hg.), H. v. W., 4 Erzählungen, 1969; C. v. Kraus (Hg.), Dt. Liederdichter, [2]1978. – Literatur: M. Curschmann, Zur literarhist. Stellung H. v. W., Dt. Vierteljahrsschrift 40, 1966; J. Bumke, Ministerialität und Ritterdichtung, 1976; Verf.-Lex.

Herrmann, Emanuel, * 24. 6. 1839 Klagenfurt (Kä.), † 13. 7. 1902 Wien, Erfinder der Postkarte, Nationalökonom. Prof. an der Militärakad. in Wr. Neustadt, 1882–1902 an der Techn. Hochschule in Wien. Schlug in einem Artikel in der „Neuen Freien Presse" vom 26. 1. 1869 „eine neue Art der Correspondenz mittels der Post" vor, eine offene Karte in Briefformat mit aufgedruckter 2-Kreuzer-Marke (ein Brief kostete 5 Kreuzer) und wurde damit zum Schöpfer der Postkarte.

Werke: Leitfaden der Wirtschaftslehre, 1870; Techn. Fragen und Probleme der modernen Volkswirt., 1891. – Literatur: F. Kalckhoff, Die Erfindung der Postkarte, 1911.

Herrmann, Julius, * 13. 12. 1889 Wr. Neustadt (NÖ.), † 14. 2. 1977 Wien, Dirigent und Kapellmeister. Spielte mit 21 Jahren unter W. → Wacek bei den Hoch- und Deutschmeistern, übernahm nach dem 1. Weltkrieg die Kapelle und blieb für 56 Jahre deren Leiter.

Werke: Bearbeitungen und Märsche: Hoch Bremen, Ö. Bauernbund, Deutschmeister-Parade-Marsch, Deutschmeister (Parade-Potpourri).

Herrmann, Karl, * 23. 8. 1882 Wien, † 2. 11. 1934 ebd., Komponist, Musikpädagoge. Gründete 1914 eine eig. Musikschule, setzte sich für die Musiklehrerausbildung ein; 1. Präs. des Wr. Tonkünstlervereins.

Herrmann-Herrnritt, Rudolf, * 17. 4. 1865 Prag (CZ), † 25. 3. 1945 Wien, Jurist. 1903–09 Prof. für Verfassungs- und Verwaltungsrecht an der Techn. Hochschule Wien. Ab 1909 im Verwaltungsgerichtshof.

Werke: Das ö. Stiftungsrecht, 1896; Nationalität und Recht, 1899; Hb. des ö. Verfassungsrechts, 1909; Grundlehren des Verwaltungsrechts, 1921; Das Verwaltungsverfahren, 1932. – Literatur: ÖBL.

Herterich, Franz, * 3. 10. 1877 München (D), † 28. 10. 1966 Wien, Schauspieler, Regisseur, Theaterdir.; 1912 als Heldendarsteller an das Wr. Burgtheater berufen, dem er bis 1950 als Ensemblemitgl. angehörte, ab 1921 auch Regietätigkeit. 1923–30 Dir. des Burgtheaters (Engagement von E. → Balser und W. → Krauß); ab 1932 künstlerischer Leiter des Theaters der Jugend.

Werke: Die szenische Entwicklung des neuen Burgtheaters, 1926; Das Burgtheater und seine Sendung, 1948. – Literatur: K. Gasser, Die Burgtheaterdirektion F. H., Diss., Wien 1948.

Hertz, Friedrich Otto, * 26. 3. 1878 Wien, † 10. 11. 1964 London (GB), Soziologe und Historiker. 1920–30 Berater f. internat. Fragen im Bundeskanzleramt, bis 1933 Univ.-Prof. in Halle; emigrierte 1938 nach England.

Werke: Moderne Rassentheorien, 1904; Die Produktionsgrundlagen der ö. Ind., [6]1918; Zahlungsbilanz und Lebensfähigkeit Ö., 1925; Kapitalbedarf, Kapitalbildung und Volkseinkommen in Ö., 1929; Nationality in History and Politics, 1944; The economic Problem of the Danubian States, 1947; The Development of the German Public Mind, 3 Bde., 1957–62.

Hertzka, Emil, * 3. 8. 1869 Pest (Budapest, H), † 9. 5. 1932 Wien, Musikverleger; Ehemann von Yella → Hertzka. Ab 1907 Leiter der 1901 gegr. Universal Edition, die er zum führenden Musikverlag für zeitgenöss. Musik (G. Mahler, F. Schreker, A. Schönberg, A. Casella, G. F. Malipiero, A. Webern) machte.

Literatur: ÖBL.

Hertzka, Yella (geb. Fuchs), * 4. 2. 1873 Wien, † 13. 11. 1948 ebd., Musikverlegerin; Ehefrau von Emil → Hertzka. Setzte sich sehr für die Förderung der Frauen in der Musik ein; übernahm nach der Rückkehr aus der Emigration 1946 die Leitung der Universal Edition.

Literatur: ÖBL.

Herz, Eugen, * 26. 8. 1875 Wien, † 5. 1. 1944 Rimsting (D), Industrieller. 1902–06 Konsulent bei der Wr. Handelskammer, dann bei der Prager Eisenind.; ab 1914 in der Oesterr.-Alpine Montanges., 1915 kommerzieller Dir., ab 1928 leitender Dir. Bes. Verdienste um die Neuorganisation des Unternehmens nach dem 1. Weltkrieg sowie als Repräsentant der ö. Eisenind. bei internat. Verbänden. Vizepräs. der Wr. Handelskammer (1930–33), Zensor der Oesterr. Nationalbank und Präs. des ö. Industriellenverbands.

Herz, Heinrich (Henri), * 6. 1. 1802 Wien, † 5. 1. 1888 Paris (F), berühmter Pianist. Gründete 1851 eine Klavierfabrik in Wien mit einem Konzertsaal („salle H."); 1842–74 Prof. am Pariser Konservatorium. Zahlr. Konzertreisen.

Literatur: ÖBL; NDB.

Herz, Norbert, * 11. 12. 1858 Olmütz (Olomouc, CZ), † 31. 1. 1927 Wien, Astronom und Geodät. 1886–91 Dir. der Wr. Privatsternwarte M. v. → Kuffners, ab 1904 Univ.-Doz. in Wien.

Werke: Lehrbuch der Landkartenprojection, 1885; Geschichte der Bahnbestimmung von Planeten und Kometen, 2 Bde., 1887/94. – Literatur: Astronom. Nachrichten, Bd. 230, 1927.

Herz, Peter, * 18. 1. 1895 Wien, † 7. 3. 1987 ebd., Schriftsteller, Librettist und Feuilletonist. 1938–45 als Emigrant in London. Mitarbeiter von F. → Lehár, E. → Eysler, B. → Granichstaedten, L. → Ascher, L. → Fall u. a. Mitschöpfer der ersten Wr. Revuen, schrieb auch Wr. Lieder („In einem kleinen Café in Hernals").

Herzberg-Fränkel, Sigmund, * 7. 3. 1857 Brody (UA), † 19. 9. 1913 Wien, Historiker und Feuilletonist (Chiffre: Dr. G. L.). Namhafter Urkundenforscher, 1893 Univ.-Prof. in Wien und Czernowitz; Arbeiten zur Geschichte des MA und der hist. Hilfswissenschaften.

Literatur: Veröffentlichungen des Inst. für Ö. Geschichtsforschung 11, 1950; MIÖG 17, 1954.

Herzfeld, Adolf, * 9. 4. 1800 Hamburg (D), † 24. 3. 1874 Wien, Schauspieler. Nach Engagements an dt. Bühnen 1829–69 Ensemblemitgl. des Wr. Burgtheaters (Charakterdarsteller, v. a. in komischen Rollen).

Literatur: ÖBL.

Herzfeld, Karl August, * 12. 7. 1861 Güns (Köszeg, H), † 6. 1. 1926 Wien, Gynäkologe; Bruder von Marie → Herzfeld. Ab 1901 Univ.-Prof. in Wien, ab 1911 Vorstand des Franz-Josef-Ambulatoriums, 1921 Dir. dieser Anstalt. Seine „Prakt. Geburtshilfe" (1897) zählte zu den besten Lehrbüchern dieses Fachs.

Weitere Werke: Der Kaiserschnitt und seine Stellung zur künstlichen Frühgeburt, 1888 (mit E. Braun v. Fernwald); Klinischer Bericht über 1000 Bauchhöhlenoperationen, 1895; Praktische Geburtshilfe, [2]1907.

Herzfeld, Marie (auch H. M. Lyhne und M. Niederweiden), * 20. 3. 1855 Güns (Köszeg, H), † 22. 9. 1940 Mining (OÖ.), Schriftstellerin und Literaturkritikerin; Schwester von Karl August → Herzfeld. Übersetzerin skandinav. Literatur und von Werken der ital. Renaiss.; bed. Briefwechsel mit H. v. → Hofmannsthal. Bauernfeld-Preis 1904.

Werke: Menschen und Bücher, 1893; Die skandinav. Litteratur und ihre Tendenzen, 1898; Leonardo da Vinci, 1904; Das Zeitalter der Renaiss., 14 Bde., 1910–26 (Hg.).

Herzfelder, Henriette, * 16. 4. 1865 Wien, † 14. 6. 1927 ebd., Journalistin. Gab 1905–18 die Ztschr. „Der Bund" des Bunds ö. Frauenvereine heraus, war 1911–18 Redakteurin der „Ztschr. für Frauenstimmrecht" und schrieb für beide Ztschr. viele Beiträge. Sekretärin der Zentralstelle für Kinderschutz und Jugendfürsorge, verfasste Artikel über Frauen- und Jugendprobleme.

Literatur: ÖBL.

Herzig, Josef, * 25. 9. 1853 Sanok (PL), † 4. 7. 1924 Wien, Chemiker. Ab 1897 Univ.-Prof. in Wien; erforschte die Naturstoffe (bes. die Farbstoffe) auf analyt. Weg und entwickelte (mit H. Meyer) die Methode der Methylimidbestimmungen.

Werke: zahlr. Studien über Quercitrin und Quercetin und seine Derivate, 1884ff. – Literatur: Almanach der Ö. Akad. d. Wiss., 1925; NDB.

Herzig, Wolfgang, * 24. 10. 1941 Judenburg (Stmk.), Maler und Graphiker. Nach Studium an der Akad. d. bild. Künste in Wien ab den 60er Jahren decouvrierende Bilder unter dem Einfluss von G. Grosz und O. Dix. 1968 an der Ausstellung „Wirklichkeiten" in der Wr. Secession beteiligt; seit den 70er Jahren streng komponierte und langwierig vorbereitete Gemälde mit subtil übertreibenden Darstellungen. Seit 1997 Prof. f. Malerei an der Akad. bzw. Univ. f. angewandte Kunst in Wien.

Werk: Eiserner Vorhang im Theater Ronacher, Wien 1992. – Literatur: W. H., 1995 (mit Werkverz.); Inst. f. Museologie (Hg.), W. H., Ausst.-Kat., Hochschule f. angewandte Kunst in Wien, 1998.

Herz-Kestranek, Miguel, * 3. 4. 1948 St. Gallen (CH), Schauspieler. 1971/72 Engagement am Burgtheater, 1974–80 am Theater in der Josefstadt in Wien,

seit 1980 freischaffend; Film- und Fernsehtätigkeit, Rezitationsabende und Unterhaltungsprogramme.
Werk: Gereimte Sammelschüttler, 1995.

Herzl, Theodor, * 2. 5. 1860 Budapest (H), † 3. 7. 1904 Edlach (Gem. Reichenau a. d. Rax, NÖ.), Schriftsteller, Publizist und Journalist. 1891–94 Korrespondent der „Neuen Freien Presse" in Paris, während seines Jus-Studiums Mitgl. der dt.-nat. Burschenschaft „Albia", begründete mit seiner Schrift „Der Judenstaat" (1896) den theoret. Zionismus; 1897 initiierte er mit O. → Marmorek und M. → Nordau den 1. zionist. Weltkongress in Basel. In Weiterentwicklung seiner Gedanken erfolgte 1948 die Gründung des Staates Israel.
Weitere Werke: Altneuland, 1902 (utop. Roman); Feuilletons, 2 Bde., 1903; Philosoph. Erzählungen, 1919. – Ausgaben: Gesammelte zionist. Werke, 5 Bde., 1934/35; Hebräische Gesamtausgabe, 20 Bde.; Briefe und Tagebücher, hg. v. A. Bein, 7 Bde., 1983–96. – Literatur: N. Leser (Hg.), T. H. und das Wien des Fin de siècle, 1987; Internat. T-H.-Symposion, 3 Bde., 1997–2000; NDB.

Theodor Herzl in Basel. Foto, 1901.

Herzmanovsky-Orlando, Fritz von, * 30. 4. 1877 Wien, † 27. 5. 1954 Schloss Rametz (S-Ti.), Erzähler, Dramatiker und Zeichner. Studierte Architektur in Wien; von 1903 bis zu seinem Lebensende mit A. → Kubin befreundet, aus dessen Freundeskreis er antirationalistisches und mystisches Gedankengut aufnahm. 1916 übersiedelte er nach Meran, wo 1917 der bizzargroteske Biedermeier-Roman „Der Gaulschreck im Rosennetz" (1928 mit eig. Illustrationen erschienen) als erster Band einer „Europa"-Trilogie entstand; deren 2. und 3. Teil erschienen postum: „Das Maskenspiel der Genien" (1989) und „Rout am fliegenden Holländer" (1984). Erst die von F. → Torberg 1957–63 bearbeiteten und hg. „Gesammelten Werke" in 4 Bänden machten H.-O. bekannt.
Weitere Werke: Bühnenstücke: Ks. Joseph und die Bahnwärterstochter, 1957; Apoll von Nichts oder Exzellenzen ausstopfen – ein Unfug. – Novelle: Der Kommandant von Kalymnos, 1926; Im Garten der Erkenntnis. Skizzen und Fragmente, 1988. – Ausgabe: Sämtl. Werke, hg. v. W. Methlagl u. W. Schmidt-Dengler, 10 Bde., 1983–92. – Literatur: A. Wallner, Allotria in Artibus: Antike und Mythologie bei F. v. H.-O., Diss., Wien 1990; NDB.

Fritz von Herzmanovsky-Orlando. Foto.

Herzmansky, August, * 26. 6. 1834 Odrau (Odry, CZ), † 5. 12. 1896 Wien, Textilkaufmann. Kam 1848 nach Wien, arbeitete nach der Lehre in der Spitzenfabrik E. Schopp; gründete ein Textilgeschäft und erweiterte es zu einem Textilkaufhaus mit genau kalkulierten Festpreisen, aus dem das spätere Großkaufhaus H. in Wien hervorging (seit 1998 Peek & Cloppenburg).
Literatur: S. Krupitz, 125 Jahre H. 1863–1988, 1988.

Herzmansky, Bernhard sen., * 6. 12. 1852 Sternberg (Šternberk, CZ), † 18. 5. 1921 Bad Goisern (OÖ.), Musikverleger; Vater von Bernhard → Herzmansky jun. Erwarb 1876 die Wr. Musikalienhandlung Doblinger.

Herzmansky, Bernhard jun., * 4. 8. 1888 Langenzersdorf (NÖ.), † 13. 12. 1954 Wien, Musikverleger. Übernahm 1921 von seinem Vater Bernhard → Herzmansky sen. die Musikalienhandlung Doblinger und machte sich um die Förderung zeitgenöss. ernster und unterhaltender Musik verdient. 1945–50 Präs. der AKM.

Herzog, Andreas, * 10. 9. 1968 Wien, Fußballspieler. Begann seine Laufbahn 1974–83 bei Admira-Wacker und spielte dann 1983–92 (mit einer kurzen Unterbrechung) bei Rapid Wien, seit 1987 Profi, 1992–95 und seit 1996 bei Werder Bremen, 1995/96 bei Bayern München. Einer der erfolgreichsten ö. Fußballsportler: 1993 dt. Meister, 1994 und 1999 dt. Cupsieger und 1996 UEFA-Cup-Sieger mit Werder Bremen.

Herz von Rodenau, Johann Jakob, * 20. 3. 1809 Lemberg (Lwiw, UA), † 9. 12. 1873 Wien, Postfachmann. Machte sich um die Einführung der Briefmarken in Ö. verdient (1850 nach seinen Entwürfen erstmals hergestellt). 1868–73 Eisenbahn-Gen.-Dir.
Literatur: Generalpostdirektion (Hg.), 100 Jahre ö. Briefmarke, 1950.

Heschgl, Anton, * 11. 7. 1926 Voitsberg, Manager. Ab 1969 einer der beiden Vorstandsdir. von Austrian Airlines, 1990 bis zu seinem Ausscheiden 1993 Sprecher des auf 4 Personen erweiterten AUA-Vorstands; führender Funktionär im Fachverband der Luftfahrtunternehmungen, 1960–93 Mitgl. des Zivilluftfahrtbeirats. Daneben Staatskommissär bei der Versicherungsanstalt des ö. Bergbaues und der Versicherungsanstalt der gewerbl. Wirtschaft.

Heschl, Richard, * 5. 7. 1824 Welsdorf (Stmk.), † 26. 5. 1881 Wien, Anatom. Ab 1863 Univ.-Prof. in Graz, ab 1875 in Wien. Nach ihm wurde das Gehirnzentrum für das Gehörorgan „H.sche Windung" benannt. Gründete das Grazer patholog.-anatom. Museum.
Werke: Compendium der allg. und speziellen patholog. Anatomie, 1855; Sectionstechnik, 1859; Über die vordere quere Schläfenwindung, 1878. – Literatur: ÖBL.

Hesoun, Josef, * 12. 4. 1930 Vösendorf (NÖ.), Politiker (SPÖ). 1974–91 Präs. der AK für NÖ., 1975–79 Mitgl. d. BR, 1979–90 Abg. z. NR; ab 1986 Vorsitzender der Gewerkschaft Bau-Holz, ab 1987 Vizepräs. des ÖGB, 1990–95 BMin. f. Arbeit und Soziales.
Literatur: G. Steinbach (Hg.), Die Ges. und ihre soz. Verpflichtung, Festschrift für J. H., 1995.

Hess, Heinrich Frh. von, * 17. 3. 1788 Wien, † 13. 4. 1870 ebd., Feldmarschall. Ab 1805 Offizier, leitete 1839–60 den Quartiermeisterstab und wurde 1844 Inhaber des Infanterieregiments 49. Er war bei den Feldzügen 1848/49 in Italien, beim Aufmarsch gegen Preußen 1850, im Krimkrieg 1854/55 und beim Feldzug 1859 in führender Position eingesetzt. 1860 Hauptmann der Trabantenleibgarde und der Hofburgwache, 1861 Mitgl. des Herrenhauses, verfasste militärwiss. Schriften.
Literatur: ÖBL; NDB.

Viktor Franz Hess. Foto.

Hess, Viktor Franz, * 24. 6. 1883 Schloss Waldstein (Stmk.), † 17. 12. 1964 Mount Vernon b. New York (USA), Physiker, Nobelpreisträger für Physik 1936. 1908–20 Dozent an der Tierärztl. Hochschule und Univ. sowie Assistent am Inst. für Radiumforschung in Wien; begann dort mit der Untersuchung der Absorption der Gammastrahlen des Radiums in der Luft. Stellte bei Ballonfahrten 1911/12 die sog. Höhen- oder Ultrastrahlen fest, setzte dann die Forschung in Graz (1920/21, 1923–31, 1937/38) und Innsbruck (1931–37) fort. Gründete und leitete 1921–23 in Amerika ein Forschungslaboratorium, errichtete 1931 auf dem Hafelekar bei Innsbruck eine Forschungsstation zur Beobachtung der kosmischen Höhenstrahlung. Musste 1938 Ö. verlassen und lehrte danach an der Fordham University in New York. Er entwickelte selbst ein Gerät zur Messung von Gammastrahlen und studierte die Probleme des Strahlenschutzes (Radiumverbrennungen an der eig. Hand). H. schuf Grundlagen für die gesamte spätere Strahlungs- und Kernforschung. 1936 erhielt er für die Entdeckung und Erforschung der kosmischen Strahlung den Nobelpreis für Physik.
Werke: Die elektr. Leitfähigkeit der Atmosphäre und ihre Ursachen, 1926; Die Weltraumstrahlung und ihre biolog. Wirkungen, 1940; Persönl. Erinnerungen, 1950. – Literatur: Almanach der Ö. Akad. d. Wiss. 116, 1966; NDB.

Hetzenauer, Franz, * 25. 2. 1911 Kufstein (Ti.), Staatsanwalt und Politiker (ÖVP). 1956–69 Abg. z. NR, 1963–66 Staatssekr. im BM f. Justiz, 1966–68 BMin. f. Inneres.

Hetzenauer, Michael (eigentl. Andreas H.), * 30. 11. 1860 Zell (Gem. Kufstein, Ti.), † 4. 8. 1928 Rom (I), Kapuziner, Bibelgelehrter. Lehrte 1885–1904 Bibelwiss. an der Ordenslehranstalt in Innsbruck, ab 1904 Prof. für bibl. Exegese am Pontificum Seminarium Romanum. Kämpfte gegen liberale Tendenzen in Bibelfragen.

Werke: Epitome exegeticae biblicae catholicae, 1903; Biblia sacra Vulgatae editionis, 1906, 1922, 1929; über 40 weitere Publikationen. – Literatur: NDB.

Hetzendorf von Hohenberg, Johann Ferdinand, * 7. 2. 1733 Wien, † 14. 12. 1816 ebd., führender Architekt des ausklingenden Barock und der Romantik, teils revolutionsklassizist. beeinflusst. 1775 Hofarchitekt, als solcher tätig in Schönbrunn (Schlosstheater, 1766/67; Gloriette, 1775; Röm. Ruine, 1778) und in Laxenburg. Er führte die Regotisierung von Augustiner- und Minoritenkirche in Wien durch. Akad.-Prof. in Wien.

Weitere Werke: Hochaltäre von Heiligenkreuz-Gutenbrunn (1757) und Lichtental (Wien, 1777); Palais Pallavicini-Fries (Wien, 1783); Entwürfe zu Theaterprospekten. – Literatur: E. Hainisch, Der Architekt J. F. H. v. H., 1949.

Heuberger, Helmut, * 8. 1. 1923 Innsbruck (Ti.), Geograph. 1967–68 Gastdoz. in Hamburg, Univ.-Prof. in Berlin 1969–70, Innsbruck 1971, München ab 1972, Sbg. 1980–91. Spezialgebiet: alpine Gletscherkunde.

Werk: Gletschergeschichte. Untersuchungen in den Zentralalpen zw. Sellrain- und Ötztal, 1966.

Richard Heuberger sen. Foto.

Heuberger, Richard (Franz Joseph) sen., * 18. 6. 1850 Graz (Stmk.), † 28. 10. 1914 Wien, Komponist, Dirigent, Musikkritiker; Vater von Richard → Heuberger jun. Nachfolger E. → Hanslicks bei der „Neuen Freien Presse"; leitete den Akad. Gesangverein und die Singakad., ab 1902 Lehrer am Wr. Konservatorium.

Werke: 4 Opern, 2 Ballette, 10 Operetten („Opernball", 1898), volkstüml. Lieder, Männerchöre, Instrumentalwerke. – Musikbuch aus Ö., 3 Bde., 1904–06 (Hg.). – Literatur: P. Grunsky, R. H. Leben und Werk, 3 Bde., Diss., Wien 1997; NDB.

Heuberger, Richard jun., * 30. 3. 1884 Wien, † 18. 11. 1968 Innsbruck (Ti.), Historiker; Sohn von Richard → Heuberger sen.; Univ.-Prof. in Innsbruck; beschäftigte sich hauptsächlich mit der Geschichte Ti. und des rätischen Raums in Altertum und Früh-MA.

Werke: Allg. Urkundenlehre, 1921; Raetien, 1932; Das Burggrafenamt im Altertum, 1935; Vom alpinen Ostraetien zur Grafschaft Ti., 1935. – Literatur: E. Klebelsberg (Hg.), Festschrift zu Ehren R. H., 1960.

Hevesi, Ludwig, * 20. 12. 1842 Heves (H), † 27. 2. 1910 Wien (Selbstmord), Schriftsteller und Journalist. Ab 1875 Kulturberichterstatter für das Wr. „Fremden-Blatt", Kunstkritiker und Chronist der franzisko-josephin. Ära, insbes. der Wr. Secession; schrieb für verschiedene publizist. Organe krit. und humorist. Aufsätze zur zeitgenöss. Kunst sowie an die 20 Taschenbücher mit Reisebildern.

Werke: Ö. Kunst im 19. Jh., 2 Bde., 1903. – Aufsatzsammlungen: 8 Jahre Secession, 1907; Altkunst – Neukunst, 1909. – Literatur: U. Meißl-Novopacky, Der Kunstkritiker L. H. (1843–1910), Diss., Wien 1989.

Egon Hilbert. Foto, 1963.

Hey, Peter, * 8. 11. 1914 Wien, † 9. 12. 1994 Wolfpassing (NÖ.), Schauspieler, Conférencier, Kabarettist. Debüt am Theater an der Wien, weitere Engagements in Innsbruck, Graz, Zürich und Bern; 1939–45 Operettenbuffo und Regisseur am Linzer Landestheater; gründete nach dem 2. Weltkrieg in Linz das Kabarett „Eulenspiegel"; 1972–83 Mitgl. des Wr. Volkstheaters; Rundfunktätigkeit (Conférencier in kabarettist. Sendungen, u. a. mit M. → Böhm).

Hibsch, Josef Emanuel, * 26. 3. 1852 Hummel (Homole, CZ), † 4. 11. 1940 Wien, Mineraloge und Geologe. 1880–1914 Prof. an der Landw. Akad. in Tetschen-Liebwerd (ab 1900 mit Hochschulstatus), daneben auch in der Volksbildung tätig; widmete sich v. a. der geolog. und mineralog. Erforschung des Böhm. Mittelgebirges.

Werke: Die Minerale des böhm. Mittelgebirges, 1934; zahlr. geolog. Karten. – Literatur: ÖBL; NDB.

Hiden, Rudolf, * 19. 3. 1909 Graz (Stmk.), † 11. 9. 1973 Wien, Fußballspieler (Tormann). Zuerst beim Grazer Athletiksport-Klub (GAK), dann beim Wr. Athletiksport-Club (WAC); Mitgl. des Wunderteams; ab 1933 beim Racing Club Paris, 1940 im franz. Nationalteam.

Hiebeler, Anton („Toni"), * 5. 3. 1930 Schwarzach (Vbg.), † 2. 11. 1984 bei Jesenice (SLO, Hubschrauberabsturz), Bergsteiger und Alpinpublizist mit Wahlheimat in München. Bewältigte schwierigste Bergtouren in den Alpen und weltweit, 1. Winterbegehung der Eiger-Nord- und der Civetta-Nordwestwand (1961, 1963), Begründer der Ztschr. „Alpinismus" (1963, später „Bergwelt alpin").

Werke: Abenteuer Berg, 1957; Das Dolomiten-Skibuch, 1966; SOS in Fels und Eis, 1973; Abenteuer Eiger, 1973; Lexikon der Alpen, 1977; Bergsteigen mit T. H., 1984.

Hiesel, Franz, * 11. 4. 1921 Wien, † 2. 11. 1996 Oberpullendorf (Bgld.), Hörspielautor, Erzähler, Lyriker, Dramatiker. 1960–67 Hörspieldramaturg beim Norddt. Rundfunk, 1967–83 Leiter der Abt. Hörspiel und Literatur des Ö. Rundfunks. Verfasste satirische, zeit- und soz.-krit. Hör- und Fernsehspiele. Ö. Staatspreis für Hörspiel 1954 (für „Von Hoffnung zu Hoffnung"), Hörspielpreis der Kriegsblinden 1959 (für „Auf einem Maulwurfshügel").

Weitere Werke: Hörspiele: Die Reise nach Ö., 1960; Was halten Sie von Irma Prein, 1976; Jaburek, 1986. – Fernsehspiele: An der schönen blauen Donau, 1965; Blaues Wild, 1971; Die Ausnahme, 1977. – Dramen, Gedichte, Kurzgeschichten und Erzählungen. – Literatur: R. Heger, Das ö. Hörspiel, 1977.

Hiesmayr, Ernst, * 11. 7. 1920 Innsbruck (Ti.), Architekt. 1968–90 Prof. an der Techn. Univ. Wien. Entwarf v. a. Einfamilienhäuser, Hotels, Schulen und Bürohäuser.

Werke: Hauptschule Rieden-Bregenz, 1950; Handelskammer Vbg., Bregenz, 1951; Hotels Clima, Wien und Innsbruck, 1959; Seelsorgeanlage Linz-Langholzfeld, 1961–67; Villenhotel Bockkeller, Wien, 1963–65; Atelierhaus Parisini, Neusiedl am Steinfelde, 1964; WIFI Dornbirn, 1967; Haus Dr. Siemer, Wachau-Gosam, 1968; Jurid. Fakultät, Wien, 1968–84; Bürohaus Honeywell, Edelsinnstr. 7–11, Wien, 1971; Haus Dr. Lanner, Wien-Neustift, 1973–75; Gewerbehof Daumeg. 1–3, Wien, 1985; Girozentrale-Umbau, Schubertring 5, Wien, 1985. – Publikation: Juridicum, 1996.

Higatsberger, Michael, * 8. 6. 1921 Unterbergern (Gem. Bergern i. Dunkelsteinerwald, NÖ.), Physiker. 1952–53 an der University of Minnesota, 1954–55 an der Catholic University Washington, 1956–71 techn.-wiss. Geschäftsführer des Reaktorzentrums Seibersdorf, 1965 Prof. f. Reaktorphysik an der Techn. Hochschule Graz, ab 1971 Prof. f. Experimentalphysik an der Univ. Wien.

Werke: Physik in 700 Experimenten, 1977; Physikal. Problemstellungen, 1983. – Zahlr. wiss. Beiträge in Sammelwerken und Ztschr. (seit 1970 v. a. zur Oberflächenphysik).

Hilbert, Egon, * 19. 5. 1899 Wien, † 18. 1. 1968 ebd., Theaterintendant. 1934 im Bundeskanzleramt, 1935 Presseattaché in Prag, 1938–45 im KZ Dachau; 1945 provisor. Dir. des Sbg. Landestheaters, 1946–53 Leiter der Bundestheaterverwaltung, 1954–59 Leiter des Ö. Kulturinst. in Rom, 1959–63 Intendant der Wr. Festwochen (setzte sich für die Wiederinbetriebnahme des Theaters an der Wien ein); 1963/64 mit H. v. → Karajan, 1964–68 alleiniger Dir. der Wr. Staatsoper. Zahlr. Auszeichnungen, Offizier der Academie française.

Hildebrandt, Johann Lukas von, * 14. 11. 1668 Genua (I), † 16. 11. 1745 Wien, neben J. B. → Fischer von Erlach der bedeutendste Architekt des ö. Barock. Schüler von C. Fontana in Rom und Festungsingenieur in den ital. Feldzügen unter Prinz → Eugen, dessen bevorzugter Baumeister er wurde. H. kam 1696 nach Wien und wurde 1700 Hofingenieur, 1711 Leiter des Hofbauamts, 1723 Hofbaumeister. Er konnte sich dennoch bei Hof nicht gegen die Konkurrenz der beiden Fischer v. Erlach durchsetzen und war hauptsächl. für die Aristokratie tätig. Seine Werke erscheinen im Gegensatz zu der monumentaleren Kunst Fischer von Erlachs verbindlicher und beziehen dekorative Elemente stärker ein. Dadurch erreichte H. eine beträchtl. Breitenwirkung bis in die bürgerl. Sphäre. Prinzipiell vereinigte aber auch er ital. und franz. Einflüsse und prägte die weitere barocke Entwicklung im süddt.-ö. Raum. H. war an mehreren größeren Projekten beteiligt, die von anderen Architekten fortgeführt wurden (Würzburg, Göttweig, Pommersfelden, Palais Schwarzenberg u. a.). Umfangreich ist die Zahl seiner Stadtpaläste in Wien (z. B. Daun-Kinsky, 1716), bedeutsam seine vielen Sakralbauten (Peterskirche und Piaristenkirche Maria Treu in Wien, Dominikanerkirche in Gabel, CZ, Deutschordenskirche in Linz), dominant aber die Schlossbauten für den Grafen Schönborn in Göllersdorf (1712–17) und Prinz Eugen (Belvedere in Wien, 1713–23, Schloßhof, 1729, und Ráckeve, H, 1701ff.).

Literatur: B. Grimschitz, J. L. v. H., 1959; W. G. Rizzi, J. L. v. H. – Ergänzende Forschungen zu seinem Werk, Diss., Wien 1975; H. Lorenz (Hg.), Barock, Geschichte der bildenden Kunst in Ö., hg. von H. Fillitz, Bd. 4, 1999; Amisola (Hg.), Palais Daun-Kinsky, Wien, Freyung, 2001; NDB.

Hilferding, Rudolf, * 10. 8. 1877 Wien, † 12. 2. 1941 Paris (F; in Gestapo-Haft), soz.-dem. Finanzpolitiker, Redakteur. Einer der führenden Theoretiker des Austromarxismus; lebte ab 1907 in Deutschland, wo er 1923 und 1928/29 Finanzmin. war; emigrierte 1933 nach Frankreich.

Werke: Das Finanzkapital, 1910; Marx-Studien, 5 Bde., 1904–23 (Hg. mit M. Adler). – Literatur: G. Pietranera, R. H. und die ökonom. Theorie der Soz.-Dem., 1974; F. P. Wagner, R. H., 1996; W. Smaldone, R. H., 1998; B. Schefold, R. H. und die Idee des organisierten Kapitalismus, 2000.

Hillebrand, Franz Anton, * 2. 4. 1719 Wien, † 25. 1. 1797 ebd., Architekt. 1739/40 beim Würzburger Residenzbau tätig, 1745 bau. Aufnahme der Wr. Hofburg, 1757 Architekt der Ungar. Hofkammer; baute zw. 1757 und 1797 fast alle staatl. Gebäude in Ungarn (Umbauten an den Burgen Buda und Pressburg); 1772 als Nachfolger von N. → Pacassi Hofbauarchitekt in Wien.

Werke: Umbau des Jesuitenprofesshauses Am Hof zum Hofkriegsratsgebäude (1909 abgetragen); Umbauten an Ungar. Botschaft, Barbarakirche, Dietrichsteinpalais und Rottalpalais in Wien; mehrere Palais in Pressburg. – Literatur: NDB.

Hillebrand, Karl, * 26. 12. 1861 Wien, † 10. 1. 1939 Kroisbach (Stmk.), Astronom. Univ.-Prof. in Graz und Wien, 1911–33 Vorstand der Univ.-Sternwarte Wien. Verdienste auf dem Gebiet der theoret. Astronomie und der Entwicklung kosmischer Systeme.

Werk: Anwendungen der Beugungserscheinung auf astronom. Messungen, 1901. – Literatur: W. Mauser, K. H., 1960.

Hillegeist, Friedrich, * 21. 2. 1895 Wien, † 3. 12. 1973 ebd., Angestellter und Politiker (SPÖ). Zw. 1938 und 1944 mehrmals in polit. Haft, davon 8 Monate im KZ Buchenwald. 1955 Präs. des Internat. Bunds der Privatangestellten, 1959 Vizepräs. des ÖGB und Präs. des Hauptverbands der ö. Sozialversicherungsträger. 1945–62 Abg. z. NR, 1961–62 2. Nationalratspräsident.

Hilleprandt, Franz von, * 29. 8. 1796 Wien, † 17. 9. 1871 Salzburg, Jurist. Ab 1826 Hof- und Gerichtsadvokat in Salzburg, Gründer des Vereins „Dom-Musik-Verein und Mozarteum" (1841), bei dem er 30 Jahre lang Sekr. war; 1842 maßgeblich an der Errichtung des Mozart-Denkmals in Sbg. beteiligt.

Literatur: ÖBL.

Hillinger, Franz, * 24. 10. 1921 Linz (OÖ.), † 10. 5. 1991 ebd., Beamter und Politiker (SPÖ). 1954–84 Mitgl. des Linzer Gemeinderats, 1956–65 Stadtrat, 1965–69 stellv. Bürgermeister, 1969–84 Bürgermeister. H. forcierte den Ausbau der städt. Infrastruktur (u. a. Brucknerhaus 1973).

Hillischer, Hermann Theodor, * 4. 5. 1850 Wien, † 26. 11. 1926 ebd., Mediziner; Sohn von Josef Hermann → Hillischer. Errichtete das erste Kieferspital in Wien, führte die graph. Bezeichnung der Zähne und ein Schlafgas für lang dauernde Operationen ein und konstruierte eine Bohrmaschine zur Zahnbehandlung. Initiator der Schulzahnpflege.

Literatur: ÖBL; NDB.

Hillischer, Josef Hermann (Pseud.: J. H. Hillisch), * 19. 3. 1825 Wien, † 23. 4. 1897 Linz (OÖ.), Schriftsteller, Arbeiterdichter; Vater von Hermann Theodor → Hillischer. Gründete 1848 die „Ö. Typographia, Journal für Arbeiter von Arbeitern" und „Arbeiter-Zeitung"; Verdienste um Bad Hall als Kurort, Gründung eines Bad Haller Theaters.

Werke: Gedichte eines dt. Handwerksburschen, 1851; Gedichte, 1855. – Novellen, Gelegenheitsgedichte, Theaterkritiken.

Hilscher, Albert, * 19. 8. 1892 Hannover (D), † 12. 11. 1964 Wien, Fotograf. Beschäftigte sich nach Ausbildung zum Kinomechaniker ab 1920 autodidaktisch mit Fotografie, wurde dann Mitarbeiter des „Abend" und Wr. Repräsentant der Agentur „Wide World Photos". Führender Fotojournalist im Ö. der Zwischenkriegszeit mit Schwerpunkt auf Pressefotografie.

Hiltl, Hermann, * 16. 6. 1872 Olmütz (Olomouc, CZ), † 15. 8. 1930 Bad Hall (OÖ.), Offizier. Teilnehmer am 1. Weltkrieg in Serbien und an der Italienfront, Oberst; 1927–30 oberster Führer der Frontkämpfervereinigung Deutsch-Österreichs.

Literatur: E. Hammer (Hg.), Oberst H., 1931.

Hiltl, Nora (Eleonora), * 21. 6. 1905 Wien, † 2. 1. 1979 ebd., Journalistin und Politikerin (ÖVP). 1939/40 inhaftiert. Ab 1946 Leiterin der Abteilung „Allg. Frauenbildung" im Unterrichtsmin., Gründerin und Chefredakteurin der Wochenschrift „Frau von heute"; Abg. z. Wr. Landtag und Mitgl. d. Wr. Gemeinderats, Wr. Landesleiterin der Ö. Frauenbewegung.

Hilverding (Hilferding) van Wewen, Franz (Anton Christoph), * 17. 11. 1710 Wien, † 30. 5. 1768 ebd., Ballettmeister. Ab 1737 am Wr. Kaiserhof, wurde 1752 Hofballettmeister für beide Theater in Wien; stand in der franz. Tanztradition und beeindruckte seine Zeitgenossen mit seinen Ballettpantomimen; 1758–64 in Russland, 1766 Pächter des Kärntnertortheaters.

Literatur: B. A. Brown, Gluck and the French Theatre in Vienna, 1991.

Himmelbauer, Alfred, * 6. 2. 1884 Wien, † 18. 4. 1943 ebd., Mineraloge. Lehrte ab 1910 in Wien; 1914–20 in Russland in Gefangenschaft; 1921 Prof. an der Hochschule für Bodenkultur, 1927 an der Univ. Wien, wo er das mineralog.-petrograph. Inst. ausbaute. Erforschte Salzlagerstätten und die Mineralogie des Waldviertels.

Literatur: NDB.

Himmelbauer, Wolfgang, * 16. 6. 1886 Wien, † 29. 9. 1937 ebd., Botaniker. Ab 1911 in der wirt.-chem. Versuchsstation (später Bundesversuchsanstalt) tätig, lehrte ab 1913 an der Univ. Wien. Zahlr. wiss. Publikationen.

Literatur: NDB.

Hindels, Josef, * 10. 1. 1916 Wien, † 10. 2. 1990 ebd., Gewerkschaftsfunktionär und Politiker (SPÖ). 1934–37 mehrmals inhaftiert, 1937–46 Emigration (Schwe-

Johann Lukas von Hildebrandt. Anonym. Gemälde (Schloss Wawel, Krakau).

den), bis 1981 verschiedene gewerkschaftl. Funktionen, gehörte zum linken Flügel der SPÖ.

Werke: Hitler war kein Zufall, 1962; Lebt Stalin in Peking?, 1964; Erinnerungen eines linken Sozialisten, 1996. – Literatur: M. Häupl u. a. (Hg.), Gegen den Strom, 1986.

Hinterberger, Ernst, * 17. 10. 1931 Wien, Schriftsteller. Musste nach Absolvierung der Wr. Polizeischule als Brillenträger den Dienst quittieren, später als Büchereileiter und Fabriksarbeiter beschäftigt. Autor erfolgreicher Kriminalromane; sein Roman „Salz der Erde" (1966) war die Vorlage für die populäre Fersehserie „Ein echter Wiener geht nicht unter" (1976/77).

Werke: Romane: Beweisaufnahme, 1965; Ein gemütlicher Wiener, 1973; Jogging, 1984; Das fehlende W, 1991; „Und über uns die Heldenahnen ...", 1994. – TV-Serie: Kaisermühlen-Blues, 1992.

Hinteregger, Gerald, * 12. 11. 1928 Weiz (Stmk.), Diplomat. Studierte Philosophie und Rechtswiss. in Graz, trat 1957 in den ö. auswärtigen Dienst ein, 1965–70 Botschaftssekr. an der ö. Botschaft in Washington, 1970–75 Kabinettsleiter des ö. Außenministers, 1975–78 ö. Botschafter in Spanien und 1978–81 in Moskau, 1981–87 Gen.-Sekr. für ausw. Angelegenheiten, 1987–93 Exekutivsekr. der Economic Commission for Europe (ECE, regionale UN-Wirt.-Kommission).

Hinterhäuser, Markus, * 30. 3. 1959 La Spezia (I), Pianist. Studierte ab 1975 an der Hochschule f. Musik in Wien und ab 1979 am Mozarteum in Sbg. Tritt seit 1993 bei den Sbg. Festspielen auf; internat. bed. Konzertpianist und Liedbegleiter, der einen Schwerpunkt auf die Musik des 20. Jh. legt.

Hinterseer, Ernst, * 28. 2. 1932 Kitzbühel (Ti.), Skirennläufer und -trainer. 1960 Olympiasieger und Weltmeister im Torlauf sowie Olympiadritter im Riesentorlauf; Weltmeister bei den Skiprofessionals; später Skitrainer.

Hinterstoisser, Franz, * 28. 4. 1863 Aigen (Sbg.), † 6. 3. 1933 Wien, Flugpionier und Militärschriftsteller, Offizier. Begründer der militär. Luftschifffahrt in Ö. und der ersten Fliegerschulen (1910). Seine Frau Josefine H. war ebenfalls Ballonführerin.

Werke: Aus meinem Luftschiffertagebuch, 1904; 25 Jahre Luftfahrt, 1915. – Literatur: ÖBL.

Hinträger, Karl, * 2. 12. 1859 Miskolcz (H), † 21. 1. 1913 Gries b. Bozen (S-Ti.), Architekt. Besuchte die Bauschule an der Techn. Hochschule in Wien. 1883 Ass. an der Lehrkanzel für Hochbau und Architektur, 1886 Diplom für Hochbau. Ab 1897 Prof. für Enzyklopädie des Hochbaus, daneben als ausübender Architekt tätig. Insbes. Schulbauten (u. a. in Wien-Penzing, Wien-Oberdöbling, Hainburg, Trient, Mistelbach). Ab 1889 im Atelier seines Vaters Moriz H. (1831–1909) tätig; Rathausbauten in Wien-Währing und Neunkirchen, Amtsgebäude in Lilienfeld und Zwettl. Ab 1896 Schätzmeister und Sachverständiger beim k. k. Handelsgericht.

Hintze, Christian (Ide), * 26. 12. 1953 Wien, Schriftsteller. Studierte 1972–76 Theaterwiss. und Publizistik in Wien, 1974–79 Verfasser von „Zettelgedichten" mit Helmut Seethaler in Wien. Zahlr. Festivalbeiträge mit visuellen, akustischen und körperaktionistischen Arbeiten; seit 1983 weltweite Lesereisen. 1991 Mitbegründer der Schule für Dichtung in Wien, 1993 Lehrtätigkeit in Hanoi, 1996 Mitbegründer der Escuela de Poesía in Medellin (Kolumbien), 1997 Mitbegründer der „Virtuellen Akademie". Propagiert einen weit gefassten Literaturbegriff (mediale Erfahrungen, Internet).

Werke: Die goldene Flut, 1987; Die lyrische Guerilla, 1993; La crediente dorada, 1996.

Augustin Hirschvogel. Kupferstich, 1548.

Hirn, Ferdinand, * 22. 12. 1875 Silz (Ti.), † 14. 4. 1915 Innsbruck (Ti.), Historiker, Gymnasiallehrer in Dornbirn und Innsbruck.

Werke: Vbg. Erhebung im Jahre 1809, 1909; Geschichte Ti. von 1809–14, 1913; Vbg. vor dem Heimfalle an Ö., 1915. – Literatur: ÖBL.

Hirn, Josef, * 10. 7. 1848 Sterzing (S-Ti.), † 7. 2. 1917 Bregenz (Vbg.), Historiker. Ab 1890 Univ.-Prof. in Innsbruck, 1899–1914 in Wien; 1895–1901 Mitgl. d. Ti. Landtags.

Werke: Erzhzg. Ferdinand II. von Ti., 2 Bde., 1885/88; Ti. Erhebung im Jahre 1809, 1909. – Literatur: M. H. Gall, J. H., Diss., Wien 1973.

Hirsch, Hans, * 27. 12. 1878 Zwettl (NÖ.), † 28. 8. 1940 Wien, Historiker, Urkundenforscher. 1918 Univ.-Prof. in Prag, 1926 in Wien, 1929–40 Vorstand des Inst. f. Ö. Geschichtsforschung.

Werke: Die Klosterimmunität seit dem Investiturstreit, 1913; Die hohe Gerichtsbarkeit im dt. MA, 1922; Die Urkunden Lothars III. u. der Kaiserin Richenza, 1927 (Hg. mit E. Ottenthal). – Literatur: Nachruf von K. Pivec (mit Werkverz.), in: MIÖG 54, 1942; NDB.

Hirsch, Hermann, * 10. 6. 1937 Schottwien (NÖ.), Unternehmer. 1967–99 Geschäftsführer und seit 1975 Eigentümer der Hirsch Armbänder Ges. m. b. H., die sich auf Lederarmbänder spezialisiert hat und eine hohe Exportquote aufweist.

Hirsch, Ludwig, * 28. 2. 1946 Weinberg (Stmk.), Schauspieler und Liedermacher. 1973 Debüt am Stadttheater Regensburg, 1975–79 Ensemblemitgl. des Theaters in der Josefstadt in Wien (u. a. Horváth- und Schnitzler-Rollen); 1978 Beginn seiner Karriere als Liedermacher mit kritischen, makaber-morbiden Texten; Fernsehtätigkeit. Seit den 90er Jahren wieder verstärkt als Schauspieler auf der Bühne (u. a. Nestroy-Rollen im Volkstheater in Wien).

Werke (Schallplatten und CDs): Dunkelgraue Lieder, 1978; Komm, großer schwarzer Vogel, 1979; Zartbitter, 1980; Biß ins Herz, 1983; In meiner Sprache, 1991; Gottlieb, 1993; Tierisch, 1996; Dunkelgrau, 1999.

Hirschberg, Walter, * 17. 12. 1904 Nova-Gradiška (HR), † 16. 8. 1996 Wien, Ethnologe und Volkskundler. Prof. am Inst. f. Völkerkunde und an der Hochschule f. Welthandel in Wien. Studienreisen durch Afrika (1959).

Werke: Völkerkunde, 1936; Das Agnesbrünnl, 1949; Die Künstlerstraße, 1962; Die Kulturen Afrikas, 1974; Frosch und Kröte in Mythos und Brauch, 1988. – Hg.: Wörterbuch der Völkerkunde, 1965; Technologie und Ergologie in der Völkerkunde, 1966; Neues Wörterbuch der Völkerkunde, 1988.

Hirschfeld, Robert, * 17. 9. 1857 Großmeseritsch (Velké Meziříčí, CZ), † 2. 4. 1914 Salzburg, Journalist, Musikschriftsteller. Ab 1882 Lehrer am Wr. Konservatorium; veranstaltete Jugendkonzerte und Konzerte alter Musik; ab 1913 am Sbg. Mozarteum tätig.

Werk: Geschichte der k. k. Ges. d. Musikfreunde in Wien, 1912.

Hirschfeld, Viktor, → Léon, Viktor.

Hirschl, Josef Adolf, * 19. 4. 1865 Teplitz-Schönau (Teplice-Šanov, CZ), † 1. 1. 1914 Wien, Neurologe, Psychiater. 1911 Prof. in Wien; bahnbrechend bei der Erforschung der Geschlechtskrankheiten und der progressiven Paralyse, wobei er Syphilis als auslösenden Faktor erkannte.

Werke: Progressive Paralyse, in: Wr. Klinische Wochenschriften 8, 1895; Gehirn und Syphilis, ebd. 17, 1904; Syphilis des Nervensystems, 1914 (mit O. Marburg).

Hirschvogel, Augustin, * 1503 Nürnberg (D), † Februar 1553 Wien, Kupferstecher, Radierer, Glasmaler, Steinschneider, Geometer und Kartograph. Einer der vielseitigsten Künstler des 16. Jh., Sohn des Nürnberger Glasmalers Veit H. d. Ä., in dessen Werkstatt er vermutlich bis 1525 tätig war. 1536 ging er nach Laibach, unternahm ausgedehnte Reisen zu kartograph.

Arbeiten für den Hof und schuf für Ks. Ferdinand I. eine Karte von Ö. (1542), von Kä. und von Krain (1544). Ab 1544 in Wien als Radierer tätig. Zu seinen Hauptwerken zählen topographisch genaue Profilansichten von Wien sowie der 1547 entstandene Rundplan der Stadt Wien (im Hist. Museum der Stadt Wien), den er mit Hilfe der von ihm erfundenen Triangulierung schuf.

Literatur: M. Forster, Die Landschaftsradierungen des A. H., Diss., Wien 1973; NDB.

Hitler, Adolf, * 20. 4. 1889 Braunau a. Inn (OÖ.), † 30. 4. 1945 Berlin (D; Selbstmord). Wuchs ohne geregelte Ausbildung auf, lebte in dürftigen Verhältnissen als Bauhilfsarbeiter und „Kunstmaler" in Wien; ging 1913, um sich der ö. Militärdienstpflicht zu entziehen, nach München und nahm in der bayer. Armee am 1. Weltkrieg teil. In Deutschland wurde er 1921 Führer der NSDAP, versuchte 1923 einen Staatsstreich, in der folgenden Festungshaft schrieb er seine polit. Rechtfertigungsschrift „Mein Kampf". 1925 legte er die ö. Staatsbürgerschaft zurück und blieb staatenlos, bis er 1932 die dt. Staatsbürgerschaft erwarb. Wurde am 30. 1. 1933 dt. Regierungschef (Reichskanzler) und 1934 Staatsoberhaupt (Reichspräsident), vereinigte von da an als „Führer und Reichskanzler" die Ämter des Partei-, Regierungs- und Staatschefs; errichtete eine Diktatur, verfolgte eine aggressive Außenpolitik (Annexion Ö. und der Sudetenländer, Besetzung Tschechiens) und begann am 1. September 1939 den Zweiten Weltkrieg. Attentate auf ihn scheiterten am 9. 11. 1939 und am 20. 7. 1944.

H. hatte sich aus antibürgerl. und antisemit. Ideen eine auf dem Rassen- und Machtprinzip fußende Weltanschauung gebildet, deren Wurzeln vielfach in polit. Geschehnissen und Strömungen der dt.-nat. Bewegung in Ö. lagen (G. Ritter v. → Schönerer). Er trägt die Hauptverantwortung für den organisierten Völkermord an den Juden, für die Ermordung polit. Andersgesinnter sowie für die Massenmorde der Einsatzgruppen an der Ostfront.

Quellen: M. Domarus, H. Reden und Proklamationen 1932–45, 1965; H. Sämtl. Aufzeichnungen 1905–24, 1980; H. Reden, Schriften, Anordnungen 1925–33, 2 Bde., 1992/94. – Literatur: A. Bullock, H., 1953; J. C. Fest, H., 1973; J. Toland, A. H., 1976; W. Maser, A. H., Legende, Mythos, Wirklichkeit, 1987; B. Hamann, H. Wien, 1996; J. Lukacs, H. – Geschichte und Geschichtsschreibung, 1997; I. Kershaw, H., 2 Bde., 1998/2000; M. Koch-Hillebrecht, Homo H., 1999; ÖBL; NDB.

Hitschmann, Hugo, * 28. 4. 1838 Kanitz (Dolni Kounice, CZ), † 17. 4. 1904 Wien, Journalist und Verleger. Begründer des modernen land- und forstw. Ztschr.-Wesens in Ö.; schuf und erweiterte landw. Fachblätter („Ökonomie", „Ö. Forst- und Jagdzeitung", „Allg. Weinzeitung"). Hg. des „Vademecum für den Landwirt", 1879 ([10]1891).

Hittmair, Anton, * 7. 6. 1892 Salzburg, † 28. 11. 1986 Telfes (Ti.), Hämatologe. 1945–63 Univ.-Prof. und Klinikvorstand in Innsbruck.

Werke: Hb. der allg. Haematologie, 1932; Blutdiagnostik, 1937; Klinische Untersuchungsmethoden, 1948; Kleine Haematologie, 1949; Physiologie und Pathologie der Milz, 1969.

Hittmair, Otto, * 16. 3. 1924 Innsbruck (Ti.), Physiker. Ab 1951 Gastwissenschaftler in Dublin, Cambridge, Paris, Sydney und Buenos Aires, 1960 Prof. f. theoretische Physik an der Techn. Hochschule in Wien; 1987–91 Präs. der Ö. Akad. d. Wiss.; E.-Schrödinger-Preis der Ö. Akad. d. Wiss.

Werke: Wärmetheorie, 1971 (mit G. Adam); Lehrbuch der Quantentheorie, 1972; Nuclear Stripping Reactions, 1975 (mit S. T. Buttler); Supraleitung, 1979 (mit H. Weber); Akad. d. Wiss. Entwicklung einer ö. Forschungsinstititution, 1997 (Hg.).

Hittmair, Rudolf, * 24. 7. 1859 Mattighofen (OÖ.), † 5. 3. 1915 Linz (OÖ.), Geistlicher und Theologe. 1888 Domprediger, ab 1893 Prof. für Pastoraltheologie in Linz, ab 1909 Bischof von Linz.

Literatur: R. Zinnhober, Die Bischöfe von Linz, 1985; ÖBL.

Hitzinger, Walter, * 8. 4. 1908 Linz (OÖ.), † 26. 7. 1975 Bad Ischl (OÖ.), Ind.-Manager. Studierte an der Techn. Univ. in Wien; ab 1940 techn. Referent bei der Steyr-Daimler-Puch AG, ab 1943 Vorstandsmitgl. der Flugmotorenwerke Ostmark in Wr. Neudorf, anschließend Leiter der Saurer-Werke. 1952–61 Gen.-Dir. der VÖEST, industrielle Auswertung des LD-Verfahrens und Vorbereitung des Zusammenschlusses der Hüttenwerke Donawitz und Linz. 1961–66 Leiter der Daimler-Benz AG in Stuttgart.

Hlasiwetz, Heinrich, * 7. 4. 1825 Reichenberg (Liberec, CZ), † 8. 10. 1875 Wien, Chemiker. 1861 Prof., 1866 Rektor der Univ. Innsbruck; 1869 Prof., 1873 Rektor der Techn. Hochschule in Wien; Gründer der Chemisch-Physikal. Ges. in Wien. Entdeckte durch Isolierung chem. Spaltprodukte u. a. die 1. Methylpentose, Resorcin und Phloroglucin.

Werke: Über das Quercitrin, 1859; Über eine neue Säure aus dem Milchzucker, 1859.

Hlavaček, Anton, * 7. 5. 1842 Wien, † 16. 1. 1926 ebd., Landschaftsmaler. Studierte an der Wr. Akad.; 1906 Gründer des Ö. Künstlerbundes. Schuf großformatige Wandbilder, u. a. für das Wr. Rathaus und das Naturhist. Museum in Wien; malte mit Vorliebe panoramaartige Gebirgslandschaften (Dolomiten, Alpenvorland) sowie Wachaumotive. Für die Bilder „Blick auf Klosterneuburg", „Morgen in der Rheinpfalz" und „Attersee" erhielt er bei der Weltausstellung 1873 die Künstlermedaille.

Literatur: E. Filek u. A. Jentsch, A. H., 1926; 1000 Jahre Kunst in Krems, Ausst.-Kat., Krems 1971; ÖBL.

Hlawa, Stefan, * 2. 2. 1896 Wien, † 5. 6. 1977 ebd., Bühnen- und Kostümbildner, Maler, Graphiker. 1932–45 Bühnenbildner am Wr. Burgtheater, 1945–48 am Innsbrucker Landestheater, ab 1948 wieder am Burgtheater, aber auch am Theater an der Wien, an der Wr. Volksoper und im Ausland beschäftigt. Zahlr. Auszeichnungen (1968 Grillparzer-Ring).

Werke: mehr als 200 Ausstattungen für das Wr. Burgtheater, die Staatsoper sowie die Sbg. und die Bregenzer Festspiele (Entwürfe im Besitz des Ö. Theatermuseums in Wien); künstlerische Gestaltung der Ankunftshalle des Flughafens Wien-Schwechat, 1971. – Literatur: F. Hadamowsky, S. H., 1950; P. Robotz, Der Bühnenbildner S. H., Diss., Wien 1969; J. Mayerhöfer, S. H. 40 Jahre Bühnenbild in Ö., 1974.

Hlawati, Franz, * 1. 10. 1868 Bernhardsthal (NÖ.), † 26. 7. 1940 Wien, Pädagoge, Seelsorger. 1923–32 Provikar der Apostol. Administratur des Bgld., um dessen kirchl. Aufbau er sich bes. verdient machte. Auch Komponist und Dichter.

Hlawaty, Graziella, * 2. 2. 1929 Wien, Schriftstellerin. Verbrachte ihre Kindheit in Triest, ihre Schul- und Studienzeit (Theaterwiss.) in NÖ. und Wien; lebte ab den 60er Jahren in Schweden und seit den 80er Jahren wieder in Ö.; trat ab Ende der 70er Jahre mit eig. Publikationen hervor (v. a. Romane, Erzählungen und Hörspiele) und erhielt mehrere Auszeichnungen.

Werke: Romane: Bosch oder Die Verwunderung der Hohltierchen, 1979; Die Grenzfahrt, 1990; Die Stadt der Lieder, 1995; Nordwind, 1996.

Hlaweniczka, Kurt, * 5. 1. 1930 Wien, Architekt. Studierte in Wien, Zürich und den USA. Schuf Großbauten im Bereich Wohnbau (Wohnpark Alterlaa, mit H. Glück, F. Requat und T. Reinthaller), für öffentliche Einrichtungen, wie die Überbauung des Franz-Josef-Bahnhofs mit techn. Zentrum der CA (mit K. Schwanzer, H. Glück, F. Requat und T. Reinthaller), Wirtschaftsuniv., Naturwiss. Fakultät der Univ. Wien und Postdirektion für Wien, NÖ. und Bgld., sowie für Verwaltung und Industrie.

Weitere Werke: Verwaltungszentrum der Allg. Unfallversicherungsanstalt, Wien 20; Verwaltungsgebäude der Philips Data Systems, Wien 10; Internat. Pressezentrum, Wien 19; Pensionsversicherungsanstalt der Angestellten, Wien 2 (mit H. Lintl); Philips Videowerk und Philips Elektronikfabrik, Wien 23; Rehabilitationszentrum der Allg. Unfallversicherungsanstalt in Klosterneuburg (NÖ., mit H. Lintl).

Hlawka, Edmund, * 5. 11. 1916 Bruck a. d. Mur (Stmk.), Mathematiker. 1948 Univ.-Prof. am Inst. f. Mathemat. Analysis in Wien sowie am Inst. f. Techn. Mathematik und Versicherungsmathematik der Techn. Univ. Wien. Ehrenzeichen f. Wiss. u. Kunst 1964.

Werke: Topics in the Theory of Numbers, 1967; Theorie der Gleichverteilung, 1979; Zahlentheorie, 1979; Grundbegriffe der Mathematik, 1979; Analyt. und geometr. Zahlentheorie, 1985.

Höbarth, Josef, * 17. 3. 1891 Reinprechtspölla (Gem. Burgschleinitz-Kühnring, NÖ.), † 15. 12. 1952 Horn (NÖ.), Heimatforscher, Postbediensteter. Sammelte vorwiegend volkskulturelle Objekte und machte sich um die Bergung von prähist. Funden des Horner Raums verdient. Das 1930 gegr. Museum der Stadt Horn ist nach ihm benannt.

Literatur: I. Prihoda (Hg.), J. H. zum 30. Todestag, 1982.

Höbling, Franz, * 9. 9. 1886 Wien, † 14. 2. 1965 ebd., Hofschauspieler und Theaterintendant. 1910 an den Wr. Jarno-Bühnen; 1911–59 Mitgl., später Gast des Wr. Burgtheaters (Hofschauspieler); auch Sänger an der Wr. Staats- und Volksoper; Radio- und Filmtätigkeit.

Hoboken, Anthony van, * 23. 3. 1887 Rotterdam (NL), † 1. 11. 1983 Zürich (CH), Musiksammler. 1925–34 Schüler von H. → Schenker in Wien; errichtete 1927 das Archiv f. Photogramme musikal. Meisterhandschriften an der Musik-Smlg. der Nat.-Bibl. in Wien; erarbeitete in über 30 Jahren einen bibliograph.-themat. Katalog der Werke J. → Haydns (H.-Verzeichnis).

Werk: J. Haydn, Themat.-bibliograph. Werkverzeichnis, 3 Bde., 1957–78. – Literatur: Inst. f. Ö. Musikdokumentation (Hg.), Kat. der Smlg. A. v. H., 1982ff.

Hochenegg, Carl, * 27. 10. 1860 Wien, † 6. 2. 1942 ebd., Elektrotechniker; Bruder von Julius v. → Hochenegg. 1883–99 Ingenieur bei Siemens & Halske in Wien, 1899–1920 Prof. an der Techn. Hochschule in Wien, deren elektrotechn. Institute er neu einrichtete. Verdienste um die Elektrifizierung Wiens.

Literatur: ÖBL; NDB.

Hochenegg, Julius von, * 2. 8. 1859 Wien, † 11. 5. 1940 ebd., Chirurg; Bruder von Carl → Hochenegg. 1894 Univ.-Prof. in Wien, ab 1904 Vorstand der II. Chirurg. Klinik. Verbesserte die Krebschirurgie, errichtete ein Röntgeninst. und gründete mit A. Frh. v. → Eiselsberg die Unfallstation der I. Chirurg. Klinik in Wien. 1914 nobilitiert.

Werke: Lehrbuch der speziellen Chirurgie, 2 Bde., ²1918/27 (mit E. Payr). – Literatur: ÖBL; NDB.

Fritz Hochwälder. Foto.

Hochgatterer, Paulus, * 16. 7. 1961 Amstetten (NÖ.), Schriftsteller und Psychoanalytiker. Studierte Medizin und Psychologie in Wien, seit 1979 schriftstellerisch tätig, daneben Kinderpsychiater.

Werke: Erzählungen: Rückblickpunkte/Unbereitete Wege, 1983 (mit G. Rainer); Der Aufenthalt, 1990; Die Nystensche Regel, 1995; Wildwasser, 1997. – Romane: Über die Chirurgie, 1993; Caretta Caretta, 1999.

Höchle, Johann Baptist, → Hoechle, Johann Baptist.

Höchle, Johann Nepomuk, → Hoechle, Johann Nepomuk.

Hochleitner, Albert, * 4. 7. 1940 Wien, Techniker. Studierte Techn. Physik in Wien; trat 1965 in die Wr. Schwachstromwerke ein, die 1971 Teil der Siemens AG Österreich wurden. Teilw. auch im Ausland für Siemens tätig, wurde er 1992 Vorstandsmitgl. der Siemens AG Österreich und 1994 Vorstandsvorsitzender.

Hochner, Robert, * 30. 8. 1945 Budapest (H), † 12. 6. 2001 Wien, Journalist, TV-Moderator. Studierte 1966–68 am Reinhardt-Seminar, danach Zeitgeschichte an der Univ. Wien. 1970–72 Regieassistent am Theater in der Josefstadt. Seit 1974 für den ORF tätig; ab 1979 Moderator der „Zeit im Bild 2", ab 1984 leitender Redakteur im Aktuellen Dienst. 1989–90 Chefredakteur der „Neuen Arbeiter-Zeitung", dann bis Herbst 1999 wieder Moderator der „Zeit im Bild 2".

Hochstetter, Carl Christian, * 11. 3. 1818 Brünn (Brno, CZ), † 22. 11. 1880 Wien, Apotheker und Industrieller. Wirkte in den salmschen Eisenwerken in Mähren und später in einer ungar. Zuckerfabrik. Nach Studienjahren in Berlin kehrte er nach Brünn zurück und gründete eine Blutlaugensalzfabrik, 1850 mit J. Miller zu Aichholz die Erste ö. Sodafabrik in Hruscha sowie eine Tonwarenfabrik. Ab 1862 Abg. z. schles. Landtag. 1866 Übersiedlung nach Wien, 1857–80 Kammerrat der Wr. Handelskammer; Beteiligung an mehreren Unternehmen (u. a. Floridsdorfer Lokomotivfabrik, Perlmoser Zementwerke).

Literatur: ÖBL; NDB.

Hochstetter, Ferdinand von, * 30. 4. 1829 Eßlingen (D), † 18. 7. 1884 Wien, Geologe und Prähistoriker. Nahm 1857–59 an der Novara-Expedition teil, wobei er Neuseeland erforschte. Prof. am Polytechn. Inst. in Wien, 1876 Dir. des Naturhist. Museums, errichtete die anthropolog.-ethnograph. Abteilung. Präs. der Geolog. Ges., regte die Schaffung der Prähist. Kommission der Akad. d. Wiss. (1878) an. Nach ihm sind der „H.-Dom" (Berg in Neuseeland) und der „H.-Fjord" in Grönland benannt.

Werke: Neu-Seeland, 1863; Reise der ö. Fregatte Novara um die Erde, Geolog. Teil, 3 Bde., 1864–66. – Literatur: ÖBL; NDB.

Hochstraate, Lutz, * 7. 1. 1942 Dortmund (D), Schauspieler, Regisseur, Theaterleiter. Schauspielstudium in Berlin, danach an verschiedenen dt. Bühnen und bei Film und Fernsehen. 1974–79 Oberspielleiter am Sbg. Landestheater, danach Regisseur in Frankfurt, Bonn und Heidelberg; TV-Regisseur f. ORF und Bayer. Rundfunk, zunehmend als Opernregisseur tätig; seit 1986 Intendant des Sbg. Landestheaters.

Höchtl, Josef, * 13. 5. 1947 Hollabrunn (NÖ.), Sozial- und Wirtschaftswissenschaftler, Politiker (ÖVP). 1977–81 ÖVP-Bundesparteiobmann-Stellv., 1991–97 Bundesobmann des ÖAAB; seit 1997 Beamter im Wiss.- bzw. Bildungsmin. (internat. Angelegenheiten); 1975–99 Abg. z. NR; 1979–93 Sprecher der ÖVP für Sportpolitik sowie 1989–95 Sprecher für Menschenrechtsfragen.

Hochwälder, Fritz, * 28. 5. 1911 Wien, † 20. 10. 1986 Zürich (CH), Dramatiker. Ursprünglich Tischler und Tapezierer, dann Gewerkschaftssekr., emigrierte 1938 nach Zürich, wo er bis zu seinem Tod lebte. Seine Dramen wurden v. a. in den 50er und 60er Jahren oft gespielt. Zumeist traditionellen Formen verhaftet, thematisierte er anhand von hist. Stoffen die Diskrepanz zw. Ideal und polit. bzw. soz. Realität. In seinem bekanntesten Drama „Das heilige Experiment" (1947) stellt er die Auflösung des Jesuitenstaats in Paraguay als Folge polit. Machtkämpfe dar. Grillparzer-Preis 1956; Großer Ö. Staatspreis 1966, Ö. Ehrenzeichen f. Wiss. u. Kunst 1980.

Weitere Werke: Jehr, 1932; Liebe in Florenz, 1936; Der Flüchtling, 1946; Die verschleierte Frau, 1946; Der Unschuldige, 1949; Virginia, 1951; Donadieu, 1953; Der öffentl. Ankläger, 1954; Der Verfolgte, 1954; Hôtel du Commerce, 1954; Die Herberge, 1956; Meier Helmbrecht, 1958; Donnerstag, 1959; Esther, 1960; Schicksalskomödie, 1960; 1003, 1964; Der Himbeerpflücker,

1965 (Fernsehfassung 1964); Der Befehl, 1967; Die Prinzessin von Chimay, 1982. – Im Wechsel der Zeit. Autobiograph. Skizzen u. Essays, 1980; Hörspiele. – Ausgabe: Dramen, 4 Bde., 1975–85. – Literatur: W. Bortenschlager, Der Dramatiker F. H., 1979; R. B. Gross, F. H., 1988.

Hock, Carl Frh. von, * 18. 3. 1808 Prag (CZ), † 2. 1. 1869 Wien, Philosoph und Nationalökonom. War als Mitarbeiter von K. L. Frh. v. → Bruck wesentlich an der Finanzreform im Neoabsolutismus beteiligt (Vereinheitlichung des Steuersystems in Ö. und Ungarn 1851, Regelung des Münzwesens und neue ö. Währung 1857/58); ab 1867 Präs. des Obersten Rechnungshofs.

Werke: Die Finanzverwaltung Frankreichs, 1857; Die öffentl. Abgaben und Schulden, 1863; Der ö. Staatsrath 1760–1848, 4 Bde., 1866–79 (vollendet von H. I. Bidermann). – Literatur: ÖBL; NDB.

Hock, Stefan, * 9. 1. 1877 Wien, † 19. 5. 1947 London (GB), Literaturhistoriker und Übersetzer. Univ.-Doz., Dramaturg am Josefstädter Theater unter M. → Reinhardt, dann Leiter des Raimundtheaters. Emigrierte 1938 nach England.

Werke: Grillparzers „Traum ein Leben", 1904; Leopold Kompert, 1906; A. Grün, 1907. – Hg.: Grillparzers Werke, 7 Bde., 1911–13; Lyrik aus Dt.-Ö., 1919. – Literatur: NDB.

Hodina, Karl, * 7. 6. 1935 Wien, Maler, Komponist und Sänger. Arbeitete zunächst als Lithograph, wandte sich ab 1969 ganz der Malerei und der Musik zu; gründete 1957 das Vienna modern Jazzquartett, widmet sich seit den 70er Jahren dem neuen Wienerlied.

Werke: O du lieber Augustin, 1979 (Wienerlieder). – Gestaltung der Autobahnraststätte Auwiesen bei Gleisdorf (Stmk.); Kunstkalender.

Hoechle, Johann Baptist, * 19. 10. 1754 Klingnau i. Aargau (CH), † 1. 1. 1832 Wien, Porträt-, Historien- und Genremaler; Vater von Johann Nepomuk → Hoechle. Studierte an der Akad. in Augsburg, war ab 1780 in München tätig, wo er Hofmaler des Kurfürsten Karl Theodor v. Bayern war, übersiedelte 1800 nach Wien und war ab 1802 Hof- und Kammermaler.

Werke: Bilder des höfischen Lebens, volkstüml. Genreszenen, Historienbilder für die Franzensburg in Laxenburg. – Literatur: ÖBL; NDB.

Hoechle, Johann Nepomuk, * 16. 9. 1790 München (D), † 22. 12. 1835 Wien, Schlachten- und Genremaler; Sohn von Johann Baptist → Hoechle. Schüler von W. v. Kobell in München, kam 1800 nach Wien, studierte bei M. Wutky und F. H. → Füger an der Wr. Akad. und war danach mehrere Jahre in Paris im Atelier des Schlachtenmalers I. Duvivier; kehrte nach Wien zurück und wurde 1833 Nachfolger seines Vaters als Hof- und Kammermaler.

Werke: Bilder von Kriegs- und Volksszenen sowie Ereignissen aus dem Leben von Ks. Franz. – Literatur: A. Urban, Das ö. Schlachtenbild im 19. Jh., Diss., Wien 1988.

Hoefnagel, Georg, * 1542 Antwerpen (B), † 9. 9. 1600 Wien, Miniaturmaler und Zeichner; Vater von Jakob → Hoefnagel. Unternahm Reisen durch Europa, insbes. nach Italien und Spanien, war in Bayern und ab den 80er Jahren am Innsbrucker Hof tätig. Später war er in Wien und Prag v. a. als Graphiker beschäftigt. Er schuf Buchmalereien sowie topograph. und naturwiss. Illustrationen.

Werke: Ansichten von Linz, Innsbruck, Martinswand, St. Pölten u. a., in: G. Braun u. F. Hogenberg, Civitates orbis Terrarum, um 1600. – D. Thoss, G. H. und seine Beziehungen zur Gent-Brügger Buchmalerei, in: Beiträge zur fläm. Buchmalerei, Habil.-Schr., Wien 1992.

Hoefnagel, Jakob, * 1575 Antwerpen (B), † um 1630 wahrscheinlich Holland, Kupferstecher und Miniaturmaler; Sohn von Georg → Hoefnagel. Schuf 1609 die erste topographisch brauchbare und zugleich künstlerisch wertvolle Ansicht der Stadt Wien.

Hoegel, Hugo, * 21. 10. 1854 Wien, † 9. 2. 1921 ebd., Jurist. Prof. an der Konsularakad., zuletzt Generalprokurator beim Obersten Gerichtshof. Behandelte Probleme des Strafrechts und -vollzugs oft im Widerspruch zur herrschenden Lehre, wirkte bei der Einrichtung des Strafregisters und bei der Erarbeitung eines neuen Strafgesetzentwurfs (1908) mit.

Werk: Freiheitsstrafe und Gefängniswesen in Ö. von der Theresiana bis zur Gegenwart, 1916. – Literatur: W. Brauneder, Juristen in Ö., 1987.

Hoernes, Hermann, * 31. 7. 1858 Venedig (I), 17. 1. 1948 Linz (OÖ.), Flugtechniker, Offizier. Einer der ersten Ballonfahrer Ö., 1890 erste Nachtballonfahrt (Wien–Posen).

Werke: Luftfahrzeuge der Zukunft, 1891; Lenkbare Ballons, 1902; Buch des Fluges, 3 Bde., 1910/11; Die Erfindung des Flugdrachens, 1913. – Literatur: ÖBL; NDB.

Hoernes, Moriz d. Ä., * 14. 7. 1815 Wien, † 4. 11. 1868 ebd., Paläontologe. Vater von Moriz → Hoernes d. J. und Rudolf → Hoernes. War am Hofnaturalienkabinett in Wien tätig, zuletzt dessen Dir. Erforschte erstmals die tertiäre Molluskenfauna des Wr. Beckens.

Werk: Die fossilen Mollusken des Tertiärbeckens von Wien, in: Abhandlungen d. Geolog. Reichsanstalt, 1852–70. – Literatur: ÖBL.

Hoernes, Moriz d. J., * 29. 1. 1852 Wien, † 10. 7. 1917 ebd., Prähistoriker; Sohn von Moriz → Hoernes d. Ä., Bruder von Rudolf → Hoernes. Ab 1885 am Naturhist. Museum in Wien tätig, lehrte ab 1892 prähist. Archäologie an der Wr. Univ. (1. Ordinarius für Urgeschichte an einer mitteleurop. Univ.).

Werke: Urgeschichte der Menschheit, 1895; Urgeschichte der bild. Kunst in Europa von den Anfängen bis um 500 v. Chr., 1898; Natur- und Urgeschichte des Menschen, 1909; Kultur der Urzeit, 3 Bde., 1912; zahlr. Aufsätze in Fachzeitschriften. – Literatur: ÖBL; NDB.

Hoernes, Rudolf, * 7. 10. 1850 Wien, † 20. 8. 1912 Judendorf (Stmk.), Paläontologe und Geologe; Sohn von Moriz → Hoernes d. Ä., Bruder von Moriz → Hoernes d. J. Ab 1876 Univ.-Prof. in Graz, arbeitete über jungtertiäre Molluskenfaunen und Seismologie.

Werke: Die Gastropoden der Meeresablagerungen der I. und II. miocänen Mediterranstufe, in: Abhandlungen d. Geolog. Reichsanstalt, 1879–82; Elemente der Paläontologie, 1884; Erdbebenkunde, 1893. – Literatur: ÖBL.

Hoesslin, Walter, * 3. 3. 1910 Augsburg (D), † 7. 1. 1996 Wien, Bühnenbildner. Studierte bei A. → Roller, O. → Strnad und M. → Reinhardt, lehrte von 1935 bis zu seinem Tod am Reinhardt-Seminar und war 1977–83 dessen Leiter. 1945 wurde er Chefausstatter der Wr. Volksoper, auch an der Gründung der Bregenzer Festspiele war er maßgeblich beteiligt.

Hofbauer, Clemens Maria (eigentl. Johannes), Hl., Fest 15. März, * 26. 12. 1751 Taßwitz (Tasovice, CZ), † 15. 3. 1820 Wien, kath. Priester, Stadtpatron von Wien, wo er den Redemptoristenorden einführte. 1767–69 Bäckerlehrling in Znaim, 1785 Priester, ab 1808 in Wien. Er beeinflusste im „H.-Kreis" bes. Wr. Romantiker und Konvertiten (u. a. F. Schlegel, A. Müller, Z. Werner, J. v. Eichendorff). Als Erneuerer des relig. Lebens in Ö. und geistiger Überwinder der josephin. Aufklärung wandte er neue Mittel der Seelsorge an (Presse, Hausbesuch, Heimabende, Ztschr. „Ölzweig"). 1909 heilig gesprochen. Grab: Kirche Maria am Gestade in Wien (seit 1862). Denkmal bei der Wr. Minoritenkirche, an der er 1808–13 wirkte.

Clemens Maria Hofbauer. Stich von A. Petrak.

Ausgabe: Monumenta Hofbaueriana, 15 Bde., 1913–51. – Literatur: K. Fleischmann, K. M. H., 1988; M. Brudzisz (Hg.), Dokumente zum Leben des hl. K. M. H., 1998; NDB.

Hofbauer, Friedl, * 19. 1. 1924 Wien, Kinder- und Jugendbuchautorin, Übersetzerin. Veröffentlichte 1962 ihr erstes Kinderbuch „Der Schlüsselbund-Bund". Charakteristisch für ihre Werke ist die Verbin-

Hans Höfer von Heimhalt. Foto.

Andreas Hofer. Anonym. Gemälde.

dung von Realistischem und Phantastischem sowie ein am kindl. Wortschatz orientiertes Sprachverständnis. Ö. Staatspreis f. Kinderlyrik 1999.

Weitere Werke: Die Wippschaukel, 1966; Von allerlei Leuten, 1973; Der kleine grüne Tannenbaum, 1985; Die Insel der weißen Magier, 1987; Heinzelmännchen und Wichtelweibchen, 1993; Die Spinnerin am Kreuz, 1994; Sagen aus Wien, 2000.

Höfel, Blasius, * 27. 5. 1792 Wien, † 17. 9. 1863 Aigen b. Salzburg, Kupferstecher und Illustrator. Studierte an der Wr. Akad., erlernte die Miniaturmalerei und war ab 1820 Zeichenlehrer an der Militärakad. in Wr. Neustadt, wo er 1834 eine xylograph. Kunstschule errichtete. Er führte die Metallographie ein und war als Porträtstecher bekannt.

Literatur: J. Wünsch, B. H., 1910; ÖBL.

Hofer, Andreas, * 22. 11. 1767 St. Leonhard im Passeier (S-Ti.), † 20. 2. 1810 Mantua (I; erschossen), Führer des Ti. Freiheitskampfs 1809, Sandwirt (Wirtshaus „Am Sand" an der Jaufenstraße im Passeier). 1790 Abg. z. Ti. Landtag, Schützenhauptmann, 1809 Vertrauter Erzhzg. → Johanns. Nach der Niederlage Ö. im 3. Koalitionskrieg wurde 1805/06 der größte Teil Ti. dem Königreich Bayern unterstellt; bei der Auslösung des Aufstands gegen die bayerischen und franz. Machthaber am 9. 4. 1809 war H. „vom Haus Ö. erwählter Kommandant", übernahm nach Abzug der ö. Truppen Mitte Mai das Kommando und siegte am 25. 5. und 29. 5. am Bergisel. Nach dem Znaimer Waffenstillstand vom 12. 7. besetzten wiederum franz. Truppen Ti.; H. rief den Landsturm auf, siegte am 13. 8. neuerlich am Bergisel und regierte von 15. 8. bis 21. 10. von Innsbruck aus das Land. Nach dem Frieden von Schönbrunn (14. 10.) wagte er die Fortsetzung des Kampfs, verlor am 1. 11. 1809 die 4. Schlacht am Bergisel, forderte am 11. 11. neuerlich zum Widerstand auf, der aber zusammenbrach. H. flüchtete dann, wurde von Franz Raffl verraten und am 28. 1. 1810 auf der Mähderhütte der Pfandleralm (Alm des Prantacher Hofs gegenüber St. Martin im Passeier) gefangen genommen. In Mantua wurde er vor ein Kriegsgericht gestellt und auf Befehl Napoleons hingerichtet; 1823 in der Innsbrucker Hofkirche beigesetzt; mehrere Denkmäler und Dichtungen.

Literatur: H. Kramer, A. H., [10]1974; K. Paulin, A. H. und der Ti. Freiheitskampf, 1996; H. Magenschab, A. H., 1998.

Hofer, Anton, * 8. 4. 1888 Bozen (S-Ti.), † 19. 2. 1979 ebd., Textilkünstler und Designer. Studierte 1908–12 an der Wr. Kunstgewerbeschule bei K. → Moser. Mitarbeit am Klosterneuburger Pontifikalornat (1911), einem der interessantesten Werke sakraler Textilkunst dieser Zeit.

Werke: Textilkunst, Möbel, Tapeten, Papierkassetten, Ofenkacheln, Briefmarken, typograph. Arbeiten. – Literatur: E. Kreuzer-Eccel, J. Ringler, A. Kosnick, F. Röhrig, A. H., 1978.

Hofer, Franz, * 27. 11. 1902 Bad Hofgastein (Sbg.), † 18. 2. 1975 Mülheim a. d. Ruhr (D), Kaufmann und Politiker. 1933 als NS-Anhänger in Ti. verhaftet, Flucht aus der Haft nach Deutschland, 1938–45 Gauleiter von Ti. und Vbg. Am 6. 5. 1945 von US-Truppen verhaftet, floh 1948 aus der Internierung, tauchte unter und lebte unter falschem Namen in Mülheim.

Literatur: M. Rauchensteiner, in: G. Wanner, 1945. Ende und Anfang in Vbg., N- und S-Ti., 1986.

Hofer, Josef, * 9. 11. 1898 Dorf a. d. Pram (OÖ.), † 6. 1. 1958 Grieskirchen (OÖ.), Polizei- und Verwaltungsbeamter, Widerstandskämpfer. 1938 maßgebl. Beamter der Polizeidirektion Linz, dann in KZ, nach Entlassung führende Persönlichkeit des Widerstands gegen den Nat.-Soz. in OÖ.; baute Verbindungen zu Widerstandsgruppen aller polit. Richtungen auf. Nach Kriegsende Bezirkshauptmann von Grieskirchen.

Höfer von Feldsturm, Franz, * 9. 7. 1861 Komotau (Chomutov, CZ), † 22. 1. 1918 Wien, General. Ab 1911 Stellv. des Chefs des Generalstabs, 1915 Feldmarschallleutnant und Sektionschef im Kriegsmin., während des 1. Weltkriegs Verfasser der amtl. Heeresberichte.

Literatur: ÖBL.

Höfer von Heimhalt, Hans, * 17. 5. 1843 Elbogen (Loket, CZ), † 9. 2. 1924 Wien, Geologe. Ab 1864 im staatl. Montandienst, 1867/68 kartierender Geologe der Geolog. Reichsanstalt, ab 1869 Prof. an der Bergschule Klagenfurt, dann an der Bergakad. Příbram, 1881–1911 Prof. an der Montanist. Hochschule in Leoben. 1872 Geologe der wilczekschen Expedition nach Spitzbergen. Pionier der Erdölbohrtechnik, oftmals Sachverständiger für Trinkwasserversorgung.

Werke: Das Erdöl (Petroleum) und seine Verwandten, 1888; Anleitung zur Bestimmung der Familien und Gattungen der Ammoniten und deren Nebenformen, 1892; Grundwasser und Quellen, 1912; Anleitung zum geolog. Beobachten, Kartieren und Profilieren, 1915. – Literatur: K. A. Redlich, H. H. v. H., Verhandlungen der Geolog. Bundesanstalt, 1924; ÖBL.

Hoff, Hans, * 11. 12. 1897 Wien, † 23. 8. 1969 ebd., Psychiater, Neurologe. 1938–42 in Bagdad, dann in den USA, ab 1949 Univ.-Prof. in Wien, widmete sich bes. der Behandlung des Alkoholismus.

Werke: Therapeut. Fortschritte in der Neurologie und Psychiatrie, 1960 (Hg.); Grillparzer, 1961. – Mit-Hg.: Lehrbuch der Psychiatrie, 2 Bde., 1956; Neurologie, 1957; Neuroleptika, 1962; Vita humana, 1958ff. (internat. Ztschr. für Lebensaltersforschung). – Literatur: NDB.

Hoffer, Klaus, * 27. 12. 1942 Graz (Stmk.), Erzähler, Essayist , Übersetzer. Studierte Germanistik, Anglistik und Altphilologie, Gymnasiallehrer. Zu seinem größten Erfolg wurde die 2-teilige „Bieresch-Saga", in der die traditionelle Form des Bildungsromans aufgenommen und zugleich ad absurdum geführt wird. 1980 A.-Döblin-Preis und Rauriser Literaturpreis.

Werke: Halbwegs. Bei den Bieresch I, 1979; Der große Potlatsch. Bei den Bieresch II, 1983; Am Magnetberg, 1982; Methoden der Verwirrung. Betrachtungen zum Phantastischen bei F. Kafka, 1986. – Hörspiele und Übersetzungen (u. a. Werke von J. Conrad). – Literatur: M. Napetschnig, K. H., 1998.

Hoffmann, Alfred, * 11. 4. 1904 Linz-Urfahr (OÖ.), † 9. 7. 1983 Bad Ischl (OÖ.), Wirtschaftshistoriker. Mitgl. des Inst. für Ö. Geschichtsforschung; ab 1927 im Oö. Landesarchiv (1957 Dir.); 1961 Leiter der Kommission für Wirtschafts-, Sozial- und Stadtgeschichte der Ö. Akad. d. Wiss.; 1961–74 Univ.-Prof. für Wirtschafts- und Sozialgeschichte an der Univ. Wien. Setzte die Tradition von A. → Dopsch fort und erweiterte sie insbes. im Bereich der Wirtschafts- und Sozialgeschichte der frühen Neuzeit. Hg. des Ö. Städtebuchs.

Werke: Wirtschaftsgeschichte des Landes OÖ., Bd. 1, Werden, Wachsen, Reifen, 1952; Studien und Essays, hg. v. A. Mosser, 2 Bde., 1979. – Literatur: E. Zöllner, A. H. Nachruf, in: Almanach der Ö. Akad. d. Wiss. 133, 1983.

Hoffmann, Ernst, * 14. 10. 1949 Wels (OÖ.), Architekt. Studierte 1969–74 an der Techn. Hochschule in Wien; bis 1978 Mitarbeiter in verschiedenen Architekturbüros in Wien, München und Basel; seit 1979 selbstständiger Architekt mit Büro in Wien bzw. seit 1992 in St. Pölten.

Werke: Studentenheim, Innsbruck, 1979; Bundespolizeidirektion, Graz, 1987; Hauptfeuerwache, Salzburg, 1993; städtebaul. Konzeption des Regierungsviertels und Entwurf des Klangturms, St. Pölten, 1991–97.

Hoffmann, Frank, * 16. 7. 1938 Radebeul b. Dresden (D), Schauspieler, Regisseur. Schauspielausbildung bei O. Flackenberg in München, seit 1967 Mitgl. des Wr. Burgtheaters, zahlr. Gastspiele. 1975–94 Gestalter und Moderator der Filmsendung „Trailer" für den ORF; Filmtätigkeit (u. a. 1981 mit J.-P. Belmondo in „L'as des as").

Filme: Minna von Barnhelm, 1978; Melzer oder Die Tiefe der Jahre, 1979; Armen & Bullik, 1992; Die Nacht der Nächte, 1996; Bella Ciao, 1998.

Hoffmann, Günther, * 24. 10. 1888 Wien, † 1. 8. 1978 Laßnitzhöhe (Stmk.), Beamter und Bankdirektor. Ab 1922 im Finanzmin., 1932–36 Finanzdir. des Postsparkassenamts, 1936–38 Vizegouverneur; 1938 von den Nat.-Soz. seines Amtes enthoben. Machte sich als Vizegouverneur (1945–48) bzw. Gouverneur (1948–53) um den Wiederaufbau der Postsparkasse nach dem 2. Weltkrieg verdient.

Hoffmann, Johann, * 22. 5. 1803 Wien, † 13. 9. 1865 ebd., Sänger und Theaterdirektor. 1826 Debüt und 2-jähriges Engagement als Sänger am Kärntnertortheater, dann an verschiedenen dt.-sprachigen Bühnen, u. a. in Riga, dessen Theater er 1840–44 leitete; Gastspiele in Deutschland; 1846 Leitung des Ständischen Theaters in Prag, 1852 des Stadttheaters in Frankfurt am Main, 1855–65 des Theaters in der Josefstadt in Wien. H. ließ durch die Architekten F. Fellner und H. Helmer das Thaliatheater erbauen, dessen Dir. er 1856–65 war (1857 Wr. Erstaufführung von R. Wagners „Tannhäuser").

Literatur: ÖBL.

Hoffmann, Josef, * 15. 12. 1870 Pirnitz (Brtnice, CZ), † 7. 5. 1956 Wien, Architekt und Gestalter von Gebrauchsgegenständen. Studierte 1892–95 an der Akad. d. bild. Künste in Wien bei C. Frh. v. → Hasenauer und O. → Wagner, in dessen Atelier er seine Laufbahn begann (Mitarbeit an der Wr. Stadtbahn). Als Mitbegründer der Wr. Secession 1897 wurde er neben J. M. → Olbrich zu deren führendem Architekten (Ausstellungs- und Innenraumgestaltungen). 1899–1937 Prof. an der Wr. Kunstgewerbeschule. Mit F. Waerndorfer und K. → Moser gründete H. 1903 die Wr. Werkstätte, die eine führende Rolle im ö. Kunstgewerbe spielte, bis sie 1932 aufgrund wirt. Probleme geschlossen werden musste. 1912 gründete H. den Ö. Werkbund, dem er bis 1920 angehörte. Seine bedeutendsten Leistungen im Monumentalen stellen das Sanatorium in Purkersdorf, NÖ., (1903–05, 1927) und das Palais Stoclet (1905–11) in Brüssel dar. In Wien schuf H. zahlr. Villenbauten, u. a. in den Villenkolonien Hohe Warte und Kaasgraben (beide Wien 19) sowie in der Werkbundsiedlung (Wien 13). Auch mehrere Gemeindebauten (teilw. in Zusammenarbeit mit anderen Architekten) stammen von H. (u. a. Klosehof, Wien 19, Winarskyhof mit P. → Behrens, J. → Frank, O. → Strnad und O. → Wlach, Wien 20). Innenraumgestaltungen schuf H. u. a. für das Kabarett „Fledermaus" (1909), die Ö. Staatsdruckerei (1909) und das Grabencafé (1912). Häufig wiederkehrendes Motiv in seinen Werken ist das Quadrat („Quadratl-H."). Als einer der Wegweiser des Wr. Jugendstils stieß H. zu Beginn des Jahrhunderts zunächst zu einer radikalen, an kubistisch-abstrakte Gestaltungen gemahnenden Form vor, folgte dann aber gemäßigteren Idealen und griff später generationstypisch auch klassizistische Elemente auf (Villa Skywa-Primavesi, 1913–15), z. T. nahm er auch Merkmale des Art déco vorweg. Großer Ö. Staatspreis 1950.

Literatur: E. F. Sekler, J. H. Das architektonische Werk, 1982.

Hoffmann, Klaus, * 30. 9. 1935 Wien, Jurist. Ab 1977 Ausschussmitgl. und ab 1986 Vizepräs. der Rechtsanwaltskammer Wien, ab 1989 Vizepräs. des Ö. Rechtsanwaltskammertages, seit 1993 Präsident.

Hoffmann, Paul, * 25. 3. 1902 Wuppertal (D), † 2. 12. 1990 Wien, Kammerschauspieler, Regisseur, Theaterdirektor. Spielte 1927–46 am Dresdner Schauspielhaus; danach am Stadttheater Stuttgart als Schauspieler, künstlerischer Leiter (1950) und Dir. (1952–57) tätig. Ab 1959 Ensemblemitgl. des Wr. Burgtheaters (hohe Sprechkultur und eindrucksvolle Kunst der Menschendarstellung), 1968–71 Dir. des Burgtheaters. Ab 1960 auch Film- und Fernsehtätigkeit. 1972 Ehrenmitgl. des Burgtheaters, 1975 Kainz-Medaille, 1977 Albin-Skoda-Ring, 1982 Grillparzer-Ring.

Hofhaimer (Hoffhaimer, Hofheimer u. a.), Paul, * 25. 1. 1459 Radstadt (Sbg.), † 1537 Salzburg, Organist und Komponist. Ab 1478 am Hof Erzhzg. Sigmunds in Innsbruck; gehörte ab 1489 auch der Hofkapelle unter Maximilian I. an. Maximilian ließ H. ab 1498 große Freiheiten, sodass dieser mehrmals den Hzg. von Sachsen und den Bischof von Passau besuchen konnte (lebte einige Zeit in Passau). Er war vor 1508 auch Organist des Hzg. von Bayern in München und ließ sich 1507 in Augsburg nieder. Nach Maximilians Tod 1519 wurde er Organist des Sbg. Erzbischofs Matthäus Lang. H. wurde von seinen Zeitgenossen als berühmtester Organist seiner Zeit bezeichnet und genoss auch als Lehrer großen Ruhm (Schüler war u. a. W. → Grefinger). Viele seiner Werke, vornehmlich Orgelwerke und dt. Gesellschaftslieder, sind verschollen. Waren Erstere eher dem Zeitgeschmack angepasst, zählen die Letzteren zu den bedeutendsten ihrer Gattung. – Grab: Petersfriedhof in Salzburg.

Werke: Harmoniae poeticae, 1539. – Ausgabe: Gesammelte Werke, in: J. J. Moser, P. H., 21966. – Literatur: W. Senn, Musik und Theater am Hof zu Innsbruck, 1954; L. Novak u. a. (Bearb.), Das dt. Gesellschaftslied in Ö. von 1480–1550, in: Denkmäler der Tonkunst in Ö., Bd. 72, 1960; J. J. Moser, P. H., 21966; NDB.

Josef Hoffmann im Atelier von Kolo Moser. Foto.

Hofinger, Hans, * 27. 2. 1950 Straß i. Attergau (OÖ.), Jurist und Nationalökonom. Ab 1975 Mitarbeiter der Ö. Volksbanken-AG, seit 1985 Verbandsanwalt und Vorstandsmitgl. des Ö. Genossenschaftsverbands (Schultze-Delitsch).

Hofkirchen, Adelsfamilie, stammte aus Niederbayern bzw. OÖ., 1398–1620 Besitzer von Kollmitz und Drösidl bei Raabs (NÖ.). 1464 Freiherren, waren in der 2. Hälfte des 16. Jh. führende Protestanten, 1620 konskribiert und ihrer Güter verlustig erklärt. Einige Mitglieder (u. a. Georg Andreas Frh. v. → Hofkirchen) traten später in den Dienst evang. Fürsten, andere konvertierten zum kath. Glauben und blieben in Ö. Die H. starben 1692 aus.

Hofkirchen, Georg Andreas Frh. von, * 16. 4. 1562, † 1623, Kämmerer von Erzhzg. Matthias. 1609 Deputierter, dann General-Landesoberster der evang. Stände, trat 1619 zu den Böhmen unter Graf Thurn über, wurde 1620 geächtet und musste emigrieren.

Hoflehner, Rudolf, * 8. 8. 1916 Linz (OÖ.), † 3. 9. 1995 Pantaneto (I), Bildhauer und Graphiker. 1945–51 Lehrer an der Kunstgewerbeschule Linz, studierte 1951–54 an der Akad. d. bild. Künste in Wien bei F. → Wotruba, schuf dann v. a. Eisen- und Stahlplastiken. Ab 1962 Prof. an der Staatl. Akad. der bild. Künste in Stuttgart. Großer Ö. Staatspreis 1969.

Werke: Condition humain, 1960; Figur in Konzentration, 1961/62; Figur 96 K, 1966. – Literatur: W. Spies, R. H., Krieauer Kreaturen, Werkkatalog der Radierungen und Lithographien, 1971; W. Schmied, H. Wandel und Kontinuität, 1988; G. Natter (Red.), R. H., Ausst.-Kat., Ö. Galerie, Wien 1997; P. Assmann (Hg.), R. H. – Frühe Arbeiten auf Papier und Skulpturen, Ausst.-Kat., Oö. Landesmus., Linz 1997.

Höfler, Alois, * 6. 4. 1853 Kirchdorf a. d. Krems (NÖ.), † 26. 2. 1922 Wien, Pädagoge, Philosoph, Psychologe. Univ.-Prof. in Prag und Wien; verhinderte als Gymnasiallehrer (mit A. → Meinong) die Abschaffung des Unterrichtsfachs „Philosophische Propädeutik", war ein hervorragender Didaktiker der naturwiss. Fächer und einer der ersten Theoretiker der Gestaltpsychologie.

Werke: Zur Propädeutik-Frage, 1884; 3 Vorträge zur Mittelschulreform, 1908; Gestalt und Beziehung, Gestalt und Anschauung, 1912; Das Ganze der Schulreform in Ö., 1918; Gestaltpsychologie statt Assoziationspsychologie, 1919. – Literatur: E. Heintel, A. H. – Versuch einer Würdigung, in: Wiss. und Weltbild, 1953.

Höfler, Otto, * 10. 5. 1901 Wien, † 25. 8. 1987 ebd., Germanist. 1935–38 Univ.-Prof. für germanische Altertumskunde u. Philologie in Kiel, 1938–45 in München und ab 1957 in Wien; 1971 emeritiert. Bedeutende Beiträge zur german. Religionsgeschichte, zum german. Sakralkönigtum und zur hist. Lautlehre (Entfaltungstheorie).

Werke: Kultische Geheimbünde der Germanen I, 1934; Germanisches Sakralkönigtum I, 1952; Stammbaumtheorie, Wellentheorie, Entfaltungstheorie, in: Beiträge zur Geschichte der dt. Sprache und Literatur 77 und 78, 1955/56; Siegfried, Arminius und der Nibelungenhort, 1978.

Eduard von Hofmann. Lithographie, um 1875.

Hofmann, Eduard von, * 27. 1. 1837 Prag (CZ), † 27. 8. 1897 Abbazia (Opatija, HR), Arzt. 1869 Prof., 1873 Dekan an der Univ. Innsbruck, 1875 Prof. in Wien, 1888 Präs. des Obersten Sanitätsrats; baute die Gerichtsmedizin als selbstständige Wiss. aus und bereicherte sie um moderne Mikroskopie und Tierexperimente; Verdienste um die öffentl. Gesundheitspflege.

Werk: Lehrbuch der gerichtl. Medizin, 1878 ([11]1927). – Literatur: ÖBL; NDB.

Hofmann, Hellmut, * 12. 12. 1921 Wien, Elektrotechniker. Studierte 1942–48 Techn. Physik an der Techn. Hochschule in Wien. Nach Tätigkeit in der Privatwirt. 1958 Habilitation für Theoret. Elektrotechnik, ab 1965 Prof. und Vorstand des Inst. f. Grundlagen und Theorie der Elektrotechnik sowie 1967–72 Leiter des Außeninst. der Techn. Hochschule in Wien. 1988 emeritiert.

Werk: Das elektromagnet. Feld, [3]1986.

Hofmann, Leopold Frh. von, * 4. 5. 1822 Wien, † 24. 10. 1885 ebd., Diplomat. 1875 Reichsfinanzmin., ab 1877 auf Lebenszeit Mitgl. des Herrenhauses; ab 1880 Generalintendant der Wr. Hoftheater, bestellte A. v. → Wilbrandt als Burgtheaterdirektor.

Literatur: ÖBL; NDB.

Hofmann, Martha (Pseud.: Melitta Holl), * 29. 8. 1895 Wien, † 9. 11. 1975 ebd., Lyrikerin, Essayistin, Lehrerin. 1938–49 im Exil in London, Palästina und Genf. 1954 Trakl-Preis.

Werke: Lyrik: Die Sternenspur, 1948; Nomadenzüge, 1957. – Novelle: Der stumme Knecht, 1932. – Essays: Konstellationen, 1945–65, 1966. – Autobiographische Schriften, Übersetzungen.

Werner Hofmann bei der Eröffnung des Museums des 20. Jahrhunderts in Wien, 1962.

Hofmann, Werner, * 8. 8. 1928 Wien, Kunsthistoriker und Museumsdir.; 1962–69 Dir. des Museums des 20. Jahrhunderts in Wien, das von ihm aufgebaut wurde. 1969–90 Dir. der Hamburger Kunsthalle; Gastprofessuren und Lehraufträge an verschiedenen amerikan. Universitäten.

Werke: Zeichen und Gestalt. Die Malerei des 20. Jh., 1957; Die Plastik des 20. Jh., 1958; Das irdische Paradies – Kunst im 19. Jh., 1960; Fischer Lexikon Bd. 21–23: Bildende Kunst, 1960–62 (Hg.); Grundlagen der modernen Kunst, 1966; Turning Points in 20th Century Art, 1969; Kunst und Politik, 1969; G. Klimt und die Wr. Jahrhundertwende, 1970; Nana, Mythos und Wirklichkeit, 1973; Kataloge der Ausstellungsreihe „Kunst um 1800" (J. H. Füssli, C. D. Friedrich, W. Blake, J. T. Sergel, W. Turner, P. O. Runge, J. Flaxman, F. Goya), 1974–80; E. Manet, 1985; Zauber der Medusa, 1987; Europa 1789, 1989; Das entzweite Jahrhundert, 1995; Die Moderne im Rückspiegel, 1998; Wie deutsch ist die deutsche Kunst?, 1999; C. D. Friedrich, 2000.

Hugo von Hofmannsthal. Foto.

Hofmannsthal, Hugo von (eigentl. Hugo Hofmann Edler v. H.; Pseud.: Loris, Loris Melikow, Theophil Morren), * 1. 2. 1874 Wien, † 15. 7. 1929 Rodaun b. Wien, Schriftsteller, einer der bedeutendsten ö. Dichter seiner Zeit. Sohn eines Bankdir., gab 1899 die vorgesehene Univ.-Laufbahn als Romanist zugunsten des Schriftstellerberufs auf. Schon als Gymnasiast war er mit bemerkenswerten Dichtungen hervorgetreten und schrieb in den 90er Jahren Gedichte und lyr. Dramen, die seinen frühen Ruhm als gewandten Ästheten begründeten. Einen Höhepunkt seiner frühen Schaffensperiode markierte 1902 der Prosatext „Ein Brief" (bekannt auch als „Brief des Lord Chandos"), in dem H. radikale Skepsis an der Sprache äußerte. In seinen späteren Werken stehen v. a. Fragen der Ethik im Zentrum, weiters bemühte er sich um die Erneuerung der antiken Tragödie (in Verbindung gebracht mit der Psychoanalyse) und des ma. Mysterienspiels (Neufassung des „Jedermann", 1911). 1906 zerbrach die Freundschaft mit S. George, lebenslange Freundschaft hingegen verband H. mit R. → Strauss, zu dessen Opern er als kongenialer Partner die Libretti verfasste. Weiters schrieb H. zahlr. kulturpolit. Aufsätze und Reden zu den Problemen der Zeit und zur Stellung des Dichters in der Ges.; nachhaltige Wirkung übte seine „ö. Idee" aus. Auch als Hg. und als Initiator der Salzburger Festspiele (mit M. → Reinhardt und R. Strauss) wirkte H. nachhaltig auf die Kulturgeschichte Ö.

Weitere Werke: Lyrik: Ausgewählte Gedichte, 1903; Gesammelte Gedichte, 1907; Nachlese der Gedichte, 1934. – Dramen: Der Tod des Tizian, 1892; Der Tor und der Tod, 1893; Der Kaiser und die Hexe, 1897; Das kleine Welttheater, 1903; Das Bergwerk zu Falun, 1907; Alkestis, 1911; Der Schwierige, 1921; Das Salzburger Große Welttheater, 1922; Der Unbestechliche, 1923; Der Turm, 1925. – Opernlibretti: Elektra, 1903; Der Rosenkavalier, 1911; Ariadne auf Naxos, 1912; Josephslegende, 1914; Die Frau ohne Schatten, 1919; Arabella, 1923; Die ägyptische Helena, 1928; Die Liebe der Danae, 1952 (postum). – Prosa: Die prosaischen Schriften, 4 Bde., 1907–17; Reden und Aufsätze, 1921; Buch der Freunde, 1922; Die Berührung der Sphären, 1931; Dt. Erzähler, 4 Bde., 1912 (Hg.). – Briefwechsel mit R. Strauss, 1925; Briefwechsel mit S. George, 1938. – Ausgaben: Ausgewählte Werke, 2 Bde., hg. v. R. Hirsch, 1957; Sämtl. Werke, Krit. Ausg., 38 Bde., hg. v. R. Hirsch u. a., 1975ff.; Ges. Werke in 10 Einzelbänden, hg. v. B. Schoeller, 1979/80. – Literatur: W. Volke, H. v. H. in Selbstzeugnissen und Bilddokumenten, 1967; R. Alewyn, Über H. v. H., [4]1967; G. Pickerodt, H. Dramen, 1968; P. Szondi, Das lyr. Drama des Fin de Siècle, 1975; W.-A. Koch, H. v. H., 1989; J. Le Rider, H. v. H., 1997; NDB.

Hofreiter, Nikolaus, * 8. 5. 1904 Linz (OÖ.), † 23. 1. 1990 Wien, Mathematiker. Studierte an der Univ. Wien, wo er 1939 auch Univ.-Prof. wurde, 1944–46 an der Techn. Hochschule in Braunschweig, ab 1954 wieder an der Univ. Wien (1965/66 Rektor). Beschäftigte sich v. a. mit der Geometrie der Zahlen und Algebra (euklidischer Algorithmus).

Werke: Quadratische Zahlkörper ohne euklid. Algorithmus, 1934; Diophantische Approximationen, 1937. – Literatur: R. Einhorn, Vertreter der Mathematik und Geometrie an den Wr. Hochschulen 1900–40, Diss., Wien 1985.

Hofzinser, Johann Nepomuk, * 19. 6. 1806 Wien, † 11. 3. 1875 ebd., Beamter und Zauberkünstler, daneben als Schriftsteller und Musikkritiker tätig. Zeigte ab 1854 in seinem Wr. Salon sowie auf Tourneen in vielen europ. Städten seine Zauberkunststücke und galt als einer der besten Trickkünstler seiner Zeit.

Literatur: Magic Christian (C. Stelzel), J. N. H. 1806–1875, Bd. 1, 1998.

Högelmüller, Georg Ritter von, * 6. 2. 1770, Wien, † 14. 4. 1826 ebd., Offizier. Ab 1803 beim Militär, schwere Verwundungen in der Schlacht bei Wagram, 1810 Beförderung zum Major. Sein Hauptverdienst war die Gründung einer wechselseitigen Brandschadenversicherungsanstalt. Die Zulassung der Privatversicherung erfolgte erst 1824 nach 19-jährigen Bemühungen. Für seine Initiativen zur Gründung der Feuerversicherung wurde ihm die Ehrenbürgerschaft der Städte Krems, Stein und Tulln verliehen.

Literatur: W. Rohrbach, Versicherungsgeschichte Ö., 4 Bde.; 1988; ÖBL.

Hogenberg, Franz, * um 1538 (vor 1540) Mecheln (B), † 1590 (?) Köln (D), Kupferstecher und Radierer. Gab ab 1572 mit Georg Braun das Städtebuch „Civitates orbis terrarum" heraus, in dem frühe Abbildungen mehrerer Städte Ö. enthalten sind (u. a. Innsbruck, Salzburg, Linz).

Literatur: NDB.

Höger, Ernst, * 30. 8. 1945 St. Veit a. d. Triesting (Gem. Berndorf, NÖ.), Werkzeugmacher und Politiker (SPÖ). 1978–80 Landessekr. der Gewerkschaft Metall-Bergbau-Energie, 1985–98 SPÖ-Landesparteiobmann von NÖ., 1979–80 Abg. z. Nö. Landtag, 1980–99 Landesrat für Gem.- und Wohnbauwesen, 1986–99 Landeshauptmann-Stellv.

Literatur: R. Bimashofer u. E. Zipperer, Landeshauptmannstellv. E. H., 1996.

Höger, Joseph, * 3. 11. 1801 Wien, † 13. 5. 1877 ebd., Landschaftsmaler, Aquarellist, Radierer und Lithograph; Schwager von F. → Gauermann, mit dem er mehrere Kunstwanderungen (u. a. Oberitalien und Venedig 1838) unternahm. Studierte an der Wr. Akad., 1849–51 Prof. an dieser. Er wurde durch stimmungsvolle, dramatische Wald- und Gebirgslandschaften sowie durch feine detailgetreue Aquarelle bekannt, die ihm im Freundeskreis den scherzhaften Namen „Bäume-Raffael" eintrugen. Viele seiner Blätter dienten als Vorlagen für Lithographien.

Literatur: G. Frodl, Wr. Malerei der Biedermeierzeit, 1987.

Hohberg, Wolf Helmhard Frh. von, * 20. 10. 1612 Oberthumeritz (Gem. Japons, NÖ.), † 29. 6. 1688 Regensburg (D), Schriftsteller. Evang. Kleinadeliger im Waldviertel, 1652–64 auf Schloss Rohrbach bei Haag (NÖ.), wo seine Hauptwerke entstanden, wanderte 1665 nach Regensburg aus. Bedeutendster Schriftsteller Ö. im 17. Jh. (1652 Mitgl. der Fruchtbringenden Gesellschaft) mit Werken aus den Themenkreisen adeliges Landleben, ritterliche Versepik und religiöse Stoffe.

Literatur: O. Brunner, Adeliges Landleben und europ. Geist, 1949; H. Cerny, W. H. v. H., Jb. f. Landeskunde von NÖ. 54/55, 1988/89.

Hoheisel, Konrad, * 12. 11. 1862 Alt-Rothwasser (Stavá Červená Voda, CZ), † 15. 9. 1930 Wien, Postfachmann. Ab 1886 im Postdienst und ab 1918 Gen.-Dir. der Post- und Telegraphendirektion in Wien. Wesentlich für das internat. Ansehen der ö. Post nach dem 1. Weltkrieg verantwortlich. Seine Frau Marie H., geb. Perzina (1873–1947), war 1932–38 Präs. des „Bundes Ö. Frauen".

Hohenberg, ab 1909 Herzogstitel, 1900–09 Fürstentitel von Sophie Reichsgräfin → Chotek, der Ehefrau Erzhzg. → Franz Ferdinands, und der Söhne aus dieser Ehe (Maximilian, 1902–1962; Ernst, 1904–1954). Der Titel wurde in bewusster Anlehnung an den Namen der Ehefrau von Kg. Rudolf I., Gertrud von Hohenberg, geschaffen.

Literatur: L. O. Meysels, Die verhinderte Dynastie, 2000.

Hohenberg, Bartolomeo, → Altomonte, Bartolomeo.

Hohenberg, Johann Ferdinand, → Hetzendorf von Hohenberg, Johann Ferdinand.

Hohenberger, Franz, * 14. 8. 1867 Wien, † 17. 12. 1941 ebd., Maler. Nach Studien an der Wr. Akad. 1891–93 in Paris tätig, begleitete dann Forschungsreisende nach Indien, China und Japan, wurde 1898 Mitgl. der Wr. Secession (1906–08 Präs.), im 1. Weltkrieg Kriegsmaler in Polen, dann im Wr. Kunstleben aktiv.

Werke: Fassade des Annahofs in Wien 1; Theatervorhang Wiesbaden, 1894; Hochaltarbild der Brigittakirche in Wien 20; Schauspielerporträts für das Theater Berndorf; Raimundzyklus im Schloss Kogl im Attergau, 1913. – Bilder in der Ö. Galerie Belvedere, im Heeresgeschichtl. Museum und im Hist. Museum der Stadt Wien, Zeichnungen in der Albertina. – Literatur: ÖBL.

Hohenblum-Simić, Alfred von, * 9. 2. 1840 Wien, † 22. 6. 1925 ebd., Agrarpolitiker. Gutsbesitzer in Muthmannsdorf (NÖ.), bedeutender Bauernführer der 90er Jahre des 19. Jh., gründete 1898 die Ö. Agrarische Zentralstelle zur Wahrung der land- und forstw. Interessen beim Abschluss von Handelsverträgen.

Hohenems, Grafen von, Vbg. Adelsgeschlecht, erhielten um 1180 als stauf. Ministeriale die Reichsburg Ems (Hohenems), bauten im 14. Jh. ein reichsfreies Territorium auf, das 1430/43 erbliches Lehen wurde. Wirkten im 16. Jh. als Landsknechtführer in Deutschland und Italien eng mit den Habsburgern zusammen und wurden 1560 in den Grafenstand erhoben. Das Geschlecht starb 1759 aus, der Allodialbesitz ging über die Harrach an die Grafen Waldburg-Zeil über, die Landeshoheit an Ö. Bed. Mitgl. des Geschlechts waren u. a. Jakob Hannibal v. → Hohenems, Kaspar v. → Hohenems, Marcus Sitticus v. → Hohenems und Mark Sittich v. → Hohenems.

Hohenems, Jakob Hannibal Graf von, * 13. 5. 1530 Bludenz (Vbg.), † 27. 12. 1587 Hohenems (Vbg.), Söldnerführer; Bruder von Mark Sittich v. → Hohenems, Vater von Kaspar v. → Hohenems und Marcus Sitticus v. → Hohenems. Kämpfte in den Heeren von Karl V. und Philipp II.; von seinem Onkel Papst Pius IV. zum Führer der vatikan. Truppen bestellt; dann päpstl. Legat in Spanien. Residierte ab 1567 in Altems, das unter ihm wesentlich ausgebaut wurde und wo er eine bed. Kunst-Smlg. anlegte.

Hohenems, Kaspar Graf von, * 1573, † 1640, Sohn von Jakob Hannibal v. → Hohenems, Bruder von Marcus Sitticus v. → Hohenems. Wollte um 1620 einen Staat zw. der Schweiz und Ö. errichten und ließ den Palast in Hohenems vollenden und prachtvoll ausstatten.

Hohenems, Marcus Sitticus Graf von, * 1574, † 9. 10. 1619, geistl. Würdenträger; Sohn von Jakob Hannibal v. → Hohenems, Bruder von Kaspar v. → Hohenems. 1612–19 Erzbischof von Salzburg. Führte die Rekatholisierung in Salzburg mit großer Härte durch, hielt seinen Vorgänger → Wolf Dietrich gefangen, begann 1614 den Bau des barocken Doms und ließ 1613–19 Schloss Hellbrunn errichten.

Hohenems, Mark Sittich von, * 1533, † 1595, geistl. Würdenträger; Bruder von Jakob Hannibal v. → Hohenems. Bischof von Konstanz und päpstl. Legat; ließ in Rom den Palazzo Altemps und die Villa Mondragoni erbauen.

Hohenfels-Berger, Stella Freifrau von (geb. Loderbang), * 16. 4. 1857 Florenz (I), † 21. 2. 1920 Wien, Schauspielerin. Ab 1873 Engagement als „Naive" am Wr. Burgtheater, 1881 Hofschauspielerin (große dramat. Rollen). Heiratete 1889 den späteren Burgtheaterdir. A. Frh. v. → Berger, während dessen Direktionszeit (1910–12) sie nicht auftreten durfte; ein späterer Übergang ins reifere Fach gelang nicht.

Literatur: NDB.

Hohenheim, Philipp Theophrast, → Paracelsus.

Hohenlohe-Schillingsfürst, Konrad Prinz zu, * 16. 12. 1863 Wien, † 21. 12. 1918 Leoben (Stmk.), Politiker; Sohn von Konstantin Fürst zu → Hohenlohe-Schillingsfürst. Statthalter von Triest, 1906 für kurze Zeit Min.-Präs. und Innenmin., dann bis 1913 wieder Statthalter, 1915/16 Innen-, 1916 Finanzminister. Als

Erster Obersthofmeister von Ks. Karl I. trug er im Sinn des Föderalismus zur Umgestaltung von Ö.-Ungarn bei. Wegen seiner arbeiterfreundlichen Gesinnung wurde er „roter Prinz" genannt.

Hohenlohe-Schillingsfürst, Konstantin Fürst zu, * 8. 9. 1828 Schloss Schillingsfürst bei Rothenburg o. d. Tauber (D), † 14. 2. 1896 Wien, General; Vater von Konrad Prinz zu → Hohenlohe-Schillingsfürst. Erwarb sich Verdienste um die Ringstraßenbauten und die Praterregulierung („Konstantin-Hügel") in Wien.
Literatur: ÖBL.

Hohenwart, Karl, Graf von Gerlachstein, * 12. 2. 1824 Wien, † 26. 4. 1899 ebd., Politiker. 1868–71 Statthalter von OÖ., 1871 Min.-Präs. und Innenmin., Hauptvertreter des Föderalismus; scheiterte an einer Lösung des Nationalitätenproblems. 1879–91 Führer der „geeinigten Rechten", des rechten Zentrums des Reichsrats; gründete 1891 den „H.-Klub", der böhm. Grundbesitzer, Dt.-Klerikale, Slowenen, Kroaten und Ruthenen umfasste. 1885–99 Präs. des Obersten Rechnungshofs.
Literatur: E. Schenk-Sudhof, K. Gf. H., Diss., Wien 1952; NDB.

Hohenwart, Sigismund Graf von, * 7. 6. 1745 Cilli (Celje, SLO), † 22. 4. 1825 Linz (OÖ.), Bischof von Linz (ab 1809), Naturforscher. Mit der salmschen Gruppe (F. X. Altgraf → Salm) Erstbesteigung des Kleinglockners. Seine naturwiss. Smlg. befindet sich heute im Joanneum in Graz.

Sigmund Anton Graf von Hohenwart. Gemälde von J. Abel.

Hohenwart, Sigmund Anton Graf von, * 2. 5. 1730 Gerlachstein (Kolovec, SLO), † 30. 6. 1820 Wien, geistl. Würdenträger. 1746–73 Jesuit, 1777 in Florenz Lehrer der Kinder von Großhzg. Peter Leopold von Toskana (Franz II., Erzhzg. Karl), 1791 Bischof von Triest, 1794 von St. Pölten, 1803 Fürsterzbischof von Wien. Begann den Abbau des Staatskirchentums, förderte C. M. → Hofbauer.
Literatur: ÖBL.

Hohlbaum, Robert, * 28. 8. 1886 Jägerndorf (Krnov, CZ), † 4. 2. 1955 Graz (Stmk.), Bibliothekar und Schriftsteller. Herausragender und viel gelesener Autor der völkisch-nationalen Literatur in der 1. Republik. Trat in hist. Romanen (Grenzland, 1921; Zukunft, 1922; Die dt. Passion, 1924) gegen die Demokratie und für den Anschluss an das Dt. Reich ein. Verfasste heroische „Führerromane" (Stein, 1934) und war kulturpolit. für die illegale NSDAP tätig. A.-Stifter-Preis 1951.
Weitere Werke: Mein Leben, 1936 (Autobiographie); zahlr. Romane, Novellen- und Gedichtbände. – Literatur: J. Sonnleitner, Die Geschäfte des Herrn R. H., 1989.

Höhnel, Franz, * 24. 9. 1852 Zombor (Sombor, YU), † 11. 11. 1920 Wien, Botaniker. Hochschul-Prof. in Wien; wies den „negativen Druck" in den Pflanzengefäßen nach, entdeckte das Phelloid, konstruierte neue mikroskop. Apparate und erlangte auf dem Gebiet der Pilzkunde Weltruf.
Werke: Die Gerberinden, 1880; Die Mikroskopie der technisch verwendbaren Faserstoffe, 1887. – Literatur: ÖBL; NDB.

Höhnel, Ludwig von, * 6. 8. 1857 Pressburg (Bratislava, SK), † 23. 3. 1942 Wien, Forschungsreisender, Admiral. Durchforschte ab 1886 mit S. Gf. Teleki O-Afrika, wobei 1888 der Rudolfsee (Lake Turkana) und der Stephaniesee (Ch'ew Bahir) entdeckt wurden. War 1892 mit W. A. Chanler im Keniagebiet; führte in Neuseeland ö. Gämsen ein. 1899–1903 Flügeladjutant von Ks. Franz Joseph I.
Werke: Zum Rudolph-See und Stephanie-See, 1892; Mein Leben zur See, auf Forschungsreisen und bei Hofe, 1926. – Literatur: I. Simanyi, L. Ritter v. H. (1857–1942). Leben und Werk, 2 Bde., 1988; ÖBL; NDB.

Hoke, Giselbert, * 12. 9. 1927 Warnsdorf (Varnsdorf, CZ), Maler und Graphiker. Studierte ab 1946 an der Akad. d. bild. Künste in Wien, 1947 Atelier mit K. → Absolon und A. Karger in Wien; entwickelte einen stark farbigen figurativen Malstil. 1956 schuf er als Wettbewerbssieger die Fresken für den Klagenfurter Bahnhof und löste damit einen Kunstskandal aus. 1974–95 Leiter des Inst. für Künstlerische Gestaltung an der Techn. Univ. Graz. Atelier und Werkstätten von H. befinden sich in Schloss Saager (Gem. Grafenstein, Kä.), das H. 1961 erworben hat.
Werke: Fresken: Wr. Staatsoper, Bahnhof Klagenfurt, Christkönigskirche Gloggnitz, Pädagog. Akad. der Diözese Linz. – Glasarbeiten: Neue Matzleinsdorfer Kirche in Wien 5, Krematorium Wien-Simmering, Bartholomäuskirche Köln-Bickendorf, 12-Apostel-Kirche Augsburg, Liebfrauenkirche Frankfurt-Oberursel. – Emailarbeiten: UNO-City Wien, Werkhaus Saager, Festung Montalcino (Italien). – Tapisserien, Gouachen, Frauenstudien, Landschaftszyklen. – Literatur: W. Schmied, G. H., 1983; G. H. Ein Österreicher in Europa, 1994.

Holaubek, Josef, * 5. 1. 1907 Wien, † 10. 2. 1999 ebd., Feuerwehrmann und Polizeipräsident. Als Sozialdemokrat sowohl im Ständestaat als auch unter dem NS-Regime mehrmals in Haft. Organisierte 1945 als Wr. Branddir. den Aufbau eines funktionierenden Brandschutzes. 1947 zum Polizeipräs. von Wien ernannt, oblag ihm v. a. das Zurückdrängen von kommunist. Einflüssen in der Polizei; bis 1972 im Amt.
Werk: Die ö. Feuerwehr, 1979.

Holaus (Hollaus), Simon, * 19. 11. 1814 Schwendau (Ti.), † 9. 4. 1895 Hippach (Ti.), Sänger. Feierte als Ti. Volkssänger mit L. und F. Rainer aus Fügen Welterfolge, leitete ab 1838 eine eig. Truppe; 1839–47 Amerika-Tournee.
Literatur: ÖBL.

Holbein von Holbeinsberg, Franz Ignaz, * 27. 8. 1779 Zistersdorf (NÖ.), † 6. 9. 1855 Wien, Bühnendichter, Theaterdir., Schauspieler, Musiker. 1809 für kurze Zeit Schauspieler in Wien, dann Regisseur und Theaterdir. in Deutschland; 1841–49 Dir. des Burgtheaters, 1848–53 der Hofoper in Wien; führte 1844 am Burgtheater Autorentantiemen ein.
Werke: Theater, 2 Bde., 1811 (Smlg. seiner Stücke); Neuestes Theater, 5 Bde., 1823; Dt. Bühnenwesen, 1853 (mit Autobiographie); Lustspiele. – Literatur: O. Mang, Die Direktionszeit H. v. H. am Burgtheater, Diss., Wien 1950.

Holczabek, Wilhelm, * 8. 5. 1919 Wien, Gerichtsmediziner. 1965–89 Univ.-Prof. in Wien, ab 1973 Vorstand des Gerichtsmedizin. Instituts.
Werke: rd. 100 Publikationen zu Fragen der Gerichtsmedizin. – Literatur: G. Bauer (Hg.), Festschrift für W. H., 1988.

Holender, Ioan, * 18. 7. 1935 Timisoara (RO), Operndirektor. Bis 1966 Opernsänger, ab 1967 als Theateragent tätig (ab 1973 Inhaber der Agentur Straka), seit 1991 Direktor der Wr. Staatsoper (1991–92 mit E. → Waechter), 1987–96 auch Direktor der Wr. Volksoper.

Holetschek, Johann, * 29. 8. 1846 Thuma (Gem. Karlstein a. d. Thaya, NÖ.), † 10. 11. 1923 Wien, Astronom. Namhafter Erforscher der Kometen, Adjunkt an der Univ.-Sternwarte in Wien.
Werk: Untersuchungen über die Größe und Helligkeit der Kometen und ihrer Schweife, 5 Tle., in: Denkschriften d. Akad. d. Wiss., 1896–1918. – Literatur: F. Knoll (Hg.), Ö. Naturforscher, Ärzte und Techniker, 1957; ÖBL; NDB.

Holey, Karl, * 6. 1. 1879 Bodenbach (Podmokly, CZ), † 6. 3. 1955 Wien, Architekt. Prof. an der Techn. Hochschule in Wien, Generalkonservator, Dombaumeister von St. Stephan zur Zeit des Wiederaufbaus.
Werke: Kirchenbauten im Bgld.: Güttenbach, 1930; Nikitsch, 1931/32; Andau, 1931 (Erweiterung); in Wien: Währinger Pfarrkirche St. Gertrud, 1934 (Erweiterung). – Publikationen zur Baugeschichte.

Holgersen, Alma (geb. Ptaczek), * 27. 4. 1896 Innsbruck (Ti.), † 18. 2. 1976 ebd., Schriftstellerin. Thematisierte in ihrem religiös geprägten und zivilisationskrit.

Werk den Gegensatz von Stadt und Land und propagierte ein einfaches Leben im Einklang mit der Natur. Ö. Staatspreis für Kinderbücher 1961.

Werke: Die verschlossenen Herzen, 1936 (Drama); Sursum corda, 1949 (Gedichte). – Kinder- u. Jugendbücher: Die Reise zur Urgroßmutter, 1943; Das Mädchen von Lourdes, 1958; Pietro schreibt dem lieben Gott, 1959. – Romane: Kinderkreuzzug, 1940; Großstadtlegende, 1946; Berghotel, 1950; Gesang der Quelle, 1953; Das Buch von Fatima, 1954; Die Reichen hungern, 1955; Weiße Taube in der Nacht, 1963; Junges Gras im Schnee, 1963; Abenteuer in den Bergen, 1972. – Hörspiele. – Literatur: F. X. Hollnsteiner, Einleitung in A. H., Ein Reh zu Gast, 1965.

Holl, Moritz, * 22. 6. 1852 Wien, † 11. 12. 1920 Graz (Stmk.), Anatom. Anfangs in Wr. Kliniken tätig; ab 1882 Prof. in Innsbruck, wurde dort der Begründer der modernen Anatomie; 1889 nach Graz berufen; später beschäftigte sich H. auch mit der Geschichte der Anatomie.

Literatur: ÖBL; NDB.

Holl, Robert, * 18. 3. 1947 Rotterdam, Kammersänger (Bass). Begann seine Karriere an der Bayer. Staatsoper in München, ab 1975 v. a. als Konzertsänger tätig, seit den 90er auch wieder verstärkt Opernpartien (v. a. R. Wagner); gilt als hervorragender Schubert-Interpret (Auftritte in Hohenems, Wien, Salzburg); seit 1998 Prof. an der Univ. f. Musik und darstellende Kunst in Wien.

Hollaus, Rupert, * 4. 9. 1931 Traisen (NÖ.), † 11. 9. 1954 Monza (I), Motorradrennfahrer (Straße und Bahn), ab 1954 im NSU-Team; verunglückte als bereits feststehender Weltmeister 1954 (125-cm^3-Klasse) beim Training tödlich.

Literatur: H. Krackowizer u. P. Carrick, Motorradsport, ^{2}1979.

Hollegha, Wolfgang, * 4. 3. 1929 Klagenfurt (Kä.), Maler. Studierte 1947–54 an der Akad. d. bild. Künste in Wien, 1959 mit A. → Rainer, J. → Mikl und M. → Prachensky Mitbegründer der Gruppe „Galerie St. Stephan" in Wien, fand nach einer kurzen „phantast." Phase zu einer allein auf Farbflecken aufgebauten Malerei; 1972–97 Prof. an der Akad. d. bild. Künste in Wien.

Literatur: W. Schmied, Malerei nach 1945, 1974.

Hollein, Hans, * 30. 3. 1934 Wien, Architekt. Studierte an der Akad. d. bild. Künste in Wien bei C. → Holzmeister, am IIT Chicago und an der University of California, Berkeley. 1963/64 und 1966 Gastprof. an der Washington University, 1967–76 Prof. an der Akad. d. bild. Künste in Düsseldorf, seit 1976 Prof. an der Hochschule bzw. Univ. für angew. Kunst in Wien. H. gilt als einer der Pioniere der postmodernen Architektur, er bedient sich einer bildhaft-semantischen, antitypologischen und antistrukturellen Formensprache. Architektur wird als kontextuelle Kunst, als Recherche und Kommentar definiert, plastische Baukörper treten in vielfältigen Erscheinungsformen auf. Darüber hinaus trat H. als Gestalter von Ausstellungen wie „Die Türken vor Wien" (1983) und „Traum und Wirklichkeit" (1984) hervor. 1978–90 ö. Kommissär für die Kunst- und 1991–96 für die Architektur-Biennale Venedig. Großer Ö. Staatspreis 1983, Pritzker Architecture Prize 1985, Ehrenzeichen f. Wiss. u. Kunst 1990 u. a.

Werke: Kerzengeschäft Retti, Wien, 1964–66; R. Feigen Gallery, New York, 1969; Innenausstattungen für die Siemens AG, München, 1970–75; Juwelierläden Schullin I, 1972–74, und II, 1984, in Wien; Volksschule Köhlergasse, Wien, 1979–90; Stadtvilla Rauchstraße, Berlin (BA), 1983–84; Ö. Verkehrsbüro, Wien, 1980; Städtisches Museum Mönchengladbach, 1972–82 (Erweiterung 1996–98); Museum moderner Kunst Frankfurt a. M., 1983–91; Haas-Haus, Wien, 1985–90; Projekte für Guggenheim-Museen in Salzburg (1990) und Wien (1993–94); Banco Santander (Geschäftsleitung), Madrid, 1988–93; Erste Allg. Generali (Landesdirektion), Bregenz, 1987–93; Shed-Halle im Kulturbez. St. Pölten, 1992–96 (Museum in Bau); Geschäftslokal Zumtobel, Wien, 1995–96; Interbank, Lima, 1996–2001; Volksschule Donau-City, Wien, 1997–99; Generali-Tower, Wien, 1997–2001; Ö. Botschaft Berlin, 1997–2001; Mount Auburn Street, Cambridge, USA, 1999–2001; Vulcania, Vulkan-Mus. Auvergne, 1997–2002; Centrum Bank, Vaduz, 1997–2002. – Literatur: G. Pettena, H. H., 1987; F. Blohmensacht, H. H., 1989; A. Haller (Hg.), H. H., Ausst.-Kat., Hist. Mus. d. Stadt Wien, 1995; S. Krämer, Die postmoderne Architekturlandschaft. Museumsprojekte von J. Stirling und H. H., 1998.

Hollenstein, Stephanie, * 18. 7. 1886 Lustenau (Vbg.), † 24. 5. 1944 Wien, Malerin. Bauerntochter, lernte Malerei in München und Rom, im 1. Weltkrieg Pflegerin (ging 1915 als Sanitätssoldat Stephan H. an die Front), dann Kriegsmalerin. Später im „Sonderbund" in Wien, trat 1926 der fortschrittl. Gruppe „Wr. Frauenkunst" bei (1943 Vorsitzende). Schuf vorwiegend expressive Landschaften und Porträts. Arbeiten im Heeresgeschichtl. Museum und in der Albertina, seit 1971 H.-Galerie in Lustenau.

Literatur: ÖBL.

Holler, Anton, * 12. 6. 1826 Neudorf (Gem. Wildon, Stmk.), † 26. 9. 1909, Graz (Stmk.), Arzt und Geologe. 1870 Primar der Landesirrenanstalt Klosterneuburg, 1873–74 in gleicher Funktion in Ybbs, ab 1897 in Graz; erfand eine Methode zur Herstellung feinster Schnitte durch Hirn und Rückenmark; entdeckte die Versteinerungen von Wetzelsdorf. Seine Sammlungen befinden sich im Joanneum und im Geolog. Inst. in Graz.

Literatur: ÖBL.

Hollitscher, Walter, * 16. 5. 1911 Wien, † 21. 7. 1988 ebd., Philosoph und Psychoanalytiker. Studierte Philosophie, Biologie und Medizin in Wien, ab 1929 KPÖ-Mitgl., bis 1938 Präs. der „Akad. Vereinigung für Medizin. Psychologie" in Wien. Emigrierte 1938, 1949–53 Prof. für Philosophie an der Humboldt-Univ. in O-Berlin und wiss. Konsulent im ZK der KPÖ, ab 1965 ZK-Mitgl. Verfasste rd. 30 Bücher zu naturwiss., psycholog. und philosoph. Themen aus marxist. Sicht.

Werke: Über die Begriffe der psych. Gesundheit und Erkrankung, 1947; S. Freud, 1947; Rassentheorie im Lichte der Wiss., 1948; Die Entwicklung im Universum, 1951; Psychoanalysis and Civilisation, 1963; Die Natur im Weltbild der Wiss., 1960; Der Mensch im Weltbild der Wiss., 1969; Tierisches und Menschliches, 1971; Aggressionstrieb und Krieg, 1973; Der überanstrengte Sexus, 1975; Für und wider die Menschlichkeit, 1977.

Wolfgang Hollegha. Foto, 1954.

Hollitzer, Carl Leopold, * 11. 3. 1874 Bad Deutsch-Altenburg (NÖ.), † 1. 12. 1942 Rekawinkel (NÖ.), Maler. Schuf Porträts und Karikaturen (u. a. von P. → Altenberg, H. → Bahr, E. → Friedell und K. → Kraus, v. a. gezeichnet in den Kabaretts „Nachtlicht" und „Fledermaus", wo er auch selbst auftrat) sowie Ausstattungen für Bühnen- und Filmproduktionen. Seine Uniform- und Militaria-Smlg. (eine der größten Europas) gelangte 1934 an das Heeresgeschichtl. Museum in Wien.

Hollmann, Hans, * 4. 2. 1933 Graz, Regisseur. Nach Promotion zum Dr. jur. Schauspielunterricht am Wr. Reinhardt-Seminar, 1958 erste Rollen am Wr. Theater in der Josefstadt, wechselte dann zur Regie; inszenierte u. a. in Wien, Hamburg, Bremen, Berlin, Düsseldorf und Basel (Ö. v. Horváths „Kasimir und Karoline", B. Brechts „Die Tage der Commune", K. Kraus' „Die letzten Tage der Menschheit", H. v. Hofmannsthals „Der Turm" u. a.). 1975–78 Dir. des Basler Stadttheaters; ab 1977 verstärkte Zuwendung zum Musiktheater; seit 1991 Prof. für Theaterregie in Frankfurt a. M.; Film- und Fernsehtätigkeit; 1969 Kainz-Medaille.

Literatur: H. Szabo, H. H., Dipl.-Arb., Wien 1996.

Höllwarth, Martin, * 13. 4. 1974 Schwaz (Ti.), Skispringer und Zeitsoldat. 1990/91 Juniorenweltmeister; gewann 3 Silbermedaillen bei den Olymp. Spielen 1992 in Albertville (Einzel Großschanze und Normalschanze sowie Mannschaft); 1998 Bronzemedaille bei den Olymp. Spielen in Nagano (Mannschaftsspringen), 2001 Goldmedaille im Mannschaftsbewerb bei der Weltmeisterschaft in Lahti (mit A. → Goldberger, Stefan Horngacher und Wolfgang Loitzl) sowie Bronzemedaille im Einzelbewerb auf der Normalschanze.

Hollweger, Karl, * 8. 9. 1933 Wien, Manager. Studierte an der Hochschule für Welthandel in Wien. Ab 1963 Prokurist und ab 1972 Vorstandsmitgl. der Perlmooser Zementwerke AG, ab 1978 Vorsitzender des Vorstands und Gen.-Dir. 1994–99 Vorsitzender des Vorstands der Ö. Industrieholding AG (ÖIAG).

Holm, Renate, * 10. 8. 1931 Berlin, Sängerin (Sopran). Studierte in Wien, 1957 Debüt als Operettensängerin, war über 20 Jahre an der Volks- und Staatsoper engagiert, sang auch in Salzburg; Auftritte auch als Schauspielerin.

Holt, Hans (eigentl. Karl Johannes Hödl), * 22. 11. 1909 Wien, † 3. 8. 2001 Baden (NÖ.), Kammerschauspieler, Regisseur, Autor. 1930 Debüt am Dt. Volkstheater in Wien, Engagements an Provinzbühnen und an der Wr. Scala, 1934–52 und wieder 1954–88 am Theater in der Josefstadt, 1952–54 am Burgtheater in Wien; Film- (Mozart in „Wen die Götter lieben") und Fernsehtätigkeit („Der Leihopa"); 1964 Kainz-Medaille, 1989 Raimund-Ring.

Werke: Theaterstücke: Es wird einmal, 1948; Der Zaun, 1951; Der Herzspezialist, 1957; Jeder Tag hat einen Morgen, 1991 (Autobiographie).

Holtzer (Holczer, Holzer), Wolfgang, † 15. 4. 1463 Wien (hingerichtet), Bürgermeister von Wien. Stammte möglicherweise aus Stein a. d. Donau oder Pressburg, war ein reicher Viehhändler, 1443 in Wien nachweisbar, 1454–62 Münzmeister, wurde 1462 als Anhänger Hzg. → Albrechts VI. zum Bürgermeister von Wien gewählt, leitete im Okt. die Belagerung → Friedrichs III. in der Hofburg. Als er später zum Kaiser übertreten wollte, ließ ihn Albrecht VI. auf grausame Weise hinrichten.

Literatur: K. Schalk, Aus der Zeit des ö. Faustrechtes, Abhandlungen zur Geschichte Wiens 3, 1919; NDB.

Emil Holub. Lithographie, 1902.

Holub, Emil, * 7. 10. 1847 Holitz (Holice, CZ), † 21. 2. 1902 Wien, Ethnologe, Forschungsreisender. Ging 1872 als Arzt nach Südafrika und unternahm 1873–87 mehrere Afrikaexpeditionen. Er versuchte 1883 mit seiner Frau Rosa eine meridionale Durchquerung Afrikas. Seine natur- und völkerkundl. Sammlungen verteilte er an zahlr. Anstalten.

Werke: 7 Jahre in Südafrika, 2 Bde., 1880; Von der Capstadt ins Land der Maschukulumbe, 2 Bde., 1888; 11 Jahre unter den Schwarzen Südafrikas, 1925. – Literatur: G. F. Hamann, E. H. – zw. Forschergeist und kolonialem Zweck, Dipl.-Arb., Wien 2000; ÖBL; NDB.

Guido Holzknecht. Foto.

Holub, Karl, * 26. 1. 1830 Stradonice (CZ), † 23. 5. 1903 Steyr (OÖ.), Waffentechniker. War mit J. → Werndl 1863 in Amerika (u. a. bei Colt) und entwickelte mit diesem ein Hinterladegewehr („Werndl-Gewehr"), nach 1867 techn. Dir. der Steyrer Waffenfabrik.

Literatur: ÖBL.

Holzbauer, Ignaz, * 17. 9. 1711 Wien, † 7. 4. 1783 Mannheim (D), Komponist. Wirkte mit seiner Frau um 1740 am Wr. Kärntnertortheater, ab 1751 Hofkapellmeister in Stuttgart und Mannheim. Zählt zu den bedeutendsten Komponisten der Mannheimer Schule, legte in seinem Werk die Grundlagen für die Entwicklung der Wr. Klassik.

Literatur: NDB.

Clemens Holzmeister. Foto, um 1950.

Holzbauer, Wilhelm, * 3. 9. 1930 Salzburg, Architekt. 1950–53 Schüler von C. → Holzmeister an der Akad. d. bild. Künste in Wien, 1956–57 am M. I. T. in Cambridge, 1957–59 Gastprof. in Kanada und den USA, bis 1964 Mitgl. der Arbeitsgruppe 4, ab 1964 selbstständiges Büro in Wien, 1977–98 Prof. an der Hochschule f. angew. Kunst in Wien. Vertreter einer „pragmatischen" Architektur mit monumentaler Zeichenhaftigkeit, physiognomischer Prägnanz und manieristischer Überhöhung; großzügige Organisation komplexer Bauprogramme. Zahlr. internat. Auszeichnungen.

Werke: Bildungshaus St. Virgil, Salzburg, 1965–76; Wohnhausanlage „Wohnen morgen", Wien, 1973–79; Vbg. Landhaus, Bregenz, 1975–81 (mit G. Mätzler, N. Schweitzer, N. Rapf); Rathaus und Oper Amsterdam (mit C. Dam und Bijovet en Holt); Naturwiss. Fakultät der Univ. Salzburg, 1978–86 (mit H. Ekhart, S. Hübner, G. Ladstätter und M. Marschalek); Biozentrum der Univ. Frankfurt a. M., 1988–93 (mit E. Mayr); Bürohauskomplex Lasallestraße/Praterstern, Wien, 1990–93 (mit H. Glück, K. Hlaweniczka, H. Lintl, G. Lippert); Ringstraßengalerien, Wien, 1990–93 (mit G. Lippert); Andromeda-Tower, Wien, 1993–97; Mahnmal für alle Opfer der Schlacht um Stalingrad, Wolgograd, 1996; Festspielhaus Baden-Baden, 1996; Oesterr. Nationalbank, Zubau, 1997; Tech-Gate Vienna, 2000. – Literatur: W. H., Bauten und Projekte 1953–85, 1985; ders., Bauten und Projekte 1985–90, 1990; F. Achleitner, W. H. Buildings and Projects – Bauten und Projekte, 1995; W. H. Arbeiten aus den letzten 5 Jahren des vergangenen Jahrtausends, Ausst.-Kat., Univ. f. angew. Kunst, Wien 2000.

Hölzel, Adolf, * 13. 5. 1853 Olmütz (Olomouc, CZ), † 17. 10. 1934 Stuttgart (D), Maler. Studierte an der Akad. d. bild. Künste in Wien und an der Münchner Akad. Gründete 1891 in Dachau die Malschule „Neu-Dachau". Entwickelte aus einem tonigen Impressionismus eine flächig abstrahierende Malweise.

Werke: Figurenbilder, große Kompositionen mit relig. Themen, Glasfenster. – Literatur: W. Venzmer, A. H., Monographie mit Werkverzeichnis der Ölbilder, Glasfenster und ausgewählter Pastelle, 1983.

Hölzel, Eduard, * 8. 10. 1818 Prag (CZ), † 22. 12. 1885 Salzburg, Gründer des gleichnamigen Verlags 1844 in Olmütz, Firmensitz seit 1861 in Wien. Programmschwerpunkt waren schulkartograph. und -geograph. Publikationen sowie Reisebücher.

Literatur: NDB.

Hölzel, Hans, → Falco.

Holzer, Joseph, * 20. 3. 1824 Wien, † 17. 1. 1876 ebd., Landschaftsmaler. Studierte an der Wr. Akad. bei T. → Ender und F. → Steinfeld d. J. sowie in München; reiste durch Deutschland, die Niederlande, die Schweiz, Mähren und Ungarn. Schuf v. a. Darstellungen des Hochwalds, staffiert mit Wild- und Jagdszenen.

Holzhausen, Adolf, * 8. 8. 1868 Wien, † 5. 6. 1931 ebd., Verleger. Nach 1918 Leiter des Militärgeograph. Inst. in Wien; gründete die Univ.-Buchdruckerei H. und die Verlagsgemeinschaften Hölder–Pichler–Tempsky sowie Freytag-Berndt und Artaria KG, Wien.

Holzknecht, Guido, * 3. 12. 1872 Wien, † 30. 10. 1931 ebd., Röntgenologe. Univ.-Prof in Wien; verschaffte dem von ihm gegr. Zentral-Röntgeninst. im Wr. Allg. Krankenhaus („G.-H.-Inst.") Weltruf, konstruierte mit I. Robinsohn einen Durchleuchtungstisch (Trochoskop), ein Messinstrument für die Röntgenstrahlendosis (Chromoradiometer) und fand im Bleigummi einen wirksamen Strahlenschutz. H. starb an den Folgen der Röntgenstrahlung. Nach ihm ist der H.-Raum zw. Herzhinterwand und Wirbelsäule benannt.

Werke: Röntgenologie, 2 Bde., 1918/24; Röntgentherapie, 1924; Einstellung zur Röntgenologie, 1927; Hb. der theoret. und klin. Röntgenkunde, 2 Bde., 1929 (Hg.). – Literatur: D. Angetter, G. H., Leben und Werk des ö. Pioniers der Röntgenologie, 1998; ÖBL; NDB.

Holzmeister, Clemens, * 27. 3. 1886 Fulpmes (Ti.), † 12. 6. 1983 Hallein (Sbg.), Architekt; Vater von Judith → Holzmeister. Studium an der Techn. Hochschule in Wien, Prof. an der Wr. Akad. d. bild. Künste (1924–38, 1954–57), Meisterschulenleiter an der Düsseldorfer Kunstakad. (1928–32), Präs. der Zentralvereinigung der Architekten und des neuen ö. Werkbundes (1932–38), Emigration in die Türkei (1938–54). Bedeutender Schöpfer zeichenhafter Monumental- und Sakralarchitektur, Neuinterpretation lokaler Bautraditionen zw. inszenierter Einfachheit und expressiver Gestik, schuf auch Denkmäler und Bühnenbilder. Großer Ö. Staatspreis 1953, Ö. Ehrenzeichen f. Wiss. u. Kunst 1957 und zahlr. weitere hohe Auszeichnungen.

Werke: Wr. Krematorium, 1921/22. – Kirchl. Bauten u. a. in: Batschuns (Vbg.), 1921–23; Blankenese (D), 1929/30; Hermeskeil (D), 1929–31; Berlin, St. Adalbert (D), 1930–33; St. Anton a. Arlberg (Ti.), 1931–33; Kleve (D), 1932–34 (Erweiterung); Wien, Seipel-Dollfuß-Gedächtniskirche, 1932–34. – Weltl. Bauten: Ti.: Berghaus H., Kitzbühel, 1930; OÖ.: Landhaus Eichmann am Attersee, 1927/28; Kurmittelhaus Bad Ischl, 1927–31 (mit M. Fellerer); ab den 20er Jahren prägende Arbeiten für Sbg.: Ausbau des Festspielbezirks (1926–70); ab 1928 Regierungsbauten für Ankara. – Publikationen: Bauten, Entwürfe und Handzeichnungen, 1937; Architekt in der Zeitenwende, 1976 (Autobiographie, Werkverzeichnis). – Literatur: M. Knofler, C. H., Diss., Innsbruck 1976.

Holzmeister, Judith, * 14. 2. 1920 Innsbruck (Ti.), Kammerschauspielerin; Tochter von Clemens → Holzmeister, in erster Ehe mit C. → Jürgens, in zweiter mit B. → Dallansky verheiratet. 1938 Debüt am Linzer Landestheater, 1941–44 Engagement am Dt. Volkstheater, ab 1947 am Burgtheater in Wien (v. a. klassische, aber auch moderne Rollen), ab 1948 Auftritte bei den Sbg. Festspielen, Filmtätigkeit. 1973 Kainz-Medaille, 1991 L.-Schreiner-Ring; seit 2000 Ehrenmitgl. des Burgtheaters.

Holzweber, Franz, * 20. 11. 1904 Wien, † 31. 7. 1934 ebd. (hingerichtet), ehem. Wachtmeister des Bundesheeres. Als „Hauptmann Friedrich" Führer des nat.-soz. Juliputsches im Bundeskanzleramt am 25. 7. 1934. Wegen der Putschteilnahme zum Tod verurteilt.

Literatur: G. Jagschitz, Der Putsch, 1976.

Homma, Hans, * 24. 4. 1874 Wien, † 8. 5. 1943 ebd., Schauspieler, Regisseur. Charakterdarsteller in Salonstücken, Possen und Volksstücken an Wr. Theatern, u. a. 1905–27 am Dt. Volkstheater; 1927–38 Spielleiter; Regisseur ö. Filme (Die Venus, 1921; Das Gespenst auf Mortons Schloß, 1922; Pension Groonen, 1924).

Homma, Josef Karl, * 17. 2. 1891 Reichenau (Rychnov, CZ), † 22. 2. 1966 Eisenstadt (Bgld.), Lehrer an Mittelschulen, ab 1928 Archivar, 1945–58 Dir. des Bgld. Landesarchivs und der Landesbibl. sowie der landeskundl. Forschungsstelle. Begründete die „Allg. Landestopographie", die „Allg. Landesbibliographie" des Bgld. und die „Bgld. Forschungen".

Werke: Pinkafeld, 1960; Bgld. Burgen und Schlösser, 1961. – Literatur: Nachruf und Bibliographie, in: Bgld. Heimatblätter, 1966.

Homolka, Oskar, * 12. 8. 1898 Wien, † 29. 1. 1978 Sussex (GB), (Film-)Schauspieler. 1918 Debüt am Komödienhaus in Wien, danach an Wr. und dt. Bühnen tätig (u. a. bei M. → Reinhardt in Berlin), ab 1926 auch Filmtätigkeit. Emigrierte 1935 zunächst nach London, dann in die USA, 1959 Rückkehr nach London. Zahlr. Bühnengastspiele in Ö. und der Schweiz.

Hönel, Herbert, * 13. 2. 1890 Graz (Stmk.), † 3. 6. 1990 ebd., Unternehmer und Erfinder mit über 300 Patenten für die Entwicklung wasserlöslicher Kunstharzlacke („Resydrol"). Gründete 1948 die Vianova Kunstharz AG.

Höngen, Elisabeth, * 7. 12. 1906 Gevelsberg (D), † 5. 8. 1997 Wien, Kammersängerin (Alt). Ab 1943 Mitgl. der Wr. Staatsoper, wirkte ab 1948 bei den Sbg. Festspielen mit, zog sich 1971 von der Bühne zurück. 1957–60 Leitung einer Opernklasse an der Wr. Akad. f. Musik u. darst. Kunst.

Hönigschmid, Otto, * 13. 3. 1878 Horowitz (Horovice, CZ), † 14. 10. 1945 München (D; Selbstmord), Chemiker. 1911–18 Prof. in Prag, 1922 in München. Verdienste um exakte Neubestimmung verschiedener Atomgewichte. Führte im Inst. f. Radiumforschung in Wien 1910 die erste Atomgewichtsbestimmung des Radiums durch.

Werk: Analyse des Radiumbromids, 1912. – Literatur: ÖBL; NDB.

Honner, Franz, * 4. 9. 1893 Heinrichsöd (Kovářov, CZ), † 10. 2. 1964 Wien, Politiker (KPÖ). Ab 1927 im ZK, 1936 in Wöllersdorf interniert, Flucht nach Moskau, 1937/38 Spanienkämpfer, dann wieder in Moskau. Bildete 1944/45 ö. Bataillons in der jugoslaw. Partisanenarmee aus. 1945 Staatssekr. in der Regierung Renner, 1945–59 Abg. z. NR, 1946–64 Mitgl. des ZK und des Politbüros der KPÖ. Befasste sich vorwiegend mit Gewerkschaftsfragen.

Hopfner, Friedrich, * 28. 10. 1881 Trautenau (Trutnov, CZ), † 5. 9. 1949 Hintersteiner See (Ti.; ertrunken), Geodät und Geophysiker, namhafter Planetenforscher. 1921 Chefastronom im Bundesamt für Eich- und Vermessungswesen in Wien, 1936 Prof. an der Techn. Hochschule in Wien, 1948/49 Rektor ebd.

Werke: Die Figur der Erde, 1927; Physikal. Geodäsie, 1933; Grundlagen der Höheren Geodäsie, 1949. – Literatur: Almanach der Ö. Akad. d. Wiss. 1950; ÖBL; NDB.

Hoppe, Emil, * 2. 4. 1876 Wien, † 14. 8. 1957 Salzburg, Architekt. Schüler und Assistent von O. → Wagner, 1909–18 gem. Büro mit M. → Kammerer und O. → Schönthal, nach dem Austritt Kammerers mit Schönthal bis zu dessen Exilierung 1938. Entwickelte die Tradition Wagners weiter, bes. bei der Trabrennbahn in der Wr. Krieau (1911–13, 1918).

Werke: Geschäft Bakalovits' Söhne, Wien 1, 1910/11; „Westermannhäuser", Wien 1, 1912–14; Centralbank der dt. Sparkassen, Wien 1, 1912–16 (alle mit M. Kammerer und O. Schönthal); Richterturm der Trabrennbahn Marienbad, 1923; Haus der Kammer für Arbeiter und Angestellte, Klagenfurt, 1924; Sandleitenhof (mit O. Schönthal, F. Matuschek, T. Theiss, H. Jaksch, F. Krauß und J. Tölk), Wien 16, 1924–28; Zürcher-Hof, Wien 10, 1928–30. – Literatur: O. A. Graf, Die vergessene Wagnerschule, 1969; M. Pozzetto, Die Schule O. Wagners 1894–1912, 1980; I. B. Whyte, E. H., M. Kammerer, O. Schönthal, 3 Architekten aus der Meisterschule O. Wagners, 1989.

Hoppichler, Franz, * 28. 8. 1931 Volders (Ti.), † 4. 10. 1995 Innsbruck (Ti.), Skipädagoge. Rennsportleiter des Ö. Skiverbands 1966–72, dann Leiter des Bundessportheims St. Christoph a. Arlberg, daneben in der Skilehrer- und -trainerausbildung tätig. Verfasser offizieller Skilehrpläne (1974, 1980, 1993), Präs. des Internat. Verbands für das Skilehrwesen (Interski) ab 1987.

Publikationen: Früh übt sich, 1974 (mit K. Koller); Ö. Schischule, 1974; Schwingen, 1980; Ski mit uns, 1985; Die ö. Skischule, 1993.

Horacek, Blanka, * 22. 12. 1913 Wien, Germanistin. 1968–79 Univ.-Prof. für dt. Sprache und ältere dt. Literatur in Wien. Mitgl. d. Wr. Kath. Akad. und des Inst. f. dt. Sprache in Mannheim; wichtige Beiträge zur Erforschung Wolframs von Eschenbach.

Werke: Kleine hist. Lautlehre, ^{2}1966; Kunstprinzipien der Satz- und Versgestalt, 1968.

Horak, Eduard, * 22. 4. 1838 Holitz (Holice, CZ), † 6. 12. 1893 Riva (I), Klavierpädagoge. Gründete in Wien die H.-Musikschulen, die 1940 in den Rang von Konservatorien erhoben wurden. Sein Bruder Adolf H. (1850–1921) war bis 1892 Hauptlehrer an der Schule.

Hörbiger, Alois, * 17. 2. 1810 Thierbach (Ti.), † 1872 Werschetz (Vršac, YU), Orgelbauer; Großvater von Hanns → Hörbiger. Baute mit seinem Bruder Bartholomäus H. über 60 Orgeln (Welsche Kirche in Graz, Pfarrkirchen Altlerchenfeld und Johannes Nepomuk in Wien).

Elisabeth Höngen als Azucena in „Der Troubadour" von G. Verdi. Foto, 1911.

Attila (rechts) und Paul Hörbiger als Fortunatus Wurzel und Hohes Alter in „Der Bauer als Millionär" von F. Raimund. Foto.

Hörbiger, Attila, * 21. 4. 1896 Budapest (H), † 27. 4. 1987 Wien, Kammerschauspieler; Sohn von Hanns → Hörbiger, Bruder von Paul → Hörbiger, ab 1935 Ehemann von Paula → Wessely, Vater von Elisabeth → Orth, Christiane → Hörbiger und Maresa → Hörbiger. 1919 Schauspieldebüt, nach Auftritten an Provinzbühnen Engagement am Theater in der Josefstadt in Wien 1928–50; große Erfolge in Berlin und bei Gastspielen am Wr. Volkstheater; 1950–75 Ensemblemitgl. des Wr. Burgtheaters. 1935–38 und 1947–50 Darsteller des „Jedermann" bei den Sbg. Festspielen. 1985 stand er als Winter in F. Raimunds „Der Diamant des Geisterkönigs" zum letzten Mal auf der Bühne. Film- und Fernsehtätigkeit. 1959 Kainz-Medaille, 1966 Grillparzer-Ring, 1971 Ehrenmitgl. des Burgtheaters, 1980 Nestroy-Ring, 1985 Raimund-Ring.

Literatur: H. Weigel, Der Schauspieler A. H., 1963; E.-M. Klinger, A. H. Entwicklungsgang eines Charakterschauspielers, Diss., Wien 1969; E. Orth, Märchen ihres Lebens – Meine Eltern Paula Wessely und A. H., 1975; E. Fuhrich u. G. Prossnitz (Hg.), Paula Wessely, A. H. Ihr Leben, ihr Spiel, 1985.

Theodor von Hörmann. Ausschnitt aus dem Gemälde von J. V. Krämer, um 1890 (Österreichische Galerie Belvedere, Wien).

Hörbiger, Christiane, * 13. 10. 1938 Wien, Schauspielerin; Tochter von Attila → Hörbiger und Paula → Wessely, Schwester von Maresa → Hörbiger und Elisabeth → Orth. Drehte bereits mit 16 Jahren ihren ersten Kinofilm, 1957 Schauspieldebüt am Wr. Burgtheater, ab 1967 Engagement am Züricher Schauspielhaus. Gastspiele bei den Sbg. Festspielen (Buhlschaft im „Jedermann"), an den Münchener Kammerspielen, am Theater in der Josefstadt und an der Volksoper in Wien. Hauptrollen in Film und Fernsehen („Das Erbe der Guldenburgs", „Julia, eine ungewöhnliche Frau"). 1991 Rückkehr nach Wien. 1994 Ö. Bundesfilmpreis.

Literatur: G. Tötschinger, C. H. Eine Biographie aus der Nähe, ^{3}1998.

Josef Hormayr Freiherr zu Hortenburg. Stich von John.

Hörbiger, Hanns, * 29. 11. 1860 Wien-Atzgersdorf, † 11. 10. 1931 Wien, Techniker; Enkel von Alois → Hörbiger, Vater von Paul → Hörbiger und Attila → Hörbiger. Konstruierte das massearme erste reibungsfrei geführte Plattenventil für Gebläse, Pumpen und Kompressoren (Patent 1895). Urheber der Welteislehre, einer wiss. nicht fundierten Theorie der Kosmogonie.

Werk: P. Fauth (Hg.), H. Glacial-Kosmogonie, 1913. – Literatur: B. Nagel, Die Welteislehre. Ihre Geschichte und ihre Rolle im „Dritten Reich", ^{2}2000; ÖBL; NDB.

Hörbiger, Maresa, * 29. 1. 1945 Seefeld (Ti.), Schauspielerin; Tochter von Attila → Hörbiger und Paula → Wessely, Schwester von Christiane → Hörbiger und Elisabeth → Orth. Engagements in Regensburg, Bern, Berlin, Hamburg und seit 1972 am Wr. Burgtheater; daneben auch Rollen in Film und Fernsehproduktionen.

Paul Hörbiger in dem Film „Der Engel mit der Posaune" von K. Hartl. 1948.

Hörbiger, Paul, * 29. 4. 1894 Budapest (H), † 5. 3. 1981 Wien, Kammerschauspieler; Sohn von Hanns → Hörbiger, Bruder von Attila → Hörbiger. Debütierte 1919 in Reichenberg, 1926–40 Engagement im Ensemble von M. → Reinhardt in Berlin, bis 1943 und ab 1965 am Wr. Burgtheater als urwüchsiger komödiantischer Volksschauspieler. Filmtätigkeit („Der Kongreß tanzt", 1931; „Liebelei", 1933; „Fiakerlied", 1936; „Wr. G'schichten", 1940; ab 1929 häufig Partner von H. → Moser). Ab 1943 in der ö. Widerstandsbewegung tätig, 1945 verhaftet, nach dem Krieg viele Gastspielreisen und Filmtätigkeit („Der Hofrat Geiger", 1947; „Der Engel mit der Posaune", 1948; „Der dritte Mann", 1950; „Hallo Dienstmann", 1952; „Lumpazivagabundus", 1956). 1972 Girardi-Ring, 1980 Nestroy-Ring.

Werke: G. Markus (Hg.), Ich habe für euch gespielt, 1994 (Autobiographie). – Literatur: G. Pichl, P. und A. H., Diss., Wien 1950; M. Horowitz, P. H. Lebensbilder, 1994; H. Würtz (Hg.), P. H. – H. Moser, Ausst.-Kat., Wr. Stadt- u. Landesbibl., 1994.

Horeischy, Kurt, * 25. 3. 1913, † 6. 4. 1945 Wien, Assistent am II. Chem. Inst. der Univ. Wien. Wurde vom Inst.-Leiter J. Lange erschossen, weil er mit H. → Vollmar wertvolle wiss. Instrumente vor der Zerstörung durch Nat.-Soz. retten wollte.

Hörl, Joseph Georg, * 22. 8. 1722 Wien, † 9. 12. 1806 ebd., Jurist. 1773–1804 Bürgermeister von Wien; beriet ab 1778 Ks. Joseph II. bei der Umorganisierung der Verwaltung. In seiner Amtszeit wurden das Allg. Krankenhaus (1784), das Theater in der Josefstadt (1788) und das Theater an der Wien (1798–1801) erbaut.

Literatur: F. Czeike, Wien und seine Bürgermeister, 1974.

Hörmann, Theodor von, * 13. 12. 1840 Imst (Ti.), † 1. 7. 1895 Graz (Stmk.), Landschaftsmaler, Offizier. Studierte an der Wr. Akad. bei E. → Peithner von Lichtenfels und A. Feuerbach, war danach 1875–83 Zeichen- und Fechtlehrer an der Militärschule in St. Pölten, schied 1883 aus dem aktiven Militärdienst aus. Kontakte zum Kreis um E. J. → Schindler. Als Anhänger der Pleinairmalerei Studienaufenthalt in Frankreich, Rückkehr 1890. Gilt als der konsequenteste ö. „Impressionist".

Literatur: T. Braunegger u. M. Hörmann-Weingartner, T. v. H., 1979; E. Gürtler, T. v. H. (1840–1895), Ausst.-Kat., Ti. Landesmus. Ferdinandeum, Innsbruck 1995.

Hormayr, Josef, * 16. 5. 1705 Innsbruck (Ti.), † 8. 8. 1779 ebd., Kanzler von Ti. Ab 1724 Beamter in Innsbruck und Landvogt in Schwäbisch-Ö., trat 1740 in Streitschriften für die Pragmatische Sanktion ein, erwarb das Vertrauen Maria Theresias und wurde 1759 zum Kanzler von Ti. und Geheimen Rat ernannt. Setzte sich ab 1774 für die bedingungslose Abschaffung der Folter ein.

Literatur: NDB.

Hormayr, Josef, Frh. zu Hortenburg, * 20. 1. 1781 Innsbruck (Ti.), † 5. 11. 1848 München (D), Historiker, Diplomat, Freiheitskämpfer. Ab 1808 Dir. des Staatsarchivs; bereitete im Auftrag von Erzhzg. → Johann mit A. → Hofer den Tiroler Freiheitskampf von 1809 vor, an dem er als kaiserl. Intendant und Hofkommissär führend teilnahm. 1813 von Metternich verhaftet, trat H. 1828 in bayer. Dienst und griff das Regime des Vormärz in Ö. in seinen Werken „Anemonen" (4 Bde., 1845–47) und „Ks. Franz und Metternich" (1848) heftig an.

Weitere Werke: Ö. Plutarch, 20 Bde., 1807–14 (Leben und Bildnisse aller Regenten des ö. Kaiserstaats); Wien, seine Geschicke und seine Denkwürdigkeiten, 9 Bde., 1822–24; Das Land Ti. und der Tirolerkrieg von 1809, 2 Bde., 1845. – Hg.: Archiv für Geschichte, Statistik, Literatur und Kunst, 1810–37; Taschenbuch für vaterländ. Geschichte, 18 Bde., 1811–48. – Literatur: L. C. Tuerkel, Das publizist. Wirken des J. Frh. v. H., Diss., Wien 1980; NDB.

Hornbostel, aus der Gegend von Celle in Niedersachsen stammende Familie, von der ein Zweig 1768 in Wien ansässig wurde: Carl v. → Hornbostel, Christian Georg → Hornbostel, Erich → Hornbostel, Theodor v. → Hornbostel, Theodor → Hornbostel.

Hornbostel, Carl von, * 22. 7. 1825 Wien, † 8. 2. 1913 ebd., Brücken- und Eisenbahnfachmann; Vetter von Theodor v. → Hornbostel. Mitarbeiter K. Ritter v. → Ghegas beim Bau der Semmeringbahn, errichtete 1851/52 die ersten Eisenbahnbrücken in Ö.

Hornbostel, Christian Georg, * 15. 5. 1778 Wien, † 6. 6. 1841 ebd., Unternehmer; Vater von Theodor v. → Hornbostel. Führte die Seidenfabrik seines Vaters in Wien weiter, für die er 1811 einen neuen mechanischen Webstuhl entwickelte. 1823 verlegte er diese bedeutendste Seidenweberei Wiens nach Leobersdorf (NÖ.)

und nahm hier die Erzeugung von „Crêpe de Chine" auf. Mitbegründer der Oesterr. Nationalbank (1816).
Literatur: ÖBL; NDB.

Hornbostel, Erich, * 25. 2. 1877 Wien, † 28. 11. 1935 Cambridge (GB), Musikwissenschaftler und Ethnologe; Enkel von Theodor v. → Hornbostel. Ging 1900 nach Berlin, wandte sich der Tonpsychologie von C. Stumpf zu, 1905/06 dessen Assistent, 1906–33 Leiter des Berliner Phonogrammarchivs, dann Prof. in New York (1933), London und Cambridge (1934). Gilt als Begründer der „Berliner Schule" der Musikwissenschaft.
Werke: Geschichte des Phonogramm-Archivs der Staatl. Hochschule für Musik in Berlin, 1926; Hg. der Sammelbde. für vergleichende Musikwiss., 1922ff. (mit C. Stumpf); zahlr. Aufsätze zu tonpsycholog. Fragen. – Literatur: S. Klotz (Hg.), „Vom tönenden Wirbel menschl. Tuns". E. M. v. H. als Gestaltpsychologe, Archivar und Musikwissenschaftler, 1998; B. Stangl, Ethnologie im Ohr. Die Wirkungsgeschichte des Phonographen, 2000; ÖBL; NDB.

Hornbostel, Theodor von, * 29. 10. 1815 Wien, † 2. 6. 1888 ebd., Industrieller; Sohn von Christian Georg → Hornbostel, Vetter von Carl v. → Hornbostel, Großvater von Erich → Hornbostel. 1848 Handelsminister, 1849–51 Präs. der Wr. Handelskammer. Bekleidete Spitzenfunktionen in der Creditanstalt und der Nö. Escompte-Ges. sowie bei der Kaiserin-Elisabeth-Westbahn, der Kaiser-Ferdinand-Nordbahn und der Lokomotiv-Fabriks-AG.

Hornbostel, Theodor, * 9. 1. 1889 Wien, † 8. 6. 1973 Gmunden (OÖ.), Diplomat. Von E. → Dollfuß 1933 zum Leiter der Polit. Abteilung im Außenamt ernannt, beeinflusste maßgeblich die Außenpolitik der Regierung Dollfuß. 1938 verhaftet und in das KZ Dachau deportiert. Gründete 1953 das Forschungsinst. für den Donauraum.

Hornich, Rudolf, * 3. 3. 1862 Laa a. d. Thaya (NÖ.), † 23. 12. 1938 Wien, Pädagoge. 1905–18 Dir. des Wr. „Pädagogiums", das von ihm zu einem erstrangigen pädagog. Zentrum ausgebaut wurde (Einrichtung einer Akad. zur Lehrerfortbildung, eines Seminars für Arbeitspädagogik, eines pädagogisch-psycholog. Laboratoriums u. ä.).

Hörnigk (Horneck), Philipp Wilhelm von, * 23. 1. 1640 Frankfurt a. M. (D), † 23. 10. 1714 Passau (D), Volkswirtschaftler; Freund und Schwager des Merkantilisten J. J. → Becher. Kam 1664/65 nach Wien, erstellte ab 1673 eine Gewerbestatistik für die dt. und böhm. Erblande. 1684 erschien sein Werk „Ö. über alles, wann es nur will", eine der einflussreichsten Schriften des Merkantilismus (bis 1784 15 Auflagen), mit dem H. die bedeutenden wirt. Möglichkeiten der habsb. Länder, die hier erstmals wirt. als „Ö." zusammengefasst wurden, hervorhob. Aufgrund seiner Verbindung mit dem wirt. gescheiterten Becher in Wien chancenlos, nahm er Dienst bei J. P. Gf. Lambert (ab 1679 Bischof von Passau). Er stand in Briefwechsel mit G. W. Leibniz und führte in Passau wichtige hist. Forschungen durch.
Ausgabe: Ö. über alles, wann es nur will, 1997 (Faksimile der Erstausgabe). – Literatur: H. J. Brauleke, Leben und Werk des Kameralisten P. W. v. H., 1978; H. Matis, P. W. v. H.: Leben, Werk und ökonom. Umfeld, 1997; NDB.

Hornung, Maria, * 31. 5. 1920 Wien, Sprachwissenschaftlerin, Dialekt- und Namenforscherin. 1980–85 Univ.-Prof. in Wien. Mitarbeit am Wörterbuch der bair. Mundarten in Ö. (1963ff.), Aufbau eines Tonarchivs ö. Mundarten in Zusammenarbeit mit dem Ö. Phonogrammarchiv; bes. Verdienste um die Erforschung der Sprachinseln (Gründung des Ö. Sprachinselmuseums in Wien), Mit-Hg. des Ö. Wörterbuchs.
Werke: Wörterbuch der dt. Sprachinselmundart von Pladen/Sappada in Karnien (Italien), 1972; Lexikon ö. Familiennamen, 1989; Wörterbuch der Wr. Mundart, 1998; Die ö. Mundarten, 2000. – Literatur: Mundart und Name im Sprachkontakt, Festschrift für M. H., 1990.

Hornykiewicz, Oleh, * 17. 11. 1926 Sychow (UA), Pharmakologe. Studierte in Wien, ab 1964 Dozent am pharmakolog. Inst. der Univ. Wien. 1968–76 Prof. am Department of Pharmacology der Univ. Toronto, seit 1976 Vorstand des Inst. f. Biochem. Pharmakologie der Univ. Wien; Forschungstätigkeit auch an der University of Saskatchewan, Kanada. Pionier auf dem Gebiet der Erforschung der Parkinson'schen Krankheit und der Rolle des Dopamins daran. Wittgenstein-Preis 1993.

Horowitz, Michael, * 1. 12. 1950 Wien, Schriftsteller, Journalist, Fotograf und Filmemacher. Vielseitiger Publizist, trat mit Bildmonographien hervor, Autor von Fernsehdokumentationen und Drehbüchern; seit 1989 Chefredakteur des „Freizeit"-Magazins des Kurier.
Werke: Begegnungen mit H. v. Doderer, 1983; Ein Leben für die Zeitung. Der rasende Reporter E. E. Kisch, 1985; K. Kraus, 1986; P. Hörbiger, 1994; Lebenslust, 1994; O. Schenk. Lebensbilder, 1995; H. Qualtinger, 1996; H. C. Artmann, 2001.

Horr, Franz, * 16. 4. 1913 Wien, † 6. 1. 1974 ebd., Tischler und Politiker (SPÖ). Ab 1946 im Ö. Gewerkschaftsbund tätig, ab 1964 Präs. der Arbeiterkammer NÖ., 1953–74 Abg. z. NR, Sportfunktionär. Nach ihm wurde das in den 70er Jahren neu erbaute Stadion in Wien 10 benannt.

Horschelt, Friedrich, * 14. 4. 1793 Köln (D), † 9. 12. 1876 München (D), Ballettmeister und Impresario. Ab 1806 mit seiner Mutter und 3 Schwestern in Wien tätig, 1811 Tänzer und Choreograph am Leopoldstädter Theater, 1814 Vizeballettmeister am Theater an der Wien, 1815–21 Gründer und Leiter des berühmten H.schen Kinderballetts, aus dem u. a. Fanny → Elßler, Theresia → Elßler und Therese Heberle hervorgingen.
Literatur: ÖBL; NDB.

Horthy de Nagybánya, Nikolaus, * 18. 6. 1868 Kenderes (H), † 9. 2. 1957 Estoril (P), ungar. Politiker und Admiral. Kontreadmiral und Flottenchef der k. u. k. Kriegsmarine, 1. 11. 1918 Vizeadmiral. Beseitigte 1919 die ungar. Räterepublik, 1920–44 Reichsverweser von Ungarn. Vereitelte auf Druck der Entente die beiden Restaurationsversuche von Kg. Karl IV. (→ Karl I. von Ö.). Wurde nach Bemühungen um einen Sonderfrieden 1944 von den Deutschen gestürzt und inhaftiert, nach dem Krieg Exil in Portugal.
Literatur: P. Gosztony, N. H. Admiral und Reichsverweser, 1973; K. Csonkaréti, H. – a tengerész, 1993.

Horváth, Ignac, * 1. 2. 1895 Kleinwarasdorf (Gem. Großwarasdorf, Bgld.), † 22. 4. 1973 Oberpullendorf (Bgld.), heimatverbundener Schriftsteller, Volksbildner und Seelsorger der bgld. Kroaten. 1938–71 Pfarrer in Frankenau. Schrieb Dramen und Erzählungen in bgld.-kroat. Sprache.
Werke: Hg. der Volkskalender „Naša domovina" (1933–42) und „Gradísce" (1946–71) sowie der kroat. Zeitungen „Hrvatske Novinc" und „Naš Tajednik".

Horváth, Ödön (Edmund) von, * 9. 12. 1901 Fiume (Rijeka, HR), † 1. 6. 1938 Paris (F; Unfall), Dramatiker und Erzähler. Sohn eines ö.-ungar. Diplomaten, lebte ab 1923 als Schriftsteller in Berlin und Murnau (Bayern). Aufgrund von nat.-soz. Repressalien 1933–38 in Wien, emigrierte im März 1938 nach Paris. Seine Stücke stehen in der Tradition des Wr. Volksstücks und der ö. sprachskept. Literatur. V. a. durch die Demaskierung kleinbürgerl. Sprache („Bildungsjargon") und Verhaltensweisen übte er radikale Sozialkritik, wobei bes. die Frauen als Opfer erscheinen. In seinem Spätwerk, den Romanen „Jugend ohne Gott" (1937) und „Ein Kind unserer Zeit" (1938) befasste er sich mit dem Aufstieg des Faschismus. Kleist-Preis 1931.

Ödön von Horváth. Foto, um 1937.

Weitere Werke: Romane und Prosa: Sportmärchen (ab 1924 in der Ztschr. „Simplicissimus"); Der ewige Spießer, 1930. – Dramen: Revolte auf Côte 3018, 1927 (Neufassung: Die Bergbahn, 1928); Sladek, der schwarze Reichswehrmann, 1930; Ital. Nacht, 1931; Geschichten aus dem Wiener Wald, 1931; Kasimir und Karoline, 1932; Glaube, Liebe, Hoffnung (Ein Totentanz), 1932; Die Unbekannte aus der Seine, 1933; Hin und Her, 1933; Figaro läßt sich scheiden, 1934; Don Juan kommt aus dem Krieg, 1937; Pompeji, 1937; Der jüngste Tag, 1938. – Ausgabe: Gesammelte Werke, hg. v. T. Krischke, 15 Bde., 1983–88. – Literatur: T. Krischke (Hg.), Über Ö. v. H., 1981; T. Krischke, H. Eine Biographie, 1988; K. Bartsch, Ö. v. H., 2000; NDB.

Alfred Hrdlička. Foto.

Hoschek, Fritz, * 29. 9. 1904 Wien, † 29. 12. 1942 Stalingrad (Zarizyn, RUS), Sportpädagoge, Arzt. Mit K. → Gaulhofer und M. → Streicher Mitbegründer des natürl. Turnens; beschäftigte sich v. a. mit Skiunterricht und Methodik.

Werke: Die natürl. Lehrweise des Schilaufens, 1933; Neuzeitl. Geräteturnen, 2 Bde., 1934; Das natürl. Schwungfahren, 1935 (mit F. Wolfgang); Erziehung zum Schwingen, 1938.

Hostasch, Eleonora, * 9. 7. 1944 Wien, Bankangestellte, Funktionärin in Arbeiterkammer und Gewerkschaft, Politikerin (SPÖ). Begann ihre berufl. Laufbahn bei der BAWAG (1975–94 Zentralbetriebsratsvorsitzende), 1989–94 Vorsitzende der Gewerkschaft der Privatangestellten, 1991–95 Vizepräs. des ÖGB, 1994–97 Präsidentin der Bundesarbeitskammer und der Wr. Kammer für Arbeiter und Angestellte. 1989–94, 1996–97 und 1999–2000 Abg. z. NR. 1997–2000 BMin. für Arbeit, Gesundheit und Soziales.

Hotschnig, Alois, * 3. 10. 1959 Berg i. Drautal (Kä.), Schriftsteller. Studierte Medizin, Germanistik und Anglistik in Innsbruck. Seine Texte zeichnen sich v. a. durch eine knappe und präzise Sprache aus. Anna-Seghers-Preis 1993.

Werke: Aus, 1989 (Erzählung); Eine Art Glück, 1990 (Erzählungen); Leonardos Hände, 1992 (Roman); Absolution, 1994 (Drama); Ludwigs Zimmer, 2000 (Roman).

Hotter, Hans, * 19. 1. 1909 Offenbach (D), Kammersänger (Bassbariton). Ab 1947 ständiges Mitgl. der Wr. Staatsoper (Ehrenmitgl.), internat. Gastspiele an allen führenden Opernhäusern, daneben auch Konzertauftritte und Liederabende. Führender Wagner-Sänger der 50er und 60er Jahre, wirkte ab 1962 auch als Dirigent. Beendete 1974 seine Sängerkarriere.

Werk: „Der Mai war mir gewogen ...", 1996 (Erinnerungen).

Hötzendorf, → Conrad von Hötzendorf, Franz Frh.

Hoyos, noch bestehende Adelsfamilie span. Herkunft, deren erste Träger mit Ferdinand I. 1520 einwanderten und sich in der 2. Generation in 2 Linien teilten. Die ältere (1628 Reichsgrafen) starb 1718 aus, die jüngere (1674 Reichsgrafen) kam 1681 durch Heirat (Zweitname Sprintzenstein) in den Besitz von Horn und Rosenburg und vereinigte im 18. Jh. alle Güter der Familie (Gutenstein, Stixenstein, Hohenberg, Persenbeug, Frohsdorf, Drosendorf, Horn, Rosenburg). Ihre Mitglieder (Johann Ernst Gf. v. → Hoyos-Sprintzenstein) standen in kaiserl. und landständ. Diensten..

Literatur: M. S. Habsburg-Lothringen, Die Familie H., in: Adel im Wandel, Ausst.-Kat., Rosenburg 1990; NDB.

Gregor Hradetzky. Foto.

Hoyos-Sprintzenstein, Johann Ernst Graf von, * 24. 2. 1779 Wien, † 28. 10. 1849 ebd., General. Baute das Schwemmsystem aus dem Neuwald (um Gippel und Göller) aus (Schwemmmeister Georg → Huebmer), stellte 1809 ein Landwehrbataillon auf, wurde Obersthof- und Landesjägermeister (Forstschule Mariabrunn und Waldamt Purkersdorf des Wienerwalds); 1848 Kommandant der Nationalgarde in Wien.

Literatur: ÖBL.

Hradetzky, Gregor, * 31. 1. 1909 Krems (NÖ.), † 29. 12. 1984 Bad Kleinkirchheim (Kä.), Kanusportler, Orgelbauer. Europameister 1933–36; Goldmedaillen bei den Olymp. Spielen in Berlin 1936 im Kajak-Einer (1000 m) und Faltboot-Einer (1000 m).

Hradil, Rudolf, * 1. 4. 1925 Salzburg, Maler und Graphiker. Studierte 1947–51 an der Akad. d. bild. Künste in Wien und 1951/52 im Atelier von F. Léger in Paris; erreichte bald einen expressiven Zeichenstil und machte sich als Lithograph und Aquarellist mit subtiler Farbgestaltung einen Namen.

Mappenwerke: Radierungen: Bric à Brac, 1963; Roma, 1968; Städteminiaturen, 1979; Das Leben der Dinge, 1982. – Lithographien: Stadtprofile, 1985; Stadtkaleidoskop Wien, 1993; Blumen, 1994. – Literatur: G. Amanshauser, R. H., 1975; R. H., Zeichnungen, 1993; M. Boeckl, R. H., Ölbilder, 1995.

Hrdlička, Alfred, * 27. 2. 1928 Wien, Bildhauer und Graphiker. Studierte 1946–57 an der Akad. d. bild. Künste in Wien bei A. P. → Gütersloh, J. → Dobrowsky und F. → Wotruba. Im Gegensatz zur allg. Tendenz in Richtung abstrakter Kunst hielt H. konsequent an einem figurativ-expressiven Stil fest und löste durch polit. und ges.-krit. Themen und Äußerungen wiederholt öffentl. Diskussionen aus. 1964 nahm er als Vertreter Ö. an der Biennale in Venedig teil. Prof. in Stuttgart (1971–73, 1975–86), Hamburg (1973–75), Berlin (1986–89) und Wien (ab 1989). An der Stelle des 1945 zerstörten Philipphofs auf dem Albertinaplatz in Wien 1 wurde von H. 1988–91 das Mahnmal gegen Krieg und Faschismus errichtet.

Werke: Gekreuzigter, 1959; Porträt O. Kokoschka, 1963; Dr.-Karl-Renner-Büste, Wien, 1967; Denkmal für F. Engels, Wuppertal 1981; Bronzefries über den Serienmörder F. Haarmann in Hannover, 1991; Mahnmale gegen den Faschismus in Hamburg und Wien. – Radierzyklen: Martha Beck, 1963; Die Schlacht auf den Katalaunischen Feldern, 1964; Haarmann, 1965/66; Randolectil, 1968. – Literatur: M. Lewin (Hg.), A. H., Das Gesamtwerk, 3 Bde., 1987–1992; K. Klemp (Hg.), A. H. Skulpturen, Zeichnungen, Druckgraphik 1945–1997, Ausst.-Kat., Frankfurter Kunstverein, 1997.

Hrodegh, Anton, * 28. 10. 1875 Schiltingeramt (Gem. Jaidhof, NÖ.), † 18. 6. 1926 Gars a. Kamp (NÖ.), Priester und Archäologe, einer der Begründer der modernen Urgeschichtsforschung in Ö. Widmete sich vorwiegend der Ur- und Frühgeschichte des Waldviertels.

Literatur: ÖBL.

Hruby, Viktor, * 9. 5. 1894 Wien, † 10. 7. 1978 ebd., Kapellmeister und Komponist. Studierte an der Wr. Musikschule; wirkte als Theaterkapellmeister (Raimundtheater, Theater an der Wien) und für den Rundfunk. Als Komponist u. a. für den Film und als Bearbeiter von Operetten und Unterhaltungsmusik tätig. 1951–65 Vizepräs. der AKM.

Hruska, Rudolf, * 2. 7. 1915 Wien, † 4. 12. 1994 Turin (I), Automobilkonstrukteur. 1951 techn. Dir. bei Alfa Romeo, 1959–67 bei Fiat, anschließend wieder bei Alfa Romeo, wo er das Kozept für den „Alfasud" entwarf.

Hryntschak, Alexander, * 3. 3. 1891 Wien, † 17. 3. 1974 ebd., Wirtschaftspolitiker (CS), Jurist. 1929–34 Abg. z. NR, 1939–45 Dir. einer Automobilfabrik. Mitbegründer und Hauptgeschäftsführer der Vereinigung Ö. Industrieller (1946–49). 1933–38 Dir. der Wr. Symphoniker, ab 1951 Präs. der Ges. der Musikfreunde in Wien.

Hryntschak, Theodor, * 15. 7. 1889 Wien, † 28. 6. 1952 ebd., Urologe. Ab 1913 an der I. Chirurg. Klinik in Wien unter A. Frh. v. → Eiselsberg tätig, leitete ab 1925 die urolog. Abteilung des Wilhelminenspitals und ab 1944 der Wr. Poliklinik. Habilitierte sich 1925; zahlr. Aufsätze in Fachzeitschriften.

Literatur: NDB.

Huber, Alfons, * 14. 10. 1834 Schlitters (Ti.), † 23. 11. 1898 Wien, Historiker, namhafter Quellenforscher. Univ.-Prof. in Innsbruck und Wien, Vorstand des Ti. Landesmuseums.

Werke: Geschichte Ö., 5 Bde., 1885–96; Ö. Reichsgeschichte, 1895. – Literatur: G. Mang, A. H., Diss., Wien 1953 (Werkverz.); ÖBL; NDB.

Huber, Carl Rudolf, * 15. 8. 1839 Schleinz (Gem. Walpersbach, NÖ.), † 28. 8. 1896 Wien, Maler und Graphiker. Studierte an den Akad. in Wien und Düsseldorf, unternahm mehrere Reisen in den Orient (1875 mit L. C. → Müller, H. → Makart und F. v. Lenbach nach Ägypten). Ab 1880 Prof. an der Akad. d. bild. Künste in Wien. Durch seine Tierbilder und Porträts wurde er zu einem der bekanntesten ö. Maler der Makart-Zeit.

Werke: zahlr. Tier- und Jagddarstellungen, Porträts von Persönlichkeiten der Makart-Zeit. – Literatur: C. R. H., Ausst.-Kat., Schloss Schleinz (NÖ.), 1955.

Huber, Johannes, * 31. 5. 1946 Bruck a. d. Leitha (NÖ.), Theologe und Mediziner. 1973–83 persönl. Sekr. von Kardinal F. → König, 1977–79 Facharztausbildung für Gynäkologie und Geburtshilfe am Wr. Ks.-Franz-Josef-Spital, 1985 Habilitation. Leiter der klin. Abt. f. gynäkolog. Endokrinologie und Sterilitätsbehandlung an der Univ.-Klinik f. Frauenheilkunde des AKH Wien, Leiter der Hormon- und der Kinderwunschambulanz. Forschungsschwerpunkte: Retortenbefruchtung, Pränataldiagnostik, Endokrinologie. H. gelang im Frühjahr 2000 erstmals eine künstliche Befruchtung aus laborgereiften Eizellen.

Werke: Menschen „machen", 1989; Die Hormontherapie, 1990; Im Bannkreis der Sphinx, 1991; Länger leben – später altern, 1998.

Huber, Josef F. K., * 1. 1. 1925 Salzburg, † 15. 8. 2000 Wien, Chemiker. Studierte in Innsbruck, danach Forschungstätigkeit an der Techn. Univ. Eindhoven; ab 1964 Prof. der Univ. Amsterdam, wo er eines der wichtigsten Zentren für Chromatografie aufbaute. Ab 1974 Prof. f. Chemie an der Univ. Wien, Forschungsschwerpunkte: Spektrometrie, Chemometrie.

Huber, Wolf (Wolfgang), * um 1480–85 vermutlich Feldkirch (Vbg.), † 3. 6. 1553 Passau (D), Maler und Zeichner. Bedeutender Vertreter der Donauschule; um 1510 im Salzkammergut und an der Donau nachweisbar, wo er sich intensiv mit der Landschaftsdarstellung auseinander setzte. H. war spätestens ab 1515 in Passau sesshaft (bischöfl. Hofmaler). Als malerisches Hauptwerk gilt der St. Annenaltar (1515–21) in der Pfarrkirche Feldkirch mit 8 Tafelbildern. Weiters werden ihm mehrere Porträts zugeschrieben, seine größte Bedeutung liegt jedoch in seinem zeichnerischen Werk.

Literatur: E. Heinzle, W. H., 1953; G. Tschallener, Der geistesgeschichtl. und theolog. Hintergrund des Annenaltars von W. H., Diss., Innsbruck 1990; NDB.

Hubert von Goisern (eigentl. Hubert Achleitner), * 17. 11. 1952 Bad Goisern (OÖ.), Komponist, Popsänger. Nach mehrjähr. Auslandsaufenthalt 1986 Gründung der Band „Alpinkatzen" mit Wolfgang Staribacher. 1992 Durchbruch mit dem Album „Aufgeign statt niederschiassn" und der Single „Hiatamadl", einer zeitgemäßen Bearbeitung traditioneller Volksmusik. 1994 Auflösung der „Alpinkatzen" und ausgedehnte Reisen u. a. nach Tibet und Afrika; 1996 Filmmusik für „Schlafes Bruder". 2000 Soloalbum „Fön"; 2001 Amadeus Award. Engagement für Tibet.

Weitere Werke (Schallplatten bzw. CDs): Alpine–Lawine, 1988; Omunduntn, 1994; Wia die Zeit vergeht, 1995; Inexil, 1998; Gombe, 1998.

Hubinek, Marga, * 20. 5. 1926 Wien, Germanistin, Historikerin und Politikerin (ÖVP). Leitende Beamtin des Fonds der Wr. Kaufmannschaft, 1959–70 Abg. z. Wr. Landtag und Mitgl. des Wr. Gemeinderats, 1970–90 Abg. z. NR, 1986–90 2. Präs. des NR.

Hübl, Arthur, * 20. 3. 1853 Großwardein (Oradea, RO), † 7. 4. 1932 Wien, Kartograph, General und Chemiker. 1916–18 Kommandant des Militärgeograph. Inst. War führend auf dem Gebiet der wiss. Photographie, der Reproduktionstechnik und der Photogrammmetrie. Führte 1909 den Offsetdruck ein und organisierte die Kartographie in Brasilien (1920–24) und Ungarn.

Literatur: ÖBL; NDB.

Hubmaier, Balthasar, * nach 1480 Friedberg b. Augsburg (D), † 10. 3. 1528 Wien (hingerichtet), Theologe. Domprediger in Regensburg, dann Wiedertäufer. Wirkte bis 1525 in S-Deutschland, 1526/27 in Nikolsburg und Ö., wo sich die Bewegung der Wiedertäufer rasch ausbreitete. Er vertrat das Recht auf kriegerische Aktionen und wurde in Erdberg bei Wien öffentlich verbrannt.

Literatur: R. Reingrabner, Die Protestanten in Ö., 1981; E. Mabry, B. H. doctrine of the church, 1994; NDB.

Franz Hubmann. Foto, 1988.

Hubmann, Franz, * 2. 10. 1914 Ebreichsdorf (NÖ.), Fotograf. Mitbegründer der Ztschr. „Magnum", schuf mehrere Fernsehfilme (u. a. „Hohe Schule der Photographie", „H. v. Doderer", „Das alte New York"), illustrierte Bücher und gab Fotobände heraus. Ö. Staatspreis f. künstlerische Fotografie 1994; Ö. Ehrenzeichen f. Wiss. und Kunst 1993.

Werke: Wien – Vorstadt Europas, 1963; Wien – Weltstadt der Geschichte, 1965; Das dt. Familienalbum, 1972; Heimliches Ö., 1975; Reihe „Die Länder Ö.", 1981 (Wien und 5 weitere Bundesländer); Café Hawelka, 1982; Verzaubert, verwunschen, 1984; Der Wr. Prater, 1986 (mit H. Qualtinger); Wien – Metamorphosen einer Stadt, 1992; Wo der Wein blüht, 1993; Weinland Bgld., 1994; Auf den Spuren von H. v. Doderer, 1996; St. Stephan in Wien, 1996; Wo die Träume wohnen. Das Waldviertel, 1997; Künstlerportraits der Smlg. Klewan, 1999; Mohn und Granit. Vom Waldviertel, 1999. – Literatur: F. H. Das photograph. Werk, 1999.

Hübner, Alexander Graf von, * 26. 11. 1811 Wien, † 30. 7. 1892 ebd., Diplomat, Reiseschriftsteller. Ab 1833 im Dienst der ö. Staatskanzlei, wo er von Metternich gefördert wurde (Gerücht, er sei dessen illegitimer Sohn). 1849–59 im diplomat. Dienst in Paris, ab 1860 Polizeiminister. 1865–67 Missionschef am päpstl. Hof, konnte aber den Abschluss eines neuen Konkordats nicht durchsetzen. In seinen Schriften propagierte er die Erneuerung der Habsburger-Monarchie. Er unternahm mehrere große Reisen, die er als gebildeter Kunstkenner beschrieb.

Literatur: NDB.

Hübner, Johannes, * 11. 4. 1914 Wien, Hotelier und Arzt. Leiter von Hotels in Italien, Großbritannien und den USA sowie Restaurant- und Hotelbetrieben in Wien (Kursalon H. im Stadtpark, 1949–95 Splendid-Betriebe), auf Burg Greifenstein und der Insel Capri.

Hübner, Lorenz, * 2. 8. 1751 Donauwörth (D), † 8. 2. 1807 Wien, Jesuit, Publizist und Topograph. Redakteur in Salzburg.

Werke: Lebensgeschichte Josephs II., 2 Bde., 1790; Beschreibung der erzbischöfl. Haupt- und Residenzstadt Salzburg, 2 Bde., 1792/93; Beschreibung des Erzstiftes und Reichsfürstentums Salzburg, 3 Bde., 1796. – Literatur: H. Ruby, L. H., Diss., Wien 1966; NDB.

Hudal, Alois, * 31. 5. 1885 Graz (Stmk.), † 13. 5. 1963 Rom (I), Theologe. 1923 Univ.-Prof. für Altes Testament in Graz, 1923–52 Rektor der Anima in Rom; versuchte einen Brückenschlag zum Nat.-Soz.

Literatur: M. Langer, A. H. Bischof zw. Kreuz und Hakenkreuz, Diss., Wien 1995.

Hudez, Karl, * 21. 1. 1904 Salzburg, Kapellmeister und Dirigent. 1924–38 an Reinhardt-Bühnen, 1938–53 Studienleiter und Dirigent an der Wr. Volksoper, 1953–68 Studienleiter an der Wr. Staatsoper.

Hueber, Anton, * 27. 9. 1861 Taus (Domazlice, CZ), † 9. 7. 1935 Wien, Drechsler und soz.-dem. Politiker. Namhafter Führer der Arbeiterbewegung und der Gewerkschaft. 1895 Leiter der Gewerkschaftskommission, 1919–20 Mitgl. der Konstituierenden Nationalversammlung, 1920–30 Abg. z. NR, 1930–32 Mitgl. d. BR. Setzte sich bes. für die Kollektivverträge ein und wirkte mit F. → Hanusch am Ausbau der Arbeiterschutzgesetzgebung mit. Ehrenbürger der Stadt Wien. A.-H.-Haus in Hadersdorf-Weidlingau (Gewerkschaftsschulungsheim).

Hueber, Blasius, * 1. 2. 1735 Oberperfuß (Ti.), † 4. 4. 1814 Itzing b. Innsbruck (Ti.), Landvermesser und Bauer. Wurde trotz geringer Schulbildung Landvermesser, bearbeitete ab 1765 mit P. → Anich das 20-blättrige Kartenwerk von Ti. (1 : 103.888), das er fertig stellte und mit einem Überblicksplan versah (1774 als Kupferstich publiziert). Erarbeitete 1771–74 eine Karte von Vbg. (1783 gedruckt) und 1775–77 eine der Landvogtei Ober- und Niederschwaben (1782 gedruckt). Übertraf Anich in der Darstellung des Geländes.

Literatur: NDB.

Hueber, Franz, * 10. 1. 1884 Grünburg (OÖ.), † 10. 7. 1981 Salzburg, Notar und Heimwehrführer. 1925 2. Landesführer der Heimwehr, 1930 und 1938 (Kabinett Seyß-Inquart) Justizmin. Als Schwager H. Görings an der Vorbereitung des Anschlusses beteiligt, 1942 Präs. des Reichsverwaltungsgerichts, 1945 wegen Hochverrats als Kriegsverbrecher verurteilt.

Hueber, Josef, * um 1715 Wien, † 26. 9. 1787 Graz (Stmk.), Baumeister. Neben J. Carlone und A. → Stengg wichtigster Vertreter der steir. Hochbarockbaukunst. Als landschaftl. Baumeister (ab 1740) und Hof- bzw. Hofkriegsstellen-Baumeister (ab 1753) führte er zahlr. Um- und Neubauten im sakralen wie profanen Bereich durch.

Werke: Sakralbauten: Mariahilferkirche, Welsche Kirche, Stadtpfarrkirche in Graz; Kindberg, Mürzzuschlag, St. Veit a. Vogau, Wallfahrtskirche am Weizberg. – Profane Bauten: Rittersaal im steir. Landhaus, Landständ. Theater, Bürgerhaus in Graz, Schloss Oberkindberg. – Literatur: W. Koschatzky, Leben, Werk und Stil des Barockbaumeisters J. H., Diss., Graz 1951.

Hueber, Kurt Anton, * 9. 7. 1928 Salzburg, Komponist, Musikwissenschaftler. Ab 1962 Leiter des Konservatoriums Wien-Döbling, 1980–93 Lehrauftrag an der Wr. Musikhochschule. Beschäftigt sich mit Ekmelik und mikrotonalen Strukturen.

Werke: 3 Symphonien, 2 Sonaten, 2 Opern (Schwarz auf Weiß, 1968; Das Gespenst von Canterville, 1988), Messe, Kammermusik, Lieder. – Literatur: G. Brosche (Red.), Musikal. Dokumentation K. A. H., Ausst.-Kat., Ö. Nat.-Bibl., Wien 1996.

Huebmer, Georg, * 11. 4. 1755 Gosau (OÖ.), † 20. 3. 1833 Naßwald (NÖ.), Schwemmmeister u. Sozialreformer. H. baute die Holzbringungsanlagen (Schwemmkanal) im Rax-Schneeberg-Gebiet. Über den Wr. Neustädter Kanal gelangte das Holz bis nach Wien. Im Volksmund war er als „Raxkönig" bekannt. Er bemühte sich um die Verbesserung der soz. Verhältnisse der evang. Holzknechte in Naßwald und Umgebung (Entstehung der evang. Pfarrgem. Naßwald).

Literatur: O. Mörtl, Evang. Holzknechte vom Ötscher bis zur Rax, 1992; ÖBL; NDB.

Huemer, Johann, * 18. 4. 1849 Raab (OÖ.), † 20. 9. 1915 Reichenau a. d. Rax (NÖ.), Altphilologe. 1897–1915 Leiter der Abteilung für didakt.-pädagog. Angelegenheiten des Mittelschulwesens im Ministerium für Kultus und Unterricht. Erschloss die Bestände der lat. Literatur des MA in den ö. Bibl. und beeinflusste als Ministerialbeamter bes. den Verlauf zur Einführung des Realgymnasiums, die Neugestaltung der Lehrpläne, eine humanere Fassung der Prüfungsverordnungen und die Aufwertung der körperl. Erziehung.

Literatur: Autobiographie und Würdigungen in: Ztschr. für die ö. Gymnasien 66, 1915.

Johann Nepomuk Hummel. Anonym. Gemälde (Gesellschaft der Musikfreunde in Wien).

Hügel, Karl Frh. von, * 25. 4. 1795 Regensburg (D), † 2. 6. 1870 Brüssel (B), Gartenkundler („der Garten-Hügel"), Forschungsreisender, bahnbrechender Forscher in asiat. Ländern. Gründer und 1. Präs. (1837–48) der Gartenbau-Ges. in Wien. Führte in Ö. neue Pflanzenarten ein. Seine Smlg. (32.000 Objekte) im Naturhist. Museum.

Werke: Kaschmir und das Reich der Siek, 4 Bde., 1840–48; Der Stille Ozean und die span. Besitzungen im Ostind. Archipel, 1860. – Literatur: J. Wiesner, K. Frh. v. H., 1901; NDB.

Hugelmann, Karl, * 6. 10. 1844 Kecskemét (H), † 25. 5. 1930 Wien, Jurist, Historiker, namhafter Statistiker. 1886–1918 am Reichsgericht tätig, 1893–1904 Lehrtätigkeit an der Techn. Hochschule in Wien; legte die Smlg. der Erkenntnisse des Reichsgerichts an.

Werk: Die ö. Landtage im Jahre 1848, 3 Bde., 1928–40. – Literatur: W. Wegener (Hg.), Festschrift für K. H., 1959; ÖBL.

Hugo von Montfort, * 1357, † 4. 4. 1423, spät-ma. Dichter. Graf von Montfort-Bregenz und Pfaffenberg, angesehener Politiker, bekleidete zahlr. hohe Verwaltungsämter, war u. a. 1415 Landeshauptmann der Stmk., wo er auch begraben ist (Bruck a. d. Mur). Verfasste Lieder, poet. Liebesbriefe, polit. und didakt. Reden.

Ausgaben: K. Bartsch (Hg.), H. v. M., 1879; J. F. Wackernell (Hg.), H. v. M., Gedichte, 1881; P. Runge, Die Lieder des H. v. M. mit den Melodien des Burk Mangolt, 1906. – Literatur: A. S. Meyer, H. v. M. Autorenrolle und Repräsentationstätigkeit, 1995.

Hülgerth, Ludwig, * 26. 1. 1875 Wien, † 13. 8. 1939 Rottenstein (Kä.), Feldmarschallleutnant und Politiker. 1918 Oberkommandant und Landesbefehlshaber von Kä., leitete 1918/19 den Kä. Abwehrkampf, war 1934–36 Landeshauptmann von Kä., 1936 General-Kommandant der Frontmiliz und 1936–38 Vizekanzler in der Regierung Schuschnigg.

Werk: Hb. der Wehrausbildung, [3]1933. – Literatur: ÖBL.

Humer, Egon, * 15. 4. 1954 Wels (OÖ.), Regisseur und Produzent. 1977–83 Studium an der Hochschule f. Musik und darst. Kunst in Wien, seit 1985 freischaffender Regisseur und Produzent. Schuf u. a. Dokumentarfilme über die NS-Vergangenheit Ö. („Schuld und Gedächtnis", 1992); zahlr. internat. Preise für „Emigration N. Y. – Geschichte einer Vertreibung" (1996).

Weitere Werke: T 4 – Hartheim 1, 1988; Postadresse: 2640 Schlöglmühl, 1990; The Bands, 1993; Gehorsam und Verweigerung, 1994; Leon Askin, 1997; Steine im Netz, 1998; Matura, 1999.

Humer, Fritz, * 3. 1. 1944 Wien, Manager; Bruder von Rudolf → Humer. Studierte Handelswiss. in Wien, bis 1969 in der Abt. Marktforschung und Planung bei Ciba Geigy; seit 1971 bei der Wolford AG, seit 1991 Vorstandsvorsitzender.

Humer, Rudolf, * 3. 1. 1944 Wien, Manager; Bruder von Fritz → Humer. Für kurze Zeit in der verstaatl. Ind. tätig, seit Ende der 60er Jahre bei der Palmers AG, heute Vorstandsvorsitzender der Palmers Textil AG.

Hummel, Carl, * um 1769, † 23. 4. 1840 Wien, Maler. Schuf während des Wr. Kongresses viele Miniaturporträts, häufig in einer Art Kameenimitation auf schwarzem Grund.

Literatur: ÖBL.

Hummel, Johann Nepomuk, * 14. 11. 1778 Pressburg (Bratislava, SK), † 17. 10. 1837 Weimar (D), Pianist, Komponist und Lehrer. Schüler von W. A. → Mozart, J. G. → Albrechtsberger, A. → Salieri und J. → Haydn. Reiste als 10-jähriges Wunderkind durch Europa, folgte 1804–11 J. Haydn als Kapellmeister der esterházyschen Kapelle. 1814 trat H. mit großem Erfolg vor dem Publikum des Wr. Kongresses auf. Ab 1819 großherzogl. Kapellmeister in Weimar.

Werke: Klavierwerke, Messen, 22 Opern, Kantaten, Ballette. – Literatur: K. Benyovszky, J. N. H., 1934; J. Sachs, Kapellmeister H. in England and France, 1977.

Hummel, Joseph (Friedrich), * 14. 8. 1841 Innsbruck (Ti.), † 29. 8. 1919 Salzburg, Musiker. 1881 erster Direktor der Musikschule der Internat. Stiftung Mozarteum in Salzburg, wo er ein eig. Orchester gründete und leitete; dirigierte zahlr. Erstaufführungen in Salzburg. Mitbegründer des musikal. Weltrufs Salzburgs.

Hums, Franz, * 8. 9. 1937 Sommerein (NÖ.), ÖBB-Bediensteter (ab 1955) und Politiker (SPÖ). 1984–90 Obmann der Versicherungsanstalt der ö. Eisenbahnen, ab 1989 Vorsitzender der Gewerkschaft der Eisenbahner und des Zentralausschusses der ÖBB-Bediensteten, 1990–94 und 1997–99 Abg. z. NR, 1995–97 BMin. f. Arbeit und Soziales.

Huna, Ludwig, * 18. 1. 1872 Wien, † 28. 11. 1945 St. Gallen (Stmk.), Schriftsteller. Verfasser konventioneller, aber effektvoller hist. Romane, als Dramatiker weniger erfolgreich. Am bekanntesten wurde seine Borgia-Trilogie („Die Stiere von Rom", 1920; „Der Stern der Orsini", 1921; „Das Mädchen von Nettuno", 1922).

Weitere Werke: Offiziere, 1911; Monna Beatrice, 1913; Wieland der Schmied, 1924; Bartholomäusnacht, 1932; Die Kardinäle, 1939. – Literatur: ÖBL.

Hundertwasser, Friedensreich (eigentl. Friedrich Stowasser), * 15. 12. 1928 Wien, † 19. 2. 2000 (an Bord der Queen Elizabeth II. auf der Fahrt von Neuseeland nach Europa; begraben in Neuseeland), Maler. Lebte in Wien, Neuseeland, Venedig und der Normandie. Studierte 1948 3 Monate an der Wr. Akad. d. bild. Künste bei R. C. Andersen; danach zahlr. Reisen, ab 1951 Mitgl. des Wr. Art-Clubs; entdeckte 1953 die Spirale als grundlegende Form seiner Malerei, entwickelte 1954 den „Transautomatismus" als Kunsttheorie und gründete 1959 das „Pintorarium" mit E. → Fuchs und A. → Rainer. Internat. Durchbruch bei der Biennale Venedig 1962. In teilw. spektakulärer Form („Nacktreden" u. a.) trat H. für Frieden, Ökologie, natur- und menschengerechte Architektur und gegen Dorfzerstörung, Walfang und den Beitritt Ö. zur EU ein. Neben der Malerei wirkte H. als Gestalter von Gebäuden (H.-Haus, Wien 3, 1986; Pfarrkirche Bärnbach, Stmk., 1988; KunstHaus Wien, Wien 3, 1991; Fernheizwerk Spittelau, Wien 9, 1988–92; Thermendorf Blumau, Stmk., 1993–97; u. a.), Büchern (Brockhaus-Enzyklopädie, 1989; Bibel, 1995), Briefmarken, Plakaten u. a. 1981–97 Leiter einer Meisterklasse für Malerei an der Akad. d. bild. Künste in Wien; Großer Ö. Staatspreis 1980.

Literatur: W. Schmied, H., 1974; W. Schurian, H. – Schöne Wege, 1983; Das H.-Haus, 1985; W. Koschatzky, F. H., das vollständige druckgraph. Werk 1951–86, 1986; H., Ausst.-Kat., Japan 1989; H. Rand, F. H., 1991; P. Restany, H., 1998.

Hundt von Sulzenmoos, Wiguleus, * 22. 7. 1514 Salzburg, † 18. 2. 1580 München (D), Historiker. Univ.-Prof.; verfasste eine Geschichte des Erzbistums Salzburg, die immer wieder als Grundlage für weitere Forschungen diente.

Werk: Metropolis Salisburgensis 1582 (neu bearbeitet 1719). – Literatur: NDB.

Hunger, Herbert, * 9. 12. 1914 Wien, † 9. 7. 2000 ebd., Byzantinist. 1956–62 Dir. der Papyrus-Smlg. der Ö. Nat.-Bibl., 1962–85 Univ.-Prof. in Wien, 1973–82 Präs. der Ö. Akad. d. Wiss.; Begründer der Wr. Schule der Byzantinistik.

Werke: Lexikon der griech. und röm. Mythologie, 1953, [8]1988; Studien zur griech. Paläographie, 1954; Byzantin. Geisteswelt, 1958; Antikes und ma. Buch- u. Schriftwesen, 1961; Schreiben und Lesen in Byzanz, 1989; Epidosis, 1989 (gesammelte Werke); Prochoros Kydones, 1990; Kataloge der griech. Handschriften der Ö. Nat.-Bibl. 6 Bde., 1961–95; Das Denken am Leitseil der Sprache, 1999. – Literatur: Ö. Byzantin. Ges., Bibliographie H. H., 2001.

Hunyady, Emese, * 4. 3. 1966 Budapest (H), Eisschnellläuferin, oftmalige ö. Meisterin, Europameisterin (gesamt) 1993, Weltmeisterin (gesamt) 1994 und 1999; Goldmedaille bei den Olymp. Spielen in Lillehammer 1994 (1500 m).

Huppert, Hugo, * 5. 6. 1902 Bielitz-Biala (Bielsko Biala, PL), † 25. 3. 1982 Wien, Lyriker, Erzähler, Kulturkritiker und Übersetzer. Als KP-Mitgl. nach dem Justizpalastbrand 1927 verhaftet, 1928 Emigration in die Sowjetunion. 1930 Mitgl. der KPdSU, 1938 inhaftiert, 1939–41 Dozent am Maxim-Gorki-Inst. Kehrte mit der Sowjetarmee 1945 nach Wien zurück. Verfasste v. a. Reiseskizzen sowie eine umfangreiche Autobiographie (1976–79), literarisch dem sozialist. Realismus verpflichtet. Übersetzungen aus dem Russischen (W. Majakowskij) und Altgeorgischen.

Ausgabe: Gesammelte Werke in Einzelausgaben, 5 Bde., 1976–82. – Literatur: M. Reso, H. H., in: H. Haase u. A. Mádl (Hg.),Ö. Literatur des 20. Jh. in Einzeldarstellungen, 1988.

Hurdes, Felix, * 9. 8. 1901 Bruneck (S-Ti.), † 12. 10. 1974 Wien, Rechtsanwalt und Politiker (ÖVP). 1936–38 Landesrat von Kä., 1938–39 und 1944–45 in KZ-Haft; 1945 Mitbegründer und 1945–51 Gen.-Sekr. der ÖVP, 1945–66 Abg. z. NR, 1953–59 1. Präs. d. NR, 1945–52 BMin. f. Unterricht. Betonte die hist.-kulturelle Eigenständigkeit Ö.

Werk: Europ. Solidarismus, 1948.

Friedensreich Hundertwasser. Foto, 1968.

Hussarek, Max, Frh. von Heinlein, * 3. 5. 1865 Pressburg (Bratislava, SK), † 6. 3. 1935 Wien, Politiker und Jurist. Univ.-Prof. in Wien, Hauptvertreter des ö. Staatskirchenrechts, 1911–17 Unterrichtsmin., 25. 7. bis 27. 10. 1918 vorletzter Min.-Präs. von Ö.-Ungarn, Urheber der im Oktober 1918 verkündeten föderalist. Reformen von Ks. Karl I. (sog. „Oktobermanifest").

Werk: Grundriß des ö. Staatskirchenrechts, 1899. – Literatur: H. Rumpler, M. H., 1965.

Max Hussarek Freiherr von Heinlein. Foto.

Husserl, Edmund, * 8. 4. 1859 Proßnitz (Prostějov, CZ), † 27. 4. 1938 Freiburg i. Breisgau (D), Philosoph. Studierte Mathematik, Astronomie und Philosophie (u. a. bei F. → Brentano), habilitierte sich 1887 als Mathematiker, ab 1901 Prof. f. Philosophie in Göttingen, 1916–28 in Heidelberg; in den letzten Lebensjahren wegen jüd. Abstammung Unterdrückungen ausgesetzt (Aberkennung des Prof.-Titels 1936). Begründer der „Phänomenologie" und richtungsweisender Philosoph des 20. Jahrhunderts, Lehrer von M. Heidegger.

Werke: Logische Untersuchungen, 2 Bde., 1900/01; Ideen zu einer reinen Phänomenologie, 1913; Formale und transzendentale Logik, 1929; Cartesische Meditationen, 1932 (in frz. Sprache, Vorträge von 1929); Die Krisis der europäischen Wissenschaften und die transzendentale Phänomenologie, 1936 (Teilabdruck, unvollendet). – Ausgabe: Husserliana. Gesammelte Werke, 1950ff. – Literatur: E. Ströker, H. transzendentale Phänomenologie, 1987; F. J. Wetz, E. H., 1995; R. Bernet u. a., E. H., [2]1996; P. Prechtl, E. H., [2]1998; S. Spileers, E. H. Bibliography, 1999; S. Rinofner-Kreidl, E. H. Zeitlichkeit und Intentionalität, 2000; ÖBL.

Husslein, Hugo, * 14. 8. 1908 Bregenz (Vbg.), † 2. 2. 1985 Wien, Gynäkologe. 1955 Univ.-Prof., 1956 Vorstand der I.-Semmelweis-Frauenklinik in Wien, 1964–79 Leiter der II. Univ.-Frauenklinik. Als Gegner der Fristenlösung wurde er zum Reformer der Geburtshilfe. Er führte Schwangerenberatungsstellen ein und schuf den ersten Schwangerenpass in Ö.; Gründer der Ö. Ges. für Familienplanung.

Huter, Rupert, * 26. 9. 1834 Kals (O-Ti.), † 11. 2. 1919 Ried b. Sterzing (S-Ti.), Botaniker, Priester, namhafter Erforscher der ostalpinen Flora.

Literatur: ÖBL.

Huth, Alfred, * 30. 8. 1918 Wien, † 8. 4. 1945 ebd. (hingerichtet), Hauptmann, führendes Mitgl. der militär. Widerstandsorganisation in Wien. Wurde mit K. → Biedermann und R. → Raschke nach Verrat festgenommen und in Floridsdorf Am Spitz (Wien 21) öffentlich gehängt.

Huth, Eilfried, * 1. 12. 1930 Pengalengan (Indonesien), Architekt. Studierte 1950–56 an der Techn. Hochschule Graz. 1963–75 Bürogemeinschaft mit G. → Domenig, 1971–72 Gastprof. an der Gesamthochschule Kassel, ab 1985 Prof. an der Hochschule der Künste in Berlin. Zuerst gestisch-expressive Baukörper, später großes Engagement im Bereich der Mitbeteiligung im Wohn- und Siedlungsbau. 1969 Grand Prix International d'Urbanisme et d'Architecture Cannes (mit G. Domenig), 1975 Europ. Stahlbaupreis.

Werke: Pädagog. Akad., Graz-Seckau, 1963–69 (mit G. Domenig); Forschungszentrum der VOEST-Alpine, Leoben, 1969–74 (mit G. Domenig); Restaurants Olympiagelände, München, 1972; Eschensiedlung, Deutschlandsberg, 1973–75; BIG (Beteiligung im Geschoßbau), Deutschlandsberg, 1976–82; MIMI (Mietermitbestimmung) Graz-Algersdorf, 1980–84; Hochbauten Plabutschtunnel (Stmk.), 1984–87; Wohnanlage Ragnitz III, 1986–92. – Ausstellung: Vision der Moderne, Dt. Architekturmuseum Frankfurt a. M., 1986 (mit Ausst.-Kat.). – Literatur: J. Zach (Hg.), E. H. Varietät als Prinzip, 1996.

Hüttenbrenner, Anselm, * 13. 10. 1794 Graz (Stmk.), † 5. 6. 1868 Ober-Andritz b. Graz (Stmk.), bedeutendster Komponist der Stmk. in der 1. Hälfte des 19. Jh., Pianist; Freund von L. van → Beethoven und F. → Schubert. 1825–39 Dir. des Musikvereins für Stmk. in Graz.

Werke: 8 Opern, geistl. Werke, ca. 220 Lieder, 165 Chorwerke. – Literatur: NDB.

Hütter, Elias, * 23. 7. 1774 Wien, † 25. 3. 1865 ebd., Modellmeister der Wr. Porzellanmanufaktur (ab 1807). Schüler und Nachfolger von A. M. → Grassi; schuf zahlr. Büsten von Mitgliedern des Kaiserhauses aus unglasiertem (Biskuit-)Porzellan.

Literatur: H. Schöny, Der Porzellanmodelleur E. H. und seine Vorfahren, in: Adler, 1965; ÖBL.

Hütter, Emil, * 14. 5. 1835 Wien, † 21. 1. 1886 ebd., Magistratsbeamter, Maler, Radierer und Lithograph. Wurde durch detailgetreue topograph. Ansichten von Wien und nö. Orten bekannt, illustrierte das 1883 von W. Kisch hg. Buch „Die alten Straßen und Plätze Wiens" und schuf 1855–85 die Serie „Wr. Zeichnungen und Aquarelle".

Literatur: ÖBL.

Josef Hyrtl. Gemälde.

Wolfgang Hutter. Foto, 1954.

Hutter (auch Huter), Jakob, * Pustertal (S-Ti.), † 25. 2. 1536 Innsbruck (Ti.), Führer der ö. Wiedertäuferbewegung. Organisierte 1528 die Auswanderung vieler Gleichgesinnter nach Mähren, wo er die Gemeinschaften zu „Haushaben" und „Bruderhöfen" zusammenschloss und die Gütergemeinschaft einführte. Er verlangte den Verzicht auf Familienverband und Privateigentum und lehnte den Wehrdienst ab. 1535 kehrte er nach Ti. zurück, wurde bei Klausen gefangen genommen und in Innsbruck als Ketzer verbrannt.

Literatur: G. Mecenseffy, Quellen zur Geschichte der Täufer, Tl. 1–3, 1964–84; B. G. Längin, Die Hutterer, 1986; NDB.

Hutter, Wolfgang, * 13. 12. 1928 Wien, Maler und Graphiker. Studierte 1945–50 an der Akad. d. bild. Künste in Wien bei seinem Vater A. P. → Gütersloh. Mit E. → Fuchs, R. → Hausner, E. Jené und F. → Janschka gründete er eine surrealist. Gruppe im Wr. Art-Club und war Gründungsmitgl. der Wr. Schule des Phantast. Realismus. Seine artifizielle Bildwelt ist gekennzeichnet von künstlichen Gärten und märchenhaften Szenen in minuziöser Kleinarbeit und technischer Perfektion. 1966–96 (o. Prof. 1974) an der Hochschule f. angew. Kunst in Wien.

Werke: Theater, 1950; Tätowierungen, 1965 (Mappenwerk); Ein Mädchen – fünf Hüte, 1974 (Lithographien); Zauberflöte, 1974 (Graphiken); Die Streifenmädchen, 1976 (Mappenwerk); Federmenschen, 1976 (Publikation); Gobelins (u. a. für das Wr. Burgtheater); Bühnenbilder für Oper, Ballett und Theater; Wandmalerei im Sbg. Festspielhaus, 1960; Eiserner Vorhang im Stadttheater Wr. Neustadt; Entwürfe für die Porzellanmanufaktur Augarten. – Literatur: O. Breicha, W. H. Werkkatalog, ^{2}1977; M. Elias (Red.), W. H. Malerei und Graphik. Arbeiten von 1948 bis 1996, Ausst.-Kat., Hochschule f. angew. Kunst, Wien 1996.

Hutterstrasser, Carl (Pseud.: Charles Vernay), * 1. 6. 1863 Wien, † 29. 3. 1942 ebd., Klavierfabrikant und Komponist. Urspr. Bankier, übernahm 1909 die Klavierfabrik L. → Bösendorfer, die er weiterführte. Nach dem Abriss des Bösendorfer-Saals im Palais Liechtenstein übersiedelte das Verkaufslokal 1913 in das Musikvereinsgebäude. Nach dem 1. Weltkrieg konnte H. der Firma wieder Weltgeltung verschaffen und wandelte sie 1931 in eine OHG um (seit 1966 AG in amerikan. Besitz). H. war auch Pianist, Cellist und Komponist (Männerchöre und Gesangsquartette) sowie einer der ersten Radrennfahrer und Skiläufer in Ö.

Literatur: J. Mentschl u. G. Otruba, Altösterr. Unternehmer, 1969; NDB.

Hutterstrasser-Scheidl, Lilly (Pseud.: Lio Hans), * 7. 10. 1882 Wien, † 22. 4. 1942 ebd., Komponistin; Tochter des Blumen- und Schmuckfedernfabrikanten Eduard Hutterstrasser. Komponierte spätromant. Opern, Orchesterstücke und Lieder.

Werke: Maria von Magdala, 1919 (Oper); Titanic (symphon. Dichtung); Theuerdanks Brautfahrt (Melodram); Das 2. Ich (Pantomime); Tanz um den grünen Tisch; Orchesterwerke, Lieder. – Literatur: A. Cohen, Internat. Encyclopedia of Women Composers, 1981; C. M. Gruber, Nicht nur Mozarts Rivalinnen, 1990.

Hyam, Johann, * um 1733 Recles (GB), † 1. 5. 1816 Wien, Artist, Kunstreiter. Kam 1777 auf einer Europatournee mit seiner Kunstreiter-, Akrobaten- und Seiltänzergruppe nach Wien, wo er sesshaft wurde und 1780 den ersten stehenden Zirkus von Wien, den „Royal Circuit", eröffnete. 1784 versuchte er sich als einer der ersten Aviatiker (Konstruktion eines Ballons mit einer Gondel in Form eines Pferds). Als Freimaurer verfasste er die freimaurerische Pantomime „Andomirams Tod". 1797 löste er den Zirkus auf und beschäftigte sich fortan mit Pferdehandel.

Literatur: ÖBL.

Hye, Anton, Frh. von Glunek, * 26. 5. 1807 Gleink (OÖ.), † 8. 12. 1894 Wien, Jurist. Univ.-Prof. in Wien, 1867 Justiz- u. Unterrichtsminister; Verfechter des Prinzips der Lehr- und Lernfreiheit, schuf 1845 den neuen juridisch-polit. Studienplan, überreichte 1848 die Studentenpetition bei Hof und war maßgeblich an der legislativen Arbeit beteiligt (Pressegesetz 1849, Strafgesetz 1852).

Werke: Erläuterungen des ö. Strafgesetzes, 1855; Smlg. der Gesetze und Verordnungen im Justizfache, 1848–60; Über das Schwurgericht, 1867. – Literatur: ÖBL.

Hyrtl, Josef, * 7. 12. 1810 Eisenstadt (Bgld.), † 17. 7. 1894 Perchtoldsdorf (NÖ.), Anatom. Univ.-Prof. in Prag und ab 1845 in Wien. Führte die Wr. anatom. Schule zu einem Höhepunkt, verbesserte (bes. durch neue Injektionsverfahren) die anatom. Technik und war ein hervorragender Präparator. Er gründete das Wr. Mus. f. vergleichende Anatomie (1850) und versorgte fast alle anatom. Museen der Welt mit Präparaten. Ab 1874 erforschte er die Entwicklung der medizin. Fachsprache. Sein Vermögen widmete er wohltätigen Zwecken (h.sches Waisenhaus in Mödling u. a.).

Werke: Lehrbuch der Anatomie des Menschen, 1846; Hb. der topograph. Anatomie, 2 Bde., 1847; Anomatologia anatomica, 1880. – Literatur: Der Anatom J. H., 1991.

I

Iby, Paul, * 23. 1. 1935 Raiding (Bgld.), Diözesanbischof von Eisenstadt (seit 1992). 1959 Priesterweihe, 1969–77 Leiter der Caritas der Diözese Eisenstadt, 1984–92 Generalvikar von Eisenstadt.

Werk: Eherecht im Bgld. (1921–38), 1990.

Igler, Hans, * 21. 7. 1920 Wien, Wirtschaftsexperte. Wirt.-polit. Berater von J. → Raab bei den Vorbereitungen des ö. Staatsvertrags; 1956–59 Vorstandsvorsitzender der Ö. Industrie- und Bergbauverwaltungs-GmbH (IBV, Dachges. der verstaatl. Ind.). 1972–80 Präs. des wirt.-polit. Ausschusses der Industriellenvereinigung.

Werke: Ausbruch aus Krähwinkel, 1985; Österreich: Von Krähwinkel nach Europa, [2]1998.

Ilg, Ulrich, * 7. 4. 1905 Dornbirn (Vbg.), † 9. 5. 1986 ebd., Landwirt und Politiker (ÖVP). 1927 Obmann des Vbg. Bauernbunds, 1934–38 Mitgl. des Bundeswirtschaftsrats und des Bundestags. 1934 und 1964–69 Landesrat, 1945–64 Landeshauptmann und ÖVP-Landesparteiobmann von Vbg.

Ilga (Hilga, Helga), Sel., Fest 8. 6., † um 1115 Schwarzenberg (Vbg.), lebte dort als Klausnerin. Nach der Legende Schwester der Seligen → Merbot und Diedo. Die I.-Quelle in Schwarzenberg wird von Augenkranken aufgesucht.

Literatur: O. Wimmer u. H. Melzer, Lexikon der Namen und Heiligen, [6]1988.

Illich, Ivan, * 4. 9. 1926 Wien, Priester, Sozialphilosoph, Gesellschafts- und Zivilisationskritiker. Verließ das Wr. Gymn. aufgrund der nat.-soz. Rassengesetze, maturierte in Florenz und studierte in Rom. Nach der Priesterweihe arbeitete er im puerto-rican. Elendsviertel New Yorks und wurde 1956 Vize-Rektor der kath. Univ. Puerto Rico. Nach Konflikten mit der Amtskirche gründete er das Centro intercultural de documentacion (CIDOC) in Guernavaca (Mexiko), das sich mit kultureller Entwicklungshilfe befasst und bald zu einem intellektuellen Zentrum Lateinamerikas wurde. Aufgrund wachsender Konflikte mit Rom gab I. 1969 das Priesteramt auf; lebt seit den 80er Jahren in Mexiko, den USA und Deutschland; in seinen Büchern und als Prof. an den Univ. in Bremen und Pennsylvania beschäftigt er sich mit Fragen der globalen Entwicklung, Wiss. und Bildung.

Werke: Celebration of Awareness, 1970 (Almosen und Folter. Verfehlter Fortschritt in Lateinamerika, 1970); Deschooling Society, 1971 (Die Entschulung der Ges., 1973); Tools for Conviviality, 1973 (Selbstbegrenzung, 1975); Energy and Equity, 1974 (Die sog. Energiekrise, 1974); Medical Nemesis, 1975 (Die Enteignung der Gesundheit, 1975); Gender, 1983 (Genus, 1983); H_2O and the Waters of Forgetfulness, 1985 (H_2O und die Wasser des Vergessens, 1987); Was macht den Menschen krank, 1991.

Illig, Udo, * 13. 4. 1897 Graz (Stmk.), † 22. 1. 1989 ebd., Wirtschaftsexperte und Politiker (ÖVP). 1927–32 Abg. z. Stmk. Landtag, 1945–53 Landesrat, 1953–56 BMin. f. Handel u. Wiederaufbau.

Illner, Karl, * 14. 7. 1877 Schatzlar (Žacléř, CZ), † 6. 8. 1935 Wien, Mechaniker und Pilot, Mitarbeiter von I. → Etrich. Ihm gelang am 8. 8. 1909 mit der „Etrich-Taube" der 1. Flug und im Jahr darauf der erste ö. Überlandsflug von Wr. Neustadt nach Wien in 30 Minuten.

Literatur: NDB.

Illo (Ilow), Christian Frh. von, * um 1585 Mark Brandenburg (D), † 25. 2. 1634 Schloss Eger (Cheb, CZ; ermordet), General. 1623 in der Schlacht bei Stadtlohn am Sieg Tillys maßgeblich beteiligt, versuchte → Wallenstein zum Abfall vom Ks. zu bewegen, veranlasste den ersten sog. Pilsner Schluss, wurde im Zusammenhang mit der Verschwörung gegen Wallenstein ermordet.

Imhoff, Fritz (eigentl. Friedrich Jeschke), * 6. 1. 1891 Wien, † 24. 2. 1961 ebd., Schauspieler, Operettensänger, Komiker; Bruder des Wienerliedkomponisten Ernst → Arnold. 1919 Engagement am Theater an der Wien; trat in den folgenden Jahren an fast allen Wr. Bühnen (ausgenommen Burgtheater) auf. Mehrere Tourneen durch Deutschland, Holland und mit R. → Tauber durch die Schweiz und Italien, Gastspiele in Prag, Budapest und Paris. 1945–48 Dir. des Wr. Raimundtheaters, Filmtätigkeit (ca. 170 Filme).

Literatur: NDB.

Fritz Imhoff. Foto.

Inama-Sternegg, Karl Theodor von, * 20. 1. 1843 Augsburg (D), † 28. 11. 1908 Innsbruck (Ti.), Statistiker und Wirtschaftshistoriker. Studierte in München, ab 1868 Univ.-Prof. in Innsbruck, ab 1881 in Wien, 1884 Präs. der Statist. Zentralkommission. Ließ 1890 erstmals eine Volkszählung mit Hilfe von Zählmaschinen durchführen, schuf bedeutende statist. Publikationen („Ö. Statistik", „Statist. Handbuch").

Werke: Dt. Wirtschaftsgeschichte, 3 Bde., 1879–1901; Neue Probleme des modernen Kulturlebens, 1908; Tirolische Weistümer, Bd. 1–3, 1875–80 (Hg. mit J. v. Zingerle). – Literatur: NDB.

in der Maur, Wolf, * 2. 3. 1924, Klagenfurt (Kä.), Journalist. 1959–61 Chefredakteur der „Wochenpresse", 1962–66 Geschäftsführer und Hg. der Tageszeitung „Die Presse". 1974–79 Hörfunkintendant, 1979–84 Fernsehintendant (FS 1) des ORF. Gründer des „Ö. Journalistenclubs" (ÖJC), Hg. der Buchreihe „Kurz & Bündig".

Indra, Fritz, * 22. 3. 1940 Wien, Automobiltechniker. Studierte Maschinenbau an der Techn. Univ. Wien, seit 1985 bei der Opel AG in Rüsselsheim (D), seit 1989 Leiter der Gesamtvorausentwicklung (seit 1997 in Rüsselsheim und Detroit). Seit 1985 Lehrbeauftragter an der Techn. Univ. Wien.

Inffeld, Adolf von, * 1. 3. 1873 Wien, † 28. 6. 1948 Graz (Stmk.), Architekt. Bis 1933 Dir. der Grazer Baufachschule, erbaute in Graz 1910–12 die Bachmannkolonie Wegenergasse, 1926–30 die Bundesgewerbeschule. Im Sinn des Heimatpflegegedankens an der Ausgestaltung steir. Städte und Märkte beteiligt.

Ingenuin, Hl., Fest 5. Feb., † um 605, Bischof von Säben (S-Ti.). Die Reliquien von I. befinden sich im Dom von Brixen. Patron der Bergleute.

Ingrisch, Lotte (eigentl. Charlotte v. Einem, geb. Gruber, Pseud.: Tessa Tüvari), * 20. 7. 1930 Wien, Schriftstellerin, seit den 70er Jahren v. a. Dramatikerin. Verfasste 1979 das Libretto zur Oper „Jesu Hochzeit" von G. v. → Einem, ihrem zweiten Ehemann, und provozierte damit wegen angebl. Blasphemie einen Theaterskandal. In den 80er Jahren Bücher zu esoterischen Themen, z. B. „Das Donnerstagebuch" (1988).

Weitere Werke: zahlr. Prosawerke, Dramen, Hör- und Fernsehspiele.

Toni Innauer bei der Vierschanzentournee 1976. Foto.

Innauer, Anton („Toni"), * 1. 4. 1958 Bezau (Vbg.), Skispringer und Trainer. 1975 Sieger am Holmenkollen, 1976 Silbermedaille bei den Olymp. Spielen in Innsbruck (Großschanze) und 2 Weltrekorde (174 m und 176 m), 1980 Goldmedaille bei den Olymp. Spielen in Lake Placid (Normalschanze); dann Studium (Philosophie, Psychologie, Sport). Ab 1987 Trainer, 1989–92 Nationaltrainer; seit 1993 Sportdir. im ÖSV.

Werk: Der kritische Punkt, 1992.

Innerhofer, Franz, * 2. 5. 1944 Krimml (Sbg.), Schriftsteller. Arbeitete als Kind auf dem Bauernhof seines Vaters, dann Schmiedelehre, ab 1966 Gymn. für Berufstätige und Studium der Germanistik und Anglistik in Salzburg; lebte 1973–80 als freier Schriftsteller v. a. in der Schweiz, danach Buchhändler in Graz. Sein erster autobiograph. Roman „Schöne Tage" (1974), in dem er seine harte Kindheit beschreibt, machte I. schlagartig bekannt. Rauriser Literaturpreis 1975.

Weitere Werke: Romane: Schattseite, 1975; Die großen Wörter, 1977; Der Emporkömmling, 1982; Um die Wette leben, 1993. – Dramen: Orvieto, 1990; Scheibtruhe, 1992. – Literatur: J. Oberhollenzer, Lebensläufe in der Literatur der 70er Jahre, Diss., Innsbruck 1986.

Innerkofler, Franz, * 6. 1. 1834 Sexten (S-Ti.), † 21. 6. 1898 ebd., Jäger und Bergführer. Einer der Bergführer, mit denen P. → Grohmann die Erfolge in den Dolomiten gelangen. 1882 mit Gf. Künigl Erstbesteigung des Paternkofels in den Sextener Dolomiten.

Literatur: ÖBL.

Innerkofler, Sepp, * 28. 10. 1865 Sexten (S-Ti.), † 4. 7. 1915 Paternkofel (Sextener Dolomiten, S-Ti.), Sagmeister, Bergführer, Hotelier. Zahlr. Erstbesteigungen und Erstbegehungen (1890 N-Wand der Kleinen Zinne); gefallen im 1. Weltkrieg beim Versuch der Rückeroberung des Paternkofels.

Literatur: Mttlg. des Dt. u. Ö. Alpenvereins 64/8, 1938; Alpenvereins-Jahrbuch 101, 1976.

Innitzer, Theodor, * 25 12. 1875 Weipert-Neugeschrei (CZ), † 9. 10. 1955 Wien, Theologe und geistl. Würdenträger. 1911 zum Univ.-Prof. für neutestamentl. Exegese ernannt (1928/29 Rektor der Univ. Wien), 1929–30 BMin. f. soz. Verwaltung (Verbesserung der Lage der Kleinrentner), 1932–55 Erzbischof von Wien, 1933 Kardinal. Gründete 1933 das Wr. Dom- und Diözesanmuseum, galt als Anhänger der autoritären Regierung von E. → Dollfuß und K. → Schuschnigg. Unter dem Diktat von Gauleiter J. → Bürckel gaben I. und die ö. Bischöfe am 18. 3. 1938 eine Loyalitätserklärung ab, die von der NS-Propaganda missbraucht wurde. Seine Bemühungen, zum Schutz der Kirche mit den NS-Machthabern Abmachungen auszuhandeln, endeten spätetens am 8. 10. 1938, als HJ und SA das Erzbischöfl. Palais stürmten. I. errichtete in der NS-Zeit eine „Hilfsstelle für nichtarische Katholiken", erneuerte 1945 die Kath. Akad. und verstärkte in der Nachkriegszeit die Mitarbeit der Laien. – Seit 1962 besteht der Kardinal-I.-Studienfonds, der verschiedene Preise zur Wiss.-Förderung vergibt.

Werke: Johannes d. T., 1908; Die Parabeln der Evangelien, 1909; Fortsetzer des Kommentars zu den Evangelien, 1916–48 (hg. v. F. X. Pölzl); Das Hl. Jahr und der Friede, 1933; Die soz. Aufgaben der Schule, 1935. – Literatur: M. Liebmann, Kardinal I. und der Anschluß, 1982; V. Reimann, I., 1988; NÖB; NDB.

Inzko, Valentin, * 22. 1. 1923 Suetschach (Gem. Feistritz im Rosental, Kä.), Slawist und Prof. an der Lehrerbildungsanstalt Klagenfurt und am BG für Slowenen in Klagenfurt. 1964–88 Fachinspektor für den Slowenischunterricht in Kä., 1983–88 Leiter der Minderheitenschulabteilung des Landes Kä.; 1952–58 Sekr. des Rats der Kä. Slowenen, 1960–68 dessen Obmann. Seit 1974 Mit-Hg. der Reihe „Das gemeinsame Kä. – Skupna Koroška".

Iro, Gerda, * 28. 8. 1906 Wien, Kostümbildnerin. Studien- und Praxisjahre in Berlin (1927) und Paris (1928/29), Assistentin von O. → Strnad. Arbeitete 1931–34 als Ausstatterin für Revuen und war dann für die Kostümberatung und -ausstattung von mehr als 200 Filmen (u. a. von E. → Marischka und F. → Antel) verantwortlich. 1955–80 entwarf sie auch die Kostüme der Operetten im Wr. Raimundtheater.

Werke: Filmausstattungen: Leise flehen meine Lieder, 1933; Der alte Sünder, 1951; Hallo Dienstmann, 1952; Kaiserwalzer, 1953; Mädchenjahre einer Königin, 1954; Der Kongreß tanzt, 1955; Sissi 1–3, 1955–57; Kaiserball, 1956; Das Dreimäderlhaus, 1958; Mariandl, 1961; Das große Glück, 1967; Johann Strauß – der König ohne Krone, 1987.

Ironimus, → Peichl, Gustav.

Isaac, Heinrich, * um 1450 Flandern, † 26. 3. 1517 Florenz (I), fläm. Komponist. Trat um 1484 in den Dienst der Medici in Florenz, wurde 1497 Hofkomponist Maximilians I. (besuchte jedoch öfters Florenz und auch andere Höfe). 1510 erhielt er vom Kaiser Land in der Nähe von Verona. I. ist einer der bedeutendsten Repräsentanten der kunstvollen Vokalpolyphonie der Niederländer; eines seiner wichtigsten Werke ist der Proprienzyklus „Choralis Constantinus", aber auch seine Messvertonungen bzw. seine Beiträge zum dt. Tenorlied (allen voran „Innsbruck, ich muß dich lassen") stehen auf höchstem Niveau.

Werke: Choralis Constantinus, 3 Bde., 1550–55; 36 Messen, ca. 100 geistl. Motetten, Tenorlieder. – Ausgabe: H. I. Opera omnia, hg. v. E. R. Lerner, 1974ff. – Literatur: W. Salmen (Hg.), H. I. und P. Hofhaimer im Umfeld von Ks. Maximilian I., 1997.

Isbary, Rudolf Friedrich Ernst, * 14. 11. 1827 Leipzig (D), † 9. 7. 1892 Wien, Industrieller, erfolgreicher Textilfabrikant und -exporteur. Ab 1844 in Wien tätig; bes. mit dem von ihm entworfenen „Stella-Shawl" wurde sein Unternehmen weltweit zum Marktführer. Entwickelte neue Maschinen und Methoden zur Verbesserung der Produktion. Mitgl. des nö. Landtags (ab 1862), des Reichsrats (ab 1873) und des Herrenhauses (ab 1889 auf Lebenszeit).

Literatur: ÖBL; NDB.

Isepp, Sebastian, * 18. 2. 1884 Nötsch (Ti.), † 3. 12. 1954 London (GB), Maler. Ab 1903 Studium an der Akad. der bild. Künste in Wien; 1908–18 Teilnahme an bed. Ausstellungen der Secession, mit O. → Kokoschka und E. → Schiele führendes Mitgl. der „Neukunstgruppe". 1915–18 als Soldat im 1. Weltkrieg, schwer verwundet. Nach dem 1. Weltkrieg Abbruch der eig. künstler. Tätigkeit; 1925–36 Restaurator am Kunsthist. Museum, 1938 Emigration nach Großbritannien, Restaurator an der National Gallery in London.

Isolani (auch Isolano), Johann Ludwig Hektor Graf von, * 1586 Görz (Gorizia, I), † März 1640 Wien, General. Wurde auf Empfehlung A. v. → Wallensteins 1625 Oberst. Als General der kroatischen Reiter war er 1632 maßgeblich am unentschiedenen Ausgang der Schlacht bei Lützen beteiligt, wurde dafür von Wallenstein mit Gütern beschenkt, stand diesem später aber ablehnend gegenüber.

J

Jachym, Franz, * 3. 9. 1910 Wien, † 29. 11. 1984 ebd., 1956–85 Erzbischof-Koadjutor von Wien. 1950 Titularerzbischof von Maronea und persönl. Koadjutor von Kardinal T. → Innitzer, 1952–56 Sekr. der Bischofskonferenz, 1955 Herausgabe des Weißbuches „Kirche und Staat" im Auftrag der Bischofskonferenz, 1972 Dompropst und Kanzler der Kath.-Theol. Fakultät Wien, 1969–80 Generalvikar der Erzdiözese Wien.

Literatur: A. Fenzl (Hg.), F. J. Eine Biographie in Wortmeldungen, 1985.

Jabloner, Clemens, * 28. 11. 1948 Wien, Jurist. Seit 1988 Univ.-Doz. bzw. Univ.-Prof. für ö. Verfassungsrecht in Wien, seit 1993 Präs. des Verwaltungsgerichtshofs, seit 1998 auch Vorsitzender der Historikerkommission der Republik Ö. über den „Vermögensentzug" auf dem Gebiet der Republik Ö. während der NS-Zeit.

Werk: Die Mitwirkung der Bundesregierung an der Landesgesetzgebung, 1989.

Jacobelli, Josef, * um 1729, † 3. 2. 1801 Graz (Stmk.), Theaterunternehmer, Ballettmeister. 1774–78 Direktor des Grazer Theaters.

Jacobson, Leopold, * 30. 6. 1878 Czernowitz (Chernovtsy, UA), † 1942 (im August 1942 in das KZ Theresienstadt deportiert), Bühnenschriftsteller in Wien, Verfasser zahlr. Operettenlibretti.

Werke: Ein Walzertraum, 1907; Auf Befehl der Kaiserin, 1914; Eine Ballnacht, 1918.

Jacquin, Joseph Franz Frh. von, * 7. 2. 1766 Schemnitz (Banská Štiavnica, SK), † 9. 12. 1839 Wien, Botaniker; Sohn von Nikolaus Frh. v. → Jacquin. Studierte Medizin, 1791 Prof. für Chemie und Botanik, 1797 Nachfolger seines Vaters als Leiter des Botan. Gartens in Wien, der unter ihm vergrößert wurde.

Werk: Eclogae plantarum rariorum aut minus cognitarum, 2 Bde., 1811–44. – Literatur: M. Petz-Grabenbauer, Der „Hortus Botanicus Vindobonensis" unter der Leitung von J. F. v. J., S. Endlicher u. E. Fenzl, 2 Bde., Diss., Wien 1997.

Jacquin, Nikolaus Frh. von, * 16. 2. 1727 Leiden (NL), † 26. 10. 1817 Wien, Botaniker, Arzt; Vater von Joseph Franz Frh. v. → Jacquin. Ab 1752 in Wien, 1768 Univ.-Prof.; Begründer des Botan. Gartens und der Botanikerschule in Wien. Sammelte auf Forschungsreisen in W-Indien Pflanzen für ö. Museen und Gärten und führte in Ö. das linnésche Pflanzensystem ein.

Werke: Hortus botanicus Vindobonensis, 3 Bde., 1770–76; Flora Austriaca, 5 Bde., 1773–78. – Literatur: M. Petz, Der Botaniker N. J. Frh. v. J., Dipl.-Arb., Wien 1993; NDB.

Jadot de Ville-Issey, Jean Nicolas, * 22. 1. 1710 Luneville (F), † 1. 6. 1761 Ville-Issey (F), Hofarchitekt des lothringischen Herzogs Franz Stephan, des späteren Ks. Franz I., ab 1750 Hofbauinspektor in Wien. Er musste 1753 N. → Pacassi weichen und verließ Wien (nach Brüssel). Seine Bauten in Wien wurden Ausgangspunkt eines neuen franz. beeinflussten Stils für die folgende Architektengeneration.

Werke: Pläne zum Ausbau der Wr. Hofburg (in der Kupferstich-Smlg. der Nat.-Bibl., „Botschafterstiege" ausgeführt); Aula d. Alten Univ. (heute Akad. d. Wiss., 1753–55); Maria-Theresien-Gruft in der Kapuzinerkirche (1754); Kammer- und Kronprinzengarten im Park von Schönbrunn. – Literatur: R. Wagner-Rieger, Das Haus der Ö. Akad. d. Wiss., 1972.

Jaffé, Max, * 27. 7. 1845 Schwerin (D), † 14. 12. 1939 Wien, Fotograf, Fachautor. Studierte in Paris und Hamburg, lebte ab 1869 in Wien, wo er für J. → Löwy arbeitete und 1876 eine Kunstanstalt für Lichtdruck gründete. Lehrer an der Graph. Lehr- und Versuchsanstalt, Hg. der Ztschr. „Die Photographie" und Gründungsmitgl. des Ö. Werkbundes.

Literatur: O. Hochreiter u. T. Starl (Red.), Geschichte der Fotografie in Ö., 2 Bde., 1983.

Jäger, Albert, * 8. 12. 1801 Schwaz (Ti.), † 10. 12. 1891 Innsbruck (Ti.), Benediktiner, Historiker. 1846 Univ.-Prof. in Innsbruck, 1851 in Wien. Machte sich um die Gründung des Inst. f. Ö. Geschichtsforschung verdient, dessen 1. Vorstand er 1854– 69 war; 1867–71 Reichsratsabg.

Werke: Ti. und der bair.-franz. Einfall im Jahre 1703, 1844; Der Streit des Cardinals Nikolaus von Cues mit dem Hzg. Sigmund von Ti., 2 Bde., 1861; Geschichte der landständ. Verfassung Ti., 2 Bde., 1881–85. – Literatur: ÖBL; NDB.

Jäger, Gustav, * 2. 2. 1815 Villach (Kä.), † 7. 4. 1875 Wien, Geschäftsmann, Alpinist, Schriftsteller. Gründer des Ö. Touristen-Klubs 1869.

Werke: Das Stuhleck, 1868; Der Tourist, 1868–75 (Hg.); Touristenführer im Kanaltal, 1873; Die Karawanken von Tarvis bis Loiblpaß, 1874/75. – Literatur: Ö. Touristenzeitung 20, 1900; ÖBL.

Jäger, Gustav, * 6. 4. 1865 Schönbach b. Asch (Krásní/Aš, CZ), † 21. 1. 1938 Wien, Physiker. Univ.-Prof. in Wien, Mitarbeiter von L. → Boltzmann. Trug zum Ausbau der kinetischen Gastheorie bei.

Literatur: Almanach der Akad. d. Wiss. in Wien 88, 1938; ÖBL; NDB.

Jäger, Werner, * 25. 6. 1913 Pernegg (NÖ.), Raumplaner. 1947–49 Sachbearbeiter in der Ö. Akad. d. Wiss., mit F. Kastner Gründer und Leiter (1951–77) der Arbeitsgemeinschaft für Raumforschung und -planung (seit 1957 Ö. Inst. f. Raumplanung), ab 1978 freiberufl. tätiger Raumplaner f. Land- und Stadtgestaltung.

Werke: Großräumige und regionale Aspekte der Stadtgestaltung am Beispiel Lienz, 1980; Länderregion Ost – Beiträge zu einem räuml. Leitbild, 1984.

Jägerstätter, Franz, * 20. 5. 1907 St. Radegund (OÖ.), † 9. 8. 1943 Berlin (D; hingerichtet), Bauer und Mesner. Verweigerte aus relig. Überzeugung den Dienst in der dt. Wehrmacht. Am 6. 6. 1943 zum Tod verurteilt.

Literatur: B. Kenz, F. J., 1977; E. Putz, F. J., 1985; A. Riedl (Hg.), F. J. Christl. Glaube und polit. Gewissen, 1997.

Jäger von Jaxtthal, Eduard, * 25. 6. 1818 Wien, † 5. 7. 1884 ebd., Augenarzt; Sohn von Friedrich → Jäger von Jaxtthal. Univ.-Prof. in Wien; führte den Augenspiegel zur Bestimmung des Brechungsvermögens ein und machte sich um die Anatomie des Auges, die Dioptrik und die Lehre vom Glaukom verdient. Seine Augenoperationen verschafften ihm Weltruf.

Eduard Jäger von Jaxtthal. Foto, 1866.

Jäger von Jaxtthal, Friedrich, * 4. 9. 1784 Kirchberg a. d. Jaxt (D), † 26. 12. 1871 Wien, namhafter Augenarzt und -operateur; Vater von Eduard → Jäger von Jaxtthal. Prof. in Wien; gab dem Extraktionsverfahren des Grauen Stars und dem Linearschnitt die ihm noch heute zukommende Bedeutung. Reorganisierte das Sanitätswesen in der Türkei.

Literatur: ÖBL; NDB.

Jaggberg, Kurt (eigentl. K. Jagersberger), * 10. 11. 1922 Wr. Neustadt (NÖ.), † 27. 12. 1999 Wien, Schauspieler, Drehbuchautor. Ab 1951 freier Schauspieler an zahlr. Bühnen in Wien (u. a. Volkstheater, Theater in der Josefstadt), Berlin und Zürich; ab 1952 Rollen in Film- und Fernsehproduktionen.

Jagic, Nikolaus, * 22. 9. 1875 Berlin (D), † 28. 12. 1956 Wien, Internist. Wurde zum Begründer der klin. Laboratoriumstätigkeit in Ö., lehrte ab 1909 in Wien, wirkte ab 1912 am Sophienspital, ab 1931 Vorstand der 2. medizin. Univ.-Klinik in Wien. Zahlr. Publikationen.
Literatur: ÖBL; NDB.

Jagić, Vatroslav von, * 6. 7. 1838 Varaždin (HR), † 5. 8. 1923 Wien, Slawist. Univ.-Prof. in Berlin, St. Petersburg und Wien (1886–1908). Gilt als Begründer der modernen Slawistik, Hg. von mehreren slawist. Ztschr., v. a. des „Archivs für slavische Philologie".
Weitere Werke: Glogolitica, 1890; Codex slovenicus rerum grammaticarum, 1896; Zur Entstehungsgeschichte der Kirchenslav. Sprache, 1900; Geschichte der slaw. Philologie, 1911.

Jagschitz, Gerhard, * 27. 10. 1940 Wien, Historiker. Seit 1985 Univ.-Prof. für Zeitgeschichte in Wien, wo er das Bildarchiv aufbaute.
Werke: Der Putsch, 1976; Zeitaufnahmen, Ö. im Bild seit 1945, 1985.

Jahn, Rolf (Adolf Paul Rolf), * 2. 1. 1898 Frankfurt a. Main (D), † 29. 9. 1968 Aspangberg (NÖ.), Theaterdirektor, Industrieller. 1927 Übersiedlung von Deutschland nach Wien, Pächter und Dir. der „Kleinen Komödie" (1927–32), des Raimundtheaters (1932) und des Dt. Volkstheaters (1932–38, Mai–Juni 1945) in Wien. 1946–65 Besitzer des Erlacher Ziegelwerks.

Jahne, Ludwig, * 1. 9. 1856 Wien, † 5. 12. 1937 Klagenfurt (Kä.), Lyriker, Erzähler, Chemiker. Schrieb v. a. Werke zur Geschichte Kä., 1921–32 Hg. des „Kä. Jahrbuchs".
Weitere Werke: Epen: Arnulf v. Kä., 1898; Die Khevenhüller, 1905; Kä. Burgenführer, 1931. – Gedichte, Novellen, Abhandlungen über das Bergbauwesen.

Jahoda, Marie, * 26. 1. 1907 Wien, † 29. 4. 2001 Sussex (GB), Sozialpsychologin. 1933–36 an der Wr. Wirtschaftspsycholog. Forschungsstelle; musste aus polit. Gründen 1937 Ö. verlassen und emigrierte nach Großbritannien, 1958–73 Prof. für Sozialpsychologie an der Univ. von Sussex. Bekannt wurde sie durch die mit ihrem Mann Paul F. → Lazarsfeld und H. Zeisel hg. Studie „Die Arbeitslosen von Marienthal" (1933). Ihre wiss. Arbeitsweise ist durch strenge ethische Grundsätze gekennzeichnet.
Weitere Werke: Research Methods in Social Relations, 1951 (mit M. Deutsch u. S. W. Cook); Studies in the Scope and Method of „The Authoritarian Personality", 1954 (mit R. Christie); Sozialpsychologie der Politik und Kultur. Ausgew. Schriften, 1995; „Ich habe die Welt nicht verändert", 1997 (Lebenserinnerungen).

Ernst Jandl. Foto, 1984.

Jakob, Winifried („Winnie"), * 17. 5. 1927 Reichenberg (Liberec, CZ), Karikaturistin und Publizistin. Studierte an der Kunstgewerbeschule in Linz, arbeitet seit 1959 als Karikaturistin für Zeitungen in Ö. („Kurier", „Wr. Zeitung", „Sbg. Nachrichten") sowie in Deutschland und der Schweiz. Daneben Buchillustrationen, Arbeiten für den ORF und zahlr. internat. Ausstellungen.

Jakobus d. Ä., Hl., Fest 25. Juli, † um 44, Apostel, Patron der Pilger, meist mit Pilgerstab und Muschel dargestellt. Volkstüml. Namensform: Jakl, Jogl (Joglland). Bauern-, Ernte- und Brunnenheiliger. In Ö. etwa 200 J.-Patrozinien. An seinem Festtag Kirchweihen („Jakobitrunk" in Wien-Ottakring, „Jakobsen" oder „Jogassen" in der Stmk. und in Sbg., Bewirten von Besuchern) oder Kraft- und Kampfspiele (Schwerttänze, Ranggeln am Hundstein in Sbg., „Jakobischützentanz" mit Fahnenschwingen in St. Jakob, Sbg.).
Literatur: B. Graf, Oberdeutsche Jakobsliteratur, 1991.

Jakoncig, Guido, * 27. 9. 1895 Capodistria (Koper, SLO), † 21. 12. 1972 Innsbruck (Ti.), Rechtsanwalt und Heimwehrfunktionär. 1932–33 Vertrauensmann der Heimwehr, Handels- und Verkehrsminister im Kabinett Dollfuß. Unterstützte einen Befriedungskurs gegenüber den Nat.-Soz.
Werk: Grundsätzl. Gedanken zur Wirtschaftskrise und deren Bekämpfung, 1934.

Jaksch, Hans, * 29. 10. 1879 Hennersdorf (Dubnice, CZ), † 7. 1. 1970 Wien, Architekt. Studierte an der Techn. Univ. Wien und bei F. → Ohmann. Zunächst Mitarbeiter von Max Ferstel, 1907–61 Partner von S. → Theiss im Büro Theiss & J. in Wien.
Werke (alle mit S. Theiss): Fliegerkaserne Wr. Neustadt, 1914–17. Wien: Quarin-Hof, 1924; Sandleitenhof, 1924–28 (mit E. Hoppe, O. Schönthal, F. Matuschek, F. Krauß und J. Tölk); AHS Wenzgasse, 1930–31; Hochhaus Herrengasse, 1931–33; Reichsbrücke, 1933–36. Portale und Einrichtungen von Palmers-Filialen. – Literatur: G. Schwalm-Theiss, Theiss & J., 1986.

Jaksch-Wartenhorst, August Ritter von, * 2. 1. 1859 Prag (CZ), † 3. 1. 1932 Klagenfurt (Kä.), Landeshistoriker, -archivar (1898) und erster Landesarchivdirektor (1904 bzw. 1921–22) von Kä.; Begründer der modernen Kä. Geschichtsforschung, Redakteur der hist. Zeitschrift „Carinthia I" (1898–1912), Numismatiker und Denkmalpfleger. War wesentlich am Aufbau des Museums „Rudolfinum", des heutigen Kä. Landesmuseums, beteiligt.
Werke: Monumenta historica ducatus Carinthiae, 1896–1906, 4 Bde. und Ergänzungsheft 1914 (Quellensammlung 811–1269); Geschichte Kä. bis 1335, 2 Bde., 1928/29; zahlr. Aufsätze zur Kä. Landesgeschichte. – Literatur: ÖBL; NDB.

Jalkotzy, Alois, * 25. 2. 1892 Wien, † 8. 1. 1987 ebd., Pädagoge und Volksbildner. 1922–34 Sekr. der Ö. Kinderfreunde, Begründer der „Elternschule" (1950) und der „Mappe der Menschlichkeit".

Janatsch, Helmut, * 12. 10. 1918 Braunau (OÖ.), † 24. 11. 1989 Salzburg, Kammerschauspieler. 1945/46 Engagement am Sbg. Landestheater, danach an der Wr. Kleinkunstbühne „Die Insel"; ab 1950 Rollen des Charakterfachs am Wr. Burgtheater. Film-, Fernseh- und Rundfunktätigkeit (Autor literar. Dramatisierungen für den Rundfunk).

Janauschek, Wilhelm Raphael, * 19. 10. 1859 Wien, † 30. 6. 1926 ebd., Redemptorist, Volksmissionar. Galt schon zu Lebzeiten als „heiliger Priester", 1934 wurde der Seligsprechungsprozess eingeleitet. Grab in der Kirche Maria am Gestade in Wien.
Literatur: E. Hosp, Pater W. J., 1940; ÖBL.

Janda, Otto, * 22. 9. 1903 Graz (Stmk.), † 13. 2. 1951 ebd., Bibliothekar an der Stmk. Landesbibl., Literaturhistoriker, v. a. P.-Rosegger-Forscher.
Werke: Die Literatur der Stmk. im MA, 1939; P. Rosegger, ^{2}1948.

Jandl, Ernst, * 1. 8. 1925 Wien, † 9. 6. 2000 ebd., bedeutender experimenteller Lyriker, Hörspiel- und Dramenautor. Studierte Germanistik und Anglistik in Wien, 1949–79 Gymnasiallehrer ebd., ab 1954 Freundschaft mit F. → Mayröcker. Den Durchbruch erzielte J. 1966 mit dem Gedichtband „Laut und Luise", aus dem Gedichte wie „schtzngrmm" und „lichtung" große Bekanntheit erreichten. Beeinflusst von Expressionismus und Dadaismus sowie von der Wr. Gruppe und der Konkreten Poesie, entwickelte J. vielfältige experimentelle Formen, wobei auch die eig. ausdrucksstarke Rezitation eine bes. Rolle spielte. Sprachspiel und Sprachverfremdung („verhunzte Sprache") sind bei J. Mittel, um das „beschädigte Leben" in all seinen Defiziten vorzuführen („wien heldenplatz"). Innovativ wirkte J. auch auf dem Gebiet des Hörspiels („Fünf Mann Menschen", 1971, mit F. Mayröcker) und des Dramas („Aus der Fremde", Uraufführung 1979). Mitgl. des Forums Stadtpark, Mitbegründer der Grazer Autorenversammlung und 1983–87 deren Präs. Hörspielpreis der Kriegsblinden 1968, Großer Ö. Staatspreis und G.-Büchner-Preis 1984, Ö. Ehrenzeichen f. Wiss. u. Kunst 1990, Kleist-Preis 1993 u. a.

Weitere Werke: Lyrik: Andere Augen, 1956; Hosi-Anna!, 1966; sprechblasen, 1968; wischen möchten, 1974; die bearbeitung der mütze, 1978; der gelbe hund, 1980; augenspiel, 1981; falamaleikum, 1983; selbstporträt des schachspielers als trinkende uhr, 1983; im delikatessenladen, 1988; idyllen, 1989; der beschriftete sessel, 1991; Stanzen, 1992. – Drama: Die Humanisten, 1977 (auch Hörspiel). – Ausgaben: Gesammelte Werke, Gedichte, Stücke, Prosa, 3 Bde., hg. v. K. Siblewski, 1985; Poetische Werke, 11 Bde., 1997–99. – Literatur: E. J. Materialienbuch, hg. v. W. Schmidt-Dengler, 1982; E. J. – Daten, Texte, Bilder, hg. v. K. Siblewski, 1990; V. Kaukoreit (Red.), E. J., 1996; K. Siblewski, A komma Punkt – E. J. Ein Leben in Texten und Bildern, 2000; M. Vogt (Hg.), „Stehn Jandl gross hinten drauf". Interpretationen zu Texten E. J., 2000.

Jandrisevits, Peter, * 22. 2. 1879 Sulz (Bgld.), † 8. 6. 1938 Schandorf (Bgld.), Pfarrer und Heimatforscher. 1923–27 kroat. Abg. z. Bgld. Landtag; machte sich durch zahlr. Abhandlungen um die Landeskunde des Bgld. verdient.

Werk: Urkunden und Dokumente über das Bgld. und Umgebung, 6 Bde., 1932–36. – Literatur: ÖBL.

Janisch, Heinz, * 19. 1. 1960 Güssing (Bgld.), Schriftsteller. Trat v. a. mit Kinderbüchern hervor (u. a. „Till Eulenspiegel", 1991, Illustrationen von L. Zwerger), leitet seit 1993 die Hörfunkreihe „Menschenbilder" und seit 1998 „Die Radiokolleg-Bibliothek".

Weitere Werke: Menschenbilder, 1992 (mit H. Gaisbauer). – Kinderbücher, Gedichte, Erzählungen

Janko, Eva (geb. Egger), * 24. 1. 1945 Floing (Stmk.), Leichtathletin, Trainerin und Sportfunktionärin. Weltbestleistung im Speerwurf 1968 (58,14 m), Bronzemedaille bei den Olymp. Spielen 1968 in Mexico City (Speerwurf).

Janko, Wolfgang H., * 7. 8. 1943 Groß-Siegharts (NÖ.), Informatiker. Ab 1980 Univ.-Prof. in Karlsruhe, seit 1986 Leiter des neugegr. Inst. f. Informationsverarbeitung und Informationswirt. an der Wirt.-Univ. Wien; seit 1989 Präs. der Arbeitsgemeinschaft für Datenverarbeitung (ADV). Befasst sich v. a. mit Verfahren zur Entwicklung und Bewertung von Informationssystemen sowie Informatik für betriebswirt. Organisation und Unternehmensführung.

Werke: Die wirt. Beschaffung von Informationen, 1968; Stochastische Modelle in Such- und Sortierprozessen, 1976; APL I und II, 1980/81; Integrierte Betriebs- und Gebäudeplanung im Hotelwesen, 1985; Grundlagen der Betriebs- und Wirtschaftsinformatik, 2 Bde., 1989; Grundlagen der Informatik für die Informationswirt., ²1998.

Jankowitsch, Peter, * 10. 7. 1933 Wien, Jurist und Politiker (SPÖ). 1983–86, 1987–90 und 1992/93 Abg. z. NR, 1986–87 BMin. f. auswärtige Angelegenheiten, 1990–92 Staatssekr. im Bundeskanzleramt, 1993–98 Botschafter bei der OECD in Paris.

Janneck, Franz Christoph, * 3. 10. 1703 Graz (Stmk.), † 13. 1. 1761 Wien, Maler. Meister der Feinmalerei, Assessor an der Wr. Akademie.

Werke: Kabinett-, Miniatur- und Genrebilder, relig. Darstellungen, Landschaften; Porträts in Graz (Landesgalerie) und Wien (Belvedere, Schottenstift).

Janowitz, Gundula, * 2. 8. 1937 Berlin, Kammersängerin (Sopran). Debütierte 1960 an der Wr. Staatsoper, deren Mitgl. sie 30 Jahre lang (1960–90) war, sang in Salzburg und an allen großen Häusern der Welt (v. a. Werke von W. A. Mozart und R. Strauss). Zahlr. Plattenaufnahmen. 1990/91 Direktorin der Grazer Oper.

Jansa, Alfred, * 16. 7. 1884 Stanislaw (UA), † 20. 12. 1963 Wien, Feldmarschallleutnant. 1933 ö. Militärattaché in Berlin, 1936 Chef des Generalstabs. Trat für militär. Widerstand gegen das nat.-soz. Deutschland ein und musste im Jänner 1938 zurücktreten.

Literatur: J. Hafner, Feldmarschalleutnant A. J., Diss., Wien 1990; NÖB.

Alfred Jansa. Foto, 1935.

Janscha, Laurenz, * 30. 6. 1749 Rodein b. Radmannsdorf (SLO), † 1. 4. 1812 Wien, Landschaftsmaler und Radierer. Studierte an der Wr. Akad. bei F. E. Weirotter und J. C. → Brand, ab 1808 Prof. an dieser. Bekannt wurde er v. a. durch die Vedutenserie „Collection de 50 vues de la ville de Vienne" (1779ff.), die er mit C. → Schütz und J. A. → Ziegler für den Verlag Artaria schuf.

Weitere Werke: mehrere Landschaftszyklen aus Ö. – Literatur: 1000 Jahre Kunst in Krems, Ausst.-Kat., Krems 1971; NDB.

Janschka, Fritz, * 21. 4. 1919 Wien, Maler, Bildhauer und Graphiker. Studierte ab 1943 an der Wr. Akad. War mit E. → Fuchs, E. Jené, R. → Hausner und W. → Hutter Mitbegründer der surrealist. Gruppe im Wr. Art-Club, aus der später die Wr. Schule des Phantast. Realismus hervorging. Ab 1949 Prof. am Bryn-Mawr-College in Philadelphia.

Werke: Wohin gehst du?, 1947; Das Floß der Medusa, 1948/49. – Literatur: J. Muschik, Die Wr. Schule des Phantastischen Realismus, 1974.

Jantsch, Heinrich, * 7. 3. 1845 Wien, † 5. 2. 1899 ebd., Schauspieler, Theaterdir., Bühnenautor. 1862–66 Hg. des „Stenographischen Wochenblatts"; hauptsächlich als Theaterleiter in Deutschland tätig. 1893 Rückkehr nach Wien, wo er das Fürsttheater im Prater erwarb und als „J.-Theater" weiterführte (Spielplan: Lokalpossen und klass. Stücke). Weiterhin auch als Schauspieler tätig, Autor einiger Theaterstücke.

Werke: Ks. Josef und die Schusterstochter, 1874; Der Herrgottsbruder, 1876; Prinzessin Hirschkuh, 1896. – Literatur: ÖBL; NDB.

Januš, Gustav, * 19. 9. 1939 Zell (Kä.), Lyriker. War zunächst Lehrer, dann bis 1981 Redakteur der Ztschr. „Mladje", arbeitet auch als Maler. Seine slowen. Gedichte wurden z. T. von P. → Handke ins Deutsche übertragen.

Werke: Gedichte 1962–83, 1983; Wenn ich das Wort überschreite, 1988; Mitten im Satz, 1991. – Literatur: H. Kitzmüller, G. J., in: J. Strutz (Hg.), Profile der neueren slowen. Literatur in Kä., 1989.

Jaques-Dalcroze, Emile, * 6. 7. 1865 Wien, † 1. 7. 1950 Genf (CH), Komponist, Musikpädagoge. Schöpfer der rhythmisch-musikal. Erziehung; Schüler von A. → Bruckner in Wien. Gründete 1911 in Hellerau b. Dresden die „Bildungsanstalt für Musik und Rhythmus" (1925 nach Laxenburg verlegt), 1914 ein Inst. in Genf (weitere J.-D.-Institute in Berlin, Stockholm, Barcelona, London und Paris); 1926 wurde die internat. Vereinigung der Prof. der J.-D.-Methode gegründet.

Literatur: M. Kugler, Die Methode J.-D. und das Orff-Schulwerk „Elementare Musikübung", 2000.

Jaray, Hans, * 24. 6. 1906 Wien, † 6. 1. 1990 ebd., Kammerschauspieler, Regisseur, Schriftsteller. 1925–30 am Volkstheater, 1930–38 am Theater in der Josefstadt (unter M. → Reinhardt), 1938 Emigration in die USA, 1938–48 in Hollywood und New York tätig. 1948 Rückkehr nach Wien, zunächst am Volkstheater, ab 1951 am Theater in der Josefstadt engagiert (1986 Ehrenmitgl.), v. a. Rollen in Boulevardstücken; 1960 Dir. des Reinhardt-Seminars. Filmtätigkeit.

Werke: Lustspiele: Ein feiner Herr, 1932; Ist Geraldine ein Engel?, 1933; Liebesheirat, 1937. – One Day Missing, 1948 (Es

Gundula Janowitz als Arabella in der gleichnamigen Oper von R. Strauss. Foto.

fehlt eine Seite, 1949, Roman); Was ich kaum erträumen konnte, 1990 (Autobiographie).

Jaray, Paul, * 11. 3. 1889 Wien, † 22. 9. 1974 St. Gallen (CH), Techniker. Ging bald nach seinem Studium in Wien und Prag nach Deutschland, wo er 1913/14 Flugzeugkonstrukteur war und 1914–23 die Zeppelin-Luftschiffe LZ 38 bis LZ 126 entwarf. 1919 baute er für Zeppelin einen Windkanal und beschäftigte sich dann jahrzehntelang mit Fragen in diesem Zusammenhang, insbes. in Bezug auf stromlinienförmige Automobile. Von 1923 bis zu seinem Tod lebte J. in der Schweiz. Wesentl. Einfluss hatte er auch auf die Entwicklung des Fahrrads in den 20er Jahren.

Franz Ritter von Jauner. Foto.

Jarisch, Adolf sen., * 15. 2. 1850 Wien, † 20. 3. 1902 Graz (Stmk.), Dermatologe; Vater von Adolf → Jarisch jun. Univ.-Prof. in Innsbruck und Graz. Entdeckte mit K. Herxheimer die J.-Herxheimer-Reaktion bei der Syphilis-Therapie.

Werke: Lupus vulgaris, 1890; Demonstration eines Falles von Summer Eruption, 1896; Demonstration von Psorospermien der Darierschen Dermatose, 1896; Vorstellung eines Falles von Hydrocystoma, 1896; Die Hautkrankheiten, [2]1908. – Literatur: ÖBL.

Jarisch, Adolf jun., * 23. 2. 1891 Innsbruck (Ti.), † 31. 8. 1965 ebd., Pharmakologe; Sohn von Adolf → Jarisch sen. Univ.-Prof. in Innsbruck; beschäftigte sich v. a. mit Fragen der Blutkreislaufregulation. Ihm ist die genaue Erforschung und der experimentelle Nachweis des von A. Bezold entdeckten Kreislaufeffekts (Bezold-J.-Reflex) zu verdanken.

Literatur: NDB.

Jarno, Josef (eigentl. J. Kohner), * 24. 8. 1866 Budapest (H), † 11. 1. 1932 Wien, Schauspieler, Theaterdir.; Ehemann der Volksschauspielerin H. → Niese. 1885 Debüt am Kurtheater von Bad Ischl (OÖ.), wo er bis 1899 jeden Sommer gastierte. Übernahm 1897 die Leitung des neu errichteten Sommertheaters in Bad Aussee, 1899–1923 Dir. des Theaters in der Josefstadt in Wien (Pflege des modernen Dramas: H. Ibsen, A. Strindberg, A. Schnitzler, G. B. Shaw). 1905 kaufte er das „Fürst-Theater", das er als „Lustspieltheater" neben seiner Tätigkeit in der Josefstadt leitete. 1926–31 Dir. der Renaissance-Bühne in Wien. Veranstalter von literar. Abenden, durch die er zeitgenöss. Autoren förderte.

Georg Jehly. Foto, um 1890.

Jaschke, Gerhard, * 7. 4. 1949 Wien, Schriftsteller. Seine Lyrik und Prosa sind durch formale und sprachl. Experimente gekennzeichnet. Gründete 1975 mit H. → Schürrer die Ztschr. „Freibord", deren Hg. er bis heute ist, und 1977 die Buchreihe „Edition Freibord"; seit 1986 ist er Lehrbeauftragter für Literaturgeschichte an der Akad. d. bild. Künste in Wien.

Jasomirgott, Beiname von Hzg. → Heinrich II.

Jasper, Friedrich, * 22. 1. 1847 Wien, † 14. 4. 1938 ebd., Buchdrucker. Entwickelte nach 1869 aus einer bescheidenen Druckerei ein Großunternehmen. War auch bei der Gründung von Standesvertretungen (1872 dt.-ö. Buchdruckerverein, 1899 Reichsverband ö. Buchdruckereibesitzer) sowie 1874 an der Errichtung einer Fachschule und 1897 der Sektion Buchdruck in der Graph. Lehr- und Versuchsanstalt beteiligt.

Literatur: ÖBL.

Jatzek, Gerald, * 23. 1. 1956 Wien, Schriftsteller (vorwiegend Kinderbücher). Neben pädagog. und journalist. Arbeit brachte er Kinderbücher heraus, die sich bes. durch kreative Auseinandersetzung mit der Sprache und soz. Engagement auszeichnen. Seit 1997 Online-Redakteur und Web-Designer der „Wiener Zeitung".

Werke: Kinderbücher: Der Lixelhix, 1986; Unser schöner Park, 1987; Mira und der Schnüffelbold, 1988; Allerleischlau, 1989; Der Tag des Riesen, 1989; Dina und der Zauberzwerg, 1990; Guten Morgen allerseits!, 1990; Der freche Pelikan, 1991; Hopper, 1991; Isidor der kleine Drache, 1991; Ich bin, wer ich will!, 1992; Mein Freund, der Riesenriese, 1992; Wenn ich zaubern könnte ..., 1993; Miezekatz, wo gehst du hin?, 1995. – Kindertheaterstücke, Gedichte, Essays, Lieder, Hörspiele.

Jauner, Franz Ritter von, * 14. 11. 1831 Wien, † 23. 2. 1900 ebd. (Selbstmord), Schauspieler, Dirigent, Theaterdirektor. 1854/55 am Wr. Burgtheater, danach in Hamburg und Dresden. Ab 1872 Dir. des Carltheaters, das er einer Glanzzeit entgegenführte, 1875–80 Dir. der Hofoper (1878 geschlossene Erstaufführung von R. Wagners „Ring des Nibelungen", dt.-sprachige Erstaufführung der „Carmen" unter der Leitung von G. Bizet; G. Verdi dirigierte sein „Requiem"). 1880 übernahm J. die Direktion des 1881 abgebrannten Ringtheaters in Wien, 1884–94 die künstlerische Leitung des Theaters an der Wien (glänzende Aufführungen von Strauß- und Millöcker-Operetten, 1885 Uraufführung des „Zigeunerbarons"). 1895 Regisseur und kurz darauf abermals Dir. des Wr. Carltheaters. Durch seine aufwändigen Inszenierungen geriet er in arge Schulden, die ihn und seine Frau, die Hofopernsängerin E. Krall, schließlich in den Selbstmord trieben.

Literatur: ÖBL; NDB.

Jedlicka, Ludwig, * 26. 5. 1916 Wien, † 29. 4. 1977 Salzburg, Historiker. 1954–1961 Kustos am Heeresgeschichtl. Museum, ab 1966 Univ.-Prof. und Vorstand des von ihm gegr. Inst. für Zeitgeschichte der Univ. Wien. J. gilt als Begründer der wiss. Zeitgeschichtsforschung in Ö.

Werke: Ein Heer im Schatten der Parteien, 1955; Der 20. Juli 1944 in Ö., 1965; Ende und Anfang. Ö. 1918/19, 1969; Vom alten zum neuen Ö., 1975.

Jehly, Georg, * 26. 1. 1848 Bozen (S-Ti.), † 1. 12. 1906 Innsbruck (Ti.), Priester und Journalist. Leitete 1889–1906 die kath.-konservative Tageszeitung „Neue Ti. Stimmen" (Innsbruck).

Literatur: ÖBL.

Jelinek, Carl, * 23. 10. 1822 Brünn (Brno, CZ), † 19. 10. 1876 Wien, Meteorologe und Astronom. Prof. in Prag und Wien, 1863–76 Dir. der Zentralanstalt für Meteorologie in Wien; begründete die Ges. für Meteorologie sowie deren Ztschr., die er mit J. v. → Hann herausgab.

Werke: Anleitung zur Anstellung meteorolog. Beobachtungen, 1869; Psychrometer-Tafeln, 1871. – Literatur: ÖBL; NDB.

Jelinek, Elfriede, * 20. 10. 1946 Mürzzuschlag (Stmk.), Schriftstellerin. Studierte Kunstgeschichte, Theaterwiss. und Musik in Wien, lebt als freie Schriftstellerin in Wien, München und Paris. J. setzt in ges.-krit. Absicht die klischeehafte Sprache von Comics, Medien, Werbung u. ä. ein und verfremdet diese bis ins Groteske. Sie gilt als exponierte Vertreterin der Frauenliteratur, bes. Bedeutung kommt in ihren Werken den Themen weibliche Sexualität und Geschlechterkampf zu (Die Klavierspielerin, 1983; Lust, 1989). G.-Büchner-Preis 1998.

Weitere Werke: Romane u. Prosa: Lisas Schatten, 1967; wir sind lockvögel, baby, 1970; Michael, 1972; Die Liebhaberinnen, 1975; Die Ausgesperrten, 1980; Die Kinder der Toten, 1997; Gier, 2000. – Dramen: Was geschah, nachdem Nora ihren Mann verlassen hatte oder Stützen der Gesellschaften, 1980; Clara S., 1984; Krankheit oder Moderne Frauen, 1987; Totenauberg, 1991; Stecken, Stab und Stangl – Raststätte – Wolken – Heim. Neue Theaterstücke, 1997; Ein Sportstück, 1998; er nicht als er, 1998. – Gedichte, Hörspiele, Libretti, Essayistisches. – Literatur: „Gegen den schönen Schein", Essays zu E. J., hg. v. C. Gürtler, 1989; E. J., Dossier 2, hg. v. K. Bartsch u. G. Höfler, 1992; E. Spanlang, E. J. Studien zum Frühwerk, 1992; H. L. Arnold (Hg.), E. J., 1993; M. Janz, E. J., 1995; M. S. Pflüger, Vom Dialog zur Dialogizität. Die Theaterästhetik von E. J., 1996; D. Bartens u. P. Pechmann (Hg.), E. J. – Die internationale Rezeption, 1997;

Y. Hoffmann, E. J. Sprach und Kulturkritik im Erzählwerk, 1999; E. J., Edition Text + Kritik, [2]1999.

Jelinek, Hanns, * 5. 12. 1901 Wien, † 27. 1. 1969 ebd., Komponist und Musiktheoretiker (Zwölftontechnik, serielle Musik). Nach kurzem Studium bei F. → Schmidt, A. → Berg und A. → Schönberg Autodidakt; ab 1958 Lehrer, ab 1965 Prof. an der Wr. Musikakad.; 1966 Großer Ö. Staatspreis.

Werke: Bubi Caligula, 1947 (Operette); Symphonia brevis, 1950; Parergon, 1957; Streichquartette, Lieder, Filmmusik. – Anleitung zur Zwölftonkomposition, 2 Bde., 1952–58. – Literatur: M. Noell, H. J. kompositorischer Weg zur Zwölftontechnik in seinerm 1. Streichquartett op. 10, 1998; NDB.

Jellačić von Bužim, Joseph Graf, * 16. 10. 1801 Peterwardein (Petrovaracin, YU), † 19. 5. 1859 Agram (Zagreb, HR), ö. Heerführer. 1848 als Feldmarschallleutnant und Banus von Kroatien und Slawonien Kommandant von kaisertreuen kroat. Verbänden, mit denen er 1848 mit den Truppen von A. Fürst zu → Windisch-Graetz die Oktoberrevolution in Wien niederwarf und im folgenden Jahr die Truppen der ungar. Revolutionsarmee besiegte.

Literatur: ÖBL.

Jellinek, Adolf, * 26. 1. 1821 Drslawitz (Drslavice, CZ), † 29. 12. 1893 Wien, Rabbiner, Vater von Emil → Jellinek-Mercedes und Max Hermann → Jellinek, Bruder von Hermann → Jellinek. Ab 1845 in Leipzig, ab 1856 in Wien. Galt als bedeutendster Prediger seiner Zeit, Verfasser von homiletischen, religionsphilosoph. und theolog. Werken, Hg. von rabbinischer Literatur.

Werke: Beiträge zur Geschichte der Kabbala, 1853; Predigten, 1862–66; Der jüdische Stamm, 1869; Bet hamidrasch, 6 Bde., 1853–77.

Jellinek, Hermann, * 22. 1. 1822 Drslawitz (Drslavice, CZ), † 23. 11. 1848 Wien (hingerichtet), Schriftsteller und Offizier, Bruder von Adolf → Jellinek. Lebte ab 1847 in Wien; Hg. der Hefte „Kritischer Sprechsaal für die Hauptfragen der ö. Politik" (1848), schrieb zahlr. Leitartikel für die „Ö. Allg. Zeitung" und veröffentlichte in „Der Radikale" von A. J. → Becher. Als Revolutionär 1848 standrechtlich erschossen.

Weitere Werke: Uriel Acostas Leben und Lehre, 1847; Kritische Geschichte der Wr. Revolution, 1848; Kritisch-philosoph. Schriften, 1849 (Nachlass). – Literatur: ÖBL.

Jellinek, Max Hermann, * 29. 5. 1868 Wien, † 6. 5. 1938 ebd., Germanist, Sohn von Adolf → Jellinek und Bruder von Emil → Jellinek-Mercedes. 1900–34 Univ.-Prof. in Wien, befasste sich v. a. mit ma. Literatur sowie der Geschichte der german. und dt. Sprache.

Werk: Geschichte der neuhochdeutschen Grammatik, 2 Bde., 1913/14. – Literatur: ÖBL; NDB.

Jellinek, Oskar, * 22. 1. 1886 Brünn (Brno, CZ), † 12. 10. 1949 Los Angeles (USA), Richter in Wien, ab 1925 freier Schriftsteller. Verfasste v. a. Novellen mit Themen aus dem mährischen Bauernmilieu. Emigrierte 1938 in die Tschechoslowakei, 1940 in die USA und lebte ab 1943 in Los Angeles.

Werke: Gesammelte Novellen, 1950; Hankas Hochzeit, 1980; Raacher Silberfeier, 1988 (Lyrik). – Literatur: K. Krejcí, O. J. Leben und Werk, 1967; A. Nowotny, Die Novellen O. J., Diss., Wien 1972; ÖBL; NDB.

Jellinek, Stefan, * 29. 5. 1871 Prerau (Prerov, CZ), † 2. 9. 1968 Edinburgh (GB), Arzt. Ab 1929 Prof. an der Techn. Hochschule in Wien. Begründete die Elektrotherapie und das Elektropatholog. Museum in Wien.

Werke: Der elektrische Unfall, 1925; Elektroschutz, 1931; Faradays Symbole, 1949. – Literatur: NDB.

Jellinek-Mercedes, Emil, * 6. 4. 1853 Leipzig (D), † 21. 1. 1918 Genf (CH), k. u. k. Generalkonsul in Nizza, einer der ersten Automobilisten Ö.; Sohn von Adolf → Jellinek und Bruder von Max Hermann → Jellinek. Beriet die Daimler-Motoren-Ges. (Untertürkheim, D) und beeinflusste nachhaltig die Produktion neuer Kraftfahrzeuge. Auf seinen Vorschlag geht der Name „Mercedes" (nach seiner Tochter Mercedes Jellinek, * 16. 9. 1889, † 23. 2. 1929) zurück.

Literatur: G. J.-M., Mein Vater, der Herr Mercedes, 1962.

Jelusich, Mirko, * 12. 12. 1886 Podmoklitz (Semily, CZ), † 22. 6. 1969 Wien, Schriftsteller und Theaterkritiker. Während des Ständestaates führendes Mitgl. der illegalen NS-Organisation „Kampfbund für dt. Kultur", eine der Schlüsselpersonen der NS-Kulturpolitik in Ö.; März–Juli 1938 kommissar. Leiter des Burgtheaters. 1945–49 in Untersuchungshaft. Seine erfolgreichen hist. Romane („Cäsar", 1929) propagierten die Herrschaft des „starken Mannes" und die polit. Ziele des Faschismus.

Werke: Romane, Dramen, Filmdrehbücher, Gedicht- und Anekdotenbde. – Literatur: J. Sachslehner, Führerwort und Führerblick. M. J., 1985; NDB.

Jenbach, Bela, * 1. 4. 1871 Miskolc (H), † 21. 1. 1943 Wien, Bühnenschriftsteller, Mitverfasser zahlr. Operettenlibretti.

Werke: Die Csardasfürstin, 1915; Das Hollandweibchen, 1920; Die blaue Mazur, 1920 (alle mit Leo Stem); Pagamm, 1925 (mit P. Knepler); Der Zarewitsch, 1927 (mit H. Reichert).

Jenner, Alexander, * 4. 4. 1929 Wien, Pianist. 1950 Bösendorfer-Preis der Wr. Akad., 1957 1. Preis des Internat. Pianistenwettbewerbs in Rio de Janeiro. Seither erfolgreiche Solokarriere mit zahlr. Auslandstourneen. 1973–97 Prof. an der Wr. Musikhochschule.

Jentschke, Willibald, * 6. 12. 1911 Wien, Physiker. Studierte in Wien, 1947–56 Forschungstätigkeit in den USA, ab 1949 an der University of Illinois. Ab 1956 Univ.-Prof. f. Experimentalphysik an der Univ. Hamburg und bis 1970 Dir. des Dt. Elektronen-Synchrotrons, 1971–75 Gen.-Dir. des Kernforschungszentrums CERN in Genf, danach bis 1980 wieder Prof. in Hamburg. Grundlegende Forschungen zur Elementarteilchenphysik, 1973 an der Entdeckung der „neutralen Ströme" beteiligt. Ö. Ehrenzeichen f. Wiss. u. Kunst 1983.

Jerger, Alfred, * 9. 6. 1889 Brünn (Brno, CZ), † 18. 11. 1976 Wien, Kammersänger (Bass-Bariton), urspr. Kapellmeister und Schauspieler. Ab 1921 Mitgl. der Wr. Staatsoper, Regisseur und Textbearbeiter an dieser und 1945 für kurze Zeit deren Leiter (vom ganzen Ensemble bestellt). Sang bei den Sbg. Festspielen; zahlr. Tourneen und Plattenaufnahmen. Ab 1947 Prof. an der Wr. Musik-Akad.

Jeritza, Maria (eigentl. M. Jedlitzka), * 6. 10. 1887 Brünn (Brno, CZ), † 10. 7. 1982 Orange (USA), Kammersängerin (Sopran). 1913–35 Primadonna der Wr. Staatsoper (Ehrenmitgl.), 1921–32 auch an der Metropolitan Opera New York. Zahlr. Gastspiele, Filmrollen.

Werk: Sunlight and Song, 1924 (Autobiographie). – Literatur: R. Werba, M. J. Primadonna des Verismo, 1981.

Jerusalem, Wilhelm, * 11. 10. 1854 Drenitz (Drenice, CZ), † 15. 7. 1923 Wien, Philosoph und Pädagoge. Univ.-Prof., wirkte ab 1885 in Wien. Setzte sich für die Einführung der Soziologie an den Univ. ein, behandelte auch didakt. Fragen und die Berufsaufgaben des Lehrers an höheren Schulen.

Werke: Einleitung in die Philosophie, 1899 ([10]1923); Unsere Mittelschule, 1907; Die Aufgaben des Lehrers an höheren Schulen, 1912; Einführung in die Soziologie, 1926. – Literatur: W. Eckstein, W. J., sein Leben und Wirken, 1935; ÖBL; NDB.

Jesserer, Gertraud, * 13. 12. 1943 Wien, Kammerschauspielerin. 1958 erste Filmrolle in „Die Halbzarte" (mit R. Schneider), 1960–69 Engagement am Theater in der Josefstadt, danach bis 1973 am Dt. Schauspielhaus in Hamburg, seitdem Ensemblemitgl. des Wr. Burgtheaters (Rollen in Stücken von A. Schnitzler, H. v.

Mirko Jelusich. Plastik von F. Riedl, um 1940.

Joseph Graf Jellačić von Bužim. Anonym. Gemälde (Heeresgeschichtliches Museum, Wien).

Alfred Jerger als Jonny in der Wiener Erstaufführung der Oper „Jonny spielt auf" von E. Krenek. Wiener Staatsoper, 31. Dezember 1927.

Maria Jeritza als Tosca in der gleichnamigen Oper von G. Puccini. Foto.

Hofmannsthal, Ö. v. Horváth, J. Nestroy, W. Shakespeare u. a.). 1974 Kainz-Medaille.

Jettel, Eugen (Eugène), * 20. 3. 1845 Johnsdorf (Janovice, CZ), † 27. 8. 1901 Lussingrande (Veli Lošinj, HR), Landschaftsmaler. War seit seiner Studienzeit bei A. Zimmermann an der Wr. Akad. mit E. J. → Schindler und R. → Ribarz befreundet, unternahm Studienreisen nach Frankreich, Holland, Italien, Istrien und Ungarn. Ab 1873 lebte J. ständig in Paris und wurde von der franz. Pleinairmalerei der Schule von Barbizon stark geprägt, 1897 kehrte er nach Wien zurück. Mitgl. der Wr. Secession.

Literatur: H. Fuchs, E. J., 1975; NDB.

Jettmar, Rudolf, * 10. 9. 1869 Zawodzie bei Tarnow (PL), † 21. 4. 1939 Wien, Maler und Graphiker. Studierte an der Wr. Akad. und in Karlsruhe, Dekorationsmaler in Leipzig. Ein weiteres Studium der Graphik absolvierte er bei W. Unger in Wien. Mitgl. der Wr. Secession und ab 1898 Lehrer an der Frauenkunstschule in Wien, 1910–36 Prof. an der Wr. Akad. Seine Arbeiten wurden stark durch den Symbolismus M. Klingers geprägt.

Literatur: H. H. Hofstätter, R. J., 1984; R. J. (1869–1939), Bilder von hellen und dunklen Mythen, Ausst.-Kat., Wien 1989; Simbolismo-Secessione, J. ai confini dell' impero, Ausst.-Kat., Gorizia 1992; ÖBL; NDB.

Jireček, Josef Konstantin, * 24. 7. 1854 Wien, † 10. 1. 1918 ebd., Historiker (Slawistik). Wirkte 1881/82 als Unterrichtsmin. in Bulgarien (Aufbau des dortigen Schulwesens), dann als Univ.-Prof. in Prag, ab 1893 in Wien, wo er das Seminar für osteurop. Geschichte einrichtete. Gehörte zu den übernational ausgerichteten Denkern der Habsburger-Monarchie.

Werke: Das Fürstentum Bulgarien, 1891; Die Romanen in den Städten Dalmatiens während des MA, 3 Tle., 1901–04; Geschichte der Serben, 2 Bde., 1911–18. – Literatur: NDB.

Jirgal, Ernst, * 18. 1. 1905 Stockerau (NÖ.), † 17. 8. 1956 Wien, Schriftsteller. Wurde bes. durch sein umfangreiches lyrisches Schaffen bekannt, einziges größeres Prosawerk „Erinnertes Jahr" (1947). Redakteur der Ztschr. „Plan". Ö. Staatspreis 1950.

Literatur: N. Britz (Hg.), Der Dichter E. J., 1965.

Joachim, Josef, * 28. 6. 1831 Kittsee (Bgld.), † 15. 8. 1907 Berlin (D), Violinvirtuose, Komponist, Dirigent und Lehrer. Sein Quartett war eines der besten seiner Zeit. Ab 1843 zahlr. Reisen (Bekanntschaft mit J. → Brahms, C. Schumann, F. → Liszt). Ab 1868 Direktor der Berliner Hochschule für Musik. Widmungsträger zahlr. Werke (z. B. Violinkonzerte von J. Brahms, A. Dvorak und R. Schumann).

Werke: Violinschule, 3 Bde., 1905 (Hg. mit A. Moser). – Violinkonzerte, zahlr. Kadenzen, Kammermusik. – Literatur: A. Moser, J. Brahms im Briefwechsel mit J. J., 2 Bde., 1908; G. L. Maas, The Instrumental Music of J. J., 1973; NDB.

Rosa Jochmann. Foto.

Jochmann, Rosa, * 19. 7. 1901 Wien, † 28. 1. 1994 ebd., Arbeiterin und Politikerin (SPÖ). 1931 zur SP-Frauenzentralsekretärin bestellt, gehörte sie 1933 als jüngstes Mitgl. dem Parteivorstand an. Zw. 1934 und 1940 mehrfach in Polizeihaft, 1940–45 im KZ Ravensbrück. 1959–67 Frauenvorsitzende der SPÖ, Vorsitzende des Bundes sozialist. Freiheitskämpfer und Opfer des Faschismus. 1945–67 Abg. z. NR.

Literatur: H. Waschek (Hg.), R. J., 1994; F. R. Reiter (Hg.), Wer war R. J.?, 1997; A. Steffek, R. J. – „Nie zusehen, wenn Unrecht geschieht", 1999.

Jochum-Beiser, Trude, * 2. 9. 1927 Lech (Vbg.), Skisportlerin. Erste ö. Olympiasiegerin im alpinen Skisport (Alpine Kombination in St. Moritz 1948, Abfahrtslauf in Oslo 1952), Weltmeisterin im Abfahrtslauf (Aspen 1950); nach Ende der Karriere Skilehrerin und Betreuerin.

Literatur: N. Adam, Ö. Sportidole, o. J. (1984).

Jodl, Friedrich, * 23. 8. 1849 München (D), † 26. 1. 1914 Wien, Philosoph. Ab 1896 Prof. in Wien, Vertreter eines naturalist. Monismus, der jede Metaphysik ablehnt. Gründete die Bewegung „Ethische Kultur" und trat für areligiösen Moralunterricht ein.

Werke: Geschichte der Ethik, 2 Bde., 1882–89 (Neuausgabe 1997); Lehrbuch der Psychologie, 2 Bde., 1897; Aus der Werkstatt der Philosophie, 1911. – Literatur: M. Jodl, F. J., 1920; G. Gimpl (Hg.), Ego und Alterego. W. Bolin und F. J. im Kampf um die Aufklärung, 1996; NDB.

Joham, Josef, * 21. 2. 1889 Bad Kleinkirchheim (Kä.), † 7. 4. 1959 Wien, Bankier. Ab 1931 Vorstandsmitgl. der Credit-Anstalt, an deren Wiederaufbau er führend mitwirkte; 1936–38 und 1948–52 deren Generaldirektor.

Erzherzog Johann als Reichsverweser, 1848. Gemälde.

Johann, Erzhzg. von Ö., * 20. 1. 1782 Florenz (I), † 10. 5. 1859 Graz (Stmk.), 13. Kind von Großhzg. Leopold von Toskana (später Ks. → Leopold II.), Bruder von Ks. → Franz II. (I.). Urspr. für die militär. Laufbahn bestimmt, entwickelte J. schon früh Interesse für Natur, Technik und Landw.; er sammelte Mineralien, war Alpinist und Jäger. In den napoleon. Kriegen war J. Feldmarschall und Gen.-Dir. für das Genie- und Fortifikationswesen. Er verlor am 3. 12. 1800 die Schlacht bei Hohenlinden und kämpfte 1805 gegen Franzosen und Bayern. 1808 organisierte er in Ti. und Inner-Ö. die Landwehr für den Volkskrieg gegen Napoleon, förderte 1809 den Tiroler Freiheitskampf A. → Hofers und übernahm den Oberbefehl über die Südarmee gegen E. Beauharnais. Er siegte bei Sacile, wurde aber bei Raab geschlagen.

Wegen seiner Teilnahme am Alpenbund und nach der Niederschlagung des Ti. Volksaufstands verbot ihm sein kaiserl. Bruder Franz I., Ti. zu betreten. Deshalb wandte er sich der Stmk. zu. 1811 legte er durch Stiftungen und die Schenkung seiner Sammlungen den Grundstein für das Joanneum in Graz. Folgende weitere Institutionen basieren im Wesentlichen auf den Anregungen von Erzhzg. J.: Stmk. Landesarchiv (1817), berg- und hüttenmänn. Lehranstalt in Vordernberg (ab 1849 in Leoben, Montanuniversität Leoben), Stmk. Landwirtschaftsges. (1819), Wechselseitige Brandschadenversicherungsanstalt, Stmk. Sparkasse, Landesoberrealschule (1845), Hist. Verein für Stmk. (1850). Er erwarb 1818 den Brandhof bei Mariazell und schuf daraus ein alpenländ. Mustergut. 1822 erwarb er in Vordernberg 2 Radwerke und wurde Eisengewerke, wobei er auch durch Gründung der Vordernberger Radmeister-Communität Erzabbau und -förderung auf dem steir. Erzberg revolutionierte (1835 1. Eisenschienenbahn auf dem europ. Kontinent). Durch Erwerb einer Blechfabrik in Krems bei Voitsberg und von Kohlengruben bei Köflach wurde er auch zum Fabrikanten und Kohlengewerken. 1841 kaufte er die Herrschaft Stainz mit dem ehem. Chorherrenstift, wo man ihn 1851 auch zum 1. frei gewählten Bürgermeister kürte. In Pickern bei Marburg (SLO) errichtete J. ein Weingut und führte Reben aus dem Rheinland ein. Sein bes. Verdienst ist die Durchsetzung der Trassierung der Südbahn von Wien nach Triest über den Semmering und durch Mürz- und Murtal nach Graz. J. Volksverbundenheit äußerte sich in engen Kontakten zu den Menschen, dem Tragen der einheim. Tracht (Steireranzug), dem Sammeln und der Förderung der materiellen und geistigen Kultur des Landes. 1829 heiratete er die Ausseer Postmeisterstochter Anna Plochl, deren Nachkommen den Titel „Grafen von → Meran" erhielten. Sein autobiograph. Werk „Der Brandhofer und seine Hausfrau" ist von dieser Lebenshaltung bestimmt. J. umgab sich mit zahlr. Künstlern („Kammermaler") und Wissenschaftlern. 1848 wurde er Stellvertreter des Kaisers und eröffnete den konstituierenden Reichstag in Wien. Die gesamtdt. Frankfurter Nationalversammlung wählte ihn 1848 zum Reichsverweser, 1849 legte er jedoch dieses Amt wieder zurück. J. liegt in Schenna bei Meran (S-Ti.) begraben.

Literatur: A. Schlossar, Erzhzg. J. im Liede, 1882; K. L. Schubert, Erzhzg. J. und der Bergbau, 1954; W. Koschatzky, Der Brandhofer, [3]1978; V. Theiß, Erzhzg. J. Der steir. Prinz, [2]1981; G. Klingenstein (Hg.), Erzhzg. J. v. Ö., 2 Bde., 1982; O. Pickl (Hg.), Erzhzg. J. v. Ö., 1982.

Johannes von Gmunden, * um 1380/84 Gmunden (OÖ.), † 23. 2. 1442 Wien, Humanist, Mathematiker und Astronom an der Univ. Wien. Vermittelte den mitteleurop. Schulen die astronom. und mathemat. Kenntnisse der Antike und der Araber. Bahnbrechend waren seine astronom. Tafeln und Berechnungen. Er gab den ersten gedruckten Kalender in dt. Sprache heraus und war vermutlich Verfasser des ersten Wr. Stadtplans (albertinischer Plan). Zuletzt Pfarrer in Laa a. d. Thaya.

Literatur: P. Uiblein, J. v. G., in: Beiträge zur Wr. Diözesangeschichte 15, 1974; E. Prillinger (Hg.), Die Zeit kommt vom Himmel von der Astronomie zum Kalender. Zum Gedächtnis J. v. G., 1384–1442, 1984.

Johannes von Pomuk, Hl., Fest 16. Mai, * um 1350 Pomuk (Nepomuk, CZ), † 20. 3. 1393 Prag (CZ). Als erzbischöfl. Notar und Generalvikar der Erzdiözese Prag verteidigte er die Rechte der Kirche und zog sich so den Hass Kg. Wenzels IV. zu, der ihn foltern und in die Moldau stürzen ließ. Durch die oftmalige Kopie seines Standbilds auf der Prager Karlsbrücke ist J. als Brückenheiliger auch in Ö. sehr bekannt. 2. Diözesanpatron von Salzburg.

Literatur: C. Dahm, J. v. N., in: T. Bautz (Hg.), F. W. Bautz, Biographisch-bibliograph. Kirchenlexikon, Bd. 3, 1992; N. Möller (Hg.), J. v. Nepomuk. Mitpatron des Landes Ti., 1995.

Johannes von Retz, † nach 1404, Augustiner-Eremiten-Provinzial. 1388–1404 Theologe und Dekan der theolog. Fakultät in Wien. Von ihm stammen eine Vaterunser-Erklärung und eine Mariä-Himmelfahrts-Predigt.

Johannes von Villach, tätig zw. 1430 und 1467, Kä. Freskenmaler; Sohn des → Friedrich von Villach. Arbeitete in der Werkstatt seines Vaters und führte dessen Maltradition fort. Mitarbeit an den Fresken in Feistritz im Rosental, St. Stephan bei Niedertrixen, St. Gandolf und Deutsch-Griffen (alle Kä.). Ab 1443 in Laibach ansässig und dort bis 1467 tätig. Seine Hauptwerke befinden sich in Slowenien.

Literatur: W. Frodl, Die got. Wandmalerei in Kä., 1944.

Johann Parricida (Verwandtenmörder), J. von Schwaben oder J. ohne Land, * 1290, † 13. 12. 1312 (oder 1313) vermutlich Pisa (I), nachgeborener Sohn von Hzg. → Rudolf II., aus der Familie der → Habsburger. Strebte 1306 vergeblich die Krone Böhmens und die Teilnahme an der Herrschaft in Ö. an; ab 1307 Mitregent in den habsb. Stammlanden. Ermordete am 1. 5. 1308 seinen Onkel Kg. → Albrecht I. wegen abgewiesener Erbschaftsansprüche, floh nach Italien und wurde vermutlich in Pisa Mönch. F. Schiller übernahm die Gestalt in den „Wilhelm Tell".

Literatur: B. Hamann, Habsburgerlexikon, [4]1993.

Johann Salvator, Erzhzg. von Ö., * 25. 11. 1852 Florenz (I), 1891 verschollen und 1911 für tot erklärt, jüngster Sohn von Großhzg. Leopold II. von Toskana. Verzichtete 1889 freiwillig auf seinen Titel und nannte sich seither J. Orth, heiratete 1889 in England die Balletttänzerin der Wr. Hofoper M. Stubel. Unternahm 1890 mit einem Segelschiff eine Weltreise und kam wahrscheinlich vor der südamerikan. Küste um.

Werke: Geschichte des k. k. Linien-Infanterie Regiments Nr. 12, 2 Bde., 1877/80; Drill oder Erziehung, 1883; Einblicke in den Spiritismus, 1884. – Literatur: F. Weissensteiner, Ein Aussteiger aus dem Kaiserhaus: J. Orth, 1985.

Johann III. Sobieski, * 17. 8. 1629 Olesko (UA), † 17. 6. 1696 Wilanow b. Warschau (PL), Kronfeldherr, 1674 Kg. von Polen. Nach anfängl. Allianz (1675–78) mit Frankreich und Schweden verbündete er sich am 1. 3. 1683 mit dem Ks. und stellte das größte Kontingent des Heeres, das unter seinem Oberkommando am 12. 9. 1683 das osman. Belagerungsheer vor Wien besiegte und die 2. Türkenbelagerung beendete. War ein bes. Förderer von Wiss. und Kunst.

Literatur: O. Forst de Battaglia, J. S., 1982; G. Hagenau, Jan S. Der Retter Wiens, 1983.

Johann von Viktring, * um 1270 vermutlich Lothringen, † zw. 30. 7. 1345 und 31. 10. 1347, Zisterzienser, ab 1312 Abt von Viktring (Kä.). 1330–35 Kaplan (Schreiber) von Hzg. Heinrich VI. von Kä. und Ti., 1335–42 am habsb. Hof. Er widmete Albrecht II. sein 1340/41 begonnenes Hauptwerk „Liber certarum historiarum", das bis 1343 reicht (4 Redaktionen, die vierte „Anonymus Leobiensis" genannt). Ein „Chronicon Carinthiae" ist verschollen, von einer „Cronica Romanorum" entstand nur das Konzept.

Literatur: F. Schneider, in: Monumenta Germaniae Historica, Scriptorum, rer. Germ. 36, 2 Bde., 1909/10; U. Bassi, Studien zur Geschichtsschreibung J. v. V., 1997; NDB.

John, Franz Frh. von, * 20. 11. 1815 Bruck a. d. Leitha (NÖ.), † 25. 5. 1876 Wien, Heerführer. Teilnehmer an den Kriegen 1848 und 1859, 1866–69 und von Juni 1874 bis zu seinem Tod „Chef des Generalstabes der gesamten bewaffneten Macht", 1866–68 zugleich Kriegsminister, 1869–74 Kommandierender General in Graz. Reformer des Heeres nach der Niederlage bei Königgrätz 1866.

Literatur: ÖBL; NDB.

Jonas, Franz, * 4. 10. 1899 Wien, † 24. 4. 1974 ebd., Buchdrucker und Politiker (SPÖ); Bruder von Rudolf → Jonas. 1932–34 Sekr. der SDAP Wien-Floridsdorf, 1935–36 inhaftiert, 1946 Bezirksvorsteher von Wien-Floridsdorf, 1948–49 Stadtrat f. Ernährungsfragen, 1949–51 Stadtrat f. Bauwesen, 1951–65 Bürgermeister von Wien, 1952–53 Mitgl. d. BR, 1953–65 Abg. z. NR, 1965–74 Bundespräsident. In dieser Funktion amtierte J. zurückhaltend und betonte die Notwendigkeit eines verantwortungsbewussten Interessenausgleichs zw. den demokrat. Parteien.

Franz Jonas. Foto.

Jonas, Rudolf, * 31. 3. 1909 Wien, † 5. 2. 1962 ebd., Reiseschriftsteller, Kinderarzt; Bruder von Franz → Jonas. 1935 Expeditionsarzt einer Island-, 1938 einer Himalaja-Expedition, Gründer der Ö. Himalaja-Ges. Ab 1946 Primarius des Wr. Kinderspitals.

Werke: Fahrten in Island, 1948; Im Garten der göttlichen Nanda, 1948; Frohsein, Sonne und die weite schöne Welt, 1949; Ho, Pasang!, 1954; Mit dem Arzt in den Bergen, 1956.

Jonke, Arnold, * 25. 12. 1962 Perau (Kä.), Ruderer. Seit 1980 im Wettkampfsport aktiv, ab 1988 im schweren Doppelzweier mit C. → Zerbst. 1989 Bronzemedaille bei der Weltmeisterschaft in Bled, 1990 Weltmeister in Tasmanien und 1991 in Luzern, Silbermedaille bei den Olymp. Spielen 1992 in Barcelona.

Joseph I. Stich.

Jonke, Gert Friedrich, * 8. 2. 1946 Klagenfurt (Kä.), Schriftsteller. 1966–70 verschiedene Studien (u. a. Musik, Germanistik, Geschichte, Philosophie), danach viele Reisen und Auslandsaufenthalte. J. baut seine Texte nach formal-kompositor. Prinzipien („Geometr. Heimatroman", 1969). Während er sich in der „Schule der Geläufigkeit" (1977) noch mit der Möglichkeit von Glück befasst, stellt das „Erwachen zum großen Schlafkrieg" (1982) eine Folge von absurden Geschichten des Scheiterns dar. I.-Bachmann-Preis 1977, E.-Fried-Preis 1997.

Weitere Werke: Prosa: Glashausbesichtigung, 1970; Der ferne Klang, 1979; Die erste Reise zum unerforschten Grund des stillen Horizonts, 1980; Der Kopf des Georg Friedrich Händel, 1988; Stoffgewitter, 1996; Himmelstraße – Erdbrustplatz oder Das System von Wien, 1999. – Dramen: Die Hinterhältigkeit der Windmaschinen, 1981; Damals vor Graz, 1989; Sanftwut oder Der Ohrenmaschinist, 1990; Opus 111, 1992; Gegenwart der Erinnerung, 1995; Es singen die Steine, 1998; Insektarium, 1999. – Film: Geblendeter Augenblick – Anton Weberns Tod, 1986. – Hörspiele. – Literatur: U. Schönherr, Das unendliche Altern der Moderne, 1994; D. Bartens u. P. Pechmann (Hg.), G. J., 1996; K. Amann (Hg.), Die Aufhebung der Schwerkraft. Zu G. J. Poesie, 1998.

Joseph II. in Dragoneruniform. Gemälde von J. Hickel (Kunsthistorisches Museum, Wien).

Jordan, Franz Sylvester, * 30. 12. 1792 Omes (Gem. Axams, Ti.), † 15. 4. 1861 Kassel (D), Jurist und Politiker. Studierte an den Univ. Wien und Landshut, 1821–39 Univ.-Prof. in Marburg; ab 1830 Abg. zum konstituierenden hess. Landtag und an der Ausarbeitung der Verfassung Hessens maßgeblich beteiligt. 1839 im Zusammenhang mit einer Hochverratsaffäre verhaftet und suspendiert, erst ab dem Revolutionsjahr 1848 wieder in öffentl. Funktionen: 1848 Mitgl. des Frankfurter Parlaments, 1850 Abg. der Regierung zum Erfurter Parlament. Wirkte als Vertreter des Liberalismus wesentl. an der Entwicklung des Konstitutionalismus in Deutschland mit.

Literatur: ÖBL.

Jordan, Peter, * 2. 2. 1751 Sellrain (Ti.), † 6. 7. 1827 Wien, Pionier der Agrarwiss. in Ö. Studierte Medizin und Naturwiss. an den Univ. Göttingen und Wien; ab 1783 Prof. f. allg. Naturgeschichte in Wien; griff als erster in Ö. Ansätze zu einer wiss. Auseinandersetzung mit der Landw. auf, hielt dazu erstmals Vorlesungen ab und erzielte eine intensive Wirkung auf seine Schüler; 1809 zum Dir. der kaiserl. Güter in Vösendorf und Laxenburg ernannt, erwarb er hohe Verdienste um die Rinderzucht und die Entwicklung landw. Geräte.

Literatur: ÖBL, ADB.

Jörger von Tollet, ab dem 13. Jh. in OÖ. nachweisbare Adelsfamilie, 1577 Freiherren, 1657 Grafen. Zählten im 16. Jh. zu den angesehensten Familien in Ö. und waren führend in den evang. Ständen (Helmhard Frh. → Jörger von Tollet). Nach 1620 verschlechterte sich ihre Situation, z. T. wurden sie wieder katholisch. 1772 mit Helmhard V. ausgestorben.

Literatur: NDB.

Jörger von Tollet, Helmhard Frh., * 17. 2. 1572 Schloss Starhemberg (Haag a. Hausruck, OÖ.), † 1. 1. 1631 Linz (OÖ.), führender Vertreter des evang. Adels in OÖ. Nach dem Besuch mehrerer Univ. (Tübingen, Strassburg, Padua, Siena) war er in der Verwaltung tätig und wurde 1606 Hofkammerpräs. Er war 1608 und 1619/20 führend in der protestant. Bewegung tätig und wurde 1621 als „Hauptrebell" festgenommen. Durch ihn kam J. → Kepler an die Landschaftsschule Linz.

Literatur: NDB.

Josef (Joseph), Hl., Fest 19. März, „Nährvater" Jesu. 1870 Patron der kath. Kirche, Landespatron von Stmk., Kä., Ti. und Vbg. Schutzpatron der Arbeiter, Handwerker und der Familie. In Ö. rd. 20 Wallfahrtsstätten.

Joseph I., * 26. 7. 1678 Wien, † 17. 4. 1711 ebd., Kaiser, ältester Sohn und Nachfolger Ks. → Leopolds I., 1687 König von Ungarn, 1688 König von Böhmen, 1690 röm. König, 1705–11 Kaiser. Setzte den Span. Erbfolgekrieg fort, blieb im Kampf gegen die ungar. Kuruzzen, die ihn 1707 formell absetzten, erfolgreich. Strenger Katholik, hatte aber Verständnis für die Protestanten. Durch seinen Tod (an Pocken) wurde eine Erbfolge der Habsburger in Spanien unmöglich. Seine beiden Töchter wurden in der Pragmat. Sanktion nach denen seines jüngeren Bruders → Karl VI. gereiht. J. zählte zu den komponierenden Kaisern, überliefert ist ein „Regina coeli".

Literatur: C. W. Ingrao, Josef I. Der „vergessene" Kaiser, 1982; B. Hamann (Hg.), Die Habsburger, [4]1993; NDB.

Joseph II., * 13. 3. 1741 Wien, † 20. 2. 1790 ebd., ältester Sohn von Ks. → Franz I. und → Maria Theresia, 1764 röm. König, 1765 Kaiser, 1765–80 Mitregent seiner Mutter, zu der er oft in Gegensatz stand. Er setzte bei der 1. Teilung Polens 1772 die Erwerbung Galiziens durch, betrieb 1774/75 die Besetzung und Erwerbung der Bukowina und trug wesentlich zum Bayer. Erbfolgekrieg bei (Erwerbung des Innviertels 1778/79). Durch weite Reisen lernte er die Monarchie und andere Staaten (Frankreich, Belgien, Holland, Schweiz, Süddeutschland, Italien, Russland) kennen. Ab 1780 Alleinherrscher, vollendete er ein großes Reformprogramm, das im Zeichen des aufgeklärten Absolutismus (Josephinismus) stand und u. a. folgende Veränderungen enthielt: Aufhebung der Leibeigenschaft, so weit sie noch bestand (v. a. in den böhm. Ländern und Ungarn), rechtl. Besserstellung der Bauern und der Soldaten, Steuerregulierung und Ausdehnung der Besteuerung auf Adel und Geistlichkeit, Toleranzpatent für Protestanten, Griechisch-Orthodoxe und Juden, Eingriffe in kath. Einrichtungen (Aufhebung von 400 Klöstern, deren Güter im Religionsfonds zusammengefasst wurden, Vorschreibung von Kommendataräbten), Gründung von Bistümern in Linz, St. Pölten und Leoben-Göß sowie vieler Pfarren, Vergrößerung des Erzbistums Wien, Verstaatlichung der Priesterausbildung, Verbot länger dauernder Wallfahrten, Gottesdienst- und Begräbnisreform (Verlegung der Friedhöfe aus den Wohngebieten) sowie soziale Maßnahmen (Findelversorgung, Taubstummenunterricht, Armeninstitute, Allg. Krankenhäuser in Wien und Graz). J. lehnte die Stände ab und wollte die Monarchie zu einem absolut regierten Einheitsstaat mit Einbeziehung Ungarns bei dt. Amtssprache formen. Dazu baute er einen Beamtenstab auf, der Privilegien (Unkündbarkeit, Pensionen) erhielt. Auch Mailand und die Ö. Niederlande sollten angeglichen werden. J. förderte aber auch die regionalen Sprachen und Kulturen. Da die Reformen zu rasch und unvorbereitet erfolgten, scheiterte er damit in Ungarn und Belgien. Außenpolitisch band er sich an Russland und wurde dadurch 1788 in einen Türkenkrieg verstrickt.

Literatur: D. Beales, J. In the shadow of Maria Theresia 1741–80, 1987; K. Gutkas, J., eine Biographie, 1989; H. Magenschab, J. Revolutionär von Gottes Gnaden, [4]1989; NDB.

Joseph August, * 9. 8. 1872 Alcsut (H), † 6. 7. 1962 Rain b. Straubing (D), Erzhzg. von Ö., ältester Sohn von Erzhzg. Joseph Karl Ludwig. Trat nach Offiziersausbildung 1902 in die ungar. Honved (Landwehr) ein, 1911 Feldmarschallleutnant, 1914 Kommandant des VII. Korps an der russ. Front, 1917 Kommandant ö.-ungar. Verbände in O-Siebenbürgen, im Juli 1918 Kommandant der nach ihm benannten Heeresgruppe in Ti. und Feldmarschall. Ab 26. 10. 1918 „Homo regius" in Ungarn, vom 7. 8. bis 23. 8. 1919 Reichsverweser, von N. → Horthy abgelöst. Kulturell hoch begabt, wurde er von 1936–44 Präs. der Ungar. Akad. d. Wiss.

Literatur: B. Hamann (Hg.), Die Habsburger, [4]1993.

Joseph Ferdinand Salvator, * 24. 5. 1872 Salzburg, † 28. 8. 1942 Wien, Erzhzg. von Ö., Sohn von Großhzg. Ferdinand IV. von Toskana. Offiziersausbildung, 1911 Feldmarschallleutnant, ab 1914 Kommandant einer korpsstarken Gruppe der k. u. k. 4. Armee, deren Führung er zu Jahresende übernahm und die er nach der schweren Niederlage im Juni 1916 („Brussilow-Offensive") abgeben musste. 1917 Inspekteur der k. u. k. Luftstreitkräfte. Nach dem Ende der ö.-ungar. Monarchie unterzeichnete er die Verzichtserklärung des Hauses Habsburg auf Regierungsbeteiligung und wohnte ab diesem Zeitpunkt in Ö.

Juan de Austria (auch: Johann von Österreich), * 24. 2. 1547 Regensburg (D), † 1. 10. 1578 bei Namur (B), spanischer Feldherr, unehel. Sohn von Ks. Karl V. und der Regensburgerin Barbara Blomberg. Er besiegte mit der Flotte der Hl. Liga 1571 die türkische Flotte bei Lepanto, eroberte 1573 Tunis, wurde 1575 Statthalter der span. Besitzungen in Italien und 1576 Generalstatthalter der Niederlande.

Literatur: J. B. Beeching, D. J. d'Austria, 1983.

Juch, Hermann, * 19. 9. 1908 Innsbruck (Ti.), † 12. 7. 1995 Jona b. Rapperswil (CH), Jurist, Sänger und Operndirektor. Trat 1936 in die ö. Bundestheaterverwaltung ein und leitete ab 1941 das künstlerische Büro der Wr. Staatsoper; 1946–55 Dir. der Wr. Volksoper, 1955–64 Generalintendant der Dt. Oper am Rhein in Düsseldorf, 1964–75 Dir. des Zürcher Opernhauses.

Juch, Otto, * 25. 2. 1876 Kirchbichl (Ti.), † 19. 2. 1964 Wien, Finanzbeamter, 1929–31 Finanzmin. Maßgeblich an der Haager Reparationskonferenz und am Finanzierungskonzept der Großglockner-Hochalpenstraße beteiligt; reorganisierte die Creditanstalt nach ihrem Zusammenbruch 1931.

Judtmann, Fritz, * 15. 6. 1899 Wien, † 10. 12. 1968 ebd., Architekt, Bühnen- und Kostümbildner. Ab 1925 freischaffender Architekt, Mitgl. des Künstlerhauses. 1934–35 Volontär am Burgtheater, ab 1935 ständig dort tätig, 1945–63 in der Nachfolge von R. → Geyling Ausstattungschef des Burgtheaters, Baukonsulent der Bundestheater.

Werke: Gemeindebauten in Wien, 1928; TBC-Pavillon, Wien-Lainz 1930; Porrhaus, Wien 1932. – 70 Bühnenbilder für Burgtheater und Akademietheater bzw. Ronacher.

Juhasz, Karl, * 13. 10 1868 Wien, † 7. 11. 1940 Mödling (NÖ.), Schausteller, Kinopionier. Führte ab 1898 ein Wanderkino, ab 1899 ein Zaubertheater mit angeschlossenem Kino im Prater, erfand viele techn. Einrichtungen zur Verbesserung des Kinobetriebs. Später Kinobesitzer in Mödling.

Literatur: ÖBL.

Juhos, Béla, * 22. 11. 1901 Wien, † 27. 5. 1971 ebd., Philosoph. Promovierte 1926 bei M. → Schlick, Mitgl. des Wr. Kreises, setzte bis zu seinem Tod dessen Tradition fort. Vertreter eines konsequenten logischen Empirismus. Befasste sich v. a. mit der „erkenntnislogischen" Durchdringung der Einzelwissenschaften, bes. der Physik. Setzte sich in der von ihm entwickelten Hierarchie der empirischen Sätze kritisch mit den Thesen R. → Carnaps und M. Schlicks auseinander.

Werke: Die Erkenntnis und ihre Leistung, 1950; Die erkenntnislogischen Grundlagen der klassischen Physik, 1963; Die erkenntnislogischen Grundlagen der modernen Physik, 1967.

Juin, Karl (Pseud. für K. Giugno), * 2. 3. 1818 Wien, † 10. 8. 1891 ebd., Dramatiker. Erlernte urspr. den Beruf des Rauchfangkehrers; schrieb Possen, Schwänke, „dramatische Lebens- und Charakterbilder" (auch mit L. Flerx), die zu seiner Zeit überaus beliebt waren.

Werke: Servus Herr Stutzerl!, 1853; Ein Florentiner Strohhut, 1854; Des Teufels Zopf, 1867; Ein Zimmerherr, 1871.

Jung, Georg, * 31. 12. 1899 Salzburg, † 5. 12. 1957 Wien, Maler. Seine frühesten Werke um 1922 stehen stark unter dem Einfluss des Expressionismus, ab 1925 wandte sich J. der Neuen Sachlichkeit zu. Er schuf v. a. Sgraffiti, Fresken und Möbelentwürfe sowie zwei ö. Briefmarkenserien. In seinem späteren Werk experimentierte er mit bewegten Bildern („Colormobilen") und wurde zu einem Pionier der kinet. Kunst.

Literatur: T. Fischer, G. J., Diss., Salzburg 1984.

Jungbluth, Robert, * 5. 1. 1928 Wien, Theatermanager. 1965–68 Verwaltungsdir. des Theaters an der Wien, 1968–71 Kulturmanager der Wr. Stadthalle, 1971–87 Gen.-Sekr. der neu geschaffenen Bundestheaterverwaltung (Einführung eines Schichtbetriebs für das techn. Personal, Zentralisierung der Werkstätten und der Bühnenmusik). 1988–99 Dir. des Theaters in der Josefstadt (1988–97 mit O. → Schenk, ab 1997 mit H. → Lohner.

Jungk, Robert, * 11. 5. 1913 Berlin (D), † 14. 7. 1994 Salzburg, Journalist und Zukunftsforscher. Setzte sich v. a. für die Anti-Atom- und Friedenspolitik ein und erhielt 1991 den Alternativ-Nobelpreis. 1992 Kandidat der Grünen bei den Bundespräsidentenwahlen.

Werke: Die Zukunft hat schon begonnen, 1952; Zukunft zw. Angst und Hoffnung, 1990.

Jungmann, Josef Andreas, * 16. 11. 1889 Sand i. Taufers (S-Ti.), † 26. 1. 1975 Innsbruck (Ti.), Jesuit. Bedeutender Liturgiker und Konzilsberater.

Werk: Missarum Sollemnia, 2 Bde., [2]1949. – Literatur: B. Fischer u. H. B. Meyer (Hg.), J. A. J. Ein Leben für Liturgie und Kerygma, 1975.

Jungnickel, Ludwig Heinrich, * 22. 7. 1881 Wunsiedel (D), † 14. 2. 1965 Wien, Maler, Graphiker, Illustrator. Studierte 1898–1904 an der Akad. d. bild. Künste in Wien und arbeitete 1911 mit G. → Klimt an der Ausschmückung des Palais Stoclet in Brüssel. V. a. als meisterhafter Tiermaler bekannt.

Werke: Zyklen: Tiere der Fabel, 1917; Italien. Skizzenbuch, 1922; Pferde aus der Span. Hofreitschule in Wien, 1928. – Literatur: O. Laske, L. H. J., F. v. Zülow, Ausst.-Kat., Wien 1978.

Ludwig Heinrich Jungnickel. Foto, 1937.

Jungwirth, Kurt, * 3. 9. 1929 Graz (Stmk.), Kulturpolitiker (ÖVP). 1970–91 Mitgl. d. Stmk. Landesregierung (Kultur), 1985–91 Landeshauptmann-Stellv.; seit 1976 Präs. des steirischen herbstes, gründete 1985 die styriarte; machte sich um die dezentrale kulturelle Entwicklung der Stmk. in den verschiedensten Bereichen verdient. Seit 1972 Präs. des Ö. Schachbundes, hoher Funktionär im Weltschachverband FIDE.

Jungwirth, Martha, * 15. 1. 1940 Wien, Malerin. Studierte 1963–66 an der Hochschule f. angew. Kunst in Wien, 1967–77 Lehrauftrag an dieser. Seit 1968 neben Einzelausstellungen Teilnahme an den meisten Ausstellungen der Gruppe „Wirklichkeiten", mit der sie die Ablehnung der rein abstrakten Kunst verband. 1986 Preis der Stadt Wien.

Literatur: Wirklichkeiten. Aspekte einer Gruppierung, Ausst.-Kat., Wien 1988.

Junk, Rudolf, * 23. 2. 1880 Wien, † 20. 12. 1943 Rekawinkel (NÖ.), Graphiker, Bruder von Viktor → Junk. Studierte an der Univ. Wien und an der Akad. d. bild. Künste in Wien; 1924–43 Dir. der Graph. Lehr- und Versuchsanstalt in Wien. Widmete sich bes. der Gestaltung bibliophiler Ausgaben und war ab 1909 für die Ö. Staatsdruckerei als Gebrauchsgraphiker tätig (Wertpapiere, Brief- und Stempelmarken). 1909–22 Mitgl. des Hagenbundes.

Literatur: Die verlorene Moderne. Der Künstlerbund Hagen 1900–38, Ausst.-Kat. der Ö. Galerie im Schloss Halbturn, 1993; ÖBL.

Junk, Viktor, * 18. 4. 1875 Wien, † 5. 4. 1948 Frohnleiten (Stmk.), Germanist, Tanzwissenschaftler und Komponist; Bruder von Rudolf → Junk. Ab 1900 im Dienst der Ö. Akad. d. Wiss., Mitbegründer der Pfitzner- und Reger-Gemeinde, dirigierte die Konzerte der Bach-Gemeinde. Freundschaft mit M. Reger, H. → Pfitzner, H. → Wolf und F. → Schmidt.

Literatur: ÖBL.

Jüptner-Jonstorff, Hans, * 22. 5. 1853 Wien, † 6. 9. 1941 ebd., Chemiker. 1882–1902 bei der Oesterreichisch-Alpine Montanges., anschließend Prof. an der Techn. Hochschule in Wien. Trat bes. mit Arbeiten zum Eisenhüttenwesen und zur Metallurgie, der Feuerungstechnik sowie der physikal. Chemie hervor.

Werke: Grundzüge der Siderologie, 3 Bde., 1900–04; Lehrbuch der chem. Technologie der Energien, 3 Bde., 1905–08. – Literatur: ÖBL; NDB.

Jurek, Wilhelm, * 29. 4. 1870 Wien, † 9. 4. 1934 ebd., Komponist. Diente 3 Jahre bei den Deutschmeistern, dann Beamter. Schuf mehr als 300 Werke (v. a. Wienerlieder); bekannt v. a. durch den „Deutschmeister-Marsch" (1893).

Literatur: ÖBL.

Curd Jürgens. Foto.

Jürgens, Curd, * 13. 12. 1915 München (D), † 18. 6. 1982 Wien, (Film-)Schauspieler. Nach Schauspielausbildung in München und Berlin an Berliner Bühnen tätig, 1938–41 Ensemblemitgl. des Wr. Volkstheaters, 1941–53 und 1965 Engagement am Wr. Burgtheater, spielte 1973–77 den Jedermann bei den Sbg. Festspielen. Von W. → Forst für den Film entdeckt, drehte 1936–79 etwa 160 Kinofilme. 1955 für die Hauptrolle in H. Käutners „Des Teufels General" bei den Filmfestspielen in Venedig ausgezeichnet; durch mehrere Hollywood-Produktionen auch internationale Bekanntheit (u. a. „Der blaue Engel", 1959; „Schachnovelle", 1960). 1966 Kainz-Medaille.

Werk: ... und kein bißchen weise, 1976 (Autobiographie). – Literatur: M. Jürgens, C. J. Wie wir ihn sahen, 1985.

Udo Jürgens. Foto, 1966.

Jürgens, Udo (eigentl. Udo Jürgen Bockelmann), * 30. 9. 1934 Ottmanach (Kä.), Schlagersänger und -komponist. Durchbruch 1950 (Gewinn des Kompositionswettbewerbs des ORF mit „Je t'aime"), 1954 erste Plattenaufnahmen, Filme („Unsere tollen Tanten", „Unsere tollen Nichten"), 1966 Sieg beim „Grand Prix d'Eurovision" in Luxemburg mit „Merci Cherie". Zahlr. Tourneen und Fernsehshows. Mehrere hohe Auszeichnungen, 1985 Prof.-Titel. Bis 2000 wurden rd. 70 Mio. Schallplatten mit seinen Liedern verkauft.

Werke: rd. 600 Kompositionen, darunter: Merci Cherie, Griechischer Wein, Anuschka, Aber bitte mit Sahne, Buenos Dias Argentina, Mit 66 Jahren. – ... unterm Smoking Gänsehaut, 1994 (Autobiographie).

Jurinac, Sena (eigentl. Srebrenka J.; in 1. Ehe Bruscantini, in 2. Ehe Lederle), * 24. 10. 1921 Travnik (BIH), Sängerin (Sopran). Seit 1945 Mitgl. der Wr. Staatsoper, 1951 Kammersängerin. Gastspiele an den führenden Opernhäusern der Welt. Wurde v. a. durch ihre Mozart-Interpretationen berühmt.

Literatur: U. Tamussino, S. J., 1971.

Jurmann, Walter, * 12. 10. 1903 Wien, † 17. 6. 1971 Budapest (H), Komponist. Studierte Medizin, wurde aber unter dem Einfluss von R. → Strauss Komponist. In den 20er Jahren Erfolge u. a. mit „Veronika, der Lenz ist da" und „Mein Gorilla hat 'ne Villa im Zoo". Emigration nach Paris und dann nach Hollywood; große Erfolge als Filmkomponist, v. a. mit Filmen der Marx Brothers. Der Titelsong zum Film „San Francisco" (1936; mit Clark Gable und Spencer Tracy) brachte ihm die Ehrenbürgerschaft der Stadt. Mit nur 40 Jahren zog sich J. fast gänzlich aus dem Berufsleben zurück.

Weitere Werke (Filmmusik): Mutiny on the Bounty, 1935; A Night at the Opera, 1935; A Day at the Races, 1937; Everybody Sing, 1938; Seven Sweethearts, 1942; Presenting Lily Mars, 1943.

Jury, Hugo, * 13. 7. 1887 Mährisch-Rothmühl (Moravská Radimeř, CZ), † 8. 5. 1945 Zwettl-Niederösterreich (Selbstmord), Arzt und nat.-soz. Politiker. 1936 Mitgl. des „Siebener-Komitees" für einen Ausgleich zw. Nat.-Soz. und Regierung, März–Mai 1938 Min. für soz. Verwaltung in der Regierung Seyß-Inquart, ab Mai 1938 Gauleiter von „Niederdonau" (NÖ.), ab 1940 zusätzlich Reichsstatthalter und ab 1942 auch Reichsverteidigungskommissar für dieses Gebiet.

Literatur: ÖBL.

Jusits, Rudolf, * 29. 12. 1948 Stegersbach (Bgld.), Schauspieler, Regisseur. Studierte am Reinhardt-Seminar in Wien, Beginn der Karriere an Wr. Kellertheatern, danach Engagement am Burgtheater und Auftritte an zahlr. großen Bühnen in Ö. und Deutschland. Seit 1988 als Schauspieler und Regisseur vorwiegend am Wr. Volkstheater tätig.

Werke: Inszenierungen: Die Jüdin von Toledo, 1989; Anatol, 1996; In der Löwengrube, 1998; Komödie der Eitelkeit, 1999.

Jüstel, Josef Alois, * 7. 2. 1765 Leitmeritz (Litomerice, CZ), † 7. 4. 1858 Wien, Theologe und Staatsmann. 1790 Prof. für Moraltheologie und (ab 1794) für Pastoraltheologie am Grazer Lyzeum, ab 1803 Referent für das gesamte Schul- und geistl. Stiftungswesen der Stmk., ab 1815 Hofrat und Referent für das Studien- und Zensurwesen in Wien, ab 1829 provisor., 1831–48 wirkl. Staats- und Konferenzrat, Referent in geistl., ab 1835 auch in Studiensachen. J. vertrat die josephin. Auffassung von der Lenkung des äußeren Kirchenwesens und des relig. Lebens in gemäßigter Form.

Literatur: A. Posch, Staatsrat J. J., in: Ztschr. des Hist. Vereins für Stmk. 44, 1953; E. Hosp, Kirche Ö. im Vormärz 1815–50, 1971.

Jutz, Leo, * 3. 3. 1889 Frastanz (Vbg.), † 6. 12. 1962 Graz (Stmk.), Germanist und Dialektforscher. Univ.-Prof. in Graz.

Werke: Die Mundart von S-Vbg. und Liechtenstein, 1925; Die alemann. Mundarten, 1931; Vorarlbergisches Wörterbuch mit Einschluß des Fürstentums Liechtenstein, 2 Bde., 1955–65 (Bd. 2 aus dem Nachlass, redigiert v. E. Gabriel u. E. Kranzmayer).

K

Kada, Klaus, * 20. 12. 1940 Leibnitz (Stmk.), Architekt. Studierte 1961–71 an der Techn. Univ. in Graz, seit 1976 eig. Büro in Leibnitz, seit 1988 auch in Graz; seit 1995 Prof. an der Techn. Hochschule Aachen. Reduzierte Formensprache, die Betonung von Struktur und Transparenz und die bevorzugte Verwendung von Glasflächen und Stahlkonstruktionen kennzeichnen sein Werk.

Werke: Kaufhaus Kada, Leibnitz 1972–73; Sparkasse Bad Radkersburg, 1977–80 (mit G. Lauffer); Siedlung Mitterling, Bad Radkersburg 1978–82; Vermessungsamt Leibnitz, 1988; Glasmuseum Bärnbach, 1988; Studentenwohnheim WIST, Graz 1989; Forschungs- und Entwicklungszentrum Leykam, Gratkorn 1990 (alle Stmk.); Festspielhaus St. Pölten, 1992–97. – Einfamilienhäuser, soz. Wohnbauten. – Literatur: Architektur aus Graz, Ausst.-Kat. Europalia, Brüssel 1987; O. Kapfinger, K. K., 2000.

Kadelburg, Gustav, * 26. 7. 1851 Pest (Budapest, H), † 11. 9. 1925 Berlin (D), Schauspieler, Bühnenautor; Bruder des Schauspielers Heinrich K. (1856–1910). An zahlr. dt. Bühnen tätig; 1878–80 Bonvivant-Rollen am Stadttheater in Wien, ab 1880 in Berlin. Ab 1894 nur noch Bühnenautor (größter Erfolg: „Im Weißen Rößl", 1898).

Literatur: ÖBL; NDB.

Kadmon, Stella, * 16. 7. 1902 Wien, † 12. 10. 1989 ebd., Schauspielerin, Kabarettistin, Theaterleiterin. Trat zunächst als Schauspielerin und Kabarettistin in Ö. und Deutschland auf; 1931 eröffnete sie mit dem „Lieben Augustin" die erste polit. Kleinkunstbühne in Wien, deren Leitung sie bis 1938 innehatte. Nach den Exiljahren 1938–47 übernahm sie die Bühne neuerlich. 1948 gründete sie das „Theater der Courage", das sie bis 1981 leitete.

Literatur: H. Veigl, Lachen im Keller. Kabarett und Kleinkunst in Wien, 1986.

Kafka, Franz, * 3. 7. 1883 Prag (CZ), † 3. 6. 1924 Kierling (Gem. Klosterneuburg, NÖ.), Schriftsteller, einer der bedeutendsten dt.-sprach. Prosa-Autoren des 20. Jh. Studierte an der Univ. Prag Jus, war dann als Versicherungsjurist für die Prager Arbeiter-Unfall-Versicherungs-Anstalt tätig (1922 Pensionierung). Ab 1902 enge Freundschaft mit M. → Brod, zusammen besuchten sie die literar. Salons von Prag, zu ihrem Freundeskreis zählten u. a. G. Meyrink, E. → Weiß und F. → Werfel. Brod unterstützte K., der sehr unter dem Unverständnis des autoritären Vaters und an der bürokrat. Enge seiner berufl. Tätigkeit litt, in seiner literar. Arbeit („Brief an den Vater", 1919).

Die Tuberkulose-Erkrankung 1917 verschaffte K. den Freiraum für sein Schreiben. Zwei testamentar. Verfügungen, den handschriftl. Nachlass zu vernichten, wurden von Brod nicht befolgt; die von ihm herausgegebenen Romanfragmente „Der Prozeß" (1925, entstanden 1914/15), „Das Schloß" (1926, entstanden 1922) und „Amerika" (1927, von K. unter dem Titel „Der Verschollene" 1911–14 begonnen, Eingangskapitel „Der Heizer" erschien 1913) sowie die Herausgabe der „Gesammelten Schriften" (7 Bde., 1935–37, mit Biographie von M. Brod) leiteten die weltweite Rezeption K. ein. Brod gibt in seinen Kommentaren eine theolog. Lesart der K.-Texte vor.

Zu Lebzeiten nur wenig beachtet, gelang es K. wie kaum einem anderen Autor der Epoche, die Bedrohung des einzelnen Menschen in einer zusehends technisierten und anonymen bürokrat. Welt zu gestalten. In schmucklos-präziser Sprache schildert er – in Umkehrung des klass. Bildungsromans – die Schicksale von „Helden", die sich einer zyn. Umwelt gegenübersehen, an der sie, befangen in komischer Hilflosigkeit und Ohnmacht, trotz großer individueller Anstrengungen tragisch scheitern. Aus dem jüd.-christl. Denken die Motive von Schuld und Sühne, Opfer und Erlösung übernehmend, gestaltete K. auch in seinen kunstvollen Erzählungen und Parabeln den Einbruch irrationaler Macht in den Alltag („Die Verwandlung", 1916). Das Adjektiv „kafkaesk" ist als Bezeichnung für derart grotesk-absurde Situationen in alle Kultursprachen der Welt eingegangen.

Weitere Werke: Kurzprosa und Erzählungen: Die Aeroplane in Brescia, in: Bohemia 82, Nr. 269, 1909; Betrachtung, 1913; In der Strafkolonie, 1919; Ein Landarzt. Kleine Erzählungen, 1919; Ein Hungerkünstler. Vier Geschichten, 1924. – Tagebücher u. Briefe: Tagebücher 1910–23, hg. v. W. Haas, 1951; Briefe an Milena, hg. v. ders., 1952 (erw. Ausg., hg. v. J. Born u. M. Müller, 1983); Briefe an Felice u. a. Korrespondenz aus der Verlobungszeit, hg. v. F. Heller u. J. Born, 1967; Briefe an Ottla und die Familie, hg. v. H. Binder u. K. Wagenbach, 1974; Briefe an die Eltern aus den Jahren 1922–24, hg. v. J. Čermák u. M. Svatos, 1990. – Krit. Ausgabe der Werke, 12 Bde., hg. v. J. Born u. a., 1983–93; Krit. Ausgabe der Briefe, hg. v. H. G. Koch, 1999ff.; Hist.-krit. Ausg. sämtl. Handschriften, Drucke und Typoskripte, hg. v. R. Reuß u. P. Staengle, 1995ff. – Literatur: K. Wagenbach, F. K., 1966; H. Binder (Hg.), K.-Hb., 2 Bde., 1979; W. Schmidt-Dengler (Hg.), Was bleibt von F. K.? Positionsbestimmung, 1985; M. I. Caputo-Mayr u. J. M. Herz, Eine kommentierte Bibliographie der Sekundärliteratur, 1987; K. Wagenbach, F. K. Ein Leben in Bildern, 1989; T. Anz, F. K., 1989; F. K., Sonderband „Text und Kritik", 1994; M. L. Caputo-Mayr, F. K., 2 Bde., 2000 (Bd. 1: Bibliographie der Primärlit. 1908–97, Bd. 2: Bibliographie der Sekundärlit. 1955–97).

Stella Kadmon. Foto, 1927.

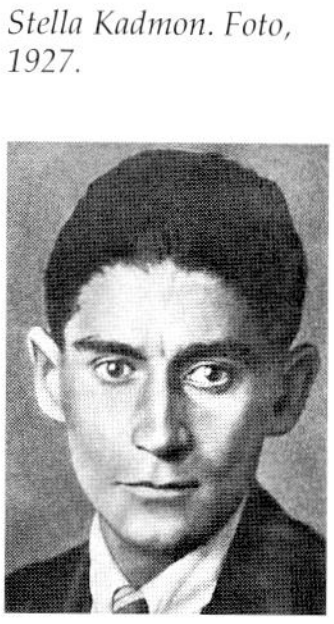

Franz Kafka. Foto.

Kafka, Helene (Schwester Maria Restituta), * 1. 5. 1894 Hussowitz (Husovice, CZ), † 30. 3. 1943 Wien, Ordensfrau und Operationsschwester am Städt. Krankenhaus in Wien-Mödling. Wegen „Feindbegünstigung und Vorbereitung zum Hochverrat" von den Nat.-Soz. hingerichtet; 1998 selig gesprochen.

Literatur: B. M. Kempner, Nonnen unter dem Hakenkreuz, Würzburg 1979; W. Kunzenmann (Red.), Sr. Maria Restituta K. – Märtyrerin aus dem Widerstand, 1998.

Kahane, Karl, * 20. 3. 1920 Wien, † 28. 6. 1993 Venedig (I), Unternehmer. War u. a. mit den Betrieben Montana AG, Jungbunzlauer AG, Bankhaus Gutmann und Terranova finanziell sehr erfolgreich; wirt.-polit. Berater von Bundeskanzler B. → Kreisky.

Kaindl, Franz, * 31. 11. 1932 Stollberg (NÖ.), Maler, Vertreter einer gemäßigten abstrakten Kunst. Als Präs. des Landesverbands Nö. Kunstvereine Gestalter vieler Ausstellungen. Gründete 1975 in St. Pölten das Dokumentationszentrum für moderne Kunst in NÖ., das er bis 1995 leitete.

Werke: Hg. und Autor von rd. 300 Ausst.-Kat., u. a.: Oskar Matulla, 1980; Franz Erntl, 1982; Franz Traunfellner, 1984; Paula Deppe, 1987; Malerei in NÖ. 1918–88, 1988; A. Cossmann, 1995. – Literatur: F. K. Malerei aus 4 Jahrzehnten, Ausst.-Kat., Nö. Landesmuseum, Wien 1992.

Max Kalbeck. Foto.

Kaindl, Fritz, * 19. 4. 1922 Stockerau (NÖ.), Kardiologe. 1964 Prof. für Kardiologie und Angiologie an der Univ. Wien, 1968–92 Klinikvorstand; Lehrer zahlr. bed. Herzspezialisten.

Werke: Rheographie, Lymphangiographie und Lymphadenographie der Extremitäten, 1960; rd. 250 Beiträge in medizin. Ztschr. seit 1947.

Kaindl, Raimund Friedrich, * 31. 8. 1866 Czernowitz (Chernovtsy, UA), † 14. 3. 1930 Graz (Stmk.), Historiker und Volkskundler. Ab 1901 Univ.-Prof. in Czernowitz, 1915–30 in Graz; vertrat eine großdt. Geschichtsauffassung.

Werke: Geschichte der Deutschen in den Karpatenländern, 3 Bde., 1907–11; 1848/49 – 1866 – 1918/19. Des dt. Volkes Weg zur Katastrophe und seine Rettung, 1920; Ö., Preußen, Deutschland, 1926; Hg. und Neubearbeiter der Geschichte Ö. von F. M. Mayer, Bd. 1, 1929. – Literatur: Autobiographie, in: Die Geschichtswiss. der Gegenwart in Selbstdarstellungen, Bd. 1, 1925; M.-F. Knor, R. F. K. und die Wr. Schule, Dipl.-Arb., Wien 1999; ÖBL; NDB.

Kainz, Friedrich, * 4. 7. 1897 Wien, † 1. 7. 1977 ebd., Sprachphilosoph und -psychologe, Literarhistoriker; Univ.-Prof. in Wien.

Werke: Psychologie der Sprache, 4 Bde., 1941–56; Einführung in die Sprachpsychologie, 1947; Einführung in die Philosophie der Kunst, 1948; Die Sprache der Tiere, 1961.

Josef Kainz als Hamlet in dem gleichnamigen Drama von W. Shakespeare. Foto.

Kainz, Josef, * 2. 1. 1858 Wieselburg (Mosonmagyaróvár, H), † 20. 9. 1910 Wien, Schauspieler. Autodidakt, debütierte bereits mit 15 Jahren, feierte zunächst an dt. Bühnen große Erfolge. 1899 Engagement am Wr. Burgtheater, wo er 28 große Rollen gestaltete (u. a. Torquato Tasso, Mephisto in Goethes „Faust", Hamlet) und zum Vorbild der nachfolgenden Schauspielergeneration wurde. Berühmtester Charakterdarsteller des dt.-sprachigen Theaters seiner Zeit; leidenschaftl. Spieler, der durch seine Sprache, geistige Durchdringung der Rollen und körperl. Ausdruckskraft wirkte.

Die Josef-Kainz-Medaille wurde 1958 zum 100. Geburtstag von J. K. von der Stadt Wien gestiftet und wurde bis 1999 im Sept. jeden Jahres an Schauspieler und Regisseure für die jeweils besten Leistungen der abgelaufenen Theatersaison an Wr. Bühnen vergeben.

Literatur: J. K., Briefe, hg. v. H. Bahr, 1921; H. Richter, J. K., 1931; P. Wiegler, J. K., 1941; H. Ihering, Von J. K. bis P. Wessely, 1942; E. Kober, J. K., 1948; M. Mautner-Kalbeck, K. Ein Brevier, 1953; ÖBL.

Kainz, Julius, * 7. 6. 1935 Weitersfeld a. d. Mur (Gem. Murfeld, Stmk.), Verlagsmanager. Ab 1963 Werbeleiter des Zeitungsverlages Styria, ab 1968 Verlagsleiter, ab 1969 Verlagsdirektor. Seit 1991 Geschäftsführer der Tageszeitung „Die Presse", seit 1996 auch Hg. Seit 1967 Mitgl. des Verbandes der ö. Zeitungsherausgeber und Zeitungsverleger, 1979–89 dessen Präs.; seit 1973 Vorstandsmitgl. der APA.

Kaiser, Friedrich, * 3. 4. 1814 Biberach (D), † 6. 11. 1874 Wien, Dramatiker und Schauspieler. Verfasste rd. 150 Stücke (Lustspiele, Possen, Volksstücke) v. a. für das Theater an der Wien und das Carltheater, gelegentlich auch für andere Theater. K. beherrschte Mitte des 19. Jh. zusammen mit J. → Nestroy die Spielpläne der Wr. Vorstadttheater und gilt als Vorläufer L. → Anzengrubers.

Literatur: Der Wr. Theaterdichter F. K., Diss., Wien 1947; J. Benay, „Der letzte Hanswurst", in: Austriaca 14, 1982; dies., F. K. Gesamtprimärbibliographie seiner dramat. Produktion zw. 1835 und 1874 (Nachlaß 1875), 1991; dies., F. K. (1814–1874) et le théâtre populaire en Autriche au XIXe siècle, 1993.

Kaiserfeld, Moritz, Edler von Blagatinschegg, * 24. 1. 1811 Schloss Mannsberg b. Pettau (Ptuj, SLO), † 14. 2. 1885 Schloss Birkenstein bei Birkfeld (Stmk.), Politiker. Mitgl. der Frankfurter Nationalversammlung, 1871–84 Landeshauptmann der Stmk., 1868–70 Präs. des Abgeordnetenhauses, ab 1871 Mitgl. des Herrenhauses.

Kalbeck, Max (urspr. Karpeles, Pseud.: Jeremias Deutlich), * 4. 1. 1850 Breslau (Wroclaw, PL), † 4. 5. 1921 Wien, Musikschriftsteller und -kritiker. Ab 1880 in Wien, Kritiker u. a. bei der „Wr. allg. Zeitung" und der „Neuen Freien Presse". Schrieb und übersetzte einige Libretti, enger Freund und Biograph von J. → Brahms.

Werke: Libretti: Jakuba (J. Strauß), Das stille Dorf (A. Fielitz), Nubia (G. Henschel), Decius der Flötenspieler (E. Poldini), Die Hochzeit zu Ulfosa (P. Caro). – Schriften: Das Bühnenfestspiel zu Bayreuth, 1877; Gereimtes und Ungereimtes, 1885; J. Brahms, 4 Bde., 1904–14. – Literatur: ÖBL.

Kalchegger von Kalchberg, geadelte steir. Familie (Freiherren), Gutsbesitzer und Beamte. Aus der Familie stammten u. a.: Franz → Kalchegger von Kalchberg, Johann Nepomuk → Kalchegger von Kalchberg und Josef → Kalchegger von Kalchberg.

Kalchegger von Kalchberg, Franz, * 2. 8. 1807 Schloss Herbersdorf (Gem. Allerheiligen b. Wildon, Stmk.), † 12. 7. 1890 Graz (Stmk.), Großgrundbesitzer; Bruder von Josef → Kalchegger von Kalchberg, Neffe von Johann Nepomuk → Kalchegger von Kalchberg. 1848 Abg. z. Frankfurter Nationalversammlung, später im ö. Staatsdienst (Finanzministerium). Führte nach 1848 die Grundentlastung in der Stmk. durch.

Literatur: ÖBL.

Kalchegger von Kalchberg, Johann Nepomuk, * 15. 3. 1765 Schloss Pichl (Gem. Mittdorf im Mürztal, Stmk.), † 3. 2. 1837 Graz (Stmk.), Schriftsteller, Historiker und Mitkurator des Joanneums; Onkel von Josef → Kalchegger von Kalchberg und Franz → Kalchegger von Kalchberg. Schrieb populäre Dramen mit Themen aus der ö. Geschichte.

Ausgabe: Gesammelte Schriften, hg. v. A. Schlosser, 4 Bde., 1878–80. – Literatur: J. Fleck, J. v. K., Diss., Graz 1951; ÖBL.

Kalchegger von Kalchberg, Josef, * 27. 3. 1801 Graz (Stmk.), † 27. 4. 1882 ebd., Jurist und Staatsmann; Bruder von Franz → Kalchegger von Kalchberg, Neffe von Johann Nepomuk → Kalchegger von Kalchberg. 1835 Prof. an der Theresian. Ritterakad., Lehrer der Söhne von Erzhzg. → Karl sowie später dessen Güterdir.; 1848 Abg. z. Frankfurter Nationalversammlung; führte 1850–55 die Grundentlastung in Schlesien und Galizien durch; 1863–65 Handelsminister.

Literatur: F. Ilwof, J. Frh. K. v. K. Sein Leben und seine Schriften, 1902; ÖBL.

Kalenberg, Josef, * 7. 1. 1886 Köln (D), † 8. 11. 1962 Wien, Kammersänger (Tenor). 1927–42 an der Wr. Staatsoper, Auftritte bei den Sbg. Festspielen.

Kalina, Robert, * 29. 6. 1955 Wien, Graphiker, Banknotenentwerfer. Studierte an der Graph. Lehr- und Versuchsanstalt in Wien; seit 1976 bei der Oesterr. Nationalbank. Entwarf den ab 1983 ausgegebenen 1000-S-Schein (Porträt von E. → Schrödinger) und die ab 1989 ausgegebene 5000-S-Note (Porträt von W. A. → Mozart) sowie die Euro-Banknoten (Gewinner des von der Europ. Union ausgeschriebenen Wettbewerbs 1996).

Kallir, Otto (eigentl. O. Nirenstein), * 1. 4. 1894 Wien, † 30. 11. 1978 New York (USA), Kunsthistoriker, Kunsthändler, Verleger. Studierte an der Techn. Hochschule in Wien; gründete 1919 den Verlag „Neue Graphik" und 1922 die „Neue Galerie" in Wien (bis 1938) sowie 1923 die „Johannes Press" (Wien und New York), die u. a. das graph. Werk von E. → Schiele, O. → Kokoschka, A. → Kubin und M. Beckmann publizierte; veranstaltete Ausstellungen (V. van Gogh) und verlegte Bücher von T. Mann und H. v. → Hofmannsthal. 1939 Emigration in die USA. Vorsitzender der Austro-

American League und Inhaber der Galerie St. Etienne in New York, die sich auf ö. und dt. Expressionisten sowie amerikan. naive Malerei spezialisierte. 1940–63 Gründung von American Views Inc. und Neugründung der Johannes Press, New York, die u. a. R. M. → Rilke verlegte.

Literatur: J. Kallir, Saved From Europe. O. K. and the History of the Galerie St. Etienne, 1999.

Kallmus, Dora, * 20. 3. 1881 Wien, † 30. 10. 1963 Frohnleiten (Stmk.), Fotografin. Gründete 1907 das Atelier „d'Ora" und übersiedelte 1924 nach Frankreich. 1961 kehrte sie nach Ö. zurück. Bedeutend v. a. als Porträtfotografin der Wr. Künstlerszene des beginnenden 20. Jh.

Literatur: M. Faber, Madame d'Ora, 1983.

Kálmán, Emmerich, * 24. 10. 1882 Siófok (H), † 30. 10. 1953 Paris (F), Operettenkomponist. Schrieb ab 1908 seine ersten Operetten für Budapest, seine größten Erfolge erzielte er in der Zwischenkriegszeit in Wien. Emigrierte 1939 (Paris, dann USA), kehrte 1949 nach Paris zurück.

Werke: Csardasfürstin, 1915; Die Faschingsfee, 1917; Gräfin Mariza, 1924; Die Zirkusprinzessin, 1926; Der Teufelsreiter, 1932; Kaiserin Josephine, 1936. – Literatur: R. Österreicher, E. K., 1954; R. Traubner, Operetta, 1983.

Kalmar, Rudolf, * 18. 9. 1900 Wien, † 18. 1. 1974 ebd., Journalist. Ab 1921 u. a. beim „Dt. Volksblatt" und bei „Der Wr. Tag". 1938–44 im KZ Dachau, 1945–47 Redakteur, 1947–56 Chefredakteur der Tageszeitung „Neues Ö.". Ab 1960 Leiter des Literar. Büros der Bundestheaterverwaltung.

Werk: Zeit ohne Gnade, 1946. – Literatur: F. Hausjell, Journalisten gegen Demokratie oder Faschismus, Diss., Salzburg 1989.

Kalmsteiner, Johann, * 29. 9. 1845 Sarnthein (S-Ti.), † 5. 1. 1897 Wien, Bildhauer. War an der Ausgestaltung mehrerer Bauten der Wr. Ringstraße (Michaelertrakt der Hofburg, Parlament, Universität, Burgtheater) beteiligt, schuf Porträtbüsten und Grabdenkmäler.

Literatur: ÖBL.

Kalnocky von Köröspatak, Gustav Sigmund Graf, * 29. 12. 1832 Lettowitz (Letovice, CZ), † 13. 2. 1898 Prödlitz (Brodek u Prostějova, CZ), Staatsmann und Diplomat. 1874 Gesandter in Kopenhagen, 1880 Botschafter in St. Petersburg, 1881–95 k. u. k. Außenmin. War maßgeblich am Abschluss des Dreibunds beteiligt. Er vermittelte zw. den Balkanstaaten und Mitteleuropa (Bulgarienkrise, „Battenbergaffäre" 1885–87).

Literatur: W. Rauscher, Zw. Berlin und St. Petersburg, 1993; ÖBL; NDB.

Kaltenboeck, Bodo, * 15. 12. 1893 Stuttgart (D), † 5. 11. 1939 Wien, Schriftsteller, Heimwehr-Funktionär. 1933 Beitritt zur Heimwehr, Schriftleiter von Heimwehr-Zeitungen und Heimwehr-Lyriker, polit. Referent. Wandte sich später von der Heimwehr ab und der illegalen NSDAP zu. Literar. Bedeutung hat sein Kriegsroman „Armee im Schatten" (1932, ^{10}1942).

Weitere Werke: Dt.-Ö. Irrtum und Richtung, 1934; Das törichte Auge, 1938. – Literatur: ÖBL.

Kaltenbrunner, Ernst, * 4. 10. 1903 Ried i. Innkreis (OÖ.), † 15. 10. 1946 Nürnberg (D; hingerichtet), Jurist und nat.-soz. Politiker, SS-Obergruppenführer. 1934 wegen führender Tätigkeit in der illegalen NSDAP verhaftet; ab 1935 wieder auf freiem Fuß, übernahm er 1937 die Führung der illegalen SS in Ö.; ab 11. 3. 1938 Staatssekr. für das Sicherheitswesen, 1938 Führer des SS-Oberabschnitts Donau, 1943–45 Chef des Reichssicherheitshauptamtes. Als Mitverantwortlicher für den Terror der SS und für die Vernichtung der europ. Juden in den Nürnberger Prozessen zum Tod verurteilt.

Literatur: P. Black, E. K., 1991; ÖBL; NDB.

Kaltneker (von Wallkampf), Hans, * 2. 2. 1895 Temesvár (Timisoara, RO), † 29. 9. 1919 Gutenstein (NÖ.), Erzähler, Lyriker und Dramatiker, einer der Hauptvertreter des ö. Expressionismus. Sein Werk (großteils postum erschienen) ist geprägt von der Auflehnung gegen überkommene Moralbegriffe. Zentrale Themen sind Schuld und Sühne, Leid und Erlösung.

Werke: Dramen: Die Opferung, 1918; Das Bergwerk, 1921; Die Schwester, 1924. – Novelle: Die Liebe, 1921. – Ausgaben: Dichtungen und Dramen, hg. v. P. Zsolnay, 1925; Die 3 Erzählungen, 1929; Gerichtet! Gerettet!, eingeleitet und ausgewählt v. H. Himmel, 1959. – Literatur: N. Britz, Der Expressionismus und sein ö. Jünger H. K., 1975; J. de Vos, Gefangenschaft in den Dramen H. K., Diss., Gent 1981; ÖBL.

Kalvach, Rudolf, * 22. 12. 1883 Wien, † 13. 3. 1932 Kosmonosy (CZ), Graphiker. Übersiedelte 1901 nach Triest, besuchte dann die Wr. Kunstgewerbeschule, wurde Mitgl. der Neukunstgruppe und des Ö. Werkbundes und arbeitete für die Wr. Werkstätte. K. schuf Emailbilder in expressiver Gestaltung; unter seinen graph. Werken gilt v. a. die Holzschnittserie „Der Hafen von Triest" als bemerkenswert.

Literatur: H. Egger, Expressive und dekorative Graphik in Wien zw. 1905 und 1925. R. K. und H. Mailler, 1979.

Kamel, Georg Joseph, * 16. (?) 4. 1661 Brünn (Brno, CZ), † 2. 5. 1706 Manila (Philippinen), Jesuit, Apotheker, Botaniker, Arzt, Naturforscher. Lebte und wirkte ab 1687 in Manila auf der Insel Luzon, wo er die erste Apotheke einrichtete und die dortige Fauna, Flora und Medizin erforschte. Nach ihm ist die Kamelie benannt.

Literatur: J. u. R. Gicklhorn, G. J. K. S. J. (1661–1706), 1954; G. J. K., in: Ö. als Erforscher der Erde, Notring-Jb. 1956.

Kamitz, Reinhard, * 18. 6. 1907 Halbstadt (Meziměstí, CZ), † 9. 8. 1993 Wien, Wirtschaftswissenschaftler und Politiker (ÖVP). 1952–60 Finanzmin., 1960–68 Präs. der Oesterr. Nationalbank. Gilt als Vater des legendären „Raab-Kamitz-Kurses", der das ö. Wirtschaftswunder begründete. Zu seinen Leistungen zählen die Liberalisierung der Wirtschaftspolitik, die Hartwährungspolitik und die Verringerung der direkten Einkommensbesteuerung.

Literatur: F. Diwok u. H. Koller, R. K., Wegbereiter des Wohlstands, 1977; Festschrift d. Ö. Wirt.-Bundes zum 80. Geburtstag von R. K., 1987.

Kamler, Heinrich von, * 12. 7. 1836 Auspitz (Hustopeč, CZ), † 29. 12. 1918 Wien, Postfachmann. 1881 Vorstand der Post- und Telegraphendirektion für Ö. unter der Enns (mit Wien). Schuf 1883 den Postsparkassendienst, erweiterte die Rohrpost und das 1890–95 in staatl. Verwaltung übernommene Telefon.

Literatur: ÖBL.

Kammel, Willibald, * 27. 5. 1879 Stein-Schönau (Kamenicky Šenov, CZ), † 16. 4. 1953 Wien, Pädagoge. Univ.-Prof. in Wien. Gründete 1913 das erste pädagogisch-psycholog. Laboratorium (später Inst. für experimentelle Psychologie und Jugendkunde) in Ö.

Werke: Der Volkslehrer, 1926; Einführung in die pädagog. Wertlehre, 1927.

Kammerer, Marcel, * 4. 11. 1878 Wien, † 25. 12. 1969 Quebec (Kanada), Architekt und Maler. Studierte 1898–1902 bei O. → Wagner, anschließend Assistent und Mitarbeiter in dessen Atelier. 1909–18 gem. Büro mit E. → Hoppe und O. → Schönthal, trat 1918 aus der Bürogemeinschaft aus und wurde ein bes. in der Zeit des Nat.-Soz. geschätzter Maler (Ausstellungen im Haus der Dt. Kunst in München u. a.). Wanderte nach dem 2. Weltkrieg nach Kanada aus.

Werke: Erweiterung des Grand Hotel Wiesler, Graz, 1905–08. – Mit E. Hoppe u. O. Schönthal: Geschäft Bakalowits' Söhne, 1910/11; „Westermannhäuser", 1912–14; Centralbank der dt. Sparkassen, 1912–16 (alle Wien 1). – Literatur: O. A. Graf, Die vergessene Wagnerschule, 1969; M. Pozzetto, Die Schule

Dora Kallmus. Foto, um 1909.

Emmerich Kálmán. Foto, 1924.

Reinhard Kamitz. Foto.

O. Wagners 1894–1912, 1980; I. B. Whyte, E. Hoppe, M. K., O. Schönthal, 3 Architekten aus der Meisterschule O. Wagners, 1989.

Paul Kammerer. Foto, um 1920.

Kammerer, Paul, * 17. 8. 1880 Wien, † 23. 9. 1926 Puchberg a. Schneeberg (NÖ.; Selbstmord), Biologe. Versuchte die Vererbbarkeit erworbener Eigenschaften experimentell nachzuweisen und postulierte zielgerichtete Mutationen als die eigentliche Triebkraft der Evolution. Unter dem Verdacht, experimentelle Ergebnisse gefälscht zu haben, nahm er sich das Leben.

Werke: Allg. Biologie, 1915; Geschlechtsbestimmung und Geschlechtsverwandlung, 1918; Das Gesetz der Serie, 1919. – Literatur: A. Koestler, Der Krötenküsser, 1972; R. Freund, Land der Träumer. Zw. Größe und Größenwahn – verkannte Österreicher und ihre Utopien, ²2000.

Kammerhofer, Konstantin, * 23. 1. 1899 Turnau (Stmk.), † 29. 9. 1958 Hannover (D), SS-Gruppenführer. 1930/31 Stellv., 1932/33 Landesleiter des Steir. Heimatschutzes, 1936–42 SS-Führer in Essen, Bochum, Wien und den besetzten Gebieten, 1938 Polizeidir. von Innsbruck und 1943–45 Höherer SS- und Polizeiführer in Kroatien.

Kamper, Erich, * 22. 6. 1914 Mitterdorf (Stmk.), Sportjournalist und -historiker. Spezialisiert auf Daten zu den modernen Olymp. Spielen.

Publikationen: Lexikon der Olymp. Winterspiele, 1964; Enzyklopädie der Olymp. Spiele, 1972; Lexikon der 14.000 Olympioniken, 1983; Ö. Leichtathletik in Namen und Zahlen, 1986 (mit K. Graf); Olymp. Heroen, 1991 (mit H. Soucek); Who's who der Olymp. Spiele 1896–1992, 1992 (mit B. Mallon). – Literatur: Sportmagazin 1994, Heft 2.

Kamper, Josef, * 3. 4. 1925 Deutsch Haslau (Gem. Prellenkirchen, NÖ.), † 2. 2. 1984 bei Donnerskirchen (Bgld.; Motorradunfall), Motorradsportler und Geschäftsmann. Erfolgreich im Speedway-, Grasbahn- und bes. Sandbahnfahren. Gewann 1953–59 17 ö. Titel.

Kandel, Eric R., * 7. 11. 1929 Wien, Medizinwissenschaftler, Nobelpreisträger für Medizin 2000. Emigrierte 1939 in die USA; studierte Geschichte und Literatur an der Harvard University, Cambridge, danach Medizin an der New York University. 1956–65 klin. Ausbildung (u. a. an der Harvard Medical School), 1965–74 Associate Professor an der New York University, seit 1974 Prof. am Department of Physiology and Psychiatry an der Columbia University, New York. 1974–83 Dir. des Center for Neurobiology and Behavior, seit 1983 Leiter des Howard Hughes Medical Institute, seit 1992 Prof. am Department of Biochemistry and Molecular Biophysics an der Columbia University. Beschäftigt sich v. a. mit den biolog. Grundlagen des Gedächtnisses. Für seine Forschungen zu den molekularen Mechanismen der Synapsen und deren Beeinflussung erhielt er 2000 (mit A. Carlsson und P. Greengard) den Nobelpreis für Medizin.

Werke: Cellular Basis of Behavior, 1976; Mind and Behavior, 1980; Principles of Neural Science, 1982 (Neurowissenschaften, 1996; Hg.).

Viktor Kaplan. Foto.

Kandler, Manfred, * 25. 12. 1941 Klagenfurt (Kä.), Archäologe. Studierte in Graz und Wien, 1968–73 an der Ö. Akad. d. Wiss. tätig, danach für das Ö. Archäologische Institut, seit 1995 dessen stellv. Dir. Umfangreiche Grabungstätigkeit im In- und Ausland (Carnuntum, Kroatien).

Werke: Hg.: Lebendige Altertumswissenschaft, Festschrift f. H. Vetters, 1985; Der röm. Limes in Ö., 1986; Das Auxiliarkastell Carnuntum, 1997.

Kandutsch, Jörg, * 14. 1. 1920 Leoben (Stmk.), † 11. 11. 1990 Wien, Angestellter und Politiker (bis 1956 VdU, danach FPÖ). 1949–53 Abg. z. Stmk. Landtag, 1953–64 Abg. z. NR, Klubobmann der FPÖ, 1964–80 Präs. des Rechnungshofs.

Kanitz, Otto Felix, * 5. 2. 1894 Wien, † 29. 3. 1940 KZ Buchenwald (D), Installateur, entwickelte sich zu einem bed. Pädagogen. Ab 1911 bei den Ö. Kinderfreunden tätig, gründete 1919 die erste „Kinderrepublik" in Gmünd, 1932–34 Mitgl. d. BR. Im Nov. 1938 verhaftet und in das KZ deportiert.

Kann, Hans, * 14. 2. 1927 Wien, Pianist, Klavierpädagoge, Komponist. Ab 1946 internat. Pianistenkarriere mit zahlr. Tourneen, 1955–58 Leiter einer Meisterklasse an der University of Arts Ueno in Tokio, 1962–67 Leiter einer Meisterklasse an der Städt. Akad. Darmstadt, 1977–95 Prof. an der Hochschule für Musik in Wien.

Kann, Robert Adolf, * 11. 2. 1906 Wien, † 30. 8. 1981 ebd., Jurist und Historiker. Ab 1930 im Justizdienst, musste 1938 emigrieren, unterrichtete in den USA und kehrte 1950 als Gastprof. nach Wien zurück.

Werke: Kanzel und Katheder, 1960; Das Nationalitätenproblem der Habsburgermonarchie, 1964; Erzhzg. Franz Ferdinand Studien, 1976; Geschichte des Habsburgerreiches 1526–1918, 1977; Deutschland und Ö., 1980 (mit F. Prinz).

Kapellari, Egon, * 12. 1. 1936 Leoben (Stmk.), geistl. Würdenträger. Studierte Theologie und Jus, 1961 Priesterweihe, 1964–81 Studentenseelsorger in Graz; 1981–2001 Bischof der Diözese Gurk-Klagenfurt, seit 2001 Bischof von Graz-Seckau und Medienbischof der kath. Kirche Ö.

Werke: zahlr. Publikationen zu den Themen Religion und Kunst.

Kapfer, Hans, * 5. 9. 1903 Sollenau (NÖ.), † 12. 9. 1992 Wien, Richter. 1955/56 Justizminister, 1958–62 Präs. des Oberlandesgerichts, 1966–68 Präs. des Obersten Gerichtshofs.

Werke: Angestelltengesetz, 1945; Wechsel- und Scheckgesetz, 1947; Arbeitsgerichtsgesetz, 1948; ABGB, 1951; Handkommentar zum Wechselgesetz, 1969.

Kapfinger, Otto, * 12. 5. 1949 St. Pölten (NÖ.), Architekt und Publizist. Studierte 1967–72 Architektur an der Techn. Hochschule in Wien; 1970 Gründung der Gruppe Missing Link mit A. → Hareiter und A. → Krischanitz. 1978–92 Vorstandsmitgl. der Ö. Ges. für Architektur, 1981–91 Architekturkritiker der „Presse", 1993/94 Konzeption und Organisation der Ausstellung „Visionäre und Vertriebene. Austrian Roots in Modern US Architecture".

Publikationen: Architektur in NÖ. 1986–97, 1997 (Mitautor); Baukunst in Vbg. seit 1980, 1998; Ausgesprochen, 1999; Klaus Káda, 2000; Interventionen, 2001 (Mit-Hg.).

Kaplan, Viktor, * 27. 11. 1876 Mürzzuschlag (Stmk.), † 23. 8. 1934 Unterach a. Attersee (OÖ.), Maschinenbauingenieur, Erfinder der nach ihm benannten K.-Turbine. 1903 Konstrukteur und 1913–32 Prof. an der Techn. Hochschule in Brünn. Nach Arbeiten zur Verbesserung des Explosionsmotors konzentrierte er sich auf die Konstruktion schnell laufender Wasserturbinen (Abänderung der Francis-Turbine). K. konstruierte nach 1912 eine neue Wasserturbine mit verstellbaren Laufradschaufeln, die auch für niedere Gefällestufen bei Flusskraftwerken mit wechselnder Beaufschlagung geeignet war. Die erste K.-Turbine wurde 1919 in Velm (NÖ.) in Betrieb genommen (heute im Techn. Museum Wien). Nach Anfangsschwierigkeiten setzte sich die K.-Turbine ab den 20er Jahren rasch auf der ganzen Welt durch.

Werke: Bau rationeller Francisturbinenlaufräder, 1908; Theorie und Bau von Turbinenschnelläufern, 1931 (mit A. Lechner). – Literatur: ÖBL; NDB.

Kapp, Gisbert, * 2. 9. 1852 Mauer b. Wien, † 10. 8. 1922 Birmingham (GB), Elektrotechniker. Ab 1882 in England, 1905–21 Prof. an der Univ. Birmingham. Entwickelte die Grundlagen für die Berechnung und

den Bau von Dynamomaschinen und Wechselstromtransformatoren, erfand den nach ihm benannten Phasenschieber (Vibrator). Vorkämpfer der Wechselstromtechnik.
Literatur: ÖBL.

Karabacek, Joseph, * 20. 9. 1845 Graz (Stmk.), † 9. 10. 1918 Wien, Orientalist. Univ.-Prof. in Wien, 1899–1917 Dir. der Hofbibl., mit C. W. Huber Gründer der Wr. Numismat. Ges., führend auf dem Gebiet der arabischen Papyrologie.

Karajan, Herbert von, * 5. 4. 1908 Salzburg, † 16. 7. 1989 Anif b. Salzburg, Dirigent; Urenkel von Theodor Ritter v. → Karajan. Schüler von F. → Schalk. K. begann seine spektakuläre Karriere 1929 in Ulm, war bereits 1934 Generalmusikdirektor in Aachen und ab 1941 in Berlin (Konkurrenz mit W. → Furtwängler). Nach dem Krieg mit Arbeitsverbot belegt, ging er 1947 an die Wr. Staatsoper und dirigierte die Konzerte der Ges. der Musikfreunde in Wien. Ab den 50er Jahren begann seine internat. Laufbahn (zahlr. Plattenaufnahmen), 1954 wurde er Nachfolger Furtwänglers als Chefdirigent der Berliner Philharmoniker. 1957–64 war K. Direktor der Wr. Staatsoper, 1956–60 und wieder ab 1965 musikal. Leiter der Salzburger Festspiele, deren Direktorium K. 1964–88 angehörte und deren internat. Bedeutung eng mit seiner Person verbunden ist. 1967 gründete K. die Sbg. Osterfestspiele. Er förderte viele junge Künstler und war Träger zahlr. Ehrungen (Ö. Ehrenzeichen f. Wiss. u. Kunst 1961). 1969 erfolgte die Gründung der K.-Stiftung, 1995 wurde das H. v. K. Centrum in Wien eröffnet, das seinen künstler. und musikal. Nachlass verwaltet.
Literatur: P. Robinson, K., 1976; F. Endler, H. v. K., 1989; R. Osborne, Conversations with K., 1989; G. Mortier (Hg.), H. v. K. und die Sbg. Festspiele, 1994; B. W. Wessling, H. v. K., 1994; F. Endler u. K. M. Fritthum, K. an der Wr. Oper, 1997; R. Osborne, H. v. K., 1998.

Karajan, Theodor Ritter von (ab 1869), * 22. 1. 1810 Wien, † 28. 4. 1873 ebd., Germanist, Historiker; Urgroßvater von Herbert v. → Karajan. Ab 1841 Hofbibliothekar und 1850–51 Univ.-Prof. in Wien. 1866–69 Präs. der Akad. der Wiss.
Werke: Abraham a Santa Clara, 1867; Ks. Leopold I. und Peter Lambeck, 1868. – Hg.: M. Beheim, Buch von den Wienern, 1843; Seifried Helbling, 1844. – Literatur: S. Faerber, T. G. Ritter v. K., Dipl.-Arb., Wien 1997; ÖBL; NDB.

Karall, Lorenz, * 10. 8. 1894 Großwarasdorf (Bgld.), † 17. 3. 1965 Walbersdorf (Gem. Mattersburg, Bgld.), Rechtsanwalt, Politiker (CS, ÖVP). Mitgl. der kroat. Minderheit, Redakteur der kroat. Zeitung „Hrvatske Novine". Ab 1927 Abg. z. Landtag, 1930–34 Landesrat, 1934–38 Mitgl. des Staatsrates, 1945–56 Landeshauptmann und 1956–60 1. Landtagspräs. des Bgld.

Kara Mustafa Pascha, * um 1635/36, † 25. 12. 1683 Belgrad (YU), osman. Großwesir 1676–83, der 1683 den Feldzug gegen Ö. und die 2. Türkenbelagerung von Wien leitete. Wegen des Misserfolgs wurde K. M. hingerichtet. Sein Schädel befindet sich im Depot des Hist. Museums der Stadt Wien.
Literatur: Die Türken vor Wien, Ausst.-Kat., Wien 1983.

Karas, Anton, * 7. 7. 1906 Wien, † 10. 1. 1985 ebd., Zitherspieler, Komponist. Wirkte als Heurigenmusiker, bis er 1948 durch C. Reed als Filmmusiker entdeckt wurde; schrieb 1948 die Filmmusik für „Der Dritte Mann" (bes. bekannt „Harry Lime Theme").
Weitere Werke: Café Mozart, Zither-Ditta, Springende Finger, Karasitäten-Walzer.

Karas, Friedrich, * 29. 7. 1895 Wien, † 28. 3. 1942 KZ Dachau (D), ab 1939 Priester, Kaplan in Gaubitsch und Petronell. Rektor in Mayerling. Als Gegner des Nat.-Soz. 1941 verhaftet.
Literatur: H. Mader, F. K., in: Gelitten für Ö., hg. v. K. v. Vogelsang-Inst., 1988.

Karasek, Franz, * 22. 4. 1924 Wien, † 10. 3. 1986 ebd., Diplomat und Politiker (ÖVP). Sekr. der Bundeskanzler L. → Figl und J. → Raab, 1964 Kabinettschef von Bundeskanzler J. → Klaus, 1970–79 Abg. z. NR, 1979–84 Gen.-Sekr. des Europarats.

Karczag, Wilhelm, * 28. 8. 1857 Karcag (H), † 11. 10. 1923 Baden (NÖ.), Theaterleiter, Bühnenautor, Journalist. Schrieb ausschließlich in ungar. Sprache. 1901 Dir. des Theaters an der Wien, wo er eine neue Glanzzeit der Operette einleitete; daneben 1908–21 Leiter des Raimundtheaters, 1917–19 des Wr. Stadttheaters. Sein Schwiegersohn H. → Marischka führte nach seinem Tod das Theater an der Wien weiter.
Literatur: ÖBL.

Herbert von Karajan. Foto.

Karger, Karl, * 30. 1. 1848 Wien, † 18. 10. 1913 ebd., Maler. Studierte bei C. v. → Blaas an der Wr. Akad. und wurde danach Gehilfe von E. v. → Engerth, mit dem er an der Ausschmückung der Wr. Staatsoper arbeitete. 1887–1908 Prof. an der Wr. Kunstgewerbeschule. Führte in akad. Stil Deckengemälde, Sgraffiti und Fresken für zahlr. Gebäude der Wr. Ringstraße aus (Kunsthist. Museum, Burgtheater, Museum f. angew. Kunst).
Literatur: ÖBL.

Karl V., * 24. 2. 1500 Gent (B), † 21. 9. 1558 San Jerónimo de Yuste (E), ab 1515 Herrscher der Niederlande, ab 1516 Kg. von Spanien, ab 1519 Kaiser; Enkel Ks. → Maximilians I., dem er als Landesfürst der ö. Länder folgte. Diese übergab er in den Verträgen von Worms und Brüssel 1521/22 seinem Bruder → Ferdinand I.; K. behielt Spanien, die Besitzungen in Italien und in den Niederlanden sowie in Amerika. Zu seiner Zeit dehnte sich das span. Imperium über Mittel- und Südamerika aus. Er verzichtete 1556 auf die Kaiserwürde, die 1558 auf die ö. Linie des Hauses Habsburg überging.
Literatur: K. Brandi, Ks. K. V., 2 Bde., 1937/41; H. Lutz, Das röm.-dt. Reich im System K. V., 1982; A. Kohler, K. 1500–1558, 1999; W. Seipel (Hg.), Ks. K., Ausst.-Kat., Kunsthist. Mus., Wien 2000.

Kaiser Karl V. mit seiner Ulmer Dogge. Gemälde von J. Seisenegger, 1530 (Kunsthistorisches Museum, Wien).

Karl VI., * 1. 10. 1685 Wien, † 20. 10. 1740 ebd., Kg. von Spanien (K. III.) ab 1703, Kaiser 1711–40; Sohn Ks. → Leopolds I. und Bruder Ks. → Josephs I. Wurde durch das „Pactum mutuae successionis" 1703 zum Erben der span. Habsburger bestimmt, versuchte mit Hilfe Englands in Katalonien Fuß zu fassen. Nach dem Tod seines Bruders Joseph I. erhielt K. die Kaiserwürde und die ö. Erblande. Er musste auf Spanien verzichten, blieb diesem Land aber stets verbunden und führte das span. Hofzeremoniell in Wien ein. Unter ihm wurde die ö. Monarchie eine Großmacht und erlangte ihre größte Ausdehnung (Neapel, Sardinien/Sizilien, Mailand, Ö. Niederlande, Nordserbien, Teile von Rumänien), doch gingen 1736 und 1739 wesentl. Bereiche wieder verloren. Mit der Pragmat. Sanktion schuf K. die rechtl. Voraussetzungen für einen Gesamtstaat. Persönlich war er auf seine Majestät bedacht und ein leidenschaftl. Jäger. In den letzten Jahrzehnten seines Lebens trat er auch als bedeutender Bauherr (Karlskirche) auf. K. war der letzte der „Musikkaiser", jedoch sind von ihm keine Kompositionen überliefert. Unter seiner Regentschaft erreichte die Hofmusikkapelle den Höhepunkt ihrer Entwicklung.
Literatur: O. Redlich, Das Werden einer Großmacht, [4]1962; F. Matsche, Die Kunst im Dienste der Staatsidee K., 2 Bde., 1981; B. Rill, K., 1992; A. Unzeitig, Die Italiener am Wr. Hof zur Zeit K., Dipl.-Arb., Wien 1994.

Kaiser Karl VI. Gemälde von J. G. Auerbach (Kunsthistorisches Museum, Wien).

Karl I., * 17. 8. 1887 Persenbeug (NÖ.), † 1. 4. 1922 Funchal auf Madeira (P), 1916–18 Kaiser von Ö. und als Karl IV. Kg. von Ungarn. Ab 1911 vermählt mit → Zita von Bourbon-Parma. Er wurde nach dem Tod

Kaiser Karl I. von Österreich mit Kaiserin Zita und den Kindern Felix, Robert, Otto und Adelheid. Foto, 1917.

seines Onkels → Franz Ferdinand 1914 Thronfolger und nach dem Tod Ks. → Franz Josephs I. Kaiser. Er strebte 1916/17 einen Sonderfrieden an (Sixtus-Affäre). Am 11. 11. 1918 verzichtete er auf die Ausübung der Regierung in Ö., am 13. 11. 1918 in Ungarn, emigrierte am 23./24. 3. 1919 mit seiner Familie in die Schweiz, versuchte 1921 zweimal die Restauration in Ungarn und wurde daraufhin von den Alliierten auf Madeira interniert, wo er wenige Monate später starb.

Literatur: R. Lorenz, Ks. K. und der Untergang der Donaumonarchie, 1959; E. Feigl, Ks. K., 1984.

Karl II., * 3. 6. 1540 Wien, † 10. 7. 1590 Graz (Stmk.), Erzhzg. von Inner-Ö.; jüngster Sohn Ks. → Ferdinands I. Erhielt 1564 Inner-Ö., (Stmk., Kä., Krain, Görz, Triest), residierte in Graz und begründete die steir. Linie der Habsburger. K. bekämpfte die Reformation, berief 1572 die Jesuiten nach Graz, musste aber den Protestanten Zugeständnisse machen (1572 Grazer Religionspazifikation, 1578 Brucker Libell). Große Beträge musste er für den Grenzschutz in Kroatien aufwenden (1579 Bau der Festung Karlsburg/Karlovac). K. gründete 1585 die Univ. Graz, förderte Musik und bildende Kunst. Sein Mausoleum in Seckau ist eines der bedeutendsten Kunstwerke dieser Zeit.

Literatur: A. Novotny u. B. Sutter (Hg.), Inner-Ö. 1564–1619, 1967.

Karl V., * 3. 4. 1643 Wien, † 18. 4. 1690 Wels (OÖ.), Hzg. von Lothringen; Schwager Ks. → Leopolds I. (ab 1678); Großvater von Prinz → Karl von Lothringen und Bar. Ab 1663 in kaiserl. Diensten, bewarb sich 1668/69 erfolglos um den poln. Thron, wurde 1679 Statthalter von Ti. und den Vorlanden. Als kaiserl. Feldherr (1675–88) war K. an der Entsatzschlacht am Kahlenberg vom 12. 9. 1683 und bei der Eroberung von Ofen 1686 entscheidend beteiligt, 1687 siegte er bei Mohács.

Literatur: NDB.

Karl, Prinz von Lothringen und Bar, * 12. 12. 1712 Lunéville (F), † 4. 7. 1780 Schloss Tervuren b. Brüssel (B), Bruder von Ks. → Franz I. und Schwager → Maria Theresias, Enkel von Hzg. → Karl V. von Lothringen. Ab 1736 im kaiserl. Heer, 1742 Oberbefehlshaber in Böhmen, bis 1757 als Feldherr tätig, ab 1744 (anfangs mit seiner Frau Erzherzogin Maria Anna) Statthalter der Niederlande. Erster Träger des Militär-Maria-Theresien-Ordens, 1761 Hochmeister des Dt. Ordens.

Literatur: H. Urbanski, K. v. L., 1986.

Erzherzog Karl von Österreich. Ölgemälde von Einsle.

Karl, Erzhzg. von Ö., * 5. 9. 1771 Florenz (I), † 30. 4. 1847 Wien, Hzg. von Teschen; 3. Sohn des Großherzogs von Toskana und späteren Ks. → Leopold II., Bruder von Ks. → Franz II. (I.). 1793/94 Generalgouverneur der Ö. Niederlande, 1796–1800 Kommandant ö. Armeen in S-Deutschland und der Schweiz, 1801 Präs. des Hofkriegsrates und bedeutender Reformer des kaiserl. Heeres (Abschaffung der lebenslängl. Militärdienstzeit, 1808 Aufstellung der ö. Landwehr, Einrichtung von Armeekorps). Im Krieg von 1809 Generalissimus, Sieg über Napoleon in der Schlacht von Aspern am 21./22. 5. 1809, jedoch Niederlage bei Wagram am 5./6. 7. 1809, schloss den Waffenstillstand von Znaim. Von seinem Bruder Ks. Franz I. des Kommandos enthoben, zog er sich ins Privatleben zurück (Weilburg b. Baden). Reiterdenkmal auf dem Wr. Heldenplatz von A. D. v. Fernkorn (1860).

Literatur: O. Criste, Erzhzg. Carl von Ö., 3 Bde., 1912; H. Hertenberger u. F. Wiltschek, Erzhzg. K. Der Sieger von Aspern, 1983.

Karl, Alexander, * 19. 3. 1824 Grund (Gem. Wullersdorf, NÖ.), † 1. 2. 1909 Melk (NÖ.), 1875–1909 Abt des Benediktinerstifts Melk. 1878–1908 Abg. z. Nö. Landtag, ab 1876 Mitgl. des Herrenhauses. Dem „verfassungstreuen Großgrundbesitz" zuzuordnen, Gegner der benediktin. Reformbewegung und der Christl.-Soz.; K. war ein tüchtiger Ökonom, erneuerte das stiftliche Konvikt und das Gymn.

Karl, Elfriede, * 14. 9. 1933 Salzburg, Verkäuferin und Politikerin (SPÖ). 1974–83 und 1984–90 Abg. z. NR, 1971–79 Staatssekr. im Bundeskanzleramt, 1979–83 Staatssekr. im BM f. Finanzen; 1983–84 BMin. f. Familie, Jugend u. Konsumentenschutz.

Karlik, Berta, * 24. 1. 1904 Wien, † 4. 2. 1990 ebd., Physikerin. Studierte an der Univ. Wien, ab 1929 am Radiuminst. der Ö. Akad. d. Wiss. tätig, das sie 1945–75 leitete; ab 1956 Univ.-Prof.; Arbeiten über Alpha-Strahlen, Fluoreszenz- und Lumineszenzerscheinungen (mit S. Meyer und K. Przibram). 1942 mit T. Bernert-Cless Nachweis des Elements 85 (Astatin) in der Natur, der letzten Lücke im Periodensystem.

Werk: F. Exner und sein Kreis, 1975.

Karlweis, Carl (eigentl. Karl Weiß, auch Weiss), * 23. 11. 1850 Wien, † 27. 10. 1901 ebd., Dramatiker und Erzähler, Eisenbahnbeamter; Vater von Oskar → Karlweis. Feuilletonist beim „Wr. Tagblatt", der „Neuen Freien Presse" und der „Gartenlaube". Schrieb zahlr. Erzählungen, Romane, Komödien, Lustspiele und Volksstücke, z. T. zusammen mit H. → Bahr und V. → Chiavacci. 1886 Raimund-Preis für sein Volksstück „Der kleine Mann" (1894).

Weitere Werke: Romane: Wr. Kinder, 1887; Ein Sohn seiner Zeit, 1892. – Volksstücke: Aus der Vorstadt, 1893 (mit H. Bahr); Das grobe Hemd, 1901. – Literatur: A. Gruber, C. K., Diss., Wien 1949.

Karlweis, Oskar, * 10. 6. 1894 Hinterbrühl (NÖ.), † 24. 1. 1956 New York (USA), (Film-)Schauspieler; Sohn von Carl → Karlweis. Ab 1919 an verschiedenen Wr. Bühnen (u. a. Theater in der Josefstadt) und am Theater am Kurfürstendamm in Berlin tätig. 1938–45 als Emigrant in Paris und New York, wo er mit K. → Farkas auf Exilbühnen und im Rundfunk auftrat. Nach dem Krieg Gast bei den Sbg. Festspielen und an Wr. Theatern. Filmtätigkeit (u. a. „Die drei von der Tankstelle" mit H. Rühmann und W. Fritsch, 1930).

Karmarsch, Karl, * 17. 10. 1803 Wien, † 24. 3. 1879 Hannover (D), Technologe. Studierte am Polytechn. Inst. in Wien und war Ass. von G. → Altmütter an diesem; 1830–75 Prof. und Dir. der höheren Gewerbeschule in Hannover, die er zu einer der führenden techn. Lehranstalten in Deutschland ausbaute. K. gilt als Begründer der mechan. Technologie.

Werke: Grundriß der mechan. Technologie, 2 Bde., 1837/41; Geschichte der Technologie, 1872. – Literatur: ÖBL; NDB.

Karmasin, Fritz, * 30. 1. 1930 Käsmark (Kežmarok, SK), Meinungs- und Marktforscher. Seit 1961 Leiter des Gallup-Inst. in Ö., seit 1989 Prof. am Inst. f. Publizistik u. Kommunikationswiss. der Univ. Wien.

Werke: Einführung in die Methoden und Probleme der Umfrageforschung, 1977 (mit H. Karmasin); Markt- und Meinungsforschung, 1993.

Karner, Stefan, * 18. 12. 1952 St. Jakob b. Völkermarkt (Kä.), Historiker. Studierte Geschichte und Slawistik an der Univ. Graz, an der er 1977 Assistent und 1993 Prof. wurde. Seit 1993 auch Leiter des Ludwig-Boltzmann-Inst. f. Kriegsfolgen-Forschung in Graz und Wien, seit 1995 Vertreter Ö. in der European Commission against Racism and Intolerance des Europarates und seit 1997 Vertreter Ö. im EU-Observatorium in Wien (mit P. Pelinka). Beschäftigte sich v. a. mit der Geschichte des Nationalsozialismus und erforschte in russ. Archiven das Schicksal ö. Kriegsgefangener.

Werke: Die Stmk. im Dritten Reich, 1986; Als Mitteleuropa zerbrach, 1990; Gefangen in Rußland, 1995; Beuteakten aus Ö., 1996 (mit G. Jagschitz); Im Archipel GUPVI. Kriegsgefangenschaft und Internierung in der Sowjetunion 1941–1956, 1995; Die deutschsprachige Volksgruppe in Slowenien, 1998; Die Stmk. im 20. Jh., 2000.

Karnitschnigg, Maximilian von, * 17. 12. 1872 Graz (Stmk.), † 10. 5. 1940 ebd., Offizier und Amateurfotograf. Im 1. Weltkrieg Soldat an der russ. Front und wirkte danach als Landesbeamter in der Stmk. 1924 am Wiederaufbau der „Grazer Kunstphotographischen Vereinigung" beteiligt, trat ab 1927 als einer der führenden Fotopublizisten Ö. mit Schwerpunkt auf Landschafts- und Architekturaufnahmen in Edeldrucktechniken hervor.

Werk: Bildmäßige Vergrößerung mit einfachen Mitteln, 1925.

Kartousch, Louise, * 18. 8. 1886 Linz (OÖ.), † 13. 2. 1964 Wien, Soubrette. Feierte in der 2. Glanzzeit der Wr. Operette (L. → Fall, F. → Lehár, E. → Kálmán) Triumphe, gestaltete u. a. die Hauptrollen in „Dollarprinzessin", „Rose von Stambul" und „Graf von Luxemburg". Ab 1911 Zusammenarbeit mit dem Buffo-Bassisten E. Tautenhayn.

Karwiese, Stefan, * 25. 11. 1941 Königsberg (Kaliningrad, RUS), Archäologe. Studierte in Wien, 1978–86 stellv. Grabungsleiter in Ephesos, seit 1980 Grabungsleiter in St. Peter (Sbg.), 1988–91 in Mondsee und 1993–98 in Ephesos.

Werke: Attis in der antiken Kunst, 1967; Aguntum. Das Ende einer Stadt im Spiegel der Münzfunde, 1974; Groß ist die Artemis von Ephesos, 1995.

Karwinsky, Karl, * 17. 9. 1888 Innsbruck (Ti.), † 10. 4. 1958 Schruns (Vbg.), Politiker. Wurde 1933 Sicherheitsdir. von NÖ., war 1933–34 Staatssekr. für Sicherheitswesen und 1934–35 Staatssekr. für Justiz. Maßgebl. Vertreter des autoritären Ständestaats.

Käs, Ferdinand, * 7. 3. 1914 Brüssel (B), † 19. 8. 1988 Wien, Berufssoldat und Beamter. War als Untergebener von C. → Szokoll an der ö. militär. Widerstandsbewegung in Wien und dem Schutz Wiens in den Kämpfen im April 1945 beteiligt (direkte Kontaktaufnahme mit der 3. Ukrain. Front am 1. 4. 1945 in Hochwolkersdorf, NÖ.). Nach 1945 entscheidende Leistungen für den Aufbau der ö. Exekutive (B-Gendarmerie als Vorstufe des ö. Bundesheers), bis 1963 als Oberstleutnant Leiter der Gendarmerieschule, 1963–79 im Innenministerium.

Werk: Wien im Schicksalsjahr 1945, 1965.

Kaschauer, Jakob, * um 1400 Wien, † zwischen 23. 3. und 29. 8. 1463 ebd., Maler und Bildhauer. 1429 an der Dombauhütte von St. Stephan nachweisbar. Haupt einer bedeutenden Werkstatt, als Künstlerpersönlichkeit jedoch kaum greifbar, da die Zuschreibungen umstritten sind und von den Fragmenten des gesicherten Freisinger Altars (1443) nur die Marienfigur als eigenhändige Arbeit gilt.

Literatur: E. Baum, Kat. des Museums ma. ö. Kunst, 1971; NDB.

Kaser, Max, * 21. 4. 1906 Wien, † 13. 1. 1997 Ainring (D), Jurist. Studierte in Graz, 1931 Habilitation in Gießen (Röm. und bürgerl. Recht), ab 1933 Univ.-Prof. in Münster, 1959–70 in Hamburg, 1971–76 Honorarprof. an der Univ. Salzburg. Galt als einer der weltweit führenden Experten in Röm. Recht. Ö. Ehrenzeichen f. Wiss. u. Kunst 1971.

Kaser, Norbert Conrad, * 19. 4. 1947 Brixen (S-Ti.), † 21. 8. 1978 Bruneck (S-Ti.), Schriftsteller. Nach der Matura vorübergehend in einem Kapuzinerkloster, begann 1969 in Wien ein Kunstgeschichtestudium, kehrte 1971 nach S-Ti. zurück und arbeitete bis 1976 als Lehrer an Bergschulen. Ab 1968 veröffentlichte er satir.-krit. Lyrik mit überwiegend autobiograph. Bezügen, Kurzprosa und polit. Texte. Die große Bedeutung K. für die moderne S-Ti. Literatur wurde erst nach seinem Tod erkannt.

Ausgabe: N. C. K., Gesammelte Werke, hg. v. H. Haider, W. Methlagl u. S. P. Scheichl, 3 Bde., 1988–91. – Literatur: M. Kaufmann, K. Ein Leben in Texten, Diss., Salzburg 1988; E. Sauermann u. R. Selbmann (Hg.), K.-Symposion 1991, 1993.

Kasimir, Luigi (eigentl. Alois Heinrich), * 18. 4. 1881 Pettau (Ptuj, SLO), † 6. 8. 1962 Wien, Radierer, Lithograph, Kupferstecher. Studierte 1900–05 an der Wr. Akad., entwickelte eine eig. Technik der Farbradierung.

Werke: Wien, 1912 (Radierungen); Galizien. Ein Künstlertagebuch, 1915 (Zeichnungen); Salzburg, 1923 (Steinzeichnungen). – Literatur: A. Lorenz, L. K., 1949.

Kassner, Rudolf, * 11. 9. 1873 Groß-Pawlowitz (Velké Pavlovice, CZ), † 1. 4. 1959 Sierre (CH), Kulturphilosoph, Schriftsteller, Essayist. Seit seinem 1. Lebensjahr teilw. gelähmt; 1938–45 Schreibverbot. In seinem vielschichtigen Werk versuchte er eine physiognom. Deutung des Lebendig-Gestalthaften als geistigen Ausdruck. Immer wieder bemühte er sich, das Wesen des Österreichers zu bestimmen. Lebte ab 1945 in der Schweiz. G.-Keller-Preis der Schweiz 1949, Großer Ö. Staatspreis 1953, Schiller-Preis 1955, Ö. Ehrenzeichen f. Wiss. u. Kunst 1957.

Rudolf Kassner. Foto.

Ausgabe: Sämtl. Werke, hg. v. E. Zinn u. K. E. Bohnenkamp, 10 Bde., 1969-91. – Literatur: Gespräche mit R. K., 1960; G. Mayer, Rilke und K., 1960; G. Neumann u. U. Ott (Hg.), R. K. Physiognomik als Wissensform, 1999.

Kassowitz, Max, * 14. 8. 1842 Pressburg (SK), † 23. 6. 1913 Wien, Kinderarzt. Ab 1881 Leiter des 1. öffentl. Kinder-Krankeninst. in Wien; ab 1891 Univ.-Prof.; beschäftigte sich v. a. mit hereditärer Syphilis, Rachitis und den sog. Zahnkrankheiten. Mit seiner Frau Emilie K. (1854–1938) Engagement in der Antialkoholbewegung.

Kastelic, Jacob, * 4. 1. 1897 Wien, † 2. 8. 1944 ebd. (hingerichtet), Jurist. Führender Funktionär in der Christl.-soz. Partei und in Organisationen des Ständestaats. Gründete nach dem Einmarsch der Hitlertruppen in Ö. die „Groß-ö. Freiheitsbewegung", die die Wiederherstellung Ö. zum Ziel hatte. Wurde im Sommer 1940 mit einigen seiner Mitstreiter verhaftet und am 1. 3. 1944 zum Tod verurteilt.

Literatur: ÖBL.

Kastner, Walther, * 11. 5. 1902 Gmunden (OÖ.), † 31. 3. 1994 Wien, Jurist, Kunstfreund, Mäzen. Nach Tätigkeiten in der ö. Finanzprokuratur im Vorstand der Semperit AG und in der Kontrollbank. Ab 1949 Wirtschaftsanwalt, ab 1964 Prof. für Handelsrecht an der Univ. Wien. Ehrenmitgl. der Akad. d. Wiss.

Werke: Gewinn und Gewinnverwendung, 1977; Gesammelte Aufsätze 1946–81, 1982; Grundriß des ö. Gesellschaftsrechtes, [5]1990. – Literatur: L. Schultes (Hg.), Die Smlg. K., Ausst.-Kat., Oö. Landesmus., 5 Bde., Linz 1992–95.

Kasztler, Werner, * 14. 3. 1941 Gols (Bgld.), Manager, Konsulent. Zunächst bei Schrack, 1990 Vorstand der Schrack Elektronik AG; 1993 Geschäftsführer der Austria Telecommunications GmbH, 1994 Vorstand der Schrack Ericsson AG, 1996 Vorstandsvorsitzender der Bgld. Elektrizitätswirtschafts-AG; 1998–2000 Vorstandsvorsitzender der Telekom Austria AG.

Katschthaler, Hans, * 13. 3. 1933 Embach (Sbg.), Pädagoge und Politiker (ÖVP). 1974–77 Landesrat von Sbg. (Schul- und Bildungsangelegenheiten), 1977–89 Landeshauptmann-Stellv., 1989–96 Landeshauptmann von Sbg. Förderer des Nationalparks Hohe Tauern.

Werke: zahl. Publikationen zu hist., pädagog. und polit. Themen.

Kattnigg, Rudolf, * 9. 4. 1895 Treffen (Kä.), † 2. 9. 1955 Klagenfurt (Kä.), Komponist und Kapellmeister. Ab 1921 Akad.-Prof. in Wien, 1928–34 Dir. des Konservatoriums und Dirigent der Symphonie- und Chorkonzerte in Innsbruck. Schrieb gehobene Unterhaltungsmusik.

Werke: Operetten: Kaiserin Katharina, 1935; Prinz von Thule, 1935; Balkanliebe, 1936; Bel ami, 1949. – Oper, Ballette, Symphonien, Orchester- und Chorwerke, Filmmusik, Bearbeitung von K. Zellers nachgelassener Operette „Die Rose vom Wörthersee". – Literatur: NDB.

Katzianer, Hans, * Ende 15. Jh. Burg Katzenstein (Mačkin hrib, SLO), † 27. 10. 1539 Schloss Kostainica (HR), Freiherr, Landsknechtführer. Trat 1522 in den Dienst Ferdinands I., war Obristfeldhauptmann der inner-ö. Länder und Landeshauptmann in Krain. Kämpfte in der Slowakei, in Kroatien und in Ö. gegen die Türken, wurde nach der Niederlage von Esseg 1537 angeklagt und flüchtete, wurde aber vom Grafen Zrinyi ermordet.

Literatur: NDB.

Kauba, Maria („Mizzi"), → Langer-Kauba, Mizzi.

Kauer, Ferdinand, * 18. 1. 1751 Kleintajax (Dyjákovičky, CZ), † 13. 4. 1831 Wien, Singspielkomponist, Kapellmeister am Josefstädter und Leopoldstädter Theater in Wien und am Theater in Graz. Trat ab 1790 mit Singspielen hervor, arbeitete mit F. → Raimund zusammen. Unmodern geworden, verarmte er ab 1820. Gilt als Vorbild für die Figur des „Armen Spielmanns" von F. → Grillparzer.

Werke: über 200 Opern und Singspiele (Das Donauweibchen, 1798; Das Sternenmädchen, 1801), Symphonien, Kammermusikwerke, Messen, Oratorien, Lieder, Schulwerke. – Literatur: K. Manschinger, F. K., Diss., Wien 1929; A. Bauer, Das Theater in der Josefstadt, 1957; ÖBL; NDB.

Angelika Kauffmann, Selbstporträt. Gemälde, um 1781 (Tiroler Landesmuseum Ferdinandeum, Innsbruck).

Kauffmann, Angelika, * 30. 10. 1741 Chur (CH), † 5. 1. 1807 Rom (I), Malerin; Tochter und Schülerin des Vbg. Malers Joseph Johann K. aus Schwarzenberg (Elternhaus und A.-K.-Dokumentation im Heimatmuseum). Weitere Ausbildung in der Lombardei, ab 1763 Aufenthalte in den bedeutendsten Kunstzentren Europas, 1766–81 in London, wo sie 1768 Mitglied der Royal Academy wurde. Ab 1782 ständig in Rom, wo sie enge Kontakte u. a. mit Goethe, Herder und Winckelmann unterhielt. Bekannt wurden v. a. ihre von der engl. Porträtmalerei beeinflussten Bildnisse sowie Werke nach antiken Motiven. In ihrem Schaffen, das auch Altarbilder und Fresken umfasste, verband sie rokokohafte Gestaltungsprinzipien mit klassizist. Formensprache.

Werke: Apostelbilder und Hochaltarbild in der Pfarrkirche Schwarzenberg; Gemälde im Vbg. Landesmuseum in Bregenz und im Ti. Landesmuseum in Innsbruck. – Literatur: B. Baumgärtel, A. K., 1990; W. Wassyng Roworth (Hg.), A. K. A Continental Artist in Georgian England, 1992; W. Maierhofer, A. K., 1997; O. Sandner (Hg.), A. K. und Rom, Ausst.-Kat., Accademia Nazionale di San Luca, Rom 1998; B. Baumgärtel (Hg.), A. K.; NDB.

Kaufmann, Armin, * 30. 10. 1902 Neu-Itzhang (Izcani Noi, RO), † 30. 6. 1980 Wien, Komponist; Onkel von Dieter → Kaufmann. Lebte ab 1914 in Ö., Schüler von J. → Marx in Wien. Mitgl. der Wr. Symphoniker. Ö. Staatspreis 1950.

Werke: Symphonien, Musik für Streicher, Kammer-, Klaviermusik, Lieder. – Der Krach im Ofen, 1961 (Kinderoper).

Wenzel Anton Graf Kaunitz. Schabblatt von J. G. Haid, 1755.

Kaufmann, Christine, * 11. 1. 1945 Gröbming (Stmk.), Schauspielerin. Bereits mit 7 Jahren als Tänzerin beim Bayr. Staatsopernballett in München, avancierte 1954 als „Rosen-Resli" im gleichnamigen Film zum Kinderstar. 1961 Hollywood-Debüt in „Town Without Pity" (mit Kirk Douglas), 1963–67 mit Tony Curtis verheiratet. 1968 Rückkehr nach Deutschland; zahlr. Rollen in internat. Film- und TV-Produktionen.

Weitere Werke: Filme: Escape from East Berlin, 1962; Murders in the Rue Morgue, 1971; Lili Marleen, 1981; Lola, 1981; Out of Rosenheim, 1988; Caipiranha, 1998. – Publikationen: Normal müßte man sein, 1989 (Autobiographie); Meine Schönheitsgeheimnisse, 1997; Der Himmel über Tanger, 2000.

Kaufmann, Dieter, * 22. 4. 1941 Wien, Komponist; Neffe von Armin → Kaufmann. Studierte 1967–70 in Paris, wo er durch die Musique concrete und die Studentenrevolution wichtige Impulse für sein späteres Werk erfuhr. Ab 1970 Lehrer für elektroakustische Musik an der Wr. Musikhochschule, seit 1990 Prof. f. Komposition/Elektroakustik an dieser; 1983–90 Leiter einer Kompositionsklasse am Kä. Landeskonservatorium. Gründete 1975 mit der Schauspielerin Gunda König das K & K Experimentalstudio. Zahlr. Preise.

Werke: Evocation, 1968 (Oratorium nach Texten von I. Bachmann); Volksoper, 1978 (Text G. Jonke); Für Clara. Ein romant. Klavierkonzert, 1985; Die Reise ins Paradies, vokales Theater, 1987 (nach Texten von R. Musil); Bruder Boleslaw, 1989 (Kirchenoper); Dolores – ein Heldenleben?, 1996 (Operette). – Literatur: L. Theiner, Musikal. Dokumentation D. K., Ausst.-Kat., Ö. Nat.-Bibl., Wien 1996; G. Trimmel, Das K & K Experimentalstudio, 1996.

Kaufmann, Harald, * 1. 10. 1927 Feldbach (Stmk.), † 9. 7. 1970 Graz (Stmk.), Musikwissenschaftler. Mitgl. des Zirkels um den Philosophen E. Weinhandl, beschäftigte sich intensiv mit E. Bloch und T. W. Adorno; ab 1947 Musikkritiker der „Neuen Zeit" in Graz. Gründete 1967 das Inst. für Wertungsforschung an der Grazer Musikhochschule.

Werke: Spurlinien, 1969; Fingerübungen, 1970. – Literatur: E. Marckhl (Hg.), In memoriam H. K., 1970.

Kaufmann, Herbert, * 27. 10. 1949 Mödling (NÖ.), Manager und Politiker (SPÖ). Studierte Volkswirt. in Wien; danach in der Arbeiterkammer NÖ. tätig, 1985–99 Direktor. 1988–94 Abg. z. Nö. Landtag, 1994–99 Abg. z. NR. Seit 1999 Vorstand der Flughafen Wien AG.

Kaufmann, Isidor, * 22. 3. 1853 Arad (RO), † 16. 11. 1921 Wien, Porträt- und Genremaler, ursprünglich Bankbeamter. Besuchte die Landeszeichenschule in Budapest und studierte an der Wr. Akad.; Reisen nach Ungarn, Galizien und Polen; malte Genrebilder mit soz. Inhalt und Darstellungen aus dem jüd. Volksleben.

Literatur: T. Natter (Hg.), I. K. 1853–1921, Ausst.-Kat., Wien 1995; ÖBL.

Kaunitz, böhmisch-mährische Adelsfamilie, im 17. Jh. mit den → Dietrichstein, → Liechtenstein, Leslie und → Trauttmansdorff(-Weinsberg) verschwägert; 1642 in den böhm. Grafenstand erhoben. Ihr Stammsitz war Austerlitz (Slavkov u Brna). Bed. Mitgl. der Familie waren u. a. Dominik Andreas Gf. → Kaunitz und Wenzel Anton Gf. → Kaunitz.

Literatur: G. Klingenstein, Der Aufstieg des Hauses K., 1975.

Kaunitz, Dominik Andreas Graf, * 1655, † 11. 1. 1705 Wien, Staatsmann. Gesandter in München und im Haag, bei den Friedensverhandlungen in Rijswijk Vertreter des Kaisers, 1696 Reichsvizekanzler. Baute 1703 eine junge Regierungsmannschaft um Joseph I. auf.

Kaunitz, Wenzel Anton Graf (ab 1764 Reichsfürst von K.-Rietberg), * 2. 2. 1711 Wien, † 27. 6. 1794 ebd., Staatsmann. 1742–44 Gesandter in Turin, dann ab 1744 in den Ö. Niederlanden tätig, 1748 Unterhändler beim Friedenskongress in Aachen, 1750–53 Gesandter (Botschafter) in Paris, 1753–92 Staatskanzler und wichtigster Berater → Maria Theresias, → Josephs II. und → Leopolds II. Bewirkte 1756 den Abschluss eines Bündnisses mit Frankreich, das 1757 durch Russland und Schweden erweitert wurde, um Schlesien zurückzugewinnen. Er erreichte 1760 die Aufstellung des Staatsrates und wurde der Hauptinitiator für die geistige und polit. Erneuerung Ö. Unter Joseph II. und Leopold II. blieb K. trotz Konflikten im Amt und behielt auch seinen Einfluss auf die Außenpolitik. K. vertrat entschieden die Aufklärung und war ein Protektor der Künste (Akad. d. bild. Künste). Im persönl. Umgang galt er als sonderbar, ließ sich von niemandem in seiner Tageseinteilung stören und war selbst gegen die Herrscher und Papst Pius VI. unhöflich. Vom Palais K. in Wien 6 blieben nur unbedeutende Bauteile erhalten.

Literatur: A. Novotny, Staatskanzler K., 1947; T. Simanyi, K., Staatskanzler Maria Theresias, 1984; G. Jäger, Die Persönlichkeit des Staatskanzlers K. in der Historiographie, Diss., Wien 1982; L. Schilling, K. und das Renversement des alliances, 1994; NDB.

Kaus, Gina (eigentl. G. Zirner-Kranz, Pseud.: Andreas Eckbrecht), * 21. 11. 1894 Wien, † 23. 12. 1985 Los Angeles (USA), Schriftstellerin und Drehbuchautorin. Schrieb bis zu ihrer Emigration 1939 erfolgreiche Unterhaltungsromane. Befreundet u. a. mit K. → Kraus, H. → Broch und V. → Baum.

Werke: Romane: Die Überfahrt, 1932; Die Schwestern Kleh, 1933; Katharina die Große, 1935; Luxusdampfer, 1937; Der Teufel nebenan, 1940 (1956 verfilmt unter dem Titel „Teufel in Seide"). – Lustspiele: Der lächerliche Dritte, 1926; Whisky und Soda, 1937. – Autobiographie: Und was für ein Leben, 1979 (Neuaufl. unter dem Titel „Von Wien nach Hollywood", hg. und mit einem Nachwort von S. Mulot-Déri, 1992). – Literatur: C. Huber, G. K., Dipl.-Arb., Wien 1994.

Kaut, Josef, * 16. 2. 1904 Salzburg, † 8. 6. 1983 ebd., Journalist und Politiker (SPÖ), 1934 in polit. Haft, Redakteur beim „Demokrat. Sbg. Volksblatt", 1954–56 Abg. z. Landtag, 1956–69 Landesrat für Kultur in Sbg., Mitgl. des Direktoriums und von 1971–83 Präs. der Salzburger Festspiele.

Werke: Die Sbg. Festspiele 1920–81, 1982; Der steinige Weg, [2]1982.

Kautsky, Benedikt, * 1. 11. 1894 Stuttgart (D), † 1. 4. 1960 Wien, sozialist. Schriftsteller und Theoretiker; Sohn von Karl → Kautsky. Sekr. von O. → Bauer, 1921–38 Sekr. der Wr. Arbeiterkammer, 1938–45 im KZ, 1945–50 in Zürich, 1950–58 Leiter der O.-Möbes-Volkswirtschaftsschule der Arbeiterkammer in Graz, 1958 stellv. Gen.-Dir. der Creditanstalt-Bankverein, Univ.-Doz. in Wien. Wirkte entscheidend am Parteiprogramm der SPÖ 1958 mit (Verfasser des Vorentwurfs).

Werke: Der Kommunismus, 1921; Teufel und Verdammte, 1946 (KZ-Erinnerungen); Amerikas Arbeiter im Vormarsch, 1951; Geistige Strömungen im ö. Sozialismus, 1953.

Kautsky, Karl, * 16. 10. 1854 Prag (CZ), † 17. 10. 1938 Amsterdam (NL), führender Theoretiker des Marxismus, sozialist. Schriftsteller, Interpret der Werke von K. Marx, dessen Schriften er herausgab; Vater von Benedikt → Kautsky. Kam 1875 nach Wien, ging 1880 nach Zürich und 1881 nach London (Sekretär von F. Engels). Er gründete die sozialist. Ztschr. „Die neue Zeit" (1883–1917) und war Hauptverfasser des „Erfurter Programms" der dt. Soz.-Dem. Ab 1920 war K. wieder in Wien, 1938 emigrierte er nach Holland.

Werke: K. Marx' ökonom. Lehren, 1887; F. Engels, 1987; Das Erfurter Programm, 1892; Die Vorläufer des neueren Sozialismus, 2 Bde., 1895; Demokratie oder Diktatur, 1918; Die Internationale, 1920; Die proletar. Revolution und ihr Programm, 1922; Die materialist. Geschichtsauffassung, 2 Bde., 1927; Krieg der Demokratie, 1932; Erinnerungen und Erörterungen, hg. v. K. Benedikt, 1960. – Literatur: K. Renner, K. K., 1929; W. Blumenberg, K. K. literar. Werk, 1960; M. L. Salvadori, Sozialismus und Demokratie. K. K. 1880–1938, 1982; J. Rojahn, T. Schelz u. H. J. Steinberg (Hg.), Marxismus und Demokratie. K. K. Bedeutung in der sozialist. Arbeiterbewegung, 1992.

Kedl, Rudolf, * 16. 4. 1928 Stadtschlaining (Bgld.), † 22. 11. 1991 Markt Neuhodis (Bgld.), Bildhauer. Mitbegründer der „Künstlergruppe Bgld." (1956), 1986–91 Prof. für plast. Gestaltung an der Techn. Univ. Graz. In seinen Plastiken aus Kupferblech verband er menschl. und pflanzl. Formen.

Literatur: O. Breicha (Hg.), R. K. Das plast. Werk, 1978; R. K. „Hymnus an die Natur", Ausst.-Kat., Budapest 1989; L. Mazakarini (Hg.), R. K. Einkreisungen, 1991.

Keeß, Stephan von, * 31. 10. 1774 Wien, † 13. 6. 1840 ebd., Techniker. 1810 erster Kommissär bei der nö. Fabrikeninspektion und als solcher ein ausgezeichneter Kenner des ö. Gewerbewesens. Leitete die von Ferdinand I. ab 1819 angelegte techn. Smlg., die 1842 an das Polytechn. Inst. ging. Mehrere Erfindungen.

Werk: Darstellung des Fabriks- und Gewerbe-Wesens im Ö. Kaiser-Staate, 2 Bde., 1820/24. – Literatur: ÖBL.

Kehlmann, Michael, * 21. 9. 1927 Wien, Regisseur, Schauspieler, 1951–53 Leiter des „Kleinen Theaters im Konzerthaus". Produzierte 1952 mit H. → Qualtinger, C. → Merz und G. → Bronner das Kabarettprogramm „Brettl vorm Kopf"; Regiearbeiten in Deutschland und Ö. für Theater (ab 1964 am Theater in der Josefstadt, ab 1974 am Burgtheater in Wien) und Fernsehen (z. B. Verfilmung von J. Roths „Radetzkymarsch"). 1966 J.-Kainz-Medaille.

Werk: Der Qualtinger, 1995 (mit G. Biron).

Keil, Josef, * 13. 10. 1878 Reichenberg (Liberec, CZ), † 13. 12. 1963 Wien, Archäologe, 1904–14 Sekr. des Ö. Archäolog. Inst. in Smyrna, ab 1914 in Wien; 1926–35 Leiter der Ausgrabungen in Ephesos, 1925–27 und 1936–51 Univ.-Prof. in Wien, 1927–35 in Greifswald, 1951–56 Kodirektor des Ö. Archäolog. Inst. Sein Lebenswerk waren die Ausgrabungen in Ephesos und die Herausgabe der antiken Inschriften Kleinasiens.

Werke: Forschungen in der Erythraia, 2 Tle., 1910/12; Bericht über Reisen in Lydien, 3 Tle., 1908–14; Forschungen in Ephesos, 1923–45; Denkmäler Kilikiens, in: Monumenta Asiae minoris antiquae, Bd. III, 1931 (Hg. mit A. Wilhelm). – Literatur: NDB.

Keim, Franz, * 28. 12. 1840 Stadl-Paura (OÖ.), † 26. 6. 1918 Brunn a. Geb. (NÖ.), Dramatiker, Lyriker, 1875–98 Gymn.-Lehrer in St. Pölten. Schrieb v. a. Volksstücke mit Motiven und Themen aus der Geschichte NÖ.

Ausgabe: Gesammelte Werke, 5 Bde., 1912/13 (mit Autobiographie). – Literatur: O. Scholz, F. K. als Dramatiker, Diss., Wien 1928; ÖBL; NDB.

Keimel, Otto, * 16. 2. 1928 Innsbruck (Ti.), Unternehmensberater und Politiker (ÖVP). Präsidialmitgl. des Ö. Wirtschaftsbundes und des Ö. Akademikerbundes. 1970–94 Abg. z. NR.

Kein, Ernst (Aloysius), * 27. 11. 1928 Wien, † 21. 1. 1985 ebd., Lyriker, Erzähler, Feuilletonist, Hörspielautor. 1950/51 Mitarbeiter der „Neuen Wege". Neben H. C. → Artmann und G. → Rühm einer der Begründer der neuen Wr. Dialektdichtung. V. a. bekannt durch seine scherzhaften Kurzgedichte und seine 1974–85 in der „Neuen Kronen Zeitung" erschienenen „weana schbrüch". Ö. Staatspreis (Förderungspreis) 1958 und 1976.

Werke: Alltagsgeschichten, 1959; Die Meute, 1961; Die Verhinderung, 1966; Ausflug zur Grenze, 1970; Die kleinen Freuden der Wiener, 1983; Wirtshausgeschichten, 1986. – Ausgaben: Straße des Odysseus, hg. v. A. Okopenko, 1994; „K. Buch", Sprüche, Lieder und Geschichten von E. A. K., hg. v. M. Fialik, 1998. – Literatur: A. Okopenko, E. K. hochsprachige Lyrik, in: Freibord 57, 1987.

Karl Kautsky. Foto.

Keldorfer, Robert, * 10. 8. 1901 Wien, † 13. 9. 1980 Klagenfurt, Komponist, Dirigent, Konzertpianist, Dir. des Kä. Landeskonservatoriums; Sohn von Viktor → Keldorfer.

Keldorfer, Viktor, * 14. 4. 1873 Salzburg, † 28. 1. 1959 Wien, Komponist; Vater von Robert → Keldorfer. Chormeister des Wr. Männergesang-Vereins (1902–21) und des Wr. Schubert-Bundes (1922–38 und ab 1945; 1938–45 Arbeitsverbot). Gab erstmals Schuberts gesamte Werke für Männerchor heraus (1928). Komponierte selbst zahlr. Chorwerke, bes. für Männerchor a capella.

Literatur: NDB.

Keller, Greta, * 8. 2. 1903 Wien, † 5. 11. 1977 ebd., Diseuse, Chansonette. 1916 Debüt am Volkstheater in Wien, ab1920 in Berlin. Rückkehr nach Wien, Auftritte in der musikal. Show „Broadway" (mit M. Dietrich und P. → Lorre) in den Kammerspielen und im Kabarett „Pavillon", dem späteren „Moulin Rouge". 1928 Engagement im Pariser „Casanova". War eine der ersten Chansonsängerinnen (Schallplattenaufnahmen bereits 1928/29). Lebte lange Zeit in den USA, wo sie zur gefeierten Entertainerin wurde. Engagierte sich für die Wr. Küche und verfasste Kochbücher. 1975 Gastspiel im Theater an der Wien.

Keller, Julia Liliane („Liane"), * 28. 3. 1903 Wolfsberg (Kä.), † 16. 10. 1995 Wien, Kinderbuchautorin. Studierte Psychologie und Psychoanalyse sowie Kunst- und Literaturgeschichte. Mitinitiatorin des Ö. Buchklubs der Jugend nach 1945. Setzte sich bes. mit Märchen, Mythen und Sagen sowie mit Umweltfragen auseinander. Über 30 Publikationen seit 1948.

Kelnhofer, Fritz, * 19. 1. 1940 Wien, Kartograph, seit 1984 Prof. an der Techn. Univ. Wien. Zahlr. Publikationen zur Theorie und Praxis der Kartographie.

Werke: Beiträge zur Systematik und allg. Strukturlehre der themat. Kartographie, 1971; Darstellungs- und Entwurfsprobleme in topograph. Karten mittlerer Maßstäbe, 1980. – Literatur: M. Lechthaler (Hg.), Per aspera ad astra. Festschrift f. F. K. zum 60. Geburtstag, 2000.

Hans Kelsen. Foto.

Kelsen, Hans, * 11. 10. 1881 Prag (CZ), † 19. 4. 1973 Berkeley (USA), Staats- und Verwaltungsrechtler, Rechtsphilosoph. Schöpfer der ö. Bundesverfassung von 1920, 1919–30 Univ.-Prof. in Wien, 1921–30 Verfassungsrichter, Professuren in Köln 1930, Genf 1933–35 und 1938, Prag 1936–38, Berkeley 1945–52. Begründer der „reinen Rechtslehre", führender Vertreter des Rechtspositivismus. 11 Ehrendoktorate.

Werke: Hauptprobleme der Staatsrechtslehre, 1911; Allg. Staatslehre, 1925; Reine Rechtslehre 1934; The Law of the United Nations, 1950; Was ist Gerechtigkeit?, 1953. – Literatur: R. A. Metall, H. K. Leben u. Werk, 1969; R. Walter u. H. K., in: W. Brauneder (Hg.), Juristen in Ö., 1987; C. Heidemann, Die Norm als Tatsache. Zur Normentheorie H. K., 1997; NÖB; NDB.

Kempelen, Wolfgang von (de Pámánd), * 23. 1. 1734 Pressburg (Bratislava, SK), † 26. 3. 1804 Wien, Mechaniker. Baute 1769 einen fingierten „Schachautomaten" (in dem ein Mensch versteckt war) und 1778 eine Sprechmaschine; beide sind nicht erhalten.

Kempen, Johann Franz, Frh. von Fichtenstamm, * 26. 6. 1793 Pardubitz (Pardubice, CZ), † 29. 11. 1863 Schwarzau a. Steinfelde (NÖ.), Berufsoffizier. 1849 Generalinspekteur der Gendarmerie, die er aufbaute und zu einem schlagkräftigen Korps gestaltete, 1851 Militärgouverneur von Wien, 1852–59 Chef der Obersten Polizeibehörde und damit wesentl. Träger des Staates in der Zeit des Neoabsolutismus. Seine Tagebücher sind eine wertvolle Quelle dieser Epoche.

Literatur: NDB.

Kenner, Hedwig, * 20. 4. 1910 Wien, † 10. 2. 1993 ebd., Archäologin. Univ.-Prof. in Wien. Schwerpunkte ihrer Tätigkeit waren Kunst- und provinzialröm. Archäologie sowie antikes Theater. Ehrenmitgl. des Ö. Archäolog. Inst.

Werke: Das Theater und der Realismus in der griech. Kunst, 1955; Das Phänomen der verkehrten Welt in der griechisch-röm. Antike, 1970; Die röm. Wandmalereien am Magdalensberg, 1985.

Kepler, Johannes, * 27. 12. 1571 Weil der Stadt (D), † 15. 11. 1630 Regensburg (D), dt. Astronom und Mathematiker. Kam 1594 nach Graz, 1600 als Hofastronom Ks. → Rudolfs II. nach Prag und 1612 nach Linz, wo er 14 Jahre lang als Lehrer tätig war; ab 1628 im Dienst A. v. → Wallensteins. Herausragende Leistungen in der Astronomie und Optik sind u. a. die K.schen Gesetze (die von K. aus den von T. de Brahe stammenden Beobachtungen hergeleiteten 3 Gesetze der Planetenbewegung) sowie die Theorie der Linsen und des Fernrohrs mit 2 Konvexlinsen. Die Linzer Univ. wurde nach K. benannt.

Ausgabe: W. v. Dyck, M. Caspar u. F. Hammer (Hg.), J. K., Gesammelte Werke, 1937ff. – Literatur: H.-C. Freiesleben, K. als Forscher, 1970; W. Gerlach u. M. List, J. K. Leben und Werk, 1980; M. Lemcke, J. K., 1995.

Keppler, Wilhelm, * 14. 12. 1882 Heidelberg (D), † 13. 6. 1960 Friedrichshafen (D), Ingenieur, Industrieller. 1936 persönl. Berater von H. Göring in Wirtschaftsfragen, wurde 1938 zum Sekr. der dt. Botschaft in Wien ernannt, spielte während des Anschlusses eine Schlüsselrolle. März–Juni 1938 Reichskommissar in Ö.

Kerber, Erwin, * 30. 12. 1891 Salzburg, † 24. 2. 1943 ebd., Jurist und Theaterspezialist. Ab 1919 für die Salzburger Festspiele (erste Aufführung 1920) tätig, deren Geschäftsführer er wurde und zu deren Aufbau er wesentlich beitrug. Ab 1933 auch an der Wr. Staatsoper (Direktionsmitgl. bzw. Direktor und Regisseur), 1942/43 Intendant des Sbg. Landestheaters.

Literatur: ÖBL.

Kern, Jakob, * 11. 4. 1897 Breitensee b. Wien, † 20. 10. 1924 Wien, Prämonstratenser. Wurde als Offizier im 1. Weltkrieg schwer verwundet und trat 1920 in das Prämonstratenserstift Geras ein. Widmete sich trotz schmerzhafter Leiden im Gefolge seiner Verwundung, an der er schließlich starb, ganz dem Dienst am Nächs--ten. 1998 selig gesprochen.

Literatur: K. Fleischmann, Diener Gottes J. K., 1985.

Kernberg, Otto F., * 10. 9. 1928 Wien, Psychoanalytiker. Emigrierte 1939 mit seinen Eltern nach Chile, wo er Biologie und Medizin studierte; wanderte 1966 in die USA aus und wurde 1976 Prof. am Cornell Medical College in New York und 1995 Präs. der Internat. Psychoanalyt. Vereinigung.

Werke: Borderline conditions and pathological narcissism, 1975 (Borderline-Störungen und patholog. Narzißmus, 1978); Object-Relations Theory and Clinical Psychoanalysis, 1978 (Objektbeziehungen und Praxis der Psychoanalyse, 1981); Internal World and External Reality, 1980 (Innere Welt und äußere Realität, 1988); Severe Personality Disorders. Psychotherapeutic Strategies, 1984 (Schwere Persönlichkeitsstörungen, 1988); Aggression in Personality Disorders and Perversions, 1992 (Wut und Haß, 1997); Love Relations, 1995 (Liebesbeziehungen, 1998); Idealogy, Conflict, and Leadership in Groups and Organizations, 1998 (Ideologie, Konflikt und Führung, 2000). – Literatur: A. Bruckner, Das Borderline-Syndrom, Dipl.-Arb., Wien 1998.

Kerner, Anton, Ritter von Marilaun, * 12. 11. 1831 Mautern (NÖ.), † 22. 6. 1898 Wien, Botaniker. Schöpfer der alpinen Pflanzengeographie, einer der Begründer der Pflanzengesellschaftslehre, Univ.-Prof. in Innsbruck (wo er die Lehrkanzel f. Botanik schuf) und Wien.

Werke: Das Pflanzenleben der Donauländer, 1863; Pflanzenleben; 2 Bde., 1888/91.

Kernstock, Ottokar, * 25. 7. 1848 Marburg (Maribor, SLO), † 5. 11. 1928 Festenburg (Gem. St. Lorenzen a. Wechsel, Stmk.), Priester, Forscher, patriotischer, dt.-nat. Dichter. Dichtete das Kaiserlied, die 1929/30 eingeführte Bundeshymne, Kriegslyrik und das Hakenkreuzlied für die Fürstenfelder Ortsgruppe. Trotz Distanzierung zu Lebzeiten nutzte die nat.-soz. Propaganda das Lied nach K. Tod für sich.

Literatur: M. Liebmann, O. K. und sein Hakenkreuzgedicht, in: Campus f. das Fürstenfelder Kulturmagazin 22, 1993; ders., O. K., der mißbrauchte Dichter, in: Ztschr. d. Hist. Vereins f. Stmk., Bd. 85, 1994; J. Steinbauer, „Markig und feierlich". Eine Geschichte der Bundeshymnen der Republik Ö., Dipl.-Arb., Graz 1993.

Kerschagl, Richard, * 25. 5. 1896 Wien, † 30. 12. 1976 Hermagor (Kä.), Nationalökonom. Nach 1918 Bankbeamter, lehrte 1930–38 und 1945–67 an der Hochschule für Welthandel in Wien, 2-mal Rektor. 1958–76 Präs. des Verbands Ö. Volkshochschulen.
Werke: Der Anteil Ö. an den Fortschritten der modernen Nationalökonomie, 1938; Abriß der Finanzwirtschaft, 1950; Das ö. Devisenrecht, 1957; Die Inflation, 1973.

Kerschbaumer, Marie-Thérèse, * 31. 8. 1936 Garches b. Paris (F), Lyrikerin, Erzählerin, Übersetzerin. Lebt seit 1957 in Wien. Ihr Werk ist von soz. und polit. Engagement für Antifaschismus und Frieden geprägt. In ihrem Roman „Der weibliche Name des Widerstands" (1980) beschreibt sie in dokumentar. Prosa 7 Frauenschicksale im Kampf gegen das Naziregime.
Weitere Werke: Lyrik: Gedichte, 1970; 9 Canti auf die irdische Liebe, 1989; bilder immermehr, 1997. – Romane: Der Schwimmer, 1976; Schwestern, 1982; Die Fremde. Erstes Buch, 1992; Ausfahrt. Die Fremde. Zweites Buch, 1994; Fern. Drittes Buch, 2000. – Hörspiele; Übersetzungen. – Literatur: H. Höller, Wer spricht hier eigentlich?, in: M. Jurgensen (Hg.), Frauenliteratur, 1983.

Kery, Theodor, * 24. 7. 1918 Mannersdorf a. d. Rabnitz (Bgld.), Lehrer und Politiker (SPÖ). 1951–62 Abg. z. Landtag, 1962–66 Landesrat, 1966–87 Landeshauptmann des Bgld. Nach öffentl. Kritik (Privilegien, Parteibuchwirt.) trat K. 1987 von seinen Ämtern zurück.

Kessler, Heinz, * 19. 8. 1938 Wien, Jurist und Industrieller. Seit 1964 in der Nettingsdorfer Papierfabrik AG, 1974 Vorstandsmitglied, 1982 Vorstandsvorsitzender. 1988–96 Präs. der Industriellenvereinigung.

Keßler, Herbert, * 2. 2. 1925 Bludesch (Vbg.), Jurist und Politiker (ÖVP). 1957–64 Bürgermeister von Rankweil, 1954–64 Abg. z. Vbg. Landtag, 1964–87 ÖVP-Landesparteiobmann und Landeshauptmann von Vbg. K. war ein energischer Verfechter des Föderalismus und forcierte die Beziehungen zw. Vbg. und den Nachbarstaaten Deutschland, Schweiz und Liechtenstein.

Keutschach, → Leonhard von Keutschach.

Khevenhüller, aus Kä. stammendes, 1396 erwähntes Hochadelsgeschlecht, 1566 Freiherren, 1593 (1725) Reichsgrafen, 1763 Fürsten (primogen). Eine Linie ist im Besitz von Hochosterwitz. Bed. Mitgl. der Familie waren u. a.: Franz Christoph Gf. v. → Khevenhüller-Frankenburg, Georg Gf. → Khevenhüller, Ludwig Andreas Gf. → Khevenhüller und Johann Joseph Fürst → Khevenhüller-Metsch.

Khevenhüller, Franz Christoph, Graf von K.-Frankenburg, * 21. 2. 1588 Landskron (Kä.), † 13. 6. 1650 Baden (NÖ.), Diplomat, Historiker. 1617–31 Gesandter in Madrid, wo er die Beziehungen zur span. Linie des Hauses Habsburg festigte. Min. Ks. → Ferdinands II., 1631 Obersthofmeister von Maria Anna von Spanien, der Gemahlin von Ferdinand III. Trat 1612/14 zum Katholizismus über, stand daher in der Gunst Ferdinands II. und war ein bedeutender Chronist seiner Zeit.
Werk: Annales Ferdinandei, 12 Bde., 1640–1726 (in dt. Sprache). – Literatur: NDB.

Khevenhüller, Georg Graf, * 22. 4. 1533, † 9. 9. 1587, Landeshauptmann in Kä. (ab 1565). Vertrauter von Erzhzg. → Karl II., 1568 dessen geheimer Rat und bis 1580 Präs. der inner-ö. Hofkammer; erwarb Hochosterwitz und Wernstein und baute beide Burgen aus.

Khevenhüller, Ludwig Andreas Graf, * 30. 11. 1683 Linz (OÖ.), † 26. 1. 1744 Wien, Feldmarschall. Kämpfte unter Prinz Eugen 1716/17 bei Peterwardein und Belgrad, 1733–37 in Italien. Wurde 1737 Feldmarschall und 1741 Befehlshaber der ö. Armee; schlug im Ö. Erbfolgekrieg 1742 Bayern und Franzosen zurück und eroberte Bayern. War auch militär. Theoretiker.
Werke: Observationspunkten so ich Graf K. dem mir anvertrauten Dragoner-Regiment vorschreibe, 1727; Ideen vom Krieg, 1732; Kriegsregeln sowohl im Feld als in Festungen, 1756 (franz. 1771). – Literatur: NDB.

Khevenhüller-Metsch, Johann Joseph Fürst, * 3. 7. 1706 Wien, † 18. 4. 1776 ebd., Staatsmann. 1728 Reichshofrat, 1734–37 Gesandter in Holland und Dänemark, 1740 in Dresden, 1742 Obersthofmeister und Oberstkämmerer Maria Theresias, Staats- und Konferenzmin., zuletzt Musikgraf. Sein durch 33 Jahre hindurch geführtes Tagebuch ist eine wichtige Quelle für das Hofleben der Jahre 1742–75. Namensvereinigung K.-M. aufgrund der Heirat mit der Tochter des letzten Grafen von Metsch.
Werk: Aus der Zeit Maria Theresias, 7 Bde., 1907–25 (Bd. 8 hg. v. M. Beunlich-Pawlik u. H. Wagner, 1972).

Marie-Thérèse Kerschbaumer. Foto, 1988.

Khol, Andreas, * 14. 7. 1941 Bergen (S-Ti.), Verfassungsjurist und Politiker (ÖVP). 1974–92 Dir. der Polit. Akad. der ÖVP. Seit 1983 Abg z. NR, 1994–99 und seit 2000 Klubobmann, 1999–2000 geschäftsführender Klubobmann und 3. Präs. d. NR.
Werke: Die Kampagne, 1987 (Hg.); Fragen und Antworten zur EG-Integration, 1989; Fragen und Antworten zu Europa, 1991; Den besten Weg für Ö. gehen, 1991 (Hg.); Neue Außenpolitik in einer neuen Welt, 1993 (Hg.); Mein polit. Credo, 1998; Durchbruch zur Bürgerges., 1999.

Kiefer, Edwin S., * 29. 9. 1929 Apatin (YU), Maschinenbau-Ingenieur und Manager. Leistete wichtige Beiträge zur Entwicklung von Karosserie, Fahrwerk und Sicherheitsausstattung bei Opel. 1986–94 Gen.-Dir. von General Motors Austria bzw. Opel Austria. Unter seiner Leitung wurden das General-Motors-Werk in Wien-Aspern sowie ein Großprojekt in Ungarn verwirklicht.

Kielmansegg, Erich Graf, * 13. 2. 1847 Hannover (D), † 5. 2. 1923 Wien, Politiker; Sohn des hannoveranischen Staatsmin. (Min.-Präs.) Eduard Gf. K.; 1889–1911 Statthalter von NÖ. (Schöpfer von Groß-Wien 1890); 1895 Ministerpräs. und Innenminister.
Werk: Kaiserhaus, Staatsmänner und Politiker, hg. v. W. Goldinger, 1966 (Autobiographie). – Literatur: ÖBL; NDB.

Kienböck, Robert, * 11. 1. 1871 Wien, † 8. 9. 1953 ebd., Strahlenpionier. Radiologe an der Poliklinik in Wien, Mitarbeiter von G. → Holzknecht; Univ.-Prof. Schuf ein Verfahren zur genauen Dosierung von Röntgenstrahlen.
Werke: Radiotherapie, 1907; Röntgendiagnostik der Knochen- und Gelenkskrankheiten, 8 Bde., 1933–42.

Viktor Kienböck. Foto, um 1930.

Kienböck, Viktor, * 18. 1. 1873 Wien, † 23. 11. 1956 Salzburg, Rechtsanwalt und Politiker (CS). 1922–24 und 1926–29 Finanzmin., 1932–38 Präs. und 1952–56 Vizepräs. der Oesterr. Nationalbank. Er führte die finanzielle Sanierung des Staatshaushalts unter I. → Seipel durch (Völkerbundanleihe von 1922).
Werk: Das ö. Sanierungswerk, 1925. – Literatur: NDB.

Kienzl, Heinz, * 8. 10. 1922 Wien, Gewerkschafter und Bankmanager. Ab 1947 Mitarbeiter (1950–68 Leiter der wirt.-polit. Abt.) beim Ö. Gewerkschaftsbund, 1954–69 Arbeiterkammerrat, Mitbegründer der Soz.-wiss. Studienges.; 1964 Vorstandskonsulent der BAWAG, 1973–88 Gen.-Dir. und 1988–93 1. Vizepräs. der Oesterr. Nationalbank.
Werke: Ökonomie und Ideologie, 1971; Antisemitismus-Forschung in Ö., 1987; 40 Jahre Stabilität. Jahrtausendwende in Rot-Weiß-Rot, 1991. – Literatur: M. Hudler u. a., Einblicke in das Leben von H. K., 1998.

Georg Graf Khevenhüller. Holzschnitt, 16. Jh.

Wilhelm Kienzl. Relief vom Grabdenkmal auf dem Wiener Zentralfriedhof.

Kienzl, Wilhelm, * 17. 1. 1857 Waizenkirchen (OÖ.), † 3. 10. 1941 Wien, Komponist, Opernkapellmeister, Librettist, Schriftsteller. Ab 1886 Dirigent des Stmk. Musikvereins in Graz, ab 1917 in Wien. Bekannt durch seine volkstüml. Opern „Der Evangelimann" (1895) und „Kuhreigen" (1911). Schrieb die Melodie zur Bundeshymne der 1. Republik.

Weitere Werke: Kammermusik- u. Chorwerke, Lieder, Opern. – Schriften: Aus Kunst und Leben, 1904; Im Konzert, 1908; Betrachtungen und Erinnerungen, 1909 (mit Biographie von R. Wagner); Meine Lebenswanderung, 1926. – Briefwechsel mit P. Rosegger, hg. v. H. Sittner, 1953 (mit Werkverz.). – Literatur: Festschrift, 1917; H. A. Yoshida, W. K. Bühnenwerke, Diss., Wien 1983; ÖBL; NDB.

Kiesel, Reinhold, * 5. 4. 1837 Bietigheim b. Stuttgart (D), † 2. 11. 1897 Salzburg, Zeitungsverleger. Gründete 1870 das „Salzburger Volksblatt", die bis 1942 führende Zeitung der Landeshauptstadt.

Kiesewetter, Raphael, Edler von Wiesenbrunn, * 29. 8. 1773 Holleschau (Holešov, CZ), † 1. 1. 1850 Baden (NÖ.), Musikschriftsteller und -wissenschaftler, Jurist, bis 1845 Beamter im Hofkriegsrat. Zählte zu den Pionieren der modernen Musikwiss., 1849 korrespond. Mitgl. der Akad. d. Wiss.

Werke: Geschichte der europ.-abendländ. oder unsrer heutigen Musik, 1834; Guido von Arezzo, 1840; Schicksale und Beschaffenheit des weltl. Gesanges, 1841; Die Musik der Araber, 1842; Über die Octave des Pythagoras, 1848. – Literatur: ÖBL; NDB.

Kiesl, Theresia, * 26. 10. 1963 Sarleinsbach (OÖ.), Leichtathletin und Trainerin. Ö. Rekorde über 1000 m, 1500 m, die Meile und 3000 m; 1996 Bronzemedaille bei den Olymp. Spielen in Atlanta und Gold bei der Halleneuropameisterschaft in Valencia (jeweils über 1500 m). 1999 Rücktritt vom aktiven Sport, seit 2000 Trainerin.

Kiesler, Friedrich, * 22. 9. 1890 Czernowitz (UA), † 27. 12. 1965 New York (USA), Architekt, Designer, Maler, Bühnenbildner, Bildhauer, Visionär. Studierte 1909–13 an der Techn. Hochschule und der Akad. d. bild. Künste in Wien, wanderte 1926 in die USA aus, wo er an mehreren Univ. lehrte. K. beschäftigte sich in den frühen 20er Jahren in Wien mit neuen Theaterformen („Raumbühne", Architekturschauspiel, „Endloses Theater") und in weiterer Folge mit visionären Lebensformen im allg. („Raumstadt", „Biotechnik", „Correalism"). 1950 entstand das 1. Modell des „Endlosen Hauses", das erweitert und verändert seit 1960 im Museum of Modern Art in New York ausgestellt ist; 1957–65 arbeitete K. zusammen mit A. Bartos am „Shrine of the Book" für Jerusalem, in dem die Schriftrollen vom Toten Meer aufbewahrt und ausgestellt sind. Nachlass (schriftl. Dokumente und Zeichnungen) in der Ö. Friedrich und Lillian K. Privatstiftung in Wien, Skulpturen im Archiv von Lillian K. in New York. Der F.-K.-Preis für Architektur und Kunst ist mit 750.000 S dotiert und wird seit 1998 alle zwei Jahre durch die Republik Ö. vergeben.

Weitere Werke: Film Guild Theater, New York 1928/29; Projekt Space Theater für Woodstock, 1931 (nicht realisiert); Neugestaltung „Space house", Geschäftslokal, New York 1933; Caramoor Theater, Kantonah, New York, 1959; Projekt „Universaltheater", 1961 (nicht realisiert); Meditationsgrotte in New Harmony, Indiana, 1963. – Publikationen: Debacle of the Modern Theater, 1926; Contemporary Art Applied to the Store and its Display, 1930; Inside the Endless House, Art, People, and Architecture, 1966. – Literatur: F. K., Ausst.-Kat., Bochum/Wien 1975; D. Bogner, F. K. 1890–1965, 1988; B. Lesák, Die Kulisse explodiert. F. K. 1922–25, 1989; L. Philipps, F. K., 1989; D. Bogner, F. K. – Inside the Endless House, Ausst.-Kat., Hist. Mus. d. Stadt Wien, 1998.

Kieslinger, Alois, * 1. 2. 1900 Wien, † 1. 6. 1975 ebd., Geologe und Paläontologe. 1946–49 oberster Geologe des Bundesdenkmalamts, 1949–70 Univ.-Prof. an der Techn. Hochschule in Wien. Wurde durch die geolog. Untersuchung von Steinen an hist. Bauten zum Begründer der Kulturgeologie.

Werke: Zerstörungen an Steinbauten, ihre Ursachen und ihre Abwehr, 1932; Die Steine von St. Stephan, 1949; Die Steine der Wr. Ringstraße, 1972. – Literatur: C. Bachl-Hofmann (Hg.), Dokumentation und Evaluation des Nachlasses von Prof. Dr. A. K., 1997.

Kießling, Franz, * 10. 1. 1918 Znaim (Znojmo, CZ), † 20. 2. 1979 Korneuburg (NÖ.), Lyriker, Beamter, Redakteur der Wochenschrift „Offenes Wort". Verfasste Natur-, Liebes- und Zeitgedichte. 1943 Stifter-Preis, 1950 Ö. Staatspreis.

Werke: Das ungefragte Herz, 1948; Seht, wie ihr lebt!, 1955; Lob einer Stunde, hg. v. L. Wech, 1986.

Killmann, Irolt, * 6. 3. 1932 Berndorf (NÖ.), † 3. 10. 1999 Graz (Stmk.), Techniker. Ab 1966 als Spezialist für Motorenbau in verschiedenen Firmen in den USA und Deutschland tätig. 1980–96 Leiter der Forschungsabt. für Verbrennungskraftmaschinen der AVL List GmbH in Graz, 1997–99 Rektor der Techn. Univ. Graz.

Kindermann, Heinz, * 8. 10. 1894 Wien, † 3. 10. 1985 ebd., Literatur- und Theaterwissenschaftler. Ab 1919 im Unterrichtsmin. tätig, wo er die Abteilung für Volksbildungswesen aufbaute; lehrte 1926–36 Literaturgeschichte in Danzig, 1936–42 an der Univ. Münster, 1942–45 und 1953–69 Prof. für Theaterwiss. an der Univ. Wien, wo er das Inst. f. Theaterwiss. begründete. Seine 10-bändige „Theatergeschichte Europas" (1957–78) wurde zum Standardwerk seines Fachs. Mitbegründer der Sbg. M.-Reinhardt-Forschungs- und Gedenkstätte.

Weitere Werke: Das Burgtheater, 1939; Hebbel und das Wr. Theater seiner Zeit, 1943; Lexikon der Weltliteratur, 1950 (mit M. Dietrich); Das Goethebild des 20. Jh., 1953; Das Theaterpublikum der Antike, 1979; Das Theaterpublikum des MA, 1980; Das Theaterpublikum der Renaiss., 2 Bde., 1984/86. – Ab 1955 Hg. der Ztschr. „Maske und Kothurn".

Kindermann, Joseph Karl, * 4. 3. 1744 bei Budapest (H), † 15. 10. 1801 Wien, Geograph, Kartograph und Schriftsteller. Stellte sich 1768 in den Dienst der Niederländ. Ostind. Kompanie, ging nach Südafrika und trug dort Arbeiten zur „Histoire Naturelle" (1750) von G. L. Leclerc de Buffon bei. Bekanntschaft mit J. Cook. 1774 Rückkehr nach Wien und Tätigkeit für die Wiss. und Volksbildung im Sinne der josephin. Aufklärung. 1787–1800 Leiter der „Grätzer Zeitung". Als Hauptredakteur des „Atlas des Ö. Kaiserthums" ab 1801 brachte er bis zu seinem Tod noch 8 Karten der ö. Länder heraus.

Werke: Hist. und Geograph. Abriß des Herzogtums Stmk., 1779; Die Provinz Inner-Ö., 1789–97 (Kartenwerk mit 12 Blättern).

Kinigadner, Heinz, * 28. 1. 1960 Uderns (Ti.), Bäcker, Moto-Cross-Fahrer. Ab 1978 mehrere Staatsmeistertitel (125 ccm, 250 ccm und 500 ccm), 1984 und 1985 Weltmeister (250 ccm). Startete in den 90er Jahren vorwiegend bei Motorrad-Rallyes und siegte 1994 bei der Pharaonen-Rallye, 1995 bei der Rallye Paris–Peking und 1996 bei der Atlas-Rallye. Beendete 1997 seine Karriere; seither Sportmanager.

Literatur: N. Adam, Österreichs Sportidole, 1984.

Kininger (auch Kinninger, Kieninger), Vinzenz Georg, * 24. 4. 1767 Regensburg (D), † 18. 5. 1851 Wien, Porträt- und Miniaturmaler, Kupferstecher und Lithograph. Lebte ab 1778 in Wien. Seine Hauptthemen waren neben Bildnissen und Landschaften v. a. Militärszenen, Trachten und Kostüme.

Literatur: Aquarelle und Zeichnungen von V. G. K., Ausst.-Kat., Wien 1981; ÖBL.

Kink, Franz, * 4. 10. 1790 Bozen (S-Ti.), † 18. 11. 1862 Kufstein (Ti.), Industrieller. Begann 1842 als Straßenmeister in Kufstein als erster in Ö. mit der fabriksmäßigen Herstellung von Zement (Romanzement). Wichtige Leistungen auf dem Gebiet der Zementherstellung vollbrachten auch sein Bruder Martin K. (1800–1877), sein Sohn Anton K. (1820–1868) und sein Neffe Julius v. K. (1848–1909).

Literatur: ÖBL; NDB.

Kino, Kitty (eigentl. K. Gschöpf), * 10. 6. 1948 Wien, Regisseurin und Drehbuchautorin. Studierte an der Wr. Filmakad. (1975/76 Diplome in Regie und Schnitt), 1976–80 freie Mitarbeiterin des ORF; seither als freischaffende Regisseurin tätig.

Werke: Karambolage, 1982; Die Nachtmeerfahrt, 1985; Wahre Liebe, 1989; Aktion C+M+B, 1996.

Kinsky (urspr. Wchinsky), aus Böhmen stammendes Hochadelsgeschlecht (urk. 1237), Grafen 1628, 1676, 1687, Reichsfürsten 1747. Erbten 1784 das 1713–16 von J. L. v. Hildebrandt erbaute Palais Daun in Wien 1 (Freyung 4), das bis 1987 in Familienbesitz blieb. Aus der Familie stammten Franz Ulrich Gf. → Kinsky, Wilhelm Gf. → Kinsky und Bertha von → Suttner.

Literatur: Amisola (Hg.), Palais Daun-K., Wien, Freyung, 2001.

Kinsky, Franz Ulrich Graf, * 1634 Chlumetz (Chlumec, CZ), † 27. 2. 1699 Wien, Diplomat und Staatsmann. 1683 oberster böhm. Kanzler, 1689 Mitgl. der Geheimen Konferenz, ab 1695 leitender Staatsmann des Wr. Hofes. Vertrat in den Friedensverhandlungen mit den Türken eine harte, auf Expansion gerichtete Politik.

Literatur: NDB.

Kinsky, Wilhelm Graf, * 1574/82, † 25. 2. 1634 Eger (Cheb, CZ; ermordet). War sowohl in die Wirren der Stände Böhmens als auch in den Bruderzwist der Habsburger verstrickt, verhandelte für → Wallenstein mit den Schweden und wurde mit ihm ermordet.

Literatur: NDB.

Kinzl, Hans, * 5. 10. 1898 St. Florian am Inn (OÖ.), † 23. 10. 1979 Innsbruck (Ti.), Geograph, Hochgebirgs- und Gletscherforscher. 1935–68 Univ.-Prof. in Innsbruck, 1958–59 Rektor. Unternahm 1936–54 5 Expeditionen nach Peru. Widmete sich bes. der Gletscherkunde, Bevölkerungsgeographie und hist. Kartographie.

Werke: Bergbauernfrage und Gebirgsentsiedlung in Ti., 1956; S-Ti. – geographisch betrachtet, 1965.

Kirchmann, Sigrid, * 29. 3. 1966 Bad Ischl (OÖ.), Leichtathletin, Lehrerin an höheren Schulen (Leibeserziehung, Geographie). Mehrfache ö. Staatsmeisterin im Hochsprung und Siebenkampf; Rekordhalterin (1993) im Hochsprung mit 1,97 m (3. Platz bei der Weltmeisterschaft).

Kirchschläger, Rudolf * 20. 3. 1915 Niederkappel (OÖ.), † 30. 3. 2000 Wien Jurist, Diplomat und Politiker (parteilos). Wuchs unter schwierigen Bedingungen auf (mit 3 Jahren Halbwaise, mit 11 Jahren Vollwaise), absolvierte das Aufbaugymn. in Horn (NÖ.) und studierte bis 1940 in Wien Jus. Während und am Ende des 2. Weltkriegs schwer verwundet, 1947–54 Richter in Langenlois und Wien, ab 1954 Rechtsexperte im Außenministerium (Völkerrechtsabteilung), an den Vorarbeiten und dem Zustandekommen von Staatsvertrag und Neutralitätsgesetz beteiligt. 1963 Kabinettschef des Außenministers. 1967–70 Gesandter in Prag („Prager Frühling" 1968). 1970 von B. → Kreisky als Parteiloser zum Außenminister bestellt (bis 1974), 1974 als Kandidat der SPÖ zum Bundespräs. gewählt. Wiederwahl 1980 als Kandidat von SPÖ und ÖVP mit 79,9 % der Stimmen. Die Amtsführung K. war allseits geachtet; er scheute auch bei heiklen Problemen offene Worte nicht („Trockenlegen der Sümpfe und sauren Wiesen" anlässlich des AKH-Skandals).

Werke: Der Friede beginnt im eigenen Haus, 1980; Verantwortung in unserer Zeit, 1990; Immer den Menschen zugewandt, hg. v. J. Pühringer, 2000. – Literatur: B. Jaminskyj, Der Weg in die Hofburg, 1975; M. Schenz, Bundespräs. R. K., 1984; F. Loidl, Bundespräs. Dr. R. K. – ein 70er, 1985.

Kirnbauer, Hugo, * 3. 6. 1918 Wien, Techniker und Hörfunkautor. Gestaltete und sprach 1947–97 50 Jahre lang seine allwöchentliche Radiosendung, 1947–55 unter dem Titel „Für den Radiobastler", danach „Die technische Rundschau". War daneben internat. als Berater für Studioelektronik tätig.

Kirnbauer, Susanne, * 27. 7. 1942 Wien, Balletttänzerin und Choreographin. Ab 1956 an der Wr. Staatsoper, 1967 Solotänzerin, 1972 Erste Solotänzerin. 1987–96 Ballettchefin der Wr. Volksoper.

Kirschl, Wilfried, * 27. 4. 1930 Wörgl (Ti.), Maler und Kulturpublizist. Studierte 1948–52 an der Akad. d. bild. Künste in Wien bei J. → Dobrowsky und H. → Boeckl, danach zahlr. Auslandsaufenthalte und viele Reisen. 1966–94 Mitgl. des Kulturbeirats der Ti. Landesregierung. Widmete sich bes. der Erforschung von A. → Egger-Lienz.

Werke: G. Diesner, 1979; C. Moser, 1989; A. Egger-Lienz, 2 Bde., 1996. – Literatur: O. Costa, W. Methlagl u. F. Mitterer, W. K., 1980; E. Hastaba (Red.), W. K. Arbeiten aus den Jahren 1950–1996, Ausst.-Kat., Ti. Landesmus. Ferdinandeum, Innsbruck 1997.

Kirschner, Ferdinand, * 18. 5. 1821 Wien, † 3. 3. 1896 ebd., Architekt. Ab 1850 Baubeamter im Staatsdienst, 1858 Hofarchitekt, 1865–68 führte er Restaurierungen auf dem Hradschin in Prag aus; 1870–95 Burghauptmann in Wien, besorgte Adaptierungen und Planungen im Bereich der Hofburg (u. a. Dekoration der Redoutensäle 1892, z. T. 1992 verbrannt) und Sargentwürfe für die Kapuzinergruft (Kronprinz Rudolf, 1889). Sein Hauptwerk ist der Michaelertrakt der Wr. Hofburg (1889–93).

Kisch, Egon Erwin, * 29. 4. 1885 Prag (CZ), † 31. 3. 1948 ebd., Journalist und Verfasser von krit. Reise- und Sozialreportagen, ein Genre, das er weiterentwickelte. Begann seine Karriere als Lokalreporter der „Bohemia" in Prag und wandte sich nach der Aufdeckung der Spionageaffäre um Oberst A. → Redl 1913 dem polit. Journalismus zu. Nach der Teilnahme am 1. Weltkrieg wurde K. Starreporter sozialist. Zeitungen in Berlin (1921–33). Er unternahm ausgedehnte Reisen durch Europa, Afrika, die USA und China, über die seine bekannten Reisereportagen (u. a. „Der rasende Reporter", 1924) entstanden. 1933 von den Nat.-Soz. verhaftet und auf Intervention der tschech. Regierung freigelassen, nahm 1937/38 am Span. Bürgerkrieg teil und hielt sich bis zum Ende des 2. Weltkriegs in Mexiko auf. 1946 Rückkehr nach Prag.

Ausgabe: Gesammelte Werke in Einzelausgaben, 10 Bde., 1960–86. – Literatur: E. Prolosch, E. E. K. Reporter einer rasenden Zeit, 1985; M. G. Patka, Zw. Literatur, Selbstdarstellung und Widerstand gegen die Staatsgewalt, E. E. K., Diss., Wien 1993; ders., E. E. K. Stationen im Leben eines streitbaren Autors, 1997; ders. (Hg.), Der rasende Reporter E. E. K. Eine Biographie in Bildern, 1998.

Egon Erwin Kisch. Foto, um 1930.

Rudolf Kirchschläger. Foto.

Kißling, Rudolf, * 8. 1. 1882 Groß-Becskerek (Zrenjanin, YU), † 8. 5. 1976 Wien, Offizier und Archivar. 1902–18 Offizier in der k. u. k. Armee, zuletzt im Generalstab, ab 1928 Oberstaatsarchivar, 1936–45 Dir. des Kriegsarchivs.

Werke: Ö.-Ungarns letzter Krieg, 1914–18, 7 Bde., 1938 (Hg.); Die Revolution im Kaisertum Ö. 1848–49, 2 Bde., 1948; Felix Fürst zu Schwarzenberg, 1952; Erzhzg. Franz Ferdinand v. Ö.-Este, 1953; Die Kroaten, 1956; Ö.-Ungarns Anteil am 1. Weltkrieg, 1958.

Josef Klaus. Foto.

Klaar, Adalbert, * 27. 8. 1900 Wien, † 23. 5. 1981 Klosterneuburg (NÖ.), Siedlungs- und Hausformenforscher, Architekt. 1946–65 im Bundesdenkmalamt tätig, ab 1946 an der Univ. Wien, 1975 emeritiert. Pionier der Erforschung hist. Siedlungsformen und der Baualterbestimmung hist. Gebäude; erstellte für die Landesplanung die Baualterpläne für 195 ö. Städte und Märkte.

Werke: Die Siedlungs- und Hausformen des Wienerwalds, 1936; Die Siedlungs- und Hausformen des Waldviertels, 1938; Siedlungsformen von Sbg., 1939. – Literatur: H. Feigl, In memoriam A. K., in: Unsere Heimat 52, 1981.

Klahr, Alfred, * 16. 9. 1904 Wien, † Juli 1944 Warschau (PL; erschossen), Journalist, bed. Theoretiker der KPÖ. Studierte Nationalökonomie und Staatswiss., Mitgl. des Zentralkomitees der illegalen KPÖ. Einer der ersten Verfechter des Begriffs „ö. Nation" (1937). Flucht vor den Nat.-Soz. durch mehrere europ. Länder, 1942 Verhaftung und Einweisung in das KZ Auschwitz, aus dem er im Juni 1944 flüchtete. Kurz darauf wurde K. von der SS in Warschau erschossen.

Ausgabe: Zur ö. Nation, 1994 (Aufsatzsammlung, mit einem Beitrag von G. Grabner). – Literatur: H. Hautmann (Hg.), Die A. K. Ges. und ihr Archiv, 2000.

Franz Klammer bei den Olympischen Winterspielen in Innsbruck 1976. Foto.

Klammer, Franz, * 3. 12. 1953 Mooswald (Kä.), Skirennläufer, Autorennfahrer. 1973 erster von insges. 25 Siegen in Weltcuprennen; 1974 Weltmeister in der Alpinen Kombination, 1976 Goldmedaille bei den Olymp. Spielen in Innsbruck im Abfahrtslauf; 5-mal Weltcup-Gesamtsieger in dieser Disziplin (1975–78, 1983). Nach dem Rücktritt vom Skirennsport 1985 Autorennfahrer: ö. Tourenwagenmeister, mehrere Siege bei der TW-Europameisterschaft (Nürburgring) und in 1000-km-Bewerben (Bathurst, Australien), Konsulent und Motivationstrainer.

Literatur: J. Huber (Hg.), F. K., 1976; H. Prüller, Große Sportler Ö., 1987.

Klang, Heinrich, * 15. 4. 1875 Wien, † 22. 1. 1954 ebd., Jurist. 1925–38 Prof. für Bürgerl. Recht an der Univ. Wien und Rat des Oberlandesgerichts Wien, 1942–45 im KZ Theresienstadt, nach 1945 Senatspräs. des Obersten Gerichtshofs (bis 1949) und Hon.-Prof. an der Univ. Wien (bis 1951). Hg. der Jurist. Blätter (1923–38, 1947–54).

Werke: Pfandrechtsschutz bei der Feuerversicherung von Gebäuden, 1918; Geldentwertung und Jurist. Methode, 1925; Kommentar zum ö. ABGB, 1935; Versicherung und Bürgerl. Recht, 1936. – Literatur: NDB.

Klasnic, Waltraud, * 27. 10. 1945 Graz (Stmk.), Transportunternehmerin und Politikerin (ÖVP). Seit 1970 in der Ö. Frauenbewegung tätig; 1977–81 Mitgl. des BR, 1981–88 Abg. z. Stmk. Landtag, ab 1988 Landesrätin f. Wirt., Tourismus u. Verkehr, 1993–96 Landeshauptmann-Stellv. der Stmk., seit 1996 Landeshauptmann der Stmk. und Landesparteiobfrau der steir. ÖVP (erste weibl. Landeschefin in Ö.).

Literatur: H. Rauscher, W. K. Eine Frau neuen Stils an der Spitze der Stmk., 2000.

Klaudy, Peter, * 17. 6. 1903 Stauding (Studénka, CZ), † 22. 10. 1985 Salzburg, Elektrotechniker. Nach Studium an der Techn. Hochschule in Wien bei verschiedenen Firmen in den USA und in Deutschland tätig, ab 1945 Leiter der Versuchsanstalt der Ö. Bundesbahnen in Zirl, 1950–73 Prof. f. Grundlagen der Elektrotechnik und der Theoret. Elektrotechnik in Graz, 1963–77 Leiter der Anst. f. Tieftemperaturforschung. Als Pionier der Hochleistungsübertragung mit supraleitenden Kabeln erreichte er 1979 die Erprobung eines Prototyps im Kraftwerk Arnstein (Stmk.).

Erich Kleiber. Foto, 1925.

Klauhs, Hellmuth, * 27. 3. 1928 Wien, † 27. 4. 1990 ebd., Bankdirektor. Ab 1969 Gen.-Dir. der Genossenschaftl. Zentralbank AG, 1978–88 Generalanwalt des Ö. Raiffeisenverbands, 1988–90 Präs. der Oesterr. Nationalbank.

Klaus, Josef, * 15. 8. 1910 Mauthen (Kä.), † 25. 7. 2001 Wien, Jurist und Politiker (ÖVP). 1949–61 Landeshauptmann von Sbg., 1952–64 Landesparteiobmann in Sbg., 1962–63 und 1966–70 Abg. z. NR., 1960–63 stellv. Bundesparteiobmann und 1963–70 Bundesparteiobmann der ÖVP, 1961–63 BMin. f. Finanzen, 1964–66 Bundeskanzler der ÖVP-SPÖ-Koalition und 1966–70 der ÖVP-Alleinregierung. K. gilt als „Reformkanzler" der Nachkriegszeit. Er war als Landeshauptmann und Bundeskanzler Kritiker des Proporzes und strebte eine Versachlichung der Politik an. Er holte hauptsächlich Fachleute in die Bundesregierung und förderte den Dialog zw. Wiss. und Politik („Aktion 20"). K. forcierte u. a. Verhandlungen über ein Assoziierungsabkommen mit der EWG, trat für die Einheit Europas unter Einbeziehung von Mittel- und Osteuropa ein und betrieb Entspannungspolitik in der S-Ti.-Frage.

Werk: Macht und Ohnmacht in Ö., 1971. – Literatur: B. Weinmann-Steinweis, J. K., Diss., Wien 1995; R. Kriechbaumer (Hg.), Die Ära J. K. Ö. in den „kurzen" 60er Jahren, 2 Bde., 1998/99; B. Weinmann, J. K. Ein großer Österreicher, 2000.

Klausnitzer, Rudolf, * 22. 1. 1948 Piberbach (OÖ.), Rundfunk- und Fernsehprogrammdir., Intendant. 1968–86 beim ORF (u. a. persönl. Referent bzw. Leiter des Büros des Generalintendanten; 1979 Ö3-Chef, Leiter von Blue Danube Radio); 1986 Berater dt. Verlage beim Aufbau von Radio Hamburg, 1987 Programmdir. und Geschäftsführer von SAT 1, 1988 Chef der ORF-Werbung, 1989 Programmdir. des Senders Premiere; seit 1993 Intendant der Vereinigten Bühnen Wien Ges. m. b. H.

Klebelsberg von und zu Thumburg, Raimund, * 14. 12. 1886 Brixen (S-Ti.), † 6. 6. 1967 Innsbruck (Ti.), Geologe. 1921–58 Univ.-Prof. in Innsbruck, verfasste bed. Arbeiten über Glazialgeologie, Gletscherforschung und die Geologie Ti. 1913 Teilnahme an der Pamir-Expedition des Dt. und Ö. Alpenvereins. Forschungsreisen in den Gebirgen des Mittelmeergebiets.

Werke: Geologie von Ti., 1935; Hb. der Gletscherkunde und Glazialgeologie, 2 Bde., 1948/49. – Hg. der Schlern-Schriften (ab 1923) und Begründer der Ztschr. für Gletscherkunde und Glazialgeologie, 1950–67. – Literatur: W. Heißel, R. v. K., in: Mttlg. d. Geolog. Ges. Wien, 1968; NDB.

Klecatsky, Hans, * 6. 11. 1920 Wien, Jurist. Univ.-Prof. f. Öffentl. Recht u. Politikwiss., 1965–66 Verfassungsrichter, 1966–70 BMin. f. Justiz (parteilos); ab 1963 Hg. der „Jurist. Blätter".

Kleiber, Carlos, * 3. 7. 1930 Berlin (D), Dirigent; Sohn von Erich → Kleiber. Erste Erfolge in S-Amerika, in den 50er und 60er Jahren Engagements in Deutschland und der Schweiz; vermeidet seit den 70er Jahren langfristige Verträge zugunsten von Gastauftritten mit unterschiedl. Orchestern von Weltgeltung. Wien-Debüt 1973; dirigierte das Neujahrskonzert der Wr. Philharmoniker 1989 und 1992. Ö. Ehrenzeichen f. Wiss. u. Kunst 1993.

Kleiber, Erich, * 5. 8. 1890 Wien, † 27. 1. 1956 Zürich (CH), Dirigent; Vater von Carlos → Kleiber. Begann seine Karriere in Prag und war 1923–34 Generalmusikdirektor der Berliner Staatsoper, daneben zahlr. internat. Auftritte; später Gastdirigent, während des 2. Weltkriegs v. a. in N- und S-Amerika, ab den 50er Jahren wieder in Europa.

Literatur: J. Russell, E. K., 1957; NDB.

Klein, Franz, * 24. 4. 1854 Wien, † 6. 4. 1926 ebd., Jurist. 1906–08 und 1916 Justizmin., 1919 Staatssekr. des Auswärtigen Amts und Mitgl. der ö Friedensdelegation in Saint-Germain; Verfasser der Zivilprozessordnung von 1898, mit der er überregionale Bedeutung erlangte.

Zahlr. Neuerungen auf dem Gebiet des Handelsrechts und des Jugendschutzes gehen auf ihn zurück.
Literatur: ÖBL; NDB.

Klein, Johann Adam, * 24. 11. 1792 Nürnberg (D), † 21. 5. 1875 München (D), Maler und Graphiker. Lebte ab 1811 in Wien, beschäftigte sich hier v. a. mit Genremalerei; verband in seinen Naturdarstellungen realist. und romant. Elemente. Ab 1819 in Italien, ab 1839 in München. Ehrenmitgl. des Wr. Künstlerhauses.

Klein, Johann Wilhelm, * 11. 4. 1765 Allerheim b. Nördlingen (D), † 12. 5. 1848 Wien, Pionier der Blindenbildung. Begann ab 1804 in Wien jugendl. Blinde (ab 1810 mit staatl. Unterstützung in einem eig. Haus) zu unterrichten (1. öffentl. Blindenschule im dt. Sprachgebiet); schuf 1825 eine Versorgungs- und Beschäftigungsanstalt für erwachsene Blinde, 1835 ein Museum des Blindenunterrichts.
Werke: Beschreibung eines gelungenen Versuches, blinde Kinder zur bürgerl. Brauchbarkeit zu bilden, 1805; Lehrbuch zum Unterrichte der Blinden, 1819; Geschichte des Blinden-Unterrichtes, 1837. – Literatur: J. Bauer, J. W. K. und die hist. Grundlagen der dt. Blindenpädagogik, 1926; ÖBL; NDB.

Klein, Melanie, * 30. 3. 1882 Wien, † 22. 9. 1960 London (GB), Psychoanalytikerin. Entstammte einer liberalen jüd. Familie, studierte Kunst und Geschichte in Wien und machte nach der Lektüre von S. → Freud bei S. Ferenczi eine Analyse. 1917 begann sie mit Kindern zu arbeiten, praktizierte 1921 in Berlin (bei K. Abraham) und ging nach erfolgreichen Vorträgen vor der British Psychoanalytical Society nach England. Beeinflusste die europ. und südamerikan. Psychoanalyse.
Werk: Die Psychoanalyse des Kindes, 1934. – Ausgaben: The Writings of M. K., 4 Bde., 1975; Frühstadien des Ödipus-Komplexes. Frühe Schriften 1928–45, 1985; Gesammelte Schriften, 3 Bde., 1995–2000. – Literatur: R. D. Hinshelwood, Die Praxis der kleinianischen Psychoanalyse, 1997.

Klein, Peter, * 25. 1. 1907 Zühndorf b. Köln (D), † 3. 10. 1992 Wien, Kammersänger (Tenor). Ab 1942 an der Wr. Staatsoper, Mitwirkung bei den Sbg. Festspielen; ab 1956 Prof. am Wr. Konservatorium.

Kleiner, Salomon, * 4. 3. 1700 Augsburg (D), † 25. 3. 1761 Wien, Vedutenzeichner, Kupferstecher. Ab 1721 in Wien tätig; zeichnete Stadtansichten, die in Kupfer gestochen, ab 1724/25 in Augsburg (J. A. Pfeffel) verlegt wurden. Eig. Folgen waren dem Schloss Belvedere (ab 1729, Stichlieferungen 1740 abgeschlossen) und der Wr. Hofbibl. (ab 1730) gewidmet. Ab 1750 entstanden Illustrationen zu den „Monumenta Augustae Domus Austriacae".
Literatur: Ö. auf alten Karten und Ansichten, 1989; P. Prange, S. K. und die Kunst des Architekturprospekts, 1997; NDB.

Klein-Löw, Stella, * 28. 1. 1904 Przemýsl (UA), † 7. 6. 1986 Wien, Mittelschuldirektorin und Politikerin (SPÖ). 1939–46 in der Emigration, 1959–70 Abg. z. NR.

Kleinmayr, Buchdrucker-, Buchhändler- und Verlegerfamilie in Kärnten und Krain. Zu den bedeutendsten Mitgl. der Familie zählten u. a.: Ferdinand Josef v. → Kleinmayr, Ferdo v. → Kleinmayr, Ignaz v. → Kleinmayr (* 1795), Ignaz v. → Kleinmayr (* 1830), Ignaz Josef → Kleinmayr und Julij v. → Kleinmayr.
Literatur: ÖBL.

Kleinmayr, Ferdinand Josef von, * 28. 3. 1801 Seisenberg (Žužemberk, SLO), † 5. 10. 1863 Klagenfurt (Kä.), Buchhändler und Verleger; Bruder von Ignaz von → Kleinmayr (* 1795), Vater von Ignaz → Kleinmayr (* 1830). Übernahm 1826 das Familienunternehmen; baute die „Klagenfurter Zeitung" und die „Carinthia" weiter auf; wichtige Verdienste um die Förderung von Musik und soz. Einrichtungen in Kä.
Literatur: ÖBL.

Kleinmayr, Ferdo von (Pseud. F. Plemič), * 5. 1. 1881 Capodistria (Koper, SLO), † Juli 1944 Triest (I), Lehrer und Schriftsteller; Sohn von Julij v. → Kleinmayr. Autor von pädagog. Werken für slowen. Schulen sowie humorist. und realist. Erzählungen.
Werke: Tilho und die Anderen, 1906; Das slowen. Schulwesen in Triest, 1911; Italienisch für Slowenen, 1914, Grammatik der ital. Sprache, 1919; Slowen.-ital. und ital.-slowen. Wörterbuch, 1920; Aus alten Zeiten, 1928. – Literatur: ÖBL.

Kleinmayr, Ignaz von, * 12. 6. 1795 Seisenberg (Žužemberk, SLO), † 19. 9 1874 Laibach (Ljubljana, SLO), Buchhändler, Verleger, Buchdrucker; Sohn von Ignaz Josef → Kleinmayr, Bruder von Ferdinand Josef v. → Kleinmayr, Großvater von Julij v. → Kleinmayr. Übernahm 1817 die 1782 gegr. Laibacher Druckerei und die „Laibacher Zeitung" (mit Beilagen slow. Dichter); wichtige Leistungen für Pressewesen und Literatur Krains.
Literatur: ÖBL.

Kleinmayr, Ignaz von, * 10. 10. 1830 Klagenfurt (Kä.), † 13. 3. 1865 ebd., Verleger und Buchhändler; Sohn von Ferdinand Josef v. → Kleinmayr. Übernahm 1859 den väterl. Betrieb in Klagenfurt und leitete 1862–64 die Redaktion der „Klagenfurter Zeitung". Förderte soz. Einrichtungen (Taubstummen- und Waisenhaus in Klagenfurt).
Literatur: ÖBL.

Kleinmayr, Ignaz Josef, * 7. 3. 1745 Klagenfurt (Kä.), † 12. 1. 1802 Seisenberg (Žužemberk, SLO), Buchdrucker und Verleger; Vater von Ignaz v. → Kleinmayr (* 1795) und Ferdinand Josef v. → Kleinmayr. Übernahm eine 1644 gegr. Druckerei bzw. einen 1688 gegr. Verlag in Klagenfurt; gründete 1770 das aufklärerische „Wöchentliche Intelligenzblatt", das als „Klagenfurter Zeitung" bis nach 1900 erschien. 1787 nobilitiert.
Literatur: ÖBL.

Kleinmayr, Julij von, * 9. 5. 1847 Weixelburg (Višnja Gora, SLO), † 18. 12. 1913 Triest (I), slowen. Literaturhistoriker; Enkel von Ignaz v. → Kleinmayr (* 1795), Vater von Ferdo v. → Kleinmayr. Sammelte slowen. Volkslieder und beschäftigte sich in Artikeln und Aufsätzen mit Geschichte und Literatur des Landes.

Kleinrath, Hans, * 7. 3. 1928 Wien, Elektrotechniker. Studierte 1946–51 Starkstromtechnik an der Techn. Hochschule in Wien, an der er sich 1966 für das Fachgebiet „Übergangsvorgänge in elektr. Maschinen" habilitierte. 1951–70 in Ö. und Deutschland in der Elektroind. tätig, 1970–73 Prof. u. Vorstand des Inst. für Elektr. Maschinen an der Univ. Stuttgart, 1973–96 Univ.-Prof. für Elektr. Maschinen an der Techn. Hochschule bzw. Techn. Univ. Wien.

Kleinschuster, Erich, * 23. 1. 1930 Graz (Stmk.), Jazzmusiker, Posaunist. Wandte sich als promovierter Jurist ab 1958 vollständig dem Jazz zu; gründete 1965 das E.-K.-Sextett und machte sich um die Gründung von Jazzabteilungen an den Musikhochschulen von Graz (1965), Wien (1969) und Klagenfurt (1985) verdient. 1971–81 Leiter der Abt. Produktion/Unterhaltungsmusik im ORF und zahlr. Radio- und Fernsehsendungen; 1981–96 Leiter der Klasse für Improvisation an der Jazzabt. der Musikhochschule Graz.

Klenner, Fritz, * 13. 8. 1906 Wien, † 29. 12. 1997 ebd., Bankangestellter, Journalist und Politiker (SPÖ). 1927–45 Angestellter der Zentralsparkasse, 1934–38 Mitgl. der illegalen Leitung der Freien Angestelltengewerkschaft, 1945–55 Redakteur der ÖGB-Presse, 1956–59 stellv. ÖGB-Gen.-Sekr., 1963–72 Gen.-Dir. und 1972–81 Aufsichtsratsvorsitzender der Arbeiterbank bzw. BAWAG, 1958–61 Abg. z. NR. Maßgebl. Mitverfasser des Wr. Programms der SPÖ 1958.
Werk: Die ö. Gewerkschaftsbewegung, 1987.

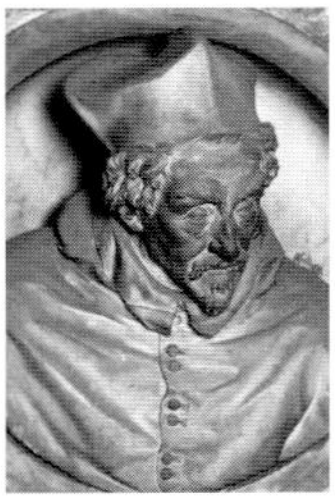

Melchior Klesl. Epitaph im Wiener Stephansdom.

Gustav Klimt. Foto, 1908.

Thomas Klestil. Foto.

Viktor Klima. Foto.

Klesl (Khlesl), Melchior, * 19. 2. 1553 Wien, † 18. 9. 1630 Wr. Neustadt (NÖ.), Bischof und Staatsmann; Sohn eines lutherischen Bäckers. Trat als Jugendlicher zum Katholizismus über, wurde Propst von St. Stephan, 1581–1600 Offizial des Bischofs von Passau, 1588–1630 Administrator des Bistums Wr. Neustadt, 1598 zum Bischof von Wien ernannt, 1602 eingeführt, 1614 geweiht, 1616 Kardinal. Setzte die Gegenreformation in Ö. durch. Ab 1599 Kanzler des Erzhzg. und späteren Ks. → Matthias, wurde er zu dessen Zeit Leiter der Politik. 1618 im Auftrag von → Ferdinand II. und Erzhzg. → Maximilian III. verhaftet, wurde K. nach Ti., dann nach Rom gebracht, 1623 freigelassen. 1627 war K. wieder als Bischof tätig, aber ohne polit. Einfluss.

Literatur: A. Kerschbaumer, Kardinal K., [2]1905; J. Rainer, Kardinal M. K. Vom „Generalreformator" zum „Ausgleichspolitiker", Röm. Quartalschriften f. Altertumskunde und Kirchengeschichte 59, 1964; NDB.

Klestil, Thomas, * 4. 11. 1932 Wien, Diplomat und Politiker. 1959–62 in der ö. Mission der OECD in Paris und 1962–66 in der ö. Botschaft in Washington tätig, 1966–69 Sekr. von Bundeskanzler J. → Klaus, 1969–74 Generalkonsul in Los Angeles, 1978–82 UNO-Botschafter in New York, 1982–87 Botschafter in den USA, 1987–92 Gen.-Sekr. f. auswärtige Angelegenheiten; als Kandidat der ÖVP 1992 zum Bundespräs. gewählt, 1997 wiedergewählt.

Werk: Themen meines Lebens, 1997. – Literatur: C. Dickinger: Ö. Präsidenten, 2000.

Klíč (Klietsch), Karl, * 30. 3. 1841 Arnau (Hostinné, CZ), † 16. 11. 1926 Wien, Graphiker. Erfinder moderner Reproduktionsverfahren, bes. der Heliogravüre (1878), des Rakeltiefdrucks und der „Klíčotypie", einer Kornhochätzung. In seiner Jugend Maler und Karikaturist, Hg. humorist. Zeitungen („Der Floh").

Literatur: K. Albert, K. Klietsch, der Erfinder der Heliogravüre und des Rakeltiefdrucks, 1927; ÖBL; NDB.

Klieber, Josef, * 1. 11. 1773 Innsbruck (Ti.), † 11. 1. 1850 Wien, Bildhauer der Romantik, Medailleur und Maler. Ab 1792 in Wien, wo er in den Ateliers von J. Straub, J. Schroth und M. Fischer arbeitete. Wurde durch den Fürsten Johann I. von Liechtenstein gefördert, 1814–45 Dir. der Graveurschule an der Wr. Akad.; arbeitete häufig mit dem Architekten J. G. → Kornhäusel zusammen. Weiche Modellierung und verhaltenstimmungshafte Qualitäten kennzeichnen seinen Figurenstil, dessen maßvoll-repräsentative Züge dem vormärzl. Geschmacksideal entsprachen.

Werke: zahlr. Bauplastiken für die Weilburg in Baden, Schloss Liechtenstein (beide NÖ.); Schottenkloster, Albertina, Unterrichtsmin. (alle Wien). – Literatur: H. Schmid, J. K., Diss., Wien 1987; NDB.

Klien, Walter, * 27. 11. 1928 Graz (Stmk.), † 11. 2. 1991 Wien, Pianist. Gewann 1951 und 1952 den Busoni-Wettbewerb in Bozen und 1953/54 weitere Preise in Paris und Wien; ausgedehnte Tourneen durch die ganze Welt, zahlr. Plattenaufnahmen. Zusammenarbeit mit W. → Schneiderhan, H. Prey, J. → Patzak und A. → Brendel.

Klima, Viktor, * 4. 6. 1947 Wien, Manager und Politiker (SPÖ). 1969–92 in der ÖMV tätig. 1992–96 BMin. f. öffentl. Wirt. u. Verkehr, 1996–97 BMin. f. Finanzen, 1997–2000 Bundeskanzler und Bundesparteivorsitzender der SPÖ. 1994, 1996 und 1999–2000 jeweils für kurze Zeit Abg. z. NR. Seit 2000 Präs. von VW Argentina.

Klimt, Ernst, * 3. 1. 1864 Wien, † 9. 12. 1892 ebd., Historien- und Dekorationsmaler; Bruder von Gustav → Klimt. Schuf mit diesem und F. → Matsch sen. mehrere Deckengemälde (u. a. für Theater in Reichenberg und Karlsbad sowie für das Stiegenhaus des Kunsthist. Museums in Wien).

Klimt, Gustav, * 14. 7. 1862 Wien, † 6. 2. 1918 ebd., Maler, Zeichner und Graphiker; Bruder von Ernst → Klimt, Vater von G. → Ucicky. Sohn eines Graveurs, bedeutender Vertreter der Wr. Secession. 1876–83 Schüler an der Wr. Kunstgewerbeschule bei J. V. Berger und F. Laufberger, ab 1879 Zusammenarbeit mit seinem Bruder und F. → Matsch sen. K. führte in dieser Zeit teils dekorative, teils von H. → Makart beeinflusste Gemälde für öffentl. Gebäude aus (Theater von Reichenberg 1882/83, Bukarest 1885, Rijeka 1885, Karlsbad 1886; Hermesvilla in Wien-Lainz 1885, Stiegenhäuser des Wr. Burgtheaters 1886–88, Stiegenhaus des Kunsthist. Mus. in Wien 1890/91). Nach dem Tod seines Bruders 1892 übernahm K. den Auftrag für die Deckenbilder (die Fakultäten) in der Aula der Wr. Univ. mit F. Matsch (1894). 1905 trat er von dem Auftrag zurück, nachdem die Präsentation seiner „Philosophie" und „Medizin" scharfe Proteste ausgelöst hatte. K. war 1897 Mitbegründer der Wr. Secession und bis zu seinem Austritt 1905 deren Präsident. Sein Stil wandelte sich deutlich, brach mit dem akad. Ideal und zeichnete sich nun durch intensive Farbgebung, häufige Verwendung von Goldgrund und ornamentale Flächengestaltung sowie teilw. starke Symbolhaftigkeit aus. Als Hauptvertreter und Repräsentant der Wr. Secession hatte K. eine einflussreiche Stellung im Kunst- und Kulturschaffen der Monarchie inne und war ein beliebter Porträtist der Wr. Gesellschaft (S. Knips, A. Bloch-Bauer u. a.). 1902 schuf er den Beethoven-Fries für die Secession. Eine enge Freundschaft verband K. mit den Gründern der Wr. Werkstätte (1903) J. → Hoffmann und K. → Moser. Ab 1905 entwarf K. den Mosaikfries für das Palais Stoclet in Brüssel, der 1911 von der Werkstätte L. → Forstners ausgeführt wurde. Bedeutend wurde K. ferner für die Landschaftsdarstellung, v. a. aber als Graphiker. Sein umfangreiches zeichnerisches Werk weist eine stark ausgeprägte erot. Komponente auf. Als Bindeglied zw. Historismus und den modernen Strömungen, z. B. der Kunst E. → Schieles, kommt K. eine Schlüsselstellung in der ö. Kunstgeschichte zu.

Literatur: F. Novotny u. J. Dobai, G. K., 1967; A. Strobl, G. K. – Zeichnungen, 4 Bde., 1980–89; G. Fliedl, G. K., 1989; C. M. Nebehay, G. K., 1992; G. K., Ausst.-Kat., Zürich 1992; G. Frodl, K., 1992; M. Bisanz-Prakken, Hl. Frühling. G. K. und die Anfänge der Wr. Secession 1895–1905, 1999.

Kling, Anton, * 26. 11. 1881 Wien, † 21. 9. 1963 Karlsruhe (D), Graphiker. Studierte 1898–1903 an der Wr. Kunstgewerbeschule, führte Arbeiten für die Wr. Werkstätte (Postkarten) sowie als „dekorativer Mitarbeiter" beim Kabarett „Fledermaus" aus. Ab. 1908 Prof. an der Hamburger Kunstgewerbeschule, ab 1930 Lehrbeauftragter am Staatstechnikum in Karlsruhe.

Werke: Buchgestaltungen, Exlibris, Entwürfe für Glasfenster und Keramik. – Literatur: W. Neuwirth, A. K. und sein Freundeskreis, Ausst.-Kat., Mus. f. angew. Kunst, Wien 1983.

Klingenbeck, Fritz, * 22. 4. 1904 Brünn (Brno, CZ), † 19. 10. 1990 Wien, Tänzer, Choreograph, Theaterintendant, Schriftsteller. 1927–29 Mitarbeiter von R. Labans Kammertanzbühne Berlin, 1929–38 Ballettmeister und Bewegungsregisseur in Wien, ab 1932 Lehrer am Wr. Reinhardt-Seminar; 1939–42 Intendant der „Gaubühne Niederdonau" in Baden, 1942–44 Intendant der Städt. Bühnen Brünn; 1948 Gründer und Leiter des „Theaters für Vbg.", 1950–52 Dir. der Bregenzer Festspiele; 1961/62–65 Dir. des Theaters an der Wien. 1970–77 Verwaltungsdir., 1977–79 Prokurist des Theaters in der Josefstadt; Max-Reinhardt-Medaille.

Werke: Die Tänzerin R. Chladek, 1936; Unsterbl. Walzer, 1940; Laßt Blumen sprechen, 1942; M. Reinhardts Theater in der Josefstadt. 1972. – Ballettchoreographien, Libretti.

Klingenberg, Gerhard, * 11. 5. 1929 Wien, Schauspieler, Theaterregisseur und -direktor. 1956–61 Engagements in St. Pölten und Innsbruck, danach als Regisseur in Berlin, Köln, Hamburg, Düsseldorf, München sowie 1965–67 am Zürcher Schauspielhaus. Kam 1968 als Regisseur an das Wr. Burgtheater, war 1971–76 dessen Dir. (holte die damalige europ. Regie-Avantgarde nach Wien). 1977–82 Leiter des Zürcher Schauspielhauses, 1986–95 des Berliner Renaiss.-Theaters.

Werk: Kein Blatt vor dem Mund, 1998 (Memoiren).

Klinger, Julius, * 22. 5. 1876 Wien, † 2. 6. 1942 Minsk (BY), Graphiker. Studierte am Technolog. Gewerbemuseum; entwickelte eine neue Art der funktionellen Plakatgestaltung und eröffnete dafür nach dem 1. Weltkrieg ein Atelier in Wien. 1923 gab er das Musterbuch „Poster Art in Vienna" heraus. Von den Nat.-Soz. verhaftet, deportiert und wahrscheinlich in Minsk umgekommen.

Klinger, Kurt, * 11. 7. 1928 Linz (OÖ.), Lyriker, Dramatiker, Essayist, Dramaturg. 1955–58 Dramaturg in Linz, 1960–63 in Düsseldorf und Frankfurt, 1963/64 in Wien, dann wieder in Deutschland. 1975–77 Chefdramaturg des Grazer Schauspielhauses, 1977 Leiter der Ö. Ges. für Literatur; seit 1978 freier Schriftsteller und Publizist in Wien. Mit-Hg. und Redakteur der Ztschr. „Literatur und Kritik". 1955 Ö. Staatspreis, 1987 Anton-Wildgans-Preis.

Werke: Lyrik: Harmonie aus Blut, 1951; Auf der Erde zu Gast, 1956; Entwurf einer Festung, 1970; Löwenköpfe, 1977; Das Kirschenfest, 1984; Zeitsprung, 1987; Das blühende Schiff, 1998. – Dramen: Odysseus muß wieder reisen, 1954; Der goldene Käfig, 1959; La sera, Die neue Wohnung, 1959; Studien im Süden, 1965. – Fernsehspiel: Der Tag der Tauben, 1968. – Essays: Konfrontationen, 1973; Theater und Tabus, 1984; Die Ungnade der Geburt, 1999. – Literatur: K. K., Die Rampe, „Porträt", 1999.

Klinkowström, Friedrich August (Pseud.: F. Kindmann), * 31. 8. 1778 Schloss Ludwigsburg b. Greifswald (D), † 4. 4. 1835 Wien, Schriftsteller, Pädagoge und Maler. Kam 1811 nach Wien, konvertierte unter dem Einfluss von C. M. → Hofbauer zum Katholizismus. 1818–34 Leiter einer von ihm gegr. Erziehungsanstalt, Mitarbeiter beim „Ö. Beobacher" und 1818–21 Hg. des „Sonntagsblatts für die Jugend". Malte Ölgemälde und Aquarelle.

Werke: ABC-Büchlein, 2 Bde., o. J. (um 1820); Neues Bilder- und Lesebuch, o. J. (nach 1820); Vater Heinz, 1833. – Literatur: ÖBL.

Klobučar, Berislav, * 28. 8. 1924 Zagreb (HR), Dirigent. Dirigierte ab 1953 an der Wr. Staatsoper, 1960–71 Generalmusikdirektor in Graz, dann in Stockholm und Nizza.

Kloepfer, Hans, * 18. 8. 1867 Eibiswald (Stmk.), † 27. 6. 1944 Köflach (Stmk.), populärer steir. Mundartdichter, Erzähler und Lyriker, Heimatkundler, Werksarzt. Vertrat dt.-nat. Gedankengut. 1939 Mozart-Preis, 1942 Raimund-Preis.

Ausgabe: Werke, hg. v. W. Danhofer, 3 Bde., 1967. – Literatur: E. Macheiner, Der steir. Mundartdichter H. K., Dipl.-Arb., Wien 1985; ÖBL.

Kloiber, Herbert, * 6. 12. 1947 Wien, Manager. Studierte Jus in Wien. Ab 1970 Verkaufsleiter bei Beta/Taurus, einer Firmengruppe des dt. Filmunternehmers Leo Kirch, danach Geschäftsführer der Unitel Produktionsges. 1977 Kauf der Tele München GmbH und Gründung einer eig. Produktionsges., Gründung des Concorde Filmverleihs und der Fernsehsender Tele 5 und tm3. Beteiligungen am dt. Sender RTL 2 und Gesellschafter des ö. Privatsenders ATV. Nach Leo Kirch eine der führenden Persönlichkeiten im dt. Filmhandel.

Kloser, Harald, * 9. 7. 1956 Hard (Vbg.), Komponist. Musikstudium in Riverside, Kalifornien, danach Musiklehrer in Hohenems und Verleger der Wochenzeitung „Wann & Wo", seit 1984 freischaffender Komponist und Musikproduzent, Übersiedlung in die USA. Intensive Zusammenarbeit mit R. → Dornhelm (Filmmusik für dessen Film „Echo Park" 1985). Zahlr. Arbeiten für dt. und amerikan. TV- und Filmproduktionen.

Weitere Werke (Filmmusik): Requiem für Dominic, 1990; Quiet Days in Hollywood, 1997; Comedian Harmonists, 1997; The 13th Floor, 1999; Ali: An American Hero, 2000 (TV); And Never Let Her Go, 2001.

Kloss, Hans, * 28. 11. 1905 Wien, † 16. 3. 1986 ebd., Beamter, Bankdirektor. Studierte Rechts- und Politikwiss. und war danach für die Ö. Luftverkehrs AG bzw. 1939–45 für die Lufthansa tätig. Ab 1946 im BM f. Finanzen, Verdienste um das ö. Kreditwesen, Delegierter zum Internat. Währungsfonds, Mitwirkung in Finanzkomitees der OECD und bei der Weltbank in Washington. Ab 1962 Gen.-Dir. der Genossenschaftl. Zentralbank AG (heute Raiffeisen Zentralbank Österreich AG), ab 1969 Gen.-Dir. der Oesterr. Nationalbank, 1973–78 deren Präsident.

Klotz, Georg, * 11. 9. 1919 Walten in Passeier (S-Ti.), † 24. 1. 1976 Schönberg i. Stubaital (Ti.), S-Ti.-Aktivist. Beteiligte sich im Sept. 1964 trotz Aufenthaltspflicht in Wien an illegalen Aktionen zur „Befreiung" S-Ti., wurde am 6./7. 9. 1964 bei Saltaus (S-Ti.) von ital. Agenten verwundet und floh nach Ö. Arbeitete in den 70er Jahren als Holzarbeiter und Kohlenbrenner im Stubaital.

Literatur: K. Springenschmid, Der Jörg. Aus dem Leben des S-Ti. Freiheitskämpfers G. K., 1980; E. Widmoser, S-Ti. A– Z, Bd. 2, 1983.

Klüger, Ruth, * 30. 10. 1931 Wien, Literaturwissenschaftlerin und Schriftstellerin. 1942–45 in den KZ Theresienstadt, Auschwitz und Christianstadt; lebt seit 1947 in den USA. Seit 1962 Lehrtätigkeit an verschiedenen amerikan. Univ., 1980–86 Prof. für Germanistik an der Princeton University, seit 1986 an der University of California in Irvine. Ö. Staatspreis für Literaturkritik 1997.

Werke: Weiter leben. Eine Jugend, 1992 (Autobiographie). – Essays: Katastrophen. Über dt. Literatur, 1994; Lesen Frauen anders?, 1994.

Kmentt, Waldemar, * 2. 2. 1929 Wien, Kammersänger (Tenor). Ab 1949 an der Wr. Staatsoper (Mitwirkung bei der Wiedereröffnung 1955), ab 1955 auch bei den Sbg. Festspielen, ebenso in Bayreuth und an der Mailander Scala. V. a. als Mozart-Interpret (Tamino in der „Zauberflöte") bekannt.

Waldemar Kmentt als Erik in „Der fliegende Holländer" von R. Wagner. Foto, 1967.

Knaack, Wilhelm, * 13. 2. 1829 Rostock (D), † 29. 10. 1894 Wien, Schauspieler. Wurde bereits mit 17 Jahren als Komiker entdeckt, kam nach Auftritten an mehreren nord-dt. Bühnen 1856 durch Vermittlung H. → Laubes nach Prag. 1857 holte ihn J. → Nestroy an das Carltheater in Wien, wo er bald die Rollen Nestroys übernahm. Er bildete mit K. → Blasel und J. → Matras ein umjubeltes Komikertrio. Ab 1860 regelmäßige Gastspiele in Budapest, 1882 erfolgreiche Tournee durch Nordamerika.

Literatur: ÖBL.

Knall, Dieter, * 24. 8. 1930 Kronstadt (Brasov, RO), langjähriger Gen.-Sekr. des dt. Gustav-Adolf-Werks, dann (1976–83) Superintendent der Stmk., 1983–95 Bischof der Evang. Kirche A. B. in Ö. Betonte bes. die ökumen. Dimension der Kirche (Vertiefung der Verbindungen zu den evang. Minderheitskirchen in den

Nachfolgestaaten der ehem. ö.-ungar. Monarchie) und die Seelsorge.

Knapp, Horst, * 10. 4. 1925 Wien, † 7. 1. 1996 ebd., Wirtschaftsjournalist. 1946–50 United-Press-International-Redakteur, dann freier Journalist, ab 1960 Hg. der „Finanznachrichten", daneben Kolumnist und TV-Kommentator. Die Bank Austria vergibt den H.-K.-Preis für publizist. Leistungen auf dem Gebiet der Wirt.- u. Sozialtheorie.

Knapp, Johann, * 5. 9. 1778 Wien, † 9. 2. 1833 ebd., Blumen- und Stilllebenmaler. Entwarf Mustervorlagen für die Wr. Tapetenmanufaktur, ab 1804 Kammermaler von Erzhzg. Anton Viktor, für den er als Zeichner zahlr. Darstellungen heimischer und exot. Pflanzen im „holländischen Garten" in Schönbrunn schuf. Für Erzhzg. Johann malte er eine Smlg. mit mehr als 300 Alpengewächsen sowie eine Smlg. natürl. Rosenfamilien. Zeichnete sich v. a. durch minutiöse Detailmalerei aus.

Literatur: Ö. Galerie Wien (Hg.), J. K. – Jacquins Denkmal, 1976; S. Koja, Ein Blumenstrauß für Waldmüller, Ausst.-Kat., Ö. Galerie, Wien 1993; ÖBL.

Knaus, Friedrich von, * 7. 2. 1724 Aldingen b. Ludwigsburg (D), † 14. 8. 1789 Wien, Hofmechaniker. Wurde 1757 nach Wien berufen, wo er das Physikal. Hofkabinett einrichtete, dessen Dir. er wurde. Konstruierte 1760 einen Schreibautomaten (im Techn. Museum Wien), einen Schreibtisch mit Kopiermaschine (Durchschrift) und „bewegl. Bildertafeln".

Literatur: NDB.

Knaus, Hermann, * 19. 10. 1892 St. Veit a. d. Glan (Kä.), † 22. 8. 1970 Wien, Gynäkologe, zunächst Chirurg. 1923–34 an der Univ.-Klinik in Graz, 1950 Leiter der gynäkolog. Abteilung des Lainzer Krankenhauses in Wien; stellte mit dem Japaner Ogino eine Theorie über die Perioden der Fruchtbarkeit der Frau („K.sches Konzeptionsoptimum") und über die Empfängnisverhütung auf.

Werke: Die periodische Fruchtbarkeit und Unfruchtbarkeit des Weibes, 1934 (3. Aufl.: Die Physiologie der Zeugung des Menschen, 1950); Die fruchtbaren und unfruchtbaren Tage der Frau, 1950.

Kneissl, Franz Eberhard, * 9. 2. 1945 Judenburg (Stmk.), Architekt. Studierte 1966–70 an der Wr. Akad. d. bild. Künste bei E. A. → Plischke, 1973 Josef-Frank-Stipendium, 1974 bis Mitte der 80er Jahre Mitgl. der Gruppe IGIRIEN (mit W. Appelt und E. → Prochazka). Minimalistische architekton. Haltung, Verwendung von Fertigprodukten, collageartiger Umgang mit Alltagsästhetik.

Werke: Wien: kirchliche Mehrzweckhallen Rennweg (1977), Jedlersdorfer Straße (1979/80) und Quadenstraße (1980/81); Stadtkino (1981); Wohnanlage Simmeringer Haide (1988–91); Remise Engerthstraße (in Planung). – NÖ.: Umbau von Postamt und Gemeindeamt Perchtoldsdorf (1983–85). – Publikation: Dichte Packung, 1989 (mit O. Kapfinger).

Kner, Rudolf, * 24. 8. 1810 Linz (OÖ.), † 27. 10. 1869 Wien, Zoologe. Erhielt die erste Lehrkanzel für Zoologie an der Univ. Wien, bearbeitete bes. die Systematik der Fischkunde.

Werke: Lehrbuch der Zoologie, 1849; Die Süßwasserfische der ö. Monarchie, 1858 (mit J. J. Heckel). – Literatur: ÖBL.

Knesl, Hans, * 9. 11. 1905 Bad Pirawarth (NÖ.), † 4. 7. 1971 Wien, Bildhauer. Zunächst Ausbildung als Steinmetz, dann Studium an der Akad. d. bild. Künste in Wien bei H. → Bitterlich. 1951–71 Leiter der Meisterklasse für Bildhauerei an der Akad. f. angew. Kunst in Wien. In seinen Skulpturen und Reliefs verband er figurale und abstrakte Elemente. Seit 1975 K.-Freilichtmuseum und Dokumentation in Bad Pirawarth.

Kniepert, Erni, * 3. 10. 1911 Reichenau an der Rax (NÖ.), † 5. 3. 1990 Wien, Kostümbildnerin. 1934 erste Kostümentwürfe für die Tänzerinnen von G. Krauss und H. Pfundmayr, ab 1939 auch für den Film. Ab 1941 für das Burgtheater, ab 1944 für die Sbg. Festspiele und ab 1945 für die Wr. Volksoper tätig. Sie verband Einfallsreichtum mit hohem handwerkl. Können.

Werke: Kostümentwürfe u. a. zu „Fidelio" anlässlich der Wiedereröffnung der Wr. Staatsoper (1955) und zum „Rosenkavalier" anlässlich der Eröffnung des neuen Sbg. Festpielhauses (1960); Filmausstattungen in Wien („Unsterblicher Walzer", 1939; „Wen die Götter lieben", 1942) und Hollywood (Musical „The Wizard of Oz").

Knight, Max (eigentl. M. Eugen Kühnel), * 8. 6. 1909 Wien, † 31. 8. 1993 Berkeley (USA), Schriftsteller und Übersetzer. Studierte Jus; 1931–38 Veröffentlichung von über 200 Kurzgeschichten mit J. → Fabry unter dem Pseud. Peter Fabrizius. Ab 1937 London-Korrespondent für das „Neue Wr. Tagblatt", 1940 Emigration nach Shanghai, 1941 in die USA. 1942–49 postgraduales Studium der Politikwiss. an der University of California, Berkeley, ab 1950 Hg. der Publikationen dieser Univ. In den USA neuerliche Zusammenarbeit mit Fabry, Übersetzung zahlr. ö. Schriftsteller ins Amerikanische, Veröffentlichung einer gem. Autobiographie.

Werke: Der schwarze Teufel und andere Geschichten, 1942; The German Executive 1890–1933, 1952; Wer zuletzt lacht ..., 1952; ... lacht am besten, 1957; Return to the Alps, 1970; One and One Make Three, 1988 (Autobiographie).

Knoflacher, Hermann, * 21. 9. 1940 Villach (Kä.), Zivilingenieur. Seit 1975 Prof. an der Techn. Hochschule bzw. Univ. in Wien, seit 1985 Vorstand des Inst. für Verkehrsplanung und -technik; war Assistent beim Begründer der Unfallforschung F. Bitzl, kämpfte für die Einführung der Gurtenpflicht, erstellte einen Verkehrsentwicklungsplan für Wien auf Basis eines „Öko-City-Konzepts".

Werke: Katalysatoren für Nichtmotorisierte, 1985; Verkehrsplanung für den Menschen, 1987; Fußgeher- und Fahrradverkehr, 1995; Zur Harmonie von Stadt und Verkehr, 1996; Landschaft ohne Autobahnen, 1997. – Literatur: H. J. Zukal (Red.), Verkehrsplanung – über den Tellerrand geblickt, Festseminar Prof. K. zum 60. Geburtstag, 2000.

Knoll, August Maria, * 5. 9. 1900 Wien, † 24. 12. 1963 ebd., Jurist, Soziologe, kath. Sozialreformer. 1932 Privatsekr. von I. → Seipel, 1938–45 an der Berufsausübung gehindert, ab 1946 Univ.-Prof. in Wien. 1963 Präs. des Dokumentationsarchivs des ö. Widerstandes.

Werke: Der soz. Gedanke im modernen Katholizismus, 1932; Kardinal Piffl, 1932; Der Zins in der Scholastik, 1933; Von 3 Wesenstheorien der Ges., 1949; Kath. Kirche und scholast. Naturrecht, 1961; Kirche und Zukunft, 1963 (mit W. Daim u. F. Heer).

Knoller, Martin, * 8. 11. 1725 Steinach a. Brenner (Ti.), † 24. 7. 1804 Mailand (I), Historien- und Bildnismaler. Schüler von P. → Troger an der Wr. Akad.; ab 1755 in Rom, unter dem Einfluss von A. R. Mengs Hinwendung zum Klassizismus; 1793 Prof. an der Mailänder Akademie.

Werke: Deckenfresken in Bozen (S-Ti.), Neresheim, Ettal (beide D), Anras, Volders, Palais Fugger in Innsbruck (alle Ti.); Altarbilder in Steinach (Stmk.), Anras, Untermieming (beide Ti.). – Literatur: E. Baumgartl, M. K. als Deckenmaler, 1986; NDB.

Knoller, Richard, * 25. 4. 1869 Wien, † 4. 3. 1926 ebd., Begründer der Flugwiss. Richtete ein „Aeromechan. Laboratorium" mit Windkanälen ein. Prof. an der Techn. Hochschule in Wien.

Literatur: ÖBL.

Köb, Edelbert, * 31. 3. 1942 Bregenz (Vbg.), Maler. Studierte 1961–65 an der Akad. der bild. Künste in Wien, seit 1974 Prof. an dieser. 1982–91 Präs. der Wr. Secession, seit 1990 Leiter des Kunsthauses Bregenz. Arbeiten im Grenzbereich von Kunst und Design, Gestaltung von Brunnen und Denkmälern in ganz Ö.

Kobald, Karl, * 28. 8. 1876 Brünn (Brno, CZ), † 12. 10. 1957 Wien, Musikerzieher und -schriftsteller, Jurist. 1906–32 Kunstreferent im Unterrichtsmin., 1932–38 Prof. und 1945–47 Präs der Akad. für Musik und darstellende Kunst in Wien.

Werke: Alt-Wr. Musikstätten, 1919; Schubert und Schwind, 1921 (Schubert und seine Zeit, 1928); Schloß Schönbrunn, 1924; In memoriam A. Bruckner, 1924 (Hg.); J. Strauß, 1925; Beethoven, 1926; F. Schubert. Der Meister des dt. Liedes, [2]1928; J. Haydn, 1928; Wo unsterbliche Musik entstand, 1950.

Kober, Leopold, * 21. 9. 1883 Pfaffstätten (NÖ.), † 6. 9. 1970 Hallstatt (OÖ.), Geologe. Univ.-Prof. in Wien, befasste sich intensiv mit der Deckenlehre, führte die Gebirgsbildung auf die Kontraktion der Erde zurück. Verfasste über 100 Aufsätze und 15 Bücher.

Werke: Der Bau der Erde, 1921; Bau und Entstehung der Alpen, 1923; Gestaltungsgeschichte der Erde, 1925; Das Werden der Alpen, 1927; Der geolog. Aufbau Ö., 1928; Das Weltbild der Erdgeschichte, 1932; Die Orogentheorie, 1932; Tektonische Geologie, 1942. – Literatur: W. Mewenitch, L. K., in: Mttlg. d. Geolog. Ges. Wien, 1970.

Koberger, Gebhard Ferdinand, * 24. 12. 1909 Wien, † 16. 8. 1997 Klosterneuburg (NÖ.), Augustiner-Chorherr. Trat 1929 in das Stift Klosterneuburg ein und stand diesem 1953–95 als Propst vor. 1954–87 Generalabt der ö. Augustiner-Kongregation, die er 1962–65 beim 2. Vatikan. Konzil vertrat. 1956–74 Vorsitzender der Superiorenkonferenz der männl. Ordensgemeinschaften und 1968–74 Abt-Primas der weltweit tätigen Konföderation der Augustiner-Chorherren.

Kobzina, Alfred, * 25. 4. 1928 Wien, † 27. 7. 1998 ebd., Jurist. 1991–93 Präs. des Verwaltungsgerichtshofs. Zahlr. Aufsätze in jurist. Ztschr. und Festschriften, Hg. von Gesetzestexten.

Werke: Gewerbeordnung, 1973, [2]1990 (Hg.); Nationalrat-Geschäftsordnungsgesetz, 1975, [3]1993; Gewerbeordnung 1994, 1994 (Hg.).

Koch, Herbert, * 8. 11. 1941 Klagenfurt (Kä.), Unternehmer; Schwiegersohn von R. → Leiner. Seit 1967 in der Geschäftsleitung der R. Leiner GmbH tätig, seit 1973 deren Geschäftsführer; ab 1973 Aufbau der kika MöbelhandelsGmbH innerhalb der Leiner-Gruppe und seit Gründung auch deren geschäftsführender Gesellschafter.

Koch, Joseph Anton, * 27. 7. 1768 Obergiblen (Gem. Elbigenalp, Ti.), † 12. 1. 1839 Rom (I), Maler von Landschafts- und Historienbildern sowie von relig. und mytholog. Themen. Bildschnitzerlehre in Augsburg, ab 1785 weitere Ausbildung in Stuttgart, ging 1791 nach Straßburg. Wanderungen über das Berner Oberland nach Florenz, Neapel und Rom, wo er mit A. J. Carstens und B. Thorwaldsen befreundet war. 1812–15 in Wien tätig; kehrte danach nach Rom zurück, wo er die Landschaftsgestaltung der Nazarener nachhaltig beeinflusste. Arbeitete 1825–28 an den Fresken für die Villa Massimo in Rom mit.

Literatur: O. v. Lutterotti, J. A. K., [2]1985 (mit Werkverz.); C. v. Holst (Hg.), J. A. K. – Ansichten der Natur, Ausst.-Kat., Staatsgalerie Stuttgart, 1989; M. Kroph, J. A. K. Zu seinen Einsichten in die Kunst, 1994; NDB.

Koch, Ludwig, * 13. 12. 1866 Wien, † 26. 11. 1934 ebd., Maler, Bildhauer und Illustrator. Mitgl. des „Siebener Clubs", einer vorwiegend aus Architekten (darunter J. → Hoffmann, J. M. → Olbrich und J. → Urban) gebildeten Künstlervereinigung. Bekannter Pferdemaler, widmete sich daneben der Darstellung von Szenen aus Wien und aus der Kriegsgeschichte. K. gab mehrere Landschaftssammelwerke heraus und war Illustrator des Witzblattes „Der Faun".

Literatur: E. Hübl, Der Maler L. K., in: Ö. Kunst, 5. Jg., Heft 12, 1934; A. Urban, Das ö. Schlachtenbild im 19. Jh., Diss., Wien 1988.

Koch, Matthias, * 3. 11. 1798 Wien, † 27. 4. 1877 Baden (NÖ.), Schriftsteller und Bibliothekar. Verfasste kulturhist. Bücher, trat 1848 mit seinen Flugschriften gegen die Revolution auf.

Werke: Die Donaureise von Linz bis Wien, 1838; Wien und die Wiener, 1842; Reise in OÖ. und Sbg., 1846; Genesis der Wr. Revolution, 1850; Geschichte des Dt. Reiches unter der Regierung Ferdinands III., 2 Bde., 1865/66 (unvollendet). – Literatur: ÖBL.

Koch, Siegfried Gotthilf, → Eckardt, Siegfried Gotthilf.

Köchel, Ludwig Ritter von, * 14. 1. 1800 Stein a. d. Donau (NÖ.), † 3. 6. 1877 Wien, Musikschriftsteller, Jurist und Naturforscher. Hg. des „Chronologisch-thematischen Verzeichnisses sämtl. Tonwerke W. A. Mozarts" („Köchel-Verzeichnis", 1862), 1947 mit Ergänzungen von A. Einstein herausgegeben. Der „kleine K." wurde 1951 von H. Hase herausgegeben. K. erstellte auch grundlegende Werke über die kaiserl. Hofmusikkapelle (1869) und J. J. → Fux (1872) und gab die Briefe L. van → Beethovens an Erzhzg. → Rudolf heraus (1865).

Ludwig Ritter von Köchel. Foto.

Literatur: T. E. Konrad, Weltberühmt, doch unbekannt – L. Ritter v. K., 1998; ÖBL; NDB.

Kocherscheidt, Kurt Kappa, * 6. 7. 1943 Bleiburg (Kä.), † 13. 11. 1992 Wels (OÖ.), Maler. 1961–65 Studium bei S. → Pauser an der Akad. d. bild. Künste in Wien. Lebte 1969–72 in London, danach wieder in Wien. 1972–73 ausgedehnte Reisen durch Südamerika, 1981 durch Mexiko und Kalifornien. Begann mit monumental wirkenden Figurationen in erdigen Farben, in den 80er Jahren setzte er sich zunehmend mit Bildvorlagen älterer Maler auseinander.

Literatur: K. K., 1992.

Köck, Christian, * 1. 7. 1958 Wien, Mediziner. 1990–95 Leiter der Stabsstelle Organisationsentwicklung und Qualitätsmanagement des Wr. Krankenanstaltenverbundes, seit 1998 Univ.-Prof. für Gesundheitspolitik und Gesundheitsmanagement an der Univ. Witten-Herdecke. 2000 für kurze Zeit Bundessprecher des Liberalen Forums.

Köck, Eduard, * 26. 2. 1882 Innsbruck (Ti.), † 3. 11. 1961 Natters (Ti.), Schauspieler, Theaterleiter und Schriftsteller. Mitbegründer der von F. Exl 1902 gegr. Exl-Bühne und bis zu ihrer Auflösung 1955 deren Oberspielleiter. Bedeutender Volksschauspieler (bes. in Stücken K. → Schönherrs und L. → Anzengrubers). Mitwirkung in zahlr. Heimatfilmen („Die Geierwally", 1940; „Der Sonnblick ruft", 1952).

Werke: Filmdrehbücher: Glaube und Heimat, 1921; Peter im Schnee, 1937; Festschrift „40 Jahre Exl-Bühne", 1942 (Hg.). – Literatur: M. Riha, E. K., Diss., Innsbruck 1948.

Koenig, Alma Johanna (verehel. Freifrau von Ehrenfels, Pseud.: Johannes Herdan), * 18. 8. 1887 Prag (CZ), † 1942 Ghetto Minsk (BY), Erzählerin und Lyrikerin jüd. Abstammung. Ab 1888 in Wien, am 27. 5. 1942 deportiert und seither verschollen. Erfolgreich war K. v. a. mit einfühlsamen hist.-psycholog. Romanen.

Werke: Romane: Der heilige Palast, 1922; Die Geschichte von Half dem Weibe, 1924; Leidenschaft in Algier, 1932; Der jugendliche Gott, 1947. – Lyrik: Die Windsbraut, 1918; Die Lieder der Fausta, 1922; Liebesgedichte, 1930; Sonette für Jan, 1947. – Jugendbuch: Gudrun. Stolz und Treue, 1928. – Übersetzungen: E. Wallace, Der Frosch mit der Maske. 5 Kriminalromane, 1996. – Literatur: E. Rosner, Miedzy erosem a caritas, 1987 (Monographie in poln. Sprache); NDB.

Koenig, Otto, * 23. 10. 1914 Wien, † 5. 12. 1992 Klosterneuburg (NÖ.), Zoologe, Schriftsteller, urspr. Fotograf. Schüler von K. → Lorenz. Gründete 1945 mit seiner Frau Lilli K. die Biolog. Station Wilhelminenberg (Wien) als Inst. für Vergleichende Verhaltensforschung, deren Leiter er war. K. leistete Bedeutendes für den Natur- und Wildtierschutz in Ö. und wurde durch die Fernsehserie „Wunder der Tierwelt" populär. Afrika-Expeditionen.

Werke: Das Buch vom Neusiedler See, 1961; Das Paradies vor unserer Tür, 1971; Tier und Mensch, 1981; Verhaltensforschung in Ö. – K. Lorenz 80 Jahre, 1983; Ti. Tracht und Wehr, 1989; Beim Menschen beginnen, 1991.

Ernest von Koerber. Foto.

Koerber, Ernest von, * 6. 11. 1850 Trient (I), † 5. 3. 1919 Baden (NÖ.), Staatsmann. 1897/98 Handels-, 1899 Innenmin., 1900–04 und Okt. bis Dez. 1916 Min.-Präs., 1902–04 auch Justizmin., 1915/16 gemeinsamer ö.-ungar. Finanzmin. Befasste sich v. a. mit wirt., Verkehrs- und soz. Problemen.

Literatur: A. Novotny, E. v. K., in: H. Hantsch (Hg.), Gestalter der Geschicke Ö., 1962; ÖBL; NDB.

Koffler, Andreas, * 1603 Krems (NÖ.), † 12. 12. 1651 Kuangsi (China; ermordet), Jesuit, China-Missionar (ab 1640). Genoss wegen seiner mathemat.-astronom. Kenntnisse hohes Ansehen am Ming-Kaiserhof und wurde mit der Abfassung des chines. Kalenders betraut.

Werke: Reisebriefe aus Batavia und China.

Kofler, Georg, * 26. 4. 1957 Bruneck (S-Ti.), Unternehmer. Studierte Publizistik in Wien, 1985–86 persönl. Referent des ORF-Generalintendanten G. → Bacher, 1987–88 Büroleiter des dt. Medienunternehmers Leo Kirch. 1988–95 Geschäftsführer des dt. Senders Pro Sieben, 1995–99 Vorstandsvorsitzender der Pro Sieben Media AG. Seit 1999 Aufsichtsratsvorsitzender der Home Order Television Networks AG, seit 2000 Vorstandsvorsitzender. Seit 2000 Miteigentümer des dt. Fernsehsenders tm3.

Kofler, Gerhard, * 11. 2. 1949 Bozen (S-Ti.), Lyriker und Kulturpublizist. Mitgl. der Grazer Autorenversammlung, lebt in Wien, schreibt v. a. Gedichte in ital. und/oder dt. Sprache; gehört zum Kreis der krit. Autoren in S-Ti.; Themen seiner Gedichte sind die ethn., polit. und kulturellen Probleme seiner Heimat. Förderungspreis zum Ö. Staatspreis 1997.

Werke: Lyrik: Südtiroler Extravaganzen, 1981; Neue Südtiroler Extravaganzen, 1984; Die Rückseite der Geographie, 1988; Mexcaltitán, 1989; Kleine Tassen, 1992; Intermezzo a Vienna, 1993; Am Rand der Tage, 1996; Der ausgesetzte Platz, 1997; Die Uhrwerklogik der Verse, 1999. – Übersetzungen aus dem Ital. und Span.

Kofler, Ludwig, * 30. 11. 1891 Dornbirn (Vbg.), † 23. 8. 1951 Innsbruck (Ti.), Pharmakologe. Ab 1921 Univ.-Prof. in Innsbruck, arbeitete über Saponine und den Gehalt an ätherischen Ölen in Drogen. Entwickelte Geräte zur mikroskop. Untersuchung organ. Stoffe und Stoffgemische. Mit der von K. und seinem Sohn konstruierten „K.-Heizbank" werden die Schmelzpunkte organ. Stoffe bestimmt.

Michael Köhlmeier. Foto, 1998.

Kofler, Werner, * 23. 7. 1947 Villach (Kä.), Erzähler, Lyriker und Hörspielautor. Verwendet vorwiegend Collage- und Montagetechniken. Themen sind zumeist das Ausgeliefertsein des Einzelnen an die Sachzwänge von Bürokratie und Arbeitswelt sowie die eig. Lebensumstände.

Werke: Prosa: Örtliche Verhältnisse, 1973; Ida H., 1978; Aus der Wildnis, 1980; Konkurrenz, 1984 (Roman); Amok und Harmonie, 1985; Am Schreibtisch, 1988; Hotel Mordschein, 1989; Der Hirt auf dem Felsen, 1991; Wie ich Roberto Cazzola in Triest plötzlich und grundlos drei Ohrfeigen versetzte, 1994; Üble Nachrede – Furcht und Unruhe, 1997; Manker, 1999. – Hörspiele: Stimmen, 1969; Blöde Kaffern, dunkler Erdteil, 1999 (mit A. Fian). – Literatur: K. Amann (Hg.), W. K. Texte und Materialien, 2000.

Kogelnik, Kiki, * 22. 1. 1935 Bleiburg (Kä.), † 1. 2. 1997 Wien, Künstlerin. Studierte 1954–58 an der Akad. f. angew. Kunst in Wien und an der Akad. d. bild. Künste in Wien; lebte ab 1961 in New York (Kontakte zu internat. Größen wie J. Johns, R. Lichtenstein, C. Oldenburg, R. Rauschenberg, A. Warhol u. a.); beschäftigte sich zunächst v. a. mit Objektkunst („Hangings"), Pop-Art und dem Thema der Weiblichkeit; später auch mit Keramik, Glas und Installationen.

Literatur: K. K. Retrospektive 1935–1997, Ausst.-Kat., Ö. Galerie Belvedere, Wien 1998.

Kogler, Armin, * 4. 9. 1959 Innsbruck, Skispringer und Flugzeugpilot. 1980 Skiflugweltrekord (180 m), 1981 Weltmeister sowie 1981 und 1982 Sieger im Gesamtweltcup der Skispringer und Sportler des Jahres; seit 1989 Verkehrspilot bei Tyrolean Airways.

Kogler, Peter, * 19. 6. 1959 Innsbruck (Ti.), Medienkünstler. 1980 internat. Durchbruch, 1986–87 Lehrtätigkeit an der Staatl. Hochschule für bildende Künste in Frankfurt a. Main, seit 1993 Lehrbeauftragter an der Académie des Beaux Arts Le Mans, an der Académie des Beaux Arts Paris und an der Akad. der bild. Künste in Wien. Zunächst vom Minimalismus beeinflusst, heute einer der wichtigsten Vertreter von computergenerierter und -unterstützter Medienkunst in Europa. Prix Ars Electronica 1988.

Literatur: E. Thole (Red.), P. K., 2000.

Koglmann, Franz, * 22. 5. 1947 Wien, Musiker, Komponist. Studierte 1961–72 Trompete (Jazz und Klassik) am Wr. Konservatorium, 1972 und 1973 Studienaufenthalte in New York und Philadelphia. Zusammenarbeit mit Avantgarde-Jazzmusikern in Wien; 1980–85 Mitgl. des Mitteleuropa Orchestra; gründete 1983 das Ensemble Pipetet, 1986 das Pipe Trio, 1990 das Monoblue Quartet. 1995 Amerikatournee mit Lee Konitz und dem Pipe Trio. Gilt als einer bedeutendsten ö. Jazzmusiker und wichtiger Vermittler zw. Jazz und europ. Avantgarde.

Werke (Schallplatten bzw. CDs): Flaps, 1973 (mit Steve Lacy); Schlaf Schlemmer, Schlaf Magritte, 1984; About Yesterdays Ezzthetics, 1987; The Use of Memory, 1990; L'Heure Bleu, 1991; Cantos 1–4, 1992; We Thought About Duke, 1994.

Kohler, Alfred, * 6. 8. 1943 Wien, Historiker. Seit 1992 Univ.-Prof. in Wien mit Forschungsschwerpunkt Frühe Neuzeit.

Werke: Das Reichstagsprotokoll des Dr. F. Hornung vom Augsburger Reichstag 1555, 1971 (mit H. Lutz); Antihabsburg. Politik in der Epoche Karls V., 1982. – Hg.: Wr. Beiträge zur Geschichte der Neuzeit, 1987ff.; Studien zur Geschichte der Iberischen und Iberoamerikan. Länder, 1993ff.

Kohlmaier, Herbert, * 29. 12. 1934 Wien, Angestellter und Politiker (ÖVP). 1978–87 Bundesobmann des ÖAAB, 1971–75 Gen.-Sekr. der ÖVP, 1969–88 Abg. z. NR, 1988–95 Volksanwalt.

Werk: Elegie auf Schwarz, eine polit. Konfession, 1999.

Köhlmeier, Michael (Johannes Maria), * 15. 10. 1949 Hard (Vbg.), Schriftsteller. Bereits mit seinem Debütroman „Der Peverl Toni und seine abenteuerl. Reise durch meinen Kopf" (1982) fand K. große Beachtung, es folgten Romane wie „Moderne Zeiten" (1984) und „Spielplatz der Helden" (1988). Im Zentrum steht die Frage nach dem Verhältnis von Fiktion und Wirklichkeit. Neubearbeitungen homerischer Mythen stellen die Romane „Telemach" (1995) und „Kalypso" (1997) dar. Mit dem erzählerischen Vortrag griech. Mythen im ö. Rundfunk erlangte K. hohe Popularität („Klass. Sagen d. Altertums", Tle. I–III, 1995–98, insges. 15 CDs). Rauriser Literaturpreis 1982, J.-P.-Hebel-Preis 1988, Anton-Wildgans-Preis 1997.

Weitere Werke: Romane: Die Figur, 1986; Die Musterschüler, 1989; Bleib über Nacht, 1993; Bevor Max kam, 1998. – Dramen: Like Bob Dylan, 1974; Das Anhörungsverfahren, 1976. – Erzählungen, Kinderbücher, Essays, Filmdrehbücher, Hörspiele.

Kohn, Walter, * 9. 3. 1923 Wien, Physiker, Nobelpreisträger für Chemie 1998 (mit John Pople) für seine Arbeiten auf dem Gebiet der theoret. Festkörperchemie und -physik. Konnte sich 1939 vor den Nat.-Soz. nach England retten und emigrierte dann nach Kanada, studierte Mathematik und Physik an der Univ. von Toronto und an der Harvard University in Cambridge, Massachusetts, an der er 1948 seine wiss. Laufbahn begann; seit 1991 Prof. für Physik an der Univ. von Santa Barbara in Kalifornien. Beschäftigt sich mit theoret. Festkörperchemie und -physik (Dichtefunktionaltheorie) und schuf die Voraussetzungen für wichtige computerunterstützte Berechnungsverfahren. Mehrere Methoden und Theorien sind nach ihm benannt (Korringa-Kohn-Rostoker-Methode, Kohn-Sham-Gleichungen, Hohenberg-Kohn-Theorem, u. a.). Mehr als 200 Publikationen; Ö. Ehrenzeichen f. Wiss. u. Kunst 1999.

Kohr, Leopold, * 5. 10. 1909 Oberndorf b. Salzburg, † 26. 2. 1994 Gloucester (GB), Philosoph und Ökonom. Berichterstatter im Span. Bürgerkrieg, während des 2. Weltkriegs publizist. Kampf gegen Hitler und für die ö. Souveränität. Lehrte Nationalökonomie und Polit. Philosophie in New Jersey, Puerto Rico und Wales; wirkte 1967 bei der Gründung des karibischen Kleinstaats Anguilla mit (durch Militäreinsatz Großbritanniens vereitelt). K. prägte den Slogan „Small is beautiful" und hatte maßgebl. Einfluss auf F. Schumachers gleichnamigen Bestseller. 1983 Alternativer Nobelpreis.

Werke: Die „Überentwickelten" oder Die Gefahr der Größe, 1962; Weniger Staat, 1965; Die überentwickelten Nationen, 1983; Das Ende der Großen, 1986. – Literatur: G. Lehner, Die Biographie des Philosophen und Ökonomen L. K., 1994.

Kokoschka, Oskar, * 1. 3. 1886 Pöchlarn (NÖ.), † 22. 2. 1980 Villeneuve bei Montreux (CH), Maler, Graphiker, Dichter. Studierte an der Wr. Kunstgewerbeschule (bei A. v. Kenner, C. O. Czeschka und B. Löffler), ab 1907 Mitarbeit in der Wr. Werkstätte, ab 1910 an der Ztschr. „Sturm" in Berlin, 1919–23 Prof. an der Dresdner Akad., später ausgedehnte Reisen durch Europa, N-Afrika und den Nahen Osten. 1934–38 in Prag tätig, emigrierte von dort nach London. 1953 ließ sich K. in Villeneuve nieder. In seinem Frühwerk geprägt vom linearen Stil der Wr. Secession („Die träumenden Knaben", Versdichtung 1908 mit eig. Farblithographien), erlangte er bes. aufgrund seiner Mitarbeit am „Sturm" bereits früh internat. Anerkennung als bedeutender Vertreter des Expressionismus (Porträt von A. Loos, 1909; „Windsbraut", 1914). Die Farbe, die in seiner Dresdner Zeit als bestimmender Ausdrucksträger in den Vordergrund tritt („Macht der Musik", 1920; „Selbstbildnis mit gekreuzten Armen", 1922/23), wird in den auf den Reisen entstehenden Stadtansichten wieder zurückgenommen. Der große Zyklus von Städtebildern und Landschaften, die immer starke Aufsicht mit weiter Fernsicht verbinden („Weltlandschaften"), kann als einzigartig in der Kunst des 20. Jh. angesehen werden. In seinen Porträts, Stadtansichten sowie seinen (oft polit.) Allegorien – Inhalte und Themen, die auch sein Spätwerk bestimmen – leben barocke Gestaltungsprinzipien (bes. F. A. Maulbertsch) nach. 1953 gründete K. in Salzburg die „Schule des Sehens" als internat. Sommerakad. In literar. Hinsicht gilt K. als Wegbereiter des expressionist. Dramas; der Einsatz von starken Effekten und pathetischer Sprache sind dafür ebenso kennzeichnend wie der Verzicht auf eine zusammenhängende Handlung und das Überschreiten der traditionellen Form durch Einbeziehung von Tanz und Pantomime. Zu seinen wichtigsten Dramen zählen „Sphinx und Strohmann" (1907, unter dem Titel „Hiob" 1917), „Mörder, Hoffnung der Frauen" (1909, vertont von P. Hindemith 1921), „Der brennende Dornbusch" (1911) und „Orpheus und Eurydike" (1915, vertont von E. Krenek). Im Gegensatz dazu sind die späteren Prosawerke in einem betont nüchternen Stil verfasst, Realität und Traumwelt gehen darin eine Verbindung ein („Mein Leben", Autobiographie 1971). Großer Ö. Staatspreis 1954. O.-K.-Zentrum im Archiv der Hochschule f. angew. Kunst in Wien.

Ausgabe: O. K. Das schriftliche Werk, hg. v. H. Spielmann, 4 Bde., 1973–76. – Literatur: H. M. Wingler u. F. Welz, O. K. Das druckgraph. Werk, 2 Bde., 1975–81; W. J. Schweiger, Der junge K. Leben und Werk 1904–14, 1983; K. A. Schröder u. J. Winkler (Hg.), O. K., Ausst.-Kat., Kunstforum, Wien 1991; A. Strobl u. A. Weidinger, O. K. Das Frühwerk (1897/98–1917). Zeichnungen und Aquarelle, 1994; J. Winkler u. K. Erling, O. K., Die Gemälde, Bd. 1, 1995.

Kolb, Ernst, * 9. 1. 1912 Lauterach (Vbg.), † 23. 9. 1978 Bregenz (Vbg.), Jurist und Politiker (ÖVP). 1945–49 Abg. z. NR, 1949–59 Mitgl. d. BR. 1948–52 BMin. f. Handel u. Wiederaufbau, 1952–54 BMin. f. Unterricht.

Kolb, Viktor, * 13. 2. 1856 Breitenbach (Potučky, CZ), † 2. 11. 1928 Graz (Stmk.), Volksmissionar, Jesuit, Initiator des 1905 gegr. Pius-Vereins.

Kolbe, Maximilian M. (Taufname Raimund), Hl., Fest 14. Aug., * 7. 1. 1894 Zdunska-Wola (PL), † 14. 8. 1941 Auschwitz (PL), Märtyrer. 1911 Eintritt in den Franziskanerorden, baute in Japan und Polen die kath. Presse auf. Unter den Nat.-Soz. nach Oranienburg und Auschwitz verschleppt; opferte sich für einen jungen Familienvater. 1982 heilig gesprochen.

Kolbenheyer, Erwin Guido, * 30. 12. 1878 Budapest (H), † 12. 4. 1962 München (D), Schriftsteller und Kulturphilosoph. Verließ 1919 Wien und lebte von da an in Tübingen, ab 1932 in München. Vertrat ein biologist. Kulturverständnis („Bauhütte") und setzte sich für den Nat.-Soz. ein. Seine Romane und Dramen, die um den faustischen Menschen „deutscher Art" kreisen, erreichten hohe Verkaufszahlen. 1911 Bauernfeld-, 1926 A.-Stifter-Preis.

Ausgabe: Gesamtausgabe der Werke, 18 Bde. in 2 Abteilungen, 1957–78. – Literatur: R. König, Der metaphys. Naturalismus E. G. K., 1971; NDB.

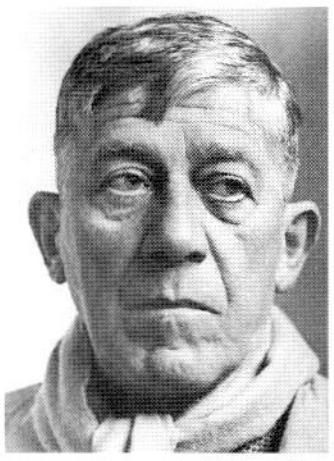
Oskar Kokoschka. Foto.

Kölderer, Jörg, * um 1465/70 Weiler Hof bei Inzing (Ti.), † Juli 1540 Innsbruck (Ti.), Hofmaler und Architekt Ks. Maximilians I. Stand stilistisch der Donauschule nahe. K. war 1493 erstmals für Maximilian tätig, ab 1494 Hofmaler, ab 1518 Baumeister von Ti. (oberste Bauinstanz des Landes).

Werke: Innsbruck: Fresken am Wappenturm (1499, um 1750 abgetragen), am „Goldenen Dachl" (1497–1500) und im Damenstift. – Graph. Arbeiten: Vorarbeiten zum Triumphzug und zur Ehrenpforte sowie Entwürfe zur Holzschnittausgabe der Heiligen der Sipp- und Schwägerschaft des Kaisers (Vorlagen für die Bronzefiguren am Maximiliansgrab). – Illustrationen: Ti. Jagdbuch, 1500; Ti. Fischereibuch, 1504; Zeugbücher, um 1507 und um 1512. – Literatur: J. K., Ausst.-Kat., Inzing 1992; G. Ottner, J. K. – Der Hofkünstler der Gedächtniswerke Ks. Maximilians I., Dipl.-Arb., Salzburg, 1992; A. Scheichl, J. K. – Innsbrucker Hofmaler und Baumeister in Ti. zur Zeit Maximilians I. und Ferdinands I., Dipl.-Arb., Wien 1993.

Kolig, Anton, * 1. 7. 1886 Neutitschein (Novy Jičín, CZ), † 17. 5. 1950 Nötsch (Kä.), Maler; Großvater von Cornelius → Kolig. 1928–43 Prof. an der Akad. der bild. Künste Stuttgart. Er gründete den Nötscher Kreis und entwickelte eine farbstarke, monumentale Malweise. Der Großteil seines Lebenswerks wurde bei einem Bombenangriff im Dez. 1944 vernichtet.

Werke: Fresken im Krematorium Wien, 1925; Großer Spiegel-Akt, 1926; 4 Gobelins (1925) und großes Mosaik (1927) für das Sbg. Festspielhaus; Fresken im Landhaus Klagenfurt, 1930

Anton Kolig. Foto, 1947.

(von den Nat.-Soz. vernichtet); Große Pietà, 1943–48. – Literatur: W. Skreiner, A. K. Das malerische Werk, Ausst.-Kat., Graz 1981; P. Weiermair, A. K., Die Zeichnungen, 1985.

Kolig, Cornelius, * 7. 9. 1942 Vorderberg a. d. Gail (Kä.), Maler, Bildhauer, Objektkünstler; Enkel von Anton → Kolig. Studierte 1960–65 an der Akad. d. bild. Künste in Wien bei J. → Dobrowsky und M. → Weiler. Arbeitet bes. mit Kunststoffen wie Plexiglas und Polyester, experimentiert mit Röntgenbildaufnahmen. Seine Neugestaltung des K.-Saals im Kä. Landhaus führte 1999 zu heftigen kulturpolit. Kontroversen.

Werke: Errichtung der Anlage „Das Paradies", Vorderberg, ab 1980. – Literatur: A. Rohsmann, C. K., Flush. Neue Arbeiten für das Paradies, 1990; E. Hirtenfelder u. B. K. Steiner, Tatort Kolig-Saal. 1929–1999, 1999; A. Rohsmann u. a., C. K. Paradies jetzt, 2000.

Kolisch, Siegmund, * 21. 9. 1816 Koritschan (Koričany, CZ), † 27. 12. 1886 Göding (Hodonin, CZ), Journalist und Erzähler. Lebte 1848–68 als polit. Verfolgter im Ausland. Feuilletonist und Theaterkritiker der „Neuen Freien Presse".

Werke: Totenfeier in Ö., 1848; Kleine Romane aus Wien, 1848; L. Kossuth und C. Metternich, 1850. – Literatur: ÖBL.

Kolland, P. Engelbert (Michael), Sel., Fest 10. Juli, * 21. 9. 1827 Ramsau i. Zillertal (Ti.), † 10. 7. 1860 Damaskus (Syrien; ermordet), Franziskanermönch in Salzburg, ab 1855 Seelsorger in Jerusalem und Damaskus. Asket und Sprachenkenner. 1926 selig gesprochen.

Literatur: Biograph.-bibliograph. Kirchenlexikon; ÖBL.

Kollek, Teddy, * 27. 5. 1911 Wien, Politiker. Schon früh in der zionist. Jugendorganisation T'khelet-Lavan und bei He-Halutz aktiv. 1934 emigrierte die Familie nach Palästina; 1939 und 1940 gelang es ihm, von A. Eichmann 3000 jugendl. KZ-Häftlinge für die Auswanderung freizubekommen. 1942 organisierte er den jüd. Untergrund in Mittel- und O-Europa, leitete 1949 die US-Abteilung des israel. Außenministeriums und war für 2 Jahre israel. Botschafter in den USA. Danach Gen.-Dir. des Premierministeramts, 1965–93 Bürgermeister von Jerusalem.

Carl Koller. Foto, um 1910.

Koller, Carl, * 3. 12. 1857 Schützenhofen (Susice, CZ), † 22. 3. 1944 New York (USA), Augenarzt. Wirkte an der Wr. Univ.-Klinik, in Utrecht und New York; eigentl. Begründer der Lokalanästhesie (Kokain-Anästhesie in der Augenheilkunde 1884).

Literatur: ÖBL; NDB.

Koller, Dagmar, * 26. 8. 1939 Klagenfurt (Kä.), Sängerin und Tänzerin; Ehefrau von H. → Zilk. Begann 1960 ihre Karriere als Tänzerin an der Wr. Volksoper, 1964 Durchbruch in F. Lehárs „Land des Lächelns", zahlr. Auftritte in Operetten und Musicals („My Fair Lady", „Der Mann von La Mancha") u. a. in Hamburg, Berlin, Wien und Köln sowie 3 Tourneen in die USA. Eig. Choreographien, Fernsehtätigkeit.

Koller, Hans, * 12. 2. 1921 Wien, Jazzmusiker. Begann 1947–49 im Hot Club Vienna und 1950 bei H. Winter; eig. Ensembles mit J. Hipp und O. Pettiford sowie S. Kenton u. a. (Plattenaufnahmen). 1958–65 musikal. Leiter des NDR-Jazz-Workshops, 1961 Mitgl. der European All Stars. TV-Auftritte, Shows. Seit 1997 vergibt das ö. Bundeskanzleramt den H.-K.-Preis.

Koller, Herbert, * 19. 7. 1911 Wösendorf (NÖ.), † 27. 4. 1995 Krems (NÖ.), Manager. Studierte Rechtswiss. in Wien, trat 1948 in die VÖEST ein, stieg vom Sachbearbeiter zum Werksdir. der Hütte Krems (1955) und zum Gen.-Dir. des VÖEST-Alpine-Konzerns (1961–77) auf. Bes. Verdienste um die Rekonstruktion bzw. die Umstrukturierung der verstaatl. Stahlind. Langjähriger Spitzenfunktionär in der Wirtschaftskammer. 1980 Berufung in den Generalrat der Oesterr. Nationalbank, 1981–88 1. Vizepräsident.

Kolleritsch, Alfred, * 16. 2. 1931 Brunnsee (Stmk.), Erzähler, Lyriker. 1958 Mitbegründer des Grazer „Forums Stadtpark", seit 1960 Hg. der Lit.-Ztschr. „manuskripte". Wendet sich in seinen Romanen und bes. in seinen Gedichten gegen Fremdbestimmung, Einengung und Erstarrung des Lebens und tritt gegen Totalitarismus und Faschismus ein. Petrarca-Preis 1978. Ö. Staatspreis für Kulturpublizistik 1993.

Werke: Romane und Prosa: Die Pfirsichtöter, 1972; Die grüne Seite, 1974; Gespräche im Heilbad, 1985; Allemann, 1989. – Lyrik: erinnerter zorn, 1971; Einübung in das Vermeidbare, 1978; Im Vorfeld der Augen, 1982; Absturz ins Glück, 1983; Augenlust, 1986; Gegenwege, 1991; 2 Wege, mehr nicht, 1993; In den Tälern der Welt, 1999; Die Verschwörung der Wörter, 2001. – Drama: Die geretteten Köche, 1997. – Literatur: K. Bartsch u. G. Melzer (Hg.), A. K., Dossier 1, 1991.

Koller-Pinell, Broncia, * 23. 2. 1863 Sanok (PL), † 24. 4. 1934 Wien, Malerin des Wr. Jugendstils. Stand der Wr. Secession, bes. G. → Klimt und seinem Kreis, nahe.

Werke: Porträts, Stillleben, Landschaften, Genrebilder, Farbholzschnitte. – Literatur: B. K.-P., Ausst.-Kat., Jüdisches Museum der Stadt Wien, 1993.

Kollmann, Josef, * 23. 10. 1868 Laibach (Ljubljana, SLO), † 16. 6. 1951 Baden (NÖ.), Politiker (CS), Kaufmann. 1919–38 Bürgermeister von Baden, 1919–20 Mitgl. der Konstituierenden Nationalversammlung, 1920–34 Abg. z. NR, 1926 Finanzmin. Veranlasste die Errichtung der Spielbank in Baden, Gegner des Ständestaats. Die Nat.-Soz. machten ihm 1940 vergeblich einen Prozess wegen angebl. Missbrauchs der Amtsgewalt und Veruntreuung des ihm anvertrauten sog. „K.-Fonds".

Literatur: Der Prozeß K., hg. v. J. K., 1946; H. Meissner, J. K. (1868–1951), 2000.

Kollonitsch, aus Kroatien stammendes Adelsgeschlecht, das im 15. Jh. nach Ö. kam. Mehrere Mitglieder der Familie dienten in der kaiserl. Armee oder erreichten hohe kirchl. Ämter: Leopold Karl Gf. → Kollonitsch, Sigismund Gf. → Kollonitsch.

Kollonitsch, Leopold Karl Graf, * 26. 10. 1631 Komorn (H), † 20. 1. 1707 Wien, geistl. Würdenträger. Mitgl. des Johanniter-Ordens, 1660 Bischof von Neutra, 1670 von Wr. Neustadt, 1685 von Raab; 1686 Kardinal, 1695 Erzbischof von Gran und Primas von Ungarn. 1672 auch Präs. der ungar. Hofkammer, 1692 Staats- und Konferenzmin. Machte sich bei der 2. Türkenbelagerung Wiens 1683 verdient. Denkmal vor dem Wr. Rathaus.

Literatur: NDB.

Kollonitsch, Sigismund Graf, * 30. 5. 1677 Wien, † 12. 4. 1751 ebd., geistl. Würdenträger. 1716 Bischof, 1722 erster Erzbischof von Wien, 1727 Kardinal. Errichtete ein neues Alumnat und führte Laienexerzitien ein.

Kolm, (Gustav) Anton, * 12. 10. 1865 Wien, † 11. 10. 1922 ebd., Filmpionier und Fotograf; Ehemann von Louise → Kolm. Ab 1906 Hersteller wienerischer Kurzfilme; gründete mit seinem Gehilfen J. Fleck die „Wr. Kunstfilm-Ind." und drehte mit diesem, seiner Frau Louise und dem Schauspieler H. → Hanus 1908 den 1. ö. Spielfilm „Von Stufe zu Stufe" (nicht erhalten). Zahlr. weitere filmische Arbeiten (Wochenschauen, Spielfilme) folgten.

Werke: Produzent: Die Ahnfrau, 1910; Der Müller und sein Kind, 1910; Hoffmanns Erzählungen, 1911; Johann Strauß an der schönen blauen Donau, 1913; Der Pfarrer von Kirchfeld, 1914; Eine Million Dollar, 1921.

Kolm, Louise (geb. Veltée), * 1. 8. 1873 Wien, † 15. 3. 1950 ebd., Filmpionierin, Autorin und Regisseurin; Tochter des Kinobesitzers L. Veltée, Ehefrau von Anton

→ Kolm, Mutter des Regisseurs W. Kolm-Veltée. Führte 1911 erstmals Regie („Die Glückspuppe"), heiratete nach Kolms Tod den Kameramann und Regisseur J. Fleck, mit dem sie bei zahlr. dt. Produktionsfirmen (u. a. Ufa) sowie später in Ö. und in China filmisch tätig war.

Weitere Werke: Regie: Trilby, 1912; Der Meineidbauer, 1915; Der Traum eines ö. Reservisten, 1915; Der Schandfleck, 1917; Der König amüsiert sich, 1918; Eva, die Sünde, 1920; Frühlingserwachen, 1924; Die Tochter der Frau von Larsac, 1925. – Literatur: M. Nepf, Die Pionierarbeit von A. Kolm, L. Veltée/Kolm/Fleck und J. Fleck bis zum Beginn des 1. Weltkriegs, 1991.

Kolmann, Ossy, * 10. 1. 1928 Wien, Schauspieler und Kabarettist, ausgebildeter Fernmeldetechniker. Kam über das Fronttheater zum Kabarett; zunächst am „Wr. Werkel", dann von seinem Lehrmeister K. → Farkas in das „Simpl" geholt. Gastspiele am Volkstheater, am Theater an der Wien und an der Volksoper in Wien. Fernsehtätigkeit.

Koloman, Hl., Fest 13. Okt., † 17. 7. 1012 bei Stockerau (NÖ.), irischer Pilger. In der Nähe von Stockerau wegen seiner fremdartigen Kleidung für einen Spion gehalten und gehängt. Seine Gebeine wurden 1014 nach Melk überführt, wo sich bald ein K.-Kult entwickelte und K. als Patron Ö. verehrt wurde (seit 1663 hl. Leopold Patron von Ö.). In Ö. gibt es 15 K.-Gnadenstätten.

Literatur: M. Niederkorn-Bruck, Der hl. K. – der erste Patron NÖ., 1992; F.-R. Erkens, Coloman, in: Lexikon für Theologie und Kirche, Bd. 2, ³1994.

Kolonovits, Christian, * 25. 2. 1952 Rechnitz (Bgld.), Komponist und Dirigent, ab 1974 Arrangeur für W. → Ambros, Boney M. u. a.; 1976 erste Solo-LP („Life is just a carnival"), 1977 Gründung der Gruppe „Einstein". Filmmusik zu „Sei zärtlich Pinguin", „Frühling in Wien", „Tiger in Wien", „Coconuts" und „Geliebte Gegner".

Kolowrat, aus Kroatien bzw. Krain stammendes, vorwiegend in Böhmen verankertes Hochadelsgeschlecht. 1660 wurde die Linie K.-Liebsteinsky (1861 erloschen), 1671 die Linie K.-Krakowsky in den Reichsgrafenstand erhoben. Aus der Familie stammten u. a.: Alexander („Sascha") Joseph Gf. → Kolowrat-Krakowsky, Leopold Gf. → Kolowrat-Krakowsky und Franz Anton Gf. → Kolowrat-Liebsteinsky.

Kolowrat-Krakowsky, Alexander („Sascha") Joseph Graf, * 29. 1. 1886 New York (USA), † 4. 12. 1927 Wien, Filmpionier. Begründer der ö. Filmind., gründete 1910 die Sascha-Film-Fabrik in Pfraumberg (Böhmen) und entdeckte zahlr. Schauspieler für den Film, u. a. W. → Forst und M. Dietrich. K.-K. leistete in allen damaligen Filmgenres Pionierarbeit. Höhepunkte seiner künstlerischen Arbeit waren die Produktionen von Monumentalstreifen der Stummfilmzeit auf dem Wr. Laaer Berg („Sodom und Gomorrha", 1922, „Die Sklavenkönigin", 1924).

Weitere Werke: Regie: Die Gewinnung des Eisens am steir. Erzberg in Eisenerz, 1912; Der Millionenonkel, 1913; Wien im Kriege, 1916; Der Märtyrer seines Herzens, 1918; Eine versunkene Welt, 1920; Der junge Medardus, 1923; Salammbo, 1925; Café Elektric, 1927. – Literatur: I. M. Hübl, S. K. Ein Beitrag zur Geschichte der ö. Kinematographie, 1950; W. Fritz u. M. Zahradnik (Hg.), Erinnerungen an S. K., Schriftenreihe des Ö. Filmarchivs 31, 1992.

Kolowrat-Krakowsky, Leopold Graf, * 31. 12. 1727, † 2. 11. 1809 Wien, leitender Staatsbeamter. Minister mit 63 Dienstjahren unter 4 Monarchen: 1769 ö. und böhm. Vizekanzler, 1771 Hofkammerpräs. und Präses der Ministeral-, Banco-, Hof-Deputation, 1782 Oberster Kanzler und Leiter der Vereinigten Hofstelle (Finanz- und polit. Verwaltung), 1792 Direktorialmin. einer neuen Zentralbehörde, 1796–1808 erster dirigierender Staatsminister.

Literatur: ADB.

Kolowrat-Liebsteinsky, Franz Anton Graf, * 31. 1. 1778 Prag (CZ), † 4. 4. 1861 Wien, Staatsmann. Gegenspieler → Metternichs, ab 1826 Staats- und Konferenzmin.; zur Zeit Ks. Ferdinands 1836–48 Mitgl. der „Geheimen Staatskonferenz", in der er für die innere Verwaltung und die Finanzen zuständig war. Nach Metternichs Sturz von 20. 3. bis 19. 4. 1848 1. konstitutioneller Min.-Präs. Trat dann polit. nicht mehr hervor.

Literatur: ÖBL.

Kolschitzky, Georg Franz, * 1640 Polen, † 20. 2. 1694 Wien, Kaufmann und Kurier. Dolmetscher bei der Oriental. Handelskompagnie in Belgrad, wurde wegen seiner Kundschafterdienste während der 2. Türkenbelagerung Wiens 1683 in den Rang eines kaiserl. Dolmetschers erhoben. Erhielt als einer der ersten das Privileg zur Kaffeeausschank in Wien und galt dadurch lange als Ahnherr des Wr. Kaffeehauses.

Literatur: B. Jaminskij, Wien 1683, Kosaken und K., 1983.

Kolumban (Columban) d. J., Hl., Fest 23. Nov., * um 543 Irland, † 23. 11. 615 Kloster Bobbio (I), Missionar und geistiger Führer der irischen Mönche auf dem europ. Festland. Verfasste die Regula Monachorum. Er ließ sich wie der hl. → Gallus 610 für 2 Jahre in der Gegend von Bregenz nieder, wo er Kirche und Kloster gründete, zog dann nach Oberitalien weiter und gründete 613/14 die Abtei Bobbio.

Literatur: H. Haupt, Columban, in: Lexikon des MA, Bd. 3, 1986.

Kolweiss, Matthäus, * 25. 12. 1620 Judenburg (Stmk.), † 9. 2. 1695 Lilienfeld (NÖ.), Zisterzienser. 1650–95 Abt von Lilienfeld, 1667 Generalvikar der Zisterzienser; gründete die Josefs-Bruderschaft und baute das Stiftsgebäude neu, 1654/55 und 1670/71 Rektor der Univ. Wien; organisierte 1683 die Verteidigung der Region während der Tataren-Einfälle.

Literatur: N. Mussbacher, Abt M. K. von Lilienfeld, 1975.

Komarek, Alfred, * 5. 10. 1945 Bad Aussee (Stmk.), Journalist, Sachbuchautor und Essayist. Skurriles, Phantastisches und Kauziges stehen im Mittelpunkt seines erzählerischen Schaffens. Zahlr. Essays zu kulturhist. Themen. Seit 1965 Gestalter von Radio- und TV-Sendungen von ORF und ausländ. Anstalten, seit 1980 verstärkte Mitarbeit an ö. und internat. Ztschr. (u. a. Geo, Globo, Parnass, „Presse", „Standard").

Werke: Vogelschau Ö., 9 Bde., 1986–93 (Photos von G. Riha); Texte zu Kunstbänden der Edition Hilger und Bildbänden von F. Hubmann, L. Lammerhuber u. a. – Kriminalromane: Polt muß weinen, 1998; Blumen für Polt, 2000.

Komarek, Kurt, * 23. 6. 1926 Wien, Chemiker. 1950–53 in der Forschungsabteilung der Treibacher Chemischen Werke (Kä.), 1953–66 an der New York University, 1966–94 Univ.-Prof. und Vorstand des Inst. f. Anorgan. Chemie der Univ. Wien, 1974/75 Dekan der Philosoph. Fakultät und 1977–79 Rektor der Univ. Wien.

Werke: rd. 120 wiss. Publikationen.

Komorzynski, Egon, * 7. 5. 1878 Wien, † 16. 3. 1963 ebd., Musikwissenschaftler, -historiker und -kritiker. Arbeitete v. a. über W. A. → Mozart und E. → Schikaneder („Zauberflöte") und wurde dafür von der Wr. Mozartgemeinde und vom Mozarteum geehrt.

Werke: E. Schikaneder, 1901; Mozarts Kunst der Instrumentation, 1906; Der Vater der Zauberflöte, 1948.

Kompert, Leopold, * 15. 5. 1822 Münchengrätz (Mnichovo Hradiště, CZ), † 23. 11. 1886 Wien, Erzähler und Publizist. 1843–47 Erzieher der Kinder des Grafen G. Andrássy in Pressburg. Ab 1840 literar. Beiträge für Ztschr., 1848–52 Feuilletonredakteur des „Ö. Lloyd",

Jonas Königswarter. Lithographie, um 1850.

Karl Komzák jun. Foto, 1896.

Anni Konetzni als Marschallin im „Rosenkavalier" von R. Strauss. Theater an der Wien. Foto, 1946.

Hilde Konetzni als Marschallin im „Rosenkavalier" von R. Strauss. Wiener Staatsoper. Foto, 1940.

Kardinal Franz König. Foto, um 1990.

1852–57 in Pest als Erzieher tätig, ab 1857 freier Schriftsteller. Schöpfer der „jüdischen Problemnovelle" mit Schilderung der jüd. Ghettos in Böhmen („Aus dem Ghetto", 1848; „Neue Geschichten aus dem Ghetto", 2 Bde., 1855). Als Wr. Gemeinderat (1873–81) und Vorstandsmitgl. der Israelit. Kultusgemeinde setzte er sich für Assimilation und Integration ein. Zu seinem Freundeskreis zählten u. a. H. → Laube, F. → Kürnberger und E. → Kuh.

Weitere Werke: Erzählungen: Böhm. Juden, 1851; Geschichten einer Gasse, 2 Bde., 1865; Franzi und Heini, 1881. – Romane: Am Pflug, 2 Bde., 1855; Zwischen Ruinen, 3 Bde., 1875. – Ausgabe: Sämtliche Werke, hg. v. S. Hock, 10 Bde., 1906 (mit Biographie); Ghetto-Geschichten, hg. v. B. Bittrich, 1988. – Literatur: T. Winkelbauer, L. K. und die böhm. Landjuden, in: H. O. Horch u. H. Denkler (Hg.), Conditio Judaica, 2. Teil, 1989; M. T. Wittemann, Draußen vor dem Ghetto. L. K. und die „Schilderung jüd. Volkslebens" in Böhmen und Mähren, 1998.

Komzák, Karl sen., * 4. 11. 1823 Netěchovice (CZ), † 19. 3. 1893 ebd., Komponist, Organist, Kapellmeister; Vater von Karl → Komzák jun. Gründete und leitete 1854–65 das spätere Prager Theaterorchester, 1865–88 Militärkapellmeister.

Werke: über 300 Werke, großteils Märsche (Erzhzg.-Albrecht-Marsch) und Tänze; Salonorchesterstücke.

Komzák, Karl jun., * 8. 11. 1850 Prag (CZ), † 23. 4. 1905 Baden (NÖ.), Komponist, Militärkapellmeister; Sohn von Karl → Komzák sen.; 1870 Theaterkapellmeister in Linz, dann Militärkapellmeister in Innsbruck, ab 1884 in Wien bzw. Kurkapellmeister in Baden. Spielte 1904 bei der Weltausstellung in St. Louis (USA).

Werke: 84 Märsche; Potpourris, Walzer, Streichquartette. – Literatur: ÖBL.

Konetzni, Anni (verehel. Wiedmann), * 12. 2. 1902 Ungarisch-Weißkirchen (Bela Crkva, YU), † 6. 9. 1968 Wien, Kammersängerin (Sopran); Schwester von Hilde → Konetzni. 1931–35 an der Berliner, ab 1935 an der Wr. Staatsoper, auch in Salzburg. Gastspiele.

Konetzni, Hilde, * 21. 3. 1905 Wien, † 20. 4. 1980 ebd., Kammersängerin (Sopran); Schwester von Anni → Konetzni. Ab 1936 Mitgl. der Wr. Staatsoper und Mitwirkung an den Sbg. Festspielen. Filmrollen.

König, Franz, * 3. 8. 1905 Warth (Gem. Rabenstein, NÖ.), Geistlicher und Theologe. 1933 Priesterweihe, 1938–45 Jugendseelsorger, 1949 Univ.-Prof. für Moraltheologie in Salzburg, 1952–56 Bischof-Koadjutor in St. Pölten; 1956–85 Erzbischof von Wien, 1958 Kardinal; als Mitgl. zweier Kommissionen leistete K. wesentl. Beiträge bei der Abhaltung des 2. Vatikan. Konzils (1962–65). 1964 errichtete K. den kirchl. Stiftungsfonds „Pro Oriente", dessen Vorsitz er bis 1985 führte und in dessen Rahmen bedeutende Fortschritte in der Zusammenarbeit mit den Kirchen O-Europas und Asiens erzielt wurden. 1965–80 war K. Präs. des vatikan. Sekretariats für die Nichtglaubenden. Sein ökumen. Engagement und seine Dialogbereitschaft werden über die Grenzen der kath. Kirche hinaus geschätzt. Innerhalb Ö. ist seiner Initiative die Entspannung des Verhältnisses zw. Kirche und Soz.-Dem. in der 2. Republik zu verdanken.

Werke: Christus und die Religionen der Erde, 3 Bde., 1951; Zarathustras Jenseitsvorstellungen und das Alte Testament, 1964; Der Mensch ist für die Zukunft angelegt, 1975; Kirche und Welt, 1978; Der Weg der Kirche, 1986; Haus auf festem Grund, hg. von A. Fenzl u. R. R. Földy, 1994; Appelle an Gewissen und Vernunft, hg. v. G. Hierzenberger, 1995. – Literatur: A. Fenzl (Hg.), Kardinal K., 1985; A. Stirnemann (Hg.), 30 Jahre Pro Oriente, Festgabe für den Stifter F. Kardinal K. zu seinem 90. Geburtstag, 1995; E. Mayerhofer, Kirche im Dialog. Kardinal Dr. F. K. und das Sekretariat für die Nichtglaubenden, 1999.

König, Herbert W., * 26. 5. 1908 Neufeld a. d. Leitha (Bgld.), † 20. 2. 1985 Krems (NÖ.), Elektrotechniker. Studierte Physik und Mathematik an der Univ. Wien (Diss. 1932 bei H. → Thirring), 1933–49 für die Firma Siemens & Halske in Deutschland und Ö. tätig mit dem Schwerpunkt Mikrowellenröhren. 1949–79 Prof. für Hochfrequenztechnik an der Techn. Hochschule bzw. Techn. Univ. Wien. Forschte v. a. auf den Gebieten Laser-, Plasma- und Halbleitertechnik. Aus seiner Schule gingen zahlr. bed. Techniker hervor.

Königer, Veit, * 1. 7. 1729 Sexten (S-Ti.), † 2. 12. 1792 Graz (Stmk.), Bildhauer des Spätbarock. Vorw. in der Stmk. tätig.

Werke: Altäre: Dom und Barmherzigenkirche in Graz, Maria Trost (beide Stmk.), Spital am Pyhrn (OÖ.) u. a. – Skulpturen: Schloss Thinnfeld, Schloss Gutenberg, Maria Rehkogel, Andrä- und Leech-Kirche in Graz (alle Stmk.); Schloss Schönbrunn (Wien). – Herakles-Brunnen und Dreifaltigkeitssäule in Graz.

Königshofer, Roland, * 24. 10. 1962 Neunkirchen (NÖ.), Radsportler. Ab 1976 aktiv, oftmaliger Staatsmeister in verschiedenen Disziplinen, 1987–90 Europacup-Gesamtsieger (Steher), 1989–91 Weltmeister (Steher). Seit 1997 Promotion-Tätigkeit für Sportartikel.

Königswarter, Jonas (ab 1871 Frh. von), * 10. 8. 1807 Frankfurt a. M. (D), † 23. 12. 1871 Wien, Bankier; Vater von Moriz Frh. v. → Königswarter. Ausgebildet in der Bank seines Vaters, übernahm 1829 das 1810 gegr. Bank- und Wechselgeschäft seines Onkels Moritz K. in Wien, baute es aus und gründete das Bankgeschäft K. & Todesco. Ab 1850 Dir. der Oesterr. Nationalbank, gründete 1855 mit den Rothschilds die Creditanstalt und galt nach der Mitte des 19. Jh. als einer der bedeutendsten Wr. Finanziers. Ab 1867 Präs. der Israelit. Kultusgemeinde in Wien.

Literatur: NDB.

Königswarter, Moriz Frh. von, * 16. 7. 1837 Wien, † 14. 11. 1893 ebd., Bankier; Sohn von Jonas v. → Königswarter. Verfügte über ein hervorragendes kaufmänn. Talent, wirkte ab 1860 im väterl. Unternehmen mit, das er 1872 übernahm. Als einer der führenden Finanzexperten seiner Zeit tat er sich bes. bei der Bekämpfung der Finanzkrise von 1873 hervor. Ab 1879 Mitgl. des Herrenhauses auf Lebenszeit. Erwarb sich auch Verdienste um die Stellung der Israelit. Kultusgemeinde und beteiligte sich an der Einrichtung der Wr. Israelit.-theolog. Lehranstalt. Kunstsammler.

Literatur: ÖBL.

Konrad I., † 12. 12. 1011, ab 1004 Hzg. von Kä.; Vater von Hzg. → Konrad II. Stammte aus dem Geschlecht der Salier, sein polit. Zentrum bildete die Mark Verona.

Konrad II., * um 1007, † 20. 7. 1039, ab 1035 Hzg. von Kä.; Sohn von Hzg. → Konrad I.; verzichtete zugunsten seines gleichnamigen Vetters 1025 auf die Königswürde, wurde aber erst 1035 Hzg. von Kä., das er von der Mark Verona aus regierte.

Literatur: NDB.

Konrad II. (Babenberger), * um 1115, † 28. 9. 1168 Admont (Stmk.), Erzbischof von Salzburg; Sohn Markgraf → Leopolds III.; 1140 Mitgl. der königl. Hofkapelle, 1143 Dompropst von Hildesheim, 1148 Bischof von Passau. War in schwere Auseinandersetzungen mit seinem Bruder Heinrich II. verwickelt. 1164 Erzbischof von Salzburg, wo er im päpstl. Sinn wirkte; fiel 1166 in die Reichsacht und übte seine Funktion in Friesach und Admont aus.

Literatur: S. Wach, Erzbischof K. von Salzburg, Diss., Wien 1965; NDB.

Konrad, Christian, * 24. 7. 1943 Obersdorf (Gem. Wolkersdorf, NÖ.), Jurist. Seit 1969 in der Raiffeisenlandesbank NÖ.-Wien tätig, seit 1990 deren Obmann und Aufsichtsratspräs. der Raiffeisen Zentralbank Österreich AG, seit 1994 Generalanwalt des Ö. Raiffeisenverbands.

Konrad, Helga, * 10. 1. 1948 Graz (Stmk.), Philologin und Politikerin (SPÖ). 1977–80 in der Bildungsabteilung der steir. Arbeiterkammer, 1980–93 Geschäftsführerin der Steir. Kulturinitiative, 1993–95 Stadträtin in Graz; 1995–97 Bundesfrauenvorsitzende der SPÖ und Bundesparteivorsitzenden-Stellv. der SPÖ; 1990–93, 1996 und 1997–99 Abg. z. NR, 1995–97 BMin. für Frauenangelegenheiten.

Konrad, Helmut, * 29. 1. 1948 Wolfsberg (Kä.), Historiker für Zeitgeschichte. Seit 1980 Univ.-Prof. in Graz, 1993–97 Rektor der Univ. Graz.

Werke: Nationalismus und Internationalismus, 1976; Widerstand an Donau und Moldau, 1978; Das Entstehen der Arbeiterklasse in OÖ., 1981; Der alte Mensch in der Geschichte, 1982; Die dt. und die ö. Arbeiterbewegung zur Zeit der 2. Internationale, 1982; Nationale Frage und Arbeiterbewegung in Mitteleuropa, 1993; Die polit. Parteien im neuen Europa und im hist. Überblick, 1994 (mit A. Pelinka).

Konrad I. von Abensberg, * 1075, † 9. 4. 1147 Lungau (Sbg.), ab 1105 Erzbischof von Salzburg. 1112–21 auf der Flucht. War mit → Gerhoh von Reichersberg ein Reformer der Augustinerklöster.

Konrad IV. von Fohnsdorf-Praitenfurt, * 1254, † 25. 3. 1312 Salzburg, ab 1291 Erzbischof von Salzburg. Ab 1281 Domherr in Salzburg, 1285 Bischof von Lavant, 1291 zum Erzbischof ernannt. Stand in starkem Gegensatz zu Kg. → Albrecht I. und führte 1295–97 wegen der Salzgewinnung im Gosautal gegen diesen Krieg. Später wurde er zum Anhänger der Habsburger.

Literatur: NDB.

Konrad von Friesach, tätig um 1440–60, Kä. Maler. Führte eine kleine Werkstatt in Friesach, schuf um 1440 Altäre für St. Peter am Kammersberg (Stmk.) und St. Lambrecht (Stmk.). Sein Hauptwerk ist das riesenhafte, ca. 9 x 9 m große Fastentuch für den Dom zu Gurk (1458), das größte und älteste erhaltene Fastentuch Kä. mit 50 Szenen aus dem Alten und 49 aus dem Neuen Testament.

Literatur: H. Hengl, Das Gurker Fastentuch, Dipl.-Arb., Graz 1989; O. Stary u. W. van der Kallen, Das Fastentuch im Dom zu Gurk, 1994.

Konrad von Fußesbrunnen, mit einem 1182 urk. genannten Edelfreien von Feuersbrunn (NÖ.) identifizierbarer Verfasser der 3000 Reimpaarverse umfassenden, zur mhd. Mariendichtung gehörenden „Kindheit Jesu".

Ausgabe: H. Fromm u. K. Grubmüller (Hg.), K. v. F., Die Kindheit Jesu, 1973. – Literatur: Verf.-Lex.

Konrad von Gaming (bzw. Konrad von Haimburg), * Hainburg (NÖ.), † 17. 8. 1360 Gaming (NÖ.), 1342–45 Prior in Seitz, ab 1358 in Gaming. Verfasser lat. Heiligen- und Marienlieder und des „Lectionarium mariale" (1350).

Literatur: Verf.-Lex.

Konrad von Haslau, fahrender Literat aus Haslau a. d. Leitha (oder im Dienst der adeligen Familie von Haslau). Verfasste um 1270–80 das für die adelige Jugend bestimmte, 1264 Reimpaarverse umfassende mhd. Lehrgedicht „Der Jüngling".

Ausgabe: M. Haupt, Ztschr. f. dt. Altertum, 1851. – Literatur: Verf.-Lex.

Konrad von Megenberg, * 1309 Mäbenberg (D), † 14. 4. 1374 Regensburg (D), gelehrter Geistlicher mit vielfältigen Interessen. Lehrte an der Univ. Paris (Magister 1334–42) und leitete 1342–48 die Bürgerschule zu St. Stephan in Wien (als Rektor für das gesamte Schulwesen der Stadt verantwortlich). Übertrug die „Sphaera mundi" von Johannes von Sacrobosco in eine laienkonforme dt. Sprache und begann das erste systematische Kompendium des Wissens über die Natur (Buch der Natur, 1348–50) in dt. Sprache zu schreiben. 1348–74 in Regensburg tätig.

Literatur: G. Drossbach, Die „Yconomica" des K. v. M., 1997; G. Hayer, K. v. M. „Das Buch der Natur", 1998.

Konradi, Inge, * 27. 7. 1924 Wien, Kammerschauspielerin; Ehefrau des Bildhauers W. → Bertoni. Nach Engagements am Wr. Volkstheater und am Theater in der Josefstadt seit 1951 Ensemblemitgl. des Burgtheaters (seit 1992 Ehrenmitgl.). Bes. beliebt in Nestroy- und Raimund-Rollen als Partnerin von J. → Meinrad. Film- und Fernsehtätigkeit, seit 1988 Lehrtätigkeit am Reinhardt-Seminar. 1984 Raimund-Ring, 1986 Nestroy-Ring.

Konstantin, Leopoldine, * 12. 3. 1886 Brünn (Brno, CZ), † 15. 12. 1965 Wien, Schauspielerin. Privater Schauspielunterricht bei ihrem späteren Ehemann A. Strakosch, 1907 Debüt unter M. → Reinhardt am Dt. Theater Berlin, ab 1911 auch an den Berliner Kammerspielen, später am Theater in der Josefstadt und am Dt. Volkstheater in Wien. 1936 Emigration in die USA, wo sie zunächst als Fabriksarbeiterin, dann beim Film arbeitete. Nach dem Krieg Auftritte bei den „Players from Abroad", 1948 Rückkehr nach Wien. Gastspiele in Deutschland, Filmtätigkeit.

Kont, Paul, * 19. 8. 1920 Wien, Komponist. Wirkte auch als Pianist und Dirigent; entwickelte eine eigene Tonalität („Dritte Tonalität" auf der Basis nicht temperierter Stimmung). Ö. Staatspreis 1964.

Werke: Opern (Lysistrate, 1961; Traumleben, 1963), Oratorium (Vom Manne und vom Weibe, 1970), Symphonien, Orchester- und Klavierwerke, Kammertanzspiele (Annoncen, 1956; Daphnis und Chloe, 1987), Film- u. Bühnenmusiken, Lieder (120 Eichendorff-Lieder; Vertonungen von J. Weinheber u. a.). – Theoret. Werke: Antianorganikum, 1967; Entwurf einer Neuen Tonalität, in: Melos 1971/12. – Literatur: G. Brosche (Red.), P. K., Ausst.-Kat., Ö. Nat.-Bibl., Wien 1986.

Koos, Wolfgang, * 14. 2. 1930 Wien, † 31. 3. 2000 ebd., Neurochirurg. Studierte in Wien, der Schweiz, in Kanada und den USA, ab 1964 an der Neurochirurg. Univ.-Klinik Wien; 1973 Associate Professor for Neurosurgery an der Georgetown University, Washington. 1978–98 Univ.-Prof. und Vorstand der Neurochirurg. Univ.-Klinik in Wien, die er zum größten neurochirurg. Zentrum der Welt ausbaute.

Werk: Color Atlas of Microneurosurgery, 3 Bde., 1993–99.

Kopitar, Bartholomäus, * 23. 8. 1780 Repnje (HR), † 11. 8. 1844 Wien, Slawist. Univ.-Prof. und Dir. der Univ.-Bibl. in Wien; bahnbrechende Leistungen für die Slawistik in Ö.

Werke: Grammatik der slaw. Sprache in Krain, Kä. und Stmk., 1808; Glagolita Clozianus, 1836 (Hg.); Autobiographie, 1838. – Literatur: W. Lukan (Hg.), B. K. Neue Studien und Materialien anläßlich seines 150. Todestages, 1995.

Koplenig, Johann, * 15. 5. 1891 Jadersdorf (Gem. Gitschtal, Kä.), † 13. 12. 1968 Wien, Schuhmacher und Politiker (KPÖ). 1909 Mitgl. der Soz.-dem. Partei, ab 1918 Mitgl. und 1927–65 Parteivorsitzender der KPÖ, 1945 Staatssekr. ohne Portefeuille, 1945–59 Abg. z. NR.

Koppers, Wilhelm, * 8. 2. 1886 Menzelen (D), † 23. 1. 1961 Wien, Völkerkundler, Priester des Missionsordens Societas Verbi Divini. Univ.-Prof. in Wien, wo er 1928 das Inst. f. Völkerkunde gründete. 1921/22 Expedition nach Feuerland (mit M. Gusinde), 1938/39 nach Zentralindien. Lebte 1940–45 in der Schweiz.

Werke: Unter Feuerland-Indianern, 1924; Geheimnisse des Dschungels, 1947; Die Bhil in Zentral-Indien, 1948; Der Urmensch und sein Weltbild, 1949. – Hg.: Anthropos, 1924–32; Wr. Beiträge zur Kulturgeschichte u. Linguistik, 1930ff. (Begründer).

Erzbischof Konrad II. von Salzburg. Glasmalerei im Brunnenhaus des Stifts Heiligenkreuz, NÖ.

Koppitz, Rudolf, * 3. 1. 1884 Schreiberseifen (Skrbovice, CZ), † 8. 7. 1936 Perchtoldsdorf (NÖ.), Fotograf. Fotografenlehre, danach an der Graph. Lehr- und Versuchsanstalt in Wien, an der er nach dem 1. Weltkrieg Lehrer war. K. war einer der führenden Vertreter künstlerisch inszenierter Fotografie in der Zwischenkriegszeit in Wien. Seine Schwerpunkte waren Porträts, Akt und Tanz.

Literatur: M. Faber, R. K., 1995.

Theodor Körner. Foto, um 1950.

Korab, Karl, * 26. 4. 1937 Falkenstein (NÖ.), Maler und Graphiker. Studierte 1957–64 an der Akad. d. bild. Künste in Wien bei S. → Pauser. Ausgehend vom Surrealismus, gelangte er zu einer vereinfachten, hintergründigen Bildsprache; in seinen Bildkompositionen verwendet er auch natürl. Materialien wie Sand, Asche und Holz.

Literatur: K. Sotriffer, K. K., Monographie, 1983; A. Gaspar, K. K. Das druckgraph. Werk 1959–92, Dipl.-Arb., Wien 1993; K., 1996 (mit Texten von B. Frischmuth).

Korbuly, Johann, * 29. 1. 1860 Wien, † 23. 4. 1919 ebd., Techniker. Bauleiter beim Bau der Grazer Schlossbergbahn 1893/94. Erhielt 1900/01 Patente auf einen neuartigen Holzkonstruktionsbaukasten, den er 1903 selbst in Pfaffstätten unter dem Namen „Matador" zu produzieren begann. Die Erzeugung wurde 1988 eingestellt.

Literatur: ÖBL.

Erich Wolfgang Korngold. Foto, 1910.

Korda, Viktor, * 19. 8. 1900 Wien, † 25. 3. 1992 ebd., Komponist, Musikpädagoge. Schüler von J. → Marx, Mitarbeiter an den Schulmusiksendungen des Rundfunks, Chorleiter. Zählte zu den Pionieren der Musikerziehung in Ö.

Werke: Der Mond ist für alle da (Märchenoper); Chorwerke (Das Lied von Kaprun), Kammermusik, Lieder (Volksliedbearbeitungen), Orchesterwerke.

Koref, Ernst, * 11. 3. 1891 Linz (OÖ.), † 15. 11. 1988 ebd., Landesschulinspektor und Politiker (SPÖ); Vater von B. → Eypeltauer. 1934 und 1944 polit. Freiheitsstrafen, 1930–34 und 1945–58 Abg. z. NR, 1945–62 Bürgermeister von Linz, 1958–65 Mitgl. d. BR. Einer der bedeutendsten Kommunalpolitiker Ö. nach dem 2. Weltkrieg.

Werk: Gezeiten meines Lebens, 1980. – Literatur: A. Zauner (Hg.), Oberösterreicher, Bd. 7, 1991; H. Kreczi, Linzer Kulturpolitik miterlebt, Jb. der Stadt Linz, 1992.

Koren, Hanns, * 20. 11. 1906 Köflach (Stmk.), † 27. 12. 1985 Graz (Stmk.), Volkskundler und Politiker (ÖVP). 1953–57 Abg. z. NR, 1963–70 Landeshauptmann-Stellv. von Stmk., Kulturreferent der Landesregierung, 1970–83 Abg. und Präs. des Stmk. Landtags. Begründer des steirischen herbstes; 1953–85 Hg. und Redakteur der „Ö. Ztschr. f. Volkskunde."

Ausgabe: Gesamtausgabe, hg. v. J. Koren, 3 Bde., 1996. – Literatur: F. Posch, H. K., in: Ztschr. des hist. Vereins für Stmk. 77, 1986 (mit Bibliographie).

Koren, Stephan, * 14. 11. 1919 Wr. Neustadt (NÖ.), † 26. 1. 1988 Wien, Nationalökonom und Politiker (ÖVP); Vater von Elisabeth → Bleyleben-Koren. 1945–65 Mitarbeiter des Wirtschaftsforschungsinst., ab 1965 Univ.-Prof. in Innsbruck, ab 1968 an der Hochschule für Welthandel bzw. Wirtschaftsuniv. in Wien. 1967–68 Staatssekr. im Bundeskanzleramt, 1968–70 BMin. f. Finanzen. Autor des ÖVP-Wirtschaftskonzepts („K.-Plan") 1967 und Vertreter der ö. Hartwährungspolitik. 1970–78 Abg. z. NR und Klubobmann der ÖVP, 1978–88 Präs. der Oesterr. Nationalbank.

Literatur: G. Pfeifer, S. K.,1993.

Korinek, Franz, * 2. 5. 1907 Schlösselhof (Vešulov, CZ), † 2. 6. 1985 Wien, Jurist und Politiker (ÖVP). 1950–66 Gen.-Sekr. der Wirtschaftskammer, 1963–64 BMin. f. Finanzen. Befürworter der Sozialpartnerschaft.

Kornauth, Egon, * 14. 5. 1891 Olmütz (Olomouc, CZ), † 28. 10. 1959 Wien, Komponist. 1940 Prof. an der Wr. Musikakad., 1946/47 stellv. Direktor des Mozarteums in Salzburg, Mitgl. des Kunstsenats 1954. Schuf v. a. Kammermusik spätromant. Prägung. Großer Ö. Staatspreis 1952.

Werke: Kammermusik-, Klavier- und Orchesterwerke, Lieder. – Literatur: E. H. Müller-Asow, E. K., 1941.

Körner, Theodor, * 24. 4. 1873 Komorn (SK), † 4. 1. 1957 Wien, General und Politiker (SDAP, SPÖ). Im 1. Weltkrieg Generalstabschef der Isonzo-Armee, 1918 Abteilungsleiter im Staatsamt f. Heereswesen, 1924 wegen krit. Haltung als General pensioniert. 1924 Beitritt zur SDAP, Mitgl. der Zentralleitung des Republikan. Schutzbunds, 1924–34 Mitgl. d. BR. Riet im Februar 1934 von einem gewaltsamen Widerstand der SDAP gegen die austrofaschist. Diktatur ab, 1934 und 1944 inhaftiert. 1945–51 Bürgermeister von Wien und Abg. z. NR, 1951–57 Bundespräs. Als Staatsoberhaupt vermittelte er im polit. Streit, förderte die Zusammenarbeit zw. den Großparteien und verhinderte 1953 den von Teilen der ÖVP gewünschten Eintritt des VdU in eine Konzentrationsregierung. – T.-K.-Stiftungsfonds zur Förderung der Wissenschaft.

Literatur: E. C. Kollmann, T. K., Militär und Politik, 1973; NÖB; NDB.

Korngold, Erich Wolfgang, * 29. 5. 1897 Brünn (Brno, CZ), † 29. 11. 1957 Hollywood (USA), Komponist; Sohn von Julius → Korngold. Galt als Wunderkind (seine Pantomime „Der Schneemann" wurde bereits 1910 an der Hofoper aufgeführt), großer Erfolg 1920 mit „Die tote Stadt"; 1927 Akad.-Prof., Dirigent der Staatsoper; ging 1934 nach Hollywood, wo er ab 1938 mit M. → Reinhardt zusammenarbeitete und für seine Filmmusik zweimal mit dem Oscar ausgezeichnet wurde („Anthony Adverse", 1936; „The Adventures of Robin Hood", 1938).

Weitere Werke: Opern (Violanta, 1914; Die tote Stadt, 1920); Bühnenmusik (Viel Lärm um nichts, 1920), Ballette, Kammermusik, Lieder, Klavierwerke und Filmmusik. – Literatur: L. Korngold, E. W. K., 1967; B. G. Carroll, The Operas of E. W. K., 1975; J. Duchen, E. W. K., 1996; H. Pöllmann, E. W. K. Aspekte seines Schaffens, 1998; NDB.

Korngold, Julius, * 24. 12. 1860 Brünn (Brno, CZ), † 25. 9. 1945 Hollywood (USA), Musikschriftsteller und -kritiker; Vater von Erich Wolfgang → Korngold. Übte als Nachfolger von E. → Hanslick starken Einfluss auf die Wr. Musikwelt aus. Emigrierte 1938 in die USA.

Werke: Dt. Opernschaffen der Gegenwart, 1921; Die Romantische Oper der Gegenwart, 1922. – Literatur: ÖBL.

Kornhäusel, Josef Georg, * 13. 11. 1782 Wien, † 31. 10. 1860 ebd., Architekt, bed. Vertreter des Romant. Historismus. Tätig sowohl für den Schlossbau, insbes. für die Fürsten Liechtenstein (Bauten in Eisgrub/Lednice, CZ) und Erzhzg. Karl (Weilburg bei Baden, 1823, nicht erhalten) wie auch für eine breite bürgerl. Klientel (zahlr. Wohnhäuser).

Werke: NÖ.: Husarentempel b. Mödling, 1812; Theater und Rathaus in Baden, 1815; Ausbau von Stift Klosterneuburg, 1834–42. – Wien: Theater in der Josefstadt, 1822; Innenausstattung der Albertina, nach 1822; Synagoge Seitenstettengasse, 1824–26; Mechitaristenkloster, 1836/37; Umbau des Schottenstifts, 1926–32. – Literatur: P. Tausig, J. K., 1916; H. Herzmansky, J. K., Diss., Wien 1964; G. W. Rizzi u. R. L. Schachel, Die Zinshäuser im Spätwerk J. K., 1979; NDB.

Korntheuer, Friedrich Josef, * 15. 2. 1779 Wien, † 28. 6. 1829 ebd., Schauspieler, Regisseur, Theaterleiter. 1804–08 am Wr. Burgtheater, 1808–11 bei E. → Schikaneder in Brünn, dann wieder am Burgtheater und am Theater an der Wien; 1813–15 Dir. des Theaters in Brünn, danach Gastspiele. Kam 1819 als Regisseur an das Theater an der Wien, 1821–28 am Theater in der Leopoldstadt (neben F. → Raimund und T. → Krones; 1826 größter Erfolg als Hohes Alter bei der Uraufführung von Raimunds „Der Bauer als Millionär"). Verfasste mehrere Lustspiele.

Literatur: K. Gladt, F. J. K. Sein Leben und Schaffen, Diss., Wien 1934; ders., Zw. Raimund und Nestroy. F. J. K. (1779–1829), in: Raimund-Almanach 1959; ÖBL; NDB.

Körösi, Josef, * 16. 6. 1811 Szeged (H), † 31. 1. 1868 Graz (Stmk.), Industrieller. Gründete 1852/53 die Andritzer Maschinenfabrik in Graz mit Eisengießerei, Brückenbauanstalt und Kesselschmiede.

Literatur: ÖBL.

Korp, Andreas, * 15. 5. 1897 Graz (Stmk.), † 8. 10. 1983 Wien, Politiker (SPÖ). 1945 Staatssekr. f. Volksernährung und 1952–53 Staatssekr. f. Inneres; 1956–72 1. Vizepräs. der Oesterr. Nationalbank.

Kortner, Fritz (eigentl. Fritz Nathan Kohn), * 12. 5. 1892 Wien, † 22. 7. 1970 München (D), (Film-)Schauspieler und Regisseur. 1919–33 Engagement in Berlin, danach in Wien (Volkstheater, Raimundtheater, Theater in der Josefstadt). Bes. erfolgreich als Richard III., Othello und Wurm in Schillers „Kabale und Liebe" (Regie: M. Reinhardt). Filmtätigkeit als Schauspieler („Dreyfus", 1930; „Danton", 1931) und Regisseur („Der brave Sünder", 1931, mit H. Rühmann). 1938 Emigration in die USA. 1949 Rückkehr nach Europa, wo er bis zu seinem Tod als Regisseur für Theater, Film und Fernsehen tätig war und mit seinen Inszenierungen die Regisseurgeneration um P. Zadek und P. Stein beeinflusste (1970 letzte Inszenierung: „Emilia Galotti" im Theater in der Josefstadt in Wien). 1967 Kainz-Medaille.

Werk: Aller Tage Abend, 1959 (Autobiographie). – Literatur: K. Völker (Hg.), F. K. als Schauspieler und Regisseur, 1987; P. Schütze, F. K., 1994; NDB.

Kortz, Paul, * 31. 8. 1850 Wien, † 12. 8. 1906 ebd., Techniker. War nach Straßen- und Eisenbahnbauten ab 1884 beim Stadtbauamt Wien für das Kasernen- und Verkehrswesen zuständig und wurde mit der Vorbereitung wichtiger Projekte der Infrastruktur beauftragt.

Literatur: ÖBL.

Koschat, Thomas, * 8. 8. 1845 Viktring b. Klagenfurt (Kä.), † 19. 5. 1914 Wien, Komponist, Volksliedsammler und Mundartdichter, Chorsänger. Gilt als einer der Initiatoren der Volksmusik- und Kärntnerliedbewegung. K.-Museum in Klagenfurt (seit 1934).

Werke: Kä. Lieder (Texte von K.); Männerchorwerke; Singspiele (Am Wörthersee, 1882); Dorfbilder aus Kä., 1878; Erinnerungsbilder, 1889; Volkslieder aus Kä. (Verlassen, verlassen bin i). – Literatur: ÖBL.

Koschatzky, Walter Helmut, * 17. 8. 1921 Graz (Stmk.), Kunsthistoriker. 1953–61 am Joanneum Graz (1958 Dir. der Neuen Galerie), 1962–86 Dir. der Albertina in Wien; Gestalter bed. Ausstellungen (Albrecht Dürer, 200 Jahre Albertina, Maria Theresia und ihre Zeit).

Werke: Die Kammermaler um Erzhzg. Johann, 1959; Der Brandhofer und seine Hausfrau, 1983; Die Kunst der Graphik, 1972; Die Kunst der Zeichnung, 1977; Maria Theresia und ihre Zeit, Ausst.-Kat., Wien 1980 (Hg.); Die Kunst des Aquarells, 1982; Die Kunst der Photographie, 1984; Karikatur und Satire, Ausst.-Kat., Kunsthalle der Hypo-Kulturstiftung, München 1992 (Bearb.); Peter Fendi (1796–1842), 1995.

Kosel, Hermann, * 20. 3. 1896 Wien, † 12. 12. 1983 ebd., Maler, Graphiker. Studierte an der Wr. Akad. bei R. → Bacher und F. → Schmutzer, gehörte 1925–38 dem Kreis um J. → Klinger an. Einer der bedeutendsten Vertreter des „Wr. Plakats" ; emigrierte 1938 und lebte bis 1949 in Aix-en-Provence.

Werke: Die Minoritenkirche in Wien; Prater, 1958; 3. Kriegsopferlotterie, 1952 (Plakat). – Literatur: 50 Jahre K.-Plakate, Ausst.-Kat., Museum f. angew. Kunst, Wien 1971.

Kosel, Hermann Clemens (Pseud.: A. Clementi), * 23. 11. 1867 Dunkelthal (Temny Dul, CZ), † 14. 9. 1945 Wien, Schriftsteller und Fotograf, gelernter Buchbinder. Erwarb seinen literar. Ruf als Lyriker, Romancier und Redakteur (teilw. unter dem Pseudonym A. Clementi). 1902 edierte er den ersten Band des Dt.-ö. Künstler- und Schriftsteller-Lexikons. Eröffnete 1905 eine „Anstalt für Gummidruck und moderne Photographie", bedeutender Porträtfotograf von der Jahrhundertwende bis zum 1. Weltkrieg, arbeitete mit Edeldruckverfahren und Mehrfarbendruck. Widmete sich nach dem 1. Weltkrieg verstärkt der schriftstellerischen Tätigkeit. 1938 Arbeitsverbot.

Literatur: O. Hochreiter u. T. Starl (Red.), Geschichte der Fotografie in Ö., 2 Bde., 1983; ÖBL.

Hermann Clemens Kosel, Selbstporträt. Foto, um 1914.

Kosmas und Damian, Hll., Fest 27. Sept., Märtyrer; Brüder aus Aegea, Ärzte. Werden in ganz Ö., v. a. in Ti. und Kä. (18 alte Patrozinien), verehrt.

Kostelecky, Alfred, * 15. 5. 1920 Wien, † 22. 2. 1994 ebd., geistl. Würdenträger. 1948 Priesterweihe, 1986–94 Militärbischof, Titularbischof von Aggar (ehem. Bischofssitz in Tunesien) und Wr. Neustadt.

Literatur: H. Kaluza (Hg.), Pax et iustitia, Festschrift für A. K., 1990.

Kostelka, Peter, * 1. 5. 1946 Bleiberg (Kä.), Jurist und Politiker (SPÖ). Univ.-Ass., 1974–89 Sekr. im SPÖ-Parlamentsklub, 1990–94 Staatssekretär, 1994–2001 Abg. z. NR und Klubobmann bzw. geschäftsführender Klubobmann der SPÖ im NR; seit 2001 Volksanwalt.

Fritz Kortner als Shylock in „Der Kaufmann von Venedig" von W. Shakespeare. Theater in der Josefstadt, Wien. Foto, 1924.

Kotanko, Christoph, * 27. 7. 1953 Braunau a. Inn (OÖ.), Journalist. Studierte Romanistik und Publizistik in Wien, 1979–86 innenpolit. Redakteur bei der „Wochenpresse", 1986–88 Redakteur bei „profil", seit 1988 Leiter der Ressorts Innenpolitik und Kommentar bei der Tageszeitung „Kurier" und deren stellv. Chefredakteur. Kurt-Vorhofer-Preis 1999.

Werke: Die Qual der Wahl, 1999; Eine europäische Affäre, 2000.

Kotek, Georg, * 4. 3. 1889 Wien, † 2. 11. 1977 Purkersdorf (NÖ.), Volksliedforscher und -sammler, Jurist. Vorstand des Wr. Volksgesangsvereins (ab 1924); Mit-Hg. der Ztschr. „Das dt. Volkslied", Pionier volkstüml. Rundfunksendungen („Volksliedersingen der RAVAG").

Werke: Volkslieder um Schneeberg und Semmering, 1942; Unsere Spielmusik, 1943 (mit R. Zoder); Stimme der Heimat, 3 Bde., 1948–54; Im Heimgarten, 1949; Stille Stunden, 1950.

Thomas Koschat. Lithographie von J. Bauer, 1884.

Kothgasser, Alois, * 29. 5. 1947 Lichtenegg (Stmk.), Salesianer, Theologe, seit 1997 Bischof von Innsbruck. Studierte 1960–68 am Pontificio Ateneo Salesiano in Turin bzw. Rom; 1968–78 Dozent für Dogmatik in Rom; 1978–80 Prof. an der Universitas Pontifica Salesiana in Rom, 1980–97 Prof. f. Dogmatik in Benediktbeuren.

Literatur: F. Stocker (Hg.), Die Wahrheit in Liebe tun, 1998.

Kothgasser, Anton, * 9. 1. 1769 Wien, † 2. 6. 1851 ebd., Glasmaler des Biedermeier. 1784–1840 für die Wr. Porzellanmanufaktur als Dessinmaler tätig. Beschäftigte sich ab 1812/13 nach dem Vorbild G. S. Mohns auch mit Tafel- und Hohlglasmalerei, bediente sich jedoch einer reicheren Koloristik als Mohn. Charakteristisch für seine späteren Arbeiten sind die mit einem dicken Fußwulst versehenen Ranftbecher und die opake Emailmalerei. Motive seiner Gläser sind v. a. Stadtveduten und Landschaften, Blumen, Embleme und Allegorien, aber auch Jagd- und Tierstücke sowie Porträts.

Literatur: G. E. Pazaurek u. E. v. Philippovich, Gläser der Empire- und Biedermeierzeit, 1976; R. v. Strasser, Die Einschreibebüchlein des Wr. Glas- und Porzellanmalers A. K., 1977; ÖBL; NDB.

Kottanerin, Helene, * um 1400 Ödenburg (Sopron, H), † nach 1470, ab 1436 Kammerfrau von Elisabeth, der Ehefrau bzw. Witwe Kg. Albrechts II. (→ Albrecht V.), entführte 1440 die ungar. Krone aus der Burg Visegrád (Plintenburg) zur Krönung von → Ladislaus Postumus. Eine Beschreibung dieser Ereignisse bietet Gustav Freytag in „Bilder aus der dt. Vergangenheit" (1. Teil, ^{3}1861).

Werk: S. Endlicher (Hg.), Denkwürdigkeiten, 1846. – Literatur: K. Holzner, Zum Alltag von Frauen und Männern in den „Denkwürdigkeiten der H. K." (1439–1440), Dipl.-Arb., Wien 1994.

Kövess von Kövessháza, Hermann, * 30. 3. 1854 Temesvár (Timisoara, RO), † 22. 9. 1924 Wien, Feldmarschall. Heerführer im 1. Weltkrieg, befehligte 1914 das XII. Korps und 1915 eine Armeegruppe in Ostgalizien und der Bukowina; von September 1915 bis Oktober 1916 Kommandant der 3. Armee am Balkan und in S-Ti., dann bis zum Jänner 1918 Kommandant der 7. Armee in Russland, ab Oktober 1918 Führer einer Heeresgruppe am Balkan, am 5. 11. 1918 von Ks. Karl I. mit dem Armeeoberkommando betraut.

Literatur: H. Bührer, Feldmarschall H. K. v. K – letzter Oberkommandant der k. u. k. Armee, Dipl.-Arb., Wien 2000; ÖBL; NDB.

Richard Freiherr von Krafft-Ebing. Lithographie von Baelz.

Kowalski, Karla, * 28. 1. 1941 Beuthen (Bytom, PL), Architektin. 1962–68 Studium an der Techn. Hochschule in Darmstadt und an der AASA London, 1969–71 Mitarbeit bei Behnisch & Partner an der Planung der Münchner Olympiabauten, seit 1978 Ateliergemeinschaft mit M. → Szyszkowitz, seit 1988 Univ.-Prof. in Stuttgart.

Werke (mit M. Szyszkowitz): Hauswirtschaftsschule Großlobming, 1978–81; Waldbauernschule Schloss Pichl, 1982–84; Wohnanlage Alte Poststraße Graz-Eggenburg, 1982–84; Wohnanlage Eisbach-Rein, 1984–86; Pfarrzentrum Graz-Raggnitz, 1984–87; Biochemie-Institute der Univ. Graz, 1985–91; Landesausstellung „Hexen und Zauberer", Riegersburg, 1987; Kaufhaus Kastner & Öhler, 1989–95 und ab 2001 (Umbau und Erweiterung); Wohnanlage Schießstätte, Graz, 1997–99; Studienzentrum der Techn. Univ. Graz, 1998–2000 (alle Stmk.). – Wohnanlage Internat. Bauausstellung Emscher Park, Gelsenkirchen, 1990–95; Bürohaus am Stadtpark, Nürnberg, 1999ff. – Literatur: A. Gleiner, Szyszkowitz und Kowalski, 1994; R. Ilsinger (Red.), Räume und Freiräume, 1999.

Kowanz, Brigitte, * 13. 4. 1957 Wien, Bildhauerin und Experimentalkünstlerin. Studierte 1975–80 an der Hochschule für angew. Kunst in Wien, seit 1999 Prof. f. medienübergreifende Bild- und Raumgestaltung an dieser. Beschäftigt sich v. a. mit Licht als künstlerischem Medium.

Literatur: D. Rothauer (Hg.), B. K., Ausst.-Kat., Secession, Wien 1993; B. K., Licht ist, was man sieht, 1997; F. E. Rakuschan (Hg.), B. K., Ausst.-Kat., Hochschule f. angew. Kunst in Wien, 1998.

Kozeluch, Leopold Anton, * 26. 6. 1747 Welwarn (Velvary, CZ), † 7. 5. 1818 Wien, Komponist, Pianist, Musiklehrer und -verleger; Cousin von Johann Anton K. (1738–1814). Ab 1778 in Wien, 1792 kaiserl. Kammerkomponist und Hofkompositeur. Vermischte in seinem Werk galanten Stil (Vokalwerk) mit dem der Wr. Klassik (Symphonien, Klavierkonzerte).

Werke: Lieder, Kantaten, Kirchenmusik, Symphonien, Ballette, Kammermusik, Werke für Klavier. – Literatur: C. Flamm-Harten, L. K., 1968; NDB.

Hilde Krahl in „1. April 2000" von W. Liebeneiner. Foto, 1952.

Kozenn, Blasius, * 24. 1. 1821 Schlindorf b. Ponigl (Hotunje pri Ponikvi, SLO), † 29. 5. 1871 Wien, Schulkartograph. Studierte Theologie an den Univ. Graz (1840–41) und Klagenfurt (1841–45), 1845 Priesterweihe, 1852–53 Studium der Mathematik und Physik an der Univ. Wien, dann Gymnasiallehrer. K. war Hg. geograph. Lehrbücher und veröffentlichte erstmals einen ö. Schulatlas f. Volks- (1860) und Mittelschulen (1861). Den Namen des Begründers weiterführend, wurde der Atlas von Schulgeographen bis 1978 (104. Aufl.) herausgegeben; 1996 erschien der „Neue K. Atlas".

Werke: B. K. geograph. Atlas f. Mittelschulen 1861, ab der 75. Auflage (1951) Bezeichnung „Ö. Mittelschulatlas", später „Ö. Atlas f. Höhere Schulen (K.-Atlas)". – Literatur: ÖBL.

Kozich, Thomas, * 24. 3. 1900 Wien, † 10. 11. 1983 ebd., SA-Führer. 1938 Vizebürgermeister, 1939–45 Beigeordneter (Stadtrat) von Wien.

Krafft, Johann Peter, * 15. 9. 1780 Hanau (D), † 28. 10. 1856 Wien, Historien- und Porträtmaler. Studierte in Hanau und bei A. Tischbein sowie ab 1799 bei F. H. → Füger an der Wr. Akad.; 1802–04 Aufenthalt in Paris (Studium der Antiken-Smlg.), 1808 Romreise. 1823–28 Prof. an der Wr. Akad., ab 1828 Dir. der k. k. Gemäldegalerie im Belvedere. K. wurde durch Porträts, Schlachtenbilder und militär. Genreszenen bekannt, sein Werk umspannt ein weites Spektrum zw. pathet.-klassizist. Romantik und biedermeierl. Realismus und beeinflusste u. a. auch F. G. → Waldmüller.

Literatur: M. Frodl-Schneemann, J. P. K., 1984; ÖBL; NDB.

Krafft-Ebing, Richard Frh. von, * 14. 8. 1840 Mannheim (D), † 22. 12. 1902 Graz (Stmk.), Psychiater, einer der führenden Vertreter der Wr. Medizin. Schule. Prof. in Straßburg und Graz, Leiter der Stmk. Landes-Irrenanstalt, 1889 an die Psychiatr. Klinik nach Wien berufen. Grundlegende Arbeiten über Neurologie, Sexualpathologie und medizin. Kriminalistik.

Werk: Psychopathia sexualis, 1886. – Literatur: ÖBL; NDB.

Kraft, Emil, * 26. 1. 1865 Wien, † 5. 9. 1931 Graz (Stmk.), Kaufmann und groß-dt. Politiker. Ab 1911 Reichsratsabg., 1918–20 Mitgl. der Provisor. bzw. Konstituierenden Nationalversammlung, 1920–23 Abg. z. NR, letzter Abg. von Bozen und Meran. 1915 Mitbegründer des Städtebundes, 1922/23 BMin. f. Handel, Ind., Gewerbe und Bauten.

Literatur: ÖBL.

Kraft, Viktor, * 4. 7. 1880 Wien, † 3. 1. 1975 ebd., Philosoph. Generalstaatsbibliothekar, Univ.-Prof. in Wien. Neopositivist im Umfeld des Wr. Kreises.

Werke: Die Grundformen der wiss. Methode, 1925; Mathematik, Logik und Erfahrung, 1947; Die Grundlagen einer wiss. Wertlehre, 1937; Einführung in die Philosophie, 1950; Der Wr. Kreis, 1950.

Kräftner, Hertha, * 26. 4. 1928 Wien, † 13. 11. 1951 ebd. (Selbstmord), Lyrikerin und Erzählerin. Erste literar. Werke ab 1946 sind von der Lektüre G. → Trakls und R. M. → Rilkes beeinflusst. Ihre in Anthologien und Ztschr. veröffentl. Texte stehen in der Tradition der sprachskeptischen ö. Lit. und weisen starke autobiograph. Bezüge auf.

Werke: Einem Straßengeiger, 1948; Pariser Tagebuch, 1950. – Ausgaben: Warum hier? Warum heute?, 1963; Das Werk. Gedichte, Skizzen, Tagebücher, 1977; Das blaue Licht, 1981. – Literatur: S. Grossi, Die psychogrammatische Struktur der Dichtung H. K., Diss., Salzburg 1973; G. Altmann, H. K., Dipl.-Arb., Wien 1990.

Krahl, Hilde (eigentl. Hildegard Kolacny), * 10. 1. 1917 Brod (Slavonski Brod, HR), † 28. 6. 1999 Wien, Kammerschauspielerin; ab 1944 Ehefrau des Regisseurs W. → Liebeneiner. 1935 am Kabarett „Literatur am Naschmarkt". Bühnentätigkeit u. a. an der Scala, am Theater in der Josefstadt und ab 1967 am Burgtheater in Wien. Arbeiten für Film (ab 1936) und Fernsehen („Die liebe Familie", ö. TV-Stegreifserie 1980–93; „Wunschloses Unglück", 1981) in Ö. und Deutschland.

1964 und 1983 Kainz-Medaille (erstmals zweifache Verleihung).

Werke: Filme: Lumpazivagabundus, 1936; Serenade, 1937; Der Postmeister, 1940; Komödianten, 1941; Liebe 47, 1948; Der Weibsteufel, 1951; 1. April 2000, 1952; Liebe am Scheideweg, 1955; Das Glas Wasser, 1960. – Ich bin fast immer angekommen, 1998 (Erinnerungen).

Krahuletz, Johann, * 3. 11. 1848 Eggenburg (NÖ.), † 11. 12. 1928 ebd., Büchsenmacher und Eichmeister, Urgeschichtsforscher und Sammler. Begann 1877 seine Smlg., für die 1902 von der K.-Ges. (gegr. 1900) ein Museum in Eggenburg erbaut wurde.

Literatur: B. Gaspar, Die Gründung der K.-Ges. im Jahre 1900, in: Das Waldviertel 40, 1991; ÖBL.

Krainer, Josef sen., * 16. 2. 1903 St. Lorenzen b. Scheifling (Stmk.), † 28. 11. 1971 ebd., Landwirt und Politiker (ÖVP); Vater von Josef → Krainer jun. 1927–36 Obmann der Angestellten- u. Arbeiter-Organisation in der Land- u. Forstw. in der Stmk., 1934 Abg. z. Stmk. Landtag, 1938 in Haft. 1945–48 Landesrat, 1965–68 Mitgl. d. BR (1967 Vorsitzender), 1948–71 Landeshauptmann der Stmk. K. war nicht nur landespolit. von großem Einfluss, sondern hatte auch auf Bundesebene eine starke Stellung innerhalb der ÖVP. Er galt als vehementer Verfechter des Föderalismus und als innerparteil. Reformer.

Krainer, Josef jun., * 26. 8. 1930 Graz (Stmk.), Jurist und Politiker (ÖVP); Sohn von Josef → Krainer sen.; 1956–62 Gen.-Sekr. der Kath. Aktion in der Stmk., 1966 stellv. Dir. und 1969 Dir. des Steir. Bauernbundes, 1970–71 Abg. z. NR, 1972–96 ÖVP-Landesparteiobmann, 1971–80 Landesrat (u. a. für Land- u. Forstw.), 1980–96 Landeshauptmann der Stmk. Verfechter eines eigenständigen Kurses seines Landes und seiner Partei gegenüber der Bundespolitik.

Literatur: E. Trost, J. K. II., 1996.

Krainer, Lore, * 4. 11. 1930 Graz (Stmk.), Kabarettistin, Chansonsängerin. Trat zunächst in Grazer Restaurants mit eig. Texten und Liedern auf, 1972 von G. → Bronner in sein Kabarett „Fledermaus" engagiert. Rundfunk- (wöchentl. Kabarettsendung „Guglhupf") und Fernsehtätigkeit („Seniorenclub"), Schallplattenaufnahmen. 1984 Nestroy-Ring.

Werk: Im Guglhupf. Eine Satire, 1994.

Kralik, Dietrich, * 15. 8. 1884 Wien, † 27. 12. 1959 ebd., Altgermanist; Sohn von Richard → Kralik, Bruder von Heinrich → Kralik. Ab 1924 Univ.-Prof. in Wien, Leiter der Wörterbuchkommission der Ö. Akad. d. Wiss.

Werke: Dt. Heldendichtung, 1930; Das Nibelungenlied, 1941; Die Elegie Walthers von der Vogelweide, 1952. – Literatur: NDB.

Kralik, Heinrich, * 27. 1. 1887 Wien, † 26. 9. 1965 ebd., Musikschriftsteller und -kritiker; Sohn von Richard → Kralik, Bruder von Dietrich → Kralik. Dir. der Musikabteilung der RAVAG.

Werke: Die Wr. Philharmoniker, 1937; Aus Hanslicks Wagner-Kritiken, 1947; Das Buch der Musikfreunde, 1950; Die Wr. Oper, 1962; R. Strauss – Weltbürger der Musik, 1963. – Opern- u. Musikführer.

Kralik (von Meyrswalden), Mathilde, * 3. 12. 1857 Linz (OÖ.), † 8. 3. 1944 Wien, Komponistin; Schwester von Richard → Kralik. Schülerin von J. → Epstein, A. → Bruckner und F. Krenn, Mitgl. und Ehrenpräsidentin des Damenchorvereins Wien, der Wr. Bachgemeinde und des Ö. Komponistenbundes.

Werke: Der Hl. Leopold (Oratorium), Weißblume (Oper), zahlr. Lieder, Kammer- und Orchestermusik, Klavierwerke. – Literatur: ÖBL.

Kralik, Richard, Ritter von Meyrswalden, * 1. 10. 1852 Eleonorenhain (Lenora, CZ), † 4. 2. 1934 Wien, Kultur- und Literaturhistoriker, Dramatiker und Lyriker; Bruder von Mathilde → Kralik, Vater von Dietrich → Kralik und Heinrich → Kralik. Gründete 1905 als Wortführer des Katholizismus in Ö. den Gralbund. Antike, Klassik und Romantik bilden die Bezugspunkte seines christl.-german. Kulturideals; sein umfangreiches dichterisches Werk greift sowohl Elemente der Heimatkunstbewegung als auch Themen und Motive aus der alt-dt. Sagenwelt auf.

Werke: Schriften: Das dt. Götter- und Heldenbuch, 6 Bde., 1900–03; Kulturstudien, 4 Bde., 1900–07; Hausbrot. Märchen und Sagen, Ritter- und Räuber-, Hexen- und Wildschützen-Geschichten, 2 Bde., 1907/08; Ö. Geschichte, [3]1914; Allg. Geschichte der neuesten Zeit von 1815 bis zur Gegenwart, 6 Bde., 1915–23 (mit J. Weiss); Tage und Werke, 1922 (Autobiographie). – Literatur: F. Aspetsberger u. A. Brandstetter (Hg.), Der Anschluß ö. Schriftsteller an das Dritte Reich, 1988; ÖBL; NDB.

Kralik, Willy, * 24. 9. 1929 Wien, Rundfunkmoderator. Moderierte nach Sprechtechnikausbildung beim ORF ab 1951 Jugendsendungen im Hörfunk; leitete 1967–95 die Unterhaltungsabteilung des ORF-Landesstudios NÖ.; 1968–2000 Auftritte in der TV-Sendereihe „Seniorenclub", betreut seit 1976 die Radiosendung „Turnier auf der Schallaburg" bzw. „Turnier".

Werk: Sie haben leicht lächeln, 1997.

Kramer, Helmut, * 4. 7. 1939 Bregenz (Vbg.), Jurist, Wirtschaftsforscher. Seit 1981 Leiter des Wirtschaftsforschungsinst., seit 1989 Prof. für ö. Wirt.-Politik an der Univ. Wien.

Krämer, Johann Victor, * 23. 8. 1861 Adamsthal (Adamov, CZ), † 6. 5. 1949 Wien, Maler. Studierte 1878–81 an der Wr. Kunstgewerbeschule, danach an der Akad. d. bild. Künste in Wien. Ab 1890 Reisen u. a. nach Holland, N-Afrika, Ägypten und Palästina. Mitgl. der Secession und des Hagenbundes. Neben Porträts und Landschaftsbildern schuf er auch relig. Kompositionen.

Literatur: ÖBL.

Kramer, Maria, * 11. 8. 1906 Perchtoldsdorf (NÖ.), † 8. 2. 1980 Wien, Kammerschauspielerin. 1928–58 Ensemblemitgl. des Wr. Burgtheaters (klassische und moderne Rollen).

Kramer, Theodor, * 1. 1. 1897 Niederhollabrunn (NÖ.), † 3. 4. 1958 Wien, Lyriker. Emigrierte 1939 nach England, kehrte 1957 nach Wien zurück. Nach dem 1. Weltkrieg Buchhändler und Verlagsvertreter, dann freier Schriftsteller, Mitbegründer der „Vereinigung Sozialist. Schriftsteller Ö."; war der produktivste und neben J. → Weinheber erfolgreichste Lyriker der 1. Republik. In formal konventionellen Gedichten beschrieb er eindringlich Not und Elend der untersten Schichten, in seiner späten Lyrik gestaltete er die Erfahrung von Flucht und Exil.

Theodor Kramer. Foto.

Werke: Die Gaunerzinke, 1929; Kalendarium, 1930; Die ohne Stimme sind, 1936; Verbannt aus Ö., 1943; Wien 1938, 1946; Die grünen Kader, 1946; Die untere Schenke, 1946; Lob der Verzweiflung, 1947. – Ausgabe: Gesammelte Gedichte, 3 Bde., 1984–87. – Literatur: D. Strigl, T. K., Wo niemand zuhaus ist, dort bin ich zuhaus, 1993; E. Chvojka u. K. Kaiser, Vielleicht hab ich es leicht, weil schwer, gehabt, 1997; NDB.

Krammer, Christa, * 22. 6. 1944 Deutschkreutz (Bgld.), Lehrerin und Politikerin (SPÖ). Studierte Staatswiss. in Wien, danach im Banken- und Schulwesen (HAK-Lehrerin und -Direktorin) tätig. 1986–87 Mitgl. d. BR, ab 1987 in der Bgld. Landesregierung für die Bereiche Kultur, Gesundheit und Soziales zuständig. 1994–97 BMin. f. Gesundheit und Konsumentenschutz, 1997–98 Abg. z. NR und seit 1999 Volksanwältin.

Kraner, Cissy (Gisela), * 13. 1. 1918 Wien, Kabarettistin; Ehefrau bzw. Witwe des Komponisten und Textdichters H. → Wiener. Mit 15 Jahren erste Engagements an Kleinkunstbühnen; 1938–48 mit H. Wiener in Süd-

amerika; Rückkehr nach Wien, 1949–66 und 1971–74 am Kabarett „Simpl", wo ihre berühmtesten Chansons (u. a. „Der Nowak läßt mich nicht verkommen", „Ich wünsch' mir zum Geburtstag einen Vorderzahn") uraufgeführt wurden. Gem. mit H. Wiener zahlr. Programme, Schallplatten, Gastspiele in Deutschland, der Schweiz, Israel und Südamerika. 1994 Programm „Salut für H. Wiener" mit H. Prikopa (Klavier).
Werk: Aber der Hugo ließ mich nicht verkommen. Lieder und Erinnerungen, aufgezeichnet von G. Markus, 1994.

Franz Kranewitter. Foto.

Kranewitter, Franz, * 18. 12. 1860 Nassereith (Ti.), † 4. 1. 1938 Innsbruck (Ti.), Dramatiker. Schrieb hist. Dramen und Ti. Bauernstücke, die sich krit. mit den soz. Verhältnissen auseinander setzen. Mitgl. der Gruppe „Jung-Tirol".
Werke: Kulturkampf, 1890 (Versepos); Um Haus und Hof, 1894; Michael Gaißmayr, 1899; Andre Hofer, 1902; Wieland der Schmied, 1910; Die 7 Todsünden, 7 Tle., 1910–25; Bruder Ubaldus, 1919. – Lyrik. – Ausgaben: Gesammelte Werke, 1933; Erzählungen, ausgew. v. W. Bosshard u. H. Kuprian, 1978; Fall und Ereignis, Dramen, ausgew. v. E. Thurnher, 1980. – Literatur: J. Holzner, F. K., 1985; ÖBL; NDB.

Krankl, Hans, * 14. 2. 1953 Wien, Fußballspieler und -trainer. 1966–70, 1971–78 und 1981–85 bei Rapid Wien, 1978–81 beim FC Barcelona, 1986–88 beim Wr. Sport-Club sowie für kürzere Zeit bei einigen anderen Vereinen. 4-mal ö. und 1-mal span. Torschützenkönig, 1978 Goldener Schuh als bester europ. Torschütze. Legendär wurde sein Siegestor zum 3 : 2 gegen die Bundesrepublik Deutschland bei der Weltmeisterschaft 1978. Ab 1989 Trainer (u. a. Rapid Wien, Mödling, FC Tirol, Fortuna Köln).
Werke: Das Spiel, 1990; Fußballweltmeisterschaft 1998, 1998 (Hg.). – Literatur: H. Prüller, Große Sportler Ö., 1987.

Kranz, Ludwig, * 21. 2. 1829 Laibach (Ljubljana, SLO), † 9. 7. 1913 Graz (Stmk.), Industrieller. Baute die von seinem Vater 1859 erworbene Papierfabrik in Graz-Andritz aus. Die Aktienmehrheit dieser Fabrik ging 1939 an die Familie Czerweny-Arland über. Verdienste um die ö. Papierindustrie.

Kranzmayer, Eberhard, * 15. 5. 1897 Klagenfurt (Kä.), † 13. 9. 1975 Wien, Sprachwissenschaftler, Mundartforscher, Dialektgeograph, Namenforscher. Univ.-Prof. in München und Wien, ab 1964 Leiter der „Wr. Wörterbuchkanzlei".
Werke: Sprachschichten und Sprachbewegungen in den Ostalpen, 1931; Lautwandel und Lautverschiebungen im gegenwärtigen Wienerischen, 1953; Hist. Lautgeographie des gesamtbair. Dialektraumes, 1956; Ortsnamenbuch von Kä., 2 Bde., 1956/57; Bgld. Siedlungsnamenbuch, 1957 (mit K. Bürger). – Hg.: Wörterbuch der bair. Mundarten in Ö., 1963ff. – Literatur: M. Hornung (Bearb.), Verzeichnis der Schriften von E. K., 1967.

Krapfenbäck, Simerl (eigentl. Simon Kramer), * 16. 1. 1785 Maria Saal (Kä.), † 17. 9. 1809 Liebenfels (Kä.; auf der Flucht erschossen), neben J. G. → Grasel zweite legendäre Räubergestalt der ö. Geschichte. Sohn eines Kleinbauern, mehrfach aus Gefängnissen entflohen, lebte im Wolschartwald (Krappfeld) und fügte 1806 und 1809 v. a. den napoleon. Truppen Schaden zu.
Literatur: H. P. Weingand, Krapfenbäck Simerl, 1996.

Kratky, Otto, * 9. 3. 1902 Wien, † 11. 2. 1995 Graz (Stmk.), Naturwissenschaftler. 1943–45 Univ.-Prof. in Prag, 1946–72 Univ.-Prof. für Physikal. Chemie in Graz. Ab 1972 Leiter des Inst. f. Röntgenfeinstrukturforschung der Akad. d. Wiss. und des Forschungszentrums Graz.

Karl Kraus. Foto, 1908.

Kratky-Baschik, Anton, * 11. 1. 1810 Koslany (CZ), † 28. 8. 1889 Wien, Zauberkünstler, Erfinder von Musikinstrumenten. Begann als Musiker und beschäftigte sich ab 1850 mit Zauberkunststücken. Nach ausgedehnter Tournee bis nach England und Amerika kehrte er 1863 nach Wien zurück, wo er 1864 im Prater ein „Zaubertheater" eröffnete; ab 1865 ausgedehnte Reisen durch die Monarchie, ab 1868 wieder in Wien. Das 2. Theater, das er im Prater errichtete, wurde von seinem Neffen Mathias K. und dann von Ottokar Fischer bis 1911 weitergeführt.
Literatur: ÖBL.

Kratochwil, Heinz, * 23. 2. 1933 Wien, † 2. 4. 1995 ebd., Komponist. Ab 1962 Lehrer an der Wr. Musikhochschule, ab 1980 Prof. für Tonsatz. Mischte in seinem Kompositionsstil Elemente der Spätromantik, des Impressionismus, der Dodekaphonie und des Jazz bzw. der Avantgarde. Preis der Stadt Wien 1987.
Werke: Franziskus, 1987 (Kirchenoper), Konzerte, Kammermusik, Lieder, Kantaten. – Literatur: G. Brosche (Red.), Musikal. Dokumentation H. K., Ausst.-Kat., Ö. Nat.-Bibl., Wien 1995.

Kratz, Käthe, * 24. 1. 1947 Salzburg, Regisseurin. Nach Studienaufenthalten in den USA 1967–71 Studium an der Wr. Filmakad., 1971 Beginn der Karriere als Regisseurin und Filmautorin. Zahlr. internationale Auszeichnungen (u. a. Tele Confronts 1984) für ihre Fernsehserie „Lebenslinien" (1983–88).
Weitere Werke: Wo sein Wäsche, 1974; Die Menschen vom Siebenerhaus, 1977; Gekaufte Bräute, 1991; Das zehnte Jahr, 1995; Drei mit Herz, 1999 (TV-Serie).

Krätzl, Helmut, * 23. 10. 1931 Wien, geistl. Würdenträger. Seit 1977 Weihbischof der Erzdiözese Wien und Titularbischof von Heraclea Pontica. 1981–85 Generalvikar und 1985/86 Diözesanadministrator.
Werke: Die kirchl. Aufbauanleihe in Ö., 1965; Fragen aus der Zeit, 1978; Gott aber ist anders, 1994; Kirche im Zeitgespräch, 1996; Im Sprung gehemmt, ²1998; Begeisterung kennt keine Grenzen, 2000.

Krauland, Peter, * 6. 8. 1903 Kraubath (Gem. Groß St. Florian, Stmk.), † 8. 9. 1985 Wien, Rechtsanwalt und Politiker (ÖVP). 1934–38 Mitgl. der Stmk. Landesregierung, 1938 inhaftiert, 1945–49 BMin. f. Vermögenssicherung und Wirtschaftsplanung, 1945–51 Abg. z. NR. Nach Vorwürfen des Amtsmissbrauchs 1949 aus der Bundesregierung ausgeschieden, 1951 Austritt aus der ÖVP. 1958 gründete er die Allg. Wirtschaftsbank, die 1974 in Konkurs ging.

Kraus, Carl von, * 20. 4. 1868 Wien, † 9. 4. 1952 München (D), Germanist. 1913–17 Univ.-Prof. in Wien, dann in München. Namhafter Erforscher der ma. Literatur, insbes. der höf. Lyrik (Minnesang).
Werke: Dt. Gedichte des 12. Jh., 1912; Untersuchungen zu den Liedern Heinrichs v. Morungen, 1916; Walther von der Vogelweide, 1935; Des Minnesangs Frühling, 1939; Dt. Liederdichter des 13. Jh., 1952. – Literatur: E. Hartl (Hg.), C. v. K., Schriftenverzeichnis, 1949; NDB.

Kraus, Günther, * 13. 7. 1914 Mährisch-Ostrau (Ostrava, CZ), † 22. 4. 1998 Wien, Elektrotechniker. Studierte 1932–38 Maschinenbau und Elektrotechnik an der Techn. Hochschule in Wien, an der er sich 1950 für das Fachgebiet Schwachstromtechnik habilitierte. Bis 1957 in Ö. und Deutschland in der Privatwirt. tätig, 1957–79 Prof. und Vorstand des Inst. f. Niederfrequenztechnik an der Techn. Hochschule bzw. Techn. Univ. Wien.

Kraus, Herbert Alois, * 18. 11. 1911 Agram (Zagreb, HR), Journalist, Politiker (VdU). 1949 Parteigründer und Bundesobmann (bis 1952) des Verbands der Unabhängigen (VdU), 1949–56 Abg. z. NR.

Kraus, Josef, * 23. 2. 1890 Kronberg (NÖ.), † 1. 7. 1971 ebd., Landwirt und Politiker (ÖVP). 1930–34 und 1945–53 Abg. z. NR, 1945–52 BMin. f. Land- u. Forstw., 1947–60 Präs. des Ö. Bauernbunds.

Kraus, Karl, * 28. 4. 1874 Gitschin (Jičín, CZ), † 12. 6. 1936 Wien, Essayist, Lyriker, Dramatiker, Aphoristiker. Sohn eines jüd. Kaufmanns und Fabrikanten, studierte an der jurist. und philosoph. Fakultät der Univ. Wien, versuchte sich dann als Schauspieler und Vortragskünstler. K. trat zunächst als scharfer Kritiker der Gruppe Jung-Wien („Die demolirte Litteratur", 1897) hervor und gründete 1899 die Ztschr. „Die Fackel", die ab 1911 ausschließlich mit seinen eig. Texten erschien. Seine engagierte Kultur-, Ideologie- und Sprachkritik richtete sich v. a. gegen einen verlogenen, sensationsheischenden Journalismus, gegen bürgerl. Doppelmoral („Sittlichkeit und Kriminalität", 1908) und skrupellose Kriegstreiberei, aber auch gegen jedwede ethisch und ästhetisch fragwürdige Literatur („Literatur und Lüge", 1929). Hingegen trat er für J. → Nestroy, J. Offenbach und W. Shakespeare ein (Übersetzung von Dramen und Sonetten). In persönl. und geistigem Nahverhältnis stand K. zu P. → Altenberg und A. → Loos. In seinem epochalen satirischen Drama „Die letzten Tage der Menschheit" (1918/19) prangerte er durch die Verwendung wörtl. Zitate bekannter Persönlichkeiten die Inhumanität des Kriegs an. Bes. Eindruck machten auch seine berühmten Vorträge und Vorlesungen aus eig. und fremden Werken. Als „Instanz K. K." wurde er zur anerkannten moralisch-künstlerischen Autorität seiner Zeit.

Weitere Werke: Essays: Die Chinesische Mauer, 1910; Nestroy und die Nachwelt, 1912; Weltgericht, 2 Bde., 1919; Untergang der Welt durch schwarze Magie, 1922; Dritte Walpurgisnacht, 1934. – Aphorismen: Sprüche und Widersprüche, 1909; Pro domo et mundo, 1912; Nachts, 1919. – Dramen: Wolkenkuckucksheim, 1923; Traumtheater, 1924. – Lyrik: Worte in Versen, 9 Bde., 1916–30. – Ausgaben: Werke, hg. v. H. Fischer, 14 Bde., 2 Suppl.-Bde., 1954 bzw. 1970; Die Fackel, 39 Bde., 1 Suppl.-Bd., 1968–77 (Nachdruck); Schriften, hg. v. C. Wagenknecht, 20 Bde., 1986–91. – Literatur: N. Wagner, Geist und Geschlecht, K. K. und die Erotik der Wr. Moderne, 1982; S. P. Scheichl u. E. Timms, K. K. in neuer Sicht, 1986; K. Krolop, Sprachsatire als Zeitsatire bei K. K., 1987; F. Schick, K. K., [11]1999; W. Welzig (Hg.), Wörterbuch der Redensarten zu der von K. K. 1899 bis 1936 hg. Ztschr. Die Fackel, 1999; NDB.

Kraus, Wolfgang, * 13. 1. 1924 Wien, † 19. 9. 1998 Lienz (O-Ti.), Essayist und Kulturpublizist. Nach Verlagslaufbahn 1961 Gründer und bis 1994 Leiter der Ö. Ges. für Literatur, 1975–81 Leiter der kulturellen Kontaktstelle des Außenministeriums. Gestaltete viele Literatursendungen für den ORF. Hg. von Auswahlanthologien u. a. von O. Wilde, F. Nietzsche und Novalis. A.-Wildgans-Preis 1979 und Ö. Staatspreis für Kulturpublizistik 1983.

Werke: Essays: Der fünfte Stand, 1966; Die stillen Revolutionäre, 1970; Kultur und Macht, 1975; Die verratene Anbetung, 1978; Die Wiederkehr des Einzelnen, 1980; Nihilismus heute, 1983; Die Spuren der Paradiese, 1986; Neuer Kontinent Fernsehen, 1989; Zukunft Europa, 1993; Rettung Kultur – Markierungen zu einem neuen Humanismus, 1999.

Krauss, Clemens, * 31. 3. 1893 Wien, † 16. 5. 1954 Mexiko (Stadt), Dirigent; Ehemann von V. → Ursuleac. Begann seine Laufbahn 1912 in Brünn und war 1921 Dirigent an der Grazer Oper, 1922 an der Wr. Staatsoper, später Leiter der Dirigentenklasse an der Wr. Musikakad.; 1924–29 in Frankfurt, 1929–34 Dir. der Wr. Staatsoper (in dieser Zeit wichtigster Dirigent der Wr. Philharmoniker), dann der Berliner Staatsoper und der Frankfurter Oper; Generalintendant der Salzburger Festspiele, um deren internat. Bedeutung er ab 1929 bemüht war; ab 1945 wieder in Wien. Auf seine Initiative wurde das Mozarteum zur Hochschule erklärt. Auf K. geht auch das zur Tradition gewordene Philharmon. Neujahrskonzert (erstmals 31. 12. 1939, seit 1941 am Neujahrstag) zurück. K. war mit R. → Strauss befreundet und galt als dessen bester Interpret. C.-K.-Archiv in Wien.

Literatur: J. Gregor, C. K., 1953; O. v. Pandor, C. K. in München, 1955; G. Brosche (Hg.), C. K., 1993; ders. (Hg.), R. Strauss–C. K. Briefwechsel, 1997; ÖBL; NDB.

Krauß, Franz Frh. von, * 14. 6. 1865 Wien, † 24. 2. 1942 ebd., Architekt. 1889/90–94 im Atelier Fellner & Helmer tätig, dann selbstständig, führte die meisten seiner Werke mit J. Tölk als Partner aus. Umfangreiches, vielfach hochrangiges Werk im Monumental-, Wohnungs- und Geschäftsbau im Bereich der ö.-ungar. Monarchie, gekennzeichnet durch den Übergang vom Späthistorismus in sachlich-moderne Formen. Lehrtätigkeit an der Akad. d. bild. Künste, Prof. an der Tech. Univ. Wien.

Werke: Wien: Kaiserjubiläums-Stadttheater (jetzt Volksoper, mit A. Graf), 1898/99; Bürgertheater, 1905 (mit A. Graf, abgebrochen 1960); Franzensbrücke, 1899 (mit F. Pfeuffer, 1945 zerstört); Nervenheilanstalt Rosenhügel, 1911; S.-Freud-Hof, 1925; Wohnanlage Sandleiten, 1924–27 (Mitarbeit). – NÖ.: Bade- und Heilanstalt Baden, 1903.

Krauß, Friedrich Salomon, * 7. 10. 1859 Požega (Slavonski Požega, HR), † 29. 5. 1938 Wien, Ethnograph, Slawist, Sexualforscher. Lebte als Privatgelehrter, Schriftsteller und Übersetzer in Wien und wurde wegen seiner Untersuchungen zur Erotik vielfach angefeindet und verfolgt. K. gehörte dem Kreis um S. → Freud an. Er gab die Ztschr. „Anthropophytheia" (10 Bde.) und den „Volksmund" heraus.

Weitere Werke: Sitte und Brauch der Südslaven, 1885; Slav. Volksforschungen, 1908; Das Geschlechtsleben des japan. Volkes, [3]1931. – Literatur: R. L. Burt, F. S. K., 1990; W. Jacobeit u. a. (Hg.), Völkische Wiss., 1994.

Krauß, Werner, * 23. 6. 1884 Gestungshausen b. Coburg (D), † 20. 10. 1959 Wien, Kammerschauspieler. Genialer Charakterdarsteller mit starker Ausdruckskraft, vollendeter Sprechkultur und „magischer" Verwandlungsfähigkeit. Wirkte an dt. Bühnen sowie am Wr. Burgtheater (1928/29, Mitgl. 1933–44 und ab 1948), Stumm- und Tonfilmrollen („Das Cabinet des Dr. Caligari", 1920; „Burgtheater", 1936; „Prämien auf den Tod", 1950); mit dem Film „Jud Süß" stellte er sich 1940 in den Dienst der NS-Propaganda, weswegen er 1945 verhaftet wurde und erst 1948 wieder spielen durfte. Zahlr. Auszeichnungen (1954 Iffland-Ring, 1959 Ehrenmitgl. des Burgtheaters).

Werner Krauß als Hauptmann von Köpenick im gleichnamigen Drama von C. Zuckmayer. Foto, 1951.

Werk: Das Schauspiel meines Lebens, 1958. – Literatur: A. Mühr, Die Welt des Schauspielers W. K., 1927; W. Goetz, W. K., 1954; NDB.

Kräutler, Erwin, * 12. 7. 1939 Koblach (Vbg.), Indio- und Missionsbischof von Altamira (Brasilien). Wurde 1965 zum Priester geweiht und ging im selben Jahr nach Altamira am Xingu-Fluss; seit 1981 Bischof, 1983–91 Präs. des Indianermissionsrats der Brasilianischen Bischofskonferenz. Vertreter der Befreiungstheologie, deshalb mehrfach mit dem Tod bedroht und 1983 von der Militärpolizei verhaftet.

Werke: Mein Leben ist wie der Amazonas, 1992; 500 Jahre Lateinamerika – kein Grund zum Feiern, 1992; Kirche mit indianischem Antlitz, 1993; Die Nacht ist noch nicht vorüber, 1993; Blut an den Steinen, 1995. – Literatur: D. Bauer, Strom des Elends – Fluß der Hoffnung, 1989.

Clemens Krauss. Foto, 1934.

Kravogl, Johann, * 24. 11. 1823 Lana (S-Ti.), † 1. 1. 1889 Brixen (S-Ti.), Büchsenmacher, Mechaniker an der Univ. Innsbruck. Erfand 1867 ein „elektrisches Kraftrad" (Elektromotor), das er jedoch wirt. nicht verwerten konnte.

Literatur: ÖBL.

Krebs, Norbert, * 29. 8. 1876 Leoben (Stmk.), † 5. 12. 1947 Berlin (D), Geograph und Länderkundler. Univ.-Doz. in Wien, dann Prof. an verschiedenen dt. Univ. (Würzburg, Freiburg, Berlin).

Werke: Die O-Alpen und das heutige Ö., 2 Bde., 1927; Vergleichende Länderkunde 1951. – Literatur: NDB.

Kreil, Carl, * 4. 11. 1798 Ried i. Innkreis (OÖ.), † 21. 12. 1862 Wien, Meteorologe. 1851–62 Dir. der Zentralanstalt für Meteorologie und Erdmagnetismus in Wien; Forschungen auf dem Gebiet des Erdmagnetismus, erfand Barometro-, Thermo- und Hydrographen.

Werke: Über die Natur und Bewegung der Kometen, 1843; Über den Einfluß der Alpen auf die Äußerung der magnet. Erdkraft, 1850. – Literatur: ÖBL; NDB.

Bruno Kreisky. Foto.

Kreisky, Bruno, * 22. 1. 1911 Wien, † 29. 7. 1990 ebd., Jurist und Politiker (SPÖ). Ab 1926 in der Sozialist. Arbeiterjugend tätig, 1935–36 und 1938 polit. Freiheitsstrafen, 1938–45 im schwed. Exil, 1946–49 Diplomat in Stockholm, 1951–53 polit. Berater von Bundespräs. T. Körner, 1967–83 Bundesparteivorsitzender der SPÖ, 1976–89 Vizepräs. der Sozialist. Internationale; 1953–59 Staatssekr. im Bundeskanzleramt, 1956–83 Abg. z. NR, 1959–66 BMin. f. auswärtige Angelegenheiten, 1970–83 Bundeskanzler. Seine Kanzlerschaft war gekennzeichnet durch weit reichende Reformen (Ausbau des Sozialstaats, Rechtsreformen, Demokratisierung der Univ.) und außenpolit. Initiativen (Nahost). K. öffnete die SPÖ gegenüber bürgerl.-kath. Wählern und machte sie zur erfolgreichsten soz.-dem. Partei W-Europas. Wirt. Probleme, Skandale (AKH) und persönl. Rivalitäten („Fall Androsch") führten 1983 zum Verlust der absoluten SPÖ-Mehrheit im NR und zum Rückzug K. aus der Politik.

Werke: Zw. den Zeiten, 1986; Im Strom der Politik, 1988; Der Mensch im Mittelpunkt, hg. v. O. Rathkolb, 1996. – Literatur: H. Fischer, Die K.-Jahre, 1994; A. P. Pittler, B. K., 1996; W. Gatty (Hg.), Die Ära K., 1997; W. Petritsch, B. K., 2000.

Kreisky, Eva, * 8. 9. 1944 Wien, Politikwissenschaftlerin; Schwiegertochter von B. → Kreisky. Studierte Rechtswissenschaften an der Univ. Wien und danach Politikwiss. am Inst. f. Höhere Studien in Wien, an dem sie 1979–89 die Abt. Politikwiss. leitete. 1989–93 Prof. an der Freien Univ. Berlin, seit 1993 an der Univ. Wien. Ihre Forschungsschwerpunkte sind Staats- und Bürokratietheorie sowie Feminismus, polit. Theorie und Ideengeschichte.

Fritz Kreisler. Foto.

Kreisler, Fritz, * 2. 2. 1875 Wien, † 29. 1. 1962 New York (USA), Geigenvirtuose. Schüler von J. → Hellmesberger jun., Komponist von Operetten („Apfelblüten", 1919; „Sissy", 1932). Schrieb zahlr. Kadenzen, Bearbeitungen und Werke „im alten Stil" (ein solcher „musikalischer Spaß" löste die Vivaldi-Renaiss. aus). Lebte 1915–25 und ab 1940 in New York, dazw. in Berlin und 1933–39 in Paris.

Literatur: L. P. Lochner, F. K., 1951 (Werkverz., Bibliographie); J. Hartnack, Große Geiger unserer Zeit, 1968; A. Biancolli, F. K., 1998 (Werkverz., Diskographie).

Kreisler, Georg, * 18. 7. 1922 Wien, Komponist, Autor, Kabarettist. Während seiner Emigrationszeit in den USA Komponist für Hollywood-Filme (u. a. Filmmusik für Charlie Chaplin), Truppenbetreuer für das US-Militär, Auftritte als Chansonnier in New York. 1955 als amerikan. Staatsbürger Rückkehr nach Wien, 1956–58 leitete er mit G. → Bronner das „Intime Theater" (Auftritte mit C. → Merz, H. → Qualtinger, P. → Wehle und L. → Martini im Kabarettprogramm „Blattl vorm Mund"). 1958 ging K. mit seiner damaligen Frau und Partnerin T. → Küppers nach München, später nach Berlin. Autor zahlr. Bühnenstücke und Fernsehspiele.

Werke: Liedsammlungen: Zwei alte Tanten tanzen Tango; Nichtarische Arien. – Satiren: Worte ohne Lieder, 1986; Ist Wien überflüssig?, 1987. – Autobiographie: Die alten, die bösen Lieder, 1989. – Romane: Ein Prophet ohne Zukunft, 1990; Der Schattenspringer, 1996. – Satir. Oper: Der Aufstand der Schmetterlinge, 2000. – Literatur: H. Pointner, Schlaglichter auf G. K., 1993.

Krejci, Herbert, * 13. 9. 1922 Wien, Gen.-Sekr. der Ö. Industriellenvereinigung 1980–92. 1945 Journalist beim US-Nachrichtendienst, wechselte über den „Kurier" zur Presseabt. der Ö. Industriellenvereinigung. Ab 1961 Leiter der Presseabt. und Chefredakteur der „industrie". 10-jährige Tätigkeit als Lehrbeauftragter und Univ.-Lektor für Public Relations an der Wirt.-Univ., Aufsichtsratsvorsitzender der Verbundges. und der VA Technologie AG.

Kremenezky, Johann, * 15. 2. 1850 Odessa (UA), † 25. 10. 1934 Wien, Elektrotechniker und Industrieller. Eröffnete 1880 in Wien eine Fabrik für Dynamomaschinen, die als erste in Ö. Glühlampen erzeugte. 1886 erhielt er die Konzession für die erste elektr. Zentrale in Wien. Gehörte zum Freundeskreis von T. → Herzl.

Literatur: ÖBL; NDB.

Kremer, Alfred, Frh. von Auenrode, * 13. 5. 1828 Wien, † 27. 12. 1889 ebd., Orientalist. Univ.-Prof. in Wien, Konsul in Kairo und Beirut. 1880/81 Handelsmin.; Begründer der islam. Kulturgeschichte.

Werke: Geschichte der herrschenden Ideen des Islams, 1868; Kulturgeschichte des Orients unter den Chalifen, 2 Bde., 1875/77; Studien zur vergleichenden Kulturgeschichte, 1889.

Krempl, Josef, * 11. 2. 1862 Obertrattnach (Gem. Taufkirchen a. d. Trattnach, OÖ.), † 4. 4. 1914 Wien, oö. Mundartdichter, Volksschriftsteller, Redakteur.

Werke: Lyrik: Hoamatg'läut, 1913; Aus'n Löbn griffn, 1913; Bilder aus dem Volksleben, 1914. – Volksstück: Der Lehrer von Helldorf, 1901. – Studien aus dem oö. Volksleben, 3 Bde., 1921–22.

Kremser, Eduard, * 10. 4. 1838 Wien, † 26. 11. 1914 ebd., Komponist und Dirigent. 1869–99 Chormeister des Wr. Männergesang-Vereins. Sammelte und edierte traditionelle Wienerlieder (K.-Alben). 1913–14 Präs. des Ö. Komponistenbunds.

Werke: Operetten, Klavierstücke, Lieder und Chöre (bes. f. Männerchor). – Hg.: Wr. Lieder und Tänze, 3 Bde., 1912–25. – Literatur: ÖBL.

Kremser Schmidt, → Schmidt, Martin Johann.

Kren, Kurt, * 20. 9. 1929 Wien, † 23. 6. 1998 ebd., Filmemacher. Emigrierte 1939 in die Niederlande, kehrte 1947 nach Ö. zurück; 1952 Beginn der Filmarbeit, 1957 erster Kurzfilm „1/57: Versuch mit synthetischem Ton", 1960 „2/60: 48 Köpfe aus dem Szondi-Test". Ab 1964 dokumentierte er die Aktionen des Wr. Aktionismus (1968 auf dem Cover des „Time Magazine"). 1968–89 lebte K. in den USA und kehrte dann nach Wien zurück, wo Spätwerke wie „tausendjahrekino" (1995) oder „50/96: Snapshots" (1996) entstanden. K. entwickelte wegweisende Techniken des Avantgardefilms und gilt neben P. → Kubelka als bedeutendster ö. Filmemacher der Nachkriegszeit. Sein gesamtes Œuvre (etwa 50 Filme) umfasst weniger als 3 Stunden Gesamtlaufzeit. 1996 Einzelausstellung in der Wr. Secession, Retrospektiven in London, Paris und New York.

Weitere Werke: 8/64: Ana – Aktion Brus, 1964; 10/65: Selbstverstümmelung, 1965; 37/78: Tree Again, 1978; 39/81: Which Way to CA?, 1981. – Literatur: H. Scheugl, Ex Underground, 1996.

Krendlesberger, Hans, * 17. 6. 1925 Scheibbs (NÖ.), † 17. 11. 1995 Wien, Fernsehregisseur, Dramatiker, Autor von Hör- und Fernsehspielen, Programmdir. des ORF. 1969 Ö. Staatspreis für Fernsehspiel.

Werke: Dramen: Das offene Labyrinth, 1982 (4 Stücke). – Literatur: H. Gerstinger, Der Dramatiker H. K., 1988.

Krenek, Carl, * 7. 9. 1880 Wien, † 5. 12. 1948 ebd., Maler und Graphiker. Studierte 1898–1906 an der Wr. Kunstgewerbeschule und an der Akad. d. bild. Künste in Wien. Mitgl. des Ö. Werkbundes. Schuf v. a. kleinformatige Wr. und Wachauer Landschaften sowie Märchenbilder, Plakate und Postkarten für die Wr. Werkstätte.

Literatur: W. J. Schweiger, Wr. Werkstätte, 1982.

Krenek, Ernst, * 23. 8. 1900 Wien, † 23. 12. 1991 Palm Springs (USA), Komponist und Dichter; Schwiegersohn von G. → Mahler. Schüler von F. → Schreker; emigrierte 1938 nach Amerika, lebte ab 1948 in Kalifornien, hielt aber den Kontakt zu Ö. Sein Stil machte von der Spätromantik bis zur modernen Tonkonstruktion viele Wandlungen durch, ab ca. 1921 radikaler Vertreter der Neuen Musik, verwendete ab etwa 1930 die Zwölftontechnik. Die Libretti zu seinen Opern verfasste er zumeist selbst. Zahlr. Auszeichnungen und Ehrungen, Großer Ö. Staatspreis 1963, Ö. Ehrenzeichen f. Wiss. u. Kunst 1975. E.-K.-Institut in Wien; E.-K.-Preis der Stadt Wien.

Ernst Krenek. Foto, 1960.

Werke: Opern: Orpheus und Eurydike, 1923 (Text von O. Kokoschka); Der Sprung über den Schatten, 1924; Der Diktator, 1926; Jonny spielt auf, 1927; Oper ohne Titel, 1930; Leben des Orest, 1931; Karl V., 1934; Pallas Athene weint, 1955; The Bell Tower, 1957; Ausgerechnet und verspielt, 1962 (Fernsehoper); Der goldene Bock, 1964. – Operette: Schwergewicht oder Die Ehre der Nation, 1928. – Ballette, Symphonien, Orchesterwerke, Kammermusik, Jazzmusik, Bühnenmusik, Vokalwerke und Lieder („Reisetagebuch aus den ö. Alpen", 1929). – Theoret. Werke: Über neue Musik, 1937; Versuch einer Selbstanalyse, 1948 (Autobiographie mit Werkverzeichnis); Zwölfton-Kontrapunkt-Studien, 1952; Zur Sprache gebracht, 1958 (Essays); Im Atem der Zeit, 1998 (Autobiographie). – Literatur: L. Knessl, E. K., 1968; J. L. Stewart, E. K., 1990; J. Shintani (Hg.), E. K. – Werkverz., 1997; M. Schmidt (Hg.), E. K., 2000.

Krenn, Franz, * 26. 2. 1816 Droß (NÖ.), † 18. 6. 1897 St. Andrä vor dem Hagenthale (Gem. St. Andrä-Wördern, NÖ.), Komponist und Lehrer. 1869–93 Prof. am Wr. Konservatorium, berühmte Lehrerpersönlichkeit.
Werke: Messen, Oratorien, Kantaten, Requien, Lieder.

Krenn, Fritz, * 11. 12. 1887 Wien, † 17. 7. 1964 ebd., Kammersänger (Bassbariton), urspr. Lehrer. 1920–25 an der Wr., 1927–43 an der Berliner Staatsoper. Auslandsgastspiele.

Krenn, Kurt, * 28. 6. 1936 Rannariedl (Gem. Neustift i. Mühlkreis, OÖ.), geistl. Würdenträger und Theologe. 1962 Priesterweihe, 1970 Prof. für Philosophie an der Kath.-theolog. Hochschule in Linz, 1975 Ordinarius für Systemat. Theologie an der Univ. Regensburg, 1987 Titularerzbischof von Aulona, 1987–91 Auxiliarbischof von Wien, seit 1991 Diözesanbischof von St. Pölten.
Literatur: N. Stanzel, Die Geißel Gottes, 1999.

Krenn, Werner, * 21. 9. 1943 Wien, Sänger (Tenor) und Fagottist. 1962–66 Mitgl. der Wr. Staatsoper, ab 1967 bei den Sbg. Festspielen. Bekannt als Interpret von Werken des 18. Jh. (v. a. W. A. Mozart); musste aus stimml. Gründen die Sängerlaufbahn beenden und wurde Orchestermusiker.

Krepler, Reinhard, * 6. 8. 1946 Wien, Arzt. Seit 1978 Facharzt für Pathologie, 1982 Habilitation; ab 1984 Mitwirkung an der Inbetriebnahme des neuen Allg. Krankenhauses in Wien, seit 1989 dessen ärztl. Dir.

Kreß, Wilhelm, * 29. 7. 1836 St. Petersburg (RUS), † 24. 2. 1913 Wien, Flugpionier, Konstrukteur. Kam 1873 nach Wien, wo er 1877 das erste frei schwebende Drachenfliegermodell zum Fliegen brachte. Der Start eines ersten Motorflugzeugs auf dem Wienerwaldstausee misslang 1901 wegen eines zu schweren Motors. 2 Jahre später gelang in den USA den Brüdern Wright der erste Motorflug. K. erfand um 1900 den „Steuerknüppel" zur kombinierten Steuerung.
Werk: Die erste Entwicklung des Drachenfliegers in Wien, 1912. – Literatur: ÖBL; NDB.

Wilhelm Kreß. Foto, um 1905.

Kretschmayr, Heinrich, * 15. 7. 1870 Bruck a. d. Leitha (NÖ.), † 21. 7. 1939 Wien, Historiker und Archivar. Nach Beamtenlaufbahn 1923–25 Leiter der staatl. Archive; ab 1903 Prof. für Geschichte an der Univ. Wien.
Werke: Geschichte von Venedig, 2 Bde., 1905/34; Die ö. Zentralverwaltung 1491–1918, 1. Abt. 3 Bde., 1907 (mit T. Fellner), 2. Abt. 3 Bde., 1925–38 (mit J. Kallbrunner, F. Walter u. M. Winkler); Maria Theresia, 1925; Geschichte von Ö., 1936. – Literatur: MIÖG 53, 1939; ÖBL; NDB.

Kreutz, Rudolf Jeremias (eigentl. R. Kříž, Pseud.: Jeremias, Esau, Ormuzd, Yumslai, O. Mosquito), * 21. 2. 1876 Rožd'alowitz (Rożdalovice, CZ), † 3. 9. 1949 Grundlsee (Stmk.), Schriftsteller, Journalist und Pazifist. Schrieb für die satir. Wochenschrift „Die Muskete" und war nach dem 1. Weltkrieg für H. Barbusses Friedensbewegung „Clarté" aktiv.
Literatur: F. Seltenreich, R. J. K., Leben und Werk, Diss., Wien 1950; ÖBL.

Kreutzer, Konradin, * 22. 11. 1780 Meßkirch (D), † 14. 12. 1849 Riga (Lettland), Komponist und Kapellmeister. Schüler von J. → Haydn (?) und J. G. → Albrechtsberger; komponierte ab 1800 Singspiele und Bühnenmusik, 1822–27 und 1829–32 Kapellmeister am Kärntnertortheater, ab 1833 am Theater in der Josefstadt. Wirkte ab 1840 vorwiegend außerhalb Ö.; schrieb die Musik zu F. → Raimunds „Verschwender" und zu F. → Grillparzers „Melusina".
Werke: ca. 50 Singspiele und Schauspielmusikwerke: Die lächerl. Werbung, um 1800; Die Insulanerin, 1813; Die lustige Werbung, 1826; Das Nachtlager von Granada, 1834; Der Verschwender, 1834; Die beiden Figaro, 1840. – Literatur: A. Bauer, Oper und Operetten in Wien, 1955; K.-P. Brecht, C. K., 1980 (Biographie u. Werkverz.).

Kreuzer, Franz, * 18. 1. 1929 Wien, Journalist und Politiker (SPÖ). 1961–67 Chefredakteur der „Arbeiter-zeitung", 1967 Eintritt in den ORF als Chefredakteur des aktuellen Dienstes. 1974–78 Fernsehintendant (FS 2), 1984–85 Informationintendant des ORF (Fernsehen). 1985–87 BMin. f. Gesundheit u. Umweltschutz, seither freier Journalist.

Kriechbaum, Eduard, * 18. 4. 1887 Pregarten (OÖ.), † 31. 8. 1958 Braunau a. Inn (OÖ.), Heimatforscher, Geograph, Gem.-Arzt in Braunau. Reisen durch Europa und N-Afrika.
Werke: Die Stadt Braunau, 1920; Vom Dachstein bis zum Böhmerwald, 1944.

Kriechbaum, Martin, aus München stammender Maler und Bildhauer. K. war möglicherweise Schüler von N. → Gerhaert van Leyden und mit diesem in Wien und Wr. Neustadt tätig. Ab 1473 ist er in Passau nachweisbar, er leitete hier eine große Werkstatt, in der auch seine Söhne Stefan und Sebastian mitarbeiteten. Von der großen Anzahl an Werken ist keines erhalten bzw. mit Sicherheit zu identifizieren. Altäre schuf er u. a. für

Stift Waldhausen (OÖ., 1488, verloren), St. Paul in Passau (1495, verbrannt) und Maria Laach (NÖ., 1518, verloren). 1472/73 übernahm er mit seinem Bruder Ulrich den Auftrag zu einem großen Flügelaltar für Stift Göttweig (1510). Dabei könnte es sich um den jetzt in Mauer bei Melk befindl. handeln. Der K.-Werkstatt wurden auch die Altäre von Zwettl und Kefermarkt zugeschrieben. Die Identifizierung des Meisters von Kefermarkt mit K. gilt in der Forschung als umstritten.

Literatur: Oö. Landesmuseum (Hg.), Der Meister des Kefermarkter Altars, 1993; U. Krone-Balcke, Der Kefermarkter Altar – sein Meister und seine Werkstatt, 1999.

Josef Kriehuber. Selbstporträt als Beduine. Lithographie, 1852.

Kriehuber, Josef, * 14. 12. 1800 Wien, † 30. 5. 1876 ebd., Porträt- und Landschaftsmaler, Lithograph. Erhielt seine erste Ausbildung durch seinen Bruder Johann K., studierte an der Wr. Akad. bei H. Maurer und hielt sich danach bis 1821 in Galizien auf, wo er sich vornehml. dem Pferdegenre widmete. Als Lithograph arbeitete K. für mehrere Wr. Verleger. Mit rd. 3000 Blättern wurde er zum bedeutendsten Porträtlithographen des Wr. Biedermeier. Ebenso bekannt sind seine Studien der Praterlandschaft. Prof. am Wr. Theresianum.

Literatur: W. Wurzbach, J. K., Katalog der von ihm lithographierten Porträts, 1902; S. Krasa, J. K., 1987; ÖBL; NDB.

Krier, Rob, * 10. 6. 1938 Grevenmacher (L), Architekt und Bildhauer. Studierte in Luxemburg und München, Lehrtätigkeit in Stuttgart und Lausanne, 1975–1999 Prof. an der Techn. Univ. in Wien. Setzt sich seit seinem Buch „Stadtraum in Theorie und Praxis" (1975) ausschließl. mit Planung und Sanierung von Stadträumen auseinander. K. realisierte städtebaul. Planungen und großstädt. Wohnbebauungen im Rahmen der IBA in Berlin (Ritterstraße, 1977–80, Rauchstraße, 1980–85) und in Wien (Breitenfurter Straße). K. gilt international als einer der Hauptvertreter der Postmoderne.

Weitere Werke: Haus Dickes, Bridell, Luxemburg, 1974–76; Wohnanlage Forellenweg, Salzburg; Altendorf Mühlheim a. d. Ruhr (D), 1989–92; städtebaul. Planung in Montpellier (F), seit 1990. – Ausstellung: Revision der Moderne, Dt. Architekturmuseum Frankfurt a. Main, 1984. – Publikationen: On Architecture, 1982; Über architektonische Komposition, 1989; Zeichnungen und Skulpturen, 1995. – Literatur: K. Kaiser (Bearb.), Kommentierte Bibliographie R. K., 1988.

Kriesche, Richard, * 28. 10. 1940 Wien, Objekt- und Medienkünstler. Studierte an der Akad. d. bild. Künste in Wien. Beschäftigt sich u. a. mit gesellschaftspolit. Fragen in der Fotografie und analysiert Alltagsstrukturen mit Hilfe der Medien. 1991–96 Prof. an der Hochschule für Gestaltung in Offenbach (D); seit 1996 Referent für Wiss. u. Kunst der Stmk. Landesregierung.

Werke: „studio sperimentale" (Biennale Venedig, 1970); „weltall" (Documenta Kassel, 1987).

Kringsteiner, Ferdinand (auch F. Kriegsteiner), * 17. 9. 1775 Wien, † 15. 6. 1810 ebd., Schriftsteller und Beamter. Verfasste 1797–1810 zugkräftige Alt-Wr. Volksstücke und Travestien für das Leopoldstädter Theater.

Werke: Die Braut in der Klemme, 1803; Othello, der Mohr in Wien, 1806; Werthers Leiden, 1806; Der Zwirnhändler aus OÖ., 1807; Ehestandsszenen, 2 Bde., 1807/10; Hans in der Fremde, 1810. – Literatur: O. Rommel, F. K., 1937; ders., Die Alt-Wr. Volkskomödie, 1952.

Krinzinger, Friedrich, * 6. 8. 1940 Sipbachzell (OÖ.), Archäologe. Studierte in Innsbruck und Wien. Seit 1971 Grabungen in der südital. Stadt Elea, seit 1983 Grabungsleiter. Seit 1989 Univ.-Prof. in Wien, seit 1994 Leiter der Forschungsstelle Archäologie der Ö. Akad. der Wiss. und Dir. des Ö. Archäolog. Inst.; seit 1998 Grabungsleiter in Ephesos.

Werke: Die Stadtmauern von Elea, 1979. – Hg.: Ein Dach für Ephesos, 2000; Studien zur hellenist. Keramik in Ephesos, 2001.

Krips, Josef, * 8. 4. 1902 Wien, † 13. 10. 1974 Genf (CH), Dirigent. Kapellmeister an der Wr. Volksoper, dann in Aussig und Karlsruhe tätig, 1933–38 und 1945–50 Dirigent an der Wr. Staatsoper, ab 1935 Prof. an der Wr. Musikakad. (1939–45 Berufsverbot). Leitete Mozart-Aufführungen bei den Sbg. Festspielen, 1950–54 Chefdirigent des London Symphony Orchestra, dann des Buffalo Philharmonic Orchestra (1954–63); 1963–70 für das Symphonieorchester San Francisco verpflichtet, 1970–73 Chefdirigent der Wr. Symphoniker.

Literatur: Harietta K. (Hg.), Ohne Liebe kann man keine Musik machen, 1994; NDB.

Kris, Ernst, * 26. 4. 1900 Wien, † 27. 2. 1957 New York (USA), Kunsthistoriker und Psychoanalytiker. Studierte Kunstgeschichte und klassische Archäologie und war ab 1922 am Kunsthist. Museum in Wien tätig. Bekanntschaft mit S. → Freud, Lehranalyse bei H. → Deutsch, ab 1930 Mitgl. der Wr. psychoanalyt. Vereinigung, mit R. Waelder Redaktionsleitung der psychoanalyt. Ztschr. „Imago". Emigrierte 1938 nach London, lebte ab 1940 in New York, ab 1951 als Kinderpsychologe an der Yale University tätig.

Krischanitz, Adolf, * 26. 5. 1946 Schwarzach (Sbg.), Architekt. 1970 Mitbegründer von → Missing Link (mit A. → Hareiter und O. → Kapfinger). Langjähriges Vorstandsmitgl. der Ö. Ges. f. Architektur, 1991–95 Präs. der Wr. Secession, seit 1992 Prof. an der Hochschule d. Künste in Berlin. Zusammenarbeit mit dem Maler O. Putz, die sich in der intensiven Farbigkeit der Bauten ausdrückt.

Werke: Möbelentwürfe, Wohnhäuser, Siedlungen. Renovierung der Wr. Werkbundsiedlung, 1983, und der Wr. Secession, 1986; Siedlung Pilotengasse, Wien, 1987–92; Geschäfts- und Bürogebäude Schillerpark, Linz, 1989–94, und Steirerhof, Graz, 1989–93; Neue-Welt-Schule, Wien, 1992–94; Kunsthalle Krems, 1992–95; Wohnhausanlage Engilgasse, Wien, 1992–95; Haus Sperl, Friedrichshof, 1995–96. – Literatur: BAU WERKE A. K., 1990; 13 Austrian Positions – Biennale di Venezia 1991; D. Steiner, Siedlung Pilotengasse, 1992; K., Federle: Neue Welt Schule, 1994; A. K., 1994; A. K., architect, 1998.

Krismann, Franz Xaver, → Chrismann, Franz Xaver.

Kristofics-Binder, Claudia, * 5. 10. 1961 Wien, Eiskunstläuferin, -trainerin und -choreografin. 1977–82 ö. Staatsmeisterin, 1982 Europameisterin, 1981 und 1982 Sportlerin des Jahres.

Kříž, Rudolf, → Kreutz, Rudolf Jeremias.

Krobath, Karl, * 10. 2. 1875 Oberferlach (Gem. Finkenstein, Kä.), † 30. 12. 1916 Wien, Kä. Heimatdichter und Komponist, Volksschullehrer. Befreundet mit P. → Rosegger.

Werke: Tolles und Trauriges, 1906; Das Kärntnervolk in seinen Gebräuchen, 1908; Michels Brautwerbung, 1909; Lawinen, 1909 (Dorfgeschichten); T. Koschat, 1912; Schalksfahrt, 1912 (Humoresken). – Romane, Gedichte.

Krobatin, Alexander, * 12. 9. 1849 Olmütz (Olomouc, CZ), † 28. 9. 1933 Wien, Heerführer, Feldzeugmeister. 1912–17 Kriegsminister, von 26. 10. 1918 bis Kriegsende Befehlshaber einer Heeresgruppe in Tirol.

Kroller, Franz, * 7. 7. 1923 Traiskirchen (NÖ.), † 16. 11. 2000 Graz (Stmk.), Jurist und Bibliothekar. Ab 1972 Bibl.-Dir. der Univ. Graz, die von ihm modernisiert wurde. Internat. Experte auf dem Gebiet des Bibl.-Baus. 1876–82 Präs. der Vereinigung ö. Bibliothekare und 1983–88 der Ligue des Bibliothèques Européennes de Recherches.

Werke: mehr als 100 Publikationen über das Bibl.- und Informationswesen, insbes. über Bau und Einrichtung.

Kromer, Karl, * 3. 8. 1924 Wien, Prähistoriker. 1958–67 Leiter der Prähist. Abt. des Naturhist. Museums in Wien, 1967–86 Univ.-Prof. für Ur- und Frühgeschichte in Innsbruck, seit 1986 Mitgl. der Prähist. Kommission der Ö. Akad. d. Wiss.

Werke: Das Gräberfeld von Hallstatt, 1959; Frühes Eisen, reiche Salzherren, 1964; Siedlungsfunde in Giseh, 1978; Das östl. Mitteleuropa in der frühen Eisenzeit, Jb. des röm.-germ. Zentralmuseums Mainz 33, 1986; Mttlg. d. Anthropolog. Ges. 123/124, 1993/94 (Schriftenverz.).

Kronawetter, Ferdinand, * 26. 2. 1838 Wien, † 30. 1. 1913 Pottschach (NÖ.), Magistratsbeamter und Politiker. Gründete 1873 einen demokrat. Verein, war Gegner des Liberalismus, forderte 1879 das allg. Wahlrecht. 1885–1901 Mitgl. des Reichsrats, 1896–1902 des Nö. Landtags. Trat für Arbeiterschutz und soz. Maßnahmen ein, blieb aber polit. isoliert.

Literatur: ÖBL.

Kronberger, Petra, * 12. 2. 1969 St. Johann i. Pongau (Sbg.), Skirennläuferin. Weltcupsiege in allen 4 alpinen Disziplinen, Weltcup-Gesamtsiegerin 1990–92, Weltmeisterin 1991 (Abfahrt), 2 Goldmedaillen bei den Olymp. Spielen 1992 in Albertville (Slalom, Kombination). Seit 1993 im ORF-Landesstudio Sbg. tätig.

Literatur: Ö. Sportjahrbuch 1992/93, 1993.

Krones, Franz, Ritter von Marchland, * 19. 11. 1835 Ungar.-Ostrau (Uherský Ostroh, CZ), † 17. 10. 1902 Graz (Stmk.), Historiker. Ab 1865 Univ.-Prof in Graz; Initiator und Mitbegründer des Hist. Atlas der ö. Alpenländer.

Werke: Grundriß der ö. Geschichte mit bes. Rücksicht auf Quellen- und Literaturkunde, 1882; Hb. der Geschichte Ö., 5 Bde., 1876–79; Ö. Geschichte von der Urzeit bis 1526, [2]1910; Ö. Geschichte von 1526 bis zur Gegenwart, [3]1915. – Literatur: K. Uhlirz, F. K., 1905; E. Zöllner, Bemerkungen zu den Gesamtdarstellungen der Geschichte Ö., in: Probleme und Aufgaben der ö. Geschichtsforschung, 1984; NDB.

Krones, Therese, * 7. 10. 1801 Freudenthal (Bruntál, CZ), † 28. 12. 1830 Wien, Schauspielerin, Soubrette. Spielte bereits 1811 in Brünn in der Wandertruppe ihres Vaters Kinderrollen, kam über Temesvár nach Wien, wo sie 1812 neuerl. mit ihrem Vater gastierte. Ab 1818 in Agram, Graz und Laibach, 1821 Rückkehr nach Wien. Nach ihrem künstlerischen Durchbruch 1824 in A. → Bäuerles Zauberoper „Aline" wurde sie zum Vorbild der Soubretten ihrer Zeit. F. → Raimund schrieb für sie die Rolle der Mariandl im „Diamant des Geisterkönigs" und die der Jugend im „Bauer als Millionär". 1830 letzter Auftritt auf der Bühne des Leopoldstädter Theaters.

Literatur: E. Pirchan, T. K., die Theaterkönigin Alt-Wiens, 1942; L. Wegmann, T. K., 1961; E. Futter, Die bedeutendsten Schauspielerinnen des Leopoldstädter Theaters in der Zeit von 1800–30, Diss., Wien 1965; NDB.

Kronfeld, Robert, * 5. 5. 1904 Wien, † 12. 2. 1948 bei Lasham (GB, abgestürzt), Segelflugpionier. Erzielte 1929/30 mehrere Weltrekorde, Strecken- (164,51 km) und Höhenrekorde (bis 2589 m) mit den selbst gebauten Maschinen „Wien" und „Austria". Er entwarf die k.sche Autowinde für Flugschleppversuche, unternahm 1929 den 1. Gebirgssegelflug (Rax), veranstaltete Großflugtage und überquerte als erster Segelflieger 1931 den Ärmelkanal in beiden Richtungen. Emigrierte 1933 nach England.

Literatur: P. Winter, Segelflieger R. K., 1932.

Kronfuß, Karl, * 29. 9. 1858 Weißenbach a. d. Triesting (NÖ.), † 21. 12. 1923 Wien, Beamter und Volksliedsammler. Erwarb große Verdienste um die Aufzeichnung traditioneller Volkslieder, 1905–23 Obmann des Arbeitsausschusses der Volksliedsammlungskommission.

Werke: Das dt. Volkslied, dessen Verbreitung und Pflege in NÖ., in: Das dt. Volkslied 15/16, 1914; Der Jodler in den ö. Alpen, ebd. 25, 1923; Nö. Volkslieder und Jodler aus dem Schneeberggebiet, [2]1939 (mit A. u. F. Pöschl). – Literatur: ÖBL.

Kronsteiner, Hermann, * 25. 3. 1914 Losenstein (OÖ.), † 13. 11. 1994 Linz (OÖ.), Komponist, Kirchenmusiker, Musiklehrer, Weltpriester; Bruder von Josef → Kronsteiner.

Werke: lat. Proprienwerk, 1938–50; Chorwerke, dt. Antiphonar, Messen, Orgelwerke.

Kronsteiner, Josef, * 15. 2. 1910 Losenstein (OÖ.), † 15. 5. 1988 Linz (OÖ.), Komponist, Domkapellmeister und Prof. am Bruckner-Konservatorium in Linz, Weltpriester; Bruder von Hermann → Kronsteiner.

Werke: Motetten, Proprien, Messen, Lieder.

Kropf, Wolfgang, * 20. 8. 1941 Klagenfurt (Kä.), Manager. Studierte Maschinenbau in Graz; 1967–81 bei der Steyr-Daimler-Puch AG, zuletzt Vorstandsassistent für Entwicklung. Ab 1981 bei BMW, 1985–89 Leiter der Produktionsges. in München, danach Leiter verschiedener Abteilungen der BMW Motoren GmbH in Steyr, zuletzt Leiter der Qualitätssicherung und der Motorenmontage. Seit 1997 Geschäftsführer der BMW Motoren GmbH und der BMW Ö. Holding GmbH.

Petra Kronberger. Foto, 1992.

Kropfreiter, Augustinus Franz, * 9. 9. 1936 Hargelsberg (OÖ.), Komponist und Organist. Seit 1960 Stiftsorganist in St. Florian, ab 1965 Leiter der Sängerknaben von St. Florian. Komponiert v. a. geistl. Musik (mehrere Messen) und Orgelwerke unter Einbeziehung der Polytonalität und des hindemithschen Kontrapunkts.

Literatur: L. Theiner (Red.), Musikal. Dokumentation A. F. K., Ausst.-Kat., Ö. Nat.-Bibl., Wien 1999.

Kruckenhauser, Stefan, * 4. 11. 1905 München (D), † 1. 10. 1988 Wien, Skipädagoge und Fotograf. 1934–38 und 1946–72 Leiter des Bundesheims St. Christoph a. A., Hauptverantwortlicher für die staatl. Skilehrerausbildung in Ö. nach 1945. Durch seine Darstellung und method. Aufbereitung der Beintechnik („Wedeln") im Ö. Skilehrplan (1956, zahlr. Auflagen und fremdsprachige Ausgaben) wurde er weltweit richtungsweisend für Fahrtechnik und Lehrweise. Schuf auch erfolgreiche Skifilme und Bildbände.

Literatur: Leibesübungen – Leibeserziehung 39, Heft 9, 1985; ebd. 42, Heft 10, 1988.

Therese Krones. Lithographie von J. Kriehuber.

Krünes, Helmut, * 30. 3. 1941 Wien, Chemiker, Politiker (FPÖ), Manager und Unternehmensberater. 1978/79 Gen.-Sekr. der FPÖ, von Mai 1986 bis Jänner 1987 BMin. f. Landesverteidigung, 1986–88 Abg. z. NR. Danach in der Wirt. als Manager und Konsulent tätig, 1994–98 Gesellschafter der Maschinenfabrik Liezen und Gießerei Ges. m. b. H.

Krupp, Arthur, * 31. 5. 1856 Wien, † 21. 4. 1938 Berndorf (NÖ.), Großunternehmer. Studierte in Zürich, Berlin und Wien, übernahm 1879 die familieneig. Metallwarenfabrik Berndorf (v. a. Bestecke), die er kontinuierl. ausbaute und trotz Absatzkrisen nach dem 1. Weltkrieg zu einem erfolgreichen Unternehmen machte.

Literatur: ÖBL; NDB.

Kübeck, Karl Friedrich, Frh. von Kübau, * 28. 10. 1780 Iglau (Jihlava, CZ), † 11. 9. 1855 Hadersdorf b. Wien, Staatsmann. Nach steiler Beamtenkarriere (Berater des Kaisers auf vielen Kongressen, Mitgl. des Staatsrats, 1840 Hofkammerpräs.) übernahm K. in der ersten Revolutionsregierung 1848 das Finanzministerium (März/April) und wurde in den Kremsierer Reichstag und als Leiter der provisor. Bundeszentral-Kommission in die Frankfurter Nationalversammlung gewählt. Zunächst liberal, wurde K. im Verlauf der Revolution zum Verfechter des autoritären Regimes. Als Vertrauter des jungen Ks. Franz Joseph entwarf er zusammen mit F. Gf. → Stadion die Verfassung von 1849, bewog aber Ende 1851 den Kaiser, die Verfassung aufzuheben und zum Neoabsolutismus überzugehen, dessen Grundsätze er selbst gestaltete. Auf seine Initiative geht die Errichtung der Oesterr. Nationalbank, der Staatsbahnen und des Telegraphennetzes zurück. Seine Tagebücher sind eine wichtige Geschichtsquelle für die 1. Hälfte des 19. Jh.

Literatur: F. Walter (Hg.), Tagebücher, Briefe, Aktenstücke, 1960; K. Werber, C. Frh. K. von Kübau, Diss., Graz 1960; ÖBL; NDB.

Hans Kudlich. Stich.

Küberl, Franz, * 22. 4. 1953 Graz (Stmk.), Verwaltungsangestellter. Seit 1972 für verschied. kath. Organisationen tätig, seit 1994 Dir. der Caritas der Diözese Graz-Seckau, seit 1995 Präs. der Caritas Ö.

Kubelka, Peter, * 23. 3. 1934 Wien, Avantgarde-Filmemacher. Studierte Filmregie an der Akad. f. Musik u. darst. Kunst in Wien und am Centro Sperimentale in Rom. Drehte 1954/55 unter Mitarbeit von F. → Radax das „Mosaik im Vertrauen" und danach zahlr. weitere Filmexperimente. Gründete 1964 mit P. Konlechner das Ö. Filmmuseum in Wien; ab 1980 Prof. an der Kunstakad. in Frankfurt a. M.

Weitere Werke: Regie: Adebar, 1957; Schwechater, 1958; Arnulf Rainer, 1958–60; Unsere Afrikareise, 1961–66; Pause!, 1977. – Literatur: H. Scheugl u. E. Schmidt jr., Eine Subgeschichte des Films. Lexikon des Avantgarde-, Experimental- und Undergroundfilms, 1974; G. Jutz (Hg.), P. K., 1995.

Alfred Kubin. Foto.

Kubin, Alfred, * 10. 4. 1877 Leitmeritz (Litoměřice, CZ), † 20. 8. 1959 Zwickledt (Gem. Wernstein am Inn, OÖ.), Maler, Graphiker und Schriftsteller. Studierte 1898–1901 an der Kunstschule Schmitt-Reutte und an der Münchner Akad. Er erwarb bereits 1906 das Schlösschen Zwickledt, wo er bis zu seinem Tod ein zurückgezogenes Leben führte. K. gilt als bedeutender Vertreter des Expressionismus, er schuf v. a. Federzeichnungen (teilw. koloriert) und Lithographien von düsterer, spukhafter, symbolist. Aussagekraft (zahlr. Mappenwerke). Wie O. → Kokoschka und A. P. → Gütersloh zeichnete ihn eine künstlerisch-literarische Doppelbegabung aus (Roman „Die andere Seite", 1909); auch seine Illustrationen zu literar. Werken (E. A. Poe, E. T. A. Hoffmann, F. M. Dostojewskij u. a.) sind in diesem Zusammenhang zu sehen. 1912 wurde er Mitgl. des „Blauen Reiters". Großer Ö. Staatspreis 1951, Ö. Ehrenzeichen f. Wiss. u. Kunst 1957.

Weitere literarische Werke: Der Guckkasten, 1925; Vom Schreibtisch eines Zeichners, 1939; Abenteuer einer Zeichenfeder, 1941; Nüchterne Balladen, 1949; Abendrot, 1950; Phantasien im Böhmerwald, 1951; Dämonen und Nachtgesichte, 1959 (Autobiographie). – Literatur: A. Marks, Der Illustrator A. K., Gesamtkatalog seiner Illustrationen und buchkünstlerischen Arbeiten, 1978; G. v. Zon, Word and Picture, 1991; Oö. Landesgalerie (Hg.), A. K. 1877–1959, 1995 (mit Werkverz.); P. Assmann u. A. Hoberg, A. K., Kunstbeziehungen, 1995; A. Hoberg u. I. Engelmann, A. K. – Das lithograph. Werk, 1999; NDB.

Kubitschek, Wilhelm, * 28. 6. 1858 Pressburg (Bratislava, SK), † 2. 10. 1936 Wien, Historiker, Archäologe und Numismatiker. Ab 1896 Univ.-Prof. in Graz, ab 1897 in Wien; 1897–1910 Kustos und 1910–25 Dir. des Münzkabinetts in Wien; 1916–29 Ordinarius für Röm. Altertumskunde und Epigraphik in Wien; vielseitiger Kenner der Antike, erzielte entscheidende Erkenntnisse über das röm. Wien.

Werke: Itinerarstudien, 1919; Führer durch Carnuntum, [6]1923 (mit S. Frankfurter); Römerfunde von Eisenstadt, 1926. – Literatur: ÖBL; NDB.

Kubizek, Augustin, * 15. 10. 1918 Wien, Komponist und Lehrer. Begann als Volksschullehrer, ab 1978–85 Prof. f. Tonsatzlehre und Komposition an der Wr. Musikhochschule. Gründete 1965 die Wr. Schütz-Kantorei. Dirigent von Chormusikwerken.

Werke: Lieder, Chorwerke, Messen, Symphonien, Oper „Nathan der Weise", 1992–94. – Literatur: G. Brosche (Red.), Musikal. Dokumentation A. K., Ausst.-Kat., Ö. Nat.-Bibl., Wien 1994.

Küchl, Rainer, * 25. 8. 1950 Waidhofen a. d. Ybbs (NÖ.), Geiger. Begann bereits im Alter von 14 Jahren das Violine-Studium an der Wr. Musikhochschule; seit 1971 Konzertmeister der Wr. Philharmoniker; gründete 1973 das Küchl-Quartett; seit 1982 Prof. an der Wr. Musikhochschule.

Kudlich, Hans, * 23. 10. 1823 Lobenstein (Úvalno, CZ), † 11. 11. 1917 Hoboken (USA), Politiker und Arzt, wurde als „der ö. Bauernbefreier" bekannt. 1848 jüngstes Mitgl. des ö. Reichstags, stellte er in dessen 3. Sitzung am 26. 7. 1848 den Antrag über die „Aufhebung des bäuerl. Unterthänigkeitsverhältnisses" und der bäuerl. Lasten, wie Robot und Zehent, der in abgewandelter Form am 7. 9. 1848 Gesetz wurde. Als Teilnehmer an der Wr. Oktoberrevolution 1848 und am pfälzischen Aufstand 1851 wurde K. am 10. 3. 1854 in Abwesenheit zum Tod verurteilt; er flüchtete in die Schweiz, wo er Medizin studierte. K. lebte nach seiner Ausweisung ab 1853 mit kurzen Unterbrechungen bis zu seinem Tod als Arzt in den USA.

Werk: Rückblicke und Erinnerungen, 3 Bde., 1873. – Literatur: F. Prinz, H. K., 1962; H. K. und die Bauernbefreiung in NÖ., Ausst.-Kat., Wien 1983; NDB.

Kudriaffsky, Johann von, * 27. 8. 1782 Wien, † 8. 4. 1840 ebd. (Selbstmord), Techniker. 1818–36 Prof. für Land- und Wasserbaukunst am Polytechn. Inst. in Wien. Baute in Wien die Franzensbrücke (1810) und die Sophienbrücke (1824/25).

Literatur: ÖBL; NDB.

Kuefstein, bis heute bestehendes, vermutlich aus Ti. stammendes ö. Adelsgeschlecht, 1602 Freiherren, 1634/48 bzw. 1654 Reichsgrafen. Zu den bedeutendsten Mitgl. der Familie gehörten Hans Ludwig Gf. v. → Kuefstein und Franz Gf. v. → Kuefstein.

Literatur: C. Gf. v. Kuefstein, Studien zur Familiengeschichte, 4 Bde., 1908–28; ÖBL; NDB.

Kuefstein, Hans Ludwig Graf von, * 1582/83, † 27. 9. 1657 Linz (OÖ.), Diplomat und Beamter. Besuchte als evang. Adeliger die Univ. Padua, Siena und Bologna, wurde 1627 kath. und 1628/29 von Ks. Ferdinand II. mit der Großbotschaft nach Konstantinopel betraut; 1630 Landeshauptmann in Ö. ob der Enns, Übersetzer roman. Literatur, legte Tagebücher und Berichte an.

Kuefstein, Franz Graf von, * 11. 6. 1841 Kassel (D), † 31. 12. 1918 Schloss Viehofen (St. Pölten, NÖ.), Politiker. Strebte nach einer Lösung der soz. Frage im Sinne der christl. Sozialreform. Wirkte an der Enzyklika „Rerum novarum" von Papst Leo XIII. mit und unterstützte die christl.-soz. Bewegung in Wien; ab 1887 Mitgl. des Herrenhauses auf Lebenszeit.

Kuenringer, Ministerialen- und Landherrengeschlecht des MA und der frühen Neuzeit. Azzo, der aus Sachsen oder dem Rheinland (Trier) stammende Gründer der Familie, kam im 11. Jh. nach Ö.; um 1130/40 sind die K. in Kühnring (NÖ.) nachweisbar. Hadmar I. gründete 1137 das Stift Zwettl. Die K., in die Linien Weitra und Dürnstein gespalten, kolonisierten weite Teile des Waldviertels nördl. des Kamp. Als führende landesfürstl. Ministerialen erreichten sie im 13. Jh. den Höhepunkt ihrer Macht, standen an der Spitze einer Adelsfehde gegen den Babenbergerherzog → Friedrich II. und waren maßgebl. an der Einsetzung Přemysl → Ottokars II. von Böhmen als Hzg. beteiligt. Unter den Habsburgern verloren sie an Einfluss. Im 16. Jh. wurden sie Protestanten, 1594 starben sie aus. Ihre Tradition wurde im Kloster Zwettl (Traditionscodex „Bärenhaut") bewahrt.

Literatur: K. Brunner, Die K., 1980; Die K., Ausst.-Kat., Zwettl 1981; NDB.

Kuffner (auch Kueffner), Christoph (Johann Anton), * 28. 6. 1777 Wien, † 7. 11. 1846 ebd., Schriftsteller, Übersetzer, Beamter. Erfolgreicher Autor lyrischer und dramat. Werke, populär wurde sein groß angelegter hist. Roman „Artemidor" (6 Bde., 1822–33). Schrieb Texte für Kompositionen von J. → Haydn und L. van → Beethoven. F. → Schubert vertonte einige seiner Gedichte.
Weitere Werke: Spaziergänge im Labyrinth der Geschichte, 1824; Theorie der Beredsamkeit, 2 Tle., 1825; Die Reise des letzten Menschen, 3 Bde., 1837. – Ausgabe: Erzählende Schriften, dramat. und lyr. Dichtungen, 20 Bde., 1843–47. – Literatur: C. F. Vogel, C. K., Diss., Wien 1936; ÖBL; NDB.

Kuffner, Moritz Edler von, * 30. 1. 1854 Wien, † 5. 3. 1939 Zürich (CH), Industrieller, Alpinist. Übernahm von seinem Onkel Jakob K. die Brauerei in Ottakring, widmete sich bes. der Alpinistik und Astronomie, ließ auf eig. Grund die K.-Sternwarte errichten. Veröffentlichte zahlr. Aufsätze in den Publikationen des Ö. Alpenvereins. Emigrierte 1938 nach Zürich.
Literatur: ÖBL.

Kugler, Georg, * 25. 5. 1935 Wien, Historiker, stellv. Gen.-Dir. und Leiter der Bibl. des Kunsthist. Museums, 1973–2000 Dir. der Wagenburg in Schönbrunn.
Werke: Die Reichskrone, 1968; Die Wagenburg in Schönbrunn, 1978; Schloß Schönbrunn, 1980; Die Niederlande, 1985; Lexikon der Wr. Kunst und Kultur, 1990 (mit N. Nemetschke); Das Kunsthist. Museum. Architektur und Ausstattung, 1991 (mit B. Kriller); Staatskanzler Metternich und seine Gäste, 1991 (Hg.); Das Kunsthist. Museum Wien, 1996.

Kugy, Julius, * 19. 7. 1858 Görz (Gorizia, I), † 5. 2. 1944 Triest (I), Kaufmann, Bergsteiger, Bergschriftsteller. Zahlr. Erstbesteigungen und Neutouren, Erschließer der Julischen Alpen, im 1. Weltkrieg Alpinreferent.
Werke: Aus dem Leben eines Bergsteigers, 1924; Arbeit, Musik, Berge, ein Leben, 1931; Die Julischen Alpen im Bilde, 1933; 5 Jahrhunderte Triglav, 1937; Im göttl. Lächeln des Monte Rosa, 2 Bde., 1940; Aus vergangener Zeit, 1943. – Literatur: H. Heindl, Im Banne der Julier, 1993; ÖBL.

Kuh, Anton (Pseud.: Yorick), * 12. 7. 1890 Wien, † 18. 1. 1941 New York (USA), Erzähler, Essayist, Feuilletonist. Lebte in Wien, Prag und bis 1933 in Berlin, 1938 Flucht in die USA. Brillanter Kurzprosaist und hervorragender Rhetoriker, publizierte satir.-krit. Glossen und Kommentare zum Zeitgeschehen. Wurde in den 60er Jahren wiederentdeckt.
Werke: Essays und Kurzprosa: Juden und Deutsche, 1921; Von Goethe abwärts, 1922; Der Affe Zarathustras, 1925 (Polemik gegen K. Kraus); Der unsterbliche Österreicher, 1930; Nebbich im Glück, 1987. – Auswahlausgaben: Luftlinien, 1981; Zeitgeist im Literatur-Café, 1983. – Literatur: U. Weinzierl, Typische Wr. Feuilletonisten?, in: Literatur und Kunst, 1985; E. Nürnberger, A. K. Ein ö. jüd. Journalist und seine polit. Berichterstattung in der Zwischenkriegszeit und im Exil, Diss., Wien 1989.

Kuh, Emil, * 13. 12. 1828 Wien, † 30. 12. 1876 Meran (S-Ti.), Erzähler, Feuilletonist, Literaturhistoriker, Kritiker. Ab 1864 Prof. für dt. Sprache und Literatur an der Wr. Handelsakad., Freund und Biograph von F. Hebbel, Verfasser von Dichterporträts.
Werke: Drei Erzählungen, 1857; Gedichte, 1858; Zwei Dichter Ö. (F. Grillparzer u. A. Stifter), 1872; Krit. und literarhist. Aufsätze, 1910. – Hg.: F. Halms Werke, 1856–72 (mit F. Pachler); F. Hebbel, 2 Bde., 1877; F. Hebbel, Sämtl. Werke, 12 Bde., 1891. – Literatur: ÖBL; NDB.

Kuhn, Carl Friedrich, * 3. 2. 1807 Ulm (D), † 8. 4. 1874 Wien, Fabrikant. Gründete 1843 in Wien die erste Stahlschreibfedernfabrik auf dem europ. Festland und führte den Federstiel mit der Einsteckhülse aus Blech ein. Das Unternehmen „C. K. & Co." wurde 1938 aufgelöst.
Literatur: ÖBL; NDB.

Kühn (Kino), Eusebius Franz, * 10. 8. 1644 Nonsberg (S-Ti.), † 15. 3. 1711 St. Magdalena (Mexiko; erschossen), Forscher und Kartograph, Jesuit, Missionar. Ging 1687 nach Mexiko und gründete die Jesuitenmission von Kalifornien, kartierte seinen rd. 20.000 Meilen langen Reiseweg, entdeckte die Mündung des Rio Grande und drang bis zum Colorado vor. Hinterließ geograph. Werke in span. Sprache und wies nach, dass Niederkalifornien eine Halbinsel ist.
Literatur: NDB.

Kuhn, Franz, Frh. von Kuhnenfeld, * 15. 7. 1817 Proßnitz (Prostějov, CZ), † 25. 5. 1896 Strassoldo (I), Kriegsminister 1867–74. Führte die allg. Wehrpflicht ein, löste 1871 die Militärgrenze auf. 1874 Generalkommandant von Stmk., Kä. und Krain.
Literatur: ÖBL.

Kühn, Heinrich, * 25. 2. 1866 Dresden, † 14. 9. 1944 Birgitz (Ti.), Fotograf und Fachautor. Ab 1906 Atelier in Innsbruck und Zusammenarbeit mit H. → Henneberg und H. → Watzek („Trifolium"). Beschäftigte sich mit Edeldrucktechniken (Gummi- und Bromöldruck), daneben internat. bedeutender Kunstfotograf mit Themenschwerpunkten Stillleben, Porträt und Landschaft. Gilt als der bedeutendste Vertreter der dem Impressionismus verpflichteten malerischen Richtung der Fotografie im dt.-sprachigen Raum.
Werke: zahlr. Veröffentlichungen im Bereich der Fotochemie und -physik. – Literatur: U. Knapp, Der Kunstfotograf H. K. (1866–1944), Diss., Innsbruck 1985.

Kühn, Othmar, * 5. 11. 1892 Wien, † 26. 3. 1969 ebd., Paläontologe und Botaniker. Zuerst Mittelschullehrer, später am Naturhist. Museum in Wien in der Geolog.-Paläontolog. Abteilung (zuletzt als deren Dir.) tätig. 1951–64 Prof. für Paläontologie und Paläobiologie an der Univ. Wien, nahezu 170 Veröffentlichungen.
Werke: Rudistae, Foss. Cat. I: Animalia, 1932; Hydrozoa, Hb. d. Paläozoologie, 1939; Autriche, Lexique Stratigraph. Internat., 1962. – Literatur: F. Steiniger, O. K., in: Mttlg. der Geolog. Ges. Wien, 1970.

Kuhn, Richard Johann, * 3. 12. 1900 Wien, † 31. 7. 1967 Heidelberg (D), Chemiker, Nobelpreisträger. Univ.-Prof. in Zürich (1926) und Heidelberg (1928), 1937 Dir. des M.-Planck-Instituts. Erhielt 1938 für seine bahnbrechenden Forschungen über die Vitamine und Carotinoide den Nobelpreis für Chemie, auf den er zunächst unter dem Druck der Machthaber verzichten musste (erst 1948 überreicht). Erforschte später auch das Gebiet der chem. Sexualstoffe sowie die Vitamin-B-Gruppe und wies als erster die Verbindung zw. Vitaminen und Fermenten nach. Zahlr. internat. Preise, Ehrenmitgl. der Ö. Akad. d. Wiss.
Werke: Chemie und Kinetik, 1925/26; Lehrbuch der Enzyme, 1927; Hg.: Biochemie, 1947ff. – Literatur: NDB.

Richard Johann Kuhn. Foto, 1953.

Kühnel, Harry, * 24. 3. 1927 Wien, † 13. 8. 1995 Krems (NÖ.), Historiker. Ab 1975 Univ.-Prof. in Salzburg, 1957–91 Leiter des Kulturamts der Stadt Krems, 1969–95 Dir. des Inst. für Realienkunde des MA und der Frühen Neuzeit in Krems, Gestalter großer Ausstellungen.
Werke: Die Hofburg zu Wien, 1964; Alltag im Spät-MA, [3]1986; Denkmalpflege und Altstadtsanierung in Krems, 1987.

Anton Kuh. Foto.

Kühnelt, Hans Friedrich, * 20. 3. 1918 Bozen (S-Ti.), † 26. 2. 1997 Wien, Lyriker und Dramatiker, Schauspieler, Techniker. Anerkennungspreis des Ö. Staatspreises 1960.
Werke: Lyrik: Das Traumschiff, 1949. – Dramen: Der Steinbruch, 1950; Ein Tag mit Edward, 1953; Bevor der Zug kommt, 1955; Es ist später als du denkst, 1956; Geliebtes schwarzes Schaf, 1956; Eusebius und die Nachtigall, 1958; Straße ohne Ende, 1960.

Kulka, Georg (Christoph), * 5. 6. 1897 Weidling (Gem. Klosterneuburg, NÖ.), † 29. 4. 1929 Wien (Selbstmord), Lyriker. Publizierte ab 1918 Gedichte in expressionist. Ztschr. Nach einer Auseinandersetzung mit K. → Kraus, der ihm vorwarf, Texte aus J. Pauls „Vorschule der Ästhetik" plagiiert zu haben, zog sich K. allmähl. aus dem literar. Leben zurück.

Werke: Der Stiefbruder, 1920; Der Zustand K. Kraus, 1920 (mit W. Przygode); Requiem, 1921. – Ausgabe: Werke, hg. v. G. Sauder, 1987. – Literatur: H. Kreuzer u. R. Döhl, G. K. und J. Paul, in: Dt. Vierteljahresschrift 40, 1966; ÖBL.

Kulka, Heinrich, * 29. 3. 1900 Littau (Litovel, CZ), † 6. 5. 1971 Auckland (Neuseeland), Architekt. Studierte 1918–24 an der Techn. Hochschule in Wien, anschließend Mitarbeit im Atelier von A. → Loos, später dessen Partner („Knize"-Salon in Paris, 1927; Werkbundsiedlung in Wien, 1932, u. a.). 1938 Berufsverbot und Emigration über die Tschechoslowakei und England nach Neuseeland, wo er ab 1945 ein eig. Büro führte.

Publikationen: A. Loos. Das Werk des Architekten, 1931; zahlr. Ztschr.-Artikel über A. Loos.

Kummer, Karl, * 1. 1. 1904 Wien, † 15. 8. 1967 Warschau (PL), Jurist und Politiker (ÖVP). 1934–38 in der Wr. Arbeiterkammer tätig, 1938 inhaftiert, 1945 Bundesreferent f. Sozialpolitik des ÖAAB, 1953 Gründer des Inst. f. Sozialpolitik u. Sozialreform, 1956–67 Abg. z. NR. Verfechter einer christl. Sozialreform.

Werk: Das Arbeitsrecht im neuen Ö., 1946. – Literatur: E. Bader, K. K. Ein Leben für die Sozialpartnerschaft, 1993.

Kumpf, Gottfried, * 29. 11. 1930 Annaberg (Sbg.), Maler, Graphiker und Bildhauer. Lebt seit 1968 in Breitenbrunn im Bgld., mit dessen Landschaft und Umwelt er sich in seinen naiv anmutenden Arbeiten auseinander setzt (Award for Conservation Merit des WWF 1982). Sein Werk umfasst ein breites Spektrum von kleingraph. Werken (Briefmarken), über Kinderbuchillustrationen, Ölbilder und Skulpturen bis zur Gestaltung von Gebäuden und Landschaften.

Werke: Vivat Pannonia, 1972 (Cartoons); Unterwegs im Bgld., 1973; Ruzzitu, 1978 (Illustrationen); Hommage an Ö. – Die Hauptstädte, 1988 (Graphikzyklus); Gestaltung der Autobahnraststätte Göttlesbrunn, NÖ., 1991–92; Bühnenbild „Der Zigeunerbaron", Seefestspiele Mörbisch, 1992; Gestaltung von Therme, Hotel und Golfanlage in Stegersbach („K.-Therme"), Bgld., 1996–98. – Literatur: E. Hilger, Der Maler K., 1991.

Kundigraber, Hermann, * 6. 4. 1879 Graz (Stmk.), † 6. 12. 1944 St. Marein (Stmk.), Komponist. 1940 stellv. Dir. der Landesmusikschule Graz. Ging von der Romantik R. Schumanns aus, wandte sich später dem Impressionismus und dem Stil von R. Wagner und R. → Strauss zu.

Werke: Bayr. Symphonie, Kammer- und Klavierwerke, Lieder, eine Oper, musiktheoret. Werke. – Literatur: ÖBL.

Carl Kundmann. Foto.

Kundmann, Carl, * 15. 6. 1838 Wien, † 9. 6. 1919 ebd., Bildhauer. Ab 1872 Prof. an der Wr. Akad. Nahm 1873 am Wettbewerb für das Maria-Theresien-Denkmal teil (von C. v. → Zumbusch ausgeführt). Schuf Bauplastiken u. a. für das Arsenal, das Rathaus, das Burgtheater, die Neue Hofburg und die Hofmuseen (alle in Wien). Zu seinen Hauptwerken zählen der Pallas-Athene-Brunnen vor dem Parlament (1898–1902) und das Tegetthoff-Denkmal am Praterstern (1886). Er bediente sich einer gemäßigten Formensprache und war einer der Hauptrepräsentanten der Wr. Ringstraßenplastik.

Literatur: I. Beier, C. K., Dipl.-Arb., Wien 1994.

Küng, Klaus, * 17. 9. 1940 Bregenz (Vbg.), geistl. Würdenträger. Studierte Medizin und Theologie, 1970 zum Priester geweiht. 1976–89 Leiter von „Opus Dei" in Ö.; seit 1989 Diözesanbischof von Feldkirch.

Kunike, Adolph Friedrich, * 25. 2. 1777 Greifswald (D), † 17. 4. 1838 Wien, Maler und Lithograph. Studierte an der Wr. Akad. und lernte von A. → Senefelder die lithograph. Drucktechnik. Gründete 1817 eine eig. lithograph. Anstalt und war als Lithograph, seltener als Entwerfer tätig. Die Vorlagen stammten von bedeutenden Künstlern. K. gab Serienwerken heraus, zu deren bedeutendsten die „Malerische Donaureise" nach J. → Alt zählt.

Literatur: ÖBL; NDB.

Kunschak, Leopold, * 11. 11. 1871 Wien, † 13. 3. 1953 ebd., Sattlergehilfe, christl.-soz. Arbeiterführer und Politiker. Gründete 1892 und leitete bis 1934 den Christl.-soz. Arbeiterverein und schuf 1896 die Zeitung „Die Freiheit". 1904–34 Mitgl. d. Wr. Gemeinderats, 1907–11 Reichsratsabg., 1913–19 Landesrat von NÖ., 1919–20 Mitgl. d. Konstituierenden Nationalversammlung, 1920–34 Abg. z. NR. 1920–21 Obmann der christl.-soz. Reichsparteileitung. Als Demokrat war er Gegner der Heimwehr-Bewegung und der autoritären Politik von Dollfuß. Er versuchte vor den Februarkämpfen 1934 zw. den Parteien zu vermitteln. K. unterzeichnete mit K. → Renner und anderen am 27. 4. 1945 die Proklamation, mit der Ö. wieder als demokrat. Staat erstand. 1945 war er Mitbegründer der ÖVP und Vizebürgermeister von Wien. 1945–53 Abg. z. NR und dessen 1. Präs. – 1965 erfolgte die Gründung einer K.-Stiftung. – Sein Bruder Paul K. erschoss am 11. 2. 1913 den soz.-dem. Reichsratsabg. F. → Schuhmeier.

Werke: Arbeiterfrage und Christentum, 1905; Volkstum und Arbeiterschaft, 1928; Ö. 1918–34, 1934; Steinchen vom Wege, 1937. – Literatur: F. Bauer, L. K. als Politiker, Diss., Wien 1950; F. Stamprech, L. K., 1950; G. Blenk, L. K. und seine Zeit, 1966; A. Pelinka, Stand oder Klasse, 1972; Politik für den Menschen – 15 Jahre L.-K.-Preis, 1980; L. Reichhold, L. K., 1988.

Kuntner, Florian, * 22. 3. 1933 Kirchberg a. Wechsel (NÖ.), † 31. 3. 1994 Wien, geistl. Würdenträger. 1957 Priesterweihe, 1969–87 Bischofsvikar, Dir. der Päpstl. Missionswerke; 1977 Titularerzbischof von Hirina und Auxiliarbischof der Erzdiözese Wien.

Kunwald, Gottfried, * 13. 9. 1869 Baden (NÖ.), † 14. 3. 1938 Wien (Selbstmord), Jurist und Finanzexperte; Bruder des Dirigenten Ernst K. (1868–1939). Ab 1921 Währungsreferent der ö. Ersparungskommission, dann Rechtskonsulent der Anglobank, Bankpräs. und enger Berater von Bundeskanzler I. → Seipel. Wirkte an der Gründung der Notenbank mit und war wesentl. am Sanierungswerk Seipels beteiligt.

Kunz, Alfred, * 26. 6. 1894 Wien, † 2. 8. 1961 ebd., Maler, Graphiker, Bühnenbildner. Ab 1918 freischaffender Architekt und Zeichner, ab 1922 Bühnenbildner und Kostümausstatter an fast allen Wr. Theatern (v. a. am Raimundtheater); daneben Modezeichner, der den Wr. Modestil der 20er und 30er Jahre beeinflusste. 1938–45 künstlerischer Leiter des „Wr. Hauses der Mode", Lehrer bzw. Dir. der „Wr. Frauenakademie" (ab 1946 Modeschule der Stadt Wien). Filmausstattungen für W. → Forst.

Kunz, Christian, * 13. 10. 1927 Linz (OÖ.), Arzt. 1971–96 Univ.-Prof. und Vorstand des Inst. für Virologie an der Univ. Wien. Hatte maßgebl. Anteil an der Entwicklung eines Serums gegen die von Zecken übertragene Gehirnhautentzündung (FSME).

Werk: Tick-borne Encephalitis. Internat. Symposium, Baden 1979, 1981 (Hg.).

Kunz, Erich, * 20. 5. 1909 Wien, † 8. 9. 1995 ebd., Kammersänger (Bass-Bariton), ab 1940 Mitgl. der Wr. Staatsoper, wo er dem legendären Mozart-Ensemble der Nachkriegszeit angehörte (Papageno, Leporello, Figaro u. a.); sang auch in Bayreuth, Salzburg, London und New York. Viele Gastspiele. Auch als Interpret von Wienerliedern bekannt.

Literatur: C. Szabó-Knotik u. H. Prikopa, E. K. Ein Leben für die Oper, 1994.

Kunz, Johannes, * 2. 1. 1947 Wien, Journalist. 1968–73 beim Hörfunk des ORF tätig, 1973–80 Pressesprecher von Bundeskanzler B. Kreisky, ab 1982 wieder

beim ORF, 1986–94 Informationsintendant (Fernsehen).
Werke: Medienrevolution, 1980; Erinnerungen. Prominente im Gespräch, 1989; 50 Jahre Ö., 1994; Der ö. Witz, 1995; Die ö. Anekdote, 1999; Selten so gelacht, 1999 (Hg.).

Kunze, Eduard, * 2. 5. 1941 Wien, Geograph. Seit 1981 Geschäftsführer der Ö. Raumordnungskonferenz; Hauptarbeitsgebiete sind Verkehr und Raumordnung.
Werke: Ländl. Gebiete Ö. Entwicklungsstand durch mangelhafte Verkehrserschließung, 1984; Raumordnung und Verkehr – Probleme und keine Lösungen?, 1992.

Kupelwieser, Karl, * 30. 10. 1841 Wien, † 16. 9. 1925 ebd., Jurist; Sohn von Leopold → Kupelwieser, Bruder von Paul → Kupelwieser. Stifter des Instituts für Radiumforschung in Wien (1910) und des (Hydro-)Biolog. Inst. Lunz am See (1906). Ehrenmitgl. der Ö. Akad. d. Wiss.

Kupelwieser, Leopold, * 17. 10. 1796 Markt Piesting (NÖ.), † 17. 11. 1862 Wien, Maler von relig. Themen, Landschaften, Historien und Porträts; Vater von Karl → Kupelwieser und Paul → Kupelwieser. Anhänger der klassizist. Malweise J. P. → Kraffts, freundschaftl. Kontakt zum Kreis um F. → Schubert. 1823 Romreise und Anschluss an die Nazarener (nach seiner Rückkehr nach Wien zahlr. Altar- und Andachtsbilder). Ab 1836 Prof. für Historienmalerei an der Wr. Akad. und ab den 40er Jahren Beschäftigung mit Monumentalmalerei. K. schuf Fresken für die Johannes-Nepomuk-Kirche in der Praterstraße in Wien und für die Nö. Landesregierung (1848–50). Er war Mitarbeiter J. v. → Führichs bei der Ausgestaltung der Altlerchenfelder Kirche in Wien und erhielt zahlr. Aufträge für Altarbilder und Kirchenfresken im gesamten Bereich der Monarchie.
Literatur: R. Feuchtmüller, L. K. und die Kunst der ö. Spätromantik, 1970; ÖBL; NDB.

Leopold Kupelwieser, Selbstporträt im Alter von 17 Jahren. Gemälde, um 1813.

Kupelwieser, Paul, * 1. 2. 1843 Wien, † 20. 3. 1919 ebd., Montanist, Unternehmer; Sohn von Leopold → Kupelwieser, Bruder von Karl → Kupelwieser. Leitete erfolgreich die Eisen- und Stahlwerke in Ternitz (NÖ.), Teplitz und 1876–93 in Witkowitz (beide in Böhmen). Kaufte 1893 die Insel Brioni (HR) und gestaltete sie zu einem Erholungsgebiet aus, in dem später auch Marschall Tito residierte.
Literatur: NDB.

Kupetzky, Johann, * 1667 Bösing b. Pressburg (Pezinok, SK), † 16. 7. 1740 Nürnberg (D), Maler. Zw. 1709 und 1723 in Wien ansässig, wo er von Hof und Adel als Porträtist, aber auch als Genre- und Historienmaler bes. geschätzt wurde.
Literatur: E. Safarik, J. K., 1928; NDB.

Küppers, Topsy, * 17. 8. 1931 Aachen (D), Schauspielerin, Sängerin, Theaterleiterin. War ab 1958 mit ihrem damaligen Ehemann G. → Kreisler in München tätig, gründete 1976 die „Freie Bühne Wieden" in Wien 4, deren musikalisch-literar. Programm sich engagiert gegen Faschismus und Antisemitismus wendet. Gestaltet auch „One-Woman-Shows", tritt in Hörfunk und Fernsehen auf, bringt Schallplatten mit Chansons heraus und gibt mit ihren Programmen Gastauftritte im In- und Ausland.
Werk: Lauter liebe Leute, 1996 (Erinnerungen).

Kuranda, Ignaz, * 1. 5. 1811 Prag (CZ), † 3. 4. 1884 Wien, Dramatiker, Erzähler, Politiker. Gründete 1841 in Brüssel das Wochenblatt „Grenzboten", übersiedelte später nach Leipzig und wurde 1848 Abgeordneter der Großdt. Partei in Frankfurt. K. kehrte im Oktober 1848 nach Wien zurück und gründete die „Ostdeutsche Post", die er bis 1860 leitete.
Werke: Die letzte weiße Rose, 1834; Belgien seit seiner Revolution, 1846. – Literatur: ÖBL; NDB.

Kürenberg, der von, aus dem bayer.-ö. Donauraum (Passau, Wilhering, Melk, oder gar nur Dichtername?) stammender, frühester und neben → Dietmar von Aist bedeutendster Vertreter des sog. Donauländ. Minnesangs mit 15 in der manessischen Liederhandschrift überlieferten, metrisch der Nibelungenstrophe ähnelnden, um 1150/60 entstandenen Strophen. Beeindruckend ist deren frühhöfische Schlichtheit bes. im sog. Falkenlied.
Ausgabe: Minnesangs Frühling, [38]1988. – Literatur: Verf.-Lex.

Kürnberger, Ferdinand, * 3. 7. 1821 Wien, † 14. 10. 1879 München (D), Feuilletonist, Kritiker, Erzähler. Musste wegen seiner Teilnahme an der Revolution 1848 aus Wien fliehen und lebte als Korrespondent und Kritiker in Deutschland. 1856 kehrte er nach Ö. zurück. K. gilt als einer der bedeutendsten Vertreter des Wr. Feuilletons der 60er und 70er Jahre des 19. Jh. Seine kunstvollen Texte, die sich kritisch mit polit., kulturellen und soz. Themen auseinander setzten, prägten u. a. H. → Bahr und K. → Kraus. Als Erzähler hatte K. mit seinem Roman „Der Amerika-Müde" (1855), in dem er ein negatives Amerikabild zeichnete, großen Erfolg.
Ausgabe: Gesammelte Werke, hg. v. O. E. Deutsch, 4 Bde., 1910–14; Briefe eines polit. Flüchtlings, hg. v. O. E. Deutsch, 1920. – Literatur: A. Wildhagen, Das polit. Feuilleton F. K., 1985.

Ferdinand Kürnberger. Xylographie von J. V. Weixlgärtner.

Kurrent, Friedrich, * 1. 9. 1931 Hintersee (Sbg.), Architekt. Schüler von C. → Holzmeister an der Wr. Akad. d. bild. Künste, ab 1956 Mitgl. der Arbeitsgruppe 4 (mit W. → Holzbauer und J. → Spalt); Assistent der Sommerakad. Salzburg bei K. Wachsmann. 1973–96 Prof. an der Techn. Univ. in München (Enwerfen, Raumgestaltung und Sakralbau); ab 1991 federführend am Umbau des Alten Allgem. Krankenhauses in Wien zum Univ.-Campus beteiligt.
Werke mit der Arbeitsgruppe 4: Pfarrkirche Salzburg-Parsch, 1953–56; Seelsorgezentrum Steyr-Ennsleiten (OÖ.), 1958–61, 1970/71; Kolleg St. Josef, Salzburg-Aigen, 1961–64. – Weitere Werke: Wohnhaus, Nobilegasse, Wien, 1986; Bergkapelle, Ramingstein (Sbg.), 1991; Evang. Kirche Aschheim b. München, 1996; Pfarrkirche Kirchham (OÖ.), 1998. – Publikationen: A. Loos, 1984 (mit W. Zednicek); Das Palais Stoclet in Brüssel, 1991 (mit A. Strobl).

Kurth, Ernst, * 1. 6. 1886 Wien, † 2. 8. 1946 Bern (CH), Musikwissenschaftler und -theoretiker. Studierte bei G. → Adler in Wien, 1912 Habilitation in Bern, lehrte ab 1920 an der Univ. Bern, ab 1927 Prof.
Werke: Die Voraussetzungen der theoret. Harmonik, 1912/13; Grundlagen des linearen Kontrapunktes, 1917; Romantische Harmonik und die Krise in Wagners Tristan, 1920; A. Bruckner, 2 Bde., 1925; Musikpsychologie, 1931. – Literatur: ÖBL; NDB.

Kurtz (Kurz) von Senftenau, Ferdinand Sigmund Graf, * 1592 München (D), † 24. 3. 1659 Wien, Reichsvizekanzler und Diplomat. Zuerst im Dienst von Erzhzg. Albrecht VII. in den Niederlanden, ab 1625 in Wien. 1635–37 als Diplomat eingesetzt, 1637 Reichsvizekanzler und 1640 als Mitgl. des Geheimen Rats enger Berater Ks. → Ferdinands III. Erwarb durch Heirat Horn, Drosendorf und die Rosenburg; gründete in Horn das Piaristengymn. und eine Tuchmachersiedlung.

Literatur: E. Silva-Tarouca, Gf. F. S. K., ein ö. Staatsmann, in: 300 Jahre Gymn. Horn, 1961; NDB.

Kurz, Franz, * 2. 7. 1771 Kefermarkt (OÖ.), † 12. 4. 1843 St. Florian (OÖ.), Musiker, Historiker, Augustiner-Chorherr in St. Florian. Verfasste Darstellungen mehrerer Epochen der ma. Geschichte Ö. auf der Basis kritischer Quellenstudien.

Werke: Beiträge zur Geschichte des Landes ob der Enns, 4 Bde., 1805–09; Ö. unter Friedrich IV., 1812; Ö. unter den Königen Ottokar und Albrecht I., 2 Bde., 1816; Ö. unter Kg. Friedrich dem Schönen, 1818; Ö. unter Hzg. Albrecht dem Lahmen, 1819; Ö. unter Hzg. Rudolf IV., 1821; Ö. unter Hzg. Albrecht III., 2 Bde., 1827; Ö. unter Albrecht IV., 2 Bde., 1830; Ö. unter Kg. Albrecht II., 2 Bde., 1835. – Literatur: ÖBL.

Johann Rudolf Kutschker. Lithographie, 1876.

Kurz, Josef Felix von (gen. Bernardon), * 22. 2. 1715 Wien, † 2. 2. 1784 ebd., Schauspieler, Librettist. Ab 1737 Schauspieler am Kärntnertortheater in Wien, verkörperte in zahlr. Stegreifkomödien die Rolle des „Bernardon" und des „Hanswurst"; gilt neben J. A. → Stranitzky und G. → Prehauser als Hauptvertreter der volkstüml. barocken Schauspielkunst in Ö. Verfasste Texte zu über 300 Singspielen, in denen er die parodist. Note J. → Nestroys vorwegnahm. 1751 schrieb er für J. → Haydn das Libretto zu dessen Singspiel „Der krumme Teufel" (nach einem Roman von A. R. Lesage). W. war u. a. auch in Frankfurt a. Main, Dresden, Prag und Warschau (1772–82 Theaterdir.) tätig.

Literatur: O. Rommel, Die Alt-Wr. Volkskomödie, 1952; U. Birbaumer, Das Werk des J. F. v. K.-B. und seine szen. Realisierung, 1971; NDB.

Josef Felix von Kurz (genannt Bernardon). Stich, 1763.

Kurz, Selma (verehel. Halban), * 15. 10. 1874 Bielitz (Bielsko Biala, CZ), † 10. 5. 1933 Wien, Sängerin. Gefeierte Koloratursopranistin; 1899 von G. → Mahler an die Wr. Hofoper geholt, wo sie bis 1929 wirkte. Sang 1904–07 und 1924 im Londoner Covent Garden. Erste Zerbinetta in R. Strauss' „Ariadne auf Naxos". Schallplattenaufnahmen.

Literatur: ÖBL; NDB.

Kurzmann, Andreas, lebte um 1396 im obersteir. Zisterzienserkloster in Neuberg, war Pfarrer in Spital am Semmering. Verfasser dt.-sprachiger relig. Dichtungen in Reimpaaren, u. a. zweier Legenden und der Marienklage „Soliloquium Mariae cum Jesu". Auch Übersetzer lat. Schriften.

Literatur: P. Wiesinger, Schreibung und Aussprache im älteren Frühneuhochdeutschen. Zum Verhältnis von Graphem–Phonem–Phon am bairisch-ö. Beispiel von A. K. um 1400, 1996.

Kurzweil, Maximilian, * 12. (13.?) 10. 1867 Bisenz (Bzenec, CZ), † 9. 5. 1916 Wien (Selbstmord), Maler und Grafiker. Sohn eines Fabrikanten; übersiedelte 1879 nach Wien, studierte an der Wr. Akad. bei C. → Griepenkerl und L. C. → Müller. Ab 1891 hielt er sich regelmäßig in Frankreich auf. Mitgl. der Wr. Secession, Mitarbeiter der Ztschr. „Ver Sacrum" und Prof. an der Frauenkunstschule in Wien.

Literatur: M. K., Ausst.-Kat., Wien 1965/66; F. Novotny u. H. Adolph, M. K., 1969; C. Malle, M. K., Dipl.-Arb., Wien 1995; ÖBL; NDB.

Kutschera, Rolf, * 6. 1. 1916 Wien, Schauspieler, Regisseur, Theaterleiter; Ehemann der Schauspielerin S. → Almássy. Ausbildung bei R. → Beer, 1940–50 Engagement am Wr. Volkstheater, danach an verschiedenen dt. Bühnen (v. a. in Berlin) als Regisseur tätig. 1965–82 künstlerischer Leiter des Theaters an der Wien (Beginn der Ära des Musicals, u. a. „Der Mann von La Mancha" mit J. → Meinrad als Don Quichote, „Anatevka", „Hello Dolly", „Gigi" mit J. → Heesters, „Evita", „Jesus Christ Superstar"). Film- und Fernsehtätigkeit.

Kutschker, Johann Rudolf, * 11. 4. 1810 Wiese (Loučky, CZ), † 27. 1. 1881 Wien, 1876 Fürsterzbischof von Wien, 1877 Kardinal.

Werke: Smlg. der Vorschriften, nach welchen sich der Curatgeistliche zu richten hat, 4 Bde., 1847–50; Das Eherecht der kath. Kirche nach seiner Theorie u. Praxis, 5 Bde., 1856–57. – Literatur: Biograph.-bibliograph. Kirchenlexikon; ÖBL; NDB.

Kuttin, Heinz Ernst, * 5. 1. 1971 Gassen (Kä.), Skispringer und Sportmanager. Mehrfacher Juniorenweltmeister, 1991 in Predazzo Weltmeister auf der Normalschanze und im Mannschaftsbewerb (mit E. → Vettori, A. → Felder und Stefan Horngacher); Bronzemedaille bei den Olymp. Spielen 1992 in Courchevel auf der Großschanze und Silbermedaille im Mannschaftsbewerb.

Kuwasseg (auch Kuwasegk), Josef, * 25. 11. 1799 Triest (I), † 19. 3. 1859 Graz (Stmk.), Landschaftsmaler, Lithograph und Schriftsteller. Lebte ab 1809 in Graz und absolvierte dort seine Ausbildung an der Ständischen Zeichnungsakad. Er wird der „steir. Alt" genannt und schuf zahlr. Landschaftsbilder aus der Stmk. und Stadtansichten von Graz, weiters die lithograph. Serien „Ansichten vom Grazer Schloßberg" (1810) und „Ansichten aus der Stmk." (1841–50).

Literatur: J. K. (1799–1859), Ausst.-Kat., Graz 1992; ÖBL.

Kyrle, Georg, * 19. 2. 1887 Schärding (OÖ.), † 16. 7. 1937 Wien, Prähistoriker und Speläologe. Ab 1929 Prof. für Speläologie an der Univ. Wien und Vorstand des Speläolog. Inst. beim BM f. Land- und Forstwirt. Begründer der berühmten Wr. Speläologenschule.

Werke: Grundriß der theoret. Speläologie, in: Speläolog. Monographie, 1923; Die Höhlenbärenjägerstation in der Drachenhöhle bei Mixnitz, in: Speläolog. Monographie, 1931. – Literatur: K. Ehrenberg, G. K. Wirken als Speläologe und für die Speläologie, in: Die Höhle, 1962; ÖBL.

Kyselak, Josef, * 22. 12. 1799 Wien, † 17. 9. 1831 ebd., Sonderling, Hofkammerbeamter in Wien. Machte sich dadurch bekannt, dass er in unstillbarer Manie auf schwer ersteigbare Felswände und auf weithin sichtbare Stellen seinen Namen malte.

Werk: Skizzen einer Fußreise durch Ö., 2 Bde., 1829. – Literatur: ÖBL.

L

Labor, Josef, * 29. 6. 1842 Hořovice (CZ), † 26. 4. 1924 Wien, Komponist, Pianist und Orgelvirtuose. Jung erblindet. Lehrer von J. → Bittner und A. → Schönberg.
Literatur: ÖBL; NDB.

Lach, Andreas, * 1817 Eisgrub (Lednice, CZ), † 15. 4. 1882 Wien, Blumen- und Stilllebenmaler; Onkel des Malers Fritz → Lach. Studierte an der Akad. der bild. Künste in Wien. Bekannt für Früchte- und Blumenstillleben.
Literatur: Ein Blumenstrauß für Waldmüller, Ausst.-Kat., Wien 1993.

Lach, Fritz, * 29. 5. 1868 Linz (OÖ.), † 9. 10. 1933 Wien, Maler und Graphiker; Neffe von Andreas → Lach. Lebte bis zu seinem 32. Lebensjahr als Beamter der DDSG in verschiedenen Städten an der Donau (Linz, Orsova, Semlin, Regensburg) und ließ sich dann in Wien nieder. V. a. seine Landschaftsaquarelle genossen hohes Ansehen.
Literatur: ÖBL.

Lach, Robert, * 29. 1. 1874 Wien, † 11. 9. 1958 Salzburg, Musikwissenschaftler und -ethnologe. Ab 1911 Leiter der Musiksammlung der Hofbibl., 1920–39 Prof. an der Univ. Wien, daneben 1924–45 Prof. f. Musikgeschichte an der Akad. f. Musik u. darstellende Kunst in Wien. Gehörte zu den führenden Repräsentanten der vergleichenden Musikgeschichte. Nachlass in der Ö. Nat.-Bibl. in Wien.
Werke: Vergleichende Musikwiss., 1924; Gesänge russ. Kriegsgefangener, 3 Bde., 1926–52; Geschichte der Staatsakad. und Hochschule f. Musik in Wien, 1927. – Literatur: Festschrift R. L., 1954 (mit Werkverz.); NDB.

Lacina, Ferdinand, * 31. 12. 1942 Wien, Wirtschaftswissenschaftler, Kammerfunktionär und Politiker (SPÖ). Ab 1964 für die AK Wien tätig, leitete ab 1973 die wirt.-wiss. Abteilung und wurde 1974 in den Beirat für Wirt.- und Sozialfragen berufen. 1980–82 Leiter des Büros von Bundeskanzler B. → Kreisky, 1982–84 Staatssekr. im Bundeskanzleramt, 1984–86 BMin. f. Verkehr und 1986–95 BMin. f. Finanzen, 1996–97 Gen.-Dir. der GiroCredit.

Lackner (Lackhner, Lochner), Andreas, namhafter Bildhauer der Donauschule. 1518 in Hallein genannt, wo er eine größere Werkstatt geleitet haben dürfte. Stilist. Beziehungen zu H. Leinberger.
Werke: Hochaltar der Abtenauer Pfarrkirche (Hauptwerk), 1518, Schreinfiguren jetzt in der Ö. Galerie in Wien, weitere Teile in der Abtenauer Pfarrkirche, in der Erzabtei St. Peter und im Museum Carolino Augusteum in Salzburg. – Literatur: E. Baum, Katalog des Museums ma. ö. Kunst, 1971; Spätgotik in Sbg., Skulptur und Kunstgewerbe, Ausst.-Kat., Salzburg 1976.

Lackner, Josef, * 31. 1. 1931 Wörgl (Ti.), † 13. 9. 2000 Innsbruck (Ti.), Architekt. Studierte an der Akad. d. bild. Künste in Wien bei C. → Holzmeister; ab 1959 Architekt in Innsbruck, ab 1979 Prof. an der Techn. Univ. Innsbruck. Bekannt durch seine zeichenhaften Bauten (z. B. Pfarrkirche Völs bei Innsbruck, 1965–67).
Weitere Werke: Kirche Neu-Arzl bei Innsbruck, 1958–60; Pfarrkirche Wien-Lainz, 1965–68; Pfarrzentrum Wien-Glanzing, 1968; Pfarrkirche St. Barbara, Wulfen (D), 1968; Bad Flora, Hungerburg bei Innsbruck, 1969; Kirche St. Norbert, Innsbruck, 1969–72; Gymnasium, Internat und Kloster der Ursulinen, Innsbruck, 1971–79; Jugendzentrum Fellbach (D), 1974; Arzbergsiedlung Telfs, 1975–78 (mit H. Parson); Verwaltungsgebäude Jenbacher AG (Ti.), 1992–93.

Lacy (Lascy), Franz Moritz Graf von, * 21. 10. 1725 St. Petersburg (RUS), † 24. 11. 1801 Wien, Generalstabschef von L. Gf. → Daun, 1766–73 Präs. des Hofkriegsrats. Reorganisierte die ö. Armee, entwarf im 7-jährigen Krieg den Plan für die Schlacht bei Hochkirch (1758). Im Türkenkrieg 1788/89 erlitt er Rückschläge und musste deshalb den Oberbefehl an E. G. Frh. v. → Laudon abgeben, mit dem er seiner vorsichtigen Taktik wegen in Konflikt geraten war. Er legte den Neuwaldegger Park (in dem er auch begraben ist) und das Hameau (beide heute Wien 17) an.
Literatur: E. Kotasek, Feldmarschall Graf L., 1956; NDB.

Franz Moritz Graf von Lacy. Büste von G. Ceracchi.

Ladislaus Postumus, * 22. 2. 1440 Komorn (Komárno, SK), † 23. 11. 1457 Prag (CZ), nachgeborener Sohn Kg. Albrechts II. (→ Albrecht V.), wurde bald nach seiner Geburt (am 15. 4. 1440) zum König von Ungarn gekrönt (mit der von H. → Kottanerin entführten Stephanskrone), stand bis 1452 unter der Vormundschaft von Friedrich III., wurde dann nach Erhebung der ö. Stände (Mailberger Bund) und Belagerung des Kaisers in Wr. Neustadt freigegeben und 1453 zum König von Böhmen gekrönt. L. P. blieb aber Instrument verschiedener Gruppierungen, die in Ö. von Ulrich v. → Eyczing und Ulrich v. Cilli, in Ungarn von diesem und der Familie Hunyadi sowie in Böhmen von → Georg von Podiebrad und Kunstat angeführt wurden.
Literatur: NDB.

Ladislaus Postumus. Anonym. Gemälde, 1457 (Kunsthistorisches Museum, Wien).

Lafite, Carl, * 31. 10. 1872 Wien, † 19. 11. 1945 ebd., Komponist; Vater von Peter → Lafite. Stellte Operetten aus Melodien von W. A. → Mozart, L. van → Beethoven und F. → Schubert zusammen („Hannerl", „Der Kongreß tanzt"), war Konzertbegleiter, Chorleiter und 1911–21 Gen.-Sekr. der Ges. der Musikfreunde in Wien.
Weitere Werke: Lieder, Chöre, Opern (Die Stunde, Der Musenkrieg, Das kalte Herz); Orchestervariationen. – Publikation: Das Schubertlied und seine Sänger, 1928. – Literatur: ÖBL.

Lafite, Peter, * 11. 10. 1908 Wien, † 15. 6. 1951 Bad Gastein (Sbg.), Musikkritiker; Sohn von Carl → Lafite. Gründete 1946 die „Ö. Musikzeitschrift", die nach seinem Tod von seiner Ehefrau Elisabeth und ab 1980 von deren Tochter Marion Diederichs-L. herausgegeben wurde.

Laib (Laibl, Leib), Conrad, * um 1410 vermutl. Enslingen (D), † nach 1460, Maler. Seine um 1440 entstandenen Frühwerke verraten sbg. Tradition, wenngleich L. erst zw. 1448 und 1457 in Sbg. nachweisbar ist. Bedeutendster ö. Vertreter des Frührealismus, beeinflusst durch die oberital. und die böhm. Malerei. Wirkte prägend auf die nachfolgende Sbg. Künstlergeneration (z. B. R. → Frueauf d. Ä.).
Werke: Kreuzigungsaltar in Wien (1449, Ö. Galerie Belvedere); Hochaltarbild des Grazer Doms (1457, jetzt im Diözesanmuseum Graz); Altar für Pettau (Ptuj, SLO, um 1460/65, Landesmuseum Pettau); Heilige Hermes und Primus (Sbg. Mus. Carolino Augusteum). – Zugeschrieben: Fresken am Triumphbogen der Sbg. Franziskanerkirche. – Literatur: L. v. Baldass, C. L. und die beiden Rueland Frueauf, 1946; E. Baum, Katalog des Museums ma. ö. Kunst, 1971; Spätgotik in Sbg. – Die Malerei, Ausst.-Kat., Salzburg 1972; NDB.

l'Allemand, Friedrich, * 24. 5. 1812 Hanau (D), † 20. 9. 1866 Wien, Schlachten-, Genre- und Porträtmaler; Onkel von Sigmund → l'Allemand. Ab 1826 in Wien, studierte an der Wr. Akad.; 1842 in Düsseldorf und München. Beliebter Schlachtenmaler des Hochadels, schuf u. a. die graphische Serie „Die ö. Armee im Laufe zweier Jahrhunderte" und zahlr. Uniformstudien.

Literatur: A. Urban, Das ö. Schlachtenbild im 19. Jh., Diss., Wien 1988; ÖBL; NDB.

l'Allemand, Sigmund, * 8. 8. 1840 Wien, † 24. 10. 1910 ebd., Schlachten- und Porträtmaler; Neffe und Schüler von Friedrich → l'Allemand. Studierte an der Wr. Akad. bei C. v. → Blaas, später Prof. an der Akad.; beliebter Porträtist des Kaiserhauses, des Hochadels und der Generalität, schuf u. a. Schlachtenbilder aus dem Dän. Krieg (Wien, Heeresgeschichtl. Museum).

Lamarr, Hedy (eigentl. Hedwig Eva Maria Kiesler), * 9. 11. 1914 Wien, † 19. 1. 2000 Orlando (Florida, USA), Filmschauspielerin und Erfinderin; verheiratet in 1. Ehe mit F. → Mandl. Bereits 1931 in „Sturm im Wasserglas" erste große Filmrolle, 1933 durch den Skandal um eine Nacktszene in „Ekstase" weltweit berühmt geworden. Emigrierte 1938 in die USA, konnte aber in Hollywood nur vereinzelte größere Erfolge erzielen („Samson and Delilah", 1949). Die von ihr für die US-Navy erfundene Funkfernsteuerung für Torpedos (US-Patent 1942) wurde eine wichtige techn. Grundlage für Mobiltelefone.

Werk: Exstasy and Me, 1966 (Autobiographie). – Literatur: P. Kranzpiller, H. L., 1997; P. Körte, H. L., 2000.

Heinrich Lammasch. Foto.

Lambeck (Lambeccius), Peter, * 13. 4. 1628 Hamburg (D), † 4. 4. 1680 Wien, Historiker. Trat zum Katholizismus über; 1663 Leiter der Wr. Hofbibl., die er neu ordnete (Aufstellung des Katalogs) und um seine wertvolle Privatbibl. (ca. 3000 Bde.) erweiterte. Nach Durchsicht der Ambraser Bibl. 1665 ließ er im Auftrag von Ks. Leopold I. nochmals über 2000 Bde. nach Wien bringen. Er verfasste 1659 die erste chronolog. Literaturgeschichte.

Werk: Commentarii de Augustiss. Bibliotheca Caesarea Vindobonensi, 8 Bde., 1665–79. – Literatur: G. König, P. L., Diss., Wien 1976; NDB.

Lamberg, aus Kä. und Krain stammende ö. Adelsfamilie, in OÖ. (Steyr) und NÖ. (Ottenstein) begütert. Stellte Bischöfe und stand im Hof-, Staats- und Militärdienst der Habsburger. Von den verschiedenen Linien wurden einige in den Reichsfreiherren- und Reichsgrafenstand erhoben. Leopold Matthias wurde 1707 Reichsfürst. Hauptlinie Steyr und Ottenstein 1931 erloschen, eine Nebenlinie besteht bis heute. Bed. Mitgl. der Familie waren u. a. Franz Gf. → Lamberg, Johann Maximilian Gf. → Lamberg und Anton Franz de Paula Gf. → Lamberg-Sprinzenstein.

Lamberg, Franz Graf, * 30. 11. 1791 Moor bei Pressburg (SK), † 28. 9. 1848 Pest (Budapest, H; ermordet), General. Ab 1834 v. a. Kommandos in Ungarn, nach Ausbruch der Revolution 1848 Oberkommandant aller königl. Streitkräfte in Ungarn. Von den Kreisen um L. Kossuth angefeindet, wurde er auf der Schiffsbrücke von Pest ermordet (wie am 6. 10. 1848 T. Gf. Baillet v. → Latour in Wien).

Literatur: ÖBL.

Lamberg, Johann Maximilian Graf, * 21. 11. 1608 Brünn (Brno, CZ), † 12. 12. 1682 Wien, Diplomat und Staatsmann. Nach verschiedenen diplomat. Missionen 1644–46 beim Friedenskongress in Münster und Osnabrück (Tagebuch Acta Pacis Westf. III C 5) Vertrauter Ks. → Leopolds I. (1661 Oberstkämmerer, 1675 Obersthofmeister, Geheimer Staats- und Konferenzminister). Baute die Stellung der Familie L. aus und erwarb 1666 die Herrschaft Steyr.

Literatur: K. Müller, Habsburgischer Adel um 1700, Mttlg. d. Ö. Staatsarchivs 32, 1979.

Lamberg-Sprinzenstein, Anton Franz de Paula Graf, * 2. 8. 1740 Wien, † 26. 6. 1822 ebd., Diplomat. Sammelte als Gesandter in Neapel über 500 antike Vasen (jetzt im Kunsthist. Museum), unterstützte Künstler und baute eine Gemäldegalerie auf, die er der Akad. d. bild. Künste in Wien vermachte (Hauptbestandteil der Akad.-Galerie).

Literatur: M. Poch-Kalous, Die Gemäldegalerie der bild. Künste in Wien, 1972; ÖBL; NDB.

Lamezan-Salins, Eduard Graf von, * 28. 8. 1835 Lemberg (Lwíw, UA), † 15. 3. 1903 Wien, Jurist. 1891 Präs. des Landesgerichts für Zivilrechtssachen. Gründete nach dem Brand des Wr. Ringtheaters (8. 12. 1881) mit H. Gf. → Wilczek und J. v. → Mundy am 9. 12. 1881 die „Wr. Freiwillige Rettungsges.".

Literatur: E. Lesky, Die Wr. Medizin. Schule im 19. Jh., 1965; ÖBL.

Lammasch, Heinrich, * 21. 5. 1853 Seitenstetten (NÖ.), † 6. 1. 1920 Salzburg, Politiker und Jurist. Univ.-Prof. in Innsbruck (1885) und Wien (1899); letzter Min.-Präs. der ö.-ungar. Monarchie (27. 10.–11. 11. 1918). L. war Berater von Erzhzg. Franz Ferdinand, verfasste 1906–12 den (nicht Gesetz gewordenen) Entwurf eines neuen ö. Strafgesetzes, gehörte der Internat. Friedensbewegung an und war Mitgl. des Internat. Schiedsgerichtshofs im Haag (dreimal dessen Präs.). L. war Angehöriger der pazifistischen „Meinl-Gruppe" (J. → Meinl), Mitgl. der ö. Delegation für den Friedensschluss von Saint-Germain (1919) und Gegner des Anschlusses. Er trat für ein neutrales und unabhängiges Ö. ein.

Werke: Die Auslieferung wegen polit. Verbrechen, 1884; Auslieferungspflicht und Asylrecht, 1887; Grundriß des ö. Strafrechts, 1899; Das Völkerrecht nach dem Krieg, 1917; Der Friedensverband der Staaten, 1919; Der Völkerbund, 1919; Europas 11. Stunde, 1919. – Literatur: G. Oberkofler, H. L., 1993; ÖBL; NDB.

Lamormaini, Wilhelm, * 29. 12. 1570 La Moire Mannie bei Dochamps (B), † 28. 2. 1628 Wien, Jesuit, kaiserl. Beichtvater. Kam über Brünn und Wien nach Graz, wo er 1598–1621 als Prof. der Philosophie, der Theologie sowie als Rektor wirkte und sich mit → Ferdinand II. befreundete. 1622–25 war er Rektor des Jesuitenkollegs Wien und wurde 1624 Beichtvater des Kaisers. Als solcher spielte er eine wichtige polit. Rolle, bestärkte den Kaiser bei Maßnahmen der Gegenreformation und billigte auch die Ermordung → Wallensteins. Nach 1635 schwand sein polit. Einfluss, L. blieb aber bis zum Tod Ferdinands II. 1637 dessen Beichtvater. 1639–43 war er nochmals Rektor des Jesuitenkollegs in Wien und 1643/44–48 Oberer der ö. Jesuiten.

L. war einer der Hauptakteure der Gegenreformation in Mitteleuropa, er gründete oder reformierte 17 Jesuitenniederlassungen.

Werk: Ferdinandi II., Romani Imperatoris Virtutes, 1637 (dt. bei F. C. Khevenhüller, Annales, Bd. 12, 1637). – Literatur: A. Posch, Zur Tätigkeit und Beurteilung L., in: MIÖG 63, 1955; R. Bireley, Religion and Politics in the Age of the Counterreformation. Emperor Ferdinand II., W. L. SJ and the Formation of Imperial Policy, 1981; NDB.

Lampa, Anton, * 17. 1. 1868 Budapest (H), † 27. 1. 1938 Wien, Physiker. 1901 Mitbegründer des Wr. Volksheims (Vorläufer der Wr. Volkshochschulen); 1909–19 Prof. für Experimentalphysik und Vorstand des Physikal. Inst. der Dt. Univ. Prag, ab 1921 Univ.-Prof. in Wien. Widmete sich bes. der Erwachsenenbildung, 1927–36 Präs. der Wr. Urania. Konstruierte einen Apparat zur Erzeugung und Messung extrem kurzer elektromagnet. Wellen und beschäftigte sich v. a. mit dem Beugungsverhalten elektr. Wellen.

Werk: Lehrbuch der Physik zum Gebrauch für Studierende, 1908. – Literatur: ÖBL; NDB.

Lampersberg, Gerhard (eigentl. G. Lampersberger), * 5. 7. 1928 Hermagor (Kä.), Komponist. Arbeitet nach den Prinzipien der freien, erweiterten Zwölftontechnik in der Tradition A. → Weberns. Bed. Förderer ö. Schriftsteller (C. → Lavant, T. → Bernhard, P. → Turrini u. a.) in den 50er und 60er Jahren; wurde in dem Schlüsselroman „Holzfällen" (1984) von T. Bernhard beschrieben und erwirkte vorübergehend eine einstweilige Verfügung gegen den Verkauf dieses Buches; sein „Tonhof" in Maria Saal (Kä.) wurde zu einer wichtigen Begegnungsstätte von Künstlern.
Werke: Bühnenwerke: Die Rosen der Einöde, 1958 (nach T. Bernhard); Köpfe, 1959 (nach T. Bernhard); Der Knabe mit dem Brokat, 1963 (nach H. C. Artmann); Kleopatra und das Krokodil, 1984 (nach P. Scheerbart); Liebesarithmetik, 1984 (nach M. Benn); Lelia, 1993 (nach G. Sand). – Orchesterwerke, Kammermusik, Lieder, Messen.

Lampert, Carl, * 9. 1. 1894 Göfis (Vbg.), † 13. 11. 1944 Halle a. d. Saale (D), Priester und Gegner des Nat.-Soz.; 1918 Priesterweihe, ab 1939 Provikar von Innsbruck. 1940/41 Häftling in den KZ Dachau und Sachsenhausen, ab 1941 in Pommern-Mecklenburg. Vom nat.-soz. Reichskriegsgericht zum Tod verurteilt und hingerichtet.
Literatur: H. Mader, Dr. C. L., in: K. v. Vogelsang-Inst. (Hg.), Gelitten für Ö., 1988; W. Kunzenmann (Red.), Provikar Dr. C. L. – Zeuge in gnadenloser Zeit, 1999; ÖBL.

Lampi, Johann Baptist d. Ä. Edler von (eigentl. J. B. Lamp), * 31. 12. 1751 Romeno (S-Ti.), † 11. 2. 1830 Wien, Porträt- und Historienmaler; Vater von Johann Baptist Ritter v. → Lampi d. J. Wurde zunächst in Salzburg ausgebildet, danach Reisen nach Verona, Trient, Innsbruck und Klagenfurt; ab 1783 in Wien, wo er den Namen Lampi annahm und Zutritt bei Hof fand; ab 1786 Akad.-Prof. Ab 1788 in Polen und anschließend am Hof in St. Petersburg. 1797 Rückkehr nach Wien, 1799 Ehrenbürger. Beliebter Porträtist des Hofes und der Aristokratie.
Werke: Porträts bedeutender Persönlichkeiten (Joseph II., Katharina von Russland, Kg. Stanislaus Poniatowski von Polen, Karl XIII. von Schweden und Gemahlin, Franz I. und Gemahlin, Gf. Spaur und Familie, Gf. Enzenberg und Familie, Bürgermeister S. Wohlleben und Gemahlin, J. J. Schwarzenberg und Gemahlin); mehrere Selbstbildnisse. – Literatur: N. Rasmo, Giovanni Battista Lampi 1751–1830, Ausst.-Kat., Trient 1951; N. Rasmo, Giambattista Lampi pittore, 1957; ÖBL.

Lampi, Johann Baptist d. J. Ritter von, * 4. 3. 1775 Trient (I), † 17. 2. 1837 Wien, Porträt- und Historienmaler; Sohn und Schüler von Johann Baptist v. → Lampi d. Ä. Studierte an der Wr. Akad.; Bildnismaler des Wr. Klassizismus, lebte und arbeitete längere Zeit in Polen und Russland.
Literatur: ÖBL.

Lanc, Erwin, * 17. 5. 1930 Wien, Bankangestellter und Politiker (SPÖ). 1949–55 im Sozialmin. tätig, 1959 Wechsel in die Zentralsparkasse und Kommerzialbank Wien. 1966 Bezirksobmann der SPÖ Wien-Margareten, 1960–66 Abg. z. Wr. Landtag und Mitgl. d. Wr. Gemeinderats, 1966–83 Abg. z. NR, 1973–77 BMin. f. Verkehr, 1977–83 BMin. f. Inneres, 1983–84 BMin. für Auswärtige Angelegenheiten.

Landesmann, Hans, * 1. 3. 1932 Wien, Kulturmanager. Studierte nach 1945 Klavier in Wien und ab 1949 Chemie in Paris (Abschluss 1956 in New York); zunächst im Exportbetrieb seiner Familie tätig, ab 1964 Direktoriumsmitgl. der Wr. Konzerthausges. (1974 Vizepräs., 1977–83 Gen.-Sekr.) und 1984–88 künstlerischer Leiter des Jugendorchesters der EG. Gründete 1987 das G.-Mahler-Jugendorchester für ö. und osteurop. Nachwuchsmusiker; ab 1989 Direktoriumsmitgl. der Salzburger Festspiele, 1991–2001 ihr kaufmänn.-organisator. Leiter.

Landgrebe, Erich, * 18. 1. 1908 Wien, † 25. 6. 1979 Salzburg, Lyriker, Erzähler, Übersetzer und Maler. Nach dem Anschluss 1938 kommissarischer Verwalter jüdischer Verlage; Kriegsberichterstatter; verfasste Romane, Kinder- u. Jugendbücher sowie Reiseberichte.

Landsteiner, Karl (Pseud.: Arthur Landerstein), * 30. 8. 1835 Stoitzendorf (Gem. Eggenburg, NÖ.), † 3. 4. 1909 Nikolsburg (Mikulov, CZ), Priester und Schriftsteller, 1857–73 Mitgl. des Piaristenordens. Lehrer in Krems und Wien, Präs. des Wr. Tierschutzvereins. Ab 1886 Stadtpfarrer und Propst in Nikolsburg. Gab die Werke von J. → Misson heraus.
Werke: Romane, Erzählungen: Edmund Fröhlich, der Abenteurer, 1863; Kleine Bilder aus dem Wr. Leben, 1870; Die Frau des Arbeiters, 1895; Die Kaiserstadt an der Donau, 1896. – Edel sei der Mensch, 1897 (gesammelte Gedichte). – Das Leben eines Paria, 1872 (Autobiographie). – Literatur: A. Suda, K. L., Diss., Wien 1949; ÖBL; NDB.

Landsteiner, Karl, * 14. 6. 1868 Wien, † 26. 6. 1943 New York (USA), Arzt, bedeutender Serologe, Nobelpreisträger. 1896 Assistent am Hygien. und 1898 am Patholog.-anatom. Inst. in Wien. Beschäftigte sich bes. mit der Untersuchung des menschl. Bluts und entdeckte 1900 dessen Agglutination (Zusammenballung) bei Berührung mit dem Blut bestimmter Menschen. 1901 stellte er die Verschiedenheit des Bluts bei verschiedenen Menschen fest und wählte die Bezeichnungen „Gruppe A", „Gruppe B" und „Gruppe C". 1907–19 Vorstand der Prosektur am Wr. Wilhelminenspital und Univ.-Doz. für Pathologische Anatomie. Nach Ende des 1. Weltkriegs folgte L. einer Berufung nach Den Haag und 1922 an das Rockefeller-Institut in New York, an dem er bis 1939 wirkte. 1927 entdeckte er mit P. Levine die Blutfaktoren M, N und P und konnte bald darauf bereits 36 Typen des menschl. Bluts nachweisen. 1930 erhielt er den Nobelpreis für Medizin. 1940 entdeckte er (mit A. S. Wiener) den Rhesusfaktor.
Werke: Über die Agglutinationserscheinungen normalen menschl. Blutes, 1901; Über die Abhängigkeit der serolog. Spezifität von der chem. Struktur, 1918; Spezif. Serumreaktionen mit einfach zusammengesetzten Substanzen bekannter Konstitution, 1920; Serolog. Studien über das Blut von Menschenaffen, 1925; On Individual Differences in Human Blood, 1928; Die Blutgruppen und ihre praktische Bedeutung bes. für die Bluttransfusion, 1930; Die Spezifität der serolog. Reaktionen, 1933; Der Rhesusfaktor, 1940. – Literatur: P. Speiser, K. L., Entdecker der Blutgruppen und Pionier der Immunologie, 1975.

Karl Landsteiner in seinem Labor. Foto.

Johann Baptist Edler von Lampi d. Ä. Stich von J. B. Pfitzer (nach einem Gemälde von J. B. Lampi d. J.).

Lang, Bernhard Ingomar, * 24. 2. 1957 Linz (OÖ.), Komponist. 1975–88 Ausbildung an der Musikhochschule Graz (u. a. bei D. Glawischnig und G. → Neuwirth) sowie Studien an der Univ. Graz. Seit 1985 Auseinandersetzung mit elektron. Musik und computerunterstützter Komposition, seit 1989 Lehrauftrag an der Musikhochschule Graz. Zusammenarbeit mit verschiedenen Jazz- und Künstlergruppen (u. a. Intro-Spection, Fond, KlangArten).
Werke: V für 64 Analoggeneratoren, 1985; Kohelet, 1989 (Chor, Orchester, Solisten); Mozart 1789, 1989 (Schauspielerin, 9 Kassettenrecorder); Kleine Welten, 1991 (Streichquartett); Versuch über das Vergessen 2, 1995 (Violine, E-Gitarre, 4 Delays); Differenz/Wiederholung, 1998–2000 (1–5, variable Besetzung); Das Theater der Wiederholung, 2000ff. (6 Sänger, Chor, verstärktes Ensemble).

Lang, Erwin, * 22. 7. 1886 Wien, † 10. 2. 1962 ebd., Graphiker. Studierte 1903–07 an der Wr. Kunstgewerbeschule. Kehrte 1920 aus russ. Gefangenschaft nach Wien zurück, wurde Mitglied des Hagenbundes und 1949 der Wr. Secession. L. schuf für seine Frau, die Tänzerin Grete → Wiesenthal, zahlr. Inszenierungen und Plakate. Bedeutsam sind seine Holzschnitte, die sich durch bes. Lichteffekte auszeichnen.

Lang, Franz Innozenz, * 4. 10. 1752 Marchegg (NÖ.), † 10. 4. 1835 Wien, Piarist, Pädagoge. Nahm als Mitglied der Studien-Revisions-Hofkommission (1795–1802), Dir. des Gymnasialwesens in Ö. unter der Enns und Referent für Gymnasialangelegenheiten in der Studienhofkommission (1808–30) starken Einfluss auf die Weiterentwicklung des höheren Schulwesens in Ö. (Einführung des Fachlehrersystems 1806–18, Verlängerung der Studienzeit an Gymnasien auf 6 Jahre, Erweiterung des Lehrprogramms durch Aufnahme allgemein bildender, bes. naturwiss. Fächer, Einrichtung von Lehrerbibliotheken).

Literatur: ÖBL.

Fritz Lang. Foto.

Lang, Fritz (Friedrich Christian Anton), * 5. 12. 1890 Wien, † 2. 8. 1976 Beverly Hills (USA), Filmregisseur. Architektur- und Kunststudium in Wien und München. 1917 erste Drehbücher, 1919 erste Regie bei „Halbblut", erster Erfolg mit „Die Spinnen" (1919). Schuf einige Meisterwerke des expressionist. Films, wie die Stummfilme „Die Nibelungen" (2 Teile, 1924) und „Metropolis" (1926). Ab 1934 war L. in den USA tätig, ab 1958 wieder in Deutschland. Letzter Filmauftritt in J. L. Godards „Le Mépris" (1963).

Weitere Werke: Regie: Der müde Tod, 1921; Dr. Mabuse, der Spieler, 1922; M – Eine Stadt sucht einen Mörder, 1931; Fury, 1936; Hangmen Also Die, 1942; Der Tiger von Eschnapur, 1959; Das indische Grabmal, 1959. – Literatur: L. Maibohm, F. L. Seine Filme – sein Leben, 1981; P. MacGilligan, F. L., 1997; NDB.

Lang, Hans, * 5. 7. 1908 Wien, † 28. 1. 1992 ebd., Komponist von Unterhaltungs- und Tanzmusik sowie Wienerliedern. Schrieb auch Film- und Theatermusik (u. a. zu „Lumpazivagabundus", „Der Hofrat Geiger", „Der alte Sünder", „Hallo, Dienstmann", „Die Fiakermilli").

Werke: Lieder: Wozu ist die Straße da; Lach ein bissel, wein ein bissel; Liebe kleine Schaffnerin; Der alte Herr Kanzleirat; Wenn der Steffel wieder wird, so wie er war; Mariandl; Du bist die Rose vom Wörthersee; Stell dir vor, es geht das Licht aus.

Lang, Helmut, * 10. 3. 1956 Wien, Modeschöpfer. Eröffnete 1977 sein erstes Modestudio in Wien, erzielte 1986 seinen internat. Durchbruch in Paris und gilt seither weltweit als einer der führenden Modedesigner. 1993–96 Prof. an der Hochschule für angew. Kunst in Wien. H.-L.-Boutiquen in Paris, Mailand, Wien und New York. 1997 International Award des Council of Fashion Designers of Amerika.

Lang, Lotte, * 11. 1. 1900 Wien, † 13. 2. 1985 ebd., (Film-)Schauspielerin. Debütierte 1925 als Autodidaktin am Linzer Landestheater. Nach Einzelverträgen in Hamburg, Brünn und München erhielt sie 1932 ein Engagement am Dt. Volkstheater in Wien. Nach dem 2. Weltkrieg über 50 Rollen am Theater in der Josefstadt (einziges Ehrenmitgl.), zahlr. Filmrollen. L. verkörperte auf der Bühne wie im Film v. a. Wr. Volkstypen.

Lang, Marie, * 8. 3. 1858 Wien, † 14. 10. 1934 Altmünster (OÖ.), Sozialarbeiterin, Frauenrechtlerin. Gehörte zum Führungskreis der Frauenbewegung um R. → Mayreder; setzte sich bes. in Fragen des Mutterschutzes und der rechtl. Stellung unehel. Kinder ein.

Werke: Wie ich zur Frauenbewegung kam, in: Die Österreicherin, 1930; Dokumente der Frauen (Mit-Hg.), 1899–1903. – Literatur: G. Urban, M. L., Ein Gedenkblatt, 1934; ÖBL.

Lang, Othmar Franz (Pseud.: Bryan S. Buckingham, Hannes Hofer), * 8. 7. 1921 Wien, Schriftsteller. Schrieb mehr als 50 Jugendbücher mit vielfältigsten Themen. Im Sachbuch „Die Männer von Kaprun" (1955) zeichnet er ein optimist. Bild der Zusammenarbeit von Arbeitern und Ingenieuren. 1961 Ö. Staatspreis für Jugendliteratur.

Weitere Werke: Jugendbücher: Campingplatz Drachenloch, 1953; Ein Garten, bunt wie die Welt, 1962; Das Haus auf der Brücke, 1974; Wenn du verstummst, werde ich sprechen, 1975; Alle lieben Barbara, 1975; Hexenspuk in Wokingham, 1984; Hetzjagd, 1991; Bruderherz, 1995; Steffi braucht einen Hund, 1996; Sebastian, der Elternschreck, 1998. – Sachbücher: Männer und Erdöl, 1956; Der andere Herr Karl, 1962.

Lang, Viktor, * 2. 3. 1838 Wr. Neustadt (NÖ.), † 3. 7. 1921 Wien, Physiker. Univ.-Prof. in Wien; 1904 Präs. des Normaleichamts, 1915–19 Präs. der Akad. d. Wiss. Er schuf ein Goniometer (Apparat zum Messen der Winkel an Kristallen), ein Quadrantenelektrometer und ein Spiegelgalvanometer.

Werke: Lehrbuch der Kristallographie, 1866; Einleitung in die theoretische Physik, 1867. – Literatur: ÖBL.

Langbein, Hermann, * 18. 5. 1912 Wien, † 25. 10. 1995 ebd., Publizist und Widerstandskämpfer gegen den Nationalsozialismus. Floh nach dem Anschluss 1938 aus Ö. und nahm auf Seiten der Republikaner am Span. Bürgerkrieg teil. 1941 in Frankreich von den Nat.-Soz. verhaftet und bis 1945 in Dachau, Auschwitz und anderen KZ interniert. Trug als Publizist und Vortragender nach 1945 wesentl. zur Aufklärung über nat.-soz. Verbrechen bei.

Werke: Die Stärkeren. Ein Bericht, 1949; Auschwitz. Zeugnisse und Berichte, 1962 (mit H. G. Adler u. E. Lingens-Reiner); Der Auschwitz-Prozeß. Eine Dokumentation, 1965; Auschwitz und die junge Generation, 1967; Menschen in Auschwitz, 1972; ... nicht wie die Schafe zur Schlachtbank, 1980; Pasaremos. Briefe aus dem Span. Bürgerkrieg, 1982; Nat.-soz. Massentötungen durch Giftgas, 1983 (mit E. Kogon, A. Rückerl u. a.). – Literatur: A. Pelinka (Hg.), H. L. – zum 80. Geburtstag, 1993.

Langenstein, → Heinrich Heinbuche von Langenstein.

Langer, Anton, * 12. 1. 1824 Wien, † 7. 12. 1879 ebd., Romancier, Lyriker, Journalist, Übersetzer und Dramatiker. Verfasser von über 120 Volksstücken und zahlr. populären Romanen („Dämon Brandwein", 1863). Gründete das „Arena-Theater" in Wien-Hernals, schrieb 1848 das „Barrikadenlied" und gab 1850–79 das satir., volkstüml. Wochenblatt „Constitutioneller Hans-Jörgel" heraus. Verfasste mehr als 100 Romane, über 120 Bühnenstücke und übersetzte ca. 150 Romane aus dem Französischen.

Weitere Werke: Der letzte Fiaker, 3 Bde., 1855; Die Carbonari in Wien, 2 Bde., 1857; Wr. Volksbühne, 4 Bde., 1859–64; Der letzte Babenberger, 4 Bde., 1863; Kaiserssohn und Baderstochter, 1871. – Literatur: K. Jagersberger, Der Volksdicher A. L., Diss., Wien 1948; ÖBL; NDB.

Langer-Kauba, Maria („Mizzi"), * 12. 9. 1872 Wien, † 5. 11. 1955 ebd., Bergsteigerin und Geschäftsfrau. Unternahm als eine der ersten ö. Sportlerinnen zahlr. Klettertouren. Die Mizzi-Langer-Wand in Wien-Rodaun ist nach ihr benannt. L.-K. nahm am 19. 3. 1905 in Lilienfeld als einzige Frau am ersten Skirennen (Slalom) der Welt teil. Später übernahm sie das 1896 gegr., älteste Sportartikelgeschäft Wiens.

Langes-Swarovski, Gernot, * 13. 10. 1943 Wattens (Ti.), Manager. Seit 1967 Geschäftsführer des Ti. Kristallglasunternehmens Swarovski & Co. Bis 1998 Mehrheitseigentümer der Fluglinie Tyrolean Airways. 1986–92 Präs. des Fußballklubs FC Tirol.

Längle, Ulrike, * 4. 2. 1953 Bregenz (Vbg.), Schriftstellerin, Archivarin. Studierte Germanistik, Romanistik und Komparatistik in Innsbruck und Poitiers. Seit 1984 Mitarbeiterin des Franz-Michael-Felder-Archivs und des Vbg. Literaturarchivs in Bregenz. Daneben Verfasserin von Prosawerken (seit 1998 auch Lyrik) und Übersetzerin aus dem Italienischen. Jurorin beim I.-Bachmann-Preis in Klagenfurt.

Werke: Roman: Vermutungen über die Liebe in einem fremden Haus, 1998. – Erzählungen: Am Marterpfahl der Irokesen, 1992; Der Untergang der „Romanshorn", 1994; Il Prete Rosso,

1996; Tynner, 1996; Bachs Biss, 2000. – Gedichte: Mit der Gabel in die Wand geritzt, 1998.

Langmann, Philipp, * 5. 2. 1862 Brünn (Brno, CZ), † 22. 5. 1931 Wien, Chemiker, Beamter. Lebte ab 1901 als freier Schriftsteller in Wien und trat mit naturalist. Dramen und soz.-krit. Erzählwerken hervor; starb in völliger Verarmung.
Werke: Realist. Erzählungen, 1895; Bartel Turaser, 1897 (Schauspiel); Vier Gewinner, 1898 (Drama); Leben und Musik, 1904 (Roman); Erlebnisse eines Wanderers, 1911 (Erzählungen); Ein fremder Mensch, 1923 (Novellen). – Literatur: ÖBL; NDB.

Lang von Wellenburg, Matthäus, * 1468 Augsburg (D), † 30. 3. 1540 Salzburg, Diplomat, Erzbischof von Sbg. Vom Humanismus geprägt, 1494 Sekr. Maximilians I., mit diplomat. Aufgaben in Ungarn (Wr. Kongress 1515) und Italien betraut; 1519 Statthalter der nö. und oö. Lande, Propst in Augsburg und Konstanz, 1505–22 Bischof von Gurk und 1535 von Abano; 1511 Kardinal, 1519 Erzbischof von Salzburg (erst damals Priesterweihe). 1529 verbesserte er das Verhältnis Sbg. zu seinen Nachbarn, unterdrückte 1523 Autonomiebestrebungen der Bürger und 1525/26 mit Hilfe des Schwäb. Bundes einen Bauernaufstand. Er schuf ein modernes Beamtentum, erließ wichtige Gesetze und stärkte die Landeshoheit der Erzbischöfe. Bei der Bevölkerung war er wegen seines Nepotismus verhasst. L. v. W. stellte sich gegen Protestanten und Wiedertäufer und wurde von den Humanisten gefeiert. Er verkörperte den Typus des polit.-geistl. Fürsten des 16. Jh.
Literatur: J. Sallaberger, Kardinal M. L. v. W. (1468–1540, 1997; NDB.

Lanner, Josef, * 12. 4. 1801 Wien, † 14. 4. 1843 ebd., berühmter Tanzgeiger, Kapellmeister und Komponist der Biedermeierzeit. Zuerst Geiger bei M. Pamer, gründete und leitete ab 1819 ein eig. Ensemble, in dem auch J. → Strauß Vater spielte und das innerhalb weniger Jahre zum Orchester anwuchs; 1829 Hofball-Musik-Dir. Mit J. Strauß Vater ist L. der eigentl. Begründer des Wr. Walzers, der durch diese beiden Komponisten vom reinen Tanz zu einer eig. Gattung zw. Unterhaltungs- und ernster Musik wurde.
Werke (208 Nummern): Walzer (Die Schönbrunner, Hofballtänze, Die Werber), Ländler, Galopps, Kotillons; Werke f. Klavier. – Ausgaben: Gesamtausgabe, hg. v. E. Kremser, 14 Bde., 1888/89; Sämtl. Walzer, 1889–92; Auswahl seiner Tänze, hg. v. O. Bie, 1920; Ländler u. Walzer, 1926; Walzer, hg. v. P. Angerer, 1998. – Literatur: F. Lange, J. L. und J. Strauß, 1904; A. Weinmann, Werkverzeichnis, 1948; H. Krenn, Lenzblüten, 1994; O. Brusatti, J. L., Compositeur, Entertainer und Musikgenie, 2001.

Lanner, Sixtus, * 12. 5. 1934 Wildschönau (Ti.), Agrarökonom und Politiker (ÖVP). 1969–76 Dir. des Ö. Bauernbundes, 1976–82 ÖVP-Gen.-Sekr. und Vizepräs. der Union Europ. Christdemokraten. 1971–96 Abg. z. NR.
Werk: Der Stolz der Bauern. Die Entwicklung des ländl. Raumes, 1996.

Lannoy, Heinrich Eduard Josef von, * 3. 12. 1787 Brüssel (B), † 28. 3. 1853 Wien, Komponist. Ab 1818 in Graz und Wien; Mitgl. des Vorstands der Ges. der Musikfreunde in Wien, 1833/34 Dir. des Wr. Konservatoriums; wichtige Persönlichkeit im Musikleben des Vormärz.
Werke: Opern, Singspiele, Melodramen, Symphonien, Kammermusik, Klavierstücke, Lieder. – Literatur: W. Suppan, H. E. J. v. L, 1959; ÖBL; NDB.

Lanz, Josef (Klostername Georg, nannte sich „L. von Liebenfels"), * 19. 7. 1874 Wien, † 22. 4. 1954 ebd., Rassenideologe, Sektengründer. 1893–99 Zisterziensermönch im Stift Heiligenkreuz. Dort glaubte er, auf einem Grabstein einen Tempelritter erkannt zu haben; gründete den außerkirchl. „Orden des neuen Tempels", erwarb Werfenstein in OÖ. als Ordensburg und publizierte verworrene rassentheoret. Schriften, in denen er sein Konzept vom Sieg der blauäugig-blonden Arier über die „Tschandalenrassen" (= Juden, Slawen) entwickelte. Die ab 1905 erscheinende Ztschr. „Ostara" hatte Einfluss auf die ideolog. Entwicklung A. → Hitlers. Nach 1938 bekam L. jedoch Schreibverbot.
Werke: Rassentüml. Erziehung, 1912; Rassenmischung und Rassenentmischung, 1912; Der Weltkrieg als Rassenkrieg der Dunklen gegen die Blonden, 1927; Biblimystikon oder die Geheimbibel der Eingeweihten, 4 Bde., 1928–32. – Literatur: W. Daim, Der Mann, der Hitler die Ideen gab, [3]1995; NDB.

Lanz, Katharina (auch K. Lonz), * 20. 9. 1771 St. Vigil (S-Ti.), † 8. 7. 1854 Andraz (S-Ti.), Freiheitskämpferin. Verteidigte 1797 die Kirche von Spinges (S-Ti.) gegen franz. Truppen und wurde deshalb „Mädchen von Spinges" genannt. Denkmal in Buchenstein (S-Ti.).

Lanzedelli, Joseph d. Ä., * 26. 2. 1772 Cortina d'Ampezzo (I), † 5. 12. 1831 Wien, Miniatur-, Porträt-, Genremaler und Lithograph; Vater und erster Lehrer der Maler Joseph L. d. J. und Carl L. Studierte an den Akademien in Venedig und Wien, arbeitete als Lithograph nach eig. und nach fremden Vorlagen; Vorliebe für Szenen aus dem Volksleben, insbes. Menschen bei der Arbeit. Seine Blätter fanden weite Verbreitung.

Lanz von Liebenfels, Josef, → Lanz, Josef.

Larisch, Rudolf von, * 1. 4. 1856 Verona (I), † 28. 3. 1934 Wien, Graphiker, Schriftkünstler, Fachautor. Ab 1902 Prof. an der Wr. Kunstgewerbeschule, an der Graph. Lehr- und Versuchsanstalt sowie an der Wr. Akad.; Entwürfe für die Wr. Werkstätte, Gründungsmitgl. des Ö. Werkbundes und Autor mehrerer Bücher über künstlerische Schriftgestaltung.
Werke: Über Zierschriften im Dienste der Kunst, 1899; Beispiele künstlerischer Schrift, 5 Folgen, 1900–26; Unterricht in ornamentaler Schrift, 1905 ([11]1934). – Literatur: F. Hölscher u. O. Hurm, R. v. L. und seine Schule, 1938; ÖBL; NDB.

Josef Lanner. Lithographie von J. Kriehuber.

Larisch-Wallersee, Marie Louise Gräfin, * 24. 2. 1858 Wien, † 4. 7. 1940 Augsburg (D); Nichte und Vertraute von Kaiserin → Elisabeth, unehel. Kind einer Schauspielerin. Arrangierte Treffen zw. Kronprinz → Rudolf und dessen Geliebter M. v. → Vetsera. Nach ihrer Scheidung heiratete sie einen Opernsänger, ab 1924 lebte sie in den USA, später in einem Augsburger Altenasyl. Nach ihrem Leben komponierte E. Kálmán die Operette „Marinka" (1945, Libretto von K. Farkas).
Literatur: B. Sokop, Jene Gräfin L., [3]1992.

La Roche, Johann Joseph, * 1. 4. 1745 Pressburg (Bratislava, SK), † 8. 6. 1806 Wien, Schauspieler. Urspr. zum Barbier bestimmt, war L. R. 1764–68 Schauspieler in der brunianschen Wandertruppe in Graz und ab 1768 in der Menninger-Truppe in Baden bei Wien, wo er die Figur des „Kasperl" (Attribut: Brustfleck mit einem aufgenähten roten Herz) kreierte. Ab 1781 spielte er unter K. v. → Marinelli am Leopoldstädter Theater in Wien, dessen Hauptstütze er bis zu seinem Tod war. Zahlr. Stücke wurden speziell für ihn geschrieben.
Literatur: G. Gugitz, Der weiland Kasperl (J. L. R.). Ein Beitrag zur Theater- und Sittengeschichte Alt-Wiens, 1920; O. Rommel, Die großen Figuren der Alt-Wr. Volkskomödie, 1946; ders., Die Alt-Wr. Volkskomödie, 1952.

Johann Joseph La Roche als Caspar der Hausknecht in „Die Schwestern von Prag" von J. Perinet. Stich von Renard (nach einem Entwurf von J. A. Watteau).

La Roche, Karl Ritter von (ab 1873), * 12. 10. 1794 Berlin (D), † 11. 3. 1884 Wien, Schauspieler und Sänger. Studierte zunächst Veterinärmedizin, wandte sich dann der Bühne zu und debütierte 1811 in Dresden; 1816 Charakterdarsteller in Lemberg, 1819–23 in Königsberg; 1823–33 am Hoftheater in Weimar, wo J. W. v. Goethe 1829 mit ihm den Mephisto einstudierte. L. R. war auch Opernsänger (u. a. in „Don Giovanni" und „Der Freischütz"). 1832 Gastspiel am Wr. Burgtheater, 1833 zum Mitgl. auf Lebenszeit ernannt (Rollen: Franz Moor, König Philipp, Jago, Mephisto, Tar-

Heinrich Laube. Stich von J. Kriehuber.

Josef Lasser Freiherr von Zollheim. Stich von Prinzhofer, 1851.

Maria Lassnig. Foto, 1998.

Niki Lauda. Foto.

Ernst Gideon Freiherr von Laudon. Schabblatt von V. Kieninger.

tuffe, Shylock, Dorfrichter Adam). 1841–74 auch als Regisseur am Burgtheater tätig, Tourneen in alle großen Städte der Monarchie und Deutschlands.
Literatur: H. Laube, Das Burgtheater, 1891; ÖBL; NDB.

Laske, Oskar, * 8. 1. 1874 Czernowitz (Chernovtsy, UA), † 30. 11. 1951 Wien, Maler und Graphiker. Zuerst als Architekt (Schüler O. → Wagners) in Wien tätig; ab 1904 schuf er exot. Landschaftsbilder und Szenen, weltl. oder relig. Historien von humorvoll-skeptischer, oft märchenhafter Grundhaltung und expressiver Farbigkeit. Bedeutender Illustrator und Bühnenbildner.
Werke: Mappenwerke: Faust-Impressionen, 1919; Auf der Flucht nach Ägypten, 1921; Arche Noah, 1925. – Buchillustrationen, Bühnenbilder, Plakate, Exlibris. – Literatur: O. L., Ausst.-Kat., Albertina, Wien 1978/79; C. Reiter, O. L. (1874–1951). Leben und Werk, 2 Bde., Diss., Wien 1992 (mit Werkverz.); T. Natter (Hg.), O. L. 1874–1951, Ausst.-Kat., KunstHaus Wien, 1996; NDB.

Lasser, Josef, Frh. von Zollheim, * 30. 9. 1815 Strobl (Sbg.), † 19. 11. 1879 Wien, Staatsmann. 1848 liberales Mitglied des ö. Reichstags und der Frankfurter Nationalversammlung. Die endgültige Fassung des von H. → Kudlich eingebrachten Gesetzes über die Aufhebung des bäuerl. Untertänigkeitsverhältnisses (1848) stammt von L. 1860/61 Leiter des Justizministeriums, 1861–65 Min. für polit. Verwaltung, 1868–70 Statthalter von Ti. L. setzte 1871–78 als Innenmin. im liberalen Kabinett A. Auerspergs die Wahlrechtsreform durch und wurde nach seiner Entlassung Mitgl. des Herrenhauses auf Lebenszeit.
Literatur: K. Müllner, Frh. J. L., Diss., Wien 1963; ÖBL; NDB.

Lassnig, Maria, * 8. 9. 1919 Kappel im Krappfeld (Kä.), Malerin und Graphikerin. Studierte an der Akad. d. bild. Künste in Wien bei A. P. → Gütersloh. Lebte 1951–61 in Wien und setzte sich in dieser Zeit mit einer Vielzahl von künstlerischen Richtungen von Realismus über Surrealismus bis zu abstrakter Kunst auseinander. 1961–80 in Paris und New York, seit 1970 Beschäftigung mit dem Medium Animationsfilm; ab 1980 Lehrtätigkeit an der Hochschule für angew. Kunst in Wien (Malerei und Zeichentrickfilm). In der für ihr Schaffen charakterist. Vielfalt künstlerischer Ausdrucksformen nehmen Selbstbildnisse (neben Porträts anderer Menschen und Stillleben) eine zentrale Stellung ein („Körperempfindungskunst"). Großer Ö. Staatspreis 1988; O.-Kokoschka-Preis 1998.
Literatur: W. Drechsler, M. L., 1985; O. Breicha, M. L., Aquarelle, 1988; C. Murken, M. L., ihr Leben und ihr malerisches Werk, 1990; H. Weskott (Hg.), M. L. Zeichnungen und Aquarelle 1946–1995, 1995; W. Drechsler (Red.), M. L., Ausst.-Kat., Mus. Mod. Kunst Stiftung Ludwig Wien, 1999.

László, Stefan, * 25. 2. 1913 Pressburg (Bratislava, SK), † 8. 3. 1995 Eisenstadt (Bgld.), 1960–92 Diözesanbischof von Eisenstadt. 1936 Priesterweihe, 1956 Bischofsweihe, 1960 erster Bischof der neu errichteten Diözese Eisenstadt. – „Bischof DDr. Stefan László-Preis" der Arbeitsgem. Kath. Verbände.

Latour, Theodor Graf Baillet von (auch Baillet-Latour), * 15. 6. 1780 Linz (OÖ.), † 6. 10. 1848 Wien (ermordet), Offizier und Politiker. Im April 1848 Kriegsminister der konstitutionellen Regierung als einziger Vertreter der äußersten Rechten. Er unterstützte die Aktionen des Kroaten J. Gf. → Jellačić und wollte diesem ein Wr. Bataillon gegen die aufständischen Ungarn schicken. L. wurde daraufhin gelyncht, und die Oktoberrevolution brach aus.
Literatur: NDB.

Latschka, Adam, * 5. 6. 1847 Blumenthal (Gem. Zistersdorf, NÖ.), † 3. 7. 1905 Purkersdorf (NÖ.), Priester, Schriftsteller und Politiker. U. a. in der Propstei-Pfarre der Wr. Votivkirche tätig und ab 1897 Pfarrer in Wien-Ottakring. Betätigte sich in der christl.-soz. Bewegung, Mitgl. des Wr. Gemeinderats 1889–1902; setzte sich bes. für soz. Einrichtungen der Arbeiterschaft ein.
Literatur: ÖBL.

Laube, Heinrich, * 18. 9. 1806 Sprottau (Szprotawa, PL), † 1. 8. 1884 Wien, Schriftsteller, Dramaturg, Theaterleiter. Im Vormärz als Wortführer der literar.-polit. Bewegung „Junges Deutschland" wiederholt verhaftet, 1848 Abgeordneter der Frankfurter Nationalversammlung; 1849–67 Dir. des Wr. Burgtheaters, das unter ihm eine Glanzzeit erlebte (klass. Dramen, Gegenwartsstücke, u. a. von F. → Grillparzer, und franz. Lustspiele). Als F. → Halm Generalintendant der Hoftheater wurde, ging L. nach Leipzig. 1872–74 und 1875–80 leitete er das von ihm gegr. Wr. Stadttheater. Er veröffentlichte 1873 die erste Grillparzer-Ausgabe und verfasste 1884 eine Grillparzer-Biographie.
Ausgabe: Gesammelte Werke, 50 Bde., hg. v. H. H. Houben, 1908–09. – Literatur: H. H. Houben, H. L. Leben und Schriften, 1906; M. Krammer, H. L., 1926; L. Sträter, Burgtheaterdir. H. L. und sein Publikum, Diss., Wien 1960; ÖBL; NDB.

Lauchen, Georg Joachim von, genannt Rheticus, * 1514 Feldkirch (Vbg.), † um 1575 Kaschau (Košice, SK), Astronom. Prof. der Mathematik in Wittenberg; 1539–41 Mitarbeiter von Kopernikus, dessen Schriften er kommentierte. Begann die Berechnung 10-stelliger trigonometr. Tafeln (1596 erschienen).

Lauda, Ernst, * 16. 11. 1892 Wien, † 25. 1. 1963 Baden (NÖ.), Internist; Bruder von Hans → Lauda. Ab 1943 Univ.-Prof. in Wien, ab 1946 Vorstand der I. Med. Univ.-Klinik; galt als einer der letzten Mediziner, die die gesamte Heilkunde überblickten; bes. Schwerpunkte seiner Arbeit waren Darmerkrankungen und die Cortisontherapie.
Werk: Lehrbuch der Medizin, 3 Bde., 1949.

Lauda, Hans, * 25. 3. 1896 Wien, † 21. 1. 1974 ebd., Industrieller; Bruder von Ernst → Lauda, Großvater von Nikolaus („Niki") → Lauda. 1923 kommerzieller Sekr. bei der Veitscher Magnesitwerke AG; 1925 Wechsel zur Ö.-Amerikan. Magnesit AG, deren kommerzieller Dir. er wurde. 1937 Gen.-Dir. der Veitscher Magnesitwerke AG. Während des Nat.-Soz. dieser Position enthoben, 1945 Wiederernennung. Gründung der Vereinigung Ö. Industrieller und deren erster Präs. (bis 1960, danach Ehrenpräs.). Hohe Verdienste um den Wiederaufbau der ö. Wirt. nach 1945 und die Sicherung des soz. Friedens. 1956–74 Präs. der Ö. Ges. vom Roten Kreuz.

Lauda, Nikolaus („Niki"), * 22. 2. 1949 Wien, Autorennfahrer, Pilot und Unternehmer; Enkel von Hans → Lauda. Ab 1971 in der Formel 1, 1975 Formel-1-Weltmeister auf Ferrari; schwerer Unfall am 1. 8. 1976 auf dem Nürburgring, 30 Tage später fuhr L. bereits wieder Rennen; 1977 erneut Formel-1-Weltmeister auf Ferrari. 1979 Gründung der Lauda Air und Rückzug aus der Formel 1; 1981 Rückkehr in den Rennsport, 1984 auf McLaren zum 3. Mal Formel-1-Weltmeister. Insges. 25 Grand-Prix-Siege. 1985 trat L. endgültig vom aktiven Motorsport zurück. 1992–97 war er Berater bei Ferrari, danach bis 2000 ausschließlich für die Lauda Air tätig, seit 2001 Rennsportleiter von Jaguar.
Werke: Protokoll. Meine Jahre bei Ferrari, 1977; Die neue Formel 1, 1981; Meine Story, 1985; Das dritte Leben, 1996 (Autobiographie). – Literatur: H. Völker, N. L. – Formel 1, 1975.

Laudon, Ernst Gideon Frh. von (bis 1759 E. G. Loudohn oder Loudon), * 13. 2. 1717 Tootzen (Tootsi, Estland), † 14. 7. 1790 Neutitschein (Novy Jičín, CZ), kaiserl. Feldmarschall (ab 1778). 1732–42 Offizier in der russ. Armee, ab Sommer 1744 in ö. Diensten. Im 7-jähr. Krieg errang L. mehrere Siege (1758 bei Domstadtl in

Mähren, 1759 mit Fürst Saltykow bei Kunersdorf, 1760 bei Landshut in Schlesien), er unterlag jedoch wenig später bei Liegnitz; 1761 gelang die Erstürmung der Festung Schweidnitz durch Handstreich; danach von wichtigen Funktionen ausgeschlossen. Im Bayer. Erbfolgekrieg 1778/79 blieb er in Böhmen erfolglos, eroberte dann im Türkenkrieg 1789 Belgrad. Bei Volk und Armee beliebt, neigte er zu Schwermut und war leicht verletzlich. In Rivalität stand er zu L. J. Gf. → Daun und F. M. Gf. v. → Lacy. Grabmal im Park seines Schlosses in Hadersdorf (Wien 14), Reiterstandbild am Maria-Theresia-Denkmal.

Literatur: J. Kunisch, Feldmarschall L. Jugend und erste Kriegsdienste, Archiv für ö. Geschichte 128, 1972; Hist. Ztschr. 235, 1982; F. Pesendorfer, Feldmarschall Loudon, 1991; J. Kunisch, Loudons Nachruhm, 1999; NDB.

Lauermann, Herbert, * 7. 11. 1955 Wien, Komponist und Musikerzieher. Seit 1987 Lehrauftrag für Tonsatz und Komposition an der Wr. Musikhochschule; bevorzugt Stilpluralismus und die sinnlichen Ausdrucksmöglichkeiten der Musik. Zahlr. Preise.

Werke: musikdramatische Werke: Simon, 1984; Das Ehepaar, 1987; Wundertheater, 1988; Kar, 1994. – Vokalmusik, Kammermusik, Orchesterwerke. – Literatur: R. Bonelli (Red.), H. L., Werkverz., 1995.

Laufberger, Ferdinand, * 16. 2. 1829 Mariaschein (Bohosudov, CZ), † 16. 7. 1881 Wien, Maler, Graphiker und Illustrator. Schüler von C. Ruben in Prag, wurde v. a. als (Karikaturen-)Zeichner bekannt und spezialisierte sich später auf Genre- und allegorisch-dekorative Monumentalmalerei. Ab 1868 Prof. an der Kunstgewerbeschule in Wien, Lehrer G. → Klimts.

Werke: Bühnenvorhang der Wr. Hofoper, 1869 (1945 zerstört); Entwürfe für Gemälde der Ringstraßenbauten (Ö. Museum für Kunst und Ind., Kunsthist. Museum); Glasfenster der Rotunde, 1873 (1937 zerstört); Deckenbilder im Kunsthist. Museum, ab 1881. – Literatur: NDB.

Laun, Andreas, * 13. 10. 1942 Wien, Moraltheologe, Titular- und Weihbischof. 1962 Eintritt bei den Oblaten des hl. Franz von Sales, seit 1981 Prof. für Moraltheologie an der Theolog. Hochschule Heiligenkreuz, dann auch an der Hochschule der Salesianer Don Boscos in Benediktbeuern (bis 1987); 1989–95 Moderator der Pfarre Wien-Kahlenbergerdorf; 1995 zum Titularbischof von Libertina und Weihbischof von Salzburg ernannt.

Werke: Das Gewissen – oberste Norm sittlichen Handelns, 1984; Aktuelle Probleme der Moraltheologie, 1991; Fragen der Moraltheologie heute, 1992; Kirche Jesu oder Kirche der Basis?, 1996.

Laurentius, Hl., Fest 10. Aug., † 6. 8. 258 Rom (I), Erzdiakon und Märtyrer. Dargestellt mit dem Rost, Patron der Armen, Bibliothekare, Köhler und Bäcker; vor dem hl. → Florian war L. Feuerpatron. In Ö. 77 Pfarrpatrozinien. Seine Kirchen weisen meist auf alte Römerorte mit frühchristl. Missionierung hin. Früher wurden am L.-Tag große Pferdemärkte abgehalten.

Laurentius von Schnifis (Schnüffis, eigentl. Johannes Martin), * 24. 8. 1633 Schnifis (Vbg.), † 7. 1. 1702 Konstanz (D), bedeutender spätbarocker Prediger, Lyriker und Erzähler. Zuerst fahrender Komödiant, ab 1658 Hofschauspieler in Innsbruck; nach dem Tod seines Gönners Erzhzg. Ferdinand Karl Abkehr vom Hofleben und 1665 Eintritt in den Kapuzinerorden. Schrieb relig. Dichtung in der Tradition barocker Emblematik und Schäferromane mit volkstüml. Einschlag. Prediger in der vorderösterr. Ordensprovinz, von Ks. Leopold I. zum Dichter gekrönt.

Werke: Philotheus, 1665 (autobiograph. Schäferroman). – Lyrik: Mirantisches Flötlein, 1682; Mirantische Wald-Schallmey, 1688; Mirantische Mayen-Pfeiff, 1691; Mirantische Maul-Trummel, 1695. – Auswahlausgabe: Gedichte, 1972. – Literatur: M. C. Roth, Die Romane L. v. S., Diss., Univ. of Michigan 1971.

Lausecker, Karl, * 10. 11. 1928 Wien, Beamter und Politiker (SPÖ). 1969–73 Abg. z. Wr. Landtag und Mitgl. d. Wr. Gemeinderats, 1973–83 Abg. z. NR, 1973–77 Staatssekr. im Bundeskanzleramt, 1977–84 BMin. f. Verkehr.

Lautensack, Hanns, * um 1520 Bamberg (?; D), † zw. 1564 und Jänner 1566 Wien, Kupferstecher und Radierer. Wirkte ab 1554 in Wien als Porträtmaler Ferdinands I. (Porträt des Königs, 1556), schuf bedeutende Stadtansichten. Seine Landschaften im Frühwerk sind von der Donauschule beeinflusst. Stiche und Radierungen in der Albertina.

Literatur: A. Schmitt, H. L., 1957; NDB.

Christine Lavant. Foto, 1959.

Lavant, Christine (eigentl. C. Habernig, geb. Thonhauser), * 4. 7. 1915 Großedling (Gem. Wolfsberg, Kä.), † 7. 6. 1973 Wolfsberg (Kä.), Lyrikerin und Erzählerin. Wuchs als Kind einer Bergarbeiterfamilie in Armut auf. Im Mittelpunkt ihrer Lyrik steht die Erfahrung von Angst und Schmerz, ausgedrückt durch eine expressive, bilderreiche Sprache. G.-Trakl-Preis 1954 und 1964, Dt. Lyrikpreis 1956, A.-Wildgans-Preis 1964, Großer Ö. Staatspreis 1970.

Werke: Lyrik: Die unvollendete Liebe, 1949; Die Bettlerschale, 1956; Spindel im Mond, 1959; Der Pfauenschrei, 1962; Hälfte des Herzens, 1967; Die Nacht an den Morgen, 1978. – Prosa: Das Kind, 1948; Das Krüglein, 1949; Maria Katharina, 1950; Baruscha, 1952; Die Rosenkugel, 1956; Das Wechselbälgchen, 1956; Das Ringelspiel, 1963; Nell, 1969. – Literatur: J. Strutz, Poetik und Existenzproblematik, 1979; A. Rußegger (Hg.), Die Bilderschrift C. L., 1995; ders. (Hg.), Profile einer Dichterin, 1999; NDB.

Lazarsfeld, Paul Felix, * 13. 2. 1901 Wien, † 30. 8. 1976 New York (USA), Soziologe, Mathematiker; Ehemann von M. → Jahoda. Mitgl. des Psycholog. Inst. der Univ. Wien. Lehrte ab 1933 in den USA, Dir. des Institute for Social Radio Research in Princeton, 1940–69 Lehrtätigkeit an der Columbia University of New York, 1969–76 Prof. an der University of Pittsburgh. Gründete 1963 mit O. → Morgenstern das Institut für Höhere Studien in Wien. Seine Arbeiten zur Methodenlehre der empir. Sozialforschung trugen wesentlich zur Entwicklung einer quantitativen Analyse soz. und polit. Prozesse bei.

Werke: Die Arbeitslosen von Marienthal, 1933 (mit M. Jahoda u. H. Zeisel); Radio Research, 1941 (mit F. N. Stanton); Mathematical Thinking in the Social Sciences, 1954; Persönlicher Einfluß und Meinungsbildung, 1962; Am Puls der Gesellschaft, 1968; Wahlen und Wähler, 1969. – Literatur: W. R. Langenbucher (Hg.), P. F. L., 1990; S. Reichard-Kürzel, P. F. L., Dipl.-Arb., Wien 1996; NDB.

Wolfgang Lazius. Stich.

Lazius (Laz), Wolfgang, * 31. 10. 1514 Wien, † 19. 6. 1565 ebd., Humanist, Historiograph, Kartograph, Militärarzt, Arzt in Wr. Neustadt. Ab 1541 Prof. an der Medizin. Fakultät der Univ. Wien, 8-mal Dekan, 2-mal Rektor; kaiserl. Leibarzt. Vorsteher der kaiserl. Sammlungen, Reisen zur Sammlung wiss. Unterlagen. Seine Hauptverdienste liegen auf den Gebieten Kartographie und Landeskunde: Karten aller ö. Länder, Bayerns, Ungarns und Griechenlands (nicht alle erhalten).

Werke: Vienna Austriae (älteste Stadtgeschichte Wiens), 4 Bücher, hg. von H. Arbemann, 1619; De gentium aliquot migrationibus, 1557 (Völkerwanderung); Typi chorografici Provinciarum Austriae, 1561 (11 Karten mit Kommentaren, ältester Atlas von Ö., eigentl. Vorarbeit für Landesgeschichte). – Literatur: Die Karten von L. im Atlas Austriacus des B. P. Moll in der Univ.-Bibl. Brünn, beschrieben von K. Kuchar, 1959; E. Bernleitner, W. L., Austria (= Teatrum Orbis Terrarum, VI. Serie, Bd. II), 1972; NDB.

Lebaldt von und zu Lebenwaldt, Adam Johann Christoph, * 15. 11. 1624 Sarleinsbach (OÖ.), † 20. 5. 1696 Leoben (Stmk.), namhafter Epigrammatiker, Leh-

rer der Medizin in Salzburg, Arzt in Graz, Admont, Rottenmann und Leoben. Wegen seiner Verdienste als Pestarzt 1659 geadelt. 1679 von Ks. Leopold I. zum Dichter gekrönt (Poeta laureatus); war gegen Kurpfuscherei und Aberglauben.
Werke: Poetische Schimpf- und Ernst-Reden; 355 Oinische Verse ..., um 1670–80; Poet. Reimgedicht, um 1674; Acht Tractätl: Von des Teuffels List und Betrug ..., 1682; Poet. Frühlingsspaziergang, um 1690. – Medizin.-naturwiss. Schriften. – Literatur: A. Sommer, Studien zu L. Dichtungen, Diss., Wien 1949; NDB.

Leber, Titus, * 2. 3. 1951 Zell a. See (Sbg.), Regisseur. 1969–70 Ausbildung bei der UNESCO (Fernsehregie, Produktion), ab 1970 Studium der Theaterwiss., Psychologie und Kunstgeschichte in Wien, 1978–79 Studien am American Film Institute, Hollywood. Pionier der interaktiven Gestaltung von Bildplatten und CD-ROMs. 1997–99 Prof. an der Kunsthochschule f. Medien in Köln. Zahlr. Preise (u. a. Grand Prix der International Association for Media in Science 1995).
Werke: Kindertotenlieder, 1975; Wien interaktiv, 1987/88; Sternstunden des Louvre, 1994; Hist. Städte Portugals, 1997; Leben und Lehre des Buddha, 2000.

Hans Lebert. Foto, 1965.

Lebert, Hans, * 9. 1. 1919 Wien, † 20. 8. 1993 Baden (NÖ.), Erzähler, Lyriker. Opernsänger (v. a. R. Wagner). Im 2. Weltkrieg wegen „Wehrkraftzersetzung" angeklagt, Zusammenarbeit mit ö. Widerstandskämpfern. 1946 Veröffentlichung erster Gedichte in der Ztschr. „Plan". Anfang der 90er Jahre wurden seine Romane „Die Wolfshaut" (1960) und „Der Feuerkreis" (1971) wiederentdeckt. Sie setzen sich mit den Folgen des Nat.-Soz. in der ö. Provinz, dem Totschweigen, Verfälschen und Verdrängen der Vergangenheit auseinander. 1962 Ö. Staatspreis, 1992 Grillparzer-Preis.
Weitere Werke: Ausfahrt, 1952; Das Schiff im Gebirge, 1955. – Literatur: K. Fliedl u. K. Wagner, Tote Zeit, in: F. Aspetsberger (Hg.), Literatur der Nachkriegszeit in den 50er Jahren in Ö., 1984; G. Fuchs (Hg.), H. L., 1997; J. Egyptien, Der „Anschluß" als Sündenfall. H. L. literar. Werk und intellektuelle Gestalt, 1998.

Lechenperg, Harald, * 5. 10. 1904 Wien, † 1. 1. 1994 Kufstein (Ti.), Fotojournalist, Dokumentarfilmer. Schuf zahlr. Reportagen von Reisen in die Sahara, nach Abessinien und nach Indien. 1937–41 Chefredakteur der „Berliner Illustrierten Zeitung", nach 1945 von „Quick" und „Weltbild". Drehte 1962–76 Dokumentarfilme (v. a. für den Bayer. Rundfunk).
Werke: Mann gegen Mann. Sport in USA mit europ. Augen gesehen, 1936; Himmel, Hölle, Himalaya, 1958. – Dokumentationen von Olymp. Spielen. – Literatur: K. Kaindl, H. P. L., Pionier des Fotojournalismus 1929–37, 1990.

Ernst Lecher. Foto.

Lecher, Ernst, * 1. 6. 1856 Wien, † 19. 7. 1926 ebd., Physiker. 1893 Univ.-Prof. in Innsbruck, 1895 in Prag und ab 1909 in Wien (Leiter des 1. Physikalischen Inst.); Pionier des Messwesens im Bereich der Hochfrequenztechnik. Entwickelte eine Methode zur Messung der Länge und der Frequenz elektr. Wellen („L.'sche Drähte").
Werke: Studie über elektr. Resonanzerscheinungen, 1890; Lehrbuch der Physik für Mediziner und Biologen, 1912. – Literatur: ÖBL; NDB.

Lechner, Anna, * 17. 12. 1893 Wien, † 9. 7. 1960 ebd., Musikpädagogin. Ab 1924 Dozentin am Pädagog. Inst. der Stadt Wien, 1949 Prof. Baute die rhythmisch-tonale und gesamtmusikal. Bildung auf der Funktionslust und der musikal. Schöpferkraft des Kindes auf.
Werk: Ein froher Weg ins Reich der Töne, 2 Bde., 1929/31.

Lechner, Auguste (geb. Neuner), * 2. 1. 1905 Innsbruck (Ti.), † 25. 2. 2000 ebd., Kinder- und Jugendbuchautorin. Verfasserin einfühlsamer Nacherzählungen alter Götter- und Heldensagen. Ö. Staatspreis für Jugendliteratur 1956.
Werke: Die Nibelungen, 1951; Herr Dietrich reitet, 1953; Dolomitensagen, 2 Bde., 1955/64; Das Licht auf Monsalvat, 1956; Die Abenteuer Parzifals, 1956; Die Abenteuer des Odysseus, 1961; Der Sohn der Göttin, 1967; Don Quichotes Abenteuer, 1970; Die Rolandsage, 1972; Herkules, 1977; Die Sage vom Goldenen Vlies, 1980; König Artus, 1985; Alexander der Große, 1992; Die Wolfdietrichsage, 1993.

Lechner, Hans, * 16. 7. 1913 Graz (Stmk.), † 10. 6. 1994 Salzburg, Agrarwissenschafter, Jurist und Politiker (ÖVP). 1945–59 Beamter der Sbg. Landesregierung, 1959–61 Landesrat und 1961–77 Landeshauptmann von Sbg. L. war Exponent des ÖVP-Reformflügels in den 60er Jahren, nach 1970 Verfechter von Parteienproporz und Konzentrationsregierung.

Lechner, Karl, * 6. 5. 1897 Wien, † 5. 10. 1975 ebd., Historiker. Univ. Prof., Dir. des Nö. Landesarchivs, Spezialist für Siedlungs- und Herrschaftsgeschichte des MA.
Werke: Besiedlungs- und Herrschaftsgeschichte des Waldviertels, 1937; Ausgewählte Schriften, 1947; 100 Jahre Verein für Landeskunde von NÖ., 1964; Die Babenberger, Markgrafen und Herzöge von Ö. 976–1246, 61996. – Literatur: R. Pittioni, K. L., in: Almanach der Ö. Akad. der Wiss. 125, 1976; NDB.

Lechthaler, Josef, * 31. 12. 1891 Rattenberg (Ti.), † 21. 8. 1948 Wien, Kirchenkomponist und Musikpädagoge. 1924 Prof. der Abteilung für Kirchenmusik an der Wr. Musikakad. (1932–38 und 1945–48 ihr Leiter). Trug wesentlich zur Entwicklung der Musikerziehung in Ö. bei, führte 1933 das Fach Schulmusik an der Hochschule ein.
Werke: Messen (Missa Gaudens gaudebo, 1932); Rosa mystica, 1949; Stabat mater, 1928. – Lieder, Chorwerke, Orgel-, Klavier- und Kammermusik. – Literatur: F. Knoflach, Die kirchenmusikal. Werke J. L., Diss., Innsbruck, 1963; E. Tittel, J. L., 1966; NDB.

Lederer, Herbert, * 12. 6. 1926 Wien, Schauspieler, Regisseur, Theaterleiter, Autor. Studierte Theaterwiss., Germanistik und Psychologie. Debüt als jugendl. Komiker am Stadttheater St. Pölten. Schuf 1960 sein „Einmanntheater" (Dir., Ausstattungschef, Regisseur und Darsteller). Anfangs auf Mietbühnen, gründete er 1966 in Flachau (Sbg.) ein eig. Theater, das „H.-L.-Theater im Pongau", wo er bis 1991 in den Sommermonaten auftrat; in Wien betreibt er seit 1970 das „Theater am Schwedenplatz".
Werke: Kindheit in Favoriten, o. J. (um 1970); Theater für einen Schauspieler, 1973; Abgeschminkt, 1983; Im Alleingang, 1985; „Bevor alles verweht ...". Wr. Kellertheater 1945–60, 1986. – Literatur: O. Pausch (Hg.), H. L. Seit 25 Jahren solo, 1985.

Lederer, Karl, * 22. 9. 1909 Wien, † 10. 5. 1944 Berlin (D), Widerstandskämpfer gegen den Nat.-Soz. Führte eine Gruppe der Ö. Freiheitsbewegung (ÖFB). Zusammen mit anderen Mitgliedern dieser Gruppe hingerichtet.
Literatur: Dokumentationsarchiv des ö. Widerstandes (Hg.), Widerstand und Verfolgung in Wien 1934–45, 21984.

Lederwasch, Sbg. Malerfamilie, im 17. und 18. Jh. in 5 Generationen mit 10 Künstlern hauptsächl. im Lungau und in der Stmk. tätig. Zu den bedeutendsten Mitgl. der Familie zählten Christof → Lederwasch, Gregor → Lederwasch und Johann → Lederwasch.

Lederwasch, Christof, * 1651 Salzburg, † 1705 Tamsweg (Sbg.), Hofmaler des Sbg. Erzbischofs M. G. Kuenburg. Schuf u. a. das Deckenfresko der ehem. Winterreitschule (jetzt Stadtsaal) im Kleinen Festspielhaus in Salzburg (1690, mit J. M. → Rottmayr).

Lederwasch, Gregor, * 1726 Tamsweg (Sbg.), † 16. 6. 1792 ebd., Maler und Mesner in St. Leonhard ob Tamsweg (Sbg.). Seine bedeutendsten Werke befinden sich in den Kirchen von Althofen (um 1755), Ebenthal (1766), St. Margarethen im Lungau (Fresken, 1768) und Tamsweg (Altäre) sowie in der Schlosskapelle von Moosham (Sbg., 1780), in Unterberg (Sbg., Kreuzweg, um 1780) und in St. Michael ob Leoben (1784).

Lederwasch, Johann, * um 1755 Tamsweg (Sbg.), Maler. Schuf u. a. im Auftrag von Erzhzg. Johann steir. Trachten- und Genrebilder sowie Kirchengemälde, u. a. in Spital am Pyhrn (Kreuzigungsbild, 1781, in der Schatzkammer), St. Georgen ob Judenburg (1793) und Fohnsdorf (1806).

Ledóchowska, Maria Theresia Gräfin (Pseud.: Alexander Halka, Africanus), * 29. 4. 1863 Loosdorf (NÖ.), † 6. 7. 1922 Rom (I), Missionarin und Kongregationsgründerin; Schwester von Ursula → Ledóchowska. Gründete ab 1888 Vereine gegen die Sklaverei, 1894 die St.-Petrus-Claver-Sodalität für afrikan. Mission (als relig. Genossenschaft mit Gelübde) in Sbg.; schuf Druckereien für afrikan. relig. Bücher und redigierte ab 1889 die in 10 Sprachen erschienene Missions-Ztschr. „Echo aus Afrika". 1975 selig gesprochen.

Literatur: M. T. Walzer, Auf neuen Wegen, 1972; M. Winowska, Das Geheimnis der M. T. L., 1977.

Ledóchowska, Ursula (Taufname Julia Maria), * 17. 4. 1865 Loosdorf (NÖ.), † 29. 5. 1939 Rom (I), Kongregationsgründerin; Schwester von Maria Theresia Gräfin → Ledóchowska. Verbrachte die Jugend im Inst. d. Engl. Fräulein in St. Pölten, trat 1886 in das Kloster der Ursulinen in Krakau ein (1904–07 Oberin), leitete 1907–10 ein Pensionat in St. Petersburg, gründete dann Schulen und Waisenhäuser in Finnland, Schweden und Dänemark, 1920 in Polen die Kongregation der „Grauen Ursulinen", deren Generaloberin sie war. Die Kongregation verbreitete sich in Europa, Kanada und S-Amerika (1985 95 Niederlassungen mit 100 Mitgl.). Seligsprechung am 20. 6. 1983 in Posen.

Literatur: NDB.

Ledwinka, Hans, * 14. 2. 1878 Klosterneuburg (NÖ.), † 14. 2. 1967 München (D), Automobilkonstrukteur. 1921–45 techn. Dir. der TATRA-Werke in Nesselsdorf (heute Kopřivnice, CZ). Erfinder der Konzepte des rahmenlosen Zentralrohrfahrgestells mit Pendelachsen und des luftgekühlten Boxermotors. Sein Sohn Erich L. (1904–92) konstruierte ab 1955 im Grazer Werk der Steyr-Daimler-Puch AG den Puch 500, den Haflinger und den Pinzgauer.

Lit.: NDB.

Leeb, Josef, * 30. 1. 1921 Erla (NÖ.), Blasmusiker. Erwarb sich nach dem 2. Weltkrieg Verdienste um das ö. Blasmusikwesen; 1952–92 Obmann des nö. Blasmusik-Landesverbands, 1959 Gründer und Präs. des Ö. Blasmusikverbands, 1966–91 Dir. der Musikschule der Stadt Haag.

Lefler, Heinrich, * 7. 1. 1863 Wien, † 14. 3. 1919 ebd., Maler, Graphiker, Illustrator und Kunstgewerbler. Studierte an der Wr. Akad. bei C. → Griepenkerl und in München, Gründungsmitgl. des Hagenbundes, 1900–03 Ausstattungsleiter an der Wr. Hofoper. Entwarf Inneneinrichtungen, Möbel, Bühnenbilder, Festdekorationen und Plakate.

Literatur: P. Pauker, H. L., Diss., Wien 1962; Die verlorene Moderne: Der Künstlerbund Hagen 1900–1938, Ausst.-Kat., Halbturn 1993; NDB.

Lehár, Anton Frh. von, * 21. 2. 1867 Ödenburg (Sopron, H), † 12. 11. 1962 Wien, Berufsoffizier; Bruder von Franz → Lehár. Königstreuer ungar. Oberst, im 1. Weltkrieg Theresienritter; konzipierte den letzten Armeebefehl der k. u. k. Armee. Kommandierte nach 1918/19 die „weißen" Einheiten, die sich dem Anschluss des Bgld. an Ö. widersetzten, und unterstützte den Restaurationsversuch Kg. Karls in Ungarn (22.–24. 10. 1921). Lebte später in Ö.

Werk: Erinnerungen, hg. v. P. Broucek, 1973.

Lehár, Franz, * 30. 4. 1870 Komorn (Komárno, SK), † 24. 10. 1948 Bad Ischl (OÖ.), Operettenkomponist und Dirigent; Bruder von Anton Frh. v. → Lehár. L. war einer der bedeutendsten Vertreter der Operette im 20. Jh. („Silberne Operettenära"). Wie sein Vater Militärkapellmeister, wirkte L. bis 1902 in verschiedenen Städten der ö.-ungar. Monarchie; als Komponist dirigierte er seine Werke selbst. Er brachte in den klassischen Operettenstil Elemente der zeitgenössischen Unterhaltungs- und Volksmusik (in der Nachfolge von J. → Strauß' „Zigeunerbaron") ein. Viele seiner Melodien wurden Schlager („Meine Liebe, deine Liebe", „Dein ist mein ganzes Herz" u. a.). 1950 wurde in Bad Ischl das L.-Museum in der L.-Villa eingerichtet.

Werke: 38 Operetten, u. a.: Fräulein Leutnant, 1901; Der Rastelbinder, 1902; Die lustige Witwe, 1905; Der Graf von Luxemburg, 1909; Zigeunerliebe, 1910; Eva, 1911; Die ideale Gattin, 1913; Die blaue Mazur, 1920; Frasquita, 1922; Paganini, 1925; Zarewitsch, 1927; Friederike, 1928; Das Land des Lächelns, 1929; Schön ist die Welt, 1930; Giuditta, 1934. – Filmmusiken: Es war einmal ein Walzer, 1932; Großfürstin Alexandra, 1934. – 5 Opern, Lieder, Tänze, Märsche. – Literatur: S. Czech, Schön ist die Welt: F. L. Leben und Werk, 1957; B. Grun, Gold and Silver: The Life and Time of F. L., 1970; M. Schönherr, F. L., 1970; S. Frey, „Was sagt ihr zu diesem Erfolg." F. L. und die Unterhaltungsmusik des 20. Jh., 1999; NDB.

Franz Lehár mit M. Günther als Hanna Glawari und L. Treumann als Graf Danilo in „Die lustige Witwe". Foto, 1934.

Leherb, Helmut (eigentl. H. Leherbauer), * 14. 3. 1933 Wien, † 28. 6. 1997 ebd., Maler; Ehemann der Malerin Lotte Profohs (* 16. 11. 1934 Wien). Studierte an der Akad. f. angew. Kunst in Wien, an der Akad. in Stockholm sowie ab 1955 bei A. P. → Gütersloh an der Akad. d. bild. Künste in Wien; gehörte in der Anfangszeit zum Kreis der Wr. Schule des Phantast. Realismus (1959 gem. Ausstellung mit R. → Hausner, W. → Hutter und A. → Lehmden im Oberen Belvedere). Im Mittelpunkt seiner surrealen Bilderfindungen stand oft die eigene Person. Schallplatte „Autodafé eines Surrealisten".

Literatur: M. Fröschl (Hg.), Die Universitäts-Fayencen „Die Kontinente", 1992.

Helmut Leherb. Foto, 1954.

Lehmann, Lotte, * 27. 2. 1888 Perleberg (D), † 26. 8. 1976 Santa Barbara (USA), Kammersängerin (Sopran). 1916–38 gefeierte Künstlerin der Wr. Staatsoper (v. a. als Strauss-Interpretin), sang ab 1924 auch in Covent Garden, ab 1938 an der New Yorker Metropolitan Opera. L. war auch als Liedinterpretin berühmt. 1951 Rückzug von der Bühne. Ehrengrab auf dem Wr. Zentralfriedhof.

Werke: Orplid, mein Land, 1936 (Roman); Anfang und Aufstieg, 1937; More than Singing, 1945; My Many Lives, 1948; Singing with R. Strauss, 1964. – Literatur: B. Glass, L. L., 1988; A. Jefferson, L. L., 1988; B. W. Wessling, L. L., 1995.

Lotte Lehmann als Färberin in der Oper „Die Frau ohne Schatten" von R. Strauss. Foto.

Lehmden, Anton, * 2. 1. 1929 Nitra (SK), Maler und Graphiker, bedeutender Vertreter der Wr. Schule des Phantast. Realismus. Kam 1945 nach Wien, studierte an der Akad. d. bild. Künste in Wien bei A. P. → Gütersloh, beteiligte sich ab 1948 an Ausstellungen des Wr. Art-Clubs und konnte seine Bilder bald auch bei internat. Ausstellungen präsentieren. 1962/63 Lehrtätigkeit in Istanbul, 1971–97 Prof. an der Akad. d. bild. Künste in Wien. Die Technik L. ist an alten Meistern wie P. Breugel und A. → Altdorfer geschult. Als Themen kehren in seinen Bildern v. a. Kriegsereignisse, Naturkatastrophen und Landschaften häufig wieder. 1966 erwarb L. das Renaiss.-Schloss Deutschkreutz (Bgld.), an dessen Restaurierung er seither arbeitet.

Literatur: W. Koschatzky, A. L. Die Graphik, 1970; S. Stock, Die Graphik A. L., Diss., Salzburg 1976; Die Phantasten, Ausst.-Kat., Künstlerhaus Wien, 1990; Über die Wahrheit der Malerei, Ausst.-Kat., Akad. d. bild. Künste in Wien, 1990.

Anton Lehmden. Foto, 1954.

Lehner, Franz, * 14. 9. 1958 Linz (OÖ.), Informatiker. Nach Informatikstudium und Habilitation an der J.-Kepler-Univ. Linz ab 1992 Univ.-Prof. für Betriebswirtschaftslehre, Informationsmanagement und Wirtschaftsinformatik an der WHU Koblenz, 1994 deren Rektor. 1995 Präs. der Donau-Universität Krems, seit 1995 Univ.-Prof. in Regensburg. Seit 2001 Mitgl. der Europ. Akad. f. Wiss.

Werke: Softwarewartung, 1991; Organisationslehre für Wirtschaftsinformatiker, 1991; Software-Dokumentation und Messung der Dokumentationsqualität, 1994; Wirtschaftsinformatik: theoret. Grundlagen, 1995; Multimedia in Lehre und Forschung, 1998 (Hg.); Multimediales Lernen, 1999 (Hg.); Electronic Business und Multimedia, 2000 (Hg.); Organisational Memory, 2000; Multimedia, 2001. – Über 100 Beiträge in Fachzeitschriften.

Maximilian Leidesdorf. Foto, um 1875.

Lehner, Leo, * 20. 7. 1900 Wien, † 22. 4. 1981 Kirchdorf a. d. Krems (OÖ.), Komponist, Kapellmeister und Chordirigent. Stammte aus einer Musikerfamilie, war Kapellmeister (u. a. beim Zirkus „Krone") und bis 1926 an der Wr. Staatsoper sowie am Burgtheater; wirkte 30 Jahre als Musikerzieher in Wien, ab 1935 an der Lehrerbildungsanstalt; 1930 Gründer des „Jung-Urania-Chors", 1946 des Chors „Jung Wien", Leiter zahlr. anderer Chöre.

Lehrl, Josef, * 26. 4. 1894 Waidhofen a. d. Ybbs (NÖ.), † 11. 11. 1957 Wien, Pädagoge und Volksbildner. Ab 1945 im Unterrichtsministerium (1950 Leiter der schulwiss. Abt.); Präs. des Verbands ö. Volkshochschulen (1950); Univ.-Prof. für Pädagogik in Wien (1956).

Werke: Aus der Werkstatt eines Erziehers, 1954; Gedanken und Erinnerungen (ausgewählt v. F. Ferstl), 1979.

Leibniz, Gottfried Wilhelm, * 1. 7. 1646 Leipzig (D), † 14. 11. 1716 Hannover (D), dt. Philosoph, Jurist und Mathematiker. Der große Philosoph der Aufklärung war 5-mal in Wien, wo er sich vergeblich um das Kanzleramt von Siebenbürgen bewarb (1713), Reichshofrat wurde und bes. die Errichtung einer Akad. d. Wiss. unter seiner Direktion anstrebte. Dieses Projekt mit Unterstützung von Prinz → Eugen v. Savoyen stand vor seiner Verwirklichung, als L. starb.

Literatur: H. Poser, in: Klassiker der Philosophie 1, 1981; NDB.

Leicht, Wilhelm, * 25. 8. 1876 Wien, † 18. 4. 1946 ebd., Schauspieler, Varieté-Besitzer; Bruder von Ferdinand L. (* 17. 5. 1870 Wien, † 25. 12. 1922 ebd.). Spielte am Kaiser-Jubiläums-Stadttheater und am Dt. Volkstheater in Wien; übernahm nach dem Tod seines Bruders die Leitung des 1895 gegr. L.-Varietés im Prater und betätigte sich dort auch als Conférencier; neben Unterhaltungsprogrammen führte er auch Stücke von J. W. v. Goethe, F. Wedekind u. a. auf, in denen Schauspieler wie A. Bassermann, A. → Moissi, A. → Girardi und R. → Aslan auftraten. 1945 wurde das Varieté beim Brand des Praters zerstört.

Literatur: H. Pemmer u. N. Lackner, Der Wr. Prater einst und jetzt, 1935; ÖBL.

Käthe Leichter. Foto.

Leichter, Käthe, * 20. 8. 1895 Wien, † 17. 3. 1942 KZ Ravensbrück (D), sozialist. Gewerkschafterin, Autorin zahlr. soz.-polit. Werke, Leiterin des Frauenreferats der Wr. Arbeiterkammer. Aktivistin der illegalen Revolutionären Sozialisten. Nach der Flucht ihres Ehemanns Otto → Leichter und ihrer beiden Söhne durch Verrat am 30. 5. 1938 von der Gestapo verhaftet und in das KZ Ravensbrück deportiert.

Werke: Wie leben die Wr. Heimarbeiter, 1923; Frauenarbeit und Arbeiterinnenschutz in Ö., 1927; Hb. der Frauenarbeit in Ö., 1930; So leben wir, 1932. – Literatur: H. Steiner (Hg.), K. L. Leben und Werk, 1973; K. L. zum 100. Geburtstag, 1995; ÖBL; NDB.

Leichter, Otto, * 22. 2. 1897 Wien, † 13. 2. 1973 New York (USA), Journalist und Schriftsteller; Ehemann von Käthe → Leichter. Als Redakteur der „Arbeiterzeitung" (1925–34) enger Mitarbeiter O. → Bauers, 1934 Gründer und kurze Zeit Obmann der Revolutionären Sozialisten, emigrierte 1938 in die USA, war nach 1945 Berichterstatter der „Arbeiterzeitung" und als UNO-Korrespondent tätig.

Werke: Die Sprengung des Kapitalismus, 1932; Ö. 1934. Die Geschichte einer Konterrevolution, 1935 (unter dem Pseud. Pertinax); Ein Staat stirbt, Ö. 1934–38, 1938 (unter dem Pseud. G. Wieser); Amerika in der Weltpolitik, 2 Bde., 1947; Ö. freie Gewerkschaften im Untergrund, 1963; Glanz und Ende der 1. Republik, 1964; Weltmacht im Hintergrund (UNO), 1964; Zw. 2 Diktaturen. Ö. Revolutionäre Sozialisten 1934–38, 1968; O. Bauer. Tragödie oder Triumph, 1970. – Literatur: NDB.

Leidesdorf, Maximilian, * 27. 6. 1819 Wien, † 9. 10. 1889 ebd., Psychiater. 1872 Primararzt der Irrenabteilung im Allg. Krankenhaus, 1886 Mitgl. des Obersten Sanitätsrats; Arbeiten auf dem Gebiet der Verbindung zw. körperl. Krankheiten und Geisteskrankheiten.

Werke: Pathologie und Therapie der psychischen Krankheiten, [2]1865; Vierteljahresschrift für Psychiatrie (Hg. mit T. Meynert), 1867ff.; ÖBL; NDB.

Leidlmair, Adolf, * 5. 6. 1919 Linz (OÖ.), Geograph. Ab 1963 Univ.-Prof. in Karlsruhe, ab 1967 und Bonn, 1969–89 in Innsbruck. Beschäftigt sich v. a. mit dem alpinen Raum.

Leifhelm, Hans (auch: Hermann Brinckmeyer, Konrad Overstolz), * 2. 2. 1891 Mönchengladbach (D), † 1. 3. 1947 Riva (I), Lyriker und Erzähler. 1923–30 Berufsberater des Landes Stmk., 1933–35 Schriftsteller in Graz, danach Lektor in Palermo und Padua; Freundschaft mit F. → Braun. Thematisierte in seiner Lyrik den Gegensatz von industrieller Arbeitswelt und Natur.

Werke: Lyrik: Hahnenschrei, 1926; Gesänge von der Erde, 1933; Lob der Vergänglichkeit, 1949. – Erzählungen: Steir. Bauern, 1935; Menschen der Berge, 1936. – Auswahlausgabe: Zeuge des Traums und der Zeit, 1991. – Literatur: I. Bröderer, H. L., Diss., Wien 1961; ÖBL; NDB.

Leiner, Rudolf, * 22. 3. 1913 St. Pölten (NÖ.), Möbelhändler. Erweiterte das seit 1808 bestehende Unternehmen (seit 1910 im Besitz der Familie Leiner) zu einer der führenden Möbelhandelsketten in Ö.; die kika-Leiner-Gruppe zählt zu den größten Familienunternehmen Ö.

Literatur: K. Gutkas, Die Geschichte des Stammhauses Leiner, 1993.

Leinfellner, Heinz, * 4. 12. 1911 Zidani Most (SLO), † 13. 1. 1974 Wien, Bildhauer. Ab 1959 Prof. für keramische Plastik an der Wr. Hochschule f. angew. Kunst; Schüler von F. → Wotruba (kubist.-konstruktivist. Gestaltungsprinzipien). Zahlr. öffentl. Aufträge.

Werke: Bronzefiguren im Parlament; Marmorintarsienarbeiten für die Wr. Staatsoper, die Wr. Stadthalle u. a.; Betonplastiken („Die beiden Sitzenden", 1966–69); Stahlreliefs; Keramiken. – Literatur: H. L. 1911–74, Gedächtnisausstellung, Ausst.-Kat., Wien 1984.

Leinsdorf, Erich, * 4. 2. 1912 Wien, † 11. 9. 1993 Zürich (CH), Dirigent. Schüler von B. → Walter und A. Toscanini (Sbg. Festspiele 1934–37). L. ging durch L. → Lehmanns Vermittlung 1937 an die Metropolitan Opera, war 1956–57 Musikdirektor der City Opera (New York), und 1957–62 musikal. Berater von R. Bing an der Metropolitan Opera. L. bemühte sich um die Durchsetzung des dt. Repertoires in den USA (v. a. R. Wagner) und dirigierte an der Wr. Staatsoper (1984 E. → Kreneks „Karl V." u. a.).

Werke: Cadenza: a Musical Career, 1976 (Autobiographie); E. L. on music, 1997.

Leiter, Helmut, → Domenego, Hans.

Leitgeb, Gerd, * 29. 4. 1939 Wien, † 21. 6. 2001 Höllental (NÖ.; Bergunfall), Journalist. 1974–78 Chefredakteur des „Profil", 1979–86 Chefredakteur des „Kurier", 1987–94 Chefredakteur und Herausgeber des „Wiener", seit 1987 Kommentator bei der Wochenillustrierten „Die ganze Woche" und Kolumnist bei „täglich Alles".

Leitgeb, Josef, * 17. 8. 1897 Bischofshofen (Sbg.), † 9. 4. 1952 Innsbruck (Ti.), Lyriker, Erzähler, Essayist. 1925 Dr. jur., als Dorf- und Hauptschullehrer tätig. Gehörte ab 1921 zum Kreis um die Ztschr. „Der Brenner", in der er erste Gedichte veröffentlichte. Sein Werk ist autobiographisch bestimmt und der Darstellung der Heimat verpflichtet. 1950 Großer Ö. Staatspreis.

Werke: Lyrik: Gedichte, 1922; Musik der Landschaft, 1935; Vita Somnium Breve, 1943; Sämtl. Gedichte, 1953. – Prosa: Kinderlegende 1934; Christian und Brigitte, 1936; Am Rande des Krieges, 1942; Von Blumen, Bäumen und Musik, 1947; Das unversehrte Jahr, 1948; Abschied und fernes Bild, 1959. – Ausgabe: Gesammelte Werke, hg. v. W. Methlagl u. H. Prantl, 1997ff. – Literatur: J. Wolf, J. L. Leben und Werk, 1966; NDB.

Leitich, Ann Tizia (verehel. von Korningen), * 25. 1. 1891 Wien, † 3. 9. 1976 ebd., Schriftstellerin, Kultur- und Kunsthistorikerin. Korrespondentin dt. und ö. Zeitungen in New York und Chikago. Kehrte Anfang der 30er Jahre nach Ö. zurück und beschäftigte sich v. a. mit der Kunst- und Kulturgeschichte der Stadt Wien.

Werke: Romane: Ursula entdeckt Amerika, 1928; Amor im Wappen, 1940; Drei in Amerika, 1946; Der Liebeskongreß, 1950; Augustissima, 1953 (unter dem Titel „Maria Theresia", 1963); Der Kaiser mit dem Granatapfel, 1955. – Essays: Die Wienerin, 1939; Wr. Biedermeier, 1941; Zwölfmal Liebe, 1948 (Frauen um Grillparzer); Vienna Gloriosa, 1948; Damals in Wien, 1957; Das süße Wien, 1964; Elisabeth von Ö., 1971.

Leitl, Christoph, * 29. 3. 1948 Linz (OÖ.), Unternehmer und Politiker (ÖVP). Seit 1977 geschäftsführender Gesellschafter des traditionsreichen Baustoffunternehmens L. (zweitgrößtes in Ö.). Führte neue Formen der Mitarbeiterbeteiligung ein. 1990–2000 Abg. zum Oö. Landtag und Wirt.-Landesrat von OÖ., 1995–2000 Landeshauptmann-Stellv. Seit 1999 Bundesobmann des Ö. Wirtschaftsbunds und seit 2000 Präs. der Wirtschaftskammer Ö.

Leitner, Karl Gottfried Ritter von, * 18. 11. 1800 Graz (Stmk.), † 20. 6. 1890 ebd., Schriftsteller und Publizist. 1837–54 erster Ständesekr., Redakteur der „Stmk. Ztschr.", 1858–64 Kurator des Joanneums, Mitbegründer des Hist. Vereins für Stmk. Freundschaft mit P. → Rosegger; einige seiner Balladen wurden von F. → Schubert vertont.

Werke: Lyrik: Gedichte, 1825 (^{2}1857); Herbstblumen, 1870. – Erzhzg. Johann, 1860 (Biographie); Bühnendichtungen. – Literatur: K. Holzeland, K. G. L. als Lyriker und Balladendichter, Diss., Wien 1921; ÖBL.

Leitner, Leo, * 31. 7. 1927 Allhartsberg (NÖ.), Pädagoge. Leiter der Sektion Allg. pädagog. Angelegenheiten und allgemein bildendes Schulwesen (1970–92) sowie des Zentrums für Schulversuche und Schulentwicklung im Unterrichtsmin.; zentrale Persönlichkeit der Schulreform im allgemein bildenden Schulwesen unter Min. F. → Sinowatz. Machte sich bes. um die Neufassung der Lehrpläne, um Aus- und Fortbildung der Lehrer und Schulversuchsprojekte verdient.

Werk: Pädagogische Markierungen, 1987 (mit F. Burgstaller).

Lemisch, Arthur, * 4. 2. 1865 St. Veit a. d. Glan (Kä.), † 29. 10. 1953 ebd., liberaler Politiker, Gutsbesitzer. 1896 Landtagsabgeordneter in Kä, 1897–1907 im Reichsrat, 11. 11. 1918 bis 22. 7. 1921 Landesverweser in Kä., 1927–31 Landeshauptmann. Gehörte 1882 zu den Verfassern des Linzer Programms, widmete sich nach 1907 völlig den Problemen von Kä., war eine der wichtigsten Persönlichkeiten des Kä. Abwehrkampfs und genoss im Land großes Ansehen.

Literatur: F. Wolsegger, A. L., in: Carinthia I 144, 1954.

Lenau, Nikolaus (eigentl. N. Franz Niembsch Edler von Strehlenau), * 13. 8. 1802 Csatád (Lenauheim, RO), † 22. 8. 1850 Wien, Lyriker und Versepiker. Studierte ab 1819 in Wien Jus, Medizin, Philosophie und Landw. und war mit F. → Grillparzer, F. → Raimund, A. → Grün, als guter Geiger auch mit J. → Strauß Vater und J. → Lanner bekannt. 1831 ging er nach Heidelberg, dann nach Stuttgart, wo sein erster Bd. „Gedichte" (1832) mit den „Schilfliedern" erschien. 1832 ging er nach Amerika, kehrte aber tief enttäuscht nach einem Jahr zurück und lebte abwechselnd in Schwaben und in Ö. Seine letzten 6 Lebensjahre verbrachte er in einer psychiatr. Heilstätte. L. Werk ist bestimmt von Weltschmerz und Melancholie; in der Nachfolge Lord Byrons führte er ein ruheloses Leben, mehrere Verlobungen scheiterten. Autobiograph. Züge trägt das Drama „Faust" (1835), eine epische Szenenfolge, dessen Held durch Selbstmord endet. In seinen späteren Versepen „Savonarola" (1837), „Johannes Žižka" (1838/42) und „Die Albigenser" (1842) wandte er sich hist.-revolutionären Stoffen zu; Fragment blieb das dramat. Gedicht „Don Juan" (1844). In seiner Naturpoesie fand L. zu einer neuartigen, expressiven Sprache. Bedeutend ist auch L. polit. Lyrik. „Faust" und „Don Juan" veranlassten F. → Liszt, H. Berlioz und R. → Strauss zu musikal. Schöpfungen. L. Amerikareise regte F. → Kürnberger zu seinem Roman „Der Amerika-Müde" an. 1964 stiftete das Unterrichtsministerium einen Internat. N.-Lenau-Preis (seit 1965 „Ö. Staatspreis für europ. Literatur").

Weitere Werke: Neuere Gedichte, 1838; Waldlieder, 1843. – Ausgaben: Krit. Ausgabe seiner Dichtungen und Briefe, hg. v. E. Castle, 6 Bde., 1910–13 und 1923; Sämtl. Werke und Briefe, 2 Bde., hg. v. W. Dietze, 1970; Werke und Briefe, hist.-krit. Ausgabe hg. v. H. Brandt u. a., 1989ff. – Literatur: J. Turóczi-Trostler, N. L., 1961; C. Gibson, L., 1989; N. O. Eke u. K. J. Skrodzki, L.-Chronik, 1992; G. Heinecke (Hg.), N. L. heute gelesen, 2000; NDB.

Lendl, Egon, * 1. 11. 1906 Trient (I), † 7. 1. 1989 Salzburg, Geograph. 1957–77 Univ.-Prof. in Salzburg, 1963–64 Rektor. Betrieb v. a. Forschungen zu nat. Minoritäten in SO-Europa und zur Landeskunde Sbg.

Werke: Die mitteleurop. Kulturlandschaft im Umbruch der Gegenwart, 1951; Sbg.-Atlas, 1955 (Mitautor); Sbg. in sozialgeograph. Sicht, 1963.

Lendlmayer von Lendenfeld, Robert J., * 10. 2. 1858 Graz (Stmk.), † 3. 7. 1913 Prag (CZ), Zoologe, Alpinist und Forschungsreisender in Australien und Neuseeland. Univ.-Prof. in Innsbruck, Czernowitz und Prag; erforschte das tierische Leuchten, die Flugbewegung bei den Insekten und die Schwämme. Zahlr. Erstbesteigungen.

Werke: Australische Reise, 1892; Aus den Alpen, 2 Bde., 1896; Die Hochgebirge der Erde, 1899. – Literatur: ÖBL.

Lendvai, Paul, * 24. 8. 1929 Budapest (H), Publizist und ORF-Kommentator. In Ungarn 1952 polit. verfolgt und inhaftiert, seit 1957 in Ö. 1957–82 O-Europa-Korrespondent der Zeitung „Die Presse", zugleich 1960–82 Korrespondent der Londoner „Financial Times"; seit 1973 Chefredakteur und Mit-Hg. der Vierteljahresschrift „Europäische Rundschau". 1982–87 Chefredakteur der Redaktion für O- und SO-Europa des ORF. 1987–98 Intendant von „Radio Ö. International", dem ö. Kurzwellendienst. Autor von Sachbüchern.

Lentner, Ferdinand von, * 14. 12. 1840 Salzburg, † 2. 7. 1919 Innsbruck (Ti.), Jurist, daneben Kultur- und Literaturhistoriker, Schriftsteller und Musikliebhaber. 1892–1912 Univ.-Prof. für Straf- u. Völkerrecht in Innsbruck; korrespondierte mit R. Wagner und A. → Bruckner.

Werke: Das Komplott, 1870; Romanzen und Balladen, 1873; Grundriß des Völkerrechtes, 1889; Kriegspolitische Denkwürdigkeiten aus Tirols Befreiungskämpfen, 1900; W. A. Mozarts Leben und Schaffen, 1900. – Literatur: ÖBL.

Nikolaus Lenau. Lithographie von J. Kriehuber.

Lotte Lenya. Foto.

Kaiser Leopold I. Anonym. Gemälde.

Kaiser Leopold II. Gemälde von H. F. Füger (Nationalmuseum, Prag).

Lenya, Lotte (eigentl. Karoline Charlotte Blamauer), * 18. 10. 1898 Wien, † 27. 11. 1981 New York (USA), Schauspielerin, Sängerin. Tanzausbildung in Zürich, Statistin und Choristin am dortigen Stadttheater; ab 1921 in Berlin, wo sie ihren späteren Ehemann Kurt Weill kennen lernte. 1928 erster großer Erfolg als Seeräuber-Jenny in Weills „Dreigroschenoper" nach dem Text von B. Brecht. 1933 emigrierte sie in die USA. Nach dem Tod Weills (1950) trat sie v. a. als Interpretin seiner Werke, aber auch als Schauspielerin (Brechts „Mutter Courage") auf; nach 1960 auch an dt. Bühnen.

Literatur: D. Spoto, Die Seeräuber-Jenny. Das bewegte Leben der L. L., 1990; J. Rosteck, Zwei auf einer Insel. L. L. und K. Weill, 1999; NDB.

Lenzenweger, Josef, * 13. 2. 1916 Weyer a. d. Enns (OÖ.), † 20. 2. 1999 Wien, Kirchenhistoriker. 1975–87 Ordinarius für Kirchengeschichte an der Kath.-Theolog. Fakultät in Wien, 1965 Prof. für Kirchengeschichte an der Ruhr-Univ. Bochum.

Werke: Berthold von Garsten, 1958; Sancta Maria dell Anima, 1959; Acta Pataviensia Austriaca, 1974ff.; Geschichte der kath. Kirche, [3]1995. – Literatur: K. Amon u. a. (Hg.), Ecclesia Peregrinans. J. L. zum 70. Geburtstag, 1986.

Leodolter, Ingrid, * 14. 8. 1919 Wien, † 17. 11. 1986 ebd., Ärztin u. Politikerin (SPÖ). 1961–71 ärztl. Leiterin des Sophienspitals (Wien), 1971–79 BMin. f. Gesundheit u. Umwelt. Führte den Mutter-Kind-Pass ein, der eine deutl. Senkung der Kindersterblichkeit bewirkte.

Leon, Gottlieb von (auch Augustin Edler von Leon), * 16. 4. 1757 Wien, † 27. 9. 1830 ebd., Lyriker. Ab 1816 Kustos an der Wr. Hofbibl.; v. a. als Hg. des „Wr. Musen-Almanachs" (1795/96), des wichtigsten Publikationsorgans für josephinische Autoren, bekannt. Schrieb Prosaidyllen sowie Gedichte und Balladen in der Tradition des „Göttinger Hainbunds".

Literatur: Y. Mix, Die dt. Musenalmanache des 18. Jh., 1987; ÖBL.

Léon, Viktor (eigentl. V. Hirschfeld), * 4. 1. 1858 Wien, † 3. 2. 1940 ebd., Dramaturg, Librettist. L. war Dramaturg am Dt. Volkstheater in Wien, Verfasser (z. T. mit seinem Bruder Leo Hirschfeld) von Volksstücken und Operettenlibretti.

Werke: Volksstücke: Fräulein Lehrerin, 1905; Der große Name, 1909. – Operettenlibretti: Der Opernball, 1898; Wr. Blut, 1899; Der Rastelbinder, 1902; Die lustige Witwe, 1905; Der fidele Bauer, 1908; Das Land des Lächelns, 1929.

Leonhard, Hl., Fest 6. Nov., † angebl. 6. 11. 559, Abt von Noblac bei Limoges, Einsiedler, Hauptheiliger der alpenländ. Bauern, bes. Pferde- und Rinderpatron. L.-Patrozinien u. a. in Bad St. Leonhard (Kä.), Kundl (Ti.), Tamsweg (Sbg.). Kettenumspannte L.-Kirchen. In Pettenbach (OÖ.) Leonhardiritt mit Pferde- und Reitersegnung.

Leonhard von Keutschach, * um 1442 Viktring (?; Gem. Klagenfurt, Kä.), † 8. 6. 1519 Salzburg, geistl. Würdenträger. Chorherr und Propst im Kloster Eberndorf im Jauntal, 1490 Dompropst, 1495 Erzbischof von Salzburg. Säkularisierte das Domkapitel, widmete sich der wirt. Sanierung des Erzbistums; unter ihm gedieh der Gold- und Silberbergbau in Gastein und Rauris, und Salz warf großen Gewinn ab. Er betrieb schrankenlosen Nepotismus, vertrieb 1498 die Juden und ließ die Synagogen in Salzburg und Hallein zerstören. 1511 brach er den Widerstand der Bürger, verlor aber an Einfluss in den habsb. Ländern. L. ließ die Festung Hohensalzburg ausbauen, eine Drehorgel (Salzburger Stier) erbauen und erneuerte die alte Römerstraße über den Radstädter Tauern.

Literatur: H. Dopsch, Geschichte Salzburgs, Bd I/1, [2]1983; NDB.

Leonskaja, Elisabeth, * 23. 11. 1945 Tiflis (Tbilisi, Georgien), Pianistin. Wanderte (bereits mit zahlr. Preisen geehrt) 1978 aus der Sowjetunion aus und lebt seither in Wien. L. ist eine der prominentesten Vertreterinnen der Moskauer Pianistenschule. Auftritte bei den Sbg. Festspielen und den Wr. Festwochen. Zusammenarbeit mit S. Richter, H. → Schiff u. a.

Leopold I., * 9. 6. 1640 Wien, † 5. 5. 1705 ebd., Kaiser 1658–1705, 2. Sohn Ks. → Ferdinands III. Ursprünglich für den geistl. Stand bestimmt, musste L., da sein älterer Bruder → Ferdinand IV. 1654 gestorben war, 1657 die Herrschaft über die Erbländer übernehmen und wurde 1658 trotz Intrigen Frankreichs zum Kaiser gewählt. Er führte für das Reich mehrere Kriege gegen Frankreich (1673–79, 1688–97), konnte aber dessen Vordringen zum Rhein nicht verhindern. Gegen die Osmanen errang R. Gf. → Montecuccoli 1664 einen Sieg bei Mogersdorf–St. Gotthard, der folgende Friede von Vasvár und die Durchsetzung der Gegenreformation empörte aber die Ungarn (Magnatenverschwörung, Kuruzzenkrieg unter E. → Thököly von Késmark). Zu deren Unterstützung begannen 1683 die Osmanen einen Krieg, der für sie erfolglos verlief und bis 1699 (Friede von Karlowitz) zur Eroberung von fast ganz Ungarn durch die Habsburger führte. Noch unter L. brach 1703 der Kuruzzenkrieg unter F. → Rákóczi II. aus.

Nach dem Aussterben der Hauptlinie der Habsburger in Spanien 1700 erhob L. Anspruch auf das Erbe, nach dem „Pactum mutuae successionis" von 1703 sollte sein jüngerer Sohn Karl die Erbschaft antreten. Im Span. Erbfolgekrieg erlebte L. noch den Sieg bei Höchstädt 1704 mit der Besetzung Bayerns. L. festigte im Innern den Absolutismus, wählte Berater aus dem Hochadel, dachte dynastisch, war ein großer Musikliebhaber und ein fruchtbarer Komponist (Kirchenmusik, zahlr. Einlagearien zu Opern, Serenaden, Oratorien u. a.). Aus seiner 3. Ehe mit → Eleonore Magdalena von Pfalz-Neuburg stammten die späteren Ks. → Joseph I. und → Karl VI.

Literatur: J. P. Spielman, L. Zur Macht nicht geboren, 1981; NDB.

Leopold II., * 5. 5. 1747 Schloss Schönbrunn (Wien), † 1. 3. 1792 Wien, ab 1765 Großherzog von Toskana, 1790–92 Kaiser; 3. Sohn Ks. → Franz' I. und → Maria Theresias (getauft auf Peter L.). Übernahm nach dem Tod seines Vaters das Großherzogtum Toskana, wo er bedeutende Reformen durchführte. Nach dem Tod seines Bruders → Joseph II. Nachfolger in den habsb. Ländern und Kaiser. Nahm einige Reformen des Bruders zurück, beendete 1791 den Türkenkrieg (Frieden von Sistowa), einen Aufstand in Belgien und schloss 1792 ein Bündnis mit Preußen gegen das revolutionäre Frankreich. Seine vielköpfige Familie setzte das Haus Habsburg-Lothringen in mehreren Linien fort.

Literatur: A. Wandruszka, L., 2 Bde., 1963/65; H. Peham, L., Herrscher mit weiser Hand, 1987; F. Pesendorfer, Die Habsburger in der Toskana, 1988; NDB.

Leopold I. (Liutpold), † 10. 7. 994 Würzburg (D), Babenberger-Markgraf; Vater von → Heinrich I. und → Adalbert dem Siegreichen. 962/63 als Gefolgsmann Ks. Ottos I. urk. genannt, Gf. im bayer. Donaugau; wurde am 22. 7. 976 von Otto II. nach einem Aufstand des bayer. Hzg. Heinrich II. mit der Mark belehnt, die 996 als Ostarrîchi urk. belegt ist. L. dehnte diese bis über den Wienerwald aus. Sein Sitz war die Burg Melk, die er einem Grafen Sizo abnahm. Dort gründete er ein Kanonikerstift.

K. Lechner, Die Babenberger, [5]1994; NDB.

Leopold II. (Liutpold), * 1050, † 12. 10. 1095, Babenberger-Markgraf von Ö. (ab 1075); Sohn von → Ernst dem Tapferen, Vater von → Leopold III. Stand im Investiturstreit anfangs auf Seiten Heinrichs IV., schwor unter Einfluss des Bischofs → Altmann von Passau und seiner Gattin Itha diesem auf dem Landtag in Tulln 1081 ab und wurde daraufhin vom König abgesetzt; mit der Mark Ö. wurde Hzg. Wratislaw von Böhmen belehnt. Dieser schlug L. 1082 bei Mailberg; der Babenberger konnte sich dennoch behaupten, verlor aber Grenzgebiete in Südmähren. L. unterstützte weiterhin die Reformen von Altmann und dessen Nachfolger Ulrich. Hauptsitz Gars, wo er vermutlich begraben ist.
Literatur: NDB.

Leopold III., Hl., Fest 15. Nov., * 1073, † 15. 11. 1136, Babenberger-Markgraf von Ö. (ab 1095); Sohn von → Leopold II., Vater von → Heinrich II. (Jasomirgott) und → Leopold IV. Stellte sich 1105 im Kampf Heinrichs V. gegen seinen Vater Heinrich IV. auf die Seite des Sohnes und erhielt dafür dessen Schwester → Agnes zur Frau. Durch diese seine 2. Gattin wurde er mit den Dynastien der Salier und Staufer verwandt; er erhielt das Königsgut und Reichsrechte in der Mark Ö., gebrauchte den Rang „principatus terrae" (übergräfl. Stellung) und sprach vom „ius terrae". L. verzichtete 1125 auf die Königskandidatur. Seine Zeit verlief vorwiegend friedlich. Damals fielen große Besitzungen als Erbschaft oder Heiratsgut an den Markgrafen, so der Raum Wien. Unter ihm erhielten einige Donauorte Stadtrang (Stein, Krems mit Münzstätte, Tulln, Neuburg, Wien, Hainburg); Klosterneuburg, Heiligenkreuz und Kleinmariazell wurden von ihm gestiftet, Seitenstetten und Baumgartenberg von Hochadeligen und St. Georgen (Herzogenburg) vom Bischof von Passau. In Ö. wurden erste kulturelle Leistungen erbracht (Frau → Ava, → Heinrich von Melk, Melker Annalen, Vita Altmanni), Leistungen des Burgenbaus waren Oberranna und die Pfalz neben dem Kollegiat Klosterneuburg (seit 1133 Stift). Hier war der Herrschersitz und befindet sich die Begräbnisstätte. Die Erinnerung an ihn wird hier bis heute gepflegt. Heiligsprechung 1485, seit 1663 Landespatron von Ö. (und Wien).
Literatur: L., Ausst.-Kat., Klosterneuburg 1985; NDB.

Leopold IV., * 1108 (?), † 18. 10. 1141 Niederaltaich (D), Babenberger-Markgraf (ab 1136), Sohn von → Leopold III. Obwohl jünger als die Brüder Adalbert und → Heinrich II. (Jasomirgott), wurde L. 1136 Markgraf (Zwist in der Familie?) und 1139 Hzg. von Bayern. Er konnte sich dort durchsetzen, zumal sein Bruder → Otto ab 1138 Bischof von Freising war. L. übergab in Wien St. Peter an den Bischof von Passau und erhielt dafür die im Bau befindl. Kirche St. Stephan als Pfarrkirche. Unter seiner Herrschaft gründeten die → Kuenringer das Kloster Zwettl, das er bestätigte und beschenkte. Begraben in Heiligenkreuz.
Literatur: K. Lechner, Die Babenberger, [5]1994; NDB.

Leopold V., * 1157, † 31. 12. 1194 Graz (Stmk.), Babenberger, Sohn Hzg. → Heinrichs II., Vater der Herzöge → Friedrich I. und → Leopold VI. Ab 1177 Hzg. von Ö., ab 1192 durch die Georgenberger Handfeste auch Hzg. von Stmk. Als treuer Gefolgsmann Ks. Friedrichs I. Barbarossa erreichte er die Festlegung der Grenze zu Böhmen, auch die lehensrechtl. Bindungen von OÖ. an Bayern erloschen. An der Grenze der Herzogtümer Ö. und Stmk. gründete L. 1194 Wr. Neustadt. Unter ihm entstanden im Grenzbereich Burgstädte und Burgen sowie bedeutende Bauten der Romanik (Heiligenkreuz, Zwettl, Schotten in Wien). In Klosterneuburg schuf Nikolaus von Verdun 51 kunstvolle Emailtafeln (Verduner Altar), der Minnesang blühte, und das Rittertum stand auf dem Höhepunkt. 1191 nahm L. am 3. Kreuzzug und an der Eroberung von Akkon teil und wurde von → Richard I. Löwenherz beleidigt. Auf seiner Heimreise geriet Richard Löwenherz am 21./22. 12. 1192 in Erdberg bei Wien in Gefangenschaft L., der ihn dann an Ks. Heinrich VI. auslieferte. Seinen Anteil am beträchtl. Lösegeld verwendete L. für den Ausbau mehrerer Städte. Er wurde gebannt, starb nach einem Unfall und wurde in Heiligenkreuz begraben.
Literatur: NDB.

Herzog Leopold VI. Glasmalerei in der Pfarrkirche Steyr, OÖ.

Leopold VI., * 1176, † 28. 7. 1230 San Germano (I), Babenberger-Hzg. von Ö. und Stmk., Sohn von → Leopold V., Bruder von → Friedrich I., Vater von → Friedrich II. (d. Streitbaren); 1194 Hzg. von Stmk., nach dem Tod seines Bruders Friedrich I. 1198 auch von Ö. Gründete 1202 Lilienfeld und begünstigte die Bettelorden in den Städten. Der Versuch, ein Landesbistum zu gründen, scheiterte. Unter ihm erfolgte die Gründung der Bistümer Seckau und Lavant durch den Erzbischof von Salzburg. Zahlr. Städte wurden erweitert (Neuer Markt in Wien), Burgstädte gegründet und Stadtrechte verliehen (1212 Enns, 1221 Wien). Sein Hof war Pflegestätte des Minnesangs (→ Walther von der Vogelweide, → Neidhart von Reuental, → Ulrich von Liechtenstein, → Reinmar von Zweter), Nibelungenlied und Kudrun-Lied entstanden. 1212 Kreuzzug gegen die Albigenser in Südfrankreich, 1217/19 nach Ägypten. Er hielt Kontakte zu den Kaisern, vermählte seine Tochter Margarethe mit Heinrich VII., dem Sohn Ks. Friedrichs II., und vermittelte im Streit zw. Kaiser und Papst. Durch seine Ehe mit Theodora Angeloi erneuerte er die Kontakte zu Byzanz. Er erwarb Besitzungen in OÖ. und Slowenien. Bestattet wurde er in Lilienfeld.
Literatur: K. Lechner, Die Babenberger, [5]1994; NDB.

Markgraf Leopold III. Statue, um 1460 (Stift Klosterneuburg, NÖ.).

Leopold I., * vor 4. 8. 1290 Wien, † 28. 2. 1326 Straßburg (F), Hzg. von Ö. und Stmk., 3. Sohn von Kg. → Albrecht I., Bruder von → Friedrich I. (III.). Nach dem Tod der Eltern Oberhaupt der Familie der Habsburger. Unterlag als Verwalter der Vorlande 1315 gegen die Schweizer bei Morgarten. L. betrieb die Wahl seines Bruders Friedrich zum König und setzte sich nach der Niederlage von Mühldorf 1322 für die Befreiung seiner gefangenen Brüder ein.
Literatur: G. Hödl, Hzg. L., Diss., Wien 1964; B. Hamann, Die Habsburger, [4]1992; NDB.

Leopold III., * 1. 11. 1351 Wien, † 9. 7. 1386 Sempach (CH; gefallen), Hzg. von Ö., Stmk. und Kä.; Sohn von Hzg. → Albrecht II., Bruder von → Rudolf IV. (d. Stifter) und → Albrecht III. Betreute Ti., verwaltete nach dem Tod Rudolfs IV. gem. mit Albrecht III. die Besitzungen der Habsburger. Durch den Neuberger Teilungsvertrag vom 25. 9. 1379 erhielt er die Herzogtümer Stmk. (mit Wr. Neustadt), Kä., Krain, die Windische Mark, Görz und Güter in Friaul sowie Ti. und die Vorlande westl. des Arlbergs. Er erwarb 1368 Freiburg im Breisgau, 1375 Feldkirch und 1382 Triest. Der Versuch, die Positionen in der Schweiz und in SW-Deutschland auszubauen, scheiterte in der Niederlage gegen die Eidgenossen bei Sempach, L. fiel in der Schlacht.
Literatur: B. Hamann, Die Habsburger, [4]1992; NDB.

Markgraf Leopold IV. Glasmalerei im Brunnenhaus des Stifts Heiligenkreuz, NÖ.

Leopold IV., * 1371, † 3. 6. 1411 Wien, Hzg. von Ö., Sohn von → Leopold III., Bruder von → Ernst d. Eisernen und → Friedrich IV. Ab 1391 Verwalter der Vorlande. Im Hollenburger Vertrag von 1395 fielen alle Gebiete westl. des Arlbergs (1396 noch Ti.) an ihn, diese Abkommen wurden aber mehrmals geändert. 1406 übernahm L. die Vormundschaft über → Albrecht V., doch kam es zu Konflikten mit dem Bruder Ernst. 1408 ließ er den Bürgermeister K. → Vorlauf und zwei Ratsbürger von Wien hinrichten. Er starb an einem Schlaganfall, als die Stände 1411 Albrecht V. für mündig erklärten.

Literatur: B. Hamann, Die Habsburger, [4]1992; NDB.

Leopold V., * 9. 10. 1586 Graz (Stmk.), † 13. 9. 1632 Schwaz (Ti.), Erzhzg. von Ö., Sohn von Erzhzg. → Karl II., Bruder von Ks. → Ferdinand II., Vater von → Ferdinand Karl von Tirol; Bischof von Passau und Straßburg (bis 1625), Regent von Ti. Er wurde schon als Kind 1598 Bischof, obwohl er keine Priesterweihen hatte. Ab 1609 warb er Söldner an, die er im Jülischen Erbstreit, gegen → Maximilian III. in Ti. und 1611 für → Rudolf II. in Böhmen einsetzte. 1619 wurde er Statthalter von Ti. und Vorder-Ö., wo er 1623–30 die Stellung eines Landesfürsten erreichte. Er ließ in Innsbruck ein Operntheater und die Jesuitenkirche errichten und wollte den Absolutismus einführen. L. kämpfte um das Veltlin und verteidigte 1632 Ti. gegen die Schweden. Mit seiner Gattin → Claudia von Medici begründete er eine Nebenlinie der Habsburger, die bis 1665 bestand.

Literatur: B. Hamann, Die Habsburger, [4]1992; NDB.

Leopold (Liutpold II.), † 9. 12. 1043 Ingelheim (D), Babenberger, Sohn des Markgrafen → Adalbert. Eroberte und zerstörte 1041 die slaw. Burg Thunau bei Gars, starb in jungen Jahren.

Leopold, Josef, * 18. 2. 1889 Langenlois (NÖ.), † 24. 7. 1941 Malin bei Shitomir (UA; gefallen), Offizier und nat.-soz. Politiker. Bis 22. 7. 1933 im ö. Bundesheer (zuletzt Hauptmann), trat 1919 der DNSAP bei, wurde 1925 Kreisleiter des Waldviertels, 1927 Gauleiter für NÖ., gehörte 1932 dem Nö. Landtag und der Landesregierung an, wurde ab Juli 1933 bis 1936 mehrmals verhaftet, war ab Jänner 1935 Landesleiter der (illegalen) NSDAP in Ö., geriet dann in innerparteil. Konflikte und wurde am 21. 2. 1938 von Hitler abgesetzt. Bei der Verteilung der Gauleiterposten im Mai 1938 nicht berücksichtigt, rückte L. am 1. 4. 1940 zur dt. Wehrmacht ein, nahm am Frankreichfeldzug teil und fiel als Oberstleutnant während des Russlandfeldzugs.

Literatur: L. Jedlicka, Gauleiter J. L., in: Festschrift für K. R. Stadler, 1974.

Leopold, Rudolf, * 1. 3. 1925 Wien, Augenarzt und Kunstsammler. Seine wertvolle Privatsammlung von 5266 Ölgemälden, Aquarellen und Zeichnungen hauptsächl. ö. Künstler (u. a. E. → Schiele, R. → Gerstl, G. → Klimt, O. → Kokoschka) der Zeit von 1880 bis etwa 1950 verkaufte L. 1994 an den ö. Staat (Stiftung L.) als Grundstock für ein neues Museum zur Kunst der frühen Moderne im Wr. Museumsquartier (Eröffnung 2001); in der Stiftung L. ist L. museolog. Dir. auf Lebenszeit.

Werk: E. Schiele. Gemälde, Aquarelle, Zeichnungen, 1972.

Hermann Leopoldi. Foto.

Leopoldi, Hermann (eigentl. H. Kohn), * 15. 8. 1888 Wien, † 28. 6. 1959 ebd., Komponist, Schauspieler und Klavierhumorist (erstmals 1916 im Wr. Ronacher). Zahlreiche Gastspielreisen, auch nach Amerika. 1938 im KZ, 1939 Emigration, bis 1947 in den USA. Schrieb Text und Musik zu vielen bekannten Schlagern und Wienerliedern.

Werke: In einem kleinen Café in Hernals; Schön ist so ein Ringelspiel; In Langenlois, in Langenlois; Der stille Zecher; Powidltatschkerln. – Literatur: H. Weiss (Hg.), „In einem kleinen Café in Hernals", 1992 (mit Werkverz.).

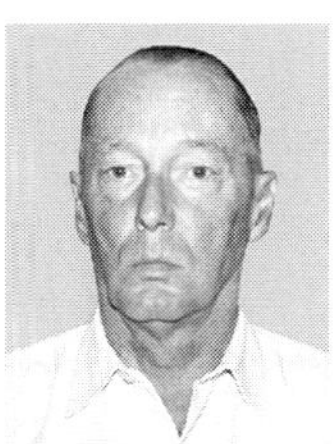

Alexander Lernet-Holenia. Foto.

Leopoldine, Kaiserin von Brasilien, * 22. 1. 1797 Wien, † 11. 12. 1826 bei Rio de Janeiro (Brasilien), Tochter aus 2. Ehe von Ks. → Franz II. (I.) Heiratete am 6. 11. 1817 Dom Pedro, den Kronprinzen von Portugal und Thronerben des Vereinigten Königreichs von Portugal, Brasilien und Algarbien; hatte großen Anteil an der Gründung des selbstständigen Kaiserreichs Brasilien; ab 1829 Leopoldinenstiftung zur Förderung der kath. Mission in Amerika.

Literatur: J. Prantner, Kaiserin L. v. Brasilien, 1974; B. Hamann, Die Habsburger, [4]1992; F. Weissensteiner, Habsburgerinnen auf fremden Thronen, 2000; NDB.

Leopoldseder, Hannes, * 27. 3. 1940 St. Leonhard b. Freistadt (OÖ.), Journalist, Intendant. Seit 1967 beim ORF; 1971–73 stellv. Hauptabteilungsleiter f. Politik u. Zeitgeschehen und leitender Redakteur der Reihe „Querschnitte", 1974–98 ORF-Intendant im Landesstudio OÖ. 1979 Mitbegründer der Ars Electronica; Initiator der Linzer Klangwolke, des Prix Ars Electronica und des Ars Electronica Centers. Seit 1998 Informationsintendant des ORF.

Werke: Groteske Welt, 1973; Linzer Klangwolke, 1988; 20 Jahre Festival für Kunst, Technologie und Ges., 1999 (mit C. Schöpf und G. Stocker).

Leopold von Wien, → Stainreuter, Leopold.

Leopold Wilhelm, * 6. 1. 1614 Wiener Neustadt (*sic!*, NÖ.), † 20. 11. 1662 Wien, Erzhzg., Bischof von Olmütz, Halberstadt, Passau und Straßburg sowie Hochmeister des Dt. Ordens; 2. Sohn von Ks. → Ferdinand II. Erhielt 1639 den Oberbefehl über die kaiserl. Armee im 30-jähr. Krieg, drängte die Schweden 1640 aus Böhmen und 1645 aus Franken. Als Statthalter der Span. Niederlande (1646–56) schloss er Frieden mit den Generalstaaten und kämpfte mit wechselndem Glück gegen Frankreich.
Mit Unterstützung durch den fläm. Maler D. Teniers d. J. sammelte er rd. 1400 Gemälde (v. a. in Brüssel aus den Versteigerungen der engl. Krone und der Hocharistokratie zur Zeit Cromwells erworben) sowie Skulpturen, Bronzen und Tapisserien, die er 1656 nach Wien mitbrachte und Ks. → Leopold I. vererbte. Sie sind bis heute der Grundstock der Gemäldegalerie des Kunsthist. Museums (Hauptwerke der venezian. Meister des 16. und 17. Jh., Niederländ. Schule).

Literatur: R. Schreiber, Erzhzg. L. W. Kirche, Krieg und Kunst, Dipl.-Arb., Wien 1998; NDB.

Lerch, Theodor von, * 31. 8. 1869 Pressburg (Bratislava, SK), † 24. 12. 1945 Wien, Generalmajor, Skipionier. Studierte an der Militärakad. und der Kriegsschule, ab 1897 Generalstabsoffizier; 1910–12 als Instruktionsoffizier bei der japan. Armee. Dort wurde L. gleichzeitig (als Schüler M. → Zdarskys und Anhänger der Lilienfelder Skifahrtechnik) zum wichtigsten frühen Bahnbrecher des militär. und zivilen Skisports in Japan. 1911 erste Skibesteigung des Fudschijama (3748 m).

Werke: Die ersten Winterhochtouren in Japan, in: Ztschr. des Dt. und Ö. Alpenvereins 23, 1932; Ein Offizierskurs bei Zdarsky, in: M. Zdarsky (Festschrift), hg. v. E. Mehl, 1936. – Literatur: T. L. in: Ö. in Geschichte und Literatur 38, 1994.

Lercher, Ludwig, * 30. 6. 1864 Hall i. Ti., † 5. 8. 1937 Innsbruck (Ti.), Jesuit, Theologe und Schriftsteller. Ab 1916 Univ.-Prof. in Innsbruck. Seine 4-bändigen „Institutiones theologiae dogmaticae" (1924–30) wurden zum grundlegenden Werk für das Theologiestudium.

Weitere Werke: Das himmlische Vaterhaus, 1910; Erhebungen des Geistes zu Gott, 5 Bde., 1908. – Literatur: ÖBL; NDB.

Lernet-Holenia, Alexander (eigentl. A. Marie Norbert Lernet), * 21. 10. 1897 Wien, † 3. 7. 1976 ebd., Erzähler, Dramatiker, Essayist, formstrenger Lyriker, urspr. Offizier, Alt-Österreicher von kosmopolitischer Prägung und franz. Esprit, Kavalier, Sportsmann, Grandseigneur, Weltreisender. Lebte in Wien und St. Wolfgang im Salzkammergut. Seine Prosa ist auf einzigartige Weise dem „habsburgischen Mythos" verhaftet; Symbol für das untergegangene Reich ist die k. u. k. Kavallerie, deren Offiziere ihm bis über das tragische Ende hinaus Treue bewahren (exemplarisch im Roman „Die Standarte", 1934). 1969–72 Präs. des Ö. P. E. N.-Clubs. Kleist-Preis 1926, Großer Ö. Staatspreis 1961, Ö. Ehrenzeichen f. Wiss. u. Kunst 1967.

Weitere Werke: Romane: Die Abenteuer eines jungen Herrn in Polen, 1931; Ljubas Zobel, 1932; Ich war Jack Mortimer, 1933; Jo und der Herr zu Pferde, 1933; Die Auferstehung des Maltravers, 1936; Der Mann im Hut, 1937; Strahlenheim, 1938; Ein Traum in Rot, 1939; Mars im Widder, 1941; Beide Sizilien, 1942; Die Inseln unter dem Winde, 1952; Der Graf Luna, 1955; Prinz Eugen, 1960; Das Halsband der Königin, 1962; Die weiße Dame, 1965; Pilatus, 1967. – Ausgabe: Das lyrische Gesamtwerk, hg. v. R. Rocek, 1989. – Literatur: F. Müller-Widmer, A. L.-H. Grundzüge seines Prosawerks, dargestellt am Roman „Mars im Widder", 1980; Yeong-Suk Han, A. L.-H. Studien zu einer Monographie, Diss., Wien 1985; T. Eicher (Hg.), A. L.-H. Poesie auf dem Boulevard, 1998; NÖB; NDB.

Leschetizky, Josef Ludwig, * 23. 9. 1886 Wien, † 7. 5. 1951 Linz (OÖ.), Opern- und Konzertdirigent; Großneffe von Theodor → Leschetizky. Ab 1946 Opernchef des Linzer Landestheaters.

Werke: Opern (Die Perle von Arasthan, 1909), Märchenspiele, Lieder, symphon. Dichtung (Das Fest auf Solhaug).

Leschetizky, Theodor, * 22. 6. 1830 Lancut (PL), † 14. 11. 1915 Dresden (D), Pianist und Klavierpädagoge; Großonkel von Josef Ludwig → Leschetizky. Ab 1840 in Wien, Schüler von C. → Czerny und S. → Sechter; einer der wichtigsten Vertreter der Wr. Klavierschule und Begründer der russ. Pianistenschule (Schüler: u. a. A. Schnabl, I. Paderewski, E. Ney, M. Hambourg, I. Friedmann).

Literatur: M. Prentner, The L. Method, 1903; E. Newcomb, L. as I Knew Him, 1921; C. Schonberg, Die großen Pianisten, 1967; ÖBL; NDB.

Leser, Ludwig, * 11. 8. 1890 Neufeld a. d. Leitha (Bgld.), † 30. 10. 1946 ebd., Politiker (SPÖ). Bereits in W-Ungarn polit. tätig, 1922 in die Landesverwaltungsstelle des Bgld. entsandt, bis 1934 Landeshauptmann-Stellv.; hatte 1945 wesentl. Anteil an der Wiedererrichtung des Bgld. und dessen erster provisor. Landeshauptmann (1. 10. 1945 bis 4. 1. 1946).

Literatur: G. Schlag, Bgld., Biographien, 1991; ÖBL.

Leser, Norbert, * 31. 5. 1933 Oberwart (Bgld.), Jurist und Politologe. Theoretiker des ö. Sozialismus; erster Ordinarius für Politikwiss. in Ö. (1971–80, Univ. Salzburg). Seit 1980 Univ.-Prof. für Sozialphilosophie in Wien. Weiterer Forschungsschwerpunkt: ö. Geistesgeschichte (Leiter eines L.-Boltzmann-Inst.).

Werke: Zw. Reformismus und Bolschewismus. Der Austromarxismus als Theorie und Praxis, 1968; Die Odyssee des Marxismus, 1971; Genius Austriacus, 1986; Salz der Ges. – Wesen und Wandel des ö. Sozialismus, 1988; Von Leser zu Leser, 1992; Ö. polit. Symbole, 1994 (Hg.); Elegie auf Rot, ²1998; „… auf halben Wegen und zu halber Tat …". Polit. Auswirkungen einer ö. Befindlichkeit, 2000. – Literatur: N. L., Bibliographie zu seinem 50. Geburtstag, hg. v. G. Rundel, 1983; Zw. Austromarxismus und Katholizismus, Festschrift zum 60. Geburtstag, 1993.

Lesky, Albin, * 7. 7. 1896 Graz (Stmk.), † 28. 2. 1981 Innsbruck (Ti.), klass. Philologe; Ehemann von Erna → Lesky. 1936 Univ.-Prof. in Innsbruck, ab 1949 in Wien, 1963/64 Rektor der Univ. Wien, 1969–70 Präs. der Ö. Akad. d. Wiss., maßgeblich an der Erhaltung der humanist. Gymnasien beteiligt. Forschungsschwerpunkte: griech. Tragödie und Zusammenhänge von Drama und Mythos.

Werke: Geschichte der griech. Literatur, 1957/58; Gesammelte Schriften, Aufsätze und Reden, 1966. – Literatur: NDB.

Lesky, Erna (geb. Klingenstein), * 22. 5. 1911 Hartberg (Stmk.), † 28. 11. 1986 Wien, Medizinhistorikerin; Ehefrau von Albin → Lesky. Ab 1957 Univ.-Prof., ab 1960 Vorstand des Inst. f. Geschichte der Medizin in Wien. Machte sich bes. um die Darstellung der Wr. Medizin und Wr. Ärzte im 19. Jh. verdient.

Werke: Arbeitsmedizin im 18. Jh., 1956; Die Wr. geburtshilflich-gynäkolog. Schule, 1961; Die Wr. Medizin. Schule im 19. Jh., 1965; G. van Swieten und seine Zeit, 1972 (mit A. Wandruszka). – Literatur: H. Wyklicky (Hg.), E. L. zum 75. Geburtstag, Wr. Klinische Wochenschrift 98, 1986.

Lessiak, Primus, * 5. 3. 1878 Köttmannsdorf (Kä.), † 26. 1. 1937 St. Martin b. Klagenfurt (Kä.), Sprachforscher. 1906 Univ.-Prof. in Freiburg (CH), 1911 in Prag und 1920 Würzburg (D), ab 1921 vollständig gelähmt; bahnbrechend in der Dialektgeographie und der polyglotten Namenkunde. Hg. derZtschr. f. dt. Dialektforschung „Teuthonista". Sein Werk wurde von seinem Schüler E. → Kranzmayer fortgesetzt.

Werk: Beiträge zur Geschichte des dt. Konsonantismus, 1933. – Literatur: ÖBL; NDB.

Lessing, Erich, * 13. 7. 1923 Wien, Fotograf. Emigrierte 1939 nach Palästina, Reporter der engl. Armee, kehrte 1947 zurück, arbeitete für die Nachrichtenagentur Associated Press, für Magazine und Illustrierte („Magnum", „Life"). Dokumentierte bes. den Wiederaufbau in Ö., die Zeit vor und nach dem Staatsvertrag sowie den Ungarn-Aufstand 1956; weitere Schwerpunkte seiner Arbeit sind antike Kunst, Orient und künstler. Originaldokumente. Großer Ö. Staatspreis 1997.

Literatur: Meine ersten 50 Jahre, Ausst.-Kat., Neue Galerie der Stadt Linz, 1995.

Leube, Kurt R., * 27. 6. 1943 Salzburg, Wirt.-Wissenschaftler. War einer der engsten Schüler von Friedrich August → Hayek; leitet seit 1984 das „International Masters Program in Austrian Economics" an der California State University, Hayward. 1993 Mitbegründer des „Int. Inst. Ö. Schule der Nationalökonomie" (Wien, Stanford). Beschäftigt sich mit der Ideengeschichte und wirt.-polit. Grundsatzfragen von Transformationsgesellschaften.

Leupold-Löwenthal, Harald, * 6. 8. 1926 Wien, Psychiater und Neurologe. 1967–73 Sekr. und 1974–81 Vorsitzender der Wr. Psychoanalyt. Vereinigung; 1971 Einrichtung des S.-Freud-Museums in Wien, 1976–98 Präs. der S.-Freud-Ges. in Wien, ab 1982 Univ.-Doz. an der Univ. Wien.

Werke: Hb. der Psychoanalyse, 1986; Der Laie, 1990; Wien und die Fremden, 1992; Sigmund-Freud-Museum, 1994 (Hg.); Ein unmöglicher Beruf, 1997. – Literatur: Der psychoanalyt. Prozeß, Festschrift zum 70. Geburtstag von H. L.-L., 1996.

Leuthner, Karl, * 12. 10. 1869 Padochau (Padochov, CZ), † 8. 5. 1944 Wien, Journalist, soz.-dem. Politiker. 1895–1934 Redakteur der „Arbeiterzeitung" für Außen- und Militärpolitik. 1911–18 Mitgl. des Abgeordnetenhauses, 1918–19 Mitgl. der Provisor. Nationalversammlung, 1919–20 Mitgl. der Konstituierenden Nationalversammlung, 1920–34 Abg. z. NR. L. gehörte zum rechten Flügel der Soz.-dem. Arbeiterpartei.

Literatur: ÖBL; NDB.

Levitschnigg von Glomberg, Heinrich, * 25. 9. 1810 Wien, † 24. 1. 1862 ebd., Schriftsteller. 1830–34 Offizier; ab 1837 Mitarbeiter bei der „Wiener Zeitung" und der Ztschr. „Der Humorist" von M. G. → Saphir. Gründete 1861 die Ztschr. „Der Zeitgeist".

Werke: West-Östlich, 1846; Der Tannhäuser, 1852 (Musik von F. v. Suppé); Der Diebsfänger, 1860; Turandot, 1860; Wien, wie es war und ist, 1860; Leyer und Schwert, 1864. – Literatur: ÖBL.

Lewinsky, Josef, * 20. 9. 1835 Wien, † 27. 2. 1907 ebd., Hofschauspieler, Regisseur, Schriftsteller. 1858–1907 am Wr. Burgtheater (Antrittsrolle: Franz Moor); Charakterdarsteller (v. a. Intriganten, aber auch kom. Rollen und Volksstücke); ab 1870 auch als Regisseur tätig; hervorragende Sprechtechnik, einer der besten Rezitatoren seiner Zeit.

Josef Lewinsky. Lithographie von J. Kriehuber, 1858.

Werk: Kleine Schriften dramaturg. und theatergeschichtl. Inhalts, 1910. – Literatur: H. Richter, J. L., 1926; H. K. Schmidt, J. L. (1835–1907), Diss., Wien 1968; ÖBL; NDB.

Matthias von Lexer. Foto.

Lexer, Matthias von, * 18. 10. 1830 Liesing (Kä.), † 16. 4. 1892 Nürnberg (D), Germanist und Lexikograph, Univ.-Prof. in Deutschland.

Werke: Kärntisches Wörterbuch, 1862; Mhd. Handwörterbuch, 3 Bde., 1869–78; Über Walther von der Vogelweide, 1873; Mhd. Taschenwörterbuch, 1879 (³⁸1992). – Literatur: ÖBL; NDB.

Leykam, Andreas, * 1752 (?) Mainz (D), † 12. 11. 1826 Graz (Stmk.), Buchdrucker. Lernte bei J. T. v. → Trattner in Wien, gründete 1781 eine Druckerei in Graz, kaufte 1793 die Leuzendorfer Papiermühle und erweiterte die Druckerei und den Verlag. Die Nachfolgefirmen existieren noch heute (Leykam AG).

Lhotsky, Alfons, * 8. 5. 1903 Wien, † 21. 6. 1968 ebd., Historiker. 1938 am Kunsthist. Museum, ab 1946 Prof. für ö. Geschichte an der Univ. Wien, 1960–68 Präs. des Instituts für Österreichkunde.

Werke: Festschrift des Kunsthist. Museums, 2 Bde., 1941/45 (Baugeschichte und Geschichte der Sammlungen); Privilegium maius, 1957; Thomas Ebendorfer, 1957; Ö. Historiographie, 1962; Quellenkunde zur ma. Geschichte Ö., 1963; Umriß einer Geschichte der Wissenschaftspflege in NÖ., 1964; Die Wr. Artistenfakultät, 1965; Geschichte Ö. seit der Mitte des 13. Jh. (1281–1358), 1967; Cronica Austriae, 1967 (Hg.); Gesammelte Aufsätze, 5 Bde., 1970–76. – Literatur: Nachruf von E. Zöllner in MIÖG 76, 1968; NÖB; NDB.

Lhotsky, Georg, * 6. 2. 1937 Troppau (Opava, CZ), Fernseh- und Filmregisseur. Sein Film „Moos auf den Steinen" (1968) war durch die Schwarzweiß- und Farbfilmkombination und Kameraführung W. Kindlers ein wesentlicher innovativer Ansatz für das ö. Filmschaffen. Arbeiten für Fernsehen, Film, u. a. „Schatten und Licht" (1977, Regie) und „Giulia Super" (1993, Produzent) und das Theater.

Robert von Lieben. Foto.

Liaunig, Herbert, * 11. 6. 1945 Radenthein (Kä.), Unternehmer. Gründete 1989 die bis 2001 bestehende Auricon Beteiligungs AG, der die Jenbacher AG, die Austria Email AG, die Auricon Immobilien GmbH und die Waagner-Biro Binder AG angehörten, die ihrerseits Beteiligungen an ö. und ausländ. Unternehmen hielten.

Lichal, Robert, * 9. 7. 1932 Wien, Jurist und Politiker (ÖVP). 1976–79 Mitgl. d. BR, 1979–87 Abg. z. NR und 1979–85 Sicherheitssprecher der ÖVP; 1987–90 BMin. f. Landesverteidigung; 1990–94 Abg. z. NR und 2. Präs. d. NR.

Andreas von Liebenberg. Stich von M. von Sommerer, 1680.

Lichnowsky, böhmische Adelsfamilie. Johann von Woschütz, Oberlandrichter im Fürstentum Jägerndorf (Schlesien), nannte sich 1491 nach seinem Besitz Lichen (Lichnow) Lichnowsky. Die Familie wurde 1727 in den böhm. Grafenstand, 1773 in den preuß. und 1846 in den ö. Fürstenstand erhoben. Zur Familie gehörten u. a.: Carl Fürst L. (1761–1814), Mäzen L. van → Beethovens; Eduard Fürst L. (1789–1845), Verfasser einer „Geschichte des Hauses Habsburg" (8 Bde., 1836–44, mit wertvollen Regesten); Felix Fürst L. (1814–48), Mäzen F. → Liszts; und Robert Graf L. (1822–79), Domherr in Olmütz.

Literatur: ÖBL; NDB.

Lichtblau, Ernst, * 24. 6. 1883 Wien, † 8. 1. 1963 ebd., Architekt. 1902–05 Schüler von O. → Wagner an der Akad. d. bild. Künste in Wien; Prof. an der Höheren Staatsgewerbeschule in Wien; 1939 Emigration in die USA, wo er 12 Jahre lang an der Rhode Island School of Design (New York) unterrichtete. L. entwickelte sich, anfangs noch vom Jugendstil geprägt, zu einem Hauptvertreter der klass. Moderne.

Werke: Wohnhaus Linzackergasse, Wien 12, 1913; Wohnhaus Wattmanngasse, Wien 13, 1914; Julius-Ofner-Hof, Wien 5, 1926; Paul-Speiser-Hof, Wien 21, 1929–32 (mit L. Bauer u. H. Glaser); Doppelhaus Werkbundsiedlung, Wien 13, 1930–32; Hauptschule Grundsteingasse, Wien 16, 1962–63 (mit N. Schlesinger). – Literatur: Magistrat der Stadt Wien (Hg.), Architektur in Wien, 1984; F. Borsi u. E. Godoli, Wr. Bauten der Jahrhundertwende, 1985; F. Achleitner, Ö. Architektur im 20. Jh., Bd. III/1, Wien 1.–12. Bez., 1990; A. Sarnitz, E. L., 1994.

Lichtenberger, Elisabeth, * 17. 2. 1925 Wien, Geographin. 1968–70 Prof. in Kent State, Ohio und Ottawa; 1972–95 Univ.-Prof. in Wien, 1984–88 Obfrau der Kommission für Raumforschung, 1989–92 geschäftsführende Direktorin des Inst. für Stadt- und Regionalforschung der Ö. Akad. d. Wiss. Zahlr. Publikationen zur Hochgebirgs-, Großstadt- und vergleichenden Kulturforschung, zu Theorien und Methoden der Stadt- und Regionalforschung. Ö. Ehrenzeichen f. Wiss. u. Kunst 1999.

Werke: Wien. Bauliche Gestalt und Entwicklung seit Mitte des 19. Jh., 1966 (mit H. Bobek); Gastarbeiter – Leben in 2 Gesellschaften, 1984; Stadtgeographie, 1986; Stadtverfall und Stadterneuerung, 1990; Wien – Prag. Metropolenforschung 1993; Gelebte Interdisziplinarität, 1995; Österreich, 1997; Austria. Society and Regions, 2000.

Lieben, Adolf, * 3. 12. 1836 Wien, † 6. 6. 1914 ebd., Chemiker; Onkel von Robert v. → Lieben. Studierte in Wien und Heidelberg, 1863–71 Lehraufträge in Italien, danach in Prag; 1875–1906 Univ.-Prof. für Chemie in Wien. Gründete mit L. → Barth zu Barthenau die „Monatshefte für Chemie". Arbeitete v. a. über organ. Chemie (aliphatische Oxoverbindungen) und entdeckte die nach ihm benannte L.'sche Jodoform-Reaktion.

Werk: Über die Condensation der Aldehyde, 1901. – Literatur: Z. J. Skraup (Hg.), A. L. zum 50jähr. Doktorjubiläum, 1906; ÖBL; NDB.

Lieben, Robert von, * 5. 9. 1878 Wien, † 20. 2. 1913 ebd., Physiker und Erfinder; Neffe von Adolf → Lieben. Erfand 1905/06 die nach ihm benannte Verstärkerelektronenröhre mit magnet. Steuerung und 1910 eine Glühkathodenröhre mit Gittersteuerung (Triode), die beide für die weitere Entwicklung der Radio- und Telefontechnik grundlegend waren.

Literatur: ÖBL; NDB.

Liebenberg, (Johann) Andreas von, * 29. 11. 1627 Wien, † 9. 9. 1683 ebd., Bürgermeister von Wien. Ab 1652 Registrator, ab 1653 Leiter der städtischen Kanzlei, 1678–80 Stadtrichter und ab 1680 Bürgermeister von Wien. Erwarb sich im Pestjahr 1679 große Verdienste bei der Seuchenbekämpfung. Während der 2. Türkenbelagerung leitete er die Verteidigung der Stadt. Denkmal vor der Mölker Bastei (1890).

Literatur: M. Altfahrt, Bürgermeister J. A. L., Ausst.-Kat., Wien 1983.

Liebeneiner, Wolfgang, * 6. 10. 1905 Liebau (Lubawka, PL), † 28. 11. 1987 Wien, Schauspieler, Regisseur, Drehbuchautor; Ehemann von H. → Krahl. 1928 Schauspieldebüt an den Münchner Kammerspielen; 1930–37 mit H. Hilpert und G. Gründgens an verschiedenen Berliner Theatern, erste Regiearbeiten. Danach Filmregie, 1937 Leiter der künstlerischen Fakultät der Reichsfilmakad. Babelsberg und 1942–45 Produktionsleiter der Ufa. Nach 1945 kurzes Arbeitsverbot, danach Regisseur an den Hamburger Kammerspielen. Ab 1956 auch am Theater in der Josefstadt und nach 1964 am Burgtheater. Ab 1962 Opernregie in Wien, Zürich, Düsseldorf, Kassel und Gelsenkirchen; Fernsehserie „Die Abenteuer des braven Soldaten Schwejk" (1970–72 mit F. → Muliar).

Werke: Filmregie: Der Mustergatte, 1937; Liebe 47, 1949; Die Trapp-Familie, 1956.

Liebitzky, Emil, * 5. 10. 1892 Dux (Duchcov, CZ), † 12. 4. 1961 Wien, Berufssoldat und Militärdiplomat. 1930 Adjutant des Heeresministers C. → Vaugoin; 1933–38 Militärattaché in Rom, wo er mit B. Mussolini bes. enge Kontakte pflegte und den „ital. Kurs" Ö. weitgehend bestimmte. Arbeitete in der im Nov. 1944 gebildeten Widerstandsbewegung O5 mit. Nach 1950 bei der Aufstellung der B-Gendarmerie beteiligt, 1955 Leiter des Amts für Landesverteidigung und entscheidend am Neuaufbau des Bundesheeres bis 1958 beteiligt.

Literatur: W. Blasi, „Hochverehrter Herr Bundeskanzler …" Leben und Wirken des Generals Ing. Dr. E. L., Dipl.-Arb., Wien 2000; NDB.

Liebscher, Klaus, * 12. 7. 1939 Wien, Bankdirektor. Trat 1968 in die Genossenschaftl. Zentralbank ein und wurde 1977 Vorstandsmitglied, 1988–95 Gen.-Dir. der nunmehrigen Raiffeisen Zentralbank Österreich AG und Präs. der Wr. Börsekammer. 1995–98 Präs. der Oesterr. Nationalbank, seit 1998 deren Gouverneur.

Liechtenstein, Fürstenfamilie von und zu, benannt nach der bis ins 13. Jh. (und wieder seit 1807) im Besitz der Familie befindlichen Burg Liechtenstein bei Mödling (urk. 1140 Hugo von L.), erwarb im 13. Jh. Güter in der Stmk. (Linie Murau, aus der der Minnesänger → Ulrich von Liechtenstein stammte, 1619 ausgestorben) und ab 1249 Nikolsburg (Mikulov) in Mähren (reicher Besitz bis 1945). Vom 13. bis zum 15. Jh. waren Mitglieder der Familie Inhaber von Hofämtern (Johann I., † 1397, Hofmeister Hzg. Albrechts III., 1394 des Hochverrats beschuldigt und sämtl. Lehen enthoben). Zu Beginn des 16. Jh. teilte sich die Familie in 3 Linien, von denen nur die Feldsberger überdauerte. Der Aufstieg setzte mit den Brüdern Karl I. Fürst → Liechtenstein, Maximilian (1578–1643) und Gundackar (1580–1658, von dem alle lebenden Mitglieder abstammen) ein. 1606 wurde ein Familienfideikommiss errichtet und in Mähren umfangreicher Besitz erworben. 1719 wurden die 1699 bzw. 1712 erworbenen Herrschaften Schellenberg und Vaduz unter Anton Florian L. (1656–1721) zum Reichsfürstentum erhoben. Im 18. Jh. war sein Neffe Joseph Wenzel Fürst → Liechtenstein als Diplomat und Heerführer bedeutend, 1772 erhielt das Haus umfangreichen Grundbesitz im Raum Prag. Franz Joseph I. (1726–1781), sein Sohn Alois I. (1759–1805) und dessen Bruder Johann I. Joseph Fürst → Liechtenstein waren wirt. und kulturell tätig. Johannes II. Fürst → Liechtenstein unterstützte kunstgeschichtl., archäolog. und hist. Forschungen sowie karitative Aktivitäten. Politisch betätigten sich Alfred Prinz → Liechtenstein und dessen Bruder Aloys Prinz → Liechtenstein.

Mit dem Untergang der Monarchie änderte sich die Rolle der Familie grundlegend und konzentrierte sich auf die Regentschaft im Fürstentum Liechtenstein und die Verwaltung des Vermögens. Das angestammte verlorene Vermögen (in der Tschechoslowakei 1919 und 1945) wurde v. a. durch die 1921 gegr. Bank in Liechtenstein AG wieder ergänzt. In Ö. verfügt die Familie über Waldbesitz in der Stmk. (mit Pflanzenaufzucht bis Erzeugung von Massivholzplatten), einen der größten Landwirtschaftsbetriebe in NÖ. (Weingüter) und Hausbesitz in Wien.

Das Majoratshaus, Wien 1, Bankgasse 9 (Wr. Residenz des Fürsten), ein vierflügeliges, viergeschossiges Bauwerk um einen großen Innenhof, nach Plänen von D. Martinelli erbaut, wurde 1694 gekauft, 1836–47 wurden der Ballsaal und die Salons im 2. Stockwerk ausgebaut. Heute beherbergt es Büros und Wohnungen. Das Sommerpalais in der Roßau, Wien 9, Fürstengasse 1, wurde nach Plänen von D. E. Rossi 1691–94 begonnen und mit Abänderungen von D. Martinelli nach 1700 fortgeführt, die Nebengebäude wurden bis 1711 fertig gestellt; Festsaal mit Deckengemälde „Apotheose des Herkules" (1704–08) von A. Pozzo; 1979–2000 Museum moderner Kunst.

1938 trat Fürst Franz Josef II. (1906–1989) die Regierung an und nahm seinen Wohnsitz in Vaduz, sein Sohn Fürst Hans Adam II. (* 1945) setzt diese Tradition fort.

Literatur: J. v. Falke, Geschichte des fürstl. Hauses L., 3 Bde., 1984; E. Oberhammer, Der ganzen Welt ein Lob und Spiegel. Das Fürstenhaus L. in der frühen Neuzeit, 1990; G. Schöpfer, Klar und fest – Geschichte des Hauses L., [2]1996; F. Smola, Die fürstlich Liechtenstein'sche Kunstsammlung, Diss., 2 Bde., Wien 1998; NDB.

Liechtenstein, Alfred Prinz, * 11. 6. 1842 Prag (CZ), † 8. 10. 1907 Schloss Frauenthal (Gem. Deutschlandsberg, Stmk.), kath.-konservativer Politiker; Bruder von Aloys Prinz → Liechtenstein, Cousin von Johannes II. Fürst → Liechtenstein. 1879 Reichsratsabg., gründete 1883 den dt.-klerikalen L.-Klub.

Literatur: ÖBL; NDB.

Liechtenstein, Aloys Prinz, * 18. 11. 1846 Prag (CZ), † 25. 3. 1920 Wien, Politiker und Sozialreformer („der rote Prinz"); Bruder von Alfred Prinz → Liechtenstein, Cousin von Johannes II. Fürst → Liechtenstein. Gegner des Liberalismus, 1878–89 als Kath.-Konservativer im Reichsrat (1881 Mitglied, 1888/89 Obmann des konservat. Zentrum-Klubs). Ab 1875 Kontakte zu K. v. → Vogelsang, ab 1887 zu K. → Lueger, schloss sich 1891 der Christl.-soz. Partei an, vertrat sie bis 1911 im Reichsrat; 1906–18 Landmarschall von NÖ.; arbeitete 1896–1907 am Zusammenschluss der Konservativen mit den Christl.-Soz., wurde nach Luegers Tod 1910 Obmann der Christl.-soz. Partei, legte 1918 alle Ämter nieder.

Werke: Über Interessenvertretung im Staat, 1877; Die soz. Frage, 1877; Ö.-Ungarns äußere Politik, 1916; Ö. neue polit. Organisation, 1916. – Zahlr. Artikel in Ztschr. (1918–20 in „Das Neue Reich"). – Literatur: M. Banauch, Prinz A. von und zu L. Stationen im Leben eines ungewöhnl. Politikers, Dipl.-Arb., Wien 1997; NÖB; ÖBL; NDB.

Liechtenstein, Johannes II. Fürst, * 5. 10. 1840 Eisgrub (Lednice, CZ), † 11. 2. 1929 Feldsberg (Valtice, CZ), Regierender Fürst von Liechtenstein; Cousin von Alfred Prinz → Liechtenstein und Aloys Prinz → Liechtenstein. Führte die Überleitung des Fürstentums, das er ab 1858 regierte, von Ö. auf die Schweiz durch, ordnete und erweiterte die L.-Gemäldegalerie in Wien, ließ Burg L. in NÖ. und Fischhorn in Sbg. restaurieren und im Wr. Palais (Wien 9) durch H. v. → Ferstel anstelle des Gartenbelvederes einen Neubau errichten. Baute die Gartenanlagen in Eisgrub (Lednice, CZ) aus. Bed. Mäzen.

Literatur: G. Schöpfer, Klar und fest. Geschichte des Hauses L., [2]1996; NÖB; ÖBL; NDB.

Liechtenstein, Johann I. Joseph Fürst, * 26. 6. 1760 Wien, † 20. 4. 1836 ebd., Feldmarschall. Kämpfte 1788–91 im Türkenkrieg, 1792–1809 gegen die Franzosen (1799 Sieg an der Trebbia), erhielt nach dem Rücktritt von Erzhzg. → Karl den Oberbefehl, verhandelte die Friedensschlüsse von Pressburg 1805 und Schönbrunn 1809. Wegen folgender Ungnade quittierte er den Dienst. 1807 erwarb er die Feste Liechtenstein und erbaute den Husarentempel in Mödling.

Literatur: O. Criste, Feldmarschall J. Fürst v. L., 1905; NDB.

Liechtenstein, Joseph Wenzel Fürst, * 9. 8. 1696 Prag (CZ), † 10. 2. 1772 Wien, Feldmarschall. Kämpfte 1716–18 gegen die Türken und 1733–34 im Poln. Thronfolgekrieg; 1735 Gesandter in Berlin und 1737–40 in Paris. Im Ö. Erbfolgekrieg 1745 Oberbefehlshaber in Italien (16. 6. 1746 Sieg bei Piacenza); reorganisierte ab 1744 als Gen.-Dir. der gesamten ö. Artillerie teils auf eig. Kosten das Geschützwesen und finanzierte den Druck der wichtigsten Handbücher der Artillerie. Holte 1760 Isabella (1. Gattin Josephs II.) aus Parma ab und war 1764 kaiserl. Kommissar bei der Königswahl → Josephs II.

Literatur: J. C. Allmayer-Beck u. E. Lessing, Das Heer unter dem Doppeladler, 1981; NDB.

Liechtenstein, Karl I. Fürst (seit 1608), * 30. 7. 1569 Feldsberg (Valtice, CZ), † 12. 2. 1627 Prag (CZ), Staatsmann. Ab 1599 kath.; 1600–04 als Obersthofmeister (bis 1607) für die Außenpolitik Ks. → Rudolfs II. verantwortlich, trat dann auf die Seite von Erzhzg. → Matthias (der ihn am 20. 12. 1608 zum Fürsten erhob) über, hatte bis 1612 großen Einfluss und wurde dann von M. → Klesl verdrängt. Er nahm für → Ferdinand II. Partei, der ihn 1620 als Statthalter und Vizekönig mit der Neustrukturierung Böhmens beauftragte (Exekution der Ständemitglieder am 21. 6. 1622 in Prag), und erhielt die Herzogtümer Troppau, Jägerndorf und weitere Güter in Mähren.

Literatur: H. Haupt, Fürst K. v. L., Edition und Quellen aus dem Liechtensteinschen Hausarchiv, 2 Bde., 1983; NDB.

Charles Joseph Fürst von Ligne. Schabblatt von P. Pilcher.

Liegler, Leopold (Pseud.: Ulrik Brendel), * 30. 6. 1882 Wien, † 9. 10. 1949 ebd., Schriftsteller, Literaturhistoriker und -kritiker. 1899–1913 Beamter im Finanzmin., danach Buchhalter in der Ö. Akad. d. Wiss. in Wien. Veröffentlichte literaturkrit. Artikel in L. v. Fickers „Brenner"; Hg. der Reihe „Stimme aus Ö."; veröffentlichte 1925 „Ausgewählte Werke" von J. → Nestroy. Freund von K. → Kraus.

Weitere Werke: K. Kraus und die Sprache, 1918; K. Kraus und sein Werk, 1920; Zu Goethes Lyrik, 1932. – Literatur: ÖBL; NDB.

Liesganig, Joseph, * 13. 2. 1719 Graz (Stmk.), † 4. 3. 1799 Lemberg (Lwíw, UA), Mathematiker, Geograph und Geodät. 1756–73 Präfekt der Sternwarte des Wr. Jesuitenkollegiums, 1759 mit der Ausmessung des Wr. Meridians auf der Grundlage der Wr. Neustädter Basis beauftragt, über dessen Endpunkten Steinmonumente errichtet wurden. Der ersten Basisvermessung (1762) folgte die zweite ab 1763, deren Grundlinie (Marchfeldbasis) zw. Seyring und Glinzendorf lag. Später Vermessungen in Ungarn (1769), Galizien und Lodomerien (1772–74), ab 1785 Leitung der Arbeiten für den Josephin. Kataster in Galizien.

Literatur: NDB.

Fred Liewehr (sitzend, neben ihm Walther Reyer) in „Die Gespenstersonate" von A. Strindberg. Akademietheater, Wien, 1988. Foto.

Liessmann, Konrad Paul, * 13. 4. 1953 Villach (Kä.), Philosoph, Publizist. Studierte in Wien, wo er seit 1995 Univ.-Prof. ist; seit 1980 als Publizist tätig. Ö. Staatspreis für Kulturpublizistik 1996.

Werke: Günther Anders, 1988; Ästhetik der Verführung, 1991; Karl Marx 1818–89, 1992; Der Aufgang des Abendlandes, 1994; Vorlesungen zur Einführung in die Philosophie, 2 Bde., 1997/98.

Liewehr, Fred, * 17. 6. 1909 Neutitschein (Novy Jičín, CZ), † 19. 7. 1993 Wien, Kammerschauspieler; Ehemann von M. → Rohs. Von M. → Reinhardt 1931 als Eleve an das Theater in der Josefstadt engagiert, ab 1933 am Burgtheater (1969 Ehrenmitglied, 1981 Doyen). L. verkörperte in rd. 8000 Auftritten 260 Rollen vom jugendl. Klassikerhelden bis zum reifen Charakterdarsteller (u. a. Romeo, Götz von Berlichingen, Marquis Posa, Mortimer). Ab 1949 auch an der Volksoper (u. a. 1956 Petrucchio in „Kiss me Kate"; Ehrenmitglied). Trat auch bei den Sbg. Festspielen auf und war 30 Jahre Lehrer am Reinhardt-Seminar; Film- und Fernsehtätigkeit.

György Ligeti. Foto.

Ligeti, György, * 28. 5. 1923 Diciosanmartin (RO), Komponist. Kam 1956 nach Ö., seit 1967 ö. Staatsbürger. Freischaffender Komponist, daneben zahlr. Lehraufträge (Darmstadt, Stanford, Stockholm, Hamburg). Zählt zu den führenden Komponisten der Moderne. Seine stilist. Entwicklungen wirkten Schule bildend und vorbildhaft für eine ganze Generation von Komponisten. Sein Stil ist durch starke Chromatik und Clusterbildungen gekennzeichnet, oft unter Einsatz von Elektronik. L. beschritt neue Wege der Komposition gegenüber dem post-webernschen Serialismus. Ehrenzeichen f. Wiss. u. Kunst 1987, Großer Ö. Staatspreis 1990.

Werke: Oper: Le Grand Macabre, 1978 (revidierte Fassung 1997). – Apparitions, 1960; Atmosphères, 1961; Aventures, 1963; Requiem 1965; Nouvelles Aventures, 1966; Lux aeterna, 1966; Lontano, 1967; Doppelkonzert f. Flöte, Oboe u. Orchester, 1972; Klavierkonzert, 1988; Violinkonzert, 1990. – Orchesterwerke, Kammermusik, Konzerte; theoret. Schriften. – Literatur: P. Michel, G. L., 1985; H. Saabe, Studien zur kompositorischen Phänomenologie: G. L., 1987; W. Burde, G. L. Eine Monographie, 1993; U. Dibelius, G. L. Eine Monographie in Essays, 1994; C. Floros, G. L. Jenseits von Avantgarde und Postmoderne, 1996; R. Toop, G. L., 1999.

Ligne, Charles Joseph Fürst von, * 23. 5. 1735 Brüssel (B), † 13. 12. 1814 Wien, Diplomat und Offizier. Ab 1755 in ö. Diensten, 1808 Feldmarschall. Zeichnete sich im Siebenjährigen Krieg, im Bayerischen Erbfolgekrieg und gegen die Türken aus. Nach dem Frieden von Teschen (1779) als Diplomat in verschiedenen europ. Ländern. Mit bedeutenden Vertretern der Aufklärung, wie Voltaire, J. J. Rousseau, J. W. v. Goethe, C. M. Wieland, Zarin Katharina II. und Kg. Friedrich II. von Preußen, im Briefwechsel. L. war geistvoll und charmant und galt als „Wiens letzter Kavalier des Rokoko" und „Maître-de-plaisir des Wr. Kongresses". Er prägte das Bonmot „der Kongress tanzt, aber er geht nicht weiter" („Le congrès danse beaucoup, mais il ne marche pas"). Sein Grab ist auf dem Friedhof am Kahlenberg, den er für die Wr. Ausflügler zu erschließen half.

Ausgaben: Melanges militaires, littéraires et sentimentaires, 30 Bde., 1795–1811; Œuvres posthumes, 6 Bde.,1817. – Literatur: G. Elbin (Hg.), C. J. de L. Literat und Feldmarschall, 1979; G. u. M. Englebert, C. J. Fürst de L., Ausst.-Kat., Albertina, Wien 1982; NDB.

Lind, Jakov (eigentlich J. Landwirt), * 10. 2. 1927 Wien, Schriftsteller. Flüchtete 1938 vor den Nat.-Soz., lebte ab 1943 unter einem Decknamen wieder in Deutschland. 1945 Emigration nach Palästina, wo er mit dem Verfassen von Kurzgeschichten beginnt. Anfang der 50er-Jahre Rückkehr nach Wien und Studium am Reinhardt-Seminar, 1954 Übersiedlung nach London, 1965–75 Gastprof. für Creative Writing an verschiedenen amerikan. Univ. Schreibt seit Ende der 60er Jahre Erzählungen, Romane, Stücke und Hörspiele in engl. Sprache. Zentrale Themen seiner Werke sind das Überleben des und das Leben nach dem Holocaust sowie jüd. Selbstverständnis.

Werke: Romane: Landschaft in Beton, 1963; Eine bessere Welt, 1966; The Inventor, 1987 (Der Erfinder, 1988). – Autobiographisches: Counting My Steps, 1969 (Selbstportrait, 1970); Numbers, 1972 (Nahaufnahme, 1973); Crossing, 1991 (Im Gegenwind, 1997). – Literatur: Silke Hassler, Umwege zum Ehrenkreuz. Zur Rezeption von J. L., Dipl.-Arb., Wien 1998.

Lindemayr, Maurus (eigentl. Kajetan Benedikt Maximilian Lindemayr), * 17. 11. 1723 Neukirchen (OÖ.), † 19. 7. 1783 ebd., Dramatiker und Lyriker, Theologe. 1754–59 Prior des Benediktinerstifts Lambach, danach Seelsorger in Neukirchen, Begründer der oö. Mundartdichtung und wichtiger Dramatiker der ö. Aufklärung. Entwickelte die possenhaften Einlagen der barocken Ordensspiele zu derb realistischen Mundartkomödien aufklärerisch-moralisierender Tendenz. Vertonungen seiner Stücke u. a. von J. Haydn („Die reiche Ceres", 1780).

Werke: Der singende Büßer, 1768; Kurzweiliger Hochzeits-Vertrag, 1770; Der versoffene Hans, 1776; Der Teufel im Faß, 1788. – Ausgaben: Sämtl. Dichtungen in obderennsischer Volksmundart, 1822; Lustspiele und Gedichte in oö. Mundart, hg. v.

H. Anschober, 1928. – Literatur: J. Lachinger, Der oö. Mundartdichter M. L., Diss., Wien 1964.

Lindinger, Herbert, * 3. 12. 1933 Wels (OÖ.), Designer. Studierte visuelle Kommunikation und Produktgestaltung in Ulm, 1962–68 dort Dozent. Ab 1971 Prof. und Dir. des Inst. f. Industrial Design an der Univ. Hannover. Gestaltete U-Bahnen, Busse, Straßenmobiliar und Plätze in mehreren dt. Städten; internat. Tätigkeit als Ausstellungsgestalter.

Publikationen: Geschichte des Industrial Design, 1978; Urbanes Design, 1983.

Lindinger, Werner, * 25. 1. 1944 Brixlegg (Ti.), † 16. 2. 2001 Mauna Loa (Hawaii, USA; verunglückt bei der Aufstellung eines Massenspektrometers), Physiker. Studierte in Innsbruck und den USA, wiss. Laufbahn in Innsbruck, 1987–93 Vorstand des neu gegr. Inst. für Ionenphysik der Univ. Innsbruck. Bahnbrechende Entdeckungen auf dem Gebiet der Ionen-Molekül-Reaktionen und Beschäftigung mit konkreten Anwendungen seiner Forschungsergebnisse: 1985 Patentanmeldung über ein Verfahren zur Messung von Luftverunreinigungen, 1995 Erfindung des Protonentransferreaktions-Massenspektrometers (PTR-MS) zur Untersuchung von Luftströmungen in der Klimaforschung. 1997 E.-Schrödinger-Preis der Ö. Akad. d. Wiss.

Lindner, Johannes, * 22. 11. 1896 Moosburg (Kä.), † 3. 12. 1985 ebd., Lyriker und Erzähler. 1945–48 Kulturreferent der Kä. Landesregierung; veröffentlichte seine expressionist. und tendenziell einem christl.-pantheistischen Weltbild verpflichteten (Mundart-) Gedichte und Erzählungen meist in Zeitungen, Ztschr., Anthologien und Privatdrucken. Wegbereiter der Moderne in Kä.

Werke: Gott Erde Mensch, 1920; Welt in einer Handvoll Staub, 1969. – Ausgabe: Das dichterische Werk, hg. v. K. Adel, 1990. – Literatur: H. Haselbach, J. L., in: Die Landeshauptstadt Klagenfurt, Bd. 2, 1970.

Lindner, Robert, * 19. 6. 1910 Wien, † 6. 6. 1967 ebd., Kammerschauspieler (1963). Ab 1934 am Kabarett ABC, dann an verschiedenen Provinzbühnen. Engagements: 1938–45 Dt. Volkstheater in Wien, 1946–52 Kammerspiele und Theater in der Josefstadt, 1953–67 Burgtheater (v. a. im Rollenfach des kultivierten Lebemanns, z. B. A. Schnitzlers „Anatol", H. v. Hofmannsthals „Der Schwierige"). Hörfunk-, Fernseh- und Filmtätigkeit.

Literatur: C. Roither, R. L. Eine Biographie, Diss., Wien 1970.

Lindtberg, Leopold (eigentl. L. Lamberger), * 1. 6. 1902 Wien, † 18. 4. 1984 Sils-Maria (CH), Schauspieler und Regisseur. 1922 Schauspieldebüt in Berlin, ab 1926 Regiearbeiten. Gehörte zur Avantgarde des geistig-polit. orientierten Theaters. 1933 Emigration in die Schweiz, 1933–45 Regisseur am Züricher Schauspielhaus, danach ständiger Gastregisseur und Ehrenmitgl. des Wr. Burgtheaters. Inszenierungen von Klassiker-Zyklen (Shakespeares Königsdramen), aber auch Erstaufführungen (u. a. H. v. Hofmannsthals „Der Turm", Werke von J. Anouilh und A. Camus). 1963/64 Prof. am Reinhardt-Seminar, 1963–65 Leiter der Filmschule an der Akad. für Musik und darstellende Kunst in Wien, 1965–68 Dir. des Schauspielhauses Zürich. Regie bei den Sbg. Festspielen („Faust", 1. u. 2. Teil); Mitverfasser von Filmdrehbüchern („Die Vier im Jeep", 1951).

Werke: Reden und Aufsätze, hg. v. C. Jauslin, 1972; Du weißt ja nicht, wie es in mir schäumt. Schriften, Bilder, Dokumente, hg. v. E. Leiser, 1985. – Literatur: E. Zabrsa (Hg.), L. L. und das Burgtheater, 1982; NDB.

Lingen, Theo (eigentl. Franz Theodor Schmitz), * 10. 6. 1903 Hannover (D), † 10. 11. 1978 Wien, (Film-) Schauspieler, Regisseur und Schriftsteller. Debütierte 1921 in Hannover, ab 1948 am Burgtheater (Charakterdarsteller v. a. im komischen Fach: W. Shakespeare, G. Hauptmann, F. Schiller, G. B. Shaw u. a.). Über 200 Filmrollen, oft mit H. → Moser (u. a. „Kleiner Mann – was nun?", 1933). Verfasste Drehbücher und Lustspiele (u. a. „So kann man sich täuschen", „Theophanes").

Werk: Ich über mich, 1964. – Literatur: W. Eser, T. L. Komiker aus Versehen, 1986; NDB.

Lingens, Peter Michael, * 8. 8. 1939 Wien, Journalist. 1970 Mitbegründer des „profil", bis 1987 dessen Chefredakteur und Hg.; 1989–93 Hg. und Mitgeschäftsführer der „Wirtschaftswoche". Von Jänner 1993 bis 1994 Mitgl. der Chefredaktion der Tageszeitung „Der Standard", 1994–96 Kolumnist dieser Zeitung; ab 1996 Gastprof. an der Europ. Journalismusakad. der Donau-Univ. Krems.

Werke: Begegnungen, 1995; Wehrloses Ö.? Neutralität oder NATO, 2000.

Lipiner, Siegfried (Salomo), * 24. 10. 1856 Jaroslau (Jaroslaw, PL), † 30. 12. 1911 Wien, Erzähler, Dramatiker, Übersetzer, Journalist. Ab 1881 Bibliothekar des Reichsrats, konvertierte 1891 zum evang. Glauben. Übersetzte das poln. Nationalepos „Pan Tadeusz" von A. Mickiewicz ins Deutsche.

Werke: Dramen: Prometheus, 1876; Renatus, 1878; Merlin, 1886; Adam Hippolytos, 1913; Der neue Don Juan, 1914. – Über die Elemente einer Erneuerung relig. Ideen in der Gegenwart, 1878; A. Mickiewicz, Poet. Werke, 1. Bd., 1882 (Hg. und Übersetzer). – Literatur: ÖBL; NDB.

Lipold, Marko Vincenc, * 19. 1. 1816 Praßberg (Mozirje, SLO), † 22. 4. 1883 Idria (Idrija, SLO), Montanist und Geologe. Ab 1849 an der Geolog. Reichsanstalt tätig, 1867 Dir. des Quecksilberbergwerks in Idria, um das er sich hohe Verdienste erwarb. Beteiligte sich an der ersten geolog. Aufnahme der Alpen.

Literatur: ÖBL.

Lipp, Wilma, * 26. 4. 1925 Wien, Kammersängerin (Sopran); Ehefrau von Rudolf → Gamsjäger. Debüt 1943, seit 1945 Mitgl. der Wr. Staatsoper, Auftritte bei den Sbg. Festspielen; 1981–95 Prof. am Mozarteum Salzburg. Internat. Gastspiele, zahlr. Plattenaufnahmen (v. a. mit K. → Böhm).

Lippert, Andreas, * 21. 4. 1942 Wien, Prähistoriker; Sohn von Georg → Lippert. 1976–91 Univ.-Prof. in Innsbruck, seit 1992 am Inst. f. Ur- und Frühgeschichte der Univ. Wien, 1992–96 Inst.-Vorstand. Erforschte bronze- und eisenzeitl. Fundstellen im Iran, in Ti., Sbg. und NÖ., befasste sich mit Fragen der Landschaftsarchäologie und des urzeitl. Erzbergbaus. Leiter der Nachgrabungen an der „Ötzi"-Fundstelle 1991/92.

Werke: Reclams Archäologieführer Ö. und S-Ti., 1985 (Hg.); Der Götschenberg bei Bischofshofen, 1992; Der Zeuge aus dem Gletscher, 1992 (mit L. Barfiedl u. E. Koller); Hochalpine Altstraßen im Raum Badgastein– Mallnitz, 1993 (Hg.).

Lippert, Georg, * 27. 1. 1908 Wien, † 14. 10. 1992 ebd., Architekt; Vater von Andreas → Lippert. Schüler von C. → Holzmeister.

Werke: Wien: Kennedy-Hof, Opernringhof, Hugo-Breitner-Hof, Kirche Wienerfeld, Adolf-Schärf-Studentenheim; Firmengebäude: Hofmann-La-Roche-Gebäude, Bundesländer-Versicherung (Uniqa), Wirtschaftskammer Ö., Austrian Airlines. – Hotel- und Industriebauten sowie Kirchen im In- und Ausland.

Lipuš, Florjan (Pseud.: B. Kostanek), * 4. 5. 1937 Lobnig (Kä.), Romancier, Erzähler, Essayist und Dramatiker. Nach einem abgebrochenen Theologiestudium Ausbildung als Lehrer und Tätigkeit an verschiedenen 2-sprach. Volksschulen, ab 1985 Leiter der Volksschule in St. Philippen (Kä.); gründete 1960 die Ztschr. „mladje", die er bis 1981 auch leitete; übersetzte mehrere dt.-sprach. Autoren (u. a. P. → Turrini, W. Borchert, B. C. Bünker) ins Slowenische.

Werke: Der Zögling Tjac, 1981; Die Verweigerung der Wehmut, 1989; Die Beseitigung meines Dorfes, 1997; Verdächtiger Umgang mit dem Chaos, 1997. – Hg.: Das slowen. Wort in Kä. (mit E. Prunc, P. Zablatnik, R. Vospernik), 1985. – Literatur: J. Strutz (Hg.), Von der Subversion des Ästhetischen, in: Profile der neueren slowen. Lit. in Kä., 1989.

Lischka, Vera, * 1. 5. 1977 Linz (OÖ.), Schwimmerin. 1996 Siegerin über 50 m Brust bei der Kurzbahn-Europameisterschaft in Rostock, ö. Rekorde über 50 m und 100 m Brust, 5. über 100 m Brust bei den Olymp. Spielen 1996 in Atlanta (bisher beste Platzierung einer ö. Schwimmerin bei Olymp. Spielen).

Franz Liszt. Anonym. Gemälde (Gesellschaft der Musikfreunde in Wien).

Lisola, Franz Paul Frh. von, * 22. 8. 1613 Salins (F), † 13. 12. 1674 Wien, kaiserl. Diplomat. 1672–73 Gesandter im Haag, entschiedenster Gegner der Franzosen unter den kaiserl. Diplomaten seiner Zeit.

Werk: Bouclier d'Etat et de justice contre le dessein manifestement déscouvert de la monarchie universelle sous le vain prétexte des prétentions de la reine de France, 1667. – Literatur: M. Baumanns, Das publizist. Werk des kaiserl. Diplomaten F. P. Frh. v. L (1613–1674), 1994; NDB.

List, Guido von, * 5. 10. 1848 Wien, † 21. 5. 1919 Berlin (D), Schriftsteller. Urspr. Kaufmann, widmete sich nebenbei der Malerei, hist., archäolog. und anthropolog. Studien. Versuchte in seinen in der Nachfolge F. Dahns stehenden Geschichtsromanen („Pipara, die Germanin im Cäsarenpurpur", 2 Bde., 1895) das german. Altertum neu zu beleben.

Weitere Werke: Die Burg der Markgrafen der Ostmark, 1877; Dt.-mytholog. Landschaftsbilder, 1891; Die Armanenschaft der Ario-Germanen, 2 Bde., 1908/11; Das Gesetz der Ursprache der Arier, 1911. – Ausgabe: Gesammelte Werke, 4 Bde., 1913. – Literatur: G. Wackwitz, Das Werk G. v. L. und J. Lanz' v. Liebenfels und der dt. Faschismus, in: Traditionen und Traditionssuche des dt. Faschismus, hg. v. G. Hartung, 1987.

List, Hans, * 30. 4. 1896 Graz (Stmk.), † 10. 9. 1996 ebd., Techniker und Industrieller; Vater von Helmut → List. Studierte 1914–20 an der Techn. Hochschule in Graz, war 1926–32 in China, 1932–41 Prof. in Graz und bis 1945 in Dresden. Gründete 1948 die spätere AVL-LIST GmbH in Graz, die sich mit der Konstruktion und Entwicklung von Diesel-, Benzin- und Gasmotoren sowie mit elektron. Motorenmesstechnik befasst. Ehrenzeichen f. Wiss. u. Kunst 1981.

Werk: Die Verbrennungskraftmaschine, Bd. 1–14, 1939–52 (Hg.).

List, Helmut, * 20. 12. 1941 Graz (Stmk.), Maschinenbauer und Manager; Sohn von Hans → List. Studierte Maschinenbau in Graz, seit 1966 in der AVL LIST GmbH, seit 1979 Vorsitzender der Geschäftsleitung. Seit 1994 stellv. Vorsitzender des EU-Beratungskomitees für industrielle Forschung und Entwicklung; Foreign Associate der National Academy of Engineering (USA).

List, Niki, * 28. 6. 1956 Wien, Filmregisseur. Drehte Kurz-, später auch Spielfilme. „Müllers Büro" war 1986 die erfolgreichste Produktion des neuen ö. Films.

Weitere Werke: Regie: Malaria, 1982 (Max Ophüls-Preis 1983); Mama Lustig, 1984; Muß denken, 1991; Der Schatten des Schreibers, 1995; Helden in Ti., 1998; Nick Knatterton, 2000.

Joseph Johann Littrow. Lithographie nach einer Büste von A. Dietrich.

List, Rudolf, * 11. 10. 1901 Leoben (Stmk.), † 28. 11. 1979 Graz (Stmk.), Lyriker, Erzähler, Kulturpublizist und Journalist. Chefredakteur verschiedener Zeitungen; beschäftigte sich in seinen Werken v. a. mit ö. Kulturgeschichte (Steir. Kirchenführer, 2 Bde., 1976/79). P.-Rosegger-Preis 1957.

List, Wilhelm, * 22. 11. 1864 Wien, † 9. 2. 1918 ebd., Maler und Graphiker. Studierte an der Wr. Akad. bei C. → Griepenkerl, in München und in Paris. Mitbegründer der Wr. Secession, aus der er 1905 mit der Klimt-Gruppe austrat. Impressionistisch geprägte Bildgestaltung.

Literatur: NDB.

Liszt, Eduard, * 13. 3. 1867 Wien, † 26. 7. 1961 ebd., Jurist; Bruder von Franz v. → Liszt, Cousin von Franz → Liszt. 1925 Univ.-Prof. in Graz, Vertreter des Täterstrafrechts: Das Wesen des Verbrechens liege in der fehlerhaften Einstellung des Täters gegenüber den rechtlich geschützten Werten.

Werke: Die kriminelle Fruchtabtreibung, 1911; Die vorsätzlichen Tötungen, 1919; Reform der Strafrechtspflege, 1933. – Literatur: E. Schmidt, Einführung in die Geschichte der dt. Strafrechtspflege, 1956.

Liszt, Franz, * 22. 10. 1811 Raiding (Bgld., damals Ungarn), † 31. 7. 1886 Bayreuth (D), Komponist; Cousin von Eduard → Liszt und Franz v. → Liszt. Einer der größten Klaviervirtuosen, auch als Dirigent, Lehrer und selbstloser Förderer von großer Bedeutung. Erster öffentlicher Auftritt mit 8 Jahren, ab 1821 Schüler von C. → Czerny. 1823 Umzug nach Paris, wo er viele Konzerte gab und Liebling der Pariser Salons wurde; zahlr. Affären, v. a. mit Caroline de Saint-Criq, Marie d'Agoult (aus letzter Verbindung entstammte Cosima Bülow, spätere Wagner) und Caroline Sayn-Wittgenstein. Trat auch als Pädagoge hervor und entwickelte die Klaviertechnik weiter. L. begründete eine neue Epoche der Virtuosität und revolutionierte Technik und Klang des Klavierspiels. Er beeinflusste als Komponist nachhaltig die Entwicklung der Programm-Musik und der Gestaltung von Harmonik und Melodik. Auch in der Organisation des Musiklebens war seine Persönlichkeit von nachhaltiger Wirkung. 1848–61 Hofkapellmeister in Weimar, ab 1861 in Rom. L. wandte sich einem tieferen relig. Leben zu, erhielt 1865 die niederen Weihen und lebte danach abwechselnd in Rom, Budapest, Weimar und Bayreuth. Er komponierte und unterrichtete (rd. 400 Klavierschüler, u. a. E. d'Albert, H. v. Bülow, F. → Weingartner, E. v. → Sauer). Seine Freundschaft mit R. Wagner, für dessen Werk sich L. als Haupt der „neudeutschen Schule" bes. einsetzte, wurde durch Wagners Affäre mit Cosima bis ca. 1872 getrübt.

Werke: 5 Oratorien (u. a. Die Legende der hl. Elisabeth, Christus, Die hl. Cäcilia), Messen (Graner Messe 1856), Psalmen, Requiem, Motetten (insges. ca. 80 Werke), weltl. Kantaten und Chöre; Orchesterwerke und Bearbeitungen; ca. 250 Klavierwerke (Consolations, 1849; 19 Ungar. Rhapsodien, 1847–53); Präludium und Fuge über den Namen BACH (für Orgel); 2 Klavierkonzerte; ca. 60 Klavierlieder. – Ausgaben: F. L., Musikalische Werke, hg. v. F. Busoni, P. Raabe u. a., 1907–36; F. L., Neue Ausgabe, 1970ff.; Gesammelte Schriften, 6 Bde., 1880–83; Briefwechsel, 8 Bde., 1893–1905. – Literatur: A. Göllerich, F. L., 1908; K. Grunsky, F. L., 1924; P. Raabe, F. L., 2 Bde., 1931; A. Walker, L., 1971; E. Perenyi, L., 1975; C. Rueger, F. L., 1997; W. Dömling, F. L. und seine Zeit, ^{2}1998; M. Wagner, F. L. Sein Werk – sein Leben, 2000; NDB.

Liszt, Franz von, * 2. 3. 1851 Wien, † 21. 6. 1919 Seeheim (D), bekannter Völkerrechtslehrer; Bruder von Eduard → Liszt, Cousin von Franz → Liszt. War ab 1879 Prof. an dt. Universitäten, Begründer und Führer der dt. kriminolog.-soziolog. Strafrechtsschule.

Werke: Lehrbuch des dt. Strafrechts, 1878; Das Völkerrecht systematisch dargestellt, 1898; Strafrechtl. Aufsätze und Vorträge, 2 Bde., 1905. – Literatur: NDB.

Littrow, Heinrich von, * 26. 1. 1820 Wien, † 25. 4. 1895 Abbazia (Opatija, HR), Seekartograph, Lyriker und Dramatiker, Linienschiffskapitän. Schuf mit G. Stelczyk ein prämiiertes Relief der Adria, führte 1852 die hauslabsche Farbenplastik bei den Seekarten ein; Dir. der Nautischen Akad. in Triest.

Werke: Die Marine, 1848 (mit C. R. Brommy); Von Wien nach Triest, 1863; Die Semmeringfahrt, 1883; Aus dem Seeleben, 1892.

Littrow, Joseph Johann, * 13. 3. 1781 Bischofteinitz (Horovský Týn, CZ), † 30. 11. 1840 Wien, Astronom; Vater von Karl Ludwig v. → Littrow. 1807 Prof. in

Krakau, 1809 an der Univ. Kasan (Russland), 1819–40 Dir. der Wr. Sternwarte, 1834–37 Inhaber der Lehrkanzel für Höhere Mathematik. Ein Mondkrater wurde nach ihm benannt.
Werke: Theoret. und prakt. Astronomie, 3 Tle., 1821–27; Die Wunder des Himmels, 4 Bde., 1834–36; Atlas des gestirnten Himmels, 1839. – Literatur: NDB.

Littrow, Karl Ludwig von, * 18. 7. 1811 Kasan (RUS), † 16. 11. 1877 Venedig (I), Astronom; Sohn von Joseph Johann → Littrow. Folgte seinem Vater als Dir. der Wr. Sternwarte.
Werke: Beitrag zu einer Monographie des Halleyschen Cometen, 1834; Verzeichnis geograph. Ortsbestimmungen, 1844; Physische Zusammenkünfte der Planeten, 1859. – Literatur: ÖBL; ADB.

Llewellyn-Grebe, Britta, * 12. 1. 1965 Gmunden (OÖ.), Wasserskiläuferin. Seit 1983 im Wettkampfsport aktiv; 10-fache Europameisterin, Inhaberin des Europarekords im Springen, 1998 Weltmeisterin am Wasserskilift. Lebt seit 1993 in den USA und betreibt in Florida eine Wasserskischule.

Loacker, Norbert, * 22. 7. 1939 Altach (Vbg.), Schriftsteller und Essayist. In Zürich als Gymnasiallehrer tätig, wurde L. durch den philosoph.-utop. Roman „Aipotu" (1980) bekannt, in dem in Abwandlung der „Utopia" des T. Morus das Experiment einer Gesellschaft ohne Herrschaftsstrukturen geschildert wird; sein 2. Roman „Die Vertreibung der Dämonen" (1984) thematisiert die Befreiung von totalitärer Herrschaft.
Weitere Werke: Roman: Maddalenas Musik, 1995. – Hörspiele: Harry Mosers Friede, 1985; Cognac zum Frühstück, 1985; Come back Dracula, 1986; Der Baumeister, 1988. – Essays: Die Zivilisation als menschl. Leistung, in: Der Mensch, 1985 (Enzyklopädie); Idealismus. Analyse einer Verhaltensstörung, 1993.

Lobe, Mira (geb. Rosenthal), * 17. 9. 1913 Görlitz (D), † 6. 2. 1995 Wien, Kinder- und Jugendbuchautorin. Besuchte eine Textil- und Modeschule, emigrierte 1936 nach Palästina. 1943 Beginn der schriftstellerischen Tätigkeit, 1950 Übersiedlung nach Wien. Ihre Bücher wie „Die Omama im Apfelbaum" (1965) und „Das kleine Ich-bin-ich" (1972) gelten als Kinderbuchklassiker; sie zeichnen sich durch ihr soz. Engagement und eine humorvolle, treffsichere Sprache aus. L. erhielt u. a. als erste Autorin 1980 den Ö. Würdigungspreis für Kinder- und Jugendliteratur. 1958 und 1965 Ö. Staatspreis für Jugendliteratur.
Weitere Werke: Der Tiergarten reißt aus, 1953; Bärli hupf, 1957; Titi im Urwald, 1957; Ich wünsch' mir einen Bruder, 1958; Hannes und sein Bumpan, 1961; Das 5. Entlein, 1961; Ohne Hanni geht es nicht, 1962; Tapps, 1962; Bimbulli, 1964; Meister Thomas in St. Wolfgang, 1965; Pepi und Pipa, 1966; Die Räuberbraut, 1974; Komm, sagte die Katze, 1975; Guten Abend, kleiner Mann, 1977; Die Geggis, 1985; Wirle wurle Wasserkind, 1990; Dobbi Dingsda fängt ein Monster, 1993. – Literatur: G. Pimmer, Die Romane der Jugendbuchautorin M. L., Diss., Wien 1994.

Lobisser, Switbert (Leo), * 23. 3. 1878 Tiffen (Kä.), † 1. 10. 1943 Klagenfurt (Kä.), Benediktiner, Maler, Holzbildhauer und -schneider. 1899–1932 Mitgl. des Benediktinerstifts St. Paul (Kä.), studierte 1904–08 an der Akad. d. bild. Künste in Wien und war danach Zeichenlehrer am Stiftsgymn. und Leiter des Forstamts. Ab 1917 schuf er monumentale Wandbilder und Fresken sowie Holzschnitte. Nach seinem Klosteraustritt lebte L. als frei schaffender Künstler.
Werke: Fresken in Klagenfurt, Möllbrücke, Spittal a. d. Drau (alle Kä.), Bad Gastein (Sbg.); Illustrationen zu Gedichtbänden. – Das L.-Buch, 1940 (Autobiographie). – Literatur: H. Egger, S. L., 1944; A. Bäumer, S. L. 1878–1943, ²1985; ÖBL.

Lobkowitz, aus Böhmen stammendes Hochadelsgeschlecht, das sich in mehrere Linien teilte. Während einige Mitglieder der Familie im Zuge des 30-jährigen Kriegs nach 1620 in Böhmen enteignet wurden, nahmen andere eine habsburgfreundliche Haltung ein. Zdenko Adalbert wurde 1624 in den Reichsfürstenstand erhoben; andere Familienmitglieder erhielten 1635 und 1670 den Reichsgrafenstand. Mehrere Vertreter der L. profilierten sich in Politik und Wiss. Zu den bedeutendsten Persönlichkeiten aus der Familie zählten Joseph Franz Fürst → Lobkowitz und Wenzel Eusebius Fürst → Lobkowitz.
Das Palais L. in Wien wurde 1689–94 von G. P. Tencala für Philipp Siegmund Graf Dietrichstein erbaut (Portal vermutl. von J. B. Fischer von Erlach). Das Deckengemälde im Festsaal zeigt eine Allegorie der Künste von J. van → Schuppen. 1745 gelangte Ferdinand Philipp Fürst L. in den Besitz des Palais. Bis 1909 war es franz. Botschaft, nach 1918 wurde es tschech. Gesandtschaft, dann franz. Kulturinst., seit 1991 beherbergt es das Ö. Theatermuseum.

Lobkowitz, Joseph Franz Fürst, * 7. 12. 1722 Raudnitz (Roudnice nad Labem, CZ), † 16. 12. 1816 Wittingau (Třeboň, CZ), Musikmäzen und Förderer L. van → Beethovens, der 1804 für den Fürsten als private Uraufführung seine 3. Symphonie dirigierte (Eroicasaal im Palais der Fürsten → Lobkowitz). L. war 1812 Gründungsmitgl. der Ges. der Musikfreunde in Wien und ließ 1805 J. → Haydns „Schöpfung" in Raudnitz in tschech. Sprache aufführen.
Literatur: ÖBL; NDB.

Joseph Franz Fürst Lobkowitz. Punktierstich von C. Pfeiffer, 1799.

Lobkowitz, Wenzel Eusebius Fürst, * 13. 1. 1609 Raudnitz (Roudnice nad Labem, CZ), † 22. 4. 1677 ebd., Staatsmann. 1636 kaiserl. Hofkriegsrat, 1647 Generalfeldmarschall. Ab 1646 Hzg. von Sagan, einflussreicher Vertrauensmann Ks. Leopolds I., 1669–74 Kabinettsdir.; agierte hinter dem Rücken des Kaisers mit Frankreich (schloss 1671 einen nachteiligen Neutralitätsvertrag) und wurde deshalb gestürzt.
Literatur: NDB.

Löbl, Karl, * 24. 5. 1930 Wien, Musikkritiker und Kulturjournalist. Seit 1952 beim Hörfunk tätig, 1954–70 Kulturchef beim „Bildtelegraph", später beim „Express"; 1971–80 beim „Kurier" (1975–79 Chefredakteur); 1980–95 Hauptabteilungsleiter Kultur (1993/94 auch Musik) beim ORF Fernsehen. 1968 kreierte L. seine eig. Hörfunksendung „Lieben Sie Klassik?".
Werke: Das Wunder Karajan, 1965; Opern auf Schallplatten, 2 Bde., 1983 (mit R. Werba).

Lobmeyr, Ludwig, * 2. 8. 1829 Wien, † 25. 3. 1917 ebd., Kunstfabrikant, Glaswarenerzeuger. Übernahm 1855 mit seinem Bruder Josef die väterliche Firma (gegr. 1823). Josef wurde kaufmännischer Leiter, Ludwig übernahm die künstlerische Gestaltung. L. verbesserte das farbige Kristallglas und versah es mit kunstvollem Verzierungs- und Figurenschliff. Seine Vasen, Schalen, Lampen usw. wurden auf zahlr. Weltausstellungen präsentiert und trugen wesentlich zur Reform der Glaskunst und zum Weltruf der Wr. Geschmackskultur bei. L. wurde als erster bürgerl. Industrieller in das Herrenhaus berufen.
Literatur: S. Rath, L., 1962; J. & L. L. vom Biedermeier bis zur Gegenwart, Ausst.-Kat., Zürich 1979; W. Neuwirth, Orientalisierende Gläser – J. & L. L., 1981; E. Jöbstl, Die Trinkgefäße der Firma J. & L. L. unter L. L., Dipl.-Arb., Salzburg 1988; W. Neuwirth, Glas 1905–25, 1988; ÖBL; NDB.

Loder, Matthäus, * 31. 5. 1781 Wien, † 16. 9. 1828 Vordernberg (Stmk.), Maler und Illustrator. Studierte an der Wr. Akad., begeisterte sich früh für die Alpenwelt; Studienreisen auf den Schneeberg, in die Ober-Stmk. und in das Salzkammergut. Schuf Illustrationen zur Mode, Arbeitswelt, Geschichte und Natur sowie humorist. Szenen. Begleitete 1816 als Zeichenlehrer Erzherzogin Marie Louise nach Italien und wurde im selben Jahr Kammermaler Erzhzg. → Johanns (zahlr. Aquarelle mit steir. Motiven und Szenen aus dem Leben Erzhzg. Johanns).

Literatur: M. L. – E. Gurk, Ausst.-Kat., Wien 1978; M. T. v. Wietersheim-Meran, Von der Ritteridylle zum Bilddokument: M. L. (1781–1828), 1989.

Lodynski, Peter, * 12. 10. 1936 Wien, Schauspieler, Kabarettist, Regisseur, Schriftsteller. 1960/61 erste Kabarettauftritte bei G. → Bronner im Wr. Theater am Kärntnertor, Gründung eines eig. Kabaretts in Wien („Der Würfel"); Autor und Regisseur von über 250 TV-Produktionen (u. a. Zweiteiler „Wien nach Noten" mit den Wr. Philharmonikern, Kabarett „L. Flohmarkt Company"). 1985 Rückkehr auf die Bühne als Kabarettist und Schauspieler (F. Kafka, J. Nestroy, G. Feydeau); schriftstellerische Tätigkeit.

Weitere Werke: Untierisch heiter, 1989; Wien von hinten, 1990; Mein Name ist Hase, 1993 (Lustspiel).

Lodron, Paris Graf, * 28. 11. 1586 Castelnuovo di Noarna (I), † 15. 12. 1653 Salzburg, Erzbischof v. Salzburg ab 1619. Bewahrte das Land im 30-jähr. Krieg vor Einfällen, ließ Hohensalzburg und die Grenzpässe befestigen, bezog Mirabell in den Stadtraum ein, vollendete den Dom, errichtete das Marianum und das Rupertinum und ließ Iglinger Moos und Schallmoos trocken legen.

Literatur: R. R. Heinisch, P. Gf. L. Reichsfürst und Erzbischof von Salzburg, 1991.

Loehr, August, * 31. 3. 1882 Wien, † 11. 7. 1965 ebd., Numismatiker. Univ.-Prof.; 1945–50 1. Dir. des Kunsthist. Museums, 1949 Gen.-Dir. der kulturhist. Museen, Gründer des ehem. Museums ö. Kultur.

Werke: Numismatik und Geldgeschichte, 1944; Ö. Geldgeschichte, 1946; Ö. Münzprägungen 1519–1918, ^{2}1948. – Literatur: A. Lhotsky, in: Almanach der Ö. Akad. d. Wiss., 1965; NDB.

Otto Loewi. Foto.

Loewi, Otto, * 3. 6. 1873 Frankfurt a. M. (D), † 25. 12. 1961 New York (USA), Pharmakologe, Physiologe, Nobelpreisträger für Physiologie 1936 (mit H. H. Dale) für Untersuchungen über das vegetative Nervensystem. 1906 Univ.-Prof. in Wien, 1909–38 in Graz, ab 1939 in New York. Schon in Wien betrieb er mit A. → Fröhlich Untersuchungen über die Adrenalin-Kokain-Wirkung. L. wies nach, dass die Auslösung einer Muskelbewegung nicht mechanisch, sondern durch die Einwirkung chem. Stoffe erfolgt. Er entdeckte, dass durch Reizung des Nervus vagus ein chem. Wirkstoff entsteht, der das Herz in seiner Tätigkeit beeinträchtigt, und durch Reizung des Nervus sympathicus über einen chem. Vermittler eine Beschleunigung des Herzschlags erfolgt. Er fand auch die Erklärung der Wirkung des Physostigmins, eines Alkaloids, das eine Verlängerung des Vagusreizes verursacht. Weltruhm und Nobelpreis bewahrten L. nicht vor der Verhaftung durch die Nat.-Soz., die von ihm für die Ausreisebewilligung die Nobelpreis-Summe erpressten. 1950 verlieh ihm die Univ. Graz das Ehrendoktorat der Philosophie.

Literatur: NDB.

Adolf Loos. Foto.

Bertold Löffler. Foto, um 1910.

Löffler, Bertold, * 28. 9. 1874 Nieder-Rosenthal (Ružodol, CZ), † 23. 3. 1960 Wien, Maler, Graphiker und Kunstgewerbler. Studierte an der Wr. Kunstgewerbeschule bei F. → Matsch sen. und K. → Moser; ab 1900 selbstständiger Maler und Illustrator, gründete 1906 mit M. → Powolny die „Wiener Keramik". 1909–35 Prof. an der Wr. Kunstgewerbeschule und Lehrer von O. → Kokoschka; Gründungsmitgl. des Ö. Werkbunds. Kachel- und Keramikarbeiten, u. a. für Architekturen von J. → Hoffmann (Kabarett Fledermaus, Sanatorium Purkersdorf, Palais Stoclet).

Literatur: B. L., Ausst.-Kat., Wien 1978; E. Patka (Hg.), B. L., Ausst.-Kat., Univ. f. angew. Kunst, Wien 2000; NDB.

Löffler, Sigrid, * 26. 6. 1942 Aussig (Ústí nad Labem, CZ), Kulturjournalistin. Wuchs in Wien auf und studierte hier Anglistik, Philosophie und Pädagogik. 1972–93 beim „profil", seither freie Journalistin. 1988–2000 im „Literarischen Quartett" des ZDF; 1996–99 Feuilleton-Chefin der „Zeit"; Gründerin (2000) und Hg. der Lit.-Ztschr. „Literaturen"; Korrespondentin der „Presse". Ö. Staatspreis für Kulturpublizistik 1992.

Logothetis, Anestis, * 27. 10. 1921 Burgas (BG), † 6. 1. 1994 Wien, Komponist. Studierte in Wien und lebte als freischaffender Komponist und Musiklehrer in Ö.; zeitweilig beim elektron. Studio des Westdt. Rundfunks in Köln. Entwickelte ab 1958 ein System der graphischen Notation.

Werke: Struktur – Textur – Spiegel – Spiel, 1962 (variable Besetzung); Odyssee, 1966 (variable Besetzung, Ballett); Dynapolis, 1968 (variable Besetzung für Orchester); Kybernetikon, 1973 (Musikhörspiel); Daidalia oder Das Leben einer Theorie, 1979 (multimediale Sprachoper); Aus welchem Material ist der Stein von Sisyphos, 1992 (multimediales Bühnenwerk). – Schriften: Graphische Notation, 1967; Über die Darstellung des Klanges im Schriftbild, 1973. – Literatur: M. Socher, Dokumentation u. Aufarbeitung des kompositor. Nachlasses von A. L., Dipl.-Arb., Wien 1996; H. Krones (Hg.), A. L. Klangbild und Bildklang, 1998.

Lohner, Helmuth, * 24. 4. 1933 Wien, (Film-)Schauspieler. Debütierte als Chorist am Stadttheater in Baden (NÖ.) und war dann Operettenbuffo am Stadttheater Klagenfurt. Ab 1954 Engagement am Theater in der Josefstadt; Gastspiele in Deutschland, viele Jahre am Zürcher Schauspielhaus. Ab 1972 bei den Sbg. Festspielen (Nestroy-Rollen, „Jedermann"). Ab 1978 am Burgtheater (zahlr. Rollen in Stücken von J. Nestroy, A. Schnitzler, Ö. v. Horváth, W. Shakespeare u. a.). Seit 1997 Dir. des Theaters in der Josefstadt (bis 1999 mit R. → Jungbluth). Fernseh- und Filmtätigkeit.

Loidl, Franz, * 16. 3. 1905 Ebensee (OÖ.), † 26. 7. 1987 Payerbach (NÖ.), Theologe, Kirchen-, Heimat- und Kulturhistoriker. 1953–75 Univ.-Prof. für Kirchengeschichte und Patrologie in Wien, 1958–65 Dir. des Wr. Diözesanarchivs. Hg. der Beiträge zur Wr. Diözesangeschichte.

Werk: Geschichte des Erzbistums Wien, 1983. – Literatur: Für Kirche und Heimat, Festschrift F. L. zum 80. Geburtstag, 1985.

Longin, Hellmut, * 30. 10. 1934 Graz (Stmk.), Unternehmer. 1957–59 in der dänischen Stahlind., 1960–67 in Griechenland, ab 1974 für den amerikan. Konzern „General Refractories" in Ö. tätig. Schuf 1987 mit der Radex Heraklith Industriebeteiligungs AG (RHI AG) durch Management-Buyout, Konzentrations- und Rationalisierungsmaßnahmen eine neue Basis für die Produktion von feuerfesten Materialien in der Stahlindustrie und wurde Gen.-Dir. dieses Unternehmens.

Loos, Adolf, * 10. 12. 1870 Brünn (Brno, CZ), † 23. 8. 1933 Wien, Architekt und Kritiker. Studierte in Dresden, hielt sich 1893–96 in den USA auf und ließ sich anschließend in Wien nieder, wo ihn die Theorien O. → Wagners stark beeinflussten. In seinen Artikeln um die Jahrhundertwende stellte er sich gegen den Jugendstil und die Wr. Werkstätte („Ornament und Verbrechen", 1908). Eine heftige öffentl. Diskussion entbrannte um das Haus am Michaelerplatz in Wien (1909–11); gleichzeitig schuf L. private Villen, anhand derer er 1904–10 seinen „Raumplan" (Verteilung der Räume über dem Grundriss, in Größe und Volumen ihrer Funktion entsprechend) entwickelte. Die äußere Form seiner Villen entwickelte L. in seiner Spätzeit immer mehr zum klaren Kubus (Haus Müller, Prag 1928–30). Trotzdem ist sein bekanntestes Projekt ein Hochhaus in Form einer dorischen Säule (Wettbewerb für das Bürohaus der „Chicago Tribune", 1922).

1924–28 lebte L. in der Szene der Pariser Avantgarde (Haus für T. Tzara, Paris 1925–26). Seine Entwürfe wie seine Schriften prägten die Entwicklung der Architektur im 20. Jh. nachhaltig. Seit 1992 wird von einer Jury der von der Raiffeisenlandesbank NÖ.-Wien gestiftete A. L. Architekturpreis vergeben.

Weitere Werke: Ladengestaltung Goldman & Salatsch, Graben, Wien 1, 1898–1903; Café Museum, Wien 1, 1899; Villa Karma bei Montreux (CH), 1903–06; Kärntner Bar (American Bar), Wien 1, 1908; Haus Steiner, Wien 13, 1910; Schneidersalon Kniže, Graben, Wien 1, 1910–13; Haus Horner, Wien 13, 1912–13; Haus Scheu, Wien 13, 1912–13; Haus Strasser, Wien 13, 1918–19; Siedlungshäuser Lainz, Heuberg, Hirschstetten, Wien, 1921; Haus Rufer, Wien 13, 1922; Projekt Grand Hotel Babylon, Nizza, 1923; Haus für Josephine Baker (Projekt), Paris, 1927; Haus Moller, Wien 18, 1927–28; Doppelhaus in der Werkbundsiedlung, Wien 13, 1930–32. – Schriften: Ins Leere gesprochen. 1897–1900, 1921; Trotzdem. 1900–30, 1931. Ausgaben: Sämtl. Schriften, hg. v. F. Glück, 1963; Die Potemkin'sche Stadt. 1897–1930, hg. v. A. Opel, 1983. – Literatur: L. Münz u. G. Künstler, Der Architekt A. L., 1964; B. Rukschcio u. R. Schachel, A. L. Leben und Werk, 1982; D. Worbs, Der Raumplan von A. L., 1985; A. Opel u. M. Valdez, Alle Architekten sind Verbrecher. A. L. und die Folgen, 1990; E. B. Ottillinger, A. L. Wohnkonzepte und Möbelentwürfe, 1994; K. Lustenberger, A. L., 1994; R. Schezen, A. L., 1996; ÖBL; NDB.

Loos, Friedrich, * 29. 10. 1797 Graz (Stmk.), † 9. 5. 1890 Kiel (D), Landschaftsmaler, Radierer und Lithograph. Studierte an der Wr. Akad. bei J. → Mössmer, Studienreisen durch die ö. Alpenländer. Arbeitete mehrere Jahre in Sbg. und wandte sich hier intensiv der Ölmalerei zu. 1835–46 in Wien und Klosterneuburg, mehrere Jahre in Rom. V. a. Betonung von Licht und Farbe zur malerischer Auflockerung, Abstimmung und Vereinigung von Details.

Literatur: U. Christoffel, F. L., 1937; G. Frodl, Wr. Malerei der Biedermeierzeit, 1987; ÖBL.

Loose, Emmy (verehel. Kriso), * 22. 1. 1914 Karbitz (Chabařovice, CZ), † 14. 10. 1987 Wien, Kammersängerin (Sopran). 1941–66 an der Wr. Staatsoper; Auftritte bei den Sbg. Festspielen und als Konzertsängerin; bedeutende Interpretin in Mozart-Opern.

Lorant, Stefan, * 22. 2.1901 Budapest (H), † 14. 11. 1997 USA, Fotograf, Journalist. In den 20er Jahren Kameramann in Wien und Berlin; ab 1928 Chefredakteur der „Münchner Illustrierten Presse". 1933 inhaftiert; emigrierte über Ungarn und Paris nach London, wo er zwei Illustrierte gründete, 1940 weiter in die USA. Sein Tagebuch „I Was Hitler's Prisoner" (1935; Ich war Hitlers Gefangener, 1985) machte ihn international bekannt. In den USA widmete sich L. v. a. der Dokumentarfotografie; er gilt als Pionier des modernen Fotojournalismus.

Weitere Werke: F. D. R., 1950; Pittsburgh, 1964; The Glorious Burden, 1968; Sieg Heil! An Illustrated History of Germany from Bismarck to Hitler, 1974 (Sieg Heil! Eine dt. Bildergeschichte von Bismarck zu Hitler, 1979). – Bildbände über amerikan. Präsidenten.

Lorber, Jakob, * 22. 7. 1800 Kanischa-Jahring (Kaniža-Jarenina, SLO), † 24. 8. 1864 Graz (Stmk.), Musiker und theosoph. Schriftsteller. Zunächst Lehrer, dann bis 1840 aussichtsreiche musikal. Laufbahn; danach durch ein relig. Erlebnis Vertreter einer „Neuoffenbarung", dessen Lehren die Neu-Salem-Ges. bzw. die 1921 gegr. J.-L.-Ges. in Bietigheim (D) mit der Ztschr. „Das Wort" verbreiteten.

Werke: Briefwechsel Jesu mit Abgarus Ukkama von Edessa, 1851; Erde und Mond, 1852; Die Haushaltung Gottes, 3 Bde., 1852; Das Große Evangelium Johannis, 5 Bde., 1871–75; R. Blum 2 Bde., 1898; Auswahl („Der Herr spricht ..."), 1951. – Literatur: W. Lutz, Die Gottesbotschaft J. L., 1924; ders., Die Grundfragen des Lebens in der Schau des Offenbarungswerkes J. L., [3]1979; M. Pöhlmann, L.-Bewegung, 1994.

Lorens, Karl, * 7. 7. 1851 Wien, † 11. 12. 1909 ebd., Wr. Volkssänger. Dichtete und komponierte Wienerlieder, erfolgreich mit Parodien in jiddischem und böhmischem Dialekt.

Werke: Allweil lustig, fesch und munter; Solang der alte Steffel; O du alter Stephansturm; Jetzt trink ma noch a Flascherl Wein.

Lorenz, Adolf, * 21. 4. 1854 Weidenau (Vidnava, CZ), † 12. 2. 1946 Altenberg (NÖ.), Mediziner, Begründer der modernen Orthopädie; Vater von Albert → Lorenz und Konrad → Lorenz. 1889–1924 Dir. der Orthopäd. Univ.-Klinik in Wien. Schuf das Prinzip des „modellierenden Redressements" (das Zurechtkneten der Fehlform), wodurch ihm die Heilung des Klumpfußes gelang. Für krumme Röhrenknochen erfand er den unblutig gezielten Knochenbruch. Weltruhm erlangte er durch die „unblutige Einrichtung der angeborenen Hüftverrenkung". Nach seiner Pensionierung war er in Amerika tätig. Billroth-Preis, Goethe-Medaille.

Adolf Lorenz. Foto, um 1940.

Werke: Über die operative Orthopädie des Klumpfußes, in: Wr. Klinik 1884; Pathologie und Therapie der angeborenen Hüftgelenksverletzung auf der Grundlage von 100 operativ behandelten Fällen, 1895; Ich durfte helfen, 1937 (Autobiographie). – Literatur: Albert L., Wenn der Vater mit dem Sohne, 1952; G. Homann, Ein Arzt erlebt seine Zeit, 1954; N. Steingress, A. L., 1997; NDB.

Lorenz, Albert, * 2. 9. 1885 Wien, † 23. 7. 1970 ebd., Orthopäde und Schriftsteller; Sohn von Adolf → Lorenz, Bruder von Konrad → Lorenz. Mitarbeiter und Nachfolger seines Vaters an der Wr. Univ.-Klinik. Schrieb das humorvolle biograph. Buch „Wenn der Vater mit dem Sohne" (1952, [5]1986).

Weiteres Werk: Alte Autos, junge Liebe, 1963.

Lorenz, Alfred Ottokar, * 11. 7. 1868 Wien, † 20. 11. 1939 München (D), Komponist, Dirigent und Musikwissenschaftler; Sohn von Ottokar → Lorenz. Zunächst an verschiedenen dt. Opernhäusern tätig, wandte er sich ab ca. 1920 der Musikwiss. zu und gelangte zu wichtigen Erkenntnissen über das Werk R. Wagners und die Oper des 17. Jh.

Werke: Gedanken und Studien zur Formgebung in R. Wagners „Ring des Nibelungen", 1922; Das Geheimnis der Form bei R. Wagner, 4 Bde., 1924–33; A. Scarlattis Jugendoper, 1927. – Literatur: ÖBL; NDB.

Emmy Loose als Blondchen in „Die Entführung aus dem Serail" von W. A. Mozart.

Lorenz, Friedrich, * 19. 6. 1898 Wien, † 25. 12. 1964 ebd., Schriftsteller und Journalist. Ab 1956 Chefredakteur der Tageszeitung „Neues Ö."

Werke: Romane: Odysseus und Penelope, 1936; Sokrates, 1938; Der Gärtner von Ebergöc, 1949; Die Entdeckung des Lebens, 1949; Der unbekannte Prophet, 1949; Zwillinge aus einem Ei, 1950; Die schwarzen Götter, 1951; Sieg der Verfemten, 1952; Hippokrates, 1953; Geheimnisvolle Welt der Strahlen, 1957 (mit E. Machek); Leben nach Maß, 1960. – Novellen.

Lorenz, Josef Roman, Ritter von Liburnau, * 26. 11. 1825 Linz (OÖ.), † 13. 11. 1911 Wien, Naturforscher. Prof. in Sbg. und Fiume, ab 1861 Ministerialbeamter in Wien; 1878–99 Präs. der Ö. Meteorolog. Ges.; 1872 Mitbegründer der Hochschule für Bodenkultur in Wien (heute Univ. für Bodenkultur).

Literatur: ÖBL.

Lorenz, Konrad, * 7. 11. 1903 Wien, † 27. 2. 1989 ebd., Mitbegründer der vergleichenden Verhaltensforschung, Nobelpreisträger für Physiologie 1973 (mit K. → Frisch und N. Tinbergen) für die Entdeckung der Prägung an der Graugans; Sohn von Adolf → Lorenz, Bruder von Albert → Lorenz. 1940 Univ.-Prof. für Humanpsychologie in Königsberg, 1948–50 Leiter des Inst. f. vergleichende Verhaltensphysiologie auf seinem Gut in Altenberg bei Wien, 1954–73 Dir. des Max-Planck-Inst. f. Verhaltensforschung in Seewiesen (D), ab 1973 Leiter der Abteilung f. Tiersoziologie am Inst. f. vergleichende Verhaltensforschung der Ö. Akad. d. Wiss.; L. erforschte bes. das instinktive Verhalten der

Konrad Lorenz. Foto, 1957.

Tiere, den auf Schlüsselreize ansprechenden Auslösermechanismus sowie die stammesgeschichtl. Entwicklung des angeborenen Verhaltens. Während seiner letzten Lebensjahre warnte L. wiederholt vor den Gefahren der Umweltzerstörung; bes. im Zuge der Volksabstimmung über das Atomkraftwerk Zwentendorf 1978 wurde er zu einer Leitfigur der sich formierenden Umweltschutzbewegung.

Werke: Der Kumpan in der Umwelt des Vogels, 1935; Die angeborenen Formen möglicher Erfahrung, 1943; Er redete mit dem Vieh, den Vögeln und den Fischen, 1949; So kam der Mensch auf den Hund, 1950; Das sogenannte Böse, 1963; Über tierisches und menschl. Verhalten, 1965; Die Rückseite des Spiegels, 1973; Vergleichende Verhaltensforschung, 1979; Der Abbau des Menschlichen, 1983. – Literatur: F. M. Wuketits, K. L., Leben und Werk eines großen Naturforschers, 1990; A. Festetics (Hg.), Zum Sehen geboren. Das Jh.-Werk des K. L., 2000.

Johann Joseph Loschmidt. Lithographie, 1875.

Lorenz, Max, * 10. 5. 1902 Düsseldorf (D), † 12. 1. 1975 Wien, Kammersänger (Tenor). Ab 1937 an der Wr. Staatsoper, sang auch bei den Sbg. Festspielen, trat v. a. als Wagner-Sänger hervor.

Lorenz, Ottokar, * 17. 9. 1832 Iglau (Jihlava, CZ), † 13. 5. 1904 Jena (D), Historiker, Genealoge; Vater von Alfred Ottokar → Lorenz. 1861–85 Univ.-Prof. in Wien und nach innerer Abkehr von Ö. in Jena; begründete die wiss. Genealogie.

Ottokar Lorenz. Foto, um 1880.

Werke: Dt. Geschichte im 13. und 14. Jh., 2 Bde., 1863/67; Deutschlands Geschichtsquellen im MA seit der Mitte des 13. Jh., 2 Bde., 1886/87 (Nachdruck 1999); Genealog. Hb. der europ. Staatengeschichte, 1892; Lehrbuch der wiss. Genealogie, 1898. – Literatur: NDB.

Lorenz, Reinhold, * 24. 1. 1898 Zittau (D), † 29. 10. 1975 Wien, Historiker. 1935–1945 Univ.-Prof. in Wien.

Werke: Volksbewaffung und Staatsidee in Ö., 1792–97, 1926; Staat wider Willen, 1938; Türkenjahr 1683, [2]1944; Bäderkultur und Kulturgeschichte, 1949; Ks. Karl und der Untergang der Donaumonarchie, 1959; Die geschichtl. Stellung Wiens, 1962.

Lorenz, Willy, * 15. 10. 1914 Wien, † 21. 11. 1995 ebd., Verleger und Schriftsteller. 1946 Redakteur der „Furche", 1954–75 Gen.-Dir. des Herold- und des Albrecht-Dürer-Verlags; ö. Kulturrat in Prag.

Werke: A. E. I. O. U., 1961; Du bist doch in unserer Mitte (Wege der Kirche in Ö.), 1962; Monolog über Böhmen, 1964; Die Kreuzherren mit dem roten Stern, 1964; Petrus, der ewige Papst, 1966; Abschied von Böhmen, 1973; Liebe zu Böhmen, 1988.

Urban Loritz. Lithographie, 1842.

Loritz, Urban (Joseph), * 1. 1. 1807 Wien, † 30. 9. 1881 ebd., Geistlicher. Hielt 1836–41 pädagog. und pastoraltheolog. Vorlesungen an der Univ. Wien und war ab 1841 an der Pfarre Schottenfeld tätig (ab 1850 als Pfarrer). Sozial engagiert, gründete 1853 eine Kinderbewahranstalt.

Literatur: ÖBL.

Lorm, Hieronymus (eigentl. Heinrich Landesmann), * 9. 8. 1821 Nikolsburg (Mikulov, CZ), † 3. 12. 1902 Brünn (Brno, CZ), Literaturkritiker, Erzähler, Dramatiker, Lyriker, Essayist, Journalist. Mit 16 Jahren taub und fast erblindet, schuf er die nach ihm benannte Fingerzeichensprache. 1850–73 in der Redaktion der „Wr. Zeitung" tätig; bedeutender Feuilletonist.

Literatur: J. Straub, H. L., Diss., München 1960; ÖBL.

Lorre, Peter (eigentl. László Löwenstein), * 26. 6. 1904 Rosenberg (Ružomberok, SK), † 23. 3. 1964 Hollywood (USA), (Film-)Schauspieler. Erste Engagements in Wien, Zürich und Breslau, 1929–33 in Berlin (Stücke von B. Brecht, F. Wedekind, K. → Kraus, G. Büchner, Ö. v. → Horváth). Beim Film gelang ihm 1932 der Durchbruch in F. → Langs „M"; die Rolle als Triebmörder legte ihn auf negative Charakterrollen fest. 1933 drehte er mit A. Hitchcock in England („Der Mann, der zu viel wußte", 1935) und ging 1935 nach Hollywood, wo er unter J. v. → Sternberg den Raskolnikow in „Crime and Punishment" (1935) und mit H. Bogart in „Casablanca" (1942, Regie M. Curtiz) spielte. Es folgten die „Mr. Moto"-Detektivserie ab 1937, „Arsen und Spitzenhäubchen" (1944) und „Seidenstrümpfe" (1957).

Literatur: F. Hofmann u. S. D. Youngkin, P. L. Porträt des Schauspielers auf der Flucht, 1998.

Löschenkohl, Hieronymus, getauft 18. 3. 1753 Elberfeld (D), † 11. 1. 1807 Wien, Graphiker und Verleger von Silhouettenbildern und kolorierten Kupferstichen (Wr. Alltagsszenen, Porträts), Kalendern, Glückwunsch- und Spielkarten, Noten u. ä. Stellte zu vielen Ereignissen seiner Zeit bildl. Darstellungen her.

Literatur: R. Witzmann, H. L. Bildreporter zw. Barock und Biedermeier, 1978.

Loschmidt, Johann Joseph, * 15. 3. 1821 Putschirn (Počerny, CZ), † 8. 7. 1895 Wien, Physikochemiker. 1868–91 Univ.-Prof. f. Physikal. Chemie, fand 1865 die Methode zur Berechnung der Moleküle eines idealen Gases im Normalzustand, führte die noch heute übliche Symbolik für Mehrfachbindungen ein. Er gab schon vor A. Kekulé die ringförmige Anordnung der Kohlenstoffatome im Benzolring an.

Werke: Chem. Studien, 1861; Zur Konstitution des Äthers, 1862; Zur Größe der Luftmoleküle, 1865; Zur Theorie der Gase, 1866. – Literatur: A. Zartl, J. L. 1821–1895, 1995; ÖBL; NDB.

Löschnak, Franz, * 4. 3. 1940 Wien, Jurist und Politiker (SPÖ). 1981–83, 1994 und 1995–99 Abg. z. NR, 1977–85 Staatssekr. im Bundeskanzleramt, 1985–87 BMin. ohne Portefeuille im Bundeskanzleramt, 1987–89 BMin. f. Gesundheit u. öffentl. Dienst, 1989–95 BMin. f. Inneres. Seit 1988 Präs. des ASKÖ und seit 1995 Präs. der Bundes-Sportorganisation.

Losenstein, aus dem Ennstal stammendes ö. Ministerialengeschlecht. Teilte sich im 14. Jh. in mehrere Linien, starb 1692 aus. Grabstätte im Kloster Garsten (Laurentiuskapelle). Die Stammburg war in Losenstein (OÖ.), ab 1442 war der Hauptsitz in Losensteinleiten (OÖ.). Der bedeutendste Vertreter der Familie war Hans Wilhelm v. → Losenstein.

Losenstein, Hans Wilhelm von, * 1540, † 1601. Vollendete das Renaiss.-Schloss Schallaburg und war vermutlich der geistige Vater des unter ihm fertig gestellten Arkadengangs. In Loosdorf gründete er eine „Hohe Schule" (Schulordnung erhalten) und ließ sich noch zu Lebzeiten ein Hochgrab errichten.

Literatur: G. Floßmann, H. W. v. L., in: Renaiss. in Ö., 1974.

Löser, Franz (Pseud.: Manfred Gollner, Franz Karl Eder), * 26. 2. 1889 Neunkirchen (NÖ.), † 23. 7. 1953 Wien, Schriftsteller. Schuf eine Dialektfassung des „Jedermann" von H. v. → Hofmannsthal (1921) für die Mondseer Volksbühne.

Werke: Volksstücke: Die Herrgottsbrücke, 1919; Musik in Wien, 1943. – Romane: Der Bergherr von Gastein, 1930; Pierres de Strass, 1952.

Lothar, Ernst (eigentl. E. L. Müller), * 25. 10. 1890 Brünn (Brno, CZ), † 30. 10. 1974 Wien, Theaterkritiker, Regisseur, Schriftsteller; Bruder von Hans → Müller-Einigen, Ehemann der Schauspielerin A. → Gessner. Ursprünglich Staatsanwalt, dann Beamter im ö. Handelsministerium (Gründung der Wr. Messe und der Hochschule für Welthandel, vormals Exportakademie), Theater- und Literaturkritiker bei der „Neuen Freien Presse", 1933–35 Gastregisseur am Burgtheater, 1935–38 Nachfolger M. → Reinhardts als Dir. des Theaters in der Josefstadt. Im New Yorker Exil gründete er das „Austrian Theater" und lehrte 1940–45 am Colorado College in Colorado Springs Theater- und Vergleichende Literaturwiss. Nach seiner Rückkehr Regisseur am Burgtheater (Schnitzler- und Hofmannsthal-Renaissance) und bei den Sbg. Festspielen.

Werke: Gedichte, Romane, Essays, Novellen. – Ausgabe: Ausgewählte Werke, 8 Bde., 1951–68. – Literatur: H. Waldner, Das Theater in der Josefstadt von L. bis Steinboeck (1935–47), Diss., Wien 1949; S. Maurer, E. L. Leben und Werk, Dipl.-Arb., Wien 1995; NDB.

Lotheissen, Georg, * 14. 9. 1868 Genf (CH), † 28. 10. 1941 Wien, Chirurg. Univ.-Prof. in Wien; führte die Chloräthyl-Narkose ein und machte sich um den Ausbau der Speiseröhrenchirurgie verdient.

Werke: Lehrbuch für Aspiranten der Pharmazie II: Chemie, [3]1920; Chirurgie der Speiseröhre, 1926. – Literatur: ÖBL.

Lothringen, der eigentl. Name der Habsburger seit → Maria Theresia, die mit Franz Stephan von L. (→ Franz I.) verheiratet war. Ihre Nachkommen nannten sich Habsburg-Lothringen.

Literatur: F. Pesendorfer, L. und seine Herzöge, 1994.

Lötsch, Bernd, * 13. 9. 1941 Wien, Biologe. Ab 1986 Univ.-Prof. in Salzburg, seit 1969 in Umweltfragen engagiert, u. a. gegen Planungen einer Neusiedler-See-Brücke und des Kraftwerks Hainburg; Aufbau des Inst. f. Umweltwiss. und Naturschutz. Ab 1986 Präs. des Nationalpark-Inst. Donau-Auen. Seit 1994 Gen.-Dir. des Naturhist. Museums in Wien.

Löwe, Ferdinand, * 19. 2. 1865 Wien, † 6. 1. 1925 ebd., Dirigent. Schüler von A. → Bruckner; 1898 Hofopernkapellmeister, 1900 erster Dirigent des Wr. Concertvereinsorchesters (Wr. Symphoniker), dirigierte 1905–19 die Arbeiterkonzerte. Lehrer am Wr. Konservatorium; 1918–22 Leiter der Wr. Musikakad.; bes. Verdienste um die Aufführung der Symphonien von A. Bruckner.

Literatur: R. Rauner, F. L. Leben u. Wirken, 2 Bde., 1995; ÖBL.

Löwenfeld-Russ, Johann, * 29. 10. 1873 Wien, † 12. 1. 1940 ebd., Jurist und Wirtschaftsfachmann. Ab 1896 bei der Finanzdirektion Prag und ab 1898 im Handelsmin. in Wien, 1916 Ministerialrat; führender Experte für Fragen der Versorgung und Ernährung, von 31. 10. 1918 bis 7. 7. 1920 Staatssekr. f. Volksernährung; schied 1921 aus dem Staatsdienst aus und war dann in der Privatwirt. tätig.

Werk: Im Kampf gegen Hunger, hg. v. I. Ackerl, 1986 (Autobiographie). – Literatur: ÖBL.

Löwenthal, Max Frh. von (auch Leo von Walthen), * 7. 4. 1799 Wien, † 12. 7. 1872 Traunkirchen (OÖ.), Erzähler, Dramatiker, Lyriker. Seine Frau Sophie (geb. Kleyle, * 25. 10. 1810 Wien, † 9. 5. 1889 ebd.) verfasste Erzählungen und wurde von N. → Lenau verehrt.

Werke: Skizzen aus dem Tagebuche einer Reise durch Frankreich, Großbritannien und Deutschland, 2 Bde., 1825; Der Cid, 1831 (Romanzen-Zyklus); Gedichte, 1871. – Literatur: ÖBL.

Löwinger, populäre Schauspielerfamilie mit eig. Theater in Wien. Ihre Mitgl. Gretel, Liesel, Sepp, Paul → Löwinger und Sissy → Löwinger spielten bzw. spielen meist die Hauptrollen der volkstüml. Lustspiele der „L.-Bühne“ (im Renaissancetheater in Wien). Film- und Fernsehtätigkeit.

Löwinger, Paul, * 10. 11. 1904 Tulln (NÖ.), † 17. 12. 1988 Wien, Schauspieler, Theaterleiter, Schriftsteller; Vater von Sissy → Löwinger. Spielte schon als Kind auf der elterl. Bühne, übernahm 1947 die familieneig. „L.-Bühne“, für die er zahlr. Lustspiele und Possen verfasste, die oft im Fernsehen übertragen wurden. Zahlr. Filmrollen (u. a. „Zyankali“, 1947; „Kaiserball“, 1956).

Theaterstücke: Wastl unter den Räubern, 1937; Komm zurück, Barbara, 1942.

Löwinger, Sissy, * 22. 6. 1941 Wien, Schauspielerin, Regisseurin, Theaterleiterin; Tochter von Paul → Löwinger. Zunächst mit ihrem Bruder Paul L. jun. für Öffentlichkeitsarbeit und Dramaturgie der „L.-Bühne“ zuständig, später auch für die Regie („Ein Mann für zwei Frauen“, 1983; „Der keusche Joseph“, 1985). L. übernahm nach dem Tod des Vaters (mit ihrem Bruder) die Leitung der „L.-Bühne“; Regisseurin und Bearbeiterin von Fernsehkomödien.

Löwy, Josef, * 16. 8. 1834 Pressburg (Bratislava, SK), † 24. 3. 1902 Wien, Maler und Fotograf. Studierte an der Wr. Akad., besaß ab 1856 ein Fotoatelier in Wien und beschäftigte sich ab 1872 mit Lichtdruck; gründete ein Atelier für Ind.-Aufnahmen, ab Anfang der 80er Jahre stellte er auch Heliogravüren her. Als k. k. Hoffotograf schuf er zahlr. Porträts und Darstellungen der vornehmen Gesellschaft. Weitere Themenschwerpunkte waren Akt, Kunst und Architektur.

Literatur: O. Hochreiter u. T. Starl (Red.), Geschichte der Fotografie in Österreich, 2 Bde., 1983; ÖBL.

Luca, Ignaz de, * 29. 1. 1746 Linz (OÖ.), † 24. 4. 1799 Wien, Staatsrechtler und Schriftsteller. Lehrer in Linz und Innsbruck, 1795 Prof. der allg. europ. und ö. Staatskunde in Wien. Bahnbrechend in der ö. Lexikographie und Statistik.

Werke: Das gelehrte Ö., 2 Bde., 1776/78; Landeskunde von Ö. ob der Enns, 1786; Ö. Staatenkunde, 3 Bde., 1786–89; Neuestes Reisebuch, 1789; Politischer Codex, 14 Bde., 1789–95; Geograph. Hb. von dem ö. Staate, 6 Bde., 1790–92; Justiz-Codex, 10 Bde., 1793–1801; Topographie von Wien, 1794; Prakt. Staatskunde von Europa, 1796. – Literatur: NDB.

Lucca, Pauline, * 25. 4. 1841 Wien, † 28. 2. 1908 ebd., weltberühmte Sängerin (Sopran). Begann im Chor der Wr. Hofoper, sang dann in Prag, London, Berlin und New York; 1874–89 Mitgl. der Wr. Hofoper.

Literatur: ÖBL; NDB.

Pauline Lucca. Lithographie von J. Kriehuber.

Luchsperger, Lorenz, urk. nachweisbar ab 1486 in Wr. Neustadt (NÖ.), † 1501 ebd., spätgot. Bildhauer. Ihm werden die Verkündigungsgruppe und die 12 Apostelfiguren des Wr. Neustädter Doms, stilistisch in der Nachfolge N. → Gerhaerts van Leyden, zugeschrieben. Er kam möglicherweise als Bildhauer mit N. Gerhaert vom Oberrhein nach Ö.

Literatur: K. Oettinger, L. L. – Der Meister der Wr. Neustädter Domapostel, 1935; Friedrich III., Ausst.-Kat., Wr. Neustadt 1966.

Lucia, Hl., Fest 13. Dez., Jungfrau aus Syrakus (Martyrium um 303). Ihr Festtag gilt als Mittwintertag und mit Orakeln verbundener Lostag (L.-Weizen) sowie Rechtstermin. Als verhüllte Brauchgestalt erschien sie, der Percht verwandt, allein („Lutzelfrau“, „Budelfrau“, „Budelmutter“) oder in Gruppen („Lutzerln“) im Bgld. und in der Stmk., wo sie als „helle“ Gabenspenderin, vergleichbar der ost-ö. „Nikolo-“ oder „Christkindlfrau“, oder „dunkle“ Schreckgestalt bekannt ist.

Literatur: L. Kretzenbacher, Santa L. und die Lutzelfrau, 1959.

Lucka, Emil, * 11. 5. 1877 Wien, † 15. 12. 1941 ebd., Erzähler, Dramatiker, Lyriker, Essayist. Jugendfreund des Philosophen O. → Weininger, von dessen Einflüssen seine Werke lange Zeit geprägt waren. Schuf ein umfangreiches kulturphilosoph. Werk.

Werke: Essays: O. Weininger, 1905; Isolde Weißhand, 1909; Grenzen der Seele, 1916; Heiligenrast, 1919; Dostojewski, 1924; Michelangelo, 1930. – Romane: Tod und Leben, 1907; Am Sternbrunnen, 1925; Der blutende Berg, 1931; Der Impresario, 1937. – Literatur: ÖBL; NDB.

Ludwig, Erzhzg. von Ö., * 13. 12. 1784 Florenz (I), † 21. 12. 1864 Wien, Sohn Ks. → Leopolds II. Bis 1809 beim Militär (General-Grenz-Inspektor), dann Reisen mit seinem Bruder Erzhzg. → Johann nach Frankreich und England; vertrat mehrfach seinen Bruder Ks. → Franz II. (I.) und wurde von diesem testamentarisch an die Spitze der Geheimen Staatskonferenz berufen, die 1836–48 die Geschäfte für Ks. → Ferdinand I. führte. L. vertrat als strenger Anhänger des Absolutismus die Politik → Metternichs und zog sich nach der Revolution 1848 ins Privatleben zurück.

Literatur: B. Hamann, Die Habsburger, [4]1993; NDB.

Christa Ludwig als Dorabella in „Così fan tutte" von W. A. Mozart.

Karl Lueger. Foto.

Ludwig, Christa, * 16. 3. 1928 Berlin (D), Kammersängerin (Mezzosopran). Ab 1955 Mitgl. der Wr. Staatsoper, gehörte jahrzehntelang zu den weltweit berühmtesten Sängerinnen v. a. in Opern von W. A. → Mozart, R. Wagner und R. → Strauss; Auftritte bei den Sbg. Festspielen, den Bayreuther Festspielen und an der Metropolitan Opera New York; auch als Liedinterpretin (u. a. F. → Schubert) weltbekannt. Sang an allen großen Häusern der Welt. 1994 Abschied von der Bühne.

Werk: „... und ich wäre so gern Primadonna gewesen", 1994.

Ludwig, Eduard, * 9. 1. 1883 Persenbeug (NÖ.), † 26. 12. 1967 Brunn a. d. Pitten (NÖ.), Journalist, Politiker (CS, ÖVP), Diplomat. Ab 1910 im „Literar. Büro" des Außenministeriums tätig, baute nach 1918 den staatl. Pressedienst (1921–36 Leiter des Bundespressedienstes) auf, 1936–38 Mitgl. des Staatsrats, Präs. der ö. Pressekammer der Ges. f. Zeitungskunde sowie der Akad. für Presse und Politik. 1938 im KZ; 1945–53 Abg. z. NR, ab 1949 Vertreter des ö. Parlaments, ab 1953 der Bundesregierung beim Europarat und Vorsitzender des ö. parlamentar. Rats der Europabewegung. 1946–58 Leiter des Inst. f. Zeitungswiss. der Univ. Wien, Gründer und Vorsitzender des „Verbands der geistig Schaffenden Ö.".

Werke: Parlament und Presse, 1953; Ö. Sendung im Donauraum, 1954.

Ludwig, Ernst, * 19. 1. 1842 Freudenthal (Bruntál, CZ), † 14. 10. 1915 Wien, Chemiker. Studierte nach einer Apothekerausbildung in Wien Chemie, 1872 Prof. für Angewandte medizin. Chemie an der Univ. Wien, Mitgl. des Obersten Sanitätsrats; Vorstand des chem. Laboratoriums an der Patholog.-anatom. Abteilung des Wr. Allg. Krankenhauses.

Werk: Lehrbuch für Aspiranten der Pharmazie II (Chemie), 1911. – Literatur: ÖBL; NDB.

Ludwig, Paula, * 5. 1. 1900 Altenstadt (Vbg.), † 27. 1. 1974 Darmstadt (D), Lyrikerin, Malerin und Schauspielerin. Verbrachte ihre Jugend in Deutschland, Bekanntschaft mit E. Lasker-Schüler und S. George in Berlin sowie enge Verbindung mit Y. Goll, die sie zu dem Gedichtzyklus „Dem dunklen Gott. Ein Jahresgedicht der Liebe" (1932) anregten. Emigrierte 1933 nach Ti., 1938 nach Frankreich und 1941 nach S-Amerika; kehrte 1953 nach Ö. zurück und übersiedelte 1956 wiederum nach Deutschland. Georg-Trakl-Preis 1962.

Ausgaben: Gedichte, hg. v. K. Wachinger u. C. Peter, 1986; Briefe 1931–40, hg. v. B. Glauert-Hesse, 1993. – Literatur: P. L.: Einblicke in ihr Leben und Werk, hg. v. U. Längle, 1991; NDB.

Ludwig, Siegfried, * 14. 2. 1926 Wostiz (Vlasatice, CZ), Jurist und Politiker (ÖVP). 1964–69 Abg. z. Nö. Landtag, 1969–81 Landeshauptmann-Stellv., 1981–92 Landeshauptmann von NÖ. In seiner Amtszeit erhielt NÖ. nach langem Bemühen St. Pölten als eig. Landeshauptstadt. L. leitete in den 80er Jahren eine Öffnung der ÖVP („mehr Bürgernähe") ein.

Ludwig Salvator, Erzhzg. von Ö., * 4. 8. 1847 Florenz (I), † 12. 10. 1915 Brandeis an der Elbe (Brandys nad Labem, CZ), Sohn des vertriebenen Großherzogs Leopold II. von Toskana. Galt in der Familie Habsburg-Lothringen als der „gelehrte Erzhzg.". Unternahm mit seiner Jacht Expeditionen im Mittelmeer und schrieb darüber viele Bücher. Bei Besuchen am Hof in Wien fiel er durch nachlässige Kleidung und unhöfisches Benehmen auf. L.-S.-Museum auf Mallorca.

Werke: Die Balearen, 5 Bde., 1869–84; Die Serben an der Adria, 1878; Die Liparischen Inseln, 8 Bde., 1893; Spanien in Wort und Bild, 1894; Die Felsenfesten Mallorcas, 1910. – Literatur: H. Schwendinger, Erzhzg. L. S., Der Wissenschaftler aus dem Kaiserhaus, 1991; B. Hamann, Die Habsburger, [4]1993 (mit Werkverz.).

Lueger, Karl, * 24. 10. 1844 Wien, † 10. 3. 1910 ebd., Jurist und Politiker (CS); Sohn eines Saaldieners am Wr. Polytechnikum. 1874–96 Rechtsanwalt in Wien, 1875/76 und 1878–1910 Mitgl. d. Wr. Gemeinderats, ab 1885 Abg. zum Reichsrat, ab 1890 Abg. zum Nö. Landtag, 1895 und 1896/97 Vizebürgermeister, 1897–1910 Bürgermeister von Wien. Kam vom Liberalismus, schloss sich im Gemeinderat den Demokraten an, bis er, das Gedankengut K. v. → Vogelsangs aufgreifend, Gründer der Christl.-soz. Partei wurde. Von dieser Massenpartei getragen, bekämpfte er den Liberalismus, dessen Presse ihn stark anfeindete. Er war ein faszinierender Redner und „Volkstribun" mit starkem Charisma. In der Auseinandersetzung mit seinen polit. Gegnern bediente er sich häufig des Antisemitismus, den er als Mittel zum Zweck betrachtete. Sein Einsatz galt bes. dem gewerbl. Mittelstand. Nach seiner Wahl zum Bürgermeister bekämpfte er die Soz.-Dem., aber auch die radikalen dt.-nat. Strömungen. In der Kommunalpolitik wurde zu seiner Zeit Großes geleistet (Gas- und Elektrizitätsversorgung, Wald- und Wiesengürtel, 2. Hochquellenleitung, soz. Fürsorge, Verkehrsbetriebe). Er erreichte damit hohe Popularität und Anerkennung.

Literatur: F. Czeike, Liberale, christl.-soz. und soz.-dem. Kommunalpolitik (1861–1934), 1962; W. Boyer, Political Radicalism in the Late Imperial Vienna, 1981; H. Andics, Luegerzeit, 1984; ÖBL; NÖB; NDB.

Lugger, Alois, * 11. 7. 1912 Brixen (S-Ti.), Jurist und Politiker (ÖVP). 1947–49 Landesrat, 1949–53 Abg. z. Ti. Landtag, 1953 Innsbrucker Stadtrat, 1956–83 Innsbrucker Bürgermeister (während der Olymp. Winterspiele 1964 und 1976); Kandidat der ÖVP bei der Bundespräsidentenwahl 1971.

Lugmayer, Karl, * 25. 2. 1892 Ebensee (OÖ.), † 16. 4. 1972 Wien, Volksbildner und Politiker (CS, VF, ÖVP). Gymnasiallehrer, ab 1923 Volksbildungsreferent für NÖ., ab 1934 für Wien (Gründung einer jüd. Volkshochschule). Ideologe und Programmatiker des christl.-soz. Lagers, nach 1945 (als Mitbegründer) auch der ÖVP, 1945 Unterstaatssekr. im Staatsamt für Volksaufklärung, Unterricht und Erziehung, 1945–59 Mitgl. d. BR, daneben wieder in der Volksbildung tätig (Zentralvorstand des Verbands Wr. Volksbildung, Künstlerische Volkshochschule); philosoph. Veröffentlichungen.

Werke: Der Gewinnwirtschaft Werden, 1922; Grundrisse zur neuen Gesellschaft, 1927; Sein und Erscheinung, 2 Bde., 1945/47; Philosophie der Person, 1956. – Literatur: F. Lugmayer, K. L., 1990.

Lugner, Richard, * 11. 10. 1932 Wien, Bauunternehmer. 1962 Baumeisterkonzession, spezialisierte sich auf Tankstellenbau und Revitalisierung von Altbauten. Stete Expansion des Unternehmens, das er 1999 an seine Söhne übergab; Ausführung von bed. Großprojekten in Wien (Moschee, Lugner-City-Einkaufszentrum u. a.) und Aufbau eines Garagennetzes; Gründung eines Filialbetriebs in Graz. Kandidierte bei der Bundespräsidentenwahl 1998 und bei der Nationalratswahl 1999 (Liste „Die Unabhängigen", 1,02 % der Stimmen).

Luick, Karl, * 27. 1. 1865 Floridsdorf b. Wien, † 20. 9. 1935 Wien, Philologe, namhafter Anglist. Univ.-Prof. in Graz und Wien, Verdienste um die Darstellung des gesetzmäßigen Ablaufs der Sprachentwicklung. Hg. der „Wr. Beiträge zur engl. Philologie".

Werke: Dt. Lautlehre mit bes. Berücksichtigung der Sprechweise Wiens und der ö. Alpenländer, 1904; Hist. Grammatik der engl. Sprache, 1914. – Literatur: ÖBL; NDB.

Luitpold, Josef (eigentl. J. L. Stern), * 16. 4. 1886 Wien, † 13. 9. 1966 ebd., Arbeiterdichter, soz.-dem. Bildungspolitiker, Journalist. Ehem. Redakteur von „Der Strom" und „Glühlichter", reformierte die Arbeiterbibl. in Wien und war 1926–34 Dir. der Arbeiterhochschule Wien-Döbling. Musste 1934 in die Tschechoslowakei fliehen, 1938 nach Frankreich, 1940 in die USA; kehrte nach Ö. zurück und war 1948–54 Rektor der Arbeiterhochschule Weinberg (OÖ.) sowie 1954–59 Bildungsreferent des ÖGB. Er machte sich v. a. als Balladendichter einen Namen. Wegen seiner traditionalist. und formstrengen Lyrik stand er mit K. → Kraus und T. → Kramer in heftigen Kontroversen. Übersetzer afroamerikan. Lyrik („Afrika singt", 1929). Ö. Staatspreis für Volksbildung 1958.

Werke: Lyrik: Herz im Eisen, 1917; Die Rückkehr des Prometheus, 1927 (Balladen); Die neue Stadt, 1927. – Kantaten und Spiele: Die Stunde der Befreiung, 1927; Das Klagenfurter Fackelspiel, 1927. – Die öffentl. Bücherei, 1936 (Essays); Dramen, Erzählungen. – Ausgaben: Das J.-L.-Buch, hg. v. A. Zohner, 1948; Freiheit steigt aus dunkler Nacht. Begegnung mit einem Dichter, hg. v. A. Zohner, 1961; Das Sternbild. Gesammelte Werke, 5 Bde., 1964–66. – Literatur: C. Stifter (Hg.), J. L. Stern, 1994; NDB.

Luksch, Richard, * 23. 1. 1872 Wien, † 21. 4. 1936 Hamburg (D), Bildhauer. Gehörte der Gruppe um G. → Klimt an, mit dem er 1905 die Wr. Secession verließ. Schuf Arbeiten u. a. für die Wr. Werkstätte (Ausstattung Sanatorium Purkersdorf, Palais Stoclet) und O. → Wagner (u. a. Statuen für die Kirche Am Steinhof); 1907–36 Lehrer an der Kunstgewerbeschule Hamburg.

Literatur: ÖBL; NDB.

Lumpert, Anton, * 13. 11. 1757 Köglen (Ti), † 10. 4. 1837 Wien, Jurist, Bürgermeister von Wien. Trat 1786 in den von Ks. Joseph II. reorganisierten Wr. Magistrat ein; 1791 Sekretär, 1795 Kriminalrat, 1814 Vize- und 1823 erster Bürgermeister.

Literatur: F. Czeike, Wien und seine Bürgermeister, 1974.

Lunacek, Ulrike, * 26. 5. 1957 Krems a. d. Donau (NÖ.), Dolmetscherin und Politikerin (Grüne). Als Mitarbeiterin in unabhängigen Organisationen engagierte sie sich für Frauen und in entwicklungspolit. Fragen. 1996–98 Bundesgeschäftsführerin der Grünen, seit 1999 Abg. z. NR.

Luntz, Victor, * 8. 3. 1840 Ybbs (NÖ.), † 12. 10. 1903 Wien, Architekt. Langjähriger Mitarbeiter seines Lehrers Friedrich Frh. v. → Schmidt (u. a. beim Wr. Rathaus), 1885 Prof. an der Techn. Hochschule in Wien, ab 1891 an der Akad. der bild. Künste. Widmete sich bes. dem Sakralbau und einschlägigen Restaurierungen. Sein Hauptwerk ist die monumentale, von den rheinischen Kaiserdomen inspirierte Kaiserjubiläumskirche am Mexikoplatz in Wien 2, 1898–1913 (vollendet von A. Kirstein).

Literatur: ÖBL.

Luschin-Ebengreuth, Arnold, * 26. 8. 1841 Lemberg (Lwíw, UA), † 6. 12. 1932 Graz (Stmk.), Rechtshistoriker und Münzenforscher von internat. Ruf. 1881–1912 Univ.-Prof. in Graz.

Werke: Die Entstehungszeit des ö. Landrechtes, 1872; Geschichte des älteren Gerichtswesens in Ö., 1879; Hb. der ö. Reichsgeschichte, 2 Bde., 1895/96 (Standardwerk); Wiens Münzwesen, Handel und Verkehr, 2 Bde., 1897/1902; Grundriß der ö. Reichsgeschichte, 1899; Allg. Münzkunde und Geldgeschichte des MA und der Neueren Zeit, 1904; Die Münze, 1906. – Literatur: ÖBL; NDB.

Lütgendorf, Karl, * 15. 10. 1914 Brünn (Brno, CZ), † 9. 10. 1981 Schwarzau (NÖ.; vermutl. Selbstmord), Offizier und Politiker (parteilos). 1971–77 BMin. f. Landesverteidigung, 1977 wegen Verwicklung in illegale Waffengeschäfte zurückgetreten.

Luttenberger, Peter, * 13. 12. 1972 Bad Radkersburg (Stmk.), Radsportler. Ö. Staatsmeister im Zeitfahren 1992; fährt seit 1993 in einem ital. Team und siegte im selben Jahr beim Giro di Lombardio. Seit 1994 Profi, gewann 1996 die Tour de Suisse und die Bergwertung der Baskenland-Rundfahrt.

Lutterotti zu Gazzolis und Langenthal, Karl von, * 10. 2. 1793 Bozen (S-Ti.), † 20. 7. 1872 Imst (Ti.), Mundartdichter (zeitgeschichtl. Thematik) und Dialektforscher.

Werk: Gedichte im Ti. Dialekt, 1854. – Literatur: ÖBL; ADB.

Lutzer, Jenny, * 4. 3. 1816 Prag (CZ), † 3. 10. 1877 Wien, Koloratursopranistin und Soubrette; Ehefrau von F. v. → Dingelstedt. Gefeierte Sängerin an der Wr. Hofoper (1837–42).

Literatur: ADB.

Jenny Lutzer. Lithographie von J. Kriehuber, 1839.

Lux, Josef August, * 8. 4. 1871 Wien, † 23. 3. 1947 Anif b. Salzburg, Schriftsteller. Autor biograph. Romane und Mysterienspiele mit kath. und betont ö. Haltung. Ab 1930 Leiter der „L.-Spielleute Gottes", Mitbegründer der „Bildungsschule" in Hellerau-Dresden und der „Kralik-Ges." in Wien; förderte die relig. Laienspielbewegung; 1939 im KZ Dachau interniert.

Werke: A Fink vom Weanawald. Gedichte in der unterennsischen Mundart, 1900; Wr. Sonette, 1902; Grillparzers Liebesroman, 1912; F. Schuberts Lebenslied, 1915; Das große Bauernsterben, 1917; Wanderung zu Gott, 1926 (Autobiographie); Beethovens unsterbliche Geliebte, 1926; F. Liszt, 1929; Der Spielmann Gottes, 1930; Land tragischen Glaubens, 1947. – Dramen. – Literatur: ÖBL.

M

Maazel, Lorin, * 6. 3. 1930 Neuilly (F), Dirigent, Geiger und Komponist. Ausbildung in den USA, seit den 60er Jahren internat. tätig (u. a. in London, Bayreuth, Wien, Paris, New York, Berlin), Konzerttätigkeit mit allen führenden Orchestern der Welt; 1982–84 künstlerischer Direktor der Wr. Staatsoper; 1994 und 1996 Dirigent des Neujahrskonzerts der Wr. Philharmoniker; 1995 und 1996 dirigierte er die Eröffnungsvorstellung der Sbg. Festspiele.

Ernst Mach. Foto, 1900.

Mach, Ernst, * 18. 2. 1838 Turas (Tuřany, CZ), † 19. 2. 1916 Vaterstetten (D), Physiker und Philosoph. 1866 Univ.-Prof. für Mathematik in Graz, 1867 für Physik in Prag (1879/80 Rektor), 1895–1901 in Wien. M. schuf den experimentellen Nachweis des dopplerschen Gesetzes (Christian → Doppler) und das machsche Gesetz durch Untersuchung schnell fliegender Projektile. Die nach ihm benannte m.sche Zahl bezeichnet das Verhältnis der Geschwindigkeit eines Körpers zur Schallgeschwindigkeit. Daneben führte er optische Experimente durch. In philosophischer Hinsicht war sein Denken durch eine empirische Grundhaltung, die Orientierung an naturwiss. Ergebnissen und die Konzentration auf Fragen der Messbarkeit bestimmt; die Philosophen des Wr. Kreises bezogen von M. wichtige Impulse. Zu M. schärfsten Kritikern zählte M. Planck.

Werke: Die Mechanik in ihrer Entwicklung, 1883; Beiträge zur Analyse der Empfindungen, 1886; Die Prinzipien der Wärmelehre, 1896; Erkenntnis und Irrtum, 1905; Kultur und Mechanik, 1916. – Literatur: F. Stadler, Vom Positivismus zur wiss. Weltauffassung am Beispiel der Wirkungsgeschichte von E. M. in Ö. von 1895–1934, 1982; J. Thide, E. M., in: Centaurus 8, 1963 (mit Bibliographie); ÖBL; NDB.

Machatschki, Felix Karl Ludwig, * 22. 9. 1895 Arnfels (Stmk.), † 17. 2. 1970 Wien, Mineraloge und Petrograph. Wirkte ab 1930 als Univ.-Prof. in Tübingen, ab 1941 in München und ab 1944 in Wien. Machte sich um die Kristallchemie verdient.

Werke: Grundlagen der allg. Mineralogie und Kristallchemie, 1946; Vorräte und Verteilung der mineralischen Rohstoffe, 1948; Spezielle Mineralogie auf geochem. Grundlage, 1953. – Ca. 140 Einzelbeiträge in wiss. Ztschr. – Literatur: NDB.

Mache, Heinrich, * 27. 4. 1876 Prag (CZ), † 1. 9. 1954 Wien, Physiker. Arbeitete bei L. → Boltzmann, F. → Exner und E. → Mach; 1906 a.o. Prof. in Innsbruck, 1908–46 Prof. an der Techn. Hochschule in Wien (1925/26 Rektor), Gründer des Inst. für techn. Physik. Erforschte physikal.-techn. Fragen der Wärmelehre und die Radioaktivität ö. Heilquellen und führte Experimente zu Emanationsbestimmungen durch.

Werke: Die atmosphär. Elektrizität, 1909 (mit E. v. Schweidler); Die Physik der Verbrennungserscheinungen, 1918; Einführung in die Theorie der Wärme, 1921. – Literatur: NDB.

Macheiner, Eduard, * 18. 7. 1907 Fresen (Gem. Ranten, Stmk.), † 17. 7. 1972 Salzburg, Erzbischof von Salzburg (1969–72). 1932 Priesterweihe, 1963 Weihbischof von Salzburg.

Josef Madersperger. Stich.

Machlup, Fritz, * 15. 12. 1902 Wr. Neustadt (NÖ.), † 30. 1. 1983 Princeton (USA), Industrieller und Nationalökonom. Studierte an der Hochschule für Welthandel und an der Univ. Wien (Politikwissenschaften), war dann bis 1935 Direktor und Teilhaber von Papierunternehmen und gleichzeitig als Wirtschaftspublizist tätig. Emigrierte 1935 in die USA und wirkte als Univ.-Prof. für Wirtschaftswiss. an der Univ. Buffalo, an der Johns Hopkins University in Baltimore sowie an den Univ. in Princeton und New York.

Machura, Lothar, * 13. 12. 1909 Jägerndorf (Krnov, CZ), † 23. 5. 1982 Wien, Naturforscher, Volksbildner. Leiter der naturwiss. Abt. des Nö. Landesmuseums, wo er 1935–70 tätig war. Mitbegründer des Donaumuseums in Orth a. d. Donau, des Jagdmuseums in Marchegg und des Alpengartens auf der Rax. Verdienste um die Einrichtung von Naturparks und den Natur- und Landschaftsschutz v. a. im Zusammenhang mit Großbauten.

Werke: Nationalparke in Ö., 1959; Pilzesammeln – leicht gemacht, 1964; Rettet die Tormäuer, 1965; Die Donau und das Donaumuseum, 1966; Naturschutz und Landschaftspflege in NÖ., 1970; Bäume an der Straße, 1970.

Mack, Karl, Frh. von Leiberich, * 24. 8. 1752 Nennslingen (D), † 22. 10. 1828 St. Pölten (NÖ.), General. Ab 1773 Offizier, bewährte sich 1789/90 im Türkenkrieg und 1792 in den Niederlanden, kommandierte 1798 die neapolitan. Armee und 1805 die ö. Armee am Rhein. Kapitulierte mit dieser am 20. 10. 1805 bei Ulm, wurde deshalb 1806 von einem Kriegsgericht zu 8 Jahren Gefängnis verurteilt, die Strafe wurde von Ks. Franz I. auf 2 Jahre verringert; 1819 rehabilitiert.

Literatur: NDB.

Maculan, Alexander, * 8. 7. 1941 Wien, Bauunternehmer; Sohn von Rudolf → Maculan. Übernahm Ende der 80er Jahre die von seinem Vater aufgebaute Bauges. Hofman & M., die er 1990 in die börsenotierte M. Holding AG einbrachte. Nach starkem Auslandsengagement und schnellem Wachstum (16 Mrd. S Umsatz und fast 9000 Mitarbeiter 1995) mussten die Unternehmen der M.-Gruppe 1996 Konkurs bzw. Ausgleich anmelden; seit 1997 ist M. bestrebt, die M. Holding AG neu aufzubauen.

Werk: Mein Fall. Traum und Alptraum eines Unternehmers, 1997.

Maculan, Rudolf, * 10. 7. 1912 Pola (I), † 20. 12. 1955 Anger-Stoißberg (D; Flugzeugunfall), Bautechniker und -unternehmer; Vater von Alexander → Maculan. Studierte 1930–34 an der Techn. Hochschule in Wien und war bis 1936 Assistent an dieser. Ab 1936 in der Bauges. Hofman tätig, ab 1938 Gesellschafter (Hofman & M.), 1941–55 deren Geschäftsführer; unter seiner Führung wurde aus einer kleinen Baufirma eines der führenden ö. Bauunternehmen, das später zur M. Holding AG gehörte. Die Leistungen von M. lagen v. a. auf den Gebieten der Rationalisierung der Baumethoden, der Verwendung von Beton (Fertigbetonelemente und Sichtbeton; Gründung der Ebenseer Betonwerke), der Baukalkulation und der Normung.

Madersperger, Josef, * 6. 10. 1768 Kufstein (Ti.), † 2. 10. 1850 Wien, Schneidermeister und Erfinder. Ab 1790 in Wien, beschäftigte sich mit der Konstruktion einer Nähmaschine. Nach ersten Versuchen der Nachahmung der „nähenden Hand" (im Techn. Museum Wien) baute er bis 1814 seine erste Nähmaschine. Das Öhr war an der Spitze der Nadel, man konnte so einen Endlosfaden verwenden. M. verwertete das 1815 ver-

liehene Privileg nicht, und es erlosch nach 3 Jahren. Er schenkte seine Nähmaschine 1839 dem Polytechn. Inst. und erhielt 1841 eine Bronzemedaille des Nö. Gewerbevereins, starb aber völlig verarmt im Wr. Versorgungshaus. Erst 1846 brachte der Amerikaner E. Howe mit Erfolg eine Nähmaschine auf den Markt.
Literatur: E. Attlmayr, Ti. Pioniere der Technik, 1968; ÖBL; NDB.

Maderthaner, Leopold, * 9. 9. 1935 Hausmening (NÖ.), Unternehmer und Politiker (ÖVP). Selbstständig seit 1959 (Firma Neon-Maderthaner Ges. m. b. H.); 1972–85 Stadtrat von Amstetten, 1986–90 Präs. der Kammer der gewerbl. Wirt. für NÖ., 1979–89 Mitgl. d. BR, 1989–94, 1994–95 und seit 1996 Abg. z. NR; 1989–99 Bundesobmann des Ö. Wirtschaftsbunds und 1990–2000 Präs. der Wirtschaftskammer Ö.

Magic Christian (eigentl. Christian Stelzel), * 17. 7. 1945 Mauthausen (OÖ.), Designer und Zauberkünstler. 1973, 1976 und 1979 „Weltmeister der Sparte Manipulation"; Begründer der Mischform des „Zauberkabaretts"; erfolgreichster Vertreter der ö. Zauberkunst seit J. N. → Hofzinser, mit dem er sich intensiv auseinander setzt. 1983–92 Redakteur der ö. Zauberzeitschrift „Aladin".
Werke: The Magic of Christian 1, 1970; The Magic of Christian 2, 1971; Meisterzaubern, 1971; Hobby Extra – Zauberbuch, 1980; Stripper, 1982; Svengali, 1982; Zauberhafte Spielkarten, 1982; Lecture magic, 1983; Non plus ultra, J. N. Hofzinser 1806–1875, 1998ff.

Magnago, Silvius, * 5. 2. 1914 Meran (S-Ti.), Jurist und Politiker (SVP), 1948–52 Vizebürgermeister von Bozen, Landtagspräs. und Präs. des Regionalrats, 1957–91 Obmann der SVP, 1960–89 Landeshauptmann von S-Ti., Ehrenobmann der SVP; charismat. Integrationsfigur für S-Ti. und erfolgreicher Verhandler in der Südtirolfrage („Vater des S-Ti.-Pakets"), Vordenker eines vereinten Europa der Regionen.
Literatur: G. Solderer (Hg.), S. M.: eine Biographie S-Ti., 1996.

Magnus von Reichersberg, † 1195 Reichersberg (OÖ.), Augustinerpresbyter. Verfasste unter Benützung von Stiftsannalen des → Gerhoh von Reichersberg und anderen Quellen eine Chronik von Reichersberg für die Jahre 1167–95, die nach seinem Tod bis 1279 fortgesetzt wurde. Das Manuskript Gerhohs wurde von ihm noch einmal überarbeitet, blieb aber unvollendet (Autograph im Stmk. Landesarchiv Graz).
Literatur: H. Fichtenau, Studien zu Gerhoh von Reichersberg, MIÖG 52, 1958; NDB.

Mahler, Anna, * 15. 6. 1904 Wien, † 3. 6. 1988 London (GB), Malerin, Bildhauerin; Tochter von Gustav → Mahler und Alma M. → Mahler-Werfel. Studierte Malerei in Rom bei G. de Chirico, in den 30er Jahren Bildhauerei bei F. → Wotruba. Schuf zahlr. Büsten von Künstlern und Politikern. War u. a. mit dem Verleger P. → Zsolnay und dem Komponisten E. → Krenek verheiratet; emigrierte 1938 mit ihrem damaligen Mann A. Joseph über England in die USA. M. stand zeitlebens im Schatten ihrer berühmten Mutter.
Werke: Büsten: W. Furtwängler, O. Klemperer, A. Rosé, K. Schuschnigg. – Totenmasken: A. Schönberg, L. Feuchtwanger.

Mahler, Gustav, * 7. 7. 1860 Kalischt (Kaliště, CZ), † 18. 5. 1911 Wien, Komponist und Dirigent von Weltruf; Ehemann von Alma M. → Mahler-Werfel, Vater von Anna → Mahler. Bislang letzter großer ö. Symphoniker, schloss mit seinem symphon. Werk an A. → Bruckner an, bei dem er neben dem Studium am Konservatorium Privatunterricht genoss. M. war ab 1880 Dirigent in Bad Hall, Laibach und Olmütz, 1883–85 in Kassel und Prag und 1886–88 in Leipzig. 1888–91 war er Operndirektor in Budapest, 1891–97 Theaterkapellmeister in Hamburg. Ab 1897 Dirigent an der Wr. Staatsoper, die unter seiner Direktion 1898–1907 eine Blütezeit erlebte. Er holte zahlr. Stars nach Wien (z. B. A. → Bahr-Mildenburg) und führte verschiedene Neuerungen ein; 1898–1901 leitete er auch die Philharmon. Konzerte. 1902 Heirat mit Alma Maria Schindler (A. → Mahler-Werfel). Ab 1908 war M. Kapellmeister der Metropolitan Opera in New York, 1909 wurde er musikal. Leiter der New York Philharmonic Society. Unheilbar krank kehrte er 1911 nach Wien zurück.
Als hochgeistiger, nervös-sensitiver Komponist und Dirigent verschrieb sich M. in kompromissloser Weise der Musik. Sein Kompositionsstil, der Spätromantik verpflichtet, schwankt zw. Ironie und Melancholie und gilt als typisch für das Fin de siècle. M. schrieb vorwiegend Lieder und Symphonien und führte beide Werkgattungen in seinen Orchesterliedern bzw. den vokalen Einschüben in seinen Symphonien zusammen.
Seit 1955 besteht in Wien die Internat. G.-M.-Ges. (entstanden auf Initiative von B. → Walter), seit 1966 wird die G.-M.-Ehrenmedaille verliehen. Um die weltweite M.-Renaissance seit den 80er Jahren machte sich bes. L. Bernstein verdient.
Werke: Das klagende Lied, 1880; 14 Lieder und Gesänge aus der Jugendzeit, 1882; 4 Lieder eines fahrenden Gesellen, 1883–85 (nach eig. Text); 10 Lieder aus „Des Knaben Wunderhorn", 1888; 5 Kindertotenlieder, 1902 (nach F. Rückert); Das Lied von der Erde, 1908; 10 Symphonien, 1888ff. (die letzte unvollendet, die meisten mit Singstimmen und Chor). – Ausgabe: Sämtl. Werke, hg. v. R. Kubik, 1960ff. – Literatur: G. Adler, G. M., 1916; Alma M., G. M. Briefe, 1924; dies., G. M., Erinnerungen und Briefe, 1940; B. Walter, G. M., 1936 (²1957); H.-L. de La Grange, G. M., Chronique d'une vie, 3 Bde., 1973–84; S. Wiesmann, G. M. und Wien, 1976; Z. Roman, G. M. American Years, 1989; F. Willnauer, G. M. und die Wr. Oper, 1993; J. Carr, G. M., 1997 (mit Werkverz.); E. W. Partsch u. O. Pausch (Hg.), Die Ära G. M., Ausst.-Kat., Ö. Theatermuseum, Wien 1997; H. H. Eggebrecht, Die Musik G. M., 1999; ÖBL; NDB.

Mahler-Werfel, Alma Maria (geb. Schindler), * 31. 8. 1879 Wien, † 11. 12. 1964 New York (USA), begraben in Wien-Grinzing, Schriftstellerin und Komponistin; Tochter des Malers E. J. → Schindler, ab 1902 Ehefrau von G. → Mahler, Mutter von Anna → Mahler. Unter Anleitung ihres Lehrers A. v. → Zemlinsky machte sie eig. kompositor. Versuche, von denen 2 Hefte mit Liedern erhalten sind. Nach dem Tod Mahlers (1911) hatte M.-W. eine Liebesbeziehung mit dem Maler O. → Kokoschka. 1915 ging sie mit dem Architekten W. Gropius eine Ehe ein. Nach ihrer Scheidung heiratete sie 1929 den Dichter F. → Werfel und emigrierte mit diesem 1938 nach Frankreich und 1940 in die USA. Ihr Salon war im Wien der Zwischenkriegszeit Treffpunkt für zahlr. Künstler und Intellektuelle.
Werke: G. Mahler. Erinnerungen und Briefe, 1940; Mein Leben, 1960. – Literatur: K. Monson, A. M.-W., 1985; B. Weber (Hg.), Die Komponistin A. M.-W., 1999; NDB.

Alma Marie Mahler-Werfel. Foto, 1909.

Mahr, Hans, * 17. 5. 1949 Wien, Journalist. 1972–77 Leiter des Ressorts Politik bei der „Kronen Zeitung", 1977–79 Büroleiter des Wr. Bürgermeisters L. → Gratz, 1979–83 Medienberater und Leiter der Öffentlichkeitsarbeit von Bundeskanzler B. → Kreisky. 1983–88 Berater des „Kronen Zeitung"-Hg. H. → Dichand, Leiter der ö. Büros des dt. Senders RTL und der dt. Ztschr. „Stern"; 1989–94 Geschäftsführer der „Kronen Zeitung", 1994–2000 Informationsdir. und Chefredakteur bei RTL, seit 2000 Geschäftsführer der RTL-Internet-Tochterges. RTL New Media.

Maier, Fritz Franz, * 19. 7. 1844 Znaim (Znojmo, CZ), † 15. 12. 1926 Wien, Schiffskonstrukteur. Arbeitete nach dem Studium in Wien, auf Werften in Triest, Budapest, den USA, England und Schottland. 1898–1905 beschäftigte er sich mit der Entwicklung einer

Gustav Mahler. Foto.

Schiffsform mit gleitendem Rumpf („M.-Form"). Die Entwicklung führten seine Söhne Erich und Werner M. 1927 in Bremen fort. 1931 wurde in New York die „M.-Form-Ges." gegr.
Literatur: ÖBL; NDB.

Maier, Heinrich, * 16. 2. 1908 Großweikersdorf (NÖ.), † 22. 3. 1945 Wien (hingerichtet), Priester. Widerstandskämpfer der Gruppe „Maier-Messner" gegen das nat.-soz. Regime.
Literatur: H. Mader, M. DDr. H., in: K.-v.-Vogelsang-Inst. (Hg.), Gelitten für Ö., 1988; N. Rodt u. a., Zeugnis der Auferstehung. Dokumente und Bilder aus dem Leben des Priesters H. M., 1995; ÖBL.

Maier, Hermann, * 7. 12. 1972 Flachau (Sbg.), Skirennläufer. Errang bei den Olymp. Spielen 1998 in Nagano (J) zwei Goldmedaillen (Riesentorlauf, Super-G) und gewann 1997/98 den Skigesamtweltcup als zweiter Österreicher nach K. → Schranz. Bei den Skiweltmeisterschaften 1999 in Colorado (USA) wurde M. Weltmeister im Abfahrtslauf und im Super-G. 1999/2000 und 2000/01 gewann er abermals den Gesamtweltcup und wurde auch in beiden Jahren Weltcupsieger im Abfahrtslauf, im Riesentorlauf und im Super-G (mit genau 2000 Punkten 1999/2000 höchste Punkteanzahl, die ein Skirennläufer bis dahin je erreicht hatte). Bei den Weltmeisterschaften 2001 in St. Anton Silbermedaille im Abfahrtslauf und Bronze im Super-G.
Literatur: M. Smejkal (Bearb.), H. M. Ich gehe meinen Weg, 1998; H. Prüller, H. M. und das weiße Wunderteam, 1998.

Maier, Michael, * 21. 3. 1958 Klagenfurt (Kä.), Journalist. Studierte Jus sowie Kirchenmusik und Orgel in Graz. 1983–88 Gen.-Sekr. bei Design Research International in Indianapolis, ab 1993 Ressortleiter Medien bei der „Presse", 1994–95 Chef vom Dienst. 1996–98 Chefredakteur der „Berliner Zeitung", 1999 kurzzeitig Chefredakteur der dt. Ztschr. „Stern". Seit 1996 Kolumnist des „Standard", seit 2000 als Feuilletonist für die „Frankfurter Allgemeine Zeitung" in Jerusalem.

Maier, Ulrike, * 22. 10. 1967 Rauris (Sbg.), † 29. 1. 1994 Garmisch-Partenkirchen (D), Skirennläuferin. 1989 und 1991 Weltmeisterin im Super-G, 1991 Weltmeisterschaftszweite im Riesentorlauf; zahlr. Spitzenplätze im Weltcup in Super-G, Riesentorlauf und Slalom. Verunglückte tödlich beim Abfahrtslauf.

Maierhofer, Ferdinand, * 9. 4. 1881 Graz (Stmk.), † 6. 6. 1960 Wien, Kammerschauspieler. Zunächst an zahlr. Provinzbühnen und ab 1918 am Carltheater in Wien. 1919–60 am Burgtheater als Charakterkomiker (große Erfolge in Nestroy- und Shakespeare-Rollen). Film- und Rundfunktätigkeit.
Literatur: J. Handl, F. M., 1955.

Maikl, Georg, * 4. 4. 1872 Hippach (Ti.), † 22. 8. 1951 Wien, Opernsänger (lyrischer Tenor). 1904 von G. → Mahler an die Hofoper engagiert, sang er bis 1942 an der Wr. Staatsoper 99 Rollen; Kammersänger; Auftritte bei den Sbg. Festspielen.

Mailly, Anton (Pseud.: A. Cianlaudi de Mailly), * 19. 8. 1874 Görz (Gorizia, I), † 30. 5. 1950 Wien, Schriftsteller und Beamter im Handelsmin. Sammelte Sagen und begründete die Rechtssagenforschung.
Werke: Kath. Rosenkreuzerei, 1921; Sagen aus Friaul und den Julischen Alpen, 1922; Nö. Sagen, 1926; Dt. Rechtsaltertümer in Sage und Brauchtum, 1930; Sagen aus dem Bgld., 1931 (mit A. Pfarr u. E. Löger).

Maisel, Karl, * 3. 11. 1890 Wien, † 13. 3. 1982 ebd., Metallarbeiter und Politiker (SPÖ). 1948–59 Vizepräs. des ÖGB, 1956–64 Präs. der Arbeiterkammer Wien, 1945–59 Abg. z. NR, 1945–56 BMin. f. soziale Verwaltung. Unter seiner Ministerschaft entstand das Allg. Sozialversicherungsgesetz (ASVG).

Hans Makart. Porträt von F. v. Lenbach, um 1880.

Makart, Hans, * 28. 5. 1840 Salzburg, † 3. 10. 1884 Wien, Historien- und Bildnismaler. Studierte an der Wr. Akad. und bei K. v. Piloty in München; Studienreisen nach London, Paris und Italien. 1869 Berufung nach Wien, wo ihm auf Staatskosten ein Atelier eingerichtet wurde. 1875/76 mit F. v. Lenbach, C. R. Huber und L. C. Müller in Ägypten, ab 1878 Prof. für Historienmalerei an der Wr. Akad. Gestaltete 1879 anlässlich der Silbernen Hochzeit des ö. Kaiserpaares den Festzug der Stadt Wien; ab 1881 Arbeit an der Ausstattung des Stiegenhauses im Kunsthist. Museum sowie Ausstattung des Schlafzimmers von Kaiserin Elisabeth in der Hermesvilla im Lainzer Tiergarten. Seine Kolossalgemälde zeigen den Einfluss der dekorativen Großmalerei Frankreichs (T. Couture, E. Delacroix) und nehmen ebenso wie seine Porträts Anregungen von P. P. Rubens, Tizian und P. Veronese auf. M. war der wichtigste Inspirator des späthistorist. Gesamtkunstwerks in Wien und von großem Einfluss auf die anderen Kunstgattungen. Das Schlagwort vom Zeitalter des Farbenrauschs gilt v. a. für ihn und seine Sphäre. Theatral. Pathos, üppige Farbensinnlichkeit und dekoratives Talent kennzeichnen seine Werke. Sein Atelier war 1870–80 Zentrum des gesellschaftl. Lebens in Wien, seine rauschenden Feste wie auch seine unbändige Dekorationslust (M.-Hut, M.-Kragen, M.-Bukett) wurden prägend für den Lebensstil der vornehmen Gesellschaft. Obwohl zum Monumentalformat tendierend – er schuf auch architekton. Projekte –, erhielt M. verhältnismäßig wenige einschlägige Aufträge. Trotz seines frühen Todes wirkte M. noch lange nach, u. a. bes. auf G. → Klimt.
Literatur: R. Mikula, Studien zu H. M., Diss., Wien 1971; G. Frodl, H. M., 1974; H. M. und der Historismus in Budapest, Prag und Wien, Ausst.-Kat., Halbturn 1986; H. M. Malerfürst, Ausst.-Kat., Hist. Mus. d. Stadt Wien, 2000; ÖBL; NDB.

Alfred Maleta. Foto.

Maleta, Alfred, * 15. 1. 1906 Mödling (NÖ.), † 16. 1. 1990 Salzburg, Jurist und Politiker (ÖVP). 1934 1. Sekr. der Arbeiterkammer OÖ., 1938–41 im KZ, anschließend Kriegsdienst. 1945 Mitbegründer der ÖVP, 1951–60 ÖVP-Gen.-Sekr. und 1960–71 stellv. Obmann; 1945–75 Abg. z. NR, 1953–62 Klubobmann; 1961–62 3. Präs., 1962–70 1. Präs., 1970–75 2. Präs. des NR; Anhänger der großen Koalition.
Werk: Entscheidung für morgen. Christl. Demokratie im Herzen Europas, 1968.

Johann Malfatti. Lithographie.

Malfatti, Johann, * 12. 6. 1775 Lucca (I), † 12. 9. 1859 Wien, Arzt. Leibarzt der Erzherzogin Maria Beatrix v. Este, behandelte auch den Hzg. von → Reichstadt und L. van → Beethoven. Gründete 1802 die „Ges. der praktischen Ärzte in Wien" (ab 1837 „Ges. der Ärzte in Wien"), deren erster Präs. er war.
Werk: Entwurf einer Pathogenie aus der Evolution und Revolution des Lebens, 1809. – Literatur: E. Lesky, Die Wr. Medizin. Schule im 19. Jh., ^{2}1978; NDB.

Mallina, Erich, * 9. 4. 1873 Prerau (Přerov, CZ), † 19. 11. 1954 Wien, Maler und Graphiker. Studierte an der Wr. Kunstgewerbeschule, an der er 1906 zum Prof. ernannt wurde. In seinem Frühwerk ist er dem dekorativen Stil der Secession verpflichtet. Ab 1903 schuf er Variationen von schwebenden Frauengestalten und Engelschören sowie symbolist. Bildkonzepte mit mystisch-visionärem Gehalt in pointillistischer Technik. Weiters entstanden heitere Märchenillustrationen, Karikaturen und Ölbilder. Gold. Ehrenzeichen der Republik Ö. 1931.

Mally, Ernst, * 11. 10. 1879 Krainburg (Kranj, SLO), † 8. 3. 1944 Schwanberg (Stmk.), Philosoph. Studierte Philosophie, Mathematik und Physik in Graz; 1923–42 Prof. für Philosophie ebd., 1942 krankheitsbedingt

Emeritierung. Bemühte sich um die Unterscheidung von Sollens- und Seinsproblematik und suchte nach einer ganzheitlich-dynamist. Wirklichkeitsinterpretation.

Werke: Grundgesetze des Sollens, 1926; Erlebnis und Wirklichkeit, 1935; Logische Schriften, hg. v. K. Wolf u. P. Weingartner, 1970. – Literatur: A. Hieke (Hg.), E. M. Versuch einer Neubewertung, 1998; NDB.

Mally, Trude, * 18. 1. 1928 Schwechat (NÖ.), Volkssängerin. Begeisterte sich schon im Kindesalter für die Lieder der Volkssänger und stand bereits mit 10 Jahren als Interpretin auf der Bühne. Lange Zeit Partnerin von K. → Nagel. Neben K. → Hodina zählt sie heute zu den bekanntesten Persönlichkeiten, die die Tradition der Volkssänger aufrecht erhalten.

Literatur: C. Zurbrügg, Orvuse on Oanwe. Dudlerinnen in Wien, 1996.

Malzacher, Hans, * 14. 10. 1896 Traisen (NÖ.), † 16. 10. 1974 Villach (Kä.), Montanist. 1938–41 Gen.-Dir. der Reichswerke AG Alpine Montanbetriebe „Hermann Göring" in Linz, 1942–45 der Berghütte Teschen; 1945 Stellv. des Rüstungsmin. A. Speer und Rüstungsbevollmächtigter für den Bezirk „Südost". 1945–47 als Kriegsverbrecher inhaftiert; Aufbau der Ti. Röhren- und Metallwerke AG in Solbad Hall, später Aufsichtsratvorsitzender der VÖEST.

Werk: Begegnungen auf meinem Lebensweg, 2 Bde., 1967/71.

Mälzel (Mälzl), Johann N., * 15. 8. 1772 Regensburg (D), † 21. 7. 1838 (auf einer Ozeanreise), Instrumenten- und Automatenbauer. Ab 1792 in Wien, 1808 Hofkammermaschinist; baute 1816 ein Metronom („M.-Metronom"), nach dem bis heute die meisten Tempoangaben erfolgen; konstruierte ein Panharmonicon, einen Trompetenautomaten, ein Orchestrion und 1824 eine sprechende Puppe mit „Schlafaugen". L. van → Beethoven schrieb 1813 das Opus 91 („Auf Wellingtons Sieg oder Die Schlacht bei Vittoria") für das Panharmonicon von M.

Literatur: NDB.

Mander, Matthias (eigentl. M. Mandl), * 2. 8. 1933 Graz (Stmk.), Schriftsteller, hauptberuflich Manager in einem ö. Industrieunternehmen. Veröffentlichte 1966 den Erzählband „Summa-Bachzelt" und 1979 den Roman „Der Kasuar", der sich mit den Problemen der modernen Industrieges. (Zerstörung der Umwelt, Atomkrieg) auf metaphor.-relig. Ebene befasst.

Weitere Werke: Das Tuch der Geiger, 1980; Wüstungen, 1985; Der Sog, 1989; Cillia oder Der Irrgast, 1993. – Literatur: Z. Széll, Langsame Heimkehr – wohin?, in: Amsterdamer Beiträge zur neueren Germanistik, Bd. 14, 1982.

Mandl, Felix, * 8. 11. 1892 Brünn (Brno, CZ), † 15. 10. 1957 Wien, Chirurg, Medizin. Laufbahn in Wien, emigrierte 1938 und lebte 1939–47 als Univ.-Prof. und Primararzt in Jerusalem; nach seiner Rückkehr wurde er 1947 Vorstand der Chirurg. Abt. am Franz-Joseph-Spital in Wien. Ab 1948 Vizepräs. des International College of Surgeons (USA); SPÖ-Mandatar im Wr. Landtag; 1954–57 Abg. z. Wr. Landtag und Mitgl. d. Wr Gemeinderats.

Werke: Chirurgie der Sportunfälle, 1925; Erste Hilfe bei Unfällen, 1930; Theorie und Praxis der Krebskrankheit, 1932; Der Kampf gegen die Krebskrankheit, 1950; Blockade und Chirurgie des Sympaticus, 1953. – Literatur: Wr. Medizin. Wochenschrift 46, 1957.

Mandl, Fritz, * 9. 2. 1900 Wien, † 8. 9. 1977 ebd., Industrieller. Gen.-Dir. der Hirtenberger Patronenfabrik; 1933–37 erster Ehemann von H. → Lamarr. Zu seinem Konzern gehörten weiters die Lichtenwörther Patronenfabrik und der Grünbacher Steinkohlenbergbau. M. war 1933 in die Hirtenberger Waffenaffäre verwickelt, 1938 musste er seine Betriebe an die Wilhelm-Gustloff-Stiftung abtreten; 1938–45 lebte er in Argentinien.

Literatur: NDB.

Mandl, Hans, * 28. 9. 1899 Szeged (H), † 23. 10. 1970 Wien, Pädagoge und Politiker (SPÖ). 1948–64 Bundesobmann der „Kinderfreunde", 1949–64 Stadtrat für Kultur und Volksbildung in Wien, 1959–64 auch Vizebürgermeister. In seine Amtszeit fielen der Neubeginn der Wr. Festwochen, die Errichtung des Hist. Museums und der Stadthalle sowie von Häusern der Begegnung.

Mandl (Mändl), Michael Bernhard, * um 1660 Prag (CZ; ?), † 23. 4. 1711 Salzburg, bedeutender, italienisch beeinflusster Barockbildhauer in Salzburg.

Werke: Pferdebändiger, Hofstallschwemme, 1695; Petrus und Paulus, vor dem Dom, 1697 (alle Salzburg).

Mandorfer, Peter, * 19. 4. 1885 Steinersdorf (Gem. Waldneukirchen, OÖ.), † 30. 7. 1953 Linz (OÖ.), Landwirt und Politiker (CS, VF, ÖVP). 1919–36 und 1945–53 Abg. z. oö. Landtag, 1931–34 dessen Vizepräs., 1934–36 und 1945–Präs.; 1933–38 Präs. der oö. Landwirtschaftskammer, 1936–38 BMin. für Land- und Forstw.

Mandyczewski, Eusebius, * 18. 8. 1857 Czernowitz (Chernovtsy, UA), † 13. 7. 1929 Wien, Musikforscher. Archivar der Ges. der Musikfreunde in Wien, ab 1897 Prof. am Wr. Konservatorium. Verdienste um die Gesamtausgaben der Werke von F. → Schubert, J. → Haydn und J. → Brahms. Komponierte auch selbst (u. a. orthodoxe Messen); ab 1879 mit Brahms befreundet und dessen Sekretär. 1897 Ehrendoktorat der Univ. Leipzig.

Literatur: ÖBL; NDB.

Mangold, Erni, * 26. 1. 1927 Großweikersdorf (NÖ.), Kammerschauspielerin. Zahlr. Engagements in Deutschland und Ö., u. a. am Hamburger Schauspielhaus (unter G. Gründgens) und am Theater in der Josefstadt; 1976–95 Lehrtätigkeit am Reinhardt-Seminar, ab 1983 ordentl. Prof. an der Hochschule für Musik und darstellende Kunst. Film- und Fernsehtätigkeit. 1971 J.-Kainz-Medaille.

Manker, Gustav, * 29. 3. 1913 Wien, † 7. 7. 1988 ebd., Bühnenbildner, Regisseur, Theaterdir.; Ehemann von H. → Sochor, Vater von Paulus → Manker. Studierte bei M. → Reinhardt Regie und Schauspiel, bei A. → Roller und O. → Strnad Bühnenbild, von 1938 bis zur Pensionierung 1979 am Wr. Volkstheater, ab 1938 als Bühnenbildner, ab 1946 als Regisseur (zahlr. Nestroy- und Anzengruber-Inszenierungen), 1969–79 als Direktor. M. förderte junge ö. Dramatiker (P. → Turrini, W. → Bauer) und Schauspieler (K. → Hackl, F. → Morak, K. Speiser).

Literatur: H. Schwarz, Gestaltung und Gestalter des modernen Bühnenbilds: Judtmann, M., Meinecke, 1950; E. Schreiner (Hg.), 100 Jahre Volkstheater, 1989; M. Konschill, G. M. und das Wr. Volkstheater, Dipl.-Arb., Wien 1999.

Manker, Paulus, * 25. 1. 1958 Wien, (Film-)Schauspieler und Regisseur; Sohn von Gustav → Manker und H. → Sochor. Engagements am Wr. Volks- und Burgtheater; seit 1990 Zusammenarbeit mit P. Zadek. Seit 1978 Arbeiten für den Film.

Werke: Filmregie: Schmutz, 1986; Weiningers Nacht, 1990; Der Kopf des Mohren, 1995; H. Hollein, 1996 (TV-Dokumentation); Alma – A Show Biz ans Ende, 1998.

Mannheimer, Isaac Noa, * 17. 10. 1793 Kopenhagen (DK), † 18. 3. 1865 Wien, Prediger am jüd. Stadttempel in Wien. Erhielt eine von der Haskala (jüd. Aufklärung) geprägte Ausbildung und wurde 1824 nach Wien berufen, wo er an dem 1826 eingeweihten Stadttempel mit S. → Sulzer den „Wr. Ritus", eine gemäßigt reformierte Form des jüd. Gottesdiensts, einführte, die auch in anderen Teilen der Monarchie zum Vorbild genommen wurde.

Werke: Gottesdienstl. Vorträge, Wien 1834; Rede am Grabe der Gefallenen (17. 3. 1848), 1848. – Literatur: M. Rosenmann, I. N. M. Sein Leben und Wirken, 1922; S. Wininger, Jüd. Nat.-Biographie, Bd. 4, 1928; Der Wr. Stadttempel, 1826–1976, in: Studia Judaica Austriaca VI, 1978; NDB.

Mannlicher, Ferdinand von, * 30. 1. 1848 Mainz (D), † 20. 1. 1904 Wien, Waffentechniker. Konstruierte 1886–88 das berühmte M.-Repetiergewehr (urspr. 11-mm-, später 8-mm-Kaliber), das allen zeitgenöss. Gewehren an Treffsicherheit und Feuergeschwindigkeit überlegen und bis in den 1. Weltkrieg Ausrüstungsstandard der ö.-ungar. Armee war; auch das Repetiergewehr M. 90 für die ö-ungar. Kavallerie stammte von ihm. Produziert wurden die Gewehre von der von J. → Werndl gegr. Ö. Waffenfabriksges. in Steyr und Budapest.

Literatur: ÖBL.

Josef von Manowarda als Hans Sachs in „Die Meistersinger von Nürnberg“ von R. Wagner. Foto.

Manowarda, Josef von, * 3. 7. 1890 Krakau (Krakow, PL), † 24. 12. 1942 Berlin (D), Sänger (Bass und Heldenbariton). 1911–15 in Graz, 1915–18 an der Wr. Volksoper, 1919–34 an der Staatsoper, ab 1922 Auftritte bei den Sbg. Festspielen; 1932–35 Prof. an der Wr. Musik-Akad., ab 1935 in Berlin.

Mansfeld, aus Thüringen stammendes Adelsgeschlecht, das auch zu Ö. Verbindungen besaß. Das Geschlecht starb 1780 im Mannesstamm aus, die erbende Familie → Colloredo übernahm den Namen und nennt sich seither Colloredo-Mannsfeld. Aus der Familie M. stammten Ernst II. → Mansfeld und Heinrich Franz → Mansfeld.

Antonie Mansfeld. Foto.

Mansfeld, Antonie (eigentl.: A. Montag), * 15. 3. 1835 Wien, † 22. 10. 1875 ebd., beliebte Wr. Volks- und Operettensängerin. Galt als Meisterin des „pikanten Liedes“; trat im „Dreher“, „Zeisig“ und bei den „Drei Engeln“ zuerst mit dem Komponisten F. Mansfeld, nach dessen Tod mit J. Sioly auf.

Literatur: ÖBL.

Mansfeld, Ernst II., * um 1580 Luxemburg (L), † 29. 11. 1626 Rakowica (BIH), Heerführer. War ein Patenkind von Erzhzg. Ernst, stand bis 1610 im Dienst der Habsburger, trat dann zur protestant. Union über, kämpfte 1618 in Böhmen, fiel 1620 in die Reichsacht, verheerte die Oberpfalz, versuchte 1625 in die habsb. Erblande einzudringen und wurde von → Wallenstein am 25. 4. 1626 besiegt.

Mansfeld, Heinrich Franz, † 1715, Staatsmann. Bis 1698 Hofkriegsratspräsident und später Konferenzminister Leopolds I.; erhielt 1686 von Spanien das Fürstentum Fondi bei Neapel (bis 1751 in Familienbesitz); ließ ab 1697 von J. L. v. → Hildebrandt ein Sommerpalais in Wien errichten, das 1715 A. F. Fürst Schwarzenberg kaufte (jetzt Palais Schwarzenberg).

Mansfeld (Mannsfeld), Johann Ernst, * 17. 7. 1738 Prag (CZ), † 22. 2. 1796 Wien, Kupferstecher. Kam mit 16 Jahren nach Wien, wurde bei J. M. → Schmutzer ausgebildet und machte sich bald einen Namen als Porträtist; stellte daneben Blätter mit aktuellen Ereignissen her.

Werke: Porträts: P. Metastasio, A. Gf. Hadik, F. M. Gf. Lacy, Papst Pius VI., W. A. Fürst Kaunitz, J. T. v. Trattner, Kaiserin Maria Theresia, Ks. Franz II., Prinzessin Elisabeth Wilhelmine v. Württemberg, F. Baron v. Trenck, J. Haydn, G. van Swieten, F. A. Gf. Kolowrat, F. K. Frh. Kressel v. Qualtenberg. – Pius VI. erteilt dem Volk den Segen; Die Krönung Leopolds II. in Pressburg; Explosion des Wr. Pulvermagazins; Kaufrufe von Wien nach Bildern von J. C. Brand.

Mantl, Wolfgang, * 18. 3. 1939 Wien, Jurist und Politikwissenschaftler. Seit 1979 Univ.-Prof. für Politikwiss. und Verfassungsrecht an der Univ. Graz. 1979–90 Mitarbeit an der steir. Verfassungsreform, 1986–89 Vorsitzender des wiss. Beirats der Ö. Forschungsgemeinschaft in Wien. Verfasser und Hg. zahlr. Publikationen.

Mantler, Karl, * 13. 1. 1890 Wien, † 3. 8. 1965 ebd., Fleischhauer und Politiker (SPÖ). 1937/38 in polit. Haft, 1939–45 im KZ Buchenwald, 1947–49 Staatssekr. im BM f. Vermögenssicherung und Wirtschaftsplanung, 1949–56 Präs. der Wr. Arbeiterkammer.

Marberg, Lili, * 9. 12. 1876 Grimma (D), † 8. 4. 1962 Wien, Kammerschauspielerin. Ab 1907 am Dt. Volkstheater, 1911–50 am Burgtheater; spielte zunächst Gestalten F. Wedekinds, G. Hauptmanns und H. Ibsens, später Königinnen und mütterl. Frauen, im Alter Rollen aus dem Charakterfach; Ehrenmitgl. des Burgtheaters.

Werk: Es war so komisch, 1919.

Marbod, † um 37 n. Chr. Ravenna (I; im Exil), König der Markomannen. Führte kurz nach 9 v. Chr. die Markomannen aus dem Maingebiet nach Böhmen und schuf das erste german. Großreich. Den Aufstand des Arminius gegen die Römer unterstützte er nicht; er wurde vertrieben und floh 19 n. Chr. nach Noricum.

Marboe, Ernst, * 26. 1. 1909 Wien, † 28. 9. 1957 ebd., Publizist; Vater von Ernst Wolfram → Marboe und Peter → Marboe. Leitete ab 1945 die Kulturabteilung im Bundespressedienst und ab 1953 die Bundestheaterverwaltung. 1949 Gründer und Geschäftsführer der Austria-Wochenschau.

Werk: Das Österreich-Buch, 1948.

Marboe, Ernst Wolfram, * 10. 8. 1938 Wien, Journalist, Intendant; Sohn von Ernst → Marboe und Bruder von Peter → Marboe. Ab 1971 Leiter der Abteilung Hörspiel und Literatur im ORF-Landesstudio NÖ., 1976–78 Landesintendant für NÖ., 1978–84 Fernsehintendant (FS 2), 1984–93 Programmintendant des ORF. Seit 2000 Intendant und Regisseur der Raimund-Spiele Gutenstein.

Marboe, Peter, * 8. 6. 1942 Wien, Jurist, Beamter und Politiker (ÖVP); Sohn von Ernst → Marboe, Bruder von Ernst Wolfram → Marboe. Studierte Rechtswiss. an der Univ. Wien, 1967–69 in der Kulturabt. des Bundespressedienstes, 1969/70 Sekr. von Bundeskanzler J. Klaus, ab 1970 Presseattaché in New York, 1975–84 Dir. des ö. Presse- und Informationsdienstes in den USA und ab 1984 Dir. des ö. Kulturinst. in New York. 1987–91 unter A. → Mock Hauptgeschäftsführer der ÖVP, 1991–96 Leiter der Kulturpolit. Sektion im Außenministerium, 1996–2001 Kulturstadtrat von Wien.

Marc Aurel, → Mark Aurel.

March, Arthur, * 23. 2. 1891 Brixen (S-Ti.), † 17. 4. 1957 Bern (CH), Physiker. Ab 1926 Univ.-Prof. in Innsbruck, 1934–36 Gastprof. in Oxford, danach wieder in Innsbruck; während des 2. Weltkriegs in der Widerstandsbewegung. Seine wiss. Hauptleistung war die Einführung der Konstanten der „kleinsten Zahl“, die allerdings heute als zu hoch gilt.

Werke: Grundlagen der Quantenmechanik, 1931; Einführung in die moderne Atomphysik, 1933; Natur und Erkenntnis in der Konstruktion des heutigen Physikers, 1948; Quantum Theory of Particles and Wave-Fields, 1951. – Literatur: F. Cap, in: Acta Physica Austriaca XI, 3, 1957; NDB.

Marchet, Gustav, * 29. 5. 1846 Baden (NÖ.), † 27. 4. 1916 Schlackenwerth (Ostrov, CZ), Hochschulprof. (Verwaltungs- und Rechtslehre), Politiker. Ab 1869 an der Forstakad. Mariabrunn, ab 1872 Prof. an der Hochschule f. Bodenkultur in Wien (auch Rektor). 1891–97 und 1901–07 Reichsrats-Abg. (Dt. Fortschrittspartei, liberal). Führte als Unterrichtsmin. (1906–08) das Realgymnasium als dem Gymnasium gleichberechtigte „Mittelschule“ ein und schuf Erleichterungen bei Rei-

feprüfung und Leistungsbeurteilung. Verdienste auf dem Gebiet des Agrarrechts und der Sozialpolitik (u. a. Alters- und Invalidenversicherung). Ab 1872 Kontakt zu F. W. Raiffeisen, dessen Ideen er vertrat.
Werke: Zur Organisation des landwirthschaftl. Credites in Ö., 1876; Der Kredit des Landwirthes, 1878; Studien über die Entwicklung der ö. Agrarverhältnisse 1848–98, 2 Tle., 1889/99; Das Recht des Landwirthes, 2 Bde., 1890 (²1900). – Literatur: G. Bittner, Dr. G. M., Diss., Wien 1950; ÖBL; NDB.

Marcic, René, * 13. 3. 1919 Wien, † 2. 10. 1971 Aarsele (B; Flugzeugabsturz), Journalist, Rechtsphilosoph. 1946 Gerichtsreporter und 1953 -redakteur, 1959–64 Chefredakteur der „Salzburger Nachrichten". 1963–71 Univ.-Prof. für Rechts- und Staatsphilosophie an der Univ. Salzburg.
Werke: Rechtsphilosophie, 1969; Recht – Staat – Verfassung, 1970; Geschichte der Rechtsphilosophie, 1971. – Literatur: M. Fischer u. a. (Hg.), Dimensionen des Rechts, 1974 (Festschrift); D. Mayer-Maly u. P. M. Simons (Hg.), Das Naturrechtsdenken heute und morgen, 1983 (Festschrift).

Marco d'Aviano (eigentl. Carlo Domenico Cristofori), * 17. 11. 1631 Aviano (I), † 13. 8. 1699 Wien, venezian. Kapuzinermönch, Bußprediger, Missionar, Diplomat. 1683 päpstl. Legat im Entsatzheer der 2. Türkenbelagerung Wiens. Drängte auf den Kampf und einigte durch mitreißende Predigten die widerstrebenden Feldherren (Schlacht am 12. 9. 1683). Als Berater Ks. → Leopold I. besaß er großen Einfluss auf die ö. Politik. – Seit 1912 Seligsprechungsprozess. Denkmal (1935) an der Wr. Kapuzinerkirche.
Literatur: M. Heyret, Pater M. von A., 1931; J. Pisa u. a., M. d'A., Ausst.-Kat., Wr. Stadt- u. Landesbibl., Wien 2000; NDB.

Marcus, Siegfried, * 18. 9. 1831 Malchin (D), † 30. 6. 1898 Wien, Mechaniker und Erfinder. Ab 1852 in Wien; betrieb ab 1860 eine Mechanikerwerkstätte und baute gleichzeitig mit N. Otto Verbrennungsmotoren und Automobile. Am 21. 6. 1864 erwarb er ein Privileg auf eine magnetelektr. Zündung, am 30. 3. 1865 auf einen Vergaser. Er montierte den ersten Benzinzweitaktmotor auf einem hölzernen Handwagen, der 1864 kurze Strecken fuhr. Ob sein zweiter Wagen (heute im Besitz des ÖAMTC) 1872/75 oder 1888 fahrbereit war, ist unklar. Das hölzerne Automobil verfügt über einen liegenden Viertaktbenzinmotor (Einzylinder) mit Spritzbürstenvergaser und Magnetabreißzündung und leistet 0,55 kW (0,75 PS). M. erwarb mehr als 38 Patente für Verbrennungskraftmaschinen, Telegrafie, Gastechnik und Elektrotechnik.
Literatur: A. Buberl, Automobile. Die bewegte Geschichte des Straßenfahrzeuges, 1991; ders., Die Automobile des S. M., 1994.

Marcus Sitticus, → Hohenems, Marcus Sitticus Graf von.

Marecek, Heinz, * 17. 9. 1945 Wien, Schauspieler und Regisseur. 1965 erstes Engagement am Wr. Ateliertheater, ab 1968 an der Wr. Volksoper; seit 1971 am Theater in der Josefstadt, wo er auch Regie übernahm. Fernsehtätigkeit (u. a. TV-Serie „Die liebe Familie").

Marek, Bruno, * 23. 1. 1900 Wien, † 29. 1. 1991 ebd., Angestellter und Politiker (SPÖ). 1945–70 Abg. z. Wr. Landtag und Mitgl. d. Wr. Gemeinderats; 1949–65 1. Präs. d. Wr. Landtags, 1965–70 Bürgermeister und Landeshauptmann von Wien.

Maresch, Maria, * 18. 5. 1886 Wien, † 4. 9. 1970 ebd., Pädagogin und Schriftstellerin. 1919 erster weibl. Sektionsrat im Unterrichtsmin., schuf die Frauenoberschulen und den hauswirt. Unterricht. Gründete 1934 das Inst. f. Lebenswirt. und lehrte an diesem; 1945–49 Chefredakteurin der „Österreicherin". 1946 erster weibl. Ministerialrat in Ö.
Werke: Katharina von Siena, 1947; Das Buch der Frau, 1951. – Hg.: Lebenspflege in Vergangenheit und Gegenwart, 1919ff.; Blätter für Lebenswirt. und -unterricht, 1928–38.

Margarete von Österreich, * ca. 1204/05 oder 1210/11 (die Untersuchung der Gebeine ergab 1974 ein jüngeres Alter), † 29. 10. 1266 Krumau a. Kamp (NÖ.), Babenbergerin, älteste Tochter von → Leopold VI., Schwester von Hzg. → Friedrich II. Heiratete 1225 den Staufer Heinrich (VII.), den Sohn Ks. Friedrichs II. Nach dessen Tod 1242 wurde sie in Würzburg Dominikanerin, kehrte 1246 zum Antritt ihres Erbes nach Ö. zurück, heiratete 1252 Přemysl → Ottokar II. von Böhmen, der damit seine Herrschaft in Ö. legitimierte, sich aber 1261 scheiden ließ. Von da an lebte sie in Krumau, begraben ist sie in Lilienfeld.
Literatur: K. Lechner, Die Babenberger, ⁵1994; NDB.

Margarete von Österreich, Schwester Herzog Friedrichs II. Zwettler Stiftungsbuch (Stiftsbibliothek Zwettl, NÖ.).

Margarete von Österreich, * 10. 1. 1480 Brüssel (B), † 1. 12. 1530 Mecheln (B), Tochter von Kaiser → Maximilian I. und → Maria von Burgund. Als 3-Jährige mit dem franz. Thronfolger verheiratet und 8 Jahre zur Königin von Frankreich erzogen; aus polit. Gründen wurde die Ehe wieder aufgelöst. Ihr 2. Mann, Juan von Kastilien-Aragon, mit dem sie ab 1496 in Spanien lebte, starb wenige Monate nach der Heirat. In 3. Ehe war sie ab 1501 mit Hzg. Philibert von Savoyen verheiratet, dessen Vorliebe für höfische Vergnügungen sie durch polit. Geschick ausglich. Nach dem frühen Tod auch dieses Gatten 1504 war sie von 1507 bis zu ihrem Tod (ausgenommen 1515–18) Statthalterin der Niederlande und erwarb auch als Förderin der Künste bes. Ansehen.
Literatur: E. Winker, M. v. Ö., 1977; U. Tamussino, M. v. Ö., 1995.

Siegfried Marcus. Foto.

Margarete Maultasch, * 1318, † 3. 10. 1369 Wien, Gräfin von Ti., Tochter von Hzg. → Heinrich VI. von Kä., letzte aus der Ti. Linie der → Görzer Grafen (→ Meinhardiner). Erbte 1335 die Grafschaft Ti., während Kä. an die Habsburger fiel. Als Kind 1330 mit dem Luxemburger Johann Heinrich v. Böhmen vermählt, heiratete sie nach dessen Vertreibung 1341 ohne Scheidung 1342 den Wittelsbacher Ludwig v. Brandenburg (deshalb bis 1359 in Kirchenbann). Nach dem Tod des Gatten und des Sohnes → Meinhard III. übergab sie Ti. 1363 an Hzg. → Rudolf IV. v. Ö. und zog sich nach Wien zurück. Ihr Beiname hatte weder mit ihrem Aussehen noch mit Schloss Maultasch bei Terlan (S-Ti.) zu tun, er war vielmehr ein derbes Schimpfwort (für Hure). Protagonistin mehrerer Romane (L. Feuchtwanger, H. Schullern, J. A. Schuler).
Literatur: F. Brzoska, M., Gräfin von Ti., Schlernschriften 56, 1982; W. Baum, M. M. Erbin zw. den Mächten, 1994; NDB.

Bruno Marek. Foto.

Margarétha, Eugen, * 6. 7. 1885 Perchtoldsdorf (NÖ.), † 25. 5. 1963 Wien, Jurist und Politiker (ÖVP). 1945–52 Abg. z. NR, 1949–52 BMin. f. Finanzen, 1952–60 Präs. der Oesterr. Nationalbank.
Literatur: A. Brusatti (Hg.), Zeuge der Stunde Null. Das Tagebuch E. M. 1945–47, 1990.

Margarita Teresa, * 12. 7. 1651 Madrid (E), † 12. 3. 1673 Wien, Infantin von Spanien, 1. Gemahlin von Ks. → Leopold I. Das Fest ihrer Vermählung und ihres 17. Geburtstags wurde durch die Aufführung von M. A. Cestis Oper „Il pomo d'oro" zum bedeutendsten musiktheatral. Ereignis der Zeit. Seit ihrer Jugend an Struma leidend, starb sie während ihrer 7. Schwangerschaft. Da M. T. im Gegensatz zu ihrer nach Frankreich verheirateten Halbschwester Maria Teresa kein Verzicht auf das span. Erbe abverlangt worden war, begründete Leopold I. später mit dieser Ehe seinen Anspruch auf Spanien.
Literatur: H. Widorn, Die span. Gemahlinnen der Ks. Maximilian II., Ferdinand III. und Leopold I., Diss., Wien 1959; I. Smidt-Dörrenberg, Margarita Maria. Des Velázquez lieblichstes Modell, 1966; B. Hamann, Die Habsburger, ⁴1992; NDB.

Kaiserin Margarita Teresa. Gemälde von einem spanischen Hofmaler, um 1662/64 (Kunsthistorisches Museum, Wien).

Marginter, Peter, * 26. 10. 1934 Wien, Jugendbuchautor, Essayist, Übersetzer; humorist. Erzähler mit märchenhaft-phantast. und skurril-komischen Zügen. Studierte Jus, war Innungssekr. bei der Wr. Handelskammer; 1971–75 Kulturattaché in Ankara, 1975–78 in London, 1990–95 Leiter des ö. Kulturinstituts in London.
Werke: Romane: Der Baron und die Fische, 1966; Der tote Onkel, 1967; Leichenschmaus, 1969; Königrufen, 1973; Das Rettungslos, 1983; Der Kopfstand des Antipoden, 1985. – Jugendbücher: Pim, 1973; Wolkenreiter und Sohn, 1977; Die drei Botschafter, 1980.

Margreiter, Raimund, * 16. 5. 1941 Fügen (Ti.), Chirurg. Leiter der Abteilung für Transplantationschirurgie an der Univ.-Klinik in Innsbruck; führte die erste Herztransplantation in Ö. durch. Begeisterter Bergsteiger und Teilnehmer an der ö. Mount-Everest-Expedition 1978.

Margules, Max, * 23. 4. 1856 Brody (UA), † 4. 10. 1920 Perchtoldsdorf (NÖ.), Meteorologe. 1885–1906 an der Zentralanstalt für Meteorologie, ab 1906 Privatgelehrter. Beschäftigte sich v. a. mit den atmosphär. Gezeiten und stellte eine Theorie zur Polarfront und über Luftdruckwellen auf.
Werk: Über die Energie der Stürme, 1905. – Literatur: W. Exner, in: Meteorolog. Ztschr. 37, 1920; ÖBL; NDB.

Maria Theresia. Gemälde von M. v. Meytens, 1759 (Akademie der bildenden Künste, Wien).

Margul-Sperber, Alfred (eigentl. A. Sperber), * 23. 9. 1898 Storožinec (UA), † 3. 1. 1967 Bukarest (RO), Lyriker, Übersetzer, Publizist. Förderer von P. → Celan und R. Ausländer. Seine sozial engagierten und programmatischen Gedichte beeinflussten die Entwicklung der dt.-sprach. Literatur in Rumänien maßgeblich.
Werke: Gleichnisse der Landschaft, 1934; Zeuge der Zeit, 1951; Mit offenen Augen, 1956; Taten und Träume, 1959. – Ausgaben: Das verzauberte Wort. Der poet. Nachlaß, hg. v. A. Kittner, 1969; Geheimnis und Verzicht (Werkauswahl), hg. v. A. Kittner, 1975. – Literatur: B. Rosenthal, A. M.-S., in: Bulletin des Leo-Baeck-Inst. 68, 1984; NDB.

Maria von Burgund, * 13. 2. 1457 Brüssel (B), † 27. 3. 1482 Brügge (B; an den Folgen eines Jagdunfalls), 1. Gattin → Maximilians I. (1477), Tochter Karls des Kühnen von Burgund. Durch sie kamen die Niederlande und der Orden vom Goldenen Vlies an die Habsburger. Durch die Heirat ihres Sohnes Philipp mit Johanna von Kastilien wurde das habsb. Weltreich begründet.
Literatur: C. Vossen, M. v. B., 1982; NDB.

Maria von Ungarn, * 17. 9. 1505 Brüssel (B), † 18. 10. 1558 Cigales (E), Königin von Ungarn und Böhmen; Tochter Philipps des Schönen, Enkelin Ks. → Maximilians I. Wurde auf dem Wr. Fürstentag 1515 mit Ludwig von Ungarn vermählt, vollzogen wurde die Ehe aber erst 1522. Nach dem Tod ihres Gatten bei Mohács 1526 versuchte sie als Statthalterin die Nachfolge ihres Bruders → Ferdinand I. als Kg. von Ungarn durchzusetzen und erwies sich als ebenso klug und durchschlagskräftig wie später als Statthalterin der Niederlande, zu der sie 1531–56 von ihrem ältesten Bruder Ks. → Karl V. bestellt wurde. War gegen den Übergang der Kaiserwürde von Karl V. auf Ferdinand I.
Literatur: G. Heiß, Politik und Ratgeber der Königin M. v. U. in den Jahren 1521–31, in: MIÖG 82, 1974; U. Tamussino, M. v. U. Ein Leben im Dienst der Casa de Austria, 1998.

Maria Amalia, * 26. 2. 1746 Wien, † 18. 6. 1804 Prag (CZ), Herzogin v. Parma; Tochter → Maria Theresias. Wurde 1769 mit Hzg. Ferdinand v. Parma und Piacenza vermählt; bewährte sich während der Napoleon. Kriege, zog sich als Witwe 1802 nach Prag zurück.

Maria Anna, * 6. 10. 1738 Wien, † 19. 10. 1789 Klagenfurt (Kä.), Erzherzogin von Ö.; älteste Tochter → Maria Theresias. Blieb wegen ihrer verwachsenen Gestalt unverheiratet. Ab 1766 Äbtissin des Prager Damenstifts, übersiedelte 1781 nach Klagenfurt, wo sie mit Gelehrten und Freimaurern verkehrte. Sie hinterließ dem Elisabethinenkloster von Klagenfurt viele Erinnerungsstücke ihrer Eltern.
Werke: Schau- und Denkmünzen Maria Theresias, 2 Abt., 1782/83 (dt. und franz.); Tagebuch, hg. v. A. Innerkofler 1910. – Literatur: O. Rudan, Erzherzogin M. A. in Klagenfurt, Carinthia I 170, 1980; NDB.

Maria Karolina, * 13. 8. 1752 Wien, † 8. 9. 1814 Hetzendorf b. Wien, Königin beider Sizilien; Tochter → Maria Theresias, mit Kg. Ferdinand IV. von Neapel-Sizilien vermählt.
Literatur: E. C. Conte Corti, Ich, eine Tochter Maria Theresias, 1950; U. Tamussino, Des Teufels Großmutter, 1991.

Maria Ludovika, * 14. 12. 1787 Monza b. Mailand (I), † 7. 4. 1816 Verona (I), Kaiserin von Ö.; Tochter von Erzhzg. Ferdinand Karl von Habsburg-Este. Wurde 1808 die dritte Gemahlin von Ks. → Franz II: (I.), ihrem Cousin. Als erbitterte Gegnerin Napoleons war M. L. Haupt der sog. „Kriegspartei" am ö. Hof. Sie lernte 1810 in Karlsbad J. W. v. Goethe kennen und bildete 1814/15 auf dem Wr. Kongress einen gesellschaftl. Mittelpunkt.
Literatur: B. Hamann, Die Habsburger, [4]1992; NDB.

Maria Theresia, * 13. 5. 1717 Wien, † 29. 11. 1780 ebd., Erzherzogin von Ö., Königin von Ungarn und Böhmen 1740. Nannte sich ab 1745 „röm. Kaiserin". Ab 12. 2. 1736 mit dem 9 Jahre älteren Hzg. Franz Stephan von Lothringen (ab 1737 Großherzog von Toskana, ab 1745 als → Franz I. Kaiser) vermählt, übernahm M. T. nach dem Tod ihres Vaters → Karl VI. 1740 aufgrund der Pragmat. Sanktion tatkräftig die Regierung der habsb. Länder und führte sie autoritärer als ihr Vater. Der anfängl. Verlust der Kaiserkrone traf sie schwer. Als 1745 die Wahl ihres Gatten zum Kaiser und 1764 die des Sohnes → Joseph II. zum röm. König gelang, bereitete ihr dies Genugtuung. Für sie war dadurch die gottgewollte Ordnung wiederhergestellt.

Ihre Regierungszeit war durch tief greifende Reformen gekennzeichnet, die in allen Ländern des Habsburgerreiches einen bed. Modernisierungsschub bewirkten: Die Verwaltung wurde reformiert, das Heereswesen neu organisiert (Gründung der Militärakad. in Wr. Neustadt), die Lage der Bauern verbessert (Beschränkung der Robotleistungen), die allg. Schulpflicht eingeführt, die Folter abgeschafft und der Einfluss der Kirche verringert (Aufhebung des Jesuitenordens 1773).

M. T. war Mutter von 16 Kindern (11 Mädchen, 5 Knaben), von denen 3 als Kleinkinder und 3 als Jugendliche starben. 2 Söhne wurden Herrscher (Joseph II. und → Leopold II.), 2 Töchter und der jüngste Sohn blieben unverheiratet. M. T. war in jungen Jahren sehr impulsiv und lebenslustig, nicht übermäßig gebildet; sie sprach Deutsch mit wienerischer Färbung, daneben Latein, Span., Franz. und Ital. und liebte Musik (ließ auch die Kinder Instrumente lernen) und neigte stark zum Glücksspiel. Ihrem Gatten, den sie 1740 zum Mitregenten bestellte, immer verbunden, trug sie als Witwe (ab 18. 8. 1765) stets Trauerkleidung, verwendete schwarz umrandetes Papier und war tief pessimistisch. Bis zuletzt zeichneten sie Fleiß und Pflichtbewusstsein aus.

Ihr starkes Gottvertrauen wurzelte im ö. Barockkatholizismus. Sie stiftete in vielen Kirchen Ornate und lehnte jede Toleranz ab. Streng war sie gegen Unsittlichkeit (Keuschheitskommission) auch in Unterhaltung und Theater eingestellt. M. T. litt schon in mittleren Jahren an Übergewichtigkeit und hatte im Alter beim Gehen Probleme. In ihrem Hauptwohnsitz Schönbrunn wurde daher ein Aufzug für sie einge-

baut. Sie sorgte sich stets um ihre Kinder, unterzog diese (auch wegen der Vorbildwirkung) der eben erfundenen Pockenimpfung und versuchte auch den Einfluss über ihre Töchter (→ Marie Christine, → Maria Amalia, → Maria Karolina, → Marie Antoinette), die z. T. mit Prinzen des weit verzweigten Hauses Bourbon verheiratet waren, aufrechtzuerhalten.
Bei ihrem Tod vom Volk nur wenig betrauert, wurde M. T. später zum Symbol für Tatkraft, verbunden mit Mütterlichkeit. Schon zu Lebzeiten hing in vielen Klöstern und Schlössern ihr Bildnis, im 18. und 19. Jh. wurden ihr in mehreren Städten der Monarchie Denkmäler gewidmet (Klagenfurt, B. F. Moll 1765; Wien Belvedere, F. X. Messerschmidt 1766; Festsaal der Univ. Wien, J. Pechan 1886; Staatsarchiv, E. v. Hellmer 1880; Militärakad. Wr. Neustadt, H. Gasser 1862; Theresienfeld, A. Grath 1928). Das bedeutendste entstand 1888 in Wien (C. v. → Zumbusch und C. Frh. v. → Hasenauer) am Ring zw. Kunsthist. und Naturhist. Museum. Von hohem künstlerischen Wert ist der Prunksarkophag in der Kapuzinergruft (Doppelsarg mit Franz I.) von B. F. → Moll.
Literatur: G. u. G. Mraz, M. T. Ihr Leben und ihre Zeit in Bildern und Dokumenten, 1979; W. Koschatzky (Hg.), M. T. und ihre Zeit, 1979; G. Fussenegger, M. T., 1980; V. L. Tapié, M. T., ²1994; NDB.

Maria Theresia, * 6. 6. 1772 Neapel (I), † 13. 4. 1807 Wien, Cousine und 2. Gemahlin von Ks. → Franz II. (I.), Mutter von 12 Kindern (von ihr stammen alle späteren habsb. Herrscher ab; Ks. → Ferdinand I. war ihr Sohn, Ks. → Franz Joseph I. ihr Enkel). War sehr musikalisch und trat gelegentlich bei Hofkonzerten als Sängerin auf. L. van → Beethoven widmete ihr sein Septett in Es-Dur und J. → Haydn seine „Theresienmesse".

Marie Antoinette (Maria Antonia), * 2. 11. 1755 Wien, † 16. 10. 1793 Paris (F; hingerichtet), Königin von Frankreich; jüngste Tochter von → Maria Theresia. Heiratete 1770 den Dauphin, ab 1774 Kg. Ludwig XVI., dem sie 4 Kinder schenkte. Gebildet, musikalisch, aber oberflächlich und hochmütig; für Diplomatie unbegabt und verschwenderisch („Madame Déficit"). Umstritten und als „l'Autrichienne" verhasst, bewirkte sie nach 1789 die Eskalation der Franz. Revolution und veranlasste im Juni 1791 die missglückte Flucht der königl. Familie. Sie wurde am 10. 8. 1792 mit Ehemann und den 2 überlebenden Kindern im Temple interniert, im Juli 1793 vom Sohn Louis Charles („Ludwig XVII.", † 1795) getrennt, im August 1793 in der Conciergerie inhaftiert und nach kurzem Prozess enthauptet. Im Gefängnis machte sie durch Frömmigkeit, Mut und Würde großen Eindruck. Nur die Tochter Marie Thérèse Charlotte (Madame Royale), ab 1799 Herzogin von Angoulême, überlebte die Revolution. Sie wohnte ab 1830 in Frohsdorf bei Wr. Neustadt und zuletzt in Görz († 19. 10. 1851).
Literatur: E. Lever, M. A., 1992; V. Cronin, Ludwig XVI. und M. A., 1993; J. Haslip, M. A., 1995; C. Erickson, M. A., 2000; NDB.

Marie Christine, * 13. 5. 1742 Wien, † 24. 6. 1798 ebd., Erzherzogin von Ö.; 5. Kind und Lieblingstochter → Maria Theresias. Ab 1766 mit Hzg. → Albert Kasimir von Sachsen-Teschen verheiratet, der ihr ein Grabmal von A. → Canova in der Wr. Augustinerkirche errichten ließ. M. C. wurde 1780 mit ihrem Gemahl zur Generalstatthalterin der Ö. Niederlande ernannt, musste 1789 fliehen, kehrte 1791/92 dorthin zurück.
Literatur: B. Hamann, D. Habsburger, ⁴1992.

Marie Louise (Maria Ludovika, Maria Luigia), * 12. 12. 1791 Wien, † 17. 12. 1847 Parma, Kaiserin der Franzosen, Herzogin von Parma; älteste Tochter von Ks. → Franz II. (I.), ab 1810 Gemahlin von Napoleon I., Mutter des Hzg. von → Reichstadt. Kehrte 1814 mit ihrem Sohn nach Wien zurück. Der Wr. Kongress sprach ihr die Herzogtümer Parma, Piacenza und Guastalla in N-Italien zu, die sie ab 1816 regierte. Sie heiratete 1821 ihren Hofmeister Gf. A. A. → Neipperg, nach dessen Tod den Grafen C.-R. Bombelles. In Parma erwies sie sich als tüchtige Regentin und erbaute u. a. das Teatro Regio.
Literatur: C. F. Palmstierna (Hg.), M. L. und Napoleon. Die unveröffentlichten Briefe, 1960; M. Schiel, M. L. Eine Habsburgerin für Napoleon, 1983; F. Herre, M. L. Napoleon war ihr Schicksal, 1996; ÖBL; NDB.

Karl Edler von Marinelli. Stich.

Marinelli, Karl Edler von (seit 1801), * 1745 (getauft 12. 9. 1745) Wien, † 28. 1. 1803 ebd., Schauspieler, Theaterleiter und -dichter. Ab 1761 Wanderkomödiant in der schulzschen Gesellschaft in Baden (NÖ.), die einige Jahre später von J. M. → Menninger übernommen wurde und in Brünn, Pressburg, Budapest und Wien gastierte. Als Verfasser mehrerer Stücke für diese Truppe war M. einer der Begründer der Wr. Lokalposse; 1780 übernahm er die Leitung der Truppe, in der J. J. → La Roche mit großem Erfolg als „Kasperl" auftrat, und eröffnete 1781 mit ihr im Leopoldstädter Theater die erste stehende Volksbühne Wiens.
Werke: Der Ungar in Wien, 1774; Der Schauspieler, 1774; Aller Anfang ist schwer, 1781; Don Juan oder Der steinerne Gast, 1783.

Marinelli, Wilhelm, * 26. 11. 1894 Wien, † 16. 4. 1973 ebd., Zoologe. Univ.-Prof. in Wien; Volksbildner; Präs. des Tierschutzvereins, des Inst. f. Wiss. und Kunst und der L.-Boltzmann-Ges. 1949 Volksbildungspreis, 1965 Ehrenring der Stadt Wien.
Werke: Die Abstammung des Menschen, 1948; Vergleichende Anatomie und Morphologie der Wirbeltiere, 1963.

Marie Antoinette. Kreide-Rötel-Zeichnung von J. E. Liotard, 1762 (Gottfried-Keller-Stiftung, Genf).

Marinoni, Johann Jakob, * 1676 Udine (I), † 10. 1. 1775 Wien, Astronom und Hofmathematiker. Entwarf den Linienwall zur Befestigung der Wr. Vorstädte, die in seinem Wien-Plan von 1706 dargestellt sind. 1719–29 führte er in Mailand die erste Katastermessung Europas durch. In einem Privathaus auf der Mölkerbastei errichtete er die 1. Wr. Sternwarte; auch astronomische Instrumente wurden durch ihn verbessert.
Werke: Astromomica, 1745; Ichnographia, 1751; Ichnometria, 1779. – Literatur: NDB.

Marischka, Ernst, * 2. 1. 1893 Wien, † 12. 5. 1963 Chur (CH), Autor, Filmregisseur. Kam mit seinem Bruder Hubert → Marischka durch A. J. Gf. → Kolowrat-Krakowsky zum Film („Der Millionenonkel", 1913), schrieb zahlr. Libretti und Filmdrehbücher für Stumm- und Tonfilme. Regiearbeiten in Ö. und Deutschland. Gründete die Erma-Film und entdeckte u. a. Romy → Schneider und J. → Matz.
Filme: Enis Aldjelis, die Blume des Ostens, 1920; Hannerl, 1952; Mädchenjahre einer Königin, 1954; Sissi 1–3, 1955–57; Die Deutschmeister, 1955; Das Dreimäderlhaus, 1958; Saison in Salzburg, 1961. – Literatur: NDB.

Hubert Marischka. Foto, um 1913.

Marischka, Hubert, * 27. 8. 1882 Wien, † 4. 12. 1959 ebd., Schauspieler, Sänger, Regisseur, Theaterdir., Librettist, Filmproduzent; Bruder von Ernst → Marischka. Debütierte 1908 als Operettentenor, trat ab 1912 am Theater an der Wien auf. 1921 Mitdirektor mit seinem Schwiegervater W. → Karczag, 1923–35 Dir. des Theaters an der Wien (Operetten-Erstaufführungen), ab 1926 auch des Raimundtheaters in Wien, bis 1934 Präs. des Verbands der ö. Theaterdir. Ab 1949 leitete er die Operettenklasse der Akad. für Musik und darst. Kunst in Wien. Mit seinem Bruder Ernst einer der Begründer der ö. Filmproduktion.
Werke: Sissy, 1932; Die Straußbuben, 1946 (beide mit Ernst M.); Die Walzerkönigin, 1948; Rendezvous am Wörthersee, 1948;

Abschiedswalzer, 1949; Liebesbriefe, 1955; Deutschmeisterkapelle, 1958.

Mark, Hermann, * 3. 5. 1895 Wien, † 6. 4. 1992 Austin (USA), Chemiker. 1932–38 Univ.-Prof. in Wien, emigrierte 1938. Begründete in New York das Polymer-Institut und war Erfinder der Polymerisation (Verbindung von gleichartigen Molekülen zu Polymeren), durch die er die Voraussetzungen für die Herstellung von Kunststoffen schuf.

Mark Aurel. Porträt auf der Mark-Aurel-Säule in Rom.

Mark Aurel, * 26. 4. 121, † 17. 3. 180 bei Sirmium (Sremska Mitrovica, YU), röm. Kaiser 161–180 n. Chr. Hoch gebildet und von der stoischen Philosophie geprägt, wird er als Philosoph auf dem Kaiserthron bezeichnet. Das einzige erhaltene Reiterstandbild der Antike in Rom stellt ihn dar. Er leitete persönlich die Abwehr der eingefallenen Markomannen und anderer Germanen im ö. Raum; Szenen aus diesen Kriegen zeigt die Mark-Aurel-Säule in Rom. In Carnuntum schrieb er Teile seiner in griech. Sprache verfassten „Selbstbetrachtungen" über die Pflichten des Herrschers.

Literatur: H. Bannert, Der Tod des Kaisers Marcus, 1977.

Markl, Philip, * 22. 3. 1938 Stötten (OÖ.), Manager. Studierte an der Hochschule für Welthandel, 1962–2000 für die Handelsorganisation SPAR tätig; ab 1961 auch Obmann der Arbeitsgemeinschaft Verpackungsverwertung (ARGEV) bzw. 1993–95 stellv. Aufsichtsratspräs. der Altstoff Recycling Austria AG (ARA).

Markt, Gustav, * 14. 12. 1881 Inzing (Ti.), † 6. 10. 1977 Innsbruck (Ti.), Elektrotechniker. Studierte 1900–06 an der Techn. Hochschule in Wien. Ab 1908 Mitarbeiter (ab 1933 Vorstandsmitgl.) der Ö. Siemens-Schuckert-Werke. Ihm sind bed. Leistungen bei der Elektrifizierung der Eisenbahnen sowie bei der Planung und Errichtung von Kraftwerken und des Verbundnetzes zu verdanken. Der markt-mengelsche Bündelleiter für die Übertragung von Hoch- und Höchstspannungen trägt seinen Namen sowie den von B. → Mengele. Ab 1931 auch Prof. an der Techn. Hochschule in Wien und ab 1945 an der Univ. Innsbruck.

Markwart, vor 970 – ca. 995 erster Markgraf der Mark an der Mur (Stmk.), Stammvater der → Eppensteiner.

Marlborough, John Churchill Hzg. von, * 26. 5. 1650 Ashe (GB), † 16. 6. 1722 Windsor (GB), brit. Feldherr und Staatsmann. Arbeitete im Span. Erbfolgekrieg eng mit Prinz → Eugen zusammen (Siege bei Höchstädt 1704, Oudenaarde 1708 und Malplaquet 1709), wurde 1711 entlassen. Joseph I. erhob M. in den Reichsfürstenstand (von Mindelheim).

Literatur: W. S. Churchill, M., 2 Bde., 1968/69 (dt.-sprach. Ausgabe).

Marmorek, Oskar, * 9. 4. 1863 Skala (PL), † 7. 4. 1909 Wien (Selbstmord), Architekt und Zionist. Errichtete erste Bauten bei der Pariser Weltausstellung 1889 und schuf in Wien die Vergnügungsanlage „Venedig in Wien" (1900). Er zeichnete Entwürfe für das Cottageviertel in Wien 18 und entwarf die Synagoge in Wien-Döbling. Mit T. → Herzl und M. → Nordau berief er 1897 den ersten Zionistenkongress nach Basel ein und war dann weiterhin für die Idee des polit. Zionismus tätig.

Literatur: M. Kristan, O. M. Architekt und Zionist, 1996; ÖBL; NDB.

Marner, der, † vor 1287 (ermordet), fahrender Sänger oberdt. Herkunft. Seine Gönner waren u. a. Heinrich v. Zwettl und der Propst von Maria Saal (Kä.). Dichter meisterlicher lat. und dt. Lieder und Sangsprüche.

Maron, Sigi, * 14. 5. 1944 Wien, Liedermacher, Autor und Komponist von teilw. polit. engagierten Dialektliedern (I geh im Kras; Werbeschau; Glasaug). Zusammenarbeit mit den Gruppen Schmetterlinge, Dynamit und Spontan Music Trio.

Werke (Langspielplatten bzw. CDs): Schön is' das Leb'n, 1976; laut & leise, 1978; He Taxi, 1979; Sonst gar nichts, 1980; 5 vor 12, 1981; Der Tag is net weit, 1982; Unterm Regenbogen, 1985; Von heut nach morg'n, 1986; Saitenhiebe, 1989; Liib Haimadland adee, 1992; Raps und Rübsen, 1996. – Bücher: Der Wolkenschlepper, 1980; Hoizweg, 1994.

Marr, Hans (eigentl. Johann Julius Richter), * 22. 7. 1878 Breslau (Wroclaw, PL), † 31. 3. 1949 Wien, Kammerschauspieler. 1914–19 und 1924–49 am Wr. Burgtheater (v. a. Charakterrollen), meisterhafte Sprechtechnik. Filmtätigkeit.

Literatur: ÖBL.

Marriot, Emilie (eigentl. E. Mataja, auch Emil M.), * 20. 11. 1855 Wien, † 5. 5. 1938 ebd., Erzählerin und Dramatikerin. Wurde u. a. durch P. Heyse und L. v. → Sacher-Masoch unterstützt, war u. a. für die „Wr. Allg. Zeitung" tätig; Mitgl. der Iduna (1891). Ihre realist., von großem soz. Engagement getragenen Romane und Erzählungen „aus dem Wr. Leben" nehmen sich der soz. Probleme der Zeit an, insbes. der Stellung der Frau („Moderne Menschen", 1893; „Anständige Frauen", 1906), bleiben aber in einer kulturpessimist. Sicht befangen.

Weitere Werke: Romane, Erzählungen, Novellen und Dramen. – Literatur: G. Falkensammer, E. M. Beiträge zum ö. Ständeroman um 1900, Diss., Wien 1950; J. Byrnes, The Short Fiction of E. M., Diss., Baltimore 1977.

Marsch, Fritz, * 1. 6. 1926 Graz (Stmk.), Politiker (SPÖ). Jugendfunktionär, 1960–70 Landesparteisekr. für NÖ., 1970–87 SPÖ-Zentralsekr., 1964–70 Abg. z. Nö. Landtag; 1970/71 Mitgl. d. BR, 1971–87 Abg. z. NR.

Marschall, Josef, * 2. 10. 1905 Wien, † 24. 11. 1966 Eisenstadt (Bgld.), Erzähler, Lyriker, Archäologe und Bibliothekar. Schildert in seinen Romanen und Erzählungen bes. die dörfl. Welt des nördl. Bgld.

Werke: Lyrik: Herbstgesang, 1949; Wir Lebendigen, 1952; Schritt im Unendlichen, 1954; Alles Atmende, 1955; Flöte im Lärm, 1965; Fahrt ans Ufer, 1967. – Romane und Erzählungen: Der Dämon, 1930; Die vermählten Junggesellen, 1931; Der Fremde, 1940. – Die Vertreibung aus dem Paradies 1956 (Autobiographie). – Literatur: E. Hanel, J. M., in: Biblos 16, 1967; M. Pflagner, J. M. Leben und Werk, 1997.

Marte, Johann, * 2. 5. 1935 Feldkirch (Vbg.), Jurist und Beamter. Studierte Rechtswiss. an der Univ. Innsbruck, 1962–69 Richter in Vbg., 1969–71 Beamter im Unterrichtsmin., 1971–74 Kulturattaché in Warschau, 1974–82 Kulturrat an der ö. Botschaft in Moskau, 1986–93 als Sektionsleiter im Wissenschaftsmin. für wiss. Bibliotheken, Bundesmuseen und Denkmalschutz zuständig, 1993–2001 Gen.-Dir. der Ö. Nationalbibliothek.

Martin, Franz, * 22. 9. 1882 Salzburg, † 5. 2. 1950 ebd., Sbg. Landeshistoriker. 1924–50 Leiter des Sbg. Landesarchivs; Verfasser der archivarischen Teile der Bde. 9–13, 20, 22, 25, 28 und 30 der Ö. Kunsttopographie.

Weitere Werke: Wolf Dietrich von Raitenau, 1925; Kleine Landesgeschichte von Sbg., 1938 (5. Aufl. 1993); Sbg. Fürsten in der Barockzeit, 1949. – Literatur: Nachruf in: Mttlg. der Ges. für Sbg. Landeskunde 91, 1951 (mit Bibliographie).

Martinak, Eduard, * 5. 9. 1859 Varaždin (HR), † 3. 8. 1943 Klagenfurt (Kä.), Pädagoge. Univ.-Prof. in Graz; 1919–22 Leiter der Reformabteilung für Mittelschulen im BMin. f. Unterricht. Entwickelte eine von der Gegenstandstheorie (Grazer Schule) und der Psychologie beeinflusste Semasiologie (Lehre von der Wortbedeutung), lieferte Beiträge zur Begabungsprüfung und trug zur Verbesserung der pädagog. Ausbildung für Lehrer an höheren Schulen bei.

Werke: Zur Psychologie des Sprachlebens, 1898; Psycholog. Untersuchungen zur Bedeutungslehre, 1901; Wesen und Aufgaben einer Schülerkunde, 1907; Psycholog. und pädagog. Abhandlungen, 1929. – Literatur: NDB.

Martinelli, Domenico, * 30. 11. 1650 Lucca (I), † 11. 9. 1718 ebd., vom Adel geschätzter Architekt. Ab 1690 in Wien, wo er durch seine blockförmigen, flächenbetonten, mit Risaliten klar gegliederten Palastbauten die Architektur entscheidend beeinflusste und sich gegen die dramatischere Gestaltungsweise eines J. B. → Fischer von Erlach wiederholt behauptete. M. hatte in D. A. Gf. → Kaunitz einen bedeutenden Gönner, für den er Schloss Austerlitz (Slavkov u Brna, CZ) baute. 1705 übersiedelte M. nach Italien.

Werke: Wr. Stadtpalais Harrach (ab 1690) und Liechtenstein (nach 1695); Gartenpalais Liechtenstein (ab 1700, begonnen von D. E. Rossi). – Literatur: H. Lorenz, D. M. und die ö. Barockarchitektur, 1991; NDB.

Martinelli, Louise (geb. Seeberger), * 3. 9. 1847 Graz (Stmk.), † 23. 7. 1913 Lussinpiccolo (Mali Lošinj, HR), Schauspielerin; Ehefrau von Ludwig → Martinelli. Spielte Kinderrollen am Grazer Landestheater, dann bis 1873 als jugendl. Liebhaberin und Lokalsängerin an diesem. 1873–76 als Naive und Liebhaberin in Lokalstücken am Theater an der Wien, 1876–85 am Landestheater in Prag, 1885–89 am Carltheater in Wien, 1889–1913 am Dt. Volkstheater in Wien (v. a. in Stücken von L. → Anzengruber).

Literatur: NDB.

Martinelli, Ludwig, * 9. 8. 1832 Linz (OÖ.), † 13. 6. 1913 Bad Gleichenberg (Stmk.), Schauspieler, Regisseur; Ehemann von Louise → Martinelli. 1860–64 Schauspieler und Oberregisseur am Grand Théâtre in Amsterdam, 1864–73 am Grazer Stadttheater (1871 künstlerischer Durchbruch in L. → Anzengrubers „Der Pfarrer von Kirchfeld"). 1873–76 Mitgl. des Theaters an der Wien, 1876–85 des Prager Landestheaters, 1886 des Carltheaters in Wien, 1889–1908 des Dt. Volkstheaters (hervorragender Anzengruber-Darsteller).

Literatur: NDB.

Martini, Karl Anton, Frh. zu Wasserburg, * 15. 8. 1726 Revo (I), † 7. 8. 1800 Wien, Jurist, naturrechtl. Staatsphilosoph. 1754 Univ.-Prof., 1782 Staatsrat, 1792 2. Präs. der obersten Justizstelle; Verfasser des Westgalizischen Gesetzbuchs (Vorarbeit zum ABGB).

Werke: De lege naturali positiones, 1767; Positiones de jure civitatis, 1768. – Literatur: M. Hebeis, K. A. v. M. (1726–1800). Leben und Werk, 1996; H. Barta (Hg.), Naturrecht und Privatrechtskodifikation, 1999; NDB.

Martini, Louise (eigentl. Marie-Louise Chiba, verehel. Schwarz), * 1?. 11. 1931 Wien, Schauspielerin. Ausbildung am Wr. Reinhardt-Seminar, ab 1950 an Wr. Kleinkunstbühnen, 1956–61 kabarettist. Zusammenarbeit mit H. → Qualtinger, G. → Bronner und G. → Kreisler. 1962 künstlerischer Durchbruch in München in der Hauptrolle des Musicals „Irma la Douce". Fernseh- und Hörfunktätigkeit beim ORF („Mittags-Martini", „Martini-Cocktail"), beim Bayer. und Westdt. Rundfunk.

Werk: Ein O für Louise. Wien in den 50er Jahren, 1998.

Martin von Tours, Hl., Fest 11. Nov., * um 316 Savaria (Steinamanger, Szombathely, H), † 8. 11. 397 Candes-Saint-Martin, Indre-et-Loire (F), Bischof von Tours. In Ö. Patron vieler alter Kirchen, bes. der Karolingerzeit, Landespatron des Bgld. Da sein Festtag (Martini) Zinstag war und als Anfang der Winterzeit galt, knüpfen sich daran zahlr. Bräuche.

Literatur: W. Groß (Hg.), M. v. T., Ein Heiliger Europas, 1997.

Marx, P. Gratian Franz, * 18. 4. 1721 Wien, † 18. 12. 1810 Göß (Stmk.), Pädagoge, Ordensmann (Piarist). Reorganisierte nach Aufhebung des Jesuitenordens die „latein. Schulen" nach seinem „Anonymischen Plan" (1775), der bis Anfang des 19. Jh. maßgeblich blieb (F. I. → Lang). Dieser war von Nützlichkeitserwägungen (wegen Lehrermangels Verkürzung der Studienzeit auf 5 Jahre) und philanthrop. Gedanken (Lehrer mit Vaterrolle, Lernerleichterung durch methodisch-didakt. Maßnahmen u. ä.) bestimmt. 1786 Dompropst in Leoben.

Marx, Joseph, * 11. 5. 1882 Graz (Stmk.), † 3. 9. 1964 ebd., spätromant. Komponist, Lehrer und Musikkritiker. 1914–52 Prof. für Musiktheorie an der Wr. Musikakad., die er 1922–27 leitete. 1947–52 auch Prof. für Musikwiss. an der Univ. Graz; Musikkritiker des „Neuen Wr. Journals" und der „Wr. Zeitung". 1947–64 Präs. des Ö. Komponistenbunds (1947–49 mit R. → Sieczynski), 1946–64 Präs. der Ges. zur Herausgabe von Denkmälern der Tonkunst in Ö. und 1950–64 Präs. der AKM. Großer Ö. Staatspreis 1951, Ö. Ehrenzeichen f. Wiss. u. Kunst 1957; Ehrenmitgl. der Akad. d. Wiss.; Ehrengrab auf dem Wr. Zentralfriedhof.

Werke: Ital. Liederbuch, 1912; Verklärtes Jahr, 1932; Chor- und Liedwerke, Streichquartette, Klavierstücke, Symphonien. – Schriften: Harmonielehre, 1933; Kontrapunktlehre, 1935; Betrachtungen eines romant. Realisten, 1946; Weltsprache Musik, 1964. – Literatur: A. Liess, J. M., 1943; E. Werba, J. M., 1964; NDB.

Marz, Dieter, * 11. 5. 1946 München (D), Trabrennfahrer. Begann seine Karriere 1963, seit 1970 Profi; gewann sämtliche großen internat. Rennen in Ö. (u. a. Ö. Traberderby 1983), zahlr. Rennsiege in ganz Europa, mehrfacher ö. Staatsmeister.

März, Eduard, * 21. 12. 1908 Lemberg (Lwíw, UA), † 9. 7. 1987 Wien, Wirtschaftswissenschaftler. War zunächst techn. Angestellter in einer Fabrik, studierte dann an der Hochschule für Welthandel und hielt Vorträge an Wr. Volkshochschulen. Emigrierte 1938 in die USA, studierte an der Harvard University und wurde Prof. an der University of Massachusetts und am Union College. 1953 Rückkehr nach Ö.; 1956 Eintritt in die Arbeiterkammer, wo er die wirtschaftswiss. Abteilung aufbaute, die er bis 1973 leitete.

Werke: Die Marxsche Wirtschaftslehre im Widerstreit der Meinungen, 1958; Ö. Ind.- und Bankpolitik in der Zeit Franz Josephs I. am Beispiel der k. k. priv. Ö. Creditanstalt für Handel und Gewerbe, 1968; J. A. Schumpeter, Forscher, Lehrer und Politiker, 1983.

März, Leopold, * 5. 2. 1944 Brünn (Brno, CZ), Lebensmittel- und Biochemiker. Studierte Lebensmittel- und Biotechnologie an der Hochschule für Bodenkultur in Wien und an der State University of New York; wurde 1969 Univ.-Ass. und 1983 Univ.-Prof. an der Hochschule bzw. Univ. für Bodenkultur in Wien; seit 1993 Rektor dieser Univ. Beschäftigt sich v. a. mit Biochemie (über 70 Arbeiten in wiss. Journalen und zu wiss. Tagungen).

Karl Anton Martini Freiherr zu Wasserburg. Stich von Mansfeld.

Märzendorfer, Ernst, * 26. 5. 1921 Oberndorf (Sbg.), Dirigent und Komponist. 1953 Leiter des Orchesters am Sbg. Mozarteum, ab 1958 an der Berliner Staatsoper, ab 1966 Dirigent an der Wr. Staatsoper, ab 1971 an der Wr. Volksoper. Ehrenmitgl. der Wr. Staatsoper.

Werke: Dame Kobold, 1940; Teufelslegende, 1944 (Ballett); Kammermusik, Klavierkonzert.

Marzik, Trude (eigentl. Edeltraud Marczik), * 6. 6. 1923 Wien, Erzählerin und Lyrikerin. 1946–75 als Angestellte bei einer Flugges. tätig. Verfasste zuerst Gelegenheits- und Dialektgedichte für den Privatgebrauch, bis sie 1971 mit dem Gedichtband „Aus der Kuchlkredenz" an die Öffentlichkeit trat. Literar. Anerkennung erreichte sie mit den „Parallelgedichten", 1973.

Weitere Werke: Lyrik: Das g'wisse Alter, 1979; Hin und wieder, 1985; So lustig wie's geht, 1995. – Prosa: Hochzeitsreise 45, 1984;

Mizzi. Ein Mädel aus der Vorstadt, 1987; Ehrlich gestanden ... Kleine Plauderei über Fragen, die immer wiederkehren, 1988; Geliebte Sommerfrische, 1994; Romeo Spätlese, 1998. – Gedichte und Prosa: Kultur mit Schlag, 1992; Am Anfang war die Kuchkredenz, 2000.

Masaryk, Thomas Garrigue, * 7. 3. 1850 Göding (Hodonín, CZ), † 14. 9. 1937 Lana bei Prag (CZ), Philosoph, Soziologe, Staatsmann. Studierte an der Univ Wien, ab 1882 Prof. an der Tschech. Univ. Prag, 1891–93 und 1907–14 im ö. Abgeordnetenhaus, ging 1914 in die Emigration nach England und in die USA. Von dort arbeitete er an einer nat. Revolution der Tschechen (Tschech. Nationalrat 1916, Legion in Russland 1917) und konnte im Pittsburgher Vertrag 1918 auch die Slowaken für einen gem. Staat gewinnen. 1918 gründete er eine Exilregierung, 1918–35 war er Präsident der ČSR.

Literatur: D. Truhlar, T. G. M. Philosophie der Demokratie, 1994; ÖBL.

Fritzi Massary. Foto, 1910.

Massary, Fritzi (eigentl. Friederike Massarik), * 21. 3. 1882 Wien, † 30. 1. 1969 Beverly Hills (USA), Sängerin (Sopran); Ehefrau des Komikers M. → Pallenberg. Debütierte mit 16 Jahren in Wien und wurde bald eine der berühmtesten Operettendivas ihrer Zeit. Sang mit großer Eleganz und feinster Kultur in Berlin viele Hauptrollen der Operetten von F. → Lehár, O. → Straus und L. → Fall. Emigrierte 1933 in die USA.

Literatur: C. Stern, Die Sache, die man Liebe nennt. Das Leben der F. M., 1998; NDB.

Mataja, Emilie, → Marriot, Emilie.

Mataja, Heinrich, * 14. 3. 1877 Wien, † 23. 1. 1937 ebd., Rechtsanwalt und Politiker (CS); Halbbruder von Viktor → Mataja. 1910–18 Mitgl. d. Wr. Gemeinderats; betonte die antisemit. Grundsätze der Christl.-soz. Partei. 1913–18 im Reichsrat, 1918–19 Mitgl. d. Provisor. Nationalversammlung, 1919–20 Mitgl. der Konstituierenden Nationalversammlung, 1920–30 Abg. z. NR, 1918/19 Staatssekr. f. Inneres, 20. 11. 1924 bis 14. 1. 1926 Außenminister; 1931 aus allen polit. Funktionen gedrängt. Begrüßte den christl. Ständestaat, näherte sich auch den Vorstellungen einer „ö. Nation" und war im Ständestaat wieder anerkannt.

Werk: Ö. Politik im 19. und 20. Jh., 1935. – Literatur: E. Jelinek, Der polit. Lebensweg Dr. H. M., Diss., Wien 1970; ÖBL; NDB.

Mataja, Viktor, * 20. 7. 1857 Wien, † 19. 6. 1934 ebd., Volkswirtschaftler und Sozialpolitiker; Halbbruder von Heinrich → Mataja. Ab 1893 im Dienst der Wr. Handelskammer, 1890 Univ.-Prof. in Innsbruck, 1897 in Wien, 1908–1911 2-mal Handelsminister, 1917 Min. ohne Portefeuille; organisierte 1917/18 das Ministerium f. soz. Fürsorge, das er 1918 leitete. Stand ab 1892 an der Spitze des Handelsstatist. Diensts und war 1914–17 und 1919–22 Präs. der Statist. Zentralkommission. Machte sich als Pionier des Werbewesens einen Namen.

Werke: Der Unternehmergewinn, 1884; Die Reklame, 1910 ([4]1926); Lehrbuch der Volkswirtschaftspolitik, 1931. – Literatur: ÖBL; NDB.

Matejka, Viktor, * 4. 12. 1901 Korneuburg (NÖ.), † 2. 4. 1993 Wien, Kulturpolitiker und Schriftsteller. Bis 1936 an Wr. Volkshochschulen als Bildungsreferent der AK tätig. 1938–44 in den KZ Dachau und Flossenbürg inhaftiert, 1945 als Vertreter der KPÖ Stadtrat für Kultur und Volksbildung in Wien (Koalition aus SPÖ, ÖVP und KPÖ). M. förderte zahlr. namhafte zeitgenöss. Künstler und setzte sich für deren Rückkehr aus dem Exil ein (z. B. O. → Kokoschka). Nach Stimmenverlusten der KPÖ 1949 schied M. aus der Wr. Landesregierung aus, 1966 verließ er die KPÖ und war dann als freier Schriftsteller und Förderer junger Künstler tätig.

Werke: Widerstand ist alles, 1983; Anregung ist alles, 1991; Das Buch Nr. 3, 1993. – Literatur: F. R. Reiter (Hg.), Wer war V. M.?, 1994.

Materna, Amalie, * 10. 7. 1844 St. Georgen (Stmk.), † 18. 1. 1918 Wien, Sängerin. 1865 Soubrette in Graz, dann am Carltheater in Wien, 1869–94 Primadonna der Wr. Hofoper. Sang v. a. dramat. Rollen; 1876 von R. Wagner zur Brünnhilde bestimmt, kreierte 1882 die Kundry; Gastspiele; ab 1902 Gesangspädagogin.

Literatur: NDB.

Mateschitz, Dietrich, * 20. 5. 1944 St. Marein i. Mürztal (Stmk.), Unternehmer. Absolvent der Hochschule f. Welthandel in Wien. Gründete 1987 die Red Bull GmbH. Machte das Erfrischungsgetränk Red Bull zum Weltmarktführer bei Energy Drinks; beteiligt am Formel-1-Team Sauber-Petronas.

Matiasek, Hellmuth, * 15. 5. 1931 Wien, Regisseur; Ehemann der Schauspielerin C. Froboess. Studium der Theaterwiss., Germanistik und Philosophie. 1953 Begründer und Leiter eines avantgardist. Theaters, 1962 Intendant des Sbg. Landestheaters, 1964 Generalintendant des Staatstheaters Braunschweig, 1972 Dir. der Otto-Falckenberg-Schauspielschule in München, 1978 Generalintendant der Städt. Bühnen Wuppertal, 1983–96 Intendant des Staatstheaters am Gärtnerplatz in München. Gastregisseur u. a. in Deutschland und Ö. Preis der ö. Theaterdir. 1963.

Matras, Josef, * 1. 3. 1832 Wien, † 30. 9. 1887 ebd., Volkssänger und Schauspieler. Zunächst Kellner, der seinen Gästen gelegentlich Wr. Couplets vortrug, wurde M. 1852 Mitgl. der Volkssängergesellschaft Kwapil. Bis 1855 an verschiedenen Wanderbühnen tätig; gründete 1858 mit J. → Fürst eine eig. Volkssängergesellschaft. 1862 am Fürsttheater im Prater, dann bis 1879 als Komiker (v. a. in Nestroy-Stücken) und in Operettenrollen am Carltheater, wo er mit K. → Blasel und W. → Knaack ein sehr erfolgreiches Komikertrio bildete. 1882 als unheilbar geisteskrank in eine Irrenanstalt eingeliefert, wo er starb.

Literatur: ÖBL; ADB.

Matsch, Franz sen., * 16. 9. 1861 Wien, † 5. 10. 1942 ebd., Maler und Bildhauer; Vater von Franz → Matsch jun. Gem. Studium und Zusammenarbeit mit G. → Klimt und E. → Klimt 1883–92, u. a. Mitarbeit an der Innendekoration des Wr. Burgtheaters, des Kunsthist. Museums und der Univ. Wien. Wegen der Fakultätsbilder kam es zum Bruch mit Klimt. 1893–1901 Lehrer an der Wr. Kunstgewerbeschule. Schuf 1911–17 die „Anker-Uhr" am Hohen Markt in Wien. 1912 in den erbl. Adelsstand erhoben.

Literatur: H. Giese, F. M., Diss., Wien 1976; F. v. M., Ausst.-Kat., Wien 1982; ÖBL; NDB.

Matsch, Franz jun., * 24. 1. 1899 Wien, † 26. 7. 1973 ebd., Diplomat; Sohn von Franz → Matsch sen.; 1947–53 Generalkonsul in New York. 1955 Leiter der ö. Delegation der Atomenergiekommission in Genf, 1956–64 ständiger Vertreter Ö. bei der UNO.

Matt, Mario, * 9. 4. 1979 Flirsch (Ti.), Skirennläufer. Gewann 2000 bei seinem erst 3. Weltcupeinsatz mit der Startnummer 47 den traditionsreichen Hahnenkamm-Slalom in Kitzbühel; 2001 in St. Anton Weltmeister im Slalom. Erfolgreicher Vertreter der Carving-Kurzski-Technik im Slalom.

Matthias, * 24. 2. 1557 Wien, † 20. 3. 1619 ebd., Erzhzg. von Ö., 1612–19 Kaiser; 3. Sohn von Ks. → Maximilian II. 1578–81 mit geringem Erfolg Generalstatthalter der im Aufstand gegen Spanien befindl. Niederlande, ab 1595 Statthalter von Ö. unter und ob der Enns. M. führte hier, beraten von M. → Klesl, die Gegenreformation weiter und ließ 1596/97 Bauernaufstände niederwerfen. Ab 1599 in Rivalität zu seinem Bruder Ks. → Rudolf II. wurde M. im „Bruderzwist in Habsburg" 1606 von den Erzherzögen als neues Haupt der Familie anerkannt, erhielt 1608 die ö. Länder, Mähren und Ungarn, 1611 auch Böhmen. Ab 1612 Kaiser, stand M. unter dem Einfluss von Kardinal Klesl. Da er kinderlos war, ging die Erbfolge auf die steirische Linie (→ Ferdinand II.) über. M. war offen und treuherzig, im Alter depressiv und von der Gicht gezeichnet. Er und seine Gattin Anna stifteten die Kapuzinergruft in Wien als künftige Grablege der Familie.

Literatur: B. Rill, Ks. M., Bruderzwist u. Glaubenskampf, 1999; NDB.

Matthias Corvinus (Mátyás Hunyadi), * 23. 2. 1443 Klausenburg (Cluj, RO), † 6. 4. 1490 Wien, Kg. von Ungarn (1458) und Böhmen (1469). Versuchte Ks. → Friedrich III., der ebenfalls den Titel Kg. von Ungarn führte, in mehreren Kriegen 1477 und 1482 Ö. und die Stmk. abzunehmen. 1485 eroberte er Wien, nannte sich Hzg. von Ö. und residierte hier bis zu seinem Tod; er wagte aber nicht, seinen außerehel. Sohn Johann (dessen Mutter Österreicherin war) zum Nachfolger zu bestimmen. Beeinflusst von seiner 2. Gattin Beatrix von Neapel, erwarb er in Italien viele Kunstwerke und darf als erster Renaiss.-Fürst Mitteleuropas gelten.

Literatur: M. C., Ausst.-Kat., Schallaburg 1982; K. Gutkas, Friedrich III. und M. C., 1982; I. Ackerl, Kg. M. C., 1985; J. K. Hoensch, M. C., Diplomat, Feldherr und Mäzen, 1998; A. Kubinyi, M. C., 1999; NDB.

Matulla, Oskar, * 4. 11. 1900 Wien, † 13. 10. 1982 ebd., Graphiker und Maler. Gründete 1964 die „Gruppe 64" als Vereinigung nö. Künstler; auch literar. tätig (Erzählungen, Hörspiele). Figurativer, auf einfache Formen reduzierter Stil, angereichert durch kubist. Kleinformen.

Literatur: O. M. Mit Textbeiträgen von F. Kaindl u. W. Zettl, 1979.

Matz, Johanna, * 5. 10. 1932 Wien, Kammerschauspielerin. Schauspielausbildung u. a. bei Helene → Thimig-Reinhardt, Ballettausbildung bei T. Birkmeyer und G. → Wiesenthal, Ausbildung an der Hochschule für Musik und darst. Kunst und am Reinhardt-Seminar in Wien. 1950 Engagement am Burgtheater, Gastauftritte bei den Bregenzer Festspielen und Burgtheatertourneen (u. a. USA). 1951 Filmdebüt, von E. → Marischka entdeckt; Ende der 60er Jahre v. a. beim Fernsehen tätig (Marianne in Ö. v. Horváths „Geschichten aus dem Wiener Wald"). Anfang der 80er Jahre Rückzug von der Bühne.

Filme: Der alte Sünder, 1951; Hannerl, 1952; Alles für Papa, 1953; Der Kongreß tanzt 1955; Mozart, 1955; Das Dreimäderlhaus, 1958; Hoch klingt der Radetzkymarsch, 1958; Ruf der Wälder, 1965.

Matzinger, Franz Frh. von, * 23. 3. 1817 St. Pölten (NÖ.), † 22. 8. 1896 Weidling (NÖ.), Beamter. Trat 1839 in den Staatsdienst und war ab 1850 im Innenministerium tätig, 1874 Sektionschef, 1883–92 Präs. des Hofbaucomités. M. zählte zu den fähigsten Beamten der franzisko-josephin. Zentralverwaltung. Ab ca. 1856 widmete er sich insbes. den Angelegenheiten der Stadterweiterung, verfasste das berühmte Handschreiben des Kaisers („Es ist mein Wille …", 1857) und nahm über rein bürokrat. Aspekte hinaus wesentl. Einfluss in künstlerisch-kulturellen Belangen, so dass die Wr. Ringstraße in bes. Maß auch als sein Werk zu gelten hat.

Literatur: ÖBL.

Mauer, Otto, * 14. 2. 1907 Brunn a. Gebirge (NÖ.), † 3. 10. 1973 Wien, kath. Publizist und Volksbildner, Akademiker- und Künstlerseelsorger, Domprediger von St. Stephan in Wien. 1946 Mitbegründer und Hg. von „Wort und Wahrheit", 1955 Gründer und Leiter der „Galerie nächst St. Stephan", die zu einem wichtigen Ausstellungsort der Avantgardekunst wurde.

Werke: Kunst und Christentum, 1946; Kirche in Ö. 1918–1965, 1966 (Mit-Hg.). – Literatur: W. Reiss (Hg.), O. M. Das geschundene Reich Gottes. Theolog. Reden, 1993; NÖB.

Mauermann, Max, * 22. 7. 1868 Tarnowitz (Tarnowskie Góry, PL), † 1. 7. 1929 Wien, Metallurge. Entwickelte als Werksdir. bei der Firma Bleckmann in Mürzzuschlag eine Methode zur Herstellung von rostfreiem Chrom-Nickel-Stahl, die 1913 auf der „Adria-Ausstellung" in Wien vorgeführt wurde.

Literatur: NDB.

Mauhart, Beppo, * 14. 9. 1933 Enns (OÖ.), Wirtschaftsfachmann. War nach dem Studium ab 1963 im Freien Wirtschaftsverband (Chefredakteur der Verbandszeitung), ab 1970 im Finanzministerium tätig, 1972 in den Aufsichtsrat der Austria Tabakwerke AG berufen, 1976 stellv. Vorsitzender, 1988–95 Vorsitzender des Vorstands. Seit 1984 Präs. des Ö. Fußballbundes.

Werke: Hg.: Staat, Steuern, Gesellschaft, 1978; Das Winterpalais des Prinzen Eugen, 1979; Zurück in die Zukunft, 1988.

Maulbertsch (Maulpertsch), Franz Anton, getauft 7. 6. 1724 Langenargen a. Bodensee (D), † 8. 8. 1796 Wien, Hauptvertreter der ö. Spätbarockmalerei; Sohn des Malers Anton M. Entwickelte die ö. Barocktradition von P. → Troger weiter und vollendete sie. Ab 1739 in Wien ansässig, Schüler P. van Roys, später van Schuppens. M. war in Wien, NÖ., Ungarn, Böhmen, Mähren, Dresden und Innsbruck tätig, er schuf Deckengemälde in Schlössern, Kirchen und Klöstern und wurde von ital. (G. B.. Piazetta, G. B. Pittoni, G. B Tiepolo u. a.), bayer. und ö. Malern (J. E. Holzer, P. Troger) sowie von Rembrandt beeinflusst, deren Werke er durch Kupferstiche kannte. M. schuf dramatisch bewegte Gemälde in leuchtenden Farben, Genrebilder, Porträts und Graphiken. Ab Mitte der 60er Jahre Wende zu mehr Klarheit und Übersichtlichkeit und schließlich Überleitung zum Klassizismus.

Franz Anton Maulbertsch, Selbstbildnis. Gemälde, um 1770/80 (Österreichische Galerie Belvedere, Wien).

Werke: Wien: Piaristenkirche (Fresken 1752/53; Hochaltarbild 1755/56, verschollen); Fresken in der Jesuitenkirche Am Hof, 1753; Alte Universität. – NÖ.: Pfarrkirche Schwechat, 1765; Wallfahrtskirche Heiligenkreuz-Gutenbrunn, 1757/58 (auch Tafelbilder); Augustinerkirche Korneuburg (Altarfresko, Letztes Abendmahl, 1773); Pfarrhof Mistelbach (Bibliothek, 1760); Ebenfurth (Deckengemälde, 1754). – Bgld.: Halbturn (Deckengemälde, 1766). – Ungarn: Werke in Vac, Kalocsa und Györ. – Tschechien: Kremsier und Strahov in Prag. – Bes. viele Exponate (auch Zeichnungen) im Ö. Barockmuseum (Unteres Belvedere) und in der Albertina in Wien. – Literatur: K. Garas, F. A. M. Leben und Werk (mit Werkverz.), 1974; F. M. Haberditzl, F. A. M., 1977; K. Möseneder, F. A. M. Aufklärung in der barocken Deckenmalerei, 1993; E. Hindelang, F. A. M. und der Wr. Akademiestil, 1994; NDB.

Mauracher, ö. Orgelbauerfamilie mit 2 Linien, deren ältere bereits um 1720 in Kapfing im Zillertal (Ti.) nachweisbar ist. Die Familie wirkte durch viele Generationen vom Ende des 18. Jh. bis in die Mitte des 20. Jh. in allen Ländern Ö. und verband Handwerkstradition mit techn. Fortschritt. Ab 1860 befand sich das Stammhaus in Salzburg; dort schufen sie die Orgel für die Kollegienkirche und bauten die Domorgel um. Andere bedeutende M.-Orgeln befinden sich in den Stiften Kremsmünster, St. Florian (Umbau) und Seckau, in Steyr (Stadtpfarrkirche), Bad Ischl und Wien (Maria am Gestade, Lazaristenkirche). Der Betrieb wurde 1955 eingestellt.

Literatur: O. Eberstaller, Orgeln und Orgelbauer in Ö., 1955.

Maurer, Andreas, * 7. 9. 1919 Trautmannsdorf (NÖ.), Landwirt und Politiker (ÖVP). 1951–56 Gem.-Rat von Trautmannsdorf, 1959–64 Abg. z. Nö. Landtag, 1964–66

Landesrat und Präs. des Ö. Bauernbundes, 1966–81 Landeshauptmann von NÖ. Unter ihm wurde der Ausbau des Straßennetzes forciert sowie ein Modernisierungsprozess eingeleitet.

Maurer, Hermann, * 26. 4. 1941 Wien, Mathematiker und Informatiker. 1963–66 im IBM-Labor Wien tätig, 1971–77 Univ.-Prof. in Karlsruhe, seither an der Techn. Univ. Graz. 1983–98 Vorstand des Forschungsinst. für Angewandte Informationsverarbeitung der Ö. Computer-Gesellschaft. Entwickelte einen optischen Bildspeicher, den Bildschirmtextcomputer MUPID und befasst sich v. a. mit Hypermediasystemen (HyperWave), auch für das Internet.

Werke: Datenstrukturen und Programmierverfahren, 1974; Theoret. Grundlagen der Programmiersprachen, 1977; Gras auf dem Mond? oder: Frauen in alle Gremien, 1992; Der Tod als Hilfe? oder Der Berg von hinten!, 1995. – Über 300 Artikel in wiss. Ztschr.

Maurer, Ludwig, * 17. 4. 1946 Wien, Biologe. Studierte Zoologie, Meteorologie und Biochemie in Wien, 1987 Habilitation. 1976–80 Leiter des biolog. Labors der Versuchs- und Forschungsanstalt der Stadt Wien, 1980 Mitbegründer des L.-Boltzmann-Inst. für biolog. Landbau und angewandte Ökologie, seit 1984 dessen Leiter. Leistete umfangreiche Vorarbeiten für die rechtl. Regelungen des biolog. Landbaus in Ö.; K.-Lorenz-Preis f. Umweltschutz 1997.

Werke: Umweltreport Ö., 1991; Biokonsument, 1996.

Maurer, Thomas, * 27. 6. 1967 Wien, Kabarettist. 1986 Buchhändlerlehre, 1988 erste Erfolge als Nachwuchskabarettist, 1989 1. Soloprogramm „Unterm Farkas hätt's des net geben". Zusammenarbeit u. a. mit J. → Hader und Leo Lukas, 2000 gem. Programm mit Florian Scheuba („Zwei echte Österreicher"). Seit 1995 auch Kolumnist für die Tageszeitung „Kurier". 1996 Dt. Kabarettpreis für sein Programm „Dschungel".

Weitere Programme: Die Zwei, 1990 (mit J. Hader); Placebo forte, 1993; Unter uns, 1996; Intensivdamisch, 1998.

Mauthe, Jörg, * 11. 5. 1924 Wien, † 29. 1. 1986 ebd., Journalist, Schriftsteller und Kulturpolitiker (ÖVP). 1950–55 Leiter der „Abteilung Wort" des US-Radiosenders Rot-Weiß-Rot, für den er mit P. → Weiser, W. → Davy und I. → Bachmann die Serie „Radiofamilie" sowie die krit.-satir. Wochensendung „Der Watschenmann" (1950–55 und 1967–74) gestaltete; 1967–74 Kulturredakteur und Programmplaner für den ORF (Fernsehen). 1978–86 Wr. Stadtrat, bis 1983 Abg. z. Wr. Landtag und Mitgl. d. Wr. Gemeinderats.

Werke: Wien für Anfänger, 1956; Die große Hitze oder Die Errettung Ö. durch den Legationsrat Dr. Tuzzi, 1974; Nachdenkbuch für Ö., 1975; Die Vielgeliebte, 1979; Demnächst oder Der Stein des Sisyphos, 1986 (Autobiographie). – Literatur: J. M. Sein Leben auf 33 Ebenen, hg. v. D. Axmann, 1994.

Mauthner, Fritz, * 22. 11. 1849 Horitz (Hořice, CZ), † 29. 6. 1923 Meersburg a. Bodensee (D), Schriftsteller und Philosoph. Aus einer jüd. Familie in Böhmen stammend, studierte er ab 1873 in Wien Rechtswiss. sowie daneben verschied. Fächer bei berühmten Prof., wie F. A. O. → Benndorf und A. W. → Ambros. Während seiner erfolgreichen journalist. Karriere trat er auch mit bedeutenden literar. Werken hervor und begann sich mit sprachphilosoph. Problemen zu beschäftigen, auf die er sich ab der Jh.-Wende ausschließlich konzentrierte. Mit seiner Sprachskepsis gilt er heute als Vorläufer L. → Wittgensteins.

Werke: Die große Revolution, 1872 (Gedichte); Anna, 1874 (Drama); Nach berühmten Mustern, 1878 (Parodien); Dilettantenspiegel, 1884 (Satire); Xantippe, 1884 (Roman); Credo, 1892 (Essays); Lügenohr, Fabeln und Gedichte in Prosa, 1892 (Essays); Der letzte Tod des Gautama Buddha, 1913 (Roman). – Philosoph. Werke: Beiträge zu einer Kritik der Sprache, 3 Bde., 1901–02; Wörterbuch der Philosophie, 2 Bde., 1910/11; Der Atheismus und seine Geschichte im Abendlande, 4 Bde., 1920–23. – Ausgabe: Das philosoph. Werk, 1997ff. – Literatur: J. Kühn, Gescheiterte Sprachkritik, 1975; W. Eschenbacher, F. M. und die dt. Literatur um 1900, 1977; E. Leinfellner (Hg.), F. M., 1995; H. Henne u. C. Kaiser (Hg.), F. M. Sprache, Literatur, Kritik, 2000; ÖBL.

Mauthner, Ludwig, * 13. 4. 1840 Prag (CZ), † 20. 10. 1894 Wien, Ophthalmologe. Verdienste auf dem Gebiet der Ophthalmoskopie und Refraktionslehre; 1894 Vorstand der I. Univ.-Augenklinik in Wien; hervorragender Operateur. Führte die Sklerotomie bei Grünem Star ein. Nach ihm ist die m.sche Membran benannt. Univ.-Prof. in Innsbruck (1869) und Wien (1877).

Werke: Vorträge aus dem Gesamtgebiet der Augenheilkunde, 2 Bde., 1878/89; Diagnostik und Therapie der Augenmuskellähmungen, 1893. – Literatur: E. Fuchs, Wie ein Augenarzt die Welt sah, 1946; ÖBL; NDB.

Mautner, Adolf Ignaz, Ritter von Markhof, * 26. 10. 1801 Smiřitz (Smiřice, CZ), † 24. 12. 1889 Wien, Industrieller; Urgroßvater von Manfred → Mautner Markhof und Georg → Mautner Markhof. Ab 1840 Pächter des Brauhauses St. Marx, das er 1857 kaufte. 1843 stellte er erstmals untergäriges Bier her und lagerte es mit Hilfe neuer Kühlvorrichtungen („Abzugbier"). Mit seinem Schwiegersohn J. P. v. → Reininghaus produzierte er 1847 erstmals Presshefe. Die Unternehmerdynastie → Mautner Markhof und die Mautner Markhof AG gehen auf ihn zurück.

Literatur: ÖBL; NDB.

Mautner, Isidor, * 7. 10. 1852 Nachod (CZ), † 13. 4. 1930 Wien, Textilindustrieller. Erweiterte das von seinem Vater Isaac M. (1824–1907) in Nachod gegr. Textilunternehmen durch neue Handelsniederlassungen (Wien, Prag, Budapest, Triest, Slowakei) und Fabriken; 1918 gehörten zum Konzern u. a. Fabriken in Pottenstein, Günselsdorf und Neunkirchen (alle NÖ.), Rosenberg (Slowakei), Pragwald (Stmk.), Brodetz und Tetschen (beide Böhmen), Littai (Krain) sowie in Monfalcone bei Triest. In mehr als 40 Fabriken beschäftigte der Konzern rd. 23.000 Mitarbeiter und war damit das größte Industrieunternehmen der Habsburger-Monarchie. Mit dem Zerfall der Monarchie entstanden in den einzelnen Ländern Teilbetriebe, die teilw. in anderen Firmen aufgingen; das ö. Unternehmen brach in den Jahren der Weltwirt.-Krise zusammen und wurde 1930 liquidiert.

Literatur: ÖBL; NDB.

Mautner Markhof, Unternehmerfamilie. Begründet von Adolf Ignaz → Mautner, der von Böhmen nach Wien übersiedelte und 1840 das Brauhaus St. Marx als Pächter übernahm; um 1850 erzielte er mit der industriellen Herstellung von Presshefe seinen Durchbruch; 1872 wurde er nobilitiert (Ritter von Markhof). Seine Söhne Karl Ferdinand M. v. M. (1834–1896) und Georg Heinrich M. v. M. (1840–1904) erweiterten das Unternehmen (Gründung der Presshefe- und Spiritusfabrik in Wien-Floridsdorf 1864); ihre Brauerei war die drittgrößte Europas. Unter Viktor M. v. M. (1865–1919, Sohn von Karl Ferdinand M. v. M.) erfolgte die Fusion der Brauerei mit den Firmen Dreher–Meichl zur Firma Vereinigte Brauereien Schwechat, St. Marx, Simmering AG. Manfred → Mautner Markhof und Georg → Mautner Markhof, beide Urenkel von Adolf Ignaz Mautner, waren im 20. Jahrhundert die beiden wichtigsten Unternehmerpersönlichkeiten der Familie. Die Stammaktien der Mautner Markhof AG befinden sich bis heute im Eigentum der Familie, die sich auch durch ihr Mäzenatentum und durch die Gründung soz. Einrichtungen (z. B. M. M.'sches Kinderspital in Wien; bis 1998) bes. Verdienste erwarb.

Mautner Markhof, Georg, * 11. 6. 1926 Wien, Unternehmer, Politiker und Publizist; Urenkel von Adolf Ignaz → Mautner, Cousin 2. Grades von Manfred → Mautner Markhof. Studierte in Zürich, Neuenburg und St. Gallen; nach journalist. Tätigkeit in St. Gallen 1950 Eintritt in das Familienunternehmen der Fam. → Mautner Markhof, das er 1975–96 leitete. War daneben politisch in der FPÖ tätig (1990 Abg. z. NR und Wirtschaftssprecher). 1992 legte M. M. seine Funktionen in der FPÖ zurück; 1993–95 Mitgl. des LIF; Mitgl. des Bundesvorstandes des Rings Freiheitl. Wirtschaftstreibender.

Mautner Markhof, Manfred, * 17. 9. 1903 Wien, † 4. 1. 1981 ebd., Unternehmer; Urenkel von Adolf Ignaz → Mautner, Cousin 2. Grades von Georg → Mautner Markhof. Neben der Leitung des Familienunternehmens der Fam. → Mautner Markhof war M. M. in vielen wirtschaftspolit. Funktionen tätig: u. a. 1950–70 Obmann der Bundessektion Ind. der Kammer der gewerbl. Wirt., 1946–72 Vizepräs. der Vereinigung Ö. Industrieller. 1983–99 Mitgl. d. BR. Bes. engagiert war er in der ö. Kulturpolitik; er war Präs. der Wr. Konzerthausges. und mit vielen Künstlern (K. → Böhm, F. → Hochwälder u. a.) befreundet.

Literatur: NÖB.

Maximilian, Hl., Fest 12. Okt., legendärer Märtyrer-Bischof; über seinem angebl. Grab wurde Anfang des 8. Jh. von St. Peter in Salzburg aus eine „M.-Zelle" gegr., aus der Bischofshofen entstand. M. war bis 1962 Patron der Diözese Linz.

Maximilian I., * 22. 3. 1459 Wr. Neustadt (NÖ.), † 12. 1. 1519 Wels (OÖ.), Kaiser, Sohn von Ks. → Friedrich III., Vater von → Philipp I. dem Schönen. Nach der Heirat mit → Maria von Burgund 1477 lebte er in den Niederlanden, wo er bis 1493 (Frieden von Senlis) das burgundische Erbe seiner Kinder sicherte. 1486 zum röm. Kg. gewählt, erwarb er 1490 von Erzhzg. Sigmund Ti. und die Vorlande (durch Adoption und Verzicht), eroberte nach dem Tod von → Matthias Corvinus NÖ. zurück, beerbte 1493 seinen Vater und vereinigte damit alle habsb. Länder. In Trient ließ er sich 1508 zum „Erwählten Röm. Kaiser" ausrufen. Er machte den Erbvertrag von 1463 für die Erwerbung von Böhmen und Ungarn geltend und sicherte diese beim Wr. Fürstentag 1515 durch Heiraten. 1500 beerbte er die Grafen von Görz (O-Ti.); im bayerisch-pfälzischen Erbfolgekrieg eroberte er 1504 Kufstein, gewann 1505 Rattenberg und Kitzbühel sowie 1506 Mondsee, St. Wolfgang, Neuhaus und Rannariedl in OÖ. Nach einem Krieg gegen Venedig 1508–16 behauptete er Rovereto, Riva und Ala (Tirols S-Grenze bis 1918). Er war gegen die Schweizer, die 1499 das Reich verließen, erfolglos und unterlag gegen die Franzosen in Oberitalien.

M. residierte in Augsburg und v. a. in Innsbruck, das er ausbaute (Goldenes Dachl, Hofburg, Zeughaus) und das eine wichtige Stellung in der Rüstungs- und Geschützerzeugung errang.

M. richtete erstmals eine landesfürstl. Verwaltung ein, die die ö. Länder in 2 Gruppen einteilte. Die „oö. Lande" mit dem Zentrum Innsbruck umfassten Ti., Vbg. und die Vorlande, Görz, Istrien mit Triest sowie Friaul. Zu den „nö. Landen" mit Behörden in Wien bzw. Wr. Neustadt und Linz gehörten Ö. (aus dem sich das heutige OÖ. und NÖ. entwickelte), Stmk., Kä. und Krain. Es entstanden Behörden für das Finanzwesen und Justiz. Zur Abstimmung mit den Interessen der Stände hielt M. 1518 einen Ausschusslandtag in Innsbruck ab. Die Gewinnung von Silber und Kupfer in Schwaz musste M. an die → Fugger verpfänden, von denen er Kredite erhielt. Sein Anspruch, der größte Kaiser seit Karl d. Gr. zu sein, musste von den ö. Ländern finanziert werden, weil die Versuche einer Reichsreform scheiterten.

M. war sehr fromm, beherrschte 7 Sprachen, hatte Humor, besaß Handfertigkeit bei der Herstellung von Waffen, liebte Turniere und bes. die Jagd. M. war ein bedeutender Förderer der Wissenschaften und der Künste, aber auch auf den Ruhm seiner Person und seines Hauses bedacht (Triumphzug und Ehrenpforte, Porträts von A. Dürer u. a.). Er diktierte die autobiographischen Werke „Weißkunig" (die Geschichte seines Vaters und seiner Jugend) und „Theuerdank" (seine Brautfahrt zu Maria von Burgund und die Kämpfe um deren Erbe). M. beschäftigte Gelehrte zur Erforschung seiner Genealogie und ließ mehrere Prunkhandschriften anfertigen – ein wahrer Renaissancefürst. Zu Lebzeiten ließ er sein Grabmal herstellen, das später nicht in Wr. Neustadt, sondern in der Innsbrucker Hofkirche aufgestellt wurde. Seinem Wunsch entsprechend, wurde er in der Georgskirche von Wr. Neustadt bestattet.

Literatur: H. Wiesflecker, Ks. M., 5 Bde., 1971–86; ders., Ks. M., 1992.

Kaiser Maximilian II. Ausschnitt aus dem Gemälde „Die erzherzogliche Familie" von G. Arcimboldo, 1553 (Kunsthistorisches Museum, Wien).

Maximilian II., * 31. 7. 1527 Wien, † 12. 10. 1576 Regensburg (D), Kaiser 1564–76, Kg. von Ungarn und Böhmen; Sohn von Ks. → Ferdinand I., Vater von Ks. → Rudolf II. und Ks. → Matthias. Sein Sympathisieren mit den Protestanten rief das Misstrauen seines Vaters, der Verwandten in Spanien und des Papstes hervor, doch blieb er katholisch. Den Augsburger Religionsfrieden erfüllte M. in Ö. auf Landesebene und gewährte den evang. Adeligen 1568/71 freie Religionsausübung für sich und ihre Untertanen. Diese Bestimmung nahm er in den Städten selbst in Anspruch und leitete damit die Gegenreformation ein. Im Türkenkrieg 1566–68 (Frieden von Adrianopel) blieb er ebenso erfolglos wie in der Reichspolitik sowie beim Versuch, polnischer Kg. zu werden. M. war sehr gebildet und scharte Gelehrte um sich. Zu seiner Zeit wurden Pflanzen aus dem Orient bekannt (Tulpe, Flieder), und der erste Elefant kam nach Ö. Mit dem Neugebäude bei Wien schuf er ein bedeutendes Baudenkmal der Renaissance.

Literatur: F. Edelmayer, Ks. M., Kultur und Politik im 16. Jh., 1992.

Kaiser Maximilian I. mit seinem Sohn Philipp dem Schönen, seiner Gattin Maria von Burgund, seinen Enkeln Ferdinand I. und Karl V. sowie seinem Adoptivsohn Ludwig II. von Ungarn. Gemälde von B. Strigel, 1516 (Kunsthistorisches Museum, Wien).

Maximilian (eigentl. Ferdinand M.), * 6. 7. 1832 Wien, † 19. 6. 1867 Querétaro (Mexiko; erschossen), Kaiser von Mexiko; Bruder von Ks. → Franz Joseph I. 1854 Oberkommandant der Marine, 1857–59 Generalgouverneur des lombardo-venezian. Königreichs. Nahm 1864 das Angebot klerikal-konservativer Notabeln an und ließ sich, von franz. Truppen unterstützt, zum Kaiser von Mexiko ausrufen, unterlag aber nach dem Abzug der Franzosen im Bürgerkrieg gegen die republikan. Regierung, wurde gefangen genommen und erschossen. Seine Gemahlin → Charlotte (von Belgien), die zu diesem Abenteuer gedrängt hatte, verfiel in geistige Umnachtung. M. war ein bed. Sammler, Wiss.- und Kunstförderer und selbst literar. tätig (unterstützt von E. Binzer und F. → Halm).

Werk: Aus meinem Leben, 7 Bde., 1867. – Literatur: M. von Mexiko, Ausst.-Kat., Hardegg 1974; B. Hamann, Mit Kaiser Max in Mexiko, 1983; H. A. Vogelsberger, Ks. v. Mexiko, 1992; K. Ratz, M. und Juárez, 2 Bde., 1998.

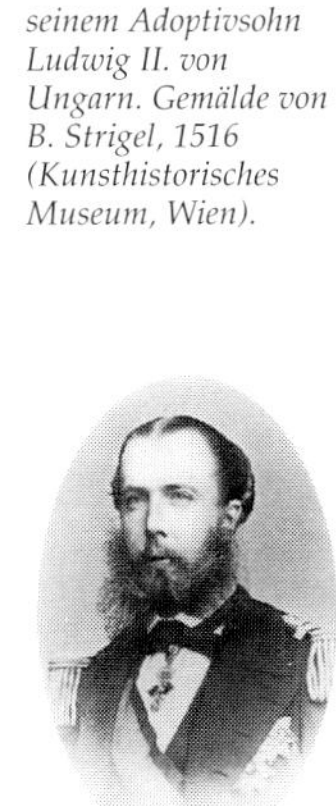

Kaiser Maximilian von Mexiko. Foto.

Maximilian III. (der Deutschmeister), * 12. 10. 1558 Wr. Neustadt (NÖ.), † 2. 11. 1618 Wien, Erzhzg. von Ö., Sohn von → Maximilian II. Ab 1585/90 Hochmeister des Dt. Ordens (Sitz in Mergentheim), wurde er 1587 von einer Minderheit zum Kg. von Polen gewählt und verzichtete 1598 darauf. 1593–95 war er Statthalter von Inner-Ö., 1602–18 Regent von Ti.; M. unterstützte die Nachfolge → Ferdinands II. und stiftete 1616 den ö. Erzherzogshut in Klosterneuburg. Grab im St. Jakobsdom zu Innsbruck.

Literatur: H. Noflatscher, Glaube, Reich und Dynastie, M. der Deutschmeister, 1987.

Maximilian Franz, * 8. 12. 1756, † 26. 7. 1801 Hetzendorf b. Wien, Erzhzg. von Ö., jüngster Sohn → Maria Theresias. War der militär. Laufbahn nicht gewachsen, wurde 1780 Hochmeister des Dt. Ordens, 1784 Erzbischof (letzter Kurfürst) von Köln und Bischof von Münster. Von den franz. Revolutionsheeren vertrieben, fand er 1794 in Wien Zuflucht.

Literatur: M. Braubach, Maria Theresias jüngster Sohn M. F., 1961; K. Oldenhage, Kurfürst Erzhzg. M. F., Hoch- u. Deutschmeister, 1969.

Maximilian M. Kolbe, → Kolbe, Maximilian M.

May, Gerhard, * 13. 2. 1898 Graz (Stmk.), † 25. 2. 1980 Wien, Bischof der evang. Kirche in Ö. (1944–68). Prägte weithin die evang. Kirche in der Phase des Wiederaufbaus, wobei er in kritischer Weise Traditionen und Neuorientierung zu verbinden suchte.

Emil Mayer, Selbstporträt. Foto, um 1920.

May, Hans (eigentl. Johann Mayer), * 11. 7. 1886 Wien, † 31. 12. 1958 London (GB), Filmkomponist. Lebte in London, schrieb ab 1925 Begleitmusik für Stummfilme, ab 1930 für den dt. Tonfilm.

Werke: Ein Sommernachtstraum, 1925; Der Bettler am Kölner Dom, 1927; Das gestohlene Gesicht, 1930; Wien, du Stadt der Lieder, 1930; Wenn der Mensch verliebt ist, 1932; Ein Lied geht um die Welt 1933; Waltz Time, 1945.

May, Karl Maria, * 20. 5. 1886 Wien, † 20. 3. 1963 ebd., Maler. 1945–54 Präs. des Wr. Künstlerhauses, dessen Neuaufbau er nach den Kriegszerstörungen leitete.

Werke: Porträts, Landschaften, relig. Motive.

May, Matthias, * 5. 6. 1884 Köln (D), † 28. 7. 1923 Linz (OÖ.), Maler und Graphiker. Ausbildung an der Münchner Akad. (Schüler von W. v. Dietz und A. Jank), heiratete 1914 die Linzer Malerin P. Pillesmüller und lebte fortan in Linz, wo er die Gruppe „Der Ring" und 1920 eine Kunstschule gründete, die starken Einfluss auf die Entwicklung der modernen Malerei in OÖ. hatte. Nachwirkungen des Impressionismus sowie expressionist. Tendenzen bes. in der Farbgebung kennzeichnen seine Malerei.

Literatur: J. Schmidt, Der Maler M. M. und seine Schule, 1954 (mit Werkverz.).

Mayenburg, Ruth, * 1. 7. 1907 Serbitz (Srbice, CZ), † 26. 6. 1993 Wien, Publizistin, Schriftstellerin und Übersetzerin. Stammte aus aristokrat. Verhältnissen, lebte 1930–34 und wieder ab 1945 in Wien, 1934 nahm sie aktiv am Februaraufstand teil und musste anschließend ins Ausland (Prag, dann UdSSR) fliehen. Ab 1932 in 1. Ehe mit Ernst → Fischer verheiratet. In der Emigration wurde sie Mitgl. der illegalen KPÖ, unterstützte die Rote Armee und war für die Kommunist. Internationale (Pressebüro) tätig. Nach ihrer Rückkehr nach Ö. wurde sie Generalsekretärin der Ö.-Sowjet. Ges., war als Filmdramaturgin bei der Wien-Film tätig und wirkte u. a. am Film „Wr. Mädeln" (1949) von W. → Forst mit. 1966 trat sie aus der KPÖ aus und konzentrierte sich fortan auf ihre publizist. Tätigkeit.

Werke: Blaues Blut und rote Fahnen, 1969; Hotel Lux, 1979.

Mayen-Reimers, Maria, * 11. 5. 1892 Wien, † 15. 7. 1978 ebd., Kammerschauspielerin; Ehefrau von Emmerich → Reimers. Engagements in Bonn und Berlin, 1913 Debüt am Burgtheater in H. Ibsens „Die Wildente", 1914–53 in klass. und modernen Rollen am Burgtheater (bes. G. Hauptmann).

Mayer, Carl, * 20. 2. 1894 Graz (Stmk.), † 1. 7. 1944 London (GB), Schauspieler, Maler, Dramaturg, Drehbuchautor. Zunächst als Dramaturg am Theater in Innsbruck tätig, ab 1919 einer der bedeutendsten Drehbuchautoren des Stummfilms. Emigrierte 1932 nach England, wo er als Berater vieler junger Regisseure in formaler und techn. Hinsicht (bewegl. Aufnahmeapparat) wesentl. zur Entwicklung des Tonfilms beitrug; arbeitete in den USA, in Frankreich und Großbritannien. Die Stadt Graz vergibt den nach ihm benannten C.-M.-Drehbuchpreis.

Werke: Das Cabinett des Dr. Caligari, 1919 (mit F. W. Murnau); Hintertreppe, 1921; Sylvester, 1924 (1. gedrucktes Drehbuch); Am Ende der Welt, 1926; Tartuffe, 1926; Sonnenaufgang, 1927; Berlin. Die Symphonie einer Großstadt, 1927; Ariane, 1931; Der träumende Mund, 1932. – Literatur: W. Fritz, Kino in Ö. Der Stummfilm 1896–1930, 1981; B. Frankfurter (Hg.), C. M.: Im Spiegelkabinett des Dr. Caligari, 1997.

Mayer, Emil, * 3. 10. 1871 Neubydžow (Nový Bydžov, CZ), † 8. 6. 1938 Wien (Selbstmord), Rechtsanwalt und Amateurfotograf. Schuf 1908 Aufnahmen des Wr. Praters, entwickelte einen optischen Belichtungsmesser („Justophot"), beschäftigte sich mit Kunstfotografie in Bromöldruck und verfasste mehrere Fachbücher.

Literatur: C. Brandstätter u. F. Hubmann, Damals in Wien, 1995.

Mayer, Ferdinand, * 21. 4. 1927 Ybbs a. d. Donau (NÖ.), † 5. 5. 1995 Wien, Kartograph. 1978–81 Leiter der Kartograph. Anstalt Westermann (Braunschweig), 1981 Prof. für Kartographie in Trier, ab 1985 Univ.-Prof. der Geographie und Kartographie in Wien. Widmete sich v. a. der theoret. und prakt. Kartographie sowie der Atlaskonzeption.

Werke: Westermann Weltatlas – Grundausgabe, 1979; Digitale Technologie in der Kartographie, 1988; Kartographie im multimedialen Umfeld, 1996.

Mayer, Franz Martin, * 20. 2. 1844 Plan (Plána, CZ), † 15. 9. 1914 Graz (Stmk.), Historiker. Gymnasiallehrer, ab 1875 Priv.-Doz. an der Univ. Graz. Bed. Leistungen in der Erforschung der Sbg. und steir. Landesgeschichte sowie für die Vermittlung hist. Wissens an den Gymnasien (Lehrbücher).

Werke: Hb. der Geschichte Ö., 2 Bde., 1874; Geschichte der Stmk., 1898. – Literatur: ÖBL.

Mayer, Hans Horst, * 17. 3. 1853 Insterburg (Chernyakhovsk, RUS), † 6. 10. 1939 Wien, Pharmakologe. Ab 1904 Univ.-Prof. in Wien auf dem von ihm gegr. pharmakolog. Lehrstuhl; Verdienste um die Bekämpfung des Starrkrampfs; stellte die (m.-overtonsche) Lipoidtheorie der Narkose auf.

Werke: Experimentelle Pharmakologie als Grundlage der Arzneibehandlung, 1910 (mit R. Gottlieb); Autobiographie in: Medizin der Gegenwart in Selbstdarstellungen, Bd. 2, 1923. – Literatur: E. Lesky, Die Wr. Medizin. Schule im 19. Jh., [2]1978.

Mayer, Heinz, * 22. 9. 1946 Mürzzuschlag (Stmk.), Jurist. Studierte Rechts- und Staatswiss. an der Univ. Wien, an der er seit 1979 als Univ.-Prof. wirkt; daneben Leiter des L.-Boltzmann-Inst. f. Gesetzgebungspraxis und Rechtsanwendung.

Werke: Die Zuständigkeit der Verwaltungsbehörden im Vollstreckungsverfahren, 1974; Staatsmonopole, 1976; Die Verordnung, 1977; Genehmigungskonkurrenz und Verfahrenkonzentration, 1985; Kommentar zum Arzneimittelgesetz, 1987 (Hg.); Bürgerbeteiligung zw. Rechtsstaat und Demokratie, 1988; Europ. Gemeinschaften und öffentl. Recht, 1990 (Hg.); Staatsrecht in Theorie und Praxis, 1991 (Hg.); Wasserkraftwerke im Verwaltungsrecht, 1991; Das ö. Bundes-Verfassungsrecht, [2]1997 (Hg.); Recht in Ö. und Europa, 1997 (Hg.); Persönlichkeitsschutz und Medienrecht 1999 (Hg.).

Mayer, Horst Friedrich, * 28. 11. 1936 Wien, Journalist, Buchautor. 1962 bei der Ö.-Ausgabe von „Hör-Zu" tätig, im gleichen Jahr Wechsel zur Wochenzeitung „Die Furche", deren stellv. Chefredakteur er 1968–69 war. 1969 Chefredakteur der „Salzburger Volkszeitung", dann beim ORF (zunächst Hörfunk, dann Fernsehen). Ab 1974 Ressortchef für Außenpolitik, 1986–94 Chefredakteur des Aktuellen Dienstes, bis 1997 Fernsehsprecher. Autor von Sachbüchern (v. a. Marine).

Mayer, Ignatz, * 19. 10. 1810 Ofen (Budapest, H), † 31. 8. 1876 Linz (OÖ.), Industrieller. Gründete 1840 die Linzer Schiffswerft und begann nach einer Englandreise (1837) dort mit dem Bau eiserner Schiffe. 1873 Verkauf der Werft an die Allg. Ö. Baugesellschaft.
Literatur: ÖBL; NDB.

Mayer, Karl (Felix Martin), * 28. 4. 1753 Wien, † 13. 5. 1830 ebd., Schauspieler, Theaterdir., Bühnenschriftsteller. Prinzipal einer Wanderbühne, mit der er bis 1788 in Ö.-Ungarn umherzog; gründete 1788 das Theater in der Josefstadt und war dessen erster Dir. (bis 1812).
Literatur: H. A. Mansfeld, Miscellen um K. M., den Gründer des Josefstädter Theaters, in: Jb. der Ges. für Theaterforschung XII, 1960.

Mayer-Gunthof, Franz Josef, * 18. 8. 1894 Mährisch-Trübau (Moravská Třebová, CZ), † 2. 2. 1977 Wien, Industrieller. Neben seiner Tätigkeit als Textilindustrieller (Gen.-Dir. der Vöslauer Kammgarnfabrik) u. a. Mitbegründer und Präs. (1960–74) der Vereinigung ö. Industrieller. Galt als bes. Befürworter der ö. Sozialpartnerschaft.
Literatur: NÖB; NDB.

Mayer-Maly, Theo, * 16. 8. 1931 Wien, Jurist. Ab 1961 Univ.-Prof. in Wien, 1962–66 in Köln, 1966–99 in Salzburg. Ö. Ehrenzeichen f. Wiss. u. Kunst 1994.
Werke: Ö. Arbeitsrecht, 1970 (zahlr. Neuauflagen); Rechtswiss., 1972 (zahlr. Neuauflagen); Ausgewählte Schriften zum Arbeitsrecht, 1991; Röm. Recht, [2]1999; Rechtsphilosophie, 2001.

Mayer-Rieckh, Michael, * 18. 8. 1935 Graz (Stmk.), Unternehmer. Seit 1953 im Familienbetrieb Leder & Schuh AG („Humanic") seines Vaters Hans M.-R. (1910–1994) tätig, 1986–2000 Vorstandsvorsitzender, seit 2000 Vorsitzender des Aufsichtsrats.

Mayer-Skumanz, Lene, * 7. 11. 1939 Wien, Kinder- und Jugendbuchautorin, Lehrerin. Zunächst Redakteurin der Kinderzeitschrift „Weite Welt"; maßgeblich an einer neuen Richtung in der relig. Kinder- und Jugendliteratur beteiligt, für die Unmittelbarkeit der Sprache und Unaufdringlichkeit der Botschaft wesentlich sind.
Werke: Geschichten vom Bruder Franz, 1980; Jakob und Katharina, 1981; Der Bernsteinmond, 1982; Der Herr Markus, 1987; Die kleine Igelfrau, 1988; Ein Engel für den Christbaum, 1990; Tinogeschichten, 1991; Wolfgang Amadé Mozart, 1991; Gespenster gehen nicht verloren, 1992; Ein Löffel Honig, 1993; Das Lügennetz, 1993; Der Adlergroschen, 1995. – Literatur: C. Ellbogen, Gottes Spuren in der Welt suchen, in: Almanach zur ö. Kinderkultur, 1991.

Mayr, Franz, * 26. 1. 1779 Knittelfeld (Stmk.), † 6. 4. 1847 Graz (Stmk.), Begründer des Eisenwerks Donawitz durch Aufbau der „Franzenshütte" 1837. Sein Sohn Franz → Mayr von Melnhof d. Ä. erweiterte das Werk.

Mayr, Hans, * 12. 3. 1926 Wels (OÖ.), † 15. 2. 1993 Wien, Fotograf und Kulturmanager. 1975–93 Präs. des Wr. Künstlerhauses, das unter seiner Leitung zu einem Zentrum für internat. Großausstellungen umgestaltet wurde. Bes. Verdienste um die Gründung der Stiftung Ludwig in Wien und um den Kulturaustausch mit osteurop. Ländern. Ehrendoktor der Universitäten Sofia, Budapest und Tokio.

Mayr, Hans, * 27. 6. 1928 Wien, Politiker (SPÖ). 1949–73 in der Pensionsversicherungsanstalt der Angestellten tätig, 1963–71 Abg. z. Wr. Landtag und Mitgl. d. Wr. Gemeinderats, 1971–73 Abg. z. NR, 1973–94 Stadtrat f. Finanzen und Wirtschaftspolitik in Wien, 1988–93 Vorsitzender der Wr. SPÖ, 1984–94 Vizebürgermeister.

Mayr, Michael, * 6. 7. 1796 Wien, † 4. 10. 1870 Eisenstadt (Bgld.), Bühnenmaler. Arbeitete für F. → Raimund am Theater in der Leopoldstadt, dekorierte die Ballfeste von J. → Lanner und J. → Strauß Vater, fertigte Bühnenausstattungen für Olmütz und Wr. Neustadt an, galt als bester Maler für Theaterlandschaften der Biedermeierzeit. 1853 Magistratsrat in Eisenstadt.
Literatur: K. M. Kisler, Der Theater-Mayr, 1988.

Michael Mayr. Foto, um 1920.

Mayr, Michael, * 10. 4. 1864 Adlwang (OÖ.), † 21. 5. 1922 Waldneukirchen (OÖ.), Historiker und Politiker (CS). Ab 1892 im Ti. Landesarchiv Innsbruck (1897–1919 Dir.), ab 1900 auch Univ.-Prof. für Neuere Geschichte in Innsbruck, 1907–11 Reichsratsabg., 1908–14 Abg. z. Ti. Landtag, 1919–20 Mitgl. d. Konstituierenden Nationalversammlung, 1920–22 Abg. z. NR, 1919/20 Staatssekr.; konnte in Verhandlungen die Verfassung von 1920 durchsetzen. 1920 Leiter der Staatskanzlei an der Spitze der Proporzregierung, von Nov. 1920 bis 1. 6. 1921 Bundeskanzler und Außenminister eines christl.-soz. Minderheitskabinetts. Trat wegen der beabsichtigten Anschlussabstimmung in der Stmk. zurück.
Werke: W. Lazius als Geschichtsschreiber Ö., 1894; Der Generallandtag der ö. Erbländer in Augsburg 1525/26, in: Ztschr. des Ferdinandeums III/38, 1894; Erinnerungen an A. Hofer, 1899; Die Beziehungen Deutschlands zu Italien, 1901; Der ital. Irredentismus, [2]1917. – Literatur: H. J. W. Kuprian, Zw. Wiss. und Politik, Die polit. Entwicklung M. M. von 1907–22, Diss., Innsbruck 1985; ÖBL; NDB.

Mayr, Peter, * 15. 8. 1767 Siffian b. Bozen (S-Ti.), † 20. 2. 1810 Bozen (S-Ti.; hingerichtet), Gastwirt und Freiheitskämpfer. Als sog. „Wirt an der Mahr" Kommandant der Aufständischen im Tiroler Freiheitskampf, den er nach dem Waffenstillstand von Znaim bei Brixen und Klausen fortsetzte. P. → Rosegger veröffentlichte 1893 einen biograph. Roman. Denkmal vor dem Wirtshaus „an der Mahr" bei Brixen.
Literatur: NDB.

Richard Mayr als Ochs von Lerchenau im „Rosenkavalier" von R. Strauss. Foto.

Mayr, Richard, * 18. 11. 1877 Henndorf (Sbg.), † 1. 12. 1935 Wien, Sänger (Bass). Durch G. → Mahler entdeckt, sang er ab 1902 an der Wr. Staatsoper; langjähr. Mitgl. der Sbg. Festspiele, einer der besten Darsteller des Ochs von Lerchenau im „Rosenkavalier" von R. → Strauss.

Mayr, Wolfgang, * 11. 6. 1944 Schärding (OÖ.), Journalist. 19–90 Ressortleiter Außenpolitik der Austria Presse Agentur (APA), ab 1991 Chef vom Dienst, ab 1993 stellv. Chefredakteur, seit 1997 Chefredakteur. Legte 1985/86 den Grundstein zum Aufbau der APA-Bildredaktion.

Mayreder, Rosa (geb. Obermayer), * 30. 11. 1858 Wien, † 19. 1. 1938 ebd., Frauenrechtlerin und Schriftstellerin. Zunächst Malerin, gründete den Allg. Ö. Frauenverein (1893) und war Vorsitzende der Frauenliga für Frieden und Freiheit. Schrieb philosoph. Essays über das Frauenproblem, begründete eine Soziologie der Geschlechter und war Freundin und Förderin von H. → Wolf.
Werke: Textbuch zu H. Wolfs Oper „Corregidor", 1895; Romane, Novellen, Gedichte. – Zur Kritik der Weiblichkeit, 2 Bde., 1905/22; Die Frau und der Internationalismus, 1921; Geschlecht und Kultur, 1923; Mensch und Menschlichkeit, 1928; Der letzte Gott, 1932; Tagebücher 1873–1937, hg. v. H. Anderson, 1988. – Literatur: H. Bubenicek (Hg.), R. M. oder Wider die Tyrannei der Norm, 1986; R. Witzmann (Hg.), R. M. und der Feminismus in Wien um 1900, Ausst.-Kat., Wien 1989; ÖBL.

Rosa Mayreder. Foto, 1928.

Mayrhofer, Johann (Baptist), * 3. 11. 1787 Steyr (OÖ.), † 5. 2. 1836 Wien (Selbstmord), Lyriker und Zensurbeamter. Schrieb für seinen Freund F. → Schubert, mit dem er 3 Jahre zusammenwohnte, viele Liedtexte,

das Singspiel „Die beiden Freunde von Salamanca" (1815) und die Oper „Adrast". Er veröffentlichte 1829 „Erinnerungen an F. Schubert". Sein Nachlass wurde von E. v. → Feuchtersleben 1843 herausgegeben.
Literatur: F. List, J. M., ein Freund und Textdichter F. Schuberts, Diss., München 1921; R. Holl, Schubert, M. und die dt. Romantik, in: Schubertiade Hohenems, 1984; NDB.

Mayrhofer, Manfred, * 26. 9. 1926 Linz (OÖ.), Sprachwissenschaftler. Studierte indogerman. Sprachwiss., Semitistik und Philosophie in Graz, 1951 Habilitation. Ab 1958 Univ.-Prof., 1962–66 in Saarbrücken, 1966–88 in Wien. Arbeitete lebenslang an einem etymolog. Wörterbuch des Altindoarischen. Ehrenzeichen f. Wiss. u. Kunst 1986.

Friederike Mayröcker. Foto, 1984.

Mayröcker, Friederike, * 20. 12. 1924 Wien, Dichterin, Verfasserin von Lyrik, Prosa und Hörspielen; ab 1954 mit E. → Jandl befreundet. Beeinflusst vom Surrealismus, verzichtet auf die Zusammenhänge von Zeit, Ort und Kausalität, stellt durch virtuose Montage, Dialog, Assoziation, Wiederholung u. ä. neue Bezüge her. Hauptthemen sind u. a. Magie der Sprache, Wahrnehmungsphänomene und bildende Kunst. Großer Ö. Staatspreis 1982, Ö. Ehrenzeichen f. Wiss. u. Kunst 1987, F.-Hölderlin-Preis 1993, E.-Lasker-Schüler-Preis 1996, A.-v.-Droste-Hülshoff-Preis 1997, G.-Büchner-Preis 2001 und zahlr. weitere Auszeichnungen.
Werke: Lyrik: metaphorisch, 1965; Tod durch Musen, 1966; Ausgewählte Gedichte 1944–78, 1979; Gute Nacht, guten Morgen, Gedichte 1978–81, 1982; Winterglück, Gedichte 1982–85, 1986; Das besessene Alter, 1992; Den Fliegenschrank aufgebrochen, 1995; Notizen auf einem Kamel, 1996; Benachbarte Metalle, 1998. – Prosa: Minimonsters Traumlexikon, 1968; Fantom Fan, 1971; je ein umwölkter gipfel, 1973; Das Licht in der Landschaft, 1975; Fast ein Frühling des Markus M., 1976; HEILIGENANSTALT, 1978; Die Abschiede, 1980; Magische Blätter I–V, 1983–99; Reise durch die Nacht, 1984; Das Herzzerreißende der Dinge, 1985; Mein Herz, mein Zimmer, mein Name, 1988; Gesammelte Prosa 1947–75, 1989; Stilleben, 1991; Lection, 1994; Brütt oder Die seufzenden Gärten, 1998; Requiem für E. Jandl, 2001. – Zahlr. Hörspiele, z. T. zusammen mit E. Jandl (Fünf Mann Menschen, 1968). – Literatur: H. L. Arnold (Hg.), F. M., 1984 (= Text und Kritik, H. 84); S. J. Schmidt (Hg.), F. M., 1984; M. Beyer, F. M., 1992; D. Riess-Beger (Hg.), F. M. Lebensveranstaltung, 1994; dies., Lebensstudien, 1995; K. Kastberger (Hg.), In Böen wechselt mein Sinn, 1996; ders., Reinschrift des Lebens. F. M. „Reise durch die Nacht", 2000.

Mayr von Melnhof, Franz d. Ä., Frh., * 23. 8. 1810 Leoben (Stmk.), † 28. 12. 1889 ebd., Industrieller; Sohn von Franz → Mayr, Vater von Franz Frh. → Mayr von Melnhof d. J. Erweiterte u. a. das Eisenwerk seines Vaters in Donawitz und errichtete die Gussstahlfabrik in Kapfenberg; 1881 wurde der Industriekomplex in die Oesterr.-Alpine Montanges. aufgenommen; 1894 kauften die Gebrüder → Böhler das Kapfenberger Werk.
Literatur: ÖBL; NDB.

Mayr von Melnhof, Franz d. J., Frh., * 11. 11. 1854 Leoben (Stmk.), † 18. 7. 1893 Himberg (NÖ.), Industrieller; Sohn von Franz Frh. → Mayr von Melnhof d. Ä. Förderte Braunkohle im Tollinggraben und gründete 1888 die Holzstoff- und Pappefabrik in Wannersdorf bei Frohnleiten. Ausschließlicher Lieferant der k. k. Tabakregie. Die Fabrik besteht bis heute (Mayr-Melnhof Karton AG).
Literatur: ÖBL.

Josef Mayseder. Lithographie von J. Kriehuber, 1838.

Mayseder, Josef, * 26. 10. 1789 Wien, † 21. 11. 1863 ebd., Violinvirtuose, Komponist. Ab 1810 Konzertmeister des Hofopernorchesters, ab 1816 Violinsolist an der Hofmusikkapelle, ab 1836 deren Leiter. „Vater der Wr. Geigerschule". Schrieb Kammermusik.
Literatur: E. Hellsberg, J. M., 1955.

Mazal, Otto, * 26. 7. 1932 Wien, Kunsthistoriker. Univ.-Prof. für Handschriftenkunde, Buchgeschichte und Byzantinistik in Wien, 1970–92 Dir. der Handschriften-Smlg. der Ö. Nat.-Bibl.
Werke: Der Roman des Konstantinos Manasset, 1967; Der Mainzer Psalter von 1457, 1969; Europ. Einbandkunst aus MA und Neuzeit 1970; Himmels- und Weltenbilder. Kleinodien der ö. Buchmalerei aus der Ö. Nat.-Bibl., 1973; Wr. Hispana-Handschrift, 1974; Buchkunst der Gotik, 1975; Buchkunst der Romanik, 1978; Kommentar zur Wr. Genesis, 1980; Byzanz und das Abendland, 1981; Prinz Eugens schönste Bücher, 1986; Der Aristoteles des Herzogs von Atri, 1988; Hb. der Byzantinistik, 1989; Königl. Bücherliebe, Die Bibl. des M. Corvinus, 1990; Geschichte der Buchkultur, Bd. 1: Griechisch-röm. Antike, 1999. – Zahlr. Artikel in Sammelwerken und Ztschr.

Medelsky, Lotte (verehel. Krauspe, eigentl. Caroline), * 20. 5. 1880 Wien, † 4. 12. 1960 Nußdorf a. Attersee (OÖ.), Schauspielerin; Mutter der Burgschauspielerin Liselotte M. 1896–1947 Mitgl. des Burgtheaters (1899 Hofschauspielerin, 1924 Ehrenmitgl., Doyenne). Großes Rollenrepertoire von klass. Dramen, Stücken des Naturalismus (v. a. G. Hauptmann), L. → Anzengrubers, A. → Schnitzlers (Urtyp des Wr. Mädels). Bei den Sbg. Festspielen Rolle der Mutter in → Hofmannsthals „Jedermann", Frau Welt im „Salzburger Großen Welttheater"; 1947 Prof. am Reinhardt-Seminar. Zahlr. Gastspiele.
Literatur: E. Buschbeck, Die M., 1922; L. Strentzsch, L. M. Die ö. Schauspielerin, Diss., Wien 1947.

Mederitsch, Johann (genannt Gallus-Mederitsch), getauft 27. 12. 1760 Wien, † 18. 12. 1835 Lemberg (Lwíw, UA), Komponist, Kapellmeister und Lehrer. Ab 1781 Theaterkapellmeister in Olmütz, Wien und Ofen (Budapest); unterrichtete F. → Grillparzer im Klavierspiel. Freund von W. A. Mozarts Sohn, dem er seinen Nachlass vermachte (jetzt am Mozarteum in Sbg.). Zählte zu den bekanntesten Komponisten seiner Zeit.
Werke: 1. Akt zur Oper „Babylons Pyramiden" (2. Akt von P. Winter), 1797; 7 weitere Singspiele, Schauspielmusik (Macbeth, Hamlet, The Tempest), Sonaten, Klavierstücke, 4 Messen, Streichquartette, Symphonien, Konzerte.

Mediz, Karl, * 4. 6. 1868 Wien, † 11. 1. 1945 Dresden (D), Porträt- und Landschaftsmaler; Ehemann von Emilie → Mediz-Pelikan. Studierte an den Akad. in Wien und München, 1891 Übersiedlung nach Dresden, 1902–12 Mitgl. des Hagenbundes. Wandte sich nach dem Tod seiner Frau 1908 fast ausschließlich der Graphik zu.
Literatur: Emilie M.-Pelikan – K. M., Ausst.-Kat., Wien und Linz 1986.

Mediz-Pelikan, Emilie, * 2. 12. 1861 Vöcklabruck (OÖ.), † 19. 3. 1908 Dresden (D), Landschaftsmalerin; Ehefrau von Karl → Mediz. Studierte an der Wr. Akad., folgte ihrem Lehrer A. Zimmermann nach Salzburg und 1885 nach München; Kontakte zur Dachauer Künstlerkolonie, Studienaufenthalte in Paris und Belgien, Reisen nach Ungarn und Italien. Erst um 1900 gelang ihr der künstlerische Durchbruch mit ihren Landschaftsbildern.
Literatur: E. Tromayer, E. M.-P., 1986; Emilie M.-Pelikan – K. M., Ausst.-Kat., Wien und Linz 1986; D. Nittenberg, Das Frühwerk der E. M.-P., Dipl.-Arb., Wien 1990.

Mehl, Erwin, * 28. 3. 1890 Klosterneuburg (NÖ.), † 28. 12. 1984 ebd., Sportwissenschaftler. Historiker der Leibesübungen (bes. Schwimmen, Skilauf, Geräteturnen, Ballspiele und Alpinismus). Förderer zahlr. Sportarten; ab 1921 Lehrauftrag, 1927–65 Leiter der Univ.-Turn-Anstalt in Wien, 1941 Hon.-Prof. Gründete 1958 die Zdarsky-Ges.
Literatur: A. Toifl, Biograph. Untersuchung zum Leben E. M., Dipl.-Arb., Wien 1998.

Meier Helmbrecht, → Wernher der Gartenaere.

Meindl, Konrad, * 15. 9. 1844 Raab (OÖ.), † 14. 7. 1915 Reichersberg (OÖ.), Augustiner-Chorherr, Geschichtsforscher des Innviertels und Kurator für Denk-

malpflege. Wurde 1900 Propst von Reichersberg und widmete sich fortan ausschließl. geistl. Aufgaben.
Werke: Die Schicksale des Stiftes Reichersberg (…) 1770–1822, 1873; Geschichte der Reichsherrschaft, des Marktes und der Pfarre Obernberg am Inn, 2 Bde., 1875; Geschichte der Stadt Wels in OÖ., 2 Tle., 1878; Leben und Wirken des Bischofs F. J. Rudigier von Linz, 2 Bde., 1891/92; Geschichte der Stadt Ried in OÖ., Tl. 1, 1899.

Meinhard I., Graf von Tirol (als Graf von Görz M. III.), * um 1200/05, † Jan./Feb. 1258, Graf von Görz und Ti.; Vater von → Meinhard II. Ab 1232 Herr der Görzer Besitzungen, belehnte 1237 seinen Schwiegervater → Albert III. von Ti. mit seinem Besitz (verheiratet mit Alberts Tochter Adelheid), war 1248–50 Reichshauptmann in Stmk. und Krain, 1250 auch in Ö. Musste 1252 im Vertrag von Lieserhofen Besitzungen (Lienz) als Lehen vom Sbg. Erzbischof Philipp nehmen und seine Söhne als Geiseln stellen. Nach dem Tod von Albert III. 1253 teilten M. und sein Schwager Gebhard von Hirschberg Ti., M. erhielt S-Ti. und baute dort seine Stellung aus, seine Nachfahren, die → Meinhardiner, hatten bis in das 14. Jh. eine beherrschende Stellung in Ti., Kä. und Görz. – → Ulrich von Liechtenstein verewigte M. im „Frauendienst".
Literatur: NDB.

Meinhard II., Graf von Tirol (als Graf von Görz M. IV.), * um 1238, † Ende Okt. 1295 Greifenburg (Kä.), Graf von Görz und Ti., Hzg. von Kä.; Sohn von → Meinhard I., Vater von → Heinrich VI. Kam 1259 aus der Gefangenschaft des Sbg. Erzbischofs frei und trat sein Erbe an, erhielt bei der Erbteilung 1271 die Grafschaft Ti. und begründete die Ti. Linie der → Meinhardiner. M. konnte die Lehen von Trient erkämpfen, erwarb 1263–84 Besitzungen im Inntal (Saline Hall), ließ die Straßen sichern und Münzen (Adlergroschen) prägen. Er gilt als der Schöpfer des Landes Ti. (mit eig. Landrecht). Seine Frau Elisabeth (Witwe nach Kg. Konrad IV.) gründete 1273 das Zisterzienserstift Stams (Begräbnisstätte der Meinhardiner). Als Anhänger und Helfer Kg. → Rudolfs I. erhielt M. 1276 Kä. und Krain als Pfand und wurde 1286 mit dem Herzogtum Kä. belehnt; er stand mehrmals unter Kirchenbann.
Literatur: H. Wiesflecker, M. der Zweite, 1955; Eines Fürsten Traum. Meinhard II. – Das Werden Ti., Ausst.-Kat., Schloss Tirol/Stams 1995; NDB.

Meinhard III., Graf von Tirol, * 1344, † 13. 1. 1363 Meran (S-Ti.); Sohn von → Margarete Maultasch und letzter → Meinhardiner. Kam 1361 an die Regierung, stand aber unter starkem Einfluss seiner wittelsbachischen Verwandten. Sein Tod veranlasste die Mutter, Ti. an die Habsburger (Hzg. → Rudolf IV.) zu übertragen.
Literatur: NDB.

Meinhardiner, Herrschergeschlecht. Die M. erscheinen um 1130 als Grafen von Görz (→ Görzer Grafen) und erbten 1253 die Grafschaft Tirol (Meinhard III. von Görz, als Graf von Tirol → Meinhard I.). 1271 Erbteilung zwischen → Meinhard II. (Tirol) und Albert II. (Görz), Grenze wurde die Mühlbacher Klause am westl. Eingang des Pustertals. Meinhard II. erhielt 1286 das Herzogtum Kä., das nach dem Tod seines Sohnes → Heinrich VI. (1307–10 Kg. von Böhmen) 1335 an die Habsburger fiel. In Tirol regierte Heinrichs Tochter → Margarete Maultasch (bzw. ihre Ehemänner, dann ihr Sohn → Meinhard III.) bis 1363, als sie nach dem Tod ihres Sohnes aufgrund eines Erbvertrags das Land an die → Habsburger übergab.
Literatur: Eines Fürsten Traum. Meinhard II. – Das Werden Ti., Ausst.-Kat., Schloss Tirol/Stams 1995.

Meinl, Julius, * 18. 1. 1869 Wien, † 16. 5. 1944 Altprerau (NÖ.), trat 1889 in das väterl. Lebensmittelgeschäft ein, aus dem unter seiner Leitung der lange Zeit führende ö. Lebensmittelind.-Konzern (ab 1919 Julius Meinl AG) mit 493 Verkaufsfilialen (1937) und zahlr. Produktionsbetrieben (Schokolade, Kaffee, Senf, Teigwaren usw.) wurde. Durch die Gründung der ersten Berufsschule für kaufmänn. Lehrlinge (1907), die Einführung der 5-Tage-Woche (1931) und die Einrichtung eines Urlaubsheims für Mitarbeiter gab M. richtungsweisende soz.-polit. Ideen vor. Als angesehener Diplomat bemühte er sich 1917/18 um einen Friedensschluss und organisierte nach Kriegsende Hilfsaktionen für ö. Kinder in der Schweiz. 1933 übernahm sein Sohn Julius → Meinl (* 1903) die Leitung der Julius Meinl AG.
Literatur: M. Lehrbaumer, Womit kann ich dienen? J. M. – Auf den Spuren einer großen Marke, 2000; ÖBL.

Meinl, Julius, * 14. 2. 1903 Wien, † 10. 9. 1991 ebd., Unternehmer. Übernahm 1933 von seinem Vater Julius → Meinl (* 1869) das familieneig. Lebensmittelunternehmen (gegr. 1862), das er in Ö. und Osteuropa erweiterte. 1935 erwarb er die Konkurrenzfirma Kunz und 1936 eine Bank (Meinlbank). 1938 Emigration, bis 1948 in England.
Literatur: M. Lehrbaumer, Womit kann ich dienen? J. M. – Auf den Spuren einer großen Marke, 2000; NDB.

Meinong, Alexius, Ritter von Handschuchsheim, * 17. 7. 1853 Lemberg (Lwíw, UA), † 27. 11. 1920 Graz (Stmk.), Philosoph. 1882 Univ.-Prof. in Graz, errichtete 1894 das erste Laboratorium für experimentalpsycholog. Studien in Graz. Schöpfer der Gegenstandstheorie, die zum Ausgangspunkt der Gestaltpsychologie wurde und die Phänomenologie stark beeinflusste.
Werke: Über philosoph. Wiss. und ihre Propädeutik, 1885; Psycholog.-ethische Untersuchung zur Werttheorie, 1894; Untersuchung zur Gegenstandstheorie, 1904; Gesammelte Abhandlungen, 2 Bde., 1913/14; Über Möglichkeit und Wahrscheinlichkeit, 1915. – Ausgabe: Gesamtausgabe, hg. v. R. Haller u. R. Kindinger, 7 Bde., 1968–78. – Literatur: R. Haller u. M. Fabian, A. M. und die Schule der Gegenstandstheorie, in: Tradition und Herausforderung, 1985.

Meinrad, Josef (eigentl. J. Moucka), * 21. 4. 1913 Wien, † 18. 2. 1996 Großgmain (Sbg.), Kammerschauspieler (1955). Bis 1929 Priesterseminar, danach kaufmänn. Lehre, dann Schauspieler. Trat ab 1936 an Wr. Kleinkunstbühnen auf („ABC", „Wr. Werkel", „Wr. Komödie"), nach dem 2. Weltkrieg am Wr. Volkstheater und am Theater „Die Insel"; 1946–74 Engagement, nach der Pensionierung Gast am Burgtheater (1973 Ehrenmitgl.). Charakterdarsteller in komischen und ernsten Rollen, in klass. Dramen und Volksstücken, v. a. J. → Nestroy und F. → Raimund (Valentin im „Verschwender"), Musicalerfolge („Der Mann von La Mancha"). Regiearbeiten, Rundfunk-, Film- und Fernsehtätigkeit (mehr als 50 Filmrollen). Zahlr. Auszeichnungen (u. a. 1959 Iffland-Ring, 1963 Kainz-Medaille). M. übertrug den Iffland-Ring testamentarisch dem Schweizer Schauspieler B. Ganz.
Literatur: H. Weigel, S. Melchinger u. G. Rühle, J. M., 1962; G. Holler, J. M. Da streiten sich die Leut' herum …, 1995.

Josef Meinrad als Frosch in der „Fledermaus" von J. Strauß Sohn.

Meisel, Heribert, * 15. 10. 1920 Baden (NÖ.), † 31. 10. 1966 Wien, Journalist. 1945 bei der „Salzkammergut-Zeitung", ab 1946 beim Sender Rot-Weiß-Rot. Von 1954 bis zu seinem Tod Leiter des Sportressorts des „Kurier" und Sportkommentator beim ö. Rundfunk, wo er 1963 die Sendung „Sportstammtisch" kreierte.

Meisel, Kurt, * 18. 8. 1912 Wien, † 4. 4. 1994 ebd., (Film-)Schauspieler, Regisseur, Theaterintendant; Ehemann der Schauspielerin Ursula Lingen. 1935 Filmdebüt („Der Ehestreik"), 1937 Engagement am Berliner Staatstheater. In den 50er Jahren zahlr. Regiearbeiten in Film- und Fernsehproduktionen; 1945–60 an verschiedenen Berliner Bühnen, den Münchner Kammerspielen, am Burgtheater und am Theater in der Josefstadt in Wien. 1960–64 Oberspielleiter des Bayer. Staatsschauspiels München, 1965–71 Oberspielleiter des Burgtheaters, 1970–83 Intendant des Bayer. Staatsschauspiels (1973 Ehrenmitgl.). Ab 1984 wieder als Schauspieler in Wien (Burgtheater), Hamburg, Stuttgart und Berlin. Zahlr. Auszeichnungen.

Ernst Meister als Kardinal Innitzer in der „Staatsoperette" von F. Novotny und O. M. Zykan. Foto, 1977.

Meisl, Hugo, * 16. 11. 1881 Wien, † 17. 2. 1937 ebd., Sportorganisator und -journalist. Gen.-Sekr. und Verbandskapitän des Ö. Fußballverbands; 1927 Schöpfer des Mitropacups, eines begehrten Pokals in der Zwischenkriegszeit.

Literatur: ÖBL.

Meisl, Karl, * 30. 6. 1775 Laibach (Ljubljana, SLO), † 8. 10. 1853 Wien, Beamter und Dramatiker. Neben A. → Bäuerle und J. A. → Gleich einer der Hauptvertreter der Wr. Volkskomödie vor F. → Raimund. Trat auch als Parodist von ernsten Dramen, Opern und Balletten hervor.

Werke: Carolo Carolini, 1801; Orpheus und Euridice, 1813; Amors Triumph, 1817; Der lustige Fritz oder Schlaf, Traum und Besserung, 1818; Die Fee aus Frankreich, 1822. – Literatur: O. Rommel, Die Alt-Wr. Volkskomödie, 1952; J. Hein, Volksstück, 1989.

Meissel, Wilhelm, * 21. 1. 1922 Wien, Schriftsteller, Verlagslektor und Bibliothekar. Schrieb auch Hörfunksendungen und Übersetzungen und wirkte als Hg. von Zeitschriften. In seinen Kinder- und Jugendbüchern geht es häufig um Außenseiter und die Überbrückung von kulturellen, sprachl. und menschl. Gegensätzen.

Werke: Kinder- und Jugendbücher, Romane, Gedichte, Sachbücher.

Meissner, Alexander, * 14. 9. 1883 Wien, † 3. 1. 1958 Berlin (D), Elektrotechniker. Erfand 1913 bei Telefunken in Berlin unabhängig von O. → Nußbaumer und S. → Strauß die rückgekoppelte Verstärkerröhre zur Erzeugung ungedämpfter Schwingungen, eine der Grundlagen der drahtlosen Nachrichtentechnik, und führte den Überlagerungsempfang ein.

Literatur: NDB.

Meissner, Hildegard, * 10. 12. 1880 Wien, † 3. 3. 1964 ebd., Pädagogin. 1915–45 Dir. der Schule des Wr. Frauen-Erwerb-Vereins für höheren Mädchenunterricht (wechselnde Bezeichnungen), Mitbegründerin der Schulform „Frauen-Oberschule".

Werk: Geschichte der ö. Mädchenmittelschule, 2 Bde., 1952/55 (Hg. mit A. Mayer u. H. Siess).

Meissner, Leopold Florian, * 10. 6. 1835 Wien, † 29. 4. 1895 ebd., Erzähler, Polizeibeamter, dann Advokat. Schildert in dokumentarisch-authentischem Stil die Wr. Gesellschaft vor 1900. Seine Erzählung „Evangelimann" wurde von W. → Kienzl zur Oper verarbeitet.

Werke: Aus den Papieren eines Polizei-Kommissärs, 5 Bde., 1892; Weihnachtsspiele, 1896. – Literatur: ÖBL.

Meissner, Paul Traugott, * 23. 3. 1778 Medias (RO), † 9. 7. 1864 Neuwaldegg b. Wien, Erfinder, Chemiker, Apotheker. 1816–45 Prof. am Polytechn. Inst. in Wien; erfand eine nach ihm benannte Zentralheizung mit Warmluft, unternahm Versuche zur Heizung von Dampfschiffen und Eisenbahnwaggons; entwickelte auch den sog. „Wr. Sparherd".

Literatur: ÖBL.

Meissner-Blau, Freda, * 11. 3. 1927 Dresden (D), Journalistin und Politikerin (Grüne); Ehefrau von Paul → Blau. 1986 Kandidatur zur Bundespräsidentenwahl, 1986–88 Abg. z. NR und Klubobfrau der Grünen; profilierte Kämpferin für die Umwelt.

Meißnitzer, Alexandra, * 18. 6. 1973 Abtenau (Sbg.), Skirennläuferin. Bei den Olymp. Spielen 1998 in Nagano (J) Silbermedaille im Riesentorlauf und Bronzemedaille im Super-G; 1998/99 Weltcupgesamtsiegerin und Weltcupsiegerin in Riesentorlauf und Super-G; bei den Weltmeisterschaften in Vail (USA) 1999 Goldmedaillen im Riesentorlauf und im Super-G.

Meister, Ernst, * 23. 2. 1926 Wien, † 27. 9. 1986 ebd., Kammerschauspieler. Nach Auftritten an Wr. Kleinbühnen (Renaissancetheater, Theater der Courage, Konzerthauskeller) 1952 von L. → Epp an das Volkstheater engagiert, wo er bis 1977 über 100 tragende Rollen spielte (u. a. in Dramen von M. Gorki, A. Tschechow sowie F. Molnárs „Liliom"). Außergewöhnl. Sprechkultur. Lesungen, Radio- und Fernsehtätigkeit (u. a. Sendereihen „Fenstergucker" und „Die liebe Familie"). Zahlr. Auszeichnungen.

Meister, Richard, * 5. 2. 1881 Znaim (Znojmo, CZ), † 11. 6. 1964 Wien, Pädagoge, Philologe, Kulturphilosoph. 1923–38 Univ.-Prof. f. Pädagogik, 1938–45 f. klass. Philologie, 1945–56 wieder f. Pädagogik an der Univ. Wien (1949/50 Rektor); 1945–51 Vizepräs., 1951–63 Präs. der Ö. Akad. d. Wiss. Starker Einfluss auf die Bildungspolitik der 1. Republik, sicherte der Pädagogik endgültig wiss. Rang („Drei-Zonen-Theorie") und verklammerte sie mit der Kulturphilosophie.

Werke: Die Bildungswerte der Antike und der Einheitsschulgedanke, 1920; Humanismus und Kanonproblem, 1931; Beiträge zur Theorie der Erziehung, 1946; Geschichte der Akad. d. Wiss. in Wien 1847–1947, 1947; Geschichte des Doktorates der Philosophie an der Univ. Wien, 1958; Entwicklung und Reformen des ö. Studienwesens, 2 Bde. 1963. – Literatur: F. Kainz, Nachruf auf R. M., in: Almanach der Ö. Akad. d. Wiss. 114, 1964 (mit Schriftenverzeichnis); M. Stettner, R. M. System der Pädagogik, 1977; J. Derbolav, R. M. kulturphilosoph. Pädagogik und ihre wiss. Bedeutung, 1981; NDB.

Meister A. A., Maler der Donauschule, tätig im 1. Viertel des 16. Jh. in OÖ. Möglicherweise aus Wels stammend, benannt nach dem 1519 geschaffenen und mit den Buchstaben „A. A." monogrammierten Totenbildnis Ks. Maximilians I. (im Joanneum in Graz). Weitere Werke sind in Kremsmünster (OÖ.) und im Joanneum in Graz (Altar aus Großreifling, 1518) erhalten.

Literatur: E. Manhart, Zur Problematik des Monogrammisten A. A. unter bes. Berücksichtigung des Großreiflinger Altares, Dipl.-Arb., Graz 1990.

Meister der Anbetung Christi (auch: Meister der Wr. Anbetung), bed. Maler am Anfang des 15. Jh. in Wien. Benannt nach der kleinen Tafel einer „Anbetung Christi" (um 1410–20) in der Ö. Galerie Belvedere in Wien. Zugeschrieben werden ihm weiters 4 Passionstäfelchen (ehem. Privatbesitz, Paris) sowie eine „Anbetung der Könige" (Budapest). Seine künstlerischen Voraussetzungen liegen in der böhm. Malerei der Zeit um 1390.

Literatur: E. Baum, Kat. des Mus. ma. ö. Kunst, 1971.

Meister der Darbringungen (auch: Meister der Darbringung, Darbringungsmeister), Maler, um 1420–40 in Wien tätig. Hauptvertreter der Endphase des Weichen Stils, dabei dem → Meister der St. Lambrechter Votivtafel nahe stehend, vielleicht derselben Werkstatt zuzuordnen. Benannt nach Darbringungsdarstellungen aus Stift Neukloster in Wr. Neustadt (um 1430, jetzt Ö. Galerie Belvedere) und in Klosterneuburg. Weitere Werke dieses Meisters befinden sich in Berlin (Christus in der Trauer, um 1420) und in den Klosterneuburger Stiftssammlungen (6 Tafeln eines Marienaltars, um 1420).

Literatur: E. Baum, Kat. des Mus. ma. ö. Kunst, 1971.

Meister der Habsburger Fürstenbildnisse (auch: Meister der Herzogsscheiben), Glasmaler, tätig um

1380/90. Hauptmeister der Wr. Hofwerkstatt, benannt nach den Habsburgerfenstern in der Bartholomäuskapelle des Wr. Stephansdoms (um 1380/90, jetzt Hist. Mus. der Stadt Wien). Nach dem Vorbild des Luxemburger-Stammbaums auf Burg Karlstein (Prag) stellte er auf 2 Fenstern jeweils in 2 Dreiergruppen alle Habsburger-Herrscher von Rudolf I. bis Albrecht III. dar. Die Scheiben zeichnen sich bes. durch die Individualität der Dargestellten und die aufwändige Gestaltung der sie rahmenden Architektur aus.

Literatur: Die Zeit der frühen Habsburger, Ausst.-Kat., Wr. Neustadt 1979.

Meister der Heiligenmartyrien, Maler, tätig am Ende des 15. Jh. in Wien. Gilt als Schüler des Meisters des St. Florianer Kreuzigungstriptychons, benannt nach 2 Tafeln mit Heiligenmartyrien, die einem größeren, vermutlich für Stift Klosterneuburg geschaffenen Altarverband angehören (um 1495/1500, Ö. Galerie Belvedere). Er zeichnet sich darin bes. durch starken Realismus in den Details und in der Raumauffassung sowie durch verstärktes Interesse an Physiognomien aus. Gilt als Vorläufer der Donauschule.

Literatur: E. Baum, Kat. des Mus. ma. ö. Kunst, 1971.

Meister der Historia Friderici et Maximiliani (auch: Historia-Meister, Vitenmeister), tätig im 1. Drittel des 16. Jh., bedeutender Maler der Donauschule. Benannt nach der um 1513/14 von Joseph Grünpeck verfassten, reich illustrierten Beschreibung des Lebens Friedrichs III. und Maximilians I. (um 1514–16). Lange Zeit wurde er als Schüler A. → Altdorfers angesehen und mit Niclas Breu, dem jüngeren Bruder von J. → Breu d. Ä., identifiziert. In der neueren Forschung wurden die Illustrationen der Historia wieder dem Werk A. Altdorfers angegliedert, nicht jedoch die zahlr. dem M. d. H. F. e. M. oder Niclas Breu zugeschriebenen Werke, wie die Tafelbilder des Heiligenblut-Altars in Pulkau (1518–22), der Märtyreraltar von St. Florian (um 1512–15), Altäre in Lilienfeld und Wandmalereien in Göttweig (um 1530–33).

Literatur: O. Benesch u. E. Auer, Der M. d. H. F. e. M., 1957; Albrecht Altdorfer, Ausst.-Kat., Berlin und Regensburg 1988.

Meister der Irrsdorfer Altarflügel, tätig um 1520, Bildschnitzer. Namengebend sind 4 Relieftafeln eines Flügelaltars aus Irrsdorf (jetzt Sbg. Mus. Carolino Augusteum). Stilistisch besteht ein Zusammenhang mit dem Meister der Donauschule Wolf → Huber.

Meister der Michaeler Plastiken, Wr. Bildhauer der 2. Hälfte des 14. Jh. Benannt nach 2 archaisierenden Steinplastiken (hl. Nikolaus und hl. Katharina, um 1370) in der Michaelerkirche in Wien. Zugeschrieben wurde ihm auch die Madonna vom Sonntagberg (um 1365/70, Ö. Galerie Belvedere).

Literatur: Schöne Madonnen 1350–1450, Ausst.-Kat., Salzburg 1965; E. Baum, Kat. des Mus. ma. ö. Kunst, 1971.

Meister der Passionstäfelchen, Maler, tätig um 1400 in Wien oder Salzburg. Möglicherweise aus den habsb. Erblanden stammender Künstler; erfuhr starke Anregungen durch die westl. Kunst und jene des ital. Trecento. Zu seinen Werken zählt die „Christus vor Kaiphas"-Darstellung in der Ö. Galerie Belvedere (um 1400, Fragment einer zersägten Tafel mit Passionsszenen). Weitere Passionstäfelchen aus dem gleichen urspr. Zusammenhang befinden sich in Frankfurt am Main (Städelsches Kunstinst.) und Köln (Wallraf-Richartz-Mus.).

Literatur: E. Baum, Kat. des Mus. ma. ö. Kunst, 1971.

Meister der St. Lambrechter Votivtafel (auch: Votivtafelmeister), Tafelmaler, um 1420–40 vermutlich in Wien oder Wr. Neustadt tätig. Hauptvertreter der Spätphase des Internat. Stils in Ö. am Übergang zum Realismus in Ö., darin Nachfolger des → Meisters der Anbetung Christi. Die stilist. Verwandtschaft u. a. zum → Meister der Darbringungen, zum Meister der Mondsichel-Madonna und zum → Meister des Andreasaltars sowie zu Werken der Glasmalerei und der Skulptur lassen eine bed. Werkstatt vermuten. Wurde häufig mit dem nur namentl. fassbaren Hans von Tübingen identifiziert; benannt nach einer für das Stift St. Lambrecht (Stmk.) geschaffenen Votivtafel mit der Darstellung der Schutzmantelmuttergottes und dem Sieg Kg. Ludwigs I. von Ungarn über die Bulgaren 1377 (vor 1430, Joanneum, Graz). Zugeschrieben werden ihm zahlr. Tafeln mit Passionsdarstellungen. Die einzige bekannte datierte Arbeit des Meisters ist das Epitaph des Wr. Neustädter Goldschmieds Sigmund Waloch (1434, Nationalgalerie Prag).

Literatur: K. Oettinger, Hans von Tübingen und seine Schule, 1938; Gotik in der Stmk., Ausst.-Kat., Stift St. Lambrecht 1978; M. Theisen, Die Tafeln mit Szenen aus der Kindheit und Passion Christi des Hist. Mus. der Stadt Wien. Probleme der Nachfolge des M. d. S. L. V., Dipl.-Arb., Wien 1991.

Meister des Albrechtsaltars (auch: Albrechtsmeister), Maler, tätig im 2. Viertel des 15. Jh. am Wr. Hof. Hauptvertreter der kräftigen, realist. Stilstufe der Wr. Malerei um die Mitte des 15. Jh., benannt nach dem vor (?) 1437 vom herzogl. Hubschreiber (von Albrecht II., † 1439) O. Oberndorffer gestifteten ehem. Hochaltar der Kirche der weißen Karmeliter in Wien 1 (Am Hof, jetzt Stiftssammlungen Klosterneuburg); von z. T. erstaunl. moderner Qualität. Zu seinen weiteren Hauptwerken zählen ein 1438 entstandener Marienaltar (Teile in Wien, Berlin, Budapest) sowie das Epitaph des Wr. Domkanonikus Johannes Geus († 1440, im Wr. Dom- und Diözesanmus.). Er zeichnete sich bes. durch detaillierte Schilderung von Landschaft und stimmungshafter Natur aus und schuf mit der Tafel der Goldenen Pforte (Ö. Galerie Belvedere) die erste Ansicht des ma. Wien.

Literatur: F. Röhrig (Hg.), Der Albrechtsaltar und sein Meister, 1981; K. Haller, Zur Rolle des Albrechtsmeisters in der europ. Kunst der 1. Hälfte des 15. Jh. unter bes. Berücksichtigung des Kleinen Albrechtsaltars, Dipl.-Arb., Graz 1989; NDB.

Meister des Altars von Mauer bei Melk, Bildhauer der Donauschule, tätig im 1. Viertel des 16. Jh. Benannt nach seinem Hauptwerk, dem Altar von Mauer bei Melk (um 1510–15), einem Schlüsselwerk der Plastik der Donauschule. In der Literatur gab es vielfach meist wenig überzeugende Zuordnungs- und Identifikationsversuche. Möglicherweise handelt es sich um den 1472/73 von Stift Göttweig in Auftrag gegebenen großen Flügelaltar (1510).

Literatur: 900 Jahre Stift Göttweig, Ausst.-Kat., Göttweig 1983; T. Wirth, Der Altar von Mauer bei Melk, 2 Bde., Dipl.-Arb., Wien 1995.

Meister des Andreasaltars (auch: Meister des Domaltärchens, Meister der Passionsfolgen), tätig um 1430/50 in Wien, Maler. Benannt nach einem Andreasaltar (vor 1440, Dom- und Diözesanmus. Wien), der 1885 mit dem Wr. Neustädter Altar aus Stift Neukloster in Wr. Neustadt in den Wr. Stephansdom gebracht wurde. Die Arbeitsweise zeigt die Verhärtung des Weichen Stils im 2. Viertel des 15. Jh. und eine neue Realitätsbezogenheit v. a. in der Auffassung des menschl. Körpers; darin starke Beziehungen zum Schaffen des → Meisters der St. Lambrechter Votivtafel. 2 Tafeln mit Gefangennahme und Verspottung Christi (um 1430–40) befinden sich in der Ö. Galerie Belvedere.

Literatur: E. Baum, Kat. des Mus. ma. ö. Kunst, 1971; Dom- und Diözesanmus. Wien, Sammlungskat., 1987.

Meister des Friedrichsaltars, um 1440/60 Hofmaler in Wien und Wr. Neustadt. Benannt nach den Flügelmalereien des von Ks. Friedrich III. 1447 für die Neuklosterkirche in Wr. Neustadt gestifteten Schnitzaltars (auch Wr. Neustädter Altar, seit 1884 im Wr. Stephansdom). Die Flügel des Altars zeigen jeweils 4 Reihen mit Serien von Heiligenfiguren, die Predella Szenen aus der Kindheit und Passion Christi. Zugeschrieben werden ihm und seiner Werkstatt der 1449 entstandene Altar der Spitalskirche von Bad Aussee (Stmk.) sowie die Tafeln der Werktagsseite des Znaimer Altars (um 1440/50, Ö. Galerie Belvedere). Seine sehr konservative Malerei basiert noch stark auf den Formprinzipien des Weichen Stils.
Literatur: B. Ascherl, Der M. d. F., Diss., Wien 1976.

Meister des Halleiner Leprosen-Triptychons (auch: Meister des Halleiner Altars), in Sbg. tätiger Maler um 1420–40. Erhielt den Namen nach einem aus der ehem. Leprosenhauskapelle Hallein stammenden Flügelaltärchen (jetzt Sbg. Mus. Carolino Augusteum). Stilistisch einer der charaktervollsten Maler des Übergangs vom Weichen Stil zur niederländisch beeinflussten Malerei.
Literatur: NDB.

Meister des Kefermarkter Altars (auch: Meister von Kefermarkt), Bildhauer, Ende des 15. Jh. tätig. Benannt nach dem in Kefermarkt (OÖ.) stehenden Altar, einem der wichtigsten und mit 13,5 m Höhe und 6,3 m Breite größten spätgot. Schnitzwerke Europas. Im Schrein finden sich 3 rundplast. Heiligenfiguren (Petrus, Wolfgang, Christophorus), die Reliefbilder der Flügel zeigen Szenen aus dem Marienleben. Der Altar wurde 1490 von Christoph von Zelking, dem Herrn von Schloss Weinberg, der schon die Kirche von Kefermarkt errichtet hatte, gestiftet und vermutlich 1497 fertig gestellt. Wahrscheinlich entstand der Altar in Passau.
Literatur: Oö. Landesmus. (Hg.), Der Meister des Kefermarkter Altars, in: Studien zur Kulturgeschichte von OÖ., Bd. 1, 1993; U. Krone-Balcke, Der Kefermarkter Altar – sein Meister und seine Werkstatt, 1999.

Meister des Londoner Gnadenstuhls (auch: Meister der St. Lambrechter Strahlenkranzmadonna), Maler, um 1420/40 tätig. Hauptvertreter des Weichen Stils in der Stmk., zeigt Beziehungen zur Kölner Malerei. Benannt nach einem Gnadenstuhltriptychon, dessen Mittelteil sich in der Londoner National Gallery befindet (um 1430, Flügel in Schloss Rastenberg am Kamp, NÖ.). Ihm wird häufig die aus St. Lambrecht stammende Tafel einer Thronenden Maria im Strahlenkranz (um 1420/25, Joanneum, Graz) zugeschrieben.
Literatur: Gotik in der Stmk., Ausst.-Kat., Stift St. Lambrecht 1978.

Meister des Wiener Schottenaltars (auch: Schottenmeister), Maler, bedeutendster Meister der niederländisch beeinflussten Wr. Malerei des 3. Viertels des 15. Jh. Benannt nach dem ehemaligen Hochaltar der Wr. Schottenkirche (1469–75), an dem freilich mehrere, durchaus verschiedene Hände beteiligt waren. Von den urspr. 24 Bildfeldern des Altars haben sich 21 Tafeln im Wr. Schottenstift und in der Ö. Galerie Belvedere erhalten. Berühmt sind die detailreiche Naturschilderung und topograph. getreue Darstellung der Hintergrundlandschaften mit Veduten von Wien und Krems.
Literatur: F. Grossmann, Der Schottenaltar – Stellung in der Wr. Malerei der Spätgotik, Diss., Wien 1930; Friedrich III., Ausst.-Kat., Wr. Neustadt 1966; E. Baum, Kat. des Mus. ma. ö. Kunst, 1971; C. Reiter, Mus. im Schottenstift, Kat., Wien 1994.

Meister des Znaimer Altars, um 1440–50 in Wien tätig, vermutlich aus dem süd-dt. Raum zugewanderter Bildschnitzer. Benannt nach dem um 1440 für die Wenzelskirche in Znaim geschaffenen großen Flügelaltar mit Szenen aus der Passion Christi (jetzt Ö. Galerie Belvedere). Derber Realismus, schonungslose Drastik der Gebärdensprache und bildhafte szenische Komposition der Reliefs zeichnen das Schnitzwerk aus. Die Werktagsseiten der Flügel zeigen Passionsszenen aus der Wr. Werkstatt des → Meisters des Friedrichsaltars.
Literatur: E. Baum, Kat. des Mus. ma. ö. Kunst, 1971.

Meister Friedrich von Villach, → Friedrich von Villach.

Meister Hans von Judenburg, → Hans von Judenburg.

Meister Hans von Schwaz, → Hans von Schwaz.

Meister Johannes von Villach, Õ Johannes von Villach.

Meister Konrad von Friesach, → Konrad von Friesach.

Meister Michael (Michael Knab?), * um 1340/50, † nach 1399, Baumeister. Tätig Ende des 14. Jh. als Baumeister Hzg. → Albrechts III.; bis ca. 1395 Leiter des Baus von St. Stephan. Errichtete 1375 die Spinnerin am Kreuz in Wien (1451/52 von H. → Puchspaum verändert) und 1382–84 die von Wolfart von Schwarzensee gestiftete Spinnerin am Kreuz in Wr. Neustadt. M. M. schuf für Hzg. Albrecht III. die ehem. Wasserburg in Laxenburg (NÖ., heute Altes Schloss), die noch teilw. in den späteren Umbauten erhalten ist, sowie im Auftrag Hzg. Leopolds III. die Burg in Wr. Neustadt. Zw. 1379 und 1395 entstanden nach seinen Plänen die Untergeschosse des S-Turms von St. Stephan in Wien. Eine seiner letzten Arbeiten in Wien dürfte die Planung des Langhauses von Maria am Gestade (vor 1397) gewesen sein.
Literatur: R. K. Donin, M. M. K., in: ders., Zur Kunstgeschichte Ö., 1951; E. Hassmann, M. M. v. Wr. Neustadt, genannt Meister Michael Chnab, Baumeister der Herzoge von Ö., 2 Bde., Diss., Wien 1996.

Meister Thomas von Villach, → Thomas von Villach.

Meister von Großgmain, Maler, nachweisbar 1483–99 in Sbg. Benannt nach 4 Tafeln des Marienlebens in der Pfarrkirche Großgmain bei Sbg. (1499). Steht mit dem Monumentalstil von R. → Frueauf d. Ä. in engstem Zusammenhang und war möglicherweise in dessen Werkstatt tätig; früher fälschlich mit M. → Kriechbaum identifiziert. Weitere ihm zugeschriebene Arbeiten befinden sich u. a. in der Ö. Galerie Belvedere und im Stift Klosterneuburg.
Literatur: Spätgotik in Sbg., Ausst.-Kat., Salzburg 1972; E. M. Zimmermann, Studien zum Frueauf-Problem – Rueland Frueauf d. Ä. und der M. v. G., Diss., Wien 1975; NDB.

Meister von Großlobming, Bildhauer, tätig am Ende des 14. Jh. vermutl. in Wien. Einer der bedeutendsten Bildhauer des Weichen Stils in Ö.; seine künstlerischen Voraussetzungen liegen in der franz. Kunst; früher fälschl. mit → Hans von Judenburg identifiziert. Benannt nach einer Gruppe von Skulpturen, die aus der Pfarrkirche von Großlobming stammen (um 1375/90, hl. Bischof, hl. Georg, Verkündigungsengel und Evangelist Johannes jetzt in der Ö. Galerie Belvedere, Marienfigur im Liebighaus in Frankfurt).
Literatur: A. Saliger, Der M. v. G., Ausst.-Kat., Ö. Galerie Belvedere, Wien 1994.

Meister von Heiligenkreuz, Maler und Miniaturist (?), zw. 1395–1420, vermutl. franz. Herkunft. Benannt nach einem aus Stift Heiligenkreuz stammenden Diptychon (nach 1400, jetzt Kunsthist. Mus., Wien). Seine Malweise verrät die Pariser Schule und erinnert dabei vielfach an Werke der Buchmalerei. Weitere Tafeln in Washington, München und Basel.

Literatur: Europ. Kunst um 1400, Ausst.-Kat., Wien 1962.

Meister von Laufen, Maler, ab ca. 1435 bis nach 1464 in Sbg. tätig. Typ. Vertreter des derb-realist. Stils der Jh.-Mitte, vermutl. Werkstattgenosse des Meisters des Halleiner Altars. Zeigt in den späteren Arbeiten Einflüsse der böhm. und der Wr. Malerei sowie der Kunst C. → Laibs. Benannt nach einer 3-figurigen Kreuzigungstafel im Laufener Pfarrhof (um 1435/40). Weitere Werke im Joanneum in Graz (Helena-Legende, um 1440/45), in Stift St. Florian (Kreuzigung, um 1440/50) und in der Ö. Galerie Belvedere (Kreuztragung und Kreuzigung, um 1450).

Literatur: Spätgotik in Sbg., Ausst.-Kat., Salzburg 1972.

Meister von Maria am Gestade (auch Redemptoristenmeister), Maler, um 1450/60 in Wien tätig. Bedeutender Vertreter der niederländisch beeinflussten Malerei der Mitte des 15. Jh., auch fränk. Einfluss. Benannt nach den beiden noch erhaltenen, doppelseitig bemalten Flügeln eines großen für die Redemptoristenkirche Maria am Gestade in Wien geschaffenen Altars (um 1457, jetzt im Dom- und Diözesanmus. in Wien). Die Tafeln stellen Verkündigung und Krönung Mariä sowie Ölberggebet und Kreuzigung Christi dar.

Literatur: S. Swoboda, Der M. v. M. a. G., Diss., Wien 1977; Dom- und Diözesanmus. Wien, Smlg.-Kat., 1987.

Meister von Mondsee, Maler, Ende des 15. Jh. in Sbg. tätig. Vermutl. in Wien ausgebildet, stilist. beeinflusst vom → Meister des Wiener Schottenaltars. Benannt nach einem von Abt Benedikt Eck von Piburg für Stift Mondsee in Auftrag gegebenen Altarwerk (Altarweihe 1497, Teile davon u. a. in der Ö. Galerie Belvedere und in den liechtensteinschen Sammlungen in Vaduz). Zeichnet sich darin durch liebenswürdigen Detailrealismus niederländ. Prägung aus, verwendet noch Goldgrund.

Literatur: S. Florian, Der M. v. M., Diss., Wien 1950; E. Baum, Kat. des Mus. ma. ö. Kunst, 1971.

Meister von Schloss Lichtenstein, Maler, um 1440–50 vermutl. in Wien tätig. Vertreter des realist., stark niederländ. beeinflussten Stils um die Mitte des 15. Jh. Benannt nach 2 großen Marienlebenbildern (Marientod, Marienkrönung, um 1440/50) auf Schloss Lichtenstein in Württemberg. Daneben sind noch 14 Tafeln eines Marienlebens und eines Lebens Jesu erhalten (um 1445, Tafeln u. a. in Museen in Wien, Philadelphia, Moskau und Warschau) sowie 7 Tafeln eines Passionszyklus (um 1440/45, in Sammlungen in Esztergom, Basel, Augsburg und München). Die dem Meister zugeschriebenen Werke wurden innerhalb einer Werkstatt jedoch von verschiedenen Händen geschaffen.

Literatur: A. Szendey, Der M. v. S. L., Diss., Wien 1986; E. Baum, Kat. des Mus. ma. ö. Kunst, 1971.

Meister von Uttenheim, Tafelmaler, tätig um 1460–80 in S-Ti. Benannt nach der aus der Marienkirche in Uttenheim stammenden Tafel einer thronenden Maria mit hl. Margareta und hl. Barbara (um 1470, Ö. Galerie Belvedere, Wien). Arbeitete wahrscheinlich mit Michael → Pacher und Friedrich → Pacher zusammen. Schuf neben den Tafeln in der Ö. Galerie u. a. 2 Altäre für Kloster Neustift bei Brixen (S-Ti.). Als weiteres Hauptwerk wird ihm der vermutlich für den Brixener Dom angefertigte Moulinser Altar (um 1470, Moulins, Frankreich) zugeschrieben. Er zeigt starke niederländ. und ital. Einflüsse, v. a. großes Interesse an der neuen perspektiv. Darstellung.

Literatur: I. Fenyoe, Der Meister der Uttenheimer Tafel, Diss., Wien 1930; I. Kmentt, Der Meister der Uttenheimer Tafel, Diss., Wien 1966; Spätgotik in Ti., Ausst.-Kat., Wien 1973.

Meitner, Lise, * 7. 11. 1878 Wien, † 27. 10. 1968 Cambridge (GB), Kernphysikerin. Studium der Physik und Mathematik in Wien (v. a. bei L. → Boltzmann und F. → Exner), 1906 Promotion in Physik als 2. Frau der naturwiss. Fakultät der Univ. Wien. Ab 1906 Beschäftigung mit Radioaktivität bei S. → Meyer in Wien; ab 1907 Assistentin bei O. Hahn in Berlin, mit dem sie 1908 das Element Thorium-C entdeckte; 1912–15 Assistentin bei M. Planck (erster weibl. Univ.-Ass. in Preußen), 1918 eigene radio-physikal. Abt. am Kaiser-Wilhelms-Inst., 1926 Univ.-Prof. in Berlin. Bewies 1925, dass Gammastrahlen erst nach einer Kernspaltung auftreten, 1926 Nachweis transuranischer Elemente; Arbeiten über den Beta-Zerfall. 1938 Emigration nach Schweden, Deutung der Kernspaltung und Abschätzung der frei werdenden Energie (mit ihrem Neffen O. R. → Frisch). Ab 1939 am Inst. M. Siegbahns in Stockholm, bis 1946 Mitgl. am Nobel-Inst. für Physik in Stockholm; 1960 Übersiedlung nach England. Ihre Leistungen wurden zu Unrecht auf Assistententätigkeit bedeutender Atomphysiker reduziert, da sie entscheidend zur Entdeckung der Kernspaltung beitrugen. Eine späte Würdigung erfuhr M. 1997 durch die offizielle Benennung des chem. Elements 109 als „Meitnerium".

Lise Meitner. Foto.

Werke: Der Aufbau der Atomkerne, 1935 (mit M. Delbrück); Zur Struktur des Atomkerns, 1949; „Looking back". Bulletin of the Atomic Scientists 20, 1964. – Literatur: Schöpfer des neuen Weltbildes, 1952; O. R. Frisch, L. M., in: Biographic Memoirs of Fellows of the Royal Society, 1970; C. Kerner, Lise, Atomphysikerin, [3]1987; R. L. Sime, L. M. A Life in Physics, 1996; NÖB; NDB.

Melan, Ernst, * 16. 11. 1890 Brünn (Brno, CZ), † 10. 12. 1963 Wien, Baufachmann; Sohn von Josef → Melan. Tätig bei der Firma Waagner-Biró AG, ab 1923 Hochschul-Prof. in Prag, 1925–62 an der Techn. Hochschule in Wien. Befasste sich mit Baustatik, Elastizitäts- und Plastizitätstheorie, wobei er die Anwendung mathemat. Verfahren bevorzugte. Weiters umfangreiche prakt. Tätigkeit im Bereich Stahlhochbau und Ingenieurholzbau.

Werke: Zur Plastizität des räuml. Kontinuums, in: Ingenieur-Archiv 9, 1938; Einführung in die Baustatik, 1950; Wärmespannungen, 1953 (mit H. Parkus); Der Brückenbau, Bd. 2–3, 1948/50 (Hg.). – Literatur: Almanach der Ö. Akad. d. Wiss. 116, 1967; NDB.

Melan, Josef, * 18. 11. 1853 Wien, † 6. 2. 1941 Prag (CZ), Brückenbauer; Vater von Ernst → Melan. Prof. an den Techn. Hochschulen in Wien, Brünn und Prag. Erfand eine neue, bes. für Bogenkonstruktionen geeignete Brückenbauweise mit Stahlbeton („M.-Bauweise") und entwarf zahlr. Brücken in Europa und in den USA.

Werk: Der Brückenbau, 3 Bde., 1900–17.

Melas, Michael Friedrich Benedikt Frh. von, * 1735 (?) Schäßburg (Sighisoara, RO), † 31. 5. 1806 Elbteinitz (Tynec nad Labem, CZ), Offizier (General der Kavallerie). Im 7-jähr. Krieg Adjutant von Feldmarschall L. J. Gf. → Daun; in den Kriegen gegen Frankreich ab 1793 als Kommandant eines Korps erfolgreich, weitere Erfolge 1799 in einem gem. Feldzug mit russ. Truppen unter General A. W. Suworow in Italien gegen franz. Armeen. Am 14. 6. 1800 schwere Niederlage gegen Napoleon bei Marengo; anschließend bis 1803 Kommandierender General in Böhmen.

Literatur: NDB.

Melcher, Maximilian, * 28. 8. 1922 Krottendorf b. Weiz (Stmk.), Maler und Graphiker, 1972–92 Prof. an der Akad. d. bild. Künste in Wien, 1972–76 und 1984–87 Rektor. Im Zentrum seines umfangreichen druckgraphischen Schaffens stehen v. a. Selbstbildnis-

se und („Traum-")Landschaften. Zw. 1952 und 1959 schuf er im Rahmen der Aktion „Kunst am Bau" zahlr. Werke für Gebäude der Stadt Wien. Gobelinentwürfe.
Literatur: M. Boeckl, M. M. Bilder und Graphiken aus 5 Jahrzehnten, 1991.

Meldemann, Niklas (Nikolaus), * Nürnberg (D; ?), † ebd., um 1530 in Nürnberg tätiger Drucker und Verleger. Gab 1530 eine „Rundansicht zur Belagerung Wiens durch die Türken im Jahre 1529" als kolorierten Holzschnitt heraus, die zu den wichtigsten älteren topograph. Darstellungen Wiens zählt. Zeichner der Ansicht war vielleicht H. Sebald Beham.
Literatur: G. Düriegl, Die Rundansicht des N. M. zur ersten Belagerung Wiens durch die Türken im Jahre 1529 – Interpretation und Deutung, in: Wr. Schriften 44, 1980.

Robert Menasse. Foto, 1998.

Melichar, Alois, * 18. 4. 1896 Wien, † 9. 4. 1976 München (D), Kapellmeister, Musikschriftsteller und Komponist. Ab 1926 Dirigent der Dt. Grammophon-Ges., 1946–49 Leiter der Abt. Ernste Musik beim Sender Rot-Weiß-Rot. Veröffentlichte ab 1950 polemische Schriften gegen die Neue Musik, die ihm großen Schaden eintrugen.
Werke: Chor- und Orchesterwerke, Hörspiel- u. Filmmusik. – Schriften: Die unteilbare Musik, 1952; Überwindung des Modernismus, 1954; Musik in der Zwangsjacke, 1958; Schönberg und die Folgen, 1960. – Literatur: NDB.

Melichar, Erwin, * 26. 9. 1913 Wien, † 16. 2. 2000 ebd., Jurist. Univ.-Prof. f. Öffentliches Recht in Graz (1956–63) und Wien (1963–83); 1977–84 Präs. des Verfassungsgerichtshofs; Ehrenmitgl. der Ö. Akad. d. Wiss. (1983).
Werke: Das Einkommensteuergesetz, 1955; Die Entwicklung der Grundrechte in Ö., 1964.

Gregor Mendel. Lithographie, um 1870.

Mell, Alexander, * 17. 2. 1850 Prag (CZ), † 30. 9. 1931 Wien, Blindenpädagoge; Vater von Maria Josefa → Mell und Max → Mell. 1886–1919 Dir. des Blindenerziehungsinst. in Wien, gliederte diesem eine Druckerei für Blindenschrift (1889) und eine Blindenbibl. an, schuf Organisationen für Blindenfürsorge (1. Blindenerholungsheim der Welt, Blindenarbeiterheim, Mädchenheim) und erweiterte das Mus. für Blindenwesen. 1914 Inspektor der ö. Blindenanstalten.
Werke: Über den Kontakt des blinden Kindes mit der Natur, 1894; Geschichte des k. k. Blinden-Erziehungs-Instituts in Wien 1804–1904, 1904; Kurze Ratschläge und Winke zur richtigen Erziehung blinder Kinder, 1913. – Literatur: NDB.

Marianne Mendt. Foto, 1972.

Mell, Maria Josefa (verehel. Goltz), * 12. 7. 1885 Wien, † 29. 10. 1954 ebd., Kammerschauspielerin; Tochter von Alexander → Mell, Schwester von Max → Mell, Ehefrau von A. D. → Goltz. 1901–54 am Burgtheater (Glanzrollen Ophelia in W. Shakespeares „Hamlet" und Gretchen in Goethes „Faust"), später Charakterfach.

Max Mell. Foto, um 1950.

Mell, Max, * 10. 11. 1882 Marburg (Maribor, SLO), † 12. 12. 1971 Wien, Dramatiker, Erzähler, Lyriker, Essayist; Sohn von Alexander → Mell, Bruder von Maria Josefa → Mell. Studierte Germanistik in Wien und wirkte dann als freier Schriftsteller. Nach anfängl. ästhetizist. Erzählungen wandte sich M. volkstüml.-realist. Stoffen zu. Sein dramat. Werk steht unter dem Einfluss relig. Krippen- und Festspiele sowie alter Mythen, die er in Anlehnung an nationalist. Gedankengut bearbeitete (Nibelungenstoff). Grillparzer-Preis 1929 und 1940, Peter-Rosegger-Preis 1952, Großer Ö. Staatspreis 1954, Ö. Ehrenzeichen f. Wiss. u. Kunst 1959.
Werke: Mysterienspiele: Das Apostelspiel, 1923; Das Schutzengelspiel, 1923; Das Nachfolge-Christi-Spiel, 1927. – Dramen: Die Sieben gegen Theben, 1932; Das Spiel von den Ahnen, 1935; Der Nibelunge Not, 2 Tle., 1942/51; Jeanne d'Arc, 1956. – Prosa: Barbara Naderers Viehstand, 1914; Das Donauweibchen, 1938. – Lyrik. – Ausgabe: Gesammelte Werke, 4 Bde., 1962. – Literatur: NDB.

Meller, Josef, * 22. 10. 1874 Stein (NÖ.), † 23. 11. 1968 Wien, Augenarzt und Operateur. Univ.-Prof. in Innsbruck (1915) und Wien (1918); förderte die Physiologie des Sehens, die patholog. Anatomie der Augen und die klin. Augenheilkunde.
Werk: Augenärztl. Eingriffe, 1918.

Melnizky, Walter, * 1. 11. 1928 Wien, Jurist. 1985–87 Leiter der Generalprokuratur der Republik Ö., 1987–93 Präs. des Obersten Gerichtshofs, 1981–2001 Präsident des ÖAMTC.

Memelauer, Michael, * 23. 9. 1874 Sindelburg (NÖ.), † 30. 9. 1961 St. Pölten (NÖ.), 1927–61 Bischof von St. Pölten. Wirkte primär als Seelsorger.
Literatur: F. Schragl, M. M., in: E. Gatz (Hg.), Die Bischöfe der dt.-sprachigen Länder 1785/1803 bis 1945, 1983; D. Seybold, M. M. – ein unpolit. Seelsorgebischof?, Dipl.-Arb., Wien 1998.

Menasse, Robert, * 21. 6. 1954 Wien, Erzähler, Essayist und Übersetzer. 1981–86 Lektor für ö. Literatur an der Univ. São Paulo (Brasilien). Setzt sich in seinen Romanen mit der Stellung des Individuums in einer Welt des ges. und polit. Umbruchs auseinander. Im Mittelpunkt seiner Essayistik steht die Positionsbestimmung der ö. Literatur. Ö. Staatspreis f. Kulturpublizistik 1999.
Werke: Essays: Die sozialpartnerschaftl. Ästhetik, 1990; Das Land ohne Eigenschaften, 1992; Phänomenologie der Entgeisterung, 1995; Dummheit ist machbar, 1999; Erklär mir Ö., 2000. – Romane: Sinnliche Gewißheit, 1988; Selige Zeiten, brüchige Welt, 1991; Schubumkehr, 1995; Die Vertreibung aus der Hölle, 2001. – Literatur: S. Zobl, Spiegelungen. Reflexionen zum Romanwerk R. M., Dipl.-Arb., Wien 1992.

Mendel, Gregor (eigentl. Johann M.), * 22. 7. 1822 Heinzendorf (Hynčie, CZ), † 6. 1. 1884 Brünn (Brno, CZ), Prior der Augustiner-Eremiten, Botaniker. Entdeckte 1865 nach 8-jährigen Kreuzungsversuchen mit Erbsensorten die grundlegenden Gesetzmäßigkeiten der Vererbung, die bis heute als die m.schen Gesetze Gültigkeit haben. Im selben Jahr trug er seine Ergebnisse dem „Naturforschenden Verein" in Brünn vor. Sie blieben fast 40 Jahre unbeachtet, bis sie von E. → Tschermak-Seysenegg, H. de Vries und C. Correns wiederentdeckt wurden. Viel später fanden die m.schen Gesetze in der Chromosomentheorie der Vererbung ihre Bestätigung.
Werk: Versuche über Pflanzenhybriden, 1866. – Literatur: J. G. Mendel, Ausst.-Kat., Wien 1984; V. Orel, G. M. The First Geneticist, 1996; NDB.

Mendt, Marianne (eigentl. M. Krupicka), * 29. 9. 1945 Wien, Schlagersängerin und Schauspielerin. Nach Ausbildung als Jazzsängerin war M. in ganz Europa tätig und wurde bes. durch die Interpretation von G. → Bronners „Glock'n, die 24 Stunden läut'" bekannt. Neben Auftritten und Plattenaufnahmen als Jazz- und Dialektsängerin Schauspielerin in Wien (Theater in der Josefstadt, Raimundtheater) und Berlin. Lehrtätigkeit am Reinhardt-Seminar, Fernsehauftritte (u. a. TV-Serie „Kaisermühlen-Blues").

Mengele, Benno, * 11. 12. 1898 Zwettl (NÖ.), † 15. 9. 1971 Wien, Elektrotechniker. Studierte 1918–23 an der Techn. Hochschule in Wien, erwarb ab 1922 als Mitarbeiter der Ö. Siemens-Schuckert-Werke hohes Ansehen durch seine Erkenntnisse bei verschiedenen elektrotechn. Entwicklungen, wie Erdschlusslöschung und Fehlerschluss sowie Bündelleiter bei Hoch- und Höchstspannungsübertragungen (in Zusammenarbeit mit G. → Markt); auch der Bau der ersten wasserstoffgekühlten Drehstrommaschine Ö. geht auf ihn zurück.

Menger, Karl, * 13. 1. 1902 Wien, † 5. 10. 1985 Chikago (USA), Mathematiker; Sohn von Karl → Menger von Wolfensgrün. 1928–36 Univ.-Prof. für Geometrie in Wien, Mitgl. d. Wr. Kreises; emigrierte 1936; 1937–46 Prof. für Mathematik an der Univ. of Notre Dame in Indiana (USA), ab 1946 Prof. am Illinois Institute of Technology in Chikago. Sein Hauptarbeitsgebiet war die Topologie, die allg. Lehre vom Raum und von räuml. Gebilden. Weiters befasste er sich mit Ethik und formalen Studien menschl. Beziehungen.

Werke: Dimensionstheorie, 1928; Kurventheorie, 1932. – Literatur: R. Einhorn, Vertreter der Mathematik und Geometrie an den Wr. Hochschulen 1900–40, Diss., Wien 1985; Almanach der Ö. Akad. d. Wiss. 136, 1986 (Werkverz.); NDB.

Menger von Wolfensgrün, Anton, * 12. 9. 1841 Maniów (PL), † 6. 2. 1906 Rom (I), Jurist und Sozialtheoretiker; Bruder von Karl → Menger von Wolfensgrün und Max → Menger von Wolfensgrün. 1874–99 Univ.-Prof. f. Zivilprozessrecht in Wien, 1895/96 Rektor; verfasste sozialpolit. Schriften.

Werke: System des ö. Zivilprozeßrechtes, 1876; Das bürgerl. Recht und die besitzlosen Volksklassen, 1890; Neue Staatslehre, 1903. – Literatur: ÖBL; NDB.

Menger von Wolfensgrün, Karl, * 23. 2. 1840 Neusandez (Nowy Sacz, PL), † 26. 2. 1921 Wien, Nationalökonom; Bruder von Anton → Menger von Wolfensgrün und Max → Menger von Wolfensgrün, Vater von Karl → Menger. Studierte Jus in Prag, Wien und Krakau; ab 1867 mehrere Jahre im Pressebüro des Ministerratspräsidiums in Wien tätig, ab 1876 Lehrer des Kronprinzen → Rudolf. Ab 1873 Univ.-Prof. für Polit. Ökonomie in Wien. Erwarb als Mitwirkender in der Währungsenquete-Kommission 1892 zur Einführung der Goldwährung in Ö.-Ungarn bes. Verdienste. Ab 1900 Herrenhausmitgl. auf Lebenszeit. Gilt als Schöpfer der Grenznutzentheorie und als Vater der Ö. Schule der Nationalökonomie.

Werke: Grundsätze der Volkswirtschaftslehre, 1871; Der Übergang zur Goldwährung, 1893. – Ausgabe: The Collected Works, hg. v. F. A. Hayek, 4 Bde., 1933–36 (dt. 1968–70). – Literatur: ÖBL; NDB.

Menger von Wolfensgrün, Max, * 10. 9. 1838 Neusandez (Nowy Sacz, PL), † 30. 8. 1911 Mondsee (OÖ.), Jurist und Politiker; Bruder von Anton → Menger von Wolfensgrün und Karl → Menger von Wolfensgrün. 1897–1907 Reichsratsabg.

Werke: Die Wahlreform in Ö., 1873; Die Reform der directen Steuern in Ö., 1895. – Literatur: ÖBL.

Menghin, Oswald, * 19. 4. 1888 Meran (S-Ti.), † 29. 11. 1973 Buenos Aires (Argentinien), Prähistoriker. 1918–45 Univ.-Prof. in Wien, 1928/29 Dekan, 1935/36 Rektor. 1930–33 außerdem Prof. an der ägypt. Univ. Kairo, 1948 Prof. in Buenos Aires, ab 1957 auch an der Univ. La Plata. Mitgl. des Ö. und Dt. Archäologie-Inst.; 11.–13. 3. 1938 Mitgl. der letzten ö. Bundesregierung (Seyß-Inquart) vor dem Anschluss.

Werke: Urgeschichte der bildenden Kunst, [3]1925 (mit M. Hoernes); Weltgeschichte der Steinzeit, 1931; Vorgeschichte Amerikas, 1957. – Literatur: Schlern 32, 1958 (Schriftenverz.); NDB.

Mennel (Manlius), Jakob, * um 1460 Bregenz (Vbg.), † vor 6. 3. 1526 Freiburg i. Breisgau (D), Jurist, Historiker. Lehrte ab 1493 in Freiburg, wurde dort 1496 Stadtschreiber. Stand ab 1498 in Kontakt mit → Maximilian I., dessen Hofhistoriograph er wurde. Vertrat die These von der Abstammung der Habsburger von den Trojanern sowie ihrer Verwandtschaft mit allen christl. Königshäusern.

Werke: Cronica Habsburgensis nuper Rigmatice edita, 1507 (Umsetzung der Habsburger-Chronik des Heinrich von Klingenberg in dt. Reime); Fürstl. Chronik, genannt Kayser Maximilians Geburtsspiegel (Manuskript, entstanden 1512–17, Codices in der Ö. Nat.-Bibl.). – Literatur: NDB.

Menninger, Johann Matthias, * um 1733 wahrscheinl. in Bayern, † 15. 1. 1793 Wien, Schauspieler, Theaterprinzipal. Vermutl. 1761 in der Truppe des J. Schulz in Baden (NÖ.) aufgetreten; heiratete 1766 die Witwe des Prinzipals und übernahm die Leitung der Truppe, in der auch J. J. → La Roche und K. v. → Marinelli mitwirkten. Im Sommer spielte man in Baden („Baadnerische Truppe"), im Winter in Städten wie Brünn oder Pressburg. 1769 erster Auftritt in der Leopoldstadt.

Mensdorff-Pouilly, Alexander Graf, Fürst Dietrichstein zu Nikolsburg, * 4. 8. 1813 Coburg (D), † 14. 2. 1871 Prag (CZ), Offizier, Diplomat und Politiker. Trat 1829 in die ö. Armee ein, 1850 Generalmajor, 1852 Gesandter in St. Petersburg, 1863 Generalgouverneur in Galizien, 1864–66 Außenminister.

Literatur: NDB.

Mentha, Dominique, * 23. 10. 1955 Bern (CH), Sänger, Regisseur, Theaterleiter. Rege Sängertätigkeit im dt.-sprachigen Raum und in Frankreich. Gründete 1982 die Berner Operntruppe, 1983–85 Spielleiter in Bremen, ab 1987 Oberspielleiter des Musiktheaters in Würzburg, 1989–91 in Münster, 1992–99 Intendant des Ti. Landestheaters in Innsbruck; seit 1999 Direktor der Wr. Volksoper.

Karl Menger von Wolfensgrün. Foto.

Meran, Grafen von, die Nachkommen von Erzhzg. → Johann und Anna Plochl, die 1844 Gräfin von M. wurde. Deren Sohn Franz (1839–1891) wurde am 30. 12. 1845 in den Grafenstand (v. Meran) erhoben, widmete sich ab 1862 der Verwaltung des väterl. Erbes und der Fortentwicklung der aus dem Joanneum hervorgegangenen Einrichtungen. Er und seine Nachkommen wurden mit Mitgliedern des ö. Hochadels verwandt.

Merbot (Merbod, Marbod), Sel., † 23. 3. 1120 Alberschwende (Vbg.), Mönch im Benediktinerkloster Mehrerau, später Einsiedler und Seelsorger in Alberschwende, wo er ermordet wurde. Nach der Legende ein Abkömmling der Grafen von Bregenz und Bruder des sel. Diedo in Andelsbuch und der sel. → Ilga. Zu der über M. Grab in Alberschwende im MA erbauten und 1752 erneuerten Kapelle werden Wallfahrten veranstaltet. Lokalfest am 1. Donnerstag in der Fastenzeit.

Mercy, Claudius Florimund Graf, * 1666 Longwy (F), † 29. 6. 1734 bei Parma (I; gefallen), Feldmarschall; Adoptivvater von Florimund Gf. → Mercy d'Argenteau. Ab 1682 in ö. Diensten, zeichnete sich im Span. Erbfolgekrieg, im Poln. Thronfolgekrieg sowie im Türkenkrieg aus. Ab 1720 Gouverneur von Temesvár (Banat), wo er im Auftrag von Prinz → Eugen bedeutende kolonisator. Leistungen vollbrachte.

Literatur: NDB.

Mercy d'Argenteau, Florimund Graf, * 20. 4. 1727 Lüttich (B), † 25. 8. 1794 London (GB), Diplomat; Adoptivsohn von Claudius Florimund Gf. → Mercy. Vertrauter Maria Theresias, Botschafter in St. Petersburg, 1780 Gesandter in Paris und 1790 in London. Für die Geschichte seiner Zeit bedeutsamer Briefwechsel mit → Maria Theresia und → Joseph II. (hg. v. A. Arneth, 2 Bde., 1889/91).

Literatur: NDB.

Merian, Matthäus d. Ä., * 22. 9. 1593 Basel (CH), † 19. 6. 1650 Schwalbach (D), Kupferstecher und Verleger. Seinen topograph. Landschafts- und Städtebildern (Theatrum Europaeum, 19 Bde., 1635–1723; Topographien, 16 Bde., 1642–88) kommt auch für den ö. Raum einzigartiger dokumentar. Wert zu.

Literatur: L. H. Wüthrich, Das druckgraph. Werk von M. M. d. Ä., 4 Bde., 1966–96; U. V. Fuss, M. M. d. Ä., 2000.

Karl Merkatz als Edmund Sackbauer. Foto, 1976.

Die Erschießung des Cäsar Wenzel Messenhauser. Lithographie von Weixelgärtner.

Franz Xaver Messerschmidt, Selbstporträt. Büste (Österreichisches Barockmuseum, Unteres Belvedere, Wien).

Merkatz, Karl, * 17. 11. 1930 Wr. Neustadt (NÖ.), Schauspieler. Engagements in Heilbronn, Nürnberg, Salzburg, Köln, Hamburg, München, Mörbisch und am Wr. Volkstheater. Durch Film („Der Bockerer" I–III, Regie F. → Antel, 1981–2000) und Fernsehen (Mundl in „Ein echter Wiener geht nicht unter" von R. → Schwabenitzky, 1974–77) bekannt. Ab 1993 Musicalrollen („Der Mann von La Mancha", 1993; „Anatevka", 1997).

Merkel, Inge, * 1. 10. 1922 Wien, Schriftstellerin. Studierte Klass. Philologie, Geschichte und Germanistik in Wien, dann Assistentin am Inst. f. Klass. Philologie in Wien, 1974–84 Mittelschulprof. für Latein. Ihr erster Roman „Das andere Gesicht" (1982) war von ihr nicht zur Veröffentlichung vorgesehen, brachte ihr aber sofort hohe Anerkennung. Neben der sprachl. und formalen Kunstfertigkeit ist v. a. die Beschäftigung mit der europ. Geistesgeschichte kennzeichnend für ihr Werk. Ehrenpreis des Ö. Buchhandels für Toleranz in Denken und Handeln 1992.

Weitere Werke: Romane: Die letzte Posaune, 1985; Eine ganz gewöhnliche Ehe, 1987; Das große Spektakel, 1990; Aus den Geleisen, 1994; Sie kam zu König Salomo, 2001. – Erzählungen: Zypressen, 1983.

Merkel, Max * 7. 12. 1918 Wien, Fußballspieler und -trainer. Als Spieler bei Rapid 6-mal ö. Meister und einmal Pokalsieger. Ab 1954 Trainer: 1955–57 niederländ. Nationalmannschaft, 1958–68 bei verschiedenen Vereinen in Deutschland, 1964 Pokalsieger mit 1860 München, 1966 dt. Meister mit 1860 München und 1968 mit dem 1. FC Nürnberg. 1969–73 in Spanien, dann in Deutschland als Trainer.

Merkl, Adolf, * 23. 3. 1890 Wien, † 22. 8. 1970 ebd., Staats- u. Verwaltungsrechtler. Univ.-Prof. in Wien (1932–38 und ab 1950) und Tübingen (1943–50); Mitgl. der Wr. rechtstheoret. Schule. 4 Ehrendoktorate, Mitgestalter der Bundesverfassung, Mitbegründer der „Reinen Rechtslehre".

Werke: Die Verfassung der Republik Deutsch-Ö., 1919; Die Lehre von der Rechtskraft, entwickelt aus dem Rechtsbegriff, 1923; Allg. Verwaltungsrecht, 1927; Prolegomena einer Theorie des rechtl. Stufenbaus, in: Festschrift H. Kelsen, 1931; Die ständisch-autoritäre Verfassung Ö., 1935. – Ausgabe: Gesammelte Schriften, 1995ff. – Literatur: R. Walter, A. J. M., in: W. Brauneder (Hg.), Juristen in Ö., 1987.

Mertens, Franz, * 20. 3. 1840 Sroda (PL), † 5. 3. 1927 Wien, Mathematiker. Nach Studium in Berlin ab 1865 Univ.-Prof. in Krakau, ab 1884 in Graz, ab 1894 in Wien. Befasste sich mit analyt. Zahlentheorie, Invarianten- und Eliminationstheorie.

Literatur: H. Peppenauer, Geschichte des Studienfaches Mathematik an der Univ. Wien 1848–1900, Diss., Wien 1953; ÖBL.

Merz, Alfred, * 24. 1. 1880 Perchtoldsdorf (NÖ.), † 16. 8. 1925 Buenos Aires (Argentinien), Ozeanograph. Widmete sich der hydrograph. Erforschung der Adria und des Atlantiks; ab 1914 Univ.-Prof. in Berlin, ab 1920 Dir. des Inst. f. Meereskunde in Berlin; bereitete die Expedition des Forschungsschiffs „Meteor" vor, starb aber bereits zu Beginn der Reise an einer Krankheit.

Literatur: ÖBL; NDB.

Merz, Carl (eigentl. C. Czell), * 30. 1. 1906 Kronstadt (Brasov, RO), † 30. 10. 1979 Wien (Selbstmord), Schriftsteller und Kabarettist. Kam 1924 nach Wien, war zunächst Schauspieler und Conférencier. 1932–35 einer der maßgebenden Initiatoren der Wr. Kleinkunstbühnen (u. a. in „Literatur am Naschmarkt"); 1945–47 im „Lieben Augustin" (1946/47 Dir.). Verfasste mit G. → Bronner, M. → Kehlmann, K. Nachmann, H. → Qualtinger, P. → Wehle u. a. zahlr. Kabarettprogramme und die Travnicek-Dialoge; schrieb Drehbücher und arbeitete für Rundfunk und Fernsehen.

Werke: Eisrevue, 1959; Jenseits von Gut und Krankenkasse, 1967; Der Opernnarr, 1973. – Mit H. Qualtinger: Blattl vorm Mund, 1959; Glasl vorm Aug, 1960; Traumwagen aus zweiter Hand, 1961; Der Herr Karl, 1961; Alles gerettet, 1963; Die Hinrichtung, 1965; An der lauen Donau, 1965. – Literatur: S. Gleitsmann, C. M., Diss., Wien 1987.

Mesmer, Franz Anton, * 23. 5. 1734 Iznang a. Bodensee (D), † 5. 3. 1815 Meersburg a. Bodensee (D), Arzt. Betrieb 1765–77 seine Praxis in Wien, danach in Paris, wo er seine Lehre vom „tierischen Magnetismus" („Mesmerismus") begründete. Sein Grundgedanke von einer direkt oder durch Gegenstände übertragbaren Kraft im menschl. Organismus (als Zentrum einer Strahlenaktivität) wurde von seiner Zeit nicht verstanden, er wurde jedoch zur „Moderichtung" und von Scharlatanen ausgebeutet.

Werke: De planetarum influxu in corpus humanum, 1766; Schreiben über die Magnetkur, 1776; Mémoire sur la découverte du Magnétisme animal, 1779 (dt. 1781); Geschichte des tierischen Magnetismus, 1783. – Literatur: N. Tischner, F. M., 1928; S. Zweig, Heilung durch den Geist, 1931; R. Schneider, F. M., 1969; E. Florey, Ars magnetica, 1995; NDB.

Messenhauser, Cäsar Wenzel (Pseud.: Wenzeslaus March), * 4. 1. 1813 Proßnitz (Prostějov, CZ), † 16. 11. 1848 Wien (hingerichtet), Offizier und Schriftsteller. Während der Wr. Oktoberrevolution 1848 Kommandant der Nationalgarde. Nach vergebl. Vermittlungsversuchen zw. radikalen und konservativen Kräften ergab er sich am 30. Okt. Feldmarschall A. Windisch-Graetz. Als der Widerstand andauerte, wurde er nach Einnahme der Stadt von kaiserl. Truppen standrechtl. erschossen.

Werke: Ernste Geschichten, 2 Bde., 1848; Erzählungen des ö. Hausfreundes, 1848; Der Ratsherr, 4 Bde., 1849; Volkstribüne, 1848 (Hg.). – Literatur: M. Ehnl, C. W. M., 1948.

Messensee, Jürgen, * 29. 8. 1936 Wien, Maler. Studierte 1955–60 an der Akad. der bild. Künste in Wien; gelangte mit Werken in eher traditioneller Maltechnik zu internat. Anerkennung (Bezüge auf D. Velázquez). Ein wichtiges Thema seiner Bilder ist die Weiblichkeit.

Literatur: F. Koreny, J. M., Ausst.-Kat., Graphische Smlg. Albertina, Wien 1990; D. Tadler, J. M. – Infantinnen – Velázquez, Ausst.-Kat., Kunsthist. Museum Wien, 1993.

Messerschmidt, Franz Xaver, * 6. 2. 1736 Wiesensteig (D), † 19. 8. 1783 Pressburg (Bratislava, SK), Bildhauer. Studierte in München bei seinem Onkel J. B. Straub und in Graz bei P. J. Straub, 1752 in Wien bei J. C. → Schletterer und M. → Donner; 1769–74 Akad.-Prof. in Wien, lebte ab 1777 in Pressburg. Anfang der 70er Jahre psych. Erkrankung, danach Arbeit an den berühmten Charakterköpfen. M. ist nach G. R. → Donner der bedeutendste Bildhauer Ö. zw. Barock und Klassizismus. Seine Statuen, Porträtbüsten und Charakterköpfe verbinden barocke Ausdrucksbewegung mit klassischer Formenklarheit, aggressive Charakterisierungskunst mit nüchterner Wiedergabe der Erscheinung.

Werke: Standbilder von Maria Theresia und Franz I. für die Hofgalerie in der Stallburg (1765/66, im Ö. Barockmuseum, Wien); Fassadenplastik des Savoyschen Damenstifts, Wien, 1767; Büste van Swietens, 1769; Charakterköpfe (1770–83, Ö. Barockmuseum, Hist. Museum der Stadt Wien). – Literatur: M. Pötzl-Malikova, F. X. M., 1982 (mit Werkverz.); NDB.

Messmer, Josef, * 1731 Konstanz (D), † 6. 4. 1804 Wien, Schulreformer, Lehrer der Kinder Maria Theresias. Regte als Rektor der Bürgerschule zu St. Stephan die Errichtung einer Normalschule in Wien an, nach der sich die „niederen" Schulen zu richten hätten und an der die Elementarschullehrer herangebildet werden sollten. 1771 deren 1. Dir.; 1772–79 auch erster Leiter des von ihm angeregten Schulbücherverlags (seit 1925 Ö. Bundesverlag).

Messner, Janko (Pseud. u. a. I. Petrov, P. Anzej), * 13. 12. 1921 Aich b. Bleiburg (Kä.), Lehrer, Schriftsteller, Übersetzer. Lehrtätigkeit an verschiedenen 2-sprach. Gymnasien in Slowenien und Kä.; Redakteur und Lektor der Zeitschrift „Mladje".

Werke: Ansichtskarten aus Kä., 1970; Kä. Heimatbuch, 1980; Nicaragua mein geliebtes, 1988; Der Meldezettel, 1991; Schwarzweiße Geschichten, 1995; Gedichte, 1996; Hinrichtungsstätte Dravograd, 1997; Aus dem Tagebuch des Pokrznikov Luka, 1998. – Literatur: L. Detela, J. M., in: Profile der neuerer slowen. Literatur in Kä., hg. v. J. Strutz, 1989; ders. (Hg.), J. M., 1998 (Festschrift).

Messner, Johannes, * 16. 2. 1891 Schwaz (Ti.), † 12. 2. 1984 Wien, Ethiker und Sozialwissenschaftler, Vertreter der christl. Soziallehre; Bruder von Josef → Messner. Studierte Theologie und Rechtswiss., Univ.-Prof. in Wien, Hg. der Ztschr. „Das neue Reich" (1918–32) und der „Monatsschrift für Kultur und Politik" (1936–38). Kritiker des ö. Ständestaats 1934–38. Verfasste zahlr. Werke zur Sozialkritik an Kapitalismus und Sozialismus.

Werke: Die soz. Frage der Gegenwart, 71934; Kulturethik, 1954; Ethik, 1955; Das Naturrecht, 1984. – Literatur: V. Zsifkovits u. R. Weiler, Erfahrungsbezogene Ethik, Festschrift J. M. zum 90. Geburtstag, 1981; J. M. Schnarrer, Der Naturbegriff bei J. M. und seine Bedeutung in der Sozialethik, Diss., Wien 1997; ders., Norm und Naturrecht verstehen, 1999; A. Habisch, J. M. – ein Pionier der Institutionen- und Systemethik, 1999; NDB.

Messner, Josef, * 27. 2. 1893 Schwaz (Ti.), † 23. 2. 1969 Salzburg, Komponist, Organist und Kapellmeister; Bruder von Johannes → Messner. 1922 Domorganist in Salzburg, ab 1926 Domkapellmeister ebd. und Dirigent der Domkonzerte der Sbg. Festspiele; Leiter des Kirchenmusikal. Seminars im Mozarteum. Ö. Staatspreis 1936.

Werke: Opern: Hadassa, 1925; Das letzte Recht, o. J.; Ines, 1933; Agnes Bernauer, 1935. – Bühnenmusik zu H. v. Hofmannsthals „Jedermann", Symphonien, Festmusiken, Violin- und Klavierstücke, Messen und Kirchenmusik. – Hg. der Smlg. „Alte Salzburger Meister". – Literatur: NDB.

Metastasio, Pietro (eigentl. Antonio Domenico Bonaventura Trapassi), * 3. 1. 1698 Rom (I), † 12. 4. 1782 Wien, Dichter und Librettist. Kam 1729 als Hofdichter nach Wien. In der Nachfolge von A. → Zeno gab er den ital. Operntexten die klassische Prägung, die sie bis zum Ende des 18. Jh. zum Ideal und zur Norm machten. Eine Vielzahl seiner Libretti wurde vertont (u. a. von A. → Caldara, C. W. → Gluck und W. A. → Mozart). Sarkophag in der Krypta der Wr. Michaelerkirche.

Werke: 27 Opern (alle in 3 Akten); 8 Oratorien; 37 Feste teatrale, Serente, Componimenti; Gedichte und Kantaten. – Mehrere Gesamtausgaben ab den 30er Jahren des 18. Jh.; B. Brunelli (Hg.), Gesamtausgabe P. M., 5 Bde., 1947–54. – Literatur: A. Sommer-Mathis (Hg.), P. M. – uomo universale (1698–1782), 2000.

Metternich, seit dem 14. Jh. bis zur Gegenwart bestehendes Hochadelsgeschlecht, nach dem Dorf M. bei Weilerswist (D) benannt. 1635 Reichsfreiherren, 1679 Reichsgrafen, 1803 Reichsfürsten, 1813 ö. Fürstenstand. Im 16./17. Jh. gingen aus dem Geschlecht mehrere geistl. Kurfürsten hervor. 1803 wurde die Familie für linksrheinische Gebietsverluste mit Ochsenhausen (als Fürstentum Winneburg) entschädigt und nannte sich M.-Winneburg. Zu den bedeutendsten Persönlichkeiten aus der Familie zählten Clemens Wenzel Lothar Fürst → Metternich, Pauline Fürstin → Metternich und Richard Klemens Fürst → Metternich.

Metternich, Clemens Wenzel Lothar Graf (ab 1813 Fürst, 1818 Hzg. von Portella), * 15. 5. 1773 Koblenz (D), † 11. 6. 1859 Wien, Staatsmann; Vater von Richard Klemens Fürst → Metternich, Großvater von Pauline Fürstin → Metternich. Verließ seine Heimat an Rhein und Mosel vor den franz. Revolutionstruppen, trat wie sein Vater Franz Georg Karl (1746–1818) in ö. diplomat. Dienst, heiratete 1795 Eleonore Gräfin Kaunitz (1775–1825), die Enkelin des Staatskanzlers W. A. Gf. → Kaunitz, und fand dadurch Zugang zum Hochadel. 1801 Gesandter in Dresden, 1803 in Berlin, 1806 nach dem Frieden von Pressburg auf Wunsch Napoleons in Paris (mit geringem Erfolg), wo er als Lebemann bekannt war. Ab 8. 10. 1809 Außenminister, plante er die Verbindung von Erzherzogin → Marie Louise mit Napoleon. Danach änderte M. seine Politik; Ö. vermied Annäherungen an Frankreich, musste aber 1812 ein eig. Korps gegen Russland stellen, blieb dann neutral und schloss sich am 13. 8. 1813 den Verbündeten an. M. sicherte den süd-dt. Rheinbundfürsten ihre Positionen und gewann sie als Bundesgenossen gegen Preußen. Er lehnte die Wiedererrichtung des Kaisertums in Deutschland ab und überzeugte England von der Gefährlichkeit Russlands. Höhepunkt seines Wirkens war der Wr. Kongress von September 1814 bis Juni 1815. Dort verband er gesellschaftl. Repräsentation mit diplomat. Geschick. M. brachte Frankreich als gleichberechtigte Großmacht an den Verhandlungstisch, erreichte die Gründung des Dt. Bundes und die Sicherung des Einflusses Ö. in Italien. Durch Mäßigung und Ausgleich kam unter seiner Leitung eine dauerhafte Friedensordnung des Kontinents zustande. Als Anhänger des europ. Gleichgewichts unterstützte er die Heilige Allianz, wurde aber wie Ks. Franz I. (→ Franz II. [I.]) immer mehr zum Gegner von Volksbewegungen.

In den folgenden Jahren wurde die Aufrechterhaltung des Zustands von 1815 sein wichtigstes Anliegen (Kongresse von Aachen 1818, Karlsbad 1819, Troppau 1820, Laibach 1821, Verona 1822). Die nationalen Bewegungen und die liberalen Ideen schätzte M. falsch ein: Sie sollten durch Solidarität der Monarchen niedergehalten werden. Nach 1822 unterdrückte er sie in Neapel und Oberitalien, wodurch er an Sympathie verlor; auch die gute Verwaltung des lombardo-venezian. Königreichs änderte daran nichts. 1821 wurde M. Staatskanzler, ein Titel, der seit Kaunitz nicht mehr verliehen worden war.

Nach Distanzierung Englands und Frankreichs vereinigten sich 1833 Ö., Preußen und Russland zum „Bündnis der drei schwarzen Adler", das 1846 den Aufstand in Krakau niederschlug. Da durch M. Ö. in keinem Zollverein vertreten war, verlor es im Bereich der Wirtschaft seinen Führungsanspruch.

M. büßte ab 1826 seinen starken Einfluss durch den Staats- und Konferenzminister F. A. Gf. → Kolowrat-Liebsteinsky weitgehend ein. Auch die Idee einer Staatsführung mit Ministerien konnte er nicht durchsetzen und blieb in der Staatskonferenz ab 1836 auf die Außenpolitik beschränkt. Aufgrund seiner innenpolit. Strenge galt sein Gegner Kolowrat als liberal, während M. zum verhassten Sinnbild von Unterdrückung und Reaktion wurde (Vormärz). Am 13. 3. 1848 wurde durch die Wr. Märzrevolution seine Entlassung erzwungen, er flüchtete nach England und ging 1849 nach Brüssel. 1851 kehrte er nach Ö. zurück und lebte als Privatmann in seinem Palais in Wien, nur gelegentlich um seinen Rat gefragt. M. war der bedeutendste Staatsmann Ö. im 19. Jh., sein vom Liberalismus verzerrtes Bild erfuhr seit H. v. → Srbiks Werk eine neue Würdigung.

Neben seiner 1815 erbauten Villa (1873 abgetragen) ließ M. am Rennweg in Wien 1846/47 ein Palais erbauen (J. J. Romano und A. Schwendenwein), das seit 1908 die ital. Botschaft beherbergt.

Pietro Metastasio. Stich.

Clemens Wenzel Lothar Fürst Metternich. Gemälde von T. Lawrence, um 1820/25 (Kunsthistorisches Museum, Wien).

Literatur: H. v. Srbik, M., der Staatsmann und der Mensch, 3 Bde., 1925–54, [3]1954–60; F. Herre, M., Staatsmann des Friedens, 1983; Die Ära M., Ausst.-Kat., Wien 1984; J. v. d. Heide, K. M., 1988; G. Kugler, Staatskanzler M. und seine Gäste, 1991; ÖBL; NÖB; NDB.

Pauline Fürstin Metternich. Foto.

Metternich, Pauline Fürstin (geb. Gräfin Sándor), * 25. 2. 1836 Wien, † 18. 9. 1921 ebd., Enkelin von Clemens Wenzel Lothar Fürst → Metternich, Nichte und Ehefrau von Richard Klemens Fürst → Metternich. Spielte an der Seite ihres Mannes im gesellschaftl. und kulturellen Leben von Dresden und Paris sowie ab 1870 von Wien eine bedeutende Rolle (Blumenkorso im Prater ab 1866, Wohltätigkeitsfeste, Internat. Theater- und Musikausstellung 1892).

Werke: Geschehenes, Gesehenes, Erlebtes, 1920; Éclairs du Passé, 1922; Erinnerungen, hg. v. L. Mikoletzky, 1988. – Literatur: T. Wassilko, Fürstin P. M., 1959; NDB.

Metternich, Richard Klemens Fürst, * 7. 1. 1829 Wien, † 1. 3. 1895 ebd., Diplomat; Sohn von Clemens Wenzel Lothar Fürst → Metternich, Onkel und Ehemann von Pauline Fürstin → Metternich. Wurde 1855 Legationssekr. bei der ö. Gesandtschaft in Paris, 1856 außerordentl. Gesandter und bevollmächtigter Min. Ö. am sächsischen Hof, 1859–70 Botschafter in Paris, wo er am Hof Napoleons III. mit seiner Gattin Pauline gesellschaftl. eine bed. Rolle spielte. Er gab den Nachlass seines Vaters heraus.

Theodor Meynert. Foto.

Metternich-Sándor, Franz Albrecht (adoptiert, eigentl. Prinz von Ratibor und Corvey), * 23. 10. 1920 Groß Rauden (Rudy, PL), Gutsbesitzer in Grafenegg, Neuaigen und Asparn sowie Corvey (Kreis Höxter, D). Stark kulturpolitisch engagiert.

Metzger, Max Josef, * 1887 Schopfheim (D), † 17. 4. 1944 Brandenburg-Görden (D; hingerichtet), Theologe. Ab 1915 in Graz als Seelsorger tätig, organisierte dort karitative Sozialarbeit und war in der Friedens-, Esperanto- und Abstinenzbewegung aktiv; gab die Esperanto-Zeitung „Katolika mondo" heraus, gründete 1917 das „Weltfriedenswerk vom Weißen Kreuz" und setzte sich für interkonfessionelle Verständigung ein. Ab 1928 wieder in Deutschland, wurde er 1943 als antifaschist. Widerstandskämpfer verhaftet und 1944 hingerichtet.

Werk: Die Kath. Internationale, 1920. – Literatur: W. Mudrak, M. J. M., 1987; Biograph.-bibliograph. Kirchenlexikon.

Gustav Meyrink. Foto.

Metzner, Franz, * 18. 11. 1870 Wscherau b. Pilsen (Všeruby, CZ), † 24. 3. 1919 Berlin (D), Bildhauer. Steinmetzlehre, nach ersten Erfolgen mit Keramik 1894 schuf er Entwürfe für die königl. Porzellanmanufaktur in Berlin. 1903–07 Prof. an der Wr. Kunstgewerbeschule, danach wieder in Berlin. Stilistisch zw. Jugendstil, Symbolismus und Expressionismus angesiedelt. Schuf zahlr. Denkmäler (u. a. Völkerschlachtdenkmal bei Leipzig, 1906).

Meyer, Conny Hannes, * 18. 6. 1931 Wien, Schauspieler, Regisseur, Theaterleiter, Schriftsteller. 1938–45 aus „rassischen" Gründen interniert. Ausbildung als Schriftsetzer; 1955 Mitbegründer des Wr. Theaters „Experiment am Liechtenwerd". 1958 Gründung der Gruppe „Die Komödianten", die ab 1963 im „Theater am Börseplatz" und ab 1974 im „Theater im Künstlerhaus" spielte. Seit Auflösung der „Komödianten" 1985 freier Regisseur, ab 1992 bei der wiederbelebten „Theaterarbeit im Burgenland" tätig. 1970 J.-Kainz-Medaille.

Literatur: W. Schlögl, C. H. M. und seine Komödianten, 2 Bde., Diss., Wien 1994.

Meyer, Robert, * 21. 10. 1953 Bad Reichenhall (D), Schauspieler. 1974 Debüt am Burgtheater, dem er seitdem angehört. Humorvoller Charakterdarsteller, v. a. in Stücken J. → Nestroys. 1988–98 im Sommer Schauspieler und Regisseur (ab 1993) des Kurtheaters von Reichenau (NÖ.). Mitwirkung an zahlr. Film- und Fernsehproduktionen („Geschichten aus dem Wienerwald", 1978; „Glaube, Liebe, Hoffnung", 1980; Auftritte in den TV-Serien „Derrick", „Der Alte", „Der Leihopa"). J.-Kainz-Medaille 1999.

Meyer, Stefan, * 27. 4. 1872 Wien, † 29. 12. 1949 Bad Ischl (OÖ.), Physiker. Univ.-Prof. und Vorstand des Inst. für Radiumforschung in Wien.

Werke: Hb. der Radioaktivität, 1916 (mit E. Schweidler); Zur Genesis der chem. Elemente, 1947; Die Vorgeschichte, die Gründung und das 1. Jahrzehnt des Inst. für Radiumforschung, 1950.

Meynert, Hermann Günther (Pseud.: Janus), * 20. 12. 1808 Dresden (D), † 10. 3. 1895 Wien, Publizist; Vater von Theodor → Meynert. Ab 1836 in Wien; für die „Wr. Allg. Theaterzeitung" von A. → Bäuerle und in der Redaktion des „Ö. Soldatenfreunds" tätig; verfasste populärwiss. hist. Schriften.

Werke: Franz I., Ks. von Ö., und sein Zeitalter, 1834; Geschichte Ö., seiner Völker und Länder, 6 Bde., 1843–53; Geschichte der k. k. ö. Armee, 4 Bde., 1852–54; Ks. Joseph II., 1862. – Hg.: Neuer Plutarch, 5 Bde., 1842–53. – Literatur: J. Fellner, H. M., 1947.

Meynert, Theodor, * 15. 6. 1833 Dresden (D), † 31. 5. 1892 Klosterneuburg (NÖ.), Psychiater; Sohn von Hermann Günther → Meynert. Univ.-Prof. in Wien (1870), Mitgl. im Obersten Sanitätsrat. Betrieb grundlegende Forschungen über Bau und Funktion des Gehirns, schuf die Strukturlehre der Großhirnrinde; lehrte die patholog. Hirnanatomie als Grundlage für die Psychiatrie und die Behandlung der Geisteskrankheiten.

Werke: Der Bau der Großhirnrinde und seine örtl. Verschiedenheit, 1868; Psychiatrie, Klinik der Erkrankungen des Vorderhirns, 1884. – Literatur: D. Stockert-Meynert, T. M. und seine Zeit, 1930; E. Lesky, Die Wr. Medizin. Schule im 19. Jh., [2]1978; NDB.

Meyrink, Gustav (eigentl. G. Meyer), * 19. 1. 1868 Wien, † 4. 12. 1932 Starnberg (D), Erzähler, Dramatiker, Übersetzer. 1889–1902 Bankier in Prag, 1902 unschuldig unter Betrugsverdacht, 1905 Übersiedlung nach München und Tätigkeit als freier Schriftsteller; lebte ab 1911 in Starnberg. M., der „Bürgerschreck von Prag", wandte sich dem Okkulten und Antibürgerlichen zu und gilt mit seinen bekannten Romanen „Der Golem" (1915), „Das grüne Gesicht" (1917), „Walpurgisnacht" (1917) und „Der weiße Dominikaner" (1921) als Klassiker der phantast. Literatur. In sein Werk gingen mystische, kabbalistische und indische Geisteselemente ein. Er selbst konvertierte 1927 zum Mahajana-Buddhismus.

Weitere Werke: Erzählungen: Der heiße Soldat und andere Geschichten, 1903; Wachsfigurenkabinett, 1907; Des dt. Spießers Wunderhorn, 3 Bde., 1913. – Literatur: M. Qasim, G. M. Eine monograph. Untersuchung, 1981; R. Reiter, Das dämon. Diesseits, 1997; NDB.

Meysels, Theodor Friedrich (eigentl. T. F. Meisels), * 2. 11. 1899 Wien, † 1. 6. 1963 ebd., Schriftsteller und Journalist. 1936–38 Redakteur der „Neuen Freien Presse"; 1938–46 in Jerusalem, dann wieder in Wien Redakteur der „Presse"; Verfasser kulturhist. Sachbücher.

Werke: Bummel durch Alt-Wien, 1948; Die Wr. Landpartie, 1949; Auf Römerstraßen durch Ö., 1960; Via Sacra, die Pilgerstraße nach Mariazell, 1962.

Meytens, Martin van, getauft 16. 6. 1695 Stockholm (S), † 23. 3. 1770 Wien, Porträtmaler holländ. Herkunft. Studierte A. van Dycks Werke, 1714 in England, 1717 großer Erfolg in Paris, 1721 in Wien, 1723–30 Italienaufenthalt, ab 1730 endgültig in Wien. 1732 kaiserl. Kammermaler, unter Maria Theresia Hofmaler und 1759 Dir. der Akad. Schuf zuerst Emailbilder und Miniaturen und übernahm später Aufträge für repräsentative Einzel- und Gruppenporträts. Seine oft routinierten Bildnisse erreichen mitunter große farbliche und stoffliche Raffinesse.

Werke: Maria Theresia als Königin von Ungarn, nach 1741; Ks. Franz I., 1745–50; Familie der Grafen Pálffy, 1752/53; Fam. Grill (Mus. Göteborg); Maria Theresia als Herrscherin 1750–55 (Schloss Schönbrunn); Kaiserl. Familie, 1754 (ebd.); Maria Theresia, 1759 (Akad. d. bild. Künste). – Zugeschrieben: Porträts von Maria Theresia und Franz I. in Melk und Lilienfeld. – Literatur: B. Lisholm, M. v. M., 1974; NDB.

Michael, Hl., Fest 29. Sept., Erzengel. Wurde als kriegerischer Held und Drachentöter in Weltgerichts- und Fronleichnamsspielen bis in die Barockzeit verkörpert. Sein Tag war Zins-, Los- und Wettertag, an den sich u. a. Jahrmärkte (im Lungau, in St. Veit, Kä.), Erntebräuche, Michaelsminne und -brot knüpften. In Wien entstand 1860 die St.-Michael-Bruderschaft zur Unterstützung der Anliegen des Papstes.
Literatur: O. Wimmer u. H. Melzer, Lexikon der Namen und Heiligen, [6]1988.

Michalek, Nikolaus, * 5. 4. 1940 Wien, Notar und Politiker (parteilos). 1976–90 und seit 2000 öffentl. Notar in Wien, 1989–90 Präs. der Ö. Notariatskammer; 1990–2000 BMin. f. Justiz.

Michel, Robert, * 24. 2. 1876 Chabeřice (CZ), † 12. 2. 1957 Wien, Schriftsteller, 1918 mit H. → Bahr und M. → Devrient Leiter des Wr. Burgtheaters. Als Offizier in Bosnien-Herzegowina stationiert, diente ihm dieses Land zur poet. Inspiration für mehrere Romane.
Werke: Romane und Erzählungen: Die Verhüllte, 1907; Die Häuser an der Dzamija, 1915; Die geliebte Stimme, 1928; Halbmond über der Narenta, 1942. – Literatur: F. delle Cave, R. M., 1978.

Miesbach, Alois, * 1. 1. 1791 Röschitz (Rešiće, CZ), † 3. 10. 1857 Baden (NÖ.), Industrieller. Pachtete 1820 die 1775 gegr. Ziegelei auf dem Wienerberg; 1855 besaß er 9 große Ziegeleien mit 4700 Beschäftigten und 30 Kohlenbergwerke mit über 2300 Bergleuten. Nach seinem Tod führte sein Neffe H. v. → Drasche-Wartinberg das Unternehmen weiter.
Literatur: G. Merk, Zwei Pioniere der ö. Industrie. A. M. und H. Drasche, 1966; ÖBL.

Migazzi, Christoph Anton Graf, * 14. 10. 1714 Innsbruck (Ti.), † 14. 4. 1803 Wien, Erzbischof von Wien (1757) und Kardinal (1761). 1752 Gesandter in Spanien, 1760 Präs. der von Maria Theresia für die Unterrichtsreform eingesetzten „Studienhofkommission". Er bekämpfte den Josephinismus, gegen dessen Staatskirchentum er die Kirche unermüdlich verteidigte, und stiftete das Wr. Priesterseminar. In seiner Amtszeit erreichte die Erzdiözese Wien ihre heutige Ausdehnung.
Literatur: M. Krexner, Wiens Bischöfe und Erzbischöfe, 1983; G. Anzenberger, Die Rolle C. Gf. M. (Erzbischof von Wien 1757–1803) zur Zeit Maria Theresias, Dipl.-Arb., Wien 1994; NDB.

Migerka, Helene, * 13. 9. 1867 Brünn (Brno, CZ), † 26. 3. 1928 Graz (Stmk.; Selbstmord), Schriftstellerin; Tochter der Schriftstellerin Katharina M. (1844–1922). Führende Persönlichkeit in der Wr. Frauenbewegung; schrieb gesellschaftskritische Gedichte, Skizzen, Zeitsatiren und Humoresken.
Werke: Gedichte, 1889; Neue Gedichte, 1895; Das Glück der Häßlichen und andere Skizzen und Satiren, 1913; Der neue Besen, 1920.

Migsch, Alfred, * 5. 11. 1901 Wien, † 18. 10. 1975 ebd., Staatswissenschafter und Politiker (SPÖ). 1922–25 führender Funktionär der Sozialist. Arbeiterjugend, 1944–45 im KZ Mauthausen, 1947–49 BMin. f. Elektrifizierung und Energiewirt., 1945–66 Abg. z. NR.
Werke: Ein Volk kämpft um sein Leben, 1949; Anschlag auf Ö., 1950; Parlament ohne Opposition, 1963.

Mikl, Josef, * 8. 8. 1929 Wien, Maler und Graphiker. Studierte an der Akad. d. bild. Künste in Wien bei J. → Dobrowsky; 1956 Mitbegründer der Künstlergruppe „Galerie nächst St. Stephan" (mit W. → Hollegha, M. → Prachensky, A. → Rainer); 1968 ö. Vertreter bei der Biennale in Venedig; 1969–97 Prof. an der Akad. d. bild. Künste in Wien. Vertritt einen „abstrakten Realismus" (in einer Vielfalt von künstlerischen Ausdrucksformen) mit der menschl. Figur als zentralem Thema. Ein bes. Stellenwert kommt bei ihm der Zeichnung zu. M. schuf die Decken- und Wandbilder im 1997 wiedereröffneten Großen Redoutensaal der Wr. Hofburg (nach dem Brand von 1992). Ö. Ehrenzeichen f. Wiss. u. Kunst 1990.
Literatur: W. Hofmann u. a., J. M., 1979; J. M. 1980–87, Ausst.-Kat., Wien 1988; K. Giraldi-Haller, Studien zu J. M., 2 Bde., Diss., Wien 1996.

Miklas, Wilhelm, * 15. 10. 1872 Krems (NÖ.), † 20. 3. 1956 Wien, Gymnasialprof. und Politiker (CS). 1905 Dir. in Horn, 1907–18 Reichsratsabg., 1908–18 im Nö. Landtag, 1918 Mitgl. des Staatsrats, 1918–19 Mitgl. d. Provisor. Nationalversammlung, 1919–20 Mitgl. der Konstituierenden Nationalversammlung, 1920–28 Abg. z. NR (1923–28 Präs.), 1919–20 Unterstaatssekr. f. Kultus, vom 10. 12. 1928 (1931 wiedergewählt) bis 13. 3. 1938 Bundespräsident. Seine Amtsführung war umstritten, da er 1933 die Ausschaltung des Nationalrats nicht verhinderte und die Regierungsarbeit aufgrund des kriegswirt. Ermächtigungsgesetzes mittrug. 1938 trat er zurück, um das Anschlussgesetz nicht unterzeichnen zu müssen. Nach 1945 übte M. keine polit. Funktionen mehr aus.
Literatur: F. Loidl (Hg.), Bundespräs. W. M., Tatkatholik und Österreicher. Aus Reden und Schriften, 1974; NÖB; NDB.

Wilhelm Miklas. Foto.

Miklosich, Franz von, * 20. 11. 1813 Luttenberg (Ljutomer, SLO), † 7. 3. 1891 Wien, Sprachforscher und -philosoph, Begründer der modernen Slawistik. 1850–86 Univ.-Prof. in Wien, Mitgl. des Herrenhauses. Erschloss auch das Rumänische, das Albanische und die Roma-Sprache; schuf vorbildliche lexikograph. Werke.
Werke: Lexicon linguae slovenicae veteris dialecti, 1850 (1862–65 als Lexicon Palaeuslovenico-graeco-latinum); Vergleichende Grammatik der slaw. Sprachen, 4 Bde., 1852–75; Monumenta Serbica Spectantia Historiam Serbiae, Bosniae, Ragusii, 1858 (Hg.); Etymolog. Wörterbuch der slaw. Sprachen, 1886; Über die Mundarten und Wanderungen der Zigeuner Europas, 12 Tle., 1872–80. – Literatur: R. Jagoditsch, Die Lehrkanzel für slaw. Philologie an der Univ. Wien 1849–1949, in: Wr. slawist. Jb. 1950; NDB.

Mikoletzky, Hanns Leo, * 9. 11. 1907 Esseg (Osijek, HR), † 9. 3. 1978 Wien, Archivar, Historiker. 1950 Dir. des Hofkammerarchivs, 1968–72 Gen.-Dir. des Ö. Staatsarchivs, ab 1947 Lehrauftrag an der Univ. Wien, 1965 Gen.-Sekr. des Verbands ö. Geschichtsvereine.
Werke: Ks. Franz I. und der Ursprung des habsb. Familienvermögens, 1961; Ö. Das große 18. Jh., 1967; Ö. im 20. Jh., [3]1969; Ö. Das entscheidende 19. Jh., 1972. – Literatur: NDB.

Mikoletzky, Lorenz, * 12. 5. 1945 Wien, Historiker. Studierte Geschichte und Archäologie in Wien, seit 1969 Karriere im Ö. Staatsarchiv, seit 1994 dessen Gen.-Dir.
Werke: Karl Freiherr von Krauß, Diss., Wien 1969; Ks. Joseph II., 1979; Franz Grillparzer, 1990.

Milani, Johann Evangelist, * 1729 Ferrara (I), † 12. 4. 1808 Wien, Kaffeehausbesitzer. Errichtete 1770 in Wien an der Ecke Kohlmarkt–Wallnerstraße das erste Kaffeehaus, das bald über die Grenzen Wiens bekannt war und seinen Höhepunkt 1780–90 erreichte. Ein weiteres, „Ochsenmühle" genannt und 1808 von P. → Corti übernommen, betrieb er auf der Bastei vor dem alten Burgtor.

Milde, Vincenz Eduard, * 11. 5. 1777 Brünn (Brno, CZ), † 14. 3. 1853 Wien, Priester und Pädagoge. 1. Prof. auf dem neu errichteten Lehrstuhl für Erziehungskunde an der Univ. Wien (1805–10), Dir. der Philosoph. Lehranstalt in Krems (1815–23), Bischof von Leitmeritz

(1823–32), Erzbischof von Wien (1832–53). Einer der bedeutendsten Pädagogen Ö.; nützte Psychologie und Anthropologie und deren Methoden für die Pädagogik, entwickelte bereits eine Heil- und Sozialpädagogik und vertrat modern anmutende Ideen (Resozialisierung von entlassenen Sträflingen, Sexualerziehung, polit. Bildung als Unterrichtsprinzip u. a.).
Werk: Lehrbuch der allg. Erziehungskunde, 2 Bde., 1811/13. – Literatur: H. Engelbrecht, Zur Problematik und zu den Aufgaben einer Milde-Biographie, in: Bundesgymn. Krems, Festschrift, 1977; NDB.

Karl Millöcker. Foto.

Mildner, Johann Josef, * 22. 9. 1765 Kaltenbach (Studena, CZ), † 11. 2. 1808 Gutenbrunn (NÖ.), Glasschleifer und Optiker. Ab 1779 in Gutenbrunn bei Martinsberg (NÖ.) ansässig. Stellte mit Goldradierungen und Polychromierungen u. a. verzierte Hohlgläser („M.-Gläser") nach der Art der Zwischengoldgläser her. Seine Arbeiten zählen neben jenen von A. → Kothgasser und G. S. → Mohn zu den bedeutendsten Schöpfungen der Glaskunst des frühen 19. Jh.
Literatur: G. E. Pazaurek, Gläser der Empire- und Biedermeierzeit, 1923; W. Prager, M. fec. à Gutenbrunn, 1976; NDB.

Mildorfer (Mülldorfer), Josef Ignaz, * 13. 10. 1719 Innsbruck (Ti.), † 8. 12. 1775 Wien, Maler. Schüler von P. → Troger, 1751–59 Akad.-Prof. in Wien.
Werke: Fresken in der Kapuzinergruft in Wien, um 1750; Kuppel der Wallfahrtskirche Hafnerberg in NÖ., 1743; Stift Wilten in Innsbruck, nach 1744; Bilder in St. Ulrich in Wien.

Milesi, Richard, * 18. 12. 1914 Klagenfurt (Kä.), Kunsthistoriker. 1950–80 am Kä. Landesmuseum, ab 1968 Lehrtätigkeit an der Univ. Salzburg, 1971 Univ.-Prof., 1977–94 an der Univ. Klagenfurt. Beschäftigte sich mit dem Manierismus und bereits sehr früh mit europ. Kunst des 20. Jh. (H. Matisse, P. Picasso, Pop-Art).
Werke: A. Kolig, 1954; F. Wiegele, 1957; Grabplastik, 2 Bde., 1963/65; Manierismus in Kä., 1973; Mantegna und die Reliefs der Brauttruhen Paola Gonzagas, 1975. – Zahlr. Publikationen zur Kä. Kunst und zur europ. Kunstgeschichte.

Millenkovich, Max von, → Morold, Max.

Millenkovich, Stephan von, → Milow, Stephan.

Miller, Martin (auch M. Mühler), * 28. 4. 1769 Wien, † 21. 4. 1833 St. Aegyd a. Neuwalde (NÖ.), Metallurge. Lernte in England das Tiegelgussverfahren, begann 1799 in Wien die Herstellung von Uhren, baute eine Tiegelgusserzeugung 1804 in Wien und nach 1825 mit Daniel → Fischer in St. Aegyd auf, die seine Söhne Martin und Lorenz M. weiterbetrieben. 1918 wurde das Werk an die Firma Böhler verkauft, war 1946–55 USIA-Betrieb, dann bei den VEW. Der älteste Sohn des Gründers, Franz Matthias M., führte das Wr. Werk weiter, gründete 1869 in Traismauer einen Betrieb zur Erzeugung von Stahlsägeblättern.
Literatur: ÖBL; NDB.

Miller von Hauenfels, Albert, * 6. 2. 1818 Tápiószele (H), † 5. 11. 1897 Graz (Stmk.), Montanist. Prof. für Bergbau- und Markscheidekunde in Leoben; erfand 1855 den Polarplanimeter zur Flächenberechnung; eröffnete 1865 einen Graphitbergbau in der Sunk bei Trieben (Stmk.).
Literatur: NDB.

Miller zu Aichholz, Viktor, * 21. 10. 1845 Wien, † 14. 5. 1910 ebd., Großindustrieller. Studierte Chemie, leitete die von seinem Vater gegr. Sodafabrik in Hruschau (Hrušov, CZ), anschließend war er in Wien im Bankhaus J. M. Miller & Co. tätig; mit J. → Brahms befreundet; Förderer junger Künstler und bedeutender Münzensammler.
Literatur: ÖBL; NDB.

Millesi, Hanno, * 24. 3. 1927 Villach (Kä.), Chirurg. 1972–95 Univ.-Prof. für Plast. Chirurgie in Wien; seit 1975 Leiter des L.-Boltzmann-Inst. für Experimentelle Plast. Chirurgie in Wien; Ärztl. Dir. der Wiener Privatklinik; verfasste mehr als 150 wiss. Publikationen zu Problemen der plast. und rekonstruktiven Chirurgie. Für seine bahnbrechenden Leistungen auf dem Gebiet der Nerventransplantation 1999 von der International Society for Reconstructional Microsurgery mit dem Millennium Award ausgezeichnet.
Werk: Chirurgie der peripheren Nerven, 1992.

Millöcker, Karl, * 29. 4. 1842 Wien, † 31. 12. 1899 Baden (NÖ.), Operettenkomponist. 1858 Flötist im Orchester des Theaters in der Josefstadt, 1864 (auf Empfehlung von F. v. → Suppé) Theaterkapellmeister in Graz; dann am Harmonietheater in Wien, wo er mit L. → Anzengruber zusammenarbeitete, 1868 in Budapest, 1869–83 am Theater a. d. Wien. M. war neben J. → Strauß Sohn und F. v. Suppé der dritte Vertreter der klassischen Wr. Operette. Seine Werke zeichnen sich bes. durch solide Satzkunst und handwerkl. Können aus. Wichtigster Interpret der späteren Werke war A. → Girardi. Ehrengrab auf dem Wr. Zentralfriedhof (1901).
Werke: Der tote Gast, 1865; Die lustigen Binder, 1865; Diana, 1867; Fraueninsel, 1868; Abenteuer in Wien, 1873; Das verwunschene Schloß, 1878; Gräfin Dubarry, 1879; Apajune, 1880; Die Jungfrau von Belleville, 1881; Der Bettelstudent, 1882; Gasparone, 1884; Der Feldprediger, 1884; Der Vizeadmiral, 1886; Die sieben Schwaben, 1887; Der arme Jonathan, 1890; Das Sonntagskind, 1892; Der Probekuß, 1894; Das Nordlicht, 1896. – Theatermusik zu Volksstücken und Possen. – Literatur: C. Preiß, K. M., 1905; E. Nick, Vom Wr. Walzer zur Wr. Operette, 1954; NDB.

Millonig, Dietmar, * 1. 6. 1955 Villach (Kä.), Langstreckenläufer. Einer der erfolgreichsten ö. Leichtathleten: im 3000-m-Lauf 1980 6. bei den Olymp. Spielen in Moskau und 1983 8. bei der Weltmeisterschaft. Errang über 40 ö. Meistertitel und stellte ö. Rekorde über 3000 m und 5.000 m auf.

Milow, Stephan (eigentl. S. v. Millenkovich), * 9. 3. 1836 Oršova (RO), † 12. 3. 1915 Mödling (NÖ.), Lyriker, Erzähler, Offizier und Kartograph; Vater von M. → Morold. Erweiterte die Umgebungskarte von Wien; Freund von F. → Kürnberger und F. v. → Saar. Beschreibt in seinem 4-teiligen Roman „Lebensmächte" (1890) die gesellschaftspolit. Probleme der ö.-ungar. Monarchie. Bauernfeld-Preis 1902.
Weitere Werke: Lyrik: Gedichte, 1865; Fallende Blätter, 1903; Abendrot, 1912. – Prosa: Verlorenes Glück, 1866; Zwei Novellen, 1872 (darin „Arnold Frank"); Erste und letzte Liebe, 1913. – Ausgabe: Gedichte, 1882. – Literatur: E. Kodera, S. M., Diss., Wien 1951; ÖBL.

Miltner, Franz, * 28. 10. 1901 Wien, † 23. 7. 1959 ebd., Archäologe. 1933 und 1940–45 Prof. in Innsbruck; führend beteiligt an den Ausgrabungen in Carnuntum (1923–32), in Ephesos (1926–31, 1954ff.), Azmir (1930–32), Lavant (1948ff.) und Aguntum (1950–56).
Werke: Römerzeit in ö. Landen, 1948; Ephesos, Stadt der Artemis und des Johannes, 1958. – Hg. der Ztschr. Klio, 1937ff.

Minich, Peter, * 29. 1. 1927 St. Pölten, Kammersänger (Tenor). Ab 1950 am Stadttheater St. Pölten, 1953–55 in St. Gallen, 1955–60 an der Grazer Oper, 1960–87 an der Wr. Volksoper. Einer der bekanntesten Operettentenöre der Nachkriegszeit, später in Musicals, Rundfunk und Fernsehen.

Minkowitsch, Roland, * 13. 1. 1920 Spittal a. d. Drau (Kä.), † 22. 1. 1986 Mannersdorf a. d. March (Gem. Angern a. d. March, NÖ.), Landwirt und Politiker (ÖVP). 1970–80 Präs. des Ö. Bauernbunds, 1963–86 Abg. z. NR, 1968–70 Staatssekr. im BM. f Inneres, 1975–86 2. Präs. des NR.

Minor, Jakob (Pseud.: Junius, J. Löw), * 15. 4. 1855 Wien, † 7. 10. 1912 ebd., Literaturhistoriker und Essayist. Univ.-Prof. in Mailand, Prag und ab 1885 in Wien;

ab 1888 Ordinarius für dt. Sprache und Literatur; Mitarbeiter an der Weimarer Goethe-Ausgabe.

Werke: Hg.: Novalis' Schriften, 4 Bde., 1907; F. v. Saars Sämtl. Werke, 12 Bde., 1908. – Literatur: Verzeichnis der Schriften, hg. v. R. Zobel-Minor, 1913; O. M. Fontana, J. M., in: Wort in der Zeit I, 1955; S. Faerber, J. M. Stationen im Leben und Wirken, Diss., Wien 1999; ÖBL; NDB.

Mischel, Walter, * 22. 2. 1930 Wien, Psychologe. Nach Emigration seit 1940 in den USA; 1958–83 Prof. f. Psychologie an der Stanford University, der Harvard University und der University of Colorado, seit 1984 Niven Professor of Humane Letters an der Columbia University, New York, 1988–91 Vorsitzender des Department of Psychology. Veröffentlichte grundlegende Arbeiten zur Persönlichkeitspsychologie, arbeitet an einer sozial-kognitiven Theorie zur Struktur und Dynamik der Persönlichkeit. Gilt als einer der hervorragendsten Diagnostiker weltweit; Hg. der „Psychological Review".

Werke: Personality and Assessment, 1968; Introduction to Personality, 1971; Readings in Personality, 1973 (Mitautor).

Mises, Ludwig von, * 29. 9. 1881 Lemberg (Lwíw, UA), † 10. 10. 1973 New York (USA), Wirtschaftswissenschaftler; Bruder von Richard v. → Mises. Studierte Rechtswiss. in Wien, war ab 1906 Mitarbeiter der Handels- und Gewerbekammer in Wien und leitete dort die Finanzabteilung; 1918 Univ.-Prof. an der Univ. Wien und ab 1934 Lehrtätigkeit am Inst. des Hautes Etudes Internationales in Genf. 1938 von den Nat.-Soz. entlassen, 1940 Emigration in die USA; 1945–69 Lehrtätigkeit an der Graduate School of Business Administration der New York University. Gründete 1927 mit F. A. v. → Hayek das Wr. Inst. für Konjunkturforschung (heute Ö. Inst. f. Wirtschaftsforschung).

Werke: Theorie des Geldes und der Umlaufmittel, 1912; Nation, Staat und Wirt., 1919; Die Gemeinwirt., 1922; Liberalismus, 1927; Grundprobleme der Nationalökonomie, 1933; Human Action, 1949; Theory and History, 1957. – Literatur: Wirtschaftspolit. Blätter, Heft 4, 1981; Große Wirtschaftsdenker, hg. von der Ö. Volkswirt. Gesellschaft, [2]1994; K. R. Leube, Über L. v. M., 1996; NDB.

Mises, Richard von, * 19. 4. 1883 Lemberg (Lwíw, UA), † 14. 7. 1953 Boston (USA), Mathematiker; Bruder von Ludwig v. → Mises. Lehrte an den Univ. von Straßburg, Dresden, Berlin, Istanbul und ab 1939 an der Harvard University; befasste sich v. a. mit Strömungslehre, speziell unter Berücksichtigung des Flugzeugbaus; Begründer der „Ztschr. für Angewandte Mathematik und Mechanik".

Werke: Theorie der Wasserräder, 1909; Fluglehre, 1918; Wahrscheinlichkeitsrechnung und ihre Anwendungen in der Statistik und theoretischen Physik, 1931. – Literatur: Zentralbibl. für Physik in Wien (Hg.), Ö. Mathematik und Physik, 1993; NDB.

Missing Link, von Angela → Hareiter, Otto → Kapfinger und Adolf → Krischanitz 1970 in Wien gegr. Architektengruppe, die durch bewusste Grenzüberschreitungen (künstlerische Objekte, Graphik, Aktionen, Performances, Experimentalfilm u. ä.) das Repertoire der Architektur erweiterte. 1980 Auflösung der Gruppe.

Werke: Ausstellungen im Mus. d. 20. Jh. in Wien: Objekte und Grafiken, 1973; Via Trivialis, 1974 (Beitrag); Wr. Studien (Wohnbauprojekte, Siedlungsentwürfe, Möbeldesign), 1978.

Misson, Josef, * 14. 3. 1803 Mühlbach a. Manhartsberg (NÖ.), † 28. 6. 1875 Wien, nö. Mundartdichter. 1834 Piaristenpriester, ab 1825 Gymnasiallehrer und 1854–57 Bibliothekar in Krems, Wien und Horn. Sein Fragment gebliebenes Epos „Da Naz, a niederösterreichischer Bauernbui, geht in d'Fremd" (8 Gesänge, 1850; nach 1875 mehrfach aufgelegt) vermittelt ein Bild des damaligen Dorflebens.

Missong, Alfred, * 9. 3. 1902 Höchst a. Main (D), † 6. 6. 1965 Mistelbach (NÖ.), kath. Publizist, Diplomat. 1925–38 Redakteur der „Schöneren Zukunft"; von der Gestapo verfolgt. 1945–50 Chefredakteur der „Ö. Monatshefte", 1950–55 im diplomat. Dienst.

Literatur: C. Hoffmann, Der Publizist A. M. (1902–1965), Dipl.-Arb., Wien 1995; NÖB.

Mitgutsch, Waltraud Anna, * 2. 10. 1948 Linz (OÖ.), Erzählerin, Essayistin. Studierte Germanistik und Anglistik in Salzburg und war dann Assistentin an der Univ. Innsbruck; längere Aufenthalte in Israel, England, Korea und den USA. Ihre Romane befassen sich mit der Frau in ihrer soz. Lebenswelt. Fast dokumentarisch in der Darstellung der seelischen Zustände, schildert M. in ihrem mehrfach ausgezeichneten ersten Roman „Die Züchtigung" (1985) eine patholog. Mutter-Tochter-Beziehung.

Weitere Werke: Romane: Das andere Gesicht, 1986; Ausgrenzung, 1989; In fremden Städten, 1992; Abschied von Jerusalem, 1995; Haus der Kindheit, 2000. – Literatur: U. Fellnhofer-Lamm, Entwurzelungen. Fremdheitserfahrungen von Frauen in Werken von A. M., Dipl.-Arb., Wien 1997.

Mitis, Oskar, * 1. 6. 1874 Wien, † 22. 8. 1955 St. Johann i. Ti., Urkundenforscher und Historiker. Ab 1900 im Haus-, Hof- und Staatsarchiv tätig; angesehener Fachmann auf den Gebieten des Urkunden- und Verfassungswesens sowie der Genealogie.

Werke: Studien zum älteren ö. Urkundenwesen, 1892; Das Leben des Kronprinzen Rudolf, 1928; Urkundenbuch der Babenberger, 1950 (Mit-Hg.). – Literatur: MIÖG 64, 1956.

Mitscha-Märheim, Herbert, * 7. 2. 1900 Wien, † 8. 12. 1976 Ebendorf (Gem. Mistelbach, NÖ.), Frühgeschichtsforscher und Archäologe. Univ.-Prof. in Wien mit Arbeitsschwerpunkt Frühgeschichte Ö.

Werke: Der Oberleiserberg, 1937; Dunkler Jahrhunderte goldene Spuren, 1963; Archäologisches und Historisches zur Slawensiedlung in Ö., 1966; Germanen am mittleren Donaulimes (mit H. Friesinger), in: Die Römer an der Donau, Ausst.-Kat., Petronell 1973; Mistelbach. Geschichte, Bd. 1, 1974. – Schriftenverzeichnis in: Jb. für Landeskunde NÖ. 38, 1968/70; Nachtrag: Archäologia Austriaca, 61/62, 1977.

Mitterauer, Michael, * 12. 6. 1937 Wien, Historiker. Seit 1971 Prof. für Wirt.- und Sozialgeschichte an der Univ. Wien mit bes. Schwerpunkt auf Alltagsgeschichte und Oral History.

Werke: Karoling. Markgrafen im SO, fränk. Reichsaristokratie und bayer. Stammesadel im ö. Raum, 1963; Zollfreiheit und Marktbereich, 1969; Grundtypen alteurop. Sozialformen, 1979; Markt und Stadt im MA, 1980; Ledige Mütter, 1983; Sozialgeschichte der Jugend, 1986; Hist.-anthropolog. Familienforschung, 1990; Familie u. Arbeitsteilung, 1992; Ahnen und Heilige, 1993; Familie im 20. Jh., 1997 (Hg.); Dimensionen des Heiligen, 2000.

Mitterbauer, Peter, * 14. 11. 1942 Laakirchen (OÖ.), Industrieller. Studierte Maschinenbau und Betriebswirt. in Graz und Wien, anschließend Post-graduate-Ausbildung in den USA. Trat 1969 in das väterl. Unternehmen in Laakirchen (Miba AG) ein, dessen Vorstandsvorsitzender er 1986 wurde. 1988 wurde M. Präs. der oö. Industriellenvereinigung und 1990 Vizepräs. der oö. Wirt.-Kammer. Seit 1996 Präs. der Vereinigung der Ö. Industrie.

Mitterer, Erika (verehel. Petrowsky), * 30. 3. 1906 Wien, Lyrikerin, Erzählerin und Dramatikerin. 1929/30 Sekretärin des Kulturbundes in Wien; stand 1924–26 mit R. M. → Rilke in Briefwechsel („Briefwechsel in Gedichten", 1959). Ihre Literatur ist geprägt vom kath. Glauben, bevorzugt mytholog. Stoffe sowie soz. Themen und versucht eine Bewältigung des Phänomens NS-Zeit. Ö. Ehrenzeichen f. Wiss. u. Kunst 1985.

Weitere Werke: Gedichte: Dank des Lebens, 1930; Gesang der Wandernden, 1935; Zwölf Gedichte, 1946; Gesammelte Gedichte, 1956; Klopfsignale, 1970; Entsühnung des Kain, 1974; Das verhüllte Kreuz, 1985; Bibelgedichte, 1994. – Romane: Höhensonne, 1933; Der Fürst der Welt, 1940 (veränderte Neuaufl. 1988); Die nackte Wahrheit, 1952; Kleine Damengröße, 1953; Wir sind allein, 1945; Tauschzentrale, 1958; Alle unsere Spiele, 1977. – Ausgabe: P. Sela (Hg.), Das gesamte lyrische Werk, 3 Bde., 2001.

Mitterer, Felix, * 6. 2. 1948 Achenkirch (Ti.), Dramatiker, Hörspiel- und Drehbuchautor, Erzähler. Arbeitete zunächst beim Zollamt Innsbruck, 1970 wurden seine ersten Texte im ORF gesendet. M., der sich selbst als Volksautor und Heimatdichter bezeichnet, steht mit seinen Dramen in dialektaler Kunstsprache formal wie inhaltlich in der Tradition des Volksstücks. Die Themen kreisen um die soz. Isolation von Außenseitern sowie um das Eindringen des Faschismus in das dörfliche Leben in Ti. („Kein schöner Land“, 1987).

Weitere Werke: Dramen: Kein Platz für Idioten, 1977; Stigma. Eine Passion, 1982; Die wilde Frau, 1986; Verlorene Heimat, 1987; Die Kinder des Teufels, 1989; Sibirien, 1989; Ein Jedermann, 1991; Abraham, 1993; Krach im Hauses Gott, 1994; In der Löwengrube, 1998; Die Frau im Auto, 1998. – Kinderbuch: Superhenne Hanna, 1977. – Drehbücher: Der Narr von Wien (P. Altenberg), 1981; Die verkaufte Heimat, 2 Tle., 1988/89; Die Piefke-Saga, 1991. – Hörspiele. – Literatur: N. J. Meyerhofer (Hg.), F. M. A Critical Introduction, 1995.

Mitterer, Ignaz, * 2. 2. 1850 St. Justina (Gem. Assling, Ti.), † 18. 8. 1924 Brixen (S-Ti.), Kirchenkomponist. 1874 Priesterweihe, 1882–85 Domkapellmeister in Regensburg, 1885–1917 Kapellmeister am Dom zu Brixen; einer der Hauptvertreter des Cäcilianismus in Ö.; zahlr. Ehrungen (1905 Ehrenbürger von Brixen, 1906 Monsignore, 1917 Domherr).

Werke: 45 Messen; Motetten, Kirchenlieder (Auf zum Schwure). – Kirchenmusikal. Lehrbücher. – Literatur: ÖBL.

Mitterer, Otto, * 22. 10. 1911 Wien, † 7. 1. 1994 Kitzbühel (Ti.), Großkaufmann und Politiker (ÖVP). 1970–75 Präs. der Wr. Handelskammer, 1952–53 und 1956–75 Abg. z. NR, 1954–56 Mitgl. d. BR, 1968–70 BMin. f. Handel.

Mitterer, Wolfgang, * 6. 6. 1958 Lienz (Ti.), Komponist. 1978–83 Orgelstudium an der Wr. Musikhochschule, 1983–84 Studium der Elektroakustik in Stockholm. Ab 1986 Initiator und Mitbegründer verschiedener Ensembles in den Bereichen Jazz, New Wave, Volks- und Geräuschmusik: Pat Brothers (mit W. → Puschnig), Hirn mit Ei, Call Boys Inc., Dirty Tones (mit Tom Cora). 1991 Gründung des Labels Olongapo. Gilt als einer der wichtigsten Vertreter elektron.-experimenteller Musik in Ö.

Werke: Theatermusik: Der Erzbischof, 1986; Guernica, 1992; Siebzehn und Vier, 1995. – Mit dem Regen in die Traufe, 1984 (Elektronik); Turmbau zu Babel, 1993 (Stimmensinfonie); Krok, 1994 (Hörspielmusik); Waldmusik, 1994 (Hackbretter, Holzarbeiter, Sägewerk, Tonband); Ka und der Pavian, 1997 (Chor, 13 Instrumente, Ringbeschallung).

Peter Mitterhofer. Stich.

Mitterhofer, Peter, * 20. 9. 1822 Partschins (S-Ti.), † 27. 8. 1893 ebd., Tischler und Erfinder. Baute 1864–69 5 Schreibmaschinen, davon sind 4 erhalten (Wien, Bozen und Dresden). Die 2 ersten Modelle waren aus Holz, die weiteren aus Metall. Das letzte Modell von 1869 besaß mit Typenkorb, Unteranschlag, Blocktastatur, Schreibwalze, automatischem Zeilenvorschub und Mehrschrittmechanismus alle wesentl. Konstruktionsdetails der mechanischen Schreibmaschine. M. präsentierte seine Erfindungen 1864 und 1866 am kaiserl. Hof in Wien und erhielt dafür 200 und 150 Gulden, doch gewährte ihm das Polytechn. Inst. keine Unterstützung. Verbittert versteckte er seine Schreibmaschinen auf dem Dachboden, wo sie 1905 und 1911 entdeckt wurden.

Literatur: E. Lassnig, P. M. 1822–1893. Ein Pionier der Schreibmaschine, 1993; ÖBL; NDB.

Friedrich Mitterwurzer als Richard III. im gleichnamigen Drama von W. Shakespeare. Foto.

Mitterwurzer, Friedrich, * 16. 10. 1844 Dresden (D), † 13. 2. 1897 Wien, Schauspieler. 1871 Engagement am Burgtheater (Rollen im Helden- und Charakterfach, u. a. Faust und Mephisto, sowie zwiespältige, dämon. Charaktere). Pionier der Natürlichkeit in der Schauspielkunst. 1879–84 Oberregisseur am Stadttheater, 1884 Dir. des Carltheaters in Wien; 1886–94 Gastspielreisen nach Deutschland, Holland und Amerika; 1894–97 endgültig Rückkehr an das Burgtheater. Auch Vortragskünstler und Schriftsteller (Possen: Ein Sieg der Geschichte; Strohfeuer; Ein Hausmittel; Der liebe Cousin; Edgars Kammermädchen).

Literatur: E. Guglia, F. M., 1896; M. Burckhard, F. M., 1906; ÖBL; NDB.

Mixa, Franz, * 3. 6. 1902 Wien, † 16. 1. 1994 München (D), Komponist. 1929 Musikdir. in Reykjavík (Island), ab 1938 in Graz, 1952–57 Leiter des Stmk. Landeskonservatoriums, dann freischaffender Komponist in München.

Werke: Opern: Eyvind und sein Weib, 1937/38; Der Traum ein Leben, 1963. – Symphonien; Orchesterwerke (Isländische Rhapsodie, 1950); Lieder (Sechs Lieder im Volkston, 1980).

Mock, Alois, * 10. 6. 1934 Euratsfeld (NÖ.), Bundesbeamter und Politiker (ÖVP). 1962–66 Mitarbeiter der OECD-Vertretung in Paris, Sekr. und Kabinettschef von Bundeskanzler J. → Klaus, Beamter und Gesandter des BM f. auswärtige Angelegenheiten; 1971–78 Obmann des ÖAAB, 1979–89 Bundesparteiobmann der ÖVP, 1979–98 Präs. der Europ. und Internat. Demokrat. Union; 1969–70 BMin. f. Unterricht, 1970–87 und 1995–99 Abg. z. NR (1978–87 auch Klubobmann), 1987–89 Vizekanzler, 1987–95 BMin. f. auswärtige Angelegenheiten. Ö. Delegationsleiter bei den Beitrittsverhandlungen mit der Europ. Union. Entschiedener Vertreter der europ. Integration.

Literatur: H. Wachter, A. M., Ein Leben für Ö., 1994.

Model, Lisette, * 10. 11. 1906 Wien, † 30. 3. 1983 New York (USA), Fotografin. Studierte zunächst Komposition bei A. → Schönberg, setzte ihre Studien 1922 in Paris fort, heiratete 1936 den russ. Avantgardemaler Evsa Model und beschäftigte sich ab 1937 mit Fotografie. Ab 1938 lebte sie in den USA und erlangte dort als Fotografin (ab 1953, u. a. für „Harper's Bazaar“) internat. Bedeutung.

Modestus, Hl., Fest 5. Feb., Apostel Kä., Salzburger Chorbischof im 8. Jh., kam vor 767 im Auftrag → Virgils mit 4 Priestern zu den Karantanen, weihte Maria Saal, St. Peter in Holz und eine Kirche „ad Undrimas“ (bei Pöls, Stmk.) sowie viele andere ungenannte Orte. Hochgrab in Maria Saal (vermauerter vorroman. Tischaltar).

Mödl, Martha, * 22. 3. 1912 Nürnberg (D), Sängerin (Sopran bzw. Mezzosopran). Sang ab 1942 an dt. Bühnen, 1949/50 in London, ab 1951 in Bayreuth; ab 1955 auch an der Wr. Staatsoper (Leonore in Beethovens „Fidelio“ bei der Wiedereröffnung 1955).

Werk: So war mein Weg, 1998. – Literatur: W. E. Schäfer, M. M., 1967.

Mohn, Gottlob Samuel, * 4. 12. 1789, † 2. 12. 1825 Laxenburg (NÖ.), Porzellan- und Glasmaler. Arbeitete zunächst bei seinem Vater Samuel M., erhielt u. a. Zeichenunterricht von J. Schnorr v. Carolsfeld sowie an der Dresdner Akad. Ab 1811 in Wien, wo er eine eig. Werkstatt für Glasmalerei errichtete. Arbeitete mit A. → Kothgasser an den Glasfenstern des Laxenburger Schlosses (1813), schuf Glasbilder für Maria am Gestade (1820) und St. Ruprecht (1822) in Wien. Bes. beliebt waren seine mit transparenten Emailfarben bemalten Hohlgläser mit Landschafts- und Stadtansichten.

Literatur: G. E. Pazaurek u. E. v. Philippovich, Gläser der Empire- und Biedermeierzeit, 1976; NDB.

Mohr, Joseph, * 11. 12. 1792 Salzburg, † 4. 12. 1848 Wagrain (Sbg.), kath. Hilfsgeistlicher. Wirkte 1817–19 in Oberndorf b. Salzburg und war ab 1837 Vikar in

Wagrain. Verfasste am 24. 12. 1818 den Text zum Weihnachtslied „Stille Nacht! Heilige Nacht!". Denkmäler in Wagrain und Oberndorf.

Literatur: H. Spies, Über J. M., den Dichter von „Stille Nacht, heilige Nacht", in: Mttlg. d. Ges. f. Sbg. Landeskunde 84/85, 1944/45; T. Hochradner (Hg.), 175 Jahre „Stille Nacht! Heilige Nacht!", 1994; ÖBL; NDB.

Mohs, Friedrich, * 29. 1. 1773 Gernrode (D), † 29. 9. 1839 Agordo b. Belluno (I), Mineraloge und Montanist. Begründer der wiss. Mineralogie und der geognost. Landesaufnahme in Ö.; ab 1802 Prof. in Wien, ab 1811 Leiter des Joanneums und Initiator der systemat. geowiss. Erforschung der Stmk.; 1818 Prof. in Freiberg (Sachsen), 1826 Prof. in Wien, 1835 Leiter des Montanist. Museums in Wien. Er führte auf bloße äußere Kennzeichen ein Mineralsystem und die „m.sche Härteskala" ein und betrieb ausgedehnte mineralog.-geognost. Forschungsarbeiten in Ö.

Werke: Versuch einer Elementar-Methode zur naturhist. Bestimmung und Erkennung von Fossilien, 1812; Grundriß der Mineralogie, 2 Tle., 1822/24; Leichtfaßl. Anfangsgründe der Naturgeschichte des Mineralreiches, 1832. – Literatur: ÖBL; NDB.

Moik, Karl, * 19. 6. 1938 Linz (OÖ.), Moderator, Showmaster. Zunächst Verkäufer von Elektrogeräten und Alleinunterhalter, 1970–80 Moderator der Sendung „Volkstümliche Hitparade" bei Radio OÖ., seit 1981 Moderator des „Musikantenstadls" im Fernsehen. Kabarettpreis „Salzburger Stier" 2000.

Moissi, Alexander, * 2. 4. 1879 Triest (I), † 22. 3. 1935 Wien, Schauspieler. 1898 von J. → Kainz für das Theater entdeckt; 1898–1901 Engagement am Burgtheater, 1901–03 am Neuen Dt. Theater in Prag, 1904 bei M. → Reinhardt in Berlin. Häufig in Wien und bei den Sbg. Festspielen (1920 erster „Jedermann"). Galt in der Zwischenkriegszeit als einer der größten dt.-sprach. Schauspieler, bes. beeindruckende Darstellung „zerrissener" Charaktere in Dramen von W. Shakespeare, G. Büchner, H. Ibsen, L. Tolstoi u. a.

Literatur: E. Faktor, A. M., 1927; H. Böhm, M., 1927; I. Rohracher, Leben und Wirken des Schauspielers A. M., Diss., Wien 1951; R. Schaper, M., 2000.

Mojsisovics von Mojsvár, Johann August Edmund, * 18. 10. 1839 Wien, † 2. 10. 1907 Mallnitz (Kä.), Paläontologe und Geologe. Ab 1865 an der Geolog. Reichsanstalt, 1892–1900 deren Vizedir. Weltweit grundlegende Arbeiten über Stratigraphie und Ammonitenfaunen der alpinen Trias, bes. der Hallstätter Kalke.

Werke: Die Mollusken-Faunen der Zlambach- und Hallstätter Schichten, in: Abhandlungen der Geolog. Reichsanstalt, 1873–1875; Die Cephalopoden der mediterranen Triasprovinz, in: ebd., 1882; Die Cephalopoden der Hallstätter Kalke, in: ebd., 1893–1902. – Literatur: ÖBL; NDB.

Mojsisovics von Mojsvár, Roderich, * 10. 5. 1877 Graz (Stmk.), † 30. 3. 1953 ebd., Komponist, Musik- und Bühnenschriftsteller. 1912–31 Dir. des Stmk. Musikvereins (ab 1920 Konservatorium). 1932–35 und ab 1944 Lektor der Grazer Univ., dazw. (1935–44) in München und Mannheim; Lehrer von M. → Schönherr. Als Komponist M. Reger nahe stehend.

Literatur: M. Morold, R. M., 1924; K. Haidmayer, R. v. M., Diss., Graz 1951.

Molden, Ernst, * 30. 5. 1886 Wien, † 11. 8. 1953 ebd., Historiker, Journalist; Ehemann von Paula v. → Preradović, Vater von Fritz → Molden und Otto → Molden. 1921–39 Redakteur der Wr. Tageszeitung „Neue Freie Presse"; 1946–53 Gründer, Hg. und Chefredakteur der in der Tradition der „Neuen Freien Presse" stehenden Zeitung „Die Presse".

Werke: Die Orientpolitik des Fürsten Metternich, 1913; Fallmerayers Schriften und Tagebücher, 1913; Radetzky, 1915; Zur Geschichte des ö.-russ. Gegensatzes, 1916; Ein ö. Kanzler: Metternich, 1917. – Literatur: NDB.

Molden, Fritz, * 8. 4. 1924 Wien, Publizist und Verleger; Sohn von Ernst → Molden und Paula v. → Preradović, Bruder von Otto → Molden. 1944/45 Mitgl. der ö. Widerstandsbewegung. 1946 Redakteur, 1950–53 Verlagsdir., bis 1961 Hg. von „Die Presse", „Wochenpresse" und „Express", bis 1958 auch des „Bildtelegraf". 1965 Gründung des anfangs erfolgreichen F.-M.-Verlags (1982 nach Insolvenz eingestellt, 1999 neu gegr.).

Werke: Fepolinski und Waschlapski auf dem berstenden Stern, 1976; Besetzer, Toren, Biedermänner, 1980; Der Konkurs, 1984; Das Feuer in der Nacht, 1988. – Literatur: K. Schwarzenberg (Hg.), Fepolinski revisited. F. M. zum 75. Geburtstag, 1999.

Molden, Otto, * 13. 3. 1918 Wien, Kulturpolitiker; Sohn von Ernst → Molden und Paula v. → Preradović, Bruder von Fritz → Molden. Während der NS-Zeit mit seinem Bruder im Widerstand tätig und in polit. Haft; Gründer des Europ. Forums Alpbach und des Ö. Colleges 1945 sowie der Europ. Föderalist. Partei (EFP) 1960.

Werke: Der Ruf des Gewissens. Der ö. Freiheitskampf 1938–45, 1958; Odyssee meines Lebens und die Gründung Europas in Alpbach, 2001.

Moldovan, Kurt, * 22. 6. 1918 Wien, † 16. 9. 1977 ebd., Maler Graphiker, Aquarellist. Studierte in Wien an der Hochschule f. angew. Kunst und an der Akad. d. bild. Künste bei S. → Pauser. 1952 Beteiligung an der Biennale in Venedig. Sein Werk deckt mit polit., mytholog. und phantast. Themen ein breites Spektrum ab, auch Großstadtthemen spielten eine bes. Rolle. Großer Ö. Staatspreis 1968.

Werke: graph. Zyklen: Krieg, 1951; Tierkreis, 1956; Antike Szenen, 1962. – Zeichnungen, Aquarelle, Buchillustrationen, Bühnenbilder. – Literatur: O. Breicha (Hg.), K. M., kreuz und quer, 1980; F. Eder, K. M. Das druckgraph. Werk, 1990.

Molisch, Hans, * 6. 12. 1856 Brünn (Brno, CZ), † 8. 12. 1937 Wien, Botaniker. Pflanzenphysiologe, führend in der mikroskopisch-experimentellen Botanik, Mitbegründer der Mikrochemie der Pflanzenkörper. 1889–1928 Univ.-Prof. in Graz, Prag und Wien, 1931–37 Vizepräs. der Ö. Akad. d. Wiss. Unternahm 1897/98 eine botan. Forschungsreise um die Erde. Lehrte 1922–25 in Japan, 1928/29 in Indien. M. erbrachte den nach ihm benannten Nachweis für Traubenzucker und verfasste grundlegende Handbücher.

Werke: Leuchtende Pflanzen, 1904; Mikrochemie der Pflanzen, 1913; Pflanzenphysiologie als Theorie der Gärtnerei, 1916; Pflanzenphysiologie, [2]1921; Die Lebensdauer der Pflanze, 1930; Als Naturforscher in Indien, 1930; Autobiographie, 1934; Anatomie der Pflanze, [6]1954.

Molitor, Martin von, * 21. 2. 1759 Wien, † 16. 4. 1812 ebd., Landschaftsmaler. Schüler von J. C. → Brand an der Wr. Akad., gefördert von Fürst W. A. → Kaunitz. Lehnte 1795 eine Professur an der Akad. ab, bereiste 1802 mit J. → Gauermann Ti., schuf auf dieser Reise Illustrationen zum Ansichtenwerk „Prospecte aus dem Tyrol".

Literatur: C. Reinwetter, Studien zu M. v. M. 1759–1812, mit bes. Berücksichtigung der Kunstkritik seiner Zeit, Diss., Wien 1981.

Mölk (Mölck, Mölckh), Joseph Adam von, * um 1714 Wien, † 18. 2. 1794 ebd., Fresken- und Tafelmaler. Von A. → Pozzos perspektivischer Illusionsmalerei und von M. J. → Schmidt beeinflusst.

Werke: Altarbilder in Rottenburg am Neckar (1743). – Ti.: Ebbs bei Kufstein, Hall, Matrei am Brenner, Ehrenburg im Pustertal, Schlanders, Sillian. – Stmk.: Stift Rein, Schloss Thinnfeld bei Deutschfeistritz, Weizberg, Maria Lebing, Hartberg, Pernegg bei Bruck, Thörl bei Aflenz. – NÖ.: Groß-Siegharts, Tulbing, Heiligeneich, Hofarnsdorf, Maria Langegg, Michelhausen. – Literatur: J. M., Ausst.-Kat., Maria Langegg 1994; NDB.

Moll, Balthasar Ferdinand, * 4. 1. 1717 Innsbruck (Ti.), † 3. 3. 1785 Wien, Bildhauer. Erste Ausbildung bei

Fritz Molden. Foto, um 1965.

Friedrich Mohs. Lithographie von J. Kriehuber.

Alexander Moissi. Foto.

Ernst Molden. Foto.

seinem Vater Nikolaus M., übernahm das künstlerische Erbe von G. R. → Donner; 1751–54 Akad.-Prof. in Wien. Sein Spätwerk besitzt schon klassizist. Charakter.

Werke: Wien: Grabmäler im Stephansdom; Prunksärge der kaiserl. Familie in der Kapuzinergruft, u. a. Doppelsarkophag für Franz I. und Maria Theresia (1751–72, Hauptwerk); Reiterstandbild Franz' I. im Wr. Burggarten, 1781. – Literatur: U. König, B. F. M., Diss., Wien 1976; NDB.

Moll, Carl, * 23. 4. 1861 Wien, † 13. 4. 1945 ebd. (Selbstmord), Landschafts-, Interieur- und Stillleben-maler. Studierte an der Akad. d. bild. Künste in Wien bei C. → Griepenkerl, Schüler und Freund E. J. → Schindlers, dessen Frau er nach dessen Tod heiratete (dadurch auch Stiefvater von Alma → Mahler-Werfel). 1897 Mitbegründer der Wr. Secession, aus der er 1905 mit der Klimt-Gruppe austrat. Unterstützte die Klimt-Gruppe bis 1912 als künstlerischer Leiter der Galerie Miethke in Wien, organisierte mehrere Ausstellungen ausländischer Künstler in Wien und widmete sich anschließend wieder verstärkt der Malerei. In dieser Zeit entstanden großformatige Farblithographien und -holzschnitte. In den 20er Jahren Reisen nach Italien und Südfrankreich. In seinen späten Landschaftsbildern Überwindung des secessionist. flächenhaften Stils zugunsten expressiver, lichterfüllter Räumlichkeit.

Raimund Fürst Montecuccoli. Stich.

Literatur: M. Fritz, Der Wr. Maler C. M. (1861–1945), Diss., Innsbruck 1962; H. Dichand (Hg.), C. M. Seine Freunde – Sein Leben – Sein Werk, 1985; G. T. Natter u. G. Frodl, C. M. (1861–1945), Ausst.-Kat., Ö. Galerie Belvedere, Wien 1998; NDB.

Moll, Carl Ehrenbert Frh. von, * 21. 12. 1760 Thalgau (Sbg.), † 1. 2. 1838 Augsburg (D), Naturforscher. 1803/04 Dir. der Sbg. Landesregierung; lebte später in München. 1797–1803 Hg. von Jahrbüchern und Annalen zur Sbg. Landeskunde. Mehrere Tier- und Pflanzengattungen tragen seinen Namen.

Weitere Werke: Naturhist. Briefe über Ö., Sbg., Passau u. Berchtesgaden, 2 Bde., 1785 (mit F. Schrank); Mttlg. aus seinem Briefwechsel, 4 Bde., 1829–35.

Möller, Josef, * 21. 3. 1848 Pápa (H), † 4. 10. 1924 Graz (Stmk.), Pharmakologe. 1886 Univ.-Prof. in Innsbruck, 1893 in Graz, 1908–16 in Wien. Seine Bedeutung liegt auf dem Gebiet der Pharmakognosie, Lebensmittel- und techn. Warenkunde, die er durch seine exakten mikroskop. Untersuchungen auf eine sichere Grundlage stellte.

Werke: Mikroskopie der Nahrungs- u. Genußmittel, 1885 (^{3}1928); Realenzyklopädie der gesamten Pharmazie, 10 Bde., 1886–91 (Hg. mit E. Geissler); Lehrbuch der Pharmakognosie, 1889; Pharmakognost. Atlas, 1892; Lehrbuch der Arzneimittellehre, 1893. – Literatur: E. Lesky, Die Wr. Medizin. Schule im 19. Jh., ^{2}1978; ÖBL.

Molny-Pluch, Erika (geb. Smolnig), * 28. 6. 1932 Klagenfurt (Kä.), † 26. 8. 1990 Wien, Erzählerin, Lyrikerin, Dramatikerin. Studierte Wirtschaftswiss. in Wien, verfasste Drehbücher für das Fernsehen und ab Mitte der 70er Jahre Kabaretttexte. Gründete 1987 die Frauenkabarettgruppe „Die Menubeln".

Werke: Romane: Bruchstücke, 1984; Die Frau des Malers, 1988. – Erzählungen: Der liebe Gott des Waldviertels, 1986 (mit ihrem Mann T. Pluch). – Dramen: Der Turm, 1986; Perpetuum mobile, 1989.

Andreas Molterer. Foto, um 1956.

Molterer, Andreas („Anderl"), * 8. 10. 1931 Kitzbühel (Ti.), Skirennläufer. Gewann 1952–59 10 ö. Meistertitel sowie 4-mal das Hahnenkammrennen. Seine größten internat. Erfolge waren bei der Weltmeisterschaft 1954 ein 3. Platz im Riesenslalom und bei den Olymp. Spielen 1956 die Silbermedaille im Riesenslalom und die Bronzemedaille in der Abfahrt.

Molterer, Wilhelm, * 14. 5. 1955 Steyr (OÖ.), Politiker (ÖVP). Studierte Sozial- und Wirt.-Wiss. in Linz. Ab 1987 im Büro des Landw.-Min. tätig; 1989–93 Dir. des Ö. Bauernbundes; 1993–94 Gen.-Sekr. der ÖVP. 1990–94, 1996 und 1999–2000 Abg. z. NR; 1994–2000 BMin. f. Land- und Forstw., seit 2000 BMin. f. Land- und Forstw., Umwelt und Wasserwirt.

Mönch von Salzburg, → Hermann, Mönch von Salzburg.

Monn (Mann), Matthias Georg, * 9. 4. 1717 Wien, † 3. 10. 1750 ebd., Komponist. Organist in Klosterneuburg und Melk, Lehrer von J. G. → Albrechtsberger; wichtige Leistungen für die Entwicklung der Instrumentalformen der Wr. Klassik (v. a. in seinen Symphonien und Konzerten).

Werke: 16 Symphonien, 6 Quartette, Sonaten, Partiten, Violin- und Klaviermusik, 3 Messen. – Ausgabe: Denkmäler der Tonkunst in Ö., Bd. XV und XIX/2, 1912.

Montag, Antonie, → Mansfeld, Antonie.

Montag, Louise (eigentl. Aloisia Pintzker), * 13. 4. 1849 Wien, † 19. 3. 1927 ebd., Volkssängerin. Begann schon im Alter von 17 Jahren ihre erfolgreiche Karriere; zunächst Auftritte in der Gesellschaft von Antonie → Mansfeld, später mit einer eig. Gesellschaft, ab 1883 Duette mit Edmund → Guschelbauer. Brillante Jodlerin und populäre Schlagersängerin mit wunderbarer Stimme („Lercherl von Hernals").

Montecuccoli, Raimund Fürst, * 21. 2. 1609 Schloss Montecuccoli b. Modena (I), † 16. 10. 1680 Linz (OÖ.), General. Trat 1625 in den ö. Militärdienst, war Präs. des Hofkriegsrats und Schöpfer des 1. stehenden Heers in Ö. Kämpfte im 30-jähr. Krieg und im schwedisch-poln. Krieg erfolgreich gegen die Schweden, besiegte 1664 die Türken bei Mogersdorf und befehligte das ö. Heer gegen Frankreich 1672–75. M. war für Ks. Ferdinand III. auch als Diplomat tätig und einer der bedeutendsten Militärtheoretiker und -schriftsteller des 17. Jh. Grabmal in der Kapuzinerkirche in Linz.

Ausgabe: Ausgewählte Schriften, 4 Bde., 1899–1900. – Literatur: F. Stöller, R. M., in: H. Hantsch, Gestalter der Geschicke Ö., 1962.

Montenuovo, Alfred Fürst von, * 16. 9. 1854 Wien, † 6. 9. 1927 ebd., Hofbeamter; Sohn von Wilhelm Albrecht Fürst v. → Montenuovo. Ab 1898 im Dienst des Kaiserhofs, ab 1909 1. Obersthofmeister; entschiedener Gegner des Thronfolgers → Franz Ferdinand, 1917 von Ks. → Karl I. entlassen.

Literatur: M. Silber, Obersthofmeister A. F. v. M., Diss., Wien 1992.

Montenuovo, Wilhelm Albrecht Fürst von (seit 1864), * 9. 8. 1821 Salagrande b. Parma (I), † 7. 4. 1895 Wien, General; stammte aus der Verbindung von Erzherzogin → Marie Louise, Herzogin von Parma, mit A. A. Gf. → Neipperg; Vater von Alfred Fürst v. → Montenuovo. Zeichnete sich 1848 bes. aus.

Montfort, nach dem Stammsitz bei Götzis in Vbg. benanntes Adelsgeschlecht, begründet von Hugo von M. († 1235), einem Sohn Hugos von Tübingen († 1182), dem Gründer von Feldkirch. 1258 Spaltung in die Linien M.-Feldkirch (bis 1390), M.-Bregenz (bis 1338) und M.-Tettnang-Bregenz (bis 1536); eine jüngere Linie Tettnang erlosch 1787. Die umfangreichen Besitzungen fielen an die → Habsburger, das rote Banner der M. ist Landeswappen von Vorarlberg.

Literatur: Die Montforter, Ausst.-Kat., Bregenz und Feldkirch 1982; K. H. Burmeister, Die Grafen von M., 1996.

Monti, Alois, * 13. 10. 1839 Abbiategrasso b. Mailand (I), † 30. 10. 1909 Wien, Kinderarzt. Nach Studium in Mailand Assistent am St.-Anna-Kinderspital in Wien. Leitete ab 1872 die 2. Kinderabteilung der Wr. Poliklinik. Ab 1887 Univ.-Prof., ab 1893 Dir. der Allg. Poliklinik in Wien.

Literatur: ÖBL.

Montluisant, Johann, * 1768 Boucoigne (B), † 9. 8. 1816 Weidenau (Vidnava, CZ), Offizier. Hielt am 8. 11. 1805 mit freiwilligen Wr. Deutschmeistern die Franzosen vor Mariazell auf, bis die Schätze des Gnadenorts in Sicherheit gebracht waren. Wurde als „Retter von Mariazell" mit dem Maria-Theresien-Orden ausgezeichnet.

Literatur: L. Reiter, Das Geheimnis des Silbergitters, 1965.

Montoyer, Louis de, * um 1749 Mariemont (B), † 5. 6. 1811 Wien, Architekt. Bedeutendste baukünstlerische Persönlichkeit Belgiens im späten 18. Jh.; Hofarchitekt des Gouverneurs Hzg. → Albert Kasimir v. Sachsen-Teschen, dem er 1795 nach Wien folgte. Seine Hauptwerke sind der Zeremoniensaal der Wr. Hofburg und das Palais Rasumofsky (Geolog. Anstalt), beide 1807 vollendet. M. vertrat eine monumental empfundene, barocke und klassizist. Elemente vereinigende Stilsprache, deren Synthese von Kaiser und Adel als bes. repräsentativ empfunden wurde.

Werke: Wien: Bau der Verbindung des leopoldinischen Trakts mit der alten Hofburg, 1801–02 (Zeremoniensaal); Umbau der Albertina, 1801–04; Umbau der Hofburgkapelle, 1802; Aufstockung des Churhauses, 1806; Umgestaltung der Malteserkirche, 1806–08. – NÖ.: Redoute Baden, 1801 (1908 demoliert).

Moog, Heinz (eigentl. Gustav Heinrich), * 28. 6. 1908 Frankfurt a. Main (D), † 9. 5. 1989 Wien, Kammerschauspieler. 1943–69 Ensemblemitgl. des Burgtheaters; nach freiwilligem Ausscheiden aus dem Ensemble war er 1976–80 Gast am Burgtheater. Ab 1948 bei den Sbg. Festspielen, daneben internat. Film- und Fernsehproduktionen. Rundfunk- und Vortragstätigkeit; zahlr. Auszeichnungen (1955 Kammerschauspieler, 1977 Kainz-Medaille, 1978 Ehrenmitgl. des Burgtheaters).

Literatur: D. Sommer, H. M. Menschengestalter am Wr. Burgtheater, Diss., Wien 1972.

Moosbrugger (eigentl. Mosbrugger), Vbg. Baumeisterfamilie des 17. und 18. Jh., gehört zur Vorarlberger Schule der barocken Kirchenbaukunst. Wichtigster Vertreter der Familie war Andreas → Moosbrugger.

Moosbrugger, Andreas, * 15. 5. 1656 Au (Vbg.), † 26. 8. 1723 Einsiedeln (CH), Baumeister des Klosters Einsiedeln (in das er 1683 als Bruder Kaspar eintrat) und anderer Schweizer Klöster (Muri, Disentis, Seedorf). Als Theoretiker steht er hinter den „Auer-Lehrgängen", dem in der Auer-Zunft verwendeten Lehr- und Vorlagenmaterial.

Literatur: A. F. A. Morel, A. und Peter Anton M., 1973; W. Oechslin (Hg.), Die Vbg. Barockbaumeister, 1973.

Morak, Franz, * 25. 5. 1946 Graz (Stmk.), Schauspieler, Regisseur und Politiker (ÖVP). Absolvent der Hochschule für Musik und darst. Kunst in Graz und Hörer des Wr. Reinhardt-Seminars. Erstes Engagement am Wr. Volkstheater (u. a. in P. → Turrinis „Rozznjagd"), seit 1974 am Burgtheater, hier auch 1986–92 Ensemblevertreter. In den 80er Jahren auch als Rockmusiker tätig. 1990 erste erfolgreiche Regiearbeit mit F. → Mitterers „Sibirien" (mit F. → Muliar) am Wr. Akademietheater. 1985 Kainz-Medaille. 1994 Beginn der polit. Karriere: 1994–2000 Abg. z. NR, seit 2000 Staatssekr. für Kunst und Medien im Bundeskanzleramt.

Werk: Die organisierte Kreativität, 1999 (Hg.).

Moralt, Rudolf, * 26. 2. 1902 München (D), † 16. 12. 1958 Wien, Kapellmeister; Neffe von R. → Strauss. 1937–40 Dir. der Grazer Oper; 1938–40 Gastdirigent, ab 1940 1. Dirigent der Wr. Staatsoper, 1952 bei den Sbg. Festspielen. Trat v. a. als Mozart-, Wagner- und Strauss-Interpret hervor.

Morath-Miller, Inge, * 27. 5. 1923 Graz (Stmk.), Fotografin. Nach Sprachstudien in Berlin und Bukarest war sie nach dem Ende des 2. Weltkriegs als Journalistin in Salzburg tätig und wurde 1946 Redakteurin der Ztschr. „Heute" in Wien (Zusammenarbeit mit E. → Haas). Auf zahlr. Reisen (Europa, Afrika, USA usw.) schuf sie Bildreportagen, die ab 1953 in „Magnum", „Life", „Holiday", „Paris-Match" und anderen Zeitschriften erschienen. Seit 1962 mit dem amerikan. Schriftsteller Arthur Miller verheiratet.

Literatur: K. Kaindl (Hg.), I. M. Fotografien 1952–1992, 1998; E. Arnold, Die Magnum-Fotografinnen, 1999.

Moravec, Fritz, * 27. 4. 1922 Wien, † 17. 3. 1997 ebd., Alpinist, Reiseschriftsteller, Gründer und 1962–91 Leiter der Hochgebirgsschule Glockner Kaprun. Zahlr. Expeditionen (u. a. Karakorum mit Erstbesteigung des Gasherbrum II, 8045 m). Setzte sich zuletzt bes. für die Alpinausbildung bei Kindern und Jugendlichen ein.

Werke: Weiße Berge – schwarze Menschen, 1958; Dhaulagiri – Berg ohne Gnade, 1960; Gefahren und Gefährten, 1961.

Moreau, Charles de (Karl von), * 1758 Paris (F), † 3. 11. 1840 Wien, Architekt und Maler; Vater des Malers Nikolaus M. (1805–1834). Ausgebildet in Paris, u. a. bei J.-L. David, kam in den 1790er Jahren nach Ö., fand bei Hof wegen seiner früheren republikan. Verbindungen aber nur als Festdekorateur Verwendung. M. wurde jedoch von den Esterházy verpflichtet, für die er das Schloss in Eisenstadt (1805 in unvollendetem Zustand abgeschlossen) und die Kirche bzw. das Mausoleum in Nagyganna (H), 1818, entwarf. Später betätigte er sich vornehmlich als Historien- und Genremaler. Zwischen Repräsentation und Rationalität den Ausgleich suchend, zählte M. zu den wichtigsten Vermittlern franz. Bauideen und beeinflusste wesentlich die Architektur des Vormärz.

Weitere Werke: Dianabad (Wien 2), 1808; Palais Pálffy (Wien 1), 1809–13; ehem. Nationalbank (Wien 1), 1823. – Literatur: ÖBL.

Moreno, Jakob Levy (eigentl. Jakob Moreno Levy), * 18. 5. 1889 Bukarest (RO), † 14. 5. 1974 Beacon (USA), Lyriker, Dramatiker und Psychotherapeut. Stammte aus einer jüd.-türkischen Familie; 1918–25 Arzt in Bad Vöslau. Veröffentlichte expressionist. Lyrik („Einladung zu einer Begegnung", 2 Hefte, 1914), redigierte die Ztschr. „Daimon" (1918) und entwickelte in seinen Stücken („Die Gottheit als Autor", 1922; „Die Gottheit als Komödiant", 1922) ein radikal neues gruppentherapeut. Theaterkonzept („Das Stegreiftheater", 1923). 1925 übersiedelte M. in die USA und wurde Leiter einer Klinik in Beacon, Univ.-Prof. in New York und Präs. des von ihm gegr. „World Center for Psychodrama, Sociometry and Group Psychotherapy". Er gilt als Vater der Soziometrie („Who Shall Survive", 1934).

Weitere Werke: Das Testament des Vaters, 1920; Der Königsroman, 1923; Rede über den Augenblick, 1923; Rede vor dem Richter, 1925; Gruppenpsychotherapie und Psychodrama, 1959. – Literatur: H. Reindell, J. L. M., Diss., Mainz 1975; P. Pörtner, Einladung zu einer Begegnung. Der Dichter J. L. M., in: Protokolle, Heft 2, 1976; B. Marschall, „Ich bin der Mythe". Von der Stegreifbühne zum Psychodrama J. L. M., 1988; A. P. Hare u. J. R. Hare, J. L. M., 1996; B. Marschall, Lebens-Spiel als Theater-Spiel, 1996; F. Buer (Hg.), M. therapeut. Philosophie, [3]1999.

Moretti, Tobias, * 11. 7. 1959 Innsbruck (Ti.), (Film-) Schauspieler. Ab 1978 Kompositionsstudium in Wien, ab 1980 Schauspielstudium in München. 1984–85 Mitgl. des Bayr. Staatsschauspiels München, seit 1986 Mitgl. der Münchner Kammerspiele; Gastspiele u. a. am Wr. Burgtheater und am Theater in der Josefstadt. Wurde 1994–97 als Kriminalbeamter Moser in der TV-Serie „Kommissar Rex" populär. Zahlr. Auszeichnungen: 1999 Grimme-Preis für den Film „Krambambuli" (1998), 2001 „Romy" als beliebtester Schauspieler Ö.

Weitere Filme: Die Piefke-Saga, 1990; Workaholic, 1996; Todfeinde, 1999; Tanz mit dem Teufel, 2000.

Morgenstern, Oskar, * 24. 1. 1902 Görlitz (D), † 26. 7. 1977 Princeton (USA), Nationalökonom. Nach Studium in Wien 1930–38 Dir. des Ö. Inst. f. Konjunkturforschung und 1935–38 Prof. in Wien. Emigrierte 1938 in die USA, wo er Prof. in Princeton und Dir. des Economic Research Program wurde. Gründete 1963 das Institut für Höhere Studien (IHS) in Wien, das er bis 1970 leitete; danach kehrte er in die USA zurück (Prof. in New York bis 1976). M. war der Begründer der Spieltheorie und hatte als Berater der US-Regierung großen Einfluss.

Werke: Wirtschaftsprognose. Eine Untersuchung ihrer Voraussetzungen und Möglichkeiten, 1928; Die Grenzen der Wirtschaftspolitik, 1934; Spieltheorie und Wirtschaftswiss., 1963.

Möring, Karl, * 19. 5. 1810 Wien, † 26. 12. 1870 ebd., Feldmarschallleutnant, Diplomat und Publizist. Schrieb das 2-bändige Werk „Sibyllinische Bücher aus Ö." (1848), eine Anklage gegen das metternichsche System, die zum Ausbruch der Revolution 1848 beitrug.

Literatur: A. Wandruszka, K. M., in: MIÖG 53, 1939; NDB.

Morini, Erica, * 5. 1. 1905 Wien, † 1. 11. 1995 New York (USA), Geigerin. Erhielt Unterricht bei ihrem Vater und als eine der ersten Frauen am Wr. Konservatorium; konzertierte ab 1916 als Solistin u. a. mit dem Leipziger Gewandhausorchester unter A. Nikitsch und mit den Berliner Philharmonikern sowie in der Carnegie Hall in New York. Emigrierte 1938 in die USA, wo sie bis 1976 Konzerte gab und unterrichtete.

Moritz, Herbert, * 30. 3. 1927 Salzburg, Journalist und Politiker (SPÖ). 1969–77 Abg. z. Sbg. Landtag, 1977–84 Landeshauptmann-Stellv., 1984–87 BMin. f. Unterr., Kunst und Sport.

Moro, Gotbert, * 18. 2. 1902 Hermagor (Kä.), † 23. 11. 1987 Klagenfurt (Kä.), Landeshistoriker, Dir. des Landesmuseums für Kä. und des Kä. Landesarchivs. 1939–70 Redakteur der Ztschr. „Carinthia I"; Hon.-Prof. an der Univ. Graz.

Werke: zahlr. Schriften zur Landesgeschichte Kä. – Literatur: Festschrift für G. M., Carinthia I 152, 1962.

Morold, Max (eigentl. M. v. Millenkovich, auch M. v. Millenkovich-M.), * 2. 3. 1866 Wien, † 5. 2. 1945 Baden (NÖ.), Dramatiker, Musik- und Theaterkritiker; Sohn von S. → Milow. Beamter im Unterrichtsministerium, 1917/18 Burgtheater-Dir.; Vorsitzender der dt.-nat. „M.-Runde". Verfasser mehrerer Opernlibretti (mit dem Komponisten J. → Reiter), Biographien und von Werken über R. Wagner; Nestor der dt.-nat. Literatur in Ö. und Hg. der Anthologie „Dichterbuch – Dt. Glaube, dt. Sehen und dt. Fühlen in Ö." (1933), die zum ersten Mal die dt.-völkischen Autoren der 1. Republik versammelte.

Werke: Das Kä. Volkslied und T. Koschat, 1895; F. v. Saar, 1909; A. Bruckner, 1912; H. Wolf, 1912; Über F. Liszt, 1913; Die ö. Tonkunst, 1918; Mozart, 1931; Dreigestirn Wagner, Liszt, Bülow, 1940; Vom Abend zum Morgen, 1940 (Autobiographie).

Ignaz Franz von Mosel. Lithographie von J. Kriehuber, 1830.

Morré, Karl, * 8. 11. 1832 Klagenfurt (Kä.), † 21. 2. 1897 Graz (Stmk.), Dramatiker, Volksschriftsteller, Politiker. Schrieb Singspiele, Schwänke und Possen in stilisierter Mundart und schuf mit dem „Nullerl" (1885) ein oftmals aufgeführtes Paradevolksstück. In seinen Schriften („Die Arbeiterpartei und der Bauernstand", 1891) trat er für die soz. Anliegen der Landbevölkerung ein.

Weitere Werke: Volksstücke: Schörl, 1879; Die Familie Schneck, 1881; Ein Regimentsarzt, 1910.

Morscher, Edgar, * 23. 1. 1941 Bludenz (Vbg.), Philosoph. Studierte Philosophie und Theologie in Innsbruck; seit 1972 Univ.-Prof. an der Univ. Salzburg, 1993–95 Rektor. Mitarbeiter an der Gesamtausgabe B. Bolzanos.

Werke: Das logische An-sich bei B. Bolzano, 1973; Technik im Wertwandel, 1986; Was sind, was sollen und was können Formalisierungen im Recht?, 1988; Zum moralischen Denken, 1995; Bolzanos Kampf gegen Nationalismus und Rassismus, 1996 (Hg. mit O. Neumaier); B. Bolzanos geistiges Erbe für das 21. Jh., 1999 (Hg.).

Mortier, Gerard, * 25. 11. 1943 Gent (B), Kulturmanager und Operndirektor. 1968–72 Leiter des Flandern Festivals; ab 1973 in den Direktionen der Opern Düsseldorf, Frankfurt, Hamburg, Paris, 1981 Dir. des Théâtre de la Monnaie in Brüssel. 1992–2001 Dir. der Salzburger Festspiele.

Literatur: R. Christiansen, G. M., in: Opera, 1990.

Morton, Frederic (eigentl. Fritz Mandelbaum), * 5. 10. 1924 Wien, Schriftsteller. Emigrierte 1939 nach London, wo er als Bäcker arbeitete, 1940 weiter in die USA; studierte Lebensmittelchemie und arbeitete in einem Industrielabor; ab 1949 beschäftigte er sich mit Sozial- und Literaturwiss., veröffentlichte bald aber auch eig. Bücher und Artikel. Als Schriftsteller schreibt er vorwiegend in engl. Sprache; mit „The Rothschilds. A Family Portrait" („Die Rothschilds. Ein Portrait der Dynastie", 1962) erzielte er 1962 seinen weltweiten Durchbruch. In vielen seiner Romane beschäftigt er sich mit der Geschichte Ö. Zweimal für den National Book Award nominiert.

Weitere Werke: The Hound, 1947; The Darkness Below, 1949; Asphalt and Desire, 1952 (Asphalt und Begierde, 1961); The Witching Ship, 1960 (Das Zauberschiff, 2000); The Schatten Affair, 1965 (Die Affäre Schatten, 1966); Snow Gods, 1968; The Unknown Woman, 1976; A Nervous Splendour – Vienna 1888/89, 1979 (Schicksalsjahr Wien 1888/89, 1981; Ein letzter Walzer: Wien 1888/89, 1997); The Forever Street, 1984 (Ewigkeitsgasse, 1986); Crosstown Sabbath, 1987 (dt. 1993); Thunder at Twilight. Vienna 1913–1914, 1989 (Wetterleuchten, Wien 1913/14, 1990); Geschichten aus zwei Welten, 1994.

Morton, Friedrich, * 1. 11. 1890 Görz (Gorizia, I), † 10. 7. 1969 Hallstatt (OÖ.), Höhlenforscher und Reiseschriftsteller. Gründete aus eig. Mitteln die Botan. Station in Hallstatt und war ab 1925 Leiter des Hallstätter Museums. 1937–40 wurde unter M. ein bed. Gräberfeld der Hallstattkultur freigelegt. Leitete die Erforschung der Dachsteinhöhlen.

Werke: Höhlenpflanzen, 1925 (mit H. Gams); Leute zw. Berg und See, 1930; Vorarbeiten zu einer Pflanzengeographie des Salzkammergutes, 1947–68; Urwald, 1948; Im Schatten der Anden, 1949; Xelahuh, 1950; Tierra, Tierra, 1957; Der urzeitl. Salzbergbau in Hallstatt, 1963; Hallstatt, ^{10}1967.

Mosel, Ignaz Franz von, * 1. 4. 1772 Wien, † 8. 4. 1844 ebd., Komponist und Musikschriftsteller. Eine der wichtigsten Persönlichkeiten des Musiklebens im Vormärz, soll 1812 in Wien als Erster (abgesehen von Landgraf Ludwig von Hessen 1801) mit dem Taktstock dirigiert haben. Leitete 1812–16 die jährl. Musikfeste der Ges. der Musikfreunde in Wien; 1820–29 Vize-Dir. der beiden Hoftheater, ab 1829 Leiter der Hofbibliothek.

Werke: Opern: Die Feuerprobe, Salem, Cyrus und Astyages. – Lieder, Psalmen, Chorwerke, Orchestertänze und -märsche. – Schriften: Versuch einer Ästhetik des musikal. Tonsatzes, 1813; Über das Leben und die Werke des A. Salieri, 1827; Geschichte der k. k. Hof-Bibl. in Wien, 1835; Über die Originalpartitur des Requiems von W. A. Mozart, 1842. – Literatur: T. Antonicek, I. F. M., 1962; E. Hilscher (Hg.), 200 Jahre Musikleben in Erinnerungen, 1998; ÖBL.

Moser, Albert, * 16. 7. 1920 Graz (Stmk.), Musikmanager. 1947–64 Gen.-Sekr. des Musikvereins für Stmk. und der Grazer Sommerspiele, 1961 der Wr. Staatsoper; 1963–73 Dir. der Wr. Volksoper; 1972–82 Gen.-Sekr. der Ges. der Musikfreunde in Wien; 1983–85 Präs. der Sbg. Festspiele.

Moser, Annemarie E., * 17. 8. 1941 Wr. Neustadt (NÖ.), Schriftstellerin. Arbeitete bis 1979 als Buchhalterin, danach freie Schriftstellerin. Veröffentlichte 1980 ihren ersten Gedichtband „Anreden“ und 1981 den Roman „Türme“.

Weitere Werke: Vergitterte Zuflucht, 1982; Umbruch des Herzens, 1984; Das eingeholte Leben, 1986; Andeutungen eines lebendigen Menschen, 1991, Spurenlegen, 2000. – Literatur: H. Schmölzer, Frau sein & schreiben, 1982.

Moser, Daniel, * 30. 10. 1570 Wien, † 23. 10. 1639 ebd., 1610–13, 1616–23 und 1626–37 Bürgermeister von Wien. Stand in der kath. Restauration auf der Seite Ks. → Ferdinands II.

Literatur: F. Czeike, Wien und seine Bürgermeister, 1974.

Moser, Erwin, * 23. 1. 1954 Wien, Schriftsetzer, Kinder- und Jugendbuchautor. Schreibt und illustriert überwiegend Tiergeschichten als Spiegel menschl. Lebens. Verarbeitet oft eigene Erlebnisse aus seiner Kindheit im Bgld. Bes. bekannt sind seine Geschichten vom Elefanten „Winzig“ und seine „Kalendergeschichten“ (1985ff.).

Werke: Jenseits der großen Sümpfe, 1980; Großvaters Geschichten, 1981; Winzig sucht die Elefanten, 1988; Der Rabe Alfons, 1990; Der karierte Uhu, 1992; Koko mit dem Zauberschirm, 1992; Koko und der weiße Vogel, 1993; Winzig. Das große Buch vom kleinen Elefanten, 1993; Der glückliche Biber, 1994; Das Findelkind, 1995; Mario der Bär, 1996; Die geheimnisvolle Eule, 1997; Manuel und Didi, 1998; Der Mäusejaguar, 1999; In allem ist eine Geschichte verborgen, 2000.

Moser, Hans (eigentl. Jean Julier), * 6. 8. 1880 Wien, † 19. 6. 1964 ebd., (Film-)Schauspieler. Sprechunterricht beim Hofschauspieler J. Moser (danach Wahl des Künstlernamens). 1897 1. Engagement in Böhmen, ab 1903 am Theater in der Josefstadt. Zog 1907 mit Wanderbühnen durch die ö.-ungar. Monarchie, 1910 Kabarett-, Revue- und Theaterengagements in Wien. 1925 von M. → Reinhardt an die Josefstadt engagiert, später auch an die Sbg. Festspiele. Theaterarbeit in Deutschland und Ö.; ab 1922 Filmarbeit, durch die er hohe Popularität und große Bekanntheit auch nach seinem Tod erreichte. Wird von Kritikern als einer der wichtigsten Filmkomiker eingestuft.

Filme: Die Stadt ohne Juden, 1924; Leise flehen meine Lieder, 1933; Maskerade, 1934; Burgtheater, 1936; Die dreizehn Stühle, 1938; Das Ekel, 1939; Wr. G'schichten, 1940; Schrammeln, 1943; Der Hofrat Geiger, 1947; Der Herr Kanzleirat, 1948; Hallo Dienstmann, 1951; Die Fledermaus, 1962. – Fernsehfassung von „Geschichten aus dem Wiener Wald“ von Ö. v. Horváth, 1961. – Literatur: G. Markus, H. M. Ich trag' im Herzen drin, 1980; H. Schulz, H. M., 1980; D. Kresse, Nur ein Komödiant? H. M. in den Jahren 1938–45, 1994; M. Nachmann, Der späte H. M., 4 Bde., Diss., Wien 1996; NÖB.

Moser, Johann Baptist (eigentl. J. B. Müller), * 25. 11. 1799 Wien, † 6. 12. 1863 ebd., Wr. Volkssänger des Biedermeier. Dichtete und komponierte viele Wienerlieder; brachte das Wienerlied von der Straße auf die Bühne und hob auch dessen sprachl. Niveau.

Moser, Josef, * 1. 4. 1918 St. Gallen (CH), † 8. 4. 1993 Hoch-Zirl (Gem. Zirl, Ti.), Mitbegründer, langjähr. Hg. und Chefredakteur der „Tiroler Tageszeitung“. Nach der begonnenen Kooperation mit dem Axel-Springer-Verlag 1989 zog sich M. schrittweise aus Geschäftsführung und Chefredaktion zurück, übernahm den Vorsitz im Aufsichtsrat und behielt die Herausgeberstellung. M. war u. a. Mitbegründer der Austria Presse Agentur und Präs. des Verbandes Ö. Zeitungsherausgeber und Zeitungsverleger.

Moser, Josef, * 2. 1. 1919 St. Lambrecht (Stmk.), Versicherungsangestellter und Politiker (SPÖ). 1959–79 Abg. z. NR, 1970–79 BMin. f. Bauten u. Technik.

Moser, Kolo (eigentl. Koloman M.), * 30. 3. 1868 Wien, † 18. 10. 1918 ebd., Maler, Graphiker und Kunstgewerbler. Studierte an der Wr. Akad. und an der Wr. Kunstgewerbeschule, Gründungsmitgl. der Wr. Secession, ab 1899 Lehrer an der Wr. Kunstgewerbeschule. Gründete 1903 mit J. → Hoffmann die Wr. Werkstätte und übernahm mit diesem deren künstlerische Leitung. Mitarbeit an den Zeitschriften „Ver Sacrum“, „Hohe Warte“ und „Der liebe Augustin“. Entwarf 1904 das Apsismosaik und die Glasfenster für die Kirche Am Steinhof von O. → Wagner. 1905 mit der Klimt-Gruppe Austritt aus der Wr. Secession; Mitbegründer des Ö. Werkbunds. Seine zunächst von den Impressionisten geprägte Malerei stand in seinen späten Schaffensjahren ganz unter dem Eindruck F. Hodlers.

Literatur: W. Fenz, K. M., 1976; D. Baroni, K. M. - graphic artist and designer, 1986; M. Rennhofer, K. M., Leben u. Werk, 2001.

Moser, Oskar, * 20. 1. 1914 Sachsenburg (Kä.), † 28. 10. 1996 Graz (Stmk.), Volkskundler. Univ.-Prof. in Graz; Aufbau und wiss. Leitung des Kä. Freilichtmuseums in Maria Saal; wirkl. Mitgl. der Ö. Akad. d. Wiss. (1983); zahlr. Kulturpreise und Auszeichnungen.

Werke: Riß und Arl im Kä. Nockgebiet, 1981; Führer durch das Kä. Freilichtmuseum in Maria Saal, [6]1991 (mit K. Eisner); Das Bauernhaus und seine landschaftl. und hist. Entwicklung in Kä., 1974–92, 1992; Des Lebens Wirklichkeit. Ausgewählte Schriften zur Volkskunde (1949–1993), 1994; Das Lavanttaler Bauernhaus der Biedermeierzeit, 1996. – Literatur: Festschriften: Bauen, Wohnen, Gestalten, 1984; B. Pöttler (Hg.), Innovation und Wandel, 1994.

Moser, Simon, * 15. 3. 1901 Jenbach (Ti.), † 22. 7. 1988 Mils (Ti.), Philosoph und Amateurfotograf. Studierte Philosophie (Doktorat bei M. Heidegger) und Nationalökonomie; Habilitation 1935, danach Privatdozent in Innsbruck und Wien. Nach 1945 Mitbegründer und Leiter des Europ. Forums Alpbach, 1952 Berufung an die Techn. Hochschule in Karlsruhe. Wurde v. a. durch seine Fotodokumentationen des bäuerl. Lebens bekannt.

Werke: Das Land in den Bergen, 1942; Tirol, 1978.

Hans Moser mit Maria Andergast in dem Film „Der Hofrat Geiger“ von H. Wolff, 1947. Foto.

Moser, Sonja, * 23. 9. 1946 Innsbruck (Ti.), Lehrerin und Politikerin (ÖVP). Bis 1994 als Volks- und Hauptschullehrerin tätig, 1995–96 BMin. f. Jugend und Familie, 1996–99 Abg. z. NR. Seit 2000 als Abgesandte des Europarats „Leiterin für Bosnien-Herzegowina“.

Moser-Pröll, Annemarie, * 27. 3. 1953 Kleinarl (Sbg.), Skirennläuferin. 1972 Weltmeisterin in der Alpinen Kombination, 1974 und 1978 Weltmeisterin im Abfahrtslauf, 1980 Goldmedaille bei den Olymp. Spielen in Lake Placid im Abfahrtslauf. Insges. 63 Siege bei Weltcuprennen und 6 Gesamt-Weltcupsiege (1971–75, 1977). 1980 beendete sie ihre Karriere und ist seither als Gastronomin in Kleinarl tätig.

Mösslacher, Herbert, * 27. 11. 1930 Linz (OÖ.), Dichter und Arzt. 1979–90 Univ.-Prof. f. Medizin in Wien. Arbeitete mit z. T. neuen Wortbildungen sowie Wort- und Klangstrukturen, um neue lyrische Ausdrucksformen zu gewinnen. Von seinen Werken wurde „Candada“ 1956 von K. Schiske vertont.

Mössmer, Joseph, * 20. 3. 1780 Wien, † 22. 6. 1845 ebd., Landschaftsmaler, Radierer und Lithograph; Sohn eines Kupferstechers und Vater der Landschaftsmaler Eduard und Raimund M. Studierte bei F. A. → Brand an der Wr. Akad., daneben stark durch M. v. → Molitor beeinflusst; 1815 Prof. an der Wr. Akad., Lehrer u. a. von F. → Gauermann. Unternahm mit seinen Schülern Studienreisen in das Alpenvorland.

Literatur: Malerische Reise durch Ti. – Von der Romantik bis zum Impressionismus, Ausst.-Kat., Ferdinandeum, Innsbruck 1992; ÖBL.

Kolo Moser, Selbstporträt. Gemälde, um 1905.

Most, Johann, * 5. 2. 1846 Augsburg (D), † 17. 3. 1906 New York (USA), Arbeiterführer. Beeinflusste ab 1869 die „Radikalen“ der ö. Arbeiterbewegung und spielte in deren inneren Kämpfen eine unklare Rolle; 1870 wegen Hochverrats verurteilt. Obwohl er 1871 das Land verließ, wirkte er als anarchist. Agitator auch in Ö. radikalisierend weiter.

Werke: Memoiren, 2 Bde., 1903/05. – Ausgabe: B. Maidhof-Christig (Hg.), J. M., Die Gottespest und andere religionskrit. Schriften, 1991. – Literatur: E. Drahn, J. M., Bio-Bibliographie, 1925; D. Kühn (Hg.), J. M. Ein Sozialist in Deutschland, 1974.

Wolfgang Amadeus Mozart. Gemälde von B. Krafft (Gesellschaft der Musikfreunde in Wien).

Motesiczky, Marie-Louise, * 24. 10. 1906 Wien, † 10. 6. 1996 London (GB), Malerin. Schülerin von M. Beckmann. Studienaufenthalte in Den Haag und Frankfurt a. Main 1924 und 1926, dann in Paris, 1928–38 in Wien. 1938 Emigration über Den Haag nach England, wo sie E. → Canetti und O. → Kokoschka begegnete. Lebte seit 1945 in London.

Literatur: M.-L. v. M., Ausst.-Kat., Wien 1994; S. Plakholm-Forsthuber, Künstlerinnen in Ö. 1897–1938, 1994; K. Schröder, Neue Sachlichkeit, Ö. 1918–38, Ausst.-Kat., Wien 1995.

Motte, Diether de la, * 30. 3. 1928 Bonn (D), Komponist. Studierte in Detmold und Darmstadt (Ferienkurse u. a. bei E. → Krenek). Lehrte ab 1962 Komposition und Musiktheorie an der Musikhochschule in Hamburg; ab 1972 Präs. der Freien Akad. der Künste in Hamburg, 1988–96 Prof. für Musiktheorie an der Wr. Musikhochschule.

Werke: Kompositionen in tradit. Formen und avantgardist. Werke (Hörtheater, Sprachkonzert, Tafelmusik). – Schriften: Musikal. Analyse, 1968; Harmonielehre, 1976; Kontrapunkt, 1981; Melodie, 1993; Wege zum Komponieren, 1996; Musik Formen, 1999.

Mottl, Felix, * 24. 8. 1856 Wien, † 2. 7. 1911 München (D), Dirigent und Komponist. Bedeutender Wagner-Interpret, dirigierte ab 1886 regelmäßig in Bayreuth, machte die Musik R. Wagners in England (1894) und in den USA (1903 an der Metropolitan Opera New York) bekannt; ging 1903 nach München.

Werke: Opern, Tanz- und Festspiele, Lieder, Streichquartette. – Literatur: ÖBL.

Leopold Mozart. Gemälde.

Mozart, (Johann Georg) Leopold, * 14. 11. 1719 Augsburg (D), † 28. 5. 1787 Salzburg, Komponist, Konzertmeister, Theoretiker; Vater von Maria Anna → Mozart und Wolfgang Amadeus → Mozart. Zog 1737 nach Salzburg, wo er bis 1739 an der Univ. studierte und dann als Musiker tätig war. Ab 1743 Geiger in der erzbischöfl. Kapelle, 1757 Hofkomponist und 1763 Vize-Kapellmeister des Sbg. Erzbischofs. M. heiratete 1747 Anna Maria Pertl (* 25. 12. 1720 St. Gilgen, † 3. 7. 1778 Paris) und veröffentlichte 1756 seine Violinschule, die zu den wichtigsten Lehrwerken des 18. und 19. Jh. zählt und für die Alte-Musik-Bewegung von großer Bedeutung ist. M. hinterließ sehr viele Kompositionen (v. a. Kirchenmusik und Symphonien) und steht stilistisch zw. Rokoko und Frühklassik: Er verband in seiner Musik Elemente der Volksmusik u. a. mit Einflüssen der galanten Instrumentalmusik. Bester Beweis für seine pädagog. Fähigkeiten sind seine beiden Kinder, mit denen er ausgedehnte Konzertreisen unternahm.

Werke: Kirchenmusik, Oratorien und Schuldramen, Symphonien (z. B. Kindersymphonie), Divertimenti und Serenaden (Bauernhochzeit; Musikal. Schlittenfahrt, 1755). – Versuch einer gründlichen Violinschule, 1756. – Literatur: L. Wegele, L. M., 1969; A. Layer, Eine Jugend in Augsburg – L. M., 1976; M. H. Schmid, M. und die Salzburger Tradition, 1976; J. Mancal (Hg.), L. M., 1994; E. Valentin, L. M. Eine Biographie, 1998.

Mozart, Konstanze, → Weber, Konstanze.

Maria Anna Mozart. Gemälde.

Mozart, Maria Anna („Nannerl"), * 30. oder 31. 7. 1751 Salzburg, † 29. 10. 1829 ebd., Pianistin; Tochter von Leopold → Mozart und Schwester von Wolfgang Amadeus → Mozart. Wurde von ihrem Vater unterrichtet und trat bei den Konzertreisen der Familie M. bis 1769 mit ihrem Bruder als Wunderkind auf. 1784 heiratete sie J. B. Berchtold zu Sonnenburg († 1801), aus der Ehe gingen 3 Kinder hervor. Nach dem Tod ihres Mannes war sie eine sehr geschätzte Klavierlehrerin in Salzburg. Erblindete im Alter. Ihre Tagebücher, Briefe und Erinnerungen an ihren Bruder (um 1792 niedergeschrieben) sind wertvolle Quellen.

Werke: Tagebuchblätter, mit Eintragungen ihres Bruders Wolfgang A. Mozart, hg. 1958; „meine tag ordnungen", hg. v. G. Geffray, 1998. – Literatur: W. Hummel, Nannerl, 1952; E. Rieger, Nannerl M., 1990.

Mozart, Wolfgang Amadeus, * 27. 1. 1756 Salzburg, † 5. 12. 1791 Wien, Komponist, mit J. → Haydn und L. van → Beethoven Hauptvertreter der Wr. Klassik. Von seinem Vater Leopold → Mozart ca. ab dem 4. Lebensjahr unterrichtet (vorerst in Musik, später auch in anderen Fächern), trat M. mit seiner Schwester Maria Anna → Mozart als „Wunderkind" auf (erstmals 1761 in Salzburg). Die erste Konzertreise des jungen M. führte im Jänner 1762 nach München, eine weitere von September bis Dezember 1762 über Passau und Linz nach Wien (mit Auftritt in Pressburg); dabei ereignete sich die berühmte Anekdote mit dem Spiel vor Maria Theresia. Ab Juni 1763 konzertierte M. in Paris und London, zahlr. Konzerte gab er dabei auch vor dt. Fürsten. Eine weitere Parisreise fand von November bis April 1764 statt, von April bis August 1765 hielt man sich wieder in London auf. Für M. ergaben sich dabei viele Kontakte zu zeitgenöss. Musikern, der stärkste kompositor. Einfluss ging darunter von J. C. Bach in London aus. In Paris erschienen die ersten M.-Werke in Druck (Sonaten); der bes. Erfolg der Parisreise konnte bei weiteren Tourneen nicht wiederholt werden.

M. hatte bereits auf der letzten Konzertreise seine kompositor. Tätigkeiten intensiviert und versuchte nun, auch im Salzburger Musikleben Fuß zu fassen: er komponierte „Apollo und Hyacinthus" für die Univ. und den 1. Akt des Oratoriums „Die Schuldigkeit des ersten Gebots". Während des 2. langen Wien-Aufenthalts (Sept. 1767 bis Jänner 1769) dirigierte M. zwar erfolgreich seine „Waisenhausmesse" und führte „Bastien und Bastienne" im Haus des Modearztes F. A. → Mesmer auf, der Erfolg bei Hof blieb aber aus. Auch die Opera buffa „La finta semplice" wurde, obwohl von C. W. → Gluck protegiert, nicht für den Hof angenommen („La finta semplice" wurde 1769 in Salzburg aufgeführt).

Nach fast einjährigem Salzburgaufenthalt brachen Vater und Sohn M. (letzterer seit Okt. 1769 Konzertmeister der erzbischöfl. Kapelle in Salzburg) Ende 1769 nach Italien auf. Dies war keine Wunderkindtournee mehr, sondern entsprach den damaligen Usancen einer Konzertreise: Es wurden Konzerte in jeder größeren Stadt und auf Einladung von Adeligen gegeben, in der Hoffnung, lukrative Kompositionsaufträge zu bekommen. M. traf N. Piccini, G. B. Sammartini, Padre G. B. Martini (bei welchem er auf der Rückreise die berühmte Prüfung ablegte) und die Kastraten C. Farinelli und G. Manzuoli. In Rom wurde M. in den Orden zum Goldenen Sporn im Rang eines Ritters aufgenommen (Gluck und C. → Ditters von Dittersdorf erhielten ebenfalls diesen Orden, jedoch einen Rang niedriger). Im Okt. 1770 wurde mit großem Erfolg die Oper „Mitridate, Rè di Ponto" in Mailand aufgeführt (21 Wiederholungen), im März 1771 endete die 1. Italienreise. M. konnte einige Kompositionsaufträge (für Padua, Mailand und Venedig) erwirken und bereitete weitere Reisen vor. Knapp 5 Monate später reiste er wieder von Salzburg nach Italien, wo er bis Dez. 1771 blieb. Das Oratorium „La betulia liberata" (für Padua) und die Serenata „Ascanio in Alba" (für Mailand) entstanden in dieser Zeit. Eine 3. Reise nach Italien folgte von Okt. 1772 bis März 1773, dabei wurde

„Lucio Silla“ in Mailand aufgeführt. Kurz nach Rückkehr von der 2. Italienreise starb der Fürsterzbischof von Salzburg, Sigismund von Schrattenbach; der neue Brotherr der Familie M., Hieronymus Gf. → Colloredo, für dessen Inthronisation M. „Il sogno di Scipione“ komponierte, war kein barocker Fürst wie Schrattenbach, sondern ein Vertreter der Aufklärung, der eher den josephin. Reformideen zugeneigt war.

Während des folgenden Salzburgaufenthalts nur durch Reisen nach Wien und München unterbrochen, entwickelte M. seine Kompositionstechnik weiter, wobei ein Zusammentreffen mit J. Haydn in Wien und die Beschäftigung mit der beginnenden Wr. Klassik von großer Bedeutung waren. Neben den durch seine Anstellung an einem geistl. Hof bedingten Kirchenmusikkompositionen erlangte die Instrumentalmusik immer größere Bedeutung (Symphonien, Konzerte, Serenaden).

Die Reise nach Paris (Sept. 1777 bis Jänner 1779), die letzte der großen Konzertreisen, wurde nicht nur vom Tod der Mutter am 3. 7. 1778 überschattet, sondern brachte auch nicht den gewünschten künstlerischen Erfolg und die erwartete Anstellung. Stattdessen verlor M. nach dem (ersten) Zerwürfnis mit dem Sbg. Erzbischof seine Stelle. Zwar konnte der Vater eine Wiederanstellung am Salzburger Hof erreichen, doch war der spätere Eklat bereits abzusehen, da M. nicht gewillt war, sich dem Dienstreglement zu unterwerfen. Knapp vor dem Weggang nach Wien entstand noch für München „Idomeneo“ (1780–81). Ab März 1781 hielt sich M. in Wien auf, wo sich der Konflikt mit dem Erzbischof zuspitzte, bis es Anfang Juni zur Entlassung kam.

Der Beginn in Wien war viel versprechend: Wien sei der beste Platz für sein Metier und Schüler könne er hier haben, so viele er wolle, schrieb M. an seinen Vater. Er verfiel in eine fast manische Arbeitswut (fast die Hälfte des Gesamtwerks entstand in den 10 Wr. Jahren) und stand bald als Konzertveranstalter und als Mitwirkender bei Privatakademien, als Dirigent, Pianist und Komponist in hohem Ansehen. Ein wichtiger Schritt zur Etablierung in den einflussreichen Hofkreisen war das erfolgreiche Debüt mit „Die Entführung aus dem Serail“ im Juli 1782. Im selben Jahr heiratete M. Konstanze → Weber, die jüngere Schwester seiner Jugendliebe Aloysia, was das spätestens seit dem Bruch mit dem Sbg. Erzbischof getrübte Verhältnis zum Vater nicht besserte. Bis 1785 komponierte M. v. a. Klavier- und Kammermusik (z. B. die 6 J. Haydn gewidmeten Streichquartette); bes. seine Klavierkonzerte erfreuten sich in Wien großer Beliebtheit.

Durch die Zusammenarbeit mit Lorenzo → Da Ponte ab ca. 1784/85 verschob sich das Schwergewicht der kompositor. Arbeit zugunsten der dramatischen Gattungen: 1785/86 entstand die Oper „Le Nozze di Figaro“, 1787 „Don Giovanni“, beide auch in Prag mit großem Erfolg aufgeführt. Die Anstellung als kaiserl. Kammermusikus im Nov. 1787 brachte M. künstlerische wie gesellschaftl. Anerkennung und ein regelmäßiges Einkommen. Zur Zeit der ersten beiden Da-Ponte-Opern entstanden auch die letzten Symphonien (unter ihnen die „Jupiter“-Symphonie), zahlr. Klavierwerke (v. a. Sonaten) und Kammermusik, darunter „Eine kleine Nachtmusik“ und der „Musikalische Spaß“.

Auch die letzten 3 Lebensjahre (1789–91) waren für M. künstlerisch und finanziell erfolgreich. Dass seine Schulden dennoch rapide wuchsen, ist seiner Verschwendungssucht und der kommerziellen Ungeschicklichkeit seiner Frau anzurechnen, allerdings fielen Konstanzes Kuren in Baden ab 1789 im Verhältnis zum Gesamtaufwand kaum ins Gewicht. Nach einer Reise durch Deutschland als Begleiter des Prinzen Lichnowsky entstand die letzte der 3 Da-Ponte-Opern, „Così fan tutte“. Mit dem ehrenvollen Auftrag, die Festoper anlässlich der Prager Krönung Leopolds II. zu komponieren, versuchte M., die barocke Tradition der Festoper mit den zeitgenössischen Strömungen zu verbinden, ein Versuch, der v. a. vom Hof als missglückt betrachtet wurde. Die zur gleichen Zeit wie „Titus“ uraufgeführte „Zauberflöte“ war hingegen ein großer Erfolg.

M. kränkelte bereits ab Spätsommer 1791, doch erst Anfang Dez. trat jene dramatische Verschlechterung ein, die binnen weniger Tage zu seinem Tod führte. Das Requiem, ein Auftragswerk des Grafen F. Walsegg-Stuppach, konnte M. nicht mehr vollenden. Es wurde im Auftrag Konstanzes von J. L. v. → Eybler bzw. F. X. → Süßmayer vollendet, wobei sich die Fassung des Letzteren durchgesetzt hat.

M. hinterließ 2 Kinder: Karl (1784–1858), der das Sbg. Mozarteum zu seinem Universalerben bestimmte, und Wolfgang (1791–1844), Komponist, Pianist und Kapellmeister. M. wurde, den josephin. Verordnungen entsprechend, in einem Schachtgrab am St. Marxer Friedhof beigesetzt. Sein Grab konnte nur ungefähr lokalisiert werden, und der Grabstein im Ehrengräberhain des Wr. Zentralfriedhofs deckt nur ein Scheingrab.

Bereits in frühester Kindheit zeigte M. hohe musikal. Begabung, die vom Vater, einem der besten Musikpädagogen der Zeit, geschickt gefördert wurde. Bes. die Reisen brachten wichtige Impulse für das kompositor. Schaffen und die Entwicklung seines Personalstils. Das Erlernen „handwerklicher“ Techniken wurde offensichtlich wenig berücksichtigt – M. hatte zeitlebens Probleme mit der Kontrapunktik. Erst in der Wr. Zeit und unter dem Einfluss J. Haydns und G. van → Swietens holte M. (auch durch die Beschäftigung mit den Oratorien G. F. Händels) die Versäumnisse der Jugendzeit nach. Wie bei den meisten seiner Zeitgenossen entstanden seine Werke in kürzester Zeit. Dass er diese jedoch ohne Skizzen „aus dem Kopf“ niedergeschrieben habe, widerlegten jüngste Forschungen.

Ähnlich wie beim Werk J. Haydns wird über die Jahre hin der Wandel der musikal. Stile (galanter und empfindsamer Stil, Vorklassik, Wr. Klassik) und die Vermischung ital., franz. und bodenständiger Elemente spürbar.

Die Forschungen über sein musikal. Umfeld haben das M.-Bild zurechtgerückt und den Mythos der Einmaligkeit korrigiert. Urheber dieses Mythos ist in erster Linie Konstanze M. und deren zweiter Mann, G. → Nissen, die ein Idealbild des Komponisten entwarfen, das bis weit in das 20. Jh. fast unangetastet blieb. – Denkmäler in Salzburg (1842), Wien (1896, von V. Tilgner hinter der Oper errichtet, seit 1955 im Burggarten) und Graz (Stadtpark, 1936). M.-Brunnen („Zauberflöten-Brunnen“, 1905) in Wien 4.

Werke: 20 dramatische Werke (Singspiele, Opern usw.); ca. 60 Symphonien; Divertimenti, Serenaden, Tänze und Märsche für Orchester; 25 Klavier- und 6 Violinkonzerte, je 1 Konzert für Klarinette und für Fagott, 4 Konzerte für Horn; zahlr. Klavier- und Violinsonaten; Kammermusik in verschiedener Besetzung, u. a. 23 Streichquartette, 6 Streichquintette, Klaviertrios, je 1 Bläser- und Klarinettenquartett, Divertimenti in Kammermusikbesetzung; Konzertarien und Lieder; 16 Messen, ferner Litaneien, Motetten und andere Kirchenmusik, Requiem (unvollendet); 4 Kantaten, 9 Kanons. – Werkausgaben u. Dokumentationen: L. R. v. Köchel, Chronolog.-themat. Verzeichnis sämtl. Tonwerke („Köchel-Verzeichnis" = KV), 1862 (Neuausgaben: 1905, 1937, 1958, 1963, 1964, 1965); Neue Gesamtausgabe („Neue Mozart-Ausgabe"), geleitet von E. F. Schmid, 1956–1991 (enthält neben den Notenausgaben auch Dokumente, Briefe und Ikonographie); M. Persönlichkeit, Urteile der Zeitgenossen, hg. 1914; L. Schiedermeier, Briefe W. A. M. und seiner Familie, 1914; ders., W. A. M. Handschrift ..., 1919; Konstanze M., Briefe, Aufzeichnungen, Dokumente, 1782–1842, hg. 1922; Die Briefe W. A. M., 2 Bde. und 3 Mappen, 1942; M. Briefwechsel und Aufzeichnungen, 2 Bde., 1949. – Literatur: F. X. Niemetschek, Leben des k. k. Kapellmeisters W. Gottlieb M., 1798; G. N. Nissen, Biographie W. A. M., 1828; O. Jahn, W. A. M., 1856–59, in Bearb. von H. Abert, [6]1923/24; E. Schenk, W. A. M., 1955; O. E. Deutsch, M. Die Dokumente seines Lebens, 1961; O. Schneider u. A. Algatzy (Hg.), M.-Hb., 1962; W. Hildesheimer, M., 1977; S. Kunze, M. Opern, 1984; G. Gruber, M. und die Nachwelt, 1985; K. G. Fellerer, Die Kirchenmusik W. A. M., 1986; G. Gruber, M. verstehen, 1990; W. Gersthofer, Die frühen Sinfonien W. A. M., 1991; G. Knepler, W. A. M., 1991; Zaubertöne, M. in Wien, Ausst.-Kat., Hist. Mus. d. Stadt Wien, 1991; R. Angermüller (Hg.), In diesen heil'gen Hallen, Ausst.-Kat., Salzburg 1991; H. Zeman (Hg.), Wege zu M., W. A. M. in Wien und Prag – Die großen Opern, 1993; G. Gruber, W. A. M. Leben und Werk in Texten und Bildern, 1995; S. Kunze M. Opern, [2]1996; H. E. Jacob u. E. Distler, M., 1998.

Much, Matthäus, * 18. 10. 1832 Göpfritz (NÖ.), † 17. 12. 1909 Wien, Privatgelehrter, Urgeschichtler. Mitgl. der k. k. Zentralkommission für Kunst- und hist. Denkmale; führte viele Ausgrabungen in NÖ., OÖ. (Mondsee) und Sbg. (Bischofshofener Raum, Arthur-Stollen) durch und legte eine bedeutende Smlg. an, die nach seinem Tod den Grundstock des Lehrapparats des Inst. für Ur- und Frühgeschichte der Univ. Wien bildete.

Werke: Smlg. von Abbildungen vor- und frühgeschichtl. Funde, 1889; Die Kupferzeit in Europa, 1894; Die Urzeit, in: Geschichte der Stadt Wien I, 1897; Die Heimat der Indogermanen im Lichte der urgeschichtl. Forschung, [2]1904. – Literatur: ÖBL; NDB.

Fritz Muliar in „Sibirien" von F. Mitterer. Akademietheater, Wien, 1990. Foto.

Muchar von Ried, Albert (Anton) von, * 22. 11. 1786 Lienz (Ti.), † 6. 6. 1849 Graz (Stmk.), Benediktiner in Admont, ab 1835 Univ.-Prof. für Ästhetik, klass. Philologie und Literatur in Graz. Daneben auch verdienstvolle Leistungen in der Erforschung der Geschichte der Stmk. und Inner-Ö. sowie um die Gründung von Geschichtsvereinen.

Werke: Das röm. Noricum, 2 Bde., 1825/26; Geschichte des Herzogtums Stmk., 9 Bde., 1845–74. – Literatur: B. Kriegelstein-Sternfeld, Der Historiker A. v. M., Diss., Graz 1949.

Muehl, Otto, * 16. 6. 1925 Grodnau (Gem. Mariasdorf, Bgld.), Maler, Vertreter des Wr. Aktionismus. Schuf zw. 1960 und 1971 Materialbilder und Gerümpelskulpturen und veranstaltete zahlr. Materialaktionen (z. B. „Versumpfungen"). Danach war er kaum noch künstlerisch tätig, sondern konzentrierte sich auf die „aktionsanalyt. Kommune" Friedrichshof (Bgld.), die 1990 aufgelöst wurde.

Literatur: O. M., Arbeiten auf Papier aus den 60er Jahren, Ausst.-Kat., Frankfurt a. M. 1992.

Muffat, Georg, getauft 1. 6. 1653 Mégève (F), † 23. 2. 1704 Passau (D), Komponist und Organist; Vater von Gottlieb → Muffat. Ausbildung in Paris, dann kurze Zeit in Wien und Prag; 1678 bis ca. 1681 Organist in Salzburg, dann beim Bischof von Passau; vermittelte der barocken Instrumentalmusik die neue franz. und ital. Stilart.

Werke: Orgelwerke, Instrumentalmusik (Armonico tributo, 1682; Florilegium primum & secundum, 1695/98; Apparatus musico-organisticus, 1690).

Muffat, Gottlieb, getauft 25. 4. 1690 Passau (D), † 9. 12. 1770 Wien, Organist und Komponist; Sohn von Georg → Muffat. Ab ca. 1711 am Wr. Hof (Hofscholar), ab 1717 Hoforganist; Lehrer der Kinder der kaiserl. Familie (u. a. von Maria Theresia); 1764 pensioniert. Schrieb ausschließlich Musik für Tasteninstrumente, blieb auch nach 1740 der barocken Orgeltradition verbunden und zählte zu den letzten Exponenten der barocken Wr. Organistenschule.

Werke: 72 Versetteln, 1726; Componimenti musicali, um 1739. – Toccaten, Capricci, Ricercare, Kanzonen, Partiten. – Literatur: S. Wollenberg, Viennese Keyboard Tradition in the Reign of Karl VI., Diss., Oxford, 1975.

Mühlbacher, Engelbert, * 4. 10. 1843 Gresten (NÖ.), † 17. 7. 1903 Wien, Augustiner-Chorherr, Historiker. Ab 1891 Univ.-Prof. in Wien, ab 1896 Vorstand des Inst. f. Ö. Geschichtsforschung; schon 1879 war er maßgebl. an der Gründung der Mttlg. dieses Inst. beteiligt, die unter seiner Leitung internat. zu einem der angesehensten hist. Periodica wurden. Seine Forschungen zur Karolingerzeit zeichnen sich nicht nur durch ihr wiss. Niveau, sondern auch durch die stilist. Brillanz der Darstellung aus.

Werke: Die Urkunden Karls III., 1879; Dt. Geschichte unter den Karolingern, 1896.

Mühlen, Hermynia zur, → Zur Mühlen, Hermynia.

Muhri, Franz, * 21. 10. 1924 Steyeregg (Stmk.), Angestellter und Politiker (KPÖ). 1938–45 Mitgl. der kommunist. Widerstandsbewegung, 1965–89 Parteivorsitzender der KPÖ.

Werk: Kein Ende der Geschichte. Erinnerungen, 1995.

Mühringer, Doris, * 18. 9. 1920 Graz (Stmk.), Lyrikerin. Lebt seit 1954 in Wien, 1954 Trakl-Preis, 1985 Literaturpreis des Landes Stmk.

Werke: Lyrik: Gedichte I, 1957; Gedichte II, 1969; Staub öffnet das Auge. Gedichte III, 1976; Vögel die ohne Schlaf sind. Gedichte IV, 1984; Das hatten die Ratten vom Schatten, 1989; Reisen wir, 1995. – Kurzprosa. – Literatur: C. Loidl, Wege im Dunkel. Möglichkeiten zur Analyse von D. M. poetischem Werk, Diss., Wien, 1983; D. M. Podium-Porträt, 2000.

Muliar, Fritz, * 12. 12. 1919 Wien, Kammerschauspieler, Regisseur, Schriftsteller. Ab 1937 erste Auftritte in den Kabaretts „Der liebe Augustin" und „Simpl" sowie am Landestheater Innsbruck. 1947–49 in Graz, 1949–53 am Wr. Raimundtheater (Operettenbuffo), dann im „Simpl", 1958–63 am Wr. Volkstheater und 1964–77 am Theater in der Josefstadt. 1972–77 Gastspiele bei den Sbg. Festspielen (Dicker Vetter im „Jedermann"); 1974–87 Ensemblemitgl. des Burgtheaters, danach Gast an verschiedenen Wr. Bühnen; beliebter Darsteller in Stücken J. → Nestroys. Veröffentlichte auch Bücher und Schallplatten („Jiddische Hitparade"); Regie-, Film- und Fernsehtätigkeit (Fernsehserie „Die Abenteuer des braven Soldaten Schwejk im Ersten Weltkrieg", 1970/72). Zahlr. Auszeichnungen (1978 Kainz-Medaille, 1984 Nestroy-Ring, 1995 Ehrenmitgl. des Burgtheaters).

Werke: Streng indiskret, 1972; Wenn Sie mich fragen, 1972; Das Beste aus meiner jüdischen Witze- und Anekdotensammlung, 1974; Liebesbriefe an Ö., 1986; Von A– Z. Unaussprechliches, ausgesprochen, 1989; War's wirklich so schlimm? Erinnerungen, 1994; Strich drunter, 1996; Das muß noch gesagt werden!, 1999.

Müller, Adam, * 30. 6. 1779 Berlin (D), † 17. 1. 1829 Wien, Volkswirtschaftslehrer, ein Hauptvertreter der polit. Romantik. Trat 1805 zum Katholizismus über, hielt 1811 in Wien Vorlesungen, war 1816–26 ö. Generalkonsul in Leipzig; vertrat einen ständischen Korporatismus.

Werke: Die Elemente der Staatskunst, 3 Bde., 1809; Ausgewählte Abhandlungen, 1921; Schriften zur Staatsphilosophie, 1923. – Literatur: F. J. Baxa, A. M., 1930; E. Achermann, Worte und Werte. Geld und Sprache bei G. W. Leibniz, J. G. Hamann und A. M., 1997.

Müller, Adolf sen. (eigentl. Matthias Schmidt), * 7. 10. 1801 Tolna (H), † 29. 7. 1886 Wien, Komponist. Zunächst Schauspieler in Prag, Lemberg und Brünn; ab 1823 am Theater in der Josefstadt in Wien, ab 1825 Bühnenkomponist am Theater an der Wien und am

Leopoldstädter Theater; wurde v. a. durch die Bühnenmusik zu zahlr. Stücken J. → Nestroys bekannt.

Müller, Anton (Pseud.: Bruder Willram), * 10. 3. 1870 Bruneck (S-Ti.), † 16. 2. 1939 Innsbruck (Ti.), Dichter und Priester. Religionsprofessor in Innsbruck, Volksprediger. Verfasser von Kriegslyrik während des 1. Weltkriegs, wegen der er nach 1918 heftig kritisiert wurde.
Werke: Das Passionsspiel von Brixlegg, 1903; Das Bachlechner-Buch, 1929; Ti. Krippenbuch, 1929. – Gedichte: Kiesel und Kristall, 1901; Blütenstaub und Blättergold, 1903. – Versdichtungen: Bilder auf Goldgrund, 1913; Aus Herz und Heimat, 1919. – Reisebücher. – Literatur: M. Köchling, Bruder Willram, 1919; ÖBL.

Müller, Christian Leo, * 13. 2. 1799 Mittelberg (Vbg.), † 9. 2. 1844 Wien, Unternehmer. Arbeitete 1821–31 beim Erfinder der Buchdruckschnellpresse F. Koenig, baute 1833 die erste ö. Schnellpresse und gründete 1836 in Wien die erste Druckmaschinenfabrik (Helbig & M.); er hatte an der Weiterentwicklung der Druckerpresse im 19. Jh. wesentl. Anteil.
Literatur: ÖBL.

Müller, Hermann Franz, * 25. 10. 1866 Wien, † 23. 10. 1898 ebd., Mediziner. Beteiligte sich 1897 an einer Indienreise zur Erforschung der Pest und erkrankte nach seiner Rückkehr selbst an Pestpneumonie, der er auch erlag. Hinterließ Arbeiten zu histolog. Studien des Blutes, zu Leukämie und Asthma bronchiale.
Werke: Zur Frage der Blutbildung, in: Sitzungsberichte der Ö. Akad. d. Wiss. 98, 1889; Zur Leukämiefrage, in: Dt. Archiv für Klinische Medizin 47, 1891; Über die Beulenpest in Bombay im Jahre 1897, in: Denkschriften, Bd. 66, 1898; Die Pest (mit R. Pöch), in: Hb. der speziellen Pathologie und Therapie, Bd. 5, 1900. – Literatur: E. Lesky, Die Wr. Medizin. Schule im 19. Jh., ²1978; ÖBL.

Müller, Johann Christoph, * 15. 3. 1673 Nürnberg (D), † 21. 6. 1721 Wien, Kartograph, Hauptmann. Richtungsweisend in der ö. Kartographie; verfasste Grenzkarten nach dem Frieden von Karlowitz (1 : 450.000) und einen unvollendeten „Atlas Austriacus".

Müller, Johannes, → Regiomontanus.

Müller, Leopold, * 9. 1. 1908 Salzburg, † 1. 8. 1988 ebd., Baugeologe. Am Bau der Großglockner-Hochalpenstraße und des Kraftwerks Kaprun beteiligt. Spezialist für Felsmechanik, 1965–76 Prof. an der Univ. Karlsruhe.

Müller, Leopold Carl, * 9. 12. 1834 Dresden (D), † 4. 8. 1892 Weidlingau b. Wien, Genre- und Landschaftsmaler. „Orientmaler", Sohn eines Wr. Lithographen, studierte an der Wr. Akad. bei C. v. → Blaas. Studienreisen nach Ungarn und Italien, 1873 erste Reise nach Ägypten (daher auch „Ägypten-Müller" genannt), wo er sich später regelmäßig aufhielt (1875 mit H. → Makart, F. v. Lenbach und C. R. Huber). Ab 1878 Prof. an der Wr. Akad. 1886 letzte Ägyptenreise. Bedeutendster ö. Maler des oriental. Genres.
Literatur: A. F. Seligmann (Hg.), C. L. M., 1922; Ägyptomanie, Ausst.-Kat., Künstlerhaus Wien 1994; H. Zemen (Hg.), L. C. M. 1834–1892. Briefe und Dokumente, 1996; ders., L. C. M. im Künstlerhaus. Die Orientbilder, 1998; ÖBL.

Müller, Robert, * 29. 10. 1887 Wien, † 28. 8. 1924 ebd. (Selbstmord), Erzähler, Lyriker, Essayist, Verleger. Schlüsselfigur des Wr. Expressionismus, zu seiner Bekanntheit trug u. a. eine Fehde mit K. → Kraus bei (Pamphlet „Karl Kraus oder Dalai Lama", 1914). Im 1. Weltkrieg als Freiwilliger an der Isonzofront, dann im Kriegspressequartier tätig. Engagierte sich nach Kriegsende für den Pazifismus und als Verleger (Literaria A. G. bzw. Atlantischer Verlag). Selbstmord nach dem wirt. Scheitern der groß angelegten Projekte.
Werke: Erzählungen und Romane: Irmelin Rose. Die Mythe der großen Stadt, 1914; Tropen. Der Mythos der Reise, 1915; Das Inselmädchen, 1919; Der Barbar, 1920; Camera obscura, 1921; Flibustier, 1922. – Essays: Ö. und der Mensch, 1916; Europa. Wege. Im Kampf um den Typus, 1917. – Ausgabe: Werkausgabe in Einzelbänden, hg. v. G. Helmes, 11 Bde., 1992–97. – Literatur: H. Kreuzer u. G. Helmes (Hg.), Exotismus. Studien zum literar. Werk R. M., ²1989; T. Köster, Bilderschrift Großstadt. Studien zum Werk R. M., 1995; S. Dietrich, Poetik der Paradoxie. Zu R. M. fiktionaler Prosa, 1997.

Müller, Wenzel, * 26. 9. 1767 Turnau (Turnov, CZ), † 3. 8. 1835 Baden (NÖ.), Kapellmeister. Erfolgreicher Singspielkomponist, Schüler von C. → Ditters von Dittersdorf; ab 1782 für das Theater tätig, ab 1786 Kapellmeister und Hauskomponist am Wr. Leopoldstädter Theater, 1807–13 an der Dt. Oper in Prag, 1813–30 wieder im Wr. Leopoldstädter Theater (Zusammenarbeit mit F. → Raimund und A. → Bäuerle).
Werke: ca. 250 Bühnenmusikwerke: Kasperl als Fagottist oder Die Zauberzither, 1791; Das Neusonntagskind, 1793; Die Schwestern von Prag, 1794; Die Teufelsmühle am Wienerberg, 1799; Die neue Alceste, 1806; Tankredi, 1817; Die travestirte Zauberflöte, 1818; Der Barometermacher auf der Zauberinsel, 1823; Die gefesselte Phantasie, 1828; Alpenkönig und Menschenfeind, 1828. – Kirchenmusik, Kammermusik, Werke für Blasmusik. – Literatur: L. Raab, W. M., ein Tonkünstler Altwiens, 1928; F. Hadamowsky, Das Theater in der Wr. Leopoldstadt, 1934; ÖBL.

Wenzel Müller. Lithographie von F. Wolf.

Müller-Einigen, Hans (eigentl. H. Müller), * 25. 10. 1882 Brünn (Brno, CZ), † 8. 3. 1950 Einigen (CH), Schriftsteller; Bruder von E. → Lothar. Lebte ab 1930 in Einigen und zeitweise als Filmdramaturg in Hollywood. Verfasser des Textes zur Operette „Im weißen Rößl" von R. → Benatzky (1930).
Werke: Lyrik: Die lockende Geige, 1904; Der Garten des Lebens, 1904; Die Rosenlaute, 1909. – Romane: Das Glück, da zu sein, 1940; Jugend in Wien, 1945. – Dramen: Das Wunder des Beatus, 1910; Die Sterne, 1919; Der Helfer Gottes, 1947. – Autobiographie: Geliebte Erde, 1938. – Opernbücher. – Literatur: ÖBL.

Müller-Guttenbrunn, Adam (eigentl. A. Müller, Pseud.: Franz Josef Gerhold u. a.), * 22. 10. 1852 Guttenbrunn (Zabrani, RO), † 5. 1. 1923 Wien, Erzähler, Dramatiker, Essayist, Kritiker mit dt.-nationaler Orientierung. 1893–96 Dir. des Raimundtheaters und 1898–1903 des Stadttheaters Wien.
Werke: Von Eugenius bis Josephus, 1916; Barmherzige Kaiser, 1916; Joseph der Deutsche, 1917 (Trilogie); Sein Vaterhaus, 1919; Dämonische Jahre, 1920; Auf der Höhe, 1921 (Lenau-Trilogie). – Romane: Götzendämmerung, 1910; Glocken der Heimat, 1910; Der große Schwabenzug, 1913. – Literatur: H. Weresch, A. M.-G. Sein Leben, Denken und Schaffen, 2 Bde., 1975; A. Müller-Guttenbrunn, Leben und Werk A. M.-G. (1852–1923) unter bes. Berücksichtigung seiner Tätigkeit als Feuilletonist, 1995; ÖBL.

Müller-Preis, Ellen, * 6. 5. 1912 Berlin (D), Fechterin. Sportl. Karriere 1928–62, Goldmedaille bei den Olymp. Spielen 1932 in Los Angeles, Bronzemedaillen bei den Olymp. Spielen 1936 in Berlin und 1948 in London; 3 Weltmeistertitel (1947, 1949, 1950); 19-mal ö. Staatsmeisterin. Danach als Fechtmeisterin am Reinhardt-Seminar tätig. Mit dem Olympiaorden ausgezeichnet.

Müller von Reichenstein, Franz Joseph, * 10. 3. 1740 Hermannstadt (Sibiu, RO), † 12. 10. 1825 Wien, Mineraloge, Montanist. Entdeckte 1778 ein Turmalin-Vorkommen im Zillertal und 1782 das Element Tellur.
Werke: Nachricht von den in Tyrol entdeckten Turmalinen, 1778; Entdeckung des Tellur, in: Physikalische Arbeiten, redigiert von I. Born, 1783. – Literatur: ÖBL.

Müllner, Viktor, * 10. 7. 1902 Wien, † 10. 7. 1988 ebd., Lehrer und Politiker (ÖVP). 1945–53 Abg. z. NR, 1953–54 Mitgl. d. BR, 1949–60 Mitgl. der Nö. Landesregierung, 1960–63 Landeshauptmann-Stellv. von NÖ.; 1962–66 Gen.-Dir. der NEWAG, 1968 wegen Veruntreuung von Landesgeldern verurteilt.

Münch-Bellinghausen, Friedrich, → Halm, Friedrich.

Mundy, Jaromir von, * 3. 10. 1822 Eichhorn (Veveri, CZ), † 23. 8. 1894 Wien (Selbstmord), Arzt, zuerst Offi-

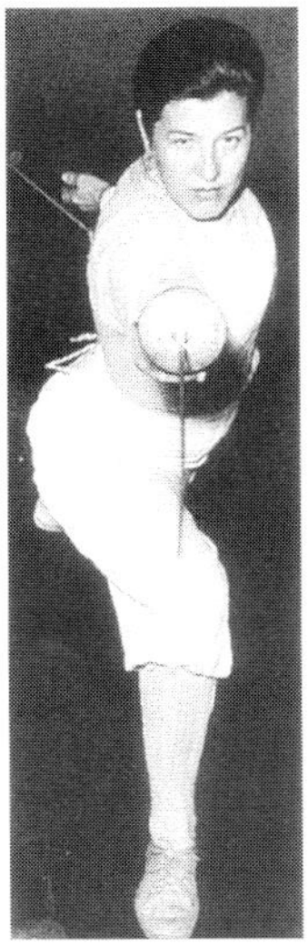
Ellen Müller-Preis. Foto, 1956.

zier. Gründete 1881 nach dem Brand des Wr. Ringtheaters mit H. Gf. → Wilczek und E. Gf. v. → Lamezan-Salins die „Wr. Freiwillige Rettungsges.". Mit T. → Billroth Mitwirkung an der Gründung des Rudolfinerhauses in Wien. M. war auch ein Pionier der Therapie psychisch Kranker.

Werke: Über den Transport der im Felde Verwundeten und Kranken, 1874; Die freie Behandlung der Irren auf Landgütern, 1879. – Literatur: L. Schönbauer, Das ö. Militär-Sanitätswesen, 1948; E. Fischer-Homberger, Zur Entwicklung des Rettungswesens, in: Image 37, 1971; ÖBL.

Munggenast, Ti. Baumeisterfamilie des ö. Spätbarock, wirkte hauptsächl. in NÖ. Die bedeutendsten Mitgl. der Familie waren Franz → Munggenast, Josef → Munggenast und Matthias → Munggenast.

Literatur: Die Baumeisterfamilie M., Ausst.-Kat., St. Pölten 1991.

Munggenast, Franz, * 23. 1. 1724 St. Pölten (NÖ.), † 11. 5. 1748 ebd., Baumeister; Sohn von Josef → Munggenast, Bruder von Matthias → Munggenast. Nach seinem plötzl. Tod übernahm sein Bruder Matthias den Familienbetrieb.

Werke: NÖ.: Stiftskirche Herzogenburg, ab 1743; Türkenbründl Sonntagberg; Kalvarienberg in St. Pölten, 1746; Gartenpavillon des Stiftes Melk, 1746–48; Entwürfe für den Neubau der Kirche Maria Langegg (nicht ausgeführt). – Literatur: K. Güthlein, Der ö. Barockbaumeister F. M., Diss., Heidelberg 1973; Die Baumeisterfamilie M., Ausst.-Kat., St. Pölten 1991.

August Musger. Foto.

Munggenast, Josef, * 5. 3. 1680 Schnann (Ti.), † 3. 5. 1741 St. Pölten (NÖ.), bedeutender Baumeister des nö. Barock; Vater von Franz → Munggenast und Matthias → Munggenast. Zunächst v. a. mit seinem Onkel J. → Prandtauer tätig, nach dessen Tod (1726) vollendete er mehrere von diesem begonnene Bauten (u. a. Wallfahrtskirche Sonntagberg, Stifte Melk und Herzogenburg, Propstei St. Pölten). Ab 1718 Stiftsbaumeister von Seitenstetten, 1722 von Zwettl und ab 1730 von Melk. Sein im Wesentlichen von Prandtauer geprägter Stil zeichnet sich in der Fassadengestaltung bes. durch Betonung der Fläche und Formenklarheit aus. M. schuf zahlr. Kirchen- und Klosterbauten (Stift Seitenstetten; Turm der Stiftskirche Zwettl nach Plänen von M. → Steinl, 1722–27, sowie mehrere Altäre ebd.; Stiftskirche Dürnstein mit J. Prandtauer, M. Steinl und A. Beduzzi, 1721–25, Fertigstellung des Kirchturms, 1728–33; Kirche und Stiftsgebäude von Stift Altenburg, 1730–40; Stift Geras, 1736–40; Prälatur St. Pölten, 1739); weiters baute er Meierhöfe und Bürgerhäuser (St. Pölten, Retz) sowie Straßen-, Brücken-, Wasser- und Festungsanlagen.

Robert Musil. Foto.

Munggenast, Matthias, * 12. 2. 1729 St. Pölten (NÖ.), † 22. 4. 1798 ebd., Baumeister; Sohn von Josef → Munggenast, Bruder von Franz → Munggenast. Setzte Bauten von Vater und Bruder fort, reichte aber künstlerisch nicht an diese heran und geriet später in wirt. Schwierigkeiten.

Werke: NÖ.: Schloss Fridau, 1750–54; Kreisamt St. Pölten, 1754–56; Bürgerhäuser in St. Pölten, 1756–85; Barockschlössl Lilienhof, Stattersdorf, 1756/57; Pfarrkirche Brand-Laaben, 1758; Bibl. und Sakristei im Servitenkloster Jeutendorf, 1762; Pfarrhof und Benefiziatenhaus in Theiß, 1763; Hochaltar und Turm der Stiftskirche Herzogenburg (mit M. Hefele), ab 1765; Erweiterung des Inst. d. Engl. Fräulein in St. Pölten, 1767–69. – Literatur: Die Baumeisterfamilie M., Ausst.-Kat., St. Pölten 1991.

Karl Münichreiter. Foto.

Münichreiter, Karl, * 27. 9. 1891 Wien, † 14. 2. 1934 ebd., Schutzbundkommandant in Wien. Fiel während der Februarkämpfe in Hietzing am 12. 2. 1934 schwer verwundet in die Hände der Exekutive und wurde standrechtl. zum Tod verurteilt und gehenkt.

Literatur: L. Jedlicka, R. Neck, Das Jahr 1934: 12. Februar, in: Veröffentlichungen der Wiss. Kommission, Bd. 2, 1975; Widerstand und Verfolgung in Wien, Bd. 1, 1975.

Muntean, Markus, * 15. 9. 1962 Graz (Stmk.), Multimediakünstler. Seit 1992 Zusammenarbeit mit A. → Rosenblum; leitete mit dieser 1995–98 den Ausstellungsraum „Bricks & Kicks" in Wien-Erdberg, seit 2000 gem. Professur an der Akad. der bild. Künste in Wien. Internat. Bekanntheit durch bunte, ironische Multimedia-Installationen.

Literatur: R. Sikoronja (Red.), M./Rosenblum, Ausst.-Kat., Secession, Wien 2000.

Münz, Rainer, * 18. 6. 1954 Basel (CH), Bevölkerungswissenschaftler. Schulbildung und Studium (Soziologie und Publizistik) in Wien, 1990–92 Dir. des Inst. f. Demographie der Ö. Akad. d. Wiss., seit 1992 Univ.-Prof. f. Bevölkerungswiss. an der Humboldt-Univ. Berlin.

Werke: Familienpolitik gestern – heute – morgen, 1984; Die Auswirkungen der internat. Wanderungen auf Ö., 1991 (Mitautor); Migrants, Refugees and Foreign Policy, 1997 (Hg.); Zuwanderung nach Deutschland, 1999 (Mitautor).

Münzer (Monetarius), Hieronymus, * 1437 Feldkirch (Vbg.), † 1508 Nürnberg (D), Humanist, Arzt und Ratsherr in Nürnberg. Widmete seiner Vaterstadt u. a. die sog. „m.sche Monstranz", stellte eine der ersten gedruckten Deutschlandkarten her und verfasste Reisebeschreibungen.

Musger, August, * 10. 2. 1868 Eisenerz (Stmk.), † 30. 10. 1929 Graz (Stmk.), Physiker, Erfinder der Zeitlupe (1904 erstes Patent) mit dem Prinzip einer Spiegeltrommel als Ausgleichsorgan. Am 19. 7. 1907 erste Vorführung mit einem vom Grazer Kinobesitzer K. Löffler gebauten Projektionsapparat; eine kommerzielle Verwertung unterblieb jedoch, sodass 1914 die Fa. Ernemann in Dresden die Zeitlupe herausbrachte, ohne M. zu erwähnen. Ein späteres Patent von 1916 beruhte auf der Verwendung von Spiegelkränzen.

Literatur: F. Loidl, A. M. Erfinder, 1981.

Musil, Alois, * 30. 6. 1868 Rychtářow (CZ), † 12. 4. 1944 Neuhof b. Sternberg (Otryby na Český Šternberk, CZ), Theologe und Orientalist, bedeutender Forschungsreisender. 1909–20 Univ.-Prof. in Wien (bibl. Hilfswiss. und arab. Sprachen), 1920–38 in Prag (Orientalistik). Auf seinen Orientreisen entdeckte er u. a. 1897/98 die omaijad. Wüstenschlösser östl. von Amman und erforschte 1908/09 N-Arabien. Auch an diplomat. Missionen war er beteiligt.

Werke: Arabia Petraea, 3 Bde., 1907–08; NO-Arabien und S-Mesopotamien, 1913; Zur Zeitgeschichte von Arabien, 1918; The Jewish in Palestine, 1920. – Literatur: K. J. Bauer, A. M., 1989.

Musil, Robert, * 6. 11. 1880 Klagenfurt (Kä.), † 15. 4. 1942 Genf (CH), Romancier, Dramatiker, Essayist. M. wuchs in Steyr und Brünn auf, besuchte Militärschulen und studierte in Wien Maschinenbau (Konstruktion des m.schen Farbvariationskreisels für opt. Experimente). Nachdem er die Matura nachgeholt hatte, studierte er Psychologie und Philosophie und dissertierte 1908 in Berlin mit einem „Beitrag zur Beurteilung der Lehren Machs". 1911–14 arbeitete er als Bibliothekar an der Techn. Hochschule in Wien, schrieb an dem Drama „Die Anarchisten" (späterer Titel „Die Schwärmer", 1921). Anfang 1914 wurde M. Redakteur der „Neuen Rundschau". Im 1. Weltkrieg war er an der S-Front eingesetzt und wurde 1918 ins Kriegspressequartier versetzt. Nach weiterer Beamtentätigkeit lebte er ab 1922 als freier Schriftsteller in Wien, 1931–33 in Berlin, kehrte dann nach Wien zurück und emigrierte 1938 in die Schweiz. Ab 1939 lebte M. in Genf, wo er unbekannt und verarmt starb. Er erhielt u. a. 1923 den H.-Kleist-Preis und 1930 den G.-Hauptmann-Preis.

Seine erste große Erzählung, „Die Verwirrungen des Zöglings Törleß“ (1906), wurde ein großer Erfolg und thematisiert die Begegnung mit Sexualität, Gewalt und dem Fremden im Allg. Sein Lebenswerk, der Roman „Der Mann ohne Eigenschaften“, blieb ein Torso: 1930 erschien der 1. Teil, 1933 der 2. Teil und 1943 ein 3. Teil, der als Fragment von Musils Witwe aus dem Nachlass herausgegeben wurde. In einer umfassenden Gesamtschau setzt sich M. darin mit dem Zerfall der Habsburgermonarchie („Kakanien“) auseinander, der für die Auflösung der Weltordnung schlechthin steht. In der Verbindung von intellektueller Klarheit, iron. Sichtweise und mystischen Elementen stellte das Werk eine innovatorische Leistung von weltliterar. Bedeutung dar. Die Wiederentdeckung M. ist A. Frisé zu verdanken, der 1952–57 eine Gesamtausgabe herausbrachte.

Weitere Werke: Novellen: Vereinigungen, 1911; Drei Frauen, 1924. – Drama: Vinzenz und die Freundin bed. Männer (Posse), 1924. – Essays: Nachlaß zu Lebzeiten, 1936; Über die Dummheit, 1937; Das hilflose Europa, hg. 1961. – Ausgaben: Tagebücher, hg. v. A. Frisé, 2 Bde., 1976; Gesammelte Werke, hg. v. A. Frisé, 2 Bde., 1978; Briefe 1901–42, hg. v. A. Frisé, 1981. – Literatur: R. Schneider, Die problematisierte Wirklichkeit, 1975; R.-M.-Symposion Berlin 1980, hg. v. D. Farda, 1982; M. Max und J. C. Thöming, Auswahlbibliographie zu R. M., in: Text und Kritik 21/22, [3]1983; H. G. Pott, R. M., 1984; K. Corino, R. M. Leben und Werk in Bildern und Texten, 1988; G. Baumann, R. M., 1997; T. Pekar. R. M. zur Einführung, 1997; NÖB.

Mussafia, Adolf, * 15. 2. 1835 Split (HR), † 7. 6. 1905 Florenz (I), Mitbegründer der Romanistik. Ab 1860 Univ.-Prof. in Wien; verfasste mehr als 300 wiss. Arbeiten.

Werke: Die ö.-ungarische Monarchie in Wort und Bild, Band Dalmatien, 1892; Italien. Sprachlehre in Regeln und Beispielen, [32]1925. – Literatur: Bausteine zur Roman. Philologie, Festgabe, 1905.

Muster, Thomas, * 2. 10. 1967 Leibnitz (Stmk.), Tennissportler. Absolvierte das Sportinternat Südstadt, seit 1984 Profisportler. 1986 erster Sieg bei einem ATP-Turnier, erreichte 1988 mit der ö. Mannschaft den Aufstieg in die Weltgruppe des Davis-Cup. Zahlr. Siege bei internat. Turnieren; 1995 Gewinner des French Open, 1996 Führender der Weltrangliste. Beendete 1999 seine Karriere.

Literatur: T. M. Aufschlag. Mein Leben – mein Erfolg, 1995.

Musulin, Janko, * 12. 8. 1916 Wien, † 6. 3. 1978 Ober-Grafendorf (NÖ.), Sachbuchautor, Essayist und Publizist. Während des 2. Weltkriegs im Widerstand tätig, arbeitete nach 1945 als Zeitungskommentator und -korrespondent. 1958–64 in der Leitung des S.-Fischer-Verlags, 1965–69 im Verlag F. Molden, danach bei der „Presse“ und beim ORF.

Werke: Degen und Waage. Schicksal und Gesetz europ. Politik, 1954; Proklamationen der Freiheit, 1959 (Hg.); Prinz Eugen von Savoyen, 1963; Der fremde Bruder, 1966; Polit. Logbuch, 1968; Die kranke Weltmacht, 1969; Offene Briefe an die Deutschen, 1969 (Hg.); Das große Buch der Jagd in Ö., 1977.

Müthel, Lothar (eigentl. M. L. Lütcke), * 18. 2. 1896 Berlin (D), † 5. 9. 1964 Frankfurt a. M. (D), Schauspieler und Regisseur. In München und bei den Sbg. Festspielen tätig, 1939–45 Dir. des Burgtheaters, 1951–56 Schauspieldir. in Frankfurt.

Literatur: H. Szabó, L. M. und das Wr. Burgtheater, Dipl.-Arb., Wien 1994.

Muthspiel, Christian, * 20. 9. 1962 Judenburg (Stmk.), Musiker, Komponist; Bruder von Wolfgang → Muthspiel. Studierte Klassik und Jazz an der Musikhochschule Graz; 1987/88 Studien in Kanada (Klavier, Posaune und Komposition). Mitgl. des Vienna Art Orchestra; Konzerte mit zahlr. Ensembles weltweit. 1990 Gründung des Ensembles Octet Ost, 1991 Debüt als klassischer Solist.

Werke: Was geschah 10^{-42}'' nach dem Urknall?, 1991; Das Ende der hölzernen Zeiten, 1992 (Bläser, Glockenspiel, Vibraphon, Percussion); Borges and I, 1993 (Tanztheater); Our Mothly Mothertongue, 1995 (Violinkonzert); Leichtvergängliche Waren, 1997 (Sopran, großes Ensemble).

Muthspiel, Wolfgang, * 2. 3. 1965 Judenburg (Stmk.), Musiker, Komponist; Bruder von Christian → Muthspiel. Studierte Gitarre (Klassik, Jazz) an der Musikhochschule Graz, 1986–89 Studien in den USA. 2-jähriges Engagement im Gary Burton Quartet, Gründung mehrerer eig. Bands (u. a. mit seinem Bruder); 1998 Soloauftritte in der Queen Elizabeth Hall in London und in der Wr. Staatsoper. 2000 Gründung des eig. Plattenlabels Material Records. Zahlr. Plattenaufnahmen; H.-Koller-Preis 1997.

Werke: Flexible Sky, 1996 (Streichquartett, Gitarre); Die Wasserfälle von Slunj, 1997 (Saxophon, Ensemble); Stretch, 1997 (E-Gitarre, Tonband).

Muzicant, Ariel, * 12. 2. 1952 Haifa (Israel), Immobilienkaufmann, seit 1998 Präs. der Israelit. Kultusgemeinde in Wien. Absolvierte ein Medizinstudium und eine Fachausbildung in Wien, seit 1977 Immobilienkaufmann und seit 1981 Vorstandsmitgl. der Israelit. Kultusgemeinde.

Myrbach, Felician, Frh. von Rheinfeld, * 19. 2. 1853 Zaleszczyki (Zaleščiki, UA), † 14. 1. 1940 Klagenfurt (Kä.), Maler und Illustrator. Bis 1881 Offizier und Zeichenlehrer an der Wr. Kadettenschule, daneben Studium an der Wr. Akad. 1881–97 in Paris als Illustrator, 1897 Rückkehr nach Wien als Prof. für Illustration an der Kunstgewerbeschule; 1899–1905 deren Dir. Gewann J. → Hoffmann, A. → Roller, K. → Moser, R. v. → Larisch, C. O. → Czeschka und F. → Cizek als Lehrer der Kunstgewerbeschule. 1903 Präs. der Wr. Secession, 1905 Austritt mit der Klimt-Gruppe. Danach längere Aufenthalte in Spanien und Frankreich.

Literatur: Ö. Malerei des 19. Jh. aus Privatbesitz, Ausst.-Kat., Ferdinandeum, Innsbruck 1970.

N

Franz Nabl. Foto, um 1950.

Nabl, Franz, * 16. 7. 1883 Lautschin (Loučeń, CZ), † 19. 1. 1974 Graz (Stmk.), Erzähler und Dramatiker. 1924–27 Redakteur in Graz, ab 1934 freier Schriftsteller. Prosa in der Tradition des 19. Jh. (A. Stifter). Sein erfolgreichster Roman „Ödhof. Bilder aus den Kreisen der Familie Arlet" (1911) schildert den Untergang einer Familie durch ein tyrannisches Oberhaupt. Großer Ö. Staatspreis 1956, Ö. Ehrenzeichen f. Wiss. u. Kunst 1969.

Ausgabe: Ausgewählte Werke, hg. v. A. Holzinger, 4 Bde., 1965. – Literatur: Über F. N., hg. v. K. Bartsch, G. Melzer u. J. Strutz, 1980; B. Noelle, F. N., Diss., Wien 1995.

Nádasdy, Franz Leopold Graf (auf Fogáras), * 30. 9. 1708 Radkersburg (Stmk.), † 22. 3. 1783 Karlovac (HR), Offizier. Schlug 1743 im Ö. Erbfolgekrieg die Bayern bei Braunau (OÖ.), hatte großen Anteil am Sieg von Kolin (1757) und eroberte 1757 die Festung Schweidnitz. 1756 zum Banus von Kroatien, 1758 von Maria Theresia zum Feldmarschall ernannt.

Literatur: C. Ham, Gf. F. III. N., Dipl.-Arb., Wien 1991; ADB.

Naderer, Hans, * 10. 1. 1891 Oberstinkenbrunn (Gem. Wullersdorf, NÖ.), † 28. 6. 1971 Wien, kath. Bühnenschriftsteller, Journalist im Parlamentsdienst. Schrieb Lustspiele, Komödien und Volksstücke (bes. für die Exl-Bühne in Wien). Gründer und Leiter der „Ö. Theatergemeinde".

Literatur: E. Wurm, H. N., ein ö. Volksdichter, 1961.

Nadler, Josef, * 23. 5. 1884 Neudörfl, Schluckenau (Nová Viska, Šluknov, CZ), † 14. 1. 1963 Wien, Literaturhistoriker, Essayist. 1914–24 Univ.-Prof. in Freiburg (CH), 1925–30 in Königsberg, 1931–45 in Wien. Entwickelte ein stammesgeschichtl. Modell des Nationenbegriffs und der Literatur (in „Literaturgeschichte des dt. Volkes", 4 Bde., 1938), das von Landschaftsräumen und Siedlungsbewegungen ausgeht; befreundet mit H. v. → Hofmannsthal und H. → Bahr.

Literatur: S. Meissl, Zur Wr. Neugermanistik der 30er Jahre, in: K. Amann (Hg.), Ö. Literatur der 30er Jahre, 1985.

Nagel, Ignaz, * 29. 7. 1831 Wien, † 31. 12. 1872 ebd., Volkssänger, gelernter Meerschaumdrechsler; Urgroßvater von Karl → Nagel. Trat 1861 bei der Ges. Beer als Volkssänger ein; verband sich mit A. Amon (1833–1896) zum Duo Amon & N., das nicht im üblichen Kostüm, sondern im Frack auftrat. Begründer des polit. Wienerlieds, hatte über 1000 Lieder in seinem Repertoire.

Literatur: ÖBL.

Nagel, Karl, * 4. 12. 1922 Wien, † 23. 8. 1993 ebd., Komponist und Interpret von Wienerliedern, Volkssänger; Urenkel von Ignaz → Nagel. Stammte aus einer Wr. Musikerfamilie (sein Vater war Kontragitarrist) und erwarb sich große Verdienste um die Wiederbelebung der Werkelmänner. Wurde ab 1964 mit seiner Partnerin T. → Mally auch international bekannt.

Johann August Natterer. Foto.

Nagl, Franz Xaver, * 26. 11. 1855 Wien, † 4. 2. 1913 ebd., Bischof von Triest-Capodistria (1902–10), 1910–11 Titularerzbischof und Koadjutor des Erzbischofs von Wien, 1911–13 Fürsterzbischof von Wien, 1911 Kardinal. Veranstaltete 1912 den 23. Internat. Eucharist. Kongress in Wien.

Literatur: G. Hartmann, N., in: E. Gatz (Hg.), Die Bischöfe der dt.-sprach. Länder 1785/1803 bis 1945, 1983; ÖBL.

Nagl, Johann Willibald, * 11. 5. 1856 Natschbach (Gem. Natschbach-Loipersbach, NÖ.), † 23. 7. 1918 Diepolz (NÖ.), Literaturhistoriker. Pionier der Mundart- und Namenforschung; 1891–1918 Lehrtätigkeit an der Univ. Wien; Hg. der Ztschr. „Dt. Mundarten" (1895–1906).

Werke: Dt.-ö. Literaturgeschichte, 4 Bde., 1898 (Bd. 1–2 mit J. Zeidler), 1930 bzw. 1937 (Bd. 3–4 von E. Castle). – Literatur: ÖBL.

Nagl, Max, * 5. 10. 1960 Gmunden (OÖ.), Komponist, Musiker (Saxophon). Studierte an der Wr. Musikhochschule; Mitbegründer der Formationen Manhattan Love Suicide und Go 4 It, Mitglied des Ensembles Maxixe, Gründer des M. N. Quintetts. Gilt als Grenzgänger zw. Jazz, Noise und Volksmusik. H.-Koller-Award 1999.

Werke (Schallplatten bzw. CDs): La Belle Est Black, 1989 (Manhattan Love Suicide); Go Fred Go, 1991 (Go 4 It); Wumm! Zack! Vol. 1, 1993; Daily Bullet, 1996; Boxing Lulu, 1999; Taboo, 1999 (M. N. Quintett); The Evil Garden, 2001; strichcode, 2001 (M. N. Quintett); Ramasuri, 2001 (M. N. Ensemble).

Nas, Johann (auch J. Nasus), * 19. 3. 1534 Eltmann (D), † 16. 5. 1590 Innsbruck (Ti.), Volks- und Hofprediger in Innsbruck, Franziskaner, volkstüml. Satiriker. 1580 Weihbischof von Brixen. Verfasste Kampfschriften der Gegenreformation, ca. 35 gedruckte Werke, u. a. einen kath. Katechismus (1567).

Literatur: G. Fussenegger, N. J., in: Lexikon für Theologie und Kirche 7, ^{2}1962; J. B. Schöpf, J. N., 1860; W. Klaiber (Hg.), Kath. Kontroverstheologen und Reformer des 16. Jh., 1978 (Werkverz.); G. Pointner, Das Luthertum vom Teufel erdacht hat alles Unglück in die Welt bracht. Die polem. Publizistik des J. N., Diss., Wien 1996.

Natter, Heinrich, * 16. 3. 1844 Graun (S-Ti.), † 13. 4. 1892 Wien, Bildhauer und Schriftsteller. Schuf Denkmäler in Leipzig, Zürich und Bozen, in Wien u. a. das Haydndenkmal (1887) und Skulpturen für das Burgtheater (1887). 1893 wurde sein Andreas-Hofer-Denkmal auf dem Bergisel bei Innsbruck errichtet. Darin strebte er nach monumentaler Gestaltung des menschl. Körpers, verbunden mit späthistorist. Gestaltungswillen.

Publikation: Kleine Schriften, 1893. – Literatur: O. Natter, H. N., 1914; Der Bildhauer H. N. (1844–1892) – Leben, Werk und Freundeskreis in München, Wien und Gmunden, Ausst.-Kat., Gmunden 1991; U. Lillie, Standbilder und Denkmäler von H. N., Dipl.-Arb., Wien 1998; ÖBL.

Natterer, Johann, * 9. 11. 1787 Laxenburg (NÖ.), † 17. 6. 1843 Wien, Zoologe; Onkel von Johann August → Natterer und Josef → Natterer. Forschungsreisender, verdienstvoller Sammler für ö. Mus.; beteiligte sich 1817 an den Expeditionsfahrten der Hochzeitsschiffe der Erzherzogin Leopoldine; bereiste bis 1836 Brasilien, brachte u. a. eine reichhaltige Smlg. von 12.293 Vögeln und 24.000 Insekten nach Wien (im Naturalienkabinett, heute Naturhist. Museum, dort auch seine Smlg. inländ. Säugetiere). Ein großer Teil seiner Smlg. wurde durch Brand vernichtet. Das Ö. Museum für Völkerkunde erhielt von N. eine Smlg. von Schmuck- und Gebrauchsgegenständen.

Literatur: ÖBL.

Natterer, Johann August, * 19. 10. 1821 Wien, † 25. 12. 1900 ebd., Chemiker, Physiker und Arzt; Neffe

von Johann → Natterer, Bruder von Josef → Natterer. Ihm gelang 1844 erstmals die für die Kälteind. grundlegende Verflüssigung von Kohlensäure unter Verwendung der Windbüchsenpumpmaschine von J. Schembor (1777–1851). Machte mit seinem Bruder Josef fotograf. Versuche, steigerte die Empfindlichkeit von Daguerrotypieplatten und schuf 1841 erste Momentaufnahmen und Reproduktionen.
Literatur: ÖBL.

Natterer, Josef, * 28. 5. 1819 Wien, † 17. 12. 1862 Khartum (Sudan), Forschungsreisender; Neffe von Johann → Natterer, Bruder von Johann August → Natterer. Unternahm 1855–58 Expeditionen nach Nubien und Mittelafrika, wobei er viele Tiere für die Schönbrunner Menagerie erwarb.

Nausch, Walter, * 5. 2. 1907 Wien, † 11. 7. 1957 Obertraun (OÖ.), Fußballspieler. Spielte 51-mal in der ö. Nationalmannschaft (u. a. im Wunderteam); ab 1928 bei Austria Wien (ab 1936 auch als Trainer und Sekr.), 1938–48 Trainer in Zürich, 1948–54 Bundeskapitän des Ö. Fußballbundes und ab 1949 Verbandskapitän der Staatsliga.

Nausea, Friedrich (eigentl. F. Grau), * 1496 Waischenfeld (D), † 6. 2. 1552 Trient (I), Pfarrer in Frankfurt a. M., Domprediger in Mainz, 1534 Hofprediger Ferdinands I., 1541 Bischof von Wien. Vorkämpfer der Kirchenreform. Vertrat Ö. ab 1551 auf dem Konzil von Trient, wo er für die Gewährung des Laienkelchs und die Aufhebung des Zölibats eintrat.
Literatur: H. Jedin, Das konziliare Reformprogramm F. N., Hist. Jb. 77, 1958; H. Gollob, Bischof F. N. Probleme der Gegenreformation 1496–1552, 21967.

Navratil, Leo, * 3. 7. 1921 Türnitz (NÖ.), Arzt. 1946–86 an der Nö. Landes-Heil- und Pflegeanstalt Gugging tätig. Entdeckte und förderte zahlr. (ungelernte) Künstler unter den chronisch kranken Patienten. Auf seine Initiative wurde 1981 in Gugging das „Haus der Künstler" gegr. Wirkte auch als Ausstellungsleiter und als Hg. von Publikationen.
Werke: J. Hauser, Kunst aus Manie und Depression, 1978; Die Künstler aus Gugging, 1983; A. Walla, 1988; E. Herbeck, Im Herbst da reiht der Feenwind, 1992 (Hg.); Schizophrene Dichter, 1994; Gugging 1946–1986 (Bd. 1: Art brut und Psychiatrie, Bd. 2: Werke und ihre Künstler), 1997; Die Gugginger Methode, 1998; Art brut und Psychiatrie, 1999; Manisch-depressiv. Zur Psychodynamik des Künstlers, 1999.

Nawiasky, Hans, * 24. 8. 1880 Graz (Stmk.), † 11. 8. 1961 St. Gallen (CH), Staatsrechtler. Ab 1914 Univ.-Prof. in Wien, ab 1919 in München, 1933 entlassen. Ab 1945 Univ.-Prof. in St. Gallen sowie ab 1946 auch in München. Mitarbeiter an der bayer. Verfassung 1946. Schuf und leitete die schweiz. Verwaltungskurse; Präs. des Weltenbunds der Ö. im Ausland.
Werke: Dt. u. ö. Postrecht, 1909; Allg. Staatslehre, 4 Bde., 1945–58; Die Verfassung des Freistaates Bayern, 1948.

Nebesky-Wojkowitz, René von, * 29. 6. 1923 Groß Hoschütz (Velké Hoštice, CZ), † 9. 7. 1959 Wien, Ethnologe und Tibetologe. Führte mehrjährige Feldforschungen im indischen Himalaja durch, Verfasser von grundlegenden Werken zur tibetischen Volksreligion und zum Bergkult. Hinterließ dem Wr. Museum für Völkerkunde eine umfangreiche Smlg. tibetischer Objekte und Handschriften.
Werke: Wo die Berge Götter sind, 1955; Oracles and Demons of Tibet, 1956.

Nedbal, Oskar, * 26. 3. 1874 Tábor (CZ), † 24. 12. 1930 Agram (Zagreb, HR; Selbstmord), Dirigent und Komponist. 1896–1906 Dirigent der Böhm. Philharmonie in Prag, gründete 1906 das Wr. Tonkünstlerorchester, das er bis 1919 leitete; war vorübergehend auch Kapellmeister an der Volksoper, dann Gastdirigent in mehreren Ländern. Als Komponist war er v. a. mit Operetten erfolgreich. Seine Operette „Polenblut" (1913) erlebte in Wien bis 1926 3376 Aufführungen.
Weitere Werke: Der faule Hans, 1902 (Ballettpantomime); Der Bauer Jakob, 1922 (kom. Oper). – Operetten: Die Winzerbraut, 1916; Die schöne Saskia, 1917; Eriwan, 1918; Donna Gloria, 1926. – Kammer- und Orchestermusik; Lieder. – Literatur: ÖBL.

Neder, Johann Michael, * 29. 4. 1807 Oberdöbling (Wien), † 30. 8. 1882 ebd., Genre- und Porträtmaler. Sohn eines Schusters, nach seinem Studium an der Wr. Akad. aus Geldmangel und aus Zweifel an den eig. künstlerischen Fähigkeiten bis 1834 als Schuster tätig; wurde von F. → Gauermann wieder zum Malen bewegt, war einer der ersten Volksmaler und Porträtist des ländlich kleinbürgerl. Milieus, entwickelte seine Malweise zu einem naiv anmutenden Realismus.
Literatur: K. Hareiter, M. N., 1944; ÖBL.

Dorothea Neff in „Mutter Courage und ihre Kinder" von Bertolt Brecht. Wiener Volkstheater, 1963.

Neff, Dorothea, * 21. 2. 1903 München (D), † 27. 7. 1986 Wien, Schauspielerin. Erste Engagements an dt. Bühnen als jugendl. Heldin und Liebhaberin, später Charakterdarstellerin. Ab 1939 am Dt. Volkstheater in Wien (1978 Ehrenmitgl.); 1957 Gastspiel und 1973–76 Engagement am Burgtheater (u. a.: Elisabeth in „Maria Stuart", Medea, Mutter Courage); trotz Erblinden (1967) weiterhin Tätigkeit für Bühne, Film, Hörspiel und Kabarett. J.-Kainz-Medaille 1963.
Literatur: P. Kunze, D. N., 1983.

Alois Negrelli von Moldelbe. Stich von A. Prinzhofer, 1845.

Negrelli, Alois, von Moldelbe, * 23. 1. 1799 Primiero (I), † 1. 10. 1858 Wien, Techniker, Eisenbahn-, Wasser- und Straßenbau-Ingenieur. Entwarf 1832–40 in der Schweiz Brücken- und Bahnbauten (u. a. 1. Schweizer Bahnlinie Zürich–Baden), baute nach 1840 in Ö. Teile der Nordbahn, 1848 Leiter der Sektion Eisenbahnen im Arbeitsministerium, 1849 Dir. der Oberbaubehörde in Lombardo-Venetien und 1856 Gen.-Inspektor der ö. Eisenbahnen. War führend an der Entwicklung des Eisenbahnbaus der ö.-ungar. Monarchie, der Schweiz, Württembergs und Sachsens beteiligt und entwarf 1846–56 die Pläne für den Suezkanal, den der Franzose F. Lesseps baute (1869 eröffnet).
Werk: Über Gebirgsbahnen, 1842. – Literatur: A. Birk, A. v. N., 2 Bde., 1915/25; A. Leonardi, A. N. Ingegnere e il Canale di Suez, 1990; ÖBL.

Neher, Caspar (Rudolf Ludwig Kaspar), * 11. 4. 1897 Augsburg (D), † 30. 6. 1962 Wien, Bühnenbildner. Arbeitete u. a. mit B. Brecht zusammen; 1924–26 am Dt. Theater in Berlin, 1938 am Theater in der Josefstadt in Wien, 1945–47 in Zürich. Ab 1947 wieder in Ö., Zusammenarbeit mit dem Regisseur O. F. → Schuh, Mitarbeit bei den Sbg. Festspielen (v. a. Felsenreitschule) und in Wien (kreierte an der Staatsoper den Wr. Mozart-Stil). Forderte die illusionslose Bühne ohne Guckkasten im architektonisch gegliederten Raum; 1958–62 Prof. an der Akad. d. bild. Künste. Auch Librettist, Maler und Regisseur.
Literatur: J. Willett, C. N., Brecht's Designer, 1986; O. Pausch (Hg.), C. N., 1987; V. Greisenegger-Georgila (Hg.), Was ist die Antike wert? Griechen und Römer auf der Bühne von C. N., 1995; C. Tretow (Hg.), C. N., 1997.

Nehr, Alexander, * 30. 1. 1855 Baja (Péc, H), † 29. 2. 1928 Wien, Kunstschlosser, Schöpfer des Rathausmanns auf dem Turm des Wr. Rathauses. Erhielt bei der Weltausstellung 1900 in Paris für das Rieseneingangstor des ö.-ungar. Pavillons eine Goldmedaille.
Literatur: H. Mück, A. N., in: Wr. Geschichtsblätter 26, 1971.

Neidhart von Reuental, † wahrscheinl. vor 1246; unter dem (sprechenden?) vielleicht selbstironischen Namen „Nithart" bzw. „Neithart von Riuwental" („neidischer Mensch", „Teufel"; „Jammertal", „Hölle") urk. nicht bezeugt. In 21 Handschriften und Bruchstücken sind 56–132 Lieder und 55 Melodien überliefert. N., der in Wien wirkte und wohl Ministeriale war, gilt als erfolgreichster nachklassischer Lyriker. Sein Werk wird in Sommer- und Winterlieder gegliedert. Die Sommerlieder sind einfach gebaute Reigenlieder zum Thema Minne: Ein ritterl. Sänger spielt im Dorf zum Tanz auf und erobert ein Bauernmädchen. Die Sommerlieder stehen karikierend in deutl. Kontrast zur höf. Haltung: Neben der Parodie auf den Ritter wird auch bäuerl. Rohheit bloßgestellt. Die Winterlieder stellen Verse höf.-konventioneller Minne in Kontrast zu wilden bäuerl. Szenen. Ort der Handlung ist die Tanzstube des Dorfes. Die Sozialsatire gilt vielleicht der Abwehr eines selbstbewusst werdenden Bauerntums im Namen des bedrohten Ritterstands. N.-Grab (Wr. Stephansdom), N.-Fresken (Wien, Tuchlauben).

Ausgabe: H. Fischer (Hg.), Die Lieder N., [4]1984. – Literatur: J. Bumke, Ministerialität und Ritterdichtung, 1976; H. Birkhan, N. v. R., 1983; V. F. Spechtler (Hg.), Lyrik des ausgehenden 14. und 15. Jh., 1984; G. Blaschitz (Hg.), N.-Rezeption in Wort und Bild, 2000.

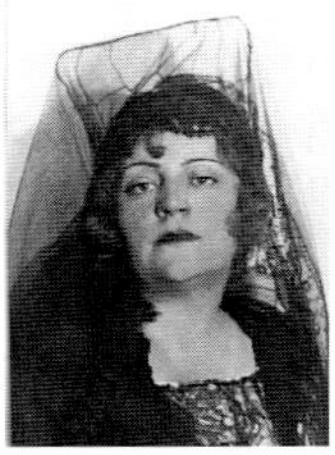

Maria Németh als Donna Anna in „Don Giovanni" von W. A. Mozart. Foto.

Neilreich, August, * 12. 12. 1803 Wien, † 1. 6. 1871 ebd., Botaniker, urspr. Jurist. Widmete sich v. a. der botan. Erforschung der ö. Flora. Mehrere Pflanzenarten (Nelke, Hauswurz) wurden nach ihm benannt.

Werke: Die Flora von Wien, 1846; Flora in NÖ., 2 Bde., 1859/66.

Neiner, Johann V. (eigentl. J. V. Neuner, Pseud.: Nicodemus), * 29. 6. 1679 Wien, † nach 1748 wahrscheinl. außerhalb Wiens, volkstüml. Satiriker. Seine Schriften haben großen Quellenwert für die Wr. Lokal- und Kulturgeschichte; Nachfolger von → Abraham a Sancta Clara, unter dessen Namen er auch eig. Werke erscheinen ließ. Gilt als ein Vorläufer von J. → Perinet.

Werke (meist anonym erschienen): Vienne Demasquée, 1705; Curioser Narrenkalender, 1707ff.; Hanswurstische Reisebeschreibungen, 1717–19; Neu ausgelegter Curioser Tändl-Marckt der jetzigen Welt, 1734 (Ausgabe von 1748 oder 1749, 2 Tle.). – Literatur: G. Gugitz, Neue Dokumente zum Leben J. N., in: Unsere Heimat, 1951.

Günther Nenning. Foto.

Neipperg, aus Schwaben stammende Adelsfamilie, vor 1672 Freiherren, 1734 Grafen. Aus ihr gingen zahlr. Offiziere und kaiserl. Beamte hervor, u. a. Adam Adalbert Gf. → Neipperg und Wilhelm Reinhard Reichsgraf → Neipperg.

Neipperg, Adam Adalbert Graf, * 8. 4. 1775 Wien, † 22. 2. 1829 Parma (I), Offizier (Feldmarschallleutnant). 1809 Generaladjutant bei Erzhzg. Ferdinand Karl d'Este, 1813 Kommandant einer Division und Einsatz bei Leipzig; 1815 gegen Kg. Murat v. Neapel in Italien. Ab 1814 enger Vertrauter und ab 1821 Ehemann von → Marie Louise, der Gemahlin bzw. Witwe Napoleons I.; Vater ihres Kindes Wilhelm Albrecht Fürst v. → Montenuovo.

Literatur: ADB.

Neipperg, Wilhelm Reinhard Reichsgraf (seit 1726), * 27. 5. 1684 Wien, † 6. 5. 1774 ebd., Offizier, k. k. Feldmarschall. 1717 Oberst eines Infanterieregiments bei Belgrad, 1723 Erzieher Franz Stephans von Lothringen, Einsatz im Poln. Erbfolgekrieg in Italien; wegen Aushandlung ungünstiger Friedensbedingungen nach dem Türkenkrieg 1737–39 verhaftet und in Brünn eingekerkert, 1741 von Maria Theresia mit dem Oberbefehl der ö. Armee in Schlesien betraut. Am 10. 4. 1741 schwere Niederlage bei Mollwitz gegen das preuß. Heer unter Friedrich II., anschließend seines Kommandos enthoben. 1753 Kommandierender General in Ö., 1755 Hofkriegsratspräsident.

Johann Nestroy. Foto.

Neisser, Heinrich, * 19. 3. 1936 Wien, Jurist und Politiker (ÖVP). 1969–70 Staatssekr. im Bundeskanzleramt, 1987–89 BMin. f. Föderalismus und Verwaltungsreform. 1975–87 und 1989–99 Abg. z. NR, 1990–94 ÖVP-Klubobmann, 1994–99 2. Präs. des NR. Autor und Mitautor zahlr. Bücher zu Fragen der Politik.

Werke: Der Bundeskanzler im ö. Verfassungsgefüge, 1971 (mit M. Welan); Parlament u. Opposition, 1973 (mit H. Magenschab); Das polit. System der EG, 1993; Unsere Republik auf einen Blick, 1996; Die innovative Verwaltung, 1998 (Hg.); Das Europawahlrecht, [2]1998 (Hg.).

Nejgreschl, Mendl (eigentl. Max Neugröschl), * 9. 2. 1903 Novy Sancz (PL), † 8. 2. 1965 New York (USA), Rechtsanwalt, wichtigster Vertreter der expressionist.-jiddischen Literatur in Wien. Herausgeber der Ztschr. „Jiddisch". 1938 verhaftet und in das KZ Buchenwald verschleppt, von wo aus er später in die USA emigrieren konnte.

Werke: Im schwarzen Malches, 1924; Kajlechdike Teg, 1936; Kleine Antologje fun der jidischer Lirik in Galizie, 1938. – Literatur: G. Kohlbauer-Fritz, In a Schtodt woss schtarbt. Jiddische Lyrik aus Wien, 1995.

Németh, Maria (verehel. Grünauer), * 13. 3. 1897 Körmend (H), † 28. 12. 1967 Wien, Kammersängerin (ab 1932), Sopran. 1924–46 Mitgl. der Wr. Staatsoper; bed. Mozart-, Verdi- und Puccini-Interpretin, auch bei den Sbg. Festspielen. Ab 1953 Gesangspädagogin in Wien.

Nemschak, Franz, * 27. 7. 1907 Graz (Stmk.), † 17. 3. 1992 Wien, Jurist und Wirtschaftsforscher. Zunächst an den Univ. in Wien und Graz tätig, 1926–33 Angestellter bei Kastner & Öhler, 1941–45 freier Schriftsteller und Mitarbeiter am Inst. für Wirtschaftsforschung, 1945 zu dessen Leiter bestellt. 1973 Wechsel in das Wr. Inst. für internat. Wirtschaftsvergleiche, das er bis 1978 leitete.

Nenning, Günther, * 23. 12. 1921 Wien, Journalist und Publizist. 1948–58 Redakteur bzw. stellv. Chefredakteur der „Neuen Zeit", danach Wechsel zum „Forum", das er nach F. → Torberg 1965–86 leitete (1966–79 als „Neues Forum"). 1960–85 Vorsitzender der Sektion Journalisten im Gewerkschaftsbund. N. engagierte sich in der ö. Grünbewegung und arbeitet als Journalist bei verschiedenen in- und ausländ. Medien. Zahlr. Buchpublikationen.

Literatur: B. Pobatschnig, Journalist. Handeln am Beispiel G. N., Diss., Salzburg 1986.

Nentwich, Marianne, * 22. 7. 1942 Wien, Kammerschauspielerin. Zunächst beim ORF (u. a. als Fernsehansagerin), gleichzeitig Schauspielausbildung, seit 1965 ständiges Mitgl. des Theaters in der Josefstadt; Gastspiele u. a. in Berlin, Hannover und Salzburg; Fernsehtätigkeit („Ringstraßenpalais", „Schlosshotel Orth"). 1976 Goldener Rathausmann.

Nepo, Ernst (eigentl. E. Nepomucky), * 17. 10. 1895 Dauba (CZ), † 26. 8. 1971 Innsbruck (Ti.), Maler der Neuen Sachlichkeit. Studierte 1913/14 an der Wr. Kunstgewerbeschule u. a. bei O. → Strnad. Lebte ab 1918 in Innsbruck, wo er im Mittelpunkt des „Mühlauer Kreises" stand, ab 1927 Mitgl. der Wr. Secession. Malte 1934–37 Bühnenbilder für das Innsbrucker Stadttheater und war bis 1943 Landesleiter der Reichskammer d. bild. Künste in Tirol. Nach 1945 zahlr. öffentl. Aufträge für monumentale Wandmalereien und Porträts.

Literatur: W. Kirschl, Malerei u. Graphik in Ti. 1900–40, Ausst.-Kat, Wien, Innsbruck 1973; K. Schröder, Neue Sachlichkeit, Ö. 1918–38, Ausst.-Kat., Wien 1995.

Nestroy, Johann (Nepomuk Eduard Ambrosius), * 7. 12. 1801 Wien, † 25. 5. 1862 Graz (Stmk.), Schauspieler, Sänger, satirisch-humorist. Dramatiker, Vollender des biedermeierl. Alt-Wr. Volkstheaters. Zunächst Opernsänger, als Schauspieler nach mehreren Stationen ab 1832 am Theater a. d. Wien und Partnerschaft mit dem Komiker W. → Scholz; zum ersten großen Erfolg wurde die Zauberposse „Der böse Geist Lum-

Johann Nestroy als Sansquartier. Aquarell, 1842 (Historisches Museum der Stadt Wien).

pacivagabundus" (1833). Im Gegensatz zu F. → Raimunds gemütsbestimmter naiver Phantasie zeigt N. Werk geistvolle Ironie und desillusionierende Skepsis. Als Meister der Sprachkunst hält er in Dialekt und Hochsprache den menschl. Schwächen einen Spiegel vor. Mit seinem Werk, das Volksstücke, Lokal- und Zauberpossen, Parodien sowie realistisch-satirische Zeit- und Sittenstücke umfasst, wurde er zum beherrschenden Autor der Wr. Vorstadttheater. Als Vorlage dienten ihm meist franz. Vaudevilles, engl. und dt. Komödien der Zeit; die für seine Stücke wichtige Musik wurde meist von Adolf → Müller sen. komponiert. Sein dialektischer Witz, der schon die Zeitgenossen begeisterte, liebte aphoristische Sentenzen und Wortspiele. Den Höhepunkt von N. Schaffen bildeten die Jahre 1838–44, in denen so populäre Stücke entstanden wie „Der Talisman" (1840), „Das Mädl aus der Vorstadt" (1841) und „Einen Jux will er sich machen" (1842). In der „Posse mit Gesang" fand er zu einer spezifischen neuen Form. Dass die Qualität der Werke N. weit über die Anforderungen eines auf den Tagesbedarf ausgerichteten Unterhaltungstheaters hinausgeht, erkannte K. → Kraus, der die N.-Renaiss. im 20. Jh. einleitete. Seit 2000 werden von der Stadt Wien unter dem Namen „N." Theaterpreise vergeben (davor J.-Kainz-Medaillen).

Weitere Werke (ca. 80 erhaltene Stücke): Die Familien Zwirn, Knieriem und Leim, 1834; Zu ebener Erde und erster Stock, 1835; Die beiden Nachtwandler, 1836; Das Haus der Temperamente, 1837; Glück, Mißbrauch und Rückkehr, 1838; Die verhängnisvolle Faschingsnacht, 1839; Liebesgeschichten und Heiratssachen, 1843; Der Zerrissene, 1844; Unverhofft, 1845; Der Unbedeutende, 1846; Der Schützling, 1847; Die schlimmen Buben in der Schule, 1847; Freiheit in Krähwinkel, 1948; Höllenangst, 1849; Judith und Holofernes, 1849; Mein Freund, 1851; Kampl, 1852; „Nur keck!", 1855; Tannhäuser, 1857; Lohengrin, 1859. – Ausgaben: Sämtliche Werke. Hist.-krit. Ausgabe, hg. v. J. Hein, J. Hüttner, W. Obermaier u. W. E. Yates, 1977ff.; Briefe, hg. v. W. Obermaier, 1977. – Literatur: F. H. Mautner, N. 1974; H. Ahrens, Bis zum Lorbeer versteig' ich mich nicht. J. N. – sein Leben, 1982; J. Hein, J. N., 1990; J. Hein, Das Wr. Volkstheater. Raimund u. N., ²1991; ders., Theaterg'schichten. Ein Führer durch Nestroys Stücke, 2001.

Nettig, Walter, * 7. 6. 1935 Wien, Unternehmer. Lehre als Fotokaufmann, Tätigkeit in einem Fotokonzern in den USA und Handelsstudium. Ab 1958 wieder in Ö., Geschäftsgründung in Traiskirchen, 1977 Gründung der größten ö. Einkaufsvereinigung in der Fotobranche und Eröffnung von mehr als 2 Dutzend Geschäften in Ö. 1975 Obmann der Sektion Handel in der Wr. Handelskammer, seit 1992 Präs. der Wr. Handelskammer bzw. Wirt.-Kammer Wien. Präs. des Fonds der Wr. Kaufmannschaft, seit 1987 Wr. Landtagsabg. und Gemeinderat.

Neubacher, Hermann, * 24. 6. 1893 Wels (OÖ.), † 1. 7. 1960 Wien, Wirtschaftsfachmann und Politiker. Ab 1920 in der Holzind. tätig, Gen.-Dir. der GESIBA (kommunale Wohnbauten in Wien). Ab 1933 Mitgl. der illegalen NSDAP, von 13. 3. 1938 bis Mai 1939 Bürgermeister von Wien, ab 1940 Gesandter in Bukarest und Athen. N. wurde wegen seiner Tätigkeit als „Sonderbeauftragter Südost" 1940–45 und als Bevollmächtigter beim Militärbefehlshaber in Serbien (ab 1943) 1951 in Jugoslawien zu 20 Jahren Gefängnis verurteilt, aber 1952 schwer krank entlassen. Danach war er Bauunternehmer in Salzburg und wurde 1954–56 mit dem Ausbau der Verwaltung Äthiopiens betraut.

Werke: Kampf um Mitteleuropa, 1932; Sonderauftrag Südost 1940–45, 1956; Die Festung der Löwen, 1959.

Neuberg, Erich, * 12. 8. 1928 Wien, † 10. 1. 1967 ebd. (Selbstmord), Regisseur. Gründete das Theater „49" am Wr. Naschmarkt und inszenierte am Studio der Hochschulen. 1953–56 Leiter des Theaters am Parkring, Erstaufführung von S. Becketts „Warten auf Godot", Hörspiele beim ö. Rundfunk, Fernseharbeiten. Ab 1956 Oberspielleiter beim damals neuen Fernsehen. Der E.-N.-Preis für Regisseure wurde nach seinem Tod vom ORF gestiftet.

Werke (als Fernsehregisseur): Geschichten aus dem Wiener Wald, 1961; Der Herr Karl, 1961; Der Himbeerpflücker, 1965. – Literatur: E. Itkyn, E. N. Eine Ära des ö. TV-Theaters, 1992.

Neubrand, Heinz, * 5. 7. 1921 Wien, † 6. 1. 1998 ebd., Pianist und Komponist. Studierte bei E. v. Sauer, ab 1939 Unterhaltungsmusiker, ab 1946 Jazzmusiker; 1946–55 beim Sender Rot-Weiß-Rot; 1. Musicalproduktion an der Wr. Volksoper (mit M. → Prawy), 1956–63 Filmkompositionen, ab 1957 auch für das Fernsehen. Zahlr. Preise.

Neuburger, Max, * 8. 12. 1868 Wien, † 15. 3. 1955 ebd., Medizinhistoriker. Begründete 1914 und leitete bis 1938 das Univ.-Institut für Geschichte der Medizin in Wien, emigrierte 1938 nach London, lebte ab 1948 in Buffalo (USA), ab 1952 wieder in Wien.

Werke: Hb. der Geschichte der Medizin, 3 Bde., 1901–05 (Hg.); Geschichte der Medizin, 2 Bde., 1906/10; Die Entwicklung der Medizin in Ö., 1918; Das alte medizin. Wien, 1921; Die Wr. Medizin. Schule im Vormärz, 1921; H. Nothnagel, 1922; Meister der Heilkunde, 6 Bde., 1921–24 (Hg.). – Literatur: Festschrift, 1928; E. Berghoff, M. N., 1948.

Neugebauer, Alfred, * 27. 12. 1888 Wien, † 14. 9. 1957 ebd., Kammerschauspieler. 1926–46 am Theater in der Josefstadt (bis 1938 unter M. → Reinhardt), ab 1946 am Burgtheater; 1933–53 Prof. am Reinhardt-Seminar, 1947 Prof. an der Akad. für Musik und darst. Kunst in Wien; in den 30er Jahren zahlr. Filmrollen. Rundfunktätigkeit.

Literatur: M. Wittig, A. N. Leben und Werk, Diss., Wien 1963.

Neugebauer, Max, * 8. 9. 1900 Barzdorf (Bernartice, CZ), † 9. 3. 1971 Korneuburg (NÖ.), Pädagoge, Volksbildner, Politiker (SPÖ). 1945–66 Abg. z. NR, 1960 Präs. des Wr. Stadtschulrats; maßgebl. am Zustandekommen der Schulreform 1962 beteiligt.

Neugebauer, Wolfgang, * 9. 10. 1944 Wien, Historiker. Studierte in Wien; ab 1970 Mitarbeiter, seit 1983 Leiter des Dokumentationsarchivs des ö. Widerstandes. Forschungsschwerpunkte: Widerstand, Verfolgung, Exil 1933–45. Seit 1995 Prof. f. Zeitgeschichte an der Univ. Wien.

Werke: Widerstand und Verfolgung in Wien 1934–45, 1984; NS-Herrschaft in Ö. 1938–45, 1988 (Mit-Hg.): Wahrheit und „Auschwitzlüge", 1995 (Mit-Hg.); „... ihrer Überzeugung treu geblieben", 1996 (mit B. Bailer-Galanda); Haider und die „Freiheitlichen" in Ö., 1997 (Mitautor).

Neukomm, Sigismund von, * 10. 7. 1778 Salzburg, † 3. 4. 1858 Paris (F), Komponist und Pianist. Schüler von Michael N. (mit dem er auch verwandt war) und ab 1797 von J. → Haydn. Kapellmeister in vielen Ländern (u. a. 1804–08 in St. Petersburg, 1816 in Brasilien), lebte ab 1809 hauptsächlich in Paris. Gestaltete den musikal. Rahmen der Enthüllung des Mozart-Denkmals 1842 in Salzburg.

Werke: 10 Opern, Oratorien, 15 Messen, 5 Tedeum, Psalmen, Instrumentalmusik, über 275 Lieder in mehreren Sprachen. – Literatur: G. Pellegrini, S. Ritter von N., 1936; A. Seebohm, Das dt. Klavierlied S. N., 1968; R. Angermüller, S. N., Werkverz., 1977; ÖBL.

Neumann, Franz von (d. J.), * 16. 1. 1844 Wien, † 1. 2. 1905 ebd., Architekt. Schüler und Mitarbeiter Friedrich v. → Schmidts; ab 1883 selbstständig; 1889–1900 Mitgl. d. Wr. Gemeinderats, 1891–95 Stadtrat. Baute viele Villen, Wohn- und Amtsgebäude sowie Kirchen. Entwickelte sich von einer eher strengen Neurenaiss. zu späthistorist. Formen. Sein Vater Franz v. N. d. Ä. (1815–1888) und sein Bruder Gustav v. N. (1856–1928) waren ebenfalls bekannte Architekten.

Werke: Wien: Arkadenhäuser am Rathausplatz, 1878–83 (z. T. mit F. Schmidt); Villa Kuffner und kuffnersche Sternwarte, 1884–86/90; Antoniuskirche in Favoriten, 1896–1901. – NÖ.: Villa Erzhzg. Wilhelm, Baden, 1883; Habsburgerwarte auf dem Hermannskogel, 1888. – Tschechien: Rathaus in Reichenberg/Liberec, 1892. – Literatur: ÖBL.

Neumann, Johann Philipp, * 27. 12. 1774 Trebič (CZ), † 3. 10. 1849 Wien, Physiker und Bibliothekar. 1815–45 Prof. am Polytechn. Inst. in Wien (heute Techn. Univ.), deren Bibl. er 1816 gründete und bis 1843 leitete. Dichtete den Text der „Dt. Messe" von F. → Schubert.

Literatur: ÖBL.

Neumann, Karl Eugen, * 18. 10. 1865 Wien, † 18. 10. 1915 ebd., Indologe und Buddhismusforscher. War selbst gläubiger Buddhist und beeinflusste mit seinen Übersetzungen von buddhist. Schriften Autoren wie H. Hesse und T. Mann.

Werke: Innere Verwandtschaft buddhist. und christl. Lehren, 1891; Die Reden Gotamo Buddhos, 4 Bde., 1896–1905; Die Lieder der Mönche und Nonnen Gotamo Buddhos, 1899; Die letzten Tage Gotamo Buddhos, 1911. – Literatur: ÖBL.

Neumann, Michael, * 29. 3. 1945 Baden (NÖ.), † 31. 3. 1999 Wien, Lungenfacharzt. Ab 1979 am Pulmolog. Zentrum der Stadt Wien, ab 1983 Primarius des Krankenhauses und der Lungenheilstätte in Grimmenstein (NÖ.), 1986–99 als Abt.-Vorstand wieder am Pulmolog. Zentrum. 1985–99 Präs. der Ärztekammer für Wien, 1986–99 Präs. der Ö. Ärztekammer und Vizepräs. der Bundeskonferenz der Kammern der Freien Berufe Ö.

Neumann, Paul, * 13. 6. 1875 Wien, † 9. 2. 1932 ebd., Arzt, Schwimmsportler. Gewann 1896 die 1. Goldmedaille beim 500-m-Schwimmbewerb der 1. Olymp. Spiele der Neuzeit in Athen. Später setzte er sich als einer der ersten für eine regelmäßige schulärztl. Betreuung von Kindern und Jugendlichen ein.

Neumann, Robert, * 22. 5. 1897 Wien, † 3. 1. 1975 München (D), Schriftsteller, Feuilletonist, Literaturkritiker und Hörspielautor. Ging 1933 nach England, gründete 1939 zusammen mit F. → Werfel den Ö. Exil-P. E. N.-Club, dessen Präs. er war. Übersiedelte 1959 nach Locarno; wurde durch zahlr. hist. Romane und v. a. durch seine Parodiensammlungen „Mit fremden Federn" (1927) und „Unter falscher Flagge" (1932) berühmt. Seine Werke wurden in mehrere Sprachen übersetzt.

Ausgaben: Gesammelte Werke in Einzelausgaben, 15 Bde., 1959–72; Typisch R. N., hg. v. H. Holler-Neumann, 1975. – Literatur: U. Scheck, Die Prosa R. N., 1985.

Neumann-Spallart, Gottfried, * 29. 3. 1915 Wien, † 5. 5. 1983 ebd., Bühnen- und Kostümbildner. 1950–67 Prof. für Bühnenbild an der Hochschule für Musik und darst. Kunst in Wien, 1955 Gestaltung der Internat. Theaterausstellung in Wien, tätig v. a. in Wien (insbes. Theater in der Josefstadt), aber auch im übrigen Ö. und im Ausland. Räuml. Bühnengestaltung, bildhafte Zusammenstellung von Farben und Formen und werkkonforme Interpretationen kennzeichneten seine Arbeit. Zahlr. Auszeichnungen.

Literatur: J. Mayerhöfer (Hg.), 25 Jahre Theaterarbeit G. N.-S., 1979.

Neumann von Wasserleonburg, Anna, * 1535 Villach (Kä.), † 18. 12. 1623 Murau (Stmk.). Kam in 6 Ehen zu großem Vermögen, das sie an das Kaiserhaus und Murauer Bürger geschäftlich verlieh. Da ihr als Protestantin eine Grabstätte in der Stadtpfarrkirche versagt war, wurde eine Nische ausgebrochen, damit ihr Kopf außerhalb lag.

Literatur: W. Wieland, A. N. von W., 1986.

Neumayer, Rudolf, * 18. 5. 1887 Wien, † 25. 8. 1977 ebd., Finanzfachmann und Politiker. Leitete ab 1924 die Finanzabteilung der Stadt Wien, 1936–38 Finanzmin. der Regierungen Schuschnigg und Seyß-Inquart, 1938 Dir. der Wr. Städt. Versicherung, 1943 Leiter der Hauptstelle der Wirtschaftstreuhänder. 1946 als Mitgl. der NS-Regierung verurteilt und bis 1949 in Haft.

Neumayr, Anton, * 6. 12. 1920 Hallein (Sbg.), Arzt. 1975–91 Vorstand der 1. Medizin. Klinik am Krankenhaus Rudolfstiftung in Wien, 1963–91 Univ.-Prof. in Wien. Arbeiten v. a. auf dem Gebiet der Gastroenterologie; 1986–2000 Leiter der L.-Boltzmann-Forschungsstelle für klinische Geriatrie. Pianist. Ausbildung am Mozarteum in Salzburg, Kammermusiker und Musikhistoriker (beschäftigte sich mit den Krankengeschichten berühmter Musiker). 1987–94 Moderation der Fernsehreihe „Diagnose".

Werke: Musik und Medizin, 3 Bde., 1989–90; Diktatoren im Spiegel der Medizin, 1995; Wenn der Jodbaum wieder blüht. Erinnerungen eines Arztes, 1995; Literatur und Medizin, 1997; Luther – Wagner – Nietzsche, 1999; Dichter und ihre Leiden, 2000.

Neumayr, Melchior * 24. 10. 1845 München (D), † 29. 1. 1890 Wien, Paläontologe. 1873–90 1. Univ.-Prof. für Paläontologie in Wien. Arbeitete u. a. über Ammoniten des Jura und Schneckenfauna der slawon. Paludinenschichten; Darwin würdigte seine Arbeit als besten Beweis seiner Deszendenztheorie. 1880 Mitbegründer der „Beiträge zur Paläontologie Ö.-Ungarns und des Orients".

Werke: Die Fauna der Schichten mit Aspidoceras acanthicum, in: Abhandlungen der Geolog. Reichsanstalt, 1873; Die Congerien- und Paludinenschichten Slavoniens, ebd., 1875 (mit C. M. Paul); Erdgeschichte, 2 Bde., 1886/87; Die Stämme des Tierreiches. Wirbellose Tiere, 1889. – Literatur: ÖBL.

Neumüller, Felix (Willibrord), * 8. 12. 1909 Wien, † 17. 6. 1978 Kremsmünster (OÖ.), Benediktiner, Historiker. Bibliothekar und Prof. in Kremsmünster, 1977 Univ.-Prof. in Salzburg. Machte sich um die Bearbeitung und Herausgabe der Geschichtsquellen und Denkmäler von Kremsmünster verdient.

Werke: Bernardus Noricus, 1947; Codex Millenarius, 1959 (mit K. Holter, Faksimile 1974); Kremsmünster, 1962. – Literatur: MIÖG 86, 1978; Bibliographie in: Jb. des Oö. Musealvereins 124, 1979.

Neuner, Doris, * 10. 5. 1971 Innsbruck (Ti.), Rodlerin und Pädagogin. Goldmedaille bei den Olymp. Spielen 1992 in Albertville. Danach Rücktritt vom aktiven Sport und Tätigkeit am Pädagog. Inst. des Landes Ti.

Neurath, Otto, * 10. 12. 1882 Wien, † 22. 12. 1945 Oxford (GB), Nationalökonom, Soziologe, Philosoph. Leitete das Gesellschafts- und Wirtschaftsmus. in Wien; Schöpfer der Bildstatistik, die sich als „Isotype-Technik" bes. in den USA und Großbritannien durchsetzte; gehörte zum neupositivist. Wr. Kreis. Emigrierte 1934 nach Holland, 1941 nach England.

Otto Neurath. Foto.

Ausgaben: Gesammelte philosoph. und methodolog. Schriften, hg. v. R. Haller u. H. Rutte, 2 Bde., 1981; Gesammelte bildpädagog. Schriften, hg. v. R. Haller u. R. Kinross, 1991; Gesammelte ökonom. und soz.-polit. Schriften, 2 Bde., hg. v. R. Haller u. U. Höfer, 1998. – Literatur: K. Müller, Enzyklopädie, Sozialwiss., Bildstatistik. Roman, Diss., Graz 1989; P. Neurath u. E. Nemeth, O. N. oder Die Einheit von Wiss. und Gesellschaft, 1994; N. Cartwright, O. N. Philosophy between Science and Politics, 1996; E. Nemeth (Hg.), O. N. Rationalität, Planung, Vielfalt, 1999; T. Uebel, Vernunftkritik und Wiss. O. N. und der erste Wr. Kreis, 2000.

Neururer, Otto, * 25. 3. 1882 Piller (Gem. Fließ, Ti.), † 30. 5. 1940 Buchenwald (D), Priester und Katechet u. a. in Innsbruck, zuletzt Pfarrer von Götzens (Ti.). Nach Verhaftung durch die Gestapo 1938 ohne Gerichtsverhandlung im Konzentrationslager ermordet; 1996 selig gesprochen.

Literatur: H. Tschol, O. N., ²1983.

Neusser, Edmund, * 1. 12. 1852 Sworzowicze (PL), † 30. 7. 1912 Bad Fischau (NÖ.), Mediziner, Primararzt an der Rudolfstiftung. Hervorragender Kliniker und Diagnostiker, aber auch ein exzellenter Pianist.

Werk: Pellagra in Ö. und Rumänien, 1887. – Literatur: ÖBL.

Neustädter-Stürmer, Odo (vor 1919 Marquis de Gozani), * 3. 11. 1885 Laibach (Ljubljana, SLO), † 19. 3. 1938 Hinterbrühl (NÖ.; Selbstmord), Jurist und Politiker (Heimatschutz). Nach Kriegsdienst im 1. Weltkrieg Verwaltungsbeamter in OÖ., 1931–34 Abg. z. NR, 1933/34 Staatssekr. f. Arbeitsbeschaffung, Arbeitsdienst, Straßenwesen und Fremdenverkehr, 1934–35 Sozialmin., 1936 Gesandter in Budapest, 1936–37 Innen- und Sicherheitsmin.; wegen Anlehnung an das nat. Lager des Amtes enthoben. Übte 1930–33 starken ideolog. Einfluss auf die Politik des Heimatschutzes aus und entwickelte ab 1930 die Grundzüge der Maiverfassung 1934. Hatte entscheidenden Anteil an der Bekämpfung des Juliputsches 1934 (Falschaussage gegen die Putschisten vor dem Militärgerichtshof) und verübte deshalb 1938 Selbstmord.

Werke: Der Ständestaat Ö., 1930; Was will der Heimatschutz, 1931; Die berufständische Gesetzgebung in Ö., 1936. – Literatur: W. Wiltschegg, Die Heimwehr, 1985.

Neutra, Richard, * 8. 4. 1892 Wien, † 16. 4. 1970 Wuppertal (D), Architekt. Studierte an der Techn. Hochschule in Wien, 1921–23 Mitarbeit bei E. Mendelsohn in Berlin; 1923 Emigration in die USA, ab 1925 in Los Angeles bei R. M. → Schindler (Lovell Beach House, 1926) tätig. N. wurde einer der Hauptvertreter des modernen internat. Stils in den USA und baute v. a. großzügige Villen und Privathäuser (Lovell Health House, Los Angeles, 1927–29). Er strebte die Eingliederung der Häuser in die Landschaft (Singleton House, Los Angeles, 1960) und die Verbindung von natürl. und künstlich geschaffener Umgebung an. Auch seine öffentl. Gebäude (Schulen, Kirchen, Geschäftshäuser und Museen) sind von dieser Zielsetzung bestimmt. 1949–64 arbeitete N. mit R. E. Alexander zusammen, später u. a. mit seinem Sohn Dino. N. betätigte sich auch als Stadtplaner u. a. für Caracas und Puerto Rico.

Weitere Werke: Haus in der Werkbundsiedlung, Wien, 1930–32; Haus und Studio am Silver Lake, Los Angeles, 1933, 1964; Landfair und Strathmore Apartements, 1937; Desert House, Colorado, 1946; Kaufmann House, Palm Springs, 1947; Rivera Methodisten-Kirche, Redondo Beach, 1958; Lincoln Memorial Museum, Gettysburg, 1963; Grundschule in Lemoore, 1964. – Literatur: P. M. Bardi, N. 1950; W. Boesiger (Hg.), R. N. – Buildings and Projects, 1950–60, 1959; M. Sack, R. N., 1992; NÖB

Neuwirth, Arnulf, * 4. 1. 1912 Gablitz (NÖ.), Maler, Graphiker und Kunstkritiker. Lehrte 1953–72 an der Modeschule der Stadt Wien, 1950–73 Präs. der Wr. Künstlergruppe „Der Kreis". Stark vom franz. Surrealismus beeinflusst, auch als Schriftsteller tätig.

Werke: öffentl. Auftragsarbeiten (Mosaiken, Collagen), Ölbilder, Zeichnungen. – Erzählungen. – Literatur: R. Waissenberger, A. N., 1967.

Neuwirth, Gösta, * 6. 1. 1937 Wien, Komponist; Onkel von Olga → Neuwirth. Studierte bei K. → Schiske und an der Univ. Wien (Theater- und Musikwiss.), 1983–2001 Prof. an der Hochschule der Künste in Berlin. Setzte sich theoretisch und kompositor. mit G. → Mahler und F. → Schreker auseinander. Beschäftigte sich bes. mit der zeitl. Dimension von Musik. Zahlr. Preise.

Werke: Requiem, 1956; Hommage à Mahler, 1966; Der Garten der Pfade, die sich verzweigen, 1975; Streichquartett, 1976; Pisspott oder Pot of Pieces, 1973–81; Eine wahre Geschichte, 1981 (Kammeroper); 6 Gesänge nach Texten von M. Maeterlinck, 1995. – Schriften: F. Schreker, 1959; Die Harmonik in der Oper „Der ferne Klang" von F. Schreker, 1972. – Literatur: W. Grünzweig (Hg.), G. N., Festschrift, 1997.

Neuwirth, Olga, * 4. 8. 1968 Graz (Stmk.), Komponistin; Nichte von Gösta → Neuwirth. Begann ihr Kompositionsstudium in San Francisco, studierte dann an der Wr. Musikhochschule und anschließend in Paris. Verbindet in ihren Werken elektron. mit Instrumental- und Vokalmusik und setzt sich mit moderner Literatur auseinander (Zusammenarbeit u. a. mit E. → Jelinek). EU-Preis für Komposition 1996.

Werke: Der Wald – ein tönendes Fastfoodgericht, 1991 (Mini-Oper nach E. Jelinek); Körperl. Veränderungen, 1991 (nach einem Hörspiel von E. Jelinek); Lonicera Caprifolium, 1993; Punch und Judy, 1994 (Hörspiel nach H. C. Artmann); Todesraten, 1997 (Hörspiel nach E. Jelinek); Hommage à K. Nomi, 1998. – Literatur: S. Drees (Hg.), O. N., 1999 (mit Werkverz.).

Neuwirth, Roland Josef, * 31. 10. 1950 Wien, Unterhaltungsmusiker. Einer der wichtigsten Vertreter der neuen Wr. Volksmusik und des neuen Wienerlieds, das er mit anderen Richtungen der modernen Unterhaltungsmusik verbindet. Gründete 1974 die „Neuwirth Schrammeln"; 1983 die „Neuwirth Extrem-Schrammeln" und 1995 die „Herz.Ton.Schrammeln".

Roland Josef Neuwirth. Foto, um 1995.

Werke: Langspielplatten bzw. CDs: 10 Wienerlieder und ein Fußpilz-Blues, 1978; Alles is hin, 1980; Extrem, 1983; Guat drauf, 1988; Waß da Teufel, 1989; Essig & Öl, 1994; Moment, der Christbaum brennt!, 1995; I hab an Karl mit mir, 1996; Nr. 9 – Die Pathologische, 1998; Geschrammelte Werke, 1999. – Liedtexte publiziert in: R. N., Survival, 1985.

Neuwirth, Waltraud, * 16. 3. 1941 Wien, Kunsthistorikerin. Seit 1968 am Ö. Mus. f. angew. Kunst, seit 1979 Leiterin der Sammlungen Glas und Keramik. Gestaltete zahlr. Ausstellungen.

Richard Neutra. Foto, um 1965.

Werke: über Porzellan: Wr. Porzellan, 1979; Meißener Marken, 1980. – Über die Wr. Werkstätte: Originalkeramiken, 1981; Hoffmann-Bestecke, 1982; Avantgarde, 1984; Schutzmarken, 1985. – Über Jugendstil: Loetz, 1986; Blühender Jugendstil, 1991. – Über Glaskunst: Historismus, Jugendstil, Art Déco, Fünfziger Jahre, 1985; Perlen aus Gablonz, 1994. – Lexikon Wr. Gold- und Silberschmiede 1976/77.

Newald, Julius von, * 11. 4. 1824 Neutitschein (Nový Jičín, CZ), † 17. 8. 1897 Wien, Jurist und Kommunalpolitiker. Ab 1864 Mitgl. d. Wr. Gemeinderats, 1878–82 Bürgermeister von Wien. Trat nach dem Brand des Ringtheaters zurück, obwohl ihn nachweislich keine Schuld traf.

Literatur: F. Czeike, Wien und seine Bürgermeister, 1974; ÖBL.

Nicoladoni, Karl, * 23. 4. 1847 Wien, † 4. 12. 1902 Graz (Stmk.), Chirurg. Univ.-Prof. in Innsbruck und Graz; Verdienste um die Wiederherstellungschirurgie; verbesserte Operationsmethoden, ersetzte als erster den Daumen durch eine Zehe und erfand ein Verfahren zur Sehnentransplantation.

Literatur: ÖBL.

Otto Nicolai. Lithographie von J. Kriehuber, 1855.

Nicolai, Otto, * 9. 6. 1810 Königsberg (Kaliningrad, RUS), † 11. 5. 1849 Berlin (D), dt. Komponist und Dirigent. 1837/38 und 1841–47 Kapellmeister und Gesangslehrer in Wien (an der Hofoper im Kärntnertortheater), begründete hier die Philharmon. Konzerte, deren erstes am 28. 3. 1842 als Geburtsstunde der Wr. Philharmoniker gilt. Zum Gedenken findet alljährlich das N.-Konzert der Wr. Philharmoniker statt. Von seinen Werken ist die Oper „Die lustigen Weiber von Windsor" am bekanntesten.

Literatur: T. G. Kaufman, O. N., Verdi and his Major Contemporaries, 1990.

Nicoletti, Susi, * 3. 9. 1918 München (D), Kammerschauspielerin; Ehefrau von E. → Haeusserman. Zunächst Solotänzerin an der Münchner Oper, dann verstärkte Hinwendung zum Schauspiel, 1940–92 Ensemblemitgl. des Burgtheaters (1983 Ehrenmitgl.); 1959–61 und ab 1992 am Theater in der Josefstadt; seit 1946 bei den Sbg. Festspielen; seit 1939 Filmtätigkeit (Rollen in über 100 Filmen, meist Komödien, u. a. „Hallo Dienstmann" mit H. → Moser). 1956–89 Lehrtätigkeit am Wr. Reinhardt-Seminar, bis 1984 Musical-Sommerkurse.

Literatur: S. N., Nicht alles war Theater, Erinnerungen, aufgez. von G. v. Schönthan, 1997.

Niederl, Friedrich, * 15. 7. 1920 Treglwang (Stmk.), Jurist und Politiker (ÖVP). 1965–79 steir. Landesrat, 1971–80 Landeshauptmann der Stmk.

Niedermoser, Otto, * 5. 5. 1903 Wien, † 4. 3. 1976 ebd., Bühnenbildner und Architekt. Studierte an der Wr. Kunstgewerbeschule bei J. → Hoffmann und O. → Strnad und an der Akad. d. bild. Künste in Wien bei P. → Behrens; begann 1924 als Bühnenbildner am Theater in der Josefstadt unter M. → Reinhardt. Leitete an der Hochschule f. angew. Kunst die Klasse für Bühnenbild.

Werke: 250 Bühnenausstattungen im In- und Ausland; Einrichtungsgegenstände. – Bauten: Haus Woinowichg. 28/30 in der Werkbundsiedlung, Wien 13, 1930–32; Wohnanlage Fischerstiege, Wien 1, 1952–54 (mit H. Petermair); Instandsetzung und Vorbau der Urania-Sternwarte, Wien 1, 1955–57; Umbau des Theaters a. d. Wien, 1960–61.

Nierlich, Rudolf, * 20. 2. 1966 St. Wolfgang (OÖ.), † 18. 5. 1991 ebd. (Autounfall), Skirennläufer. 1989 Weltmeister im Slalom und Riesenslalom in Vail, 1991 Weltmeister im Riesenslalom in Saalbach; insges. 8 Weltcupsiege.

Niese, Hansi (Johanna), * 10. 11. 1875 Wien, † 4. 4. 1934 ebd., Schauspielerin; Ehefrau von J. → Jarno. Autodidaktin, 1891 Debüt in Znaim (CZ), ab 1893 Soubrette am Wr. Raimundtheater; 1899 Theater in der Josefstadt (unter Dir. J. Jarno); Gastspiele an Wr. Bühnen und in Berlin, zahlr. Rollen in Stücken von F. → Raimund, J. → Nestroy, L. → Anzengruber, G. Hauptmann, A. → Schnitzler, F. Molnár sowie in Schwänken, Possen und Operetten („Försterchristl", 1907); häufig Partnerin von A. → Girardi. Filmtätigkeit (u. a. „Die große Liebe", 1931; „Husarenliebe", 1932).

Literatur: M. Czelechowski, H. N., Diss., Wien, 1947; G. Doublier, H. N., in: Frauenbilder aus Ö., 1955.

Niessl, Hans, * 12. 6. 1951 Zurndorf (Bgld.), Lehrer und Politiker (SPÖ); zunächst Hauptschullehrer und -direktor, 1987–2000 Bürgermeister von Frauenkirchen; 1996–2000 Abg. z. Bgld. Landtag (ab 1999 Klubobmann der SPÖ); seit 2000 Landeshauptmann des Bgld.

Nigg, Josef, * 13. 10. 1782 Wien, † 19. 9. 1863 ebd., Blumen- und Porzellanmaler. Studierte an der Wr. Akad. bei J. B. Drechsler, zw. 1800 und 1843 als Blumenmaler für die Wr. Porzellanmanufaktur Augarten tätig, 1816 Ernennung zum „Obermaler" der Manufaktur und Übertragung der künstlerischen Aufsicht über alle Blumenmaler; schuf auch mehrere Ölbilder mit Blumen- oder Früchtestillleben.

Literatur: W. Mrazek, J. N. Ein Wr. Blumenmaler, in: Alte und moderne Kunst, 1. Jg., Nr. 2, 1956; ÖBL.

Nikisch, Arthur, * 12. 10. 1855 Lébény-Szent-Miklós (H), † 23. 1. 1922 Leipzig (D), Dirigent. Ab 1866 Schüler des Wr. Konservatoriums (bei G. → Hellmesberger sen. und J. → Hellmesberger sen. sowie F. O. → Dessoff), 1874–77 Geiger im Hofopernorchester. Ging 1878 nach Leipzig, wo er seine internat. Karriere als Dirigent begann. Setzte sich bes. für die Werke A. → Bruckners ein. Wirkte als Dirigent vorbildhaft für die nachfolgende Generation (W. → Furtwängler). War auch Komponist.

Werke: Symphonie; Orchester-Fantasie über Themen aus V. Neßler, Trompeter von Säckingen; Streichsextett; Violinsonate; Kantate Christnacht. – Literatur: ÖBL; NÖB.

Nikolaus von Cues (Cusanus, Kues, eigentl. N. Crypffs-Krebs), * 1401 Kues a. d. Mosel (D), † 11. 8. 1464 Todi (I), Theologe, Humanist. 1432 auf dem Basler Konzil, 1450 Bischof von Brixen, kam in Konflikt mit Hzg. → Sigmund von Tirol, musste 1458 seine Diözese verlassen, war in Rom Generalvikar und päpstl. Legat. Seit 1960 besteht eine Cusanus-Ges. in Bernkastel-Kues.

Ausgaben: Schriften des N. v. C., hg. v. E. Hoffmann, 3 Bde., 1949–55; N. v. K. Philosophisch-theolog. Schriften, hg. v. L. Gabriel, 3 Bde., ^{2}1982. – Literatur: K. Jaspers, N. v. C., 1964; W. Baum, N. C. in Ti., 1983; G. Pick, N. v. K., ^{2}1994; K.-H. Kandler, N. v. K., 1995; N. Winkler, N. v. K. zur Einführung, 2001; K. Flasch, N. Cusanus, 2001.

Nikolaus (Prunczlein) von Dinkelsbühl, * um 1360 Dinkelsbühl (D), † 17. 3. 1433 Wien, Theologe und Lehrer der neuen Wr. Univ. Initiierte die Klosterreformbewegung in Ö.

Nilius, Rudolf, * 23. 3. 1883 Wien, † 31. 12. 1962 Bad Ischl (OÖ.), Dirigent, Komponist. 1912 Dirigent und 1928 Direktor des Wr. Tonkünstler-Orchesters und des Singvereins der Ges. d. Musikfreunde in Wien. Gründete 1921 die Philharmon. Kammerorchester-Konzerte.

Werke: Chor- und Orchesterwerke, Kirchenmusik.

Nilsson, (Märta) Birgit, * 17. 5. 1918 Västra Karup b. Malmö (S), Sängerin (Sopran). Debütierte 1946 in Stockholm, trat 1954 erstmals an der Wr. Staatsoper auf, wo sie bis zu ihrem Rückzug von der Bühne 1984 wiederholt Triumphe feierte. Gilt als die beste Wagner-Sängerin der Nachkriegszeit und als eine der besten dramatischen Sopranistinnen. Ehrenmitgl. der Wr. Philharmoniker.

Werk: La Nilsson. Mein Leben für die Oper, 1997.

Literatur: J. B. Steane, The Grand Tradition, 1974.

Nimmerrichter, Richard, * 31. 12. 1920 Wien, Journalist. Ab 1945 journalist. tätig bei der Nachrichtenagentur UP und bei der „Wiener Illustrierten". 1949 Wechsel zur „Weltpresse" und zur „Welt am Montag". Bei letzterer bis 1963 Sport- und Chefredakteur. Seit 1964 bei der „Neuen Kronen Zeitung", 1965–2001 Kolumnist unter dem Pseudonym Staberl.

Werk: Staberl. Unbotmäßige Gedanken, 1997.

Nissel, Franz, * 14. 3. 1831 Wien, † 20. 7. 1893 Bad Gleichenberg (Stmk.), Dramatiker. Als Student Teilnehmer an der Revolution von 1848; führte lange Jahre ein unstetes Reiseleben. Wurde in der liberalen Ära einer der bekanntesten Theaterautoren in Ö. und schrieb v. a. epigonale hist. Dramen (Heinrich der Löwe, 1858; Dido, 1863). Schillerpreis 1878 (mit L. Anzengruber und A. Wilbrandt).

Ausgabe: Ausgewählte dramat. Werke, 3 Bde., 1892–96. – Literatur: J. Ratislav, F. N., 1914; ÖBL.

Nissen, Georg, * 22. 1. 1761 Hadersleberi (Haderslev, DK), † 24. 3. 1826 Salzburg, dänischer Diplomat. Ab 1793 in Wien, heiratete 1809 die Witwe W. A. → Mozarts (Konstanze → Weber), nach 10-jähr. Aufenthalt in Kopenhagen lebte er ab 1821 in Salzburg. Verfasste

1823/24 eine materialreiche Mozart-Biographie (1828 von J. H. Feuerstein fertig gestellt).

Nissl, Franz, * 1. 9. 1852 Budweis (České Budějovice, CZ), † 30. 4. 1942 Wien, Elektrotechniker und Industrieller. Gründete mit Karl August → Czeija 1884 die „Telephon- und Telegraphenfabrik Czeija, N. & Co." (1905 AG) und baute 1923 die ersten Rundfunksender und Empfangsgeräte in Serie. 1927 trat er von der Firmenleitung zurück, bis 1938 war er im Verwaltungsrat.

Literatur: P. Kudlicza, ITT Austria 1884–1984, 1984; ÖBL.

Nitsch, Hermann, * 29. 8. 1938 Wien, Maler, Vertreter des Wr. Aktionismus. Entwickelte seit 1957 die Idee des „Orgien-Mysterien-Theaters" als mehrtägiges Gesamtkunstwerk aus Musik, Tanz, Tierschlachtungen u. a. (ab 1971 regelmäßig in Schloss Prinzendorf, NÖ.), das sein gesamtes literar., musikal. und malerisches Werk bestimmt. „Schüttbilder", die aus kulthähnlichen Aktionen entstehen, stellen eine Verbindung des Tafelbilds mit Aktionsrelikten dar. 1995 Bühnenbilder für die Wr. Staatsoper.

Werke: Das Orgien Mysterien Theater. Manifest, Aufsätze, Vorträge, 1990; Zur Theorie des O. M. Theaters. Zweiter Versuch, 1995. – Zahlr. weitere Publikationen zum Orgien-Mysterien-Theater. – Literatur: C. Gargele u. a. (Hg.), N. Das bildnerische Werk, 1988; G. Jaschke (Hg.), Reizwort N., 1995; A. Krenn (Hg.), H. N., Ausst.-Kat., Mus. Moderner Kunst Stiftung Ludwig, Wien 1996; D. Spera, H. N. – Leben und Arbeit, 1999.

Hermann Nitsch. Foto, 1979.

Nittel, Heinz, * 29. 10. 1930 Klagenfurt (Kä.), † 1. 5. 1981 Wien (von palästinensischen Extremisten ermordet), Politiker (SPÖ). 1969 Landesparteisekr. der SPÖ Wien, 1969/70 Abg. z. Wr. Landtag und Mitgl. des Wr. Gemeinderats, 1970–76 Abg. z. NR, 1976–81 Wr. Stadtrat. Gen.-Sekr. der Ö.-Israel. Gesellschaft.

Nöbauer, Wilfried, * 21. 6. 1928 Ungenach (OÖ.), † 12. 2. 1988 Wien, Mathematiker. Studierte und habilitierte sich an der Univ. Wien, dort 1964 auch Prof.; ab 1966 Prof. an der Techn. Univ. in Wien (1979–83 Rektor).

Werke: Algebra of Polynomials, 1973 (mit H. Lausch); Mathemat. Modelle in der Biologie, 1979 (mit W. Timischl); Geschichte der Mathematik, 1984 (mit H. Kaiser).

Nobile, Peter von, * 11. 10. 1774 Tesserete b. Campestro (CH), † 7. 11. 1854 Wien, führender Architekt des Spätklassizismus in Wien und Dir. der Architekturabteilung an der Wr. Akad. (ab 1819).

Werke: Wien: Theseustempel, 1820–23; Äußeres Burgtor, 1824. – Graz: Schauspielhaus, 1824/25. – Publikation: Progetti di vari monumenti architettonici imaginati, 1814. – Literatur: I. Köchert. P. N., Diss., Wien 1951; R. Fabiani, L'architetto P. N. Arte in Friuli, arte a Trieste, 1980.

Noever, Peter, * 1. 5. 1941 Innsbruck (Ti.), Designer. Seit 1986 Dir. des Museums f. angew. Kunst in Wien, das unter seiner Leitung 1988–93 generalsaniert und umgestaltet wurde. 1975–93 Lehrbeauftragter an der Akad. d. bild. Künste in Wien, gründete 1982 die Architektur-Ztschr. „Umriß". Entwickelte ab 1986 als Konsulent Kubas und der UNESCO ein Stadtrevitalisierungsprogramm für Havanna (mit C. → Pruscha) und das Projekt eines Künstlerquartiers in der Altstadt von Havanna; 1988/89 Gastprof. für Museologie an der Hochschule für angew. Kunst in Wien. Ö. Ehrenzeichen f. Wiss. u. Kunst 1997.

Noldin, Hieronymus, * 30. 1. 1838 Salurn (S-Ti.), † 7. 11. 1922 Wien, Moraltheologe, Jesuit. Univ.-Prof. in Innsbruck. Sein moraltheolog. Lehrbuch beeinflusste viele Priestergenerationen.

Werk: Summa theologiae moralis, 3 Bde, 1899, [33]1961. – Literatur: ÖBL.

Noorden, Karl, * 13. 9. 1858 Bonn (D), † 26. 10. 1944 Wien, Internist, Spezialist für Stoffwechselerkrankungen. 1906–13 und ab 1930 Univ.-Prof. in Wien, wo er bis zu seinem Tod die Abteilung für Stoffwechselerkrankungen und die Diätküche im Lainzer Krankenhaus leitete. Erforschte Magen-Darm-Krankheiten und die Zuckerkrankheit; begründete die Diätetik als Wissenschaft.

Werke: Lehrbuch der Pathologie des Stoffwechsels, 1893; Die Zuckerkrankheit und ihre Behandlung, 1895; Allg. Diätetik, 1921; Alte und neuzeitl. Ernährungsfragen, 1931. – Literatur: ÖBL.

Noot, Hugo von, * 29. 1. 1842 Lähnen b. Wesel (D), † 22. 11. 1923 Wartberg (Stmk.), Industrieller. Gründete zusammen mit F. Vogel 1872 das auf landw. Geräte und Maschinen spezialisierte Eisen- und Stahlwerk „Vogel & N." in Wartberg. 1909–18 Mitgl. des Herrenhauses.

Literatur: ÖBL.

Nordau, Max (eigentl. Simon Maximilian Südfeld), * 29. 7. 1849 Pest (Budapest, H), † 22. 1. 1923 Paris (F), Arzt, Schriftsteller und zionist. Weggefährte T. → Herzls; Sohn des Rabbiners G. Südfeld. Schon in seiner Schulzeit publizist. tätig. Medizinstudium in Pest, ab 1876 beim „Neuen Pester Journal", ab 1880 in Paris. Wurde nach Bekanntschaft mit T. Herzl 1892 zu einem der wichtigsten zionist. Publizisten und Redner, 1914–19 im Exil in Madrid. Zu seinen Hauptwerken zählen die zeitkrit. Studie „Die conventionellen Lügen der Menschheit" (1883) und das kulturkrit. Werk „Entartung" (2 Bde., 1892/93). Verfasste zahlr. Dramen, Novellen, Romane und Studien.

Weitere Werke: Vom Kreml zur Alhambra, 2 Bde., 1880; Zionist. Schriften, 1909. – Literatur: A. u. M. Nordau, M. N., 1943; H. P. Söder, Disease and Health as Contexts of Modernity. M. N. Theory of Degeneration, Diss., Cornell Univ. 1991; C. Schulte, Psychopathologie des Fin de siècle. Der Kulturkritiker, Arzt und Zionist M. N., 1997; ÖBL.

Max Nordau. Foto.

Nordegg, Sepp (eigentl. Josef Friedrich Tullio), * 12. 8. 1913 Salzburg, † 13. 5. 1984 Wien, Bühnenbildner. 1948–73 techn. Dir. des Burgtheaters; ab 1961 Prof. an der Akad. d. bild. Künste in Wien; ab 1949 techn. Betreuung der Bregenzer Festspiele, 1960–63 der Sbg. Festspiele; Erfinder der Zylinderdrehbühne. Nach seinen Plänen wurden das Theater an der Wien sowie Bühnen in Warschau, Kairo, Sydney u. a. eingerichtet.

Literatur: J. Mayerhöfer (Hg.), S. N. Theatertechniker, Bühnenbildner, 1973; Collection S. N., Bühnenbilder, Kostüme, Technik, 1986.

Nordmann, Johann, * 13. 3. 1820 Landersdorf (Gem. Krems, NÖ.), † 20. 8. 1887 Wien, Schriftsteller und Journalist. Gründete mehrere Zeitschriften, u. a. „Salon" und die „Neue Illustrierte Zeitung". Feuilleton-Mitarbeiter des „Wanderers" und der „Neuen Freien Presse".

Literatur: ÖBL.

Nößlinger, Kurt, * 9. 9. 1935 Wien, Bankmanager. 1961–70 in der volkswirt. Abt. der Oesterr. Nationalbank tätig, ab 1971 bei der PSK, ab 1975 1. Vizegouverneur, 1976–96 Gouverneur. Unter seiner Führung wurde die PSK in eine Bank umorganisiert. Ab 1976 Mitgl. der Börsekammer, 1995–96 deren Präsident.

Nöstlinger, Christine, * 13. 10. 1936 Wien, Schriftstellerin; Ehefrau von Ernst → Nöstlinger. Schreibt v. a. Kinder- und Jugendbücher, auch für Fernsehen, Radio und Zeitschriften tätig. Mit ihrer ironischen, der kindl. Ausdrucksweise angepassten Sprache schuf sie sich um 1970 ihren unverkennbaren Stil und wurde zu einer der erfolgreichsten und innovativsten ö. Kinder- und Jugendbuchautorinnen, die richtungsweisend für weitere Entwicklungen in diesem Bereich wirkte. Sie befasst sich in ihren Büchern v. a. mit kindl. Bedürfnissen und greift Autoritäts- und Emanzipationsfragen in einer möglichst konfrontationsfreien Weise auf. Zahlr. Auszeichnungen.

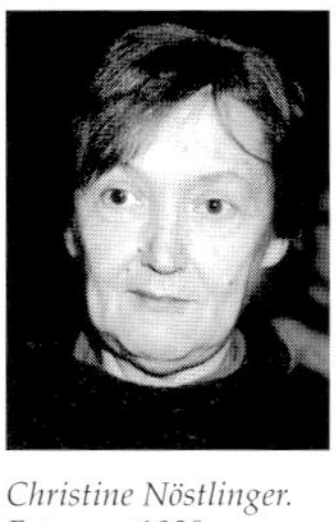

Christine Nöstlinger. Foto, um 1990.

Werke: Die feuerrote Friederike, 1970; Ein Mann für Mama, 1972; Maikäfer flieg, 1973; Die unteren 7 Achtel des Eisbergs, 1978; Dschi-Dsche-i-Dschunior, 1980; Das Austauschkind, 1982; Am Montag ist alles ganz anders, 1984; Haushaltsschnecken leben länger, 1985; Der geheime Großvater, 1986; Man nennt mich Ameisenbär, 1986; Die nie geschriebenen Briefe der Emma K., 75, 1988; Der Zwerg im Kopf, 1989; Einen Löffel für den Papa, 1989. – Kinderbuchreihen: Geschichten vom Franz; Mini. – Lyrik in Wr. Dialekt und Bilderbuchtexte.

Nöstlinger, Ernst, * 13. 2. 1932 Linz (OÖ.), Schriftsteller (v. a. Jugendbücher); Ehemann von Christine → Nöstlinger. Studierte Theaterwiss. und Publizistik, war als freier Mitarbeiter beim ORF tätig. Neben eig. Büchern Publikationen in Zeitschriften und Anthologien auch für Erwachsene. In seinen spannend und lebensnah geschriebenen Jugendbüchern vermittelt er Lebensumstände hist. Epochen.

Werke: Martin Wimmer und der totale Krieg, 1985; Den Osten im Westen suchen, 1991; Die Perleninsel, 1993; Martin Wimmer in der Trümmerstadt, 1995.

Notburga, Ti. Volksheilige, Fest 13. Sept., legendäre Bauernmagd, lebte nach alter Überlieferung im 9. oder 10. Jh. in Rattenberg (Geburtshaus), in der barocken Ausgestaltung des H. → Guarinonius in die Zeit um 1265–1313 verlegt; Kult 1862 von Papst Pius IX. bestätigt. N. gehört zu den meistgefeierten Heiligen Ti.; N.-Kirchen und -Altäre gibt es in Ti., der O-Stmk. und in Slowenien. Ihr Grab in Eben ist ein vielbesuchtes Wallfahrtsziel. N. ist Patronin der Dienstmägde, Armen und Bauern sowie Beschützerin der Sonntagsruhe. Sie ist mit Sichel (Wunder zur Heiligung des Sonntags und Einhaltung des Feierabends), Getreidegarbe und Krug dargestellt.

Literatur: W. v. Pfaundler, Sankt N. Eine Heilige aus Ti., 1962; M. Kramer, Sankt N., 1962.

Nothnagel, Hermann, * 28. 9. 1841 Alt-Lietzegöricke (D), † 7. 7. 1905 Wien, Internist. Berühmter Diagnostiker; ab 1882 Leiter der I. Medizin. Klinik in Wien. Erkannte als erster die Bedeutung des Blutdrucks für einzelne Krankheiten und führte die innere Medizin durch seine experimentelle Methode zu einem neuen Höhepunkt. Arbeitete bahnbrechend über Physiologie und Pathologie des Nervensystems und des Darms.

Werke: Topische Diagnostik der Gehirnkrankheiten, 1879; Hb. der Speziellen Pathologie und Therapie, 24 Bde., 1894–1908 (Hg.; von ihm verfasst: Bd. 17: Die Erkrankungen des Darmes und des Peritoneums). – Literatur: M. Neuburger, H. N., 1922; ÖBL.

Novotny, Alexander, * 17. 1. 1906 Pola (Pula, HR), † 4. 2. 1986 Wien, Historiker. 1959–76 Univ.-Prof. in Graz; 1968–74 Präs. des Inst. für Ö.-Kunde. Beschäftigte sich bes. mit der neueren Geschichte Mitteleuropas.

Werke: Staatskanzler Kaunitz, 1947; Quellen und Studien über den Berliner Kongreß 1878, 1957; Der Monarch und seine Ratgeber, in: A. Wandruszka, Die Habsburgermonarchie, Bd. 1, 1975. – Literatur: Ö. in Geschichte und Literatur 30, 1986 (Nachruf).

Novotny, Franz, * 30. 5. 1949 Wien, Regisseur. Seit 1971 als Regisseur u. a. für den ORF tätig. Erlangte 1980 Bekanntheit als Regisseur des Spielfilms „Exit – Nur keine Panik" mit H. → Pöschl, in dem er sich auf ironische Weise mit dem Werk des Avantgarde-Filmers K. → Kren auseinander setzte.

Weitere Werke: Staatsoperette, 1977; Coconuts, 1985; Die Spitzen der Gesellschaft, 1990; Exit II – Verklärte Nacht, 1995; Nachtfalter, 2001.

Novotny, Fritz, * 10. 2. 1903 Wien, † 16. 4. 1983 Wien, Kunsthistoriker. Studierte in Wien, habilitierte sich 1938, ab 1939 an der Ö. Galerie tätig, 1960–68 deren Dir.; Univ.-Prof. Zahlr. Veröffentlichungen bes. zur Kunst des 19. und 20. Jh. (A. Stifter, W. Busch, A. Romako, Impressionismus, G. Klimt, P. Cézanne, H. de Toulouse-Lautrec). N. zählte zu den internat. angesehensten Persönlichkeiten der Wr. Kunsthist. Schule und wurde durch viele Ausstellungsgestaltungen bekannt.

Werk: Pelican History of Art: Painting and Sculpture in Europe 1780 to 1880, 1960.

Eduard van der Nüll. Lithographie von J. Kriehuber, 1851.

Nowak, Hans Peter, * 29. 9. 1932 Wien, Komponist, Kapellmeister. Studierte an der Univ. Wien; seit 1950 Mitgl., 1973–85 Obmann der Wr. Bachgemeinde, komponiert v. a. im freitonalen Stil (Kirchenmusik, Orgelwerke, Kammer- und Vokalmusik).

Nowak, Heinrich, * 26. 1. 1890 Wien, † 12. 8. 1955 Zürich (CH), Lyriker, Prosaautor und Journalist. Neben R. → Müller einer der bedeutendsten Autoren des Wr. Frühexpressionismus, u. a. befreundet mit O. → Kokoschka und H. → Flesch-Brunningen, Mitgl. der Künstlervereinigung „Die Katakombe". Veröffentlichungen in zahlr. expressionist. Ztschr.; nach 1918 als Journalist und Reporter tätig, emigrierte 1939 in die Schweiz.

Werke: Die tragische Gebärde, 1913 (Gedichte); Die Sonnenseuche, 1920. – Ausgabe: Die Sonnenseuche. Das gesamte Werk, hg. v. W. Ihrig u. U. Janetzki, 1984. – Literatur: W. Höllerer, H. N. Ein verschollener Expressionist, in: Akzente 4, 1963.

Nowak, Leopold, * 17. 8. 1904 Wien, † 27. 5. 1991 Rekawinkel (NÖ.), Musikwissenschaftler. 1932 Habilitation, bis 1973 Univ.-Prof. in Wien; ab 1946 Dir. der Musik-Smlg. der Ö. Nat.-Bibl. Widmete sich v. a. der Bruckner-Forschung; Hg. der Gesamtausgabe der Werke A. → Bruckners (ab 1951).

Werke: F. Liszt, 1936; Te Deum laudamus. Gedanken zur Musik A. Bruckners, 1947; J. Haydn, 1951; Gegen den Strom, 1960 (mit F. Reznicek); A. Bruckner, 1964; Reden und Ansprachen, 1964.

Nowotny, Ewald, * 28. 6. 1944 Wien, Nationalökonom und Politiker (SPÖ). Studierte an der Univ. Wien, am Inst. f. Höhere Studien und an der Univ. Straßburg. Nach Habilitation an der Univ. Linz und Auslandsaufenthalten (USA und Deutschland) 1982–99 Prof. f. Wirt.-Politik (Lehrkanzel f. Geld- und Finanzpolitik) an der Wirt.-Univ. Wien. 1978–99 Abg. z. NR; seit 1999 Vizepräs. der Europ. Investitionsbank (EIB) in Luxemburg.

Werke: Bestimmungsgründe der Lohnbewegung, 1972 (mit K. W. Rothschild u. G. Schwödiauer); Wirt.-Politik und Umweltschutz, 1974; Umweltschutz und Kommunalwirt., 1975; Öffentl. Wirt. und Bodenordnung, 1990; Soz.-dem. Wirt.-Politik, 1992 (Hg.); Wer bezahlt den Konjunkturabschwung?, 1993; Ö. Wirt. im Wandel, 1993 (Hg.); Grundzüge der Wirt.-Politik Ö., ^{2}1997 (Hg.); Der öffentliche Sektor, ^{4}1999.

Nowotny, Hans, * 27. 9. 1911 Linz (OÖ.), † 5. 10. 1996 Steinbach (NÖ.), Chemiker. Studierte in Wien, 1941–45 wiss. Mitarbeiter am Ks.-Wilhelm-Inst. f. Metallforschung in Stuttgart. 1958–77 Univ.-Prof. und Vorstand des I. Chem. Inst. der Univ. Wien sowie Prof. an der Techn. Hochschule. 1977 emeritiert, danach Forschungstätigkeit an der University of Connecticut. Ö. Ehrenzeichen f. Wiss. u. Kunst 1978.

Werke: über 500 wiss. Veröffentlichungen.

Nüchtern, Hans, * 25. 12. 1896 Wien, † 9. 1. 1962 ebd., Schriftsteller, Regisseur. Prof. am Reinhardt-Seminar in Wien; 1924–38 und ab 1946 Leiter der Literaturabteilung der RAVAG.

Werke: Gedichte, Erzählungen, Romane, Novellen.

Nüll, Eduard van der, getauft 9. 1. 1812 Wien, † 4. 4. 1868 Wien (Selbstmord), Architekt, Hauptmeister der franzisko-josephin. Epoche bzw. Ringstraßenzeit; wahrscheinlich unehel. Sohn des späteren Feldzeugmeisters L. Frh. v. → Welden. Studierte in Wien, unternahm mit seinem späteren lebenslangen Berufspartner A. → Sicard von Sicardsburg 1839–43 eine ausgedehnte Studienreise durch Europa; ab 1843 Prof. an der Wr. Akad. Als Lehrer und als Baukünstler errangen v. d. N. und Sicardsburg die unbestritten führende Stellung unter den ö. Architekten der Spätromantik.

Die Annahme, dass v. d. N. im gem. Atelier die Entwurfsaufgaben übernahm, während S. den techn.-prakt. Teil besorgte, trifft so ausschließl. nicht zu, wenngleich das bes. ornamentale und dekorative Talent v. d. N. außer Frage steht. Bedingt durch die Zeitumstände konnten v. d. N. und S. verhältnismäßig wenig bauen, entwickelten aber wiederholt monumentale Projekte (Stadterweiterung, Universität). Sie vertraten eine internat. aufgeschlossene, freie, auch und gerade für das 20. Jh. attraktive Auffassung des Gesamtkunstwerks ohne Bindung an Stilnormen und -begriffe, konnten sich zuletzt aber nicht gegen die von F. v. → Schmidt und T. v. → Hansen vertretene Spezialisierung durchsetzen. Der Auftrag für das Wr. Opernhaus (1861–69), der sie für frühere Zurücksetzungen entschädigen sollte, wurde zwar zum Hauptwerk von Weltgeltung, führte aber zu Anfeindungen und Schwierigkeiten, die v. d. N. letztlich vor der Vollendung des Baus in den Freitod trieben. Dennoch konnte sich seine Schule, an der Spitze C. v. → Hasenauer, in der folgenden Ära glänzend behaupten.

Weitere Werke: Wien: Carltheater, 1847 (1944–51 zerstört); Innengestaltung der Altlerchenfelder Kirche, 1849–61; Kommandogebäude und Eckkasernen des Arsenals, 1849–56; Robert-Hof, 1855; Palais Larisch-Moennich, 1868; Haas-Haus, 1868 (1945–51 zerstört); Sockel des Erzhzg.-Karl- und des Prinz-Eugen-Denkmals; Villen, kunstgewerbl. Entwürfe (Einband des Gebetsbuch der Kaiserin Elisabeth, O'Donnell-Schild). – Literatur: H.-C. Hoffmann, W. Kitlitschka u. W. Krause, Das Wr. Opernhaus, 1972; ÖBL.

Nurejew, Rudolf, * 17. 3. 1938 Rasdolnoje (in der Transsibir. Eisenbahn bei Irkutsk, RUS), † 6. 1. 1993 Paris (F), Balletttänzer und Choreograph. Studierte in Leningrad (St. Petersburg), 1958–61 Mitgl. des Kirow-Balletts, suchte 1961 um polit. Asyl in Frankreich an, ab 1962 internat. als Solist tätig (v. a. mit M. Fonteyn). 1964–88 zahlr. Auftritte in Wien als Solist und Choreograph, ab 1982 ö. Staatsbürger.

Literatur: O. Stuart, N., 1996.

Rudolf Nurejew. Foto, 1964.

Nußbaumer, Adolf, * 21. 2. 1931 Wien, † 18. 10. 1982 ebd., Jurist und Politiker. Studierte Rechtswiss. in Wien, ab 1963 Univ.-Prof. in Graz, 1966 Ordinarius für Wirtschaftstheorie und -politik in Wien, 1970/71 Dekan der Rechts- und Staatswiss. Fakultät der Univ. Wien; 1977–82 Staatssekr. im Bundeskanzleramt, Mitgl. der UNESCO-Kommission.

Nußbaumer, Otto, * 31. 3. 1876 Innsbruck (Ti.), † 5. 1. 1930 Salzburg, Physiker und Erfinder. Ihm gelang 1904 im Physikal. Inst. der Grazer Techn. Hochschule erstmals eine drahtlose Musikübertragung mit Hilfe eines selbst gebauten Detektors (heute im Techn. Mus. in Wien). Die Erfindung wurde in Ö. nicht weiterverfolgt, sondern von R. Fessenden und L. de Forest in den USA sowie von G. Marconi in Italien erfolgreich umgesetzt.

Literatur: ÖBL.

O

Hermann Oberth. Foto.

Oswald Oberhuber. Foto, um 1970.

Oberdorfer, Günther, * 2. 4. 1899 Steinbach (Ti.), † 8. 3. 1989 Graz (Stmk.), Elektrotechniker. 1924–37 Angestellter der Ö. Siemens-Schuckert-Werke in Wien, 1937–45 Prof. für Elektrotechnik an der Techn. Hochschule in Berlin-Charlottenburg, 1946–70 Prof. an der Techn. Hochschule in Graz mit den Schwerpunkten Anlagen- und Hochspannungstechnik.

Werk: Lehrbuch der Elektrotechnik, 4 Bde., 1939–40.

Oberegger, Josef, * 23. 1. 1896 Leoben (Stmk.), † 9. 10. 1969 Wien, Hütteningenieur. 1922–38 bei der Oesterr.-Alpine Montanges. tätig, 1945 dort öffentl. Verwalter, 1959–64 Gen.-Dir., dann im Aufsichtsrat. Polit. Aktivitäten: 1919 Mitgl. des Leobner Studentenbataillons bei den Abwehrkämpfen in Kä., 1927 einer der Gründer des Heimatschutzes in der Ober-Stmk., 1928 der Unabhäng. Gewerkschaften, 1932–34 führend im Heimatblock tätig. Nach 1938 in den KZ Dachau und Buchenwald.

Literatur: W. Wiltschegg, Die Heimwehr, 1985; B. Schleicher, Heißes Eisen, 1999.

Oberhammer, Otto, * 25. 9. 1934 Innsbruck (Ti.), Jurist. 1974–78 Generalintendant des ORF, 1980–99 Sektionschef im BM für Justiz (Leiter der Präsidialsektion); forcierte bes. den EDV-Einsatz bei Gericht.

Literatur: K. Hoffmann (Hg.), O. O. Ambiente eines Juristenlebens, Festschrift, 1999.

Oberhuber, Oswald, * 1. 2. 1931 Meran (S-Ti.), Maler, Bildhauer, Graphiker. Zunächst Vertreter der informellen Malerei und Plastik (Gerümpelskulpturen, Materialbilder). Begründete die „permanente Veränderung in der Kunst" (1958) und schuf später konsequent gegenständl. Figurenmalerei in vielfältigster Technik und Thematik. 1972 ö. Vertreter bei der Biennale in Venedig, 1973–98 Prof. an der Hochschule f. angew. Kunst in Wien, 1979–87 und 1991–95 deren Rektor.

Literatur: W. Skreiner, O. O., Ausst.-Kat., Graz 1973; J. Schilling, O. O., Ausst.-Kat., Innsbruck 1982; J. Fink, O. O., Paradiesgarten, 1983; P. Weiermair, O. O., Arbeiten auf Papier, 1984; O. O. Die Irritation in der Kunst, Ausst.-Kat., Wien 1991; O. O. Geschriebene Bilder. Bis heute, Ausst.-Kat., Wien 1999.

Oberhuber, Peter Richard, * 3. 2. 1906 Zeltweg (Stmk.), † 17. 10. 1985 Graz (Stmk.), Maler, Graphiker, Kunsterzieher und -schriftsteller. Leiter der Kunstgewerbeschule in Graz, Gründer der Werkbundgemeinschaft ebd.

Werke: in der Graph. Smlg. Albertina und anderen ö. Smlg. – Schriften: Zur Wiedererrichtung der Sezession (Graz), 1945; Der Künstler und seine Aufgabe in der Zeit, 1946; Edle Form und Zweckform, 1947; Kunsterziehung, 1947.

Oberkofler, Anton, * 13. 6. 1828 Jenesien (S-Ti.), † 10. 6. 1912 Bozen (S-Ti.), Priester, Journalist und Volksschriftsteller. Vom 1. 3. 1862 bis 1. 5. 1897 Chefredakteur des 1862 gegr. „S-Ti. Volksblatts" (ab 1868 „Ti. Volksblatt").

Oberkofler, Joseph Georg, * 17. 4. 1889 St. Johann i. Ahrntal (S-Ti.), † 12. 11. 1962 Innsbruck (Ti.), Erzähler und Lyriker, eigentl. Jurist. Verfasste im Zuge der Heimatkunstbewegung Bauernromane im Saga-Stil.

Werke: Romane: Das Stierhorn, 1938; Der Bannwald, 1939; Die Flachsbraut, 1942. – Lyrik: Triumph der Heimat, 1927; Nie stirbt das Land, 1937.

Oberparleiter, Karl, * 18. 9. 1886 Salzburg, † 3. 7. 1968 Wien, Prof. für Betriebswirtschaftslehre. 4-mal Rektor der Hochschule für Welthandel und Begründer der betriebswirt. Verkehrslehre.

Werke: Das Unternehmerproblem, 1951; Funktionen und Risiken des Warenhandels, 1955; Die Leistungen des Handels im Bilde der Wirtschaftsgeschichte, 1965.

Obersteiner, Heinrich, * 13. 11. 1847 Wien, † 19. 11. 1922 ebd., Neurologe und Psychiater. Gründete das Neurolog. Inst. der Wr. Univ., leitete die von seinem Vater gegr. Heilanstalt in Wien-Döbling, arbeitete über die nach ihm benannten Lymphenräume um die Nervenzellen im Gehirn und die Hirngefäße.

Werke: Anleitung beim Studium des Baues der nervösen Central-Organe, 1888; Die Lehre vom Hypnotismus, 1893; Die progressive allg. Paralyse, 1908; Arbeiten aus dem Neurolog. Inst., 22 Bde., 1892ff. (Hg.). – Literatur: ÖBL.

Oberth, Hermann, * 25. 6. 1894 Hermannstadt (Sibiu, RO), † 29. 12. 1989 Nürnberg (D), Pionier der Weltraumfahrt. Befasste sich ab 1910 mit dem Rückstoßantrieb und während des 2. Weltkriegs mit dem Bau ferngesteuerter Raketen; 1955–58 in den USA.

Werke: Die Rakete zu den Planetenräumen, 1923; Menschen im Weltraum, 1954. – Literatur: H. Barth, H. O. „Vater der Raumfahrt", 1991.

Oberwinder, Heinrich, * 1846 Weilburg (D), † 9. 5. 1914 Dresden (D), Pionier der ö. Arbeiterbewegung, Journalist. 1867 Mitbegründer des Gumpendorfer Arbeiterbildungsvereins, eines Vorläufers der SPÖ. Ab 1869 Mitarbeiter der „Volksstimme", 1870 im Wr. Hochverratsprozess zu 6 Monaten Gefängnis verurteilt. Später Konflikt mit A. → Scheu und Spaltung der Arbeiterbewegung. Verließ 1878, als Regierungsagent verdächtigt, das Land und war danach als Journalist im Ausland tätig.

Werk: Die Arbeiterbewegung in Ö, 1875. – Literatur: L. Brügel, Geschichte der ö. Sozialdemokratie, 5 Bde., 1922–25.

Ocwirk, Ernst, * 7. 3. 1926 Wien, † 23. 1. 1980 Kleinpöchlarn (NÖ.), Fußballspieler. Mittelfeldspieler beim FAC, Austria Wien und als einer der ersten „Legionäre" nach dem Krieg bei Sampdoria Genua. Bestritt zw. 1947 und 1956 62 Länderspiele für Ö. und war 2-mal als Kapitän in der Europaauswahl. Sportler des Jahres 1951. Wurde dann Trainer in Genua und bei Austria Wien, mit der er auch Meister wurde.

Werk: Weltbummel, 1957.

Odilon, Helene (eigentl. H. Petermann), * 31. 7. 1865 Dresden (D), † 9. 2. 1939 Baden (NÖ.), Schauspielerin; 1893–98 Ehefrau von A. → Girardi. Ab 1881 an verschiedenen dt. Bühnen tätig, ab 1891 am Dt. Volkstheater in Wien (Salondamen, berühmt als Madame Dubarry); 1898 schrieb H. → Bahr für sie die Rolle der Lona Ladinser im Schauspiel „Der Star"; erfolgreiche Gastspiele in Berlin, London und den USA (1902); 1903 Ende der Karriere nach Schlaganfall.

Werk: Das Buch einer Schwachsinnigen. Lebenserinnerungen, 1909.

Odoaker, * um 430, † 15. 3. 493 Ravenna (I; ermordet), german. König; Sohn des Skirenfürsten Ediko am Hof → Attilas; um 470 Offizier der Leibgarde des Röm. Ks.; setzte 476 als Anführer einer Söldnererhebung den weström. Ks. Romulus Augustulus ab und wurde am 13. 8. 476 german. Kg. in Italien. 488 zog er die röm. Verwaltung und das Militär aus der Provinz Ufernoricum nach einem Krieg gegen die Rugier ab und beendete damit die Römerzeit in Ö. Vom Gotenkönig Theoderich besiegt und 3 Jahre lang in Ravenna belagert, wurde O. nach dem Fall dieser Stadt bei einem Gastmahl erschlagen.

Odorich von Portenau (Odorico de Pordenone), * um 1265 (?), † 14. 1. 1331 Udine (I), Franziskaner und Asien-Reisender. Führte zunächst ein Einsiedlerleben und brach zw. 1314 und 1318 zu einer 12-jährigen Asienreise auf; er gelangte über die Türkei, Indien, Sumatra, Java und Borneo bis nach Peking, wo auch eine Franziskanermission bestand. Nach einem Aufenthalt von 3 Jahren kehrte er über Tibet nach Europa zurück. Seine Erinnerungen diktierte er einem Mitbruder; die älteste dt. Übersetzung (um 1425) des lat. Originals ist in Klosterneuburg (NÖ.) erhalten. Die Authentizität des Reiseberichts von O. v. P. gilt heute (im Gegensatz zu dem des Marco Polo) als unbestritten.

Literatur: G. Strasmann, Konrad Steckels dt. Übertragung der Reise nach China des O. d. P., 1968; F. Wood, Did Marco Polo Go to China?, 1998.

Oerley, Robert, * 24. 8. 1876 Wien, † 15. 11. 1945 ebd., Architekt, Kunstgewerbler, Aquarellmaler und Lithograph. Ab 1902 Mitgl. des Hagenbundes, 1907–39 Mitgl. der Secession. Die Gebäude vor dem 1. Weltkrieg weisen einen „strengen" Jugendstil auf, und O. entwarf im Sinne des Gesamtkunstwerks oft auch das Interieur; in der Zwischenkriegszeit war O. an der Errichtung der großen Wohnhöfe maßgebl. beteiligt (George-Washington-Hof, Wien 10, 1927–30 mit K. Krist).

Weitere Werke: Sanatorium Auersperg, Wien 8, 1907/08; Villa in der Auhofstraße, Wien 13, 1911–13; Zeiss-Werke (heute Philips), Wien 14, 1917. – Literatur: Magistrat der Stadt Wien (Hg.), Architektur in Wien, 1984; F. Borsi u. E. Godoli, Wr. Bauten der Jahrhundertwende, 1985; F. Achleitner, Ö. Architektur im 20. Jh., Bd. III/1, 1990; Architekturzentrum Wien (Hg.), R. Ö., 1996.

Oferbauer, Christian, * 24. 3. 1961 Graz (Stmk.), Komponist. 1979–87 Studien an der Wr. Musikhochschule (u. a. bei F. → Cerha) und in Paris. Seit 1986 Lehrtätigkeit in Graz, Wien, Gießen und Salzburg; Mitgl. des Ensembles „die reihe".

Werke: Ich bin der Franz, 1984 (Kammerstück); Fatzer Material Fragment, 1985 (Tonbänder); Tod des Hektor, 1987 (Musiktheater); Odysseus/Abbruch/Sirenen, 1989 (Klavierkonzert); Der Engel ist geschlachtet, 1996 (Stimme, Bläser, Streichquartett, Percussion, Klavier); Zwei Kraniche und Wolken/1. und 2. Frankfurter Prélude, 1997/98 (5 Orchestergruppen); Penthesilea, 2001 (Oper).

Ofner, Harald, * 25. 10. 1932 Wien, Rechtsanwalt und Politiker (FPÖ). 1976–89 Landesparteiobmann der FPÖ NÖ., 1979–83 und seit 1986 Abg. z. NR, 1983–87 BMin. f. Justiz.

Ofner, Julius, * 20. 8. 1845 Horschenz (Hořenice, SK), † 26. 9. 1924 Wien, Sozialpolitiker und -philosoph, Jurist. 1901–18 bürgerlich-demokrat. Reichsratsbg., 1918–19 Mitgl. d. Provisor. Nationalversammlung, 1919 Mitbegründer der Demokrat. Partei. O. gab den Urentwurf und die Beratungsprotokolle des ABGB (2 Tle., 1887/88) heraus und wirkte an der Reform des Strafgesetzes mit („Lex Ofner").

Werke: Das soz. Rechtsdenken, 1923; Recht und Ges., 1931. – Literatur: E. Lehmann, J. O., Diss., Wien 1932; ÖBL.

Ohmann, Friedrich, * 21. 12. 1858 Lemberg (Lwíw, UA), † 6. 4. 1927 Wien, Architekt. Schüler von H. v. → Ferstel und K. König (Techn. Hochschule in Wien) und von F. v. → Schmidt (Akad. d. bild. Künste in Wien). 1889–99 Prof. an der Kunstgewerbeschule in Prag; 1899–1907 mit der Bauleitung beim Ausbau der Neuen Hofburg und ab 1898 mit der Bearbeitung sämtl. Hochbauten und Brücken im Bereich der Wienflussregulierung betraut. Ab 1904 Leiter der Meisterschule für Architektur der Wr. Akad. Baul. Umsetzung von „barock-impressionist. Visionen" (F. Achleitner) in der Atmosphäre der Jh.-Wende.

Werke: Wien: Glashaus im Burggarten, 1901–05; Wienflussportal, Stadtpark, 1903–06 (mit J. Hackhofer); Zollamtssteg, 1903–07 (mit J. Hackhofer); Kaiserin-Elisabeth-Denkmal, Volksgarten, 1904–07. – Literatur: Magistrat der Stadt Wien (Hg.), Architektur in Wien, 1984; F. Borsi u. E. Godoli, Wr. Bauten der Jahrhundertwende, 1985; F. Achleitner, Ö. Architektur im 20. Jh., Bd. III/1, 1990.

Ohrlinger, Herbert, * 17. 10. 1961 Ohlsdorf (OÖ.), Verleger. Studierte Geschichte in Salzburg; ab 1991 Lektor beim Otto Müller Verlag in Salzburg und Redakteur der Ztschr. „Literatur und Kritik". 1993–96 Literaturredakteur bei der „Presse", seit 1996 Programmleiter des Wr. Zsolnay-Verlags.

Okopenko, Andreas, * 15. 3. 1930 Kaschau (Košice, SK), Lyriker, Erzähler, Dramatiker, Hörspielautor. Lebt seit 1939 in Wien. Publizierte in den „Neuen Wegen" und entwickelte parallel zur Konkreten Poesie und zur Wr. Gruppe eine eigenständige sprachexperimentelle Literatur. Sein Lexikonroman („Lexikon einer sentimentalen Reise zum Exporteurtreffen in Druden", 1970) ist in Stichwörtern in alphabet. Reihenfolge angeordnet und überlässt die Kombination dem Leser. Die Lyrik besitzt ironische und parodist. Elemente („Der Akazienfresser", 1974). Großer Ö. Staatspreis 1998.

Weitere Werke: Romane: Meteoriten, 1976; Kindernazi, 1984. – Lyrik: Grüner November, 1957; Warum sind die Latrinen so traurig? Spleengesänge, 1969; Orte wechselnden Unbehagens, 1971; Gesammelte Lyrik, 1980; Lockergedichte, 1983; Immer wenn ich heftig regne: Lockergedichte, 1992; Affenzucker. Neue Lockergedichte, 1999. – Hörspiele: Graben Sie nicht eigenmächtig! Drei Hörspiele, 1980. – Gesammelte Aufsätze und andere Meinungsausbrüche aus 5 Jahrzehnten, 2 Bde., 2000/01. – Literatur: M. Waid, A. O., Diss., Wien 1986; K. Kastberger (Hg.), A. O., Texte und Materialien, 1998.

Olah, Franz, * 13. 3. 1910 Wien, Klaviermacher und Politiker (SPÖ). 1933–45 polit. Freiheitsstrafen und KZ-Internierungen. 1949–57 Vorsitzender der Gewerkschaft der Bau- und Holzarbeiter, war 1950 entscheidend an der Niederschlagung des kommunist. Streiks beteiligt; 1955–59 Vizepräs. und 1959–63 Präs. des Ö. Gewerkschaftsbunds. 1945–48 und 1969/70 war er Abg. z. Wr. Landtag und Mitgl. d. Wr. Gemeinderats, 1948–61 und 1962–64 SPÖ-Abg. z. NR, 1959–61 2. Präs. des NR, 1964–66 Abg. z. NR ohne Klubzugehörigkeit; 1963–64 BMin. für Inneres; 1964 Ausschluss aus der SPÖ und 1969 gerichtl. Verurteilung (1-jährige Haftstrafe) wegen Veruntreuung von Gewerkschaftsgeldern. 1965 Gründung der Demokrat. Fortschrittl. Partei (DFP), die 1966 über 3 % der Stimmen, aber kein Mandat erhielt.

Werk: Die Erinnerungen, 1995. – Literatur: W. Svoboda, F. O. Eine Spurensicherung, 1990.

Olbrich, Joseph Maria, * 22. 12. 1867 Troppau (Opava, CZ), † 8. 8. 1908 Düsseldorf (D), Architekt. 1893–99 bei O. → Wagner als Zeichner tätig; entwarf 1897/98 als Mitbegründer der Wr. Secession ihr Ausstellungsgebäude, das wegbereitend für moderne architekton. Formvorstellungen wurde. Im Streben nach dem Gesamtkunstwerk befasste sich O. auch mit der dekorativen Ausstattung von Innenräumen und kunstgewerbl. Entwürfen. 1899 Berufung nach Darmstadt zur Planung der „Künstlerkolonie"; entwarf in Deutschland zahlr. weitere (z. T. unausgeführte) Bauten und städtebaul. Projekte (Düsseldorf, Köln, Berlin). Das O.-Haus in St. Pölten ist eines der wenigen erhaltenen Bauwerke von ihm.

Schriften: Architektur, 3 Bde., 1901–14 (Neudruck 1988, mit Textbeiträgen von P. Haiko u. B. Krimmel). – Literatur: J. Latham, J. M. O., 1981; ÖBL.

Olivier, Ferdinand von, * 1. 4. 1785 Dessau (D), † 11. 2. 1841 München (D), Landschaftsmaler und Graphiker; Bruder der Maler Heinrich und Friedrich v. → Olivier. Erste Ausbildung in Dessau und Dresden, 1811–30 in Wien, Mitgl. des Lukasbunds, war aber nie in Italien. Bereiste die Alpenregion, v. a. Sbg., 1830 Übersiedlung nach München, ab 1833 Prof. für Kunstgeschichte und Sekr. an der Münchner Akad. Schrieb auch Gedichte. Als seine bedeutendste Leistung gilt die lithograph. Folge „7 Gegenden aus Salzburg und Berchtesgaden".

Literatur: L. Grote, Die Brüder O. und die dt. Romantik, 1938; F. Novotny, F. O. Landschaftszeichnungen von Wien und Umgebung, 1971.

Olivier, Friedrich von, * 23. 4. 1791 Dessau, † 5. 9. 1859 ebd., Historien- und Landschaftsmaler, Graphiker; Bruder von Heinrich und Ferdinand v. → Olivier. Erste Studien in Dessau, ab 1811 an der Wr. Akad. Reiste 1818 mit J. Schnorr v. Carolsfeld nach Italien, schloss sich in Rom dem Kreis der Nazarener um F. Overbeck an und wirkte ab 1823 wieder in Wien. Beschäftigte sich mit Porträtmalerei. Ab 1829 Gehilfe von J. Schnorr v. Carolsfeld bei den Nibelungenfresken in der Münchner Residenz.

Literatur: L. Grote, Die Brüder O. und die dt. Romantik, 1938.

Theodor von Oppolzer. Stich.

Olszewska, Maria (eigentl. M. Berchtenbreitner), * 12. 8. 1892 Ludwigsschwaige (D), † 17. 5. 1969 Klagenfurt (Kä.), Sängerin (Alt bzw. Mezzosopran). 1921–30 an der Wr. Staatsoper (sonst Covent Garden und Hamburg), 1947–49 Prof. an der Wr. Musikhochschule.

Opel, Adolf, * 12. 6. 1935 Wien, Dramatiker, Dokumentarfilmer, Sachbuchautor. Hg. von Werken von Else → Feldmann, Lina und Adolf → Loos, mit dem er sich auch in eig. Werken beschäftigte. Schrieb Drehbücher und Musicals („Der Hauptmann von Köpenick", „Roaring Twenties").

Weitere Werke: Durst vor dem Kampf, 1955; Hochzeit in Chicago, 1956; Auf dem Weg der Besserung, 1956; Die glücklichen Begegnungen, 1956; Markt allen Fleisches, 1962; Kontroversen, A. Loos im Spiegel der Zeitgenossen, 1985; I. Bachmann in Ägpyten, 1994. – Übersetzungen.

Opitz, Ambros, * 27. 9. 1846 Schönau (Šenov, CZ), † 27. 9. 1907 Warnsdorf (Varnsdorf, CZ), Publizist, Verleger und Geistlicher. Mitbegründer und zeitweise auch Hg. der Wr. „Reichspost", 1895–1901 böhm. Landtagsabgeordneter, Führer der kath. Deutschböhmen.

Werke: Verkehr mit Gott, 1897; Die Schulfrage, 1897. – Literatur: ÖBL.

Emil Orlik, Selbstporträt. Radierung, 1929.

Oppenheimer, Max (genannt „Mopp"), * 1. 7. 1885 Wien, † 19. 5. 1954 New York (USA), expressionist. Maler und Graphiker. Studierte 1900–03 an der Wr. Akad., dann in Prag, ab 1908 wieder in Wien; schloss sich dem Kreis um O. → Kokoschka, E. → Schiele und A. P. → Gütersloh an. 1911–15 in Berlin; nahm in dieser Zeit kubist. Elemente in seine Malerei auf, Mitarbeit an der Ztschr. „Die Aktion". 1915–24 in der Schweiz, dann wieder in Berlin und Wien. Von den Nat.-Soz. als „entarteter" Künstler eingestuft, emigrierte er 1938 in die Schweiz, dann nach New York, wo er bis zu seinem Tod in großer Zurückgezogenheit lebte.

Werke: Bildnisse von A. Schönberg, P. Altenberg, A. Schnitzler, A. v. Webern, E. Schiele u. a.; Szenen aus sportl. (Sechstagerennen, 1929) und musikal. Milieu (Symphonie, 1923; Philharmoniker, 1935–52); Parklandschaft, 1954. – Literatur: T. Natter, MOPP, Ausst.-Kat., Jüd. Mus. d. Stadt Wien, 1994; M.-A. v. Puttkamer, M. O. – MOPP (1885–1954). Leben und malerisches Werk mit einem Werkverz. der Gemälde, 1999.

Oppenheimer, Samuel, * 21. 6. 1630 Heidelberg (D), † 3. 5. 1703 Wien, Heereslieferant und Hofbankier. Kam 1680 von Worms nach Wien und versorgte das ö. Heer in den Türkenkriegen und am Beginn des Span. Erbfolgekriegs; von Prinz Eugen als „Retter aus Türkennot" gepriesen. Bei seinem Tod, der den Bankrott der Firma bedeutete, schuldete ihm der Staat rd. 6 Mio. Gulden. O. besaß eine bedeutende Handschriften- und Kunst-Smlg.

Literatur: M. Grunwald, S. O. und sein Kreis, 1913; K. Schubert (Hg.), Die ö. Hofjuden und ihre Zeit, 1991.

Oppolzer, Johann von, * 4. 8. 1808 Gratzen (Nové Hrady, CZ), † 16. 4. 1871 Wien, Arzt; Vater von Theodor v. → Oppolzer. Namhafter Diagnostiker, Univ.-Prof. in Prag (1841), Leipzig (1848) und Wien (1850, Rektor 1861); begründete eine ganzheitl. Diagnose und Therapie in der alten Wr. Medizin. Schule; vertrat die physiolog. Heilkunde im Gegensatz zur alten symptomat. Pathologie.

Werk: Vorlesungen über spezielle Pathologie u. Therapie, 2 Bde., 1866/72.

Oppolzer, Theodor von, * 26. 10. 1841 Prag (CZ), † 26. 12. 1886 Wien, Astronom und Mathematiker; Sohn von Johann v. → Oppolzer. Ab 1875 Univ.-Prof. in Wien. Pionierarbeiten: Bahnberechnung von Planeten und Kometen, Gradmessung und theoret. Astronomie (Berechnung aller Sonnen- und Mondfinsternisse zw. 1207 v. Chr. und 2163 n. Chr.).

Werke: Lehrbuch zur Bahnbestimmung der Kometen und Planeten, 2 Bde., 1870/80; Syzygientafeln für den Mond, 1881; Canon der Finsternisse, 1887. – Literatur: ÖBL.

Orel, Alfred Franz, * 3. 7. 1889 Wien, † 11. 4. 1967 ebd., Musikwissenschaftler. 1918–40 Leiter der Musik-Smlg. der Wr. Stadtbibl., 1922 Habilitation, 1940–45 Vorstand des von ihm gegr. Inst. f. Wr. Musikforschung.

Orel, Anton, * 17. 9. 1881 Wien, † 11. 7. 1959 ebd., Soziologe und Publizist. Gründete 1905 den „Bund der Arbeiterjugend Ö.", der 1907 im „Verband der christl. Jugend Ö." aufging. 1923–25 von der Christl.-soz. Partei in den Wr. Gemeinderat entsandt, hatte aber wiederholt Konflikte mit der Partei. 1943/44 inhaftiert. Verbindung zur kath. Sozialreform K. Frh. v. → Vogelsangs in zahlr. Publikationen.

Werke: Der Alkoholismus, 1908; Kapitalismus, Bodenreform und christl. Sozialismus, 1909; Leos XIII. soziales Werk, 1913; Das Grundproblem der Kultur, 2 Bde., 1919 (unter dem Pseud. Johannes Aquila); Hb. der christl. Gesellschaftslehre, 1920; Vogelsangs Leben und Lehren, 1922; Oeconomia perennis, 2 Bde., 1930. – Hg. mehrerer Ztschr. („Das neue Volk" 1924–36 u. a.). – Literatur: ÖBL.

Orlik, Emil, * 21. 7. 1870 Prag (CZ), † 28. 9. 1932 Berlin (D), Graphiker und Maler. Längerer Wienaufenthalt nur 1904/05 (ab 1899 Mitgl. der Wr. Secession). Der vom japan. Farbholzschnitt ausgehende Stil seiner Graphiken (Betonung von Kontur und Flächigkeit) wirkte wesentlich auf den Secessionsstil.

Literatur: E. O. Zeichnungen und Druckgraphik von 1889–1932, Ausst.-Kat., Schloss Grafenegg 1977; E. O. Ausst.-Kat., Berlin 1990; E. Otto (Hg.), E. O. 1870–1932, 1997; ÖBL.

Orsini-Rosenberg, in Kä. beheimatetes Adelsgeschlecht. 1633 Freiherren, 1648 Grafen, 1790 Fürsten. Die Familie hieß urspr. Rosenberg, seit dem 17. Jh. O.-R. Das Palais in Klagenfurt (Neuer Platz 1) ist seit 1918 Rathaus. Bed. Mitgl. der Familie waren u. a. Franz Xaver Wolfgang Fürst → Orsini-Rosenberg und Johann Andreas Gf. → Orsini-Rosenberg.

Orsini-Rosenberg, Franz Xaver Wolfgang Fürst (ab 1790), * 6. 4. 1723 Wien, † 14. 11. 1796 ebd., Diplomat und Staatsmann. Gesandter in Kopenhagen und Madrid, 1766–72 Obersthofmeister von Erzhzg. Peter Leopold (Großhzg. von Toskana) in Florenz und ab

Elisabeth Orth (links) mit Paula Wessely in dem Fernsehspiel „Fast wie ein Poet" von E. O'Neill, 1967. Foto.

1777 Oberstkämmerer; als Staats- und Konferenzmin. hatte er unter Joseph II. und Leopold II. großen Einfluss. 1770–75 erbaute er das Schloss Rosegg.

Literatur: A. Wandruszka, Leopold II., Bd. 1, 1963.

Orsini-Rosenberg, Johann Andreas Graf, * 7. 9. 1600 St. Andrä (Kä.), † 4. 1. 1667 (Kä.), bed. Vertreter des kath. Adels in Kä. Verhielt sich im 30-jähr. Krieg loyal gegenüber den Habsburgern und unterstützte die Gegenreformation in Kä. Unter ihm erlebte die Fam. → Orsini-Rosenberg den entscheidenden Aufschwung (1633 in den Freiherrn-, 1648 in den Grafenstand erhoben). Erbaute ab 1650 das Palais in Klagenfurt (seit 1918 Rathaus).

Orsolics, Hans (Johannes), * 14. 5. 1947 Neuberg (Bgld.), Boxer. Profi-Europameister 1967 im Superleichtgewicht und 1969 im Weltergewicht. 1970 musste er den Titel an R. Charles abgeben, 1974 beendete er seine Karriere nach einer Niederlage im Superweltergewicht gegen J. Duran. O. war ein Boxidol seiner Zeit, konnte aber ohne entsprechendes Management seinen Erfolg nicht materiell umsetzen. Nach seiner Sportlerlaufbahn wurde O. Gastwirt, als Sänger wurde er durch Schallplatten bekannt.

Orth, Elisabeth, * 8. 2. 1936 Wien, Kammerschauspielerin; Tochter von A. → Hörbiger und P. → Wessely. Zunächst Filmcutterin und Regieassistentin, nach Abschluss des Reinhardt-Seminars erste Engagements am Volkstheater und am Theater der Courage in Wien, danach an dt. Bühnen (Ulm, München). 1965 Debüt, seit 1968 Ensemblemitgl. am Burgtheater; Film- und Fernsehtätigkeit („Schatzhaus Ö."), Vortrags- und schriftstellerische Tätigkeit. 1981 Kainz-Medaille.

Werk: Märchen ihres Lebens. Meine Eltern P. Wessely und A. Hörbiger, 1975.

Orth, Johann, → Johann Salvator.

Orthofer, Peter, * 17. 6. 1940 Berlin (D), Schriftsteller und Kabarettist. Schreibt v. a. Satiren und Parodien für Kabarett („Der Würfel", Kärntnertortheater), Rundfunk und Fernsehen; Autor von Kabarettprogrammen für H.-P. → Heinzl und Alfons Haider („Haider dry", 1998).

Werke: Mensch, ärgere dich nicht, 1971; Uns bleibt auch nichts erspart. Eine respektlose Chronik ö. Geschichte, 1979; Wer ist Who in Ö., 1986; Die Wahrheit über Ö., 1989; Lex Minister, 1990; P. O. Sexkoffer, 1991; Money mag man eben, 1999. – Literatur: Wir zeigen die Zähne. 10 Jahre O. & Heinzl, 1986.

Ortlieb, Patrick, * 20. 5. 1967 Bregenz (Vbg.), Skirennläufer und Politiker (FPÖ). Ab 1989 im Weltcup; Goldmedaille bei den Olymp. Spielen 1992 in Albertville im Abfahrtslauf und 1996 Abfahrtsweltmeister in der Sierra Nevada. 1999 Rücktritt vom aktiven Sport nach einem schweren Sturz in Kitzbühel; seit 1999 Abg. z. NR.

Ortner, Erwin, * 15. 12. 1947 Wien, Chorleiter. War Mitgl. der Wr. Sängerknaben, studierte an der Wr. Musikhochschule Musikpädagogik, Kirchenmusik, Dirigieren (bei H. → Swarowsky) und Chordirigieren (bei H. → Gillesberger) und wurde 1980 an dieser Hochschule Prof. f. Chorleitung und chor. Stimmbildung, seit 1996 auch Rektor; gründete 1972 den Arnold Schoenberg Chor, dessen künstler. Leitung er seither innehat; 1983 bis zu dessen Auflösung 1995 auch Leiter des ORF-Chors. Umfangreiche Tätigkeit als Dirigent im In- und Ausland.

Ortner, Hermann Heinz, * 14. 11. 1895 Bad Kreuzen (OÖ.), † 18. 8. 1956 Salzburg, Dramatiker, Drehbuchautor, Librettist, Lyriker. Zw. 1929 und 1955 der meistgespielte Dramatiker auf ö. Bühnen; begann 1914 als Schauspieler, 1926–28 Chefdramaturg an der Neuen Wr. Bühne, danach freier Schriftsteller. Durchbruch 1928 mit „Tobias Wunderlich" (1929 am Burgtheater); nach der Tragödie „Schuster Anton Hitt" (1932) Hinwendung zu hist. Stoffen. NSDAP-Mitgl. ab 1933, stand unter dem Nat.-Soz. auf dem Höhepunkt seines Erfolgs.

Literatur: H. Spirk, Thematik in den Dramen H. H. O., Diss., Graz 1954; A. Schiffkorn, Ein Leben für das Theater, H. H. O., in: OÖ. 4, 1982; J. Danielczyk, Selbstinszenierung. Vermarktungsstrategien des ö. Erfolgsdramatikers H. H. O., Dipl.-Arb., Wien 2000.

Ortner, Laurids, * 26. 5. 1941 Linz (OÖ.), Architekt; Bruder von Manfred → Ortner. 1959–65 Architekturstudium an der Techn. Hochschule in Wien. 1967 Mitbegründer der Architekten-, Designer-, und Künstlergruppe → Haus-Rucker-Co, ab 1970 Atelier Haus-Rucker-Co mit G. Zamp Kelp und seinem Bruder Manfred O. in Düsseldorf. 1971–77 Studio in New York, 1976–87 Leiter der Meisterklasse für Visuelle Gestaltung an der Kunsthochschule in Linz. Gründete 1977 mit H. Gsöllpointner das Ö. Inst. für Visuelle Gestaltung in Linz, bis 1981 Institutsleiter. Seit 1987 Prof. f. Baukunst an der Staatl. Kunstakad. Düsseldorf. Seit 1987 Büro mit Manfred O. in Düsseldorf, ab 1990 in Wien, seit 1994 in Berlin. Zahlr. Preise.

Werke: IBA Dessauerstraße, Berlin, Schönbergstraße, 1985–87; Casa Rossa, Berlin, Uhlandstraße, 1985–87; Stadtteilzentrum Brüser Berg, Bonn, 1987–93; Bene-Verwaltungsbau, Waidhofen a. d. Ybbs (NÖ.), 1988–89; Landeszentralbank Umbau, Düsseldorf, 1990–94; MAXX-Hotel, Linz, 1992–94; Europ. Design Depot, Klagenfurt, 1993; Museumsquartier, Wien, 1990–2001 (Wettbewerbsprojekt). – Literatur: L. O., Design ist unsichtbar, 1980; Haus-Rucker-Co. 1967–83, 1983; D. Bogner (Hg.), Haus-Rucker-Co. Denkräume – Stadträume, 1992; Ortner & Ortner Baukunst, Ausst.-Kat., 1993; L. O., Wörterbuch der Baukunst, 2001.

Ortner, Manfred, * 3. 11. 1943, Linz (OÖ.), Architekt und Designer; Bruder von Laurids → Ortner. Studierte 1961–67 Malerei und Kunsterziehung an der Akad. d. bild. Künste in Wien; bis 1971 Kunsterzieher. 1971–87 Mitgl. der Gruppe → Haus-Rucker-Co, 1985–86 Dozent für Formgebung an der Techn. Hochschule Eindhoven. 1987 Gründung des Architekturbüros Ortner & Ortner in Düsseldorf, ab 1990 in Wien, ab 1994 in Berlin. Seit 1994 Prof. f. Entwerfen an der Architekturfakultät der Freien Hochschule Potsdam.

Werke: Museumsquartier, Wien, 1990–2001; Landeszentralbank, Potsdam, 1991–97; ARD-Hauptstadtstudios, Berlin, 1995–98; Sächsische Landesbibl./Staats- und Univ.-Bibl., Dresden, 1996–2001; Schiffbau-, Kultur- und Werkzentrum des Schauspielhauses Zürich, 1996–2000; Workstation, Klagenfurt, 1997; Hauptbibliothek, Wien, 1998 (Wettbewerb); Bahnhof Papestraße, Berlin, 1999 (Wettbewerb). – Literatur: Haus-Rucker-Co. 1967–83, 1983; D. Bogner (Hg.), Haus-Rucker-Co. Denkräume – Stadträume, 1992; E. Schweiger (Red.), Ortner & Ortner Baukunst, Ausst.-Kat., Linz 1993.

Osim, Ivica, * 6. 5. 1941 Sarajewo (YU), Fußballspieler und -trainer. Als Spieler bei Zeljenicar Sarajevo, danach 8 Jahre in Frankreich bei Racing Strasbourg, Sédan und Valenciennes; 20 Einsätze für das jugoslaw. Nationalteam. Danach Trainer in Belgrad und Athen. Seit 1994 erfolgreicher Trainer des SK Sturm Graz: 1996, 1997 und 1999 ö. Cupsieger; 1998 und 1999 ö. Meister; 2000/2001 kam er mit Sturm Graz als erster ö. Mannschaft bis in die Zwischenrunde der UEFA Champions League.

Literatur: G. Enzinger u. T. Hofer, I. O. Das Spiel des Lebens, 2001.

Ospel, Anton Johann, * 2. 6. 1677 Klösterle a. Arlberg (Vbg.), † 3. 4. 1756 Wien, Architekt und Militäringenieur. 1711–21 Hofarchitekt der Fürsten von Liechtenstein, baute u. a. die Schlösser in Feldsberg (Valtice, CZ) und Wilfersdorf (NÖ.); 1722 Berufung zum Zeugwart und Geschützhauptmann der Stadt Wien. Errichtete das Wr. Bürgerl. Zeughaus Am Hof (1731/32) und weitere Palais und Bürgerhäuser in Wien.

Literatur: A. Wilhelm, Der Vbg. Architekt A. J. O. (1677–1756), Diss., Innsbruck 1966.

Osterkorn, Thomas, * 26. 12. 1953 Linz (OÖ.), Journalist. Bis 1986 Jus-Studium in Hamburg und Polizeireporter beim „Hamburger Abendblatt". Ab 1986 bei der dt. Wochenzeitschrift „Stern", ab 1989 Ressortleiter Deutschland aktuell, ab 1996 geschäftsführender Redakteur. Seit 1999 als Nachfolger von M. → Maier Chefredakteur des „Stern" (mit Andreas Petzold).

Ostermayer, Christine, * 15. 12. 1936 Wien, Bayer. Staatsschauspielerin. Stand schon als Kind auf der Bühne, Tanzausbildung, mit 16 Jahren Aufnahme in das Wr. Reinhardt-Seminar; Engagements in Essen und Wuppertal, München (Residenztheater), Düsseldorf und Berlin. Ensemblemitgl. des Münchner Volkstheaters; Gastspiele in Wien (u. a. Viola in „Was ihr wollt" und Katharina in „Der Widerspenstigen Zähmung" von W. Shakespeare) und bei den Sbg. Festspielen (Salome in Nestroys „Talisman"). Fernsehrollen. 1975 Kainz-Medaille.

Österreicher, Karl, * 3. 1. 1923 Rohrbach a. d. Gölsen (NÖ.), † 11. 3. 1995 St. Pölten (NÖ.), Dirigent. Bedeutender Dirigentenausbildner, ab 1964 Leiter des Hochschulorchesters, 1969–92 Prof. an der Wr. Musikhochschule.

Österreicher, Richard, * 10. 11. 1932 Wien, Kapellmeister und Jazzmusiker. Studierte bei W. → Heidrich am Jazz-Institut; ab 1958 als Berufsmusiker in vielen Formationen tätig, zahlr. Arrangements und Plattenaufnahmen; ab 1972 Mitgl. der ORF-Big-Band, ab 1976 deren Leiter; musikal. Leiter vieler Fernsehsendungen.

Ostry, Vinzenz Ludwig, * 19. 7. 1897 Wien, † 28. 11. 1977 Wien, Journalist. 1924–34 Redakteur, 1934–38 Chefredakteur des „Wiener Tags". 1938/39 im KZ Buchenwald. Ab Mai 1945 Mitarbeiter von Radio Wien, 1946–50 Chefredakteur der Austria Presse Agentur, 1950–54 Dir. bei Radio Rot-Weiß-Rot, 1959–66 Leiter des Pressediensts der Kanzlei des Bundespräsidenten.

Oswald, Hl., Fest 5. Aug., * um 604, † 5. 8. 642, Bauernheiliger, König von Northumbria (England), Patron für Ernte, Wetter und Viehzucht. O.-Patrozinien findet man v. a. in Kä. und der Stmk.

Literatur: E. Hirtenfelder, Heilige in Kä., 1991.

Oswald, Peter, * 9. 10. 1953 Hohenems (Vbg.), Kulturmanager. Studierte Musikwiss., Theaterwiss. und Kunstgeschichte in Wien, 1987–88 Musikreferent der Wr. Festwochen, 1989–91 Leiter der Musikabteilung im

Oswald von Wolkenstein. Darstellung in der Innsbrucker Liederhandschrift B, 1432 (Universitätsbibliothek Innsbruck).

ORF-Landesstudio Stmk. und des Musikprotokolls im Rahmen des steirischen herbstes, 1991–92 Hauptabteilungsleiter beim ORF, 1993–99 Intendant des Klangforums Wien, seit 2000 Intendant des steirischen herbstes.

Oswald von Wolkenstein, * um 1376, † 1445, mhd. Lyriker. Sein Leben ist durch Urkunden, Briefe und Lieder gut dokumentiert. Aus bedeutendem S-Ti. Adelsgeschlecht (Stammburg Wolkenstein im Grödnertal), verließ er als Knappe mit 10 Jahren die Heimat und bereiste Europa und den Orient. Nach dem Tod seines Vaters Friedrich übernahm er den Familienbesitz (Burg Hauenstein am Schlern, S-Ti.), nahm am Konstanzer Konzil teil, trat in den Dienst von Kg. Siegmund und wurde aus polit. Gründen (stellte sich gegen den Landesherrn) und wegen eines Erbrechtsstreits gefangen gesetzt. Verheiratet war O. v. W. mit Margarete v. Schwangau; begraben ist er in Neustift b. Brixen. Sein Werk umfasst 130 Lieder und 2 Reimpaarreden und zeichnet sich durch eine Vielfalt von Themen und Formen aus: Liebeslieder in Ich-Form, Tagelieder und Pastourellen, Liebesdialoge und Minneallegorien, Trink- und Scheltlieder, Reise- und geistliche Lieder; z. T. kontrastieren derbe, sexualitätsbezogene Inhalte mit hohem Stil. Die Melodien sind (mit Anlehnung an ital. und franz. Vorbilder) selbst komponiert, das faktische Material ist parodistisch und ironisch gebrochen. Überliefert in 2 Pergamenthandschriften (A, Wien cod. 2777; B, Innsbruck) und 1 Papierhandschrift (c, Innsbruck).

Ausgaben: H. Moser, N. R. Wolf u. N. Wolf (Hg.), Die Lieder O. v. W., ^{3}1987; B. Wachinger (Hg.), O. v. W., Lieder, Auswahl, mhd./nhd., 1992. – Literatur: A. Schwob, O. v. W., 1977; D. Joschko, O. v. W., 1985; W. Marold, Kommentar zu den Liedern O. v. W., 1995; A. Schwob (Hg.), Die Lebenszeugnisse O. v. W., 1999.

Oswatitsch, Klaus, * 10. 3. 1910 Marburg (Maribor, SLO), † 1. 8. 1993 Wien, Physiker. Studierte Mathematik und Physik an der Univ. Graz, begann seine wiss. Laufbahn 1938 als Assistent an der Univ. Göttingen, war dann an Univ. und anderen wiss. Einrichtungen in Deutschland und Schweden tätig; 1960–80 Prof. für Strömungslehre an der Techn. Hochschule bzw. Techn. Univ. Wien. Beschäftigte sich auch mit Fragen der Raum- und Luftfahrt.

Werke: Gasdynamik, 1952; Grundlagen der Gasdynamik, 1976; Spezialgebiete der Gasdynamik, 1977.

Otacher ouz der Geul, → Ottokar aus der Gaal.

Otakar I., † 1064, Graf von Steyr, Vater von → Otakar II., Begründer des Geschlechts der → Otakare. 1056–64 Markgraf der Karantan. Mark. Beendete den Krieg mit den Ungarn.

Otakar II., † 1122, Markgraf der Stmk., Sohn von → Otakar I., Großvater von → Otakar III., aus dem Geschlecht der → Otakare. Im Investiturstreit auf Seiten des Papstes, wodurch es zum Kampf mit seinem kaiserl. gesinnten Bruder Adalbero kam, der 1086 oder 1087 fiel. O. erbte nach dem Aussterben des Geschlechts der → Eppensteiner deren Besitzungen im Mur- und Mürztal; gründete das Kollegiatsstift Garsten in OÖ., in das er 1108 Benediktiner berief.

Otakar III., * 1124, † 31. 12. 1164, Markgraf der Stmk. (1129–64), Enkel von → Otakar II., Vater von → Otakar IV., aus dem Geschlecht der → Otakare. Begründer des steir. Landesfürstentums, erbte von der Marburger Linie der → Sponheimer Teile der Unter-Stmk. an der Drau bis zur Save (jetzt Slowenien) und nach seinem Onkel, dem letzten Formbacher Grafen, 1158 die nö. Mark Pitten. O. baute den Weg über den Semmering aus, errichtete 1160 ein Hospital (Spital am Semmering) und beendete die Kolonisation des Gebiets an Traisen und Gölsen. Er übte das Bergregal über die Bodenschätze aus, erweiterte die Landeshoheit, prägte eig. Münzen und gründete 1163 das Chorherrenstift Vorau im steir. Wechselgau und die untersteir. Kartause Seitz. Vom 2. Kreuzzug brachte er Künstler aus Byzanz mit.

Otakar IV., * 1163, † 8. 5. 1192, Markgraf bzw. ab 1180 Hzg. der Stmk., Sohn von → Otakar III., Letzter aus dem Geschlecht der → Otakare. Schloss mit dem Babenberger-Hzg. → Leopold V. den Georgenberger Erbvertrag („Georgenberger Handfeste") von 1186, der 1192 (nach seinem Tod) zur Vereinigung von Ö. und Stmk. und zur territorialen Zunahme des späteren Ö. führte. O. starb kinderlos.

Literatur: F. Krones, Die Markgrafen von Stmk., in: Archiv für ö. Geschichte 84, 1898; F. Posch, Die Entwicklung der Stmk. bis zum Erbanfall an die Babenberger, in: 1000 Jahre Babenberger, Ausst.-Kat., Lilienfeld 1976; G. Pferschy (Hg.), Das Werden der Stmk. Die Zeit der Traungauer, Veröffentl. des Stmk. Landesarchivs 10, 1980.

Otakare (Ottokare), Traungauer Grafen, Markgrafen und Herzoge der Stmk., hatten das Zentrum ihrer Macht im oö. Traungau. Sie regierten 1056–1192 die Stmk. Von ihrer Hauptburg Steyr erhielt die Mark den Namen, im Geschlecht war der Name Otakar häufig (→ Otakar I., → Otakar II., → Otakar III., → Otakar IV.).

Otruba, Heinrich, * 9. 10. 1944 Annaberg (NÖ.), Jurist. Studierte Rechtswiss. in Wien, nach mehreren Auslandsaufenthalten in Deutschland und den USA 1980 Univ.-Prof. für Verwaltungstheorie und -politik an der Wirt.-Univ. Wien, 1995–97 deren Rektor; seit 1997 Geschäftsführer der Telekom Control Ges. m. b. H.

Werke: Wirtschaftl. Verhalten bei Ungleichgewicht, 1981; Kosten-Nutzen-Rechnung von Universitäten, 1991; Makroökonomik, 1992 (mit G. Muncbuch u. A. Stiassny).

Ott, Elfriede, * 11. 6. 1925 Wien, Kammerschauspielerin, Sängerin, Regisseurin; Ehefrau von E. → Waldbrunn, Lebensgefährtin von H. → Weigel. Schauspielausbildung bei L. → Medelsky; Debüt am Wr. Burgtheater, 1950 am Landestheater in Graz, danach am Wr. „Simpl" und seit 1954 am Theater in der Josefstadt, seit 1958 Ensemblemitgl.; Kabarettistin, Sängerin von Operetten und Wienerliedern, Couplets und Chansons. Engagierte sich v. a. für die Wr. Komödie seit → Nestroy. Seit 1982 Regietätigkeit bei den Nestroy-Sommerspielen auf Burg Liechtenstein (NÖ.); seit 1985 Leiterin der Schauspielabt. am Konservatorium der Stadt Wien. Fernsehtätigkeit (u. a. TV-Serie „Die liebe Familie"), Schriftstellerin, Aquarellmalerin. Kainz-Medaille 1969 und andere Auszeichnungen.

Werke: Phantasie in Ö-Dur, 1975; Wenn man in Wien zur Welt kommt, 1977; H. Weigel quergelesen, 1994; Ein Hoch dem Tief, 2000.

Ottawa, Theodor, * 28. 7. 1909 Leoben (Stmk.), 19. 6. 1972 Wien, Erzähler, Essayist, Drehbuchautor, Dramatiker. Als Schriftsteller und Redakteur tätig, gelang ihm mit „Hengst Maestoso Austria" ein großer Publikumserfolg.

Weitere Werke: Dös san Sachen!, 1949; Kintopp ohne Schminke, 1956; Essen und essen lassen, 1958; Der Mensch fängt erst beim Auto an, 1958; Das Neueste von Max und Moritz, 1969.

Ottenthal, Emil, * 15. 6. 1855 Taufers (Ti.), † 5. 2. 1931 Wien, Historiker. Univ.-Prof. in Innsbruck und Wien, 1903–26 Vorstand des Inst. f. Ö. Geschichtsforschung, Leiter der Urkundenabteilung der Monumenta Germaniae Historica.

Literatur: Nachruf von H. Hirsch in: MIÖG 45, 1931.

Markgraf Otakar III. Siegel an der Stiftungsurkunde von Spital am Semmering (Steiermärkisches Landesarchiv, Graz).

Ottillinger, Margarethe, * 6. 6. 1919 Wien, † 30. 11. 1992 ebd., Beamtin und Managerin. Ab 1947 Leiterin der Planungssektion im BM f. Vermögenssicherung, 1958–82 Vorstandsdir. der ÖMV. 1948 durch die sowjet. Besatzungsmacht entführt, zu 25 Jahren Lagerhaft verurteilt, 1955 freigelassen und rehabilitiert. O. ließ die Wotruba-Kirche in Wien-Mauer errichten.

Literatur: C. Carsten, Der Fall O. Eine Frau im Netz polit. Intrigen, 1983; S. Karner (Hg.), Geheime Akten des KGB. M. O., 1992.

Otto, Teo, * 4. 2. 1904 Remscheid (D), † 9. 6. 1968 Frankfurt a. M. (D), Bühnen- und Kostümbildner. Ab 1933 Ausstattungschef des Zürcher Schauspielhauses, 1948–68 u. a. für das Wr. Burgtheater, die Wr. Staatsoper und die Sbg. Festspiele tätig.

Literatur: J. Mayerhöfer (Hg.), Der Bühnenbildner T. O., 1978.

Otakar IV. Grabplatte in St. Heinrich am Bachern, Slowenien.

Otto der Fröhliche, * 1301, † 17. 2. 1339, Hzg. von Ö., jüngster Sohn von → Albrecht I., Bruder von → Friedrich I. und → Albrecht II. Regierte ab 1330 mit Albrecht II. Ö., gewann mit diesem 1335 Kä. und wurde dort nach altem Brauch zum Hzg. eingesetzt. Stiftete das Kloster Neuberg in der Stmk. und die Georgskapelle der Augustinerkirche in Wien. Dort gründete er 1337 die Ritterges. „Societas Templois" für den Kreuzzug gegen die heidn. Preußen und Litauer. Sein (erst 1460 belegter) Beiname bezieht sich auf die Förderung des geselligen Hoflebens.

Literatur: B. Hamann, Die Habsburger, [4]1992.

Ottokar, → Otakare.

Ottokar II., Přemysl, * um 1230, † 26. 8. 1278 bei Dürnkrut (NÖ.), Markgraf von Mähren, 1251 Hzg. von Ö., 1253 Kg. von Böhmen, 1261 Hzg. der Stmk., 1269 Hzg. von Kä. und Krain. Wurde 1251 von den Ministerialen Ö. als Hzg. berufen, heiratete 1252 → Margarete, die Schwester des letzten Babenbergers Friedrich II., ließ sich aber 1261 von ihr scheiden. Er nahm den Ungarn die Stmk. ab und gründete zur Stärkung seiner Macht die Städte Marchegg, Bruck a. d. Mur, Leoben und Radkersburg. In Wien begann er mit dem Bau der Hofburg und des Stephansdoms. Zu seiner Zeit begann die Abtrennung OÖ. von NÖ.

O. regierte anfangs mild, ab 1265 mit Härte (→ Seifried von Mahrenberg), daher gingen ab 1273 viele ö. Adelige zum neugewählten dt. König, → Rudolf I. von Habsburg, über. Da O. nicht um Belehnung ansuchte, wurden ihm die Länder der → Babenberger und der → Sponheimer abgesprochen; im Nov. 1276 unterwarf er sich bei Wien, begann aber 1278 Krieg gegen Rudolf, dem er am 26. 8. 1278 in der Schlacht auf dem

König Přemysl Ottokar II. Königssaaler Annalen, Prag.

Bischof Otto von Freising. Glasmalerei im Brunnenhaus des Stifts Heiligenkreuz, NÖ.

Marchfeld zw. Dürnkrut und Jedenspeigen unterlag; O. wurde auf der Flucht erschlagen.

Literatur: A. Kusternig, Die Zeit Kg. O. in Ö., 1978; Ottokar-Forschungen, Jb. f. Landeskunde v. NÖ., NF 44/45, 1979; J. K. Hoensch, Przemysl Otakar II. von Böhmen, 1989; J. Kuthan, P. O. Kg., Bauherr und Mäzen, 1996.

Ottokar aus der Gaal (eigentl. Otacher ouz der Geul, gelegentlich O. von Stmk., früher nach W. Lazius fälschlich auch O. von Horneck), * um 1265, † zw. 1319 und 1321, steir. Dichter und Geschichtsschreiber aus dem Geschlecht der Herren von Strettweg. Im Dienst der Liechtensteiner, war er vermutl. zeitweise Fahrender, ab 1304 urkundl. in der Stmk. sesshaft; war an Kriegszügen beteiligt und führte Reisen mit diplomat. Aufträgen durch. Seine „Ö. Reimchronik" mit fast 100.000 Versen ist das erste umfassende Geschichtswerk in dt. Sprache. Sie umfasst den Zeitraum 1246–1309 und beschreibt die Geschichte des Hl. Röm. Reichs, die Landesgeschichte Ö. und der Stmk. nach hist. und dichterischen Quellen. Von der Weltchronik des O. a. d. G., die z. T. Kaisergeschichte war, ist nichts überliefert.

Ausgabe: J. Seemüller in: Monumenta Germaniae Historica, Dt. Chroniken 5, 1893. – Literatur: M. Loehr, Der steir. Reimchronist, 1946; E. Kranzmayer, Die steir. Reimchronik O., 1950.

Ottonen: Die Könige und Kaiser aus dem sächs. Haus hatten für Ö. große Bedeutung. Otto I. (936–973) schuf mit dem Sieg auf dem Lechfeld (10. 8. 955) die Voraussetzung für die Errichtung von Marken, Otto II. (973–983) errichtete 976 das Herzogtum Kä. und setzte die → Babenberger als Markgrafen ein; Otto III. stellte 996 jene Urkunde für Freising aus, in der „Ostarrîchi" erstmals genannt wird. Heinrich II. (1002–24) übergab den Babenbergern reiche Schenkungen.

Literatur: H. Beumann, Die Ottonen, [4]1997; G. Althoff, Die O. Königsherrschaft ohne Staat, 2000.

Otto von Freising, * 1112 (?), † 22. 9. 1158 Morimond (F), Bischof und Chronist; Sohn des Babenbergers → Leopold III.; um 1126 Propst von Klosterneuburg, ab 1127 Studium in Paris, 1132 Zisterzienser in Morimond. Regte die Gründung von Heiligenkreuz an, wurde 1138 Bischof von Freising und nahm 1147 am 2. Kreuzzug teil. Seine „Chronik oder Geschichte der zwei Reiche" beinhaltet in 7 Bänden die Weltgeschichte, im 8. Bd. eine Vision des Jüngsten Gerichts. Die „Gesta Friderici" schildern die Zeit Friedrich Barbarossas von 1152 bis 1156, u. a. die Umwandlung Ö. in ein Herzogtum; sie wurden von Rahewin, dem Sekretär O., bis 1158 fortgesetzt.

Ausgaben: Chronica sive historia de duabus civitatibus, hg. v. A. Hofmeister, 1912 (Nachdruck 1984); Gesta Friderici I. imperatoris, hg. v. G. Waitz, 1912 (Nachdruck 1978); Chronik oder Geschichte der 2 Reiche (lat./dt.), hg. v. W. Lammers, [2]1980; Gesta Friderici (lat./dt.), hg. v. J. J. Schmale, [3]1986. – Literatur: H.-W. Goetz, Das Geschichtsbild O. v. F., 1984.

„Ötzi" (Mann vom Hauslabjoch): Am 19. 9. 1991 wurde am Tisenjoch in den Ötztaler Alpen (S-Ti., 3200 m) eine im Gletschereis konservierte trockenmumifizierte Leiche eines 45–53-jährigen Mannes entdeckt. Die noch rekonstruierbare Kleidung aus Fellen, die Gerätschaften aus Holz, Stein und Knochen, der Fellköcher mit Pfeilen, der Bogen sowie ein holzgeschäftetes Kupferbeil lassen einen Hirten oder Bauern aus der späten Jungsteinzeit erkennen. Mittels Radiokarbonmethode wurde der Ö. auf ca. 3300 v. Chr. datiert. Die Erforschung der Fundstelle sowie die Untersuchungen an der Mumie und der gefundenen Ausrüstung wurden in internat. wiss. Zusammenarbeit unter ö. Leitung (Univ. Innsbruck) 1991–98 durchgeführt. Seit 1998 sind die Mumie und die restaurierten Beifunde im Archäolog. Mus. in Bozen (I) zu sehen.

Literatur: L. Barfield, E. Koller u. A. Lippert, Der Zeuge aus dem Gletscher, 1992; M. Egg u. a., Die Gletschermumie vom Ende der Steinzeit aus den Ötztaler Alpen, Jb. des Röm.-German. Zentralmuseums in Mainz 39, 1992; H. Spindler u. a. (Hg.), Der Mann im Eis. Neue Funde und Ergebnisse, Bd. 2, 1995; A. Fleckinger, Der Mann aus dem Eis, [3]1999.

Overhoff, Kurt, * 20. 10. 1902 Wien, † 16. 11. 1986 Salzburg, Dirigent, Komponist und Musikpädagoge. 1928/29 Assistent von W. → Furtwängler, 1932–40 Generalmusikdirektor in Heidelberg; stand in enger Verbindung zu den Nachkommen R. Wagners, übernahm 1940 die musikal. Erziehung von Wieland Wagner und leitete 1947–50 den Aufbau des Bayreuther Symphonieorchesters. Nach längerer Wirkung in den USA 1962–73 Prof. am Mozarteum in Salzburg.

Werke: Mira, 1925 (Oper). – Schriften: Die Musikdramen R. Wagners, 1967; Die Elektra-Partitur von R. Strauss, 1978.

P

Paalen, Bella (eigentl. Izabella Pollack), * 9. 12. 1881 Paszto (H), † 28. 7. 1964 New York (USA), Sängerin (Alt). Schülerin von R. → Papier-Paumgartner, 1905/06 am Grazer Stadttheater, 1906–37 an der Wr. Oper; Auftritte bei den Sbg. Festspielen. Ab 1939 in New York.

Pabst, Georg Wilhelm (G. W.), * 27. 8. 1885 Raudnitz (Roudnice nad Labem, CZ), † 29. 5. 1967 Wien. Filmregisseur. Wuchs in Wien auf, ab 1906 Schauspielengagements in Ö., der Schweiz und Deutschland. 1914–18 in Frankreich interniert. Später führte er Regie in Prag und Wien und kam durch K. Froehlich zum Film. Sein 1. Film war „Der Schatz" (1923), sein 1. Erfolg „Die freudlose Gasse" (1925, u. a. mit A. Nielsen, G. Garbo und W. Krauß). Sein größter Erfolg war die Verfilmung der „Dreigroschenoper" von B. Brecht (1931). Nach 1945 Filmproduzent in Wien („Der Prozeß", 1948).

Weitere Werke: Regie: Geheimnisse einer Seele, 1926; Kameradschaft, 1931; Don Quichotte, 1933; Es geschah am 20. Juli, 1955; Der letzte Akt, 1955. – Literatur: L. Atwell, G. W. P., 1977; E. Rentschler, The Films of G. W. P., 1990; W. Jacobsen (Hg.), G. W. P., 1997.

Pabst, Waldemar, von Ohaim, * 24. 12. 1880 Hamburg (D), † 29. 5. 1970 Düsseldorf (D), Offizier, Heimwehrführer. Nach Teilnahme an Umsturzversuchen in Deutschland flüchtete P. 1920 nach Ti. und wurde dort 1922 Landesleiter der Heimwehr und 1928 Bundesstabsleiter. 1930 wies ihn die Regierung Schober aus, E. R. → Starhemberg holte ihn wieder zurück. 1930/31 zog sich P. aus der Politik zurück und übersiedelte nach Berlin, wo er 1933 zw. Heimwehr und dt. Stellen (Reichswehr, „Stahlhelm") vermittelte. Nach 1945 war er als Kaufmann tätig.

Literatur: W. Wiltschegg, Die Heimwehr, 1985.

Pacassi, Nikolaus, * 5. 3. 1716 Wr. Neustadt (NÖ.), † 11. 11. 1790 Wien, Hofarchitekt, maßgebl. Repräsentant der maria-theresian. Baukunst, die er als Hofkünstler mitprägte. Er leitete den Umbau des heutigen Bundeskanzleramts (1764–67) und lieferte Pläne für die Kirche der Nadelburg (NÖ., 1747–56).

Weitere Werke: Wien: Seitenflügel der Hofburg am Josefsplatz, 1763–69; Umgestaltung und Fertigstellung von Schloss Schönbrunn, 1744–49; Gardekirche am Rennweg, 1754–63; Schloss Hetzendorf, nach 1750. – NÖ.: Vergrößerung der Burg in Wr. Neustadt, 1768–77. – Kä.: bischöfl. Residenz in Klagenfurt, 1769–76.

Pacher, Friedrich (auch F. Lebenpacher), * um 1430–40 Neustift (S-Ti.; ?), † nach 1508 Bruneck (S-Ti.), Maler der Spätgotik. Ab 1478 in Brunecker Urkunden als Maler genannt; stand in Beziehung zu Michael → Pacher (ein Verwandtschaftsverhältnis erscheint möglich, muss aber nicht bestanden haben). Diesem half er in der Frühzeit bei den Fresken von Neustift bei Brixen, der Stiftskirche St. Paul im Lavanttal (Kä.) und beim Altar in St. Wolfgang im Salzkammergut (OÖ.). Einziges signiertes und datiertes Werk ist die Tafel „Taufe Christi" (1483, Münchner Frauenkirche). Zugeschrieben werden ihm Fresken und Altäre in der Wallfahrtskirche St. Korbinian in Unterassling (Pustertal, O-Ti.) sowie in Sterzing, Neustift und Brixen. Er besaß eine volkstümlichere Ausdrucksweise als Michael P. mit stärkerer Betonung der graphischen Elemente.

Literatur: E. Herzig, F. P. und sein Kreis, Diss., Wien 1974.

Pacher, Michael, * um 1435 Bruneck (S-Ti.; ?), † 1498 Salzburg (?), Maler und Bildschnitzer, Hauptmeister der ö. Spätgotik mit Einflüssen der Renaiss., urk. ab 1462/63. Um 1467–96 Bürger und Meister einer bedeutenden Altarwerkstätte in Bruneck, 1496–98 in Salzburg nachweisbar. Berührungen mit der Kunst des Oberrheins, N-Italiens (F. Lippi, J. Bellini, A. Mantegna, Donatello) und Schwabens (H. Multscher). Schuf um 1470 mit Friedrich → Pacher Fresken in der Stiftskirche St. Paul im Lavanttal (Kä.), in Neustift bei Brixen und Innichen (beide S-Ti.). Bes. Bedeutung erreichte P. durch seine Altarwerke 1460–80: den Laurentiusaltar für St. Lorenzen bei Bruneck (Teile davon in der Alten Pinakothek in München und in der Ö. Galerie Belvedere in Wien), den Marienaltar für Gries bei Bozen (1471–75, z. T. erhalten) und den Kirchenväteraltar für Neustift bei Brixen (vor 1483, Alte Pinakothek). Von seinem letzten, dem für die Salzburger Franziskanerkirche geschaffenen Hochaltar (1495–98), sind nur Teile, u. a. die Marienfigur (sog. Pacher-Madonna), erhalten. Die Kunst des got. Flügelaltars erreichte ihre Vollendung im Hochaltar von Sankt Wolfgang im Salzkammergut (OÖ., 1471–81), einem Gesamtkunstwerk aus Architektur, Plastik und Malerei, das eine neue Vorstellung von Raum und Monumentalität bezeugt, die in den rundplast. Schreinfiguren, die organisch in den architekton. Umraum eingebunden erscheinen, sichtbar wird. Während seine Plastik noch teilw. auf tradierte alpenländische Formen zurückgreift, ist die Malerei deutlicher von oberital. Einflüssen geprägt. In den Tafelbildern bestimmen plast. Figuren und ihr Verhältnis zur lichterfüllten, in einer Perspektive mit tiefem Augenpunkt konstruierten Architektur seinen Stil. Er beeinflusste nachhaltig die Bildkunst der ö. und süd-dt. Spätgotik im Übergang zur Renaiss.

Literatur: M. Koller u. N. Wibiral, Der Pacher-Altar in St. Wolfgang, 1981; M. Koller, Der Flügelaltar von M. P. in St. Wolfgang, 1998; A. Rosenauer (Hg.), M. P. und sein Kreis, Ausst.-Kat., Neustift (S-Ti.) 1998.

Pächt, Otto, * 7. 9. 1902 Wien, † 17. 4. 1988 ebd., Kunsthistoriker. Habilitierte sich 1933 in Heidelberg und emigrierte anschließend nach England. Lehrtätigkeit in London, Oxford, New York, Princeton und Cambridge; 1963–72 Univ.-Prof. in Wien. Verfasste zahlr. wichtige Arbeiten v. a. zu Fragen der Stilentwicklung der europ. Kunst des 15. Jh. sowie zur ma. Buchmalerei.

Werke: Ö. Tafelmalerei der Gotik, 1929; The Master of Mary of Burgundy, 1948; Italian Illuminated Manuscripts form 1400–1550, 1948; Byzantine Illumination, 1952; Flemish Art 1300–1700, 1953; The St. Albans Psalter, 1960 (mit C. R. Dodwell u. F. Wormald); The Rise of Pictorial Narrative in Twelfth-Century England, 1962; Vita Sancti Simperti, 1964; Die Illuminierten Handschriften und Inkunabeln der Ö. Nationalbibl., Tle. I–III, 1974–83 (mit U. Jenni u. T. Thoss); Historia Romanorum, 1974 (mit T. Brandis); Methodisches zur kunsthist. Praxis, 1977; Buchmalerei des MA, 1984; Rembrandt Harmensz van Rijn, 1991; Van Eyck, 1993. – Literatur: O. P. Am Anfang war das Auge, in: M. Sitt (Hg.), Kunsthistoriker in eig. Sache, 1988.

Bella Paalen. Foto, 1909.

Georg Wilhelm Pabst. Foto.

Paget, Oliver, * 24. 4 1922 Wien, Zoologe, Anthropologe und Paläontologe. Ab 1955 am Naturhist. Museum, 1979–87 Erster Dir. Der unter seiner Leitung 1977 eröffnete „Kindersaal" wurde vorbildhaft für zahlr. Museen. Mit der Einführung des Tags der offenen Tür und vielen Sonderausstellungen wurde P. volksbildnerisch tätig. Einige Molluskenarten, eine Crustaceen- und eine Ameisenart sind nach ihm benannt.

Werke: Schnecken unserer Alpen, 1959; Die Molluskenformen der Insel Rhodos, 1976; Natur und Architektur, 1983. – Literatur: F. Starmühlner, Wirkl. Hofrat Dir. Dr. O. P., 65 Jahre, 1988.

Pahlen, Kurt, * 26. 5. 1907 Wien, Musikwissenschaftler und -schriftsteller. Studierte bei G. → Adler in Wien, emigrierte 1939 nach S-Amerika, 1949–72 Prof. an der Univ. Montevideo, dann Rückkehr nach Europa (Schweiz). Gilt als einer produktivsten Autoren zur Musik des 19. Jh. Beschäftigt sich mit der musikal. Früherziehung von Kindern (z. B. Workshops im Rahmen des Carinth. Sommers).

Werke: Über 50 Bücher v. a. zu den großen Komponisten des 19. Jh., Musiklexika und Übersichtswerke.

Pahr, Willibald, * 5. 6. 1930 Wien, Jurist, Diplomat und Politiker. 1976–83 BMin. f. auswärtige Angelegenheiten, 1983–86 Botschafter in Bonn. 1986–89 Gen.-Sekr. der Welttourismusorganisation, 1990–95 Flüchtlingsbeauftragter des Innenministeriums.

František Palacký. Foto.

Pakesch, Peter, * 16. 7. 1955 Graz (Stmk.), Künstler, Galerist, Kunstmanager. 1976–79 als Künstler und Ausstellungsmacher tätig (u. a. für den steirischen herbst). 1980 Aufenthalt in New York, 1981–83 Leiter der Galerie P. P. in Wien (Präsentation vieler bed. ö. Künstler der Gegenwart). Seit 1996 Dir. der Kunsthalle Basel.

Palacký, František, * 14. 6. 1798 Hotzendorf (Hodslavice, CZ), † 26. 5. 1876 Prag (CZ), Historiker und Politiker. Landeshistoriograph; Vertreter des Austroslawismus, 1848/49 polit. Führer der tschech. Nation im Kremsierer Reichstag. Mitgl. des 1. ö. Parlaments, ab 1861 Führer der „Alttschechen" im Herrenhaus und im böhm. Landtag. P. lehnte eine Vertretung der Böhmen in der Frankfurter Nationalversammlung ab und verfasste Pläne für eine föderalist. Reorganisation des ö. Kaiserstaats.

Werke: Geschichte von Böhmen, 5 Bde., 1836–67 (Nachdruck 10 Bde., [3]1967); Österreichs Staatsidee, 1866. – Literatur: G. Morava, F. P., 1990; ÖBL.

Max Pallenberg als Rappelkopf in „Der Alpenkönig und der Menschenfeind" von F. Raimund. Foto.

Pálffy, ungar., v. a. in Červený Kameň (SK) begütertes Adelsgeschlecht, das seit dem 16. Jh. bedeutende Offiziere und Beamte stellte. Bed. Mitgl. des Geschlechts waren u. a. Nikolaus II. Gf. → Pálffy, Nikolaus VI. Gf. → Pálffy zu Erdöd und Johann IV. Gf. → Pálffy.

Das Palais P. in Wien 1, Wallnerstr. 6, wurde 1809–13 nach Plänen von C. de Moreau mit 14-achsiger Fassade erbaut, beherbergte bis 1989 das Allg. Verwaltungsarchiv und ist jetzt die Verwaltungsakad. des Bundes. Im Palais P. in Wien 1, Josefsplatz 6 (ehem. Palais Kinsky, Fassade 1575), seit 1684 im Besitz der Familie P., führte W. A. → Mozart in einem privaten Kreis 1786 erstmals „Die Hochzeit des Figaro" auf; das 1944 schwer beschädigte Gebäude wurde 1956 umgebaut und beherbergt das Österreich-Haus.

Betty Paoli (links) mit Marie von Ebner-Eschenbach und Frau von Fleischl. Foto.

Pálffy, Johann IV. Graf, * 20. 8. 1683, † 24. 3. 1750, Feldmarschall und Truppenführer zur Zeit des Prinzen → Eugen. Zeichnete sich in Italien und 1703–11 gegen die Kuruzzen-Einfälle aus, schloss am 30. 11. 1711 den Frieden von Szatmár und kämpfte im Türkenkrieg 1716 vor Peterwardein und 1717 vor Belgrad. Er wurde 1703 Banus von Kroatien und setzte 1740 → Maria Theresia die ungar. Königskrone aufs Haupt. Bekannt durch seine starke Loyalität gegenüber den Habsburgern und seine außergewöhnliche Tapferkeit im Kampf.

Pálffy, Nikolaus II. Graf (ab 1587), * Dez. 1552 Zerdichely, † 23. 4. 1600 Červený (SK), kaiserl. Feldmarschall. Loyaler Gefolgsmann der Habsburger. 1580 Schlosshauptmann von Pressburg, 1584 Kommandant von Komorn, 1594 Kommandant von Gran, 1598 Generalfeldmarschall. Hohe militär. Verdienste in den Türkenkriegen 1593–98. War neben Adolf v. Schwarzenberg maßgeblich an der Wiedergewinnung der Festung Raab am 29. 3. 1598 beteiligt.

Pálffy zu Erdöd, Nikolaus VI. Graf, * 1. 3. 1667, † 20. 2. 1732 Pressburg (Bratislava, SK), kaiserl. Generalfeldmarschall. Am Entsatz von Wien 1683 und an den folgenden Türkenkriegen beteiligt, 1694 Schlosshauptmann von Pressburg, 1713 Palatin von Ungarn und 1718 Generalfeldmarschall. Ihm verdankte → Karl VI. die rasche Annahme der Pragmat. Sanktion. Ab 1711 Ritter des Gold. Vlieses.

Palisa, Johann, * 6. 12. 1848 Troppau (Opava, CZ), † 2. 5. 1925 Wien, Astronom. Entdeckte 120 Planetoiden. 1871 Leiter der Marinesternwarte in Pola (HR), Dir. am Wr. Observatorium. Schuf mit M. Wolf das große Sammelwerk der Wolf-P.-Sternkarten. Preis der Pariser Akademie.

Werk: Sternlexikon von −1° bis +19° Deklination, 1902. – Literatur: ÖBL.

Pall, Olga, → Scartezzini-Pall, Olga.

Pallavicini, Alfred Markgraf von, * 26. 5. 1848 Ödenburg (Sopron, H), † 26. 6. 1886 (Glocknergruppe, Kä.; abgestürzt), Alpinist. Zahlr. Erstbesteigungen in den Dolomiten und in der Dachsteingruppe. Die von ihm erstmals durchstiegene Eisrinne am Großglockner wurde nach ihm benannt.

Literatur: ÖBL.

Pallenberg, Max, * 18. 12. 1877 Wien, † 26. 6. 1934 bei Karlsbad (Karlovy Vary, CZ; Flugzeugabsturz), Schauspieler. Ehemann der Operettendiva F. → Massary. Ab 1904 Komiker am Theater in der Josefstadt, am Theater an der Wien und am Dt. Volkstheater in Wien. Ging 1911 nach München und 1914 zu M. → Reinhardt nach Berlin, wo ihm der künstler. Durchbruch gelang (Verbindung clownesker Komik mit hintergründ. Tragik). Rollen (u. a.): Schwejk, Liliom, Peachum, Rappelkopf, Mephisto (in Reinhardts Sbg. „Faust"-Inszenierung). Ab den 20er Jahren zahlr. Gastspielreisen (u. a. Auftritte in Wien), Filmtätigkeit (u. a. in F. → Kortners „Der brave Sünder", 1931).

Literatur: A. Polgar, M. P., 1921; I.-L. Schack, M. P., 1980.

Paltauf, Richard, * 9. 2. 1858 Judenburg (Stmk.), † 21. 4. 1924 Wien, Pathologe und Anatom. Wurde 1892 Prof. in Graz, 1893 Prosektor und 1898 Univ.-Prof. in Wien. Gründete das Serotherapeut. Inst. in Wien und eine Impfstation gegen Tollwut. Führte Bakteriologie und Serologie in Wien ein.

Werk: Zur Ätiologie des Rhinoskleroms, 1906 (mit A. v. Eiselsberg). – Literatur: ÖBL.

Paltram vor dem Freithof, * um 1220 Wien, † Winter 1287/88 Akkon (Akka, Israel), Wr. Bürger, Ritter und Amtmann. Von Kg. → Rudolf I. als Anhänger Přemysl → Ottokars II. v. Böhmen geächtet, 1278 Flucht nach Niederbayern. Förderte den Zisterzienserorden und starb auf einer Pilgerreise.

Paoli, Betty (eigentl. Barbara E. Glück, auch Branitz), * 30. 12. 1814 Wien, † 5. 7. 1894 Baden (NÖ.), Lyrikerin, Erzählerin, Essayistin, Übersetzerin, Journalistin. Aus ärmsten Verhältnissen stammend, verdiente sie zuerst als Erzieherin und Gesellschafterin ihren Lebensunterhalt, ab 1850 freie Schriftstellerin. Mit N. → Lenau und A. → Stifter befreundet und Mentorin von A. v. Droste-

Hülshoff, M. v. → Ebner-Eschenbach, F. v. → Saar und C. F. Meyer.

Ausgaben: Gedichte (Ausw. und Nachlass), hg. v. M. v. Ebner-Eschenbach, 1895; Gesammelte Aufsätze, hg. v. H. Bettelheim-Gabillon, 1908. – Literatur: F. Adamec, B. P. und ihr Freundeskreis, Diss., Wien 1951; K. Fliedl, Auch ein Beruf, in: Dt. Literatur von Frauen, Bd. 2, hg. v. G. Brinker-Gabler, 1988; K. S. Wozonig, Die Literatin B. P., 1999.

Papier-Paumgartner, Rosa, * 18. 9. 1858 Baden (NÖ.), † 9. 2. 1932 Wien, Kammersängerin (Mezzosopran); Mutter von B. → Paumgartner. Schülerin von M. Marchesi, 1881–91 an der Wr. Hofoper, beendete 1891 wegen Krankheit ihre Tätigkeit und wurde eine berühmte Gesangslehrerin. Zu ihren Schülerinnen zählten u. a. A. → Bahr-Mildenburg und H. → Wildbrunn.

Pappenheim, Gottfried Heinrich Graf zu, * 29. 5. 1594 Burg Treutlingen (D), † 17. 11. 1632 Leipzig (D), General, kaiserl. Befehlshaber im 30-jähr. Krieg. Warf 1626 in bayer. Diensten den oö. Bauernaufstand nieder; 1632 in der Schlacht von Lützen tödlich verwundet. Die Kürassiere seines Regiments wurden als die „Pappenheimer" sprichwörtlich.

Literatur: B. Stadler, P. und die Zeit des 30jährigen Krieges, 1991.

Paquier, Claudius Innozenz du, → du Paquier, Claudius Innozenz.

Paracelsus (eigentl. Theophrastus Bombastus von Hohenheim), * 10. 11. 1493 Einsiedeln (CH), † 24. 9. 1541 Salzburg, Arzt, Naturforscher und Philosoph. Pionier der modernen Heilkunde und der organ. Chemie. Nach Lehrjahren in Villach (ab 1502) 1534 in Ti. (Innsbruck, Sterzing, Meran); kam nach unstetem Wanderleben als Arzt in Straßburg, Basel und Colmar über Wien 1538 wieder nach Villach und Salzburg. P. brach mit dem blinden Autoritätsglauben der ma. Wiss., forderte Naturbeobachtungen und Experimente und nutzte die Erkenntnisse der Chemie für die Medizin. Er erklärte Nieren- und Blasensteine als Ablagerungen, ahnte den Vorgang der Wundinfektion und erhob die Chirurgie zur gleichberechtigten ärztl. Disziplin. Er beschrieb systematisch viele Krankheiten und erkannte auch volkstüml. Heilmittel an. Die Internat. P.-Ges. in Salzburg erforscht Leben und Werk von P.

Ausgabe: Werke, hg. v. W.-E. Peuckert, 5 Bde., 21982. – Literatur: W. Pagel, Das medizin. Weltbild des P., 1962; F. Geerk, P. Arzt unserer Zeit, 1992; H. Dopsch (Hg.), P., 1993; ders., P. und Salzburg, 1994; H. Hiller (Hg.), P.-Lexikon, 1996; P. Letter, P. Leben und Werk, 2000.

Paradis, Maria Theresia, * 15. 5. 1759 Wien, † 1. 2. 1824 ebd., Komponistin, Pianistin, Sängerin. Als Kind erblindet, Musikunterricht u. a. durch A. → Salieri (ermöglicht durch ihre Taufpatin Maria Theresia). Zahlr. Konzerte in Wien und große Tournee 1783–86 (Paris, London). Gründete 1808 ein Inst. für musikal. Erziehung in Wien. Zu ihrem Freundeskreis zählten L. → Mozart und W. A. → Mozart, A. Salieri und F. A. → Mesmer. J. Riedinger entwarf für sie die erste Notenschrift für Blinde.

Werke: 3 Opern bzw. Singspiele, 3 Kantaten, Lieder, Klavierwerke. – Literatur: ÖBL.

Pargfrieder (auch Pargfrider), Josef Gottfried Ritter von, * 1782 Schloßhof (Gem. Engelhartstetten, NÖ.), † 30. 1. 1863 Kleinwetzdorf (Gem. Heldenberg, NÖ.), Lieferant für die kaiserl. Armee (Lebensmittel, Stoffe). Unterstützte die Armee in den Feldzügen von 1848 und 1849; erwarb 1833 Kleinwetzdorf, wo er im Schlosspark den Heldenberg anlegen ließ.

Werk: Der Heldenberg im Park zu Wetzdorf, 1858.

Parhamer, Ignaz, * 15. 6. 1715 Schwanenstadt (OÖ.), † 1. 4. 1786 Wien, Pädagoge, Jesuit. Förderte den Schulbesuch bei der Stadtbevölkerung und v. a. die relig. Unterweisung, verfasste Katechismen und baute die Christenlehrbruderschaft aus. Leitete ab 1759 in militär. Stil das Wr. Waisenhaus, das Vorbild für ähnl. Einrichtungen in der ö. Monarchie wurde.

Werk: Hist. Catechismus, 3 Bde., 1752–56.

Paris Lodron, → Lodron, Paris Graf.

Parkus, Heinz, * 31. 1. 1909 Wien, † 18. 3. 1982 ebd., Techniker. Begann seine wiss. Laufbahn 1945 als Assistent für das Gebiet Festigkeitslehre an der Techn. Hochschule in Wien, an der er sich 1948 habilitierte; 1952–55 Prof. an der Michigan State University (USA) und ab 1955 Prof. für Mechanik an der Techn. Hochschule in Wien (Fakultät für Maschinenbau und Elektrotechnik). Erwarb trotz schwieriger Zeitumstände hohe Verdienste um Forschung und Lehre.

Werke: Instationäre Wärmespannungen, 1959; Mechanik der festen Körper, 1960; Thermoelasticity, 1968; Random Processes in Mechanical Sciences, 1969; Magneto-Thermoelasticity, 1972.

Parsch, Pius, * 18. 5. 1884 Neustift b. Olmütz (Olomouc, CZ), * 11. 3. 1954 Klosterneuburg (NÖ.), Augustiner-Chorherr, Wegbereiter der volksliturg. Bewegung. Sein Anliegen war die liturg. Erneuerung in der Einheit von Bibel und Liturgie. Lehrte Pastoraltheologie an der Philosophisch.-Theolog. Hochschule in Klosterneuburg. Ab 1921 Liturgierunden; 1922 wurde die erste „Gemeinschaftsmesse" (später sog. Betsingmesse) in der Kirche St. Gertrud in Klosterneuburg mit P. gefeiert. 1926 gründete er die Ztschr. „Bibel und Liturgie" und 1928 „Lebe mit der Kirche" (bis 1952), 1928 einen Verlag und die Augustinusdruckerei sowie 1950 das Klosterneuburger Bibelapostolat, aus dem das Ö. Kath. Bibelwerk hervorgegangen ist.

Werke: Klosterneuburger Liturgie-Kalender, 3 Bde., 1923ff. (Hg.); Opfere mit der Kirche, 3 Bde., 1930 (Messbuch); Aus dem Gebetbuch der Kirche, 5 Bde., 1931–33; Die liturg. Predigt, 10 Bde., 1948–55. – Literatur: N. Höslinger u. T. Maas-Ewerd (Hg.), Mit sanfter Zähigkeit. P. P. und die biblisch-liturgische Erneuerung, 1979.

Paracelsus. Stich von A. Hirschvogel, 1538.

Partl, Alois, * 13. 1. 1929 Afing b. Kematen (Ti.), Agrarpolitiker (ÖVP). 1966–70 Kammeramtsdir. der Landw.-Kammer Ti., 1970–87 Agrar-Landesrat, 1987–93 Landeshauptmann von Ti.

Partsch, Paul Maria, * 11. 6. 1791 Wien, † 3. 10. 1856 ebd., Geologe und Mineraloge. Einer der Begründer der wiss. Geologie in Ö. 1816 Volontär, 1824 Aufseher, 1835 Kustos und 1851 Vorstand des Wr. Hof-Mineralienkabinetts. Zahlr. Reisen in Europa und im Mittelmeergebiet.

Werke: Geognostische Karte des Beckens von Wien und der Gebirge, die dasselbe umgeben, 1843; Die Mineraliensammlung im Hofmineralienkabinett, 1843; Die Meteoriten oder vom Himmel gefallene Steine und Eismassen, 1843. – Literatur: ÖBL.

Paryla, Karl, * 12. 8. 1905 Wien, † 14. 7. 1996 ebd., Schauspieler, Regisseur; Vater der Schauspieler Nikolaus P. (* 19. 11. 1939 Zürich) und Stephan P.-Raky (* 7. 7. 1948 Wien). Debüt am Raimundtheater, 1926 Engagement am Dt. Volkstheater in Wien, 1927–33 an dt. Bühnen, 1933–38 am Theater in der Josefstadt in Wien. 1938 Emigration in die Schweiz (1938–45 Schauspieler und Regisseur am Zürcher Schauspielhaus); nach seiner Rückkehr mit W. Heinz Leitung des „Neuen Theaters in der Scala" (1948–56). Ging als überzeugter Kommunist nach O-Berlin (1956–61 Dt. Theater), gastierte aber als Schauspieler und Regisseur auch an west-dt. und ö. Bühnen. In den 80er Jahren Inszenierungen des Dario-Fo-Straßentheaters in Wien; Film- und Fernsehtätigkeit. Nestroy-Ring 1954 und 1990 und andere Auszeichnungen.

Literatur: E. Deutsch-Schreiner, K. P., 1992.

Paschinger, Herbert, * 27. 9. 1911 Neumarkt (Stmk.), † 12. 9. 1992 Graz (Stmk.), Geograph; Sohn von Viktor → Paschinger. 1948 Dozent in Innsbruck, 1958–81 Univ.-Prof. in Graz; Arbeiten zur Geo- und Glazialmorphologie, Gletscherkunde, Siedlungs- und Wirtschaftsgeographie.

Werke: Entwicklung und Wesen der Hauptstädte der ö. Bundesländer, 1954; Steiermark, Steir. Randgebirge, Grazer Bergland, Steir. Riedelland, 1974; Kä., eine geograph. Landeskunde, 2 Bde., 1976/79.

Paschinger, Viktor, * 27. 11. 1882 Murau (Stmk.), † 21. 1. 1963 Klagenfurt (Kä.), Geograph, Gletscherforscher und Alpinist; Vater von Herbert → Paschinger. Mittelschullehrer in Graz, Marburg und Klagenfurt; Kä. Landesreferent für Naturschutz.

Werke: Landeskunde von Kä. und O-Ti., 1937 (^{2}1948); Pasterzenstudien, 1949; Geograph. Atlas von Kä., 1955; Natur und Geschichte, 1956. – Literatur: W. Leitner, in: Mttlg. d. Geograph. Ges. 123, 1981.

Julius Patzak als Palestrina in der gleichnamigen Oper von H. Pfitzner. Foto.

Paschke, Fritz, * 2. 3. 1929 Gösting (Gem. Graz, Stmk.), Elektrotechniker. Studierte Elektrotechnik an den Techn. Hochschulen in Graz und Wien; 1956–61 in den USA, 1961–66 bei der Siemens AG in München, 1965–97 Prof. f. Allgem. Elektrotechnik an der Techn. Univ. Wien, 1972–75 auch Rektor. E.-Schrödinger-Preis der Ö. Akad. d. Wiss. 1988.

Passy, Anton, * 31. 3. 1788 Wien, † 11. 3. 1847 ebd., Geistlicher, Kirchenhistoriker, Verfasser geistl. Lyrik, Erzähler, Publizist. Einer der beliebtesten Wr. Prediger seiner Zeit. Stand den Romanikern nahe. Sein Bruder Georg P. redigierte die Ztschr. „Ölzweige", die 1819–23 einen Mittelpunkt des Wr. Glaubenslebens bildete. Als Vertreter eines restaurativen Katholizismus verfasste P. Andachts- und Gebetbücher, erbauliche und kirchenhist. Werke sowie die Lieder-Smlg. „Orgeltöne" (1830).

Weitere Werke: Des Jünglings Glaube, Hoffnung und Liebe. Gedicht in 3 Büchern. Mit einem einleitenden Gedichte von F. Schlegel, 1821; Zeitspiegel, 1835 (Novelle). – Literatur: H. Seidler, Ö. Vormärz und Goethezeit, 1982.

Pasterk, Ursula, * 23. 6. 1944 Oberschlierbach (OÖ.), Kulturpolitikerin (SPÖ). Nach Studium der Philosophie zunächst freie Mitarbeiterin beim ORF und ab 1970 Journalistin; ab 1979 Beraterin H. → Zilks im Kulturamt der Stadt Wien, ab 1984 Intendantin, 1987–91 Präs. der Wr. Festwochen, 1987–96 Wr. Kulturstadträtin. Initiierte das Festival „wien modern" (seit 1988) und die Kunsthalle Wien, erweiterte den Wr. Musiksommer.

Wolfgang Pauli. Foto.

Pastor, Ludwig, Frh. von Camperfelden, * 31. 1. 1854 Aachen (D), † 30. 9. 1928 Innsbruck (Ti.), kath. Historiker, Diplomat. 1881 Privatdozent, ab 1886 Univ.-Prof. in Innsbruck, 1901 Dir. des Ö. Hist. Inst. in Rom, 1921 ö. Gesandter beim Vatikan.

Werke: Geschichte der Päpste seit dem Ausgang des MA, 22 Bde., 1886–1933 (Neuauflage 16 Bde., 1955–1961); Tagebücher, Briefe, Erinnerungen, hg. v. W. Wühr, 1950. – Literatur: Biograph.-bibliograph. Kirchenlexikon; ÖBL.

Pataki, Heidi, * 2. 11. 1940 Wien, Essayistin, Journalistin, Lyrikerin, Übersetzerin. Redakteurin verschiedener Zeitschriften und Zeitungen. Ihre Gedichte setzen sich kritisch mit Sprachklischees auseinander. Seit 1991 Präsidentin der Grazer Autorenversammlung.

Werke: Lyrik: Schlagzeilen, 1968; stille post, 1978; Frühlings Wachen und andere Gedichte, 1981; Kurze Pause, 1993; Guter ruf/die hl. familie, 1994; Amok und Koma, 1999. – Essays: Fluchtmodelle, 1972. – Literatur: R. Urbach, H. P., in: Literatur und Kritik, 1968.

Pataky, Kálmán (Koloman von), * 14. 11. 1896 Alsó Neudra (H), † 3. 3. 1964 Los Angeles (USA), Sänger (Tenor). 1926–38 an der Wr. Staatsoper, 1936 bei den Sbg. Festspielen, sang auch in Mailand, Paris und Budapest; ab 1940 in S-Amerika; v. a. als Mozart-Interpret berühmt.

Paterno, August, * 31. 7. 1935 Dornbirn, Priester. 1966 Priesterweihe, betreute ab 1969 verschiedene Programme im Hörfunk und ab 1972 auch im Fernsehen (u. a. „Fragen des Christen", „Christ in der Zeit", „Einfach zum Nachdenken"); Autor populärer Bücher, Zeitungskolumnist.

Werke: Aus Tag und Traum, 1994; Die Fastenspeisen der Pfarrersköchinnen, 1994; Einfach zum Nachdenken, 1995; Himmlische Genüsse, 1999.

Patzak, Julius, * 9. 4. 1898 Wien, † 26. 1. 1974 Rottach-Egern (D), Kammersänger (lyrischer Tenor). Opern-, Konzert- und Oratoriensänger. 1928–45 an der Münchner Oper, ab 1946 Mitgl. der Wr. Staatsoper; trat bei den Sbg. Festspielen und in London auf; auch als Wienerlied-Interpret bekannt.

Patzak, Peter, * 2. 1. 1945 Wien, Filmregisseur. Studierte Kunstgeschichte, Psychologie und Malerei in Wien; schuf Arbeiten für das Fernsehen (Fernsehspiele, Serie „Kottan ermittelt", 1976–83) und Filme in Ö. und Deutschland. Seit 1992 Prof. an der Hochschule bzw. Univ. für Musik und darst. Kunst in Wien.

Weitere Werke: Regie: Zerschossene Träume, 1976; Kassbach, 1978; Das Einhorn, 1978; Den Tüchtigen gehört die Welt, 1981; Wahnfried, 1986; Gavre Princip – Himmel unter Steinen, 1989; 1945, 1994; Shanghai 1937, 1995.

Paul, Bernhard, * 20. 5. 1947 Lilienfeld (NÖ.), Zirkusunternehmer, Artist und Clown. Graphikstudium in Wien, Art-Direktor der Ztschr. „profil", gründete 1975 den „Circus Roncalli", für den er mit A. → Heller ein neues poetisches Konzept entwickelte. 1980 Durchbruch mit „Die Reise zum Regenbogen" (bis 1990 10 Mio. Besucher). Besitzer der größten Circus- und Varieté-Smlg. in Europa.

Werke: Circus, 1976; Hereinspaziert in den Circus Roncalli, 1981; Circus Roncalli, 1984; Roncalli in Moskau, 1987; Roncalli und seine Artisten, 1991.

Pauli, Hertha, * 4. 9. 1906 *(sic!)* Wien, † 9. 2. 1973 New York (USA), Schriftstellerin und Schauspielerin; Schwester von Wolfgang → Pauli. Spielte unter M. → Reinhardt in Berlin; wirkte 1933–38 in Wien als Herausgeberin im Rahmen der „Ö. Korrespondenz" und veröffentlichte biograph. Romane („Toni. Ein Frauenleben für F. Raimund", 1936; „Nur eine Frau. B. v. Suttner", 1937); emigrierte 1938 in die USA, wo sie v. a. als Jugendbuchautorin bekannt wurde.

Literatur: G. Stern, H. P., in: ders., Literatur im Exil, 1989; J. M. Spalek u. J. Strelka, Dt.-sprach. Exilliteratur, Bd. 2, 1989.

Pauli, Wolfgang, * 25. 4. 1900 Wien, † 15. 12. 1958 Zürich (CH), Physiker, Nobelpreisträger für Physik 1945 für die Entdeckung des nach ihm benannten Prinzips der Quantentheorie; Bruder von Hertha → Pauli. Seine Dissertation (1921) führte zu der Erkenntnis, dass die zu diesem Zeitpunkt gültige Form der Quantentheorie nicht korrekt war. In Zusammenarbeit mit W. Heisenberg, M. Born und N. Bohr wurde die Matrizenmechanik entwickelt, die P. 1926 bei der Berechnung des Wasserstoffspektrums anwendete. 1924 entdeckte er das Ausschließungsprinzip (P.-Prinzip), wofür er 1945 den Nobelpreis für Physik erhielt. 1926–28 Prof. in Hamburg, dann in Zürich, 1940–46 in den USA, 1946 Rückkehr in die Schweiz. 1931 löste er das Problem des Betazerfalls durch die theoret. Vorhersage des Neutrinos, dessen Existenz erst 1956 experimentell bestätigt wurde. Ab 1953 führte P. mit W. Heisenberg eine viel beachtete Diskussion über dessen einheitl. Theorie der Materie („Weltformel").

Werke: Die allg. Prinzipien der Wellenmechanik, 1990 (Neuausgabe); Wiss. Briefwechsel mit Bohr, Einstein, Heisenberg u. a., 1979; Das Gewissen der Physik, hg. von C. P. Enz u. H. v.

Meyern, 1988. – Literatur: K. V. Laurikainen, The Message of the Atoms. Essays on W. P. and the Unspeakable, 1997; E. P. Fischer, An den Grenzen des Denkens. W. P. – ein Nobelpreisträger über die Nachtseiten der Wiss., 2000; NÖB.

Paulin, Karl, * 6. 2. 1888 Brixen (S-Ti.), † 7. 8. 1960 Innsbruck (Ti.), Literaturhistoriker, Ethnologe. Redakteur und Verlagsleiter in Innsbruck.

Werke: Am Berg Isel, 1927; 50 der schönsten Sagen aus N-Ti., 1933; Die schönsten Sagen aus S-Ti., 1933; Das Leben A. Hofers, 1935; K. Schönherr und seine Dichtungen, 1950; Ti. Köpfe, 1953; H. v. Schollern und seine Zeit, 1960.

Paulitschke, Philipp, * 24. 9. 1854 Cermakowitz (Čermákovice, CZ), † 11. 12. 1899 Wien, Geograph, Völkerkundler. Doz. an der Univ. Wien. Bereiste fast ganz Europa, Ägypten und den Sudan, durchforschte 1884/85 mit D. Kammel v. Hardegger NO-Afrika, wo er das Naturwunder von Alêjo-Díble entdeckte und es „Franz-Josefs-Schlucht" nannte.

Werke: Die geograph. Erforschung des afrikan. Kontinents, 1876; Die Sudanländer, 1884; Die geograph. Erforschung der Adalländer und Harrars in O-Afrika, 1888; Ethnographie NO-Afrikas, 2 Bde., 1893/96. – Literatur: ÖBL.

Paulsen, Max (Pseud.: Peter Petersen), * 18. 11. 1876 Hamburg (D), † 11. 3. 1956 Wien, Schauspieler und Regisseur; Ehemann von H. → Bleibtreu. 1898–1923 und 1947–56 am Burgtheater, 1922/23 dessen Dir.; Prof. an der Wr. Akad. für Musik und darst. Kunst. In den 30er Jahren zahlr. Filme.

Literatur: M. Weichselbaum, M. P., Diss., Wien 1962.

Paulus, Wolfram, * 12. 8. 1957 Großarl (Sbg.), Regisseur. 1977–82 Studium an der Hochschule f. Film und Fernsehen in München. Sein erster Kinofilm „Heidenlöcher" (über einen Wehrmachtsdeserteur im 2. Weltkrieg) war 1986 ö. Beitrag auf der Berlinale; 1994 lief „Du bringst mich noch um" in der Reihe Eventi Speciali bei den Filmfestspielen in Venedig. Seither v. a. Arbeiten für das Fernsehen.

Weitere Filme: Nachsaison, 1988; Fahrt in die Hauptstadt, 1991 (TV); Ein Rucksack voller Lügen, 1995; Rennlauf, 1997 (TV); Der Schatz, der vom Himmel fiel, 1999.

Paumgartner, Bernhard, * 14. 11. 1887 Wien, † 27. 7. 1971 Salzburg, Musikforscher (bes. über W. A. → Mozart), Dirigent, Komponist und Textdichter; Sohn der Kammersängerin Rosa → Papier-Paumgartner, in 1. Ehe Schwiegersohn von P. → Rosegger. 1917–38 und 1945–59 Dir. des Sbg. Mozarteums; war an der Gründung der Sbg. Festspiele beteiligt, leitete ab 1922 das Mozarteum-Orchester, gründete 1952 die Camerata Academica; 1949 Prof. an der Musik-Akad. in Wien. Begründer und Leiter der Internat. Sommerkurse am Mozarteum; 1960–71 Präs. des Direktoriums der Salzburger Festspiele; Ö. Ehrenzeichen f. Wiss. u. Kunst 1962.

Werke: Opern, Singspiele, Ballette, Bühnenmusiken, Lieder, Orchesterwerke, Mozart-Bearbeitungen, Übersetzungen von Libretti. – Schriften: Mozart, 1927 (erweiterte Ausgabe 1967); Salzburg, 1935; Leopold Mozarts Briefe an seine Tochter, 1936 (Hg. mit O. E. Deutsch); F. Schubert, 1943; J. S. Bach, 1950; Das instrumentale Ensemble, 1966; Erinnerungen, 1969.

Bernhard Paumgartner. Foto, 1956.

Pauser, Sergius, * 28. 12. 1896 Wien, † 16. 3. 1970 Klosterneuburg (NÖ.), Maler. Studierte 1919–24 an der Münchner Akad. und 1925/26 in Wien, 1927 Mitgl. der Wr. Secession; zunächst Anschluss an den ö. Expressionismus, danach Vertreter der Neuen Sachlichkeit, von der er sich später wieder distanzierte. Auslandsaufenthalte und Reisen 1934–38. 1942 lehnte er eine Berufung an die Kunstakad. von Karlsruhe ab, 1943–44 und wieder 1945–67 leitete er als Prof. die Meisterschule für Bildnismalerei an der Wr. Akad. d. bild. Künste. Bevorzugter Porträtist ö. Persönlichkeiten (u. a. T. Körner, K. Renner) und Lehrer zahlr. bedeutender Künstler. Großer Ö. Staatspreis 1965.

Werke: Stillleben, Porträts, Landschaftsmalerei (häufig Wr. Prater). – Literatur: R. Feuchtmüller, S. P., Wien 1977; W. Koschatzky u. E. Mitsch, S. P., Ausst.-Kat., Albertina, Wien 1980; S. P. Retrospektive, Ausst.-Kat., Baden b. Wien 1986; K. Schröder, Neue Sachlichkeit, Ö. 1918–38, Ausst.-Kat., Kunstforum, Wien 1995; S. P., 1896–1970, Ölgemälde, Ausst.-Kat., Ö. Galerie, Wien 1996.

Pausinger, Franz Xaver von, * 10. 2. 1839 Frankenburg (OÖ.), † 7. 4. 1915 ebd., Tier- und Landschaftsmaler, Illustrator. Begleitete 1881 als Zeichner den Kronprinzen → Rudolf auf einer Orientreise und war dann als Tiermaler und Illustrator in Wien, München und Salzburg tätig.

Literatur: ÖBL.

Pawlicki, Norbert, * 4. 3. 1923 Wien, † 15. 7. 1990 Wien, Pianist und Komponist. Musikal. Betreuer zahlr. Sendungen des ORF (u. a. von H. Conrads, „Am-dam-des", „Turnier auf der Schallaburg"). Komponierte Musik zu Hör- und Fernsehspielen, Kabarettmusik, Wienerlieder und Tanzmusik. Zahlr. Auszeichnungen.

Pawlikowski, Ferdinand Stanislaus, * 28. 4. 1877 Wien, † 31. 7. 1956 Graz (Stmk.), geistl. Würdenträger. 1924 Militärvikar, 1927–53 Bischof von Graz-Seckau.

Literatur: M. Liebmann, Dr. F. S. P., in: K. Amon (Hg.), Die Bischöfe von Graz-Seckau 1218–1968, 1969.

Julius von Payer. Foto.

Payer, Julius von, * 2. 9. 1841 Schönau bei Teplitz (Teplice, CZ), † 29. 8. 1915 Veldes (Bled, SLO), Polar- und Alpenforscher, Kartograph. Prof. der Militärakad., leitete 1871 mit K. → Weyprecht eine Vorexpedition in die Arktis und 1872–74 die ö.-ungar. Nordpolexpedition; 30. 8. 1873 Entdeckung des Franz-Joseph-Lands, das er am 1. 11. 1873 erstmals betrat. P. nahm auch an der 2. dt. Nordpolarexpedition (1869/70) teil und gab den dabei von ihm entdeckten Landschaften ö. Namen (in NO-Grönland: Tyrolerfjord, Franz-Josef-Fjord). P. galt mit über 30 Erstbesteigungen v. a. in der Glockner- und Ortlergruppe auch als hervorragender Alpinist. Nach einem Parisaufenthalt 1884–90 eröffnete er in Wien eine Malschule und schuf Bleistiftskizzen, dokumentar. Bilder und Karten von seinen Expeditionen.

Werke: Die Ortleralpen, 4 Tle., 1867–72; Das Innere Grönlands, 1871; Die ö.-ungar. Nordpolexpedition in den Jahren 1872–74, 1876; Bergfahrten, hg. v. W. Lehner, 1920. – Literatur: ÖBL.

Payer von Thurn, Rudolf, * 27. 9. 1867 Großbetschkerek (Zrenjanin, YU), † 18. 6. 1932 Wien, Literaturhistoriker und Bibliothekar. Befasste sich v. a. mit dem Werk Goethes, begründete den Wr. Goethe-Verein, dessen Chronik er ab 1894 redigierte. 1919–23 letzter Dir. der „Habsb.-lothring. Familien-Fideikommiß-Bibl." in Wien.

Werke: Wr. Haupt- und Staatsaktionen, 2 Bde., 1908/10 (Hg.); Grillparzers Ahnen, 1915; Faust im Bilde, 1919; Dr. Faust, 1919; Joseph II. als Theaterdir., 1920; Der Orden vom Goldenen Vlies, 1926; Goethe, ein Bilderbuch, 1931. – Literatur: K. Adel, R. P. v. T. und seine Faust-Novelle, in: Chronik des Wr. Goethe-Vereins, 1969; ÖBL.

Payr, Erwin, * 17. 2. 1871 Innsbruck (Ti.), † 6. 4. 1946 Leipzig (D), Gelenkchirurg, nach dem die „p.sche Krankheit" benannt ist. Univ.-Doz. in Graz, ab 1907 Univ.-Prof. in Greifswald, Königsberg und Leipzig.

Werke: Lehrbuch der speziellen Chirurgie, 2 Bde., 1918/27 (mit J. v. Hochenegg); Die Klinik der bösartigen Geschwülste, 3 Bde., 1924–27 (mit E. Zwerfel); Am Wege. Erinnerungen und Betrachtungen eines Chirurgen, hg. v. J. Krebs, 1994. – Literatur: ÖBL.

Pázdirek, Johann Peter Gotthard, * 19. 1. 1839 Drahowitz (Dražice, CZ), † 17. 5. 1919 Bad Vöslau (NÖ.), Komponist und Dirigent. Gab mit seinem Bruder Franz P. das „Universal-Hb. der Musik-Literatur" heraus (34 Bde., 1904–10).

Pázmány, Peter, * 4. 10. 1570 Großwardein (Oradea, RO), † 19. 3. 1637 Pressburg (Bratislava, SK), Jesuit, theolog. Schriftsteller. Studierte in Krakau, Wien und Rom und lehrte (bis 1616) an der Univ. Graz; 1617 Erzbischof von Gran, 1629 Kardinal. Errichtete 1623 das Pazmaneum in Wien (Priesterseminar für ungar. Studenten) und das Seminar in Tyrnau, das zur später nach Budapest verlegten Univ. ausgebaut wurde. Seine Bedeutung zeigt sich im Titel „2. Apostel Ungarns".

Literatur: Biograph.-bibliograph. Kirchenlexikon.

Dagobert Peche. Foto, um 1920.

Peche, Dagobert, * 3. 4. 1887 St. Michael im Lungau (Sbg.), † 16. 4. 1923 Mödling (NÖ.), Architekt, Graphiker und Kunstgewerbler. Architekturstudium an der Techn. Hochschule in Wien u. a. bei Max v. Ferstel und K. König sowie an der Akad. der bild. Künste in Wien bei F. → Ohmann. Gründungsmitgl. des Ö. Werkbunds, ab 1915 Mitarbeiter der Wr. Werkstätte, 1917 Leiter der Filiale der Wr. Werkstätte in Zürich, 1919 Rückkehr nach Wien; zahlr. Ausstellungsbeteiligungen. Beeinflusste mit seinen Arbeiten alle Sparten des ö. Kunsthandwerks.

Literatur: N. Schaffer u. M. Martischnig, D. P., 1987; D. P. – 1887–1923, Ausst.-Kat., Hochschule f. angew. Kunst in Wien, 1987; C. Reiter, D. P. und die Wr. Werkstätten, Dipl.-Arb., Innsbruck 1988; P. Noever (Hg.), Die Überwindung der Utilität. D. P. und die Wr. Werkstätte, 1998; ÖBL.

Pecher, Martina, * 25. 2. 1957 Wien, Managerin und Politikerin (ÖVP). Studierte Betriebswirtschaftslehre in Wien; seit 1989 im Familienbetrieb Inzersdorfer Nahrungsmittelwerke Ges. m. b. H. tätig, seit 1994 Geschäftsführerin für die Bereiche Marketing und Produktion sowie seit 1998 Geschäftsführerin der Inzersdorfer-Pannonia-Vertrieb GmbH. 1996 Veuve Cliquot Business Woman of the Year. Seit 1999 Abg. z. NR.

Peichl, Gustav, * 18. 3. 1928 Wien, Architekt und Karikaturist unter dem Pseudonym „Ironimus" für die „Süddt. Zeitung" (seit 1964), „Die Presse" und den ORF. Studierte an der Akad. d. bild. Künste in Wien bei C. → Holzmeister; 1952–54 Mitarbeiter bei R. → Rainer; seit 1956 in Wien selbstständig; Gründung der Ztschr. „Bau" (mit H. → Hollein, W. → Pichler und O. → Oberhuber); 1973–96 Leiter der Meisterschule für Architektur an der Akad. der bild. Künste in Wien. Wurde v. a. durch den Bau der ORF-Landesstudios in ganz Ö. (1968–81) bekannt; er vereint in seinen unverkennbaren Werken techn. Ästhetik, klass. Proportionen, Witz und Sinnlichkeit. Großer Ö. Staatspreis 1971, Reynolds Memorial Award (USA) 1975 und zahlr. weitere Preise.

Weitere Werke: Wien: Schule in der Krim, 1961–64; Konvent der Dominikanerinnen, 1963–65; Rehabilitationszentrum, 1965–67; Landvillen und Schule Wienerberggründe, 1985–89; Kunstforum der Bank Austria, 1988–89 (Neugestaltung); Probebühnen Burgtheater, 1990–93; Millenniumstower, 1997–99. – Erdefunkstelle Aflenz (Stmk.), 1976–84 (mit H. Woisetschläger); Bundeskunsthalle, Bonn, 1986–92; Erweiterung Städel-Kunstinst. und Städelschule, Frankfurt a. Main, 1987–91; EVN-Forum, Maria-Enzersdorf (NÖ.), 1990–93. – Literatur: Karikaturen von Ironimus, 1983; G. P. A Viennese Architect, Ausst.-Kat., Hist. Mus. d. Stadt Wien, 1993; J. Kunz, Ironimus. 50 Jahre Ö., 1994; W. Zschokke, G. P., 1996; Ironimus. Karikaturen aus 5 Jahrzehnten, 1998.

Peithner von Lichtenfels, Eduard, * 18. 11. 1833 Wien, † 22. 1. 1913 Berlin (D), Landschaftsmaler. 1872–1902 Prof. für Landschaftsmalerei an der Wr. Akad., nach Pensionierung in Nürnberg und Berlin tätig. Im Frühwerk überwiegt pathetisch gesteigerte, detailreiche Landschaftsdarstellung, später mehr intimer, stimmungsvoller Naturausschnitt.

Literatur: ÖBL.

Pekny, Romuald, * 1. 7. 1920 Wien, Kammerschauspieler. Debüt am Schönbrunner Schlosstheater, danach Engagements in Linz, Basel, Köln und München, ab 1963 am Burgtheater tätig; v. a. klassische Rollen (u. a. Ks. Rudolf II. in Grillparzers „Ein Bruderzwist in Habsburg", für den er 1981 den Grillparzer-Ring erhielt), aber auch moderne Dramen (Werner in Sartres „Die Eingeschlossenen", Salieri in Shaffers „Amadeus", für den er 1981 die Kainz-Medaille bekam); ab den 60er Jahren bei den Sbg. Festspielen; Film- und Fernsehtätigkeit (Abraham-a-Sancta-Clara-Predigten).

Pelinka, Anton, * 14. 10. 1941 Wien, Politikwissenschaftler. Studierte Jus, besuchte 1965/66 Vorlesungen am Inst. für Höhere Studien in Wien (ausländ. Gastprof. aus der Politikwiss.), 1966/67 als Journalist bei der „Furche". 1972 Dozent an der Univ. Salzburg, 1973 Prof. an der Univ. Essen, seit 1975 an der Univ. Innsbruck.

Werke: Stand oder Klasse? Die Christl. Arbeiterbewegung Ö. 1933–38, 1972; Dynamische Demokratie, 1974; Politik und moderne Demokratie, 1976; Bürgerinitiativen – gefährlich oder notwendig?, 1978; Modellfall Ö.? Möglichkeiten und Grenzen der Sozialpartnerschaft, 1981; Parlamentarismus in Ö., 1984 (mit R. Nick); Windstille, 1985; Zur ö. Identität, 1990; Der Westen hat gesiegt – hat der Westen gesiegt?, 1993; Die Kleine Koalition. SPÖ–FPÖ 1983–1986, 1993; Jaruzelski oder Die Politik des kleineren Übels, 1996; The De-Austrification of Austria, 1998; Soz. Dialog in Europa, 1999; Ö. Politik, 2000 (mit S. Rosenberger); Grundzüge der Politikwiss., 2000.

Pelinka, Peter, * 17. 11. 1951 Wien, Journalist. 1980–90 Redakteur und 1991 Chefredakteur der „Arbeiterzeitung". Seit 1991 Mitgl. der Chefredaktion von „News" und Kolumnist des Wr. Stadtblatts „Falter".

Werke: Erbe und Neubeginn, Die Revolutionären Sozialisten in Ö., 1934–38, 1981; 100 Jahre AZ, 1989 (mit M. Scheuch); Ö.

neu, 1994 (mit A. Thurnher); Das Ende der Seligkeit: Wohin steuert unsere Republik?, 1995.

Pembaur, Josef, * 23. 5. 1848 Innsbruck (Ti.), † 19. 2. 1923 ebd., Komponist, Kapellmeister, Musikpädagoge. 1875–1918 Leiter des Musikvereins und der Musikschule in Innsbruck.
Literatur: ÖBL.

Pemmer, Hans, * 22. 7. 1886 Wien, † 5. 5. 1972 ebd., Lehrer und Heimatforscher. Bis 1938 Dir. einer Wr. Hauptschule, 1949–60 Vorsitzender der Arbeitsgemeinschaft der Wr. Heimatmuseen. Gründete 1933 das „Pratermuseum“, das er später der Stadt Wien schenkte (1964 im Planetarium eröffnet). P. erhielt den St. Marxer Friedhof für die Nachwelt.
Werke: Der Wr. Zentralfriedhof, 1924; Der Wr. Prater einst und jetzt, 1935 (mit N. Lackner).

Penck, Albrecht, * 25. 9. 1858 Reudnitz b. Leipzig (D), † 7. 3. 1945 Prag (CZ), Geograph, Geomorphologe; Vater von Walther → Penck. 1885–1906 Univ.-Prof. in Wien, 1906–27 in Berlin, wo er auch das Inst. und Mus. für Meereskunde leitete (bis 1918). Widmete sich bes. der Geomorphologie und Klimatologie und erhob die „Wr. Schule“ der physischen Geographie zu internat. Bedeutung.
Werke: Morphologie der Erdoberfläche, 2 Bde., 1894; Die Alpen im Eiszeitalter, 3 Bde., 1909 (mit E. Brückner).

Penck, Walther, * 30. 8. 1888 Wien, † 29. 9. 1923 Stuttgart (D), Geologe; Sohn von Albrecht → Penck. 1912–14 in Argentinien, Prof. in Konstantinopel (1915) und Leipzig (1919); widmete sich der Geomorphologie.
Werke: Die morpholog. Analyse, 1924; Durch Sandwüsten auf Sechstausender, 1933; Punta de Atacama, 1933.

Pendl, Gerhard, * 10. 7. 1934 Linz (OÖ.), Neurochirurg. Ausbildung als Drogist, Medizinstudium und kurze Tätigkeit am Allg. Krankenhaus in Linz; Assistent unter H. Kraus an der Neurochirurg. Univ.-Klinik in Wien. Aufbau einer neurochirurg. Kinderklinik in Kiel. Seit 1990 Vorstand der Neurochirurg. Univ.-Klinik in Graz. Bes. Erfolge bei radiochirurg. Eingriffen mit dem sog. „Gamma Knife“.

Penninger, Ernst, * 9. 10. 1919 Salzburg, Archäologe. Zunächst Beamter der Stadtgem. Hallein (Betriebsleiter der Salzbergbahn), 1970 Dir. des Keltenmuseums in Hallein und 1975–84 Landesarchäologe von Sbg. Aufgrund seiner Verdienste und Veröffentlichungen 1974 Ehrendoktor der Univ. Salzburg.
Werke: Hallein, 1970 (mit G. Stadler); Der Dürrnberg bei Hallein, 3 Bde., 1972–78 (mit F. Moosleitner u. a.).

Penz, Franz de Paula, * 1. 4. 1707 Navis (Ti.), † 12. 3. 1772 Telfes (Ti.), Kirchenarchitekt und geistl. Baudirektor. Prägte entscheidend die spätbarocke Kirchenbaukunst Ti.; sein Hauptwerk ist die Stiftskirche Wilten (1751–65) in Innsbruck.
Werke: Kirchen in Fulpmes, Gossensaß (1750), Anras, Gschnitz, Neustift, Schmirn, Telfes (1754/55). – Literatur: K. Bayer, F. d. P. P., 1991.

Pepöck, August, * 10. 5. 1887 Gmunden (OÖ.), † 5. 9. 1967 ebd., Komponist, Kapellmeister. V. a. durch seine Operetten bekannt.
Werke: Operetten: Mädel ade, 1930; Trompeterliebe, 1933; Hofball in Schönbrunn, 1937; Reiter der Kaiserin, 1941; Kleine Liebelei, 1943; Frühling in Wien, 1947; Faschingsnacht, 1948. – Bühnen- und Filmmusiken, Chorwerke, Kirchenmusik.

Perco, Rudolf (Rudolfo Francesco), * 14. 7. 1884 Görz (Gorizia, I), † 31. 1. 1942 Wien, Jurist und Architekt. 1908–10 Studium an der Staatsgewerbeschule bei O. → Wagner. Arbeitete freiberufl. in Wien, Leiter der Perco Bauges.; 1910 Staatsreisestipendium nach Luxemburg für den Entwurf eines Chateau d'Eau (Therme).
Werke: Wien: „Fürstenhof“, Praterstraße 25, 1913; Wohnbau Wienerbergerstraße, 1925–27 (mit C. F. Discher, P. Gütl, R. Fraß u. K. Dorfmeister); Großwohnhausanlage Friedrich-Engels-Platz, 1930–33. – Schulbauten. – Literatur: M. Pozzetto, Die Schule O. Wagners 1894–1912, 1980.

Pereira, Freiherren von Arnstein, Bankiersfamilie. Bed. Mitgl. der Familie: Alexander → Pereira, Heinrich Frh. v. → Pereira und Ludwig Frh. v. → Pereira-Arnstein.

Pereira, Alexander, * 11. 10. 1947 Wien, Kulturmanager. War bereits neben seinem Gesangsstudium in kaufmänn. Berufen tätig, wirkte 1979–83 in führender Position für die Frankfurter Bach-Konzerte. 1984–91 Gen.-Sekr. des Wr. Konzerthauses, veranstaltete alle 2 Jahre das „Internat. Musikfest der Wr. Festwochen“. Seit 1991 Operndirektor in Zürich, seit 1996 auch Festspieldir. in Zürich.

Pereira, Heinrich Frh. von, * 22. 7. 1773, † 23. 9. 1835 Baden (NÖ.), Bankier; Adoptivsohn von Nathan Adam v. Arnstein und Fanny v. → Arnstein, deren Tochter er 1802 heiratete, Vater von Ludwig v. → Pereira-Arnstein. Besaß in Wien 1, Bräunerstraße 9, ein Bankhaus und war am Aufbau des ö. Eisenbahnnetzes beteiligt. Seine Ehefrau Henriette v. Arnstein (1780–1859) führte die von ihrer Mutter eingeführte Tradition des literarisch-musikal. Salons in der Biedermeierzeit weiter.

Pereira-Arnstein, Ludwig Frh. von, * 21. 8. 1803 Amsterdam (NL), † 8. 9. 1858 Altenberg (Gem. St. Andrä-Wördern, NÖ.), Bankier; Sohn von Heinrich v. → Pereira und Fanny v. → Arnstein. Führte mit B. v. → Eskeles ab 1843 das Bankhaus A. und Eskeles. Ließ 1842 durch L. Förster in der Weihburggasse in Wien ein klassizist. Palais errichten.

Perinet, Joachim, * 20. 10. 1763 Wien, † 4. 2. 1816 ebd., Schauspieler, Theaterdichter. Schloss sich 1781 einer Schriftstellergruppe an, die durch Gratisvorstellungen den Geschmack des Vorstadtpublikums zu bilden versuchte. 1782–85 Schauspieler an einer Dilettantenbühne in Neustift, 1785–97 und 1803–06 bzw. 1808 am Theater in der Leopoldstadt; 1798–1803 am Theater auf der Wieden. Als Theaterdichter und Bearbeiter der Possen von P. → Hafner einer der Begründer des Wr. Volksstücks. Seine Werke beherrschten ab 1790 den Spielplan der Wr. Bühnen. 1808/09 Hg. der „Briefe der Tulbinger Resel an ihren Herrn Vetter, den jungen Eipeldauer …“; Polemiker und Satiriker.
Werke: Kaspar der Fagottist oder Die Zauberzither, 1791; Das neue Sonntagskind, 1794; Die Schwestern von Prag, 1794 (nach P. Hafner); Der Feldtrompeter, 1808. – Literatur: G. Gugitz, J. P., in: Jb. d. Grillparzer-Ges. 14, 1904; R. Urbach, Die Wr. Komödie und ihr Publikum, 1973; ÖBL.

Perkonig, Josef Friedrich, * 3. 8. 1890 Ferlach (Kä.), † 8. 2. 1959 Klagenfurt (Kä.), Erzähler, Dramatiker, Autor von Hör- u. Fernsehspielen, Filmproduzent. Lehrer an der Lehrerbildungsanstalt in Klagenfurt. Schildert in seinen Romanen v. a. Menschen und Landschaften des ö.-slowen. Grenzgebiets. Ö. Staatspreis 1935.
Werke: Romane: Die stillen Königreiche, 1917; Bergsegen, 1928 (Auf dem Berge leben, 1935); Mensch wie du und ich, 1932; Nikolaus Tschinderle, Räuberhauptmann, 1936; Patrioten, 1950; Ev und Christopher, 1952. – Autobiographie: Im Morgenlicht, 1948. – Novellen, Essays, Übersetzungen aus dem Slowenischen. – Ausgabe: Ausgewählte Werke, 8 Bde., 1965–68.

Josef Friedrich Perkonig. Foto.

Permoser, Balthasar, * 13. 8. 1651 Kammer b. Traunstein (D), † 18. 2. 1732 Dresden (D), Bildhauer, Hauptmeister des Barock. Lehrzeit in Salzburg und Wien, lebte 1675–89 in Italien, dann Dresdner Hofbildhauer; auch für andere Auftraggeber tätig. Seine Werke (Apotheose des Prinzen Eugen, 1718–1721, im Ö. Barockmuseum, Wien) vereinigen italien. (G. L. Bernini), ö.

und dt. Barock. Seine Hauptwerke befinden sich in Dresden und Leipzig; für den Dresdener Hof schuf er den Figurenschmuck des Zwingers, Grabmäler von zwei Kurfürstinnen und zwei Apotheosen von Kurfürst Friedrich August I. (als August II. Kg. von Polen); Kleinplastiken aus Elfenbein im Grünen Gewölbe (Dresden).

Literatur: S. Asche, B. P., Leben und Werk, 1978.

Pernegger (Bernecker), Bildhauerfamilie aus Sbg. Bed. Mitgl. der Familie waren u. a. Andreas → Pernegger, Hans → Pernegger d. J., Jakob → Pernegger, Johann Franz → Pernegger und Michael → Pernegger.

Pernegger (Bernecker), Andreas, * 1590, † 1665, Bildhauer; Vater von Michael → Pernegger und Hans → Pernegger d. J. Soll Schloss Petersbrunn in Salzburg erbaut haben.

Pernegger (Bernecker), Hans d. J., * 1603, † 1664, Bildhauer; Sohn von Andreas → Pernegger, Bruder von Michael → Pernegger, Vater von Johann Franz → Pernegger. Arbeitete in Salzburg, Mondsee, Altötting, für die Stifte Schlägl, Reichersberg, Melk und das Schottenkloster in Wien sowie in Bayern.

Pernegger (Bernecker), Jakob, Bildhauer. Im 1573 entstandenen Arkadengang der Schallaburg dokumentiert.

Pernegger (Bernecker), Johann Franz, * 1634, † 1720, Bildhauer; Sohn von Hans → Pernegger d. J. Arbeitete in NÖ., der Stmk. und in Mähren. Seine Hauptwerke sind das Lavabo in der Stiftskirche Melk und die Marmorausstattung der Kirche Klosterbruck (Louka) in Znaim.

Pernegger (Bernecker), Michael, † 1615, Bildhauer. Schuf Grabdenkmäler und Marmorwappen in Salzburg.

Max Ferdinand Perutz. Foto.

Engelbert Pernerstorfer. Foto.

Pernerstorfer, Engelbert, * 27. 4. 1850 Wien, † 6. 1. 1918 ebd., Politiker und Journalist, urspr. Lehrer. Gehörte zuerst dem dt.-nat. Kreis um G. Ritter v. → Schönerer an, auf seine Anregung entstand 1880 der Dt. Schulverein; ab 1881 Mit- und ab 1883 alleiniger Hg. und Redakteur der Zeitung „Dt. Worte"; 1882 Mitverfasser des dt.-nat. Linzer Programms, 1885–97 und 1901–18 Reichsratsabgeordneter. Ab 1896 Mitgl. der Soz.-dem. Partei, neben seinem Jugendfreund V. → Adler einer ihrer Führer; vertrat in der ö. Arbeiterbewegung die dt.-nat. Richtung; 1907 1. soz.-dem. Vizepräs. des Abgeordnetenhauses.

Literatur: A. Modl, Die polit. Entwicklung E. P., Diss., Wien 1947; ÖBL.

Pernes, Thomas, * 25. 12. 1956 Wien, Komponist. Schüler von A. → Uhl, F. → Cerha und R. → Haubenstock-Ramati; Studienaufenthalt am IRCAM in Paris 1989. Komponiert unter Einbeziehung elektron. Medien. Zahlr. Auftragswerke (z. B. „Alpenglühn", 1984 für die Wr. Staatsoper und für das Linzer Bruckner-Fest).

Werke: Streichquartette, Lieder, Violinkonzert, Performances, Hörspielmusik.

Pernhart, Marcus, * 6. 7. 1824 Obermieger (Gem. Ebenthal i. Kä.), † 30. 3. 1871 St. Ruprecht b. Klagenfurt (Kä.), Landschafts-, Genre-, Tier- und Stilllebenmaler. Studierte an der Münchner Akad., schuf etwa 1200 Ölgemälde und war v. a. für seine Landschaften aus den ö. Alpenregionen (Großglockner, Dobratsch, Saualpe, Magdalensberg u. a.) bekannt.

Literatur: A. Rohsmann, M. P. – Die Aneignung der Landschaft und Geschichte, 1992; ÖBL.

Pernhaupt, Günther, * 28. 9. 1936 Wien, † 3. 11. 1999 ebd., Psychotherapeut. Begründer (1986) und bis 1996 ärztl. Leiter des Vereins „Grüner Kreis" zur Rehabilitation von Alkohol-, Medikamenten- und Drogenabhängigen.

Werke: Die gesunde Ohrfeige macht krank, 1980 (mit H. Czermak); Phänomen Drogensucht, 1982; Gewalt am Kind, 1983 (Hg); Gewalt in der Familie, 1993.

Pernter, Hans, * 3. 10. 1887 Wien, † 25. 7. 1951 Bad Ischl (OÖ.), Ministerialbeamter, Politiker (VF). 1932–38 und 1945 Leiter der Kunstsektion im Unterrichtsministerium, 1934–36 Staatssekr., 1936–38 BMin. f. Unterricht, 1938–41 im KZ, dann in der ö. Widerstandsbewegung, 1945–49 Abg. z. NR, geschäftsführender Parteiobmann der ÖVP und Vorsitzender des Verbands geistig Schaffender.

Perutz, Leo (Leopold), * 2. 11. 1882 Prag (CZ), † 25. 8. 1957 Bad Ischl (OÖ.), Romancier, Erzähler, Dramatiker und Mathematiker. Lebte bis 1938 in Wien, emigrierte nach Palästina. Bekannt wurde P. mit seinem Roman „Zwischen neun und neun" (1918). Es folgten eine Reihe von hist. Romanen sowie Zeitromanen, die ihn zu einem der erfolgreichsten Autoren der Zwischenkriegszeit werden ließen. Im Exil entstand „Nachts unter der steinernen Brücke" (1953), das selbstständige Novellen zu einer Romanhandlung verknüpft. Nach dem 2. Weltkrieg lebte P. wieder zeitweise in Ö.

Weitere Werke: Romane: Die dritte Kugel, 1915; Der Marques de Bolibar, 1920; Die Geburt des Antichrist, 1921; Der Meister des jüngsten Tages, 1923; Turlupin, 1924; Wohin rollst du, Äpfelchen ..., 1928; St. Petri-Schnee, 1933; Der schwedische Reiter, 1936; Der Judas des Leonardo, 1959. – Dramen. – Ausgabe: Neudruck der Originalausgaben, hg. v. H.-H. Müller, 1992ff. – Literatur: H.-H. Müller u. W. Schernus, L. P. – eine Bibliographie, 1991; H.-H. Müller, L. P., 1992.

Perutz, Max Ferdinand, * 19. 5. 1914 Wien, Chemiker, Nobelpreisträger. In Ö. ausgebildet, ab 1936 in Cambridge (GB), 1941 in Kanada interniert, ab 1946 Forschungsstipendium der Imperial Chemical Industries (ICI), 1947–79 Univ.-Prof. in Cambridge. Ihm gelang es in den Jahren 1953–60, zusammen mit dem Chemiker Sir J. C. Kendrew, die räuml. Struktur einer langen Reihe von Protein-Molekülen (bes. des Hämoglobins) mit Hilfe von gebrochenen Röntgenstrahlen zu bestimmen. 1962 Nobelpreis für Chemie. Ehrendoktorate mehrerer Univ., u. a. Salzburg und Wien; Ö. Ehrenzeichen f. Wiss. u. Kunst 1967.

Werke: Is Science Necessary?, 1989; Mechanisms of Cooperativity and Allosteric Regulation in Proteins, 1990; Protein Structure, 1992; I Wish I'd Made You Angry Earlier, 1999 (Ich hätte Sie schon früher ärgern sollen. Aufsätze über Wiss., Wissenschaftler und die Menschheit, 1999).

Peter, Friedrich, * 13. 7. 1921 Attnang-Puchheim (OÖ.), Lehrer und Politiker (FPÖ). 1955–71 FPÖ-Landesparteiobmann von OÖ., 1958–78 Bundesparteiobmann der FPÖ. 1955–66 Abg. z. oö. Landtag, 1966–86 Abg. z. NR, 1970–86 Klubobmann. 1992 Parteiaustritt wegen des neuen FPÖ-Kurses.

Peter, Helmut, * 21. 4. 1948 St. Wolfgang i. Salzkammergut (OÖ.), Hotelier und Tourismuspolitiker (FPÖ, LIF). Seit 1979 Wirt des Hotels „Weisses Rössl" in St. Wolfgang; seit 1993 Präs. der Ö. Hoteliervereinigung. Abg. z. NR 1990–93 (FPÖ) und 1994–99 (LIF).

Petersen, Peter, → Paulsen, Max.

Petritsch, Ernst Felix, * 21. 5. 1878 Triest (I), † 18. 12. 1951 Wien, Physiker. Studierte an der Techn. Hochschule in Wien, 1911–14 in der Staatstelegraphenverwaltung tätig, ab 1918 bei der holländ. Telegraphenverwaltung, 1928–51 Prof. für Telegraphie und Fernmeldetechnik an der Techn. Hochschule in Wien (1938–45 in den Ruhestand versetzt). 1929 schuf er an dieser das Schwachstrom-Inst. und machte es zu einer führenden Forschungsstätte des drahtlosen Nachrichtenverkehrs.

Petritsch, Wolfgang, * 26. 8. 1947 Klagenfurt (Kä.), Beamter und Diplomat. Studierte 1967–72 Geschichte,

Germanistik, Politologie und Jus an der Univ. Wien; ab 1975 im Bundespressedienst tätig, 1977–83 Sekr. von Bundeskanzler B. → Kreisky; 1984–92 Leiter des ö. Presse- und Informationsdienstes in den USA und Presserat an der ö. Vertretung bei der UNO in New York; 1992–94 Gesandter im Außenmin. in Wien; 1994 Leiter der Abt. „Europa-Information" im Bundeskanzleramt; 1995–97 Leiter des Bereichs „Internat. Beziehungen" in der Magistratsdirektion der Stadt Wien; 1997–99 ö. Botschafter in Belgrad (YU) und seit 1999 Hoher Repräsentant der EU für Bosnien-Herzegowina.

Werke: Kosovo Kosova, 1999 (Mit-Hg.); B. Kreisky, 2000.

Petrovic, Madeleine, * 25. 6. 1956 Wien, Beamtin und Politikerin (Grüne). 1984 Beamtin im BM f. Soziales, seit 1990 Abg. z. NR, 1992–99 Klubobfrau, seit 1999 stellv. Klubobfrau; 1994–96 Bundessprecherin der Grünen.

Petrus, Hl., Fest 29. Juni (mit Paulus), Apostelfürst. Sein Festtag war ein alter Lostag. In OÖ. und Kä. werden abends Petersfeuer entzündet und Strohpuppen (Peterl, Tattermann) verbrannt; auch Scheibenschlagen ist ein verbreiteter Brauch. In der Gegend von Steyr bestand der Brauch des „Taganläutens", bei dem sich Männer unter einen Birnbaum, Frauen unter einen Apfelbaum stellten.

Pettenkofen (Pettenkofer), August von, * 10. 5. 1822 Wien, † 21. 3. 1889 ebd., Landschaftsmaler und Illustrator. Schüler von L. → Kupelwieser an der Wr. Akad. und von F. → Eybl. Anfangs Porträt- und Genremaler, nahm er 1849 als Kriegsmaler am Ungarnfeldzug teil, hielt sich danach regelmäßig in Szolnok auf und beschäftigte sich mit Landschaftsmalerei. 1852 Parisreise, Kontakt zur Schule von Barbizon, entwickelte sich zum einflussreichen Pleinair-Maler; zw. 1870 und 1880 fast jährl. Reisen nach Venedig. Beeinflusste die ö. Landschaftsmalerei nachhaltig, Begründer der Szolnoker Malerschule.

Literatur: A. Weixlgärtner, A. P., 2 Bde., 1916; C. Strasser, A. v. P. (1822–1889). Die Szolnoker Bilder, Diss., Salzburg 1983; ÖBL.

Petter, Franz Xaver, * 23. 10. 1791 Wien, † 11. 5. 1866 ebd., Maler. Studierte an der Wr. Akad. bei J. B. Drechsler und S. Wegmayr, ab 1832 Akad.-Prof. in Wien, beliebter Blumen-, Früchte- und Stilllebenmaler des Wr. Adels und Bürgertums.

Literatur: Ein Blumenstrauß für Waldmüller – Stilleben Ferdinand Georg Waldmüllers und seiner Zeit, Ausst.-Kat., Ö. Galerie, Wien 1993; ÖBL.

Petters, Heinz, * 9. 7. 1932 Graz (Stmk.), Kammerschauspieler. Nach Ballett- und Gesangsunterricht zunächst Operettenbuffo in Graz, dann am Wr. Raimundtheater; seit 1964 Ensemblemitgl. des Wr. Volkstheaters, verkörperte viele Rollen in Stücken von J. → Nestroy und trug wesentl. zum Nestroy-Stil des Hauses bei. Fernsehtätigkeit (u. a. Serie „Der Sonne entgegen"). Zahlr. Auszeichnungen.

Petyrek, Felix, * 14. 5. 1892 Brünn (Brno, CZ), † 1. 12. 1951 Wien, Pianist, Komponist und Lehrer. Unterrichtete in Salzburg, Wien, Berlin, Athen, Stuttgart und Leipzig. 1949–51 Prof. an der Wr. Musik-Akad.; 1950 Ö. Staatspreis.

Werke: Opern, Bühnenmusikwerke, Chorwerke, Kammermusik, Klavierwerke.

Petznek, Elisabeth (Erzherzogin Elisabeth Marie), * 2. 9. 1883 Laxenburg (NÖ.), † 16. 3. 1963 Wien, Tochter des Kronprinzen → Rudolf. Heiratete 1902 O. W. Fürst Windisch-Graetz (* 7. 10. 1873, † 25. 12. 1952 Lugano). Nach unglückl. Verlauf der Ehe folgte 1924 die Trennung von Tisch und Bett und 1948 die Scheidung. P. schloss sich im Oktober 1925 den Soz.-Dem. an („rote Erzherzogin"), wurde Lebensgefährtin des Lehrers und soz.-dem. Politikers Leopold P. (* 30. 6. 1881 Bruck a. d. Leitha, † 27. 7. 1956 Wien, 1945–47 Präs. des Rechnungshofs), den sie am 4. 5. 1948 heiratete.

Literatur: F. Weissensteiner, Die rote Erzherzogin, [7]1990.

Alfons Petzold. Foto.

Petzold, Alfons (auch De Profundis), * 24. 9. 1882 Wien, † 25. 1. 1923 Kitzbühel (Ti.), Lyriker, Erzähler, Arbeiterdichter. Verlor früh seinen Vater, wuchs in ärmsten Verhältnissen auf und arbeitete schon als Kind in verschiedensten einfachen Berufen. Fand psych. Halt im Lesen und begann für Volkssänger und Theatervereine Couplets und dramat. Arbeiten zu schreiben. Von den Soz.-Dem. entdeckt, setzte J. L. → Stern die Herausgabe des Aufsehen erregenden Gedichtbands „Trotz alledem" (1910) durch, der P. als „Dichter des Proletariats" etablierte. 1917 übersiedelte der lungenkranke P. nach Kitzbühel, wo er sein erfolgreichstes Buch, den autobiograph. Roman „Das rauhe Leben" (1920), fertigstellte.

Ausgaben: Gesammelte Werke, 7 Bde., 1948ff.; Ein Bruder so wie du. Das A.-P.-Buch, hg. v. K. Ziak, 1957. – Literatur: E. Glaser, A. P. Ein Beitrag zum Problem der Arbeiterdichtung, Diss., Wien 1935; E. Kirschner, Die Tagebücher A. P. 1904–22, Diss., Innsbruck 1984.

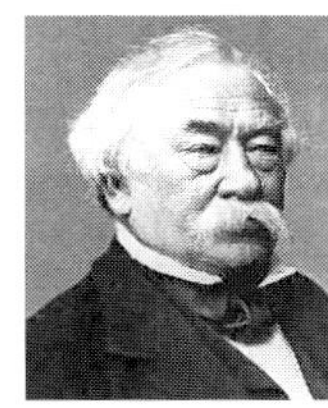
Josef Petzval. Foto.

Petzval, Josef, * 6. 1. 1807 Szepesbéla (Spišska Belá, SK), † 17. 9. 1891 Wien, Mathematiker und Ingenieur, Pionier der Fotografie. Ab 1837 Prof. für Mathematik und Mechanik an der Univ. Wien; berechnete v. a. Linsensysteme opt. Apparate, darunter 1840 mit P. W. F. v. → Voigtländer das erste Porträtobjektiv, weiters ein lichtstarkes Landschaftsobjektiv („Orthoskop") und fotograf. Linsen mit 40-facher Lichtstärke („P.-Linsen"), mit denen die ersten Momentaufnahmen gemacht wurden. P. lieferte Berechnungen für leistungsfähige Feldstecher und konstruierte neue Scheinwerfer. Guter Sportler (bester Fechter Wiens, Ringer). Lebte als Sonderling und streitbarer Zeitgenosse mit einem Pferd auf dem Kahlenberg (Streit mit Voigtländer und C. → Doppler über Probleme der Akustik).

Literatur: ÖBL.

Peuerbach, Georg von, → Georg von Peuerbach.

Peuerl (Bäurl), Paul, getauft 13. 6. 1570 Stuttgart (D; ?), † nach 1625, Komponist, Organist, Orgelbauer. 1602–09 Organist in Horn, dann in Steyr, wo er auch als Orgelbauer wirkte (Orgeln u. a. in Steyr, Enns, Horn, Wilhering).

Werke: Newe Padouan, Intrada, Däntz unnd Galliarda, 1611; Weltspiegel, 1613; Ettliche lustige Padovanen ..., 1620; Gantz Neue Padouanen, 1625. – 40 Tänze, 2 Canzonen.

Peuntner, Thomas, * um 1390 Guntramsdorf b. Wien, † 20. 3. 1439 Wien, Theologe. Ausbildung in Wien, ab 1436 im Kollegiatskapitel zu St. Stephan (späteres Domkapitel). Viele volkssprachige Werke zeigen sein Bemühen um Seelsorge und breite Vermittlung theolog. Lehren.

Literatur: Verf.-Lex.

Pevny, Wilhelm, * 15. 6. 1944 Wallersdorf (D), Dramatiker, Erzähler und Drehbuchautor. Verfasser experimenteller Theaterstücke, wie „Flipper" (1968), „Oedip Entsinnung" (1969) und „Maß für Maß" (1969); 1973 Hausautor des Westfäl. Landestheaters in Castrop-Rauxel. Schrieb zusammen mit P. → Turrini das Drehbuch zur gesellschaftskrit. Fernsehserie „Alpensaga" (6 Teile, 1976–80; Regie: D. → Berner). 1999 erschien sein Roman „Trance".

Literatur: I. Seibert u. S. Dreissinger, Die Schwierigen, 1986.

Peymann, Claus, * 7. 6. 1937 Bremen (D), Regisseur und Theaterdir. Gründete 1971 die Schaubühne am Halleschen Ufer (Berlin), leitete 1974–79 das Württemberg. Staatstheater in Stuttgart und 1980–86 das Bochumer Schauspielhaus. Als Dir. des Wr. Burgtheaters 1986–99 veranlasste P. tief greifende Veränderungen, die teilweise heftige Kontroversen hervorriefen. Trotz Kritik von verschiedenen Seiten wurde sein Vertrag 1989, 1992 und 1994 verlängert. P. trat als Regisseur von Stücken T. → Bernhards und zahlr. klass. Werke hervor. 1991 Kainz-Medaille. Seit 1999 ist P. Leiter des Berliner Ensembles.

Literatur: C. Habres, Journalist. Mythenbildung. Die Direktionszeit C. P. am Wr. Burgtheater, 1994; R. Koberg, C. P., 1999; H. Beil (Hg.), Weltkomödie Ö. 13 Jahre Burgtheater, 1986–1999, 2 Bde., 1999.

Pez, Bernhard, * 22. 2. 1683 Ybbs (NÖ.), † 27. 3. 1735 Melk (NÖ.), Benediktiner; Bruder von Hieronymus → Pez. Stiftsbibliothekar und Historiker im Stift Melk (ab 1700). Sammelte auf Reisen (mit seinem Bruder Hieronymus) in Benediktinerbibl. Handschriften und rettete in mehreren Fällen deren Überlieferung.

Werke: Hg.: Thesaurus anecdotorum novissimus, 6 Bde., 1721–29; Bibliotheca ascetica antiquo-nova, 12. Bde., 1723–40. – Literatur: M. Kropff, Bibliotheca Mellicensis, 1747 (Werkverz.); J. u. M. Niederkorn-Bruck, Hochbarocke Geschichtsschreibung in Melk, in: 900 Jahre Benediktiner in Melk, Ausst.-Kat., Melk 1989.

Ida Pfeiffer. Fotogravüre, 1856.

Pez, Hieronymus, * 24. 2. 1685 Ybbs (NÖ.), † 14. 10. 1762 Melk (NÖ.), ab 1703 Benediktiner in Melk; Bruder von Bernhard → Pez. Zuerst Lehrer am Gymnasium. 1735–39 Bibliothekar, 1753 Mitgl. der „Societas literaria Germano Benedictina" und 1761 der Bayer. Akad. d. Wiss. Auf Studienreisen mit seinem Bruder Bernhard sammelte er ö. Geschichtsquellen.

Werke: Acta sancti Colomanni, 1713 (Hg.); Scriptores rerum Austriacarum, 3 Bde., 1721–45 (Hg.); Historia sancti Leopoldi Austriae Marchionis ..., 1747. – Literatur: J. u. M. Niederkorn-Bruck, Hochbarocke Geschichtsschreibung in Melk, in: 900 Jahre Benediktiner in Melk, Ausst.-Kat., Melk 1989.

Pezzey, Bruno, * 3. 2. 1955 Lauterach (Vbg.), † 31. 12. 1994 Innsbruck (Ti.), Fußballspieler. 84-mal in der ö. Nationalmannschaft. Spielte 1978 in Argentinien und 1982 in Spanien für Ö. in der Weltmeisterschaftsendrunde. Zuletzt Trainer des ö. Unter-21-Teams.

Pezzl, Johann, * 30. 11. 1756 Mallersdorf (D), † 9. 6. 1823 Wien, Schriftsteller und Beamter. Ab 1776 in Ö., 1776–80 Jusstudium in Salzburg, ab 1784 in Wien, dazw. in Zürich; betreute die Bibl. von W. A. Fürst → Kaunitz, verkehrte in Kreisen der Wr. Aufklärer, befreundet mit A. → Blumauer. Ab 1785 Mitgl. der Freimaurerloge „Zum Palmbaum", ab 1791 Beamtenfunktionen (Geheim. Ziffernkabinett). Bedeutender Wr. Aufklärer, wurde v. a. mit journalist. und epischen Werken, mit seiner „Skizze von Wien" (6 Hefte, 1786–90) und ähnl. Schriften zu einem wichtigen Wr. Topographen und Sittenschilderer und trug zum Entstehen eines ö. Nationalbewusstseins bei. Durch polit. Anpassung verlor sein späteres Werk an Brisanz.

Hans Pfitzner, Foto, 1935.

Weitere Werke: Briefe aus dem Noviziat, 4 Bde., 1780–83; Faustin oder Das philosoph. Jh., 1783; Vertraute Briefe über Katholiken und Protestanten, 1787; Abdul Erzerum's neue persönl. Briefe, 1787; Denkmal auf M. Stoll, 1788; Ö. Biographien, 4 Tle., 1790–92; Ulrich von Unkenbach und seine Steckenpferde, 2 Bde., 1800/02. – Reise- und topograph. Schriften. – Literatur: W. M. Bauer, Fiktion und Polemik, 1978; L. Bodi, Tauwetter in Wien. Zur Prosa der ö. Aufklärung 1781–95, [2]1995.

Pfaff vom Kahlenberg, → Frankfurter, Philipp.

Pfalz, Anton, * 4. 12. 1885 Deutsch-Wagram (NÖ.), † 11. 11. 1958 Zipf (Gem. Neukirchen a. d. Vöckla, OÖ.), Mundartforscher, Dialektgeograph. Univ.-Prof. in Wien; langjähriger Leiter der Wr. Wörterbuchkanzlei.

Werke: Die Mundart des Marchfeldes, 1913; Reihenschritte im Vokalismus, 1918; Suffigierung der Personalpronomina im Donaubairischen, in: Beiträge zur Kunde der bayr.-ö. Mundart, 1919ff.; Grundsätzliches zur dt. Mundartforschung, 1925; Arbeiten z. bayr.-ö. Dialektgeographie, 1929ff. (Hg.); Das dt. Gesellschaftslied in Ö. von 1480 bis 1550, 1930 (Hg.).

Pfarl, Wolfgang, * 5. 12. 1944 St. Wolfgang i. Salzkammergut (OÖ.), Manager in der Papierind. 1968 Eintritt in die Leykam-Mürztaler Papier und Zellstoff AG, ab 1980 Geschäftsführer der Wiener Papier Großhandlung GmbH, ab 1989 Vorstandsvorsitzender der Leykam-Mürztaler Papier und Zellstoff AG, ab 1994 Vorstandsvorsitzender der KNP Leykam, seit 1998 Vorstandsvorsitzender von Sappi Fine Paper Europe (Brüssel, B, Sappi Holding AG) und Vorstandsmitgl. von Sappi Ltd. (Johannesburg, Südafrika).

Pfaundler von Hadermur, Meinhard, * 7. 6. 1872 Innsbruck (Ti.), † 20. 7. 1947 Piburg (Gem. Oetz, Ti.), Kinderarzt. Ab 1902 Vorstand der Grazer Kinderklinik (Nachfolger von T. v. → Escherich), 1906–39 Univ.-Prof. und Leiter der Kinderklinik in München. Beschäftigte sich bes. mit Fragen der Erbanlagen, Ernährung und Entwicklung. Die Fadenreaktion auf Kolibakterien trägt seinen Namen.

Werke: Zur Anatomie der Nebenniere, 1892; Über Kalkadsorption und Rachitistheorien, 1904; Physiologie des Neugeborenen, in: Hb. der Geburtshilfe, hg. v. A. Döderlein, 1915; Körpermaßstudien an Kindern, 1916; Hb. der Kinderheilkunde, 2 Bde., 1906 (Hg. mit A. Schlossmann). – Literatur: ÖBL.

Pfeiffer, Ida (geb. Reyer), * 14. 10. 1797 Wien, † 27. 10. 1858 ebd., erste Welt- und Forschungsreisende des Biedermeier, Reiseschriftstellerin. Begann mit 45 Jahren ein selbstständiges Reise- und Forscherleben: 1842 im Orient, 1846–48 in Brasilien, auf den Gesellschafts-Inseln und Tahiti, in Hongkong und Sri Lanka; unternahm 1851 ihre 2. Weltreise (S-Afrika–Java–San Francisco–Wien); ihre 3. Weltreise führte sie 1856 nach Madagaskar, wo sie lang gefangen war und sich mit einer tödl. Krankheit infizierte. P. brachte von ihren Reisen, die sie allein unternahm, umfangreiche ethnolog. und zoolog. Sammlungen für Wien und London mit.

Werke: Reise einer Wienerin in das Hl. Land, 2 Bde., 1833; Eine Frauenfahrt um die Welt, 3 Bde., 1850; Meine 2. Weltreise, 4 Bde., 1856; Reise nach Madagaskar, 2 Bde., 1861 (hg. von ihrem Sohn Oskar P.). – Literatur: E. Donner, Und nirgends eine Karawane. Die Weltreisen der I. P. (1797–1858), 1997; G. Habinger, Eine Wr. Biedermeierdame erobert die Welt. Die Lebensgeschichte der I. P. (1797–1858), 1997; ÖBL.

Pfeiffer, Maria, * 4. 3. 1942 Ried (OÖ.), Unternehmerin. Übernahm nach dem frühen Tod ihres Mannes (1977) die Geschäftsführung des Familienunternehmens (P. Großhandel GmbH, C&C-Märkte) mit Sitz in Traun (OÖ.) und baute dieses unter ihrer Geschäftsführung bis 1995 stark aus.

Pfitzner, Hans (Erich), * 5. 5. 1869 Moskau (RUS), † 22. 5. 1949 Salzburg, dt. Komponist der klassisch-romant. Tradition, Pianist, Dirigent. Lebte in Deutschland, fand 1943 in Wien, zuletzt in Salzburg seine Wahlheimat. Ehrengrab auf dem Wr. Zentralfriedhof.

Werke: 8 Bühnenwerke (Der arme Heinrich, 1895; Palestrina, 1917). – Vokalwerke (v. a. Lieder), Sonaten, Instrumentalwerke. – Literatur: J. P. Vogel, H. P. Leben, Werke, Dokumente, 1999.

Pflanzer-Baltin, Karl, * 1. 6. 1855 Pecs (H), † 8. 4. 1925 Wien, ö.-ungar. Heerführer im 1. Weltkrieg (Gen.-Oberst). Okt. 1914 bis Aug. 1915 Kommandant einer Armeegruppe in den Karpaten, bis Nov. 1916 Kommandant der 7. Armee, 12. 7. 1918 bis Sept. 1918 Kommandant des XIX. Korps, anschließend der Armeegruppe Albanien.

Literatur: M. Tuschel, Gen.-Oberst K. Frh. v. P.-B. Eine Biographie, Diss., Wien 1978; ÖBL.

Pflanzl, Otto, * 17. 8. 1865 Linz-Urfahr (OÖ.), † 22. 9. 1943 Salzburg, Autor humorist. Gedichte in Sbg. Mundart, Brauereiangestellter in Salzburg.

Werke: Auf da Ofenbänk, 1904; Auf da Hausbänk, 1904; Ön Lusthäusl, 1906; Sbg. Nockerl, 1911; A lustigs Eichtl, 1914; Sbg. Glöckerl, 1935. – Literatur: Das kleine O.-P.-Buch, 1965.

Pflaum, Barbara, * 13. 1. 1912 Wien, Fotografin. Absolvierte die Wr. Kunstgewerbeschule und 1948–52 die Meisterklasse für Graphik an der Akad. f. angew. Kunst in Wien. Beschäftigte sich ab 1950 mit Fotografie, arbeitete 1956–77 für „Die Presse" und die „Wochenpresse" und gestaltete daneben Wien-Bildbände.
Werke: Die Wienerin, 1965; Wien an der Wien, 1971 (mit L. Plokoll).

Pflegerl, Dietmar, * 6. 9. 1943 Klagenfurt (Kä.), Regisseur und Theaterintendant. Ausbildung an der Akad. f. Musik und darst. Kunst in Graz und Wien, 1970 Debüt in Basel, danach Regietätigkeit in der Schweiz, in Berlin, Hamburg und Wien. 1988–92 Regisseur am Theater in der Josefstadt in Wien, seit 1992 Intendant des Stadttheaters Klagenfurt.

Pfleumer, Fritz, * 20. 3. 1881 Salzburg, † 29. 8. 1945 Dresden (D), Ingenieur. Beschäftigte sich mit Papier- und Kunststofftechnik, sein 1928 patentierter „Lautschriftträger" stellte den Beginn der Magnetbandtechnologie dar. Im gleichen Jahr baute er das 1. Tonbandgerät der Welt. 1935 wurde sein Magnetophon mit Bändern auf der Großen Dt. Funkausstellung vorgestellt.

Pfliegler, Michael, * 26. 1. 1891 Guttenbrunn (NÖ.), † 11. 10. 1972 Wien, Theologe. Prof. für Moral- und Pastoraltheologie in Wien. Mit K. → Rudolf Gründer und geistiger Führer der kath. Jugendbewegung Neuland; bemühte sich um Annäherung von Kirche und Sozialismus.
Werke: Die Kirche und der Sozialismus, 1932; Der Religionsunterricht, 3 Bde., 1935; Der rechte Augenblick, 1938; Die relig. Situation, 1948; Religion und Erziehung, 1949; Priesterl. Existenz, 1952; Pastoraltheologie, 1962. – Literatur: M. Liebmann, P., in: A. Klose u. a. (Hg.). Kath. Soziallexikon, 1980.

Pfniß, Aladar, * 11. 12. 1919 Temesvár (Timisoara, RO), † 5. 8. 1992 Graz (Stmk.), 1957–81 Leiter des Arbeitsamts Graz. Als Volksbildner einer der führenden Theoretiker und Praktiker der Erwachsenenbildung nach 1945. Hg. mehrerer Sammelwerke und der Schriftenreihe „Neue Erwachsenenbildung", 1975ff.
Werke: Der 2. Bildungsweg in Ö., [2]1963; Zeitgemäße Erwachsenenbildung im Rahmen der Volkshochschule, 1970; Erwachsenenbildung heute und morgen, 1972.

Pfrimer, Walter, * 22. 12. 1881 Marburg (Maribor, SLO), † 30. 5. 1968 Judenburg (Stmk.), Rechtsanwalt und Politiker (Heimwehr, NS). Gründete 1918 den „Dt. Volksrat in der Ober-Stmk." und war 1918 Mitbegründer der bewaffneten Ortswehren. 1922 rief er mit H. B. → Rauter den „Selbstschutzverband Stmk." ins Leben, der am 15. 7. 1927 half, den Verkehrsstreik niederzuschlagen. P. wurde 1928 2. Bundesführer der Heimwehren (Vertreter der großdt. Richtung), hatte Konflikte mit E. R. → Starhemberg (ab Mai 1931 wieder dessen Stellv.) und unternahm am 12. 9. 1931 den Pfrimer-Putsch, um die Heimwehren an die Macht zu bringen. Nach gescheitertem Putsch floh er nach Marburg, im Dez. 1931 wurde er freigesprochen. P. stellte den Kontakt des steir. Heimatschutzes zur NSDAP her, trat dieser 1933 bei und wurde 1938 Abg. zum Großdt. Reichstag. 1945–47 war er inhaftiert, später wieder als Rechtsanwalt tätig.

Pfundmayr, Hedy, * 1. 12. 1899 Wien, † 5. 11. 1965 ebd., Tänzerin und Choreographin. 1904–45 an der Wr. Staatsoper (Solotänzerin, Ballettmeisterin und 1. Mimikerin); Filmtätigkeit.

Philipp I. (der Schöne), * 22. 6. 1478 Brügge (B), † 25. 9. 1506 Burgos (E), Kg. von Kastilien; Sohn von Ks. → Maximilian I. und dessen 1. Gattin → Maria von Burgund. Wuchs in den Niederlanden auf, heiratete 1496 Johanna von Kastilien und setzte durch seine Söhne → Karl V. und → Ferdinand I. das Geschlecht der Habsburger (mit 2 Linien) in die Neuzeit fort.
Literatur: H. Wiesflecker, Maximilian I. und die habsburgisch-spanischen Bündnisverträge von 1495/96, MIÖG 67, 1959.

Philipp, Gunther (eigentl. G. Placheta), * 8. 6. 1918 Marosheviz (RO), Arzt, Autor, Schauspieler. Kabarett-Tätigkeit (Revuetexte, später Filmdrehbücher). Seit 1950 einer der meistbeschäftigten Komiker am Boulevardtheater, häufiger Partner von P. → Alexander, TV- und v. a. Filmarbeit in Ö. und Deutschland.
Filme: Die Deutschmeister, 1955; Mikosch im Geheimdienst, 1959; Im Weißen Rößl, 1960; Die Abenteuer des Grafen Bobby, 1961; Mariandl, 1961; Unsere tollen Tanten, 1961; Schwejks Flegeljahre, 1964.

Philipp, Johann („Hannes"), * 27. 3. 1930 Wien, Offizier. Nach Absolvierung des Generalstabskurses zahlr. Auslandsverwendungen bei friedenserhaltenden Einsätzen der Vereinten Nationen; 1980–84 Kommandant der Militärakad., 1985–91 Armeekommandant. Trat nach Auflösung des Armeekommandos in den Ruhestand.

Philipp von Sponheim, * 1220, † 22. 7. 1279 Krems (NÖ.), Erzbischof von Salzburg, Letzter aus dem Geschlecht der → Sponheimer. Als Verwandter der Přemysliden (Cousin von Přemysl → Ottokar II.) wurde er 1237 Propst von Vyšehrad und Kanzler des Königreichs Böhmen. Ab 1247 Erzbischof von Salzburg und von Papst Innozenz IV. mit der Verwaltung des Erzstifts beauftragt. P. war militärisch begabt, wurde 1256 vom Papst suspendiert und 1263 aus Sbg. vertrieben; 1267 verzichtete er auf den Titel eines Erzbischofs und wollte nun von seinem Bruder → Ulrich III. das Herzogtum Kä. erben, das jedoch von Ottokar II. in Anspruch genommen wurde. P. v. S. schloss sich deshalb → Rudolf I. von Habsburg an, erhielt Kä. aber nicht, sondern starb als Pensionär des Habsburgers.
Literatur: H. Dopsch, Premysl Ottokar II. und das Erzstift Salzburg, Jb. f. Landeskunde von NÖ., 44/45, 1979.

Philippovich, Eugen, Frh. von Philippsberg, * 15. 3. 1858 Wien, † 4. 6. 1917 ebd., Wirtschaftsexperte und Politiker; Cousin von Joseph v. → Philippovich. 1893–1917 Univ.-Prof. in Wien, gehörte der von K. v. → Menger von Wolfensgrün gegr. „Ö. Schule" an; geistiger Führer der 1896 gegr. Sozialpolit. Partei.
Werke: Grundriß der polit. Ökonomie, 2 Bde., 1893/1907; Die Entwicklung der wirtschaftspolit. Ideen im 19. Jh., 1910. – Literatur: ÖBL.

Philippovich, Joseph, Frh. von Philippsberg, * 28. 4. 1819 Gospic (HR), † 6. 8. 1889 Prag (CZ), Offizier; Cousin von Eugen v. → Philippovich. 1860 in den Freiherrenstand erhoben, erhielt 1878 den Oberbefehl über die Truppen, die zur Okkupation Bosniens und der Herzegowina ausrückten.

Piatnik, Ferdinand, * 14. 10. 1819 Budapest (H), † 20. 7. 1885 Bad Vöslau (NÖ.), Kartenmaler, Unternehmer. Übernahm 1843 die Wr. Kartenmalerei A. Moser, aus der sich eines der bedeutendsten Spielkartenunternehmen der Welt entwickelte (F. P. & Söhne).

Piccaver, Alfred (eigentl. A. Peckover), * 24. 2. 1884 Long Sutton (GB), † 23. 9. 1958 Wien, Kammersänger (Tenor). Debüt 1907 in Prag, ab 1910 an der Wr. Hofoper, an der er 1912–37 als 1. Tenor wirkte. Verließ 1938 Ö. und lebte dann in London, kehrte 1955 zurück. Oft mit Caruso verglichen.

Piccolomini, Enea Silvio, * 18. 10. 1405 Corsignano (Pienza, I), † 14. 8. 1464 Ancona (I), Theologe, Dichter, Staatsmann, Historiker, Papst. 1432 Sekretär des Konzils von Basel. Kam um 1437 nach Wien, wurde 1442 von Kg. Friedrich IV. zum Dichter gekrönt und als

Eugen Philippovich Freiherr von Philippsberg. Foto, 1910.

Joseph Philippovich Freiherr von Philippsberg. Foto, um 1880.

Alfred Piccaver als Räuber Babinsky in „Schwanda der Dudelsackpfeiffer" von J. Weinberger. Foto, 1930.

Hedy Pfundmayr. Foto.

Enea Silvio Piccolomini. Stich.

Sekr. am Hof bestellt. 1445 wurde er Kleriker, erhielt die Pfarren Sarnthein (S-Ti.), Aspach (OÖ.), Irdning und Altenmarkt (Stmk.) als Pfründe, 1447 wurde er Bischof von Triest, 1449 von Siena. P. vermittelte 1448 das Wr. Konkordat. 1455 verließ er den Kaiserhof, wurde 1456 Kardinal und am 19. 8. 1458 als Pius II. Papst. Er starb während der Vorbereitung eines Kreuzzugs gegen die Türken. Mit ihm erlosch das Geschlecht der P. im Mannesstamm, der Name ging auf 2 Nebenlinien über.

In Ö. wurde er durch Reden, Briefe und Dichtungen zum Bahnbrecher des Humanismus, seine „Historia Austrialis", eine 1453–58 für Friedrich III. geschriebene Geschichte Ö., ist eine wichtige zeitgeschichtl. Quelle. Im April 1438 beschrieb er in einem Brief ausführl. und kritisch die Stadt Wien.

Werke: Opera quae extant omnia, 2 Bde., 1551/71; Geschichte Ks. Friedrichs III., 2 Bde., 1889/90; Briefwechsel, hg. v. R. Wolkan, 3 Bde., 1909–18; Briefe, übersetzt v. M. Mell, 1911; Briefe, Dichtungen, mit einem Nachwort von G. Bürck, 1966. – Literatur: H. Rupprich, Die Frühzeit des Humanismus und der Renaiss. in Deutschland, 1938; H. Diener, E. S. P. Weg von Basel nach Rom, Festschrift G. Tellenbach, 1968; Verf.-Lex.

Piccolomini, Ottavio (Octavio) Fürst, * 11. 11. 1599 Florenz (I), † 11. 8. 1656 Wien, Hzg. v. Amalfi, kaiserl. General im 30-jähr. Krieg. Vertrauter → Wallensteins, berichtete dem Kaiserhof über dessen geheime Pläne und war einer der Führer der Verschwörung gegen ihn; erhielt nach dessen Ermordung einen Teil seiner Güter als Lohn. Besiegte 1634 mit M. → Gallas die Schweden bei Nördlingen. Wurde 1648 Feldmarschall und 1650 Reichsfürst.

Literatur: G. Schormann, Der 30-jährige Krieg, 1985.

Piccottini, Gernot, * 29. 3. 1941 Villach (Kä.), Archäologe. Studierte in Wien, seit 1975 Leiter des Kä. Landesmuseums und der Grabungen am Magdalensberg und in Virunum. Univ.-Prof. für provinzialröm. Archäologie und archäolog. Feldforschung in Graz.

Werke: Führer durch die Ausgrabungen auf dem Magdalensberg, 1978 ([4]1990); Die Römer in Kä., 1989; Carinthia Romana und die röm. Welt, 2001 (Festschrift).

Pichelmayer, Karl, * 6. 8. 1868 Berndorf (Gem. Bruck a. d. Mur, Stmk.), † 23. 1. 1914 Mödling (NÖ.), Techniker. Studierte Maschinenbau an der Techn. Hochschule in Graz. Befasste sich als Assistent von A. v. → Ettingshausen mit Elektrotechnik und wurde ab 1891 bei Siemens & Halske zu einem führenden Elektromaschinenbauer; 1906 Prof. für Theorie und Konstruktion elektrotechn. Maschinen an der Techn. Hochschule in Wien. Seine Formel für Stromwendespannung in Stromwendermaschinen hat bis heute Gültigkeit. Auch die richtungsweisende Reform des Lehrbetriebs an der Techn. Hochschule ist ihm zu verdanken.

Literatur: ÖBL.

Pichl, Alois (auch Luigi), * 1782 Mailand (I), † 19. 5. 1856 Wien, Architekt. Bedeutender Vertreter der Romantik; schuf in einem meist kubischen, oft zu massiver Schwere neigenden Stil teils klassizist., teils ma.-altdt. inspirierte Bauten für Mitglieder des Hauses Habsburg und der Hocharistokratie v. a. in Oberitalien, Wien und Ungarn.

Werke: Wien: Umbau des Palais Modena (jetzt Innenministerium), 1814; Villa Arthaber-Wertheimstein, 1835; Gebäude der Ersten ö. Spar-Casse (Erste Bank), 1835; Ausbau des Nö. Landhauses, 1848. – Schlösser: Kistapolcány (Topol'cianky, SK), 1825; Nagygróc (Vel'ke Uhercé, SK). – Pfarrkirchen: Enying (H), 1841; Jolsva (Jelsava, SK), 1849. – Literatur: J. Sisa, A. P. (1782–1856) építész Magyarországon, 1989; ÖBL.

Pichler, Adolf, Ritter von Rautenkar, * 4. 9. 1819 Erl (Ti.), † 15. 11. 1900 Innsbruck (Ti.), Schriftsteller und Naturwissenschaftler. Beteiligte sich an der Revolution 1848, 1867–90 Univ.-Prof. für Mineralogie und Geologie in Innsbruck. Schrieb beachtenswerte realist. Erzählungen über seine Heimat und begründete die Ti. Volksschauspielforschung.

Ausgabe: Gesammelte Werke, 17 Bde., hg. v. S. M. Prem, 1904–08; Briefwechsel A. P. – A. Brantl (1876–1900), hg. v. J. Holzner u. G. Oberkofler, 1983. – Literatur: K. H. Huber, A. P. Weltanschauung, Diss., Wien 1960.

Pichler, Franz, * 18. 2. 1866 Weiz (Stmk.), † 18. 8. 1919 ebd., Elektrotechniker, Industrieller. Begann 1892 mit der Erzeugung elektr. Maschinen und gründete 1897 die Firma Weizer Elektrizitätswerk F. P. & Co., die ab 1922 unter dem Namen ELIN bekannt wurde.

Literatur: R. F. Hausmann, P.-Werke Weiz, 1992; ÖBL.

Pichler, Franz, * 23. 7. 1936 Thalgau (Sbg.), Informatiker. Studierte nach Ausbildung zum Fernmeldetechniker Mathematik und Physik in Innsbruck. Ab 1973 Univ.-Prof. für Systemtheorie am Inst. f. Statistik und Informatik der Univ. Linz. Gründete 1979 das Inst. f. Systemwissenschaften an der Univ. Linz, das er seit 1988 leitet (Abteilung f. Systemtheorie und Informationstechnik). Vizepräs. der Ö. Ges. f. Kybernetik. Befasst sich bes. mit Fragen der Systemtheorie und -technik, Optimierung von Automatenmodellen im Chip-Design sowie Modellierung und Simulation komplexer techn. Systeme.

Werk: Mathematische Systemtheorie, 1975.

Pichler, Fritz (Friedrich), * 7. 7. 1834 Klagenfurt (Kä.), † 11. 11. 1911 Graz (Stmk.), Historiker, Archäologe, Dichter. Haupt der Norischen Dichterschule, war am Grazer Joanneum tätig und lehrte als Univ.-Prof. Numismatik und Heraldik.

Werke: Repertorium der steir. Münzkunde, 2 Bde., 1865/67; Das hist. Museum im Joanneum, 1876 ([4]1886); Das Landeszeughaus in Graz, 2 Tle., 1880; Röm. Alpenstraßen in den Ostalpen, 1888. – Balladen und Erzählungen (u. a. in Carinthia I, 1856–67), Dramen.

Pichler, Günter, * 9. 9. 1940 Kitzbühel (Ti.), Geiger. 1958 Konzertmeister der Wr. Symphoniker, ab 1961 Mitgl. der Wr. Philharmoniker, seit 1963 Prof. an der Wr. Musikhochschule. Seit 1970 Primgeiger des Alban-Berg-Quartetts, mit dem er zahlr. Platten einspielte und Preise gewann (Dt. Schallplattenpreis, Grand Prix du Disque, Wr. Flötenuhr u. a.). Ehrenmitgl. der Wr. Konzerthausgesellschaft.

Pichler, Herbert, * 25. 9. 1921 Mies (Gem. Seekirchen a. Wallersee, Sbg.), Arzt mit Forschungsschwerpunkt Weltraummedizin. 1964–71 Fernseh-Weltraumkommentator beim ORF, v. a. der 1. Mondlandung 1969.

Werk: Die Mondlandung, 1969.

Karoline Pichler. Stich von Benedetti nach einem Gemälde von J. Kriehuber.

Pichler, Karoline (geb. von Greiner), * 7. 9. 1769 Wien, † 9. 7. 1843 ebd., Erzählerin, Dramatikerin, Lyrikerin, Essayistin, Kritikerin. Jahrzehntelang Mittelpunkt des wichtigsten literar. Salons in Wien, zu dessen Gästen u. a. F. → Grillparzer, J. Frh. v. → Hammer-Purgstall, F. Nicolai, N. → Lenau und F. Schlegel zählten. Ihrem Erstlingswerk „Gleichnisse" (1799) folgten eine Reihe hist. Romane, darunter ihr bekanntestes Werk, der Briefroman „Agathocles" (1808, 3 Bde.). Auch als Dramatikerin konnte sie Erfolge feiern. In ihren Essays trat sie nachdrücklich für eine ö. vaterländische Dichtung ein. Für die Kulturgeschichte ihrer Zeit aufschlussreich sind die „Denkwürdigkeiten aus meinem Leben" (4 Bde., 1844).

Weitere Werke: Romane: Olivier, 1802; Leonore, 2 Bde., 1804; Die Belagerung Wiens im Jahre 1683, 3 Bde., 1824; Friedrich der Streitbare, 4 Bde., 1831. – Erzählungen, 2 Bde., 1812. – Dramat. Dichtungen, 3 Bde., 1815–18. – Zeitbilder, 2 Bde., 1839/41. – Ausgabe: Sämtl. Werke, 60 Bde., 1828–44; Auswahl aus dem Werk, hg. v. K. Adel, 1970. – Literatur: L. Bodi, Tauwetter in Wien, [2]1995; B. Winklehner, K. P., Dipl.-Arb., Wien 1992; E. Krill, Der literar. Salon der K. P. (1769–1843) und der Wandel der Literatur in dessen Umkreis, Dipl.-Arb., Wien 1999; ÖBL.

Pichler, Walter, * 1. 10. 1936 Deutschnofen (S-Ti.), Bildhauer und Graphiker. Ausgangspunkt seiner Kunst waren architekton. Entwürfe für utop. Stadtmodelle, die er um 1960 mit H. → Hollein schuf; seit 1972 beschäftigt sich P. in St. Martin (Bgld.) mit dem Zusammenhang von Skulptur und umgebendem Raum. Archaische Formen und Materialien, wie Holz, Zinn, Blei und Bronze, sind für diese Arbeiten charakteristisch. Graphiken und Zeichnungen erläutern vielfach deren inhaltl. Spektrum. 1990 wurde sein „Tor zum Garten" im Mus. f. angew. Kunst in Wien errichtet. Großer Ö. Staatspreis 1985.

Literatur: W. P. Skulpturen. Ausst.-Kat., Wien 1990; W. P. Zeichnungen, Skulpturen, Gebäude. Mit einem Text von F. Achleitner, 1993; W. Hofmann, W. P. Zeichnungen, 1996.

Piëch, Ferdinand, * 17. 4. 1937 Wien, Automobiltechniker und Manager; Enkel von Ferdinand → Porsche, Sohn von Louise → Piëch. 1963–71 bei der Porsche KG in Stuttgart, 1972–92 bei der Audi AG in Ingolstadt, ab 1975 als Leiter der techn. Entwicklung Vorstandsmitgl.; verantwortl. für die Konzeption des Audi 80 und des Audi 100; seit 1988 Vorstandsvorsitzender von Audi, seit 1993 des VW-Konzerns.

Literatur: R. Stiens, F. P. Der Auto-Macher, 1999; J. Grässlin, F. P. Techniker der Macht, 2000.

Piëch, Louise, * 29. 8. 1904, Wr. Neustadt (NÖ.), † 10. 2. 1999 Zell a. See (Sbg.), Unternehmerin; Tochter von Ferdinand → Porsche, Mutter von Ferdinand → Piëch. Leitete 1952–71 den Familienbetrieb Porsche, eines der bedeutendsten Autohandelsunternehmen Ö.; war auch als Malerin sehr engagiert.

Pieller, Johannes Kapistran (Wilhelm), * 30. 9. 1891 Wien, † 15. 4. 1945 Stein (Gem. Krems a. d. Donau, NÖ.), Priester, Franziskaner, Guardian des Klosters in Eisenstadt. 1943 wegen Betätigung für die „Antifaschistische Freiheitsbewegung Ö." festgenommen, 1944 zum Tod verurteilt, 1945 hingerichtet.

Literatur: H. Mader, P. DDDr. Wilhelm (J. K.), in: K. v. Vogelsang-Inst. (Hg.), Gelitten für Ö., 1988.

Pietschmann, Herbert, * 5. 8. 1936 Wien, Physiker. Studierte Mathematik und Physik in Wien; 1960–61 am CERN in Genf, dann wiss. Laufbahn in Wien, Charlottesville (USA), Göteborg und Bonn; seit 1968 Univ.-Prof. für Theoret. Physik in Wien. Setzte sich in zahlr. Büchern mit dem Zusammenhang zw. Naturwiss. und Gesellschaftsentwicklung auseinander.

Werke: Das Ende des naturwiss. Zeitalters, 1980; Die Welt, die wir uns schaffen, 1984; Die Wahrheit liegt nicht in der Mitte, 1990; Die Spitze des Eisberges, 1994; Phänomenologie der Naturwiss., 1995; Aufbruch in neue Wirklichkeiten, 1997.

Piffl, Friedrich Gustav, * 15. 10. 1864 Landskron (CZ), † 21. 4. 1932 Wien, 1913–32 Erzbischof von Wien, ab 1914 Kardinal. 1907–13 Propst von Stift Klosterneuburg und Prof. der dortigen theolog. Hauslehranstalt. Gründete 1910 die Akad. f. kirchl. Musik, widmete sich nach 1918 intensiv der Caritas, ließ 42 Notgottesdienststätten und 18 neue Kirchen in der Erzdiözese Wien und 5 im Bgld. erbauen; Apostol. Administrator des Bgld. Führte 1927 die Kath. Aktion in Ö. ein; Seelsorge- und Volksbischof.

Literatur: M. Krexner, Hirte an der Zeitenwende, 1987; ÖBL.

Piffl-Perčević, Theodor, * 17. 9. 1911 Meran (S-Ti.), † 22. 12. 1994 Graz (Stmk.), Jurist und Politiker (ÖVP). 1938 und 1939–40 in polit. Haft, 1945 Funktionär der steir. Landwirtschaftskammer (1950 Stellv. des Kammeramtsdir.), 1960–69 Abg. z. NR, 1964–69 BMin. f. Unterricht. Rücktritt 1969, weil er die Einführung des 13. Schuljahres nicht durchsetzen konnte. 1969–89 Vorsitzender der Stiftung „Pro Oriente".

Literatur: Festschrift T. P.-P., Oekumen. Forum 17, 1994.

Pilch, Adalbert, * 16. 2. 1917 Wien, Graphiker und Maler. Vertreter eines naturalist.-sachl. Zeichenstils; schuf zahlr. Buchillustrationen, Entwürfe für (z. T. preisgekrönte) Briefmarken, Banknoten, Porträts u. a.

Literatur: A. P. Gemälde, Zeichnungen, Briefmarken. Mit einem Text von F. W. Zellberger, 1966.

Pilgram, Anton, * um 1460 Brünn (?, Brno, CZ), † um 1515 Wien, Dombaumeister in Wien, Bildhauer und Baumeister. Vermutl. nach 1487 in Schwaben tätig, 1495 erstmals durch Steinmetzzeichen an Erker und Wendeltreppe der St. Jakobskirche in Brünn greifbar, in der Wr. Dombauhütte ab 1512 urk. nachweisbar. P. vollendete hier den Orgelfuß (1513, mit seinem Selbstbildnis). Die bedeutende Kanzel von St. Stephan (um 1500), die lange als sein Werk galt, dürfte doch nicht von ihm stammen, sondern älteren Ursprungs sein. Bemerkenswert ist die P. zugeschriebene Statuette des „Falkners" (um 1500, Kunsthist. Mus., Wien) mit ihrer raumgreifenden Bewegung, die renaissancehafte Auffassung mit spätgot. Detailmodellierung verbindet. P. starb vermutlich um 1515, als Gregor Hauser seine Nachfolge als Dombaumeister von St. Stephan übernahm.

Literatur: R. Feuchtmüller, Die spätgot. Architektur und A. P. – Gedanken zu neueren Forschungen, 1951; K. Oettinger, A. P. und die Bildhauer von St. Stephan, 1951.

Pilgrim I., † 20. 5. 991 Passau (D), Bischof von Passau. Urk. genannt 971, bemühte sich um die Missionierung des Donauraums. Mit gefälschten Urkunden (Lorcher Fälschungen) wollte er Passau zu einem von Salzburg unabhängigen Erzbistum für Ö., Ungarn und Mähren machen. Nach neuerer Ansicht (H. Koller) könnten diese Urkunden auch erst im Auftrag von Erzbischof → Konrad II. von Sbg. (1164–68) gefälscht und Pilgrim zugeschrieben worden sein.

Literatur: E. Boshof, Die Regesten der Bischöfe von Passau, 731–1206. Regesten zur bayerischen Geschichte 1, 1992.

Pilgrim II., * um 1330, † 5. 4. 1396 Salzburg, Erzbischof von Salzburg (1365–96) aus dem Ministerialengeschlecht der von Puchheim. Wurde als ö. Kandidat gewählt, wollte sich aus dieser Bindung lösen, kam aber mit Bayern in Konflikt. Anhänger des in Avignon residierenden Papstes Clemens VII.

Literatur: H. Klein, Erzbischof P., in: Mittlg. Sbg. Landeskunde 112/113, 1973.

Pillersdorf, Franz Frh. von, * 1. 3. 1786 Brünn (Brno, CZ), † 22. 2. 1862 Wien, Jurist, Politiker und Gutsbesitzer. 1842–48 Hofkanzler, wurde als liberaler Gegner von → Metternich in der Märzrevolution 1848 Innenminister, arbeitete im April 1848 die p.sche Verfassung aus. 4. 5. bis 8. 7. 1848 auch Min.-Präs., ab 1861 Reichsratsabg. und Obmann des Finanzausschusses.

Werke: Rückblicke auf die polit. Bewegung in Ö. 1848/49, 1849; Die ö. Finanzen beleuchtet, 1851; Handschriftl. Nachlaß des Freiherrn von P., 1863. – Literatur: ÖBL.

Pillewizer, Wolfgang, *4. 7. 1911 Steyr (OÖ.), Geograph und Kartograph. 1948–58 in der geograph.-kartograph. Anstalt in München, ab 1958 Univ.-Prof. in Dresden und 1971–81 Prof. am Inst. f. Kartographie und Reproduktionstechnik der Techn. Univ. Wien. Nahm an zahlr. Expeditionen teil (u. a. wiss. Leiter der dt.-ö. Himalaja-Karakorum-Expedition 1954, Spitzbergen 1962–65), widmete sich v. a. geomorpholog. Studien und der Hochgebirgskartographie. 1988 wurde ein Gipfel (3000 m) in Salzburg, 2 km nördl. des Großvenedigers zw. Ober- und Untersulzbachkees nach ihm benannt.

Werke: Die kartograph. Strukturformen und die Methoden der graph. Gestaltung thematischer Karten, 1970; Felsdarstellung aus Orthophotos, 1976; Zw. Alpen, Arktis und Karakorum, 1986.

Walter Pichler im Museum des 20. Jahrhunderts. Foto, 1970.

Anton Pilgram, Selbstbildnis am Fuß der Orgel im Stephansdom in Wien.

Kardinal Friedrich Gustav Piffl. Foto.

Pillhofer, Josef, * 1. 6. 1921 Wien, Bildhauer. Schüler von F. → Wotruba; ab 1954 Lehrtätigkeit an der Wr. Akad., 1970–81 Leiter der Abt. f. Bildhauerei an der HTBLA in Graz. Sein Schaffen ist stark vom franz. Kubismus (Studien in Paris bei O. Zadkine) beeinflusst. 1968 Ö. Staatspreis.

Literatur: J. P. Zeichnungen 1944–91, Ausst.-Kat., Wien 1991; J. P. Skulpturen, Zeichnungen und Arbeiten aus der Pariser Zeit, Ausst.-Kat., Passau 1993.

Pillinger, Renate, * 25. 1. 1951 Wien, Archäologin. Studierte in Wien, seit 1999 Univ.-Prof. und Leiterin der von ihr begründeten Abteilung für frühchristl. Archäologie am Inst. f. klassische Archäologie der Univ. Wien. Gründerin und Hg. der „Mitteilungen zur christlichen Archäologie".

Werke: Die Tituli historiarum, 1980; Die Schwarzmeerküste in der Spätantike und im frühen MA, 1992 (Hg.); Der Apostel Andreas, 1994.

Pillwein, Benedikt, * 26. 11. 1779 Obersulz (Gem. Sulz i. Weinviertel, NÖ.), † 27. 1. 1847 Linz (OÖ.), Jurist, Topograph, Historiker und Schriftsteller. 1806–16 Redakteur der „Sbg. Zeitung"; 1817 provisor. Adjunkt beim k. k. Landgericht Neumarkt; 1822–46 Ingrossist bei der k. k. Staatsbuchhaltung ob der Enns in Linz.

Werke: Beschreibung der Provinzial-Hauptstadt Linz, 1824; Geschichte, Geographie und Statistik des Erzherzogtums Ö. ob der Enns und des Herzogtums Sbg., 5 Tle., 1827–39; Erzählungen und Volkssagen aus den Tagen der Vorzeit von dem Erzherzogthume Ö. ob der Enns und dem Herzogthume Sbg., 2 Bde., 1834/35; Sagenwelt oder Volkssagen, Erzählungen, Anekdoten und dergleichen aus der ö. Monarchie und anderen Gegenden der Welt, 6 Bde., 1837–39; Linz einst und jetzt, 2 Bde., 1846. – Literatur: G. Grüll, B. P., in: Hist. Jb. der Stadt Linz, 1971; ÖBL.

Pilz, Peter, * 22. 1. 1954 Kapfenberg (Stmk.), Sozialwissenschaftler und Politiker (Grüne). 1986–91 und seit 1999 Abg. z. NR, 1991–99 Abg. z. Wr. Landtag und Mitgl. des Wr. Gemeinderats und 1991–97 Klubobmann der Grünen, 1992–94 Bundessprecher der Grünen.

Werke: Land über Bord, [2]1990; Eskorte nach Teheran. Der ö. Rechtsstaat und die Kurdenmorde, 1997; Das Kartell, 1999; Die Vierte Republik, 2000.

Pilz, Vincenz, * 14. 11. 1816 Warnsdorf (Varnsdorf, CZ), † 27. 4. 1896 Wien, Bildhauer. Namhafter Vertreter der Ringstraßenära mit bes. Begabung für Monumental- und Bauplastik; wurde v. a. von T. v. → Hansen gerne als Mitarbeiter herangezogen.

Werke: Bauplastik in Wien: evang. Schule am Karlsplatz, Oper (die ehem. Bekrönungsgruppen, jetzt in Philadelphia), Parlament, Börse, Musikverein, Palais Epstein. – NÖ.: Apostelzyklus, Schloss Grafenegg. – Grabmäler und Denkmäler. – Literatur: ÖBL.

Piplits, Erwin, * 19. 7. 1939 Wien, Schauspieler, Regisseur, Theaterleiter, Bühnenbildner, Autor. Beschäftigt sich seit 1962 mit dem Theater, war zunächst Schauspieler (bes. Wr. Kleinbühnen). 1973 mit der Bühnen- und Kostümbildnerin Ulrike Kaufmann (* 13. 9. 1953 Gai, Stmk.) Gründung und Leitung eines eig. Ensembles („PupoDrom", ab 1980 „Serapions Theater"). Seit 1988 neue Spielstätte im „Odeon". 1979 Kainz-Medaille.

Werke: Die Stradafüßler, 1973; Anima, 1976; A Bao A Qu, 1977; Kispotlatsch, 1990; Wi, monami, 1993; Serapions Theater, 1998.

Clemens Freiherr von Pirquet. Foto.

Pippal, Hans Robert, * 4. 4. 1915 Wien, † 6. 11. 1998 ebd., Maler. Erreichte in der Nachkriegszeit durch Buchillustrationen (u. a. zu E. Marboe, Das Ö.-Buch, 1948) und -umschläge große Bekanntheit; gestaltete Mosaikarbeiten für Wohnhausanlagen, schuf relig. Kunstgegenstände in Email und malte Porträts und repräsentative Gemälde.

Weitere Werke: repräsentative Gemälde: Eröffnung des Burgtheaters; Eröffnung der Staatsoper. – Gobelin: Staatsvertrag. – Porträts in Parlament, Bürgermeistergalerie des Wr. Rathauses, Rektorengalerie der Univ. Wien. – Stillleben, Landschaften, Städtebilder.

Pirchan, Emil, * 27. 5. 1884 Brünn (Brno, CZ), † 20. 12. 1957 Wien, Bühnenbildner, Maler, Architekt und Schriftsteller. Studium in München und in Wien bei O. → Wagner; 1919–32 Bühnen- und Kostümbildner der Berliner Staatstheater (expressionist. Inszenierungen in Zusammenarbeit mit dem Regisseur L. Jessner); 1932–36 künstlerischer Dir. des Dt. Theaters in Prag, 1936–48 und gelegentl. auch danach Bühnenbildner am Wr. Burgtheater (monumentale Ausstattungen). 1936 Prof. an der Wr. Akad. d. bild. Künste; 1935–37 und 1948 Sommerkurse am Mozarteum Salzburg. Verfasser von Romanen, Essays usw.

Werke: Faustbrevier, 1918; Bühnenbrevier, 1938; Unsterbliches Wien, 1939; F. Elßler, 1940; H. Kreutzberg, 1941; H. Makart, 1941; Klimt, 1942; T. Krones, 1942; M. Daffinger, 1943; Bühnenmalerei, 1946; M. Geistinger, 1947; 2000 Jahre Bühnenbild, 1949; Das Maskenmachen und Schminken, 1951; Kostümkunde, 1952; 300 Jahre Wr. Operntheater, 1953; O. Wagner, 1956. – Literatur: E. Schepelmann-Rieder, E. P. und das expressionist. Bühnenbild, 1964; K. Pierwoß, Der Szenen- und Kostümbildner E. P., Diss., Wien 1970; F. Schmatz, Nachlaß-Dokumentation E. P., 1986.

Pirchegger, Anton, * 5. 6. 1885 Leopersdorf (Gem. Allerheiligen i. Mürztal, Stmk.), † 1. 3. 1949 ebd., Landwirt und Politiker (CS, ÖVP). 1920–31 Abg. z. NR, 1934–38 Präs. des Stmk. Landtages; 1938–45 Landwirt, ab Mai 1945 Landesrat für Ernährung und Landw., von Dez. 1945 bis 1948 Landeshauptmann der Stmk. (einschließlich Ressort f. Ernährung u. Landw.); trat aus gesundheitl. Gründen zurück und verstarb wenige Monate danach.

Literatur: ÖBL.

Pirchegger, Hans, * 30. 8. 1875 Graz (Stmk.), † 1. 10. 1973 ebd., Historiker. Univ.-Prof. in Graz.

Werke: Geschichte der Stmk., 3 Bde, 1920–34; Das steir. Eisenwesen bis 1625, 2 Bde, 1937/39; Geschichte des Bez. Gröbming, 1951; Landesfürst und Adel in Stmk. während des MA, 3 Bde., 1951–58; Steir. Ortswappen, 1954 (mit L. Kobel); Geschichte der Stmk. mit bes. Rücksicht auf das Kulturleben, [2]1976. – Literatur: Abschied von H. P., in: Blätter f. Heimatkunde, 1973; M. Straka, H. P., in: Südostdt. Archiv, 1974/75.

Pirchner, Werner, * 13. 2. 1940 Hall i. Ti., Komponist. Begann als Jazzmusiker (Vibraphon) und trat bis 1988 in zahlr. Konzerten mit internat. Stars auf; daneben Komposition von Filmmusik. Seit Beginn der 80er Jahre auch Kompositionen, die Elemente aus Unterhaltungs- und Ernster Musik verbinden. Komponierte 1993 die Klangschiene für das Radioprogramm Ö1.

Werke: Film- und Bühnenmusik, Instrumentalwerke.

Pirquet, Clemens Frh. von, * 12. 5. 1874 Hirschstetten b. Wien, † 28. 2. 1929 Wien, Kinderarzt; Bruder von Guido → Pirquet. Univ.-Prof. in Baltimore (1908), Breslau (1910) und ab 1911 in Wien. Begründete mit B. Schick 1903 die Lehre von den Allergien (Begriff von P.) und 1905 die von der Serumkrankheit. Erfand 1907 die nach ihm benannte Tuberkulin-Hautreaktion und war durch sein NEM-Ernährungssystem („Nahrungs-Einheit-Milch", 1 Nem = 1 g Milch) ein Pionier moderner Ernährung. Leitete nach dem 1. Weltkrieg die amerikan. Hilfsaktion für ö. Kinder.

Werke: Die Serumkrankheit, 1905 (mit B. Schick); Allergie, 1908; System der Ernährung, 4 Teile, 1917–20; Allergie des Lebensalters, 1930; Geschichte der Kindertuberkulose, 2 Bde., 1930 (mit M. Engel). – Literatur: L. Schönbauer, Das medizin. Wien, [2]1947; R. Wagner, C. v. P. His Life and Work, 1968; ÖBL.

Pirquet, Guido, * 30. 3. 1880 Hirschstetten b. Wien, † 17. 4. 1966 Wien, Pionier der Raketentechnik; Bruder von Clemens v. → Pirquet. Mitbegründer der Ö. Ges. für Weltraumforschung (1926), bewies 1928 die Notwendigkeit von Raumstationen für interplanetare Raumfahrten.

Pisa, Karl, * 26. 3. 1924 Wien, Journalist und Politiker (ÖVP). 1961–67 Bundespressereferent der ÖVP, 1967/68 Leiter der Abteilung „Politik und Zeitgeschichte" des ORF, 1968–69 Staatssekr. f. Information.
Werke: Ö., sein Weg nach Europa, 1958; J. Raab. Verantwortung für Ö., 1961; Schopenhauer, 1977; Ö. – Land der begrenzten Unmöglichkeiten, 1985; Ideen, Taten, Zukunftsziele. 50 Jahre Wirtschaftsbund, 1995; Ideen für Ö. 50 Jahre Ö. Volkspartei, 1995.

Pischinger, Rudolf, * 27. 5. 1935 Waidhofen a. d. Thaya (NÖ.), Maschinenbauer. Studierte Maschinenbau an der Techn. Hochschule Graz, an der er seine wiss. Karriere bis zum Univ.-Prof. für Thermodynamik (seit 1970) durchlief, dazw. 1969–70 Mitarbeiter von Hans → List. Daneben bed. Alpinist (5 Erstbesteigungen im Himalaja).
Werke: Thermodynamik der Verbrennungs-Kraftmaschinen, 1989; zahlr. Fachpublikationen.

Pisk, Paul Amadeus, * 16. 5. 1893 Wien, † 12. 1. 1990 Los Angeles (USA), Komponist und Musikwissenschaftler. 1920–28 Mitherausgeber der „Musikblätter des Anbruchs", 1921–34 Musikredakteur der „Arbeiterzeitung", 1925 Kompositionspreis der Stadt Wien. Emigrierte 1936 in die USA, wo er 1937–72 als Prof. an verschiedenen Universitäten tätig war.
Werke: Der große Regenmacher, 1931 (szen. Ballett); Schattenseite, 1931 (Monodram) – Orchesterwerke, Kammermusik, Lieder, Chöre.

Pissarek-Hudelist, Herlinde, * 5. 6. 1932 Innsbruck (Ti.), † 19. 6. 1994 ebd., Theologin. 1984 Univ.-Prof. für Katechetik und kath. Religionspädagogik in Innsbruck. 1989–93 als erste Frau zur Dekanin einer theolog. Fakultät gewählt.
Literatur: G. Bader (Hg.), Theologie erden. Erinnerungen an H. P.-H., 1996.

Pittel, Adolph Frh. von, * 17. 3. 1838 Josefstadt (Josefov, CZ), † 6. 1. 1900 Wien, Industrieller. Gründete 1870 und 1872 Zementfabriken in Pottenstein und Weißenbach (NÖ.), aus denen 1878 das heute noch bestehende Bauunternehmen „P. & Brausewetter" hervorging.
Literatur: R. Granichstaedten-Cerva u. a, Altösterr. Unternehmer, 1969.

Pittermann, Bruno, * 3. 9. 1905 Wien, † 19. 9. 1983 ebd., Lehrer und Politiker (SPÖ). 1934 inhaftiert; während des NS-Regimes politisch verfolgt. 1945–71 Abg. z. NR. 1950–57 stellv. SPÖ-Landesparteiobmann (Wien), 1957–67 Bundesparteivorsitzender der SPÖ, 1956–70 SPÖ-Klubobmann, 1964–76 Präs. der Sozialist. Internationale. 1957–66 Vizekanzler, 1959–66 betraut mit den Agenden der verstaatlichten Unternehmungen. Trug wesentlich zum Sturz F. → Olahs bei sowie zur Aussöhnung mit der kath. Kirche und mit ehem. Gegnern aus der Zwischenkriegszeit.
Literatur: W. Maderthaner (Red.), B. P. Ein Portrait, 1995.

Pittioni, Richard, * 9. 4. 1906 Wien, † 16. 4. 1985 ebd., Historiker, Archäologe. Univ.-Prof. in Wien, 1960/61 Dekan, 1964–67 Senator. Befasste sich v. a. mit Montan-, MA- und Ind.-Archäologie. Gründer der „Archaeologia Austriaca".
Werke: Urgeschichte des ö. Raumes, 1954; Studien zur Ind.-Archäologie, 1978; Geschichte Ö., Bd. 1, Urzeit, 1980. – Schriftenverzeichnis in: Archaeologia Austriaca, Beiheft 13, 1976 und Heft 69, 1985.

Pius II., → Piccolomini, Enea Silvio.

Pius VI. (eigentl. Giovanni Angelo Brasci), * 25. 12. 1717 Cesena (I), † 29. 8. 1799 Valence (F), Papst 1775–99. War der erste Papst, der Ö. besuchte. Am 14. 3. 1782 erreichte er bei Gradisca die ö. Grenze, weilte vom 22. 3. bis 22. 4. in Wien und reiste dann über München und Ti. zurück. Sein Versuch, → Joseph II. zur Rücknahme von Eingriffen in kirchl. Angelegenheiten zu bewegen, blieb erfolglos.
Literatur: E. Kovacs, „Der Pabst in Teutschland." Die Reise Pius' VI. im Jahre 1782, 1983.

Piva, Paolo, * 13. 3. 1950 Adria (I), Architekt und Designer. Studierte Architektur in Venedig bei C. Scarpa und C. Aymonino. 1973 Diss. „Wien 1919–34", danach ergänzende Studien in Rom und Tätigkeit in Industrial Design und Architektur in Italien, Ö. und anderen Ländern. 1988 Ruf als Gastprof. an die Hochschule f. angew. Kunst in Wien, seit 1991 ordentl. Prof. an dieser.
Werk: Architektur & Design, 1999.

Piza-Katzer, Hildegunde, * 2. 4. 1941 Gröbming (Stmk.), Chirurgin. 1970–92 an den Univ.-Kliniken Wien und Salzburg tätig, Fachärztin für Chirurgie und plast. Chirurgie, 1982 Habilitation. 1992 Aufbau einer Abteilung für plast. Chirurgie am Krankenhaus Lainz, bis 1999 deren Leiterin; seit 1999 Vorständin der Univ.-Klinik für plast. und Wiederherstellungschirurgie in Innsbruck. Führte 2000 mit R. → Margreiter die erste erfolgreiche Transplantation von Händen durch.

Planyavsky, Alfred, * 22. 1. 1924 Wien, Kontrabassist; Vater von Peter → Planyavsky. Ausgebildeter Tenor; ab 1957 Mitgl. der Wr. Philharmoniker, ab 1967 Mitgl. der Hofkapelle. Gründete 1974 das „Wr. Kontrabass-Archiv" (Musik-Smlg. der Nat.-Bibl.); seit 1989 im Ruhestand. Zahlr. Ehrungen.
Werke: Geschichte des Kontrabasses, [2]1984; Der Barockkontrabaß Violone, [2]1998.

Planyavsky, Peter, * 9. 5. 1947 Wien, Organist, Komponist, Kirchenmusiker; Sohn von Alfred → Planyavsky. Seit 1969 Organist am Wr. Stephansdom (1983–90 Dommusikdir.), seit 1980 auch Prof. an der Wr. Musikhochschule (zunächst Prof. für Orgel, Improvisation und Liturgisches Orgelspiel, seit 1996 Leiter der Abt. Kirchenmusik). Neben seinen Kirchenmusikwerken wurde er v. a. durch seine parodist. Kompositionen bekannt.
Werke: Orgelwerke, Messen und andere kirchenmusikal. Werke, Instrumentalwerke, Singspiele („Hochzeit in Kana", Kirchenoper, 1998). – Parodien: Der zufriedengestellte Autobus, 1985; Die Schaffnerin aus Liebe, 1987; Ankunftssymphonie, 1987.

Plaschka, Richard, * 8. 7. 1925 Vöttau (Bitov, CZ), Historiker. 1958–88 Leiter des Ö. Ost- und Südosteuropainst., 1967–88 Prof. für osteurop. Geschichte an der Univ. Wien; hielt auch vor 1989 enge Kontakte zu Wissenschaftlern der kommunist. Länder.
Werke: Cattaro und Prag. Revolte und Revolution, 1963; Die Auflösung des Habsburgerreichs, 1970; Innere Front. Militärassistenz, Widerstand und Umsturz in der Donaumonarchie 1918, 2 Bde., 1974 (mit H. Haselsteiner u. A. Suppan); Matrosen, Offiziere, Rebellen, 1984; Nationalismus, Staatsgewalt, Widerstand, 1985; Avantgarde des Widerstands, 2 Bde., 2000.

Bruno Pittermann. Foto, um 1960.

Plattensteiner, Richard (Pseud.: Robert Palten), * 18. 3. 1878 Wien, † 18. 7. 1956 ebd., Mundartdichter, Erzähler. War ab 1898 als wandernder Vortragsmeister tätig und machte sich als Vermittler der Dichtungen P. → Roseggers und F. → Stelzhamers einen Namen; beide Autoren rückte er auch in den Mittelpunkt eig. Dichtungen.
Werke: Lyrik: Das Lied vom Steffel, 1916; Was mich angeht, 1939; Wr. Gedichte, 1943. – Prosa: Der Schusterfranzl, 1908 (Erzählung über F. Stelzhamer); Die Leut vom Hochkogl, 1918; Ein dt. Ekkehard, 1928 (biograph. Roman über P. Rosegger). – Dramen: Frau Not, 1908 (Volksstück über F. Stelzhamer); Der Grillparzer Franz und seine Kathi, 1915; Beethoven, 1916.

Platzer (Plazer), Johann Georg, * 24. 6. 1704 St. Michael i. Eppan (S-Ti.), † 10. 12. 1761 ebd., Maler des Wr. Spätbarock. Wichtigster Vertreter des Gesellschaftsstücks, 1726–28 und 1730–33 in Wien; malte meist auf

Kupfer hist., mytholog. und Genrebilder als Miniatur und in hellen Farben.

Literatur: K. Plunger, J. G. P., 1986; R. Juffinger (Red.), Reich mir die Hand, mein Leben, Ausst.-Kat., Residenzgalerie Salzburg, 1996.

Ignaz Pleyel. Punktierstich von F. W. Nettling, 1801.

Platzheim, Johann von (eigentl. J. Ribi), * Lenzburg (CH), † 6. 8. 1374 Brixen (S-Ti.), landesfürstl. Kanzler zur Zeit Hzg. → Rudolfs IV. Unter seiner Leitung wurden die „rudolfinischen Fälschungen" (Privilegium maius und dazugehörige Urkunden) hergestellt. 1359 Bischof von Gurk, 1364 von Brixen und Statthalter von Vorder-Ö.

Literatur: E. K. Winter, Rudolf IV. von Ö., Bd. I, 1934.

Plechl, Pia Maria, * 24. 1. 1933 Baden (NÖ.), † 18. 12. 1995 Wien, Journalistin. 1955–58 bei der „Neuen Österreichischen Tageszeitung", ab 1961 Redakteurin und 1982–95 stellv. Chefredakteurin der Tageszeitung „Die Presse".

Plečnik, Josef, * 23. 1. 1871 Laibach (Ljubljana, SLO), † 6. 1. 1957 ebd., Architekt und Designer. Studierte bei L. Theyer in Graz und 1894–98 bei O. → Wagner an der Akad. der bild. Künste in Wien; Mitarbeit in Wagners Büro bei der Planung der Wr. Stadtbahn; 1900–11 entstanden in Wien seine wichtigsten Werke, für die er auch die Innenausstattung entwarf (Zacherl-Haus in Wien 1, 1903–05); 1911–20 Lehrauftrag an der Gewerbeschule in Prag; Um- und Einbauten auf der Prager Burg. Seine bedeutendsten sakralen Werke stehen in Wien (Hl.-Geist-Kirche in Wien 16, 1910–13) und Prag (Herz-Jesu-Kirche, 1928–32). Nach 1920 blieb P. in Laibach, neben seiner Lehrtätigkeit an der dortigen Univ. bestimmte er das Erscheinungsbild der Stadt nachhaltig durch Bauten und städtebaul. Entscheidungen und wurde zum Begründer einer modernen slowen. Architektur, obwohl seine sehr eigenständige Sprache eher aus der Antike und den Theorien G. → Sempers und O. Wagners schöpft.

Weitere Werke: Wien: Wohnhaus Beckgasse, 1900/01; Mietshaus Langer, 1901–03; Karl-Borromäus-Brunnen, 1906–09. – Literatur: D. Prelovšek, J. P., Wr. Arbeiten von 1896 bis 1914, 1979; P. M. Bode u. G. Peichl, Architektur aus Ö. seit 1960, 1980; Magistrat der Stadt Wien (Hg.), Architektur in Wien, 1984; F. Achleitner, Ö. Architektur im 20. Jh., Bd. III/1, 1990; D. Prelovšek, J. P. 1872–1957, Architectura perennis, 1992.

Pleier, der, Dichter aus der 2. Hälfte des 13. Jh. im bayer.-ö. Sprachraum. Der Familienname („der Schmelzmeister") ist zwar in Sbg. bezeugt, was für eine Ortszuweisung aber nicht ausreicht. D. P. verfasste 3 umfangreiche Artusromane: „Garel von dem blühenden Tal", „Tandareis und Flordibel" und „Meleranz"; diese bringen eine Nachahmung bereits vorgegebener Erzählelemente und Motive des klassischen Artusromans.

Ausgaben: W. Herles (Hg.), Garel von dem blühenden Tal, 1981; F. Khull (Hg.), Tandareis und Flordibel, 1885; K. Bartsch, Meleranz, 1861, 1974. – Literatur: P. Kern, Die Artusromane des P., 1981; R. F. Roßbacher, Artusroman und Herrschaftsnachfolge, 1998.

Ignaz Freiherr von Plener. Lithographie von J. Bauer.

Plener, Ernst Frh. von, * 18. 10. 1841 Eger (Cheb, CZ), † 29. 4. 1923 Wien, Politiker; Sohn von Ignaz v. → Plener. Namhafter Führer des ö. Liberalismus, hist.-polit. Schriftsteller, 1893–95 Finanzmin., 1895–1918 Präs. des Rechnungshofs; Gründungsmitgl. und Obmann der 1888 entstandenen „Vereinigten Deutschen Linken" (Austritt aus der Partei 1895).

Werke: Erinnerungen, 3 Bde., 1911–21; Reden 1873–1911, 1911. – Literatur: B. Klein, E. v. P., 1980; E. Werner, Die beiden P., Diss., Wien 1981; ÖBL.

Plener, Ignaz Frh. von, * 21. 5. 1810 Wien, † 17. 2. 1908 ebd., Politiker; Vater von Ernst v. → Plener. 1860–65 Finanz-, 1867–70 Handelsmin.; bekämpfte die absolutist. und föderalist. Politik von Staatsmin. R. Gf. → Belcredi.

Literatur: M. Wolf, I. v. P., 1975; E. Werner, Die beiden P., Diss., Wien 1981; ÖBL.

Pleyel, Ignaz, * 1. 6. 1757 Ruppersthal (Gem. Großweikersdorf, NÖ.), † 14. 11. 1831 Paris (F), Komponist, Verleger, Klavierbauer. Schüler von J. → Haydn; lebte ab ca. 1784 in Frankreich (während der Revolution in London), gründete um 1795 in Paris einen Musikverlag und 1807 eine Klavierfabrik (gehört heute zu Schimmel). Auch seine Nachkommen spielten eine bedeutende Rolle im Pariser Musikleben („Salle Pleyel"). I.-P.-Museum in Ruppersthal.

Werke: Singspiele, 29 Symphonien, 8 Instrumentalkonzerte, 45 Streichquartette, Lieder, Kammermusik, Klavierschule (1797). – Literatur: R. B. Smith, The Periodical Symphonies of I. P., 1968; R. Benton, I. P. A Thematic Catalogue of his Compositions, 1977; ÖBL.

Plischke, Ernst Anton, * 26. 6. 1903 Klosterneuburg (NÖ.), † 23. 5. 1992 Wien, Architekt. Studierte an der Wr. Kunstgewerbeschule bei O. → Strnad und P. → Behrens. Mitarbeit in den Ateliers von P. Behrens, J. → Frank (1927/28) und E. Kahn in New York (1929). Bereits sein erster großer Auftrag, das Arbeitsamt in Wien-Liesing (1930), fand in seiner Modernität internat. Beachtung. 1939 emigrierte P. nach Neuseeland, wurde „community planner" für das Wohnbauministerium und war ab 1948 freischaffend tätig (Büro- und Ind.-Gebäude, Einfamilienhäuser und Kirchen). 1963 kehrte er nach Wien zurück und wurde Prof. an der Akad. d. bild. Künste. Aufbauend auf der „Wr. Tradition" (A. → Loos, J. Frank) vertrat er eine komplexere Formensprache als die „Internat. Moderne". 1935 Staatspreis für Architektur.

Weitere Werke: Doppelhaus in der Werkbundsiedlung, Wien 13, 1930–32; Haus Gamerith am Attersee, 1933/34; Haus Frey, Graz, 1970–72. – Schriften: Design and Living, 1947; Vom Menschlichen im neuen Bauen, 1969; Ein Leben mit Architektur, 1989. – Literatur: E. A. P., Ausst.-Kat., Akad. d. bild. Künste in Wien, 1983; Magistrat der Stadt Wien (Hg.), Architektur in Wien, 1984; F. Achleitner, Ö. Architektur im 20. Jh., Bd. III/1, 1990.

Ploberger, Herbert, * 6. 4. 1902 Wels (OÖ.), † 22. 1. 1977 München (D), Maler, Graphiker, Bühnen- und Kostümbildner. Vertreter der Neuen Sachlichkeit. Studierte ab 1921 an der Kunstgewerbeschule in Wien u. a. bei F. → Cizek und A. Böhm. 1925 Studienaufenthalt in Paris, 1927 Übersiedlung nach Berlin, wo er für die Ztschr. „Der Querschnitt" zeichnete. 1930 Mitarbeiter von M. → Reinhardt in Berlin und 1933 bei der berühmten Faust-Ausstattung der Sbg. Festspiele. 1934–44 Engagement bei Filmen u. a. der Ufa, 1946–50 Bühnenbildner am Landestheater in Linz und am Theater in der Josefstadt in Wien, 1951–77 in München für den Film tätig.

Literatur: H. P. 1902–1977, Ausst.-Kat., Linz 1977; F. Lipp u. G. Wacha, H. P., Kunstjahrbuch der Stadt Linz, 1979; K. Schröder, Neue Sachlichkeit, Ö. 1918–38, Ausst.-Kat., Kunstforum, Wien 1995.

Plöckinger, Erwin, * 14. 4. 1922 Karwin (Karviná, CZ), † 30. 12. 1994 Wien, Montaningenieur. Leiter der Forschungs- und Entwicklungsabteilung der Böhler-Werke (VEW), ab 1966 Univ.-Prof. an der Montanist. Hochschule in Leoben, 1982–85 Präs. der Ö. Akad. d. Wiss.

Werke: Die Edelstahlerzeugung, 1950 (mit F. Leitner); Elektrostahlerzeugung, ^{2}1964 (mit F. Sommer); Electric Furnace Steel Production, 1985 (Hg. mit O. Etterich).

Plöckinger, Hans, * 27. 2. 1882 Krems (NÖ.), † 3. 4. 1955 ebd., Lokalhistoriker, Stadtarchivar. Gründer (1928) und Leiter des Weinmuseums in Krems; erforschte die Geschichte der Doppelstadt Krems-Stein.

Werke: Sagen der Wachau, 1926; Volkskunst und Brauchtum der Winzer in NÖ., 1940; Die Auswertung der Geschichtsquellen für die Volkskunde, 1948; Die Wachau und ihr Wein, 1949.

Plößl, Simon, * 19. 9. 1794 Wien, † 29. 1. 1868 ebd., Feinmechaniker, Pionier des Mikroskopbaus. Gründete 1823 in Wien eine opt.-mechan. Werkstätte, schuf 1830 das erste dialytische Fernrohr, stattete die Lupe mit chromat. Linsen aus und baute ab 1829 zahlr. Mikroskope in 5 Typen sowie Feldstecher.

Pluhar, Erika, * 28. 2. 1939 Wien, Kammerschauspielerin, Sängerin, Schriftstellerin. 1959–99 Ensemblemitgl. des Burgtheaters, unter Dir. A. → Benning meistbeschäftigte Schauspielerin. Seit 1969 musikal. Laufbahn, zunächst mit Liedern ihres 2. Ehemanns A. → Heller, später Texte von W. Biermann und eig. Lieder; 1972 erste LP („E. P. singt"), der zahlr. weitere folgten; Tourneen mit Antonio V. d'Almeida und P. Marinoff (1991 CD „Lieder aus 10 Jahren Trio"). Film- und Fernsehtätigkeit („Vorhang auf"). 1978 Kainz-Medaille.

Werke: Aus Tagebüchern, 1981; Lieder, 1986; Als gehörte eins zum andern, 1991; Zwischen die Horizonte geschrieben, 1992; Am Ende des Gartens, 1997; Matildas Erfindungen, 1999 (Roman); Der Fisch lernt fliegen, 2000; Verzeihen Sie, ist das hier schon die Endstation?, 2001 (Roman).

Pöch, Rudolf, * 17. 4. 1870 Tarnopol (Ternopol, UA), † 4. 3. 1921 Innsbruck (Ti.), Ethnograph, Anthropologe, Forschungsreisender, Pestarzt. Ab 1919 Univ.-Prof. in Wien; erforschte 1901–06 die Gesänge der Papua (Aufnahmen im Wr. Phonogrammarchiv); erbrachte den ersten Nachweis von Zwergvölkern in Neu-Guinea; 1907–09 Untersuchungen in S-Afrika über die Buschmänner. Pionier auf dem Gebiet der wiss. Film- und Tondokumentation.

Werke: Die Pest, 1914; Studien an Eingeborenen aus Neusüdwales, 1915. – Literatur: Almanach der Ö. Akad. d. Wiss. 71, 1921; Nachlaß, bearb. von der Ö. Akad. d. Wiss., 2 Serien, 1927ff.; B. Stangl, Ethnologie im Ohr, 2000.

Pöchhacker, Horst, * 16. 11. 1938 Wien, Baumanager. Seit 1962 bei der Porr AG: 1962–67 Bauleiter im Straßenbau, 1967–70 Bauleiter einer Eisenbahnbaustelle im Iran, 1974–76 Betreuung aller Baustellen im Iran. Seit 1976 Vorstandsmitgl., seit 1982 Gen.-Dir. der Porr AG. Seit 1992 auch Präs. der Vereinigung industrieller Bauunternehmungen Ö.

Pock (Bock), Tobias, * 1609 Konstanz (D), † 1683 Wien, bedeutender Maler des ö. Frühbarock. Ab 1639 in Wien und Umgebung tätig.

Werke: Hochaltarbilder: Stephansdom, Schotten-, Dominikaner- und Servitenkirche (alle Wien), Dom St. Pölten (NÖ.), Mariazell (Stmk.). – Fresken: Schottenkirche in Wien (fast völlig zerstört). – Literatur: B. Faßbinder, Studien zur Malerei des 17. Jh. im Wr. Raum, Diss., Wien 1979.

Podesser, Franz, * 4. 12. 1895 Tangern (Gem. Seeboden, Kä.), † 12. 1. 1969 Spittal a. d. Drau (Kä.), Mundartdichter, Sägemeister in Trebesing (Kä.).

Werke: Kä. Gedichte, 1929; Samholz und Sagspän, 1930; A Karntna Deandl und a Karntna Liad, 1935; 's Hexnsackl, 1944 (Puppenspiel). – Gedichte und Geschichten (teilw. mit Tagebuchblättern und Liedern): Hamater'n und Muattasproch, 1937; 's Hamatbründl, 1951; 's Hamatgleit, 1953; Bergwassalen, 1954; Aus'n Hamatgarten, 1958; Aus mein Schatztrüglen, 1960; Aufn Hamwög, 1962; Auf da Gassenbank, 1964.

Podgorski, Thaddäus, * 19. 7. 1935 Wien, Rundfunkjournalist, Autor und Schauspieler. Begann als Sprecher beim Sender Rot-Weiß-Rot, ab 1958 ausschließlich beim ORF-Fernsehen, 1972 Chefredakteur, 1986–90 Generalintendant des ORF.

Podhajsky, Alois, * 24. 2. 1898 Mostar (BIH), † 23. 5. 1973 Wien, Oberst. 1939–65 Leiter der Span. Reitschule in Wien. Unternahm mit dieser zahlr. Gastspielreisen. 1936 Bronzemedaille bei den Olymp. Spielen in Berlin im Dressurreiten.

Werke: Die Spanische Hofreitschule Wien, 1948; Ein Leben für die Lipizzaner, 1960; Triumph der Lipizzaner, 1961; Meine Lehrmeister – die Pferde, 1967; Die klassische Reitkunst, 1998.

Podrecca, Boris, * 30. 1. 1940 Belgrad (YU), Architekt. Studierte 1960–67 Architektur an der Techn. Hochschule und an der Akad. d. bild. Künste in Wien, Diplom bei R. → Rainer; 1982–87 Gastprof. in Lausanne, Paris, Venedig, Philadelphia, Boston und Wien. Seit 1988 Prof. an der Univ. Stuttgart, Dir. des Inst. f. Raumgestaltung und Entwerfen.

Werke: Wien: Bürozentrum Basler Versicherung, 1990–93; Ganztgashauptschule Dirmhirngasse, 1991–94; Wohnanlage Kapellenweg, 1993; Millennium-Tower, 1995–99 (mit G. Peichl u. R. F. Weber); Generaldirektion der Donau-Versicherung, 1996–98. – NÖ.: „Tor zum Landhaus", 1993–98 (Büro- und Geschäftshaus, mit W. Pfoser). – Venedig: Mus. Moderner Kunst Ca' Pesaro, 1997ff. – Ausstellungsgestaltungen, Wohn-, Firmen-, Schul- und Kirchenbauten in Ö. und Italien; Gestaltung öffentl. Plätze. – Literatur: D. Steiner, Viennese Architect, B. P., 1986; J. R. Moneo u. a., B. P., Ausst.-Kat., 1987; ders. u. a., B. P., Architecture, 1992; W. Zschokke, B. P. Arbeiten 1980–95, 1996.

Simon Plößl. Lithographie von J. Kriehuber.

Pohl, Helga, * 30. 5. 1921 Wien, † 31. 5. 1963 Trikeri (GR; Badeunfall), Erzählerin. Lebte in Zeltweg (Stmk.); Jugendbuchpreis der Stadt Wien 1958.

Werke: Roman: Wenn dein Schatten 16 Fuß mißt, Berenike, 1955. – Jugendbücher: Das vergessene Haus, 1953; Flip fliegt durch Paris, [2]1955; Tonio und sein Esel, 1955; Abenteuer in Zürich, 1956; Der Elefant von Amsterdam, 1958; Unter dem Himmel von Wien, 1959.

Poigenfürst, Johannes, * 19. 3. 1929 Wien, Unfallchirurg. Studium in Wien, 1955–62 Facharztausbildung in Wien, Berlin, Schweden und England, 1967–68 New York. Seit 1983 Univ.-Prof.; Tätigkeit an zahlr. ö. und internat. Krankenhäusern (Berlin, Stockholm, New York u. a.). 1971–84 an der 1. Univ.-Klinik f. Unfallchirurgie Wien, seit 1984 Leiter der Unfallchirurgie am L.-Böhler-Krankenhaus Wien. Mit-Hg. der Zeitschriften „Aktuelle Traumatologie" und „Unfallchirurgie". Löste 1994 eine Debatte über das Arbeitszeitgesetz in Krankenanstalten aus („Affäre P.").

Literatur: H. Mayer u. T. Thomandl, Der mißhandelte Rechtsstaat, dargestellt am „Fall P.", 1995.

Polgar, Alfred, * 17. 10. 1873 Wien, † 24. 4. 1955 Zürich (CH), Kritiker, Schriftsteller und Übersetzer. Begann als Parlaments- und Gerichtsredakteur bei der „Wr. Allg. Zeitung" und machte sich bald als Theaterkritiker und Feuilletonist, der in geschliffener Sprache Humor und Zeitkritik verband, einen Namen. Befreundet mit S. → Grossmann und E. → Friedell, schrieb er Sketches für das Kabarett „Fledermaus" („Goethe", 1908; „Soldatenleben im Frieden", 1908; „Musteroperette", 1910). Nach dem 1. Weltkrieg lebte P. vorwiegend in Berlin und schrieb für das „Berliner Tagblatt" und das „Prager Tagblatt". 1933 flüchtete er mit seiner Frau vor den Nat.-Soz. nach Prag und 1940 in die USA, wo er für Metro-Goldwyn-Mayer in der Filmbranche arbeitete. Nach dem 2. Weltkrieg kehrte P. aus dem Exil, das ihn psychisch schwer belastete, nach Europa zurück, machte Zürich zu seiner Wahlheimat und publizierte wieder in verschiedenen dt.-sprach. Zeitungen.

Alfred Polgar. Foto.

Weitere Werke: Der Quell des Übels und andere Geschichten, 1908; Bewegung ist alles, 1909; Hiob, 1912; Kleine Zeit, 1919; Max Pallenberg, 1921; Gestern und heute, 1922; An den Rand geschrieben, 1926; Orchester von oben, 1926; Ja und Nein, 4 Bde., 1926–27; Ich bin Zeuge, 1927; Schwarz auf Weiß, 1929; Hinterland, 1929; Bei dieser Gelegenheit, 1930; Der unsterbliche Kaspar, 1930; Die Defraudanten, 1931; Ansichten, 1933; In der Zwischenzeit, 1935; Sekundenzeiger, 1937; Handbuch des Kritikers, 1938; Geschichten ohne Moral, 1943; Im Vorübergehen, 1947; Begegnung im Zwielicht, 1951; Standpunkte, 1953; Im Lauf der Zeit, 1954; Fensterplatz, 1959; Im Vorüberfahren, 1960; Bei Lichte betrachtet, 1970; Die lila Wiese, 1977; Taschenspiegel, 1979; Sperrsitz, 1980. – Ausgabe: Kleine Schriften, hg. v. M. Reich-Ranicki u. U. Weinzierl, 6 Bde., 1982–86. – Literatur: E. Hartl, Der Weise aus dem Café, 1983; U. Weinzierl, K. Kraus und A. P., 1978; ders., A. P., 1985.

Politzer, Adam, * 1. 10. 1835 Alberti (H), † 10. 9. 1920 Wien, Ohrenarzt. 1894–1906 Univ.-Prof. in Wien, Verdienste um die Ausbildung der Ohrenheilkunde der Wr. Medizin. Schule. Führte die Perturbation der Tuba Eustachii mit Hilfe eines Gummiballons ein.

Werke: Anatomie und Histologie des menschl. Gehörgangs, 1889; Geschichte der Ohrenheilkunde, 2 Bde., 1907/13 (Neudruck 1967); ÖBL.

Pollak, Marianne, * 29. 7. 1891 Wien, † 30. 8. 1963 ebd. (Selbstmord), Sprachlehrerin und Politikerin (SPÖ); Ehefrau von Oscar → Pollak. 1934–45 in der Emigration, 1945–59 Abg. z. NR. Trat v. a. als SPÖ-Publizistin (Chefredakteurin der Ztschr. „Die Frau") hervor, war in der Frauenbewegung und in der Arbeiter-Abstinenzler-Bewegung führend tätig.

Literatur: M. Schneider, Schreiben für den „neuen Menschen". Die soz.-dem. Journalistin und Politikerin M. P., 1891–1963, Dipl.-Arb., Wien 2000.

Oscar Pollak. Foto, 30er Jahre.

Pollak, Oscar, * 7. 10. 1893 Wien, † 28. 8. 1963 Hinterstoder (OÖ.), Journalist; Ehemann von Marianne → Pollak. 1920–23 und 1926–31 Redakteur, 1931–34 sowie 1945–61 Chefredakteur der „Arbeiterzeitung". 1934–45 im Exil (Brünn, Paris, London). In dieser Phase führender Vertreter der Revolut. Sozialisten: 1961–63 Leiter der SPÖ-Zeitschrift „Die Zukunft".

Werk: Der neue Humanismus, 1962. – Literatur: E. Gründel, O. P.; Parteijournalist zw. Politik und Ideologie, Diss., Wien 1973; NÖB.

Pollak von Rudin, Adolf M., * 18. 5. 1817 Wscheraditz (Všeradice, CZ), † 1. 6. 1884 Baden (NÖ.), Industrieller, Pionier der Zündholzerzeugung. Gründete 1836 in Wien seine 1. Zündwaren- und Siegellackfabrik. Baute ein Unternehmen mit mehreren Fabriken in der ö.-ungar. Monarchie (3000 Beschäftigte) und weltweiten Niederlassungen auf. Auf P. v. R. gehen die farbige Lackierung der Zündholzköpfe (1847) sowie die bis heute übliche Zündholzschachtel zurück. Sein Erfolg beruhte auch auf der Entdeckung des roten, ungiftigen Phosphors durch A. → Schrötter von Kristelli.

Literatur: ÖBL.

Pollet, Johann, * 1814 Prag (CZ), † 13. 9. 1872 Wien, Offizier. Freiheitsheld der Wr. Märzrevolution 1848, führte am 13. 3. die Anordnung Erzhzg. Maximilians, mit Artillerie auf die demonstrierende Volksmenge zu schießen, nicht aus.

Literatur: ÖBL.

Polley, Otto Maria, * 30. 5. 1910 Feldkirchen (Kä.), † 22. 1. 1984 Klagenfurt (Kä.), Schriftsteller. Bis 1970 Leiter der Presse- und Kulturabt. der Kä. Landesregierung.

Werke: Novellen und Erzählungen: Geschichte einer Weltreise, 1932; Der Wald, 1942; Gast bei den Göttern, 1947; 7 Tage Kä., 1948. – Romane: Das Abenteuer im Blut, 1934; Das neue Haus, 1935. – Lyrik: Morgengesang, 1977.

Polster, Anton („Toni"), * 10. 3. 1964 Wien, Fußballspieler. 1982–87 Stürmer bei Austria Wien (1984, 1985 und 1986 ö. Meister, 1985 auch Cupsieger), dann erfolgreiche internat. Karriere: 1987–88 AC Turin, 1988–91 FC Sevilla, 1991–92 CD Logrones, 1992–93 Rayo Vallecano, 1993–98 1. FC Köln, 1998–2000 Borussia Mönchengladbach. 2000 Ende der Karriere als Spieler. 95-mal in das ö. Nationalteam berufen (damit vor G. → Hanappi am häufigsten); 44 Tore in Länderspielen.

Literatur: J. Metzger (Red.), T. P. Doppelpack, 1998.

Polsterer, Ludwig, * 31. 3. 1927 Wien, † 15. 4. 1979 Abano Terme (I), Zeitungsverleger. Hg. und Miteigentümer (50 %) des „Neuen Kurier" (vormals „Wr. Kurier"), den er am 18. 10. 1954 von der amerikan. Besatzungsmacht übernahm. Von 1958 bis zum Verkauf des „Kurier" am 3. 7. 1972 war P. Alleineigentümer und Hg. Weiters übernahm er am 17. 3. 1958 im Zuge des „Wr. Zeitungskriegs" den „Bildtelegraf", der am 23. 7. 1958 eingestellt wurde.

Pomis, Giovanni Pietro de, * 1569/70 Lodi (I), † 6. 3. 1633 Graz (Stmk.), inner-ö. Hofmaler und Architekt. Ab etwa 1595 in Graz tätig; Vertreter spätmanierist. Gestaltungsformen in Malerei und Architektur. Sein architekton. Hauptwerk, das 1614 begonnene Mausoleum → Ferdinands II. in Graz, gilt als eines der bedeutendsten ö. Baudenkmäler dieser Epoche. Von künstlerischer Bedeutung sind auch seine Medaillenentwürfe.

Werke: Graz: Mariahilferkirche, 1607–11; Altarbilder in Antonius-, Allerheiligen-, Mariahilferkirche, Dom. – Literatur: K. Woisetschläger (Hg.), G. P. d. P. 1569–1633, 1974.

Pommer, Josef, * 7. 2. 1845 Mürzzuschlag (Stmk.), † 25. 11. 1918 Gröbming (Stmk.; Selbstmord), Lehrer, Volksliedforscher. Mittelschullehrer in Wien, Gründer des Dt. Volksgesangsvereins in Wien (1889); publizierte ab 1892 über das Volkslied in Ö. („Flugschriften zur Kenntnis und Pflege des dt. Volksliedes", „Das dt. Volkslied"); Verdienste um die ö. Volkslieder-Smlg. (maßgeblich an dem staatl. Projekt „Das Volkslied in Ö." beteiligt). Gab mit R. → Zoder die Ztschr. „Volkslied, Volkstanz, Volksmusik" heraus.

Weitere Werke: Liederbuch für die Deutschen in Ö., 1884; Jodler und Juchezer, 1889; 252 Jodler und Juchezer, 1893; Wegweiser durch die Literatur des dt. Volksliedes, 1896; 444 Jodler und Juchezer aus Stmk., 1902; Über das älpische Volkslied ..., 1907; Blattl-Lieder, 1910.

Pongratz, Peter, * 22. 5. 1940 Eisenstadt (Bgld.), Maler. Studierte 1960–64 an der Akad. der bild. Künste in Wien und an der Hochschule für bild. Künste Berlin; 1964–70 Assistent von M. → Weiler in Wien; 1968 Mitgl. der Künstlergruppe „Wirklichkeiten" u. a. mit F. → Ringel und K. → Kocherscheidt, ab 1975 mehrjähriger Aufenthalt in Venedig. 1979–87 intensive Beschäftigung mit Film- und Bühnenausstattung, ab 1992 intensive künstler. Beschäftigung mit den Balkankriegen (Zyklus „Das Herz der Finsternis").

Literatur: O. Breicha, P. P., 1975; U. Storch (Hg.), P. P. Soulpainting 1962–1997, Ausst.-Kat., Hist. Mus. d. Stadt Wien, 1997.

Popelka, Fritz, * 12. 2. 1890 Graz (Stmk.), † 27. 2. 1973 ebd., Historiker. 1950–55 Dir. des Stmk. Landesarchivs in Graz; Univ.-Prof.; Gründer der „Blätter für Heimatkunde".

Werke: Zur ältesten Geschichte der Stadt Graz, 1919; Geschichte der Grazer Messen, 1921; Das Grazer Stadtbild, 1924; Verklungene Stmk., 1948; Schriftdenkmäler des steir. Gewerbes, 1950; Geschichte der Stadt Graz, 2 Bde., [2]1959/60. – Literatur: F. P. – Leben und Werk, in: Mttlg. des Stmk. Landesarchivs, 1974.

Popovici, Aurel, * 16. 10. 1863 Lugosch (Lugoj, RO), † 9. 2. 1917 Genf (CH), Politiker und Schriftsteller. Gehörte zum Kreis um den Thronfolger → Franz Ferdinand. Abgeordneter der Siebenbürger Rumänen und Vorkämpfer der föderalist. Idee zur Lösung der Nationalitätenfrage.

Werk: Die Vereinigten Staaten von Groß-Österreich, 1906. – Literatur: W. Hlousa, Das Föderalisierungskonzept von A. v. P., Dipl.-Arb., Wien 1989; ÖBL.

Popowitsch, Johann Siegmund Valentin, * 9. 2. 1705 Arzlin b. Cilli (Celje, SLO), † 21. 11. 1774 Perchtoldsdorf (NÖ.), Mundart- und Sprachforscher. Sammler der Volkssprache, Slawist in Wien, Naturforscher.

Werke: Die nothwendigen Anfangsgründe der dt. Sprachkunst, 1754; Versuch einer Vereinigung der Mundarten von Teutschland, 1780. – Literatur: K. Faninger, J. S. V. P. Ein ö. Grammatiker des 18. Jh., 1996.

Popp, Adelheid (geb. Dwořak), * 11. 2. 1869 Wien, † 7. 3. 1939 ebd., soz.-dem. Politikerin und Journalistin, führende Vertreterin der Frauenbewegung in Ö. Arbeitete ab dem 8. Lebensjahr in einer Fabrik, wurde 1889 Mitgl. des Wr. Arbeiterinnen-Bildungsvereins und 1893–1934 verantwortl. Redakteurin der 1892 gegr. „Arbeiterinnen-Zeitung", 1903–33 Mitgl. des Parteivorstands der SDAP. Heiratete 1894 den Politiker J. Popp. 1918–23 Mitgl. des Wr. Gemeinderats, 1919–20 Mitgl. der Konstituierenden Nationalversammlung, 1920–34 Abg. z. NR.

Werke: Die Arbeiterin im Kampf ums Dasein, 1892; Die Jugendgeschichte einer Arbeiterin, 1909; 20 Jahre ö. Arbeiterinnenbewegung, 1912; Der Weg zur Höhe. Die soz.-dem. Frauenbewegung Ö., 1929. – Literatur: ÖBL.

Popp, Lucia, * 12. 11. 1939 Uhorska Ves (SK), † 16. 11. 1993 München (D), Kammersängerin (Sopran). Debüt 1963 in Pressburg, wurde kurze Zeit später an die Wr. Staatsoper engagiert, der sie bis zu ihrem Tod treu blieb. Sang auch in Salzburg, München und London. Bes. als Mozart- und Strauss-Interpretin geschätzt; zahlr. Plattenaufnahmen.

Popper, Karl Raimund, Sir (seit 1965), * 28. 7. 1902 Wien, † 17. 9. 1994 Croydon b. London (GB), Philosoph und Wissenschaftstheoretiker. Studierte Mathematik und Physik in Wien; 1937–45 in Neuseeland, ab 1960 Prof. für Logik und Wissenschaftstheorie an der London School of Economics. Gilt als Begründer des Kritischen Rationalismus (wenn ein Beobachtersatz bes. Art einem allg. Satz widerspricht, so soll dieser als falsifiziert aus dem System ausscheiden). P. trat in allen Wissenschaftsdisziplinen gegen einen positivist. Standpunkt auf und setzte sich in der Politik für liberale Ideen und gegen autoritäre Systeme ein. 1993 veröffentlichte er anlässl. des Kriegs im ehem. Jugoslawien einen „Aufruf an die Europäer". Ehrengrab auf dem Lainzer Friedhof in Wien-Hietzing.

Weitere Werke: Die Logik der Forschung, 1935; The Poverty of Historicism 1944/45 (Das Elend des Historizismus, 1965); The Open Society and Its Enemies, 1945 (Die offene Gesellschaft und ihre Feinde, 1957/58); Conjectures and Refutations, 1963 (Vermutungen und Widerlegungen, 1994); Objective Knowledge, 1972 (Objektive Erkenntnis, 1973); The Self and Its Brain, 1981/82 (Das Ich und sein Gehirn, 1982); Postscript to the Logic of Scientific Discovery, 3 Bde., 1983; Auf der Suche nach einer besseren Welt. Vorträge und Aufsätze aus 30 Jahren, 1984; A World of Propensities, 1990. – Literatur: E. Döring, K. R. P., 1987; I. Zwirchmayr, Sir K. P., der Vater des Kritischen Rationalismus, 1993; M. Geier, K. P., 1994; A. O'Hear (Hg.), K. P., 1995; L. Schäfer, K. P., ³1996.

Popper-Lynkeus, Josef (eigentl. J. Popper; Pseud.: Lynkeus), * 21. 2. 1838 Kolin (CZ), † 21. 12. 1921 Wien, sozialphilosoph. Schriftsteller, Techniker, Erfinder, Eisenbahnbeamter. Forderte ein Existenzminimum für alle Bürger, das durch eine „Nährarmee" („allgem. Nährpflicht" anstelle der Wehrpflicht) gesichert werden sollte; in der Friedensbewegung tätig. H. Bahr nannte ihn das „Genie des Wohlwollens". P.-L. sprach erstmals den Gedanken einer elektr. Kraftübertragung aus (1862), erfand 1867 eine Dampfkesselreinigung, 1889 einen Oberflächenkondensator und 1891 einen Luftkühlapparat; er beschäftigte sich auch mit flugtechn. Problemen.

Literatur: F. Frankl, Nährpflicht und Pan-Europa, 1925; I. Belke, Die sozialreformerischen Ideen von J. P.-L., 1978; F. F. Brezina, Ges. ohne Armut, 1996; ÖBL.

Porr, Arthur, * 11. 6. 1872 Beregozósz (RO), † 17. 10. 1915 Wien, Bautechniker. Gründete 1908 mit O. Stern die „A. P. Betonbauunternehmung GmbH", deren Geschäftsführer er bis 1914 war. Durch die Fusion mit der „Allg. ö. Bauges." entstand 1927 die „Allg. Bauges. A. Porr AG".

Porsche, Ferdinand, * 3. 9. 1875 Maffersdorf (Vratislavice nad Nisou, CZ), † 30. 1. 1951 Stuttgart (D), Automobiltechniker, Konstrukteur des Volkswagens; Vater von Ferdinand Anton Ernst (Ferry) → Porsche und Louise → Piëch. Begann 1898–1905 bei den Lohner-Werken in Wien-Floridsdorf, für die er den „Lohner-P." mit Radnabenmotor entwickelte (1900 auf der Pariser Weltausstellung). 1906–23 techn. Dir. der Austro-Daimler Motoren AG in Wr. Neustadt.

Baute ab 1908 auch Flugzeugmotoren, während des 1. Weltkriegs Zugwagen für schwere Mörser und 1921 den „Sascha"-Sportwagen. Anschließend Konstrukteur bei Daimler-Benz in Stuttgart (Renn- und Lastwagen); 1929–31 Chefkonstrukteur der Steyr-Werke, wo er den „Steyr 30" und den „Steyr 100" konstruierte. Ab 1931 mit einem eig. Konstruktionsbüro wieder in Stuttgart (Rennwagen, Modelle für Zündapp und die NSU-Werke, Beginn der Planung eines billigen Volkswagens). Sein Konzept wurde von den Nat.-Soz. aufgenommen und die Automobilfabrik in Wolfsburg ab 1937 von der „Dt. Arbeitsfront" unter seiner techn. Leitung errichtet. Die militär. Verwertung der Idee entsprach nicht seinen Vorstellungen. P. verlegte seine Werkstätten während des Kriegs nach Gmünd (Kä.), wo er zunächst den ab 1950 in Stuttgart-Zuffenhausen produzierten „P.-Sportwagen" konstruierte und bis zu seinem Tod das Werk leitete.

Literatur: F. Müller, F. P., 1999.

Porsche, Ferdinand Alexander, * 11. 12. 1935 Stuttgart (D), Designer; Sohn von Ferdinand Anton Ernst → Porsche. Studierte an der Hochschule f. Gestaltung in Ulm, 1962 Dir. des Designstudios der Firma P., wo er für die P.-Sportwagen 911 und 904 verantwortlich war. Gründete 1972 ein eig. Designstudio in Zell am See (Sbg.), in dem Uhren, Sonnenbrillen, Möbel und die Niederflurstraßenbahn der Wr. Linien entworfen wurden.

Porsche, Ferdinand Anton Ernst (Ferry), * 19. 9. 1909 Wr. Neustadt (NÖ.), † 27. 3. 1998 Zell am See (Sbg.), Autokonstrukteur; Sohn von Ferdinand → Porsche, Vater von Ferdinand Alexander → Porsche. Miteigentümer der Porsche Holding, Konstrukteur des ersten P.-Sportwagens (P. 356), der 1948 in Gmünd (Kä.) gebaut wurde. 1950–72 Leiter der P.-Automobilfabrik in Stuttgart (D).

Portisch, Emil jun., * 22. 10. 1921 Pressburg (Bratislava, SK), Journalist; Bruder von Hugo → Portisch. 1945–47 Redakteur beim „Kleinen Volksblatt", dann beim „Steirerblatt", 1959–85 Ressortleiter für Außenpolitik bei der „Süd-Ost-Tagespost" in Graz. Sein Vater gleichen Namens (1887–1985) war ebenfalls ein bedeutender Journalist (Chefredakteur bei den „Nö. Nachrichten").

Portisch, Hugo, * 19. 2. 1927 Pressburg (Bratislava, SK), Journalist; Bruder von Emil → Portisch jun. Nach journalist. Tätigkeiten in Ö. und Ausbildung in den USA ab 1953 in der Diplomatie, 1955 stellv. Chefredakteur und 1958–67 Chefredakteur des „Kurier". 1964 leitete P. in Zusammenarbeit mit parteiunabhängigen Zeitungen das Rundfunkvolksbegehren ein. 1968 Chefkommentator des Ö. Rundfunks, 1971–72 Sonderbevollmächtigter des „Kurier", 1973–78 Korrespondent für den „Kurier" und den ORF in London, danach Rückkehr nach Ö. Stellte als weltpolit. Kommentator des ORF eine Reihe von TV-Dokumentationen her, die auch als Buchausgaben große Verbreitung fanden, darunter die Reihen „Ö. I", „Ö. II" und „Hört die Signale"; Autor zahlr. Länderdarstellungen.

Adelheid Popp. Foto, 1892.

Sir Karl Raimund Popper. Foto.

Josef Popper-Lynkeus. Foto.

Portschy, Tobias, * 5. 9. 1905 Oberschützen (Bgld.), † 2. 3. 1996 Rechnitz (Bgld.), Jurist und Politiker (NSDAP). Ab 1931 Mitgl. der NSDAP, 1933 Kreisleiter des südl. Bgld., 1935 bis 11. 3. 1938 illegaler Gauleiter und bis Okt. 1938 kommissar. Landeshauptmann des Bgld., Mai 1938 bis April 1945 stellv. Gauleiter der Stmk.; 1945–47 in Lagern, bis 1951 in Haft. Trat für die Verfolgung der Roma ein („Denkschrift", 1938).

Literatur: S. Karner, Die Stmk. im 3. Reich 1938–45, 1986.

Posch, Isaac, † 1622/23 Klagenfurt (Kä.; ?), Komponist, Organist und Orgelbauer. Ab 1614 Organist der (protestant.) Stände von Kä. vermutl. in St. Egyd in Klagenfurt. 1617–18 in Krain, wo er einige Orgeln erbaute (u. a. in Laibach).

Werke: Suiten: Musicalische Ehrnfreudt, 1618 (4-stimmig); Musical. Tafelfreudt, 1621, (5-stimmig). – Harmonia concertans, 1623 (1–4-stimmige Concerti). – Literatur: H. J. Moser, Die Musik im frühevang. Ö., 1954; H. Federhofer, Unbekannte Dokumente zur Lebensgeschichte von I. P., 1962.

Poschacher, Anton, * 1. 11. 1841 Mauthausen (OÖ.), † 26. 3. 1904 ebd., Industrieller. Sein Vater gleichen Namens (1812–1873) gründete 1839 die Granitwerke in Mauthausen. 1876 übernahm der Sohn als Alleineigentümer das größte Granitunternehmen der ö.-ungar. Monarchie mit mehreren Steinbrüchen und führte dieses zu einem neuen wirt. Höhepunkt. An soz. Maßnahmen für Mitarbeiter schuf er Werksunterkünfte und eine Pensionsvorsorge.

Literatur: ÖBL.

Pöschl, Hanno, * 2. 7. 1949 Wien, Schauspieler, Cafétier. Abschluss einer Konditorlehre und der Schauspielausbildung bei Lamert-Offer, 1978 erstes Theaterengagement am Wr. Schauspielhaus. Berühmt wurde P. 1982 durch seine Doppelrolle als Gil bzw. Robert in R. W. Fassbinders Genet-Verfilmung „Querelle". Seit 1970 Betreiber des „Kleinen Cafés" in der Wr. Innenstadt.

Weitere Filme: Kassbach, 1979; Exit – Nur keine Panik, 1980; Der Stille Ozean, 1983; Coconuts, 1985; Ilona und Kurti, 1991; Muttertag, 1993; Der Unfisch, 1996; Nachtfalter, 2001.

Postl, Karl, → Sealsfield, Charles.

Postranecky, Helene („Hella", verehel. Altmann), * 12. 3. 1903 Wien, † 5. 1. 1995 ebd., Politikerin (KPÖ); Ehefrau von Karl → Altmann. In der Zwischenkriegszeit Funktionärin der SDAP, im April 1945 von der KPÖ für die Provisor. Regierung Renner nominiert, von 27. 4. bis 20. 12. 1945 Unterstaatssekretärin für Volksernährung. Trat wegen der Niederschlagung des „Prager Frühlings" 1968 aus der KPÖ aus.

Potocki, Alfred Graf, * 29. 7. 1822 Lancut (PL), † 18. 5. 1889 Paris (F), Staatsmann. Zunächst im diplomat. Dienst, 1861 Mitgl. des Herrenhauses, 1867 Ackerbaumin., 1870–71 Min.-Präs., gleichzeitig Ackerbau- und Landesverteidigungsmin. Trat im dt.-franz. Krieg 1870 für Neutralität ein, kündigte das Konkordat von 1855 und ordnete das Verhältnis Staat– Kirche neu, scheiterte aber am Versuch, alle Nationalitäten der Monarchie zur Mitarbeit im Reichsrat zu bewegen. Später in Galizien, wo er einer der reichsten Grundbesitzer war, als Landmarschall (1874) und als Statthalter (1875–83) sowie in wirtschaftspolit. Organisationen tätig.

Literatur: ÖBL.

Potočnik, Hermann (Pseud.: H. Noordung), * 22. 12. 1892 Pola (Pula, HR), † 27. 7. 1929 Wien, Raketentechniker. Entwarf mit Sonnenenergie betriebene „stehende Satelliten" für den Einsatz als Weltraumobservatorien. Berechnete Umlaufbahnen, deren Richtigkeit später bestätigt wurde.

Werk: Das Problem der Befahrung des Weltraums, 1928. – Literatur: ÖBL.

Pötzl, Eduard (Pseud.: Kleinpetz), * 17. 3. 1851 Wien, † 20. 8. 1914 Mödling (NÖ.), Journalist und Feuilletonist, Eisenbahnbeamter; Großvater von Johannes → Pötzl. Ab 1874 Redakteur beim „Neuen Wr. Tagblatt"; Meister der Lokalskizze, schrieb teilw. im Wr. Dialekt Humoresken aus dem Wr. Leben, schuf mit dem „Herrn Nigerl" einen Typus des Wr. Spießers.

Ausgabe: Gesammelte Skizzen, 18 Bde., 1906. – Literatur: E. Gause, E. P. und die Wr. Skizze, Diss., Wien 1934; B. Jasper, Das Feuilleton in der Wr. Tagespresse der Gegenwart, Diss., Wien 1956; ÖBL.

Pötzl, Johannes, * 25. 3. 1930 Wien, † 2. 11. 1993 ebd., Mathematiker und Physiker; Enkel von Eduard → Pötzl. Studierte 1948–52 Mathematik und Physik an der Univ. Wien und 1952–56 Techn. Physik an der Techn. Hochschule in Wien, an der er auch seine wiss. Laufbahn absolvierte: 1964 Habilitation für das Fach Elektronik, ab 1966 Prof. f. Physikal. Elektronik, 1985–91 Vorstand des Inst. f. Allgem. Elektrotechnik und Elektronik, 1993 Emeritierung. Bedeutender Forscher auf dem Gebiet der Halbleitertechnik, aus dessen Schule mehrere große Techniker hervorgegangen sind, u. a. E. → Gornik und S. → Selberherr.

Poukar, Raimund, * 17. 7. 1895 Wien, † 3. 12. 1980 ebd., kath. Journalist. 1938–40 und 1944 in verschiedenen Konzentrationslagern, 1945–55 Pressereferent im Unterrichtsministerium, anschließend im Bundeskanzleramt.

Povinelli, Adolf Heinrich, * 12. 7. 1861 Innsbruck (Ti.), † 24. 1. 1939 Wien, Lyriker und Epiker. Beamter in Wien und 1879–82 in Paris, danach Offizier; gehörte dem Kreis „Jung-Tirol" an.

Werke: Lyrik: Morgenwolken, 1883; Sylvestergedanken eines Tirolers, 1886; Freie Liebe, 1895; Aus meiner Mappe, 1931. – Epen: Ahasverus in Ti., 1890; Mönch und Herzogin, 1893. – Romane.

Powolny, Michael, * 18. 9. 1871 Judenburg (Stmk.), † 4. 1. 1954 Wien, Keramiker und Bildhauer, wichtigster ö. Vertreter der Keramikkunst am Beginn des 20. Jh. In intensiver künstlerischer Wechselbeziehung mit der Wr. Secession und der Wr. Werkstätte schuf er Entwürfe für Serienprodukte wie dekorative Einzelstücke für die 1906 gegr. eig. Werkstätte „Wr. Keramik" (1913 mit der „Gmundner Keramik" fusioniert), aber auch für die keram. Ind.; daneben Glasentwürfe und später vermehrt großformatige Bildhauerarbeiten. Ab 1909 als Lehrer an der Wr. Kunstgewerbeschule tätig.

Literatur: E. Frottier, M. P. Keramik und Glas aus Wien 1900–1950, 1990.

Pozzo, Andrea, * 30. 11. 1642 Trient (I), † 31. 8. 1709 Wien, Baumeister, Bildhauer, Maler des Spätbarock, Jesuiten-Laienbruder. Führender Praktiker und Theoretiker der architekton. illusionist. Malerei; 1702 von Ks. Leopold I. aus Rom nach Wien berufen; seine Gesamtsicht von Architektur, Plastik und Malerei war in Ö. lange Zeit vorbildlich.

Werke: Wien: barocker Umbau der Jesuitenkirche, 1703–07; Hochaltarbilder in Jesuiten- und Franziskanerkirche, 1707; Deckenfresko im Palais Liechtenstein in der Roßau, 1708. – Literatur: B. Kerber, A. P., 1971; H. Karner, Zur Rezeption des scheinarchitekton. Werkes von A. P. in den habsburg. Ländern nördlich der Alpen im 18. Jh., Diss., 2 Bde., Wien 1995; A. Battisti (Hg.), A. P., 2 1998.

Prachatitz, Hans von, † zw. 1435 und 1437 Wien, Baumeister; vermutlich nicht verwandt mit seinem Vorgänger Peter v. → Prachatitz. Ab 1429 Dombaumeister zu St. Stephan; vollendete 1433 den S-Turm.

Prachatitz, Peter von, † Febr. 1429 Wien, Baumeister, vermutlich nicht verwandt mit seinem Nachfolger Hans v. → Prachatitz. 1404–29 Dombaumeister zu St. Stephan. In seiner Amtszeit wurde der größte Teil des

S-Turms errichtet und mit dem Bau des Langhauses begonnen.

Prachensky, Markus, * 21. 3. 1932 Innsbruck (Ti.), Maler und Graphiker. Vertreter informeller Aktionsmalerei, 1956 Mitbegründer der Gruppe um die Galerie St. Stephan (mit W. → Hollegha, J. → Mikl und A. → Rainer); 1983–2000 Prof. an der Akad. d. bildenden Künste in Wien. Zunächst beeinflusst vom Konstruktivismus und bis Mitte der 70er Jahre ausschließlich auf Rottöne beschränkt, schuf er später spontan umgesetzte Kompositionen von starker Farbwirkung, die oft mit Reiseeindrücken (v. a. Italien) verknüpft sind („California-Paintings", „Etruria"-Serie, „Umbria"-Serie u. a.). Gestaltete auch Glasfenster (u. a. St. Marien in Enns, 1975) und Tapisserien.

Literatur: M. P., Retrospektive 1954–88, Ausst.-Kat., Innsbruck 1989; W. Fleischer, M. P., 1990.

Markus Prachensky. Foto, 1954.

Prack, Rudolf, * 2. 8. 1902 Wien, † 3. 12. 1981 ebd., Filmschauspieler. Engagement am Theater in der Josefstadt in Wien, ab 1937 Filmtätigkeit (v. a. Heimatfilme und Nostalgiefilme), später Fernsehtätigkeit in Ö. und Deutschland.

Filme: Krambambuli, 1940; Liebe nach Noten, 1947; Kaiserwalzer, 1953; Kronprinz Rudolfs letzte Liebe, 1956; Der Priester und das Mädchen, 1958; Mariandl, 1961; Jesus von Ottakring, 1976.

Prader, Georg, * 15. 6. 1917 St. Pölten (NÖ.), † 16. 3. 1985 Wien, Landesbeamter und Politiker (ÖVP). 1967–75 Landesparteiobmann der ÖVP NÖ., 1968 Obmann des ÖAAB NÖ., 1954–59 Mitgl. d. BR, 1959–79 Abg. z. NR. Als BMin. f. Landesverteidigung (1964–70) setzte er den Kauf von Saab-Abfangjägern durch. Besaß starken Einfluss bei Personalentscheidungen der ÖVP.

Prammer, Barbara, * 11. 1. 1954 Ottnang a. Hausruck (OÖ.), Soziologin und Politikerin (SPÖ). 1986–89 am Berufl. Bildungs- und Rehabilitationszentrum in Linz tätig, 1989–91 beim Arbeitsmarktservice OÖ. 1991–95 Abg. z. Oö. Landtag und dessen 2. Präsidentin, 1995–97 Landesrätin für Wohnbauförderung, Naturschutz und Verwaltungspolizei; 1997–2000 BMin. f. Frauenangelegenheiten und Verbraucherschutz; seit 1997 Bundesfrauenvorsitzende der SPÖ; seit 1999 Abg. z. NR.

Prandstetter, Martin Joseph, * 5. 10. 1760 Wien, † 25. 6. 1798 Munkács (Mukachevo, UA), Lyriker. Ab 1783 Magistratsbeamter in Wien, publizierte 1780–94 im „Wr. Musenalmanach" und in Freimaurerpublikationen; fand in seiner thematisch vielfältigen Lyrik („Winzerlieder", Scherzgedichte, lehrhafte Balladen) zu einer eigenständigen Sprache. Im Zuge der Jakobiner-Verschwörung 1794 verhaftet und zu 30 Jahren Festungshaft in Munkács verurteilt, wo er nach wenigen Jahren starb.

Literatur: F. Haderer, M. J. P., Diss., Wien 1967; A. Körner (Hg.), Die Wr. Jakobiner, 1972.

Prandtauer, Jakob, getauft 16. 7. 1660 Stanz b. Landeck (Ti.), † 16. 9. 1726 St. Pölten (NÖ.), neben J. B. → Fischer von Erlach und J. L. v. → Hildebrandt der bedeutendste Baumeister des ö. Barock, der auch bes. eng mit dem Handwerk verbunden war. P. wurde bei H. G. Asam in Schnann (Ti.) ausgebildet und ist ab 1689 in Thalheim (NÖ.) als Bildhauer erwähnt. Seine Kunst entfaltete sich abseits der kaiserl. Residenz, große profane Aufträge blieben ihm versagt, er war der bevorzugte Architekt des Prälatenstandes. P. war 1701 und 1704 in Wien, verarbeitete Anregungen von Fischer v. Erlach, M. Steinl, A. Beduzzi und C. A. Carlone in seinem Stil und lebte in den Werken seines Neffen J. → Munggenast und dessen Söhnen weiter. Sein Werk zeichnet sich durch Praxisbezogenheit und Anpassungsvermögen aus, ohne dabei an Eigenart zu verlieren; von daher erklärt sich auch seine große qualitative Spannweite. Sein Haupt- und Lebenswerk ist Stift Melk (1702–36, mit A. N. → Beduzzi, J. → Munggenast u. a.), wo er bis zum Lebensende arbeitete.

Werke: NÖ.: Schlosskapelle Thalheim, um 1690; Pfarrhof in Haitzendorf, 1694–1700; Pfarrkirche Weikendorf (Umbau), 1702–04; Wallfahrtskirche Sonntagberg, 1706–18; Kuppel der Wallfahrtskirche Maria Taferl, 1707–11; Karmelitinnenkirche in St. Pölten (Bauleitung), 1708–12; Teile von Stift Herzogenburg, 1714–16; Umbau des Doms von St. Pölten, 1721/22. – OÖ.: Stiege, Saal und Gasttrakt des Stifts Garsten, 1708–10; Wallfahrtskirche Christkindl, 1708/09; Fortsetzung des Baus von Stift St. Florian, 1708–26; Schloss Neu-Pernstein, 1715–17; Bischofshof in Linz, 1721–26; Schloss Hohenbrunn bei St. Florian, 1724–29. – Entwürfe für die Stifte Kremsmünster, 1710, Klosterneuburg, 1713, Herzogenburg, 1714, und Göttweig, 1719. – Literatur: J. P. und sein Kunstkreis, Ausst.-Kat., Melk 1960; G. Schikola, Beiträge zu einer P.-Monographie, 1969; P. Fidler, Zur Bauaufgabe in der Barockarchitektur, 1985; H. Lorenz (Hg.), Barock, Geschichte der bildenden Kunst in Ö., hg. von H. Fillitz, Bd. 4, 1999.

Jakob Prandtauer. Porträt (Stift Melk, NÖ.).

Pranger, Paul, * 23. 1. 1888 Wien, † 29. 6. 1961 ebd., Kammerschauspieler. 1919–60 am Burgtheater (großer Ensemblekünstler), 1925–38 auch Hörspielrollen und Dichterlesungen.

Literatur: U. J. Jensen, P. P., Diss., Wien 1967.

Prantl, Karl, * 5. 11. 1923 Pöttsching (Bgld.), Bildhauer. Als Maler ausgebildet, fand P. in der Bildhauerei (als Autodidakt) schon um 1950 zu abstrakten Gestaltungsformen („Meditationssteine"). Gründete 1959 im Steinbruch von St. Margarethen (Bgld.) das Internat. Bildhauersymposion. 1986 ö. Vertreter bei der Biennale in Venedig.

Literatur: K. P. Plastiken 1950–81, Ausst.-Kat., Frankfurt a. M. 1981; K. P. Steinmeditationen, Ausst.-Kat., Hamburg 1983; E. Thoman-Oberhofer u. P. Weiermair (Hg.), K. P. Steine, 1997.

Pravda, Christian, * 8. 3. 1927 Kufstein (Ti.), † 11. 11. 1994 Kitzbühel (Ti.), Skirennläufer. Gewann 1952 bei den Olymp. Spielen in Oslo Silber im Riesenslalom und Bronze in der Abfahrt; 1954 Abfahrtsweltmeister und Kombinationszweiter. Aufgrund eines Werbefotos für die Olymp. Spiele gesperrt, wechselte er zu den Profis und wurde auch dort Weltmeister.

Prawy, Marcel, * 29. 12. 1911 Wien, Musikschriftsteller und -journalist, urspr. Jurist. Ab 1955 Dramaturg an der Wr. Volksoper, wo er für Europa das Musical einführte („Kiss me Kate", 1956, dt.-sprach. Fassung von M. P.); ab 1972 Chefdramaturg der Wr. Staatsoper. 1976–82 Prof. an der Wr. Musikhochschule und auch

Marcel Prawy. Foto.

Lektor für Theaterwiss. an der Univ. Wien, Gastprof. an zahlr. amerikan. und japan. Univ. Wurde als Opernkenner durch zahlr. Fernseh- und Rundfunksendungen bekannt und war bzw. ist mit zahlr. prominenten Sängern und Musikern (z. B. L. Bernstein) befreundet. Ehrenmitglied der Wr. Staatsoper.

Werke: Die Wr. Oper, 1969; Die Wr. Operette, 1970; Johann Strauß, 1975 u. 1991; „Nun sei bedankt ...". Mein Richard-Wagner-Buch, 1982; M. P. erzählt aus seinem Leben, 1996.

Prechtl, Johann Josef von, * 16. 11. 1778 Bischofsheim (D), † 28. 10. 1854 Wien, Technologe. Wegbereiter der techn. Ausbildung in Ö., 1809/10 Dir. der Navigationsakad. in Triest, 1815–49 Dir. des von ihm gegr. Polytechn. Inst. in Wien, dessen Verfassung und Organisation er entwarf. Errichtete mit J. → Arzberger eine Gaserzeugungsanlage, Gründungsmitgl der Ö. Akad. d. Wiss.

Otto Ludwig Preminger. Foto.

Werke: Über die Fehler in der Erziehung, 1804; Grundlehren der Chemie in techn. Beziehung, 2 Bde., 1813/15; Untersuchungen über den Flug der Vögel, 1846. – Hg.: Jahrbücher des Polytechn. Inst., 20 Bde., 1819–30; Technolog. Encyclopädie, 20 Bde., 1830–54. – Literatur: C. Hantschk, J. J. P. und das Wr. Polytechn. Inst., 1988; ÖBL.

Prechtler, Johann Otto, * 21. 1. 1813 Grieskirchen (OÖ.), † 6. 8. 1881 Innsbruck (Ti.), Lyriker, Dramatiker, Epiker, Aphoristiker und Feuilletonist, Beamter. 1856–66 Nachfolger F. → Grillparzers als Dir. des Hofkammerarchivs, von dem er literarisch stark beeinflusst wurde. Ab 1867 Theaterdichter am Volkstheater in München.

Werke: Lyrik: Dichtungen, 1836; Gedichte, 1844; Zeit-Accorde, 1873; Neueste Gedichte, 1878. – Dramen: Die blutige Locke, 1833; Die Kronenwächter, 1844; Kg. Heinrich v. Deutschland, 1846; Er sucht seine Braut, 1850; Ein Mann der Tat, 1865. – Novelle: Die Freistatt der Götter, 1905. – Literatur: ÖBL.

Paula von Preradović. Foto.

Pregartbauer, Lois, * 22. 5. 1899 Misselsdorf (Gem. Gosdorf, Stmk.), † 15. 4. 1971 Wien, Maler. 1916–18 Soldat im 1. Weltkrieg, 1920–21 Studium an der Techn. Hochschule und an der Kunstgewerbeschule in Wien bei O. → Strnad. 1931 Mitgl. des Hagenbunds, Vertreter der Neuen Sachlichkeit. Häufige Motive sind Großstadtperipherie und nach 1934 Landschaften. Ab 1946 Mitgl. der Wr. Secession, 1956–58 deren Präsident.

Literatur: L. P., Ausst.-Kat., Wien 1981; K. Schröder, Neue Sachlichkeit, Ö. 1918–38, Ausst.-Kat., Kunstforum, Wien 1995.

Pregl, Fritz, * 3. 9. 1869 Laibach (Ljubljana, SLO), † 13. 12. 1930 Graz (Stmk.), Chemiker; Nobelpreisträger für Chemie 1923 für die quantitative Mikroanalyse organ. Verbindungen. Pionier der mikrochem. Forschung. 1903 und ab 1913 Univ.-Prof. in Graz, 1910–13 in Innsbruck, Dir. des Medizin.-chem. Univ.-Inst. in Graz. 1914 Lieben-Preis; stiftete selbst den P.-Preis (von der Akad. d. Wiss. in Wien verwaltet). Seine Methoden der Analyse kleinster Substanzmengen ermöglichten umwälzende Stoffwechsel-, Hormon- und Enzymforschungen. P. verwendete dazu bes. empfindl. Laborgeräte (Mikrowaage u. a.); nach ihm ist die „p.sche Jodlösung", ein jodhaltiges Desinfektionsmittel, benannt. P. machte (mit F. Emich) Graz zum Zentrum der mikrochem. Forschung.

Fritz Pregl. Foto.

Werk: Die quantitative organische Mikroanalyse, 1917. – Literatur: H. Lieb, Friedrich Emich und F. P., in: Ö. Naturforscher und Techniker, 1950; ÖBL.

Prehauser, Gottfried, * 8. 10. 1699 Wien, † 29. 1. 1769 ebd., Schauspieler und Schriftsteller. Nach Debüt bei einer Wandertruppe und Auftritten beim Wr. Marionettentheater als fahrender Komödiant in Süddeutschland und Ö. unterwegs, 1720 in Salzburg als „Salzburgischer Hanswurst" bekannt; kam 1725 ans Kärntnertortheater in Wien, wo er als „Neuer Wienerischer Hanswurst" J. A. → Stranitzky ablöste und nach dessen Tod die Führung der „Teutschen Comödianten" übernahm. Hervorragender Interpret von Stegreif-, aber auch von „regelmäßigen" Stücken (G. E. Lessing), schrieb Lokalstücke und -possen und satirisch-humorist. „Neujahrswünsche".

Gottfried Prehauser. Gemälde.

Literatur: G. Gugitz, Der weiland Kasperl, 1920; O. Rommel, Die Alt-Wr. Volkskomödie, 1952; M. Baar-de Zwaan, G. P. und seine Zeit, Diss., Wien 1967.

Preiml, Baldur, * 8. 7. 1939 Bruggen (Kä.), Skispringer, Trainer und Sportpädagoge. Bronzemedaillengewinner bei den Olymp. Spielen 1968 in Grenoble; 1970–76 Prof. am Skigymn. in Stams; entwickelte moderne Trainingsmethoden unter bes. Beachtung mentaler und ernährungswiss. Aspekte, führte als Trainer 1974–80 die ö. Nationalmannschaft an die Weltspitze. 1987–91 Leiter der Sportabt. im BM f. Unterricht, Kunst und Sport.

Preindl, Josef, * 30. 1. 1756 Marbach (NÖ.), † 26. 10. 1823 Wien, Kirchenmusiker. Schüler von J. G. → Albrechtsberger, Chordirektor der Peterskirche, 1809 Kapellmeister am Wr. Stephansdom.

Werke: Messen, 1 Requiem, Klavierstücke. – Publikationen: Wr. Tonschule, hg. v. I. Seyfried, 2 Tle., 1827; Melodien aller dt. Kirchenlieder ..., 1830; Gesanglehre, ²1833. – Literatur: ÖBL.

Preminger, Otto Ludwig, * 5. 12. 1906 Wien, † 23. 4. 1986 New York (USA), Filmregisseur und -produzent. 1923 Schauspieler und Regieassistent bei M. → Reinhardt (Sbg. Festspiele). Seine Engagements reichten von Wanderbühnen bis zur Wr. Volksoper (1929–31) und zum Theater in der Josefstadt (Leitung 1933–35). 1935 Emigration in die USA, Theaterregisseur in New York, Assistent von E. Lubitsch, danach Filmregisseur und -produzent in Hollywood; ab 1941 unter Vertrag bei 20th Century Fox. Einer der bedeutendsten Regisseure in Hollywood; später auch wieder am Theater (Broadway) tätig.

Werke: Regie: Die große Liebe, 1931/32; Laura, 1944; River of No Return, 1954; Carmen Jones, 1954; Der Mann mit dem goldenen Arm, 1955; Bonjour tristesse, 1957; Porgy and Bess, 1959; Exodus, 1960. – Literatur: N. Grob (Hg.), O. P., 1999.

Preradović, Paula von (verehel. Molden), * 12. 10. 1887 Wien, † 25. 5. 1951 ebd., Lyrikerin, Erzählerin; Ehefrau von Ernst → Molden, Mutter von Fritz → Molden und Otto → Molden. Dichterin der ö. Bundeshymne (1947). Wuchs in Pola (Istrien, HR) auf; 1916 Heirat mit Ernst Molden; lebte in Kopenhagen und ab 1920 wieder in Wien.

Werke: Lyrik: Dalmatinische Sonette, 1933; Lob Gottes im Gebirge, 1936; Ritter, Tod und Teufel, 1946. – Prosa: Pave und Pero, 1940; Die Versuchung des Columba, 1951; Königslegende, 1950; Wr. Chronik 1945, 1995 (Tagebuch). – Literatur: Z. Orlandic, Südslaw. Motive in der Dichtung der P. v. P., 1979.

Pretterebner, Hans, * 8. 4. 1944 Graz-Haselsdorf (Stmk.), Journalist. Gründer und Hg. der rechtsgerichteten Monatsschrift „Politische Briefe" (1975–83), seit 1984 auch Sachbuchautor. „Der Fall Lucona" (1987) wurde zum Bestseller. 1994–95 Abg. z. NR (FPÖ).

Weiteres Werk: Das Netzwerk der Macht, 1993.

Preu, Jörg, → Breu, Jörg d. Ä.

Preuß, Paul, * 19. 8. 1886 Altaussee (Stmk.), † 3. 10. 1913 (abgestürzt am Mandlkogl, Gosaukamm, Dachsteingruppe), Alpinist. Einer der führenden Alpinisten seiner Zeit; früher Verfechter des Freikletterns im Extremalpinismus.

Literatur: R. Messner (Hg.), Freiklettern mit P. P., 1986; ÖBL.

Přibram, Alfred Francis, * 1. 9. 1859 London (GB), † 7. 5. 1942 Cambridge (GB), Historiker. 1894–1930 Univ.-Prof. in Wien, maßgeblich an der Herausgabe von Dokumentensammlungen zur jüngeren ö. Geschichte aus dem Ö. Staatsarchiv beteiligt. International bekannt durch seine Veröffentlichung über die Ursachen des 1. Weltkriegs „Die polit. Geheimverträge Ö.-Ungarns zw. 1879 und 1914" (1920).

Weitere Werke: Ö. und Brandenburg, 2 Bde., 1884/85; Ö. Staatsverträge, England, 2 Bde., 1907/13; Urkunden und Akten zur Geschichte der Juden in Wien, 2 Bde., 1918; Ö.-Ungarns Außenpolitik 1908–14, 9 Bde., 1930 (Mit-Hg.). – Literatur: C. Zouzelka, A. F. P., Diss., Wien 1969; ÖBL.

Priessnitz, Reinhard, * 27. 10. 1945 Wien, † 5. 11. 1985 ebd., Verfasser experimenteller Lyrik und Prosa, Essayist. Redakteur des „Neuen Forums" 1968–74, ab 1976 regelmäßige Beiträge für die Wr. Tageszeitung „Die Presse"; 1982 Lehrauftrag für Literatur und Poetik an der Akad. d. bild. Künste in Wien und an der Linzer Kunsthochschule. Knüpft mit seinem Werk an die Tradition der Wr. Gruppe an, ohne jedoch deren formalist. Konzeption zu übernehmen. Zu Lebzeiten erschienenes Hauptwerk sind die „vierundvierzig gedichte" (1978). Der R.-P.-Preis wird seit 1994 vom ö. Bundeskanzleramt vergeben.

Weitere Werke: Werkausgabe, hg. v. F. Schmatz, 4 Bde., 1978–94. – Literatur: Dossier R. P., in: Sprache im techn. Zeitalter, Nr. 100, 1986; W. Ruprechter (Hg.), R.-P.-Symposion Paris 1990, 1992; F. J. Czernin, Die Schreibhand. Zu R. P. Gedicht „Heldin", 1997.

Primavesi, Oskar, * 15. 3. 1874 Rajcza (PL), † 26. 7. 1952 Wien, Techniker. Studierte Maschinenbau an der Techn. Hochschule in Graz, trat 1900 in die Firma Siemens & Halske ein, für die er in den folgenden Jahren richtungsweisende Ingenieurleistungen erbrachte, insbes. im Zusammenhang mit der Entwicklung der ersten Turbogeneratoren für die Wr. Elektrizitätswerke sowie großer Gleichstrommaschinen und der Lokomotivmotoren mit 25 Hz Netzfrequenz. 1919–40 Prof. an der Techn. Hochschule in Wien, 1932/33 deren Rektor.

Primisser, Alois, * 4. 3. 1796 Innsbruck (Ti.), † 25. 7. 1827 Wien, Museumsfachmann. 1814 Praktikant an der Ambraser Smlg. im Unteren Belvedere, 1816 Kustos des Münz- und Antikenkabinetts. Machte u. a. in einer mit F. H. von der Hagen edierten Heldenliedausgabe die nur im Ambraser Heldenbuch überlieferte „Kudrun" erstmals zugänglich.

Literatur: ÖBL.

Prinzhorn, Thomas, * 5. 3. 1943 Wien, Industrieller und Politiker (FPÖ). Seit 1970 für die Papierfabrik W. Hamburger AG tätig, seit 1994 Alleinvorstand. Ab 1974 Vorsitzender verschiedener Ausschüsse der ö. Industriellenvereinigung. 1996–98 Abg. z. NR und FPÖ-Wirt.-Sprecher; seit 1999 wieder Abg. z. NR und dessen 2. Präs.

Pritz, Josef, * 12. 3. 1913 Rautenberg (D), † 17. 12. 1977 St. Pölten (NÖ.), Geistlicher und Theologe. Baute nach 1945 das Seminar in Melk wieder auf, lehrte als Univ.-Prof. Dogmatik und Fundamentaltheologie an der Theol. Hochschule in St. Pölten und an der Univ. Wien.

Literatur: F. Werner, Ein Leben für Wahrheit in Freiheit, 1957.

Prix, Johann Nepomuk, * 6. 5. 1836 Wien, † 25. 2. 1894 Rekawinkel (NÖ.), Kommunalpolitiker. Ab 1869 Mitgl. d. Wr. Gemeinderats, 1889–94 Erster Bürgermeister von Wien. Unter ihm wurde der Linienwall als Steuergrenze aufgehoben. 1891 fanden erstmals Gemeinderatswahlen unter Beteiligung der Vorortebevölkerung statt.

Literatur: F. Czeike, Wien und seine Bürgermeister, 1974; ÖBL.

Prix, Wolf D., → Coop Himmelb(l)au.

Probst, Christoph, * 6. 11. 1919 Murnau (D), † 22. 2. 1943 München (D), Mitgl. der Münchner Studentenwiderstandsgruppe „Weiße Rose". Studierte ab Herbst 1942 in Innsbruck. Nachdem die Gestapo ein von ihm verfasstes Flugblatt gefunden hatte, zum Tod verurteilt und am selben Tag hingerichtet.

Literatur: Dokumentationsarchiv des ö. Widerstandes (Hg.), Widerstand und Verfolgung in Ti. 1934–45, Bd. 2, 1984.

Probst, Otto, * 29. 12. 1911 Wien, † 22. 12. 1978 ebd., Lithograph und Politiker (SPÖ). 1935–36 und 1937 in polit. Haft, 1939–43 im KZ; 1946–70 Zentralsekr. der SPÖ, 1970–74 Obmann der SPÖ Wien, 1945–78 Abg. z. NR (1970–78 3. Präs.), 1963–66 BMin. f. Verkehr.

Probus, Marcus Aurelius, * 232 Sirmium (Sremska Mitrovica, YU), † 282 ebd. (ermordet), 276–282 röm. Kaiser. Gestattete den bis dahin verbotenen Anbau von Wein in den Provinzen und beendete damit das italische Monopol auf Weinexport.

Prochazka, Elsa, * 25. 8. 1948 Wien, Architektin. Studierte an der Tech. Hochschule und an der Akad. d. bild. Künste in Wien bei E. A. → Plischke; 1973 Gründung der Gruppe IGIRIEN mit W. Appelt und E. → Kneissl. Seit Mitte der 80er Jahre vorwiegend Ausstellungsarchitektur (Hermesvilla 1988/90, Schloss Ambras 1990, Jüd. Museum Hohenems 1990/94, Hist. Museum der Stadt Wien); Neugestaltung des Volkskundemuseums in Wien 1992–94. 1992–96 Prof. f. Entwerfen im Städtebaul. Kontext an der Gesamthochschule Kassel, seit 1998 Visiting Examiner am University College London. A.-Loos-Preis 1994.

Weitere Werke: Wien: kirchl. Mehrzweckhallen Rennweg, 1977, Jedlersdorfer Straße, 1979/80, und Quadenstraße, 1980/81; Stadtkino, 1981 (alle mit Gruppe IGIRIEN); Frauen-Werk-Stadt, 1995; Coca-Cola-Beverages, 1997. – Literatur: P. M. Bode und G. Peichl, Architektur aus Ö. seit 1960, 1980; Magistrat der Stadt Wien (Hg.), Architektur in Wien, 1984.

Prock, Markus, * 22. 6. 1964 Innsbruck (Ti.), Rodler. 1987 und 1996 Einzelweltmeister, 1998 Einzeleuropameister, vielfacher Weltcup-Gesamtsieger. Silbermedaille bei den Olymp. Spielen 1992 in Albertville und 1994 in Lillehammer.

Prohaska, Felix, * 16. 5. 1912 Wien, † 24. 1. 1991 ebd., Dirigent; Sohn des Komponisten Karl P. (1869–1927). Dirigent an den Opern in Duisburg, Straßburg, Prag, Salzburg und an der Wr. Volksoper (1946–55); 1955–61 Generalmusikdirektor in Frankfurt a. M., dann an der Musikschule in Hannover tätig. Unterrichtete kurze Zeit auch an der Wr. Musikhochschule und am Wr. Konservatorium.

Prohaska, Herbert, * 8. 8. 1955 Wien, Fußballspieler und -trainer. Mit Austria Wien mehrmals ö. Meister, 1978 im Europapokalfinale; Auslandsverträge bei Inter Mailand und AS Roma (ital. Meister 1982/83); ö. Nationalspieler (Kapitän), WM-Teilnahme 1978 und 1982. Ab 1990 sportl. Leiter bei Austria Wien (1992 Meister und Cupsieger). 1993–99 Trainer der ö. Nationalmannschaft, seit 2001 Sportmanager.

Prohaska, Jaro(slav), * 24. 1. 1891 Wien, † 28. 9. 1965 München (D), Sänger (Bass-Bariton). Begann als Organist in Wien, Debüt als Sänger 1920 (Konzert) bzw. 1922 (Bühne). Sang v. a. an dt. Bühnen (Berlin 1932–52, Bayreuth), aber auch in Salzburg (1949); 1947–59 Prof. an der Berliner Musikhochschule (Lehrer von H. Prey).

Prokesch von Osten, Anton Graf (seit 1871), * 10. 12. 1795 Graz (Stmk.), † 26. 10. 1876 Wien, Historiker, Schriftsteller, einer der bedeutendsten Orientalisten seiner Zeit. Zuerst Offizier (Feldzeugmeister), dann Diplomat; vertrat Ö. 1834–49 in Griechenland, dann in Preußen und beim Dt. Bund und bestritt heftige Auseinandersetzungen mit O. v. Bismarck; 1855–71 in der Türkei. Durch meisterhafte Schilderungen weckte er in Ö. Interesse für den Nahen Osten.

Werke: Erinnerungen aus Ägypten und Kleinasien, 3 Bde., 1829–31; Denkwürdigkeiten und Erinnerungen aus dem Orient, hg. v. E. Münch, 3 Bde., 1836–37; Kleine Schriften, 7 Bde., 1842–44; Geschichte des Freiheitskampfes der Griechen, 1845;

Geschichte des Abfalls der Griechen vom türk. Reiche, 6 Bde., 1867. – Literatur: A. Berger, P.-O. Ein Leben aus Alt-Ö., 1921; L. Mikoletzky, A. P.-O., in: Jb. der Grillparzerges. 3, Bd. 12, 1976; O. Koller, P.-O. und sein Kreis, in: Festschrift J. Stummvoll, 1970; ÖBL.

Prokop, Gunnar, * 11. 7. 1940 St. Pölten (NÖ.), Sportlehrer und Trainer. Begann seine Trainerkarriere in der Leichtathletik als Betreuer seiner Ehefrau Liese → Prokop; wechselte 1972 zum Damenhandball und baute in der Südstadt ein Ausbildungszentrum auf; mit Unterbrechungen bis 2000 Sportwart des Ö. Handballbundes sowie Trainer und Manager von Hypo Südstadt (8-mal Europacup-Sieger) und des ö. Nationalteams.

Prokop, Liese, * 27. 3. 1941 Wien, Leichtathletin und Politikerin (ÖVP); Ehefrau von Gunnar → Prokop. Silbermedaille im Fünfkampf bei den Olymp. Spielen in Mexiko 1968, stellte 1969 mit 5352 Punkten Weltrekord im Fünfkampf auf und wurde Europameisterin. Seit 1969 Abg. z. Nö. Landtag, seit 1981 Mitgl. der Nö. Landesregierung und als Landesrätin f. Sport, moderne Kunst, Soziales sowie Jugend- und Familienangelegenheiten zuständig; seit 1992 Landeshauptmann-Stellv.

Prokop, Ludwig, * 6. 8. 1920 St. Pölten (NÖ.), Sportmediziner. 1974–90 Univ.-Prof. f. Sportphysiologie an der Univ. Wien, Dir. des Ö. Inst. f. Sportmedizin. Führend in Erforschung und Kontrolle von Doping.

Werke: über 800 Publikationen über Sportmedizin, Physiologie, Ernährung u. a.

Prokopetz, Joesi (Josef), * 13. 3. 1952 Wien, Komponist, Texter, Sänger. Schrieb Erfolgshits für W. → Ambros, wie „Da Hofa", „Hoit do is a Spoit" und „Der Watzmann ruft". Erfinder der Kabarettfigur „Alfons Rädl"; präsentiert eigene Kabarettprogramme („Entschuldigen Sie bitte die Verspätung", „So oder So", „Lachen ist gesund, ich lach mich krank").

Werke: Um was geht's eigentlich?, 1991; Und ewig lockt der Mann, 1993.

Prokop von Templin (auch Procopius v. T.), * 1608 Templin/Uckermark (D), † 22. 11. 1680 Linz (OÖ.), Prediger und Liederdichter. Stammte aus einer protestant. Familie, trat 1627 in den Kapuzinerorden ein und begann von Mariazell aus als Wanderprediger zu wirken. Ab 1642 in Wien, dann in Linz und Passau, ab 1663 in Salzburg. Wurde zunächst als Verfasser von Marienliedern berühmt („Mariae Hülff EhrenKräntzel", 1642; „Der Groß-Wunderthätigen Mutter Gottes Mariae Hülff Lob-Gesang", 1659). Über 2000 seiner schlichten, volksnahen Predigten erschienen gedruckt, einige seiner Lieder wurden von A. v. Arnim und C. Brentano in „Des Knaben Wunderhorn" aufgenommen.

Werke: zahlr. teilw. mehrbändige Predigtsammlungen (1661–76) und Marienlieder (1660–79). – Literatur: E. Kinsky, Das Predigtwerk des Paters P. v. T., 1962; P. V. Brady, P. v. T. „Redner" und „Poet", in: W. Brückner u. a. (Hg.), Literatur und Volk im 17. Jh., 1985; L. Fethke, Prokopius aus Templin (1608–1680) als Dichter, 1998.

Proksch, Anton, * 21. 4. 1897 Wien, † 29. 4. 1975 ebd., Schriftsetzer und Politiker (SPÖ). 1946 Gen.-Sekr. des ÖGB, 1945–66 Abg. z. NR, 1956–66 BMin. f. soz. Verwaltung.

Pröll, Erwin, * 24. 12. 1946 Radlbrunn b. Ziersdorf (NÖ.), Agrarökonom und Politiker (ÖVP). 1980–81 Agrarlandesrat der Nö. Landesregierung, 1981–92 Finanzlandesrat und Landeshauptmann-Stellv., seit 1992 Landeshauptmann von NÖ.

Literatur: T. Friewald-Hofbauer (Hg.), E. P. Wegbeschreibungen, 1999.

Proll, Nina, * 12. 1. 1974 Wien, Schauspielerin. Gesang-, Tanz- und Musicalausbildung am Theater an der Wien und am Performing Arts Studio Vienna. 1995 Filmdebüt in „Das Kapital" mit C. → Hörbiger und M. → Herz-Kestranek. Marcello Mastroianni Award bei den Filmfestspielen in Venedig 1999 als beste Nachwuchsdarstellerin für die Rolle der Jasmin in „Nordrand" von B. → Albert.

Weitere Filme: Suzie Washington, 1997; Hinterholz 8, 1997; Ternitz Tennessee, 2000; Komm, süßer Tod, 2001; Der Bestseller, 2001.

Prosch, Peter, * 28. 6. 1744 Ried im Zillertal (Ti.), † 5. 1. 1804 ebd., Verfasser einer Autobiographie. Stammte aus einer armen Bauernfamilie, erlangte als herumziehender „Hoftyroler", der sich an Fürstenhöfen als eine Art Hofnarr verdingte, Berühmtheit. Nach 1789 Gastwirt und Bauer in seinem Heimatdorf. Seine Autobiographie „Leben und Ereignisse des P. P. ..." (1789) ist ein bedeutendes hist. Dokument.

Literatur: R.-R. Wuthenow, Das erinnerte Ich, 1974.

Prosl, Robert Maria, * 14. 9. 1873 Wien, † 11. 11. 1957 ebd., Dramatiker, Theaterkritiker und Feuilletonist des „Dt. Volksblatts".

Werke: Der Müller und sein Kind, 1907 (Operntext nach E. Raupach); Der Pumera, 1949 (Lueger-Drama); Zur Geschichte des Bühnenwesens in Niederdonau, 1941; 50 Jahre Raimundtheater, 1943; Die Hellmesberger, 1947; E. Eysler, 1947.

Prunner, Johann Michael, * 4. 9. 1669 Linz (OÖ.), † 26. 4. 1739 ebd., Architekt, Hauptmeister des oö. Spätbarock. In Italien ausgebildet, schuf unter Einfluss von J. L. v. → Hildebrandt, M. → Steinl und J. → Prandtauer, jedoch in bewegteren Formen, in OÖ. Kirchen, Kapellen und Schlösser.

Werke: Linz: Fassade der Karmeliterinnenkirche, 1713/14; Seminarkirche, 1718–25 (nach Plänen von Hildebrandt). – Kalvarienbergkirche, Schenkenfelden, 1712; Dreifaltigkeitskirche, Stadl-Paura, 1714–24; Klosterkirche Spital am Pyhrn, 1714–36; Schloss Lamberg, Steyr, 1727–31; Kirchturm, Freistadt, 1735/36. – Literatur: B. Grimschitz, J. M. P., [2]1960.

Prunner von Sonnenfeld, Dominikus, * 1654 Klagenfurt (Kä.), † 1719 ebd., Sekr. der Kä. Landstände. Führte die ersten Ausgrabungen im Zollfeld durch und verfasste die Inschrift auf dem nach ihm benannten P.-Kreuz, das er 1692 aus röm. Steinen am O-Rand des Zollfelds zusammensetzte.

Pruscha, Carl, * 10. 6. 1936 Innsbruck (Ti.), Architekt. Studierte 1955–59 an der Akad. d. bild. Künste in Wien bei L. → Welzenbacher und R. → Rainer, 1960–64 Städtebaustudium an der Harvard University. 1964–74 Berater der Regierung von Nepal für Raumplanung. Ab 1973 wieder in Ö. Seit 1976 Hochschulprof. und Inst.-Vorstand für Planungsgrundlagen und Gebäudeforschung an der Akad. d. bild. Künste in Wien, 1988–2001 Rektor. Staatspreis der Studierenden 1959; Ö. Ehrenzeichen f. Wiss. u. Kunst 1999.

Werke: Mitarbeit an der Stadtplanung für Wien und Düsseldorf; Sanierung des sog. Alten Schlosses von Gattendorf; Wohnhaussiedlung Biberhaufenweg, Wien-Aspern, 1983–85; Kunsthaus Horn, 1986–88; Wohnsiedlung Traviatagasse, Wien 23, 1988–91; Revitalisierung Semper-Depot, 1994. – Publikationen: Kathmandu Valley – Protective Inventory, 1975; Das Semper-Depot, 1997 (Hg.). – Literatur: Akad. d. bild. Künste (Hg.), C. P., Bauen im Kathmandutal, 1981; P. Noever, Wr. Architekturgespräche, 1991.

Prutscher, Hans, * 5. 12. 1873 Wien, † 25. 1. 1959 ebd., Architekt; Bruder von Otto → Prutscher. Als Architekt Autodidakt, kam über das Tischler- und Maurerhandwerk zur Architektur. Zunächst Praxis in Bauunternehmen u. Architekturbüros in der ö.-ungar. Monarchie, England und der Schweiz, ab 1898 selbstständiger Bauunternehmer. Leitete 1911–58 den väterl. Tischlereibetrieb.

Werke: Wohn- u. Geschäftshäuser: Villa Kreycy, Wien 13, Münichreiterg., 1908; Elsahof, Wien 7, 1911; Paulahof, Wien 7, 1912; Gebäude mit dem Verlag C. Fromme, Wien 5, Nikolsdorferg. 9–11, 1911; Haus des Opernkinos, Wien 1, 1912; Gebäude des ehem. Phönixkinos, Wien 7, Lerchenfelder Str., 1912/13; „Bei den zwei Linden", Wien 4, 1913. – Sakralbauten: Pfarrkirchen in Bodensdorf (Kä.), 1928, und Wien-Inzersdorf, Notkirche („Russenkirchlein"), Wien 22, 1916/17.

Prutscher, Otto, * 7. 4. 1880 Wien, † 15. 2. 1949 ebd., Architekt und Designer; Bruder von Hans → Prutscher. Studierte zunächst in Paris und London, ab 1897 an der Wr. Kunstgewerbeschule bei F. → Matsch sen. und J. → Hoffmann, lehrte an dieser 1909–38 und 1945–46. V. a. 1918–38 führende Persönlichkeit des Kunstgewerbes in Wien, Mitbegründer der Wr. Werkstätte. Gestaltete Einrichtungsgegenstände, Schmuck, Keramik und Buchumschläge.

Werke: Villen und Wohnhäuser in NÖ. (Baden, Mitterbach, Erlaufsee), Stmk. (Mariazell) und Österr.-Schlesien (Jägerndorf). – Gemeindebauten in Wien: Heinehof, Wien 5; Lorenshof, Wien 12. – Innengestaltung des Dianabades, Wien 2, 1913–17 (1967 abgebrochen). – Literatur: M. Boeckl, O. P. 1880–1949, Ausst.-Kat., Hochschule f. angew. Kunst in Wien, 1997.

Przibram, Hans, * 7. 7. 1874 Lainz b. Wien, † Frühjahr 1944 KZ Theresienstadt (Terezín, CZ), Zoologe. Univ.-Prof. in Wien, gründete 1906 mit L. v. Portheim und W. → Figdor die Biolog. Versuchsanstalt im Wr. Prater („Vivarium"), die er als Forschungsstätte f. experimentelle Zoologie vorbildl. einrichtete (1945 zerstört). Konstruierte Kammern konstanter Temperatur und führte als neues Verfahren die „autophore" Transplantation ein. Emigrierte 1939 nach Amsterdam, von wo er ins KZ verschleppt wurde.

Werke: Experimental-Zoologie, 7 Bde., 1907–30; Anorganische Grenzgebiete der Biologie, 1926.

Przibram, Karl, * 21. 12. 1878 Wien, † 10. 8. 1973 ebd., Physiker. Ab 1912 am Wr. Radiumforschungs-Inst., entdeckte 1921 die Radiophotolumineszenz. 1927–38 und 1946–51 Univ.-Prof. in Wien, 1940–46 in Brüssel in Emigration. Mehrere Preise.

Werke: Radioaktivität, 1932; Verfärbung und Luminiszenz, 1953.

Pschorn, Karl, * 17. 7. 1885 Waidhofen a. d. Ybbs (NÖ.), † 30. 5. 1945 Wien, nö. Mundartdichter, Hauptschullehrer.

Werke: Lyrik: Mei erschte Fechsung, 1915; Stade Stunden, 1920; Oa Liachtl muaßt haben, 1927; Der Erntekranz, 1939. – Volksstücke: Die Sonnleitnerischen (Bauernspiel); Der Martl im Traum, 1935. – Ausgabe: Meister unserer Mundart: K. P., 1940. – Literatur: A. Wagner, K. P., Diss., Wien 1950.

Psenner, Ludwig, * 28. 5. 1834 Bozen (S-Ti.), † 5. 2. 1917 Wien, Beamter, Fotograf und Politiker (CS). Gründete 1887 mit A. Latschka den Christl.-soz. Verein, von der die spätere Christl.-soz. Partei ihren Namen hat. Gab 1884–97 die Zeitung „Volksfreund" heraus.

Werke: Christl.-soz. Programm 1896; Der Kernpunkt der soz. Frage, 1897; Christl. Volkswirtschaftslehre, 1908; Religion und Volkswohl, 1910. – Literatur: ÖBL.

Puch, Johann, * 27. 6. 1862 Sakusak b. Pettau (Ptuj, SLO), † 19. 7. 1914 Zagreb (HR), Techniker, Industrieller. Gründer der P.-Werke; begann als Mechaniker in einer Werkstätte in Graz 1889 mit dem Bau von Fahrrädern (v. a. „Niederräder" mit Hinterradantrieb). Die 1899 gegr. J. P. – Erste stmk. Fahrrad-Fabriks-AG, deren Gen.-Dir. er bis 1912 blieb, erzeugte auch Automobile und Motorräder und war im 1. Weltkrieg Heereslieferant. 1928 Fusion mit der Ö. Daimler-Motoren AG zu Austro-Daimler-Puchwerke AG und 1934 mit der Steyr-Werke AG zur Steyr-Daimler-Puch AG.

Literatur: W. Ulreich, Das Steyr-Waffenrad, 1995; F. F. Ehn, Das große P.-Buch. Die Zweiräder von 1890 bis 1987, [5]2000; ders., Die P.-Automobile 1900–1990, [2]2000; ÖBL.

Puchhammer, Hans, * 31. 5. 1931 Wels (OÖ.), Architekt. Studierte an der Techn. Hochschule in Wien. 1950–54 Mitarbeit im Atelier von R. → Rainer, 1956–78 Arbeitsgemeinschaft mit G. Wawrik. Seit 1973 Vorsitzender der Ö. Ges. für Architektur; 1978–94 Prof. für Hochbau an der Techn. Univ. in Wien.

Werke: Wien: Haus Widtmann, 1966–68; Bürohaus Grothusen, 1970–72; Haus Brezina, 1979–81; Revitalisierung Zürich-Kosmos-Haus, 1980–86. – NÖ.: Haus Markart, Perchtoldsdorf, 1960–62; Siedlung „Goldtruhe", Brunn am Gebirge, 1969; Antikenmuseum Carnuntinum, 1988–91. – Bgld.: Landesmuseum Eisenstadt, 1976. – OÖ.: Landw.-Schule und Turnsaal Stift Lambach, 1972–82. – Literatur: P. M. Bode u. G. Peichl, Architektur aus Ö. seit 1960, 1980.

Puchspaum (auch Puchsbaum), Hanns, * vor 1390, † nach 1454, Baumeister der Spätgotik. Um 1418 in der Ulmer Bauhütte tätig, in Wien zw. 1432 und 1454 nachweisbar; dürfte 1440 (nach anderen Angaben erst 1446) Dombaumeister von St. Stephan in Wien geworden sein, leitete hier den Bau der Vorhalle des Singertors (1440–45), die Einwölbung des Langhauses (1446) sowie die Errichtung der Fundamente für den von ihm entworfenen N-Turm (1450); errichtete den Chor der Stadtpfarrkirche von Steyr (1443) und führte den Umbau der Spinnerin am Kreuz in Wien durch (1451/52). Als größtes erhaltenes zeichnerisches Werk eines ma. Baumeisters gelten seine 70 Baurisse (Akad. d. bild. Künste in Wien) mit Entwürfen für den W-Turm des Ulmer Münsters, Steyr, St. Stephan, das Wr. Rathaus und die Zapolyakapelle in Donnersmarkt (Spišsky Štvrtok, SK).

Literatur: B. Grimschitz, H. P., 1947; H. Koepf, Die got. Planrisse der Wr. Sammlungen, 1969.

Puck, Wolfgang Johann, * 8. 7. 1949 St. Veit a. d. Glan (Kä.), Koch. Kochlehre im Parkhotel Villach, danach Aufenthalte in Frankreich und den USA. Gründete 1982 das erfolgreiche Restaurant „Spago" in Hollywood und danach weitere Restaurants in den USA (San Francisco, Las Vegas und Chikago).

Puganigg, Ingrid (eigentl. I. Kapeller, verh. P., verh. Metzger), * 22. 1. 1947 Gassen (Kä.), Erzählerin, Lyrikerin. Gewann mit ihrem viel beachteten Roman „Fasnacht" (1981, verfilmt unter dem Titel „Martha Dubronski"), der die Geschichte einer behinderten Frau erzählt, den Preis der Jury beim I.-Bachmann-Wettbewerb.

Weitere Werke: Lyrik: Es ist die Brombeerzeit die dunkle, 1978; Laila. Eine Zwiesprache, 1988. – Prosa: La Habanera, 1984 (Roman); Hochzeit. Ein Fall, 1992.

Pühringer, Franz, * 27. 12. 1906 Pernegg (Stmk.), † 30. 8. 1977 Gramastetten (OÖ.), Lyriker, Erzähler, Dramatiker. Vom Expressionismus beeinflusst; gründete 1930 das Kabarett „Thermopylen" in Linz; Leiter der Linzer Puppenspiele; Ö. Staatspreis 1951.

Werke: Gedichte, Dramen, Novellen. – Ausgabe: Lustspiele, Komödien, 2 Bde., 1977. – Literatur: M. Sega, Das edierte und aufgeführte dramat. Werk F. P., Dipl.-Arb., Wien 1994.

Pühringer, Josef, * 30. 10. 1949 Linz (OÖ.), Jurist und Politiker (ÖVP). Ab 1973 Kommunalpolitiker in Traun (OÖ.), ab 1981 ÖVP-Stadtparteiobmann, 1985–88 Vizebürgermeister. 1984–95 ÖVP-Bezirksparteiobmann von Linz-Land. Ab 1979 Abg. z. Oö. Landtag, 1986/87 ÖVP-Landesparteisekr., ab 1987 Landesrat, ab 1990 stellv. Landesparteiobmann der ÖVP, seit 1995 ÖVP-Landesparteiobmann und Landeshauptmann von OÖ.

Johann Puch. Foto.

Pühringer, Othmar, * 30. 5. 1934 Linz (OÖ.), Manager. Trat 1960 als Mitarbeiter im Bereich Industrieanlagenbau in die VÖEST ein, in deren Vorstand er 1986 aufstieg. Mit der weiteren Umstrukturierung des VOEST-Alpine-Konzerns wurde er 1991 Gen.-Dir. der AI Technologies AG, 1993 stellvertr. Gen.-Dir. der Austrian Industries AG und 1993–99 Gen.-Dir. der VA Technologie AG.

Pum, Hans, * 4. 7. 1954 Freistadt (OÖ.), Skitrainer. Seit 1977 im Ö. Skiverband tätig; 1985–88 Technikertrainer und 1988–92 Rennsportleiter der Herren, 1992–96 Marketingdirektor des Ö. Skiverbands, seit 1996 Sportdirektor Alpin. Gilt gem. mit A. → Giger als Hauptverantwortlicher für die großen ö. Skierfolge seit 1996.

Pünkösdy-Schirokauer, Auguste, * 28. 8. 1890 Wien, † 1. 10. 1967 ebd., Kammerschauspielerin. 1914–21 bei M. → Reinhardt in Berlin, 1921–59 am Wr. Burgtheater (Rollen als klass. Heroine). Film- und Rundfunktätigkeit.

Literatur: H. Piffl, A. P., Diss., Wien 1967.

Punt, Friedrich, * 16. 5. 1898 Innsbruck (Ti.), † 16. 4. 1969 ebd., Lyriker aus dem „Brenner"-Kreis, Rechtsanwalt.

Werke: Lyrik: Luimes, 1957; Anblick und Gedicht, 1959. – Roman: Hiob, ein Mann aus dem Lande Uz, 1961. – Hg.: J. Leitgeb, Abschied und fernes Bild, 1959. – Literatur: Untersuchungen zum „Brenner". Festschrift I. Zangerle, hg. v. W. Methlagl u. a., 1981.

Purin, Hans, * 3. 1. 1933 Bregenz (Vbg.), Architekt. Maurerlehre in Bregenz, 1956–59 Architekturstudium bei R. → Rainer an der Akad. d. bild. Künste in Wien. 1980 Lehrauftrag an der Univ. Innsbruck, seit 1984 Büro in Bregenz, Mitgl. der Gruppe Vbg. Baukünstler. An der Entwicklung der regionalist. Holzbauarchitektur in Vbg. maßgeblich beteiligt.

Werke: Vbg.: Umgestaltung Abteikirche Bregenz-Mehrerau, 1961–64; Reihenhaussiedlungen Halde, Bludenz, 1965–67, und Langenerstraße, Kennelbach, 1974–75; Wohnanlage Lustenauerstraße, Hohenems, 1991–92 (mit H. Kuess). – Zahlr. Einfamilienhäuser, Althaussanierungen und Umbauten von kirchl. Bauwerken. – Literatur: R. Luger u. a., Althauserneuerung in Vbg., 1980; Architektur in Vbg., Ausst.-Kat., Bregenz 1983.

Pürstinger, Berthold, * 1464/65 Salzburg, † 19. 7. 1543 Saalfelden (Sbg.), Theologe. 1508–26 Bischof von Chiemsee, Weihbischof und Generalvikar von Salzburg. Verzichtete auf sein Amt, gründete 1532 in Saalfelden eine Priesterbruderschaft und 1538 ein Spital für Priester und Arme. Seine Schrift „Onus ecclesiae" (1519) verlangte die Kirchenreform, seine „Tewtsche Theologey" (1528) ist die erste kath. dt. Dogmatik.

Literatur: J. Sallaberger, Der Chiemseer Bischof B. P. (1464/65–1543), in: Mittlg. der Ges. für Sbg. Landeskunde 130, 1990.

Purtscheller, Ludwig, * 6. 10. 1849 Innsbruck (Ti.), † 3. 3. 1900 Bern (CH; nach einem Absturz an der Aiguille du Dru im Montblanc), Alpinist. Bestieg über 1600 Gipfel, darunter mehr als 40 Vier- und Fünftausender in den Alpen, im Kaukasus und in Afrika. 1889 gelang ihm mit H. Meyer die Erstersteigung des Kilimandscharo (5895 m); ein Nebengipfel (P.-Spitze) sowie eine Moos- und eine Flechtenart tragen seinen Namen.

Werk: Über Fels und Firn, 1901.

Purtscher, Martin, * 12. 11. 1928 Thüringen (Vbg.), Jurist und Politiker (ÖVP). Ab 1953 Manager in der Privatwirt., 1984–87 Leiter der Jacobs-Suchard-Gruppe. 1964 Einstieg in die Politik. 1964–97 Abg. z. Vbg. Landtag, 1974–87 dessen Präs. 1987–97 Landeshauptmann von Vbg. Verfechter eines „Europa der Regionen".

Purtscher, Nora (geb. Wydenbrugg), * 15. 1. 1894 Meiselding (Gem. Mölbling, Kä.), † 28. 8. 1959 London (GB), Erzählerin und Lyrikerin. Lebte ab 1926 in London; mit R. M. → Rilke befreundet.

Werke: Romane: An Austrian Background, 1932; Die Weisheit der kleinen Therese, 1948; Meister Tilman Riemenschneider, 1949; Die Weisheit der großen Therese, 1951; Placidas Tochter, 1953; My Two Worlds, 1956. – Lyrik: Treibhausblumen, 1923. – Drama: Der Bettler von Imst, 1923. – Erzählungen.

Puschnig, Wolfgang, * 21. 5. 1956, Klagenfurt (Kä.), Komponist, Musiker. Studierte Musikwiss. an der Univ. Wien sowie Saxophon und Flöte am Konservatorium und an der Musikhochschule Wien. 1977 Mitbegründer und bis 1989 Mitgl. des Vienna Art Orchestra. Zusammenarbeit u. a. mit M. → Rüegg, H. → Koller und E. → Jandl, Kompositionen im In- und Ausland für Film- und Theaterproduktionen; in jüngerer Zeit Beschäftigung mit traditioneller ostasiat. Musik und deren Synthese mit westl. improvisierter Musik. 1998 H.-Koller-Preis.

Werke (Schallplatten bzw. CDs): Bist Eulen, 1984 (mit E. Jandl); Obsodero, 1986 (mit W. Mitterer); Alpine Aspects, 1991; Then Comes the White Tiger, 1993 (mit S. Nori); Journey Into The Gemini Territory, 1996 (mit J. Tacuma); The Hans Koller Concept, 2000 (mit H. Koller und P. Urbanek).

Putz, Gustav, * 27. 7. 1900 Linz (OÖ.), † 2. 2. 1979 ebd., Journalist. 1920–38 Redakteur beim „Linzer Volksblatt", 1945–50 dessen Chefredakteur, 1938–45 mehrfach in Haft; 1952/53 Chefredakteur bei der „Tages-Post" (Linz), später Redakteur bei den „Salzburger Nachrichten".

Putz, Hans, * 17. 11. 1920 Wien, † 31. 1. 1990 Hamburg (D), Schauspieler. Schauspiel- und Gesangsunterricht in Wien, ab 1937 in Zürich (Zusammenarbeit mit K. → Paryla und A. Bassermann), ab 1945 Ensemblemitgl. des Wr. Volkstheaters (Nestroy-Darsteller unter der Regie von G. → Manker), später gelegentl. am Theater in der Josefstadt und bei den Sbg. Festspielen. In den 60er Jahren am Bayer. Staatsschauspiel in München, später in Berlin und Hamburg (ab 1969 am Thalia-Theater unter B. → Gobert); Deutschlandtourneen; Regisseur (u. a. „Einer flog über das Kuckucksnest" in Bregenz). Film- und Fernsehtätigkeit.

Pyrker, Johann Ladislaus, von Felsö-Eör, * 2. 11. 1772 Lángh (H), † 2. 12. 1847 Wien, Epiker, Dramatiker, Lyriker. 1792 Novize, 1812 Abt des Zisterzienserstifts Lilienfeld; 1820 Patriarch von Venedig, 1827 Erzbischof von Eger. Seine klassizist. Dramen und Epen stehen in der restaurator. Tradition des Biedermeier.

Werke: Hist. Schauspiele, 1810; Tunisias, 1820 (Versepos); Rudolph von Habsburg. Ein Heldengedicht in 12 Gesängen, 1825; Lieder der Sehnsucht nach den Alpen, 1845 (Lyrik); Mein Leben, hg. v. A. P. Czigler, 1966 (Autobiographie). – Ausgabe: Sämmtl. Werke, 3 Bde., 1832–34 (erweitert 1843). – Literatur: F. Sengle, Biedermeierzeit, 3 Bde., 1971–80; R. Dobersberger, J. L. P. 1772–1847, 1997; ÖBL.

Johann Ladislaus Pyrker von Felsö-Eör. Lithographie von J. Kriehuber, 1842.

Q

Qualtinger, Helmut, * 8. 10. 1928 Wien, † 29. 9. 1986 ebd., Schauspieler, Kabarettist, satirischer Schriftsteller. Gründete 1946 mit M. → Kehlmann die Kabarettgruppe „Studio der Hochschulen", arbeitete 1946/47 mit C. → Merz im Kabarett „Lieber Augustin" zusammen und gestaltete mit G. → Bronner, P. → Wehle und G. → Kreisler die legendären Kabarettprogramme „Brettl vorm Kopf" (1952), „Dachl überm Kopf" (1956) und „Glasl vorm Aug" (1960); Couplets wie „Der g'schupfte Ferdl" oder „Der Papa wird's schon richten" wurden als Schallplattenaufnahmen ebenso zu Klassikern des Wr. Kabaretts wie die „Travnicek"-Dialoge (mit G. Bronner); größter Erfolg war „Der Herr Karl" (verfasst mit C. Merz, 1961 als TV-Produktion). Neben seiner Tätigkeit als Kabarettist spielte Q. u. a. am Wr. Volkstheater, wirkte bei Theater-, Film-, Fernseh- und Rundfunkproduktionen als Schauspieler und Autor mit und trug in Lesungen aus Werken wie „Die letzten Tage der Menschheit" von K. Kraus oder „Mein Kampf" von A. Hitler vor; 1986 spielte er neben S. Connery in der Verfilmung von U. Ecos Roman „Der Name der Rose".

Weitere Werke: Blattl vorm Mund, 1959; Traumwagen aus zweiter Hand, 1961; Alles gerettet, 1963; Die Hinrichtung, 1965; An der lauen Donau, 1965 (alle mit C. Merz). – Das letzte Lokal, 1978; Die rot-weiß-rote Rasse, 1979; Drei Viertel ohne Takt, 1980; Heimat, bist du großer Zwerge, 1984. – Ausgabe: H. Q., Werkausgabe, hg. von T. Krischke, 5 Bde., 1995–97. – Literatur: M. Horowitz, H. Q., 1987; M. Kehlmann u. a., Der Q., 1987; A. Kubacek. Der Herr Karl: eine sprachliche Untersuchung, Dipl.-Arb., Wien 1989; M. Kehlmann u. G. Biron, Der Q., 1995; G. Wendt, H. Q., ein Leben, ²1999.

Helmut Qualtinger als „Der Herr Karl". Foto, 60er Jahre.

Quarin, Joseph Frh. von, * 19. 11. 1733 Wien, † 19. 3. 1814 ebd., Arzt. Ab 1758 kaiserl. Rat, 1784–91 Oberdirektor des Allg. Krankenhauses in Wien, das er zu einem europ. Musterspital ausbaute. Ab 1754 Univ.-Prof. (6-mal Rektor). Auf seine Initiative hin wurde 1788 das Findelhaus errichtet.

Werke: Tentamen de Cicuta, 1761; Methodus medendarum febrium, 1772; Betrachtungen über die Hospitäler Wiens, 1784.

Joseph Freiherr von Quarin. Stich.

Quendler, Albert, * 16. 9. 1921 Villach (Kä.), Filmregisseur. Schrieb und inszenierte zahlr. Kulturfilme, u. a. „St. Stephan" (1951), „Symphonie Wien" (1952), „Oskar Kokoschka: Erinnerung" (1986) sowie das Dokumentar-Spielfilmexperiment „Omaru – eine afrikan. Liebesgeschichte" (1955). Zahlr. Preise.

Questenberg, Gerhard von, * um 1580 Köln (D), † 1. 7. 1646 Wien, Diplomat, Berater von A. v. → Wallenstein. Versuchte die Spannungen zw. diesem und Ks. → Ferdinand II. nach dessen Entlassung beizulegen und erreichte dessen neuerl. Betrauung mit dem Oberbefehl. 1636 führte er als Vertreter des Kaisers die Regentschaft in NÖ., OÖ. und Ungarn.

Quester, Dieter, * 30. 5. 1939 Wien, Auto- und Motorbootrennsportler, Gesellschafter einer Baustoffhandlung. 1956–62 Motorbootrennen, 1958 und 1962 Europameister für Boote mit Außenbordmotoren, seit 1965 Autorennen; Europameister für Tourenwagen 1968, 1969, 1977 und 1983. Ab 1968 Werksfahrer für BMW und Instruktor beim BMW-Fahrertraining. Erreichte auch als über 60-Jähriger Spitzenplätze bei internat. Langstreckenrennen.

Quinn, Freddy (geb. als Manfred Nidl, später M. Nidl-Petz), * 27. 9. 1931 Niederfladnitz (Gem. Hardegg, NÖ.), Schlager- und Operettensänger, Musical-Star, Volksschauspieler. Begann als Schiffsjunge und Zirkusmusiker, von seiner 1. Platte „Heimweh" (1956) wurden rd. 8 Mio. Exemplare verkauft. Ab 1962 Karriere im Musical und als Volksschauspieler. 1986 übernahm Q. die Fernsehserie „Großstadtrevier". Er verkaufte bis 1999 rd. 50 Mio. Tonträger in 12 Sprachen; große Erfolge waren u. a. „Die Gitarre und das Meer", „Junge, komm bald wieder" und „Hundert Mann und ein Befehl". 17 „Goldene Schallplatten" und zahlr. andere Auszeichnungen.

R

Raab, Gustav, * 23. 8. 1938 Bad Deutsch-Altenburg (NÖ.), Bankmanager. Studierte an der Hochschule f. Welthandel und an der Techn. Univ. in Wien, ab 1965 im Hauptverband der Ö. Sparkassen bzw. Ö. Sparkassenverband tätig, 1993–97 dessen Gen.-Sekr.; ab 1976 auch Geschäftsführer des Ö. Forschungsinst. f. Sparkassenwesen und 1988–97 Vorstand der Sparkassenhaftungs AG. Honorarprof. an der Wirt.-Univ. Wien.

Julius Raab. Foto.

Raab, Julius, * 29. 11. 1891 St. Pölten (NÖ.), † 8. 1. 1964 Wien, Bauingenieur und Politiker (ÖVP). 1927–34 Abg. z. NR; nö. Heimwehrführer, Initiator des Gewerbebundes, 1938 Handels- und Verkehrsmin.; Mitbegründer und Präs. der Bundeswirtschaftskammer und des Ö. Wirtschaftsbundes, 1945 Mitbegründer der ÖVP. 1952–60 Bundesparteiobmann, 1945–64 Abg. z. NR, 1953–61 Bundeskanzler, 1963 ÖVP-Kandidat für die Bundespräs.-Wahl. Als Präs. der Bundeswirtschaftskammer (1946–53 und 1961–64) sah R. in Wirtschafts- und Sozialpolitik einen untrennbaren Zusammenhang. Seine Kanzlerschaft war eine Zeit enger Zusammenarbeit zw. ÖVP und SPÖ. R. war für das neue Wirtschaftskonzept („Raab-Kamitz-Kurs") verantwortl., das u. a. zur Stabilisierung der ö. Währung, zur Vollbeschäftigung und zur Entwicklung des Wohlfahrtsstaats beitrug. R. förderte die europ. Integrationspolitik (EFTA-Beitritt) und war mit J. → Böhm Begründer der Sozialpartnerschaft. Sein Ansehen erreichte mit dem Abschluss des Staatsvertrags 1955 seinen Höhepunkt. Als Wirtschafts- und Staatsvertragskanzler erlangte er hist. Bedeutung.

Werk: Selbstportrait eines Politikers, 1964. – Literatur: A. Brusatti u. G. Heindl (Hg.), J. R. Eine Biographie in Einzeldarstellungen, 1984.

Raab, Riki, * 15. 1. 1899 Wien, † 29. 5. 1997 ebd., Tänzerin. 1910–33 an der Wr. Staatsoper, ab 1921 Solotänzerin. 1938–52 Prof. an der Wr. Musikakad., danach Tanzforscherin; zahlr. Artikel über Tanzkunst.

Werk: Unser Ziehrer, 1947.

Rabenalt, Arthur Maria, * 25. 6. 1905 Wien, † 26. 2. 1993 Wildbad Kreuth (D), Film- und Theaterregisseur. Ab 1921 Regiearbeiten an dt. Theatern, 1933 Bühnenregieverbot, danach Volontär bei A. Korda und G. W. → Pabst, schließl. eig. Filme. Nach dem Krieg auch wieder Theaterarbeiten in beiden Teilen Deutschlands.

Werke: Filme: Millionenerbschaft, 1937; „... reitet für Deutschland", 1941; Die Försterchristel, 1952; Der Mann im Schatten, 1961. – Publikationen: Mensch im Spiel, 1947; Film im Zwielicht, 1948; zahlr. Schriften zu Film und Theater. – Ausgabe: Gesammelte Schriften, 1999ff.

Rabenlechner, Michael Maria, * 12. 7. 1868 Wien, † 27. 10. 1952 ebd., Literaturhistoriker, Lyriker, Gymnasiallehrer. Mitbegründer und Vorsitzender der „Wr. Bibliophilen-Ges."; beschäftigte sich v. a. mit dem Werk von R. → Hamerling, dessen „Sämtl. Werke" (16 Bde.) er 1912 herausgab.

Werke: P. Rosegger, 1899; Der Hernalser Kalvarienberg, 1927; Streifzüge eines Bibliophilen durch die dt. Dichtung Ö. der letzten 150 Jahre, 1931; Neue Streifzüge eines Bibliophilen, 1935; Festschrift zur Feier des 25jährigen Bestandes der Wr. Bibliophilen-Ges., 1937; Biographie des Schauspielers A. Hasenhut, 1941.

Rabl, Karl, * 2. 5. 1853 Wels (OÖ.), † 24. 12. 1917 Leipzig (D), Anatom. Univ.-Prof. in Wien, Prag und Leipzig; entdeckte die gleich bleibende Zahl der Chromosomen bei der Entwicklung des Eies.

Werke: Theorie des Mesoderms, 1897; Über den Bau und die Entwicklung der Linse, 1900; Die Entwicklung des Gesichts, Bd. 1, 1906. – Literatur: E. Guggenberger, Oö. Ärztechronik, 1962; ÖBL.

Rabl, Peter, * 11. 6. 1948 Bruck a. d. Mur (Stmk.), Journalist. 1975–80 beim „Kurier", 1980–88 beim ORF, ab 1988 Hg. der Ztschr. „profil", seit 1993 Chefredakteur und Hg. des „Kurier".

Rabl-Stadler, Helga, * 2. 6. 1948 Salzburg, Unternehmerin und Politikerin (ÖVP). Ab 1985 Vizepräsidentin und 1988–94 Präs. der Wirtschaftskammer Salzburg. 1983–90 Abg. z. NR, 1991–94 stellv. ÖVP-Bundesparteiobfrau. Seit 1995 Präsidentin der Sbg. Festspiele.

Rachlin, Julian, * 8. 12. 1974 Vilnius (Litauen), Geiger. Studierte ab 1983 am Wr. Konservatorium bei Boris Kuschmir, 1988 als bisher einziger Österreicher Gewinner des Eurovisions-Wettbewerbs für junge Musiker im Concertgebouw Amsterdam. Seit 1988 Konzerte mit Dirigenten von Weltrang (Z. Mehta, R. Muti, L. Maazel u. a.); Zusammenarbeit mit den Wr. Philharmonikern, den St. Petersburger Philharmonikern und dem London Symphony Orchestra; Kammermusik u. a. mit Gidon Kremer und Oleg Maisenberg.

Rack, Reinhard, * 7. 8. 1945 Graz (Stmk.), Jurist. Univ.-Prof. für Verfassungs- und Verwaltungsrecht sowie Europarecht in Graz, 1990–94 Europabeauftragter des Landes Stmk., 1994/95 Abg. z. NR, seit 1995 Abg. der ÖVP zum Europ. Parlament.

Werke: Die Rechtsüberleitung von Staatsverträgen, 1976; Das Völkerrecht im staatl. Recht, 1979; Landesverfassungsreform, 1982; Gemeinde der Zukunft, 1985; Grundrechtsreform, 1985; 30 Jahre danach: neue Perspektiven für die Beziehung der EFTA-Staaten zur Europ. Gemeinschaft, 1987.

Radauer, Irmfried, * 7. 1. 1928 Salzburg, † 13. 10. 1999 Patras (GR), Komponist. 1988–96 Univ.-Prof. für elektronische Musik unter Einschluss der Computermusik am Mozarteum Salzburg, lehrte auch an der Univ. Salzburg. Ö. Staatspreis für Musik 1970.

Werke: Euphorie, 1964; Evocation d'Ockegham, 1978; Mnemosyne 88, 1994.

Radax, Ferry, * 20. 6. 1932 Wien, Filmemacher. 1949 erste Filmversuche, studierte ab 1953 an der Filmakad., etablierte sich innerhalb der Wr. Szene des Avantgardefilms der 50er und 60er Jahre mit Stilmitteln der Collage- und Montagetechnik, schuf insbes. Künstlerporträts (J. Joyce, K. Bayer, T. Bernhard, F. Hundertwasser u. a.) sowie Ind.-Filme, Werbespots. Filmarbeit auch in Italien, in der Schweiz und in Deutschland.

Werke: Sonne halt!, 1962; H. C. Artmann, 1967; Testament, 1967; Der Italiener, 1971; Ludwig Wittgenstein, 1975; Wer sind Sie, Mr. Joyce?, 1981; Jenseits von Ö., 1990. – Literatur: Filmkunst 93, 1982.

Rader-Soulek, Grete, * 4. 11. 1920 Wien, † 14. 12. 1997 ebd., Textilkünstlerin, Malerin und Designerin. Studierte an der Akademie für angewandte Kunst in Wien bei O. → Haerdtl, unterrichtete 1947–59 an der Modeschule der Stadt Wien in Hetzendorf und leitete

1959–88 die Meisterklasse für dekorative Gestaltung und Textil (später Meisterklasse für Tapisserie) an der Hochschule für angewandte Kunst in Wien. Beschäftigte sich daneben mit Malerei, Möbel- und Spielzeuggestaltung.

Radetzky, Johann Josef Wenzel Graf, * 2. 11. 1766 Trebnitz (Třebenice, CZ), † 5. 1. 1858 Mailand (I), Feldmarschall (1836), bedeutendster Heerführer Ö. in der 1. Hälfte des 19. Jh. Entwarf 1813 als Chef des Quartiermeisteramts den Plan zur Völkerschlacht bei Leipzig, 1818–28 Berater von Erzhzg. → Ferdinand Karl von Ö.-Este in Ungarn, 1831 bis 1. 3. 1857 Gen.-Kommandant der ö. Armee im lombardo-venezian. Königreich. R. wurde 1848/49 durch seine Siege (Santa Lucia bei Verona am 6. 5., Vicenza am 10. 6., Custozza am 25. 7. 1848, Mortara am 21. 3. und Novara am 23. 3. 1849) gegen die Revolutionäre und gegen Sardinien populär. Für ihn verfasste F. → Grillparzer das Gedicht „In deinem Lager ist Ö.", und J. → Strauß Vater komponierte den R.-Marsch. R. wurde am Heldenberg in Kleinwetzdorf (NÖ.) bestattet. Denkmal (C. v. Zumbusch, 1891) vor dem Regierungsgebäude am Stubenring.

Literatur: O. Regele, Feldmarschall R. Leben, Leistung, Erbe, 1957; O. Stradal, Der andere R., ²1982; F. Herre, R. 1984.

Radinger, Friedrich, * 12. 9. 1954 Scheibbs (NÖ.), Manager. Studierte an der Wirtschaftsuniv. Wien. 1980–84 bei der „Kronen Zeitung", 1984–87 Geschäftsführer bei „Die ganze Woche", 1987 Gründer der Wirtschaftszeitung „Option", 1989 Mitbegründer des Tageszeitungs-Fernsehsupplements „tele". 1988–98 Geschäftsführer des tele-Zeitschriftenverlages, 1998–2001 Geschäftsführer bei max.mobil Telekommunikation, seit 2001 Geschäftsführer des dt. Unternehmens T-Online International.

Radinger, Johann von, * 31. 7. 1842 Wien, † 20. 11. 1901 ebd., Maschinenbau-Ing. Ab 1879 Prof. für Maschinenbau an der Techn. Hochschule in Wien, Planer industrieller Anlagen; entwickelte theoret. und prakt. Grundlagen für den Bau von Dampfmaschinen mit hoher Drehzahl.

Werk: Über Dampfmaschinen mit hoher Kolbengeschwindigkeit, 1870. – Literatur: ÖBL.

Raditschnig, Werner, * 21. 11. 1948 Villach (Kä.), Komponist. Studierte am Mozarteum Salzburg (Gitarre, musikal. Grundlagenforschung und elektron. Musik). Gründete die Spontan Music Group, 1971–74 Leiter des Ensembles Schallmomente, 1985–90 Projekt Tauto, 1990–94 Initiator des Elektroakustik Performances Studio in Salzburg. Beschäftigt sich v. a. mit Landschafts- und Raummusik sowie Klanguntersuchungen von eigentlich außermusikal. Themen und Gegenständen.

Werke: Solo für Lift und bewegl. Klänge, 1973 (Klarinette); Hitler, 1978 (Tonband); Flucht vor Algol, 1983 (Sprecher, Tänzer, Gitarre); Passagen, 1989 (Darsteller, Posaune, E-Gitarre, Percussion, Tonband); Eisklang, 1991 (Eisobjekte, Sampler); Moos & Schall, 1994 (Akteure, Sampler, E-Gitarre, Video, Tonband); Offenes Feld, 1996 (Akteure, Cello, Elektronik); Feldflächen, 2001 (Elektropolychorde, elektron. Modulation).

Radnitzky, August (Pseud.: „der Fink vom Mattsee"), * 12. 6. 1810 Salzburg, † 22. 3. 1897 Mattsee (Sbg.), Sbg. Dialektdichter. Ab 1843 Stiftsverwalter in Mattsee.

Ausgabe: Gedichte in Sbg. Mundart, hg. v. M. Zauner, 1901. – Literatur: R. v. Strele, Der Fink vom Mattsee A. R., 1901; ÖBL.

Radon, Johann, * 16. 12. 1887 Tetschen (Děčín, CZ), † 25. 5. 1956 Wien, Mathematiker. 1912–19 an der Techn. Hochschule in Wien, dann Univ.-Prof. in Deutschland, 1945–47 in Innsbruck, danach in Wien; arbeitete über Mengenfunktionen, Variationsrechnung und Differenzialgeometrie. Hg. der „Monatshefte für Mathematik".

Radulescu, Michael, * 19. 6. 1943 Bukarest (RO), Organist, Komponist und Dirigent. Seit 1968 Prof. für Orgel an der Wr. Musikhochschule; beschäftigte sich intensiv mit der Musik von A. → Webern, P. Hindemith, A. → Bruckner, O. Messiaen und C. Orff. Verbindet in seinen Kompositionen avantgardist. und traditionelle Elemente. Zahlr. Preise.

Werke: v. a. Messen, Orgel- und Chormusikwerke, Kammermusik.

Raffalt, Ignaz, * 21. 7. 1800 Weißkirchen in Stmk., † 6. 7. 1857 Hainbach b. Wien, Landschafts-, Genre- und Porträtmaler; Vater des Malers Johann Gualbert R. (1836–1865). Studierte an der Wr. Akad., zunächst in der Stmk. und in Kä. nur nebenberufl. künstlerisch tätig, ab 1840 in Wien. In seinen frühen Jahren v. a. Porträt- und Genremaler, widmete sich später der Darstellung stimmungsvoller Landschaften aus den ö. Alpen- und Donaugegenden.

Literatur: S. Gierke, I. R. – Ein steir. Maler des Biedermeier, Diss., Innsbruck 1964; ÖBL.

Raffl, Franz, * 10. 10. 1775 Brenn (Gem. Schenna, S-Ti.), † 13. 2. 1830 Reichertshofen (D), Landwirt. Verriet im Jänner 1810 für 1500 fl. das Versteck des Ti. Freiheitskämpfers A. → Hofer an die Franzosen. Wurde deshalb der „Judas von Ti." genannt und wanderte 1811 nach Bayern aus, wo er in Armut starb.

Literatur: K. Klaar, F. R., der Verräter A. Hofers, 1931; ÖBL.

Rahl, Carl (Heinrich), * 13. 8. 1812 Wien, † 9. 7. 1865 ebd., Historienmaler. Erste Ausbildung bei seinem Vater, dem Maler und Kupferstecher Carl Heinrich R. d. Ä., Studium an der Wr. Akad., in München und Stuttgart, Reisen nach Paris und England, mehrjähriger Aufenthalt in Rom bis 1846, Beschäftigung mit allegor., mytholog. und hist. Motiven. 1850/51 und ab 1863 Prof. an der Wr. Akad., 1851 Gründung einer Privatschule für Monumentalmalerei, aus der einige berühmte Maler hervorgingen; zahlr. öffentl. Aufträge, Fresken und Deckenbilder, u. a. in der griech. Kirche in Wien, im k. k. Waffenmuseum (Arsenal), im Palais Todesco, in der Wr. Oper und im Heinrichhof in Wien. Vertreter einer farblich und dynamisch bereicherten klassizierenden Richtung, die durch viele Schüler (C. → Griepenkerl, E. → Bitterlich, A. → Eisenmenger, K. Lotz u. a.) fortgesetzt wurde.

Literatur: A. George-Mayer, Erinnerungen an C. R., 1882; W. Kitlitschka, Die Malerei der Wr. Ringstraße, 1981; ÖBL.

Rahner, Hugo, * 3. 5. 1900 Pfullendorf (D), † 21. 12. 1968 München (D), kath. Kirchenhistoriker, Patrologe, Jesuit; Bruder von Karl → Rahner. Bedeutender Ignatius-Forscher; 1937–66 Univ.-Prof. in Innsbruck, 1949/50 Rektor.

Werke: Ignatius von Loyola, 1947; Der spielende Mensch, 1952; Ignatius von Loyola. Briefwechsel mit Frauen, 1956; Maria und die Kirche, 1962; Symbole der Kirche, 1964; Forschungen zur Geschichte der Theologie und des innerkirchl. Lebens, 1958 (Hg.); Cor Jesu, 1959 (Hg.). – Literatur: J. Daniélou u. H. Vorgrimmler, Sentire Ecclesiam, 1961; K. H. Neufeld, Die Brüder R. Eine Biographie, 1994; J. Holdt, H. R. Sein geschichts- und symboltheolog. Denken, 1997.

Rahner, Karl, * 5. 3. 1904 Freiburg i. Breisgau (D), † 31. 3. 1984 Innsbruck (Ti.), Theologe, Dogmatiker, Religionsphilosoph, Jesuit; Bruder von Hugo → Rahner. 1949–64 Univ.-Prof. in Innsbruck, 1964–71 in München und Münster. Einflussreicher Konsultor beim 2. Vatikan. Konzil, Mit-Hg. des „Lexikons für Theologie und Kirche".

Werke: Geist in Welt, 1939; Hörer des Wortes, 1941; Visionen und Prophezeiungen, 1952; Schriften zur Theologie, 14 Bde., 1954–80; Sendung und Gnade, 1959; Grundkurs des Glaubens,

Johann Josef Wenzel Graf Radetzky. Gemälde von G. Decker, um 1850 (Heeresgeschichtliches Museum, Wien).

Carl Rahl. Foto, um 1860.

Johann von Radinger. Foto.

1976. – Literatur: K. H. Neufeld, Die Brüder R. Eine Biographie, 1994.

Raidl, Claus J., * 6. 11. 1942 Kapfenberg (Stmk.), Manager. Studierte an der Hochschule für Welthandel in Wien, anschließend Studien und Praktika in Europa und Amerika. 1981 Vorstandsmitglied der Wr. Holding, ab 1982 der ÖIAG; ab 1986 stellvertretender Vorstandsvorsitzender der VOEST-Alpine AG, seit 1991 Vorstandsvorsitzender der Böhler-Uddeholm AG.

Werke: Mehrwertsteuer und Preisniveau, 1971; zahlr. Beiträge in Sammelwerken.

Ferdinand Raimund. Gemälde (Museen der Stadt Wien).

Raimund, Ferdinand (eigentl. F. J. Raimann), * 1. 6. 1790 Wien, † 5. 9. 1836 Pottenstein (NÖ.; an den Folgen eines Selbstmordversuchs), Schauspieler, Dramatiker (Märchen- und Zauberspiele), „Klassiker" des Alt-Wr. Volkstheaters. Kam als Verkäufer von Gebäck mit dem Burgtheater in Berührung, spielte ab 1808 bei Wandertruppen und erzielte seinen Durchbruch 1814–17 am Theater in der Josefstadt. Ab 1817 am Theater in der Leopoldstadt, setzte er sich 1823 mit dem Zauberspiel „Der Barometermacher auf der Zauberinsel" als Autor auf Anhieb durch. Ab 1821 war er Spielleiter, 1828–30 Direktor dieses Theaters. Den Höhepunkt seiner Karriere als Autor und Schauspieler (Rappelkopf) feierte R. 1828 mit „Der Alpenkönig und der Menschenfeind". Auch der „Verschwender" (1834) wurde zu einem sensationellen Erfolg. Unglücklich gestaltete sich sein Privatleben. Eine Ehe mit der geliebten Toni Wagner wurde von deren Eltern abgelehnt, seine Ehe mit Louise Gleich bestand nur 2 Jahre. Auch das folgende Verhältnis mit Toni Wagner gestaltete sich wenig harmonisch. In zunehmender Depression befürchtete R. 1836 nach einem Hundebiss eine Tollwutinfektion, die ihn zu einem Selbstmordversuch veranlasste, an dem er wenige Tage später starb.

Erzherzog Rainer. Foto, um 1910.

R. brachte in seinen Werken menschl. Wärme und Werte zum Ausdruck und verband Lokalkolorit mit dichterischer Größe, Humor mit Melancholie, realist. Milieudarstellung mit barockem Bühnenzauber. Märchenwelt und moralische Allegorie waren bestimmende Kennzeichen seiner Volksstücke. Seine Stücke vertreten die Werte des Biedermeier (Treue, Dankbarkeit, Maßhalten, Zufriedenheit). Die musikal. Einlagen wurden von W. → Müller, J. → Drechsler und K. → Kreutzer komponiert; einige zu „Klassikern" gewordene Weisen („Brüderlein fein") stammen von R. selbst.

Werke: Zauberspiele u. -märchen: Der Barometermacher auf der Zauberinsel, 1823; Der Diamant des Geisterkönigs, 1824; Das Mädchen aus der Feenwelt oder Der Bauer als Millionär, 1826; Moisasurs Zauberfluch, 1827; Der Alpenkönig und der Menschenfeind, 1828; Die gefesselte Phantasie, 1828; Die unheilbringende Krone, 1829; Der Verschwender, 1834. – Ausgaben: Sämtliche Werke. Hist.-krit. Säkularausgabe in 6 Bden., hg. v. F. Brukner u. E. Castle, 1924–34 (Neudruck 1974); Liebesbriefe, hg. v. F. Brukner, 1914. – Literatur: O. Rommel, F. R. und die Vollendung des Alt-Wr. Zauberstücks, 1947; J. Hein, F. R., 1970; G. Wiltschko, R. Dramaturgie, 1973; R. Wagner, F. R. Eine Biographie, 1985; G. Riedl, R. Bilder aus einem Theaterleben, 1990; W. Deutschmann u. R. Wagner (Red.), Es ist ewig schad' um mich, Ausst.-Kat., Hist. Mus. d. Stadt Wien, 1996.

Roland Rainer. Foto, 1975.

Raimund, Hans, * 5. 4. 1945 Petzelsdorf (NÖ.), Schriftsteller und Übersetzer. Studierte Musik, Germanistik und Anglistik, 1972–84 Lehrer, seither freier Schriftsteller, lebt zeitw. in Duino bei Triest. Autor formstrenger Lyrik und Prosa zur Befindlichkeit des modernen Menschen (Kaputte Mythen, 1992). 1991 W.-H.-Auden-Übersetzerpreis, 1994 G.-Trakl-Preis.

Weitere Werke: Lyrik: Schonzonen, 1983; Auf Distanz gegangen, 1985; Der lange geduldige Blick, 1989; Strophen einer Ehe, 1995; Porträt mit Hut, 1998. – Prosa: Rituale, 1981; Trugschlüsse, 1990. – Essay: Über Auden und die Musik, in: Auden-Symposium, 1988. – Literatur: F. Richter, Wesentliches aus Duino, in: morgen 69, 1990.

Rainalter, Erwin Herbert, * 6. 6. 1892 Istanbul (TR), † 29. 10. 1960 Wien, Erzähler und Theaterkritiker. War 1933 an der Gründung des nat.-soz. „Rings nationaler Schriftsteller" beteiligt und trat im gleichen Jahr aus dem Ö. P. E. N.-Club aus. Arbeitete für den „Völkischen Beobachter" als Theaterkritiker in Berlin und kehrte nach dem Anschluss nach Wien zurück. Hatte großen Erfolg mit antimodernen Bauern- und hist.-biograph. Romanen („Der Sandwirt", 1935).

Rainer (Ferdinand), Erzhzg. von Ö., * 11. 1. 1827 Mailand (I), † 27. 1. 1913 Wien, Neffe von Ks. → Franz II. (I). Wurde von Ks. → Franz Joseph I. an die Spitze des ernannten Reichsrats berufen, war 1861–65 als nomineller Min.-Präs. Haupt des liberalen Kabinetts von A. v. → Schmerling, 1868–1906 Oberkommandierender der Landwehr und 1874 Feldzeugmeister. Er förderte die Wissenschaften (u. a. als Kurator der Akad. d. Wiss. und Protektor des Ö. Museums für Kunst und Ind.) und schenkte seine Papyrus-Smlg. der Hofbibl. (heute Nat.-Bibl.).

Literatur: D. Frühmann, Erzhzg. R. F., Diss., Wien 1985.

Rainer, Arnulf, * 8. 12. 1929 Baden (NÖ.), Maler. Bedeutender Vertreter der abstrakten informellen Kunst in Ö. Zunächst vom Surrealismus geprägt (Gründung der „Hundsgruppe" 1950 mit E. → Fuchs, A. → Brauer und J. → Mikl); ab 1954 Hinwendung zu „Formzerstörungen", wie Schwarzbilder, Zustriche und v. a. Übermalungen (von Graphiken und Fotografien), die sein weiteres Werk dominieren; zeitweise Nähe zum Wr. Aktionismus (Körperbemalungen, Arbeiten im Drogenrausch). 1978 ö. Vertreter auf der Biennale in Venedig und Großer Ö. Staatspreis, 1981–97 Professur an der Akad. d. bild. Künste in Wien. 1993 wurde in New York das A.-R.-Mus. eröffnet.

Literatur: Raineriana, Aufsätze zum Werk von A. R., hg. von O. Rychlik, 1989; E.-G. Giese, A. R. Malerei 1980–1990, 1990; J. Schütt, A. R. Überarbeitungen, 1994; C. Aigner u. a. (Hg.), A. R. Retrospektive 1947–1997, 1997; W. Hofmann, A. R. konstruktive Destruktion, 1997; I. Brugger (Hg.), A. R. – Gegen.Bilder, Ausst.-Kat., Wien 2000; R. H. Fuchs, A. R. Noch vor der Sprache, Ausst.-Kat., Stedelijk Museum, Amsterdam 2000.

Rainer, Christian, * 13. 12. 1961 Gmunden (OÖ.), Journalist. Studierte Jus und Volkswirt. in Wien; 1987–90 bei der „Arbeiter-Zeitung" (Leiter des Wirt.-Ressorts und stellv. Chefredakteur), danach bis 1997 Ressortleiter und Chefredakteur der „Wirtschaftswoche". Seit 1997 Hg. (mit Helmut A. Gansterer) und Chefredakteur des Wirtschaftsmagazins „Trend", seit 1998 auch Hg. und Chefredakteur der Wochenzeitschrift „profil".

Rainer, Friedrich, * 28. 7. 1903 St. Veit a. d. Glan (Kä.), † 19. 7. 1947 Ljubljana (SLO; hingerichtet), Jurist und Politiker (NSDAP). Ab 1930 NSDAP-Mitgl., ab 1936 in der Landesleitung für Ö., 11.–13. 3. 1938 Staatssekr. im Kabinett Seyß-Inquart. 1938–41 Gauleiter und Landeshauptmann bzw. Reichsstatthalter in Sbg., 1941–45 in Kä. und den angeschlossenen Gebieten Krains. 1943 Oberster Kommissär in der Operationszone „Adriatisches Küstenland". Übergab am 8. 5. 1945 die Verwaltung an Vertreter der demokrat. Parteien, wurde am 13. 3. 1947 von den Briten an Jugoslawien ausgeliefert und dort hingerichtet.

Literatur: N. v. Preradovich, Ö. höhere SS-Führer, 1987.

Rainer, Roland, * 1. 5. 1910 Klagenfurt (Kä.), Architekt und Stadtplaner. Studierte an der Techn. Hochschule in Wien, ab 1932 selbstständig, 1953/54 Prof. an der Techn. Hochschule in Hannover, 1955 in Graz, 1956–80 Leiter der Meisterschule für Architektur an der Akad. der bild. Künste in Wien, 1958–63 Stadtplaner von Wien. Entwickelte in zahlr. Publikationen eine zusammenhängende Lehre vom Einzelhaus bis zum Städtebau. Für Privathäuser propagiert R. das naturnahe Wohnen im verdichteten Flachbau und greift Ideen aus der Antike (Atriumhaus) und dem Orient auf (Gartenstadt Puchenau bei Linz, 1966–82); für große öffentl. Bauten verwendet R. eine expressiv-konstruktive Sprache als Ausdruck demokrat. Repräsentation (Stadthalle Wien, 1955–58; Stadthalle Ludwigshafen, 1962–65). Großer Ö. Staatspreis 1962, Ehrenzeichen f. Wiss. u. Kunst 1979.

Weitere Werke: Fertighaussiedlung Wien 13, Veitingergasse, 1954 (mit C. Auböck); Böhler-Haus, Wien, 1956–58; Siedlung Maurerberg, Wien, 1958–63; Mehrzweckhalle Bremen (mit Säume und Hafemann), 1961–64; AHS Wien-Kagran, 1969–73; ORF-Zentrum Wien, 1968–75. – Publikationen: Die Behausungsfrage, 1947; Städtebaul. Prosa, 1948; Ebenerdige Wohnhäuser, 1948; Die gegliederte und aufgelockerte Stadt, 1957; Anonymes Bauen N-Bgld., 1961; Planungskonzept Wien, 1963; Für eine lebensgerechtere Stadt, 1974; Anonymes Bauen im Irak, 1977; Die Welt als Garten – China, 1978; Kriterien der wohnl. Stadt, 1978; Lebensgerechtes Bauen, 1978; Bauen und Architektur, 1980; An den Rand geschrieben. Wohnkultur – Stadtkultur, 2000. – Literatur: R. R. Arbeiten aus 65 Jahren, 1990; R. R. Vitale Urbanität, Ausst.-Kat., Ö. Mus. f. angew. Kunst, Wien 1995.

Rákóczi, habsburgfeindl., aus der Slowakei stammende ungar. Magnatenfamilie. Bed. Mitgl. der Familie waren u. a. Georg (György) I. → Rákóczi, Georg (György) II. → Rákóczi und Franz (Ferencz) II. → Rákóczi.

Literatur: J. Borus, Kriegsschauplatz Ungarn 1526–1622, in: J. M. Perschy (Red.), Bollwerk Forchtenstein, Ausst.-Kat., Eisenstadt 1993.

Rákóczi, Franz (Ferencz) II., * 1676, † 1735, ungar. Magnat. Wurde 1701 der Zusammenarbeit mit den Franzosen beschuldigt und in Wr. Neustadt interniert. Nach gelungener Flucht stellte er sich 1703 an die Spitze der Kuruzzen und führte diese bis vor Wien. Zum Fürsten von Siebenbürgen gewählt, erreichte er im Juni 1707 auf dem Landtag von Onod die Absetzung Josephs I. als ungar. Kg. Er ging vor dem Frieden von Szatmár (1711) nach Frankreich in das Exil und 1717 in die Türkei, wo er den Rest seines Lebens verbrachte.

Rákóczi, Georg (György) I., * 1593, † 11. 11. 1648, ungar. Magnat. 1630 zum Fürsten von Siebenbürgen gewählt; eroberte 1644 ganz Oberungarn (Slowakei).

Rákóczi, Georg (György) II., * 1621, † 6. 6. 1660, Fürst von Siebenbürgen. Wollte 1657 Kg. von Polen werden.

Rameis, Emil, * 28. 4. 1904 Regau (OÖ.), † 22. 4. 1973 Linz (OÖ.), Kapellmeister. 1923–32 und während des 2. Weltkriegs Militärkapellmeister, 1932–54 am Oö. Landestheater in Linz. Er baute die Musikkapelle des Oö. Landesgendarmeriekommandos auf, die er 1952–69 leitete, und beschäftigte sich intensiv mit der Geschichte der Blas- und Militärmusik in Ö.

Ramek, Rudolf, * 12. 4. 1881 Teschen (Cieszyn, PL), † 24. 7. 1941 Wien, Jurist und Politiker (CS). Nach 1918 Rechtsanwalt in Salzburg, 1920–34 Abg. z. NR, 1919/20 Staatssekr. für Justiz in der Regierung Renner, 1921 BMin. f. Inneres und Unterr., 20. 11. 1924 bis 20. 10. 1926 Bundeskanzler; erreichte das Ende der Finanzkontrolle des Völkerbunds, konnte den Finanzausgleich und eine Verfassungsnovelle durchsetzen, führte das Sanierungswerk I. → Seipels zu Ende. R. stürzte über die Affäre des Finanzministers J. → Ahrer und die Folgen der Bankenzusammenbrüche (Steirerbank, Postsparkasse). 1930 wurde er 2. Präs. des NR und leitete am 30. 4. 1934 die letzte Sitzung des Rumpfparlaments (letzte parlamentar. Sitzung der 1. Republik). 1930 Präs. der Internat. Stiftung Mozarteum.

Literatur: I. Ackerl, R. R. in: F. Weissensteiner u. E. Weinzierl (Hg.), Die ö. Bundeskanzler, 1983; ÖBL.

Ramus, Pierre, → Großmann, Rudolf.

Randa, Gerhard, * 13. 9. 1944 Wien, Bankkaufmann. Studierte an der Hochschule für Welthandel in Wien; seit 1967 im Bankenbereich tätig. 1990/91 Gen.-Dir. der Ö. Länderbank AG, nach deren Fusionierung mit der Zentralsparkasse und Kommerzialbank AG zur Bank Austria AG deren Gen.-Dir.-Stellv. und seit 1995 Gen.-Dir. der Bank Austria, die 1997 auch die Creditanstalt-Bankverein übernahm. 1996–98 Präs. der Börsekammer.

Ranftl, Johann Matthias, * 20. 1. 1804 Wien, † 1. 11. 1854 ebd., Genre-, Historien- und Landschaftsmaler. Studium an der Wr. Akad. bei J. P. → Krafft, 1826/27 Reise nach Moskau und St. Petersburg, 1836 in London und Paris. Schuf in seiner Frühzeit v. a. Landschafts- und Historienbilder, später überwiegend Genreszenen (vielfach soz.-krit. Inhalts). Erhielt wegen seiner zahlr. Hundedarstellungen den Beinamen „Hunde-Raffael", bekannt auch für eine Reihe von Rollenbildnissen von J. → Nestroy.

Literatur: ÖBL.

Rank, Joseph, * 10. 6. 1816 Friedrichsthal (Hyršov, CZ), † 27. 3. 1896 Wien, Erzähler und Journalist. Studierte in Wien und wurde mit N. → Lenau bekannt; seine Skizzen „Aus dem Böhmerwalde" (1843; 3 Bde., 1851) sind die ersten Beispiele für die „Dorfgeschichte". In populärwiss. Landesbeschreibungen werden Erzählungen eingebettet, polit. und soz. Fragen aber eher vermieden. 1848 Mitgl. des Parlaments in der Frankfurter Paulskirche, 1849 des Stuttgarter Rumpfparlaments; nach längeren Deutschland-Aufenthalten kehrte R. 1861 nach Wien zurück, wo er Redakteur der „Oesterr. Zeitung" und Direktionssekr. der Hofoper wurde.

Ausgabe: Ausgewählte Werke, 7 Bde., 1859–60. – Literatur: U. Baur, Dorfgeschichte, 1978.

Rank, Otto, * 22. 4. 1881 Wien, † 31. 10. 1939 New York (USA), Psychoanalytiker. Früher Mitarbeiter S. → Freuds, ab 1912 Mit-Hg. der Ztschr. „Imago". Ging nach dem Bruch mit Freud 1926 nach Paris und 1936 nach New York.

Werke: Das Trauma der Geburt, 1924; Entwicklungsziele der Psychoanalyse, 1924 (mit S. Ferenczi); Technik der Psychoanalyse, 3 Bde., 1926–36. – Literatur: J. Taft, O. R., 1958; A. Zottl, Erziehung zum Übermenschen, 1980; E. J. Lieberman, O. R. Leben und Werk, 1997; L. Janus (Hg.), Schwerpunktthema: Die Wiederentdeckung O. R. für die Psychoanalyse, 1998; M. Leitner, Freud, R. und die Folgen, 1998; ÖBL.

Ransmayr, Christoph, * 20. 3. 1954 Wels (OÖ.), Erzähler, Essayist. Studierte in Wien Philosophie und Ethnologie, 1978–82 Kulturredakteur der Ztschr. „Extrablatt". Schrieb zunächst literar. Reportagen und Essays für verschiedene Zeitschriften; sein erster Roman, „Die Schrecken des Eises und der Finsternis" (1984), verbindet Dokumente der ö.-ungar. Nordpolexpedition 1872–74 mit fiktiven Passagen; besonderen Erfolg erzielte sein Ovid-Roman „Die letzte Welt" (1988). 1989 Anton-Wildgans-Preis, 1996 Aristeion-Preis der EU; 1998 Hölderlin-Preis.

Weitere Werke: Strahlender Untergang – Ein Entwässerungsprojekt oder Die Entdeckung des Wesentlichen, 1982; Morbus Kitahara, 1995; Der Weg nach Surabaya, 1997. – Hg.: Im blinden Winkel. Nachrichten aus Mitteleuropa, 1985. – Literatur: C. Bader, Antike und Mythos: Deduktion und Produktion von Mythen in C. R. Roman „Die letzte Welt", Dipl.-Arb., Wien 1993.

Rantasa, Walter, * 14. 2. 1966 Wien, Ruderer und Sportmanager. 1989 in Bled mit C. → Schmölzer Welt-

Christoph Ransmayr. Foto, 1986.

Rudolf Ramek. Foto.

meister im Leichtgewichts-Doppelzweier, Silbermedaillen bei den Weltmeisterschaften in Wien 1991 und in Montreal 1992; ab 1993 im Leichtgewichts-Doppelvierer mit Schmölzer, Wolfgang Sigl und Gernot Faderbauer; Weltmeister 1993 in Roudnice, 1994 in Indianapolis und 1995 in Tampere. Seit 2001 Sportdirektor des Ö. Ruderverbands.

Ranzoni, Hans d. Ä., * 18. 10. 1868 Wien, † 18. 6. 1956 Krems (NÖ.), Landschafts- und Architekturmaler; Vater von Hans → Ranzoni d. J.; 1919–21 und 1930–37 Präs. des Wr. Künstlerhauses; lebte ab 1944 in Dürnstein, für dessen Schutz und Erhaltung er sich bes. einsetzte.

Ranzoni, Hans d. J., * 6. 9. 1896 Wien, † 11. 10. 1991 ebd., Graphiker, Kupferstecher; Sohn von Hans → Ranzoni d. Ä.; Schüler von A. → Cossmann; 1945–61 Lehrer an der Graph. Lehr- und Versuchsanst. in Wien. Sein durch eine Vielzahl von Preisen ausgezeichnetes Schaffen (Illustrationen, Exlibris, Urkunden, Briefmarken) war v. a. dem Kupferstich gewidmet.

Literatur: Der Kupferstecher H. R. d. J., hg. v. der Ö. Exlibris-Ges., 1986.

Gustav Ratzenhofer. Foto.

Rapf, Kurt, * 15. 2. 1922 Wien, Komponist, Dirigent, Pianist. Gründete 1945 das Collegium Musicum Wien, eines der wichtigsten Ensembles für Alte Musik nach dem 2. Weltkrieg. 1953–60 Musikdir. der Stadt Innsbruck, 1970–87 Musikreferent der Stadt Wien, 1970–83 Präs. des Ö. Komponistenbunds. Gründete 1986 die Wr. Sinfonietta (Kammerorchester); zahlr. Auslandstourneen, Platteneinspielungen und Ehrungen.

Werke: Oratorien, Symphonien, Konzerte, Kammermusik, Lieder.

Rasch, Johann, * um 1540 Pöchlarn (NÖ.), † um 1615 Wien, Schriftsteller, Organist im Wr. Schottenstift, Mathematiker, Buchhändler. In seinen Schriften, einer Fundgrube für ö. Dialekt- und Volkskunde, setzte er sich mit Zeiterscheinungen (Astrologie, Pseudoprophetismus u. a.) auseinander, sein „Weinbuch" (1582) ist ein Lehrgedicht über den nö. Weinbau.

Weitere Werke: Nininiter Klag, 1578; Fasten Reim, 1583; Fasten-Lob, 1585.

Raschhofer, Daniela, * 19. 6. 1960 Braunau (OÖ.), Berufsschullehrerin und Politikerin (FPÖ). 1991–96 Abg. z. Oö. Landtag, seit 1996 Mitgl. des Europ. Parlaments und seit 1997 Leiterin der FPÖ-Delegation in diesem.

Raschke, Rudolf, * 21. 6. 1923 Bleiburg (Kä.), † 8. 4. 1945 Wien (hingerichtet), Oberleutnant, Mitgl. der militär. Widerstandsgruppe in Wien. Anfang April 1945 nach Verrat mit K. → Biedermann und A. → Huth festgenommen und in Floridsdorf Am Spitz (Wien 21) öffentl. gehängt.

Rasumofsky, Andrej Fürst, * 2. 11. 1752 St. Petersburg (RUS), † 23. 9. 1836 Wien, russ. Gesandter in Wien 1792–1807. 1814 russ. Delegierter beim Wr. Kongress. Musikmäzen und Kunstsammler, Gönner von L. van → Beethoven, der ihm 3 Streichquartette (op. 59) und die 5. und 6. Symphonie widmete. Unterhielt 1808–16 ein Streichquartett (von I. → Schuppanzigh selbstständig weitergeführt); befreundet mit J. → Haydn und W. A. → Mozart. Erbaute das Palais R. im 3. Wr. Bezirk.

Joseph Franz von Ratschky. Punktierstich.

Ratschky, Joseph Franz von, * 21. 8. 1757 Wien, † 31 5. 1810 ebd., Lyriker, Epiker, Dramatiker und Satiriker, eigentl. Beamter. Trat 1776 in den Staatsdienst ein, gründete 1777 den bis 1796 bestehenden und später von G. v. → Leon herausgegebenen „Wienerischen (ab 1786 Wiener) Musen-Almanach", in dem ab Anfang der 80er Jahre alle namhaften Schriftsteller Wiens publizierten; gehörte der Freimaurerloge Zur wahren Eintracht an. Große Bedeutung erlangte R. mit seinem komisch-satir. Epos „Melchior Striegel" (1793–95), in dem er aus josephin. Sicht zur Franz. Revolution Stellung bezog.

Literatur: W. Kriegleder, J. F. R., Diss., Wien 1985.

Ratz, Erwin, * 22. 12. 1898 Graz (Stmk.), † 12. 12. 1973 Wien, Musiktheoretiker. Schüler von G. → Adler und A. → Schönberg. 1945–73 Prof. an der Akad. f. Musik und darst. Kunst in Wien; Präs. der Internat. G.-Mahler-Ges. und Gen.-Sekr. der ö. Sektion der Internat. Ges. f. Neue Musik.

Werke: Erkenntnis und Erlebnis des musikal. Kunstwerks, 1950; Einführung in die musikal. Formenlehre, 1951; G. Mahler, 1957; Gesammelte Aufsätze, 1975. – Literatur: J. Kretz, E. R. – Leben und Wirken, 1996.

Ratzenböck, Josef, * 15. 4. 1929 Neukirchen a. Walde (OÖ.), Jurist und Politiker (ÖVP). Gründer des Rentner- und Pensionistenbundes in OÖ. (heute Seniorenbund); 1969–77 Landesparteisekr., 1973 Landesrat f. Finanzen, 1977–95 ÖVP-Landesparteiobmann und Landeshauptmann von OÖ. Einflussreicher Landespolitiker mit bundespolit. Gewicht in der ÖVP.

Werk: Mit herzlichen Grüßen Euer J. R. oder Wer glaubt, daß ich nichts zu lachen hatte, irrt, 1996.

Ratzenhofer, Gustav (Pseud.: Gustav Renehr), * 4. 7. 1842 Wien, † 8. 10. 1904 auf der Reise von Amerika nach Europa, Philosoph, Soziologe, Feldmarschallleutnant und Präs. des Militärobergerichts. Er wollte Politik als Wiss. betrieben sehen und trat für eine Aussöhnung der Völker Ö.-Ungarns ein.

Werke: Wesen und Zweck der Politik, 3 Bde., 1893; Positive Ethik, 1901; Soziologie, 1907. – Literatur: O. Gramzow, G. R. und seine Philosophie, 1904; ÖBL.

Ratzer, Karl, * 4. 7. 1950 Wien, einer der renommiertesten Jazzmusiker Ö., gilt als Grenzgänger zw. Blues, Jazz, Funk und Pop; Komponist. Begann mit 15 Jahren seine Karriere als Jazzgitarrist in Wien, 1972 Übersiedlung nach Atlanta (Mitarbeit am Projekt Rufus & Chaka Khan), 1977–80 Bandleader in New York, Zusammenarbeit u. a. mit Art Farmer, Chet Baker, Joe Farrell und Steve Grossman; 1981 Rückkehr nach Europa, 1991 Gründung der Band Beat the Heat; erhielt 1996 als erster Österreicher einen Plattenvertrag beim Jazzlabel Enja-Records; seit 1999 Gastprof. an der Univ. f. Musik und darst. Kunst in Graz.

Werke (Schallplatten bzw. CDs): In Search of the Ghost, 1978; Street Talk, 1979; Bayou, 1993; Coasting, 1995; Saturn Returning, 1996; Moon Dancer, 1998.

Rauch, Adrian, * 1. 4. 1731 Wien, † 16. 6. 1802 ebd., bedeutender Piarist, Historiker. Schrieb Werke zur ö. Geschichte. Die nö. Stände übertrugen ihm 1793 die Erarbeitung einer Landestopographie, die nicht abgeschlossen wurde.

Werke: Ö. Geschichte, 3 Bde., 1779–81 (begonnen von F. F. Schrötter); Rerum Austriacarum Scriptores, 3 Bde., 1793–94; Rerum Austriacarum historia, 1794.

Rauch, Andreas, * 1592 Pottendorf (NÖ.), † 1656 Ödenburg (Sopron, H), Komponist. Organist der protestant. Landstände in NÖ. und Wien (Hernals 1621–25, Inzersdorf 1627), ab 1629 in Ödenburg.

Werke: Symbolum ..., 1621; Thymiaterium musicale, d. i. musical. Rauchfäßlein, 1625; Musicalisches Stammbüchlein, 1627; Currus triumphalis, 1648; Neues Thymiaterium, 1651.

Rauch, Felizian, * 19. 12. 1769 Innsbruck (Ti.), † 22. 8. 1832 ebd., Verleger und Bürgermeister von Innsbruck (1809–14). Übernahm 1796 die Buchhandlung und 1819 den 1673 gegr. Verlag und die Druckerei der Fa. J. T. Trattner in Innsbruck (ging 1877 an die Familie Pustet über). Sein gleichnamiger Sohn (1804–1884) gab 1848–63 das „Volksblatt für Ti. und Vbg." (1861 als „Tyroler Stimmen" fortgesetzt) heraus.

Literatur: A. Dörrer, Das Innsbrucker Verlagshaus F. R. und seine Vorgänger 1673–1929, 1929.

Rauch, Helmut, * 22. 1. 1939 Krems a. d. Donau (NÖ.), Physiker. Studierte Techn. Physik an der Techn. Hochschule in Wien, seit 1972 Univ.-Prof. und Inst.-Vorstand des Atominst. der Ö. Universitäten. Beschäftigt sich v. a. mit Neutronenoptik, Neutroneninterferometrie, Quantenoptik und Energiephysik. E.-Schrödinger-Preis 1977.

Rauch, Wolf, * 7. 3. 1952 Graz (Stmk.), Informationswissenschaftler. Studierte in Wien Mathematik, Statistik, Betriebs- und Wirt.-Informatik. 1977–82 Assistent bzw. Dozent an der Univ. Wien; 1982–84 Leiter der Sektion für Kommunikation der Ges. f. Information und Dokumentation in Frankfurt a. M. (D); 1984–87 Univ.-Prof. in Klagenfurt, seit 1987 Leiter des Inst. f. Informationswiss. an der Univ. Graz, 1997–99 deren Rektor.

Werke: Delphi-Prognose in Information und Dokumentation, 1978; Büro-Informations-Systeme: Sozialwiss. Aspekte der Büroautomatisierung durch Informationssysteme, 1982; Einführung in die betriebl. Datenverarbeitung, 1986.

Rauch-Kallat, Maria, * 31. 1. 1949 Wien, Lehrerin und Politikerin (ÖVP). 1987–92 Abg. z. Wr. Landtag und Mitgl. des Wr. Gemeinderats; 1983–87 Mitgl. d. BR, 1995–99 Abg. z. NR; 1992–94 BMin. f. Umwelt, Jugend und Familie, 1995 BMin. f. Umwelt; seit 1995 Generalsekretärin der ÖVP. Widmet sich als Mutter einer erblindeten Tochter auch bes. der Behindertenarbeit.

Werke: Entwicklungen in den Rechten der Kinder im Hinblick auf das UN-Übereinkommen über die Rechte des Kindes, 1994 (Hg.); Frauen in Spitzenpositionen, 1999 (Hg.).

Rauchmiller (Rauchmüller), Matthias, * 11. 1. 1645 Radolfzell (D), † 5. 2. 1686 Wien, Bildhauer, Elfenbeinschnitzer und Maler. Ließ sich 1675 in Wien nieder. Virtuoser Künstler am Übergang vom Früh- zum Hochbarock, war von großem Einfluss auf die ö. Plastik um 1700.

Werke: Mitarbeit an der Wr. Pestsäule, ab 1682; Elfenbeinarbeiten, Vaduz, 1676; Terrakottamodell des hl. Nepomuk für die Karlsbrücke in Prag, 1681; Wandmalereien in der Wr. Dominikanerkirche, ab 1675. – Literatur: V. Birke, M. R., 1981.

Raudaschl, Hubert, * 26. 8. 1942 St. Gilgen a. Wolfgangsee (Sbg.), Segelsportler und Segelmacher. Betreibt seit 1950 Wettkampfsport und nahm seit 1960 an 8 Olympiaden teil; 5-mal Europameister, 2-mal Weltmeister (1964 Finnklasse, 1978 Minitonner), Silbermedaillen bei den Olymp. Spielen in Mexico (Acapulco) 1968 in der Finnklasse und in Moskau (Tallin) 1980 in der Starklasse. Auch als Produzent von Segeln und Konstrukteur von Booten internat. bekannt.

Raulino, Johann Tobias, * 21. 2. 1785 Frankfurt a. Main (D), † 16. 4. 1839 Wien, Landschaftsmaler. Ab 1820 in Wien, bekannt für detailreiche Landschaftsschilderungen in Aquarell und Gouache; schuf topograph. interessante Veduten von Wien und nö. Städten, insbes. von Mödling und Baden, daneben auch die druckgraph. Serien „Große Ansichtenserie von Wiens Umgebungen" (um 1830) und „Wiens Umgebungen" (1834).

Rauscher, Joseph Othmar von, * 6. 10. 1797 Wien, † 24. 11. 1875 ebd., Theologe, Kirchenpolitiker, Schriftsteller, Philosophielehrer des späteren Ks. → Franz Joseph I., Fürsterzbischof von Wien (1853), Kardinal (1855). 1825 Univ.-Prof. f. Kirchengeschichte und Kirchenrecht in Salzburg, 1832 Dir. der Oriental. Akad. in Wien und Referent für kirchl. Fragen in der Staatskanzlei Metternichs, 1849 Bischof von Seckau und Administrator von Leoben. Verfasser des Konkordats von 1855; erreichte 1857 die kirchl. Verurteilung der Lehren Anton → Günthers. 1861 Mitgl. des Herrenhauses und des Nö. Landtags.

Werke: Geschichte der christl. Kirche, 2 Bde., 1829; Hirtenbriefe, Predigten, Anreden, 1858; Das Concordat, 1868. – Literatur: ÖBL.

Rautenstrauch, Johann (Pseudonyme: Arnold, Ehrlich), * 10. 1. 1746 Erlangen (D), † 8. 12. 1801 Wien, Schriftsteller, Dramatiker, Lyriker, Hofagent. Schrieb zunächst Gelegenheitsgedichte; kam 1770 nach Wien und versuchte hier als Bühnenautor Fuß zu fassen; sein erfolgreichstes Lustspiel war „Der Jurist und der Bauer" (1773). Später widmete er sich der (kirchen-)polit. und hist. Publizistik, propagierte die Reformpolitik → Josephs II. und beschäftigte sich mit der aktuellen Situation der Habsburgermonarchie („Oesterr. Kriegs-Almanach", 1778/79).

Weitere Werke: Gedichte: Das beglückte Straßburg, 1768; Kriegslieder für Josephs Heere, 1778. – Erzählungen: Der Teufel in Wien, 2 Bde., 1783; Der Teufel in den Vorstädten, 1783; Das neue Wien, 1785. – Hist.-polit. Schriften: Biographie Marien Theresiens, 1779; Über die Stubenmädchen in Wien, 1781; Traum von einem Hirtenbrief, 1783; Die Schwachheiten der Wiener, 1784. – Hg.: „Real-Zeitung von Straßburg", 1775–81. – Literatur: E.-M. Loebenstein, J. R. und seine Biographie Maria Theresias, in: Ö. in Geschichte und Literatur 15, 1971; L. Bodi, Tauwetter in Wien, ²1995.

Rauter, Hanns Baptist, * 4. 2. 1895 Klagenfurt (Kä.), † 25. 3. 1949 Walsdorper Flakte (NL; hingerichtet), Politiker (Heimatschutz, NSDAP). Gründete 1922 mit W. → Pfrimer den „Selbstschutzverband Stmk.", war 1931 am Pfrimer-Putsch führend beteiligt, lenkte dann den Steir. Heimatschutz systemat. zu den Nat.-Soz. über und leitete im Juli 1934 den NS-Aufstand in Kä.; 1938 wurde er Mitgl. des Dt. Reichstags, 1940 Höherer SS- und Polizeiführer in Holland. Nach einem Attentat auf ihn am 6. 3. 1945 ließ H. Himmler 225 Holländer erschießen. Wurde an Holland ausgeliefert und 1949 zum Tod verurteilt.

Literatur: W. Wiltschegg, Die Heimwehr, 1985; R. B. Birn, Die Höheren SS- u. Polizeiführer, 1986.

Raymond, Fred (Pseud. für Raimund Friedrich Vesely), * 20. 4. 1900 Wien, † 10. 1. 1954 Überlingen (D), Operetten- und Schlagerkomponist (Autodidakt), Bankbeamter. Ab 1924 Kabarettist, lebte in Berlin.

Werke: Operetten: Maske in Blau, 1937; Saison in Salzburg, 1938; Geliebte Manuela, 1951. – Schlager: Ich hab mein Herz in Heidelberg verloren; Ich hab' das Fräul'n Helen baden seh'n; Die Juliska, die Juliska aus Buda-Budapest; Salzburger Nockerln; In einer kleinen Konditorei. – Revuen, Singspiele, Filmmusik. – Literatur: L. v. Berswordt, F. R. Werkverz., 1995.

Rebell, Joseph, * 11. 1. 1787 Wien, † 18. 12. 1828 Dresden (D), Landschaftsmaler. Studierte an der Wr. Akad. bei F. A. → Brand, war Schüler von M. Wutky und arbeitete als Bauzeichner des Architekten L. de → Montoyer. Ab 1810 in Mailand, am Hof von Neapel und in Rom tätig, kehrte er 1824 nach Wien zurück und wurde als Dir. der k. k. Gemäldegalerie im Belvedere Nachfolger von F. H. → Füger sowie Prof. für Landschaftsmalerei an der Wr. Akad. Stark von der engl. und franz. Malerei geprägt, zählt er zu den frühesten Landschaftsrealisten im dt.-sprach. Raum.

Literatur: H. Lischke, J. R. 1787–1828 – Leben und Werk, Diss., Innsbruck 1957.

Rebhun (Rebhuhn), Paul, * um 1500 Waidhofen a. d. Ybbs (NÖ.), † nach dem 10. 5. 1546 Oelsnitz (D), Katechet und Dramatiker, Hauptvertreter des protestant. Schuldramas. Studierte vermutl. in Wittenberg, wo er vielleicht Luthers Hausgenosse war, und war dann Lehrer und 1542 Pfarrer in Oelsnitz. Mit seinem antiken Formen folgenden Versdrama „Ein geistlich Spiel von der Gotfürchtigen und keuschen Frauen Susannen" (1536) steht er am Beginn des modernen dt.-sprach. Dramas.

Weitere Werke: Hochzeit Spiel auff die Hochzeit zu Cana Galileae, 1538; Klag des armenn Manns von Sorgenvol, ynn theue-

Kardinal Joseph Othmar von Rauscher. Lithographie von J. Kriehuber.

rung und hungersnot, 1540; Hausfried. Was für Ursachen den christl. Eheleuten zu betencken / ten lieben Hausfriede in der Ehe zu erhalten, 1546 (Ehelehre). – Ausgabe: Dramen, hg. v. H. Palm, 1859; Ein Geistlich Spiel von der ... Frauen Susannen, hg. v. H.-G. Roloff, 1967. – Literatur: P. F. Casey, P. R., 1986.

Alfred Redl. Foto.

Rechberg, Johann Bernhard Graf von, * 17. 7. 1806 Regensburg (D), † 26. 2. 1899 Schwechat (NÖ.), Diplomat und Politiker. Trat in ö. Dienst und war bis 1853 u. a. Gesandter in Schweden und Brasilien, 1859–64 Außenmin. und 1859–61 Min.-Präs.; Anhänger von C. W. L. Fürst → Metternich und Gegner der liberalen Politik A. v. → Schmerlings. Konnte die ö. Forderungen gegenüber Bismarck in der schleswig-holstein. Frage nicht durchsetzen.

Literatur: H. Rumpler, J. B. Gf. v. R., in: 1000 Jahre Ö., hg. v. W. Pollak, 1973; ÖBL.

Recheis, Käthe, * 11. 3. 1928 Engelhartszell (OÖ.), Kinder- und Jugendbuchautorin. Leitete 1956–61 das ö. Büro der „Internat. Kath. Wanderungskommission" in Genf; Hg. der „Indianerbibliothek" zur Bewahrung indian. Sitte und Kultur; daneben thematisiert sie in ihrem Werk v. a. polit.-geschichtl. Stoffe, schreibt aber auch Märchen und Fantasy-Geschichten. Mehrfach mit dem Ö. Staatspreis für Kinderbuch ausgezeichnet; Ö. Würdigungspreis für Kinder- und Jugendliteratur 1986.

Werke: Kleiner Adler und Silberstern, 1961; Tiki und die kleine weiße Ziege, 1962; Der kleine Biber und seine Freunde, 1963; Die Hunde Wakondas, 1964; Das Schattennetz, 1964; Red Boy, 1967; Martin und die Regengeister, 1971; König Arthur und die Ritter der Tafelrunde, 1974; Kleiner Bruder Watomi, 1974; Geh heim und vergiß alles, 1981; Der weiße Wolf, 1982; Die Gespensterburg, 1984; Lena, unser Dorf und der Krieg, 1987; Kleine Maisblüte, 1989; Kleiner Wolf und Wahki Waschbär, 1990; Noani, 1991; Wolfsaga, 1994; Wie schwierig es ist, jung zu sein, 1995. – Literatur: M. Bauer, Aspekte der ö. Jugendliteratur exemplarisch untersucht am Werk von K. R., Dipl.-Arb., Wien 1988.

Rechenberg, Peter, * 18. 7. 1933 Berlin (D), Informatiker mit Schwerpunkt Software-Forschung. Zunächst Laborleiter des AEG-Forschungsinst. in Berlin, 1970–75 Univ.-Prof. in Berlin, 1975–99 in Linz, 1992–98 stellv. Leiter des C.-Doppler-Laboratoriums für Methoden und Werkzeuge des Software-Engineering.

Werke: Grundzüge digitaler Rechenautomaten, 1964; Die Simulation kontinuierl. Prozesse mit Digitalrechnern, 1972; Programmieren für Informatiker mit PL/I, 2 Bde., 1974/75; Ein Compiler-Generator für Mikrocomputer, 1985 (mit H. Mössenböck); Was ist Informatik?, 1991 ([3]2000); Informatik-Hb., 1997 ([2]1999, Hg. mit G. Pomberger).

Rechinger, Karl-Heinz, * 16. 10. 1906 Wien, † 30. 12. 1998 ebd., Botaniker. Demonstrator bei R. → Wettstein. Ab 1929 an der Botan. Abt. des Naturhist. Museums, 1956/57 Gastprof. in Bagdad, 1963–71 Erster Dir. des Naturhist. Museums. Sein Lebenswerk war die Dokumentation der Wildpflanzen Persiens.

Werke: Beitrag zur Kenntnis der Pilz-Flora von Aussee, 1930; Flora Aegaea, 1943; Flora Iranica, 1963ff.; Flora of Lowland Iraq, 1964. – Literatur: H. Riedl, K.-H. R. zum 65. Geburtstag, 1971; W. Lack, K.-H. R. A Grand Old Man in Botany, 1987.

Redemptoristenmeister, → Meister von Maria am Gestade.

Reder, Walter, * 4. 2. 1915 Freiwaldau (Jeseník, CZ), † 26. 4. 1991 Wien, Offizier der Waffen-SS (Obersturmbannführer). Bereits früh Anhänger der NSDAP in Ö., 1934 Flucht nach Deutschland, Angehöriger der Ö. Legion, Eintritt in die Waffen-SS. Befahl im Sept. 1944 als Angehöriger der 16. SS-Panzergrenadierdivision bei Marzabotto (nahe Bologna) als Vergeltung für Partisanenüberfälle ein Massaker an der Zivilbevölkerung. R. wurde dafür in Italien zu lebenslanger Haft verurteilt (Festung Gaeta). Im Jänner 1985 wurde er begnadigt und nach Ö. entlassen. Seine Begrüßung durch den damaligen BMin f. Landesverteidigung F. → Frischenschlager löste innenpolit. Auseinandersetzungen aus.

Literatur: N. v. Preradovich, Ö. höhere SS-Führer, 1987.

Redl, Alfred, * 14. 3. 1864 Lemberg (Lwíw, UA), † 25. 5. 1913 Wien (Selbstmord), Offizier (Oberst im Generalstabskorps). Generalstabsausbildung, 1907 stellv. Chef des Evidenzbüros im k. u. k Kriegsministerium (Nachrichtendienst). Ab 1912 Chef des Generalstabs des k. u. k. 8. Korps in Prag. War mindestens 10 Jahre lang russ. Spion und wurde nach seiner Enttarnung zum Selbstmord gezwungen. Danach versuchte man den Fall zu vertuschen, er wurde aber von E. E. → Kisch an die Öffentlichkeit gebracht.

Literatur: G. Markus, Der Fall Redl, 1984; ÖBL.

Redlich, Josef, * 18. 6. 1869 Göding (Hodonín, CZ), † 12. 11. 1936 Wien, Jurist und Politiker. Aus dem Kreis der Fabier, 1907–18 Reichsratsabg. der Dt. Fortschrittspartei, ab 1910 des Dt. Nationalverbands; in der letzten Regierung der Monarchie von Okt. bis Nov. 1918 und 1931 Finanzminister; ab 1907 Univ.-Prof. in Wien und 1926–34 an der Harvard University in Cambridge (USA).

Werke: Englische Lokalverwaltung, 1901; Das ö. Staats- und Reichsproblem, 2 Bde., 1920/26; Ö. Regierung und Verwaltung im Weltkrieg, 1925; Ks. Franz Joseph v. Ö., 1928; Schicksalsjahre Ö. 1908–19. Das polit. Tagebuch, 2 Bde., hg. v. F. Fellner, 1953/54; H. v. Hofmannsthal – J. R., Briefwechsel, hg. v. H. Ebner-Fußgänger, 1970; H. Bahr – J. R. in ihren Briefen 1896–1934, hg. v. F. Fellner, 1980. – Literatur: ÖBL.

Redlich, Oswald, * 17. 9. 1858 Innsbruck (Ti.), † 20. 1. 1944 Wien, Historiker; Vater von Virgil → Redlich. Ab 1882 Univ.-Prof. in Innsbruck, 1893–1929 in Wien, ab 1926 Vorstand des Inst. f. Ö. Geschichtsforschung, 1919–38 Präs. der Ö. Akademie der Wissenschaften, 1918/19 vorübergehender Leiter des Staatsarchivs, dessen Zersplitterung auf Nachfolgestaaten er verhindern konnte. War an zahlr. wiss. Unternehmungen führend beteiligt und setzte die „Ö. Geschichte" von A. Huber bis 1740 fort.

Werke: Rudolf von Habsburg, 1903; Urkundenlehre, 2 Bde., 1907/11 (mit W. Erben u. L. Schmitz-Kallenberg); Ö. Großmachtbildung in der Zeit Leopolds I., 1921; Das Werden einer Großmacht, 1938 ([4]1962); Über Kunst und Kultur des Barocks in Ö., in: Archiv f. ö. Geschichte 115, 1943. – Literatur: L. Santifaller, O. R., in: MIÖG 56, 1948; ÖBL.

Redlich, Virgil, * 16. 4. 1890 Innsbruck (Ti.), † 30. 5. 1970 Seckau (Stmk.), relig. Schriftsteller, Benediktiner; Sohn von Oswald → Redlich. Univ.-Prof. in Salzburg und Graz, Prior der Abtei Seckau.

Werke: Relig. Lebensgestaltung, 1932. – Hg.: Bücher der Geisteserneuerung, 10 Bde., 1932ff.; Ztschr. f. dt. Geistesgeschichte, 1935–38; Seckauer Hefte, 1945ff. (Red.). – Literatur: B. Roth, Univ.-Prof. Dr. phil. Pater V. R. OSB 1890–1970, 1970.

Redtenbacher, Ferdinand Jakob, * 25. 7. 1809 Steyr (OÖ.), † 16. 4. 1863 Karlsruhe (D), Techniker. Begründer des wiss. Maschinenbaus; nach dem Studium am Polytechn. Inst. in Wien 1829–33 Assistent bei J. → Arzberger, ab 1841 Prof. der Mechanik und Maschinenlehre in Karlsruhe (1857–62 Dir.), der ältesten techn. Lehranstalt Deutschlands, deren hohes Ansehen er mitbegründete.

Werke: Theorie und Bau der Wasserräder, 1846; Prinzipien der Mechanik und des Maschinenbaus, 1852; Der Maschinenbau, 3 Bde., 1862–65. – Literatur: ÖBL.

Redtenbacher, Josef, * 12. 3. 1810 Kirchdorf a. d. Krems (OÖ.), † 5. 3. 1870 Wien, Chemiker; Bruder von Ludwig → Redtenbacher. Ab 1849 Univ.-Prof. in Wien, wo er den Bau eines Chem. Inst. durchsetzte. Entdeckte das Acrolein, die Acrylsäure und die Gärung des Glycerins durch Germ und untersuchte das Taurin.

Literatur: ÖBL.

Redtenbacher, Ludwig, * 10. 6. 1814 Kirchdorf a. d. Krems (OÖ.), † 8. 2. 1876 Wien, Entomologe, Arzt; Bruder von Josef → Redtenbacher. Zuerst Univ.-Prof. in Prag, ab 1860 Dir. des Naturhist. Museums in Wien; verfasste grundlegende Arbeiten über die Käferarten in Ö.

Werke: Die Gattungen der dt. Käfer-Fauna nach der analyt. Methode, 1845; Fauna austriaca: Die Käfer, 1849 (³1874). – Literatur: Almanach der Ö. Akad. d. Wiss. 26, 1876; ÖBL.

Regele, Oskar, * 7. 7. 1890 Pettau (Ptuj, SLO), † 1. 2. 1969 Wien, Militärhistoriker, Archivar, Offizier. Pressechef des Bundesheers der 1. Republik, Militärattaché in Ungarn und Rumänien, leitete 1946–55 das Kriegsarchiv und 1955 das Staatsarchiv, ab 1956 im Ruhestand. 1952–60 Präs. der Ö. Kommission f. Militärgeschichte.

Werke: Staatsverfassung und Wehrverfassung, 1925; Der ö. Hofkriegsrat 1556–1848, 1949; Feldmarschall Conrad, 1955; Feldmarschall Radetzky, 1957; Feldzeugmeister Benedek, 1960; Taschenbuch der Militärgeschichte Ö., 1963 (Hg.); Feldmarschall Fürst Schwarzenberg, 1964; Generalstabschefs aus 4 Jh., 1966; Gericht über Habsburgs Wehrmacht, 1968. – Literatur: J. C. Allmayer-Beck, O. R., in: Mttlg. des Ö. Staatsarchivs 22, 1969.

Regiomontanus (latinisiert, = Königsberger, eigentl. Johannes Müller), * 6. 6. 1436 Königsberg (Franken, D), † 6. 7. 1476 Rom (I), Mathematiker, Astronom. Schüler von → Georg von Peuerbach in Wien, übersetzte den „Almagest" (arab. Ptolemais-Überlieferung), erweiterte die Algebra und Trigonometrie und verbesserte astronom. Geräte. Seine „Ephemerides" (Sternbücher) wurden von Vasco da Gama und Kolumbus auf ihren Reisen zur Längenbestimmung benützt.

Literatur: R. Mett, R. Wegbereiter des neuen Weltbildes, 1996.

Rehor, Grete, * 30. 6. 1910 Wien, † 28. 1. 1987 ebd., Angestellte und Politikerin (ÖVP). Ab 1927 in der Textilarbeitergewerkschaft tätig, 1949–70 Abg. z. NR, 1966–70 BMin. für soz. Verwaltung; erster ö. weibl. Minister. Das Arbeitsmarktförderungsgesetz und das Hausbesorgergesetz gehen auf ihre Initiative zurück.

Literatur: G. Frankenstein, G. R., Dipl.-Arb., Wien 1994.

Rehrl, Franz, * 4. 12. 1890 Salzburg, † 23. 1. 1947 ebd., Jurist und Politiker (CS). 1922–38 Landeshauptmann von Sbg., Verdienste um die Entwicklung der Sbg. Festspiele (1. Festspielhaus), den Bau der Großglockner-Hochalpenstraße und der Gaisbergstraße sowie mehrerer Kraftwerke (Fuscher Bärenwerk, Tauernkraftwerk). Galt als konsensbereiter Politiker, der sich nach 1934 für die verfolgten soz.-dem. Kollegen einsetzte; 1938 aus dem Landesdienst entlassen und mehrmals verhaftet.

Literatur: ÖBL.

Rehulka, Mario, * 7. 10. 1941 Wien, Manager. Trat 1966 bei der AUA ein, wurde 1969 Leiter der Werbeabt. und Anfang der 80er Jahre Verkaufsleiter für den Passagierbereich. 1987–91 Geschäftsführer der AUA-Tochter Traviaustria und 1991–93 der Austrian Airtransport (Chartertochter der AUA), 1993–2001 mit H. → Bammer Vorstandsdirektor der AUA.

Reich, Emil, * 29. 10. 1864 Koritschan (Koryčany, CZ), † 13. 12. 1940 Wien, Philosoph und Literaturkritiker. 1904–33 Prof. f. Ästhetik; Mitbegr. der Grillparzer-Ges. (1890, mit R. v. → Zimmermann) sowie des Volksheims (Volkshochschule) Ottakring und der volkstüml. Universitätsvorträge, Wegbereiter der Erwachsenenbildung in Wien.

Werke: Grillparzers Kunstphilosophie, 1890; Ibsens Dramen, 1894; Kunst und Moral, 1901; Aus Leben und Dichtung, 1911; Grillparzers dramat. Werke, 1937. – Literatur: ÖBL.

Reich, Theodor, * 23. 9. 1861 Wien, † 17. 6. 1939 ebd., Erfinder. Baute 1894 parallel zu A. und L. Lumière eine Laufbildkamera sowie 1895 zwei Filmentwicklungs- und Perforationsgeräte (engl. Patente 1896/97). Unabhängig von K. Klíc entwickelte er den Rakeltiefdruck.

Literatur: ÖBL.

Reich, Wilhelm, * 24. 3. 1897 Dobrzcynica (PL), † 3. 11. 1957 Lewisburg (USA), Psychoanalytiker, Therapeut. Schüler von S. → Freud; setzte sich sehr für die Enttabuisierung der Sexualität ein und begründete die psycholog. Körpertherapien. Er versuchte die Theorien von S. Freud und K. Marx miteinander zu verbinden und erweiterte Freuds Libidotheorie zu einer umfassenden Theorie der kosmischen Lebensenergie, die er Orgonentheorie nannte. 1933 emigrierte er in die USA, wo seine Auffassungen Widerstand hervorriefen. Nach einer Gerichtsverhandlung starb er im Gefängnis.

Werke: Der triebhafte Charakter, 1925; Die Funktion des Orgasmus, 1927; Charakteranalyse, 1933; Massenpsychologie des Faschismus, 1933; Die sexuelle Revolution, 1945. – Literatur: M. Konitzer, W. R. zur Einführung, ²1992; M. Sharaf, W. R. Die Biographie, 1994; D. Boadella, W. R., 1998.

Reich, Willi, * 27. 5. 1898 Wien, † 1. 5. 1980 Zürich (CH), Musikwissenschaftler und -journalist. Schüler von A. → Berg und A. v. → Webern; gab die Ztschr. für Neue Musik „23" heraus (1932–37), Mitarbeiter der „Fackel". Emigrierte 1938 in die Schweiz, arbeitete ab 1948 für die „Neue Zürcher Zeitung" und lehrte ab 1959 an der Techn. Hochschule in Zürich.

Werke: A. Berg, 1937 und 1963; Romantiker der Musik, 1947; Musik in unserer Zeit, 1955; R. Strauss, 1967. – Zahlr. Aufsätze zur zeitgenöss. Musik.

Reichart, Elisabeth, * 19. 11. 1953 Steyregg (OÖ.), Schriftstellerin. Studierte Geschichte und Germanistik in Salzburg und Wien. Seit 1982 freie Schriftstellerin, 1994–95 Writer in Residence an verschiedenen amerikan. Univ.

Werke: Romane: Februarschatten, 1984; Nachtmär, 1995; Das vergessene Lächeln der Amaterasu, 1998. – Erzählungen: Komm über den See, 1988; La Valse, 1992; Fotze, 1993.

Reichert, Carl, * 26. 12. 1851 Sersheim (D), † 12. 12. 1922 Wien, Optiker; Vater von Karl → Reichert. Gründete in Wien 1876 die „Opt. Werke C. R."; konstruierte u. a. neue Objektive, Beleuchtungseinrichtungen für mikroskop. Apparate, 1909 ein Erhitzungsmikroskop und eines der ersten Mikroskope für die Untersuchung von Metallflächen.

Literatur: ÖBL.

Reichert, Karl, * 20. 8. 1883 Wien, † 20. 12. 1953 ebd., Optiker; Sohn von Carl → Reichert. Führte mit seinem Bruder Otto (* 12. 12. 1888, † 17. 1. 1972) den väterl. Betrieb weiter, verbesserte die Dunkelfeldmikroskopie, führte 1911 das von ihm konstruierte Fluoreszenzmikroskop ein und verbesserte die Metallmikroskopie, aus der sich die Metallographie entwickelte.

Reichhold, Ludwig, * 8. 12. 1911 Altaussee (Stmk.), † 29. 4. 1996 Wien, Publizist. Redakteur des „Kleinen Volksblattes" (1947), leitete 1934–38 die „Christl.-soz. Arbeiter-Zeitung".

Werke: Europ. Arbeiterbewegung, 2 Bde., 1954; Opposition gegen den autoritären Staat, 1964. – Hg.: 20 Jahre 2. Republik, 1965; Christentum – Gesellschaft – Sozialismus, 1969; Geschichte der ÖVP, 1975; Kampf um Ö. Die Vaterländ. Front und ihr Widerstand gegen den Anschluß 1933–38, ²1985.

Reichl, Josef, * 19. 6. 1860 Krottendorf (Gem. Güssing, Bgld.), † 9. 12. 1924 Wien, Schriftsteller, eigentl. Hutmacher in Wien. Bedeutender bgld. Mundartdichter.

Werke: Lyrik: Hinta Pfluag und Aarn, 1918; Va Gmüat za Gmüat, 1921. – Erzählungen: Hulzschnitt, 1922; Vagmischts, 1923; Landflucht und Hoamweh, 1924. – Literatur: J.-R.-Bund, J. R. 1860–1924. Ein Wegbereiter des Bgld., 1994; ÖBL.

Reichlich, Marx, * um 1460 bei Brixen (S-Ti.; ?), † 1520, Maler der Spätgotik bzw. Renaiss., in Ti. und um 1494–1508 in Sbg. tätig. Wahrscheinl. Schüler von F. → Pacher und Mitarbeiter M. → Pachers am Altar der Salzburger Franziskanerkirche. Durch M. Pacher stark geprägt, entwickelte aber v. a. in der Koloristik große Eigenständigkeit; später auch Übernahme venezian. und lombard. Einflüsse. Arbeiten v. a. für Ti. Auftraggeber, restaurierte 1508 im Auftrag Maximilians I. die Fresken auf Schloss Runkelstein (S.-Ti.); der von ihm begonnene Hochaltar für Heiligenblut wurde von W. Maller vollendet.

Weitere Werke: sog. „Wiltener Epiphanie" (1489, Ti. Landesmus. Ferdinandeum); Altar für St. Peter in Salzburg (um 1500, Teile in der Ö. Galerie Belvedere und in Privatbesitz); 2 Predellenflügel mit Anbetung der Hirten, Anbetung der Könige, Heimsuchung und Anna selbdritt (nach 1500, Stift Wilten); Votivaltar des Florian Waldauf (um 1501–05, Stadtmus. Hall i. Ti.); Altar der Hll. Jakobus und Stephanus (1506, Alte Pinakothek in München und Kloster Neustift bei Brixen); Fragmente eines Marienaltars aus Kloster Neustift bei Brixen (1511, Alte Pinakothek in München). – Literatur: E. Knab, M. R., Diss., Wien 1949; L. Madersbacher, M. R. und der Meister des Angererbildnisses, Diss., Innsbruck 1994.

Reichssiegel, Florian (auch F. Reichsiegel), * 26. 12. 1735 Salzburg, † 15. 5. 1793 Dornbach b. Wien, Benediktiner, Bühnendichter, Lyriker. Schrieb teilw. in Mundart.

Werke: Schauspiele (einige von M. Haydn vertont), Pantomimen, Singspiele, Mundartstücke, Gedichte.

Napoleon Franz Herzog von Reichstadt. Ausschnitt aus dem Aquarell von J.N. Ender.

Reichstadt, Napoleon Franz Herzog von, * 20. 3. 1811 Paris (F), † 22. 7. 1832 Schloss Schönbrunn (Wien), einziger Sohn Napoleons I. aus seiner Ehe mit Erzherzogin → Marie Louise. 1811–14 „König von Rom". Als Napoleon I. 1814 und 1815 abdankte, ließ er seinen Sohn als Ks. Napoleon II. ausrufen, dieser wurde aber von den Siegermächten nicht anerkannt. Von seiner Mutter nach Wien gebracht, wurde er unter der Obhut seines Großvaters Ks. Franz I. erzogen. 1817 erhielt er anstelle des Erbrechts auf Parma (nach seiner Mutter Marie Louise) die nordböhm. Herrschaft Reichstadt (Zákupy, CZ) und den Titel „Hzg. v. R.". Er starb früh an Tuberkulose, sein Leichnam wurde 1940 aus der Kapuzinergruft nach Paris überführt.

Werk: Aus den Papieren des Herzogs v. R., hg. v. J. de Bourgoing, 1925. – Literatur: G. Holler, Napoleons Sohn, 1987.

Reidinger, Anton, * 29. 4. 1839 Krenglbach (OÖ.), † 24. 12. 1912 Obernberg a. Inn (OÖ.), Mundartdichter, Priester. Bemühte sich um die Erneuerung von Krippenspiel und -gesang.

Werke: Kripplgsangl und Kripplspiel, 1880 (Smlg. von 11 Theaterstücken); Oö. Bleamöln, 1912.

Reiffenstein, Bruno, * 9. 8. 1868 Wien, † 30. 4. 1951 ebd., Fotograf und Fotoverleger. Ausbildung an der Graph. Versuchs- und Lehranstalt, ab den 80er Jahren eig. Atelier in Wien mit den Schwerpunkten Architektur- und Landschaftsfotografie, nach der Jahrhundertwende Gründung eines Architekturverlags.

Literatur: O. Hochreiter u. T. Starl (Red.), Geschichte der Fotografie in Österreich, 2 Bde., 1983.

Reiffenstein, Ingo, * 6. 6. 1928 Salzburg, Altgermanist, Mundart- und Namenforscher. 1958–68 Generalredaktor des Bayer. Wörterbuchs der Bayer. Akad. d. Wiss. 1964–94 Prof. für Ältere dt. Sprache und Literatur an der Univ. Salzburg; Obmann des Kuratoriums des Inst. für Dialekt- und Namenlexika der Ö. Akad. d. Wiss.; K.-Duden-Preis 1998.

Werke: Salzburg. Dialektgeographie, 1955; Das Althochdeutsche und die irische Mission im oberdt. Raum, 1958; Rechtsfragen in der dt. Literatur des MA, 1966; Ö. Märchen, 1979; Tendenzen, Formen und Strukturen der dt. Standardsprache nach 1945, 1983. – Zahlr. Beiträge zu ö., bes. sbg. Mundarten und zur ö. Standardsprache.

Reilly, Franz Johann Josef von, * 18. 8. 1766 Wien, † 6. 7. 1820 ebd., Publizist, Epigrammatiker, Geograph, Buch- und Kunsthändler. Gründete 1792 das „Geograph. Komptoir"; sein „Großer dt. Atlas" (1794–96) war der 1. vollendete ö. Weltatlas, sein „Allg. Postatlas" (1799) das 1. Werk dieser Art überhaupt. Als Schriftsteller wurde R. bes. durch seine „Sinngedichte" und sein poet. Hauptwerk „Noradin" (1813) berühmt, das fälschlich oft J. J. Polt zugeschrieben wird.

Literatur: ÖBL.

Reimann, Viktor, * 25. 1. 1915 Wien, † 7. 10. 1996 ebd., Journalist und Schriftsteller. Nach illegaler NS-Betätigung Engagement im Widerstand, 1941–45 in Haft. Ab Juli 1945 Redakteur der „Sbg. Nachrichten", Ende 1945–48 stellv. Chefredakteur. 1. 12. 1949 bis 20. 4. 1950 Chefredakteur der „Ö. Allg. Zeitung". 1949–56 Chefredakteur der VdU-Ztschr. „Neue Front" und Abg. z. NR, 1956–60 Pressechef der Bundestheaterverwaltung. 1970 Kolumnist der „Kronen-Zeitung", 1972–74 Chefredakteur der oö. Ausgabe, 1974–87 Leiter der Kulturredaktion in Wien. Mitbegründer des VdU.

Werke: Innitzer, Kardinal zw. Hitler und Rom, 1967 und 1988; Zu groß für Ö., 1968; Dr. Joseph Goebbels, 1971; Bruno Kreisky, 1972; Die Dritte Kraft in Ö., 1980; Fünf ungewöhnl. Gespräche, 1991.

Reimers, Emmerich, * 21. 7. 1886 Wien, † 19. 10. 1970 ebd., Kammerschauspieler; Sohn von Georg → Reimers, Ehemann der Schauspielerin Maria → Mayen-Reimers. 1908–14 an den Stadttheatern in Eisenach, Hamburg und Leipzig, 1918–70 am Burgtheater; Liebhaber-, Charakter- und Chargenrollen. Filmtätigkeit.

Reimers, Georg, * 4. 4. 1860 Altona (D), † 15. 4. 1936 Wien, Schauspieler; Vater von Emmerich → Reimers. Ensemblemitgl. des Burgtheaters (Rollen u. a. Egmont, Karl Moor, Kg. Lear, Kg. Ottokar; vorbildlich als Grandseigneur); 1925 Oberregisseur. Zahlr. Ehrungen: 1890 Hofschauspieler, 1901 Ensemblemitgl. auf Lebenszeit, 1922 Ehrenmitgl.

Literatur: I. R. Shaw, G. R., Diss., Wien 1960; ÖBL.

Reimmichl (Pseud. für Sebastian Rieger), * 28. 5. 1867 St. Veit in Defereggen (Ti.), † 2. 12. 1953 Heiligenkreuz (Gem. Hall i. Ti.), volkstüml. Erzähler, Priester. Leitete ab 1898 den „Ti. Volksboten" und gab ab 1925 den bekannten „R.-Kalender" (gegr. 1920 als „Volkskalender") heraus.

Werke: Aus den Ti. Bergen, 1898; Bergschwalben, 1902; Die schwarze Frau, 1909; Weihnacht in Ti., 1911; Die Glocken von Hochwald, 1917; Das Mädchen von St. Veit, 1922; Die Tuifelemaler, 1924; Bergblumen, 1926; Der Fahnlbua und andere Erzählungen, 1926; Ritter Namenlos, 2 Bde., 1929; Die Zigeunerin, 1935; Das Lied der Königin, 1953; Bräutigam in Nöten, 1957. – Literatur: H. Neurather, R. als Ti. Volkserzähler und Erzieher, Diss., Innsbruck, 1950; Der Pfarrer von Ti. R. und seine Geschichten. Mit einem Lebensbild von H. Brugger, 1972.

Reincke, Heinz, * 28. 5. 1925 Kiel (D), Kammerschauspieler. 1942 Debüt am Kurtheater Landsberg an der Warthe, danach Engagements an verschiedenen dt. Bühnen, u. a. am Dt. Schauspielhaus in Hamburg unter G. Gründgens (1955–65); 1968–85 Ensemblemitgl. des Burgtheaters, seit 1970 ö. Staatsbürger, auch nach seiner Pensionierung für Bühne, Film und Fernsehen tätig. J.-Kainz-Medaille 1970.

Reingrabner, Gustav, * 4. 10. 1936 Wien, evang. Theologe. Nach Vikars- und Pfarrerstätigkeit 1975–94 Superintendent der Diözese Bgld., seit 1986 Dozent bzw. Prof. f. Kirchenrecht an der Evang.-Theolog. Fakultät der Univ. Wien. Spezialist für die Geschichte des Protestantismus in Ö.

Werke: Ergebnisse und Probleme der nö. Reformationsgeschichtsforschung, 1963; Adel und Reformation, 1976 (Diss.); Protestanten in Ö., 1981; Zw. Herren und Ackersleuten. Bürgerl. Leben im Waldviertel 1500–1700, Ausst.-Kat., Horn 1990

(Red.); Evangelische in Ö., Ausst.-Kat., Ö. Nationalbibl., Wien 1996; Als man um die Religion stritt. Reformation und kath. Erneuerung im Waldviertel 1500–1660, Ausst.-Kat., Höbarthmus., Horn 2000; J. Schaitberger. Bergmann und Exul Christi, 2000. – Insges. rd. 200 Publikationen.

Reinhardt, Wr. Musikerfamilie des 17. und 18. Jh.; zu den bedeutendsten Mitgl. der Familie zählten u. a. Johann Franz → Reinhardt, Johann Georg → Reinhardt, Joseph Franz → Reinhardt, Karl Mathias → Reinhardt und Kilian → Reinhardt.

Reinhardt, Heinrich, * 13. 4. 1865 Pressburg (Bratislava, SK), † 31. 1. 1922 Wien, Operettenkomponist. Leitete mit „Das süße Mädel" (Uraufführung 25. 10. 1901 am Wr. Carltheater) von der „goldenen" zur „silbernen" Ära der Operette über. 1914–22 Präs. des Ö. Komponistenbunds.

Weitere Werke: Der liebe Schatz, 1902; Der Generalkonsul, 1904; Krieg und Frieden, 1906; Das Mädchen für Alles, 1908; Die erste Frau, 1915; Der Glückstrompeter, 1922. – Opern, Vokal- und Instrumentalmusik.

Reinhardt, Johann Franz, * 1713/14 Wien, † 21. 4. 1761 ebd., Violinist an der Hofmusikkapelle (ab 1730); Schüler seines Vaters Joseph Franz → Reinhardt.

Reinhardt, Johann Georg, * 1676/77 (?) Wien, † 6. 11. 1742 ebd., Organist; Neffe von Kilian → Reinhardt. Ab 1701 Mitgl. der Hofmusikkapelle, ab 1710 Hoforganist, ab 1734 Hofkomponist; 1727–42 auch Kapellmeister in St. Stephan; neben J. J. → Fux und A. → Caldara der fruchtbarste Wr. Kirchenkomponist seiner Zeit.

Werke: Messen, Requiem, Vespern, Chorwerke; Oratorien, Opern, Orchesterwerke, Solo-Motetten; dt. Arien (Allein Gott in der Höh sei Ehr).

Reinhardt, Joseph Franz, * 1684/85 Wien, † 27. 9. 1727 ebd., Geiger; Sohn von Kilian → Reinhardt, Vater von Johann Franz → Reinhardt, Bruder von Karl Mathias → Reinhardt. Ab 1706 Violinist der Hofmusikkapelle und an St. Stephan; einer der besten Geiger seiner Zeit.

Reinhardt, Karl Mathias, * 1710/11 Wien, † 31. 1. 1767 ebd., Hofscholar (ab 1723); Sohn von Kilian → Reinhardt, Bruder von Joseph Franz → Reinhardt. 1739–62 Hof- und Kammerorganist.

Reinhardt, Kilian, * 1653/54 (?), † 25. 3. 1729 Wien, Violinist, Orchesterdiener; Vater von Joseph Franz → Reinhardt und Karl Mathias → Reinhardt. Seine „Rubriche Generali" (1727 im „Dienstplan" der Hofmusik mit sehr detaillierten Angaben) bilden eine Hauptquelle der kaiserl. Hofmusikgeschichte an der Wende vom 17. zum 18. Jh.

Reinhardt, Max (eigentl. M. Goldmann), * 9. 9. 1873 Baden (NÖ.), † 31. 10. 1943 New York (USA), Schauspieler, Regisseur, Theaterleiter; in 2. Ehe mit der Schauspielerin H. → Thimig-Reinhardt verheiratet. 1890 Schauspieldebüt in Wien, 1894–1902 am Dt. Theater in Berlin, das er mit Unterbrechungen 1905–33 leitete. Gründete 1901 in Berlin das literar. Kabarett „Schall und Rauch", das er 1902 zum „Kleinen Theater" umbaute (1903 Regieerfolg mit M. Gorkis „Nachtasyl"). Leitete bis 1906 das Neue Theater, danach einige andere Berliner Bühnen und ab 1924 auch das restaurierte Theater in der Josefstadt in Wien. 1929 gründete er in Wien eine Schauspiel- und Regieschule, das Reinhardt-Seminar. R. war Mitbegründer und Leiter der Salzburger Festspiele, er inszenierte 1920–37 H. v. → Hofmannsthals „Jedermann". Er begründete das moderne europ. Regietheater mit Massenszenen, Einsatz der Drehbühne sowie Ausstattungs- und Beleuchtungseffekten (Zusammenarbeit mit Künstlern wie E. Munch, M. Slevogt oder A. → Roller). R. war auch für den Film tätig („Sommernachtstraum", 1935). 1938 emigrierte er über London nach New York.

Ausgaben: Ausgewählte Briefe, Reden und Schriften, hg. v. F. Hadamowsky, 1963; Schriften, Briefe, Reden, Aufzeichnungen, Interviews, Gespräche und Auszüge aus Regiebüchern, hg. v. H. Fetting, 1975. – Literatur: E. Stern u. H. Herald, R. und seine Bühne, 1921; H. Herald, M. R., 1953; F. Hadamowsky, R. und Salzburg, 1963; G. Adler, M. R. – sein Leben, 1964; H. Braulich, M. R. Theater zw. Traum und Wirklichkeit, 1966; H. Kindermann, M. R. Weltwirkung, 1969; G. Reinhardt, Der Liebhaber, 1973; H. Thimig-R., Wie M. R. lebte, 1973; L. M. Fiedler, M. R. in Selbstzeugnissen und Bilddokumenten, 1975; H. Huesmann, Welttheater R. Bauten, Spielstätten, Inszenierungen, 1983; E. Fuhrich u. G. Prossnitz (Hg.), M. R. „Ein Theater, das den Menschen wieder Freude gibt ...", 1987.

Reinhart, Carole Dawn, * 20. 12. 1941 Roselle (New Jersey, USA), Trompetensolistin. Nachdem ihr Talent bereits als Kind entdeckt worden war, schloss sie 1964 als erste Frau an der Wr. Musikhochschule ein Trompetenstudium ab und wurde dort nach einer erfolgreichen internat. Solistenlaufbahn 1983 auch Professorin.

Reining, Maria, * 7. 8. 1903 Wien, † 11. 3. 1991 Deggendorf (D), Kammersängerin (Sopran), urspr. Bankangestellte. 1931–33 und 1937–58 an der Wr. Staatsoper, 1937–41 auch bei den Sbg. Festspielen; Gastspiele in London, Paris und den USA.

Maria Reining als Marschallin im „Rosenkavalier" von R. Strauss. Foto.

Reininger, Robert, * 28. 9. 1869 Linz (OÖ.), † 17. 6. 1955 Wien, Philosoph. Nachkantianer, beeinflusst von G. Berkeleys Philosophie; 1913–40 Univ.-Prof. in Wien. Als Ursprung des ethischen Handelns galt ihm das Wertgefühl; er versuchte mit der Klarheit des kritizistischen Denkens die Grundprobleme der Philosophie zu lösen.

Werke: Kants Lehre vom inneren Sinne, 1900; Das psychophysische Problem, 1916; Metaphysik der Wirklichkeit, 1931; Wertphilosophie und Ethik, 1939; Nachgelassene philosoph. Aphorismen aus den Jahren 1948–1954, hg. von E. Heintel, 1961. – Literatur: Philosophie der Wirklichkeitsnähe, Festschrift zum 80. Geburtstag R. R., 1949; M. Becker, R. R. und das Problem der Metaphysik, Dipl.-Arb., Wien 1994; G. Graml, R. R. „Wertphilosophie und Ethik" im Lichte seiner theoret. Philosophie, Dipl.-Arb., Wien 1999.

Reininghaus, Johann Peter von, * 2. 10. 1818 Isenburg b. Kierspe (D), † 7. 5. 1901 Graz (Stmk.), Fabrikant; Großvater von Peter → Reininghaus, Schwiegersohn von Adolf Ignaz → Mautner (heiratete 1850 Therese Mautner). Kaufte 1853 die Königshofer Brauerei in Baierdorf bei Graz und baute sie mit seinem Bruder Julius zu einem Großbetrieb aus; weiters errichtete er die erste steir. Spiritus- und Presshefefabrik.

Literatur: ÖBL.

Reininghaus, Peter, * 27. 10. 1896 Steinfeld b. Graz (Stmk.), † 21. 1. 1973 Graz (Stmk.), Unternehmer; Enkel von Johann Peter v. → Reininghaus. Studierte Chemie und Physik in Graz, trat 1920 als Prokurist in die ab 1853 familieneig. Brauerei ein; 1938 Emigration, 1945 Wiederaufbau des Unternehmens.

Max Reinhardt. Foto, 1923.

Reinisch, Franz, * 1. 2. 1903 Altenstadt (Gem. Feldkirch, Vbg.), † 21. 8. 1942 Brandenburg (D), Priester, Pallottiner. Predigte gegen das NS-Regime, wegen Verweigerung des Eids als Sanitätssoldat hingerichtet.

Literatur: H. Mader, F. R., in: K.-v.-Vogelsang-Inst. (Hg.), Gelitten für Ö., 1988; ÖBL.

Reinisch, Leo Simon, * 26. 10. 1832 Osterwitz (Stmk.), † 24. 12. 1919 Maria Lankowitz (Stmk.), Ägyptologe und Afrikanist. Erforschte die Sprachen der Völker von NO-Afrika.

Werke: Ägypt. Chrestomathie, 2 Bde., 1873/75; Die Afar-Sprache, 3 Bde., 1886–87, Die Bilin-Sprache, 2 Bde., 1887; Die Sprachen von NO-Afrika, 3 Bde., 1874–79; Die Nuba-Sprache, 2 Bde., 1879; Die Saho-Sprache, 2 Bde., 1890; Die Somali-Sprache, 2 Bde., 1900/02. – Literatur: Almanach der Ö. Akad. d. Wiss. 70, 1920; W. R. Pawson, Who was Who in Egyptology, 1951; W. J. G. Möhlig, Lexikon der Afrikanistik, 1983; ÖBL.

Reinitzer, Friedrich Richard, * 27. 2. 1857 Prag (CZ), † 16. 2. 1927 Graz (Stmk.), Botaniker und Chemiker.

Richard Reisch. Foto, 1936.

Andreas Reischek sen. Foto.

1888–1901 Univ.-Prof. in Prag, danach Univ.-Prof. in Graz (1909/10 Rektor). Entdecker der Flüssigkeitskristalle.

Werke: Beiträge zur Kenntnis des Cholesterins, in: Monatshefte f. Chemie 3, 1883; Der Gerbstoffbegriff und seine Beziehung zur Pflanzenchemie, in: Lotos 39, 1891.

Reinmar der Alte (auch R. von Hagenau): bedeutendster Minnelyriker um 1200 neben → Walther von der Vogelweide. Berufsdichter am Wr. Hof; der Beiname „der Alte" dient zur Unterscheidung von späteren Vertretern (u. a. → Reinmar von Zweter). R. stand in der Tradition des rheinischen Minnesangs und bildete zugleich Höhe- und Endpunkt in der Entwicklung der Minnelyrik des 12. Jh. Zentralthema ist die Hohe Minne. Seine Fehde mit Walther äußert sich in einem ästhetisch-programmat. Wettbewerb über die angemessene Art der Werbung und des Frauenlobs. Die großen Liederhandschriften (A, B und C) überliefern 19–64 Lieder unter seinem Namen. Neben Minneliedern schuf er auch schwankhafte Texte, 2 Kreuzzugslieder und eine Totenklage; Melodien sind nicht überliefert.

Ausgaben: H. Moser u. H. Tervooren (Hg.), Des Minnesangs Frühling, [38]1988; G. Schweikle (Hg.), R. d. A., Lieder (mittel- und neuhochdt.), 1986. – Literatur: M. Stange, R. Lyrik, 1977; A. Hausmann, R. d. A. als Autor, 1999.

Reinmar von Zweter, * um 1200 Rheinfranken (?), † nach 1247, Minnesänger und Dichter polit. Sprüche. Wahrscheinlich ritterl. Herkunft, vielleicht Schüler → Walthers von der Vogelweide, begann 1227 seine dichterische Laufbahn in Ö., lebte am Babenbergerhof unter → Leopold VI. und → Friedrich II. und führte ab 1241 ein Wanderleben. Aufgrund seiner hohen Formkunst wurde er von den Meistersingern zu den 12 Begründern der Meisterkunst gezählt.

Ausgaben: G. Roethe, Die Gedichte R., 1887; Dt. Texte des MA 41, 1913. – Literatur: E. Bonjour, R. als polit. Dichter, 1922.

Reinthaler, Hans, * 19. 5. 1900 Offenhausen (OÖ.), † 10. 3. 1964 Wien, Dialektdichter, Erzähler, Dramatiker, Kaufmann. Vorsitzender der Innviertler Künstlergilde.

Werke: Lyrik: Herz und Hoamat, 1937; Heimkehr, 1946; Da Zaubabrunn, 1963; Märzngsang, 1968. – Legendenspiele: Die Fremde, 1941 (dramat. Ballade); Das Krippenspiel, 1947; Der unbekannte Soldat, 1951.

Reinthaller, Anton, * 14. 4. 1895 Mettmach (OÖ.), † 6. 3. 1958 ebd., Gutsbesitzer und Politiker (NSDAP, FPÖ). Zählte während des Ständestaats zu den gemäßigten Nat.-Soz., wurde am 11. 3. 1938 Minister f. Land- und Forstw., dann Unterstaatssekr. in Berlin und 1940 Bauernführer in Niederdonau (NÖ.). 1950 zu 3 Jahren Gefängnis verurteilt, 1956–58 Bundesobmann der FPÖ.

Reisch, Georg, * 23. 5. 1930 Wien, Diplomat. Ab 1960 im auswärt. Dienst, 1962–68 in der ö. UNO-Vertretung in New York (Abg. z. Wirt.- u. Sozialrat), 1968–70 Kabinettschef des Außenministers, 1970–76 ö. Botschafter in Nairobi, 1976–83 im Außenmin. (ab 1982 stellv. Gen.-Sekr.), 1983–88 Leiter der Ständigen Vertretung Ö. bei den Vereinten Nationen in Genf, 1988–94 Gen.-Sekr. der Europäischen Freihandelsassoziation (EFTA).

Reisch, Max, * 2. 10. 1912 Kufstein (Ti.), † 18. 1. 1985 ebd., Geograph. Unternahm 1933 mit H. → Tichy eine Pionierfahrt auf dem Motorrad nach Indien; 1936 Autoweltreise. Nach dem 2. Weltkrieg abenteuerl. Fahrten in den Orient, nach Indien und in die Sahara.

Werke: Transasien, 1939; Indien – lockende Ferne, 1949; Zwei Mann und 32 PS, 1951; Im Auto nach Koweit, 1953; Auf nach Afrika, 1957; Siwa, Sinai und Sid, 1958. – Jugendbücher: Mit 6 PS durch die Wüste, 1956; Im Auto um die Erde, 1961; Straße der Zehntausend, 1962; Die Straße des Glaubens, 1965. – Hörspiele.

Reisch, Richard, * 17. 4. 1866 Wien, † 14. 12. 1938 ebd., Jurist, Beamter und Politiker (CS). Studierte Jus in Wien und Innsbruck, ab 1891 im Finanzministerium, 1910 Sektionschef, dann in der Direktion der Allg. Bodencreditanstalt, 1921 Vizepräs.; 1919/20 Staatssekr. im Staatsamt f. Finanzen; 1922–32 Präs. der Oesterr. Nationalbank. Daneben Lehrtätigkeit an der Univ. Wien, ab 1914 Prof. f. Finanzrecht. Zahlr. Veröffentlichungen.

Literatur: ÖBL.

Reisch, Walter, * 23. 5. 1903 Wien, † 28. 3. 1983 Los Angeles (USA), (Drehbuch-)Autor, Filmregisseur, Journalist, später Assistent von Alexander Korda. Verfasste Drehbücher für B. → Wilder und W. → Forst, ging 1938 nach Hollywood.

Filme: Drehbücher: Oberst Redl, 1924; Leise flehen meine Lieder, 1933; Maskerade, 1934; Ninotschka, 1939 (Regie E. Lubitsch). – Regie: Episode, 1935; Silhouetten, 1936; Niagara, 1952; Journey to the Center of the Earth, 1959.

Reischek, Andreas sen., * 15. 9. 1845 Linz (OÖ.), † 3. 4. 1902 ebd., Naturforscher, Forschungsreisender; Vater von Andreas → Reischek jun.; Kustos am Oö. Landesmuseum in Linz, bereiste 1877–89 8-mal Neuseeland, wo er die ethnolog. Arbeit F. v. → Hochstetters fortsetzte und die Kultur der Maori erforschte. R. betrieb dort auch ornitholog. Studien und brachte eine reichhaltige Vogel-Smlg. (16.000 Objekte) mit.

Literatur: G. Aubrecht (Red.), Kiwis und Vulkane. Zum 150. Geburtstag des Neuseelandforschers A. R., Ausst.-Kat., Oö. Landesmus., Linz 1995; E. Kolig, Umstrittene Würde. A. R. der Neuseeland-Forscher aus dem oö. Mühlviertel, 1996; ÖBL.

Reischek, Andreas jun., * 11. 8 1892 Klosterneuburg (NÖ.), † 13. 8. 1965 Wien, Volks- und Völkerkundler; Sohn von Andreas → Reischek sen.; Pionier des Hörberichts im ö. Radio (bes. für Volksbräuche und alte Handwerksstätten); 1924 Mitarbeiter bei der Wr. RAVAG, im Mai 1945 Begründer des ö. Freiheitssenders Ausseerland, 1947 Programmdir. des Studios Linz.

Werke: Sterbende Welt, 1924; Cäsar, der Freund des Neuseelandforschers, 1928; Ihaka Reiheke, der Maorihäuptling aus Ö., 1949; Weißer Häuptling der Maori, 1955. – Kulturfilme, Lichtbildvorträge, Hörspiele.

Reiser, Fridolin, * 16. 3. 1843 Gammertingen (D), † 16. 11. 1909 Leoben (Stmk.), Metallurg. 1868–72 und 1894–1908 bei Böhler in Kapfenberg. Pionier der Tiegelstahlerzeugung, betrieb 1868 den 1. Siemens-Martin-Ofen, entwickelte den Schnellstahl „Böhler-Rapid".

Literatur: ÖBL.

Reiter, Johann Baptist, * 28. 5. 1813 Urfahr b. Linz (OÖ.), † 10. 1. 1890 Wien, Genre- und Porträtmaler. Studierte an der Wr. Akad. bei F. X. → Petter, J. N. → Ender und L. → Kupelwieser, finanzierte sein Studium als Porzellanmaler; zunächst v. a. als Historienmaler tätig, geprägt vom Klassizismus und den Nazarenern. Wandte sich schließl. der Genredarstellung und dem Biedermeierrealismus zu, später durch A. → Romako beeinflusst. Beliebter Porträtist (Fürsten Liechtenstein und Esterházy).

Literatur: A. Strobl, J. B. R., 1963; Bilder des Lebens. J. B. R. und der Realismus des 19. Jh., Ausst.-Kat., Linz und Schloss Grafenegg (NÖ.) 1990; ÖBL.

Reiter, Josef, * 19. 1. 1862 Braunau (OÖ.), † 2. 6. 1939 Bad Reichenhall (D), Komponist. 1908–11 Dir. des Mozarteums in Salzburg, 1917/18 Kapellmeister des Hofburgtheaters. Wurde v. a. als Lieder- und Chorkomponist bekannt, seine Opern konnten sich nicht durchsetzen, seine Orchester- und Kammermusikwerke sind an der Klassik orientiert. Schuf 1938 eine Kantate über den Anschluss.

Werke: Opern: Der Bundschuh, 1894; Klopstock in Zürich, 1894; Der Totentanz, 1908 Der Tell, 1917. – Bühnenmusik zu F. Raimunds „Der Bauer als Millionär", 1918. – Goethesymphonie, 1931 (gewidmet A. Hitler). – Messen, 150 Lieder und Balladen, 300 Chöre, 40 Klavier- und Orgelwerke.

Reiter, Mario, * 5. 11. 1970 Rankweil (Vbg.), Skirennläufer. Seit 1993 im Weltcup; Silbermedaille im Slalom bei der Weltmeisterschaft 1996 in der Sierra Nevada, Goldmedaille bei den Olymp. Spielen 1998 in Nagano in der Kombination.

Reither, Josef, * 26. 6. 1880 Langenrohr (NÖ.), † 30. 4. 1950 Tulln (NÖ.), Landwirt und Politiker (CS, ÖVP). Funktionär in bäuerl. Genossenschaften, 1925–38 und 1945–49 Präs. der Nö. Landw.-Kammer, ab 1928 Obmann des Nö. Bauernbundes, 1935–38 des Reichsbauernbundes, 1931–32, 1933–38 und 1945–49 Landeshauptmann von NÖ., 1934–35 BMin. f. Land- u. Forstw. Versuchte zw. dem Dollfuß-Schuschnigg-Kurs und den Soz.-Dem. zu vermitteln. 1938–41 im KZ Dachau, 1944–45 im KZ Ravensbrück.
Literatur: ÖBL.

Reithoffer, Johann Nepomuk, * 13. 4. 1781 Feldsberg (Valtice, CZ), † 6. 5. 1872 Wien, Industrieller und Erfinder. Erhielt 1824 ein Privileg auf Herstellung wasserdichter Stoffe, 1828 eines für maschinelles Weben dieser Stoffe unter Verwendung von Kautschuk. Gründete 1831 in Wien (1852 nach Wimpassing verlegt) die 1. Fabrik zur Herstellung gummierter Gewebe auf dem Kontinent. Sein Bruder Josef R. (1796–1858) gründete 1832 in Wien eine Gummifabrik, die dessen Söhne 1865 nach Steyr verlegten (1931 stillgelegt).
Literatur: ÖBL.

Johann Nepomuk Reithoffer. Heliogravüre von J. Blechinger.

Reithoffer, Max, * 27. 10. 1864 Wien, † 10. 3. 1945 ebd., Elektrotechniker. Studierte Physik, Mathematik und Philosophie an der Univ. Wien. Begann 1891 seine wiss. Laufbahn als Assistent an der Techn. Hochschule in Wien, an der er 1908 Prof. für Elektrotechnik bzw. später für Radiotechnik und Elektr. Schwingungen wurde; 1925–33 Leiter des Elektrotechn. Instituts der Techn. Hochschule in Wien.

Relin, Veit, * 24. 9. 1926 Linz (OÖ.), Schauspieler, Regisseur, Theaterleiter; Ehemann von M. → Schell. Ausbildung zum akad. Maler an der Akad. d. bild. Künste in Wien und zum Schauspieler am Reinhardt-Seminar, 1945 Debüt in Innsbruck; Engagements in Linz und Wien (1946/47 an der „Insel", 1947–49 und 1959–61 am Burgtheater, 1950–52 an der Scala), 1952/53 am Sbg. Landestheater, weiters in der Schweiz und in Deutschland; 1961–67 leitete er das Ateliertheater am Naschmarkt in Wien, ab 1976 das „kleinste Theater Deutschlands" im fränkischen Sommerhausen (Intendant, Schauspieler, Regisseur und Bühnenbildner). Zahlr. Film- und Fernsehproduktionen mit M. Schell.

Rendl, Georg, * 1. 2. 1903 Zell a. See (Sbg.), † 10. 1. 1972 Oberndorf (Sbg.), Imker, Erzähler und Dramatiker, Glasbläser. Seine Tätigkeit als Bienenzüchter (ab 1920) hatte starken Einfluss auf sein Schaffen.
Werke: Romane: Der Bienenroman, 1931; Vor den Fenstern, 1932; Die Glasbläser von Bürmoos, 1938 (Trilogie); Ein fröhlicher Mensch, 1939; Der Eroberer Franz Xaver, 1940; Ein Mädchen, 1954. – Jugendbücher, Erzählungen, Dramen, Mysterienspiele.

Rendulic, Lothar, * 23. 11. 1887 Wr. Neustadt (NÖ.), † 18. 1. 1971 Eferding (OÖ.), Offizier und Diplomat. 1910 Leutnant, 1934/35 Militärattaché in Paris; wegen Verbindung zur NSDAP entlassen; ab 1938 in der dt. Wehrmacht, 1939–43 Divisionskommandeur und kommandierender General eines Armeekorps, ab August 1943 Oberbefehlshaber der 2. Panzerarmee auf dem Balkan, ab 1944 Kommandant der 20. Gebirgsarmee in Skandinavien, zu Kriegsende Oberbefehlshaber der Heeresgruppe S. Vom Internat. Militärgerichtshof 1948 zu 25 Jahren Gefängnis verurteilt, begnadigt und 1951 freigelassen. Bis zu seinem Tod publizistisch tätig.
Werke: Gekämpft, gesiegt, geschlagen, 1957; Soldat in stürzenden Reichen, 1965.

Renker, Gustav, * 12. 10. 1889 Wien, † 23. 7. 1967 Langnau (CH), Romanautor, Musiker und Komponist. Studierte in Wien Musik und Musikgeschichte (Dr. phil.), nach dem 1. Weltkrieg Kapellmeister in Wien, Graz und Nürnberg, 1931–45 Redakteur des „Emmentaler-Blatts" in Langnau. Autor viel gelesener Heimatromane, die meist in der Bergwelt der ö. Alpen spielen und der antimodernen Provinzliteratur der Zwischenkriegszeit zuzuordnen sind.
Werke: Romane: Einsame vom Berge, 1918; Heilige Berge, 1921; Bauernnot, 1922; Das Volk ohne Heimat, 1925; Der sterbende Hof, 1928; Die Stadt der Jugend, 1929; Das verlorene Tal, 1931; Symphonie und Jazz, 1931; Das Tier im Sumpf, 1932; Dichter um Heinrich Mark, 1935; Das Dorf ohne Bauer, 1938; Die Frau im Eis, 1938; Schicksal in der Nordwand, 1938; Der Herr der wilden Reiter, 1939; Schicksal am Piz Orsalia, 1945. – Erzählungen.

Renner, Alexander, * 29. 5. 1892 Reval (Tallinn, Estland), † 1. 3. 1966 Graz (Stmk.), Flugpionier; Sohn des Artisten Franz R. (1866–1912). Führte mit seinem Bruder Anatol R. („Renner-Buben") anlässl. der Grazer Herbstmesse am 26. 8. 1909 die ersten Flüge mit einem lenkbaren Luftschiff, dessen Motor von J. → Puch stammte, in Ö. durch; weitere Aufstiege kurz danach in Wien und Linz. Im 1. Weltkrieg war R. Kampfflieger.

Renner, Karl, * 14. 12. 1870 Unter-Tannowitz (Dolní Dunajovice, CZ), † 31. 12. 1950 Wien, Jurist und Politiker (SDAP, SPÖ). 1907 Reichsratsabg., Verfechter einer föderalist. Neuordnung der ö.-ungar. Monarchie und Verfasser zahlr. einschlägiger Werke, Vorkämpfer der Arbeiterbildungsbewegung; 1918–20 Staatskanzler der 1. Republik; 1918–19 Mitgl. d. Provisor. Nationalversammlung, 1919–20 Mitgl. d. Konstituierenden Nationalversammlung; Schöpfer der Provisor. Verfassung, der Wahlordnung und grundlegender Gesetze; Leiter der ö. Delegation bei den Friedensverhandlungen in Saint-Germain. 1930–34 Abg. z. NR, 1931–33 dessen 1. Präs.; 1934 vorübergehend inhaftiert. Zählte zum pragmat. Flügel der Soz.-dem. Partei. 1945 bemühte er sich in der provisor. Dreiparteienregierung als erster Regierungschef der 2. Republik um die Wiedererrichtung Ö. Als Bundespräs. wirkte er in den Jahren 1945–50 als Integrationsfigur und Mahner zu Zusammenarbeit, Erhaltung der Demokratie, Achtung der Menschenrechte und Wiedererlangung der Souveränität Ö.
Werke (teilw. unter den Pseudonymen Synopticus oder Rudolf Springer): Staat und Nation, 1899; Der Kampf der ö. Nationen um den Staat, 1902; Grundlagen und Entwicklungsziele der ö.-ungar. Monarchie, 1906; Ö. Erneuerung, 3 Bde., 1916; An der Wende zweier Zeiten, 1946; Nachgelassene Werke, 3 Bde., 1952–53; Das Weltbild der Moderne, 1954; Porträt einer Evolution, hg. v. H. Fischer, 1970. – Literatur: A. Pelinka, K. R. zur Einführung, 1989; W. Rauscher, K. R.: ein ö. Mythos, 1994; S. Nasko u. J. Reichl, K. R., 2000.

Karl Renner. Foto.

Rennert, Günther, * 1. 4. 1911 Essen (D), † 31. 7. 1978 Salzburg, Regisseur. Nach Jusstudium 1937 Debüt als Regisseur in Wuppertal; 1946–56 Intendant der Hamburger Oper (Pflege des zeitgenössischen Opernrepertoires und Aufbau eines festen Ensembles); ab 1956 freier Gastregisseur an den bedeutendsten Sprech- und Opernbühnen der Welt, u. a. Salzburg und Wien; 1959–67 künstler. Leiter der Glyndebourne Festival Opera (GB), 1967–76 Intendant der Bayer. Staatsoper München, 1973 Prof. f. Opernregie und -dramaturgie; ab 1976 wieder freier Regisseur; 1978 letzte vollendete

Lothar Rendulic. Foto, um 1930.

Josef Ressel. Lithographie von J. Vilimek.

Esther Réthy als Lisa in „Das Land des Lächelns" von Franz Lehár. Foto.

Lukas Resetarits in „Kottan ermittelt". Foto, um 1981.

Jakob Reumann. Foto.

Inszenierung des „Rosenkavalier" bei den Sbg. Festspielen; Übersetzer von Operntexten.

Literatur: W. E. Schäfer, G. R. – Regisseur in dieser Zeit, 1962; ders., Der Opernregisseur G. R., Melos 30, 1963; G. R.: Faszination der Regie, Ausst.-Kat., München 1990; A. Backöfer, G. R. Regisseur und Intendant, 1995.

Renz, Ernst Jacob, * 18. 5. 1815 Böckingen b. Heilbronn (D), † 3. 4. 1892 Berlin (D), Artist, Zirkusdirektor. Nach Ausbildung zum Seiltänzer und Reisen durch Deutschland 1842 Gründung einer eig. Ges.; 1854 Eröffnungsvorstellung mit einem festen Zirkusgebäude in Wien-Leopoldstadt („Zirkus R.", v. a. Tiernummern und Ausstattungspantomimen, 1883 durch O. Laske sen. umgebaut). 1897/98 Ende des „Zirkus Renz", danach zeitweise als Varieté geführt, 1944 zerstört.

Literatur: G. Eberstaller, Zirkus und Varieté in Wien, 1974; ÖBL.

Resch, Josef, * 28. 9. 1880 Wien, † 6. 4. 1939 ebd., Jurist, Versicherungsexperte und Politiker (CS). 1919/20 Unterstaatssekr. im Staatsamt f. soz. Fürsorge, 1920/21, 1924–29, 1930/31, 1931–33 und 1936–38 Sozialminister. Trat 1933 zurück, weil er die Beseitigung des Rechtsstaats nach Ausschaltung des Verfassungsgerichtshofs nicht mittragen wollte. Prof an der Techn. Univ. und der Univ. f. Welthandel in Wien, 1935 Generalrat der Oesterr. Nationalbank. Befasste sich in seinen Publikationen mit der Bedeutung der Sozialversicherung.

Werke: Der gesetzl. Arbeiterschutz in Ö., 1911; Das Wohnrecht in Ö., 1923; Die Arbeiter-Unfallversicherung in Ö., 1925; Die Arbeitslosenversicherung in Ö., 1926; Einführung in die Sozialversicherung, 1934; Die gewerbl. Sozialversicherung, 1935. – Literatur: ÖBL.

Reschny, Hermann, * 15. 6. 1898 Wien, † 7. 1. 1971 Graz (Stmk.), Lehrer und Politiker (NS). Führte den „Vaterländ. Schutzbund" den Nat.-Soz. zu, 1926 Stabschef der ö. SA, 1933 Kommandant der Ö. Legion in Augsburg. Plante im März 1934 einen Putsch der SA, den am 25. 7. 1934 die SS durchführte (Juliputsch), verlor die Führung der SA, lebte dann in Deutschland und hatte in Ö. keinen Einfluss mehr.

Resetarits, Lukas (eigentl. Erich L. R.), * 14. 10. 1947 Stinatz (Bgld.), Schauspieler, Kabarettist, Liedermacher; Bruder von Willi → Resetarits. Studierte Philosophie und Psychologie und trat als Rocksänger auf. Ab 1975 in der Kabarettgruppe „Keif" (W. Teuschl, E. → Steinhauer); 1977 erstes von zahlr. Soloprogrammen. Bes. populär als Major Kottan in H. → Zenkers und P. → Patzaks Fernsehserie „Kottan ermittelt"; zahlr. Rollen in Kino- und TV-Filmen. 1981 Nestroy-Ring, Ö. Kleinkunstpreis 1981, 1983 und 1984, Dt. Kleinkunstpreis 1985, Dt. Kabarettpreis 1998.

Programme: A Krise muaß her, 1978; Haben schon gewählt, 1979; Alles leiwaund, 1979; Nur kane Wellen, 1981; Ka Zukunft, 1982; Vorläufig ohne Titel, 1983; Was nun?, 1984; I oder I, 1985; Rekapituliere, 1987; Zu blöd, 1989; Ich bin so frei, 1990; Zu bunt, 1992; Alles zurück, 1995; Kein Grund zum Feiern, 1997; Ich tanze nicht, 1999. – Werk: Rekapituliere. 10 Programme und 1, hg. v. H. Veigl, 1987.

Resetarits, Willi (Pseud.: Ostbahn-Kurti, Prof. Dr. Kurt Ostbahn), * 21. 12. 1948 Stinatz (Bgld.), Popmusiker, Schauspieler; Bruder von Lukas → Resetarits. Begann Anfang der 70er Jahre seine musikal. Karriere, 1976 Debütalbum „Antifrost Boogie"; 1985 Durchbruch mit dem Album „Ostbahn-Kurti und die Chefpartie"; seither zahlr. Hits, auch mit der Band „Die Kombo". 1985 Schauspieldebüt in „Morgengrauen", Hauptrolle in „Blutrausch" (1997); bis 2000 Obmann von SOS Mitmensch.

Weitere Werke (Schallplatten bzw. CDs): Liagn und lochn, 1989; A blede Gschicht, 1992; 50 verschenkte Jahre im Dienste der Rockmusik, 1999; Almost Blue, 2000 (mit RP 5).

Resl, Franz, * 3. 5. 1883 Linz (OÖ.), † 6. 1. 1954 ebd., Schriftsteller, Vortragskünstler, Komiker, 1902–23 Bahnbeamter. Verfasste populäre humorist. Texte.

Werke: Da is amal ... da san amal ... da hat amal, 6 Bde., 1924–34; Lachendes Land und lachende Leut', 1932; Aus meiner fröhlichen Werkstatt, 1934; Humor im Alltag, 1936; Was mir der Tag so bringt, 1939; Der unheilbare Optimist, 1950. – Ausgabe: Das große R.-Buch, 1963.

Ressel, Josef, * 29. 6. 1793 Chrudim (CZ), † 9. 10. 1857 Laibach (Ljubljana, SLO), Erfinder. Studierte an der Univ. Wien und an der Forstakad. in Mariabrunn, ab 1817 Forstbeamter, 1821–35 in Triest, ab 1839 im Dienst der Kriegsmarine in Venedig, ab 1852 als Marineforstintendant. Widmete sich neben seinem Beamtenberuf zahlr. Erfindungen, für die er 10 Privilegien erhielt, u. a. für Pressen, Dampfmaschinen, Rohrpost, eine Dampfmühle und eine Methode der Seifenherstellung. Seine bedeutendste Erfindung war 1827 die Schiffsschraube, die man erstmals 1829 bei einem Großversuch mit dem Dampfschiff „Civetta" im Hafen von Triest erprobte.

Literatur: R. Keimel, J. R. – Sein Leben und Werk, 1971.

Restituta, Schwester, → Kafka, Helene.

Réthy, Esther, * 22. 10. 1912 Budapest (H), Kammersängerin (Sopran). 1937–49 an der Staatsoper, danach an der Volksoper in Wien; Mitwirkung bei den Sbg. Festspielen.

Rett, Andreas, * 2. 1. 1924 Fürth (D), † 25. 4. 1997 Wien, Kinderarzt, Univ.-Prof. Gründete 1963 die erste geschützte Werkstätte für nervenkranke Jugendliche. 1966–89 Vorstand der Abt. für entwicklungsgestörte Kinder am Neurolog. Krankenhaus Rosenhügel in Wien, ab 1985 auch ärztl. Dir. Entdeckte das nach ihm benannte R.-Syndrom, eine Hirnstoffwechselerkrankung, die nur bei Mädchen auftritt. Setzte sich bes. für Toleranz gegenüber Behinderten ein.

Werke: Das hirngeschädigte Kind, 1971; Linkshänder. Analyse einer Minderheit, 1973 (Mitautor); Das Reichssippenamt entscheidet. Rassenbiologie im Nat.-Soz., 1982 (mit H. Seidler). – Insges. über 200 Publikationen.

Rettenbacher, Simon (auch S. Rettenpacher), * 19. 10. 1634 Aigen b. Salzburg, † 10. 5. 1706 Kremsmünster (OÖ.), Geschichtsschreiber, Komponist, Dichter (lat. und dt.). Hauptvertreter des Ordensdramas der Benediktiner; 1671–75 Prof. für Ethik und Geschichte und Leiter des Univ.-Theaters in Salzburg, dann Bibliothekar in Kremsmünster. 1689–1705 Pfarrer in Fischlham.

Werke: Hist. Schrift: Annales monasterii Cremifanensis, 1677. – Dramen: Demetrius, 1672; Atys, 1673; Perseus, 1674; Ulysses, 1680; Candor triumphans, 1699. – Ca. 6000 lat. Gedichte; patriotische Lyrik; 100 dt. Reimgedichte. – Ausgabe: Oden und Epoden, hg. v. B. Wintersteller, 1995 (lat. u. dt.). – Literatur: H. Pfanner, Das dramat. Werk S. R., Diss., Innsbruck 1954; A. Klinglmair, Die Satiren von S. R., Diss., Graz 1967.

Reumann, Jakob, * 31. 12. 1853 Wien, † 29. 7. 1925 Klagenfurt (Kä.), soz.-dem. Politiker. Gründete als Drechslergeselle die erste Gewerkschaft dieser Sparte und wurde 1889 1. Sekr. der Soz.-dem. Partei. Redakteur der „Arbeiterzeitung", ab 1900 Mitgl. d. Wr. Gemeinderats, 1907–18 Reichsratsabg., 1919–23 erster soz.-dem. Bürgermeister von Wien, das unter ihm zum eig. Bundesland wurde.

Literatur: F. Czeike, Wien und seine Bürgermeister, 1974; ÖBL.

Reuter, Heinz, * 22. 1. 1914 Wien, † 8. 5. 1994 ebd., Meteorologe. Univ.-Prof. in Wien, 1976–84 Dir. der Zentralanstalt für Meteorologie und Geodynamik in Wien und Verantwortlicher der Fernseh-Wettervorhersage.

Werke: Methoden und Probleme der Wettervorhersage, 1954; Die Wiss. vom Wetter, 1968; Die Wettervorhersage. Einführung in Theorie und Praxis, 1976.

Reut-Nicolussi, Eduard, * 22. 6. 1888 Trient (I), † 18. 7. 1958 Innsbruck (Ti.), Völkerrechtler und Politiker. Vertrat als Abg. im italien. Parlament 1919–24 die Rechte der dt.-sprach. Minderheit in S-Ti.; verließ aufgrund faschist. Drucks 1927 Italien und habilitierte sich nach Aufenthalten in verschied. europ. Ländern 1931 an der Univ. Innsbruck; unter dem Nat.-Soz. Vorlesungsverbot, ab 1945 Ordinarius in Innsbruck.

Werke: Tyrol unter dem Beil, 1928; Das alt-ö. Nationalitätenrecht in Welschtirol, 1930; Zur Problematik der Heiligkeit der Verträge, 1931; Unparteilichkeit im Völkerrecht, 1940; Die Wiederannahme der Fakultativklausel durch Großbritannien als Überleitung zur autonomen Kriegsmanier, 1940; Leitfaden der Redekunst, 1949.

Reutter, Georg d. Ä., getauft 3. 11. 1656 Wien, † 29. 8. 1738 ebd., Organist und Komponist; Vater von Georg → Reutter d. J.; Organist an St. Stephan, 1697–1703 Theorbist der Wr. Hofmusikkapelle, 1712 Vizehofkapellmeister, 1715–28 Kapellmeister an St. Stephan.

Literatur: N. Hofer, Die beiden R. als Kirchenkomponisten, Diss., Wien 1915.

Reutter, Georg d. J., getauft 6. 4. 1708 Wien, † 11. 3. 1772 ebd., Komponist und Organist; Sohn von Georg → Reutter d. Ä., Ehemann der Hofsängerin Therese Holzhauser. Ab 1731 Hoforganist, trat ab 1727 auch als Komponist hervor (v. a. Opern und Oratorien); ab 1736 Kapellmeister an St. Stephan (Lehrer von J. → Haydn und M. → Haydn); ab 1747 Hofkapellmeister (Reform der Hofmusikkapelle) Einer der fruchtbarsten Komponisten seiner Zeit, seine Werke sind aber schematisch gearbeitet und von nicht bes. hoher Qualität.

Werke: ca. 27 Opern, 8 Oratorien, 81 Messen, 6 Requien, Chormusik, Kammermusik. – Literatur: N. Hofer, Die beiden R. als Kirchenkomponisten, Diss., Wien 1915.

Reyer, Walther, * 4. 9. 1922 Hall i. Ti., † 6. 9. 1999 Innsbruck (Ti.), Kammerschauspieler. 1947 Debüt in Bregenz, Engagements in Innsbruck (1948/49, 1951/52 Exl-Bühne, 1949–52 Landestheater), Graz (1952–54) und am Theater in der Josefstadt in Wien (1954/55). 1955–88 Ensemblemitgl. des Burgtheaters (Rollen vom jugendlichen Helden bis zum Charakterfach); spielte 1960–68 den Jedermann bei den Sbg. Festspielen. TV- und Filmtätigkeit (u. a. „Sissi"-Filme, „Der Arzt von Stalingrad"). 1973 Grillparzer-Ring.

Werk: Es fügte sich so. Erinnerungen, aufgezeichnet von H. Egghardt, 2000.

Reyl-Hanisch, Herbert (von Greifenthal), * 18. 4. 1898 Wien, † 11. 2. 1937 Bregenz (Vbg.), Maler der Neuromantik und der Neuen Sachlichkeit. Ab 1916 lungenkrank. Studierte 1917–20 an der Wr. Kunstgewerbeschule. Ab 1920 regelmäßig in Bregenz, wohin er 1934 ganz übersiedelte. Führte Porträtaufträge für vermögende Auftraggeber aus und illustrierte Bücher von E. Colerus, R. Binding u. a.; befreundet mit F. → Sedlacek.

Werk: „Der Jugendmeister" (1936 als Reichspostkarte aufgelegt). – Literatur: H. Quintern, H. v. R.-H. 1898–1937, Diss., Innsbruck 1971; C. Bertsch u. M. Neuwirth, H. v. R.-H. Das Land der Seele, 1991; K. Schröder, Neue Sachlichkeit, Ö. 1918–38. Ausst.-Kat., Wien 1995; ÖBL.

Rezniček, Emil Nikolaus Frh. von, * 4. 5. 1860 Wien, † 2. 8. 1945 Berlin (D), Komponist, Dirigent (v. a. in Deutschland). Von seinen Werken sind bes. die spätromantischen Opern (v. a. „Donna Diana", 1894) bekannt.

Literatur: ÖBL.

Rezzori, Gregor von (eigentl. G. d'Arezzo), * 13. 5. 1914 Czernowitz (Chernovtsy, UA), † 23. 4. 1998 Donnini (I), Schriftsteller. Lebte bis 1938 in Bukarest, dann in Berlin, ab 1945 Rundfunkredakteur in Hamburg; ab 1960 in der Toskana ansässig. Vielseitiger Autor und Kosmopolit; schrieb zunächst Unterhaltungsromane und erlangte Berühmtheit durch die Anekdotensammlung „Maghrebinische Geschichten" (1953). Versunkene Lebenswelten an der O-Grenze der Habsburgermonarchie beschwört auch der Roman „Ein Hermelin in Tschernopol" (1958). Von der Zeit zw. den Weltkriegen berichten die „Memoiren eines Antisemiten" (1979) und „Kurze Reise übern langen Weg" (1986).

Literatur: C. Magris, Das Blatt des Herrn Tarangolian, in: Bild und Gedanke, 1980; die horen 3, 1990; G. Köpf (Hg.), G. v. R. Essays, Anmerkungen und Erinnerungen, 1999.

Rheinhardt, Emil Alphons, * 4. 4. 1889 Wien, † 25. 2. 1945 KZ Dachau (D), Lyriker, Erzähler, Übersetzer. Wr. Expressionist, Mitgl. des „Akad. Verbandes für Literatur und Musik", 1918 Redakteur der Ztschr. „Daimon", 1920–24 Lektor im 3-Masken-Verlag in München; lebte dann in Italien und Frankreich. Nach dem Anschluss Ö. an das Dt. Reich gründete er in Paris mit F. → Werfel, R. → Musil und B. → Walter die „Liga für das geistige Ö."; im April 1943 von der Gestapo verhaftet. In seinen Gedichten knüpfte er an die Bildsprache des Symbolismus an, später verfasste er Biographien („Josephine", 1932).

Weiteres Werk: Die unendliche Reihe. Gedichte u. Aufrufe, 1920. – Literatur: S. Steinmetz, E. A. R. (1889–1945), in: Zeitgeschichte, 4. Jg., Heft 4, 1977; A. A. Wallas, „Mich durchstieß der Schrei der Jahrtausende". E. A. R., in: Literatur u. Kritik 313/314, 1997.

Rheticus (Rhaeticus), Georg Joachim (eigentl. G. J. von Lauchen), * 15. 2. 1514 Feldkirch (Vbg.), † 4. 12. 1576 Kaschau (Košice, SK), Humanist, Astronom und Mathematiker. Wirkte an den Univ. Wittenberg, Leipzig und Wien. Seine berühmte Schrift „Narratio prima de libris revolutionum Copernici" (1540) fasste die Beobachtungen von Kopernikus zusammen, dessen Mitarbeiter und Schüler er war und dessen Werke auf seine Veranlassung gedruckt wurden. Er stellte wichtige trigonometr. Berechnungen an (Beginn einer 10-stelligen Tafel der goniometr. Funktionen) und leistete bedeutende Vorarbeiten für die 1611 erfundenen Logarithmentafeln.

Weitere Werke: Ephemeris ex fundamentis Copernici, 1550; Canon doctrinae triangulorum, 1551; Opus Palatinum de triangulis, 1596.

Rhomberg, Franz Martin, * 15. 4. 1811 Dornbirn (Vbg.), † 17. 5. 1864 ebd., Färber. Gründer der Garnfärberei F. M. R. (1832) und der Ti. Textil-Ind. in Sill b. Innsbruck. Gründete 1853 eine Weberei mit 160 Stühlen. Konstruierte mechan. Flachspinnmaschinen.

Literatur: H. Nägele, Zum 100jährigen Bestandsjubiläum der Firma F. M. R., 1932; ÖBL.

Franz Martin Rhomberg. Anonym. Gemälde.

Rhomberg, Günter, * 10. 6. 1938 Bregenz (Vbg.), Manager; Sohn von Walter → Rhomberg. Bauingenieur für Tunnelbauprojekte, wechselte in die Textilbranche und wurde Geschäftsführer im Familienunternehmen seiner Frau, Josef Hubers Erben. Leitende Funktionen in Standesvertretungen. Seit 1981 Präs. der Bregenzer Festspiele.

Rhomberg, Lorenz, * 4. 11. 1785 Dornbirn (Vbg.), † 26. 5. 1851 ebd., Mitbegründer der ältesten mechan. Weberei Vbg., ab 1819 Gesellschafter der auf Josef Anton R. zurückgehenden mechan. Spinnerei Herrburger & R., Mitbegründer der Fa. R. & Lenz.

Literatur: H. Nägele, 6 Generationen im Dienste ihrer Textilfabriken, 1949; ÖBL.

Rhomberg, Walter, * 15. 10. 1911 Bregenz (Vbg.), † 24. 12. 1992 ebd., Unternehmer; Vater von Günther → Rhomberg. Ausbildung in Hoch- und Tiefbau, ab 1938 selbstständig. Geschäftsführender Gesellschafter mehrerer Bauunternehmungen, Funktionär in Interessenvertretungen und Fachautor für Bauwesen und Verkehr.

Ribarz, Rudolf, * 30. 5. 1848 Wien, † 12. 11. 1904 ebd. (Landesirrenanstalt), Landschaftsmaler. Studierte an der Wr. Akad. bei A. Zimmermann, befreundet mit E. J. → Schindler und E. → Jettel. 1870–72 Reisen nach S-Ti., Trentino und Venedig, 1875 in Brüssel. 1876–92 in Paris, Kontakte u. a. zu C. Corot, Studienreisen nach N-Frankreich, Holland und Venedig. 1892 Rückkehr nach Wien, wo er bis 1900 die Abteilung Blumenmalerei an der Wr. Kunstgewerbeschule leitete. Pflegte mit feinfühliger Naturbeobachtung zuerst den „paysage intime" der Franzosen, später eine mehr dekorative Form der Landschaftsdarstellung.

Literatur: M. Haja, R. R., Diss., Wien 1976; R. R. 1848–1904, Ausst.-Kat., Wien 1978; ÖBL.

Riccabona, Max (eigentl. M. von R. zu Reichenfels), * 31. 3. 1915 Feldkirch (Vbg.), † 4. 10. 1997 Lochau (Vbg.), Rechtsanwalt und Schriftsteller. Autor experimenteller Prosa und Lyrik. Jurist. Studien in Graz und Innsbruck, 1936–38 an der Konsularakad. in Wien, an der Organisation des Widerstands in Frankreich beteiligt, 1942–45 im KZ Dachau interniert. Ab 1945 Vorsitzender der „Ö.-demokrat. Freiheitsbewegung" in Vbg. Zahlr. Veröffentlichungen in Ztschr. und Anthologien; Nestor der ö. Avantgardeliteratur. Arbeitete ab 1957 an einem experimentellen Romanprojekt, aus dem nur Auszüge erschienen sind („Bauelemente zur Tragikomödie des x-fachen Dr. von Halbgreyffer oder Protokolle einer progressivsten Halbbildungsinfektion", 1980).

Weiteres Werk: Poetatastrophen, 1993. – Literatur: M. R., hg. von H. Swozilek, 1989; M. R. Ausst.-Kat., Vbg. Landesmus., Bregenz 1989; U. Längle (Hg.), Auf dem Nebengeleise. Erinnerungen und Ausflüchte, 1995.

Richard I. Löwenherz, * 8. 9. 1157 Oxford (GB), † 6. 4. 1199 Chalus (Haute-Vienne, F), Kg. von England. Maßgeblich am 3. Kreuzzug beteiligt, eroberte im Mai 1191 Zypern, leitete am 12. 7. 1191 die Eroberung von Akkon und geriet dort in Konflikt mit dem ö. Hzg. → Leopold V. Auf der Rückkehr vom Kreuzzug wurde er am 21./22. 12. 1192 in Erdberg bei Wien gefangen genommen, bis März 1193 auf Burg Dürnstein verwahrt, dann an Ks. Heinrich VI. ausgeliefert, bis 4. 2. 1194 auf Burg Trifels (D) gefangen gehalten und dann gegen hohes Lösegeld freigelassen. Hzg. Leopold V. verwendete seinen Anteil zum Ausbau (insbes. der Befestigungsanlagen) Wiens und anderer Orte sowie zum Bau von Wr. Neustadt; auch die Anfänge der heutigen Münze Ö. AG gehen wahrscheinlich auf dieses Lösegeld zurück.

Literatur: B. B. Broughton, The Legends of King R. I., 1966; U. Kessler, Richard I. Löwenherz. Kg., Kreuzritter, Abenteurer, 1995.

Hans Richter. Foto.

Richter, Eduard, * 3. 10. 1847 Mannersdorf a. Leithagebirge (NÖ.), † 6. 2. 1905 Graz (Stmk.), Geograph, Historiker, Alpinist. Ab 1886 Univ.-Prof. in Graz, 1898/99 Rektor. Widmete sich v. a. der Hochgebirgsmorphologie und Seenkunde, wirkte bahnbrechend in der Gletscherforschung und der hist. Geographie und leitete die Vorarbeiten für den „Hist. Atlas der ö. Alpenländer".

Werke: Beobachtungen an den Gletschern der Ostalpen, 4 Tle., 1883–88; Die Gletscher der Ostalpen, 1888; Atlas der Alpenseen, 2. Lieferung: Die Seen von Kä., Krain und S-Ti., 1896 (mit A. Penck); Die Erschließung der Ostalpen, 3 Bde., 1893–94 (Hg.).

Josef Richter. Scherenschnitt.

Richter, Elise, * 2. 3. 1865 Wien, † 23. 6. 1943 KZ Theresienstadt (Terezín, CZ), Sprachforscherin. Erhielt 1907 als erste Frau in Ö. die Lehrberechtigung für roman. Philologie und 1922 als erste Frau den Titel Univ.-Prof. Leitete das Phonet. Inst. der Univ. Wien, erforschte die physiolog. und psycholog. Grundlagen der Sprache.

Werke: Zur Entwicklung der roman. Wortstellung aus der latein., 1903; Grundlinien der Wortstellungslehre, 1919; Summe des Lebens, 1997 (Autobiographie). – Literatur: ÖBL.

Richter, Erich Alois (E. A.), * 1. 4. 1941 Tulbing (NÖ.), Erzähler, Lyriker, Roman-, Hörspiel- und Drehbuchautor, eigentl. Lehrer. 1972–74 Hg. der Wr. Literatur-Ztschr. „Aha"; schrieb (mit W. Bannert) das Drehbuch zu dem Kinofilm „Die Erben" (1982). Metaphernreiche Lyrik und komplexe Prosa.

Werke: Gedichte: Jetzt bist aufgwocht, 1973 (Mundartgedichte); Friede den Männern, 1982. – Roman: Die Berliner Entscheidung, 1984.

Richter, Ferdinand Tobias, * 22. 7. 1651, † 3. 11. 1711 Wien, Komponist, Organist. Entstammte einer Organistenfamilie, ab 1683 Organist am Wr. Kaiserhof, Musiklehrer der Kinder Leopolds I. Wurde durch seine Werke für Tasteninstrumente bzw. seine Oratorien und Jesuitendramen bekannt. Zählt neben J. J. → Froberger und Georg → Muffat zu den wichtigsten Vertretern der Wr. Organistenschule. Sein Sohn Anton Karl R. (* 1690, † 11. 11. 1763) war 1718–51 ebenfalls Hoforganist.

Werke: 11 Jesuitendramen, 2 Opern, 4 Oratorien, kirchenmusikal. Werke, Musik für Tasteninstrumente. – Literatur: S. Wollenberg, Viennese Keyboard Music in the Reign of Karl VI., 1975.

Richter, Franz, * 16. 1. 1920 Wien, Schriftsteller, Lehrer, Chemiker und Musiker. Mit-Hg. der Buchreihe „Lyrik aus Ö.", 1975–79 Präs. des Ö. Schriftstellerverbandes, 1976–90 Gen.-Sekr. des Ö. P. E. N.-Clubs.

Werke: Lyrik: Wir, die an den Grenzen wohnen, 1955; Anbruch der Vergangenheit, 1964; Kosmo-Rhythmik, 1973; Im Wendekreis der Blume, 1975; Trockengebiet, 1980; Auf der Atembrücke von A nach O, 1986; Lichtecho, 1992; Geheimes wird Signal, 1996; Lob der Weltvernunft, 1999. Romane: Diogenes Ultraviolett, 1964; Spaltklang, 1987. – Erzählungen: Humanimales, 1969; Ein Pfauensommer, 1994. – Essays, Hörspiele.

Richter, Hans, * 4. 4. 1843 Raab (Györ, H), † 5. 12. 1916 Bayreuth (D), Dirigent von europ. Rang, der erste eigentl. Wagner-Dirigent. 1875–1900 1. Hofopernkapellmeister, 1875–98 auch Dirigent der Philharmon. Konzerte in Wien, deren Ruf er begründete. 1880–90 Dirigent der Ges. der Musikfreunde in Wien, später der Bayreuther Festspiele, wo er 1876 die erste Gesamtaufführung von „Der Ring des Nibelungen" geleitet hatte; ab 1911 in England; setzte sich auch bes. für das Werk A. → Bruckners ein.

Literatur: M. Eger, H. R. Der Urdirigent der Bayreuther Festspiele, 1995; S. C. Foster (Hg.), H. R. Activism, Modernism, and the Avant-garde, 1998.

Richter, Helmut, * 13. 6. 1941 Graz (Stmk.), Architekt. Studierte an der Techn. Univ. in Graz und 1969–71 in Los Angeles. 1971–75 Prof. für Architektur an der Ecole Nationale Supérieure des Beaux Arts in Paris. 1977 Eröffnung eines Büros in Wien, 1986 Lehrauftrag an der Hochschule f. angew. Kunst in Wien, seit 1991 Univ.-Prof. f. Hochbau an der Techn. Univ. in Wien. Seine unkonventionellen Lösungen haben ein starkes Echo ausgelöst. A.-Loos-Preis 1998 für das Restaurant Kiang III in Wien.

Weitere Werke: Wohnhaus Brunner Straße, 1986–90; Schule Wien 14, Waidhausenstraße, 1994; Wohnanlage Termensiedlung Oberlaa, 1997. – Möbelentwürfe. – Literatur: U. M. Graf, H. R., Dipl.-Arb., Wien 1997; W. M. Chramosta, H. R. Bauten und Projekte, 2000.

Richter, Josef (Pseud.: Eipeldauer, Obermayr, Pater Hilarion), * 16. 3. 1749 Wien, † 16. 6. 1813 ebd., Schriftsteller der josephin. Aufklärung. Schrieb humorist. volkstümlich-populäre Texte in stilisierter Mundart, in denen er Wr. Sitten und Gebräuche schilderte. V. a. seine Ztschr. „Briefe eines Eipeldauers an seinen Herrn

Vetter in Kakran über d'Wienstadt" (ab 1785) gibt ein zeit- und lokalgeschichtl. interessantes Bild und ist eine bedeutende kulturgeschichtl. Quelle über Altwien.

Ausgaben: Sämmtl. Schriften, 8 Bde., 1809 (in 12 Bden. 1813); Die Briefe eines Eipeldauers über d'Wienstadt, hg. v. L. Plakolb, 1970. – Literatur: L. Bodi, Tauwetter in Wien, [2]1995.

Richter, Paul, * 1. 4. 1895 Wien, † 31. 12. 1961 ebd., (Film-)Schauspieler. Zunächst an den Jarno-Bühnen und am Wr. Stadttheater, ab 1920 fast ausschließl. für den Film tätig, verkörperte u. a. Siegfried in F. → Langs „Nibelungen"-Verfilmung (1924).

Richter-Herf, Franz, * 17. 12. 1920 Wien, † 4. 7. 1989 Salzburg, Komponist, Kapellmeister. Ab 1949 Lehrer (ab 1974 Prof.) am Mozarteum. Entwickelte ab ca. 1970 die Ekmelische Musik (Musik aus Mikrotönen und -intervallen); 1979–83 Rektor des Mozarteums.

Werke: Der Rattenfänger, 1957 (Oper); Kein Mann für Susanne, 1958 (Operette); Ekmelie Nr. 1 für Orchester, 1974; Ekmelischer Satz für Streichquartett, 1976; Ekmelie Nr. 2 für Streicher, 1982; Ekmelie Nr. 4 für Orchester, 1987. – Schriften: Ekmelische Musik, 1972 (mit R. Maedel); Mikrotöne, 2 Bde., 1986/88 (Hg.).

Ried, Hans, † 1516, Kanzleischreiber von Ks. → Maximilian I. (ab 1496 urk. bezeugt). Ab 7. 2. 1500 Zöllner am Eisack bei Bozen. Schrieb in Maximilians Auftrag 1504–16 (ab 1508 ganz dafür freigestellt) das Ambraser Heldenbuch.

Riedel, Andreas Frh. von (ab 1792), * 12. 9. 1748 Wien, † 15. 2. 1837 Paris (F), Offizier, Jakobiner. Besuchte 1764–70 die Theresian. Militärakad. in Wr. Neustadt, war dann Landvermesser und 1779–90 Mathematiklehrer der Kinder von Großhzg. Peter Leopold (späterer Ks. Leopold II.) in Florenz. Arbeitete einen Vorschlag für eine Verfassung aus (Volksrat mit 800 Personen), verfasste und verschickte einen „Aufruf an alle Deutschen zu einem antiaristokratischen Freiheitsbund". 1794 verhaftet, wurde er als Staatsverbrecher zu Festungshaft in Kufstein, 1796 in Graz und 1797 in Munkács verurteilt. 1806 wurde er in das Minoritenkloster Brünn überstellt, von wo ihm 1809 die Flucht nach Frankreich gelang.

Literatur: A. Körner, A. R., in: Jb. d. Vereins f. Geschichte der Stadt Wien 27, 1971; ders., A. R., in: H. Reinalter (Hg.), Jakobiner in Mitteleuropa, 1977; ÖBL.

Riedel, Claus Josef, * 19. 2. 1925 Polaun (Polubny, CZ), Unternehmer und Designer. Studierte 1947–50 in Innsbruck Chemie, gründete 1956 je eine Glashütte in Kufstein und in Schneegattern, in denen hochwertige mundgeblasene und maschinengefertigte Gläser erzeugt werden (Riedel Glas).

Riedel, Josef Gottfried, * 17. 1. 1803 Friedland (Frydlant, CZ), † 7. 11. 1870 Wien, Arzt. Reformator der psychiatr. Pflege in Ö.; Dir. der Prager Irrenanstalt, 1851 als Dir. der Irrenanstalt (errichtet ab 1849) nach Wien berufen. Wandelte den Narrenturm in eine Pflegeanstalt um, führte den klinischen Unterricht und die humanist. Richtung in der Psychiatrie ein.

Werke: Prags Irrenanstalt, 1830; Ärztl. Berichte über die k. k. Irren-Heil- u. Pflegeanstalt zu Wien, 1858ff. – Literatur: ÖBL.

Rieder, Rudolf, * 2. 1. 1940 Wien, Physiker. Studierte 1958–65 Physik an der Univ. Wien, 1966–71 und seit 1986 wiss. Mitarbeiter am Max-Planck-Inst. für Chemie (Abt. Kosmochemie) in Mainz (D), dazw. für die Rudolf Sacher Ges. und die Technicon GmbH in Wien tätig. Entwickelte mit H. → Wänke den Spektrometer für die Pathfinder-Mission der NASA zum Mars 1997, nachdem er bereits 1986–89 erfolgreich an den russ. Phobos-Mars-Missionen mitgearbeitet hatte.

Rieder, Werner, * 21. 5. 1919 Wien, Elektrophysiker. 1941–49 Studium der Physik an der Univ. Wien, 1951–56 Forschungsphysiker bei der ELIN AG, 1956 Habilitation (Elektrophysik und elektr. Schaltgeräte) an der Techn. Hochschule in Wien und 1958 Habilitation (Lichtbogenphysik) an der ETH Zürich. Ab 1963 Prof. an der Techn. Hochschule bzw. Techn. Univ. Wien, 1972–89 Ordinarius für Schalterbau.

Werk: Plasma und Lichtbogen, 1967.

Riedl, Helmut, * 2. 6. 1933 Wien, Geograph. 1969–99 Univ.-Prof. in Salzburg, Leiter der Alpinen Forschungsstation Samer Alm; sozialgeogr. und länderkundl. Studien, Forschungen auf griech. Inseln.

Werke: Gleisdorf, ein Beitrag zur Sozialgeographie der Kleinstadt, 1971; Die Ergebnisse des MaB-Projektes „Samer Alm", 1983.

Riedl, Jakob, * um 1790 Fügen (Ti.), † 8. 9. 1840 Friedersdorf b. Berlin (D), Ti. Freiheitskämpfer, Adjutant von J. → Speckbacher, flüchtete 1809 nach Sachsen. Auch sein Bruder Sebastian R. („Garber Wastl", * 10. 1. 1782, † 3. 2. 1821 Ried i. Zillertal) war Ti. Freiheitskämpfer.

Riedl, Rupert, * 22. 2. 1925 Wien, Zoologe. 1967–71 an der University of North Carolina (USA), 1971–95 Vorstand des Zoolog. Inst. der Univ. Wien; Begründer des K.-Lorenz-Inst. für Evolutions- und Kognitionsforschung in Altenberg (NÖ.) 1990. Engagierter Kämpfer für die Erhaltung der natürl. Umwelt.

Werke: Die Fauna und Flora des Mittelmeeres, 1983; Die Spaltung des Weltbildes, 1985; Die Gärten des Poseidon, 1988; Darwin, Zeus und Russells Huhn, 1994; Mit dem Kopf durch die Wand. Die biolog. Grenzen des Denkens, 1994; Strukturen der Komplexität. Eine Morphologie des Erkennens und Erklärens, 2000; Zufall, Chaos, Sinn. Nachdenken über Gott und die Welt, 2000.

Riedler, Alois, * 15. 5. 1850 Graz (Stmk.), † 25. 10. 1936 Semmering (NÖ.), Techniker. Studierte 1866–71 Maschinenbau an der Techn. Hochschule in Graz, 1888–1921 Prof. f. Maschineningenieurswesen an der Techn. Hochschule Berlin-Charlottenburg; als Praktiker und Sprecher der Technikerbewegung Widerpart des Theoretikers F. Reuleaux.

Werk: Schnellbetrieb – Erhöhung der Geschwindigkeit und Wirtschaftlichkeit der Maschinenbetriebe, 1899. – Literatur: ÖBL.

Riedler, Willibald, * 1. 9. 1932 Wien, Physiker. 1968–99 Univ.-Prof. f. Nachrichtentechnik und Wellenausbreitung an der Techn. Univ. Graz (1975–77 Rektor), Projektleiter des Weltraumprojekts Austromir.

Werke: zahlr. Fachpublikationen.

Riedmiller, Bernhard, * 5. 6. 1757 Illerbachen b. Memmingen (D) † 11. 1. 1832 Wien, Gastwirt in Bludenz. 1796 und 1799 Hauptmann der Bludenz-Schützen, 1809 zu einem der 8 Landesverteidigungsmajore ernannt, musste sich nach Ti. absetzen, nahm an der 3. Schlacht am Bergisel teil, floh nach dem Zusammenbruch in die Schweiz und lebte später in Wien.

Literatur: ÖBL.

Rieger, Sebastian, → Reimmichl.

Riegger, Josef Anton, * 13. 2. 1742 Innsbruck (Ti.), † 5. 8. 1795 Prag (CZ), Staats- und Völkerrechtler; Sohn von Paul Josef → Riegger. Prof. am Wr. Theresianum, in Freiburg i. Breisgau und Prag. Erforschte bes. die Geschichte Ti. und betrieb statist. Landeskunde.

Riegger, Paul Josef, * 29. 6. 1705 Freiburg i. Breisgau (D), † 2. 12. 1775 Wien, Staatskirchenrechtslehrer; Vater von Josef Anton → Riegger. 1733 Univ.-Prof. in Innsbruck (Natur- und Völkerrecht, Dt. Recht), ab 1753 in Wien an Univ. und Theresianum; Berater Maria Theresias. Vertrat als Aufklärer den staatl. Einfluss in kirchl. Angelegenheiten und bereitete die josephin. Reformen geistig vor.

Werke: Institutiones jurisprudentiae ecclesiasticae, 4 Tle., 1768–72; Elementa juris ecclesiastici, 2 Tle., 1774/75. – Lehrbücher über Staats- und Kirchenrecht in lat. und dt. Sprache. – Literatur: E. Seifert, P. J. R. 1705–1775, 1973.

Riegl, Alois, * 14. 1. 1858 Linz (OÖ.), † 17. 6. 1905 Wien, Kunsthistoriker. 1886–97 am Ö. Mus. f. Kunst und Ind., ab 1897 Univ.-Prof. in Wien, Mitbegründer der „Wr. Schule der Kunstgeschichte". Seine bes. Bedeutung in kunsttheoret. und methodolog. Hinsicht liegt in der von ihm betriebenen Überwindung einer ästhet. wertenden Kunstbetrachtung (Neubewertung bis dahin gering geschätzter Kunstepochen wie Spätantike, Früh-MA, Barock) und in seiner Vorstellung von einer kontinuierl. Entwicklung des „Kunstwollens" als zentralem Faktor künstlerischer Produktion. Bes. Verdienste auch um die ö. Denkmalpflege, Entwurf eines Denkmalschutzgesetzes 1905.

Werke: Stilfragen, 1893; Die spätröm. Kunstind. nach den Funden in Ö., 2 Bde., 1901/23; Das holländ. Gruppenporträt, 1902; Der moderne Denkmalkultus, 1903; Die Entstehung der Barockkunst in Rom, 1908; Hist. Grammatik der bild. Künste, (aus dem Nachlass) hg. von K. M. Swoboda u. O. Pächt, 1966. – Literatur: W. Kemp, A. R., in: Altmeister moderner Kunstgeschichte, hg. v. H. Dilly, 1990; M. Iversen, A. R.: Art History and Theory, 1993; ÖBL.

Riegler, Josef, * 1. 11. 1938 Judenburg (Stmk.), Dipl.-Ing. und Politiker (ÖVP). 1972–80 Dir. des Steir., dann bis 1983 des Ö. Bauernbundes, 1983–87 Landesrat der Stmk.; 1987–89 BMin. f. Land- und Forstw., 1989–91 Bundesparteiobmann der ÖVP, BMin. f. Föderalismus und Verwaltungsreform und Vizekanzler. 1975–83 und 1991–93 Abg. z. NR; seit 1993 Obmann der Raiffeisen-Landesbank Stmk., seit 1994 Generalanwalt-Stellvertr. d. Ö. Raiffeisenverbands.

Rainer Maria Rilke. Foto, 1906.

Riehl, Alois Adolf, * 27. 4. 1844 Bozen (S-Ti.), † 21. 11. 1924 Berlin (D), Philosoph; Bruder von Josef → Riehl. Vertreter des Neukantianismus, Univ.-Prof. in Graz, Freiburg, Kiel, Halle und Berlin.

Werke: Der philosoph. Kritizismus, 3 Bde., 1876–87; F. Nietzsche, 1897; Zur Einführung in die Philosophie der Gegenwart, 1903; Studien aus 4 Jahrzehnten, 1925. – Literatur: C. Siegel, A. R. Festschrift, 1932; P. Grillenzoni, A. R. – Un Contributo al Kantismo, 1985; ÖBL.

Riehl, Gustav, * 10. 2. 1855 Wr. Neustadt (NÖ.), † 7. 1. 1943 Wien, Dermatologe. Univ.-Prof. in Wien, gab mit L. v. Zumbusch den „Atlas der Hautkrankheiten" heraus (3 Tle., 1923–25).

Werk: Zur Therapie schwerer Verbrennungen, in: Wr. Klinische Wochenschriften 38, 1925. – Literatur: H. Wycklicky, G. R., in: Mttlg. der Ärztekammer für NÖ., 1974; ÖBL.

Riehl, Josef, * 31. 8. 1842 Bozen (S-Ti.), † 17. 12. 1917 Innsbruck (Ti.), Bauingenieur; Bruder von Alois Adolf → Riehl. Projektant und Initiator von Wasserkraftanlagen sowie Straßen- und Eisenbahnbauten in Ti. und Vbg.; baute u. a. die Mittenwaldbahn als erste elektr. Vollbahn Ö. (1910–13).

Riehl, Walter, * 8. 11. 1881 Wr. Neustadt (NÖ.), † 6. 9. 1955 Wien, Politiker. Führende Persönlichkeit des aufkommenden Nat.-Soz. in Ö. in den 20er Jahren. Gründete nach Spaltung der DNSAP im Juni 1924 den Deutschsoz. Verein, war dann in der Frontkämpfervereinigung tätig und trat 1930 der NSDAP bei.

Literatur: R. Brandstötter, W. R. und die Geschichte der nat.-soz. Bewegung in Ö., 1969.

Riemerschmid, Werner, * 16. 11. 1895 Maria Enzersdorf (NÖ.), † 16. 4. 1967 Mödling (NÖ.), Lyriker, Erzähler, Dramatiker, Kritiker, Hörspielautor und Übersetzer. Ab 1923 Burgtheatersekr.; 1928–45 Dramaturg und Spielleiter beim Wr. Rundfunk. Gilt als Vertreter des schwarzen Humors und Wegbereiter des Surrealismus in Ö.

Werke: Gedichte: Das verzauberte Jahr, 1936; Der Bote im Zwielicht, 1942; Euer Ruhm ist nicht fein, 1962; Steinbrüche, 1965; Brandwache, 1969. – Romane: Das Buch vom lieben Augustin, 1930; Die Frösche von Sumpach, 1939; Schatten, 1947. – Dramen: Die Heimfahrt Ottos III., 1928; Der Königsmacher, 1938; Zw. Hades und Olymp, 1956. – Novelle: Trakl, 1947. – Erzählungen, Hörspiele. – Literatur: E. Schicht u. N. Sprongel, „Wer im Werk den Lohn gefunden …". Nö. Dichter und Komponisten der Gegenwart, 1976.

Riepl, Franz Xaver, * 29. 11. 1790 Graz (Stmk.), † 25. 4. 1857 Wien, Bergbau- und Eisenbahnfachmann. 1821–38 Prof. f. Naturgeschichte und Warenkunde am Polytechn. Inst. in Wien, führte 1824 unter Erzhzg. Johann am Erzberg den Tagbau in Etagen ein, 1829 erste Pläne für die 1837 eröffnete Ks.-Ferdinand-Nordbahn, später Entwurf eines vollständigen ö. Eisenbahnnetzes.

Literatur: ÖBL.

Riess-Passer, Susanne, * 3. 1. 1961 Braunau a. Inn (OÖ.), Juristin und Politikerin (FPÖ). Ab 1987 Pressemitarbeiterin der FPÖ; 1991–98 Mitgl. d. BR, 1995–96 Abg. z. Europ. Parlament, 1999 Abg. z. Ti. Landtag, 1999–2000 Abg. z. NR; seit 2000 Bundesparteiobfrau der FPÖ sowie Vizekanzlerin und BMin. f. öffentl. Leistung und Sport.

Rikli, Arnold, * 13. 2. 1823 Wangen a. d. Aare (CH), † 30. 4. 1906 St. Thomas (Gem. Wolfsberg, Kä.), Naturheilkundler. Begründete die neuzeitl. Sonnenlichttherapie.

Werke: Lehrbuch der Naturheilkunde, 1886; Grundlehren der Naturheilkunde, [8]1895.

Rilke, Rainer Maria, * 4. 12. 1875 Prag (CZ), † 29. 12. 1926 Val-Mont bei Montreux (CH), Lyriker von Weltgeltung, Prosaautor, Essayist. Wuchs in Prag auf und besuchte 1886–91 die Militärschulen in St. Pölten und Mährisch-Weißkirchen sowie 1891/92 die Handelsakad. in Linz, studierte Kunst- und Literaturgeschichte sowie Jus in Prag, München und Berlin; ausschlaggebend für die Entscheidung zum Dichterberuf wurde 1897 die Begegnung mit Lou Andreas-Salomé. 1900 ließ sich R. in der dt. Künstlerkolonie Worpswede nieder und heiratete 1901 die Bildhauerin Clara Westhoff. Nach Auflösung der Ehe (1902 Geburt der Tochter Ruth) übersiedelte er 1902 nach Paris und wurde 1906/07 Privatsekr. des Bildhauers A. Rodin in Meudon. Nach dem Bruch mit Rodin folgten weitere Wanderjahre, dazw. lebte R. auf Schloss Duino bei Triest als Gast der Fürstin Marie von Thurn und Taxis, seiner wichtigsten Mäzenin. Hier entstanden die ersten „Duineser Elegien" (1922 fertig gestellt und 1923 veröffentlicht).

Im 1. Weltkrieg war R. kurze Zeit beim ö. Landsturm und im Wr. Kriegsarchiv tätig, ging dann nach München und in die Schweiz, wo er auf dem Schlösschen Muzot im Wallis eine neue Heimstatt fand. An Leukämie erkrankt, starb R. im Sanatorium von Val-Mont, seine Grabstätte befindet sich auf dem Friedhof in Raron im Rhônetal.

R. war der einflussreichste dt.-sprach. Lyriker in der 1. Hälfte des 20. Jh. Bereits in seinen frühen Gedichtbänden „Das Buch der Bilder" (1902) und „Das Stunden-Buch" (1905) fand er zu einer suggestiven rhythmischen und bildl. Sprache. Die literar. Strömungen der Jh.-Wende gingen in die Texte ein. Zu einem der erfolgreichsten dt.-sprach. Bücher überhaupt wurde die Novelle „Die Weise von Liebe und Tod des Cornets Christoph Rilke" (1906).

Bilder von Elend und Verfall bestimmen den Roman „Die Aufzeichnungen des Malte Laurids Brigge" (1910), der als einer der ersten dt.-sprach. Romane der Moderne gilt und für den Autor die „Wasserscheide" zur Arbeit an seinem lyrischen Hauptwerk, den 10 „Duineser Elegien", markierte. In diesen reimlosen und in freier Rhythmik gehaltenen Gesängen fand er zur Überwindung des Impressionismus. Bis 1945 war die Wirkung R. auf die zeitgenöss. Dichtung außergewöhnl. stark; seine Sprach- und Formkunst blieb von seinen zahlr. Nachahmern unerreicht.

Weitere Werke: Lyrik: Leben und Lieder, 1894; Larenopfer, 1896; Wegwarten, 1896; Traumgekrönt, 1897; Advent, 1898; Mit zur Feier, 1898; Neue Gedichte, 1907; Der Neuen Gedichte anderer Teil, 1908; Requiem, 1909; Die frühen Gedichte, 1909; Erste Gedichte, 1913; Das Marien-Leben, 1913; Sonette an Orpheus, 1923; Späte Gedichte, 1934. – Prosa: Am Leben hin, 1898; Zwei Prager Geschichten, 1899; Vom lieben Gott und anderes, 1900 (1904 unter dem Titel „Geschichten vom lieben Gott"); Die Letzten, 1902; Worpswede, 1903; A. Rodin, 1903; Erzählungen und Skizzen aus der Frühzeit, 1928; Verse und Prosa aus dem Nachlaß, 1929. – Dramen: Jetzt und in der Stunde unseres Absterbens, 1896; Im Frühfrost, 1897; Ohne Gegenwart, 1898; Die weiße Fürstin, 1900; Das tägliche Leben, 1902. – Briefe, Tagebücher: Briefe an A. Rodin, 1928; Gesammelte Briefe, 6 Bde., 1936–39; Tagebücher aus der Frühzeit, 1942; Briefe, 2 Bde., 1950; Briefwechsel in Gedichten mit E. Mitterer, 1950; Briefwechsel u. a. mit: M. v. Thurn u. Taxis, 1951; L. Andreas-Salomé, 1952; A. Gide, 1952; K. Kippenberg, 1954; M. Zwetajewa u. B. Pasternak, 1983. – Ausgabe: Sämtl. Werke, 6 Bde., hg. v. R.-Archiv in Weimar, 1955–66 (krit. Ausgabe). – Literatur: K. Klutz, R.-Bibliographie, 1975ff., in: Blätter der R.-Ges., 1978ff.; O. H. Olzien, R. M. R. Wirklichkeit und Sprache, 1984; D. A. Prater, Ein klingendes Glas. Das Leben R. M. R., 1986; H. Herzmann u. H. Ridley (Hg.), R. und der Wandel in der Sensibilität, 1990; H. Naumann, R. M. R. Stufen seines Werkes, 1995; I. Schnack, R. M. R. Chronik seines Lebens und seines Werks, ²1996; P. Demetz (Hg.), R. – ein europ. Dichter aus Prag, 1998.

Rindt, Jochen, * 18. 4. 1942 Mainz (D), † 5. 9. 1970 Monza (I), Autorennfahrer. R. fuhr als dt. Staatsbürger mit ö. Lizenz ab 1964 Formel-1-Rennen, siegte 1965 beim 24-Stunden-Rennen von Le Mans, gewann bis 1970 6 Grand-Prix-Rennen und verunglückte bei einer Trainingsfahrt für den Großen Preis von Italien tödlich; R. wurde postum Formel-1-Weltmeister.

Literatur: H. Prüller, J. R., der James Dean der Formel 1, 1995.

Ringel, Erwin, * 27. 4. 1921 Temesvár (Timisoara, RO), † 28. 7. 1994 Bad Kleinkirchheim (Kä.), Tiefenpsychologe. Facharzt f. Psychiatrie und Neurologie, baute 1948 ein erstes Selbstmordverhütungszentrum auf, wurde 1954 Leiter der Frauenpsychiatr. Station in Wien und gründete hier die erste psychosomat. Station in Ö. 1960 Beschreibung des präsuizidalen Syndroms und Präs. des von ihm ins Leben gerufenen Internat. Vereins f. Selbstmordverhütung; 1960–88 Präs. des ö. Vereins f. Individualpsychologie; gründete 1978 die Ö. Ges. f. Klinisch-psychosomat. Medizin. 1981–91 Ordinarius f. medizin. Psychologie (1. Lehrstuhl).

Werke: Untersuchungen zum Selbstmordproblem, 1961; Selbstschädigung der Neurose, 1973; Selbstmordverhütung, 1974; Die ö. Seele, 1984; Zur Gesundung der ö. Seele, 1986. – Literatur: U. Kropiunigg (Hg.), E. R. Die wichtigsten Schriften, 1991; F. R. Reiter (Hg.), Wer war E. R.?, 1995.

Ringel, Franz, * 1. 4. 1940 Graz (Stmk.), Maler und Graphiker. Studierte 1960–65 an der Akad. der bild. Künste in Wien, ab 1968 Mitgl. der Gruppe „Wirklichkeiten" u. a. mit P. → Pongratz und K. → Kocherscheidt. Setzt sich in seinen Arbeiten v. a. mit Körper und Psyche (bzw. Psychopathologie) des Menschen auseinander.

Literatur: F. Schuh (Hg.), F. R., 1991; H. A. Gansterer (Hg.), F. R., 78 Bilder für Maria, 1997.

Rintelen, Anton, * 15. 11. 1876 Graz (Stmk.), † 28. 1. 1946 ebd., Jurist und Politiker (CS). Vor dem 1. Weltkrieg als Wiss. an Universitäten tätig, u. a. 1903–11 Prof. an der Dt. Univ. in Prag, wo er in die „Wahrmund-Affäre" verwickelt war, 1911 Prof. f. zivilgerichtl. Verfahren in Graz; 1918 von den Christl.-Soz. zum Landeshauptmann-Stellv. der Stmk. gewählt, 1919–26 und 1928–33 Landeshauptmann, dazw. 1926 und 1932–33 BMin. f. Unterricht. 1920–23 Mitgl. d. BR, 1927–30 und 1931–34 Abg. z. NR; 1933 zum Gesandten in Rom ernannt, konspirierte mit den Nat.-Soz., wurde beim Juliputsch 1934 von den Putschisten zum Bundeskanzler ausgerufen, 1935 deshalb wegen Hochverrats zu lebenslanger Haft verurteilt, 1938 entlassen, spielte aber in der Politik keine Rolle mehr.

Werke: Erinnerungen an Ö. Weg, 1941. – Rechtswiss. Publikationen. – Literatur: D. A. Binder, Dollfuß und Hitler, Diss., Graz 1974; ÖBL.

Rismondo, Piero, * 15. 2. 1905 Triest (I), † 9. 2. 1989 Klagenfurt (Kä.), Schriftsteller und Journalist. Wuchs in Wien auf und begann hier in den 20er Jahren seine journalist. Laufbahn. Ab 1938 in Emigration; 1945–52 Dir. des Teatro Verdi in Rijeka (HR); ab 1952 wieder in Wien. 1954–70 bei der Zeitung „Die Presse": 1954–61 Kultur- und Literaturredakteur, 1961–70 Theaterkritiker und Feuilletonist. Ö. Staatspreis für Kulturpublizistik 1979, Ö. Staatspreis für literar. Übersetzer 1986.

Werke: Dramen: Raimund, 1937; Der Herr Hofrat, 1947; Das unsichtbare Volk, 1947; Michaelerplatz, 1966. – Einfälle und Ausfälle, 1978 (Essays); „... Der Zeit am Wort den Puls zu fühlen ...", 1999 (Feuilletons, Kritiken und Artikel, hg. von W. A. Greinert). – Übersetzungen von Stücken Goldonis und Pirandellos.

Ritschel, Karl Heinz, * 20. 1. 1930 Oberaltstadt (Trutnov, CZ), Journalist und Publizist. 1954 Redakteur des „Bildtelegraf", 1955 „Kleine Zeitung", 1956–58 letzter Chefredakteur des „Bildtelegraf"; ab 1958 Redakteur der „Salzburger Nachrichten" (Wirtschaft, ab 1964 stellv., 1965–95 Chefredakteur).

Werke: Diplomatie um S-Ti., 1966; China, 1974; J. Raab, 1975; B. Buchwieser, 1977; Steir. Wege, 1978; Ö. ist frei. Der Weg zum Staatsvertrag, 1980; Plädoyer für das Konservative, 1981; Von Sbg. und Salzburgern, 1984; Venedig, Königin der Adria, 1986; Salzburg. Anmut und Macht, 1995; Sbg. Miniaturen, 1998; In die Zeit geschrieben, 1999.

Ritter, Eduard, * 1809 Wien, † 5. 9. 1853 ebd., Genre-, Porträt- und Landschaftsmaler. Studierte an der Wr. Akad., Weiterbildung anhand der holländ. Malerei des 17. Jh., die ihn nachhaltig prägte; malte neben realist. Porträts detailreiche, humorvolle Szenen aus dem bäuerl. Leben.

Literatur: ÖBL.

Erwin Ringel. Foto.

Rittinger, Marian (eigentl. Jakob R.), * um 1650 Klagenfurt (Kä.), † 1712 Garsten (OÖ.), Bildhauer und -schnitzer, Laienbruder des ehem. Benediktinerstifts Garsten, ab 1683 dort nachweisbar. Der Einfluss seiner Werkstatt ist in vielen oö. Kirchen bemerkbar.

Werke: Hochaltäre, Heiligenstatuen, Putten und Kleinplastiken u. a. in der ehem. Klosterkirche Garsten und den Kirchen von Ternberg (1688–90), Großraming (ca. 1690), Stift Kremsmünster (um 1705); Buchsbaumholzkrippe im Pfarrhof Garsten (um 1712).

Rittinger, Peter von, * 23. 1. 1811 Neutitschein (Novy Jičín, CZ), † 7. 12. 1872 Wien, Erfinder, Montanist. Pionier der Erzaufbereitungstechnik, baute die erste Wassersäulenmaschine; ab 1840 im Staatsdienst (ab 1850 in Wien), zuletzt Verwaltungsleiter der Staatsdomänen und -forste und der Montanwerke.

Literatur: ÖBL.

Rittler, Theodor, * 14. 12. 1876 Wien, † 4. 3. 1967 Innsbruck (Ti.), Strafrechtler. Univ.-Prof., Vertreter der objektiven Verbrechenslehre (dagegen subjektive Sicht von F. Kadecka und F. Nowakowski).

Werk: Lehrbuch des ö. Strafrechts, 2 Bde., ²1954/62. – Literatur: S. Hohenleitner u. a. (Hg.), Festschrift für T. R., 1957 (mit Bibliographie).

Rittner, Tadeusz (Thaddäus, Pseud.: Thomasz Czaszka), * 31. 5. 1873 Lemberg (Lwíw, UA), † 19. 6. 1921 Bad Gastein (Sbg.), Dramatiker, Erzähler, Feuilletonist. Urspr. Jurist im Unterrichtsministerium, leitete 1915/16 das poln. Theater in Wien, nach dem 1. Weltkrieg freier Schriftsteller. Produktiver Feuilletonist in dt. und poln.

Sprache, kritisierte in seinen Romanen Doppelmoral und Heuchelei („Die andere Welt", 1921; „Geister in der Stadt", 1921). Sein erfolgreichstes Drama war die Kriminalkomödie „Wölfe in der Nacht" (1914).

Weitere Werke: Romane: Das Zimmer des Wartens, 1918 (autobiograph.); Die Brücke, 1920. – Novellen: Drei Frühlingstage, 1900; Ich kenne Sie, 1912. – Dramen: Das kleine Heim, 1908; Unterwegs, 1909; Der dumme Jakob, 1910; Sommer, 1912; Der Mann im Souffleurkasten, 1913; Kinder der Erde, 1915; Garten der Jugend, 1917; Die Tragödie des Eumenes, 1919. – Literatur: G. Wytrzens, Das Wr. Kunstleben der Jahrhundertwende in den poln. Feuilletons von T. R., in: Studia Austro-Polonica 2, 1980; E. Wöhres-Ryszawy, T. R. Dramen, Diss., Wien 1981; ÖBL.

Röbbeling, Hermann, * 31. 10. 1875 Stolberg a. Harz (D), † 4. 6. 1949 Wien, Theaterintendant. Erreichte 1915–32 die finanzielle Konsolidierung des Thaliatheaters und des Schauspielhauses in Hamburg; 1932–38 Dir. des Burgtheaters (Zyklus „Stimme der Völker im Drama"). Engagement der Schauspieler Hermann → Thimig, M. → Eis und der Regisseure E. → Lothar und H. → Waniek. Führte durch abwechslungsreiche Repertoiregestaltung und wirksame Werbetätigkeit dem Burgtheater neue Publikumsschichten zu.

Werk: Das Theater als völkerverbindender Faktor, 1934. – Literatur: T. Kulczicky de Wolczko, H. R. und das Burgtheater, Diss., Wien 1950; ÖBL.

Robert, Julius, * 4. 6. 1826 Himberg (NÖ.), † 9. 2. 1888 Großseelowitz (Zidlochovice, CZ), Chemiker, Industrieller. Sohn des Zuckerfabrikanten Florentin R. (1795–1870). Entwickelte 1865 ein neues Diffusionsverfahren zur Saftgewinnung bei der Zuckererzeugung aus Rüben und führte 1871 den Dampfpflug auf seinem Mustergut in Mähren ein.

Literatur: ÖBL.

Rochleder, Friedrich, * 15. 5. 1819 Wien, † 5. 11. 1874 ebd., Chemiker. Pionier der Pflanzenphysiologie, Univ.-Prof. in Prag und Wien (1870–74). Entdeckte eine Anzahl eigenartiger Pflanzenstoffe, beschäftigte sich eingehend mit natürl. Farbstoffen (Alizarin, Purpurin, Quercitrin, Lackmus), entdeckte die Beziehungen zw. Koffein, Harnsäure und Kreatin, erfasste als Erster die Erscheinung der Homologie, erstellte das Fundament der modernen Pflanzenchemie und der Strukturchemie.

Werke: Beiträge zur Phytochemie, 1847; Phytochemie, 1854. – Literatur: ÖBL.

Rochowanski, Leopold Wolfgang, * 3. 8. 1885 Zuckmantel (Zlaté Hory, CZ), † 13. 9. 1961 Wien, Lyriker, Dramatiker, Erzähler, Librettist, Kunsthistoriker, Verleger. Studierte Philosophie und Jus in Wien, ab 1913 Redakteurstätigkeit für ö. und ausländ. Blätter; gründete mit L. Steinmetz und L. Sandor die Aktionsbühne „Der Bücherkasten", organisierte Ausstellungen und trat als Tänzer auf. 1923/24 Leiter des Thyrsos-Verlags. Unter den Nat.-Soz. Publikationsverbot, 1946–48 Leiter des Agathon-Verlags und Hg. der „Agathon-Almanache". Vertreter des Expressionismus.

Literatur: E. Fischer u. W. Haefs, Hirnwelten funkeln. Literatur des Expressionismus in Wien, 1988.

Röck, Friedrich, * 14. 7. 1879 Imst (Ti.), † 10. 11. 1953 Linz (OÖ.), Völkerkundler. 1927 Dir. des Wr. Völkerkundemuseums, das er einrichtete. Popularisierte die Völkerkunde, entzifferte den Codex Vindobonensis Mexicanus (Maya-Bilderschrift).

Rockenschaub, Gerwald, * 9. 5. 1952 Linz (OÖ.), Maler. Studierte an der Hochschule für angew. Kunst in Wien bei H. Tasquil, 1981 erste große Ausstellung mit H. → Brandl im Forum Stadtpark in Graz. Gilt als einer der erfolgreichsten zeitgenöss. ö. Künstler; 1993 Vertreter Ö. bei der Biennale in Venedig. Die Frage des Verhältnisses von Kunstwerk und realer Umgebung nimmt einen wichtigen Platz in seinem Werk ein.

Literatur: U. Moser (Hg.), G. R., Ausst.-Kat., Secession, Wien 1994; Funky minimal, Ausst.-Kat., Kunstverein Hamburg, 1999.

Roda Roda, Alexander (eigentl. Alexander Sándor Rosenfeld), * 13. 4. 1872 Drnowitz (Drnovice, CZ), † 20. 8. 1945 New York (USA), Satiriker, Dramatiker, Humorist. Studierte in Wien Jus und machte eine Offizierskarriere. 1900/01 Affäre mit der Schauspielerin A. → Sandrock. Publizierte ab 1901 humorist. Geschichten, in denen er v. a. die unterschiedlichsten Milieus der Habsburgermonarchie, bes. aber das Militär, in versöhnl. Witz aufs Korn nahm. 1907 verlor er deshalb die Offizierscharge. 1904 ging er nach Berlin, wo er am Kabarett als Autor und Vortragender große Erfolge feierte. Sein populärster Schwank, „Der Feldherrnhügel" (1910, mit C. → Rössler), wurde in Ö.-Ungarn sofort verboten. Nach dem 1. Weltkrieg lebte er abwechselnd in Paris, München und Berlin. 1933 floh er vor den Nat.-Soz. nach Ö., im März 1938 in die Schweiz, von wo er 1940 in die USA emigrieren musste.

Werke: Der König von Crucina, 1892; Soldatengeschichten, 2 Bde., 1904; Von Bienen, Drohnen und Baronen, 1908; Der Schnaps, der Rauchtabak und die verfluchte Liebe, 1908; Der Pascha lacht, 1909; Schummler, Bummler, Rossetummler, 1909; Die Sklavin aus Rhodus, 1913; Russenjagd, 1917; So jung und schon ..., 1918; Irrfahrten eines Humoristen 1914–19, 1920; Schwabylon oder Der sturmfreie Junggeselle, 1921; R. R. Roman, 1925; Der Knabe mit den 13 Vätern, 1927; Krokodilstränen, 1933; Die Panduren, 1945; Die rote Weste, 1947. – Literatur: I. Stiaßny-Baumgartner, R. R. Tätigkeit im Kriegspressequartier, 1982; E. Tramer, Der Dichter mit der roten Weste, 1985; R. Hackermüller, Einen Handkuß der Gnädigsten! R. R. Bildbiographie, 1986; V. Obad (Hg.), R. R., 1996; O. Pausch, Rebellakatzenthier und Artilleriehund. Die Affäre A. Sandrocks mit A. R. 1900/01, 2001; ÖBL.

Rodler, Andreas (Pseud. sha.), * 11. 1. 1972 Hartberg (Stmk.), Komponist. Studien an der Univ. Wien (Musikerziehung, Geschichte) und an der Wr. Musikhochschule (elektroakustische und experimentelle Komposition, Medienkomposition und angew. Musik). Seit 1992 Realisierung experimenteller Arbeiten und Performances; 1995 Beschallung des Donaukanals und „lärmeditationsraum" (mit dem Klangkünstler GTT). Entwicklung der „Sonosphere" im Wr. Haus der Musik.

Weitere Werke: gitar – kon – re – zert, 1991 (3 Solo-, 12 Ensemblegitarren); je „nach t'aime", 1993 (Kontrabass, Zither, Holzarbeiter, Live-Elektronik); wenn die haiders nicht wären ..., 1993 (Musiktheater-Performance); im kühlschrank heißen die sachen länger, 1994 (Trio für großes Orchester); musik von/für/zu haus, 1996 (Klangperformance und -installation). – Publikation: Sounds Good, 2001 (mit GTT).

Roesner, Carl, * 19. 6. 1804 Wien, † 13. 7. 1869 Steyr (OÖ.), Architekt. Studium in Wien und Rom; ab 1826 Korrektor an der Wr. Akad., ab 1835 Prof.; stellv. Redakteur der „Allg. Bauzeitung". Im Kreis um C. M. → Hofbauer vertiefte er seine bes. Neigung zur Sakralkunst. R. erwarb sich große Verdienste um das romant. Gesamtkunstwerk und das Wr. Bauwesen. Seine wichtigsten Bauten stehen großteils außerhalb des heutigen Ö.

Werke: Wien: Erlöserkirche (ehem. Redemptoristinnenkirche), 1836; Meidlinger Pfarrkirche 1845; Joh.-v.-Nepomuk-Kirche, 1846; Arsenalkirche 1856; Hietzinger Pfarrkirche (Umbau), 1864. – Slawenapostelkirche, Prag, 1863 (mit I. Ullmann); St.-Josephs-Kirche, Kalocsa (Ungarn), 1859; Dom Diakovár, Djakovo (Kroatien), 1866. – Literatur: ÖBL.

Roessler, Arthur, * 20. 2. 1877 Wien, † 20. 7. 1955 ebd., Kunstschriftsteller, Essayist. Publizist der „Arbeiterzeitung"; Galerie-Dir. in Wien.

Werke: F. G. Waldmüller, 1907; R. v. Alt, 1909; J. Danhauser, 1911; Krit. Fragmente, 1913; Erinnerungen an E. Schiele, 1922; In memoriam G. Klimt, 1926; Der unbekannte Stifter, 1946; Der Maler A. Faistauer, 1947; Zur Kunst- und Kulturkrise der Gegenwart, 1947.

Röggla, Kathrin, * 14. 6. 1971 Salzburg, Schriftstellerin. Studierte Germanistik und Publizistik in Salzburg, lebt seit 1992 in Berlin. Gilt seit ihrem Roman „Abrauschen" (1997) als wichtige ö. Prosa-Autorin.

Weitere Werke: Niemand lacht rückwärts, 1995; Irres Wetter, 2000.

Rogner, Robert, * 10. 5. 1941 Aich (Gem. Velden a. Wörther See, Kä.), Bauunternehmer. Nach Maurerausbildung internat. Tätigkeit, ab 1966 wieder in Ö.; gründete 1968 die Firma Rogner Austria in Villach sowie 1967 eine Hotelkette. Spezialisierung auf Altbaurevitalisierung (z. B. Hotel Biedermeier-Sünnhof, Wien, Hotel National, Moskau) und auf Planung und Errichtung von Feriendörfern und Thermen. 1989 Bau des Ö.-Dorfs im armenischen Erdbebengebiet. Europa-Nostra-Preis für erfolgreiche Revitalisierung 1981, Bau-Oscar 1991.

Rohracher, Andreas, * 31. 5. 1892 Lienz (Ti.), † 6. 8. 1976 Altötting (D), geistl. Würdenträger; Cousin von Hubert → Rohracher. 1933 Weihbischof von Gurk, 1943–69 Erzbischof von Sbg.; gründete 1950 die Stiftung „Soziales Hilfswerk".

Literatur: P. Schernthaner, A. R., Erzbischof von Salzburg im Dritten Reich, 1994.

Rohracher, Hubert, * 24. 4. 1903 Lienz (Ti.), † 18. 12. 1972 Kitzbühel (Ti.) Psychologe; Cousin von Andreas → Rohracher. Ab 1947 Univ.-Prof. in Wien. Vertrat die naturwiss. Richtung in der Psychologie; versuchte, die elektrochem. Gehirnvorgänge mit psych. Prozessen in Zusammenhang zu bringen. Gründer und Präs. des Ö. Forschungsrats.

Werke: Persönlichkeit und Schicksal, 1926; Die elektrochem. Vorgänge im menschl. Gehirn, [2]1942; Experimentelle und statist. Beiträge zur psycholog. Unfallforschung, 1956; Kleine Charakterkunde, [11]1965; Einführung in die Psychologie, [9]1965.

Rohrer, Anneliese, * 24. 9. 1944 Wolfsberg (Kä.), Journalistin. Seit 1974 Redaktionsmitgl. der Tageszeitung „Die Presse", ab 1987 Ressortleiterin für Innen-, seit 2001 für Außenpolitik.

Rohrer, Margarete (geb. v. Stöger-Steiner, Pseud.: Ferwall), * 11. 11. 1893 Krakau (Krakow, PL), † 27. 2. 1969 Baden (NÖ.), Verlegerin, Erzählerin, Frauenrechtlerin. Brachte den von ihrem verstorbenen Mann gegr. Verlag R. nach dem 2. Weltkrieg nach Ö. und übernahm dessen Leitung in Innsbruck bis 1967.

Werke: Im Krieg gegen Wunden und Krankheit, 1944; Ça c'est Paris, 1948; Gaspara Stampa, 1950 (Roman).

Rohrmoser, Alois, * 11. 7. 1932 Wagrain (Sbg.), Skifabrikant. Gründete 1955 die Firma Atomic-Ski und machte Atomic zu einer der weltweit führenden Skimarken. Übernahm 1977 die franz. Skifirma Dynamic, 1983 den Skistockhersteller Komperdell, 1989 den Bindungshersteller Ess und die Skischuhfabrik Koflach. Aufgrund von Umsatzrückgängen verkaufte er seinen Konzern 1994 an die finn. Amer-Gruppe.

Rohs, Martha, * 2. 6. 1909 Saarbrücken (D), † 27. 7. 1963 Wien, Kammersängerin (Mezzosopran); Ehefrau von F. → Liewehr; 1937–49 an der Wr. Staatsoper und bei den Sbg. Festspielen.

Rois, Sophie, * 1. 6. 1961 Linz (OÖ.), Schauspielerin. 1982–85 Studium am Reinhardt-Seminar in Wien, seit 1988 zahlr. Auftritte an der Freien Volksbühne Berlin, seit 1993 an der Volksbühne am Rosa-Luxemburg-Platz, 1998 die „Buhlschaft" bei den Sbg. Festspielen. Zahlr. Rollen in internat. Filmproduktionen (u. a. „Die Siebtelbauern", 1998).

Weitere Filme: Wir können auch anders, 1993; Der Kalte Finger, 1996; Die 120 Tage von Bottrop, 1997; Enemy at the Gates, 2001.

Rokitansky, Carl Frh. von, * 19. 2. 1804 Königgrätz (Hradec Králové, CZ), † 23. 7. 1878 Wien, Mediziner, namhafter Pathologe. 1844 Univ.-Prof. in Wien, 1850–78 Präs. der Ges. der Ärzte, 1869–78 Präs. der Akad. d. Wiss., 1870 Präs. des Obersten Sanitätsrats. R. schuf mit J. Škoda ein noch heute gültiges System der Krankheiten, aufbauend auf der genauen Beschreibung der Befunde, und eine neue Pathologensprache. Er stellte erstmals bestimmte Krankheitstypen auf und begründete die objektive Richtung der Wr. Medizin. Schule sowie die experimentelle Pathologie und die Pathologische Anatomie als selbstständiges Studienfach. Er machte – im Gegensatz zu R. Virchow – das Blut für lokalisierte organische und Allgemeinerkrankungen verantwortlich (Krasen- und Blastemlehre).

Carl Freiherr von Rokitansky. Gemälde.

Werke: Hb. der patholog. Anatomie, 3 Bde., 1842–46; Lehrbuch der allg. Pathologie und patholog. Anatomie, 1855; Der selbständige Wert des Wissens, 1867. – Literatur: R. L. Heschl, Aus dem Leben R., 1900; E. Lesky, Die Wr. Medizin. Schule, [2]1978; P. Wiench (Hg.), Die großen Ärzte, 1982.

Rökk, Marika (Marie Karoline), * 3. 11. 1913 Kairo (Ägypten), Schauspielerin, Sängerin. Aufgewachsen in Budapest, ab 1924 in einer Tanztruppe, 1925–29 in den USA; Tänzerin in Shows und Revuen in zahlr. Ländern Europas; 1930 erster Film „Kiss Me Sergeant". 1943 Ufa-Filmvertrag, danach rege Filmtätigkeit und Theaterauftritte, u. a. Musicals wie „Hello Dolly" und „Die Gräfin vom Naschmarkt" (Theater a. d. Wien 1978).

Weitere Filmrollen: Der Bettelstudent, 1936; Kora Terry, 1940; Die Frau meiner Träume, 1944; Fregola, 1948. – Literatur: H. F. Thyssen, M. R., 1999.

Roland, Ida (eigentl. Ida Klausner), * 18. 2. 1881 Wien, † 27. 3. 1951 Nyon (CH), Schauspielerin; Ehefrau (ab 1915) und Mitarbeiterin des Präs. der Pan-Europa-Union R. N. Gf. → Coudenhove-Kalergi. Avancierte nach Engagements am Stadttheater Innsbruck und verschiedenen dt. Bühnen 1912–23 zum internat. Bühnenstar. 1924–27 Engagement am Burgtheater, 1927–29 Gastrollen am Theater in der Josefstadt, 1935 und 1937 wieder am Burgtheater (Charakterrollen in klassischen und modernen Stücken); 1937 Rückzug von der Bühne, Engagement für die Pan-Europa-Bewegung; 1938 Emigration, 1940–45 in New York, danach in der Schweiz.

Literatur: L. Ullmann, Die R., 1922; R. Coudenhove-Kalergi, I. R. in memoriam, 1951; U. Koll, I. R., Diss., Wien 1970.

Roller, Alfred, * 2. 10. 1864 Brünn (Brno, CZ), † 21. 6. 1935 Wien, Bühnenbildner, Maler, Graphiker. Studierte Architektur und Malerei an der Akad. d. bild. Künste in Wien, 1897 Mitbegründer und 1902 Präs. der Wr. Secession. Ab 1899 Prof., ab 1909 Dir. der Kunstgewerbeschule in Wien; 1903 von G. → Mahler an die Hofoper geholt, deren Ausstattungschef er bis 1909 war. Reformierte in kongenialer Zusammenarbeit mit Mahler die szenische Kunst im Sinne der Idee des Gesamtkunstwerks (Zusammenwirken von Raum, Farbe und Licht mit Musik, Wort und Gestik). Nach 1909 Bühnenbilder u. a. für das Burgtheater, 1918 unter F. → Schalk und R. → Strauss Rückkehr an die Oper und Ausstattungen für sämtl. Wr. Strauss-Erstaufführungen; enge Zusammenarbeit mit M. → Reinhardt, ab 1929 Lehrer am Wr. Reinhardt-Seminar.

Alfred Roller. Foto.

Literatur: L. Kitzwegerer, A. R. als Bühnenbildner, Diss., Wien 1959; E. u. W. Greisenegger u. O. Pausch (Hg.), A. R. und seine Zeit, Ausst.-Kat., Wien 1991; E. Baker u. O. Pausch, Das Archiv A. R., 1994; M. Wagner, A. R. in seiner Zeit, 1996.

Rollett, Alexander, * 14. 7. 1834 Baden (NÖ.), † 1. 10. 1903 Graz (Stmk.), Physiologe und Histologe; Enkel von Georg Anton → Rollett, Neffe von Hermann → Rollett, Vater von Edwin → Rollett. Univ.-Prof. in Graz (mehrmals Rektor), ab 1893 Präs. der Ärztekammer der Stmk.

Werk: Die Lokalisation psych. Vorgänge im Gehirn, in: Sitzungsberichte der Ö. Akad. d. Wiss. 79, 1900. – Literatur: E. Lesky u. T. Kenner, A. R., 1985; ÖBL.

Rollett, (Georg) Anton, * 2. 8. 1778 Baden (NÖ.), † 19. 3. 1842 ebd., Sammler, Naturforscher, Arzt; Großvater von Alexander → Rollett, Onkel von Hermann → Rollett. Seine umfangreiche Smlg. wurde 1867 durch Schenkung Eigentum der Stadt Baden (R.-Museum); sie enthält u. a.: Herbarium (mehr als 14.000 Pflanzenarten), archäolog., ethnograph., technolog. und Kunst-Smlg., mineralog., botan. und zoolog. Objekte sowie die gallsche phrenolog. Schädel- und Büsten-Smlg.

Werke: Kleine Flora und Fauna von Baden, 1805; Schematismus der landesfürstl. Stadt Baden in NÖ., 1805. – Literatur: ÖBL.

Rollett, Edwin, * 24. 1. 1889 Graz (Stmk.), † 7. 12. 1964 Wien, Erzähler und Publizist; Sohn von Alexander → Rollett. 1921–37 Redakteur der „Wr. Zeitung", 1938 Chefredakteur der „Volkszeitung"; 1938–40 im KZ Flossenbürg; 1946–48 Leiter des Wr. Ullstein-Verlags; Publizistikpreis der Stadt Wien 1957. Hg. der „Neuen Ö. Biographie" (ab 1935) und der Reihe „Ewiges Wort" (ab 1946).

Werke: K. Kraus, 1934; Ö. Gegenwartsliteratur, 1946; Der Schriftsteller in der Demokratie, 1947; 75 Jahre neues Burgtheater, 1963.

Rollett, Hermann, * 20. 8. 1819 Baden (NÖ.), † 30. 5. 1904 ebd., Lyriker, Dramatiker und Erzähler; Neffe von Georg Anton → Rollett, Onkel von Alexander → Rollett. Gehörte zum Kreis der liberal-republikanisch gesinnten Vormärz-Autoren, 1845–54 polit. Emigration (Deutschland, Schweiz); ab 1876 Leiter des Stadtarchivs Baden.

Werke: polit. Lyrik: Frühlingsboten aus Ö., 1845; Wanderbuch eines Wr. Poeten, 1846; Kampflieder, 1848; Republikan. Liederbuch, 1848 (Hg.); Metternich, 1848. – Autobiographie: Begegnungen. Erinnerungsblätter 1819–99, 1903. – Ausgaben: Dramat. Dichtungen, 3 Bde., 1851; Erzählende Dichtungen, 1872. – Literatur: J. Kamptner, H. R., Diss., Wien 1927; ÖBL.

Röllig, Karl Leopold, * um 1745 Hamburg (D), † 4. 3. 1804 Wien, Glasharmonikaspieler und Komponist. Lebte ab 1791 in Wien (Bibliothekar an der Hofbibl.); trat auch als Erfinder hervor („Tastenharmonika" = Glasharmonika mit Tastatur, 1795 „Orphika" = tragbares Klavier bzw. als dessen Weiterentwicklung 1801 die „Xänorphika").

Rom, Dagmar, * 16. 6. 1928 Innsbruck (Ti.), Skirennläuferin. 1950 Doppelweltmeisterin (Slalom, Riesenslalom) in Aspen (USA), 1952 Silbermedaille bei den Olymp. Spielen in Oslo.

Anton Romako. Foto, um 1875.

Romako, Anton, * 20. 10. 1832 Wien, † 8. 3. 1889 ebd., Historien-, Landschafts- und Porträtmaler sowie Maler des ital. Genres. Studierte an der Wr. Akad., in München bei W. Kaulbach sowie bei C. Werner in Venedig, Privatschüler von C. → Rahl in Wien. Ab 1857 in Rom tätig, dort bevorzugter Maler der Fremdenkolonie; 1876 Rückkehr nach Wien, wo er mit seinen Arbeiten jedoch keinen Erfolg hatte, wiederholte Reisen nach Ungarn, Frankreich und Italien. Seine frühen Arbeiten zeigen die Beschäftigung mit dem biedermeierl. Realismus, während sich sein Spätwerk durch eine nervöse, den Frühexpressionismus vorwegnehmende Malweise auszeichnet, wodurch R. als Vorläufer der Wr. Moderne gilt.

Literatur: A. R., Ausst.-Kat., Wien 1992; ÖBL.

Romano von Ringe, Johann Julius, * 10. 10. 1818 Konstanz (D), † 14. 4. 1882 Wien, Architekt. Gefördert von Fürst → Metternich; arbeitete ab den 1840er Jahren mit A. → Schwendenwein von Lonauberg zusammen, wobei die jeweiligen Anteile ungeklärt sind. R. und Schwendenwein waren auf Schloss- und gehobene Wohnarchitektur spezialisiert. Sie vermittelten zw. Spätromantik und früher Ringstraßenzeit, u. a. tauchen bei ihnen schon sehr früh barocke Elemente auf.

Werke: Wien: Palais Metternich, 1848 (heute ital. Botschaft); Palais Festetics, 1859; Palais Schey, 1864 (das „Ringstraßenpalais"); Palais Dumba, 1866. – Schloss Erdödy, Vép (Ungarn), 1847; Schloss Wolfsberg (Kä.), 1853. – Literatur: ÖBL.

Romedius, Hl., Fest 15. Jän., lebte im 11. Jh. als Einsiedler auf dem Nonsberg (S-Ti.), stammte wahrscheinl. aus dem Geschlecht der Andechser. Seit 1795 Messe und Offizium in der Diözese Brixen, zu der auch N-Ti. gehörte, gestattet. Reliquien früher in Georgenberg-Fiecht, 1851 der Pfarre Thaur in Ti. für die Wallfahrtskirche Hll. Peter und Paul (Romedikirche) überlassen.

Rómer, Ladislaus Stephan, * 26. 12. 1788 Nagy-Sáros (H), † 30. 7. 1842 Wien, Chemiker. Stellte ab 1832 als Erster in Wien Phosphorzündhölzer her (Privileg 1834).

Rommel, Otto, * 12. 6. 1880 Mährisch-Schönberg (Sumperk, CZ), † 6. 9. 1965 Salzerbad (Gem. Kleinzell, NÖ.), Literatur- und Theaterhistoriker. Ab 1919 Dir. der Bundeserziehungsanstalt für Knaben in Wien; Hg. von (hist.-krit.) Ausgaben der Werke ö. Schriftsteller; Preis der Stadt Wien 1952, Ehrenring der Stadt Wien 1960.

Werke: Der Wr. Musenalmanach, 1906; Der ö. Vormärz, 1931; Barocktradition im ö.-bayer. Volkstheater, 4 Bde., 1935–39; Die großen Figuren der Alt-Wr. Volkskomödie, 1946; F. Raimund, 1947; Wr. Renaiss., 1947; Die Alt-Wr. Volkskomödie, 1952. – Hg.: Dt.-ö. Klassiker-Bibl., 48 Bde., 1908–14; L. Anzengruber, Sämtl. Werke, 15 Bde., 1921–25 (mit R. Latzke); J. Nestroy, Sämtl. Werke, 15 Bde., 1924–30 (mit F. Brukner); F. Raimund, Gesammelte Werke, 1962.

Ronacher, Hans Günther, * 31. 12. 1936 Bad Kleinkirchheim (Kä.), seit 1955 Hotelier ebd., 1987–93 Präs. der Ö. Hoteliervereinigung.

Roppolt, Lydia, * 17. 3. 1922 Moskau (RUS), † 28. 11. 1995 Wien, Malerin. Studierte an der Akad. d. bildenden Künste in Wien bei S. → Pauser und A. P. → Gütersloh. Neben Porträts und Landschaftsbildern in spätexpressionist. Tradition schuf sie v. a. künstlerische Glasfenster für viele Kirchen in Ö. (bes. OÖ.).

Literatur: 1250 Jahre Mondsee – „Ausstrahlung eines Klosters" und L. R., Ausst.-Kat., Mondsee 1998.

Rosar, Annie, * 17. 5. 1888 Wien, † 5. 8. 1963 ebd., (Film-)Schauspielerin. 1910/11 Debüt am Lustspieltheater J. → Jarnos in Wien, dann in München, Berlin und Hamburg (jugendliche Heldin). 1917–23 Engagement am Burgtheater, 1925–38 am Theater in der Josefstadt (künstler. Wendepunkt: volkstüml. Rollen); 1939–44 und 1947–51 am Dt. Volkstheater (komische Rollen), 1945–47 am Bürgertheater, 1953–63 Gastspiele. Ab 1930 Film-, Radio- und Fernsehtätigkeit; Rezitationsabende (antike Tragödien).

Literatur: C. Müller, A. R. Gestaltung und Aussage, Diss., Wien 1970.

Rosbaud, Hans, * 22. 7. 1895 Graz (Stmk.), † 29. 12. 1962 Lugano (CH), Dirigent. Wirkte v. a. in Deutschland (Generalmusikdirektor in Münster, Straßburg und München); ab 1948 Chefdirigent des Symphonieorchesters des Südwestfunks in Deutschland, dann in Zürich. Bes. als Interpret zeitgenöss. Musik bekannt, befreundet mit A. → Schönberg, A. → Berg, A. → Webern und P. Hindemith.

Rösch, Otto, * 24. 3. 1917 Wien, † 3. 11. 1995 ebd., Angestellter und Politiker (SPÖ). 1951–53 Mitgl. des BR, 1953–59 Abg. z. Stmk. Landtag, 1959–66 Abg. z. Nö. Landtag und Staatssekr. im BM f. Landesverteidigung; 1966–70 Mitgl. d. Nö. Landesregierung, 1970–77 BMin. f. Inneres; 1971–83 Abg. z. NR; 1977–83 BMin. f. Landesverteidigung, 1983–91 Präs. des SPÖ-Pensionistenverbands.

Rosché, Felix, * 17. 12. 1883 Wien, † 3. 6. 1966 ebd., Erzähler, Autor von Tierbüchern, eigentl. Amtsrat und Naturforscher.

Werke: Mein Bergwald, 1937; Aus freier Wildbahn, 1946; Wege zum Tier, 1947; Auf Urlaub im Forsthaus, 1949; Der Kampf um den Wald, 1953. – Hörspiele.

Rösch von Geroldshausen, Georg (auch: Jörg Resch), * 29. 9. 1501 Lienz (Ti.), † 13. 1. 1565 Sterzing (S-Ti.), Kanzleisekr. und Spruchdichter. Als Lateinschullehrer 1532 von Kg. Ferdinand zum Sekr. ernannt, zuständig u. a. für Wappen- und Archivangelegenheiten. Beschreibt in seinem „Lanndtreim der Fürstlichen Graffschafft Tyrol" (1557, erweiterte Ausgabe 1558) die Bodenschätze und Naturprodukte Ti. Errichtete 1547 die erste ständige Druckerei in Innsbruck.

Weitere Werke: Wunschspruch von allerley Welthendlen, Werckhleüten vnd Gewerben, 1560 (unter Pseud. Georg Reütter von Gayßspitz). – Ausgabe: Ti. Landreim und Wunschspruch von allerlei Welthändeln, hg. v. C. Fischnaler, 1898.

Arnold Rosé (links) mit seinem Quartett. Foto.

Rosé, Arnold (Joseph), * 24. 10. 1863 Jassy (RO), † 25. 8. 1946 London (GB), Violinist; Schwager von G. → Mahler. 1881–1931 Konzertmeister der Wr. Philharmoniker; gründete 1882 das weltbekannte R.-Quartett; 1909–24 Akad.-Prof. in Wien. Emigrierte 1938 nach London.

Literatur: ÖBL.

Rosegger, Hans Ludwig (eigentl. H. L. Rossegger), * 19. 8. 1880 Krieglach (Stmk.), † 17. 2. 1929 Graz (Stmk.), Erzähler; Sohn von Peter → Rosegger. Strebte urspr. eine akad. Karriere als Staatsrechtler an, übernahm im Okt. 1910 von seinem Vater die Redaktion der Ztschr. „Heimgarten" (bis 1923), die unter seiner Leitung zusehends eine radikale dt.-nat. Linie einschlug. Als Romanautor und Novellist konnte er nur bescheidenen Erfolg erringen.

Werke: Romane: Die Verbrecherkolonie, 1907; Gottlieb Alcibiades, 1908; Die Komödiantin Magdalene, 1911; Und David sah ein Weib, 1912; Der Golfstrom, 1913; Die tanzende Bärin, 1919; Frau Sphinx, 1921; Z. A. G., 1925. – Novellen und Erzählungen: Von Königen und Jakobinern, 1910; Das Buch der Kaiser, 1913; O du mein Ö., 1920 (Satire). – Erinnerungsbücher: R. Waldheimat einst und jetzt, 1924; P. R. und sein Heimatland, 1925. – Literatur: K. Wagner, R. „Heimgarten" 1918–35, in: J. Thunecke (Hg.), Leid der Worte. Panorama des literarischen Nat.-Soz., 1987.

Rosegger, Peter (eigentl. P. Rossegger, auch: P. K. = Petri Kettenfeier, Hans Malser), * 31. 7. 1843 Alpl (Gem. Krieglach, Stmk.), † 26. 6. 1918 Krieglach (Stmk.), Erzähler, Lyriker, Publizist, Volksschriftsteller; Vater von Hans Ludwig → Rosegger. Stammte aus einer Bergbauernfamilie, nach autodidakt. Bildungsversuchen 1865–69 Besuch der Akad. für Handel und Ind. in Graz. Stipendien ermöglichten erste Versuche als Schriftsteller, 1870 erschien „Zither und Hackbrett" (Mundartgedichte). Mit den darauf folgenden Dorfgeschichten und ethnograph. Skizzen (u. a. „Sittenbilder aus dem steirischen Oberlande", 1870; „Waldheimat", 1877, bis 1913/16 auf 4 Bde. erweitert) erlangte R. große Popularität. Eine Auswahl für die Jugend unter dem Titel „Als ich noch der Waldbauernbub war" (3 Bde., 1899–1902) wurde zu einem der größten Bucherfolge der Zeit. 1876 gründete R. die Ztschr. „Heimgarten" (bis 1935), die zum Forum seiner literar. und journalist. Arbeit wurde. Gegen Ende des Jh. übernahm er für sein Schaffen zunehmend die Maximen der Heimatkunstbewegung („Jakob der Letzte", 1889; „Erdsegen", 1900); in seinem weiteren Werk traten auch antimoderne, dt.-nat. Züge hervor („Mein Himmelreich", 1901).

Auf R. Initiative geht der Bau der evang. Kirche in Mürzzuschlag (1905), des Waldschulhauses in Alpl (1902) und der kath. Kirche in St. Kathrein (1902) zurück. Geburtshaus und Waldschule in Alpl sowie Wohn- und Sterbehaus in Krieglach sind Museen.

Weitere Werke: Lyrik und Mundartdichtungen: Tannenharz und Fichtennadeln, 1870; Stoansteirisch, 1885; Schriften in steier. Mundart. Gesamtausgabe in 3 Bden., 1895/96. – Romane: In der Einöde, 1872 (umgearbeitet „Heidepeters Gabriel", 1882); Die Schriften des Waldschulmeisters, 1875; Der Gottsucher, 1883; Höhenfeuer, 1887; Peter Mayr, der Wirt an der Mahr, 1893; Weltgift, 1903; I. N. R. I., 1905; Die Försterbuben, 1908. – Erzählungen und Skizzen: Geschichten aus der Stmk., 1871; Wanderleben, 1871; Aus dem Walde, 1873; Aus Wäldern und Bergen, 1875; Sonderlinge aus dem Volke der Alpen, 3 Bde., 1875; Streit und Sieg. Novellen, 2 Bde., 1876; Dt. Geschichtenbuch, 1890. – Drama: Am Tage des Gerichts, 1892. – Essays: Bergpredigten, 1885; Allerlei Menschliches, 1893; Volksreden über Fragen und Klagen, Zagen und Wagen der Zeit, 1908; Heim zur Scholle, 1915. – Ausgaben: Gesammelte Werke (Ausgabe letzter Hand), 40 Bde., 1913–16; Gesammelte Werke, hg. v. J. Perfahl, 4 Bde., 1989; Das Leben in seinen Briefen, hg. v. O. Janda, 1943. – Literatur: C. Anderle, Der andere R., 1983; K. Wagner, Die literar. Öffentlichkeit der Provinzliteratur. Der Volksschriftsteller P. R., 1991; E. Philippoff, P. R. Dichter der verlorenen Scholle, 1993; G. Schöpfer (Hg.), P. R. 1843–1918, Ausst.-Kat., Krieglach, Birkfeld, St. Kathrein 1993; W. Schmidt-Dengler (Hg.), P. R. im Kontext, 1999.

Rosei, Peter, * 17. 6. 1946 Wien, Erzähler, Lyriker, Essayist, Hörspielautor, Dramatiker und Übersetzer, eigentl. Jurist. 1969–71 Sekr. des Malers E. → Fuchs. 1973–78 (Gründungs-)Mitgl. der Grazer Autorenversammlung. Für den Großteil seiner Werke sind die Thematisierung von Bewegung und Ortswechsel charakteristisch („Landstriche", Erzählungen, 1972; „Von hier nach dort", Roman, 1978), die symbolisch für die Veränderung im allg. stehen. F.-Kafka-Preis 1993.

Weitere Werke: Gedichte: Regentagstheorie, 1979; Das Lächeln des Jungen, 1979. – Romane: Bei schwebendem Verfahren, 1973; Wer war Edgar Allan?, 1977; Das schnelle Glück, 1980; Die Milchstraße, 1981; Mann & Frau, 1984; 15.000 Seelen, 1985; Rebus, 1990; Der Mann, der sterben wollte, 1991; Liebe & Tod, 2000. – Erzählungen und Prosa: Wege, 1974; Entwurf für eine Welt ohne Menschen ..., 1975; Der Fluß der Gedanken durch den Kopf, 1976; Alben, 1979; Die Wolken, 1986; Der Aufstand, 1987; Fliegende Pfeile, 1993; Verzauberung, 1997. – Dramen: Tage des Königs, 1982; Die Schuldlosen, 1990; Die Reise, 1992. – Essays: Versuch, die Natur zu kritisieren, 1982; Naturverstrickt, 1998. – Hörspiele; Drehbücher. – Literatur: P. R., hg. v. G. Fuchs u. G. A. Höfler, 1994; W. Vogl (Hg.), BasicRosei, 2000.

Peter Rosegger. Foto.

Rosenberg, Emanuel, * 28. 11. 1872 Wien, † 30. 3. 1962 Bogotá (Kolumbien), Techniker. Wegbereiter des Elektromaschinenbaus. Erfand einen nach ihm benannten Dynamo für elektr. Zugbeleuchtung, eine Methode der Lichtbogenschweißung und Kinolampen; emigrierte 1940 nach Kolumbien.

Werk: Elektrische Starkstromtechnik, 1902.

Rosenberger, Heinrich (Heinz) J., * 10. 4. 1937 Wallsee (Sbg.), † 3. 12. 1999 Marrakesch (Marokko), Unternehmer, zuletzt geschäftsführender Gesellschafter der Rosenberger Restaurant BetriebsgesmbH & Co KG. Eröffnete 1972 das Autobahnrasthaus St. Pölten; 1999 umfasste die Kette 19 Restaurants (davon 18 Autobahnraststätten) und 1 Hotel mit insges. 1000 Mitarbeitern.

Rosenblum, Adi, * 30. 7. 1962 Haifa (Israel), Multimediakünstlerin. Seit 1992 Zusammenarbeit mit M. → Muntean; leitete mit diesem 1995–98 den Ausstellungsraum „Bricks & Kicks" in Wien-Erdberg, seit 2000 gem. Professur an der Akad. der bild. Künste in Wien. Internat. Bekanntheit durch bunte, ironische Multimedia-Installationen.

Literatur: R. Sikoronja (Red.), Muntean/R., Ausst.-Kat., Secession, Wien 2000.

Hilde Rössel-Majdan als Meg Page in der Oper „Falstaff" von G. Verdi. Foto.

Rosenmayr, Leopold, * 3. 2. 1925 Wien, Soziologe. 1963–95 Univ.-Prof. f. Soziologie und Sozialphilosophie an der Univ. Wien, Leiter des L.-Boltzmann-Inst. f. Sozialgerontologie und Lebenslaufforschung in Wien. Befasste sich bes. mit dem Generationenkonflikt, dem Prozess des Alterns und dem Wertewandel in der Gesellschaft.

Werke: Wohnen in Wien, 1956; Aufstand der Jugend, 1971; Der alte Mensch in der Ges., 1978; Die späte Freiheit, 1983; Älterwerden als Erlebnis, 1988; Die Kräfte des Alters, 1990; Altern im Lebenslauf, 1996; Baobab. Geschichten aus W-Afrika, 1997.

Rosenthal, Friedrich, * 20. 7. 1885 Wien, † nach dem 21. 8. 1942 KZ Auschwitz (PL), Theaterhistoriker, Dramaturg, Regisseur; ab 1920 Ehemann der Tänzerin G. Bodenwieser. 1910–12 Dramaturg am Großherzogl. Hof- und Nationaltheater in Mannheim, 1913–29 Dramaturg und Regisseur (dt. Klassiker, Volksstücke) am Dt. Volkstheater in Wien, 1920 Gründung der ersten staatl. Wanderbühne in Ö.; 1927–31 Lehrauftrag für Geschichte der Bühnenkunst an der Akad. für Musik u. darst. Kunst in Wien, 1932–38 Dramaturg, artistischer Sekr. und Regisseur am Burgtheater; 1938 Emigration nach Frankreich, 1942 von der Gestapo verhaftet.

Literatur: W. B. Fischer, F. R.: Regisseur, Programmatiker und Wanderbühnenleiter, Diss., Wien 1965; ÖBL.

Rosner, Karl, * 5. 2. 1873 Wien, † 6. 5. 1951 Berlin (D), Erzähler und Lyriker; Sohn von Leopold → Rosner. Redakteur der „Gartenlaube", später Hg. der cottaschen Monatsschrift „Der Greif"; leitete 1919–34 die Wr. Filiale des Cotta-Verlags. Im Frühwerk („Der Ruf des Lebens", 1902) noch dem Fin de Siècle verhaftet, vertrat er ab 1914 in populären hist. Romanen eine dt.-patriot. Linie ein („Der dt. Traum", 1916; „Der König", 1920), plädierte jedoch zugleich für Toleranz; von der völkischen Literaturkritik deshalb als „Schrittmacher des Judentums" angegriffen.

Rosner, Leopold (Pseud.: Hohenmarkt), * 21. 5. 1838 Pest (Budapest, H), † 23. 7. 1903 Wien, Schriftsteller, Schauspieler, Buchhändler und Verleger; Vater von Karl → Rosner. Nach Schauspielertätigkeit ab 1861 im Buchhandel, später auch Verleger und Inhaber der Firma „L. Rosner" (ab 1874), die sich auf Theaterliteratur spezialisierte und das „Neue Wr. Theater-Repertoire" herausbrachte. Trat als Übersetzer und Verfasser von Possen hervor.

Werke: Erinnerungen an Anzengruber, 1890; 50 Jahre Carl-Theater, 1897; Schatten aus dem alten Wien, hg. v. Karl R., 1911. – Hg.: Wr. Couplets, 6 Hefte, 1860–67; Neues Wr. Deklamatorium, 1875 (Anthologie). – Literatur: F. A. Mayer (Hg.), Aus den Papieren eines Wr. Verlegers, 1858–97, 1908; M. G. Hall, Ö. Verlagsgeschichte 1918–38, Bd. 2, 1985.

Ross, Colin, * 4. 6. 1885 Wien, † 29. 4. 1945 Bad Tölz (D; Selbstmord), Reiseschriftsteller. Bereiste ab 1912 große Teile der Welt und ließ sich nach längerem Aufenthalt in Amerika in München nieder. Einer der Hauptvertreter ö. Reiseliteratur.

Werke: Im Banne des Eises, 1911; Im Balkankrieg, 1913; Südamerika, die aufsteigende Welt, 1922; Das Meer der Entscheidungen, 1925; Mit Kamera, Kind und Kegel durch Afrika, 1928; Mit Kind und Kegel durch die Südsee, 1933; Mit Kind und Kegel in die Arktis, 1934; Das neue Asien, 1940; Aus dem umkämpften Afrika, 1944. – Literatur: ÖBL.

Rössel-Majdan, Hilde, * 30. 1. 1921 Moosbierbaum b. Tulln (NÖ.), Kammersängerin (Alt). Debüt 1950 an der Wr. Staatsoper, der sie über 20 Jahre angehörte; sang auch bei den Sbg. Festspielen; ab 1966 als Pädagogin tätig (in Graz, ab 1971 in Wien).

Rössing, Karl, * 25. 9. 1897 Gmunden (OÖ.), † 19. 8. 1987 Wels (OÖ.), Graphiker. Studierte 1913–17 an der Münchner Akad. und erlangte bereits ab 1917 mit Buchillustrationen in Holzschnitttechnik hohe Anerkennung. Als Lehrer (Folkwang-Schule Essen 1922–31, Hochschule für Kunsterziehung Berlin-Schöneberg 1934–44, Staatl. Akad. d. bild. Künste Stuttgart 1947–60) entfaltete R. einen bed. Einfluss auf die Entwicklung der Graphik in Deutschland. 1950 folgte auf die Holzschnitte die ausschließliche Beschäftigung mit Linolschnitten, ab 1982 Bildzeichnungen.

Literatur: F. H. Ehmcke, K. R. Das Illustrationswerk, 1963; D. Kuhrmann und G. Thiem (Hg.), K. R. Das Linolschnittwerk 1950–1982, 1982; W. Seipel (Hg.), Lichter und Schatten. K. R. (1897–1987), Ausst.-Kat., Kunsthist. Mus. Wien, 1997.

Rössler, Emil Franz, * 5. 6. 1815 Brüx (Most, CZ), † 5. 12. 1863 Sigmaringen (D), Jurist, Rechtshistoriker.

Werke: Über die Bedeutung und Behandlung der Geschichte des Rechts in Ö., 1847; Dt. Rechtsdenkmäler aus Böhmen und Mähren, 2 Bde., 1845/52. – Literatur: ÖBL.

Rössler, Carl (eigentl. Franz Reßner), * 25. 5. 1864 Wien, † 13. 2. 1948 London (GB), Dramatiker, Schauspieler und Regisseur. Lebte ab 1906 v. a. in München und Berlin; emigrierte 1933 nach Wien, 1939 nach London. Erlangte mit seiner Komödie um das Haus Rothschild „Die fünf Frankfurter" (1912) und dem Militärschwank „Der Feldherrnhügel" (1910, mit A. → Roda Roda) weltweite Berühmtheit. Als „Väterchen Rössler" war er selbst Gegenstand zahlr. Anekdoten.

Werke: Romane: Die drei Niemandskinder, 1926; Wellen des Eros, 1927. – Dramen: Der reiche Jüngling, 1905; Die beiden Seehunde, 1917 (mehrmals verfilmt); Eselei, 1918; Der pathetische Hut, 1920. – Literatur: ÖBL.

Rossmann, Mares, * 29. 12. 1953 Villach (Kä.), Gastronomin und Politikerin (FPÖ). 1980–96 Gastronomin in Graz. 1993–94 Mitgl. des Gem.-Rates von Graz, 1994–98 Abg. z. NR, 1998–2000 Stadträtin in Graz; seit 2000 Staatssekr. für Tourismus im BM f. Wirt. und Arbeit.

Rosvaenge, Helge, * 29. 8. 1897 Kopenhagen (DK), † 19. 6. 1972 München (D), Kammersänger (Tenor). Sang, obwohl in Berlin engagiert, ab 1930 regelmäßig an der Wr. Staatsoper und bei den Sbg. Festspielen (bis um 1960).

Werke: Lache Bajazzo, 1953 (Autobiographie); Mach es besser, mein Sohn, 1962; Leitfaden für Gesangbeflissene, 1964.

Rotenberg, Stella, * 27. 3. 1916 Wien, Schriftstellerin. Studierte bis 1939 Medizin in Wien, dann Emigration nach Holland und Großbritannien, Beginn der schriftsteller. Tätigkeit; seit 1946 brit. Staatsbürgerin. Veröffentlichte Lyrik und Kurzprosa in dt. Sprache. T.-Kramer-Preis 2001.

Werke: Gedichte, 1972; Die wir übrig sind, 1978; Scherben sind endlicher Hort, 1991; Ungewissen Ursprungs, 1997.

Roth, Gerhard, * 24. 5. 1942 Graz (Stmk.), Erzähler, Dramatiker, Essayist. Studierte Medizin und Mathematik und arbeitete als Programmierer und Organisationsleiter im Rechenzentrum Graz, seit 1976 freier Schriftsteller. Bereits sein erster Roman „die autobiographie des albert einstein" (1971) schlägt ein Hauptthema seines Schaffens an: die vergebl. Bemühungen des Helden. In seinem Opus magnum, den 7 Bücher umfassenden „Archiven des Schweigens", untersucht R. die hist., polit. und soz. Aspekte der ö. Vergangenheit und ihre Auswirkungen auf die Gegenwart.

Weitere Werke: Archive des Schweigens (Romane und Essays): Der Stille Ozean, 1980; Landläufiger Tod, 1984; Am Abgrund, 1986; Der Untersuchungsrichter, 1988; Im tiefen Ö., 1990; Die Geschichte der Dunkelheit, 1991; Eine Reise in das Innere von Wien, 1991. – Romane: Der Wille zur Krankheit, 1973; Der große Horizont, 1974; Ein neuer Morgen, 1976; Winterreise, 1978; Der See, 1995; Der Plan, 1998; Der Berg, 2000. – Erzählungen: Der Ausbruch des Weltkriegs, 1972; Circus Saluti, 1981; Das Töten des Bussards, 1982. – Dramen: Lichtenberg, 1973; Sehnsucht, 1977; Dämmerung, 1978; Erinnerungen an die Menschheit, 1985; Franz Lindner und er selber, 1987. – Essays: Über Bilder, 1990; Das doppelköpfige Ö., 1995. – Hörspiele und Drehbücher. – Literatur: Materialien zu „Die Archive des Schweigens", hg. v. U. Wittstock, 1992; P. Ensberg u. H. Schreckenberger, G. R., 1994; M. Baltl (Hg.), G. R., 1995; G. Fischer (Red.), G. R., 1995; U. Schütte, Auf der Spur der Vergessenen. G. R. und seine Archive des Schweigens, 1997.

Roth, Joseph (Pseud.: Hamilkar, Christine v. Kandl u. a.), * 2. 9. 1894 Brody (UA), † 27. 5. 1939 Paris (F), Romancier, Erzähler, Feuilletonist. Germanistik- und Philosophiestudium in Lemberg und Wien; Offizier im 1. Weltkrieg; ab 1918 Journalist in Wien, dann in Berlin, gefördert von A. → Polgar, 1923–32 Korrespondent der „Frankfurter Zeitung". Ab 1933 im Exil in Paris, von wo er Reisen (u. a. Wien, Amsterdam, Ostende) unternahm. R. starb, gezeichnet durch Schicksalsschläge, enttäuscht über die polit. Zustände und an Alkoholismus erkrankt, in einem Pariser Armenhospital.

Das Frühwerk R. setzt sich mit den traumat. Erfahrungen der aus dem Krieg heimkehrenden Offiziere („Flucht ohne Ende", 1927) auseinander; in seinen journalist. Arbeiten vertrat er zunächst soz.-dem. Standpunkte. Seine Erfolge in den 20er Jahren und sein später Ruhm (1956 durch H. Kesten „wiederentdeckt") gründen sich auf die mythisierende Darstellung der Habsburgermonarchie kurz vor ihrem Untergang. Der Roman „Radetzkymarsch" (1932) schildert in 3 Generationen Aufstieg und Fall der Familie Trotta. Im Nachfolgeroman „Die Kapuzinergruft" (1938), in die der letzte Trotta Einlass fordert, wird diese zum Symbol der untergegangenen Monarchie. Auch „Die Geschichte von der 1002. Nacht" (1939) variiert dieses Thema, das R. zum ersten Mal in seinem Roman „Hotel Savoy" (1924) anschlägt, in dem ein Hotel als Metapher für eine verworrene Zeit und ihre sonderbaren Existenzen dient.

Weitere Werke: Romane: Rebellion, 1924; Rechts und links, 1929; Hiob, 1930; Der Antichrist, 1934; Tarabas, 1934; Beichte eines Mörders, 1936; Die 100 Tage, 1936; Das falsche Gewicht, 1937; Die Legende vom heiligen Trinker, 1939; Der Leviathan, 1940. – Essay: Juden auf Wanderschaft, 1927. – Ausgabe: Werke, 3 Bde., hg. v. H. Kesten, 1956; Romane, 4 Bde., 1994. – Literatur: D. Bronsen, J. R. Eine Biographie, 1974; C. Magris, Weit von wo, 1974; K. Westermann, J. R., Journalist, 1987; H. Lunzer u. V. Lunzer-Talos, J. R. 1894–1939, Ausst.-Kat., Jüd. Mus. d. Stadt Wien, 1994; NÖB.

Rothensteiner, Walter * 7. 3. 1953 St. Pölten (NÖ.), Bankmanager. Studierte Handelswiss. an der Hochschule f. Welthandel in Wien; 1975–90 für die Raiffeisen-Landesbank NÖ.-Wien tätig, 1991–94 Vorstandsmitgl. der AGRANA Beteiligungs-AG, seit 1995 Vorstandsvorsitzender und Gen.-Dir. der Raiffeisen Zentralbank Österreich AG.

Roth-Limanowa, Josef (eigentl. J. Roth von Limanowa-Lapanów), * 22. 10. 1859 Triest (I), † 9. 4. 1927 Wien, Offizier (ab 1918 Generaloberst). Im 1. Weltkrieg Divisionskommandant, dann Kommandant des 14. Korps an der Ostfront; 1914 Sieg bei Limanowa-Lapanów, 1916 Landesverteidigungskommandant von Ti. und Kommandant des 20. Korps in S-Ti., ab Febr. 1918 Generalinspekteur für die Militärerziehungs- und Bildungsanstalten.

Rothschild, die bedeutendste europ. Bankiersfamilie im 19. Jh. mit Stammhaus in Frankfurt a. Main. 1816 geadelt, war sie in Ö. durch einen Zweig vertreten, dem u. a. folgende Persönlichkeiten angehörten: Salomon Meyer Frh. v. → Rothschild, Anselm Salomon Frh. v. → Rothschild, Albert Salomon Anselm Frh. v. → Rothschild, Nathaniel Meyer Frh. v. → Rothschild und Louis Nathaniel Frh. v. → Rothschild.

Neben dem Bankengeschäft war die Familie R. v. a. im Versicherungsgeschäft, im Bergbau (Kohle und Quecksilber), in der Schwerind. und im Baugewerbe tätig. Auch als Kunstmäzene waren die R. berühmt; R.-Palais (Wien 4) und -Spital (Wien 18) im 2. Weltkrieg zerstört (heute Arbeiterkammer bzw. Wirtschaftsförderungsinst.).

Literatur: E. C. Conte Corti, Der Aufstieg des Hauses R., 1953; G. Heuberger (Hg.), Die R., 1994.

Rothschild, Albert Salomon Anselm Frh. von, * 29. 10. 1844 Wien, † 11. 2. 1911 ebd., Bankier; Sohn von Anselm Salomon Frh. v. → Rothschild, Bruder von Nathaniel Meyer Frh. v. → Rothschild, Vater von Louis Nathaniel Frh. v. → Rothschild. Führte ab 1872 die Bankgeschäfte der Familie R. in Wien, wehrte durch geschickte Börsenspekulationen die Konkurrenz des franz. Bankiers Bintoux, Gründer der „Länderbank", ab.

Rothschild, Anselm Salomon Frh. von, * 29. 1. 1803 Frankfurt a. Main (D), † 27. 7. 1874 Wien, Bankier; Sohn von Salomon Meyer Frh. v. → Rothschild, Vater von Nathaniel Meyer Frh. v. → Rothschild und Albert Salomon Anselm Frh. v. → Rothschild. Gründete 1855 die „Ö. Credit-Anstalt für Handel und Gewerbe".

Rothschild, Louis Nathaniel Frh. von, * 5. 3. 1882 Wien, † 15. 1. 1955 Jamaika, Bankier; Sohn von Albert Salomon Anselm Frh. v. → Rothschild. Überwand 1929 mit Hilfe der Credit-Anstalt die sog. „Bodencredit-Krise", bis auch die Credit-Anstalt durch die allg. Rezession zu Beginn der 30er Jahre in Schwierigkeiten geriet. 1938 von den Nat.-Soz. verhaftet und zur Zahlung eines enormen Lösegelds erpresst. Mit seiner Emigration endete die Geschichte der ö. Linie des Hauses.

Rothschild, Nathaniel Meyer Frh. von, * 26. 10. 1836 Frankfurt a. Main (D), † 13. 6. 1905 Wien, Bankier; Sohn von Anselm Salomon Frh. v. → Rothschild, Bruder von Albert Salomon Anselm Frh. v. → Rothschild. Schuf die berühmten R.-Gärten auf der Hohen Warte (Wien 19), stiftete 1890 Schloss Hinterleiten bei Reichenau (NÖ.) als Erholungsheim für Offiziere und war ein bekannter Sportsmann.

Rothschild, Salomon Meyer Frh. von, * 9. 9. 1774 Frankfurt a. Main (D), † 28. 7. 1855 Paris (F), Bankier; Vater von Anselm Salomon Frh. v. → Rothschild. Gründete 1820 eine R.-Bank in Wien. Das Bankhaus beeinflusste wesentlich die Industrialisierung in Ö., finanzierte die ersten ö. Eisenbahnbauten, war der wichtigste Geldgeber des Staates (durch enge Verbindung mit Metternich und F. v. Gentz) und des ö. Adels und

Gerhard Roth. Foto, um 1990.

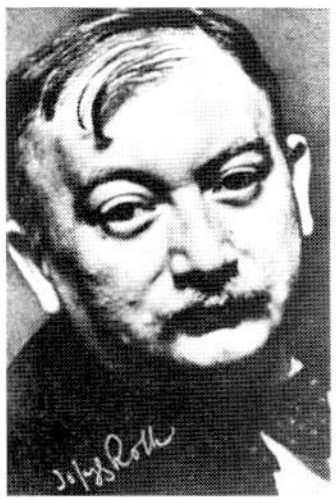

Joseph Roth. Foto.

Nathaniel Meyer Freiherr von Rothschild. Foto, um 1890.

Salomon Meyer Freiherr von Rothschild. Gemälde.

erlangte bis zur Revolution 1848 durch seine Anleihegeschäfte immer stärkeren polit. Einfluss.

Rott, Adolf, * 14. 12. 1905 Barmen (Wuppertal, D), † 24. 7. 1982 Wien, Regisseur, Theaterleiter. Zunächst an dt. Bühnen (u. a. in Berlin, Hamburg und Danzig); 1937–45 Lehrer am Reinhardt-Seminar, 1937–51 Regisseur am Burgtheater, 1951–54 Oberspielleiter ebd. und an der Staatsoper; 1954–59 Dir. des Burgtheaters (1955 Wiedereröffnung), danach Gastregisseur an allen Bundestheatern und ab 1962 Chefregisseur an der Dt. Oper am Rhein in Düsseldorf. Erneuerer der klassischen Wr. Operette und Schöpfer des „Spiels auf dem See" der Bregenzer Festspiele. 1962 Ehrenmitgl. des Burgtheaters.

Literatur: E. Stigler, A. R. Burgtheaterdir. 1954–59, Diss., Wien 1983.

Franz Joseph Rudigier. Gemälde, 19. Jh. (Stift Schlägl, OÖ.).

Rott, Hans, * 27. 8. 1880 Sangerberg b. Marienbad (Prameny, CZ), † 30. 12. 1962 Wien, Postbeamter, Gewerkschafter und Politiker (CS). Enger Mitarbeiter von L. → Kunschak, führend im Freiheitsbund. 1936 Sozialmin., strebte die Integration der Soz.-Dem. in den Ständestaat an. Emigrierte 1939 nach Frankreich und Kanada, wo er 1940 das „Free Austrian Movement" gründete; bemühte sich vergebl. um eine ö. Exilregierung und deren Anerkennung durch die USA, gründete 1944 in den USA die „Christian-Socialist Party of Austria", wurde 1945 Generalkonsul in New York und kehrte 1960 nach Ö. zurück.

Rottmann, Wolfgang, * 15. 5. 1973 Altenmarkt (Sbg.), Biathlet. Seit 1994 Mitgl. des ö. Nationalteams; 1995/96 Gesamtsieger des Austria-Cups, Erfolge im Biathlon-Weltcup; 2000 am Holmenkollen in Oslo Weltmeister über 20 km.

Johann Michael Rottmayr, Selbstporträt (Stift Herzogenburg, NÖ.).

Rottmayr, Johann Michael, getauft 11. 12. 1654 Laufen (D), † 25. 10. 1730 Wien, Altarbild- und Freskenmaler. Erster einheimischer Hauptmeister der ö. Barockmalerei; 1689 Hofmaler in Sbg., ab 1696 in Wien tätig. Seine großflächige Malerei von hoher dekorativer Wirkung verbindet ital. Elemente mit Merkmalen des flämischen Barock (Rubens) zu einer neuen Einheit, die sich durch ein ideales Raumkonzept und farben- und lebensfrohe Figuren auszeichnet. R. wurde bes. von J. B. → Fischer von Erlach geschätzt.

Werke: Salzburg: Residenz, ab 1710; Kajetaner- und Dreifaltigkeitskirche, 1697, Schloss Mirabell, 1723/24. – Wien: Gartenpalais Liechtenstein, 1706–08; Peterskirche, 1713/14; Karlskirche, 1725–30. – NÖ.: Klosterneuburg, 1729; Heiligenkreuz (Hochaltar), 1696; Stift Melk, 1716–22/23. – Frain a. d. Thaya, Breslau (beide CZ); Pommersfelden (D), 1716. – Literatur: E. Hubala, J. M. R., 1981.

Rottmeyer, Franz Robert, * 22. 2. 1939 Knittelfeld (Stmk.), Ind.-Manager. Nach Studium an der Univ. Graz 1963–84 für verschiedene Firmen in Deutschland tätig; seit 1984 bei General Motors Austria bzw. Opel Austria, zu deren Gen.-Dir. er 1994 bestellt wurde.

Rubatscher, Maria Veronika, * 23. 1. 1900 Hall i. Ti., † 1. 9. 1987 Brixen (S-Ti.), Erzählerin und Biographin, eigentl. Lehrerin. Schrieb relig., völkisch-nat. Heimatliteratur um Mythos und Brauchtum der Ti. Bauernwelt.

Werke: Romane: Der Lusenberger, 1930; Sonnwend, 1932; Das lutherische Joggele, 1935; Passion in Ti., 1948; Liebeslied aus Meran, 1950; Die Thurnwalder Mutter, 1950. – Erzählungen: Unter dem Regenbogen, 1927; Agnes, eine got. Geschichte, 1929. – Biographien: Maria Ward, 1927; Bei Gemma Galgani, 2 Bde., 1950; Lino von Parma, 1952. – Literatur: A. M. Leitgeb, M. V. R., Diss., Innsbruck 1980.

Rübelt, Lothar, * 8. 4. 1901 Wien, † 4. 8. 1990 Klagenfurt (Kä.), Fotograf. Als internat. bedeutender Sport- und Pressefotograf wichtiger Chronist der 1. Republik. 1936 und 1952–64 fotografierte R. bei den Olymp. Spielen, daneben Tätigkeit für verschiedene Illustrierte („Berliner Illustrierte Zeitung", „Heute", „Wr. Illustrierte"). Ab 1960 Fremdenverkehrswerbung.

Werke: Ringturm, 1952; Fototreffer im Schnee, 1958; Ö. zw. den Kriegen, 1979; Sport. Die wichtigste Nebensache der Welt, 1980. – Literatur: L. R., Ausst.-Kat., Wien 1968.

Rubin, Marcel, * 7. 7. 1905 Wien, † 12. 5. 1995 ebd., Komponist, Musikkritiker. Leitete 1936–38 die Konzerte „Musik der Gegenwart"; 1938–47 in Emigration (Frankreich, Mexiko); ab 1947 freischaffender Komponist in Wien; 1975–84 Präs. der AKM; Großer Ö. Staatspreis 1970, Ö. Ehrenzeichen f. Wiss. u. Kunst 1980.

Werke: 9 Symphonien, Konzerte, 2 Streichquartette, Klaviersonaten, Vokalwerke. – Musikdramatische Werke: Die Stadt, 1933; Kleider machen Leute, 1969. – Literatur: H. Krones, M. R., 1975.

Rudigier, Franz Joseph, * 6. 4. 1811 Partenen (Vbg.), † 29. 11. 1884 Linz (OÖ.), geistl. Würdenträger, ab 1853 Bischof von Linz. Lehrer von Ks. Franz Joseph und Maximilian v. Mexiko; 1845 Dir. des Frintaneums in Wien, Initiator der Linzer Dombaus (Grab in der Unterkirche); wegen eines Hirtenbriefs zu den Schul-, Ehe- und Konfessionsgesetzen 1869 zu 14 Tagen Gefängnis verurteilt, einen Tag später vom Kaiser begnadigt. Gründete Ordensniederlassungen in OÖ., den kath. Volksverein, den kath. Pressverein und mehrere regionale Wochenzeitungen. Seligsprechungsprozess 1895 eingeleitet.

Literatur: R. Zinnhobler (Hg.), Die Bischöfe von Linz, 1985; P. Gradauer, H. Slapnicka u. R. Zinnhobler, Bischof F. J. R., 1987; A. Nodes, Ein Kirchenmann in Konfrontation. R. J. R., Dipl.-Arb., Wien 1998.

Rudnigger, Wilhelm, * 9. 5. 1921 Klagenfurt (Kä.), † 18. 10. 1984 ebd., humorist. Kä. Mundartdichter, Lyriker, Hörspielautor. Von Beruf Finanzangestellter, daneben auch als Conférencier tätig; Beiträger der Ztschr. „Simplicissimus".

Werke: Lyrik: Frisch von der Feder weg, 1953; Gedichtlan seind Gloggn, 1954; In jeglichem Dunkel lebt Licht, 1954; Wia a Joahr is das Lebn, 1959; Gedichte mit doppeltem Boden, 1962; Silvester Skurillo, 1963; Mein Schildkrötenschlitten, 1964; A Mensch ohne Lachn is a Schlaf ohne Tram, 1964; Gebete aus dem Garten Gottes, 1964; Kumm guat ham, 1965; Liebesgedichte, 1965; In der Bar der roten Spinne, 1977; Stoßseufzer aus dem Garten Gottes, 1992. – Hörspiel: Träume sind Schäume.

Rudofsky, Bernard, * 13. 4. 1905 Wien, † 12. 3. 1988 New York (USA), Architekt, Architekturwissenschaftler. Studierte 1922–28 an der Techn. Hochschule in Wien. 1937–38 Partner von Giovanni Ponti in Mailand, 1938–41 freier Architekt in São Paulo, ab 1941 in New York. Jahrzehntelang als freier Ausstellungsleiter und Konsulent für das Museum of Modern Art sowie als Hg. von Architektur-Ztschr. tätig; 1957–58 Gestalter der Ausstellung der US-Regierung bei der Weltausstellung in Brüssel, 1958–60 Research Professor an der Waseda University, Tokio, 1961–63 Mitgl. des Advisory Screening Committe on Art and Architecture, Gastprof. an versch. europ. Univ.

Publikationen: Architecture without Architects, 1965 (Architektur ohne Architekten, 1989); Sparta/Sybaris, 1987. – Literatur: M. Boeckl (Hg.), Visionäre und Vertriebene, 1995.

Rudolf I., * 1. 5. 1218 auf der Limburg im Breisgau (D), † 15. 7. 1291 Speyer (D), Graf von Habsburg, ab 1273 dt. Kg.; mit seiner Wahl endete das Interregnum. Forderte von Přemysl → Ottokar II. die ö. Länder zurück und besiegte diesen am 26. 8. 1278 auf dem Marchfeld. Zur Errichtung einer Hausmacht belehnte er am 27. 12. 1282 seine Söhne → Albrecht I. und → Rudolf II. mit Ö. und der Stmk. und begründete damit die Herrschaft der → Habsburger in Ö. Zur geplanten Kaiserkrönung kam es nicht.

Literatur: O. Redlich, R. v. Habsburg, 1903; J. Franzl, R. Der erste Habsburger auf dem dt. Thron, 1986; E. Boshof u. F. R. Erkens (Hg.), R. v. Habsburg, 1993.

Rudolf II., * 18. 7. 1552 Wien, † 20. 1. 1612 Prag (CZ), ab 1572 Kg. von Ungarn, ab 1575 Kg. von Böhmen, ab 1576 Kaiser; Sohn von Ks. → Maximilian II. 1563–71 am span. Hof erzogen, residierte ab 1583 fast nur in Prag, wohin er auch die Reichsverwaltung verlegte. Seine Interessen galten v. a. den Künsten, der Wiss. und der Magie (Alchimie, Astrologie); R. war der größte Kunstsammler seiner Zeit und ließ u. a. die habsburg. Hauskrone herstellen, die 1804 die Reichskrone des Kaisertums Ö. werden sollte. In Ö. wurde in seinem Namen die Gegenreformation durchgeführt. Weil er als Herrscher tatenlos war und die Türkenabwehr vernachlässigte, verschworen sich ab 1600 die anderen Erzherzöge („Bruderzwist") und zwangen ihn 1608 zum Verzicht auf Ö., Ungarn und Mähren, 1611 auch auf Böhmen zugunsten seines Bruders → Matthias.

Literatur: R. J. W. Evans, R. Ohnmacht und Einsamkeit, 1980; K. Vocelka, R., 1985; Prag um 1600. Kunst und Kultur am Hofe R., 2 Bde., Ausst.-Kat., Wien 1988; J. Dauxois, Der Alchimist von Prag. R. v. Habsburg, 1997.

Rudolf II., * 1271, † 10. 5. 1290, Hzg. von Ö. und Stmk., Sohn von Kg. → Rudolf I. von Habsburg, 1282 mit seinem Bruder → Albrecht I. belehnt, musste er am 1. 6. 1283 im Vertrag von Rheinfelden auf seinen Anteil verzichten, auch die versprochene Entschädigung erhielt er später nicht; dies war der Grund für die Ermordung Albrechts I. durch Rudolfs Sohn → Johann (Parricida) 1308.

Rudolf III., * vermutl. 1281, † 4. 7. 1307 Horažd'ovice (CZ), Hzg. von Ö., ältester Sohn von → Albrecht I., ab 1298 (mit seinen Brüdern) Hzg. von Ö. und Stmk., 1306 Kg. von Böhmen (und Polen); heiratete die Witwe Kg. Wenzels II., verstarb aber früh (vermutl. an Ruhr) und konnte daher seine Position in Böhmen nicht festigen.

Literatur: A. Lhotsky, Geschichte Ö. 1282–1358, 1967.

Rudolf IV. (der Stifter) * 1. 11. 1339, † 27. 7. 1365 Mailand (I), ältester Sohn von Hzg. → Albrecht II., Bruder von → Albrecht III. und → Leopold III.. Ab 1358 Hzg., erwarb 1362 vorübergehend Friaul und 1363 Ti., gründete 1365 die Univ. Wien und betrieb den Weiterbau des Stephansdoms. Ließ Fälschungen von Urkunden (Privilegium maius) herstellen. 1364 schloss er mit seinem Schwiegervater Ks. Karl IV. einen Erbvertrag, 1364 vereinbarte er mit seinen Brüdern Albrecht III. und Leopold III. die rudolfinische Hausordnung (gem. Besitz der Länder). Bestattet im Wr. Stephansdom. – Denkmäler in Wien am Singertor von St. Stephan, vor dem Rathaus und im Festsaal der Universität. Sein Porträt ist das erste Fürstenbildnis in Mitteleuropa.

Literatur: U. Begrich, Die fürstl. „Majestät" Hzg. R. von Ö., 1965; A. Lhotsky, Die Problematik der geschichtl. Erscheinung R., in: ders., Aufsätze und Vorträge, Bd. 5, 1976; W. Baum, R. der Stifter. Seine Welt und seine Zeit, 1996.

Rudolf, Erzhzg. von Ö., * 8. 1. 1788 Florenz (I), † 24. 7. 1831 Baden (NÖ.), 1819 Fürsterzbischof von Olmütz, 1820 Kardinal; jüngster Sohn von Ks. → Leopold II. Schüler (1803–04) und bedeutender Förderer L. van → Beethovens, der ihm zahlr. Kompositionen (opp. 58. 73, 81a, 96, 97, 106, 111, 133, 134) und die Missa solemnis (op. 123, zur Inthronisation von R. als Bischof von Olmütz) widmete. Protektor der Ges. der Musikfreunde in Wien. Komponierte auch selbst.

Literatur: W. Kowaschitz, Kardinal Erzhzg. R. und seine Beziehungen zu den Künsten, Diss., Graz 1975.

Rudolf, Erzhzg. von Ö., * 21. 8. 1858 Laxenburg (NÖ.), † 30. 1. 1889 Mayerling (NÖ.; Selbstmord), Kronprinz von Ö.-Ungarn, einziger Sohn von Ks. → Franz Joseph I., ab 1881 vermählt mit Stephanie, der Tochter des belg. Königs Leopold II. Kam wegen seiner liberalen Einstellung in Gegnerschaft zu seinem Vater und zum Hof; trat auch als Publizist, Reise- und Jagdschriftsteller hervor. Auf seine Anregung entstand „Die Ö.-Ungar. Monarchie in Wort und Bild" (24 Bde., 1885–1902, „Kronprinzenwerk"). Erschoss seine Geliebte, Baronesse Mary v. → Vetsera, und sich im Jagdschloss Mayerling im Wienerwald („Tragödie von Mayerling").

Ausgaben: Polit. Briefe an einen Freund, hg. v. J. Szeps, 1922; Majestät, ich warne Sie ..., hg. v. B. Hamann, 1979. – Literatur: F. v. Mitis, Das Leben des Kronprinzen R., 1928 (neu hg. v. A. Wandruszka 1973); E. Weill, Kronprinz R., 1936; F. Egger-Fabritius, Kronprinz R. von Ö. als Journalist und Schriftsteller, Diss., Wien 1955; E. Franzel, Kronprinzen-Mythos und Mayerling-Legenden, 1963; B. Hamann, R., Kronprinz und Rebell, 1978; G. Holler, Mayerling, 1988; S. Mattl-Wurm (Red.), R. Ein Leben im Schatten von Mayerling, Ausst.-Kat., Hist. Mus. d. Stadt Wien, 1989; F. Weissensteiner, Frauen um Kronprinz R., 1991.

Rudolf, Karl, * 22. 11. 1886 Wien, † 22. 8. 1964 ebd., Domkapitular. Gründer und Leiter des Ö. Seelsorge-Inst., Hg. der Ztschr. „Der Seelsorger", Schlüsselfigur in der Umstrukturierung der Kath. Aktion Ö. Ab 1949 Leiter der Internat. Festwochen des relig. Films und von Sommerkursen.

Werke: Der Aufbau, 1935; Aufbau im Widerstand, 1947. – Literatur: K. Strobl, Erfahrungen und Versuche, 1985.

Rudolf, Leopold, * 3. 5. 1911 Wien, † 4. 6. 1978 ebd., Schauspieler; Ehemann von M. → Degler. Studierte am Reinhardt-Seminar, 1937 Debüt in Salzburg; dann an verschiedenen dt. Bühnen, bis ihn 1945 R. → Steinboeck als Charakterdarsteller an das Wr. Theater in der Josefstadt engagierte, dem er bis zu seinem Tod angehörte (Rollen in Stücken von A. Schnitzler, H. v. Hofmannsthal, F. Raimund, J. Nestroy, H. Ibsen, J. A. Strindberg, L. Pirandello u. a.). Film- und Fernsehtätigkeit. 1965 J.-Kainz-Medaille.

Literatur: P. Rismondo, L. R., 1982.

Rudolff, Christoff, * 1500 (?) Jauer (Jawor, PL), † 1545 Wien, Mathematiker. Schüler von Grammateus in Wien. Lehrte privat, nicht an der Univ. Als bedeutender Rechenmeister trug er wesentlich zur Weiterentwicklung der Algebra und Arithmetik bei. Er vereinfachte die Regeln der Coss (Unbekannte in einer Gleichung) und schuf eine moderne Symbolik; auf ihn geht das Wurzelzeichen zurück.

Werke: Behend und hübsch Rechnung, 1525; Künstlich rechnung mit der ziffer und den zalpfennigen, 1526; Exempelbüchlein, 1530. – Literatur: M. Cantor, Vorlesungen über Geschichte der Mathemathik, 4 Bde., 1880–98 (Bd. 2); ADB.

Rudolf von Ems, * um 1200 in Hohenems (Vbg.), † um 1254, hoch gebildeter mhd. Epiker. Stammte aus einem Ministerialengeschlecht der Herren von Montfort, verfasste nach dem Vorbild der mhd. „Klassiker" die ritterl. Legenden „Der guote Gerhart" (1220–25) und „Barlaam und Josaphat" (1225–30), die höf.-ritterl. Romane „Alexander" (um 1230, unvollendet) und „Willehalm von Orlens" (um 1238) sowie eine „Weltchronik" (um 1250, unvollendet). Begraben in Bruck a. d. Mur.

Ausgaben: Der guote Gerhart, hg. v. J. A. Asher, ²1971; Barlaam und Josaphat, hg. v. F. Pfeiffer, 1843 (Nachdruck 1965); Alexander, hg. v. V. Junk, 1928f.; Willehalm von Orlens, hg. v. V. Junk, ²1967; Weltchronik, hg. v. G. Ehrismann, 1915. – Literatur: H. Brackert, R. v. E., 1968; U. Klingenböck, „doch weiz ich es von wârheit niht ...". Fiktionalisierung und Historisierung im „Alexander" R. v. E., Diss., Wien 1994.

Rudolf von Stadek, steir. Minnesänger, von 1230 (1243?) bis 1261 urk. bezeugt. Sein Geschlecht (Stattegg, nördl. von Graz) spielte bis in das 15. Jh. eine führende Rolle in der Stmk.; erhalten sind 3 kunstvolle Lieder.

Rüegg, Mathias, * 8. 12. 1952 Zürich (CH), Komponist. Studierte 1973–75 an der Musikhochschule in

Herzog Rudolf IV. (der Stifter). Gemälde, 1360/65 (Erzbischöfliches Dom- und Diözesanmuseum, Wien).

Kronprinz Rudolf. Foto, 1881.

Graz, lebt seit 1976 in Wien. 1977 Mitbegründer und Leiter des Vienna Art Orchestra, 1983–87 Leiter des Vienna Art Choir, 1983–90 musikal. Zusammenarbeit mit E. → Jandl; Initiator und Leiter zahlr. ö. und internat. Musikfestivals, seit 1993 künstler. Leiter des Wr. Jazzclubs „Porgy & Bess". Über 300 Kompositionen für das Vienna Art Orchestra sowie zahlr. Theater- und Filmmusiken. In den letzten Jahren vermehrt Kompositionen für Kammermusikbesetzungen und Solisten; zahlr. Aufnahmen mit dem Vienna Art Orchestra.

Werke: Fünf Bilder ohne Rahmen, 1987 (Jazzsolist, Orchester); M, 1994 (nach John Cage; Stimme, gemischtes Orchester); Mozart's Balls, 1995 (Stringquartett); Farmers and Wives – a little trilogy in monomany, 1995; Sunaris, 1996 (Triangel, Kammerorchester). – Publikation: Vienna Art Orchestra 1977–97, 1997 (Hg.).

Ruhm, Franz, * 31. 7. 1896 Brunn a. Gebirge (NÖ.), † 20. 3. 1966 Purkersdorf (NÖ.), Kochlehrer und Küchenfachschriftsteller. Urspr. Zuckerbäcker; sprach ab 1928 in Radio Wien über Wr. bzw. ö. Küche und gestaltete Fernsehsendungen. Seine Rezepte gelten als Klassiker der ö. Kochkunst und werden immer wieder neu aufgelegt. Schrieb unter dem Pseudonym „Frank Raymon" Theaterstücke.

Werke: Wr. Küche (Monatshefte 1930–44, Vierteljahreshefte 1948ff.); Kochbuch für alle, 1933; Einsieden, 1933. – Dramen: Colombine; Geschwistertragödie; Der Onkel; Erni Behaim.

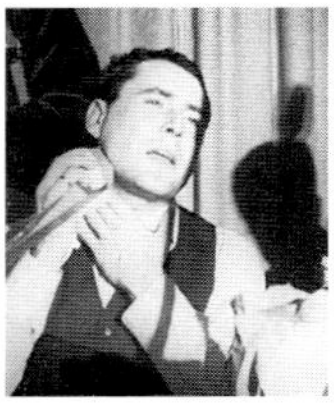

Szene aus der „kinderoper" mit Gerhard Rühm. Foto, 1964.

Rühm, Gerhard, * 12. 2. 1930 Wien, experimenteller Lyriker, Dramatiker und Prosaautor, ausgebildeter Musiker (Schüler von J. M. → Hauer). 1964–75 in Berlin, dann in Köln; ab 1972 Lehrtätigkeit an der staatl. Kunsthochschule Hamburg; Mitbegr. der Wr. Gruppe. Als ihr radikalster „konkreter Poet" versuchte R. (mit H. C. → Artmann und K. → Bayer) z. T. in Rückgriff auf die Avantgarde des Expressionismus und Surrealismus eine theoret. Standortbestimmung der Wr. Gruppe, sein eig. Werk ist sehr heterogen. In die Lyrik gehen akustische wie graph. Elemente ein. Die dramat. Werke bewegen sich an der Grenze zum Happening. Die Entwicklung des neuen Hörspiels beeinflusste R. durch zahlr. innovative akustische Arbeiten, die das konventionelle Rollenspiel durch sprachl. und geräuschhafte Schallereignisse ersetzen. 1978–83 Präs. der Grazer Autorenversammlung; 1991 Großer Ö. Staatspreis für Literatur.

Werke: hosn rosn baa, 1959 (mit F. Achleitner u. H. C. Artmann); konstellationen, 1961; Gesammelte Gedichte und visuelle Texte, 1970; Die Frösche und andere Texte, 1971 (Prosa); Ophelia und die Wörter, 1972 (Gesammelte Theaterstücke 1954–71); Super Rekord 50 + 50, 1980; Dialektstücke, 1982; Reisefieber, 1989; theatertexte, 1990; Geschlechterdings, 1990 (Lyrik); Die Winterreise dahinterweise, 1991 (Gedichte u. Fotomontagen); Textall. Ein utop. Roman, 1993; Auf Messers Schneide, 1995 (Stücke); Knochenspielzeug. Märchen, Fabeln und Liebesgeschichten, 1995; Visuelle Poesie, 1996. – Ausgabe: J. Drews (Hg.), Um zwölf Uhr ist es Sommer, 2000. – Hg.: Die Wr. Gruppe, 1967; F. R. Behrens, Blutblüte, 1979; K. Bayer. Sämtl. Werke, 2 Bde., 1985. – Hörspiele, Objekte, Musikpartituren, Tonbandkassetten. – Literatur: K. Schöning (Hg.), Hörspielmacher, 1983; Publikationen des G.-R.-Symposions, in: Protokolle 2, 1987; K. Bartsch (Hg.), G. R., 1999.

Ruiss, Gerhard, * 29. 5. 1951 Ziersdorf (NÖ.), Schriftsteller. 1969–78 als Schriftsetzer und Reprofotograf tätig, seither freier Schriftsteller, Kulturpublizist, Musiker und Regisseur; seit 1982 Geschäftsführer der IG Autoren. Veröffentlichung von Gedichten, Essays sowie zahlr. Sachbüchern zur Literatur in Ö.

Werke: Kopfnoten, 1980; Single Swingers, 1987; Hörfunkballett, 1992; Der Koffer, 1995; Indikationen, 2000. – Sachbücher: Mürzzuschlager Manifest, 1980; seins fiction, 1984; Auslage in Arbeit, 1989; Hb. für Autoren und Journalisten, 1992 und 1996 (Hg.); Literatur macht Schulden, 1995.

Rumpler, Edmund, * 4. 1. 1872 Wien, † 7. 9. 1940 Neu Tollow (D), Automobil- und Flugzeugkonstrukteur. Studierte 1890–95 Maschinenbau an der Techn. Hochschule in Wien, ab 1897 Konstrukteur in dt. Automobilfabriken. 1906 gründete er ein eig. techn. Büro in Berlin, ab 1908 auch für Flugzeugbau. 1910 erlangte R. die Rechte zum Nachbau der „Etrich-Taube", die in der verbesserten Version „R.-Taube" genannt wurde. Im 1. Weltkrieg produzierte er in den „R.-Werken AG" in Augsburg Militärflugzeuge und baute 1921 das erste stromlinienförmige Automobil, das „R.-Tropfenauto".

Rungaldier, Randolf, * 13. 8. 1892 Marburg (Maribor, SLO), † 15. 1. 1981 Wien, Wirtschaftsgeograph. Ab 1954 Univ.-Prof. an der Hochschule f. Welthandel in Wien; 1936–45 Gen.-Sekr., 1966–70 Präs. und ab 1972 Ehrenpräs. der Ö. Geogr. Ges. Zahlr. Reisen in ganz Europa. Hauptforschungsgebiete: allg. und Wirtschaftsgeographie Ö. und seiner Nachbarstaaten.

Werke: Natur- und Kulturlandschaft zw. Donau und Theiß, 1943; S-Ti. Sonderstellung im Alpenraum, 1959. – Literatur: E. Winkler, in: Mttlg. der Geograph. Ges. 123, 1981.

Rupert (Hruodpert, Ruodbert), auch Ruprecht, Hl., Fest 27. März, * um 650, † (wahrscheinlich) 27. 3. 716 Worms (D). Patron des Erzbistums und des Landes Sbg., des Bergbaus, der Salzarbeiter, gegen Rotlauf und Kinderkrämpfe; mit einem Salzkübel in der Hand dargestellt. Er kam um 696 nach Salzburg, wurde dort der erste Bischof und gründete das Kloster St. Peter und das Frauenkloster auf dem Nonnberg (für seine Nichte → Ehrentrudis). Die Feier des Herbstrupertitags in Salzburg am 24. Sept. leitet sich vom Tag der Überführung seiner Gebeine in den neu erbauten Dom 774 her.

Literatur: Hl. R. von Salzburg, Ausst.-Kat., Dommus. u. Erzabtei Salzburg, 1996.

Rupp, Sieghardt, * 14. 6. 1931 Bregenz (Vbg.), Kammerschauspieler. Ausbildung am Reinhardt-Seminar, erstes Engagement am Stadttheater Klagenfurt, ab 1956 am Landestheater Salzburg, ab 1958 in Linz und bei den Festspielen Bad Hersfeld; danach am Volkstheater und am Theater in der Josefstadt in Wien. Zahlr. Tourneen, bekannt durch Film und Fernsehen (Serien „Tatort", „Derrick" u. a.). Lehrtätigkeit am Reinhardt-Seminar.

Rupprich, Hans, * 28. 10. 1898 Alt-Ruppersdorf (NÖ.), † 3. 1. 1972 Wien, Literaturhistoriker. Univ.-Prof. in Wien, Forschungsschwerpunkte: Renaiss. und Humanismus.

Werke: Willibald Pirckheimer und die erste Reise Dürers nach Italien, 1930; Der Eccius dedolatus, 1931; Das Wr. Schrifttum des ausgehenden MA, 1953; Vom späten MA bis zum Barock, Geschichte der dt. Literatur, hg. v. H. de Boor u. R. Newald, Bde. 4/1 u. 4/2, 1970/73. – Hg.: Pico de Mirandola, De hominis dignitate, 1931; Die Frühzeit des Humanismus und der Renaiss. in Deutschland, 1938.

Ruprecht, Hl., → Rupert, Hl.

Rusch, Paulus, * 4. 10. 1903 München (D), † 31. 3. 1986 Zams (Ti.), Theologe. 1938–64 Apostol. Administrator von Innsbruck-Feldkirch, 1964–81 erster Diözesanbischof von Innsbruck; Verfasser des Sozialhirtenbriefs der ö. Bischöfe 1957.

Ruß, Eugen, * 8. 1. 1877 Buchau a. Federsee (D), † 27. 8. 1962 Bregenz (Vbg.), Journalist und Verleger. 1919–38 Verleger, Drucker und Schriftleiter der „Vbg. Landes-Zeitung"; 1945–62 Eigentümer, Hg. und Chefredakteur der „Vorarlberger Nachrichten".

Russ, Karl, * 11. 8. 1779 Wien, † 19. 9. 1843 ebd., Maler; Vater von Leander → Russ. Studierte an der Wr. Akad., malte Szenen aus Mythologie und Antike, später überwiegend Darstellungen aus der ö. Geschichte; 1806 Mitarbeit an der Innenausstattung der Albertina, ab 1810 Kammermaler Erzhzg. → Johanns mit dem Auftrag, die steir. Trachten festzuhalten, ab 1818 Kustos der k. k. Gemäldegalerie im Belvedere.

Literatur: M. Keil, J. Kniep und K. R. als Kammermaler Erzhzg. Johanns, Diss., Graz 1989; ÖBL.

Russ, Leander, * 25. 11. 1809 Wien, † 8. 3. 1864 Kaltenleutgeben b. Wien, Historien-, Genre- und Landschaftsmaler; Sohn und Schüler von Karl → Russ. Studierte an der Wr. Akad., Orientreise als Begleiter des Diplomaten und Orientalisten A. Gf. → Prokesch von Osten, 1843 Italienaufenthalt. Widmete sich vornehml. Themen aus der ö. Geschichte, die er zumeist in Aquarelltechnik ausführte, schuf zw. 1841 und 1848 zahlr. Guckkastenbilder für Ks. → Ferdinand I. mit Szenen aus dessen Regierungszeit.

Literatur: W. Koschatzky, Des Kaisers Guckkasten, 1991; ÖBL.

Russ, Robert, * 8. 6. 1847 Wien, † 16. 3. 1922 ebd., Landschaftsmaler; Sohn des Malers Franz R. d. Ä. und Bruder von Franz R. d. J. Studierte an der Wr. Akad. Schüler von A. Zimmermann, befreundet mit E. J. → Schindler, R. → Ribarz und E. → Jettel. Reisen nach Italien, Holland, Belgien und Deutschland. Seine frühen Arbeiten besitzen deutl. Verwandtschaft mit der Stimmungsmalerei E. J. Schindlers, später erscheint seine Malweise unruhig flimmernd und filigran. Malte zahlr. dekorative Landschaften für das Wr. Burgtheater und das Naturhist. Museum.

Literatur: Malerische Reise durch Ti. Von der Romantik zum Impressionismus, Ausst.-Kat., Innsbruck 1992; A. Winkelbauer, R. R., Dipl.-Arb., Wien 1995; ÖBL.

Russegger, Josef Ritter von, * 18. 11. 1802 Salzburg, † 20. 6. 1863 Schemnitz (Banská Štaivnica, SK), Geologe, Montanist und Naturforscher. Studierte 1822–26 an der Berg- und Forstakad. in Schemnitz und war anschließend für den Gold- und Silberbergbau in Sbg. tätig. 1835–41 untersuchte er im Zuge einer Expedition Erzvorkommen in Kleinasien, Ägypten und im Sudan, war dann wieder in Sbg. tätig und wurde 1850 Dir. der Bergakad. Schemnitz.

Werk: Reisen in Europa, Asien und Afrika ..., 7 Bde., 1835–41 (mit Atlas). – Literatur: ÖBL.

Russwurm, Vera, * 7. 11. 1959 Wien, Journalistin und Moderatorin. Studierte Medizin, 1978 Beginn der Fernsehkarriere, Moderatorin und Redakteurin der ORF-Jugendsendung „Okay", ab 1984 Ressortleiterin bei der „Kronen Zeitung" (Jugendseite „Insider"), seit 1995 Präsentatorin der Talkshow „Vera" im ORF. Mehrfach mit dem „Romy" als beliebteste Showmasterin ausgezeichnet, 1999 New York TV Award in der Kategorie „Beste Talkshow".

Werk: Du schaffst es! Ein sehr persönlicher Erfolgswegweiser, 1989.

Ruttenstorfer, Wolfgang, * 15. 10. 1950 Wien, Manager und Politiker (SPÖ). 1976–1997 in der ÖMV (bzw. OMV) tätig, zuletzt stellvertr. Gen.-Dir.; 1997–99 Staatssekr. im BM f. Finanzen; seit 1. 1. 2000 wieder Vorstandsmitgl. der OMV.

Rydl, Kurt, * 8. 10. 1947 Wien, Kammersänger (Bass). Seit 1976 an der Wr. Staatsoper, seit 1985 auch bei den Sbg. Festspielen.

Rys, Jan (eigentl. Marcel Nerlich), * 22. 7. 1931 Mährisch-Ostrau (Ostrava, CZ), † 22. 11. 1986 Unterrabnitz (Bgld.), Hörspielautor, Dramatiker. Flüchtete 1948 nach Wien, 1949–70 in Deutschland, gründete 1971 in Unterrabnitz das Internat. Hörspielzentrum. Beeinflusst von Existenzialismus und dem absurden Theater, trug R. wesentl. zur Entwicklung des modernen Hörspiels bei; thematisch steht die Heimatlosigkeit des Menschen im Vordergrund.

Werke: rd. 50 Hörspiele: Grenzgänger, 1960; 53 Schritte, in: Hörspielbuch 1960; Die Toten dürfen nicht sterben, 1961, in: Hörspielbuch, 1961; Franta, 1965; Liebesspiel, 1965. – Roman: Pfade im Dickicht, 1955.

Rysanek, Leonie, * 14. 11. 1926 Wien, † 7. 3. 1998 ebd., Kammersängerin (Sopran); Schwester von Lotte → Rysanek; 1955–91 an der Wr. Staatsoper, 1959–73 an der Metropolitan Opera in New York; internat. Gastspiel- und Konzerttätigkeit. 1997–98 Präsidentin der Wr. Festwochen.

Literatur: P. Dusek u. P. Schmid, L. R., 40 Jahre Operngeschichte, 1990.

Leonie Rysanek als Marschallin im „Rosenkavalier" von R. Strauss. Foto.

Rysanek, Lotte, * 18. 3. 1928 Wien, Kammersängerin (Sopran); Schwester von Leonie → Rysanek. 1955–87 an der Wr. Staatsoper; auch als Operetten- und Konzertsängerin bekannt.

Ržiha, Franz von, * 28. 3. 1831 Spensdorf (Lipová, CZ), † 22. 6. 1897 Semmering (NÖ.), Techniker, Pionier des Tunnelbaus. Entwickelte 1861 in braunschweig. Diensten eine neue Tunnelbaumethode: verwendete statt der übl. Holzzimmerung ein Eisengerüst. Ab 1878 Prof. f. Eisenbahn- und Tunnelbau an der Techn. Hochschule Wien.

Werke: Die neue Tunnel-Baumethode in Eisen, 1864; Lehrbuch der gesammten Tunnelbaukunst, 2 Bde., 1867/72.

S

Ferdinand von Saar. Stich, 1906.

Saar, Ferdinand (Ludwig Adam) von, * 30. 9. 1833 Wien, † 24. 7. 1906 ebd. (Selbstmord), Erzähler, Dramatiker, Lyriker. Aus einer geadelten Beamtenfamilie stammend, schlug S. zunächst eine Offizierslaufbahn ein, die er 1860 zugunsten des Schriftstellerberufs beendete. Seine ersten dramat. Versuche kamen aber nicht an (Historiendrama „Ks. Heinrich IV.", 2 Teile, 1865/67). Erst durch Geldzuwendungen adeliger Gönnerinnen (Franziska v. → Wertheimstein u. a.) ab 1871 erreichte S. die nötige materielle Basis und lebte fortan abwechselnd in Wien und auf Schloss Blansko (Mähren); eine Ehe (1881) scheiterte tragisch (1884 Selbstmord der Ehefrau). Erste Novellensammlungen („Novellen aus Ö.", 1877) brachten allmählich breitere Anerkennung, zum größten Publikumserfolg wurden schließlich die „Wr. Elegien" (1893). 1890 wurde S. mit dem Franz-Joseph-Orden ausgezeichnet und 1902 in das Herrenhaus berufen. Die letzten Jahre des Dichters waren von Krankheit und schweren Depressionen überschattet.

S. gilt neben M. v. → Ebner-Eschenbach als der bedeutendste realist. Erzähler der ö. Literatur gegen Ende des 19. Jh.; seine Novellen zeichnen sich durch humanist. Ethos und einen scharfen Blick auf die zeitgenöss. Gesellschaft aus. Bestimmt von einer konservativ-resignativen Grundhaltung, wird er zum Chronisten des Niedergangs von Adel und Militär. In Lyrik („Gedichte", 1882) und erzählenden Texten („Die Steinklopfer", 1874) übt er heftige Sozialkritik. Psycholog. eindringl. Charakter- und Milieustudien versammeln die Bände „Schicksale" (1889) und „Tragik des Lebens" (1906).

Weitere Werke: Novellen: Innocens, 1866; Marianne, 1873; Die Geigerin, 1875; Drei neue Novellen (Vae victis!, Der Exzellenzherr, Tambi), 1883; Frauenbilder, 1892; Herbstreigen, 1897; Nachklänge, 1899 (Gedichte u. Novellen); Camera obscura, 1901. – Dramen: Die beiden de Witt, 1875; Tempesta, 1881; Eine Wohltat, 1887. – Ausgaben: Sämtl. Werke in 12 Bden., hg. v. J. Minor, 1908; F. v. S. Kritische Texte und Deutungen, hg. v. K. K. Polheim, 1980ff.; Marie Fürstin zu Hohenlohe und F. v. S.: Ein Briefwechsel, hg. v. A. Bettelheim, 1910; Briefwechsel zw. F. v. S. und M. v. Ebner-Eschenbach, hg. v. H. Kindermann, 1957. – Literatur: K. K. Polheim (Hg.), F. v. S. Ein Wegbereiter der literarischen Moderne, 1985; H. Klauser, Ein Poet in Ö. F. v. S., 1990; K. Rossbacher, Literatur und Liberalismus, 1992; K. Bergel (Hg.), F. v. S. 10 Studien, 1995.

Leopold Ritter von Sacher-Masoch. Foto.

Sabarsky, Serge (eigentl. Siegfried S.), * 3. 11. 1912 Wien, † 23. 2. 1996 New York (USA), Kunsthändler und -sammler. Zunächst als Graphiker und Bühnenbildner in Wien tätig, emigrierte er 1938 nach Frankreich und 1939 in die USA. Nach Tätigkeiten im Bau- und Holzgewerbe eröffnete er 1968 eine Galerie in New York und beschäftigte sich v. a. mit Jugendstil und Expressionismus in Deutschland und Ö. (u. a. E. → Schiele, G. → Klimt). Widmete sich ab den 80er Jahren v. a. Wanderausstellungen seiner Sammlung sowie dem Aufbau des Internat. Kulturzentrums E. Schiele (E. Schiele Centrum) in Krumau (Česky Krumlov, CZ).

Literatur: H. Haider (Hg.), Ich, S. S., 1997.

Anna Sacher. Foto, 1908.

Sacher, Anna, * 2. 1. 1859 Wien, † 25. 2. 1930 ebd., Besitzerin des Hotels S. in Wien, das unter ihrer Leitung Treffpunkt des ö. Hochadels und der Diplomatie war und sich durch bes. gepflegte Küche auszeichnete (Sachertorte). Als Zigarrenraucherin Wr. Original.

Literatur: L. Mazakarini, Das Hotel S. zu Wien, [2]1977; A. T. Leitich, Wr. Zuckerbäcker, 1980.

Sacher, Friedrich (auch Fritz Silvanus), * 10. 9. 1899 Wieselburg (NÖ.), † 22. 11. 1982 Wien, Lyriker, Erzähler, Essayist. Zunächst Hauptschullehrer in Klosterneuburg, ab 1934 freier Schriftsteller. Lyriker in der Nachfolge Rilkes, christl.-konservativ, in den 30er Jahren national eingestellt. Hg. von mehreren Lyrik-Anthologien 1930–35. Versammelte um sich den Dichterkreis „Die Gruppe".

Ausgaben: Gesammelte Schriften, 3 Bde., 1932–34; Leben, das dank ich dir, hg. v. H. Schwarzbauer, 1979; Ausgewählte Werke, 3 Bde., 1988. – Literatur: B. Sanders, Zur Motivik in den Erzählungen F. S., Diss. Salzburg, 1975; F. Patzer (Hg.), F. S. – Leben und Werk, Ausst.-Kat., Wien 1980; W. Ebner, F. S. 1899–1982, 1999.

Sacher-Masoch, Alexander von, * 18. 11. 1901 Witkowitz (Vítkovice, CZ), † 17. 8. 1972 Wien, Erzähler, Dramatiker, Lyriker; Sohn von Artur Wolfgang v. → Sacher-Masoch, Großneffe von Leopold v. → Sacher-Masoch. Von Beruf Chemiker, ab 1938 als Journalist in Belgrad, 1940–43 auf der Insel Korčula in Haft, 1944–46 Mitarbeit beim alliierten Rundfunk. Mit F. T. → Csokor maßgebl. an der Wiedererrichtung des Ö. P.E.N.-Clubs beteiligt, dessen 1. Gen.-Sekr. nach dem Krieg er wurde. Gründer und Chefredakteur der Ztschr. „Ö. Tagebuch" (1946–50). Beschreibt in Romanen und Erzählungen die Welt Alt-Ö.

Werke: Romane: Die Parade, 1946; Beppo und Pule, 1947; Abenteuer eines Sommers, 1948; Die Ölgärten brennen, 1956. – Erzählungen: Piplatsch träumt. Zigeunergeschichten, 1949; Es war Ginster ..., 1952; Der verlorene Garten, 1953; Vierbeinige Geschichten, 1953. – Drama: Das unsichtbare Volk, 1947 (mit P. Rismondo, Hörspiel 1958). – Übersetzungen. – Literatur: ÖBL.

Sacher-Masoch, Artur Wolfgang Ritter von (Pseud.: Michael Zorn), * 17. 12. 1875 Graz (Stmk.), † 12. 2. 1953 Wien, Erzähler; Neffe von Leopold v. → Sacher-Masoch, Vater von Alexander v. → Sacher-Masoch. Berufsoffizier in der k. u. k. Armee, ab 1928 freier Schriftsteller.

Werke: Romane: Sturm auf den Ring, 1933; Kameraden herzlich und rauh, 1934; Zw. Strom und Steppe, 1936; Magyaren, 1937; Flucht in den Frühling, 1938; Schicksal um den Immenhof, 1940; Lawinenstein, 1943; Eisen immerdar, 1946. – Jugendbuch: Die Botschaft des Kublai Chan, 1956.

Sacher-Masoch, Leopold Ritter von (auch: Charlotte Arand, Zoe von Rodenbach), * 27. 1. 1836 Lemberg (Lwíw, UA), † 9. 3. 1895 Lindheim b. Frankfurt a. Main (D), Erzähler, Dramatiker, Feuilletonist, Essayist; Onkel von Artur Wolfgang v. → Sacher-Masoch. Sohn des Polizeidirektors von Lemberg; 1848 Übersiedlung nach Prag. Studierte Jus, Mathematik und Geschichte in Prag und Graz; ab 1860 Univ.-Prof. f. Geschichte in Lemberg, dann freier Schriftsteller. 1873 Heirat mit A. A. v. Rümelin, die unter dem Pseudonym „Wanda v. Dunajew" auch als Schriftstellerin hervortrat. Vielseitiger Autor realist. Romane und Erzählungen über seine galizische Heimat („Don Juan von Kolomea", 1866; „Galizische Geschichten", 1875; „Judengeschichten", 1878). Panslawist. und philosemit. Züge forderten heftige Kritik heraus, bes. aber auch die im Werk immer wiederkehrende diffuse Darstellung jener sexuellen Perversion, die S.-M. in der berühmten Novelle „Venus im Pelz" (1870) sowie in dem Roman „Die geschiedene Frau" (2 Bde., 1870) exemplarisch beschrieb und für die der Wr. Neurologe R. v. → Krafft-Ebing 1886 den Begriff „Masochismus" prägte.

Ausgaben: Venus im Pelz. Mit einer Studie über den Masochismus von G. Deleuze, 1980; Lola, hg. v. M. Farin, 1985; Mondnacht. Geschichten aus Galizien, hg. v. E. Schmalzriedt, 1988; Der Judenraphael, hg. v. A. Opel, 1989. – Literatur: M. Farin (Hg.), L. v. S.-M. Materialien zu Leben und Werk, 1987 (mit Bibliographie); A. Koschorke, L. v. S.-M. Die Inszenierung einer Perversion, 1988; H. Rudloff, Pelzdamen. Weiblichkeitsbilder bei T. Mann und L. v. S.-M., 1994; ÖBL.

Sachs, Walter, * 9. 12. 1901 Traisen (NÖ.), † 5. 3. 1985 Lilienfeld (NÖ.), Schriftsteller und Lehrer. Schuldirektor in Traisen, befreundet mit W. → Szabo; Autor von Naturlyrik und Prosa.

Werke: Lyrik: Zw. Wäldern und Schloten, 1933; Der Wintergast, 1956; Der Karneol, 1960; Spätherbst, 1969; Brückenbogen, 1976; Pinselstriche, 1981; Im Nebel der Zeit, 1984. – Prosa: Bewahrte Landschaft, 1957; Erdrauch, 1962; Der Sammler, 1965; Winterwirklichkeit, 1980. – Ausgabe: Späte Prosa, hg. v. A. Eder, 1991.

Sachsendorf, der von, Minnesänger des 13. Jh., Ministeriale der Herren von Kuenring, beheimatet bei Kollersdorf (NÖ.). Wahrscheinlich identisch mit dem von Ulrich von Liechtenstein im „Frauendienst" erwähnten und 1249 urkundl. bezeugten Ulrich v. S., der zum Dichterkreis am Wr. Hof (Friedrich der Streitbare) gehörte; erhalten sind 7 Minnelieder.

Literatur: W. Storck (Hg.), Buch der Lieder aus der Minnezeit, 1872; Verf.-Lex.

Sagar, Maria Anna (geb. Radoschny, Pseud.: M. A. S.), * 24. 7. 1727 Prag (CZ), † 4. 6. 1805 Wien, Romanautorin. Tochter eines Beamten, musste sich nach dessen Tod in Wien als Magd verdingen und heiratete später den Prager Schlosshauptmann und Lustspielautor Johann S. Entwickelte in ihrem anonym veröffentlichten und von den Ideen der Aufklärung geprägten Briefroman „Die verwechselten Töchter" (1771) ein Idealbild der Frau als Ehegattin und Mutter.

Weiteres Werk: Karolines Tagebuch ..., 1774 (Briefroman). – Literatur: H. Meise, Das Werk von M. A. S., in: H. Gallas u. M. Heuser (Hg.), Untersuchungen zum Roman von Frauen um 1800, 1990.

Sagmeister, Otto, * 10. 1. 1906 Gloggnitz (NÖ.), † 23. 1. 1985 Wien, Politiker (SPÖ). 1947–49 BMin. f. Volksernährung, Geschäftsführer und Vorstandsobmann der Konsumgenossenschaft Wien.

Sahulka, Johann, * 25. 12. 1857 Deutsch-Wagram (NÖ.), † 8. 10. 1927 Wien, Elektrotechniker. Studierte 1876–80 Physik und Mathematik an der Univ. Wien, lehrte zunächst an verschied. höheren Schulen in Wien und begann seine wiss. Laufbahn 1889 als Assistent an der Techn. Hochschule in Prag; 1903–22 Prof. f. Elektrotechnik an der Techn. Hochschule in Wien. Entdeckte die Gleichrichterwirkung des Quecksilberdampflichtbogens; seine Forschungen umfassten Maschinenbau, Licht-, Mess- und Nachrichtentechnik.

Literatur: ÖBL.

Saiko, George, * 5. 2. 1892 Seestadtl (Ervěnice, CZ), † 23. 12. 1962 Rekawinkel (NÖ.), Erzähler und Übersetzer. Nach 1918 länger im Ausland, 1939 Schreibverbot, 1945–50 provisor. Leiter der Graph. Smlg. Albertina, danach Privatgelehrter (Kunsthistoriker) und Schriftsteller. Vertreter des „magischen Realismus" mit psychoanalyt. Ansätzen (Verwendung von Symbol und Assoziation) und starkem Ö.-Bezug. Der Roman „Auf dem Floß" (1948) und die Komödie „Hof- und Personalnachrichten" (Uraufführung 1988) setzten sich mit dem Untergang der Monarchie auseinander; „Der Mann im Schilf" (1955) schildert die hist. Ereignisse um den Juliputsch 1934. Großer Ö. Staatspreis 1962.

Ausgabe: Sämtl. Werke in 5 Bden., hg. v. A. Haslinger, 1987–90. – Literatur: G. S. magischer Realismus, hg. v. J. Strelka, 1990; R. S. Posthofen, Treibgut. Das vergessene Werk G. S., 1994.

Sailer, Anton („Toni"), * 17. 11. 1935 Kitzbühel (Ti.), Skirennläufer. Gewann bei den Olymp. Spielen 1956 in Cortina d'Ampezzo 3 Goldmedaillen (Riesenslalom, Slalom und Abfahrt) und bei Weltmeisterschaften weitere 4 Goldmedaillen. 1959 beendete er den aktiven Rennsport, 1972–76 wirkte er als techn. Dir. des Ö. Skiverbands. S. spielte auch in zahlr. Filmen, nahm Schallplatten auf und spielte Theater.

Werke: Mein Weg zum 3-fachen Olympiasieger, 1956; Skischule – Skiunterricht, 1961; Junior Skischool, 1986.

Toni Sailer. Foto, 1957.

Sailer, Gerhard, * 29. 11. 1931 Wien, Jurist. 1955–82 als Rechtsvertreter für die Finanzprokuratur tätig, in den 70er Jahren und Anfang der 80er Jahre auch Lehrbeauftragter für Theaterrecht an der Univ. Wien; 1982–97 Präs. des Bundesdenkmalamts.

Werke: jurist. und denkmalhist. Fachartikel, tourist. Sachbücher.

Sakrausky, Oskar, * 24. 3. 1914 Linz (OÖ.), 1968–83 Bischof der Evang. Kirche A. B. in Ö.

Werke: Evang. Ö. Ein Gedenkstättenführer, 1981 (Hg.); Primus Truber, Dt. Vorreden, 1989. – Literatur: P. Barton (Hg.), Kirche im Wandel, Bischof O. S. zum 80. Geburtstag, 1993.

Salburg, Edith (eigentl. E. Krieg Freifrau von Falkenstein, geb. Gräfin von S.), * 14. 10. 1868 Schloss Leonstein (Gem. Grünburg, OÖ.), † 3. 12. 1942 Dresden (D), Schriftstellerin mit dt.-nat. und antisemit. Tendenz. Kritisierte in ihren satir. Schlüsselromanen v. a. Adel und Kirche.

Werke: Romane: Die ö. Ges. 1897–98 (Trilogie); Dynasten und Stände, 4 Bde., 1911–14; Conrad v. Hötzendorf, 1935. – Memoiren: Erinnerungen einer Respektlosen, 3 Bde., 1927–28. – Literatur: S. Schmidt-Bortenschlager, Elite im Kampf bei E. S., in: K. Amann u. H. Lengauer (Hg.), Ö. und der Große Krieg 1914–18, 1989; ÖBL.

Salcher, Herbert, * 3. 11. 1929 Innsbruck (Ti.), Jurist und Politiker (SPÖ). 1969–81 Landesparteiobmann der SPÖ Ti., 1970–79 Landeshauptmannstellv., 1979–81 BMin. f. Gesundheit und Umweltschutz, 1981–84 BMin. f. Finanzen.

Salieri, Antonio, * 18. 8. 1750 Legnano b. Venedig (I), † 7. 5. 1825 Wien, Komponist. Kam durch seinen Lehrer F. → Gassmann, der ihn mit dem Kaiser und den Größen des Wr. Musiklebens bekannt machte (u. a. P. → Metastasio und C. W. → Gluck) 1766 nach Wien; ab 1770 Opernkomponist mit wechselndem Erfolg; 1774 im Alter von 24 Jahren Hofkompositor, 1788 Hofkapellmeister. Hatte 1784–87 große Erfolge in Paris, wurde als Nachfolger C. W. Glucks gefeiert und galt als „musikal. Papst" Wiens. Nach dem Tod Josephs II. zog er sich immer mehr aus dem öffentl. Leben zurück. S. zählt zu den Gründern der Ges. der Musikfreunde in Wien (Erarbeitung der Statuten des Konservatoriums) und stellte das musikal. Programm für den Wr. Kongress zusammen. Auch als Pädagoge war er bekannt (F. → Schubert, L. v. → Beethoven, F. → Liszt, J. N. → Hummel, S. → Sechter, F. X. → Süßmayer; K. → Cavalieri, A. Milder-Hauptmann u. a.)

Antonio Salieri. Anonym. Gemälde (Gesellschaft der Musikfreunde in Wien).

In die Geschichte ist er v. a. durch das längst widerlegte Gerücht eingegangen, er habe W. A. → Mozart vergiftet. S. verbindet durch sein langes Leben das Spätbarock (J. J. Fux) bzw. die Frühklassik (F. Gassmann, C. W. Gluck) und die Hochromantik (F. Liszt).

Werke: 469 Opern bzw. Singspiele, 5 Oratorien, zahlreiche Kirchenwerke, Lieder, Kantaten, Instrumentalwerke. – Literatur: L. v. Mosel, Über das Leben und die Werke des A. S., 1827; R. Angermüller, A. S., 1970; V. Braunbehrens, S., 1989; J. A.

George Saiko. Foto, um 1960.

Rice, A. S. and Viennese Opera, 1998; R. Angermüller (Hg.), A. S., 3 Bde. 2000; ÖBL.

Saliger, Rudolf, * 1. 2. 1873 Spachendorf (Leskovec nad Moravicí, CZ), † 31. 1. 1958 Wien, Pionier des Eisenbetonbaus. 1909–40 Prof. f. Eisenbetonbau und Statik an der Techn. Hochschule in Wien, auch als Zivilingenieur tätig (Dianabad, Wr. Stadion, Hochhaus in der Herrengasse in Wien, Reichsbrücke, Filmstudio am Rosenhügel), 1931 in Russland.

Werk: Der Eisenbeton, 1906.

Sallinger, Rudolf, * 3. 9. 1916 Lassee (NÖ.), † 7. 3. 1992 Wien, Steinmetzmeister und Politiker (ÖVP). 1964–90 Präs. der Bundeswirtschaftskammer, 1966–90 Abg. z. NR, wesentl. Exponent der Sozialpartnerschaft, gem. mit dem Präs. des Ö. Gewerkschaftsbunds A. → Benya.

Literatur: K. Pisa, R. S., 1989.

Sallmutter, Hans, * 20. 1. 1945 Passail b. Weiz (Stmk.), Gewerkschafts- und Sozialversicherungsfunktionär. Begann seine Tätigkeit für den Gewerkschaftsbund 1971, seit 1994 Vorsitzender der Gewerkschaft der Privatangestellten und seit 1995 Vizepräs. des ÖGB. Daneben ab 1982 in der Pensionsversicherung der Angestellten tätig und seit 1997 Präs. des Hauptverbandes der ö. Sozialversicherungsträger.

Werke: Der Sozialstaat zur Jahrtausendwende, 1998; Wieviel Globalisierung verträgt unser Land?, 1998 (Hg.).

Salm, Franz Xaver Altgraf (auch S.-Reifferscheidt), * 1. 2. 1749 Wien, † 19. 4. 1822 Klagenfurt (Kä.), Fürstbischof von Gurk, Kunst- und Naturfreund. Verlegte 1789 den Diözesansitz nach Klagenfurt, organisierte auf Betreiben seines Generalvikars Sigismund v. → Hohenwart die Erstbesteigung des Großglockners (1799, bis 1806 vier Expeditionen, nahm an der ersten selbst teil) und ließ auf der Adlersruhe (3454 m) eine Schutzhütte errichten (die höchste in Ö.).

Literatur: I. U. Rauber-Zimmer, F. X. S., Carinthia I, 161, 1972; F. X. S., Ausst.-Kat., Klagenfurt 1993.

Niklas Graf Salm. Grabplatte in der Wiener Votivkirche.

Salm, Niklas Graf, * 1459 Niedersalm (B), † 4. 5. 1530 Salmhof (Gem. Marchegg, NÖ.), oberster Feldhauptmann → Ferdinands I.. Kämpfte in Burgund, Italien und Ungarn. Eroberte im Bauernkrieg 1526 Schladming, verteidigte 1529 Wien bei der 1. Türkenbelagerung. Grabmal in der Wr. Votivkirche.

Literatur: W. Hummelberger, Wiens erste Belagerung durch die Türken 1529, 1976.

Salmhofer, Franz, * 22. 1. 1900 Wien, † 22. 9. 1975 ebd., Komponist, Dirigent, Dichter. 1929–45 Kapellmeister am Burgtheater, 1945–54 Direktor der Wr. Staatsoper, 1956–63 der Volksoper in Wien. Komponierte v. a. Bühnenwerke in spätromant. Tradition; zahlr. Preise.

Salpeter, Edwin E., * 3. 12. 1924 Wien, Physiker. Emigrierte 1939 nach Australien, wo er Physik und Mathematik studierte; wiss. Karriere in den USA, seit 1949 an der Cornell University, Ithaca, tätig, zuerst als Forschungsassistent von Hans A. Bethe, danach als J. G. White Distinguished Professor of Physical Sciences, 1997 emeritiert. Grundlegende Arbeiten zu Atomphysik und Quantenmechanik, Beschäftigung mit Astrophysik (Polarkappen von Neutronensternen, Galaxiencluster). Zahlr. hohe Auszeichnungen.

Werk: Quantum Mechanics of One- and Two-Electron Atoms, 1957 (mit H. A. Bethe).

Felix Salten. Foto, 1907.

Salten, Felix (eigentl. Siegmund Salzmann), * 6. 9. 1869 Budapest (H), † 8. 10. 1945 Zürich (CH), Schriftsteller, Feuilletonist und Burgtheater-Kritiker. Gehörte zum Kreis des „Jung-Wien"; 1927–33 Präs. des Ö. P. E. N.-Clubs; emigrierte 1939 in die Schweiz. S. beeinflusste mit „Bambi" (1923, von W. Disney 1942 verfilmt) wesentlich die moderne Tiererzählung und gilt als Autor des Wr. Dirnenromans „Josefine Mutzenbacher" (1906).

Weitere Werke: Romane: Herr Wenzel auf Rehberg und sein Knecht Kaspar Dinckel, 1907; Olga Frohgemuth, 1910; Martin Overbeck, 1927. – Tierromane: 15 Hasen, 1929; Florian. Das Pferd des Kaisers, 1933; Bambis Kinder, 1940; Djibi, das Kätzchen, 1945. – Essays: Wurstelprater, 1911; Das Burgtheater, 1922. – Ausgabe: Gesammelte Werke in Einzelausgaben, 6 Bde., 1928–32. – Literatur: L. Pouh, Wr. Literatur und Psychoanalyse: Felix Dörmann, Jakob Julius David und F. S., 1997; ÖBL.

Salus, Hugo, * 3. 8. 1866 Böhmisch-Leipa (Česka Lípa, CZ), † 4. 2. 1929 Prag (CZ), Lyriker und Novellist. Betont dt.-nat. jüd. Autor; ab 1895 in Prag als Frauenarzt tätig, dominierte zusammen mit dem Lyriker F. Adler (1857–1938) die dt.-sprach. Literaturszene Prags um die Jh.-Wende. Seine im neuromant. Stil gehaltenen Lyrikbände („Ehefrühling", 1900; „Reigen", 1900; „Ernte", 1903) kamen gut an. Daneben Veröffentlichungen in Jugendstilzeitschriften. 1901 vertonte A. → Schönberg 2 seiner Gedichte.

Literatur: K. Kraus, Arzt und Künstler, in: Die Fackel, Nr. 393/94, 1914; L. Tinkl, Neuromant. Elemente bei H. S. und F. Herold, Diss., Wien, 1949; ÖBL.

Salzburg, Mönch von, → Hermann, Mönch von Salzburg.

Salzer, Industriellenfamilie in den Bereichen Druck und Papier mit Stammbetrieben in Wien und St. Pölten-Stattersdorf. Bed. Persönlichkeiten aus der Unternehmerfamilie waren u. a. Kaspar → Salzer, Matthäus → Salzer, Hans A. → Salzer, Thomas F. → Salzer und Michael → Salzer.

Literatur: V. Thiel, Geschichte der Papiermühle in Stattersdorf, 1948; 175 Jahre Matthäus Salzers Söhne, Festschrift, 1973.

Salzer, Anselm (Karl Borromäus), * 8. 10. 1856 Waidhofen a. d. Ybbs (NÖ.), † 17. 3. 1938 Seitenstetten (NÖ.), Benediktiner, Literaturhistoriker. 1883–1936 Prof. am Gymn. in Seitenstetten, 1918–37 dessen Dir., ab 1904 auch Stiftsbibliothekar.

Werke: Die Sinnbilder und Beiworte Mariens in der dt. Literatur und lat. Hymnenpoesie des MA, 1893; W. Lindemann, Geschichte der dt. Literatur, 2 Bde., 71897/98 (Hg. und Bearbeiter); Illustrierte Geschichte der dt. Literatur von den ältesten Zeiten bis zur Gegenwart, 3 Bde., 1910–12 (erweiterte Neuaufl. in 6 Bden. 1986).

Salzer, Hans A., * 29. 2. 1888 Wien, † 12. 1. 1977 St. Pölten (NÖ.), Industrieller. Übernahm 1911 die Papierfabrik der Familie → Salzer in Stattersdorf und modernisierte sie.

Salzer, Kaspar, * 3. 1. 1741 Salnau (Želnava, CZ), † 20. 1. 1811 Wien, Begründer der Industriellenfamilie → Salzer. Erwarb 1784 die Jahn'sche Universitätsbuchdruckerei in Wien und 1798 die Papiermühle in Stattersdorf bei St. Pölten.

Salzer, Matthäus, * 11. 1. 1799 Wien, † 4. 8. 1878 ebd., Industrieller. Baute die Druckerei der Familie → Salzer zur Fabrik aus und kaufte 1866 die Carl-Ueberreuter'sche Buchdruckerei in Wien.

Salzer, Michael, * 21. 10. 1941 Wien, Industrieller. Seit 1966 Geschäftsführer der Papierfabrik der Familie → Salzer in Stattersdorf; gründete 1985 die St. Matthäus Beteiligungs-Verwaltungs-GmbH. als Holding.

Salzer, Thomas F., * 11. 7. 1912 St. Pölten (NÖ.), Industrieller. Trat 1935 in den Betrieb der Familie → Salzer ein, übernahm die Leitung der Druckerei und baute sie und einen Buchverlag nach 1945 wieder auf.

Salzmann, Maximilian, * 9. 12. 1862 Wien, † 17. 4. 1954 Graz (Stmk.), Augenarzt. Univ.-Prof. in Wien und Graz, 1911–35 Vorstand der 1. Grazer Univ.-Augenklinik. Schüler von E. → Fuchs, dem bedeutendsten Augenarzt der Wr. Medizin. Schule, der ihm 1889 sein Hauptwerk („Lehrbuch der Augenheilkunde") widmete.

Sambucus, Johannes (eigentl. János Zsámboky), * 25. oder 30. 7. 1531 Tyrnau (Trnava, SK), † 13. 6. 1584 Wien, Arzt, Historiker, Philologe und Dichter. Studierte in mehreren dt. Städten, in Paris und Padua; ab 1584 Rat, Hofarzt und Hofhistoriograph am Wr. Hof. Autor zahlr. Arbeiten zu antiken Autoren sowie von Abhandlungen zur Geschichte Ungarns. Große Verbreitung fanden seine „Emblemata" (1564); Briefwechsel mit humanist. Gelehrten.

Literatur: H. Gerstinger, Aus dem Tagebuch des kaiserl. Hofhistoriographen J. S. (1531–84), 1965; W. Waterschoot, Lucas d'Heere und J. S., in: Emblematica 5, 1990.

Samhaber, Edward (Eduard Mathias), * 26. 12. 1846 Freistadt (OÖ.), † 27. 3. 1927 Linz (OÖ.), Literaturhistoriker, Lyriker und Dramatiker. Gymnasiallehrer in Freistadt und Laibach, 1888–1904 an der Lehrerbildungsanstalt in Linz tätig, nach der Pensionierung freier Schriftsteller. Verfasser von formal meisterhafter Lyrik, Nachdichtungen alt- und mittelhochdt. Texte (Walther v. d. Vogelweide, 1882).

Weitere Werke: Lyrik: Dichtungen, 1887; Lyr. Dichtungen, 1890; Die vier Jahreszeiten, 1907. – Dramen: Marina, 1869; Der Wiedertäufer, 1886; Dido, 1885; Zu spät, 1899. – Nachdichtungen: Das Ludwigslied, 1877; Preširenklänge, 1880. – Ausgaben: Gesammelte Werke, 5 Bde., 1909–10; Ausgewählte Dichtungen, 1926. – Literatur: F. Strohmaier, E. S., Diss., Wien 1936.

Samo, fränkischer Kaufmann, der nach einem Aufstand gegen die Awaren von den Slawen zum Kg. (623?–660) erhoben wurde. Sein Slawenreich erstreckte sich von Böhmen bis Karantanien, er wehrte 631/32 die Franken bei Wogastisburg (Kadan, CZ) ab und konnte sich gegen Langobarden und Awaren behaupten. Nach seinem Tod um 660 zerfiel sein Reich.

Samohyl, Franz, * 3. 4. 1912 Wien, † 14. 6. 1999 ebd., Musiker. Studierte Violine an der Wr. Musikakademie, 1936–65 Mitgl. der Wr. Philharmoniker; ab 1946 Lehrbeauftragter und 1968–82 Prof. für Violine und Bratsche an der Wr. Musikhochschule; gilt als einer der bedeutendsten Lehrer der nachfolgenden Generation.

Sandauer, Heinz, * 9. 1. 1911 Wien, † 5. 8. 1979 ebd., Komponist. Schuf Film-, Bühnen- und Unterhaltungsmusik. Kapellmeister an Wr. Bühnen; Instrumentator für F. → Lehár, R. → Stolz und E. → Kálmán. Seit den 20er Jahren für die RAVAG tätig, wurde er 1937 Dirigent des Wr. Rundfunkorchesters. Ab 1946 arbeitete er für den Sender Rot-Weiß-Rot und später für den ORF; ab 1963 Prof. an der Wr. Musikhochschule.

Sander, Bruno, * 23. 2. 1884 Innsbruck (Ti.), † 5. 9. 1979 ebd., Geologe, Mineraloge und Petrograph. 1922–55 Univ.-Prof. in Innsbruck.

Werke: Gefügekunde der Gesteine, 1930; Einführung in die Gefügekunde der geolog. Körper, 2 Bde., 1948/50.

Sander, Hermann, * 8. 12. 1840 Zell a. Ziller (Ti.), † 7. 3. 1919 Innsbruck (Ti.), Literaturhistoriker, Volkskundler, Lehrer. Hg. der Werke von F. M. → Felder und H. → Vintler.

Werke: Leben Felders, 1876; Vbg. im Lichte der dt. Dichtung, 1891; H. v. Vintler, 1892. – Literatur: ÖBL.

Sandler, Gerhard, * 24. 8. 1950 Pöchlarn (NÖ.), Manager. Studierte Nachrichtentechnik in Wien; 1979–83 bei Donauland, 1983–90 Geschäftsführer des Bücherbunds, ab 1990 Geschäftsführer des Elektrohandelskonzerns Mediamarkt/Köck; seit 1998 Geschäftsführer der neu gegr. Media-Saturn-Holding.

Sandrart, Joachim von, * 12. 5. 1606 Frankfurt a. Main (D), † 14. 10. 1688 Nürnberg (D), Maler, Kupferstecher und Kunstschriftsteller. Verfasser der „Teutschen Academie" (1675), der wichtigsten Quellensammlung der dt. Barockkunst.

Werke: Wien: Bilder in der Jesuitenkirche Am Hof; Schottenkirche (ehem. Hochaltarbild, jetzt im Prälatensaal; in der Kirche „Kreuzigung" und „Abschied der Apostel Petrus und Paulus"); Neulerchenfelder Pfarrkirche (Kreuzigungsbild aus dem Stephansdom). – Sbg.: Altarblatt hl. Anna selbdritt im Dom von Salzburg. – Literatur: C. Klemm, J. v. S., 1986.

Sandrock, Adele, * 19. 8. 1863 (*sic!*) Rotterdam (NL), † 30. 8. 1937 Berlin (D), (Film-)Schauspielerin. Kam nach Engagements an verschiedenen dt. Provinzbühnen und am Meininger Hoftheater nach Wien, 1889–95 und 1902–05 am Dt. Volkstheater, 1896–98 am Burgtheater (Tragödin, dämon. Frauengestalten); von M. → Reinhardt nach Berlin geholt; Gastspiel- und Filmtätigkeit (v. a. komische Rollen); liiert mit A. → Schnitzler und A. → Roda Roda.

Adele Sandrock als Magda in dem Film „Heimat" nach H. Sudermann. Foto.

Werk: Mein Leben, 1940. – Literatur: M. Zellinger, A. S. in Wien, Diss., Wien 1947; W. Renger, A. S., Diss., München 1950; W. Herzog, A. S., 1959; R. Wagner, A. S. und A. Schnitzler, 1975; J. Ahlemann, A. S., 1987; F. Rothe, A. Schnitzler und A. S., 1997; C. Balk, Von „Der Sandrock" zur Adele, Ausst.-Kat., Dt. Theatermus., München 1997; T. Klein, Komödiantinnen im frühen 20. Jh.: L. Karlstadt und A. S., 1999; O. Pausch, Rebellakatzenthier und Artilleriehund. Die Affäre A. S. mit A. Roda 1900/1901, 2001.

Sandwirt, volkstüml. Bezeichnung für Andreas → Hofer.

Sänger, Eugen, * 22. 9. 1905 Preßnitz b. Komotau (Přísečnice, CZ), † 10. 2. 1964 Berlin (D), Raketentechniker. Experimentierte als Student in Wien und Graz vor 1935 mit Flüssigtreibstoffraketen und entwickelte ab 1936 in Deutschland Hochdruckbrennkammern und Staustrahltriebwerke. 1963 an der Techn. Univ. Berlin auf den 1. Lehrstuhl f. Raumfahrttechnik berufen.

Santer, Anton, → Sander, Bruno.

Santifaller, Leo, * 24. 7. 1890 Kastelruth (S-Ti.), † 5. 9. 1974 Wien, Historiker. Univ.-Prof., 1945–54 Gen.-Dir. des Ö. Staatsarchivs, 1945–62 Vorstand des Inst. f. Ö. Geschichtsforschung. Organisator bedeutender wiss. Unternehmungen nach 1945.

Werke: Hist.-diplomat. Forschung, 7 Bde., 1936ff. (Hg.); 1100 Jahre ö. und europ. Geschichte, 1949 (Hg.). – Literatur: MIÖG 82, 1974 (mit Bibliographie).

Saphir, Moritz Gottlieb (eigentl. Moses S.), * 8. 2. 1795 Lovas-Berény b. Pest (Budapest, H), † 5. 9. 1858 Baden (NÖ.), Kritiker, Feuilletonist, Dramatiker, Prosaist. Besuchte die rabbin. Schule in Prag, dann Journalist in Pest, 1822–25 Mitarbeiter der „Wr. Theaterzeitung", 1825–34 in Deutschland, dann in Wien; 1832 Konversion zum Protestantismus. Gründete 1837 die Ztschr. „Der Humorist" (bis 1855), die zum gefürchteten Forum seiner polemisch-witzigen Kritiken wurde. Gegner von J. → Nestroy, befreundet mit I. F. → Castelli.

Ausgaben: Gesammelte Schriften, 4 Bde., 1832; Schriften, 26 Bde., 1886–88; Humorist. Schriften, hg. v. K. Meyerstein, 4 Bde., 1889; Mieder und Leier. Gedankenblitze aus dem Biedermeier, hg. v. M. Barthel, 1978. – Literatur: J. Toury, M. G. S. und K. Beck, in: W. Grab u. J. H. Schoeps (Hg.), Juden im Vormärz und in der Revolution von 1848, 1983; ÖBL.

Saphoy, Hans, von Salmansweiler (eigentl. Johann II. Saphoy), † vor 1593 Wien, Baumeister. Stammte aus einer in Deutschland ab dem 14. Jh. nachweisbaren Baumeisterfamilie, errichtete 1552 die Befestigungsbauten der Kä. Bastei in Wien; 1555 als Begutachter beim Bau des Münsters und der Befestigungsanlagen in Überlingen tätig, 1556–78 Dombaumeister von St. Stephan in Wien; ab 1567 Baumeister der Stadt Wien. Leitete den Ausbau des alten Nö. Landhauses (1540–86), die Erneuerung des Gewölbes (1574) und den architekton. Abschluss des N-Turms (1578) des Stephansdoms.

Literatur: Renaiss. in Ö., Ausst.-Kat., Schallaburg 1974.

Sarkotic von Lovcen, Stefan Frh. von, * 4. 10. 1858 Sinac (HR), † 16. 10. 1939 Wien, Offizier, ab 1917 Gene-

August Sauer. Foto, 1920.

raloberst. Ab 1912 Kommandant des VII. kroat.-slawon. Landwehrdistrikts; im 1. Weltkrieg als Nachfolger von General O. Potiorek ab 1914 Kommandierender General in Bosnien und Herzegowina; 1916 Eroberung von Montenegro.
Literatur: S. Klein, Frh. S. v. L. Die Zeit seiner Verwaltung in Bosnien-Herzegowina 1914–18, Diss, Wien 1969; E. Bauer, Der letzte Paladin des Reiches. Generaloberst S. Frh. S. v. L., 1988.

Sartori, Franz, * 7. 3. 1782 Unzmarkt (Stmk.), † 31. 3. 1832 Wien, geograph.-hist.-topograph. Schriftsteller. Begründer und Hg. der „Annalen der ö. Literatur und Kunst" (1807ff.) und der „Wr. Literatur-Zeitung" (1813ff.).
Werke: Naturwunder des ö. Kaiserthumes, 4 Bde., 1807–21; Länder- und Völker-Merkwürdigkeiten des ö. Kaiserthumes, 4 Bde., 1809; Neueste Reisen durch Ö., 3 Bde., 1811; Pantheon denkwürdiger Wundertaten ... des ö. Reiches, 3 Bde., 1816; Die Burgvesten und Ritterschlösser der ö. Monarchie, 8 Bde., 1819–20. – Literatur: K. Adel, Die Anfänge der ö. Geschichtsschreibung, in: Ö. in Geschichte und Literatur 13, 1969.

Sasse, Heribert, * 28. 9. 1945 Linz (OÖ.), Schauspieler, Regisseur, Theaterleiter. Studierte am Reinhardt-Seminar, 1968 erstes Engagement am Wr. Volkstheater, danach an verschiedenen dt. Bühnen (München, Berlin und Düsseldorf), 1976–79 in Wien (Theater in der Josefstadt, Komödianten, Studio Molière, Volkstheater, Schauspielhaus) und bei den Sbg. Festspielen; 1981–85 Intendant des Renaissance-Theaters in Berlin, 1986–90 der Staatl. Schauspielbühnen Berlins (in der Nachfolge von B. → Gobert); danach freischaffender Schauspieler und Regisseur; seit 1995 Intendant des Berliner Schlosspark-Theaters.

Sassmann, Hanns, * 30. 6. 1924 Wien, † 15. 6. 1997 Graz (Stmk.), Journalist und Verleger. 1949–51 Redakteur der kath. Wochenzeitung „Die Wende", 1951 Eintritt in das Verlagshaus Styria, nach Tätigkeit bei ausländ. Zeitungshäusern und Buchverlagen 1954 Rückkehr zu Styria, ab 1959 Dir. des Zeitungsverlags, 1968–94 Gen.-Dir.; 1976–94 Hg. der Wochenzeitung „Die Furche".

Ferdinand Sauter. Stich.

Sattler, Johann Michael, * 28. 9. 1786 Herzogenburg (NÖ.), † 28. 9. 1847 Mattsee (Sbg.), Maler. Studierte an der Wr. Akad., wirkte ab 1819 in Salzburg. Sein Hauptwerk ist das 1825–29 entstandene riesige (Durchmesser 5 m) Panorama der Stadt Salzburg (Mitarbeit von F. → Loos und J. J. → Schindler), das ein geschlossenes Bild der Stadt und der umliegenden Landschaft von größter topograph. Genauigkeit bietet. Mit ihm bereiste S. viele europ. Städte; jetzt in der Liftzufahrtshalle am Mönchsberg. Sein Sohn Hubert S. (1817–1904) war ebenfalls Maler, er schuf u. a. „Kosmoramen" von Paris, London, Wien und New York.
Weitere Werke: Altarblatt „Hl. Familie" in der Sebastianikirche in Salzburg; Landschaften und Porträts im Sbg. Mus. Carolino Augusteum und im Hotel Bräu in Lofer. – Literatur: J. Gassner, J. M. S. und sein Panorama, Jahresschriften des Sbg. Mus. Carolino Augusteum 4, 1958; S. Lundwall, J. M. S., Diss., Innsbruck 1964.

Sattler, Klaus-Peter, * 22. 8. 1941 Helftrich (D), Komponist. Lebt seit 1963 in Wien (seit 1979 ö. Staatsbürger). Komponiert v. a. Filmmusik (1970 für den Oscar nominiert) und U-Musik, schuf zahlr. Klangschienen und Signations für ORF, 3sat u. a. Seit 1992 Prof. f. Medienkomposition an der Hochschule bzw. Univ. f. Musik und darst. Kunst in Wien.

Sattler, Leonhard, * 21. 5. 1676 Altstetten (D), † 17. 10. 1744 St. Florian (OÖ.), Bildhauer. Ab 1711 im Stift St. Florian tätig.
Werke: St. Florian (1711–13): Plastiken am Augustinusaltar, in der Prälatensakristei, am Stiftstor und -gebäude, im Treppenhaus, Mohren im Bischofszimmer, Standbild hl. Leonhard im Markt; Statuen am Hochaltar in Niederwaldkirchen (1722); am weissendorffschen Freihaus in Linz (1730).

Sauer, August, * 12. 10. 1855 Wr. Neustadt (OÖ.), † 17. 9. 1926 Prag (CZ), Literaturhistoriker. 1879 Habilitation an der Univ. Wien; Dozent in Lemberg, ab 1883 Univ.-Prof. in Graz, ab 1886 in Prag. Befasste sich v. a. mit der Literatur des 18. und 19 Jh., Hg. der hist.-krit. Ausgabe der „Sämtl. Werke von F. Grillparzer" (42 Bde., 1909–48). Gründer der Ztschr. „Euphorion".
Weitere Werke: Kulturpolit. Reden und Schriften, hg. v. J. Pfitzner, 1928; Gesammelte Schriften, 2 Bde., 1933/41. – Hg.: F. Raimund, Sämtl. Werke, 1881 (mit C. Glossy); Goethe und Ö., 2 Bde., 1902/04; A. Stifter, Sämtl. Werke, 24 Bde., 1904–39 (fortgeführt v. F. Hiller u. G. Wilhelm). – Literatur: ÖBL.

Sauer, Emil (von), * 8. 10. 1862 Hamburg (D), † 27. 4. 1942 Wien, Pianist und Komponist. Unterrichtete ab 1901 am Wr. Konservatorium. Hg. von klavierpädagog. Literatur.
Werke: Klavierkonzerte, Lieder. – Publikation: Meine Welt, 1901.

Sauer, Gerhard, * 23. 7. 1944 St. Jakob b. Puch (Sbg.), Fels- und Tunnelbauingenieur. Seit 1980 Zivilingenieurbüros in Ö., Deutschland, den USA und Taiwan; Experte für den U-Bahn-Bau, Gastprof. in Kassel. Verschaffte der Neuen Ö. Tunnelbauweise internat. Ansehen.

Sauerzopf, Franz, * 17. 5. 1932 Mattersburg (Bgld.), Jurist (Richter) und Politiker (ÖVP). 1978–82 Landesparteiobmann der ÖVP und Landeshauptmann-Stellv. des Bgld., 1982–86 Abg. z. Bgld. Landtag, 1986–93 wieder Landeshauptmann-Stellv.

Sausgruber, Herbert, * 24. 7. 1946 Bregenz (Vbg.), Jurist und Politiker (ÖVP). Ab 1979 Abg. z. Vbg. Landtag, seit 1986 Landesparteiobmann der ÖVP Vbg., 1990–97 Landesstatthalter, seit 1997 Landeshauptmann von Vbg.

Sauter, Ferdinand, * 6. 5. 1804 Werfen (Sbg.), † 30. 10. 1854 Wien, Meister der Stegreifdichtung. Verkehrte in Wr. Vorstadtschenken, viele seiner schwermütigen Lieder wurden Volksgut, starb als „verkommenes Genie" in Armut.
Ausgaben: Gedichte, hg. v. J. v. Traun, 1855; Auswahl, hg. v. O. Stein, 1940. – Literatur: H. Deissinger u. O. Pfeiffer, F. S. Sein Leben und Dichten, 1926; J. Buchowiecki, F. S. Mit ungedr. Gedichten und einer Bibliographie, 1972; ÖBL.

Sauter, Lilly (Lilli, Pseud. f. Juliane S., geb. Pleschner), * 19. 6. 1913 Wien, † 7. 3. 1972 Innsbruck (Ti.), Kunsthistorikerin, Lyrikerin, Erzählerin und Übersetzerin. Leiterin der Kunsthist. Smlg. in Schloss Ambras; 1946/47 Redakteurin der Monats-Ztschr. „Wort und Tat" (mit G. M. Bourgeois).
Werke: Lyrik: Spiegel des Herzens, 1948; Zum Himmel wächst das Feld, 1973. – Prosa: Ruhe auf der Flucht, 1951 (Roman); Mondfinsternis, 1957 (Novelle). – Zahlr. Übersetzungen aus dem Französischen und Englischen.

Savoyen, Prinz Eugen von, → Eugen, Prinz von Savoyen.

Sawallisch, Wolfgang, * 26. 8. 1923 München (D), Dirigent. Generalmusikdirektor in Aachen (ab 1953), Wiesbaden (ab 1958) und Köln (1960–63), 1960–70 Chefdirigent der Wr. Symphoniker und 1961–72 auch Generalmusikdirektor der Hamburger Philharmoniker. 1970–80 Generalmusikdirektor des Orchestre de la Suisse Romande und 1971–93 Generalmusikdirektor der Bayer. Staatsoper in München (1982–93 auch Staatsoperndirektor); seit 1993 musikal. Leiter des Philadelphia Orchestra. Zahlr. Plattenaufnahmen und Gastspiele.
Werke: Im Interesse der Deutlichkeit. Mein Leben mit der Musik, 1988.

Scala, Arthur von, * 14. 12. 1845 Wien, † 30. 9. 1909 Lana b. Meran (S-Ti.), Leiter des Ö. Mus. f. Kunst und

Ind. (ab 1897). Trug mit Ausstellungen zum modernen Kunstgewerbe und der Reorganisation der Kunstgewerbeschule maßgebl. zur Durchsetzung des Secessionismus bei. Hg. von „Kunst und Kunsthandwerk" (Monatsschrift, 1898ff.).
Literatur: ÖBL.

Scala, Ferdinand delle (eigentl. Eduard S., Pseud.: F. v. Merthiven), * 28. 5. 1866 Bozen (S-Ti.), † 3. 5. 1906 Innsbruck (Ti.), Kapuziner, Historiker, Erzähler, Dramatiker. Seelsorger in Feldkirch (1891–95) und Dornbirn (1895–99); ab 1899 Sekr. der Indienmission in Innsbruck. Verfasser populärer Ti. Volksschauspiele („Peter Mayr, der Wirt an der Mahr", 1896).
Weitere Werke: Volksschauspiele: Andreas Hofer, 1902; Joseph Speckbacher, der Mann von Rinn, 1905. – Trauerspiel: St. Fidelis von Sigmaringen, 1897. – Hist. Darstellungen: Josef Franz von Sales Huter, Stadtbaumeister in Innsbruck, ein vergessener Patriot aus der Franzosenzeit, 1903; Gertraud Angerer von Tulfes, die Märtyrerin der Keuschheit, 1905; Der Berg Isel, 1905. – Literatur: E. M. Höck, Ti. Kleriker als Geschichtsforscher über die Geschichte Ti. (1870–1914), Diss., Innsbruck 1972; ÖBL.

Scartezzini-Pall, Olga, * 3. 12. 1947 Göstling a. d. Ybbs (NÖ.), Skirennläuferin und Physiotherapeutin. 1966–70 im Weltcup, insges. 3 Weltcupsiege in der Abfahrt; 1968 Gesamtweltcupsiegerin im Abfahrtslauf und Goldmedaille bei den Olymp. Spielen in Grenoble. Vizepräsidentin des Ö. Skiverbands.

Schachermeyr, Fritz, * 10. 1. 1895 Linz (OÖ.), † 26. 12. 1987 Eisenstadt (Bgld.), Historiker, Archäologe, Epigraphiker. Univ.-Prof. in Jena, Heidelberg, Graz (1941) und 1952–66 in Wien. Initiator und Präs. (1957) der Internat. H.-Wolf-Ges. und Mit-Hg. der krit. Gesamtausgabe der Werke des Komponisten.
Werke: Etrusk. Frühgeschichte, 1929; Hethiter und Achäer, 1935; Alexander der Große, 1949; Poseidon ..., 1950; Die ältesten Kulturen Griechenlands, 1955; Griech. Geschichte, 1960; Die minoische Kultur des alten Kreta, 1964; Ein Leben zw. Wiss. und Kunst, 1984.

Schachner, Walter („Schoko"), * 1. 2. 1957 Leoben (Stmk.), Fußballspieler und -trainer. Ab 1978 Stürmer bei Austria Wien, ab 1981 erfolgreiche Karriere in Italien (Cesena, AC Torino, US Avellino). Ab 1999 Trainer, seit 2000 Trainer beim FC Kä., mit dem er in der Saison 2000/2001 in die Bundesliga aufstieg sowie den ö. Cup u. Supercup gewann. Als Aktiver 299 Tore in 612 Bundesligaspielen und 24 Tore in 64 Länderspielen der ö. Nationalmannschaft.

Schäfer, Karl, * 17. 5. 1909 Wien, † 23. 4. 1976 ebd., Eiskunstläufer. 1929–36 8-mal in ununterbrochener Serie Europameister, 1930–36 7-mal Weltmeister, Goldmedaillen bei den Olymp. Spielen 1932 in Lake Placid und 1936 in Garmisch-Partenkirchen. Zw. 1926 und 1936 7-mal ö. Meister im Brustschwimmen. Nach Beendigung seiner Karriere zunächst Revueläufer, dann Trainer.

Schaffelhofer, Walter, * 7. 10. 1943 Wien, Verlagsleiter. 1971–77 und seit 1992 Gen.-Sekr. des Verbands ö. Zeitungsherausgeber und Zeitungsverleger. 1977–92 Verlagsleiter der Zeitung „Die Furche".

Schaffer, Franz Xaver, * 12. 4. 1876 Mährisch Schönberg (Šumperk, CZ), † 17. 4. 1953 Wien, Geologe und Paläontologe. 1900–36 am Naturhist. Museum in Wien; v. a. Tertiärgeologe (Stratigraphie des Wr. Beckens), zahlr. Forschungsreisen in alle Welt.
Werke: Das Miocän von Eggenburg, in: Abh. der Geolog. Reichsanstalt, 1910–1925; Lehrbuch der Geologie, 3 Bde., 1922–41; Geologie, Geschichte und Bau der Umgebung von Wien, 1927; Geologie von Ö., 1941 (Hg.). – Literatur: F. Trauth, F. X. S., in: Mttlg. der Geolog. Ges. Wien 45, 1954.

Schäffler, Theodor Heinrich Otto, * 15. 10. 1838 Unterheimbach (D), † 31. 7. 1928 Wien, Mechaniker, Erfinder und Unternehmer. Gründete 1869 eine Telegrafenbauanstalt in Wien, baute 1880–92 Telefonzentralen und 1890 die Lochkartenzählmaschinen für die Auswertung der Volkszählung; 1896 Verkauf der Firma an K. A. → Czeija und F. → Nissl.
Literatur: ÖBL.

Schaffler, Wolfgang, * 25. 10. 1919 Salzburg, † 22. 4. 1989 Wien, Verleger. Gründete 1956 die Residenz Verlag Ges. m. b. H. in Salzburg, die sich unter seiner Führung zum renommiertesten ö. Literaturverlag entwickelte.

Schafranek, Franz, * 6. 2. 1930 Gratzen (Nové Hrady, CZ), † 4. 6. 1991 Wien, Schauspieler, Regisseur, Theaterleiter. Ab 1945 in Ö., studierte dann Theaterwiss. in Stockholm; 1955/56 am Theater am Schiffbauerdamm in Ostberlin Zusammenarbeit mit B. Brecht; 1959 Rückkehr nach Wien, Regieassistent am Burgtheater, 1961–65 Dramaturg, 1965–67 Programmberater des ö. Fernsehens. Gründete 1963 mit seiner Frau, der amerikan. Schauspielerin R. → Brinkmann, Vienna's English Theatre. Regisseur von über 40 Produktionen an diesem und an mehreren anderen dt.-sprach. Theatern Wiens; zahlr. Auszeichnungen.

Schaitberger, Joseph (auch J. Schaidberger, Scheitberger, Scheidberger), * 19. 3. 1658 Dürrnberg (Sbg.), † 2. 10. 1733 Nürnberg (D), Schriftsteller und Bergmann. Wurde 1686 wegen seines protestant. Glaubens des Landes verwiesen und ging nach Nürnberg; arbeitete als Tagelöhner und lebte zuletzt im Nürnberger Wendelinstift. Schrieb das Sbg. Exulantenlied „I bin ein armer Exulant" und den „Send-Brief an die hinterlassenen Landesleute" (1688).
Weitere Werke: Neu-vermehrter evang. Send-Brief, 1710; Gottlieb's tägl. Andachten, 1729. – Literatur: H. Langer, J. S., 1985; G. Reingrabner, J. S. Bergmann und Exul Christi, 2000.

Schalek, Alice (Pseud.: Paul Michaely), * 21. 8. 1874 Wien, † 6. 11. 1956 New York (USA), Journalistin. Ab 1903 bei der „Neuen Freien Presse", im 1. Weltkrieg Kriegsberichterstatterin, von K. → Kraus heftig angegriffen. Emigrierte 1938 in die USA. Erste bed. Frau im ö. Journalismus.
Werke: Wann wird es tagen?, 2 Bde., 1902; Indienbummel, 1912; Ti. in Waffen, 1915; Am Isonzo, 1917; In Buddhas Land, 1922; Japan, 1924. – Literatur: E. Krasny (Hg.), Von Samoa zum Isonzo. Die Fotografin und Reisejournalistin A. S., Ausst.-Kat., Jüd. Mus. d. Stadt Wien, 1999.

Alice Schalek. Foto, 1917.

Schalk, Franz, * 27. 5. 1863 Wien, † 3. 9. 1931 Edlach (Gem. Reichenau a. d. Rax, NÖ.), Dirigent; Bruder von Josef → Schalk. Schüler von A. → Bruckner, 1900 1. Kapellmeister der Wr. Hofoper, 1904–21 auch Leiter der Konzerte der Ges. der Musikfreunde in Wien; 1909–19 Lehrer an der Wr. Musikakad.; 1918–29 Dir. der Wr. Staatsoper (1919–24 mit R. → Strauss), die er zu glanzvoller Höhe führte. Rief die Gastspielreisen des Opern-Ensembles ins Leben, ließ auch im Redoutensaal Mozart- und andere Opern aufführen und trug wesentl. zur Gründung der Sbg. Festspiele bei; Dirigent an der Wr. Hofburgkapelle. Setzte sich bes. für das Werk A. Bruckners ein.
Werk: Briefe und Betrachtungen, 1935. – Literatur: T. Leibnitz, Die Brüder Schalk und A. Bruckner, 1988; ÖBL; NÖB.

Franz Schalk. Foto.

Schalk, Josef, * 24. 3. 1857 Wien, † 7. 11. 1900 ebd. Pianist; Bruder von Franz → Schalk. Freund von H. → Wolf; Prof. am Wr. Konservatorium. Bekannt sind seine Klavierauszüge der Symphonien A. → Bruckners.

Schallautzer, Hermes, * 1503 Wien, † 21. 3. 1561 ebd., 1538 Wr. Bürgermeister, 1540–43 Stadtrichter. Übernahm 1547 die Bauleitung für die neuen Befestigungen Wiens nach der Türkenbelagerung von 1529 und unterstützte den Kartographen A. → Hirschvogel bei der Erstellung seines Stadtplans. Die bei den Arbei-

ten gefundenen antiken Gegenstände ließ er in einem Lapidarium zusammentragen.
Literatur: F. Czeike, Wien und seine Bürgermeister, 1974.

Schalle, Veit, * 24. 10. 1942 Klagenfurt (Kä.), Manager. Anfang der 70er Jahre Geschäftsführer von Merkur-Markt, seit 1988 Generalbevollmächtigter des Billa-Konzerns; seit 1979 Vorstandsvorsitzender der BML Holding, die in Ö. die Einzelhandelsmärkte Billa, Merkur, Mondo und Tante Emma betreibt.

Schallenberg, Christoph von, * 31. 1. 1561 Schloss Piberstein (Gem. Ahorn, OÖ.), † 25. 4. 1597 Wien, Lyriker. Studierte in Tübingen, Padua, Bologna und Siena, dann Truchsess von Erzhzg. Matthias (ab 1584); 1595 Kommandant der Donauflotte. Schrieb lat. und dt. Gelegenheits- und Spottgedichte, die in einer Handschrift erhalten blieben (hg. v. H. Hurch, 1910, Nachdruck 1973). Verbindet neulat. Dichtkunst mit Elementen des Volkslieds; Übersetzungen ital. Lieder ins Deutsche.
Literatur: C. Pauli, Herrn C. v. S. dt. Poetereien, Diss., Wien, 1943.

Schaller, Johann Nepomuk, * 30. 3. 1777 Wien, † 15. 2. 1842 ebd., Bildhauer; Bruder des Malers Anton S. Besuchte die Wr. Akad. und war einige Zeit bei G. Pisani in Wien tätig, erlernte dabei das Arbeiten in Marmor, war daneben ab 1791 unter A. M. → Grassi Modelleur an der Wr. Porzellanmanufaktur, wurde 1811 zum Obermodelleur der Manufaktur befördert; schuf als solcher eine Reihe von Porzellanbüsten von Mitgliedern des Kaiserhauses, 1812–23 Romstipendium, Kontakte zu A. → Canova und B. Thorvaldsen, ab 1823 Akad.-Prof. für Bildhauerei in Wien.
Literatur: S. Krasa-Florian: J. N. S., 1977; ÖBL.

Schambeck, Herbert, * 12. 7. 1934 Baden (NÖ.), Jurist und Politiker (ÖVP). 1966 Univ.-Prof. in Innsbruck, seit 1967 in Linz. 1969–97 Mitgl. d. BR, mehrmals dessen Vorsitzender bzw. Stellvertr. des Vorsitzenden und Obmann der ÖVP-Fraktion. Trat für eine Stärkung des Föderalismus ein.
Werke: Das Volksbegehren, 1971; Ethik und Staat, 1986; Kirche, Staat und Demokratie, 1992; Regierung und Kontrolle in Ö., 1997; Zu Politik und Recht. Ansprachen, Reden, Vorlesungen und Vorträge, 1999. – Literatur: J. Hengstschläger (Hg.), Für Staat und Recht, Festschrift f. H. S., 1994.

Scharang, Michael, * 3. 2. 1941 Kapfenberg (Stmk.), Erzähler, Essayist, Drehbuch- und Hörspielautor. Studierte Philosophie, Kunstgeschichte und Theaterwissenschaft. 1973–89 KPÖ-Mitgl. Verfasst polit. und soz. engagierte Prosawerke und Essays („Charly Traktor", Roman, 1973; „Das Wunder Ö. oder Wie es in einem Land immer besser und dabei immer schlechter wird", 1989).
Weitere Werke: Romane: Der Sohn des Landarbeiters, 1976; Der Lebemann, 1979; Auf nach Amerika, 1992; Das jüngste Gericht des Michelangelo Spatz, 1998. – Prosa: Schluß mit dem Erzählen und andere Erzählungen, 1970; Bleibt Peymann in Wien oder kommt der Kommunismus wieder, 1993. – Literatur: S. Rauscher, Aporien und Paradigmen des Erzählens in der ö. Prosa der 60er Jahre. Gezeigt an den Texten von T. Bernhard, P. Handke und M. Scharang, Diss., Wien 1994.

Adolf Schärf. Foto.

Schärf, Adolf, * 20. 4. 1890 Nikolsburg (Mikulov, CZ), † 28. 2. 1965 Wien, Jurist, Beamter und Politiker (SDAP, SPÖ). 1918–34 Sekr. des soz.-dem. Nationalratspräs., 1933–34 Mitgl. d. BR; 1934, 1938 und 1944 in polit. Haft. 1945–57 Bundesparteivorsitzender der SPÖ, Abg. z. NR (bis 1956 Klubobmann) und Vizekanzler, 1957–65 Bundespräs.; mit Bundespräs. K. → Renner und Innenminister O. → Helmer gehörte S. zum pragmat. Flügel der von ihm 1945 mitbegründeten SPÖ und lehnte austromarxist. Positionen ab. Die Lehren aus dem Untergang der 1. Republik ziehend, setzte er sich für den wirt. Wiederaufbau Ö. unter Einbindung der Arbeitnehmer und für die Bildung einer Koalitionsregierung aus ÖVP und SPÖ ein. 1955 nahm er an den Staatsvertragsverhandlungen in Moskau teil. Als Bundespräs. war er über die Parteigrenzen hinweg geachtet.
Werke: Ö. Erneuerung 1945–55, 1955; Erinnerungen aus meinem Leben, 1963. – Literatur: K. R. Stadler, A. S., 1982.

Scharf, Erwin, * 29. 8. 1914 Wittingau (Třeboň, CZ), † 6. 9. 1994 Wien, Journalist und Politiker (SPÖ, KPÖ). 1934–38 Funktionär der illegalen Revolutionären Sozialisten, 1938–40 in Haft; 1945–47 SPÖ-Zentralsekr., 1948 Parteiausschluss wegen Annäherung an die KPÖ. 1945–48 und 1949–53 Abg. z. NR. Gründete 1949 die Partei der Linkssozialisten, die sich 1956 mit der KPÖ vereinigte. 1957–65 Chefredakteur der „Volksstimme".
Literatur: M. Sporrer u. H. Steiner (Hg.), E. S. – Zeitzeuge, 1986.

Scharfetter, Rudolf, * 20. 2. 1880 Salzburg, † 26. 9. 1956 Graz (Stmk.), Pflanzengeograph. Ab 1921 Univ.-Prof. in Graz. Verfasser von grundlegenden Arbeiten über die alpine Vegetation.
Werke: Lehrbuch der Pflanzenkunde, 1913 ([5]1929); Das Pflanzenleben der Ostalpen, 1938; Pflanzenschicksale, 1952; Biographien von Pflanzensippen, 1953. – Literatur: G. Wendelberger, R. S., 1956.

Scharff, Anton, * 10. 6. 1845 Wien, † 5. 7. 1903 Brunn a. Gebirge (NÖ.), Medailleur der Ringstraßenzeit. 1882 Leiter, 1896 Dir. der Wr. Graveurakad. Als charakterist. Vertreter der späthistorist.-malerischen Richtung schuf S. zahlr. Medaillen und Plaketten von höchster Qualität und führte prominente ausländ. Aufträge (München, London) aus. Für die Burgtheater-Loggia schuf er 1887 die Medaillonporträts des Kaiserpaars.
Literatur: A. v. Loehr, Wr. Medailleure, 3 Bde., 1899–1911.

Scharizer, Karl, * 30. 7. 1901 Freistadt (OÖ.), † 9. 7. 1956 Wien, Politiker (NS). 1932 Gauleiter in Sbg., 6. 12. 1932–5. 9. 1933 Mitgl. d. BR. Flüchtete 1933 nach Deutschland (Aberkennung der ö. Staatsbürgerschaft am 5. 9. 1933), 1938 stellv. Gauleiter von Wien und Mitgl. des großdt. Reichstags 1938–45, 1943 SS-Brigadeführer.

Schasching, Johannes, * 10. 3. 1917 St. Roman (OÖ.), Sozialwissenschaftler. 1937 Eintritt in den Jesuitenorden, lehrte ab 1952 an der Innsbrucker Univ. Sozialethik und -lehre, ab 1967 an der Gregoriana in Rom; bedeutender Berater bei den päpstl. Sozialenzykliken „Laborem exercens" und „Sollicitudo rei Socialis" und bei der Abfassung des Sozialhirtenbriefs der ö. Bischöfe. Zahlr. Publikationen.

Schaschl, Erhard, * 12. 1. 1943 Singerberg (Kä.), Jurist und Manager. Studierte in Graz (Jus) und an der Hochschule für Welthandel in Wien, 1967 Eintritt in die CA, 1977 Abteilungs-Dir. 1981–2001 Gen.-Dir. und Vorstandsvorsitzender der Wienerberger Baustoffind. AG. Vorstandsmitgl. der Vereinigung der Ö. Industrie.

Schatz, Josef, * 3. 3. 1871 Imst (Ti.), † 23. 3. 1950 Innsbruck (Ti.), Philologe. 1905–12 Univ-Prof. in Lemberg, ab 1912 in Innsbruck. Pionier der Dialektologie, insbes. Forschungen zu den Mundarten Ti. („Die tirolische Mundart", 1903; Wörterbuch der Ti. Mundarten, 2 Bde., 1955/56).
Weitere Werke: Oswald v. Wolkenstein. Geistl. und weltl. Lieder, 1902; Altbayr. Grammatik, 1907; Ahd. Grammatik, 1927; Sprache und Wortschatz der Gedichte Oswalds v. Wolkenstein, 1930. – Literatur: Festschrift zu Ehren v. J. S., Schlernschriften 57, 1948; ÖBL.

Schatz, Oskar, * 6. 9. 1924 Salzburg, † 5. 4. 1993 ebd., Wissenschaftspublizist, Rundfunkjournalist. Leiter des ORF-„Nachtstudios", Gründer (1965) und bis 1986 Leiter der „Salzburger Humanismusgespräche".

Schatz, Otto Rudolf, * 18. 1. 1900 Wien, † 26. 4. 1961 ebd., Maler und Graphiker. Studierte 1918–20 an der Wr. Kunstgewerbeschule u. a. bei O. → Strnad; seine Holzschnitte mit Themen aus Ind. und Arbeitswelt erschienen in soz.-dem. Publikationen; wichtigster Illustrator der Büchergilde Gutenberg, befreundet mit dem Arbeiterdichter J. → Luitpold. 1934 Publikationsverbot für die Büchergilde, 1938 Berufsverbot, 1944/45 im KZ; danach wieder in Wien tätig.

Werke: Illustrationen u. a. zu J. Luitpolds „Die neue Stadt", 1927; Ölgemälde (Porträts und Landschaften). – Literatur: W. Dnaimr, O. R. S. – Graphik, 1978; ders., O. R. S., Kriegsbriefe, 1982; K. Schröder, Neue Sachlichkeit, Ö. 1918–38, Ausst.-Kat., Kunstforum, Wien 1995.

Schauenstein, Adolf, * 4. 12. 1827 Graz (Stmk.), † 16. 10. 1891 ebd., Gerichtsmediziner. Erster Prof. f. Staats- und gerichtl. Arzneikunde (1863) an der Univ. Graz. Verdienste um die forensische Toxikologie, ab 1871 Vorsitzender des Landessanitätsrats der Stmk.

Werke: Lehrbuch der gerichtl. Medizin, 1862; Hb. der öffentl. Gesundheitspflege in Ö., 1863. – Literatur: ÖBL.

Schauer, Helmut, * 3. 12. 1943 Wien, Informatiker. Studierte Elektrotechnik an der Techn. Hochschule in Wien, ab 1968 Ass. und ab 1985 Univ.-Prof. an dieser, seit 1988 Univ.-Prof. f. Informatik in Zürich. Befasst sich bes. mit Algorithmen und Datenstrukturen sowie Spezifikation und objektorientierter Programmierung. Publizierte Lehrbücher über die Programmiersprachen PASCAL und LOGO, Hg. der Buchreihe „Springers Angewandte Informatik".

Werke: PASCAL für Anfänger, 4 1982; PASCAL für Fortgeschrittene, 2 1983; PASCAL-Übungen. Methoden zur Programmentwicklung, 2 1985; Konzepte der Programmiersprachen, 1986; LOGO – Jenseits der Turtle, 1988.

Schaukal, Richard, * 27. 5. 1874 Brünn (Brno, CZ), † 10. 10. 1942 Wien, Schriftsteller, Übersetzer, Literaturkritiker und Jurist. War ab 1903 im Ministerratspräsidium in Wien, dann als Sektionschef und als Präsidialchef im Arbeitsministerium tätig, ließ sich 1918 pensionieren und lebte als freier Schriftsteller. Seine vom franz. Symbolismus, von der Neuromantik und von H. Heine beeinflusste Lyrik zeigt ein traditionsgebundenes Kunstverständnis; stimmungsvolle, melancholische Gedichte und kulturpessimist. Prosa.

Ausgabe: Werke in Einzelausgaben, hg. v. L. Schaukal u. J. Schondorff, 6 Bde., 1965–67. – Literatur: M. Maurer, Sprache und Stil in der erzählenden Prosa R. v. S., Diss., Innsbruck 1971; C. Warum, R. v. S. als Kritiker und Übersetzer aus dem Französischen, 3 Bde., Diss., Wien 1993; D. Pietzcker, R. v. S. Ein ö. Dichter der Jh.-Wende, 1997; ÖBL.

Schaumayer, Maria, * 7. 10. 1931 Graz (Stmk.), Wirtschaftswissenschaftlerin und Politikerin (ÖVP). Zunächst im Bankenbereich (Creditanstalt-Bankverein) tätig, 1965–73 amtsführende Stadträtin und Mitgl. der Wr. Landesregierung, 1973–82 Abg. z. Wr. Landtag und Mitgl. d. Wr. Gemeinderats; Vorstandsmitgl. der Kommunalkredit AG, 1982–89 Vorstandsmitgl. der ÖMV AG. 1990–95 Präs. der Oesterr. Nationalbank. Seit 2000 Regierungsbeauftragte für Entschädigung der NS-Zwangsarbeiter.

Schaurhofer, August, * 28. 4. 1872 Wien, † 24. 8. 1928 ebd., kath. Arbeiterinnen- und Akademikerseelsorger. Mitbegründer und Gen.-Dir. des Kath. Volksbundes.

Literatur: L. Bosmans, A. S., 1978.

Schausberger, Franz, * 5. 2. 1950 Steyr (OÖ.), Wissenschaftler und Politiker (ÖVP), seit 1996 Landeshauptmann von Sbg. Studierte Philosophie, Pädagogik und Anglistik, 1979–89 Landesgeschäftsführer der Sbg. ÖVP, ab 1989 Klubobmann; 1991–96 stellv. Kuratoriumsvorsitzender des ORF. Seit 1996 Univ.-Doz. für Neuere Geschichte in Linz, für seine Habilitationsschrift „Ins Parlament, um es zu zerstören" (1995) mit dem L.-Kunschak-Preis ausgezeichnet.

Weitere Werke: Volkspartei – Anspruch und Realität, 1995 (Hg. mit R. Kriechbaumer); Vom Regierungsproporz zur Konkurrenz, 1999 (Hg.).

Schauta, Friedrich, * 15. 6. 1849 Wien, † 10. 1. 1919 ebd., Gynäkologe. Univ.-Prof. in Innsbruck, Prag und Wien; nach ihm sind 2 Operationsmethoden benannt. Er führte die Frauenheilkunde zu einem Höhepunkt und veranlasste mit R. → Chrobak den Bau der neuen Frauenklinik in Wien.

Werke: Grundriß der operativen Geburtshilfe, 1885; Die Beckenanomalien, 1889. – Literatur: ÖBL.

Friedrich Schauta. Foto, 1900.

Schebesta, Paul, * 20. 3. 1887 Groß-Peterwitz (Pietrowice Wielkie, PL), † 17. 9. 1967 Wien, Völkerkundler, Forschungsreisender, Vertreter der Kulturkreislehre. 1912–16 Missionar in Mosambik. Erforschte auf 6 Expeditionen 1924–55 als einer der Ersten systemat. die Pygmäenvölker (Kongogebiet, Philippinen, Malaiische Halbinsel).

Werke: Bei den Urwaldzwergen von Malaya, 1927; Orang-Utan, 1928; Bambuti, die Zwerge vom Kongo, 1932; Vollblutneger und Halbzwerge, 1934; Der Urwald ruft wieder, 1936; Menschen ohne Geschichte, 1947; Die Bambuti-Pygmäen von Ituri, 4 Bde., 1938–50; Der ewige Ruf, 1948; Die Negritos Asiens, 3 Bde., 1952–57; Ursprung der Religion, 1961. – Literatur: Festschrift P. S. zum 75. Geburtstag, 1963.

Scheda, Josef Ritter von, * 23. 9. 1815 Padua (I), † 23. 7. 1888 Mauer b. Wien, General und Geograph. Beeinflusste den Landkartendruck in Ö. durch die Verwendung von Kupferstich und Lithographie, wandte erstmals Linienfarbdruck in der Lithographie an. Meisterhafte Kartenwerke.

Werke: Übersichtskarte von Europa 1 : 2,592.000 in 25 Blättern, 1845–47; Generalkarte des Ö. Kaiserstaates 1 : 576.000 in 20 Blättern, 1856–69; Karte des ö.-ungar. Reichs 1 : 1,000.000, 1873. – Literatur: ÖBL.

Schedl, Gerhard, * 5. 8. 1957 Wien, † 30. 11. 2000 Frankfurt a. Main (D; Selbstmord), Komponist. Vertreter der „Jungen Wilden". Ab 1981 Dozent am Hoch'schen Konservatorium in Frankfurt a. Main, 1982–85 Lektor an der Univ. Mainz. Zahlr. Preise.

Werke: szen. Werke: Der Großinquisitor, 1980; Der Schweinehirt, 1980; Kontrabaß, 1982; Schall und Rauch, 1983; S.C.H.A.S., 1987; Glaube, Liebe, Hoffnung, 1993; Fräulein Julie, 2000. – Symphonien, Konzerte, Kammermusik.

Richard Schaukal. Foto, 1912.

Scheffer von Leonhardshoff, Johann Evangelist, * 30. 10. 1795 Wien, † 12. 1. 1822 ebd., Historienmaler, Radierer und Lithograph, Nazarener. Studierte an der Wr. Akad. bei H. Maurer, Mitgl. des Lukasbundes, 1812 Studienreise nach Oberitalien; im selben Jahr in Klagenfurt Kammermaler des Gurker Fürstbischofs F. X. → Salm, der ihn 1814 nach Rom schickte, wo er sich eng an F. Overbeck anschloss. Von seinen Künstlerfreunden scherzhaft „Raffaelino" genannt; 1816 Rückkehr nach Klagenfurt, 1819 Übersiedlung nach Wien, 1820/21 letzter Romaufenthalt. Bearbeitete vorwiegend relig. Themen.

Literatur: J. E. S. v. L. 1795–1822, Ausst.-Kat., Wien 1977.

Scheibelreiter, Ernst, * 13. 11. 1897 Wien, † 3. 3. 1973 ebd., Lyriker, Erzähler, Dramatiker, Essayist, Jugendbuch- und Hörspielautor. Debütierte 1930 mit „Aufruhr im Dorf" erfolgreich als Bühnenautor; 1932 erschien der Gedicht-Bd. „Freundschaft mit der Stille". In der Folge Hinwendung zum Nat.-Soz., 1936 Mitgl. des „Bundes dt. Schriftsteller Ö."; nach dem Anschluss 1938 v. a. für Film und Hörfunk (Wr. Kasperlhörspiele) tätig. Nach 1945 profilierte sich S. als Jugendbuchautor.

Literatur: B. Heigl, E. S. Leben und Werk unter bes. Berücksichtigung seiner Lyrik. Diss., Salzburg, 1979.

Maria Schell in dem Film „Die letzte Brücke" von H. Käutner. 1954.

Scheibenpflug, Heinz (Pseud.: M. Waldegg), * 14. 1. 1910 Wien, † 15. 6. 1988 Salzburg, Erzähler, Essayist und Redakteur. Zuletzt Chefred. der Ztschr. „Für Sie" in Hamburg.

Werke: Kinder- u. Jugendbücher: Natur der Heimat, 1936; Berge um uns, 1937; Fährten und Spuren am Wanderweg, 1938; Das bunte Jahr, 1946; Abenteuer zu dritt, 1948; Ernte am Wegrand, 1948; Das grüne Reich, 1952; Abenteuer in der Fremde, 1953; Geheimnis der Meerestiefe, 1954; 1 x 1 der Gesundheit, 1958 (mit H. Wallnöfer). – Tiergeschichten.

Scheibl, Hubert, * 15. 4. 1952 Gmunden (OÖ.), Maler. Studierte 1976–81 an der Akad. der bild. Künste bei M. → Weiler und A. → Rainer. 1986 Teilnahme an der Ausstellung „Hacken im Eis" im Museum des 20. Jhdts. (mit H. → Brandl, G. → Damisch und O. → Zitko). Farbflächen bis hin zu fast monochromer Malweise spielen in seinen Bildern eine wichtige Rolle.

Literatur: S. Neuburger (Red.), H. S. – Vice, Ausst.-Kat., Mus. Moderner Kunst Stiftung Ludwig Wien, 1998.

Scheibl, Susanna (geb. Sträussenberger), * 10. 4. 1842 Frankenburg a. Hausruck (OÖ.), † 18. 12. 1920 Ried i. Innkreis (OÖ.), Mundartdichterin. Lebte als Frau eines Goldarbeiters in Braunau.

Werke: I'viertla Brocka. Gesammelte Gedichte in Innviertler Mundart, 1912; Allahand Lustigs und Ernsthafts. Gedichte in Innviertler Mundart, 1918. – Literatur: ÖBL.

Scheibner, Herbert, * 23. 4. 1963 Wien, Politiker (FPÖ). Studierte Rechtswiss. und Wirtschaftswiss. in Wien; 1987–88 Versicherungsmakler. 1992–95 Gen.-Sekr. der FPÖ, 1994–99 Geschäftsführer der Freiheitl. Akad.; 1990–2000 Abg. z. NR (1999–2000 Klubobmann der FPÖ), seit 2000 BMin. f. Landesverteidigung.

Scheicher, Josef, * 18. 2. 1842 Lichtenhof (Gem. St. Stefan ob Stainz, Stmk.), † 28. 3. 1924 Wien, Theologe. 1878–94 Prof. für Moraltheologie in St. Pölten; kämpferischer Politiker gegen den Liberalismus, Mitbegründer der Christl.-soz. Partei (setzte den jungen Klerus für deren Aufbau im westl. NÖ. ein), Mitgl. des Nö. Landtags und des Reichsrats, schied 1919 aus der Politik aus; auch als polit. Journalist tätig.

Werk: Erlebnisse und Erinnerungen, 6 Bde., 1907–12. – Literatur: J. Kendl, J. S., Priester und Politiker an der Schwelle einer neuen Zeit, Diss., Salzburg 1967.

Scheidl, Leopold G., * 11. 5. 1904 Amstetten (NÖ.), † 15. 12. 1974 Wien, Geograph. Aufenthalte in den USA und Japan; Lehraufträge an den Univ. Berlin (1941) und Leipzig (ab 1942), 1954–74 Univ.-Prof. an der Hochschule f. Welthandel in Wien, 1965 Rektor, 1972–74 Präs. der Ö. Geograph. Ges.; Reisen nach SO- und O-Asien (v. a. Japan); länderkundl. und wirtschaftsgeogr. Forschungen.

Werke: Untersuchungen zur Geographie Mitteljapans, 1943; Die Energiewirt. Ö., 1968.

Scheimpflug, Theodor, * 7. 10. 1865 Wien, † 22. 8. 1911 ebd., Pionier der Luftbildkartographie, Marineoffizier, Mitgl. des Militärgeograph. Inst. in Wien. Erfand zahlr. techn. Apparaturen für die Landvermessung aus der Luft. Begründer der Aerophotogrammmetrie, widmete sich dem Problem der „Fotokarte". Nach seinem Tod wurde seine Arbeit vom „Inst. S." (geleitet von seinem Bruder Karl S. und von G. Kammerer) fortgeführt.

Literatur: ÖBL.

Johann Baptist Schenk. Gemälde.

Scheit, Karl, * 21. 4. 1909 Schönbrunn (Svinov, CZ), † 22. 11. 1993 Wien, Gitarrist (Lautenist). 1933–84 Prof. an der Wr. Musikhochschule und am Konservatorium in Wien. Machte die Gitarre wieder vom Begleit- zum Soloinstrument. Zählt zu den Pionieren der hist. Aufführungspraxis (z. B. innerhalb der „Schola antiqua" mit J. Mertin und G. Leonhardt); zahlr. Auszeichnungen und Preise.

Werke: Bearbeitungen alter Meister; Lehrwerk für Gitarre. – Literatur: E. W. Partsch, K. S., 1994.

Schell, Maria (Margarethe), * 15. 1. 1926 Wien, (Film-)Schauspielerin; Schwester von Carl, Immy und Maximilian → Schell, verheiratet mit V. → Relin. Erste Filmrolle als 16-Jährige („Steinbruch", 1942), Gesangs- und Schauspielunterricht in Zürich, Engagements in der Schweiz und in Ö., danach von A. Korda nach Großbritannien engagiert. In den 50er Jahren v. a. in dt. Produktionen, häufige Partnerin von O. W. → Fischer. Durch ihre Filmtätigkeit in Hollywood (u. a. mit G. Cooper, G. Ford und Y. Brunner) erlangte sie internat. Beachtung. Seit den 60er Jahren vermehrte Theater- und Fernsehtätigkeit (TV-Serien).

Weitere Werke: Filme: Der Engel mit der Posaune, 1948; Der träumende Mund, 1952; Solange du da bist, 1953; Die letzte Brücke, 1953; Le notti bianche, 1957; The Brothers Karamazov, 1957; Cimarron, 1960. – „... und wenn's a Katz is!", 1995 (Autobiographie).

Schell, Maximilian, * 8. 12. 1930 Wien, Schauspieler, Regisseur, Autor, Produzent; Bruder von Maria → Schell. Engagements als Dramaturg, Schauspieler und Regisseur in Ö., der Schweiz, Deutschland, Großbritannien und den USA; 1. Filmrolle in „Kinder, Mütter und ein General" (1955), Oscar für „Judgment at Nuremberg" (Das Urteil von Nürnberg, 1961). 1970 Regiedebüt mit „Erste Liebe" nach I. S. Turgenjew; 1978–82 Darsteller des Jedermann bei den Sbg. Festspielen. Wichtige Rollen in internat. Filmproduktion („Little Odessa", 1994; „Vampires", 1998); TV-Serien.

Weitere Werke: Filme: Topkapi, 1964; Das Schloß, 1968; Geschichten aus dem Wienerwald, 1978 (Regie); Marlene, 1983. – Der Rebell. Eine Erzählung, 1997.

Schemerl von Leythenbach, Josef, * 26. 3. 1754 Laibach (Ljubljana, SLO), † 28. 1. 1844 Wien, Ingenieurarchitekt, Straßenbaudir. in Laibach. Kam vor 1799 nach Wien, wo er bis 1803 den Ausbau des Wr. Neustädter Kanals besorgte; leitete von 1809 bis zu seinem Tod den Hofbaurat. Unter seiner Oberleitung entstand 1815–18 das Polytechnikum (mehrfach umgebaut, heute Techn. Univ.). S. v. L. veröffentlichte mehrere Publikationen über den Straßen- und Wasserbau und galt hierfür als führender Fachmann der Monarchie.

Literatur: H. Sequenz (Hg.), 150 Jahre Techn. Hochschule in Wien, 2 Bde., 1965; ÖBL.

Scheminzky, Ferdinand, * 17. 2. 1899 Wien, † 9. 6. 1973 Innsbruck (Ti.), Balneologe und Elektrophysiologe. Univ.-Prof. in Innsbruck, Vorstand des Forschungsinst. Gastein der Akad. d. Wiss. und der Balneolog. Kommission im Sozialmin.

Werke: Leitfaden für die physiolog. Übungen, 1930; Die Welt des Schalles, 1935; Kurorte und Heilquellenkunde, 1947ff. (Buchreihe); Ztschr. f. Physikal. Therapie, Bäder- u. Klimaheilkunde, 1948–50 (Hg. mit J. Kowarschik); Biologie d. Heilquellen, 1962; Der Thermalstollen v. Badgastein-Böckstein, 1965 (Hg.); Die Heilbädertherapie in Ö., 1969.

Schenk, Erich, * 5. 5. 1902 Salzburg, † 11. 10. 1974 Wien, Musikwissenschaftler. Univ.-Prof. in Rostock und Wien (1940–71, 1957/58 Rektor); ab 1939 Leiter der Publikationen und ab 1964 Präs. der „Denkmäler der Tonkunst in Ö.", ab 1947 Obmann der Kommission f. Musikforschung der Ö. Akad. d. Wiss. Ehrendoktorate der Univ. Brünn und Rostock, zahlr. Auszeichnungen.

Werke: G. A. Paganelli, 1928; J. Strauß, 1940; 950 Jahre Musik in Ö., 1946; Kleine Wr. Musikgeschichte, 1947; W. A. Mozart, 1955. – Literatur: De ratione musica, Festschrift f. E. S., 1975 (mit Schriftenverz.).

Schenk, Johann Baptist, getauft 1. 12. 1753 Wr. Neustadt (NÖ.), † 29. 12. 1836 Wien, Komponist. Lehrer im Umkreis der Wr. Klassiker, bes. durch seine Singspiele

(v. a. „Dorfbarbier", 1796) bekannt; erfolgreicher Kontrapunktlehrer (u. a. von L. van → Beethoven); befreundet mit C. Weigl, W. A. → Mozart und J. → Haydn.

Weitere Werke: ca. 20 Singspiele (Die Weinlese, 1785; Die Weihnacht auf dem Lande, 1786; Der Bettelstudent, 1796; Die Jagd, 1799; Der Faßbinder, 1802). – Kammer- und Kirchenmusik, Symphonien, Harfenkonzerte. – Literatur: F. C. Rieger, J. S., 1944; F. Hadamowsky, Die Wr. Hoftheater, 1966; ÖBL.

Schenk, Otto, * 12. 6. 1930 Wien, Kammerschauspieler, Regisseur, Theaterleiter. Erste Schauspielengagements an Kellerbühnen, 1952 am Volkstheater und Theater am Parkring; 1955 als Schauspieler und Regisseur am Theater in der Josefstadt in Wien; dann in Düsseldorf, 1963 Dir. des Theaters am Gärtnerplatz in München, 1965 Oberregisseur an der Staatsoper in Wien (1980 Ehrenmitgl. als erster Nicht-Musiker). Inszenierungen an allen großen Opernhäusern der Welt (u. a. Metropolitan Opera, New York). Als Schauspieler und Regisseur oft am Wr. Burgtheater, bei den Sbg. Festspielen und v. a. am Theater in der Josefstadt, dessen Leitung er 1988–97 innehatte (mit R. → Jungbluth); Rundfunktätigkeit, Lesungen. 1991 Nestroy-Ring.

Werk: Sachen zum Lachen, 1992 (Hg.). – Literatur: M. Horowitz, O. S., 1995.

Schenker, Heinrich * 19. 6. 1868 Wisniowczyk (Višnewčik, UA), † 13. 1. 1935 Wien, Musiktheoretiker, Pianist und Komponist. Studierte 1884–88 Jus an der Univ. Wien und 1887–90 Klavier am Konservatorium der Ges. der Musikfreunde in Wien (u. a. bei A. → Bruckner). Führte in seiner „Schichtenlehre" die Kompositionen auf einen „Ursatz" und eine „Urlinie" zurück. Diese Analysemethode ist heute bes. in den USA verbreitet; an der Univ. für Musik und darst. Kunst Wien gibt es einen S.-Lehrgang.

Werke: Neue musikal. Theorien und Phantasien, 3 Tle., 1906–34; Der Tonwille, 10 Tle., 1921–24; Das Meisterwerk in der Musik, 3 Bde., 1925–30. – Literatur: O. Jonas, Vom Wesen des musikal. Kunstwerkes, 1934; L. Laskowski, H. S., 1978; M. Eybl, Ideologie und Methode. Zum ideengeschichtl. Kontext von S. Musiktheorie, 1995; C. Schachter, Unfoldings. Essays in Schenkerian theory and analysis, 1999; ÖBL.

Schenz, Richard, * 25. 1. 1940 Wien, Physiker, seit 1992 Gen.-Dir. und Vorstandsvorsitzender der ÖMV bzw. OMV. Studierte Techn. Physik an der Techn. Hochschule in Wien; seit 1969 bei der ÖMV, 1979 Abteilungsleiter, 1985 Direktor, 1987 Leiter von 2 Projektgruppen, ab 1988 Vorstandsmitglied.

Scherer, Georg, * 3. 11. 1540 (1539?) Schwaz (Ti.), † 26. 11. 1605 Linz (OÖ.), Hofprediger und Volksmissionar, Jesuit. 1567–94 Domprediger von St. Stephan, 1577–1600 Hofprediger an der Wr. Hofburgkapelle und Rektor des Wr. Jesuitenkollegs (1590–94). Vorläufer → Prokops von Templins und → Abraham a Sancta Claras; entwickelte im Dienst der Gegenreformation einen volksnahen Predigtstil.

Werke: zahlr. Predigtsammlungen und relig. Schriften. – Literatur: G. Mierau, Das publizist. Werk von G. S., Diss., Wien 1968; W. Welzig u. a. (Hg.), Katalog gedruckter dt.-sprach. kath. Predigtsammlungen, Bd. 1, 1984.

Scherer, Rudolf von, * 11. 8. 1845 Graz (Stmk.), † 21. 12. 1918 Wien, Kirchenrechtler, Theologe. 1876 Prof. für Kirchenrecht in Graz, 1899–1912 in Wien.

Werk: Hb. des Kirchenrechtes, 2 Bde., 1886/98.

Scherer, Wilhelm, * 26. 4. 1841 Schönborn (Gem. Göllersdorf, NÖ.), † 6. 8. 1886 Berlin (D), Germanist. 1868–71 Univ.-Prof. in Wien, 1872–76 in Straßburg und in Berlin. Versuchte die naturwiss. Methode von Ursache und Wirkung auf die Geisteswiss. zu übertragen, wobei er eine phasenspezif. Entwicklung der dt. Literatur annahm; die „S.-Schule" prägte noch nach der Jh.-Wende die dt. Germanistik.

Werke: Über den Ursprung der dt. Literatur, 1864; Zur Geschichte der dt. Sprache, 1868; Dt. Studien, 2 Bde., 1870/74; Geschichte der dt. Literatur, 9 Tle., 1880–83; Poetik, 1888; Kleine Schriften, hg. v. K. Burdach u. E. Schmidt, 2 Bde., 1893. – Literatur: J. Fohrmann, Das Projekt der dt. Literaturgeschichte, 1988; ÖBL.

Scherpe, Johann (Hans), * 15. 12. 1855 Wien, † 15. 2. 1929 ebd., Bildhauer. Vertreter der jüngeren Ringstraßengeneration, trat v. a. als Bau- und Denkmalplastiker hervor. Verwendete eine zunehmend ruhige, für den Übergang zur Moderne charakterist. Formensprache.

Werke: Wien: Grabmal für L. Anzengruber auf dem Zentralfriedhof, 1893; Denkmal auf dem Schmerlingplatz, 1905; Denkmäler für R. v. Alt, 1912, und G. Coch, 1913. – Literatur: ÖBL.

Otto Schenk in „Grillparzer im Pornoladen" von P. Turrini, Theater im Rabenhof, 1994. Foto.

Scherzer, Karl von, * 1. 5. 1821 Wien, † 19. 2. 1903 Görz (Gorizia, I), Forschungsreisender, Gesandter. 1852–55 in N- und Mittelamerika, nahm 1857–59 an der ö. „Novara"-Weltumseglung, 1869 an der ö.-ungar. O-Asien-Expedition teil.

Werke: Reisen in Nordamerika, 3 Bde., 1854 (mit M. Wagner); Reise der ö. Fregatte Novara um die Erde, 2 Bde., 1864/66 (Volksausgabe); Smyrna, 1873.

Schett, Barbara, * 10. 3. 1976 Innsbruck (Ti.), Tennisspielerin. Seit 1992 Tennisprofessional; auf der WTA-Tour bisher 3 Einzeltitel (Palermo 1996, Maria Lankowitz 1997, Klagenfurt 2000) und 5 Doppeltitel (Palermo 1996 und 1997, Hamburg 1998, Auckland 1999, Sydney 2001). 1999 Qualifikation für den Grand-Slam-Cup in München und kurzzeitig auf Platz 7 der Tennis-Weltrangliste.

Scheu, Andreas, * 27. 1. 1844 Wien, † 29. 8. 1927 Rapperswil (CH), Schriftsteller und soz.-dem. Politiker; Bruder von Josef Franz Georg → Scheu. Wirkte ab 1867 im Arbeiterbildungsverein Wien bei zahlr. Versammlungen als Redner und ab 1870 als Hg. des Wochenblatts „Volkswille". 1872 schloss er sich den radikalen Sozialisten an und war 1874 am Parteitag in Neudörfl beteiligt. Im selben Jahr wanderte er nach England aus, 1912 übersiedelte er nach Weimar und 1914 in die Schweiz.

Literatur: H. Steiner, Die Brüder Scheu, 1968; ÖBL.

Scheu, Gustav, * 7. 10. 1875 Wien, † 9. 3. 1935 ebd., Rechtsanwalt und soz.-dem. Politiker; Sohn von Josef Franz Georg → Scheu, Bruder von Robert → Scheu, Ehemann von Helene → Scheu-Riesz. 1919–23 soz.-dem. Stadtrat in Wien; beschäftigte sich mit der Gartenstadtbewegung (Mitbegr. der Zentralstelle f. Wohnungsreform), nahm als jurist. Berater von Siedlungsgenossenschaften wesentl. Anteil am Wohnbau in Wien und förderte zeitgenössische Künstler wie A. → Loos und A. → Berg.

Literatur: ÖBL.

Scheu, Josef Franz Georg, * 15. 9. 1841 Wien, † 12. 10. 1904 ebd., Komponist, Chorleiter; Bruder von Andreas → Scheu, Vater von Gustav → Scheu und Robert → Scheu. Komponierte 1868 das „Lied der Arbeit" und schrieb Männerchöre. Mitbegründer des Ö. Musikerbunds und der „Musikerzeitung".

Literatur: ÖBL.

Scheu, Robert, * 11. 7. 1873 Schönau (NÖ.), † 25. 1. 1964 Wien, Kulturpolitiker, Journalist, Dramatiker, Essayist und Feuilletonist; Sohn von Josef Franz Georg → Scheu, Bruder von Gustav → Scheu. Studierte Jus, war dann Redakteur der „Arbeiterzeitung" sowie Mitarbeiter von „Fackel" und „Simplicissimus"; als Beamter des Handelsministeriums und Staatsbevollmächtigter setzte er sich für die Verständigung mit den Nachfolgestaaten der ö.-ungar. Monarchie ein. Nach 1918 Konsulent und freier Schriftsteller, verfasste er satir. Stücke, originelle Feuilletons und ein umfangrei-

Egon Schiele, Selbstbildnis. Gemälde, 1911 (Historisches Museum der Stadt Wien).

ches essayist. Werk. Initiator von Reformideen in Schule, Wirt. und Justiz.

Werke: Lyrik: Sonnentränen, 2 Bde., 1960/61. – Prosa: Alltag eines Fröhlichen, 1913; Narrenpost, 1948; Seltsame Geschichten und Humoresken, 1948; Tausend Gedanken, 1962 (Aphorismen). – Dramen: Waare, 1897; Tote Götter, 1898 (beide mit O. Stoessl); Des Satans Schüler, der Marquis Lusac, 1920; Einakterbühne, 1923; Schach der Dame, 1924; Das Herdfeuer, 1925. – Essays: Culturpolitik, 1901; K. Kraus, 1909; Wanderungen durch Böhmen am Vorabend der Revolution, 1919; Der Weg zum Lebenskünstler, 1927; Weltbild, gebrochen durch 4 Intellekte, 1965.

Scheuch, Manfred, * 31. 7. 1929 Wien, Journalist, Historiker. 1963 Eintritt in die „Arbeiterzeitung", 1967 Ressortleiter Innenpolitik, 1970–89 Chefredakteur der „AZ".

Werke: Atlas zur Zeitgeschichte: Europa im 20. Jh., 1992; Hist. Atlas Ö., 1994; Bedrohte Völker, 1995; Hist. Atlas Deutschland, 1997; Ö. im 20. Jh., 2000.

Scheu-Riesz, Helene (geb. Riesz), * 18. 9. 1880 Olmütz (Olomouc, CZ), † 8. 1. 1970 Wien, Erzählerin, Lyrikerin, Übersetzerin; Ehefrau von Gustav → Scheu. In der ö. Frauenbewegung tätig, Hg. der „Sesambücher" (Klassikerbibl. für die Jugend). 1934 Emigration in die USA, Journalistin in New York, 1954 Rückkehr nach Wien. Schuf zahlr. Nacherzählungen von Märchen und übersetzte Kinderbücher aus dem Englischen.

Scheyb, Franz Christoph von, * 26. 2. 1704 Tengen (D), † 2. 10. 1777 Wien, Epiker, Kunsttheoretiker. Jusstudium in Wien und Eintritt in den Staatsdienst, zahlr. Reisen, Kontakte mit J.-J. Rousseau, Voltaire und anderen Gelehrten und Autoren der Zeit; versuchte, die Poetik und Sprachnorm J. C. Gottscheds auch in Ö. durchzusetzen. Hg. der „Tabula Peutingeriana" (1753) und Schöpfer einer eigenen Kunsttheorie („Natur und Kunst in Gemälden, Bildhauereyen, Gebäuden und Kupferstichen ...", 1770).

Weitere Werke: Theresiade, 1746 (Epos); Lobrede auf weiland Se. Hochgräfliche Excellenz Herrn Friedrich des Heil. Röm. R. Grafen von Harrach zu Rohrau ..., 1750; Musae Francisco ac Theresiae augustis congratulantur ..., 1756 (Hg.; Festschrift zur Wiedereröffnung der Univ. Wien). – Literatur: I. Tuma, F. C. S. (1704–77). Leben und Werk, Diss., Wien 1975.

Schey von Koromla, Friedrich Frh. (ab 1869), * 5. 3. 1815 Güns (Köszeg, H), † 15. 7. 1881 Wien, Bankier. War ab 1835 im Wr. Bankhaus Wertheimstein tätig, gründete 1855 eine eig. Großhandelsfirma und betrieb Seidenerzeugung in Slawonien. Ab 1854 war S. v. K. auch Dir. der Vöslauer Kammgarnfabrik und im Verwaltungsrat von Banken, Eisenbahnen und Fabriken tätig. Er gründete die Wr. Handelsakad. und das Wr. Stadttheater.

Literatur: ÖBL.

Schickh, Josef Kilian, * 7. 1. 1799 Wien, † 22. 5. 1851 ebd., Dramatiker und Beamter. 1831–45 im Universal-Cameral-Zahlamt, dann bei der Universal-Staats- und Banco-Schulden-Casse tätig. Verfasste über 70 Volksstücke für Wr. Vorstadttheater und gilt als einer der Hauptvertreter der Zauberposse im Vormärz.

Werke: Pluto und Proserpina, 1821; Die goldpapierene Zauberkrone, 1830; Vanilli, das redende Stummerl, 1831; Der Sieg des guten Humors, 1831; Der Kampf des Glückes mit dem Verdienst, 1833; Die Entführung vom Maskenball, 1835; Die Hammerschmiedin aus der Stmk., 1842. – Literatur: W. Großmann, Der Volksdramatiker J. K. S., Diss., Wien 1948.

Schiedlberger, Leopold Ulrich, * 1647, † nach 1713, steir. Lokalhistoriker und Barockschriftsteller. Ab 1694 Marktschreiber in Eisenerz; verfasste 1709 das Eisenerzer „Ingedenkbuch", eine aus den Quellen gearbeitete Geschichte des Eisenorts, 1710 den „Ehrenruf des Herzogtums Stmk.", eine Art Landeskunde der Stmk., und 1713 eine Eisenerzer Geschichte bis 1570.

Literatur: F. M. Mayer, L. U. S. Aufzeichnungen zur Geschichte von Eisenerz, in: Beiträge zur Kunde Stmk. Geschichtsquellen 17, 1880.

Schiele, Egon, * 12. 6. 1890 Tulln (NÖ.), † 31. 10. 1918 Wien, Maler und Graphiker, einer der bedeutendsten ö. Künstler des 20. Jh. Besuchte 1906–09 die Wr. Kunstakad. und war 1909 Gründungsmitgl. der „Neukunstgruppe", ab 1909 beteiligte er sich an zahlr. ö. und internat. Ausstellungen. Breitere Anerkennung erlangte er erst kurz vor seinem Tod durch eine Gemeinschaftsausstellung in der Secession. S. entwickelte bes. unter dem Einfluss von G. → Klimt (Freundschaft ab 1907) und der ostasiat. Kunst einen unverwechselbaren Stil: Er verband eine ornamental bestimmte Flächengliederung mit einer expressiven Bildsprache von oftmals intensiver Farbigkeit. Die Selbstbildnisse, Porträts, Aktdarstellungen und Figurenbilder, die neben Landschaften die themat. Schwerpunkte in S. Schaffen bilden, drücken oft Leiden, Schmerz und Einsamkeit aus und bewegen sich häufig im Spannungsfeld von Tod und Eros. Die erot. Unmittelbarkeit seiner Aktzeichnungen und -aquarelle erwies sich weniger problematisch als S. Interesse am Umgang mit und an der Darstellung von Minderjährigen, was ihm eine Verurteilung und kurze Gefängnisstrafe (in Neulengbach bzw. St. Pölten) einbrachte. Gegenüber den Landschaften und den Figurenbildern der Zeit vor 1915, die eine oftmals ungewöhnl. Perspektive kennzeichnet, wird in den Spätwerken eine Tendenz zur Beruhigung und Harmonisierung deutlich.

Die Werke S. sind in vielen weltweit bedeutenden Sammlungen vertreten. In einem eig. S.-Archiv verwahrt die Wr. Albertina neben einem Hauptteil seiner Zeichnungen und Aquarelle die umfangreichste Smlg. von S.-Dokumenten. S.-Museum in Tulln.

Literatur: A. P. Gütersloh, E. S., 1911; A. Rössler (Hg.), Briefe und Prosa von E. S., 1921; O. Kallir, Œuvreverzeichnis der Gemälde von E. S., 1966; E. S. Gemälde, Ausst.-Kat., Wien, 1968; O. Kallir, E. S., das druckgraph. Werk, 1970; R. Leopold, E. S., 1972; E. Mitsch, E. S., 1974; C. M. Nebehay, E. S., 1979; K. A. Schröder u. H. Szeemann (Hg.), E. S. und seine Zeit, 1989; E. S. Frühe Reife – Ewige Kindheit, Ausst.-Kat., Wien, 1990; S. Sabarsky, E. S. 100 Zeichnungen und Aquarelle, 1990; R. Steiner, E. S., 1991; J.-F. Fournier, E. S.: La décadence de Vienne, 1992; P. Grainville, E. S., 1992; P. Werkner (Hg.), E. S.: Art, Sexuality and Viennese Modernism, 1994; R. Leopold, E. S. – Die Smlg. Leopold, Wien, 1997; J. Kallir, E. S., The Comlete Works, 1998.

Schiendl, Heinz, * 1. 12. 1943 Wien, Manager. Seit 1965 bei Austria Tabak, ab 1975 Prokurist, ab 1980 Hauptbereichsleiter. 1992 Geschäftsführer der Austria Tabak International, seit 1996 mit J. → Schram Vorstandsdirektor (Markt und Produktion) der Austria Tabak AG.

Schießler, Sebastian Willibald (Pseud.: F. R. Bayer, Bellvoglio, Justus Hilarius, Justina Hilaria usw.), * 6. 7. 1790 Prag (CZ), † 15. 3. 1867 Graz (Stmk.), Dramatiker, Lyriker und Prosaist, Verfasser von Erbauungsschriften für die Jugend und Gebetbüchern. Nach dem Studium in Prag Kanzleipraktikant im Feldkriegskommissariat, 1836–43 Oberkriegskommissär in Lemberg und 1843–48 in Graz; Hg. der „Dt. Schaubühne oder Dramat. Bibl. der neuesten Lust-, Schau-, Sing- und Trauerspiele" (50 Bde., 1810ff.) sowie von zahlr. Taschenbüchern und Almanachen („Thalia", 2 Bde., 1826/27); Gründer der ersten „Kleinkinderbewahranstalt" in Ö.

Literatur: ÖBL.

Schiferl, Lois, * 20. 11. 1906 Hadres (NÖ.), † 22. 6. 1979 ebd., Erzähler und Lyriker (teilw. in Mundart), Lehrer.

Werke: Prosa: Federnschleißer, 1949; Der Bub, 1952; Weinland NÖ., 1955; Der Pauker, 1976; Der Landschulmeister, 1977. – Lyrik: Weinlandheimat, 1947; Vom Pirolruf zum Barbarazweig, 1972.

Schiff, Heinrich, * 18. 11. 1951 Gmunden (OÖ.), Cellist und Dirigent. Als Solocellist seit 1973 internat. erfolgreich tätig; für seine Interpretationen von Bach-Suiten mehrfach ausgezeichnet, wichtiger Solist von Cellokonzerten (R. Schumann, A. Dvořák, D. Schostakowitsch u. a.) mit internat. Orchestern; widmet sich auch bes. der zeitgenössischen Musik. Seit Mitte der 80er Jahre auch verstärkt Dirigententätigkeit; 1990–96 Chefdirigent der Northern Sinfonia, 1996–99 des Kopenhagen Philharmonic Orchestra, seit 1995 des Musikkollegiums Winterthur. Zahlr. Plattenaufnahmen und Preise.

Schiffer, Matthias, * 1744 Puch b. Weiz (Stmk.), † 1827 Graz (Stmk.), letzter Monumentalmaler des steir. Barock. Tätig auch in Kä., Slowenien und S-Deutschland.

Werke: Graz: Fresko Dismaskapelle, 1803; Schutzmantelmadonna in der Pfarrkirche Straßgang, 1819. – Darstellungen aus der griech. Mythologie im Stift Rein, Altarblätter in Bruck a. d. Mur (beide Stmk.) und Bleiburg (Kä.).

Schiffler, Sigmund Mathias, * 13. 10. 1889 Wien, † 19. 11. 1944 Klagenfurt (Kä.), Architekt. Abschluss der Kunstgewerbeschule und Besuch der Spezialschule für Architekten bei F. → Ohmann, Studium an der Akad. der bild. Künste in Wien. Nach russ. Kriegsgefangenschaft bis 1921 2-jähr. Bautätigkeit in Sagorod bei Wladiwostok. 1922 Eröffnung eines Büros mit A. Eigener in Wien, ab 1927 Architekt in Klagenfurt. 1938 polit. Verfolgung seiner Familie, 1939–43 Aberkennung der Befugnis als Architekt.

Werke: Klagenfurt: Stadtgarage Liegl, 1929; Wohnhaus „Dreadnought", 1929–34; Einfamilienhaus, 1930–33. – Steindorf (Kä.): Dependance des Wohlfahrtsvereins der Austria Tabak Werke. – Malta (Kä.): Pflüglhof, 1938. – Literatur: P. H. Schurz, S. M. S., Ausst.-Kat., Klagenfurt 1986.

Schifter, Günther, * 23. 12. 1923 Wien, Schauspieler und Journalist. Arbeitete 1949–2000 für den Rundfunk (Sender Rot-Weiß-Rot, ORF). Wurde durch Jazz-Sendungen und Sendungen über die Geschichte der Unterhaltungsmusik („Schellacks") bekannt.

Werk: Howdy!, 2000 (CD)

Schikaneder, Emanuel (eigentl. Johann Joseph Schickeneder), * 1. 9. 1751 Straubing (D), † 21. 9. 1812 Wien, Schauspieler, Sänger, Regisseur, Theaterdichter und -leiter. 1773 Debüt als Komödiant bei der moserschen Schauspielges., 1778 deren Spielleiter. Kam 1780 mit dieser Truppe nach Salzburg, wo er W. A. → Mozart kennen lernte; pachtete in Wien 1785 für kurze Zeit das Kärntnertortheater und spielte 1785/86 am Hofburgtheater. Als ihm Ks. Joseph II. die Errichtung eines Theaters auf dem Glacis versagte, ging er 1787 nach Regensburg; ab 1789 wieder in Wien, leitete er das Freihaustheater auf der Wieden und führte u. a. zahlr. eig. Komödien und Opern auf; 1791 spielte er hier bei der Uraufführung von Mozarts „Die Zauberflöte" den Papageno, auch das Libretto stammt von ihm. 1801 eröffnete er das von ihm gegr. Theater an der Wien, das er mit kurzer Unterbrechung bis 1806 als künstlerischer Dir. leitete und wo er auch als Schauspieler und Hausdichter tätig war. 1807–09 leitete er das Brünner Theater, 1811 kehrte er über Steyr nach Wien zurück, wo er mittellos und in geistiger Umnachtung starb. Insges. verfasste er 44 Opern- und Singspiellibretti sowie 55 Sprechstücke (davon 9 mit Musik). Sein Werk bildete die Brücke von den Stücken um den Wr. Hanswurst zur Bühnenwelt F. → Raimunds und J. → Nestroys.

Ausgabe: Sämmtl. theatral. Werke, 2 Bde., 1892. – Literatur: E. Komorzynski, Der Vater der Zauberflöte, 1948; ders., E. S., [3]1951; A. Bauer, Opern und Operetten in Wien, 1955; W. Pfannkuch, E. S., 1963; K. Honolka, Papageno. E. S. Der große Theatermann der Mozart-Zeit, 1984; M. Kammermayer, E. S. und seine Zeit, 1992; A. Sonnek, E. S., 1999.

Schild, Ewald, * 30. 5. 1899 Wien, † 3. 10. 1962 Linz (OÖ.), Biologe. Dozent am Pädagog. Inst. der Stadt Wien, Leiter des Forschungslaboratoriums f. wiss. u. angew. Mikroskopie in Linz, Gründer und Leiter der Mikrobiolog. Station in Linz, Ausarbeitung der Küvettenmikroskopie.

Werke: Das Mikroskop – Bau, Wirkungsweise, Handhabung und Pflege, 1923; Wunder der Natur, 1937; Praktische Mikroskopie, [3]1955; Smlg. „Biologie", 1947ff. (Hg.).

Schilling, Florentius (Florentinus), * Châtenois (F), † 4. 5. 1670 Wien, Prediger des Barnabitenordens. Zunächst in Rom und Neapel tätig, 1633 nach Wien berufen, wirkte in der Michaelerkirche erfolgreich als Prediger.

Werke: Predigtsammlungen. – Literatur: F. M. Eybl, Predigt – Sammlung – Literaturprogramm, in: J.-M. Valentin (Hg.), Gegenreformation und Literatur, 1979.

Schima, Hans, * 23. 11. 1894 Wien, † 28. 4. 1979 ebd., Jurist. 1936–38 Rat des Bundesgerichtshofs; 1934–38 und 1945–66 Univ.-Prof. für Zivilgerichtl. Verfahren in Wien (1956/57 Rektor); 1966–70 Präs. des Ö. Juristentages.

Werke: Versäumnis im Zivilprozeß, 1928; Die ö. Zivilprozeßordnung im Lichte neuerer Prozeßtheorie, 1948; Aufhebung von Verwaltungsbescheiden und rechtskräftiges Zivilurteil, 1956.

Schimetschek, Herbert, * 5. 1. 1938 Wien, Versicherungskaufmann. Ab 1957 in der Austria Versicherung, ab 1964 deren Generalsekretär; 1966–70 entscheidende Mitwirkung am Aufbau einer ital. Tochterges., 1970 Vorstandsmitgl., ab 1977 Gen.-Dir. 1997–99 Vorstandsvorsitzender der BARC Versicherungs-Holding AG, 1999–2001 der UNIQA Versicherungen AG.

Schimmer, Karl August, * 7. 8. 1800 Perchtoldsdorf (NÖ.), † 1. 2. 1863 Wien, Kulturhistoriker. Mitarbeiter der „Ö. National-Encyklopädie" (1835).

Werke: Neueste Gemälde von Wien, 1837; Das Kaisertum Ö. in seinen merkwürdigsten Städten ..., 2 Bde., 1840/42; Die große Maria Theresia, 2 Bde., 1845; Wien seit 600 Jahren, 2 Bde., 1847; Bilder aus der Heimat, 1853. – Literatur: ÖBL.

Schindel, Robert, * 4. 4. 1944 Bad Hall (OÖ.), Schriftsteller. Überlebte nach der Verhaftung seiner im Widerstand organisierten jüd. Eltern in einem NS-Wohlfahrtsheim. 1970/71 Hg. der Literatur-Ztschr. „Hundsblume". Nach Gedichtbänden wie „Ohneland" (1986) oder „Im Herzen die Krätze" (1988) erschien 1992 sein Roman „Gebürtig", in dem sich S. in ironisch-sarkast. Weise mit Antisemitismus und Vergangenheitsbewältigung in Ö. auseinander setzt. E.-Fried-Preis 1993.

Robert Schindel. Foto.

Weitere Werke: Lyrik: Geier sind pünktl. Tiere, 1987; Ein Feuerchen im Hintennach, 1992; Immernie, 2000. – Erzählungen: Die Nacht der Harlekine, 1994; Gott schütze uns vor den guten Menschen, 1995.

Schindler, Albert, * 19. 8. 1805 Engelsberg (Andělská Hora, CZ), † 3. 5. 1861 Wien, Genremaler und Porträtist. Studierte an der Wr. Akad., gefördert von P. → Fendi, dessen Privatschüler er war und dem er 1842 als Zeichner und Kupferstecher am k. k. Münz- und Antikenkabinett folgte. Malte schlichte Szenen aus dem Leben einfacher Menschen und aus dem Soldatenalltag, Vertreter der Alt-Wr. Sittenbildmalerei.

Literatur: Ö. Malerei des 19. Jh. aus Privatbesitz, Ausst.-Kat., Innsbruck 1970; G. Frodl u. K. A. Schröder (Hg.), Wr. Biedermeier – Malerei zw. Wr. Kongreß und Revolution, Ausst.-Kat., Wien 1993.

Emanuel Schikaneder. Stich von P. Richter.

Schindler, Alexander Julius (Pseud.: Julius von der Traun), * 26. 9. 1818 Wien, † 16. 3. 1885 ebd., Politiker,

Lyriker und Novellist. Bis 1854 Staatsanwalt in Graz, dann Domänenverwalter in Wolfsberg, Advokat und Gen.-Sekr. der Staatseisenbahnen; Landtags- und Reichsratsabg. der sog. „nationalen" Opposition. Vertreter der polit. Lyrik in Ö. („Carte blanche", 1862), Autor hist. Epen und Novellen.

Weitere Werke: Lyrik: Die Rosenegger Romanzen, 1852, ([3]1876 unter dem Titel „Gedichte"); Unter den Zelten, 1853; Gedichte, 1871. – Epen: Die Gründung von Klosterneuburg, 1854; Salomon, König von Ungarn, 1873; Toledaner Klingen, 1876. – Roman: Goldschmiedkinder, 1880. – Novellen, Erzählungen, Reisebilder. – Literatur: F. Kostjak, J. von der Traun, 1928.

Schindler, Anton Felix, * 13. 6. 1795 Meedl (Medlov, CZ), † 16. 1. 1864 Bockenheim b. Frankfurt a. Main (D), Musiker. Vertrauter Gesellschafter und 1. Biograph L. van → Beethovens, mit dem er 1814 erstmals zusammentraf, ab 1820 dessen Sekr. und Faktotum sowie Konzertmeister am Josefstädter Theater. Verkaufte große Teile des Beethoven-Nachlasses an die Königl. Bibl. in Berlin. Stellte zahlr. Fälschungen von Beethoven-Konversationsheften her.

Werk: Biographie von L. van Beethoven, 1840.

Schindler, Carl, * 23. 10. 1821 Wien, † 22. 8. 1842 Laab im Walde (NÖ.), Maler des Militärgenres („Soldaten-Schindler"); Sohn von Johann Josef → Schindler. Studierte an der Wr. Akad. und war Privatschüler von P. → Fendi. Mehrere Studienunterbrechungen wegen schwächl. Gesundheit. Hervorragender Aquarellist (bes. Aquarellskizzen); seine Sujets zeigen den Versuch einer Verflechtung von Soldatengenre mit bürgerl. bzw. bäuerl. Genre. Starker Einfluss auf J. F. → Treml und A. v. → Pettenkofen.

Literatur: S. Kehl-Baierle, C. S., Diss., Wien 1988.

Schindler, Emil Jakob, * 27. 4. 1842 Wien, † 9. 8. 1892 Westerland auf Sylt (D), Landschaftsmaler; Vater von Alma Maria → Mahler-Werfel. Seit der Studienzeit an der Wr. Akad. mit R. → Ribarz und E. → Jettel befreundet; Studienreisen nach Dalmatien, Venedig, Holland und Frankreich. Entwickelte sich durch Studien holländ. Landschaften des 17. Jh. und von Werken der Schule von Barbizon weiter. Scharte einen kleinen Kreis von Künstlern um sich (M. → Egner, T. → Blau, O. → Wisinger-Florian, C. → Moll, T. v. → Hörmann, H. → Darnaut); als bevorzugter Studienort dieser Landschaftsmalerschule, die als Inbegriff des „ö. Stimmungsimpressionismus" gilt, diente ab 1885 das Schloss Plankenberg bei Neulengbach (NÖ.).

Literatur: H. Fuchs, E. J. S., 1970; B. Holaus, Studien zu E. J. S., 2 Bde., Dipl.-Arb., Wien 1994.

Schindler, Franz Martin, * 25. 1. 1847 Motzdorf (Mackov, CZ), † 27. 10. 1922 Wien, kath. Sozialpolitiker. 1887–1917 Prof. f. Moraltheologie in Wien; Mitbegründer und 1892–1911 Gen.-Sekr. der Leo-Gesellschaft. Programmatiker der Christl.-soz. Partei und der Tageszeitung „Reichspost". Versammelte ab 1889 führende Persönlichkeiten der Christl.-Soz. („Enten-Abende"), schuf 1894 die „Sozialen Kurse". 1907–18 Mitgl. des Herrenhauses, 1918–22 Konsulent für kirchl. Angelegenheiten im Unterrichtsmin.

Werke: Das soz. Wirken der kath. Kirche in Ö., 10 Bde., 1895ff. (Hg.). – Literatur: F. Funder, Aufbruch zur christl. Sozialreform, 1953; L. Reichhold, F. M. S., 1989; L. Ovecka, Die Moraltheologie F. M. S., 1995; ÖBL.

Emil Schipper als René in „Ein Maskenball" von G. Verdi. Foto, 1932.

Schindler, Friedrich Wilhelm, * 1. 6. 1856 Mollis (CH), † 19. 11. 1920 Kennelbach (Vbg.), Unternehmer und Erfinder. Pionier der Elektrizitätswirt. und Elektrotechnik; gründete 1907 die Elektrowerke „Jenny & Schindler", die 1916 in die „Vbg. Kraftwerke GmbH" umgewandelt wurden. Zahlr. Patente für elektrotherm. Geräte. Zeigte 1893 auf der Weltausstellung in Chikago die erste vollelektr. Küche. 1898 Gründer der Fa. „Elektra" (seit 1901 „Elektra Bregenz").

Literatur: ÖBL.

Schindler, Johann Josef, * 28. 7. 1777 St. Pölten (NÖ.), † 22. 7. 1836 Wien, Landschaftsmaler, Illustrator, Radierer und Lithograph; Vater von Carl → Schindler. Studierte an der Wr. Akad., war ab 1810 Zeichenlehrer in Wien. Studienreisen nach Oberitalien und in das Salzkammergut; schuf mehrere Landschafts- und Militärserien, die als Lithographien vielfache Verbreitung fanden.

Literatur: J. J. S. und Carl S., Ausst.-Kat., St. Pölten 1968.

Schindler, Rudolf Michael, * 10. 9. 1887 Wien, † 22. 8. 1953 Los Angeles (USA), Architekt. Studierte 1906–11 an der Techn. Hochschule in Wien und 1911–14 an der Akad. d. bild. Künste in Wien bei O. → Wagner, 1913 schloss er sich daneben der Schule von A. → Loos an, wo er bereits mit R. → Neutra zusammentraf, mit dem er später auch in den USA Kontakt hatte. Ab 1914 in den USA, war S. 1917 im Atelier von F. Lloyd Wright für die Planung des Imperial Hotels in Tokio verantwortlich und realisierte ab 1923 selbstständige Aufträge v. a. in Los Angeles. Mit seinem Werk (v. a. Wohnhäuser und Terrassensiedlungen), in dem Beton, Holz und Glas als Baumaterialien eine wichtige Rolle spielten, leistete S. einen wichtigen Beitrag zur Entwicklung der Architektur im 20. Jh.

Literatur: A. Sarnitz, R. M. S., Architekt, 1887–1953, 1986 (mit Werkverz.); P. Gössel (Hg.), R. M. S., 1999; E. A. T. Smith (Hg.), R. M. S. Bauten und Projekte, 2001.

Schinegger, Erik, * 19. 6. 1948 Agsdorf (Gem. Feldkirchen in Kä.), Skirennläufer. Sportlerkarriere bei den Damen als Erika S., 1965 Europameisterin bei den Juniorinnen, 1966/67 Siege bei Weltcuprennen, 1966 Weltmeisterin im Abfahrtslauf in Portillo (Chile). 1967 Rücktritt vom Damenrennsport; 1969–72 mehrere Siege (5-mal im Europacup) bei internat. Herrenrennen.

Werk: Mein Sieg über mich. Der Mann, der Weltmeisterin wurde, 1988.

Schinnerer, Erich, * 14. 3. 1908 Wien, † 3. 3. 1996 ebd., Jurist. Promovierte 1932 in Wien, nach Praktika und Studienaufenthalt in London Habilitation 1935 in Berlin und Lehrtätigkeit an verschiedenen Univ. in Deutschland; 1939–43 Univ.-Prof. in Prag, dann Kriegsdienst bzw. -gefangenschaft. 1950–74 Syndikus der Creditanstalt, 1962–80 Prof. an der Hochschule für Welthandel in Wien; daneben Schiedsrichter in großen internat. Angelegenheiten (Sachverständiger der United Nations Commission of International Trade Law).

Werke: Schutz von Volk und Staat im engl. Recht, 1935; Wirkungskreis und Organisation der Staatsanwaltschaften, 1938; Bankverträge, 3 Bde., 1957–59.

Schipper, Emil, * 19. 8. 1882 Wien, † 20. 7. 1957 ebd., Kammersänger (Bariton). 1911 am Stadttheater Linz, 1912–15 an der Wr. Volksoper, 1915–16 und ab 1938 an der Wr. Staatsoper; Gastspiele und Auftritte bei den Sbg. Festspielen. Bes. im Wagner-Fach geschätzt.

Schirach, Baldur von, * 9. 5. 1905 Berlin (D), † 8. 8. 1974 Kröv (D), Politiker (NS). Als Reichsjugendführer der NSDAP 1931–40 und als Jugendführer des Dt. Reichs 1933–40 unterstanden ihm alle NS-Jugendorganisationen. 1940–45 war S. Gauleiter und Reichsstatthalter von Wien, wo er eine eigenständige, von Berlin nicht akzeptierte Kulturpolitik betrieb. 1946 im Nürnberger Prozess wegen Beteiligung an Judendeportationen zu 20 Jahren Haft verurteilt, die er in Berlin-Spandau verbüßte.

Werk: Ich glaubte an Hitler, 1967. – Literatur: J. v. Lang, B. v. S., der Mann, der Deutschlands Jugend erzog, 1991; H. Giesecke, Hitlers Pädagogen, 1993; L. Fischer, Bekenntnis oder Verschleierung? Die Memoiren A. Speers und B. v. S. im Spiegel der Forschung, Diss., Wien 1998; G. Knopp, Hitlers Helfer, 1998.

Schiske, Karl (Hubert Rudolf), * 12. 2. 1916 Raab (Györ, H), † 16. 6. 1969 Wien, Komponist. Stand in der Tradition von A. → Schönberg und war stark von I. Strawinsky und P. Hindemith sowie der niederländ. Polyphonie der Renaiss. beeinflusst. Ab 1952 Prof. für Komposition an der Wr. Musikhochschule; zu seinen Schüler zählten u. a. I. → Eröd, G. → Neuwirth und E. → Urbanner; Großer Ö. Staatspreis 1967.

Werke: Vom Tode, 1948 (Oratorium); Candada, 1956 (Chorwerk); Synthese für 4 x 4 Instrumente, 1960. – Messen, Symphonien, Violinkonzerte, Kammermusik, Lieder, Klavier- und Orgelwerke. – Literatur: K. Roschitz, K. S., 1970; G. Brosche (Red.), Musikal. Dokumentation K. S., Ausst.-Kat., Ö. Nat.-Bibl., Wien 1991.

Schlag, Evelyn, * 22. 12. 1952 Waidhofen a. d. Ybbs (NÖ.), Erzählerin und Lyrikerin. Studierte Germanistik und Anglistik in Wien, Gymnasiallehrerin in NÖ. In ihren Erzählungen („Beim Hüter des Schattens", 1984; „Die Kränkung", 1987) thematisiert sie das Ringen von Frauen um Selbstfindung. A.-Wildgans-Preis 1997.

Weitere Werke: Lyrik: Einflüsterung nahe seinem Ohr, 1984; Ortswechsel des Herzens, 1989; Der Schnabelberg, 1992; Das Talent meiner Frau, 1999. – Roman: Die göttl. Ordnung der Begierden, 1998. – Erzählungen: Nachhilfe, 1981; Brandstetters Reise, 1985; Touché, 1994; Unsichtbare Frauen, 1995. – Essay: Keiner fragt mich je, wozu ich diese Krankheit denn brauche. Grazer Poetik-Vorlesungen, 1993.

Schlager, Johann, * 22. 2. 1786 Wien, † 18. 5. 1852 ebd., Jurist, Historiker und Topograph. Ab 1806 im Dienst des Wr. Magistrats, 1826–46 Richter. Beschäftigte sich nebenberufl. intensiv mit Archivforschung, gab zahlr. für Wien bedeutsame kulturgeschichtl. und topograph. Werke heraus.

Werke: Wr. Skizzen aus dem MA, 5 Bde., 1836–46; G. R. Donner, 1848; Materialien zur ö. Kunstgeschichte, 1850. – Literatur: ÖBL.

Schlager, Werner, * 28. 9. 1972 Wr. Neustadt (NÖ.), Tischtennisspieler. Vielfacher ö. Meister (Einzel und Doppel). 1997 mit Karl Jindrak auf Platz 1 in der Doppel-Weltrangliste, Bronzemedaille bei den Europameisterschaften 1998 und 2000 im Doppel- sowie im Einzelbewerb 1999 bei der Weltmeisterschaft in Eindhoven. 2000 im Viertelfinale bei den Olymp. Spielen in Sydney.

Schlechta von Wssehrd, Camillo Karl Adam Franz Frh. (Pseud.: Camillo Hell), * 24. 12. 1822 Wien, † 3. 2. 1880 ebd., Schriftsteller; Sohn von Franz Xaver Frh. → Schlechta von Wssehrd, Bruder von Ottokar Frh. → Schlechta von Wssehrd. Jurist im Staatsdienst; wegen Teilnahme an der Revolution 1848 zum Tod verurteilt und später zu Festungshaft begnadigt; lebte nach seiner Freilassung als Schriftsteller in Wien, Hamburg und Berlin.

Werke: Aus dem Tagebuch eines Kufsteiner Staatsgefangenen, 1855 (Autobiographisches); Neueste Schule, 1856 (Erzählungen); Die beiden Wolsey oder Licht und Schatten, 1857 (dramat. Gedicht).

Schlechta von Wssehrd, Franz Xaver Frh., * 20. 10. 1796 Wien, † 24. 3. 1875 ebd., Lyriker und Dramatiker, Jurist; Vater von Camillo Karl Adam Franz Frh. → Schlechta von Wssehrd und Ottokar Frh. → Schlechta von Wssehrd. Sektionschef im Finanzministerium und Geheimer Rat. Publizierte in Almanachen und Ztschr. gemütvolle Gedichte, von denen einige von F. → Schubert vertont wurden. Sein dramat. Schaffen steht im Zeichen der Ritterromantik.

Werke: Das Christusbild, 1819; Dichtungen, 1824. – Dramen: Der Grünmantel von Venedig, 1820; Cimburga von Masovien, 1826.

Schlechta von Wssehrd, Ottokar Frh., * 20. 7. 1825 Wien, † 18. 12. 1894 ebd., Orientalist; Sohn von Franz Xaver Frh. → Schlechta von Wssehrd, Bruder von Camillo Karl Adam Franz Frh. → Schlechta von Wssehrd. Bes. Kenner der persischen und türk. Literatur, ab 1848 im diplomat. Dienst.

Werke: Europ. Völkerrecht, 1847/48 (in türk. Sprache); Die osman. Geschichtsschreiber der neueren Zeit, 1856. – Übertragungen aus dem Persischen und dem Türkischen. – Literatur: ÖBL.

Schlechter, Carl, * 2. 3. 1874 Wien, † 27. 12. 1918 Budapest (H), Schachspieler. Bedeutendster Spieler der Wr. Schule, Internat. Großmeister; erreichte 1910 im WM-Spiel gegen E. Lasker ein Unentschieden. Internat. C.-S.-Gedenkturniere in Wien 1923 und nach 1945.

Literatur: ÖBL.

Schlee, Thomas Daniel, * 26. 10. 1957 Wien, Organist, Komponist und Musikmanager. 1986–89 Musikdramaturg am Sbg. Landestheater, 1988–90 Lektor an der Wr. Musikhochschule und an der Univ. Salzburg. 1990–98 Musikdirektor des Brucknerhauses in Linz und künstler. Leiter des Internat. Brucknerfestes. Komponiert v. a. Orchester- und Kammermusik, auch geistl. Musik und Vokalwerke; tritt als Orgelsolist auf.

Schlegel, Josef, * 29. 12. 1869 Schönlinde (Krásná Lípa, CZ), † 27. 4. 1955 Linz (OÖ.), Politiker (CS), Richter. 1900–18 Reichsratsabgeordneter, ab 1919 Landeshauptmann-Stellv. und Finanzreferent von OÖ., 1927–34 Landeshauptmann. Rücktritt unter Druck der Heimwehr und bis 1947 im Ruhestand, 1947–53 Präs. des Rechnungshofs. Konsolidierte nach 1918 die Finanzen von OÖ. und machte sich um den Ausbau von Elektrizitätswirt. und Kohlebergbau verdient.

Literatur: H. Slapnicka, OÖ., Die polit. Führungsschicht 1918–38, 1976; A. Schlegel, Landeshauptmann J. S., in: Oberösterreicher – Lebensbilder zur Geschichte OÖ., Bd. 5, 1986.

Schleifer, Mathias Leopold, * 9. 3. 1771 Wildendürnbach (NÖ.), † 26. 9. 1842 Gmunden (OÖ.), patriot. Lyriker. 1794 Amtsschreiber in Velm, 1814 Pfleger und Distriktkommissär der obderennsischen Staatsherrschaft Sierning, 1829 Pfleger der kaiserl. Salinenherrschaft Ort am Traunsee; 1837 wirkl. Bergrat. Verfasste Balladen, Naturgedichte, Epigramme, Lieder, Fabeln und lehrhafte Dichtungen; befreundet u. a. mit Anastasius → Grün, E. v. → Bauernfeld und N. → Lenau.

Ausgaben: Gedichte, hg. v. K. A. Kaltenbrunner, 1847; Sämtl. Werke, hg. v. H. Badstüber, 1911. – Literatur: H. Badstüber, M. L. S. und seine Beziehungen zu Lenau, in: Jb. d. Grillparzer-Ges. 19, 1910; K. Wache, Jahrmarkt der Wr. Literatur, 1966; ÖBL.

Schleinzer, Karl, * 8. 1. 1924 St. Gertraud i. Lavanttal (Kä.), † 19. 7. 1975 Bruck a. d. Mur (Stmk.; Autounfall), Landwirt und Politiker (ÖVP). 1956 Abgeordneter zum Kä. Landtag, 1959 Landesparteiobmann der Kä. ÖVP, 1960/61 Landesrat f. Land- u. Forstwirt., Geschäftsführer des Kä. Bauernbundes, 1971–75 Bundesparteiobmann der ÖVP. 1962–75 Abg. z. NR, 1961–64 BMin. f. Landesverteidigung, 1964–70 BMin. f. Land- u. Forstwirt. Wirkte in den ersten Jahren der ÖVP als Oppositionspartei als ausgleichende Integrationsfigur.

Schlenther, Paul, * 20. 8. 1854 Insterburg (Ostpreußen, Černjahovsk, RUS), † 30. 4. 1916 Berlin (D), Theaterleiter und Schriftsteller. 1886–98 Kritiker der „Vossischen Zeitung" in Berlin, 1898–1910 Dir. des Burgtheaters. Als Vertreter der Moderne begrüßt, von der Presse heftig kritisiert; Hg. der Werke H. Ibsens, Vorkämpfer für G. Hauptmann.

Ausgabe: Theater im 19. Jh. Ausgewählte theatergeschichtl. Aufsätze, 1930. – Literatur: E. Frank, Das Burgtheater unter der

Direktion von P. S., Diss., Wien 1931; K. Bohla, P. S. als Theaterkritiker, 1935; ÖBL.

Schlesinger, Therese (geb. Eckstein), * 6. 6. 1863 Wien, † 5. 6. 1940 Blois (F), Frauenrechtlerin und Publizistin; Schwester des Polyhistors Friedrich Eckstein und der Feministin Emma Eckstein (1865–1924). Ab 1894 im Vorstand des „Allg. Ö. Frauenvereins", trat 1897 der Soz.-dem. Partei bei, 1901 Mitbegründerin des „Vereins soz.-dem. Frauen und Mädchen". 1919 Mitgl. des Parteivorstands, 1920–23 Abg. z. NR, 1923–30 Mitgl. d. BR; 1939 Emigration nach Frankreich. Engagierte Vorkämpferin des Frauenwahlrechts und des Mutterschutzes.

Werke: Was wollen die Frauen in der Politik, 1909; Die geistige Arbeiterin und der Sozialismus, 1919; Wie will und wie soll das Proletariat seine Kinder erziehen, 1921; Die Frau im soz.-dem. Parteiprogramm, 1928. – Literatur: Ö. Sozialdemokratinnen, hg. v. E. Prost, 1989; B. Jaindl, T. S. (1863–1940), Dipl.-Arb., Wien 1994; ÖBL.

Schlesinger, Wilhelm, * 5. 2. 1839 Tinnye (H), † 19. 6. 1896 Bad Vöslau (NÖ.), Gynäkologe und Schriftsteller. Ab 1864 Univ.-Prof. f. Gynäkol. an der Univ. Wien. Begründer und Hg. der „Wr. Medizin. Blätter" (1878ff.). Leitete ab 1887 das durch seine Initiative gegr. Frauenspital in Wien 9. Seine Kritik an wiss. und sozialen Missständen verhinderte seine weitere akad. Karriere.

Werke: Die Prostitution in Wien und Paris, 1868; Über Reflexbewegungen des Uterus, 1873. – Literatur: ÖBL.

Schletterer (Schlederer, Schletter), Jakob Christoph, * 22. 7. 1699 Wenns (Ti.), † 19. 5. 1774 Wien, Bildhauer der Barockzeit. Um 1727 mit G. R. → Donner in Salzburg (Schloss Mirabell), ab 1751 Prof. an der Akad. in Wien.

Werke: Wien: Triumphsäulen der Karlskirche (mit J. C. Mader u. J. B. Straub); Grabmäler Harrach (Deutschordenskirche), Daun (Augustinerkirche) und Khevenhüller (Schottenkirche); Figuren im Schönbrunner Schlosspark. – Altarfiguren in NÖ.: Stift Zwettl, 1732–34; Stift Altenburg, 1735; Stadtpfarrkirche Krems, 1736; Dom St. Pölten, 1744; Pfarrkirche Stein, 1756; Wallfahrtskirche Sonntagberg, 1756; Stiftskirche Geras, 1773; Pfarrkirche Pöchlarn, 1773. – Literatur: F. Windisch-Graetz, J. C. S., ein Bildhauer des Wr. Spätbarock, Diss., Wien 1950.

Schlick, Kaspar, * um 1396 Eger (Cheb, CZ), † 19. 7. 1449 Wien, Reichsgraf 1437, Kanzler von Ks. Friedrich III.

Literatur: ADB.

Moritz Schlick. Foto, 1927.

Schlick, Moritz, * 14. 4. 1882 Berlin (D), † 22. 6. 1936 Wien (ermordet), Philosoph. Neopositivist, Begründer des Wr. Kreises, ab 1922 Univ.-Prof. in Wien. Studierte in Heidelberg, Lausanne und Berlin Naturwiss. und Mathematik; Lieblingsschüler von M. Planck, bei dem er 1904 dissertierte. Befreundet mit A. Einstein, dessen Relativitätstheorie er erstmals in die Philosophie übertrug. Befasste sich v. a. mit Fragen von Erkenntnis, Wahrheit, Logik und Mathematik. Philosophie war für ihn die log. Erklärung von Begriffen. Von einem psychopath. Schüler in der Wr. Univ. erschossen.

Werke: Lebensweisheit, 1908; Das Wesen der Wahrheit nach der modernen Logik, 1911 (Habil.-Schrift); Raum und Zeit in der gegenwärt. Physik, 1917; Allg. Erkenntnislehre, 1918; Fragen der Ethik, 1930. – Hg.: Reihe „Schriften zur wiss. Weltauffassung", 1929–37. – Literatur: B. McGuiness (Hg.), Zurück zu S., 1985; P. Mahr (Hg.), Erinnerung an M. S., Ausst.-Kat., Ö. Nat.-Bibl., Wien 1996; ÖBL.

Schließmann, Hans, * 6. 2. 1852 Mainz (D), † 14. 2. 1920 Wien, Zeichner von Wr. Typen. Ab 1857 in Ö., Mitarbeiter an mehreren humorist. Wr. Blättern. Schuf v. a. Zeichnungen von Figuren aus Sport- und Militärkreisen sowie Musikerporträts.

Schlitpacher, Johannes, * 1403 Schongau (D), † 24. 10. 1482 Melk (NÖ.), Prior in Stift Melk, Vertreter des Humanismus. Visitierte 53 Klöster.

Werke (Handschriften in der Stiftsbibl. Melk): Postilla, 1440–43 (Kommentar zur Regula Benedicti); Praxis regularis vitae, 1446–52; Summarium Bibliae, 1447; Visitationsbericht, 1452; Manuale Viaticum, 1471 (Regelkommentar). – Literatur: M. Bruck, Die Melker Reform im Spiegel der Visitationen, Diss., Wien 1985; dies., Profeßbuch des Klosters Melk, in: Melk in Geschichte und Gegenwart 4, 1985.

Schloffer, Hermann, * 13. 5. 1868 Graz (Stmk.), † 21. 1. 1937 Prag (CZ), Chirurg. Univ.-Prof. in Innsbruck und Graz. Führte die erste Hypophysentumor-Operation durch; Verdienste auch um die Chirurgie des Darmtrakts. Nach ihm sind die S.-Tumoren benannt.

Literatur: ÖBL.

Schlögl, Friedrich, * 7. 12. 1821 Wien, † 7. 10. 1892 ebd., humorist. Erzähler und Feuilletonist. Publizierte zunächst im „Figaro" und anderen satir. Blättern, war dann Mitarbeiter beim „Neuen Wr. Tagblatt" und erhob die Wr. Sittenschilderung, die eine bedeutende kulturhist. Quelle darstellt, zu einer eig. Literaturgattung.

Werke: Wr. Blut, 1873; Wr. Luft, 1875; Aus Alt- und Neu-Wien, 1882; Über F. Sauter, 1884; Vom Wr. Volkstheater, 1884; Wien, 1886. – Ausgabe: Gesammelte Schriften, 3 Bde, 1893. – Literatur: F. Negrini, F. S. als Tagesschriftsteller, Diss., Wien 1957; ÖBL.

Schlögl, Hanno, * 17. 2. 1944 Hall in Ti., Architekt. Studierte an der Akad. d. bild. Künste in Wien; seit 1973 freischaffender Architekt in Innsbruck. Bes. Beachtung fand sein Umbau der ehem. Salzlagerhalle zur Kunsthalle in Hall i. Tirol (1996).

Weitere Werke: Seniorenwohnanlage, Hall in Ti., 1981–86; Wohn- und Pflegeanlage Unterperfuss, 1994–96; Ti. Fachberufsschule für Bautechnik und Malerei, Absam, 1996–98; Produktionsstätte Fa. Katzenberger, Wiesing, 2000 (alle Ti.).

Schlögl, Karl, * 5. 10. 1924 Wien, Chemiker. Studierte Chemie in Wien und absolvierte danach eine Ausbildung an der Univ. von Manchester, ab 1959 Lehrauftrag für Organ. Chemie an der Univ. Wien, ab 1971 Ordinarius, 1974–90 Vorstand des Inst. f. Organ. Chemie, 1991–95 Gen.-Sekr. der Ö. Akad. d. Wiss. Gilt als richtungsweisender Erforscher der räuml. Aspekte organischer Verbindungen und erlangte internat. Bedeutung durch Entwicklung neuer Arzneimittel.

Schlögl, Karl, * 28. 1. 1955 Wien, Politikwissenschaftler und Politiker (SPÖ). 1978–92 verschiedene Tätigkeiten innerhalb der SPÖ; 1987–91 Mitgl. d. BR; 1991–94, 1996 und seit 1999 Abg. z. NR; 1995–97 Staatssekr. im Bundeskanzleramt, 1997–2000 BMin. f. Inneres; 2000–2001 Landeshauptmann-Stellv. von NÖ., 2001 Rückzug aus der Politik und seither Tätigkeit in der Privatwirt.

Schlosser, Julius Alwin Ritter von, * 23. 9. 1866 Wien, † 1. 12. 1938 ebd., Kunsthistoriker. Ab 1901 Univ.-Prof. in Wien, 1902–22 Dir. der Smlg. von Waffen und kunstind. Gegenständen am Kunsthist. Mus. in Wien. Bed. Vertreter der „Wr. Schule der Kunstgeschichte" mit bes. Verdiensten um die kunsthist. Quellenkunde und Geschichte der Kunstliteratur.

Werke: Die Kunst- und Wunderkammern der Spätrenaiss., 1908; Die Kunstliteratur, 1924; Künstlerprobleme der Frührenaiss., 2 Bde., 1933/34; Die Wr. Schule der Kunstgeschichte, 1934. – Unter dem Pseud. „O. Hammer" auch belletrist. Werke. – Literatur: E. Lachnit, J. v. S., in: Altmeister moderner Kunstgeschichte, hg. v. H. Dilly, 1990.

Schlumberger, Robert Alwin, Edler von Goldeck (ab 1878), * 12. 9. 1814 Stuttgart (D), † 13. 7. 1879 Bad Vöslau (NÖ.), Initiator der ö. Sektind., Förderer des Weinbaus in Ö., Gründer der renommierten Wein- und Sektkellerei in Bad Vöslau. Spezialisierte sich ab 1843 auf die Erzeugung von moussierenden Weinen nach der Methode der Champagne. Nach seinem Tod übernahmen seine Nachkommen das Unternehmen, das die älteste gesetzl. geschützte Weinmarke Ö. („Vöslauer Goldeck") besitzt.

Schmal-Filius, Adolf, * 18. 9. 1872 Dortmund (D), † 28. 8. 1919 Salzburg, Fechter und Radrennfahrer. Stand bei den 1. Olymp. Spielen der Neuzeit in Athen (1896) knapp vor seinem Olympiasieg im Fechten, als durch das Erscheinen des Kg. von Griechenland das Turnier neu begonnen werden musste. Er siegte aber beim 12-Stunden-Radrennen und gewann die Bronzemedaille im 333-m-Zeitfahren und beim 10.000-m-Bahnrennen.

Schmalix, Hubert, * 17. 12. 1952 Graz (Stmk.), Maler. Studierte 1971–76 an der Akad. der bild. Künste in Wien, schaffte bereits früh seinen internat. Durchbruch als Vertreter der Neuen Wilden (Ausstellungen 1983 in der Londoner Tate Gallery, 1984 im Museum of Modern Art in New York) und zählt seither zu den führenden Vertretern der zeitgenöss. Malerei in Ö. Im Unterschied zu seinem Frühwerk entwickelte er seit Mitte der 80er Jahre einen zurückhaltenderen Stil, wobei er nach wie vor eine bes. intensive Farbgebung verwendet. Seit 1997 Prof. an der Akad. d. bild. Künste in Wien.

Literatur: H. S., Ausst.-Kat., Museum moderner Kunst Stiftung Ludwig Wien, 1994.

Schmarda, Ludwig, * 23. 8. 1819 Olmütz (Olomouc, CZ), † 7. 4. 1908 Wien, Zoologe. Mitbegründer der Tiergeographie, Forschungsreisender, Univ.-Prof. in Graz, Prag und Wien.

Werke: Die geograph. Verbreitung der Tiere, 3 Bde., 1853; Neue wirbellose Tiere, 2 Bde., 1858/62; Reise um die Erde 1853–57, 3 Bde., 1861. – Literatur: ÖBL.

Schmatz, Ferdinand, * 3. 2. 1953 Korneuburg (NÖ.), experimenteller Lyriker, Essayist. 1989–92 Lehrbeauftragter an der Hochschule f. angew. Kunst in Wien, Hg. der Werke von R. → Priessnitz. Führt in seiner Lyrik die von der Wr. Gruppe initiierte experimentelle Literatur fort.

Weitere Werke: Lyrik: Der gesamte Lauf, 1977; Fünf Nächte, 1979 (mit P. Veit); der (ge)dichte lauf, 1981; die wolke und die uhr, 1986; Die Reise, 1987 (mit F. J. Czernin); Speise gedichte, 1992; Sprache – Macht – Gewalt, 1993; dschungel. allfach. prosa gedicht, 1996 (Gedichte und Prosa); das grosse babel,n, 1999. – Essays: Sinn und Sinne, 1992; Radikale Interpretation. Aufsätze zur Literatur, 1998. – Literatur: A. Portenkirchner, F. S. Eine Monographie, Dipl.-Arb., Wien 1994.

Schmedes, Erik, * 27. 8. 1866 Gentofte (DK), † 21. 3. 1931 Wien, Kammersänger (Tenor). 1898–1924 an der Wr. Staatsoper, wo er seine künstlerische Heimat fand; berühmt durch seine Wagner-Partien; zahlr. Gastspiele (Bayreuth, New York).

Literatur: ÖBL.

Schmeidel, Hermann, * 20. 6. 1894 Graz (Stmk.), † 10. 10. 1953 ebd., Dirigent und Komponist. Gründer und Leiter des Wr. Frauenchors, Dirigent der Ges. der Musikfreunde in Wien und des Wr. Schubertbunds; 1933–38 Leiter des Musikvereins f. Stmk. (1935–38 Landesmusikdirektor); emigrierte 1938 nach Ankara; ab 1946 Prof. und Dirigent am Mozarteum in Salzburg.

Schmeltzl, Wolfgang (auch W. Schmältzl), * nach 1500 Kemnat (D), † um 1561 St. Lorenzen am Steinfelde (Gem. Ternitz, NÖ.), Dichter, Pädagoge und Musiker. War von spätestens 1540 bis 1553 Lehrer am Wr. Schottenstift, ließ dort Komödien nach bibl. Themen aufführen (7 erhalten), begründete damit das dt.-sprach. Schuldrama in Ö. und setzte die von K. → Celtis und B. → Chelidonius begonnene Tradition mit religiöspädagog. Akzent in der Volkssprache fort. Das Epos „Der Christlich und Gewaltig Zug in das Hungerland" (1556) berichtet vom Türkenfeldzug Erzhzg. Ferdinands, an dem S. selbst teilgenommen hatte. Sein „Lobspruch der Hochlöblichen weitberümbten Khünigklichen Stat Wienn in Osterreich" (1547) ist ein bed. Werk der Wr. Kulturgeschichte. S. sammelte Wr. Volkslieder und publizierte sie in der Smlg. „Guter seltzamer un künstreicher teutscher Gesang" (1544, einziges 4-stimmiges Liederbuch der 1. Hälfte des 16. Jh.).

Weitere Werke: Aussendung der Zwelffpoten, 1542; Comoedia Judith, 1542; Comoedia der Hochzeit Cana Galilee, 1543; Ein schöne kurtze und Christl. Comedi von dem plintgeborn Sonn, 1543; Comedia des verlornen Sons, 1545. – Ausgabe: W. S. Der Wr. Hans Sachs, hg. v. E. Triebnigg, 1915. – Literatur: W. Salmen, Die literar. und musikhist. Bedeutung von W. S., in: Die ö. Literatur, Bd. 1, hg. v. H. Zeman, 1986; M. Knedlik, W. S., in: Ö. in Geschichte und Literatur 37, 1993.

Schmelzer, Johann Heinrich (ab 1673 von Ehrenrueff), * ca. 1620 Scheibbs (NÖ.), † zw. 29. 2. und 20. 3. 1680 Prag (CZ; an der Pest), Violinist, Komponist. Wichtigster Instrumentalkomponist vor H. I. F. → Biber, v. a. für die Entwicklung von Sonate und Suite von Bedeutung. S. wurde um 1635 als Violinist in die Hofmusikkapelle aufgenommen; 1671 Vize- und 1679 Hofkapellmeister. Von seinen 3 Söhnen, die alle Musiker waren, erlangte der älteste, Andreas Anton S. (1653–1701), die größte Bedeutung. S. zählt mit G. F. Sances, A. → Bertali und A. → Draghi zu den wichtigsten Musikern des Kaiserhofs unter Ferdinand III. und Leopold I., dessen Instrumentalstil durch seine Sonaten und Ballettmusikwerke geprägt wurde.

Werke: ca. 150 Ballettsuiten (u. a. zu M. A. Cestis Oper „Il pomo d'oro", 1667/68); 3 Sepolcri; Instrumentalwerke (4 gedruckte Sonatensammlungen, 1659–67), Vokalwerke, Kirchenmusik.

Anton von Schmerling. Foto.

Schmerling, Anton von, * 23. 8. 1805 Wien, † 23. 5. 1893 ebd., Jurist und liberaler Politiker. 1848 Mitgl. der Frankfurter Nationalversammlung, dort Innenminister, dann Min.-Präs. (trat im Dez. 1848 zurück); 1849–51 Justizmin., 1851–58 Senatspräs. am Obersten Gerichtshof. 1860–65 an der Spitze der Regierung (als „Staatsmin.", da der offizielle Min.-Präs. Erzhzg. → Rainer war), ersetzte er das föderalist. Oktoberdiplom durch das zentralist. Februarpatent und regierte mit dieser Verfassung, nur gestützt auf die Dt.-Liberalen im Abgeordnetenhaus (im Volksmund „S.-Theater"), gegen die wachsende Opposition der Ungarn und der slaw. Völker, die ihn stürzte; Präs. des Obersten Gerichtshofs, führte nach 1879 die Opposition im Herrenhaus gegen die in seinen Augen föderalist. Politik von E. Gf. → Taaffe. Die „Ära S." brachte 1861 das Protestantengesetz, 1862 ein Gesetz über den Schutz einiger Grundrechte, 1863 den Frankfurter Fürstentag und 1864 die Beteiligung Ö. am dt.-dän. Krieg.

Literatur: A. v. Arneth, A. Ritter v. S., 1895; P. Molisch, A. v. S. und der Liberalismus in Ö., 1944; H. Slanecko, S. und das Parlament, Diss., Wien 1954; Der Vater der Verfassung. Aus den Denkwürdigkeiten A. Ritters v. S., 1973.

Erik Schmedes als Lohengrin in der gleichnamigen Oper von R. Wagner. Foto, 1902.

Schmid, Aglaja, * 9. 8. 1926 Scheibbs (NÖ.), Kammerschauspielerin; Ehefrau des Regisseurs R. → Steinboeck. Studierte am Reinhardt-Seminar, 1945 Engagement am Theater in der Josefstadt in Wien, danach an dt. Bühnen; 1956–89 Ensemblemitgl. des Burgtheaters (zunächst Mädchenfiguren, dann Charakterfach). Filmrollen.

Schmid, Erich, * 4. 5. 1896 Bruck a. d. Mur (Stmk.), † 22. 10. 1983 Wien, Physiker. Ab 1932 Univ.-Prof. in Freiburg (CH), ab 1951 in Wien; bedeutende Leistungen auf dem Gebiet der Experimentalphysik. 1960 E.-Schrödinger-Preis d. Ö. Akad. d. Wiss., 1963–69 und 1970–73 Präs. der Ö. Akad. d. Wiss.

Werke: Probleme der Atomtechnik, 1965; Radiation Damage, 1970 (mit K. Lintner); Franz Serafin Exner und sein Kreis, 1982 (mit B. Karlik).

Dolores Schmidinger. Foto, 1998.

Schmid, Erich, * 10. 2. 1937 Wien, Chemiker. und Univ.-Prof. 1964–68 Leiter der Abt. Radiochem. Analytik bei der Firma Eurochemic in Mol (Belgien), seit 1972 Leiter der Abt. Massenspektrometrie u. Lebensmittelanalytik am Inst. f. Analyt. Chemie d. Univ. Wien.
Werke: Ein Beitrag zur Bestimmung radioaktiver Nuklide in atmosphär. Niederschlägen und ihre Entfernung aus wässrigen Lösungen, Diss., Wien 1962; Der Chemiker (mit P. Hansen), 1966; Bestimmung von Pestiziden im Trinkwasser, 1992; Beitr. zu wiss. Sammelwerken: Techniques in Column Extraction Chromatography (Extraction Chromatography), 1974; Liquid Chromatography and Mass Spectometry, 1978.

Schmid, Heinrich, * 24. 6. 1885 Waidhofen a. d. Ybbs (NÖ.), † 2. 5. 1949 Wien, Architekt. Studierte 1907–10 bei O. → Wagner an der Akad. d. bild. Künste. Zusammenarbeit als freischaffender Architekt mit H. Aichinger.
Werke: Wien: Wohnbau Mariahilferstr. 50, 1922; Verkehrsbüro, Wien 1, 1922–23; 1. Gebäude mit Stahlbaukonstruktion, Rotenturmstr., 1931; Funkhaus Wien, RAVAG-Gebäude, 1935–39 (mit C. Holzmeister); zahlr. Gemeindebauten in Wien 3, Wien 5 und Wien 12. – Literatur: H. S. – H. Aichinger, Monographie, 1931; Kommunaler Wohnbau in Wien – Aufbruch 1923–34, Ausstrahlung, Ausst.-Kat., Wien 1978.

Schmid, Heinrich Felix, * 14. 8. 1896 Berlin (D), † 6. 2. 1963 Wien, Slawist. 1923–38 und 1945–47 Univ.-Prof. für slaw. Philologie in Graz, ab 1948 für osteurop. Geschichte in Wien und Leiter des Inst. f. osteurop. Geschichte und Südostforschung.
Literatur: Gedenkband f. H. F. S., 1966; Nachruf von H. Appelt in: MIÖG 72, 1964.

Schmid, Hermann von, * 30. 3. 1815 Waizenkirchen (OÖ.), † 19. 10. 1880 München (D), Erzähler und Dramatiker. Ab 1843 am Münchner Stadtgericht tätig, daneben dramaturg. Beirat am Hoftheater. 1850 aus polit. Gründen entlassen; 1870–72 und 1877 Dir. des Volks- und Aktientheaters am Gärtnerplatz, von Kg. Ludwig II. 1876 persönl. geadelt. Autor viel gelesener hist. Romane zur bayer. Geschichte („Mein Eden", 1862; „Die Türken in München", 2 Bde., 1872). Wirkte auf die Heimatkunstbewegung vor der Jahrhundertwende.
Ausgabe: Gesammelte Schriften, 32 Bde., 1867–74, Neue Folge, 18 Bde., 1882–84. – Literatur: I. Klagges, Die geschichtl. Romane H. v. S., Diss., Würzburg 1944.

Schmid, Josef, * 25. 12. 1785 Au im Bregenzerwald (Vbg.), † 1851 Paris (F), Pädagoge (für Mathematik und Geometrie). 1801–10 und 1815–25 Mitarbeiter von J. H. Pestalozzi in Burgdorf und Iferten.
Werke: Die Elemente der Form und Größe, 3 Tle., 1803–11; Die Elemente des Zeichnens, 1809; Die Elemente der Algebra, 1810. – Literatur: C. M. Haiter, J. S., Diss., Zürich 1943.

Schmid, Manfred, * 6. 6. 1944 Liezen (Stmk.), Rodler. Goldmedaille bei den Olymp. Spielen 1968 in Grenoble im Einzel und Silbermedaille im Doppelsitzer (mit Ewald Walch); 1969 und 1970 Weltmeister im Doppelsitzer.

Schmid, Michael, * 7. 6. 1945 Mühldorf a. Inn (D), Architekt und Politiker (FPÖ). 1980–91 als selbstständiger Architekt tätig; 1989–2000 Landesparteiobmann der FPÖ Stmk., 1990–91 Abg. z. NR, 1991–2000 Mitgl. der Stmk. Landesregierung; Feb.–Nov. 2000 BMin. für Verkehr, Innovation und Technologie, dann wieder als Architekt tätig.

Schmidberger, Josef, * 4. 11. 1773 Urfahr (OÖ.), † 10. 8. 1844 St. Florian (OÖ.), Pflanzenzüchter, Augustiner Chorherr. Ab 1815 Gartenmeister im Stift St. Florian (Denkmal vor dem Tor); Verdienste um die Veredelung von Obstsorten und die Schädlingsbekämpfung.
Werke: Leichtfaßl. Unterricht von der Erziehung der Obstbäume, 1824; Beiträge zur Obstbaumzucht und zur Naturgeschichte der den Obstbäumen schädl. Insekten, 4 Hefte, 1828–36. – Literatur: ÖBL.

Schmiderer, Simon, * 27. 1. 1911 Saalfelden (Sbg.), Architekt. Flüchtete 1938 aus Ö.; ab 1944 im Verlagshaus Time-Life (New York) tätig, ab 1947 für die Bibl. und Generalversammlung des UN-Hauptquartiers in New York. Ab 1952 Verwirklichung eines umfangreichen Wohnbauprogramms in Puerto Rico nach der Konzeption des „seriellen Wohnens" („One house in one hour") im Rahmen einer Rockefeller-Stiftung.
Literatur: Visionäre und Vertriebene, Ausst.-Kat., Wien 1995.

Schmidinger, Dolores, * 21. 9. 1946 Wien, Schauspielerin, Kabarettistin. Erste Erfolge am Wr. Volkstheater (u. a. in P. → Turrinis „Rozznjogd"), später am Theater in der Josefstadt. Zahlr. Soloauftritte auf der Bühne und im Kabarett, Zusammenarbeit mit G. → Bronner; daneben als Schriftstellerin, Kolumnistin und für das Fernsehen tätig (Serie „Ein echter Wiener geht nicht unter"). 1975/76 K.-Skraup-Preis, 1988 Nestroy-Ring.
Programme: Gurken haben keine Tränen (Chansons), 1974; Immer bin's i, 1988; Mit den Waffe(l)n einer Frau, 1990; Heil is' geil, 1995; Der Versuch der alten Dame, 1999; Am Anfang war das word, 2000.

Schmidinger, Heinrich, * 11. 7. 1916 Loibersdorf (NÖ.), † 2. 6. 1992 Salzburg, Historiker. 1935–46 im Stift Kremsmünster, 1948–68 Univ.-Prof. in Freiburg (CH), 1968–86 in Salzburg, 1968–81 Dir. des ö. Kulturinst. in Rom.
Werke: Die weltl. Herrschaft des Patriarchen von Aquileja bis zum Ende der Staufer, 1948; Patriarch und Landesherr, 1951; Roma docta, 1973; Roma regia potestas, 1976.

Schmidinger, Walter, * 28. 4. 1933 Linz (OÖ.), Staatsschauspieler. Nach Ausbildung am Reinhardt-Seminar und Debüt am Wr. Theater in der Josefstadt seit 1954 in Deutschland vielseitiger Bühnenstar (Engagements in Düsseldorf, Bonn, München und Berlin); in Ö. Gastrollen (u. a. Teufel im „Jedermann" bei den Sbg. Festspielen).

Schmidt, Alfred Paul, * 31. 3. 1941 Wien, Schriftsteller. Entwirft in seinen Romanen („Das Kommen des Johnnie Ray", 1976) und Theaterstücken („Die Fleischbank", 1984) unkonventionelle, parodist.-witzige Psychogramme von Außenseitern.
Weitere Werke: Romane: Mit beiden Füßen in der Luft, 1977; Fünf Finger im Wind, 1978; Doppelte Totgeburt, 1982; Der Sonntagsvogel, 1982; Der wüste Atem, 1984. – Prosa, Dramen, Hörspiele, Drehbücher für Filme und Fernsehkrimis. – Literatur: P. Lämmle u. J. Drews (Hg.), Wie die Grazer auszogen, die Literatur zu erobern, 1979.

Schmidt, Arnold, * 7. 8. 1938 Wien, Physiker. Studierte an der Univ. Wien, nach 1962 Mitarbeit am Aufbau des L.-Boltzmann-Inst. für Festkörperphysik; 1966–71 Research fellow am Physics Department der University of York; 1971–75 Research associate am Physics Department der University of California in Berkeley, wo sein weiterer wiss. Werdegang entscheidend geprägt wurde. 1975 Rückkehr nach Wien, ab 1986 o. Prof. am Inst. f. Allgem. Elektrotechnik und Elektronik, heute in der Abteilung für Photonik der Techn. Univ. Wien. Wiss. Schwerpunkte: nichtlineare Optik, ultrakurze Lichtpulse und Interaktion von Festkörpern mit hochintensivem Licht.

Schmidt, August, * 9. 2. 1808 Wien, † 13. 10. 1891 ebd., Musikschriftsteller und Komponist. Gründer des Wr. Männergesang-Vereins (1843), Mitbegründer der Wr. Philharmon. Konzerte (1842) und der Wr. Singakademie.
Werke: Denksteine, 1848 (Musiker-Biographien); Geschichte des Wr. Männergesang-Vereins, 1868; Monographie des Madrigals, 1890. – Hg.: Orpheus, 1840–42 (musikal. Jahrbuch); Die allg. Wr. Musik-Zeitung, 1841–47. – Literatur: ÖBL.

Schmidt, Erich, * 14. 8. 1943 Wien, Jurist und Politiker (SPÖ). 1979–83 und 1987–88 Abg. z. NR, 1983–86 Staatssekr. im BM f. Handel, Gewerbe und Ind., 1986–87 BMin. f. Land- und Forstw., dann Unternehmer; geriet durch Engagement in O-Europa in Schwierigkeiten.

Schmidt, Eva, * 17. 5. 1952 Lustenau (Vbg.), Schriftstellerin. Für den Erzählband „Ein Vergleich mit dem Leben" (1985) mit dem Rauriser Literaturpreis 1986 ausgezeichnet.

Weitere Werke: Reigen, 1988 (Erzählung); Zwischen der Zeit, 1997 (Roman).

Schmidt, Franz, * 22. 12. 1874 Pressburg (Bratislava, SK), † 11. 2. 1939 Perchtoldsdorf (NÖ.), spätromant. Komponist. Knüpfte an das Erbe von J. → Brahms und A. → Bruckner (dessen Schüler er war) an. Übersiedelte 1888 nach Wien; 1896–1911 Cellist bei den Wr. Philharmonikern; 1901–08 Cellolehrer am Wr. Konservatorium; ab 1914 Prof. für Klavier; ab 1922 für Kontrapunkt und Komposition an der Wr. Musik-Akad., deren Dir. (1925–27) und Rektor (1927–31) er war. 1951 entstand in Wien die F.-S.-Gemeinde (Schriftenreihe „Studien zu F. S.").

Werke: Opern: Notre Dame, 1914 (bekannt ist bes. das Vorspiel zum 3. Akt); Fredigundis, 1922. – Oratorium: Das Buch mit sieben Siegeln, 1935–37. – 4 Symphonien, zahlr. Orgel- und Klavierwerke sowie Kammermusik. – Literatur: A. Ließ, F. S., 1951; C. Nemeth, F. S., 1957; N. Tschulik, F. S., 1972; A. Jirasek, Erinnerungen an F. S., 1975; T. B. Corfield, F. S. (1874–1939), 1989; ÖBL.

Schmidt, Friedrich Frh. von, * 23. 10. 1825 Frickenhofen (D), † 23. 1. 1891 Wien, Architekt. Architekturstudium in Stuttgart und Steinmetzlehre; preisgekrönter Entwurf für die Wr. Votivkirche, ab 1857 in Mailand, ab 1859 Prof. an der Wr. Akad. und 1863 Dombaumeister von St. Stephan; 1866–70 Mitgl. d. Wr. Gemeinderats, 1889 Herrenhausmitgl. S. verhalf dem neugot. Backsteinbau in der ö. Sakralarchitektur zum entscheidenden Durchbruch; er etablierte den neugot. Stil auch im profanen Bereich (Wr. Rathaus, 1883); weiters führte er die dt. Renaiss. in das Wr. Stilrepertoire ein (Erweiterungsbau der Ö.-ungar. Bank, 1875). Eine doktrinäre Verwertung hist. Anregungen lehnte er ab. Als einer der Hauptmeister der Ringstraßenära genoss S. internat. Ruf und entwickelte eine umfangreiche Tätigkeit innerhalb und außerhalb der ö. Grenzen. Mit seiner baukünstler. Tätigkeit, in der der Schlossbau einen weiteren Schwerpunkt bildete, verknüpfte er wiederholt restaurator.-denkmalpflegerische Aufgaben. S. hinterließ eine bedeutende Schule (G. v. → Hauberrisser, V. → Luntz, F. v. → Neumann d. J., A. → Wielemans von Monteforte u. a.).

Weitere Werke: Wien: Lazaristenkirche, 1862; Akad. Gymnasium, 1863; Kirche St. Othmar, 1863–69; Kirche Maria vom Siege, 1875; Sühnhaus, 1886 (1945/51 zerstört). –Schloss Fischhorn, Salzburg, 1870; Kirche St. Nikolaus, Innsbruck, 1874–84. – Restaurierungen bzw. Umbauten: Stift Klosterneuburg, 1875ff.; Pfarrkirche Jedenspeigen, 1886; Burg Waidhofen a. d. Ybbs, 1887ff. (alle NÖ.); Burg Runkelstein (S-Ti.), 1888. – Literatur: E. Neumann, F. v. S., Diss., Wien 1952; P. Haiko (Hg.), F. v. S. Ein got. Rationalist, Ausst.-Kat., Wien 1991; ÖBL.

Schmidt, Guido, * 15. 1. 1901 Bludenz (Vbg.), † 5. 12. 1957 Wien, Diplomat, Politiker (CS, VF); Vater von G. → Schmidt-Chiari. Ab 1928 Kabinettsvizedir. von Bundespräs. W. → Miklas und am Zustandekommen des Juliabkommens 1936 maßgebl. beteiligt. Befreundet mit K. → Schuschnigg, der ihn 1936 zum Staatssekr. f. Äußeres ernannte, 12. 2. bis 11. 3. 1938 Außenmin. Arbeitete während des Kriegs in der Ind., 1945–47 wegen NS-freundl. Haltung in Haft, 1947 freigesprochen.

Literatur: Der Hochverratsprozeß gegen Dr. G. S., 1947.

Schmidt, Heide, * 27. 11. 1948 Kempten (D), Juristin und Politikerin (FPÖ, LIF). 1988–90 Generalsekretärin der FPÖ, 1990–93 Stellv. des Bundesparteiobmanns der FPÖ, 1992 Kandidatin der FPÖ bei der Bundespräsidentenwahl; 1987–90 Mitgl. d. BR, 1990–99 Abg. z. NR (zuerst FPÖ, ab 1993 LIF); 1990–94 3. Präs. d. NR. Aufgrund des zunehmenden Gegensatzes zu J. → Haider legte sie 1993 ihre FPÖ-Funktionen nieder und gründete das Liberale Forum (LIF), dessen Bundessprecherin sie bis 2000 war. 1998 Kandidatin des LIF bei der Bundespräsidentenwahl.

Literatur: P. Pelinka, H. S. – eine Provokation, 1993.

Schmidt, Johann Georg (gen. „Wiener Schmidt"), * um 1685 in Böhmen, † 15. 9. 1748 Krems (NÖ.), Barockmaler. War hauptsächl. in NÖ. und Wien tätig. Ausbildung im Atelier von Peter → Strudel, Einfluss von Martino → Altomonte. Führte bedeutende Aufträge in Zusammenarbeit mit Künstlern wie J. L. v. → Hildebrandt, M. → Steinl oder J. M. Götz aus.

Werke: Altarbilder in Wien: Am Hof, Annakirche, Franziskanerkirche, Laimgrubenkirche, Malteserkirche, Peterskirche (auch Deckengemälde), Ruprechtskirche, Servitenkirche. – Altarbilder in NÖ.: Stift Altenburg (auch Deckengemälde), Stift Klosterneuburg, Stift Lilienfeld, Stift Zwettl; Aspersdorf, Ebenfurth, Etsdorf, Gaweinstal, Groß-Enzersdorf, Imbach, Jeutendorf, Karnabrunn, Kirchberg a. Wagram, Krems (Pfarrrkirche und Dominikanerkirche), Maria Enzersdorf (Deckengemälde), Maria Taferl, Mauerbach, Pottendorf, St. Andrä a. d. Traisen (auch Deckengemälde), St. Pölten (Prandtauerkirche), Schönbach, Schwarzenbach a. d. Gölsen, Staatz, Stetteldorf, Stockerau, Straning, Weitra. – Altarbilder in OÖ.: Linz (Deutschordenskirche) und Vöcklamarkt. – Altarbilder in Tschechien: Olmütz, Brodek, Breslau. – Literatur: T. Karl, J. G. S., genannt der „Wr. S.", Diss., Wien 1983.

Schmidt, Leopold, * 15. 3. 1912 Wien, † 12. 12. 1981 ebd., Volkskundler. Ab 1959 Univ.-Prof. in Wien, 1952–78 Dir. des Ö. Museums für Volkskunde, 1947–81 redaktioneller Leiter der Ö. Ztschr. f. Volkskunde. Gründete 1973 das Inst. f. Gegenwartsvolkskunde der Ö. Akad. d. Wiss. (1992 geschlossen).

Werke: Wr. Volkskunde, 1940; Geschichte der ö. Volkskunde, 1951; Das dt. Volksschauspiel, 1962; Volksglaube und Volksbrauch, 1966; Volkskunde von NÖ., 2 Bde., 1966/74; Werke der alten Volkskunst, 1979. – Literatur: K. Beitl, L. S. Bibliographie, 2. Bde., 1977/82; W. Jacobeit u. a. (Hg.): Völkische Wissenschaft, 1994.

Schmidt, Martin Johann (gen. „Kremser Schmidt"), * 25. 9. 1718 Grafenwörth b. Krems (NÖ.), † 28. 6. 1801 Stein a. d. Donau (NÖ.), hervorragender Barockmaler und Radierer; Sohn des Bildhauers Johannes S. Seine ersten Lehrer waren G. Starmayr und B. Rosaforte (beide Schüler der Gebrüder Strudel) in Dürnstein, später vermutl. Schüler der Wr. Akad. (ab 1768 Mitgl.). Setzte sich mit der Kunst J. van → Schuppens und den großen ö. Meistern (P. → Troger, D. → Gran) auseinander. Ab 1748 in Stein ansässig, gab er der Entwicklung und Bedeutung des Ölgemäldes entscheidende Impulse. Neben einigen größeren Deckengemälden sind über 1000 Altar- und Andachtsbilder in Kirchen und Klöstern erhalten. Vorwiegend in einem warmen Helldunkel, erzählen sie meist in lyrisch-idyllischer Weise biblisches Geschehen. Später malte S. auch mytholog. Bilder („Urteil des Midas", „Schmiede des Vulkan", beide 1768, Akad. d. bild. Künste in Wien). Außer Radierungen, die ab 1749 eine intensive Beschäftigung mit Rembrandt erkennen lassen, schuf er zahlr. Zeichnungen, meist als Kompositionsentwürfe für Altarbilder.

Werke: Deckengemälde: Stadtpfarrkirche Krems, 1745; Stadtpfarrkirche Stein; Rathaus Stein; Refektorium des Klosters Dürnstein, 1755; Stiftskapelle Herzogenburg, 1756 (alle NÖ.). – Altarblätter: Stein, ab 1745; Krems, ab 1747; Seitenstetten, 1755; St. Pölten, 1757; Lilienfeld, 1759; Dürnstein, 1767; Gött-

Franz Schmidt. Gemälde von H. Kamper (Archiv der Wiener Philharmoniker, Wien).

Friedrich Freiherr von Schmidt. Foto.

Martin Johann Schmidt, Selbstporträt. Gemälde, um 1760 (Museum der Stadt Krems, NÖ.).

weig, 1769; Melk, 1772; Maria Taferl, 1799 (alle NÖ.); St. Peter (Salzburg), 1796; Kremsmünster (OÖ.), 1798. – Zeichnungen und Radierungen: Stiftssammlungen von St. Peter, St. Paul im Lavanttal, St. Florian und Seitenstetten sowie Ö. Galerie Belvedere (Barockmuseum) und Albertina in Wien. – Literatur: R. Feuchtmüller, Der Kremser Schmidt, 1989 (mit Werkverz.); G. M. Lechner u. M. Grünwald, Göttweig und Kremser Schmidt, Ausst.-Kat., Göttweig, 2001.

Schmidt, Rudolf, * 24. 11. 1894 Wien, † 19. 4. 1955 ebd., Erfinder und Unternehmer; Sohn des Gründers der Fa. „R. S. & Co." (1892). 1929–55 Leiter des Stahlwerks in Wien; Erfinder des Torstahls, der seither im Stahlbetonbau verwendet wird (Patente 1935/36).

Schmidt, Wilhelm, * 16. 2. 1868 Hörde (D), † 10. 2. 1954 Freiburg (CH), Völkerkundler, Sprachforscher, Religionswissenschaftler, Priester. Prof. am Missionshaus St. Gabriel b. Mödling (1896), Univ.-Prof. in Wien (1920–38), ab 1938 in Freiburg, 1927 Dir. des päpstl. Missions- und Völkerkundemuseums in Rom; 1931 Dir. des Anthropos-Inst. in Mödling. Gründete 1906 die internat. Ztschr. „Anthropos" (1906–38 in Ö. erschienen), um die er eine eig. kulturhist. „Wr. Schule" der Ethnologie heranbildete; organisierte Forschungsreisen zu schriftlosen außereurop. Völkerstämmen, war ein Kenner südostasiat. und australischer Sprachen, Mitbegründer der hist. Völkerkunde und ein Hauptvertreter der Kulturkreislehre und des Urmonotheismus.

Richard Schmitz. Foto, 1934.

Werke: Die moderne Ethnologie, 1906; Der Ursprung der Gottesidee, 1912; Völker und Kulturen, 1924; Hb. der vergleichenden Religionsgeschichte, 1930; Hb. der Methode der kulturhist. Ethnologie, 1937; Rassen und Völker, 3 Bde., 1946–49. – Literatur: F. Demarchi (Hg.), W. S. Un etnologo sempre attuale, 1989; H. Köb, Die Wr. Schule der Völkerkunde als Antithese zum Evolutionismus, Dipl.-Arb., Wien 1996.

Schmidt, Wilhelm, * 21. 1. 1883 Wien, † 27. 11. 1936 ebd., Geophysiker, Meteorologe. 1931–36 Dir. der Zentralanstalt für Meteorologie in Wien; arbeitete über Mikroklimatologie und Physikal. Meteorologie.

Werk: Der Massenaustausch in freier Luft und verwandte Erscheinungen, 1925.

Schmidt, Wilhelm, * 26. 12. 1891 Dresden (D), † 26. 3. 1963 Wien, Kammerschauspieler. Nach Ausbildung in Dresden und versch. Zwischenstationen 1911–14 in Graz, 1914–63 Charakterdarsteller am Burgtheater, Präs. der Bühnengewerkschaft, Komödienautor.

Schmidt-Chiari, Guido, * 13. 9. 1932 Wien, Jurist und Bankmanager; Sohn von Guido → Schmidt. Studierte Rechtswiss. in Wien; ab 1958 bei der Creditanstalt-Bankverein AG, ab 1971 im Vorstand und 1988–97 Vorstandsvorsitzender dieser Bank.

Schmidt-Dengler, Wendelin, * 20. 5. 1942 Zagreb (HR), Germanist. Seit 1989 Univ.-Prof. in Wien, Obmann der Ö. Ges. f. Germanistik, seit 1995 Leiter des Literaturarchivs der Ö. Nat.-Bibl.; Forschungsschwerpunkt ist die ö. Literatur des 19. und 20. Jh. Ö. Staatspreis f. Kulturpublizistik 1994.

Werke: Genius. Zur Wirkungsgeschichte antiker Mythologeme in der Goethezeit, 1978; Der Übertreibungskünstler. Studien zu T. Bernhard, 1986; Skandalöse Feste in der Literatur des 20. Jh., 1990; Kontinent Bernhard, 1993 (Mitautor); Bruchlinien, Vorlesungen zur ö. Literatur 1945–90, 1995. – Hg: H. v. Doderer, Commentarii 1951–56, 1976; E. Jandl, Materialienbuch, 1982; H. v. Doderer, Commentarii 1957–66, 1986; Statt Bernhard, 1987; H. v. Doderer, Die sibir. Klarheit, 1991 (mit M. Loew-Cadonna); H. v. Doderer, Tagebücher 1920–1939, 2 Bde., 1996. – Mit-Hg. der Werke F. v. Herzmanovsky-Orlandos.

Schmied, Wieland, * 5. 2. 1929 Frankfurt a. Main (D), Journalist, Lyriker, Kunstkritiker. Kam 1939 nach Wien, studierte Jus und Kunstgeschichte. Bis 1973 Dir. der Kestner-Ges. Hannover, bis 1975 Hauptkustos der Nationalgalerie Berlin. 1978–86 Dir. des DAAD, 1986–94 Prof. f. Kunstgeschichte an der Akad. der bild. Künste in München, seit 1995 Präs. der Bayer. Akad. der Schönen Künste. 1980–99 Präs. der Internat. Sommerakad. Salzburg. Autor von Gedichten und von Essays zur Kunst des 19. und 20. Jh.; Ö. Staatspreis f. Kulturpublizistik 1992.

Werke: Landkarte des Windes, 1957; Das Poetische in der Kunst, 1960; Seefahrerwind, 1963; Malerei nach 1945 in Deutschland, Ö. und der Schweiz, 1974; Schach mit M. Duchamp, 1980; Kunst, Kunstgeschichte, Kunstakademie, 1990; Berührungen, 1991; Ezra Pound, 1994; E. Hopper, 1995; Malerei in Ö. 1945–95, Ausst.-Kat., Künstlerhaus Wien, 1996 (Hg.); M. Weiler, 1998.

Schmieger, Willi, * 24. 4. 1887 Wien, † 10. 10. 1950 ebd., Fußballspieler, Sportreporter, Mittelschulprof. Ö. Nationalspieler zw. 1901 und 1919. Pionier der Sportübertragungen im ö. Radio.

Werke: Sportbücher.

Schmitz, Richard, * 14. 12. 1885 Müglitz (Mohelnice, CZ), † 27. 4. 1954 Wien, Politiker (CS), Dir. des Kath. Volksbunds. 1920–34 Abg. z. NR, 1922–24, 1930, 1933/34 Sozialmin.; als Unterrichtsmin. (1926–29) beendete er 1927 den Schulstreit mit den Soz.-Dem. und führte die Hauptschule, die Arbeitermittelschule und Aufbauschule gesetzl. ein. Vizekanzler (1930) und Bürgermeister von Wien (1934–38; Schöpfer der Wr. Höhenstraße). 1938–45 inhaftiert; danach Gen.-Dir. des Herold-Verlags.

Literatur: F. Braun, Der polit. Lebensweg des Bürgermeisters R. S., Diss., Wien 1968.

Schmitz, Wolfgang, * 28. 5. 1923 Wien, Finanzexperte und Politiker (ÖVP). Ab 1950 in der Wirtschaftskammer tätig, 1964–68 Finanzmin., 1968–73 Präs. der Oesterr. Nationalbank, danach wieder in der Wirtschaftskammer.

Literatur: K. Socher (Hg.), W. S. – wirt.-polit. Weichenstellungen, 1996.

Schmögner, Walter, * 11. 6. 1943 Wien, Graphiker, Kinderbuchautor und -illustrator, Maler und Bildhauer. Studierte an der Graph. Lehr- und Versuchsanstalt in Wien. Konzentrierte sich unter dem künstlerischen Einfluss seines Vaters Theobald S. (Maler und Graphiker) zuerst v. a. auf graph. Arbeiten und Bühnenbildentwürfe; seit 1973 auch Objekte und Ölbilder. Seine humorvoll-kritischen Kinderbücher sind gekennzeichnet durch Skurrilität und groteske Überzeichnung.

Werke: Das Drachenbuch, 1969; Mrs. Beestons Tierklinik, 1970 (mit R. Nebehay); Die Propellerkinder, 1971 (mit F. Hofbauer, K. Recheis u. a.); Das neue Drachenbuch, 1981. – Literatur: W. S., Ausst.-Kat., Wien 1983; W. S., Magische Räume. Arbeiten auf Leinwand und Papier 1981–90, Ausst.-Kat., Frankfurt a. M. 1991; W. S., Arbeiten 1963–1995, 1997.

Schmöle, Otto, * 23. 2. 1890 Frankfurt a. Main (D), † 12. 4. 1968 Mondsee (OÖ.), Kammerschauspieler. 1910/11 erstes Engagement in Koblenz, 1911–14 am Hoftheater Mannheim, dann in Wien; 1920–24 und 1938–67 am Burgtheater, 1925/26 an den Reinhardt-Bühnen, 1926–38 am Volkstheater und am Theater in der Josefstadt in Wien. Ab 1921 auch Filmtätigkeit.

Schmölzer, Christoph, * 30. 11. 1962 Wien, Ruderer und Arzt. Seit 1977 im Wettkampfsport aktiv; 1989 mit W. → Rantasa Weltmeister im Leichtgewichts-Doppelzweier, bei den Weltmeisterschaften in Wien 1991 und in Montreal 1992 jeweils Gewinner der Silbermedaille; ab 1993 im Leichtgewichts-Doppelvierer mit Rantasa, Wolfgang Sigl und Gernot Faderbauer, Weltmeister 1993 in Roudnice, 1994 in Indianapolis und 1995 in Tampere. Nach Ende der Karriere Medizinstudium.

Schmölzer, Jakob Eduard, * 9. 3. 1812 Graz (Stmk.), † 9. 1. 1886 Oberkindberg (Stmk.), populärer Komponist und Flötenvirtuose. Schüler von T. Böhm; wurde durch seine große Konzerttournee 1839 in ganz Europa bekannt; danach Beamter in der Stmk. Entwickelte die Idee eines allg. dt. Sängerbunds (1860).

Schmutzer, Ferdinand, * 21. 5. 1870 Wien, † 26. 10. 1928 ebd., Landschaftsmaler und Radierer; Sohn des Bildhauers Ferdinand S. d. Ä. Studierte an der Wr. Akad., 1894–96 Studienaufenthalt in den Niederlanden, der ihn nachhaltig künstler. prägte; beeinflusst auch durch die Werke A. v. → Pettenkofens, Reisen nach Frankreich, Italien, Böhmen und Ungarn. Mitgl. der Wr. Secession, deren Präs. er 1914–17 war, ab 1908 Prof. für graph. Künste an der Wr. Akad. Bes. bekannt durch Porträtradierungen von Mitgliedern der Wr. Gesellschaft.

Literatur: A. Weixlgärtner, Das radierte Werk von F. S., 1922; F. S. 1870–1928, Ausst.-Kat., Wien 1988; B. Holaus (Hg.), F. S. (1870–1928), Ausst.-Kat., Akad. d. bild. Künste in Wien, 1998.

Schmutzer, Jakob Matthias, * 3. 4. 1733 Wien, † 2. 12. 1811 ebd., Kupferstecher, Maler. Nach seinem Plan wurde 1766 eine Kupferstichakad. in Wien errichtet, deren Leitung er übernahm; begründete den Ruhm der Wr. Reproduktionsgraphik.

Schmutzer, Toni, * 3. 7. 1864 Feldkirch (Vbg.), † 27. 5. 1936 ebd., Komponist, Kirchenmusiker. Von ihm stammt die Melodie der Vbg. Landeshymne. Komponierte v. a. Männerchöre und Lieder.

Schnabel, Artur, * 17. 4. 1882 Lipník (PL), † 15. 8. 1951 Axenstein (CH), Pianist. Schüler von T. → Leschetizky und E. → Mandyczewski; Debüt 1890, 1900–33 in Berlin, ab 1925 auch als Lehrer tätig. Emigrierte 1939 in die USA, ab 1944 amerikan. Staatsbürger; auch als Komponist tätig.

Werke: Reflections on Music, 1933; Music and the Line of Most Resistance, 1942; My Life and Music, 1970.

Schnabel, Isidor, * 14. 11. 1842 Neu-Bydżow (Novy-Bydżov, CZ), † 4. 12. 1908 Wien, bahnbrechender Ophthalmologe. Ab 1877 Univ.-Prof. in Innsbruck, 1887 in Graz, 1891 in Prag und 1895 in Wien. Führte den Unterricht der Ophthalmoskopie und über optische Fehler ein. Beschäftigte sich v. a. mit Glaukom, Kurzsichtigkeit und Schielen.

Literatur: ÖBL.

Schnabl, Karl, * 8. 3. 1954 Achomitz (Kä.), Skispringer und Sportmediziner. 1975 Erster der Weltrangliste, 1975/76 Zweiter bei der Vierschanzentournee. Goldmedaille bei den Olymp. Spielen in Innsbruck 1976 auf der Großschanze und Bronzemedaille auf der Normalschanze. Studierte nach seiner Sportlerkarriere Medizin; seit 1994 Leiter des Inst. f. Sportmedizin des Landes Kä.

Schneeweiß, Heinrich G. F. (Heinz), * 21. 2. 1930 Bregenz (Vbg.), Übersetzer und Lyriker. Zunächst Kameraassistent und Bibliothekar, übersiedelte 1964 nach Holland, ab 1974 Bibliothekar am Goethe-Inst. in Rotterdam. Übersetzungen niederländ. und fläm. Autoren; im Vordergrund seines lyr. Schaffens stehen ges.- und zivilisationskrit. Aspekte.

Werke: Auf meiner Zunge der Kobold, 1964; Memorandum eines Antipoden, 1968; So und nicht anders, 1974; Zw. Picknick-Service und Showbusiness, 2001.

Schneeweiß, Martin, * 26. 6. 1907 Wien, † 7. 10. 1947 Graz (Stmk.; verunglückt), Motorradrennfahrer. Vor und nach dem 2. Weltkrieg in der Weltspitze bei Straßen-, Berg- und Bahnrennen; 1928 ö. Landesmeister, 1929 und 1932 Sieger der ö. Tourist Trophy, 1937 Speedway-Europameister.

Literatur: ÖBL.

Schneider, Anton, * 13. 10. 1777 Weiler (damals Vbg.), † 16. 7. 1820 Fideris (CH), Freiheitskämpfer, Advokat. Verteidigte 1799 in den napoleon. Kriegen Feldkirch, wurde 1809 bei der vbg. Volkserhebung gegen die bayer. Herrschaft zum Landeskommissär gewählt, von der ö. Regierung bestätigt und auch mit dem militär. Oberbefehl über Vbg. betraut; leitete die Kämpfe der aufständischen Vorarlberger gegen die bayer.-württemberg.-franz. Truppen. Nach der ö. Niederlage in der Schlacht bei Wagram kapitulierte er und ging in Gefangenschaft. Wurde freigelassen und als Mitarbeiter J. v. → Hormayrs verhaftet. Nach längerer Haft war er in Wien tätig.

Schneider, Ernst Leo, * 18. 6. 1894 Gaya (CZ), † 1. 6. 1975 Wien, Erfinder. Entwarf 1926–30 mit dem Voith-Schneider-Propeller einen Schiffsantrieb, der Antriebs- und Steuerungsmechanismus vereint und damit Schiffen unbegrenzte Manövrierfähigkeit verleiht. Die Ausführung erfolgte mit der Maschinenfabrik J. M. Voith in Heidenheim und St. Pölten.

Schneider, Hannes, * 24. 6. 1890 Stuben (Gem. Klösterle a. Arlberg, Vbg.), † 24. 4. 1955 North Conway (USA), Skipionier. Ab 1907 Skilehrer in Sankt Anton am Arlberg, propagierte durch seine 1922 gegr. „Arlbergschule" (Arlbergtechnik) und durch die Lehrfilme von A. Fanck den Stemmbogen und eine dem alpinen Gelände angepasste Fahrweise; machte so das Arlberggebiet zu einem internat. Skisportzentrum. Wirkte auch bei Skifilmen mit, gründete nach seiner Emigration in die USA (1938) das Skizentrum North Conway in New Hampshire.

Literatur: H. Thöni, H. S., 1990.

Jakob Matthias Schmutzer. Stich.

Schneider, Othmar, * 27. 8. 1928 Lech am Arlberg, Skirennläufer. Goldmedaille bei den Olymp. Spielen 1952 in Oslo im Slalom, Silbermedaille im Abfahrtslauf. Danach Skilehrer und Skischulleiter in Chile und in den USA. Internat. Erfolge auch als Pistolenschütze (WM-Bronze 1974).

Schneider, Robert, * 16. 6. 1961 Bregenz (Vbg.), Schriftsteller. Studierte Komposition, Theaterwiss. und Kunstgeschichte. Sein Erfolgsroman „Schlafes Bruder" (1992, verfilmt von J. Vilsmaier 1995) schildert den langsamen Tod des Protagonisten durch konsequente Schlafverweigerung.

Weitere Werke: Romane: Die Luftgängerin, 1998; Die Unberührten, 2000. – Dramen: Dreck, 1993; Komödie vom dt. Heimweh, 1999. – Literatur: H. Ohrlinger, Der Organist als Schriftsteller, in: Bühne 12, 1992; M. Möckel, Erläuterungen zu R. S. „Schlafes Bruder", 1997; R. Moritz (Hg.), Über „Schlafes Bruder", [3]1998.

Schneider, Romy (eigentl. Rosemarie Magdalena Albach), * 23. 9. 1938 Wien, † 29. 5. 1982 Paris (F), (Film-)Schauspielerin; Tochter des Schauspielerehepaars Magda Schneider und Wolf → Albach-Retty. Filmdebüt 1953 mit „Wenn der weiße Flieder wieder blüht". Internat. Durchbruch in Ernst → Marischkas „Sissi"-Trilogie (1955–57). Ab den 60er Jahren Filmkarriere von Weltgeltung: Hauptrollen in Filmen von L. Visconti, O. → Preminger, C. Chabrol und O. Welles, daneben auch Erfolge als Bühnenschauspielerin in Paris. Früher Tod nach unglückl. Privatleben (Trennung von A. Delon, 2 Scheidungen, Tod ihres Sohnes).

Weitere Filme: Der Prozeß, 1962; Die Dinge des Lebens, 1969; Ludwig II., 1972; Trio Infernal, 1974; Die Bankiersfrau, 1980; Die Spaziergängerin von Sanssouci, 1982. – Literatur: R. Seydel, R. S.: Bilder ihres Lebens, 1987; M. Jürgs, Der Fall R. S., 1991; A. Schwarzer, R. S. Mythos und Leben, 1998.

Romy Schneider in „Sissi". 1955.

Schneiderhan, Wolfgang, * 28. 5. 1915 Wien, Violinist, Kammermusiker und -virtuose; Ehemann von Irmgard → Seefried. Debüt mit 5 Jahren; 1933 Konzertmeister der Wr. Symphoniker, 1937–51 der Wr. Philharmoniker, erfolgreiche Karriere als Solist. 1938–56 Leiter der Meisterklasse am Mozarteum in Salzburg, 1939–50 Prof. an der Wr. Musik-Akad. Gründete und leitete

1937–51 das S.-Quartett, 1949–60 ein Trio mit E. Fischer und E. Mainardi. Ehrenmitgl. der Wr. Philharmoniker.
Literatur: F. Fassbind, W. S., I. Seefried, 1960; W. S. zum 60. Geburtstag, 1975.

Schneider-Siemssen, Günther, * 7. 6. 1926 Augsburg (D), Bühnenbildner. 1951–54 Ausstattungschef des Sbg. Landestheaters, ab dieser Zeit auch Mitarbeiter des Sbg. Marionettentheaters, 1954–61 Ausstattungsleiter am Staatstheater Bremen. 1962–86 Bühnenbildner für alle Bundestheater, ab 1965 auch für die Oster- und Sommerfestspiele in Salzburg; 1969–83 an der Metropolitan Opera in New York und an weiteren großen Bühnen. Lehrte 1969–94 Bühnenbild an der Internat. Sommerakad. in Salzburg; Meister naturalist., praktikabler Bühnenbilder (28 Bühnenbilder für H. v. → Karajan, 60 für O. → Schenk), bes. durch Lichtgestaltung und Einsatz der Holographie; Gestaltung von Lichtfesten in Salzburg.
Literatur: K. Becsi (Hg.), Die Bühne als kosmischer Raum. Zum Bühnenbildschaffen von G. S.-S., 1976; J. Mayerhöfer (Hg.), G. S.-S. 30 Jahre Bühnenschaffen, 1977; K. Pahlen, „Die Bühne – mein Leben". G. S.-S. in Gesprächen mit K. Pahlen, 1996.

Schneidmadl, Heinrich, * 20. 2. 1886 Gutenstein (NÖ.), † 31. 10. 1965 Wien, Redakteur und soz.-dem. Politiker, von Beruf Schriftsetzer. 1919–20 Mitgl. der Konstituierenden Nationalversammlung, 1920–27 Abg. z. NR, 1927–34 Mitgl. d. Nö. Landesregierung. Bemühte sich 1934 um Kontakte der Soz.-Dem. mit K. → Schuschnigg. 1945 Unterstaatssekr. f. öffentl. Bauten, 1946–49 wieder Mitgl. der Nö. Landesregierung und dann in der NEWAG (heute EVN) tätig.
Werk: Über Dollfuß zu Hitler. Ein Beitrag zur Geschichte des 12. 2. 1934, hg. v. E. Winkler, 1964.

Arthur Schnitzler. Foto, 1908.

Schnell, Hermann, * 25. 3. 1914 Wien, Pädagoge und Bildungspolitiker. 1951–69 Dir. des Pädagog. Inst. der Stadt Wien, 1969–80 Amtsführender Präs. des Stadtschulrats f. Wien, 1970–71 Mitgl. d. BR, 1971–83 Abg. z. NR (Schulsprecher der SPÖ); Verfechter der Gesamtschule.
Werke: Die ö. Schule im Umbruch, 1974; Die Neue Mittelschule als Gesamtschule, 1980; Bildungspolitik in der 2. Republik, 1993. – Literatur: O. Achs (Hg.), H. S. Erinnerungen und Lebenswerk, 1999.

Schneller, Julius Franz, * 3. 3. 1777 Straßburg (Strasbourg, F), † 12. 5. 1833 Freiburg i. Breisgau (D), Historiker. Ab 1796 in Ö., Lehrer in Linz, 1806–23 in Graz und ab 1823 in Freiburg. Er verließ Ö. wegen der Zensur, die eine Neuauflage seiner „Weltgeschichte" verhinderte und ihn als „Josephiner" und „Bonapartisten" verdächtigte.
Werke: Weltgeschichte, 4 Bde., 1808–13; Staatengeschichte des Kaisertums Ö., 4 Bde., 1817–19; Geschichte von Böhmen, 3 Bde., 1827; Geschichte von Ö. und der Stmk., 4 Bde., 1828; Ö. Einfluß auf Deutschland und Europa seit der Reformation, 2 Bde., 1828/29; Hinterlassene Werke, 16 Bde., hg. v. E. Münch, 1834–42 (in Bd. 1 Lebenslauf). – Literatur: O. Koller, J. F. S. Zur Historiographie des franzisz. Ö., 1966.

Schneller, Karl, * 19. 4. 1878 Wien, † 24. 4. 1942 ebd., Lyriker. Nach der Militärrealschule und Techn. Militärakad. Offizierslaufbahn, nach dem 1. Weltkrieg bis 1926 im BM f. Heerwesen. Seine Gedichte, die einem humanist. Ethos verpflichtet sind und sich radikal vom Krieg distanzieren, erschienen in zahlr. Ztschr. der Zwischenkriegszeit.
Werke: Gedichte, 1920; Neue Gedichte, 1922; Gesichte und Gestalten, 1925; Im ewigen Strom, 1936. – Dramen und Tierfabeln. – Literatur: ÖBL.

Schnerich, Alfred, * 22. 10. 1859 Tarvis (I), † 29. 4. 1944 Wien, Musikwissenschaftler, Kunsthistoriker. Haydn-Forscher, Univ.-Bibliothekar in Wien; verteidigte die Wr. Klassik bzw. die instrumentale Kirchenmusik gegen die radikale Richtung des Cäcilianismus.
Werke: Die Fragen der Reform der kath. Kirchenmusik, 1901; Geschichte der Musik in NÖ., 1921; J. Haydn und seine Sendung, 1922 (²1926); Die kirchl. Tonkunst, 1927; Denkmäler liturgischer Tonkunst, 1925 (Hg.). – Literatur: ÖBL.

Schneyder, Werner, * 25. 1. 1937 Graz (Stmk.), Schriftsteller, Schauspieler, Kabarettist, 15 Jahre Ringrichter beim Boxen. Studierte Publizistik und Kunstgeschichte, 1962–65 Theaterdramaturg in Salzburg und Linz, seit 1965 freischaffend für Bühne, Rundfunk und Fernsehen. 1974 Beginn seiner kabarettist. Laufbahn bei der „Münchner Lach- und Schießges.". Autor von Essays, Feuilletons, Hörspielen und satir. Büchern. Regietätigkeit („Die letzten Tage der Menschheit" v. K. Kraus am Theater in der Josefstadt, 1995). 1981 Nestroy-Ring, 1984 Dt. Kleinkunstpreis.
Werke: Empfehlung der einfachen Schläge, 1973; Die Unternehmungen des Herrn Hans, 1975; Die Vermeidung von Rückschlägen, 1976; Vom Nachlassen der Schlagkraft, 1979; ... über Sport. Dabeisein ist gar nichts, 1980; Gelächter vor dem Aus, 1980; E. Kästner, 1982; Schlafen Sie gut, Herr Tucholsky, 1983; Wut und Liebe, 1985; Abschied vom Karpfen, 1986; Ende der Sommerpause, 1988; Das Gefährliche an der Kunst, 1991; Reimzeit, 1995; Selberdenken ist auch eine Möglichkeit, 1995; Meiningen oder Die Liebe und das Theater, 1998. – Dramenbearbeitungen, Filme.

Schnifis, Laurentius von, → Laurentius von Schnifis.

Schnitzler, Arthur, * 15. 5. 1862 Wien, † 21. 10. 1931 ebd., Epiker und Dramatiker; Sohn von Johann → Schnitzler, Vater von Heinrich → Schnitzler, Großvater von Michael → Schnitzler. Stammte aus großbürgerl. jüd. Elternhaus, studierte Medizin und interessierte sich schon früh für Psychologie (1886 Sekundararzt beim Psychiater T. → Meynert). Ab 1890 gehörte S. dem Literatenzirkel um H. → Bahr (Jung-Wien) an. 1895 wurde er mit der Burgtheateraufführung von „Liebelei" einem breiten Publikum bekannt. Der ab 1888 entstandene Einakterzyklus um die dekadente Gestalt des Anatol prägten das S.-Bild sehr stark. Die beiden großen Dramen „Der einsame Weg" (Urauff. 1904) und „Das weite Land" (1911) orientierten sich am Gesellschaftsdrama Ibsens mit seiner Analyse menschl. Motive.

Aufgrund seiner kompromisslosen Darstellung war S. immer wieder heftigen Angriffen ausgesetzt. Die Erzählung „Leutnant Gustl" (1900), bahnbrechend durch die Verwendung des inneren Monologs, zog für S. den Verlust des Offiziersrangs nach sich. Das Drama „Professor Bernhardi" (entstanden 1912) konnte aus Zensurgründen bis 1918 nicht aufgeführt werden. Mit „Der grüne Kakadu" (1899) brachte S. die Hofkreise gegen sich auf, und sein „Reigen", 1900 „als unverkäufl. Manuskript" auf eig. Kosten in 200 Exemplaren gedruckt, evozierte im Jahr nach der Uraufführung 1920 einen Skandal; daraufhin verbot S. weitere Aufführungen.

Im 1. Weltkrieg stimmte S. niemals in die Kriegsbegeisterung ein. In der 1. Republik galt er zu Unrecht als „Dichter einer versunkenen Welt" und Schilderer des „süßen Mädels". Der Selbstmord seiner Tochter Lili (1928) erschütterte ihn tief.
Ausgaben: Gesammelte Werke in Einzelbänden, 6 Bde., 1981; Briefe 1875–1931, hg. von P. M. Braunwarth u. a., 2 Bde., 1981/84; Tagebücher 1879–1931, hg. von der Kommission f. literar. Gebrauchsformen, 10 Bde., 1987–2000; Das erzählerische Werk, 12 Bde., 1992–95. – Literatur: C. Schorske: S. und Hofmannsthal, 1962; W. H. Rey, A. S., 1968; R. Urbach, A. S., 1968; H. Scheible, A. S. und die Aufklärung, 1977; R. Wagner, Frauen um A. S., 1980; M. L. Perlmann, A. S., 1987; H. Tarnowski-Seidel, A. S., Flucht in die Finsternis, 1991; I. Lindgren, A. S. im Lichte seiner Briefe und Tagebücher, 1993; U. Weinzierl, A. S., 1994; K. Fliedl, A. S. Poetik der Erinnerung, 1997; R. Rothe, A. S. und A. Sandrock, 1997; H. Scheible, A. S. mit Selbstzeugnissen und Bilddokumenten, ¹²2000; ÖBL.

Schnitzler, Heinrich (Henry), * 9. 8. 1902 Hinterbrühl (NÖ.), † 12. 7. 1982 Wien, Schauspieler, Regisseur; Sohn von Arthur → Schnitzler, Enkel von Johann → Schnitzler, Vater von Michael → Schnitzler. Nach Schauspielunterricht bei F. → Herterich 1921 Debüt am Wr. Raimundtheater, 1923–32 in Berlin; 1932–38 am Dt. Volkstheater in Wien, wo er auch als Regisseur und Dramaturg arbeitete. 1938 Emigration in die USA, wo er 1942–56 Schauspielkunst, Regie und Theatergeschichte lehrte und Regie führte. 1957 Rückkehr nach Ö., Regietätigkeit in Wien am Theater in der Josefstadt (etwa 60 Inszenierungen), ab 1959 dessen Vizedir.; 1963 Kainz-Medaille; Gastregisseur an zahlr. europ. Bühnen; Nachlassverwalter der Werke seines Vaters (Neuausgabe der „Gesammelten Werke", Briefwechsel mit H. v. → Hofmannsthal und R. M. → Rilke).

Werk: Jugend in Wien. Eine Autobiographie, 1968 (Hg. mit T. Nickl).

Schnitzler, Johann, * 10. 4. 1835 Nagy-Kanizsa (H), † 2. 5. 1893 Wien, Mediziner, Kehlkopfspezialist; Vater von Arthur → Schnitzler, Großvater von Heinrich → Schnitzler, Urgroßvater von Michael → Schnitzler. Ab 1878 Univ.-Prof. in Wien, Gründer und Leiter der Wr. Poliklinik.

Werke: Klinischer Atlas der Laryngologie, 1895 (mit H. v. Hajek u. A. Schnitzler). – Hg.: Wr. medizin. Presse, 1860–86; Internat. klinische Rundschau, 1887ff.

Schnitzler, Michael, * 7. 8. 1944 Berkeley (USA), Geiger; Sohn von Heinrich → Schnitzler, Enkel von Arthur → Schnitzler, Urenkel von Johann → Schnitzler. 1962–67 Mitgl. der Wr. Solisten, 1966–73 Erster Konzertmeister der Wr. Symphoniker, 1970–74 Erster Geiger des S.-Quartetts, seit 1965 Geiger des Haydn-Trios. Seit 1982 Prof. an der Wr. Musikhochschule. Seit 1991 Obmann des Vereins „Regenwald der Österreicher", der sich für die Rettung des Regenwaldes in Costa Rica einsetzt; betreute dort 1993–95 ein Projekt der Entwicklungszusammenarbeit und war Leiter der 1. ö. Forschungsstation in den Tropen für Regenwaldforschung und Tropenbiologie. K.-Lorenz-Preis für Umweltschutz 1995.

Schnorr von Carolsfeld, Ludwig Ferdinand, * 11. 10. 1788 Königsberg (Ostpreußen, Kaliningrad, RUS), † 13. 4. 1853 Wien, Historien- und Landschaftsmaler, Illustrator; Sohn und Schüler des Malers Johann Veit S. v. C. und Bruder von Julius S. v. C. Kam 1804 nach Wien und studierte an der Wr. Akad., schloss sich dem Overbeck-Kreis an und wurde von Hzg. → Albert Kasimir von Sachsen-Teschen gefördert. 1821 Übertritt zum Katholizismus, gehörte dem Romantikerkreis um Z. Werner und C. M. → Hofbauer an, was sich auch in der Wahl seiner Bildthemen auswirkte. In den 20er Jahren entstanden v. a. Motive aus Bibel, Geschichte und Dichtung, später unter dem Einfluss von J. A. → Koch auch heroisch-romant. Landschaften. Lehrer von M. v. → Schwind, ab 1841 Kustos der k. k. Gemäldegalerie im Belvedere.

Literatur: A. Strasoldo-Graffemberg, L. F. S. v. C. (1788–1853), Diss., Freiburg 1987; M. R. Tanzwirth, Der Strömungspluralismus im Werk voin L. F. S. v. C., 2 Bde., Diss., Wien 1999; ÖBL.

Schober, Albin, * 15. 2. 1938 St. Stefan i. Lavanttal (Gem. Wolfsberg, Kä.), Landwirt und Politiker (SPÖ). 1966–77 Kammerrat der Kammer f. Land- u. Forstwirt. für Kä., 1980 Bundesvorsitzender des Arbeiterbauernbundes der SPÖ, 1976–83 Staatssekr. im BM f. Land- u. Forstwirt., 1983–86 Abg. z. NR.

Schober, Franz (Adolf Friedrich) von, * 17. 5. 1798 Schloss Torup bei Malmö (S), † 13. 9. 1882 Dresden (D), Lyriker und Librettist. Sohn einer Österreicherin; lebte ab 1808 in Wien und wurde hier Mitgl. des Freundeskreises von F. → Schubert, der einige seiner Gedichte vertonte; von S. stammt auch das Libretto zu dessen Oper „Alfonso und Estrella" (1823). 1839–47 Privatsekr. von F. → Liszt, lebte dann in Prag, Weimar und Dresden. Autor empfindsam-epigonaler Lyrik.

Weitere Werke: Lyrik: Palingenesien aus den hl. Büchern des Alten Bundes, 1826; Gedichte, 1842. – Literatur: A. Weiss, F. v. S., das Lebensbild eines Freundes Schuberts, 1907; H. Zeman, F. Schuberts Teilhabe an der ö. literar. Kultur seiner Zeit, in: O. Brusatti (Hg.), Schubert-Kongreß 1978, 1979.

Schober, Johann, * 14. 11. 1874 Perg (OÖ.), † 19. 8. 1932 Baden (NÖ.), Jurist, Beamter, Politiker (Großdt.). Ab 1898 bei der Wr. Polizei tätig, von 25. 6. 1918 bis 1932 Polizeipräs. von Wien, 1921–22 und 1929–30 Bundeskanzler, 1930–32 Vizekanzler, Außenmin. und Abg. z. NR. Verantwortl. für die blutige Niederschlagung der Julirevolte 1927, führte die Verfassungsreform 1929 zu Ende, bildete 1930 als Vertreter der Großdt. mit dem Landbund den Nat. Wirtschaftsblock, erreichte die Streichung von Verpflichtungen zu Reparationszahlungen und versuchte 1931 die Bildung einer Zollunion mit Deutschland, die am Widerstand Frankreichs scheiterte. S. genoss als korrekter Beamter v. a. im Bürgertum hohes Ansehen und war als Vorsitzender der Interpol auch im Ausland geschätzt.

Literatur: O. Kleinschmied, S., 1930; A. Wandruszka, J. S., in: F. Weissensteiner u. E. Weinzierl (Hg.), Die ö. Bundeskanzler, 1983; R. Hubert, S., „Arbeitermörder" und „Hort der Republik", 1990.

Johann Schober. Foto, 1929.

Johann Schnitzler. Foto.

Schoeller, Alexander von, * 12. 6. 1805 Düren (D), † 11. 11. 1886 Wien, Industrieller; Onkel von Paul → Schoeller. Ab 1833 Großhändler in Wien, gründete u. a. 1843 mit Hermann Krupp die Metallwarenfabrik in Berndorf und erwarb 1862 ein Walzwerk in Ternitz, das zu einem der ersten und bedeutendsten Bessemer-Stahlwerke ausgebaut wurde (ab 1924 Schoeller-Bleckmann).

Literatur: ÖBL.

Schoeller, Paul, * 15. 6. 1853 Wien, † 2. 11. 1920 ebd., Industrieller; Neffe von Alexander v. → Schoeller. Trat 1884 in die Wr. Firma der Familie ein, konzentrierte 1889 die Montanaktivitäten in Ternitz („Ternitzer Stahl- und Eisenwerke von Schoeller & Co.") und erwarb zusätzl. 1906 die Hochöfen, Hammer- und Walzwerke des Fürsten Schwarzenberg in der Ober-Stmk. (1923 endgültig eingestellt). Betrieb die Hütteldorfer Brauerei, errichtete u. a. 1888 die Zellulosefabrik in Hirschwang und erwarb 1915 den Grünbacher Steinkohlenbergbau.

Schoeller, Philipp, * 23. 8. 1921 Wien, Industrieller und Bankier. War in den Familienbetrieben tätig, 1970–90 auch Obmann der Sektion Ind. der Wirtschaftskammer, 1967–72 und ab 1980 Vizepräs. der Industriellenvereinigung. Er leitete mehrere Wirtschaftsmissionen nach Fernost, Südamerika und in arab. Staaten. 1977–2000 Vertreter Ö. im Internat. Olymp. Comité.

Schöffel, Josef, * 29. 7. 1832 Brünn (Brno, CZ), † 7. 2. 1910 Mödling (NÖ.), Journalist, Politiker. Vertrat die Idee des Heimat- und Naturschutzes und verhinderte durch Artikel im „Wiener Tagblatt" 1870–72 die Abholzung des Wienerwalds. Als Bürgermeister von Mödling 1873–82 veranlasste er durch J. → Hyrtl die Gründung einer Waisenanstalt, organisierte im Landesausschuss von NÖ. das nö. Straßenwesen, führte soziale Maßnahmen durch (140 Naturalverpflegsstationen für wandernde Handwerksburschen), regelte das Armenwesen und gründete die Zwangsarbeits- und Besserungsanstalt Korneuburg.

Werke: Die Institution der Naturalverpflegsstationen, 1887; Geschichte der Gründung und Entwicklung der Hyrtlschen

Paul Schöffler als Pizarro in „Fidelio" von L. van Beethoven. Aufführung anlässlich der Wiedereröffnung der Wiener Staatsoper im November 1955. Foto.

Waisenhausstiftung, 1903; Erinnerungen aus meinem Leben, 1905. – Literatur: M. Gangl, Dem Andenken an J. S., 1932; U. Mossler, J. S., eine politische Biographie, Diss., Wien 1972.

Schöffler, Paul, * 15. 9. 1897 Dresden (D), † 21. 11. 1977 Amersham (GB), Kammersänger (Bass-Bariton). Ab 1937 an der Wr. Staatsoper; Gastspieltätigkeit (London, Bayreuth, New York), Mitwirkung bei den Sbg. Festspielen.

Literatur: H. Christian, P. S. Versuch einer Würdigung, 1967.

Schoiswohl, Josef, * 3. 1. 1901 Guntramsdorf (NÖ.), † 26. 2. 1991 Wien, Theologe, geistl. Würdenträger. 1949 Apostolischer Administrator des Bgld., 1951 Bischofsweihe, 1954–68 Bischof von Graz-Seckau.

Schokotnigg, Josef, getauft 11. 2. 1700 Graz (Stmk.), begraben 2. 8. 1755 ebd., Bildhauer der Barockzeit; Sohn von Marx → Schokotnigg. Vorstand der steir. Maler- und Bildhauerkonfraternität.

Werke: Altarplastiken in Graz: Barmherzigenkirche, 1753; Dom, Stadtpfarrkirche, Wallfahrtskirche Maria-Trost; Birkfeld (Dekanatskirche), Mooskirchen, Voitsberg (alle Stmk.).

Schokotnigg, Marx, getauft 25. 4. 1661 Oberburg (Gornij Grad, SLO), begraben 24. 9. 1731 St. Peter b. Graz (Stmk.), Barockbildhauer; Vater von Josef → Schokotnigg. Studierte 9 Jahre in Rom, ab 1692 ständig in Graz.

Werke: Statuen auf der Balustrade des Stifts Admont; Plastiken im Dom von Graz; Kanzel der Andräkirche, Altarplastiken in Franziskanerkirche, Leonhardkirche und alter Ursulinenkirche sowie im Mausoleum Ferdinands II. (alle Graz); in den Kirchen Mariatrost, St. Marein bei Graz, St. Andrä im Sausal, Pöllau, Pöllauberg und Voitsberg; Mariensäule Murau (alle Stmk.). – Literatur: R. List, Kunst und Künstler der Stmk., Bd. 3, 1974.

Schollum, Robert, * 22. 8. 1913 Wien, † 30. 9. 1987 ebd., Komponist, Dirigent, Musikkritiker und -schriftsteller. 1945 Städt. Musikdirektor in Linz, 1946 Leiter der Linzer Städt. Musikdirektion; Gründer (1955) und Vorstand der Musikal. Jugend OÖ.; ab 1959 Prof. an der Wr. Musikakad. Schloss als Komponist an D. Milhaud und B. Bartók an, setzte sich nach 1945 bes. mit Neoklassizismus und Zwölftontechnik auseinander, vermied aber strenge Imitation; wandte ab 1965 neue Techniken an, wobei klangl. und melod. Aspekte dominierten. 1965–69 und 1983–84 Präs. des Ö. Komponistenbunds.

Werke: Opern, Orchesterwerke, Kammermusik, Lieder, Chöre, Klavier- und Orgelwerke, Bühnenmusik. – Schriften: Musik in der Volksbildung, 1962; Egon Wellesz, 1964; Die Wr. Schule, 1969; Singen als menschl. Kundgebung, 1970; Das ö. Lied des 20. Jh., 1977; Vokale Aufführungspraxis, 1983 (mit H. Krones). – Literatur: G. Brosche (Red.), Musikal. Dokumentation R. S., Ausst.-Kat., Ö. Nat.-Bibl., Wien 1993; U. Otter, R. S., 3 Bde., Dipl.-Arb., Wien 1994.

Arnold Schönberg. Zeitgen. Foto.

Scholten, Rudolf, * 3. 11. 1955 Wien, Jurist und Politiker (SPÖ). 1986–88 wirt.- und kulturpolit. Berater von Bundeskanzler F. → Vranitzky, 1988–90 Gen.-Sekr. des Ö. Bundestheaterverbands, 1990–94 BMin. f. Unterr. u. Kunst, 1994–97 BMin. f. Wiss., Forschung u. Kunst bzw. Wiss., Verkehr u. Kunst, seit 1997 Vorstandsmitglied der Ö. Kontrollbank.

Roman Karl Scholz. Foto.

Scholz, Roman Karl, * 16. 1. 1912 Mährisch-Schönberg (Šumperk, CZ), † 10. 5. 1944 Wien, Widerstandskämpfer, Schriftsteller. Ab 1939 Augustiner-Chorherr in Klosterneuburg, 1939 Prof. f. Theologie und christl. Philosophie an der Ordensschule des Stifts; leitete 1938–40 eine „Ö. Freiheitsbewegung", wurde 1940 verraten, verhaftet, wegen „Vorbereitung zum Hochverrat" zum Tod verurteilt und im Wr. Landesgericht auf dem Schafott hingerichtet. Seine letzten Worte waren: „Für Christus und Ö.!"

Werke: Gedichte: Ferne feine Dinge, 1935. – Prosa: Goneril, 1947 (in der Haft geschrieben). – Dramen: Zu spät; Männer (beide im Gefängnis geschrieben). – Literatur: R. Koch u. a. (Hg.), Das Geheimnis der Erlösung heißt Erinnerung, 1990; R. K. S., Ich werde immer bei euch sein. Verse, mit einem Beitrag von F. Röhrig und einem Geleitwort von G. Huber-Gergasevics, 1994; ÖBL.

Scholz, Wenzel, * 28. 3. 1787 Innsbruck (Ti.), † 5. 10. 1857 Wien, Schauspieler. 1811 Debüt in der Wandertruppe seiner Mutter, 1815 Engagement für wenige Monate am Burgtheater, wo er jedoch sein komisches Talent nicht entfalten konnte; 1819–26 in Graz, 1826 wieder in Wien am Theater in der Josefstadt, am Theater an der Wien und ab 1838 am Carltheater. Freund und wichtigster Bühnenpartner von J. → Nestroy, der ihm viele Rollen auf den Leib schrieb und mit dem er viele große Erfolge feierte.

Literatur: U. Deck, W. S. und das Altwiener Volkstheater, Diss., Wien 1967; ÖBL.

Schönaich, Franz Frh. von, * 27. 2. 1844 Wien, † 25. 1. 1916 ebd., General. 1887 Generalinspektor des Heeres, Feldzeugmeister, 1905/06 Landesverteidigungs-, 1906–11 Reichskriegsminister.

Literatur: ÖBL.

Schönauer, Marianne, * 31. 5. 1920 Wien, † 9. 7. 1997 ebd., Schauspielerin. Studium am Reinhardt-Seminar und Gesangsunterricht, 1945–48 am Volkstheater, 1949 am Raimundtheater in Wien, 1950 am Landestheater Sbg., 1951 Stadttheater Wien; 1951–87 mit Unterbrechungen am Theater in der Josefstadt in Wien; ab 1946 auch Filmtätigkeit (mit Partnern wie H. → Moser, O. W. → Fischer, E. → Balser, H. → Holt, J. → Heesters). 1987 Abschied von der Bühne, danach hauptsächl. Fernseh- und Lehrtätigkeit (Rhetorik und Schauspiel) sowie Lesungen.

Schönbach, Anton Emanuel, * 29. 5. 1848 Rumburg (Rumburk, CZ), † 25. 8. 1911 Schruns (Vbg.), Germanist. Ab 1873 bis zu seinem Tod Univ.-Prof. in Graz; baute dort das erste Seminar für dt. Philologie in der ö.-ungar. Monarchie auf und erwarb mit diesem international hohe Anerkennung. Widmete sich v. a. der ma. Literatur und der christl. Kulturgeschichte.

Werke: Über Lesen und Bildung, 1888; Walther von der Vogelweide, 1890; Die Anfänge des Minnesangs, 1898; Gesammelte Aufsätze zur neueren Literatur, 1900. – Hg.: Altdt. Predigten, 3 Bde., 1886–91.

Schönbauer, Leopold, * 13. 11. 1888 Thaya (NÖ.), † 11. 9. 1963 Wien, Chirurg. Krebsforscher, Begründer der Neurochirurgie in Ö.; 1931 Leiter des Strahlentherapeut. Inst. in Wien, errichtete mit J. → Tandler und K. Honey die 1. Krebsberatungsstelle in Wien. 1933–61 Univ.-Prof. (1953/54 Rektor); 1945–61 Dir. des Allg. Krankenhauses in Wien und provisor. Leiter des Inst. f. Geschichte der Medizin, dessen „Beiträge" er ab 1948 herausgab. 1959–62 Abg. z. NR (ÖVP). Mit H. → Hoff und K. → Fellinger an den Planungen zum Neubau des Allg. Krankenhauses beteiligt.

Werke: Hirnchirurgie, 1933 (mit H. Hoff); Das medizin. Wien, 1944; Die Bedeutung der ö. Chirurgie, 1948; Lehrbuch der Chirurgie, 2 Bde., 1950; Gesünder leben, länger leben, 1954; Das ö. Spital, 1959. – Literatur: NÖB.

Schönberg, Arnold, * 13. 9. 1874 Wien, † 13. 7. 1951 Los Angeles (USA), Komponist. Im Wesentlichen Autodidakt; begann um 1890, von seinem späteren Schwager A. v. → Zemlinsky stark beeinflusst, in spätromant. Tradition zu komponieren. Auch seine „Harmonielehre" (1911) ist noch traditionell ausgerichtet; 1901–03 und 1911–15 lebte er in Berlin. Da die öffentl. Aufführung seiner Werke Proteste hervorrief, gründete er 1919 in Wien den „Verein für musikal. Privataufführungen", der zu einem Zentrum der 2. Wr. Schule und ihrer Vertreter wurde. 1925–33 leitete er eine Meisterklasse der Musikakad. in Berlin, emigrierte dann in die USA und war 1934–44 Lehrer in Los Angeles und Boston (1941 amerikan. Staatsbürger).

S. begründete (neben J. M. → Hauer) die Zwölftonmusik, d. h. die Komposition mit 12 gleichberechtigten Tönen. Er ist der Begründer der 2. Wr. Schule, zu der noch A. → Berg und A. v. → Webern gehören (im Gegensatz zur 1. Wr. Schule, der Wr. Klassik). Aus der Spätromantik kommend, waren ihm bald deren tonale Möglichkeiten zu eng, sodass er nur in der Gleichberechtigung der Töne eine Weiterentwicklung der Musik sah. Basis dodekaphon. Werke ist eine „Reihe" und deren 3 Hauptmodulationen: „Krebs", „Spiegel" und „Spiegelkrebs". Während S. seine Werke hauptsächl. in mathematischer Strenge durchführte, haben seine Schüler A. v. Webern und v. a. A. Berg dieses strenge Prinzip um die musikal.-klangl. Komponente bereichert. Die Dodekaphonie hatte nachhaltige Wirkung auf die Entwicklung der zeitgenöss. Musik in Europa und bes. in Amerika, das S. zur 2. Heimat wurde. S. war auch als Maler von Bedeutung und hinterließ ca. 70 Bilder (v. a. Porträts und Visionen). 1998 übernahm die Stadt Wien den S.-Nachlass von den Erben und eröffnete ein A.-S.-Center.

Werke: Spätromant. Periode (1899–1905): Verklärte Nacht, 1899 (Streichsextett); Pelleas und Melisande, 1903 (symphon. Dichtung); Gurrelieder, 1902/03; 1. Streichquartett d-Moll, 1905. – Expressionist. Periode (1906–21): Kammersymphonie, 1906; Erwartung, 1908 (Monodrama); 2. Streichquartett fis-Moll (mit Sopransolo), op. 10, 1907/08; 5 Orchesterstücke, 1912; Pierrot lunaire, 1914 (Sprechstimme und Kammermusik); Die Jakobsleiter, 1917–22 (Oratorium unvollendet). – Zwölftonperiode (ab 1921): 5 Klavierstücke, op. 23; Kammermusik opp. 24, 25, 26, 29; 3. Streichquartett, 1927; Von Heut auf Morgen, 1928 (Oper); Variationen für Orchester, 1929; Moses und Aaron, 1. u. 2. Akt, 1930–32 (Oper); Ein Überlebender aus Warschau, 1947 (Kantate); Violin- und Klavierkonzert. – Ausgabe: Sämtl. Werke, 1966ff. – Schriften: Harmonielehre, 1911 ([3]1922); Models for Beginners in Composition, 1942; Grundlagen der musikal. Komposition, 1948; Styles and Idea 1950. – Ausgabe: Gesammelte Schriften, hg. v. I. Vojtech, 1976. – Literatur: P. Stefan, S. 1924; T. W. Adorno, Philosophie der neuen Musik, 1949; H. H. Stuckenschmidt, A. S., 1974; G. Schubert, S. frühe Instrumentationen, 1975; D. Newlin, S. Remembered, 1980; A. Ringer, A. S., 1993; S. Verein für musikal. Privataufführungen, 1984; The Berg-S. Correspondence, 1987; T. Zaunschirm (Hg.), A. S. – Das bildnerische Werk, Ausst.-Kat., 1991; W. Sinkovicz, Mehr als zwölf Töne – A. S., 1998.

Schönböck, Karl, * 4. 2. 1909 Wien, † 24. 3. 2001 München (D), (Film-)Schauspieler. Debütierte 1930 am Staatstheater Meißen und spielte 1937–45 in Berlin, ab 1936 auch Filmtätigkeit. Eröffnete 1945 mit Kollegen das erste dt. Nachkriegstheater, die Berliner „Tribüne". S. gehörte auch zu den Gründern des Theaters „Die Kleine Freiheit" in München, wo er ab 1946 tätig war. Ab 1949 Theatertourneen durch Deutschland und Gastspiele am Theater in der Josefstadt (u. a. 1974 in „Professor Bernhardi"), am Theater an der Wien („Hello Dolly", 1968) und bei den Sbg. Festspielen („Tartuffe", 1960). Rollen in Fernsehserien („Das Erbe der Guldenburgs"). Prototyp des Bonvivant und Gentleman.

Werk: Wie es war durch 80 Jahr. Erinnerungen, 1988.

Schönborn, Adelsgeschlecht aus Hessen, 1663 Freiherren, 1701 Grafen, seit 1696 in Ö. Bildete am Ende des 18. Jh. drei Linien (ö. Linie S.-Buchheim, bayer. und böhm. Linie, aus letzterer stammt der Wr. Erzbischof Christoph → Schönborn). Weitere bed. Persönlichkeiten aus der Familie: Friedrich Gf. → Schönborn und Friedrich Karl Gf. → Schönborn.

Schloss S. in Göllersdorf (NÖ.) wurde als 3-flügelige Anlage von J. L. von → Hildebrandt 1712–17 für Friedrich Karl von S. erbaut. Kapelle mit Gemälde von Peter Strudel. Familienbilder. Den Abschluss der Gärten (jetzt Golfplatz) bildeten die 1717 vollendete Orangerie und die Johann-Nepomuk-Kapelle (1733).

Das Palais S. in Wien 8 wurde 1706–14 ebenfalls durch J. L. von Hildebrandt für Friedrich Karl von S. errichtet. Es beherbergte 1872–97 die Hochschule für Bodenkultur, bis 1917 das Oberlandesgericht und ist seit 1920 Ö. Museum für Volkskunde. 1740 kaufte Friedrich Karl von S. das 1706 von J. B. Fischer von Erlach für A. Batthyány erbaute Palais in Wien 1, das bis heute im Besitz der Familie ist (Mexikan. Botschaft); die Galerie wurde Anfang des 20. Jh. verkauft.

Literatur: K. Bott, Bibliographie zur Geschichte des Hauses S., 1991.

Schönborn, Christoph, * 22. 1. 1945 Skalsken b. Leitmeritz (Litoměřice, CZ), Erzbischof von Wien. Nach der Vertreibung der Familie 1945 aus dem Sudetenland in Vbg. aufgewachsen; Studium in Walberberg bei Köln (D), in Wien und in Paris. Trat 1968 in den Dominikanerorden in Warburg (D) ein; 1970 zum Priester geweiht, 1972–75 Studentenseelsorger in Graz, 1975–91 an der Theolog. Fakultät d. Univ. Freiburg (CH), 1987–92 Univ.-Prof. für Dogmatik und Ostkirchenkunde und Titularbischof von Sutri; wichtige Mitarbeit als Sekretär des Redaktionskomitees des 1993 erschienenen „Katechismus der kath. Kirche"; ab 1991 Auxiliarbischof der Erzdiözese Wien und Bischofsvikar für Wiss., Kunst, Kultur und alle Angelegenheiten, die sich aus dem Katechismus für die Weltkirche ergeben. Seit 1995 Erzbischof von Wien, seit 1998 Kardinal.

Werke: Existenz im Übergang, 1987; Leben für die Kirche, 1997; Die Christus-Ikone, 1998; Die Menschen, die Kirche, das Land, 1998; Wege des Betens, 2000.

Schönborn, Friedrich Graf, * 11. 9. 1841 Dlažkovice bei Prag (CZ), † 21. 12. 1907 Wien, Jurist. 1888–95 Justizminister, 1895–1907 Präs. des Verwaltungsgerichtshofs.

Literatur: ÖBL.

Schönborn, Friedrich Karl Graf, * 3. 3. 1674 Mainz (D), † 25. 7. 1746 Würzburg (D), 1707 Koadjutor des Erzbischofs von Mainz, 1729 Fürstbischof von Bamberg und Würzburg, 1705–32 Reichsvizekanzler. War mit Prinz → Eugen eng befreundet, baute das Schloss des Adelsgeschlechts → Schönborn in Göllersdorf und das Gartenpalais in Wien 8, kaufte das Stadtpalais in Wien 1.

Literatur: H. Hantsch, Reichsvizekanzler F. K. v. S., 1929.

Schönburg-Hartenstein, Alois Fürst, * 21. 11. 1858 Karlsruhe (D), † 21. 9. 1944 Hartenstein (D), Offizier (Generaloberst). Kommandant mehrerer Korps im 1. Weltkrieg, zuletzt Kommandant der 6. Armee in N-Italien, 21. 9. 1933 bis 12. 3. 1934 Staatssekr., 12. 3. 1934 bis 10. 7. 1934 Bundesmin. f. Landesverteidigung unter E. → Dollfuß.

Literatur: E. Holub, A. S.-H., Diss., Wien 1964.

Schönerer, Georg Ritter von (bis 1888), * 17. 7. 1842 Wien, † 14. 8. 1921 Schloss Rosenau (Gem. Zwettl-NÖ.), Gutsbesitzer, Politiker. Ab 1879 Führer der dt.-nat. Bewegung (der Alldeutschen) in Ö.; heftiger Gegner des ö. Patriotismus, der kath. Kirche und des Liberalismus. Vertrat einen radikalen Antisemitismus, kämpfte für engen Anschluss Ö. an das Dt. Reich, war ein Vorkämpfer der Los-von-Rom-Bewegung und trat selbst zum Protestantismus über. Seine autokrat. und terrorist. Methoden, sein nationalist. Fanatismus waren typisch für seine Richtung. Seine Ideen haben später den jungen A. → Hitler stark beeinflusst. S. war 1882 an der Abfassung des dt.-nat. Linzer Programms maßgebl. beteiligt. Eine Gewaltaktion gegen polit. Gegner (1888) brachte ihn ins Gefängnis und um Adelstitel, Reserveoffiziersrang und Abgeordnetenmandat. 1897–1907 war er wieder meist Abgeordneter. Er besaß zunächst auch auf K. → Lueger, E. → Pernerstorfer und V. → Adler einen gewissen Einfluss, dem aufgrund seines Radikalismus Ablehnung folgte. Seine Anhänger („Schönerianer") waren insbes. Burschenschafter und Sudetendeutsche. Seine polit. Organe waren die Ztschr. „Unverfälschte dt. Worte" (1890–1912) und die Zeitungen „Alldt. Tagblatt" und „Grazer Wochenblatt".

Werke: 12 Reden, 1886; 5 Reden, 1891. – Literatur: Herwig (= E. Pichl), G. S., 4 Bde., 1913–23 (6 Bde., ^{2}1938); E. V. Rudolf, G. S., 1936; A. G. Whiteside, G. Ritter v. S. Alldeutschland und sein Prophet, 1981.

Schönerer, Mathias von, * 9. 1. 1807 Wien, † 30. 10. 1881 ebd., Eisenbahntechniker. Nach dem Rücktritt seines Lehrers F. A. v. → Gerstner Bauleiter der Pferdeeisenbahn Linz–Budweis (1829–32) und Linz–Gmunden (1834/35); baute 1840 die Eisenbahn Wien–Gloggnitz, deren Betriebsdir. er 1841–53 war, und in der Folge weitere Strecken in NÖ.; errichtete 1839 die 1. ö. Eisenbahnwagen- und Lokomotivfabrik in Wien.

Literatur: ÖBL.

Schönfeld, Johann Ferdinand von, * 1750 Prag (CZ), † 15. 10. 1821 Wien, Gründer und Besitzer eines technolog. Museums mit über 200.000 Exponaten, teils aus Beständen der ehem. rudolfinischen Sammlungen in Prag, die nach seinem Tod zerstreut wurden. Lebte ab 1799 in Wien. Schuf ein „Diplomat.-herald. Adelsarchiv" und machte sich um die Verschönerung Badens und die Erschließung des Helenentals verdient.

Schönfeld, Thomas, * 17. 6. 1923 Wien, Chemiker. Studierte in den USA und ab 1947 in Wien; 1972–93 Univ.-Prof. am Inst. f. Anorgan. Chemie der Univ. Wien. Veröffentlichte grundlegende Untersuchungen zur Radio- und Strahlenchemie; E.-Schrödinger-Preis der Ö. Akad. d. Wiss., 1997.

Werke: Radiochem. Methoden der Mikrochemie, 1955 (mit E. Broda); Die techn. Anwendungen der Radioaktivität, 1956 (mit E. Broda).

Schönherr, Dietmar, * 17. 5. 1926 Innsbruck (Ti.), Schauspieler, Regisseur, Talk- und Quizmaster. Schauspielunterricht in Berlin und Innsbruck, 1943 Filmdebüt (insges. rd. 80 Filme), 1947–52 Rundfunksprecher, Reporter und Regisseur beim ORF, danach Hörfunkdramaturg und Moderator beim WDR. Ab 1960 beim Fernsehen, bekannt als Quizmaster (1970–72 „Wünsch Dir was", mit seiner Frau Vivi Bach). Synchronsprecher (dt. Stimme von James Dean und Gérard Philippe); Engagement für Frieden und Entwicklungsländer.

Karl Schönherr. Foto.

Schönherr, Karl, * 24. 2. 1867 Axams (Ti.), † 15. 3. 1943 Wien, Schriftsteller und Arzt. Studierte Philosophie und Medizin in Wien und Innsbruck, wo er sich der Bewegung „Jung-Tirol" anschloss; war bis 1905 als Arzt in Wien tätig. S. schrieb zunächst humorvolle Dialektgedichte und Erzählungen im Stil von L. → Anzengruber, später Problemstücke. Seine naturalist. Dramen und Erzählungen sind von symbol. und expressiven Elementen durchsetzt und durch ihre starke Bindung an Ti. Landschaft, Geschichte, Mundart und Volksstücktradition bestimmt. Mit Stücken wie „Glaube und Heimat" (1910) oder „Der Weibsteufel" (1914, verfilmt 1916 als „The She-Devil") sowie mit Inszenierungen an der Ti. Exl-Bühne und dem Wr. Burgtheater feierte er große Erfolge.

Weitere Werke: Gedichte: Inntaler Schnalzer, 1895; Ti. Marterln, 1895. – Dramen: Der Judas von Ti., 1897; Die Bildschnitzer, 1900; Karrnerleut, 1905; Familie, 1905 (unter dem Titel „Kindertragödie", 1913); Erde, 1907; Der Sonnwendtag, 1913; Volk in Not, 1916; Frau Suitner, 1916; Narrenspiel des Lebens, 1918; Der Kampf, 1920; Es, 1923; Die Hungerblockade, 1925; Der Armendoktor, 1927; Herr Doktor, haben Sie zu essen?, 1930; Passionsspiel, 1933; Die Fahne weht, 1937. – Erzählungen: Allerhand Kreuzköpf, 1895; Caritas, 1905; Aus meinem Merkbuch, 1911; Schuldbuch, 1913; Ti. Bauernschwänke, 1913. – Ausgabe: Gesamtausgabe, hg. v. V. K. Chiavacci, 3 Bde., 1967–74. – Literatur: W. Bortenschlager, Ti. Drama und Dramatiker im 20. Jh., 1982.

Schönherr, Max, * 23. 11. 1903 Marburg (Maribor, SLO), † 14. 12. 1984 Baden (NÖ.), Komponist. Kapellmeister am Grazer Opernhaus, an den Marischka-Bühnen in Wien und an der Wr. Volksoper; über 40 Jahre (ab 1931) Dirigent des Großen Wr. Rundfunkorchesters. Studierte im Alter Musikwiss. (beschäftigte sich v. a. mit J. Lanner, C. M. Ziehrer und J. Strauß Vater). Zahlr. Auszeichnungen.

Werke: Hotel Sacher, 1957 (Ballett). – Orchesterwerke, Kammermusik, 1 Oper, Klavierstücke, Lieder. – Schriften (mit K. Reinoehl): Das Jh. des Walzers (1. Bd.: Joh. Strauß Vater, 1953); C. M. Ziehrer, 1974.

Schönherr, Otto J. M., * 7. 3. 1922 Wien, Journalist. 1947–54 Redakteur der „Presse", 1954–59 Chefredakteur der „Kleinen Zeitung" (Graz), 1959–87 Chefredakteur der „Austria Presse Agentur".

Schönpflug, Fritz, * 15. 6. 1873 Wien, † 18. 2. 1951 ebd., Karikaturist, Maler und Graphiker. Mitbegr. und künstler. Leiter der „Muskete" (1905–41); zeichnete v. a. Wr. Typen (große Verbreitung als Postkartenmotive) und Militärkarikaturen.

Werk: Kakanien & Preußen, 4 Bde., 1977 (Reprint).

Schönthal, Otto, * 10. 8. 1878 Wien, † 31. 12. 1961 ebd., Architekt. Studierte 1898–1902 bei O. → Wagner, danach Assistent und Mitarbeiter in dessen Atelier; ab 1909 Hg. der Ztschr. „Der Architekt"; 1909–18 gem. Büro mit E. → Hoppe und M. → Kammerer. Vermutl. der intellektuelle „Vordenker" dieser Architektengruppe. Nach dem Austritt Kammerers bis 1938 nur mit Hoppe; während der NS-Zeit im Ausland; nach 1945 eig. Büro in Wien.

Werke: mit E. Hoppe und M. Kammerer: Geschäft Bakalovits' Söhne, Wien 1, 1910/11; „Westermannhäuser", Wien 1, 1912–14; Centralbank der dt. Sparkassen, Wien 1, 1912–16; Haus der Kammer f. Arbeiter u. Angestellte, Klagenfurt, 1924; Sandleitenhof (mit E. Hoppe, F. Matuschek, T. Theiss, H. Jaksch, F. Krauß und J. Tölk), Wien 16, 1924–28; Zürcher Hof, Wien 10, 1928–30. – Allein: Villa Vojcsik, Wien 14, 1900–01; Eiselberghof, Wien 5, 1948–50. – Literatur: O. A. Graf, Die vergessene Wagnerschule, 1969; M. Pozzetto, Die Schule O. Wagners 1894–1912, 1980; I. B. Whyte, E. Hoppe, M. Kammerer, O. S., 3 Architekten aus der Meisterschule O. Wagners, 1989.

Schönthal, Wolfgang, * 23. 5. 1905 Wien, † 14. 5. 1963 ebd., Maler und Graphiker. Ausgebildet bei F. → Andri und R. → Bacher; malte v. a. Landschafts- und Genrebilder sowie Porträts, nach 1945 auch architekton. Entwürfe. Ö. Staatspreis 1950.

Schönthan, Franz, Edler von Pernwald, * 20. 6. 1849 Wien, † 2. 12. 1913 ebd., Schauspieler, Regisseur, Dramatiker; Bruder von Paul → Schönthan Edler von Pernwald. 1867–71 Berufsoffizier bei der ö. Marine, dann Schauspieler und Bühnenautor (Militärlustspiele und Schwänke), ab 1878 v. a. in Berlin. 1883/84 Oberregisseur am Wr. Stadttheater; ab 1884 freier Schriftsteller in Berlin und Blasewitz bei Dresden, ab 1896 wieder in Wien. Verfasser bühnenwirksamer Lustspiele, oft mit seinem Bruder Paul. Bes. bekannt durch „Der Raub der Sabinerinnen" (1885 mit Paul S., Hauptrolle des Schmierentheaterdirektors Striese).

Weitere Werke: Lustspiele: Das Mädchen aus der Fremde, 1879; Krieg im Frieden, 1880; Unsere Frauen, 1881 (beide mit G. v. Moser); Komtesse Guckerl, 1895 (mit F. Koppel-Ellfeld); Dramat. Werke, 1899 (4 Lustspiele mit G. Kadelburg); Circusleute, 1902; Maria Theresia, 1903. – Schwänke: Sodom und Gomorrha, 1880; Zum wohltätigen Zweck, 1895 (mit F. Koppel-Ellfeld). – Volksstücke, Humoresken. – Literatur: V. Klotz, Bürgerl. Lachtheater, 1980; A. Michel, Der Militärschwank des kaiserl. Deutschland, 1982.

Schönthan, Paul, Edler von Pernwald, * 19. 3. 1853 Wien, † 4. 8. 1905 ebd., Erzähler und Dramatiker, Journalist; Bruder von Franz → Schönthan Edler von Pernwald.

Werke: Romane: Stickluft, 1896; Frau Lot, 1900; Pariser Modell, 1902; Das Fräulein, 1903. – Erzählungen: Kleine Humoresken, 4 Bde., 1882–86 (mit Franz S.); Welt- und Kleinstadtgeschichten, 1893; Ringstraßenzauber, 1894; Wr. Luft, 1897. – Drama: Der Raub der Sabinerinnen, 1884 (mit Franz S.).

Schönwiese, Ernst, * 6. 1. 1905 Wien, † 4. 4. 1991 ebd., Schriftsteller, Hörspielautor und Übersetzer. 1928–38 Dozent an Wr. Volkshochschulen; 1935–37 und 1946–52 Hg. der literar. Ztschr. „das silberboot". Emigrierte 1938, war 1945–54 Leiter der literar. Abteilung des Senders Rot-Weiß-Rot in Salzburg, 1954–71 Programmdir. für Literatur, Hörspiel und Wiss. beim ORF, 1972–78 Präs. des Ö. P. E. N.-Clubs; Ö. Ehrenzeichen f. Wiss. u. Kunst 1977.

Werke: zahlr. Gedichtbände, Essays, Hörspiele, Übersetzungen. – Literatur: J. P. Strelka (Hg.), E. S., 1986.

Ernst Schönwiese. Foto, 1936.

Schöpf, Johann, * 30. 4. 1811 Oberhofen i. Inntal (Ti.), † 9. 6. 1895 Silz (Ti.), Erzähler und Dramatiker, Pfarrer in Inzing bei Zirl. 1856–63 Hg. des „Spiegelkalenders". Patriot und Volkserzähler, der für die Bewahrung von Ti. Sitte und Brauch eintrat.

Werke: Erzählungen: Dorfgeschichten, 1857 und 1884; Erzählungen aus der vaterländ. Geschichte, 1860; Erzählungen aus dem Ti. Volksleben, 1868; Rosen vom Berge Sinai, 1875; Erzählungen ernsten und heiteren Inhalts, 1890. – Roman: Rufinus, 1865. – Dramen: Die hl. Elisabeth, 1856; Gudrun, 1858. – Autobiographisches: Freuden und Leiden eines Landgeistlichen, 2 Bde., 1859/60.

Schöpf, Johann Baptist, * 29. 1. 1824 Seefeld (Ti.), † 20. 2. 1863 Bozen (S-Ti.), Dialektforscher, Franziskaner.

Werk: Tirolisches Idiotikon, 1866 (vollendet von J. Hofer).

Schöpf, Josef, * 2. 2. 1745 Telfs (Ti.), † 15. 9. 1822 Innsbruck (Ti.), spätbarocker Maler. Schüler und Gehilfe von M. → Knoller und A. R. Mengs, 1775–83 in Rom, dann in Innsbruck. Er verband barocke Tradition mit klassizist. Formen.

Werke: Wand- und Deckenbilder sowie Altarblätter: Innsbruck, Dom, 1789, und Johann-Nepomuk-Kirche, 1794; Brixen im Thale, 1795; Volders, 1798; Stams (Stifts- und Pfarrkirche), 1800/01; St. Johann in Ahrn (Antoniuskapelle), 1803; Schwaz, 1807; Wattens, 1810.

Schöpf, Joseph Anton, * 5. 2. 1822 Umhausen (Ti.), † 21. 11. 1899 Guggenthal (Gem. Koppl, Sbg.), Theologe. Prof. in Salzburg, Gründer (1852) des dortigen kath. Gesellenvereins auf Anordnung von Erzbischof Friedrich Fürst zu → Schwarzenberg; 1848–51 Chefredakteur der vom Erzbischof gegr. „Salzburger Constitutionellen Zeitung".

Literatur: N. Grass, Kirchenrecht und Kirchengeschichte an der hohen Schule zu Salzburg 1810–95, 1985.

Schöpfer, Ämilian, * 29. 4. 1848 Brixen (S-Ti.), † 24. 3. 1936 Innsbruck (Ti.), Priester, Theologe und Politiker (CS), Journalist und Verleger. Gründete 1888 die „Brixener Chronik", 1889 als Theologie-Prof. in Brixen den Kath.-polit. Pressverein, der seit 1892 den „Ti. Volksboten" herausgibt und 1899 den Pressverein in Bozen, auf deren Basis 1907 die Verlagsanstalt Tyrolia mit Druckerei in Innsbruck entstand. Ab 1895 Mitgl. des Ti. Landtags, gründete 1898 den Christl.-soz. Verein und kämpfte gegen die Kath.-Konservativen, ab 1897 Reichsratsabg., 1913–19 Mitgl. d. Provisor. Nationalversammlung, 1919–20 Mitgl. der Konstituierenden Nationalversammlung, 1920–27 Abg. z. NR.

Literatur: A. Klotz, Ä. S., 1936.

Schor, Ti. Künstlerfamilie. Aus der Dynastie stammten u. a. Hans → Schor, dessen Söhne Johann Paul (1615–1674), Bonaventura (1624–1692) und Egid → Schor sowie in 3. Generation Johann Ferdinand → Schor.

Schor, Egid (Ägydius), getauft 2. 9. 1627 Innsbruck (Ti.), † 2. 7. 1701 ebd., Maler; Sohn und Schüler von Hans → Schor, Vater von Johann Ferdinand → Schor. Einer der Begründer der barocken Deckenmalerei in Ti., meist in Innsbruck tätig.

Werke: Wandgemälde und Ölbilder: Innsbrucker Dom, 1673; Stiftskirche Wilten, 1670/71, 1696; Ferdinandeum (beide Innsbruck); Neustift b. Brixen (S-Ti.); Stams, ab 1691; Servitenkloster Rattenberg (beide Ti.).

Schor, Hans, begraben 6. 3. 1674 Innsbruck (Ti.), Hofmaler in Innsbruck, Begründer der Künstlerdynastie S.; Vater der Innsbrucker Maler Johann Paul (1615–1674), Bonaventura (1624–1692) und Egid → Schor, Großvater von Johann Ferdinand → Schor.

Schor, Johann Ferdinand, getauft 24. 6. 1686 Innsbruck (Ti.), † 4. 1. 1767 Prag (CZ), Maler; Sohn von Egid → Schor, Enkel von Hans → Schor. Ab 1713 Prof. f. Architektur in Prag.

Schott, Heinrich Wilhelm, getauft 7. 1. 1794 Brünn (Brno, CZ), † 5. 3. 1865 Wien, Botaniker. 1817–21 an der ö. Brasilien-Expedition beteiligt; 1828 Hofgärtner in Wien, ab 1845 Dir. der Hofgärten und der kaiserl. Menagerie; 1852 Umgestaltung des Schönbrunner Schlossparks in eine teilw. engl. Anlage. Erforschte bes. die Alpenflora (Begründer des Alpengartens im Belvedere) und bereicherte die Wr. Hofgärten durch Sammlungen aus Brasilien.

Werke: Die Sippen der ö. Primeln, 1851; Skizzen ö. Ranunkeln, 1852. – Literatur: ÖBL.

Schottenberg, Michael, * 10. 7. 1952 Wien, Schauspieler und Regisseur. Ausbildung am Mozarteum in Salzburg, ab 1975 mehrjähr. Engagements in Wien, u. a. am Theater in der Josefstadt, bei H. → Gratzer in der „Theater-Werkstatt" und am Schauspielhaus („Rocky Horror Picture Show", „Piaf") sowie am Volkstheater, Gastspiele in Berlin. 1984 Gründung und Leitung des „Theaters im Kopf"; ab 1987 Regietätigkeit am Theater (Shakespeare, Ibsen, Musicals). Schauspiel- und Regietätigkeit für Film und Fernsehen.

Werke: Kinofilm: Caracas, 1988. – Fernsehfilme (Drehbücher von G. Roth): Landläufiger Tod, 1990; Das Geheimnis, 1993, Geschäfte, 1994.

Schottenmeister, → Meister des Wiener Schottenaltars.

Schoy, Johann Jacob, * 20. 7. 1686 Marburg (Maribor, SLO), † 4. 4. 1732 Graz (Stmk.), führender steir. Bildhauer der 1. Hälfte des 18. Jh. Hielt sich ab 1713 nachweisbar in Graz auf, Lehrer von J. T. → Stammel.

Werke: Graz: Hochaltar des Domes, 1730–33 (Hauptwerk); geschnitztes Vesperbild in Außennische der Bürgerspitalskirche; Johann-Nepomuk-Gruppe in der Zentralfriedhofskirche; Hochaltar in der Straßganger Pfarrkirche. – Stmk.: Dreifaltigkeitssäulen in Leoben und Vordernberg; Statuen für die Pfarrkirche Schönberg bei Knittelfeld. – Wien: Nepomukstatue vor dem Eingang zum Ö. Barockmuseum im Belvedere. – Literatur: R. List, Kunst und Künstler der Stmk., Bd. 3, 1974.

Schrack, Eduard, * 6. 10. 1889 Wien, † 30. 9. 1979 ebd., Industrieller, Begründer der ö. Rundfunkind.; Vater von Eduard Harald → Schrack. Gründete 1919 in Wien eine Fabrik für Radioröhren und konnte sein Unternehmen bald erweitern. 1939 erwarb er Anteile an der Ericsson Ö. Elektrizitäts AG, die 1948 in Schrack Elektrizitäts AG umbenannt wurde. Erzeugt wurden Telefonapparate, Vermittlungsanlagen, Verteilersysteme, Schutzschalter und Sicherungsautomaten. Aus seinem Unternehmen ist die Ericsson Austria AG hervorgegangen.

Schrack, Eduard Harald, * 3. 4. 1930 Wien, Industrieller; Sohn von Eduard → Schrack. Studierte Physik in Wien, trat 1952 in das väterliche Unternehmen ein (Schrack Elektrizitäts AG, ab 1980 Schrack Elektronik AG), ab 1962 Vorstandsmitgl., 1973–91 Vorstandsvorsitzender. Baute das Unternehmen zum größten Kommunikationstechnikunternehmen Ö. aus, ab 1978 Zusammenarbeit mit dem schwed. Ericsson-Konzern, der 1991–97 zu fast 100 % die Anteile der Schrack Elektronik AG übernahm (Ericsson Austria AG). Durch die Konzentration von E. H. S. auf die E. H. Schrack Components AG entwickelte sich diese zum größten Hersteller von Printrelais in Europa. E. H. S. zog sich aus diesem Unternehmen, das damals bereits einen Exportanteil von 96 % aufwies, 1994 zurück und verkaufte es an die Siemens AG Österreich.

Schraffl, Josef, * 13. 6. 1855 Sillian (Ti.), † 11. 1. 1922 Innsbruck (Ti.), Politiker. 1917–21 Landeshauptmann von Ti., Gründer des Ti. Bauernbundes, Mitbegründer der Christl.-soz. Partei in Ti., Landtags- und Reichsratsabgeordneter; 1918–19 Mitgl. d. Provisor. Nationalversammlung, 1919–20 Mitgl. der Konstituierenden Nationalversammlung, 1920–22 Mitgl. d. BR.

Literatur: ÖBL.

Schram, Jörg, * 1. 5. 1939 Bregenz (Vbg.), Manager. Studierte an der Hochschule f. Welthandel in Wien. 1964–69 in der Bundeskammer f. gewerbl. Wirtschaft tätig, ab 1969 Geschäftsführer der Finanzierungsgarantie GmbH, 1976–95 Lehrauftrag an der Wirtschaftsuniv. Wien. Seit 1992 Aufsichtsratsmitgl. der Austria Tabak AG, seit 1996 mit H. → Schiendl Vorstandsdir. (Finanzen und Konzernsteuerung).

Schrammel, Johann, * 22. 5. 1850 Wien, † 17. 6. 1893 ebd., Komponist, Geiger; Sohn des Klarinettisten Kaspar S. und Bruder von Josef → Schrammel. Spielte in diversen Wr. Theater- und Salonorchestern. Gründete mit seinem Bruder das berühmte S.-Quartett.

Werke: rd. 150 Lieder; Märsche und Walzer: Wien bleibt Wien; Der Schwalben Gruß; Weana Gmüat; 's Herz von an echten Weana. – Hg.: Alte ö. Volksmelodien, 1888. – Literatur: ÖBL.

Schrammel, Josef, * 3. 3. 1852 Wien, † 24. 11. 1895 ebd., Komponist; Sohn des Klarinettisten Kaspar S., Bruder von Johann → Schrammel. Bereiste als berühmter Geiger den Orient. Gründete 1878 mit seinem Bruder das S.-Trio, das spätere S.-Quartett; als Komponist weniger erfolgreich als sein Bruder.

Literatur: ÖBL.

Karl Schranz mit seinen Pokalen. Foto, 1965.

Schranz, Karl, * 18. 11. 1938 St. Anton am Arlberg (Ti.), Skirennläufer und Hotelier. Seriensieger im Skiweltcup (1969 und 1970 Gesamtsieger) und 3-mal Weltmeister (1962 Abfahrt und Kombination, 1970 Riesenslalom); wurde bei den Olymp. Spielen 1968 in Grenoble nach Behinderung und Laufwiederholung trotz Bestzeit disqualifiziert. Durfte 1972 bei den Olymp. Spielen in Sapporo wegen angebl. Verstoßes gegen die Amateurregel nicht starten, wurde bei seiner Rückkehr nach Ö. wie ein Sieger empfangen und beendete seine Karriere.

Katharina Schratt. Foto, um 1890.

Schratt, Katharina, * 11. 9. 1853 Baden (NÖ.), † 17. 4. 1940 Wien, Schauspielerin; Großtante von Peter → Schratt. Ab 1873 am Wr. Stadttheater, 1883–1900 am Burgtheater, ab 1887 Hofschauspielerin, ab 1893 lebenslängliches Mitgl. des Burgtheaters. Ab 1883 enge Freundschaft mit Ks. → Franz Joseph I. (ab 1886 mit Einverständnis von Kaiserin → Elisabeth). S.-Villen in Wien-Hietzing (neben Schloss Schönbrunn) und in Bad Ischl.

Literatur: J. v. Kürenberg, K. S., 1941; G. Markus, K. S., ^{3}1987; B. Hamann (Hg.), Meine liebe, gute Freundin! Die Briefe Ks. Franz Josephs an K. S., 1992; J. Haslip, Die Freundin des Kaisers, ^{2}1998.

Schratt, Peter, * 4. 4. 1932 Wien, † 4. 3. 1996 ebd., Schauspieler; Großneffe von Katharina → Schratt. Studierte am Wr. Reinhardt-Seminar und war ab 1963 am Wr. Burgtheater engagiert; spielte v. a. Rollen in klass. Dramen (u. a. „Die Räuber", „Maria Stuart", „Die Verschwörung des Fiesco zu Genua", „König Ottokars Glück und Ende", „Der Traum ein Leben", „Ein Bruderzwist in Habsburg") sowie Charakterrollen in modernen Dramen u. a. von G. B. Shaw, B. Brecht, C. Zuckmayer und F. Dürrenmatt. Als Schauspieler und Rezitator zeichnete ihn eine hohe Sprechkultur aus.

Schreder, Karl, * 28. 10. 1863 Wien, † 22. 11. 1924 ebd., Kunst- und Musikkritiker, Maler, Bühnen- und Kostümbildner an der Wr. Volksoper. Verfasste 8 Märchenspiele, zu denen er auch die Musik schrieb, daher auch „Wr. Märchenonkel" genannt.

Werke: Märchenspiele: Der Gestiefelte Kater; Dornröschen; Rotkäppchen vom Wienerwald.

Schreiber, Georg, * 12. 6. 1922 Wr. Neustadt (NÖ.), Erzähler, Autor von Jugend- und Sachbüchern, Lehrer; Bruder von Hermann → Schreiber. Ö. Jugendbuchpreis 1955, Ö. Staatspreis 1962.

Werke: Sachbücher: Versunkene Städte, 1955; Throne unter Schutt und Sand, 1957; Des Kaisers Reiterei, 1967; Die Römer in Ö., 1974; Auf den Spuren der Türken, 1980; Schönbrunn, 1989; An Ö. Grenzen, 3 Bde., 1989–91; Die Hofburg und ihre Bewohner, 1993; Habsburger auf Reisen, 1994; Raimondo Montecuccoli, 2000.

Schreiber, Heinrich (Grammateus), * um 1490 Erfurt (D), † 1525 Wien, Mathematiker. Schüler von G. → Collimitius, studierte in Wien und Krakau, lehrte 1517–21 an der Univ. Wien. Einflussreicher Rechenmeister, schrieb Rechenbücher in dt. Sprache, Beiträge zur Symbolik der Arithmetik und Algebra (verwendete erstmals durchgehend Plus- und Minuszeichen) und eine Anleitung zur Buchhaltung.

Werke: Algorismus proportionum, 1514; Ayn new künstlich Buch, 1521; Algorismus de integris, 1523. – Literatur: M. Cantor, Vorlesungen über Geschichte der Mathematik, 4 Bde., 1880–98 (Bd. 2); NDB.

Schreiber, Hermann (Pseud.: L. Bühnau, L. Bassermann, L. Berneck, H. Hirschmann u. a.), * 4. 5. 1920 Wr. Neustadt (NÖ.), Schriftsteller und Übersetzer; Bruder von Georg → Schreiber. 1945–47 Verlagsleiter, dann Redakteur, 1949–51 Chefredakteur eines franz. Informationsdienstes, wegen Kritik an der franz. Indochinapolitik im Roman „Sturz in die Nacht" (1951) entlassen. Übersetzte u. a. Werke von G. Simenon.

Weitere Werke: Romane: Die Glut im Rücken, 1952; Ein Schloß in der Touraine, 1952; Einbruch ins Paradies, 1954; Auf den Flügeln des Windes, 1958; Drei Jungfrauen aus Pisa, 1969; Kaiserwalzer, 1976; Meine Sonntage mit Yvette, 1986; A. Girardi, 1991. – Versaille-Romanzyklus: Der verkommene Regent, 1977; Die Bastionen des Ruhms, 1978; Der verratene Traum, 1979; Die Mätresse, 1981; Ein König und die Liebe, 1982; Blutroter September, 1983. – Erinnerungen: Ein kühler Morgen, 1995. – Reise-, Jugend- und Sachbücher.

Schreibers, Karl Franz Anton von, * 15. 8. 1775 Pressburg (Bratislava, SK), † 21. 5. 1852 Wien, Naturwissenschaftler. Univ.-Prof. in Wien, 1806 Leiter des „Hof-Naturalien-Cabinets", dessen Smlg. er wesentl. erweiterte; Begründer des nach wiss. Gesichtspunkten aufgebauten Naturhist. Museums in Wien.

Schreiber-Wicke, Edith, * 21. 11. 1943 Schärding (OÖ.), Kinder- und Jugendbuchautorin. Autorin von humorvollen und ernsten Bilderbüchern, Tiergeschichten und Geschichten, in denen die Grenze zw. Wirklichkeit und Phantasie aufgehoben ist und die sich bes. um eine kindl. Wahrnehmungsform bemühen. Ö. Kinder- und Jugendbuchpreis für „Katzenkarneval" (1985).

Weitere Werke: Der Tag, an dem Anton nicht da war, 1983; SOS aus Altrakatz, 1991; Ein Fall für Dido, 1992; Gurnemauz, 1992; Der Fall Ferdinand, 1994; Der Rabe, der anders war, 1994; Das Geheuer, 1995; Dem Einfall fiel es plötzlich ein ..., 1995; Regenbogenkind, 2000.

Schreiner, Liselotte (eigentl. L. Purrucker), * 19. 6. 1909 Prag (CZ), † 15. 2. 1991 Wien, Kammerschauspielerin. 1941–73 am Burgtheater, große Tragödin; 1972 Grillparzer-Ring. Stiftete vor ihrem Tod den L.-S.-Ring (1991 erste Trägerin: J. → Holzmeister).

Schreker, Franz, * 23. 3. 1878 Monaco (MC), † 21. 3. 1934 Berlin (D), Komponist, Dirigent und Lehrer. Zählte zu den erfolgreichsten Opernkomponisten zw. 1900 und 1920 in Wien. Gründete 1908 den Philharmon. Chor in Wien, den er bis 1920 leitete; 1912–20 Akad.-Prof. in Wien, 1920–32 Dir. der Musikhochschule in Berlin; Lehrer von E. → Krenek.

Werke: Opern: Der ferne Klang, 1912; Das Spielwerk und die Prinzessin, 1913; Die Gezeichneten, 1918; Der Schatzgräber, 1920; Irrelohe, 1924; Der singende Teufel, 1928; Der Schmied von Gent, 1932. – Kammermusik, Chorwerke, Lieder. – Schriften: Dichtungen, 2 Bde., 1920/21. – Literatur: P. Bekker F. S., 1919; F. C. Heller (Hg.), F. S. und seine Zeit, Ausst.-Kat., Ö. Nat.-Bibl., Wien 1974; O. Kolleritsch, F. S. am Beginn der neuen Musik, 1978; U. Kienzle, Das Trauma hinter dem Traum, 1998; M. Zibaso, F. S. Bühnenwerke, 1999.

Schreyvogel, Joseph (Pseud.: Thomas West, Karl August West), * 27. 3. 1768 Wien, † 28. 7. 1832 ebd., Schriftsteller, Dramatiker, Kritiker; Urgroßonkel von Friedrich → Schreyvogl. Übte mit seiner klassizist. Kunstanschauung starken Einfluss auf die ö. Dichtung (v. a. auf F. → Grillparzer, E. v. → Bauernfeld und J. C. v. → Zedlitz) aus. 1794–97 in Jena, Mitarbeit an Schillers „Thalia" und Wielands „Merkur"; 1802–04 und 1814–32 Sekr. bzw. Dramaturg des Hofburgtheaters in Wien. Prägte durch den bewussten Spielplanaufbau (Weimarer Klassiker, Grillparzer-Uraufführungen), die Erweiterung des Ensembles (S. → Schröder, H. A. → Anschütz, C. → Fichtner) sowie durch Erarbeitung einer Bühnensprache den Begriff „Burgtheater" und führte es zu künstler. Höhe; 1807–09 Hg. des „Sonntagsblatts" und der Ztschr. „Aglaja".

Werke: Dramen: Das Leben ein Traum, 1820 (nach Calderón); Donna Diana, 1829; Don Gutierre, 1834. – Dramenbearbeitungen. – Ausgaben: Gesammelte Schriften, 4 Bde., 1829–36; Tagebücher, 2 Bde., 1903; Ausgewählte Werke, 1910; Biedermeier-Novellen, 1947. – Literatur: C. Glossy, J. S., 1903; E. Buxbaum, J. S., Diss., Wien 1986; E. Buxbaum, J. S. Der Aufklärer im Beamtenrock, 1995.

Schreyvogl, Friedrich, * 17. 7. 1899 Mauer b. Wien, † 11. 1. 1976 Wien, Lyriker, Erzähler, Dramatiker; Urgroßneffe von Joseph → Schreyvogel. Ab 1927 Dozent und ab 1932 Prof. f. Literatur an der Hochschule für Musik und darst. Kunst in Wien, ab 1931 auch Dozent am Reinhardt-Seminar; 1933–38 Konsulent der Bundestheaterverwaltung; 1936 mit H. Becka Gründer der Ö. Länderbühne; 1953/54 Chefdramaturg am Theater in der Josefstadt, 1954–59 Vizedir. und 1959–61 Chefdramaturg des Burgtheaters; zahlr. Auszeichnungen.

Werke: Dramen: Der zerrissene Vorhang, 1920; Karfreitag, 1920; Auferstehung, 1921; Der ewige Weg, 1921; Das Mariazeller Muttergottesspiel, 1924; Der dunkle Kaiser, 1927; Johann Orth, 1928; Der Gott im Kreml, 1937; Das Liebespaar, 1939; Die kluge Wienerin, 1941; Die weiße Dame, 1942; Titania, 1943; Die Versuchung des Tasso, 1955; Der Mann im Feuerofen, 1957. – Romane: Der Antichrist, 1921; Tristan und Isolde, 1930; Liebe kommt zur Macht, 1932; Grillparzer, 1935; Die Nibelungen, 1940; Eine Schicksalssymphonie, 1941; Der Friedländer, 1943; Der Sohn Gottes, 1948; Venus im Skorpion, 1961; Ein Jh. zu früh, 1964; Das Burgtheater, 1965. – Gedichte, Essays, Drehbücher, Operntexte, Übersetzungen. – Hg.: F. Grillparzer, Gesammelte Werke, 1937; F. Raimund, Gesammelte Werke, 1960. – Literatur: V. Suchy, F. S., ein ö. Dichter 1958; G. T. Niesner, F. S., 1959; K. Müller, Zäsuren ohne Folgen. Das lange Leben der literarischen Antimoderne Ö. seit den 30er Jahren, 1990; G. Tuma, F. S. Vom Ständestaatpoeten zu einem NS-Apologeten, Dipl.-Arb., Wien 1996.

Schröcksnadel, Peter, * 30. 7. 1941 Innsbruck (Ti.), Unternehmer. Gründete 1964 die Firma Sitour, mit der er die Weltlizenz für Skipistenmarkierungen erwarb und diese zu Werbeträgern ausbaute. 1998 Gründung des Fernsehkanals TW 1, Beteiligungen am Innsbrucker Stadtradio und am Regional-TV-Sender „Südtirol heute"; Besitzer von mehreren Bergbahnen. Seit 1990 Präs. des Ö. Skiverbands mit bes. Erfolgen im Marketing.

Schröder, Klaus Albrecht, * 15. 9. 1955 Linz (OÖ.), Kunsthistoriker. 1988–99 Direktor des Kunstforums Länderbank bzw. des Bank Austria Kunstforums, das sich unter seiner Leitung zu einem international angesehenen Ausstellungshaus entwickelte. 1996–99 auch kaufmänn. Direktor des Leopold-Museums und ab 1997 Leiter der Arbeitsgruppe zur Neuorganisation der Salzburger Museen; seit 2000 Dir. der Graph. Smlg. Albertina in Wien.

Schröder, Sophie (geb. Bürger), * 28. 2. (oder 1. 3.) 1781 Paderborn (D), † 25. 2. 1868 München (D), Schauspielerin; Mutter der Sängerin Wilhelmine S.-Devrient (* 6. 12. 1804 Hamburg, † 26. 1. 1860 Coburg, D). Neben Engagements in Hamburg, Prag und München 1798/99 (als S. Stollmers), 1815–29 und 1835–40 am Burgtheater. Große Tragödin, v. a. tragende Frauenrollen in Grillparzer-Dramen wie „Sappho" und „Medea".

Werke: Briefe (1813–1868), hg. v. H. Stümcke, 1910; S. S. Briefe an ihren Sohn Alexander S., hg. v. H. Stümcke, 1916. – Literatur: P. Schlenther, S. S., 1891; E. Quadflieg, S. S. und Goethe, 1954; I.-U. Keller, S. S. Repräsentantin des Hamburg-Weimarer Stils in der dt. Schauspielkunst, Diss., Berlin 1961; ÖBL.

Joseph Schreyvogel. Stich von M. v. Karuwsky.

Schrödinger, Erwin, * 12. 8. 1887 Wien, † 4. 1. 1961 ebd., Physiker, Mitbegründer der Wellenmechanik, Nobelpreisträger für Physik 1933 (mit P. Dirac) für die Entdeckung fruchtbarer Prinzipien zur Entwicklung der Atomtheorie, dargestellt in seiner Arbeit „Quantisierung als Eigenwertproblem" (1926). Schüler von F. → Hasenöhrl und F. → Exner in Wien, Univ.-Prof. in Stuttgart, Breslau, ab 1921 in Zürich, 1927 Nachfolger M. Plancks in Berlin, ab 1934 in Oxford, 1936–38 in Graz; als Emigrant an der Univ. Dublin, ab 1955 wieder in Wien, 1950/51 Gastvorlesungen in Innsbruck. Er gelangte zu einer Differenzialgleichung 2. Ordnung, zur Wellengleichung der Materie. Die berühmt gewordene „S.-Gleichung", von ihm und Dirac (1928) durch Anpassung an die Erkenntnisse der Relativitätstheorie korrigiert, liefert die diskreten (= unterscheidbaren) Energiestufen der Elektronen im Atomverband als Eigenwerte der Differenzialgleichung. Die von A. Einstein erkannte Doppelnatur (Teilchen und Welle) des Lichts war damit auch für die Elektronen und die gesamte Materie als gültig erwiesen. S. Erkenntnisse haben ein neues Weltbild mitbegründet, das die bis dahin gültige Physik revolutioniert und die Erkenntnis der Natur auf eine neue Grundlage gestellt hat. Zahlr. Ehrungen. Die Ö. Akad. d. Wiss. in Wien stiftete 1956 den E.-S.-Preis, der jährl. für hervorragende Leistungen auf dem Gebiet der Naturwiss. unter bes. Berücksichtigung der Fächer Physik und Chemie verliehen wird.

Erwin Schrödinger. Foto.

Weitere Werke: Abhandlung zur Wellenmechanik, 1927; 4 Vorlesungen über Wellenmechanik, 1928; Spezielle Relativitätstheorie, 1931; Die moderne Atomtheorie, 1934; What Is Life, 1944 (Was ist Leben?, 1946); Die Besonderheit des Weltbildes der Naturwiss., 1948; Space-Time Structure, 1950; Naturwiss. und Humanismus, 1951; Gibt es Quantensprünge?, 1952; Nature and the Greeks, 1954 (Die Natur und die Griechen, 1955); Orientierung im Weltall, 1954; Mind and Matter (Geist und Materie), [2]1961; Was ist ein Naturgesetz?, 1962; Mein Leben, meine Weltansicht, 1985; Briefe und Dokumente aus Wien und Innsbruck, 1992. – Literatur: D. Hoffmann, E. S., 1984; W. Moore, E. S. Life and Thoughts, 1989; W. J. Moore, A Life of E. S., 1994.

Franz Schubert. Gemälde, um 1827.

Schrott, Raoul, * 17. 1. 1964 São Paulo (BR), Schriftsteller, Essayist, Übersetzer. Studierte Literatur- und Sprachwiss. in Norwich, Paris, Berlin und Innsbruck. 1986–87 Sekretär des franz. Surrealisten Philippe Soupault, 1990–93 Univ.-Lektor f. Germanistik in Neapel, Habilitation am Inst. f. Vergleichende Literaturwiss. in Innsbruck. Die Schwerpunkte seiner wiss. Tätigkeit sind Dadaismus und die Geschichte der Poetik. Aufsehen erregte er mit dem Roman „Finis terrae" (1995) und durch die Edition „Die Erfindung der Poesie" (1997). Übersetzte u. a. Jean-Pierre Maurel, Derek Walcott und Gedichte von Jorge Luis Borges ins Deutsche; zahlr. Preise.

Weitere Werke: Dada 15/25, 1992 (Hg.); Die Musen. Fragmente einer Sprache der Dichtung, 1995; Schwimmer in der Wüste, 1997 (Hg.); Bakchen, Nachdichtung, 1999; Die Wüste Lop Nor, 2000.

Schrötter, Franz Ferdinand, * 13. 1. 1736 Wien, † 3. 6. 1780 ebd., Jurist und Historiker. Univ.-Prof. in Wien, Schöpfer der ö. Staatsrechtslehre.

Werke: Abhandlungen aus dem ö. Staatsrechte, 1762ff.; Versuch einer ö. Staatsgeschichte, 1771; Ö. Geschichte, Bd. 1, 1779 (Bd. 2 von A. Rauch 1781 vollendet).

Schrötter, Leopold, * 5. 2. 1837 Graz (Stmk.), † 22. 4. 1908 Wien, Arzt. Führend auf dem Gebiet der Erforschung der Kehlkopferkrankungen; gründete 1870 die Laryngolog. Klinik in Wien, schuf die 1. Lehrkanzel für Laryngologie. Entwickelte die klimatolog. Behandlung der Tuberkulose in geschlossenen Anstalten und gründete dazu 1896 die Lungenheilanstalt Alland.

Werke: Vorlesungen über die Krankheiten des Kehlkopfes, 1887; Vorlesungen über die Krankheiten der Luftröhre, 1896; Erkrankungen der Gefäße, 1902; Hygiene der Lunge, 1903. – Literatur: ÖBL.

Anton Schrötter von Kristelli. Foto, 1870.

Schrötter von Kristelli, Anton, * 26. 11. 1802 Olmütz (Olomouc, CZ), † 15. 4. 1875 Wien, Chemiker und Mineraloge. Ab 1830 Univ.-Prof. in Graz, ab 1843 in Wien; 1851 Gen.-Sekr. der Akad. d. Wiss., 1868 Dir. des Hauptmünzamts. Beschrieb erstmals den ungiftigen roten Phosphor, womit er eine neue Grundlage für die Zündholzindustrie schuf. S. v. K. war ein Organisator in Ind. und Wiss. sowie Berater bei den Vorbereitungen zur Novara-Expedition und zur ö.-ungar. Nordpolexpedition. An S. v. K. erinnern u. a. das Mineral Schrötterit, das S.-Horn in der Ortlergruppe, das S.-Joch und ein Kap S. auf Franz-Joseph-Land.

Werke: Über einen neuen allotropischen Zustand des Phosphors, 1849; Die Chemie in ihrem gegenwärtigen Zustande, 2 Bde., 1847/49. – Literatur: A. Bauer, A. v. S., 1917.

Schrott-Fiechtl, Hans, * 15. 7. 1867 Kundl (Ti.), † 19. 12. 1938 Vomp (Ti.), Fachschriftsteller, Erzähler. Von Beruf Landwirt, setzte sich in seinen Heimatromanen für Fortschritt und Modernisierung ein.

Werke: Romane: Ich zwing's, 1907; Ein Spatz am Joch, 1910; Der Bauernprofessor, 1910; Bäume ohne Schatten, 1911; Der Herrgottslupfer, 1912; Wettertannen, 1913; Der Bauernsegen, 1919; Das linke Pfarrerle, 1926.

Schruf, Toni, * 26. 9. 1863 Mürzzuschlag (Stmk.), † 16. 2. 1932 ebd., Skipionier. Versuchte den Skilauf aus Skandinavien auf die Alpinregionen zu übertragen. Organisierte mit dem Grazer Alpinisten M. Kleinoscheg im Februar 1893 den ersten Skiwettlauf in Mitteleuropa nach ersten Versuchen am Semmering.

Literatur: C. Mittermayr, T. S. 1863–1932, Dipl.-Arb., Wien 1990.

Schuba, Beatrix („Trixi"), * 15. 2. 1951 Wien, Eiskunstläuferin und Versicherungsangestellte. 1967–72 ohne Unterbrechung ö. Meisterin, 1971 und 1972 Europa- und Weltmeisterin; 1972 Goldmedaille bei den Olymp. Spielen in Sapporo.

Schubert, Ferdinand (Lukas), * 18. 10. 1794 Wien, † 26. 2. 1859 ebd., Lehrer und Schuldir.; Bruder von Franz → Schubert. Als Komponist wenig begabt. Verwaltete den Nachlass seines Bruders.

Werke: zahlr. Schulbücher (Der kleine, fleißige Kopfrechner, 1829) und Schriften zur Schulreform. – Kompositionen. – Literatur: M. Zahorik, F. S., Dipl.-Arb., Wien 1995.

Schubert, Franz (Peter), * 31. 1. 1797 Wien, † 19. 11. 1828 ebd., Komponist; Bruder von Ferdinand → Schubert. Wuchs als Sohn eines Lehrers aus Mähren in der Wr. Vorstadt Lichtental auf und erhielt von seinem Vater (Violine, Musiktheorie) bzw. seinem ältesten Bruder Ignaz (Klavier) seinen 1. Musikunterricht. Da sich bald seine große Musikalität zeigte, kam er 1808 zu den Hofsängerknaben. Der Musikunterricht durch J. L. v. → Eybler, den Chormeister P. Körner und v. a. durch A. → Salieri (bis 1816) vermittelte S. die nötigen Kenntnisse in Harmonielehre, Kontrapunkt und Instrumentation, um sich an eig. Kompositionen zu wagen. Nach 7 kleineren Instrumentalwerken schuf S. 1811 das erste Lied („Hagars Klage"), das die Aufmerksamkeit Salieris erregt haben soll. Im Sängerknabenkonvikt lernte S. auch seinen Freund und Mentor J. v. Spaun kennen; durch diesen ergab sich 1815 auch die Verbindung zu seinem 2. großen Freund und Förderer, J. Mayrhofer. 1813 schrieb S. seine 1. Symphonie und begann mit der Arbeit an seinem 1. Bühnenwerk, „Des Teufels Lustschloß". Nach Verlassen des Konvikts Ende 1813 begann S. die vom Vater gewünschte Lehrerausbildung und arbeitete gleichzeitig als Lehrergehilfe an der Schule des Vaters. Hatte S. bis jetzt nur für einen kleinen Kreis geschrieben, so brachte ihm 1814 die Aufführung der F-Dur-Messe in der Augustinerkirche größere Bekanntheit (Wr. Kongress). Ebenfalls 1814 begann S. mit „Gretchen am Spinnrad" die Vertonung goethescher Texte. Trotz seiner Pflichten als Schullehrer komponierte er im Folgejahr 145 Lieder (darunter „Heidenröslein", „Wanderers Nachtlied" und „Erlkönig") sowie 4 Bühnenwerke, seine 2. und 3. Symphonie, Klaviersonaten, Tänze und 2 Messen. Mit diesen Werken etablierte sich der junge Lehrer als Komponist im Wr. Musikleben. Im Herbst 1815 lernte S. Franz v. → Schober kennen, womit der Kern der „Schubertianer" und der „Schubertiaden" (S., Spaun, Mayrhofer und Schober) komplett war. Die 3 Freunde ermöglichten es S., ab 1818 den ungeliebten Lehrerberuf aufzugeben und als freischaffender Komponist zu leben (weitere wichtige Freunde waren L. v. → Sonnleithner, A. → Hüttenbrenner und der Hofopernsänger J. M. → Vogl). 1817 entstanden weitere bekannte Lieder („An die Musik", „Die Forelle") und das Streichquartett „Der Tod und das Mädchen". 1818 (und abermals 1824) trat S. eine feste Anstellung als Musiklehrer der Töchter des Fürsten Esterházy in Zseliz (Zeliezovce, SK) an.

Ab 1819 konnte sich S. aufgrund der großzügigen Unterstützung seiner Freunde, die eine Art „Musenhof" um den Komponisten schufen, ganz der Musik widmen. Auch die Drucklegung des „Erlkönigs" 1821 wurde dadurch ermöglicht. Sie war so erfolgreich, dass kurz danach 20 weitere Lieder gedruckt wurden. 1820–23 hielt sich S. im Sommer mit Freunden in Atzenbrugg (NÖ., Aquarell von L. → Kupelwieser) auf und als Gast von Bischof J. N. Dankesreither in St. Pölten; in dessen Schloss Ochsenburg komponierte er Teile der Oper „Alfonso und Estrella".

Eine schwere Erkrankung Ende 1822 unterbrach S. Produktivität für fast 1 Jahr. Der in dieser Zeit entstandene Liederzyklus „Die schöne Müllerin" spiegelt die psych. Krise wider. Danach folgte ein weiterer schwerer Schlag: S., der zeitlebens die Oper als einen der Höhepunkte kompositorischen Schaffens gesehen hatte, scheiterte als Opernkomponist: „Fierabras" wurde abgelehnt, und die 1823 uraufgeführte „Rosamunde" war ein Misserfolg. Erst 1825 gewann S. seine alte Schaffenskraft zurück, und auf einer Sommerreise mit J. M. Vogl entstanden u. a. die „Gasteiner Symphonie" und das berühmte „Ave Maria". Relativ unbeschwert waren auch die nächsten 2 Jahre, in denen zahlr. Meisterwerke, wie das letzte Streichquartett (1826) oder der Liederzyklus „Die Winterreise" (1827), entstanden. Das Echo der Aufführungen seiner Werke in der europ. Musikpresse zeigt, dass S. keineswegs ein verkanntes Genie, sondern ein anerkannter und hoch geschätzter Komponist war.

Die Musik von S. liegt im Spannungsfeld von Klassik und Romantik, Biedermeier und Sturm und Drang, ohne sich letztlich für eine der Richtungen zu entscheiden. Die dadurch bedingte Breite emotionaler Ausdrucksmöglichkeiten wird oft als das typisch „Wienerische" zw. Weltschmerz und unerschütterl. Heiterkeit angesehen.

Als Instrumentalkomponist schlug S. eine Brücke zw. Klassik und Romantik, wobei er v. a. als Symphoniker von großer Bedeutung ist, bildete er doch das Bindeglied zw. der klass. Symphonie und dem Werk A. → Bruckners. S. akzeptierte die Formen der Klassik, vermengte bzw. füllte sie aber mit der erweiterten Harmonie der Romantik. Dies ist in seinem Instrumentalwerk, v. a. in der Kammer- bzw. Klaviermusik, zu beobachten, aber noch viel stärker in seiner „Experimentiergattung", dem „Kunstlied", das er zu einem Höhepunkt führte. Ausgenommen davon sind die Tänze: Sie sind dem Zweck entsprechend Unterhaltungsmusik auf höchster Ebene, harmonisch und formal einfach gestaltet.

Im umfangr. Schaffen hat das Lied eine bes. Stellung: Singstimme und Klavierbegleitung verselbstständigen sich, das Lied wird harmonisch und formal erweitert (Ausarbeitung von durchkomponierten „Szenen" neben strophischen Formen). Ziel ist eine optimale Textausdeutung und dramatische Spannung. Bereits in den frühen Liedern wie „Gretchen am Spinnrad" und „Erlkönig", aber noch viel stärker in den Liederzyklen „Die schöne Müllerin" und „Die Winterreise" ist dieses dramatisch-kompositorische Konzept zu beobachten.

Von seinen 18 Bühnenwerken, von der Zauberoper „Des Teufels Lustschloß" (1814) bis „Der Graf von Gleichen" (1827), wurden zu S. Lebzeiten nur 4 aufgeführt und blieben ohne Erfolg. Von „Rosamunde" konnten sich einzig die Ouvertüre und die instrumentalen Zwischenspiele im Orchesterrepertoire durchsetzen. – S.-Museum in S. Geburtshaus (Wien 9).

Werke: 18 Opern bzw. Singspiele: Der vierjährige Posten, 1815; Claudine von Villa Bella, 1815; Rosamunde, 1823; Fierabras, 1823; Der Graf von Gleichen, 1827. – Kirchenmusik: 6 Messen, Requiem, Stabat mater, Tantum ergo u. a. – Zahlr. Chorwerke (oft Bearbeitungen von Solo£iedern). – Orchesterwerke: 9 Symphonien (darunter die „Unvollendete", 1822, und die große C-Dur-Symphonie, 1828); 17 Ouvertüren. – Kammermusik: 15 Streichquartette (u. a. in d-Moll, „Der Tod und das Mädchen", 1824); Streichquintett C-Dur, 1828; Klavierquintett A-Dur („Forellenquintett"), 1819; 4 Klaviertrios. – Klavierwerke: 22 Sonaten; zahlr. Tänze (Walzer, Ländler, Dt. Tänze, Märsche, Polonaisen, Ekossaisen); Wandererphantasie, 1822; 8 Impromptus; 6 Moments musicaux; vierhändige Klavierwerke. – Fast 1000 Lieder für eine Singstimme und Klavier (u. a.): Heidenröslein, 1815; Erlkönig, 1815; An die Musik, 1817; Die Forelle, 1817; Ganymed, 1817. – Liederzyklen: Die schöne Müllerin, 1823; Die Winterreise, 1827; Schwanengesang, 1828. – Ausgabe: F. S., Neue Ausgabe sämtl. Werke, 1964ff. – Literatur: O. E. Deutsch, F. S. Die Dokumente seines Lebens und Schaffens, 3 Bde., 1913–19; ders., F. S., Briefe und Schriften, 1919; ders., S., Thematic Catalogue of All His Works, 1951 (= Deutsch-Verzeichnis); M. Schneider, F. S., 1958; H. Goldschmidt, F. S., 1964; A. Feil, F. S., 1975; R. Werba, S. und die Wiener, 1978; D. Fischer-Dieskau, F. S. in seinen Liedern, 1978; F. Hilmar, F. S. in seiner Zeit, 1985; J. Reed, S., 1987; W. Litschauer, Neue Dokumente zum S.-Kreis, 2 Bde., 1990/93; P. Clive, S. and His World, 1997; E. Hilmar u. M. Jestremski (Hg.), S.-Lexikon, 1997; W. Dürr u. A. Krause, S.-Hb., 1997.

Schubert, Karl Leopold, * 4. 12. 1893 Wien, † 2. 8. 1983 ebd., Schriftsteller und Dozent an der Volkshochschule. Wurde als Autor von Freilichtspielen („Der Petersdorfer Jedermann", 1958) bekannt.

Literatur: K. L. S. Entwurf eines geistigen Bildnisses, in: Ö. Berg- und Hüttenkalender, 1964.

Schubert, Kurt, * 4. 3. 1923 Wien, Philologe (Judaistik). 1966–93 Univ.-Prof., gründete im selben Jahr an der Univ. Wien das erste Inst. f. Judaistik in Europa nach 1945 und 1972 das Ö. Jüdische Museum in Eisenstadt. Befasst sich mit der jüd. Geschichte und Kultur von der bibl. Zeit bis zur Gegenwart und machte sich bes. um den christl.-jüd. Dialog verdient.

Werke: Die Religion des nachbibl. Judentums, 1955; Israel, Staat und Hoffnung, 1957; Die Gemeinde vom Toten Meer, 1958; Die jüd. Religionsparteien in neutestamentl. Zeit, 1970; Die Kultur der Juden, 2 Bde., 1970/79; Jesus im Lichte der Religionsgeschichte des Judentums, 1973; Die Religion des Judentums, 1992; Jüd. Geschichte, 1995; Bibel und Geschichte, 1999.

Schubert, Richard Johann, * 18. 12. 1876 Müglitz (Mohelnice, CZ), † 3. 5. 1915 Gorlice (Horlyci, PL; gefallen), Geologe und Paläontologe. 1901–15 an der Geolog. Reichsanstalt; geolog. Aufnahmen u. a. in Dalmatien, paläontolog. Arbeiten über Foraminiferen und grundlegende Forschungen über Otolithen bes. des Tertiär. Gilt als ö. Pionier der Mikropaläontologie.

Werk: Die Fischotolithen des ö.-ungar. Tertiärs, in: Jb. der Geolog. Reichsanstalt 51, 55, 56, 1901–1906. – Literatur: O. Ampferer, Zur Erinnerung an R. J. S., in: Jb. der Geolog. Reichsanstalt 65, 1915.

Schubin, Ossip (eigentl. Aloisia bzw. „Lola" Kirschner), * 17. 6. 1854 Prag (CZ), † 10. 2. 1934 Schloss Košatek (CZ), Erzählerin in der Tradition von M. v. → Ebner-Eschenbach. Tochter eines Gutsbesitzers, entlieh ihr Pseudonym Turgenjews Roman „Am Vorabend". Publizierte in Familienblättern (Dt. Rundschau, Westermann's Monatshefte) Romane und Erzählungen über die alt-ö. Ges. („O du mein Österreich", 3 Bde., 1890).

Weitere Werke: Romane: Schuldig, 1883; Ehre, 1883; Unter uns, 1884; Gloria victis, 3 Bde., 1885; Erlachhof, 1887; Boris Lensky, 3 Bde., 1889; Toter Frühling, 2 Bde., 1893; Refugium peccatorum, 1903; Miserere nobis, 1910; Die Flucht nach Amerika, 1914.

Schuch, Carl, * 30. 9. 1846 Wien, † 13. 9. 1903 ebd., Landschafts- und Stilllebenmaler. Studierte an der Wr. Akad. und bei L. → Halauska; mehrere Reisen nach Italien, Deutschland, Frankreich, Belgien und Holland; übersiedelte nach München, wo er durch W. Leibl und W. Trübner beeinflusst wurde, 1876–82 fast ständig in Venedig; 1882–94 in Paris tätig, wo er unter dem Eindruck der franz. Malerei seinen malerischen, vom Gegenstand weitgehend gelösten Spätstil entwickelte; 1894 Rückkehr nach Wien. Starb in geistiger Umnachtung.

Literatur: R. Migacz, C. S. als Landschaftsmaler, Diss., Wien 1973; B. Huck-Hajek, K. S. Die Stilleben, Diss., Wien 1979; C. S., Ausst.-Kat., Mannheim und München 1986; B. Buberl (Hg.), Cézanne – Manet – S., Ausst.-Kat., Dortmund 2000.

Schuh, Franz, * 17. 10. 1804 Scheibbs (NÖ.), † 22. 12. 1865 Wien, Chirurg. Univ.-Prof. in Wien, führte 1840 die 1. Punktion des Herzbeutels durch, begründete in Ö. die Äthernarkose und gab Anregungen für medizin. Instrumente und Bandagen.

Werke: Pathologie und Therapie der Pseudoplasmen, 1854; Abhandlungen auf dem Gebiet der Chirurgie und Operationslehre, 1867.

Schuh, Franz, * 15. 3. 1947 Wien, Essayist. 1976–80 Gen.-Sekr. der Grazer Autorenversammlung, bis 1993 Redakteur der Ztschr. „Wespennest", Lehrbeauftragter an der Univ. Klagenfurt. Seine Essays, Aufsätze, Glossen und Polemiken stehen in der Tradition von K. → Kraus und E. → Canetti; darin analysiert er mit Sprachwitz und satir. Schärfe gesellschaftspolit. Zusammenhänge („Liebe, Macht und Heiterkeit", 1985). Ö. Staatspreis für Kulturpublizistik 1986, J.-Améry-Preis 2000.

Weitere Werke: Das Widersetzliche der Literatur, 1981; Das phantasierte Exil, 1991; Der Stadtrat, 1995 (Roman); Schreibkräfte, 2000.

Schuh, Oscar Fritz, * 15. 1. 1904 München (D), † 22. 10. 1984 Großgmain (Sbg.), Regisseur, Theaterleiter. Vorwiegend in Deutschland tätig, ab 1968 Gastregisseur bei den Sbg. Festspielen; schuf mit C. → Neher, J. → Krips und Karl → Böhm den legendären „Mozart-Stil" (Konzentration auf die handelnden Figuren, einfache äußere Mittel); entwickelte für die Sbg. Festspiele eine eig. „Sbg. Dramaturgie", leitete alljährl. das von ihm initiierte „Sbg. Straßentheater" und das „Fest in Hellbrunn". 1964 Mozart-Medaille.

Werke: Sbg. Dramaturgie, 1951; So war es – war es so? Notizen und Erinnerungen eines Theatermannes, 1980. – Literatur: O. F. S., in: H. Schwarz, Regie. Idee und Praxis moderner Theaterarbeit, 1965.

Franz Schuhmeier. Foto.

Schuhmeier, Franz, * 11. 7. 1864 Wien, † 11. 2. 1913 ebd. (ermordet), populärer soz.-dem. Arbeiterführer. Hilfsarbeiter, 1894 Chefredakteur der „Volkstribüne"; 1896 Mitgl. der Parteivertretung, ab 1900 Mitgl. des Wr. Gemeinderats, ab 1901 Reichsratsabg.; von Paul Kunschak (Bruder von Leopold → Kunschak) erschossen.

Literatur: H. Schmidt u. F. Czeike, F. S., 1964.

Schuler, Johannes, * 11. 12. 1800 Matrei a. Brenner (Ti.), † 12. 10. 1859 Innsbruck (Ti.), Jurist und Schriftsteller. Zunächst Univ.-Prof. in Innsbruck, 1848 Mitgl. der Frankfurter Nationalversammlung. Verfasste Novellen, Opernbücher und polit. Schriften.

Werke: Jakob Stainer, um 1830 (Novelle); Die 10 glückl. Tage, 1834 (Libretto); Tirolische Gedanken, 1852. – Ausgabe: Gesammelte Schriften, 1861 (mit Lebensabriss). – Literatur: ÖBL.

Joseph Alois Schumpeter. Foto.

Schulhof, Otto, * 9. 3. 1889 Wien, † 16. 4. 1958 ebd., Konzertpianist, Komponist. Prof. an der Wr. Musikakad.; Konzertreisen mit Pablo Casals, Partner vieler großer Geiger und Cellisten.

Werke: Lieder, Klavierstücke, Kammermusik, Ballette.

Schüller, Helmut, * 24. 12. 1952 Wien, Priester. 1986–88 Assistent des Leiters der Caritas der Erzdiözese Wien, 1988–95 Dir. der Caritas der Erzdiözese Wien, 1991–95 Präs. der Caritas Ö.; 1995–99 Generalvikar der Erzdiözese Wien; seit 1999 Universitätsseelsorger der Wirt.-Univ. Wien und Pfarrer von Probstdorf (NÖ.); in der Flüchtlingsbetreuung engagiert, vehementer Kritiker der ö. Asylpolitik und Mitinitiator der Aktion Nachbar in Not.

Schullern, Heinrich, * 17. 4. 1865 Innsbruck (Ti.), † 16. 12. 1955 ebd., Schriftsteller und Arzt.

Werke: Romane: Im Vormärz der Liebe, 1900; Ärzte, 1902; Katholiken, 1904; Jungösterreich, 1910; Vom Blühen und Verderben, 1912; Das Land im Gebirge, 1927–49 (Trilogie); Musenalmanach „Jungtirol", 1899 (Hg. mit H. Greinz). – Literatur: K. Paulin, H. v. S. und seine Zeit, 1959.

Schulmeister, Otto, * 1. 4. 1916 Wien, Journalist. Ab 1946 bei der Tageszeitung „Die Presse", 1953 stellv. Chefredakteur, 1961 Chefredakteur, 1976–89 Hg.; 1947–68 auch Mit-Hg. und Leiter der Redaktion von „Wort und Wahrheit".

Werke: Die Zukunft Ö., 1967; Die Welt, die wir verlassen, 1970; Die erschöpfte Revolution, 1978; Der zweite Anschluß, 1979; Ernstfall Ö., 1995.

Schulte, Julius, * 14. 5. 1881 Steyrermühl (OÖ.), † 11. 8. 1928 Linz (OÖ.), Architekt. Studierte an der Techn. Hochschule in Wien bei F. → Ohmann, der sein weiteres Schaffen maßgebl. beeinflusste. Ab 1905 im Atelier Ohmanns und dessen Assistent an der Spezialschule für Architektur, ab 1909 Architekt am Stadtbauamt in Linz, ab 1921 freischaffender Architekt, ab 1926 Univ.-Prof. an der Techn. Hochschule in Graz.

Werke: Bundesgymn. f. Mädchen, Linz, 1910; Rathauszubau Eferding, 1912; Kindergarten Mauthausen; Landhaus Melichar, Puchenau, 1914; Arbeiterheim Steyrermühl, 1919; Aufstockung Hauptpostamt Linz, 1924–26; Brauerei Gmunden, 1925; Gemeindehaus Laakirchen, 1925–27; Urnenhain und Feuerhalle Linz, 1925–29; Wohnbauten Figulystraße 16 und 29, Linz, 1926–27; Hauptschule Ebensee, 1927 (alle OÖ.). – Literatur: H. Arndt, J. S. und seine Schüler, 1933.

Schulze, Maja, * 8. 9. 1932 Inzing (Ti.), Sportlerin im Casting (Trockenfischen, Zielsicherheits-, Weitwurf- und Geschicklichkeitsbewerbe mit der Angel auf dem Trockenen) und anschließend im Bogenschießen (Vizeweltmeisterin). Zw. 1964 und 1970 18 Weltmeistertitel im Casting. Auch ihr Mann Richard S. (Weltmeister 1969) und ihre Tochter Annemarie S. (4-fache Weltmeisterin, 1970 mit 14 Jahren jüngste Weltmeisterin) waren Castingsportler von Weltrang. Nach Ende der aktiven Karriere Betrieb eines Sportgeschäfts in Wien.

Schumacher, Josef, * 14. 11. 1894 Wien, † 11. 6. 1971 Innsbruck (Ti.), Agronom und Politiker. 1934 Mitgl. der Ti. Landesregierung, 1935–38 Landeshauptmann von Ti.; ab 1947 wieder im Landesdienst und 1958/59 Landesamtsdir. von Ti.

Schumpeter, Joseph Alois, * 8. 2. 1883 Triesch (Třešt, CZ), † 8. 1. 1950 Taconic (USA), Nationalökonom. Nach Lehrtätigkeit in Czernowitz 1911 in Graz, 1925–32 in Bonn und ab 1932 an der Harvard Univ. Als Bankdir. und Finanzmin. (1919) wenig erfolgreich, wurde er durch seine Konjunkturtheorie und durch das Hervorheben des Unternehmers als tragende Persönlichkeit der wirt. Entwicklung berühmt. Trug in den USA maßgebl. zur Entwicklung der Nationalökonomie bei.

Werke: Das Wesen und der Hauptinhalt der theoret. Nationalökonomie, 1908 (Nachdruck 1970); Theorie der wirt. Entwicklung, 1912; Kapitalismus, Sozialismus und Demokratie, 1942; H. Hanusch (Hg.), The Legacy of J. A. S., 2 Bde., 1999 (Nachlass). – Literatur: E. Schneider, J. S., 1970; R. L. Allen, Opening Doors. The Life and Work of J. S., 2 Bde., 1991; R. Swedberg, J. A. S., 1994; ÖBL.

Schumy, Vinzenz, * 28. 7. 1878 Saak (Gem. Nötsch im Gailtal, Kä.), † 13. 12. 1962 Wien, Politiker (Landbund, nach 1945 ÖVP). 1904–11 Dir. der landw. Schule Völkermarkt; 1918–20 Leiter des Kä. Heimatdienstes, 1918–38 Landtagsabgeordneter, 1919 Mitgl. der ö. Delegation anlässlich der Verhandlungen des Staatsvertrags von Saint-Germain-en-Laye, 1923–27 Landeshauptmann von Kä., 1924–31 Obmann des Landbunds für Ö., Mai– Sept. 1929 Vizekanzler, 1929–30 und 1933 Innenmin., 1932–38 Landestierzuchtinspektor f. Kä., Präs. der Landw.-Kammer von Kä. und Anwalt der landw. Genossenschaften von Kä.; 1945 Staatssekr. für Vermögenssicherung und Wirtschaftsplanung, 1945–49 Abg. z. NR und Vizepräs. des Ö. Bauernbunds. 1945–62 Generalanwalt des Ö. Raiffeisenverbands.

Werke: Das ländl. Siedlungsproblem, 1947; Genossenschaftswesen und Privatwirt., 1949; Kampf um Kä. Einheit und Freiheit, 1950. – Literatur: Festschrift 1958; U. Benedikt, V. S., Diss., Wien 1965.

Schuppanzigh, Ignaz, * 20. 11. 1776 Wien, † 2. 3. 1830 ebd., Violinist, Dirigent. Leiter des Streichquartetts des Fürsten K. Lichnowsky, bei dem L. van → Beethoven mit ihm in Kontakt kam. 1804 Gründung des berühmten S.-Quartetts (mit J. → Mayseder, F. Weiß und F. A. Kraft) das bald den Ruf des besten europ. Streichquartetts errang (1808–16 im Dienst des Fürsten Rasumofsky). Das Ensemble hatte großen Einfluss auf die Komponisten der Zeit. S. leitete ab 1795 die Augartenkonzerte, weiters kam ihm eine bes. Rolle bei Durchsetzung und Aufführung der Werke Beethovens in Wien zu.

Schuppen, Jakob van, * 26. 1. 1670 Paris (F), † 29. 1. 1751 Wien, Hofmaler. 1716 nach Wien berufen; 1726 von Karl VI. zum Dir. der Wr. Akad. (der bild. Künste) ernannt, die er grundlegend reorganisierte.
Werke: Wien: Porträts und Altarbilder (Karlskirche, Salesianerinnenkirche, vor 1727); Deckengemälde im Eroica-Saal des Palais Dietrichstein-Lobkowitz.

Schuppich, Walter, * 22. 3. 1921 Wien, † 8. 6. 1999 ebd., Rechtsanwalt. 1969–93 Präs. der Rechtsanwaltskammer f. Wien, NÖ. u. Bgld.; 1974–93 Präs. des Ö. Rechtsanwaltskammertags. Profilierter Mitgestalter der ö. Rechtspolitik (u. a. Strafrecht, Familienrecht); 1977–99 Vorsitzender der Hörer- und Sehervertretung des ORF. Zahlr. Auszeichnungen.
Werk: Rechtsanwaltsordnung und Disziplinarstatut, ²1983.

Schürff, Hans, * 12. 5. 1875 Mödling (NÖ.), † 27. 3. 1939 Wien, Jurist, Spediteur, großdt. Politiker. Als Obmannstellv. des Bundes der Dt. in NÖ. 1911–18 Abg. z. Reichsrat, 1918–19 Mitgl. d. Provisor. Nationalversammlung, 1919–20 Mitgl. d. Konstituierenden Nationalversammlung, 1918–34 Abg. z. NR; 1923–29 Handels- und 1930–32 Justizmin., 1930 Obmann der Großdt. Volkspartei; 1918 Mitgl. der Provisor. Nö. Landesversammlung, bis 1921 Mitgl. des Nö. Landtags; 1929/30 und 1932 Bürgermeister von Mödling.
Literatur: ÖBL.

Schürrer, Hermann, * 14. 12. 1928 Wolfsegg (OÖ.), † 29. 11. 1986 Wien, Lyriker und Erzähler. Widmete sich verschiedenen Studien an der Univ. Wien. Gründete 1975 mit G. → Jaschke die avantgardist. Kulturztschr. „Freibord". Bewusste Ablehnung sprachl. Konventionen und assoziativer Bilderreichtum prägen sein Werk.
Werke: Ist Europa noch eine Messe wert?, 1967 (Drama); Europa: Die Toten haben nichts zu lachen, 1971; Kriminelle Spielereien in der Sandkiste der Weltverbesserer, 1977; Goethe darf kein Einakter bleiben, 1978 (mit G. Jaschke); Der letzte Yankeedoodle vor dem Untergang der Vereinigten Staaten, 1981 (Roman); Klar Schilf zum Geflecht, 1984 (Gedichte). – Literatur: R. Menasse, Der Typus des Außenseiters in der ö. Literatur, Diss., Wien 1980.

Schuschnigg, Kurt, * 14. 12. 1897 Riva (S-Ti.), † 18. 11. 1977 Mutters (Ti.), Jurist und Politiker (CS). Gründete als Abg. z. NR (1927–34) 1930 den christl. Wehrverband „Ostmärk. Sturmscharen". 1932 Justiz-, 1933/34 auch Unterrichtsmin., von 29. 7. 1934 bis 11. 3. 1938 als Bundeskanzler auch Leiter des Unterrichts- und des Heeresministeriums. S. setzte die autoritäre Staatsführung von E. → Dollfuß fort, festigte die Bindung an das Italien Mussolinis und propagierte Ö. als „zweiten dt. Staat". S. wurde 1936 nach Ausschaltung der Heimwehr Bundesführer der Vaterländ. Front und versuchte durch das Juliabkommen 1936 und das Berchtesgadener Abkommen vom 12. 2. 1938 die Unabhängigkeit Ö. zu sichern. Am 9. 3. 1938 setzte er für den 13. 3. eine Volksabstimmung an, der der Einmarsch dt. Truppen zuvorkam. Am 11. 3. 1938 trat er unter starkem Druck Nazideutschlands zurück und war bis 1945 inhaftiert. 1948 wanderte S. in die USA aus, war 1948–67 Prof. f. Staatsrecht an der Univ. St. Louis und kehrte dann nach Ti. zurück.
Werke: Dreimal Ö., 1937; Ein Requiem in Rot-Weiß-Rot, 1947; Ö., eine hist. Schau, 1948; Im Kampf gegen Hitler, 1969. – Literatur: R. K. Sheridon, K. v. S., 1942; W. Goldinger, K. S., in: F. Weissensteiner u. E. Weinzierl (Hg.), Die ö. Bundeskanzler, 1983; A. Hopfgartner, K. S. Ein Mann gegen Hitler, 1989.

Schuselka, Franz, * 15. 8. 1811 Budweis (České Budějovice, CZ), † 1. 9. 1886 Gainfarn (NÖ.), liberaler Politiker, Jurist, Publizist und Schriftsteller. Ging 1842 wegen der Zensur nach Deutschland, nach seiner Rückkehr liberaler Wortführer im Frankfurter Parlament und im Kremsierer Reichstag; 1849 Vorsitzender des Sicherheitsausschusses in Wien, 1861 Mitgl. des ö. Reichsrats. 1. Präs. des Schriftstellerverbands Concordia, gefeierter Mann des Volkes. Seine Art, sich zu kleiden, beeinflusste die Mode (Bart, Hut, Bracelets à la S.).
Werke: Karl Gutherz, 1841 (Roman); Ö. über alles, wenn es nur will, 1848 (Flugschrift); Das provisor. Ö., 1850; Ö. und Ungarn, 1861; Abfall und Rückkehr, 1882. – Hg. der polit. Ztschr. „Die dt. Volkspolitik", „Die Reform" (1862–79). – Literatur: F. Fellner, F. S. Ein Lebensbild, Diss., Wien 1948.

Franz Schuselka. Foto.

Schüssel, Wolfgang, * 7. 6. 1945 Wien, Jurist und Politiker (ÖVP). 1968–75 Sekr. des ÖVP-Parlamentsklubs, 1975–91 Gen.-Sekr. des Ö. Wirtschaftsbundes; 1979–89, 1990, 1994, 1996 und 1999–2000 Abg. z. NR (1999–2000 auch Klubobmann der ÖVP); 1989–95 BMin. f. wirt. Angelegenheiten, 1995–2000 Vizekanzler und Außenminister, seit 2000 Bundeskanzler der Republik Ö. Seit 1995 Bundesparteiobmann der ÖVP.
Werke: Bildungsplanung und Hochschulexpansion, 1975 (Hg. mit W. Clement); Mehr privat – weniger Staat, 1983 (mit J. Hawlik); Schattenwirt. in Ö., 1984 (mit E. Hofbauer); Mitarbeiterbeteiligung, 1988 (Hg.); Zukünfte von gestern und morgen, 1989 (Hg.); Aufgezeichnet, aufgelesen, 1994; Austria – Europa, 1998 (Hg.); Im Namen der Zukunft, 1999; Österreich Zukunftsreich, 1999 (Hg. mit S. Karner). – Literatur: P. Pelinka, Ö. Kanzler, 2000; J. Riedl, Der Wende-Kanzler, 2001.

Wolfgang Schüssel. Foto.

Schuster, Franz, * 26. 12. 1892 Wien, † 24. 7. 1972 ebd., Architekt und Möbeldesigner. Studierte an der Wr. Kunstgewerbeschule bei H. Tessenow, später dessen Assistent und 1919 Übersiedlung mit diesem an die Handwerkerschule in Dresden-Hellerau. 1923–25 Chefarchitekt des Ö. Verbands f. Siedlungs- u. Kleingartenwesen. 1926–27 Lehrer an der Wr. Kunstgewerbeschule Wien, 1927–33 in Frankfurt a. Main. Ab 1937 Leiter der Fachklasse f. Architektur an der Hochschule f. angew. Kunst in Wien. 1967 Großer Ö. Staatspreis.
Werke: Siedlung SO, Wien 10, Laaer-Berg-Str., 1921 (mit F. Schacherl); Montessori-Kindergarten, Wien 1, Rudolfsplatz, 1929–31; Per-Albin-Hansson-Siedlung West, Wien 10, 1947–51 und 1954/55 (mit F. Pangratz, S. Simony u. E. Wörle); Wohnhausanlage und Heimstätten für alte Menschen, Wien 12, 1951–57; Pensionsversicherungsanstalt, Wien 9, Roßauer Lände, 1955–57. – Publikationen: Ein eingerichtetes Siedlungshaus, 1927; Eine eingerichtete Kleinstwohnung, 1928; Ein Möbelbuch, 1929; Kleinwohnungen zu tragbaren Mieten, 1931; Stil unserer Zeit, 1948.

Kurt Schuschnigg. Foto, 1935.

Schuster, Helmut A., * 25. 4. 1932 Wien, Unternehmer. Studierte an der Hochschule f. Welthandel in Wien, 1955 bei der Varta Ges. m. b. H. tätig, ab 1956 bei IBM, ab 1977 stellvertr. Gen.-Dir.; Aufsichtsratsvorsitzender der Hirtenberger Patronenfabrik; 1981 Kauf der Ankerbrot AG (mit seinem Bruder Gerhard S.), 1983–97 deren Vorstandsvorsitzender; 1997 Verkauf von 74 % der Ankerbrot AG an die dt. Müllerbrot GmbH. 1993–2001 Aufsichtsratspräs. der ÖBB.

Ignaz Schuster als Staberl in der Posse „Die Bürger in Wien" von A. Bäuerle. Kolorierte Zeichnung.

Schuster, Ignaz, * 20. 7. 1779 Wien, † 6. 11. 1835 ebd., Schauspieler, Sänger, Komponist. Zunächst Sänger, wechselte bald zum Sprechtheater, spielte an verschiedenen Wr. Bühnen, v. a. am Leopoldstädter Theater. Hier kreierte er 1813 in A. → Bäuerles „Die Bürger in

Julian Schutting. Foto, um 1990.

Wien" die Figur des Parapluiemachers Chrysostomus Staberl; es folgten zahlr. „Staberliaden" mit typisch Wr. Charakterkomik. Ab 1817 am Leopoldstädter Theater Konkurrenz zu F. → Raimund; 1830 erstes gem. Auftreten. 1812–28 Regisseur am Leopoldstädter Theater; komponierte die Bühnenmusik für Stücke von A. Bäuerle, J. → Perinet, J. A. → Gleich, weiters Lieder und Messen.

Werke: Baron Barfuß, 1804; Othellerl, der Mohr von Wien, 1806 (Posse); Hamlet, Prinz vom Tandelmarkt, 1807 (Parodie); Romeo und Julie, 1808 (Travestie); Der Palast der Wahrheit, 1810 (romantisch-komische Oper); Der Zauberspiegel, 1811 (Burleske); Cora, die Sonnenjungfrau, 1812 (komische Oper); Der Baum der Diana, 1812 (Travestie-Oper); Die verkehrte Welt, 1814 (Posse); Die falsche Primadonna von Krähwinkel, 1818 (musikal. Lustspiel); Die Abenteuer eines echten Shawls in Wien, 1820 (Posse); Die natürl. Zauberei, 1821 (Posse); Jupiter in Wien, 1825 (Zauberspiel); Meister Crispin oder Die Wanderung durch die Elemente, 1828 (Zauberposse). – Literatur: O. Rommel, Die Alt-Wr. Volkskomödie, 1952; N. J. Mayer, I. S. und die Entwicklung des Schauspiels von Laroche zu Raimund im Wandel der theatral. Gattungen des Volkstheaters, Diss., Wien 1966.

Schuster, Leopold, * 24. 10. 1842 St. Anna am Aigen (Stmk.), † 18. 3. 1927 Graz (Stmk.), Theologe, geistl. Würdenträger. 1876 Univ.-Prof. für Kirchengeschichte in Graz, 1888/89 Rektor. Bekämpfte die Los-von-Rom-Bewegung; 1893–1927 Fürstbischof von Seckau.

Werk: Fürstbischof M. Brenner, 1898. – Literatur: M. Liebmann, L. S., in: E. Gatz, Die Bischöfe der dt.-sprach. Länder 1785/1803–1945, 1983; ÖBL.

Schuster, Peter, * 7. 3. 1941 Wien, Chemiker. Studium und Habilitation an der Univ. Wien, seit 1973 Prof. f. Theoret. Chemie, 1973–92 und seit 1996 Vorstand des Inst. f. Theoret. Chemie an dieser. 1992–95 Gründungsdir. des Inst. f. Molekularbiotechnologie in Jena und bis 1997 Vorstand des Inst. f. molekulare evolutionäre Biologie. Ehrenzeichen f. Wiss. u. Kunst 1993.

Werke: Ligandentheorie, 1973; Hydrogen Bonds, 1984 (Hg.); Molecular Evolution and Biotechnology, 1995 (Mitautor).

Schuster, Wilhelm, * 17. 7. 1895 Rattimau (Vratimov, CZ), † 15. 2. 1976 Wien, Maschinenbauingenieur und Montanhistoriker. 1920–60 (mit Unterbrechung 1941–49) bei der Oesterr. Alpine Montanges., Initiator der Unterschutzstellung des Radwerks IV 1928 und der großen Festschrift 1931.

Werke: Die Oesterr.-Alpine Montanges. 1881–1931, 1931 (Hg.); Vordernberg und seine techn. Denkmale, 1959 (Hg.).

Margarete Schütte-Lihotzky. Foto.

Schütte-Lihotzky, Margarete, * 23. 1. 1897 Wien, † 18. 1. 2000 ebd., Architektin. 1915–19 Architekturstudium (als erste Frau in Ö.) an der Wr. Kunstgewerbeschule; ab 1920 Mitarbeit in der Wr. Siedlerbewegung (u. a. bei A. → Loos); 1926 am Hochbauamt Frankfurt a. Main. Entwickelte 1926–28 die „Frankfurter Küche" mit weltweit nachhaltigem Einfluss. Heiratete 1927 den Architekten W. Schütte, arbeitete ab 1930 mit einer Frankfurter Gruppe in der Sowjetunion (Arbeitersiedlungen, Schulen und Kindergärten). 1938 an der Akad. der Schönen Künste in Istanbul; 1940 als Kommunistin und Widerstandskämpferin gegen den Nat.-Soz. in Wien verhaftet und zum Tod verurteilt, entging der Hinrichtung. 1946 in Sofia (mehrere Kinderhäuser), ab 1947 wieder in Wien, aus polit. Gründen kaum noch Aufträge; verstärkt publizist. Tätigkeit und polit. Engagement für Frauen und Frieden. Ö. Ehrenzeichen f. Wiss. und Kunst 1993 sowie zahlr. weitere Preise und Auszeichnungen.

Weitere Werke: Winarsky-Hof und Otto-Haas-Hof, Wien 20, 1924/25 (mit anderen); Reihenhaustypen, Zentralwäscherei und Schule in Frankfurt-Praunheim, 1926–29; 2 Häuser für die Werkbundsiedlung, Wien 13, 1930–32; Globus-Druckerei und Verlagsgebäude, Wien 20, 1953–56 (mit W. Schütte u. a.); Kindergarten Rinnböckstraße, Wien 11, 1961–63. – Publikation: Erinnerungen aus dem Widerstand, 1985. – Literatur: K. Schwanzer u. G. Feuerstein, Wr. Bauten 1900 bis heute, 1964; F. Achleitner, Ö. Architektur im 20. Jh., Bd. 2, 1983, und Bd. 3/1, 1990; Magistrat der Stadt Wien (Hg.), Architektur in Wien, 1984; M. S.-L. Soziale Architektur, hg. von P. Noever, ²1996.

Schutting, Julian (vormals Jutta S.), * 25. 10. 1937 Amstetten (NÖ.), Schriftsteller. Studierte Geschichte und Germanistik in Wien, unterrichtete ab 1965 an einer HTL, lebt als freier Schriftsteller in Wien; 1989 Geschlechtsumwandlung. Formal sind S. Lyrik und Prosa durch Präzision und Reduktion sowie durch eine eigenwillige Grammatik gekennzeichnet, inhaltlich dominiert die Suche nach Identität in einer bedrohten Welt. 1984 Wildgans-Preis, 1989 Trakl-Preis.

Werke: Prosa: Baum in O., 1973; Tauchübungen, 1974; Parkmord, 1975; Salzburg retour, 1978; Der Vater, 1980; Der Wasserbüffel, 1981; Liebesroman, 1983; Hundegeschichte, 1986; Reisefieber, 1988; Wasserfarben, 1991; Der Winter im Anzug, 1993; Katzentage, 1995; Der Tod meiner Mutter, 1997; Rohübersetzung, 1999, Jahrhundertnarben, 1999. – Lyrik: In der Sprache der Inseln, 1973; Lichtungen, 1976; Liebesgedichte, 1982; Traumreden, 1987; Aufhellungen, 1990; Flugblätter, 1990. – Literatur: G. Zeillinger, Die Kindheit und der Kindheitstopos. Untersuchungen zur Biographie und Poetik des ö. Schriftstellers J. S., Diss., Wien 1992.

Schütz, Alfred, * 13. 4. 1899 Wien, † 20. 5. 1959 New York (USA), Soziologe. Schüler von L. v. → Mises, beeinflusst von dem Völkerrechtler H. → Kelsen und vom Wiener Kreis. Ab 1939 in New York im Exil; war S. bis in die 50er Jahre hauptberufl. Finanzjurist und wurde erst 1952 Prof. an der „New School for Social Research" in New York, wo er bis zu seinem Tod lehrte. S. verstand Soziologie als empir. Sozialwiss. und befasste sich bes. mit soz. Strukturen der Alltagswelt. Zu Lebzeiten im dt. Sprachraum weitgehend unbeachtet, wurden viele seiner Bücher erst postum veröffentlicht.

Werke: Der sinnhafte Aufbau der soz. Welt, 1932; Mozart and the Philosophers, 1956; Das Problem der Relevanz, 1970; Gesammelte Aufsätze, 3 Bde., 1970; Die Strukturen der Lebenswelt, 1975. – Literatur: R. Grathoff, Milieu und Lebenswelt, 1989.

Schütz, Carl, * 2. 11. 1745 Laibach (Ljubljana, SLO), † 14. 3. 1800 Wien, Graphiker. Wurde v. a. durch seine Wr. Veduten („Collection de 50 vues de la ville de Vienne", 1779ff.) bekannt, die er gemeinsam mit Johann Andreas → Ziegler und Laurenz → Janscha im Verlag Artaria veröffentlichte; daneben schuf er auch Porträts, Allegorien sowie Mode- und Schlachtenbilder in Kupferstichtechnik.

Schütz, Franz, * 15. 4. 1892 Wien, † 19. 5. 1962 ebd., Orgelvirtuose. Prof. an der Wr. Musikakad., 1938–45 deren Dir., Präs. der Ges. der Musikfreunde in Wien.

Schütz, Julius Franz, * 10. 11. 1889 Mureck (Stmk.), † 20. 10. 1961 Graz (Stmk.), Schriftsteller, Lyriker, Kulturhistoriker. Dir. der Stmk. Landesbibl. in Graz.

Werke: Gedichte: Erbe, Eigen und Liebe, 1913; Vaterunser des Schaffenden, 1917; Kreise um die Welt, 1920; Der Weg ohne Tod, 1939. – Dramen, Novellen. – Sachbücher: Aus der Frühzeit der steir. Drucker, 1936–43; Baumeister steir. Geschichte und Landeskunde, 1943; Von der Aufklärung zum Biedermeier, 1950; Die Herzogseinsetzung in Kä., 1954. – Literatur: B. Sutter, Festschrift für J. F. S., 1954.

Schuy, Stefan, * 19. 12. 1928 Brestowatz (Brestovac, HR), † 20. 7. 1988 Grimming (Stmk.; Bergunfall), Elektrotechniker. Studierte ab 1949 Elektrotechnik an der Techn. Hochschule in Graz, an der er auch seine gesamte wiss. Laufbahn absolvierte; 1973–88 Prof. f. Elektro- und Biomedizinische Technik und Vorstand des gleichnamigen Inst. S. erwarb sich hohe Verdienste um die Entwicklung elektrotechn. Geräte für die Medizin.

Schwab, Günther, * 7. 10. 1904 Prag (CZ), Erzähler, Essayist, Drehbuch- und Hörspielautor. In NÖ. und der Stmk. als Forstverwalter tätig; trat in seinen Büchern schon früh für einen aktiven Umweltschutz ein, bes. in „Der Tanz mit dem Teufel" (1959); gründete 1960 den „Weltbund zum Schutz des Lebens" (WSL).

Weitere Werke: Romane: Mensch ohne Volk, 1935 (Neuauflage: Abenteuer am Strom, 1949); Die Leute von Arauli, 1976. – Jugendbücher, Essays. – Auswahl: Geliebtes Leben, 1991.

Schwab, Werner, * 4. 2. 1958 Graz (Stmk.), † 1. 1. 1994 ebd., Dramatiker. Studierte 1978–82 Bildhauerei an der Akad. d. bild. Künste in Wien bei B. → Gironcoli, schuf Skulpturen aus verderbl. Materialien und inszenierte Performances. Verfasste ab 1990 insges. 16 Theaterstücke, in denen er kompromisslos die negativen Seiten des menschl. Lebens in den Vordergrund stellte. Galt als eines der ganz großen Talente der ö. Literatur und fand bereits zu Lebzeiten an großen Theatern in Ö. und Deutschland starke Beachtung. Aufgrund einer exzessiven Lebensweise früh verstorben. Mühlheimer Dramatikerpreis 1992.

Werke: Dramen: Die Präsidentinnen, 1990; Volksvernichtung oder Meine Leber ist sinnlos, 1991; Mesalliance, 1992; Hochschwab, 1992. – Ausgaben: Fäkaliendramen, 1991; Königskomödien, 1992; Abfall, Bergland, Cäsar, 1992; Dramen III, 1994; In harten Schuhen, 1999 (Arbeitstagebuch). – Literatur: G. Fuchs u. P. Pechmann (Hg.), W. S., 2000.

Schwabenitzky, Reinhard, * 23. 4. 1947 Rauris (Sbg.), Regisseur. Studium an der Wr. Filmakad., Assistent u. a. von A. → Corti, F. → Antel und B. → Wicki; 1975–77 Durchbruch als Regisseur und Mitautor der TV-Serie „Ein echter Wiener geht nicht unter". Danach Regisseur der TV-Serien („Der ganz normale Wahnsinn", „Büro, Büro", „Kaisermühlen-Blues") sowie zahlr. TV- und Kinofilme. Zahlr. Preise, u. a. 1997 Dame Judith Anderson Jury Award am Santa Barbara Film Festival für „Hannah" (1996).

Weitere Filme: Didi – Der Experte, 1988; Verlassen Sie bitte Ihren Mann!, 1993; Ein fast perfekter Seitensprung, 1995; Eine fast perfekte Scheidung, 1997; Eine fast perfekte Hochzeit, 1999.

Schwackhöfer, Franz, * 15. 4. 1843 Wien, † 18. 7. 1903 ebd., Chemiker. Studierte 1864–66 Chemie und chem. Hilfswissenschaften am Polytechn. Inst. in Wien. Ab 1872 Lehrbeauftragter für landw.-chem. Technologie an der neu gegr. Hochschule f. Bodenkultur, ab 1875 auch für forstlich-chem. Technologie, ab 1877 Ordinarius; mehrfach auch Rektor dieser Hochschule. S. galt v. a. als Fachmann für die Analyse von Kohle und für die Brauereiind. (ab 1895 Dir. der Akad. für Brauereiind.).

Werke: Über den Heizwert der ö. Kohlen, 1894 (zahlr. weitere Aufl. unter anderen Titeln); Wandtafeln für den Unterricht der landw.-chem. Technologie, 1894.

Schwaiger, Brigitte (auch Eva Quidenius), * 6. 4. 1949 Freistadt (OÖ.), Erzählerin, Lyrikerin und Hörspielautorin. Unterrichtete zunächst Deutsch und Englisch in Spanien, studierte ab 1972 an der Pädagog. Akad. in Linz und arbeitete als Schauspielerin und Regieassistentin. In präziser, ironisch gebrochener Sprache thematisiert S. Fragen der Ehe und der väterl. Autorität.

Werke: Romane: Wie kommt das Salz ins Meer?, 1977; Der Himmel ist süß, 1984; Schönes Licht, 1990; Tränen beleben den Staub, 1991; Ein langer Urlaub, 1996. – Prosa: Lange Abwesenheit, 1980; Der rote Faden, 1992; Jaro heißt Frühling, 1994. – Dramen: Nestwärme, 1976, Liebesversuche, 1979. – Lyrik: Mit einem möcht' ich leben, 1987. – Literatur: D. de Vin, Schreibstunden. B. S. im Gespräch, in: Germanist. Mttlg., 1983.

Schwanthaler, Barock- und Rokoko-Bildhauerfamilie des 17.–19. Jh. in OÖ. Der Stammvater Hans S. (urspr. Name Schwabenthaler) zog 1632 nach Ried i. Innkreis, wo sich bis 1838 die Hauptwerkstätte der S. befand. Sein Sohn Thomas → Schwanthaler führte die Werkstatt weiter, dessen Söhne waren Johann Franz → Schwanthaler und Franz Matthias → Schwanthaler. Von Johann Franz stammte Johann Peter → Schwanthaler d. Ä. ab, dessen Söhne waren Franz Jakob → Schwanthaler und Johann Peter → Schwanthaler d. J. Der Letzte der Familie war Ludwig Michael → Schwanthaler, Sohn von Franz Jakob S.

Literatur: Die Bildhauerfamilie S. 1633–1848, Ausst.-Kat., Reichersberg 1974; J. Goldner, Die Familie S., 1984.

Schwanthaler, Franz Jakob, * 2. 8. 1760 Ried i. Innkreis (OÖ.), † 4. 12. 1820 München (D), Bildhauer; Sohn von Johann Peter → Schwanthaler d. Ä., Bruder von Johann Peter → Schwanthaler d. J., Vater von Ludwig Michael → Schwanthaler. Lebte ab 1780 in München. Sein Hauptwerk in OÖ. sind die Altäre in St. Martin i. Innkreis.

Schwanthaler, Franz Matthias, * 20. 6. 1714 Ried i. Innkreis (OÖ.), † 16. 4. 1782 ebd., Bildhauer; Sohn von Thomas → Schwanthaler, Bruder von Johann Franz → Schwanthaler. Werke in Aspach, Hohenzell, Lengau und Waldzell (alle OÖ.).

Schwanthaler, Johann Franz, * 16. 8. 1683 Ried i. Innkreis (OÖ.), † 3. 7. 1762 ebd., Bildhauer; Sohn von Thomas → Schwanthaler, Bruder von Franz Matthias → Schwanthaler, Vater von Johann Peter → Schwanthaler d. Ä. Künstlerisch stark beeinflusst von seinem Vater, dessen Werkstatt in Ried er 1710 übernahm.

Werke: Altar in Pötting, um 1730 (Hauptwerk); Statuen in den Pfarrkirchen Ried i. Innkreis, Gurten, Lohnsburg, Pram, Schildorn, Waldzell; Gruppe „Beweinung Christi" in Mehrnbach; Schnitzgruppe in St. Thomas b. Ried (alle OÖ.).

Schwanthaler, Johann Peter d. Ä., * 20. 6. 1720 Ried i. Innkreis (OÖ.), † 20. 7. 1795 ebd., Bildhauer, Hauptmeister des Rokoko im Innviertel; Sohn von Johann Franz → Schwanthaler, Vater von Franz Jakob → Schwanthaler und Johann Peter → Schwanthaler d. J. Übernahm 1758 die väterl. Werkstatt in Ried; Annäherung an den Klassizismus.

Werke: Altäre in Hohenzell und Tumeltsham; Tabernakel und Kreuzaltar in Aspach; Pietà, Tabernakel und Schnitzgruppe in der Pfarrkirche Ried i. Innkreis; Bildwerke in Mehrnbach und Mettmach; Tabernakel in Weilbach (alle OÖ.). – Andachtsbildwerke, bes. Kleinformate (z. B. Kruzifixe und Kreuzgruppen). – Literatur: H. Achleitner, J. P. d. Ä. S., 1991.

Schwanthaler, Johann Peter d. J., * 2. 7. 1762 Ried i. Innkreis (OÖ.), † 10. 6. 1838 ebd., Bildhauer; Sohn von Johann Peter → Schwanthaler d. Ä., Bruder von Franz Jakob → Schwanthaler. Führte 1798–1838 die S.-Werkstätte in Ried.

Schwanthaler, Ludwig Michael, * 26. 8. 1802 München (D), † 14. 11. 1848 ebd., Bildhauer; Sohn von Franz Jakob → Schwanthaler. Hauptmeister der klassizist. Plastik in S-Deutschland., meistbeschäftigter Künstler des Klassizismus.

Werke: Salzburg: Mozart-Denkmal, 1842; „Nymphe" in Schloss Anif, um 1840. – Wien: Austriabrunnen auf der Freyung, 1844–46. – München: Riesenstandbild der Bavaria und Standbilder von Fürsten. – Literatur: F. Otten, L. M. S. 1802–48, 1970.

Schwanthaler, Thomas, * 5. 6. 1634 Ried i. Innkreis (OÖ.), † 13. 2. 1707 ebd., der bedeutendste Bildschnitzer von OÖ. in der 2. Hälfte des 17. Jh.; Vater von Johann Franz → Schwanthaler und Franz Matthias → Schwanthaler. Übernahm 1656 die Werkstatt seines Vaters Hans S.; verband den heimischen Schnitzstil mit aus dem S kommender Pathetik zur realist. Darstellung des menschl. Körpers.

Werke: OÖ.: Eitzing, Seitenaltäre, 1660/61; Ried i. Innkreis, Figuren am Hochaltar der Pfarrkirche, 1663–65, Floriani-Altar, 1669, Ölberggruppe, Chorgestühl, 1699; Zell am Pettenfirst, Hochaltar, 1668; Ungenach, Statuen, 1666–71; Schalchen, Schnitzgruppe, 1672; Mehrnbach, Taufgruppe, 1675; St. Wolf-

gang, Doppelaltar, 1675/76 (Hauptwerk); Mattighofen, Altarstatuen, 1676; Aspach, Altar in der Anna-Kapelle, 1676; Gmunden, Hochaltar-Schnitzgruppe in der Pfarrkirche, 1678; Waldzell, Hochaltar, 1683; Münsteuer, Hochaltar, 1686; Reichersberg, Epitaphe, eiserne St.-Michaels-Statue; Tumeltsham, Kanzel, 1697. – Sbg.: Andorf, Hochaltar-Schnitzgruppe, um 1672; Maria Plain, Bildhauerarbeiten an 3 Altären, Ende 17. Jh.
– Literatur: T. S., Ausst.-Kat., Wien 1974.

Schwanzer, Karl, * 21. 5. 1918 Wien, † 20. 8. 1975 ebd. (Selbstmord), Architekt. Ab 1959 Prof. an der Techn. Hochschule in Wien, ab 1963 Atelier in München. Sein Ö.-Pavillon für die Weltausstellung in Brüssel 1958 dient heute als Museum des 20. Jh. im Schweizergarten (Wien 3). Am bekanntesten sind seine Bauten für BMW in München; im Sinne einer Corporate Identity setzen sie das hergestellte Produkt (Automotoren) in Architektur um. Großer Ö. Staatspreis 1975 (postum) und zahlr. weitere Preise.

Weitere Werke: Wien: Erweiterung der Kapuzinergruft, 1958–60; Wohnhausanlage Tivoli, 1960; Zubau Hochschule f. angew. Kunst, 1960–65 (mit E. Wörle); Christkönigkirche Pötzleinsdorf, 1960–64; WIFI, 1964; Philips Verwaltungsgebäude, 1962–64. – St. Pölten: WIFI, 1972. – BMW München: Parkhaus, 1970; Verwaltungsgebäude, 1972; Museum, 1973. – Brasilia: Ö. Botschaft, 1974. – Literatur: P. M. Bode u. G. Peichl, Architektur aus Ö. seit 1960, 1980; F. Achleitner, Ö. Architektur im 20. Jh., Bd. 2, 1983, und Bd. 3/1, 1990; Magistrat der Stadt Wien (Hg.), Architektur in Wien, 1984; N. Pevsner u. a., Lexikon der Weltarchitektur, 1992.

Vera Schwarz als Renate in „Die Dame im Traum" von F. Salmhofer. Foto.

Schwartz, Anton Maria, * 28. 2. 1852 Baden (NÖ.), † 15. 9. 1929 Wien, Arbeiterpriester. Gründete in Wien den „Kath. Lehrlingsverein" zur Lehrstellenvermittlung und pädagog. und seelsorgerischen Betreuung von Lehrlingen sowie 1889 die Kongregation der Kalasantiner; 1998 selig gesprochen.

Literatur: J. Bruckner, „Ein Handlanger Gottes ...". Der Wr. Arbeiterapostel A. M. S., 1950; K. Langer, Pater A. M. S., Dipl.-Arb., Wien 1996; ÖBL.

Schwartz, Stefan, * 20. 8. 1851 Neutra (Nitra, SK), † 31. 7. 1924 Raabs a. d. Thaya (NÖ.), Bildhauer und Medailleur. Nach handwerkl. und akad. Ausbildung gelang ihm bei der Weltausstellung 1873 der Durchbruch; ab 1876 an der Wr. Kunstgewerbeschule, 1884 Prof. Wirkte auch als Kleinplastiker, Kunstgewerbler und Ziseleur und schuf Bauplastik. Dekorativ wie figural gleich begabt, gilt S. v. a. als vielseitiger Vertreter eines eleganten Späthistorismus mit bes. Vorliebe für das Porträt.

Werke: Wien: Mitarbeit an Bauten der Ringstraße (Parlament, Hofburg, Palais Dumba) und am Kronprinzenschrank (1881, Mus. f. angew. Kunst); Grabmal R. v. Eitelbergers auf dem Zentralfriedhof, 1887 (mit H. Herdtle); Büste von L. Schwartz-Siess, um 1882 (Ö. Galerie Belvedere). – Medaillen, Plaketten. – Literatur: ÖBL.

Schwarz, Alois, * 14. 6. 1952 Hollenthon (NÖ.), Geistlicher. Theologiestudium in Wien, 1976 Priesterweihe. 1983–92 Pfarrer in Krumbach, 1987–97 Leiter des Pastoralamts der Erzdiözese Wien; ab 1993 Dozent für Homiletik an der Phil.-Theolog. Hochschule des Stiftes Heiligenkreuz, seit 1997 Weihbischof der Erzdiözese Wien, seit 2001 designierter Bischof von Gurk-Klagenfurt.

Felix Fürst zu Schwarzenberg. Stich von C. F. Merckel.

Schwarz, David, * 20. 12. 1850 Zalaegerszeg (H), † 13. 1. 1897 Wien, Luftschiffer. Konstruierte 1895/96 ein erstes Ganzmetall-Lenkluftschiff (aus Aluminium), starb vor der Probefahrt, die am 3. 11. 1897 missglückte.

Literatur: ÖBL.

Schwarz, Egon, * 8. 8. 1922 Wien, Literaturwissenschaftler, Übersetzer. 1938 Flucht über Prag und Paris nach Bolivien, 1948 Schulabschluss in Ecuador; ab 1949 Studium der dt. und romanischen Philologie in den USA, 1954 Promotion an der Washington University of St. Louis, ab 1963 Prof. an dieser. Widmete sich v. a. der Komparatistik sowie der dt. und ö. Literatur.

Werke: Hofmannsthal und Calderón, 1962; Dichtung, Kritik, Geschichte, 1983; Literatur aus vier Kulturen, 1987. – Autobiographie: Keine Zeit für Eichendorff, 1979 (²1991).

Schwarz, Helmut, * 31. 5. 1928 Wien, Regisseur, Dramaturg, Schriftsteller. 1951–63 Dramaturg am Burgtheater, 1960–77 Leiter des Reinhardt-Seminars, 1977–84 Rektor der Hochschule f. Musik und darst. Kunst in Wien; Regisseur u. a. in Wien, Graz, Hamburg, Braunschweig; daneben schriftstellerische Tätigkeit v. a. für die Bühne.

Werke: Dramen: Menschen in Not, 1951; Seine letzte Berufung, 1952; Arbeiterpriester, 1954; Das Aushängeschild, 1960; Die Beförderung, 1961; Im Aschenregen, 1961; Das Fehlurteil, 1966; Auftrag Gerechtigkeit, 1971 (Smlg.). – Sachbücher: Regie, 1965; M. Reinhardt und das Wr. Seminar, 1973. – Hör- und Fernsehspiele, Revuen. – Literatur: S. Nicoletti u. L. Mazakarini, Wege zum Theater. M. Reinhardts Schüler, 1979.

Schwarz, Vera, * 10. 7. 1888 Agram (Zagreb, HR), † 4. 12. 1964 Wien, Kammersängerin (Sopran). Debüt 1908 am Theater an der Wien, kam 1921 an die Wr. Staatsoper; 1938–48 in den USA und bei den Sbg. Festspielen; auch als Partnerin von R. → Tauber in Lehár-Operetten bekannt.

Schwarz, Wolfgang, * 14. 9. 1947 Wien, Eiskunstläufer. Silbermedaille bei der Europameisterschaft 1965 sowie bei der Europa- und Weltmeisterschaft 1967; Goldmedaille bei den Olymp. Spielen 1968 in Grenoble. 1968/69 bei der Eisrevue „Holiday on Ice", danach privatwirt. im Sportbereich tätig.

Schwarzböck, Rudolf, * 9. 12. 1947 Korneuburg (NÖ.), Landwirt und Funktionär der Landw.-Kammer. 1981–86 Abg. z. Nö. Landtag, 1986–2000 Abg. z. NR, seit 1985 Präs. der Nö. Landes-Landw.-Kammer, seit 1990 Vorsitzender der Präsidentenkonferenz der Landw.-Kammern Ö.

Schwarzenberg, fränkisches Hochadelsgeschlecht (urk. 1172); Erkinger I. von Seinshein erwarb 1405/21 das fränkische Herzogtum S. und den Titel Freiherr zu S., 1566/99 Grafen, 1671 Reichsfürsten; die S. erbten 1661 große Güter der → Eggenberg in Böhmen, der Stmk. und Krain; bis 1918 war ihr Hauptsitz in Böhmisch-Krumau (Česky Krumlov, CZ). Seit Ende des 18. Jh. bestanden 2 Linien, eine starb 1965 mit Heinrich S., dem 11. Fürsten, aus. Begründer der 2. Linie war Fürst Karl I. in Ö. (Murau und Wien). Bed. Mitgl. d. Geschlechts: Felix Fürst zu → Schwarzenberg, Friedrich Fürst zu → Schwarzenberg (Offizier), Friedrich Fürst zu → Schwarzenberg (Kardinal), Karl → Schwarzenberg, Karl Philipp Fürst zu → Schwarzenberg.

Palais S. in Wien 3, 1697–1704 von J. L. von → Hildebrandt als Palais Mansfeld-Fondi erbaut, 1716 von Adam Franz Fürst zu S. erworben, 1720–28 durch J. B. → Fischer von Erlach und J. E. → Fischer von Erlach vollendet, Fresko von D. → Gran, Reitschule und Orangerie nach Entwürfen von A. Altomonte, 1945 stark beschädigt, jetzt Hotel und Schweizer Botschaft.

Schwarzenberg, Felix Fürst zu, * 2. 10. 1800 Böhmisch-Krumau (Česky Krumlov, CZ), † 5. 4. 1852 Wien, Staatsmann; Bruder des Kardinals Friedrich Fürst zu → Schwarzenberg, Cousin des Schriftstellers Friedrich Fürst zu → Schwarzenberg. 1848–52 Min.-Präs. und Außenminister, beriet Ks. Franz Joseph I. bei der Einführung des Neoabsolutismus, setzte 1850 in der Olmützer Punktation die Aufrechterhaltung des Dt. Bundes durch.

Literatur: R. Kißling, F. Fürst zu S., 1952; S. Lippert, F. Fürst zu S., 1998.

Schwarzenberg, Friedrich Fürst zu, * 30. 9. 1800 bei Pressburg (Bratislava, SK), † 6. 3. 1870 Wien, Schrift-

steller, Offizier und Gutsbesitzer; Sohn von Karl Philipp Fürst zu → Schwarzenberg. Nahm als Offizier an Feldzügen seiner Zeit teil und beschrieb diese in seinen Büchern.
Werke: Rückblicke auf Algier und dessen Eroberung durch königl.-franz. Truppen 1830, 1831; Fragmente aus einem Tagebuch einer Levantereise, 1837; Aus dem Wanderbuch eines verabschiedeten Landsknechts, 5 Bde., 1844–48; Ante-diluvianische Fidibus-Schnitzel, 6 Bde., 1850; Post-diluvianische Fidibus-Schnitzel, 1862. – Ausgabe: E. J. Görlich (Hg.), Viele Fahnen wehten über mir, 1957 (Auswahl). – Literatur: ADB.

Schwarzenberg, Friedrich Fürst zu, * 6. 4. 1809 Wien, † 27. 3. 1885 ebd., Kardinal; Bruder von Felix Fürst zu → Schwarzenberg. 1836 Fürsterzbischof von Salzburg, 1842 Kardinal, 1850 Erzbischof von Prag. Bemühte sich in seinen Amtsbereichen um Aufhebung des josephin. Staatskirchentums.
Literatur: C. Wolfsgruber, F. Kardinal S., 3 Bde., 1906–17.

Schwarzenberg, Karl, * 10. 12. 1937 Prag (CZ), Forstwirt, Hotelier, 1990–93 Kanzler des tschech. Präs. V. Havel.

Schwarzenberg, Karl Philipp Fürst zu, * 15. 4. 1771 Wien, † 15. 10. 1820 Leipzig (D), Feldmarschall. Nahm 1789 am Türkenkrieg unter E. G. v. → Laudon teil, nach 1809 Botschafter in Paris; 1812 Kommandant des ö. Korps in der Armee Napoleons gegen Russland, 1813 Kommandant der Hauptarmee der Verbündeten in der Völkerschlacht bei Leipzig, zog 1814 an der Spitze dieses Heeres in Paris ein; Präs. des Hofkriegsrats. Reiterdenkmal auf dem S.-Platz in Wien 1 (1867).
Literatur: K. Schwarzenberg, Feldmarschall Fürst S., 1964.

Schwarzenberger, Xaver, * 21. 4. 1946 Wien, Kameramann und Regisseur. Ab 1967 Kameraassistent von W. Kindler bei dessen Film „Moos auf den Steinen"; danach Zusammenarbeit mit A. → Corti und Georg Lhotsky; ab 1978 Kameramann bei Rainer Werner Faßbinder („Berlin Alexanderplatz", 1980; „Lili Marleen", 1981; „Lola", 1982; „Die Sehnsucht der Veronika Voß", 1982). Seit 1982 auch als Regisseur in Ö. und Deutschland für Film und Fernsehen tätig.
Werke: Regie: Der stille Ozean, 1983; Gewitter im Mai, 1987; Tafelspitz, 1993; Krambambuli, 1998.

Schwarzenegger, Arnold, * 30. 7. 1947 Thal b. Graz (Stmk.), Bodybuilder und Filmschauspieler; Ehemann von Maria Shriver, einer Nichte von Senator T. Kennedy. Steir. Juniorenmeister im Schwergewichtsheben, 1962–76 Karriere als Bodybuilder, 1966 „Mr. Europa", 1967 „Mr. Universum", 7-mal „Mr. Olympia". Ab 1968 in den USA; Schauspielunterricht und Beginn einer erfolgreichen Filmkarriere.
Filme: Stay Hungry, 1976; Conan the Barbarian, 1982; The Terminator, 1984; Red Heat, 1988; Total Recall, 1990; Kindergarten Cop, 1990; Terminator 2, 1991; Last Action Hero, 1993; True Lies, 1994; Junior, 1994; Eraser, 1996; Batman and Robin, 1997; End of Days, 1999; The Sixth Day, 2000. – Publikationen: Karriere eines Bodybuilders, 1984; Das große Bodybuildingbuch, ^{8}1993; Fitness für Kids, 1994; The New Encyclopedia of Modern Bodybuilding, 1998. – Literatur: J. L. Flynn, The Films of A. S., 1996; N. Andrews, A. S., 1997.

Schwarz-Gardos, Alice, * 31. 8. 1915 Wien, Journalistin, Erzählerin und Essayistin; Cousine von B. → Frei. Wuchs in Wien und Bratislava auf, emigrierte 1940 nach Palästina und arbeitet dort seit 1949 als Journalistin. Chefredakteurin der dt.-sprach. Tageszeitung „Israel-Nachrichten" und Korrespondentin europ. Zeitungen. Setzt sich in ihrem Werk mit dem tragischen Los der dt.-sprach. Juden auseinander.
Werke: Romane: Die Abrechnung, 1962; Versuchung in Nazareth, 1963; Entscheidung im Jordantal, 1965. – Essays: Frauen in Israel, 1979; Paradies mit Schönheitsfehlern, 1982. – Erinnerungen: Von Wien nach Tel Aviv. Lebensweg einer Journalistin, 1991. – Literatur: M. M. Fuhrmann, A. S.-G. als Schriftstellerin, Dipl.-Arb., Wien 1998.

Schwarzkogler, Rudolf, * 13. 11. 1940 Wien, † 20. 6. 1969 ebd. (Selbstmord), Künstler, Vertreter des Wiener Aktionismus. 1963 Bekanntschaft mit O. → Muehl und G. → Brus, veranstaltete mit Muehl 1964 seine 1. Aktion „Luftballonkonzert". Mit seinen Aktionen, Manifesten und theoret. Texten zw. 1964 und 1966 erreichte er nur einen kleinen Kreis, der öffentl. Erfolg blieb ihm versagt.
Literatur: R. S. Leben und Werk, Ausst.-Kat., Wien 1992.

Schwarzkopf, Elisabeth (Olga Maria Friederike), * 9. 12. 1915 Jarotschin (Jarocin, PL), Opern- und Konzertsängerin (Sopran), eine der berühmtesten Sopranistinnen der Nachkriegszeit. Kam nach dem 2. Weltkrieg an die Wr. Staatsoper, zu deren Stars sie in kürzester Zeit zählte; Mitwirkung bei den Sbg. Festspielen. Zahlr. Plattenaufnahmen, internat. Gastspiele und Tourneen brachten ihr fast legendären Ruhm ein; 1972 Rücktritt von der Bühne, danach Gesangspädagogin.
Literatur: A. Jefferson, E. S. Die Biographie, 1996.

Elisabeth Schwarzkopf als Marschallin im „Rosenkavalier" von R. Strauss. Foto.

Schwarzkopf, Paul, * 13. 4. 1886 Prag (CZ), † 27. 12. 1970 Reutte (Ti.), Techniker und Industrieller. Pionier der Pulvermetallurgie (1929 „Titanit"), gründete 1921 in Reutte die Metallwerke der Plansee-Gruppe.
Werk: Powder Metallurgy, 1946. – Literatur: NÖB.

Karl Philipp Fürst zu Schwarzenberg. Stich von M. Steinla, 1822.

Schwarzwald, Eugenie („Genia", geb. Nußbaum), * 4. 7. 1872 Polupanowka (UA), † 7. 8. 1940 Zürich (CH), Pädagogin. Richtete ab 1901 ein viel besuchtes Mädchenschulzentrum in Wien ein. 1915 umfassten ihre Schulanstalten (von A. → Loos eingerichtet, u. a. mit O. → Kokoschka, A. → Schönberg und E. → Wellesz als Vortragende) eine Kleinkinderschule, eine Koedukationsvorschule für 6- bis 11-Jährige, ein Mädchenlyzeum, ein Realgymnasium, humanist. Gymnasialkurse, eine Höhere Lehranstalt für wirt. Frauenberufe sowie wiss. Fortbildungskurse. S. schuf auch soz. Einrichtungen (Gemeinschaftsküchen, Erholungsheime für Großstadtkinder u. ä.). 1938 Emigration und Auflösung der Schulen.
Literatur: H. Deichmann, Leben mit provisorischer Genehmigung, 1988; R. Streibel (Hg.), E. S. und ihr Kreis, 1996; R. Göllner, Kein Puppenheim. Genia S. und die Emanzipation, 1999.

Eugenie Schwarzwald. Foto, 1924/25.

Schweidler, Egon, * 10. 2. 1873 Wien, † 10. 2. 1948 Seeham (Sbg.), Physiker. Wies die magnet. Ablenkbarkeit der Betastrahlen (1899, mit S. Meyer) und die Schwankungen der Strahlungserscheinungen (1905) nach; 1933–38 Gen.-Sekr. der Ö. Akad. d. Wiss.
Werke: Die atmosphärische Elektrizität, 1903 (mit H. Mach); Radioaktivität, ^{2}1927 (mit S. Meyer).

Schweiger, Heinrich, * 23. 7. 1931 Wien, Kammerschauspieler und Regisseur; Ehemann der Journalistin und Politikerin U. → Stenzel. Beginn der Karriere 1948 am Theater in der Josefstadt. 1949–55, 1957 und 1961–91 am Burgtheater, wo er sich zum Charakterdarsteller entwickelte. Engagements in München, Düsseldorf und Hamburg, wo er auch Regie führte; Auftritte in Musicals („My Fair Lady" an der Wr. Volksoper); bekannt durch Film und Fernsehen (u. a. „Seniorenclub", „Ringstraßenpalais"); seit 1992 Gastauftritte am Theater in der Josefstadt. 1967 J.-Kainz-Medaille, Ehrenmitgl. des Burgtheaters.
Werk: Bilder eines Schauspielers, 1995 (mit U. Stenzel).

Schweighofer, Anton, * 17. 11. 1930 Ayanic (Türkei), Architekt. Studierte an der Akad. d. bild. Künste in Wien bei C. → Holzmeister. Seit 1959 freischaffender Architekt in Wien, 1977–99 Univ.-Prof. für Gebäudelehre und Entwerfen an der Techn. Univ. in Wien.
Werke: Wien: Inst.-Gebäude der Univ. f. Bodenkultur, 1967–74; „Stadt des Kindes", 1970–74; Wohnhäuser auf den Gräf-&-Stift-Gründen, 1989; Stadtvillen, 1989; Inst. f. Verhaltensforschung auf dem Wilhelminenberg, 1990–93. – NÖ.: Allentsteig: Schule, 1965–68; Kindergarten, 1970–74; Sonderschule,

1971–75. – Wördern: Kindergarten, 1964–68; Haus Schweighofer, 1993. – Mistelbach, Stadtsaal, 1989. – SOS-Kinderdörfer in Korea, 1966–67, und Indien, 1965–69. – Literatur: C. Kühn (Hg.), A. S. – der stille Radikale, 2000.

Schwendenwein von Lonauberg, August, * 1. 12. 1817 Wien, † 3. 11. 1885 ebd., Architekt. Studierte in Wien und München; Spezialist für Palais- und Schlossbauten. Assoziierte sich in den 1840er Jahren mit J. J. → Romano von Ringe.

Schwendter, Rolf (eigentl. R. Scheßwendter), * 13. 8. 1939 Wien, Schriftsteller. Übersiedelte 1967 nach Deutschland und war als Autor, Regisseur, Dramaturg und Liedermacher tätig; seit 1975 Prof. f. Devianzforschung an der Gesamthochschule Kassel, 1989–91 Präs. der Grazer Autorenversammlung.

Werke: Lyrik: Katertotenlieder, 1987; Psalter, 1991; Ein kalter Truthahn aus Nikotin, 1992; Drizzling Fifties, 1996. – Lieder: Lieder zur Kindertrommel, 1970 (vertont); Ich bin noch immer unbefriedigt, 1980. – Wiss. Werke und Sachbücher: Theorie der Subkultur, 1973; Zur Geschichte der Zukunft, 1982; Zur Zeitgeschichte der Zukunft, 1984; Grundlagen zur alternativen Ökonomie, 1986; Schwendters Kochbuch, 1988; Drogenabhängigkeit und Drogenkultur, 1992; Utopie, 1993; Arme essen – Reiche speisen. Neuere Sozialgeschichte der zentraleuropäischen Gastronomie, 1995; Tag für Tag. Eine Kultur- und Sittengeschichte des Alltags, 1996.

Schwertsik, Kurt, * 25. 6. 1935 Wien, Komponist und Hornist; Ehemann der Schauspielerin und Rezitatorin Christa S. Gründete 1958 mit F. → Cerha das Ensemble „die reihe" und 1968 mit O. M. → Zykan und H. K. → Gruber das Ensemble „MOB art & tone ART". Ab 1968 Hornist bei den Wr. Symphonikern, ab 1979 Lehrer für Komposition am Wr. Konservatorium, ab 1989 Prof. an der Wr. Musikhochschule. Einer der bekanntesten ö. Komponisten der Gegenwart. Bestimmend für sein Werk sind Fragen der Tonalität, musikal. Humor und Ironie. Großer Ö. Staatspreis 1992, Ö. Ehrenzeichen f. Wiss. u. Kunst 1997 und zahlr. weitere Preise.

Werke: musikdramat. Werke: Der lange Weg zur großen Mauer, 1975; Café Museum oder Die Erleuchtung, 1993; Die Welt der Mongolen, 1997. – Orchesterwerke: Draculas Haus- und Hofmusik, 1969; Baumgesänge, 1992. – Vokalwerke: Starckdeutsche Lieder und Tänze, 1986 und 1991. – Kammermusik. – Literatur: G. Brosche (Red.), Musikal. Dokumentation K. S., Ausst.-Kat., Ö. Nat.-Bibl., Wien 1990.

Schwimmer, Walter, * 16. 6. 1942 Wien, Jurist und Politiker (ÖVP). Ab 1971 Bundessekr. des ÖAAB, ab 1979 Dir. der Wr. Gebietskrankenkasse für Arbeiter und Angestellte. 1971–99 Abg. z. NR, seit 1999 Gen.-Sekr. des Europarats.

Schwind, Ernst von, * 23. 3. 1865 Wien, † 14. 7. 1932 ebd., Jurist; Vater von Fritz → Schwind. Univ.-Prof. für Rechtsgeschichte in Graz (1898) und Wien (1899–1932, Rektor 1919/20).

Werke: Dt. Privatrecht, 1919; Lex Baiuvariorum, 1926; Grundlagen und Grundfragen des Rechts, 1928.

Schwind, Fritz, * 1. 6. 1913 Innsbruck (Ti.), Jurist; Sohn von Ernst v. → Schwind. 1955–83 Univ.-Prof. f. Bürgerl. und Internat. Privatrecht in Wien, 1967/68 Rektor; 1969–83 Präs. des Ö. Juristentages; ehem. Mitgl. des Ständigen Schiedshofes in Den Haag.

Werke: Entwurf eines IPRG, 1971; Kommentar zum ö. Eherecht, ^{2}1984; Lehr- und Handbuch des Internat. Privatrechtes, 1990.

Schwind, Moritz von, * 21. 1. 1804 Wien, † 8. 2. 1871 Niederpöcking (D), Historienmaler und Illustrator, Romantiker. Studierte an der Wr. Akad., danach autodidakt. Weiterbildung unter dem Einfluss von J. P. → Krafft und L. F. → Schnorr von Carolsfeld, von denen sein Stil starke Anregungen erhielt; zusätzl. künstlerische Anregungen empfing er durch den Freundeskreis um F. → Schubert sowie durch N. → Lenau, F. → Grillparzer und A. → Grün. Nach dem Vorbild Schnorrs von Carolsfeld beschäftigte er sich mit altdt.-romant. und märchenhaften Themen. S. war ab 1828 an der Münchner Akad. tätig, führte große Aufträge für Kg. Ludwig I. von Bayern aus und schuf Fresken für die Münchner Residenz (1832–34) sowie Freskenentwürfe für Schloss Hohenschwangau. 1840 übersiedelte er nach Karlsruhe, 1844 nach Frankfurt a. Main. 1847 kehrte er nach München zurück und lehrte als Prof. an der Akad. In Wien schuf er 1840 Fresken für die Wertheimstein-Villa (19. Bez.) und 1863–67 die Freskierung der Loggia und des Foyers der Wr. Staatsoper (Szenen aus der „Zauberflöte").

Literatur: G. Pommeranz-Liedtke, M. v. S. – Maler und Poet, 1974; R. Langenfelder, Die inszenierte Idylle oder Bildthemen bei M. v. S., Diss., Salzburg 1984; B. Rommé (Hg.), M. v. S. Fresken und Wandbilder, Ausst.-Kat., Staatl. Kunsthalle Karlsruhe, 1996; S. Holsten (Hg.), M. v. S. Meister der Spätromantik, Ausst.-Kat., Staatl. Kunsthalle Karlsruhe, 1996.

Schwingshackel, Johann, * 4. 5. 1887 Ried/Welsberg (S-Ti.), † 27. 2. 1945 München (D), Priester und Gegner des Nat.-Soz. Trat 1919 in Innsbruck in den Jesuitenorden ein, kam 1938 nach Wien, wirkte dann in Steyr und zur Zeit seiner Verhaftung in Bad Schallerbach (OÖ.). Trat in Predigten gegen den Nat.-Soz. auf, wurde zum Tod verurteilt und starb in der Haft an Tuberkulose.

Literatur: C. Häupl, Pater J. S., Dipl.-Arb., Wien 1995.

Sciassia, Domenico, * zw. 1599 und 1603 Roveredo (CH), † 19. 2. 1679 Graz (Stmk.), Stiftsbaumeister von Sankt Lambrecht und Baumeister von Mariazell.

Werke: NÖ.: Stift Lilienfeld, 1632/33. – Stmk.: Stift St. Lambrecht, 1639–45; Ausbau der Wallfahrtskirche Mariazell, 1642–44; Pfarrkirche Köflach, 1643–49; Stiftskirche Vorau, 1660–62; Joanneum Graz (ehem. St. Lambrechter Stiftshof), 1665–74; Pfarrkirche Judenburg, 1673–75. – Literatur: N. Friess, D. S., Diss., Graz 1980.

Scrinzi, Otto, * 5. 2. 1918 Lienz (Ti.), Nervenfacharzt und Politiker (VdU, FPÖ). 1949–56 Abg. z. Kä. Landtag (VdU), 1966–79 Abg. z. NR (FPÖ). Gründete 1984 die Nat.-Freiheitl. Aktion (NFA) als Opposition zur (liberalen) FPÖ-Politik N. → Stegers; kandidierte bei der Bundespräs.-Wahl 1986.

Sealsfield, Charles (eigentl.: Carl Magnus Postl, weiteres Pseud.: C. Sidons), * 3. 3. 1793 Poppitz b. Znaim (Popice, CZ), † 26. 5. 1864 bei Solothurn (CH), Erzähler und Journalist. Zunächst Angehöriger des Kreuzherrenordens in Prag und Studium der Theologie und Philosophie, 1814 Priesterweihe, 1816 Sekr. des Großmeisters; 1823 Flucht über die Schweiz und Frankreich in die USA, wo er unter dem Namen C. S. das Bürgerrecht erhielt. 1830 Redakteur des „Courrier des États Unis" in New York; 1831 Rückkehr nach Europa, Aufenthalte in Paris und London, Kontakte mit W. Scott, L. Börne und H. Heine; lebte ab 1832 in der Schweiz, unterbrochen von neuerl. Aufenthalten in den USA. Erst nach seinem Tod wurde sein wirklicher Name bekannt. S. beschrieb als erster dt.-sprach. Autor in seinen Romanen vor dem Hintergrund abenteuerl. Handlung die heranwachsende amerikan. Nation. Zu seinem erfolgreichsten Werk wurde „Das Cajütenbuch, oder Nationale Charakteristiken" (2 Bde., 1841). Einen heftigen Angriff gegen das Metternich-Regime führte S. mit dem Pamphlet „Austria as it is" (1828, in Ö. verboten).

Weitere Werke: Romane: Der Legitime und die Republikaner, 3 Tle., 1833; Der Virey und die Aristokraten oder Mexiko im Jahre 1812, 3 Bde., 1835; Die große Tour, 2 Tle., 1835; Lebensbilder aus beiden Hemisphären, 6 Tle., 1835–37; Neue Land- und Seebilder oder Die dt.-amerikan. Wahlverwandtschaften, 4 Bde., 1839–40; Süden und Norden, 3 Bde., 1842–43. – Essays: Die Vereinigten Staaten von Nordamerika nach ihrem polit.,

Charles Sealsfield. Stich.

Moritz von Schwind. Foto, um 1865.

relig. und gesellschaftl. Verhältnisse betrachtet, 2 Bde., 1827. – Ausgaben: Gesammelte Werke, 18 Bde., 1843–46; Sämtl. Werke, hg. v. K. J. R. Arndt, 24 Bde., 1972–91 (weitere Bde. mit Materialien und Supplementen). – Literatur: F. Schüppen, C. S., 1981; G. Schnitzler, Erfahrung und Bild. Die dichterische Wirklichkeit des C. S. (Karl Postl), 1988; F. Schüppen (Hg.), Neue S.-Studien, 1995; J. P. Strelka (Hg.), Zw. Louisiana und Solothurn. Zum Werk des Österreich-Amerikaners C. S., 1997; G.-A. Pogatschnigg (Hg.), C. S. – polit. Erzähler zw. Europa und Amerika, 1998.

Sebestyén, György, * 30. 10. 1930 Budapest (H), † 6. 6. 1990 Wien, Schriftsteller, Hörspiel- und Drehbuchautor. Studierte Ethnologie in Budapest, war 1956 am Ungarnaufstand beteiligt, flüchtete nach Wien, wurde 1963 ö. Staatsbürger, war 1988–90 Präs. des Ö. P. E. N.-Clubs. S. trat mit seinem kulturpolit. Engagement für die O-W-Verständigung ein und regte die Diskussion um Mitteleuropa neu an. Gab die Ztschr. „Pannonia" heraus und begründete die Ztschr. „Morgen".

Werke: Romane: Der Mann im Sattel oder Ein langer Sonntag, 1961; Die Schule der Verführung, 1964; Albino, 1984; Die Werke der Einsamkeit, 1986. – Erzählungen und Reiseberichte. – Literatur: H. Blaschek-Hahn, G. S. Leben und Werk, 1990; I. Schramm, G. S. – der donauländ. Kentaur, 2000; P. Kampits (Hg.), G. S. Aufsätze zu seinem Werk und Leben, 2000.

Sechter, Simon, * 11. 10. 1788 Friedberg (Frymburk, CZ), † 10. 9. 1867 Wien, Musiktheoretiker und Komponist. Lehrer von A. → Bruckner und C. → Zeller in Wien; 1810–25 Lehrer am Blindenerziehungsinst., 1824 Hoforganist, 1851 Prof. am Konservatorium. Seine Kompositionen setzten sich wegen ihres Theorieüberhangs nicht durch, als Lehrer genoss S. hohes Ansehen.

Schriften: Praktische Generalbaß-Schule, 1835; Die Grundsätze der musikal. Komposition, 3 Bde., 1853–54. – Literatur: E. Tittel, S. S. als Kirchenkomponist, 1935; C. Dahlhaus, Untersuchungen über die Entstehung der harmon. Tonalität, 1967.

Sedlacek, Franz, * 21. 1. 1891 Breslau (Wroclaw, PL), 1945 in Polen vermisst, Maler. Lebte ab 1910 in Wien, wo er Architektur und Chemie studierte, 1913 Gründungsmitgl. der Linzer Künstlervereinigung MAERZ; Kriegsdienst im 1. Weltkrieg, 1921 Abschluss des Studiums und wiss. Mitarbeiter am Wr. Techn. Museum. Ab 1921 regelmäßige Beteiligung an Ausstellungen der Wr. Secession (1927 Mitgl.). Vertreter der Neuromantik und der Neuen Sachlichkeit.

Werke: Gemälde, Federzeichnungen (Karikaturen), Aquarelle. – Literatur: E. Hintner-Weinlich, Der Maler und Graphiker Dr. F. S. (1891–1945), Diss., Innsbruck 1987; K. Schröder, Neue Sachlichkeit, Ö. 1918–38, Ausst.-Kat., Kunstforum, Wien 1995.

Sedlaczek, Robert, * 2. 4. 1952 Wien, Journalist und Verleger. Studium der Publizistik, Germanistik und Anglistik, 1973–78 Redakteur von United Press International, dann freier Journalist; ab 1980 Mitarbeiter von Bundeskanzler B. → Kreisky und BMin. F. → Lacina, seit 1989 Geschäftsführer des Ö. Bundesverlags.

Sedlmayr, Hans, * 18. 1. 1896 Hornstein (Bgld.), † 9. 7. 1984 Salzburg, Kunsthistoriker. Univ.-Prof. in Wien (1936–45) und München (1951–64), 1965–69 Vorstand am neu gegr. kunsthist. Inst. der Univ. Salzburg; befasste sich mit vielfältigen kunsthist. und kulturphilosoph. Fragen, v. a. zur Struktur des Kunstwerks (Einfluss der Gestaltpsychologie) und zur Ikonologie.

Werke: J. B. Fischer v. Erlach, 1925; Ö. Barockarchitektur, 1930; Die Architektur Borrominis, 1930; Verlust der Mitte, 1948; Die Entstehung der Kathedrale, 1950; Die Revolution der modernen Kunst, 1955; Epochen und Werke, 3 Bde., 1959–82. – Literatur: E. Frodl-Kraft, H. S. (1896–1984), in: Wr. Jb. f. Kunstgeschichte 44, 1991; F. Piel (Hg.), H. S. 1896–1984. Verz. seiner Schriften, 1996 (mit Nachruf).

Sedlnitzky, Josef Graf, * 8. 1. 1778 Troplowitz (Opavice, CZ), † 21. 6. 1855 Baden (NÖ.), Verwaltungsbeamter. Führte 1817–1848 als Präs. die „Oberste Polizei- und Censurhofstelle" in Wien (zuständig für die ges. Monarchie mit Ausnahme Ungarns und der Militärgrenze), setzte im Sinne Ks. Franz I. und C. W. L. Gf. → Metternichs ein umfangreiches Agentennetz ein. Hielt strenge Maßnahmen für die Aufrechterhaltung der öffentl. Ordnung und die Erhaltung der absoluten Monarchie für gerechtfertigt und galt den liberalen Kräften der Revolution 1848 als bes. Feindbild.

Seeböck, Herwig, * 7. 12. 1939 Wien, Schauspieler und Schriftsteller. 1958–61 Statist am Burgtheater, dann Schauspieler in Basel und Freiburg i. Br., 1967–69 in Graz, 1970–73 und 1977–79 am Volkstheater, 1973–76 am Burgtheater; seit 1981 freier Schauspieler, daneben Regie; bis 1987 Lehrtätigkeit am Wr. Reinhardt-Seminar; widmet sich auch dem Kabarett und der Malerei und veranstaltet Sommerspiele. Gründete mit seiner Frau, der Schauspielerin Erika Mottl, das „S.-Ensemble".

Werke: Häfenelegie, 1966 (Monolog); Haushalt oder Die Sandhasen, 1966; Fahrdienstleiter Smafts, 1968 (Monolog); Der Selbstmord, 1970 (Einakter); Für mich sind sie Freie, 1970 (Theaterstück); Quer durch, 1985 (Kabarett); Ausflüge – Anfälle – Ausfälle, 1989 (Kabarettprogramm).

Seefehlner, Egon, * 3. 6. 1912 Wien, † 25. 9. 1997 ebd., Jurist, Operndirektor. Ursprüngl. Kulturredakteur, 1946–51 Gen.-Sekr. der Wr. Konzerthausges., 1954–61 wirt. Dir. der Wr. Staatsoper, 1976–82 und 1984–86 deren Dir.; dazw. Dir. der Dt. Oper Berlin.

Seefried, Irmgard, * 9. 10. 1919 Köngetried (D), † 24. 11. 1988 Wien, Kammersängerin (Sopran); Ehefrau von W. → Schneiderhan. Zählte mit E. → Schwarzkopf zu den führenden Sängerinnen der Nachkriegszeit; 1943–76 an der Wr. Staatsoper, ab 1946 bei den Sbg. Festspielen; Welttourneen. V. a. als Mozart- und Strauss-Sängerin bzw. als Liedinterpretin berühmt; Mozart-Medaille 1953.

Literatur: F. Faßbinder u. W. Schneiderhan, I. S., 1960.

Seelig, Ernst, * 25. 3. 1895 Graz (Stmk.), † 1. 11. 1955 Wien, Strafrechtslehrer. Bed. Kriminologe, ab 1928 Univ.-Prof. in Graz, ab 1952 in Saarbrücken.

Werke: Hb. der Kriminalistik, 2 Bde., 1942/51; Schuld, Lüge und Sexualität, 1955; Lehrbuch der Kriminologie, ^{3}1963.

Seeliger, Renate, * 29. 6. 1922 Wien, Lyrikerin, Erzählerin und Jugendbuchautorin. Trat mit biograph. Jugendromanen hervor.

Werke: Jugendbücher: Ein bedeutsames Jahr, 1962; Ein Platz bleibt leer, 1962; SOS – Das kühnste Abenteuer, 1965; Der Kampf mit dem Dunkel, 1968; Der Mann, der dem Feuer den Schrecken nahm, 1969; Der Mann, der dem Himmel den Blitz entriß, 1969; Kampf ohne Waffen, 1970; Überraschung für Monika, 1991. – Romane, Erzählungen, Gedichte.

Seelos, Ti. Lauten- und Geigenbauerfamilie; neben der Familie Tieffenbrucker die bedeutendste ihrer Zeit. Die wichtigsten Persönlichkeiten aus der Familie waren Georg → Seelos d. Ä. und seine Söhne Georg → Seelos d. J. und Johann → Seelos.

Seelos, Anton („Toni"), * 4. 3. 1911 Seefeld (Ti.), Skirennläufer, Trainer und Skilehrer. Gilt als „Erfinder" des Parallelschwungs, das „S.-Tor" blieb bis heute ein Begriff im Rennsport. S. gewann 1933 und 1935 die Weltmeisterschaft (Slalom und Kombination). Danach erfolgreicher Trainer, führte die Deutsche C. Cranz 1936 zum Olympiasieg und zu seither nicht wieder erreichten 14 Weltmeistertiteln.

Literatur: O. Bachmann u. S. Kneisl, T. S. Ein Leben für den Skisport, 1999.

Seelos, Georg d. Ä., lebte um 1644 in Kaltern (S-Ti.), Lauten- und Geigenbauer; Vater von Georg → Seelos d. J. und Johann → Seelos. Heiratete 1647 in Innsbruck und diente hier über 20 Jahre dem Hof als Lauten- und Geigenmacher.

Simon Sechter. Lithographie von J. Kriehuber, um 1850.

Irmgard Seefried in „Die Regimentstochter" von G. Donizetti. Foto.

Josef Graf Sedlnitzky. Aquarell von M. M. Daffinger.

Seelos, Georg d. J., * um 1650, † 1724, Lauten- und Geigenbauer; Sohn von Georg → Seelos d. Ä., Bruder von Johann → Seelos. Übernahm um 1681 die väterl. Werkstatt in Innsbruck.

Seelos, Gottfried, * 9. 1. 1829 Bozen (S-Ti.), † 13. 3. 1900 Wien, Landschaftsmaler; Schwiegersohn und Schüler von J. → Selleny. Studienreisen durch die Alpenländer; schuf mehrere Landschaftsserien, die als Lithographien Verbreitung fanden, u. a. „Ansichten von Ti. und Vbg." (1856) und „Das Salzkammergut und Berchtesgaden mit Umgebung" (1865); malte Landschaftsdarstellungen für das Naturhist. Museum. Auch seine Brüder Ignaz und Gustav S. waren Maler.
Literatur: Die Brüder S. – Maler des Spätbiedermeier zw. Bozen und Wien, Ausst.-Kat., Bozen 1993.

Seelos, Johann, * 1654, † 1715, Lauten- und Geigenbauer; Sohn von Georg → Seelos d. Ä., Bruder von Georg → Seelos d. J. Wirkte ab 1679 in Linz; von ihm sind Instrumente in Linz, Klagenfurt und Innsbruck nachweisbar.

Seemann, Margarete (auch M. Margmann), * 26. 7. 1893 Wien, † 6. 6. 1949 ebd., Roman-, Kinder- und Jugendbuchautorin. Leidensfähigkeit und das Ideal der Humanität stehen im Zentrum ihres vom Katholizismus bestimmten Werks.
Werke: Romane: Zwei Kronen, 1928; Blühender Dorn, 1930; Ihre Kinder, 1932; Berg-Leben, 1933–38 (Trilogie). – Erzählungen: Hörende Herzen, 3 Bde., 1926; Gabriel Selbstreu, 1928; Das Bettelkreuz, 1931; Gesegnete Brücken, 1947. – Gedichte, Märchen, Spiele. – Literatur: O. Seemann, Sehnsucht strömt die Bäche tief nach innen. Die Schriftstellerin M. S., 1989.

Seemann, Otmar, * 3. 9. 1946 Wien, Zahnarzt und Bibliograph. Baute die bedeutendste Smlg. alter Lexika auf, die er 2001 verkaufte und teilw. auf Mikrofiche herausgab (z. B. „Ö. National-Enzyklopädie" von F. → Gräffer und J. J. → Czikann, 1992).
Weitere Werke: Sehnsucht stürmt die Bäche tief nach innen. Die Schriftstellerin Margarete S. (1893–1949), 1989; G. A. Zischka. Bibliograph, Goetheforscher und Arzt, 1991; Große Ö. Lexika und ihre Autoren, Ausst.-Kat., Wien 1992; J. C. Iselin, Neu-vermehrtes Hist. und Geograph. Allgemein Lexikon, 1992 (Hg., Mikrofiche-Ausg.); Wiegand's Conversations-Lexikon, 1993 (Hg., Mikrofiche-Ausg.); Die mit „1811" datierten Drucke des ABGB, 1995; Gesamtindex „Zeitgenossen" – „Die Gegenwart" – „Unsere Zeit". Enzyklopäd. Information im 19. Jh., 1995 (Hg.).

Ernst Seidler. Foto.

Seemüller, Joseph, * 15. 10. 1855 Wien, † 20. 1. 1920 St. Martin b. Klagenfurt (Kä.), Germanist. Univ.-Prof. in Wien. Forschungen zur Literatur des Spät-MA.
Werke: Die Handschriften und Quellen von Willirams Paraphrase des Hohen Liedes, 1877; Adolf Pichler, 1900; Zur Poesie Neidharts, 1908. – Hg.: Willirams Paraphrase des Hohen Liedes, 1878; Seifried Helbling, 1886; Ottokars Reimchronik, 1890–93; Ö. Chronik von den 95 Herrschaften, 1909. – Literatur: NÖB.

Seidel, Hans, * 14. 10. 1922 Wien, Wirtschaftswissenschaftler. Studierte an der Hochschule f. Welthandel in Wien; 1946–80 am Ö. Inst. f. Wirtschaftsforschung; 1981–83 Staatssekr. im Finanzministerium; 1984–91 Dir. des Inst. für Höhere Studien. Setzte sich in zahlr. Publikationen mit Fragen der Konjunktur, Regionalforschung sowie Ind.- und Finanzpolitik auseinander.

Seidl, Franziska, * 1. 7. 1892 Wien, † 23. 6. 1983 ebd., Physikerin. 1957–63 Univ.-Prof. in Wien; erfand das membranlose Telefon. Arbeitete u. a. über Ultraschall, Schalloptik, elektr. Verhalten von Isolatoren und Schwingkristalle.

Seidl, Johann Gabriel, * 21. 6. 1804 Wien, † 18. 7. 1875 ebd., Archäologe, Lyriker, Erzähler, Dramatiker. 1840 Kustos am Münz- und Antikenkabinett in Wien, 1856–71 auch für die Schatzkammer zuständig. Veröffentlichte neben wiss. Studien literar. Beiträge und Rezensionen. 1828–58 Hg. des Taschenbuchs „Aurora". Eine Reihe seiner Gedichte wurde von F. → Schubert und C. Loewe („Die Uhr") vertont; Beliebtheit erfreuten sich auch seine Verse in nö. Mundart. S. schrieb den neuen Text zur ö. Hymne „Gott erhalte" (1854).
Werke: Gedichte, Erzählungen, Novellen und Dramen. – Ausgaben: Gesammelte Schriften, hg. v. H. Marx, 6 Bde., 1877–81; Ausgewählte Werke, hg. v. W. v. Wurzbach, 4 Bde. (1905). – Literatur: J. Watzek, J. G. S. Flinserln, Diss., Wien, 1966.

Seidl, Ulrich Maria, * 24. 11. 1952 Wien, Filmregisseur. Studierte Publizistik und Theaterwiss. an der Univ. Wien sowie Regie an der Wr. Filmakad., seit 1982 freischaffender Regisseur von Dokumentarfilmen sowie Tätigkeit für den ORF und ausländ. Fernsehanstalten.
Werke: Regie: Einsvierzig, 1980; Der Ball, 1982; Krieg in Wien, 1989; Good News. Von Kolporteuren, toten Hunden und anderen Wienern, 1990; Für eine schöne Welt, 1991; Mit Verlust ist zu rechnen, 1993; Die letzten Männer, 1994; Tierische Liebe, 1994; Bilder einer Ausstellung, 1996; Models, 1998.

Seidler, Alma (eigentl. A. Seidler-Eidlitz), * 8. 6. 1899 Leoben (Stmk.), † 8. 12. 1977 Wien, Kammerschauspielerin; Tochter von Ernst → Seidler, Ehefrau des Regisseurs K. Eidlitz. 1918–77 am Burgtheater (1960 Ehrenmitgl.), sehr großes Repertoire (klassische, moderne, tragische und komische Rollen); wenige Gastspiele, Auftritte bei den Sbg. Festspielen. 1959 J.-Kainz-Medaille; 1978 wurde der A.-S.-Ring für die bedeutendste Bühnenkünstlerin des dt. Sprachraums gestiftet (erste Trägerin 1979 P. → Wessely, seit 2000 A. → Düringer).
Literatur: B. Erbacher, A. S., Diss., Wien 1969; NÖB.

Seidler, Ernst (auch E. Seidler-Feuchtenegg), * 5. 6. 1862 Schwechat (NÖ.), † 23. 1. 1931 Wien, Jurist und Politiker; Vater von Alma → Seidler. Univ.-Prof. in Wien, von Juni 1917 bis Juli 1918 Min.-Präs. und 1917 einige Wochen lang auch Ackerbaumin. Versuchte vergeblich, die Tschechen durch eine Amnestie mit der Habsburgermonarchie auszusöhnen. Die beabsichtigte Einteilung Böhmens in national abgegrenzte Kreise führte schließlich zu seinem Sturz.
Werk: Die soz.-wiss. Erkenntnis, 1930 (Neuausgabe 1999).

Seidler, Harry, * 25. 6. 1923 Wien, Architekt. Emigrierte 1938 nach England und besuchte die Cambridgeshire Technical School. 1940 ging er nach Kanada und studierte an der Univ. von Manitoba, 1945–46 an der Harvard University bei W. Gropius. 1946–48 Assistent von M. Breuer in New York; arbeitete 1948 mit O. Niemeyer in Brasilien und wanderte im gleichen Jahr nach Australien aus. S. baute zahlr. Objekte in Australien, Singapur und Malaysia sowie den Wohnpark Neue Donau in Wien (2000).
Literatur: P. Blake, Architecture for the New World of H. S., 1973; K. Frampton u. P. Drew, 4 Decades of Architecture, 1992.

Seidlhofer, Waltraud, * 26. 11. 1939 Linz (OÖ.), Prosaschriftstellerin und Lyrikerin. Bibliothekarin in Linz und 1972–94 in Wels. Mitgl. der „Grazer Autorenversammlung" und der Künstlergruppe MAERZ. Setzt sich in experimentellen Texten mit dem Verhältnis der Sprache zu Raum- und Zeitstrukturen auseinander („Geometrie einer Landschaft", 1986).
Weitere Werke: Lyrik: Bestandsaufnahmen,1971; bild(er)betrachtungen, 1989; anstelle von briefen. ausgewaehlte lyrik 1967–1992, 1994; la(e)sergedichte, 1996. – Prosa: fassadentexte, 1976; text: ein erinnern, 1999. – Essay: Lipperverreißung, 1998 (mit P. Ganglbauer). – Literatur: Die Rampe, Porträt, 2000.

Seidlitz, Julius (eigentl. Itzig Jeitteles), * 3. 9. 1814 Prag (CZ), † 8. 3. 1857 Wien, Erzähler und Journalist. Lebte in Sachsen, Budapest und Wien; Gründer und Hg. der Zeitschriften „Der schwarze Domino", „Wr. Vorstadt-Zeitung" und „Die Feierstunden".

Werke: Die Poesie und die Poeten in Ö. im Jahre 1836, 1837. – Romane: Böhmen vor 100 Jahren, 1837; Der Astrolog, 1839; Ein Mann aus der Vorstadt, 1852. – Novellen und Volksstücke.

Seifried Helbling, Helbling, Seifried.

Seifried von Mahrenberg, † 1272 Prag (CZ), Adeliger aus einem in Kä. und in der Stmk. ansässigen Geschlecht. Wurde wegen Verwicklungen bei der Inbesitznahme Kä. durch Přemysl → Ottokar II. von Böhmen gefangen genommen und 1271/72 in Prag grausam gefoltert und ermordet. Ottokar II. verlor daraufhin die Gefolgschaft des Adels der Stmk. und Kä. Die Ermordung Ottokars in der Schlacht bei Dürnkrut 1278 soll ein Akt der Blutrache von S. Neffen Otto von Emmerberg gewesen sein.

Literatur: G. Pferschy, Zur Beurteilung S. v. M., in: H. Ebner (Hg.), Festschrift F. Hausmann, 1977.

Seipel, Ignaz, * 19. 7. 1876 Wien, † 2. 8. 1932 Pernitz (NÖ.), Theologe, Priester (1921 Prälat) und Politiker (CS). Sohn eines Fiakers, 1899 Priesterweihe, 1909–17 Univ.-Prof. f. Moraltheologie in Salzburg, ab 1917 in Wien. Von Okt. bis Nov. 1918 Min. f. soz. Fürsorge im Ministerium H. → Lammasch, dem letzten der Monarchie; 1919–20 Mitgl. d. Konstituierenden Nationalversammlung, 1920–32 Abg. z. NR, 1921–29 Obmann der Christl.-soz. Partei, 1922–24 (am 1. 6. 1924 durch ein Attentat schwer verletzt) und 1926–29 Bundeskanzler, 1930 Außenmin.; 1931 schlug er der SDAP ein Koalitionsabkommen vor, das abgelehnt wurde. S. erreichte als bedeutendster Staatsmann der 1. Republik 1922 in Genf die Völkerbundanleihe und beendete durch die Sanierung des Schilling die Nachkriegsinflation. Im Bürgerblock schloss er Christl.-Soz., Landbund und Großdt. zu einer antimarxist. Einheitsfront zusammen, bekämpfte die Soz.-Dem. und förderte nach 1927 die Bewegung der Heimwehr. Anfangs groß-ö. eingestellt, bekannte sich S. 1918 zur Republik und trat zuletzt für die berufsständ. Ordnung ein.

Werke: Die wirtschaftsethischen Lehren der Kirchenväter, 1907; Nationalitätenprinzip und Staatsgedanke, 1915; Nation und Staat, 1916; Soz. Frage und soz. Arbeit, 1917; Reden in Ö. und anderswo, hg. v. J. Geßl, 1926; Der Kampf um die ö. Verfassung, 1930; Der christl. Staatsmann, 1931; Gespräche, hg. v. A. M. Knoll, 1932; Tagebuch, 1933; Der Friede, 1937; Im Dienst des Worts, 1955 (Predigt-Smlg.). – Literatur: E. K. Winter, I. S. als dialektisches Problem, 1966; V. Reimann, Zu groß für Ö. S. und Bauer im Kampf um die 1. Republik, 1968; K. v. Klemperer, I. S., Staatsmann einer Krisenzeit, 1976; F. Rennhofer, I. S., Mensch und Staatsmann, 1978; W. Rauscher, I. S., E. Benesch und der Mitteleuropagedanke in den ö.-tschech. Beziehungen 1917–29, 1993.

Seipel, Wilfried, * 6. 6. 1944 Wien, Ägyptologe und Historiker, Museumsdirektor. 1971–78 Assistent an der Freien Univ. Berlin (Ägyptolog. Inst.), 1978/79 am Ö. Archäolog. Inst. (Abt. Kairo), 1981–83 Ass.-Prof. an der Univ. Konstanz, 1983–85 Dir. der Städt. Museen Konstanz, 1985–90 Dir. des Oö. Landesmuseums in Linz, seit 1990 Gen.-Dir. des Kunsthist. Museums Wien.

Werke: Untersuchungen zu den Königinnen der Frühzeit und des Alten Reiches, 1979; Bilder für die Ewigkeit, 1983; Das Weltbild der Zizenhauser Figuren, 1984; A. Kubin. Der Zeichner, 1988; Götter, Gräber und die Kunst, Ausst.-Kat., Linz 1989; Gott – Mensch – Pharao, Ausst.-Kat., Wien 1992.

Seisenbacher, Peter, * 25. 3. 1960 Wien, Judosportler und -trainer. 1980 und 1983 Silbermedaillen bei der Europameisterschaft; Goldmedaillen im Mittelgewicht bei den Olymp. Spielen 1984 in Los Angeles und 1988 in Seoul. Nach Ende seiner Sportlerkarriere als Trainer und Gen.-Sekr. d. Ö. Sporthilfe tätig.

Seisenegger, Jacob, * 1505, † Dez. (?) 1567 Linz (OÖ.), ab 1531 Hofmaler Ferdinands I. Unternahm zahlr. dienstl. Reisen nach Spanien und in die Niederlande; bedeutender Porträtist des Hofes, schuf u. a. die im Kunsthist. Museum aufbewahrten ganzfigurigen Porträts von Ks. Karl V. (1532, Vorbild für das Kaiserporträt von Tizian, 1532/33, Prado, Madrid) und von Erzhzg. Ferdinand II. von Ti. (1548); stilist. Beziehungen zur Augsburger Malerei.

Literatur: K. Löcher, J. S. – Hofmaler Ks. Ferdinands I., 1962.

Seitelberger, Franz, * 4. 12. 1916 Wien, Neurologe und Univ.-Prof.; 1959–87 Vorstand des Neurolog. Inst. der Univ. Wien, 1970–90 Dir. des Inst. f. Hirnforschung der Ö. Akad. d. Wiss., 1975–77 Rektor der Univ. Wien; maßgebl. Leistungen auf den Gebieten der Neurologie, Neuroanatomie und Neuropathologie, insbes. zum Altern des Gehirns und neurodegenerativen Prozessen. Mehr als 400 wiss. Publikationen. 1987 E.-Schrödinger-Preis der Ö. Akad. d. Wiss.

Werke: Zur Neuropathologie des Alkoholismus, 1962; Grundzüge der morpholog. Entwicklung des Zentralnervensystems, 1967 (mit K. Jellinger); Zur Immunopathogenese der Hirngewebsläsionen bei Multipler Sklerose, 1969; Lebensstadien des Gehirns, 1978; Umwelt und Gehirn, 1980; Wie geschieht Bewußtsein?, 1987; Gehirn, Bewußtsein, Erkenntnis, [2]1995 (mit E. Oeser).

Ignaz Seipel. Foto.

Seitz, Karl, * 4. 9. 1869 Wien, † 3. 2. 1950 ebd., Lehrer (1897 entlassen) und Politiker (SDAP bzw. SPÖ). Ab 1897 im Nö. Landtag; 1901–18 Abg. z. Reichsrat, 1918–19 einer der 3 Präsidenten der Provisor. Nationalversammlung und 1919–20 1. Präs. der Konstituierenden Nationalversammlung (damit 1918–20 auch Staatsoberhaupt der Republik); 1920–34 Abg. z. NR. Nach dem Tod V. → Adlers 1918–19 provisor. Parteichef der SDAP, 1919–34 deren Vorsitzender; 1923–34 Bürgermeister und Landeshauptmann von Wien. 1934 in Haft, 1944/45 im KZ. Nach 1945 Ehrenpräs. der SPÖ und 1945–50 Abg. z. NR. Unter S. als Bürgermeister wurde das Kommunalprogramm des „Roten Wien" (Wohnbauten, Schulwesen, Sozialmaßnahmen) realisiert.

Werke: Volksschule oder Pfaffenschule?, 1902; Arbeiter oder Soldaten?, 1917; Die Schmach von Genf und die Republik, 1922. – Literatur: F. Weissensteiner u. E. Weinzierl (Hg.), Die ö. Bundespräsidenten, 1983; R. Spitzer, K. S. Waisenknabe, Staatspräs., Bürgermeister, 1994.

Karl Seitz. Foto.

Sekanina, Karl, * 27. 10. 1926 Wien, Werkzeugmacher und Politiker (SPÖ). 1977–85 Vorsitzender der Gewerkschaft Metall, Bergbau, Energie; 1979–85 Vizepräs. des ÖGB, 1964–83 Abg. z. NR, 1979–85 BMin. f. Bauten u. Technik. 1976–82 Präs. des ÖFB.

Sekler, Eduard F., * 30. 9. 1920 Wien, Architekt. Studierte an der Techn. Hochschule in Wien (1945–54 auch Ass. an dieser) und am Warburg Institute in London. Seit 1945 eig. Büro, ab 1954 Gastprof. an der Harvard University in Cambridge und ab 1960 ordentl. Prof.; 1962–65 lehrte er am Carpenter Center for the Visual Arts, 1966–76 war er dessen Dir.; UNESCO-Konsulent für Denkmalpflege. Bes. Verdienste um die Erhaltung des kulturellen Erbes im Katmandu-Tal (Nepal). Bauten in Ö. und in den USA.

Publikationen: Wren and His Place in European Architecture, 1956; Le Corbusier at Work: The Genesis of the Carpenter Center for the Visual Arts, 1977; J. Hoffmann, Das architekton. Werk, [2]1986. – Literatur: W. Böhm (Hg.), Das Bauwerk und die Stadt. Aufsätze für E. S., 1994.

Sekyra, Hugo Michael, * 10. 6. 1941 Mannersdorf a. Leithagebirge (NÖ.), † 19. 11. 1998 Wien (wahrscheinlich Selbstmord), Manager. Studierte Jus und war als Direktionssekr. der Ranshofener Aluminiumwerke tätig. Nach verschiedenen Aufgaben im Bereich der verstaatlichten Industrie 1986–92 an der Spitze der Ö. Industrieholding AG. Unter seiner Führung wurden wesentl. Maßnahmen mit dem Ziel einer Restrukturierung der verstaatl. Ind. eingeleitet. 1995–97 im Auf-

sichtsrat der Auricon Beteiligungs AG, 1998 Vorstandsvorsitzender der C. H. Chem a. s. in Prag.
Literatur: K. Tozzer u. G. Kallinger, Todesfalle Politik. Vom OPEC-Überfall bis zum Sekyra-Selbstmord, 1999.

Selberherr, Siegfried, * 3. 8. 1955 Klosterneuburg (NÖ.), Elektrotechniker. Studierte 1973–78 Elektrotechnik (Zweig Industrielle Elektronik und Regelungstechnik) an der Techn. Hochschule bzw. Techn. Univ. Wien, an der er auch seine weitere wiss. Laufbahn absolvierte und 1988 Prof. f. Allg. Elektrotechnik und Elektronik und Vorstand des Inst. f. Mikroelektronik wurde.

Gottfried Semper. Foto.

Selhamer, Christoph, * um 1635 Burghausen (D), † 17. 10. 1708 (1709?) Salzburg, Prediger. Stadtkaplan von Salzburg, Autor barocker Predigtwerke (in dt. und latein. Sprache), die bes. auf die Situation der ländl. Bevölkerung eingehen.
Werke: Predigtsammlungen: Tuba Analogica, Das ist: Sittliche Lehr/und Gleichnuß-Predigen (...), 1678; Tuba Tragica, Das ist: Erschreckliche Trauer-Geschicht (...), 1696; Tuba Clementina, Das ist: Milde und Gnadenreiche Wunder-Geschicht (...), 1698; Tuba anagrammatica (...), 1702/03; Tuba civica (...), 1704. – Literatur: L. Helmer, C. S., Diss., München 1957.

Selinko, Annemarie (verehel. Kristiansen), * 1. 9. 1914 Wien, † 28. 7. 1986 Kopenhagen (DK), Journalistin und Romanautorin. Erfolgreiche Unterhaltungsschriftstellerin; ging als Frau eines dän. Diplomaten 1938 nach Kopenhagen, lebte ab 1943 in Stockholm, dann in Paris und London. Zum Weltbestseller mit Millionenauflage wurde ihr hist. Frauenroman „Désirée" (1951), der 1956 mit M. Brando und J. Simmons verfilmt wurde.
Weitere Werke: Ich war ein häßliches Mädchen, 1937; Morgen ist alles besser, 1938; Heute heiratet mein Mann, 1940. – Literatur: C. Bürger, Textanalyse und Ideologiekritik, 1973.

Selleny, Joseph, * 3. 2. 1824 Wien-Meidling, † 22. 5. 1875 Wien-Inzersdorf, Landschaftsmaler und Lithograph. Studierte an der Wr. Akad., 1854/55 Romreise. 1857–59 Weltreise an Bord der ö. Fregatte „Novara", von der er zahlr. exot. Studien mitbrachte, die er später zu Gemälden ausarbeitete; von dieser Zeit an Vorliebe für Marinegemälde. Schuf Entwürfe für den Schlosspark von Miramar bei Triest und für den Wr. Stadtpark (1862) sowie Wanddekorationen der Kaiservilla in Bad Ischl (1873). Starb in geistiger Umnachtung.
Literatur: L. Popelka, Ein ö. Maler segelt um die Welt, 1964.

Alois Senefelder. Stich.

Sellitsch, Siegfried, * 2. 10. 1940 Graz (Stmk.), Versicherungsmanager. Ab 1966 bei der Wr. Städtischen, ab 1973 Gen.-Sekr., ab 1979 Mitgl. des Vorstands, 1989–2001 Gen.-Dir. und Vorstandsvorsitzender der Wr. Städtischen. 1992/93 Präs. des Verbands der Versicherungsunternehmen Ö.

Selye, Hans, * 26. 1. 1907 Wien, † 16. 10. 1982 Montreal (CDN), Mediziner. Ab 1934 Univ.-Prof. in Montreal; begründete die Lehre vom Adaptationssyndrom für stressbedingte Reaktionen des Körpers.
Werke: Einführung in die Lehre vom Adaptationssyndrom, 1953; Stress beherrscht unser Leben, 1957; Hormones and Resistance, 1971; Stress without Distress, 1974; The Stress of my Life, 1979 (Autobiographie).

Ignaz Philipp Semmelweis. Stich von E. Dopy, 1860.

Semmelweis, Ignaz Philipp, * 1. 7. 1818 Buda (Budapest, H), † 13. 8. 1865 Wien, Arzt. Geburtshelfer, Entdecker der Ursache des Kindbettfiebers („Retter der Mütter"). 1846–49 Unterarzt an der Gebärklinik in Wien, dann unbezahlter Honorar-Primararzt in Budapest, dort 1855 Univ.-Prof. für Geburtshilfe. Erkannte als Erster die Kontaktinfektion durch Arzt oder Hebamme als Ursache des Kindbettfiebers und wandte vor dem Engländer J. B. Lister antisept. Methoden an (Waschung mit Chlorkalk). Die meisten zeitgenöss. Autoritäten, an die er sich in „offenen Briefen" wandte, stellten sich gegen ihn, erst nach dem Tod fand er volle Anerkennung. S. starb als Patient einer Wr. Irrenanstalt an einer Blutvergiftung. Die Frauenklinik in Wien 18 trägt seinen Namen.
Werke: Die Aethiologie, der Begriff und die Prophylaxis des Kindbettfiebers, 1857–60; 2 offene Briefe an Dr. J. Spaeth, 1861; 2 offene Briefe an Hofrat Dr. C. J. v. Siebold, 1861. – Ausgabe: Gesammelte Werke, hg. v. D. Györy, 1905. – Literatur: A. Hegar, I. P. S. und seine Lehre, 1882; E. Lesky, I. P. S. und die Wr. Medizin. Schule, 1964.

Semper, Gottfried, * 29. 11. 1803 Hamburg-Altona (D), † 15. 5. 1879 Rom (I), Architekt und Kunsttheoretiker. Studierte in Göttingen und München, dann in Regensburg und 1826–30 in Paris tätig; anschließend Reisen nach Italien und Griechenland, wo er die Polychromierung antiker Werke nachwies. 1834 Prof. in Dresden, Bekanntschaft mit R. Wagner. Musste 1849 wegen Teilnahme an der Revolution 1848 fliehen und ging nach Paris und London, wo er sich bei der Weltausstellung 1851 engagierte. 1855–71 lehrte er in Zürich. 1869 schaltete man ihn als Gutachter für den Bau der Wr. Hofmuseen ein. Schließlich wurde er mit C. v. → Hasenauer mit dem Bau der Hofburg, des Burgtheaters (samt Kulissendepot) und der Hofmuseen betraut. 1871 übersiedelte er nach Wien, 1876 zog er sich nach Differenzen mit Hasenauer aus der Bauleitung zurück und verbrachte den Rest seines Lebens meist in Rom. S. war nach K. F. Schinkel der bedeutendste Architekt und Theoretiker des Historismus im dt. Sprachraum. Er beeinflusste bes. den europ. Theaterbau sowie die Entstehung der Kunstgewerbemuseen und trug v. a. zur Ausbreitung der Neu-Renaiss. bei.
Weitere Werke: Dresden: Synagoge, 1840; Oper, 1841 (abgebrannt 1869, Neubau mit seinem Sohn Manfred S. 1878, 1945 zerstört, 1985 rekonstruiert); Gemäldegalerie, 1855. – Schweiz: Eidgenössisches Polytechnikum in Zürich, 1864; Stadthaus in Winterthur, 1870. – Villen, städtebaul. und kunstgewerbl. Entwürfe. – Schriften: Vorläufige Bemerkungen über bemalte Architektur und Plastik bei den Alten, 1834; Wiss., Ind. und Kunst, 1852; Der Stil in den techn. und tecton. Künsten, 2 Bde., 1860/63. – Literatur: G. S., Ausst.-Kat., München ^{2}1980; M. Fröhlich, G. S., 1991; H. Laudel, G. S. Architektur und Stil, 1991; M. Fröhlich, G. S., 1991; H. F. Mallgrave, G. S. Architect of the 19th Century, 1996.

Senefelder, Alois, * 6. 11. 1771 Prag (CZ), † 26. 2. 1834 München (D), Schauspieler und Bühnenschriftsteller. Erfand auf der Suche nach einem vereinfachten Druckverfahren für seine Stücke mit dem Steindruck (Lithographie) eine neue chem. Flachdrucktechnik. Ein erstes Privileg wurde ihm 1799 in Bayern erteilt, 1803 nahm er in Wien die 1. Steindruckerei in Betrieb und stellte ab 1826 auch Mehrfarbendrucke her.

Senekowitsch, Helmut, * 22. 10. 1933 Graz (Stmk.), Fußballspieler und -trainer. Spielte 1955–58 bei Sturm Graz, 1958–1961 bei Vienna. Ab 1961 Profifußballer bei Betis Sevilla, ab 1964 bei Wacker Innsbruck. 1971 Ende der aktiven Laufbahn, danach Trainer beim GAK und VÖEST Linz (ö. Meister 1974). 1976–78 Trainer der ö. Nationalmannschaft, die unter ihm erstmals nach 20 Jahren wieder eine WM-Endrunde erreichte und bis ins Viertelfinale vorstieß. Danach Trainertätigkeit im In- und Ausland (u. a. Spanien, Griechenland, Deutschland).

Senfl, Ludwig, * um 1486 Basel (CH), † zw. 2. 12. 1542 und 10. 8. 1543 München (D), Komponist. Einer der bedeutendsten Vertreter des dt. Gesellschaftslieds des 16. Jh.; gehörte ab 1496 der kaiserl. Hofmusikkapelle in Innsbruck an (enge Zusammenarbeit mit H. → Isaac, dessen Kopist er war). Ab ca. 1510 Bezieher einer kaiserl. Pension und weiterhin eng mit der Hofmusikkapelle verbunden; ab 1523 am Münchner Hof angestellt.

Senger-Weiss, Heidegunde Gertrude, * 20. 5. 1941 Wien, Managerin. Studierte an der Hochschule f. Welthandel in Wien; danach Speditеursausbildung in der Schweiz, den Niederlanden und der USA. Seit 1965 für das internationale Speditionsunternehmen Gebrüder Weiss GmbH tätig, seit 1968 Geschäftsführerin.

Sengstschmid, Johann, * 16. 7. 1936 Steinakirchen a. Forst (NÖ.), Komponist; Bruder von Walter → Sengstschmid, Vater von Wolfgang → Sengstschmid. 1987–97 Prof. an der Grazer Musikhochschule; komponiert Klangreihenmusik in der Tradition der Dodekaphonie von O. → Steinbauer.

Werke: Kammermusik, vokale Kirchenmusik. – Schriften: Kreatives Spielen mit Tönen, 1976; Zw. Trope und Zwölftonspiel, 1980.

Sengstschmid, Walter, * 30. 5. 1947 Steinakirchen a. Forst (NÖ.), Organist, Chorleiter und Komponist; Bruder von Johann → Sengstschmid. Studierte 1965–69 Mathematik an der Univ. Wien sowie Musikerziehung und Orgel an der Wr. Musikhochschule. 1974–80 Domkapellmeister in Wr. Neustadt, seit 1980 Leiter des Diözesankonservatoriums für Kirchenmusik in Wien.

Werke: religiöse Vokal- und Instrumentalwerke in der Tradition der Zwölftonmusik.

Sengstschmid, Wolfgang, * 5. 10. 1971 St. Pölten (NÖ.), Geiger; Sohn von Johann → Sengstschmid. Begann mit 9 Jahren das Studium an der Wr. Musikhochschule bei M. → Frischenschlager und R. → Küchl. Preisträger internat. Wettbewerbe. Spielt auf einer Stradivari-Violine, die ihm von der Oesterr. Nationalbank zur Verfügung gestellt wird.

Senn, Franz, * 19. 3. 1831 Längenfeld (Ti.), † 1. 2. 1884 Neustift i. Stubaital (Ti.), Alpinist, Pfarrer in Ti. Bergdörfern (Vent, Nauders, Neustift im Stubaital) und Mitbegründer des Ö. Alpenvereins (1862). S. war der eigentl. Initiator des Ti. Bergführer- und Bergrettungswesens und wurde „Gletscherpfarrer" genannt. Die F.-S.-Hütte (2149 m) am Fuß des Alpeiner Ferners ist nach ihm benannt.

Senn, Johann Chrysostomus (Pseud.: Bombastus Bebederwa), * 1. 4. 1795 Pfunds (Ti.), † 30. 9. 1857 Innsbruck (Ti.), polit. Lyriker des Vormärz und Philosoph. Sein Lied „Der rote Ti. Adler" wurde zum volkstüml. Allgemeingut. S. war mit F. → Schubert befreundet, der 2 seiner Gedichte („Schwanengesang", „Selige Welt") vertonte. 1820 wurde S. verhaftet und nach Ti. abgeschoben.

Werke: Gedichte, 1838; Echte Ti. Lieder, 1899. – Literatur: E. Kofler, J. C. S., in: Der Schlern, 1979.

Sepp von Rechegg, Anton (auch A. S. v. Reinegg und A. v. Seppenburg zu Salegg), * 22. 11. 1655 Kaltern (S-Ti.), † 13. 1. 1733 San José (Paraguay), Jesuit, Missionar. Lebte ab 1691 in Paraguay und brachte die Wirtschaftsform der Reduktionen bei den Guaraní-Indianern zu einem Höhepunkt. Seine Beschreibung der Fahrt von Spanien nach Paraguay erschien 1696–1710 (lat. 1709).

Literatur: G. Otruba, Der Jesuitenstaat in Paraguay, Idee und Wirklichkeit, 1962.

Septimius Severus, * 11. 4. 146 Leptis Magna (Libyen), † 4. 2. 211 Eburacum (York, GB), röm. Kaiser 193–211. Als Statthalter von Pannonia Superior am 9. 4. 193 in Carnuntum zum Kaiser ausgerufen, das in der Folge zur ranghöheren Colonia wurde. Unter ihm erlebte Pannonien eine 2. Blütezeit. Er gewährte den Soldaten verschiedene Vergünstigungen (Wohnen außerhalb des Lagers) und führte Kriege gegen die Parther und in Britannien.

Literatur: A. R. Birley, S. S., The African Emperor, 1971.

Sequenz, Heinrich, * 13. 1. 1895 Wien, † 11. 5. 1987 ebd., Elektrotechniker. Absolvierte das Maschinenbau- und Elektrotechnikstudium an der Techn. Hochschule in Wien sowie ein Studium der Mathematik und Physik an der Univ. Wien. 1939–70 (mit Unterbrechung 1945–52) Prof. für Elektr. Anlagen an der Techn. Hochschule in Wien, 1942–45 auch Rektor.

Werke: Beiträge zur Gleichung der Hysterese-Schleife, in: Archiv f. Elektrotechnik, 1935; Elektr. Maschinen, 1942 (mit T. Bödefeld); Die Wicklungen elektr. Maschinen, 1950.

Serafin, Harald, * 24. 12. 1931 Kybarti (Estland), Kammersänger (Tenor) und Intendant. Mitgl. der Wr. Volksoper, einer der bekanntesten Operettensänger; aus gesundheitl. Gründen Abbruch der Sängerlaufbahn, seit 1992 Intendant der Seefestspiele Mörbisch.

Servi, Helly (verehel. Krismanek), * 29. 9. 1923 Wien, † 13. 10. 1990 ebd., Schauspielerin. Kinderrollen, u. a. 1932 am Burgtheater; nach Reinhardt-Seminar Engagement am Dt. Theater in Berlin und ab 1938/39 Ensemblemitgl. des Theaters in der Josefstadt (beliebte Volks- und Charakterschauspielerin), populär auch durch die „Radiofamilie". Film- und Fernsehtätigkeit.

Sesselschreiber, Gilg (Ägidius), * um 1460/65 München (D), † nach 1520, Erzgießer und Maler. Ab 1502 als Hofmaler im Dienst → Maximilians I., schuf bis 1508 die Entwürfe der großen Standbilder für das Maximiliansgrab in der Innsbrucker Hofkirche und leitete anfängl. deren Guss. Seine finanziellen Schwierigkeiten und die damit verbundene merkbare Verzögerung des Arbeitsfortschritts machten schon bald die Heranziehung anderer Werkstätten, u. a. in Nürnberg und Augsburg, notwendig und zwangen S. schließlich 1520 zur Übergabe der Arbeit an die Werkstatt von S. Godl.

Literatur: J. Weingartner, G. S., 1947.

Sesta, Karl (eigentl. K. Szestak), * 18. 3. 1906 Wien, † 12. 7. 1974 Hainburg (NÖ.), Fußballspieler und Kaufmann. Von seinen Anhängern „der Blade" genannt; spielte beim WAC und bei Austria Wien als Verteidiger, 1932–45 44-mal im Nationalteam, eine der Stützen des legendären „Wunderteams".

Seusenhofer (auch Seussenhofer, Seyssenhofer), Innsbrucker Plattnerfamilie (Harnischerzeuger). Aus der Familie stammten u. a. die Brüder Konrad → Seusenhofer und Hans → Seusenhofer sowie dessen Sohn Jörg → Seusenhofer.

Literatur: O. Gamber, Die Innsbrucker Plattnerei von 1450 bis zum Tod Ks. Maximilians, Diss., Wien 1950; B. Thomas u. O. Gamber, Die Innsbrucker Plattnerkunst, Ausst.-Kat., Innsbruck 1954; B. Thomas, Die Innsbrucker Plattnerkunst, ein Nachtrag, in: Jb. der kunsthist. Smlg. in Wien, 1974.

Seusenhofer, Hans, † 10. 5. 1555 Innsbruck (Ti.), Plattner; Bruder von Konrad → Seusenhofer, Vater von Jörg → Seusenhofer. Erwähnt 1514; wanderte um 1490 mit seinem Bruder Konrad von Augsburg nach Innsbruck ein und wurde 1516 Wappenmeister Maximilians I., dann Ferdinands I.; 1537 geadelt.

Seusenhofer, Jörg, † 30. 9. 1580 Innsbruck (Ti.), einer der bedeutendsten Plattner des 16. Jh.; Sohn von Hans → Seusenhofer. Erwähnt 1528, 1536 Wappen- und Harnischmeister Ferdinands I., übernahm 1555 die väterl. Werkstatt in Innsbruck, deren Tradition er mit Erfolg weiterführte; löste die Strenge der Frührenaiss. in die bewegte Form der Hochrenaiss. auf. Sein eleganter Schnitt überragt die meisten zeitgenöss. Werke. Mit seinem Tod erlosch das Waffenkunsthandwerk in der Familie.

Seusenhofer, Konrad, † 30. 8. 1517 Innsbruck (Ti.), bedeutendster Plattner der Frührenaiss. in Mitteleuropa; Bruder von Hans → Seusenhofer. Erwähnt 1500; wanderte um 1490 mit seinem Bruder Hans nach Innsbruck ein, 1504 zum Hofplattner ernannt; errichtete

1505/06 die Hofplattnerei (das jetzige Landhaus). S. führte das Erbe der Treitz am Innsbrucker Hof weiter, verbesserte die Harnischform (unter Mitwirkung Maximilians I.) und den Reiterharnisch, stellte die ersten Landsknechtharnische her und übernahm als Erster das Motiv der „verhauten" Tracht in das Eisenkleid.

Albert Sever. Foto, 1926.

Sever, Albert, * 24. 11. 1867 Agram (Zagreb, HR), † 12. 2. 1942 Wien, Krankenkassenbeamter und soz.-dem. Politiker. 1911–18 Reichsratabg., 1819–19 Mitgl. der Provisor. Nationalversammlung, 1919–20 Mitgl. der Konstituierenden Nationalversammlung, 1920–34 Abg. z. NR; 1919–21 Landeshauptmann von NÖ. (vor der Abtrennung Wiens als eig. Bundesland). In dieser Zeit erließ S. eine Verordnung für die Dispens von Ehen (Geschiedene konnten wieder heiraten); da sich Verfassungsgerichtshof und Oberster Gerichtshof in dieser Frage nicht einigen konnten, blieben die „Sever-Ehen" bestehen.

Werk: Ein Mann aus dem Volk, 1956 (Autobiographie). – Literatur: P. Sever, A. S., (1867–1942), Diss., Wien 1969; U. Harmat, Ehe auf Widerruf?, Der Konflikt um das Eherecht in Ö. 1918–1938, 1999.

Severin, Hl., Fest 8. Jän., † 8. 1. 482 in Favianis (Mautern), nicht ganz zutreffend als Apostel von Ufernoricum bezeichnet. Über S. Herkunft ist nichts bekannt, er stammte wohl aus der gebildeten vornehmen Bevölkerungsschicht des lat.-sprachigen W des Röm. Reichs. Zu einem nicht näher bestimmbaren Zeitpunkt nach Attilas Tod 453 kam S. aus dem O nach Ufernoricum; möglicherweise hatte er eine Zeit lang in diesem Raum eine polit. Funktion inne. Nach einem kurzen Aufenthalt in „Asturis" (vielleicht Zwentendorf) und in Comagena (Tulln) wurde Favianis mit dem von ihm gegr. Kloster zum Zentrum seiner Tätigkeiten. Sein Wirkungsbereich umfasste Ufernoricum, reichte aber bis Künzing in Bayern und die Salzach aufwärts bis Cucullis (Kuchl); Verbindungen gab es auch zum binnennorischen Teurnia. S. bemühte sich um die Aufrechterhaltung der öffentl. Ordnung, organisierte Lebensmittel- und Kleiderlieferungen, kaufte Verschleppte frei und hob als Erster einen Zehent vornehmlich in Form von Naturalabgaben zur Beschaffung der notwendigen Mittel ein; auch das relig. Leben der Romanen war ihm ein Anliegen, weiters übernahm er militär. und diplomat. Aufgaben. S. setzte die etappenweise Räumung der Städte an der oberen Donau durch, bis die evakuierten Romanen im rugischen Einflussbereich um Favianis wohnten. Er besaß gute Verbindungen zum Königshaus der Rugier, aber auch zur Familie des letzten weström. Kaisers; → Odoaker prophezeite er bei einem Besuch die künftige Herrschaft. S. führte ein asket. Leben und zog sich immer wieder in die Einsamkeit zum Gebet zurück, geistl. Würden für seine Person lehnte er ab. Beim erzwungenen Abzug der Romanen 488 nahm die von ihm gegr. Mönchsgemeinschaft seine sterbl. Überreste mit, beigesetzt wurden sie in Lucullanum bei Neapel, dem Wohnsitz des abgesetzten letzten weström. Kaisers. Heute ruhen S. Gebeine in der Kirche von Frattamaggiore. Die von seinem Schüler → Eugippius 511 verfasste Lebensbeschreibung, die Vita Severini, ist eine einzigartige Quelle für die Zeit der untergehenden Römerherrschaft in Ö.

Arthur Seyß-Inquart. Foto.

Literatur: F. Lotter, Severinus von Noricum, 1976; Eugippius, Das Leben des hl. Severin, Einführung, Übersetzung und Erläuterungen von R. Noll, 1981; S. zw. Römerzeit und Völkerwanderung, Ausst.-Kat., Enns 1982.

Sexl, Roman, * 19. 10. 1939 Wien, † 10. 7. 1986 ebd., Physiker. Ab 1971 Prof. für Allg. Relativitätstheorie und Kosmologie in Wien; 1971–75 Leiter des Inst. f. Weltraumforschung der Ö. Akad. d. Wiss.; besaß die seltene Gabe, komplizierte physikal. Vorgänge verständl. darzustellen.

Werke: Relativitätstheorie, 1972; Gravitation und Kosmologie, 1975 (mit H. Urbanek); Relativität, Gruppen und Teilchen, 1975 (mit H. Urbanek).

Seybold, Christian, * 1697 (oder 1703) Mainz (D), † 28. oder 29. 9. 1768 Wien, Kunstmaler. Ab 1715 in Wien, 1749 Kammermaler. Pflegte zuerst eine akribisch genaue, später eine freiere Malweise.

Werke: Bildnisse, Selbstporträts.

Seydler, Ludwig Karl, * 8. 3. 1810 St. Leonhard b. Graz (Stmk.), † 10. 5. 1888 ebd., Komponist. Domorganist in Graz.

Werke: Kirchenmusik; volkstüml. Lieder („Hoch vom Dachstein an", 1844).

Seyfried, Ignaz Ritter von, * 15. 8. 1776 Wien, † 27. 8. 1841 ebd., Komponist, Dirigent, Lehrer, Musikschriftsteller. Einer der erfolgreichsten Bühnenkomponisten des frühen 19. Jh. in Wien; Schüler von W. A. → Mozart, J. G. → Albrechtsberger, L. A. → Kozeluch und P. Winter; war mit L. van → Beethoven befreundet und dirigierte die Premiere von dessen Oper „Fidelio".

Seyringer, Nikolaus, * um 1360 Matzen (NÖ.), † 25. 12. 1425 Wien, Theologe. 1401 Rektor der Univ. Wien, 1412 Abt von Subiaco, 1418 Abt von Melk. Verfasste die „Melker Observanz" und reformierte u. a. die nö. Benediktinerklöster Kleinmariazell und Seitenstetten sowie Kremsmünster, Lambach, Garsten und Gleink (alle OÖ.) und das Wr. Schottenkloster. Mit Prior Petrus v. Rosenheim machte er Melk zum Zentrum der ö. Klosterreform.

Seyß-Inquart, Arthur, * 22. 7. 1892 Stannern b. Iglau (Stonařov, CZ), † 16. 10. 1946 Nürnberg (D; hingerichtet), Rechtsanwalt und Politiker (NS). Engagierte sich in kath.-nationalen Verbänden, stand ab 1931 mit der NSDAP in Kontakt (Beitritt 1938). Wurde 1937 in den Staatsrat berufen, um die Verbindung zur „nationalen Opposition" herzustellen, am 16. 2. 1938 nach den Besprechungen K. → Schuschniggs mit A. Hitler in Berchtesgaden Innenminister. Nach dem Rücktritt Schuschniggs bildete S.-I. am 11. 3. 1938 als Bundeskanzler die nat.-soz. Bundesregierung, die am 13. 3. 1938 das Gesetz über den Anschluss Ö. an das Dt. Reich beschloss. Ihr gehörten folgende Mitglieder an: Vizekanzler: Edmund → Glaise-Horstenau; BMin. f. auswärtige Angelegenheiten: Wilhelm Wolff; BMin. f. Justiz: Franz → Hueber; Bmin. f. Unterricht: Oswald → Menghin; BMin. f. soz. Verwaltung: Hugo → Jury; BMin. f. Finanzen: Rudolf → Neumayer; BMin. f. Land- und Forstw.: Anton → Reinthaller; BMin. f. Handel und Verkehr: Hans Fischböck; mit der Leitung des BM f. Landesverteidigung betraut: S.-I. als Bundeskanzler; Staatssekr. für Sicherheitswesen: Polizeipräs. Michael Skubl (trat zurück); dem Bundeskanzler für Angelegenheiten der öffentl. Sicherheit beigegeben: Ernst → Kaltenbrunner (Führer der ö. SS); für die Angelegenheiten der polit. Willensbildung: Major Hubert Klausner (Landesleiter der NSDAP Ö.).

S.-I. war von 15. 3. 1938 bis 30. 4. 1939 Leiter der ö. Landesregierung (mit dem Titel Reichsstatthalter, im Rang eines SS-Obergruppenführers), die im Mai 1938 verkleinert wurde und die Liquidation der ö. Zentralstellen durchzuführen hatte; die Regierung wurde von Reichsstatthalter J. → Bürckel stark beschnitten und mit Inkrafttreten des Ostmarkgesetzes am 1. 5. 1939 aufgelöst. S.-I. war 1939–45 Reichsmin. ohne Geschäftsbereich und 1940–45 Reichskommissar für die besetzten Niederlande. Wegen Geiselerschießungen, Unterdrückungsmaßnahmen und Judendeportationen wurde er vom Internat. Militärgerichtshof in Nürnberg zum Tod verurteilt.

Literatur: H. J. Neumann, A. S.-I., 1970; W. Rosar, Dt. Gemeinschaft, S.-I. und der Anschluß, 1971.

Shih, * 29. 11. 1950 Taipeh (Rep. China), Komponist. Nach Musik- und Ballettstudium in Taipeh 1974–83 Kompositionsstudium an der Wr. Musikhochschule bei T. C. David sowie Harfestudium bei A. Müller; lebt seither in Wien (ö. Staatsbürger). Gegner einer formalist. Kompositionsweise, der sich v. a. mit dem Ausdruck psych. Vorgänge beschäftigt.

Werke: Die Nacht vom 15. August, 1983 (Symphonie); Vatermord, 1994 (Kammeroper); Lebend'ges Land, 1997 (Oratorium). – Lieder; Kammer- und Orchestermusik.

Sicard von Sicardsburg, August, * 6. 12. 1813 Pest (Budapest, H), † 11. 6. 1868 Weidling (NÖ.), Architekt. Studierte in Wien; 1835 Assistent am Polytechnikum; assistierte zeitweise auch seinem Lehrer P. v. → Nobile. Trat 1839 mit seinem Studienkollegen E. van der → Nüll eine ausgedehnte Studienreise an, die in eine lebenslange Ateliergemeinschaft mündete; 1843 Prof. an der Wr. Akad. Zus. mit seinem Partner prägte S. entscheidend die ö. Baukunst des spätromant. Historismus und beeinflusste durch seine Schüler auch die Entwicklung in der 2. Jahrhunderthälfte. Sein wichtigstes Werk mit van der Nüll ist die Wr. Staatsoper (1861–69).

Weitere Werke: Wien: Carltheater, 1847 (1944–51 zerstört); Innengestaltung der Altlerchenfelder Kirche, 1849–61; Kommandogebäude und Eckkasernen des Arsenals, 1849–56; Robert-Hof, 1855; Palais Larisch-Moennich, 1868; Haas-Haus, 1868 (1945–51 zerstört); Sockel des Erzhzg.-Karl- und des Prinz-Eugen-Denkmals. – Villen, kunstgewerbl. Entwürfe (Einband des Gebetsbuch der Kaiserin Elisabeth, O'Donnell-Schild). – Literatur: H.-C. Hoffmann, W. Kitlitschka u. W. Krause, Das Wr. Opernhaus, 1972.

Sicheritz, Harald, * 25. 6. 1958 Stockholm (S), Regisseur. Studierte Politikwiss. und Publizistik in Wien, 1990–91 Regieausbildung am American Film Institute in Los Angeles. 1981–85 Redakteur des ORF-Jugendmagazins „Ohne Maulkorb", 1986–92 Produzent internat. TV-Programme; seit 1992 freier Regisseur und Drehbuchautor, seit 1996 Lehrbeauftragter an der Univ. für Musik und darst. Kunst in Wien. S. ist u. a. Regisseur der TV-Serie „MA 2412" (mit R. → Düringer und A. → Dorfer); 1999 Erich-Neuberg-Preis für „Qualtingers Wien" (1997); 1995, 1999 und 2000 Goldene Romy für den jeweils erfolgreichsten ö. Kinofilm.

Weitere Filme: Muttertag, 1993; Freispiel, 1995; Hinterholz 8, 1998; Wanted, 1999.

Sickel, Theodor von, * 18. 12. 1826 Aken (D), † 21. 4. 1908 Meran (S-Ti.), Historiker. Ab 1857 Univ.-Prof. in Wien, 1869–91 Vorstand des Inst. f. Ö. Geschichtsforschung, das er auf hist. Hilfswissenschaften, insbes. Urkundenlehre, spezialisierte. 1881 gründete er das Ö. hist. Inst. in Rom, das er bis 1901 leitete. Begründer und Hg. der „Mttlg. d. Inst. f. Ö. Geschichtsforschung" (MIÖG, ab 1880).

Werke: Beiträge zur Diplomatik, 8 Bde., 1861–82; Kaiserurkunden in Abbildungen, 11 Tle., 1890/91 (mit H. v. Sybel); Röm. Berichte, 5 Bde., 1895–1901. – Literatur: L. Santifaller, Das Inst. f. Ö. Geschichtsforschung, 1950; A. Lhotsky, Geschichte des Inst. f. Ö. Geschichtsforschung, MIÖG, Erg.-Bd. 17, 1954.

Sickl, Elisabeth, * 13. 1. 1940 Wien, Juristin, Lehrerin und Politikerin (seit 1997 FPÖ). 1975–94 Lehrerin bzw. Direktorin (ab 1989) an der HS und HAK in Feldkirchen (Kä.); 1994–99 Kä. Landesrätin für Umweltschutz, 1999–2000 3. Präsidentin des Kä. Landtags; Feb.–Nov. 2000 BMin. f. soziale Sicherheit und Generationen.

Siebenbürger (Kolonitz), Martin, † 11. 8. 1522 Wr. Neustadt (NÖ.; hingerichtet), Humanist. Univ.-Prof., Dekan der Juristenfakultät, Stadtrichter und Bürgermeister von Wien; einer der führenden Ständevertreter bei deren Aufbegehren nach dem Tod → Maximilians I. Wurde beim Wr. Neustädter Blutgericht → Ferdinands I. verurteilt.

Literatur: H. Lahoda, Der Ständekampf nach dem Tod Maximilians I., Diss., Wien 1949; A. Novotny, Ein Ringen um ständische Autonomie 1519–22, in: MIÖG 71, 1965.

Sieber, Christoph, * 9. 1. 1971 Wels (OÖ.), Windsurfer. Mehrfacher ö. Staatsmeister; 1994 Bronzemedaille bei der Europameisterschaft; Goldmedaille bei den Olymp. Spielen 2000 in Sydney (Mistral-One-Design-Klasse).

Sieczynski, Rudolf, * 23. 2. 1879 Wien, † 5. 5. 1952 ebd., Schriftsteller und Komponist, hauptberuflich nö. Landesbeamter. Präs. des Ö. Komponistenbunds (1925–30 allein, 1930–38 und 1947–49 mit J. → Marx); weltberühmt wurde sein Lied „Wien, Wien, nur du allein" (1912).

August Sicard von Sicardsburg. Lithographie von J. Kriehuber.

Sieger, Robert, * 8. 3. 1864 Wien, † 1. 11. 1926 Graz (Stmk.), Wirtschaftsgeograph. Univ.-Prof. in Graz.

Werke: Geographie des Welthandels, 4 Bde., 1909–21 (mit F. Heiderich); Die Geographie und der Staat, 1925.

Sieghart, Rudolf (eigentl. R. Singer), * 13. 3. 1866 Troppau (Opava, CZ), † 4. 8. 1934 Wien, Finanzfachmann. Ab 1900 Univ.-Doz. in Wien, 1910–16 Gouverneur und 1919 Präs. der Bodencreditanstalt, Berater von Min.-Präs. E. v. → Koerber.

Werke: Geschichte und Statistik des Zahlenlottos in Ö., 1898; Die öffentl. Glückspiele, 1899; Die letzten Jahrzehnte einer Großmacht, 1932.

Siegl, Otto, * 6. 10. 1896 Graz (Stmk.), † 9. 11. 1978 Wien, Komponist. Ab 1922 Kapellmeister am Grazer Opernhaus, 1933–48 Prof. an der Kölner und 1948–67 an der Wr. Musikhochschule (Theorie, Dirigieren). Großer Ö. Staatspreis 1956.

Werke: Orchesterwerke, Kammermusik, Kantaten, Klavier-, Orgel- und Chorwerke, Lieder. – Literatur: W. Trienes, O. S., 1956; W. Suppan, O. S., 1966.

Sigl, Georg, * 13. 1. 1811 Breitenfurt b. Wien (NÖ.), † 9. 5. 1887 ebd., Maschinenbauer und Unternehmer. Gründete 1846 in Wien eine Maschinenfabrik, übernahm 1851 die Lokomotivfabrik von W. Norris in Wien-Währing (1887 stillgelegt) und 1861 die von W. Günther in Wr. Neustadt (1930 stillgelegt). Konstruierte neben Lokomotiven auch Buchdruckerpressen, Dampfmaschinen und -kessel.

Georg Sigl. Lithographie von A. Dauthage, 1862.

Sigmund von Tirol, * 26. 10. 1427 Innsbruck (Ti.), † 4. 3. 1496 ebd., Hzg. (ab 1477 Erzhzg.) von Ö., Regent in Ti. und Vorder-Ö., Sohn von Hzg. → Friedrich IV.; 1439–46 unter der Vormundschaft des späteren Ks. → Friedrich III., dann Regent von Ti. (bis 1463 verwaltete → Albrecht VI. Vorder-Ö., erst dann S. v. T.). Anfangs war seine Regierung durch den Streit mit dem Brixener Bischof → Nikolaus von Cues geprägt. Er stand stark unter dem Einfluss von Günstlingen, doch verwaltete er bis um 1480 Ti. gut, verlegte 1477 die Münzstätte von Meran nach Hall, ließ dort die erste Großsilbermünze (Taler) prägen und wichtige Straßen ausbauen. Ließ ab 1460 die Hofburg in Innsbruck errichten. Überaus begabt, führte er aber ein zügelloses Leben. Seine Ehen (→ Eleonore von Österreich, Katharina von Sachsen) blieben kinderlos, er soll aber viele unehel. Kinder gezeugt haben. Er adoptierte → Maximilian I., damit fiel Ti. an die einzig verbleibende steir. Linie der Habsburger. Bei Verfolgungen 1485 erwies er sich dem Hexenwahn zugänglich. Der Beiname „der Münzreiche" kommt seit 1506 vor.

Literatur: Erzhzg. Sigmund der Münzreiche, Ausst.-Kat., Hall i. Ti. 1986.

Sigmund Franz, Erzhzg. von Ö., * 27. 11. 1630 Innsbruck (Ti.), † 25. 6. 1665 ebd., 2. Sohn von → Leopold V. und → Claudia von Medici. Wurde ohne Weihe 1646

Bischof von Augsburg, 1653 von Gurk und 1659 von Trient; nach dem Tod seines Bruders → Ferdinand Karl Landesfürst von Ti.; verzichtete 1665 auf kirchl. Ämter und wollte heiraten, starb aber vorher. Mit ihm erlosch die Ti. Nebenlinie Leopolds V. im Mannesstamm.

Literatur: H. Sonnweber, Geschichte Ti. unter Erzhzg. Sigmund Franz, Diss., Innsbruck 1950; B. Hamann, Die Habsburger, [4]1993.

Silberer, Viktor, * 23. 10. 1846 Wien, † 11. 4. 1924 ebd., Luftfahrtpionier. Als Kriegsberichterstatter im Dt.-Franz. Krieg beobachtete er die Ausbruchsversuche der Franzosen bei der Belagerung von Paris 1870/71 und erkannte die Bedeutung der Ballonfahrt für Technik und Naturwiss., aber auch als Sportgerät. 1888 veranstaltete er eine große Luftfahrtausstellung. S. bildete als Zivilist k. u. k. Offiziere zu Ballonführern aus. 1910 wurde der Wr. Aero-Club zum Ö. Aero-Club erweitert, dessen Präs. S. bis 1911 war. Als Mitgl. d. Wr. Gem.-Rats setzte er sich später auch für das Motorfliegen ein. Sein Sohn, der Psychoanalytiker Herbert S., stellte Weiten- und Höhenrekorde mit Ballons auf.

Silbermayr, Franz, * 9. 11. 1935 Laakirchen (OÖ.), Manager, Wirtschaftswissenschafter. 1963 Eintritt bei der Fa. J. M. Voith AG. St. Pölten, 1975 Finanzdirektor, 1980–99 Sprecher des Vorstands. Prof. f. Betriebswirtschaftslehre an der Univ. Wien.

Werk: Unternehmensführung mit Hilfe der kapitaltheoret. Bilanz, 1977.

Silberstein, August (Karl), * 1. 7. 1827 Ofen (Budapest, H), † 7. 3. 1900 Wien, Publizist, Erzähler und Lyriker. Mitgl. der Akad. Legion 1848 und publizist. Engagement für die Revolution, musste deshalb ins Ausland flüchten. Nach seiner Rückkehr 1854 zu 5 Jahren Gefängnis verurteilt, nach einem Jahr Haft begnadigt. Verfasser idealisierender Dorfgeschichten („Dorfschschwalben aus Ö.", 2 Bde., 1862/63), erhielt dafür den Beinamen „ö. Auerbach". Mitarbeiter und Hg. von Volkskalendern; bed. Einfluss auf P. → Rosegger.

Literatur: W. Häusler, A. S., demokrat. Publizist in der Wr. Revolution von 1848 und Mentor P. K. Roseggers, in: Jüdische Integration und Identität in Deutschland und Ö., Jb. des Inst. f. dt. Geschichte, 1983.

Silva-Tarouca, Amadeo, * 14. 7. 1898 Pruhonitz (Pruhonice, CZ), † 21. 11. 1971 St. Agnes b. Völkermarkt (Kä.), Philosoph. 1949–69 Univ.-Prof. in Graz.

Werke: Wirtschaftsnot und Christentum, 1935; Totale Philosophie und Wirklichkeit, 1937; Weltgeschichte des Geistes, 1939; Stilgesetze des frühen Abendlandes, 1943; Thomas heute, 1947; Praxis und Theorie des Gottesbeweises, 1950; Zukunft Ö. zw. O und W, 1951; Die Logik der Angst, 1953; Philosophie im Mittelpunkt, 1957; Soz. Wirklichkeit, 1961.

Silva-Tarouca, Emanuel Graf (eigentl. Manuel Teles da Silva), * 17. 9. 1696 Lissabon (P), † 8. 3. 1771 Wien, Staatsmann. Kämpfte 1716/17 im kaiserl. Heer gegen die Türken, ab 1740 Präs. des Niederländ. Rats; enger Berater und Vertrauensmann → Maria Theresias.

Literatur: E. Silva-Tarouca, Der Mentor der Kaiserin, 1960.

Sima, Hans, * 4. 6. 1918 Saifnitz (Kä.), Landesbeamter und Politiker (SPÖ). 1935 in polit. Haft, 1945–56 Landesparteisekr. der SPÖ Kä., 1953–56 Mitgl. d. BR, 1956–63 Mitgl. d. Kä. Landesregierung, 1963–65 Landeshauptmannstellv. und 1965–74 Landeshauptmann von Kä.

Sima, Oskar (Michael), * 31. 7. 1896 Hohenau (NÖ.), † 24. 6. 1969 ebd., (Film-)Schauspieler. Debüt an Wr. Volksbühnen, danach Engagements am Dt. Theater in Prag, am Volkstheater in Wien und an den Reinhardt-Bühnen in Berlin, nach 1945 am Wr. Bürgertheater; ab 1921 beliebter Filmkomiker (schon im Stummfilm tätig). Ende der 50er Jahre Rückzug vom Film und Beschäftigung mit Pferdezucht.

Simmel, Johannes Mario, * 7. 4. 1924 Wien, Bestseller-Autor, Journalist und Drehbuchautor. Verbrachte seine Kindheit in Ö. und England, war nach dem Krieg Dolmetscher für die US-Militärregierung, übersiedelte 1950 nach Deutschland und war für die Illustrierte „Quick" tätig. Seit 1963 ist S. freier Schriftsteller und lebt heute in der Schweiz. Mit spannend erzählten Romanen zu Themen wie Spionage, Krieg und Neonazismus wurde er zu einem der erfolgreichsten dt.-sprach. Autoren der Gegenwart (Auflage mehr als 70 Mio. weltweit; Übersetzungen in mehr als 30 Sprachen).

Werke: Mich wundert, daß ich so fröhlich bin, 1949; Das geheime Brot, 1950; Gott schützt die Liebenden, 1957; Es muß nicht immer Kaviar sein, 1960; Bis zur bitteren Neige, 1962; Liebe ist nur ein Wort, 1963; Lieb Vaterland magst ruhig sein, 1965; Und Jimmy ging zum Regenbogen, 1970; Der Stoff aus dem die Träume sind, 1971; Niemand ist eine Insel, 1975; Hurra, wir leben noch, 1978; Wir heißen euch hoffen, 1980; Die im Dunkeln sieht man nicht, 1985; Doch mit den Clowns kamen die Tränen, 1987; Im Frühling singt zum letztenmal die Lerche, 1990; Auch wenn ich lache, muß ich weinen, 1992; Träum den unmöglichen Traum, 1996; Der Mann, der die Mandelbäumchen malte, 1998; Liebe ist die letzte Brücke, 1999. – Kinder- und Jugendbücher, Filmdrehbücher. – Literatur: M. Schmiedt-Schomaker, J. M. S. als Bestseller-Autor, 1993; F. Aspetsberger (Hg.), J. M. S. lächelt, 1998.

Simon, Hugo, * 3. 8. 1942 Krumwasser (Křivá-Voda, CZ), Springreiter, seit 1972 ö. Staatsbürger. Vielfacher ö. Meister, 4. Platz bei den Olymp. Spielen in München 1972 und Atlanta 1996, Silbermedaille im Mannschaftsbewerb bei den Olymp. Spielen in Barcelona 1992; Weltcupsieger 1979, 1996 und 1997; 1996 auch Führender der Weltrangliste und erfolgreichster Springreiter der Welt.

Simony, Friedrich, * 30. 11. 1813 Hrochowteinitz (Hrochuv Tynec, CZ), † 20. 7. 1896 St. Gallen (Stmk.), Geograph und Alpenforscher; Vater von Oskar → Simony. 1851–85 Univ.-Prof. in Wien; gründete die Lehrkanzel für Geographie, erschloss das Dachsteingebiet und die Ostalpen, bestieg 1847 als 1. den Dachsteingipfel im Winter. War mit A. → Stifter befreundet (Vorbild des Naturforschers im „Nachsommer"). S.-Hütte (2205 m) und S.-Scharte (zw. Großem Gosaugletscher und Hallstätter Gletscher) am Dachstein sind nach ihm benannt.

Werk: Das Dachsteingebiet, 2 Bde., 1895. – Literatur: R. Lehr, Der Kampf um den Dachstein, 1971; F. Speta (Red.), Ein Leben für den Dachstein, Festschrift, Ausst.-Kat., Oö. Landesmus., Linz 1996; O. Pausch, Neue Quellen zur Biographie F. S., in: Stifter-Jb., Bd. 4, 1997.

Simony, Oskar, * 23. 4. 1852 Wien, † 6. 4. 1915 ebd., Mathematiker und Physiker; Sohn von Friedrich → Simony. Ab 1874 Dozent an der Hochschule f. Bodenkultur in Wien, aus gesundheitl. Gründen (Schwerhörigkeit) 1912 in den Ruhestand versetzt. Verfolgte neben seinen eigentl. Fächern vielfältige naturwiss. Interessen (Vorlesungen über Meteorologie und Klimatologie) und nahm 1888/89 an einer Expedition in den südarab. Raum teil.

Sina, Georg Simon Frh. von, * 20. 11. 1783 Niš (YU), † 18. 5. 1856 Wien, Bankier; Vater von Simon Georg v. → Sina. Kam mit seinem Vater Simon Georg S. d. Ä. (1753–1822), einem gebürtigen Griechen, nach Wien. Gründete ein Bankhaus, besaß Güter in Ungarn, Böhmen, Mähren und NÖ. (Mauerbach, Rappoltenkirchen, Gföhl, Leopoldsdorf) sowie Häuser in Wien. Er beteiligte sich an Fabriksgründungen und Eisenbahnbauten und war als einer der reichsten Männer der Monarchie um 1850 stärkster Konkurrent der Familie → Rothschild.

Sina, Simon Georg, * 15. 10. 1810 Wien, † 15. 4. 1876 ebd., Bankier; Sohn von Georg Simon Frh. v. → Sina. Ließ in Athen die Univ. und in Wien die griech. Kirche auf dem Fleischmarkt errichten und beteiligte sich an weiteren Kulturbauten der Hauptstadt; 1874 Mitgl. des Herrenhauses.

Sindelar, Matthias, * 10. 2. 1903 Iglau (Jihlava, CZ), † 23. 1. 1939 Wien (Todesumstände ungeklärt), Fußballspieler. War wesentl. an der Entwicklung der „Wr. Schule" und den Erfolgen des „Wunderteams" beteiligt. Mittelstürmer bei Austria Wien; in 43 Spielen für die ö. Nationalmannschaft schoss er 27 Tore.

Sindelka, Josef, * 24. 5. 1938 Wien, Jurist, Beamter und Manager. HTL-Absolvent (Starkstromtechnik), Jusstudium in Wien. 1957 Eintritt als techn. Mitarbeiter in die Post- und Telegraphenverwaltung, ab 1979 Leiter der Abteilung Zentrale Planung und Koordination, 1985 Bestellung zum Gen.-Dir., 1986 Ernennung zum Sektionschef. 1996–2000 Vorstandsvorsitzender der Post und Telekom Austria AG.

Sined der Barde, → Denis, Michael.

Sinelli, Emmerich (auch E. Sennel, Taufname Johann Anton), * 29. 6. 1622 Komorn (Komárno, H), † 25. 2. 1685 Wien, Kapuziner. Ab 1681 Bischof von Wien und 1682 1. Minister und enger Ratgeber Ks. → Leopolds I.

Singer, Kassian, † 16. 1. 1759 Kitzbühel (Ti.), Baumeister und Stuckateur.

Werke: Sbg.: Sebastianskirche in Salzburg, 1749–53; Loretokapelle in St. Jakob a. Thurn, 1752; Pfarrkirchen in Haus, 1749, Walchen (Riß), 1755, und Strobl, 1758. – Ti.: Pfarrkirchen in Jochberg (Stuck), um 1750, Waidring, 1757, und Hopfgarten, 1758. – Literatur: J. Ringler, Nachrichten über die Götzner Baumeister- und Stukkateurfamilie S., in: Ti. Heimatblätter 40, 1965.

Singer, Peter (Josef Anton), * 18. 7. 1810 Unterhäselgehr (Ti.), † 25. 1. 1882 Salzburg, Komponist, Organist und Musiktheoretiker. Franziskaner, lebte ab 1840 im Salzburger Franziskanerkonvent. Galt den Zeitgenossen als einer der berühmtesten Musiker der Stadt. S. erfand 1845 das „Pansymphonikon", ein mechan. Harmoniumklavier mit 2 Pedalen und 48 Registern, das einen orchesterähnl. Klang erzeugt haben soll (Exemplar im P.-S.-Museum im Salzburger Franziskanerkloster).

Sinnhuber, Karl, * 10. 1. 1919 Salzburg, Geograph. Ab 1950 Lehrtätigkeit an den Univ. Southampton und London, 1966–74 Prof. an der Univ. Surrey, 1974–86 Univ.-Prof. und Vorstand des Inst. f. Geographie an der Wirt.-Univ. Wien; Forschungen zu wirt.- und fremdenverkehrsgeograph. Themen.

Werke: The Eisenstadt Area, Bgld., Austria, 1962; Germany, its Geography and Growth, 1961 ([2]1970); Studies in the Geography of Tourism and Recreation, 1978 (Hg.).

Sinowatz, Fred, * 5. 2. 1929 Neufeld a. d. Leitha (Bgld.), Historiker und Politiker (SPÖ). 1961–78 Landesparteisekr. der SPÖ Bgld., 1961–66 Abg. z. Bgld. Landtag, 1964–66 Präs. des Bgld. Landtags, 1966–71 Landesrat für Kultur. 1981–83 stellv. Bundesparteivorsitzender und 1983–88 Bundesparteivorsitzender der SPÖ; 1971– 83 BMin. f. Unterr. u. Kunst, 1971–83 und 1986–88 Abg. z. NR; 1981–83 Vizekanzler und 1983–86 Bundeskanzler. Forcierte als Unterrichtsmin. die polit. Bildung sowie zahlr. Schulversuche bzw. -reformen und setzte das Schulunterrichtsgesetz 1974 durch. Trat nach der Niederlage des sozialist. Präsidentschaftskandidaten K. Steyrer 1986 als Bundeskanzler zurück und verzichtete 1988 auf alle polit. Funktionen.

Sinzendorf, Georg Ludwig Graf, * 17. 1. 1616, † 14. 12. 1681 Wien, Obersthofmeister der Kaiserin Eleonore (3. Gemahlin Ferdinands III.); Vater von Philipp Ludwig Wenzel Gf. → Sinzendorf. 1654 Reichserbschatzmeister, Hofkammerpräsident. War korrupt, verkaufte Ämter und unterschlug große Beträge, weshalb er abgesetzt und verhaftet wurde. Am 19. 10. 1680 wurde er zur Rückzahlung von 1,970.000 Gulden verurteilt, starb aber bald danach.

Literatur: K. Arnegger, Das Geschlecht der S., Diss., Wien 2000.

Sinzendorf, Philipp Ludwig Wenzel Graf, * 26. 12. 1671 Wien, † 8. 2. 1742 ebd., Diplomat und Staatsmann; Sohn von Georg Ludwig Gf. → Sinzendorf. 1695 Reichshofrat, 1699–1701 Gesandter in Frankreich, 1705 oberster Hofkanzler. Wurde zu wichtigen Verhandlungen entsandt (Kongress von Utrecht 1711, Kongress von Soissons 1728, Heirat Maria Theresias), 1721 Dir. der Oriental. Handelskompagnie. Ab 1705 Protektor der kaiserl. Akad. der Künste.

Literatur: K. Arnegger, Das Geschlecht der S., Diss., Wien 2000.

Sioly, Johann, * 26. 3. 1843 Wien, † 8. 4. 1911 ebd., Volkssänger, Wienerlieddichter und -komponist. Schrieb über 1000 Wienerlieder (z. B.: „Des hat ka Goethe g'schrieb'n"); Zusammenarbeit mit E. → Guschelbauer, W. → Wiesberg und W. Seidl.

Sipötz, Johann, * 10. 10. 1941 Pamhagen (Bgld.), Lehrer und Politiker (SPÖ). 1974–84 und seit 1991 Abg. z. Bgld. Landtag, 1984–87 Landesrat, 1987–91 Landeshauptmann des Bgld. und Landesparteiobmann der SPÖ Bgld.; 1993–2000 2. Landtagspräsident.

Sitte, Camillo, * 17. 4. 1843 Wien, † 16. 11. 1903 ebd., Architekt und Städtebaufachmann; Sohn des Architekten Franz S. (1808–1879), Vater von Siegfried → Sitte. Schüler von H. v. → Ferstel; 1875–83 Dir. der Staatsgewerbeschule in Salzburg, ab 1883 an der Staatsgewerbeschule in Wien. Neben einzelnen Gebäuden (z. B. Mechitaristenkirche in Wien, 1874) und kunstgewerbl. Arbeiten widmete er sich v. a. städtebaul. Problemen und publizierte 1889 „Der Städtebau nach seinen künstlerischen Grundsätzen"; dieses bis heute grundlegende Werk fand weltweite Verbreitung. S. war einerseits gängigen nationalen und heimatl. Ideen verbunden, andererseits propagierte er die Beachtung soz. Bedingungen und stellte der abstrakten Rasterplanung die malerisch-abwechslungsreiche Gestaltungsweise entgegen, die er an ma. und barocken Objekten demonstrierte. Mitbegründer der Ztschr. „Der Städtebau".

Camillo Sitte. Foto, um 1890.

Literatur: G. R. Collins u. C. Crasemann Collins, C. S. and the Birth of Modern City Planning, 1965; R. Wurzer, C. S. – Lebenslauf und Werk, in: Berichte zur Raumforschung und Raumplanung, 1968; D. Wieczorek, C. S. et les débuts de l'urbanisme moderne, 1981; M. Mönninger, Vom Ornament zum Nationalkunstwerk. Zur Kunst- und Architekturtheorie C. S.,1998.

Sitte, Siegfried, * 29. 4. 1876 Salzburg, † 16. 4. 1945 Unken (Sbg.), Architekt, Stadtplaner, Bodenreformer; Sohn von Camillo → Sitte, Bruder des Archäologen Heinrich S. (* 28. 2. 1879, † 8. 11. 1951). Plädierte für eine zeitgemäße Bodenreform und die Anpassung des Wohnbaus an die Ansprüche seiner Zeit. Widmete sich der Ausarbeitung neuer Bauordnungen und eines Städtebaugesetzes, um der modernen Stadtplanung eine entsprechende rechtl. Basis zu geben.

Werke: Hauszinssteuer oder Bodenwertsteuer?, 1921; Mieterschutz. Vorschlag für eine grundsätzl. Lösung, 1925; Städtebau und Bauordnung, 1926.

Fred Sinowatz. Foto.

Sittenberger, Hans, * 20. 4. 1863 Klagenfurt (Kä.), † 2. 11. 1943 Eisgrub (Lednice, CZ), Erzähler und Dramatiker, Mittelschullehrer. 1917 Dramaturg am Wr. Burgtheater; Autor literaturhist. Studien („Einführung in die Geschichte der dt. Literatur", 1909) sowie hist. Erzählungen und Romane; Kritiker der Wr. Moderne.

Weitere Werke: Romane und Erzählungen: Scholastica Bergamin, 1898; Die Untreue der Frau Felizitas, 1910; Die Wallfahrt nach Kythera, 1912; Der Bekenner, 1959; Der Clagenfurther Galgenkrieg, 1959. – Dramen: Das Evangelium des Teufels, 1897; Sturm überm Land, 1940. – Biograph. Studien: Grillparzer, 1904; Kaspar Hauser, der Findling von Nürnberg, 1925; Schubert, 1928. – Essay: Das dramat. Schaffen in Ö., 1898. – Literatur: E. Nußbaumer, Geistiges Kä., 1956.

Georg Ludwig Graf Sinzendorf. Stich.

Sitticus, → Hohenems, Marcus Sitticus Graf von.

Skalicky, Peter, * 25. 4. 1941 Berlin (D), Physiker. Studierte Techn. Physik in Wien, baute dann ein elektronenmikroskop. Laboratorium und eine Arbeitsgruppe für Festkörperphysik auf; seit 1974 Prof. an der Techn. Univ. Wien und seit 1991 deren Rektor. 1995–99 Präs. der Ö. Rektorenkonferenz. F.-Kohlrausch-Preis 1972.

Skalnik, Kurt, * 20. 2. 1925 Wien, † 8. 2. 1997 ebd., Journalist, 1949–69 Redaktionsmitgl. der Wochenzeitung „Die Furche", 1954–69 Chefredakteur. 1969–90 Pressechef in der Präsidentschaftskanzlei des Bundespräs., 1974–94 Präs. des Presseclubs Concordia.

Werke: Dr. K. Lueger, 1954. – Hg. (mit E. Weinzierl): Die Zweite Republik, 1972; Die Erste Republik, 1983.

Sklenitzka, Franz Sales, * 20. 12. 1947 Lilienfeld (NÖ.), Schriftsteller und Graphiker. Autor und Gestalter zahlr. oft humorvoller Kinder- und Jugendbücher sowie von Hörspielen und Schulbüchern. Verfasste weiters Detektivgeschichten und schuf Spielbücher. Seine Bücher sind u. a. durch einen reichen Gehalt an Sachinformation gekennzeichnet. Zahlr. Preise.

Werke: 7000 rosa Aprilmaikäfer, 1973; Drachen haben nichts zu lachen, 1979; Der Schatz im Ötscher, 1985; Monster Nummer 13, 1991; Wer war es wirklich?, 1991; Wr. Sagen, 1991; Die Teufelsbrücke, 1993; Auf den 2. Blick, 1993 (mit W. Wagerer); Der schwarze Graf, 1995; Die Bibliothek, 2000.

Skoda, Albin, * 29. 9. 1909 Wien, † 22. 9. 1961 ebd., Kammerschauspieler. 1924–28 am Wr. Volkstheater, 1934–45 am Dt. Theater in Berlin, 1938 auch am Theater in der Josefstadt in Wien, 1946–61 einer der wichtigsten Protagonisten des Burgtheaters (Ehrenmitgl.); Rollen der klassischen und modernen Weltliteratur, exzellenter Sprecher (metallische Stimme); Festspiel-, Radio- und Filmtätigkeit. Die Witwe von A. S., Margarethe S., stiftete 1971 den A.-S.-Ring für den besten Sprecher des dt. Sprachraums (1973 an W. Quadflieg, 1977 an P. → Hoffmann, 1983 an E. → Meister, 1988 an F. → Morak, 2001 an P. Matić verliehen).

Literatur: O. M. Fontana, A. S., 1962; J. Mayerhöfer (Hg.), A. S. Schauspieler, Sprecher, Sammler 1909–1961, 1973; O. Odehnal, A. S. Darstellung seiner künstlerischen Entwicklung aus der Perspektive seines Maskenbildes, Diss., Wien 1982.

Josef Skoda. Lithographie von A. Prinzhofer.

Skoda, Josef (eigentl. Škoda), * 10. 12. 1805 Pilsen (Plzeň, CZ), † 13. 6. 1881 Wien, Internist; Onkel des Industriellen Emil v. S. (1839–1900), des Leiters der „Skodawerke" (1866). 1841 Primararzt, 1846–71 Univ.-Prof. in Wien. Baute die Perkussions- und Auskultationsmethode als physikal. Untersuchungsmethode aus und schuf durch Vergleich mit dem patholog.-anatom. Befund die Grundlage der modernen Diagnostik. Er arbeitete mit C. v. → Rokitansky und trat als einer der wenigen entschieden für I. P. → Semmelweis ein. Mit Rokitansky war S. der Führer der sog. jüngeren Wr. Medizin. Schule.

Werk: Über Perkussion und Auskultation, 1839. – Literatur: M. Sternberg, J. S., 1924.

Skorzeny, Otto, * 12. 6. 1908 Wien, † 6. 7. 1975 Madrid (E), Techniker, Offizier der Waffen-SS. Trat 1930 der ö. NSDAP bei, 1939 der Waffen-SS. Mehrfach bei Kommandounternehmen eingesetzt: Beteiligung an der Befreiung Mussolinis, Festnahme der ungar. Regierung unter N. → Horthy, 1944 Kommandant der Panzerbrigade 150, die mit US-Ausrüstung hinter den feindl. Linien operierte; 1945 Kommandant eines SS-Verbandes in OÖ. Am 15. 5. 1945 in der Stmk. gefangen genommen, 1947 von einem amerikan. Militärgericht freigesprochen; entkam aus der Internierung und flüchtete nach Spanien.

Skraup, Karl, * 31. 7. 1898 Wien-Atzgersdorf, † 2. 10. 1958 München (D), Schauspieler. 1924 Debüt am Wr. Volkstheater; Gastspiele in Basel, Straßburg und Brünn; ab 1935 ständiges Mitgl. des Volkstheaters (v. a. Rollen in Nestroy-, Raimund- und Anzengruber-Stücken); Filmtätigkeit. Seit 1967/68 verleiht das Volkstheater alljährl. den K.-S.-Preis für die beste Schauspiel-, Regie- und Ausstattungsleistung sowie die beste Neben- bzw. Nachwuchsrolle.

Skraup, Zdenko Hans von, * 3. 3. 1850 Prag (CZ), † 10. 9. 1910 Wien, Chemiker. Prof. an der Wr. Handelsakad., 1887–1906 Univ.-Prof. an der Techn. Hochschule und an der Univ. in Graz (1887), ab 1906 an der Univ. Wien. Sein Hauptarbeitsgebiet war die Chemie der Pflanzenstoffe, bes. die der China-Alkaloide. 1880 gelang ihm die Synthese des Chinolins.

Skreiner, Wilfried, * 8. 10. 1927 Graz (Stmk.), † 21. 4. 1994 ebd., Jurist und Kunsthistoriker. Ab 1966 Univ.-Prof. und Leiter der Neuen Galerie am Landesmus. in Graz, Mitgl. des Kuratoriums bzw. des Direktoriums des steirischen herbstes. Bed. Verdienste um die Durchsetzung der modernen Kunst (v. a. die „Neuen Wilden") in der Stmk. und in ganz Ö. Leitete die Biennale trigon und viele andere Ausstellungen.

Skyba, Karl, * 1. 7. 1939 Wien, Manager. Ab 1991 Gen.-Dir. der Wr. Stadtwerke, seit 1999 Gen.-Dir. und Vorstandsvorsitzender der Wr. Stadtwerke Holding. Aufsichtsrat u. a. bei Siemens AG Ö., Wr. Städtische Versicherung sowie Wr. Kommunalunternehmen.

Slanar, Hans, * 4. 8. 1890 Wien, † 9. 8. 1955 ebd., Geograph. Gymnasialdir., Mitarbeiter an der Schulreform O. → Glöckels; 1945/46 Leiter der Landesaufnahme, Lehrtätigkeit am Pädagog. Inst. in Wien, ab 1945 Dozent an der Univ. Wien.

Werke: Atlas für Hauptschulen, Mittelschulen und verwandte Lehranstalten, 1928; Arbeits- und Lernbuch der Erdkunde, 7 Bde., 1929–37; Ö. Vaterlandskunde, 1937; Erdkunde, 4 Bde., 1947–49; Ö. Mittelschulatlas, 1951 (Neuausgabe des „Kozenn").

Slatin, Rudolf Karl, * 7. 6. 1857 Ober-St.-Veit b. Wien, † 4. 10. 1932 Wien, Forschungsreisender, angloägypt. General, bekannt als S. Pascha. 1878 von Gordon Pascha nach Ägypten berufen (Militärgouverneur der Provinz Darfur im Sudan), bereiste er in militär. Diensten den angloägypt. Sudan, dessen bester Kenner er wurde. 1883 fiel er nach heldenhaftem Kampf in die Gefangenschaft der Mahdisten, der er sich erst 1895 durch eine abenteuerl. Flucht entziehen konnte. 1900–14 engl. Generalinspektor im Sudan. Während des 1. Weltkriegs als ö. Leutnant Leiter der Kriegsgefangenenhilfe des ö. Roten Kreuzes.

Literatur: G. Brook-Shepherd, Slatin Pascha, 1972; H. A. Vogelsberger, Slatin Pascha. Zw. Wüstensand und Königskronen, 1992.

Slatkonia, Georg von, * 21. 3. 1456 Laibach (Ljubljana, SLO), † 26. 4. 1522 Wien, Humanist, Bischof. Ab ca. 1495 Kaplan an der Hofkapelle Maximilians I., ab 1513 1. in Wien residierender Bischof. Auf ihn geht die Reform der kaiserl. Hofmusikkapelle 1498 zurück. Grabmal im Stephansdom. – Seit 2000 verleiht die Erzdiözese Wien den Bischof-S.-Preis für neue liturg. Musik.

Slattenschek, Adolf, * 18. 7. 1901 Graz (Stmk.), † 20. 9. 1979 Klosterneuburg (NÖ.), Techniker. Studierte Maschinenbau an der Techn. Hochschule in Graz, anschließend an der Grazer Techn. Versuchsanstalt tätig, ab 1935 in Stuttgart bei der Konstruktion von Rennautos und Flugzeugmotoren. Ab 1942 wiss. Arbeiten an der Techn. Hochschule in Graz, nach 1945 in Liezen Aufbau eines großen Maschinenbauunternehmens. Mit seiner Berufung 1952 als Prof. für Mechan. Technologie und Baustofflehre an die Techn. Hochschule in Wien und als Vorstand der Techn. Versuchs- und Forschungsanstalt dieser Hochschule gab er alle anderen Funktionen auf. Bes. Verdienste um die Materialprüfung von Stahl (z. B. für Kraftwerke).

Slavik, Felix, * 3. 5. 1912 Wien, † 6. 10. 1980 ebd., Mechaniker und Politiker (SPÖ). 1934/35 und 1939–43 inhaftiert; 1945–49 Mitgl. d. BR, 1949–57 Abg. z. NR, 1957–73 Abg. z. Wr. Landtag und Mitgl. d. Wr. Gemeinderats; 1959–70 Vizebürgermeister und 1970–73 Bürgermeister und Landeshauptmann von Wien. Seit den 50er Jahren ein Gegner des U-Bahnbaus; trat nach dem für ihn negativen Ausgang einer Volksbefragung über die Verbauung des Sternwarteparks zurück. Bes. Verdienste auf den Gebieten der Sozial- und der Finanzpolitik.

Sleytr, Uwe B., * 15. 7. 1942 Wien, Biologe. Studierte Lebensmittel- und Gärungstechnologie an der Hochschule f. Bodenkultur in Wien, seit 1977 Univ.-Prof. und Leiter des Zentrums für Ultrastrukturforschung an der Univ. f. Bodenkultur in Wien. Beschäftigt sich v. a. mit 2D-Proteinkristallen sowie Fragen der Trenntechnik, Biosensorik, Impfstoffentwicklung, molekularen Nanotechnologie und Biomimetik.

Werke: Low Temperature Methods in Biological Electron Microscopy, 1985 (mit A. W. Robards); Cristalline Bacterial Cell Surface Layers, 1988; Immobilised Macromolecules, 1993; Cristalline Bacterial Cell Surface Layers Proteins (S-Layers), 1996.

Slezak, Leo, * 18. 8. 1873 Mährisch-Schönberg (Šumperk, CZ), † 1. 6. 1946 Rottach-Egern (D), weltberühmter Tenor, urspr. Gärtner und Schlosser. Nach Debüt in Brünn (1896) steile Karriere: 1901–26 an der Wr. Hofbzw. Staatsoper (1926 Ehrenmitgl.), 1905 Kammersänger, 1909–12 glänzende Erfolge an der New Yorker Metropolitan Opera. Bed. Wagner-Sänger und ausdrucksstarker Liedinterpret. Ab ca. 1932 Karriere als Filmschauspieler (komische Rollen, u. a. mit H. → Moser). Seine Kinder Walter und Margarethe S. schlugen ebenfalls die Sängerlaufbahn ein.

Werke: Meine gesammelten Werke, 1922 (Meine sämtl. Werke, 1937); Der Wortbruch, 1927; Der Rückfall, 1940; Mein Lebensmärchen, 1948. – Literatur: S. Klinenberger, L. S., 1910; W. Slezak, Wann geht der nächste Schwan?, 1964.

Slibar, Alfred, * 6. 5. 1921 Wien, Techniker. Studierte Maschinenbau an der Techn. Hochschule in Wien, an der er sich 1952 für Allgem. Mechanik habilitierte. Ab 1957 Univ.-Prof. in Stuttgart, 1963–89 an der Techn. Hochschule bzw. Techn. Univ. in Wien. Beschäftigte sich vorwiegend mit Rheologie, Fahrdynamik, Schwingungslehre, Unfallmechanik und Kollisionsanalyse („S.-Zaun“, entlang der Autobahnen, nicht verwirklicht).

Smekal, Adolf Gustav, * 12. 9. 1895 Wien, † 7. 3. 1959 Graz (Stmk.), Physiker. Ab 1927 Univ.-Prof. in Wien, dann in Halle und ab 1949 in Graz. Sagte 1923 aufgrund theoret. Überlegungen den 1928 von C. v. Raman aufgefundenen „S.-Raman-Effekt“ voraus. Arbeitete auf dem Gebiet der Röntgenspektroskopie, Kristallphysik und Quantentheorie.

Werke: Allg. Grundlagen der Quantenstatistik und Quantentheorie, 1926; Über Grenzflächenphysik, 1950.

Smekal, Giselher, * 19. 5. 1945 Seefeld (Ti.), Komponist und Musikjournalist. Jazzmusiker (Keyboard) in verschiedenen Ensembles. Komponiert v. a. elektron. Musik, zw. 1970 und 1980 spielten dabei Improvisationselemente eine bes. Rolle. Ab 1986 Zusammenarbeit mit M. → Zabelka. Gestaltet seit 1982 Hörfunksendungen für den ORF. Seit 1989 intensive Beschäftigung mit der Wirkung metallischer Klänge auf den Menschen.

Sobieski, Johann (Jan) III., → Johann III. Sobieski.

Sobotka, Kurt, * 9. 3. 1930 Wien, Schauspieler, Kabarettist, Regisseur. 1948 Debüt am Stadttheater Steyr, danach an Wr. Kellerbühnen, am Theater in der Josefstadt sowie in Hamburg und Zürich; Kabarettist neben H. → Qualtinger und G. → Bronner am Kärntnertortheater und 1974–81 am Simpl in Wien; seit 1981 Ensemblemitgl. des Theaters in der Josefstadt; populär durch ORF-Serien (u. a. „Zeitventil“, „Die große Glocke“, „Erinnern Sie sich noch?“, Kabarettsendung „Guglhupf“) und „Simpl-Revuen“. Regietätigkeit.

Sobotka, Rudolf, * 26. 11. 1890 Wien, † 16. 12. 1952 ebd., Schriftsteller. 1913 Mitbegr. des Vereins Christl.-dt. Volksbühne.

Werke: Roman: Die sieben Todsünden, 1934. – Legenden, Freilicht- und Volksspiele, Possen.

Sobotka, Walter, * 1. 7. 1888 Wien, † 8. 5. 1970 New York (USA), Architekt und Designer. Studierte an der Techn. Hochschule in Wien. Ab 1923 selbstständige Übernahme größerer Aufträge. 1938 Emigration in die USA und Neubeginn als Möbelentwerfer für Thonet in New York, ab 1940 freischaffend. Ab 1941 Assistent für Kunstgewerbe und Textilien, später für Inneneinrichtung an der Univ. Pittsburgh und bis 1958 am Carnegie Institute of Technology.

Werke: Einrichtung für die Werkbundsiedlung in Stuttgart, 1927; Wohnhausanlagen Wien 3, Weinlechnergasse, 1927, und Wien 21, Donaufelderstraße, 1931; Haus in der Wr. Werkbundsiedlung, 1930–32; Einrichtung des Apartment Rafalski, New York, 1940; Projekt Prefabricated House, publiziert 1947. – Literatur: M. Boeckl (Hg.), Visionäre und Vertriebene, Ausst.-Kat., Wien 1995.

Sochor, Hilde, * 5. 2. 1924 Wien, Kammerschauspielerin; Ehefrau von Gustav → Manker, Mutter von Paulus → Manker. Studierte Theaterwiss. und Germanistik. Nach Schauspiel- und Sprechunterricht Engagement an den Wr. Kammerspielen, 1949–96 Ensemblemitgl. des Wr. Volkstheaters (Entwicklung vom „kecken Stubenmädl“ zur Volksschauspielerin); seit 1989 auch Regietätigkeit. 1989 Nestroy-Ring, 1991 K.-Skraup-Preis.

Leo Slezak mit seinem Korrepetitor am Flügel. Foto.

Sodomka, Andrea, * 28. 4. 1961 Wien, Komponistin. Studien an der Hochschule für angew. Kunst in Wien und der Wr. Musikhochschule. Seit 1986 ständige Zusammenarbeit mit Martin Breindl, 1990–94 Präsidentin der Ges. für elektroakust. Musik. Arbeitet in den Bereichen elektron. Musik, Radiokunst, Intermediaperformance und Fotografie.

Werke: Damenmord, 1987 (Multimediaperformance); Double Identity, 1992 (radiophone Arbeit); LIVEstations, 1995 (Klanginstallation); Channel 9, 1995 (Biofeedbackperformance); Die Differenzmaschine, 1996 (Intermediaperformance); wir waren ja nur mädchen, 1998/99 (Klang- und Lichtinstallation); Alien city, 2000 (Intermediaperformance).

Sohmen, Helmut, * 10. 12. 1939 Linz (OÖ.), Reeder. Studierte Jus in Wien und in den USA. Trat als Schwiegersohn des Reeders Y. K. Pao in dessen Unternehmen (World Wide Shipping Group) in Hongkong ein und übernahm 1991 die Reederei, eines der größten privaten Handelsunternehmen der Welt. Übt zahlr. hohe öffentl. Funktionen in Hongkong aus. J.-Schumpeter-Preis 1998.

Solar, Lola, * 13. 5. 1904 Brunn a. Gebirge (NÖ.), † 20. 5. 1989 Mödling (NÖ.), Lehrerin und Politikerin (ÖVP). 1945–70 Landesleiterin der Frauenbewegung NÖ., 1950–70 Bundesleiterin der Ö. Frauenbewegung; 1955–59 Vorsitzende der Europ. Frauen-Union; 1949–70 Abg. z. NR.

Solari (Solario), Santino, * 1576 Verna b. Lugano (CH), † 10. 4. 1646 Salzburg, Baumeister und Bildhauer. Ab 1612 Dom- und Hofbaumeister der Erzbischöfe Marcus Sitticus und Paris Lodron in Salzburg, wo er den Bau des Doms (1614–28, nach Abänderung der Pläne von V. Scamozzi) und das gesamte Bauwesen im Erzstift leitete. Brachte das nordital. Frühbarock in den ö. Raum. Grabmal im Petersfriedhof.

Werke: Befestigungsanlagen in Salzburg, 1612–14; Schloss Hellbrunn, 1613–19; Palais Lodron, 1631. – Kirchen: Franziskuskirche in Wagrain, 1616; Obertauern, 1617; Taxenbach, 1640;

Joseph Freiherr von Sonnenfels. Stich von Schleuen.

Dürrnberg (Marmorportal, 3 Kapellen). – Literatur: I. Wallentin, Der Salzburger Hofbaumeister S. S., Diss., Salzburg 1985.

Sölch, Johann, * 16. 10. 1883 Penzing b. Wien, † 10. 9. 1951 Kitzbühel (Ti.), Geograph. Univ.-Prof. f. phys. Geographie in Innsbruck (1920–28), Heidelberg (1928–35) und Wien (ab 1935); Sekr. der math.-naturwiss. Klasse der Ö. Akad. d. Wiss.; Präs. d. Ö. Geograph. Ges. (1951), Einrichtung eines Seminars für Alpengeographie an der Univ. Innsbruck.

Werke: Die Landformung der Stmk., 1928; Die Semmeringlandschaft, 1948; Die Landschaften der Britischen Inseln, 2 Bde., 1952.

Soldat-Roeger, Marie, * 25. 3. 1863 Graz (Stmk.), † 30. 9. 1955 ebd., Violinvirtuosin. Von J. Brahms als 15-Jährige entdeckt; spielte lange Zeit als einzige Frau dessen Violinkonzert. Gründete 1895 in Wien ein eig. Frauenstreichquartett.

Literatur: B. Kühnen, Die Geige war ihr Leben. Drei Geigerinnen im Portrait, 2000.

Angelo Soliman. Gemälde, 18. Jh.

Soliman, Angelo, * um 1721, † 21. 11. 1796 Wien, aus Afrika stammender schwarzer Kammerdiener. Kam um 1732 in Neapel zu Johann Georg Fürst Lobkowitz, um 1755 zu Wenzel Fürst Liechtenstein, den er nach Parma und 1764 nach Frankfurt begleitete, 1783 Freimaurer. Nach dem Tod wurde er auf Wunsch von Franz II. präpariert und bis 1806 im Naturalienkabinett ausgestellt; die Mumie verbrannte am 31. 10. 1848 bei der Beschießung von Wien.

Literatur: W. A. Bauer, A. S., der hochfürstl. Mohr, 1922; W. Sauer (Hg.), Das afrikan. Wien, 1996.

Solimena, Francesco, * 4. 10. 1657 Canale di Serino b. Avellino (I), † 5. 4. 1747 Barra b. Neapel (I), Barockmaler. Hielt sich 1723–28 in Ö. auf, war hier insbes. für den Prinzen → Eugen tätig und übte einen nachhaltigen Einfluss auf die ö. Barockmalerei aus. Der Großteil seiner Werke befindet sich in Italien, einige auch im Kunsthist. Mus., Wien.

Werke: Wien, Oberes Belvedere: Gemäldeschmuck des Goldkabinetts, Hochaltarbild „Die Auferstehung Christi" für die Kapelle. – NÖ.: Altarbild für die Kapelle in Schloßhof.

Sommaruga, Franz Frh. von, * 18. 4. 1780 Wien, † 2. 10. 1860 Heiligenstadt b. Wien, Jurist. Univ.-Prof. in Lemberg, dann hoher Beamter in Wien. Von März bis Juli 1848 Unterrichtsmin., ab April zusätzl. Justizmin. Proklamierte die Lern- und Lehrfreiheit und hob Pranger und Brandmarkung im Strafvollzug auf.

Sommer, Ernst, * 29. 10. 1888 Iglau (Jihlava, CZ), † 20. 10. 1955 London (GB), Schriftsteller. Ab 1920 Anwalt in Karlsbad; gründete 1924 mit B. Adler die Literatur-Ztschr. „Die Provinz"; 1938 Emigration nach England, 1951 britischer Staatsbürger. Autor hist. Romane („Die Templer", 1935; „Botschaft aus Granada", 1937), die sich verdeckt gegen die Verbrechen des Nat.-Soz. wandten. Mit der Massenvernichtung der Juden setzt sich S. berühmtestes Buch, die Erzählung „Revolte der Heiligen" (1944, 1948 unter dem Titel „Revolte der Wehrlosen") auseinander.

Weitere Werke: Romane, Erzählungen, hist. Studien. – Literatur: S. Bauer, Ein böhm. Jude im Exil. Der Schriftsteller E. S., 1995.

Joseph Sonnleithner. Heliogravüre.

Sommer, Harald, * 12. 12. 1935 Graz (Stmk.), Dramatiker und Hörspielautor. Verfasser ideologie- und sprachkrit. Milieudramen, meist über das Schicksal von Außenseitern („Ein unheimlich starker Abgang", 1970), z. T. im Dialekt.

Weitere Werke: Dramen: Die Hure Gerhild, 1971; Der Sommer am Neusiedler See, 1971; Ich betone, daß ich nicht das geringste an der Regierung auszusetzen habe, 1973; Das Stück mit dem Hammer, 1973; Scheiß Napoleon, 1975; Die Gemeindewohnung, 1984. – Literatur: J. Landa, Bürgerl. Schocktheater, 1988.

Sompek, Ernst, * 11. 6. 1876 Salzburg, † 2. 8. 1954 ebd., Komponist, Chorleiter, Schuldirektor. Komponierte die Sbg. Landeshymne.

Sonneck, der von, → Suneck, der von.

Sonnenfels, Joseph Frh. von, * 1732 Nikolsburg (Mikulov, CZ), † 25. 4. 1817 Wien, Jurist. Ab 1763 Univ.-Prof., spezialisierte die Staatswiss. durch Abspaltung von Nationalökonomie und Finanzwiss.; Hauptvertreter der Aufklärung unter → Joseph II. Setzte sich 1776 für die Abschaffung der Folter ein. 1779 Hofrat der Hofkanzlei, arbeitete bei der Justizreform Josephs II. mit. S. wollte das Theater von Stegreifpossen und Volksschauspielen reinigen, regte die Reform des Burgtheaters durch Joseph II. an, wurde 1810 Theaterzensor und 1811 Präs. der Akad. d. bild. Künste in Wien.

Werke: Briefe über die Wienerische Schaubühne, 4 Bde., 1768; Grundsätze der Polizey-, Handlungs- und Finanzwiss., 3 Tle., 1769–76; Über die Abschaffung der Folter, 1775. – Ausgabe: Gesammelte Schriften, 10 Bde., 1883–87. – Literatur: J. Brosche, J. v. S. und das Wr. Theater, Diss., Wien 1962; D. Lindner, Der Mann ohne Vorurteil, 1983; J. S., hg. v. H. Reinalter, 1988.

Sonnenschein, Hugo (auch H. Sonka), * 25. 5. 1889 Gaya b. Brünn (Brno, CZ), † 20. 7. 1953 Mírov (CZ), Lyriker, Anarchist und Utopist; Sohn eines jüd. Bauern. Zog 1912–14 als vagabundierender Dichter durch Europa. Ab 1929 Geschäftsführer des Schutzverbands dt. Schriftsteller in Ö.; 1940 inhaftiert, 1943 nach Auschwitz deportiert. Nach dem Krieg wegen angebl. Kollaboration mit den Deutschen verurteilt, starb in der Haft. Der Gedichtband „Die Legende vom weltverkommenen Sonka" (1920) wurde zu seinem Markenzeichen.

Ausgabe: Die Fesseln meiner Brüder. Gesammelte Gedichte, hg. v. K.-M. Gauß u. J. Haslinger, 1984. – Literatur: K.-M. Gauß, K. Kraus und seine „kosmischen Schlieferln". Zur Rehabilitation von A. Ehrenstein, H. S. und G. Kulka, in: Zeitgeschichte 10/2, 1982; J. Serke, H. S., in: ders., Böhmische Dörfer, 1987; D. Wilde, H. S.-Sonka. Studien zu Biografie und Werk, Diss., Wien 1995.

Sonnenthal, Adolf von, * 21. 12. 1834 Pest (Budapest, H), † 4. 4. 1909 Prag (CZ), Schauspieler. 1854 in Graz, dann in Königsberg; ab 1856 am Wr. Burgtheater (1859 Hofschauspieler, 1877 Engagement auf Lebenszeit); ab 1870 Regisseur, ab 1884 Oberregisseur, 1887/88 und 1889/90 provisorischer Leiter des Burgtheaters; Helden- und Charakterdarsteller sowie genialer Konversationsschauspieler, Publikumsliebling seiner Zeit. Gastspiele in Amerika.

Literatur: L. Eisenberg, A. S., 1896; R. Spitzer (= R. Lothar), A. S., 1905; P. Schlenther, A. S. 50 Jahre Wr. Burgtheater 1856–1906, 1906; Briefwechsel, hg. v. Hermine v. S., 2 Bde., 1912.

Sonnleithner, Christoph, * 28. 5. 1734 Szeged (H), † 25. 12. 1786 Wien, Komponist; Vater von Ignaz v. → Sonnleithner und Joseph → Sonnleithner, seine Tochter Anna war die Mutter von F. → Grillparzer. Kam als Jurist in den Dienst der Fürsten → Esterházy, stand in Kontakt mit J. → Haydn. Komponierte 36 Streichquartette (Joseph II. gewidmet), Symphonien und Kirchenmusik.

Literatur: J. Haydn in seiner Zeit, Ausst.-Kat., Eisenstadt 1982.

Sonnleithner, Ignaz von, * 30. 7. 1770 Wien, † 27. 11. 1831 ebd., Wissenschaftler; Sohn von Christoph → Sonnleithner, Vater von Leopold v. → Sonnleithner. Musikmäzen, aktives Mitgl. der Ges. der Musikfreunde in Wien; führte 1815–24 einen musikal. Salon, in dem zahlr. Lieder von F. → Schubert uraufgeführt wurden.

Sonnleithner, Joseph, * 3. 3. 1776 Wien, † 25. 12. 1835 ebd., Archivar und Librettist; Sohn von Christoph → Sonnleithner. 1804–14 Sekr. der Hoftheater; schrieb zahlr. Libretti (u. a. für „Leonore" von L. van → Beethoven, „Faniska" von L. Cherubini und „Agnes Sorel" von A. → Gyrowetz). S. war einer der Mitbegründer der Ges. der Musikfreunde in Wien und einer der frühesten Volksliedsammler in Ö.; Freundschaft verband ihn mit F. → Schubert und F. → Grillparzer. Bibl., Instrumenten-Smlg. und Nachlass im Archiv der Ges. der Musikfreunde in Wien.

Sonnleithner, Leopold von, * 15. 11. 1797 Wien, † 4. 3. 1873 ebd., Jurist; Sohn von Ignaz v. → Sonnleithner. Aktives Mitgl. der Ges. der Musikfreunde in Wien und Musiksammler (Nachlass im Archiv der Ges. der Musikfreunde in Wien); setzte sich bes. für F. → Schubert ein, Freundschaft mit F. → Grillparzer, den Schwestern Anna → Fröhlich, Barbara Fröhlich, Katharina → Fröhlich und Josephine → Fröhlich sowie M. v. → Schwind.

Sonnleitner, Alois Theodor (Pseud. für Alois Tlučhoř), * 25. 4. 1869 Datschitz (Dačice, CZ), † 2. 6. 1939 Perchtoldsdorf (NÖ.), Erzähler und Jugendbuchautor, Lehrer. Verfasser des Jugendbuchklassikers „Die Höhlenkinder" (3 Bde., 1918–20), der in Form einer Robinsonade den Weg des Menschen zur Hochkultur nachzeichnet.

Sophie, Erzherzogin von Ö., * 27. 1. 1805 München (D), † 28. 5. 1872 Wien, Tochter Kg. Maximilians I. von Bayern, heiratete 1824 Erzhzg. → Franz Karl, Mutter von Ks. → Franz Joseph I. S. setzte ihren großen Einfluss bei Hof bes. im Dez. 1848 beim Thronwechsel und während der ersten Regierungsjahre des jungen Kaisers ein.

Literatur: G. Holler, S., Die heimliche Kaiserin, 1993.

Sorbait, Paul, * 1624 Montblyart (B), † 29. 4. 1691 Wien, Arzt. Ab 1654 Prof. für Medizin an der Wr. Univ., 1668 Rektor. Leibarzt der Kaiserinwitwe Eleonore; verhinderte durch frühes Erkennen der Pest eine große Epidemie. Legte bes. Wert auf Botanik und Anatomie und begründete die erste medizin. Bibl. an der Univ.; 1679 Generalinquisitor in Pestangelegenheiten.

Werk: Consilium medicum, 1679.

Sorell, Walter, * 2. 5. 1905 Wien, † 21. 2. 1997 New York (USA), Tanzkritiker, Essayist, Übersetzer. Studierte 1924–27 Germanistik in Wien, danach freier Journalist und Chansontexter, 1932–34 Leiter des Theaters der Volkshochschule Ottakring. 1939 Emigration über Luxemburg nach New York, wo er sich als Handanalytiker betätigte. Danach Übersetzer u. a. der Werke Hermann Hesses ins Amerikanische, renommierter Tanzkritiker für diverse amerik. Ztschr.; 1958–72 Dozent für dramatische Literatur und Tanz an der Columbia University (New York), biographische Arbeiten über Alma → Mahler-Werfel und Gertrude Stein.

Werke: The Dance Through the Ages, 1967 (Knaurs Buch vom Tanz, 1969); Am Rande der Zeit. Aufzeichnungen 1972–82, 1983; Aspekte des Tanzes, 1984; Tanz im Spiegel der Zeit, 1985; Mary Wigman – Ein Vermächtnis, 1986; Heimat Exil Heimat, 1997 (Wr. Vorlesungen).

Sorger, Veit, * 10. 6. 1942 Graz (Stmk.), Ind.-Manager. Studierte Rechtswiss. an den Univ. Wien und Graz und betrieb zusätzl. Studien an der Univ. Uppsala und der Hochschule für Welthandel in Wien. Ab 1970 in der Salzer-Gruppe tätig, 1982 Vorstand der Salzer Papier- und Kunststoffgruppe. 1987 Geschäftsführer der Europapier AG; seit 1988 Vorstandsmitglied der Frantschach AG, seit 1993 deren Vorstandsvorsitzender.

Sörgel von Sorgenthal, Conrad, * 1735 Nürnberg (D), † 17. 10. 1805 Wien, Beamter, Manufakturendir. Nach erfolgreicher Tätigkeit für verschiedene Textilmanufakturen leitete er von 1784 bis zu seinem Tod die Porzellanmanufaktur Augarten und wurde oberster Beamter für das staatl. Manufakturwesen. In wirt. wie in künstler. Hinsicht („malerische Periode") erlebte die Porzellanmanufaktur unter seiner Leitung eine Blüte.

Literatur: W. Seipel (Hg.), Weißes Gold aus Europa, Ausst.-Kat., Kunsthist. Mus. Wien, 1997; E. Sturm-Bednarczyk, Wr. Porzellan des Klassizismus. Die Ära C. v. Sorgenthal, 2000.

Sorgo, Gerhardt, * 11. 9. 1935 Gevelsberg (D), † 11. 5. 2001 Schwarzenberg (Vbg.), Gerichtsmediziner. Medizinstudium in Wien, ab 1967 am neu gegr. Inst. f. Gerichtsmedizin in Salzburg tätig, 1984–96 Ordinarius an diesem. 1994–96 Präs. der Ö. Ges. f. gerichtl. Medizin.

Soronics, Franz, * 28. 7. 1920 Eisenstadt (Bgld.), Landesbeamter und Politiker (ÖVP). Abg. und 2. Präs. des Bgld. Landtags, 1972–77 Landeshauptmannstellv., 1956–59 Mitgl. d. BR, 1959–71 Abg. z. NR, 1963–66 Staatssekr. im BM f. Inneres, 1966–68 Staatssekr. im BM f. soz. Verwaltung, 1968–70 BMin. f. Inneres.

Sotriffer, Kristian, * 3. 10, 1932 Bozen (S-Ti.), Kunstkritiker. Ab 1954 im Verlagswesen tätig, 1957–67 beim Verlag Schroll, seit 1962 Kunstkritiker der Zeitung „Die Presse", 1972–83 künstler. Leiter der Edition Tusch, 1984–86 beim Verlag Herold. Ö. Staatspreis für Kulturpublizistik 1993.

Werke: Das größere Ö., 1982 (Hg.); Der Kunst ihre Freiheit. Wege der ö. Moderne von 1880 bis zur Gegenwart, 1984 (Hg.); Die Blüte der Chrysantheme. Die Zacherl – Stationen einer anderen Wr. Bürgerfamilie, 1996. – Zahlr. Künstlermonographien.

Erzherzogin Sophie. Lithographie von J. Kriehuber.

Soucek, Slavi, * 11. 8. 1898 Wien, † 6. 1. 1980 Salzburg, Maler und Graphiker. Studierte an der Akad. der bild. Künste und an der Graph. Lehr- und Versuchsanstalt in Wien, lebte zw. 1919 und 1943 in Deutschland, Spanien und Prag, danach in Salzburg. War 1945 einer der ersten Vertreter der abstrakten Kunst in Salzburg und erlangte dort wesentl. künstlerischen Einfluss. Ab 1955 mit O. → Kokoschka an der Internat. Sommerakad. für bild. Kunst in Salzburg tätig und Aufbau einer graph. Lehr- und Versuchsstätte. Werke in der Ö. Galerie Belvedere, in der Graph. Sammlung Albertina und in der Neuen Galerie Linz.

Literatur: H. Stuppäck, S. S., 1981.

Sowinetz, Kurt, * 26. 2. 1928 Wien, † 28. 1. 1991 ebd., Kammerschauspieler. Spielte nach Engagements an Kleinbühnen ab 1955 am Wr. Volkstheater, danach am Theater in der Josefstadt, ab 1976 Ensemblemitgl. des Burgtheaters; weitgefächertes Repertoire aus Volksstück, Klassik und Moderne; neben Bühnentätigkeit und Auftritten als Clown, Kabarettist und Moritatensänger („Alle Menschen san ma z'wider") auch begeisterter Maler. 1982 Nestroy-Ring.

Literatur: I. Sowinetz, Man müßt' mit an Vogerl Bruderschaft trinken ... Erinnerungen von Inge und Dunja S., 1991.

Sowitsch, Stefan, * 14. 9. 1883 Stockerau (NÖ.), † 2. 4. 1970 Wien, Techniker und Unternehmer. Gründete 1914 in Wien eine Aufzugsfabrik, in der Zwischenkriegszeit erfolgreiche Kooperation mit einem schweizer. Unternehmen. Nach 1945 Entwicklung zum führenden ö. Unternehmen der Branche (z. B. Schnellaufzüge im Donauturm). Fabriksanlagen in Wien, Scheibbs und Vöcklabruck. 1970 Zusammenschluss mit dem finnischen Unternehmen Kone zur Kone-Sowitsch AG.

Soyfer, Jura, * 8. 12. 1912 Charkow (Charkiv, UA), † 15./16. 2. 1939 KZ Buchenwald (D), Schriftsteller und Journalist. Kam Anfang der 20er Jahre nach Wien, schrieb anfangs polit. Gedichte für die „Arbeiterzeitung". Nach der Zerschlagung der Soz.-dem. Partei 1934 (Romanfragment „So starb eine Partei") arbeitete S. für die verbotene Kommunist. Partei. 1937 wegen

Jura Soyfer. Foto.

kommunist. Betätigung verhaftet, 1938 amnestiert; von den Nat.-Soz. an der Schweizer Grenze verhaftet und zuerst in Dachau („Dachau-Lied", 1938, vertont von H. → Zipper), später in Buchenwald interniert. Seine satir. Stücke und Szenenfolgen, verfasst für Wr. Kleinkunstbühnen, richten sich v. a. gegen soz. Ungerechtigkeit und polit. Illusionismus.

Werke: Dramen: Weltuntergang, 1936; Der Lechner Edi schaut ins Paradies, 1936; Astoria, 1937; Vineta, 1937. – Ausgabe: Das Gesamtwerk, hg. v. H. Jarka, 1980; Werke in 3 Bden., hg. v. H. Jarka, 1984. – Literatur: H. Jarka, J. S., 1987.

Soyka, Otto, * 9. 5. 1882 Wien, † 2. 12. 1955 ebd., Schriftsteller und Journalist. Arbeitete für die „Fackel", hatte großen Erfolg mit einem neuen Typ des Spannungsromans (Elemente des Kriminal- und Detektivromans, phantast.-abenteuerl. Motive, psycholog. Erkenntnisse). Emigrierte 1938 nach Frankreich, kehrte 1948 nach Wien zurück und starb einsam und verarmt.

Werke: Romane: Herr im Spiel, 1910; Die Söhne der Macht, 1911; Das Herbarium der Ehre, 1911; Der entfesselte Mensch, 1919; Im Joch der Zeit 1919; Der Seelenschmied, 1921; Die Traumpeitsche, 1921; Eva Morsini, 1923; Das heißere Leben, 1924; Der Mann in der Kulisse, 1926; Fünf Gramm Liebeszauber, 1931; Der Menschenfilm, 1932; Das Geheimnis der Akte K., 1934. – Komödien: Revanche, 1911; Geldzauber, 1912. – Moralphilosoph. Studien.

Anton Ritter von Spaun. Stich.

Soyka, Ulf-Diether, * 5. 6. 1954 Wien, Komponist. 1979–81 Lehrbeauftrager an der Wr. Musikhochschule; seit 1981 freischaffender Komponist in Wien. Komponiert in einer erweiterten Zwölftontechnik, die emotionale Elemente (Rhythmik, Melodik) stärker berücksichtigt; Mitbegründer des „Ensembles für neue Musik" (1982).

Werke: Malya, 1986 (Oper). – Konzerte, Kirchenmusik, Kammermusik, Lieder.

Spaeter, Carl, * 11. 10. 1835 Stadtsulza (D), † 9. 7. 1909 Koblenz (D), Unternehmer. Eröffnete 1881 den Magnesitbergbau auf der Veitsch (Stmk.), 1899 Gründung der Veitscher Magnesitwerke AG; bis 1905 Präs. des Verwaltungsrats.

Literatur: F. Walter, Veitscher Magnesitwerke AG 1881–1951, 1951.

Josef Speckbacher. Lithographie von A. Ziegler.

Spalt, Johannes, * 29. 9. 1920 Gmunden (OÖ.), Architekt. Schüler von C. → Holzmeister an der Akad. d. bild. Künste in Wien, 1945–49 selbstständiger Architekt in Gmunden und Wien, 1952–64 Mitgl. in der Arbeitsgruppe 4, seit 1969 Atelier in Wien (teilw. mit F. → Kurrent); ab 1973 Leiter der Meisterklasse f. Innenarchitektur und Ind.-Entwurf an der Hochschule f. angew. Kunst, 1975–79 Rektor. Gestaltete Bauten in einer charakterist. Detailsprache, zahlr. Ausstellungen und Möbelentwürfe (u. a. für die Fa. Wittmann).

Werke: Firma Wittmann, Etsdorf (NÖ.), 1964–66; Terra-Baumaschinen AG, Wien, 1964–67; Z-Filiale Wien-Floridsdorf, 1971–74 (alle mit F. Kurrent); Wohnhaus F. Wittmann, Etsdorf, 1975; Salvatorkirche am Wienerfeld, Wien 10, 1976–79; Haus Draxler, Wien-Nußdorf, 1988. – Literatur: P. M. Bode u. G. Peichl, Architektur aus Ö. seit 1960, 1980; F. Achleitner, Ö. Architektur im 20. Jh., 1980ff.; Magistrat der Stadt Wien (Hg.), Architektur in Wien, 1984; J. S., 1993; O. Kapfinger (Red.), J. S., Festschrift, 1999.

Othmar Spann. Foto, 1937.

Spann, Othmar, * 1. 10. 1878 Altmannsdorf b. Wien, † 8. 7. 1950 Neustift b. Güssing (Bgld.), Nationalökonom, Soziologe, Geschichtsphilosoph. 1919 Univ.-Prof. in Wien, scharfer Gegner des Marxismus. Vertrat eine universalistisch-idealist. Gesellschaftslehre (der Einzelne sei ökonomisch und soziologisch nur als Glied der Ganzheit zu betrachten, Lehre vom „wahren Staat") und forderte eine Neuordnung von Staat und Ges. auf berufsständischer Grundlage.

Werke: Die Haupttheorien in der Volkswirtschaftslehre, 1910 ([25]1949); System der Gesellschaftslehre, 1914; Vom Geist der Volkswirtschaftslehre, 1919; Wahrer Staat, 1921 ([4]1938); Irrungen des Marxismus, 1928; Hauptpunkte der universalist. Staatsauffassung, 1929; Geschichtsphilosophie, 1932. – Hg. der Ztschr. „Ständisches Leben" (1931f.) und „Ztschr. f. Volkswirtschaft". – Ausgabe: Gesamtausgabe, hg. v. W. Heinrich, 21 Bde., 1963–79. – Literatur: R. Amtmann, Die Geisteslehre O. S., 1960; G. Resele, O. S. Ständestaatskonzeption und polit. Wirken, Dipl.-Arb., Wien 2001.

Spannocchi, Emil, * 1. 9. 1916 Salzburg, † 29. 8. 1992 Wr. Neustadt (NÖ.), Offizier. Ab 1934 im Ö. Bundesheer bzw. in der Dt. Wehrmacht, Generalstabsausbildung. 1954 Eintritt in die B-Gendarmerie, 1957 Kommandant der Panzertruppenschule, 1963–73 Kommandant der Stabsakad. (später Landesverteidigungsakad.). Entwickelte mit anderen Offizieren das Konzept der „Raumverteidigung". 1973–81 als General und Armeekommandant mit der Umstrukturierung des Bundesheers betraut.

Werk: Verteidigung ohne Schlacht, 1979 (mit G. Brossollet).

Späth, Ernst, * 14. 5. 1886 Bärn (Beroun, CZ), † 30. 9. 1946 Zürich (CH), Chemiker. Univ.-Prof. in Wien, 1938–45 Gen.-Sekr., 1945/46 Präs. der Ö. Akad. d. Wiss. Widmete sich der Erforschung von Alkaloiden, erbrachte die Konstitutionsaufklärung von über 120 Pflanzenstoffen; redigierte die „Monatshefte für Chemie".

Werk: Geschichte der Chemie in Ö., 1927.

Spaun, Anton Ritter von, * 31. 5. 1790 Linz (OÖ.), † 26. 6. 1849 Kremsmünster (OÖ.), Literaturhistoriker und Volkskundler. War ein Hauptvertreter der Romantik und Begründer der Volkskunde in Ö., gehörte zum Kreis um E. v. → Feuchtersleben, A. → Stifter und M. v. → Schwind; Gründer des Oö. Landesmuseums Francisco-Carolinum.

Werke: Heinrich v. Ofterdingen und das Nibelungenlied, 1840; Der gegenwärtige Stand der Forschung über den Dichter des Nibelungenliedes, 1842; Das ö. Volkslied, 1846. – Hg.: Ö. Volksweisen, 1845; Nibelungenklage, 1848.

Specht, Richard, * 7. 12. 1870 Wien, † 19. 3. 1932 ebd., Lyriker, Dramatiker, Musikschriftsteller. Autor aus dem Dichterkreis „Jung-Wien", befreundet mit A. → Schnitzler; Mitarbeiter des „Wr. Illustrierten Extrablatts" und anderer Wr. Blätter, ab 1910 mit R. → Batka Hg. des „Merker". Führender Musikpublizist der Zeit, trat bes. für G. → Mahler ein („Gustav Mahler", 1905); 1925 Prof. an der Akad. f. Musik und darst. Kunst in Wien.

Weitere Werke: Lyrik: Gedichte, 1893; Mozart, 1914. – Erzählung: Florestan Kestners Erfolg, 1929. – Dramen: Das Gastmahl des Plato, 1895; Pierrot bossu, 1896; Die Nase des Herrn Valentin Berger, 1929. – Biographien: A. Schnitzler, 1922; F. Werfel, 1926.

Speckbacher, Josef, * 13. 7. 1767 Gnadenwald (Ti.), † 28. 3. 1820 Hall i. Ti., Ti. Freiheitskämpfer, nach dem Hof seiner Frau auch „Mann von Rinn" genannt. Kämpfte 1797, 1800 und 1805 gegen die Franzosen, nahm 1809 an der Seite A. → Hofers an 3 Schlachten am Bergisel teil. Er galt als hervorragender Taktiker im Gebirgskrieg und besiegte mit J. → Haspinger und P. → Mayr die Rheinbunddivision in der Enge von Mittenwald-Oberau (Sachsenklemme). Am 17. 10. 1809 bei Unken und Mellek geschlagen, flüchtete S. nach Wien, wo er bis 1814 blieb. Grabmal in der Hofkirche von Innsbruck.

Literatur: W. Köfler, Der Ti. Freiheitskampf 1809 unter A. Hofer, 1986.

Speidel, Ludwig, * 11. 4. 1830 Ulm (D), † 3. 2. 1906 Wien, Feuilletonist und Theaterkritiker. Ging 1853 nach Wien und wurde ein wichtiger Vertreter des Wr. Feuilletons; scharfer Beobachter zeitgenöss. Kunst und Kultur, Mitarbeiter der „Neuen Freien Presse".

Werk: Das Wr. Schauspiel, 1866. – Ausgaben: Schriften, 4 Bde., 1910–11; Krit. Schriften, hg. v. J. Rütsch, 1963; Fanny Elßlers Fuß. Wr. Feuilletons, hg. v. J. Schreck, 1990.

Speiser, Paul, * 19. 7. 1877 St. Pölten (NÖ.), † 8. 11. 1947 Wien, Lehrer und Politiker (SPÖ). 1920–34 Amtsführender Stadtrat der Stadt Wien, polit. Freiheitsstrafe 1934; 1945–47 Vizebürgermeister von Wien. 1920–27 Mitgl. d. BR, 1945–47 Abg. z. NR.

Speiser, Wolfgang, * 20. 8. 1909 Wien, † 26. 5. 1994 Hallein (Sbg.), Erwachsenenbildner. 1932 Rechtsanwaltsanwärter, 1938 Emigration nach Australien; nach seiner Rückkehr 1946 in der Erwachsenenbildung tätig, die er entscheidend mitprägte (1950–74 Zentralsekr. des Verbands ö. Volkshochschulen).

Sperber, Manès (auch Jan Heger, N. A. Menlos), * 12. 12. 1905 Zablotow (Zabolotiv, UA), † 5. 2. 1984 Paris (F), Schriftsteller, Sozialpsychologe und Philosoph jüd. Abstammung, ab 1916 in Wien, Anschluss an die kommunist. Partei, Schüler und Mitarbeiter A. → Adlers, ab 1927 in Berlin, Hg. der „Ztschr. f. individualpsycholog. Pädagogik und Psychohygiene", 1933 Emigration nach Frankreich. 1937 Abkehr von der KP und Beginn der Auseinandersetzung mit totalitären Ideologien („Zur Analyse der Tyrannis", 1939); ab 1946 Lektor, später auch Verlagsleiter und Kulturphilosoph an der Sorbonne in Paris. In seinem erzählerischen Hauptwerk, der Romantrilogie „Wie eine Träne im Ozean" („Der verbrannte Dornbusch", 1949; „Tiefer als der Abgrund", 1950; „Die verlorne Bucht", 1955), schildert S. das dramat. Schicksal europ. Intellektueller und Revolutionäre von den 20er Jahren bis in die Nachkriegszeit. G.-Büchner-Preis 1975, Großer Ö. Staatspreis 1977.

Weitere Werke: Roman: Der schwarze Zaun, 1986. – Essays: A. Adler, 1926; Die Achillesferse, 1960; A. Adler oder Das Elend der Psychologie, 1970; Leben in dieser Zeit, 1978; Individuum und Gemeinschaft, 1978; Churban oder Die unfaßbare Gewißheit, 1979; Der freie Mensch, 1980; Nur eine Brücke zw. gestern und morgen, 1980; Geteilte Einsamkeit, 1985. – Autobiographie: All das Vergangene (Die Wasserträger Gottes, 1974; Die vergebliche Warnung, 1975; Bis man mir Scherben auf die Augen legt, 1977). – Literatur: W. Müller u. A. Pfaffenholz, M. S. zur Einführung, 1984; S. Moses (Hg.), M. S. als Europäer, 1996; W. Hemecker (Hg.), Ein treuer Ketzer, M. S. – der Schriftsteller als Ideologe, 2000.

Sperl, Gerfried, * 11. 12. 1941 Oberzeiring (Stmk.), Journalist. Studierte Anglistik, Germanistik und Philosophie in Graz; gründete mit B. → Frankfurter die Studentenbewegung „Aktion". Ab 1968 Journalist bei der „Kleinen Zeitung", 1973–78 Ressortleiter für Außenpolitik, 1978–82 leitender Redakteur. 1982–86 Chefredakteur der Tageszeitung „Süd-Ost Tagespost", 1987–88 stellv. Chefredakteur des „Kurier", 1988 Gründungsmitgl. der Tageszeitung „Der Standard" und seither Chefredakteur.

Werke: Auf dem Schnee ein Feuer, 1978 (Drehbuch); Steirer Blut ist kein Himbeersaft, 1979 (Drehbuch); Liberalismus gegen Nationalismus, 1993; Gegen den Strich gebaut, 1997.

Sperl, Hans, * 13. 11. 1861 Weyer (OÖ.), † 3. 3. 1959 Wien, Jurist und Schriftsteller. 1899 Univ.-Prof. in Graz, ab 1900 in Wien und ab 1931 in Den Haag; Ehrenmitgl. der Ö. Akad. d. Wiss.

Werke: Nationalismus, Internationalismus und Rechtsordnung, 1924; Lehrbuch der bürgerl. Rechtspflege, 3 Tle., 1925–30; Roland Zalus, 1947; Graf Felsenstein und sein Nachbar, 1948.

Spiegel, Sam (eigentl. Samuel Spiegelglass), * 11. 11. 1903 Jaroslau (Jaroslav, PL), † 31. 12. 1985 St. Martin (Antillen), Filmproduzent. Verbrachte seine Jugend in Wien, ging als Tuchhändler in die USA, leitete ab 1929 die Europazentrale von Universal Pictures in Berlin und begann 1933 in Wien, London und Paris eig. Filme zu produzieren. 1939 emigrierte er in die USA, wo er ab 1941 in Hollywood als Produzent so berühmter Filme wie „African Queen" (1951), „On the Waterfront" (1954), „The Bridge on the River Kwai" (1957), „Lawrence of Arabia" (1962) und „The Last Tycoon" (1976) wirkte.

Spiel, Hilde (verehel. Mendelssohn bzw. Flesch-Brunningen), * 19. 10. 1911 Wien, † 30. 11. 1990 ebd., Schriftstellerin und Übersetzerin; ab 1972 Ehefrau von H. → Flesch-Brunningen. Studierte Psychologie und Philosophie und war ab 1936 als Korrespondentin für die „FAZ" tätig, emigrierte nach London, kehrte 1963 nach Ö. zurück, war bis 1972 Vizepräsidentin des ö. P. E. N.-Clubs. Ihre literar. Arbeiten sind vom Erlebnis des Exils geprägt.

Werke: Romane: Kati auf der Brücke, 1933; Verwirrung am Wolfgangsee, 1935; Flöte und Trommeln, 1947; Die Früchte des Wohlstands, 1981. – Autobiographie: Rückkehr nach Wien, 1968; Die hellen und die finsteren Zeiten, 1989; Welche Welt ist meine Welt?, 1990. – Essays: Welt im Widerschein, 1960; In meinem Garten schlendernd, 1981; Glanz und Untergang. Wien 1866–1958, 1987; Die Dämonie der Gemütlichkeit, 1991. – Briefwechsel, 1995. – Literatur: M. Reich-Ranicki, Reden auf H. S., 1991; S. Wiesinger-Stock, H. S. Ein Leben ohne Heimat?, 1996; C. V. Howells, Heimat und Exil. Ihre Dynamik im Werk von H. S., 1998.

Hilde Spiel. Foto.

Manès Sperber. Foto.

Spiel, Oskar, * 5. 5. 1892 Wien, † 1. 8. 1961 ebd., Pädagoge. Setzte im Schulversuch (1924–34, 1946–56) gezielt individualpsycholog. Methoden (A. → Adler) ein und erprobte die Integration schwer erziehbarer Kinder. Zusammenarbeit mit F. → Birnbaum.

Werk: Am Schaltbrett der Erziehung, 1947. – Literatur: L. Wittenberg, Geschichte der individualpsycholog. Versuchsschule in Wien, Diss., Wien 2000.

Spiel, Walter, * 28. 12. 1920 Wien, Kinderpsychologe. 1975 Prof. f. Neuropsychiatrie des Kinder- und Jugendalters; führend auf dem Gebiet der Kinder- und Jugendpsychologie. 1971–75 Präs. d. Europ. Vereinigung f. Kinderpsychiatrie.

Werke: Die endogenen Psychosen des Kindes- und Jugendalters, 1961; Die Therapie in der Kinder- und Jugendpsychiatrie, 1967; Die Phasen der kindl. Entwicklung, 1974.

Spielmann, Fritz (Fred Spielman), * 20. 11. 1906 Wien, † 21. 3. 1997 New York (USA), Komponist. Klass. Ausbildung an der Akad. f. Musik und darst. Kunst in Wien bei J. → Marx und H. → Gál. Entdeckte im Berlin der 20er Jahre seine Liebe zu amerikan. Unterhaltungsmusik, wurde in den 30er Jahren in Ö. zum populären Schlager- und Bühnenkomponisten; emigrierte 1938 über Paris in die USA, wo er ab 1944 v. a. als Filmkomponist große Erfolge errang. Einige seiner Kompositionen, interpretiert von Stars wie Bing Crosby („Shepherd Serenade"), Frank Sinatra („One Finger Melody"), Doris Day („A Purple Cow"), Nat King Cole („If Love Is Good to Me"), Elvis Presley („I Don't Want To"), erreichten weltweite Bekanntheit; Miles Davis, Keith Jarrett und Shirley Horne spielten bzw. sangen seinen Song „You Won't Forget Me". Sein erfolgreichstes Musical „The Stingiest Man in Town" kam 1962 am Broadway heraus. Ab 1970 wirkte S. auch wieder in Wien; seinen Nachlass widmete er dem Literaturhaus in Wien.

Werke: Schlager der 30er Jahre: Mein Schatz, ich flieg auf dich; Man trägt wieder Herz; Der alte Schimmel ist im Himmel; Ein Mäderl aus Mödling; I muaß an Doppelgänger hab'n; Schinkenfleckerln. – Filmmusiken: Swingtime Johnny, 1944; Abilene Town, 1946; The Bachelor's Daughter, 1946; Song of My Heart, 1947; Night Song, 1947; Luxury Liner, 1948; Big City, 1948; In the Good Old Summertime, 1948; Nancy Goes to Rio, 1950; Torch Song, 1953. – Literatur: Spring Came Back to Vienna. F. S. Festival, Zirkular, Sondernummer 1998.

Spinges, Mädchen von, → Lanz, Katharina.

Spitz, René, * 29. 1. 1887 Wien, † 14. 9. 1974 Denver (USA), Psychoanalytiker. Wurde durch S. Ferenczi mit S. → Freud bekannt, bei dem er sich 1910/11 einer Lehranalyse unterzog. S. praktizierte in Wien und Berlin, ging 1932 nach Paris und 1938 nach New York, wo er 17 Jahre als Lehranalytiker am New York Psychoanalytic Institute arbeitete. 1956 wurde er Gastprof. an der University of Colorado. Er erforschte die frühesten Phasen der Ich-Bildung und entwickelte Techniken zur wiss. Beobachtung von Säuglingen und Kleinkindern.

Werke: No and Yes. On the Beginning of the Human Communication, 1957; Erziehung in früher Kindheit, hg. v. G. Bittner u. a., 1968.

Spitzauer, Hans, * 1. 3. 1965 Wien, Segler. 1986 Jugendeuropameister, 1989 Europameister, 1990 Sieger der Kieler Woche, 1995 in Melbourne Weltmeister jeweils in der Finn-Dinghi-Klasse; 3-mal bei Olymp. Spielen. Seit 2000 mit Wolfgang Brenner in der Starboot-Klasse aktiv.

Daniel Spitzer. Xylographie.

Spitzer, Daniel, * 3. 7. 1835 Wien, † 11. 1. 1893 Meran (S-Ti.), Feuilletonist, Satiriker, Erzähler und Jurist. Mitarbeiter der „Fliegenden Blätter" (München), des „Kladderadatsch" (Berlin) und der Wr. satir. Ztschr. „Figaro". Wurde v. a. als Verfasser der humorist.-satir. „Wr. Spaziergänge" (6 Bde., 1869–86), die zuerst in der „Presse", dann in der „Dt. Zeitung", ab 1873 in der „Neuen Freien Presse" erschienen, deren Redaktionsmitgl. er war, bekannt. Trat gegen polit. und soz. Missstände auf.

Weitere Werke: Das Herrenrecht, 1877; Verliebte Wagnerianer, 1880. – Ausgaben: Gesammelte Schriften, hg. v. M. Kalbeck u. O. E. Deutsch, 4 Bde., 1912–14; Meisterfeuilletons, 1991. – Literatur: W. Langenbucher (Hg.), Sensationen des Alltags, 1992; M. Nöllke, D. S. „Wr. Spaziergänge", 1994.

Alexander Spitzmüller. Foto, um 1910.

Spitzmüller, Alexander, * 12. 6. 1862 Wien, † 5. 9. 1953 Velden (Kä.), Bankdir. und Politiker. 1909–12 Gouverneur der Ö.-ungar. Bank, 1910–15 Gen.-Dir. der Creditanstalt, 1915/16 Handelsmin., 1916/17 und Sept.–Nov. 1918 Finanzminister.

Werke: Das ö. Steuersystem, 1928; Der letzte ö.-ungar. Ausgleich und der Zusammenbruch der Monarchie, 1929; Ks. Franz Joseph als Staatsmann, 1935; ... und hat auch Ursach, es zu lieben, 4 1955.

Spitzmüller-Harmersbach, Alexander, * 22. 2. 1894 Wien, † 12. 11. 1962 Paris (F), Komponist, urspr. Jurist. Schüler von A. → Berg. Ab 1928 in Paris, 1946–53 Leiter der franz. Radiosendungen für Ö. und Deutschland; Vertreter der Zwölftontechnik.

Werke: Das Tagebuch, 1957 (Ballett). – Symphonien, Klavierkonzerte, Kammermusik.

Spitzy, Hans, * 21. 12. 1872 St. Leonhard (Stmk.), † 22. 7. 1956 Wien, Orthopäde; Vater von Karl Hermann → Spitzy. 1906–13 Univ.-Prof. in Graz, danach in Wien. 1923 Dir. des Orthopäd. Spitals in Wien, Dozent am Inst. f. Turnlehrerausbildung. Bahnbrechende Arbeiten auf dem Gebiet der körperl. Erziehung, bes. des Kleinkinds.

Werke: Die körperl. Erziehung des Kindes, 1914; Unsere Kriegsinvaliden, 1915, Die körperl. Entwicklung des Kindes, 1925.

Spitzy, Karl Hermann, * 10. 11. 1915 Wien, Mediziner, Sohn von Hans → Spitzy. 1973–85 Prof. an der Univ. Wien, an der er den Lehrstuhl f. Chemotherapie einrichtete und leitete; Hg. der Ztschr. „Arzneimittelpraxis", wiss. Berater bei medizin. Filmen; verfasste über 250 wiss. Arbeiten.

Sponheimer, aus dem Moselgebiet stammendes Adelsgeschlecht, waren als Nachfolger der → Eppensteiner 1123–1269 Herzöge von Kä. 1091 wurde von Engelbert I. das Benediktinerkloster Sankt Paul im Lavanttal, 1142 von Bernhard das Zisterzienserkloster Viktring gestiftet. Hzg. → Hermann von Sponheim (1161–81) konnte wirt. wichtige Regionen erwerben und gründete Klagenfurt und die Marktsiedlung St. Veit; Ulrich II. (1181–1202) setzte sein Werk fort. → Bernhard von Sponheim (1202–56) bezeichnete sich als Landesfürst Kä. (princeps terre), knüpfte Verbindungen zur böhm. Königsfamilie der Přemysliden und brachte Straßen und Passübergänge nach S unter seine Kontrolle. Er sicherte seinem Sohn → Ulrich III. von Sponheim (1256–69) die Herrschaft über Krain; dieser bestimmte Přemysl → Ottokar II. von Böhmen als Nachfolger (Podiebrader Vermächtnis vom 4. 12. 1268). Der letzte Sponheimer, Ulrichs Bruder → Philipp von Sponheim, Erzbischof von Salzburg, wollte Hzg. werden, wurde aber von Ottokar II. von Böhmen verdrängt. Er wandte sich an Kg. → Rudolf von Habsburg um Hilfe, konnte aber Kä. nicht betreten und starb 1279.

Literatur: C. Fräss-Ehrfeld, Geschichte Kä., Bd. 1, 1984.

Spour, Robert, * 8. 3. 1961 Linz (OÖ.), Komponist. 1986–91 Klavierstudium am Bruckner-Konservatorium Linz; seit 1980 Konzerttätigkeit mit improvisierter Musik, seit 1984 Kompositionstätigkeit für verschiedenste Besetzungen, seit 1992 Konzeption von interaktiven Multimedia- und Tanzperformances mit Klaus Obermaier. Beschäftigt sich mit der Verbindung von komponierter und improvisierter sowie von akust. und elektroakust. Musik; Kompositions- und Improvisationskonzepte für Jazzensembles; Aufträge von internat. renommierten Ensembles (Kronos Quartet, Art Ensemble of Chicago u. a.).

Werke: Drei Sätze für Orchester, Computer und Live-Elektronik, 1992; Platz, 1995 (250 Musiker: Chor, Streichorchester, 2 Jazzensembles, Big-Band, 2 Blaskapellen); Bluster, 1996 (Klarinettenquintett, Kassettenrecorder).

Spreitzer, Hans, * 15. 8. 1897 St. Lambrecht (Stmk.), † 27. 10. 1973 Wien, Geograph. Ab 1927 Lehrtätigkeit an der Univ. Hannover, Prof. in Prag (1939–45), Graz (1947–51) und Wien (1952–68). Präs. der Ö. Geogr. Ges. (1955–62 und 1965–66); viele Forschungsreisen. Widmete sich der Hochgebirgsmorphologie sowie siedlungsgeograph. und länderkundl. Studien.

Werke: Die Großformung im oberen steir. Murgebiet, 1951; Die Eiszeitstände des Metnitztales, 1953.

Sprenger, Aloys, * 3. 9. 1813 Nassereith (Ti.), † 19. 12. 1893 Heidelberg (D), Mediziner und Orientalist. Studierte zunächst bei J. v. → Hammer-Purgstall, dann in England und den Niederlanden. Lebte ab 1843 in Indien, wo er sich große Verdienste um die Erhaltung des islam. Kulturerbes und die Sprache Urdu (heute pakistan. Nationalsprache) erwarb. Ab 1858 Univ.-Prof. f. oriental. Sprachen in Bern.

Literatur: N. Mantl, A. S., 1993; Austrian Scholarship in Pakistan: A Symposium Dedicated to the Memory of A. S., 1996.

Sprenger, Paul, * 20. 8. 1798 Sagan (Zagan, PL), † 29. 10. 1854 Wien, Architekt. Schüler von P. v. → Nobile an der Wr. Akademie, 1828 Akad.-Prof. und 1842 Leiter der Staatsbauten. Seine Verwendung von Rohziegeln und Terrakottendekor wurde von den Ringstraßenarchitekten künstlerisch weitergeführt.

Werke: Wien: Münze Ö., 1835–38; Hauptzollamt, 1840–44; ehem. Finanzlandesdirektion, 1841–47 (mit F. Bauer); Hofkammerarchiv, 1843/44; Gebäude der Nö. Landesregierung, 1846–48; Altlerchenfelderkirche, 1848 (nur bis zur Sockelhöhe); Turm der Augustinerkirche (Neubau), 1849–52; Griech.-unierte Kirche (Fassade), 1852. – OÖ.: Salinengebäude in Ebensee, 1836–38; Hauptzollamt in Linz, 1857/58 (nach seinen Plänen erbaut). – Bahnhöfe in Ungarn. – Literatur: W. Cerny, P. S., Diss., Wien 1967.

Springer, Georg, * 20. 8. 1946 Wien, Manager. Studierte Jus in Wien, anschließend Univ.-Ass. f. Staats- und Verwaltungsrecht in Wien, danach bis 1988 im

Bundeskanzleramt. Ab 1988 stellv. Gen.-Sekr. der ö. Bundestheater, ab 1991 Gen.-Sekr.; seit 1999 Geschäftsführer der Bundestheater-Holding Ges. m. b. H.

Springer, Rudolf, Pseud. für Karl → Renner.

Spunda, Franz, * 31. 12. 1889 Olmütz (Olomouc, CZ), † 1. 7. 1963 Wien, Schriftsteller und Gymnasiallehrer in Wien. Verfasser okkulter Romane („Devachan", 1921), später Hinwendung zum hist.-heroischen Roman („Romulus", 1934; „Alarich", 1937) und zum Nat.-Soz.; Landesleiter des „Reichsverbands dt. Schriftsteller" für Ö.

Weitere Werke: Romane, Gedichtbände und Essays. – Literatur: L. Václavek, Wodurch hat F. S. die dt.-sprach. Literatur bereichert?, in: Germanistica Olomucensia, 1971.

Squicciarini, Donato, * 24. 4. 1927 Altamura (I), geistlicher Würdenträger. 1952 Priesterweihe, 1978 Metropolit von Tiburnia, seit 1989 Apostolischer Nuntius in Ö.

Srbik, Heinrich Ritter von, * 10. 11. 1878 Wien, † 16. 2. 1951 Ehrwald (Ti.), Historiker. Ab 1912 Univ.-Prof. in Graz und 1922–45 in Wien; 1929/30 Unterrichtsmin., 1938–45 Mitgl. des „Großdt. Reichstags" und Präs. der Akad. d. Wiss.; Hauptvertreter einer gesamtdt. Geschichtsauffassung.

Werke: Die Beziehungen von Staat und Kirche in Ö. während des MA, 1904; Wallensteins Ende, 1920; Metternich, der Staatsmann und der Mensch, 3 Bde., 1925–54; Das ö. Kaisertum und das Ende des Hl. Röm. Reiches, 1927; Dt. Einheit, 4 Bde., 1935–42; Aus Ö. Vergangenheit, 1949; Geist und Geschichte vom dt. Humanismus bis zur Gegenwart, 2 Bde., 1950/51; Die geschichtl. Stellung Wiens 1740–1918, 1962 (mit R. Lorenz); Hg. der Quellen zur dt. Politik Ö. 1859–66, 5 Bde., 1934–38. – Literatur: MIÖG 59, 1951.

Staber, Johann, * 11. 4. 1928 Klagenfurt (Kä.), Architekt. Als einer der 4 Wettbewerbssieger des Architekturwettbewerbs zur UNO-City in Wien wurde sein Entwurf 1973–79 realisiert. Auch das Austria Center Vienna wurde von ihm entworfen und 1982–87 errichtet.

Weiteres Werk: Blindenanstalt Unterdambach (NÖ.).

Stabius (Stab, Stöberer), Johannes, * um 1460 Steyr (OÖ.), † 1. 1. 1522 Graz (Stmk.), Geistlicher, Humanist, Naturwissenschaftler und Historiograph. Prof. f. Mathematik in Ingolstadt, wo er K. → Celtis kennen lernte; ab 1497 an der Univ. Wien. Mit Humanisten und Poeten befreundet, wurde er 1502 von Celtis zum Dichter gekrönt. Ab 1503 im Dienst → Maximilians I., begleitete er diesen auf Reisen, war Berater in wiss. und literar. Fragen und warnte diesen vor unkrit. genealog. Forschungsarbeit. S. schuf die 1. flächentreue ebene Darstellung der Erdoberfläche (die von J. Werner 1514 veröffentlichte Stab-Werner'sche herzförmige Projektion), schrieb eine habsb. Genealogie und die Verse zur „Ehrenpforte" (Bilder von A. Dürer) für Maximilian I.

Literatur: Maximilian I., Ausst.-Kat., Innsbruck 1969; H. Kaiser u. W. Nöbauer, Geschichte der Mathematik, 1984.

Stache, Guido, * 28. 3. 1833 Namslau (Namyslow, PL), † 11. 4. 1921 Wien, Geologe und Paläontologe. Ab 1857 an der Geolog. Reichsanstalt; 1885 Vizedir., 1892–02 Dir.; geolog. Aufnahmen in den Alpen und Karpaten, paläontolog. Forschungen im alpinen Paläozoikum sowie im Mesozoikum und Alttertiär Istriens.

Werke: Beiträge zur Fauna der Bellerophonkalke S-Ti., in: Jb. d. Geolog. Reichsanst. 27/28, 1877–79; Die Liburnische Stufe und deren Grenzhorizonte, in: Abhandlungen d. Geolog. Reichsanstalt 13, 1889. – Literatur: F. V. Kerner, Zur Erinnerung an G. S., in: Jb. d. Geolog. Reichsanstalt 71, 1921.

Stacher, Alois, * 16. 2. 1925 Wien, Hämatologe und Politiker (SPÖ). 1973–89 Stadtrat f. Gesundheit und Soziales in Wien. In seiner Amtszeit erfolgte der Bau des neuen Allg. Krankenhauses und der Bau des Sozialmedizin. Zentrums Ost (Donauspital) als Musterkrankenhaus nördl. der Donau. Führte die Wr. Psychiatriereform durch. Beschäftigte sich als Mediziner (ab 1974 Univ.-Prof., 1976–90 Primar am Hanusch-Krankenhaus in Wien) auf dem Gebiet der Hämatologie v. a. mit Fragen der Leukämie- und Lymphomforschung (mehr als 350 wiss. Arbeiten) sowie mit Fragen der Ganzheitsmedizin.

Stadion, Franz, Graf von Warthausen, * 27. 7. 1806 Wien, † 8. 6. 1853 ebd., Beamter und liberaler Politiker; Sohn von Johann Philipp → Stadion Gf. v. Warthausen. Ab 1841 Statthalter des Küstenlandes, 1846–48 von Galizien, 1848/49 Innen- und Unterrichtsmin. Vertrat eine konstitutionelle Politik.

Stadion, Johann Philipp, Graf von Warthausen, * 18. 6. 1763 Mainz (D), † 15. 5. 1824 Baden (NÖ.), Diplomat, Staatsmann; Vater von Franz → Stadion Gf. v. Warthausen. Gesandter in Stockholm, London, Berlin und St. Petersburg; ab 1805 Leiter der ö. Außenpolitik. Bereitete den Krieg 1809 gegen Napoleon vor und wurde nach der Niederlage Ö. von C. W. L. Gf. → Metternich abgelöst. Ab 1815 Finanzmin., gründete 1816 die Oesterr. Nationalbank und ordnete das Steuerwesen neu.

Literatur: H. Rössler, Graf J. P. S., Napoleons dt. Gegenspieler, 2 Bde., 1966.

Stadler, Brigitte, * 24. 2. 1965 Wien, Balletttänzerin. Ausbildung an der Ballettschule der Ö. Bundestheater, Mitgl. des Staatsopernballetts; Durchbruch 1983 mit R. → Nurejew in „Schwanensee"; seit 1990 1. Solotänzerin.

Stadler, Karl R., * 8. 10. 1913 Wien, † 7. 7. 1987 Linz (OÖ.), Historiker, Volksbildner. 1934–38 bei den Revolutionären Sozialisten tätig, emigrierte 1938 nach England; 1946–48 Dozent an engl. Universitäten; 1968–83 Prof. f. Zeitgeschichte an der Univ. Linz; leitete das L.-Boltzmann-Inst. f. die Geschichte der Arbeiterbewegung; 1973 Rektor des Renner-Inst. der SPÖ; 1970–84 Präs. der Verbands ö. Volkshochschulen.

Literatur: G. Botz u. a. (Hg.), Geschichte und Ges., Festschrift für K. R. S. zum 60. Geburtstag, 1974; R. Arlt u. H. Hautmann, Arbeiterschaft und Nationalsozialismus in Ö. In memoriam K. S., 1990.

Stadler, Krista, * 15. 8. 1942 Wien, Schauspielerin. 1964 Debüt am Ateliertheater am Naschmarkt unter V. → Relin, 1964–67 in Basel, 1968/69 in München; nach Rückkehr nach Wien Engagements am Theater an der Wien (ab 1973), Theater im Zentrum, Theater am Kärntnertor (1974–76), Theater in der Josefstadt (ab 1977) und am Volkstheater (ab 1978); Mitwirkung in Musicals, bei Festspielen (Salzburg, Krems, Kobersdorf), Gastspiele. Film- und Fernsehtätigkeit.

Stadler, Maximilian (Johann Karl Dominik), „Abbé S.", * 4. 8. 1748 Melk (NÖ.), † 8. 11. 1833 Wien, Komponist, Musikhistoriker, Pianist. Ab 1766 Benediktiner im Stift Melk, 1784–86 dort Prior, 1786 Abt von Lilienfeld, 1789 in Kremsmünster; lebte ab 1791 in Linz und ab 1796 in Wien, wo er den Nachlass W. A. → Mozarts ordnete und das kaiserl. Musikarchiv leitete. 1803 säkularisiert. S. zählte zu den prominentesten Persönlichkeiten des Wr. Musiklebens an der Wende vom 18. zum 19. Jh., er war mit Mozart, J. → Haydn, L. van → Beethoven und Franz → Schubert befreundet und verfasste zahlr. Schriften über Mozart. Sein nicht erhaltenes Werk „Materialien zur Geschichte der Musik" gilt als erste Musikgeschichte Ö.

Werke: Oratorien, Kantaten, Lieder, Kirchenmusik, Werke für Tasteninstrumente; theoret. und musikhist. Schriften. – Literatur: K. Wagner (Hg.), Abbé M. S., seine Materialien zur Geschichte der ö. Musik unter den ö. Regenten, 1974.

Franz Stadion Graf von Warthausen. Stich, um 1830.

Johann Philipp Stadion Graf von Warthausen. Stich, um 1810.

Heinrich Ritter von Srbik. Foto.

Stadlober, Alois, * 11. 4. 1962 Judenburg (Stmk.), Skilangläufer, Jurist und Sportfunktionär. Seit 1977 im Wettkampfsport aktiv, vielfacher ö. Meister, 5-mal bei Olymp. Spielen. 1999 in der Ramsau Weltmeister in der 4-x-10-km-Staffel (mit Michail Botwinow, Markus Gandler und Christian Hoffmann) und Silbermedaille über 10 km im klass. Stil.

Stainer (Steiner), Jakob, * 1617 Absam (Ti.), † Okt. oder Nov. 1683 ebd., Geigenbauer. Vermutlich Schüler der Geigenbaumeister in Cremona; ab 1658 Hofgeigenmacher, ab 1656 Werkstätte in Absam (ohne Gehilfen und Schüler). Begründer der mitteleurop. Geigenbaukunst; verband ital. Handwerkstechnik mit dem dt. Geigenmodell. Seine Geigen zeichnen sich durch bes. Klangschönheit aus und sind den besten ital. Meistergeigen ebenbürtig (oft mit Amati verglichen). S. litt ab 1675 an einer Geisteskrankheit, seine letzte Geige ist mit 1682 datiert. Der Geigenbauer Marcus S. (* 1633 Hallein, † 27. 11. 1693 Laufen), oft als Bruder von Jakob S. bezeichnet, war nicht mit diesem verwandt.

Literatur: W. Senn, J. S. Leben und Werk des Ti. Meisters 1617–1683, 1986.

Stainer-Knittel, Anna, * 28. 7. 1840 Elbigenalp (Ti.), † 28. 2. 1915 Wattens (Ti.), Porträt- und Blumenmalerin, bekannt als „Geierwally". Trat in ihrer Jugend durch bes. Mut hervor, holte zweimal ein Adlerjunges aus dem Nest und hielt diese Tat im Bild fest; in der Kunstszene frühes Beispiel weibl. Emanzipation. Bekanntheit erlangte sie v. a. durch den Roman „Geierwally" (1876) von Wilhelmine von Hillern, der 1943 mit Heidemarie Hatheyer und 1946/47 mit Barbara Rütting verfilmt wurde. Die Oper „La Wally" von Alfredo Catalani wurde 1892 uraufgeführt; von F. → Mitterer wurde der Stoff als Volksstück bearbeitet. „Geierwally-Freilichtspiele" mit Werken von F. Mitterer finden in Elbigenalp statt.

Stainreuter, Leopold, * um 1340 Wien oder Steyr (OÖ.), † um 1400 Wien, Historiograph, Mitgl. des Konvents der Augustiner-Eremiten in Wien. Lehrer an der theolog. Fakultät der Univ., ab 1385 päpstl. Ehrenkaplan; im Auftrag Hzg. Albrechts III. Verfasser der „Ö. Chronik von den 95 Herrschaften", des umfangreichsten ö. Geschichtswerks des 14. Jh., eine Geschichte angebl. ö. Herrscher seit Noah. Sie bestimmte das Geschichtsbild des 15. Jh. und wurde von Friedrich III. in der Wappenwand der Georgskirche von Wr. Neustadt künstlerisch umgesetzt.

Literatur: J. Seemüller (Hg.), Ö. Chronik, Monumenta Germaniae Historica, Dt. Chroniken VI, 1909; P. Uiblein, Die Quellen des Spät-MA, 1982.

Stammel, Joseph Thaddäus, getauft 9. 11. 1695 Graz (Stmk.), † 21. 12. 1765 Stift Admont (Stmk.), Bildhauer. Hauptvertreter der ö. spätbarocken Holzplastik; ab 1718 Aufenthalt in Rom, ab 1726 Stiftsbildhauer in Admont. In der Vorliebe für überreiche Formen und Bewegungen der spätgot. Tradition verpflichtet. Ein Meister des Details, der den Höhepunkt seines Schaffens mit der Ausstattung der Admonter Stiftsbibl. erreichte.

Werke: Stmk.: Hochaltar von St. Martin in Graz, 1738/40; Weihnachtskrippe in Kalwang, 1751; „Die vier letzten Dinge" (Tod, Gericht, Himmel und Hölle) in der Admonter Stiftsbibl., 1760. – Schnitzwerke in Admont (Reliefs: Rosenkranzgeheimnisse, Leichnam Christi, Vesperbild, Die 4 Jahreszeiten), Frauenberg (Kreuzaltar), Gaishorn, Mautern, St. Gallen, Wildalpen, Strechau (Kruzifix), Öblarn. – Literatur: A. Krause, Die Krippenkunst des J. T. S., 1962; M. Braunsteiner (Hg.), Barockbildhauer J. S. 1695–1765, 1996.

Stampfer, Simon, * 26. 10. 1790 Raneburg (Gem. Matrei i. O-Ti.), † 10. 11. 1864 Wien, Mathematiker, Geodät. 1826–49 Prof. am Wr. Polytechn. Inst.; erfand 1832 die stroboskopische Scheibe, die dem Betrachter den Eindruck eines „laufenden Bildes" (Film) vermittelt.

Literatur: F. Allmer, S. S. 1790–1864, 1990; P. Schuster u. C. Strasser, S. S. 1790–1864, 1998.

Stamprech, Franz, * 30. 5. 1906 Wien, † 4. 5. 1983 Eisenstadt (Bgld.), Journalist und Schriftsteller. Zunächst Feuilletonist beim „Kleinen Volksblatt", in der Folge Redakteur (Innenpolitik), dann stellv. Chefredakteur. Ab 1955 Chefredakteur der „Wr. Zeitung". Vorstandsmitgl. des Presseklubs Concordia und Obmann der Vereinigung der Parlamentsredakteure Ö. Autor von Biographien, Romanen, Sach- und Kinderbüchern.

Werke: Das Tierhotel, 1946; H. Kudlich, 1947; L. Kunschak, 1953; I. F. Castelli, 1958; Die älteste Tageszeitung der Welt (Wr. Zeitung), 1974; 175 Jahre Ö. Staatsdruckerei, 1979.

Stangassinger, Thomas, * 15. 9. 1965 Hallein (Sbg.), Skirennläufer. Ab 1984 im A-Kader des Ö. Skiverbands, insges. 10 Weltcupsiege. Silbermedaille im Slalom bei der Weltmeisterschaft in Saalbach 1991; Goldmedaille im Slalom bei den Olymp. Spielen 1994 in Lillehammer, 1999 Gewinner des Slalomweltcups. 2000 Rücktritt vom aktiven Sport.

Stangl, Burkhard Paul, * 6. 11. 1960 Eggenburg (NÖ.), Komponist, Musiker. Studierte Gitarre am Wr. Konservatorium sowie Ethnologie und Musikwiss. an der Univ. Wien; ab 1982 Beschäftigung mit afrikan. Kulturphänomenen, ab 1985 Zusammenarbeit u. a. mit F. → Koglmann, O. → Neuwirth, Tom Cora, Walter Malli und A. → Logothetis. Gründete 1983 das Ensemble Ton.Art und 1991 Maxixe; Mitgl. verschiedener anderer Ensembles (Die Vögel Europas, Franz Koglmann Quintett, Ensemble 2001).

Werke: Nachstück, 1984 (Bläserquartett); Die Republik Kongressbad, 1988 (Hymne in 3 Sätzen); WOLKEN.HEIM, 1989ff. (verschiedene Fassungen); Jean Genet am Billardtisch, 1992 (Bassklarinette); Hendrix-Musik, 1993 (E-Gitarren, Tonband); music for Gertrude Stein II, 1995 (Posaune, Gitarren, Cello, Sprecherin); Der Venusmond, 1997ff. (Oper in Etappen).

Stankovski, Alexander, * 22. 2. 1968 München (D), Komponist; Sohn von Ernst → Stankovski. Lebt seit 1975 in Wien, 1984–90 Studium an der Wr. Musikhochschule, 1990–94 Kompositionsstudium in Frankfurt a. Main, seither freischaffender Komponist und Mit-Hg. der Ztschr. „ton". Nach intensiver Auseinandersetzung mit musikal. Traditionen beschäftigt sich S. in jüngerer Zeit mit dem Entwurf einer eig. kompositor. Grammatik.

Werke: Unruhe ist in den Gräsern, 1990 (elektron. Komposition); Äußerungen zu Brahms, 1993 (Klaviertrio); Mêle Moments, 1995 (Mezzosopran, Ensemble); sätze ansätze, 1996 (Ensemble); Räume I–IV, 2000.

Stankovski, Ernst (eigentl. E. Rudolf Stankovsky), * 16. 6. 1928 Wien, Schauspieler, Entertainer, Schriftsteller; Vater von Alexander → Stankovski. Nach Gesangs- und Tanzausbildung und Besuch des Reinhardt-Seminars 1946–65 Engagement am Theater in der Josefstadt, danach u. a. Zusammenarbeit mit E. Piscator in Berlin, F. → Kortner in München und P. Zadek in Hamburg; Gastspiele am Theater an der Wien, am Wr. Volkstheater und an Wr. Kleinbühnen. Neben seiner Schauspieltätigkeit Auftritte als Stepptänzer, Liedermacher und TV-Moderator („Erkennen Sie die Melodie?"). Ab 1993 wieder in Wien, Kabarett-Soloabende. 1975 Dt. Kleinkunstpreis.

Werke: S.-Quiz, 1975; Wir haben es uns gemütlich gemacht, 1976; Das Große Testament des François Villon, 1981.

Starhemberg, Hochadelsgeschlecht aus OÖ. Gundackar von Stainpach auf Burg S. am Hausruck erwarb 1559 Schaunberg und Eferding; 1643 wurde die Familie zu Reichsgrafen, 1765 zu Reichsfürsten. 1661–78 ließ Conrad Balthasar Gf. → Starhemberg ein Palais am Minoritenplatz in Wien errichten (Beispiel eines frühbarocken Palasts, seit 1871 BM f. Unterricht); das Gartenpalais in Wien 4 (Rainerg. 11) ließ Gundacker Thomas Gf. → Starhemberg vor 1706 erbauen (später Palais Schönburg-Hartenstein). Ab 1642 besaßen die S. ein Freihaus auf der Wieden, das mit über 1000 Bewohnern das größte Mietshaus Wiens war und zu dem auch das Freihaustheater gehörte. Weitere bed. Persönlichkeiten aus der Familie waren der Feldmarschall Ernst Rüdiger Gf. → Starhemberg, der Heimwehrführer Ernst Rüdiger → Starhemberg sowie Guido Gf. → Starhemberg und Helmhard Frh. v. → Starhemberg.

Starhemberg, Conrad Balthasar Graf, * 1612, † 3. 4. 1687 Wien, Staatsmann. Ab 1663 Statthalter von NÖ.; Präs. des Geheimen Rat-Deputierten-Collegiums; erwarb mehrere Herrschaften in NÖ. und OÖ.

Starhemberg, Ernst Rüdiger Graf, * 12. 1. 1638 Graz (Stmk.), † 7. 6. 1701 Wien, Feldmarschall; Cousin von Guido Gf. → Starhemberg. Stadtkommandant von Wien bei der Türkenbelagerung 1683, das er bis zum Eintreffen des Entsatzheeres verteidigte; 1691 Präs. des Hofkriegsrats. Grabmal (von J. E. Fischer v. Erlach) in der Schottenkirche.

Literatur: A. Thürheim, Feldmarschall E. R. v. S., 1882.

Starhemberg, Ernst Rüdiger (Fürst), * 10. 5. 1899 Eferding (OÖ.), † 15. 3. 1956 Schruns (Vbg.), Politiker, Heimwehrführer. Nahm 1919 beim „Freikorps Oberland" am Sturm auf den Annaberg in Oberschlesien und am 9. 11. 1923 an Hitlers Marsch auf die Feldherrenhalle in München teil; 1929 Heimwehrführer in OÖ., ab 1930 Bundesführer des Heimatschutzes bis 1936. Er unterstützte den austrofaschist. Kurs von E. → Dollfuß; nach dessen Tod von Juli 1934 bis Mai 1936 Bundesführer der Vaterländ. Front; von K. → Schuschnigg entmachtet, da er für eine enge Anlehnung an Italien eintrat; 30. 9. bis 4. 12. 1930 Innenminister, 17. 5. 1934 bis 14. 5. 1936 Vizekanzler; emigrierte 1937, 1942–45 in S-Amerika. Seine Rückkehr löste 1952 Proteste der SPÖ aus.

Werke: Between Hitler and Mussolini, 1942; Memoiren, mit einer Einleitung von H. Drimmel, 1971. – Literatur: L. Jedlicka, E. R. Fürst S. und die polit. Entwicklung in Ö im Frühjahr 1938, in: Vom alten zum neuen Ö., 1975.

Starhemberg, Guido Graf, * 11. 11. 1657 Graz (Stmk.), † 7. 3. 1737 Wien, Feldmarschall; Cousin von Ernst Rüdiger Gf. → Starhemberg. Erhielt im Span. Erbfolgekrieg 1703 das Kommando in Italien; 1711–13 Vizekönig in Spanien.

Starhemberg, Gundacker Thomas Graf, * 14. 12. 1663 Wien, † 8. 7. 1745 Prag (CZ), Finanzfachmann. 1698–1700 Vizepräs., 1703–15 Präs. der Hofkammer, 1706–45 Präs. der Ministerialbancodeputation, ab 1712 Mitgl. der Geheimen Konferenz, ab 1716 der Geheimen Finanzkonferenz. Bester Kenner der Staatsfinanzen zur Zeit des Span. Erbfolgekriegs, hatte unter → Karl VI. starken polit. Einfluss.

Literatur: B. Holl, Hofkammerpräs G. T. Gf. S. und die ö. Finanzpolitik der Barockzeit, in: Archiv f. ö. Geschichte 132, 1976.

Starhemberg, Helmhard Frh. von, * 17. 2. 1572 Schloss Starhemberg (Gem. Eferding, OÖ.), † 1. 1. 1631 Linz (OÖ.), Hofkammerpräsident. Studierte an mehreren Univ. (Tübingen, Straßburg, Padua, Siena) und war dann in der Verwaltung tätig; ab 1606 Hofkammerpräs. S. war in der protestant. Bewegung (1608 und 1619/20) führend und wurde 1621 als „Hauptrebell" festgenommen. Er brachte J. → Kepler an die Landschaftsschule Linz.

Literatur: NDB.

Staribacher, Andreas, * 7. 1. 1957 Wien, Jurist, Steuerberater, Politiker (SPÖ); Sohn von Josef → Staribacher. Zunächst im Bankenbereich tätig, dann in Wirtschaftsprüfungskanzlei, ab 1984 selbstständiger Steuerberater und Wirtschaftsprüfer; April 1995 bis Jänner 1996 BMin. f. Finanzen, danach wieder Steuerberater und Wirtschaftstreuhänder.

Staribacher, Josef, * 25. 3. 1921 Wien, Stein- und Offsetdrucker, Dipl.-Volkswirt und Politiker (SPÖ); Vater von Andreas → Staribacher. Polit. Freiheitsstrafen 1936, 1939–40 KZ Buchenwald; bei ÖGB und AK tätig, 1961–83 Abg. z. NR, 1970–83 BMin. f. Handel, Gewerbe und Ind.

Starkbaum, Josef, * 22. 3. 1934 Brünn (Brno, CZ), Ballonfahrer und Flugzeugpilot. Gewann zahlr. internat. Wettfahrten, darunter mehrmals das Gordon-Bennett-Rennen; mehrfacher Europa- und 2-facher Weltmeister im Ballonfahren. Seinen langjähr. Höhenweltrekord von 13.670 m überbot er selbst 1998 mit 15.360 m.

Starmühlner, Ferdinand, * 19. 7. 1927 Wien, Biologe. 1970–92 Univ.-Prof. am Inst. f. Zoologie in Wien. Zahlr. Forschungsexpeditionen u. a. in die Karibik und auf die indopazifischen Inseln; über 400 wiss. und populärwiss. Publikationen, Vorträge in Rundfunk, Fernsehen und Volksbildungsstätten.

Werke: Salzseen und Steppen, 1956; Ergebnisse der ö. Madagaskar-Expedition 1958, 1964; Die Schwechat, 1969; Naturgeschichte Wiens, 4 Bde., 1970 (Hg.); Urwaldinseln, 1979; Menschengötter: zauberhaftes Südindien, 1992; Urwälder – Vulkane – Kreolen: Forschungen auf den Kleinen Antillen, 1994; Perlen der Südsee, 1995; Die kleinen Drachen, 1996; Urwaldberge – Inseltiere, 1998; Tropensonne – Regenwälder – Tempeltänzer, 1999; Zw. Polarkreis und Äquator, 2000.

Ernst Rüdiger Graf Starhemberg. Stich von J. le Pautre.

Starzengruber, Josef, * 1806 Gallspach (OÖ.), † 7. 1. 1877 Andorf (OÖ.), Mediziner. Als erster Kurarzt in Bad Hall (OÖ.) setzte er sich ab 1847 für den Ausbau der dortigen Heilquellen ein, auf den die Gründung des Jodbads Bad Hall 1855 zurückgeht.

Statz, Vincenz, * 9. 4. 1819 Köln (D), † 21. 8. 1898 ebd., Architekt. Bed. Mitgl. der Kölner Dombauhütte, spezialisiert auf sakrale Bauten und Restaurierungen. Beteiligte sich 1854/55 am Wettbewerb für die Wr. Votivkirche; sein Projekt wurde von kirchl. Seite favorisiert, unterlag jedoch. Er erhielt aber u. a. den Auftrag zur Errichtung des Linzer Doms (1858–1924), mit dem er eine der markantesten Leistungen monumentaler Sakralarchitektur des Historismus schuf.

Literatur: H. Vogts, V. S., 1960.

Staud, Johann, * 22. 5. 1882 Rohožna-Poliska (CZ), † 2. 10. 1939 KZ Flossenbürg (D), Arbeiterführer und Mitarbeiter von L. → Kunschak, Politiker (CS). 1927 Sekr. der Zentralkommission der Christl. Gewerkschaften, 1934–38 Präs. des Ö. Gewerkschaftsbunds. Warnte vor den Nat.-Soz. und wurde deshalb bereits am 12. 3. 1938 verhaftet.

Literatur: C. Kluwick-Muckenhuber, J. S., 1969.

Guido Graf Starhemberg. Gemälde von J. Kupetzky (Österreichische Galerie Belvedere, Wien).

Staudacher, Hans, * 14. 1. 1923 St. Urban (Kä.), Maler und Graphiker, Vertreter informeller Aktionsmalerei. Schuf nach 1945 zunächst Zyklen von expressiven Federzeichnungen und Kunstharzbilder und ab 1960 konsequent nicht figurative Malerei unter Einbeziehung von Schriftzeichen („Lettrismus"); beteiligte sich an Malaktionen (1964 Bilderverbrennung, 1970 „Abbruch"); entwarf auch Glasfenster und Mosaike; 1956 ö. Vertreter bei der Biennale in Venedig.

Literatur: P. Baum, H. S., 1974; H. S. Werke 1952–92, Ausst.-Kat., Innsbruck 1993.

Staudacher, Michael, * 25. 8. 1613 Hall i. Ti., † 10. 11. 1673 Ebersberg (D), Prediger, Jesuit. Prof. f. Rhetorik, Mathematik und Hebräisch in München, 1647 Prediger in Dillingen, ab 1650 Hofprediger in Innsbruck. Autor der ersten dt.-sprach. Fassung der Genovefa-Legende (1648).

Weitere Werke: Centum affectus Amoris divini, 1647; Geistliche und Sittliche Redverfassungen (...), 2 Bde., 1656; Betraurung Dess tödl. Hintrittes Ihrer Majestet Ferdinand dess Dritten (...), 1658. – Literatur: J. Eder, P. M. S., Diss., Innsbruck 1966.

Stebich, Max (auch M. Rott), * 10. 5. 1897 Wien, † 17. 5. 1972 ebd., Schriftsteller und Lehrer. Stieß nach 1933 zu den NS-Autoren um M. → Jelusich; 1938–40 Geschäftsführer der Reichsschrifttumskammer Ö. Verfasste hist. Romane und Jugendbücher; Popularität erlangten seine Nacherzählungen von Märchen- und Sagensammlungen („Märchen aus dt. Landen", 1956; „Alpensagen", 1958).

Weitere Werke: Gedichtbände und Romane. – Literatur: G. Renner, Ö. Schriftsteller und der Nat.-Soz. (1933–40), 1986.

Stecher, Franz Anton, * 16. 8. 1814 Nauders (Ti.), † 19. 8. 1853 Innsbruck (Ti.), Maler. Einer der letzten Vertreter der Malerei der Nazarener in Ö., Schüler von L. → Kupelwieser und J. v. → Führich. War zunächst Jesuit; stattete 1839–43 das Kolleg am Freinberg in Linz aus. Nach 1844 als freier Kunstmaler in Innsbruck tätig, 1848–51 Aufenthalt in N-Amerika.

Literatur: M. Reinhardt, F. S., 1957.

Stecher, Reinhold, * 22. 12. 1921 Innsbruck (Ti.), 1981–97 Bischof von Innsbruck. 1947 Priesterweihe, 1968 Religionsprof. und 1965–70 Spiritual am Priesterseminar in Innsbruck.

Werke: Liebe ohne Widerruf, 1965; Botschaft der Berge, 1986; Heiter besinnlich rund um den Krummstab, 1991; Das Geschenk der Weihnacht, 1991; Geleise ins Morgen, 1995; Fröhlich und ernst unter der Mitra, 1997; Werte im Wellengang, 2000.

Leo Stein. Foto.

Stefan, Josef, * 24. 3. 1835 Klagenfurt (Kä.), † 7. 1. 1893 Wien, Physiker. Begründer der ö. Physiker-Schule, Lehrer von L. → Boltzmann; 1863 Univ.-Prof., 1866 Dir. des Physikal. Inst. der Univ. Wien, Sekr. und 1885 Vizepräs. der Akad. d. Wiss. Zu seinen bedeutendsten Arbeiten zählen die experimentelle Bestimmung des Wärmeleitvermögens in Gasen mittels „Diathermometer" und das Gesetz über die Intensität der Wärmestrahlung (das zu den Strahlungsgesetzen zählende „T^4-Gesetz" auf der Basis des boltzmannschen Gesetzes). S. trug auch zur Übernahme der maxwellschen Theorie auf dem Festland bei; wichtige Beiträge zu akustischen und optischen Problemen sowie zur Elektrizitätstheorie und Hydrodynamik.

Literatur: A. v. Obermayer, Zur Erinnerung an J. S., 1893.

Steger, Norbert, * 6. 3. 1944 Wien, Jurist und Politiker (FPÖ). Seit 1975 selbstständiger Rechtsanwalt. 1975–77 stellv. Landesparteiobmann, 1977 Landesparteiobmann der FPÖ Wien; 1978–80 stellv. FPÖ-Bundesparteiobmann, 1980–86 FPÖ-Bundesparteiobmann; 1983–87 Vizekanzler und BMin. f. Handel, Gewerbe u. Ind.; 1979–86 Abg. z. NR. Zählte zum liberalen Flügel der FPÖ, nach einer Kampfabstimmung 1986 von J. → Haider als Parteiobmann abgelöst.

Steidl, Melchior Michael, * Innsbruck (Ti.), † 4. 8. 1727 München (D), Maler. Wirkte v. a. in OÖ.

Werke: OÖ.: Fresken in St. Florian (Stiftskirche, Sakristei); Kremsmünster (Kaisersaal, Bibl.); Lambach (Stiftskirche, Sommerabtei, Bibl.). – Ti.: Altarbilder in Rattenberg (Servitenkirche). – Literatur: F. Wagner (Red.), M. S. – Die Zeichnungen, Ausst.-Kat., Salzburger Barockmus., 1999.

Josef Steinberger. Foto.

Steidle, Richard, * 20. 9. 1881 Untermais b. Meran (S-Ti.), † 30. 8. 1940 KZ Buchenwald (D), Rechtsanwalt und Politiker (CS, Heimwehr). 1919–34 Abg. z. Ti. Landtag, 1918–21 und 1933/34 Mitgl. d. Ti. Landesregierung, 1922–31 Mitgl. d. BR (1923/24 und 1928 Vorsitzender). Gründete 1920 die Ti. Heimwehr, deren Landesführer er bis 1934 war. 1926–30 Bundesführer der ö. Heimatschutzverbände, 1932–34 Stellv. des Bundesführers; am 11. 6. 1933 wurde ein nat.-soz. Attentat auf ihn verübt; 1933 Sicherheitsdir. von Ti., 1933/34 Bundeskommissär f. Propaganda, 1934–38 Generalkonsul in Triest.

Literatur: W. Wiltschegg, Die Heimwehr, 1985.

Steigentesch, August Ernst Frh. von, * 12. 1. 1774 Hildesheim (D), † 30. 12. 1826 Wien, Schriftsteller. Generaladjutant des Fürsten Schwarzenberg (1813); diplomat. Missionen u. a. in Kopenhagen, St. Petersburg und Turin, Abschied aus dem Staatsdienst 1816. Erfolgreich als Autor galanter Salonlustspiele („Convenienz und Liebe", 1798; „Der Reukauf", 1803) für das Wr. Hofburgtheater.

Weitere Werke: Lustspiele: Die Freyer, 1798; Das Landleben, 1802; Die Gelehrsamkeit der Liebe, 1804. – Roman: Marie, 2 Bde., 1812. – Erzählungen: Loth, 1802; Erzählungen, 1808. – Lyrik: Gedichte, 1799. – Literatur: W. Eilers, A. v. S., Diss., Leipzig 1905.

Steiger, Dominik, * 18. 10. 1940 Wien, Autor experimenteller Prosa und Lyrik, Zeichner und Musiker. Stand der Wr. Gruppe nahe; beschäftigt sich insbes. mit automat. Textproduktion („Biometrische Texte", 1974).

Weitere Werke: Wende, 1961; zyklus ökonom. literatur, 1965; Die Verbesserte Große Sozialist. Oktoberrevolution, 1967; Wunderpost für Co-Piloten, 1968; Hupen Jolly fahrt Elektroauto, 1969; libretto der selbstanwendungen zum idioeidetischen letterfrack, 1974; Mein fortdeutsch-heimdeutscher Radau Tragelaph's, 1978; Senza tanto, 1979; Amateurprobleme der Lebensüberlegung, 1980; Zell fesch, 1984; Blätterbuch, 1990; Letterfälle bois Buchobjekt, 1991, Thingummy, 1994; Sinngummis à la minute, 1997. – Literatur: D. S. Acht. Acht, 1989.

Stein, Leo (eigentl.: Rosenstein), * 23. 2. 1861 Lemberg (Lwiw, UA), † 28. 7. 1921 Wien, Librettist, Bühnenschriftsteller. Zusammenarbeit mit J. → Strauß Sohn, V. → Léon, F. → Lehár und O. → Nedbal.

Werke: Libretti: Wiener Blut, 1899; Das süße Mädel, 1901; Tausend und eine Nacht, 1904; Der Göttergatte, 1904; Die lustige Witwe, 1905; Die Schützenliesel, 1905; Künstlerblut, 1906; Die geschiedene Frau, 1908; Der Graf von Luxemburg, 1909; Polenblut, 1913; Die Csardasfürstin, 1915; Hollandweibchen, 1917; Die blaue Mazur, 1920; Mädi, 1923. – Lustspiele.

Steinacker, Harold, * 26. 5. 1875 Budapest (H), † 29. 1. 1965 Innsbruck (Ti.), Historiker. Univ.-Prof. in Prag und Innsbruck; vertrat die gesamtdt. Geschichtsauffassung.

Werke: Regesta Habsburgica 1904; Die antiken Grundlagen der früh-ma. Privaturkunde, 1927; Das ö. Nationalitätenproblem bis 1867, 1935; Die german. Mittelmeerreiche, 1940; Volk und Geschichte, 1943; Vom Sinn und Wesen der Geschichte, 1961. – Hg. des Südost-dt. Archivs und der Buchreihe der Südost-dt. Hist. Kommission, Bd 7, 9, 10.

Steinbach, Emil, * 11. 6. 1846 Wien, † 26. 5. 1907 Purkersdorf (NÖ.), Jurist und Politiker. 1891–93 Finanzmin., 1904–07 Präs. des Obersten Gerichtshofs. War maßgebend an der soz.-polit. Gesetzgebung der Ära → Taaffe beteiligt, trat für eine Erweiterung des Wahlrechts ein, führte eine Währungsreform (1892) und eine Reform der Personalsteuer durch.

Literatur: E. Svarovsky, E. S. Sein Leben und Werk, Diss., Wien 1963.

Steinbauer, Othmar, * 6. 11. 1895 Wien, † 5. 9. 1962 Altenburg (Gem. Wilhelmsburg, NÖ.), Komponist und Musiktheoretiker. Schüler von A. → Schönberg und J. M. → Hauer; Begründer der Klangreihenmusik. Schuf über 30 Klangreihen-Kompositionen.

Steinberger, Josef, * 2. 3. 1874 Aichdorf (Gem. Fohnsdorf, Stmk.), † 7. 3. 1961 Graz (Stmk.), Priester, Erwachsenenbildner und Politiker (CS). 1919/20 Mitgl. d. Stmk. Landesregierung, 1919–23 Landtagsabg.; 1920–38 und 1945–50 Dir. der von ihm gegr. „Landesstelle für das bäuerl. Fort- und Volksbildungswesen" in St. Martin b. Graz, die er zu einem zentralen

„Volksbildungsheim" nach skandinav. Muster gestaltete. Das „System S." fand internat. Beachtung.
Literatur: C. Wölfl, Die pädagog. Ideen im Werk J. S., Diss., Graz 1957; F. M. Kapfhammer, J. S., der Gründer von St. Martin, 1970; G. Sackmaier, J. S. als Politiker und Bauernführer, Diss., Graz 1971.

Steinberg-Frank, Alfred, * 6. 5. 1888 Wien, † 19. 11. 1953 ebd., Librettist (Operetten) und Textdichter von Wienerliedern, Bankbeamter.
Werke: ca. 350 Lieder: Da fangt der alte Stephansturm zu plaudern an; In der Brigittenau; Auf der Lahmgruabn; Wein, Weib, Wien; Das war in Petersdorf. – Operetten: Das Kaiserliebchen, 1930 (mit E. Decsey); Bojarenliebe, 1932 (mit H. Borutzky); Märchen aus Wien, 1937.

Steinböck, Johann, * 12. 6. 1894 Frauenhofen (NÖ.), † 14. 1. 1962 Wien, Landwirt und Politiker (ÖVP). 1932–34 Abg. z. Nö. Landtag, 1934–38 und 1945–49 Mitgl. der Nö. Landesregierung, 1949–62 Landeshauptmann von NÖ.
Literatur: F. Vonwald, Landeshauptmann J. S. und NÖ. Entwicklung zu seiner Zeit, Diss., Wien 1994.

Steinboeck, Rudolf, * 7. 8. 1908 Baden (NÖ.), † 19. 8. 1996 Wien, Schauspieler, Regisseur, Theaterleiter; Ehemann der Schauspielerin A. → Schmid. Debüt in der alt-ö. Provinz, dann Engagements in Wien an Kellerbühnen und 1938–45 am Theater in der Josefstadt, dessen Leitung er 1945–53 innehatte; ab 1957 einer der meistbeschäftigten Regisseure des Burgtheaters (klassische und moderne Stücke, v. a. Schnitzler). Rundfunk- und Fernsehtätigkeit.

Steinbrecher, Alexander, * 16. 6. 1910 Brünn (Brno, CZ), † 6. 4. 1982 Wien, Komponist. 1. Kapellmeister des Wr. Burgtheaters; musikal. Leiter des Kölner Rundfunks; zahlr. Auszeichnungen.
Werke: Musik zu Lustspielen, Musicals, Filmmusik. – Wienerlieder: Ich kenn ein kleines Wegerl im Helenental; Zw. Simmering und Favoriten.

Steiner, Dietmar, * 31. 12. 1951 Wels (OÖ.), Architekt. Studium an der Akad. d. bild. Künste in Wien bei Ernst A. → Plischke und G. → Peichl. 1980–82 Gen.-Sekr. der Ö. Ges. für Architektur, 1983–90 Lehrauftrag an der Univ. für angew. Kunst in Wien; seit 1989 eig. Beratungsbüro für Projektentwicklung und Stadtplanung, seit 1994 Dir. des Architekturzentrums Wien.

Steiner, Herbert, * 3. 2. 1923 Wien, † 26. 5. 2001 ebd., Historiker. Emigrierte 1938 nach England, kehrte 1945 nach Wien zurück. Gründete 1963 das Dokumentationsarchiv des ö. Widerstandes, das er bis 1983 leitete. Mitgl. des Projektteams „Geschichte der Arbeiterbewegung" des Wissenschaftsministeriums. Ab 1982 Univ.-Doz. in Wien.
Werke: Zur Geschichte der arbeitenden Jugend Ö. 1848–1945, 1958; Die internat. Arbeiterassociation und die ö. Arbeiterbewegung, 1964; Die Arbeiterbewegung Ö. 1867–99, 1964; Die Kommunist. Partei Ö. 1918–33, 1968; Gestorben für Ö., 1968; Die Gebrüder Scheu, 1968; K. Leichter, 1973; K. Marx in Wien, 1978. – Mehrere Publ. über Zeitzeugen.

Steiner, Hugo, * 26. 2. 1878 Retz (NÖ.), † 1. 8. 1969 Korneuburg (NÖ.), Esperantist. 1925–38 Leiter der ö. Esperanto-Bewegung, Gründer (1927) und Dir. des Internat. Esperanto-Museums in Wien.

Steiner, Ludwig, * 14. 4. 1922 Innsbruck (Ti.), Diplomat und Politiker (ÖVP). 1953–58 Sekr. von Bundeskanzler J. Raab, 1961–64 Staatssekr. im Außenministerium, 1979–90 Abg. z. NR, 1989–96 Präs. der Polit. Akad. der ÖVP.

Steiner, Max (Maximilian Raoul S.), * 10. 5. 1888 Wien, † 28. 12. 1971 Beverly Hills (USA), (Film-)Komponist; Enkel von Maximilian → Steiner. Stammte aus einer Familie, die eng mit dem (Musik-)Theater verbunden war; sein Großvater war Besitzer des Theaters an der Wien, sein Vater Gabor S. (1858–1944) Direktor mehrerer Wr. Theater. S. studierte bereits als Jugendlicher an der Wr. Akad. und schrieb 1903 die Operette „Die schöne Griechin"; 1904–14 war er Dirigent und Arrangeur in England und ging dann nach Amerika, wo er zunächst die Musik zu Musicals, Operetten, Shows, Revuen usw. dirigierte und komponierte; 1916 schrieb er seine erste Filmmusik, 1929 ging er nach Hollywood und feierte 1933 mit der Musik zu „King Kong" einen sensationellen Erfolg; auch die Musik zu zahlr. Musicalfilmen mit F. Astaire und G. Rogers schrieb er in diesen Jahren. 1935 gewann er erstmals den Oscar für die Musik zu „Der Verräter" von J. Ford. 1937–53 arbeitete er für Warner Bros. und wurde noch zweimal mit dem Oscar für die beste Filmmusik ausgezeichnet: 1942 für „Reise aus der Vergangenheit" und 1944 für „Als du Abschied nahmst". Auch für drei Filme, die den Oscar für den besten Film erhielten, hatte er die Musik komponiert: „Das Leben des Ezra Pound" (1937), „Vom Winde verweht" (1939) und „Casablanca" (1943). 1953 gründete S. einen eig. Musikverlag und war fortan für verschiedene Filmstudios tätig. Insges. schrieb und dirigierte er die Musik zu mehr als 300 Filmen und gilt als einer der produktivsten und erfolgreichsten Komponisten Hollywoods.

Johann Steinböck. Foto, 1960.

Steiner, Maximilian, * 28. 8. 1839 Ofen (Budapest, H), † 29. 5. 1880 Baden (NÖ.), Schauspieler und Theaterdirektor; Großvater von Max → Steiner. Zunächst Sekr., 1869–75 mit M. → Geistinger, 1875–80 alleiniger Dir. des Theaters an der Wien. 1880–84 folgte ihm sein Sohn Franz S. in dieser Funktion nach. Auch der Theater- und Varietédir. Gabor S. war ein Sohn von M. S.

Steiner, Rudolf, * 27. 2. 1861 Kraljevica (HR), † 30. 3. 1925 Dornach (CH), Religionsphilosoph, Schriftsteller. Studierte in Wien; 1889–96 am Weimarer Goethe-Archiv, dann in Berlin als Journalist. Gründete 1913 in der Schweiz die „Allg. Anthroposoph. Ges." mit Kult- und Lehrstätte „Goetheanum". S. war der erste Leiter der von dem Dir. der Waldorf-Astoria-Zigarettenfabrik E. Molt für die Kinder seiner Arbeiter und Angestellten gegr. Waldorfschule in Stuttgart (1919).
Werke: Mysteriendramen, Publikationen auf theolog., soziolog., philosoph., ökonom. und med.-hygienischem Gebiet. – Ausgabe: Gesamtausgabe, hg. von der R.-S.-Nachlassverwaltung, 1961ff. – Literatur: G. Wachsmuth, R. S. – Das literar. und künstlerische Werk, 1961; W. Kugler, R. S. und die Anthroposophie, 1978; W. Beck, R. S. Sein Leben und Werk, 1997; C. Lindenberg, R. S. Eine Biographie, 2 Bde., 1997; E. Mötteli, Register zur R.-S.-Gesamtausgabe, [2]1998.

Rudolf Steiner. Foto.

Steinfeld, Franz d. J., * 26. 3. 1787 Wien, † 5. 11. 1868 Pisek (CZ), Landschaftsmaler, Radierer und Lithograph; Sohn und Schüler des Bildhauers Franz S. d. Ä., Vater des Malers Wilhelm S. Studierte an der Wr. Akad.; Reisen nach Deutschland, Italien, Frankreich, in die Schweiz und in die Niederlande, wo er die Landschaftsmaler des 17. Jh. studierte; 1815–35 Kammermaler von Erzhzg. Anton Viktor, ab 1845 Prof. an der Wr. Akad. Übte auf die Landschaftsmalerei des Biedermeier nachhaltigen Einfluss aus. Seine Hallstattlandschaft (1824, im Nö. Landesmus.) gilt als ein Hauptwerk des romant. Realismus.
Literatur: P. Pötschner, F. S. und die Überwindung des Barocks in der Wr. Landschaftsmalerei, Diss., Wien 1951.

Steingruber, Ilona, * 8. 2. 1912 Wien, † 12. 12. 1962 ebd., Sängerin (Sopran). Sang 1939–42 für den Rundfunk; 1948–51 und 1959–62 Mitgl. der Wr. Staatsoper, Konzert- und Oratoriensängerin; Auftritte bei den Sbg. Festspielen.

Steinhardt, Karl, * 31. 7. 1875 Gyöngyös (H), † 21. 1. 1963 Wien, Politiker (KPÖ). 1918 Mitbegründer der KPÖ. 1945–49 Abg. z. Wr. Landtag und Mitgl. des Wr. Gemeinderats, 1945–46 Vizebürgermeister.

Steinhart, Anton, * 17. 1. 1889 Salzburg, † 11. 12. 1964 ebd., Maler und Graphiker. Stilistisch bes. von A. → Faistauer beeinflusst, schuf v. a. Landschaftsbilder und Rohrfederzeichnungen („Aus der Festspielmappe 1926–60": Aufführungen und Künstler der Sbg. Festspiele).

Literatur: F. Fuhrmann, A. S. Der Maler und Zeichner, 1975.

Steinhauer, Erwin, * 19. 9. 1951 Wien, Schauspieler und Kabarettist. 1974 Mitbegründer des Kabarett-Ensembles „Keif"; Engagements in Ö. und Deutschland (1977/78 am „Simpl" in Wien, 1979 in Düsseldorf, 1980 am „Theater der Courage", 1982–88 am Burgtheater, wo er 1986 als „Der Herr Karl" von H. → Qualtinger und C. → Merz große Erfolge feierte); seit 1982 Soloprogramme. Seit 1988 ständiger Gast im Theater in der Josefstadt, 1995 Rolle des Mammon im „Jedermann" bei den Sbg. Festspielen. Film- und Fernsehtätigkeit.

Soloprogramme: Entlassen, 1982; Kopf hoch, 1983; Café Plem-Plem, 1984; Ganz im Ernst, 1986; Alles Walzer, 1988; Auf der Schaufel, 1989. – Publikationen: Café Plem-Plem. 15 Jahre Kabarett, hg. von H. A. Niederle, 1989.

Steininger, Herbert, * 24. 6. 1933 Wien, Jurist. Nach Studium der Rechtswiss. in Wien 1959 Richterprüfung, ab 1963 Staatsanwalt, seit 1973 für den Obersten Gerichtshof tätig, 1994–98 dessen Präsident. Seit 1982 Honorarprof. für Strafrecht und Strafprozessrecht an der Univ. Wien.

Werk: Kommentar zum Strafgesetzbuch, [3]1992.

Steinitz, Wilhelm, * 18. 5. 1836 Prag (CZ), † 12. 8. 1900 New York (USA), Schachspieler. Ernannte sich 1866 nach seinem Sieg über den dt. Meister A. Anderssen zum „Weltmeister" im Schach, 1886 errang er auch den offiziellen Titel mit seinem Sieg über den amerikan. Exilrussen J. H. Zuckertort. 1894 unterlag er gegen den Deutschen E. Lasker.

Steinl (Steindl), Matthias, * um 1644, † 18. 4. 1727 Wien, Architekt und Bildhauer. Einer der bedeutendsten Entwerfer und Plastiker des ö. Barock. Seine Entwürfe wurden oft von J. → Munggenast ausgeführt.

Werke: Wien: Hochaltar in der Hietzinger Pfarrkirche, 1698; Kanzel in der Peterskirche, 1715/16. – NÖ.: Pfarrkirche in Laxenburg, 1693–95; Stiftskirche in Zwettl (Entwurf von W- und Turmfassade, Ausführung von J. Munggenast 1722–28); Dürnstein (Mitwirkung an Innenausstattung und Reliefs am Tor 1721–25, Hochaltarentwurf 1726, Turm 1733); Klosterneuburg (Hochaltar, Chorgestühl, Barockisierung des Augustinersaals 1725–27, Friedhofsportal). – Stmk.: Hochaltar für Stift Vorau, 1701–04. – Holzbildwerke in Gutenstein (NÖ.); Wandbrunnen in Kremsmünster (OÖ.). – Literatur: L. Pühringer-Zwanowetz, M. S., 1966.

Steinle, Edward Jakob von, * 2. 7. 1810 Wien, † 18. 9. 1886 Frankfurt a. Main (D), Historienmaler. Nazarener, studierte an der Wr. Akad. bei V. G. → Kininger und L. → Kupelwieser. Ab 1828 mehrjähr. Aufenthalt in Rom, wo er sich den Nazarenern anschloss. Arbeitete mit F. Overbeck an der Portiuncula-Kapelle in Assisi, 1833 Rückkehr nach Wien, 1839 Übersiedlung nach Frankfurt. Hier beteiligt an der Ausmalung des „Römer", ab 1850 Prof. am Städel'schen Kunstinst.; Ausstattung mehrerer Kirchen mit Fresken und Glasmalerei (u. a. Kölner Dom); schuf Entwürfe für die Glasfenster in der Wr. Votivkirche (um 1878/79).

Literatur: A. M. v. S., E. v. S. – Des Meisters Gesamtwerk in Abbildungen, 1910; G. Jansen, Die Beziehung C. Brentano – E. v. S. als Grundlage einer religionspädagog. Kunstkonzeption, 1992.

Steinmayr, Johann, * 25. 9. 1890 Gsies (S-Ti.), † 18. 9. 1944 Brandenburg (D; hingerichtet), Priester, Jesuit. Wirkte in Innsbruck als Familien- und Männerseelsorger, Leiter des „Eucharist. Völkerbundes". 1943 von der Gestapo verhaftet und 1944 vom Volksgerichtshof in Berlin wegen „Wehrkraftzersetzung" zum Tod verurteilt.

Literatur: K. v. Vogelsang-Inst. (Hg.), Gelitten für Ö., 1988.

Steinwender, Eduard (Angelus), * 14. 3. 1895 Maria Lankowitz (Stmk.), † 15. 4. 1945 Stein a. d. Donau (NÖ.), Priester, Franziskaner. Wirkte in Graz, St. Pölten und Wien, ab 1939 Provinzial; 1944 wegen angebl. Propaganda gegen den Nat.-Soz. mit 7 weiteren Personen (A. → Granig, J. K. Pieller u. a.) zum Tod verurteilt, kurz vor Kriegsende von Angehörigen der SS erschossen.

Literatur: K. v. Vogelsang-Inst. (Hg.), Gelitten für Ö., 1988.

Steinwendner, Kurt (Pseud.: K. Stenvert), * 7. 9. 1920 Wien, † 3. 3. 1992 Köln (D), Maler, Filmemacher. Studierte an der Akad. d. bild. Künste in Wien Malerei bei A. P. → Gütersloh und Bildhauerei bei F. → Wotruba. Zahlr. internat. Ausstellungen. Für den Film als Cutter, Dekorationsmaler, Architekt, Drehbuchautor und Regisseur tätig.

Werke: Avantgardefilm: Der Rabe, 1951. – Spielfilme: Wienerinnen, 1951; Flucht ins Schilf, 1953.

Stekl, Konrad, * 21. 7. 1901 Ragusa (Dubrovnik, HR), † 9. 5. 1979 Graz (Stmk.), Komponist, Dirigent. Prof. am Konservatorium in Graz, Gründer und Dirigent des Ringorchesters in Graz; ab 1949 an der Kapfenberger Musikschule tätig, gründete Musikschulen in Judenburg, Fohnsdorf, Zeltweg u. a.; Ö. Staatspreis 1957.

Werke: Opern: Der Rattenfänger; Grauli; Anna Ivanovna; Der Kammerkavalier; Marino Falieri. – Symphonie: Goldene Tränen. – Requiem: Der Verduner Altar. – Lieder, Kammermusik und Chorwerke.

Stelzhamer, Franz, * 29. 11. 1802 Großpiesenham (Gem. Pramet, OÖ.), † 14. 7. 1874 Henndorf b. Salzburg, Dichter und Novellist. Führte bis 1824 ein unstetes Wanderleben, erlebte 1837 seinen Durchbruch mit den „Liedern in obderenns'scher Volksmundart" und gilt als bedeutendster Vertreter oö. Mundartdichtung des ländl.-bäuerl. Milieus. War bis 1842 als Journalist in Wien, danach in OÖ., Sbg. und Deutschland tätig. Ein Ehrensold des Landes OÖ. ermöglichte ihm schließl. ein gesichertes Leben.

Weitere Werke: Lyrik: Neue Gesänge in obderenns'scher Volksmundart, 1841; Gedichte in obderenns'scher Volksmundart, 4 Bde., 1844–68; Polit. Volkslieder, 1848; Gedichte, 1855; Liebesgürtel, 1876. – Prosa: Prosa, 3 Bde., 1845; Jugend-Novellen, 1846; Heimgarten, 1847; Das bunte Buch, 1852; Gambrinus, 1853; Aus meiner Studienzeit, 1875; Die Dorfschule, 1876. – Epos: D'Ahnl, 1854. – Ausgabe: Ausgewählte Dichtungen, 4 Bde., hg. v. P. Rosegger, 1884. – Literatur: S. Bengesser, Eine Rezeptionsgeschichte der Mundartgedichte F. S. von 1837–1982, Diss., Salzburg 1987; S. Bengesser, F. S. Zw. Legende und Wahrheit, 1995.

Stemberger, Julia, * 29. 1. 1965 Wien, Schauspielerin; Ehefrau des Geigers Christian Altenburger. Nach dem Debüt in W. Bannerts Film „Herzklopfen" von M. → Schottenberg an das Wr. Schauspielhaus geholt (u. a. Musicals „Elvis", „Peer Gynt"); seit 1988 Rollen bei den Sbg. Festspielen (F. Raimund, F. Grillparzer, H. v. Hofmannsthal) und am Burgtheater (W. Shakespeare), 1990 in Hamburg (G. Büchners „Leonce und Lena"), 1993 an der Wr. Volksoper („My Fair Lady" mit M. → Heltau). Internat. Erfolge als Film- und Fernsehdarstellerin (u. a. „Erwin und Julia", 1989/90; „Die skandalösen Frauen", 1993; „Radetzkymarsch", 1994). Auszeichnungen: Romy 1996, Goldener Löwe 1997 (für „Freier Fall", 1996).

Stengg, Andreas, * 28. 11. 1660 St. Lambrecht (Stmk.), † 30. 12. 1741, Graz (Stmk.), bed. Baumeister am Übergang vom Hoch- zum Spätbarock in der Stmk.; Vater von Johann Georg → Stengg. Ab 1724 Hofbaumeister in Graz.

Werke: Palais Attems, 1702 (zugeschrieben); Graz: Wallfahrtskirche Mariatrost, 1714–24; Palais Wildenstein (mit Johann Georg S.), ab ca. 1715. – Pfarrkirche St. Andrä im Sausal (Stmk.), 1720–23. – Literatur: R. List, Kunst und Künstler der Stmk., Bd. 3, 1974.

Stengg, Johann Georg, * 23. 12. 1689, begraben 19. 3. 1753 Graz (Stmk.), Baumeister; Sohn von Andreas → Stengg. Hauptvertreter spätbarocker Architektur in der Stmk.; geschult an ital. (F. Borromini, Italienreisen 1707 und 1715) und böhm. Vorbildern. 1741 folgte er seinem Vater als Hofbaumeister in Graz nach.

Werke: Stmk.: Pfarrkirche Wolfsberg im Schwarzautal, 1733–39; Barmherzigenkirche in Graz, 1735–40; Stiftskirche Rein, 1737–43; Umgestaltung mehrerer Kirchtürme: Straßgang, 1743, Heiligenkreuz am Waasen, 1746, Graz-St. Leonhard, 1747. – Literatur: R. List, Kunst und Künstler der Stmk., Bd. 3, 1974.

Stenzel, Ursula, * 22. 9. 1945 Wien, Journalistin und Politikerin (ÖVP); Ehefrau des Schauspielers H. → Schweiger. 1972–75 Redakteurin f. Außenpolitik im Hörfunk des ORF, 1975–95 außenpolit. Redakteurin und erste polit. Moderatorin des ORF (Fernsehen), 1995–96 Hörfunk-Moderatorin des ORF, seit 1996 Mitgl. des Europ. Parlaments und Leiterin der ÖVP-Delegation.

Werk: Bilder eines Schauspielers, 1995 (mit H. Schweiger).

Stepan, Karl Maria, * 24. 6. 1894 Wien, † 11. 9. 1972 Graz (Stmk.), Verleger und Politiker (CS). 1934–38 Landeshauptmann der Stmk., 1939–40 und 1944–45 im KZ; 1946 Gen.-Dir. des Kath. Pressevereins.

Stephanie, Kronprinzessin, * 21. 5. 1864 Laeken bei Brüssel (B), † 23. 8. 1945 Pannonhalma (H), Tochter Kg. Leopolds II. v. Belgien. Heiratete 1881 Kronprinz → Rudolf, unternahm nach dessen Tod Reisen unter verschied. Pseudonymen (Gräfin Lacroma, Eppan, Goncrecourt, Lady Bonchurch), heiratete 1900 den ungar. Grafen (1917 Fürst) Elemér Lónyay von Nagylónya (1863–1946). 1945 musste sie nach Einmarsch der Sowjettruppen das Schloss Oroszvár verlassen und fand in der Benediktinerabtei Pannonhalma Zuflucht.

Werk: Ich sollte Kaiserin werden, 1935 (Verbreitung durch die Tochter gerichtl. untersagt). – Literatur: I. Schiel, S., Kronprinzessin im Schatten von Mayerling, 1978.

Stephan Viktor, Erzhzg. von Ö., * 14. 9. 1817 Ofen (Budapest, H), † 19. 2. 1867 Menton (F), 1843–47 Landeschef in Böhmen, 1847 Palatin und Statthalter in Ungarn; Vermittler beim Ausbruch der Revolution 1848, ernannte am 7. 3. 1848 einen Min.-Präs. und eröffnete am 2. 7. einen Reichstag in Buda; am 25. 9. Abdankung als Statthalter. Fiel bei Hof in Ungnade.

Literatur: I. Deák, The Lawful Revolution. Louis Kossuth and the Hungarians, 1979.

Stern, Josef Luitpold, → Luitpold, Josef.

Stern, Michael, * 11. 12. 1897 Wr. Neustadt (NÖ.), † 2. 12. 1989 Wien, Jurist. Nach 1945 führender Strafverteidiger in Wien, Doyen der ö. Rechtsanwälte.

Sternberg, Caspar Graf, * 6. 1. 1761 Prag (CZ), † 20. 12. 1838 Březina (CZ), Botaniker, Mineraloge. Regte die Gründung von Botanikergesellschaften, Kongressen und Museen (Nationalmus. in Prag mit seiner paläontolog. Smlg.) an. Neben F. → Unger und C. v. → Ettingshausen einer der Begründer der ö. Paläobotanik. Stand mit Humboldt und Goethe in Verbindung und verfasste eine wertvolle Autobiographie.

Werke: Versuch einer geognostisch-botan. Darstellung der Flora der Vorwelt, 1820–32; Umrisse einer Geschichte der böhm. Bergwerke, 2 Bde., 1836/38.

Sternberg, Josef von (eigentl. Jonas Sternberg), * 29. 5. 1894 Wien, † 22. 12. 1969 Los Angeles (USA), Filmregisseur. Lebte ab 1908 fast durchgehend in den USA, drehte 1924 seinen ersten eig. Film und schaffte 1927 mit „Underworld" seinen Durchbruch als Stummfilmregisseur. 1930 produzierte er in Deutschland den Tonfilm „Der blaue Engel", durch den Marlene Dietrich, mit der er anschließend 6 weitere Filme drehte, zum Weltstar wurde. Nach einer wechselvollen Karriere distanzierte er sich 1948 von seinen bisherigen Werken, ließ seine wertvolle Kunstsammlung versteigern und drehte als sein eig. Produzent „The Saga of Anatahan" (1952), sein künstlerisches Vermächtnis; ab 1963 unterrichtete er als Dozent an der University of California. Zu seinem Freundeskreis zählten u. a. M. → Reinhardt und R. → Neutra, der für S. eine Villa bei New York baute.

Weitere Werke: Stummfilme: The Last Command, 1928 (mit E. Jannings); The Drag Net, 1928; The Docks of New York, 1928. – Tonfilme: The Case of Lena Smith, 1929; Thunderbolt, 1929; Morocco, 1930; Dishonored, 1931; An American Tragedy, 1931; Shanghai Express, 1932; The Scarlet Empress, 1934; The Devil is a Woman, 1935; Crime and Punishment, 1935 (mit P. Lorre); Shanghai Gesture, 1941; The Town, 1943 (Dokumentarfilm); Jet Pilot, 1950 (mit J. Wayne); Macao, 1952 (mit R. Mitchum u. J. Russell). – Publikation: Das Blau des Engels, 1991 (Autobiographie). – Literatur: A. Goetz u. H. Banz (Hg.), J. v. S. Eine Darstellung, 1966; H. Sanders-Brahms, Marlene und Jo. Recherche einer Leidenschaft, 2000.

Sterneck, Robert, → Daublebsky von Sterneck, Robert.

Sterrer, Karl, * 4. 12. 1885 Wien, † 10. 6. 1972 ebd., Porträt-, Genre-, Stillleben- und Landschaftsmaler, Graphiker; Sohn des Bildhauers Carl S. (1844–1918). Stark vom Münchner Secessionismus beeinflusst (A. → Egger-Lienz, A. Feuerbach). Ab 1921 Lehrtätigkeit an der Wr. Akad., 1937/38 Rektor. Großer Ö. Staatspreis 1953.

Literatur: Kunst in Ö. 1918–38, Ausst.-Kat., Halbturn 1984.

Kronprinzessin Stephanie. Foto.

Sterzinger, Martin, * 4. 3. 1664 Imst (Ti.), † 17. 5. 1721 Lana b. Meran (S-Ti.), Landrichter, Ti. Bauernführer. Besiegte am 1. 7. 1703 die Bayern bei der Pontlatzbrücke.

Stetter, Georg, * 23. 12. 1895 Wien, † 14. 7. 1988 ebd., Physiker. Univ.-Prof., ab 1953 Vorstand des 1. Physikal. Inst. der Univ. Wien. Schuf eine „Vorrichtung zur techn. Energiegewinnung mit Hilfe von Kernspaltungsreaktionen", die 1939 in Berlin (1961 vom Ö. Patentamt) patentiert, jedoch nicht ausgewertet wurde.

Steurer, Maria, * 19. 6. 1892 Eisentratten b. Gmünd (Kä.), † 11. 7. 1979 Klagenfurt (Kä.), Schriftstellerin. Verfasserin viel gelesener Heimat- und Frauenromane, meist aus dem Kä. Milieu; am bekanntesten wurde „Eva Faschaunerin" (1948).

Weitere Werke: Romane, Erzählungen, Hörspiele, Gedichte.

Steyrer, Kurt, * 3. 6. 1920 Linz (OÖ.), Arzt und Politiker (SPÖ). 1975–83 Abg. z. NR, 1981–85 BMin. f. Gesundheit und Umweltschutz; 1986 Präsidentschaftskandidat der SPÖ, unterlag K. → Waldheim im 2. Wahlgang; 1987–88 Abg. z. Wr. Landtag und Mitgl. d. Wr. Gemeinderats, 1988 Rückzug aus der Politik.

Stiassny, Wilhelm, * 15. 10. 1842 Pressburg (Bratislava, SK), † 16. 6. 1910 Bad Ischl (OÖ.), Architekt. Einer der meistbeschäftigten und profiliertesten Baukünstler Wiens; 1867–77 in der Leitung des Nö. Gewerbevereins, aktives Mitgl. der Israelit. Kultusgem. und vielfach für jüd. Auftraggeber (u. a. Rothschild) tätig; Mitbegr. und langjähr. Präs. der „Wr. Bauhütte". Errichtete zahlr. Wohnbauten (z. B. Wien 1, Weihburggasse 30, 1872), Spitäler, Schulen (u. a. „Poln. Schule" in Wien, 1893, zerstört 1938), Fabriken, Grabmäler und Synagogen sowie die israelit. Zeremonienhalle des Wr. Zentralfriedhofs (1877–79).

Josef von Sternberg. Foto, um 1935.

Stickler, Alfons Maria, * 23. 8. 1910 Neunkirchen (NÖ.), Salesianer, Theologe, seit 1985 Kardinal. 1937

Priesterweihe, Prof. f. Kirchenrecht und -geschichte an der Ordensuniv. in Rom, 1955 Dir. des Institutum Historicum Iuris Canonici, 1958–66 Rektor der päpstl. Univ. Erneuerte die Vatikan. Bibliothek und das Archiv; Veröffentlichungen auf kanonist. Gebiet.

Stiegler, Josef („Pepi"), * 20. 4. 1937 Lienz (Ti.), Skirennläufer. Silbermedaille im Riesentorlauf bei den Olymp. Spielen 1960 in Squaw Valley, Goldmedaille im Slalom und Bronzemedaille im Riesenslalom bei den Olymp. Spielen 1964 in Innsbruck. 1964/65 Trainer der ö. Skinationalmannschaft. Lebt seit 1965 in den USA, wo er eine Skischule aufbaute.

Adalbert Stifter. Foto.

Stifter, Adalbert, * 23. 10. 1805 Oberplan (Horní Planá, CZ), † 28. 1. 1868 Linz (OÖ.), Schriftsteller, Maler, Pädagoge. Sohn eines Leinenwebers und Flachshändlers; wuchs in der Landschaft des Böhmerwalds auf, deren eigentüml. Reiz zeitlebens sein Schaffen mitbestimmte. Nach dem Unfalltod des Vaters (1817) geriet die Familie in eine schwierige Lage, die zum engen Anschluss S. an seinen Großvater führte, der ihm 1818 den Besuch der Lateinschule in Kremsmünster ermöglichte. Hier entdeckte S. seine Neigung zur Literatur, aber auch zu den Naturwiss. und v. a. zur Malerei. 1826 ging S. nach Wien und begann ein Jusstudium, das er 1830 abbrach. 1837 heiratete er die Offizierstochter und Modistin Amalie Mohaupt (1811–1883). Er schlug sich als Vorleser und Hauslehrer durch; Publikationen in Zeitschriften und Almanachen brachten schließl. um 1840 die ersehnte Anerkennung als Dichter. 1848 übersiedelte S. nach Linz und wurde 1850 zum Schulrat (Landesschulinspektor) für die Volksschulen in OÖ. ernannt. Sein idealist. Einsatz für verschiedene Reformen im Schulwesen zerbrach jedoch am Widerstand der Schulbehörde, die ihm 1856 die Inspektion der Linzer Realschule entzog. Finanzielle Schwierigkeiten und die Enttäuschung über seine kinderlose Ehe führten zudem zu Verbitterung. 1863 erkrankte S. an Leberzirrhose, die ihn 1865 endgültig in den Ruhestand zwang.

Seine frühen Erzählungen („Der Condor", 1840; „Das Haidedorf", 1840; „Die Mappe meines Urgroßvaters", 1841; „Der Hochwald", 1842; „Brigitta", 1843) nannte S. „Studien", sie erschienen gesammelt in 6 Bden. 1844–50 und geben bereits umrisshaft sein Natur- und Menschenbild wieder, das, beeinflusst von klassischen Humanitäts- und Bildungstraditionen, auf eine „poetisch wiss. Anschauung" der Realität abzielte. Ihre endgültige Formulierung finden diese Grundprinzipien in der Vorrede zur Smlg. „Bunte Steine" (1853), in der er das sog. „sanfte Gesetz" definiert: Dieses wirke unaufhörlich in allen Erscheinungen von Natur und Ges. und sei verantwortlich für den Vorrang des Dauernden und still Wirkenden vor dem Wechsel und dem katastrophalen Umbruch, Evolution komme immer vor Revolution.

Zur bekanntesten Erzählung aus „Bunte Steine" wurde die Weihnachtsgeschichte „Bergkristall" (1845). In bewusstem Gegensatz zum zeitgenössischen Roman des poet. Realismus sah S. seine beiden großen „Erzählungen" „Der Nachsommer" (3 Bde., 1857) und „Witiko" (3 Bde., 1865–67), mit denen er unmittelbar an die Kunst- und Bildungsidee Goethes anknüpfte. In einer gegenläufigen Bewegung zu dessen Roman „Die Wahlverwandtschaften" schildert „Der Nachsommer" den Bildungsweg eines Kaufmannssohns, der sich Schritt für Schritt alle zur Darstellung von Menschenwürde nötigen Eigenschaften erwirbt. „Witiko", im Böhmen des 12. Jh. spielend, versucht am hist. Beispiel aufzuzeigen, dass sich Recht- und Sittengesetz auch auf staatl. Ebene unaufhaltsam durchsetzen. Von den zeitgenöss. Kritikern (z. B. F. → Hebbel) z. T. verkannt oder abgelehnt, konnte sich das Werk S. erst mit Verzögerung durchsetzen.

Weitere Werke: Erzählungen: Nachkommenschaften, 1864; Der Kuß von Sentze, 1866; Der fromme Spruch, 1869. – Skizzen: Wien und die Wiener in Bildern aus dem Leben, 1844. – Essays: Die Landschule, 1849; Über den geschnitzten Hochaltar in der Kirche zu Kefermarkt, 1853. – Ausgaben: Briefe, hg. v. J. Aprent, 3 Bde., 1869; Hist.-krit. Ausgabe. Sämtl. Werke, hg. v. A. Sauer u. a., 24 Bde., 1901–60; Gesammelte Werke, hg. v. M. Stefl, 6 Bde., 1939–54; Unveröffentlichtes von A. S., hg. v. M. v. Sellner u. L. Franz, 1940; Kulturpolit. Aufsätze, hg. v. W. Reich, 1948; Das erzählerische Werk, hg. v. M. Gerken u. F. Krökel, 5 Bde., 1949–54; Die Schulakten A. S., hg. v. K. Vancsa, 1955; Gesammelte Werke, hg. v. K. Steffen, 14 Bde., 1967–72; Werke und Briefe. Hist.-krit. Gesamtausgabe, hg. v. A. Doppler u. W. Frühwald, 1978ff. – Literatur: Bibliographie: E. Eisenmeier, A. S. Bibliographie, 1964 (mit Fortsetzungen). – Gesamtdarstellungen: M. Selge, A. S. Poesie aus dem Geist der Naturwiss., 1976; U. Naumann, A. S., 1979; M. u. E. Swales, A. S. A Critical Study, 1984; F. Baumer, A. S., 1989; A. Doppler, A. S. Landschaft, Schicksal und Geschichte, 1991; W. Matz, A. S. oder Diese fürchterliche Wendung der Dinge, 1995. – Dokumentation: A. S. Schrecklich schöne Welt, hg. v. J. Lachinger u. M. Sturm, 1990. – Forschungsstand: A. S. Schrecklich schöne Welt. Beiträge des internat. Kolloquiums zur A.-S.-Ausstellung Univ. Antwerpen 1993, hg. v. R. Duhamel u. a., 1994; H. Laufhütte (Hg.), A. S. Neue Zugänge zu seinem Werk, 1996.

Stiglbauer, Karl, * 14. 7. 1927 Drösing (NÖ), Geograph. 1971–81 Geschäftsführer der Ö. Raumordnungskonferenz, 1975–93 Univ.-Prof. in Wien, 1989–91 Präs. der Ö. Geogr. Ges. Zahlr. Publikationen zur Raumforschung und -planung.

Werke: Die Hauptdörfer in NÖ., 1974; Zentrale Orte im Grenzraum, 1977 (mit O. Lackinger); Die Entwicklung der Arbeits- und Versorgungszentren im Mühlviertel, 1987 (mit O. Lackinger u. T. Ebert).

Stillfried von Rathenitz, Raimund, * 6. 8. 1839 Komotau (Chomutov, CZ), † 12. 8. 1911 Wien, Offizier, Maler und Fotograf. Schied 1863 freiwillig aus der Armee, unternahm Reisen nach China, Japan und Amerika. Führender Fotograf in Japan in den 70er Jahren des 19. Jh. (Porträts, Genre- und Landschaftsaufnahmen), 1878 Vorstand der Staatsdruckerei in Tokio. 1883 Rückkehr nach Wien.

Stimmer, Herbert, * 14. 10. 1922 Wien, Elektrotechniker. Studierte Elektrotechnik an der Techn. Hochschule in Wien, 1950–57 bei der Firma AEG und 1957–70 bei der Verbundgesellschaft (zuletzt Abt.-Leiter für Netzbetrieb, Schutz- und Regelungstechnik) tätig. 1970–90 Prof. f. Elektr. Anlagen an der Techn. Hochschule bzw. Techn. Univ. Wien, 1988–90 auch Vorstand des Inst. f. Elektr. Anlagen und Hochspannungstechnik.

Stingl, Georg, * 28. 10. 1948 Wien, Dermatologe. Studium und Facharztausbildung in Wien; 1977–78 und 1985–86 Gastwissenschaftler an den National Institutes of Health in Bethesda, Maryland. 1991 Univ.-Prof., seit 1992 Leiter der Abteilung f. Immundermatologie und infektiöse Hautkrankheiten an der Univ.-Klinik f. Dermatologie in Wien. Über 300 Fachpublikationen.

Stix, Alfred, * 22. 3. 1882 Wien, † 29. 6. 1957 ebd., Kunsthistoriker. Ab 1923 Dir. der Albertina in Wien, 1933–38 des Kunsthist. Museums (Gemäldegalerie), nach 1945 Gen.-Dir. der Staatl. Kunstsammlungen Wiens.

Werke: Handzeichnungen von G. Klimt, 1918; H. F. Füger, 1925; Von Ingres bis Cezanne, 1927. – Hg. der Kunst-Ztschr. „Belvedere" (1929–32).

Stix, Gerulf, * 28. 1. 1935 Wien, Dipl.-Volkswirt und Politiker (FPÖ). 1973–85 Mitgl. des Bundesparteivorstands der FPÖ, 1971–90 Abg. z. NR, 1983–90 3. Präs. des NR.

Stix, Karl, * 24. 10. 1939 Wr. Neustadt (NÖ.), Schlosser und Politiker (SPÖ). 1966–83 Landesparteisekr. und 1991–98 Landesparteivorsitzender der SPÖ Bgld., 1975–82 Abg. z. Bgld. Landtag, 1982–2000 Mitgl. der Landesregierung, 1991–2000 Landeshauptmann des Bgld.

Stix, Robert, * 27. 7. 1903 Wien, † 27. 4. 1974 ebd., Elektrotechniker. Studierte Elektrotechnik an der Techn. Hochschule in Wien; anschließend bei den Siemens-Schuckert-Werken, wo er zu einem angesehenen Fachmann für Kommutatormotoren für Ein- und Mehrphasenwechselstrom wurde. Auf seinen Plänen beruhen u. a. die Motoren der ÖBB-Lokomotiven der Reihe 1042. 1952–73 Prof. f. Elektr. Maschinen an der Techn. Hochschule in Wien.

Stobäus von Palmburg, Georg, * 1532 Braunsberg (D), † 23. 10. 1618 Töllersberg b. Völkermarkt (Kä.), Theologe. Domdechant von Brixen, 1584 Reformbischof im Sinne des Trienter Konzils für das Bistum Lavant; als Ratgeber und Statthalter → Ferdinands II. für Inner-Ö. 1597–1609 mit Maßnahmen der Gegenreformation in Inner-Ö. betraut.

Literatur: G. Wacha, G. S., in: Carinthia I, 1985f.

Stöber, Franz, * 1760 Wien, † 4. 10. 1834 Speyer (D), Landschafts- und Architekturmaler, Goldschmied. Studierte an der Wr. Akad. bei J. C. → Brand, Reisen in die Schweiz und die Niederlande. Ab 1786 in Speyer für den Domdechanten P. F. C. v. Hutten tätig, dessen Galerie er später leitete und in dessen Auftrag er Darstellungen jener Bauten schuf, die während der franz. Besetzung zerstört worden waren.

Stöber, Otto, * 18. 7. 1902 Hermesdorf (Temenice, CZ), † 25. 10. 1992 Linz (OÖ.), Schriftsteller und Verleger. Gründete 1919 den ersten Esperantistenverein, 1921 die erste Buchgemeinschaft „Bücherwurm", 1929 die erste ö. amtl. Radioschule, initiierte 1945 das Moorforschungsinst. in Bad Wimsbach-Neydharting (OÖ.) am Neydhartinger Moor. Autor von Romanen und Erzählungen.

Stöberer, Johannes, → Stabius, Johannes.

Stock, Leonhard, * 14. 3. 1958 Finkenberg (Ti.), Skirennläufer, Hotelier und Landwirt. Ab 1978 im Weltcup, insges. 3 Weltcupsiege in der Abfahrt. Goldmedaille bei den Olymp. Spielen 1980 in Lake Placid (als Ersatzmann für F. → Klammer).

Stocker, Gerfried, * 26. 1. 1964 Möschitzgraben (Gem. St. Peter ob Judenburg, Stmk.), Medienkünstler, Manager. Ausbildung in Ton- und Nachrichtentechnik, seit 1984 Medienkünstler sowie Komponist für Film- und Theaterproduktionen. Zusammenarbeit u. a. mit W. → Schwab; 1990 Gründung von x-space, Medieninstallationen weltweit (Los Angeles, Rotterdam, steirischer herbst). Seit 1995 künstler. Leiter der Ars Electronica.

Stockert-Meynert, Dora von, * 5. 5. 1870 Wien, † 3. 1. 1949 ebd., Erzählerin und Lyrikerin; Tochter des Psychiaters T. → Meynert. Schrieb 1930 die für die ö. Kulturgeschichte aufschlussreiche Biographie „Theodor Meynert und seine Zeit".

Werke: Gedichte: Spiegelbilder, 1937. – Romane: Grenzen der Kraft, 1903; Sabine, 1905; Herr Palejuk, 1911; Und sie gingen in ihr Königreich, 1912; Das Bild des Ilje, 1928. – Erzählungen: Vom Baume der Erkenntnis, 1908; Euphorion, 1926. – Dramen: Die Blinde, 1907; Jour bei Maraspin, 1910; Prinzen ohne Land, 1932. – Literatur: G. Meinl-Kernstock, D. v. S.-M., Diss., Wien 1948.

Stockinger, Friedrich, * 22. 9. 1894 Wien, † 20. 8. 1968 Toronto (CDN), Kaufmann, Politiker (CS bzw. VF), 1933–36 BMin. f. Handel u. Verkehr, 1936–38 Präs. der Verwaltungskommission der ö. Bundesbahn; emigrierte 1938 nach Kanada, wo er während des 2. Weltkriegs inoffiziell ö. Interessen vertrat; 1955 ö. Handelsdelegierter in Kanada.

Stoessl, Otto, * 2. 5. 1875 Wien, † 15. 9. 1936 ebd., Schriftsteller, Theater- und Literaturkritiker, Beamter, ab 1923 in Pension und freier Schriftsteller. Schrieb zunächst mit Robert → Scheu vom Naturalismus beeinflusste Theaterstücke („Waare", 1897; „Tote Götter", 1898); 1906–11 Beiträge für die „Fackel", wandte sich dann v. a. dem Roman zu. Den Niedergang der bürgerl. Welt des alten Ö. schildert er in seinem breiten Generationsroman „Das Haus Erath" (1920).

Weitere Werke: Gedichte, Romane, Erzählungen, Essays. – Literatur: C. Fritsch; Der Kritiker O. S., Diss., Wien 1985.

Stöger, Alois, * 12. 4. 1904 Kautzen (NÖ.), † 12. 12. 1999 Hainstetten (Gem. Viehdorf, NÖ.), Theologe. 1930 Priesterweihe; 1938–59 Spiritual am Priesterseminar in St. Pölten und 1942–61 Prof. für Neutestamentl. Bibelwiss. an der Philosoph.-Theolog. Hochschule in St. Pölten; 1961–67 Rektor der Anima in Rom, 1967–86 Weihbischof von St. Pölten; ab 1967 Titularbischof von Aptuca, ab 1968 Bischofsvikar, 1976–87 Dompropst in St. Pölten.

Literatur: Verbum caro factum est. Festschrift für A. S., hg. v. Professorenkollegium der Philosoph.-Theolog. Hochschule der Diözese St. Pölten, 1984.

Stohl, Manfred, * 7. 7. 1972 Wien, Rallyefahrer. Ab 1987 Ausbildung zum Werkmeister; 1991 Beginn der Motorsportkarriere als Beifahrer seines Vaters Rudolf S. Gewann 1998 die Rallye Monte Carlo, die Korsika-Rallye und die Großbritannien-Rallye in der Gruppe N, 2000 Rallyeweltmeister in der Gruppe N.

Stöhr, Ernst, * 1. 11. 1865 St. Pölten (NÖ.), † 17. 6. 1917 ebd., Maler, Dichter und Musiker. Mitbegründer der Wr. Secession, Schüler der Wr. Akademie. Für sein Schaffen war eine Spannung zw. Naturalismus und einer literar. bedingten phantasievollen Bildsprache charakteristisch.

Literatur: E. S., Ausst.-Kat., St. Pölten 1962.

Stoiber, Rudolf Maria, * 29. 8. 1925 Steyr (OÖ.), Rundfunkjournalist, Erzähler, Jugendbuchautor, Verfasser von Hör- und Fernsehspielen. Schauspieler im Theater in der Josefstadt; 1947 Mitbegründer und Chefredakteur der Kinder-Ztschr. „Der Goldene Wagen" (bis 1950). 1952 Übersiedlung nach Kanada, 1954 Gründung der „Dt. Kammerspiele Montreal"; Amerika-Korrespondent des ORF bzw. UNO-Korrespondent der APA, dann auch unabhängiger Produzent für Theater und Fernsehen. Lebt seit 1955 in New York.

Stojka, Harri, * 22. 7. 1957 Wien, Jazzmusiker und Komponist. Erster öffentl. Auftritt 1970; gründete Mitte der 70er Jahre den Harry-Stojka-Expreß. Durchbruch 1980 mit einem Konzert im Wr. Praterstadion; zahlr. Plattenaufnahmen. Beschäftigt sich auch bes. mit der tradit. Musik der Roma (CD Gitancœur, 2000).

Werke: Langspielplatten: Sweet Vienna; Off the Bone; Tight; Live at Montreux; Brother to Brother; Camera.

Stoll, Joseph Ludwig, * 31. 3. 1777 Wien, † 22. 6. 1815 ebd., Lyriker, Dramatiker und Privatgelehrter; Sohn von Maximilian → Stoll. Regisseur am Weimarer Hoftheater und, auf Empfehlung Goethes, am Wr. Hofburgtheater; gründete mit L. Seckendorf 1808 in Wien die Ztschr. „Prometheus". Verlor während der Besetzung Wiens durch Napoleon seine Anstellung und starb in Armut. L. Uhland schrieb auf ihn sein Gedicht „An einen verhungerten Dichter".

Ausgabe: Poet. Schriften, 1811. – Literatur: H. Seidler, Ö. Vormärz und Goethezeit, 1982.

Stoll, Maximilian, * 12. 10. 1742 Erzingen (D), † 23. 5. 1788 Wien, Arzt; Vater von Joseph Ludwig → Stoll. Zuerst Geistlicher, ab 1776 Univ.-Prof. und Leiter der Medizin. Klinik in Wien, Leibarzt von W. A. Fürst

→ Kaunitz und E. G. Frh. v. → Laudon. Wegweisend in der Wr. medizin. Lehrmethode, zu deren Weltruf er wesentl. beitrug. Auf seinem Krankheitsbegriff, den er in seinem Werk „Ratio medendi" (7 Bde., 1788–94) aufgrund von Krankengeschichten und Obduktionsbefunden festlegte, bauten J. → Skoda und C. Frh. v. → Rokitansky auf.

Stolz, Otto, * 3. 7. 1842 Hall i. Ti., † 23. 11. 1905 Innsbruck (Ti.), Mathematiker. Studierte ab 1860 in Innsbruck und Wien, wo er sich 1867 habilitierte. 1870/71 Studien in Berlin und Göttingen bei K. Weierstraß und F. Klein. Ab 1872 Univ.-Prof. in Innsbruck (1890/91 Rektor). Befasste sich v. a. mit algebraischer Geometrie und Analysis, verbreitete die Ideen von Weierstraß zur Differenzial- und Integralrechnung.

Werke: Vorlesungen über allg. Arithmetik, 1885/86; Grundzüge der Differential- und Integralrechnung, 2 Tle., 1893/96; Einleitung in die Functionentheorie, [2]1905 (mit J. A. Gmeiner). – Literatur: H. Kaiser u. W. Nöbauer, Geschichte der Mathematik, 1984.

Stolz, Otto, * 31. 3. 1881 Innsbruck (Ti.), † 4. 11. 1957 ebd., Ti. Landeshistoriker. Archivar und Univ.-Prof. in Innsbruck, 1932–46 Dir. des Ti. Landesregierungsarchivs.

Werke: Polit.-hist. Beschreibung von N-Ti., 1923; Die Ausbreitung des Deutschtums in S-Ti. im Lichte der Urkunden, 4 Bde., 1927–34; Polit.-hist. Beschreibung von S-Ti., 4 Tle., 1937–39; Geschichte des Landes Ti., Bd. 1, 1955. – Literatur: H. Kramer, in: MIÖG 66, 1958.

Robert Stolz. Foto.

Stolz, Robert, * 25. 8. 1880 Graz (Stmk.), † 27. 6. 1975 Berlin (D), Operetten-, Wienerlieder-, Chansonkomponist, Dirigent. Sein Zusammentreffen mit J. → Strauß Sohn 1899 führte zu seinem Wechsel zur Operette; ab 1907 Kapellmeister am Theater an der Wien; internat. Durchbruch 1919 mit „Hallo, du süße Klingelfee"; ab 1924 in Berlin. Emigrierte 1938 in die USA, 1946 Rückkehr nach Wien; 1952–71 musikal. Leiter der Wr. Eisrevue; zahlr. Auslandsgastspiele. Ö. Ehrenzeichen f. Wiss. u. Kunst 1975.

Werke: 51 Operetten und Musicals: Venus in Seide; Manöverliebe; Sperrsechserl; Himmelblaue Träume; Mitternachtswalzer; Trauminsel. – Musik zu 98 Tonfilmen: Zwei Herzen im Dreivierteltakt; Ein Tango für dich; Herbstmanöver; Deutschmeister. – Oper: Die Rosen der Madonna. – Rd. 1200 Lieder: Im Prater blühn wieder die Bäume; Adieu, mein kleiner Gardeoffizier; Wien wird bei Nacht erst schön. – Orchesterstücke, Walzer, Märsche. – Literatur: G. Holm, Im Dreivierteltakt durch die Welt, 1948; W. D. Brümmel u. F. van Booth, R. S., 1967; O. Herbrich, R. S., 1975; NÖB.

Störck, Anton, * 21. 2. 1731 Saulgau (D), † 11. 2. 1803 Wien, Mediziner. Ab 1766 Leibmedicus von Maria Theresia, behandelte 1767 erfolgreich ihre Pockenerkrankung. Von G. van → Swieten zum Assessor der k. k. Studienhofkommission bestellt, 1773 1. Leibarzt; Senior der medizin. Fakultät. Auf ihn gehen wichtige Reformen des ö. Medizinal- und Unterrichtswesens zurück.

Literatur: E. Lesky, Die Wr. Medizin. Schule im 19. Jh., [2]1978.

Stoß, Franz, * 28. 5. 1909 Wien, † 21. 6. 1995 Steinbach a. Attersee (OÖ.), Schauspieler, Regisseur, Theaterleiter. 1934–40 Dir. des Stadttheaters Troppau, 1940–42 Intendant der Städtischen Bühnen Teplitz-Schönau, 1943–45 der „Berliner Künstlerbühnen"; 1945–51 Dir. des Wr. Bürgertheaters, 1951–77 des Theaters in der Josefstadt (1954–58 mit E. → Haeusserman). Als Schauspieler v. a. komische Rollen; Film- und Fernsehtätigkeit (bes. populär durch die TV-Serie „Die liebe Familie").

Literatur: A. Hauer, Das Theater in der Josefstadt unter der Direktion F. S., Diss., Wien 1981.

Friedrich Strampfer. Foto.

Stourzh, Gerald, * 15. 5. 1929 Wien, Historiker. Ab 1958 Gen.-Sekr. der Ges. f. Außenpolitik; ab 1964 Univ.-Prof. in Berlin, 1968–97 an der Univ. Wien. K.-v.-Vogelsang-Staatspreis f. Geschichte der Gesellschaftswiss. 2000.

Werke: Benjamin Franklin and the American Foreign Policy, 1954; Geschichte des ö. Staatsvertrages, 1980; Die Gleichberechtigung der Nationalitäten in der Verfassung und Verwaltung Ö. (1848–1918), 1985; Wege zur Grundrechtsdemokratie, 1989; Vom Reich zur Republik, 1990; Um Einheit und Freiheit: Staatsvertrag, Neutralität und das Ende der O-W-Besetzung Ö. 1945–1955, [4]1998. – Literatur: Festschrift G. S., 1991; T. Angerer (Hg.), Geschichte und Recht, Festschrift f. G. S., 1999.

Stowasser, Josef Maria, * 10. 3. 1854 Troppau (Opava, CZ), † 24. 3. 1910 Wien, Altphilologe, Mittelschullehrer in Freistadt und Wien. Verfasste ein lat.-dt. Wörterbuch („Der S.", 1894), übersetzte griech. Epigramme in oö. Dialekt und oö. „Gstanzln" ins Griech. („Griech. Schnadahüpfeln", 1903). „Der S." wurde zu einem weit verbreiteten Schulwörterbuch in zahlr. Auflagen (völlig neubearb. Ausgabe 1994 mit einem Umschlag von F. → Hundertwasser, einem Nachfahren von S.).

Stowasser, Otto Heinrich, * 21. 10. 1887 Wien, † 19. 2. 1934 ebd., Archivar und Historiker. Ab 1914 im Haus-, Hof- und Staatsarchiv, 1923–34 Dir. des Archivs der Stadt Wien; ab 1924 Univ.-Prof. Widmete sich der Urkundenforschung und der Verfassungsgeschichte Ö. im MA.

Literatur: L. Groß in: MIÖG 48, 1934.

Strada, Jacopo de, * 1507 Mantua (I), † 1588 Wien, Baumeister, Maler, Antiquar, Münzforscher und Schriftsteller. Ab 1557 Kunstsachverständiger („antiquarius") und Baumeister in Wien für Ferdinand I., Maximilian II. und Rudolf II.; Porträt, gemalt von Tizian um 1567/68, heute im Kunsthist. Museum in Wien.

Literatur: D. J. Jansen, J. S. Antiquario della Sacra Cesarea Maestà, in: Leids Kunsthistorisch Jaarboek 1, 1982.

Stradal, Otto, * 12. 3. 1911 Wien, † 7. 12. 1982 ebd., Journalist und Schriftsteller. Ab 1931 als Reporter und Auslandskorrespondent (Niederlande, Skandinavien) für Wr. Tageszeitungen tätig, zahlr. Reisen in Europa und Nordafrika. Nach 1945 Mitarbeiter des Wr. Rundfunks und bei verschiedenen Ztschr., bis 1950 Chefredakteur der „Weltpresse", 1950–54 des „Wr. Kurier", dann Geschäftsführer beim „Neuen Kurier". Ab 1956 Leiter der Presseabt. der Ö. Fremdenverkehrswerbung. Autor zahlr. Sachbücher, v. a. über Wien.

Straffner, Sepp, * 31. 1. 1875 Bad Goisern (OÖ.), † 29. 10. 1952 ebd., Jurist und groß-dt. Politiker, Beamter der Bundesbahn. Mitgl. der Konstituierenden Nationalversammlung 1919/20 und Abg. z. NR 1920–23, 1927–30 und 1930–34; 3. Präs. des NR 1930–31 und 1932/33; als auch er wie die beiden anderen NR-Präs. K. → Renner und R. → Ramek in einer parlamentar. Abstimmung am 4. 3. 1933 diese Funktion zurücklegte, konnte die Regierung → Dollfuß das Parlament ausschalten und die autoritäre Regierungsform einführen (Ständestaat).

Strahammer, Peter, * 5. 5. 1944 Wels (OÖ.), Jurist und Manager. 1986–88 Vorstandsmitgl. der VOEST-Alpine AG, 1988–92 der VOEST-Alpine Stahl AG, 1993 der Austrian Industries AG. Seit 1994 Vorstandsvorsitzender der VOEST-Alpine Stahl AG und der VOEST-Alpine Stahl Linz GmbH.

Strampfer, Friedrich, * 23. 5. 1823 Grimma (D), 8. 4. 1890 Graz (Stmk.), Schauspieler, Theaterdirektor. Zunächst in Weimar, 1862–69 Dir. des Theaters an der Wien (Offenbach-Operetten); 1870 Erwerb eines Theaters unter den Tuchlauben, das er 1871–74 als „S.-Theater" führte, in dem u. a. A. → Girardi, K. → Blasel, F. → Mitterwurzer und M. → Geistinger auftraten. 1878 war er Dir. der „Komischen Oper" (Ringtheater) und des Carltheaters, wobei er finanziellen Schiffbruch erlitt; 1831 Auswanderung nach Amerika, 1888 Rückkehr nach Wien; schriftstellerische Tätigkeit, 1889 Leiter einer Theaterschule in Graz.

Literatur: H. Pemmer, Das S.-Theater unter den Tuchlauben und sein Repertoire, in: Wr. Geschichtsblätter 19, 1964.

Stranitzky, Josef Anton, * 10. 9. 1676 Graz (Knittelfeld?, Stmk.), † 19. 5. 1726 Wien, ausgebildeter Zahnarzt, Schauspieler. Debüt bei einer Wandertruppe, 1699 in München, 1706 in Wien, wo er in einer hölzernen Hütte am Neuen Markt als Hanswurst auftrat. 1708 wurde er Prinzipal der Bretterbude, 1711–26 Pächter des neu erbauten, steinernen Kärntnertortheaters. Entwickelte ein künstlerisches Stegreiftheater mit bes. Betonung des in einem typischen Kostüm auftretenden „Wiennerischen Hanswurst" mit höfischen Prunk- und Zauberopern als Vorlage; erster Vertreter des Alt-Wr. Volkstheaters.

Werk: Hanns Wursts vermischte Gedanken über die 4 Jahreszeiten, 1721. – Ausgabe: R. Payer-Thurn (Hg.), Wr. Haupt- und Staatsaktionen, 2 Bde., 1908/12. – Literatur: O. Rommel, Die Alt-Wr. Volkskomödie, 1952; R. Urbach, Die Wr. Komödie und ihr Publikum, 1973; U. Traitler-Reinhild, Antike Mythologie und antiker Mimus im Wr. Volkstheater von S. bis Raimund, Diss., Wien 1973.

Stransky, Erwin, * 3. 7. 1877 Wien, † 26. 1. 1962 ebd., Neurologe, Psychiater. Schüler von H. → Obersteiner und J. → Wagner-Jauregg, ab 1915 Univ.-Prof. in Wien. Mitbegründer der modernen Schizophrenielehre.

Werke: Das klinische Gesicht der Multiplen Sklerose, 1951 (mit J. K. Waldschütz); Staatsführung und Psychopathie, 1952; Psych. Hygiene, 1955 (Hg. mit E. Brezina).

Stransky, Ferdinand, * 16. 9. 1904 St. Pölten-Viehhofen (NÖ.), † 30. 9. 1981 Katzelsdorf (NÖ.), Maler. 1919–23 Restauratorenausbildung an der Wr. Akad., trat nach 1945 als Maler und Graphiker hervor. 1946–52 und ab 1969 Mitgl. der Wr. Secession, dazw. Mitgl. der Gruppe „Der Kreis"; gilt als einer der letzten Vertreter des Expressionismus in Ö.

Literatur: O. Breicha, K. Sotriffer u. H. Sterk, F. S., 1979; F. S. 1923–1981, Ausst.-Kat., Rupertinum Salzburg 1981.

Strasser, Artur, * 8. 4. 1854 Adelsberg (Postojna, SLO), † 8. 11. 1927 Wien, Bildhauer. Studierte an der Wr. Akad., Mitarbeit im Atelier von V. → Tilgner, 1881–83 Parisstipendium, 1892 Reise nach Ägypten, 1899–1919 Lehrer an der Wr. Kunstgewerbeschule. Erreichte durch Polychromierung seiner Terrakotten und Bronzen einen hohen Grad an Naturwahrheit, Vorliebe für die Darstellung oriental. Volkstypen; schuf die heute neben der Wr. Secession stehende Bronzegruppe „Marc Anton mit Löwengespann" (1899/1900).

Strasser, Ernst, * 29. 4. 1956 Grieskirchen (OÖ.), Jurist und Politiker (ÖVP). 1981–83 im Ö. Bauernbund, 1983–87 im Oö. Bauernbund tätig, 1987–90 Sekr. von Landw.-Min. bzw. Vizekanzler J. Riegler; 1992–98 Landesgeschäftsführer der ÖVP NÖ., ab 1993 Abg. z. Nö. Landtag (ab 1998 Klubobmann der ÖVP); seit 2000 BMin. f. Inneres.

Strasser, Otto, * 13. 8. 1901 Wien, † 27. 5. 1996 Sommerein (NÖ.), Geiger. Ab 1922 im Orchester der Wr. Staatsoper, ab 1923 Wr. Philharmoniker. Ab 1932 im Verwaltungsausschuss, 1939–40 Geschäftsführer, 1940–41 Vorstandsstellv. und 1958–67 Vorstand der Wr. Philharmoniker. Spielte neben der Orchestertätigkeit im Weissgärber-, Schneiderhan-, Barylli- und Philharmon. Quartett; Ehrenvorstand der Wr. Philharmoniker.

Werke: Und dafür wird man noch bezahlt (Memoiren), 1974; Sechse is', 1981.

Strasser, Peter, * 3. 7. 1917 Jena (D), † 6. 6. 1962 Wien, Techniker und Politiker (SPÖ). 1946–54 Obmann der Sozialist. Jugend, 1949–62 Abg. z. NR.

Strasser, Rudolf, * 9. 2. 1923 Steyr (OÖ.), Jurist. 1965–1993 Univ.-Prof. f. Arbeits-, Sozial-, Universitäts- u. Privatrecht in Linz (1968–70 Rektor).

Werke: Die Betriebsvereinbarung nach ö. und dt. Recht, 1957; Kommentar zum Arbeitsverfassungsgesetz, ²1988 (mit H. Floretta); Kollektives Arbeitsrecht, ³1990.

Stratil-Sauer, Gustav, * 26. 5. 1894 Fulnek (CZ), † 25. 11. 1975 Klosterneuburg (NÖ.), Geograph. Ab 1955 Univ.-Prof. in Wien, langjähriger Gen.-Sekr. der Ö. Geograph. Ges.; zahlr. Forschungsreisen (UdSSR, Türkei, Iran, China); geomorpholog., wirtschafts-, siedlungs- und bevölkerungsgeograph. Studien.

Werke: Geograph. Forschungen in O-Persien, 2 Bde., 1953/56; Zur Wirt. der modernen Türkei, 1972.

Straus, Oscar, * 6. 3. 1870 Wien, † 11. 1. 1954 Bad Ischl (OÖ.), Operettenkomponist. Kapellmeister in Brünn, Teplitz, Mainz und Berlin. Gründete dort mit E. L. Wolzogen das „Überbrettl" (1901–02). Nach seiner Rückkehr nach Wien (ca. 1903) begann er mit großem Erfolg, Operetten zu komponieren, und wurde mit „Ein Walzertraum" (1907) internat. bekannt; 1939 Emigration nach Paris (franz. Staatsbürgerschaft, Ritter der Ehrenlegion), New York und Hollywood; 1948 Rückkehr nach Ö. (Bad Ischl).

Werke: Operetten: Der tapfere Soldat, 1908; Rund um die Liebe, 1914; Der letzte Walzer, 1920; Eine Frau, die weiß, was sie will, 1932; 3 Walzer, 1935; Die Musik kommt, 1948; Ihr erster Walzer, 1950; Bozena, 1952. – 3 Opern, Ballett- und Orchesterwerke, Filmmusik, ca. 500 Kabarettnummern.

Strauß, Eduard, * 15. 3. 1835 Wien, † 28. 12. 1916 ebd., Komponist, Kapellmeister; jüngster Sohn von Johann → Strauß Vater. Leitete zunächst eine eig. Kapelle und nach dem Tod seines Bruders Josef → Strauß mit Bruder Johann → Strauß Sohn die straußsche Kapelle, bis die Orchestermitgl. 1878 C. M. → Ziehrer zum neuen Leiter wählten. 1872 Ernennung zum Hofballmusikdir. Mit seinem eig. Orchester machte S. große Tourneen, bei denen er an die Erfolge seines Vaters anschloss. 1901 Auflösung der Kapelle und Rückzug in das Privatleben. Als Komponist stand S. deutlich hinter seinen Brüdern und seinem Vater zurück, weshalb er in großer Verbitterung das handschriftl. Notenarchiv des Vaters und der Brüder vernichtete.

Literatur: A. Witeschnik, Die Dynastie S., 1958; A. Weinmann, Verzeichnis sämtl. Werke von Josef und Eduard S., 1967; P. Prange, Die S.-Dynastie, 1991.

Strauß, Johann, Vater, * 14. 3. 1804 Wien, † 25. 9. 1849 ebd., Komponist, Geiger und Kapellmeister des Biedermeier; Vater von Johann → Strauß Sohn, Josef → Strauß und Eduard → Strauß. Bestimmte neben J. → Lanner die neue Form des Wr. Walzers, der sich zum beliebtesten Gesellschaftstanz entwickelte. Begann im Tanzorchester von M. Pamer, wo er J. Lanner kennen lernte, dessen Ensemble er sich 1819 anschloss. 1825 Gründung einer eig. Tanzkapelle, die er zu einem großen Orchester ausbaute und mit der er ab 1833 Konzertreisen nach Deutschland, Paris und London unternahm; 1846 Ernennung zum Hofballmusikdir., ein Titel, der speziell für ihn geschaffen wurde. Lebendig blieb sein Radetzky-Marsch.

Werke: 152 Walzer, 32 Quadrillen, 24 Galopps, 18 Märsche, 13 Polkas. – Literatur: A. Witeschnik, Die Dynastie S., 1958; J. Eduard, J. S. Vater und Sohn, 1960; F. Endler, Das Walzer-Buch, 1975; M. Schönherr, Lanner, S., Ziehrer, 1982; P. Prange, Die S.-Dynastie, 1991; N. Linke, „Es muß einem was einfallen", 1992.

Strauß, Johann, Sohn, * 25. 10. 1825 Wien, † 3. 6. 1899 ebd., Komponist, Kapellmeister, „Walzerkönig"; Sohn von Johann → Strauß Vater, Bruder von Josef → Strauß

Josef Anton Stranitzky. Stich.

Oscar Straus als Komponist in Hollywood. Foto.

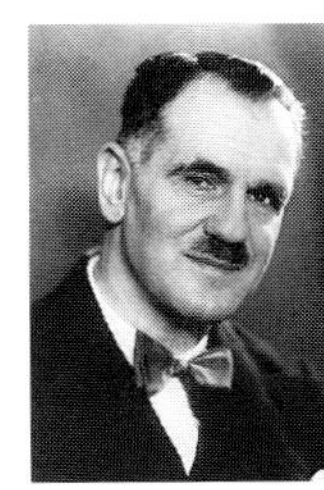

Erwin Stransky. Foto.

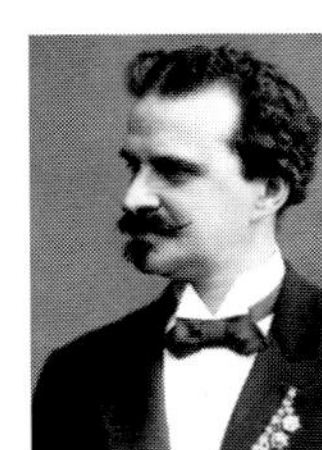

Eduard Strauß. Foto, um 1890.

Johann Strauß Vater. Aquarell von H. W. Schlesinger, 1837.

Johann Strauß Sohn. Gemälde von F. Lenbach, 1895 (Historisches Museum der Stadt Wien).

und Eduard → Strauß. Obwohl ihm der Vater den Musikerberuf verboten hatte, wurde sein Talent von der Mutter Anna (geb. Streim) mit Nachdruck unterstützt. Nach Theorie- und Kompositionsstudien beim Kapellmeister an St. Stephan J. → Drechsler erwarb S. die „Musiklicenz" zur Gründung eines eig. Orchesters. Am 15. 10. 1844 debütierte er erfolgreich mit seiner Kapelle in Dommayers Casino in Hietzing und war bald der gefährlichste Konkurrent seines Vaters. Nach dem Tod des Vaters 1849 wurden beide Kapellen vereinigt. Trotz seiner hohen Popularität musste S. wegen „revolutionärer Umtriebe" 1849–63 auf den Titel „Hofballmusikdir." warten (sein Nachfolger in dieser Funktion wurde sein Bruder Eduard). Einige groß angelegte Konzertreisen quer durch Europa ab 1856 führten zu einer „Strauß-Hysterie", einem Phänomen, das sich bei der Amerikareise 1872 wiederholte. S. war 3-mal verheiratet (Henriette Treffz, Ernestine Henriette Angelika Dittrich, Adele Strauß geb. Deutsch); mit J. → Brahms verband ihn eine lange Freundschaft.

Unter dem Eindruck der offenbachschen Operetten im Wr. Carltheater begann S. mit der Komposition von Bühnenwerken (er selbst verwendete die Bezeichnung „Komische Oper", nicht „Operette"). Die erste S.-Operette kam 1871 zur Uraufführung. Mit „Die Fledermaus" (1874) und „Der Zigeunerbaron" (1885) erreichte das goldene Zeitalter der Operette, dessen Hauptkomponist S. ist, seinen Höhepunkt. S. baute seine Operetten über bewährten Tanzmelodien auf (Walzer, Galopp, Polka, Marsch, Csardas), doch schlechte Libretti und eine immer stärkere Konkurrenz ließen ihn oft vergeblich auf Erfolg warten. S. erhob die Tanzmusik des Biedermeier zur Kunstform, nicht nur den Wr. Walzer, der durch Einleitungen und Überlänge manchmal fast untanzbar wurde, sondern auch Polka, Galopp, Quadrille und Marsch. Die rasche Verbreitung des Wr. Walzers durch S. führte dazu, dass bis heute Ö. mit dieser Musik identifiziert wird (der „Donauwalzer", 1867, gilt als heiml. Hymne Ö.).

Weitere Werke: Walzer: Künstlerleben, 1867; G'schichten aus dem Wienerwald, 1868; Wiener Blut, um 1872; Rosen aus dem Süden, 1880; Frühlingsstimmen, 1883; Kaiserwalzer, 1889. – Polkas, Märsche und Quadrillen. – 18 Operetten: Indigo, 1871; Cagliostro in Wien, 1875; Das Spitzentuch der Königin, 1880; Eine Nacht in Venedig, 1883; Wiener Blut, 1899. – Literatur: A. Witeschnik, Die Dynastie S., 1958; J. Eduard, J. S. Vater und Sohn, 1960; F. Endler, Das Walzer-Buch, 1975; M. Prawy, J. S., 1975 u. 1991; F. Mailer, J. S., 1977; J. S. Sohn, Leben und Werk in Briefen u. Dokumenten, 1983ff.; O. Brusatti, J. S., Ausst.-Kat., Hist. Mus. d. Stadt Wien, 1999; R. Dachs, J. S. „Was geh' ich mich an?!", 1999; W. Sinkowicz u. H. Knaus, J. S., 1999.

Josef Strauß. Gemälde.

Strauß, Josef, * 22. 8. 1827 Wien, † 22. 7. 1870 ebd., Komponist, urspr. Architekt und Erfinder; Sohn von Johann → Strauß Vater. Leitete ab 1862 mit seinem Bruder Johann → Strauß Sohn das Strauß-Orchester; komponierte mehr lyrisch, beeinflusst von Franz → Schubert, H. Berlioz und F. Chopin.

Werke: Walzer: Sphärenklänge; Delirienwalzer; Dorfschwalben aus Ö.; Mein Lebenslauf ist Lieb' und Lust. – Operetten, Tänze. – Literatur: A. Witeschnik, Die Dynastie S., 1958; A. Weinmann, Verzeichnis sämtl. Werke von Josef und Eduard S., 1967; P. Prange, Die S.-Dynastie, 1991.

Richard Strauss. Foto, 1933.

Strauss, Richard, * 11. 6. 1864 München (D), † 8. 9. 1949 Garmisch (D), Komponist, Dirigent. Namhafter dt. Komponist der Spätromantik, arbeitete ab 1908 („Elektra") viele Jahre mit H. v. → Hofmannsthal und J. → Gregor zusammen, die zu den meisten seiner Opern die Texte schrieben (Hofmannsthal: Elektra, Rosenkavalier, Ariadne auf Naxos, Die Frau ohne Schatten, Die ägyptische Helena, Arabella; Gregor: Friedenstag, Daphne, Die Liebe der Danae). Als Dirigent gehörte S. neben G. → Mahler und F. → Weingartner zu den prominentesten seiner Zeit. Er dirigierte 1895 erstmals in Wien, war 1907/08 Gastdirigent der Wr. Philharmoniker, leitete 1919–24 mit F. → Schalk die Wr. Oper und war Mitbegründer der Sbg. Festspiele. Seine Opern spielen oft im Wr. Milieu, auch seine Musik (Walzer) hat wienerisches Kolorit.

Werke: 15 Opern: Der Rosenkavalier, 1911; Ariadne auf Naxos, 1912 (endgültige Fassung 1916); Die Frau ohne Schatten, 1919; Arabella, 1933; Die Liebe der Danae, 1940. – Ballett: Schlagobers, 1924. – Orchesterwerke: Don Juan; Tod und Verklärung; Till Eulenspiegels lustige Streiche; Also sprach Zarathustra; Don Quixote; Ein Heldenleben; Alpensymphonie. – Lieder, Kammermusik. – Ausgabe: R. S. Edition, Bühnenwerke, Studienpartitur, 18 Bde., 1996. – Literatur: F. Grasberger, R. S., 1965; W. Schuh, R. S., 1969; F. Grasberger, R. S. und die Wr. Oper, 1969; E. Krause, R. S., 1975; W. Mann, R. S., 1981; R. S. and his world, 1992; C. Wagner-Trenkwitz, Durch die Hand der Schönheit. R. S. und Wien, 1999; M. Boyden, R. S., 1999; T. Ashley, R. S., 1999; W. Deppisch, R. S. mit Selbstzeugnissen und Bilddokumenten, [14]1999; F. Trenner, R.-S.-Werkverz., [2]1999; Veröffentlichungen der R.-S.-Ges., 1977ff.

Strauß, Sigmund, * 4. 1. 1875 Znaim (Znojmo, CZ), † 29. 3. 1942 New York (USA), Physiker, Ingenieur. Mitarbeiter von R. v. → Lieben, Wegbereiter der Radiotechnik; erkannte das Rückkoppelungsprinzip (1912), erfand einen Widerstandsverstärker und einen Röntgendosiszähler (Megapion).

Streeruwitz, Ernst, * 23. 9. 1874 Mies (Stříbro, CZ), † 19. 10. 1952 Wien, Berufsoffizier, Industriemanager, Politiker (CS). 1923–34 Abg. z. NR, 1929 Bundeskanzler, 1930–35 Präs. der Wr. Handelskammer; Befürworter des Ständestaats und später des Anschlusses. Oberkurator der Nö. Hypothekenanstalt, Präs. der Wr. Handelskammer.

Werke: Ordnung und Aufbau der Weltwirt., 1931; Wie es war, 1935; Springflut über Ö., 1937; Die Friedenssicherung und ihre Methoden, 1937.

Streeruwitz, Marlene, * 28. 6. 1950 Baden (NÖ.), Hörfunk- und Theaterregisseurin, Schriftstellerin. Studierte Jus, Slawistik und Kunstgeschichte in Wien. Ihre Dramen sind bes. von einer provokativ-desillusionierenden Haltung und krassen Gewaltszenen beherrscht, durch die sie Egoismus, Verlogenheit und Käuflichkeit als beherrschende ges. Phänomene angeprangert.

Werke: Dramen: Waikiki-Beach, 1992; New York, New York, 1993; Elysian Park, 1993; Ocean Drive, 1994; Tolmezzo, 1994; Bagnacavolla, 1995; Brahmsplatz, 1995; Deutro, 1995. – Romane: Lisa's Liebe, 1997; Nachwelt, 1999. – Hörspiele und Essays. – Literatur: K. Makoschey, M. S., Ausst.-Kat., Stadt- u. Univ.-Bibl., Frankfurt a. Main 1998; N. Hempel, M. S., 2000.

Streicher, Johann Andreas, * 13. 12. 1761 Stuttgart (D), † 25. 5. 1833 Wien, Komponist, Klavierfabrikant. Freund von F. v. Schiller, mit dem er 1782 aus Stuttgart floh, und von L. van → Beethoven. Lebte ab 1794 in Wien, wo er die Tochter des Klavierbauers Johann Andreas Stein, Maria Anna (Nanette), heiratete. Beide, bes. aber Nanette, kümmerten sich um L. van Beethoven in dessen letzten Lebensjahren.

Streicher, Margarete, * 9. 4. 1891 Graz (Stmk.), † 1. 2. 1985 Wien, Turnpädagogin. Fachinspektorin für Mädchenturnen an Mittelschulen; reformierte mit K. → Gaulhofer das ö. Schulturnen („natürl. Turnen").

Werke: Zur Gestaltung des Mädchen- und Frauenturnens, 1925; Kinderturnstunden, 2 Bde., 1927 (mit K. Gaulhofer).

Streicher, Rudolf, * 19. 1. 1939 Wallsee (NÖ.), Manager und Politiker (SPÖ). 1974–80 Mitgl. des Vorstandes der Vereinigten Metallwerke Ranshofen-Berndorf AG, 1981–86 Gen.-Dir. und Vorstandsvorsitzender der Austria Metall AG, 1986 und 1992–98 Gen.-Dir. der Steyr-Daimler-Puch AG; 1986–91 BMin. f. öffentl. Wirt. und Verkehr; unterlag 1992 bei der Bundespräsidentenwahl T. Klestil. 1999–2001 Vorstandsvorsitzender der Ö. Industrieholding AG.

Streissler, Erich, * 8. 4. 1933 Wien, Jurist und Wirt.-Forscher. Studierte an der Univ. Oxford, habilitierte sich 1959 für Volkswirt.-Lehre an der Univ. Wien, wurde 1962 Ordinarius an der Univ. Freiburg i. Breisgau und 1968 an der Univ. Wien. Vizepräs. des Ö. Inst. f. Wirt.-Forschung.

Werke: Konsum und Nachfrage, 1966 (mit M. Streissler); Die schleichende Inflation als Problem der polit. Ökonomie, 1974; Grundzüge der Volkswirt.-Lehre für Juristen, 1984 (mit M. Streissler); W. Roscher als führender Wirt.-Theoretiker, 1994; F. v. Wiesers wiss. Grundperspektive, 1999.

Streitenberger, Wolfgang, * 2. 1. 1952 Wien, Wirtschaftswissenschaftler. Studierte Volkswirt., Politikwiss. und Geschichte in Wien und Paris, 1975/76 Postgraduate-Studium in Brügge. 1981–89 beim ORF, 1990/91 Leiter der Abt. Öffentlichkeitsarbeit der Expo Vienna, ab 1991 Vorst.-Dir. der Nö. Landeshauptstadt Planungs GmbH St. Pölten; seit 1996 Leiter der Ständigen Vertretung der Europ. Kommission in Ö.

Werke: Die Geburt Europas, 1989; Ö. Zukunft ist Europa, 1997 (Hg.).

Streiter, Joseph (Pseud.: Berangarius Ivo), * 8. 7. 1804 Bozen (S-Ti.), † 17. 7. 1873 ebd., Schriftsteller. Advokat in Cavalese und Bozen, Mitgl. des Ti. Landtags, Parteigänger der „Freisinnigen". Befreundet u. a. mit F. → Grillparzer und J. P. → Fallmerayer. Verfasser hist.-biograph. Bühnenwerke („Heinrich und Gregor", 1844; „Rudolf und Margareta", 1863).

Weitere Werke: Dichtungen, 1843. – Dramen: Die Liebesquelle, 1839; Der Assessor, 1860; Jägertreue, 1863. – Essays: Revolution in Ti. von 1848, 1851; Studien eines Tirolers, 1862; Blätter aus Ti., 1869. – Literatur: C. Mumelter, J. S. 1804–1873, 1998.

Stremayr, Karl von, * 30. 10. 1823 Graz (Stmk.), † 22. 6. 1904 Pottschach (NÖ.), liberaler Politiker. Ab 1861 Abg. z. steir. Landtags, 1860–80 Reichsratsabg., 1870 und 1871–80 Unterrichtsminister, 1879 Vorsitzender des Ministerrats. 1879/80 Justizminister, 1893–99 Präs. des Obersten Gerichtshofs. Führte die kirchenpolit. Reformgesetzgebung von 1874 durch.

Stricker, Salomon, * 1. 1. 1834 Waag-Neustadtl (Nove Mesto, SK), † 2. 4. 1898 Wien, Histologe, Physiologe. Ab 1868 Univ.-Prof. in Wien, Leiter des Inst. f. Allg. und Experimentelle Pathologie. Führte die mikroskop. Demonstration mittels Projektionsapparat ein, entwickelte zahlr. Apparate und machte die ersten großen Entdeckungen über die Kontraktilität der Gefäßwände, über die Diapedesis der roten Blutkörperchen und über das Verhältnis der Zellen zur Grundsubstanz.

Werke: Hb. der Lehre von den Geweben der Menschen und der Tiere, 2 Bde., 1871/72 (Hg.); Allg. Pathologie der Infektionskrankheiten, 1886.

Stricker, Toni, * 4. 4. 1930 Wien, Komponist, Geiger. Ausbildung am Wr. Konservatorium und intensive Beschäftigung mit Jazz. Ab 1957 Auftragskompositionen u. a. für Ballette, Filme und Fensehspiele; Konzertmeister am Theater an der Wien. Seit Mitte der 70er Jahre Konzentration auf pannon. Volksmusik und Kompositionen in deren Tradition.

Stricker, der (mhd. „stricken" = zusammenfügen, flechten), mhd. Dichter aus der 1. Hälfte des 13. Jh., Fahrender aus Rheinfranken. Sein weit gespanntes Werk reicht von der Kleindichtung bis zur Großform des Romans. Der S. ist der 1. dt.-sprach. Märendichter und gilt als Schöpfer des Typus. Seine 16 Mären entstanden wohl vor 1250 und sind v. a. schwankhaft („Der begrabene Ehemann", „Der Gevatterin Rat", „Das heiße Eisen"). Daneben verfasste der S. Bîspel-Dichtungen, Fabeln, eine Minnerede und den Schwankroman des „Pfaffen Amis". 1220 entstand die Übertragung des „Rolandslieds"; „Daniel von dem blühenden Tal" (um 1220) ist ein arthurischer Roman, der sich aber bewusst vom Weltbild des klassischen Artusromans absetzt.

Ausgaben: M. Resler (Hg.), Daniel von dem blühenden Tal, 1983; W. W. Moelleken (Hg.), Die Kleindichtung des Strickers, 1973; K. Hofmann (Hg.), Frauenehre, 1976; K. Bartsch (Hg.), Karl d. Gr., 1857 (Neudruck 1965); H. Henne (Hg.), Der Pfaffe Amis (mhd. – nhd.), 1991; H. Janota (Hg.), D. S. Verserzählungen, 2 Bde., [4], 1979/97. – Literatur: S. L. Wailes, Studien zur Kleindichtung des S., 1981; H. Ragotzky, Gattungserneuerung und Laienunterweisung in Texten des S., 1981; S. Böhm, Der S., 1995; Verf.-Lex.

Johann Andreas Streicher. Büste.

Strigel, Bernhard, * um 1460 Memmingen (D), † vor dem 4. 5. 1528 ebd., Maler. Stammte aus einer großen Künstlerfamilie, Hofmaler Maximilians I. Schuf zahlr. Porträts von Ks. → Maximilian I. und dessen Familie (u. a. im Kunsthist. Mus. in Wien), teils offiziellen, teils privaten Charakters; auch als Altarmaler sehr geschätzt. S. kam 1515 anlässlich der habsb. Doppelhochzeit und 1520 nach Wien, um ein Familienporträt des Humanisten Johannes → Cuspinianus (heute Burg Kreuzenstein) zu malen. Einer der führenden schwäb. Meister der Übergangszeit von der Spätgotik zur Renaiss.

Literatur: G. Otto, B. S., 1964; Maximilian I., Ausst.-Kat., Innsbruck 1969.

Strnad, Oskar, * 26. 10. 1879 Wien, † 3. 9. 1935 Bad Aussee (Stmk.), Architekt, Bühnenbildner, Kunsthandwerker, Designer. 1909–35 Lehrer an der Wr. Kunstgewerbeschule; 1918–20 Entwürfe für „Rundtheater", 1923 Realisierung des „Drei-Szenen-Theaters" (3-teilige Bühne und Kreisauditorium); ab 1919 Bühnenbildner des Wr. Volkstheaters, 1923–35 Zusammenarbeit mit M. → Reinhardt, Operninszenierungen mit B. → Walter. Innenarchitekt bei Filmen („Maskerade", „Episode"), Lehrer von R. Obsieger und O. → Niedermoser.

Oskar Strnad. Foto.

Werke: Wien: Doppelhaus in der Werkbundsiedlung, 1932; Volkswohnhaus in Wien 15, Holochergasse, 1932. – Zahlr. Wohnhäuser in Wien und NÖ.; Soldatengräber und Kriegerdenkmäler, Bühnenbilder und Kostüme (77 Entwürfe im Besitz des Ö. Theatermus. in Wien). – Literatur: M. Eisler, O. S. Mit ausgewählten Schriften des Künstlers, 1936; J. Gregor, O. S. Sein Vermächtnis an das Theater, 1949; J. Stoklaska, O. S., Diss., Wien 1960; O. Niedermoser, O. S., 1965; Der Architekt O. S. Zum 100. Geburtstag, 1979; U. Weich, Die theoret. Ansichten des Architekten und Lehrers O. S., Dipl.-Arb., Wien 1995.

Strobach, Josef, * 24. 12. 1852 Wernstadt (Verneřice, CZ), † 11. 5. 1905 Wien, Buchhändler, Politiker (CS). Ab 1893 Mitgl. des Wr. Gemeinderats, 1896/97 Bürgermeister (als „Platzhalter" für K. → Lueger), danach Vizebürgermeister und Landmarschall-Stellv. von NÖ.

Salomon Stricker. Foto.

Ströbitzer, Hans, * 2. 4. 1930 Strengberg (NÖ.), Journalist. 1964–95 Chefredakteur der „(Neuen) Nö. Nachrichten" (NÖN).

Strobl, Karl Hans, * 18. 1. 1877 Iglau (Jihlava, CZ), † 10. 3. 1946 Perchtoldsdorf (NÖ.), Schriftsteller und Jurist. Bis 1913 im Staatsdienst in Iglau und Brünn, dann Ztschr.-Redakteur in Leipzig; Frontberichterstatter im 1. Weltkrieg, nach 1918 als Schriftsteller in Perchtoldsdorf, 1938 Landesleiter der Reichsschrifttumskammer Wien. Vielseitiger und einst viel gelesener Autor dt.-nat. Studenten- und hist. Romane („Bismarck", 3 Bde., 1915–19); daneben phantast. („Gespenster im Sumpf", 1920) und humorist. Dichtungen.

Literatur: G. Wackwitz, K. H. S. (1877–1946). Sein Leben und sein phantastisch orientiertes Frühwerk, Diss., Halle 1981; F. Schmatz, K. H. S. Bismarcktrilogie. Zur völk.-nat. und nat.-soz. Literatur in Ö., Diss., Wien 1982.

Strobl, Rudolf, * 9. 3. 1927 Innsbruck (Ti.), † 12. 9. 1997 Pflach (Ti.), Schauspieler. 1948–54 Mitgl. der Exl-Bühne, ab 1956 mehr als 40 Jahre lang Ensemblemitgl. des Wr. Volkstheaters (Rollenspektrum vom Ferdinand in Schillers „Kabale und Liebe" bis zum Vater in Kerstin Spechts „Lila"); verkörperte auch Rollen in bekannten Fernsehserien („Der alte Richter", „Familie Leitner"). Ab 1968 Präs. der Ö. Bühnengewerkschaft.

Stroheim, Erich Oswald (eigentl. E. S. von Nordenwald), * 22. 9. 1885 Wien, † 12. 5. 1957 Maurepas (F), Filmschauspieler und -regisseur. 1909 in die USA ausgewandert, zuerst Journalist, ab 1914 Statist in Hollywood, später Regieassistent. Ab 1915 Darsteller, ab 1918 Regisseur und Drehbuchautor; ab 1946 in Frankreich.

Werke: Regieassistenz: The Birth of a Nation, 1915 (bei D. W. Griffith); Intolerance, 1916. – Regie: Greed, 1923; The Merry Widow, 1925. – Rollen: La Grande Illusion, 1937; Sunset Boulevard, 1950. – Literatur: W. Jacobsen, E. v. S., 1994.

Strolz, Hubert, * 26. 6. 1962 Zams (Ti.), Skirennläufer und Bankkaufmann. Ab 1981 im Weltcup; Goldmedaille in der Kombination bei den Olymp. Spielen 1988 in Calgary und Silbermedaille im Riesenslalom.

Stronach, Frank (eigentl. Franz Strohsack), * 6. 9. 1932 Kleinsemmering (Gem. Gutenberg a. d. Raabklamm, Stmk.), Industrieller. Gelernter Werkzeugmacher, wanderte 1954 nach Kanada aus, wo er die Magna International Inc., eines der größten Firmenimperien der Autozulieferind. N-Amerikas, aufbaute. Vertreter einer Wirt.-Philosophie mit starker Mitarbeiterbeteiligung. Seit 1986 auch wirt. Engagement in Europa (Magna Europa mit Zentrale in Oberwaltersdorf, NÖ.). Beschäftigt sich auch mit Pferdesport und Projekten der Freizeitind. (Freizeitzentrum in Ebreichsdorf, NÖ.). Seit 1999 Präs der ö. Fußball-Bundesliga.

Strotzka, Hans, * 18. 11. 1917 Wien, † 16. 6. 1994 ebd., Tiefenpsychologe. Arbeitete ab 1946 an der Nervenheilanstalt Rosenhügel; Leiter des psychotherapeut. Ambulatoriums der Wr. Gebietskrankenkasse, Gründer des Dachverbands der Psychotherapeuten, Vorstand des Inst. f. Tiefenpsychologie.

Werke: Einführung in die Sozialpsychiatrie, 1965; Gesundheit für Millionen, 1972; Psychotherapie und Tiefenpsychologie, 1982. – Literatur: N. Hauer, H. S. Eine Biographie, 2000.

Struber, Josef, * 1770 Stegenwald (Gem. Werfen, Sbg.), † 19. 7. 1845 ebd., Gastwirt. Verteidigte am 25. 9. 1809 mit P. Sieberer aus Pfarrwerfen den Pass Lueg gegen Franzosen und Bayern.

Literatur: F. Ortner, Vom Kurfürstentum zum Wr. Kongreß, in: H. Dopsch u. H. Spatzenegger (Hg.), Geschichte Sbg., Bd. II/2, 1988.

Strudel (Strudl), Paul, * um 1648 Cles (I), † 20. 11. 1708 Wien, Bildhauer; Bruder von Peter → Strudel. Kam 1684 nach Wien, übernahm in seinen Werken den pompösen Stil G. L. Berninis.

Werke: Statuen der Habsburger im Kuppelraum der Ö. Nat.-Bibl. und in Schloss Laxenburg, um 1700 (mit Peter S.); Altar-Bildwerke in der Wr. Kapuzinerkirche, 1712; Pestsäule am Graben (Figur des Kaisers, Gruppe des Glaubens und der Pest sowie der Engel und der Dreifaltigkeit). – Literatur: M. Koller, Die Brüder S., 1993.

Johann Wilhelm Graf Stubenberg. Stich.

Strudel (Strudl), Peter, * um 1660 Cles (I), † 4. 10. 1714 Wien, Maler, Bildhauer; Bruder von Paul → Strudel. Begründer der ältesten Kunstakad. Mitteleuropas (Akad. der bildenden Künste in Wien), kam 1686 nach Wien und wurde Hof- und Kammermaler. Er gründete 1692 eine private Kunstschule in seinem „Strudelhof" (an den die Strudlhofstiege in Wien 9 erinnert), die 1705 zu einem offiziellen Inst. erhoben wurde.

Werke: Statuen der Habsburger im Kuppelraum der Nat.-Bibl. und im Schloss Laxenburg, um 1700 (mit Paul S.); Altarbilder in Garsten (1688), Klosterneuburg (1700), Pottendorf und Wien (Rochuskirche, 1700). – Literatur: M. Koller, Die Brüder S., 1993.

Strunz, Franz, * 15. 11. 1875 Eger (Cheb, CZ), † 28. 3. 1953 Wien, Naturwissenschaftler, Wissenschaftshistoriker. Univ.-Prof. in Wien, Mitbegründer der Urania, 1910–38 deren wiss. Dir.

Werke: Die Chemie im klass. Altertum, 1905; Über die Vorgeschichte und die Anfänge der Chemie, 1906; Geschichte der Naturwiss. im MA, 1910; Goethe als Naturforscher, 1917; Paracelsus, 1924.

Strzygowski, Josef, * 7. 3. 1862 Biala (PL), † 2. 1. 1941 Wien, Kunsthistoriker, Begründer einer vergleichenden Kunstforschung. Ab 1892 Univ.-Prof. in Graz und 1909–33 in Wien. Erkannte die Bedeutung vorderasiat. Kunst für die Erklärung spätantiker und ma. Formprinzipien (später allerdings von rassisch geprägten Theorien überlagert), erweiterte so den Blickwinkel der kunsthist. Forschung entscheidend. Seine antiklassische Haltung und sein method. Ansatz standen dabei in deutl. Gegensatz zur übrigen Wr. Schule (M. → Dvořák, J. A. v. → Schlosser).

Werke: Orient und Rom, 1901; Kleinasien, ein Neuland der Kunstgeschichte, 1903; Die Baukunst der Armenier und Europa, 2 Bde., 1918. – Literatur: E. Frodl-Kraft, Eine Aporie und der Versuch ihrer Deutung: J. S. – J. v. Schlosser, in: Wr. Jb. f. Kunstgeschichte 42, 1989.

Strzygowski, Walter, * 20. 7. 1908 Graz (Stmk.), † 4. 7. 1970 Wien, Wirtschaftsgeograph. 1949–55 Mitarbeiter, dann Dir. der Verlagsanstalt Freytag-Berndt; 1955 Univ.-Prof. am Inst. f. Geographie, ab 1958 Vorstand des Inst. f. Raumordnung der Hochschule f. Welthandel in Wien. Forschungsgebiete: Raumordnung, Regionalplanung, Wirtschaftsgeographie.

Werke: Wirtschaftsgeographie und Raumordnung, 1964; Dreizellerstraße und Schneebergpark, 2 Beispiele notwendiger Regionalplanung, 1967.

Stubenberg, steir. Adelsfamilie, aus einer Ministerialenfamilie hervorgegangen; Hauptsitz Kapfenberg. Spielte beim Übergang der Herrschaft an Rudolf v. Habsburg eine bed. Rolle. Zur Zeit Ferdinands II. wanderten mehrere protestant. Mitgl. nach Deutschland aus; 1610–20 auch in Böhmen begütert. 1641 wurde J. W. Gf. → Stubenberg Besitzer der Schallaburg. Andere Mitgl. waren Landeshauptleute der Stmk.; die Familie bestand bis 1868.

Das ehem. Palais S. in Graz (Hans-Sachs-Gasse 1), erbaut 1691 von Georg v. S., war Landesbildergalerie und wurde im 2. Weltkrieg weitgehend zerstört.

Literatur: J. Loserth, Geschichte des altsteir. Herren- und Grafenhauses S., 1911.

Stubenberg, Johann Wilhelm Graf, * (22. 4.?) 1619 Neustadt a. d. Mettau (Nové Město nad Metují, CZ), † 15. 3. 1663 Wien, Übersetzer. Lebte 1642–57 auf der Schallaburg, war Protestant. S. gilt als einer der bedeutendsten Übersetzer seiner Zeit, übertrug zeitgenöss. ital. (G. F. Biondi, G. A. Marini, G. F. Loredano) und franz. (M. de Scudéry) Romane sowie neulat. Traktate (F. Bacon). Er war v. a. um die Entwicklung des Deutschen als Literatursprache bemüht und war ab 1648 Mitgl. der „Fruchtbringenden Ges."; Mentor und literar. Föderer von C. R. v. → Greiffenberg.

Literatur: M. Bircher, J. W. v. S. und sein Freundeskreis, 1968.

Stüber, Fritz, * 18. 3. 1903 Wien, † 31. 7. 1978 ebd., Schriftsteller und Politiker (VdU). Stellv. Obmann und Obmann des VdU Wien, 1949–56 Abg. z. NR (VdU, ab 1953 ohne Klubzugehörigkeit).

Stüber-Gunther, Fritz, * 22. 3. 1872 Gaudenzdorf b. Wien, † 15. 9. 1922 Wien, Schriftsteller und Finanzbeamter. Meister der Wr. Skizzen, in denen er mit Ironie und Sarkasmus das Leben in und um Wien beschrieb. Bauernfeld-Preis 1910.

Werke: Auf dem Küniglberg, 1901; Der Stellwagen, 1908; Wien wie es war, 1916; Wr. Wandelbilder, 1922; Wr. Kalender, 1922; Wr. Kinder, 1922. – Romane, Komödien.

Stummvoll, Günter, * 3. 3. 1943 Wien, Wirt.-Wissenschaftler und Politiker (ÖVP). Ab 1966 in der Vereinigung Ö. Industrieller tätig, ab 1974 Leiter der Abteilung Sozialpolitik; 1991–2000 Gen.-Sekr. der Bundeswirtschaftskammer bzw. Wirtschaftskammer Ö. 1988–91 Staatssekr. im BM f. Finanzen; 1980–83 Mitgl. d. BR, 1983–90 und seit 1991 Abg. z. NR.

Stummvoll, Josef, * 19. 8. 1902 Baden (NÖ.), † 22. 3. 1982 Wien, Bibliothekar. 1925–33 und 1937–39 an der Dt. Bücherei Leipzig; 1949–67 Gen.-Dir. der Ö. Nationalbibliothek; 1959–63 Leitung der Bibl. des UN-Hauptquartiers in New York. Zahlr. Publikationen.

Literatur: Festschrift J. S., 2 Bde., 1970.

Stumpf, Franz, * 30. 3. 1876 Sablad (Zablati, CZ), † 28. 2. 1935 Innsbruck (Ti.), Lehrerbildner, Politiker (CS). 1907–18 im Reichsrat, 1918–19 Mitgl. der Provisor. Nationalversammlung, 1931–34 Mitgl. d. BR, 1921–35 Landeshauptmann von Ti.; war mit F. → Funder eng befreundet, förderte W. → Pabst, den Stabschef der Ti. Heimwehr.

Stur, Dionys, * 5. 4. 1827 Beczkó (Beckov, SK), † 9. 10. 1893 Wien, Paläontologe und Geologe. Ab 1849 an der Geolog. Reichsanstalt in Wien, ab 1877 deren Vizedir., 1885–92 Dir. Zahlr. Arbeiten über die Geologie der Alpen und Karpaten sowie paläobotan. Monographien bes. über fossile Pflanzen des böhm. Paläozoikums. Begann die Drucklegung der geolog. Spezialkarte 1 : 75 000 der ö.-ungar. Monarchie.

Werke: Geologie der Stmk., 1871; Beiträge zur Kenntnis der Flora der Vorwelt, in: Abhandlungen der Geolog. Reichsanstalt 8 und 11, 1875/87; Geolog. Spezialkarte der Umgebung von Wien 1 : 75.000, 1891.

Stürgkh, Karl Graf, * 30. 10. 1859 Graz (Stmk.), † 21. 10. 1916 Wien (ermordet), Politiker. Ab 1891 Reichsratsmitgl., wo er sich dem Verfassungstreuen Großgrundbesitz anschloss; 1909–11 Unterrichtsminister, 1911–16 Min.-Präs. Er ließ am 16. 3. 1914 den Reichsrat vertagen, regierte autoritär, widersetzte sich dem wiederholten Verlangen nach Einberufung der Volksvertretung und wurde deswegen vom Sozialdemokraten F. → Adler erschossen.

Literatur: A. Fissek, Min.-Präs. K. Gf. S., Diss., Wien 1959.

Sturm, Herwig, * 15. 8. 1942 Lilienfeld (NÖ.), evang. Geistlicher. Studierte evang. Theologie in Wien, Heidelberg und Zürich, 1968–80 Pfarrer von Lienz und 1980–88 von Klagenfurt; 1985 Superintendent-Stellv. und ab 1988 Superintendent von Kä. und O.-Ti.; seit 1996 Bischof der Evang. Kirche A. B. in Ö.

Werk: Gottes Sehnsucht, 2000.

Sturm, Josef, * 23. 5. 1885 Haag (NÖ.), † 14. 5. 1944 Linz (OÖ.), Priester, Politiker (CS). Mitbegr. des nö. Bauernbunds, dessen Dir. er 1918–33 war; Gen.-Sekr. des Reichsbauernbunds, 1920–32 Mitgl. d. BR; Förderer von E. → Dollfuß.

Sturminger, Walter, * 10. 1. 1899 Wien, † 14. 11. 1973 ebd., Jurist, Beamter. Ab 1929 im Dienst der Bundespolizei, 1948–64 im Unterrichtsmin., zuletzt Sektionschef. Beschäftigte sich neben seiner Beamtentätigkeit vor allem mit der Geschichte der Türkenbelagerungen Wiens, deren Quellen er in vorbildl. Weise erarbeitete.

Werke: Bibliographie und Ikonographie der Türkenbelagerungen Wiens 1529 und 1683, 1955; Die Türken vor Wien in Augenzeugenberichten, 1968. – Literatur: E. Zöllner, W. S., in: MIÖG 82, 1974.

Stürzer, Rudolf, * 19. 9. 1865 Udine (I), † 15. 1. 1926 Wien, Wr. Lokalhumorist und Mitarbeiter der „Muskete".

Werke: Alles für die Katz und 6 andere Wr. Dummheiten, 1917; Weana und Wiener, 1917; Die Lamplgasse, 1921; Auf stolzen Rossen, 1922; Lustige Geschichten aus dem Wr. Leben, 1924; Schwankende Gestalten, 1924.

Stütz, Andreas Xaver, * 22. 8. 1747 Wien, † 11. 2. 1806 ebd., Priester und Mineraloge. Wiss. Mineraltopograph, bes. für NÖ.; zuletzt Dir. des Hof-Mineralien-Cabinetts in Wien.

Werke: Versuch über die Mineralgeschichte von Ö. unter der Enns, 1783; Mineralog. Taschenbuch, enthaltend eine Oryctographie von NÖ. zum Gebrauche reisender Mineralogen, hg. v. J. G. Megerle, 1807.

Stuwer, Wr. Feuerwerkerfamilie des 18. und 19. Jh.; Johann Georg S. aus Ingolstadt veranstaltete am 27. 5. 1774 im Wr. Prater sein erstes Feuerwerk. Ihm folgte 1799 sein Sohn Caspar S. († 10. 2. 1819). Mit dessen Sohn Anton S. († 5. 1. 1858) erreichte die Wr. Pyrotechnik ihren Höhepunkt, Anton d. J. S. musste 1873 der Weltausstellung weichen und verabschiedete sich 1876 mit einem letzten Feuerwerk endgültig von Wien.

Suchenwirt, Peter, * um 1320, † nach 1395, Fahrender (sprechender Name: „such den Wirt"), ö. Reimsprecher, ab 1372 am Wr. Hof. Begleitete Hzg. Albrecht III. 1377 auf seiner Preußenfahrt. Griff geistl., hist.-polit. (Verfall des Rittertums) und moralisch-didakt. Themen (Habgier, Spielsucht) auf. Als wichtiger Vertreter der Herolds- und Wappendichtung verfasste er Ehrenreden über adlige Gönner und ritterl. Zeitgenossen mit Deutung der Wappen.

Ausgabe: G. E. Friess, 5 unedierte Ehrenreden P. S., 1878. – Literatur: Verf.-Lex.

Suchenwirth, Richard (eigentl. R. Suchanek), * 8. 10. 1896 Wien, † 15. 6. 1965 Breitbrunn a. Ammersee (D), Mittelschullehrer, Politiker (NS). Gründete am 4. 5. 1926 in den Wr. Sophiensälen die ö. NSDAP, war ab 1934 illegal aktiv, flüchtete nach Deutschland (Ö. Legion, Standartenführer) und wurde aus Ö. ausgebürgert. 1938–45 Mitgl. des Dt. Reichstags, aber ohne polit. Einfluss.

Werk: Das 1000-jährige Ö., [2]1938. – Literatur: L. Jedlicka, Die Anfänge des Rechtsradikalismus in Ö., 1975.

Karl Graf Stürgkh. Foto.

Sucher, Arnold, * 10. 3. 1898 Klagenfurt (Kä.), † 30. 4. 1983 Wien, Richter und Politiker (VF). 1933 Landesleiter der Vaterländ. Front in Kä., 1934 Landesstatthalter, 1936–38 Landeshauptmann von Kä.; ab 1945 im Wr. Landesgericht, 1947–63 im Justizmin. tätig; 1963–66 Vizepräs., 1966–68 Präs. des Oberlandesgerichts Wien.

Literatur: E. Webernig, Der Landeshauptmann von Kä. Ein hist.-polit. Überblick, 1987.

Suchy, Viktor, * 28. 11. 1912 Wien, † 31. 7. 1997 ebd., Redakteur, Verlagslektor, Schriftsteller und Literaturkritiker. 1948–54 Cheflektor und verantwortl. Red. der Ztschr. „Wiss. und Weltbild", Dozent an der Wr. Kath. Akad., 1957–64 Cheflektor des Stiasny-Verlags in Graz, Hg. der Taschenbuchreihe „Das ö. Wort" und Gründer sowie 1965–78 Gen.-Sekr. der Dokumentationsstelle für neuere ö. Literatur.

Literatur: V. S., hg. v. H. Lunzer, 1992.

Suess, Eduard, * 20. 8. 1831 London (GB), † 26. 4. 1914 Wien, Geologe und Politiker; Vater von Franz Eduard → Sueß. Studierte in Wien und Prag, war 1852–62 Kustos am Hof-Mineralien-Cabinett in Wien, ab 1857 Prof. f. Geologie und Paläontologie an der Univ. Wien und 1863 Mitgl. d. Wr. Gemeinderats. S. betrieb den Bau der ersten Wr. Hochquellenleitung und die Donauregulierung. 1870 wurde er Abg. z. Nö. Landtag, 1870–72 Mitgl. des Abgeordnetenhauses. S. schuf bahnbrechende Arbeiten auf dem Gebiet der Geologie und war ein Wegbereiter der „Deckentheorie". 1898–1911 Präs. der Akad. d. Wiss. in Wien.

Eduard Suess. Foto, 1901.

Werke: Der Boden der Stadt Wien, 1862; Die Entstehung der Alpen, 1875; Das Antlitz der Erde, 3 Bde., 1883–1909; Erinnerungen, 1916. – Literatur: C. Diener, E. S. in: Mttlg. d. Geolog. Ges. Wien 7, 1914; A. Tollmann u. E. Kristan-Tollmann (Hg.), E. S. – Forscher und Politiker, 1981; T. Cernajsek, „... hat durch bed. Leistungen ... das Wohl der Gem. mächtig gefördert." E. S. und die Entwicklung Wiens zur modernen Großstadt, 1999.

Sueß, Franz Eduard, * 7. 10. 1867 Wien, † 25. 1. 1941 ebd., Geologe. Sohn von Eduard → Suess. 1893–1908 an der Geolog. Reichsanstalt in Wien, 1908–10 Prof. an der Techn. Hochschule in Prag, 1911–38 Prof. an der Univ. Wien. Grundlegende Arbeiten über kristalline Grundgebirge, insbes. die Böhm. Masse; daneben hydrogeolog. Studien und Erforschung der Moldavite.
Literatur: L. Kölbl, F. E. S., in: Mttlg. der Geolog. Ges. Wien 36–38, 1949.

Sulzenbacher, Klaus, * 3. 2. 1965 Kitzbühel (Ti.), Skisportler (Nordische Kombination) und Physiotherapeut. Ab 1983 im Weltcup, 14 Weltcup-Einzelsiege, Gesamtweltcupsieger 1988 und 1990. Silber- und Bronzemedaille (Mannschaft) bei den Olymp. Spielen 1988 in Calgary sowie 2 Bronzemedaillen (Einzelbewerb und Mannschaft) bei den Olymp. Spielen 1990 in Albertville; 1991 in Predazzo Weltmeister im Mannschaftsbewerb (mit Günther Csar und Klaus Ofner) sowie Silbermedaille im Einzelbewerb.

Sulzer, Balduin, * 15. 3. 1932 Großraming (OÖ.), Komponist und Geistlicher. Musikerzieher am Linzer Musikgym.; gewisse stilist. Gemeinsamkeiten mit J. N. → David.
Werke: Kammeroper: In seinem Garten liebt Don Perlimplin Belisa, 1984. – 2 Symphonien, Konzerte, Kirchenmusik, Kammermusik, Lieder. – Literatur: G. Brosche (Red.), Musikal. Dokumentation B. S., Ausst.-Kat., Ö. Nat.-Bibl., Wien 1995.

Franz von Suppé. Foto.

Sulzer, Salomon, * 30. 3. 1804 Hohenems (Vbg.), † 17. 1. 1890 Wien, jüd. Kantor und Komponist. Als Kantor ab 1820 in Hohenems, ab 1825 in Wien. Seine Smlg. „Schir Zion" (2 Bde., 1840/65), die früheste Smlg., die den liturg. Jahreskreis detailliert musikalisch beschreibt, prägt den synagogalen Gesang bis heute. S. war auch wegen seines wunderbaren Bariton-Tenors weit bekannt. Sein temperamentvoller Gesangsstil wirkte vorbildhaft für die nachfolgende Kantorengeneration. Der „Wr. Ritus", eine gemäßigte Form des jüd. Gottesdiensts, geht auf S. und I. N. → Mannheimer zurück.
Literatur: Der Wr. Stadttempel, 1926–1976, in: Studia Judaica Austriaca VI, 1978; B. Purin (Red.), S. S. – Kantor, Komponist, Reformer, Ausst.-Kat., Jüd. Mus. der Stadt Wien, 1991.

Sundt, Heinz, * 13. 10. 1947 Wien, Manager. Begann seine Karriere im Textilbetrieb seines Vaters, 1969–89 bei IBM, zuletzt Leiter der Telekom- und Netzwerk-Services-Division. Ab 1989 Vertriebs- und Marketingleiter der Neupack GmbH, seit 1996 Gen.-Dir. der Mobilkom Austria, seit 2000 als Nachfolger von W. → Kasztler Vorstandsdir. der Telekom Austria AG.

Suneck, der von (Suoneck), urkundl. 1220–37 nachweisbar, † vor 1255, Minnesänger. Mit 3 Minneliedern in der Großen Heidelberger Liederhandschrift (C) vertreten; stammte vermutl. aus steir. Adelsgeschlecht und ist wahrscheinl. mit dem in → Ulrichs von Liechtenstein „Frauendienst" erwähnten Konrad von S. ident.
Ausgabe: C. v. Kraus, Liederdichter des 13. Jh., ²1978. – Literatur: Verf.-Lex.

Sunjic, Melita, * 1. 12. 1955 Zagreb (HR), Politikwissenschaftlerin. Studierte in Wien, danach bei der „Wiener Zeitung" Redakteurin und Abteilungsleiterin; seit 1993 Leiterin der Abteilung für Öffentlichkeitsarbeit beim Flüchtlingshochkommissariat der UNO. Lehrbeauftragte für Publizistik und Politikwiss. an der Univ. Wien. Bruno-Kreisky-Preis 1995 für ihr Buch „Echte Österreicher".
Weitere Werke.: Woher der Haß?, 1992; Flucht nach Ö., 2001 (Mit-Hg.).

Sunthaym, Ladislaus, * um 1440 Ravensburg (D), † Jän./Febr. 1513 Wien, Genealoge, Topograph, Geistlicher. Um 1475 vermutl. im Dienst von Erzhzg. Sigmund von Ti.; verfertigte um 1490 einen großen Stammbaum der Babenberger für das Stift Klosterneuburg (diente als Grundlage für den Babenberger-Stammbaum); ab 1500 im Dienst von Ks. Maximilian I., für den er als Genealoge arbeitete.
Werke: Klosterneuburger Tafeln, Prachthandschrift in Klosterneuburg und Druck 1491 in Basel (Genealogie der Babenberger); Handschrift Blau Nr. 4 im Haus-, Hof- und Staatsarchiv Wien mit Genealogie der Habsburger von Rudolf I. bis Philipp dem Schönen. – Weitere Handschriften in der Ö. Nat.-Bibl. und in der Landesbibl. Stuttgart. – Literatur: F. Eheim, L. S., MIÖG 67, 1959.

Suppantschitsch, Maximilian, * 13. 4. 1865 Wien, † 19. 1. 1953 Krems (NÖ.), Landschaftsmaler und Graphiker. Studierte bei E. → Peithner von Lichtenfels an der Wr. Akad., Studienaufenthalte in Ö.-Ungarn und Italien, 1900 Gründungsmitgl. des Hagenbunds. Schuf neben zahlr. Gemälden unzählige Skizzen und Detailstudien architekton. und volkskundl. Motive aus der Wachau.
Literatur: M. S. – Der Maler Dürnsteins, Ausst.-Kat., Dürnstein 1978.

Suppé, Franz von (eigentl. Francesco Ezechiele Ermenegildo Cavagliere Suppé-Demelli), * 18. 4. 1819 Spalato (Split, HR), † 21. 5. 1895 Wien, Operettenkomponist. Lebte ab 1835 in Wien; Schüler von S. → Sechter und I. v. → Seyfried; ab 1840 Kapellmeister am Theater in der Josefstadt, ab 1845 am Theater an der Wien. 1865–82 Kapellmeister am Carltheater. Seine Operette „Das Pensionat" (1860), geschrieben als Antwort auf Offenbachs Operetten im Carltheater, gilt als die erste „Wr." Operette.
Werke: 31 Operetten: Der Bandit, 1848; 10 Mädchen und kein Mann, 1862; Flotte Bursche, 1863; Pique Dame, 1864; Die schöne Galathee, 1865; Leichte Kavallerie, 1866; Banditenstreiche, 1867; Fatinitza, 1876; Boccaccio, 1879. – Ouvertüre: Dichter und Bauer, 1846. – C-Dur-Messe, Requiem, Symphonie, Streichquartette, Chorwerke, Bühnenmusik. – Literatur: O. Keller, F. v. S., 1905; A. Bauer, Opern und Operetten in Wien, 1955; B. Grun, Kulturgeschichte der Operette, 1961; B. v. Seyfried (Hg.), F. v. S. (1819–1895), Ausst.-Kat., Dt. Musikarchiv, Frankfurt a. Main 1997.

Süßmayer, Franz Xaver, * 1766 Schwanenstadt (OÖ.), † 17. 9. 1803 Wien, Komponist. Ab 1792 Kapellmeister des Nationaltheaters in Wien; 1790/91 Schüler von A. → Salieri und W. A. → Mozart, dessen Requiem er vollendete; einer der erfolgreichsten Komponisten des Wr. Singspiels.
Werke: ca. 30 Bühnenwerke: Der Spiegel von Arkadien, 1794; Soliman der Zweite, 1799. – Kirchenmusik; Instrumental- und Kammermusik. – Literatur: W. Wlcek, F. X. S. als Kirchenkomponist, Diss., Wien 1953; H. H. Hausner, F. X. S., 1964; E. Duda, Das musikal. Werk F. X. S., 2000.

Sutter, Sonja, * 17. 1. 1931 Freiburg i. Breisgau (D), Kammerschauspielerin. Zunächst an dt. Bühnen, ab 1959 Ensemblemitgl. des Burgtheaters; 1959–91 Auftritte bei den Sbg. Festspielen (Jedermann, Faust II, Sommernachtstraum, Torquato Tasso u. a.); Gastspiele in Deutschland und in der Schweiz. Film- und Fernsehtätigkeit, Rezitationsabende.

Suttinger, Daniel, * 2. 12. 1640 Penig (D), † 1689/90 Dresden (D), Ingenieur, Topograph. 1671–77 in der Wr. Stadtguardia. Arbeitete bis 1686 als Ingenieur in Wien und erstellte 1675 einen Plan und 1676–80 ein Modell der Stadt (beide nicht erhalten), später Ansichten der Stadt und einen Plan der osman. Stellungen während der Belagerung; 1686 Hauptmann der sächs. Feldartillerie.

Werke: Prospekt der Stadt Wien von N, 1676, 1678 und 1683; Prospekt der Stadt Wien von S, 1676 und 1683; Das belagerte Wien und die Entsatzschlacht, 1683; Plan der türk. Laufgräben und Minen, 1683. – Literatur: P. Broucek, E. Hillbrand u. F. Vesely, Hist. Atlas zur 2. Türkenbelagerung Wiens 1683, 1983; K. Fischer, Der Kartograph D. S., in: Jb. des Vereins f. Geschichte der Stadt Wien 47/48, 1991/92.

Suttner, Bertha Freifrau von (Pseud.: B. Oulot; Jemand), * 9. 6. 1843 Prag (CZ), † 21. 6. 1914 Wien, Schriftstellerin, Friedensnobelpreisträgerin. Stammte väterlicherseits aus dem Geschlecht der → Kinsky, mütterlicherseits aus der Familie des Freiheitsdichters T. Körner. Da ihre Ausbildung als Sängerin fehlschlug, nahm sie eine Stellung als Erzieherin und Gesellschafterin im Haus des Baron S. an und lernte dort ihren späteren Ehemann kennen. Nach einem kurzen Aufenthalt in Paris, wo sie eine Stellung als Sekretärin von A. Nobel antreten sollte, heiratete sie 1876 gegen den Willen der Familie S. heimlich Baron Arthur Gundaccar S. (* 21. 12. 1850, † 10. 12. 1902) und floh mit ihm nach Tiflis. Nach Versöhnung mit der Familie kehrten sie 1885 zurück und ließen sich auf dem Gut Harmannsdorf in NÖ. nieder. 1887 nahm S. Kontakt mit der einzigen damaligen Friedensorganisation, der „International Arbitration and Peace Association" (London) auf und machte sich mit dem Pazifismus vertraut. 1889 erschien ihr Hauptwerk, der Roman „Die Waffen nieder!", der in fast alle europ. Sprachen übersetzt wurde, der Autorin Weltruhm brachte und wesentl. zur Popularisierung der Friedensidee in Europa und Amerika beitrug. 1890 gründete sie die „Ö. Friedensges." (seit 1964 „Suttner-Gesellschaft"). Mit A. H. → Fried, den sie 1891/92 in Berlin kennen lernte, gab sie 1892–99 die Monatsschrift „Die Waffen nieder" heraus, die später als „Die Friedens-Warte" von Fried weitergeführt wurde. Sie führte auch den Vorsitz in der Friedenskommission des 1902 gegr. „Bundes ö. Frauenvereine", vertrat Ö. auf den Weltfriedenskongressen, war Präsidentin des „Internat. Friedensbüros" in Bern und regte die Stiftung des Friedensnobelpreises an, dessen Trägerin sie 1905 wurde. S. starb während der Vorbereitungen zu einem Weltfriedenskongress, den sie im August 1914 nach Wien einberufen wollte.

Weiteres Werk: Memoiren, 1909. – Literatur: H. Kaut, B. v. S. und die Anfänge der ö. Friedensbewegung, 1950; I. Reicke, B. v. S., 1952; B. Kempf, B. v. S., 1964; B. Hamann, B. v. S., 1986; H. Steffahn, B. v. S, 1998.

Swarovski, Daniel, * 13. 2. 1914 Wattens (Ti.), † 23. 6. 1992 ebd., Unternehmer. Baute mit seinem Bruder Manfred S. die familieneig. Glasschleiferei zum weltweit größten Erzeuger von Glassteinen und Kristallglas aus.

Swarowsky, Hans, * 16. 9. 1899 Budapest (H), † 10. 9. 1975 Salzburg, Dirigent und Kapellmeister. 1937–40 Dirigent am Opernhaus Zürich; 1940–44 Dramaturg bei den Sbg. Festspielen; 1945–47 Chefdirigent der Wr. Symphoniker; 1947–50 Dir. am Opernhaus in Graz, 1957–59 in Glasgow. Ab 1946 Prof. an der Musikakad.; zahlr. Schriften über Interpretation. Ö. Ehrenzeichen f. Wiss. u. Kunst 1975.

Swatopluk I. (auch: Zwentibold), * um 830, † 894, Fürst der Mährer (um 870). Eroberte Teile der Karoling. Mark (Weinviertel, Teile des Wr. Beckens und Ungarns). 874 wurde ihm von Kg. Ludwig dem Deutschen im Vertrag von Forchheim trotz des Widerstands Arnulfs von Kä. die Unabhängigkeit zugestanden.

Literatur: Großmähren, Ausst.-Kat., Wien 1968.

Swiczinsky, Helmut, → Coop Himmelb(l)au.

Swietelsky, Hellmuth, * 23. 3. 1905 Traiskirchen (NÖ.), † 23. 2. 1995 Zell am See (Sbg.), Bauingenieur, Unternehmer. Gründete 1936 eine Baufirma (v. a. Straßenbau), die unter seiner Führung zu einer der größten Firmengruppen Ö. aufstieg; Ehrenpräs. der ö. Ges. f. Straßenwesen, Gründungsmitgl. des ÖAMTC.

Swieten, Gerard van (ab 1753 Frh.), * 7. 5. 1700 Leiden (NL), † 18. 6. 1772 Wien, Leibarzt und Berater Maria Theresias (ab 1745); Vater von Gottfried Frh. van → Swieten. Schüler H. Boerhaaves; veranlasste die Herrscherin, den Staatseinfluss auf die Univ. wesentlich zu verstärken und v. a. den medizin. Unterricht zu reformieren: Errichtung neuer Lehrstühle, eines Botan. Gartens, einer Klinik für praktische medizin. Ausbildung, eines chem. und physikal. Laboratoriums, Berufung bedeutender Professoren u. a.; G. v. S. gilt daher als Begründer der älteren Wr. Medizin. Schule. Zudem erhöhte er den medizin. Standard in Wien durch Verbesserung von Spitälern und Heilanstalten mit J. v. → Quarin, Gründung von Hebammenschulen, Findelhäusern und einer Schule für Tierärzte. Er drängte weiters zur Errichtung eines neuen Universitätsgebäudes. Als Dir. der Hofbibl. ermöglichte er durch einen Lesesaal allg. Benützung, als Leiter der Studien- und Bücherzensur-Hofkommission bewirkte er eine Lockerung der Zensurbestimmungen.

Werke: Commentaria in Hermannis Boerhaave aphorismos de cognoscendis et curandis morbis, 5 Tle., 1742–72 (Erläuterungen der Boerhaavischen Lehrsätze ..., 5 Bde., 1755–75); Constitutiones epidemicae ..., 2 Bde., 1782 (Epidemien und Krankengeschichten, 2 Bde., 1785). – Literatur: E. Lesky u. A. Wandruszka (Hg.), G. v. S. und seine Zeit, 1973.

Swieten, Gottfried van, Frh., * 29. 10. 1733 Leiden (NL), † 29. 3. 1803 Wien, Bibliothekswissenschaftler, Kunstmäzen, Diplomat, Komponist; Sohn von Gerard Frh. van → Swieten. 1755–77 Diplomat, 1777 Präfekt der Hofbibl. in Wien, die seiner Sammlertätigkeit umfangreiche Bestände verdankt; 1781–91 auch Leiter der Studien- und Bücherzensur-Hofkommission. Übersetzte und bearbeitete für J. → Haydn die Texte zu den Oratorien „Die Schöpfung" und „Die Jahreszeiten". Freund und Mäzen von W. A. → Mozart und L. van → Beethoven, die für die von ihm gegr. „Ges. der Associierten" (eine musikal. Ges. des Hochadels, Vorläuferin der „Ges. der Musikfreunde") viele Kompositionen schufen. Einige seiner Symphonien galten lange als Werke J. Haydns.

Werke: komische Opern, Symphonien, Arien. – Literatur: K. Radlecker, G. v. S., Diss., Wien 1950.

Swoboda, Erich, * 30. 8. 1896 Wien, † 22. 11. 1964 Graz (Stmk.), Archäologe und Althistoriker. 1951–64 Univ.-Prof. in Graz, Leiter der Ausgrabungen in Aguntum, Lauriacum, Carnuntum u. a.

Werke: Octavian und Illyricum, 1932; Führer durch Aguntum, 1935; Forschungen am obermoesischen Limes, 1939; Carnuntum, 1949. – Hg.: Röm. Forschungen in NÖ. (Carnuntum-Jahrbücher), 1956ff.

Swoboda, Hannes, * 10. 11. 1946 Bad Deutsch-Altenburg (NÖ.), Jurist und Politiker (SPÖ). Ab 1972 in der AK Wien tätig, 1983–88 Mitgl. des Wr. Landtags und Abg. z. Wr. Gemeinderat (ab 1986 SPÖ-Klubobmann), 1988–96 Planungsstadtrat in der Wr. Landesregierung, seit 1996 Mitgl. des Europ. Parlaments und Leiter der SPÖ-Delegation.

Swoboda, Karl Maria, * 28. 1. 1892 Prag (CZ), † 11. 7. 1977 Rekawinkel (NÖ.), Kunsthistoriker. Schüler von M. → Dvořák, ab 1934 Univ.-Prof. in Prag und 1946–62 in Wien. Verband die Tradition der Wr. Schule mit den Fragestellungen J. → Strzygowskis.

Werke: Rom und röm. Paläste, 1919; Neue Aufgaben der Kunstgeschichte, 1935; Peter Parler, 1940; Kunst und Geschichte, 1969; Geschichte der bildenden Kunst in 9 Bden., 1976–84. – Literatur: Festschrift K. M. S., 1959; R. Wagner-Rieger, in: MIÖG 85, 1977.

Gerard Freiherr van Swieten. Stahlstich von I. Haid.

Bertha Freifrau von Suttner. Foto, 1906.

Sylvester, Hans, * 10. 11. 1897 Niklasdorf (Bgld.), † 19. 1. 1939 KZ Dachau (D), Agrarfachmann, Politiker (CS, VF). Ab 1926 in der Landeslandw.-Kammer Bgld., 1927–30 Abg. z. Bgld. Landtag, 1930–31 Abg. z. NR, 1933 Landesleiter der Vaterländ. Front Bgld., 1931–34 Mitgl. der Bgld. Landesregierung, 1934–38 Landeshauptmann. 1938 Deportation in das KZ Dachau.
Literatur: Dokumentationsarchiv des Ö. Widerstandes (Hg.), Widerstand und Verfolgung im Bgld. 1934–1945, 1979; G. Schlag, Bgld., in: E. Weinzierl u. K. Skalnik, Ö. 1918–38, Bd. 2, 1983.

Herma Szabo. Foto.

Szabo, Herma, * 22. 2. 1902 Wien, † 7. 5. 1986 Rottenmann (Stmk.), Eiskunstläuferin; Nichte von E. → Engelmann jun. Goldmedaille bei den Olymp. Spielen in Chamonix 1924, 7-fache Weltmeisterin; 1925 und 1927 Weltmeisterin im Paarlauf mit L. Wrede, dem späteren Präs. des Ö. Eislaufverbands.

Szabo, Wilhelm, * 30. 8. 1901 Wien, † 14. 6. 1986 ebd., Lyriker, Übersetzer, Hauptschullehrer und -dir. Während des 2. Weltkriegs als Verlagslektor in München tätig. Seine formal schlichte Lyrik ist frei von Klischees und wird von der Erfahrung der Fremdheit der Natur dominiert. Befreundet mit W. → Sachs. 1954 Trakl-Preis.
Literatur: R. Rocek, Mit eig. Waffen. W. S. Widerstand gegen die völkische Dichtung, in: J. Twaroch (Hg.), Nö. Literatur im Aufbruch, 1988.

Moritz Szeps. Foto.

Szeps, Moritz, * 5. 11. 1835 Busk (UA), † 9. 8. 1902 Wien, Journalist, Herausgeber, Verleger; Vater von Berta → Zuckerkandl-Szeps. 1855–67 Chefredakteur der Wr. „Morgenpost", die von 1850–86 erschien. Im Juli 1867 übernahm S. die Leitung des kurz zuvor gegr. „Neuen Wiener Tagblatts". Dort 1886 entlassen, kaufte er die „Morgenpost" und ließ sie als „Wr. Tagblatt" weiter erscheinen. Die Zeitung, seit 1901 unter dem Titel „Wr. Morgenzeitung", wurde 1905 eingestellt.

Szokoll, Carl, * 15. 10. 1915 Wien, Berufsoffizier und Filmproduzent. Leiter der militär. Gruppe innerhalb der ö. Widerstandsbewegung gegen den Nat.-Soz.; war als Hauptmann im Wehrkreiskommando XVII (Wien) bis zum Attentat auf A. → Hitler am 20. 7. 1944 direkter Kontaktmann zum Attentäter Oberst C. Schenk v. Stauffenberg, blieb jedoch unentdeckt; im April 1945 nahm er als Major über F. → Käs Kontakt mit den sowjet. Truppen auf. Nach dem 2. Weltkrieg Filmproduzent.
Werk: Der gebrochene Eid, 1985.

Szyszkowitz, Gerald, * 22. 7. 1938 Graz (Stmk.), Schriftsteller, Regisseur und Übersetzer. War neben dem Studium (Theaterwiss., Germanistik) Regieassistent von W. → Forst und in den 60er Jahren v. a. an dt. Theatern tätig. Übersiedelte nach Wien und leitete 1973–94 die Hauptabteilung Fernsehspiel und Unterhaltung im ORF. 1981 erschien sein erster Roman „Der Thaya", in dem S. anhand seiner Familiengeschichte soz. Veränderungen in Ö. seit der Monarchie schildert. Auch seine weiteren Bücher beziehen sich auf hist. und aktuelle Ereignisse.
Weitere Werke: Romane: Seitenwechsel, 1982; Osterschnee, 1983; Furlani oder Die Zärtlichkeit des Verrats, 1985; Puntigam oder Die Kunst des Vergessens, 1988; Der Liebe lange Weile, 1992; Die Badenweiler oder Nichts wird bleiben von Ö., 1995; Anna oder Der Flügelschlag der Freiheit, 1996; Mord vor der Klagemauer, 1999. – Dramen, Erzählungen, Hörspiele, Drehbücher, Übersetzungen. – Literatur: G. S., hg. v. K. Zehringer, 1993.

Szyszkowitz, Michael, * 26. 9. 1944 Graz (Stmk.), Architekt. Studierte 1963–71 an der Techn. Univ. in Graz. 1970/71 Mitarbeiter von Behnisch & Partner bei den Münchner Olympiabauten und von Domenig & Huth in München und Graz. Seit 1978 Architekturbüro in Graz in Ateliergemeinschaft mit K. → Kowalski. Ab 1988 Entwurfsbetreuung an der Univ. Stuttgart, seit 1998 Prof. f. Gebäudelehre und Entwerfen an der Techn. Univ. Braunschweig. 1987–93 Gründungsmitgl. und stellv. Obmann des Hauses der Architektur in Graz, 1994–99 dessen Präs.; 1999 Dt. Architekturpreis.
Werke (mit K. Kowalski): Hauswirtschaftsschule Großlobming, 1978–81; Waldbauernschule Schloss Pichl, 1982–84; Wohnanlage Alte Poststraße Graz-Eggenburg, 1982–84; Wohnanlage Eisbach-Rein, 1984–86; Pfarrzentrum Graz-Raggnitz, 1984–87; Biochemie-Institute der Univ. Graz, 1985–91; Landesausstellung „Hexen und Zauberer", Riegersburg, 1987; Kaufhaus Kastner & Öhler, 1989–95 und ab 2001 (Umbau und Erweiterung); Wohnanlage Schießstätte, Graz, 1997–99; Studienzentrum der Techn. Univ. Graz, 1998–2000 (alle Stmk.). – Wohnanlage Internat. Bauausstellung Emscher Park, Gelsenkirchen, 1990–95; Bürohaus am Stadtpark, Nürnberg, 1999ff. – Literatur: A. Gleiner, Szyszkowitz und Kowalski, 1994; R. Ilsinger (Red.), Räume und Freiräume, 1999.

T

Taaffe, Eduard Graf, * 24. 2. 1833 Wien, † 29. 11. 1895 Ellischau (Nalžovy, CZ), Staatsmann, konservativer Sozialreformer. Landeschef in Sbg., OÖ. und Ti.; 1867 und 1870/71 Innenmin., 1867–70 Min. für Landesverteidigung und Polizei, 1869/70 und 1879–93 Min.-Präs. und Innenmin. Versuchte, gestützt auf die ö., tschech. und poln. Konservativen, die nat. Gegensätze zu überbrücken, setzte 1882 die Zensusgrenze für die Wahlberechtigung von 10 auf 5 Gulden herab und schuf die Grundlage für eine wirksame Sozialgesetzgebung (Höchstarbeitszeit, Sonntagsruhe, Unfall- und Krankenversicherung). Von den radikalen Nationalparteien heftig bekämpft, scheiterte er am Versuch, ein (beinahe) allg. Wahlrecht einzuführen.

Tabarelli, Hans von, * 5. 7. 1898 Innsbruck (Ti.), † 29. 12. 1956 Mauer (Gem. Dunkelsteinerwald, NÖ.), Dramatiker und Erzähler, Redakteur und Verlagslektor in Wien. Trat mit Skizzen und Geschichten aus dem alten Wien hervor („Altwiener Geschichtenbuch", 1943; „Altwiener Panoptikum", 1946; „Altwiener Scherenschnitte", 1947).

Weitere Werke: Der Kavalier der blauen Blume, 1947 (Roman). – Dramen.

Tabori, George, * 24. 5. 1914 Budapest (H), Schriftsteller und Regisseur. Emigrierte 1936 nach England, ging 1947 in die USA; Schüler von L. Strasberg, dessen Schauspielauffassung er später im dt. Sprachraum bekannt machte. Begegnungen mit B. Brecht, den Brüdern T. und H. Mann, T. W. Adorno und A. Schönberg. Erste Romane und Dramen in engl. Sprache, Filmdrehbücher u. a. für A. Hitchcock („I Confess", 1953). Ab 1956 eig. Theaterinszenierungen, 1966 Gründung der Theatergruppe „The strolling players"; 1969 in Berlin, dann Regietätigkeit in Deutschland; 1986–99 in Wien. Erste Inszenierungen am Wr. Akademietheater (u. a. sein eig. Stück „Mein Kampf", 1987); 1987–90 Gründung und Leitung der Theatergruppe „Der Kreis" im Wr. Schauspielhaus; danach bis 1999 wieder Regietätigkeit an Burg- und Akademietheater (vorwiegend eig. Stücke, u. a. „Weismann und Rotgesicht", 1990; „Die Goldberg-Variationen", 1991; „Die 25. Stunde", 1994; „Die Ballade vom Wr. Schnitzel", 1996; „Purgatorium", 1999) sowie in Deutschland; wechselte 1999 mit C. → Peymann zum Berliner Ensemble. 1988 J.-Kainz-Medaille, 1992 G.-Büchner-Preis als erster Autor nicht deutscher Muttersprache; Ö. Ehrenzeichen f. Wiss. u. Kunst 1997.

Weitere Werke: Romane, Dramen, Erzählungen. – Literatur: P. Radtke, M wie Tabori. Erfahrungen eines behinderten Schauspielers, 1987; J. W. Gronius u. W. Kässens, T., 1989; G. Ohngemach, G. T., 1989; B. Marschall, Verstrickt in Geschichte(n), 1991; B. Sternthal, Der Kreis: 1987–1990, Diss., Wien 1992; A. Welker (Hg.), G. T. Portraits, 1993; H.-P. Bayerdörfer u. J. Schönert (Hg.), Theater gegen das Vergessen, 1997; J. Strümpel (Red.), G. T., 1997; P. Höyng (Hg.), Verkörperte Geschichtsentwürfe: G. T. Theaterarbeit, 1998.

Tagger, Theodor, → Bruckner, Ferdinand.

Taglioni, Maria, * 23. 4. 1804 Stockholm (S), † 27. 4. 1884 Marseille (F), Tänzerin. Berühmte Ballerina ihrer Zeit; feierte Triumphe am Wr. Kärntnertortheater (1822), später am Hofburgtheater. Ihr Stil basierte v. a. auf Höchstleistungen an Akrobatik und Spitzentanz.

Takács, Jenö, * 25. 9. 1902 Siegendorf (Bgld.), Komponist, Pianist. Unterrichtete 1927–32 in Kairo (Beschäftigung mit außereurop. Musik); 1942–48 am Konservatorium in Pecs; 1952–70 Prof. an der Cincinnati University. Verknüpft zeitgenöss. Tonsprache mit Volksmusik (v. a. ungar.).

Werke: Ballette: Nilusi Legenda – Ägyptische Liebeslegende, 1940; The Songs of Silence, 1967. – Klaviermusik: Von Nah und Fern, 1983. – Vokalmusik, Orchesterwerke, Kammermusik. – Literatur: J. Shintani (Hg.), J. T. – Werkverz., 1999.

Tamasch, Andreas, → Thamasch, Andreas.

Tamm, Franz Werner, * 6. 3. 1658 Hamburg (D), † 20. 7. 1724 Wien, Maler. Um 1695 von Leopold I. als Hofmaler nach Wien berufen, führender Vertreter der Stilllebenmalerei (Blumen, Früchte, Tiere) im Ö. des 18. Jh. mit bed. Einfluss auf diese Gattung in Wien.

Tandler, Julius, * 16. 2. 1869 Iglau (Jihlava, CZ), † 25. 8. 1936 Moskau (RUS), Arzt und soz.-dem. Politiker. Ab 1910 Univ.-Prof. in Wien, 1919/20 Unterstaatssekr. f. Volksgesundheit, 1919–34 Mitgl. d. Wr. Landesregierung. Schuf hier viele soz. Einrichtungen: Kindergärten, Schulzahnkliniken, Kinderübernahme- und Mutterberatungsstellen u. a.; förderte bes. den Arbeitersport. 1936 als Berater für Spitalsreformen nach Moskau berufen.

Werke: Anatomie des Herzens, 1913; Die biolog. Grundlagen der sekundären Geschlechtscharaktere, 1913; Topographie dringl. Operationen, 1916; Lehrbuch der systemat. Anatomie, 4 Bde., 1918–24; Das Wohlfahrtsamt der Stadt Wien, 1931. – Literatur: A. Magaziner, Der Wegbereiter, 1975; K. Sablik, J. T., Mediziner und Sozialreformer, 1983; W. Maderthaner (Red.), H. Breitner, J. T., 1997.

Tanner, Adam, * 14. 4. 1572 Innsbruck (Ti.), † 25. 5. 1632 Unken (Sbg.), Dogmatiker, Jesuit. Der bedeutendste dt.-sprach. Theologe der Gegenreformation, Prof. in München, Ingolstadt, Prag und Wien. Bekämpfte die Hexenprozesse, hatte den Hauptanteil am Regensburger Religionsgespräch (1601).

Werke: Dioptra fidei, 1617; Universa theologia scholastica, 4 Bde., 1626–27.

Tannhäuser, der, * um 1200, † um 1270, fahrender Sänger. Lebte 1235–46 am Hof Hzg. Friedrichs II. in Wien (u. a. mit → Neidhart von Reuenthal). Schrieb realist. Minne- und Tanzlieder sowie Spruchdichtungen; Held der Volkssage vom T. und der Frau Venus, deren Anfänge im 13. Jh. liegen.

Ausgabe: J. Siebert, Der Dichter T., Leben, Gedichte, Sage, 1934. – Literatur: H. Kischkel, T. heiml Trauer. Über die Bedingungen von Rationalität und Subjektivität im MA, 1998.

Tannstetter, Georg, → Collimitius, Georgius.

Tapfer, Siegfried, * 9. 7. 1900 Neumarkt (S-Ti.), † 27. 3. 1981 Innsbruck (Ti.), Gynäkologe. Univ.-Prof. in Innsbruck, führender Erforscher der hormonalen Steuerung von Schwangerschaft und Geburt.

Werke: Die hormonale Steuerung der Geburt, 1944; Typische gynäkolog. Operationen, 1952.

Tappeiner, Franz von, * 7. 1. 1816 Laas (S-Ti.), † 20. 8. 1902 Obermais (S-Ti.), Anthropologe und Arzt. Kurarzt in Meran; legte eine Schädel-Smlg. an, die sich heute im Naturhist. Mus. in Wien befindet.

Werke: Studien zur Anthropologie Ti. und der Sette Comuni, 1883; Der europ. Mensch und die Tiroler, 1896.

Eduard Graf Taaffe. Foto.

Julius Tandler. Foto, 30er Jahre.

George Tabori. Foto.

Richard Tauber. Foto.

Tappeiner, Josef (auch „Sepp" T.), * 29. 12. 1909 St. Michael bei Eppan (S-Ti.), † 2. 2. 1996 Klosterneuburg (NÖ.), Dermatologe. 1959–80 Vorstand der 1. Univ.-Klinik f. Haut- u. Geschlechtskrankheiten in Wien, 1961–80 Univ.-Prof.; über 200 wiss. Publ. Sein Hauptwerk, der „Atlas der Haut- und Geschlechtskrankheiten" („der Tappeiner" genannt, 2 Bde., 1950/53, mit L. Arzt), ist zum Standardwerk der medizin. Fachliteratur geworden.

Weitere Werke: Zur Lymphogranulomatose, 1940; Die Stellung der Dermatologie in der Medizin der Gegenwart, 1962; Die nicht-venerischen Hauterkrankungen, 1970.

Tarbuk-Sensenhorst, Fritz, * 16. 8. 1896 Brixen (S-Ti.), † 1. 3. 1976 Kitzbühel (Ti.), Unternehmer. Gründete 1920 ein Automobilhandelsunternehmen in Wien. Vor dem 2. Weltkrieg Generalvertretung aller Zweigwerke der Auto Union AG für Ö. Später Generalvertretung von Saab, Nissan und Jaguar in Ö. und Gründung von Zweigbetrieben.

Tartaruga, Ubald (eigentl. Edmund Otto Ehrenfreund), * 12. 2. 1875 Wien, † 21. 11. 1942 (oder 1941) KZ Dachau (D), Schriftsteller und Polizeibeamter in Wien. Autor von humorvollen Polizei- und Kriminalgeschichten aus dem Wr. Milieu („Polizeihumoresken", 1918; „Alstern, dö G'schicht war aso ...", 1930) und eines „Wr. Pitaval" (4 Bde., 1913).

Tassilo, Name von bair. Stammesherzögen aus dem Geschlecht der Agilolfinger. Sie tauchen erstmals 592 auf (Tassilo I. besiegte die Slawen im Pustertal).

Tassilo III., * um 742, † 11. 12. 794 Kloster Lorsch (D), 748–88 Hzg. der Baiern. Gewann durch Kolonisation und Missionierung das Norital (Eisacktal bis Klausen) und den Vintschgau, eroberte 772 für die christianisierten Karantanen Kä. von den Awaren zurück, gründete 769 das Kloster Innichen und 777 das Kloster Kremsmünster (vielleicht auch Mattsee). Er war ab 757 Vasall des Franken-Kg. Pippin III., verweigerte 763 den Heerdienst, wurde beschuldigt, mit den Awaren zu paktieren, und wurde deshalb 788 zum Tod verurteilt. Karl der Große begnadigte T. und seine Familie zu lebenslanger Klosterhaft, Bayern wurde dem Frankenreich einverleibt. Das Kloster Kremsmünster bewahrt den Tassilokelch und -leuchter.

Literatur: W. Störmer, Das Herzogsgeschlecht der Agilolfinger, in: Die Bajuwaren, Ausst.-Kat., Mattsee und Rosenheim 1988.

Tattenbach, Hans Erasmus Graf, * 3. 2. 1631, † 1. 12. 1671 Graz (Stmk.), Besitzer mehrerer Herrschaften in der Unter-Stmk. (jetzt Slowenien). Statthaltereirat der Stmk.; konspirierte ab 1667 mit den habsburgfeindl. ungar. Magnaten (Banus Peter Zrinyi) und wurde als Hochverräter vor dem Grazer Rathaus hingerichtet.

Literatur: ADB.

Tauber, Alfred, * 5. 11. 1866 Pressburg (Bratislava, SK), † 26. 7. 1942 KZ Theresienstadt (Terezín, CZ), Mathematiker. Studierte und habilitierte sich an der Univ. Wien, an der er von 1908 bis zu seiner Pensionierung 1933 Prof. war. Daneben Tätigkeit als Versicherungsmathematiker. Er befasste sich bes. mit Fragen der Versicherungsmathematik und Statistik sowie mit dem Umkehrproblem des abelschen Grenzwertsatzes (t.sche Sätze), mit der Potenzial- und der Funktionentheorie.

Literatur: R. Einhorn, Vertreter der Mathematik und Geometrie an den Wr. Hochschulen 1900–40, Diss., Wien 1985.

Otto Tausig. Foto.

Tauber, Kaspar, † 19. 9. 1524 Wien (hingerichtet), Kaufmann. Hielt sich ab 1511 in Wien auf, war 1519 Tuchlaubenherr, 1516–22 Mitgl. der Fronleichnamsbruderschaft von St. Stephan. Verfasste 1521 eine kleine Schrift, in der er die päpstl. Lehrsätze verwarf. Er bekannte sich zur Lehre Luthers, war nicht zum Widerruf zu bewegen und wurde zum Tod verurteilt.

Literatur: G. Reingrabner, Protestanten in Ö., 1981.

Tauber, Richard (eigentl. Ernst Seiffert), * 16. 5. 1891 Linz (OÖ.), † 8. 1. 1948 London (GB), Sänger (weltberühmter lyrischer Tenor), Komponist. Schauspieler in Graz und Linz; debütierte 1913 in Chemnitz, kam im gleichen Jahr nach Dresden und 1919 nach Berlin; ab 1925 Mitgl. der Wr. Staatsoper; Mozart-Interpret bei den Sbg. Festspielen; erfolgreicher Filmsänger. T. war mit F. → Lehár befreundet, der für ihn Tenorpartien in seinen Operetten schrieb. Welttourneen. Emigrierte 1938 nach London (1940 brit. Staatsbürger).

Literatur: D. Napier Tauber, R. T., 1949; dies., My Heart and I, 1959; C. Castle u. D. Napier Tauber, This was R. T., 1971; O. A. Schneidereit, R. T., 2000.

Taucher, Wilhelm, * 26. 5. 1892 Fürstenfeld (Stmk.), † 18. 4. 1962 Graz (Stmk.), Finanzwissenschaftler und Politiker (VF). Univ.-Prof., 1936–38 BMin. f. Handel und Verkehr. Ab 1948 Leiter des Marshall-Plan-Büros; einer der frühesten Befürworter der europ. Einigung.

Taus, Josef, * 8. 2. 1933 Wien, Wirtschaftsjurist, Manager und Politiker (ÖVP). 1966–67 Staatssekr. f. Verkehr und verstaatlichte Ind., 1967–75 Aufsichtsratsvorsitzender der ÖIG bzw. ÖIAG, 1975–79 Bundesparteiobmann der ÖVP, 1975–91 Abg. z. NR, Wirtschaftsexperte der ÖVP. Seit 1989 Unternehmer (Management Trust Holding AG).

Tauschek, Gustav, * 29. 4. 1899 Wien, † 14. 2. 1945 Zürich (CH), Erfinder. Erwarb als Autodidakt über 200 Patente, v. a. auf die Konstruktion von Lochkarten-Buchhaltungs-, Zähl- und Rechenmaschinen. 168 seiner Patente wurden von IBM angekauft und verwertet.

Werk: Die Lochkarten-Buchhaltungsmaschinen meines Systems, 1930.

Tauschinski, Oskar Jan, * 8. 6. 1914 Zabokruki (PL), † 14. 8. 1993 Wien, Schriftsteller und Übersetzer. Kam durch die Dichterin A. J. → Koenig mit den literar. Kreisen Wiens in Berührung. 1952–79 Mitarbeiter des Ö. Buchklubs der Jugend, Nachlassverwalter und Hg. der Werke von A. J. Koenig, H. Lahr und M. → Haushofer.

Werke: Romane, Erzählungen, Kinder- und Jugendbücher. – Literatur: E. Rosner, Poln. Motive bei O. J. T., in: Ö.-poln. literar. Nachbarschaft, hg. v. H. Ortowski, 1979.

Tauschinsky, Hippolyt, * 9. 9. 1839 Wien, † 28. 2. 1905 ebd., Historiker, Bibliothekar, Pionier der Arbeiterbewegung, Journalist. Dozent in Wien und Graz, Hg. des Codex Strahoviensis und der Urkunden des Klosters Altenburg; ab 1868 in der Arbeiterbewegung tätig. 1871 Religionsstifter (Gemeinde der Botschaft); wurde 1874 in Neudörfl Gründer und 1. Obmann der Soz.-dem. Partei. Bereitete einen Parteitag am 16./17. 5. 1875 in Marchegg vor und wurde deswegen vor Gericht gestellt. Nach Ausschluss aus der Arbeiterbewegung lebte er als Journalist in Wien.

Literatur: H. Konrad, Die Sozialistenprozesse 1874 und 1875 in Graz um Dr. H. T., in: K. Stadler (Hg.), Sozialistenprozesse. Polit. Justiz in Ö. 1870–1936, 1986.

Tausig, Otto, * 13. 2. 1922 Wien, Schauspieler, Regisseur. Emigrierte 1938 nach England, nach seiner Rückkehr 1946–48 Besuch des Reinhardt-Seminars; 1948 Debüt in Wien an der „Scala", wo er 1948–56 auch als Chefdramaturg und Spielleiter wirkte. 1957–60 in O-Berlin, dann am Schauspielhaus Zürich, danach freischaffend in Deutschland; 1971–83 Ensemblemitgl. des Burgtheaters (klass. und moderne Rollen), danach wieder in Deutschland, Gastspiele in Wien; Prof. am Reinhardt-Seminar, Regietätigkeit bei ö. und dt. Fernsehproduktionen (u. a. „Sketches" von E. Kishon);

1999 Abschied von der Bühne. Engagiert im Kampf gegen die Armut in den Entwicklungsländern.

Tautenhayn, Josef, * 5. 5. 1837 Wien, † 1. 4. 1911 ebd., Bildhauer und Medailleur; Vater des Bildhauers Josef T. d. J., Großvater von Karl → Tautenhayn. Ab 1862 Münzgraveur beim Hauptmünzamt, ab 1874 Leiter der Graveurakad. und 1881–1905 Akad.-Prof. in Wien. Schuf zahlr. Porträt- und Gedenkmedaillen sowie kunstgewerbl. Arbeiten und skulpturalen Schmuck für Wr. Ringstraßenbauten (u. a. für die Univ., das Kunsthist. Museum und das Parlament).

Literatur: E. Finke, Die Tautenhayns, 1965.

Tautenhayn, Karl, * 8. 8. 1871 Wien, † 25. 11. 1949 ebd., Komponist, eigentl. Bankbeamter; Enkel von Josef → Tautenhayn. Gründer und Leiter des T.-Quartetts.

Literatur: E. Finke, Die Tautenhayns, 1965.

Tautscher, Anton, * 17. 1. 1906 Veitsch (Stmk.), † 13. 2. 1976 Graz (Stmk.), Jurist und Wirtschaftswissenschaftler. 10 Jahre als Bibliothekar tätig, ab 1940 Prof. für Volkswirtschaftslehre und Finanzwiss. an der Univ. Graz.

Werke: Bankenverstaatlichung – zur Frage des gestuften Zinses, 1946; Staatswirtschaftslehre des Kameralismus, 1947; Geschichte der Volkswirtschaftslehre, 1950; Wirtschaftsethik, 1957.

Techet, Carl (Pseud.: Sepp Schluiferer, Karl Franz), * 27. 2. 1877 Wien, † 19. 1. 1920 ebd., Satiriker, Erzähler und Pädagoge. 1903–05 Assistent an der Zoolog. Station Triest, 1905–07 Lehrer in Triest, ab 1907 an der Staatsrealschule Kufstein; 1910 Strafversetzung nach Proßnitz (Mähren), ab 1914 krankheitsbedingt im Ruhestand. Veröffentlichte 1909 unter dem Titel „Fern von Europa. Ti. ohne Maske" eine Smlg. bissiger Satiren, die eine massive öffentl. Hetze gegen T. als „Landesverräter" auslöste, und war schließl. zum Verlassen Ti. gezwungen.

Literatur: W. Gürtler, Die T.-Affäre, Hausarbeit, Innsbruck 1984.

Tegetthoff, Folke, * 13. 2. 1954 Graz (Stmk.), Schriftsteller, Kinderbuchautor; Nachkomme von Wilhelm v. → Tegetthoff. Befasst sich mit Fragen der Kreativität und der Märchenliteratur, verfasst eig. moderne Märchen (bis 2001 rd. 30 Publikationen) und organisiert Seminare und Veranstaltungen (ab 1988 „Die lange Nacht der Märchenerzähler", seit 1992 „Weltfest des Märchens" in Graz bzw. „Graz erzählt"). Einer der erfolgreichsten zeitgenössischen Märchenautoren weltweit (T.-Archiv an der Univ. in Kentucky, USA; Forschungsgruppe T.-Märchen in Nanjing, China). Lego-Preis 1994.

Ausgabe: Gesamtausgabe, 1994ff.

Tegetthoff, Wilhelm von, * 23. 12. 1827 Marburg (Maribor, SLO), † 7. 4. 1871 Wien, bedeutendster Admiral der ö. Kriegsmarine. T. war 1840–45 am ö. Marinekollegium in Venedig und erhielt 1854 sein 1. selbstständiges Kommando. Er trat früh für die Notwendigkeit der Umstellung auf den Dampfschiffbau ein. Am 9. 5. 1864 siegte er bei Helgoland als Befehlshaber des ö.-preuß. Geschwaders gegen die dän. Flotte (dt.-dän. Krieg). Im preußisch-ö. Krieg 1866 gewann T. am 20. 7. durch Anwendung der Rammtaktik die Seeschlacht bei Lissa gegen die überlegene ital. Flotte (Kommandeurkreuz des Militär-Maria-Theresien-Ordens). 1866/67 führten ihn Studienreisen nach Frankreich, England und in die USA. 1868 wurde er Chef der Marinesektion im Kriegsministerium. Seine Neuorganisation der ö. Kriegsmarine, die er gegen Misstrauen und schwere Widerstände durchführte, blieb bis zum 1. Weltkrieg in Kraft und begründete die Seemacht der Donaumonarchie.

Literatur: H. H. Sokol u. P. Handel-Mazzetti, W. v. T., 1952; U. Schöndorfer, W. v. T., 1958; K. Müller, T. Marsch in die Nordsee, 1991.

Teichner, der, → Heinrich der Teichner.

Teimer, Martin Rochus, Frh. von Wildau, * 14. 8. 1778 Schlanders (S-Ti.), † 27. 9. 1838 Herbersdorf (Gem. Allerheiligen b. Wildon, Stmk.), Offizier. Reiste als Vertrauter von Erzhzg. → Johann mehrmals nach Ti., um die Erhebung von 1809 vorzubereiten, und unterzeichnete mit A. → Hofer den Aufruf dazu. War Kommandant im nördl. Ti. und Vintschgau, kämpfte bei der 1. und 3. Bergiselschlacht mit, verließ im Juli 1809 mit den letzten ö. Truppen Ti.

Tencala (Tencalla), Carpoforo, * 1623 Bissone (CH), † zw. 8. 3. und 12. 4. 1685 Passau (D), Freskenmaler. War für den Wr. Hof, in Lambach, Trautenfels und Eisenstadt tätig.

Literatur: W. Kitlitschka, Beiträge zur Erforschung der Tätigkeit C. T. nördl. der Alpen, in: Wr. Jb. f. Kunstgeschichte 23, 1970; I. Schemper-Sparholz, Illustration und Bedeutung, in: ebd. 50, 1987.

Tencala, Giovanni Pietro, * 17. 11. 1629 Bissone (CH), † 6. 3. 1702 ebd., kaiserl. Baumeister und Bildhauer. 1658–92 in Wien nachweisbar.

Werke: Wien: Leopoldin. Trakt der Hofburg (Neubau nach Brand), 1672–81; Palais Lobkowitz, 1689–94.

Tengg, Hansjörg, * 23. 8. 1947 Innsbruck (Ti.), Manager. Studierte 1966–75 an der Techn. Univ. Graz; 1976–85 bei den Grazer Verkehrsbetrieben beschäftigt, 1986–90 Vorstandsmitgl. der Ö. Donaukraftwerke AG; 1993–95 in der Papierind. tätig, 1995–96 Insolvenzmanager des Konsum Ö.; danach Geschäftsführer bzw. 1998–99 Aufsichtsratsvorsitzender des privaten ö. Mobiltelefonunternehmens max.mobil, seither selbstständiger Unternehmer.

Tenschert, Roland, * 5. 4. 1894 Podersam (Podborany, CZ), † 3. 4. 1970 Wien, Musikwissenschaftler. 1926–31 Archivar und Dozent am Mozarteum Salzburg; ab 1935 freischaffender Musikschriftsteller in Wien; 1945–48 Lektor bzw. Prof. an der Wr. Musikakad.

Werke: Salzburg und seine Festspiele, 1947. – Biographien: Mozart, 1931; J. Haydn, 1932; C. W. Gluck, 1951; F. Schubert, 1971.

Terramare, Georg (eigentl. Georg Eisler von T.), * 2. 12. 1889 Wien, † 4. 4. 1948 La Paz (Bolivien), Erzähler, Dramatiker und Regisseur. Ab 1922 erfolgreicher Leiter der Wr. Laienspielschar „Wr. Schottenspiele", dann Regisseur in Bern, Hamburg, Wien und Troppau; ging 1939 von der ČSR über Italien ins Exil nach Bolivien. Wurde bekannt durch seine Mysterienspiele („Ein Spiel vom Tode, dem Antichrist und den letzten Dingen", 1922; „Ein Spiel von den letzten Dingen", 1927).

Weitere Werke: Romane, Erzählungen, Einakter und Komödien. – Literatur: Wie weit ist Wien. Lateinamerika als Exil für ö. Schriftsteller und Künstler, hg. v. A. Douer u. U. Seeber, 1995.

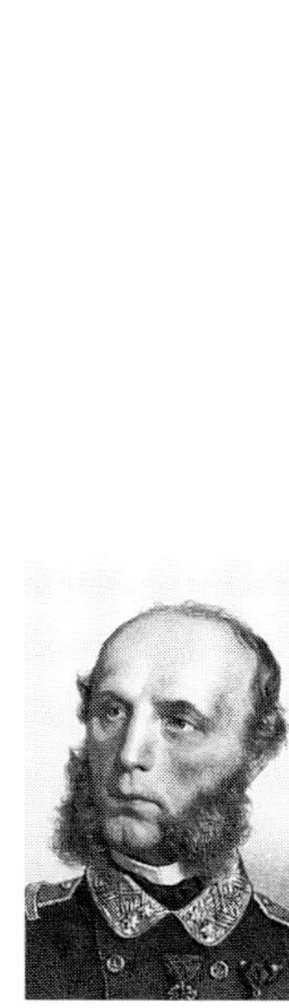

Wilhelm von Tegetthoff. Lithographie von J. Kriehuber, 1866.

Terzaghi, Karl, * 2. 10. 1883 Prag (CZ), † 25. 10. 1963 Cambridge (USA), Techniker. Nach vielfältigen Studien (Maschinenbau, Bauingenieurwesen, Geologie u. a.) als Ingenieur und Wissenschaftler in Kroatien, Russland und der Türkei tätig. Begründete die Bodenmechanik als selbstständige Ingenieurwiss.; 1925–29 und 1936 Prof. in den USA, wo er aufgrund seiner zunächst umstrittenen Erkenntnisse spektakuläre Erfolge bei der Fundamentlegung von Großbauten erzielte. 1929–38 an der Techn. Hochschule in Wien, die in dieser Zeit zu einem internat. Zentrum der Bodenmechanik wurde. Emigrierte 1939 in die USA und setzte dort seine Tätigkeit an der Harvard University in Massachusetts fort. Seine Publikationen wurden zu einschlägigen Standardwerken.

Werke: Erdbaumechanik auf bodenphysikal. Grundlage, 1925; Theoretical Soil Mechanics, 1943 (Theoret. Bodenmechanik, 1954).

Terzka, Adam Erdmann, Graf von der Lipa, * um 1599, † 25. 2. 1634 Eger (Cheb, CZ; ermordet), nach 1630 kaiserl. General; Schwager A. v. → Wallensteins. Erreichte für Wallenstein im 1. Pilsener Schluss die persönl. Verpflichtung der Offiziere; wurde zusammen mit Wallenstein von J. Gordon ermordet.

Terzky, Karl August von (eigentl. K. A. Tersztyánski von Nádas, Pseud.: Anton Vilnay), * 1814 Einsiedel (Mnisek, SK), † 4. 6. 1870 Wien, Journalist und Erzähler. 1848 Hg. der „Wr. Gassen-Zeitung", nach der Revolution eine Zeit lang interniert. Gibt in seinen Erzählungen ein Porträt Wiens im Vormärz („Toni", 1844; „Adalay", 1845).

Weiteres Werk: Der Zeitkrüppel, 1846 (Roman).

Tesar, Heinz, * 16. 6. 1939 Innsbruck (Ti.), Architekt. Studium an der Akad. der bild. Künste bei R. → Rainer, Mitarbeit bei W. → Holzbauer; seit 1973 freischaffender Architekt in Wien; Weiterentwicklung der Sprache der „klass. Moderne" ö. Ausprägung. Lehrtätigkeit an verschiedenen amerikan. und europ. Univ.

Werke: Wohnbauten Einsiedlergasse, Wien 5, 1976–83 und 1985–88; Pfarrkirche und Pfarrhof Leopoldskron, Salzburg, ab 1978; Siedlung Biberhaufenweg, Wien 22, 1981–85 (mit O. Häuselmayer und C. Pruscha); Feuerwehrzentrale, Perchtoldsdorf, 1981–83; Bürohaus Schömer, Klosterneuburg, 1985–87; Kindertagesheim Wienerberggründe, Wien, 1987–90; Stadttheater/Stadtkino und Museum, Hallein, 1994; Taschenberg Residenz, Dresden, 1995; Museum Smlg. Essl, Klosterneuburg, 1998–99; Kirche Donaucity, Wien, 1999–2000. – Literatur: F. Achleitner, Ö. Architektur im 20. Jh., 1980ff.; Magistrat der Stadt Wien (Hg.), Architektur im 20. Jh., 1984; Baujahre. Ö. Architektur 1967–91, 1992; L. Waechter-Böhm (Hg.), H. T., 1995.

Tesarek, Anton, * 1. 9. 1896 Wien, † 20. 11. 1977 ebd., Pädagoge und soz.-dem. Politiker. Gründete 1925 die soz.-dem. Jugendorganisation „Rote Falken", beschäftigte sich mit Kindergarten- und Horterziehung und setzte sich für den Abbau der Bildungsdiskriminierung ein. War nach 1934 in Schutzhaft und ab 1938 im KZ; leitete nach 1945 das Jugendamt der Stadt Wien. Vorstandsmitgl. der Kinderfreunde und Präs. der Erziehungs-Internationale.

Werke: Feste der Arbeiterkinder, 1947; Zur Problematik der sozialist. Erziehung, 1952.

Teschler, Niklas, * um 1410 Bad Waldsee bei Ravensburg (D), † zw. 29. 7. und 23. 11. 1485 Wien, Tuchhändler und Bankier. Ab 1433 in Wien ansässig; bekleidete hohe Ämter im Rat der Stadt (1453 und 1456/57 Bürgermeister), 1485 Stadtanwalt. Ließ 1483 den Heilthumsstuhl bei St. Stephan bauen.

Literatur: R. Perger, N. T. und seine Sippe, in: Jb. für Geschichte Wiens 23/25, 1967/69.

Richard Teschner. Foto, 1927.

Teschner, Richard, * 22. 3. 1879 Karlsbad (Karlovy Vary, CZ), † 4. 7. 1948 Wien, Bildhauer, Maler, Graphiker, Kunstgewerbler. Studierte an der Prager Akad. d. bild. Künste und an der Wr. Kunstgewerbeschule. Ab 1909 in Wien, Mitarbeiter der „Wr. Werkstätte"; schuf komplizierte Stabpuppen nach javanischen Vorbildern, dazu Kostüme und Dekorationen, verfasste auch Stücke für sein Puppentheater, die er 1912–32 im „Goldenen Schrein" und 1932–48 im „Figurenspiegel" (Hohlspiegel mit Lichteffekten, erhalten im Ö. Theatermuseum in Wien) zeigte. Schuf auch Bilder und Plastiken, Buchillustrationen und Exlibris-Entwürfe.

Literatur: A. Roessler, R. T., 1947; F. Hadamowsky (Hg.), R. T. und sein Figurenspiegel, 1956; Der künstlerische Nachlaß von R. T., 1964; R. T. (1879–1948). Ein Meister aus Böhmen. Eine Auswahl aus seinem Werk, 1979.

Tesla, Nikola, * 10. 7. 1856 Smiljan (HR), † 8. 1. 1943 New York (USA), Erfinder. Ging nach dem Studium am Joanneum in Graz 1884 zu T. Edison nach New York, gründete 1887 die Tesla Electric Company und erfand die Drehstromtechnik, die ab 1888 von Westinghouse verwertet wurde und überragende Bedeutung erlangte. Nach T. ist die Einheit für magnet. Flussdichte (Induktion) benannt.

Literatur: S. Boksan, N. T. und sein Werk, 1932; J. O'Neill, N. T., 1951.

Tetmajer, Ludwig von, * 14. 7. 1850 Krompach (Krompachy, SK), † 31. 1. 1905 Wien, Techniker und Pionier des Materialprüfungswesens. Studierte 1868–72 Bauingenieurwesen an der Polytechn. Schule in Zürich, an der er 1880 eine internat. angesehene Materialprüfungsanstalt einrichtete; 1895 gründete er den Internat. Verband für Materialprüfungen der Technik. 1901 Prof. f. Techn. Mechanik und Baumaterialienkunde an der Techn. Hochschule in Wien, an der er auch die Techn. Versuchs- und Forschungsanstalt ausbaute. Beschäftigte sich insbes. mit dem Stabilitätsproblem der Knickung (T.-Formel).

Teufelsbauer, Leopold, * 31. 7. 1886 Kleinriedenthal (Gem. Retz, NÖ.), † 20. 4. 1946 Herrnbaumgarten (NÖ.), Erwachsenenbildner, Priester. Nahm 1929–38 als Leiter des 1. staatl. „Bäuerl. Volksbildungsheims" in Hubertendorf (NÖ.), das er als Lebens-, Gemeinschafts- und Charakterschule einrichtete, starken Einfluss auf die internat. Zielsetzungen der Bildungsarbeit im ländl. Raum („Hubertendorfer Leitsätze") und auf die Heranbildung bäuerl. Interessenvertreter in Ö.

Literatur: R. Szerelmes, L. T. und das Bäuerl. Volksbildungsheim Hubertendorf 1929–38, 1982.

Teuffenbach, stmk. Adelsgeschlecht, vom 15. bis in das 17. Jh. auch in Mähren und NÖ. begütert. Zu den bedeutendsten Persönlichkeiten aus der Familie zählten Christoph → Teuffenbach und seine Söhne Friedrich → Teuffenbach und Rudolf → Teuffenbach.

Teuffenbach, Christoph, † 1598, Feldherr; Vater von Friedrich → Teuffenbach und Rudolf → Teuffenbach. Spielte in den Türkenkriegen 1566–68 und 1593 eine Rolle als Feldherr.

Teuffenbach, Friedrich, * 1585, † 27. 5. 1621 Innsbruck (Ti.; hingerichtet), Feldherr; Sohn von Christoph → Teuffenbach, Bruder von Rudolf → Teuffenbach. Als einer der Führer der protestant. Aufständischen in Mähren trat er im 30-jähr. Krieg an die Seite des Winterkönigs Friedrich von der Pfalz, floh 1620 in die Schweiz, wurde auf Betreiben von Erzhzg. Leopold V. ausgeliefert und hingerichtet. Die vom Ks. erteilte Begnadigung kam zu spät in Innsbruck an.

Teuffenbach, Ingeborg, → Capra-Teuffenbach, Ingeborg.

Teuffenbach, Rudolf, * 1582, † 1653, kaiserl. Feldherr im 30-jähr. Krieg, Feldmarschall; Sohn von Christoph → Teuffenbach, Bruder von Friedrich → Teuffenbach. Übergab 1631 A. v. → Wallenstein das Kommando zum 2. Generalat.

Teyber, Wr. Musikerfamilie. Ihr entstammten der Geiger Matthäus → Teyber und seine vier Kinder: Elisabeth → Teyber, Anton → Teyber, Franz → Teyber und Therese → Teyber.

Teyber, Anton, * 8. 9. 1754 Wien, † 18. 11. 1822 ebd., Hofkomponist, Pianist, Organist und Cellist; Sohn von Matthäus → Teyber; Bruder von Elisabeth → Teyber, Franz → Teyber und Therese → Teyber. Wurde 1784 in die Tonkünstler-Societät aufgenommen, wirkte 1787–91 in Dresden, war ab 1792 Cembalist an der Wr. Hofoper und ab 1793 Hofkomponist und Lehrer der kaiserl. Kinder (auch Erzhzg. → Rudolf war sein Schüler).

Teyber, Elisabeth, * 16. 9. 1744 Wien, † 9. 5. 1816 ebd., Sängerin (Sopran); Tochter von Matthäus → Teyber; Schwester von Anton → Teyber, Franz → Teyber und Therese → Teyber. Trat auch in Italien und Russland mit großem Erfolg auf.

Teyber, Franz, * 25. 8. 1758 Wien, † 21./22. 10. 1810 ebd., Kapellmeister, Komponist und Sänger (Bass); Sohn von Matthäus → Teyber; Bruder von Elisabeth → Teyber, Anton → Teyber und Therese → Teyber. Als Dirigent des schikanederschen Wandertheaters kam er 1786 mit W. A. → Mozart in Kontakt; später war er Komponist und Musikdir. am Theater an der Wien, das 1801 mit seiner Oper „Alexander" eröffnet wurde, ab 1807 am Theater in der Leopoldstadt; 1810 Hoforganist.

Teyber, Matthäus, * um 1711 Weinzettel (NÖ.), † 6. 9. 1785 Wien, Geiger und ab 1757 Hofmusiker; Vater von Elisabeth → Teyber, Anton → Teyber, Franz → Teyber und Therese → Teyber, die ebenfalls bed. Musiker waren. Ab 1773 mit der Familie Mozart befreundet.

Theyber, Therese, * 15. 10. 1760 Wien, † 15. 4. 1830 ebd., bewunderte Sängerin (Sopran) ihrer Zeit; Tochter von Matthäus → Teyber; Schwester von Elisabeth → Teyber, Anton → Teyber und Franz → Teyber. Sang ab 1778 an den Wr. Hoftheatern (erstes Blondchen 1782 in Mozarts „Entführung aus dem Serail", 1788 Zerlina in „Don Giovanni").

Thaler, Andreas, * 10. 9. 1883 Oberau (Gem. Wildschönau, Ti.), † 28. 6. 1939 Dreizehnlinden (Treze Tilias, BR), Knecht, Landwirt und Politiker (CS). 1927–34 Abg. z. NR, 1929–32 Obmann des Reichsbauernbundes; 1926–29 und 1930/31 Landwirtschaftsminister. Organisierte 1933/34 die Auswanderung von mehreren hundert Bauern aus Ti. nach Brasilien, wo sie Dreizehnlinden gründeten.

Thalhammer, Hans (Pseud.: Thaddäus Erler), * 9. 7. 1892 Freiland b. Deutschlandsberg (Stmk.), † 20. 6. 1973 Wilhelmsburg (NÖ.), Lyriker, Erzähler, Essayist, nö. Mundartdichter. Hauptschuldir. in Lilienfeld; vielseitiger heimatverbundener Autor, trat auch durch Dichterporträts hervor (E. v. Handel-Mazzetti, 1931; L. Trenker, 1933; K. H. Strobl, 1938).

Weitere Werke: Gedichte, Romane, Erzählungen, Volksstücke, Spiele. – Literatur: W. Sachs, H. T., o. J.

Thalherr, Joseph, * um 1730 Fulnek (CZ), † 16. 10. 1807 Buda (Budapest, H), Architekt. Ausbildung in Wien; anschließend im Hofbauamt tätig, 1782 ungar. Kammerarchitekt, ab 1788 Leiter der ungar. Baudirektion. Wichtiger Repräsentant der Architektur um 1800 mit palladian. bzw. revolutionsklassizist. Zügen (Seidenwicklerei Budapest, 1785). Seine Frühzeit und das Verhältnis zu I. → Canevale sind noch unerforscht. Bauten in Pressburg, Budapest, Györ u. a.

Thamasch (auch Damasch, Tamasch), Andreas, * 24. 11. 1639 See im Paznauntal (Ti.), † 9. 12. 1697 Stams (Ti.), herausragender Bildhauer des ausgehenden 17. Jh.; 1671 Geselle bei H. → Schwanthaler in Ried im Innkreis, mit dessen Werk er stilistisch zu vergleichen ist; danach Stiftsbildhauer in Stams, wo er für die Fürstengruft 1675–81 u. a. 8 lebensgroße Holzstatuen von Ti. Landesfürsten schuf. Daneben gelten der Altar und die Heiligenfiguren der Stiftskirche in Kaisheim in Schwaben (Mutterkloster von Stams) als sein Hauptwerk. Weitere Werke in Ti. Kirchen und im Ti. Landesmus. in Innsbruck.

Thauren, Johannes, * 6. 11. 1892 Bielefeld (D), † 4. 7. 1954 Wien, Theologe, Lehrer in St. Gabriel (Mödling, NÖ.) und an der Wr. Universität. Initiator und Gen.-Sekr. der Wr. Kath. Akad. (1945), Initiator der internat. Missionskongresse, Dir. des Missiolog. Inst. der Erzdiözese Wien.

Werke: Die Missionen der Ges. des Göttl. Wortes, 8 Bde., 1927–31; Atlas der kath. Missionsgeschichte, 1932; Der ö. Anteil der Orden am Missionswerk der Kirchen, 1950.

Thaurer, Johann, Ritter von Gallenstein, * 11. 9. 1779 Judenburg (Stmk.), † 22. 11. 1840 Klagenfurt (Kä.), Lyriker, Expedit- und Registraturbeamter bei den Kä. Landständen. Publizierte seine Gedichte in Almanachen; Verfasser der Kä. Landeshymne „Dort, wo Tirol an Salzburg grenzt …".

Thausing, Moriz, * 3. 6. 1838 Tschischkowitz (Čížkovice, CZ), † 11. 8. 1884 Leitmeritz (Litoměřice, CZ; Selbstmord), Kunst- und Kulturhistoriker. Univ.-Prof. und Dir. der Albertina in Wien, Wegbereiter der Wr. Schule der Kunstgeschichte.

Werke: Nibelungen-Studien, 1864; Dürer, Geschichte seines Lebens und seiner Kunst, [2]1884; Wr. Kunstbriefe, 1884. – Literatur: A. Rosenauer, M. T. und die Wr. Schule der Kunstgeschichte, in: Wr. Jb. f. Kunstgeschichte 36, 1983.

Theiss, Siegfried, * 17. 11. 1882 Pressburg (Bratislava, SK), † 24. 1. 1963 Wien, Architekt. Studierte an der Techn. Hochschule in Wien und bei F. → Ohmann; Mitarbeiter von Max Ferstel. 1907–61 Partner von H. → Jaksch im Büro T. & Jaksch in Wien, Prof. an der Techn. Hochschule in Wien. Schon vor dem 1. Weltkrieg durch Großaufträge für Amts- und Kirchenbauten (oft als Wettbewerbssieger) bekannt geworden, planten T. & Jaksch in der Zwischenkriegszeit vorwiegend Gemeindebauten in Wien. Ende der 20er Jahre wandten sie sich einer gemäßigten Moderne zu, als deren bedeutendstes Werk das Hochhaus in der Herrengasse in Wien (1931–33) gilt. Während der Zeit des Nat.-Soz. entstanden einige Molkereigebäude. Nach 1945 schufen T. & Jaksch u. a. die charakterist. Geschäftsportale und -einrichtungen der Firma Palmers.

Weitere Werke: Fliegerkaserne Wr. Neustadt, 1914–17; Knappensiedlung, Hüttenberg (Kä.) 1921–23; Quarin-Hof, Wien 10, 1924; Arbeiterheim, Bruck a. d. Mur, 1924; Kurheim, Bad Schallerbach (OÖ.), 1924–25; Sandleitenhof, Wien 16, 1924–28 (mit E. Hoppe, O. Schönthal, F. Matuschek, F. Krauß u. J. Tölk); AHS Wenzgasse, Wien 13, 1930/31; Reichsbrücke, Wien, 1933–36. – Literatur: G. Schwalm-T., T. & Jaksch. Architekten 1907–61, 1986.

Theodora Komnena, * um 1134 Byzanz (Istanbul, TR; ?), † 1183 Wien (Grab in der Schottenkirche), Tochter des Sebastokrators Andronikos und Nichte des byzantin. Ks. Manuel I. Komnenos. 2. Gattin (Heirat 1148) des ö. Babenberger-Markgrafen bzw. Hzg. → Heinrich II. Ein Hochzeitsgedicht ist in einer Handschrift der Biblioteca Marciana Venedig erhalten.

Literatur: K. J. Heilig, Ostrom und das Dt. Reich um die Mitte des 12. Jh., in: T. Mayer u. a., Kaisertum und Herzogsgewalt im Zeitalter Friedrichs I., 1944 (Neudruck 1958); Die Babenberger in Ö., Ausst.-Kat., Lilienfeld 1976.

Theodora Laskaris, † 23. 6. 1246 (bestattet in Lilienfeld, NÖ.), Enkelin des byzantin. Ks. Isaak II. Angelos, des 1. Herrschers aus dem Haus Angeloi. Heiratete 1203 den Babenberger-Hzg. → Leopold VI. und lebte nach dessen Tod in Hainburg.

Literatur: K. J. Heilig, Ostrom und das Dt. Reich um die Mitte des 12. Jh., in: T. Mayer u. a., Kaisertum und Herzogsgewalt im Zeitalter Friedrichs I., 1944 (Neudruck 1958); Die Babenberger in Ö., Ausst.-Kat., Lilienfeld 1976.

Theophrastus Bombastus von Hohenheim, → Paracelsus.

Theurer, Elisabeth („Sissy", verehel. Max-T.), * 20. 9. 1956 Linz (OÖ.), Dressurreiterin und Jurorin. 1978 ö. Staatsmeisterin, 1979 Europameisterin; 1980 Goldmedaille bei den Olymp. Spielen in Moskau im Dressurreiten (alle 3 Titel auf „Mon Cherie").

Thiede, Oskar, * 13. 2. 1879 Wien, † 22. 11. 1961 ebd., Bildhauer und Medailleur.

Werke: Tuchmacherbrunnen (1928) und Nestroy-Denkmal (1929) in Wien; Plastiken des Haydn-Mausoleums in Eisenstadt. – Porträtbüsten, Kleinplastiken, Medaillen.

Thiele, Wilhelm, * 10. 5. 1890 Wien, † 7. 9. 1975 Los Angeles (USA), Filmregisseur. Studierte am Wr. Konservatorium und war 1909–13 als Schauspieler, später als Regisseur tätig. Sein filmisches Regiedebüt gab er mit C. M. Ziehrers „Märchen aus Alt-Wien" (1923), danach arbeitete er als Drehbuchautor. Sein erster Tonfilm war „Die Drei von der Tankstelle" (1930). T. emigrierte 1933 in die USA und inszenierte u. a. mehrere Tarzan-Filme.

Thiemo, Seliger, * um 1040, † 28. 9. 1101 Askalon (Palästina), Graf von Formbach. 1077 Abt von St. Peter, 1090 Erzbischof von Sbg.; Anhänger der Gregorian. Reform; 1095 von Gegenbischof Berthold v. Moosburg vertrieben; nahm am 1. Kreuzzug teil und wurde zu Tode gemartert. Seine Verehrung (Fest: 28. Sept., nicht kanonisiert) ist seit 1884 für Admont und Benediktinerklöster erlaubt.

Thimig, Hans, * 23. 7. 1900 Wien, † 17. 2. 1991 ebd., Kammerschauspieler, Regisseur; jüngster Sohn von Hugo → Thimig, Bruder von Hermann → Thimig und Helene → Thimig-Reinhardt. Charakterdarsteller mit feinem Humor; 1916 Debüt am Wr. Volkstheater; 1918–24, 1949–66 und später als Gast (letzter Auftritt 1983) am Burgtheater (1980 Ehrenmitgl.); 1924–33 und 1935–43 am Theater in der Josefstadt; ab 1923 Mitwirkung bei den Sbg. Festspielen. 1942–49 freischaffender Schauspieler und Regisseur für Bühne und Film, 1946 und 1959/60 Leiter des Reinhardt-Seminars. Rundfunktätigkeit („Radio-Familie", „Besuch am Montag").

Werk: Neugierig wie ich bin. Memoiren, 1983. – Literatur: R. Kern, H. T. und das Theater, Diss., Wien 1967; E. Fuhrich-Leisler u. G. Prossnitz (Hg.), Die Thimigs. Ihr Leben für das Theater, 1977.

Thimig, Hermann, * 3. 10. 1890 Wien, † 7. 7. 1982 ebd., Kammerschauspieler; ältester Sohn von Hugo → Thimig, Bruder von Helene → Thimig-Reinhardt und Hans → Thimig, Ehemann von V. → Degischer. 1911–14 in Meiningen, 1916–32 unter M. → Reinhardt in Berlin und Wien (Theater in der Josefstadt); ab 1925 Mitwirkung bei den Sbg. Festspielen; 1934–68 am Burgtheater (1965 Ehrenmitgl.). Charakterkomiker, Darsteller von elementar dynamischer Gestaltungskraft und Sprachkünstler (Truffaldino in Goldonis „Der Diener zweier Herren", Nestroy- und Raimund-Rollen), Filmtätigkeit; zahlr. Auszeichnungen.

Literatur: E. Pospischill, H. T. Eine Schauspielerbiographie, Diss., Wien 1950; G. Doublier, H. T. Ein Leben in Dokumenten, 1972; E. Fuhrich-Leisler u. G. Prossnitz (Hg.), Die Thimigs. Ihr Leben für das Theater, 1977.

Thimig, Hugo, * 16. 6. 1854 Dresden (D), † 24. 9. 1944 Wien, Hofschauspieler, Theaterleiter; Vater von Hermann → Thimig, Helene → Thimig-Reinhardt und Hans → Thimig. 1874–1923 am Burgtheater (Ehrenmitgl.), 1912–17 dessen Dir.; 1923–36 am Theater in der Josefstadt und ab 1936 als Gast abermals am Burgtheater; bedeutender Darsteller von Charakter- und komischen Rollen. Seine große Smlg. von Theatralia bildete den Grundstock der Theater-Smlg. der Ö. Nat.-Bibl., des heutigen Ö. Theatermuseums.

Werk: H. T. erzählt (Briefe und Tagebuchnotizen), 1962. – Literatur: G. Srncik, Die Burgtheaterdirektion H. T., Diss., Wien 1949; E. Fuhrich-Leisler u. G. Prossnitz (Hg.), Die Thimigs. Ihr Leben für das Theater, 1977.

Emmerich Thököly von Késmark. Gemälde.

Hugo Thimig mit seinen Kindern Hans, Hermann und Helene (von links). Foto, 1930.

Thimig-Reinhardt, Helene, * 5. 6. 1889 Wien, † 7. 11. 1974 ebd., Kammerschauspielerin; Tochter von Hugo → Thimig, Schwester von Hermann → Thimig und Hans → Thimig, Ehefrau von M. → Reinhardt. 1908–11 erstes Engagement in Meiningen, 1911–17 am Königl. Schauspielhaus in Berlin, 1917–33 am Dt. Theater in Berlin unter M. Reinhardt und ab 1933 am Theater in der Josefstadt. 1937 Emigration in die USA, dort 1938–41 Leitung des M. Reinhardt Workshop, ab 1944 Filmtätigkeit in Hollywood. Nach ihrer Rückkehr 1946–68 am Burgtheater, ab 1954 auch am Theater in der Josefstadt; mehrmals Inszenierung des „Jedermann" bei den Sbg. Festspielen, 1948–59 Leitung des Reinhardt-Seminars in Wien, 1948–54 und 1960 Prof. an der Akad. für Musik u. darstellende Kunst; zahlr. Auszeichnungen.

Werk: Wie M. Reinhardt lebte, 1973. – Literatur: E. Wurm, H. T. Bildnis einer Persönlichkeit, 1969; E. Fuhrich-Leisler u. G. Prossnitz (Hg.), Die Thimigs. Ihr Leben für das Theater, 1977.

Thirring, Hans, * 23. 3. 1888 Wien, † 22. 3. 1976 ebd., Physiker; Vater von Walter → Thirring. 1921–38 Prof. f. Theoret. Physik in Wien; erlangte als Verfechter der Relativitätstheorie internat. Bekanntheit (T.-Lense-Effekt); 1938 zwangspensioniert, 1946 neuerlich Prof. (1946/47 Dekan), 1957–63 Mitgl. d. BR (SPÖ). Aktivist der Friedensbewegung, formulierte die Idee einer einseitigen Abrüstung Ö. (T.-Plan).

Werke: Geschichte der Atombombe, 1946; Homo sapiens, 2 Bde., 1947/49. – Literatur: B. Zimmel u. G. Kerber (Hg.), H. T., 1992.

Thirring, Walter, * 29. 4. 1927 Wien, Physiker; Sohn von Hans → Thirring. Nach Studium der Physik an der Univ. Wien 1949–58 wiss. Laufbahn an verschiedenen Inst. in Europa und in den USA (u. a. Max-Planck-Inst. in Göttingen, ETH Zürich, Univ. Bern, Institute of Advanced Study in Princeton, Massachusetts Institute of Technology in Cambridge, USA), seit 1959 Prof. f. Theoret. Physik an der Univ. Wien, 1968–71 auch Dir. der gleichnamigen Abt. am CERN. Ö. Ehrenzeichen f. Wiss. u. Kunst 1993.

Werke: Einführung in die Quantenelektrodynamik, 1955; Lehrbuch der mathem. Physik, 4 Bde., 1977–80.

Thököly von Késmark, Emmerich (Imre), * 25. 4. 1657 Käsmark (Kezmarok, SK), † 13. 9. 1705 Nikomedia (Izmit, TR), ungar. Magnat, habsburgerfeindl. eingestellt. Nachdem sein Vater István T. († 23. 11. 1670) wegen Teilnahme an der Magnatenverschwörung geächtet worden war, flüchtete T. nach Siebenbürgen. Er führte 1678 die Kuruzzen in den Krieg gegen die Habsburger und verbündete sich mit den Türken. Nach deren Niederlage vor Wien (1683) verlor er den Großteil seiner Anhänger, ging in die Türkei, nahm als Kommandant der osman. Reiterei an der Schlacht bei Zenta (1697) teil und wurde 1699 nach Nikomedia in Kleinasien verbannt. 1906 wurden seine Gebeine nach Käsmark gebracht.

Literatur: Bollwerk Forchtenstein, Ausst.-Kat., Forchtenstein 1993.

Thom, Andreas (eigentl. Rudolf Csmarich), * 11. 5. 1884 Wien, † 25. 6. 1943 Mooskirchen (Stmk.), expressionist. Erzähler. 1903–34 Volksschullehrer in Wien. Gehörte dem Kreis um A. P. → Gütersloh und A. → Faistauer an, befreundet mit E. → Schiele und F. → Bruckner. Schuf mit der Figur des Baal in dem Roman „Ambros Maria Baal" (1918) den Prototyp des dekadenten negativen Helden; Einfluss auf B. Brecht. Sozialkrit. Züge trägt der im Stil der Neuen Sachlichkeit erzählte Romanzyklus „Der ö. Mensch" („Vorlenz, der Urlauber auf Lebenszeit", 1930; „Noch spielt ein Kind", 1934; „Das Sylvesterkind", 1936; „Die ungleichen Geliebten", 1938).

Literatur: G. Linsbauer, A. T., Ein Wiener Dichter, Diss., Wien 1948.

Thoma, Franz, * 30. 7. 1886 Gröbming (Sbg.), † 10. 7. 1966 Graz (Stmk.), Landwirt und Politiker (LB, ÖVP). Ab 1919 Abg. z. Stmk. Landtag; 1948 Mitgl. d. Stmk. Landesregierung. 1930–34 und 1953, 1956–57 und 1959–62 Abg. z. NR, 1952–59 BMin. f. Land- und Forstw.

Thoma, Helmut, * 3. 5. 1939 Wien, Rundfunkmanager. 1966 Eintritt in den ORF, ab 1986 Leiter der ORF-Rechtsabteilung. 1973 Wechsel zur IPA (RTL-Generalvertretung Deutschland), 1982 Dir. des dt. Programms von RTL, ab 1984 auch von RTL-plus. 1991–98 alleiniger Geschäftsführer des dt. Fernsehsenders RTL.

Thomas, Adrienne (eigentl. Hertha A. Deutsch, geb. Strauch), * 24. 6. 1897 St. Avold (F), † 7. 11. 1980 Wien, Roman- und Jugendbuchautorin. Übersiedelte 1916 nach Berlin, floh 1934 vor den Nat.-Soz. nach Wien, emigrierte 1938 zuerst nach Frankreich, dann in die USA und heiratete dort J. → Deutsch, kehrte 1946 nach Wien zurück. Ihre Erfahrungen mit dem Nat.-Soz. und ihre Flucht schildert T. in „Reisen Sie ab, Mademoiselle!" (1947). Ihren größten Erfolg hatte sie mit dem Roman „Die Katrin wird Soldat" (1930), dem Feldpostbriefe aus dem 1. Weltkrieg zugrunde liegen.

Literatur: K. Sinhuber, A. T., Diss., Wien 1990.

Thomas, Bruno, * 3. 2. 1910 Wien, † 29. 6. 1988 ebd., Kunsthistoriker, Waffenkundler. 1958–75 Dir. der Waffen-Smlg. des Kunsthist. Museums in Wien.

Werke: Harnischstudien I–IV, Stilgeschichte des dt. Harnisches von 1500–1590, alle in: Jb. der kunsthist. Smlgen. in Wien, 1937–44; Dt. Plattnerkunst, 1944; Die Innsbrucker Plattnerkunst, Ausst.-Kat., Innsbruck 1954; Jörg Helmschmied d. J., in: Jb. der kunsthist. Smlgen. in Wien, 1956; Die Innsbrucker Plattnerkunst, in: ebd., 1974.

Thomas, Oswald, * 27. 7. 1882 Kronstadt (Brasov, RO), † 7. 2. 1963 Bonn (D), Astronom. Univ.-Prof.; 1915–22 Leiter der Urania-Sternwarte, gründete 1923 das Astronom. Büro in Wien und 1927 das Planetarium (jetzt im Prater).

Werke: Das Wr. Planetarium, 1927; Himmel und Weltall, 1930; Astronomie, 1934; Wr. Sternabende, 1942; Atlas der Sternbilder, 1945 (mit R. Teschner); Sternzeiger, 1958.

Thomas von Villach (früher: Meister von Gerlamoos, eigentl. Thomas Artula), * 1435–40 (?), † nach 1520, bedeutendster Fresken- und Tafelmaler der 2. Hälfte des 15. Jh. in Kä. Ab ca. 1455 in Villach tätig; vermutl. Schüler und Nachfolger von → Friedrich von Villach, Aufnahme ital. Einflüsse, später Auseinandersetzung mit der niederländ. Kunst. Schuf Fresken in Kä., u. a. in Gerlamoos (um 1475/80) und Thörl (um 1475); weiters werden ihm das sog. „Landplagenbild" an der Außenseite des Grazer Doms (1485) und Fresken in St. Paul im Lavanttal (1493) zugeschrieben; Tafelbilder des Künstlers befinden sich u. a. in Villach, Klagenfurt und Bozen. T. v. V. zeichnete sich insbes. durch sehr feine, detailreiche Darstellungen aus.

Literatur: G. Hopfmüller, Neue Studien zu T. v. V., Diss., Graz 1980; J. Höfler, Die Tafelmalerei der Gotik in Kä. (1420–1500), 1987.

Thonet, Michael, * 2. 7. 1796 Boppard (D), † 3. 3. 1871 Wien, Tischler, dann Möbelfabrikant. Entwickelte ab 1830 eine Methode, Holz zu biegen und zu drehen; von Metternich 1842 nach Wien gerufen, begann er hier die industrielle Produktion und baute das Unternehmen Gebrüder T. auf.

Michael Thonet. Lithographie von R. Fenzl.

Thonradel, aus Sbg. stammendes ö. Adelsgeschlecht, um 1510 in NÖ. als landesfürstl. Beamte nachweisbar. Die T. waren Inhaber von Thernberg und Ebergassing und Anhänger des Protestantismus. 1653 wanderte Georg Christoph T. aus Religionsgründen nach Deutschland aus, nachdem auch Andreas II. → Thonradel das Land verlassen hatte. Seither ist das Geschlecht in Ö. erloschen. Wappengrabsteine in der Pfarrkirche Thernberg.

Thonradel, Andreas II., * 1572, † 1643, protestant. Adeliger. Anführer und Sprecher bei der Sturmpetition der evang. Stände am 5. 6. 1619 in der Wr. Hofburg; musste 1620 aus dem habsburg. Reich flüchten.

Thöny, Wilhelm, * 10. 2. 1888 Graz (Stmk.), † 1. 5. 1949 New York (USA), Maler und Graphiker. War maßgebl. an der Gründung der Münchener (1913) und der Grazer Secession (1923) beteiligt, hielt sich 1931–38 in Frankreich, ab 1938 in New York auf. War vor 1914 v. a. als Illustrator tätig, später schuf er Landschafts- und Figurenbilder („Traumfiguren"). 1948 wurden fast 1000 seiner Bilder bei einem Brand vernichtet.

Publikation: ... mit y, 1953 (Autobiographie). – Literatur: W. Koschatzky, W. T., 1963; W. Schmied, W. T. Porträt eines Einzelgängers, 1976; O. Breicha, W. T. Sein Werk im Rupertinum, 1997; NÖB.

Thoor, Jesse (eigentl. Peter Karl Höfler), * 23. 1. 1905 Berlin (D), † 15. 8. 1952 Lienz (Ti.), Lyriker und Erzähler, von Beruf Zahntechniker und Feilenhauer. Flüchtete 1933 nach Ö. und emigrierte 1938 nach London. In formstrenger, zivilisationskritischer Lyrik überhöhte T. mystisch die bäuerl. Welt (Sonette, 1948).

Ausgaben: Die Sonette und Lieder, hg. v. A. Marnau, 1956; Das Werk. Sonette, Lieder, Erzählungen, hg. v. M. Hamburger, 1965; Gedichte, hg. v. P. Hamm, 1975. – Literatur: G. Thom, Rufer ohne Fahne. Der Dichter J. T., 1986.

Thorak, Josef, * 7. 2. 1889 Salzburg, † 26. 2. 1952 Hartmannsberg b. Rosenheim (D), Bildhauer. Schüler von A. → Hanak. Schloss sich dem Kunstideal des Nat.-Soz. an (Realismus, Heroisierung, Verherrlichung von Kraft und Stärke) und gehörte neben A. Breker zu den erfolgreichsten und meistbeschäftigten Künstlern jener Zeit.

Thornton, John, * 1771 Manchester (GB), † 28. 3. 1847 Baden (NÖ.), Mechaniker und Erfinder. Ab 1801 in Wien, 1802–43 Leiter der ersten mechan. Spinnerei in Pottendorf (NÖ.), zahlr. Privilegien auf den Bau von Spinn- und Webmaschinen.

Thugut, Franz Maria Frh. von, * 31. 3. 1736 Linz (OÖ.), † 28. 5. 1818 Wien, Diplomat, Staatsmann und Hofdolmetscher. Ab 1769 Gesandter in der Türkei (Abtretung der Bukowina 1775), später in Neapel, Berlin und Warschau, 1788–90 Hochkommissar in den Fürstentümern Moldau und Walachei, dann in Paris und Brüssel, 27. 3. 1793–16. 1. 1801 Leiter der Außenpolitik und Haupt der Kriegspartei in den napoleon. Kriegen gegen das revolutionäre Frankreich; antipreuß. eingestellt, brachte 1795 die Koalition zw. Ö., England und Russland zustande. Die unglückl. Verhandlungsführung am Ende des 2. Koalitionskriegs führte schließl. zu seinem Sturz.

Werk: Vertraul. Briefe, hg. v. A. von Vivenot, 2 Bde., 1872. – Literatur: A. v. Vivenot, T. und sein polit. System, 1870; K. A. Roider, Baron T. and Austrias response to the French Revolution, 1987.

Thuille, Ludwig, * 30. 11. 1861 Bozen (S-Ti.), † 5. 2. 1907 München (D), spätromant. Komponist. Musikal. Ausbildung in Kremsmünster, lebte ab 1879 in München; 1890 Prof. an der Königl. Musikschule; von Kindheit an mit R. → Strauss befreundet. T. wurde v. a. durch seine „Harmonielehre" (1907, bis heute ein Standardwerk) bekannt. Als Komponist war er nur mit der Oper „Lobetanz" (1896) erfolgreich.

Thumb, Barockbaumeisterfamilie aus Bezau (Vbg.), von der Mitte des 17. Jh. bis in das 19. Jh. in Vbg., der Schweiz und S-Deutschland tätig, mit den Familien → Beer und → Moosbrugger Träger der sog. Vorarlberger Schule. Die wichtigsten Vertreter der Familie waren die Brüder Christian → Thumb und Michael → Thumb sowie dessen Sohn Peter → Thumb.

Literatur: N. Lieb, Die Vbg. Barockbaumeister, [2]1976.

Thumb, Christian, * um 1645, † 4. 6. 1726 Au (Vbg.), Baumeister; Bruder von Michael → Thumb, mit dem er zeitweise zusammenarbeitete, und Onkel von Peter → Thumb. Vertreter der Vbg. Schule.

Werke: Deutschland: Prioratskirche von Hofen-Friedrichshafen, 1695–1700; ab 1716 Mitarbeit an der Abteikirche Weingarten. – Literatur: N. Lieb, Die Vbg. Barockbaumeister, [2]1976.

Thumb, Michael, * um 1640 Bezau (Vbg.), † 19. 2. 1690 ebd., Baumeister; Bruder von Christian → Thumb und Vater von Peter → Thumb. Erster bed. Meister der Vbg. Schule; arbeitete zeitweise mit seinem Bruder Christian sowie mit M. → Beer und F. → Beer von Blaichten zusammen.

Werke: Dominikanerinnenkloster Thalbach in Bregenz, 1674–77; Wallfahrtskirche auf dem Schönenberg bei Ellwangen (D), 1682/83. – Literatur: N. Lieb, Die Vbg. Barockbaumeister, [2]1976.

Leo Graf Thun-Hohenstein. Lithographie von J. Kriehuber, 1850.

Thumb, Peter, * 18. 12. 1681 Bezau (Vbg.), † 4. 3. 1766 Konstanz (D), Baumeister; Sohn von Michael → Thumb und Neffe von Christian → Thumb. Übernahm das künstler. Erbe von F. → Beer von Blaichten und leitete zum Rokoko über, Vertreter der Vbg. Schule. Er war v. a. in SW-Deutschland, im Elsass und in der Schweiz tätig.

Werke: Wallfahrtskirche Birnau am Bodensee (D), 1747–58; Stiftskirche St. Gallen (CH), 1755–86. – Literatur: H.-M. Gubler, Der Vbg. Barockbaumeister Peter T., 1681–1766, 1972; N. Lieb, Die Vbg. Barockbaumeister, [2]1976.

Thüminger, Rosemarie, * 6. 7. 1939 Laas (Kä.), Schriftstellerin, v. a. Kinder- und Jugendbuchautorin. Setzt sich in ihren Büchern mit Fragen der Zeitgeschichte und soz. Problemen wie Emanzipation, Gewalt und Ausländerproblematik auseinander.

Werke: 10 Tage im Winter, 1989; Bis der Herbst kommt, 1991; Ein Sommer für Johanna, 1992; Die Entscheidung, 1992; Fida, 1993; Schwesternschülerin Elisabeth, 1993; Ein Ort für morgen, 1994; Ich heiße Nagekotsch und habe mich verlaufen, 1998.

Thun, Heinrich, * 1. 9. 1938 Wien, Leichtathlet. Urspr. Mechaniker, 1961–71 Sportausbildner beim Bundesheer. Ab 1957 mehrere ö. Rekorde im Hammerwerfen, 1963 Jahresweltbestleistung (69,77 m); 1961 und 1963 ö. Sportler des Jahres. Ab 1971 im Unterrichtsmin., 1993–2000 Ministerialrat.

Thun-Hohenstein, aus S-Ti stammendes Adelsgeschlecht, das die Grafschaft Hohenstein (D) 1618–48 innehatte; Stammsitz in Nonsberg, ab dem 17. Jh. in Böhmen begütert; 1495 Freiherren, 1629 Reichsgrafen, 1911 ö. Fürsten. Bed. Persönlichkeiten aus der Familie waren u. a. Franz Anton Fürst → Thun-Hohenstein, Guidobald Gf. → Thun-Hohenstein, Johann Ernst Gf. → Thun-Hohenstein, Leo Gf. → Thun-Hohenstein und Paul → Thun-Hohenstein.

Literatur: E. Langer u. R. Rich, Die Thunische Familie, 7 Hefte, 1904–11.

Thun-Hohenstein, Franz Anton Fürst, * 2. 9. 1847 Tetschen (Děčín, CZ), † 1. 11. 1916 ebd., Staatsmann. 1889–96 Statthalter in Böhmen, 1898/99 Min.-Präs. und Innenmin.; wollte einen böhm. Ausgleich erreichen und musste 1889 wegen Obstruktion der dt.-nat. Parteien zurücktreten.

Thun-Hohenstein, Guidobald Graf, * 16. 12. 1616, † 1. 6. 1668 Wien, 1654–68 Erzbischof von Sbg. und 1667 Bischof von Regensburg, 1667 Kardinal; Halbbruder von Johann Ernst Gf. → Thun-Hohenstein. War stark auf Repräsentation bedacht: stellte den Sbg. Dom fertig (Türme, Fassade, Dombögen), ließ die Winterreitschule und den Brunnen auf dem Residenzplatz bauen und einen medizin. Lehrstuhl an der Univ. errichten. 1662 kaiserl. Prinzipalkommissar auf dem Reichstag in Regensburg.

Literatur: R. R. Heinisch, Der Sbg. Erzbischof G. Gf. Thun als kaiserl. Prinzipalkommissar in Regensburg, Bericht über den 15. ö. Historikertag 1981, 1984.

Thun-Hohenstein, Johann Ernst Graf, * 3. 7. 1643 Prag (CZ), † 20. 4. 1709 Salzburg, geistl. Würdenträger; Halbbruder von Guidobald Gf. → Thun-Hohenstein. 1679 Bischof von Seckau, 1687–1709 Erzbischof von Sbg.; veranlasste bedeutende Barockbauten: Kollegien-, Dreifaltigkeits- und Ursulinenkirche, Priesterhaus, Kirche Maria Kirchenthal bei Lofer, Schloss Kleßheim; kaufte das Sbg. Glockenspiel an.

Literatur: V. Nechansky, Wirt. und soz. Aspekte der Sbg. Entwicklung in der Regierungszeit des Erzbischofs J. E. T.-H., Diss., Salzburg 1985.

Thun-Hohenstein, Leo Graf, * 7. 4. 1811 Tetschen (Děčín, CZ), † 17. 12. 1888 Wien, Politiker, Reformator des ö. Bildungswesens. Setzte als Unterrichtsmin. (1849–60) die v. a. von F. S. → Exner vorgeschlagenen epochalen Neuerungen (Organisationsentwurf 1849) durch, erhob die Evang.-theolog. Lehranstalt zu einer Fakultät (1850), vermehrte das Angebot von wiss. Disziplinen (Berufung auch protestant. und jüd. Professoren) bes. an den philosoph. Fakultäten und wies dem Rechtsstudium einen zukunftsträchtigen Weg. Unter ihm wurde 1855 das Konkordat abgeschlossen. Nach 1860 versuchte er vergeblich, seine föderalist.-autonomist. Staatskonzeption mit Hilfe der von ihm geführten Kath.-Konservativen (Leitung des Zentralorgans „Das Vaterland", 1865–88) durchzusetzen.

Literatur: H. Lentze, Die Univ.-Reform des Min. Gf. L. T.-H., 1962; C. Thienen-Adlerflycht, Gf. L. T.-H. im Vormärz, 1967.

Thun-Hohenstein, Paul, * 10. 11. 1884 Prag (CZ), † 13. 9. 1963 Wien, Diplomat, Lyriker, Essayist, Übersetzer. Ab 1934 in Wien, Verfechter alt-ö. Geistigkeit („Ö. Lebensform", 1937).

Weitere Werke: Lyrik: Sonette, 1925; Gedichte, 1933; Herbstwanderung, 1958. – Essay: Wege des Lebens, 1946.

Thürheim, schwäb. Adelsfamilie, 1625 Reichsfreiherren, 1666 Reichsgrafen. Hans Christoph T. (1589–1634) ließ sich in OÖ. nieder (Herrschaft Weinberg). Seine Nachkommen bekleideten mehrfach hohe Ämter in OÖ. Zu den bedeutendsten Persönlichkeiten aus der Familie zählten u. a. Franz Sebastian Gf. → Thürheim, Johann Wilhelm Gf. → Thürheim, Franz Ludwig Gf. → Thürheim, Christoph Wilhelm Gf. → Thürheim und Lulu Gräfin → Thürheim.

Thürheim, Christoph Wilhelm Graf, * 3. 1. 1731 Linz (OÖ.), † 29. 7. 1809 ebd., ab 1763 Landeshauptmann von OÖ. Übernahm 1779 die Verwaltung des Innviertels, 1783–86 1. Präs. der oö. Landesregierung; nach Differenzen mit → Joseph II. trat er zurück. Seine 2. Gemahlin, Maria Anna (geb. Gräfin Künigl, 1743–1798) war literar. sehr gebildet und in der Botanik bewandert.

Thürheim, Franz Ludwig Graf, * 1710, † 1782, Feldherr; Sohn von Franz Sebastian Gf. → Thürheim. Kämpfte im Türkenkrieg 1737/38, in Böhmen und am Rhein 1741–45 und geriet 1758 in preuß. Kriegsgefangenschaft; ab 1778 Feldmarschall.

Thürheim, Franz Sebastian Graf, * 1665, † 1726, Feldherr; Vater von Franz Ludwig Gf. → Thürheim. Kämpfte im Türkenkrieg 1683–99, im Span. Erbfolgekrieg und im Türkenkrieg 1716–18; ab 1717 Feldmarschall.

Thürheim, Johann Wilhelm Graf, * 1692, † 1749, Landeshauptmann in OÖ. während der bayer.-franz. Okkupation. 1742 wegen Huldigung Hzg. Karl Alberts abgesetzt.

Thürheim, Lulu (Ludovika Gräfin, verehel. Thirion), * 14. 3. 1788 Schloss Orbeck b. Tirlemont (B), † 22. 5. 1864 Döbling b. Wien, Schriftstellerin. Kam 1794 auf der Flucht vor der Franz. Revolution nach Wien. Ihre in franz. Sprache verfassten Memoiren vermitteln ein kultur- und geistesgeschichtl. aufschlussreiches Bild aus der Zeit des Wr. Kongresses.

Werk: Mein Leben, Erinnerungen aus Ö. großer Welt, 4 Bde., 1913.

Thurnher, Armin, * 21. 2. 1949 Bregenz (Vbg.), Journalist. Studierte Theaterwiss. und Germanistik, 1977 Mitbegründer der Wr. Wochen-Ztschr. „Falter" und seither deren Chefredakteur; Leiter des Falter-Verlages. Entschiedener Gegner der Medienkonzentration in Ö. Kurt-Vorhofer-Preis 2001.

Werke: Schwarze Zwerge, 1992; Franz Vranitzky im Gespräch mit A. T., 1992; Das Trauma, ein Leben, 1999; Heimniederlage, 2000.

Thurnher, Eugen, * 18. 7. 1920 Dornbirn (Vbg.), Literaturhistoriker. Ab 1945 Dozent an der Univ. Innsbruck, 1953–91 Univ.-Prof. mit Forschungsschwerpunkt ö. Literatur im 19. und 20. Jh.

Werke: Prolegomena zu einer ö. Kulturgeschichte, 1973; J. P. Fallmerayers Krisenjahre 1846–54, 1987; Politik und Dichtung im MA, 1988; Wort und Geschichte, 1990. – Literatur: W. Bauer, A. Masser u. G. A. Plangg, Tradition und Entwicklung, Festschrift E. T. zum 60. Geburtstag, 1982.

Thurnwald, Richard, * 18. 9. 1869 Wien, † 19. 1. 1954 Berlin (D), Ethnosoziologe und Forschungsreisender. Verwaltungsbeamter in Bosnien, Museumskustos und Prof. in Berlin.

Werk: Die menschl. Ges. in ihren ethno-soziolog. Grundlagen, 5 Bde., 1931–35. – Literatur: M. Melk-Koch, R. T., 1989.

Thurwieser, Peter Karl, * 30. 5. 1789 Kramsach (Ti.), † 25. 1. 1865 Salzburg, Meteorologe, Alpinist, Theologe. Prof. in Salzburg. Zahlr. wiss. Veröffentlichungen über seine Erstbesteigungen in den Alpen. Nach ihm ist die T.-Spitze am Unteren Trafoiferner (S-Ti.) benannt.

Literatur: J. A. Schöpf, P. K. T., 1871.

Tichtel, Johannes, * um 1450 Grein (OÖ.), † 1503 Wien, Arzt und Humanist. 1482–1500 Univ.-Prof. in Wien, Mitgl. der Sodalitas litteraria Danubiana. Sein Tagebuch (1477–95) gibt Einblick in das Leben Wiens zu dieser Zeit.

Werk: Tagebuchausgabe in Fontes rerum Austriacarum I/1, 1855. – Literatur: A. Lhotsky, Quellenkunde zur ö. Geschichte des MA, 1964.

Tichy, Herbert, * 1. 6. 1912 Wien, † 26. 9. 1987 ebd., Geologe, Reiseschriftsteller, Bergsteiger. 1933 unternahm T. seine erste große Fahrt auf dem Motorrad mit M. → Reisch nach Indien. 1941 reiste er nach Thailand und China und blieb dort bis 1947; danach zahlr. Reisen nach Asien, Afrika und Alaska. Am 19. 10. 1954 Erstbesteigung des Cho Oyu (8153 m, siebthöchster Berg des Himalaja) mit J. Jöchler und dem Sherpa Pasang Dawa Lama.

Werke: Zum heiligsten Berg der Welt, 1937; Alaska, 1939; Indien, 1942; China ohne Mauer, 1948; Land der namenlosen Berge, 1954; Cho Oyu – Gnade der Götter, 1955; Menschenwege – Götterberge, 1960; Heiße Erde – schwarze Hoffnung, 1964; Himalaya, 1968; Tau-Tau, 1973; Auf fernen Gipfeln, 1976.

Tieffenthaler, Josef, * 27. 4. 1710 Salurn (S-Ti.), † 5. 7. 1785 Lakhnau (Indien), Wissenschaftler, Jesuit. Ab 1740 als Missionar in Indien, ab 1743 Rektor in Agra (1747–65 in Narwar); nach Aufhebung des Ordens dort die Stütze der Mission, machte geograph., astronom., geschichtl., natur- und sprachwiss. sowie religionskundl. Studien und teilte die Ergebnisse europ. Gelehrten mit. Entwarf die erste zuverlässige Karte des Gangesgebiets (1784 veröffentlicht). Vater der modernen indischen Geographie.

Ausgabe: Des Pater J. T. hist.-geograph. Beschreibung von Hindustan, 3 Bde., 1785–87.

Tietze, Hans, * 1. 3. 1880 Prag (CZ), † 11. 4. 1954 New York (USA), Kunsthistoriker. Univ.-Prof. in Wien und New York mit bes. Verdiensten um Kunstwiss., Denkmalpflege und Musealwesen in Ö. (Neuordnung der Wr. Museen nach 1918); emigrierte 1938 in die USA. Mehrere seiner zahlr. Publikationen verfasste er mit seiner Frau, der Kunsthistorikerin Erika T.-Conrat (1883–1957).

Werke: 12 Bände der Ö. Kunsttopographie, 1907–31; Die Methode der Kunstgeschichte, 1913; Krit. Verzeichnis der Werke A. Dürers, 2 Bde., 1928/38 (mit E. T.-Conrat); Wien, 1931; Tizian, 1936; Tintoretto, 1949. – Literatur: E. Frodl-Kraft, H. T. 1880–1954, in: Ö. Ztschr. f. Kunst und Denkmalpflege 34, 1980.

Tilden, Jane (eigentl. Marianne Tuch), * 16. 11. 1910 Aussig (Ústí nad Labem, CZ), Kammerschauspielerin; in 1. Ehe mit E. → Frey, in 2. mit A. → Steinbrecher, in 3. mit einem brit. Exportkaufmann verheiratet. Kam über Teplitz-Schönau, Prag und Hamburg an das Wr. Volkstheater (1934) und an das Theater in der Josefstadt (1937); während des Kriegs in der Schweiz, danach Rückkehr an das Theater in der Josefstadt; 1957–78 Ensemblemitgl. des Burgtheaters. Film- und Fernsehtätigkeit.

Filmrollen: Der Blaufuchs, 1938; Glück bei Frauen, 1944; Ich und meine Frau, 1953; Die 3 Posträuber, 1998. – Fernsehen: Die Drombuschs, 1989. – Literatur: S. Sommer, J. T., Dipl.-Arb., Wien 1992.

Tilgner, Victor, * 25. 10. 1844 Pressburg (Bratislava, SK), † 16. 4. 1896 Wien, Bildhauer. Studierte an der Wr. Akad. und war Schüler von H. → Gasser; in seinen frühen Werken von franz. Vorbildern beeinflusst, bereiste 1874 mit H. → Makart Italien, wurde zum Hauptvertreter des Neubarock innerhalb der Plastik der Wr. Ringstraße. Berühmter Porträtist. Schuf Bauplastiken für die Hofmuseen, das Burgtheater, die Neue Hofburg und die Hermesvilla sowie mehrere Brunnenanlagen (T.-Brunnen im Volksgarten, 1875–77), Denkmäler (Werndl-Denkmal in Steyr, 1894) und Grabmonumente. Als sein Hauptwerk gilt das ursprüngl. für den Platz vor der Albertina geschaffene Mozart-Denkmal (1896) im Wr. Burggarten.

Literatur: G. Kapner u. a., Ringstraßendenkmäler, 1973; M. Pötzl-Malikova, Die Plastik der Ringstraße 1890–1918, 1976; W. Krause, Die Plastik der Wr. Ringstraße. Von der Spätromantik bis zur Wende um 1900, 1980.

Till, Alfred, * 18. 2. 1879 Wien, † 19. 10. 1959 ebd., Geologe und Paläontologe, Bodenkundler. Ab 1924 Prof. an der Hochschule f. Bodenkultur in Wien, Begründer der systemat. Bodenkartierungen in Ö.

Werke: Mineralog. Praktikum, 1913; Petrograph. Praktikum, 1914; Bodensystematik, 1923; Ortsbodentypen, 1933; Ö. Bodenkartierung, 1937; Bodenkundl. Führer durch Ö., 1937. – Literatur: J. Fink, In memoriam A. T., in: Mttlg. der ö. Bodenkundl. Ges. 4, 1960.

Till, Rudolf, * 29. 3. 1906 Wien, † 10. 4. 1973 ebd., Historiker und Archivar. 1934–66 Archivar im Wr. Stadt- und Landesarchiv (zuletzt stellvertr. Dir.), ab 1947 auch als Univ.-Doz. sowie in der Kath. Akad. Wien tätig.

Werke: Die Anfänge der christl. Volksbewegung in Ö., 1937; Geschichte des Wr. Marktwesens, 1939; Wiens geschichtl. Stellung in Wirt. und Politik, 1947; Sinn und Geschichte des ö. Staatsgedankens, 1948; Hofbauer und sein Kreis, 1951; Die Wr. Stadtverwaltung in den letzten 200 Jahren, 1957. – Literatur: E. M. Auer, R. T., in: Wr. Geschichtsblätter 28, 1973.

Nadja Tiller in dem Film „Das Mädchen Rosemarie" von R. Thiele. Foto, 1958.

Tiller, Nadja, * 16. 3. 1929 Wien, Schauspielerin. 1949–52 am Theater in der Josefstadt, danach Film-, später TV-Tätigkeit in Ö. und Deutschland.

Filme: Einen Jux will er sich machen, 1963; Die Barrings, 1955; Mozart, 1955; Fuhrmann Henschel, 1956; Das Mädchen Rosemarie, 1958; Buddenbrooks, 1959; Lulu, 1962; Des Sommer des Samurai, 1985. – Fernsehserien: Der Kommissar; Hotel Sacher; Tatort; Traumschiff.

Tilly, Johann Tserclaes Graf, * Februar 1559 Schloss Tilly (B), † 30. 4. 1632 Ingolstadt (D), span., dann kaiserl. Feldherr. Trat 1610 an die Spitze der kath. Liga, siegte 1620 am Weißen Berg bei Prag und 1622 über die Dänen bei Lutter am Barenberge; 1630 kaiserl. Generalissimus, belagerte und eroberte 1631 Magdeburg; von Gustav Adolf am 17. 9. 1631 bei Breitenfeld (Sachsen-Anhalt) und am 15. 4. 1632 bei Rain am Lech besiegt und in der Schlacht tödlich verwundet.

Literatur: M. S. Junkelmann, J. T. Gf. v. T., in: H. Glaser (Hg.), Um Glauben und Reich. Kurfürst Maximilian I., Ausst.-Kat., München 1980.

Tiroler Grafen, benannt nach dem heutigen Schloss Tirol in S-Ti. Um 1140 sind erstmals Albert und Berthold von Tirol bezeugt. Sie herrschten um 1150 um die Stammburg bei Meran, bei Freising in Bayern und im Kä. Jauntal. Ab der 1. Hälfte des 12. Jh. übten die T. G. die Grafenrechte im Vintschgau aus (Lehen der Bischöfe von Trient), waren Vögte von Trient und erwarben um 1170 die halbe Grafschaft um Bozen. Nach dem Sturz Heinrichs von Andechs erhielt → Albert III. von Ti. († 1253) 1210 die Vogtei über Brixen und Grafschaftsrechte in Inn-, Puster- und Eisacktal. Seine Tochter Elisabeth heiratete Otto II. von → Andechs-Meranien, die Tochter Adelheid Meinhard III. von Görz, womit das Erbe der T. G. an die → Meinhardiner überging, da es keine männl. Nachkommen gab.

Literatur: J. Riedmann, in: J. Fontana u. a., Geschichte Ti., Bd. 1, 1985; Eines Fürsten Traum. Meinhard II. – Das Werden Ti., Ausst.-Kat., Schloss Tirol/Stams 1995.

Tischler, Josko, * 8. 5. 1902 Littermoos (Gem. St. Kanzian a. Klopeiner See, Kä.), † 23. 1. 1979 Klagenfurt (Kä.), Lehrer und polit. Vertreter der Kä. Slowenen. 1945 Mitgl. der provisor. Landesregierung in Kä., 1949–60 und 1972–76 Obmann des Rates der Kä. Slowenen, 1957–67 erster Dir. des Bundesgymn. für Slowenen in Klagenfurt. Setzte sich bes. für das zweisprach. Schulwesen in Kä. ein.

Tittel, Ernst, * 26. 4. 1910 Sternberg (Sternberk, CZ), † 28. 7. 1969 Wien, Komponist, Organist, Musiktheoretiker. Ab 1936 Lehrer für Musiktheorie (1954 Lektor, 1961 Prof.) an der Wr. Musikhochschule. Schrieb v. a. Kirchenmusik; bekannt durch seine Neubearbeitung des „Gradus ad Parnassum" („Der neue Gradus", 1959) von J. J. Fux. 1952 Ö. Staatspreis.

Literatur: G. Brosche (Red.), Musikal. Dokumentation E. T., Ausst.-Kat., Ö. Nat.-Bibl., Wien 1994.

Tobisch, Lotte (von Labotyn), * 28. 3. 1926 Wien, Schauspielerin. Schülerin von R. → Aslan; frühes Debüt am Burgtheater, wo sie bis 1947 spielte (löste als Lebensgefährtin von E. → Buschbeck ihren Vertrag); danach am Volkstheater und am Theater in der Josefstadt, 1960–87 wieder am Burgtheater (1986 Ehrenring); 1981–96 Organisatorin des Wr. Opernballs. Film- (Eva Braun in G. W. → Pabsts Hitler-Film „Der letzte Akt", 1955) und Fernsehtätigkeit (u. a. Märchenproduktionen).

Toch, Ernst, * 7. 12. 1887 Wien, † 1. 10. 1964 Santa Monica (USA), Komponist und Pianist, Lehrer in Mannheim. Lebte ab 1909 in Frankfurt, Mannheim, Berlin. Ging 1933 nach London und 1934 in die USA (1940 amerikan. Staatsbürger), wo er als Lehrer und Komponist große Anerkennung fand (zahlr. Preise und Auszeichnungen, Pulitzer-Preis für die 3. Symphonie); Vertreter der neuklassizist. Stilrichtung.

Werke: Opern: Die Prinzessin auf der Erbse, 1927; Der Fächer, 1930. – Kantaten, Symphonien, Kammermusik, Film- und Hörspielmusik. – Literatur: M. Brenk, Die Musik der 20er Jahre, 1999.

Tolbuchin, Fjodor Iwanowitsch, * 4. 6.1884 Jaroslawl (RUS), † 17. 10.1949 Moskau (RUS), sowjet. Heerführer (Marschall). Bereits Offizier in der zarist. Armee, 1918 Eintritt in die Rote Armee, 1942 Oberbefehlshaber der sowjet. 57. Armee bei Stalingrad, Okt. 1943 bis Mai 1944 Befehlshaber der 4. Ukrain. Front (Rückeroberung der Krim); bis Juni 1945 Befehlshaber der 3. Ukrain. Front, mit der er Teile Ungarns und Ost-Ö. einnahm (Eroberung Wiens bis 13. 4. 1945); Zusammentreffen mit US-Truppen am 8. 5. 1945 in Erlauf. Anschließend Befehlshaber im Militärbezirk Transkaukasus. Mitgl. des Obersten Sowjets.

Tollmann, Alexander, * 27. 6. 1928 Wien, Geologe. Ab 1969 Univ.-Prof. am Geolog. Inst. in Wien, ab 1972 Inst.-Vorstand; polit. Aktivitäten für Umweltschutz und gegen Kernkraftwerke. Gründer der „Vereinten Grünen Österreichs".

Werke: Ostalpensynthese, 1963; Grundprinzipien der alpinen Deckentektonik, 1973; Analyse des klassischen nordalpinen Mesozoikums, 1976; Geologie von Ö., 3 Bde., 1977–86; Und die Sintflut gab es doch, 1993 (mit E. Kristan-T.); Das Weltenjahr geht zur Neige, 1998. – Über 200 geolog. und paläontolog. Beiträge.

Toma, Matthias Rudolf, * 10. 2. 1792 Wien, † 12. 6. 1869 ebd., Landschafts-, Porträt- und Genremaler, Radierer und Lithograph. Betrieb um 1818–30 in Schaffhausen (Schweiz) eine Kunsthandlung und eine lithograph. Anstalt, kehrte nach Wien zurück, malte vornehml. Landschaftsmotive aus den Alpenregionen und der Umgebung Wiens. Freund F. G. → Waldmüllers, von diesem künstlerisch stark beeinflusst.

Literatur: G. Frodl, Wr. Malerei der Biedermeierzeit, 1987.

Toman, Lore, * 5. 3. 1928 Wien, Psychologin; Ehefrau von Walter → Toman. 1950–60 in Boston (USA) als Forschungsassistentin und Schulberaterin tätig, ab 1963 auch in Erlangen.

Werke: Ein Haus aus Erde geboren, 1977; Die andere Hälfte des Himmels. Von der Entmachtung des Weiblichen in Mythos und Realität, 1987; Atlantis in uns. Eine Spurensuche, 1993; Der neurotische Götterhimmel der Griechen, 1998.

Toman, Walter, * 15. 3. 1920 Wien, Psychologe und Schriftsteller; Ehemann von Lore → Toman. 1951–62 Univ.-Doz. bzw. Univ.-Prof. für Psychologie in Boston (USA), ab 1962 Univ.-Prof. in Erlangen. Erste Lyrikveröffentlichungen 1946; in Gedichten und Erzählungen verbindet er Reales mit Phantastischem und geht Fragen des menschl. Verhaltens nach.

Werke: Erzählungen: Busse's Welttheater, 1951; Die eigenwillige Kamera, 1961; Psychotherapie im Alltag, 14 Episoden, 1991; Heilsame Abstände, 1994; Notrufe, 10 Geschichten aus der psychotherapeut. Praxis, 1994. – Gedichte: Distelvolk, 1955. – Roman: Das Dorf mit dem Drachen, 1959.

Tomaselli, Franz, * 14. 4. 1801 Salzburg, † 19. 10. 1846 Agram (Zagreb, HR), Schauspieler, Bühnenautor; Sohn des Hofkapellmeisters Josef T. († 1836). Beliebter Komiker des Leopoldstädter Theaters in Wien (u. a. Habakuk in Raimunds „Der Alpenkönig und der Menschenfeind"), Verfasser von Zauberspielen und Possen.

Tomaselli, Katharina, * 1811 Wien, † 1857 Brünn (Brno, CZ), Sängerin; Ehefrau des Schauspielers C. Gallmeyer (1816–1857), Mutter von Josefine → Gallmeyer.

Tomek, Ernst, * 19. 10. 1879 Wien, † 10. 9. 1954 ebd. Kirchenhistoriker. Univ.-Prof. in Graz und Wien (1919).

Werke: Das kirchl. Leben in Wien 1522–1740, 1914; Geschichte der Diözese Seckau, 1917; Spaziergänge durch Alt-Wien, 2 Bde, 1927/48; Kirchengeschichte Ö., 3 Bde., 1935–59.

Tončić-Sorinj, Lujo, * 12. 4. 1915 Wien, Diplomat und Politiker (ÖVP). 1945 Leiter der Polit. Abteilung des Ö. Inst. f. Wirt. u. Politik in Salzburg, Mitgl. der ö. UNESCO-Kommission und der ö. Delegation zur Beratenden Versammlung des Europarats; 1949–66 Abg. z. NR, 1966–68 BMin. f. auswärtige Angelegenheiten, 1969–74 Gen.-Sekr. des Europarats.

Topitsch, Ernst, * 20. 3. 1919 Wien, Philosoph. 1956–61 Univ.-Prof. in Wien, dann in Heidelberg und in Graz. Vertreter des Wr. Kreises des Neopositivismus und einer „antimetaphysischen Metaphysik"; Auseinandersetzung mit Sozialphilosophie.

Werke: Vom Ursprung und Ende der Metaphysik, 1958; Die platonisch-aristotelischen Seelenlehren, 1959; Mythos – Philosophie – Politik, 1969; Ideologie, 1972; Gottwerdung und Revolution, 1973; Erkenntnis und Illusion, 1979 ([2]1988); Stalins Krieg, 1985; Studien zur Weltanschauungsanalyse, 1996.

Töpper, Andreas, * 10. 11. 1786 Schwanberg (Stmk.), † 27. 4. 1872 Scheibbs (NÖ.), Industrieller. Gründete in der Stmk. die Blechwalzwerke Krems (1808) und Gmeingrube (1817) sowie in NÖ. 1820–23 das Walzwerk in Neubruck bei Scheibbs und das Eisenwerk in Kienberg; 1821–40 mehrere Privilegien.

Literatur: E. Kraus-Kassegg, A. T. – Vom Nagelschmied zum Großindustriellen, [2]1998.

Töpper, Hertha, * 19. 4. 1924 Graz (Stmk.), Sängerin (Mezzosopran). 1945–52 am Grazer Opernhaus, ab 1952 in Deutschland (v. a. Bayreuth, München), Auslandsgastspiele u. a. in den USA; auch als Lied- und Oratoriensängerin bekannt. 1971–81 Prof. an der Musikhochschule München.

Torberg, Friedrich (eigentl. F. Kantor-Berg), * 16. 9. 1908 Wien, † 10. 11. 1979 ebd., Erzähler, Essayist, Kritiker und Übersetzer. Bis 1938 als Publizist und Theaterkritiker in Prag und Wien tätig, flüchtete über die Schweiz nach Frankreich und 1940 in die USA, wo er als Drehbuchautor in Hollywood und New York lebte. 1951 Rückkehr nach Wien; 1954 Mitbegründer und bis 1965 Hg. der Monatsschrift „Forum", Hg. der Werke von F. v. → Herzmanovsky-Orlando aus dem Nachlass („Gesammelte Werke", 4 Bde., 1957–63). T. Bekanntheit gründet sich v. a. auf den Roman „Der Schüler Gerber hat absolviert" (1930, 1954 unter dem Titel „Der Schüler Gerber"), in dem er das Psychogramm eines Gymnasiasten bis zu dessen Selbstmord entwirft. In den beiden Erzählbänden um die „Tante Jolesch" („Die Tante Jolesch oder Der Untergang des Abendlandes in Anekdoten", 1975; „Die Erben der Tante Jolesch", 1978) erinnert er sich pointenreich-satirisch an die versunkene Welt des jüd. Bürgertums der Zwischenkriegszeit. Ö. Ehrenzeichen f. Wiss. u. Kunst 1976, Großer Ö. Staatspreis 1979.

Weitere Werke: Romane: … und glauben, es wäre die Liebe, 1932; Die Mannschaft, 1935; Hier bin ich, mein Vater, 1948; Die zweite Begegnung, 1950; Süßkind von Trimberg, 1972. – Kritiken, Parodien, Erinnerungen: PPP (Pamphlete, Parodien, Post-Scripta), 1962; Das fünfte Rad am Thespiskarren, 3 Bde., 1966–67; Pegasus im Joch, 1983; Der letzte Ritt des Jockeys Matteo, 1985. – Übersetzer von E. Kishon. – Literatur: F. Tichy, F. T. Ein Leben aus der Welt von einst, 1990; ders., F. T. Ein Leben in Widersprüchen, 1995; NÖB.

Torstensson, Lennart, * 17. 8. 1603 Torstena (S), † 7. 4. 1651 Stockholm (S), schwedischer General. Übernahm 1641 den Oberbefehl über die schwed. Truppen im 30-jähr. Krieg und siegte am 6. 3. 1645 bei Jankau (CZ). Er überschritt am 17. 3. 1645 die nö. Grenze, eroberte Krems, Stein und Korneuburg und stand am 14. 4. vor der Donaubrücke Wiens. Die schwed. Truppen blieben bis Aug. 1646 in NÖ.

Literatur: K. Gutkas, NÖ. im 30-jährigen Krieg, 1987.

Tötschinger, Gerhard, * 26. 6. 1946 Wien, Schauspieler, Intendant, Schriftsteller; Lebensgefährte von Christiane → Hörbiger. Ab 1967 Schauspieltätigkeit in Graz, Bern, Klagenfurt, Düsseldorf, Stuttgart, Frankfurt, 1972/73 am Wr. Volkstheater; 1973–77 Intendant des Theaters im Bgld.; 1977–81 Oberspielleiter am Stadttheater Klagenfurt, 1982–93 Intendant und bis 1994 künstler. Leiter der Sommerspiele „Fest in Hellbrunn" (Sbg.), seit 1999 Intendant der Sommerspiele Perchtoldsdorf (NÖ.). Rundfunk- und Fernsehtätigkeit; seit 1975 auch schriftstellerische Arbeiten.

Werke: Sherlock Holmes und das Geheimnis der Sachertorte, 1988 (Roman); Auf den Spuren der Habsburger, 1992; Christiane Hörbiger, 1993; „Ach, wer da mitreisen könnte …", 2001.

Totschnig, Georg, * 25. 5. 1971 Innsbruck (Ti.), Radrennfahrer, seit 1994 Profi, zuerst bei Polti, ab 1997 bei Team Deutsche Telekom (der Mannschaft von Jan Ullrich). Seit 2001 Kapitän im Team Gerolsteiner. 1993 und 2000 Sieger der Ö.-Radrundfahrt, 1995 9. Platz beim Giro d'Italia, 2. Platz 1998 bei der Katalan. Woche und 2000 beim Midi Libre.

Traar, Georg, * 5. 7. 1899 Neusach (Gem. Weißensee, Kä.), † 4. 9. 1980 Purkersdorf (NÖ.), Superintendent der Evang. Diözese (A. B.) Wien (1947–72). Verdienste um evang. Jugendarbeit, Hilfsaktionen in der Nachkriegszeit, Presse- und Rundfunkarbeit sowie interkonfessionelle Beziehungen.

Track, Gerhard, * 17. 9. 1934 Wien, Dirigent, Komponist; Sohn des Conférenciers und Komponisten Ernst Track. Sängerknabe und 1953–58 Kapellmeister der Wr. Sängerknaben; ab 1958 Dirigent in den USA; seit 1986 Chorleiter des Wr. Männergesang-Vereins. Ab 1987 Lehrer am Wr. Konservatorium, 1989–99 Dir. der Wr. Musiklehranstalten; 1988–92 Präs. des Ö. Komponistenbunds. Komponiert ernste und Unterhaltungsmusik; zahlr. Bearbeitungen.

Friedrich Torberg. Foto.

Traeger, Wilhelm, * 27. 5. 1907 Wien, † 10. 7. 1980 Ried i. Innkreis (OÖ.), Maler und Graphiker der Neuen Sachlichkeit. Studierte 1926–32 an der Akad. d. bild. Künste und an der Techn. Hochschule in Wien (Mathematik, Darst. Geometrie); seine Ausbildung wurde von einer dän. Pflegefamilie finanziert. Ab 1933 Kunsterzieher in OÖ., 1935 Mitgl. des Oö. Kunstvereins und der Wr. Secession, 1936 Übersiedlung nach Ried. Ab 1974 Präs. des Oö. Kunstvereins.

Werke: Linolschnittserie „Wien 1932", Collagen. – Literatur: C. Bertsch u. M. Neuwirth, Die ungewisse Hoffnung. Ö. Malerei u. Graphik zw. 1918 und 1938, 1993; K. Schröder, Neue Sachlichkeit, Ö. 1918–38, Ausst.-Kat., Wien 1995.

Georg Trakl. Foto.

Trakl, Georg, * 3. 2. 1887 Salzburg, † 3. 11. 1914 Krakau (Krakow, PL), Lyriker. Wuchs in Salzburg auf, wo er 1897–1905 das Gymn. besuchte, schlug dann die Apothekerlaufbahn ein. Ab 1908 Pharmaziestudium in Wien, Kontakte zum „Akad. Verband f. Literatur und Musik", erste Gedichte erschienen in expressionist. Ztschr.; 1910 Mag. der Pharmazie, ab 1912 in Innsbruck, Veröffentlichungen in der von L. v. → Ficker hg. Halbmonatsschrift „Der Brenner". Finanzielle Unterstützung durch das Ehepaar Ficker, durch K. → Kraus, A. → Loos und insbes. durch L. → Wittgenstein. Belastend auf den durch übermäßigen Drogen- und Alkoholkonsum gesundheitl. schwer beeinträchtigten Dichter wirkte sich auch die enge Beziehung zu seiner Schwester Margarethe aus.

Zu Beginn des 1. Weltkriegs wurde T. als Reservist eingezogen, nach der blutigen Schlacht von Gródek (Galizien) unternahm er einen Selbstmordversuch und starb wenig später im Garnisonsspital. 1925 ließ L. v. Ficker den Leichnam auf den Neuen Mühlauer Friedhof bei Innsbruck überführen.

T. lyrisches Werk – zu Lebzeiten erschien als selbstständiger Druck nur der Bd. „Gedichte" (1913) – steht durch die sinnl. Kraft seiner Bilder in der Nähe des Expressionismus und ist durch eine schwermütige Grundstimmung gekennzeichnet („Alle Straßen münden in schwarze Verwesung"). Charakteristisch für seine Gedichte sind Visionen von düsterer Farbenpracht und eine melodisch-rhythm. Sprache; die Motive entnimmt der Dichter antiken Mythen (Orpheus) und der Bildwelt des Christentums; Einflüsse von Hölderlin, Novalis, Nietzsche, Baudelaire und Rimbaud lassen sich erkennen.

Ausgaben: Dichtungen und Briefe, hist.-krit. Ausgabe, hg. v. W. Killy u. H. Szklenar, 2 Bde., 1969, 2. ergänzte Aufl. 1987; Werke und Briefwechsel. Hist.-krit. Faksimile-Ausg., hg. v. E. Sauermann u. H. Zwerschina, 1993ff. – Literatur: O. Basil, G. T. in Selbstzeugnissen und Bilddokumenten, 1965; C. Saas, G. T., 1974; E. Sauermann, Zur Datierung und Interpretation von Texten G. T., 1984; H. Weichselbaum (Hg.), T.-Forum 1987, 1988; H. Zwerschina, Die Chronologie der Dichtungen G. T., 1990; A. Doppler, Die Lyrik G. T., 1992; H. Weichselbaum, G. T., 1995; H.-G. Kemper (Hg.), Gedichte von G. T., 1999.

Tramin, Peter von (eigentl. Peter Richard Oswald Frh. von Tschugguel zu T.), * 9. 5. 1932 Wien, † 14. 7. 1981 ebd., Schriftsteller und Bankkaufmann. Schloss 1958 Bekanntschaft mit H. v. → Doderer. In seinem Entwicklungsroman „Die Herren Söhne" (1963) und in seinem Erzählband „Die Taschen voller Geld" (1970) übte T. harte Kritik an den gesellschaftl. Verhältnissen.

Weiteres Werk: Die Tür im Fenster, 1967. – Literatur: K. Claudi, Auf der Suche nach der verlorenen Identität, Dipl.-Arb., Wien 1994.

Tramontana, Reinhard, * 27. 2. 1948 Wien, Journalist. In den späten 60er Jahren Aufbau der Kabarettgruppe „Die Scheibenwischer", danach als Schriftsteller und Journalist für „Die Presse" und die „Salzburger Nachrichten" tätig. Seit 1971 bei der Wochen-Ztschr. „profil" (seit 1975 Kolumne „profan"), seit 1982 stellv. Chefredakteur.

Werke: Beruf: Donauwalzer, 1977; Über Emanzipation, 1979; Mein profanes Weltbild, 1984; Profan gedacht, 1996.

Trapp, Maria Augusta (geb. Kutschera), * 26. 1. 1905 Wien, † 28. 3. 1987 Morrisville (USA), Sängerin; 2. Frau von Baron Georg T. (* 4. 4. 1880 Zara/Zadar, HR, † 30. 5. 1947 Boston, USA), dem berühmten ö. U-Boot-Kapitän des 1. Weltkriegs. Gründete mit ihren 7 Töchtern und 3 Söhnen (darunter 7 Stiefkinder) einen A-Capella-Chor unter der Leitung von Franz Wasner (* 28. 12. 1905 Feldkirchen, OÖ., † 21. 6. 1992 Salzburg). Der T.-Chor errang 1937 den 1. Preis des Musikwettbewerbs der Sbg. Festspiele. 1938 emigrierte die Familie in die USA; 1950 Teilnahme an den Sbg. Festspielen. Der T.-Chor (auch „T. Family Singers") unternahm weltweite Konzerttourneen und wurde durch 2 Verfilmungen (1956, 1965) des Buches „The Sound of Music" (1949) von M. A. T. weltberühmt.

Werk: Vom Kloster zum Welterfolg , 1952 (Memoiren).

Johann Thomas von Trattner. Stich von J. E. Mansfeld nach einem Gemälde von J. Hickel, 1770.

Trattner, Johann Thomas von, * 11. 11. 1717 Jormannsdorf (Gem. Bad Tatzmannsdorf, Bgld.), † 31. 7. 1798 Wien, Buchdrucker, Verleger und Buchhändler. Übernahm 1748 eine Druckerei in Wien, wurde 1752 mit Hilfe von G. van → Swieten Hofbuchhändler, 1754 Hofbuchdrucker; erhielt 1752 den Druckauftrag für alle in Ö. hg. Lehr- und Schulbücher, baute dafür einen Großbetrieb in Lerchenfeld auf. 1767 und 1786 errichtete er Papierfabriken in Franzensthal bei Ebergassing (NÖ., spätere Neusiedler AG). Mehrere seiner Mitarbeiter gründeten Druckereien in ö. Städten. 1773 ließ er am Graben in Wien 1 an der Stelle des Freisingerhofs den T.-Hof erbauen, der 1912 durch zwei Neubauten ersetzt wurde. G. Ueberreuter erwarb später Druckerei und Verlag.

Literatur: H. Cloeter, J. T., Ein Großunternehmer im theresian. Wien, 1952; U. Giese, J. T. Edler v. T., in: Archiv f. Geschichte des Buchwesens 23, 1960.

Tratz, Eduard Paul, * 25. 9. 1888 Salzburg, † 5. 1. 1977 ebd., Zoologe. Gründer des Ö. Ornitholog. Inst. Hellbrunn b. Salzburg (1914) und des Museums „Haus der Natur" (1924, ebd.), dessen Dir. er war; 1935 Univ.-Prof. in Innsbruck. Forschungsreisen.

Werke: Alpenländ. Vogelmerkbüchlein, 1919; Alpenvögel, 1930; Vom Auto aus, 1931; Natur ist alles, 1943; 45 Jahre Haus der Natur, 1969; Die Zukunftsaufgaben der naturhist. Museen, 1970.

Traun, Adelsfamilie, → Abensberg-Traun.

Franz Traunfellner. Foto.

Traunfellner, Franz, * 25. 3. 1913 Gerersdorf (Gem. Pöggstall, NÖ.), † 17. 2. 1986 ebd., Maler und Graphiker. Wuchs in kleinbäuerl. Milieu auf, bereits als Autodidakt anerkannter Künstler, dann Besuch der Graph. Lehr- und Versuchsanstalt in Wien. Hielt in Holzstichen, -schnitten, Radierungen und Lithographien v. a. Landschaften und Menschen des Waldviertels fest.

Literatur: F. Kaindl, F. T., 1982.

Traungauer Grafen, → Otakare.

Trautson, aus Ti. stammendes Adelsgeschlecht. 1541 Freiherren (von Sprechenstein), 1598 Grafen (von Falkenstein), 1711 Reichsfürsten; 1780 männl. Linie erloschen, der Besitz ging an die → Auersperg über. Bed. Persönlichkeiten aus der Familie waren u. a. Johann Joseph Fürst → Trautson, Johann Leopold Donat Fürst → Trautson, Paul Sixt I. Gf. → Trautson und Paul Sixt II. Gf. → Trautson.

Das Palais T. in Wien 7 wurde 1709 durch J. B. Fischer von Erlach erbaut und war 1760–1918 Standort der ungar. Nobelgarde; seit 1961 Sitz des BM f. Justiz.

Literatur: F. Hadriga, Die T. Paladine Habsburgs, 1996.

Trautson, Johann Joseph Fürst, * 27. 7. 1704 Falkenstein (NÖ.), † 10. 3. 1757 Wien, geistl. Würdenträger.

Ab 1751 Erzbischof von Wien. Lehnte aus aufklärerischem Denken heraus übertriebene Forderungen der Gegenreformation ab.
Literatur: F. Hadriga, Die T. Paladine Habsburgs, 1996.

Trautson, Johann Leopold Donat Fürst, * 2. 5. 1659, † 18. 10. 1724, Hofadeliger. Erzieher, Kammerherr und Obersthofmeister Josephs I. Ließ 1709 das Palais T. in Wien 7 errichten.
Literatur: F. Hadriga, Die T. Paladine Habsburgs, 1996.

Trautson, Paul Sixt I. Graf, * um 1550, † 30. 7. 1621, Obersthofmarschall Rudolfs II. (1589), dann Statthalter in NÖ.
Literatur: F. Hadriga, Die T. Paladine Habsburgs, 1996.

Trautson, Paul Sixt II. Graf, * 1635, † 1678, Diplomat. Gesandter in Madrid und beim Friedenkongress von Nijmwegen.
Literatur: F. Hadriga, Die T. Paladine Habsburgs, 1996.

Trauttmansdorff(-Weinsberg), nö. Adelsgeschlecht (Stüchse von T.); im 14. Jh. Ritter, 1623 Reichsgrafen, 1805 Reichsfürsten. Der Beiname Weinsberg leitet sich von der dt. Herrschaft Weinsberg in Württemberg ab, die die T. während des 30-jähr. Kriegs für kurze Zeit in Besitz hatten. Bed. Persönlichkeiten aus der Familie waren u. a. Ferdinand Fürst → Trauttmansdorff (-Weinsberg), Josef Gf. → Trauttmansdorff(-Weinsberg) und Maximilian Gf. → Trauttmansdorff(-Weinsberg).

Trauttmansdorff(-Weinsberg), Ferdinand Fürst, * 12. 1. 1749 Wien, † 27. 8. 1827 ebd., Staatsmann. 1787–89 bevollmächtigter Min. und Präs. des Guberniums der aufständischen Ö. Niederlande, 1793–94 niederländ. Hofkanzler, 1801 Vertreter des Außenministers, 1807–27 Obersthofmeister von Ks. Franz I. während des Wr. Kongresses.

Trauttmansdorff(-Weinsberg), Josef Graf, * 30. 6. 1894 Schloss Fridau (Gem. Ober-Grafendorf, NÖ.), † 13. 4. 1945 St. Pölten (NÖ.; erschossen), Gutsbesitzer. Während des Ständestaats Kommandant der Frontmiliz des Bezirks St. Pölten. Wurde als Mitgl. einer überparteil. Widerstandsgruppe am 9. 4. 1945 im Schloss Pottenbrunn verhaftet und mit seiner Ehefrau und 10 Widerstandskämpfern (darunter mehrere Polizisten) 2 Tage vor Einmarsch der Sowjettruppen in St. Pölten erschossen.

Trauttmansdorff(-Weinsberg), Maximilian Graf, * 23. 5. 1584 Graz (Stmk.), † 8. 6. 1650 Wien, kaiserl. Diplomat, Obersthofmeister der Kaiserin Anna. Trat gegen M. → Klesl und für → Ferdinand II. auf. Er hatte Anteil am Bündnis mit Maximilian von Bayern und der kath. Liga 1619 und verhandelte mit dem Papst und Spanien. 1621 schloss er den Frieden mit Bethlen Gábor ab, war am Sturz A. v. → Wallensteins beteiligt, verhandelte 1635 den Prager Frieden und war 1640–48 Hauptgesandter des Ks. beim Westfäl. Frieden in Münster.
Literatur: H. F. Schwarz, The imperial privy council in the 17th century, 1943; F. Dickmann, Der Westfälische Friede, 1959.

Trčka, Anton Josef (Pseud. „Antios"), * 7. 9. 1893 Wien, † 17. 3. 1940 ebd., Maler, Bildhauer, Fotograf und Lyriker. Ausbildung an der Graph. Lehr- und Versuchsanstalt in Wien, freundschaftl. Kontakte zum Kreis um G. → Klimt und E. → Schiele. Bekannt durch zahlr. Porträtfotografien von Wr. Künstlerpersönlichkeiten der Jh.-Wende. Führte Ende der 20er Jahre ein eig. Fotoatelier in Wien.
Literatur: O. Hochreiter u. T. Starl (Red.), Geschichte der Fotografie in Ö., 2 Bde., 1983; M. Faber, A. J. T., 1999.

Trebitsch, Arthur (auch: R. Stibert), * 17. 4. 1880 Wien, † 26. 9. 1927 Eggendorf b. Graz (Stmk.), Lyriker, Erzähler, Dramatiker, Essayist; Bruder von Siegfried → Trebitsch. Verfasser von verqueren antisemit. Schriften („Geist und Judentum", 1919; „Dt. Geist oder Judentum", 1921), Einfluss auf dt.-nat. Kreise. U. a. befreundet mit M. → Jelusich und A. → Wildgans.
Weitere Werke: Drama: Galileo Galilei, 1901. – Roman: Aus Max Dorns Werdegang, 1909. – Lyrik: Seitenpfade, 1917. – Essays: Friedrich der Große. Ein offener Brief an Th. Mann, 1916; Arische Wirtschaftsordnung, 1925. – Literatur: R. Müller-Guttenbrunn, Der brennende Mensch, 1920; G. Schuberth, A. T. Sein Leben und Werk, 1927.

Trebitsch, Siegfried, * 21. 12. 1869 Wien, † 3. 7. 1956 Zürich (CH), Erzähler, Dramatiker, Lyriker, Übersetzer; Bruder von Arthur → Trebitsch. Erlangte Bedeutung als Übersetzer der Werke von G. B. Shaw. In seinen Romanen und Erzählungen („Genesung", 1902; „Weltuntergang", 1903) vermittelt er Porträts der zeitgenöss. Ges. Aufschlussreich ist die Autobiographie „Chronik eines Lebens" (1951).

Treffz, Henriette (eigentl. Chalupetzky, verehel. Strauß), * 1. 7. 1818 Wien, † 8. 4. 1878 ebd., Sängerin; 1862 1. Frau von Johann → Strauß Sohn. Eine der bedeutendsten Soubretten ihrer Zeit; trat an mehreren Wr. Bühnen auf.

Henriette Treffz. Lithographie von J. Kriehuber, 1852.

Treibenraiff, Peter, → Tritonius Athesinus, Petrus.

Treiber, Jutta, * 10. 1. 1949 Oberpullendorf (Bgld.), Lehrerin, Kinobetreiberin und Kinderbuchautorin. Greift mit Einfühlungsvermögen und Humor kindl. Probleme auf.
Werke: Ich will eine Geschichte schreiben, 1979; Geometrisches Stück, 1987; Popcorn zum Frühstück, 1988; Bine und Rebell, 1990; Das Dazwischenkind, 1992; Julia spielt Julia, 1992; Oli und Purzelbaum, 1993; Dazwischenkinder haben's schwer, 1993; Solange die Zikaden schlafen, 1999.

Treichl, Andreas, * 16. 6. 1952 Wien, Bankmanager; Sohn von Heinrich → Treichl. Nach Studium der Volkswirt. an der Univ. Wien 1977–83 in verschied. europ. und amerikan. Niederlassungen der Chase Manhattan Bank tätig; 1983–86 Bereichsleiter bei der Ersten ö. Spar-Casse, 1986–93 Vorstandsvorsitzender der Chase Manhattan Bank Austria, 1994–97 Vorstandsdir. der Ersten ö. Spar-Casse, seit 1997 Gen.-Dir der Erste Bank der oesterr. Sparkassen AG.

Treichl, Heinrich, * 31. 7. 1913 Wien, Manager; Vater von Andreas → Treichl. Nach Abschluss des Jusstudiums Devisenhändler in der Zentrale der Pariser Banque des Pays de l'Europe (1936), 1937 Eintritt bei der Merkur-Bank in Wien. 1956 (nach 10-jähr. Tätigkeit im Verlagswesen) Eintritt in die Ö. Ind.- und Bergbauverwaltungsges.; ab 1958 bei der Creditanstalt-Bankverein AG, 1962 Vorstandsmitgl., 1970–81 Gen.-Dir.; 1974–99 Präs. des Ö. Roten Kreuzes.

Treitschke, Georg Friedrich, * 29. 8. 1776 Leipzig (D), † 4. 6. 1842 Wien, Librettist und Übersetzer. Kam 1800 als Schauspieler an die Wr. Hofoper, 1802 Dramaturg und Dichter, 1809–14 Dir. des Theaters an der Wien (ab 1811 auch wieder an der Hofoper). Schrieb v. a. Singspiellibretti für P. → Wranitzky, A. → Gyrowetz und C. Weigl („Das Waisenhaus"); zahlr. Übersetzungen franz. Opern. Überarbeitete auf L. van → Beethovens Wunsch 1814 auch das „Fidelio"-Libretto.
Literatur: M. Zihrasser, G. F. T. und seine Bedeutung für die Wr. Hoftheater, Diss., Wien 1950; U. Arbter, G. F. T., Beethovens dritter „Fidelio"-Librettist, in Wien, Diss., Wien 1997.

Treitz (Trytz, Treutz, Trewcs), Ti. Plattnerfamilie in Mühlau b. Innsbruck, aus der in 3 Generationen 5 Mitgl. als Plattner tätig waren. Konrad T. (erw. 1452–69) begründete im 15. Jh. die berühmte Plattnerwerkstatt, die fast 150 Jahre für den Innsbrucker und kaiserl. Hof arbeitete. In der 2. Generation sind 3 Söhne von Konrad zu nennen: Jörg T. (erw. 1466–99), Christian T.

(erw. 1484–87) und Adrian T. (erw. 1473–92). Von diesen besaß Jörg, der offenbar die Werkstatt des Vaters übernahm und zum Intimus des Landesfürsten Erzhzg. Sigmund aufstieg, die größte Bedeutung. Die 3. Generation umfasst die Meister Konrad T. d. J. (erw. 1498–1536) und Adrian T. d. J. (erw. 1500, † 1529). Die aus Trazzo an der Adda, zw. Mailand und Bergamo, stammende Familie brachte aus Oberitalien wichtige techn. Verbesserungen (u. a. Härten der Harnischteile) nach Innsbruck mit.

Literatur: O. Gamber, Die Innsbrucker Plattnerei von 1450 bis zum Tod Ks. Maximilians, Diss., Wien 1950; B. Thomas u. O. Gamber, Die Innsbrucker Plattnerkunst, Ausst.-Kat., Innsbruck 1954; B. Thomas, Die Innsbrucker Plattnerkunst. Ein Nachtrag, in: Jb. der kunsthist. Sammlungen in Wien, 1974.

Otto Tressler. Foto.

Treitzsaurwein von Ehrentreiz, Marx (Markus), * um 1450 Mühlau b. Innsbruck (Ti.), † 6. 9. 1527 Wr. Neustadt (NÖ.), Geheimschreiber und Kanzler Ks. Maximilians I. Stellte mit M. Pfintzing nach Diktaten des Ks. den „Weißkunig" zusammen, arbeitete am „Theuerdank" mit und lieferte die Texte für den „Triumphzug". Am Portal des Doms von Wr. Neustadt befindet sich sein Wappen; sein Epitaph wurde 1977 gefunden.

Literatur: H. Rupprich, Das literar. Werk Ks. Maximilians I., in: Maximilian I., Ausst.-Kat., Innsbruck 1969; G. Buttlar, Wr. Neustadt, ^{2}1993.

Treml, Johann Friedrich, * 8. 1. 1816 Wien, † 13. 6. 1852 ebd., Genremaler und Aquarellist; Sohn des Theatermalers Friedrich Dremml (Tremml). Schüler der Wr. Akad., von P. → Fendi gefördert, in Themenwahl und Technik von C. → Schindler maßgebl. beeinflusst. Ab 1848/49 fast ausschließl. für den Wr. Hof tätig, malte mit Vorliebe Szenen aus dem Leben von Soldaten, Bauern und Handwerkern. Zahlr. seiner Aquarelle fanden Verbreitung durch die Lithographie.

Literatur: U. Jurek, Das Werk F. T. 1816–52, Diss., Wien 1978.

Franz Freiherr von der Trenck. Stich von J. E. Mansfeld.

Trenck, Franz Frh. von der, * 1. 1. 1711 Reggio di Calabria (I), † 4. 10. 1749 Brünn (Brno, CZ), Oberst des Pandurenkorps (kroat. Grenzer). Wurde wegen der von seiner Truppe im Ö. Erbfolgekrieg verübten Gräueltaten und wegen Unterschlagung 1746 zum Tod verurteilt, dann zu Gefangenschaft auf dem Spielberg begnadigt.

Werk: Autobiographie, 2 Bde., 1745 (hg. 1912). – Literatur: G. Wahrmann, Leben, Daten, Abenteuer, Gefängnis und Tod des F. v. d. T., 1837.

Trenker, Luis, * 4. 10. 1892 St. Ulrich (S-Ti.), † 12. 4. 1990 Bozen (S-Ti.), Filmschauspieler, -regisseur, Autor. Zunächst Architekturbüro mit C. → Holzmeister, 1923 von A. Fanck für „Der Berg des Schicksals" als Darsteller engagiert. Ab 1930 eig. Filme als Schauspieler und Regisseur, u. a. „Berge in Flammen" (1931), „Der Rebell" (1932), „Der verlorene Sohn" (1934), „Condottieri" (1937), „Sein bester Freund" (1962).

Werke: Romane: Heimat aus Gottes Hand, 1947; Duell in den Bergen, 1951 (als Film 1949); Glocken über den Bergen, 1952; Schicksal am Matterhorn, 1956; Das Wunder von Oberammergau, 1960; Der Kaiser von Kalifornien, 1961 (als Film 1936). – Bildbände und rd. 20 Spielfilme. – Autobiographie: Mein glückl. Leben, 1982. – Literatur: R. Nottebohm u. a., L. T., 1987; F. Leimgruber (Hg.), L. T. Regisseur und Schriftsteller. Die Personalakte T. im Berlin Document Center, 1994.

Trentini, Albert von, * 10. 10. 1878 Bozen (S-Ti.), † 18. 10. 1933 Wien, Erzähler, Dramatiker, Essayist. Sektionschef im Wr. Innenministerium, Mitgl. des „Dürerbunds" und des konservativen „Kulturbunds", 1931–33 dessen Präs. Kulturpessimistischer und zivilisationskrit. kath. Erzähler, plädiert in seinem Werk („Der große Frühling", 1908; „Sieg der Jungfrauen", 1910) für Rückbesinnung auf den Glauben und wahre Gefühle. Populär wurde seine Romanbiographie „Goethe" (2 Bde., 1923).

Weitere Werke: Romane, Essays. – Ausgabe: Gesammelte Werke, 3 Bde., 1927–28. – Literatur: H. Hegen, Die weltanschaul. Entwicklung A. v. T., Diss., Innsbruck 1949.

Tressler, Otto (eigentl. O. Mayer), * 13. 4. 1871 Stuttgart (D), † 27. 4. 1965 Wien, Hofschauspieler, zuerst Buchhändlersgehilfe; in 3. Ehe mit H. → Wagener verheiratet. 1896–1961 am Burgtheater (1902 Hofschauspieler, 1913 Oberregisseur, 1926 Ehrenmitgl., insges. 383 Rollen). Meister der Verwandlung, baute seine Gestalten von der Maske her auf. Neben R. → Aslan der souveränste „Schwimmer" (Textvergesser) des Burgtheaters; filmische und bildhauerische Tätigkeit (Totenmaske von J. → Kainz, Ehrengrab für J. → Schreyvogel auf dem Wr. Zentralfriedhof).

Werk: Vor und hinter den Kulissen. Erinnerungen eines Burgschauspielers, 1952. – Literatur: E. Tschernich, O. T. 50 Jahre Burgtheater. Diss., Wien 1948.

Treu, Wolfgang, † um 1540, Wr. Bürgermeister. Gehörte zur Delegation der Stadt Wien, die 1522 Erzhzg. Ferdinand (den späteren Ks. → Ferdinand I.) wegen der Opposition der Stände um Vergebung bat, und war, gemäß der Stadtordnung von 1526, 1528–30 (im Jahr der Türkenbelagerung 1529), 1532/33 und 1536/37 Bürgermeister von Wien sowie 1534–38 Verordneter der nö. Stände.

Literatur: F. Czeike, Wien und seine Bürgermeister, 1974.

Treumann, Karl, * 27. 7. 1823 Hamburg (D), † 18. 4. 1877 Baden (NÖ.), Schauspieler, Theaterleiter, Schriftsteller. Ab 1847 am Theater an der Wien, ab 1852 am Carltheater in Wien, wo er mit J. → Nestroy und W. → Scholz auftrat. Er übernahm 1860 die Leitung des Carltheaters; der triumphale Erfolg von Offenbachs „Orpheus in der Unterwelt" mit Nestroy als Jupiter legte den Grundstein für die Entwicklung der Wr. Operette. 1860 erbaute er das Theater am Franz-Josefs-Kai („Kaitheater" oder „T.-Theater"), das er bis zu dessen Zerstörung durch einen Brand 1863 leitete; 1863–66 neuerlich Dir. des Carltheaters; übersetzte Operettentexte (v. a. von J. Offenbach) und richtete sie für die dt. Bühne ein.

Werke: Neues Wr. Theater, 1872. – Libretti (u. a. zur Strauß-Oper „Methusalem"). – Literatur: A. Bauer, Opern und Operetten in Wien, 1955.

Tribus, Max, * 4. 1. 1900 Fügen (Ti.), † 1. 5. 1983 Innsbruck (Ti.), Dramatiker. Lebte als Beamter in Innsbruck; Autor populärer Freilichtspiele („Das große Notburgaspiel", 1953; „Das kleine Notburgaspiel", 1955; „Zillertaler Heimatspiel", 1960).

Weitere Werke: Volksstück: Das Mädchen von Spinges, 1950. – Spiele: Peter Anich, 1943; Der gefälschte Guldenzettel, 1955; Philippine Welser. Ambraser Schloßspiel, 1955; Hans v. Pienzenau. Kufsteiner Schloßspiel, 1958.

Trinkl, Hannes, * 1. 2. 1968 Rossleithen (OÖ.), Skirennläufer. Seit 1991 im Weltcup; Bronzemedaille in der Abfahrt bei den Olymp. Spielen 1998 in Nagano, 2001 Abfahrtsweltmeister in St. Anton.

Trissenaar, Elisabeth, * 13. 4. 1944 Wien, Schauspielerin. 1962–64 Ausbildung am Reinhardt-Seminar in Wien, danach an verschiedenen dt. Bühnen (u. a. in Frankfurt und Berlin). 1979, 1991 und 1994 Gast am Burgtheater; Sbg. Festspiele (Buhlschaft in „Jedermann"). Lebens- und Arbeitsgemeinschaft mit dem Regisseur Hans Neuenfels; Film- und Fernsehtätigkeit (u. a. mit R. W. Fassbinder). 1994 J.-Kainz-Medaille.

Tritonius Athesinus, Petrus (lat. Name für Peter Treibenraiff), * um 1465 Bozen (S-Ti.), † wahrscheinl. 1525 Hall i. Ti., Humanist, Komponist. Studierte an den Univ. Wien und Ingolstadt, wo er mit K. → Celtis zusammentraf, der ihn zur Vertonung der Horaz-

Oden anregte; Lehrer in Lateinschulen (Brixen, Bozen und Schwaz); von Celtis um 1503 nach Wien berufen. Nach dessen Tod ging T. wieder nach Ti. bzw. für kurze Zeit nach Augsburg. Er starb wahrscheinl. 1525 an der Pest. T. ist der bedeutendste Vertreter der sog. Humanistenode, sein „Hymnarius" (1524) ist das älteste dt.-sprach. Kirchengesangbuch.

Werke: Melopoiae sive harmoniae tetracentiae ..., 1507; Hymnarius durch das gantz Jar ..., 1524.

Troger, Ernest, * 8. 10. 1926 Schwaz (Ti.), † 16. 10. 1988 Wien, Geograph. Gastprof. in Bangkok (1956–58) und Hamburg (1965), ab 1966 Univ.-Prof. in Wien, 1972–73 Dekan der philosoph. Fakultät; unternahm zahlreiche Forschungsreisen nach SO-Asien und in den Orient, v. a. Studien zur Bevölkerungsgeographie.

Werke: Tirol-Atlas, 1969–71; Bibliographie zur Bevölkerungsforschung in Ö., 1980.

Troger, Hans, * 11. 3. 1943 Villach (Kä.), Techniker. Studierte in Wien, seit 1979 Univ.-Prof. am Inst. f. Mechanik und Leiter der Abt. für Techn. Mechanik, zahlr. Gastprofessuren im Ausland (u. a. Hamburg, Illinois, Rio de Janeiro). E.-Schrödinger-Preis der Ö. Akad. d. Wiss. 2000.

Werk: Nonlinear Stability and Bifurcation Theory, 1991.

Paul Troger, Selbstporträt mit 30 Jahren. Gemälde, um 1728/30 (Tiroler Landesmuseum Ferdinandeum, Innsbruck).

Troger, Paul, * 30. 10. 1698 Welsberg (Zell) im Pustertal (S-Ti.), † 20. 7. 1762 Wien, Fresken- und Tafelmaler. War einer der Hauptmeister der ö. Malerei im Spätbarock, hielt sich zu Studienzwecken längere Zeit in Italien auf, war 1726–28 in Salzburg (Deckenfresko der Kajetanerkirche, 1728), dann in Wien tätig, wo in der Deckenmalerei allerdings J. M. → Rottmayr und D. → Gran dominierten. T. etablierte sich sehr bald als bevorzugter Freskant der nö. Klöster, häufig in Zusammenarbeit mit dem Architekten J. → Munggenast. 1753–59 übernahm er die Malklasse an der Akad. d. bild. Künste in Wien, 1754–57 war er deren Rektor und beeinflusste zahlr. bed. Maler der nachfolgenden Generation (F. A. → Maulbertsch, J. I. → Mildorfer, J. B. W. → Bergl u. a.).

Auf oberital. und süddt. Traditionen aufbauend, schöpfte T. in der Deckenmalerei das Prinzip des Illusionismus voll aus und setzte Licht und Farbe gezielt für symbol.-allegor. Zwecke ein (Stiegenhaus in Stift Göttweig, 1739). Seine Ideen und Ausführungen (z. B. die Fresken in der Stiftskirche Altenburg, unter Mitarbeit seines Schülers J. J. → Zeiller) zählen zu den Höhepunkten der barocken Freskomalerei im dt.-sprach. Raum. Nach 1752 schuf T. nur noch Staffeleibilder.

Weitere Werke: Altarbilder: Stift Melk, Kapelle in Schloss Schönbrunn, Stift Zwettl, Dom zu Klagenfurt, Bürgerspitalskirche und Müllner Kirche in Salzburg. – Fresken mit J. Munggenast: Kirche der Engl. Fräulein in St. Pölten, 1729/30; Marmorsaal und Bibl. in Stift Melk, 1731/32; Kirche, Stiegenhaus u. Bibl. in Stift Altenburg, 1732–34; Stift Zwettl, 1733; Marmorsaal in Stift Seitenstetten, 1735, u. Bibl., 1740; Marmorsaal in Stift Geras, 1738; Wallfahrtskirche Maria Dreieichen, 1752. – Zeichnungen, Ölskizzen. – Literatur: P. T. und die ö. Barockkunst, Ausst.-Kat., Stift Altenburg 1963; W. Aschenbrenner u. P. G. Schweighofer, P. T., 1965; M. Schrenzel, P. T., 1985; G. Brucher (Hg.), Die Kunst des Barock in Ö., 1994; A. Groiß (Hg.), Der Maler des Himmels – P. T. apokalypt. Inszenierungen im Stift Altenburg, Ausst.-Kat., Altenburg 1998.

Troger, Simon, * 13. 10. 1693 Abfaltersbach (S-Ti.), † 25. 9. 1768 Haidhausen (D), Bildschnitzer. Arbeitete ab 1721 als Gehilfe in Meran, 1723–25 bei N. Moll in Innsbruck, ab 1726 in München, wo er ab ca. 1730 für N. Faistenberger arbeitete; ab 1733 eig. Werkstatt in Haidhausen bei München. Spezialisiert auf Statuetten aus kombinierten Materialien, wie Elfenbein, Holz und Metall, die als „T.-Figuren" bekannt wurden.

Trojan, Alexander (eigentl. A. Takacs), * 30. 3. 1914 Wien, † 19. 9. 1992 ebd., Kammerschauspieler. Kinderrollen am Burgtheater; Engagements in Wien (Kammerspiele, Volkstheater), Brünn und Graz; 1938–91 am Burgtheater (1989 Ehrenmitgl.), zahlr. Charakter- und komische Rollen; Gastspiele an anderen Bühnen (Volkstheater), Mitwirkung bei den Sbg. Festspielen. Rundfunktätigkeit, Lesungen (auch Tourneen).

Troll-Borostyáni, Irma von (geb. Troll; Pseud.: Leo Bergen, Veritas), * 31. 3. 1849 Salzburg, † 10. 2. 1912 ebd., Frauenrechtlerin, Erzählerin, Publizistin. Pionierin der Frauenbewegung in Ö., zunächst Musiklehrerin, heiratete 1874 den Schriftsteller Nandor v. Borostyáni († 1902). In der programmat. Schrift „Die Mission unseres Jh." (1878) forderte sie freie Bildungs- und Berufswahl für Frauen sowie das allg. Wahlrecht. 1903 publizierte sie den „Katechismus der Frauenbewegung". Erkenntnisse bzw. Ziele der theoret. Arbeit fanden ihren Niederschlag auch in T. Erzählprosa („Aus der Tiefe", 2 Bde., 1892).

Ausgabe: Ausgewählte kleinere Schriften, hg. v. W. v. Troll, 1914. – Literatur: A. Enzenhofer, Zärtl. und sinnl. Strebungen. Zur Situierung von I. v. T.-B. in den Diskursen über Liebe und Sexualität in der 2. Hälfte des 19. Jh., Dipl.-Arb., Salzburg 1994.

Trost, Andreas, * Deggendorf (D), † 8. 6. 1708 Graz (Stmk.), Kupferstecher. Ab 1677 in Graz nachweisbar.

Werke: Karte der Stmk., 1675–78; Steir. Schlösserbuch, 1677ff. (mit G. M. Vischer); Topographia Carinthiae, 1689.

Trost, Ernst, * 11. 2. 1933 Knittelfeld (Stmk.), Journalist. Seit 1959 Außenpolitik-Redakteur und Kolumnist der „Neuen Kronen Zeitung". Autor zahlr. Bücher und Dokumentarfilme (u. a. Biographien).

Werke: Der Papst aus dem fernen Land, Johannes Paul II., 1980; Das blieb vom Doppeladler, 1991; Figl von Ö., 1992; Das 1000-jähr. Ö., 1994; Prinz Eugen, 1996; 40 Jahre unseres Lebens. Erinnerungen in Kolumnen, 1997.

Trumler, Gerhard, * 5. 12. 1937 Wien, Fotograf. Ab 1956 Studium in Wien und München, seit 1969 als freier Fotograf tätig; publizierte zahlr. Bildbände. Bewusster Einsatz von Schwarzweiß-Fotografie sowie von einfachen Formen und Gegenständen.

Literatur: G. T. Photographien 1970–2000, 2001.

Tschabuschnigg, Adolf (Ignaz) Ritter von (auch A. V. T. Süd), * 20. 7. 1809 Klagenfurt (Kä.), † 1. 11. 1877 Wien, Erzähler, Lyriker, Politiker. Stammte aus einer Kä. Adelsfamilie, ab 1835 im Staatsdienst, 1848 Mitgl. des Kä. Landtags, 1859 Hofrat beim Obersten Gerichtshof, 1861 im Reichsrat, 1870/71 Justizminister im Kabinett Potocki, Mitgl. des Herrenhauses. Zunächst von der jung-dt. Dichtung beeinflusst, fand T. in seinen Romanen („Die Industriellen", 2 Bde., 1854; „Sünder und Toren", 2 Bde., 1875) zu einer deutl. Kritik soz. Missstände.

Ausgabe: Gesammelte Werke, 6 Bde., 1876–77. – Literatur: O. Rudan, Im Wandel unwandelbar. Der Kä. Dichter und Politiker A. Ritter v. T., 1977; C. Volleritsch, A. Ritter v. T. „Die Industriellen" und G. Freytags „Soll und Haben", Dipl.-Arb., Graz 1995.

Tschadek, Otto, * 31. 10. 1904 Trautmannsdorf (NÖ.), † 4. 2. 1969 Wien, Rechtsanwalt und Politiker (SPÖ). Ab 1923 in der SDAP aktiv, 1934 verhaftet; 1945 Kommissar. Bürgermeister von Kiel, 1946–60 Abg. z. NR, 1949–52 und 1956–60 BMin. f. Justiz, 1960–69 Landeshauptmann-Stellv. von NÖ.

Werk: Jahre der Freiheit, 1967.

Tschebull, Hans, * 17. 10. 1849 Gutenstein (Ravne na Koroškem, SLO), † 10. 2. 1930 Villach, Dialektdichter und Notar in Villach.

Werke: Lyrik: Ohne Schneid ka Freud, 1894; Lustig's Ollerhand aus'n Karntnerland, 1895; Ernst und Scherz fürs Kärntnerherz, 1898. – Erzählung: Der Karntner „Lei Lei" is mast lustig und frei, 1916.

Tschebull, Jens, * 13. 12. 1930 Klagenfurt (Kä.), Journalist. 1967–69 Redakteur des „Kurier", 1969–75 Chefredakteur des „trend" und 1971 des „profil". Seit 1975 freier Journalist und Kolumnist, u. a. bei „profil" und „Kurier"; 1995–99 Hg. des „WirtschaftsBlatts", seither Konsulent und Kommentator bei diesem.

Tscherkassky, Peter, * 3. 10. 1958 Wien, Regisseur. Studierte Philosophie, seit 1979 als Filmemacher tätig, Gründungsmitgl. von Sixpack Film, Lehrbeauftragter an der Univ. für angew. Kunst in Wien. Sein Experimentalkurzfilm „Outer Space" (1999) wurde mehrfach ausgezeichnet.

Weitere Filme: Erotique, 1982; Manufraktur, 1985; Tabula rasa, 1989; Parallel Space: Inter-View, 1992; Happy-End, 1996; L'Arrivée, 1998.

Tschermak, Leo, * 3. 7. 1882 Znaim (Znojmo, CZ), † 17. 6. 1969 Wien, Forstwissenschaftler. 1925–45 Univ.-Prof. in Warschau, Istanbul, Freiburg i. Breisgau und Wien; erforschte die natürl. Zusammensetzung der Wälder Mittel- und S-Europas; ab 1950 Präs. des Ö. Forstvereins.

Werk: Waldbau auf pflanzengeograph.-ökolog. Grundlage, 1950.

Tschermak-Seysenegg, Armin, * 21. 9. 1870 Wien, † 9. 10. 1952 Bad Wiessee (D), Physiologe; Sohn von Gustav → Tschermak-Seysenegg, Bruder von Erich → Tschermak-Seysenegg. 1906 Prof. an der Tierärztl. Hochschule in Wien, an deren Neuorganisation er maßgebend mitwirkte; 1913–39 Univ.-Prof. in Prag; befasste sich v. a. mit der Physiologie des Nervensystems, der physiolog. Optik und der Vererbungslehre.

Werke: Allg. Physiologie, 2 Bde., 1916/24; Der exakte Subjektivismus in der neueren Sinnesphysiologie, ²1932; Einführung in die Physiolog. Optik, ²1947; Leitfaden der Physiologie, 1949.

Tschermak-Seysenegg, Erich, * 15. 11. 1871 Wien, † 11. 10. 1962 ebd., Botaniker, Vererbungsforscher; Sohn von Gustav → Tschermak-Seysenegg, Bruder von Armin → Tschermak-Seysenegg. Ab 1909 Prof. an der Univ. f. Bodenkultur in Wien, wo er den Lehrstuhl für Pflanzenzüchtung gründete. Schuf in Groß-Enzersdorf eine Pflanzenzuchtstation. Wiederentdecker der Vererbungsgesetze von G. → Mendel.

Werke: Über künstl. Kreuzung, 1900; Die Theorie der Kryptomerie und des Kryptohybridismus, 1903; Samenbildung ohne Befruchtung, 1949.

Erich Tschermak-Seysenegg. Foto.

Tschermak-Seysenegg, Gustav, * 19. 4. 1836 Littau (Litovel, CZ), † 4. 5. 1927 Wien, Mineraloge; Vater von Armin → Tschermak-Seysenegg und Erich → Tschermak-Seysenegg. 1862 Kustosadjunkt am Hofmineralienkabinett in Wien, 1874–1906 Univ.-Prof. für Mineralogie und Petrographie in Wien. Begründer der „Mineralog.-Petrograph. Mttlg." (urspr. „Tschermaks Mineralog.-Petrograph. Mttlg."). Erforschte gesteinsbildende Silikatmineralien und Meteoriten.

Werk: Lehrbuch der Mineralogie, 1883. – Literatur: F. Becke, G. T.-S. zur Erinnerung, in: Tschermaks Mineralog.-Petrograph. Mttlg., N. F. 39, 1928.

Tschernembl, Georg Erasmus Frh. von, * 26. 1. 1567 Schwertberg (OÖ.), † 18. 11. 1626 Genf (CH), Theologe, Calvinist. Wortführer der Stände in Ö. ob der Enns zur Zeit des Bruderzwists in Habsburg. Trat 1608 an die Spitze der gegen Kg. → Matthias gerichteten Bewegung von Horn und wollte einen ö. Ständebund gegen die Habsburger bilden. 1619 verweigerten unter seinem Einfluss die Stände von OÖ. → Ferdinand II. die Huldigung und schlossen am 16. 8. 1619 ein Bündnis mit der „Böhm. Konföderation". T. musste 1620 über Prag und die Pfalz nach Genf ins Exil gehen, wo er verarmt starb.

Literatur: H. Sturmberger, G. E. T. Religion, Libertät und Widerstand, Forschungen zur Geschichte OÖ. 3, 1953.

Tschiggfrey, Hans, * 8. 3. 1904 Nauders (Ti.), † 30. 6. 1963 Innsbruck (Ti.), Handelskammerangestellter und Politiker (ÖVP). 1946 Leiter des Landwirtschaftsamts Ti., 1953–63 Abg. z. Ti. Landtag, 1949–63 Landesfinanzreferent, 1957–63 Landeshauptmann von Ti.

Tschuggmall, Christian, * 5. 1. 1785 Wenns (Ti.), † 26. 11. 1854 Michelstadt (D), Mechaniker. Führte im Ti. Freiheitskampf 1809 kleine Schützeneinheiten an, bereiste dann mit von ihm hergestellten automatischen Figuren ganz Europa.

Tschunko, Maxi, * 17. 2. 1924 Wien, Kostüm- und Bühnenbildnerin. Nach Ausbildung an der Akad. d. bild. Künste in Wien 1948 erste Arbeit am Wr. Volkstheater (Kostüme für „Geschichten aus dem Wiener Wald" von Ö. v. Horváth); 1952–86 fest engagierte Kostüm- und Bühnenbildnerin am Volkstheater; trug wesentl. zum neuen Nestroy-Stil des Hauses bei. 1971 J.-Kainz-Medaille.

Tschurtschenthaler, Paul, * 2. 7. 1874 Bruneck (S-Ti.), † 19. 12. 1941 Bregenz (Vbg.), Schriftsteller, Volkskundler und Richter. In seinen Gedichten, Erzählungen und Sachbüchern geht es um seine S-Ti. Heimat.

Werke: Lyrik: Saitengold und Lieder, 1905; Beim Waldbrunnen, 1929. – Prosa: Bozner Landschaften, 1926; Gestalten aus dem Etschlande, 1930; Das Land der Romantik, 1933; Das Bauernleben im Pustertal, 1935; Es lebt ein Volk an Rienz, Eisack und Etsch, 1936; Die Ti., 1941; S-Ti. Wanderbilder, 1954.

Tuerck, Ludwig, * 22. 7. 1810 Wien, † 25. 2. 1868 ebd., Neurologe und Laryngologe. Erforschte die Gehirn- und Rückenmarksbahnen; Verdienste um die Anwendung des Kehlkopfspiegels. Beschrieb als Erster die Laryngitis sicca. Die temporale Großhirnbrückenbahn trägt seinen Namen.

Werke: Prakt. Anleitung zur Laryngoskopie, 1860; Klinik der Krankheiten des Kehlkopfes und der Luftröhre, 2 Bde., 1866; Über Hautsensibilitätsbezirke der einzelnen Rückenmarksnervenpaare, 1869. – Literatur: E. Lesky, Die Wr. Medizin. Schule im 19. Jh., ²1978.

Tumler, Franz, * 16. 1. 1912 Gries bei Bozen (S-Ti.), † 20. 10. 1998 Berlin (D), Schriftsteller und Volksschullehrer. War bis 1944 mit in klassizist. Manier verfassten Romanen und Erzählungen der erfolgreichste ö. Schriftsteller seiner Generation; Mitarbeiter der Ztschr. „Das innere Reich". Nach 1945 wandte er sich dem autobiograph. und psycholog. Erzählen zu, in den späten Texten problematisierte er die Möglichkeiten des Erzählens („Aufschreibung aus Trient", 1965). Lebte ab 1950 bis zu seinem Tod in Berlin; zahlr. Preise.

Werke: Romane: Der Ausführende, 1937; Der Soldateneid, 1939; Heimfahrt, 1950; Ein Schloß in Ö., 1953; Der Schritt hinüber, 1956; Der Mantel, 1959; Pia Faller, 1973. – Lyrik: Anruf, 1941; Liebes-Lobpreisung, 1947; Sätze von der Donau, 1972; Das Zerteilen der Zeit, 1989. – Autobiographie: Jahrgang 1912, 1967. – Literatur: H. D. Zimmermann (Hg.), Welche Sprache ich lernte, 1986; F. T. Beiträge zum 75. Geburtstag, 1987; L. Huber, Die Architektur des Textes. Das Verhältnis von Raum- zu Sprachkonstrukten in F. T. Prosa, 1994.

Tumlirz, Otto, * 27. 7. 1890 Rosenberg (Rožmberk nad Uitavou, CZ), † 7. 1. 1957 Graz (Stmk.), Jugendpsychologe. Ab 1930 Univ.-Prof. in Graz; Bühnenautor.
Werke: Einführung in die Jugendkunde, 2 Bde., 1924; Pädagog. Psychologie, 1930; Abriß der Jugend- und Charakterkunde, 1940; Abriß der pädagog. Psychologie, ^{2}1953; Die Jugendverwahrlosung, 1952. – Hg.: Ztschr. f. Jugendkunde, 1931–36.

Tumpel, Herbert, * 9. 3. 1948 Wien, Volkswirtschaftler und Kammerfunktionär. Ab 1973 im ÖGB tätig, ab 1987 Leitender Sekr. für Grundsatz- und Finanzfragen, seit 1997 Präs. der Bundesarbeitskammer; daneben in zahlr. anderen wirt.-polit. Funktionen tätig.

Tumpel-Gugurell, Gertrude, * 11. 11. 1952 Killing (Gem. Kapelln, NÖ.), Bankdirektorin. Studierte Volkswirt. in Wien, 1975 Eintritt in die Oesterr. Nationalbank; 1981–84 wirt.-polit. Beraterin von Finanzmin. H. → Salcher, 1985 stellv. Leiterin der volkswirt. Abteilung der Nationalbank, seit 1997 Direktoriumsmitgl., seit 1998 stellv. Gouverneurin der Oesterr. Nationalbank und des Internat. Währungsfonds.

Tunner, Joseph Ernst, * 24. 9. 1792 Obergraden bei Köflach (Stmk.), † 10. 10. 1877 Graz (Stmk.), Historien- und Porträtmaler, Nazarener; Vater der Malerin Silvia T. Studierte an der Wr. Akad.; 1821–23 in Istrien, danach bis 1831 in Rom, Anschluss an F. Overbeck und die Lukasbrüder; stellte seine Kunst ganz in den Dienst der kath. Kirche, schuf mehrere Altarbilder für steir. Kirchen. Ab 1840 Dir. der Zeichnungsakad. und Bildergalerie in Graz.
Literatur: F. Klabinus, Der steir. Nazarener J. T. – Sein Leben und seine Kunst, 1934.

Tunner, Peter von, * 10. 5. 1809 Untergraden (Stmk.), † 8. 6. 1897 Leoben (Stmk.), Montanist. 1840 erster Leiter der ständischen montanist. Lehranstalt in Vordernberg, nach deren Verlegung nach Leoben 1849–74 Dir. der k. k. Montan-Lehranstalt (ab 1861 Bergakad., heute Montanuniv. Leoben), deren internat. Ruf er begründete. T. leistete wesentl. Beiträge zur Stahlerzeugung im Frischherd und im Puddelofen sowie zur Einführung des Bessemer- und Siemens-Martin-Verfahrens und galt nach Reisen in den Ural 1870 und in die USA 1876 als weltweit hoch angesehener Montanist.
Werke: Gemeinfaßl. Darstellung der Stabeisen- und Stahlbereitung in Frischherden, ^{2}1858; Rußlands Montanind., 1871; Das Eisenhüttenwesen der Vereinigten Staaten von Nordamerika, 1877. – Hg.: Berg- und hüttenmännisches Jb., 1841–66. – Literatur: H. Lackner, P. T. 1809–97, in: Der Leobener Strauß 8, 1980; Zum Gedenken an P. Ritter v. T., 1997.

Tuppy, Hans, * 22. 7. 1924 Wien, Chemiker. 1963–94 Prof. f. Biochemie an der Medizin. Fakultät der Univ. Wien; über 100 wiss. Veröffentlichungen auf den Gebieten der Chemie und Biochemie mit den Schwerpunkten Blutgruppenchemie, biochem. Genetik und biolog. wirksame Peptide und Proteine. 1985–87 Präs. der Ö. Akad. d. Wiss., 1987–89 BMin. f. Wiss. u. Forschung. Ö. Ehrenzeichen f. Wiss. u. Kunst 1975.
Werke: Herstellung linearer Phosphor-32-Quellen hoher spezif. Aktivität, 1953; Beiträge zur Konstitutionsermittlung biolog. aktiver Polypeptide und Proteine, 1956 (mit H. Neurath); Proteins, 1960; Die Univ. als autonomes Lehr- und Forschungsunternehmen, 1968.

Türing (auch Düring, Thüring, Turing), Innsbrucker Steinmetz- und Baumeisterfamilie des 15. und 16. Jh., in den 80er Jahren des 15. Jh. von Hzg. Sigmund aus Schwaben nach Innsbruck berufen. Ihre Werkstatt entwickelte ab 1515–20 in den Bereichen der Architektur und der Bauplastik einen charakterist. Eigenstil, der an zahlr. Innsbrucker Hofbauten (z. B. Goldenes Dachl, 1497–1500; Hofkirche, 1549) und Patrizierhäusern (u. a. Trautsonhaus, 1541; Prechthaus, 1541; Helblinghaus, 1560) zur Geltung kommt. Zu den bedeutendsten Vertretern der Familie zählten Niclas T. d. Ä., Gregor T. und Niclas T. d. J.
Literatur: E. Egg, Kunst in Ti. – Baukunst und Plastik, 1970.

Türk, Johann Baptist, * 17. 8. 1775 Innsbruck (Ti.), † 30. 9. 1841 Töltschach (Gem. Maria Saal, Kä.), Freiheitskämpfer, Oberkommandant des von ihm organisierten Kä. Landsturms im Jahr 1809 („der Kä. Andreas Hofer"). Grabmal im Friedhof von Maria Saal.
Werke: Jugend- und Kriegserinnerungen, hg. v. F. Khull, 1902; Meine Lebensschücksalle, hg. v. R. Gratzer, 1985.

Türk, Wilhelm, * 2. 4. 1871 Wiese (Loučky, CZ), † 20. 5. 1916 Wien, führender Hämatologe, Internist. Univ.-Prof. in Wien. Nach ihm sind die t.schen Reizformen und die t.sche Kammer benannt.
Werk: Vorlesungen über klinische Hämatologie, 2 Bde., 1904/12.

Türkheim, Ludwig Frh. von, * 1777 Wien, † 14. 4. 1846 ebd., Arzt, Jurist. Hatte als Vizedir. des medizin.-chirurg. Studiums und als Referent der Studien-Hofkommission bed. Anteil an der Organisation der Wr. Medizin. Schule. 1817 und 1829 Rektor der Univ. Wien.

Turnauer, Herbert, * 29. 7. 1907 Prag (CZ), † 8. 1. 2000 Wien, Industrieller. Betrieb in den 30er Jahren eine kleine Lackfabrik in Prag; nach 1945 Neubeginn in Ö. und Aufbau der größten ö. Lackfabrik (Stollack), die er 1969 verkaufte. 1949 Gründung der Isovolta KG, 1962 Erwerb der Mehrheit der Teich AG, 1969 Gründung der Constantia Industrieholding AG, 1986 der Constantia Privatbank AG. 1994/95 Schaffung von 2 Stiftungen in Liechtenstein als Mehrheitseigentümer der Holding.

Peter Turrini. Foto, 1994.

Turrini, Peter, * 26. 9. 1944 St. Margarethen i. Lavanttal (Kä.), Schriftsteller, v. a. Dramatiker und Drehbuchautor, zunächst Werbetexter. Seine ersten provokanten soz.-krit. Stücke, „Rozznjogd" (1971) und „Sauschlachten" (1972), gerieten zu Theaterskandalen. Seine mit W. → Pevny verfasste „Alpensaga" (6-teilige Fernsehserie, 1976–80; Regie: D. → Berner), eine krit. Bestandsaufnahme der Geschichte des ö. Bauernstands von der Jh.-Wende bis nach 1945, löste heftige Kontroversen aus. Auch von der 4-teiligen Fernsehserie „Arbeitersaga" (mit R. Palla und D. Berner) wurden 1988–90 nur 3 Teile gesendet. T. kehrte 1980 mit dem Einakter „Josef und Maria" zur Bühne zurück und geriet mit Stücken wie „Die Bürger" (1981), „Die Minderleister" (1988) und „Tod und Teufel" (1990) neuerlich in den Ruf eines „Skandalautors". T. zählt zu den bedeutendsten Bühnenautoren dt. Sprache.
Weitere Werke: Dramen: Der tollste Tag, 1972; Die Wirtin, 1973; Campiello, 1982; Die Schlacht um Wien, 1995; Eine Liebe in Madagaskar, 1998. – Drehbuch: Jugend, 1984 (mit K. Kratz). – Roman: Erlebnisse in der Mundhöhle, 1972. – Gedichte: Ein paar Schritte zurück, 1980; Im Namen der Liebe, 1993. – Essays: Es ist ein gutes Land, 1986; Mein Ö., 1988. – Ausgabe: P. T. Lesebuch, 3 Bde., 1999. – Literatur: P. T., hg. v. W. Schuch u. K. Siblewski, 1991; J. Landa (Hg.), „I am too many people". P. T.: Playwright, Poet, Essaysist, 1998.

Peter von Tunner. Lithographie.

Twaroch, Paul, * 15. 3. 1932 Wien, Jurist, Rundfunkmanager und -journalist. Zunächst in verschiedenen Ministerien tätig, 1970–78 Gen.-Sekr. des ORF, 1978–98 Intendant des ORF-Landesstudios NÖ.

Tyrolt, Rudolf, * 23. 11. 1848 Rottenmann (Stmk.), † 22. 6. 1929 Gutenstein (NÖ.), Schauspieler und Schriftsteller. 1873–84 am Wr. Stadttheater, 1884–88 am Burgtheater, dann am Volkstheater und am Theater in der Josefstadt in Wien; Darsteller von Wr. Volkstypen.
Werke: Aus der Theaterwelt. Ernste und heitere Bilder, 1879; Chronik des Wr. Stadttheaters, 1889; Aus dem Tagebuch eines Wr. Schauspielers (1848–1902), 1904; Vom Lebenswege eines alten Schauspielers, 1914; Theater und Schauspieler, 1927 (Aphorismen). – Literatur: F.-W. Knapheide, Der Schauspieler Dr. R. T. Eine Analyse seiner Komik, Diss., Wien 1965.

U

Johannes Ude. Foto.

Alfred Uhl. Foto.

Eduard Uhl. Lithographie von A. Dauthage.

Franz Freiherr von Uchatius. Aquatinta von J. Wischniewsky, 1881.

Gustav Ucicky. Foto, 1930.

Übeleis, Vinzenz, * 16. 8. 1889 Gramastetten (OÖ.), † 5. 4. 1967 Wien, Eisenbahner und Politiker (SPÖ). 1926–32 Stadtrat in Linz, 1945–53 Abg. z. NR, 1945–49 BMin. f. Verkehr, 1949–53 Staatssekr. im BM f. Verkehr u. verstaatlichte Betriebe; 1953–55 ÖBB-Gen.-Dir.

Übelhör, Alfons, * 29. 6. 1905 Wien, † 12. 4. 1967 ebd., Rundfunkjournalist und -manager, Volksbildner, Politiker (ÖVP). Gründete 1949 die Radiohochschule, 1949–54 Mitgl. d. BR. 1954–57 „Öffentl. Verwalter des ö. Rundspruchwesens" (neben W. Füchsl); 1958–67 Hörfunkdir. der Ö. Rundfunk Ges. m. b. H.

Übelhör, Richard, * 4. 7. 1901 Wien, † 15. 9. 1977 ebd., Urologe, Chirurg. Ab 1945 Univ.-Prof. in Wien, 1962–71 Vorstand der Urolog. Univ.-Klinik; Präs. der Ö. Ges. für Urologie und 1961–63 Präs. der Dt. Ges. für Urologie.

Werke: Urologie, [3]1958. – Hg.: Wr. Beiträge zur Urologie, 4 Bde., 1947–48; Der Urologe, 1962ff. (mit K. E. Albrecht u. a.).

Übleis, Adolf („Adi"), * 10. 11. 1937 Wels (OÖ.), Trabrennfahrer. Erfolgreichster ö. Trabrennfahrer bisher, seit 1962 Professional und Trainer, 1971 Weltmeister in den USA und in Kanada, 1971 und 1974 Europameister, zahlr. weitere Siege (darunter 4-mal Derbysieger: 1970, 1979, 1986, 1992).

Übleis, Heinrich, * 3. 2. 1933 Edt b. Lambach (OÖ.), Jurist und Politiker (SPÖ). 1979–85 Generalpostdirektor, 1985–87 BMin. f. Bauten u. Technik, 1987–92 Gen.-Dir. der Ö. Bundesbahnen.

Uchatius, Franz Frh. von, * 20. 10. 1811 Theresienfeld (NÖ.), † 4. 6. 1881 Wien (Selbstmord), Erfinder, Waffentechniker, Feldmarschallleutnant. 1871 Kommandant der Artilleriezeugsfabrik im Wr. Arsenal. Erregte 1874 internat. Aufsehen durch die Erfindung der für den Guss von Geschützen bes. geeigneten Stahlbronze („U.-Stahlbronze"); auf dem Gebiet der Kinematographie erfand er 1846 einen Bildwerfer zur Darstellung bewegl. Bilder (Laufbildprojektor).

Ucicky, Gustav, * 6. 7. 1899 Wien, † 27. 4. 1961 Hamburg (D), Kameramann, Filmregisseur; Sohn von G. → Klimt. 1916 bei der Sascha-Film von A. J. Gf. → Kolowrat-Krakowsky, begann mit Wochenschauberichten; 1919 Kameramann bei Filmen von M. Kertesz („Die Sklavenkönigin", 1924; „Das Spielzeug von Paris", 1925). 1927 erstmals Regisseur: „Tingel-Tangel", „Cafe Elektric" (beide 1928); drehte teilw. nationalist. Tendenzfilme („Das Flötenkonzert von Sanssouci", 1930; „York", 1931) in Deutschland sowie das Propagandamachwerk „Heimkehr" (1941). Nach dem Krieg v. a. unverfängl. Filmthemen: „Cordula", 1950; „Der Jäger vom Fall", 1956.

Literatur: G. Trimmel, Heimkehr. Strategien eines nat.-soz. Films, 1998.

Udalrichinger (Udalriche), vbg. Herrschergeschlecht. Traten ab 860 als Herren des Linz-, Argen- und Alpgaus auf. Herrschten ab ca. 920 von Bregenz aus und wurden nach dem Aussterben ihrer Kontrahenten, der Burkharde, 973 das führende Herrschergeschlecht des Bodenseegebiets, namentl. im Gebiet des späteren Vbg. 1043 erfolgte eine Teilung in die Linien Bregenz und Buchhorn (1098 erloschen). Von den letzten → Bregenzer Grafen kam der Besitz um 1150 an Pfalzgraf Hugo von Tübingen, dessen Sohn Hugo sich nach → Montfort nannte.

Literatur: B. Bilgeri, Geschichte Vbg., Bd. 1., 1971.

Ude, Johannes, * 28. 2. 1874 St. Kanzian a. Klopeiner See (Kä.), † 7. 7. 1965 Grundlsee (Stmk.), Theologe, Politiker, Sozialethiker. Univ.-Prof. f. Theologie in Graz, Gründer der ö. Antialkoholbewegung. 1939 wegen eines Protestbriefs zum Novemberpogrom an Gauleiter Uiberreither des Gaues verwiesen, 1939 und 1944 wegen Kriegsgegnerschaft in Haft. Trat für Frieden und Abrüstung ein sowie gegen jede Tötung und gegen Atomwaffen. Kandidierte 1951 bei der Bundespräsidentenwahl.

Literatur: M. Liebmann, J. U., in: Ausseer Beiträge zur Zeit- und Kulturgeschichte, 1985.

Uhl, Alfred, * 5. 6. 1909 Wien, † 5. 6. 1992 ebd., Komponist. Schüler von Franz → Schmidt; 1943–79 Prof. an der Wr. Musikakad. Erzielte 1957 mit der Uraufführung des Oratoriums „Gilgamesch" seinen Durchbruch als Komponist. 1970–75 Präs. der AKM; Großer Ö. Staatspreis 1959, Ö. Ehrenzeichen f. Wiss. u. Kunst 1980.

Weitere Werke: Wer einsam ist, der hat es gut, 1960 (Kantate); Der mysteriöse Herr X, 1965 (Oper). – Kammermusik, Orchesterwerke. – Literatur: A. Witeschnik, A. U., 1966; G. Brosche (Red.), Musikal. Dokumentation A. U., Ausst.-Kat., Ö. Nat.-Bibl., Wien 1995.

Uhl, Eduard, * 12. 12. 1813 Wien, † 1. 11. 1892 ebd., Jurist und liberaler Kommunalpolitiker. 1832–40 Magistratsbeamter, dann Privatier, 1848 Hauptmann der Nationalgarde, 1861 Mitgl. d. Gemeinderats, 1882–89 Bürgermeister von Wien. Machte sich bes. um das Feuerwehr- und Rettungswesen sowie um die Märkte verdient. Stand polit. in starkem Gegensatz zu K. → Lueger.

Literatur: F. Czeike, Wien und seine Bürgermeister, 1974.

Uhl, Friedrich, * 14. 5. 1825 Teschen (Česky Těšín, CZ), † 20. 1. 1906 Mondsee (OÖ.), Erzähler, Feuilletonist und Kritiker; Schwiegervater A. Strindbergs. Ab 1872 Chefredakteur der „Wr. Zeitung".

Werke: Romane: Die Theaterprinzessin, 1863; Die Botschafterin, 1880; Farbenrausch, 1887; Aus meinem Leben, 1908. – Märchen, Reisebücher.

Uhl, Fritz, * 2. 4. 1928 Wien, † 21. 5. 2001 München (D), Opernsänger (Tenor). Debütierte 1950 in Graz; 1954–56 in Oberhausen, ab 1957 in München; Auftritte bei den Sbg. und Bayreuter Festspielen sowie an der Wr. Staatsoper v. a. Partien von R. Wagner, R. → Strauss, A. → Berg und G. v. → Einem. Gastspiele u. a. in Paris, Brüssel, London und Stockholm.

Uhl, Ottokar, * 2. 3. 1931 Wolfsberg (Kä.), Architekt. Studierte an der Akad. der bild. Künste bei L. → Welzenbacher, ab 1959 als selbstständiger Architekt in Wien tätig. Setzte mit der Montagekirche in der Kundratstraße in Wien (1963–67) und mit dem Umbau der Studentenkapelle Wien 1, Ebendorferstraße (1982, urspr. Bau 1957/58) die Ideen des 2. Vatikanums in die Architektur um. Entwarf ab Ende der 70er Jahre Mitbestimmungsmodelle im Geschosswohnbau (Wohnhaus Feßtgasse, Wien 16, 1977–81) 1973–94 Univ.-Prof. in Karlsruhe. Ö. Staatspreis für Architektur 1963.

Weitere Werke: Sakralbauten; Gymn. Völkermarkt, 1970–74. – Schriften: Architektur von O. Wagner bis heute, 1966; L. Welzenbacher 1889–1955, Monographie, 1968 (mit F. Achleitner); Kirchenbau als Prozeß, 1969. – Literatur: C. Lienhardt (Hg.), O. U. Werk, Theorie, Perspektiven, 2000.

Uhlich, Gottfried, * 16. 1. 1743 St. Pölten (NÖ.), † 30. 1. 1794 Lemberg (Lwíw, UA), Historiker, Numismatiker, Schriftsteller, Piarist. Ab 1785 Univ.-Prof. in Lemberg; Hg. moral. Wochenschriften.

Werke: Abriß der Universalhistorie, 1778; Geschichte des bayr. Erbfolgekrieges, 1779; Die hist. Hilfswiss., 1780; Das Leben Marien Theresiens, 1781; Lebensgeschichte der Heiligen, 4 Bde., 1782; Geschichte der 2. türk. Belagerung Wiens, 1783; Ö. Geschichte, 2 Bde., 1783/84; Geschichte der 1. türk. Belagerung Wiens, 1784; Praelectiones Diplomaticae, 1785; Versuch einer Numismatik für Künstler, 1791. – Epen, Sing- und Schäferspiele, Tragödien, Gedichte.

Uhlig, Viktor, * 2. 1. 1857 Leskowetz (Lískovec, CZ), † 4. 6. 1911 Karlsbad (Karlovy Vary, CZ), Geologe und Paläontologe. Ab 1891 Univ.-Prof. in Prag, ab 1900 in Wien (Paläontologie, Geologie). 1907 Mitbegründer und 1. Präs. der Geolog. Ges. in Wien. Geolog. und tekton. Untersuchungen (Alpen, Karpaten), paläontolog. Arbeiten (Ammoniten der Kreide).

Werke: Bau und Bild der Karpaten, 1903; Über die Tektonik der Karpaten, 1907; The Fauna of the Spiti Shales, in: Palaeontologia Indica, 1910. – Literatur: F. E. Suess, V. U., in: Mttlg. d. Geolog. Ges. Wien, 1911.

Uhlir, Robert, * 4. 5. 1900 Wien, † 4. 9. 1982 Santa Eulalia (E), kaufmänn. Angestellter und Politiker (SPÖ). 1945–66 Abg. z. NR, 1949–64 Dir. der Pensionsversicherungsanstalt der Arbeiter.

Uhlirz, Karl, * 13. 6. 1854 Wien, † 22. 3. 1914 Graz (Stmk.), Historiker; Vater von Mathilde → Uhlirz. 1889–1903 Dir. des Archivs der Stadt Wien, ab 1903 Univ.-Prof. in Graz und Wien.

Werke: Jb. des dt. Reiches unter Otto II. und Otto III., 1902; Ö. Geschichte, 2 Bde., 1907/10 (2. Aufl. des Werks von F. v. Krones); Hb. der Geschichte Ö.-Ungarns, Bd. 1, 1927. – Literatur: E. Ottenthal, in: MIÖG 36, 1915.

Uhlirz, Mathilde, * 24. 4. 1881 Wien, † 20. 4. 1966 Graz (Stmk.), Historikerin; Tochter von Karl → Uhlirz, dessen Arbeiten sie fortsetzte und herausgab. Ab 1939 Univ.-Prof. in Graz.

Werke: Geschichte Ö. und seiner Nachbarländer Böhmen und Ungarn, 4 Bde., 1927–44 (Bd. 1 in 2. Aufl. als Hb. der Geschichte Ö.-Ungarns, 1963); Jb. des dt. Reiches unter Otto II. und Otto III., 1954 (Bd. 2, Otto III.); Regesta imperii Otto III., 2 Bde., 1956/57.

Uiberreither, Siegfried, * 29. 3. 1908 Salzburg, † 29. 12. 1984 Deutschland, Jurist und Politiker (NS). Zunächst illegaler Nationalsozialist und SA-Mitgl., 1938 kommissar. Polizeipräs. in Graz, Mitgl. des Dt. Reichstags, Chef der SA-Brigade 5 (Mittel-Stmk.), 1938–45 Gauleiter der NSDAP, ab 9. 6. 1938 Landeshauptmann, 1940–45 Reichsstatthalter der Stmk., 1941 Leiter der Zivilverwaltung der Unter-Stmk., 1943 SA-Obergruppenführer. 1945 stellte er sich den Alliierten und trat als Zeuge vor dem Internat. Militärgerichtshof in Nürnberg auf. Flucht nach S-Amerika, lebte später unter anderem Namen in Deutschland.

Literatur: S. Karner, Die Stmk. im Dritten Reich, 1938–45, 1986.

Ulf, Otto, * 4. 3. 1907 Wien, † 13. 7. 1993 Innsbruck (Ti.), Fagottist, Pädagoge. Wirkte ab 1932 als Musiker in Budapest und Buenos Aires, 1938–45 bei den Wr. Symphonikern, ab 1945 bis zu seiner Pensionierung Musikpädagoge an der Lehrerbildungsanstalt in Innsbruck. War maßgebl. am Aufbau des Innsbrucker Musiklebens nach 1945 beteiligt: 1963 Gründung der Ambraser Schlosskonzerte, 1972 der Internat. Sommerakad. und der Woche für Alte Musik. Pionier im Bereich der Alten Musik.

Ullmann, Karl, * 27. 9. 1860 Habern (Habry, CZ), † 14. 12. 1940 Wien, Dermatologe. Privatdozent an der Univ. und der Hochschule für Welthandel in Wien. Forschungen bes. auf dem Gebiet der Syphilis und der Toxikologie.

Werke: Physikal. Therapie der Geschlechtskrankheiten, 1908; Kommerzielle Hygiene, 1909; Die Schädigungen der Haut, 3 Bde., 1915–27 (mit M. Oppenheim u. J. Rille); Diagnostisch-Therapeutisches Vademekum der Geschlechtskrankheiten, 1934. – Mitarbeit am Hb. der Haut- und Geschlechtskrankheiten von J. Jadassohn, 1927ff. (Bde. 4 u. 12).

Ullmann, Viktor, * 1. 1. 1898 Teschen (Česky Těšín, CZ), † 17. 10. 1944 KZ Auschwitz (PL), Komponist. Schüler von A. → Schönberg und A. Haba. Kapellmeister am Dt. Theater in Prag 1920–26 und 1933–39, 1927 in Aussig. 1942 nach Theresienstadt deportiert, wo er weiterhin komponierte und Konzerte organisierte. Dort entstand auch sein bekanntestes Werk, die Oper „Der Kaiser von Atlantis".

Literatur: J. Karas, Music in Terezin 1941–45, 1985; H.-G. Klein (Hg.), V. U., 1996; C. Eisert (Red.), V. U., 1998.

Ullrich, Luise (verehel. Castell-Rüdenhausen), * 31. 10. 1911 Wien, † 21. 1. 1985 München (D), (Film-) Schauspielerin, Schriftstellerin. Bereits mit 15 Jahren am Wr. Volkstheater, dann am Raimundtheater, später an dt. Bühnen, v. a. in Berlin und München. Ab 1932 Filmkarriere, Hauptrollen in mehr als 40 Filmen, 1941 bei der Biennale in Venedig als beste Schauspielerin ausgezeichnet. Nach dem 2. Weltkrieg Bühnen-, Film- und Fernsehtätigkeit (u. a. in R. W. Fassbinders TV-Serie „Acht Stunden sind kein Tag").

Filme: Der Rebell, 1932; Liebelei, 1933; Vorstadtvarieté, 1935; Nora, 1944; Die Nachtwache, 1949; Ist Mama nicht fabelhaft?, 1958; Frau Irene Besser, 1961. – Publikationen: Riccarda, 1955; Komm auf die Schaukel, Luise. Balance eines Lebens, 1973.

Ulmer, Edgar G., * 17. 9. 1904 Wien, † 30. 9. 1972 Woodland Hills (USA), Regisseur. Studierte Architektur in Wien und wirkte als Bühnenbildner bei M. → Reinhardt am Theater in der Josefstadt. Ging mit Reinhardt in die USA, wo er u. a. als Assistent für F. W. Murnau arbeitete. 1929 führte er erstmals Regie („Menschen am Sonntag", mit R. Siodmak), danach wurde er künstlerischer Leiter bei Metro Goldwyn Mayer (MGM). Später widmete er sich ausgesprochenen Billigproduktionen (B-Movies), drehte jedoch nach 1942 in Hollywood einige seiner besten Filme, als letzten „The Cavern" (1965).

Literatur: P. Bogdanovich, Wer hat denn den gedreht?, 2000.

Ulrich III., † 27. 10. 1269 Cividale (I), Herr von Krain und letzter Hzg. von Kä. (1256–69) aus dem Geschlecht der → Sponheimer; Sohn und Nachfolger → Bernhards von Sponheim. Schloss mit seinem Bruder → Philipp von Sponheim, dem Erzbischof von Sbg., ein Abkommen, dass dieser nach seinem Tod Herzog werden solle. Ein Sohn Ulrichs aus 1. Ehe starb jung, die 2. Ehe mit Agnes von Baden, der Tochter der Babenbergerin → Gertrud, blieb kinderlos. Nach seinem Tod fiel Kä. aber an Přemysl → Ottokar II. von Böhmen, den U. anstelle seines Bruders Philipp im „Podiebrader Vermächtnis" vom 4. 12. 1268 zum Erben bestimmt hatte.

Literatur: A. Ogris, Der Kampf Kg. Ottokars II. von Böhmen um das Herzogtum Kä., in: Jb. f. Landeskunde von NÖ., N. F. 44/45, 1979.

Ulrich von dem Türlin, mhd. Epiker vermutl. aus St. Veit (Kä.) und mit → Heinrich von dem Türlin verwandt. Verfasste zw. 1261 und 1269 das höf. Epos „Willehalm", eine Vorgeschichte zum gleichnamigen Epos Wolframs von Eschenbach.

Ausgabe: Willehalm, hg. v. S. Singer, 1893.

Ulrich von Liechtenstein (Lichtenstein), * um 1200, † zw. 1275 und 1277 (Grab in der Pfarrkirche von Frauenburg, Stmk.), ma. Minnesänger und Epiker.

Stammte aus steir. Dienstadel, war 1241 als Truchsess und 1245 als Landesrichter und Landeshauptmann ein führender Adeliger der Stmk., in deren Streitfälle er wiederholt eingriff; Parteigänger Hzg. Friedrichs II. und Rudolfs v. Habsburg. U. unternahm als Minneritter große Turnierfahrten (1227 „Venusfahrt", 1240 „Artusfahrt"), von denen er im „Frauendienst" (1255), einer nach literarischen Mustern gestalteten „Autobiographie", berichtet. Weiters sind 57 Minnelieder und das „Frauenbuch", eine Minnelehre (1257), überliefert. In seinen Dichtungen (bes. im „Frauenbuch"), die großes formales Können und außerordentl. Lebensnähe aufweisen, beklagt er den Verfall der höfisch verfeinerten Kultur.

Ausgabe: U. v. L., hg. v. K. Lachmann, 1841 (Nachdruck 1974). – Literatur: U. Peters, Frauendienst, 1971.

Ulrich von Sachsendorf, → Sachsendorf, der von.

Franz Unger. Lithographie von A. Dauthage, 1853.

Umdasch, Hilde, * 2. 1. 1943 Amstetten (NÖ.), Unternehmerin. 1967 Eintritt in das elterl. Unternehmen Umdasch Industrieges. m. b. H., nach dem Tod des Vaters 1990–99 Vorstandsvorsitzende.

Umlauf, Carl, * 9. 9. 1824 Baden (NÖ.), † 25. 2. 1902 Wien, Zitherspieler, Komponist und Lehrer. Erarbeitete mit dem Instrumentenbauer Anton Kiendl die „Wr. Zither" (im Gegensatz zur „Bayer. Zither"). Gründete und leitete die erste öffentl. Zitherschule; nach erfolgr. Konzerttournee 1844 durch Europa zum kaiserl. Hofmusiker ernannt.

Werke: Salon-Album für Zitherspieler, 18 Bde.; Neue vollständige theoretisch-praktische Zitherschule, 1859.

Umlauff (Umlauf), Ignaz, * 1746 Wien, † 8. 6. 1796 ebd., Singspielkomponist, Kapellmeister und Geiger; Vater von Michael → Umlauff. Ab 1772 Geiger in der Hofmusikkapelle, ab 1775 Konzertmeister des Dt. Theaters, ab 1782 Hoftheaterkapellmeister. Mit seinem Singspiel „Die Bergknappen" wurde 1778 das Nationalsingspiel am Wr. Burgtheater eröffnet. Viele seiner Melodien waren damals sehr populär.

Werke: Singspiele: Die Insel der Liebe, 1772; Die Apotheke, 1778; Die schöne Schusterin, 1779; Das Irrlicht, 1782; Die glücklichen Jäger, 1786; Der Ring der Liebe, 1786. – Klavier- und Kirchenmusik. – Literatur: O. Michtner, Das alte Burgtheater als Opernbühne, 1970.

Umlauff (Umlauf), Michael, * 9. 8. 1781 Wien, † 20. 6. 1842 Baden (NÖ.), Komponist, Dirigent, Geiger; Sohn von Ignaz → Umlauff. Ab ca. 1810 bis 1825 und 1840–42 Kapellmeister der Hoftheater in Wien. Dirigierte 1814 den überarbeiteten „Fidelio" von L. van → Beethoven, wirkte bei anderen Beethoven-Aufführungen mit, indem er hinter dem Rücken des tauben Komponisten dirigierte. Einer der Sargträger Beethovens.

Werke: Singspiel: Der Grenadier, 1812. – Oper: Das Wirtshaus in Granada. – Klavier-, Kammer- und Kirchenmusik, 12 Ballette (mit G. Angiolini und F. Taglioni).

Umlauf-Lamatsch, Annelies(e), * 6. 3. 1895 Hermsdorf b. Dresden (D), † 18. 3. 1962 Wien, Kinder- und Jugendbuchautorin. 1923–45 Lehrerin am Pädagog. Inst. in Wien. Schuf mit ihren einfühlsam und bildhaft erzählten Geschichten („Die Schneemänner", 1930; „In der Heimat der Blumen", 1931; „Der kleine Peter in der Katzenstadt", 1934) Klassiker der Kinderliteratur.

Weitere Werke: Wr. Märchen, 1920; Mein erstes Geschichtenbuch, 1927; Die 9 Kegel, 1931; Hannerl in der Pelzstadt, 1941; Putzi und Bauxi, 1950. – Theaterstücke, Mitarbeit an Hörspielen und Fernsehspielen.

Ungar, Leopold, * 8. 8. 1912 Wr. Neustadt (NÖ.), † 30. 4. 1992 Wien, Priester. Promotion zum Dr. jur., trat dann in das Wr. Priesterseminar ein, emigrierte 1938 wegen seiner jüdischen Herkunft nach Frankreich; 1939 Priesterweihe. 1947 Rückkehr nach Ö., 1950 Leiter der Caritas in Wien, 1964–91 Präs. der Caritas in Ö.

Literatur: F. R. Reiter (Hg.), Wer war L. U.?, 1994.

Unger, Carl, * 24. 8. 1915 Wolframitzkirchen b. Znaim (Olbramkostel, CZ), † 21. 12. 1995 Wien, Maler. Studierte in Wien, Paris und anderen europ. Städten; 1950–86 Prof. an der Akad. f. angew. Kunst in Wien (Rektor 1971–75). 1947 Mitbegründer des Art-Clubs, ab 1969 Mitgl. der Wr. Secession. Ö. Staatspreis für Malerei 1950.

Werke: Entwürfe für Glasfenster der Kirche Maria Namen, Wien 16; Deckenfresken u. a. für das Große Festspielhaus in Salzburg; Fries am Techn. Gewerbemuseum, Wien 20. – Literatur: C. U., Ausst.-Kat., Joanneum Graz, 1989; K. Sotriffer, C. U., Aquarelle und Zeichnungen, 1990; C. U. 1915–1995, Gemälde, Aquarelle, Zeichnungen, Auktionskat., Wien 2000.

Unger, Franz, * 30. 11. 1800 Leutschach (Stmk.), † 13. 2. 1870 Graz (Stmk.), Botaniker, Mitbegründer der Paläobotanik in Ö., zunächst Arzt. 1830 Univ.-Prof. in Graz, 1850–68 in Wien. Zeigte die Ähnlichkeit des pflanzl. Protoplasmas mit der Sarkode der niederen Tiere auf, erkannte den geschlechtl. Charakter der Spermatozoiden der Moose, zeichnete die ersten Blütendiagramme, lehrte die Veränderlichkeit und die genet. Verwandtschaft der Arten. Nach ihm sind eine baumartige Pflanzengattung (Ungeria) und verschiedene Pflanzenarten benannt. Begründer der Lehre von den Pflanzenkrankheiten.

Werke: Die Exantheme, 1833; Aphorismen zur Anatomie u. Physiologie der Pflanzen, 1838; Synopsis plantarum fossilium, 1845; Genera et species plantarum fossilium, 1850; Iconographia plantarum fossilium, 1852; Die Anatomie und Physiologie der Pflanzen, 1855; Geologie der europ. Waldbäume, 2 Tle., 1869; Botan. Streifzüge auf dem Gebiet der Kulturgeschichte, 9 Tle., 1857–68. – Literatur: A. Reyer, Leben und Wirken des Naturhistorikers F. U., 1871.

Unger, Heinz Rudolf, * 7. 8. 1938 Wien, Lyriker, Dramatiker, Autor von Kinderbüchern. Arbeitete bis 1968 auch als Schriftsetzer, Werbetexter, Verlagshersteller und Journalist. Autor der von den „Schmetterlingen" 1976 erstmals aufgeführten „Proletenpassion". Sein bekanntestes Theaterstück, „Zwölfeläuten", erschien 1987 in der Trilogie „Republik des Vergessens".

Weitere Werke: Kinderbücher: Die Fliege am Broadway, 1989; Flügel hat mein Schaukelpferd, 1991; Florentin Flunker im Maskenland, 1994. – Gedichtbände, Dramen, Drehbücher, Hörspiele.

Unger, Joseph, * 2. 7. 1828 Wien, † 2. 5. 1913 ebd., Jurist und Politiker. Begründer der Hist. Schule der ö. Zivilistik, die der positivist. Rechtslehre eine hist.-philosoph. gegenüberstellte; 1853 Univ.-Prof. für Zivilrecht in Prag, dann in Wien; als dt.-liberaler Politiker ab 1869 Mitgl. des Herrenhauses, 1871–79 Min. ohne Geschäftsbereich, 1881–1913 Präs. des Reichsgerichts.

Werke: Die Ehe in ihrer welthist. Entwicklung, 1850; System des ö. allg. Privatrechts, 1856–64; Smlg. zivilrechtl. Entscheidungen des obersten Gerichtshofes in Wien, 1859ff. (mit J. Glaser).

Ungnad, Hans, Frh. von Sonneck, * 1493, † 27. 12. 1564 Wietritz, Staatsmann. Ab 1530 Landeshauptmann der Stmk.; siegte 1532 am Kreuzer Feld gegen die Türken und übernahm danach den Oberbefehl der habsb. Truppen an der Militärgrenze. Verließ als Protestant 1556 Ö. und stellte sich in den Dienst Württembergs; gründete dort eine Druckerei und trug wesentl. zur 1. gedruckten Bibelausgabe in südslaw. Sprache bei.

Unrest, Jakob, * um 1430 Bayern oder Kä., † um 1500 St. Martin am Techelsberg (Gem. Techelsberg a. Wörther See, Kä.), Chronist. Ab ca. 1466 Pfarrer in St. Martin am Techelsberg; schrieb mehrere bed. Darstellungen zur spät-ma. Geschichte Ö.

Werke: Kä. Chronik von der Urzeit bis 1335 mit einem Anhang über ausgestorbene Adelsgeschlechter, hg. v. S. F. Hahn, 1724; Ungar. Chronik, hg. v. F. v. Krones, MIÖG 1, 1880; Ö. Chronik von 1379 bis ca. 1500, hg. v. K. Großmann, Monumenta Germaniae Historica, Scriptores rerum Germanicarum, N. S. 11, 1957. – Literatur: W. Stelzer, J. U. und L. Sunthaym, Carinthia I 163, 1973.

Unterberger (Unterperger), Malerfamilie aus Cavalese (S.-Ti.), vom 17. bis 19. Jh. v. a. in Ti. und Wien tätig. Die bedeutendsten Persönlichkeiten aus der Familie waren die Brüder Michael Angelo → Unterberger und Franz Sebald → Unterberger.

Unterberger, Andreas, * 2. 1. 1949 Wien, Journalist. Studierte 1968–73 Jus, Volkswirt. und Politikwiss.; seit 1973 Redaktionsmitgl. der „Presse". 1984–95 Ressortleiter für Außenpolitik, seit 1995 Chefredakteur. Lehrbeauftragter an der Univ. Wien. Zahlr. Auszeichnungen.
Werke: A ... wie alternativ, 1981 (Hg.); Ein Stück Ö., 1998 (Mit-Hg.).

Unterberger (Unterperger), Franz Sebald, * 1. 8. 1706 Cavalese (S-Ti.), † 23. 1. 1776 ebd., Maler; Bruder von Michael Angelo → Unterberger. War über 40 Jahre in Brixen tätig. Schuf u. a. die Altarbilder in der Brixener Kapuzinerkirche, in der Franziskanerkirche in Schwaz und in der Servitenkirche in Innsbruck.
Literatur: N. Rasmo, F. S. U. Maler 1706–1776, 1977.

Unterberger (Unterperger), Michael Angelo, * 11. 8. 1695 Cavalese (S-Ti.), † 28. 6. 1758 Wien, Maler, der bedeutendste Künstler aus der Familie U.; Bruder von Franz Sebald → Unterberger. Nach einem Studienaufenthalt in Venedig zunächst in Bozen und Passau, war er ab 1737 in Wien tätig und wurde 1738 Akad.-Mitgl. Er trug als erster den von Maria Theresia 1751 verliehenen Titel „rector magnificus" dieser Institution (1751–54 und 1757/58); in seinem künstler. Schaffen deutl. von P. → Troger beeinflusst. Schuf u. a. Altarbilder für den Dom zu Brixen, den Stephansdom, die Michaelerkirche in Wien, die Neuklosterkirche in Wr. Neustadt sowie die Pfarrkirchen in Bischofstetten, Schärding, Tienzens und Wilten.
Literatur: J. Kronbichler, M. A. U. (1695–1758), Diss., Wien 1977; ders. u. a., M. A. U. in seiner Wr. Zeit, 1992.

Uray, Ernst Ludwig, * 26. 4. 1906 Schladming (Stmk.), † 6. 4. 1988 Tamsweg (Sbg.), Komponist. 1938–45 Musikreferent bei Radio Wien, 1946–71 Leiter der Abt. Musik des ORF-Landesstudios Stmk.; Ö. Staatspreis (für sein Liedschaffen) 1954.
Werke: Kammermusik, 1 Symphonie, Kantaten, Orchester- u. Chorwerke, über 60 Lieder.

Urbach, Reinhard, * 12. 11. 1939 Weimar (D), Theaterwissenschaftler, Dramaturg, Theaterleiter. Ab 1970 Vortragsreisen und mehrere Gastprofessuren. Gründete 1975 als Literaturreferent des Kulturamts der Stadt Wien das „Literar. Quartier" in der Alten Schmiede; ab 1979 Chefdramaturg des Burgtheaters, Initiator der Veranstaltungsreihe „Literatur im März"; seit 1988 künstl. Leiter des Theaters der Jugend, seit 1990 Lehrtätigkeit am Inst. für Theaterwiss. in Wien. Zahlr. Publikationen zur ö. Literatur- und Theatergeschichte des 19. und 20. Jh. (A. Schnitzler, F. Raimund u. a.).

Urban, Hl., Fest 25. Mai, Patron des Weinbaus, 222–230 Papst. Der Urbanitag ist ein Lostag („Schönes Wetter am Urbanitag bringt viel guten Wein") und war früher Zahlungstermin der Weinbergarbeiter.

Urban, Anton, * 6. 12. 1827 Wien, † 5. 8. 1885 ebd., Fabrikant. Übernahm 1848 die Nagelschmiede seines Vaters in der Wr. Vorstadt Wieden, erbaute in Wien-Mariahilf einen Betrieb, wo Schrauben von bes. Präzision hergestellt wurden; seine Söhne fusionierten 1899 das Unternehmen (in Floridsdorf) mit der Firma Brevillier.

Urban, Johann, * 7. 6. 1863 Marburg (Maribor, SLO), † 13. 11. 1940 Wien, Chemiker. Mitbegründer der Glanzstoffind., 1897 mit M. Fremery Patent zur Erzeugung von Kupferkunstseide, 1899 techn. Leiter der neu gegr. Vereinigten Glanzstoff Fabriken AG in Oberbruch b. Aachen, ab 1904 Leiter der Ersten ö. Glanzstoff-Fabrik AG in St. Pölten.

Urban, Joseph, * 25. 5. 1872 Wien, † 10. 7. 1933 New York (USA), Architekt, Innenausstatter, Illustrator. 1906–08 Präs. des Hagenbunds, ab 1911 in Amerika tätig (Bühnen- und Filmausstattungen), 1922 Leiter der New Yorker Filiale der Wr. Werkstätte. Während seiner Wr. Zeit gestaltete er mit H. → Lefler u. a. den Wr. Rathauskeller, weiters zahlr. Buchillustrationen.
Literatur: R. Carter u. R. R. Cole, J. U. Architecture, Theatre, Opera, Film, 1992; M. Kristan, J. U. Die Wr. Jahre des Jugendstilarchitekten und Illustrators 1872–1911, 2000.

Urbanitzky, Grete von, * 9. 7. 1893 Linz (OÖ.), † 4. 11. 1974 Genf (CH), Romanautorin, Erzählerin, Übersetzerin, Journalistin. Initiierte als „nationale" Autorin 1933 die Spaltung des Ö. P. E. N.-Clubs; wagte in ihrem Werk die Thematisierung weibl. Homosexualität.
Werke: Romane: Mirjams Sohn, 1926; Zwischen den Spiegeln, 1930; Eine Frau erlebt die Welt, 1931; Nina, 1935; Unsre liebe Frau von Paris, 1938; Der große Traum, 1942; Der Mann Alexander, 1943. – Novellen, Hörspiele, Gedichte. – Literatur: U. Huber, „Frau und doch kein Weib": Zu G. v. U., Diss., Wien 1990.

Urbanner, Erich, * 26. 3. 1936 Innsbruck (Ti.), Komponist. Schüler von K. Schiske und H. Jelinek; seit 1961 an der Wr. Musikhochschule, seit 1969 Prof. f. Komposition.
Werke: Opern: Der Gluckerich oder Tugend und Tadel der Nützlichkeit, 1965; Ninive oder Das Leben geht weiter, 1988. – Monodrama: Johannes Stein oder Der Rock des Kaisers, 1992. – Konzerte und andere Orchesterwerke, Kammermusik, Musik für Orgel bzw. Schlagwerk, 1 Messe, 1 Requiem, Lieder.

Urbantschitsch, Rudolf, * 28. 4. 1879 Wien, † 18. 12. 1964 Carmel (USA), Psychologe und Schriftsteller; Sohn von Viktor → Urbantschitsch.
Werke: Innere Sekretion, 1922; Psychoanalyse, 1924; Moderne Kindererziehung, 1925; Probleme der Seele, 1926; Selbsterkenntnis mit Hilfe der Psychoanalyse, 1926; Prakt. Lebenskunde, 1931. – Dramen, Erzählungen.

Michael Angelo Unterberger, Selbstbildnis, Gemälde, um 1750 (Tiroler Landesmuseum Ferdinandeum, Innsbruck).

Urbantschitsch, Viktor, * 10. 9. 1847 Wien, † 17. 6. 1921 ebd., Facharzt für Hals-, Nasen- und Ohrenheilkunde; Vater von Rudolf → Urbantschitsch. Univ.-Prof. in Wien (1903), Mitbegründer der modernen Ohrenheilkunde; Verdienste auf dem Gebiet der Taubstummenfürsorge.
Werke: Lehrbuch der Ohrenheilkunde, 1880; Über subjektive Hörerscheinungen, 1908.

Uridil, Josef („Pepi"), * 24. 12. 1895 Wien, † 20. 5. 1962 ebd., Fußballspieler. Stürmer bei Rapid Wien, spielte zw. 1919 und 1926 8-mal im ö. Nationalteam und erzielte dabei 8 Tore.

Ursinus, Caspar (auch Velius), * um 1493 Schweidnitz (Świdnice, PL), † 5. 3. 1539 Wien (vermutl. Selbstmord), Humanist, neulatein. Lyriker, Historiograph. Wirkte ab 1515 (mit Unterbrechungen) in Wien, 1517 von Ks. Maximilian I. zum Dichter gekrönt. Gegner der Reformation, Kanoniker in Breslau, 1524 Prof. f. Rhetorik, dann für röm. Recht an der Univ. Wien, 1526 von Ferdinand I. zum Hofhistoriographen ernannt. Schrieb in dieser Funktion zahlr. Werke zur zeitgenöss. Geschichte. Mitgl. der Sodalitas Collimitiana; trat mit panegyr. Gedichten auf die Habsburger (Poematum libri quinque, 1522) und relig. Lyrik hervor; Verfasser einer Geschichte Ferdinands I. (De bello Pannonico libri decem, als Fragment gedruckt 1762).
Weitere Werke: In divum Maximilianum Caesarem Epicendion, 1519; De nuptiis ... Ferdinandi, 1521. – Literatur: H. Wiegand, Hodoeporica. Studien zur neulatein. Reisedichtung, 1984; ADB.

Viorica Ursuleac in „Die Frau ohne Schatten" von R. Strauss. Foto.

Ursuleac, Viorica, * 26. 3. 1894 Czernowitz (Chernovtsy, UA), † 23. 10. 1985 Ehrwald (Ti.), Kammersängerin (dramat. Sopran); Ehefrau von C. → Krauss.

1930–34 Mitgl. der Wr. Staatsoper; 1937–45 bei den Sbg. Festspielen, nach 1945 in Gastrollen an der Wr. Staatsoper. R.-Strauss-Interpretin.

Literatur: R. Schlötterer (Hg.), V. U. Singen für R. Strauss, 1986.

Urteil, Andreas, * 19. 1. 1933 Gakovo (HR), † 13. 6. 1963 Wien, Bildhauer. Lebte ab 1945 in Ö., war Schüler von F. → Wotruba, lehrte ab 1961 an der Wr. Akad.; schuf spontan modellierte „imaginäre" Figurationen, „Knorpelfiguren" in Holz, Stein und Metall, als äußerst vereinfachte menschl. Idealbilder. 1962 Ö. Staatspreis.

Literatur: O. Breicha, A. U., 1970.

Urzidil, Johannes, * 3. 2. 1896 Prag (CZ), † 2. 11. 1970 Rom (I), Schriftsteller; Ehemann der Lyrikerin G. Thieberger. War Mitgl. des Prager Literatenkreises (M. → Brod, F. → Kafka, E. E. → Kisch, F. → Werfel), nach dem 1. Weltkrieg bis 1933 Pressebeirat der dt. Gesandtschaft in Prag und Mitarbeiter verschiedener Zeitungen. Emigrierte 1939 nach England, 1941 nach New York, war als Verlagslektor, dann für den Radiosender „Voice of America" tätig. Expressionistisches Frühwerk (Sturz der Verdammten, Gedichte, 1919), danach kunst- und literaturhist. Studien (Goethe in Böhmen, 1932). War bes. als Chronist des alten Prag erfolgreich (Die verlorene Geliebte, 1956; Prager Triptychon, 1960). Großer Ö. Staatspreis 1964.

Literatur: P. Herren, Beharren und Verwandeln, 1981; J. Lachinger u. a. (Hg.), J. U. und der Prager Kreis, 1986; A. Schiffkorn (Hg.), Böhmen ist überall, 1999.

V

Vadianus, Joachim → Watt, Joachim.

Vak, Karl, * 17. 2. 1930 Wien, Bankmanager, Jurist und Staatswissenschaftler. Ab 1949 bei der Girozentrale und der Bank der ö. Sparkassen, ab 1955 bei der Zentralsparkasse der Gem. Wien, 1977–90 Gen.-Dir. der Zentralsparkasse und Kommerzialbank Wien.

Werke: zahlr. Publikationen zu Fragen des Bankwesens.

Valencak, Hannelore (eigentl. H. Mayer), * 23. 1. 1929 Donawitz (Stmk.), Schriftstellerin, Jugendbuchautorin. Metallurgin in einem steir. Stahlwerk, ab 1962 Patentsachbearbeiterin in Wien, seit 1975 freie Schriftstellerin. Unterschiedl. Zeit- und Bewusstseinsebenen verknüpfend, entwirft sie in ihren Prosatexten („Zuflucht hinter der Zeit", 1967, Neuaufl. unter dem Titel „Das Fenster zum Sommer", 1977) psycholog. schlüssige Frauenporträts.

Weitere Werke: Lyrik, Romane, Erzählungen, Kinder- und Jugendbücher. – Literatur: H. Graf-Blauhut, Sprache: Traum und Wirklichkeit, 1983.

Valenta, Rudolf, * 25. 2. 1963 Wien, Mediziner. Studierte an der Univ. Wien, seit 1993 Univ.-Doz. für allg. und experimentelle Pathologie an dieser, Leiter der Gruppe Molekulare Immunpathologie. Forschungsschwerpunkt molekulare Allergologie, arbeitet an einem gentechnisch produzierten Impfstoff gegen Pollenallergien. Karl Landsteiner Award 1992 und International Award of the Pharmacia Allergy Research Foundation 1996.

Valentin, Hl., Fest: 7. Jän., † um 475 Mais (S-Ti.), Glaubensbote und Bischof. Mehrmals aus Passau vertrieben, wirkte in Rätien (S-Ti.). Die Gebeine aus der Kirche Zenoburg bei Meran wurden um 764 von Hzg. Tassilo III. nach Passau (Bistumspatron) gebracht. Schutzheiliger gegen Epilepsie, Gicht, Krämpfe und in Ti. gegen Viehseuchen.

Valentin, Hl., Fest 14. Feb., † um 269, Märtyrer, Bischof von Terni (Italien). Der V.-Tag gilt als Schicksals- und Lostag. Der Brauch, an diesem Tag Blumen zu schenken, wurde in Ö. erst ab etwa 1950 bekannt. Vorher galt der V.-Tag eher als Unglückstag, im Gegensatz zu W-Europa und bes. zu den USA, wo der 14. 2. als Tag der Liebenden bzw. der Freundschaft mit Geschenken und Glückwunschkarten gefeiert wird.

Valier, Max, * 9. 2. 1895 Bozen (S-Ti.), † 17. 5. 1930 Berlin (D), Pionier der Raumfahrt, Astronom, Ingenieur. Befasste sich ab 1926 mit der Raumfahrt, baute 1928 mit F. Opel und F. W. Sanders das 1. Raketenauto, 1929 einen Raketenschlitten, arbeitete 1929/30 an einer Flüssigkeitsrakete für den Flugzeugantrieb und kam bei einem Versuch ums Leben.

Werk: Der Vorstoß in den Weltenraum, 1924.

Valkenauer, Hans, * um 1448, † nach 1518, Bildhauer. Stammte vermutl. aus dem Raum um Salzburg, Hauptmeister der spätgot. Sbg. Plastik, schuf in der Tradition des 15. Jh. zahlr. monumentale Grabdenkmäler meist aus rotgescheckten Salzburger Marmor. Ab 1514 arbeitete er im Auftrag Maximilians I. an einem Denkmal für die Röm. Kaiser in Speyer, das unvollendet blieb (Teile im Sbg. Mus. Carolino Augusteum).

Weitere Werke: Tumbaplatte des Balthasar von Weißpriach in der Leiningerkapelle der Stadtpfarrkirche hl. Jakob in Villach, 1484; Grabdenkmal des Passauer Bischofs F. Mauerkircher, Pfarrkirche Braunau, nach 1485; Grabdenkmal W. Panichner, Kirche Kuchl, um 1500; Keutschacherepitaph, Maria Saal, um 1510; Grabsteine in der Margarethenkapelle des St. Petersfriedhofs in Salzburg; Grabdenkmal W. v. Polheim, Kirche Oberthalheim (Vöcklabruck), nach 1512; Grabdenkmal Erzbischof Leonhard von Keutschach, Burg Hohensalzburg, 1515; Grabstein Hochmeister J. Geumann, Millstatt, um 1515. – Literatur: W. Czerny, H. V. und die spätgot. Grabmalplastik in der Diözese Salzburg, Diss., Wien 1983.

Vancsa, Max, * 1. 10. 1866 Wien, † 24. 7. 1947 ebd., nö. Landesarchivar und -historiker. 1910–23 Dir. des Nö. Landesarchivs und der Nö. Landesbibliothek. Redaktion der Topographie von NÖ. und der Ztschr. des Vereins f. Landeskunde von NÖ.

Werke: Polit. Geschichte der Stadt Wien 1283–1522, 1901; Geschichte NÖ. und OÖ., 2 Bde., 1905/27. – Literatur: K. Lechner, in: Jb. f. Landeskunde von NÖ., N. F. 29, 1948.

Van der Bellen, Alexander, * 18. 1. 1944 Wien, Wirt.-Wissenschaftler und Politiker (Grüne). 1968–71 Univ.-Assistent in Innsbruck, 1972–74 am Wissenschaftszentrum in Berlin, ab 1976 Univ.-Prof. in Innsbruck, seit 1980 Univ.-Prof. f. Volkswirtschaftslehre an der Univ. Wien. Befasst sich bes. mit öffentl. Wirt. sowie Umwelt- und Verkehrspolitik. Seit 1994 Abg. z. NR, 1995–99 stellv. Klubobmann und seit 1999 Klubobmann; seit 1997 Bundessprecher der Grünen.

Van der Null, Eduard, → Nüll, Eduard van der.

Vannius, von den Römern um 20 n. Chr. östl. der March als König der Quaden eingesetzt, um 50 n. Chr. vertrieben, floh zu den Römern und wurde mit seinem Gefolge im Gebiet des Leithagebirges angesiedelt.

Van Swieten, Gerard Frh., → Swieten, Gerard van, Frh.

Van Swieten, Gottfried Frh., → Swieten, Gottfried van, Frh.

Vas, Oskar, * 3. 11. 1895 Wien, † 13. 8. 1981 ebd., Techniker. Dozent an der Techn. Hochschule in Wien, ab 1930 Wasserkraftrahmenplanungen, 1947–62 Vorstand der Verbundges., 1955–64 Präs. des Ö. Ingenieur- u. Architektenvereins.

Werke: Grundlagen und Entwicklung der Energiewirt. Ö., 1930; Wasserkraft und Elektrizitätswirt. in der 2. Republik, 1956.

Vasovec, Ernst, * 21. 9. 1917 Müglitz a. d. March (CZ), † 14. 12. 1993 Wien, Erzähler, Lyriker, Hauptschullehrer. Verschränkt in seinem Hauptwerk, der geschichtsphilosoph. überhöhten Romantrilogie „Der Stein des Sisyphos" (1969), „Sodom oder Das Vorbestimmte und das Zugefügte" (1978) und „Vom Ende der Welt" (1981) die Darstellung ö. Zeitgeschichte mit mytholog. Elementen aus Antike und Bibel.

Literatur: M. Mitchell, The Tradition of the „Big" Novel in Austria (...), in: Modern Austrian Literature 3/4, 1990.

Vaugoin, Carl, * 8. 7. 1873 Wien, † 10. 6. 1949 Krems (NÖ.), Landesbeamter, Offizier und Politiker (CS). 1920–33 Abg. z. NR, 1921 und 1922–33 BMin. f. Heereswesen, 1929–30 Vizekanzler, Sept.–Dez. 1930 Bundeskanzler, 1933–36 Präs. der Bundesbahnen; 1938–45 verfolgt. Führte nach 1922 einen erbitterten Kampf um

Carl Vaugoin. Foto, 1930.

die polit. Macht im Bundesheer, drängte den soz.-dem. Einfluss zugunsten seiner Partei zurück.
Literatur: L. Jedlicka, Ein Heer im Schatten der Parteien, 1955; A. Staudinger, C. V. Bemühungen um Suprematie der Christl.-Soz. in Ö. 1930–32, Diss., Wien 1965; F. Weissensteiner u. E. Weinzierl (Hg.), Die ö. Bundeskanzler, 1983.

Vega, Georg, * 23. 3. 1756 Sagoritza (Zagorica, SLO), † 26. 9. 1802 Wien, Mathematiker. Entwickelte die ersten Logarithmentafeln.
Werke: Logarithmische, trigonometrische und andere Tafeln, 1783 (Nachdrucke 1797 und 1840); Logarithmisch-trigonometrisches Hb., [75]1897; Anleitung zur Zeitkunde, 1801.

Végh, Sándor, * 17. 5. 1912 Klausenburg (Cluj Napoca, RO), † 7. 1. 1997 Freilassing (D), Geiger und Dirigent. Erlangte zunächst als Geiger insbes. durch Aufführungen zeitgenöss. Kompositionen (B. Bártok, E. v. Dohnány, R. Strauss) weltweite Anerkennung. Ab 1972 leitete V. eine Meisterklasse am Salzburger Mozarteum, von 1978 bis zu seinem Tod war er Leiter der Camerata Academica Salzburg.
Literatur: P. Cosse, S. V., 1995.

Veit (Vitus), Hl., Fest 15. Juni, * Sizilien, † um 305 ebd., einer der 14 Nothelfer. Märtyrer, Schutzpatron gegen Epilepsie („Veitstanz"), Tollwut und Unwetter; Patron u. a. der Tänzer und Schauspieler, der Schnitter und der Frühaufsteher; Vieh- und Pestpatron; wird in zahlr. ö. Kirchen verehrt und oft als Knabe in einem Ölkessel stehend dargestellt. Dem hl. V. wurden schwarze Hähne oder Hennen geopfert; in manchen Orten auch V.-Feuer.

Veiter, Theodor, * 22. 9. 1907 München (D), † 23. 10. 1994 Feldkirch (Vbg.), Völkerrechtler. Vor 1938 journalist. tätig, 1938–45 Schreibverbot. Rechtsanwalt, Honorarprof. an den Univ. Königstein (D) und Innsbruck. Spezialisiert auf Volksgruppenrecht.
Werke: Die slowen. Volksgruppe in Kä., 1936; Nationale Autonomie, 1938; Die Italiener in der ö.-ungar. Monarchie, 1965; Die Rechte der Volksgruppen und Sprachminderheiten in Ö., 1970; Nationalitätenkonflikt und Volksgruppenrecht im 20. Jh., 1984; Bibliographie zur S-Ti.-Frage, 2 Bde., 1984/91; Kein Schlußstrich. Die Sudetendeutschen und die Tschechen in Geschichte und Gegenwart, 1994.

Veith, Johann Emanuel, * 10. 7. 1787 Kuttenplan (Chodova Planá, CZ), † 6. 11. 1876 Wien, Arzt, Geistlicher, namhafter relig. und medizin. Schriftsteller. 1816–20 Prof. u. Dir. des Wr. Tierarznei-Inst., 1821–30 Redemptorist, dann Weltpriester, 1832–45 Domprediger von St. Stephan in Wien. Gründete 1848 den Ö. Katholikenverein.
Werke: medizin. Schriften, Erzählungen, Gedichte, Theaterstücke, homiletische Schriften, Predigten, Psalmenübersetzungen. – Hg. zahlr. relig. Ztschr. u. Taschenbücher. – Literatur: J. H. Loewe, J. E. V., 1879; A. Innerkofler, Dr. J. E. V., 1902.

Velius, → Ursinus, Caspar.

Velschberger, der, wohl bayer.-ö. Dichter des schwankhaften Genres im 15. Jh.; überliefert sind unter seinem Namen „Wolf und Pfaffe" und „Von den alten bösen Weibern", eine grotesk-derbe Karikatur gegen alte Frauen, die u. a. als Schachfiguren des Teufels dargestellt werden.
Ausgabe: A. v. Keller (Hg.), Erzählungen aus alt-dt. Zeit, 1855. – Literatur: Verf.-Lex.

Verda, de, Baumeister- und Steinmetzfamilie aus Gandria am Lugano-See. Alessandro d. V. ist bis 1601 in Graz nachweisbar; 1587–92 war er mit der Bauführung des Mausoleums für Erzhzg. Karl II. in Seckau betraut, für das er auch das Konzept entwarf. Sein Bruder Giovanni Antonio d. V. kam 1558 nach Graz; er wirkte am Bau der Stadtbefestigung von Graz und des Landhauses in Klagenfurt (1580–87) mit sowie an Schloss Straßburg (Kä., 1584).
Literatur: R. List, Kunst und Künstler der Stmk., Bd. 3, 1974.

Verdroß-Droßberg, Alfred, * 22. 2. 1890 Innsbruck (Ti.), † 27. 4. 1980 ebd., Völkerrechtslehrer, Rechtsphilosoph. Zunächst Diplomat, ab 1922 Prof. an der Konsularakad., 1924–60 Univ.-Prof in Wien, 1958–77 Richter beim Europ. Gerichtshof für Menschenrechte. V.-D. erneuerte die klassische christl. Völkerrechtslehre und begründete eine kath. rechtsphilosoph. Schule auf Grundlage der Lehren von Augustinus und Thomas von Aquin.
Werke: Die Einheit des rechtl. Weltbildes, 1923; Die Verfassung der Völkerrechtsgemeinschaft, 1926; Völkerrecht, 1937ff. ([5]1964); Grundlinien der antiken Rechts- u. Staatsphilosophie, 1946; Abendländische Rechtsphilosophie, 1958; Die immerwährende Neutralität der Republik Ö., [2]1966; Universelles Völkerrecht, 1976. – Literatur: H. Miehsler u. a., Festschrift zum 90. Geburtstag, 1980.

Verkauf, Willy (auch André Verlon), * 6. 3. 1917 Zürich (CH), † 12. 2. 1994 Wien, bildender Künstler, Schriftsteller, Verleger und Publizist. Kam als Kind nach Wien, emigrierte 1933 nach Palästina, wo er einen Verlag gründete und polit. und publizist. für die Befreiung Ö. (Gründung der „Freien ö. Bewegung") tätig war. Kehrte 1946 nach Wien zurück und gab 1946–48 die Ztschr. „Erbe und Zukunft" heraus; 1948 wurde er aus der KPÖ ausgeschlossen. Nach intensiver Auseinandersetzung mit dem Dadaismus („Dada – Monographie einer Bewegung", 1957) hielt sich V. 1961–71 in Paris auf und gründete 1963 mit A. Berni die Gruppe „Imago?". Ab 1971 lebte V. wieder vorwiegend in Ö. und trat in Kunst und Literatur v. a. mit Werken in Collagetechnik hervor.
Werke: Situationen. Autobiograph. Wortcollage, 1983; Mit scharfer Optik, 1989; Tanzend auf einem Bein, Gedichte 1939–89, 1990; Montage – Resonanzen, 1992.

Verlon, André, → Verkauf, Willy.

Vernaleken, Theodor, * 28. 1. 1812 Volkmarsen (D), † 27. 2. 1907 Graz (Stmk.), Germanist, Volkskundler, Pädagoge. Ab 1850 in Wien, ab 1877 in Graz; förderte die Lehrerbildung. War mit J. Grimm und L. Uhland befreundet.
Werke: Literaturbuch, 3 Bde., [3]1854–57; Alpensagen, 1858; Mythen und Bräuche des Volkes in Ö., 1859; Dt. Syntax, 2 Bde., 1861/63; Ö. Kinder- und Hausmärchen, 1864; Dt. Sprachrichtigkeiten, 1900.

Verosta, Stephan, * 16. 10. 1909 Wien, † 7. 12. 1998 ebd., Völkerrechtler und Diplomat. 1932–38 und ab 1945 Mitarbeiter des Außenministeriums (dazw. aus polit. Gründen suspendiert); wirkte 1955 an der Ausarbeitung des Staatsvertrags und des Neutralitätsgesetzes wesentlich mit; 1956–61 Botschafter in Polen; 1962–80 Univ.-Prof. f. Völkerrecht und das Recht internat. Organisationen in Wien; 1977–81 ö. Vertreter in der UN-Völkerrechtskommission.
Werke: Die Satzung der Vereinten Nationen und das Statut des Internat. Gerichtshofs, 1946; Die internat. Stellung Ö. 1938–47, 1948; Die dauernde Neutralität, 1967; Theorie und Realität von Bündnissen, 1971; Kollektivaktionen der Mächte des Europ. Konzerts 1886–1914, 1988; Die völkerrechtl. Praxis der Donaumonarchie von 1859 bis 1918, 2 Bde., 1996.

Verzetnitsch, Friedrich (Fritz), * 22. 5. 1945 Wien, Politiker (SPÖ), urspr. Installateur. 1963–70 als Jugendfunktionär in verschiedenen Funktionen tätig, 1970–73 Mitarbeiter im ÖGB-Jugendreferat, 1982/83 Sekr. in einem Referat des ÖGB; 1983–87 Leitender Sekr. des ÖGB, seit 1987 Präs. des Ö. Gewerkschaftsbunds. 1984–86 Mitgl. d. BR; seit 1986 Abg. z. NR.

Veselsky, Ernst Eugen, * 2. 12. 1932 Wien, Ökonom und Politiker (SPÖ). Im Anschluss an Tätigkeiten in der Arbeiterkammer von Wien und Vbg. 1970–86 Abg. z. NR, 1970–77 Staatssekr. im Bundeskanzleramt, 1980–95 Vorsitzender des Datenschutzrats.

Vesque von Püttlingen, Johann (Pseud.: J. Hoven), * 23. 7. 1803 Oppeln (Opole, PL), † 30. 10. 1883 Wien, Komponist, hauptberufl. Beamter. 1866 geadelt, 1876 Mitgl. des Herrenhauses; bes. als Opernkomponist erfolgreich. Sein Haus zählte zu den musikal. Mittelpunkten Wiens. Sein Buch „Das musikalische Autorenrecht" (1864) gilt als Beginn des musikal. Urheberrechtsschutzes in Ö.

Werke: 9 Opern (1838–52), ca. 300 Lieder, 2 Messen, Kammermusik.

Vetsera, Mary Freiin von, * 19. 3. 1871 Wien, † 30. 1. 1889 Mayerling (NÖ.), Geliebte des Kronprinzen → Rudolf. Wurde von Rudolf in Mayerling erschossen, bevor dieser Selbstmord beging. Ihre Gebeine wurden 1991 aus der Gruft in Heiligenkreuz geraubt, 1993 wieder bestattet.

Literatur: C. Schäfer, Mayerling. Die Tragödie und ihre Deutungen, 1987; C. M. Gruber, Die Schicksalstage von Mayerling, 1989; V. Wallner, Rendezvous in Mayerling, 1990; H. Swistun, M. V., 1999.

Mary Freiin von Vetsera. Aquarell von E. Hohenlohe.

Vetters, Hermann, * 1. 7. 1915 Wien, † 24. 5. 1993 Baden (NÖ.), Archäologe. Zahlr. Ausgrabungen in Ö., u. a. Lauriacum, Salzburg, Carnuntum und auf dem Magdalensberg (Kä.); 1969–85 Univ.-Prof. in Wien, Dir. des Ö. Archäolog. Inst., langjähriger Vizepräs. der Ö. Akad. d. Wiss.

Werke: Ephesos, 1977; Führer durch die Ausgrabungen auf dem Magdalensberg, ³1935 (mit G. Piccottini); Der röm. Limes in Ö., 1986 (mit M. Kandler); Zum hochroman. Dom von Salzburg, 1989. – Literatur: Lebendige Altertumswissenschaft, Festgabe zur Vollendung des 70. Lebensjahres von H. V., 1985 (mit Schriftenverz.).

Vettori, Ernst, * 25. 6. 1964 Hall i. Ti., Skispringer und Sportfunktionär. 1982 Juniorenweltmeister, 1986 und 1987 Sieger der Vierschanzentournee, insges. 10 Weltcupsiege. 1991 in Predazzo Weltmeister im Mannschaftsbewerb (mit H. → Kuttin, A. → Felder und Stefan Horngacher), Goldmedaille auf der Normalschanze und Silbermedaille im Mannschaftsbewerb bei den Olymp. Spielen 1992 in Albertville.

Viehböck, Franz, * 24. 8. 1960 Wien, Elektrotechniker. Meldete sich als Assistent an der Techn. Univ. Wien 1988 für die Teilnahme an dem gemeinsam mit der Sowjetunion durchgeführten Raumfahrtprojekt Austromir. Nach zweijähriger Ausbildung gem. mit dem Arzt Clemens Lothaller war V. als erster Österreicher mit den sowjetruss. Kosmonauten A. A. Wolkow und T. Aubakirow von 2. 10. 1991, 7.00 Uhr, bis 10. 10. 1991, 5.12 Uhr, im Weltall. Danach auf dem Gebiet der Weltraumtechnik in den USA und in Europa tätig.

Werk: Austromir 91, 1991 (mit C. Lothaller). – Literatur: B. Josseck u. C. Feichtinger, Ö. Kosmonaut auf der Raumstation MIR, 1996.

Viertel, Berthold, * 28. 6. 1885 Wien, † 24. 9. 1953 ebd., Schriftsteller, Dramaturg, Regisseur, Essayist und Übersetzer. War mit K. → Kraus und P. → Altenberg bekannt, 1910/11 Mitarbeiter der „Fackel", 1912–14 Regisseur und Dramaturg der Wr. „Freien Volksbühne", 1914–17 Militärdienst, danach Theaterkritiker und Feuilletonredakteur beim „Prager Tagblatt" (Kontakt zu F. → Kafka und M. → Brod). Heiratete 1918 die Schauspielerin Salomea Steuermann, bekannt als Salka Viertel (1889–1978). War 1918–23 Regisseur in Dresden und Berlin, gründete 1923 das expressionist. Theater „Die Truppe" in Berlin, war 1925–28 bei Theater und Film in Deutschland tätig und 1928–47 in den USA und in Großbritannien. Kehrte 1947 nach Europa zurück und war 1948 Regisseur in Zürich sowie 1949–53 in Wien, Berlin, Zürich und bei den Sbg. Festspielen: legendäre Inszenierungen der Dramen T. Williams' („Glasmenagerie", „Endstation Sehnsucht") in eig. Übersetzung am Wr. Akademietheater.

Ausgabe: Studienausgabe in 4 Bden., hg. v. K. Kaiser, 1989ff. – Literatur: B. V. Zur 80. Wiederkehr seines Geburtstags, 1965; S. Viertel, Das unbelehrbare Herz, 1970; J. Mayerhöfer (Hg.), B. V. Regisseur und Dichter (1885–1953), 1975; S. Bolbecher (Hg.), Traum von der Realität – B. V., 1998.

Vierthaler, Franz Michael, * 25. 9. 1758 Mauerkirchen (OÖ.), † 3. 10. 1827 Wien, bedeutender Vertreter der Aufklärungspädagogik, Verfasser von Schulbüchern, Schriftsteller. 1783–87 Lehrer am Virgilianum, 1790–1803 Dir. des neu errichteten Schullehrerseminars und Referent der Schulkommission in Salzburg, 1803 Landesschulendir., 1804–06 Dir. der Waisenhäuser in Salzburg, 1806–27 Dir. des Waisenhauses in Wien. V. Werk strahlte weit in den bayer. und ö. Raum aus.

Werke: Philosoph. Geschichte der Menschen und Völker, 7 Bde., 1787–1819; Geist der Sokratik, ²1798; Geschichte des Schulwesens und der Kultur in Salzburg, 1804; Elemente der Methodik und Pädagogik, ⁵1810. – Literatur: F. M. V., Festschrift, 1958; W. Beranek, Die psycholog. und bildungstheoret. Grundlagen der Didaktik V., Diss., Wien 1970.

Viesèr, Dolores (eigentl. W. Aichbichler, geb. Wieser), * 18. 9. 1904 Hüttenberg (Kä.), Erzählerin. Verfasserin populärer hist. Romane („Hemma von Gurk", 1938) mit kath.-konservativer Tendenz. A.-Stifter-Preis 1930.

Weitere Werke: Romane: Das Singerlein, 1928; Der Gurnitzer, 1931; Der Märtyrer und Lilotte, 1934; An der Eisenwurzen, 1947; Aelia, 1952; Licht im Fenster, 1954; Der Bänderhut, 1956; Die Trauermesse, 1961; Kleiner Bruder, 1964; Katzen in Venedig, 1976.

Vietoris, Leopold, * 4. 6. 1891 Bad Radkersburg (Stmk.), Mathematiker. 1928 Prof. an der Techn. Hochschule in Wien, 1930–61 Univ.-Prof. in Innsbruck, wichtige Forschungen u. a. auf den Gebieten der Topologie und der Wahrscheinlichkeitsrechnung. Ehrenzeichen f. Wiss. u. Kunst 1973.

Werke: Vorlesungen über Differential- und Integralrechnung, 1951; Zur Topologie der Ketten, 1959.

Vikas, Karl, * 19. 9. 1875 Ternitz (NÖ.), † 30. 8. 1934 Krems (NÖ.), Maler. Malerausbildung bei H. → Darnaut, weil für ein Akademiestudium das Geld nicht reichte. Konnte als erfolgreicher Landschafts- und Stilllebenmaler v. a. durch Aufträge eines Kunsthändlers 1904 ein Haus in Mautern erwerben, wo er bis zu seinem Tod lebte. Realist. Stimmungsmalerei mit impressionist. Elementen in der Nachfolge von E. J. → Schindler kennzeichnet sein Werk. Gründungsmitgl. des Wachauer Künstlerbundes 1919.

Literatur: K. V., ein Maler der Wachau (1875–1934), ²1994.

Villers, Alexander (Heinrich) von, * 12. 4. 1812 Moskau (RUS), † 16. 2. 1880 Neulengbach (NÖ.), Schriftsteller. Führte zunächst ein unstetes Bohemienleben, nach Jusstudium Eintritt in den sächs. diplomat. Dienst, zog sich 1870 nach Neulengbach zurück. Postum gab sein Freund R. Gf. Hoyos die „Briefe eines Unbekannten" (1881) heraus, die durch lebendige Diktion und Anschaulichkeit der Schilderung zu Klassikern des Genres wurden.

Literatur: H. H. Hahnl, Vergessene Literaten, 1984.

Berthold Viertel. Foto.

Vintler, Hans, * 2. Hälfte 14. Jh., † 1419, mhd. Lehrdichter aus Bozener Patriziergeschlecht, Gerichtspfleger, Amtmann und Gesandter des Herzogs von Ti. in Venedig. Verfasste um 1411 auf Schloss Runkelstein ein Verstraktat des ital. Exempelbuches „Fiori di virtu" (Blumen der Tugend) des Tommaso Leoni (um 1300).

Ausgabe: I. Zingerle (Hg.), Die pluemen der tugent, 1874. – Literatur: C. Vikoler, Die „Pluemen der Tugent" und das Frauenbild bei H. V., Dipl.-Arb., Wien 1995; Verf.-Lex.

Virgil, Hl., Fest 27. Nov., * um 700 Irland, † 27. 11. 784 Salzburg, 746/47–84 Bischof von Salzburg (Schutzpatron). Missionierte v. a. Karantanien, legte das Verbrüderungsbuch von St. Peter an; erbaute den 1. Dom in Salzburg, der 774 geweiht wurde. Grab in der neuen Gruft des Salzburger Doms.

Literatur: F. Prinz, Frühes Mönchtum im Frankenreich, 1965; H. Wolfram, Die Zeit der Agilolfinger. Rupert und V., in: H. Dopsch (Hg.), Geschichte Salzburgs, Bd. 1, 1984.

Georg Matthäus Vischer. Stich.

Vischer, Georg Matthäus, * 22. 4. 1628 Wenns (Ti.), † 13. 12. 1696 Linz (OÖ.), Topograph, Geistlicher. Pfarrer in Leonstein (OÖ.) und Wien. Schuf im Auftrag der Stände Kartenwerke und zeichnete dafür über 1000 Ansichten von Städten, Burgen, Schlössern und Klöstern in NÖ., OÖ., der Stmk., Mähren und Ungarn; vielfach deren älteste bildl. Darstellung.

Werke: Topographie von NÖ., aufgenommen 1670/71, 507 Kupferstiche, 1672; Topographie von OÖ., aufgen. 1667/68, 222 Kupferstiche, 1669–74; Topographie der Stmk., aufgen. ab 1673, vermutl. 500 Kupferstiche, bis 1696. – Weitere Arbeiten: Herrschaft Sbg., 1662; Karte von NÖ., 1670; Abriß der Wieselburger Gespannschaft, 1672; Große Ansicht von Stift Admont, 1674; Ansicht von Wien, 1675; Langansicht von Graz, 1675; Grenze zw. Stmk. und Sbg. bei Mandling, 1677; Karte der Stmk., aufgen. 1673–75, Kupferstich 1678; Landgericht Stift Kremsmünster, 1678; 4 Viertelkarten von NÖ. (erarbeitet 1669/70, Neudruck 1695–97). – Literatur: A. L. Schuller, in: G. M. V., Topographia archiducatus Austriae inferioris modernae, Neuausgabe, 1976.

Vitalis, Hl., Fest 20. Okt., † 20. 10. vor 730. War ab 716 2. (?) Bischof von Salzburg und Abt von St. Peter, soll der Legende nach die Missionstätigkeit → Ruperts im Pinzgau fortgesetzt und mehrere Mönchszellen (Zell am See) errichtet haben. Nach einer anderen Legende soll aus einem Stein eine Lilie gewachsen sein (Lilienwunder). Der Kanonikationsprozess von 1459–62 wurde nicht realisiert, 1519 wurde erneut eine Prüfung vorgenommen und 1628 von Papst Urban VIII. das Fest für den 20. 10. gestattet. Die Grabplatte in St. Peter entstand 1497, 1762 wurde die Anlage in die jetzige Form gebracht.

Literatur: A. Hahnl, Kult und Legende, Maximus, Amandus und V., die Heiligen von St. Peter, in: Ausst.-Kat., St. Peter in Salzburg, 1982.

Karl Freiherr von Vogelsang. Foto.

Andreas Vitásek. Foto, 1997.

Vitásek, Andreas, * 1. 5. 1956 Wien, Kabarettist, Schauspieler, Regisseur. Ausbildung an der Clown-Schule „J. Lecoq" in Paris; Auftritte als Kabarettist mit Soloprogrammen, als Schauspieler in Filmen (u. a. „Müllers Büro", 1986) und im Fernsehen sowie auf der Bühne (u. a. Volkstheater und Ensembletheater in Wien); Regietätigkeit (Schauspielhaus und Volkstheater in Wien, Stadttheater St. Gallen).

Kabarettprogramme: Spastic Slapstick, 1981; Die 7 Leben des Max Kurz, 1983; Fahrt ins Baue, 1984; Andere Umstände, 1986; Was bisher geschah, 1987; Wieder allein, 1991; Unterwegs 1993; Bilanz, 1994; Kurzzugende, 1997; Seine schönsten Erfolge Teil 2, 1998; Pscht!, 1999.

Vitorelli, Paul, * 9. 3. 1851 Triest (I), † 20. 4. 1932 Wien, Jurist. 1918 letzter Justiz-Min. der ö.-ungar. Monarchie, 1920–30 Präs. des Verfassungsgerichtshofs.

Werke: Röm. Rechtsgeschichte und System des röm. Privatrechts, 1905 (mit X. Bloch); Beispiele von Schriftsätzen in Zivilprozeß und Exekutivverfahren, 1920 (mit X. Bloch u. X. Fischböck); Der Verfassungsgerichtshof, 1928.

Vivenot, Rudolf, * 3. 7. 1807 Wien, † 30. 6. 1884 Lilienfeld (NÖ.), Arzt. Stand an der Spitze des Komitees zur Gründung des Wr. Sophienspitals.

Literatur: E. Lesky, Die Wr. Medizin. Schule im 19. Jh., ²1978.

Vladar, Stefan, * 2. 10. 1965 Wien, Pianist und Dirigent. Ausbildung an der Wr. Musikhochschule, gewann 1985 den Beethoven-Klavierwettbewerb, danach Solokarriere mit reger internat. Konzerttätigkeit und zahlr. CD-Einspielungen (Solo- und Kammermusik). 1994 Mozart-Interpretationspreis der Wr. Mozartgem. Seit 1999 Prof. an der Wr. Musikhochschule, seit 2000 Chefdirigent der Grazer Symphoniker.

Voccio, König der Noriker. Verheiratete seine Schwester mit dem Suebenkönig Ariovist, um einen Verbündeten gegen die Boier zu gewinnen. 49 v. Chr. sandte er Gaius Iulius Caesar im beginnenden Bürgerkrieg 300 Reiter.

Vogel, Alois, * 1. 1. 1922 Wien, Schriftsteller. Erste Gedichte erschienen in Ztschr. und in der Anthologie „Stimmen der Gegenwart"; in seinen Romanen („Schlagschatten", 1977; „Totale Verdunkelung", 1980) widmete er sich v. a. Fragen der Vergangenheitsbewältigung in Ö.

Weitere Werke: Romane: Das andere Gesicht, 1959; Jahr und Tag Pohanka, 1964; Das blaue Haus, 1992. – Gedichte, Hörspiele. – Ausgabe: Werkausgabe, 5 Bde., 1998ff.

Vogel, Ernst d. Ä., * 6. 5. 1871 Gröningen (D), † 23. 10. 1948 Stockerau (NÖ.), Techniker, Industrieller; Vater von Ernst → Vogel d. J. Gründete 1909 in Stockerau eine Pumpenfabrik, die sich zum führenden Unternehmen dieser Sparte in Ö. entwickelte.

Vogel, Ernst d. J., * 1. 3. 1926 Stockerau (NÖ.), † 29. 11. 1990 Vöcklabruck (OÖ.), Industrieller, Komponist; Sohn von Ernst → Vogel d. Ä. Schrieb v. a. Zwölftonkompositionen. Direktionsmitgl. der Wr. Konzerthausges., Ehrenpräs. der Wr. Singakad.

Werke: Spiegelungen, 1967 (Ballett); Allezeit, 1990 (Oratorium). – 2 Symphonien, Konzerte, Kammermusik, Lieder.

Vogelsang, Karl Frh. von, * 3. 9. 1818 Liegnitz (Legnica, PL), † 8. 11. 1890 Wien, kath. Sozialpolitiker und -reformer, Publizist. Kam 1864 nach Ö., wurde 1875 Redakteur der Wr. kath.-konservativen Zeitung „Das Vaterland" und gründete 1879 die „Ö. Monatsschrift f. Gesellschaftswiss. und Volkswirt.". Geistiger Begründer der christl.-soz. Bewegung. Er strebte eine christl. Sozialreform unter Betonung berufsständ. Gesichtspunkte an; sein Hauptanliegen war die Erhaltung des Mittelstands. Seine Schrift „Die materielle Lage des Arbeiterstandes in Ö." (mit E. Schneider, 1884) hatte großen Einfluss auf die soz.-polit. Gesetzgebung. Sein soz.-polit. Programm wurde von K. → Lueger übernommen. K.-V.-Bund in Wien.

Weitere Werke: Die Bauernbewegung in den ö. Alpenländern, 1881; Zins und Wucher, 1884; Gesammelte Aufsätze, 12 Hefte, 1886. – Literatur: A. Orel, V. Leben und Lehren, 1922; W. Klopp, Leben und Wirken des Sozialpolitikers K. V., 1930; J. C. Allmayer-Beck, V. Vom Feudalismus zur Volksbewegung, 1952; G. Silberbauer, Ö. Katholiken und die Arbeiterfrage, 1966; E. Bader (Hg.), K. V. Die geistige Grundlegung der christl. Sozialreform, 1990.

Voggenhuber, Johannes, * 5. 6. 1950 Salzburg, Versicherungskaufmann und Politiker (Grüne). 1982–87 Stadtrat in Salzburg, 1988–91 Bundesgeschäftsführer der Grünen Alternative, 1991 deren EG-Sprecher; 1990–96 Abg. z. NR, 1990–92 Obmann des Grünen Klubs, seit 1995 Mitgl. des Europ. Parlaments.

Vogl, Johann Michael, * 10. 8. 1768 Ennsdorf b. Steyr (OÖ.), † 19. 11. 1840 Wien, Sänger (Bariton). Mit F. X. → Süßmayer in Kremsmünster befreundet; ging 1786 mit diesem nach Wien, 1795–1822 an der Wr. Hofoper; Förderer und Freund F. → Schuberts, sang viele seiner Lieder zum ersten Mal. Ihm sind Schuberts Lieder op. 6 gewidmet.

Literatur: A. Liess, J. M. V., 1954.

Vogl, Johann Nepomuk, * 7. 2. 1802 Wien, † 16. 11. 1866 ebd., Lyriker und Erzähler, Beamter. Mitgl. der Literatengruppe im Wr. „Silbernen Kaffeehaus"; Beiträge bzw. Hg. zahlr. Almanache und Taschenbücher („Ö. Wunderhorn", 1834). Viele seiner in der Tradition der Wr. Spätromantik stehenden Balladen (z. B. „Heinrich der Vogler", „Das Erkennen") wurden von C. Loewe vertont, einige Lieder von F. → Schubert; Hg. einer viel beachteten 4-bändigen Ausgabe der Werke von F. → Raimund (1837).

Ausgabe: Ausgewählte Dichtungen, hg. v. R. Kleinecke, 1911.

Vogl, Otto, * 20. 8. 1919 Wien, † 16. 3. 1939 Berlin (D), Schriftsetzer. Als Angehöriger der dt. Wehrmacht im Alter von 20 Jahren (nach Aufzeichnungen der Wr. Gestapo) hingerichtet, nachdem in seinem Besitz u. a. ein Programmentwurf zu einer neuen kommunist. Partei, die er gründen wollte, gefunden worden war.

Vogler, Heinz, * 13. 9. 1940 Linz (OÖ.), Industriekaufmann, Sozialwissenschafter und Politiker (SPÖ). 1984–88 Vizepräs., 1988–94 Präs. der Kammer f. Arbeiter u. Angestellte f. Wien und des Ö. Arbeiterkammertages, 1994–2000 leitender Zentralsekr. der Gewerkschaft der Privatangestellten; seit 1997 Obmann der Pensionsversicherungsanstalt der Angestellten.

Voigtländer, Peter Wilhelm Friedrich von, * 17. 11. 1812 Wien, † 8. 4. 1878 Braunschweig (D), Optiker. Übernahm 1837 die von seinem Großvater Johann Christoph V. (1732–1797) gegr. und von seinem Vater Johann Friedrich V. (1779–1859) weitergeführte Werkstätte für optische und feinmechan. Instrumente, entwickelte in Zusammenarbeit mit J. → Petzval 1840 das erste berechnete Porträtobjektiv. 1868 verlegte er den Betrieb nach Braunschweig.

Vollmar, Hans, * 8. 6. 1915 Baden-Baden (D), † 5. 4. 1945 Wien, Assistent am Wr. 1. Chem. Univ.-Inst. Wurde kurz vor der Befreiung Wiens vom Inst.-Leiter J. Lange erschossen, weil er mit K. → Horeischy wertvolle wiss. Instrumente vor der Zerstörung durch die Nat.-Soz. retten wollte.

Voltelini, Hans, * 31. 7. 1862 Innsbruck (Ti.), † 25. 6. 1938 Wien, Jurist, Rechtshistoriker. Ab 1900 Univ.-Prof. in Innsbruck und 1908–34 in Wien.

Werke: Acta Tirolensia II, 3-Ti. Notariatsimbreviaturen, 1899; Die ältesten Statuten von Trient, 1902; Forschungen und Beiträge zur Geschichte des Ti. Aufstandes im Jahre 1809, 1909; Die Anfänge der Stadt Wien, 1913. – Literatur: Festschrift für H. V., 1932.

Volters, Eduard (eigentl. E. Vodicka), * 9. 5. 1904 Wien, † 22. 10. 1972 ebd., Schauspieler, Regisseur, Dramaturg. 1924–72 am Burgtheater (Ehrenmitgl.), ab 1965 mehrere Jahre Gen.-Sekr. und stellv. Dir., 1943–45 Prof. am Reinhardt-Seminar.

Vonbun, Franz Joseph, * 28. 11. 1824 Laz (Vbg.), † 17. 3. 1870 Schruns (Vbg.), Mundartdichter, Volkskundler, Arzt.

Werke: Volkssagen aus Vbg., 1847; Beiträge zur dt. Mythologie, 1862; Alpenmärchen, 1910. – Literatur: P. Strasser, Ein Sohn des Thales, 1993.

Vorhofer, Kurt, * 28. 7. 1929 Salzburg, † 25. 5. 1995 Aflenz (Stmk.), Journalist, v. a. auf dem Gebiet Innenpolitik. Ab 1956 bei der Grazer „Kleinen Zeitung" tätig, 1960–94 Leiter der Wr. Redaktion dieses Blattes.

Vorlauf, Konrad, * 1335, † 11. 7. 1408 Wien (hingerichtet), Wr. Bürgermeister. Wurde in die Auseinandersetzungen der Habsburger → Leopold IV. und → Ernst d. Eiserne um die Vormundschaft über → Albrecht V. verwickelt und auf Veranlassung Leopolds enthauptet (später rehabilitiert).

Voss, Gert, * 10. 10. 1941 Shanghai (China), Schauspieler. 1947 Übersiedlung nach Hamburg; erste Engagements in Deutschland, ab 1974 Zusammenarbeit mit C. → Peymann; 1986–93 am Burgtheater in Wien, wo er große Publikumserfolge erzielte (u. a. „Richard III.", „Othello", „Der Kaufmann von Venedig"). Seit 1993 freier Schauspieler; 1995–2001 Jedermann bei der Aufführung der Sbg. Festspiele. 1986/87 J.-Kainz-Medaille.

Literatur: H.-D. Schütt (Hg.), G. V., 1997.

Votzi, Josef, * 26. 1. 1955 Korneuburg (NÖ.), Journalist. 1975–76 Pressereferent der ÖH, danach Gen.-Sekr. der Ö. Studentenunion (ÖSU) und Chefredakteur des ÖSU-Reports. Ab 1978 Redakteur bei der Wochen-Ztschr. „profil", ab 1992 Chefredakteur; 1997 Wechsel zu „News", bis 1998 Hg., seither Chefredakteur.

Vranitzky, Franz, * 4. 10. 1937 Wien, Bankmanager und Politiker (SPÖ). 1976–81 stellv. Vorstandsvorsitzender der CA-BV, 1981–84 Vorstandsvorsitzender der Ö. Länderbank AG. 1984–86 BMin. f. Finanzen; 1986/87, 1990, 1994 und 1996 jeweils für kurze Zeit Abg. z. NR. 1986 löste er F. → Sinowatz als Bundeskanzler ab, beendete wegen des Rechtsrucks der FPÖ unter ihrem neu gewählten Bundesparteiobmann J. → Haider die SPÖ-FPÖ-Koalition und war 1987–97 Bundeskanzler einer SPÖ-ÖVP-Koalition. 1988–97 Bundesparteivorsitzender der SPÖ. In seiner Amtszeit als Bundeskanzler erfolgte der Beitritt Ö. zur Europ. Union. 1997 OSZE-Sonderbeauftragter für Albanien. Seit 1997 Konsulent der Westdt. Landesbank. Aachener Karlspreis 1995.

Literatur: H. Rauscher, V., 1987; R. Semotan u. K. Krawagna-Pfeifer, Die V.-Jahre, 1995; G. Bischof (Hg.), The V. Era in Austria, 1999.

Vujica, Peter, → Wolfkind, Peter Daniel.

Vyslozil, Wolfgang, * 12. 11. 1945 Meiningen (D), Journalist. Ab 1974 Ass., ab 1976 Stellv. der Geschäftsführung der Tageszeitung „Die Presse", seit 1982 Geschäftsführer der Austria Presse Agentur.

Johann Michael Vogl. Gemälde von L. Kupelwieser, 1821.

Franz Vranitzky. Foto.

Peter Wilhelm Friedrich von Voigtländer. Foto.

W

Waber, Leopold, * 17. 3. 1875 Mährisch-Neustadt (Uničov, CZ), † 12. 3. 1945 Wien, Jurist und dt.-nat. Politiker. Stand im Finanzdienst, war Obmann des Dt. Volksbunds und Vizepräs. des Vereins der Staatsbeamten; 1911–18 Abg. z. Reichsrat, Okt. 1918–30 Abg. z. NR (1926–30 dessen 3. Präs.), 1918–19 Unterstaatssekr. im Staatsamt des Äußern, 1921–22 BMin. f. Inneres und Unterricht, 1922–23 BMin. f. Justiz und 1924–26 Vizekanzler (mit Justiz betraut).

Wacek, Wilhelm, * 28. 10. 1864 Sobeslau (Soběslav, CZ), † 17. 12. 1944 Wien, Kapellmeister. Leitete ab 1894 die Kapelle der Hoch- und Deutschmeister (Nachfolger von C. M. → Ziehrer). Sein Sohn Otto W. (* 10. 4. 1893 Brixen, S-Ti., † 9. 7. 1983 Wien) war ebenfalls Kapellmeister (Hoch- und Deutschmeister, 1947–68 Wr. Berufsfeuerwehr).

Wach, Aloys, * 30. 4. 1892 Lambach (OÖ.), † 18. 4. 1940 Braunau (OÖ.), Maler und Graphiker. 1912–13 an der Malschule Knirr-Sailer in München, Kontakte zu den Künstlern des „Blauen Reiters". 1913–14 in Paris, expressionistisch-kubist. Zeichnungen, Radierungen und Holzschnitte; 1919–20 Holzschnittzyklus „Der verlorene Sohn". Schuf ab 1920 in Braunau expressionist. Stillleben, Landschaften und Porträts, distanzierte sich aber später von dieser Richtung.

Literatur: A. W. (1892–1940), Ausst.-Kat., Linz 1993.

Wach, Rudolf („Rudi"), * 22. 11. 1934 Hall in Ti., Bildhauer. Studierte ab 1955 an der Accademia di Brera in Mailand. Seine künstler. Laufbahn prägten die Freundschaft mit M. Negri und F. → Wotruba sowie die Bekanntschaft mit A. Giacometti. Themen wie Mutter, Beter, Opferer, Sphinx sowie Tierfiguren und christl. Symbole spielen in seinem Werk eine bes. Rolle.

Werke: Innsbruck: Große Sphinx, 1981; Innbrücken-Kreuz, 1985; Adler-Flugschatten-Brunnen, 1993; Weiße Kapelle (Univ.-Klinik), 1994. – Wien: Lauf der Geschöpfe, U-Bahn-Station Museumsquartier, 2001. – Literatur: Rudi Wach. Lebenskeim und Flügelwesen. Skulpturen und Zeichnungen 1956–1996, Ausst.-Kat., Innsbruck 1996.

Eberhard Waechter als Eisenstein in „Die Fledermaus" von J. Strauß. Foto.

Wache, Karl, * 26. 4. 1887 Wien, † 30. 4. 1973 ebd., Lyriker, Erzähler, Dramatiker, Literaturhistoriker. Beamter der Wr. Univ.-Bibl., Freund von R. → Hohlbaum; verbreitete in seinen Romanen und Erzählungen dt.-nat. Gedankengut, Verfasser kulturhist. Essays über Wien; Hg. der Anthologie „Dt. Geist in Ö.", 1933.

Werke: Lyrik: Licht und Schwere, Farben und Töne, 1934; Der Ring des Lebens, 1951; Was euch gefällt, 1962. – Romane: Roland, 1923; Umsturz im Olymp, 1960. – Lustspiele: Das Sanatorium L., 1935; Baucis und Philemon, 1954. – Novellen, Erzählungen, Essays.

Wacho, Kg. der Langobarden (um 510–40). Erweiterte sein Herrschaftsgebiet in Ost-Ö. und W-Ungarn.

Anita Wachter. Foto.

Wachter, Anita, * 12. 2. 1967 Schruns (Vbg.), Skirennläuferin. Goldmedaille bei den Olymp. Spielen in Calgary 1988 (Kombination), Weltcupsiegerin 1990 (Riesentorlauf und Kombination), 1992/93 Gesamtweltcupsiegerin, 1993/94 Weltcupsiegerin und 1998/99 Weltcupzweite im Riesentorlauf. Zahlreiche weitere Medaillen bei Olymp. Spielen und Weltmeisterschaften. Beendete 2001 ihre Karriere.

Wächter, Otto Gustav, * 8. 7. 1901 Wien, † 14. 8. 1949 Rom (I), Jurist und nat.-soz. Politiker. 1932–34 Rechtsanwalt, gehörte ab 1923 der SA, ab 1930 der NSDAP (Führungsfunktionen in Wien) an, ab 1932 SS-Mitgl. (zuletzt Gruppenführer), bei der Vorbereitung des Juliputsches 1934 führend beteiligt, flüchtete nach Deutschland (Aberkennung der ö. Staatsbürgerschaft). 24. 5. 1938 bis 30. 4. 1939 Staatskommissar im Liquidationsmin. → Seyß-Inquart, ab Okt. 1939 Chef des Verwaltungsdistrikts Krakau, 1942–44 Chef des Distrikts Galizien des „Generalgouvernements" (Polen). Fand nach 1945 in Rom in einem kath. Kollegium unter dem Namen Otto Reinhardt Zuflucht.

Literatur: N. v. Preradovich, Ö. höhere SS-Führer, 1987.

Wächtler, Ludwig, * 9. 3. 1842 St. Pölten (NÖ.), † 31. 7. 1916 Wien, Architekt. Studierte an der Wr. Akad., 1865–69 Dombauführer bei St. Stephan, Mitarbeiter von F. v. → Schmidt; ab 1869 selbstständige Bautätigkeit in Ö., Böhmen und Ungarn, später auch denkmalpflegerisch aktiv. Neben Kirchen (Au, NÖ.), öffentl. Monumentalbauten (Sopron, Lednice), Wohnhäusern und Grabmälern (Ebreichsdorf, Gars a. Kamp) spezialisierte er sich v. a. auf Schlösser und Palais (Schlosskapelle Buchberg a. Kamp, Ottenstein, Ebreichsdorf, Aspang u. a.). Wiederholt arbeitete er mit H. Ernst (Innenausstattung von Schloss Grafenegg, Palais Breuner in Wien) zusammen.

Wacker, Rudolf, * 25. 2. 1893 Bregenz (Vbg.), † 19. 4. 1939 ebd., Maler und Graphiker. Ab 1921 in Berlin tätig, zunächst vom Expressionismus beeinflusst, dann Hinwendung zur Neuen Sachlichkeit (realist. Formensprache in altmeisterl. Technik); themat. Schwerpunkte waren Stillleben, Landschaften und Porträts. Ab 1924 wieder in Bregenz ansässig und 1925 Gründungsmitgl. der Künstlervereinigung „Der Kreis".

Literatur: R. W. und seine Zeitgenossen – Expressionismus und Neue Sachlichkeit, Ausst.-Kat., Bregenz 1993; K. Schröder, Die Neue Sachlichkeit in Ö., Ausst.-Kat., Kunstforum, Wien 1995.

Wackernell, Josef Eduard, * 22. 11. 1850 Göflan (Ti.), † 6. 10. 1920 Innsbruck (Ti.), Literaturhistoriker. Lehrte an der Univ. Innsbruck.

Werke: Walther von der Vogelweide in Ö., 1877; Hugo von Montfort, 1881; Das dt. Volkslied, 1890; Beda Weber, 1903; Schiller, 1905; Pichler und Lenau, 1912; Adolf Pichler, 1925. – Hg.: Alt-dt. Passionsspiele aus Ti., 1897; Ältere Volkslieder und volkstüml. Lieder aus Ti., 1906.

Waechter, Eberhard, * 9. 7. 1929 Wien, † 29. 3. 1992 ebd., Kammersänger (Bariton) und Operndirektor. Ab 1953 Mitgl. der Wr. Volksoper, ab 1955 der Wr. Staatsoper. Internat. Gastspiele (Bayreuth, New York); 1987–92 Dir. der Wr. Volksoper (Nachfolger von K. → Dönch) und 1991–92 auch Dir. der Wr. Staatsoper (beides mit I. → Holender).

Wagendristel, Alexander, * 23. 3. 1965 Wien, Komponist. Studierte 1980–90 an der Wr. Musikhochschule bei E. → Urbanner. Seine Kompositionen sind durch ausgeprägte Rhythmik gekennzeichnet und u. a. durch I. Strawinsky, O. Messiaen und den Dadaismus beeinflusst; in der Tonalität verwendet W. ein breites Spektrum von einfacher Diatonik bis zu Clustern und Geräuschen.

Werke: Suoni Reali, 1990 (für Streicher); Die Liebe zu den drei Orangen, 1994 (Singspiel); Der Narr, 1995 (Oper); Wenn der

Teufel tanzt, 1996 (komische Oper). – Kammermusik- und Chorwerke.

Wagener, Hilde, * 26. 9. 1904 Hannover (D), † 26. 12. 1992 Baden (NÖ.), Kammerschauspielerin. Ab 1924 über 65 Jahre lang Ensemblemitgl. des Burgtheaters (Ehrenmitgl.); Filmstar der 30er Jahre (u. a. „Brennendes Geheimnis" mit W. → Forst, 1933); während der NS-Zeit Berufsverbot, 1945 Rückkehr auf die Bühne. Gründete die Aktion „Künstler helfen Künstlern" und initiierte die Errichtung eines Altersheims für Künstler in Baden, das ihren Namen trägt.

Literatur: P. Preissler, H. W. am Burgtheater, Diss., Wien 1970; L. Tobisch, H. W. zum 75. Geburtstag und zum 30-jährigen Bestehen von „Künstler helfen Künstlern", 1979.

Wagenseil, Georg Christoph, * 29. 1. 1715 Wien, † 1. 3. 1777 ebd., Musiker. Steht als Komponist zw. Barock und Wr. Klassik, als Pianist der letzte Vertreter der Wr. Organistenschule (Überleitung zum Klavierkonzert der Klassik); 1739 Hofkomponist, 1749 Hofklaviermeister; Musiklehrer der kaiserl. Familie.

Werke: 16 Opern, 3 Oratorien, Kantaten, Symphonien, Klavierkonzerte und -sonaten, Orgelstücke, Kirchenmusik. – Literatur: H. Scholz-Michelitsch, G. C. W. als Klavierkomponist, Diss., Wien 1967.

Waggerl, Karl Heinrich, * 10. 12. 1897 Bad Gastein (Sbg.), † 4. 11. 1973 Schwarzach (Sbg.), Schriftsteller. Besuchte das Lehrerseminar in Salzburg, Teilnehmer am 1. Weltkrieg, 1939 Landesobmann f. Schriftsteller im Gau Salzburg, ab 1940 Bürgermeister von Wagrain. Während seine frühen Erzählungen soz. Ungleichheiten kritisch darstellen, nähert sich W. in seinen folgenden Werken, wie den Romanen „Brot" (1930) und „Schweres Blut" (1932), einer vitalistisch idealisierenden Darstellung des Landlebens. Gesellschaftl., polit. und ökonom. Zusammenhänge werden einer unveränderl. natürl. Ordnung gegenübergestellt. Nach dem 2. Weltkrieg wurde W. als Verfasser idyllisierender Kurzprosa (Weihnachtsgeschichten, Legenden) populär. Ö Staatspreis 1934, Ö. Ehrenzeichen f. Wiss. u. Kunst 1967. W.-Mus. in Wagrain.

Weitere Werke: Romane: Das Jahr des Herrn, 1933; Mutter, 1935. – Erzählungen: Du und Angela, 1934; Wagrainer Tagebuch, 1936; Kalendergeschichten, 1937; Feierabend, 1944; Die Pfingstreise, 1946; Fröhliche Armut, 1948; Drei Erzählungen, 1950; Wagrainer Geschichtenbuch, 1950; Und es begab sich ..., 1953; Die grünen Freunde, 1957; Der Leibsorger, 1958; Das Badgasteiner Jahr, 1958; Die Kunst des Müßiggangs, 1959; Lob der Wiese, 1960; Der Lückenbüßer, 1961; Die Traumschachtel, 1962. – Ausgaben: Gesammelte Werke, 5 Bde., 1951–52; Briefe, hg. v. L. Besch, 1976; Sämtl. Werke, 2 Bde., 1997. – Literatur: G. Schinke, K. H. W., 1985; K. Müller, Zäsuren ohne Folgen, 1990; ders., K. H. W. Bildmonographie, 1997; ders. (Hg.), „Nichts Komplizierteres heutzutage als ein einfacher Mensch", 1999.

Wagner, Alois, * 20. 3. 1924 Leopoldschlag (OÖ.), Geistlicher. 1969–82 Weihbischof von Linz, 1973–82 Generalvikar, 1982 Kurienbischof, 1982–92 Vizepräs. des Päpstl. Rates „Cor Unum"; seit 1992 Erzbischof, 1992–99 Ständiger Beobachter des Hl. Stuhls bei den Internat. Organisationen der UNO in Rom. 1999 emeritiert und seither wieder in Linz.

Literatur: R. Zinnhobler (Hg.), Die Bischöfe von Linz, 1985.

Wagner, Georg, * 2. 5. 1916 Wien, † 30. 12. 1985 ebd., Historiker, Publizist. Gründete 1969 die Ges. „Pro Austria" an der Ö. Nat.-Bibl., organisierte 1972 und 1975 die Symposien „Die ö. Nation" und „30 Jahre 2. Republik".

Werke: Ö. Von der Staatsidee zum Nationalbewußtsein, 1982 (Hg.); Ö. 2. Republik, 2 Bde., 1983/87.

Wagner, Johann, * 27. 4. 1897 Stegersbach (Bgld.), † 27. 12. 1979 ebd., Gastwirt und Politiker (ÖVP). 1927–30 Abg. z. Bgld. Landtag, 1930–31 christl.-soz. Abg. z. NR, 1930–36 und 1945–56 Landesrat, 1956–61 Landeshauptmann des Bgld.

Wagner, Josef Maria, * 1. 12. 1838 Wien, † 3. 5. 1879 ebd., Germanist und Volksliedforscher, Bibliotheksbeamter im Finanzministerium.

Werk: Archiv für Geschichte der dt. Sprache und Dichtung, 1874.

Wagner, Leopold, * 4. 12. 1927 Klagenfurt (Kä.), Lehrer und Politiker (SPÖ). 1965–73 Landesparteisekr. der SPÖ Kä., 1973–88 Landesparteiobmann. 1966–70 Mitgl. d. BR, 1970–73 Landesrat, 1973–74 Landeshauptmann-Stellv. und 1974–88 Landeshauptmann von Kä. Bemühte sich u. a. um die Verbesserung der Kä. Wirtschaftsentwicklung. Im Okt. 1987 wurde er bei einem Attentat schwer verletzt und schied aus allen polit. Funktionen.

Wagner, Otto, * 13. 7. 1841 Wien-Penzing, † 11. 4. 1918 Wien, Architekt und Kunsttheoretiker. Studierte in Berlin und Wien und trat danach in den Kreis L. → Försters und T. → Hansens (für den er das Palais Epstein an der Wr. Ringstraße ausführte). Ab 1884 Prof. an der Wr. Akad. War bereits ab 1864 selbstständig tätig, stand aber seinen Frühwerken später teilweise kritisch gegenüber. W. war die überragende Architektenpersönlichkeit Wiens im späten 19. und frühen 20. Jh. und verkörperte die fruchtbare Verbindung von Historismus und Moderne. In fast allen Bereichen der Baukunst wirkte er durch wichtige Leistungen richtungsweisend. Bestimmend blieb stets eine am Gesamtkunstwerk orientierte Grundeinstellung. Ausgehend von teils spätromant., teils strengen Ansätzen (Villa Epstein in Baden, 1867; Synagoge in Budapest, 1873), entwickelte er monumentale Projekte bis hin zum Städtebau („Artibus"). Bis in die 1890er Jahre bevorzugte er einen pathetischen bis üppig renaissancehaften Ringstraßen-Stil (Haus Schottenring 23, 1878; Mitarbeit am Makart-Festzug, 1879; Villa Hahn in Baden, 1885; „große" Villa Wagner in Wien-Hütteldorf, 1888) und beteiligte sich mehrfach an internat. Wettbewerben. Dann wandte er sich von historist. Idealen ab und der Erneuerung der Kunst zu, wobei er nicht die Struktur änderte, sondern die formale Gestaltung. Obwohl er den Übergang zur modernen Sachlichkeit und Funktionalität wesentlich förderte, blieb W. selbst der Überzeugung treu, der Architekt als Künstler müsse das Ingenieurschaffen zwar anerkennen und verwerten, aber unbedingt über die bloße Nutzgestaltung hinaus erheben. Mit seinen Werken bestimmte W. entscheidend sowohl die Architektur der Secession als auch die Grundlagen der von jüngeren Architekten konsequent realisierten Moderne (Schützenhaus der Staustufe Kaiserbad am Donaukanal, Wien, 1904–06). Die Wohnbauten dieser Phase erlangten Weltruf (in Wien die sog. Wienzeilen-Häuser, 1898, „kleine" Villa Wagner, 1913). Während zahlreiche berühmte Entwürfe unausgeführt blieben (z. B. Akademie, Stadtmuseum, Kriegsministerium), verwirklichte W. wenigstens 3 Hauptwerke: die Anlagen der Wr. Stadtbahn (1892–1901, bes. die Stationsgebäude, heute U4 und U6), die Kirche Am Steinhof (1902–07) und das Postsparkassenamt (1904–06). Als Lehrer zog W. eine legendäre Schule (J. M. → Olbrich, J. → Hoffmann, J. → Plečnik) heran, die seine Ideen oft auf höchstem ästhet. Niveau weiterentwickelte, aber aufgrund wirt. Umstände wenig umsetzen konnte; sein Sohn Otto W. d. J. (* 28. 8. 1864, † 28. 8. 1945) war gleichfalls Architekt, er arbeitete hauptsächl. in Belgien.

Publikationen: Einige Skizzen, Projekte und ausgeführte Bauwerke, 4 Bde., 1889–1922 (Nachdruck mit Einführung von P. Haiko 1987); Moderne Architektur, 1895 ([4]1915: Die Baukunst unserer Zeit); Die Qualität des Baukünstlers, 1912. – Literatur: M. Pozzetto, Die Schule O. W., 1894–1912, 1980; H. Geretsegger

Georg Christoph Wagenseil.

Karl Heinrich Waggerl. Foto.

Otto Wagner. Postkarte Nr. 251 der Wiener Werkstätte.

u. M. Peintner, O. W. 1841–1918, ²1983; P. Asenbaum u. a., O. W. Möbel und Innenräume, 1984; O. A. Graf, O. W., 1985ff.; I. Müller, Die O.-W.-Synagoge in Budapest, 1992; C. Benedik (Hg.), Das ungebaute Wien, Ausst.-Kat., Hist. Mus. d. Stadt Wien 1999.

Wagner, Robert, * 20. 4. 1915 Wien, Komponist und Dirigent. 1945–51 Dirigent des Mozarteum-Orchesters Salzburg, ab 1947 Lehrer ebd.; 1951–61 Generalmusikdir. in Münster, 1960–66 Musikdir. in Innsbruck, 1965–71 Präs. des Mozarteums und 1965–72 Prof. an diesem.

Werke: symphon. Werke, Konzerte, Kammermusik, Musik für Bläserchöre, Bühnenmusiken.

Julius Wagner-Jauregg. Foto.

Wagner-Jauregg, Julius, * 7. 3. 1857 Wels (OÖ.), † 27. 9. 1940 Wien, Psychiater, Begründer der Fiebertherapie, Nobelpreisträger für Medizin 1927. Ab 1889 Univ.-Prof. für Psychiatrie in Graz, 1893–1928 in Wien, Vorstand der I., ab 1902 auch der II. Wr. Psychiatr. Klinik, die 1905 zur „Klinik für Psychiatrie u. Neuropathologie Am Steinhof" vereinigt wurden. W.-J. erkannte bei Patienten mit bis dahin unheilbaren geistigen Erkrankungen eine vorübergehende Besserung des Zustands nach fiebrigen Krankheiten. Die Erforschung dieses Zusammenhangs wurde zu seiner Lebensaufgabe. Schon 1887 publizierte er eine Schrift über die Fiebertherapie. 1927 wurde ihm „für die Entdeckung der therapeut. Bedeutung der Malariaimpfung bei progressiver Paralyse" der Nobelpreis verliehen. Da sehr bald andere, noch wirksamere Behandlungsformen durch die Anwendung von Antibiotika entdeckt wurden, besaß die Erkenntnis von W.-J. ab den 40er Jahren nur noch hist. Wert.

Von großer sozialmedizin. Bedeutung war aber die von W.-J. erforschte Behandlung von Schilddrüsenstörungen, die Prophylaxe gegen Kropf und Kretinismus durch jodiertes Kochsalz. Verdienste erwarb er sich weiters um die Erblichkeitslehre, die forensische Psychiatrie, den Ausbau der somatischen Symptomatologie und die Pathogenese vieler Psychosen.

Werke: Ursprung und Funktion der beschleunigenden Herznerven, 1878; Über die Einwirkung fieberhafter Erkrankungen auf Psychosen, 1887; Beiträge zur Aetiologie und Pathologie des endemischen Kretinismus, 1910; Myxödem und Kretinismus, 1912; Lehrbuch der Organotherapie, 1914 (mit G. Bayer); Verhütung und Behandlung progressiver Paralyse durch Impfmalaria, 1931; Mechanismus der Wirkung der Infektions- und Fiebertherapie, 1935; Über die menschl. Lebensdauer, 1941; Lebenserinnerungen, hg. u. ergänzt v. L. Schönbauer u. M. Jantsch, 1950. – Literatur: E. Lesky, Die Wr. Medizin. Schule im 19. Jh., ²1978.

Wagner-Rieger, Renate, * 10. 1. 1921 Wien, † 11. 12. 1980 ebd., Kunsthistorikerin. Bed. Forscherin auf den Gebieten Architektur und Historismus (Gliederung in Romantischen Historismus, Strengen Historismus und Späthistorismus), 1958–80 Univ.-Prof. in Wien; begründete das große Forschungsunternehmen „Wr. Ringstraße" (1968ff.); war wegweisend für die method. Erschließung des 19. Jh.

Werke: Die ital. Baukunst zu Beginn der Gotik, 2 Bde., 1956/57; Das Wr. Bürgerhaus des Barock und Klassizismus, 1957; Das Schloß zu Spittal an der Drau in Kä., 1962; Wiens Architektur im 19. Jh., 1970; Das Haus der Ö. Akad. d. Wiss., 1972. – Literatur: H. Fillitz, P. Haiko u. W. Krause (Red.), R. W-R., 1981.

Wagner-Schönkirch, Hans, * 19. 12. 1872 Schönkirchen (NÖ.), † 12. 2. 1940 Wien, Musikpädagoge und -schriftsteller, Komponist, Chorleiter. Mit der spätromant. Männergesangspflege eng verbunden.

Literatur: M. Sonnewend, H. W.-S., 1972.

Wahlberg, Wilhelm Emil, * 4. 7. 1824 Prag (CZ), † 31. 1. 1901 Wien, Strafrechtler. Verfechter der Universitätsautonomie, Univ.-Prof., Mitgl. des Staatsgerichtshofs und der Strafgesetzkommission. Als einer der Begründer der subjektiven Sicht des Strafrechts stellte er den Rechtsbrecher in den Mittelpunkt der Betrachtung und sah in der Strafe ein Abschreckungs-, Präventions-, Besserungs- oder Sicherungsmittel.

Werke: Die Ehrenfolgen der strafgerichtl. Verurteilung, 1864; Das Prinzip der Individualisierung in der Strafrechtspflege, 1869; Kritik der Reichsstrafprozeßordnung, 1873; Gesammelte kleinere Schriften, 3 Bde., 1875–82. – Literatur: W. Brauneder (Hg.), Juristen in Ö., 1987.

Wahle, Karl, * 6. 6. 1887 Wien, † 15. 6. 1970 ebd., Jurist. Ab 1952 Univ.-Prof. f. Handelsrecht in Wien, ab 1956 1. Präs. des Obersten Gerichtshofs.

Werke: Das Valorisationsproblem, 1924; Das ö. internationale Scheidungsrecht, 1934. – Mit-Hg.: Vertragsversicherungsrecht, 1949; Das Versicherungsvertragsgesetz, 1970.

Wahle, Richard, * 14. 2. 1857 Wien, † 21. 10. 1935 ebd., Philosoph des Positivismus. Schüler von E. → Mach, befreundet mit S. → Freud. Lehnte die Metaphysik ab (ausgenommen Spinoza) und reduzierte die Psychologie auf ihren physiolog. Ansatz. 1885–95 Dozent in Wien, anschließend Univ.-Prof. in Czernowitz und 1917–33 in Wien.

Werke: Gehirn und Bewußtsein, 1884; Das Ganze der Philosophie und ihr Ende, 1894; Kurze Erklärung der Ethik von Spinoza, 1899; Über den Mechanismus des geistigen Lebens, 1906; Josua, 1912; Die Tragikomödie der Weisheit, 1915; Entstehung der Charaktere, 1928; Grundlagen einer neuen Psychiatrie, 1931; Fröhl. Register der paar philosoph. Wahrheiten, 1934.

Wahrmund, Adolf, * 10. 6. 1827 Wiesbaden (D), † 15. 5. 1913 Wien, Orientalist, Schriftsteller; Vater von Ludwig → Wahrmund. 1853–61 an der Hofbibl., ab 1862 Lehrer an der Oriental. Akad. in Wien.

Werke: Handwörterbuch der neuarab. und dt. Sprache, 3 Bde., 1874–77; Prakt. Hb. der neupers. Sprache, 1875; Prakt. Hb. der osmanisch-türk. Sprache, 1884. – Dramen, Gedichte.

Wahrmund, Ludwig, * 21. 8. 1860 Wien, † 10. 9. 1932 Prag (CZ), Kirchenrechtslehrer; Sohn von Adolf → Wahrmund. Univ.-Prof. in Czernowitz, Innsbruck (ab 1897) und Prag. Wegen seiner antikirchl. Schrift über „Kath. Weltanschauung und freie Wiss." wurde er 1908 von Innsbruck nach Prag versetzt.

Werke: Das Kirchenpatronatsrecht und seine Entwicklung in Ö., 2 Bde., 1894/96; Ultramontan, 1908; Bilder aus dem Leben der christl. Kirche, 1921–28. – Hg.: Quellen zur Geschichte des röm.-kanon. Prozesses im MA, 5 Bde, 1905–31. – Literatur: M. Höttinger, Der Fall W., 1950; R. Schober, Belmonte und Aehrenthal, in: Mttlg. des ö. Staatsarchivs 27, 1974; N. Grass, Ö. Kirchenrechtslehrer der Neuzeit, 1988.

Waibel, Wolfram Gerold jun., * 22. 2. 1970 Hohenems (Vbg.), Sportschütze. Seit 1983 im Schießsport aktiv; 1992 Europameister im Mannschaftsbewerb, 1995 Gesamtweltcupsieger und 1996 Europameister mit dem Luftdruckgewehr. Silbermedaille bei den Olymp. Spielen in Atlanta 1996 mit dem Luftdruckgewehr und Bronze im Dreistellungskampf.

Wailand, Georg, * 24. 8. 1946 Wien, Journalist und Publizist. Studierte an der Hochschule für Welthandel in Wien. Ab 1970 Wirtschaftsredakteur des „Express", seit 1971 bei der „Neuen Kronen Zeitung" (seit 1974 Ressortleiter des Wirtschaftsmagazins). Seit 1976 Lehrbeauftragter an der Wirtschaftsuniv. in Wien, seit 1982 Hg. des Wirtschaftsmagazins „Gewinn", seit 1991 stellv. Chefredakteur der „Neuen Kronen Zeitung".

Werke: Die Reichen und die Superreichen in Ö., 1977; Wer regiert Ö.?, 1983; Der große Geldratgeber, 1994. – Hg.: Gewinnen mit Aktien, 1990; Die besten Karten im Pensionspoker, 1999; Unsere Zukunft ist bunt, 1999; Gewinnen online, 2000.

Wais, Anton, * 7. 3. 1948 Wien, Manager. Studierte Jus in Wien. 1971–78 Ministerialsekr., danach in leitenden Positionen bei Knoblich Licht, Leuchtenwerk Traunreut, BFE AG Mainz und Kabel-Signal. 1992–93 stellv. kaufmänn. Leiter des Geschäftsbereiches 1 der ö. Post, 1996–99 Vorstandsmitgl. der Siemens Ö. AG, seit 1999 Gen.-Dir. der Ö. Post AG.

Waismann, Friedrich, * 21. 3. 1896 Wien, † 4. 11. 1959 Oxford (GB), Philosoph. Studierte Mathematik (bei H. → Hahn) und Physik sowie anschließend Philosophie (bei M. → Schlick) in Wien. Mitbegründer des Wr. Kreises, 1929–36 Assistent bei M. Schlick, bemühte sich um die Vermittlung der Philosophie L. → Wittgensteins. Emigrierte 1937 nach England, war bis 1939 Dozent an der Fakultät für Moral Sciences der Cambridge University und dann Prof. f. Philosophie der Mathematik (später Philosophie der Wiss.) in Oxford. W. vertrat urspr. eine streng neopositivist. Linie, von der er durch Wittgensteins Einfluss abkam.

Werke: Logische Analyse des Wahrscheinlichkeitsbegriffs, 1930; Die Natur des Reduzibilitätsaxioms, 1935; Über den Begriff der Identität, 1936; Einführung in das mathemat. Denken, 1936; Ist die Logik eine deduktive Theorie?, 1938; The Relevance of Psychology to Logic, 1938; Von der Natur eines philosophischen Problems, 1939; Logik, Sprache, Philosophie, 1976; Gespräche, in: L. Wittgenstein Werkausgabe, Bd. 3, 1989.

Waissenberger, Robert, * 16. 8. 1926 Wien, † 28. 3. 1987 ebd., Historiker. Ab 1949 im Kulturamt der Stadt Wien, ab 1974 Dir. der Museen der Stadt Wien. Unter seiner Leitung erlangte das Hist. Museum der Stadt Wien durch seine rege Ausstellungstätigkeit internat. Geltung, zahlr. Außenstellen (Gedenkstätten für W. A. Mozart, J. Haydn, L. v. Beethoven, A. Stifter) wurden eröffnet. W. leitete kulturhist. Großausstellungen wie „Traum und Wirklichkeit. Wien 1870–1930" (1984/85) und setzte erste Aktivitäten zur Gründung des Wr. Jüd. Museums. Zahlr. Publikationen.

Waitz, Sigismund, * 29. 5. 1864 Brixen (S-Ti.), † 30. 10. 1941 Salzburg, Geistlicher. 1913 Weihbischof von Brixen, 1921–38 Apostol. Administrator von Innsbruck-Feldkirch, 1934–41 Erzbischof von Salzburg. Umfangreiches soz. Wirken, Förderer des Salzburger Universitätsplans; bekannt durch seinen Sozialhirtenbrief „Lehren und Weisungen der ö. Bischöfe über soz. Fragen der Gegenwart" (1925), der ein Wegbereiter der Enzyklika „Quadragesimo anno" war.

Literatur: H. Jablonka, W. Bischof unter Kaiser und Hitler, 1971; M. Liebmann, T. Innitzer und der Anschluß, 1988.

Walbert, Kurt, * 30. 1. 1942 Salzburg, Manager. Seit 1965 in verschiedenen Unternehmensbereichen bei Porsche Ö. tätig, ab 1987 Vorstand der Porsche Bank AG und Aufsichtsrat der Porsche Versicherungs AG, ab 1991 Geschäfsführer von Porsche Austria, seit 1993 Gen.-Bevollmächtigter der Porsche Holding.

Walcher, Josef („Sepp"), * 8. 12. 1954 Schladming (Stmk.), † 22. 1. 1984 ebd. (Skiunfall), Skirennläufer. Mehrfacher ö. Staatsmeister, zahlr. Weltcupsiege. Weltmeister im Abfahrtslauf 1978 in Garmisch-Partenkirchen. Beendete 1982 seine Sportlerkarriere und verunglückte 1984 bei einem Schaurennen tödlich.

Waldbrunn, Ernst, * 14. 8. 1907 Krumau (Český Krumlov, CZ), † 22. 12. 1977 Wien, Schauspieler und Kabarettist; Ehemann von E. → Ott. Lernte 1938 in Mährisch-Ostrau K. → Farkas kennen, durch den er nach dem 2. Weltkrieg an das Wr. Kabarett Simpl kam. Durch seine Doppelconférencen mit Farkas wurde er zu einem Wr. Publikumsliebling, er trat aber auch als Charakterdarsteller und Komiker (charakterist. Stottern) auf der Bühne, v. a. am Theater in der Josefstadt, und in Filmen auf.

Werke: Das hat kein Goethe g'schrieben, 1957; Die Flucht, 1965 (Theaterstück, mit L. Winiewicz); Aber, aber, Herr Professor, 1969 (mit H. Wiener).

Waldbrunner, Karl, * 25. 11. 1906 Wien, † 5. 6. 1980 ebd., Elektrotechniker und Politiker (SPÖ). 1930–45 leitender Ingenieur in der Elektroind., 1946 Gesandter und bevollmächtigter Minister in Moskau, 1946–56 Zentralsekr. der SPÖ, 1965–74 stellv. Vorsitzender der SPÖ, 1950–73 Präs. des Bundes Sozialist. Angestellter. 1949–56 BMin. f. Verkehr und verstaatlichte Betriebe, 1956–62 BMin. f. Verkehr und Elektrizitätswirt., in dieser Funktion Gründungsmitgl. der CEMT (Konferenz europ. Verkehrsmin.) und 1960–61 Präs. der CEMT. 1945–71 Abg. z. NR, 1962–70 2. Präs. d. NR und 1970–71 1. Präs. d. NR; 1972–80 1. Vizepräs. der Oesterr. Nationalbank. W. setzte sich nach 1945 massiv für die Idee der Verstaatlichung, v. a. in der Schwerind. und auf dem Energiesektor, ein.

Waldburger, Hans, * um 1570 Innsbruck (Ti.), † vor dem 12. 8. 1630 Salzburg, führender Bildhauer des Manierismus; Sohn und Schüler des Innsbrucker Hofbildhauers Hans Leonhard W., künstlerisch beeinflusst von den in Innsbruck tätigen Bildhauern A. Colin und H. Gerhard. Von Erzbischof Wolf Dietrich von Raitenau nach Salzburg berufen, schuf hier zahlreiche Werke (u. a. Susannabrunnen im Kurpark, um 1610; Gartenfiguren im Schloss Hellbrunn; „Justitia" am Rathausportal, 1616); bes. Bedeutung besitzt sein Spätwerk, das den Übergang von der Spätrenaiss. zum Frühbarock kennzeichnet, dazu zählen die Orgel von St. Peter (Salzburg, 1620), der Hochaltar der ehem. Stiftskirche in Mondsee (OÖ., 1626), das Orgelgehäuse der Pfarrkirche von St. Wolfgang im Salzkammergut (OÖ., 1629) und der ehem. Hochaltar von Stift Nonnberg (Salzburg, 1629, seit 1853 in Scheffau a. d. Lammer, Sbg., Madonna von 1627 noch in Nonnberg).

Literatur: Fürsterzbischof Wolf Dietrich von Raitenau, Ausst.-Kat., Salzburg 1987.

Waldburg-Zeil-Hohenems, aus Schwaben stammendes Adelsgeschlecht; verwandt mit vielen ö. Familien, u. a. mit den Habsburgern (Linien Toskana und Salvator). 1827 in den ö. Fürstenstand erhoben, seit 1882 Besitzer von Schloss Hohenems (Vbg.).

Walde, Alfons, * 8. 2. 1891 Oberndorf (Ti.) † 11. 12. 1958 Kitzbühel (Ti.), Maler und Architekt. War vom Secessionismus beeinflusst, schuf Stillleben, Landschaftsbilder und Szenen aus dem bäuerl. Leben, wurde v. a. durch die 1920–38 entstandenen Plakate mit Winterlandschaften und Wintersportmotiven internat. bekannt; wirkte als Architekt beim Umbau von Schloss Mittersill (Sbg.) und Landhäusern mit.

Literatur: G. Ammann, A. W., 1981.

Waldeck, Heinrich Suso (eigentl. Augustin Popp), * 3. 10. 1873 Wscherau i. Egerland (Všeruby, CZ), † 4. 9. 1943 St. Veit i. Mühlkreis (OÖ.), Lyriker, Erzähler, Verleger, Kunsthändler, Musiker, Komponist und Bankbeamter in Dresden. War 1896–1904 Mitgl. des Redemptoristenordens und nach dem 1. Weltkrieg Religionslehrer. Mit P. v. → Preradović, R. → Billinger und F. → Schreyvogl wirkte er in der Ö. Leo-Ges. Schuf religiös-myst. Dichtungen mit strenger Formgebung, im Mittelpunkt seines Schaffens stand die negative Erfahrung von Natur bzw. die selbstzerstörerische Rolle des modernen Menschen. Ö. Staatspreis 1937.

Werke: Lyrik: Antlitzgedichte, 1926; Die milde Stunde, 1933. – Roman: Lumpen und Liebende, 1930. – Erzählung: Hildemichel, 1933. – Spiele, Balladen. – Ausgabe: Gesammelte Werke, hg. v. F. S. Brenner, Bd. 1: Dichtungen, 1948. – Literatur: A. Schiffkorn, H. S. W. Monographie, 1981.

Waldheim, Kurt, * 21. 12. 1918 St. Andrä-Wördern (NÖ.), Diplomat und Politiker (ÖVP). 1968–70 BMin. f. Auswärtige Angelegenheiten, 1971–81 Gen.-Sekr. der UNO. 1971 unterlag er als ÖVP-Kandidat bei den Bundespräs.-Wahlen F. → Jonas, 1986 erneute Kandidatur. Das zögernde Informieren über seine Rolle als Offizier der dt. Wehrmacht im 2. Weltkrieg löste internat. Kritik aus. Nach seiner Wahl zum Bundespräs. (1986–92) war er auf diplomat. Ebene isoliert. Die Wahl

Kurt Waldheim. Foto.

Karl Waldbrunner. Foto.

W. zum Bundespräs. war Auslöser einer grundsätzl. Diskussion über Ö. Rolle in der NS-Zeit.

Werke: Im Glaspalast der Weltpolitik, 1985; Worauf es mir ankommt, 1992; Die Antwort, 1996.

Waldinger, Ernst, * 16. 10. 1896 Wien, † 1. 2. 1970 New York (USA), Lyriker, Essayist, Übersetzer. Studierte Germanistik und Kunstgeschichte, Verlagsangestellter in Wien, flüchtete 1938 in die USA und war 1947–65 Prof. f. dt. Sprache und Literatur in Saratoga Springs. Seine formal klassizist. Gedankenlyrik („Der Gemmenschneider", 1937) ist geprägt von den Erfahrungen des Faschismus und des Exils, von Heimat- und Orientierungslosigkeit.

Weitere Werke: Lyrik: Die Kuppel, 1934; Die kühlen Bauernstuben, 1946; Musik für diese Zeit, 1946; Glück und Geduld, 1952; Zw. Hudson und Donau, 1958; Gesang vor dem Abgrund, 1961; Ich kann mit einem Menschenbruder sprechen, 1965. – Ausgabe: Noch vor dem jüngsten Tag, 1990 (Gedichte, Essays). – Literatur: H. J. Schütz, Ein dt. Dichter bin ich einst gewesen, 1988.

Waldmann, Kaspar, * 15. 7. 1657 Innsbruck (Ti.), † 18. 11. 1720 ebd., Fresken- und Dekorationsmaler des Frühbarock in Ti.; Sohn von Michael W. d. Ä. Neben seinem Neffen Johann Josef W. (1672–1712) maßgebl. an der Ausbildung einer autonomen illusionist. Deckenmalerei in Ti. beteiligt.

Werke: Fresken: Mariahilfkirche in Innsbruck, 1689; Stift Wilten, 1702–07; Sternbachschlössl in Mühlau, um 1720; Riesensaal der Hofburg in Innsbruck, 1711 (mit Johann Josef W., nicht erhalten); Kapelle der Servitenkirche Volders, 1697; fürsterzbischöfl. Burg in Brixen, 1708; Damenstift Hall, 1716 (Sommerhaus). – Altarbilder in Brixlegg.

Ferdinand Georg Waldmüller, Selbstporträt im Alter von 35 Jahren. Gemälde, 1828 (Österreichische Galerie Belvedere, Wien).

Waldmüller, Ferdinand Georg, * 15. 1. 1793 Wien, † 23. 8. 1865 Hinterbrühl b. Mödling (NÖ.), Maler und Kunstschriftsteller. Studierte an der Wr. Akad. und bildete sich durch private Kontakte sowie teilweise autodidakt. weiter. 1814–17 auf mehreren Reisen Theatermaler, Rückkehr nach Wien und Hinwendung zur Porträtmalerei, daneben pflegte er auch schon andere Gattungen und erwarb sich mühsam und allmählich virtuose Fertigkeiten der Wirklichkeitswiedergabe („Die Mutter des Hauptmanns von Stierle-Holzmeister", 1819; Selbstbildnis, 1828). An die Stelle einer franz.-glatten Manier trat ab ca. 1830 eine offenere Pinselführung. Ab 1830 wirkte er als Prof. und Kustos der Akad.-Galerie. Der Höhepunkt seiner Porträtkunst liegt v. a. in den 30er Jahren (Familienbild Dr. Eltz, 1835), anschließend verlegte er sich vorübergehend auf das Stillleben, doch dominierten dann Genre- und Landschaftsdarstellungen. W. erhob die Genrekunst durch Elemente des Historienbilds und sakrale Anspielungen in eine neue Dimension, die auch soz.-krit. Töne nicht scheute. Gleichzeitig setzte er sich unter Verwertung niederländ. Vorbilder und geschult durch zahlr. Italienfahrten mit Raum- und Lichtproblemen auseinander. Mit der scharfen (Sonnen-)Licht-Schatten-Wiedergabe und durch dramat. Arrangement erreichte er klass. Niveau („Der Notverkauf", „Fronleichnamsmorgen", beide 1857; „Die Klostersuppe", 1858), das im Spätwerk farblich-atmosphärische Akzente erhielt („Vorfrühling im Wienerwald", 1861). Seine nicht so sehr stimmungshafte als brillantsachl. Wiedergabe stieß wiederholt auf zeitgenöss. Kritik. Internat. Anerkennung fand W. 1856 in London. Als einer der vielseitigsten und formal aufgeschlossensten Künstler seiner Zeit schuf er wichtige Grundlagen für die weitere Entwicklung, blieb aber zugleich der Tradition und der Alt-Wr. Schule verbunden und erstrebte nicht die Ideale des Impressionismus. Bis 1851 unterrichtete er zahlr. Privatschüler. Seine berufl. Schwierigkeiten resultierten weniger aus seinen Neuerungen und Reformideen, die er in mehreren Schriften mehr polemisch als argumentativ verbreitete, als aus seinem unglückl. Temperament und einem Auftreten, das, durch Geltungsstreben und Minderwertigkeitskomplexe geprägt, oft das Maß verlor und sich im privaten Bereich sogar bis zur Gewalttätigkeit verstieg. Die Nachwelt übernahm lange die übertriebene Märtyrerlegende, die W. selbst geschaffen hatte. Angriffe auf die Akad. bewirkten 1857 W. Zwangspensionierung mit halbem Gehalt, das 1864 gnadenweise auf das Normalmaß erhöht wurde, ohne dass damit eine Rehabilitierung verbunden war.

Publikationen: Das Bedürfnis eines zweckmäßigeren Unterrichtes, 1846; Vorschläge zur Reform der Oesterr.-kaiserl. Akad. der bild. Kunst, 1849; Andeutungen zur Belebung der vaterländ. bild. Kunst, 1857. – Literatur: B. Grimschitz, F. G. W., 1943; ders., F. G. W., 1957; M. Buchsbaum, F. G. W., 1976; K. A. Schröder, F. G. W., Ausst.-Kat., Wien 1990; R. Feuchtmüller, F. G. W., 1793–1865. Leben – Schriften – Werke, 1996.

Waldstein, Ferdinand Graf, * 24. 3. 1762 Wien, † 26. 5. 1823 ebd., Gutsbesitzer und Komponist. War einer der bedeutendsten Förderer von L. van → Beethoven, der ihm seine Klaviersonate C-Dur op. 53 („W.-Sonate") widmete; schuf selbst eine Symphonie und 3 Solokantaten.

Literatur: H. Heer, Der Graf von W. und sein Verhältnis zu Beethoven, 1933.

Waldstein, Wilhelm, * 9. 11. 1897 Wr. Neustadt (NÖ.), † 22. 7. 1974 Altaussee (Stmk.), Pädagoge, Schriftsteller und Komponist; Sohn des gleichnamigen Vizepräs. des Kreisgerichts Wr. Neustadt († 1942).

Werk: Das gerettete Erbe. Aus einer Jugend im alten Ö., 1970. – Literatur: Sektionschef W. W. (1897–1974), Ausst.-Kat., Wr. Neustadt 1988.

Walheim, Alfred, * 5. 11. 1874 Ödenburg (Sopron, H), † 21. 12. 1945 Wien, Germanist und Politiker (Landbund). 1923–34 Abg. z. Bgld. Landtag, mehrmals Landesrat, 1923–24 und 1931–34 Landeshauptmann des Bgld., das auf seinen Vorschlag diesen Namen erhielt. 1924–25 Mitgl. d. BR. Schrieb Balladen und Lyrik sowie als polit. Dichter Beiträge zum „Scherer".

Werke: Balladen aus dem Bgld., 1933; Der Sachsenkürassier, 1935. – Übertragungen aus dem Mhd.: Der Wiener Meerfahrt, 1922.

Wallack, Franz (Friedrich), * 24. 8. 1887 Wien, † 31. 10. 1966 St. Johann i. Pongau (Sbg.), Techniker. Planer der Großglockner-Hochalpenstraße (1930–35), der Gerlos-Hochalpenstraße (1963) sowie weiterer Gebirgsstraßenbauten, Seilschwebebahnen und Kraftwerke.

Werk: Die Großglockner-Hochalpenstraße. Die Geschichte ihres Baues, 1949.

Wallaschek, Richard, * 16. 11. 1860 Brünn (Brno, CZ), † 24. 4. 1917 Wien, Musikwissenschaftler. Unterrichtete ab 1896 an der Univ. Wien (ab 1908 Prof.); schuf grundlegende Werke zu Musikpsychologie und Ethnomusikologie.

Werke: Primitive Music, 1893; Psychologie und Pathologie der Vorstellung, 1905; Psycholog. Ästhetik, 1930.

Albrecht Wenzel Eusebius von Wallenstein. Gemälde.

Wallenstein, Albrecht Wenzel Eusebius von, * 24. 9. 1583 Hermanitz (Hermanice, CZ), † 25. 2. 1634 Eger (Cheb, CZ; ermordet), Politiker und Feldherr im 30-jähr. Krieg; 1623 Reichsfürst, 1625 Hzg. v. Friedland, 1627/28 Fürst v. Sagan, 1627/29 Hzg. v. Mecklenburg; stammte aus dem böhm. Geschlecht Waldstein. W. trat 1604 in habsburg. Dienste, unterstützte 1617 Erzhzg. Ferdinand (II.) gegen Venedig, blieb im böhm. Aufstand 1618–20 auf dessen Seite und wurde 1622 Gubernator in Böhmen. Durch Heirat reich geworden, erwarb er große Güter, stellte 1625 auf eig. Kosten ein Heer auf und wurde oberster Befehlshaber aller kaiserl. Truppen. Im April 1626 schlug er E. Mansfeld bei

Dessau, eroberte 1627 Schlesien, drang 1627 bis Jütland vor und vermittelte den Frieden von Lübeck.
1630 erwirkten die dt. Fürsten in Regensburg seine Absetzung. Nach dem schwed. Vorstoß unter Kg. Gustav II. Adolf wurde W. am 13. 4. 1632 neuerlich mit dem Oberkommando betraut und verdrängte den Schwedenkönig, der am 16. 11. 1632 in der unentschiedenen Schlacht bei Lützen (Sachsen) fiel, aus S-Deutschland. 1633 wollte W. aus militär. Überlegenheit heraus Frieden schließen. Er weigerte sich, Bayern zu schützen, und verhandelte mit Schweden und Franzosen. Wegen des Misstrauens des Wr. Hofes wollte W. das Heer durch den Pilsener Schluss an sich binden, wurde aber von Ks. → Ferdinand II. geächtet, abgesetzt und mit seinen engsten Vertrauten (u. a. A. E. → Terzka) in Eger ermordet. Der Versuch, seinen Verrat nachzuweisen, misslang. W. war der bedeutendste Feldherr des 30-jähr. Kriegs.
Literatur: H. v. Srbik, W. Ende, ²1952; Golo Mann, W., sein Leben, 1986; H. Diwald, W., 1987; J. Polisensky u. J. Kollmann, W. Feldherr des Dreißigjähr. Krieges, 1997.

Wallisch, Friedrich, * 31. 5. 1890 Mährisch-Weißkirchen (Hranice, CZ), † 7. 2. 1969 Wien, Erzähler, Dramatiker, Lyriker, Arzt. Gründete 1954 den „Schutzverband der ö. Schriftsteller", dessen Präs. er auch war.
Werke: Romane: Die Flammenfrau, 1922; Die Gewalt, 1925; Abenteuer in Afrika, 1927; Vier Wochen Bad Ammer, 1948; Das Prantnerhaus, 1953; Der König, 1954; Dschungel, 1966. – Dramen: Das verborgene Feuer, 1918; Sensation, 1920 (mit C. Zeska); Opium, 1920. – Erzählungen, Essays, Biographien, Reisebücher, Lyrik. – Literatur: K. Hohenlocher, F. W., 1960.

Wallisch, Koloman, * 28. 2. 1889 Lugosch (Lugoj, RO), † 19. 2. 1934 Leoben (Stmk.; hingerichtet), soz.-dem. Politiker. Ab 1921 soz.-dem. Parteisekr. in Bruck a. d. Mur und Landtagsabg., 1930–34 Abg. z. NR. Rief als Kommandant des Republikan. Schutzbunds in der Ober-Stmk. in den Februarkämpfen am 12. 2. 1934 zum Kampf gegen die Exekutive auf und wurde nach Gefangennahme hingerichtet.
Literatur: K. Soós, K. W. Eine polit. Biographie, 1990.

Wallmann, Margarethe, * 22. 6. 1904 Wien, † 2. 5. 1992 Monaco (MC), Tänzerin, Choreographin und Regisseurin. Begann schon als Kind ihre Laufbahn als Tänzerin, 1931–39 Choreographin bei den Sbg. Festspielen, 1934–38 Ballettchefin der Wr. Staatsoper und Leiterin der Ballettschule; 1939 Emigration (USA, Argentinien). Nach 1945 erste Regisseurin, die international Karriere machte (Italien, USA, London, Salzburg); mehrfache Zusammenarbeit mit H. v. → Karajan, von dem sie bes. geschätzt wurde.
Werk: Les balcons du ciel, 1976 (Autobiographie).

Wallner, Josef, * 9. 1. 1902 Eibiswald (Stmk.), † 2. 3. 1974 Leoben (Stmk.), Landwirt und Politiker (ÖVP). Polit. Freiheitsstrafen 1938 und 1944; 1945–61 Abg. z. Stmk. Landtag, 1945–49 und 1952–61 1. Präs. des Landtags; 1961–70 Abg. z. NR, 1962–70 3. Präs. d. NR; 1960–70 Präs. des Ö. Bauernbunds.

Wallner, Leo, * 4. 11. 1935 Amstetten (NÖ.), Manager. Studierte Wirt.-Wiss. in Wien, 1957–60 Vorsitzender der Ö. Hochschülerschaft; ab 1964 wirt.-polit. Berater von Bundeskanzler J. → Klaus. Seit 1968 Gen.-Dir. der Casinos Austria AG, die er zu einem der größten Unternehmen dieser Branche weltweit ausbaute. Seit 1990 Präs. des Ö. Olymp. Comités und seit 1998 Mitgl. des Intern. Olymp. Comités.

Wallner, Viktor, * 10. 12. 1922 Wien, Schul- und Kulturpolitiker, Erwachsenenbildner, Gymnasialdir., 1965–88 Bürgermeister von Baden (NÖ.), das er wieder zur bedeutenden Kurstadt machte. 1974–83 Abg. zum Nö. Landtag; schriftstellerisch tätig.
Werke: Die Bauten J. Kornhäusels in Baden, 1982; Der nö. Bez. Baden und seine Gemeinden, 1995 (Hg.). – Zahlreiche Artikel und Radiovorträge über die Stadt Baden, Theater und Literatur in Ö. – Literatur: Humanes und Urbanes, Festschrift zum 60. Geburtstag, 1982.

Wallnöfer, Eduard, * 11. 12. 1913 Schluderns (S-Ti.), † 15. 3. 1989 Innsbruck (Ti.), Sekr. der Landw.-Kammer und Politiker (ÖVP). 1963–87 Landesparteiobmann der ÖVP, 1949–87 Abg. z. Ti. Landtag, 1949–63 Landesrat, 1963–87 Landeshauptmann von Ti. Während seiner Amtszeit stetiger wirt. Aufschwung Ti.; als Typus des erfolgreichen „Landesvaters" erlangte er breite Zustimmung und hohe Sympathie.
Literatur: K. Horst u. a. (Hg.), W.: Bauer und Landesfürst, 1993; H. Humer, E. W. Eine Biographie, 1999.

Wallseer, ö. Ministerialengeschlecht, kam mit Hzg. Albrecht I. von Schwaben nach Ö., verfügte im Spät-MA über großen Einfluss und reichen Besitz. Spaltete sich in 4 Linien, die im 14. und 15. Jh. ausstarben (Grazer Linie 1359, Linzer 1399, Drosendorfer 1405, Ennser 1483).
Literatur: M. Doblinger, Die Herren von Wallsee, 1906; K. Hruza, Die Herren von Wallsee. Geschichte eines schwäbisch-ö. Adelsgeschlechts (1171–1331), 1995.

Waltenhofen, Adalbert von, * 14. 5. 1828 Admontbichl (Gem. Obdach, Stmk.), † 5. 2. 1914 Wien, Physiker, Elektrotechniker. 1883–99 erster Prof. f. Elektrotechnik an der Techn. Hochschule Wien.

Bruno Walter. Foto, um 1960.

Walter, Bruno (eigentl. Bruno Walter Schlesinger), * 15. 9. 1876 Berlin (D), † 17. 2. 1962 Beverly Hills (USA), Dirigent und Komponist. 1901–12 Kapellmeister an der Wr. Hofoper (1911 ö. Staatsbürger); dann in München, Berlin und Leipzig; ab 1922 auch Dirigent bei den Sbg. Festspielen; 1933–38 wieder Chefdirigent der Wr. Staatsoper. Emigrierte 1938 nach Frankreich, lebte ab 1940 in den USA (1946 US-Staatsbürger); dirigierte ab 1947 wieder in Wien und Salzburg; berühmt als Mozart- und Mahler-Dirigent, zahlr. Auszeichnungen. Sein Nachlass (Partituren, Noten u. a.) wurde von seiner Tochter der Wr. Musikakad. übergeben.
Werke: Das Siegesfest (Chorwerk), 2 Symphonien, Kammermusik, Lieder. – Schriften: Von den moral. Kräften der Musik, 1935; G. Mahler, 1936 und 1957; Thema und Variationen, 1947 (Autobiographie); Vom Mozart der Zauberflöte, 1955; Von der Musik und vom Musizieren, 1957. – Literatur: P. Stefan, B. W., 1936; B. Gavoty, B. W., 1956; D. Woolridge, Conductor's World, 1970.

Koloman Wallisch. Foto, um 1930.

Walter, Friedrich, * 18. 8. 1896 Wien, † 30. 5. 1968 ebd., Historiker. War Offizier im 1. Weltkrieg, 1920–45 Archivar im Verwaltungs- und Hofkammerarchiv, ab 1955 Univ.-Doz. mit dem Hauptforschungsgebiet ö. Verfassungs-, Verwaltungs- und Wirt.-Geschichte.
Werke: Geschichte der ö. Zentralverwaltung, 1. u. 2. Reihe (1934–50), 3. Reihe (1964–69); Wien. Die Geschichte einer dt. Großstadt an der Grenze, 3 Bde., 1940–44; Inventare des Hofkammerarchivs, 1951; Männer um Maria Theresia, 1951; Die Theresianische Staatsreform von 1749, 1958; Ö. Verfassungs- und Verwaltungsgeschichte 1500–1955, hg. v. A. Wandruszka, 1972. – Literatur: MIÖG 77, 1969 (mit Schriftenverz.).

Walter, Gustav, * 11. 2. 1834 Bilin (Bilina, CZ), † 31. 1. 1910 Wien, Sänger (lyr. Tenor). V. a. Mozart-Interpret, 1856–87 an der Wr. Hofoper. 1887 Rücktritt von der Bühne, dann Konzert- und Liedersänger (bes. Schubertlieder).

Walter, Robert, * 30. 1. 1931 Wien, Jurist. Ab 1957 Richter, ab 1960 Univ.-Doz. f. Verfassungsrecht an der Univ. Wien, 1965 Univ.-Prof. in Graz, ab 1975 Univ.-Prof. am Inst. für Staats- und Verwaltungsrecht der Univ. Wien. Ehrenzeichen f. Wiss. u. Kunst 1998.
Werke: Der Aufbau der Rechtsordnung, 1964; Grundriß des ö. Bundesverfassungsrechts, 1976 (mit H. Mayer); Grundriß des ö. Verwaltungsverfahrensrechts, 1978 (mit H. Mayer); Hans Kelsen, 1985; Hans Kelsens Rechtslehre, 1999.

Walther von der Vogelweide. Buchmalerei (Manessische Handschrift, Universitätsbibliothek Heidelberg).

Walther von der Vogelweide, der bedeutendste und mit einer Überlieferung von rd. 500 Strophen in über 110 Tönen bzw. von 90 Liedern, 150 Sprüchen und einem Leich der erfolgreichste Minnesänger und Spruchdichter des MA, nur in einer einzigen urkundl. Erwähnung fassbar: der Passauer Bischof Wolfger von Erla schenkte ihm am 12. 11. 1203 „5 Solidi longi" für einen Pelzrock. Sein Geburtsdatum um 1170 ist nicht sicher erwiesen, ebenso ist sein Stand ungewiss. Aus seinem Werk kann erschlossen werden, dass er zunächst in Wien als Minnesänger wirkte, nach dem Tod von Hzg. Friedrich I. (1198) fahrender „Berufsdichter" wurde und an verschiedenen Fürstenhöfen (Thüringen, Meißen, Köln, Bayern, Passau, Kä.) auch als Spruchdichter in Erscheinung trat. In der Gattung der Spruchdichtung erzielte Walther seine größten literar. Leistungen und erschloss darin die hohe Politik und die Religion als Themen. In den polit. Sprüchen dominiert die Reichsthematik (Frage nach dem richtigen Herrscher), der Einfluss des Papstes wird heftig angegriffen. Auch die relig. Sprüche und Lieder (z. B. Palästinalied) beeindrucken durch ihre poet. Gestaltungskraft. Als Minnesänger setzte sich W. v. d. V. zunächst mit der geistig-gesellschaftl. Bedeutung der Hohen Minne (unerfüllbare Liebe zu einer hoch stehenden Dame) auseinander, in seiner Wr. Zeit stand er in Konkurrenz mit → Reinmar dem Alten. In den sog. Mädchenliedern („Unter der linden" und „Nemt frowe disen kranz") entwickelte er ein Gegenkonzept der Niederen Minne (erfüllbare bzw. erfüllte gegenseitige Liebe), um schließl. eine Synthese aus ideellem Anspruch und geglücktem Liebeswerben in der sog. Ebenen Minne zu suchen. Damit öffnete Walther dem Minnesang neue ästhet. Wege. Das eindrucksvollste Zeugnis für seine Künstlerpersönlichkeit gibt sein relativ klar abgrenzbares Alterswerk ab, allem voran die sog. „Elegie" („Owê war sint verswunden alliu mîniu jâr"), die zu den bedeutendsten Texten der dt. Literatur zählt. W. muss den Nachrufen ma. Dichterkollegen gemäß um 1230 in Würzburg (D) gestorben sein, wo er zuletzt ein kleines Lehen innehatte.

Ausgaben: Leich, Lieder, Sangsprüche, 14., neu bearb. Aufl. der Ausgabe K. Lachmanns, hg. v. C. Cormeau, 1996 (dieser Ausgabe folgt die Zählung der Gedichte); Werke, hg. v. J. Schaefer (mit Übersetzung und Kommentar), [2]1987; Gedichte, hg. v. P. Wapnewski (mit Übersetzung und Kommentar), [18]1988. – Literatur: K. H. Halbach, W. v. d. V., [4]1983; G. Hahn, W. v. d. V., 1986; M. G. Scholz, W. v. d. V., 1999.

Waluliso (eigentl. Ludwig Weinberger), * 2. 7. 1914 Wien, † 21. 7. 1996 ebd., Wr. Original. Sammelte unter dem Motto „Wasser – Luft – Licht – Sonne" Mitte der 70er Jahre auf der Baustelle der Donauinsel mehrere zehntausend Unterschriften für die Erhaltung und Nutzung dieses Gebiets als Freizeit- und Erholungsraum, womit er auch Erfolg hatte. Trat in den 80er Jahren als selbst ernannter Friedensapostel in weißer Toga in der Wr. Innenstadt auf.

Walzel, Camillo (Pseud.: F. Zell), * 11. 2. 1829 Magdeburg (D), † 17. 3. 1895 Wien, Feuilletonist und Librettist; Vater von Oskar → Walzel. Lebte ab 1847 in Wien; entwickelte mit R. → Genée ab 1871 die vorbildl. Textform der klass. Wr. Operette; 1884–89 künstler. Dir. des Theaters an der Wien.

Werke: Libretti für J. Strauß Sohn: Cagliostro in Wien, 1875; Eine Nacht in Venedig, 1883. – Für F. v. Suppé: Fatinitza, 1876; Boccaccio, 1879. – Für K. Millöcker: Der Bettelstudent, 1882; Gasparone, 1884. – Lustspiele.

Walzel, Leopold Matthias, * 29. 11. 1902 Wien, † 9. 6. 1970 ebd., Komponist und Musikschriftsteller. Ö. Staatspreis 1954.

Werke: Salamis (Oper), 4 Symphonien, Orchesterwerke, Kammermusik, Lieder. – Liederzyklen: Kirschblütenlieder; Aus dem Leben des V. van Gogh.

Walzel, Oskar, * 28. 10. 1864 Wien, † 29. 12. 1944 Bonn (D), Literaturwissenschaftler; Sohn von Camillo → Walzel. Univ.-Prof. in Bern, Dresden und Bonn. Versuchte kunsthist. Begriffe auf die Literaturwiss. zu übertragen („Gehalt und Gestalt im Kunstwerk des Dichters", in: Handbuch der Literaturwiss., 1923/24).

Weitere Werke: Die dt. Romantik, 1908; Die dt. Dichtung seit Goethes Tod, 1913 (erweiterte Ausgabe 1920); Das Wortkunstwerk, 1926; Die dt. Dichtung von Gottsched bis zur Gegenwart, 2 Bde., 1927/30. – Literatur: K. Naderer, O. W. Ansatz einer neuen Literaturwiss., [3]1994.

Wander, Fred, * 5. 1. 1917 Wien, Erzähler, Dramatiker, Jugendbuchautor. Als Sohn ostjüd. Eltern 1942–45 KZ-Häftling in Auschwitz und Buchenwald; nach dem Krieg Fotograf und Journalist, übersiedelte 1955 gemeinsam mit seiner Frau Maxie → Wander in die DDR, 1983 Rückkehr nach Wien. Bekannt geworden durch engagierte Jugend- („Taifun über den Inseln", 1958) und Erwachsenenbücher, mit denen er für Toleranz, Humanität und Vergangenheitsbewältigung („Der siebente Brunnen", 1971) eintritt.

Weitere Werke: Romane und Erzählungen: Bandidos, 1963; Ein Zimmer in Paris, 1975; Hotel Baalbek, 1991. – Das gute Leben. Erinnerungen, 1996. – Reisebücher. – Literatur: N. Hirsch, F. W., Dipl.-Arb., Wien 1995.

Wander, Maxie, * 3. 1. 1933 Wien, † 20. 11. 1977 Kleinmachnow b. Berlin (D), Erzählerin, Drehbuchautorin, Journalistin; Ehefrau von Fred → Wander. Ging 1955 mit ihrem Mann in die DDR und wurde 1977 mit der Textsammlung „Guten Morgen, Du Schöne. Protokolle nach Tonband" mit Lebenserfahrungen von Frauen aus der DDR schlagartig berühmt. In Tagebuchaufzeichnungen und Briefen setzte sie sich mit ihrer Krebskrankheit auseinander („Leben wär' eine prima Alternative", hg. v. F. Wander, 1980).

Weitere Werke: Provenzal. Reise, 1978 (mit F. Wander); Tagebücher und Briefe, hg. v. F. Wander, 1979; Ein Leben ist nicht genug, hg. v. F. Wander, 1990. – Kinder- und Kurzgeschichten in Ztschr. und Sammelbänden.

Wandruszka, Adam, * 6. 8. 1914 Lemberg (Lwíw, UA), † 9. 7. 1997 Wien, Historiker. War zunächst Redakteur bei der „Presse", ab 1959 Univ.-Prof. in Köln und 1969–84 Univ.-Prof. f. Ö. Geschichte in Wien.

Werke: Nuntiaturberichte aus Deutschland, 1953; Ö. polit. Struktur, 1954; Reichspatriotismus und Reichspolitik zur Zeit des Prager Friedens von 1635, 1955; Das Haus Habsburg, 1956; Geschichte einer Zeitung (Presse), 1958; Ö. und Italien im 18. Jh., 1963; Leopold II., 2 Bde., 1963/65; Schicksalsjahr 1866, 1966. – Hg.: Die Habsburgermonarchie 1848–1918, 1973ff.; Die Donaumonarchie und die südslaw. Frage von 1848 bis 1918, 1978. – Literatur: A. W. Festschrift zum 60. Geburtstag, 1974.

Waneck, Reinhart, * 16. 10. 1945 Wien, Mediziner und Politiker (FPÖ). Nach Studienaufenthalten in mehreren Ländern Europas und in den USA 1985 Habilitation als Radiologe, seit 1994 Univ.-Prof. in Wien. 1985–99 am Krankenhaus der Barmherzigen Schwestern des hl. Vinzenz von Paul in Wien (1995–99 ärztl. Leiter). Seit 2000 Staatssekr. f. Gesundheit im BM f. soziale Sicherheit und Generationen.

Waniek, Herbert, * 17. 10. 1897 Wien, † 11. 5. 1949 ebd., Schauspieler, Regisseur. 1921 am Dt. Theater in Brünn erste Regiearbeiten, 1922 am Dt. Volkstheater in Wien; 1924 Schauspieler am Wr. Theater in der Josefstadt unter M. → Reinhardt, 1926 Mitbegründer des „Theaters des Neuen" und Regisseur von Matineevorstellungen moderner Dramen im Theater in der Josefstadt; 1927 Schauspieler, Regisseur und Oberspielleiter am Züricher Schauspielhaus, 1930 Oberspielleiter in Essen, 1931 wieder am Zürcher Schauspielhaus;

1933–49 Regisseur am Burgtheater (66 Inszenierungen)

Literatur: F. Wagner, H. W. als Regisseur, Diss., Wien 1959; J. Mayerhöfer (Hg.), H. W. Ein ö. Regisseur (1897–1949), 1977.

Wänke, Heinrich, * 5. 9. 1928 Linz (OÖ.), Kosmochemiker. Nach Studium an der Univ. Wien ab 1953 am Max-Planck-Inst. f. Chemie in Mainz (D), dort 1967–96 Direktor der Abt. für Kosmochemie, daneben auch Prof. an der J.-Gutenberg-Univ. Mainz und Tätigkeit für viele internat. Organisationen. Entwickelte zusammen mit R. → Rieder den Spektrometer für die Pathfinder-Mission der NASA zum Mars 1997.

Wanke, Johannes, * 14. 3. 1923 Wien, Maler. Studium an der Akad. d. bild. Künste bei H. → Boeckl und S. → Pauser. Beschäftigte sich zunächst v. a. mit dem Holzschnitt und wandte sich später der Öl- und Aquarellmalerei zu. Großer Ö. Staatspreis 1950.

Literatur: V. Birke, J. W., Holzschnitte 1948–1992, Ausst.-Kat., Graph. Smlg. Albertina, Wien 1993.

Warsberg, Alexander Frh. von, * 30. 3. 1836 Saarburg b. Trier (D), † 28. 5. 1889 Venedig (I), Verfasser von Reiseberichten, Beamter in Graz, Generalkonsul in Venedig; Reisebegleiter Kaiserin → Elisabeths.

Werke: Ein Sommer im Orient, 1869; Odysseische Landschaften, 1878; Homerische Landschaften, 1884; Die Kunstwerke Athens, 1892; Eine Wallfahrt nach Dodona, 1893.

Wasmann, Erich, * 29. 5. 1859 Meran (S-Ti.), † 27. 2. 1931 Valkenburg (NL), Entomologe, Tierpsychologe („Ameisenpater"), Jesuit. Schuf den Zweig der Myrmekophilie (Zusammenleben der Ameisen), bekämpfte den biologist. Monismus E. Haeckels.

Werke: Instinkt und Intelligenz im Tierreich, 1897; Die moderne Biologie und das Entwicklungsproblem, 1901–03; Die psych. Fähigkeiten der Ameisen, 1909; Das Gesellschaftsleben der Ameisen, 1915; Die Ameisenmimikry, 1924; Die Ameisen, die Termiten und ihre Gäste, 1934.

Wassermann, Jakob, * 10. 3. 1873 Fürth (D), † 1. 1. 1934 Altaussee (Stmk.), Schriftsteller und Kritiker. Lebte ab 1898 als Theaterkorrespondent in Wien und schloss sich dem Kreis Jung-Wien an, übersiedelte 1919 nach Altaussee. War schon zu Lebzeiten einer der populärsten dt.-sprach. Autoren; verfasste psycholog. Romane und hist. Biographien von humanist. Grundhaltung. Sein bekanntestes Werk ist der Gerichtsroman „Der Fall Maurizius" (1928).

Weitere Werke: Romane: Melusine. Ein Liebesroman, 1896; Die Juden von Zirndorf, 1897; Die Geschichte der jungen Renate Fuchs, 1900; Alexander in Babylon, 1905; Caspar Hauser oder Die Trägheit des Herzens, 1908; Das Gänsemännchen, 1915; Christian Wahnschaffe, 2 Bde., 1919; Laudin und die Seinen, 1925; Etzel Andergast, 1931; Joseph Kerkhovens dritte Existenz, 1934. – Autobiographie: Mein Weg als Deutscher und Jude, 1921. – Essays, Novellen, Erzählungen. – Literatur: D. Rodewald (Hg.), J. W. 1873–1934, 1984; M. Neubauer, M. W., ein Schriftsteller im Urteil seiner Zeitgenossen, 1994; R. Koester, J. W., 1996.

Wastler, Josef, * 20. 2. 1831 Heiligenberg (OÖ.), † 1. 4. 1899 Graz (Stmk.), Kunsthistoriker, Geodät, Schriftsteller. Prof. an der Techn. Hochschule in Graz (4-mal Rektor); Reformer des Vermessungswesens.

Werke: Plan von Graz (1 : 5760), 1872; Steir. Künstler-Lexikon, 1883; Das Landhaus in Graz, 1890 (mit J. Zahn); Das Kunstleben am Hofe zu Graz, 1897; Die Architektur der Stmk. im MA, 1897; Neubearbeitung des „Hb. der niederen Geodäsie" von F. Hartner, [8]1898.

Waterhouse, Peter, * 24. 3. 1956 Berlin (D), Lyriker und Prosaautor, Essayist und Übersetzer. Germanist, 1981/82 Dozent in den USA, lebt in Wien. Setzt sich in seinen z. T. experimentellen Texten v. a. mit dem Verhältnis der Sprache zur erzählten Wirklichkeit auseinander („Besitzlosigkeit Verzögerung Schweigen Anarchie", 1985). manuskripte-Preis 1989.

Weitere Werke: Lyrik: Menz, 1984; passim, 1986; Das Klarfeld Gedicht, 1988. – Prosa: Sprache Tod Nacht Aussen. Gedicht. Roman, 1989; Kieselsteinplan für die unsichtbare Universität, 1990; Verloren ohne Rettung, 1993; Prosperos Land, 2000. – Drama: Diese andere Seite der Welt, 1989 (mit M. Ulama). – Essays. – Literatur: G. Vesper, P. W. Texte, Dokumente, Materialien, 1987; P. W. (Edition Text und Kritik), 1998.

Watt, Joachim (auch J. Vadianus), * 29. 11. 1483 oder 1484 St. Gallen (CH), † 6. 4. 1551 ebd., Humanist und Arzt. Kam 1502 nach Wien, war nach dem Tod von K. → Celtis 1508 führender Humanist, 1508–17 Lehrer für Poetik an der Univ. Wien, 1514 von Maximilian I. in Linz zum Dichter gekrönt. Kehrte 1518 nach St. Gallen zurück, wo er als Arzt und Bürgermeister wirkte und die Reformation Zwinglis durchsetzte.

Werke: De poetica et carminis ratione liber, 1518; Die Große Chronik der Äbte des Klosters St. Gallen, 1529. – Literatur: W. Näf (Hg.), Vadianstudien, 7 Bde., 1945–62.

Watzek, Hans, * 20. 12. 1848 Bilin (CZ), † 12. 5. 1903 Wien, Fotograf und Graphiker. 1866/67 an den Kunstakad. in Leipzig und München, danach Zeichenlehrer an Wr. Mittelschulen. Ab 1890 Beschäftigung mit Fotografie (Experimente mit Lochkamera, Porträt- und Landschaftsaufnahmen, Stillleben) sowie mit mehrfarbigen Gummidrucken. Bildete mit H. → Henneberg und H. → Kühn das „Trifolium".

Werke: Zur Technik der künstlerischen Photographie, in: Wr. photograph. Blätter, 1894. – Literatur: I. M. Kimeswenger, Der Kunstfotograf H. W., 1848–1903, Dipl.-Arb., Wien 1994.

Watzinger, Carl Hans (Pseud.: Bernhard Stauffer), * 7. 9. 1908 Steyr (OÖ.), † 27. 9. 1994 Linz (OÖ.), Erzähler, Dramatiker, Hörspielautor und Essayist. Urspr. Techniker, dann als Journalist in Linz tätig, Autor populärer hist. Romane dt.-nat. Tendenz; am erfolgreichsten war sein Luther-Roman „Mensch aus Gottes Hand" (1938).

Weitere Werke: Romane: Wachet auf und rühmet!, 1937; Spiel in St. Agathen, 1937; Die Bauernhochzeit, 1941; Kaiser, Kurfürst, Herr und Bauer, 1952; Die Trennung, 1957; Mit den Augen eines Vaters, 1957. – Erzählungen, Essays, Schauspiele, Komödien, Spiele und Hörspiele.

Watzlawick, Paul, * 27. 7. 1921 Villach (Kä.), Psychologe mit Schwerpunkt Kommunikations- und Sozialpsychologie. 1950–54 am C.-G.-Jung-Inst. f. Analyt. Psychologie in Zürich, 1957–59 Univ.-Prof. in El Salvador, seit 1960 Mitgl. des Mental Research Institute, Palo Alto (USA), sowie seit 1967 Lehrbeauftragter an der Stanford University (USA). Einflussreicher Vertreter einer konstruktivist. Sozialpsychologie, in der Elemente des sozialen Geschehens aufgrund ihres Zusammenhangs relativiert werden.

Werke: Menschl. Kommunikation, 1969; Anleitung zum Unglücklichsein, 1983; Die Möglichkeit des Andersseins, 1977; Wie wirklich ist die Wirklichkeit?, 1979; Münchhausens Zopf oder Psychotherapie und „Wirklichkeit", 1992. – Literatur: E. Marc, Bateson, W. und die Schule Palo Alto, 1991; B. Girgensohn-Marchand, Der Mythos W. und die Folgen, [3]1996.

Wawerka, Oskar Egon (Pseud.: Wolfgang Wiener), * 27. 4. 1903 Mürzzuschlag (Stmk.), † 26. 12. 1959 Wien, Lyriker. Lebte in Wien.

Werke: Lyrik: Ö. Bundesländer, 1946; Wir Menschen, 1952; Gebilde und Gestalten, 1953; Die hohe Stunde, 1954; Flut und Ebbe, 1954. – Balladen: Tat und Traum, 1948; Durch Zeiten und Völker, 1951; Weg ins Weite, 1951.

Wawra, Karl, * 27. 7. 1924 Wien, Lyriker, Erzähler und Schauspieler. War ab 1951 in der Ind. tätig. Befasste sich v. a. mit Themen vor autobiograph. Hintergrund („Die Boten jeder Stunde", 1962).

Weitere Werke: Lyrik: Gärtchen in Moll, 1952; Der Stufenbrunnen, 1956. – Romane: Kindern Eintritt verboten, 1959; Quasi vom Himmel gefallen, 1965. – Prosa: Türme, 1958; Peter verläßt das Paradies, 1961. – Literatur: O. J. Tauschinski, Sechsundzwanzig Engel zw. Mond und Erde, in: Wort in der Zeit 1, 1962.

Anton Webern. Foto, 1932.

Beda Weber. Gemälde von F. Wasman.

Konstanze Weber. Gemälde.

Ludwig Weber als Timur in der Oper „Turandot" von G. Puccini. Foto.

Wayß, Gustav Adolf, * 16. 10. 1851 Mühlhausen (D), † 19. 8. 1917 Waidhofen a. d. Ybbs (NÖ.), Techniker, Pionier des Stahlbetonbaus. Erwarb 1885 die Patente Moniers, war ab 1903 in Wien tätig; Gründer der Baufirma „G. A. W. & Co.".

Werk: Das System Monier, 1887.

Weber, Beda (eigentl. Johannes W.), * 26. 10. 1798 Lienz (O-Ti.), † 28. 2. 1858 Frankfurt a. Main (D), Schriftsteller, einer der Begründer der Ti. Volks- und Heimatkunde. Zuerst Schustergeselle, dann Benediktiner, 1826 Gymnasiallehrer in Meran, 1848/49 Abg. z. Frankfurter Nationalversammlung, in der Folge Stadtpfarrer in Frankfurt a. Main.

Werke: Lyrik: Lieder aus Ti., 1842; Vormärzl. Lieder, 1850. – Schriften: Das Land Ti., 3 Bde., 1837–38; Ti. und die Reformation, 1841; Hb. für Reisende in Ti., 1842; Predigten ans Ti. Volk, 1851; Charakterbilder, 1853. – Literatur: J. E. Wackernell, B. W. und die tirolische Literatur 1800–46, 1903.

Weber, Harry, * 13. 8. 1921 Klosterneuburg (NÖ.), Fotograf. Emigrierte 1938 nach Israel, kämpfte in der „Jewish Brigade" für die brit. Armee im 2. Weltkrieg. Lebt seit 1946 wieder in Ö. Arbeitete ab 1952 für den „Stern", ab 1967 Cheffotograf des Verlags Gruner & Jahr (Ztschr. „Stern", „Schöner Wohnen", „Brigitte", „Eltern"), nebenbei Theaterfotograf (Sbg. Festspiele). Publikation von Bildbänden und Gestaltung von Ausstellungen.

Werke: Wien – Gesichter einer Stadt, 1984; Die Wr. Philharmoniker, 1986; Ein Fest in Hellbrunn, 1987; Salzburg im Licht, 1990; Wien bei Nacht, 1992; Die Anderen, 1994; Heute in Wien, 1996; Jerusalem, 1998. – Literatur: C. Aigner (Hg.), H. W. Ein photograph. Bilderleben, 2001.

Weber, Johann, * 26. 4. 1927 St. Veit b. Graz (Stmk.), Geistlicher, 1969–2001 Bischof von Graz-Seckau. 1950 Priesterweihe, war vor seiner Bischofsernennung als Arbeiterpriester in Kapfenberg und Köflach sowie als Stadtpfarrer in Graz-St.-Andrä tätig. Initiierte 1981 den Steir. Katholikentag und 1993 den „Tag der Stmk.". 1995–98 Vorsitzender der Ö. Bischofskonferenz, 1998–2001 stellv. Vorsitzender.

Literatur: K. Amon u. M. Liebmann (Hg.), Kirchengeschichte der Stmk., 1993.

Weber, Konstanze (verheiratete Mozart bzw. Nissen), * 5. 1. 1762 Zell in Wiesental (D), † 6. 3. 1842 Salzburg, Sängerin (Sopran); Schwester von Aloysia Weber (Lange), heiratete 1782 in Wien W. A. → Mozart (gegen Protest von L. → Mozart). Nach dessen Tod 1791 sorgte sie für die Ausgabe der Werke Mozarts bei J. A. André in Offenbach, sortierte (und manipulierte) den Nachlass. Ihr 2. Mann, der dän. Diplomat G. → Nissen, den sie 1809 in Pressburg heiratete, schrieb die 1. Mozart-Biographie. W. lebte ab 1821 (1826 verwitwet) bis zu ihrem Tod in Salzburg.

Werk: Tage Buch meines Brief Wechsels in Betref der Mozartischen Biographie, Neuübertragung u. Kommentar v. R. Angermüller, 1999. – Literatur: W. Ogris, Mozart im Familien- und Erbrecht seiner Zeit, 1999.

Weber, Ludwig, * 29. 7. 1899 Wien, † 9. 12. 1974 ebd., Sänger (Bass). 1920–25 an der Wr. Volksoper, ab 1931 v. a. als Wagner-Sänger international tätig; ab 1945 an der Wr. Staatsoper, 1948 Kammersänger, ab 1961 Prof. am Mozarteum Salzburg; auch Oratorien- und Liedersänger.

Weber, Wilhelm, * 3. 6. 1916 Wien, Nationalökonom und Finanzwissenschaftler. 1963–86 Univ.-Prof. in Wien. Veröffentlichte grundlegende Bücher zur ö. Wirt.- und Finanzpolitik.

Werke: Wirt.-Wiss. und Wirt.-Politik in Ö., 1949; Theorie und Politik der Beschäftigung, 1954; Ö. Energiewirt., 1957; Die Verstaatlichung in Ö., 1964 (Hg.); Wirt. in Politik und Recht am ö. Beispiel 1945–1970, 1972.

Webern, Anton (von), * 3. 12. 1883 Wien, † 15. 9. 1945 Mittersill (Sbg.; von einem US-Soldaten irrtüml. erschossen), Komponist. 1904–08 Schüler von A. → Schönberg, mit dem ihn auch später Freundschaft verband. Studium der Musikwiss. bei G. → Adler, ab 1908 Theaterkapellmeister (u. a. in Bad Ischl und Prag). Wirkte 1918–22 in dem von A. Schönberg gegr. „Verein für musikal. Privataufführungen" mit. 1921 erschienen erste Werke in der Universal-Edition; 1922–34 Leiter und Dirigent der Arbeiter-Symphoniekonzerte und ab 1923 des Wr. Arbeiter-Singvereins. W. zählt mit A. Schönberg und A. → Berg zu den Hauptvertretern der Wr. Schule der Zwölftontechnik.

W. wurde für die moderne Musikentwicklung richtungsweisend, indem er Schönbergs Dodekaphonie zu einer konzentrierteren Form weiterentwickelte. Die knappen atonalen und dodekaphonen Aphorismen und Stenogramme werden als Symptome einer „Verdichtung des Ausdrucks in der kürzesten Form" bezeichnet. Die abstrakte, ausgesprochen konstruktive Technik, verbunden mit einer subtilen Verwendung der Klangfarben, machte die Rezeption seiner Kompositionen zunächst problematisch.

Werke: Orchesterwerke, Kammermusik, Lieder, Chöre. – Schriften: Wege zur neuen Musik, hg. von W. Reich, 1960. – Literatur: W. Kolneder, A. W. Einführung in Werk und Stil, 1961; W. Reich, A. W., 1961; H. Moldenhauer, The Death of A. W., 1961; F. Wildgans, A. W., 1966; F. Döhl, W. Beitrag zur Stilwende der neuen Musik, 1976; H. Moldenhauer, A. W., 1979; M. Hayes, A. v. W., 1995.

Wechner, Bruno, * 1. 7. 1908 Götzis (Vbg.), † 28. 12. 1999 Bregenz (Vbg.), Geistlicher. 1933 Priesterweihe, 1955 Generalvikar und Weihbischof von Vbg., 1968–89 erster Diözesanbischof der Diözese Feldkirch.

Wechsberg, Joseph, * 29. 8. 1907 Mährisch-Ostrau (Ostrava, CZ), † 10. 4. 1983 Wien, Erzähler, Essayist und Journalist, ausgebildeter Jurist. Weltreisender, 1936 Parlamentssekr. der Jüd. Partei in Prag, kam 1938 nach New York und begann in engl. Sprache zu schreiben; berühmt wurde er durch seine Jugenderinnerungen („Looking for a Bluebird", 1945, dt. unter dem Titel „Ein Musikant spinnt sein Garn", 1949). Nach dem 2. Weltkrieg Militärkorrespondent in Europa, später Ö.-Korrespondent der Ztschr. „The New Yorker" in Wien.

Weitere Werke: Roman, autobiograph. Schriften, Essays. – Literatur: J. Serke, J. W., in: ders., Böhmische Dörfer, 1987.

Wechselberger, Helmut, * 12. 2. 1953 Jerzens (Ti.), Radrennfahrer. Als Amateur Sieger der Ö.-Radrundfahrt 1982 und 1986, Sieger der Rheinland-Pfalz-Rundfahrt 1982; mehrfacher ö. Meister. 1988 als Profi Sieger der Tour de Suisse und des Europa-GP in Innsbruck. Danach als Bankkaufmann tätig.

Weck, Peter, * 12. 8. 1930 Wien, Kammerschauspieler, Regisseur, Theaterintendant. 1940–44 Wr. Sängerknabe; 1948–50 Dirigentenklasse an der Hochschule f. Musik und darst. Kunst, 1951–53 Reinhardt-Seminar; 1953 Debüt am Stadttheater Klagenfurt, ab 1954 in Berlin, München, Hamburg und am Theater in der Josefstadt, 1957–68 am Burgtheater; 1968–75 Schauspielhaus Zürich, wo er erste Regieerfolge feierte. Äußerst produktive Film- und Fernsehtätigkeit als Schauspieler und Regisseur (Serien); 1983–86 Dir. des Theaters an der Wien (ab 1983 Musical „Cats"), 1986–92 Generalintendant der Vereinigten Bühnen Wien (Welturaufführungen der Musicals „Freudiana", 1990; „Elisabeth", 1992); zahlreiche Auszeichnungen.

Publikationen: Cats, 1985; Musical. Geschichte, Produktionen, Erfolge, 1986 (mit J. Sonderhoff); A Chorus Line in Wien, 1988; Les Misérables – Die Musical Sensation in Wien, 1989; Alles über Das Phantom der Oper, 1989.

Wedenig, Ferdinand, * 10. 5. 1896 Gurnitz (Kä.), † 11. 11. 1975 Klagenfurt (Kä.), Verlagsdir. und Politiker (SPÖ). Aus polit. Gründen 1934 und 1944/45 (KZ Dachau) interniert; 1945 Mitgl. der provisor. Kä. Landesregierung, 1945–47 Abg. z. NR, 1947–65 Landeshauptmann von Kä.

Wedl, Karl, * 14. 10. 1815 Wien, † 21. 9. 1891 ebd., Anatom, Histologe. Zuerst Arzt in Bad Ischl und Salzburg, dann Univ.-Prof. in Wien. Vermachte sein Vermögen der Akad. der Wiss.
Werke: Grundzüge der patholog. Histologie, 1854; Atlas zur Pathologie der Zähne, 1868 (mit M. Heider); Der Aberglaube und die Naturwiss., 1883; Patholog. Anatomie des Auges, 1885 (mit E. Bock).

Wegener, Alfred, * 1. 11. 1880 Berlin (D), † Ende Nov. 1930 Grönland (erfroren; Leichnam 1931 gefunden), Geophysiker, Meteorologe, Polarforscher. Ab 1924 Univ.-Prof. f. Meteorologie und Geophysik in Graz; Teilnehmer der Grönlandexpeditionen 1906–08 (dänisch), 1912–13, 1929 und 1930/31 (Leiter). Wurde durch seine zunächst umstrittene, aber bahnbrechende Theorie der Kontinentalverschiebung bekannt.
Werke: Die Entstehung der Kontinente und Ozeane, 1915; Mit Motorboot und Schlitten in Grönland, 1930. – Literatur: J. Georgi, Im Eise vergraben, 1933; K. Wegener (Hg.), Wiss. Ergebnisse der Dt. Grönlandexpedition A. W. 1929 und 1930/31, 7 Bde., 1933–40; U. Wutzke, Durch die weiße Wüste. Leben und Leistungen des Grönlandforschers und Entdeckers der Kontinentaldrift A. W., 1997; ders., A. W. Kommentiertes Verzeichnis der schriftl. Dokumente seines Lebens und Wirkens, 1998.

Wegscheider, Rudolf, * 18. 10. 1859 Nagybecskerek (Zrenjanin, YU), † 8. 1. 1935 Wien, Chemiker. Wegbereiter der physikal. Chemie in Ö.; 1902–31 Univ.-Prof. in Wien, erreichte den Neubau eines Institutsgebäudes für Chemie, 1904–29 Präs. des Vereins Ö. Chemiker. Entwickelte die Theorie der chem. Reaktionsgeschwindigkeit.
Werke: Über Derivate und Constitution der Opiansäure und Hemipinsäure, 1882; Über die Dissociation der Gase, 1899; Über die allg. Form der Gesetze der chem. Kinetik homogener Systeme, 1900; Über radioaktive Substanzen, 1905; Zur Kinetik der Reaktionen mit Elektrolyten, 1917. – Literatur: R. W., Festschrift zum 70. Geburtstag, 1929.

Wehdorn, Manfred, * 23. 1. 1942 Wien, Architekt. Studierte 1966–69 an der Techn. Hochschule in Wien, seit 1981 Univ.-Prof. an dieser, seit 1990 Vorstand des Inst. f. Kunstgeschichte, Denkmalpflege und Ind.-Archäologie. 1986–91 Vorsitzender des Denkmalbeirats f. Ö. und 1985–89 der Arbeitsgruppe „Industrial Heritage" beim Europarat. 1991–98 Vorsitzender des Fachbeirats für Stadtplanung und -erhaltung Wien. Seit 1998 Experte für Fragen der Denkmalpflege in der Europ. Kommission in Brüssel (Vertretung Ö.).
Werke: Revitalisierungen Schloss Dürnstein; Neugebäudekomplex, Wien 11 (Projekt); Palais Kinsky, Wien; Palais Harrach, Wien; Schloss Schönbrunn (Neuordnung der Besucherstromführung und Hofüberdachungen); Redoutensaaltrakt der Hofburg nach dem Brand 1992; Gasbehälter, Wien; Roßauerkaserne, Wien; Museumsquartier, Wien (mit M. Ortner und L. Ortner); Stift Admont (Gesamtkomplex und Stiftsmus.). – Mehrere Ausstellungsbauten sowie Ind.- und Kirchenbauten. – Publikationen: Baudenkmäler des Eisenhüttenwesens, 1977; Die Bautechnik der Wr. Ringstraße, 1979; Baudenkmäler der Technik und Ind. in Ö., 1984ff.; Phoenix. Die Redoutensäle der Hofburg in Wien, 1999; 101 Restaurierungen in Wien, 2000.

Wehle, Peter, * 9. 5. 1914 Wien, † 18. 5. 1986 ebd., Musiker, Komponist, Textdichter, Kabarettist. Jus- und Germanistikstudium, Klavier- und Violinausbildung; 1946 gem. mit G. → Philipp Gründung des Kabaretts „Die kleinen Vier" in Salzburg. Seine Zusammenarbeit mit G. → Bronner und H. → Qualtinger gab dem ö. Kabarett der Nachkriegszeit wichtige Impulse. Mit G. Bronner rief er die Rundfunksendung „Der Guglhupf" ins Leben, verfasste Schlagertexte (u. a. für P. → Alexander), Chansons, Wienerlieder, musikal. Komödien und zahlreiche Bücher.
Werke: musikal. Komödien: Klimbim, 1947 (mit K. Farkas); Ich und der Teufel, 1957 (mit G. Bronner); Das heiße Eisen, 1953 (mit G. Bronner u. F. Eckhardt); Die unruhige Kugel, 1963 (mit G. Bronner). – Publikationen: Die Wr. Gaunersprache, 1977; Sprechen Sie Wienerisch?, 1980; Sprechen Sie ausländisch?, 1982; Der lachende Zweite, 1983 (Autobiographie); Singen Sie Wienerisch?, 1986.

Weibel, Peter, * 5. 3. 1944 Pleschen (Pleszew, PL), Aktionskünstler, Regisseur, Publizist und Ausstellungskurator. Seit 1984 Prof. f. visuelle Mediengestaltung an der Hochschule f. angew. Kunst in Wien (seit 1998 karenziert), 1992–95 künstler. Leiter der Ars Electronica in Linz, seit 1999 Leiter des Zentrums für Kunst und Medientechnologie in Karlsruhe (D). Zahlr. Publikationen zu Medien, Fotografie und Kunst; Siemens-Medienkunstpreis 1997 (mit V. Flusser und I. Günther).
Literatur: P. W. Inszenierte Kunstgeschichte, Ausst.-Kat., Wien 1989; P. W. Malerei zw. Anarchie und Forschung, Ausst.-Kat., Graz 1992; R. Schuler (Hg.), P. W. – Bildwelten 1982–96, 1996.

Alfred Wegener. Foto.

Weichselbaum, Anton, * 8. 2. 1845 Schiltern (NÖ.), † 22. 10. 1920 Wien, Anatom. Wies als erster im Leichenblut des Menschen Tuberkelbazillen nach, trug zum Ausbau der Geschwulstlehre sowie der Gelenks- und Knorpelpathologie bei und forschte auf dem Gebiet der Zuckerkrankheit. Verdienste um die Bekämpfung des Alkoholismus und um die Gründung der ersten Lungenheilstätte in Ö. (Alland, NÖ.).
Werke: Grundriß der patholog. Histologie, 1892; Über Entstehung und Bekämpfung der Tuberkulose, 1896; Parasitologie, 1899; Epidemiologie, 1899; Über die Infektionswege der menschl. Tuberkulose, 1907; Über die Beziehungen zw. Körperkonstitution und Krankheit, 1912.

Weidenfeld, George, Lord (eigentl. Arthur W.), * 13. 9. 1919 Wien, Verleger. Emigrierte 1938 nach Großbritannien, Mitarbeiter der BBC, 1945 Gründung des Magazins „Contact". 1948 (mit N. Nicolson) Gründung des Verlags W. & Nicolson, heute eines der größten brit. Verlagshäuser. 1949/50 Berater des israel. Präsidenten C. Weizmann. 1969 in den Ritterstand erhoben, seit 1976 als Lord Mitgl. des brit. Oberhauses. Britischer und seit 1994 auch wieder ö. Staatsbürger.
Werk: Von Menschen und Zeiten, 1995 (Autobiographie). – Literatur: Encyclopaedia Judaica, Bd. 16, 1971.

Weidinger, Hermann Josef (eigentl. Heinrich Anton W.), * 16. 1. 1918 Riegersburg (NÖ.), Pfarrer und Kräuterspezialist. 1938–45 Missionar in China, beschäftigte sich dort mit Naturheilkunde; trat nach der Rückkehr in das Prämonstratenserstift Geras ein. Leitet seit 1980 den „Verein der Freunde der Heilkräuter". Zahlreiche Bücher, Vorträge und TV-Sendungen.
Werke: Ein guter Rat vom Kräuterpfarrer, 1981; Ich bin eine Ringelblume, 1983; Köstliche Früchte, 1983; Heilkräuter, 2 Bde., 1983/84; Guter Morgentip vom Kräuterpfarrer, 2 Bde., 1988; Laßt mich vom Leben reden, 1990; Augenblicke, 1992; Hollerbusch, Kranewitt und Haselnuß, 1994; Nütze den Augenblick, 1994; Kräuter für die Seele, 1995; Grüne Oase ums Haus, 1995; Mensch und Baum, 1997. – Literatur: E. Wagner, Kräuterpfarrer W., ein Protagonist der alternativen Heilkulturwiss., Dipl.-Arb., Wien 1996.

Weidinger, Josef („Joschi"), * 25. 4. 1923 Wien, Boxer und Cafetier. 1950 Europameister im Schwergewicht durch Sieg gegen den Franzosen S. Olek und Dritter der Weltrangliste. Beendete 1951 seine Karriere nach einer Niederlage gegen J. Gardner.

Weidmann, Franz Seraph, * 1. 2. 1790 Wien, † 28. 1. 1867 ebd., Schauspieler, Lyriker, Dramatiker und Topograph; Neffe von Paul → Weidmann. Bis 1819 am Burgtheater tätig; Autor hist. Dramen („Mathias Corvinus, Kg. von Ungarn", 1815) und heimatkundl. Werke.

Weitere Werke: Lyrik: Gedichte, 2 Bde., 1816/17. – Dramen: Clementine von Aubigny, 1816; Wilfried von Hohenstein, 1818; Die Belagerung von Solothurn, 1819; Die Scharfenecker oder Der Verbannte, 1821; Das Dauernde im Wechsel, 1823; Die Geächteten, 1826; Der Ring des Glückes, 1833; Till Eulenspiegel, 1837. – Topographisches: Wegweiser auf Ausflügen durch Ö. und Stmk., 1821; Wiens malerische Umgebung, 1844. – Ausgabe: Sämtl. Werke, 3 Bde., 1821–22. – Literatur: ADB.

Weidmann, Paul, * 26. 3. 1748 Wien, † 9. 4. 1801 ebd., Schriftsteller; Onkel von Franz Seraph → Weidmann. Ab 1767 im Staatsdienst tätig; verfasste mit großem Erfolg aufklärerische Sing- und Lustspiele („Der Bettelstudent", 1776; „Die schöne Wienerin", 1776) sowie das erste dt. Kunstdrama über den Fauststoff („Johann Faust", 1775).

Weitere Werke: Dramen: Pedro und Ines, 1771; Der adelige Tagelöhner, 1780. – Literatur: K. Adel, P. W., in: Jb. der Ges. für Wr. Theaterforschung 12, 1960.

Weiermair, Peter, * 22. 4. 1944 Steinhöring (D), Fotopublizist. Studierte Germanistik und Kunstgeschichte in Innsbruck und Wien, seit 1964 zahlreiche Publikationen über Fotografie und Ausstellungsorganisation. 1980–98 Leiter des Frankfurter Kunstvereins, 1998–2001 Dir. der Sbg. Landessammlungen Rupertinum, seit 2001 Leiter der Galerie moderner Kunst in Bologna und des dortigen Morandi-Mus.

Werke: Photographie als Kunst 1879–1979. Kunst als Photographie 1949–1979, 2 Bde., 1979; Das verborgene Bild. Geschichte des männl. Aktes in der Fotografie des 19. und 20. Jh., 1987. – Hg.: Über Max Weiler, 1980; Medardo Rosso, 1984; Arte Austriaca 1960–1984, 1984; Portraits, 1994; Jean Egger, 1995; Lust und Leere, 1997; Helen Levitt, 1998; Leo Kandl, 1999.

Hans Weigel. Foto.

Weigel, Hans, * 29. 5. 1908 Wien, † 12. 8. 1991 Maria Enzersdorf (NÖ.), Theaterkritiker und Schriftsteller, Lebensgefährte von E. → Ott. Bis 1938 Mitarbeiter an Kleinkunstbühnen in Wien, 1938–45 im Schweizer Exil. 1946 begann er seine Tätigkeit als viel beachteter Theaterkritiker u. a. für das „Neue Ö." und den „Kurier". W. gilt als Entdecker von I. → Bachmann und G. → Fritsch. In der von ihm 1951–54 hg. Anthologienreihe „Stimmen der Gegenwart" förderte er v. a. junge Autoren; als Sprachkritiker sah er sich in der Tradition ö. sprachskeptischer Autoren („Die Leiden der jungen Wörter", 1974).

Weitere Werke: Dramen: Axel an der Himmelstür, 1926; Barabbas, 1946; Angelica, 1948; Die Erde, 1948; Das wissen die Götter, 1950. – Romane: Der grüne Stern, 1946; Unvollendete Symphonie, 1951. – Essays: O du mein Österreich, 1956; Masken, Mimen und Mimosen, 1958; Flucht vor der Größe, 1960; A. Hörbiger, 1963; K. Kraus, 1968; Das Land der Deutschen mit der Seele suchend, 1978; Ad absurdum, 1980 (Satiren, Parodien); 1001 Premiere, 2 Bde., 1983 (Theaterkritiken); Nach wie vor Wörter, 1985 (Literaturkritiken); Das Abendbuch, 1989; Das Scheuklappensyndrom, 1990. – Übersetzungen (Molière). – Literatur: W. Obermaier (Hg.), H. W., Ausst.-Kat., Wien 1988; E. Vujica, Im Dialog mit H. W., 1998.

Weigel, Helene, * 12. 5. 1900 Wien, † 6. 5. 1971 Berlin (D), Schauspielerin, Theaterleiterin. Ging nach ihrer Schauspielausbildung in Wien 1918 nach Frankfurt, später an M. → Reinhardts Dt. Theater in Berlin. 1923 erste Zusammenarbeit mit ihrem späteren Ehemann B. Brecht, mit dem sie in die USA emigrierte. 1948 Rückkehr nach Ostberlin, wo sie 1949 mit Brecht das „Berliner Ensemble" gründete, das sie bis zu ihrem Tod leitete.

Werk: „Wir sind zu berühmt, um überall hinzugehen". Briefwechsel 1935–71, 2000. – Literatur: W. Pintzka (Hg.), Die Schauspielerin H. W., 1959; V. Tenschert, Die W., 1981; W. Hecht, H. W., 2000; S. Kebir, Abstieg in den Ruhm. H. W., eine Biographie, 2000; C. Stern, Männer lieben anders. H. W. und B. Brecht, 2000.

Josef Weigl. Lithographie von J. Kriehuber, 1829.

Weigl, Josef, * 28. 3. 1766 Eisenstadt (Bgld.), † 3. 2. 1846 Wien, Komponist und Dirigent; Patenkind J. → Haydns. Von A. → Salieri gefördert; 1790 Theaterkapellmeister an den Wr. Hoftheatern, 1792 Erster Theaterkapellmeister, 1827 Vizehofkapellmeister, 1839 pensioniert. Seine Singspiele „Das Waisenhaus" und „Die Schweizerfamilie" gehören zu den erfolgreichsten dieser Gattung überhaupt.

Werke: 11 Messen, ca. 34 Opern und Singspiele, 18 Ballette, 2 Oratorien, 22 Kantaten, Kammermusik.

Weihs, Oskar, * 19. 4. 1911 Wien, † 7. 2. 1978 ebd., Ökonom und Politiker (SPÖ). 1959–75 Abg. z. NR, 1970–76 BMin. f. Land- und Forstw.

Weikhart, Eduard, * 21. 11. 1905 Wien, † 25. 7. 1986 Bruck a. d. Mur (Stmk.), Eisenbahner und Politiker (SPÖ). 1945–71 Abg. z. NR, 1956–66 Staatssekr. im BM f. Handel und Wiederaufbau.

Weikl, Bernd, * 29. 7. 1942 Wien, Sänger (Bass-Bariton). Seit seinem Debüt 1968 internat. Karriere, 1972 erstmals an der Wr. Staatsoper (seit 1998 Ehrenmitgl.); breites Repertoire (W. A. Mozart, R. Strauss, v. a. R. Wagner).

Werke: Frei erfunden, 1996; Vom Singen und von anderen Dingen, 1998.

Weil, Alexander, Ritter von Weilen, * 4. 1. 1863 Wien, † 23. 7. 1918 Böckstein (Sbg.; Bergunfall), Literatur- und Theaterhistoriker; Sohn von Joseph → Weil. Univ.-Prof. für Literaturgeschichte und Kustos der Hofbibl., Verfasser von Werken zur Wr. Theatergeschichte.

Werke: Geschichte des Wr. Theaterwesens, 1899; Zur Wr. Theatergeschichte, 1901; Geschichte des k. k. Hofburgtheaters, 1902; Julie Rettich, 1909; Geschichte der Stadt Wien, 6 Bde., 1897–1918 (Mit-Hg. und Hg. v. Bd. 4, 1918).

Weil, Joseph, Ritter von Weilen (seit 1874), * 28. 12. 1828 Tetin b. Prag (CZ), † 3. 7. 1889 Wien, Schriftsteller; Vater von Alexander → Weil. Zunächst Wanderschauspieler, ab 1848 militär. Laufbahn in Wien, 1852 Lehrer für Geschichte und Geographie am Kadetteninst. in Hainburg, 1854 Prof. f. Geschichte an der Genieakad. in Znaim, 1861 Skriptor an der Wr. Hofbibl. und Prof. f. dt. Literatur an der Kriegsschule; 1873 Dir. der von ihm (mit S. H. v. Mosenthal) gegr. Schauspielschule am Konservatorium der Ges. der Musikfreunde in Wien, daneben schriftsteller. Tätigkeit. 1883 Präs. des Schriftstellerverbands Concordia.

Werke: Dramatische Dichtungen, 3 Bde., 1868–70. – Gedichte, Romane. – Redaktion des von Kronprinz Rudolf 1884 ins Leben gerufenen 24-bändigen Sammelwerks „Die Ö.-Ungar. Monarchie in Wort und Bild", 1885ff.

Weil, Robert (Pseud.: Gustav Holm, Homunkulus), * 4. 8. 1881 Wien, † 5. 12. 1960 New York (USA), Schriftsteller, Kabarettist. Verfasser von Kabaretttexten, Mitarbeiter verschiedener ö. und dt. Ztschr., mit seinen „Homunkulus"-Abenden Tourneen durch Deutschland. Verließ 1938 Ö. und emigrierte 1939 in die USA, wo er zunächst als Telegrammbote, später als freier Schriftsteller in New York arbeitete.

Werke: Novellen, Erzählungen, Aphorismen, Romane, Libretti, Drehbücher.

Weiland, Joseph, * 21. 9. 1882 Schrick (Gem. Gaweinstal, NÖ.), † 12. 7. 1961 Wien, Weinviertler Heimat- und Mundartdichter. Wurde mit Werken wie „Aus da Weingegnd" (1927), und „'s Hauerrastl" (1932) bekannt; Obmann des Vereins der Mundartfreunde Ö.

Weitere Werke: Lyrik: Mein dritts Lesn, 1936; Liada, Lehrn und Allahand, 1945; Herbst in meinem Weinberg, 1949. – Erzählungen: Laßts's eng darzähln, 1935. – Literatur: K. Bosek-Kienast, J. W., in: Heimatkünder, 1956.

Weilen, Alexander von, → Weil, Alexander.

Weilen, Joseph von, → Weil, Joseph.

Weiler, Ingomar, * 28. 4. 1938 Treglwang (Stmk.), Historiker. Seit 1976 Univ.-Prof. am Inst. für Alte Geschichte und Altertumskunde der Univ. Graz. Renommierter Experte für griech. Geschichte des Altertums.

Werke: Der Agon im Mythos, 1974; Griechische Geschichte, 1976; Vergleichende Geschichtswiss., 1978 (Mit-Hg.); Grundzüge der polit. Geschichte des Altertums, ²1995 (Hg.).

Weiler, Max, * 27. 8. 1910 Absam (Ti.), † 29. 1. 2001 Wien, Maler und Graphiker. 1964–80 Prof. an der Akad. d. bild. Künste in Wien, 1960 ö. Vertreter auf der Biennale in Venedig, ab 1967 im ö. Kunstsenat. Versuchte, das „innere Wesen" von Natur und Landschaft in einer abstrahierenden Formensprache zu erfassen. Schuf Tafelbilder, Aquarelle, Zeichnungen und Druckgraphiken sowie ab 1946 bedeutende Serien von (zunächst umstrittenen) Fresken, u. a. in Innsbruck (Theresienkirche auf der Hungerburg, Hauptbahnhof, Stadtsaal) und in Linz (Friedenskirche in Urfahr), sowie Mosaike, Glasbilder und Keramikwandbilder im öffentl. Raum. Großer Ö. Staatspreis 1960, Ehrenzeichen f. Wiss. und Kunst 1979.

Literatur: W. Skreiner, M. W., 1975; O. Breicha (Hg.), W., die innere Figur, 1989; K. Hauser, M. W., Portraits 1933–90, 1990; W. Innenschau, Ausst.-Kat., Innsbruck 1992; M. W. Bilder von 1985–91, Ausst.-Kat., Wien 1994; W. Schmied, M. W., 1998; E. Köb (Hg.), M. W. Im Jh. der Moderne. Malerei seit 1927, Ausst.-Kat., Wien 1999.

Weinbacher, Jakob, * 20. 12. 1901 Wien, † 15. 6. 1985 ebd., Geistlicher. 1950–52 und 1961–69 Generalvikar in Wien, 1962 zum Weihbischof ernannt. Während des Nat.-Soz. längere Zeit in Haft, 1945 Domkapitular von St. Stephan in Wien, bis 1950 Leiter der Caritas, 1952–61 Rektor der Anima in Rom; Präs. der Wr. Kath. Akademie.

Weinberger, Charles (Karl Rudolf Michael), * 3. 4. 1861 Wien, † 1. 11. 1939 ebd., Operettenkomponist. 1922–25 Präs. des Ö. Komponistenbunds. Seine Mutter Helene W. war Wiens erste Offenbach-Sängerin.

Werke: rd. 20 Operetten: Pagenstreiche, 1888; Münchener Kindl, 1893; Adam und Eva, 1899; Die romantische Frau, 1910; Der Frechling, 1913. – Oper: Das Sonnenkind, 1929. – 15 Ernste Lieder, Konzertwalzer, Quartette.

Weinberger, Lois, * 22. 6. 1902 Markt Eisenstein (Železná Ruda, CZ), † 17. 3. 1961 Wien, Angestellter und Politiker (ÖVP). 1945–47 BMin. ohne Portefeuille, 1945–53 Abg. z. NR; 1946–59 Vizebürgermeister und Landeshauptmann-Stellv. von Wien, 1945–61 Abg. z. Wr. Landtag und Mitgl. d. Gemeinderats.

Weineck, Josef, * 21. 6. 1852 Stockerau (NÖ.), † 12. 7. 1919 ebd., Chemiker. Übernahm die von seinem Vater 1830 gegr. Seifen- und Kerzenfabrik; mehrere Privilegien für die Seifen-, Kerzen- und Fetterzeugung, u. a. Darstellung der Stearinsäure 1886 (Fetthärtung).

Weingartner, Felix (Edler von Münzberg), * 2. 6. 1863 Zara (Zadar, HR), † 7. 5. 1942 Winterthur (CH), Dirigent, neuromant. Komponist, Musikschriftsteller. Nachfolger G. → Mahlers als Direktor der Wr. Hofoper (1908–11), 1919–24 Direktor der Wr. Volksoper und 1935/36 der Wr. Staatsoper. 1908–27 Leiter der Wr. Philharmon. Konzerte, ging 1927 in die Schweiz.

Werke: Opern (meist nach eig. Texten), Symphonien, Symphon. Dichtungen, Orchesterstücke, Kammermusik, Konzerte, Chöre, Lieder. – Schriften: Die Lehre von der Wiedergeburt und das musikal. Drama, 1895; Über das Dirigieren, 1896; Die Symphonie nach Beethoven, 1898; Ratschläge für Aufführungen klassischer Symphonien, 3 Bde., 1906–23; Akkorde (gesammelte Aufsätze), 1912; Lebenserinnerungen, 2 Bde., 1923/29. – Literatur: F. v. W. Ein Brevier, hg. v. W. Jacob, 1933; C. Dyment, F. W., 1976.

Weingartner, Josef, * 10. 2. 1885 Dölsach (Ti.), † 11. 5. 1957 Meran (S-Ti.), Kunsthistoriker, Heimatforscher, Erzähler und Geistlicher. War ab 1912 in der Denkmalpflege in Innsbruck und Wien tätig, ab 1947 Univ.-Doz. in Innsbruck.

Werke: Die Kunstdenkmäler S-Ti., 4 Bde., 1923–30; Got. Wandmalerei in S-Ti., 1948; Die Kunstdenkmäler O-Ti., 1958; Ti. Burgen, 1962.

Weingartner, Wendelin, * 7. 2. 1937 Innsbruck (Ti.), Landesbeamter und Politiker (ÖVP). 1963 Eintritt in den Ti. Landesdienst, 1984 Vorstandsdir. der Landes-Hypothekenbank, 1991–2000 Obmann der Ti. ÖVP, 1989–93 Landesrat; seit 1993 Landeshauptmann von Ti.

Weinhandl, Margarete (geb. Glantschnigg), * 5. 6. 1880 Cilli (Celje, SLO), † 28. 9. 1975 Graz (Stmk.), Lyrikerin und Erzählerin; Ehefrau des Philosophen Ferdinand W. Lebte in Kiel und Graz, war Kulturreferentin der NS-Frauenschaft Schleswig-Holstein. In naturverbunden-myst. Texten beschrieb sie die Landschaft der Stmk. und Schleswig-Holsteins („Jugend im Weinland", 1962).

Weitere Werke: Lyrik: Die Stmk. – Eine Dichtung, 1923; Das goldene Tor, 1947; Gesammelte Gedichte, 1956. – Romane: Die Rutengängerin, 1931; Moorsonne, 1940; Wo der Wald sich lichtet, 1960. – Erzählungen: Und deine Wälder rauschen fort. Kindheit in Untersteier, 1942 (autobiographisch).

Josef Weinheber. Foto, 1937.

Weinheber, Josef, * 9. 3. 1892 Wien, † 8. 4. 1945 Kirchstetten (NÖ.; Selbstmord), Lyriker, Erzähler, Essayist. Zunächst Gelegenheitsarbeiter und 1911–32 Postbediensteter. Studien der klassischen Poetik, ab 1919 Mitarbeiter der „Muskete", 1920 erster Lyrikband „Der einsame Mensch", Einfluss von A. → Wildgans, R. M. → Rilke und K. → Kraus. Von 1931 bis zu deren Verbot 1933 war W. Mitglied der NSDAP, von der er sich Unterstützung für seinen „Kampf" als Künstler erwartete; Freundschaft mit M. → Jelusich und R. → Hohlbaum. Mit seinen sprachl. wie formal beeindruckenden Gedichten „Adel und Untergang" (1934) avancierte er zu einem der angesehensten Lyriker der Zeit, populär wurde bes. der teilweise im Wr. Dialekt verfasste Band „Wien wörtlich" (1935). Heroische Metaphysik und die Opferrolle des Dichters bestimmten unter dem Nat.-Soz. sein künstlerisches Schaffen. Später erneuerte er seine Mitgliedschaft in der NSDAP, was nach zahlreichen Vorbehalten erst 1944 akzeptiert wurde. Körperlich und seelisch durch Alkoholismus zerrüttet, beging er beim Herannahen der Roten Armee in seinem Landhaus Selbstmord. Grillparzer-Preis 1941.

Weitere Werke: Lyrik: Von beiden Ufern, 1923; Boot in der Bucht, 1926; Vereinsamtes Herz, 1935; O Mensch, gib acht!, 1937; Selbstbildnis, 1937; Zw. Göttern und Dämonen, 1938; Kammermusik, 1939; Dokumente des Herzens, 1944; Hier ist das Wort, 1947. – Roman: Das Waisenhaus, 1924. – Ausgaben: Sämtl. Werke, hg. v. J. Nadler u. H. Weinheber, 5 Bde., 1953–56; Sämtl. Werke, hg. v. F. Jenaczek, 3 Bde., 1970–96. – Literatur: F. Feldner, J. W., 1965; A. Berger, Götter, Dämonen und Irdische: J. W. dichterische Metaphysik, in: Ö. Literatur der 30er Jahre, hg. K. Amann u. A. Berger, 1985; J. W., Ausst.-Kat., St. Pölten 1992; A. Berger, J. W. (1892–1945) – Leben und Werk, 1999.

Felix Weingartner. Foto, um 1926.

Weininger, Otto, * 3. 4. 1880 Wien, † 4. 10. 1903 ebd. (Selbstmord), Philosoph. Galt den Zeitgenossen als früh vollendetes Genie, beherrschte viele Fremdsprachen und verfügte über eine umfassende, wenn auch eklektizist. und von Vorurteilen geprägte geistes- und naturwiss. Bildung. Entwickelte eine philosophisch-psycholog. Theorie der Geschlechter, in deren Zentrum die wahrscheinl. von S. → Freud übernommene These der menschl. Bisexualität steht. W. wurde deswegen von Freud des Plagiats bezichtigt. Trotz jüd. Abstammung antisemitisch eingestellt und Verfechter einer frauen- und körperfeindl. Geisteshaltung, nahm sich W. 23-jährig in Beethovens Sterbehaus das Leben und wurde damit endgültig zum Mythos stilisiert. Er beeinflusste nachhaltig die ö. Geistesgeschichte (K. → Kraus, E. → Canetti, R. → Musil, L. → Wittgenstein) und wurde von den Nat.-Soz. zur Legitimierung ihres Antisemitismus benützt.

Otto Weininger. Foto.

Werke: Geschlecht und Charakter, 1903; Über die letzten Dinge, 1904. – Literatur: E. Lucka, O. W., 1905; G. Klaren, O. W., 1924; J. Le Rider, Der Fall O. W., 1985; C. Sengoopta, O. W. Sex, Science, and Self in Imperial Vienna, 2000.

Weinzierl, Erika (geb. Fischer), * 6. 6. 1925 Wien, Historikerin. War 1948–64 am Haus-, Hof- und Staatsarchiv tätig, 1964–92 Leiterin des Inst. f. kirchl. Zeitgeschichte Salzburg, 1967–79 Univ.-Prof. f. Ö. Geschichte mit Schwerpunkt Zeitgeschichte in Salzburg und 1979–95 Univ.-Prof. am Inst. f. Zeitgeschichte in Wien. Seit 1977 Leiterin des L.-Boltzmann-Inst. f. Geschichte und Gesellschaft; Ehrenvorsitzende der ö. Ges. für Zeitgeschichte und Ehrenpräs. der Aktion gegen den Antisemitismus.

Richard Weiskirchner als Bürgermeister in seinem Arbeitszimmer im Wiener Rathaus. Foto.

Werke: Die ö. Konkordate von 1855 und 1933, 1960; Die polit. Korrespondenz der Päpste mit den ö. Kaisern 1804–1918, 1964 (mit F. Engel-Janosi u. R. Blaas); Zur Reform der ö. Innenpolitik 1955–65, 2 Bde., 1966/68 (mit R. Marcic, E. Mock u. F. M. Schmölz); Ö. Zeitgeschichte in Bildern, [2]1975; Emanzipation? Ö. Frauen im 20. Jh., 1975; Zu wenig Gerechte, Österreicher und Judenverfolgung 1938–45, [4]1997. – Mit-Hg.: Kirche in Ö., 1952; Ö. Die Zweite Republik, 1972; Die ö. Bundeskanzler, 1983; Ö. 1918–38, 1984. – Literatur: M. Ertl (Red.), E. W. Publikationen und Lehrtätigkeit, 1995.

Weinzierl, Kurt, * 15. 4. 1931 Innsbruck (Ti.), Schauspieler. Ab 1953 Engagements in Klagenfurt (bis 1957), Salzburg (1957–60, 1962–64) und Deutschland; 1976–81 Ensemblemitgl. von W. → Schneyders „Lach- und Schießgesellschaft“ in München, Gastspiele am Wr. Theater in der Josefstadt; seit 1981 freier Schauspieler, 1981–83 künstler. Leiter der Ti. Volksschauspiele in Hall in Ti.; Film- und Fernsehtätigkeit (u. a. „Der Fall Jägerstätter“, „Kottan ermittelt“).

Kurt Weinzierl als Franz Jägerstätter in dem Film „Der Fall Jägerstätter“ von A. Corti. 1972.

Weinzierl, Theodor Ritter von, * 18. 3. 1853 Bergstadtl (Hory Matky Boží, CZ), † 24. 6. 1917 Wien, Landwirtschaftsexperte. Assistent an der Hochschule f. Bodenkultur, ab 1886 Dir. der Samenkontrollstation der k. k. landw. Ges. (heute: Bundesamt und Forschungszentrum f. Landw.). Mitarbeit an der Agrargesetzgebung.

Werk: Die Förderung des künstl. Futterbaues in Ö., 1908.

Weirather, Hartwig („Harti“), * 25. 1. 1958 Reutte (Ti.), Skirennläufer und Sportmanager. Ab 1979 im Weltcup, insges. 6 Weltcupsiege im Abfahrtslauf; Abfahrtsweltmeister 1982 in Schladming.

Weirich, August, * 15. 4. 1858 Fugau (Fukov, CZ), † 2. 3. 1921 Wien, Kirchenkomponist. 1902–21 Kapellmeister im Wr. Stephansdom; Hauptvertreter des Cäcilianismus.

Werke: kirchl. Gesangswerke.

Weis, Gerhard, * 1. 10. 1938 Wien, Journalist und Rundfunkmanager. Nach Tätigkeit bei Printmedien 1967 Eintritt in den ORF, ab 1973 Leiter der Hauptabt. „Öffentlichkeit“ und 1974–78 Intendant des 1. Fernsehprogramms. 1992–94 Intendant des Landesstudios Wien, 1994–98 Hörfunkintendant und seit 1998 Generalintendant des ORF.

Weis, Johann Baptist, * 12. 12. 1801 Plan (Planá, CZ), † 20. 3. 1862 Wien, Beamter und Schriftsteller.

Werke: Bilder aus Wiens unteren Volksklassen, 1833–37. – Hg.: Briefe des Hans-Jörgel von Gumpoldskirchen an seinen Schwager in Feselau, 1837–50.

Weiser Varon, Benno (eigentl. B. Weiser), * 4. 10. 1913 Czernowitz (Chernovtsy, UA), Journalist, Schriftsteller, Diplomat. Lebte ab dem Ende des 1. Weltkriegs in Wien, wo er Medizin studierte. 1938 Emigration über die Niederlande nach Ecuador, wo er als Journalist tätig und einer der meistgelesenen Kolumnisten des Landes war. Intensive Betätigung für die Zionist. Weltbewegung, ab 1948 in New York in verschiedenen Funktionen für Israel tätig. Übersiedelte 1960 nach Israel, 1961 Berichterstatter im Eichmann-Prozess; 1964–72 israel. Botschafter in der Dominikan. Republik, Jamaica und Paraguay. Seit 1986 Prof. für Judaist. Studien an der Boston University und Theaterkritiker. Publizierte Gedichte, Essays und Romane in dt., span. und engl. Sprache.

Werke: El Mirador del Mundo, 1941 (Essay); Yo era Europeo, 1942 (Roman); Visitenkarte, 1957 (Gedichte); Professions of a Lucky Jew, 1992 (Autobiographie).

Weish, Peter, * 29. 11. 1936 Wien, Biologe. Seit 1992 Dozent am Inst. f. Anthropologie der Univ. Wien, Lehraufträge auch an der Wirt.-Univ. Wien und an der Univ. f. Bodenkultur. Führender Aktivist der Umweltschutzbewegung in Ö.: Sprecher des Gentechnik-Volksbegehrens 1997, Präs. des Forums Ö. Wissenschaftler für den Umweltschutz sowie des Umweltforums, Vorsitzender von Anti Atom International. K.-Lorenz-Preis 1999.

Werke: Radioaktivität und Umwelt, 1986; Beitrag der Humanökologie zur Technikbewertung am Beispiel der Kernenergie, 1991; Bohunice & Dukovany – Gefahren und Alternativen, 1991.

Weiskirchner, Richard, * 24. 3. 1861 Wien, † 30. 4. 1926 ebd., Jurist und christl.-soz. Politiker. Ab 1883 im Dienst der Stadt Wien, 1903–09 Magistratsdir., 1909–11 Handelsmin.; 1913–19 Bürgermeister von Wien, bekämpfte er v. a. die Auswirkungen des 1. Weltkriegs und prägte entscheidend die Stadtentwicklung. 1917/18 Mitgl. des Herrenhauses und 1919–23 Mitgl. der Konstituierenden Nationalversammlung bzw. Abg. z. NR (1920–23 Präs.).

Werke: Ö. Städteordnungen, 1895; Die Armenpflege einer Großstadt, 1896; Kartellwesen vom Standpunkt der christl. Wirtschaftsauffassung, 1896. – Literatur: K. Harrer, Dr. R. W., Diss., Wien 1950; F. Czeike, Wien und seine Bürgermeister, 1974.

Weiß, Albert Maria (Pseud.: Heinrich v. d. Clana), * 22. 4. 1844 Indersdorf (D), † 16. 8. 1925 Weesen (CH), Sozialreformer, Priester. Bekämpfte den Liberalismus; trat 1876 in Graz in den Dominikanerorden ein, Lehrer in Graz und ab 1887 in Wien, wo er sich für die Ideen K. v. → Vogelsangs einsetzte und einer der Führer der christl.-soz. Bewegung wurde. Ab 1890 in Freiburg (CH).

Werke: Apologie des Christentums, 5 Bde., 1878–89; Lebensweg und Lebenswerk, 1925 (Autobiographie).

Weiss, Alfred, * 16. 1. 1890 Wien, † 9. 2. 1974 ebd., Kunstmäzen, Unternehmer (Arabia Kaffee-Tee-Import). Veranlasste die Wiederherstellung des Palais Auersperg (1953/54) und des Schlosses Laudon (heute Verwaltungsakad. d. Bundes) in Wien.

Weiß, Edmund, * 26. 8. 1837 Freiwaldau (Jeseník, CZ), † 21. 6. 1917 Wien, Astronom. 1878 Dir. der Sternwarte und 1869 Univ.-Prof. in Wien; Präs. der ö. Gradmessungskommission.

Werke: Annalen der Sternwarte in Wien, 1883–1908; Bilderatlas der Sternwelt, [2]1892.

Weiß, Ernst, * 28. 8. 1884 Brünn (Brno, CZ), † 14. 6. 1940 Paris (F; Selbstmord), Erzähler, Dramatiker, Essayist und Übersetzer. Ausbildung zum Chirurgen in Bern und Berlin, ab 1911 in Wien, dann Schiffsarzt beim Ö. Lloyd; Freundschaft mit F. → Kafka, im 1. Weltkrieg Militärarzt, 1920–33 als freier Schriftsteller in Berlin; ging 1934 ins Exil nach Paris und verübte beim Einmarsch dt. Truppen 1940 Selbstmord. Seine frühen Romane sind von expressionist. Pathos geprägt („Die Galeere“, 1913; „Tiere in Ketten“, 1918); in der Folge näherte sich W. der Neuen Sachlichkeit („Der Fall Vukobrankovics“, 1924) und setzte sich mit der Entstehung des Nat.-Soz. auseinander („Der Gefängnisarzt oder Die Vaterlosen“, 1934). W. erfolgreichstes Buch wurde der postum veröffentlichte Hitler-Roman „Der Augenzeuge" (1963).

Weitere Werke: Gedichte, Romane, Erzählungen, Dramen, Essays. – Ausgabe: Gesammelte Werke, 16 Bde., hg. v. P. Engel u. V. Michels, 1982. – Literatur: P. Engel (Hg.), E. W., 1982; F. Haas, Der Dichter von der traurigen Gestalt. Zu Leben und Werk von E. W., 1986; R. Mielke, Das Böse als Krankheit. Entwurf einer neuen Ethik im Werk von E. W., 1986; M. Pazi, E. W., 1993.

Weiss, Ernst, * 5. 3. 1912 Wien, † 29. 4. 1997 ebd., Boxsportler. Errang 3-mal den Europameistertitel: 1936 im Fliegengewicht, 1939 im Bantam- und 1941 im Federgewicht, und wurde damit zum erfolgreichsten ö. Boxsportler des 20. Jh.

Weiss, Ferdinand, * 6. 6. 1933 Wien, Komponist, Theaterkapellmeister. 1967–75 Lehrer am Wr. Konservatorium, 1972–97 Leiter der Arbeitsgemeinschaft nö. Komponisten; gründete 1973 eine Konzertreihe für zeitgenöss. Musik in NÖ., die 1989 in den „Zeitgenöss. Herbst" mündete; 1989–97 Obmann der Interessengemeinschaft nö. Komponisten.

Werke: Orchesterwerke (Symphonien, Konzerte), Kammermusik, Chorwerke, Lieder.

Weiss, Friedrich (Pseud.: Fritz Wöss), * 19. 2. 1920 Wien, Beamter und Schriftsteller. Wurde mit dem reißerischen Stalingrad-Roman „Hunde, wollt ihr ewig leben" (1958; verfilmt) bekannt.

Weitere Werke: Kriegsromane: Der Fisch beginnt am Kopf zu stinken, 1960; Die Deutschen an die Front, 1964. – Essay: Der Freiheit eine Gasse, 1969. – Reiseberichte.

Weiß, Gebhard, * 3. 1. 1800 Bregenz (Vbg.), † 9. 1. 1874 ebd., Mundartdichter. Lebte als Spengler- und später als Wagnermeister in Bregenz.

Werk: Gedichte in Bregenzer Mundart und reindeutscher Sprache, 1872.

Weiß, Johann Baptist von, * 17. 7. 1820 Ettenheim (D), † 8. 3. 1899 Graz (Stmk.), Historiker. Prof. in Freiburg i. Breisgau, 1853–91 Univ.-Prof. in Graz. Verfasser des viel benutzten „Lehrbuchs der Weltgeschichte" (1859). War Privatlehrer und Reisebegleiter von Erzhzg. Karl Ludwig, dem Bruder von Ks. Franz Joseph I.

Weitere Werke: Geschichte Alfreds des Großen, 1852; Geschichte der Stmk., in: F. X. Hlubek, Ein treues Bild des Herzogtums Stmk., 1860; Maria Theresia und der Ö. Erbfolgekrieg, 1863.

Weiss, Jürgen, * 30. 8. 1947 Hard (Vbg.), Beamter und Politiker (ÖVP). 1969–91 Landesparteisekr. der ÖVP Vbg.; 1979–91 und seit 1994 Mitgl. d. BR; 1991–94 BMin. f. Föderalismus und Verwaltungsreform im Bundeskanzleramt.

Weiß, Karl (Pseud.: Karl Struve), * 13. 2. 1826 Wien, † 23. 12. 1895 ebd., Archivar, Bibliothekar. Gründer und 1. Dir. der Wr. Stadtbibl. (1855), des Stadtarchivs (1863) und des Hist. Mus. (1888); 1874 Archiv- und Bibl.-Dir. Übernahm die Objekte des Bürgerl. Zeughauses in museale Verwahrung, war an der Gestaltung des Huldigungsfestzugs 1879, der Schaffung einer eig. Abteilung für verdiente Persönlichkeiten im Zentralfriedhof und an der künstler. Ausgestaltung des Rathauses maßgebl. beteiligt.

Werke: Die Octobertage Wiens, 1848; Die Wr. Haupt- und Staatsaktionen, 1854; Geschichte der öffentl. Anstalten für die Armenversorgung in Wien, 1867; Geschichte der Stadt Wien, 2 Bde., 1882/83. – Hg.: Alt- und Neuwien in seinen Bauwerken, 1864; Wr. Baedecker, 1868 (mit B. Bucher).

Weiß, Karl, → Karlweis, Carl.

Weiß, Ludwig, * 25. 8. 1902 Klagenfurt (Kä.), † 30. 9.1994 Wien, Eisenbahntechniker und Politiker (ÖVP). 1952 Präs. der ÖBB-Direktion Villach, 1958 Landesobmann des ÖAAB Kä.; 1956–66 Abg. z. NR, 1966–70 BMin. f. Verkehr und verstaatlichte Unternehmungen.

Weissegger von Weißeneck (auch Weissenegg), Joseph (Johann) Maria, * 12. 7. 1755 Riegersburg b. Graz (Stmk.), † 14. 3. 1817 Freiburg i. Breisgau (D), Schriftsteller, Historiker, Jurist, Philosoph, Übersetzer. Ab 1784 Prof. f. Weltgeschichte an der Univ. Freiburg, 1797 Rektor, 1804 geadelt; Autor des Kompendiums „Hist. Gemälde oder biograph. Schilderungen aller Herrscher und Prinzen des durchlauchtigsten Erzhauses Habsburg Oestreich, von Rudolph I. bis Maria Theresia" (5 Bde., 1800–03); Mitarbeiter der „Wöchentl. Wahrheiten für und über die Prediger in Wien" (1782ff.).

Weitere Werke: Lyrik: Versuch in gemischten Gedichten, 1781. – Historiograph. und philosoph. Schriften: Kurzer Leitfaden der Vernunftlehre, 1779; Beyträge zur Schilderung Wiens, 2 Bde., 1781/82; Ankunft und Aufenthalt Pius' VI. in Wien, 1782.

Weissel, Georg, * 28. 3. 1899 Wien, † 14. 2. 1934 ebd. (hingerichtet), Chemiker, Feuerwehroffizier und Schutzbundführer. Trat 1926 in den Dienst der Wr. Berufsfeuerwehr, war ab 1931 Brandkommissär in Floridsdorf, ab 1927 Kommandant der Studentenabteilung „Akadem. Legion" des Republikan. Schutzbunds, führte in den Februarkämpfen 1934 den Floridsdorfer Schutzbund und wurde nach Gefangennahme zum Tod verurteilt.

Weißenbach, Alois, * 1. 3. 1766 Telfs (Ti.), † 26. 10. 1821 Salzburg, Lyriker, Chirurg. Prof. in Salzburg; erster Vertreter des Kunstdramas in Ti.

Werke: Schauspiele: Die Barmeciden, 1801; Der Brautkranz, 1810. – Lyrik: Das gerettete Ti., 1804; Elegie auf Ti., 1809; Teutonia, 1815; Der hl. Augenblick, 1814 (Kantate, von L. van Beethoven vertont).

Weissenbäck, Franz Andreas, * 26. 11. 1880 St. Lorenzen am Wechsel (Stmk.), † 14. 3. 1960 Wien, Augustiner-Chorherr, Musikwissenschaftler, Komponist, Glockenexperte. Stiftskapellmeister in Klosterneuburg, Akad.-Prof. in Wien; Gründer und Leiter des Wr. Kammerchors.

Werke: Themat. Verzeichnis der Kirchenkompositionen von J. G. Albrechtsberger, 1913; Sacra Musica, Lexikon der kath. Kirchenmusik, 1937; Tönendes Erz, 1961 (mit J. Pfundner). – Kirchenkompositionen, Lieder, Instrumentalmusik.

Weißenberg, Gerhard, * 9. 5. 1920 Ybbs a. d. Donau (NÖ.), † 1. 10. 1980 Wien, Gewerkschaftsangestellter und Politiker (SPÖ). 1950–76 Leiter des sozialpolit. Referats im ÖGB, 1968–76 stellv. Kammeramtsdir. der AK Wien und Präs. des Hauptverbands der ö. Sozialversicherungsträger; 1976–80 BMin. f. soziale Verwaltung.

Weißenhofer, Anselm, * 19. 8. 1883 Ybbsitz (NÖ.), † 14. 1. 1961 Wien, Benediktiner, Kunsthistoriker. Wirkte als Lehrer an der Kunstgewerbeschule und an der Akad. d. bild. Künste in Wien, war Schriftleiter der Ztschr. „Kirchenkunst" und Leiter des Wr. Diözesanmus.

Werke: Die ältesten Ansichten der Stadt Wien, 1923; Der Stephansdom und die Wiener, 1945; Wr. Madonnen, 1946; Liturgie und Kunst, 1948. – Literatur: F. Loidl, In memoriam Prof. W. (1883–1961), in: Beiträge zur Wr. Diözesangeschichte 4, 1961.

Weißenkirchner (Weißkircher), Maler- und Bildhauerfamilie in Sbg. und in der Stmk. im 17. und 18. Jh.; die bekanntesten Künstler aus der Familie waren die Brüder Wolf → Weißenkirchner d. J. und Hans Adam → Weißenkirchner.

Weißenkirchner (Weißkircher), Hans Adam, * 10. 2. 1646 Laufen (D), † 26. 1. 1695 Graz (Stmk.), Maler; Bruder von Wolf → Weißenkirchner d. J. Nach Studienaufenthalt in Venedig und Rom wirkte er ab 1678 als Hofmaler des Fürsten von Eggenberg in Graz, für den er sein Hauptwerk, die Decken- und Wandgemälde im Schloss Eggenberg, schuf (Planetensaal, 1685 vollen-

det). Weiters schuf er zahlreiche Altarbilder in der Stmk. (Mausoleum Ehrenhausen, Straßgang, Bruck a. d. Mur und Stainz; in Graz für Stiegen-, Ursulinen- und Dominikanerkirche).
Literatur: H. A. W., Ausst.-Kat., Schloss Eggenberg 1985.

Weißenkirchner (Weißkircher), Wolf d. J., * 1639, † 1703, Bildhauer; Bruder von Hans Adam → Weißenkirchner. Wirkte in Salzburg und war Mitarbeiter von J. B. → Fischer von Erlach. Zu seinen Werken zählen Altarbildwerke in Holzhausen, Maria Plain, Untereching, Obereching und St. Margarethen sowie die Atlantenhermen am W-Portal des Hofmarstalls in Salzburg.

Weissensteiner, Friedrich, * 25. 11. 1927 Großpertholz (NÖ.), Historiker. Lehrer und ab 1974 Gymnasialdir. in Wien, arbeitete an Schulbüchern und im Schulfernsehen mit und verfasst hist. Werke.
Werke: Die rote Erzherzogin, 1982; Franz Ferdinand, 1982; Ein Aussteiger aus dem Kaiserhaus: Johann Orth, 1985; Reformer und Rebellen, 1987; Schicksalstage Ö., 1989; Der ungeliebte Staat, Ö. 1918–38, 1990; Ö. Personenlexikon der 1. und 2. Republik, 1992 (mit I. Ackerl); Publikumslieblinge, 1993; Die Töchter Maria Theresias, 1994; Große Herrscher des Hauses Habsburg, 1995; Große Österreicher des 20. Jahrhunderts, 1997; Frauen auf Habsburgs Thron, 1998; Sie haben für uns gespielt, 1999; Liebeshimmel und Ehehöllen, 1999; Berühmte Selbstmörder, 2000; Habsburgerinnen auf fremden Thronen, 2000. – Hg.: Memoiren des Bundes-Präs. M. Hainisch, 1978; Memoiren W. Ellenbogen, 1981; Die ö. Bundespräs., 1982; Die ö. Bundeskanzler, 1983 (mit E. Weinzierl).

Weissensteiner, Raimund, * 14. 8. 1905 Hoheneich (NÖ.), † 12. 7. 1997 Wien, Komponist, Priester. Schüler von F. → Schmidt und O. Kabasta; 1938–68 Prof. an der Wr. Musikhochschule; 1943–45 in polit. Haft. Der Schwerpunkt seines Schaffens lag auf großen Orchesterwerken und Oratorien.
Werke: Oratorien, Kirchenmusik, 12 Symphonien, Kammermusik, Lieder, Orchester-, Chor-, Klavier- und Orgelwerke.

Weißkircher, Maler- und Bildhauerfamilie, → Weißenkirchner.

Weisskopf, Victor Frederik, * 19. 9. 1908 Wien, Atomphysiker. 1937–43 an der University of Rochester, dann Mitarbeit am amerikan. Atombombenprojekt in Los Alamos. 1961–65 Dir. der Europ. Kernforschungsorganisation CERN; danach wieder Prof. am Massachusetts Institute for Technology (USA). Führte 1937 das Konzept der Temperatur zur Beschreibung von Kernregungen ein und entwickelte ein optisches Modell für Kernreaktoren. Sein Hauptwerk „Theoretical Nuclear Physics" (1952, mit John M. Blatt; „Theoret. Kernphysik", 1959) gilt noch heute als Standardlehrbuch. Ö. Ehrenzeichen f. Wiss. u. Kunst 1982.
Werke: Introduction to Field Theory, 1958; Physics and Our World, 1976; The Joy of Insight, 1991. – Literatur: A. de Shalit (Hg.), Preludes in Theoretical Physics, 1966; V. Stefan, Physics and Society, 1998.

Ljuba Welitsch als Tosca in der gleichnamigen Oper von G. Puccini. Theater an der Wien, 1949. Foto.

Weißmann, Georg, * 6. 2. 1922 Linz (OÖ.), Jurist. Promovierte nach Studium der Rechts- und Staatswiss. 1956 an der Univ. Wien, 1957–71 Notariatskandidat, 1971–79 öffentl. Notar in Eisenstadt, seit 1980 in Wien. Seit 1991 Präs. der Ö. Notariatskammer, bis 2001 auch Präs. der Notariatskammer für Wien, NÖ. und Bgld.

Weitzer, Johann, * 18. 8. 1832 Friedberg (Stmk.), † 2. 10. 1902 Graz (Stmk.), Industrieller. Eröffnete 1854 eine Huf- und Wagenschmiede in Graz, ab 1857 „K. k. priv. Wagenfabrik J. W."; produziert wurden u. a. militär. Fuhrwerke, Fahrzeuge für privaten und wirt. Gebrauch sowie für Post und Sanität. 1870 wurden bereits 1500 Mitarbeiter beschäftigt, 1899 wurde mit dem Bau von Dieselmotoren begonnen, um 1900 auch von elektrisch betriebenen Schienenfahrzeugen. 1934 erfolgte die Übernahme des Unternehmens durch die Simmeringer Maschinen- und Waggonbaufabrik AG, die 1941 mit den Paukerwerken zur Simmering-Graz-Pauker AG fusioniert wurde.

Egon Wellesz. Foto.

Weixlgärtner, Arpad, * 6. 4. 1872 Wien, † 2. 2. 1961 Göteborg (S), Kunsthistoriker. 1920–38 Leiter der Schatzkammer, 1931–34 auch der Gemäldegalerie und 1945/46 der Wagenburg des Kunsthist. Museums in Wien. Lebte ab 1946 in Schweden.
Werke: A. Pettenkofen, 1916; Führer durch die Weltl. Schatzkammer, 1926; Führer durch die Geistl. Schatzkammer, 1929; Grünewald, 1962. – Hg.: Die graph. Künste, 1901–33, 1935–41.

Welan, Manfried, * 13. 6. 1937 Wien, Jurist, seit 1973 Univ.-Prof. am Inst. f. Wirt., Politik und Recht der Univ. f. Bodenkultur. Beschäftigt sich v. a. mit Verfassungs- und Verwaltungsrecht und Agrarumweltrecht. Mehrmals Rektor, 1987–91 3. Landtagspräs. in Wien, Ehrendoktor der Univ. Mosonmagyaróvár (H).
Werke: Der Bundeskanzler im ö. Verfassungsgefüge, 1971 (mit H. Neisser); Demokratie und Verfassung in Ö., 1971 (mit A. Pelinka); Theorie und Praxis des Bundesstaates, 1974; Das ö. Staatsoberhaupt, 1986; Streit Hainburg, Verwaltungsakten 1988 (Hg.); Was die Kanzler sagten, 1989; Aus dem Elfenbeinturm, 1989; Der Bundespräs., 1992; Umwelt und Recht in Ö., 1995; Recht in Ö., 1999.

Welden, Ludwig Frh. von, * 16. 6. 1780 Laupheim (D), † 7. 8. 1853 Graz (Stmk.), Offizier und Politiker; wahrscheinlich Vater von E. van der → Nüll. War ab 1798 in württembergischen, ab 1802 in ö. Diensten, nahm an den Kämpfen gegen Napoleon teil, wurde später Dir. des topograph. Büros und nach mehreren Kommanden 1843 Generalkommandant in Ti. Sicherte 1848 die Verbindung der Armee J. W. Radetzkys zu den übrigen Ländern, war 1848 Statthalter in Dalmatien, im Nov. 1848 Kommandant in Wien und 1849 Oberkommandant in Ungarn. Lebte ab 1851 als Pensionist in Graz.
Werke: Der Monte Rosa, 1824; Episoden aus meinem Leben, ^{3}1855. – Militärgeschichtl. Werke über alle ö. Feldzüge der 1. Hälfte des 19. Jh. – Literatur: F. Walter, Von Windisch-Graetz über W. zu Haynau, 1959.

Welitsch, Ljuba, * 10. 7. 1913 Borissowo (BG), † 1. 9. 1996 Wien, Kammersängerin (Sopran). 1937–40 am Stadttheater Graz, 1946–62 an der Wr. Staatsoper; herausragend war ihre Interpretation der Salome in der gleichnamigen Oper von R. → Strauss; Filmtätigkeit, internat. Gastspiele.
Literatur: N. E. Benke, L. W., 1994.

Weller, Walter, * 30. 11. 1939 Wien, Dirigent. 1961 Konzertmeister der Wr. Philharmoniker, dirigierte ab 1966 an der Wr. Staatsoper (zunächst als Vertretung, ab 1969 Dirigentenvertrag); 1971 Generalmusikdirektor in Detmold, ab den 70er Jahren verstärkt internat. tätig. 1975–88 Chefdirigent der Nö. Tonkünstler, 1992–97 musikal. Leiter des Royal Scottish National Orchestra; seit 1994 Musikdirektor der Allgem. Musikges. Basel, Generalmusikdir. des Basler Theaters und Chefdirigent des Basler Sinfonie-Orchesters.

Wellesz, Egon (Joseph), * 21. 10. 1885 Wien, † 9. 11. 1974 Oxford (GB), Komponist, Musikwissenschaftler. Schüler von A. → Schönberg und G. → Adler, Freund von A. → Webern. Wandte sich als Wissenschaftler von der Barockmusik ab und ca. 1920 der Byzantinistik zu, zu der er grundlegende Arbeiten verfasste (1929–38 Univ.-Prof. in Wien); 1932 Ehrendoktorat der Univ. Oxford; emigrierte 1938 nach England, Univ.-Prof. in Oxford. Als Komponist blieb er v. a. der Tonsprache von G. → Mahler und R. → Strauss verbunden und wandte auch die Dodekaphonie in freier Form an. Großer Ö. Staatspreis 1961, Ö. Ehrenzeichen f. Wiss. u. Kunst 1971.

Werke: 10 Bühnenwerke, darunter: Alkestis, 1923 (Textbuch von H. v. Hofmannsthal); Die Bakchantinnen, 1931. – Chor- und Orchestermusik, Messen, Lieder, Kammermusik. – Schriften: A. Schönberg, 1921; Der Beginn des musikal. Barock und die Anfänge der Oper in Wien, 1922; Byzantin. Kirchenmusik, 1927; Die neue Instrumentation, 2 Bde., 1929; A History of Byzantine Music and Hymnography, 1949; Die Hymnen der Ostkirchen, 1962. – Mit-Hg.: Monumenta Musicae Byzantinae, 1935ff. – Literatur: R. Schollum, E. W., 1964; G. Schneider, E. W., 1980; Autobiographie, 1981; C. Cepin Benser, W., 1985; D. Symons, E. W., 1997; H. Heher (Red.), E. W., Ausst.-Kat., Wien 2000; NÖB.

Wels, Franz, * 10. 2. 1873 Marburg (Maribor, SLO), † 18. 10. 1940 Wien, Techniker. Pionier des Flugzeugbaus und Mitarbeiter von I. → Etrich; W. gelang am 6. 10. 1906 mit einer „Etrich-Taube" der erste Gleitflug.

Welser, Philippine, * 1527 Augsburg (D), † 24. 4. 1580 Schloss Ambras, Innsbruck (Ti.), Augsburger Patriziertochter. Lernte 1548 beim Reichstag zu Augsburg Erzhzg. → Ferdinand II. kennen, der sie 1557 in Böhmen heiratete. Die Ehe blieb bis 1559 vor der kaiserl. Familie und bis 1576 vor der Öffentlichkeit geheim. Sie lebte vorwiegend auf Schloss Ambras, sammelte Heilkräuter und verfasste ein Arzneibuch mit vielen Rezepten. Ihre Söhne Andreas von Ö. (* 15. 6. 1558 Burg Bresnitz/Březnice, CZ, † 12. 11. 1600 Rom, I), Bischof von Konstanz und Brixen, und Karl von Ö. (* 22. 11. 1560 Schloss Bürglitz/Křivoklát, CZ, † 31. 10. 1618 Überlingen, D), kaiserl. General in Ungarn, wurden zu Markgrafen von Burgau (Stadt in Bayern, Teil von Vorder-Ö.) erhoben.

Literatur: S.-M. Größing, Kaufmannstochter im Kaiserhaus. P. W. und ihre Heilkunst, 1992; P. W. und Anna Caterina Gonzaga. Ausst.-Kat., Schloss Ambras, Innsbruck 1998.

Welser-Möst, Franz, * 16. 8. 1960 Linz (OÖ.), Dirigent. Leitete bis 1985 das Ö. Jugendorchester, ab 1986 Zusammenarbeit mit dem London Philharmonic Orchestra und verschiedenen amerikan. Orchestern; tritt seit 1987 auch als Operndirigent hervor (Wr. Staatsoper, Berlin, London), seit 1995 Chefdirigent des Opernhauses Zürich, designierter Chefdirigent des Cleveland Orchestra ab 2002.

Welsh, Renate, * 22. 12. 1937 Wien, Kinder- und Jugendbuchautorin. Behandelt in ihren soz.-krit. Büchern oft das Schicksal von Außenseitern und benachteiligten Kindern. 1980 Dt. Jugendbuchpreis, 1992 Würdigungspreis für Kinder- und Jugendliteratur.

Werke: Alle Kinder nach Kinderstadt, 1974; Corinna kann hellsehen, 1976; Johanna, 1979; Drachenflügel, 1988; Melanie Miraculi, 1990; Constanze Mozart, 1990; Spinat auf Rädern, 1991; Eine Krone aus Papier, 1992; Vamperl soll nicht alleine bleiben, 1992; Das Lufthaus, 1994; Mäusespuk, 1995; Disteltage, 1996; Da komm ich her – da bin ich daheim, 1998; Besuch aus der Vergangenheit, 1999.

Welte, Adalbert, * 30. 6. 1902 Frastanz (Vbg.), † 9. 7. 1969 Hard (Vbg.), Schriftsteller und Beamter. Heimatverbundener Autor, Verfasser von hist. Romanen zur Geschichte der großen Walserwanderung („Das dunkle Erbe", 1933; „Die große Flucht", 1939).

Weitere Werke: Romane: Wer Wind sät, 1949; Schatten über'm Dorf, 1953. – Novellen, Hörspiele. – Hg. des Vbg. Volkskalenders, 1945ff. – Literatur: N. Huber, A. W., Diss., Innsbruck 1982.

Welwitsch, Friedrich („Fritz"), * 25. 2. 1806 Maria Saal (Kä.), † 20. 10. 1872 London (GB), Botaniker, Naturforscher, Arzt. Ging 1839 nach Portugal, von wo aus er die botan. Durchforschung der Pyrenäenhalbinsel begann; 1853–60 Forschungsreisen in Afrika, lebte danach in England. Nach ihm ist die Wüstenpflanze Welwitschia bainesii (= W. mirabilis) benannt; seine naturwiss. Smlg. verteilte W. u. a. auch an Anstalten in Kä. und Wien.

Werk: Beiträge zur kryptogamischen Flora Unter-Ö., 1834. – Literatur: H. Dolezal, F. W., Diss., Wien 1953.

Welz, Ferdinand, * 18. 4. 1915 Wien, Bildhauer und Medailleur. Leitete 1955–86 die Meisterklasse für Medaillenkunst und Kleinplastik an der Akad. d. bild. Künste in Wien, 1970–72 Rektor.

Werke: Plastiken, Brunnen u. a. für die Stadt Wien und in Schweden. – Porträtmedaillen; ö. Schillingmünzen.

Welz, Friedrich, * 2. 11. 1903 Salzburg, † 5. 2. 1980 ebd., Verleger, Kunsthändler. Förderer zahlreicher zeitgenöss. ö. Künstler; Gründer und Leiter der „Galerie Welz" in Salzburg, gründete 1953 mit O. → Kokoschka die „Internat. Sommerakad. für bildende Kunst" („Schule des Sehens") in Salzburg.

Werke: A. Kolig, 1948; A. Steinhart, 1949; O. Kokoschka. Frühe Druckgraphik 1906–12, 1977. – Literatur: G. Kerschbaumer, Meister der Verwirrung. Die Geschäfte des Kunsthändlers F. W., 2000.

Welzenbacher, Lois (Alois Johann), * 20. 1. 1889 München (D), † 13. 8. 1955 Absam (Ti.), Architekt. Maurerlehre und Gewerbl. Fortbildungsschule in Wien, ab 1907 in München als Zeichner in Architekturbüros. 1912/13 an der Techn. Hochschule in München. 1919–32 Atelier in Innsbruck, 1922/23 Lehrer an der Staatsgewerbeschule Innsbruck; 1929 Stadtbaudir. in Plauen, ab 1931 Atelier in München. 1939–42 beratender Architekt der Flugzeugwerke in Halle a. d. Saale, ab 1947 Prof. an der Akad. d. bild. Künste in Wien.

Werke: Haus Mimi Settari, Bad Dreikirchen, S-Ti., 1922/23; Adambräu, Innsbruck, 1926 und 1931; Verwaltungsgebäude der Städt. Elektrizitätswerke Innsbruck, 1926/27; Haus Treichl, Innsbruck, 1929–31 (zerstört); Haus Rosenbauer, Linz, 1929–30; Haus am Zellersee; Turmhotel Seeber, Hall in Ti., 1930–31; Kinderheim Ehlert, Hindelang, Allgäu, 1931–33; Haus Heyrovsky, Zell am See, 1932. – Literatur: A. Sarnitz, L. W., 1989.

Welzig, Werner, * 13. 8. 1935 Wien, Literaturwissenschaftler. Studierte in Wien und Paris, 1968 Gastprof. an der University of Southern California, seit 1968 Univ.-Prof. f. Neuere dt. Literaturgeschichte an der Univ. Wien; 1983 Gen.-Sekr., seit 1991 Präs. der Ö. Akad. d. Wiss.; 1989 Präs. der Modern Humanities Research Association, London.

Werke: Heine als Dichter der Sentimentalität, 1957; Beispielhafte Figuren. Tor, Abenteurer und Einsiedler bei Grimmelshausen, 1963; Der dt. Roman im 20. Jh., 1967; Der Typus der dt. Balladenanthologie, 1977; Abraham a Sancta Claras Beschreibung der Pest von 1679, 1979. – Hg.: Erasmus von Rotterdam, Ausgewählte Schriften, 8 Bde., 1968–80; Das Tagebuch A. Schnitzlers, 1981ff.; Abraham a Sancta Clara, Mercks Wienn, 1983; Katalog gedruckter dt.-sprach. kath. Predigtsammlungen, 2 Bde., 1984/87; Lobrede. Katalog dt.-sprach. Heiligenpredigten in Einzeldrucken, 1989; A. Stifter. Die kleinen Dinge schreien drein. 59 Briefe, 1991; Predigten der Barockzeit, 1995; Wörterbuch der Redensarten zu der von K. Kraus 1899 bis 1936 hg. Ztschr. „Die Fackel", 1999.

Wenckebach, Karel Frederik, * 24. 3. 1864 Den Haag (NL), † 11. 11. 1940 Wien, Internist. Univ.-Prof. in Straßburg, 1915–29 in Wien. Verdienste um Erforschung der Herz- u. Kreislaufstörungen. Nach ihm ist das w.sche Bündel benannt.

Werke: Die unregelmäßige Herztätigkeit und ihre klinische Bedeutung, 1914; Über den Mann von 50 Jahren, 1915; Angina pectoris, 1926; Unregelmäßige Herztätigkeit, 1927; Herz- und Kreislaufinsuffizienz, 1931. – Mit-Hg.: Wr. Archiv für innere Medizin, 1920ff.

Wenckheim, Engelbert, * 31. 10. 1934 Budapest (H), Unternehmer. 1982–94 Alleinvorstand der Ottakringer Brauerei AG (gegr. 1837), 1994–2000 deren Vorstandsvorsitzender. Seit 2000 Vorstandsvorsitzender der Getränkeind. Holding AG. 1990–95 Obmann der Sektion Ind. der Bundeswirtschaftskammer (seit 1994 Wirtschaftskammer Ö.).

Wendelberger, Gustav, * 29. 3. 1915 Wien, Pflanzenphysiologe. Leiter des Inst. für Naturschutz und Landschaftspflege; ab 1955 Leiter des ö. Naturschutzbunds,

1973–85 Univ.-Prof. für Vegetationsökologie in Wien. K.-Lorenz-Preis f. Umweltschutz 1981.
Werke: Zur Soziologie der kontinentalen Halophytenvegetation Mitteleuropas, 1950; Die Trockenrasen der Perchtoldsdorfer Heide bei Wien, 1953; Die Restwälder der Parndorfer Platte im N-Bgld., 1955; Die Sektion Heterophyllae der Gattung Artemisia, 1960; Ökosystem Auenwald, 1975; Das vierdimensionale Vegetationsgefüge der Erde, 1978.

Wendl, Ingrid, * 17. 5. 1940 Wien, Eiskunstläuferin. Europameisterin 1956 und 1958, Zweite der Weltmeisterschaft 1958, Dritte bei den Olymp. Spielen 1956 in Cortina d'Ampezzo. Danach bis 2000 TV-Moderatorin.

Franz Werfel. Foto.

Wendlinger, Karl, * 20. 12. 1968 Kufstein (Ti.), Autorennfahrer. 1988 ö. Meister und 1989 dt. Meister in der Formel 3, ab 1991 in der Formel 1 (1992 March-Ilmor, 1993/94 Sauber-Mercedes). Nach einem schweren Unfall am 15. 5. 1994 in Monte Carlo nahm er 1995 seine Rennfahrerkarriere wieder auf und wurde 1999 Weltmeister in der Formel GT.

Wenger, Leopold, * 4. 9. 1874 Obervellach (Kä.), † 21. 9. 1953 ebd., Rechtshistoriker. Ab 1935 Univ.-Prof. f. röm. Recht in Wien, davor in Graz, Heidelberg und München; verband jurist. mit altphilolog. und hist. Forschungen.
Werke: Röm. und antike Rechtsgeschichte, 1905; Institutionen des röm. Zivilprozeßrechts, 1925; Die Quellen des röm. Rechts, 1953.

Wengraf, Edmund, * 9. 1. 1860 Nikolsburg (Mikulov, CZ), † 8. 12. 1933 Wien, Erzähler, Lyriker, Essayist und Theaterkritiker. Bedeutender sozialliberaler Kulturpublizist der Jh.-Wende, Redakteur der „Arbeiterzeitung", 1893–98 mit H. Osten Hg. der „Neuen Revue" (ehemals „Wr. Literatur Ztg."), Mitarbeiter des „Neuen Wr. Journals" und Chefredakteur des „Extrablatts" sowie der Ztg. „Die Zeit"; 1913–26 Präs. der Schriftstellervereinigung „Concordia".
Werke: Lyrik: Bunter Abend, 1923. – Roman: Armer Leute Kind, 1894. – Essays und Pamphlete: Die gebildete Welt, 1886; Wie man ein Socialist wird, 1887; Wie wir wirtschaften, 1887; Grössenwahn, 1888; Die Phrase, 1893.

Wengraf, Senta, * 10. 5. 1927 Wien, Schauspielerin. 1946 Debüt am Wr. Volkstheater, danach u. a. am Burgtheater und am Theater in der Josefstadt in Wien, am Sbg. Landestheater und an diversen dt. Bühnen (Rollenfach der kultivierten Salondame). Rundfunk-, Fernseh- und Filmtätigkeit (1946 Filmdebüt im ersten ö. Spielfilm nach dem 2. Weltkrieg „Glaube an mich").
Weitere Filmrollen: Das Kind der Donau, 1949; Mein Freund Leopold, 1950; Sissi – die junge Kaiserin, 1956/57.

Wenter, Josef (Gottlieb), * 11. 8. 1880 Meran (S-Ti.), † 5. 7. 1947 Innsbruck (Ti.), Schriftsteller. Bevorzugte in seinen Dramen hist. Stoffe (dt. Herrscherfiguren), z. T. mythisch überhöht („Der sechste Heinrich", 1921); als NS-Sympathisant propagierte er in seinem Roman „Spiel um den Staat" (1933) die Herrschaft des „Führers". Nach 1945 fand W. als Autor einfühlsamer Tiergeschichten Rehabilitierung.
Weitere Werke: Dramen: Heinrich IV., 1925; Michael Geismair, 1941; Kaiserin Maria Theresia, 1944; Gesetz im Wandel, 1947. – Romane und Erzählungen: Salier und Staufer, 1936; Barbarossa in Italien, 1939. – Tiergeschichten: Monsieur, der Kuckuck, der Sonderbare, 1930; Laikan, 1931; Mannsräuschlin, 1933. – Literatur: M. Völkl, J. W. Weg zum Dramatiker, Diss., Innsbruck 1973; F. Aspetsberger, Literarisches Leben im Austrofaschismus, 1980.

Josef Werndl. Gemälde von Kulstrunk, 1889.

Wenzl, Erwin, * 2. 8. 1921 Annaberg (NÖ.), Genossenschaftsangestellter und Politiker (ÖVP). 1951–68 Landesparteisekr. und 1968–77 Landesparteiobmann der ÖVP OÖ., 1955–77 Abg. z. Oö. Landtag und 1955–71 Landesrat, 1971–77 Landeshauptmann von OÖ.; 1977–89 Gen.-Dir. der Oö. Kraftwerke AG.
Literatur: G. Beran, Ein Löwe für OÖ., 1991.

Werba, Erik, * 23. 5. 1918 Baden (NÖ.), † 9. 4. 1992 Hinterbrühl (NÖ.), Pianist (bes. Liedbegleiter), Komponist, Musikschriftsteller und -kritiker. Ab 1952 Hg. der „Ö. Musikal. Zeitung", ab 1948 Prof. an der Wr. Musikhochschule, 1964–71 auch an der Hochschule in Graz. Konzerttourneen; zahlreiche Auszeichnungen.
Werke: Bühnen- und Kammermusik, Liederzyklen. – Schriften: R. Strauss, 1949; Tenoralbum, 1951; Bariton-Baß-Album, 1953; J. Marx, 1964. – Essays.

Werfel, Franz, * 10. 9. 1890 Prag (CZ), † 26. 8. 1945 Beverly Hills (USA), Schriftsteller. Einer der meistgelesenen dt.-sprach. Autoren der Zwischenkriegszeit, in Prag u. a. mit F. → Kafka und M. → Brod befreundet. 1912 Lektor im K.-Wolff-Verlag, im 1. Weltkrieg Soldat in Ostgalizien, im November 1918 bei der „Roten Garde" von E. E. → Kisch. Heiratete 1929 A. M. → Mahler-Werfel, emigrierte 1938 nach Frankreich und 1940 in die USA. Wurde mit Gedichtbänden wie „Der Weltfreund" (1911), „Wir sind" (1913) und „Einander" (1915) zu einem der Hauptvertreter des Expressionismus, während seine psychologisierenden Dramen („Spiegelmensch", 1921; „Bocksgesang", 1922) nur mittelmäßigen Erfolg errangen. Sein umfangreiches episches Werk entstand zw. 1920 und 1945. In Romanen wie „Nicht der Mörder, der Ermordete ist schuldig" (1920) oder „Höret die Stimme" (1937) thematisiert W. teilweise unter Verwendung hist. Stoffe soz. Entwicklungen seiner Zeit. Wiederkehrende Themen sind Humanität und das Ringen um ein ethisch fundiertes Christentum („Die 40 Tage des Musa Dagh", 1933) sowie scharfsichtige Zeitkritik („Barbara oder Die Frömmigkeit", 1929). In „Verdi" (1924) strebt er die Verknüpfung von Poesie und Musik an. Sein autobiographisch geprägter Reiseroman „Stern der Ungeborenen" erschien postum 1946.
Weitere Werke: Lyrik: Gesänge aus den drei Reichen, 1917; Der Gerichtstag, 1916/17; Beschwörungen, 1922; Schlaf und Erwachen, 1935; Zw. Gestern und Morgen, 1942. – Bühnenwerke: Der Besuch aus dem Elysium, 1911; Schweiger, 1922; Juarez und Maximilian, 1925; Paulus unter den Juden, 1926; Das Reich Gottes in Böhmen, 1930; Der Weg der Verheißung, 1937; In einer Nacht, 1937; Jacobowsky und der Oberst, 1945. – Romane: Der Abituriententag, 1928; Die Geschwister von Neapel, 1931; Der veruntreute Himmel, 1939; Eine blaßblaue Frauenschrift, 1941; Das Lied von Bernadette, 1941. – Erzählungen: Der Tod des Kleinbürgers, 1927; Geheimnis eines Menschen, 1927; Kleine Verhältnisse, 1931. – Essays, Übersetzungen. – Ausgabe: Ges. Werke in Einzelbänden, hg. v. K. Beck, 1989ff. – Literatur: L. B. Foltin, F. W., 1972 (Bibliographie); P. S. Jungk, F. W., 1987; N. Abels, F. W., 1990; W. Paulsen, F. W. Sein Weg in den Roman, 1995.

Werger, Stefanie („Steffi"), * 2. 7. 1951 Köflach (Stmk.), Komponistin, Sängerin. Studierte an der Musikhochschule in Graz (Hauptfach Geige), danach 4 Jahre Musiklehrerin in Köflach. Begann Anfang der 70er Jahre ihre Karriere als Popsängerin und wurde zu einer bekannten Vertreterin des Austropop.
Langspielplatten und CDs: Zerbrechlich, 1983; Wendepunkt, 1984; Lust auf Liebe, 1985; Lebenszeichen, 1994; Mit uns die Zeit, 1998.

Werndl, Josef, * 26. 2. 1831 Steyrdorf (OÖ.), † 29. 4. 1889 Steyr (OÖ.), Waffentechniker, Industrieller. Übernahm 1855 den väterl. Betrieb zur Herstellung von Gewehrbestandteilen im Steyrer Wehrgraben, reiste 1863 mit seinem Werkmeister K. → Holub in die USA, wo er Waffenfabriken besuchte, und begann nach seiner Rückkehr 1865 mit dem Bau des nach ihm benannten Hinterladegewehrs (W.-Gewehr). 1869 Gründung der Ö. Waffenfabriksges. (1923 Steyr-Werke AG, ab 1934 Steyr-Daimler-Puch AG). Mit der Aufnahme der Erzeugung des Mehrladegewehrs von F. v. → Mannlicher beschäftigte er bis zu 10.000 Arbeiter, womit Steyr als Zentrum der europ. Waffenproduktion galt. 1884 organisierte er in Steyr eine Elektrizitätsausstellung und installierte die erste elektr. Straßenbeleuchtung. W. schuf auch vorbildl. Sozialeinrichtungen (Arbeitersiedlungen).

Literatur: M. Pfaffenwimmer, Die wirt. und soz. Entwicklung der ‚Ö. Waffenfabriksges.' unter der Leitung des Gen.-Dir. J. W. 1869–89, Diss., Wien 1985; J. Schuy, Das Waffensystem W., 1997.

Werner, Carl, * 8. 3. 1821 Hafnerbach (NÖ.), † 14. 4. 1888 Wien, Moraltheologe. 1870 Univ.-Prof. in Wien, 1885 Propst von Stift Zwettl; widmete sich der Erforschung der Theologie, Philosophie und der theolog. Literatur des MA.

Werke: System der christl. Ethik, 3 Bde., 1850–52; Der hl. Thomas von Aquin, 3 Bde., 1859; Geschichte der apologet. und polem. Literatur der christl. Theologie, 5 Bde., 1861–67; Die Scholastik des späteren MA, 5 Bde., 1881–87. – Literatur: J. Reikerstorfer, C. W. (1821–88), in: Christl. Philosophie im kath. Denken des 19. und 20. Jh., Bd. 1, 1987.

Werner, Christian, * 27. 12. 1943 Gogolin (Šlaski, PL), Berufsoffizier und Geistlicher. 1977 Priesterweihe, ab 1980 Militärseelsorger in St. Pölten, 1992 zum Militärbischof-Koadjutor (Bischof mit Nachfolgerecht) ernannt, seit 1994 Militärbischof für Ö.

Werner, Emmy, * 13. 9. 1938 Wien, Schauspielerin, Regisseurin, Theaterleiterin. 1963 Debüt in S. → Kadmons „Theater der Courage", dort ab 1973 Dramaturgin, Spielplangestalterin und Produktionsleiterin. Ihr Engagement für Frauentheater führte 1981 zur Gründung des Frauenkulturzentrums „Theater in der Drachengasse", das sie bis 1987 (ab 1984 mit einem eigenen Raum für das Theater der Courage) leitete. Seit 1988 Dir. des Wr. Volkstheaters, dessen Betrieb sie auf Repertoiretheater umstellte. Aufführung von klass. Stücken und Experimentaltheater.

Werner, Gregor Joseph, * 28. 1. 1693 Ybbs a. d. Donau (NÖ.), † 3. 3. 1766 Eisenstadt (Bgld.), Komponist. Organist in Melk (1715/16); 1728 Kapellmeister von Paul II. Anton Fürst → Esterházy in Eisenstadt, wo er die fürstl. Kapelle aufbaute, die J. → Haydn 1761 als Vizekapellmeister übernahm, während W., weiterhin Oberhofkapellmeister, für die Kirchenmusik zuständig war.

Werke: Neuer und sehr curios-musicalischer Instrumental-Calender, 1748; Zwey neue und extralustige musical. Tafel-Stücke. – Kirchenmusik, Oratorien, Kammermusik, Partiten, Orgel- und Klavierkonzerte.

Werner, Margot, * 8. 12. 1937 Salzburg, Chansonsängerin, Entertainerin. Mit 17 Jahren Mitgl. des Balletts der Bayer. Staatsoper München, ab 1959 Solistin; Zusammenarbeit mit dem jungen Tänzer H. Bosl; 1972 Beginn einer 2. Karriere als Sängerin. Trat mit One-Woman-Shows u. a. in W. → Schneyders „Lach- und Schießgesellschaft" in München auf. Erarbeitete mit P. Hajek Fernsehshows, veröffentlichte Platten und Bücher und trat mit den Stars der dt. Unterhaltungsbranche (u. a. J. Kulenkampff, G. Pfitzmann) in zahlreichen TV-Shows und in Filmen auf.

Werk: „... und für jeden kommt der Tag", 1982.

Werner, Oskar (eigentl. Josef Bschließmayer), * 13. 11. 1922 Wien, † 23. 10. 1984 Marburg a. d. Lahn (D), (Film-)Schauspieler. Bereits 1941 von L. → Müthel an das Burgtheater engagiert, dessen Ensemble er bis 1949, 1951–55 und 1960/61 angehörte; spielte außerdem am Theater in der Josefstadt (1950), am Raimundtheater und am Volkstheater in Wien sowie an Theatern in Deutschland und der Schweiz und trat bei den Sbg. Festspielen auf (klass. und moderne Rollen). W. galt in den 50er Jahren als herausragender Darsteller von Liebhaberrollen, berühmt als Hamlet; später Verkörperung widersprüchl. Charaktere, denen er durch sein sensibles Spiel und seine spezif. Wortmelodik bes. Gepräge gab; internat. Filmkarriere. W. gründete sein eig. O.-W.-Ensemble und war in seinen letzten Lebensjahren häufig als Rezitator auf Tournee (v. a. R. M. → Rilke und J. → Weinheber).

Filme: Der Engel mit der Posaune, 1948; Der letzte Akt, 1955; Mozart, 1955; Lola Montez, 1955; Jules und Jim, 1961; Das Narrenschiff, 1965; Der Spion, der aus der Kälte kam, 1965; Fahrenheit 451, 1966. – Literatur: A. E. Láng, O. W., 1984; M. Mazura, O. W., Biographie, 1986; R. Dachs, O. W., 1988.

Werner, Richard Maria, * 11. 8. 1854 Iglau (Jihlava, CZ), † 31. 1. 1913 Wien, Literaturhistoriker. Lehrte an der Univ. Lemberg; bedeutender Hebbel-Forscher, Hg. der hist.-krit. Ausgabe der Werke F. → Hebbels (Sämtl. Werke, 3 Abteilungen in 24 Bden., 1901–07).

Weitere Werke: L. P. Hahn, 1877; Der Wr. Hanswurst, 1883; Aus dem Josephin. Wien, 1888; Betty Paoli, 1898; F. Hebbel, 1904; Lessing, 1908. – Hg.: Goethe und die Gräfin O'Donell (Briefwechsel), 1884; Stranitzky, Ollapotrida, 1885; Hebbels Briefe (Nachlese), 1900; Hebbels Tagebücher, 4 Bde., 1903.

Wernher, Bruder, 1225–50 vornehml. in Ö. und im Interesse der ö. Landesherren wirkender, von → Walther von der Vogelweide beeinflusster Dichter. Überliefert sind 74 Sprüche und ein relig. Kreuzlied, seine Herkunft und sein Stand (vielleicht kein Ordensangehöriger, sondern Laie) sind unsicher.

Ausgabe: Die Sprüche des B. W., hg. v. A. Schönbach, 2 Bde., 1904/05. – Literatur: F. P. Knapp, Die Literatur des Früh- und Hoch-MA, in: Literatur in Ö., Bd. 1, 1994.

Wernher der Gartenaere, 2. Hälfte 13. Jh., Fahrender aus dem oö. Innviertel oder vom Gardasee. Verfasste mit der 1922 Verse umfassenden Verserzählung „Meier Helmbrecht" (1250–80) die 1. dt. Dorfgeschichte im Anschluss an die „Dörperlyrik" („Dörper" = Bauerntölpel) v. a. → Neidharts von Reuental. Helmbrecht, ein unzufriedener Bauernsohn, verlässt hoffärtig ausstaffiert den elterl. Hof, um nach ritterl. Lebensführung zu streben. Er treibt als Knappe eines Raubritters sein Unwesen, wird gefangen genommen, von den Eltern verstoßen und schließlich von misshandelten Bauern aus Rache gehängt. Die Erzählung wird häufig als Exempelfall für die Auflösung der Ständeordnung, als Stellungnahme gegen das aufstrebende Bauerntum und die Territorialisierungspolitik der Landesherren (Habsburger) gedeutet.

Ausgabe: H. Brackert u. a. (Hg.), W. d. G., Helmbrecht, 1978. – Literatur: U. Seelbach, Bibliographie zu W. d. G., 1981; G. Schindele, Helmbrecht, in: Literatur im Feudalismus, 1975.

Wertheim, Ernst, * 21. 2. 1864 Graz (Stmk.), † 15. 2. 1920 Wien, Bakteriologe und Gynäkologe. Ab 1899 Univ.-Prof. in Wien. Schuf neue Operationsmethoden in der Gynäkologie, v. a. die abdominale Radikaloperation für das Gebärmutterhalskarzinom, die erstmals eine erfolgreiche Krebsbehandlung möglich machte.

Werke: Die Technik der vaginalen Bauchhöhlen-Operation, 1906 (mit H. Micholitsch); Die erweiterte abdominale Operation ..., 1911.

Wertheim, Franz Frh. von, * 12. 4. 1814 Krems a. d. Donau (NÖ.), † 3. 4. 1883 Wien, Industrieller. Begann 1841 mit der Erzeugung von Werkzeugen, 1851 von feuerfesten und einbruchssicheren Kassen, 1876 von Stahlpanzerkassen und begründete damit den Ruf der „W.-Kassen". 1863 entwarf H. v. Ferstel für ihn das Palais W. in Wien (Ecke Ringstraße/Schwarzenbergplatz), 1869 komponierte Josef Strauß die Polka „Feuerfest". Das Unternehmen erzeugt bis heute Tresore, Geldschränke und Bankeinrichtungen.

Literatur: 100 Jahre W. 1852–1952, 1952.

Wertheimer, Samson, * 1658 Worms (D), † 6. 8. 1724 Wien, Hofjude und Gelehrter. Ließ sich 1684 als Geschäftspartner von S. → Oppenheimer in Wien nieder.

Franz Freiherr von Wertheim. Lithographie von J. Kriehuber, 1868.

Oskar Werner. Foto, 1948.

Kreditgeber und Finanzberater des Kaiserhauses, ab 1703 mit dem Titel Oberhoffaktor. Durch seinen Einfluss bei Hof gelang es ihm u. a., den Verkauf des antisemit. Werks „Entdecktes Judentum" von J. A. Eisenmenger zu unterbinden. W. galt als rabbinisch gelehrt und unterstützte den Druck hebräischer Schriften. 1693 wurde er von der jüd. Gemeinde Eisenstadt zum Ehrenrabbiner und vom Kaiser zum ungar. Landesrabbiner ernannt. In seinem Haus in Eisenstadt besteht seit 1982 das Ö. Jüd. Museum.

Literatur: D. Kaufmann, S. W., der Oberhoffaktor und Landesrabbiner (1658–1724) und seine Kinder, 1888; K. Schubert (Hg.), Die ö. Hofjuden und ihre Zeit, 1991.

Wertheimstein, Franziska, * 17. 8. 1844 Wien-Hietzing, † 19. 1. 1907 Wien, Tochter des Bankiers Leopold W. Führte in der 1834–36 für R. v. Arthaber errichteten Villa in Döbling (seit 1876 Villa W.) einen Salon; zu ihrem Freundeskreis zählte u. a. F. v. → Saar. Vermachte ihren Besitz mit dem prächtigen Park der Stadt Wien; in der Villa sind Gedenkräume für F. v. Saar und E. v. → Bauernfeld sowie seit 1964 das Döblinger Heimatmus. untergebracht.

Literatur: J. Bartl, Villa W., Dipl.-Arb., Wien 1990; E. Kobau (Hg.), Rastlos zieht die Flucht der Jahre ... Josephine und F. v. W. – Ferdinand v. Saar, 1997.

Werthner, Georg, * 7. 4. 1956 Linz (OÖ.), Leichtathlet (Zehnkämpfer) und Jurist. 8-facher ö. Meister im Zehnkampf, 1980 Vierter bei den Olymp. Spielen in Moskau, 1982 ö. Rekord und Fünfter der Europameisterschaft in Athen.

Richard Wettstein. Lithographie, 1899.

Wessely, Josephine, * 8. 3. 1860 Wien, † 12. 8. 1887 Karlsbad (Karlovy Vary, CZ), Schauspielerin; Tante von Paula → Wessely. 1876 in Leipzig, 1878–87 am Burgtheater, spielte sämtl. Hauptrollen im Fach der jugendl. Liebhaberin (berühmt als Gretchen im „Faust").

Literatur: L. Meiche, Erinnerungen an J. W., 1887.

Wessely, Othmar, * 31. 10. 1922 Linz (OÖ.), † 20. 4. 1998 Wien, Musikwissenschaftler. 1963–71 Univ.-Prof. in Graz, 1972–93 in Wien. Ab 1974 Leiter der Publikationen der „Denkmäler der Tonkunst in Ö."; 1982–98 Obmann der Kommission für Musikforschung der Ö. Akad. d. Wiss. und wiss. Leiter des A.-Bruckner-Inst. Linz.

Werke: Musik in OÖ., 1951; Die Musikinstrumenten-Smlg. des OÖ. Landesmus., 1952; Johannes Brassicanus, 1954; Arnold von Bruck, 1961; Musik, 1973; Bruckner-Studien, 1975; Die älteren Libretti der Bibl. des Inst. f. Musikwiss. der Univ. Wien, 1998. – Zahlr. Aufsätze über A. Bruckner und andere oö. Musiker.

Karl Weyprecht. Lithographie.

Wessely, Paula, * 20. 1. 1907 Wien, † 11. 5. 2000 ebd., Kammerschauspielerin, eine der bedeutendsten Schauspielerinnen des dt.-sprach. Theaters des 20. Jh.; Nichte von Josephine → Wessely, Ehefrau von Attila → Hörbiger, Mutter von Elisabeth → Orth, Christiane → Hörbiger und Maresa → Hörbiger. 1924 Debüt am Dt. Volkstheater in Wien, 1926/27 in Prag, 1927–29 am Dt. Volkstheater in Wien, 1929–52 am Theater in der Josefstadt und ab 1932 unter M. → Reinhardt auch am Dt. Theater in Berlin. Ab 1930 Mitwirkung an den Sbg. Festspielen (1933–37 Gretchen in „Faust I"). Ab 1934 Filmtätigkeit (u. a. „Maskerade", 1934; „Episode", 1935; „Heimkehr", 1941; „Die kluge Marianne", 1943; „Der Engel mit der Posaune", 1948; „Maria Theresia", 1951; „Ich und meine Frau", 1953). 1950 mit A. Hörbiger Gründung der P.-W.-Filmproduktion (bis 1960); 1953–85 am Burgtheater (Doyenne). Abschied von der Bühne 1987 mit einem Leseabend. Gastspiele, zahlr. Auszeichnungen (u. a. 1949 Reinhardt-Ring, 1960 Kainz-Medaille, 1979 A.-Seidler-Ring).

Paula Wessely als Griseldis. Foto, 1943.

Literatur: E. Orth, Märchen ihres Lebens. Meine Eltern P. W. und Attila Hörbiger, 1975; E. Fuhrich u. G. Prossnitz, P. W. und Attila Hörbiger. Ihr Leben – ihr Spiel, 1992; M. Steiner, P. W., 1993; F. Weissensteiner, Publikumslieblinge. Von Hans Albers bis P. W., 1994; M. Steiner, P. W. Die verdrängten Jahre, 1996.

West, Franz, * 16. 2. 1947 Wien, Bildhauer und Objektkünstler. Studierte an der Akad. der bild. Künste in Wien bei B. → Gironcoli. Erregte in den 80er Jahren Aufmerksamkeit u. a. durch zusammengeschweißte Stühle und Sofas, die sowohl als Skulpturen betrachtet als auch als Sitzmöbel benutzt werden konnten. 1992–94 Prof. an der Städelschule Frankfurt a. Main. Gestaltung des Ö.-Beitrags bei der Biennale Venedig 1992.

Literatur: E. Badura-Triska (Red.), F. W., Ausst.-Kat., Wien 1996; F. W., 1999.

Westphalen, Ferdinand Alois, * 7. 2. 1899 Przemýsl (PL), † 11. 6. 1989 Wien, Nationalökonom. Prof. an der Hochschule f. Bodenkultur in Wien.

Werke: Die theoret. Grundlagen der Sozialpolitik, 1931; Die Lohnfrage, 1934; Sociology and Economics in Austria, 1953. – Hg.: Klassiker der Staatskunst, 1950ff. (mit F. Wagner).

Wettstein, Friedrich, * 14. 6. 1895 Prag (CZ), † 12. 2. 1945 Trins (Ti.), Botaniker; Sohn von Richard → Wettstein. Kam 1899 mit seinen Eltern nach Wien; Univ.-Prof. in Göttingen, München und Berlin. Beschäftigte sich mit der botan. Erbforschung und erkannte als einer der ersten die Bedeutung der verschiedenen Plasmateile der Zelle als Träger der Erbanlagen.

Werke: Morphologie und Physiologie des Formwechsels der Moose auf genet. Grundlage, 1924; Über plasmat. Vererbung, 1930.

Wettstein, Richard, * 30. 6. 1863 Wien, † 10. 8. 1931 Trins (Ti.), Botaniker, bahnbrechend in der stammesgeschichtl. Systematik in der Botanik; Vater von Friedrich → Wettstein. Schüler und Assistent von A. → Kerner; 1892 Univ.-Prof. in Prag, ab 1899 in Wien. Gestaltete ebd. den Botan. Garten der Univ. Wien neu und schuf das botan. Institutsgebäude (1905) mit Museum. Vizepräs. der Akad. d. Wiss. (ab 1919), 1901 Präs. der Wr. Zoolog.-Botan. Ges.; Forschungsreise nach Brasilien, 1929/30 mit seinem Sohn Friedrich W. nach S- und O-Afrika.

Werke: Grundzüge der geograph.-morpholog. Methode der Pflanzensystematik, 1898; Botanik und Zoologie in Ö. 1850–1900, 1901; Der Neo-Lamarckismus und seine Beziehungen zum Darwinismus, 1903; Hb. der systemat. Botanik, 2 Bde., [4]1934. – Literatur: E. Janchen, R. W., 1933.

Weyprecht, Karl, * 8. 9. 1838 König (D), † 29. 3. 1881 Michelstadt (D), Marineoffizier, Linienschiffsleutnant. Trat 1856 in die ö. Kriegsmarine ein, Einsatz in den Kriegen 1859 und 1866 (Seeschlacht bei Lissa). Sein starkes naturwiss. Interesse führte ihn mit J. v. → Payer zusammen, mit dem er 1872–74 die ö.-ungar. Nordpolexpedition auf dem Schiff „Admiral Tegetthoff" unternahm, die trotz Verlusts des Expeditionsschiffs im Packeis mit der Rückkehr endete. Danach wiss. Studien, ab 1879 an der Meteorolog. Anstalt in Wien.

Literatur: H. Straub, Die Entdeckung des Franz-Josef-Landes, 1993.

Weyr, Emil, * 31. 8. 1848 Prag (CZ), † 25. 1. 1894 Wien, Mathematiker. Prof. am Polytechnikum in Prag, ab 1875 an der Univ. Wien; gründete 1890 mit G. v. → Escherich die „Monatshefte für Mathematik und Physik". Verdienste um den Geometrieunterricht in Ö.

Werke: Theorie der mehrdeutigen geometr. Elementar-Gebilde, 1869; Geometrie der räuml. Erzeugnisse, 1870.

Weyr, Rudolf, * 22. 3. 1847 Wien, † 30. 10. 1914 ebd., Bildhauer; Onkel von Siegfried → Weyr. Studierte an der Wr. Akad., war im Atelier des Bildhauers J. Cesar tätig und arbeitete an der skulpturalen Ausgestaltung des Kunsthist. und des Naturhist. Museums sowie der Hermesvilla in Wien mit; schuf u. a. Denkmäler für H. Canon (1905) und J. Brahms (1908) in Wien. Neben V.

→ Tilgner einer der bedeutendsten ö. Vertreter des Neubarock in der Bildhauerei.

Literatur: M. Pötzl-Malikova, Die Plastik der Ringstraße. Künstlerische Entwicklung 1890–1918, 1976; W. Krause, Die Plastik der Wr. Ringstraße. Von der Spätromantik bis zur Wende um 1900, 1980.

Weyr, Siegfried, * 21. 4. 1890 Groß-Mosty (Velyki Mosty, UA), † 21. 3. 1963 Wien, Erzähler, Journalist, Maler, Graphiker; Neffe von Rudolf → Weyr. Redakteur des „Mittag" und des „Kurier", Altwiener Lokalchronist. 1938–47 in Emigration in Großbritannien und in den USA.

Werke: Romane und Erzählungen: Der keuschen Jungfrauen altes Recht, 1951; Wr. Schätze und Geheimnisse, 1951; Der zweite Augustus, 1953; Von Lampelbrunn bis Hohenwarth, 1960, Wr. Schatzkammern erzählen, 1960; Wr. Gärten, 1960; Wien. Magie der Inneren Stadt, 1968; Wien. Zauber der Vorstadt. 1969.

Weys, Rudolf, * 30. 9. 1898 Graz (Stmk.), † 27. 2. 1978 Wien, Journalist, Schriftsteller, Kabarettist, Jurist, zunächst Theaterkritiker. Gründete 1933 mit F. W. Stein die Kleinkunstbühne „Literatur am Naschmarkt", Hausautor des „Wr. Werkels"; Verfasser von Kabaretttexten, Lustspielen, Libretti, Hörspielen und Büchern.

Werke: Literatur – am Naschmarkt, 1947; Cabaret und Kabarett in Wien, 1970.

Wibmer-Pedit, Fanny (eigentl. F. Wibmer, geb. Pedit), * 19. 2. 1890 Innsbruck (Ti.), † 27. 10. 1967 Lienz (Ti.), Schriftstellerin. Lernte durch Mitarbeit am elterl. Bauernhof die Lebenswelt der Ti. Bergbauern kennen; lebte 1912–35 in Wien. Begann erst mit 38 Jahren zu schreiben und verfasste viel gelesene hist. Romane („Eine Frau trägt die Krone", 1937; „Die Welserin", 1940; „Graf und Herzog", 1954; „Margarete Maultasch", 1969) sowie kath.-konservative, z. T. auch mythisierende Heimat- und Bauernromane („Heimkehr zur Scholle", 1938).

Weitere Werke: Romane, Erzählungen, Legenden, Jugendbücher, relig. Laienspiele, Volksstücke. – Literatur: E. Margreiter-Wilscher, F. W.-P. Versuch einer Monographie, Diss., Innsbruck 1983.

Wichner, Josef, * 23. 10. 1852 Bludenz (Vbg.), † 13. 6. 1923 Krems a. d. Donau (NÖ.), Erzähler, Jugendschriftsteller, Lehrer und Folklorist.

Werke: Roman: Bürger Gozzo, 1922. – Heimatbücher: Die goldene Wachau, 1912; Wachausagen, 1916; Auf der Nibelungenstraße, 1922. – Erinnerungen: Im Schneckenhause, 1893; Im Studierstädtlein, 1896; An der Hochschule, 1900.

Wichtl, Erwin, * 27. 1. 1951 Zwettl-NÖ., Manager. Studierte Sozial- und Wirt.-Wiss. in Wien. Seit 1975 bei ADEG Ö. Handels AG tätig, seit 1993 Vorstandsmitgl., seit 1998 Vorstandssprecher. Geschäftsführer der ADEG C & C Abholgroßmärkte GmbH und der DOGRO Handels GmbH.

Wick, Georg, * 28. 4. 1939 Klagenfurt (Kä.), Arzt, Alternsforscher. Arbeitete 1967–70 an der State University of New York at Buffalo (USA) und 1971–74 an der Univ. Wien. Seit 1974 Ordinarius an der Univ. Innsbruck (seit 1997 Vorstand des Inst. für Allgem. und Experimentelle Pathologie), daneben seit 1991 Direktor des Inst. für Biomedizin. Alternsforschung der Ö. Akad. der Wiss. in Innsbruck. Beschäftigt sich v. a. mit Fragen der Autoimmunität und des Alterungsprozesses.

Wickenburg, Albrecht Graf, * 4. 12. 1839 Graz (Stmk.), † 17. 12. 1911 Wien, Lyriker; Großvater von Erik Gf. → Wickenburg. Ab 1856 in Wien, bis 1863 Staatsbeamter.

Werke: Lyrik: Eigenes und Fremdes, 1874; Mein Wien, 1894; Altwiener Geschichten und Figuren, 1896; Neue Gedichte, 1898; 50 Wr. Gedichte, 1911. – Übersetzungen.

Wickenburg, Alfred, * 26. 7. 1885 Bad Gleichenberg (Stmk.), † 25. 12. 1978 Graz (Stmk.), Maler. Stammte aus einer führenden steir. Adelsfamilie (sein Großvater Matthias Konstantin Gf. W. war steir. Landesgouverneur); studierte in München, Paris und Stuttgart, wobei ihn insbes. der Einfluss von Adolf Hoelzel in Stuttgart prägte. W. verband in seinen Werken verschiedene künstlerische Richtungen: Impressionismus, Expressionismus, Neue Sachlichkeit, Kubismus (P. Picasso, G. Braque), Pittura metafisica (G. de Chirico) sowie realist. Strömungen. Neben Ölgemälden schuf W. auch einige Glasfenster und Wandmalereien für Kirchen und öffentl. Gebäude (u. a. Knabenseminar der Wr. Erzdiözese in Sachsenbrunn, St.-Josephs-Kirche in Greith bei Gußwerk, Kirche Maria Schutz auf der Kalkleiten, Kath. Bildungshaus auf Schloss Seggau, Barbarakapelle des Grazer Doms, J.-Steinberger-Gedächtnisfenster auf Schloss St. Martin). Großer Ö. Staatspreis 1956, Ö. Ehrenzeichen f. Wiss. u. Kunst 1969.

Literatur: W. Skreiner, A. W. Der Maler und sein Werk, 1972; O. Rychlik u. a., A. W. 1885–1978. Werkverzeichnis 1910–1945, 1996.

Wickenburg, Erik Graf (Pseud.: Robert von den Steinen), * 19. 1. 1903 Kasern b. Salzburg, † 7. 9. 1998 Salzburg, Schriftsteller; Enkel von Albrecht Gf. → Wickenburg. In seinem Werk der Lebenswelt Alt-Ö. verpflichtet („Farben zu einer Kinderlandschaft", 1934). 1980–88 Präsident des Ö. P. E. N.-Clubs.

Weitere Werke: Romane: Florian, 1940; Steingucker, 1947; Die Begleiterin, 1948. – Essays: Salzburger Gloria, 1937; Kleine Geschichte Ö., 1958; Burgtheater und Oper, 1960; Schätze der Malerei in Wien, 1960; Schönbrunn, 1960; Barock und Kaiserschmarrn, 1961; Kleine Geschichte Wiens, 1963. – Lyrik: Lauschet der Stille, 1978.

Wickhoff, Franz, * 7. 5. 1853 Steyr (OÖ.), † 6. 4. 1909 Venedig (I), Kunsthistoriker. 1880 Kustos am Ö. Mus. für Kunst und Ind., ab 1885 Lehrtätigkeit an der Univ. Wien (ab 1891 Univ.-Prof.). Mit der Übertragung der modernen hist.-krit. Methoden auf die Kunstgeschichte trug W. maßgeblich dazu bei, diese als hist. Wiss. zu etablieren. 1904 gründete er die „Kunstgeschichtl. Anzeigen".

Werke: Wr. Genesis, 1895 (Einleitung und Kommentar); Gesammelte Schriften, 2 Bde., 1912/13. – Literatur: I. Kalavrezou-Maxeiner, F. W., in: Akten des 25. Internationalen Kongresses für Kunstgeschichte, Bd. 1, 1983.

Bernhard Wicki als Boro in dem Film „Die letzte Brücke" von H. Käutner. 1954.

Wicki, Bernhard, * 28. 10. 1919 St. Pölten (NÖ.), † 5. 1. 2000 München (D), Schauspieler, Regisseur. Ab 1940 Theaterengagements in Deutschland, in der Schweiz und in Ö., ab 1950 Filmschauspieler (u. a. in „Die letzte Brücke", 1954; „Es geschah am 20. Juli", 1955; „Paris, Texas", 1984) und Regisseur (u. a. „Der Besuch", 1963; „Das Spinnennetz", 1986); Fernsehfilme (u. a. „Das falsche Gewicht", 1971). Ö. Ehrenzeichen f. Wiss. u. Kunst 2000.

Literatur: P. Zander, B. W., 1994; R. Fischer, B. W., 1994; R. Blank, Jenseits der Brücke. B. W., 1999.

Widhölzl, Andreas, * 14. 10. 1976 Fieberbrunn (Ti.), Skispringer. Seit 1994 im Weltcup. 2 Bronzemedaillen bei den Olymp. Spielen in Nagano 1998 (Normalschanze und Mannschaftsbewerb), 2000 Sieger der Vierschanzentournee und 2. im Gesamtweltcup.

Widmanstätten (Beck-Widmannstetter), Alois von, * 12. 7. 1754 Graz (Stmk.), † 10. 6. 1849 Wien, Naturwissenschaftler. Erbte die 1585 gegr. Grazer Druckerei seiner Familie; 1804–07 Dir. der Spinnerei in Pottendorf, 1807–15 Dir. des k. k. Fabriksprodukten-Kabinetts von Ks. Franz I.

Wied, Martina (eigentl. Alexandrine M. Weisl, geb. Schnabl), * 10. 12. 1882 Wien, † 25. 1. 1957 ebd., Schriftstellerin. Mitarbeiterin an der Ztschr. „Der Brenner"; 1939–47 Mittelschullehrerin in Großbritannien. Thematisierte die Krise der bürgerl. Ges. („Kellingrath", 1950). Als ihr Hauptwerk gilt der umfangreiche Entwicklungsroman „Die Geschichte des reichen Jünglings" (1952). Ö. Staatspreis 1952.

Weitere Werke: Gedichte: Bewegung, 1919; Brücken ins Sichtbare, 1952. – Romane: Rauch über St. Florian, 1937; Das Einhorn, 1948; Das Krähennest, 1951. – Dramen, Novellen, Erzählungen. – Literatur: H. F. Prokop, Die Romane M. W., Diss., Wien 1972.

Wiegele, Franz, * 23. 2. 1887 Nötsch (Kä.), † 17. 12. 1944 ebd., Maler. Bed. Vertreter der Kä. Malerei (Nötscher Kreis). Seine Bilder (Stillleben, Porträts) und das umfangreiche graph. Schaffen sind einem traditionellen, alten Meistern vergleichbaren Realismus verpflichtet. Ö. Staatspreis 1926.

Literatur: E. Endres, F. W., Diss., Wien 1952; E. Lachnit, Ringen mit dem Engel, 1998.

Wieland, Guido, * 18. 11. 1906 Wien, † 10. 3. 1993 ebd., Kammerschauspieler, Regisseur. Schauspielunterricht bei R. → Beer; kam nach Wanderjahren 1929 nach Wien, wo er als Buffo in musikal. Komödien und Operetten am Theater an der Wien und an den Kammerspielen (1929–31) auftrat. Neuerl. Wanderschaft, 1938–45 ohne Engagement; 1945–48 am Bürger-, 1948–50 am Raimundtheater, 1951–90 am Theater in der Josefstadt. Populär durch zahlreiche Rundfunk- („Die Radiofamilie") und Fernsehproduktionen („Ringstraßenpalais", „Familie Leitner", „Die liebe Familie").

Wielemans von Monteforte, Alexander, * 4. 2. 1843 Wien, † 7. 10. 1911 ebd., Architekt des Späthistorismus. Studierte in Wien und arbeitete bis 1874 im Atelier von F. v. → Schmidt. Im gleichen Jahr gewann er die Konkurrenz um den Wr. Justizpalast, den er bis 1881 vollendete. Gerichtsgebäude u. ä. bildeten fortan einen Schwerpunkt seiner Tätigkeit (Graz, 1889–93; Salzburg, 1903–09), weiters entwarf er Sakralbauten (Breitenfelder Pfarrkirche in Wien, 1893–98) und Wohnhäuser bzw. Villen (Villa Gutmann in Baden, 1882–84). Sein 2. monumentales Hauptwerk wurde das Grazer Rathaus (Umbau 1887–1895 mit T. Reuter). Bes. Leistungen gelangen ihm auch bei Grabkapellen (Wien-Inzersdorf, Mödling, Frein in OÖ.).

Literatur: R. Prießnitz, A. v. W., ein Wr. Architekt des ausklingenden Historismus, Diss., Wien 1987.

Wiener, Hugo, * 16. 2. 1904 Wien, † 14. 5. 1993 ebd., Komponist, Kabarettist, Schriftsteller. Nach Musikstudium zunächst Schauspieler an verschiedenen Wr. Bühnen und Hausautor der Kleinkunstbühne „Femina". 1937–45 Exil in Kolumbien; nach Rückkehr Mitarbeiter des Kabaretts „Simpl". Schrieb die berühmten Doppelconférencen für K. → Farkas und E. → Waldbrunn; komponierte und textete zahlreiche Chansons für seine Frau C. → Kraner (u. a. „Ich wünsch' mir zum Geburtstag einen Vorderzahn", „Der Nowak läßt mich nicht verkommen") sowie Filmmusik, Operettenlibretti, musikal. Lustspiele und Satiren; zahlreiche Publikationen.

Werke: Autobiographie: Zeitensprünge, 1991; Ein Grund zum Feiern. Meine Frau und ich, 1991. – Literatur: C. Kraner, „Aber der Hugo ließ mich nicht verkommen". Lieder und Erinnerungen, 1994.

Oswald Wiener. Foto, 1968.

Wiener, Oswald (auch: Evo Präkogler), * 5. 10. 1935 Wien, experimenteller Schriftsteller, Kybernetiker. Studierte in Wien Jus, Musikwiss., afrikan. Sprachen und Mathematik, arbeitete als Jazztrompeter und stieß 1954 zur Wr. Gruppe, der er bis 1959 angehörte und für die er v. a. die theoret. Grundlagen formulierte. 1959–67 Leiter der Datenverarbeitungsabteilung bei Olivetti, Teilnahme an künstler. Aktionen; 1969 Übersiedlung nach Berlin und Eröffnung eines Lokals, seit 1986 in Kanada. In seinem Hauptwerk „die verbesserung von mitteleuropa. roman" (1969) verknüpfte er literar. Experiment eng mit philosoph.-wiss. und ges.-krit. Ansätzen. Auch die Theorie der künstlichen Intelligenz spielt in seinem Werk eine bes. Rolle („Probleme der Künstlichen Intelligenz", 1990). Großer Ö. Staatspreis 1989.

Weitere Werke: Prosa: starker toback – kleine fibel für den ratlosen, 1962 (mit K. Bayer); Nicht schon wieder ...!, 1990. – Essays und theoret. Schriften: Schriften zur Erkenntnistheorie, 1996; Literar. Aufsätze, 1998; Eine elementare Einführung in die Theorie der Turing-Maschinen, 1998 (mit M. Bonik u. R. Hödicke). – Literatur: U. Rosenbichler (Red.), die wiener gruppe, 1987; W. Ihrig, Literar. Avantgarde und Dandyismus, 1988; M. Kubaczek, Poetik der Auflösung, 1992; F. Achleitner u. P. Weibel (Hg.), Die Wr. Gruppe, 1997.

Otto Wiener als La Roche in „Capriccio" von R. Strauss. Foto, 1954.

Wiener, Otto, * 13. 2. 1911 Wien, † 5. 8. 2000 ebd., Kammersänger (Bariton). Zuerst Konzertsänger, Bühnendebüt 1953, 1957–76 Mitgl. der Wr. Staatsoper, ab 1955 bei den Sbg. Festspielen, ab 1960 auch Mitgl. der Münchner Oper; internationale Gastspiele (Bayreuth, London, New York).

Wiesberg, Wilhelm (eigentl. Bergamenter), * 13. 9. 1850 Wien, † 25. 8. 1896 ebd., Volkssänger, Bühnenautor. Arbeitete mit J. → Sioly zusammen, schrieb ges.-krit. und polit. Texte zu Wienerliedern.

Werke: Mein' Vaterstadt in Lied und Wort (Smlg.), 1885; Wr. Couplets, 1885. – Volksstücke, Duette, Possen, Wienerlieder (mit eig. Vertonungen).

Grete Wiesenthal beim Tanz „Donauwalzer". Foto, 1908.

Wiesenthal, Grete, * 9. 12. 1885 Wien, † 22. 6. 1970 ebd., Balletttänzerin. 1902 Solotänzerin des Wr. Hofopernballetts, 1934–52 Akad.-Prof. in Wien. Schuf vor dem 1. Weltkrieg mit ihren Schwestern Elsa und Berta W. auf der Basis des Wr. Walzers einen neuen Tanzstil („G.-W.-Technik"), der bahnbrechend für die moderne Tanzkunst wurde; 1912 Gründung einer eig. Tanzgruppe und -schule.

Werke: Ballette: Die Biene, 1916 (Musik von C. v. Franckenstein); Der Geburtstag der Infantin, 1916 (Text von O. Wilde, Musik von F. Schreker); Der Taugenichts von Wien, 1930. – Choreographien und Tänze. – Schriften: Der Aufstieg, 1919 (Autobiographie); Die ersten Schritte, 1947; Iffi, Roman einer Tänzerin, 1951. – Literatur: R. Huber-Wiesenthal, Die Schwestern W., 1934; I. Prenner, G. W., Diss., Wien 1950; L. M. Fiedler u. M. Lang, G. W., 1985; R. Witzmann (Hg.), Die neue Körpersprache, G. W. und ihr Tanz, Ausst.-Kat., Wien 1985.

Wiesenthal, Simon, * 31. 12. 1908 Bučač (UA), Architekt und Verfolger von nat.-soz. Verbrechen. 1941–45 in verschiedenen Konzentrationslagern. Nach der Befreiung aus dem KZ Mauthausen widmete sich W. der Suche nach Naziverbrechern und arbeitete 1945–47 für das U. S. War Crimes Office; 1947 gründete er das Jüdische Dokumentationszentrum in Linz (ab 1961 Sitz in Wien). W. setzte sich stets dafür ein, dass NS-Verbrechen gesühnt und nicht vergessen werden. Träger zahlr. internat. Auszeichnungen (2000 höchster Orden der USA: Presidential Medal of Freedom).

Werke: KZ Mauthausen, 1946; Groß-Mufti – Groß-Agent der Achse, 1947; Ich jagte Eichmann, 1961; Verjährung, 1964; Doch die Mörder leben, 1967; Die Sonnenblume, 1969; Segel der Hoffnung, 1973; Der Fall Krystyna Jaworska, 1975; Max und Helen, 1982; Flucht vor dem Schicksal, 1988; Jeder Tag ein Gedenktag, 1988; Recht, nicht Rache, 1988; Denn sie wußten, was sie tun, 1995; Projekt: Judenplatz Wien, 2000 (Hg.). – Literatur: M. Sporrer u. H. Steiner (Hg.), S. W., 1992; A. Levy, Die Akte W., 1995; H. Pick, S. W. Eine Biographie, 1998.

Wieser, Friedrich Frh. von, * 10. 7. 1851 Wien, † 22. 7. 1926 St. Gilgen (Sbg.), Nationalökonom. Studierte zunächst Jus, habilitierte sich 1993 in polit. Ökonomie. Ab 1889 Univ.-Prof. in Prag, ab 1903 in Wien; 1917–18

Mitgl. des Herrenhauses und Handesmin.; bed. Vertreter der Wr. Schule der Nationalökonomie.
Werke: Über den Ursprung und die Hauptgesetze des wirt. Wertes, 1884; Der natürl. Wert, 1889; Die Theorie der städt. Grundrente, 1909; Theorie der gesellschaftl. Wirt., 1914; Das geschichtl. Werk der Gewalt, 1923; Das Gesetz der Macht, 1926. – Literatur: E. Streissler, F. v. W. wiss. Grundperspektive, 1999.

Wieser, Lojže, * 9. 6. 1954 Klagenfurt (Kä.), Verleger. Gründete 1987 den W.-Verlag in Klagenfurt mit dem Ziel, bed. Autoren aus Mittel- und SO-Europa (D. Velikić, M. Krleža, I. Eörsi, I. Andrić u. a.) im dt. Sprachraum bekannt zu machen. 1997 begann er die Reihe „Europa erlesen" (literar. Entdeckungsreisen durch europ. Städte und Regionen).

Wiesflecker, Hermann, * 27. 11. 1913 Lienz (Ti.), Historiker. Ab 1961 Univ.-Prof. in Graz. Beschäftigte sich v. a. mit der ö. und dt. Geschichte der frühen Neuzeit sowie hist. Quellenforschung. Bearbeiter der Bde. 1–3 der „Regesta Imperii" (1990ff.).
Weitere Werke: Meinhard II., 1955; Erzhzg. Johann, 1959; Ks. Maximilian I., 5 Bde., 1971–86; Ks. Maximilian I., 1991; Ö. im Zeitalter Maximilians I., 1999. – Literatur: Festschrift, hg. v. A. Novotny u. O. Pickl, 1973.

Wiesinger, Albert, * 12. 8. 1830 Wien, † 8. 10. 1896 ebd., Priester und Journalist. 1861–74 Chefredakteur der „Wr. Kirchenzeitung", 1872–75 des „Ö. Volksfreunds". Neben S. → Brunner führender Vertreter der kath. Publizistik Wiens, als Polemiker gefürchtet, wegen antisemit. Publikationen kritisiert.
Werk: Die Lohnbedienten der öffentl. Meinung, 1868.

Wiesinger, Alois, * 3. 6. 1885 Magdalensberg (OÖ.), † 3. 1. 1955 Schlierbach (OÖ.), Theologe (Zisterzienser) und Missionar. 1917–55 Abt von Stift Schlierbach, das er wirt. erneuerte; lebte 1939–46 in Brasilien, wo er ein Kloster gründete. War auch schriftstellerisch tätig.
Werke: Zisterzienserabtei Schlierbach, 1937; Gründungsgeschichte von Jequitibà, 1944; Okkulte Phänomene im Lichte der Theologie, 1947; Operismus, 1948.

Wiesinger, Karl (Pseud.: Max Maetz), * 13. 3. 1923 Linz (OÖ.), † 10. 2. 1991 ebd., Dentist, Dramatiker und Erzähler. Wandte sich in seinem Werk gegen Faschismus, Neonazismus und bürgerl. Literaturverständnis (Roman „Achtunddreißig", 1967).
Weitere Werke: Dramen: Der Poet am Nil, 1951; Der große Wugram, 1954; Jahrmarkt der Gefühle, 1954; Gras für Büffel, 1955; General Kisch, 1962. – Romane: Großraumaktion – Max Maetz, 1971; Max Maetz Weilling, Land und Leute, 1972; Zemm, 1975; Standrecht, 1976; Der Wolf, 1980. – Literatur: C. Schnalzer-Beiglböck, K. W. (1923–1991), Dipl.-Arb., Wien 1995.

Wiesinger, Peter, * 15. 5. 1938 Wien, Altgermanist, Mundart- und Namenforscher. 1965–69 Assistent am Forschungsinst. f. dt. Sprache – Dt. Sprachatlas, Marburg a. d. Lahn, 1971 dort Prof., seit 1972 Univ.-Prof. f. dt. Sprache und ältere dt. Literatur in Wien.
Werke: Mundart und Geschichte in der Stmk., 1967; Phonetisch-phonolog. Untersuchungen zur Vokalentwicklung in den dt. Dialekten, 1970; Bibliographie zur Grammatik der dt. Dialekte 1800–1980, 1987 (mit E. Raffin); Die Ortsnamen des polit. Bezirkes Braunau a. Inn, 1989 (mit E. Bertol-Raffin); Die Ortsnamen des polit. Bezirkes Ried i. Innkreis, 1991; Die Ortsnamen des polit. Bezirkes Schärding, 1994 (mit R. Reutner); Die Ortsnamen Ö. in makrotoponymischer Sicht, 1994; Schreibung und Aussprache im älteren Frühneuhochdeutschen, 1996. – Hg.: Sprache und Name in Ö., 1980; Die Wr. dialektolog. Schule, 1983; Das ö. Deutsch, 1988; Probleme der oberdt. Dialektologie und Namenkunde, 1999.

Wiesner, Friedrich, * 27. 10. 1871 Wien, † 5. 11. 1951 ebd., Diplomat. Sein Bericht über das Attentat von Sarajewo 1914, das sog. „W.-Dokument", war Grundlage für die Haltung des Wr. Kabinetts gegen Serbien. W. hatte darin zwar eine Mitwisserschaft der serb. Regierung bei Planung und Ausführung des Attentats für „ausgeschlossen" gehalten, dennoch kam es zur Kriegserklärung an Serbien. Nach 1918 war W. Führer der legitimist. Bewegung und bemühte sich nach 1936 um möglichst viele Ehrenbürgerschaften für O. → Habsburg-Lothringen.

Wiesner, Judith, * 2. 3. 1966 Hallein (Sbg.), Tennissportlerin und Politikerin (ÖVP). 5-fache ö. Meisterin; ab 1985 Profisportlerin, siegte sie bei den Tennisturnieren in Aix-en-Provence (1988), Arcachon (1989) und Straßburg (1992). 1990 stand W. im Finale von Key Biscayne und rückte damit an die 13. Stelle der Weltrangliste; 1996 als 1. Österreicherin im Viertelfinale von Wimbledon und des US-Open. Beendete 1997 ihre Tenniskarriere und ist seither Funktionärin der ÖVP in Salzburg.

Wiesner, Julius Ritter von, * 20. 1. 1838 Tschechen b. Wischau (Vyškov, CZ), † 9. 10. 1916 Wien, Botaniker, Pflanzenanatom und -physiologe. Ab 1870 Prof. an der Forstakad. Mariabrunn, 1873–1909 an der Univ. Wien (1898/99 Rektor), bis 1880 auch am Polytechnikum. W. widmete sich zunächst der techn. Mikroskopie und den pflanzl. Rohstoffen, gründete 1873 das Pflanzenphysiolog. Inst. an der Univ. Wien (das erste seiner Art) und förderte durch seine exakten Forschungsmethoden die techn. Rohstofflehre des Pflanzenreichs. Forschungsreisen nach Ägypten, Indien, Java, Sumatra, in die Arktis und nach N-Amerika.
Werke: Die Rohstoffe des Pflanzenreichs, 1873 (2 Bde., [3]1914/18); Die Entstehung des Chlorophylls in der Pflanze, 1877; Die heliotropischen Erscheinungen im Pflanzenreiche, 2 Bde., 1878/80; Das Bewegungsvermögen der Pflanzen, 1881; Elemente der wiss. Botanik, 3 Bde., 1881–89; Der Lichtgenuß der Pflanzen, 1907; Erschaffung, Entstehung, Entwicklung, 1916.

Julius Ritter von Wiesner. Foto, 1898.

Wiessner, Hermann, * 25. 12. 1892 Wien, † 2. 2. 1992 Neulengbach (NÖ.), Kä. Landeshistoriker. 1945–57 Dir. des Kä. Landesarchivs in Klagenfurt, Ehrenmitgl. des Geschichtsvereins f. Kä.; Mit-Hg. des Hist. Atlas der ö. Alpenländer.
Werke: Beiträge zur Geschichte des Dorfes und der Dorfgem. in Ö., 1946; Geschichte des Kä. Bergbaues, 3 Tle., 1950–53; Gurker Urbare, 1951; Das Landhaus in Klagenfurt, 1957; Monumenta historica ducatus Carinthiae, Bd. 5–11, 1956–72 (Hg.).

Wigand, Balthasar, * 30. 11. 1770 Wien, † 7. 6. 1846 Felixdorf (NÖ.), Miniatur- und Landschaftsmaler. Malte Darstellungen polit. Ereignisse v. a. aus der napoleon. Zeit; seine kleinformatigen, detailreichen Aquarelle und Gouachen sind aufgrund ihrer topograph. Präzision von großem Interesse. Bemalte mit Vorliebe auch Gegenstände, wie Kassetten, Fächer und Lampenschirme.

Wilbrandt, Adolf von, * 24. 8. 1837 Rostock (D), † 10. 6. 1911 ebd., Dramatiker, Journalist, Schriftsteller; Ehemann der Schauspielerin Auguste → Wilbrandt-Baudius. 1881–87 Dir. des Burgtheaters; 1875 und 1890 Grillparzer-Preis; 1877 Schiller-Preis.
Werke: Erinnerungen, 1905; Aus der Werdezeit, 1907. – Dramen, Romane, Novellen. – Literatur: V. Klemperer, A. W., 1907; E. Scharrer-Santen, A. W. als Dramatiker, 1912; F. Horch, Das Burgtheater unter Laube und W., 1925; R. Wilbrandt, Mein Vater A. W., 1937; G. Köhler, A. W. Dramen am Burgtheater, Diss., Wien 1970.

Adolf von Wilbrandt. Foto.

Wilbrandt-Baudius, Auguste, * 1. 6. 1843 Zwickau (D), † 30. 3. 1937 Wien, Schauspielerin; Ehefrau von Adolf v. → Wilbrandt. 1861–78 und 1898–1937 am Burgtheater, 1889 am Theater an der Wien, 1893 am neu eröffneten Raimundtheater; auch in Berlin und Meiningen tätig; Vortragsreisen in Deutschland, schriftsteller. Tätigkeit.
Werk: Aus Kunst und Leben, 1919. – Literatur: L. Wilbrandt, A. W.-B., 1937; H. Richter, A. W.-B. Der Weg einer großen Burgschauspielerin, 1963; I. Buck, A. W.-B. Konversationsstil, Diss., Wien 1968.

Hans Graf Wilczek als Präsident der Wiener Freiwilligen Rettungsgesellschaft. Foto, 1916.

Wilczek, Hans (Johann Nepomuk) Graf, * 7. 12. 1837 Wien, † 27. 1. 1922 ebd., Forschungsreisender, Förderer von Kunst und Wiss. Rüstete 1872 die Vorexpedition in das Nowaja-Semlja-Meer aus, unterstützte die ö.-ungar. Nordpolexpedition finanziell und richtete 1882 aus eig. Mitteln die ö. Station auf der Insel Jan Mayen ein. 1875 Präs. der Geograph. Ges.; gründete die „Ges. der Wr. Kunstfreunde"; Mitbegründer der „Wr. Freiwilligen Rettungsges." sowie des Rudolfinerhauses in Wien (mit T. → Billroth). Er ließ die Burg Kreuzenstein in romant. Stil wiedererbauen. Nach ihm ist eine Insel des Franz-Joseph-Lands (W.-Insel) benannt.

Werke: Ein Eisbär auf Nowaja Semlja, 1872; H. W. erzählt seinen Enkeln, 1933. – Literatur: H. Spitaler, J. N. Gf. W., 1951.

Wildbolz, Klaus, * 25. 8. 1937 Wien, Schauspieler. Debüt am Stadttheater Luzern, 1963–70 Ensemblemitgl. des Theaters in der Josefstadt in Wien, seither freischaffend. Engagements u. a. in Berlin, München, Salzburg und Bregenz; populär durch zahlreiche Fernsehrollen (u. a. „Ringstraßenpalais", „Schloßhotel Orth").

Wildbrunn, Helene (eigentl. Wehrenpfennig), * 8. 4. 1882 Wien, † 10. 4. 1972 ebd., Kammersängerin (Sopran). 1906 an der Wr. Volksoper, dann auf dt. Bühnen, wo sie sich als Wagner-Sängerin profilierte; 1919–32 an der Wr. Staatsoper (ab 1932 Ehrenmitgl.); 1932–50 Akad.-Prof. in Wien; zahlreiche Gastspiele.

Billy Wilder. Foto.

Wilder, Billy (eigentl. Samuel W.), * 22. 6. 1906 Sucha (PL), Drehbuchautor, Filmregisseur. Ab 1910 in Wien, Journalist in Wien und ab 1926 in Berlin; 1933 Emigration nach Frankreich, 1934 in die USA, wo er zu einem der führenden Regisseure von Hollywood-Komödien wurde und in mehreren Filmen mit Weltstars wie Marilyn Monroe, Audrey Hepburn, Shirley MacLaine und Jack Lemmon zusammenarbeitete. Insges. 6-mal mit dem Oscar ausgezeichnet.

Werke: Drehbücher: Menschen am Sonntag, 1929; Emil und die Detektive, 1931; Scampolo, ein Kind der Straße, 1932. – Regie: Frau ohne Gewissen, 1944; Ich küsse Ihre Hand, Madame, 1948; Boulevard der Dämmerung, 1950; Ariane – Liebe am Nachmittag, 1956; Manche mögen's heiß, 1958; The Apartment, 1960; Das Mädchen Irma la Douce, 1963; Extrablatt, 1974; Fedora, 1978. – Literatur: N. Sinyard u. A. Turner, B. W. Filme, 1980; H. Karasek, B. W., 1992; B. F. Dick, B. W., 1996; A. Hutter u. K. Kamolz, B. W. Eine europ. Karriere, 1998; R. Armstrong, B. W., American Film Realist, 2000.

Anton Wildgans. Foto.

Wildgans, Anton, * 17. 4. 1881 Wien, † 3. 5. 1932 Mödling (NÖ.), Jurist, Dramatiker und Lyriker; Vater von Friedrich → Wildgans. 1908 Dr. iur., 1909–11 als Untersuchungsrichter tätig, dann freier Schriftsteller; 1921/22 und 1930/31 Dir. des Wr. Burgtheaters. Hatte mit sozialkrit. Dramen wie „Armut" (1914) und „Dies irae" (1918), die naturalist. und expressionist. Stilmerkmale aufweisen, v. a. beim Wr. Publikum großen Erfolg. Entschiedener Verfechter der Eigenständigkeit Ö. in der 1. Republik („Rede über Ö.", 1930). – Der A.-W.-Preis der ö. Ind. wurde 1960 gestiftet und kommt jüngeren ö. Autoren zugute.

Ausgabe: Sämtl. Werke, hg. v. L. Wildgans (unter Mitwirkung von O. Rommel), 8 Bde., 1948–58. – Literatur: H. Gerstinger, Der Dramatiker A. W., 1981; F. Hadriga, Drama Burgtheaterdirektion, 1989; C. Friedel, Der junge A. W., [2]1999.

Marianne von Willemer. Porträtrelief an ihrem vermutl. Geburtshaus in Linz.

Wildgans, Friedrich, * 5. 6. 1913 Wien, † 7. 11. 1965 Mödling (NÖ.), Komponist, Klarinettist; Sohn von Anton → Wildgans. 1934 Lehrer am Mozarteum Salzburg, 1936–39 Klarinettist an der Wr. Staatsoper und am Burgtheater; 1940–45 polit. Verfolgung und Haft. 1945–47 und 1950–65 Lehrer (ab 1957 Prof.) an der Wr. Musikakad.; ab 1948 Präs. der Internat. Ges. f. Neue Musik.

Werke: Der Diktator, 1933 (Operette); Der Baum der Erkenntnis, 1935 (Oper). – Symphonische Werke, Klarinettenkonzerte, Kammer-, Film- und Bühnenmusik. – Schrift: Die Entwicklung der Musik in Ö. im 20. Jh., 1950.

Wildon, steir. Ministerialengeschlecht, 1173 erstmals urk. erwähnt, benannt nach Wildon bei Graz. Im Adelsaufstand 1291/92 unterlagen sie gegen Albrecht I. und verloren 1294 ihren Besitz, um 1387 starben sie aus. Der bedeutendste Vertreter war → Herrand von Wildonie.

Wilfan, Hubert, * 14. 2. 1922 Feldkirchen (Kä.), Bildhauer. Studierte 1949–52 an der Akad. d. bild. Künste in Wien bei F. → Wotruba. Entwickelte eine sehr eigenständige Formensprache, mit der er v. a. in Porträtbüsten (u. a. L. Bernstein, M. Chagall, O. Werner, B. Kreisky) auch psych. Elemente auszudrücken versucht.

Wilhelm, Adolf, * 10. 9. 1864 Tetschen (Děčín, CZ), † 10. 8. 1950 Wien, Epigraphiker. Leitete ab 1898 das Ö. Archäolog. Inst. in Athen, 1905–33 Prof. f. klass. Philologie an der Univ. Wien.

Werke: Urkunden dramat. Aufführungen in Athen, 1906; Beiträge zur griech. Inschriftenkunde, 1908; Attische Urkunden, 1911; Denkmäler aus dem rauhen Kilikien, 1931 (mit J. Keil); Griech. Grabinschriften in Kleinasien, 1932; Griech. Königsbriefe, 1943.

Wilhelm, Gustav, * 8. 10. 1869 Graz (Stmk.), † 23. 3. 1949 Wien, Lehrer, Literaturhistoriker und Stifter-Forscher. Gymnasialdir. in Wien; war an der Redaktion der krit. Stifter- und der krit. Grillparzerausgabe beteiligt.

Werke: Begegnung mit Stifter, 1943; A. Stifter, Freiheit und Maß, 1948.

Wilke, Jürgen, * 21. 11. 1928 Berlin (D), Schauspieler, Regisseur, Intendant. Ausbildung in Hamburg, danach Engagements in Oldenburg, Kiel, Düsseldorf (4 Jahre Mitgl. des Gründgens-Ensembles), München und Hamburg. Seit 1956 in Wien, wo er nach kurzem Engagement am Theater in der Josefstadt Ensemblemitgl. des Burgtheaters wurde; Tourneen als Darsteller und Regisseur durch Europa und Amerika, Auftritte bei Festspielen in Ö. und Deutschland; Intendant der Stockerauer Festspiele (1971–97), des Laxenburger Kultursommers (seit 1980) und der Perchtoldsdorfer Sommerspiele (1981–96). Zahlr. Preise.

Willam, Franz Michel, * 14. 6. 1894 Schoppernau (Vbg.), † 18. 1. 1981 Andelsbuch (Vbg.), Theologe, Weltgeistlicher und Erzähler; Enkel von F. M. → Felder. Autor volkstüml., kath.-konservativer Dorfgeschichten und Erzählungen.

Werke: Erzählungen: Vbg. Erzählungen, 1921; Der Sonnensteg, 1922; Auf dem Tannenhofe, 1922; Der Lügensack, 1923; Der Herrgott auf Besuch, 1923; Die sieben Könige, 1926; Der Mann mit dem Lächeln, 1928. – Roman: Knechte der Klugheit, 1924. – Theolog. Schriften.

Willemer, Marianne von (geb. Pirngruber), * 20. 11. 1784 vermutl. Linz (OÖ.), † 6. 12. 1860 Frankfurt a. Main (D), Schauspielerin und Lyrikerin. Unehel. Kind einer Schauspielerin (später vom Vater legitimiert), heiratete 1814 den Frankfurter Bankier J. J. v. Willemer. Ab 1814 mit Goethe bekannt, war sie maßgebl. an der Entstehung der Suleika-Lieder im „West-östl. Divan" beteiligt („An den Ostwind", „An den Westwind").

Literatur: C. Kahn-Wallerstein, M. v. W. Goethes Suleika, 1985; H. J. Mey (Hg.), Im Namen Goethes. Der Briefwechsel M. v. W. und H. Grimm, 1988.

Willi, Herbert, * 7. 1. 1956 Bludenz (Vbg.), Komponist. Studierte Schulmusik und Theologie in Innsbruck sowie Komposition am Mozarteum Salzburg bei H. → Eder und B. Schäffer. Schuf mehrere Auftragswerke, u. a. für die Wr. Philharmoniker und für das Festival „Wien modern" („Froschmäusekrieg", 1989); erreichte bereits früh internationale Bekanntheit.

Weitere Werke: Schlafes Bruder, 1996 (Oper). – Kammermusik, Konzerte, Messe (Auftragswerk für die Wr. Sängerknaben).

Willmann, Otto, * 24. 4. 1839 Lissa (Leszno, PL), † 1. 7. 1920 Leitmeritz (Litoměřice, CZ), kath. Philosoph und Pädagoge. 1872–1903 Prof. in Prag; verband aristotelisch-thomist., religiös-kath. fundiertes Denken mit soz. und hist. Bezügen. Seine Lehren hatten nachhaltigen Einfluss auf die Pädagogik.

Werke: Didaktik der Bildungslehre, 2 Bde., 1882/89; Geschichte des Idealismus, 3 Bde., 1894–97. – Ausgabe: Sämtl. Werke, hg. v. H. Bittermann-Willmann, 10 Bde., 1968–79. – Literatur: B. Hamann, Grundlagen der Pädagogik O. W., 1965; E. Kumhofer, O. W. Reform der Lehrerbildung im 19. Jh., Dipl.-Arb., Wien 1998.

Wimberger, Gerhard, * 30. 8. 1923 Wien, Komponist, Dirigent. 1948–51 Kapellmeister am Sbg. Landestheater, 1953–81 Leiter der Dirigenten- und 1968–91 Leiter einer Kompositionsklasse am Mozarteum Salzburg, 1971–91 Mitgl. des Direktoriums der Sbg. Festspiele; 1990–98 Präs. der AKM. Ö. Staatspreis für Musik 1967.

Werke: Bühnenwerke: Schaubudengeschichte, 1954; Der Handschuh, 1955; La Battaglia oder Der rote Federbusch, 1960; Hero und Leander, 1963; Dame Kobold, 1964; Lebensregeln, 1972; Paradou, 1985; Fürst von Salzburg – Wolf Dietrich, 1987. – Orchesterwerke, Vokalmusik (Kantaten, Lieder), Kammermusik. – Autobiographie: ... nicht nur Musik, 1997. – Literatur: H. Goertz, G. W., 1991; C. Brosche (Red.), Musikal. Dokumentation G. W., Ausst.-Kat. Ö. Nat.-Bibl., Wien 1992.

Wimmer, Gottlieb August, * 20. 8. 1791 Wien, † 12. 5. 1863 ebd., Schulorganisator, populärwiss. Schriftsteller (Geographie). Schuf als evang. Pastor in Oberschützen (Bgld.) ein Schulzentrum mit 3-klassiger Volksschule und Untergymn., 1845 auch ein „Armenschullehrer-Seminar" mit erstmals 4-jähriger Lehrerausbildung auf dem Boden der Habsburgermonarchie. 1848 musste er wegen Unterstützung der aufständischen Ungarn emigrieren, 1863 kehrte er nach Wien zurück.

Literatur: B. H. Zimmermann, G. A. W. 1791–1863, 1965; Evang. Superintendentialgem. A. B. Bgld. (Hg.), Evangelisch im Bgld., 1981.

Wimmer, Josef, * 23. 1. 1834 Wien, † 4. 12. 1903 ebd., Volksdramatiker, Lokalschriftsteller, Journalist. Verfasste kultur- und sittengeschichtl. Feuilletons.

Werke: Possen: Die Gigerln von Wien, 1888; Der Grabenfiaker, 1889; Groß-Wien, 1891. – Volksstücke: Die Wiener auf'm Land, 1892; Wr. Feiertage, 1893

Wimmer, Paul, * 18. 4. 1929 Wien, Lyriker, Essayist, Übersetzer, Hörspielautor. Langjähriger Gen.-Sekr. des Ö. Schriftstellerverbands und der Grillparzer-Ges., trat durch zahlreiche Abhandlungen zu ö. Autoren hervor; Mitarbeiter von Anthologien zur ö. Literatur („Die Barke", 1962; „Das zeitlose Wort", 1964) und von literaturhist. Nachschlagewerken; Autor literarischer Hörfolgen.

Werke: Unterwegs, 1963; F. Werfels dramat. Sendung, 1973; Wegweiser durch die Literatur Ti. 1945–70, 1970; Neuer Romanführer: Das 20. Jh., 1980; Der Dramatiker F. T. Csokor, 1981; Der Dramatiker H. Zusanek, 1988.

Wimpffen, Maximilian Frh. von, * 19. 2. 1770 Münster i. Westfalen (D), † 29. 8. 1854 Wien, Heerführer (Feldmarschall). Nahm am Türkenkrieg 1788–90, an den Kämpfen gegen das revolutionäre Frankreich 1792–1800 und an den Feldzügen Ö. gegen Napoleon 1805 und 1809 (Generaladjutant von Erzhzg. → Karl) teil; 1813/14 als Feldmarschalleutnant Kommandant einer Division; 1816 Militärkommandant von Ö.-Schlesien, 1820 Generalkommandant in Venetien, 1824 Chef des Generalquartiermeisterstabs, 1830–40 Kommandierender General in Wien. Träger des Militär-Maria-Theresien-Ordens für Tapferkeit in der Schlacht von Austerlitz, 1852 Ritter des Ordens vom Goldenen Vlies. Begraben neben Radetzky am Heldenberg in Kleinwetzdorf.

Winckler, Georg, * 27. 9. 1943 Ostrau (Ostrava, CZ), Wirtschaftswissenschaftler. Studierte an der Princeton University, New Jersey, und der Univ. Wien; seit 1978 Univ.-Prof. am Inst. f. Wirtschaftswiss. der Univ. Wien, Gastprofessuren in den USA und der Slowakei. Seit 1994 Dir. des Zentrums für Internat. und Interdisziplinäre Studien. Forschungsschwerpunkte: Makroökonomie und europ. Währungsintegration. Seit 1998 Rektor der Univ. Wien, seit 2000 Vorsitzender der ö. Rektorenkonferenz.

Werke: Mit-Hg.: Hb. der ö. Wirtschaftspolitik, 1982; International Trade and Restructuring in Eastern Europe, 1994; Grundzüge der Wirtschaftspolitik Ö., 1994; Macroeconomic Policy Games, 1995.

Windbrechtinger, Traude (geb. Ketterer), * 30. 11. 1922 Graz (Stmk.), Architektin; Ehefrau von Wolfgang → Windbrechtinger. Studierte 1943–46 an der Akad. d. bild. Künste in München; 1946–50 Assistentin an der Techn. Hochschule in Graz. 1956–94 freischaffende Architektin in Wien in Zusammenarbeit mit ihrem Mann. 1965 Gründungsmitgl. der Ö. Ges. für Architektur. 1963 Ö. Staatspreis für Architektur.

Werke (in Zusammenarbeit mit Wolfgang Windbrechtinger): Volksheim Kapfenberg, 1958; Kindergarten und Siedlung Böhlerwerk, 1959; Kindergarten Korneuburg, 1962; Restaurant Bellevue, Wien, 1963 (abgerissen 1982); Einkaufszentrum Wien-Hietzing, 1964; Kindergärten in Amstetten und Ober-Grafendorf (NÖ.), 1968; Siedlung Wassermannweg, Wien, 1992. – Projekte für Kirchen und städtebaul. Arbeiten. – Literatur: Ö. Architektur 1960–70, Ausst.-Kat., La-Chaux-de-Fonds 1969.

Windbrechtinger, Wolfgang, * 9. 8. 1922 Ramingstein (Sbg.), Architekt; Ehemann von Traude → Windbrechtinger. Studierte an der Techn. Hochschule in Graz. 1956–94 freischaffender Architekt in Wien zusammen mit seiner Frau. 1965 Gründungsmitgl. der Ö. Ges. für Architektur. 1965–68 Vorstandsmitgl. in der Ingenieurkammer für Wien, NÖ. u. Bgld. 1963 Ö. Staatspreis für Architektur.

Werke (in Zusammenarbeit mit Traude Windbrechtinger): Volksheim Kapfenberg, 1958; Kindergarten und Siedlung Böhlerwerk, 1959; Kindergarten Korneuburg, 1962; Restaurant Bellevue, Wien, 1963 (abgerissen 1982); Einkaufszentrum Wien-Hietzing, 1964; Kindergärten in Amstetten und Ober-Grafendorf (NÖ.), 1968; Siedlung Wassermannweg, Wien, 1992. – Projekte für Kirchen und städtebaul. Arbeiten. – Literatur: Ö. Architektur 1960–70, Ausst.-Kat., La-Chaux-de-Fonds 1969.

Winder, Engelbert, * 29. 1. 1848 Bildstein (Vbg.), † 9. 12. 1891 Meran (S-Ti.), Mundartforscher und Epiker. Gymnasiallehrer in Bozen und Innsbruck.

Werke: Rudolf der Stifter in Ti., 1889 (epischer Zyklus). – Hg.: Biographie Hermann von Gilm, 1889; Vorarlbergische Dialektdichtung, 1890.

Winder, Ludwig (auch: G. A. List), * 7. 2. 1889 Schaffa (Šafov, CZ), † 16. 6. 1946 Baldock b. London (GB), Erzähler, Journalist, Kritiker. Schriftsteller des „Prager Kreises", befreundet mit M. → Brod und J. → Urzidil; Journalist in Wien, Teplitz und Pilsen. 1914 Feuilletonleiter der Prager Ztschr. „Bohemia", 1939 Flucht nach England; setzt sich in seinen Romanen („Die nachgeholten Freuden", 1927; „Der Kammerdiener", 1945) mit Herrschaft, Macht und Unterdrückung auseinander. Anhänger der habsburgischen Vielvölkerstaatsidee; der kritische Franz-Ferdinand-Roman „Der Thronfolger" (1937) wurde im Ständestaat verboten.

Literatur: K. Krolop, L. W. Sein Leben und sein erzählerisches Frühwerk, Diss., Halle 1967; J. Serke, Böhmische Dörfer, 1987; M. Pazi, Ein Versuch jüd. dt.-tschech. Symbiose: L. W., in: German Quarterly 63, 1990; J. v. Sternburg, Gottes böse Träume. Die Romane L. W., 1994.

Windhager, Juliane (geb. Häuptner), * 12. 10. 1912 Bad Ischl (OÖ.), † 23. 11. 1986 Salzburg, Schriftstellerin. Verarbeitete in ihrer Lyrik Reiseeindrücke und

Alfred (I.) Fürst zu Windisch-Graetz. Stich, um 1850.

Hermann Winkelmann als Lohengrin in der gleichnamigen Oper von R. Wagner. Foto, 1895.

Franz Winkler. Foto, 1930.

Naturschilderungen unter Verknüpfung von Realität und Phantasie. Trakl-Preis 1957.

Werke: Lyrik: Der linke Engel, 1959; Die Disteltreppe, 1960; Talstation, 1967; Schnee-Erwartung, 1979. – Romane und Erzählungen: Cordelia und das Erbe der Freien, 1936; Die Kassiansnacht, 1942; Der Friedtäter, 1948; Ein Engel in Oulu, 1984. – Hörspiele.

Windisch-Graetz, steir. Adelsgeschlecht, urk. um 1220 erwähnt, Stammburg Windischgrätz (Slovenj Gradec, SLO). Wurden 1804 Reichsfürsten und erhielten 1822 den ö. Fürstentitel. Im 19. Jh. waren die meisten Familienmitgl. Offiziere. Der große Grundbesitz in Slowenien und Böhmen ging nach 1918 zu zwei Dritteln und 1945 ganz verloren. Bedeutende Persönlichkeiten aus dem Geschlecht der W.-G.: Pankraz Gf. → Windisch-Graetz, Alfred (I.) Fürst zu → Windisch-Graetz, Alfred (III.) Fürst zu → Windisch-Graetz, Franz → Windisch-Graetz.

Literatur: H.-V. W.-G., Unsere Familiengeschichte, 1959; H. Stekl u. M. Wakounig, W.-G. Ein Fürstenhaus im 19. und 20. Jh., 1992.

Windisch-Graetz, Alfred (I.) Fürst zu, * 11. 5. 1787 Brüssel (B), † 21. 3. 1862 Wien, Feldmarschall; Großvater von Alfred (III.) Fürst zu → Windisch-Graetz. Unterdrückte im Juni 1848 den Aufstand in Prag, im Oktober 1848 in Wien, siegte im Februar 1849 über die Ungarn bei Kapolna, wurde im März 1849 abberufen und war dann Kommandant der Bundesfestung Mainz. War Führer des konservativen föderalist. Adels und ab 1861 Mitgl. d. Herrenhauses.

Literatur: P. Müller, Feldmarschall Fürst A. Windischgrätz, 1934.

Windisch-Graetz, Alfred (III.) Fürst zu, * 31. 10. 1851 Prag (CZ), † 23. 11. 1927 Tachau (Tachov, CZ), konservativer Politiker; Enkel von Alfred (I.) Fürst zu → Windisch-Graetz. War von 11. 11. 1893 bis 10. 6. 1895 Min.-Präs. einer Koalitionsregierung aus Linken, Kath.-Konservativen und Polen; ab 1879 Mitgl. d. Herrenhauses (1897–1918 Präs.).

Literatur: A. Mack, A. Fürst zu Windischgrätz 1851–1927, 1929.

Windisch-Graetz, Franz, * 5. 1. 1913 Zürich (CH), Kunsthistoriker; Urenkel von Alfred (I.) Fürst zu → Windisch-Graetz. 1952–78 am Ö. Mus. f. angew. Kunst, Leiter der Möbelsammlung.

Werk: Möbel Europas, 2 Bde., 1982/83.

Windisch-Graetz, Pankraz Graf, * 1525, † 20. 10. 1591, Führer des protestant. Adels von Inner-Ö.; 1556–79 Schlosshauptmann in Graz, erbaute das Palais Saurau-Goëss in der Sporgasse (Türke mit Schild und Schwert unter dem Dachvorsprung, Original im Stadtmuseum Graz).

Literatur: P. Radics, Die Fürsten zu Windisch-Grätz, 1894.

Winiewicz-Lefèvre, Lida, * 17. 3. 1928 Wien, Schriftstellerin und Übersetzerin. Verfasste vorwiegend Theaterstücke und Filmdrehbücher für den ORF (u. a. „Die Flucht", 1965, mit E. → Waldbrunn; Serie „Elternschule", 1973). Mitarbeit am Drehbuch zum Musical „Freudiana" (1990).

Weitere Werke: Filmdrehbücher: Der Fall Bohr, 1966; Gestrickte Spuren, 1970 (mit G. Marischka); Hans und Lene, 1976 (Fernsehserie); Augenblicke, 1980; Der Waldbauernbub (Fernsehserie), 1983; Anleitung zum Unglücklichsein, 1985 (mit W. Glück); Die Orgel, 1985; 38 – Auch das war Wien, 1986 (mit W. Glück); Der Lebensretter, 1988; Televisione, 1989; Sicher ist sicher, 1991–93.

Winiwarter, Georg Ritter von, * 21. 7. 1822 Lemberg (Lwíw, UA), † 2. 7. 1902 Graz (Stmk.), Unternehmer; Sohn von Josef v. → Winiwarter. 1849/50 Ingenieur bei den Staatsbahnen, gründete 1851 mit seinem Bruder Joseph Max W. und dem Chemiker H. R. Gersheim eine Fabrik in Gumpoldskirchen (NÖ.) zur Erzeugung von verzinktem Eisenblech und Perkussionszündern (nach Patent von Gersheim) sowie ab 1857 von Bleiprodukten. Nach Ausscheiden der Mitbegründer führte G. v. W. ab 1865 die Firma allein, produzierte auch Wellblech, Kesselanlagen und Herde und verkaufte das Unternehmen 1890 an J. B. Ulrich.

Literatur: J. Hagenauer, 850 Jahre Gumpoldskirchen, 1990.

Winiwarter, Josef Edler von, * 14. 4. 1780 Krems (NÖ.), † 18. 1. 1848 Wien, Jurist; Vater von Georg v. → Winiwarter. 1806 Prof. in Lemberg, ab 1827 in Wien; Hauptvertreter der Exeget. Schule.

Werke: Die Verjährung nach dem ö. bürgerl. Recht, in: Materialien für Gesetzkunde und Rechtspflege 8, 1824; Hb. der Justiz- und polit. Gesetze und Verordnungen, 3 Bde., [3]1844; Das Ö. bürgerliche Recht, [2]1838–45.

Winkelmann, Hermann, * 8. 3. 1849 Braunschweig (D), † 18. 1. 1912 Mauer b. Wien, Opernsänger (Heldentenor). 1883–1906 gefeiertes Mitgl. der Wr. Hofoper, bedeutender Wagner-Sänger, sang unter R. Wagners Leitung erstmals den Parsifal in Bayreuth.

Winkler, Erhart, * 12. 4. 1921 Wien, Wirtschaftsgeograph. 1964–71 Prof. in St. Gallen, 1971–85 Univ.-Prof. in Wien, 1978–81 Präs. der Ö. Geogr. Ges.; Forschungsreisen (Europa, Vorderer Orient, N-Afrika, N- und Mittelamerika); widmete sich der Wirt.- und Verkehrsgeographie, Tourismusforschung.

Werke: Die Wirt. von Zonguldak, Türkei, 1961; Die Mittelmeerküsten Frankreichs und Spaniens, 1976.

Winkler, Franz, * 20. 3. 1890 Zwickau (Cvikov, CZ), 16. 10. 1945 Graz (Stmk.), Agrartechniker und Politiker (Landbund). 1920–30 Mitgl. der Landesregierung der Stmk., 1930–34 Abg. z. NR, 1930–32 Innenmin., 1932–33 Vizekanzler, 1932 Obmann des Landbunds. Gründete 1933 die „Nationalständische Front". Da er sich gegen den heimwehrfreundl. Kurs der Regierung Dollfuß stellte, flüchtete er 1934 in die ČSR und nach Deutschland und wurde 1936 ausgebürgert.

Werk: Die Diktatur in Ö., 1935. – Literatur: A. Feldmann, Landbund für Ö., Diss., Wien 1967.

Winkler, Günther, * 15. 1. 1929 Unterhaus b. Baldramsdorf (Kä.), Jurist. Univ.-Prof., 1961–97 Ordinarius f. Staats- und Verwaltungsrecht an der Univ. Wien; setzte sich bes. für den Bau des neuen Juridicums in Wien ein.

Werke: Die Freiheit der Wiss. und ihrer Lehre, 1974; Orientierungen im öffentl. Recht, 1979; Glanz und Elend der neuen Rechtslehre, 1988; Theorie und Methode in der Rechtswiss., 1989; Zeit und Recht, 1995; Rechtswiss. und Politik, 1998; Raum und Recht, 1999; Das Elektrizitätsrecht, 2000.

Winkler, Josef, * 3. 3. 1953 Kamering (Kä.), Romanautor. In seinem erzählerischen Hauptwerk, der Romantrilogie „Das wilde Kä." („Menschenkind", 1979; „Der Ackermann aus Kä.", 1980; „Muttersprache", 1982) setzt sich W. in bilderreicher, ekstatischer Sprache mit den Erfahrungen seiner schweren Kindheit und Jugend und der Vereinnahmung der kindl. Phantasie durch die kath. Glaubenswelt auseinander. I.-Bachmann-Preis 1973.

Weitere Werke: Die Verschleppung, 1983; Der Leibeigene, 1987; Friedhof der bitteren Orangen, 1990; Das Zöglingsheft des J. Genet, 1992; Domra, 1996; Wenn es soweit ist, 1998. – Literatur: D. Linck, Halbweib und Maskenbildung, 1993; G. A. Höfler (Hg.), J. W., 1998; R. Jobstmann, J. W. zw. den [literarischen] Welten, Diss., Wien 1999.

Winkler, Wilhelm, * 29. 6. 1884 Prag (CZ), † 3. 9. 1984 Wien, Statistiker und Staatswissenschaftler. 1921–38 im Bundesamt f. Statistik (Leiter der ö. Volkszählung 1934), ab 1929 Univ.-Prof.; 1938–45 zwangspensioniert. 1945–56 Univ.-Prof. in Wien, Vorstand d. Inst. f. Statistik, 1950–51 Dekan; Gründer der Ö. Statist. Ges. und deren langjähriger Präsident.

Werke: Statist. Hb. der europ. Nationalitäten, 1931; Grundriß der Statistik, 2 Bde., 1931/33 ([2]1947/48); Grundfragen der

Ökonometrie, 1951; Die Österreicher im Ausland, 1955; Mehrsprachiges demograph. Wörterbuch, 1960; Demometrie, 1969. – Literatur: Festschrift W. W. zum 100. Geburtstag, 1984; A. Pinwinkler, W. W., Diss., 2 Bde., Salzburg 2001.

Winter, Ernst Karl, * 1. 9. 1895 Wien, † 4. 2. 1959 ebd., Soziologe und Politiker (VF). Als 3. Vizebürgermeister Wiens (1934–36) sollte er sich um die Versöhnung mit der soz.-dem. Arbeiterschaft bemühen, wurde 1936 ausgeschaltet, emigrierte 1938 über die Schweiz in die USA, kehrte 1955 nach Ö. zurück, konnte aber als akadem. Lehrer nicht Fuß fassen.

Werke: Die Sozialmetaphysik der Scholastik, 1929; Arbeiterschaft und Staat, 1936; Rudolf IV. von Ö., 2 Bde., 1934/36; Monarchie und Arbeiterschaft, 1936; Christentum und Zivilisation, 1956; St. Severin, 2 Bde., 1958/59 (mit K. Kramert); I. Seipel als dialekt. Problem, 1966. – Hg.: Wr. polit. Blätter, 1933ff ; Wr. soziolog. Studien, 1933ff. – Literatur: K. H. Heinz, E. K. W. Ein Katholik zw. Ö. Fronten 1933–38, 1984; G.-P. Mitterecker, Der Publizist E. K. W., Dipl.-Arb., Wien 1995.

Winter, Gustav, * 27. 2. 1846 Znaim (Znojmo, CZ), † 31. 5. 1922 Wien, Historiker und Weistumsforscher. 1897–1909 Dir. des Haus-, Hof- und Staatsarchivs.

Werke: Beiträge zur Rechtsgeschichte oö. und nö. Städte, Märkte und Dörfer, 1877; Das Wr. Neustädter Stadtrecht des 12. Jh., 1880, Nö. Weistümer, 4 Bde., 1886–1913; Das neue Gebäude des k. u. k. Haus-, Hof- und Staatsarchivs in Wien, 1903.

Winter, Horst, * 24. 9. 1914 Beuthen (Bytom, PL), Kapellmeister, Komponist. Gründete 1930 sein 1. Tanzorchester, 1939 1. Schallplatte, 1946 „Wr. Tanzorchester", 1950 H.-W.-Tanzorchester. Trat ab 1955 auch als Solist auf. Ab 1977 Dirigent der Hoch- und Deutschmeister-Kapelle; 1948 ö. Staatsbürger; zahlreiche Auszeichnungen.

Werke: Tanzmusik, Schlager.

Winter, Max, * 9. 1. 1870 Tárnok (H), † 11. 7. 1937 Hollywood (USA; begraben in Wien), Sozialreformer, Journalist. 1895–1930 bei der „Arbeiterzeitung", schuf krit. Sozialreportagen und Berichte aus dem Proletarierleben Wiens. 1911–1918 soz.-dem. Abg. z. Reichsrat, 1919 Abg. z. Wr. Landtag und Mitgl. d. Gemeinderats sowie Vizebürgermeister. Förderte und unterstützte die „Kinderfreunde". Mit seiner Aktion „Mühlstein" konnte er 1925 in ganz Ö. Kinderbibl. errichten. 1930 Niederlegung aller Funktionen; 1934 Flucht nach Amerika, wo er sich weiter für die Rechte der Arbeiter und der Kinder einsetzte.

Literatur: F. G. Kürbisch, Soz.-krit. Reportagen in der dt.-sprach. Arbeiterliteratur: M. W. – H. Holek – M. Leitner, 1981; A. Tesarek, Er warb für das Anliegen der Kinder: M. W., 1983; S. Riesenfellner, Der Sozialreporter M. W. im alten Ö., 1987; G. Selbherr, M. W., Dipl.-Arb., Wien 1995.

Winterhalter, Josef, * 25. 1. 1743 Vöhrenbach b. Donaueschingen (D), † 17. 1. 1807 Znaim (Znojmo, CZ), Fresken- und Altarbildmaler. War v. a. in Mähren, z. T. auch in Ungarn und NÖ. tätig; künstlerisch wesentl. von F. A. → Maulbertsch beeinflusst, mit dem er mehrfach zusammenarbeitete (Kirchberg a. Wagram, Halbturn, Pöltenberg b. Znaim u. a.).

Werke: Deckenfresken: Stiftskirche Obrowitz bei Brünn (CZ), Dom von Steinamanger (Szombathely, H), Stiftsbibl. Geras (NÖ.).

Winterl, Hans, * 21. 11. 1900 Wien, † 16. 1. 1970 ebd., Lyriker, Dramatiker, Erzähler, Hörspielautor. Urspr. Bankangestellter, ab 1945 freier Schriftsteller; A.-Petzold-Preis 1924.

Werke: Lyrik: Unter Schornsteinen, 1924; Der Schrei nach der Scholle, 1932. – Romane: Der Stausee, 1940; Umweg über Hellas, 1949. – Erzählungen: Trio, 1924; Daniel Hase, 1937. – Dramen: Totentanz, 1937; Stegreiftheater, 1937. – Essay: Diesen Kuß der ganzen Welt, 1955.

Winternitz, Wilhelm, * 1. 3. 1834 Josefstadt (Josefov, CZ), * 22. 2. 1917 Wien, Arzt. Univ.-Prof. in Wien; machte sich um die wiss. Begründung der Wasserheilkunde verdient, schuf 1865 eine Wasserheilanstalt in Kaltenleutgeben bei Wien und die erste hydrotherapeutische Klinik.

Werke: Kaltenleutgeben und meine Wasserheilanstalt, 1869; Die Hydrotherapie auf physiolog. und klinischer Grundlage, 2 Bde., 1877/80; Wasserkur und natürl. Immunität, 1917. – Hg.: Blätter für klinische Hydrotherapie und verwandte Heilmethoden, 1891–1910.

Wippersberg, Walter, * 4. 7. 1945 Steyr (OÖ.), Schriftsteller, Theaterregisseur, Filmemacher und Fotokünstler. Seit 1990 an der Wr. Filmakad. (Drehbuch und Dramaturgie); breit gefächertes schriftsteller. Werk für Kinder und Erwachsene und Arbeiten für das Fernsehen. Mehrere Auszeichnungen. Mit dem Ö. Kinder- und Jugendbuchpreis wurden „Schlafen auf dem Wind" (1971) und „Max der Unglücksrabe" (1990) ausgezeichnet.

Weitere Werke: Drehbücher: Fluchtversuch, 1976; Sankt Petri Schnee, 1991; Das Fest des Huhnes, 1992 (auch Regie); Das Kapital, 1995. – Romane: Gegenlicht, 1979; Ein Anfang von Etwas, 1982; Die Irren und die Mörder, 1998; Ein nützlicher Idiot, 1999; Die Geschichte eines lächerlichen Mannes, 2000.

Wirer, Franz von, * 1771 Korneuburg (NÖ.), † 30. 3. 1844 Wien, Arzt. Zunächst Militärarzt, dann Prof. in Wien; Verdienste um Bad Ischl als Kurort, wo er die erste Solebadeanstalt Ö. einführte.

Franz von Wirer. Lithographie von J. Kriehuber.

Werke: Bad Ischl und seine Solebäder, 1826; Ischl und seine Heilanstalten, 1842.

Wirth, David, * 23. 12. 1885 Tüffer (Laško, SLO), † 30. 4. 1971 Wien, Veterinärmediziner; Univ.-Prof., 1920–46 Klinikvorstand an der Tierärztl. Hochschule in Wien, Gründer der Ges. der Tierärzte.

Werke: Grundlagen einer klin. Hämatologie der Haustiere, 1931; Einführung in die klin. Diagnostik, 1934; Lehrbuch der inneren Krankheiten der Haustiere, 1943 (mit K. Diernhofer); Kompendium der spez. Pathologie und Therapie f. Tierärzte, [9]1952 (Bearbeitung). – Hg.: Lexikon der prakt. Therapie und Prophylaxe für Tierärzte, 1948; Tierheilkunde und Tierzucht, 11 Bde., 1926–37 (Mit-Hg.); Wr. Tierärztl. Monatsschrift, 1923–43.

Wirtinger, Wilhelm, * 19. 7. 1865 Ybbs a. d. Donau (NÖ.), † 14. 1. 1945 ebd., einer der größten Mathematiker Ö. Beschäftigte sich bes. mit der algebraischen Funktionstheorie; 1892 Assistent an der Techn. Hochschule in Wien, wo ihm 1895 die Lösung des Problems der allg. Thetafunktionen gelang (von der Göttinger Akad. preisgekrönt); 1895 Prof. in Innsbruck, 1903–35 in Wien.

Werke: Untersuchungen über Thetafunktionen, 1895. – Mit-Hg.: Monatshefte für Mathematik und Physik, 1904ff.; Enzyklopädie der mathemat. Wiss., 6 Bde., 1923. – Literatur: A. Dick u. G. Stöckl, W. W. (1865–1945), Ausst.-Kat., Ybbs a. d. Donau 1986.

Wisinger-Florian, Olga, * 1. 11. 1844 Wien, † 27. 2. 1926 Grafenegg (NÖ.), Landschafts- und Blumenmalerin. War einige Jahre Pianistin, bevor sie sich als Schülerin von M. Fritsch und A. Schaeffer von Wienwald der Malerei zuwandte. Ab 1880 Schülerin von E. J. → Schindler, mit dem sie mehrere Studienfahrten unternahm und ab 1884 in der Umgebung von Schloss Plankenberg (NÖ.) malte; dort enge Kontakte zu Schindlers weiteren Schülern T. → Blau(-Lang), M. → Egner und C. → Moll. Bedeutende Vertreterin des „ö. Stimmungsimpressionismus".

Literatur: M. Schwab, O. W.-F., Dipl.-Arb., Wien 1991; R. Müller u. P. Weninger, Die Schule von Plankenberg, Ausst.-Kat., Wien 1991.

Witeschnik, Alexander, * 3. 3. 1909 Wien, † 19. 7. 1993 ebd., Musikschriftsteller, Erzähler. 1948 Gen.-Sekr., 1957 Vizepräs. des „Wr. Kulturkreises"; 1950–64 Redakteur und Musikkritiker der „Neuen Wr. Tageszeitung"; 1965 Pressechef der Wr. Staatsoper.

Werke: Die Dynastie Strauß, 1939; Musik aus Wien, 1943; F. Schubert, 1944; 300 Jahre Wr. Operntheater, 1953 (mit E. Pirchan u. O. Fritz); Wr. Opernkunst, 1959; Seid umschlungen, Millionen, 1960; ... diesen Kuß der ganzen Welt, 1962; Dirigenten 1965 (mit E. Hanak u. W. Jakob); A. Uhl, 1966. – Jugendbücher.

Withalm, Hermann, * 21. 4. 1912 Gaweinstal (NÖ.), Notar und Politiker (ÖVP). 1953–75 Abg. z. NR (1966–70 auch Klubobmann der ÖVP), 1956–59 Staatssekr. im BM f. Finanzen, 1968–70 Vizekanzler; 1960–70 Gen.-Sekr. der ÖVP, 1970/71 Bundesparteiobmann der ÖVP, 1976–88 Bundesobmann des ÖVP-Seniorenbundes. W. galt als konservativer Politiker und zählte in den 60er Jahren zu den innerparteil. Reformern, die für eine profiliertere Politik der ÖVP eintraten.

Werke: Der kath. Mann in der Politik, 1960; Aufzeichnungen, 1973; Antworten, 1974.

Wittek, Heinrich, * 29. 1. 1844 Wien, † 9. 4. 1930 ebd., Beamter und christl.-soz. Politiker. Ab 1886 Sektionschef im Handelsmin., 1897–1905 Eisenbahnminister, von Dez. 1899 bis Jänner 1900 Min.-Präs., 1907–11 Abg. z. Reichsrat und 1905–18 Mitgl. d. Herrenhauses. Große Verdienste um den Ausbau des Eisenbahnnetzes und die soz. Stellung der Eisenbahner.

Werk: Die mitteleurop. Wirtschaftsfragen, 1917.

Wittenbauer, Ferdinand, * 18. 2. 1857 Marburg (Maribor, SLO), † 16. 2. 1922 Graz (Stmk.), Techniker, Mitbegründer der graph. Dynamik als Teil der techn. Mechanik. Ab 1877 Prof. an der Techn. Hochschule Graz. Trat auch als Lyriker und Dramatiker hervor.

Werke: Aufgaben aus der techn. Mechanik, 3 Bde., 1907–11; Graphische Dynamik, 1923.

Wittgenstein, Karl, * 8. 4. 1847 Gohlie b. Leipzig (D), † 20. 1. 1913 Wien, Industrieller; Vater von Ludwig → Wittgenstein und Paul → Wittgenstein. 1865/66 in den USA, 1872 Eintritt in das Teplitzer Walzwerk, ab 1877 Dir., 1884 Kauf der Aktien der Böhm. Montan-Ges., 1885–98 Zentraldir. der Prager Eisenind.-Ges., 1887 Kauf der St. Egydyer Eisen- u. Stahl-Ind.-Ges.; 1890 konzentrierte W. die obersteir. Sensenind. mit den Vereinigten Sensenwerken in Judenburg. Den Höhepunkt seines Einflusses erreichte er 1897 mit dem Erwerb der Aktienmehrheit der Oesterr.-Alpine Montanges., in der er eine konsequente Rationalisierungs- und Konzentrationspolitik verfolgte. Nach der Jh.-Wende zog er sich aus der Ind. zurück.

Literatur: J. K. Bramann, K. W. – ein Amerikaner in Wien, in: Zeitgeschichte 2, 1974.

Markus Anton Wittola. Stich von J. E. Mansfeld.

Ludwig Wittgenstein. Foto.

Wittgenstein, Ludwig, * 26. 4. 1889 Wien, † 29. 4. 1951 Cambridge (GB), Philosoph; Sohn von Karl → Wittgenstein, Bruder von Paul → Wittgenstein. Stammte aus reicher Industriellenfamilie, ab 1906 Ingenieursstudium in Berlin, ab 1908 Research Student an der Univ. Manchester, ab 1911 in Cambridge (Freundschaft mit B. Russell, J. M. Keynes und G. E. Moore); 1914–18 als Freiwilliger im 1. Weltkrieg; war neben seiner philosoph. Tätigkeit ein hervorragender Musiker, widmete sein geerbtes Vermögen soz. Zwecken (u. a. Unterstützung für G. → Trakl), achtete auch die einfachen Tätigkeiten und wirkte 1920–26 als Volksschullehrer in NÖ. 1926–28 errichtete er mit dem Architekten P. Engelmann in Wien 3 ein Haus für seine Schwester Margarethe W.-Stonborough (W.-Haus, heute Bulgar. Kulturinst.), ein einzigartiges Beispiel der frühen Moderne in Wien. Sein Denken beeinflusste den Wr. Kreis, den Neopositivismus und die Entwicklung der mathemat. Logik. W. versuchte zunächst die Existenz des Irrationalen zu beweisen („Tractatus logico-philosophicus", 1918 niedergeschrieben, 1921 erschienen); in seinem berühmten Satz „Wovon man nicht reden kann, darüber muss man schweigen" brachte er zum Ausdruck, dass über metaphysische Zusammenhänge keine sinnvollen Aussagen möglich sind. Später wandte er sich in den „Philosophischen Untersuchungen" (1930–49) dem Gebrauch und den Lebensformen der Sprache zu und suchte durch „Sprachspiele" (in denen zusammen mit der Sprache die Tätigkeiten, mit denen sie verwoben ist, berücksichtigt werden), „ein Licht in die Verhältnisse unserer Sprache" zu bringen. 1939–47 war W. Univ.-Prof. in Cambridge (GB); seine Sprachphilosophie erlangte v. a. im anglo-amerikan. Raum weite Verbreitung und verlieh der modernen Literatur in Ö. wichtige Impulse (I. → Bachmann, Wr. Gruppe). – Seit 1996 wird im Auftrag des Wiss.- bzw. Bildungsmin. der L.-W.-Preis (Dotierung 10–20 Mio. S über 5 Jahre) an Spitzenforscher aller Fachdisziplinen verliehen.

Werke: Wörterbuch für Volksschulen, 1926; Some Remarks on Logical Form, 1929. – Ausgaben: Schriften, 2 Bde., 1960/65; Werksausgabe, 8 Bde., 1991–93; W. Braun (Hg.), Geheime Tagebücher 1914–16, ^{3}1992; Wr. Ausgabe, hg. v. M. Nedo, 8 Bde. (einschließl. Einführung, Konkordanz und Registerbd.), 1993–98. – Literatur: M. Nedo, M. Ranchetti (Hg.), L. W., 1983; R. Haller (Hg.), W., eine Neubewertung, 3 Bde., 1990; R. Monk, Das Handwerk eines Genies, ^{2}1992; W. Vossenkuhl, L. W., 1995; K. Wuchterl u. A. Hübner, L. W. mit Selbstzeugnissen und Bilddokumenten, ^{12}2001; NÖB.

Wittgenstein, Paul, * 5. 11. 1887 Wien, † 3. 3. 1961 New York (USA), Pianist; Sohn von Karl → Wittgenstein, Bruder von Ludwig → Wittgenstein. Verlor im 1. Weltkrieg den rechten Arm, setzte als einarmiger Klaviervirtuose 1916 seine Karriere fort; verließ 1938 Ö. (1946 amerikan. Staatsbürger). Für ihn schrieben u. a. Franz → Schmidt, E. W. → Korngold, R. → Strauss, M. Ravel, H. Gal und B. Britten Klavierkonzerte für die linke Hand.

Literatur: C. Schaefer, W. Größenwahn, 1986.

Wittmann, Franz, * 7. 4. 1950 St. Pölten (NÖ.), Rallyefahrer. 11-facher ö. Staatsmeister, 1978 Vize-Europameister, gewann 1987 in Neuseeland als erster Ö. einen Rallye-WM-Lauf. Insges. 75 Siege bei internat. Rallyes. Trat 1993 vom Rennsport zurück, 2000 erfolgreiches Comeback.

Wittmann, Peter, * 8. 3. 1957 Wr. Neustadt (NÖ.), Jurist und Politiker (SPÖ). Nach Promotion an der Univ. Wien (1980) Laufbahn als Rechtsanwalt, dazw. längere Auslandsaufenthalte (1981–82 in China). 1990–93 Vizebürgermeister von Wr. Neustadt, 1993–97 Bürgermeister; 1997–2000 Staatssekr. für Kunst, Europa und Sport im Bundeskanzleramt, seit 2000 Abg. z. NR.

Wittola, Markus Anton, * 25. 4. 1736 Kosel (PL), † 23. 3. 1797 Wien, Pfarrer von Propstdorf (NÖ.). Einer der Wortführer des Jansenismus und des josephin. Staatskirchentums.

Werke: Kurzgefaßte Geschichte des Alten Testaments, 10 Teile, 1770–71; Das Neue Testament, 3 Bde., 1775–76; Der Jansenismus, 1776; Neueste Beiträge zur Religionslehre und Kirchengeschichte, 3 Jg., 1790–92. – Literatur: M. Brandl, M. A. W., Seine Bedeutung für den Jansenismus in dt. Landen, 1974.

Witzmann, Carl, * 26. 9. 1883 Wien, † 30. 8. 1952 ebd., Architekt. Besuchte nach einer Tischlerlehre die Wr. Kunstgewerbeschule, Schüler von J. → Hoffmann, für den er auch in der Wr. Werkstätte arbeitete. Ab 1908 Lehrer an der Kunstgewerbeschule, ab 1910 Prof. der Klasse für Möbelentwurf. Arbeitete als Architekt sowie als Ausstatter und Ausstellungsgestalter.

Werke: Wohnung Igler, 1907; Wohnhäuser in Wien; Umbau des Theaters in der Josefstadt, 1923–24; Apollo-Kino, 1929; Präsentationsräume des Wr. Rathauses, 1930; Scala Wien, 1931; Moulin Rouge, Wien, 1931; Café Fenstergucker, 1932. – Literatur: R. Kotas, C. W., 1934.

Wlach, Oskar, * 18. 4. 1881 Wien, † 15. 8. 1963 New York (USA), Architekt und Designer. Arbeitete ab 1908 mit O. → Strnad zusammen, und 1910–38 mit J.

→ Frank; mit diesem gründete W. 1925 das Einrichtungsgeschäft „Haus & Garten", durch das das Wr. Kunstgewerbe in Europa starke Verbreitung fand. 1938 wurde die Firma „arisiert", und W. emigrierte über die Schweiz und Großbritannien in die USA, wo seine Versuche, beruflich Fuß zu fassen, erfolglos blieben.
Werke: Wien: Villen und Wohnhausanlagen, Doppelhaus in der Werkbundsiedlung; Siedlungsanlage Hoffingergasse (mit J. Frank und E. Faber), 1921; Wohnhausanlage Gellertgasse, 1925–27.

Wlaschek, Karl, * 4. 8. 1917 Wien, Unternehmer. Nach Kriegsende Pianist und Bandleader (Pseud.: Charly Walker). Begann 1953 mit einer Diskontparfümerie seine Karriere als Handelsunternehmer und baute ab 1960 die von ihm gegr. Supermarktkette Billa zu einem der größten ö. Handelskonzerne aus. Ab 1991 Expansion von Eurobilla ins Ausland (Italien, Polen, Tschechien, Slowakei und Ungarn). 1994 Einbringung des Konzerns in die K.-W.-Privatstiftung und 1996 Verkauf (mit Ausnahme der Libro-Kette) an die dt. Rewe-Handelsgruppe; der Verkauf von Libro erfolgte 1997; seither ist W. vorwiegend in der Immobilienbranche tätig.

Wlassak, Moritz, * 20. 8. 1854 Brünn (Brno, CZ), † 24. 4. 1939 Wien, Rechtshistoriker. Univ.-Prof. in Czernowitz 1879, Graz 1882, Breslau 1884, Straßburg 1895 und Wien 1900.
Werke: Edikt und Klageform, 1882; Röm. Prozeßgesetze, 1888–91; Die klassische Prozeßformel, 1924.

Wlassak, Rudolf, * 27. 3. 1865 Brünn (Brno, CZ), † 10. 3. 1930 Wien, Physiologe, Nervenarzt. 1922 Leiter der neu gegr. Trinkerheilstätte „Am Steinhof" in Wien; schuf grundlegende Arbeiten über den Bau des Kleinhirns und zur Sinnesphysiologie, bes. der Raumempfindungen. Verdienste um die Arbeiterabstinenzbewegung.
Werke: Gegen den Alkohol, 1897; Grundriß der Alkoholfrage, 1922; Hg. „Der Abstinent", 1902ff.

Wobisch, Helmut, * 25. 10. 1912 Wien, † 20. 2. 1980 ebd., Musiker (Trompete). Studierte zunächst Chemie, ab 1939 Mitgl. der Wr. Philharmoniker (1952–68 Vorstand), ab 1953 Prof. an der Musikakad. in Wien. Gründete 1969 den Carinth. Sommer.

Wochinz, Herbert, * 15. 11. 1925 Villach, Regisseur, Theaterintendant. 1950–55 Ausbildung in Paris (Kontakte mit M. Marceau, S. Beckett, E. Ionesco, J. Cocteau, J. Genet); 1956 Schauspieler und Regisseur am Theater der Courage in Wien, 1958 Gründung des Theaters am Fleischmarkt in Wien (Erstaufführungen von Stücken der franz. Avantgarde; Bühnenbilder u. a. von W. → Hutter, J. → Mikl und W. → Bertoni). 1961 Gründung und Leitung der „Komödienspiele Porcia" in Spittal a. d. Drau, Aufführungen klass. Komödien der Weltliteratur. 1968–92 Intendant des Klagenfurter Stadttheaters, das er durch ein abwechslungsreiches Programm zw. Klassik und Moderne zu einem „Volkstheater" für alle Kärntner machte.
Literatur: F. Hubmann u. A. Brandstetter, H. W. Vom Endspiel zum Theater der Freude, 1994; G. Schmidauer (Hg.), Ein Leben für die Komödie. H. W. und das leichte Lachen von Porcia, 2000.

Wodak, Ruth, * 12. 7. 1950 London (GB), Sprachwissenschaftlerin. Seit 1983 Prof. f. Angewandte Sprachwiss. an der Univ. Wien. Beschäftigt sich v. a. mit soz. Zusammenhängen der Kommunikation (geschlechts- und schichtenspezif. Sprache, Minderheiten, Faschismus u. a.). L.-Wittgenstein-Preis 1996.
Werke: Das Sprachverhalten von Angeklagten bei Gericht, 1975; Das Wort in der Gruppe, 1981; Hilflose Nähe?, 1984; Information für Informierte, 1987; Sprachbarrieren, 1989; „Wir sind alle unschuldige Täter", 1990; Sprachen der Vergangenheit, 1994; Disorders of Discourse, 1996; Gender and Discourse, 1997; Language Policy and Political Issues in Education, 1997 (Hg.); Zur diskursiven Konstruktion nationaler Identität, 1998; Challenges in a Changing World, 1999 (Hg.); Racism at the Top, 2000 (die meisten Publikationen mit anderen Autoren).

Wodianer, Moritz, * 3. 10. 1810 Szeged (H), † 8. 7. 1885 Baden (NÖ.), Bankier. Gründete 1849 in Wien ein Bank- und Großhandelshaus, wurde Präs. der Wr. Börsekammer, der DDSG und der Staatseisenbahn-Ges., war Dir. der Oesterr. Nationalbank und Vizegouverneur der Ö.-Ungar. Bank.
Literatur: R. Granichstaedten-Cerva, J. Mentschl u. G. Otruba, Alt-ö. Unternehmer, 1969.

Wodka, Josef, * 13. 6. 1908 St. Pölten (NÖ.), † 17. 4. 1970 Heiligenkreuz (NÖ.), Theologe, Historiker. 1958 Univ.-Prof. f. Kirchengeschichte in St. Pölten.
Werke: Zur Geschichte der nationalen Protektorate der Kardinäle an der röm. Kurie, 1938; Das Bistum St. Pölten, 1950; Kirche in Ö. 1959.

Wödl, Harald, * 29. 4. 1927 Perchtoldsdorf (NÖ.), † 5. 10. 1977 am Grimming (Stmk.; verunglückt), Segelflieger. Ab 1955 Leiter der Segelflugschule in Aigen, die später nach Niederöblarn am Grimming verlegt wurde. 5-facher Staatsmeister, 1963–76 Teilnehmer an 7 Weltmeisterschaften. Weltmeister 1968 in der offenen Klasse.

Wohlbrück, Adolf (eigentl. Wilhelm Anton), * 19. 11. 1896 Wien, † 9. 8. 1967 Garatshausen (D), Filmschauspieler. Wurde mit Filmen wie „Viktor und Viktoria" (1933), „Der Student von Prag" (1935) und „Maskerade" (1934, Regie: W. → Forst) einer der beliebtesten Unterhaltungsstars des dt. Films (Typus „imposanter Herr"). 1936 ging er nach Hollywood (Schauspielername: Anton Walbrook) und später nach England, wo er als Bühnen- und Filmschauspieler erfolgreich war.
Weitere Filme: Gaslight, 1940; The Red Shoes, 1948; The Queen of Spades, 1949; La Ronde, 1950 (Regie: M. Ophüls); St. Joan, 1957 (Regie: O. Preminger); I Accuse, 1958. – Literatur: B. Stieghahn, A. W. (1896–1967). Daten zu seinem Leben, 1999.

Wohlgemuth, Else, * 1. 1. 1881 Berlin (D), † 30. 5. 1972 Wien, Hofschauspielerin; heiratete 1918 E. Gf. Thun-Hohenstein. 1910–38 und 1945–59 am Burgtheater (1934 Ehrenmitgl., 1935 Burgtheaterring), 1922 und 1925 bei den Sbg. Festspielen; hervorragende Interpretin des klassischen Repertoires (109 Rollen), eindrucksvolle tragische Liebhaberin, später auch im Lustspiel sehr erfolgreich; 1938–45 Emigration.
Literatur: W. Kraus, E. W. und das Wr. Burgtheater, Diss., Wien 1947; O. M. Fontana, E. W. Ein Leben für das Burgtheater, 1950.

Else Wohlgemuth als Zufriedenheit in „Der Bauer als Millionär" von F. Raimund. Foto.

Wohlleben, Stephan Edler von, * 1751 Wien, † 30. 7. 1823 ebd., Beamter. Ab 1771 im Dienst der Stadt Wien, stieg rasch auf, von 30. 10. 1804 bis zu seinem Tod Wr. Bürgermeister. In seine Zeit fielen die franz. Besatzungen 1805 und 1809, aus dem darauf folgenden Staatsbankrott erwuchsen der Stadt große Belastungen durch Polizeiaufgaben und Armenbetreuung.
Literatur: F. Czeike, Wien und seine Bürgermeister, 1974.

Wohlschlägl, Helmut, * 28. 8. 1949 Wien, Geograph. Seit 1992 Univ.-Prof. in Wien; zahlreiche Reisen nach SO-Asien (Thailand); v. a. Studien zur Bevölkerungsgeographie der Entwicklungsländer.
Werke: Bevölkerungswachstum und Fruchtbarkeitsrückgang in Thailand, 1986; Armut in Großstädten der Dritten Welt, [5]1995 (mit K. Husa).

Wöhr, Johann Evangelist, * 1. 11. 1842 Rottenmann (Stmk.), † 2. 3. 1896 Graz (Stmk.), Priester und Politiker. 1865 Priesterweihe, gründete 1869 den ersten Kath. Arbeiterbildungsverein, 1878–86 Abg. z. Stmk. Landtag; 1888 zum Domherrn von Graz-Seckau ernannt.
Literatur: M. Liebmann, Die Domherren von Graz-Seckau, 1988.

Wolf, Adam, * 12. 7. 1822 Eger (Cheb, CZ), † 25. 10. 1883 Graz (Stmk.), Historiker. 1852–56 Univ.-Prof. in Budapest, 1865–1880 in Graz; 1880–83 Leiter der Theresian. Ritterakademie.

Sándor Wolf. Foto, um 1935.

Werke: Die Geschichte der Pragmatischen Sanktion bis 1740, 1850; Der Wr. Hof in den Jahren 1746–1748, 1850; Gf. R. Chotek, 1852; Ö. unter Maria Theresia, 1855; Aus dem Hofleben Maria Theresias, [2]1859; Marie Christine, 2 Bde., 1863; Fürst W. Lobkowitz, 1869; Die Aufhebung der Klöster in Inner-Ö., 1870; Fürstin E. Liechtenstein, 1875; Geschichtl. Bilder aus Ö., 2 Bde., 1878/80; Ö. unter Maria Theresia, Joseph II. und Leopold II. (vollendet von H. v. Zwiedineck-Südenhorst), 1884. – Literatur: E. Forstner, A. W., Diss., Wien 1936.

Wolf, Gerson, * 16. 7. 1823 Holleschau (Holešov, CZ), † 29. 10. 1892 Wien, Historiker, Schriftsteller und Pädagoge. Nach talmudischer Ausbildung in Nikolsburg geisteswiss. Studium in Wien; Religionslehrer, Verfasser von Lehrbüchern und hist. Forschungen zur Geschichte der Juden in Ö.

Werke: Geschichte der Juden in Wien, 1876; Die Juden in Ö.-Ungarn, in: Die Völker Ö.-Ungarns, Bd. 7, 1878. – Literatur: Jüd. Lexikon, Bd. IV/2, 1930.

Wolf, Gusti, * 11. 4. 1912 Wien, Kammerschauspielerin. 1934 Debüt am Burgtheater, dann an den Wr. Kammerspielen, in Mährisch-Ostrau, München und Berlin; seit 1946 Engagement am Burgtheater (spielte u. a. 7 Jahre den Puck im „Sommernachtstraum"). Film- und Fernsehtätigkeit (u. a. „Jetzt schlägt's 13" mit H. → Moser, „Orient-Express", „Mädel ahoi", „Kottan ermittelt"). Seit 1987 Ehrenmitgl. des Burgtheaters.

Literatur: D. Saval (Hg.), G. W. erzählt aus ihrem Leben, 2001.

Wolf, Hugo (Philipp Jakob), * 13. 3. 1860 Windischgrätz (Slovenj Gradec, SLO), † 22. 2. 1903 Wien, Komponist. Lebte ab 1875 in Wien, Ausbildung am Konservatorium. Erste Lieder entstanden 1876 nach einer Begegnung mit R. Wagner, den W. sehr bewunderte. Wegen Streitigkeiten wurde W. 1877 aus dem Konservatorium ausgeschlossen und lebte fortan als Musiklehrer in Wien. 1878 kam es zu einer syphilitischen Infektion, die zu geistiger Umnachtung (ab 1897 in Irrenanstalt) und zu seinem frühen Tod führte; bereits ab 1880 litt er unter schweren Depressionen, die auch seine Freunde (G. Schönaich, M. Köchert) nicht abwenden konnten. Jeder Versuch, W. zu einer festen Anstellung zu verhelfen (1881 als Kapellmeister in Salzburg, 1884–87 als Musikkritiker beim „Wr. Salonblatt") schlugen wegen seiner schwierigen psych. Verfassung fehl. Ab 1887 war W., unterstützt durch seine Freunde und Gönner, als freischaffender Komponist tätig. Auf dem Gebiet der Liedkomposition gilt W. als einer der bedeutendsten Komponisten nach F. Schubert. Seine Lieder zeichnen sich durch größte Achtung auf das dichterische Wort aus, zeigen psycholog. Einfühlung und sehr selbstständige Behandlung des Klavierparts gegenüber der Singstimme. Differenzierte subjektive Empfindsamkeit und verfeinerte Harmonik weisen ihn als Spätromantiker unter dem Einfluss von R. Wagner aus, dessen Stil er auch in seinem quantitativ geringeren Orchester- und Opernschaffen sehr persönlich weiterentwickelte. H.-W.-Verein, gegr. 1897 in Wien. Die 1958 gegr. Internationale H.-W.-Ges. betreut die krit. Gesamtausgabe seiner Werke. Mus. mit fast originalem Arbeitszimmer in seinem Wohnhaus in Perchtoldsdorf.

Hugo Wolf. Pastell von C. v. Wagner, 1902.

Werke: ca. 350 Lieder: 53 Mörike-Lieder, 1888; 20 Eichendorff-Lieder, 1880–88; 51 Goethe-Lieder, 1889; Span. und Ital. Liederbuch, 1889–91. – Chormusik. – Opern: Der Corregidor, 1895/96; Manuel Venegas (unvollendet, 1897). – Symphon. Dichtung: Penthesilea, 1883–85. – Streichquartett, 1879/80; Italienische Serenade, 1894. – Schriften: Musikal. Kritiken, 1911; Nachgelassene Werke, 1935ff. – Literatur: B. Decsey, H. W., 4 Bde., 1903–06; F. Walker, H. W., 1953 (mit Werkverz.); M. v. Hattingberg-Graedener, H. W., 1953; H.-J. Moser, Das dt. Lied seit Mozart, 1968; E. Werba, H. W. oder Der zornige Romantiker, 1971; M. Saary, Persönlichkeit und musikdramatische Kreativität, 1982; H.-H. Geyer, H. W. Mörike-Vertonungen, 1991; S. Youens, H. Werke: The vocal music, 1992.

Wolf, Sándor, * 21. 11. 1871 Eisenstadt (Bgld.), † 2. 1. 1946 Haifa (Israel), Weingroßhändler, Kunstsammler und Forscher. Begann um 1900 mit der Anlegung einer bed. Kunst-Smlg. (Archäologie, Kunst, Kunstgewerbe, Judaica), die er in einem Privatmuseum in Eisenstadt öffentl. zugängl. machte. Als ehrenamtl. Konservator des Bundesdenkmalamts Förderer der Bodendenkmalpflege. 1938, nach der Beschlagnahmung und Enteignung der Smlg. durch die NS-Behörden, Emigration nach Palästina.

Werke: Die Kunst im Eisenstädter Ghetto, 1912; Die Entwicklung des jüd. Grabsteines und die Denkmäler des Eisenstädter Friedhofes, in: B. Wachstein, Die Grabinschriften des alten Judenfriedhofes in Eisenstadt, 1922. – Literatur: Smlg. Alexander (S.) W., in: Ö. Kunsttopographie, Bd. 24, 1932; E. Böhm, Die Wolf-Familie, in: H. Gold (Hg.), Gedenkbuch der untergegangenen Judengemeinden des Bgld., 1970.

Wolf, Sigrid, * 14. 2. 1964 Breitenwang (Ti.), Skirennläuferin. Ab 1981 im Weltcup, insges. 6 Weltcupsiege in Super-G und Abfahrt. Goldmedaille im Super-G bei den Olymp. Spielen 1988 in Calgary, Silbermedaille im Super-G bei der Weltmeisterschaft 1989 in Vail, 1991 Rücktritt vom aktiven Sport.

Wolf Dietrich von Raitenau, * 26. 3. 1559 Lochau (Vbg.), † 16. 1. 1617 Salzburg, Erzbischof von Salzburg (1587–1612). Stammte aus einer im Bodenseeraum begüterten Familie. Bereits mit 28 Jahren Erzbischof, trat er für die kath. Erneuerung ein, berief Kapuziner und Augustiner-Eremiten nach Salzburg und verbesserte das Schulwesen. Er begann die Umgestaltung von Salzburg zur Barockstadt und erweiterte durch Abbruch von Bürgerhäusern die Fürstenstadt um Dom und St. Peter. Unter ihm wurde 1595 der Bau der Residenz und um 1606 für Salome → Alt, die 22 Jahre lang seine Geliebte war, der Bau von Schloss Mirabell in Angriff genommen. Nach dem Brand des Doms (1598) legte er 1611 den Grundstein zum barocken Dom. Er hatte wegen seines herrischen Auftretens viele Konflikte, wurde 1612 wegen des Salzkriegs mit Bayern (1611) gestürzt und resignierte am 7. 3. 1612. Sein Nachfolger → Marcus Sitticus hielt ihn bis zu seinem Tod auf Hohensalzburg gefangen. Mausoleum (1597–1603) in dem von ihm 1595–1600 errichteten Sebastiansfriedhof.

Literatur: W. D. Gründer des barocken Salzburg, Ausst.-Kat., Salzburg 1987.

Wolff, Karl (Pseud.: Karele), * 11. 2. 1890 Peterwardein (Petrovaradin, YU), † 17. 8. 1963 Wien, Zivilrechtler. Ab 1918 Univ.-Prof. in Czernowitz, 1919–38 in Innsbruck (dann entlassen) und ab 1945 in Wien; ab 1957 Vizepräs. des Verfassungsgerichtshofs.

Werke: Der Rechtsbegriff, 1927; Grundriß des Wechselrechts, 1934; Grundriß des ö. Zivilprozeßrechts, [2]1947; Grundriß des bürgerl. Rechts, [4]1948; Die Gesetzessprache, 1952.

Wölfflin, Kurt, * 20. 2. 1934 Wien, † 12. 9. 1998 Salzburg, Schriftsteller, Autor von Kinder- und Jugendbüchern, daneben auch von Erwachsenenliteratur. Trat mit Märchen für Kleinkinder und Büchern zur Umweltproblematik hervor („Safari vor deiner Tür", 1974); seine Verbindung von Humor und kritischen Ansätzen wird u. a. an der Erzählung „Oma, gib Gas" (1978) deutlich.

Weitere Werke: Hansl, der Schatzsucher, 1967; Die kleine Prinzessin, 1967; Die Prinzessin im Rosenstrauch, 1968; Der Riese in der Schule, 1969; Tiere der Wildnis, 1969; Wer fängt den Wollknäuel, 1969; Miki, 1972; Die Perle des Drachenkönigs, 1973; Hanne und Andy, 1973; Miki und die Seeräuber, 1973; Die

Großen und die Kleinen, 1976; Ich bin ich, 1976; Das kleine Kinkerlitzchen, 1977; Du hast einen Freund, 1978; Ein Haus im Grünen, 1979; Feriensafari, 1981; Die Prinzessin auf dem Schneevogel, 1981; Ein Tausender für Charlie, 1982; Der Junge auf dem Baum, 1982; Ein weißer Mercedes, 1983; Ich glaube an das Leben, 1984; Der Chef ist die Oma, 1986; Der Turm, 1987; Micha und Schwarzer Wolf, 1987; Der Riese in der Stadt, 1988; Das Löwenzahnkamel, 1992.

Wolfgang, Hl., Fest 31. Okt., * um 924 Schwaben (wahrscheinl. Pfullingen), † 31. 10. 994 Pupping (OÖ.), Benediktiner, um 972 als Missionar in Ungarn, 972–994 Bischof von Regensburg. Sein Wirken in Regensburg leitete eine Reform ö. Klöster ein. 976/77 Aufenthalt in Mondsee, von wo aus er vermutl. einige Kirchen gründete. Die Wallfahrt nach St. Wolfgang im Salzkammergut (am Wolfgangsee), wo der Bischof der Legende nach als Einsiedler gelebt haben soll, ist seit 1306 bezeugt. 1052 heilig gesprochen; seit dem 14./15. Jh. Verehrung bes. in OÖ. und Sbg.

Literatur: R. Zinnhobler, Der hl. W., [2]1993; ders. (Hg.), Der hl. W. und OÖ., [2]1993.

Wolfgang, Gottfried („Friedl"), * 30. 10. 1908 Lilienfeld (NÖ.), † 14. 10. 1984 Waidhofen a. d. Ybbs (NÖ.), Skisportler, Organisator, Funktionär. Wandte sich nach aktiver Laufbahn der Skilehrerausbildung zu, 1958 Gen.-Sekr. der Skiweltmeisterschaft in Bad Gastein. W. ließ dort die ersten modernen Rennpisten anlegen, die Vorbildwirkung in der ganzen Welt hatten. Gen.-Sekr. der Olymp. Winterspiele 1964 in Innsbruck. Danach widmete er sich der Erschließung von Tourismus- und Erholungsräumen und dem Bergbahn- und Skiliftbau.

Wolfger von Erla, † 23. 1. 1218, aus dem Geschlecht der Herren von Erla bei Sankt Pantaleon-Erla. Wurde nach dem Tod seiner Frau Geistlicher, war Propst von Pfaffmünster und Zell am See, 1191 Bischof von Passau, nahm 1197/98 am 1. Kreuzzug teil. 1204 Patriarch von Aquileia, 1208 Reichslegat und Stellv. Kg. Philipps südl. der Alpen. Unternahm 1203/04 vier Reisen, seine Rechnungsführung ist erhalten und gibt Einblick in die Reiseumstände und Finanzverwaltung der Zeit. Als Bischof ließ er → Walther von der Vogelweide einen Pelzmantel zukommen (1203), möglicherweise förderte er auch den Dichter des Nibelungenlieds. Vermittelte im Streit zw. Welfen, Staufern und dem Papst, war „ein Träger von Worten des Friedens und der Eintracht" (Papst Innozenz III.).

Literatur: H. Heger, Das Lebenszeugnis Walthers von der Vogelweide. Die Reiserechnungen des Passauer Bischofs W. v. E., 1970; E. Boshof, W. v. E., 1994.

Wolfgruber, Gernot, * 20. 12. 1944 Gmünd (NÖ.), Schriftsteller. Stellt in seinen teilweise autobiograph. Anti-Heimat- und authent. Entwicklungsromanen („Auf freiem Fuß", 1975; „Herrenjahre", 1976; „Niemandsland", 1978) desillusionierende gesellschaftl. Verhältnisse dar, unter denen eine sinnvolle Lebensgestaltung unmöglich ist.

Weitere Werke: Romane und Erzählungen: Ankunftsversuch, 1979; Verlauf eines Sommers, 1981; Die Nähe der Sonne, 1985. – Hörspiele (mit H. Zenker): Der Vertreter, 1975; Wr. Schnitzel oder High Noon, 1976. – Drehbücher: Der Einstand, 1977; Der Jagdgast, 1978 (auch als Buch); Das Vorbild, 1980. – Literatur: S. Szely, Heimat, Bilder, 1998.

Wolfkind, Peter Daniel (eigentl. P. Vujica), * 7. 12. 1937 Graz (Stmk.), Erzähler, Komponist, Musikkritiker, Journalist. 1963–66 Dramaturg bei den Vereinigten Bühnen Graz, 1968–73 Mitorganisator der „Musikprotokolle" des steirischen herbstes; 1980–82 Direktoriumsmitgl. und 1983–89 Intendant des steirischen herbstes, seit 1989 Kulturressortleiter des „Standard". Autor grotesk-phantastischer Erzählungen und Romane („Der grüne Zuzumbest", 1973).

Weitere Werke: Erzählungen: Mondnacht, 1972; Die Boten des Frühlings, 1975; Das Fest der Kröten, 1985. – Essays: Welch ein Haus. Die Grazer Oper 1972–90, 1990 (mit C. Nemeth); Steiermark exklusiv, 1995. – Literatur: A.-M. Bouisson, P. D. W. Vorstoß in „kosmische Urnacht", in: Germanica 7, 1990.

Wölfl (Wölffl), Joseph, * 24. 12. 1773 Salzburg, † 21. 5. 1812 London (GB), Pianist, Komponist. Schüler von M. → Haydn und L. → Mozart. Ab 1795 in Wien, wo er als Pianist große Bewunderung erregte (Klavierwettkämpfe mit L. van → Beethoven). Ging 1801 nach Paris, 1805 nach London, wo er auch als Pädagoge tätig war.

Werke: 9 Bühnenwerke, 7 Klavierkonzerte, 2 Symphonien, Klavier- und Kammermusik, Lieder.

Wölfler, Anton, * 12. 1. 1850 Kopetzen (Kopec, CZ), † 31. 1. 1917 Wien, Chirurg. 1876 Assistent von T. → Billroth, studierte in Edinburgh die systemat. antisept. Wundbehandlung und führte diese 1878 in der billrothschen Klinik ein. 1881 wandte W. erstmals die vordere Gastroenterostomie (operative Herstellung einer Verbindung zw. Magen und Dünndarm) in der chirurg. Praxis an; er verwendete als einer der Ersten Kokain als Anästhetikum und leistete bahnbrechende Arbeiten auf dem Gebiet der Schilddrüsenchirurgie. 1885 Vorstand der Chirurg. Poliklinik in Wien, ab 1886 Univ.-Prof. in Graz, 1896–1910 an der Dt. Univ. in Prag.

Werke: Über die Entwicklung und den Bau der Schilddrüse mit Rücksicht auf die Entwicklung der Kröpfe, 1880; Die Amputationen an Prof. Billroth's Klinik von 1877–80, 1882; Die chirurg. Behandlung des Kropfes, 1887; Über die Bedingungen der Wundheilung, 1895; Die Fremdkörper des Magen-Darmkanals des Menschen, 1909. – Literatur: A. Höferlin, Der Chirurg A. W. (1850–1917), Diss., Mainz 1989.

Wölfling, Leopold (Erzhzg. Leopold Ferdinand Salvator), * 2. 12. 1868 Salzburg, † 4. 7. 1935 Berlin (D), ältester Sohn von Großherzog Ferdinand IV. von Toskana. Verzichtete 1902 auf Titel und Rechte eines Erzherzogs.

Werk: Als ich Erzhzg. war, 1936.

Wolfram, Aurel, * 16. 10. 1896 Wien, † 12. 8. 1948 Krems a. d. Donau (NÖ.), Erzähler und konservativer Kulturphilosoph. Gründete 1947 den „Kreis des geistigen Lebens" in Wien.

Werke: Glaube an Wien, 1943; A. Schweitzer und die Krise des Abendlandes, 1947; Geist und Gesinnung des Burgtheaters, 1951.

Wolfram, Herwig, * 14. 2. 1934 Wien, Historiker. Ab 1959 Univ.-Ass. in Wien, seit 1969 Univ.-Prof. f. Ma. Geschichte und Hist. Hilfswiss. in Wien, 1981–83 Dekan der Geisteswiss. Fakultät, seit 1983 Vorstand des Inst. f. Ö. Geschichtsforschung. Zahlr. Gastvorträge und Mitwirkender an vielen Symposien im In- und Ausland. Ö. Ehrenzeichen f. Wiss. u. Kunst 2001.

Werke: Conversio Bagoariorum et Carantanorum, 1979; Die Völker an der mittleren und unteren Donau im 5. und 6. Jh., 1980 (mit F. Daim); Die Karolingerzeit in NÖ., 1980; Botschaften aus dem Meer ob der Enns, 1984; Die Geburt Mitteleuropas: Geschichte Ö. vor seiner Entstehung, 1987; Geschichte der Goten von den Anfängen bis zur Mitte des 6. Jh., [3]1990; Karl der Große und die Wiss., Ausst.-Kat., Wien 1993 (Hg.); Ö. Geschichte in 10 Bden., 1994ff. (Hg.); Grenzen und Räume, 1995 (= Bd. 1 der Ö. Geschichte in 10 Bden.); Die Germanen, 1995; Salzburg, Bayern, Ö. Die Conversio Bagoariorum et Carantanorum und die Quellen ihrer Zeit, 1995; Konrad II. 990–1039, 2000.

Wolfram, Richard, * 16. 9. 1901 Wien, † 30. 5. 1995 Traismauer (NÖ.), Volkskundler. Univ.-Prof. für germanisch-dt. bzw. ö. und vergleichende europ. Volkskunde in Wien (1939–45, 1959–72) und wiss. Leiter des Ö. Volkskundeatlas. Seine europaweiten Forschungen flossen u. a. in Studien zu Brauch und Volkstanz ein.

Werke: Schwerttanz und Männerbund, 3 Bde., 1936–37; Die Volkstänze in Ö. und verwandte Tänze in Europa, 1972; Brauchtum und Volksglaube in der Gottschee, 1980; S-Ti.

Volksschauspiel und Spielbräuche, 1987. – Literatur: H. Fielhauer (Hg.), Volkskunde und Volkskultur. Festschrift, 1968; O. Bockhorn u. H. Fielhauer, Kulturelles Erbe und Aneignung. Festschrift, 1982 (jeweils mit Schriftenverz.).

Wolfrath, Anton, * 9. 7. 1581 Köln (D), † 1. 4. 1639 Wien, Zisterzienser, dann Benediktiner. War Abt in Wilhering und Kremsmünster (beides OÖ.), ab 1631 Bischof von Wien (erster im Fürstenstand); setzte die Gegenreformation fort und wurde 1623 Präs. der Hofkammer.
Literatur: M. Krexner, Wr. Bischöfe und Erzbischöfe, 1983.

Wolfsberger, Walter, * 19. 6. 1930 St. Wolfgang b. Weitra (NÖ.), Manager. 1962–66 Handelsattaché in Moskau; wechselte 1966 zur Siemens AG Österreich, die er 1975–94 als Gen.-Dir. und Vorstandsvorsitzender zum größten Unternehmen ihrer Branche in Ö. führte.

Wolfsgruber, Cölestin, * 14. 5. 1848 Großalm-Neukirchen (OÖ.), † 26. 11. 1924 Wien, Benediktiner, Kirchenhistoriker, Biograph. Hofprediger in Wien, 1903–19 Prof. f. Kirchengeschichte und Patrologie in Wien.
Werke: Kirchengeschichte Ö.-Ungarns, 1909. – Biographien: J. O. Kardinal Rauscher, 1888; Franz I. S. v. Ö., 2 Bde., 1899; F. Kardinal Schwarzenberg, 3 Bde., 1906–17; Sigismund A. Gf. Hohenwart, 1912. – Hg. (mit A. Hübl): Abteien und Klöster in Ö., 1898–1902. – Literatur: F. Loidl, W. C., in: Lexikon für Theologie und Kirche 10, ^{2}1965.

Wolkan, Rudolf, * 21. 7. 1860 Prelautsch (Prelouc, CZ), † 16. 5. 1927 Wien, Literaturhistoriker. Ab 1908 Univ.-Prof. in Wien, Dir. der Univ.-Bibl.
Werke: Böhmens Anteil an der dt. Literatur des 16. Jh., 1890–94; Die Lieder der Wiedertäufer, 1903; Dt. Dichtung im Böhmerwald, 1919; Geschichte der dt. Literatur in Böhmen und den Sudetenländern, 3 Bde., 1925 (Hauptwerk). – Hg.: Briefwechsel des Eneas Silvius Piccolomini, 4 Bde., 1909–17; Wr. Volkslieder aus 5 Jh., 2 Bde., 1920/26.

Wolkenstein, Oswald von, → Oswald von Wolkenstein.

Wolner, Ernst, * 29. 12. 1939 Wien, Chirurg. Studium und wiss. Karriere in Wien. Ab 1968 Leiter der Arbeitsgruppe „Assistierte Zirkulation – Künstl. Herz" an der II. Chirurg. Univ.-Klinik in Wien, seit 1981 Univ.-Prof. f. Chirurgie in Wien, seit 1982 Leiter der L.-Boltzmann-Inst. für herzchirurg. Forschung, 1981–93 Vorstand der II. Chirurg. Univ.-Klinik in Wien, seit 1994 Abteilungsleiter für Herz-Thoraxchirurgie an der Univ.-Klinik für Chirurgie in Wien. Trat mit vielen Publikationen als Herzspezialist von internationaler Bedeutung hervor; zahlreiche Auszeichnungen.

Charlotte Wolter. Gemälde von H. Makart (Österreichische Galerie Belvedere, Wien).

Wolter, Charlotte, * 1. 3. 1834 Köln (D), † 14. 6. 1897 Wien, Hofschauspielerin. 1862–97 Ensemblemitgl. des Burgtheaters; Heroinenrollen, große Tragödin, berühmt für ihren „W.-Schrei" (sich steigernde Vortragsmelodie) und ihre Todesdarstellungen. S. H. v. Mosenthal, J. → Weil und A. v. → Wilbrandt verfassten Dramen für sie.
Literatur: M. Harden, Die W., 1897; L. Hirschfeld, C. W., 1897; E. Engel (Hg.), C. W. in ihren Glanzrollen, 1897; H. Bang, Menschen und Masken, 1909; G. Doublier, C. W., Diss., Wien 1925; H. Richter, C. W., 1934; B. Niederle, C. W., 1948.

Woltron, Klaus, * 15. 10. 1945 Wels (OÖ.), Manager. Studierte an der Montanist. Hochschule Leoben, 1968–72 bei Schoeller-Bleckmann tätig, 1972–78 stellv. Betriebsleiter bei VEW; 1978–81 Departmentchef in Brasilien (Nuklearprogramm), anschließend Vorstandsmitgl. bzw. Vorstand der Simmering-Graz-Pauker AG. 1989–94 Vorstandsvorsitzender der ASEA Brown Boveri; seit 1994 selbstständiger Unternehmer und Inhaber von Firmenbeteiligungen in den Bereichen Betriebsberatung und Krisenmanagement.

Wonder, Erich, * 30. 3. 1944 Jennersdorf (Bgld.), Bühnenbildner. Studierte an der Akad. d. bild. Künste in Wien bei L. → Egg; 1968–78 als Bühnenbildassistent und Bühnenbildner an verschiedenen dt. Theatern, ab 1978 Lehrtätigkeit in Wien, seit 1985 Leiter der Meisterklasse für Bühnengestaltung an der Akad. d. bild. Künste in Wien. Daneben auch als Dramaturg und Regisseur tätig (u. a. „Hamlet" und „Das weite Land").

Wondracek, Rudolf, * 9. 1. 1886 Wien, † 21. 11. 1942 St. Pölten (NÖ.), Architekt. Studierte an der Staatsgewerbeschule und an der Techn. Hochschule in Wien. 1910–13 Schüler von O. → Wagner. 1913 und 1915 Tätigkeit bei P. → Behrens in Berlin. Mitarbeit im Atelier von M. → Fabiani (Erstellung des Flächenwidmungsplans von Monfalcone). 1921–27 bei F. Janda in Prag, danach Stadtplaner von St. Pölten.
Werke: Kirchen in Sigmundsherberg, Klosterneuburg und St. Pölten-Wagram, mehrere weitere Bauten in St. Pölten. – Heldendenkmal Burgtor, Wien, 1934. – Literatur: M. Pozzetto, Die Schule O. Wagners 1894–1912, 1980.

Wondrack, Gertrude, * 8. 3. 1920 Wien, † 31. 7. 1971 St. Lorenzen bei Scheifling (Stmk.; Autounfall), Schneiderin und Politikerin (SPÖ). Nach Tätigkeit in der Textilarbeitergewerkschaft 1964–66 Mitgl. d. BR, 1966–71 Abg. z. NR, 1970–71 Staatssekr. im BM f. soz. Verwaltung.

Wopfner, Hermann, * 21. 5. 1876 Innsbruck (Ti.), † 10. 5. 1963 Natters (Ti.), Historiker, Volkskundler. 1909–41 Univ.-Prof. für Geschichte in Innsbruck; 1921 Begründer der „Ti. Heimat", ab 1923 Leiter des von ihm gegr. Inst. f. geschichtl. Siedlungs- und Heimatkunde der Alpenländer. Forschungsschwerpunkte: Wirt.- und Siedlungsgeschichte, bäuerl. Kultur. Nach dem 1. Weltkrieg Initiator der Heimatforschung in Ti.
Werke: Beiträge der freien bäuerl. Erbleihe Dt.-Ti. im MA, 1903; Die Lage Ti. zu Ausgang des MA, 1908; Beiträge zur Geschichte der älteren Markgenossenschaft, 1912; Das Ti. Bauernhaus, 1923; Dt. Siedlungsarbeit in S-Ti., 1926; Ti. Volkskunde, 1932; Bergbauernbuch, 3 Tle., 1951–60. – Literatur: Festschrift zu Ehren H. W., 1948.

Wopmann, Alfred, * 23. 11. 1936 Wels (OÖ.), Regisseur, Intendant. Violinausbildung und Philosophiestudium, 1959–67 Geiger im Nö. Tonkünstlerorchester; 1963–68 Regieassistent bei den Bregenzer Festspielen, am Burgtheater und an der Staatsoper in Wien; 1972 erste eigenständige Regiearbeit am Opernhaus Dortmund, seither an zahlreichen Bühnen im In- und Ausland. Seit 1983 künstlerischer Dir. bzw. seit 1990 Intendant der Bregenzer Festspiele, für die er eine neue, visuell ausgerichtete „Bregenzer Dramaturgie" entwickelte.
Literatur: Die Entwicklung der Bregenzer Dramaturgie 1985–95, 1995.

Wörle, Eugen, * 3. 1. 1909 Bregenz (Vbg.), † 14. 12. 1996 Wien, Architekt. Studierte an der Akad. d. bild.

Künste in Wien bei C. → Holzmeister, 1932 Diplom. Ateliertätigkeit bei E. → Lichtblau, C. Holzmeister und M. → Fellerer. 1936–42 und 1945–57 zusammen mit Fellerer freischaffend tätig, danach allein. Verdienste um die Erhaltung bed. Bauwerke der frühen Moderne (Wittgenstein-Haus, Loos-Bar). Ö. Staatspreis für Architektur 1963.

Werke: Wien: Mitarbeit an der Per-Albin-Hansson-Siedlung, 1947–51, 1954–55; Strandbad Gänsehäufel, 1948–50; Concordiahof, 1952–58 (mit M. Fellerer u. F. Hasenörl); Wiederaufbau des Parlaments (Gestaltung des Plenarsaals 1955/56); Erweiterung des Finanzministeriums (mit M. Fellerer); Erweiterungsbau der Hochschule f. angew. Kunst, 1960–65 (mit K. Schwanzer); Schule F.-Hedorfer-Straße, 1970–71 (mit F. Kitt); Büro- und Wohnhäuser. – NÖ.: Terrassenhausanlage, Mödling, 1967–70.

Worm, Alfred, * 14. 6. 1945 Gmünd (NÖ.), Journalist. 1974–94 Redakteur des „profil", zuletzt stellv. Chefredakteur; seit Mai 1994 einer der Chefredakteure von „News".

Werke: Der Skandal. AKH: Story, Analyse, Dokumente, 1981; Gentechnik, 1988; Jesus Christus. Die Wahrheit über den „wahren" Menschen, 1992; Vom „Menschensohn" zum Judenstern, 1993. – Bücher zu Gesundheitsfragen mit J. Huber.

Wörndl, August (Paulus), * 20. 8. 1894 Itzling (Sbg.), † 26. 6. 1944 Brandenburg (D), Priester, Karmeliter, Pfarrer in St. Pölten und Linz. 1943 von der Gestapo verhaftet, 1944 zum Tod verurteilt und hingerichtet.

Literatur: R. Bruderhofer, P. P. Wörndl O. C. D., ein Opfer des Nat.-Soz., in: R. Zinnhobler (Hg.), Das Bistum Linz im Dritten Reich, 1979.

Woschnagg, Gregor, * 23. 8. 1939 Bern (CH), Diplomat. Studierte Jus in Wien und Grenoble sowie am Trinity College in Cambridge. 1966 Eintritt ins Außenministerium, 1968–73 ständiger Vertreter Ö. bei der UNO in New York, 1973–75 ö. Botschafter in Kairo, 1981–86 in Nairobi. 1987–96 Leiter der Abt. f. wirt. Integration im Außenministerium, 1997–99 Leiter der wirt.- und integrationspolit. Sektion; seit 1999 Ständiger Vertreter Ö. bei der EU in Brüssel.

Wöss, Fritz, → Weiss, Friedrich.

Wöß, Josef Venantius, * 13. 6. 1863 Cattaro (Kotor, HR), † 22. 10. 1943 Wien, Kirchenmusiker, Komponist, Organist, Herausgeber. 1889–1908 Korrektor bei Waldheim & Eberle, ab 1908 Redakteur der Universal-Edition. Organist der Marienkirche und der Kalvarienbergkirche in Wien; Vertreter des Cäcilianismus.

Wöß, Kurt, * 2. 5. 1914 Linz (OÖ.), † 4. 12. 1987 Dresden (D), Dirigent. 1948–51 Chefdirigent des Nö. Tonkünstlerorchesters in Wien; 1951–54 Leiter der NHK-Orchesters in Tokio; 1956–60 in Melbourne, 1961–68 Opernchef in Linz; 1968–74 Chefdirigent des Bruckner-Orchesters Linz.

Wotruba, Fritz, * 23. 4. 1907 Wien, † 28. 8. 1975 ebd., einer der bedeutendsten Bildhauer des 20. Jh. 1921–24 Ausbildung zum Graveur, studierte bei A. → Hanak an der Akad. der bild. Künste in Wien, lebte 1938–45 in Emigration in der Schweiz und war ab 1945 Prof. an der Akad. d. bild. Künste in Wien; 1948 und 1952 ö. Vertreter auf der Biennale in Venedig. Seine menschl. Figuren standen anfangs in der Tradition des Realismus (z. B. Denkmal der Arbeit in Donawitz, 1932). Nach 1945 arbeitete er zunehmend in archaisierender Stilisierung mit kubischen Formelementen, wobei die kantig-blockhafte Grundstruktur des Steins, des von ihm hauptsächlich verwendeten Materials, entscheidender Ausdrucksträger wurde (z. B. „Sitzende Figur", 1949, Museum moderner Kunst Stiftung Ludwig Wien). Ab den 50er Jahren entstanden zahlr. Arbeiten für den öffentl. Raum (u. a. Wagner-Denkmal, 1969, Mainz; „Große liegende Figur", 1971, Rotterdam), baugebundene Reliefs und Köpfe sowie Arbeiten für das Theater (1948–67 Wien, Sbg. Festspiele, Athen, Berlin) und ein umfangreiches graph. Werk. 1974–76 wurde nach seinen Plänen (Entwürfe ab 1967) die Dreifaltigkeitskirche in Wien-Mauer errichtet („W.-Kirche"). W. verhalf der ö. Plastik nach 1945 durch seine Arbeiten und durch die langjährige Lehrtätigkeit an der Wr. Akad. zu internat. Ruf („W.-Schule"). Zu seinen Schülern zählten so bedeutende Bildhauer wie H. → Leinfellner, J. → Pillhofer, A. → Urteil, J. → Avramidis und A. → Hrdlička. Großer Ö. Staatspreis 1958, Ö. Ehrenzeichen f. Wiss. u. Kunst 1971.

Literatur: Hommage à W., Ausst.-Kat., Wien 1985; F. W. Druckgraphik 1950–75, Ausst.-Kat., Wien 1989; F. W. Der Bildhauer als Bühnenbildner, Ausst.-Kat., Bremen 1992; F. W., Ausst.-Kat., Zürich 1992; O. Breicha, F. W. Figur als Widerstand, [2]1995; A. Pistorius, F. W. Das szen. Werk, 1995; M. Haldemann (Hg.), Dialog mit der Moderne. F. W. und die Smlg. Kamm, Ausst.-Kat., Zug 1998; P. v. Kraft, F. W. Studien zu Leben und Werk, 1999; NÖB.

Wranitzky, Anton, * 13. 6. 1761 Neureisch (Nová Říše, CZ), † 6. 8. 1820 Wien, Komponist, Geiger; Bruder von Paul → Wranitzky. Ab 1783 in Wien, Schüler von W. A. → Mozart, J. → Haydn und J. G. → Albrechtsberger; 1797 Kapellmeister des Prinzen Lobkowitz, ab 1807 Orchesterdirektor der Wr. Hoftheater, 1814 Direktor des Theaters an der Wien.

Werke: Orchesterwerke, Kammermusik, Lieder. – Publikation: Violin Fondament, 1804 (Violinschule).

Wranitzky, Paul, * 30. 12. 1756 Neureisch (Nová Říše, CZ), † 26. 9. 1808 Wien, Komponist, Violinist; Bruder von Anton → Wranitzky. Kam 1776 nach Wien; 1785 Musikdir. des Fürsten Esterházy, 1790 Konzertmeister bei den Hoftheatern. W. spielte eine wichtige Rolle im Wr. Musikleben, leitete ab 1805 mit A. → Gyrowetz die „Adeligen Liebhaber-Konzerte"; Sekr. der Tonkünstler-Sozietät.

Werke: 21 Bühnenwerke: Oberon, König der Elfen, 1787; Zephir und Flora, 1795; Das Waldmädchen, 1796. – Symphonien, Kammermusik, Kanons.

Wratislaw, Johann Wenzel Graf, * 25. 1. 1669 Prag (CZ), † 21. 12. 1712 Wien, Diplomat. Brachte 1701 das Bündnis Ks. Leopolds I. mit England zustande (Span. Erbfolgekrieg) und begleitete Karl (VI.) auf der Reise nach Spanien bis England. War bis 1705 Verbindungsmann zw. dem Hzg. von Marlborough und dem kaiserl. Lager; weiterhin Vertrauter Karls (VI.) in Wien. Von Joseph I. zum böhm. Kanzler ernannt, ließ er das Gebäude der Böhm. Hofkanzlei (heute Verfassungs- und Verwaltungsgerichtshof) durch J. B. Fischer v. Erlach erbauen. Er führte Unterhandlungen bei den Kuruzzen in Ungarn und beim Schwedenkönig Karl XII. in Altranstädt (1. 9. 1707 Vertrag über die Besserstellung der schles. Protestanten) und erreichte mit Prinz Eugen die Bildung der Geheimen Konferenz. Er starb im Alter von 43 Jahren infolge enormer Übergewichtigkeit.

Literatur: ADB.

Fritz Wotruba in seinem Atelier. Foto.

Wührer, Friedrich, * 29. 6. 1900 Wien, † 27. 12. 1975 Mannheim (D), Pianist. 1922–68 Prof. in Wien, Mannheim, Kiel, Salzburg und München; internationale Konzertreisen. Wirkte als Bearbeiter und Herausgeber (Klavierwerke von Franz → Schmidt, Chopin-Studien, Alte Meister).

Wulfen, Franz Xaver Frh. von, * 5. 11. 1728 Belgrad (YU), † 16. 3. 1805 Klagenfurt (Kä.), Priester, Botaniker, Alpenforscher, Mineraloge. Lebte ab 1773 in Klagenfurt, unternahm zahlreiche Forschungsreisen. Von den vielen von W. entdeckten oder bestimmten Pflanzen tragen einige seinen Namen (u. a. Wulfenia carinthiaca); auch das Gelbbleierz „Wulfenit" ist nach ihm benannt.

Werke: Abhandlung vom Kä. Bleispate, 1785; Plantae rariores descriptae, 1803; Cryptogama aquatica, 1803; Flora Norica phanerogama, 1858.

Wüllerstorf-Urbair, Bernhard Frh. von, * 29. 1. 1816 Triest (I), † 10. 8. 1883 Bozen (S-Ti.), Vizeadmiral. 1833 Übertritt von der Pionierkorpsschule in Tulln zur Kriegsmarine als Marinekadett, 1839 Offizier (Linienschiffsfähnrich), 1848/49 Kommandant des Marinehafens von Triest, ab 1855 Berater des Marineoberkommandanten Erzhzg. Ferdinand Maximilian. 1857–59 Weltumseglung als Kommandant der Fregatte „Novara", bei der bedeutende wiss. Ergebnisse erzielt wurden (Novara-Expedition); 1864 Kommandant der ö. Eskadre für die Operationen gegen die dänische Flotte in der Nordsee, 1865–67 Handelsminister; Verdienste um den Ausbau des ö. Eisenbahnnetzes.

Literatur: F. Wallisch, Sein Schiff hieß Novara. B. v. W. – Admiral und Minister, 1966.

Wunsch, Ferry, * 27. 9. 1901 Wien, † 3. 7. 1963 ebd., Komponist, Kapellmeister, Pianist. Schrieb bekannte Wienerlieder.

Werke: rd. 150 Wienerlieder: Heut kommen d'Engerln auf Urlaub nach Wean; Mitten in Wien steht der Stephansturm drin; Wia d'Weana Leut san; Ewiges Wien; Stellts meine Roß in' Stall.

Wurm, Ernst, * 30. 6. 1906 Katzelsdorf (NÖ.), † 30. 9. 1971 Wr. Neustadt (NÖ.), Schriftsteller. Lebte in Zwettl (NÖ.); war mit dem in Rumänien spielenden Bauernroman „Solange die Erde steht" (1934) sowie mit dem hist. Roman „Die Adlerin" (1936) bes. erfolgreich.

Weitere Werke: Romane und Erzählungen: Seine Kraft war in ihm mächtig, 1935; Der Held von Nedea, 1937; Agneta Tischler, 1937; Händel, 1942; Michaela, 1947; Die Krone, 1951; Die letzte Sonate, 1968. – Dramen: Zw. Genf und Paris, 1935; Der Schiffermeister von Sarmingstein, 1962. – Hörspiele, Monographien und Drehbücher. – Literatur: W. Edelbauer, Ich will nicht umsonst gelebt haben – E. W. Biographie, 1996.

Wurmb, Karl, * 18. 9. 1850 Neumarkt i. Hausruckkreis (OÖ.), † 30. 1. 1907 Wien, Eisenbahningenieur. Dir. des Stmk. Landeseisenbahnamtes, 1894–1905 in Wien Eisenbahnbaudir. im Eisenbahnministerium; Bauleiter der W-Hälfte des Arlbergtunnels sowie der Tauern-, der Karawanken- und der Pyhrnbahn.

Wurmbrand, Ernst Graf, * 4. 2. 1838 Sáromberke (Dumbraviorara, RO), † 16. 4. 1917 Wien, Offizier. Nahm ab 1859 an allen Feldzügen der Monarchie teil und beschrieb in seinen Memoiren das Leben eines Offiziers in dieser Zeit.

Werk: Ein Leben für Alt-Ö., hg. v. L. Mikoletzky, 1988.

Wurmser, Dagobert, * 7. 5. 1724 Straßburg (Strasbourg, F), † 22. 8. 1797 Wien, Heerführer (Feldmarschall). Stand zuerst in franz., ab 1762 in ö. Diensten und zeichnete sich im Bayer. Erbfolgekrieg 1779 aus. Erhielt im 1. Koalitionskrieg den Oberbefehl am Rhein, eroberte 1793 die Weißenburger Linien und 1795 Mannheim, unterlag aber 1796/97 Napoleon in Italien (Kapitulation von Mantua im Feb. 1797).

Literatur: A. v. Vivenot, Thugut, Clerfait und W., 1869.

Würthle, Friedrich, * 18. 9. 1820 Konstanz (D), † 8. 10. 1902 Salzburg, Kupferstecher, Fotograf und Fotoverleger. Inhaber des größten ö. Landschaftsverlags im 19. Jh.; Zusammenarbeit mit G. Baldi u. a.; ab 1892 in Salzburg Partnerschaft mit seinem Sohn F. Würthle. 1905 Übersiedlung des Verlags nach Wien, 1912 Verkauf.

Literatur: E. Werl, K. F. W., 1820–1902, Dipl.-Arb., Salzburg 1988.

Wurzbach, Alfred, von Tannenberg, * 22. 7. 1846 Lemberg (Lwíw, UA), † 18. 5. 1915 Wien, Kunsthistoriker und Schriftsteller, urspr. Beamter; Sohn von Constant → Wurzbach.

Werke: Zeitgenossen, 12 Hefte in 3 Bden., 1870–71 (biograph. Skizzen); Laura, eine Novelle in Versen, 1873; M. Schongauer, 1880; Geschichte der holländischen Malerei, 1885; Niederländisches Künstler-Lexikon, 3 Bde., 1904–11.

Wurzbach, Constant, Ritter von Tannenberg (Pseud.: W. Constant), * 11. 4. 1818 Laibach (Ljubljana, SLO), † 17. 8. 1893 Berchtesgaden (D), Bibliothekar und Lexikograph; Vater von Alfred → Wurzbach. War zuerst Offizier, 1844 Bibliothekar in Lemberg und ab 1849 an der administrativen Bibl. des Innenmin. in Wien. Lebte nach seiner Pensionierung 1874 in Berchtesgaden. Sein Lebenswerk ist das „Biograph. Lexikon des Kaiserthums Ö." (60 Bde., 1856–91).

Weitere Werke: Die Volkslieder der Polen und Ruthenen, 1846; Bibliograph.-statist. Übersicht der Literatur des ö. Kaiserstaates, 3 Tle., 1853–57; Das Schillerbuch, 1859; Joseph Haydn und sein Bruder Michael, 1862; Glimpf und Schimpf in Spruch und Wort, 1864; Mozartbuch, 1868; F. Grillparzer, 1871; Zur Sbg. Biographik, 1872; Ein Madonnenmaler unserer Zeit: E. Steinle, 1879. – Unter Pseud. auch epische Werke.

Wurzer, Rudolf, * 3. 5. 1920 Mörtschach (Kä.), Raumplaner. 1946–56 Stadtplaner in Villach, 1948–59 Landesplaner für Kä.; 1954 Gründung der „Ö. Ges. zur Förderung von Landesforschung und Landesplanung" mit K. Newole. 1959–91 Prof. und Inst.-Vorstand an der Techn. Hochschule Wien. 1976–83 Amtsführender Stadtrat für Raumplanung in Wien. Zahlreiche Publikationen.

Wussow, Klausjürgen, * 30. 4. 1929 Cammin (D), Kammerschauspieler. Debüt an der Volksbühne Schwerin. Danach Auftritte in Deutschland und der Schweiz, 1964–86 Ensemblemitgl. des Burgtheaters. W. wurde durch Film- und Fernsehrollen (u. a. „Der Kurier der Kaiserin", 1970; „Die Schwarzwaldklinik", 1985–88, 70 Folgen; „Klinik unter Palmen", ab 1995) populär und ist auch als Maler tätig. Bis 1991 mit der Schauspielerin Ida Krottendorf verheiratet; aus dieser Ehe stammen Barbara und Alexander W., die ebenfalls Schauspieler sind.

Werke: Gedichte. – Mein Leben als Chefarzt Dr. Brinkmann von der Schwarzwaldklinik, 1986.

Wüster, Eugen, * 3. 10. 1898 Wieselburg (NÖ.), † 29. 3. 1977 Wien, Elektrotechniker, Fabrikant. Normierungs- und Terminologiefachmann.

Wutte, Martin, * 15. 12. 1876 Obermühlbach (Kä.), † 30. 1. 1948 Klagenfurt (Kä.), Landeshistoriker. Gymnasialprof., 1923–39 Dir. des Kä. Landesarchivs in Klagenfurt; Redakteur der Ztschr. „Carinthia I" (1913–39) und Sekr. des Geschichtsvereins f. Kä. (1907–38); Mitarbeit am Kä. Heimatatlas und am Hist. Atlas der ö. Alpenländer (Kä.). Ehrendoktor der Univ. Graz.

Werke: Deutsche und Slowenen in Kä., 1918; Kä. Freiheitskampf, 1922; Landeskunde von Kä., 1923 (mit V. Paschinger u. E. Lex); Der Kampf um S-Kä., 1925; Die Lage der Minderheiten in Kä. und in Slowenien, 1926 (mit O. Lobmeyr).

XY

X, Robert Adrian, * 22. 2. 1935 Toronto (CDN), Medienkünstler. Lebt seit 1972 in Wien, beschäftigt sich seit 1979 künstlerisch mit Kommunikationstechnologie; bedient sich der verschiedensten Medien und Techniken. Initiierte 1995 die Website „Kunstradio On Line" für den ORF (bis 2000 deren Webmaster). Theoret. Auseinandersetzung mit Fragen der postindustriellen Revolution und ihren Auswirkungen auf Kunst und Kultur.
Literatur: R. Reitbauer (Red.), Die Geometrie des Schweigens, Ausst.-Kat., Wien 1991.

Yppen, Grete, * 11. 10. 1917 Wien, Malerin. Studierte 1935–39 an der Wr. Akad. bei H. → Boeckl und an der Accademia Belle Arti di Brera in Florenz. Ab 1951 Mitgl. der Wr. Secession.
Literatur: R. Waissenberger, Die Wr. Secession, 1971.

Z

Zabelka, Mia, * 21. 9. 1963 Wien, Komponistin, Geigerin. Bezeichnet sich selbst als „Extremgeigerin"; ihre Werke sind durch elektronische und Jazz-Elemente sowie durch einen starken improvisator. Charakter gekennzeichnet; zahlr. Preise, Kompositionsaufträge und Stipendien; Zusammenarbeit mit G. → Smekal.

Werke: elektroakustische Performances, Konzerte, elektron. programmierte Werke, Schriften.

Zach, Andreas, * 25. 9. 1736 Wien, † 16. 2. 1797 ebd., Baumeister. Stiftsbaumeister des Wr. Schottenklosters; wiederholt an Schloss- und Parkbauten des Hochadels tätig (Rohrau, 1777; Alt-Erlaa, 1779; Eferding, 1785). Stilist. ist für Z. eine Vorliebe für barock-klassizist. Formen (sog. „Schubladkastenhaus" auf der Wr. Freyung, 1774) kennzeichnend, daneben profilierte er sich als Vertreter des frühromant. Historismus.

Weitere Werke: Wallfahrtskirche Hoheneich (NÖ.), 1778; Schottenfelder Pfarrkirche in Wien, 1783–86; Interieurs im Wr. Palais Starhemberg (heute Bildungsmin.), 1784. – Literatur: J. Kellner (Hg.), Pfarre St. Laurenz am Schottenfeld 1786–1986, 1986.

Joseph von Zahn. Foto.

Zacherl, Hans, * 8. 8. 1889 Wien, † 27. 6. 1968 ebd., Gynäkologe. Univ.-Prof. in Innsbruck, Graz und Wien (1948–60), Vorstand der II. Wr. Univ.-Frauenklinik.

Werk: Die Wechseljahre der Frau, 1928.

Zacherl, Johann Evangelist, * 1814 München (D), † 30. 6. 1888 Wien, Fabrikant. Entwickelte ein wirkungsvolles Mottenschutzmittel aus Chrysanthemenblüten; sein Firmengebäude (Wien 19) ließ er 1888–92 in islam. Stil von K. Mayreder, das Bürogebäude („Z.-Haus", Wien 1) 1903–05 von J. → Plečnik errichten.

Literatur: K. Sotriffer, Die Blüte der Chrysantheme. Die Z. – Stationen einer anderen Wr. Bürgerfamilie, 1996.

Zacherl, Michael Karl, * 1. 9. 1905 Wien, † 26. 3. 1990 ebd., Chemiker. Ab 1951 Prof. an der Tierärztl. Hochschule in Wien (1959–62 Rektor). Arbeiten auf den Gebieten der organ. Mikroanalyse, der medizin. und der Gerichtschemie. Mit-Hg. des Hb. der mikrochem. Methoden (1954).

Zack, Viktor, * 13. 4. 1854 Vordernberg (Stmk.), † 26. 1. 1939 Graz (Stmk.), Lehrer, Volksliedforscher und -sammler. War auch in der Sängerbundbewegung tätig, dirigierte 1894–97 den Grazer Singverein.

Werke: Hg.: Steir. Liederbuch für Volksschulen, 1917; Alte Krippen- und Hirtenlieder, 1918; Alpenlieder aus Dt.-Ö. 1919; Das Steyrer Kripperl, 1919 (mit V. Geramb); Volkslieder und Jodler aus dem obersteir. Murgebiet, 1927. – Volksstücke.

Hilde Zadek als Marschallin im „Rosenkavalier" von R. Strauss. Foto.

Zadek, Hilde, * 15. 12. 1917 Bromberg (Bydgoszcz, PL), Sängerin (Sopran). 1947–71 Mitgl. der Wr. Staatsoper, ab 1949 in Salzburg; Kammersängerin (1951); ab 1967 auch Lehrerin an der Wr. Musikhochschule.

Zadrazil, Franz, * 27. 11. 1942 Wien, Maler und Graphiker. 1961–79 Postbediensteter. Beginn der künstler. Tätigkeit um 1966, 1968–72 Studium an der Akad. d. bild. Künste in Wien bei R. → Hausner. Wurde v. a. durch fotorealist. Graphiken und Gemälde mit Wr. Motiven bekannt.

Publikation: Das Wiental, 1983 (mit P. Dressler und K. Roschitz).

Zagiba, Franz, * 20. 10. 1912 Rosenau (Roznava, SK), † 12. 8. 1977 Wien, Musikwissenschaftler, Slawist, Mediävist (Ostkirche). Lehrte ab 1944 an der Univ. Wien, 1972–77 Prof.; Gründer der Internat. Chopin-Ges. in Wien (1952).

Werke: Geschichte der slowak. Musik, 1943; Opernführer, 1947; Chopin und Wien, 1951; Tschaikovskij, 1953; J. L. Bella und das Wr. Musikleben, 1955; Frühgeschichte der Musik in Ö., 1959; Das Geistesleben der Slaven im frühen MA, 1971.

Zahlbruckner, Johann, * 15. 2. 1782 Wien, † 2. 4. 1851 Graz (Stmk.), Botaniker. Privatsekr. von Erzhzg. → Johann, Leiter der k. k. Landw.-Ges.; Verdienste um die Erforschung der ö. Alpenflora. Nach ihm sind einige Pflanzen benannt.

Zahn, Joseph von, * 22. 10. 1831 Groß-Enzersdorf (NÖ.), † 9. 8. 1916 Illenau bei Baden-Baden (D), Historiker. 1859/60 Prof. in Pressburg, ab 1861 Beamter am Joanneum in Graz, 1868–1904 Dir. des Stmk. Landesarchivs. Stmk. Landeshistoriker, der v. a. Quellenmaterial zur Geschichte der Stmk. und Friauls sammelte und publizierte.

Werke: Hg.: Das Familienbuch Siegmunds von Herberstein, 1868; Urkundenbuch des Herzogtums Stmk., 3 Bde., 1879–1903; Ortsnamenbuch der Stmk. im MA, 1893. – Literatur: F. Posch, J. v. Z. und die Gründung des Stmk. Landesarchivs, in: Mttlg. d. Stmk. Landesarchivs 18, 1968 (mit Werkverz.).

Zak, Franz, * 30. 6. 1917 Niederedlitz (Gem. Thaya, NÖ.), geistl. Würdenträger. 1947 Priesterweihe, 1956 Bischofkoadjutor in St. Pölten, 1961–91 Bischof von St. Pölten, 1969–85 Militärvikar.

Werk: Dignitäten und Kapitel in den ehem. Kollegiatsstiften der Diözese St. Pölten, 1955. – Literatur: L. H. Ströbitzer, F. Z., 1987.

Zallinger-Thurn, Jakob Anton von, * 26. 7. 1735 Bozen (S-Ti.), † 11. 1. 1813 ebd., Philosoph, Kirchenrechtler. Univ.-Prof. in Innsbruck und Augsburg, Berater an der Kurie in Rom; trug als einer der ersten die Philosophie nach Newtons System vor.

Werke: Interpretatio naturae, 3 Bde., 1773–75; Institutiones juris ecclesiastici, 5 Bde., 1792–93; Disquisitionum philosophiae Kantianae, 2 Bde., 1799. – Literatur: A. van der Wey, J. A. v. Z. und seine Kantschrift, 1936.

Zaloscer, Hilde, * 15. 6. 1903 Banja Luka (BIH), † 20. 12. 1999 Wien, Kunsthistorikerin, Schriftstellerin. Ab 1918 in Wien, Studium der Kunstgeschichte, 1927–36 Hg. der Kunst-Ztschr. „Belvedere". 1936 aufgrund des antisemit. Klimas in Wien Emigration nach Ägypten, 1946–68 Prof. f. Kunstgeschichte an der Univ. Alexandria, 1968–70 vorübergehender Aufenthalt in Wien, 1970–72 Prof. an der Carleton University in Ottawa, danach endgültige Rückkehr nach Wien, 1975–78 Lehrauftrag an der Univ. Wien. International führende Expertin für koptische Kunst.

Werke: Portraits aus dem Wüstensand, 1961; Ägyptische Wirkereien, 1962; Vom Mumienbild zur Ikone, 1969; Die Kunst im christlichen Ägypten, 1974; Eine Heimkehr gibt es nicht, 1988; Zur Genese der koptischen Kunst, 1991.

Zand, Herbert, * 14. 11. 1923 Knoppen (Gem. Pichl-Kainisch, Stmk.), † 14. 7. 1970 Wien, Erzähler, Lyriker, Essayist und Übersetzer. Im 2. Weltkrieg schwer verwundet, lebte ab 1954 als Verlagslektor in Wien, 1961 Mitarbeiter der Ö. Ges. f. Literatur. Sein erzählerisches Werk („Letzte Ausfahrt", 1953, Roman) ist geprägt von der traumat. Erfahrung des Kriegs, Leitmotive sind Tod und Ausweglosigkeit. Konflikte in der Wr. Nachkriegsges. thematisiert der Zeitroman „Erben des Feuers" (1961).

Weitere Werke: Lyrik: Die Glaskugel, 1953; Aus zerschossenem Sonnengeflecht, 1973. – Romane: Die Sonnenstadt, 1949; Der Weg nach Hassi el emel, 1955. – Erzählungen, Essays, autobiograph. Aufzeichnungen, Übersetzungen. – Ausgabe: Gesammelte Werke, hg. v. W. Kraus, 6 Bde., 1971–73. – Literatur: M. Kubaczek, Zur Motivik in der Prosa H. Z., in: Die Rampe 2, 1982.

Zang, August, * 2. 8. 1807 Wien, † 4. 3. 1888 ebd., Unternehmer und Zeitungsverleger. Gründete 1848 nach Pariser Vorbildern die Wr. Tageszeitung „Die Presse".

Zangerle, Hans (Pseud.: Hans von der Trisanna), * 1. 5. 1874 See (Ti.), † 4. 5. 1945 Reutte (Ti.), Schriftsteller, Volkskundler, Volksschuldirektor.

Werke: Abendländ. Charaktergestalten aus der südtt. Bauernwelt, 1913; Sagen rings um den Arlberg, 1925; Mir san die Kaiserjäger, 1928; Brauchtum in Ti., 1935.

Zangerle, Ignaz, * 2. 1. 1905 Wängle (Ti.), † 5. 7. 1987 Innsbruck (Ti.), Volksbildner. Bildungsreferent der Arbeiterkammer Ti., bundesstaatl. Volksbildungsreferent für Ti. und Gründer des kath. Volksbildungswerks Ti., Hg. der Trakl- und der Brennerstudien.

Zängerle, Roman Franz Xaver Sebastian, * 20. 1. 1771 Oberkirchberg b. Ulm (D), † 27. 4. 1848 Graz (Stmk.), Theologe. Prof. für das Neue Testament in Krakau, Prag und Wien. 1824–48 bed. Reformbischof der Stmk. in Graz-Seckau in schwieriger Zeit und nach 12-jähr. vorausgeher der Vakanz; führte eine Klerusreform durch, siedelte Orden an und erreichte eine relig. Erneuerung.

Literatur: Ä. Leipold, R. F. X. S. Z. (1824–48), in: K. Amon (Hg.), Die Bischöfe von Graz-Seckau 1218–1968, 1969.

Zangl, Josef Gregor, * 12. 3. 1821 Stainach (Ti.), † 6. 3. 1897 Brixen (S-Ti.), Komponist und Priester. Domorganist in Brixen; gründete 1856 einen Cäcilienverein, der zum Vorläufer des Allg. Dt. Cäcilienvereins wurde.

Werke: Chormusik, Lieder, Messen, Orgelstücke.

Zanusi, Jakob (auch Jacopo Zanussi), † um 1755, Hofmaler. Stammte aus Trient oder S-Ti., war v. a. in Ti., Sbg. und OÖ. tätig.

Werke: Altarbilder in den Kirchen Schwaz, Rattenberg, St. Johann i. Ti. (alle Ti.), Grödig, Hundsdorf b. Bruck a. d. Großglocknerstraße, Prielau, Radstadt, St. Margarethen im Lungau, Straßwalchen, St. Martin bei Lofer, Gnigl, Großgmain, Werfen, Mattsee, Salzburg (Kajetanerkirche, Gabrielkapelle auf dem Sebastiansfriedhof), St. Margarethen im Lungau, Wagrain (alle Sbg.), Mondsee, St. Wolfgang, Aufhausen (alle OÖ.), Gmünd (Kä.).

Zappert, Bruno, * 23. 1. 1845 Wien, † 31. 1. 1892 ebd., Dramaturg, Lokalschriftsteller. Autor von Possen und Volksstücken, von denen einige erstaunl. Serienerfolge erzielten; jahrelang Dramaturg am Wr. Carltheater.

Werke: Ein Hochgeborener, 1877; Ein Böhm in Amerika, 1880; Pamperls Abenteuer, 1883; J. Nestroy, 1888.

Zaribnicky, Franz, * 28. 11. 1883 Wien, † 6. 6. 1967 ebd., Veterinärmediziner. Prof. an der Tierärztl. Hochschule in Wien, 1920 Vorstand der Lehrkanzel f. Milchhygiene und Lebensmittelkunde, 1935–37 Rektor. Verdienste um die Herausgabe des Ö. Lebensmittelbuchs.

Zasche, Theodor, * 18. 10. 1862 Wien, † 15. 11. 1922 ebd., Maler und Karikaturist; Sohn des Malers Josef Z. Studierte an der Wr. Kunstgewerbeschule, beschäftigte sich mit Fayence- und Emailarbeiten, wurde v. a. durch zahlr. Illustrationen für Ztschr. („Floh"; „Wr. Witzblatt"; „Lustige Blätter", Berlin; „Fliegende Blätter", München) bekannt. Ab 1910 entstanden Zeichnungen für die „Volkszeitung" und ab 1920 für die „Wr. Luft".

Zatschek, Heinz, * 27. 6. 1901 Wien, † 23. 5. 1965 Tattnang (D), Historiker. Univ.-Prof. in Prag und Wien; 1957–65 Dir. des Heeresgeschichtl. Museums in Wien.

Werke: Studien zur ma. Urkundenlehre, 1929; Das Volksbewußtsein, 1936; Das Wr. Inst. f. Geschichtsforschung, 1944; Handwerk und Gewerbe in Wien, 1949. – Hg.: Das Heeresgeschichtl. Mus. in Wien, 1960; Schriften des Heeresgeschichtl. Mus., 1961ff.

Zauner, Franz Anton von, * 5. 7. 1746 Unterfalpetan (Gem. Kaunertal, Ti.), † 3. 3. 1822 Wien, bedeutendster Bildhauer des Klassizismus in Ö. Ab 1766 in Wien tätig, zunächst dem Stil G. R. → Donners verpflichtet (Neptunbrunnen in Schönbrunn, 1775), wandte sich während seines Romaufenthalts (1776–81, mit F. H. → Füger) einem der Antike nachempfundenen strengen Klassizismus zu; ab 1782 Prof. und 1806–15 Dir. der Wr. Akad. d. bild. Künste. Mit seinem Hauptwerk, dem Reiterstandbild Josephs II. (nach Entwurf Fügers, 1795–1806, Josefsplatz in Wien), erneuerte er den durch den Bleiguss verdrängten Bronzeguss in Ö.

Franz Anton von Zauner. Lithographie von J. Ziegler.

Weitere Werke: Denkmäler: Gf. Fries, Bad Vöslau, 1793–95; Leopold II., Georgskapelle der Wr. Augustinerkirche, 1806. – Bildnisbüsten, Grabmäler. – Literatur: H. Burg, Der Bildhauer F. A. Z. und seine Zeit, 1915; Klassizismus in Wien, Ausst.-Kat., Wien 1978.

Zauner, Franz Salesius, * 11. 12. 1904 Tollet (OÖ.), † 20. 2. 1994 Linz (OÖ.), geistl. Würdenträger. 1949–56 Bischofkoadjutor, 1956–82 Bischof von Linz. Teilnehmer am 2. Vatikan. Konzil, leitete 1970–72 die Linzer Diözesansynode, förderte die Liturgie und baute die Flüchtlings- und Gastarbeiterseelsorge aus.

Literatur: M. Lengauer, F. Z., in: R. Zinnhobler (Hg.), Die Bischöfe von Linz, 1985.

Zauner, Judas Thaddäus, * 16. 10. 1750 Zaun (OÖ.), † 10. 5. 1815 Salzburg, Rechtsgelehrter, Geschichtsforscher. 1803–10 Prof. in Salzburg.

Werke: Chronik von Salzburg, 7 Bde., 1796–1813 (fortgesetzt von C. Gärtner); Smlg. der wichtigsten Sbg. Landesgesetze seit 1790, 1805.

Zaunmüller, Wolfram, * 9. 4. 1923 Linz (OÖ.), † 7. 4. 1996 ebd., Bibliograph, Gerichtsdolmetscher in Linz.

Werke: Bibliograph. Hb. der Sprachwörterbücher, 1958; Index lexicorum, 1958 (mit G. Zischka); Die Ernte auf Thotzenplotzen, 1962ff.

Zawinul, Joe (Josef), * 7. 7. 1932 Wien, Jazzmusiker, Komponist. Begann 1952 als Pianist mit eig. Trio in Clubs der amerikan. Besatzungstruppen zu spielen; ab 1959 in den USA, im selben Jahr künstler. Durchbruch als Keyboarder von J. Cannonball Adderley; seine Kompositionen aus dieser Zeit (u. a. „Mercy, Mercy, Mercy") wurden weltberühmt. 1970–85 feierte Z. mit seiner Gruppe „Weather Report" internat. Erfolge; 1987 gründete er die Gruppe „Weather Update". Zusammenarbeit mit Stars wie Miles Davis, F. → Gulda u. a.; zahlr. Preise (u. a. H.-Koller-Preis 2000).

Joe Zawinul beim Donaufestival 1988. Foto.

Werke: Schallplatten mit Weather Report: Weather Report, 1971; I Sing the Body Electric, 1972; Black Market, 1976; Heavy Weather, 1977.

Zbonek, Edwin, * 28. 3. 1928 Linz (OÖ.), Theater- und Filmregisseur, Theaterleiter. Nach Ausbildung am Wr. Reinhardt-Seminar Regietätigkeit an verschiedenen ö. Bühnen (u. a. Theater in der Josefstadt, Burg- und Volkstheater in Wien, Ti. Landestheater, Opernhaus Graz, Seefestspiele Mörbisch); in den 50er Jahren einflussreicher Filmkritiker. 1960 erster Spielfilm („Am Galgen hängt die Liebe"), Regisseur von zahlr. Fernsehproduktionen (u. a. Serie „Der alte Richter" mit P. → Hörbiger); langjähriger künstlerischer Dir. und Hauptspielleiter des Theaters der Jugend.

Zdarsky, Matthias, * 25. 2. 1856 Kozichowitz b. Trebitsch (Kožichovice, CZ), † 20. 6. 1940 St. Pölten (NÖ.), Skipionier. Bahnbrechender Skimethodiker, Begrün-

Matthias Zdarsky. Foto, 1908.

der der alpinen Skilauftechnik, Lehrer, Maler und Bildhauer. Nach vielen Versuchen schuf Z. die „Lilienfelder Skibindung", die erstmals Steilabfahrten und Torläufe ermöglichte. Er entwickelte die Lilienfelder Skifahrtechnik mit dem Stemmbogen und organisierte am 19. 3. 1905 am Muckenkogel bei Lilienfeld den 1. Torlauf der Skigeschichte (24 Teilnehmer und Teilnehmerinnen). Sein Buch „Die Lilienfelder Skilauf-Technik" (1897) erschien bis 1925 in 17 Auflagen und verlieh dem Skilauf die entsprechende Breitenwirkung.

Literatur: W. Gottfried, M. Z. Der Mann und sein Werk, 1987; H. Tiwald, Von Pflugbogen, Schlangenschwung und „Schuß-Bums-Technik", 1996.

Wilhelm Zehner. Foto, um 1937.

Zdarzil, Herbert, * 1. 10. 1928 Wien, Erziehungswissenschaftler. 1971–99 Univ.-Prof. auf dem neu errichteten Lehrstuhl für Erwachsenenbildung und Außerschul. Erziehung in Wien.

Werke: Lebendiger Geist, 1963; Pädagog. Anthropologie, 1972 (^{2}1978); Ö. Bildungspolitik in der 2. Republik, 1998 (Hg.).

Zecha, Fritz, * 6. 1. 1925 Wien, † 8. 4. 1996 ebd., Schauspieler und Regisseur. Studierte 1946/47 am Reinhardt-Seminar in Wien. Spielte ab 1947 an allen großen Theatern in Wien (Burgtheater, Volkstheater, Theater in der Josefstadt, Scala); ab 1953 in Graz tätig (1970–72 Schauspieldirektor); 1972–76 in Deutschland und daneben Regisseur einzelner Burgtheater-Inszenierungen. Ab 1977 wieder in Wien (Volkstheater, Theater in der Josefstadt).

Zechner, Kathrin, * 17. 5. 1963 Graz (Stmk.), Intendantin. 1981–86 Jus-Studium in Wien, 1986–91 freie Mitarbeiterin beim ORF, 1992 Unterhaltungschefin bei Tele 5 in München, 1992–94 Geschäftsleiterin, danach Programmmanagerin bei Endemol Entertainment Productions, seit 1994 Programmintendantin des ORF.

Zechner, Leopold, * 26. 6. 1884 Wien, † 6. 12. 1968 ebd., Schulmann und Bildungspolitiker (SPÖ). 1945–60 Geschäftsführender Präs. des Stadtschulrats für Wien, 1945–56 Abg. z. NR. Verfechter der Allg. Mittelschule.

Literatur: L. Maderthaner (Red.), L. Z. 1884–1968, 2000.

Zechyr, Othmar (eigentl. O. Zechner), * 28. 5. 1938 Linz (OÖ.), Maler und Graphiker. Studierte in Linz und in Wien. Thematisiert in seinen Radierungen techn. Objekte (Maschinen, Flugobjekte) und utop. Vorstellungen („Mega-Türme", „Astral-Visionen", „Maschinenstädte").

Literatur: Z., Ausst.-Kat., Albertina, Wien 1983; G. Heiss, O. Z. Monographie, 2001.

Joseph Christian Freiherr von Zedlitz. Lithographie von J. Kriehuber.

Zedlitz, Joseph Christian Frh. von, * 28. 2. 1790 Schloss Johannisberg (Janovka, CZ), † 16. 3. 1862 Wien, Autor und Offizier. Jugendfreund von J. v. Eichendorff. 1838–48 im Dienst der ö. Staatskanzlei, verfasste patriotische Lyrik in der Tradition der Romantik („Die nächtl. Meerschau"); sein dramat. Werk ist von der Schicksalstragödie bestimmt („Herr und Sclave", 1831).

Weitere Werke: Lyrik: Todtenkränze, 1828; Gedichte, 1832, 1859; Soldaten-Büchlein, 2 Bde., 1849/50. – Kerker und Krone, 1834 (Drama); Über die oriental. Frage, 1840 (polit. Flugschrift); Übersetzungen (Lord Byron). – Ausgabe: Dramat. Werke, 4 Bde., 1830–36. – Literatur: C. D. Frh. v. Zedlitz-Neukirch, J. C. v. Z., in: Aurora 29, 1969.

Zednik, Heinz, * 21. 2. 1940 Wien, Kammersänger (Tenor). 1964 Debüt in Graz; seit 1965 Mitgl. der Wr. Staatsoper; Gastspiele in Bayreuth, New York, Frankfurt, Zürich und Salzburg. Exzellenter Schauspieler mit breitem Repertoire, auch Interpret von Wienerliedern.

Zeemann, Dorothea (eigentl. Dora Holzinger), * 20. 4. 1909 Wien, † 11. 12. 1993 ebd., Erzählerin und Hörspielautorin, Krankenschwester. 1970–72 Generalsekretärin des Ö. P. E. N.-Clubs. Ihre literarische Karriere begann Anfang der 80er Jahre mit autobiograph. Texten („Einübung in Katastrophen", 1979; „Jungfrau und Reptil", 1982), in denen sie u. a. ihr intimes Verhältnis zu H. v. → Doderer offen darlegte; in der Folge beschäftigte sie sich mit Möglichkeiten weibl. Sexualität („Eine Liebhaberin", 1989).

Weitere Werke: Romane: Das Rapportbuch, 1959; Eine unsympathische Frau, 1983; Das heimliche Fest, 1986; Reise mit Ernst, 1991.

Zehner, Wilhelm, * 2. 9. 1883 Bistritz (Bistrita, RO), † 11. 4. 1938 Wien (ermordet), Offizier (General der Infanterie). Im 1. Weltkrieg Hauptmann, Teilnahme am Kä. Abwehrkampf, Regiments- und Brigadekommandant (1933); ab 10. 7. 1934 Staatssekr. im Verteidigungsministerium, ab Okt. 1934 General. Unter seiner Amtsführung wurde das Bundesheer wesentlich verstärkt; mit dem Machtantritt der Nat.-Soz. verabschiedet, vermutlich wegen seiner Stellung zum Juliputsch 1934 von Nat.-Soz. ermordet.

Zeidler, Jakob, * 13. 9. 1855 Wien, † 20. 8. 1911 Mödling (NÖ.), Literaturhistoriker, Lehrer.

Werke: Studien und Beiträge zur Geschichte der Jesuitenkomödie und des Klosterdramas, 1891; Wien als Literaturstätte, 1908. – Hg.: Aus dem Burgtheater (Tagebuchblätter von C. L. Costenoble), 2 Bde., 1889 (mit K. Glossy); Dt.-ö. Literaturgeschichte, Bde. 1–2, 1899/1914 (mit J. W. Nagl).

Zeileis, Fritz, * 15. 9. 1898 Nürnberg (D), † 27. 7. 1978 Gallspach (OÖ.), Arzt. Baute das von seinem Vater Valentin Z. 1920 gegr. Ambulatorium f. elektrophysikal. Therapie „Inst. Z." in Gallspach aus; Studienreisen in die USA.

Literatur: H. Barthel, Z., 1952; A. Holter, 30 Jahre Gallspach, 1956.

Zeiler, Gerhard, * 20. 7. 1955 Wien, Rundfunkmanager. Unter Generalintendant T. → Podgorski Gen.-Sekr. des ORF, dann Geschäftsführer der dt. Fernsehprogrammgesellschaften Tele 5 (1991/92) und RTL 2 (1992–94); 1994–98 als Nachfolger von Gerd → Bacher Generalintendant des ORF; seit 1998 Geschäftsführer von RTL in Köln.

Literatur: Der ORF unter G. Z., 1998.

Zeilinger, Anton, * 20. 5. 1945 Ried i. Innkreis (OÖ.), Physiker. Studium und Laufbahn in Wien; 1990–99 Univ.-Prof. f. Experimentalphysik in Innsbruck und seit 1999 in Wien, zahlr. Gastprofessuren im Ausland. 1997 gelang ihm auf Quantenebene die erste Teleportation von Information. Mitgl. des preuß. Ordens Pour le Mérite; Ö. Ehrenzeichen f. Wiss. u. Kunst 2001.

Werke: Mit-Hg.: Experimental and Epistemological Foundations of Quantum Physics, 1999; The Physics of Quantum Information, 2000.

Zeiller, Ti. Malerfamilie des 17. und 18. Jh., in Reutte ansässig; die bekanntesten Persönlichkeiten aus der Familie waren die Cousins Johann Jakob → Zeiller und Franz Anton → Zeiller.

Literatur: I. Plankensteiner, Der Brixener Hofmaler F. A. Z., 1716–1794, Diss., Innsbruck 1980; F. Bauer, Die Z.-Familie in Reutte, in: Künstler, Händler, Handwerker, Ausst.-Kat., Reutte 1989.

Zeiller, Franz von, * 14. 1. 1751 Graz (Stmk.), † 23. 8. 1828 Wien, vielseitiger Jurist. Ab 1782 Univ.-Prof. in Wien (Rektor 1803 und 1807), 1802 Hofrat bei der Obersten Justizstelle. Schöpfer des Allg. Bürgerl. Gesetzbuchs (ABGB) und der juridisch-polit. Studienordnung 1810, Referent des 1. Teils des Strafgesetzbuchs 1803.

Weitere Werke: Das natürl. Privatrecht, 1802; Jährl. Beitrag zur Gesetzeskunde und Rechtswiss. in den Ö. Erbstaaten, 4 Tle.,

1805–09; Kommentar über das ABGB, 4 Bde., 1811–13. – Literatur: G. Oberkofler, F. v. Z., in: W. Brauneder (Hg.), Juristen in Ö., 1987.

Zeiller, Franz Anton, * 3. 5. 1716 Reutte (Ti.), † 4. 3. 1794 ebd., Freskenmaler; Cousin von Johann Jakob → Zeiller. Nach einem Italienaufenthalt ab 1755 ständig in Ti. tätig; ab 1768 fürsterzbischöfl. Hofmaler in Brixen.

Werke: Fresken in Ti. Pfarrkirchen: Strassen, 1768; Ranggen, 1778; Matrei in O-Ti., 1783; Stift Stams. – Fassadenmalereien an Häusern in Reutte.

Zeiller, Johann Jakob, * 8. 7. 1708 Reutte (Ti.), † 8. 7. 1783 ebd., Freskenmaler; Cousin von Franz Anton → Zeiller. Studierte in Italien; ab 1733 Schüler und engster Mitarbeiter von P. → Troger (bis 1743). Ab ca. 1755 wieder in Reutte.

Werke: Fresken in Rosenau, Altenburg (beide NÖ.), Suben (OÖ.), Elbigenalp, Breitenwang, Reutte (alle Ti.), Feldkirch (Vbg.), Ettal und Ottobeuren (beide Bayern).

Zeiller, Martin, * 17. 4. 1589 Ranten (Stmk.), † 6. 10. 1661 Ulm (D), Schriftsteller, Topograph, Übersetzer. 1612–29 Hauslehrer und Sekr. bei protestant. Adelsfamilien in OÖ., Reisen nach Frankreich und Italien; 1633 Aufseher des Gymn. in Ulm, 1643 Inspektor der dt. Schulen; populärer Autor des 17. Jh., bes. bekannt durch seine Itinerarien (1632–40) und das Handbuch „Ficus Achates oder der getreue Rayßgefärt" (1651), Textautor von Matthäus → Merians d. Ä. „Topographiae Germaniae" (1642ff.).

Weitere Werke: Episteln oder Sendschreiben ..., 6 Bde., 1640–47; Chronicon parvum Sueviae ..., 1653; Handbuch von allerley ... Denckwürdigkeiten ..., 1655; Collectanea Oder Nachdenckliche Reden ..., 1658; Miscellanea Oder Allerley ... denckwürdige Sachen ..., 1661. – Übersetzungen aus dem Französischen. – Literatur: W. Kühlmann, Lektüre für den Bürger, in: W. Brückner u. a. (Hg.), Literatur und Volk im 17. Jh., 1982.

Zeillinger, Gustav, * 1. 2. 1917 Wien, † 16. 8. 1997 Oberalm (Sbg.), Jurist und Politiker (WdU, FPÖ). Abg. z. NR 1953–56 (WdU) und 1956–77 (FPÖ). 1977–83 Volksanwalt. Gründungsmitgl. der FPÖ.

Zeisl, Eric (Erich), * 18. 5. 1905 Wien, † 18. 2. 1959 Los Angeles (USA), Komponist. Begann bereits im Alter von 14 Jahren das Studium an der Wr. Musikhochschule bei R. Stöhr, J. → Marx und H. Kauder. Erste Kompositionen im Alter von 16 Jahren. 1934 Ö. Staatspreis für „Requiem concertante"; emigrierte 1939 wegen seiner jüd. Abstammung in die USA und lehrte ab 1949 am Los Angeles City College. Sein Werk steht in der Tradition der Spätromantik und ist nach der Emigration v. a. von bibl. Themen geprägt.

Weitere Werke: Opern: Die Fahrt ins Wunderland, 1934; Leonce und Lena, 1937; Job (unvollendet). – Ballette: Pierrot in der Flasche, 1935; Uranium 235, 1946; Naboth's Vineyard, 1953; Jacob and Rachel, 1954. – Lieder, Orchester- und Kammermusikwerke. – Literatur: M. Cole u. B. Barclay, Armseelchen. The Life and Music of E. Z., 1984.

Zeißberg, Heinrich von, * 8. 7. 1839 Wien, † 27. 5. 1899 ebd., Historiker. 1865 Univ.-Prof. in Lemberg, 1871 in Innsbruck, 1872–97 in Wien, 1891–96 Vorstand des Inst. f. Ö. Geschichtsforschung, 1896 Dir. der Hof-Bibl. Redigierte ab 1889 das Werk „Die Ö.-Ungar. Monarchie in Wort und Bild".

Werke: Die poln. Geschichtsschreibung des MA, 1873; Der Erbfolgestreit von 1457–58 im Lichte der habsb. Hausverträge, 1879; Rudolf v. Habsburg und der ö. Staatsgedanke, 1882; Das Rechtsverfahren Rudolfs v. Habsburg gegen Ottokar v. Böhmen, 1887. – Aufsätze zur ö. und poln. Geschichte in Fach-Ztschr. – Literatur: A. Lhotsky, Geschichte des Inst. f. Ö. Geschichtsforschung, MIÖG, Ergänzungsband 17, 1954; ADB.

Zelibor, Gustav, * 10. 1. 1903 Wien, † 28. 12. 1978 ebd., Komponist und Kapellmeister. Ab 1953 Hauskomponist des Theaters in der Josefstadt, der Kammerspiele und der Kleinen Komödie in Wien; Klavierbegleiter und Mitarbeiter bei Rundfunk und Fernsehen; zahlr. Auszeichnungen.

Werke: Bühnenwerke: Unverhofft; Amelie; Geraldine; Gräfin so und so. – Wienerlieder, Tanzmusik, Chansons, Musik zu Hörspielen.

Zelinka, Andreas, * 23. 2. 1802 Wischau (Vyškov, CZ), † 21. 1. 1868 Wien, Jurist. Ab 1831 Sanitätskommissär, dann Rechtsanwalt, 1848 in den Wr. Gemeinderat gewählt, 1861–68 Bürgermeister von Wien. Ab 1862 Abg. z. Nö. Landtag und ab 1867 Mitgl. des Herrenhauses. In seine Zeit fiel die Planung der 1. Wr. Hochquellenleitung, der Donauregulierung und des Zentralfriedhofs.

Literatur: F. Czeike, Wien und seine Bürgermeister, 1974.

Zeller, Bibiana, * 25. 2. 1928 Wien, Kammerschauspielerin. Nahm privaten Schauspielunterricht, debütierte am Theater in der Josefstadt, danach Engagements in Berlin und Bonn. Kam über Wr. Kleinkunstbühnen 1972 an das Burgtheater, dem sie seither angehört. Film- („Der Unfisch", 1996) und Fernsehtätigkeit (Frau des Majors in der TV-Serie „Kottan ermittelt"; „Julia, eine ungewöhnliche Frau").

Zeller, Carl (Johann Adam), * 19. 6. 1842 St. Peter in der Au (NÖ.), † 17. 8. 1898 Baden (NÖ.), Operettenkomponist, urspr. Jurist (Unterrichtsmin.). Sängerknabe; Schüler von S. → Sechter. Brachte 1876 seine erste Operette heraus und wurde v. a. mit dem 1891 uraufgeführten „Vogelhändler" bekannt.

Carl Zeller. Foto.

Weitere Werke: Operetten: Joconde, 1876; Die Fornarina, 1878; Capitän Nicoll oder Die Carbonari, 1880; Der Vagabund, 1886; Der Obersteiger, 1894; Der Kellermeister, 1902 (von J. Brandl vollendet). – Männerchöre: Das kölnische Narrenfest; Die Thomasnacht. – Lieder. – Literatur: C. W. Zeller, Mein Vater C. Z., 1942; R. Holzer, Die Wr. Vorstadtbühnen, 1951; R. Traubner, Operetta, 1983.

Zeller, Christoph, † 18. 7. 1626 bei Urfahr (OÖ.), Wirt in St. Agatha (OÖ.); Schwager von S. → Fadinger. Anführer der Bauern des Hausruckviertels im Oö. Bauernkrieg 1626, Oberhauptmann im Mühl- und Machlandviertel. Fiel im Kampf gegen bayer. Truppen, wurde später wie Fadinger bei Pupping (OÖ.) begraben.

Literatur: F. Stieve, Der oö. Bauernaufstand des Jahres 1626, 1904; Der oö. Bauernkrieg, 1626, Ausst.-Kat., Linz 1976.

Zeller-Zellenberg, Wilfried, * 28. 1. 1910 Wien, † 3. 4. 1989 ebd., Buchillustrator und Autor. Illustrierte mehr als 400 Bücher, darunter „Wien wörtlich" von J. → Weinheber.

Werke: Seid lieb zueinander. Ein k. u. k. Kaleidoskop, 1974; Seid lieb zu den Disteln, 1976.

Zelman, Leon, * 12. 6. 1928 Szczekociny (PL), Publizist, Mitbegründer (1978) und Leiter des Jewish Welcome Service Vienna. Studierte nach der Befreiung aus dem KZ Mauthausen Publizistik in Wien, wurde zu einem führenden Funktionär der Jüd. Hochschülerschaft und war 1951 Mitbegründer der Zeitschrift „Das Jüdische Echo". Durch die Aktion „Willkommen in Wien" gelang es Z., viele Emigranten, die 1938 Ö. verlassen mussten, nach Wien einzuladen.

Werk: Ein Leben nach dem Überleben, 1995 (Autobiographie, mit A. Thurnher).

Zellweker, Edwin, * 9. 4. 1883 Wien, † 1. 4. 1953 ebd., Literaturhistoriker, Volksbildner, Schriftsteller. Bis 1934 Dir. eines Realgymn., ab 1945 Sektionschef im Unterrichtsministerium.

Werke: Prolog und Epilog im dt. Drama, 1906; Goethe in der Anekdote, 1935; M. Willemer, 1949; Bad Ischl, 1951; Das Urbild des Sarastro. Ignaz v. Born, 1953. – Hg.: Jugendjahrbuch „Frohes Schaffen", 1947ff.; Danubia-Lexikon, 2 Bde., 1949; Werke von L. Anzengruber, F. Grillparzer, A. Stifter u. a.

Zelwecker, Franz, * 8. 1. 1911 Wien, † 16. 8. 1998 ebd., Kapellmeister, Komponist. Ab 1934 beim ö. Rundfunk tätig, 1950–57 Hofmusikdir. des Kaiserhauses in Addis Abeba (Gründer des Äthiop. Nationaltheaters und der Musikfreunde in Addis Abeba); 1957–76 wieder bei Radio Wien; zahlr. Auszeichnungen.

Werke: Operetten (Wr. Bonbons, Walzerkongreß), Ballettmusik, Tanzmusik (Walzer), Wienerlieder, Chansons für seine Ehefrau Minja Petja.

Zeman, Herbert, * 4. 6. 1940 Pernitz (NÖ.), Literaturhistoriker. Studierte in Wien, seit 1976 Univ.-Prof. in Wien, mehrere Gastprofessuren, 1980–86 Begründer und Leiter des L.-Boltzmann-Inst. f. ö. Literaturforschung.

Werke: Die dt. anakreontische Dichtung, 1972. – Hg.: Die ö. Literaturgeschichte – Ihr Profil an der Wende vom 18. zum 19. Jh. (1750–1830), 2 Bde., 1979; Studien zur ö. Erzählliteratur der Gegenwart, 1982; Die ö. Literatur – Ihr Profil im 19. Jh. (1830–80), 1982; Die ö. Literatur – Ihr Profil von den Anfängen im MA bis ins 18. Jh. (1050–1750), 1986; Wege zu Mozart, 1987; Die Jahreszeiten in Dichtung, Musik und bildender Kunst, 1989; Die ö. Literatur – Ihr Profil von der Jahrhundertwende bis zur Gegenwart (1880–1980), 2 Bde., 1989; Geschichte der Literatur in Ö., 7 Bde., 1994ff.; Literaturlandschaft. Nö. P. E. N.-Club, 1997.

Guido Zernatto. Foto.

Zeman, Walter, * 1. 5. 1927 Wien, † 8. 8. 1991 ebd., Fußballspieler (Tormann). Mit 18 Jahren vom FC Wien zu Rapid Wien, wo er bis 1960 spielte. 1945–60 41-mal Torhüter des ö. Nationalteams. 1953 in einer Weltauswahl, 1954 Teilnehmer an der Fußballweltmeisterschaft in der Schweiz.

Zemanek, Heinz, * 1. 1. 1920 Wien, Techniker. Baute 1955–58 den ersten ö. Großrechner auf Transistorbasis („Mailüfterl"), ab 1961 bei IBM und 1976–85 IBM-Fellow und Dir. des IBM-Laboratoriums in Wien. Lehrte ab 1964 an der Techn. Univ. in Wien. Entwickelte die „Vienna Definition Language" als log. Fachsprache in der Computeranwendung.

Werke: rd. 350 wiss. Aufsätze.

Alexander von Zemlinsky. Foto.

Zemlinsky, Alexander von, * 14. 10. 1871 Wien, † 16. 3. 1942 Larchmont (USA), spätromant. Komponist; Lehrer und Schwager von A. → Schönberg. 1899 Kapellmeister des Carltheaters, 1906–11 Kapellmeister an Volksoper und Hofoper (1908) in Wien; 1911–27 in Prag; lebte dann in Deutschland, kam 1933–38 wieder nach Wien und wanderte 1938 in die USA aus.

Werke: 10 Opern: Sarema, 1897; Es war einmal, 1900; Kleider machen Leute, 1910; Die florentin. Tragödie, 1917; Der Zwerg, 1921; Der Kreidekreis, 1933. – Symphonien, Kammer- und Klaviermusik, Chorwerke, Lieder. – Literatur: O. Kolleritsch (Hg.), A. v. Z., 1976; R. Stephan, A. v. Z., 1978; E. Rathgeber, A. v. Z., 1991; E. Rathgeber, Die Rolle des Symbolismus ..., 1994; H. Krones (Hg.), A. Z, 1995; P. Tancsik, Die Prager Oper heißt Z., 2000.

Zenker, Helmut, * 11. 1. 1949 St. Valentin (NÖ.), Erzähler, Kriminalroman-, Kinderbuch- und Drehbuchautor, Lehrer. Mitbegründer der Ztschr. „Wespennest". Setzte sich ab den 70er Jahren mit brisanten gesellschaftspolit. Themen („Wer hier die Fremden sind", 1973) auseinander; bes. erfolgreich mit dem Drehbuch zur Fernsehkrimiserie „Kottan ermittelt".

Weitere Werke: Romane und Erzählungen: Kassbach, 1974; Herr Novak macht Geschichten, 1976; Das Froschfest, 1977; Der Gymnasiast, 1978; Schußgefahr, 1979; Hinterland, 1988; Kleine Mann, was nun?, 1989; Minni Mann, 1989; Der Mann ist tot und läßt Sie grüßen, 1990. – Hörspiele.

Zeno, Apostolo, * 11. 12. 1668 Venedig (I), † 11. 11. 1750 ebd., Librettist, Dichter, Hofdichter, Historiograph in Wien (1718–29). Führte die erste Reform in der Operndichtung durch, auf der die Vollendung des klass. Opernlibrettos durch P. → Metastasio (Glättung der Handlung, Wegfall komischer Personen u. a.) aufbaute. Seine umfangr. Münzen-Smlg. wurde 1955 in Wien versteigert.

Literatur: R. Freeman, Opera without Drama, 1967; H. E. Smither, A History of the Oratorio, 3 Bde., 1977–87.

Zepharovich, Viktor Leopold, * 19. 4. 1830 Wien, † 24. 2. 1890 Prag (CZ), Mineraloge. Studierte an der Bergakad. Schemnitz (Banska Stiavnica, SK), war 1851 Volontär am Hof-Mineralien-Cabinett, 1852–57 Mitarbeiter der Geolog. Reichsanstalt, 1857–61 Univ.-Prof. in Krakau, 1861–64 in Graz und 1864–90 in Prag. Beschrieb neue Mineralien.

Werke: Mineralog. Lexikon für das Kaisertum Ö., 3 Bde., 1859–93. – Mehr als 100 wiss. Arbeiten.

Zerbst, Christoph, * 16. 12. 1963 Salzburg, Ruderer. Seit 1986 im Wettkampfsport aktiv, ab 1988 im schweren Doppelzweier mit A. → Jonke. 1989 Bronzemedaille bei der Weltmeisterschaft in Bled, 1990 Weltmeister in Tasmanien und 1991 in Luzern, Silbermedaille bei den Olymp. Spielen 1992 in Barcelona.

Zernatto, Christof, * 11. 6. 1949 Wolfsberg (Kä.), Jurist und Politiker (ÖVP); Neffe von Guido → Zernatto. 1986–89 Abg. z. NR, 1989–99 Landesparteiobmann der ÖVP in Kä., 1989–91 Landeshauptmann-Stellv. und 1991–99 Landeshauptmann von Kä.; seit 1999 wieder Abg. z. NR.

Zernatto, Guido, * 21. 6. 1903, Treffen (Kä.), † 8. 2. 1943 New York (USA), Schriftsteller und Politiker (VF); Onkel von Christof → Zernatto. 1929 Sekr. der Bundesführung des Heimatschutzes, 1930/31 des Heimatblocks, 1934 Bundeskulturrat, ab Mai 1936 Staatssekr. im Bundeskanzleramt und Gen.-Sekr. der Vaterländ. Front, ab Febr. 1938 BMin. ohne Portefeuille. Führte 1936–38 Verhandlungen mit den Nat.-Soz. 1938 Flucht nach Frankreich, 1940 in die USA. 1941 Ass.-Prof. f. Polit. Wiss. an der Fordham University. Autor von Lyrik und Romanen.

Werke: Die Wahrheit über Ö., 1939; Vom Wesen der Nation, hg. v. W. In der Maur, 1966. – Lyrik: Gelobt sei alle Kreatur, 1930; Die Sonnenuhr, 1933; Der Jahrmarkt, 1946. – Ausgabe: Gedichte, 1950. – Literatur: I. U. Zimmer, G. Z. – Leben und dichterisches Werk, 1970; O. Drekonja, Erinnerungen an G. Z., 1981.

Zernik, Clementine, * 28. 9. 1905 Wien, † 31. 12. 1996 New York (USA), Juristin, Bibliothekarin. 1936 eine der ersten Strafverteidigerinnen in Wien. 1938 Emigration nach New York, wo sie 1941 das Teacher's College der Columbia University absolvierte. 1940–43 Generalsekretärin der „Austrian Action", die materielle und jurist. Unterstützung für Emigranten anbot, 1943–45 als Journalistin bei amerik. und brit. Radiosendern tätig. 1948–75 Bibliothekarin der UN-Library in New York und Mitgl., später Präs. der Austrian-American Federation.

Zerritsch, Fritz d. J., * 28. 8. 1888 Wien, † 9. 11. 1985 ebd., Maler und Graphiker; Sohn des Bildhauers F. Z. d. Ä. (* 26. 2. 1865 Wien, † 30. 11. 1938 ebd.). Ab 1938 Lehrer an der Graph. Lehr- und Versuchsanstalt in Wien, schuf v. a. Entwürfe für Briefmarken und Geldscheine (1000-Schilling-Note 1938) sowie Gemälde, Graphiken, Plakate, Gobelins, Mosaikbilder und Fresken. Zahlr. Auszeichnungen.

Zerzer, Julius, * 5. 1. 1889 Mureck (Stmk.), † 29. 10. 1971 Linz (OÖ.), christl.-konservativer Schriftsteller, Lehrer in Linz. Sah sich selbst in der Nachfolge A. → Stifters, thematisierte in seinem hist. Roman „Der Kronerbe" (1953) das „naturbedingte Gesetz" menschl. Seins. Stifter-Preis 1965.

Weitere Werke: Lyrik: Balladen, 1909; Vor den Bergen, 1932; Die weite Sicht, 1946. – Erzählungen, Legenden. – Literatur: E. Kurz, J. Z. Eine Monographie, 1951.

Zeska, Karl, * 31. 10. 1862 Hamburg (D), † 18. 7. 1938 ebd., Hofschauspieler, Regisseur, Bühnenautor; Vater von Philipp → Zeska. Sollte Kaufmann werden, debütierte aber 1879 ohne schauspielerische Vorbildung am Konkordiatheater in Hamburg, dann Mitgl. von reisenden Truppen und an mehreren dt. Bühnen, ab 1886 Engagement am Dt. Theater in Prag; 1892–1932 am Burgtheater (Ehrenmitgl.) in Wien. Vielseitige Rollengestaltungen, zahlr. Auszeichnungen.

Werke: Auf dem Garnisonball, 1888; Pschütt, 1889. – Lustspiele.

Zeska, Philipp, * 27. 4. 1896 Wien, † 5. 8. 1977 ebd., Kammerschauspieler, Regisseur, Schriftsteller; Sohn von Karl → Zeska. Zunächst am Wr. Stadttheater, ab 1920 am Burgtheater (320 Rollen), 1932–45 auch Regisseur 1931–35 mit Karl Eidlitz Leitung des Burgtheaterstudios im Akademietheater, 1940–43 auch Gastregisseur am Dt. Volkstheater, 1945 Gründungsmitgl. und Präs. der „Ges. zur Förderung neuer Dramatik"; 1957–59 Dir. des Stadttheaters Klagenfurt. 1964 Ehrenring des Burgtheaters.

Werke: Burgtheater von A–Z. Anekdoten, 1967; Spektakel müssen sein oder Kleines Theater-Bestiarium, 1968. – Lustspiele, Dramen, Gedichte (Unsterblicher Prater, 1947), Novellen, Essays, Filmdrehbücher und Hörspiele.

Ziak, Karl, * 27. 1. 1902 Wien, † 3. 11. 1987 Pressbaum (NÖ), Schriftsteller, Verlagslektor. 1922–42 Volkshochschulsekr., Cheflektor der Büchergilde Gutenberg, an deren Ausbau er wesentl. beteiligt war.

Werke: Erwanderte Heimat, 1940; Unvergängliches Wien, 1964; Wiedergeburt einer Weltstadt, Wien 1945–65, 1965 (Hg.).

Ziani, Marc'Antonio, * um 1653 Venedig (I), † 22. 1. 1715 Wien, Komponist; Neffe von Pietro Andrea → Ziani. Ab 1674 als Opernkomponist in Venedig, Neapel und Mantua; 1700 Vizehofkapellmeister Leopolds I. in Wien, 1712 Hofkapellmeister. Zählt zu den bekanntesten Opernkomponisten um die Wende vom 17. zum 18. Jh.

Werke: 49 Opern, 17 Oratorien, Kirchenmusik, Sonaten.

Ziani, Pietro Andrea, * 21. 12. (?) 1616 Venedig (I), † 12. 2. 1684 Neapel (I), Komponist, Organist; Onkel von Marc'Antonio → Ziani. 1662 Vizekapellmeister der Kaiserinwitwe Eleonore in Wien, ab 1669 Organist an San Marco in Venedig. Ab ca. 1677 rege Kontakte nach Neapel, dort Hoforganist und 1680 Maestro di capella. Einer der bedeutendsten Komponisten der frühen venezian. Oper.

Werke: ca. 30 Opern (davon die bekanntesten 8 für Wien), 8 Oratorien (6 für Wien), Kirchenmusik, Sonaten.

Zibermayr, Ignaz, * 2. 6. 1878 St. Florian (OÖ.), † 18. 10. 1966 Linz (OÖ.), Landeshistoriker von OÖ.; 1903 Beamter, bis 1947 Dir. des Oö. Landesarchivs in Linz, 1922–47 Vorsitzender des oö. Musealvereins. Sein besonderes wiss. Anliegen war es, die starke Kontinuität von der Antike zum MA nachzuweisen.

Werke: Aus meinem Leben, 1935; Noricum, Baiern und Ö. Lorch als Hauptstadt und die Einführung des Christentums, 1944; Das Oö. Landesarchiv in Linz, ³1961. – Literatur: A. Zauner, I. Z., in: MIÖG 75, 1967.

Ziegler, Johann Andreas, * 11. 7. 1749 Meiningen (D), † 18. 3. 1802 Wien (Selbstmord), Graphiker. Aus bescheidenen Verhältnissen stammend, wurde ihm durch Franz Josef Gf. Thun sowie seine Kontakte zu den Freimaurern ein Studium an der Akad. der bild. Künste in Wien ermöglicht; bekannt wurde er v. a. durch die Vedutenserie „Collection de 50 vues de la ville de Vienne" (1779 ff.), die er mit Carl → Schütz und Laurenz → Janscha für den Verlag Artaria schuf.

Ziegler, Karl (Pseud.: Carlopago), * 12. 4. 1812 St. Martin i. Innkreis (OÖ.), † 20. 5. 1877 Wien, Lyriker. Kanzleibeamter im Wr. Schulbücherverlag, ging 1867 nach Salzburg; galt den Zeitgenossen als der neben R. → Hamerling formenreichste Lyriker.

Werke: Gedichte, 1843; Himmel und Erde, 1856; Oden, 1866; Vom Kothurn der Lyrik, 1869.

Ziehrer, Carl Michael, * 2. 5. 1843 Wien, † 14. 11. 1922 ebd., Komponist. 1870–78 Militärkapellmeister; übernahm 1878–85 große Teile der straußschen Kapelle, die er erst 1903 aufgab, und 1885 die Musikkapelle des Hoch- und Deutschmeister-Regiments, mit der er 1893 bei der Weltausstellung in Chikago große Erfolge feierte; 1908–18 letzter Hofballmusikdirektor. Ab ca. 1899 konzentrierte sich Z. auf die Komposition von Operetten, konnte sich jedoch gegen die neue Generation (v. a. F. → Lehár) kaum behaupten. Als Tanzmusikkomponist und -kapellmeister war er einer der schärfsten Konkurrenten von J. → Strauß Sohn.

Werke: 22 Operetten: König Jerome, 1878; Wr. Kinder, 1881; Ein Deutschmeister, 1888; Die Landstreicher, 1889; Die 3 Wünsche, 1901; Der Schätzmeister, 1904; Ein tolles Mädel, 1907; Der Liebeswalzer, 1908; Ball bei Hof, 1910; Fürst Kasimir, 1913; Der Husarengeneral, 1913; Das dumme Herz, 1914; Die verliebte Eskadron, 1920. – Ca. 600 Märsche: Schönfeldmarsch. – Tänze: Weaner Madln; In lauschiger Nacht; Evatöchter; Meeresbuchten; Alt-Wien. – Literatur: O. Schneidereit, Operette von Abraham bis Z., 1966; M. Schönherr, C. M. Z., 1973.

Carl Michael Ziehrer. Foto.

Zieritz, Grete von, * 10. 3. 1899 Wien, Komponistin und Musikpädagogin. Vollendete bereits mit 18 Jahren das Klavier- und Kompositionsstudium am Grazer Konversatorium, setzte 1917 das Studium in Berlin bei F. → Schreker fort, wo sie seither lebt. Soz. Engagement und expressiver Einsatz der Klangfarben sind Kennzeichen ihrer Werke.

Werke: Zehn Japanische Lieder, 1921; Passion im Urwald, 1931; Zigeunerkonzert, 1982; Kassandra-Rufe, 1986. – Literatur: R. Aigner, G. v. Z., Diss., Wien 1990.

Ziern, Bildhauerfamilie, → Zürn.

Ziesel, Günther, * 7. 7. 1941 Graz (Stmk.), Journalist. Ab 1965 Redakteur des ORF-Landesstudios Stmk., ab 1970 in verschiedenen Funktionen des ORF-Fernsehens, ab 1990 Intendant des Landesstudios Stmk., seit 1994 in der Informationsintendanz des ORF-Fernsehens tätig.

Zilcher, Eva, * 25. 11. 1920 Würzburg (D), † 20. 1. 1994 Wien, Kammerschauspielerin. 1939 Debüt in Köln, 1941 Engagement an den Städt. Bühnen in Graz. Wurde 1944 von H. Hilpert nach Wien geholt, wo sie am Volkstheater, in der „Insel", am Theater in der Josefstadt und in der „Scala" auftrat; Gastspiele in Zürich, Berlin und Basel; ab 1960 am Burgtheater (Rollen in Stücken von A. Schnitzler, F. Grillparzer, W. Shakespeare, F. v. Schiller, F. Dürrenmatt, B. Brecht und L. Pirandello).

Zilk, Helmut, * 9. 6. 1927 Wien, Lehrer und Politiker (SPÖ); Ehemann von Dagmar → Koller. 1967–74 Programmdir. beim ORF, 1979 Stadtrat f. Kultur, 1983–84 BMin. f. Unterricht und Kunst, 1984–94 Bürgermeister und Landeshauptmann von Wien. Populärer Kommunalpolitiker, der durch teilweise unkonventionellen Politikstil hervorstach. 1993 bei einem Briefbombenattentat schwer verletzt.

Zilsel, Edgar, * 11. 8. 1891 Wien, † 11. 3. 1944 Oakland (USA; Selbstmord), Philosoph. Musste als Vertreter marxist. Auffassungen aus polit. Gründen auf eine Univ.-Karriere verzichten, betätigte sich aktiv in der Volksbildung und unterrichtete ab 1934 als Mittelschullehrer Mathematik und Physik in Wien. Als Philosoph verband er marxist. Auffassungen mit der positivist. Richtung des Wr. Kreises, dem er nahe stand; er beschäftigte sich mit den gesellschaftl. Bedingungen der Entwicklung der neuzeitl. Wiss. und mit der Verbindung von Sozial- und Naturwiss. 1938 emigrierte er in die USA, wo er in persönl. Isolation geriet und nach privaten und polit. Enttäuschungen (Entwicklung der Sowjetunion unter Stalin) Selbstmord verübte. Urne auf dem Wr. Zentralfriedhof.

Werke: Die Geniereligion, 1918; Die soz. Ursprünge der neuzeitl. Wiss., hg. v. W. Krohn, 1976. – Literatur: J. Dvorak, E. Z. und die Einheit der Erkenntnis, 1981.

Zimmer, Grete (verehel. Berger), * 9. 12. 1925 Wien, Schauspielerin. Ab 1945 festes Ensemblemitgl. am Theater in der Josefstadt (Rollen in Stücken von J. Anouilh, F. v. Schiller, G. Hauptmann, J. P. Sartre, Ö. v. Horváth). Gastspiele am Akademie- und Volkstheater und an der Volksoper in Wien sowie bei den Sbg. Festspielen, bei den Seefestspielen in Mörbisch, in Berlin und bei den Festspielen in Bad Hersfeld und Feuchtwangen. Fernsehtätigkeit.

Zimmerl, Christl, * 27. 2. 1939 Wien, † 19. 3. 1976 ebd., Tänzerin. Ab 1953 an der Wr. Staatsoper, 1957 Solotänzerin, 1965 1. Solotänzerin.

Zimmermann, Egon, * 8. 2. 1939 Lech a. Arlberg (Vbg.), Skirennläufer und Hotelier in Lech. Hahnenkammsieger, Lauberhornsieger; Goldmedaille im Riesenslalom und Bronze im Abfahrtslauf bei den Weltmeisterschaften 1962 in Chamonix; Goldmedaille im Abfahrtslauf bei den Olymp. Spielen 1964 in Innsbruck.

Zimmermann, Georg, * 18. 11. 1897 Capo d'Istria (Koper, SLO), † 17. 12. 1958 Wien, Finanzfachmann und Politiker (ÖVP). 1945 Staatssekr. und 1945–49 BMin. f. Finanzen, 1950 Präs. des Ö. Statist. Zentralamts.

Zimmermann, Josef Andreas, * 2. 12. 1810 Schäßburg (Sighisoara, RO), † 18. 5. 1897 Hermannstadt (Sibiu, RO), Jurist und Theologe. Ab 1850 im Kultusministerium in Wien tätig. 1861 Vorsitzender und 1867–74 Präs. des Evang. Oberkirchenrats A. B. und H. B.; Verdienste um die Kirchenverfassung und die Organisation der evang. Kirche in der ö.-ungar. Monarchie.

Zimmermann, Norbert, * 13. 4. 1947 Bludenz (Vbg.), Manager und Industrieller. Nach Studium an der Wirt.-Univ. Wien u. a. bei IBM und Spar tätig, seit 1987 bei der Berndorf AG. Wurde nach einem Management-Buyout 1988 Miteigentümer und Vorstandsvorsitzender des ehemals staatl. Unternehmens.

Zimmermann, Robert von, * 2. 11. 1824 Prag (CZ), † 31. 8. 1898 ebd., Philosoph. Schöpfer der Formästhetik, wird als der „erste Geschichtsschreiber der Ästhetik" bezeichnet; Univ.-Prof. in Olmütz, Prag und Wien (ab 1861). Gründete mit E. → Reich 1890 die Grillparzer-Ges.

Werke: Philosoph. Propädeutik, 1852; Ästhetik, 2 Bde., 1858/65; Philosophie und Erfahrung, 1861; Studien und Kritiken zur Philosophie und Ästhetik, 2 Bde., 1870; Anthroposophie, 1882. – Lyrik, Epos. – Literatur: F. Jodl, R. Z., 1916.

Zingerle, Oswald, * 8. 2. 1855 Innsbruck (Ti.), † 30. 1. 1927 ebd., Germanist und Literaturhistoriker. Lehrte ab 1892 an der Univ. Czernowitz.

Werke: Friedrich von Sonnenburg, 1878; Die Quellen zum „Alexander" des Rudolf von Ems, 1885; Sterzinger Spiele, 2 Tle., 1886; Meinhards II. Urbare der Grafschaft Ti., 1890ff.; Ma. Inventare aus Ti. und Vbg., 1909; Über unbekannte Vogelweidhöfe in Ti., 1909; Freidanks Grabmal in Treviso, 1914.

Fred Zinnemann. Foto.

Zinnemann, Fred, * 29. 4. 1907 Wien, † 14. 3. 1997 London (GB), Kameramann, Filmregisseur. Nach Musikstudium und Fotostudien Kameraassistent in Paris und bei E. Schüfftan in Berlin. Mitarbeit an der dt. Produktion „Menschen am Sonntag" (1929), dann in Hollywood als Regisseur tätig (da er als Österreicher in Deutschland nicht in die Gewerkschaft für Kameramänner aufgenommen wurde). Ab 1953 eig. Produktionsfirma, Kurz- und Kulturfilmaufträge; Regisseur von Spielfilmen mit Weltgeltung, u. a. „High Noon" (1952), „From Here To Eternity" (1953, Oscar), „A Man for All Seasons" (1966, Oscar), „The Day of the Jackal" (1971), „Julia" (1976).

Werk: F. Z. An Autobiography, 1992. – Literatur: A. Nolletti, The Films of F. Z., 1999; P. Drummond, Zwölf Uhr mittags, 2000.

Zipper, Herbert, * 27. 4. 1904 Wien, † 21. 4. 1997 Santa Monica (USA), Komponist, Dirigent und Musikpädagoge. Nach erfolgreicher Musikerlaufbahn in Wien wegen jüd. Abstammung 1938 in das KZ Dachau deportiert, wo er nach dem Text von J. → Soyfer das „Dachau-Lied" komponierte; konnte gegen Lösegeld das KZ verlassen, wurde auf den Philippinen von den Japanern interniert und lebte nach 1945 in den USA, wo er starken Einfluss auf die Musikerziehung hatte.

Zirn, Bildhauerfamilie, → Zürn.

Zischka, Anton (Pseud.: Rupert Donkan, Thomas Daring, Darius Plecha, Antal Sorba), * 14. 9. 1904 Wien, † 31. 5. 1997 Pollensa (Mallorca, E), Journalist und Sachbuchautor. 1924–29 Redakteur der „Neuen Freien Presse", dann Zeitschriftenkorrespondent in SO-Europa und O-Asien, ab 1934 freier Schriftsteller; lebte ab 1935 in San Vicente auf Mallorca. Autor zahlr. populärer Sachbücher zur aktuellen wirt.-techn. Entwicklung („Wissenschaft bricht Monopole", 1936; „Ölkrieg", 1939).

Weitere Werke: Abessinien, 1935; Japan in der Welt, 1936; Brot für 2 Milliarden Menschen, 1938; Die Auferstehung Arabiens, 1942; Die Welt bleibt reich, 1952; Kohle im Atomzeitalter, 1961; Das Ende des amerikan. Jh., 1972; Kampf ums Überleben, 1979; Der Dollar, 1986; Tschernobyl – kein Zufall, 1987; Die alles treibende Kraft, 1988.

Zischka, Gert A., * 30. 1. 1923 Linz (OÖ.), † 18. 5. 1994 ebd., Mediziner, Lexikograph, Goetheforscher. 1963–87 Hauptabteilungsleiter im wiss. Informationsdienst der Pharmages. Sandoz AG in Nürnberg.

Werke: Bibliograph. Hb. der Sprachwörterbücher, 1958 (mit W. Zaunmüller); Allg. Gelehrten-Lexikon, 1961; Kleine Geschichte der Privatbibl., 1968; Index lexicorum, 1980; Goethe. Tageskonkordanz der Begebenheiten, Tagebücher, Briefe und Gespräche, 3 Bde., 1980–83; Autorenlexikon Fachbuch und Sachbuch, 1991. – Literatur: O. Seemann, G. A. Z. Bibliograph, Goetheforscher und Arzt, 1991.

Zita, Kaiserin von Österreich. Foto, 1917.

Zita von Bourbon-Parma, * 9. 5. 1892 Villa Pianore (I), † 14. 3. 1989 Zizers (CH), letzte Kaiserin von Ö.; heiratete 1911 den späteren Kaiser → Karl I., Mutter von Otto → Habsburg-Lothringen. Hatte starken Einfluss auf die Entscheidungen ihres Mannes, verursachte 1917 die Sixtus-Affäre. Nach dem Tod ihres Gatten 1922 übersiedelte sie nach Spanien, 1929 nach Belgien und 1940 nach Kanada. Sie widmete sich 1944–48 karitativer Tätigkeit, lebte ab 1962 in der Schweiz und konnte 1982 nach Ö. einreisen.

Literatur: E. Feigl, Kaiserin Z., [5]1991; J. Sévillia, Z. Kaiserin ohne Thron, 1998.

Zitko, Otto, * 14. 2. 1959 Linz (OÖ.), Maler. Studierte 1977–82 an der Hochschule für angew. Kunst in Wien bei P. → Weibel und H. Tasquil. Ende der 80er Jahre Abwendung von der konventionellen Malerei und Postulat der Linie zum programmat. Prinzip. Seither monumentale und dennoch karge Wandmalereien auf dieser Basis.

Zobernig, Heimo, * 30. 4. 1958 Mauthen (Kä.), Bildhauer. Studierte an der Akad. der bild. Künste in Wien und der Hochschule für angew. Kunst in Wien. 1999–2000 Prof. an der Städelschule Frankfurt a. Main, seit 2000 an der Akad. der bild. Künste in Wien. Beschäftigt sich v. a. mit Fragen der Kunst im soz. Kontext.

Literatur: H. Z., Ausst.-Kat., Neue Galerie Graz, 1993.

Zoder, Raimund (Pseud.: Zeno Drudmair), * 20. 8. 1882 Wien, † 26. 3. 1963 ebd., Volksmusikforscher. Bis 1931 als Lehrer tätig, 1934 Prof., 1937/38 und 1945–53 Lehrer für Volksmusik und Brauchtum an der Wr. Musikhochschule; leitete 1924–38 und 1945–59 den Arbeitsausschuss für NÖ. des gesamt-ö. Volksliedunternehmens, 1946–59 Neuordnung des Volksliedarchivs für Wien und NÖ. Gab mit J. → Pommer die Ztschr. „Volkslied, Volkstanz, Volksmusik" heraus.

Werke: Volkstänze aus Ö., 1935; Volkslied, Volkstanz und Volksbrauch in Ö., 1950; Spielmusik fürs Landvolk, 45 Hefte, 1947–50; Ö. Volksliederbuch, 3 Bde., 1948–54 (mit G. Kotek).

Zoderer, Joseph, * 25. 11. 1935 Meran (S-Ti.), Schriftsteller und Journalist. Arbeitete für ö. Tageszeitungen und den Radiosender RAI in Bozen; lebt in Terenten (S-Ti.). In seinen Romanen nimmt er Reisen und Ortswechsel zum Ausgangspunkt für die Auseinandersetzung mit den unterschiedl. Wahrnehmungen eig. Identität („Dauerhaftes Morgenrot", 1987).

Weitere Werke: Lyrik: Pappendeckelgedichte, 1979. – Romane und Erzählungen: Das Glück beim Händewaschen, 1976; Die Walsche, 1982; Lontano 1984; Das Schildkrötenfest, 1995; Die Ponys im 2. Stock, 1995. – Kinderbuch: Als Anja dem Christkind entgegenging, 1996. – Literatur: A. Hofer, J. Z. – ein S-Ti. Autor, Dipl.-Arb., Wien 1996.

Zohn, Harry, * 21. 11. 1923 Wien, Literaturwissenschaftler, Übersetzer Emigrierte 1939 nach England und 1940 in die USA. Studierte Anglistik, Pädagogik und Germanistik; ab 1951 Lehrtätigkeit an der Brandeis University, seit 1967 Prof. f. Neuere dt. Literatur. Wichtiger Vermittler ö. Literatur in den USA, Übersetzer von S. → Freud, K. → Kraus, A. → Schnitzler und T. → Herzl.

Werke: Wr. Juden in der dt. Literatur, 1964; Ö. Juden in der Literatur, 1969; Karl Kraus, 1971 (dt. 1989); Der farbenvolle Untergang, 1971 (Hg.); . . ich bin ein Sohn der dt. Sprache nur, 1986; Austriaca and Judaica, 1995.

Zohner, Alfred, * 3. 9. 1903 Wien, † 20. 11. 1967 ebd., Schriftsteller und Journalist. Chefredakteur der „Wr. Bilderwoche", Mitarbeiter an der Dt.-ö. Literaturgeschichte von J. W. → Nagl, J. → Zeidler und E. → Castle (3. und 4. Bd.), Verfasser zahlr. Essays zu literar. bzw. literaturhist. Themen.

Werke: Hg.: Ein halbes Jh. in Bildern, 1937; Kunst des Tages, 1946; P. Stefan, Das war der letzte Sommer, 1946; Das Josef-Luitpold-Buch, 1948.

Zöhrer, Eduard, * 7. 4. 1810 Sarleinsbach (OÖ.), † 15. 5. 1885 Lambrechten (OÖ.), Komponist und Mundartdichter. 1834 Augustiner-Chorherr in Stift Reichersberg.

Zöhrer, Ferdinand, * 17. 5. 1844 Linz (OÖ.), † 21. 4. 1901 ebd., Volks- und Jugendschriftsteller, Topograph, Buch- und Kunsthändler in Linz.

Werke: Ob der Enns, 1881; Donauhort, 1884; Ö. Sagen- und Märchenbuch, 1884; Der ö. Robinson, 1885; Ö. Alpengeschichten, 1888; Ö. Künstlerbuch, 1891; Lebensbilder aus Ö.-Ungarn, 1895; Ö. Buch der Arbeit, 1898; Chronik von Wien, 1898; Severinus, 1900; Der Engel von Augsburg, 1901.

Zoller, Anton, * 4. 2. 1695 Telfs (Ti.), † 16. 4. 1768 Hall i. Ti., Maler; Vater von Franz Karl → Zoller und Josef Anton → Zoller. Während längerer Wanderschaft Aufenthalt in Wien, 1728–53 in Klagenfurt, ab 1753 in Hall ansässig.

Werke: Fresken in Kä.: Schloss Trabuschgen bei Obervellach (1729), St. Michael am Zollfeld; Ti.: Stift Stams (1722), Pfarrkirchen in Telfes und Schmirn (1757), Gschnitz und Mutters (1759), Patsch (1767); Altarbilder: Anras, Inzing. – Literatur: G. Krall, A. und J. A. Z. Ein Beitrag zur Barockmalerei in Ti., 1978.

Zoller, Franz Karl, * 4. 9. 1748 Klagenfurt (Kä.), † 18. 11. 1829 Innsbruck (Ti.), Mundartdichter, Topograph, Graphiker; Sohn von Anton → Zoller, Bruder von Josef Anton → Zoller. Regierungsbaudir. in Innsbruck, Verfasser des „Spingeser Schlachtliedes" („Kriegslied eines Tyrolers im Landsturm", 1797) und anderer Kampflieder während des Tiroler Freiheitskampfs gegen Franzosen und Bayern, z. T. in Mundart.

Weitere Werke: Lyrik: Ti. Schützenlied, 1808. – Lustspiel: Der Ti. Kirchtag, 1819. – Topograph. Schriften: Alphabetisch-topograph. Verzeichnis sämtlicher Graf- und Herrschaften ... der gefürsteten Grafschaft Ti. und damit vereinigten Vbg. Landen, 1806; Geschichte und Denkwürdigkeiten der Stadt Innsbruck, 2 Tle., 1816/25. – Graphiken im Ferdinandeum, Innsbruck.

Zoller, Josef Anton, * 11. 2. 1730 Klagenfurt (Kä.), † 21. 2. 1791 Hall i. Ti., Maler; Sohn von Anton → Zoller, Bruder von Franz Karl → Zoller. Zunächst als Gehilfe seines Vaters tätig (Telfes, Schmirn, Mutters), später zahlr. eig. Arbeiten in Ti.: Abfaltern (um 1769), Neustift im Stubaital (1772), Absam (1780); Altarbilder: Lienz, Absam, Ranggen, Weerberg (alle Ti.).

Literatur: G. Krall, A. und J. A. Z. Ein Beitrag zur Barockmalerei in Ti., 1978.

Zoller, Peter, * 16. 9. 1952 Innsbruck (Ti.), Physiker. Studium und wiss. Laufbahn am Inst. f. theoret. Physik in Innsbruck, seit 1994 Univ.-Prof., seit 1995 Institutsleiter; 1991–94 Prof. an der University of Colorado. Über 150 Publikationen zu Laserphysik, Elektronen-Korrelationsprozessen, Quantenkommunikation u. a. E.-Schrödinger-Preis der Ö. Akad. d. Wiss. 1998.

Zöllner, Erich, * 25. 6. 1916 Wien, † 11. 12. 1996 ebd., Historiker. 1953–86 Univ.-Prof. für Ö. Geschichte in Wien, 1974–85 Präs. des Inst. f. Ö.-Kunde; bedeutendster Darsteller der ö. Geschichte in der 2. Hälfte des 20. Jh.

Werke: Urkundenbuch zur Geschichte der Babenberger in Ö., Bd. 1–2, 1950/55 (bearb. mit H. Fichtenau); Geschichte der Franken bis zur Mitte des 6. Jh., 1970 (mit J. Werner); Geschichte Ö., 1961, [8]1990; Das Werden Ö., 1964 ([7]1990; mit T. Schüssel); Probleme und Aufgaben der ö. Geschichtsforschung, hg. v. H. Dienst u. G. Heiß, 1984 (mit Werkverz.); Der Österreichbegriff. Formen und Wandlungen, 1988.

Zörn, Bildhauerfamilie, → Zürn.

Zorn, Michael, → Sacher-Masoch, Artur Wolfgang Ritter von.

Zötl, Hans, * 4. 9. 1846 Schärding (OÖ.), † 25. 12. 1938 Eferding (OÖ.), Volksliedsammler und Förderer der oö. Mundart, insbes. des Werks von F. → Stelzhamer. Begründete 1873 mit A. Matosch und H. Commenda den Stelzhamer-Bund und gab mit ihnen die Reihe „Aus da Hoamat" (1885ff.) heraus.

Zsigmondy, Emil, * 11. 8. 1861 Wien, † 6. 8. 1885 (abgestürzt an der Meije in der Dauphiné, F), Alpinist; Bruder von Richard → Zsigmondy. Ab 1876 zahlr. Erstbegehungen in den Alpen, z. T. mit L. → Purtscheller. Nach ihm benannt sind die Z.-Spitze in den Zillertaler Alpen, der Pic Z. an der Meije und die Z.-Hütte in den Sextener Dolomiten.

Werke: Die Gefahren der Alpen, 1885; Im Hochgebirge, 1889 (Auswahl).

Richard Zsigmondy. Foto.

Zsigmondy, Richard, * 1. 4. 1865 Wien, † 23. 9. 1929 Göttingen (D), Chemiker, Nobelpreisträger; Bruder von Emil → Zsigmondy. Bahnbrechender Forscher auf dem Gebiet der Kolloidchemie und der Mikroskopie, erhielt 1926 (für 1925) den Nobelpreis „für den Nachweis der heterogenen Natur der kolloiden Lösungen und für die dabei angewandten Methoden, die für die moderne Kolloidchemie grundlegend sind". Z. war 1889 Privatassistent in München, 1890–92 in Berlin; 1893 Assistent an der Techn. Hochschule in Graz, wo er sich habilitierte. Damals beschäftigte er sich (auf der Suche nach Glasfärbemitteln) bereits mit dem Goldrubinglas und keram. Farben. 1897–1900 wiss. Mitarbeiter bei den Glaswerken Schott in Jena, wo er eine Anzahl gefärbter Gläser sowie das berühmt gewordene Jenaer Milchglas entwickelte und mehrere techn. Patente erwarb. 1900–07 lebte er als Privatgelehrter in Jena, 1907 zog er sich mit seiner Familie auf seinen Besitz in Terlago bei Trient zurück, 1908–29 war er Univ.-Prof. und Dir. des Inst. f. Anorgan. Chemie in Göttingen.

In die Jenaer Zeit fallen seine ersten grundlegenden Arbeiten auf dem Gebiet der Kolloidchemie. Z. konstruierte mit dem Physiker H. F. W. Siedentopf ein Ultramikroskop, das auf dem Dunkelfeldprinzip beruhte. Durch Verbesserung dieses Mikroskops schuf er 1913 das Immersions-Ultramikroskop, mit dem er Partikel von einer Größe von 1 Millionstel Millimeter sichtbar machen konnte. Z. stellte auch ein System dreier Größenordnungen für die Zerteilung von Stoffen in Lösungsmitteln (auch in festen Stoffen, z. B. Edelsteinen) auf: Mikronen, Ultramikronen, Amikronen (allerkleinste Teilchen, die in seinem Mikroskop nicht sichtbar waren). Um auch die Amikronen sichtbar zu machen, entwickelte er die sog. „Keimmethode".

In Göttingen waren seine Untersuchungen über die Klärung der Vorgänge bei der Koagulation von kolloiden Lösungen (dem Übergehen vom flüssigen in einen gallertartigen Zustand, dem Erstarren zu einem „Gel") bahnbrechend. 1918 erfand er den Membranfilter und den Ultrafeinfilter. Z. Forschungen waren für Biologie und Medizin von bes. Bedeutung, da sich aus ihnen ergab, dass das Protoplasma alle Merkmale und Veränderungen von kolloiden Lösungen aufweist.

Werke: Zur Erkenntnis der Kolloide, 1905; Kolloidchemie mit bes. Berücksichtigung der anorgan. Kolloide, 1907; Kolloidchemie, 1912 (5. Aufl., 2 Tle., 1925/27); Über die techn. Gasanalyse, 1920 (mit F. Jander); Über das kolloide Gold, 1925 (mit A. Thiessen). – Festschrift, 1925. – Literatur: F. G. Smekal, Ö. Nobelpreisträger, 1961; W. Martin, Verzeichnis der Nobelpreisträger 1901–87, ²1988.

Zsolnay, Paul, * 12. 6. 1895 Budapest (H), † 12. 5. 1961 Wien, Verleger. Gründete 1923 in Wien den belletrist. P. Z. Verlag; emigrierte 1938 nach England, wo er den Verlag Heinemann & Z. gründete und seine Kontakte zu engl. Autoren von Weltrang (z. B. Graham Greene) knüpfte. Kehrte 1946 nach Wien zurück und übernahm wieder die Leitung des P. Z. Verlags Wien–Hamburg (Verlagsprogramm: moderne Weltliteratur, Geschichte, Politik, Zeitgeschichte, Kunst und Kulturgeschichte). 1990 ging der Verlag in dt. Besitz über.

Literatur: 25 Jahre P. Z. Verlag 1923–48, 1948; 70 Jahre P. Z. Verlag 1924–94, 1994; M. G. Hall, Der P. Z. Verlag – Von der Gründung bis zur Rückkehr aus dem Exil, 1994; ders. u. H. Ohrlinger, Der P.-Z.-Verlag 1924–1999. Dokumente und Zeugnisse, 1999.

Zuber, Heinz, * 7. 4. 1941 Lörrach (D), Schauspieler. Zunächst am Wr. Volkstheater, seit 1970 Ensemblemitgl. des Burgtheaters; ab 1968 Fernsehserie „Das kleine Haus"; v. a. bekannt als Clown Enrico aus der Kindersendereihe „Am dam des".

Zuccalli, Giovanni Gaspare, * um 1661 Roveredo (CH), † 14. 5. 1717 Adelholzen (D), Baumeister. Stammte aus einer Graubündener Architektenfamilie und setzte sich mit dem ital. Hochbarock auseinander. Er war in Bayern und Ö. tätig und 1689–93 hochfürstl. Hof- und Landesbaumeister in Salzburg, wichtiger Vorläufer J. B. → Fischers von Erlach.

Werke: Stadt Salzburg: Erhard-Kirche, 1685–89; Kajetanerkirche, 1685–97. – Pfarrkirche Hallwang, 1687–94 (Sbg.); Schloss Aurolzmünster, 1691–1711 (OÖ.).

Zuckerkandl, Emil, * 1. 9. 1849 Raab (Györ, H), † 28. 5. 1910 Wien, Anatom; Bruder von Otto → Zuckerkandl, Ehemann von Berta → Zuckerkandl-Szeps. Schüler von J. → Hyrtl und K. Langer; ab 1882 Univ.-Prof. in Graz, ab 1888 in Wien; Verdienste um die topograph. und vergleichende Anatomie sowie um die Morphologie. Untersuchungen über die Anatomie des Gehörorgans, der Nasenhöhle, der Zähne und über das chromaffine Gewebe (entdeckte die nach ihm benannten z.schen Körperchen).

Werke: Zur Morphologie des Gesichtsschädels, 1877; Normale und patholog. Anatomie der Nasenhöhle, 2 Bde., 1882/92; Atlas der topograph. Anatomie des Menschen, 5 Bde., 1900–04 (Hauptwerk).

Zuckerkandl, Otto, * 28. 12. 1861 Raab (Györ, H), † 1. 7. 1921 Wien, Mediziner; Bruder von Emil → Zuckerkandl. Ab 1896 Univ.-Prof. in Wien; Arbeiten bes. auf dem Gebiet der Chirurgie und der Urologie.

Werke: Hb. der Urologie, 3 Bde., 1903–05 (mit A. v. Frisch); Studien zur Anatomie und Klinik der Prostatahypertherapie, 1922 (mit J. Tandler); Atlas und Grundriß der chirurg. Operationslehre, ⁶1924.

Berta Zuckerkandl-Szeps. Foto.

Zuckerkandl-Szeps, Berta, * 13. 4. 1864 Wien, † 16. 10. 1945 Paris (F), Schriftstellerin und Journalistin; Tochter von Moritz → Szeps, Ehefrau von Emil → Zuckerkandl, Schwägerin des franz. Min.-Präs. G. Clemenceau. Ihr Haus war Treffpunkt berühmter Persönlichkeiten aus Kunst und Kultur (G. → Klimt, G. → Mahler, M. → Reinhardt, A. → Schnitzler u. a.). Z.-S. setzte sich für neue Kunstrichtungen ein und war Mitbegründerin der Sbg. Festspiele; sie emigrierte 1938 nach Paris, später nach Algier.

Werke: Dekorative Kunst und Kunstgewerbe, 1900; Zeitkunst, 1908; Ich erlebte 50 Jahre Weltgeschichte, 1939; Ö. intime Erinnerungen 1892–1942, hg. v. R. Federmann, 1970. – Literatur: R. Redl, B. Z. und die Wr. Ges., Diss., Wien 1978; L. O. Meysels, In meinem Salon ist Ö., 1984.

Zugmann, Gerald, * 1. 11. 1938 Wien, Fotograf. Absolvent der Graph. Lehr- und Versuchsanstalt in Wien, 1977 Zusammenarbeit mit der Architektengruppe → Haus-Rucker-Co, seit 1978 freier Fotograf, spezialisiert auf Architektur- und Ausstellungsfotografie. Arbeiten für zahlr. bed. ö. Architekten. Lehrbeauftragter an der Techn. Univ. Wien.

Literatur: G. Z. – architecture in the box, 1995.

Zulehner, Paul Michael, * 20. 12. 1939 Wien, Theologe. Studierte Philosophie und kath. Theologie in Innsbruck, Wien, Konstanz und München, Priesterweihe 1964. Zunächst an der Univ. Bamberg, 1974–84 Univ.-Prof. in Passau, seither in Wien. Beschäftigt sich v. a. mit religions- und kirchensoziolog. sowie pastoraltheolog. Fragen.

Werke: Helft den Menschen leben, 1976; Scheidung, was dann ...?, 1981; Religion im Leben der Österreicher, 1981; Das Gottesgerücht, 1986; Wider die Resignation in der Kirche, 1989; Ein Obdach der Seele, 1994; Kirchen-Ent-Täuschungen, 1997; Ein Kind in ihrer Mitte, 1999; Wege zu einer solidar. Politik, 1999.

Zülow, Franz von, * 15. 3. 1883 Wien, † 27. 2. 1963 ebd., Maler, Graphiker und Erfinder des Papierschnitt-Schablonendrucks. Schuf ab 1908 Illustrationen und

Entwürfe für die Wr. Werkstätte, war 1920/21 Lehrer an der Keram. Lehrwerkstätte Schleiß in Gmunden (OÖ.), ab 1949 an der Kunstgewerbeschule in Linz; ab 1955 Präs. der Mühlviertler Künstlergilde. Entwarf Porzellandekor, Stoff- und Möbelbemalungen, schuf ab 1925 auch Ölgemälde (Landschaften, Stillleben, Figurenbilder) und Fresken. Nach 1945 zahlr. öffentl. Aufträge für Wandgemälde und Mosaike.

Literatur: P. Baum, F. v. Z., 1980.

Zumbusch, Caspar von, * 23. 11. 1830 Herzebrock (D), † 27. 9. 1915 Rimsting b. Prien am Chiemsee (D), Bildhauer. Erste Ausbildung in München, 1857/58 Studienreise nach Rom, schuf 1866–72 in München das Denkmal für Kg. Maximilian II. 1873–1901 Akad.-Prof. in Wien; hier entstanden als seine Hauptwerke das Beethoven-Denkmal (1873–80) und das Maria-Theresien-Denkmal (1873–88) sowie die Reiterdenkmäler für Feldmarschall Graf Radetzky (1891) und Erzhzg. Albrecht (1898/99). Wichtigster Monumentalplastiker der Ringstraßenzeit.

Literatur: M. Kolisko, C. v. Z., 1931; M. Pötzl-Malikova, Die Plastik der Ringstraße – künstlerische Entwicklung 1890–1918, 1976, W. Krause, Die Plastik der Wr. Ringstraße – von der Spätromantik bis zur Wende um 1900, 1980.

Caspar von Zumbusch. Lithographie.

Zumpf, Peter (auch Neruda Jan, merbod, Stadtschreiber), * 3. 8. 1944 Baden (NÖ.), Lyriker, Erzähler, Theater- und Hörspielautor. Verlagslektor, seit 1987 Leiter des Merbod Verlags; Autor satir.-parodist. Romane mit gesellschaftskrit. Hintergrund („Der Wurzelschnitzer vom Koboldjoch", 1987).

Weitere Werke: Stunde der Spieler, 1978 (Drama; mit P. Schuster); Klärungen, 1980 (Lyrik); Aus dem wildbewegten Jägerleben des Blasius Wenzel H., 1984 (Roman); Randgruppen, 1986 (Erzählungen). – Sachbücher: Wr. Neustädter Literaturlexikon, 1983 (Hg.); Chronik eines Theaters. Wr. Neustadt 1794–1994, 1994; Unbekanntes Wr. Neustadt, 2 Bde., 1999.

Zumtobel, Martin sen., * 24. 1. 1904 Dornbirn (Vbg.), † 17. 5. 2000 ebd., Unternehmer; Vater von Martin → Zumtobel jun.; Hochschulstudien in Köln und Innsbruck, 1926 Eintritt in das väterl. Handelsunternehmen für Lebensmittel, 1937 geschäftsführender Gesellschafter, 1938 Errichtung eines Lagerhauses in Salzburg. Mitbegründer der freien Leistungsgemeinschaft A & O.

Zumtobel, Martin jun., * 14. 3. 1947 Dornbirn (Vbg.), Unternehmer; Sohn von Martin → Zumtobel sen.; Welthandelsstudium in Wien, Managementausbildung in Fontainebleau. Eintritt in das väterl. Import- und Großhandelsunternehmen F. M. Zumtobel (A & O); 1981 Übernahme der Geschäftsführung und der Gesellschaftsmehrheit. Ab 1975 Aufbau der Handelskette familia, die er 1993 an die Schweizer Migros-Gruppe verkaufte; seither Beteiligungen an verschiedenen internat. Unternehmen. Gründete 1992 die „Wirtschaftspartei" (WIP), die bald danach im Liberalen Forum aufging.

Zur Mühlen, Hermynia (geb. Gräfin Hermine Isabelle Maria Folliot de Crenneville-Poutet, verehel. Klein), * 12. 12. 1883 Wien, † 20. 3. 1951 Radlett (GB), Erzählerin, Kinderbuchautorin und Übersetzerin. 1908–12 in 1. Ehe mit dem livländ. Gutsbesitzer Viktor Zur Mühlen verheiratet; trat nach dem 1. Weltkrieg als polit. engagierte Schriftstellerin (KP-Mitgl.) hervor; emigrierte 1938 in die ČSR, 1939 nach England. Bedeutung erlangten die u. a. von George Grosz und John Heartfield illustrierten „Proletarischen Märchen" („Was Peterchens Freunde erzählen", 1921; „Das Schloß der Wahrheit", 1924); die Gefährdung junger Menschen durch den Faschismus thematisiert der Roman „Unsere Töchter, die Nazinen" (1935).

Weitere Werke: Romane: Der Tempel, 1922; Die weiße Pest, 1926; Licht, 1929; Das Riesenrad, 1932; Nora hat eine famose Idee, 1933; Reise durch ein Leben, 1933; Ein Jahr im Schatten, 1935; We Poor Shadows, 1943; Als der Fremde kam, 1947; Eine Flasche Parfüm, 1947. – Erzählungen, Märchen, Autobiographie. – Literatur: J. Holzner u. a. (Hg.), Eine schwierige Heimkehr, 1991; M. Altner, H. Z. M. Eine Biographie, 1997.

Zürn (Ziern, Zirn, Zörn), schwäb. Bildhauerfamilie, im 17. Jh. über 3 Generationen in Oberschwaben, Bayern, OÖ. und Mähren tätig. Ihre Bildhauerarbeiten in Holz und Stein (ausschließlich kirchl. Auftragsarbeiten, wie Altäre, Kanzeln, Heiligenskulpturen) zeigen starke Nachwirkungen spätgot. Formprinzipien, womit sie die spezif. Ausprägung der südt. Barockplastik maßgeblich beeinflussten. Das bedeutendste Familienmitgl. war Michael → Zürn d. J.

Literatur: Die Bildhauerfamilie Z. 1585–1724, Ausst.-Kat., Braunau 1979; C. Zoege v. Manteuffel, Die Bildhauerfamilie Z. 1606–1666, 1989.

Zürn, Michael d. J., * 1654, † 1698, Bildhauer. Wirkte nach einem Aufenthalt in Mähren ab 1681 in Gmunden, ab 1692 in Rosenheim und ab 1696 in Passau. Neben Anregungen aus Böhmen und Mähren sind seine Werke v. a. durch G. L. Bernini und die zeitgleiche venezian. Plastik beeinflusst (Italienaufenthalt nicht nachweisbar). Zu seinen Werken zählen 16 Engel an den Seitenaltären der Stiftskirche Kremsmünster (1682–86) sowie Altarstatuen in den Pfarrkirchen von Grünau im Almtal, Vorchdorf, Altmünster und Gmunden.

Literatur: G. Ludig, Studien zu einer Monographie über den Barockbildhauer M. Z. d. J. (1654–1698), 1969.

Zusanek, Harald, * 14. 1. 1922 Wien, † 21. 1. 1989 ebd., Lyriker, Dramatiker, Autor von Hör- und Fernsehspielen. Ab 1967 Prof. an der Hochschule f. Musik und darst. Kunst in Wien. Grundthema seiner in den 50er Jahren oft gespielten Dramen ist die Bedrohung des Menschen durch inhumane Ideologien („Warum gräbst du, Centurio", 1949); Ö. Staatspreis 1951.

Weitere Werke: Dramen: Jean von der Tonne, 1954; Die dritte Front, 1956; Piazza, 1964. – Lyrik: Hinter der Erde, 1956. – Literatur: P. Wimmer, Der Dramatiker H. Z., 1988.

Zweig, Friderike Maria (geb. Burger, auch: F. M. Winternitz, F. M. Zweig-Winternitz), * 4. 12. 1882 Wien, † 18. 1. 1971 Stanford (USA), Schriftstellerin, Journalistin, Lehrerin; in 1. Ehe mit dem Journalisten Felix Winternitz, in 2. mit Stefan → Zweig (dessen 1. Frau) verheiratet. Gründerin der American-European Friendship Association. War Ehrenpräsidentin der Internat. Stefan-Z.-Ges. und trat durch biograph. Werke über Z. hervor („Stefan Z. Wie ich ihn erlebte", 1947; „Stefan Z. Eine Bildmonographie", 1961).

Weitere Werke: Romane: Der Ruf der Heimat, 1914; Vögelchen, 1919; Erik Neergard und die Schwestern, 1951. – Biographien: Louis Pasteur, 1939; Wunder und Zeichen. Große Gestalten des Hoch-MA, 1949. – Autobiographie: Spiegelungen des Lebens, 1964. – Briefwechsel Stefan Z.–F. M. Z. 1912–42, 1951.

Zweig, Max, * 22. 6. 1892 Proßnitz (Prostějov, CZ), † 5. 1. 1992 Jerusalem (Israel), Dramatiker. Lebte ab 1920 als freier Schriftsteller in Berlin, 1938 Emigration nach Palästina. Autor zahlr. Dramen zu relig., hist. und zeitgeschichtl. Themen nach klassisch-idealist. Prinzipien.

Werke: Dramen: Ragen, 1925; Die Marranen, 1938; Die Dt. Bartholomäusnacht, 1940; Ghetto Warschau, 1947; Saul. Jerusalem, 1951; Die Entscheidung des Lorenzo Moreno, 1965. – Autobiographie: Lebenserinnerungen, 1987. – Ausgaben: Der Generalsekretär und andere Dramen, hg. v. E. Benyoetz, 1979; Die Liebe in uns vergrößern. 3 Schauspiele, hg. v. K. Becsi, 1984; Werke in Einzelbänden, hg. v. E. Reichmann, 5 Bde., 1997–2000. – Literatur: N. Fürst, Das Dramenwerk M. Z., 1986; E. Reichmann (Hg.), M. Z. Kritische Betrachtungen, 1995.

Stefan Zweig. Foto.

Zweig, Stefan, * 28. 11. 1881 Wien, † 23. 2. 1942 Petropolis b. Rio de Janeiro (BR; Selbstmord mit seiner 2. Frau), Erzähler, Dramatiker, Lyriker, Essayist, Übersetzer; in erster Ehe verheiratet mit Friderike Maria → Zweig. Stammte aus großbürgerlich-jüd. Familie, studierte in Berlin und Wien Philosophie, Germanistik und Romanistik. Bis 1914 Reisen in aller Welt, während des 1. Weltkriegs Tätigkeit im Wr. Kriegspressequartier, ging 1917 als überzeugter Pazifist vorübergehend in die Schweiz und lebte 1919–34 meist in Salzburg. Aus Protest gegen Schikanen im Zuge der Februarkämpfe 1934 wählte er London zum neuen Hauptwohnsitz, 1940 brit. Staatsbürger, 1941 Übersiedlung nach Brasilien.

Obzwar Kosmopolit und „Europäer", blieb Z. zeitlebens ein Repräsentant alt-ö. Geistigkeit, sein Werk ist bestimmt von pazifist.-humanist. Gedankengut. Zunächst dem Wr. Impressionismus und der Neuromantik verpflichtet, errang er erste Erfolge als Lyriker („Silberne Saiten", 1901) und wandte sich dann, beeinflusst von S. → Freud und der Psychoanalyse, in novellist. Erzählprosa den sexuellen Verwirrungen des zeitgenöss. Bürgertums zu („Brennendes Geheimnis", 1913; „Amok. Novelle einer Leidenschaft", 1922; „Verwirrung der Gefühle", 1927). Internat. Erfolge feierte Z. mit Romanbiographien, die im Gegensatz zur damals gängigen heroischen Biographie das „Heldentum einer inneren Überzeugung" gestalteten („Marie Antoinette", 1932; „Triumph und Tragik des Erasmus von Rotterdam", 1934; „Maria Stuart", 1935; „Magellan", 1938); zu einem der meistverkauften Bücher seiner Zeit überhaupt wurde der Essayband „Sternstunden der Menschheit" (1927).

Weitere Werke: Lyrik: Die frühen Kränze, 1906; Die gesammelten Gedichte, 1924. – Romane: Ungeduld des Herzens, 1939; Rausch der Verwandlung, aus dem Nachlass hg. v. K. Beck, 1982; Clarissa. Ein Romanentwurf, aus dem Nachlass hg. v. K. Beck, 1992. – Biographien und Essays: E. Verhaeren, 1910; Drei Meister. Balzac, Dickens, Dostojewski, 1920; Romain Rolland, 1921; Der Kampf mit dem Dämon. Hölderlin. Kleist. Nietzsche, 1925; Drei Dichter ihres Lebens, 1928; Joseph Fouché, 1929; Die Heilung durch den Geist, 1931; Castellio gegen Calvin oder Ein Gewissen gegen die Gewalt, 1936; Amerigo, 1944; Balzac, 1946. – Erzählungen: Der Zwang, 1920; Die Augen des ewigen Bruders, 1922; Angst, 1925; Kleine Chronik, 1929; Schachnovelle, 1941. – Dramen: Tersites, 1907; Das Haus am Meer, 1912; Der verwandelte Komödiant, 1913; Jeremias, 1917; Legende eines Lebens, 1919; Quiproquo, 1928 (mit A. Lernet-Holenia); Das Lamm des Armen, 1929. – Autobiographisches: Begegnungen mit Menschen, Büchern, Städten, 1937; Die Welt von Gestern, 1944. – Ausgaben: Gesammelte Werke in Einzelbänden, hg. v. K. Beck, 1981ff.; Tagebücher, hg. v. K. Beck, 1984; Briefwechsel mit Bahr, Freud, Rilke und Schnitzler, hg. v. J. B. Berlin u. a., 1987; Briefe, hg. v. K. Beck, 4 Bde., 1995ff.; Die Monotonisierung der Welt. Aufsätze und Vorträge, hg. v. V. Michels, 1988. – Literatur: J. Strelka, S. Z. Freier Geist der Menschlichkeit, 1981; D. A. Prater, S. Z. Das Leben eines Ungeduldigen, 1981; D. A. Prater u. V. Michels (Hg.), S. Z. Leben und Werk im Bild, 1981; H. Müller, S. Z., 1988; T. Haenel, S. Z., Psychologe aus Leidenschaft, 1995; I. Schwamborn (Hg.), Die letzte Partie. S. Z. Leben und Werk in Brasilien, 1999; S. Schmid-Bortenschlager (Hg.), S. Z. lebt, 1999; NÖB.

Zwerenz, Mizzi (eigentl. Maria Anna Z., verehel. Guttmann), * 13. 7. 1876 Pistian (Piešťany, SK), † 14. 6. 1947 Wien, beliebte Wr. Operettensoubrette; ab 1905 Ehefrau des Sängers (Bass) Arthur Guttmann (* 1. 7. 1877, † 12. 7. 1952). Sang 1901–20 am Carltheater, am Raimundtheater und im Prater.

Zwerger, Johann Baptist, * 23. 6. 1824 Altrei (S-Ti.), † 14. 8. 1893 Graz (Stmk.), Prof. f. Pastoraltheologie, Dompropst in Trient, ab 1867 Bischof von Graz-Seckau. Stellte sich dem Kulturkampf, förderte Katholikentage, verschiedene Orden und die Herz-Jesu-Verehrung. Mit Z. ist der Bau der Herz-Jesu-Kirche in Graz verbunden.

Literatur: M. Liebmann, Leben und Wirken von Fürstbischof J. B. Z., in: Kirche, Künstler und Konflikte, 1991; E. Runggaldier, J. B. Z., 1993.

Zwiedineck-Südenhorst, Hans von, * 14. 4. 1845 Frankfurt a. Main (D), † 22. 11. 1906 Graz (Stmk.), Historiker. Ab 1880 Dir. der Stmk. Landesbibl., ab 1899 Univ.-Prof. in Graz.

Werke: Hans Ulrich Fürst von Eggenberg, 1880; Ö. unter Maria Theresia, Joseph II. und Leopold II., 1884 (mit A. Wolf).

Zwierina, Otto, * 18. 6. 1900 Wien, † 17. 7. 1981 Mödling (NÖ.), Elektrotechniker. Studierte 1918–25 Elektrotechnik und Maschinenbau an der Techn. Hochschule in Wien, 1925–45 in der Industrie tätig, 1946–71 Prof. an der Techn. Hochschule in Wien; leitete ab 1946 auch den Aufbau eines Höchstspannungsprüffeldes am Arsenalgelände. Beschäftigte sich v. a. mit Mess- und Prüftechnik.

Zwilling, David, * 24. 8. 1949 Abtenau (Sbg.), Skirennläufer und Manager (Geschäftsführer einer Golf-Akademie). 1969–75 im Weltcup, insges. 2 Weltcupsiege im Riesenslalom. 1974 in St. Moritz Weltmeister im Abfahrtslauf und Silbermedaille im Slalom. Neben K. → Schranz einer der wenigen Allrounder im ö. Skisport.

Zwilling, Ernst Alexander, * 25. 9. 1904 Esseg (Osijek, HR), † 24. 10. 1990 Baden (NÖ.), Afrikaforscher, Reiseschriftsteller. 1928–38 als Pflanzer, Großwildjäger und Expeditionsleiter in Äquatorialafrika. Ab 1950 neuerlich in Afrika. Sammlungen im Naturhist. Mus. und im Mus. für Völkerkunde.

Werke: Unvergessenes Kamerun, 1940; Vom Urhahn zum Gorilla, 1949; Großwildjäger in Afrika, 1954; Steppentage – Urwaldnächte, 1954; Tropen, Urwald, Afrika, 1956; Angola-Safari, 1958; Sahara-Piste, 1959; Tierparadies Ostafrika, 1959; Wildes Karamoja, 1964.

Zwillinger, Frank Gerhard, * 29. 11. 1909 Wien, † 26. 11. 1989 Garches b. Paris (F), Lyriker, Dramatiker, Germanist. Emigrierte 1938 nach O-Asien und lebte in Saigon (Vietnam). Eintritt in die Fremdenlegion, wurde 1945 schwer verwundet und übersiedelte in der Folge nach Frankreich, wo er zum Dir. eines Parfümeriekonzerns aufstieg. Setzt sich in freirhythm., bilderreicher Lyrik (Gedichte, 3 Bde., 1963) mit Natur und Kosmos sowie mit relig. Themen auseinander.

Weitere Werke: Lyrik: Dalmatinisches Bilderbuch, 1938; Wandel und Wiederkehr, 1950; Der magische Tanz, 1960; Entzifferung, 1960; Ich sah die Jahre nur im Spiegel gehn, 1963; ortung. kosmische texte, 1976; Lyrisches Triptychon, 1980. – Dramen: Galileo Galilei, 1962; Der Streik Gottes, 1967; Geist und Macht, 1973 (Dramen).

Zykan, Otto Matthäus, * 29. 4. 1935 Wien, Komponist, Pianist. Gründete 1968 mit K. → Schwertsik und H. K. → Gruber das Ensemble „MOB art & tone ART"; lebt als freischaffender Komponist in Wien.

Werke: Filme: Staatsmusik, 1973; Staatsoperette, 1977. – Bühnen- und Filmstücke: Singers Nähmaschine ist die beste, 1966; Kunst kommt von Gönnen, 1980; Auszählreim, 1987; Wahr ist, daß der Tiger frißt, 1994; Odysseus, 1994. – Kammermusik, Bühnenmusik für das Burgtheater.

Tabellenanhang

Die Bundespräsidenten der Republik Österreich

Karl Seitz*	30. 10. 1918– 9. 12. 1920
Michael Hainisch	9. 12. 1920–10. 12. 1928
Wilhelm Miklas	10. 12. 1928–13. 3. 1938
—	—
Karl Renner**	27. 4. 1945–20. 12. 1945
Karl Renner	20. 12. 1945–31. 12. 1950
Theodor Körner	21. 6. 1951– 4. 1. 1957
Adolf Schärf	22. 5. 1957–28. 2. 1965
Franz Jonas	9. 6. 1965–24. 4. 1974
Rudolf Kirchschläger	8. 7. 1974– 8. 7. 1986
Kurt Waldheim	8. 7. 1986– 8. 7. 1992
Thomas Klestil	8. 7. 1992–

* als Präsident des Staatsratsdirektoriums
** als Staatskanzler

Die Bundeskanzler der Republik Österreich

Karl Renner* (SDAP)	30. 10. 1918– 7. 7. 1920
Michael Mayr** (CS)	7. 7. 1920–21. 6. 1921
Johann Schober (Beamter)	21. 6. 1921–26. 1. 1922
Walter Breisky (Beamter)	26. 1. 1922–27. 1. 1922
Johann Schober (Beamter)	27. 1. 1922–31. 5. 1922
Ignaz Seipel (CS)	31. 5. 1922–20. 11. 1924
Rudolf Ramek (CS)	20. 11. 1924–20. 10. 1926
Ignaz Seipel (CS)	20. 10. 1926– 4. 5. 1929
Ernst Streeruwitz (CS)	4. 5. 1929–26. 9. 1929
Johann Schober (Beamter)	26. 9. 1929–30. 9. 1930
Carl Vaugoin (CS)	30. 9. 1930– 4. 12. 1930
Otto Ender (CS)	4. 12. 1930–20. 6. 1931
Karl Buresch (CS)	20. 6. 1931–20. 5. 1932
Engelbert Dollfuß (CS, VF)	20. 5. 1932–25. 7. 1934
Kurt Schuschnigg (VF)	29. 7. 1934–11. 3. 1938
Arthur Seyß-Inquart (NS)	11. 3. 1938–13. 3. 1938
—	—
Karl Renner* (SPÖ)	27. 4. 1945–20. 12. 1945
Leopold Figl (ÖVP)	20. 12. 1945– 2. 4. 1953
Julius Raab (ÖVP)	2. 4. 1953–11. 4. 1961
Alfons Gorbach (ÖVP)	11. 4. 1961– 2. 4. 1964
Josef Klaus (ÖVP)	2. 4. 1964–21. 4. 1970
Bruno Kreisky (SPÖ)	21. 4. 1970–24. 5. 1983
Fred Sinowatz (SPÖ)	24. 5. 1983–16. 6. 1986
Franz Vranitzky (SPÖ)	16. 6. 1986–28. 1. 1997
Viktor Klima (SPÖ)	29. 1. 1997– 4. 2. 2000
Wolfgang Schüssel (ÖVP)	4. 2. 2000–

* Staatskanzler
** bis 20.11.1920 Staatskanzler

Die Vizekanzler der Republik Österreich

Jodok Fink (CS)	15. 3. 1919–26. 4. 1920
Ferdinand Hanusch (SDAP)	7. 7. 1920–22. 10. 1920
Eduard Heinl (CS)	22. 10. 1920–20. 11. 1920
Walter Breisky (Beamter)	20. 11. 1920–31. 5. 1922
Felix Frank (großdt.)	31. 5. 1922–20. 11. 1924
Leopold Waber (großdt.)	20. 11. 1924–20. 10. 1926
Franz Dinghofer (großdt.)	20. 10. 1926–19. 5. 1927
Karl Hartleb (LB)	19. 5. 1927– 4. 5. 1929
Vinzenz Schumy (LB)	4. 5. 1929–26. 9. 1929
Carl Vaugoin (CS)	26. 9. 1929–30. 9. 1930
Richard Schmitz (CS)	30. 9. 1930– 4. 12. 1930
Johann Schober (Beamter)	4. 12. 1930–29. 1. 1932
Franz Winkler (LB)	29. 1. 1932–21. 9. 1933
Emil Fey (Heimwehr)	21. 9. 1933– 1. 5. 1934
Ernst Rüdiger Starhemberg (HW)	1. 5. 1934–14. 5. 1936
Eduard Baar-Baarenfels (HW)	14. 5. 1936– 3. 11. 1936
Ludwig Hülgerth (VF)	3. 11. 1936–11. 3. 1938
Edmund Glaise-Horstenau (NS)	11. 3. 1938–13. 3. 1938
—	—
Adolf Schärf (SPÖ)	20. 12. 1945–22. 5. 1957
Bruno Pittermann (SPÖ)	22. 5. 1957–19. 4. 1966
Fritz Bock (ÖVP)	19. 4. 1966–19. 1. 1968
Hermann Withalm (ÖVP)	19. 1. 1968–21. 4. 1970
Rudolf Häuser (SPÖ)	21. 4. 1970–30. 9. 1976
Hannes Androsch (SPÖ)	1. 10. 1976–20. 1. 1981
Fred Sinowatz (SPÖ)	20. 1. 1981–24. 5. 1983
Norbert Steger (FPÖ)	24. 5. 1983–21. 1. 1987
Alois Mock (ÖVP)	21. 1. 1987–24. 4. 1989
Josef Riegler (ÖVP)	24. 4. 1989– 2. 7. 1991
Erhard Busek (ÖVP)	2. 7. 1991– 4. 5. 1995
Wolfgang Schüssel (ÖVP)	4. 5. 1995– 4. 2. 2000
Susanne Riess-Passer (FPÖ)	4. 2. 2000–

Die Nationalratspräsidenten der Republik Österreich

Karl Seitz* (SDAP)	21. 10. 1918–16. 2. 1919
Karl Seitz** (SDAP)	5. 3. 1919– 9. 11. 1920
Richard Weiskirchner (CS)	10. 11. 1920–20. 11. 1923
Wilhelm Miklas (CS)	20. 11. 1923– 6. 12. 1928
Alfred Gürtler (CS)	13. 12. 1928– 1. 10. 1930
Matthias Eldersch (SDAP)	4. 12. 1930–20. 4. 1931
Karl Renner (SDAP)	29. 4. 1931– 4. 3. 1933
—	—
Leopold Kunschak (ÖVP)	19. 12. 1945–13. 3. 1953
Felix Hurdes (ÖVP)	18. 3. 1953– 9. 6. 1959
Leopold Figl (ÖVP)	9. 6. 1959– 5. 2. 1962
Alfred Maleta (ÖVP)	14. 2. 1962–31. 3. 1970
Karl Waldbrunner (SPÖ)	31. 3. 1970–24. 6. 1970
Karl Waldbrunner (SPÖ)	20. 10. 1970– 4. 11. 1971
Anton Benya (SPÖ)	4. 11. 1971–17. 12. 1986
Leopold Gratz (SPÖ)	17. 12. 1986–23. 2. 1989
Rudolf Pöder (SPÖ)	28. 2. 1989– 5. 11. 1990
Heinz Fischer (SPÖ)	5. 11. 1990–

* Präsident der Provisorischen Nationalversammlung
** Präsident der Konstituierenden Nationalversammlung

Die Außenminister der Republik Österreich

Victor Adler (SDAP)	30. 10. 1918–11. 11. 1918
Otto Bauer (SDAP)	21. 11. 1918–26. 7. 1919
Karl Renner* (SDAP)	26. 7. 1919–22. 10. 1920
Michael Mayr* (CS)	22. 10. 1920–21. 6. 1921
Johann Schober* (Beamter)	21. 6. 1921–26. 1. 1922
Walter Breisky* (Beamter)	26. 1. 1922–27. 1. 1922
Leopold Hennet (Beamter)	27. 1. 1922–31. 5. 1922
Alfred Grünberger (CS)	31. 5. 1922–20. 11. 1924
Heinrich Mataja (CS)	20. 11. 1924–15. 1. 1926
Rudolf Ramek** (CS)	15. 1. 1926–20. 10. 1926
Ignaz Seipel** (CS)	20. 10. 1926– 4. 5. 1929
Ernst Streeruwitz** (CS)	4. 5. 1929–26. 9. 1929
Johann Schober** (Beamter)	26. 9. 1929–30. 9. 1930
Ignaz Seipel (CS)	30. 9. 1930– 4. 12. 1930
Johann Schober (Beamter)	4. 12. 1930–29. 1. 1932
Karl Buresch** (CS)	29. 1. 1932–20. 5. 1932
Engelbert Dollfuß** (CS, VF)	20. 5. 1932–10. 7. 1934
Stephan Tauschitz (LB, VF)	10. 7. 1934– 3. 8. 1934
Egon Berger-Waldenegg (VF)	3. 8. 1934–14. 5. 1936
Kurt Schuschnigg** (VF)	14. 5. 1936–11. 7. 1936
Guido Schmidt (VF)	11. 7. 1936–11. 3. 1938
Wilhelm Wolf (NS)	11. 3. 1938–13. 3. 1938
—	—
Karl Gruber (ÖVP)	26. 9. 1945–26. 11. 1953
Leopold Figl (ÖVP)	26. 11. 1953–10. 6. 1959
Julius Raab* (ÖVP)	10. 6. 1959–16. 7. 1959
Bruno Kreisky (SPÖ)	16. 7. 1959–19. 4. 1966
Lujo Toncic-Sorinj (ÖVP)	19. 4. 1966–19. 1. 1968
Kurt Waldheim (ÖVP)	19. 1. 1968–21. 4. 1970
Rudolf Kirchschläger (parteilos)	21. 4. 1970–23. 6. 1974

Erich Bielka (parteilos)	23. 6. 1974–30. 9. 1976
Willibald Pahr (parteilos)	1. 10. 1976–24. 5. 1983
Erwin Lanc (SPÖ)	24. 5. 1983–10. 9. 1984
Leopold Gratz (SPÖ)	10. 9. 1984–16. 6. 1986
Peter Jankowitsch (SPÖ)	16. 6. 1986–21. 1. 1987
Alois Mock (ÖVP)	21. 1. 1987– 4. 5. 1995
Wolfgang Schüssel (ÖVP)	4. 5. 1995– 4. 2. 2000
Benita M. Ferrero-Waldner (ÖVP)	4. 2. 2000–

* auch Staats- bzw. Bundeskanzler
** als Bundeskanzler

Die Bildungsminister der Republik Österreich

Elisabeth Gehrer (ÖVP)	1. 4. 2000–

Die Familienminister der Republik Österreich

Elfriede Karl (SPÖ)	24. 5. 1983–10. 9. 1984
Gertrude Fröhlich-Sandner (SPÖ)	10. 9. 1984–21. 1. 1987
Marilies Flemming (ÖVP)	21. 1. 1987– 5. 3. 1991
Ruth Feldgrill-Zankel (ÖVP)	5. 3. 1991–25. 11. 1992
Maria Rauch-Kallat (ÖVP)	25. 11. 1992–31. 12. 1994
Sonja Moser (ÖVP)	1. 1. 1995–12. 3. 1996
Martin Bartenstein (ÖVP)	12. 3. 1996– 4. 2. 2000
Wilhelm Molterer (ÖVP)	4. 2. 2000–31. 3. 2000

Die Finanzminister der Republik Österreich

Otto Steinwender (dt.-nat.)	30. 10. 1918–15. 3. 1919
Josef Schumpeter (Beamter)	15. 3. 1919–17. 10. 1919
Richard Reisch (Beamter)	17. 10. 1919–20. 11. 1920
Ferdinand Grimm (Beamter)	20. 11. 1920– 7. 10. 1921
Alfred Gürtler (CS)	7. 10. 1921–10. 5. 1922
Johann Schober* (Beamter)	10. 5. 1922–31. 5. 1922
August Ségur (CS)	31. 5. 1922–14. 11. 1922
Viktor Kienböck (CS)	14. 11. 1922–20. 11. 1924
Jakob Ahrer (CS)	20. 11. 1924–15. 1. 1926
Josef Kollmann (CS)	15. 1. 1926–20. 10. 1926
Viktor Kienböck (CS)	20. 10. 1926– 4. 5. 1929
Johann J. Mittelberger (CS)	4. 5. 1929–26. 9. 1929
Johann Schober* (Beamter)	26. 9. 1929–16. 10. 1929
Otto Juch (Beamter)	16. 10. 1929–20. 6. 1931
Josef Redlich (parteilos)	20. 6. 1931– 5. 10. 1931
Karl Buresch* (CS)	5. 10. 1931–16. 10. 1931
Emanuel Weidenhoffer (CS)	16. 10. 1931–10. 5. 1933
Karl Buresch (CS, VF)	10. 5. 1933–17. 10. 1935
Ludwig Draxler (VF)	17. 10. 1935– 3. 11. 1936
Rudolf Neumayer (VF, NS)	3. 11. 1936–13. 3. 1938
—	—
Georg Zimmermann (Beamter)	27. 4. 1945– 8. 11. 1949
Eugen Margarétha (ÖVP)	8. 11. 1949–23. 1. 1952
Reinhard Kamitz (ÖVP)	23. 1. 1952–17. 6. 1960
Eduard Heilingsetzer (ÖVP)	17. 6. 1960–11. 4. 1961
Josef Klaus (ÖVP)	11. 4. 1961–27. 3. 1963
Franz Korinek (ÖVP)	27. 3. 1963– 2. 4. 1964
Wolfgang Schmitz (ÖVP)	2. 4. 1964–19. 1. 1968
Stephan Koren (ÖVP)	19. 1. 1968–21. 4. 1970
Hannes Androsch (SPÖ)	21. 4. 1970–20. 1. 1981
Herbert Salcher (SPÖ)	20. 1. 1981–10. 9. 1984
Franz Vranitzky (SPÖ)	10. 9. 1984–16. 6. 1986
Ferdinand Lacina (SPÖ)	16. 6. 1986– 6. 4. 1995
Andreas Staribacher (SPÖ)	6. 4. 1995– 3. 1. 1996
Viktor Klima (SPÖ)	3. 1. 1996–28. 1. 1997
Rudolf Edlinger (SPÖ)	28. 1. 1997– 4. 2. 2000
Karl-Heinz Grasser (FPÖ)	4. 2. 2000–

* als Bundeskanzler

Die Gesundheitsminister der Republik Österreich

Ingrid Leodolter (SPÖ)	2. 2. 1972– 8. 10. 1979
Hertha Firnberg* (SPÖ)	8. 10. 1979– 5. 11. 1979
Herbert Salcher (SPÖ)	5. 11. 1979–20. 1. 1981
Kurt Steyrer (SPÖ)	20. 1. 1981–17. 12. 1985
Franz Kreuzer (SPÖ)	17. 12. 1985–21. 1. 1987
Marilies Flemming* (ÖVP)	21. 1. 1987–31. 3. 1987
Franz Löschnak (SPÖ)	1. 4. 1987– 2. 2. 1989
Harald Ettl (SPÖ)	2. 2. 1989– 3. 4. 1992
Michael Ausserwinkler (SPÖ)	3. 4. 1992–17. 3. 1994
Christa Krammer (SPÖ)	17. 3. 1994–28. 1. 1997

* mit der Leitung betraut

Die Handelsminister der Republik Österreich

Karl Urban (dt.-nat.)	30. 10. 1918–15. 3. 1919
Johann Zerdik (CS)	15. 3. 1919–24. 6. 1920
Wilhelm Ellenbogen (SDAP)	24. 6. 1920– 7. 7. 1920
Eduard Heinl (CS)	7. 7. 1920–21. 6. 1921
Alexander Angerer (Beamter)	21. 6. 1921– 7. 10. 1921
Alfred Grünberger (CS)	7. 10. 1921–31. 5. 1922
Emil Kraft (großdt.)	31. 5. 1922–17. 4. 1923
Hans Schürff (CS, großdt.)	17. 4. 1923–26. 9. 1929
Michael Hainisch (parteilos)	26. 9. 1929–17. 6. 1930
Johann Schober* (Beamter)	17. 6. 1930–20. 6. 1930
Friedrich Schuster	20. 6. 1930–30. 9. 1930
Eduard Heinl (CS)	30. 9. 1930–20. 5. 1932
Guido Jakoncig (Heimwehr)	20. 5. 1932–10. 5. 1933
Friedrich Stockinger (CS, VF)	10. 5. 1933– 3. 11. 1936
Wilhelm Taucher (VF)	3. 11. 1936–16. 2. 1938
Julius Raab (VF)	16. 2. 1938–11. 3. 1938
Hans Fischböck (NS)	11. 3. 1938–13. 3. 1938
—	—
Eduard Heinl (ÖVP)	27. 4. 1945–20. 12. 1945
Eugen Fleischacker (ÖVP)	20. 12. 1945–31. 5. 1946
Eduard Heinl (ÖVP)	31. 5. 1946–18. 2. 1948
Ernst Kolb (ÖVP)	18. 2. 1948–23. 1. 1952
Josef Böck-Greissau (ÖVP)	23. 1. 1952–21. 4. 1953
Julius Raab* (ÖVP)	21. 4. 1953–28. 4. 1953
Udo Illig (ÖVP)	28. 4. 1953–19. 9. 1956
Fritz Bock (ÖVP)	19. 9. 1956–19. 1. 1968
Otto Mitterer (ÖVP)	19. 1. 1968–21. 4. 1970
Josef Staribacher (SPÖ)	21. 4. 1970–24. 5. 1983
Norbert Steger (FPÖ)	24. 5. 1983–21. 1. 1987
Robert Graf (ÖVP)	21. 1. 1987– 1. 4. 1987

* als Bundeskanzler

Die Innenminister der Republik Österreich

Heinrich Mataja (CS)	30. 10. 1918–15. 3. 1919
Karl Renner* (SDAP)	15. 3. 1919– 9. 5. 1919
Matthias Edlersch (SDAP)	9. 5. 1919– 7. 7. 1920
Walter Breisky (Beamter)	7. 7. 1920–20. 11. 1920
Egon Glanz (Beamter)	20. 11. 1920– 7. 4. 1921
Walter Breisky (Beamter)	7. 4. 1921–23. 4. 1921
Rudolf Ramek (CS)	23. 4. 1921–21. 6. 1921
Leopold Waber (großdt.)	21. 6. 1921–16. 1. 1922
Johann Schober* (Beamter)	16. 1. 1922–26. 1. 1922
Walter Breisky (Beamter)	26. 1. 1922–27. 1. 1922
Johann Schober* (Beamter)	27. 1. 1922–31. 5. 1922
Felix Frank (großdt.)	31. 5. 1922–17. 4. 1923
Ignaz Seipel* (CS)	17. 4. 1923–20. 11. 1924
Rudolf Ramek* (CS)	20. 11. 1924–20. 10. 1926
Ignaz Seipel* (CS)	20. 10. 1926– 4. 5. 1929
Ernst Streeruwitz* (CS)	4. 5. 1929–26. 9. 1929
Vinzenz Schumy (LB)	26. 9. 1929–30. 9. 1930
Ernst Rüdiger Starhemberg (HW)	30. 9. 1930– 4. 12. 1930
Franz Winkler (LB)	4. 12. 1930–16. 6. 1931
Otto Ender* (CS)	16. 6. 1931–20. 6. 1931
Franz Winkler (LB)	20. 6. 1931–20. 5. 1932
Franz Bachinger (LB)	20. 5. 1932–10. 5. 1933
Vinzenz Schumy (LB)	10. 5. 1933–21. 9. 1933
Robert Kerber (CS)	23. 9. 1933–10. 7. 1934
Emil Fey (Heimwehr)	30. 7. 1934–17. 10. 1935
Kurt Schuschnigg* (VF)	17. 10. 1935–29. 10. 1935
Eduard Baar-Baarenfels (VF)	29. 10. 1935– 3. 11. 1936
Kurt Schuschnigg* (VF)	3. 11. 1936– 6. 11. 1936
Edmund Glaise-Horstenau (VF)	6. 11. 1936–16. 2. 1938

Arthur Seyß-Inquart (NS)	16. 2. 1938–11. 3. 1938
Arthur Seyß-Inquart* (NS)	11. 3. 1938–13. 3. 1938
——	——
Franz Honner (KPÖ)	27. 4. 1945–20. 12. 1945
Oskar Helmer (SPÖ)	20. 12. 1945–16. 7. 1959
Josef Afritsch (SPÖ)	16. 7. 1959–27. 3. 1963
Franz Olah (SPÖ)	27. 3. 1963–21. 9. 1964
Hans Czettel (SPÖ)	21. 9. 1964–19. 4. 1966
Franz Hetzenauer (ÖVP)	19. 4. 1966–19. 1. 1968
Franz Soronics (ÖVP)	19. 1. 1968–21. 4. 1970
Otto Rösch (SPÖ)	21. 4. 1970– 8. 6. 1977
Erwin Lanc (SPÖ)	8. 6. 1977–24. 5. 1983
Karl Blecha (SPÖ)	24. 5. 1983– 2. 2. 1989
Franz Löschnak (SPÖ)	2. 2. 1989– 6. 4. 1995
Caspar Einem (SPÖ)	6. 4. 1995–28. 1. 1997
Karl Schlögl (SPÖ)	28. 1. 1997– 4. 2. 2000
Ernst Strasser (ÖVP)	4. 2. 2000–

* als Staats- bzw. Bundeskanzler

Die Justizminister der Republik Österreich

Julius Roller (dt.-nat.)	30. 10. 1918–15. 3. 1919
Richard Bratusch (Beamter)	15. 3. 1919–17. 10. 1919
Rudolf Ramek (CS)	17. 10. 1919–24. 6. 1920
Matthias Eldersch (SDAP)	24. 6. 1920– 7. 7. 1920
Julius Roller (dt.-nat.)	7. 7. 1920–20. 11. 1920
Rudolf Paltauf (Beamter)	20. 11. 1920–31. 5. 1922
Leopold Waber (großdt.)	31. 5. 1922–16. 4. 1923
Felix Frank (großdt.)	17. 4. 1923–20. 11. 1924
Leopold Waber (großdt.)	20. 11. 1924–20. 10. 1926
Franz Dinghofer (großdt.)	20. 10. 1926– 4. 7. 1928
Ignaz Seipel* (CS)	4. 7. 1928– 6. 7. 1928
Franz Slama (großdt.)	6. 7. 1928–30. 9. 1930
Franz Hueber (Heimwehr)	30. 9. 1930– 4. 12. 1930
Hans Schürff (großdt.)	4. 12. 1930–30. 5. 1931
Johann Schober (Beamter)	30. 5. 1931–20. 6. 1931
Hans Schürff (großdt.)	20. 6. 1931–29. 1. 1932
Kurt Schuschnigg (CS)	29. 1. 1932–10. 7. 1934
Egon Berger-Waldenegg (HW)	10. 7. 1934–17. 10. 1935
Robert Winterstein (VF)	17. 10. 1935–14. 5. 1936
Hans Hammerstein-Equord (VF)	14. 5. 1936– 3. 11. 1936
Adolf Pilz (VF)	3. 11. 1936–16. 2. 1938
Ludwig Adamovich (VF)	16. 2. 1938–11. 3. 1938
Franz Hueber (NS)	11. 3. 1938–13. 3. 1938
——	——
Josef Gerö (Beamter)	27. 4. 1945– 8. 11. 1949
Otto Tschadek (SPÖ)	8. 11. 1949–16. 9. 1952
Josef Gerö (Beamter)	16. 9. 1952–28. 12. 1954
Adolf Schärf** (SPÖ)	30. 12. 1954–17. 1. 1955
Hans Kapfer (Beamter)	17. 1. 1955–29. 6. 1956
Otto Tschadek (SPÖ)	29. 6. 1956–23. 6. 1960
Christian Broda (SPÖ)	23. 6. 1960–19. 4. 1966
Hans Klecatsky (Beamter)	19. 4. 1966–21. 4. 1970
Christian Broda (SPÖ)	21. 4. 1970–24. 5. 1983
Harald Ofner (FPÖ)	24. 5. 1983–21. 1. 1987
Egmont Foregger (Beamter)	21. 1. 1987–17. 12. 1990
Nikolaus Michalek (parteilos)	17. 12. 1990– 4. 2. 2000
Michael Krüger (FPÖ)	4. 2. 2000– 2. 3. 2000
Dieter Böhmdorfer (parteilos)	2. 3. 2000–

* als Bundeskanzler
** als Vizekanzler

Die Landwirtschaftsminister der Republik Österreich

Josef Stöckler (CS)	30. 10. 1918–24. 6. 1920
Karl Renner* (SDAP)	24. 6. 1920– 7. 7. 1920
Alois Haueis (CS)	7. 7. 1920–21. 6. 1921
Leopold Hennet (Beamter)	21. 6. 1921–31. 5. 1922
Rudolf Buchinger (CS)	31. 5. 1922–15. 1. 1926
Andreas Thaler (CS)	15. 1. 1926– 4. 5. 1929
Florian Födermayr (CS)	4. 5. 1929–30. 9. 1930
Andreas Thaler (CS)	30. 9. 1930–18. 3. 1931
Engelbert Dollfuß (CS)	18. 3. 1931–20. 5. 1932
Engelbert Dollfuß* (CS, VF)	20. 5. 1932–25. 7. 1934
Ernst Rüdiger Starhemberg (VF)	26. 7. 1934–29. 7. 1934
Josef Reither (VF)	29. 7. 1934–17. 10. 1935
Ludwig Strobl (VF)	17. 10. 1935–14. 5. 1936
Kurt Schuschnigg* (VF)	14. 5. 1936–15. 5. 1936
Peter Mandorfer (VF)	15. 5. 1936–11. 3. 1938
Anton Reinthaller (NS)	11. 3. 1938–13. 3. 1938
——	——
Rudolf Buchinger (ÖVP)	27. 4. 1945–26. 9. 1945
Josef Kraus (ÖVP)	26. 9. 1945–23. 1. 1952
Franz Thoma (ÖVP)	23. 1. 1952–16. 7. 1959
Eduard Hartmann (ÖVP)	16. 7. 1959– 2. 4. 1964
Karl Schleinzer (ÖVP)	2. 4. 1964–21. 4. 1970
Johann Öllinger (parteilos)	21. 4. 1970–22. 5. 1970
Oskar Weihs (SPÖ)	22. 5. 1970–30. 9. 1976
Günter Haiden (SPÖ)	1. 10. 1976–16. 6. 1986
Erich Schmidt (SPÖ)	16. 6. 1986–21. 1. 1987
Josef Riegler (ÖVP)	21. 1. 1987–24. 4. 1989
Franz Fischler (ÖVP)	24. 4. 1989–17. 11. 1994
Jürgen Weiss (ÖVP)	17. 11. 1994–29. 11. 1994
Wilhelm Molterer (ÖVP)	29. 11. 1994–

* als Staats- bzw. Bundeskanzler

Die Sozialminister der Republik Österreich

Ferdinand Hanusch (SDAP)	30. 10. 1918–22. 10. 1920
Eduard Heinl (CS)	22. 10. 1920–20. 11. 1920
Josef Resch (CS)	20. 11. 1920–21. 6. 1921
Franz Pauer (Beamter)	21. 6. 1921–31. 5. 1922
Richard Schmitz (CS)	31. 5. 1922–20. 11. 1924
Josef Resch (CS)	20. 11. 1924–26. 9. 1929
Theodor Innitzer (CS)	26. 9. 1929–30. 9. 1930
Richard Schmitz** (CS)	30. 9. 1930– 4. 12. 1930
Josef Resch (CS)	4. 12. 1930–15. 4. 1931
Otto Ender* (CS)	15. 4. 1931–20. 6. 1931
Josef Resch (CS)	20. 6. 1931–11. 3. 1932
Robert Kerber (CS)	11. 3. 1933–21. 9. 1933
Richard Schmitz (CS)	21. 9. 1933–16. 2. 1934
Odo Neustädter-Stürmer (VF)	16. 2. 1934–17. 10. 1935
Josef Dobretsberger (VF)	17. 10. 1935–14. 5. 1936
Josef Resch (VF)	14. 5. 1936–11. 3. 1938
Hugo Jury (NS)	11. 3. 1938–13. 3. 1938
——	——
Johann Böhm (SPÖ)	27. 4. 1945–20. 12. 1945
Karl Maisel (SPÖ)	20. 12. 1945–23. 1. 1956
Anton Proksch (SPÖ)	23. 1. 1956–19. 4. 1966
Grete Rehor (ÖVP)	19. 4. 1966–21. 4. 1970
Rudolf Häuser** (SPÖ)	21. 4. 1970–30. 9. 1976
Gerhard Weißenberg (SPÖ)	1. 10. 1976– 1. 10. 1980
Herbert Salcher (SPÖ)	1. 10. 1980– 9. 10. 1980
Alfred Dallinger (SPÖ)	9. 10. 1980–23. 2. 1989
Ferdinand Lacina (SPÖ)	23. 2. 1989–10. 3. 1989
Walter Geppert (SPÖ)	10. 3. 1989–17. 12. 1990
Josef Hesoun (SPÖ)	17. 12. 1990– 6. 4. 1995
Franz Hums (SPÖ)	6. 4. 1995–28. 1. 1997
Eleonore Hostasch (SPÖ)	28. 1. 1997– 4. 2. 2000
Elisabeth Sickl (FPÖ)	4. 2. 2000–24. 10. 2000
Herbert Haupt (FPÖ)	24. 10. 2000–

* als Bundeskanzler
** als Vizekanzler

Die Umweltminister der Republik Österreich

Ingrid Leodolter (SPÖ)	2. 2. 1972– 8. 10. 1979
Hertha Firnberg (SPÖ)	8. 10. 1979– 5. 11. 1979
Herbert Salcher (SPÖ)	5. 11. 1979–20. 1. 1981
Kurt Steyrer (SPÖ)	20. 1. 1981–17. 12. 1985
Franz Kreuzer (SPÖ)	17. 12. 1985–21. 1. 1987
Marilies Flemming (ÖVP)	21. 1. 1987– 5. 3. 1991
Ruth Feldgrill-Zankel (ÖVP)	5. 3. 1991–25. 11. 1992
Maria Rauch-Kallat (ÖVP)	25. 11. 1992– 4. 5. 1995

Martin Bartenstein (ÖVP)	4. 5. 1995– 4. 2. 2000
Wilhelm Molterer (ÖVP)	4. 2. 2000–31. 3. 2000

Die Unterrichtsminister der Republik Österreich

Raphael Pacher (dt.-nat.)	30. 10. 1918–15. 3. 1919
Karl Renner* (SDAP)	15. 3. 1919– 9. 5. 1919
Matthias Eldersch (SDAP)	9. 5. 1919– 7. 7. 1920
Walter Breisky (Beamter)	7. 7. 1920–20. 11. 1920
Egon Glanz (Beamter)	20. 11. 1920– 7. 4. 1921
Walter Breisky (Beamter)	7. 4. 1921–21. 6. 1921
Leopold Waber (großdt.)	21. 6. 1921–16. 1. 1922
Walter Breisky (Beamter)	16. 1. 1922–31. 5. 1922
Emil Schneider (CS)	31. 5. 1922–16. 6. 1926
Josef Resch (CS)	16. 6. 1926–25. 6. 1926
Anton Rintelen (CS)	25. 6. 1926–20. 10. 1926
Richard Schmitz (CS)	20. 10. 1926– 4. 5. 1929
Emmerich Czermak (CS)	4. 5. 1929–26. 9. 1929
Johann Schober* (Beamter)	26. 9. 1929–16. 10. 1929
Heinrich Srbik (parteilos)	16. 10. 1929–30. 9. 1930
Emmerich Czermak (CS)	30. 9. 1930–20. 5. 1932
Anton Rintelen (CS)	20. 5. 1932–24. 5. 1933
Kurt Schuschnigg (CS, VF)	24. 5. 1933–14. 5. 1936
Hans Pernter (VF)	14. 5. 1936–11. 3. 1938
Oswald Menghin (NS)	11. 3. 1938–13. 3. 1938
—	—
Ernst Fischer (KPÖ)	27. 4. 1945–20. 12. 1945
Felix Hurdes (ÖVP)	20. 12. 1945–23. 1. 1952
Ernst Kolb (ÖVP)	23. 1. 1952–31. 10. 1954
Heinrich Drimmel (ÖVP)	1. 11. 1954– 2. 4. 1964
Theodor Piffl-Percevic (ÖVP)	2. 4. 1964– 2. 6. 1969
Alois Mock (ÖVP)	2. 6. 1969–21. 4. 1970
Leopold Gratz (SPÖ)	21. 4. 1970– 4. 11. 1971
Fred Sinowatz (SPÖ)	4. 11. 1971–24. 5. 1983
Helmut Zilk (SPÖ)	24. 5. 1983–10. 9. 1984
Herbert Moritz (SPÖ)	10. 9. 1984–21. 1. 1987
Hilde Hawlicek (SPÖ)	21. 1. 1987–17. 12. 1990
Rudolf Scholten (SPÖ)	17. 12. 1990–29. 11. 1994
Erhard Busek (ÖVP)	29. 11. 1994– 4. 5. 1995
Elisabeth Gehrer (ÖVP)	4. 5. 1995–31. 3. 2000

* als Staats- bzw. Bundeskanzler

Die Verkehrsminister der Republik Österreich

Karl Jukel (CS)	30. 10. 1918–15. 3. 1919
Ludwig Paul (Beamter)	15. 3. 1919– 1. 7. 1920
Ferdinand Hanusch (SDAP)	1. 7. 1920– 7. 7. 1920
Karl Pesta (Beamter)	7. 7. 1920–21. 6. 1921
Walter Rodler (Beamter)	21. 6. 1921–31. 5. 1922
Franz Odehnal (CS)	31. 5. 1922–16. 4. 1923
—	—
Eduard Heinl (ÖVP)	27. 4. 1945–20. 12. 1945
Vinzenz Übeleis (SPÖ)	20. 12. 1945– 8. 11. 1949
Karl Waldbrunner (SPÖ)	8. 11. 1949–14. 12. 1962
Bruno Pittermann* (SPÖ)	14. 12. 1962–27. 3. 1963
Otto Probst (SPÖ)	27. 3. 1963–19. 4. 1966
Ludwig Weiß (ÖVP)	19. 4. 1966–21. 4. 1970
Erwin Frühbauer (SPÖ)	21. 4. 1970–17. 9. 1973
Erwin Lanc (SPÖ)	17. 9. 1973– 8. 6. 1977
Karl Lausecker (SPÖ)	8. 6. 1977–10. 9. 1984
Ferdinand Lacina (SPÖ)	10. 9. 1984–16. 6. 1986
Rudolf Streicher (SPÖ)	16. 6. 1986– 3. 4. 1992
Viktor Klima (SPÖ)	3. 4. 1992–12. 3. 1996
Rudolf Scholten (SPÖ)	12. 3. 1996–28. 1. 1997
Caspar Einem (SPÖ)	28. 1. 1997– 4. 2. 2000
Michael Schmid (FPÖ)	4. 2. 2000–14. 11. 2000
Monika Forstinger (FPÖ)	14. 11. 2000–

* als Vizekanzler

Die Verteidigungsminister der Republik Österreich

Josef Mayer (dt.-nat.)	30. 10. 1918–15. 3. 1919
Julius Deutsch (SDAP)	15. 3. 1919–22. 10. 1920
Walter Breisky (Beamter)	22. 10. 1920–20. 11. 1920
Egon Glanz (Beamter)	20. 11. 1920– 7. 4. 1921
Walter Breisky (Beamter)	7. 4. 1921–28. 4. 1921
Carl Vaugoin (CS)	28. 4. 1921– 7. 10. 1921
Josef Wächter (Offizier)	7. 10. 1921–31. 5. 1922
Carl Vaugoin* (CS)	31. 5. 1922–21. 9. 1933
Engelbert Dollfuß** (CS)	21. 9. 1933–12. 3. 1934
Alois Schönburg-Hartenstein (Off.)	12. 3. 1934–10. 7. 1934
Engelbert Dollfuß** (VF)	10. 7. 1934–25. 7. 1934
Ernst Rüdiger Starhemberg (HW)	26. 7. 1934–29. 7. 1934
Kurt Schuschnigg** (VF)	29. 7. 1934–11. 3. 1938
Arthur Seyß-Inquart** (NS)	11. 3. 1938–13. 3. 1938
—	—
Ferdinand Graf (ÖVP)	15. 7. 1956–11. 4. 1961
Karl Schleinzer (ÖVP)	11. 4. 1961– 2. 4. 1964
Georg Prader (ÖVP)	2. 4. 1964–21. 4. 1970
Johann Freihsler (parteilos)	21. 4. 1970– 4. 2. 1971
Bruno Kreisky** (SPÖ)	4. 2. 1971– 8. 2. 1971
Karl Lütgendorf (parteilos)	8. 2. 1971–31. 5. 1977
Bruno Kreisky** (SPÖ)	31. 5. 1977– 8. 6. 1977
Otto Rösch (SPÖ)	8. 6. 1977–24. 5. 1983
Friedhelm Frischenschlager (FPÖ)	24. 5. 1983–15. 5. 1986
Helmut Krünes (FPÖ)	15. 5. 1986–21. 1. 1987
Robert Lichal (ÖVP)	21. 1. 1987– 6. 11. 1990
Alois Mock (ÖVP)	6. 11. 1990–17. 12. 1990
Werner Fasslabend (ÖVP)	17. 12. 1990– 4. 2. 2000
Herbert Scheibner (FPÖ)	4. 2. 2000–

* teilw. als Bundeskanzler bzw. Vizekanzler
** als Bundeskanzler

Die Verwaltungsminister der Republik Österreich

Susanne Riess-Passer (FPÖ)	1. 4. 2000–

Die Bauten- bzw. Wirtschaftsminister der Rep. Österreich

Vinzenz Kotzina (ÖVP)	6. 6. 1966–21. 4. 1970
Josef Moser (SPÖ)	21. 4. 1970– 8. 10. 1979
Karl Lausecker (SPÖ)	8. 10. 1979– 5. 11. 1979
Karl Sekanina (SPÖ)	5. 11. 1979–22. 2. 1985
Ferdinand Lacina (SPÖ)	22. 2. 1985– 1. 3. 1985
Heinrich Übleis (SPÖ)	1. 3. 1985–21. 1. 1987
Robert Graf (ÖVP)	21. 1. 1987–24. 4. 1989
Wolfgang Schüssel (ÖVP)	24. 4. 1989– 4. 5. 1995
Johannes Ditz (ÖVP)	4. 5. 1995–19. 6. 1996
Johann Farnleitner (ÖVP)	19. 6. 1996– 4. 2. 2000
Martin Bartenstein (ÖVP)	4. 2. 2000–

Die Wissenschaftsminister der Republik Österreich

Hertha Firnberg (SPÖ)	26. 7. 1970–24. 5. 1983
Heinz Fischer (SPÖ)	24. 5. 1983–21. 1. 1987
Hans Tuppy (ÖVP)	21. 1. 1987–24. 4. 1989
Erhard Busek (ÖVP)	24. 4. 1989–29. 11. 1994
Rudolf Scholten (SPÖ)	29. 11. 1994–28. 1. 1997
Caspar Einem (SPÖ)	28. 1. 1997– 4. 2. 2000

Die Landeshauptleute des Burgenlands

Robert Davy*	10. 3. 1921– 5. 3. 1922
Alfred Rausnitz*	5. 3. 1922–19. 7. 1922
Alfred Rausnitz (Landeshptm.)	19. 7. 1922–14. 7. 1923
Alfred Walheim (großdt.)	14. 7. 1923– 4. 1. 1924
Josef Rauhofer (CS)	4. 1. 1924–10. 1. 1928
Anton Schreiner (CS)	10. 1. 1928–24. 7. 1929
Johann Thullner (CS)	24. 7. 1929–10. 12. 1930
Anton Schreiner (CS)	10. 12. 1930–25. 11. 1931
Alfred Walheim (LB)	25. 11. 1931–22. 2. 1934
Hans Sylvester (VF)	22. 2. 1934–11. 3. 1938
Tobias Portschy (NS)	11. 3. 1938–15. 10. 1938
Burgenland aufgelöst	15. 10. 1938–30. 9. 1945
Ludwig Leser (SPÖ)	1. 10. 1945– 4. 1. 1946
Lorenz Karall (SPÖ)	4. 1. 1946–22. 6. 1956
Johann Wagner (ÖVP)	22. 6. 1956– 8. 8. 1961
Josef Lentsch (ÖVP)	8. 8. 1961–12. 6. 1964

Hans Bögl (SPÖ)	12. 6. 1964–28. 6. 1966
Theodor Kery (SPÖ)	28. 6. 1966–30. 10. 1987
Hans Sipötz (SPÖ)	30. 10. 1987–18. 7. 1991
Karl Stix (SPÖ)	18. 7. 1991–28. 12. 2000
Hans Niessl (SPÖ)	28. 12. 2000–

* Landesverwalter

Die Landeshauptleute Kärntens

Arthur Lemisch*	11. 11. 1918–22. 7. 1921
Florian Gröger (SDAP)	22. 7. 1921– 6. 11. 1923
Vinzenz Schumy (LB)	6. 11. 1923–15. 6. 1927
Arthur Lemisch (parteilos)	15. 6. 1927–21. 1. 1931
Ferdinand Kernmaier (LB)	22. 1. 1931–16. 2. 1934
Silvester Leer (geschäftsf., CS)	16. 2. 1934– 7. 3. 1934
Ludwig Hülgerth (Heimatsch., VF)	7. 3. 1934– 3. 11. 1936
Arnold Sucher (VF)	3. 11. 1936–11. 3. 1938
Wladimir v. Pawlowski (NS)	11. 3. 1938– 1. 6. 1938
Hubert Klausner (NS)	1. 6. 1938–12. 2. 1939
Wladimir v. Pawlowski (NS)	12. 2. 1939– 1. 12. 1941
Friedrich Rainer (NS)	1. 12. 1941– 7. 5. 1945
Hans Piesch (SPÖ)	8. 5. (25. 7.) 1945–25. 4. 1947
Ferdinand Wedenig (SPÖ)	25. 4. 1947–12. 4. 1965
Hans Sima (SPÖ)	12. 4. 1965–12. 4. 1974
Leopold Wagner (SPÖ)	19. 4. 1974–27. 9. 1988
Peter Ambrozy (SPÖ)	27. 9. 1988–21. 4. 1989
Jörg Haider (FPÖ)	21. 4. 1989–21. 6. 1991
Christof Zernatto (ÖVP)	25. 6. 1991– 8. 4. 1999
Jörg Haider (FPÖ)	8. 4. 1999–

* Landesverweser

Die Landeshauptleute Niederösterreichs

Leopold Steiner* (CS)	5. 11. 1918–20. 5. 1919
Albert Server* (SDAP)	20. 5. 1919–10. 11. 1920
Johann Mayer (CS)	10. 11. 1920– 9. 6. 1922
Karl Buresch (CS)	9. 6. 1922–31. 7. 1931
Josef Reither (CS)	31. 7. 1931–19. 5. 1932
Karl Buresch (CS)	19. 5. 1932–18. 5. 1933
Josef Reither (CS bzw. VF)	18. 5. 1933–30. 7. 1934
Eduard Baar-Baarenfels** (VF)	30. 7. 1934–17. 10. 1935
Josef Reither (VF)	17. 10. 1935–12. 3. 1938
Roman Jäger (NS)	12. 3. 1938–24. 5. 1938
Hugo Jury (NS)	24. 5. 1938– 8. 5. 1945
Leopold Figl (ÖVP)	18. 4. bzw. 25. 5. 1945–15. 10. 1945
Josef Reither (ÖVP)	15. 10. 1945– 4. 5. 1949
Johann Steinböck (ÖVP)	4. 5. 1949–14. 1. 1962
Leopold Figl (ÖVP)	14. 1. 1962– 9. 5. 1965
Eduard Hartmann (ÖVP)	16. 6. 1965–14. 10. 1966
Andreas Maurer (ÖVP)	24. 11. 1966–22. 1. 1981
Siegfried Ludwig (ÖVP)	22. 1. 1981–20. 10. 1992
Erwin Pröll (ÖVP)	20. 10. 1992–

* für Niederösterreich inklusive Wien
** geschäftsführend für J. Reither

Die Landeshauptleute Oberösterreichs

Johann N. Hauser (CS)	18. 11. 1918– 8. 2. 1931
Josef Schlegel (CS)	23. 2. 1931–17. 2. 1934
Heinrich Gleißner (VF)	1. 3. 1934–12. 3. 1938
August Eigruber (NS)	14. 3. 1938– 5. 5. 1945
Adolf Eigl (parteilos)	16. 5. 1945–25. 10. 1945
Heinrich Gleißner (ÖVP)	26. 10. 1945– 2. 5. 1971
Erwin Wenzl (ÖVP)	3. 5. 1971–19. 10. 1977
Josef Ratzenböck (ÖVP)	19. 10. 1977– 2. 3. 1995
Josef Pühringer (ÖVP)	2. 3. 1995–

Die Landeshauptleute Salzburgs

Alois Winkler (CS)	21. 7. 1909–23. 4. 1919
Oskar Meyer (CS)	23. 4. 1919– 4. 5. 1922
Franz Rehrl (CS bzw. VF)	4. 5. 1922–12. 3. 1938
Anton Wintersteiger (NS)	13. 3. 1938–22. 5. 1938
Friedrich Rainer (NS)	22. 5. 1938–29. 11. 1941
Gustav Adolf Scheel (NS)	29. 11. 1941– 4. 5. 1945
Adolf Schemel (ÖVP)	23. 5. 1945–12. 12. 1945
Albert Hochleitner (ÖVP)	12. 12. 1945– 4. 12. 1947
Josef Rehrl (ÖVP)	4. 12. 1947– 1. 12. 1949
Josef Klaus (ÖVP)	1. 12. 1949–17. 4. 1961
Hans Lechner (ÖVP)	17. 4. 1961–20. 4. 1977
Wilfried Haslauer (ÖVP)	20. 4. 1977– 2. 5. 1989
Hans Katschthaler (ÖVP)	2. 5. 1989–24. 4. 1996
Franz Schausberger (ÖVP)	24. 4. 1996–

Die Landeshauptleute der Steiermark

Wilhelm Kaan (dt.-nat.)	6. 11. 1918–27. 5. 1919
Anton Rintelen (CS)	27. 5. 1919–25. 6. 1926
Franz Prisching (CS)	25. 6. 1926–22. 10. 1926
Alfred Gürtler (CS)	22. 10. 1926–21. 5. 1927
Hans Paul (CS)	21. 5. 1927–23. 4. 1928
Anton Rintelen (CS)	23. 4. 1928–10. 11. 1933
Alois Dienstleder (CS)	10. 11. 1933– 2. 11. 1934
Karl Maria Stepan (VF)	2. 11. 1934– 2. 3. 1938
Rolph Trummer (VF)	3. 3. 1938–12. 3. 1938
Sepp Helfrich (NS)	12. 3. 1938–22. 5. 1938
Sigfried Uiberreither (NS)	22. 5. 1938– 8. 5. 1945
Reinhard Machold (SPÖ)	8. 5. 1945–28. 12. 1945
Anton Pirchegger (ÖVP)	28. 12. 1945– 6. 7. 1948
Josef Krainer sen. (ÖVP)	6. 7. 1948–28. 11. 1971
Friedrich Niederl (ÖVP)	28. 11. 1971– 4. 7. 1980
Josef Krainer jun. (ÖVP)	4. 7. 1980–23. 1. 1996
Waltraud Klasnic (ÖVP)	23. 1. 1996–

Die Landeshauptleute Tirols

Josef Schraffl (CS)	30. 10. 1918– 6. 6. 1921
Franz Stumpf (CS, VF)	7. 6. 1921–28. 2. 1935
Josef Schumacher (VF)	21. 3. 1935–12. 3. 1938
Edmund Christoph (NS)	13. 3. 1938–24. 5. 1938
Franz Hofer (NS)	24. 5. 1938– 3. 5. 1945
Karl Gruber (ÖVP)	4. 5. 1945–20. 10. 1945
Alfons Weißgatterer (ÖVP)	20. 10. 1945–31. 1. 1951
Alois Grauß (ÖVP)	27. 2. 1951–12. 11. 1957
Hans Tschiggfrey (ÖVP)	12. 11. 1957–30. 6. 1963
Eduard Wallnöfer (ÖVP)	13. 7. 1963– 5. 3. 1987
Alois Partl (ÖVP)	5. 3. 1987–13. 3. 1993
Wendelin Weingartner (ÖVP)	14. 3. 1993–

Die Landeshauptleute Vorarlbergs

Otto Ender (CS)	3. 11. 1918– 9. 12. 1930
Ferdinand Redler (CS)	9. 12. 1930–14. 7. 1931
Otto Ender (CS)	14. 7. 1931–24. 7. 1934
Ernst Winsauer (VF)	24. 7. 1934–13. 3. 1938
Anton Plankensteiner (NS)	13. 3. 1938– 1. 2. 1940
—	—
Ulrich Ilg (ÖVP)	24. 5. 1945–28. 10. 1964
Herbert Keßler (ÖVP)	29. 10. 1964– 9. 7. 1987
Martin Purtscher (ÖVP)	9. 7. 1987– 2. 4. 1997
Herbert Sausgruber (ÖVP)	2. 4. 1997–

Die Landeshauptleute bzw. Bürgermeister Wiens

Richard Weiskirchner (CS)*	3. 1. 1913–21. 5. 1919
Jakob Reumann (SDAP)*	21. 5. 1919–13. 11. 1923
Karl Seitz (SDAP)	13. 11. 1923–12. 2. 1934
Richard Schmitz (VF)	13. 2. 1934–12. 3. 1938
Hermann Neubacher (NS)	13. 3. 1938–14. 12. 1940
Philipp Wilhelm Jung (NS)	14. 12. 1940–30. 12. 1943
Hanns Blaschke (NS)	30. 12. 1943– 6. 4. 1945
Theodor Körner (SPÖ)	12. 4. 1945–18. 6. 1951
Franz Jonas (SPÖ)	18. 6. 1951– 9. 6. 1965
Bruno Marek (SPÖ)	10. 6. 1965–17. 12. 1970
Felix Slavik (SPÖ)	21. 12. 1970– 5. 7. 1973
Leopold Gratz (SPÖ)	5. 7. 1973–10. 9. 1984
Helmut Zilk (SPÖ)	10. 9. 1984– 7. 11. 1994
Michael Häupl (SPÖ)	7. 11. 1994–

* bis 1921 nur Bürgermeister

Stammtafel der Babenberger

- Liutpold † 907
Mgf. i. Karantanien, Pannonien u. i. Nordgau 893–907
∞ Kunigunde, T. Gf. Bertholds (∞ 2. Kg. Konrad I.)
  - Arnulf † 937
Hzg. in Bayern 908–937
∞ N. (Popponin?)
    - Berthold † 954
Gf. i. Nordgau (Schweinfurt)
    - N. (Heinrich?)
      - **Leopold I.** † 994
Gf. i. Donaugau; 962 erstm. gen.
Mgf. d. bayer. Ostmark 976–994
∞ Richwara (Richarda? Richeza?)
T. Gf. Ernsts v. Sualafeldgau
        - **Heinrich I.**
† 1018
Mgf. v. Ö.
994–1018
∞ ?
        - Judith
        - Ernst † 1015
Hzg. v. Schwaben
1012–1015
∞ Gisela † 1043
T. Hzg. Hermanns v. Schwaben
(∞ 2. Gf. Bruno v. Braunschweig
∞ 3. Ks. Konrad II.)
          - Ernst † 1030
Hzg. v. Schwaben
1015–1030
          - Hermann † 1038
Hzg. v. Schwaben
1030–1038
        - Poppo
Ebf. v. Trier
1016–1047
        - **Adalbert**
† 1055
Gf. i. Schweinach- u. Künzinggau
Mgf. v. Ö. 1018–1055
∞ 1. Glismod, Schw. Bf. Meinwerks v. Paderborn
∞ 2. Froiza † n. 1058
T. d. Dogen Otto Orseolo v. Venedig
          - 1. Leopold † 1043
Mgf. d. Ungarnmark
∞ Ida, T. Gf. Ludolfs v. Braunschweig
          - **1. Ernst**
* 1027 † 1075
Mgf. v. Ö. 1055–1075
∞ 1. Adelheid † 1071
T. Mgf. Dedis II. v. Meißen
∞ 2. Suanhild?
            - **Leopold II.**
* 1050 † 1095
Mgf. v. Ö. 1075–1095
∞ Itha
              - Elisabeth
† 1107/11
∞ Mgf. Otakar II. v. Stmk. † 1122
              - Juditta „puella"
              - Gerberga (Helbirg)
† 1142
∞ Hzg. Bořiwoy v. Böhmen
† 1124
              - **Leopold III.**
* 1073 † 1136
Mgf. 1095–1136
∞ 1. (? v. Perg) † v. 1105
∞ 2. Agnes * 1075 † 1143
T. Ks. Heinrichs IV.
(Witwe n. Hzg. Friedrich I. v. Schwaben u. Mutter Kg. Konrads III.)
↓
              - Ida
∞ Luitold v. Mähren u. Znaim
† 1115
              - Sophie † 1154
∞ 1. Hzg. Heinrich v. Ktn.
† 1122
∞ 2. Gf. Sighard v. Schala-Burghausen
† 1142
              - Euphemia
∞ Gf. Konrad v. Peilstein
† ca. 1168
            - Justizia?
∞ Gf. Otto II. (III.) v. Wolfratshausen
† ca. 1120/22
            - Adalbert?
(v. Pernegg)
        - Kunigunde
        - Hemma
∞ Gf. Rapoto (v. Diessen)
        - Christine (Nonne)

↓

1. Adalbert
† 1138
∞ 1. Adelheid
∞ 2. Sophie
v. Ungarn

2. Heinrich II.
* 1107 (?) † 1177
Pfgf. bei Rhein 1140
Mgf. v. Ö. 1141–1156
Hzg. v. Bayern 1143–1156
Hzg. v. Ö. 1156–1177
∞ 1. Gertrud † 1143
T. Ks. Lothars III. (Witwe
n. Hzg. Heinr. v. Bayern
u. Sachsen † 1139)
∞ 2. Theodora Komnena
† 1183, Nichte Ks.
Manuels I. v. Byzanz

2. Leopold IV.
* 1108 (?) † 1141
Mgf. v. Ö.
1136–1141
Hzg. v. Bayern
1139–1141
∞ Maria, T. Kg.
Sobieslaws
v. Böhmen

Agnes
† n. 1157
∞ Hzg.
Wladislaw
v. Polen-
Schlesien
† 1159

2. Bertha
† ca. 1150
∞ Heinrich III.
Bgf. v. Regensburg
† 1174

Otto
* 1112 (?) † 1158
Propst v. Kloster-
neuburg 1126
Abt v. Morimond
1133
Bf. v. Freising
1138–1158

Ernst
† n. 1137

Elisabeth
† 1143
∞ Gf. Hermann II.
v. Winzenburg
† 1152

Konrad
* um 1115 † 1168
Bf. v. Passau 1148–1164
Ebf. v. Salzburg 1164–1168

jung gestorben
7 Kinder

Gertrud † 1151
∞ Kg. Wladislaw II.
v. Böhmen † 1175

Judith
∞ Mgf.
Wilhelm
v. Mont-
ferrat
† 1191

1. Richardis
∞ Heinrich
Lgf. v. Steffling
† 1185

2. Agnes † ca. 1184
∞ 1. Kg. Stephan III.
v. Ungarn † 1175
∞ 2. Hzg. Hermann II.
v. Kärnten † 1181

Leopold V.
* 1157 † 1194
Hzg. v. Ö. 1177–1194
Hzg. v. Stmk. 1192–1194
∞ Helene, T. Kg.
Gézas II. v. Ungarn

Heinrich d. Ä.
Hzg. v. Mödling
† 1223
∞ Richza † 1182
T. Kg. Wladislaws II.
v. Böhmen

Friedrich I.
* um 1175 † 1198
Hzg. v. Ö.
1194–1198

Leopold VI.
* 1176 † 1230
Hzg. v. Stmk. 1194–1230
Hzg. v. Ö. 1198–1230
∞ Theodora † 1246, Enk. d. Ks.
Isaak II. Angelos v. Byzanz

Agnes

Heinrich d. J.
Hzg. v. Mödling
† 1236

Margarethe † 1266
∞ 1. Kg. Heinrich VII.
† 1242
∞ 2. Ottokar II. † 1278
Mgf. v. Mähren
Hzg. v. Ö. (1251)
u. Stmk. (1261)
Kg. v. Böhmen,
gesch. 1261

Agnes
† 1226
∞ Hzg.
Albrecht
v. Sachsen
† 1260

Leopold
† 1216

Heinrich
v. Mödling
† 1227
∞ Agnes, T. Lgf.
Hermanns
v. Thüringen

Friedrich II.
* 1210 † 1246
Hzg. v. Ö. und Stmk. 1230–1246
Herr v. Krain 1232
∞ 1. Sophie Laskaris v. Byzanz,
gesch. 1229
∞ 2. Agnes v. Andechs-Meranien
† 1263, T. Hzg. Ottos v. Meranien,
gesch. 1243
(∞ 2. Hzg. Ulrich III. v. Ktn. † 1269)

Konstanze
† 1243
∞ Mgf.
Heinrich
v. Meißen
† 1288

Gertrud
† 1241
∞ Lgf.
Heinrich
Raspe v.
Thüringen,
dt. Kg.
1246/47

1. Heinrich
† 1250/51

1. Friedrich
† 1250/51

Gertrud * 1226 † 1288
∞ 1. Mgf. Wladislaw v. Mähren,
1246/47 Hzg. v. Ö. † 1247
∞ 2. Mgf. Hermann IV. v. Baden,
Hzg. v. Ö. u. Stmk. † 1250
∞ 3. Roman Fürst v. Halitsch, gesch.

2. Friedrich † 1268
„Hzg. v. Ö. u. Stmk."
Mgf. v. Verona

2. Agnes † 1295
∞ 1. Hzg. Ulrich III. v. Kärnten,
Herr v. Krain † 1269
∞ 2. Gf. Ulrich (III.) v. Heunburg † 1308

3. Maria
∞ Joachim
Guthkeled

Stammtafel der Habsburger I

Mathilde
* 1251 † 1304
∞ Ludwig II. v. Oberbayern
Pfalzgraf bei Rhein
* 1229 † 1294

Albrecht I.
* 1255 † 1308
Hzg. 1282 dt. Kg. 1298
∞ Elisabeth v. Tirol
* 1262 † 1313

Katharina
† 1282
∞ Otto III.
v. Niederbayern
* 1261 † 1312

Agnes
* 1257 † 1322
∞ Albrecht II.
v. Sachsen
† 1298

Hedwig
† 1285/86
∞ Otto VI.
v. Brandenburg
* 1264 † 1303

Ludwig IV.
der Bayer
* 1287 † 1347
dt. Kg. 1314
Ks. 1328

Anna
* 1277/79 † 1327
∞ 1. Hermann
v. Brandenburg
∞ 2. Heinrich VI.
v. Schlesien-
Breslau

Agnes
* 1280 † 1364
∞ Andreas III.
v. Ungarn
† 1301

Rudolf III.
* 1281 (?) † 1307
Hzg. 1298 Kg. v. Böhmen 1306
∞ 1. Blanka v. Frankreich
* um 1285 † 1305
∞ 2. Elisabeth v. Polen
* 1286/88 † 1335

Friedrich I. (III.) d. Schöne
* 1289 † 1330
Hzg. 1308
Gegenkg. zu Ludwig IV. 1314
∞ Elisabeth v. Aragón
* 1300/02 † 1330

Elisabeth
* 1293 † 1352
∞ Friedrich IV
v. Lothringen

Albertinische Linie

Rudolf IV.
d. Stifter
* 1339 † 1365
Hzg. 1358
∞ Katharina
v. Böhmen
* 1342/43 † 1395

Katharina
* 1342
† 1387
Äbtissin

Margarethe
* 1346 † 1366
∞ 1. Meinhard III. v. Tirol * 1344 † 1363
∞ 2. Johann Heinrich v. Mähren
* 1322 † 1375

Friedrich III.
* 1347
† 1362

Albrecht III.
* 1349/50 † 1395 Hzg. 1365
∞ 1. Elisabeth v. Böhmen * 1358 † 1373
∞ 2. Beatrix v. Zollern * 1360 † 1414

---

2. Albrecht IV.
* 1377 † 1404
Hzg. 1395
∞ Johanna Sophia v. Niederbayern
* um 1373 † 1410

Wilhelm
* 1370 † 1406
Hzg. 1386
∞ Johanna v. Anjou-
Neapel * 1373 † 1435

Margarethe
* 1395 † 1447
∞ Heinrich IV.
v. Bayern
* 1386 † 1450

Albrecht V. (II.)
* 1397 † 1439
Hzg. (1404) 1411 Kg. v. Böhmen 1437
Kg. v. Ungarn 1438 dt. Kg. 1438
∞ Elisabeth v. Böhmen u. Ungarn
* 1409 † 1442

Friedrich V. (III.)
(als Kg. IV., als Ks. III.)
* 1415 † 1493
Hzg. 1424 dt. Kg. 1440 Ks. 1452
Kg. v. Ungarn 1459
∞ Eleonore v. Portugal * 1436 † 1467

Anna
* 1432 † 1462
∞ Wilhelm III.
v. Sachsen
* 1425 † 1482

Georg
* † 1435

Elisabeth
* 1437 † 1505
∞ Kasimir IV.
v. Polen
* 1427 † 1492

Ladislaus Postumus
* 1440 † 1457
Kg. v. Ungarn (V.) 1440
Kg. v. Böhmen 1453

Spanische Linie

Eleonore
* 1498 † 1558
∞ 1. Manuel I. v. Portugal * 1469 † 1521
∞ 2. Franz I. v. Frankreich * 1494 † 1547

Karl V.
* 1500 † 1558
dt. Kg. 1519–1556 Ks. 1530
Kg. v. Spanien (I.) 1516–1556
∞ Isabella v. Portugal * 1503 † 1539

Rudolf I. v. Habsburg
* 1218 † 1291 dt. Kg. 1273
∞ 1. Gertrud v. Hohenberg * 1230/35 † 1281
∞ 2. Agnes v. Burgund * 1270 † 1323

Clementia † 1293
∞ Karl Martell
v. Neapel † 1295

Karl I. Robert v. Ungarn
* 1288 † 1342

Hartmann
* 1263 † 1281

Rudolf II. * 1270 † 1290
Hzg. 1282–1283
∞ Agnes v. Böhmen * 1269 † 1297

Johann (Parricida)
* 1290 † 1312/13

Guta * 1271 † 1297
∞ Wenzel II. v. Böhmen
* 1271 † 1305

Wenzel III. v. Böhmen
* 1289 † 1306

Karl
* † 1276

Leopold I.
* 1293 † 1326
Hzg. 1308
∞ Katharina
v. Savoyen
* um 1298 † 1336

Katharina
* 1295 † 1323
∞ Karl
v. Kalabrien

Albrecht II.
* 1298 † 1358
Hzg. 1330
∞ Johanna v. Pfirt
* 1300 † 1351

Heinrich
* 1298 † 1327
∞ Elisabeth
v. Virneburg
* um 1303 † 1343

Otto d. Fröhliche
* 1301 † 1339
Hzg. 1330
∞ 1. Elisabeth v. Niederbayern
* um 1305 † 1330
∞ 2. Anna v. Böhmen
* 1323 † 1338

Guta
* 1302 † 1329
∞ Ludwig IV.
v. Öttingen

Leopoldinische Linie

Leopold III.
* 1351 † 1386
Hzg. (1365) 1370 Hzg. v. Stmk. 1379
∞ Viridis Visconti v. Mailand * um 1350 † 1414

Friedrich II.
* 1327 † 1344

Leopold II.
* 1328 † 1344

Tiroler Linie

Leopold IV.
* 1371 † 1411
Hzg. 1386/1395
∞ Katharina v. Burgund
* 1378 † 1425

Ernst d. Eiserne v. Steiermark
* 1377 † 1424
Hzg. 1386/1402
∞ 1. Margarete v. Hinterpommern † 1410
∞ 2. Cimburgis v. Masowien * 1394/97 † 1429

Friedrich IV. m. d. leeren Tasche
* 1382 † 1439 Hzg. 1402/1406
∞ 1. Elisabeth v. d. Pfalz * 1381 † 1408
∞ 2. Anna v. Braunschweig-
Lüneburg * 1390 † 1432

3 Töchter

Margarete
* 1416/17 † 1486
∞ Friedrich II.
v. Sachsen
* 1412 † 1464

Albrecht VI.
* 1418 † 1463
Vorlande 1446 Oberösterr. 1458
Niederösterr. 1462
∞ Mathilde v. d. Pfalz
* 1419 † 1482

Katharina
* 1420 † 1493
∞ Karl
v. Baden
† 1475

Ernst
* 1420
† 1432

Anna
* 1422
† 1429

2. Sigmund v. Tirol
* 1427 † 1496
Hzg. (1439)
1446–1490 (Verzicht)
∞ 1. Eleonore
v. Schottland
* um 1433 † 1480
∞ 2. Katharina
v. Sachsen
* 1468 † 1524

Maximilian I.
* 1459 † 1519 röm. Kg. 1486 Ks. 1493/1508
∞ 1. Maria v. Burgund * 1457 † 1482
∞ 2. Bianca Maria Sforza v. Mailand * 1472 † 1510

Kunigunde
* 1465 † 1520
∞ Albrecht IV. v. Bayern
* 1447 † 1508

Philipp I. d. Schöne
* 1478 † 1506
Hzg. v. Burgund 1482
Kg. v. Kastilien 1504
∞ Johanna v. Kastilien * 1479 † 1555

Margarete
* 1480 † 1530
∞ 1. Juan v. Aragón * 1478 † 1497
∞ 2. Philibert II. v. Savoyen
* 1480 † 1504

Franz
* † 1481

Österreichische Linie

Isabella
* 1501 † 1526
∞ Christian II.
v. Dänemark
* 1481 † 1559

Ferdinand I.
* 1503 † 1564
röm. Kg. 1531 Ks. 1556
Kg. v. Ungarn u. Böhmen 1526
∞ Anna v. Ungarn u. Böhmen * 1503 † 1547

Maria
* 1505 † 1558
∞ Ludwig II.
v. Ungarn u. Böhmen
* 1506 † 1526

Katharina
* 1507 † 1578
∞ Johann III.
v. Portugal
* 1502 † 1557

Stammtafel der Habsburger II

Spanische Linie **Karl I.**
* 1500 † 1558
Kg. v. Spanien 1516–1556
dt. Kg. (V.) 1519–1556 Ks. 1530
∞ Isabella v. Portugal * 1503 † 1539

(unehel.) Margarete
* 1522 † 1586
∞ 1. Alexander de Medici
* um 1510 † 1537
∞ 2. Ottavio Farnese v. Parma
* 1521 † 1586

Philipp II.
* 1527 † 1598
Kg. v. Spanien 1556
Kg. v. Portugal 1580
∞ 1. Maria v. Portugal
* 1527 † 1545
∞ 2. Maria I. v. England
* 1516 † 1558
∞ 3. Isabella v. Valois
* 1545 † 1568
∞ 4. Anna v. Österreich
* 1549 † 1580

Maria
* 1528 † 1603
∞ Maximilian II.
* 1527 † 1576

Johanna
* 1535 † 1573
∞ Johann v. Portugal
† 1554

(unehel.) Juan de Austria
* 1547 † 1578

Elisabeth
* 1526 † 1545
∞ Sigismund II. August v. Polen
* 1520 † 1572

Maximilian II.
* 1527 † 1576
röm. Kg. 1562
Ks. 1564
Kg. v. Ungarn 1563–1572
∞ Maria v. Spanien
* 1528 † 1603

Anna
* 1528 † 1590
∞ Albrecht V. v. Bayern
* 1528 † 1579

Anna
* 1549 † 1580
∞ Philipp II. v. Spanien
* 1527 † 1598

Ferdinand
* 1551 † 1552

Rudolf II.
* 1552 † 1612
röm. Kg. 1575 Ks. 1576
Kg. v. Ungarn 1572–1608
Kg. v. Böhmen 1575–1611

Ernst
* 1553 † 1595

Elisabeth
* 1554 † 1592
∞ Karl IX. v. Frankreich
* 1550 † 1574

Matthias
* 1557 † 1619
Ks. 1612
Kg. v. Ungarn 1608
Kg. v. Böhmen 1611
∞ Anna v. Tirol
* 1585 † 1618

1. Carlos
* 1545 † 1568

3. Isabella Klara Eugenia
* 1566 † 1633
∞ Albrecht VII.
* 1559 † 1621

3. Katharina Michaela
* 1567 † 1597
∞ Karl Emanuel I. v. Savoyen
* 1562 † 1630

4. Philipp III.
* 1578 † 1621
Kg. v. Spanien u. Portugal 1598
∞ Margarete v. Österreich
* 1584 † 1611

Anna
* 1573 † 1598
∞ Sigismund III. v. Polen u. Schweden
* 1566 † 1632

Maria Christierna
* 1574 † 1621
∞ Siegmund Báthory v. Siebenbürgen

Anna
* 1601 † 1666
∞ Ludwig XIII. v. Frankreich
* 1601 † 1643

Philipp IV.
* 1605 † 1665
Kg. v. Spanien 1621
Kg. v. Portugal 1621–1640
∞ 1. Elisabeth v. Frankreich
* 1603 † 1644
∞ 2. Maria Anna v. Österreich
* 1634 † 1696

Maria Anna
* 1606 † 1646
∞ Ferdinand III.
* 1608 † 1657

Carlos
* 1607 † 1632

Ferdinand
* 1609 † 1641
Kardinal

Johann Karl
* 1605 † 1619

Ferdinand III.
* 1608 † 1657
röm. Kg. 1636 Ks. 1637
∞ 1. Maria Anna v. Spanien * 1606 † 1646
∞ 2. Maria Leopoldine v. Tirol * 1632 † 1649
∞ 3. Eleonore Gonzaga v. Mantua * 1630 † 1686

1. Ferdinand IV.
* 1633 † 1654
röm. Kg. 1653

1. Maria Anna
* 1634 † 1696
∞ Philipp IV. v. Spanien
* 1605 † 1665

(unehel.) Juan José de Austria
* 1629 † 1679

1. Baltasar Carlos
* 1629 † 1646

1. Maria Teresa
* 1638 † 1683
∞ Ludwig XIV. v. Frankreich
* 1638 † 1715

2. Margarita Teresa
* 1651 † 1673
∞ Leopold I.
* 1640 † 1705

2. Philipp Prosper
* 1657 † 1661

2. Karl II.
* 1661 † 1700
Kg. (1665) 1675
∞ 1. Marie Louise v. Orléans
* 1662 † 1689
∞ 2. Maria Anna v. Pfalz-Neuburg
* 1667 † 1740

1. Maria Antonia
* 1669 † 1692
∞ Maximilian II. Emanuel v. Bayern
* 1662 † 1726

Maria Josepha
* 1699 † 1757
∞ Friedrich August II. v. Sachsen (August III. v. Polen)
* 1696 † 1763

Leopold Josef
* 1700 † 1701

Österreichische Linie **Ferdinand I.**
* 1503 † 1564
röm. Kg. 1531 Ks. 1556
Kg. v. Ungarn u. Böhmen 1526
∞ Anna v. Ungarn u. Böhmen * 1503 † 1547

Ferdinand II. v. Tirol
* 1529 † 1595
∞ 1. Philippine Welser
* 1527 † 1580
∞ 2. Anna Katharina Gonzaga v. Mantua
* 1566 † 1621

Maria
* 1531 † 1581
∞ Wilhelm V. v. Kleve
* 1516 † 1592

Katharina
* 1533 † 1572
∞ 1. Franz III. v. Mantua
* 1533 † 1550
∞ 2. Sigismund II. August v. Polen
* 1520 † 1572

Eleonore
* 1534 † 1594
∞ Wilhelm v. Mantua
* 1538 † 1587

Barbara
* 1539 † 1572
∞ Alfons II. v. Ferrara
* 1533 † 1597

Karl II. v. Steiermark (Innerösterreich)
* 1540 † 1590
∞ Maria v. Bayern
* 1551 † 1608

Johanna
* 1547 † 1578
∞ Franz I. Medici v. Toskana
* 1541 † 1587

Maximilian III. (Tirol)
* 1558 † 1618
Hoch- und Deutschmeister

Albrecht VII.
* 1559 † 1621
∞ Isabella Klara Eugenia v. Spanien
* 1566 † 1633

Wenzel
* 1561 † 1578
Großprior d. Johanniterordens in Kastilien

Margarethe
* 1567 † 1633
Nonne in Madrid

1. Andreas v. Ö.
* 1558 † 1600
Bf. v. Konstanz u. Brixen

1. Karl v. Ö.
* 1560 † 1618
∞ Sibylle v. Jülich-Kleve-Berg † 1628

2. Anna v. Tirol
* 1585 † 1618
∞ Matthias
* 1557 † 1619

Jüngere Tiroler Linie

Ferdinand II.
* 1578 † 1637
Kg. v. Böhmen 1617
Kg. v. Ungarn 1618 Ks. 1619
∞ 1. Maria Anna v. Bayern
* 1574 † 1616
∞ 2. Eleonore Gonzaga v. Mantua
* 1598 † 1655

Maximilian Ernst
* 1583
† 1616

Margarete
* 1584 † 1611
∞ Philipp III. v. Spanien
* 1578 † 1621

Leopold V. v. Tirol
* 1586 † 1632
∞ Claudia v. Medici
* 1604 † 1648

Konstanze
* 1588 † 1631
∞ Sigismund III. v. Polen u. Schweden
* 1566 † 1632

Maria Magdalena
* 1589 † 1631
∞ Cosimo II. Medici v. Toskana
* 1590 † 1621

Karl
* 1590
† 1624
Hoch- und Deutschmeister

Maria Anna
* 1610 † 1665
∞ Maximilian I. v. Bayern
* 1573 † 1651

Caecilia Renata
* 1611 † 1644
∞ Wladislaw IV. v. Polen
* 1595 † 1648

Leopold Wilhelm
* 1614 † 1662
Hoch- und Deutschmeister

Ferdinand Karl v. Tirol
* 1628 † 1662
∞ Anna v. Medici
* 1616 † 1676

Isabella Klara
* 1629 † 1685
∞ Karl III. v. Mantua
† 1665

Sigmund Franz v. Tirol
* 1630 † 1665

Maria Leopoldine
* 1632 † 1649
∞ Ferdinand III.
* 1608 † 1657

1. Leopold I.
* 1640 † 1705 Ks. 1658
∞ 1. Margarita Teresa v. Spanien * 1651 † 1673
∞ 2. Claudia Felicitas v. Tirol * 1653 † 1676
∞ 3. Eleonore Magdalena v. Pfalz-Neuburg
* 1655 † 1720

2. Karl Josef
* 1649 † 1664

3. Eleonore
* 1653 † 1697
∞ 1. Michael Korybut v. Polen * 1640 † 1673
∞ 2. Karl V. v. Lothringen
* 1643 † 1690

3. Maria Anna
* 1654 † 1689
∞ Johann Wilhelm v. Pfalz-Neuburg
* 1658 † 1716

Claudia Felicitas v. Tirol
* 1653 † 1676
∞ Leopold I.
* 1640 † 1705

3. Joseph I.
* 1678 † 1711
röm. Kg. 1690 Ks. 1705
∞ Amalie Wilhelmine v. Braunschweig-Lüneburg
* 1673 † 1742

3. Maria Elisabeth
* 1680 † 1741

3. Maria Anna
* 1683 † 1754
∞ Johann V. v. Portugal
* 1689 † 1750

Karl VI.
(Karl III. v. Spanien)
* 1685 † 1740
Ks. 1711
∞ Elisabeth Christine v. Braunschweig-Wolfenbüttel * 1691 † 1750

3. Maria Magdalena
* 1689 † 1743

Maria Amalia
* 1701 † 1756
∞ Karl Albrecht v. Bayern
(Ks. Karl VII. 1742)
* 1697 † 1745

Leopold
* † 1716

Maria Theresia
* 1717 † 1780
Kg. v. Ungarn 1741, v. Böhmen 1743
∞ Franz Stephan v. Lothringen
* 1708 † 1765 Hzg. v. Lothringen 1729
Ghz. v. Toskana 1737 Ks. Franz I. 1745

Maria Anna
* 1718 † 1744
∞ Karl v. Lothringen
* 1712 † 1780

Maria Amalia
* 1724 † 1730

Stammtafel der Habsburg-Lothringer

Maria Anna
* 1738 † 1789

Joseph II.
* 1741 † 1790
röm. Kg. 1764 Ks. 1765
∞ 1. Isabella v. Parma
* 1741 † 1763
∞ 2. Maria Josepha
v. Bayern * 1739 † 1767

Marie Christine
* 1742 † 1798
∞ Albert Kasimir
v. Sachsen-Teschen
* 1738 † 1822

Maria Elisabeth
* 1743 † 1808

Karl Josef
* 1745
† 1761

Maria Amalia
* 1746 † 1804
∞ Ferdinand
v. Parma
* 1751 † 1802

(Peter) **Leopold II.**
* 1747 † 1792
Ghz. v. Toskana
1765–1790
Ks. 1790
∞ Maria Ludovika
v. Spanien
* 1745 † 1792

Kinder von Joseph II.:

Maria Theresia
* 1762 † 1770

Christine
* † 1763

Maria Theresia
* 1767 † 1827
∞ Anton
v. Sachsen
* 1755 † 1836

Franz II. (I.)
* 1768 † 1835
Röm. Ks. 1792–1806
Ks. v. Ö. 1804–1835
∞ 1. Elisabeth v. Württemberg
* 1767 † 1790
∞ 2. Maria Theresia v. Neapel-Sizilien * 1772 † 1807
∞ 3. Maria Ludovika v. Österr.-Este
* 1787 † 1816
∞ 4. Karoline Augusta v. Bayern
* 1792 † 1873

Ferdinand III.
v. Toskana
* 1769 † 1824
Ghz. v. Toskana 1791
∞ 1. Ludovika
v. Neapel-Sizilien
* 1773 † 1802
∞ 2. Maria v. Sachsen
* 1795 † 1865

Linie Habsburg-Toskana

Maria Anna
* 1770 † 1809

Karl
* 1771 † 1847
∞ Henriette
v. Nassau-Weilburg
* 1797 † 1829

Alexander
Leopold
* 1772 † 1795
Palatin
v. Ungarn
1791

Kinder von Franz II. (I.):

(1. Ehe)
1 früh
gestorbene
Tochter

2. Marie Louise
* 1791 † 1847
Hzgin. v. Parma 1815
∞ 1. Napoleon I. * 1769 † 1821
∞ 2. Adam Adalbert v. Neipperg
* 1775 † 1829
∞ 3. Charles-René v. Bombelles
* 1784 † 1856

2. Ferdinand I.
* 1793 † 1875
Ks. 1835–1848
∞ Maria Anna
v. Sardinien-Piemont
* 1803 † 1884

2. Leopoldine
* 1797 † 1826
∞ Pedro I.
v. Brasilien
* 1798 † 1834

2. Maria Klementine
* 1798 † 1881
∞ Leopold Johann
Josef v. Sizilien
u. Salerno
* 1791 † 1851

Franz Joseph I.
* 1830 † 1916
Ks. 1848
∞ Elisabeth in Bayern
* 1837 † 1898

Ferdinand Maximilian
(Maximilian v. Mexiko)
* 1832 † 1867
Ks. v. Mexiko 1864
∞ Charlotte v. Belgien * 1840 † 1927

Karl Ludwig
* 1833 † 1896
∞ 1. Margarete v. Sachsen * 1840 † 1858
∞ 2. Maria Annunziata v. Sizilien * 1843 † 1871
∞ 3. Maria Theresia v. Braganza * 1855 † 1944

Kinder von Franz Joseph I.:

Sophie
* 1855 † 1857

Gisela
* 1856 † 1932
∞ Leopold
v. Bayern
† 1930

Rudolf
* 1858 † 1889
∞ Stephanie
v. Belgien
* 1864 † 1945

Marie Valerie
* 1868 † 1924
∞ Franz Salvator
v. Toskana
* 1866 † 1939

Kind von Karl Ludwig:

2. Franz Ferdinand
* 1863 † 1914
∞ Sophie Chotek
(Hzgin. v. Hohenberg)
* 1868 † 1914

Herzöge von Hohenberg

Kind von Rudolf:

Elisabeth
* 1883 † 1963
∞ 1. Otto v. Windisch-Graetz
* 1873 † 1952
∞ 2. Leopold Petznek
* 1881 † 1956

Maria Theresia
* 1717 † 1780
Kg. v. Ungarn 1741
Kg. v. Böhmen 1743

∞

Franz Stephan v. Lothringen, als Ks. **Franz I.**
* 1708 † 1765
Hzg. v. Lothringen 1729
Ghz. v. Toskana 1737 Ks. 1745

Johanna
* 1750 † 1762

Maria Josefa
* 1751 † 1767

Maria Karolina
* 1752 † 1814
∞ Ferdinand IV.
v. Neapel-Sizilien
* 1751 † 1825

Ferdinand Karl
* 1754 † 1806
∞ Maria Beatrix
v. Este-Modena
* 1750 † 1829

Marie Antoinette
* 1755 † 1793
∞ Ludwig XVI.
v. Frankreich
* 1754 † 1793

Maximilian Franz
* 1756 † 1801
Kf. u. Eb. v. Köln
1784

3 früh
gestorbene
Töchter

Maria Theresia
* 1772 † 1807
∞ Franz II. (I.)

Linie
Habsburg-Este

Maria Ludovika
* 1787 † 1816
∞ Franz II. (I.)

Joseph
* 1776 † 1847
Palatin v. Ungarn 1795
∞ 1. Alexandra
v. Rußland * 1783 † 1801
∞ 2. Hermine v. Anhalt
* 1797 † 1817
∞ 3. Marie Dorothea
v. Württemberg * 1797 † 1855

Klementine
* 1777 † 1801
∞ Francesco (I.)
v. Sizilien
* 1777 † 1830

Anton Viktor
* 1779 † 1835
Hoch- und
Deutschmeister

Johann
* 1782 † 1859
Reichsverweser
1848/49
∞ Anna Plochl
* 1804 † 1885

Rainer
* 1783 † 1853
∞ Elisabeth
v. Savoyen-
Carignan
* 1800 † 1856

Ludwig
* 1784
† 1864

Rudolf
* 1788
† 1831
Fürsteb.
v. Olmütz

3 weitere
Kinder

Linie
Erzherzog Joseph

Grafen
von Meran

Linie
Erzherzog Rainer

---

2. Karolina
Ferdinanda
* 1801 † 1832
∞ Friedrich
August II.
v. Sachsen
* 1797 † 1854

2. Franz Karl
* 1802 † 1878
∞ Sophie v. Bayern
* 1805 † 1872

2. Maria Anna
* 1804 † 1858

(2. Ehe)
5 früh
gestorbene
Kinder

Albrecht
* 1817 † 1895
∞ Hildegard
v. Bayern
* 1825 † 1864

Karl Ferdinand
* 1818 † 1874
∞ Elisabeth
* 1831 † 1903
T. v. Erzhzg. Joseph

Friedrich
* 1821
† 1847

Maria Anna Karolina
* 1835 † 1839

Ludwig Viktor
* 1842 † 1919

Friedrich
* 1856 † 1936
∞ Isabella
v. Croy-Dülmen
* 1856 † 1931

Maria Christina
* 1858 † 1929
∞ Alfons XII.
v. Spanien
* 1857 † 1885

Eugen
* 1863 † 1954
Hoch- und
Deutschmeister

---

2. Otto Franz Joseph
* 1865 † 1906
∞ Maria Josefa
v. Sachsen
* 1867 † 1944

2. Ferdinand Karl
(Ferdinand Burg)
* 1868 † 1915
∞ Berta Czuber
* 1879 † 1979

2. Margarethe Sophie
* 1870 † 1902
∞ Albrecht
v. Württemberg
* 1865 † 1939

3. Maria
Annunziata
* 1876 † 1961

3. Elisabeth
Amalie
* 1878 † 1960
∞ Alois
v. Liechtenstein
* 1869 † 1955

Karl I.
* 1887 † 1922
Ks. 1916–1918
∞ Zita v. Bourbon-
Parma
* 1892 † 1989

Maximilian
* 1895 † 1952
∞ Franziska
v. Hohenlohe-
Schillingsfürst
* 1897 † 1989

Stammtafel der Meinhardiner

- Albert III.
  * um 1180 † 1253
  Graf v. (ganz) Tirol 1248
  - Adelheid
    ∞ Meinhard I. (III. v. Görz)
    * um 1200/05 † 1258
    Graf v. Tirol 1253
    - Meinhard II. (IV. v. Görz)
      * um 1238 † 1295
      Graf v. Tirol 1259/1271
      Hzg. v. Kä. 1286
      ∞ Elisabeth v. Bayern * 1227 † 1273
      (Witwe n. Kg. Konrad IV.
      u. Mutter Konradins)
      - *Tiroler Linie*
        - Otto † 1310
          Hzg. v. Kä. 1295
          Graf v. Tirol 1295
          ∞ Eufemia v. Schlesien-Breslau † 1347
        - Ludwig
          † 1305
          Hzg. v. Kä. 1295
          Graf v. Tirol 1295
        - Heinrich
          * um 1270 † 1335
          Kg. v. Böhmen 1307–1310
          Hzg. v. Kä. (VI.) 1295
          Graf v. Tirol 1295
          ∞ 1. Agnes v. Böhmen
          ∞ 2. Adelheid v. Braunschweig-Grubenhagen
          * 1285 † 1320
          - Adelheid
            † 1375
          - Margarete Maultasch
            * 1318 † 1369
            Gräfin v. Tirol 1335–1363
            ∞ 1. Johann Heinrich
            v. Böhmen * 1322 † 1375
            Graf v. Tirol 1335–1341, getrennt 1342
            ∞ 2. Markgraf Ludwig V.
            v. Brandenburg u. Bayern † 1361
            Graf v. Tirol 1341
            - 2. Meinhard III. * 1344 † 1363
              ∞ Margarethe v. Ö. * 1346 † 1366
        - Elisabeth
          * 1262 † 1313
          ∞ Albrecht I.
          Hzg. v. Ö.
          * 1255 † 1308
    - Albert II. † 1304
      Graf v. Görz 1271
      - *Görzer Linie*
        Grafen von Görz (bis 1500)
  - Elisabeth † 1263
    ∞ 1. Hzg. Otto II.
    v. Andechs-Meranien † 1248
    ∞ 2. Graf Gebhard
    v. Hirschberg

Stammtafel der Otakare

- Otakar I. † 1064
  Markgraf d. Karantan. Mark 1056
  ∞ Wilipirg v. Eppenstein
  - Adalbero † 1086/87
    Markgraf
    d. Stmk. 1064
  - Otakar II. † 1122
    Markgraf d. Stmk. 1082
    ∞ Elisabeth v. Ö.
    † 1107/11
    - Leopold I. d. Starke
      † 1129
      Markgraf d. Stmk. 1122
      ∞ Sophie v. Bayern
      † vor 1140
      - Otakar III.
        * 1124 † 1164
        Markgraf d. Stmk. 1129
        ∞ Kunigunde
        v. Chamb-Vohburg † 1184
        - Otakar IV. * 1163 † 1192
          Markgraf d. Stmk. 1164
          Herzog 1180
    - Wilbirg
      ∞ Graf Ekbert
      v. Formbach-Pitten
      aus d. Geschlecht
      d. Wels-Lambacher

Stammtafel der Sponheimer

Siegfried I.
* ca. 1010/15 † 1065
Markgf. der Ungarnmark 1045
Graf im Pustertal 1048
∞ Richgard v. Lavant † 1072

- Engelbert I.
  † 1096
  Graf im Kraichgau 1057
  Graf im Pustertal 1070–1091
  ∞ Hadwig v. Mossa
  † nach 1100
    - Engelbert II.
      † 1141
      Markgf.
      v. Istrien 1107
      Hzg. v. Kärnten
      1124–1134
      Mönch in Seeon
      ∞ Uta † nach 1142
      Erbtochter Graf
      Ulrichs v. Passau
        - Engelbert III.
          † 1173
          Markgf.
          v. Istrien 1124
          Markgf. v.
          Tuszien
          1135–1137
          ∞ Mathilde
          v. Sulzbach
          † 1165
        - Ulrich I.
          † 1144
          Hzg.
          v. Kärnten
          1134
          ∞ Judith
          v. Baden
            - Heinrich V.
              † 1161
              Hzg. v. Kärnten 1144
              ∞ Elisabeth
              v. Stmk. † 1144
            - Hermann II.
              † 1181
              Hzg. v. Kärnten 1161
              ∞ Agnes v. Österreich
              † ca. 1184
                - Ulrich II.
                  * ca. 1176 † 1202
                  Hzg. v. Kärnten 1181
                - Bernhard
                  * 1176/81 † 1256
                  Hzg. v. Kärnten 1202
                  ∞ Judith † vor 1236, Schwester
                  Kg. Ottokars II. v. Böhmen
                    - Ulrich III.
                      † 1269
                      Herr v. Krain 1251
                      Hzg. v. Kärnten 1256
                      ∞ 1. Agnes v. Andechs-
                      Meranien † 1263
                      Erbin v. Krain
                      ∞ 2. Agnes v. Baden † 1295
                        - 1. Heinrich
                          † 1257/63
                    - Philipp
                      * 1220 † 1279
                      Erzbf. v. Salzburg
                      1247–1256/67
                      Patriarch v. Aquileia
                      1269–1272
                    - Margarethe
                      † 1249
                    - Bernhard
                      † vor 1249
            - Ulrich
              † vor 1161
              Graf v. Laibach
              1144
        - Heinrich
          † 1169
          Abt v. Weiler-
          Bettnach 1133
          Bischof
          v. Troyes
          1145
        - Mathilde
          † 1161
          ∞ Theobald IV.
          † 1152
          Graf der
          Champagne
            - Adelheid
              ∞ Ludwig VII.
              Kg. v. Frankreich
        - Adelheid (?)
          † 1178
          Äbtissin 1148
        - Rapoto I.
          † 1186
          Graf
          v. Ortenberg,
          Kraiburg u.
          Marquartstein
          ∞ Elisabeth
          v. Sulzbach † 1206
        - Hartwig
          † 1164
          Bischof
          v. Regens-
          burg 1156
    - Richgard
      † ca. 1125
      ∞ 1. Berthold Graf
      v. Schwarzenburg
      ∞ 2. Poppo III.
      Markgf.
      v. Istrien
      ∞ 3. Gebhard
      Graf v. Dießen
    - Hartwig I.
      † 1126
      Bischof
      v. Regensburg
      1105
    - Siegfried II.
      † ca. 1130
      Graf v. Arch
      ∞ 1. Hildburg
      v. Tengling
      ∞ 2. Adelheid
      v. Dießen
    - Bernhard
      † 1147
      Graf v. Trixen
      ∞ Kunigunde
      v. Stmk.
    - Heinrich IV.
      * 1098 † 1123
      Hzg. v. Kärnten
      1123
      ∞ Gertrud
- Hartwig
  † 1102
  Erzbf.
  v. Magdeburg
  1079
- Siegfried (?)
  † 1070
- Hermann
  † 1118
  Burggraf
  v. Magdeburg
  1091/98

Bildnachweis

Umschlagbilder: siehe Angaben bei den jeweiligen Personen, ausgenommen Oskar Werner: Franz Hubmann, Wien; Karl Kraus: Christian Brandstätter Verlag, Wien

Akademie der bildenden Künste, Wien: 308
Allgemeines Krankenhaus, Wien: 191 u., 222 o.
Archiv der Wiener Philharmoniker, Wien: 433 o.
Ariola: 16 Mitte
Austrian Archives, Wien: 25 u., 237 o.
Austrian Archives/Christian Brandstätter, Wien: 56 Mitte, 69 o., 72 u., 114, 138 o., 142 o., 179 o., 179 u., 201 o., 229 o., 233, 248 u., 261 o., 296 u., 316, 366, 421 o., 451 u.
Austrian Archives/Lothar Rübelt, Wien: 29, 52 o., 218 u., 486 o., 532 u.
Helmut Baar: 345 o.
Lukas Beck: 91 u., 174 u., 512 u.
Bildarchiv der Östereichischen Nationalbibliothek, Wien: 258 2. v. o., 332 u., 12 u., 14 u., 18 o., 22 u., 23 u., 24 u., 25 o., 33 Mitte, 34 u., 35 o., 40 o., 42 u., 44 o., 47, 49 links, 57 u., 65, 69 u., 71 o., 76 2. v. u., 84 u., 89, 90 Mitte, 91 Mitte, 91 o., 96 o., 99 o., 99 u., 101 Mitte, 104, 111 u., 112 u. links, 112 u. rechts, 121 Mitte, 121 u., 122 o., 125, 126 o., 128 o., 130 2. v. u., 130 o., 135 o., 136 u., 138 u., 140 u., 145, 149 o., 149 u., 156 o., 165 u., 168 o., 168 u., 169 u., 177 u., 178 o., 179 2. v. o., 181 o., 181 u., 184, 185 u., 186 o., 186 u., 187 Mitte, 187 u., 188 u., 191 Mitte, 193 u., 196 o., 201 Mitte, 201 u., 206, 208 o., 210 u., 214 Mitte, 214 u., 215, 223, 228 o., 229 2. v. u., 229 u., 232 o., 235 o., 238 u., 240 o., 240 u., 241, 243, 244, 254 o., 255 o., 255 u., 258 2. v. u., 258 Mitte, 260 u., 263, 264 o., 267 o., 267 u., 268, 270 u., 271 o., 271 u., 275 o., 276, 280 2. v. o., 281 u., 282 o., 282 u., 283 2. v. u., 283 o., 288 o., 289, 290 Mitte, 290 o., 290 u., 294 u., 297 o., 297 u., 302 o., 303 o., 303 u., 304 u., 306 o., 307 2. v. o., 309 o., 317 Mitte, 317 o., 317 u., 323, 325, 328 o., 330, 333 2. v. u., 334 o., 342 o., 344 u., 346 o., 356 o., 362 Mitte, 362 o., 364 o., 364 u., 365 links, 367, 368 o., 368 u., 370 o., 370 u., 371 u., 377 u., 378, 379 o., 382 2. v. u., 382 u., 390 Mitte, 392 o., 394, 397 o., 398 o., 398 u., 399 Mitte, 400 2. v. o., 404, 411 2. v. o., 411 2. v. u., 416 Mitte, 417 u., 418 u., 419, 420 o., 427 o., 433 Mitte, 438 o., 440, 441, 446 o., 450 u., 451 Mitte, 452 u., 455 u., 458 o., 461 o., 463, 466 Mitte, 466 u., 467 o., 469 u., 473 u., 478 u., 481 Mitte, 483 o., 483 u., 485 u., 486 u., 487 Mitte, 487 o., 487 u., 488 o., 498 o., 500 o., 502, 504 2. v. u., 504 o., 506, 512 Mitte, 513 u., 515 Mitte, 516, 522 o., 522 u., 523, 525 o., 526 o., 532 o., 535 o., 536 o., 538 Mitte, 541, 548 o., 549 o., 551, 552 o., 554 o., 556 o., 556 u., 557, 558
Bildarchiv des Instituts für Geschichte der Medizin der Universität Wien: 225, 437 u., 456 u.
Christian Brandstätter Verlag, Wien: 12 Mitte, 12 o., 13 u., 14 o., 15 u., 16 u., 18 2. v. o., 19 Mitte, 20, 21 u., 22 Mitte, 22 o., 24 Mitte, 25 2. v. o., 25 2. v. u., 27 o., 27 u., 28, 30, 32 o., 32 u., 33 2. v. o., 33 u., 34 Mitte, 34 o., 35 u., 36, 37 o., 37 u., 38, 39 o., 39 u., 40 Mitte, 40 u., 42 o., 44 Mitte, 44 u., 48 o., 48 u., 50, 51, 52 2. v. o., 52 2. v. u., 53 u., 54 o., 55 o., 55 Mitte, 55 u., 56 o., 56 u., 57 2. v. o., 57 2. v. u., 57 o., 58 u., 59, 60 o., 64, 66, 68 u., 69 2. v. u., 71 u., 72 o., 73, 74 2. v. u., 74 o., 75 u., 76 u., 77 2. v. o., 77 o., 77 u., 78, 79 o., 80 o., 82 o., 82 u., 83, 84 o., 85 u., 85 o., 87 Mitte, 87 o., 87 u., 88, 90 o., 90 u., 92 Mitte, 92 o., 92 u., 93 u., 96 Mitte, 96 u., 99 Mitte, 101 o., 101 u., 102 o., 103, 108, 111 o., 115 o., 115 u., 118 o., 119, 120 o., 120 u., 121 o., 123 o., 123 u., 126 u., 127 u., 128 u., 129, 131 Mitte, 131 u., 134 o., 140 2. v. o., 140 2. v. u., 140 o., 141 o., 141 u., 142 u., 143, 147, 149 Mitte, 151 Mitte, 151 o., 152 o., 152 u., 153 o., 153 u., 154, 163 o., 163 u., 165 o., 167 o., 167 u., 168 2. v. o., 169 o., 170, 171 Mitte, 171 u., 172 u., 174 2. v. o., 174 2. v. u., 177 Mitte, 177 o., 178 Mitte, 178 u., 179 2. v. u., 180, 185 Mitte, 185 o., 187 o., 188 o., 191 o., 194, 195 u., 196 u., 198 Mitte, 198 o., 202 u., 204, 207, 208 u., 209, 210 o., 212, 214 o., 216 2. v. u., 216 u., 217, 218 o., 221 u., 227 o., 227 u., 228 u., 230 o., 235 u., 236 u., 237 Mitte, 237 u., 238 o., 242 u., 245 Mitte, 245 u., 246, 248 Mitte, 250 2. v. o., 250 o., 251, 253, 256, 258 o., 261 Mitte, 261 u., 262 o., 262 u., 264 u., 265 u., 266 u., 270 o., 272, 273 o., 274 o., 274 u., 277 o., 277 u., 279 o., 279 u., 280 o., 284 o., 285, 286 o., 292 o., 292 u., 295, 296 o., 297 Mitte, 298 Mitte, 298 o., 298 u., 299, 300 u., 301, 302 u., 304 Mitte, 306 u., 307 2. v. u., 309 u., 311, 312, 315 u., 318 u., 324 2. v. o., 324 u., 327 o., 328 Mitte, 328 u., 329, 332 o., 333 2. v. o., 336, 337 o., 341 o., 341 u., 342 Mitte, 342 u., 344 o., 345 u., 346 Mitte, 348, 349 u., 351 Mitte, 351 u., 352, 354 o., 356 u., 357, 361 o., 361 u., 362 u., 363, 365 rechts, 369 u., 371 2. v. o., 371 2. v. u., 371 Mitte, 371 o., 372, 373 Mitte, 373 u., 374, 375, 376 o., 376 u., 377 o., 379 Mitte, 379 u., 381 u., 382 2. v. o., 382 o., 385, 386, 387 o., 387 u., 389 Mitte, 389 u., 391 o., 391 u., 392 u., 393, 397 u., 399 o., 399 u., 400 o., 400 u., 402 o., 402 u., 407 u., 408, 409 o., 409 u., 410, 413 u., 415, 416 o., 416 u., 417 o., 418 o., 420 u., 421 u., 423 o., 423 u., 427 u., 428, 430, 431 u., 434, 435 o., 435 u., 436, 437 o., 438 Mitte, 438 u., 442 o., 442 u., 443 o., 443 u., 444 u., 446 u., 447 2. v. u., 447 o., 447 u., 448 o., 448 u., 450 o., 452 o., 453 o., 453 u., 454, 456 Mitte, 456 o., 458 u., 459 o., 459 u., 462, 464 Mitte, 464 u., 465 o., 466 o., 467 u., 468 o., 468 u., 469 Mitte, 469 o., 472 o., 473 o., 475 o., 475 u., 476, 478 o., 479 2. v. u., 479 Mitte, 479 o., 480 u., 481 o., 481 u., 482, 484, 485 o., 489, 490, 492 o., 493, 494, 496, 497, 498 Mitte, 499, 500 u., 503 u., 504 Mitte, 504 u., 507 u., 509, 511 o., 513 o., 514 o., 515 o., 515 u., 519 o., 522 2. v. o., 524 o., 524 u., 525 Mitte, 525 u., 526 u., 528 o., 528 u., 530 o., 531 o., 531 u., 532 Mitte, 534 o., 534 Mitte, 535 u., 536 2. v. o., 536 2. v. u., 536 u., 538 o., 538 u., 539, 540 o., 540 u., 542 o., 545, 548 u., 550 o., 550 u., 552 u., 553, 554 u.
Otto Breicha, Wien: 42 Mitte, 76 o., 172 o.
Bundeskanzleramt, Wien: 248 o., 266 o., 388, 455 o., 461 Mitte, 513 Mitte
Bund sozialdemokratischer Freiheitskämpfer, Opfer des Faschismus und aktiver Antifaschisten, Wien: 230 u.
Burgtheater, Wien: 21 o., 33 2. v. u.
Contrast/First Look: 234 u., 320, 324 2. v. u., 326 o., 349 o., 400 2. v. u.
Deuticke Verlag, Wien: 324 o.
Dokumentationsarchiv des Österreichischen Widerstandes, Wien: 80 u., 284 u., 465 u.
Edmund Engelman, New York: 133
Erzbischöfliches Dom- und Diözesanmuseum, Wien: 413 o.
Johannes Faber: 127 o.
Foto Fayer, Wien: 300 o., 451 o., 504 2. v. o.
Filmarchiv Austria, Wien: 84 Mitte, 112 o., 278, 424 o., 533
Christian Fischer: 411 o.
Fremdenverkehrsamt Ried im Innkreis: 86 o.
Die Furche, Wien: 192
Galleria Sabauda, Turin: 110
Gesellschaft der Ärzte, Wien: 24 o.

Gesellschaft der Musikfreunde in Wien: 16 o., 77 2. v. u., 142 Mitte, 146 o., 146 u., 158 o., 196 Mitte, 198 u., 220, 236 o., 294 o., 338 o., 417 Mitte
Gottfried-Keller-Stiftung, Genf: 309 Mitte
Heeresgeschichtliches Museum, Wien: 229 2. v. o., 280 u., 389 o.
Stift Heiligenkreuz, NÖ.: 259, 287 u., 14 2. v. o., 360 u.
Stift Herzogenburg, NÖ.: 161, 412 u.
Historisches Museum der Stadt Wien: 11, 21 Mitte, 53 o., 70, 79 u., 134 Mitte, 134 u., 151 u., 162, 164, 171 o., 202 o., 269 u., 296 Mitte, 326 Mitte, 346 u., 347, 390 o., 426, 464 o., 480 o.
HOPI MEDIA, Foto: Bernhard J. Holzer: 250 u., 447 2. v. o.
Franz Hubmann, Wien: 26, 189, 195 o., 213, 221 o., 222 u., 225, 254 u., 265 o., 280 Mitte, 281 o., 283 2. v. o., 283 u., 313 o., 351 o., 353, 381 o., 390 u., 414, 113, 219, 333 u.
Keystone Press Agency: 334 u.
Stift Klosterneuburg, NÖ.: 193 o., 287 Mitte
Stift Kremsmünster, OÖ.: 126 Mitte
Kunsthistorisches Museum, Wien: 15 2. v. u., 15 o., 113 Mitte, 118 u., 130 u., 135 u., 156 u., 232 u., 239 Mitte, 239 u., 275 u., 307 u., 315 Mitte, 315 o., 327 u.
Stift Lambach, OÖ.: 117
Chris Lang, Wien: 405
Lauda Air, Wien: 280 2. v. u.
Siegfried Lauterwasser, Überlingen (D): 239 o.
Propstei Mattsee, Salzburg: 74 u.
Stift Melk, NÖ.: 381 Mitte
Mozartgemeinde Salzburg: 338 Mitte, 338 u.
Margit Münster: 432
Museum der Stadt Krems: 433 u.
Museum für angewandte Kunst, Wien: 107
Music Promotions: 18 2. v. u.
Nationalmuseum, Prag: 286 u.
Niederösterreichischer Landespressedienst, St. Pölten: 138 Mitte, 310, 359 u., 360 o., 396, 431 o., 461 u., 498 u., 517 u., 102 u.
Niederösterreichisches Landhaus, Wien: 122 u.
Oesterreichische Nationalbank, Wien: 52 u.
ORF, Landesstudio Klagenfurt: 168 2. v. u.
ORF, Wien: 75 o.
ORF, Wien (Günter Pichelkostner): 258 u.
Österreichische Bundestheater-Holding Ges. m. b. H., Wien: 488 u., 69 2. v. o., 174 o., 216 o., 234 o., 292 Mitte, 340, 425
Österreichische Galerie Belvedere, Wien: 14 2. v. u., 15 2. v. o., 18 u., 19 o., 19 u., 23 o., 46, 216 2. v. o., 313, 326 u., 471 o., 471 u., 518 o., 544
Österreichischer Bundesverlag, Wien: 13 o., 49 rechts, 58 o., 67, 68 o., 522 2. v. u.
Österreich Werbung, Archiv, Wien: 33 o.
Foto Palffy, Wien: 453 Mitte
Paneuropabewegung Österreich, Wien, Photo A. Sahm, München: 76 2. v. o.
Barbara Pflaum: 75 Mitte, 210 Mitte, 319, 333 o., 349 Mitte, 354 u., 373 o.
Polyphot Sammlung Danhelovsky: 369 o.
Präsidentschaftskanzlei, Wien: 231, 247 u., 250 2. v. u., 260 o., 422, 517 o.
Die Presse/Harald Hofmeister, Wien: 503 o.
Privatbesitz: 136 o., 273 u., 286 Mitte, 304 o., 337 u., 401, 407 o., 411 u., 424 u., 444 o., 479 u., 492 u., 518 u., 519 u., 530 u., 542 u., 549 Mitte, 549 u.
Foto Pröll: 93 o.
Riegersburg, Steiermark: 144
Sammlung der Königin von Großbritannien, Buckingham Palace, London: 190
Stift St. Florian, OÖ.: 60 u., 17
Schiller-Nationalmuseum, Deutsches Literaturarchiv, Marbach: 62, 247 o.
Stift Schlägl, OÖ.: 412 o.
Christian Skrein: 534 u.
Spiess, Innsbruck: 158 u., 224, 269 o., 514 u.
Stadtarchiv St. Pölten: 512 o.
Stadtmuseum Leoben: 131 o.
Stadtmuseum Perchtoldsdorf: 95
Steffen-Lichtbild Graz: 472 u.
Steiermärkisches Landesarchiv, Graz: 359 o.
Pfarrkirche Steyr: 287 o.
Stille-Nacht-Museum, Hallein: 166
Tiroler Landesmuseum Ferdinandeum, Innsbruck: 501, 507 o.
Tiroler Volkskunst-Museum, Innsbruck: 72 Mitte, 242 o.
Tobis Filmkunst: 54 u.
Universitätsbibliothek Heidelberg: 86 u., 520
Universitätsbibliothek Innsbruck: 358
Verein für Geschichte der Arbeiterbewegung, Wien: 85 u.
Viktor-Frankl-Institut, Wien: 130 2. v. o.
Christian Wachter: 245 o.
Schloss Wawel, Krakau: 203
Leo Weber: 74 2. v. o.
Michael Wolf: 188 Mitte
Stift Zwettl, NÖ.: 307 o.